Auf der Grundlage des neuen Codex Iuris Canonici, der am 27. November 1983 in Kraft getreten ist, steht im „Handbuch des katholischen Kirchenrechts“ für den akademischen Unterricht und die Weiterbildung auf dem Gebiet des Kirchenrechts, für die kirchlichen und staatlichen Verwaltungen, für die Gerichte und die gesamte pastorale Praxis ein umfassendes und systematisches Standardwerk zur Verfügung. An diesem Handbuch haben 46 Fachvertreter des katholischen Kirchenrechts mitgewirkt; unter ihnen sind nahezu sämtliche Lehrstuhlinhaber des Faches „Kirchenrecht“ in Deutschland, Österreich und der Schweiz. Drei Register, ein Kanonesregister, ein Personenregister und ein ausführliches Sachwortregister vervollständigen das Werk, das gleichermaßen für den Dienst der Wissenschaft und der Praxis bestimmt ist.

Handbuch des katholischen Kirchenrechts

Manuel de droit canonique,
édité par Joseph Listl,
Hubert Müller, Heribert Schmitz.

Code de 1983

Handbuch des katholischen Kirchenrechts

Herausgegeben

von

Joseph Listl Hubert Müller Heribert Schmitz

Verlag Friedrich Pustet
Regensburg

Als Zitierweise für das Handbuch des katholischen Kirchenrechts
wird die Abkürzung HdbKathKR empfohlen

CIP-Kurztitelaufnahme der Deutschen Bibliothek

Handbuch des katholischen Kirchenrechts / hrsg.
von Joseph Listl . . . – Regensburg : Pustet,
1983.
ISBN 3–7917–0860–0
NE: Listl, Joseph [Hrsg.]

Mit kirchlicher Approbation
GV-4143/83
Regensburg, den 21. September 1983
Morgenschweis
Generalvikar

ISBN 3–7917–0860–0

Gesamtherstellung: Friedrich Pustet, Regensburg
Printed in Germany 1983

Vorwort

Am 27. November 1983, dem 1. Adventssonntag, ist das von Papst Johannes Paul II. am 25. Januar 1983 promulgierte kirchliche Gesetzbuch, der Codex Iuris Canonici, in Kraft getreten. Gleichzeitig trat der bis zu diesem Zeitpunkt geltende Codex Iuris Canonici vom 17. Mai 1917 außer Kraft. Aufgehoben wurde durch den Codex Iuris Canonici von 1983 ferner der gesamte seit dem Jahre 1917 erlassene Normenbestand, soweit die jeweiligen Bestimmungen zum Codex Iuris Canonici von 1983 in Widerspruch stehen oder die jeweilige Materie in diesem Gesetzbuch umfassend neu geordnet wurde.

Im Codex Iuris Canonici hat die katholische Kirche des lateinischen Rechtskreises ein neues, vom Geist des Zweiten Vatikanischen Konzils geprägtes Recht erhalten. In diesem Gesetzbuch wurden die Reformvorstellungen des Zweiten Vatikanums kodifiziert, die zu einem erheblichen Teil in der großen Fülle der durch die Gesetzgebung der Päpste seit diesem Konzil erlassenen Rechtsnormen bereits konkrete Gestalt angenommen hatten. Ungeachtet der Kontinuität, in der der Codex Iuris Canonici von 1983 in seinen unveränderlichen Grundlagen zum vorkonziliaren Kirchenrecht steht, bildet das Inkrafttreten dieses Gesetzbuchs für das Rechtsleben der Kirche und insbesondere für die Entwicklung des kanonischen Rechts einen bedeutsamen historischen Einschnitt.

Seinem Selbstverständnis nach enthält der Codex Iuris Canonici von 1983 weitgehend ein Rahmenrecht, das der Konkretisierung und Ausfüllung durch die Gesetzgebung der Teilkirchen bedarf, die zu einem erheblichen Teil – im Rahmen ihrer Zuständigkeit – durch die Bischofskonferenzen zu erfolgen hat. In der Apostolischen Konstitution „Sacrae Disciplinae Leges" vom 25. Januar 1983, durch die der Codex Iuris Canonici promulgiert worden ist, hat Papst Johannes Paul II. erklärt, daß nicht nur die äußere Redaktion des Werkes, sondern zutiefst auch die Erarbeitung der Substanz der darin enthaltenen Gesetze in kollegialer Zusammenarbeit zwischen den Mitgliedern des Bischofskollegiums und mit zahlreichen Fachgelehrten der Theologie, der Geschichte und vor allem des kanonischen Rechts aus allen Teilen der Welt erfolgt ist.

Im vorliegenden Handbuch haben es die Herausgeber unternommen, das Recht der katholischen Kirche unter Mitarbeit von insgesamt 46 Fachvertretern des Kirchenrechts aus Deutschland, Österreich und der Schweiz sowie von je einem Kanonisten aus Frankreich und Spanien auf der Grundlage des Codex Iuris Canonici vom 25. Januar 1983 in insgesamt 117 Einzelbeiträgen systematisch darzustellen.

Es ist das erklärte und von allen Mitarbeitern verfolgte Ziel dieses Handbuchs, sowohl den Erfordernissen des akademischen Unterrichts und der Fort- und Weiterbildung auf dem Gebiet des kanonischen Rechts als auch der Gerichts- und Verwaltungspraxis ebenso zu dienen wie den Bedürfnissen der Pastoral. In seiner Einteilung folgt das Handbuch im wesentlichen der Systematik des Codex Iuris

Canonici. Wegen der weittragenden Bedeutung, die dem Staat-Kirche-Verhältnis infolge des Zusammenhangs zwischen der kirchlichen und der jeweiligen staatlichen Rechtsordnung auch für das Leben und die Tätigkeit der Kirche zukommt, wurde als siebenter Teil ein Abschnitt über das Verhältnis von Kirche und Staat angefügt.

Die Verantwortung für die Gesamtkonzeption des Handbuchs, seine Planung und Durchführung tragen die drei Herausgeber gemeinsam. Für den Inhalt eines jeden Beitrags obliegt dem jeweiligen Verfasser die alleinige und volle Verantwortung. Die Herausgeber waren jedoch bestrebt, im Interesse der Einheitlichkeit des Werkes und der Vollständigkeit der darin behandelten Materien zwischen den einzelnen Mitarbeitern eine enge Koordination herbeizuführen. Im Rahmen des Möglichen war vor allem der Mitherausgeber *Heribert Schmitz* auch um eine inhaltliche Abstimmung der einzelnen Beiträge bemüht.

Als Redaktionsstelle für das Handbuch des katholischen Kirchenrechts diente das Institut für Staatskirchenrecht der Diözesen Deutschlands in Bonn. Die redaktionelle Betreuung des Werkes lag überwiegend in den Händen des Mitherausgebers *Joseph Listl.* Einen wertvollen und bedeutsamen Beitrag zu den gesamten Redaktionsarbeiten leistete Herr *Lothar Block,* Bibliothekar und Bürovorsteher am Institut für Staatskirchenrecht der Diözesen Deutschlands, Bonn, der auch die Zusammenstellung des Personenregisters besorgte. Die Erstellung des Sachwortregisters oblag dem Mitherausgeber *Hubert Müller,* der dabei von Frau Dipl.-Theol. *Ursula Beykirch,* Wiss. Mitarbeiterin am Kirchenrechtlichen Seminar der Universität Bonn, tatkräftig unterstützt wurde. Das Kanonesregister erstellte Herr Dipl.-Theol. *Wilhelm Rees,* Wiss. Mitarbeiter am Lehrstuhl für Kirchenrecht der Universität Augsburg.

Aufrichtigen Dank schulden die Herausgeber dem Verband der Diözesen Deutschlands dafür, daß das Institut für Staatskirchenrecht der Diözesen Deutschlands als Redaktionsstelle für das Handbuch des katholischen Kirchenrechts dienen konnte. Nur dadurch war es möglich, das Handbuch in dem verhältnismäßig kurzen Zeitraum von einem Dreivierteljahr herauszubringen.

Schließlich gilt der Dank der Herausgeber Herrn Verleger Dr. *Friedrich Pustet,* Herrn Cheflektor Dr. *Gerd J. Maurer* sowie den übrigen Mitarbeitern des Verlags Friedrich Pustet. Ihrem tatkräftigen Engagement ist es zu danken, daß das Handbuch in so kurzer Zeit erscheinen konnte.

Augsburg, Bonn, München, den 21. Oktober 1983

Joseph Listl Hubert Müller Heribert Schmitz

Inhaltsverzeichnis

ERSTER TEIL
Grundlagen

1. Abschnitt
Die Kirche und ihr Recht

§ 1 Die Kirche – Das Recht im Mysterium Kirche. Von Winfried Aymans . 3

I. Die Kirche in der biblischen Bildsprache. II. Das Mysterium Kirche als Communio.

§ 2 Theologie des Kirchenrechts. Von Eugenio Corecco 12

I. Rechtsphilosophische Voraussetzungen. II. Theologie des Kirchenrechts.

§ 3 Rechtsphilosophische Grundlagen des Kirchenrechts. Von Gerhard Luf 24

I. Einleitende Überlegungen. II. Geschichtliche Wurzeln des kirchlichen Rechtsbegriffes. III. Gegenwärtige Entwicklungstendenzen. IV. Kirchliche Rechtsbegründung im Zeichen der Freiheit.

2. Abschnitt
Die Reform des Kirchenrechts

§ 4 Der Codex Iuris Canonici von 1983. Von Heribert Schmitz 33

I. Der Weg zum CIC von 1983. II. Perspektiven und Tendenzen des CIC. III. Die Systematik. IV. Die Einführungs- und Übergangsbestimmungen (cc. 1–6). V. Fortschreibung des CIC.

§ 5 Die Kodifikation des katholischen Ostkirchenrechts. Von Richard Potz 57

I. Vorgeschichte. II. Die Pontificia Commissione per la Revisione del Codice di Diritto Canonico Orientale. III. Die Richtlinien für den Codex Iuris Canonici Orientalis. IV. Die Fortbildung des katholischen Ostkirchenrechts nach dem II. Vatikanum. V. Stand der Kodifikationsarbeit Beginn 1983.

§ 6 Das Projekt einer Lex Ecclesiae Fundamentalis. Von Winfried Aymans 65

I. Vorgeschichte und Entstehung des Gesetzentwurfs. II. Bewertung.

§ 7 Kirchenrechtswissenschaft und Kirchenrechtsstudium. Von Georg May 71

I. Kirchenrechtswissenschaft. II. Kirchenrechtsstudium.

3. Abschnitt
Allgemeine Normen

§ 8 Die Rechtsnormen. Von Joseph Listl 83

I. Das Gesetz. II. Die Gewohnheit.

§ 9 Verwaltungsakt und Verwaltungsverfahren. Von Richard A. Strigl . . 99

A. Verwaltungsakt: I. Allgemeines. II. Formen kirchlicher Verwaltungsakte. B. Verwaltungsverfahren: I. Freiwillige Verwaltung. II. Zwangsmäßige Verwaltung. III. Rechtsmittel.

§ 10 Rechtspersönlichkeit und rechtserhebliches Geschehen. Von Franz Pototschnig 113

I. Rechtspersönlichkeit. II. Das „exercitium iurium". III. Handlungs- und Geschäftsfähigkeit. IV. Rechtserhebliche Eigenschaften und Umstände physischer Personen (cc. 97–110). V. Die juristische Person (cc. 113–123). VI. Voraussetzungen für rechtserhebliches Handeln (cc. 124–128). VII. Andere rechtserhebliche Komponenten (cc. 197–203).

§ 11 Die geistliche Vollmacht. Von Peter Krämer 124

I. Das Zweite Vatikanische Konzil. II. Das kirchliche Gesetzbuch. III. Systematische Entfaltung.

§ 12 Die Ausübung der Leitungsvollmacht. Von Helmuth Pree 131

I. Innerer und äußerer Wirkungsbereich. II. Ordentliche und delegierte Leitungsvollmacht. III. Die Funktionen der Leitungsvollmacht. IV. Sonderbestimmungen für die potestas exsecutiva (ordinaria oder delegata). V. Die gesetzliche Supplierung fehlender Vollmachten.

§ 13 Das Kirchenamt. Von Georg May 141

I. Begriffe und Arten. II. Errichtung, Veränderung und Aufhebung von Kirchenämtern. III. Verleihung. IV. Die Amtserledigung.

ZWEITER TEIL
Verfassung der Kirche

1. Abschnitt
Die Christgläubigen

1. Kapitel
Berufung und Zugehörigkeit zur Kirche

§ 14 Die Berufung zur Kirche. Von Reinhold Sebott 157

I. Die Aussagen des CIC. II. Die Lehre des Zweiten Vatikanischen Konzils.

§ 15 Die Zugehörigkeit zur Kirche. Von Peter Krämer 162

I. Ausgangspunkt der Fragestellung. II. Begründung und Entfaltung der Kirchenzugehörigkeit. III. Beeinträchtigung der vollen Kirchenzugehörigkeit. IV. Wiederherstellung der kirchlichen Einheit.

2. Kapitel
Die Glieder der Kirche

§ 16 Die rechtliche Grundstellung der Christgläubigen. Von Matthäus Kaiser . . . 171
I. Die Christgläubigen als Volk Gottes (c. 204). II. Fundamentale Gleichheit aller Christgläubigen (c. 208). III. Pflichten und Rechte aller Christgläubigen (cc. 209–223). IV. Stellung der Frau in der Kirche. V. Unterscheidung der Christgläubigen (c. 207).

§ 17 Die Laien. Von Matthäus Kaiser . . . 184
I. Der Begriff „Laie". II. Die rechtliche Stellung der Laien in der Kirche.

§ 18 Die Träger kirchlicher Dienste. Von Winfried Aymans . . . 190
I. Der geistliche Dienst. II. Teilhabe von Laien am besonderen Dienst der Kirche. III. Dienstverhältnis und kirchliche Sendung.

3. Kapitel
Die Kleriker

§ 19 Die Zugehörigkeit zu einem geistlichen Heimatverband. Von Hugo Schwendenwein . . . 198

§ 20 Die Rechte und Pflichten der Kleriker. Von Hugo Schwendenwein 206

§ 21 Die Entlassung aus dem Klerikerstand. Von Gerhard Fahrnberger . . . 214

§ 22 Die Ausbildung und Fortbildung der Kleriker. Von Rudolf Weigand . . 222
I. Allgemeine und partikulare Kirchenrechtsquellen. II. Recht und Pflicht der Kirche zur Bildung der Kleriker. III. Das Priesterseminar. IV. Priesterbildung. V. Ausbildung der ständigen Diakone.

§ 23 Der ständige Diakon. Von Hugo Schwendenwein . . . 229

2. Abschnitt
Die hierarchische Organisationsstruktur der Kirche

§ 24 Gliederungs- und Organisationsprinzipien. Von Winfried Aymans . . 239
I. Die Kirche als Communio Ecclesiarum. II. Gesamtkirche – Teilkirchenverband – Teilkirche. III. Die hierarchischen Verfassungsorgane. IV. Die verfassungsrechtlich relevanten Gebietskörperschaften.

1. Kapitel
Die Gesamtkirche

§ 25 Die Träger der obersten Leitungsvollmacht. Von Hubert Müller . . . 248

§ 26 Der Papst. Von René Metz . . . 252
I. Ehrentitel und Amtsbezeichnungen des Papstes. II. Der Papst als oberster Hirte der Gesamtkirche. III. Der Papst als Prinzip der Einheit der Kirche. Die

Beziehungen zum Kollegium der Bischöfe. IV. Die völkerrechtliche Stellung des Papstes. V. Die Besetzung des Apostolischen Stuhles. Die Papstwahl.

§ 27 Das Ökumenische Konzil. Von Konrad Hartelt 266

§ 28 Die Bischofssynode. Von Carl Gerold Fürst 273

§ 29 Die Kardinäle. Von Peter Leisching 277

I. Das Kardinalskollegium. II. Die Kreation der Kardinäle. III. Mitwirkung an der Kirchenregierung. IV. Sonderrechte der Kardinäle.

§ 30 Die Römische Kurie. Von Ignacio Pérez de Heredia y Valle 281

I. Allgemeines. II. Das Staatssekretariat und der Rat für die Öffentlichen Angelegenheiten der Kirche. III. Die Kongregationen. IV. Die Gerichtshöfe. V. Weitere Kurieninstitutionen. VI. Das Päpstliche Haus. Von Heribert Schmitz.

§ 31 Die päpstlichen Gesandten. Von Paul Mikat 295

I. Die Aufgaben des päpstlichen Gesandtschaftswesens. II. Die Bestimmungen des Codex Iuris Canonici von 1983. III. Rechte und Pflichten der päpstlichen Gesandten.

§ 32 Der Vatikanstaat. Von Winfried Schulz 301

2. Kapitel
Die Teilkirchenverbände

§ 33 Plenarkonzil und Bischofskonferenz. Von Joseph Listl 304

I. Das Plenarkonzil. II. Die Bischofskonferenz. III. Die Bischofskonferenzen im deutschen Sprachgebiet.

§ 34 Die Kirchenprovinz. Provinzialkonzil und Metropolit. Von Heinz Maritz 325

3. Kapitel
Die Teilkirche

§ 35 Diözesane und quasidiözesane Teilkirchen. Von Hubert Müller . . . 329

I. Zum Begriff „Teilkirche". II. Die Elemente der Teilkirche. III. Die diözesanähnlichen Teilkirchen.

§ 36 Der Diözesanbischof. Von Heribert Schmitz 336

I. Der bischöfliche Dienst. II. Das Diözesanbischofsamt. III. Behinderung und Erledigung des Diözesanbischofsamtes.

§ 37 Koadjutor- und Auxiliarbischof. Von Joseph Listl 348

§ 38 Die Konsultationsorgane des Diözesanbischofs. Von Heribert Schmitz 352

I. Funktion. II. Die Diözesansynode. III. Der Priesterrat. IV. Das Konsultorenkollegium. V. Der Diözesanvermögensverwaltungsrat. VI. Der Diözesanpastoralrat. VII. Teilkirchliche Ausgestaltung.

§ 39 Die Diözesankurie. Von Hubert Müller 364
I. Generalvikar und Offizial. II. Bischofsvikar. III. Weitere Organisation der Diözesankurie.

§ 40 Die Dom- und Stiftskapitel. Von Richard Puza 376
I. Geschichte, Begriff und grundsätzliche Fragen. II. Verfassung und Organisation. III. Kapitel und Pfarrei.

4. Kapitel
Die Untergliederungen der Diözese

§ 41 Die diözesane Region. Von Karl-Theodor Geringer 380

§ 42 Das Dekanat. Von Karl-Theodor Geringer 382

5. Kapitel
Die Pfarrei

§ 43 Die Pfarrei. Von Hubert Hack 384
I. Begriff und Aufgabe. II. Arten der Pfarrei. III. Gliederung der Pfarrei. IV. Die Neubesetzung der Pfarrei. V. Errichtung, Aufhebung und Änderung von Pfarreien. VI. Einverleibung und Anvertrauung einer Pfarrei. VII. Staatsrechtliche Stellung der Pfarrei.

§ 44 Der Pfarrer. Von Heribert Heinemann 395
I. Begriffe. II. Arten. III. Rechte und Pflichten des Pfarrers. IV. Einsetzung in das Pfarramt. V. Erledigung des Pfarramtes. VI. Sonderregelung für die Übernahme einer Pfarrei durch eine priesterliche Gemeinschaft (cc. 542–544). VII. Pfarrvikar mit Pfarrechten.

§ 45 Die Mitarbeiter des Pfarrers. Von Heribert Heinemann 411
I. Kleriker. II. Laien. III. Die Pastoralkonferenz.

§ 46 Pfarrgemeinderat und Pfarrverwaltungsrat. Von Josef Lederer 425
I. Der Pfarrgemeinderat. II. Der Pfarrverwaltungsrat.

§ 47 Der Pfarrverband. Von Peter Krämer 429

§ 48 Kirchenrektor und Seelsorger für besondere Gemeinschaften. Von Helmuth Pree 433
I. Der Kirchenrektor. II. Der Seelsorger für besondere Gemeinschaften.

6. Kapitel
Kategoriale Bereiche

§ 49 Seelsorge am Menschen unterwegs. Von Bernhard Puschmann 437
I. Begriff und Einteilung kategorialer Seelsorge. Seelsorge am Menschen unterwegs im kirchlichen Gesetzbuch. II. Leitungsorganisation. III. Strukturen der praktischen Seelsorge.

§ 50 Schul- und Hochschulseelsorge. Von Alfred E. Hierold 441

§ 51 Anstaltsseelsorge. Von Alfred E. Hierold 443

§ 52 Militärseelsorge. Von Alfred E. Hierold 447

I. Gesamtkirchliche Ordnung. II. Die Militärseelsorge bei der Deutschen Bundeswehr. III. Militärseelsorge in Österreich und in der Schweiz.

3. Abschnitt
Die Vereinigungen in der Kirche

1. Kapitel
Die kirchlichen Vereine

§ 53 Allgemeine Fragen des kirchlichen Vereinsrechts. Von Helmut Schnizer 454

I. Wesen des Vereins. II. Das Vereinswesen in der Kirche. III. Das Vereinsrecht im Codex Iuris Canonici von 1983.

§ 54 Die privaten kirchlichen Vereine. Von Helmut Schnizer 469

§ 55 Die öffentlichen kirchlichen Vereine. Von Helmut Schnizer 473

2. Kapitel
Die Lebensgemeinschaften der evangelischen Räte

§ 56 Grundfragen der Lebensgemeinschaften der evangelischen Räte. Von Hubert Müller 476

I. Lehre des Zweiten Vatikanischen Konzils. II. Konzeption des Kirchlichen Gesetzbuches.

§ 57 Die Religiosenverbände. Von Bruno Primetshofer 486

I. Begriffliches. II. Errichtung und Aufhebung von Niederlassungen. III. Leitung der Ordensinstitute. IV. Aufnahme und Ausbildung der Kandidaten. V. Pflichten und Rechte der Ordensinstitute und ihrer Mitglieder. VI. Trennung vom Institut.

§ 58 Die Säkularinstitute. Von Rudolf Weigand 511

I. Zur geschichtlichen Entwicklung. II. Begriff und Wesenselemente. III. Einteilung. IV. Errichtung und Leitung der Säkularinstitute. V. Mitglieder der Säkularinstitute.

3. Kapitel
Die Verbände mit besonderer apostolischer Zielsetzung

§ 59 Die Gesellschaften des apostolischen Lebens. Von Hubert Socha . . . 519

I. Wesenselemente. II. Einteilung, Errichtung und Aufhebung. III. Leitung. IV. Mitglieder. V. Vermögensrecht. VI. Apostolat. VII. Ausscheiden.

§ 60 Die Personalprälaturen. Von Heribert Schmitz 526
I. Begriff und Struktur. II. Die Personalprälatur vom Heiligen Kreuz und Opus Dei (Praelatura personalis Sanctae Crucis et Operis Dei).

DRITTER TEIL
Sendung der Kirche

1. Abschnitt
Der Verkündigungsdienst der Kirche

1. Kapitel
Verkündigung und Lehre

§ 61 Begriff, Aufgabe und Träger des Lehramts. Von Winfried Aymans . . . 533
I. Das Lehramt in der Kirche. II. Die Communio-Struktur des Glaubenslebens der Kirche.

§ 62 Die Verkündigung in Predigt und Katechese. Von Oskar Stoffel 541
I. Die Predigt des Gotteswortes. II. Die katechetische Unterweisung.

§ 63 Der missionarische Auftrag. Von Oskar Stoffel 547
I. Die Mission der Kirche als Volk Gottes. II. Die Missionsträger. III. Die Missionstätigkeit.

§ 64 Der ökumenische Auftrag. Von Hubert Müller 553

§ 65 Glaubensfreiheit und Glaubensbekenntnis. Von Gerhard Luf 561
I. Grundlagen der Glaubensfreiheit in der Kirche. II. Glaubensbekenntnis.

§ 66 Schutz der Glaubens- und Sittenlehre. Von Heribert Heinemann . . . 567
I. Allgemeine Einführung. II. Das geltende Recht. III. Lehrprüfungs- und Lehrbeanstandungsverfahren.

2. Kapitel
Erziehung und Bildung

§ 67 Das Bildungswesen. Von Franz Pototschnig 579
I. Grundsätzliches zu Bildung und Erziehung. II. Schulische Bildung. III. Erwachsenenbildung. IV. Massenmedien – Kommunikationsmittel.

§ 68 Der Religionsunterricht. Von Joseph Listl 590
I. Die Bestimmungen des Codex Iuris Canonici von 1983 über die Erteilung des schulischen Religionsunterrichts. II. Die Bestimmungen der staatlichen Rechtsordnung über den schulischen Religionsunterricht. III. Das innerkirchlich-theologisch-pädagogische Verständnis des katholischen schulischen Religionsunterrichts.

§ 69 Die Hochschulen. Von Georg May 605

I. Die katholischen Universitäten und Fakultäten. II. Die kirchlichen Universitäten und Fakultäten. III. Die theologischen Fakultäten (Fachbereiche), Abteilungen und Lehrstühle an staatlichen Hochschulen.

2. Abschnitt
Der Heiligungsdienst der Kirche

1. Kapitel
Grundfragen

§ 70 Begriff, Träger und Ordnung der Liturgie. Von Hubert Socha 632

I. Die Liturgie als Teil der Heiligungsaufgabe. II. Die Träger der Liturgie. III. Die Ordnung der Liturgie. IV. Das kirchliche Stundengebet.

§ 71 Ökumenische Gottesdienstgemeinschaft. Von Matthäus Kaiser . . . 641

I. Terminologie. II. Ökumenische Gemeinschaft in der Feier der Sakramente. III. Ökumenische Gottesdienstgemeinschaft in sonstigen gottesdienstlichen Handlungen. IV. Strafbestimmung (c. 1365).

2. Kapitel
Vorbedingungen des Gottesdienstes

§ 72 Geweihte Stätten. Von Heinrich J. F. Reinhardt 648

§ 73 Geheiligte Zeiten. Von Reinhold Sebott 654

3. Kapitel
Die Sakramente der Initiation

§ 74 Taufe und Firmung. Von Alfred E. Hierold 659

A. Die Taufe: I. Grundlegendes. II. Die Feier der Taufe. III. Der Spender der Taufe. IV. Der Empfänger der Taufe. V. Die Taufpaten. VI. Beweis und Eintragung der vollzogenen Taufe. B. Die Firmung: I. Grundsätzliches (c. 879). II. Die Feier der Firmung. III. Der Spender der Firmung. IV. Der Empfänger der Firmung. V. Die Firmpaten. VI. Beweis und Eintragung der Firmspendung.

§ 75 Die Eucharistie. Von Adalbert Mayer 676

I. Die Träger der Eucharistie. II. Der Empfang der heiligen Kommunion. III. Nähere Umstände der Eucharistiefeier. IV. Aufbewahrung und Verehrung der Eucharistie. V. Applikation und Meßstipendium.

4. Kapitel
Die Sakramente der Buße und der Krankensalbung

§ 76 Das Bußsakrament. Von Rudolf Weigand 692

I. Theologische Grundlagen der Spendung des Bußsakraments. II. Spender des Bußsakraments. III. Empfänger des Bußsakraments.

§ 77 Der Ablaß. Von Rudolf Henseler 707

§ 78 Die Krankensalbung. Von Oskar Stoffel 712
I. Theologisch-pastorale Neubesinnung. II. Pastoral-liturgische Neuordnung.

5. Kapitel
Das Sakrament der Weihe

§ 79 Die Ordination. Von Hubert Müller 715
I. Theologie des Weihesakramentes. II. Spender des Weihesakramentes. III. Empfänger des Weihesakramentes.

§ 80 Nichtigerklärung der Weihe. Von Gerhard Fahrnberger 728

6. Kapitel
Das Sakrament der Ehe

§ 81 Grundfragen des kirchlichen Eherechts. Von Matthäus Kaiser 730
I. Ehe als Institution der Schöpfungsordnung. II. Ehe als Bund (cc. 1055–1057). III. Wirkungen der Eheschließung (cc. 1060–1061, 1134–1140). IV. Kompetenz der Kirche (cc. 1058–1059).

§ 82 Die Vorbereitung der Eheschließung. Von Hartmut Zapp 746

§ 83 Die rechtliche Ehefähigkeit und die Ehehindernisse. Von Hartmut Zapp 755

§ 84 Der Ehekonsens. Von Bruno Primetshofer 765
I. Begriff, Inhalt, Wirkung und Voraussetzungen des Ehekonsenses. II. Die Erkenntnismängel. III. Die Willensmängel. IV. Die bedingte Eheschließung. V. Die Abgabe der ehelichen Willenserklärung.

§ 85 Die Eheschließung. Von Bruno Primetshofer 782
I. Allgemeines zur Eheschließungsform. II. Der Inhalt der kirchlichen Formpflicht. III. Der Kreis der formgebundenen Personen. IV. Liturgische Form, Ort, Zeit und Beurkundung der Eheschließung. V. Die geheim abzuschließende Ehe.

§ 86 Die konfessionsverschiedene Ehe. Von Heribert Heinemann 796
I. Begriff. II. Die Entwicklung der rechtlichen Regelung seit dem CIC von 1917. III. Das geltende Recht.

§ 87 Die Konvalidation der Ehe. Von Karl-Theodor Geringer 808
I. Die Gültigmachung im allgemeinen. II. Die einfache Gültigmachung (cc. 1156–1160). III. Die Eheheilung in der Wurzel.

§ 88 Nichtigerklärung, Auflösung und Trennung der Ehe. Von Heinrich Flatten 815
I. Die absolute Unauflöslichkeit der gültig geschlossenen und vollzogenen Ehe von zwei Getauften. II. Die Nichtigerklärung der Ehe. III. Die Auflösung der nichtvollzogenen Ehe. IV. Die Auflösung der Ehe von zwei Ungetauften nach dem Paulinischen Privileg. V. Die Auflösung der nichtsakramentalen Ehe

durch päpstlichen Auflösungsbescheid. VI. Die Trennung der Gatten unter Fortbestand des Ehebandes.

§ 89 Die bürgerliche Eheschließung und Ehescheidung. Von Paul Mikat . . 827
I. Eheschließung. II. Ehescheidung.

7. Kapitel
Sonstige gottesdienstliche Formen

§ 90 Die Sakramentalien. Von Heinrich J. F. Reinhardt 836

§ 91 Das kirchliche Begräbnis. Von Heinrich J. F. Reinhardt 840

§ 92 Die Heiligen-, Bilder- und Reliquienverehrung. Von Heinz Maritz . . 844

3. Abschnitt
Der karitative Dienst der Kirche

§ 93 Grundfragen karitativer Diakonie. Von Alfred E. Hierold 847

§ 94 Organisation der Karitas. Von Alfred E. Hierold 851

VIERTER TEIL
Kirchenvermögen

§ 95 Grundfragen kirchlichen Vermögensrechts. Von Winfried Schulz . . . 859
I. Die Notwendigkeit eines kirchlichen Vermögensrechts. II. Die Rechtsträger kirchlichen Vermögens. III. Der Begriff des Kirchenvermögens. IV. Einzelne Kirchenvermögen.

§ 96 Der Erwerb von Kirchenvermögen. Von Richard Potz 881
I. Grundsätzliches. II. Abgaben. III. Freiwillige Leistungen. IV. Staatsleistungen.

§ 97 Kirchensteuer und Kirchenbeitrag. Von Alexander Hollerbach 889
I. Abgaben-Pflicht und Abgaben-Recht. II. Die Ausgestaltung der Kirchenbeiträge zur Kirchensteuer. III. Das österreichische Kirchenbeitragssystem. IV. Die theologische Legitimität der Kirchensteuer.

§ 98 Die Verwaltung des Kirchenvermögens. Von Richard Puza 900
I. Grundsätzliche Fragen. II. Das einzelne Organ und seine Befugnisse. III. Aufsicht über die Vermögensverwaltung.

§ 99 Die Rechtsgeschäfte über das Kirchenvermögen. Von Richard Puza . . 910
I. Grundsätzliche Fragen. II. Die Schutzfunktion der kanonischen Veräußerungsbestimmungen. III. Hinweise zum deutschen Partikularrecht.

§ 100 Kunst- und Denkmalpflege. Von Alexander Hollerbach 915
I. Bestimmungen des Kirchenrechts. II. Bestimmungen des Staatskirchenrechts.

FÜNFTER TEIL
Kirchenstrafen

§ 101 Grundfragen des kirchlichen Strafrechts. Von Richard A. Strigl 923

I. Kirchliche Heilsgemeinschaft und menschliches Versagen. II. Sühne und Besserung als Sinn kirchlichen Strafens. III. Kirchliche Strafgewalt im Staat. IV. Einleitende Bestimmungen des Codex Iuris Canonici.

§ 102 Straftat und Strafe. Von Richard A. Strigl 929

I. Strafgesetz und Strafgebot (cc. 1313–1320). II. Voraussetzungen und Umstände des Strafens (cc. 1321–1330). III. Beugestrafen und Sühnestrafen (cc. 1331–1338). IV. Strafsicherungsmittel und Strafbußen (cc. 1339, 1340). V. Strafverhängung und Straferlaß (cc. 1341–1363).

§ 103 Die einzelnen Straftaten. Von Richard A. Strigl 941

I. Tatstrafen. II. Spruchstrafen. III. Generalklausel (c. 1399).

SECHSTER TEIL
Kirchlicher Rechtsschutz

§ 104 Grundfragen kirchlicher Gerichtsbarkeit. Von Georg May 953

I. Existenzberechtigung kirchlicher Gerichtsbarkeit. II. Die Zuständigkeit der Kirche. III. Die kanonischen Rechtswege. IV. Entscheidung über den Rechtsweg. V. Rechtsschutz gegen Verwaltungsakte. VI. Die Gerichtsverwaltung.

§ 105 Gerichtsverfassung und Gerichtsordnung. Von Paul Wirth 962

A. Gerichtsverfassung: I. Zuständigkeit der Gerichte. II. Organisation der Gerichte. B. Gerichtsordnung.

§ 106 Das Streitverfahren. Von Paul Wirth 972

I. Parteien und ihre Kampfmittel. II. Verfahren. III. Anfechtung eines Urteils. IV. Kostenregelung. V. Mündliches Streitverfahren. VI. Abwendung von Verfahren.

§ 107 Die Eheverfahren. Von Heinrich Flatten 984

I. Der ordentliche Ehenichtigkeitsprozeß. II. Der summarische Ehenichtigkeitsprozeß. III. Die Ehenichtigkeitserklärung im Verwaltungsverfahren. IV. Das Inkonsummationsverfahren. V. Das Verfahren beim Paulinischen Privileg. VI. Das Verfahren bei der päpstlichen Auflösung einer nichtsakramentalen Ehe kraft des Glaubensprivilegs. VII. Das Separationsverfahren. VIII. Das Verfahren zur Todeserklärung bei Verschollenheit.

§ 108 Die Weiheverfahren. Von Gerhard Fahrnberger 999

§ 109 Das Strafverfahren. Von Hans Paarhammer 1002

I. Vorverfahren. II. Strafverhängung durch außergerichtliches Dekret. III. Gerichtliche Vorgangsweise. IV. Klage auf Wiedergutmachung eines angerichteten Schadens.

§ 110 Verwaltungsbeschwerde und Verwaltungsgerichtsbarkeit. Von Richard A. Strigl 1011

I. Verwaltungsbeschwerde. II. Verwaltungsgerichtsbarkeit.

SIEBENTER TEIL
Kirche und Staat

§ 111 Die Lehre der Kirche über das Verhältnis von Kirche und Staat. Von Joseph Listl 1021

I. Die Kirche als Heils- und Rechtsgemeinschaft. II. Wesensverschiedenheit von Kirche und Staat. III. Die Eigenständigkeit der kirchlichen Leitungsgewalt. IV. Die Bestimmungen des Codex Iuris Canonici von 1983 zum Verhältnis von Kirche und Staat. V. Die Verpflichtung des Staates zur Gewähr religiöser Freiheit. VI. Notwendigkeit enger Kooperation zwischen Kirche und Staat. VII. Die Bedeutung des Konkordats für die Regelung der Beziehungen zwischen Kirche und Staat.

§ 112 Grundmodelle einer möglichen Zuordnung von Kirche und Staat. Von Joseph Listl 1037

I. Die geschichtliche Dimension der Aussagen der Kirche zum Verhältnis von Kirche und Staat. II. Grundsätzliche religiöse Neutralität des Staates als Voraussetzung für die Gewähr individueller und korporativer Religionsfreiheit.

§ 113 Das Verhältnis von Kirche und Staat in der Bundesrepublik Deutschland. Von Joseph Listl 1050

I. Statistisch-soziologische Grundlagen und Organisationsstrukturen. II. Das Grundverhältnis zwischen Kirche und Staat. III. Die verfassungsrechtlichen Normativbestimmungen und die Konkordate. IV. Einzelne Sachbereiche des Verhältnisses von Kirche und Staat. V. Zusammenfassung.

§ 114 Das Verhältnis von Kirche und Staat in der Deutschen Demokratischen Republik. Von Alexander Hollerbach 1072

I. Die Organisationsstruktur der evangelischen und katholischen Kirche in der DDR. II. Das Grundverhältnis zwischen Staat und Religion in der DDR. III. Die Verfassungsbestimmungen zur Religions- und Kirchenfreiheit. IV. Die einzelnen Lebensbereiche der Kirche in der Rechtsordnung der DDR.

§ 115 Das Verhältnis von Kirche und Staat in der Republik Österreich. Von Hans R. Klecatsky 1081

I. Die historischen Schichten des österreichischen Staatskirchenrechts. II. Zentrale Verfassungsbestimmungen. III. Die individuelle Religionsfreiheit. IV. Die korporative Religionsfreiheit der „gesetzlich anerkannten Kirchen und Religionsgesellschaften". V. „Äußere Angelegenheiten" der gesetzlich anerkannten Kirchen. VI. Die gesellschaftliche Öffentlichkeit als Feld kirchlichen Wirkens.

§ 116 Das Verhältnis von Kirche und Staat in der Schweiz. Von Louis Carlen 1097

I. Statistisch-soziologische Gegebenheiten und Organisationsstrukturen. II. Die Normen für das Staatskirchenrecht. III. Zum Grundverhältnis zwischen Kirche und Staat. IV. Die religiösen Grundrechte. V. Weitere Sachbereiche des Verhältnisses von Kirche und Staat.

§ 117 Das Verhältnis von Kirche und Staat in Frankreich. Von René Metz . . 1109

I. Einleitung. II. Das allgemeine staatskirchenrechtliche System. III. Die staatskirchenrechtliche Sonderstellung der drei östlichen Départements. IV. Schlußbetrachtungen.

*

Kanonesregister 1129

*

Personenregister 1147

*

Sachwortregister 1161

*

Mitarbeiterverzeichnis 1209

Abkürzungsverzeichnis

a.	anno; ante; argumentum
A.	Authentica
a. A.	anderer Ansicht
AA, VatII AA	Vaticanum II, Dekret „Apostolicam actuositatem" (AAS 58 [1966], S. 837–864)
AAS	Acta Apostolicae Sedis, Romae 1909ff.
AB	Evangelische Kirche Augsburgischen Bekenntnisses (in Österreich)
ABGB	Allgemeines Bürgerliches Gesetzbuch (für Österreich)
abgedr.	abgedruckt
Abh.	Abhandlung(en)
abl.	ablehnend(e, er, es)
ABl.	Amtsblatt
Abs.	Absatz
Abschn.	Abschnitt
Abt.	Abteilung
AcDocVat	Acta et Documenta Concilio Oecumenico Vaticano II apparando, Series I (Antepraeparatoria), vol. I–IV, Indices, Città del Vaticano 1960–1961; Series II (Praeparatoria), vol. I–III, Città del Vaticano 1964–1969
AcSynVat	Acta Synodalia Sacrosancti Concilii Oecumenici Vaticani II, vol. I–IV, Indices, Città del Vaticano 1970ff.
Acta Conventus Internationalis	Acta Conventus Internationalis Canonistarum Romae diebus 20–25 mai 1968 celebrati, Typ. Pol. Vat. 1970
A.D.	Anno Domini
AdC	L'Ami du Clergé, Langres 1878ff.
add.	addit; addunt
ADN	Allgemeiner Deutscher Nachrichtendienst (DDR)
AEM	Allgemeine Einführung in das Meßbuch, in: Die Feier der Heiligen Messe. Meßbuch für die Bistümer des deutschen Sprachgebietes, authentische Ausgabe für den liturgischen Gebrauch, Teil I, Freiburg i.Br.-Einsiedeln 1975, S. 19*–69*
AevKR	Archiv für evangelisches Kirchenrecht, Berlin 1, 1937–5, 1941
a. F.	alte Fassung; alte Folge
AfkKR	Archiv für katholisches Kirchenrecht, Innsbruck 1857ff. (Mainz 1862ff.)
AG	Ausführungsgesetz
AG, VatII AG	Vaticanum II, Dekret „Ad gentes" (AAS 58 [1966], S. 947–990)
AGG	Arbeitsgemeinschaft katholischer Studenten- und Hochschulgemeinden
AHP	Archivum Historiae Pontificiae, Roma 1963ff.
Akten des 4. Internat. Kongresses f. Kirchenrecht	Les Droits Fondamentaux du Chrétien dans l'Eglise et dans la Société – Die Grundrechte des Christen in Kirche und Gesellschaft – I Diritti Fondamentali del Cristiano nella Chiesa e nella Società. Akten des IV. Internationalen Kongresses für

	Kirchenrecht – Fribourg (Suisse) 6.–11. X. 1980. Hrsg. von Eugenio Corecco, Niklaus Herzog, Angelo Scola. Fribourg (Suisse)-Freiburg i. Br.-Milano 1981
allg.	allgemein(e, er, es)
Alt.	Alternative
a. M.	anderer Meinung
amtl.	amtlich(e, er, es)
Angelicum	Angelicum. Periodicum internationale de re philosophica et theologica, Roma 1924ff.
AnGr	Analecta Gregoriana, Roma 1930ff.
Anh.	Anhang
AnHistConc	Annuarium Historiae Conciliorum, Amsterdam u. a. 1969ff.
Anima	Anima. Vierteljahresschrift für praktische Seelsorge, Olten 1, 1946 – 20, 1965
Anl.	Anlage(n)
Anm.	Anmerkung(en)
AnnéeC	L'Année Canonique, Paris 1952ff.
Anordn.	Anordnung
AnPont	Annuario Pontificio
Antonianum	Antonianum. Periodicum philosophico-theologicum trimestre, Roma 1926ff.
Anw.	Anweisung
Anz.	Anzeiger
AnzkathGeist	Anzeiger für die katholische Geistlichkeit (ab 1. 4. 1981: Anzeiger für die Seelsorge), Frankfurt a. M. 1, 1881ff. (Freiburg i. Br. 54, 1935ff.)
AöR	Archiv des öffentlichen Rechts, Tübingen 1886ff.
Ap., Apost.	Apostolisch(e, er es); apostolicus (-ca, -cum)
Apg	Apostelgeschichte
Ap. Konst.	Apostolische Konstitution
Apollinaris	Apollinaris. Commentarium iuris canonici, Romae 1928ff.
Apost.	Apostolisch(e, er es); apostolicus (-ca, cum)
App.	Appendix
Approb.	Approbation
arg.	argumentum
ARSP	Archiv für Rechts- und Sozialphilosophie, Bern 1907ff.
Art., art.	Artikel, articulus
ASA	Archiv für schweizerisches Abgabenrecht
ASS	Acta Sanctae Sedis, Roma 1, 1865 – 41, 1908
ASVG	Allgemeines Sozialversicherungsgesetz – Bundesgesetz vom 9. September 1955, BGBl. Nr. 189/1955 (Österreich)
AT	Altes Testament
Aufl.	Auflage
AuHB	Evangelische Kirche Augsburgischen und Helvetischen Bekenntnisses (in Österreich)
AusfBest.	Ausführungsbestimmung(en)
Ausg.	Ausgabe
ausl.	ausländisch(e, er, es)
AVG	Angestelltenversicherungsgesetz
AVO	Ausführungsverordnung
AVR	Archiv des Völkerrechts, Tübingen 1948ff.
Az.	Aktenzeichen

BadK	Badisches Konkordat vom 12. Oktober 1932
BadKV	Badischer Kirchenvertrag vom 14. November 1932
Baraúna	G. Baraúna OFM (Hrsg.), De Ecclesia, Bd. I–II, Freiburg-Basel-Wien u. Frankfurt a. M. 1966
bayer.	bayerisch(e, er, es)
BayK	Bayerisches Konkordat vom 29. März 1924
BayKV	Bayerischer Kirchenvertrag vom 15. November 1924
BayVBl.	Bayerische Verwaltungsblätter, München, N. F. 1, 1955 ff.
BayVerf.	Bayerische Verfassung
BayVGH	Bayerischer Verwaltungsgerichtshof
BBK	Berliner Bischofskonferenz
Bd./Bde.	Band/Bände
bearb.	bearbeitet
begr.	begründet
Bek.	Bekanntmachung
ber.	berichtigt(e, er, es)
bes.	besonders
Beschl.	Beschluß
betr.	betreffend(e, er es)
bez.	bezüglich
BFH	Bundesfinanzhof
BGB	Bürgerliches Gesetzbuch
BGBl.	Bundesgesetzblatt
BGE	Amtliche Entscheidungen des Schweizerischen Bundesgerichtes
BGH	Bundesgerichtshof
bibliogr.	bibliographisch(e, er es)
BIDC	Bibliothèque de l'institut de droit canonique de l'Université de Strasbourg
Bijdragen	Bijdragen. Tijdschrift voor Filosofie en Theologie, Nijmegen u. a. 14, 1953 ff.
Bischöfl.	Bischöflich(e, er, es)
BMCL	Bulletin of Medieval Canon Law, Berkeley, California, USA 1971 ff.
brem.	bremisch(e, er, es)
BSHG	Bundessozialhilfegesetz
BV	Bundesverfassung
BVerfG	Bundesverfassungsgericht
BVerfGE	Entscheidungen des Bundesverfassungsgerichts, Tübingen 1952 ff.
BVerfGG	Gesetz über das Bundesverfassungsgericht
BVerwG	Bundesverwaltungsgericht
BVerwGE	Entscheidungen des Bundesverwaltungsgerichts, Berlin 1955 ff.
B-VG	Bundes-Verfassungsgesetz vom 1. Oktober 1920 in der gegenwärtigen Fassung (Österreich)
bzw.	beziehungsweise
c.	canon; capitulum; causa; condicio; constitutio
C.	Causa; Codex; Coetus
ca.	circa
can.	canon

Can.LawStud., CLS	Canon Law Studies, Washington, D. C. 1916ff.
cap.	capitulum
Card.	Cardinalis
Catholica	Catholica. Jahrbuch für Kontroverstheologie, Münster u. a. 1932ff.
Cat. trad.	Johannes Paul II., Adhortatio Apostolica „Catechesi tradendae" vom 16. Oktober 1979 (AAS 71 [1979], S. 1277–1340)
cc.	canones
CCEE	Consilium Conferentiarum Episcopalium Europae
CChr	Corpus Christianorum seu nova Patrum collectio, Turnhout 1953ff.
CD, VatII CD	Vaticanum II, Dekret „Christus Dominus" (AAS 58 [1966], S. 673–696)
cf.	confer
Chiesa dopo il Concilio	La Chiesa dopo il Concilio II Vaticano. Atti del Congresso Internazionale di Diritto Canonico Roma 14–19 gennaio 1970, Milano 1972
Chr.	Christus
CI	Caritas Internationalis
CIC, CIC/1983	Codex Iuris Canonici von 1983
CIC/1917	Codex Iuris Canonici von 1917
CICfontes, CIC-Fontes	P. Gasparri/I. Serédi, Codicis Iuris Canonici Fontes, vol. I–IX, Romae 1923–1939
CICO	Codex Iuris Canonici Orientalis
CICO/CA	Codex Iuris Canonici Orientalis. MP „Crebrae allatae" vom 22. Februar 1949 (AAS 41 [1949], S. 89–117)
CICO/CS	Codex Iuris Canonici Orientalis. MP „Cleri Sanctitati" vom 2. Juni 1957 (AAS 49 [1957], S. 433–603)
CICO/PA	Codex Iuris Canonici Orientalis. MP „Postquam Apostolicis Litteris" vom 9. Februar 1952 (AAS 44 [1952], S. 65–152)
CICO/SN	Codex Iuris Canonici Orientalis. MP „Sollicitudinem nostram" vom 6. Januar 1950 (AAS 42 [1950], S. 5–120)
CivCatt	La Civiltà Cattolica, Roma 1850ff.
CJM	Congregatio Jesu et Mariae (Eudisten)
c. l.	citato loco
ClRv	Clergy Review, London 1931ff.
CLS	Canon Law Studies, Washington, D. C. 1916ff.
CM	Congregatio Missionis (Lazaristen)
CMIS	Conferentia Mundialis Institutorum Saecularium
COD	Conciliorum Oecumenicorum Decreta, curantibus J. Alberigo et al., ed. Istituto per le scienze religiose, Editio tertia, Bologna 1973
ColLac	Collectio Lacensis = Acta et decreta sacrorum conciliorum recentiorum, Freiburg 1, 1870–7, 1890
CollMech	Collectanea Mechliniensia, Mechlin u. a. 16, 1927ff.
Communicationes	Communicationes. Hrsg.: Pontificia Commissio Codici Iuris Canonici Recognoscendo, Typ. Pol. Vat. 1969ff.
Communio	Communio. Collezione di ricerche Storiche sulla struttura organice della chiesa
ComRelMiss	Commentarium pro Religiosis et Missionariis, Roma 1920ff.
Conc (D), Concilium	Concilium. Internationale Zeitschrift für Theologie, Einsiedeln u. a. 1965ff.
concl.	conclusio

Conrad	H. Conrad, Deutsche Rechtsgeschichte, Karlsruhe, Bd. I 2. Aufl. 1962, Bd. II 1966
ConsPublEcclNeg	Consilium pro Publicis Ecclesiae Negotiis
Const.	Constitutio
Const.Ap.	Constitutio Apostolica
Const. Ap. Rom. Pont. elig.	Constitutio Apostolica „Romano Pontifici eligendo" vom 1. Oktober 1975 (AAS 67 [1975], S. 609–645)
Const. REU	Apost. Konst. „Regimini Ecclesiae universae" vom 15. August 1967 (AAS 59 [1967], S. 885–928; NKD 10, S. 62–151)
CPPS	Congregatio Presbyterorum a Pretiosissimo Sanguine
CSCO	Corpus scriptorum christianorum orientalium, Roma u. a. 1903ff.
CSEL	Corpus scriptorum ecclesiasticorum latinorum, Wien 1866ff.
ČSSR	Československá Socialistická Republika
CT	Concilium Tridentinum. Diariorum, Actorum, Epistularum, Tractatum nova Collectio, Freiburg i. Br. 1901ff.
D.	Distinctio
DBK	Deutsche Bischofskonferenz
DBl., DiözBl.	Diözesanblatt
DC	Directorium catechisticum generale vom 11. April 1971 (AAS 64 [1972], S. 97–176)
DCV	Deutscher Caritasverband
DDC	Dictionnaire de droit canonique, tom. I–VII, Paris 1935–1965
DDR	Deutsche Demokratische Republik
Dec.	Decisio
Decl.	Declaratio
Decr.	Decretum
Dekr.	Dekret
ders.	derselbe
dgl.	dergleichen
d. h.	das heißt
DH, VatII DH	Vaticanum II, Erklärung „Dignitatis humanae" (AAS 58 [1966], S. 929–941)
d. i.	das ist
Diakonia	Diakonia. Internationale Zeitschrift für die Praxis der Kirche, Mainz 1966ff
dies.	dieselbe
DiözBl.	Diözesanblatt
DirEccl	Il Diritto Ecclesiastico, Roma u. a. 37, 1926ff.
Direkt.	Direktorium
DirOec, DirOec I	Ökumenisches Direktorium, Teil I vom 14. Mai 1967 (AAS 59 [1967], S. 574–592), Teil II vom 16. April 1970 (AAS 62 [1970], S. 705–724)
DirpastMinEp	Directorium de Pastorali Ministerio Episcoporum vom 22. Februar 1973, Typ. Pol. Vat. 1973
Diss.	Dissertation
Div.	Divinitas, Roma 1957ff.
d. J.	der (des) Jahre(s)
DJZ	Deutsche Juristenzeitung, Berlin 1, 1896–41, 1936
DM	Deutsche Mark
DÖV	Die Öffentliche Verwaltung, Stuttgart u. a. 1948ff.
DOK	Deutschschweizerische Ordinarienkonferenz

Dr.	Doktor
DRZ	Deutsche Rechts-Zeitschrift, Tübingen 1, 1946–5, 1950
DS	H. Denzinger/A. Schönmetzer, Enchiridion Symbolorum, Definitionum et Declarationum de rebus fidei et morum, 35. Aufl., Barcelona-Freiburg i. Br.–Rom–New York 1974
dt.	deutsch(e, er, es)
Dt	Deuteronomium
DTh	Divus Thomas, Freiburg/Schweiz 1914ff.
DThC	Dictionnaire de théologie catholique, Paris 1903ff.
durchges.	durchgesehen(e, er, es)
DV, VatII DV	Vaticanum II, Dogmatische Konstitution „Dei Verbum" (AAS 58 [1966], S. 817–830)
DVBl.	Deutsches Verwaltungsblatt, Köln u. a. 65, 1950ff.
DZKR	Deutsche Zeitschrift für Kirchenrecht, Freiburg i. Br. 1, 1892 bis 25, 1917 (s. auch ZKR)
E.	Entscheidung(en); Entwurf
e.	ecclesia
ebd.	ebenda
Ecclpast	SC Fid, Decretum „De Ecclesiae pastorum vigilantia circa libros" vom 19. März 1975 (AAS 67 [1975], S. 281–284; NKD 52, S. 40–49)
ed./edd.	edidit/ediderunt; editio
Ed.	Edition
EGBGB	Einführungsgesetz zum Bürgerlichen Gesetzbuch
Ehe	Ehe. Zentralblatt für Ehe- und Familienkunde
EheG	Ehegesetz
ehem.	ehemalig(e, er, es)
1. EheRG	Erstes Gesetz zur Reform des Ehe- und Familienrechts vom 14. Juni 1976 (BGBl. I S. 1421)
ehrw.	ehrwürdig(e, er, es)
EIC	Ephemerides Iuris Canonici, Roma 1945ff.
eidg.	eidgenössisch(e, er, es)
Einf.	Einführung
eingel.	eingeleitet
Einl.	Einleitung
EKD	Evangelische Kirche in Deutschland
EKL	Evangelisches Kirchenlexikon, Bd. I–III, Göttingen 1956 bis 1959, 2. Aufl. Göttingen 1961–1962
EKU	Evangelische Kirche der Union
encycl.	encyclica
engl.	englisch(e, er, es)
EnN	Revidiertes Enchiridion indulgentiarum vom 29. Juni 1968 (AAS 60 [1968], S. 413–419)
entspr.	entsprechend(e, er, es)
Enz.	Enzyklika
Ep.	Epistola
epd	Evangelischer Pressedienst
Eph	Epheserbrief
EPO	Eheprozeßordnung für die Diözesangerichte vom 15. August 1936 (AAS 28 [1936], S. 313–361)
Erkl.	Erklärung
Erl.	Erläuterung(en)

Erzbischöfl.	Erzbischöflich(e, er, es)
ESt	Eichstätter Studien
EstE	Estudios Eclesiásticos, Madrid 1922 ff.
EStG	Einkommensteuergesetz
ESVGH	Entscheidungssammlung des Hessischen und des Württemberg-Badischen Verwaltungsgerichtshofs
etc.	et cetera
EThL	Ephemerides Theologicae Lovanienses, Louvain 1924 ff.
EThSt	Erfurter Theologische Studien, Leipzig 1956 ff.
Etudes	Etudes religieuses, philosophiques, historiques et littéraires, Paris 1862 ff.
EuGRZ	Europäische Grundrechte-Zeitschrift, Kehl am Rhein 1974 ff.
ev.	evangelisch(e, er, es)
e. V.	eingetragener Verein
EvBl.	Evidenzblatt der Rechtsmittelentscheidungen (Österreich), Wien 1934/35 ff.
ev.-luth.	evangelisch-lutherisch(e, er, es)
EvNunt	Paul VI., Adhortatio Apostolica „Evangelii nuntiandi" vom 8. Dezember 1975 (AAS 68 [1976], S. 5–76; NKD 57, S. 32–195)
EvStL	Evangelisches Staatslexikon, 1. Aufl., Stuttgart-Berlin 1966
$EvStL^2$	Evangelisches Staatslexikon, 2. Aufl., Stuttgart-Berlin 1975
evtl.	eventuell
Extravag. Comm.	Extravagantes Communes
f.	für
f., ff.	folgende (Seite, Seiten)
FamRZ	Zeitschrift für das gesamte Familienrecht, Bielefeld 1954 ff.
fasc.	fasciculus
FAZ	Frankfurter Allgemeine Zeitung
FDP	Freie Demokratische Partei
Feine RG	H. E. Feine, Kirchliche Rechtsgeschichte. Die katholische Kirche, 5. Aufl., Köln-Wien 1972
Festg.	Festgabe
Festg. Flatten	Diaconia et ius. Festgabe f. H. Flatten zum 65. Geburtstag. Hrsg. v. H. Heinemann, H. Herrmann, P. Mikat. München-Paderborn-Wien 1973
Festg. Scheuermann	Ecclesia et ius. Festgabe f. A. Scheuermann zum 60. Geburtstag. Hrsg. v. K. Siepen, J. Weitzel u. P. Wirth. München-Paderborn-Wien 1968
Festschr.	Festschrift
Festschr. Arnold	Im Dienste des Rechtes in Kirche und Staat. Festschrift zum 70. Geburtstag v. F. Arnold. Hrsg. v. W. M. Plöchl, I. Gampl. Wien 1963 (= Kirche und Recht, Bd. 4)
Festschr. Dordett	Convivium utriusque iuris. A. Dordett zum 60. Geburtstag. Hrsg. v. A. Scheuermann, R. Weiler, G. Winkler. Wien 1976
Festschr. Mörsdorf	Ius sacrum. K. Mörsdorf zum 60. Geburtstag. Hrsg. v. A. Scheuermann u. G. May. München-Paderborn-Wien 1969
Festschr. Panzram	Ius et salus animarum. Festschrift f. B. Panzram. Hrsg. v. U. Mosiek, H. Zapp. Freiburg i. Br. 1972 (= Sammlung Rombach N. F., Bd. 15)
Festschr. Plöchl (60)	Speculum iuris et ecclesiarum. Festschr. f. W. M. Plöchl zum 60. Geburtstag. Hrsg. v. H. Lentze u. I. Gampl. Wien 1967

Festschr. Plöchl (70)	Ex aequo et bono. W. M. Plöchl zum 70. Geburtstag. Hrsg. v. P. Leisching, F. Pototschnig, R. Potz. Innsbruck 1977 (= Forschungen zur Rechts- und Kulturgeschichte, Bd. 10)
ff.	folgende (Seiten)
FKRG	Forschungen zur kirchlichen Rechtsgeschichte und zum Kirchenrecht, Köln 1957ff.
fol.	folio
franz.	französisch(e, er, es)
FreibThSt	Freiburger Theologische Studien, Freiburg i. Br. 1910ff.
Frhr.	Freiherr
Friedberg	Corpus Iuris Canonici. Hrsg. v. E. Friedberg. Pars I–II, Graz 1955 und 1959, unv. Nachdr. der Ausg. von Leipzig 1879
FThST	Frankfurter Theologische Studien, Frankfurt 1969ff.
Fußn.	Fußnote
FZPhTh	Freiburger Zeitschrift für Philosophie und Theologie, Freiburg/Schweiz 68, 1954ff.
G	Gesetz
GBl.	Gesetzblatt
GBlÖ	Gesetzblatt für das Land Österreich
GCS	Die griechischen christlichen Schriftsteller der ersten drei Jahrhunderte, Berlin 1897ff.
GE, VatII GE	Vaticanum II, Erklärung „Gravissimum educationis" (AAS 58 [1966], S. 728–739)
Gedenkschr.	Gedenkschrift
gegr.	gegründet
geistl.	geistlich(e, er, es)
gem.	gemäß
Gemeinsame Synode	Gemeinsame Synode der Bistümer in der Bundesrepublik Deutschland von 1971 bis 1975
Gemeinsame Synode. Gesamtausgabe	Gemeinsame Synode der Bistümer in der Bundesrepublik Deutschland. Beschlüsse der Vollversammlung. Offizielle Gesamtausgabe, Freiburg-Basel-Wien, Bd. I 3. Aufl. 1977, Bd. II 1978
GG	Grundgesetz für die Bundesrepublik Deutschland vom 23. Mai 1949
ggf.	gegebenenfalls
GlU	Sammlung von zivilrechtlichen Entscheidungen des k.k. Obersten (österr.) Gerichtshofes von Glaser, Unger und Walther
GmbH	Gesellschaft mit beschränkter Haftung
GO	Grundordnung
Gr	Gregorianum, Roma 1920ff.
Grds.	Grundsatz
GrNKirchR	Grundriß des nachkonziliaren Kirchenrechts. Hrsg. von Joseph Listl, Hubert Müller, Heribert Schmitz. Regensburg 1980
GS	Gesetzessammlung
GS, VatII GS	Vaticanum II, Pastoralkonstitution „Gaudium et spes" (AAS 58 [1966], S. 1025–1115)
GuL	Geist und Leben, Würzburg 20, 1947ff.
GV	Generalvikar; Generalvikariat
GVBl.	Gesetz- und Verordnungsblatt

GV/NW	Gesetz- und Verordnungsblatt für das Land Nordrhein-Westfalen
H.	Heft(e)
HB	Evangelische Kirche Helvetischen Bekenntnisses (in Österreich)
HBKG	Handbuch der Kirchengeschichte. Hrsg. v. H. Jedin, Bd. I–VII, Freiburg i. Br.-Basel-Wien 1962–1979
Hdb.	Handbuch
HdbStKirchR	Handbuch des Staatskirchenrechts der Bundesrepublik Deutschland. Hrsg. v. E. Friesenhahn u. U. Scheuner i.V.m. J. Listl. Bd. I–II, Berlin 1974–1975
HDG	Handbuch der Dogmengeschichte, Freiburg 1956ff.
Hebr	Hebräerbrief
Hefele/Leclercq	Histoire des conciles d'après les documents orginaux par Ch. J. Hefele. Traduite par H. Leclercq. Tom. I–XI, Paris 1907–1952
HerKorr	Herder-Korrespondenz, Freiburg i. Br. 1946ff.
hess.	hessisch(e, er, es)
HFD	Hofdekret
Hinschius	P. Hinschius, Das Kirchenrecht der Katholiken und Protestanten in Deutschland, Bd. I–VI, Berlin 1869–1897 (Nachdruck: Graz 1959)
hl.	heilig(e, er, es)
h. L.	herrschende Lehre
h. M.	herrschende Meinung
Holböck	C. Holböck, Handbuch des Kirchenrechtes, Bd. I–II, Innsbruck-Wien 1951
HPTh	Handbuch der Pastoraltheologie, Bd. I–V, Freiburg 1964–1972
HRG	Handwörterbuch zur deutschen Rechtsgeschichte, Berlin 1971ff.
HRG	Hochschulrahmengesetz vom 26. Januar 1976 (BGBl. I. S. 185)
hrsg.	herausgegeben(e, er, es)
Hrsg.	Herausgeber
Hs(s).	Handschrift(en)
HSchG	Hochschulgesetz
HthG	Handbuch theologischer Grundbegriffe, Bd. I–II, München 1962–1963
HWRW	Handwörterbuch der Rechtswissenschaft, Bd. I–VIII, Berlin u. a. 1926–1937
i.	in
i. a.	im allgemeinen
i. d. F.	in der Fassung
i. d. F. d. B.	in der Fassung der Bekanntmachung
i. d. R.	in der Regel
IER	The Irish Ecclesiastical Record, Dublin 1864ff.
i. e. S.	im engeren Sinn
IKZ, IKZ Communio	Internationale Katholische Zeitschrift „Communio", Frankfurt/M. 1972ff.
IM, VatII IM	Vaticanum II, Dekret „Inter mirifica" (AAS 56 [1964], S. 145 bis 153)
insbes.	insbesondere
InstGenMissRom	Institutio Generalis Missalis Romani

Instr.	Instructio; Instruktion
int., intern.	international(e, er, es)
IntOec	Instructio „Inter Oecumenici" vom 26. September 1964 (AAS 56]1964], S. 877–900)
IPE	Ius Publicum Ecclesiasticum
IPO	Inkonsummationsprozeßordnung v. 7. Mai 1923 (AAS 15 [1923], S. 389–436)
Irénikon	Irénikon, Chevetogne u. a. 1926 ff.
i. S.	im Sinne
ital.	italienisch(e, er, es)
IusCan	Ius Canonicum, Pamplona 1961 ff.
IusPont	Ius Pontificium seu Ephemerides urbanae ad canonicas disciplinas spectantes, Roma 1, 1921–20, 1941
i. V. m.	in Verbindung mit
Jak	Jakobusbrief
Jb.	Jahrbuch
Jer	Jeremias
Jg./Jgg.	Jahrgang/Jahrgänge
JGS	Justizgesetzsammlung („Gesetze und Verordnungen im Justizfache": 1780–1848, österr.)
Jh.	Jahrhundert(e)
Jo	Evangelium nach Johannes
JöR	Jahrbuch des öffentlichen Rechts der Gegenwart, Tübingen, N. F. 1, 1951 ff.
Jone	H. Jone, Gesetzbuch der lateinischen Kirche, 2. Aufl., Bd. I–III, Paderborn 1950–1953
JR	Juristische Rundschau, Berlin 1947 ff.
jun.	junior
jur.	juristisch(e, er, es)
JurBl.	Juristische Blätter, Wien 1873 ff.
Jurist	The Jurist, Washington, D. C., 1941 ff.
Jus	Jus. Rivista di scienza giuridiche, Nuova Serie, Milano 1950 ff.
JuS	Juristische Schulung, München u. a. 1961 ff.
JusEccl	Jus Ecclesiasticum. Beiträge zum evangelischen Kirchenrecht und zum Staatskirchenrecht, München 1965 ff.
JW	Juristische Wochenschrift, Berlin 1, 1872–68, 1939
JWG	Gesetz für Jugendwohlfahrt i. d. F. d. B. vom 25. April 1977 (BGBl. I S. 633, ber. S. 795)
JZ	Juristenzeitung, Tübingen 6, 1951 ff.
K	Konkordat
KABl.	Kirchliches Amtsblatt
kan.	kanonistisch(e, er, es)
Kan.Abt.	Kanonistische Abteilung
KAnz., Kirchl. Anz.	Kirchlicher Anzeiger
Kap.	Kapitel
Kard.	Kardinal
Kat. Bl.	Katechetische Blätter
katechet.	katechetisch(e, er, es)
kath.	katholisch(e, er, es)
KathKirchVermG	Preußisches Staatsgesetz über die Verwaltung des katholischen Kirchenvermögens vom 24. Juli 1924

KAVO	Kirchliche Arbeits- und Vergütungsordnung
KDO	Anordnung über den kirchlichen Datenschutz
KDSE	Katholische Deutsche Studenteneinigung
Kges	Kantonsgesetz
kgl.	königlich(e, er, es)
KGVBl.	Kirchliches Gesetz- und Verordnungsblatt (der jeweils angesprochenen Landeskirche)
KirchE	Entscheidungen in Kirchensachen, Berlin 1963ff.
KirchG	Kirchengesetz
kirchl.	kirchlich(e, er, es)
Kirchl. Anz.	Kirchlicher Anzeiger
KirchO	Kirchenordnung
KirchStG	Kirchensteuergesetz
KirchVerf.	Kirchenverfassung
KiStO	Kirchensteuerordnung
KK	Katholische Korrespondenz
KlBl.	Klerusblatt, München 6, 1925ff.
KMAO	Kirchenmeldewesenanordnung
KNA	Katholische Nachrichten-Agentur
Köstler	R. Köstler, Wörterbuch zum Codex Iuris Canonici, München 1930
Kol	Kolosserbrief
Komm.	Kommentar
Konst.	Konstitution
Kor	Korintherbrief
KR	Kirchenrecht
KRA	Kirchenrechtliche Abhandlungen, H. 1–117/118, Stuttgart 1902–1938
KStuT	Kanonistische Studien und Texte, Bonn (Amsterdam) 1928ff.
KSZE	Konferenz über Sicherheit und Zusammenarbeit in Europa
KuR	Kirche und Recht, Wien 1962ff.
Kuttner	St. Kuttner, Repertorium der Kanonistik (SteT 71), Città del Vaticano 1937 (Neudruck 1972)
KV	Kantonsverfassung (Schweiz); Kirchenvertrag
KVGO	Kirchliche Verwaltungsgerichtsordnung der Gemeinsamen Synode der Bistümer in der Bundesrepublik Deutschland vom 19. November 1975
KVOBl.	Kirchliches Verordnungsblatt
KZ	Konzentrationslager
l.	liber
lat.	lateinisch(e, er, es); latinus
Lb	Lehrbuch
l. c.	loco citato
Le Bras/Gaudemet D	Histoire du droit et des institutions de l'Eglise en Occident. Hrsg. von Gabriel Le Bras (ab 1976: von Gabriel Le Bras und Jean Gaudemet). Paris 1955ff.
LEF	Lex Ecclesiae Fundamentalis
leg.	legibus
Lfg	Lieferung
LG, VatII LG	Vaticanum II, Dogmatische Konstitution „Lumen gentium" (AAS 57 [1965], S. 5–75)
lib.	liber

lit.	litera
Lit.	Literatur; italienische Lire
Lit. circ.	Litterae circulares
Lit. enc.	Litterae encyclicae
Lk	Evangelium nach Lukas
LS	Lebendige Seelsorge, Freiburg 1950ff.
lt.	laut
LThK²	Lexikon für Theologie und Kirche, 2. Aufl., Bd. I–X u. Register, Freiburg i. Br. 1957–1967
LThK²-Konzilskommentar	Lexikon für Theologie und Kirche, 2. Aufl., Das Zweite Vatikanische Konzil – Dokumente und Kommentare, Bd. I–III, Freiburg i. Br.-Basel-Wien 1967–1968
LuthMH	Lutherische Monatshefte, Hamburg 1962ff.
Mansi	J. D. Mansi, Sacrorum conciliorum nova et amplissima collectio, Florenz-Venedig 1757–98; Neudruck u. Fortsetzung: Paris 1899–1927
Marmy	Mensch und Gemeinschaft in christlicher Schau. Dokumente. Hrsg. v. E. Marmy u. Mitw. v. J. Schafer u. A. Rohrbasser, Freiburg/Schweiz 1945
m. a. W.	mit anderen Worten
Mayer NKRS	S. Mayer, Neueste Kirchenrechts-Sammlung, 4 Bde, Freiburg i. Br., Bd. I 1953, Bd. II 1954, Bd. III 1955, Bd. IV 1962
MBTh	Münsterische Beiträge zur Theologie, Münster 1923ff.
Mc., Mk	Evangelium nach Markus
MDR	Monatsschrift für Deutsches Recht, Bleckede a. d. E. u. a. 1947ff.
m. E.	meines Erachtens
ME, MonEccl	Monitor Ecclesiasticus, Roma 1876ff.
MGH	Monumenta Germaniae Historica
MGLL	Monumenta Germaniae. Abt. Leges
Mgr., Msgr.	Monsignore
Miscelánea Comillas	Miscelánea Comillas. Comillas, Santander 1943ff.
Miscellanea Bidagor	Ius Populi Dei. Miscellanea in honorem Raymundi Bidagor. Hrsg. U. Navarrete. Vol. I–III, Rom 1972
Mittw.	Mittwoch
Mk	Evangelium nach Markus
m. Komm.	mit Kommentar
Mörsdorf Lb	K. Mörsdorf, Lehrbuch des Kirchenrechts auf Grund des CIC, 11. Aufl., München-Paderborn-Wien, Bd. I 1964, Bd. II 1967, Bd. III 1979
Mörsdorf R	K. Mörsdorf, Die Rechtssprache des Codex Iuris Canonici, Paderborn 1937 (Nachdr. 1967)
MonEccl	Monitor Ecclesiasticus, Roma 1876ff.
Mosiek/Zapp EheR	U. Mosiek, Kirchliches Eherecht. 5. Aufl., neu bearb. von H. Zapp. Freiburg i. Br. 1981
Mosiek Verf.	U. Mosiek, Das Verfassungsrecht der Lateinischen Kirche, Bd. I–III, Freiburg i. Br. 1975–1978
MP	Motuproprio
MP AdPasc	Paul VI., Motuproprio „Ad pascendum" vom 15. August 1972 (AAS 64 [1972], S. 534–540; NKD 38, S. 42–61)
MP ApSol	Paul VI., Motuproprio „Apostolica sollicitudo" vom 15. September 1965 (AAS 57 [1965], S. 775–780; NKD 12, S. 50–61)

MP CausMatr	Paul VI., Motuproprio „Causas matrimoniales" vom 28. März 1971 (AAS 63 [1971], S. 441–446; NKD 39, S. 32–45)
MP EcclSanct	Paul VI., Motuproprio „Ecclesiae Sanctae" vom 6. August 1966 (AAS 58 [1966], S. 757–787; NKD 3, S. 10–95)
MP EpMun	Paul VI., Motuproprio „De Episcoporum muneribus" vom 15. Juni 1966 (AAS 58 [1966], S. 467–472; NKD 16, S. 92–107)
MP MatrMixt	Paul VI., Motuproprio „Matrimonia mixta" vom 31. März 1970 (AAS 62 [1970], S. 257–263; NKD 26, S. 6–23; NKD 28, S. 118–133)
MP MinQ	Paul VI., Motuproprio „Ministeria quaedam" vom 15. August 1972 (AAS 64 [1972], S. 529–534; NKD 38, S. 24–39)
MP PastMun	Paul VI., Motuproprio „Pastorale munus" vom 30. November 1963 (AAS 56 [1964], S. 5–12; NKD 16, S. 68–86)
MP SacrDiacOrd	Paul VI., Motuproprio „Sacrum diaconatus ordinem" vom 18. Juni 1967 (AAS 59 [1967], S. 697–704; NKD 9, S. 26–45)
MP SolOmnEccl	Paul VI., Motuproprio „Sollicitudo omnium Ecclesiarum" vom 24. Juni 1969 (AAS 61 [1969], S. 473–484; NKD 21, S. 40 bis 67)
Msgr.	Monsignore
Mskr.	Manuskript
Mt	Evangelium nach Matthäus
MthSt	Münchener theologische Studien
MthStkan	Münchener theologische Studien, kanonistische Abteilung, München 1951 ff.
MThZ	Münchener Theologische Zeitschrift, München 1950ff.
m. w. N.	mit weiteren Nachweisen
MySal	Mysterium Salutis. Grundriß einer heilsgeschichtlichen Dogmatik, Bd. I–V, Einsiedeln u. a. 1965–1976
n.	numero
NA, VatII NA	Vaticanum II, Erklärung „Nostra aetate" (AAS 58 [1966], S. 740–744)
Nachdr.	Nachdruck
Nachw.	Nachweis(e, es, en)
Naz	R. Naz, Traité de droit canonique, Paris 1946–1948, 2. Aufl. 1956
NCE	New Catholic Encyclopedia, New York u. a. 1967
Ne	Nota explicativa praevia (zu LG)
Neuausg.	Neuausgabe
neubearb.	neubearbeitet(e, er, es)
Neudr.	Neudruck
n. F., N. F.	neue Fassung; neue Folge
NiedersK	Niedersächsisches Konkordat vom 26. Februar 1965
NiedersKV	Niedersächsischer Kirchenvertrag vom 19. März 1955
NJW	Neue Juristische Wochenschrift, München u. a. 1947/48 ff.
NKD	Nachkonziliare Dokumentation, Bd. 1–58, Trier 1967–1977
NKRS	Neueste Kirchenrechtssammlung (s. Mayer NKRS)
nn.	numeri
nordrh.-westf.	nordrhein-westfälisch(e, er, es)
Nr(n).	Nummer(n)
NR	J. Neuner/H. Roos, Der Glaube der Kirche in den Urkunden der Lehrverkündigung, 10. Aufl., Regensburg 1979
NRTh	Nouvelle Revue Théologique, Louvain 1869 ff.

NS	National-Sozialistisch(e, er, es)
N. S.	Neue Serie
NT	Neues Testament
Nuntia	Nuntia. Hrsg.: Pontificia Commissio Codici Iuris Canonici Orientalis recognoscendo, Citta del Vaticano 1975ff.
NZM	Neue Zeitschrift für Missionswissenschaft, Beckenried 1945ff.
o.	oben
O	Ordnung
O.	Ort
OBP	Ordo baptismi parvulorum
OC	Ordo Confirmationis
Ochoa	Xaverius Ochoa, Leges Ecclesiae post CIC editae, vol. I–V, Roma 1966–1980
Ochoa Index	Xaverius Ochoa, Index verborum cum documentis Concilii Vaticani Secundi, Roma 1967
OE, VatII OE	Vaticanum II, Dekret „Orientalium Ecclesiarum" (AAS 57 [1965], S. 76–89)
ÖAKR	Österreichisches Archiv für Kirchenrecht, Wien 1950ff.
ÖBK	Österreichische Bischofskonferenz
öffentl.	öffentlich(e, er, es)
ÖJZ	Österreichische Juristen-Zeitung, Wien 1946ff.
ÖK	Konkordat zwischen dem Heiligen Stuhl und der Republik Österreich (Österreichisches Konkordat) vom 5. Juni 1933
ökum.	ökumenisch(e, er, es)
österr.	österreichisch(e, er, es)
ÖSV	Österreichischer Synodaler Vorgang 1973/1974
OGH	Oberster Gerichtshof
OICA	Ordo Initiationis Christianae Adultorum
o. J.	ohne Jahr
om.	omittitur
o. O.	ohne Ort
OPaen	Ordo Paenitentiae vom 2. Dezember 1973, Typ. Pol. Vat. 1974
Or	Confoederatio Oratorii S. Philippi Nerii (Oratorianer, Philippiner)
OrChrPer	Orientalia Christiana Periodica, Roma 1935ff.
Ord.	SC InstCath, Ordinationes ad Constitutionem Apostolicam „Sapientia Christiana" (AAS 71 [1979], S. 500–521)
Ordenskorr.	Ordenskorrespondenz, Köln 1960ff.
ORF	Österreichischer Rundfunk GmbH
orient.	orientalisch(e, er, es)
Orientierung	Orientierung. Katholische Blätter für weltanschauliche Information, Zürich 11, 1947ff.
OrJMI	Congregatio Oratorii Jesu et Mariae Immaculatae
OSadd	Ordo Synodi Episcoporum celebrandae recognitus et auctus nonnullis additamentis perficitur vom 20. August 1971 (AAS 63 [1971], S. 702–704)
OSrec	Ordo Synodi Episcoporum celebrandae recognitus et auctus vom 24. Juni 1969 (AAS 61 [1969], S. 525–539)
OssRom	L'Osservatore Romano
OssRom (dt.)	L'Osservatore Romano, Wochenausgabe in deutscher Sprache
OstKSt	Ostkirchliche Studien, Würzburg 1952ff.

OT, VatII OT	Vaticanum II, Dekret „Optatam totius" (AAS 58 [1966], S. 713–727)
OVBl.	Oberhirtliches Verordnungsblatt (für das Bistum Speyer)
p.	pagina; pars; post
PA	Patres Albi (Weiße Väter)
Paenit.	Paenitentiarie
päpstl.	päpstlich(e, er, es)
Pastoralsynode	Pastoralsynode der kath. Jurisdiktionsbezirke in der DDR in Dresden von 1973–1975
PC, VatII PC	Vaticanum II, Dekret „Perfectae caritatis" (AAS 58 [1966], S. 702–712)
PCDecrI	Pontificia Commissio Decretis Concilii Vaticani II Interpretandis
PCI	Pontificia Commissio ad Codicis Canones Authentice Interpretandos
PCOR	Pontificia Commissio Codici Iuris Canonici Orientalis Recognoscendo
PCR	Pontificia Commissio Codici Iuris Canonici Recognoscendo
pec.	peculiaris
PerMun	Perfice Munus
PerRMCL	Periodica de re morali canonica liturgica, Roma 1905 ff.
Petr	Petrusbrief
PfälzKV	Pfälzischer Kirchenvertrag vom 15. November 1924
PfBl.	Pfarramtsblatt
Pfr.	Pfarrer
PG	Patrologia Graeca
phil.-theol.	philosophisch-theologisch(e, er, es)
PL	Patrologia Latina
PL Suppl	Patrologiae cursus completus, Series latina, Supplementum
Plöchl	W. M. Plöchl, Geschichte des Kirchenrechts, Wien-München, Bd. I 2. Aufl. 1960, Bd. II 2. Aufl. 1962, Bd. III 2. Aufl. 1970, Bd. IV 1966, Bd. V 1969
PO, VatII PO	Vaticanum II, Dekret „Presbyterorum ordinis" (AAS 58 [1966], S. 991–1024)
poen.	poenis
PontConsLaic	Pontificium Consilium pro Laicis
pot.	potestas
pr.	principium
preuß.	preußisch(e, er, es)
PreußK	Preußisches Konkordat vom 14. Juni 1929
PreußKV	Preußischer Kirchenvertrag vom 11. Mai 1931
priv.	privilegium
Prot.	Protokoll
Prot.N.	Protokoll-Nummer
ProvMater	Pius XII., Apost. Konst. „Provida Mater" über die Säkularinstitute vom 2. Februar 1947 (AAS 39 [1947], S. 114 ff.)
PSS	Societas Presbyterorum a S. Sulpitio (Sulpizianer)
PStG	Personenstandsgesetz
q., Q., qu	quaestio
QD	Quaestiones Disputatae, Freiburg u. a. 1958 ff.

r.	recto
RAC	Reallexikon für Antike und Christentum, Stuttgart 1950ff.
RDC	Revue de droit canonique, Strasbourg 1951ff.
Rdnr.	Randnummer(n)
RdS	Recht der Schule (österr.)
REDC	Revista española de derecho canónico, Salamanca 1946ff.
RegIur	Regulae Iuris
Relatio 1981	Relatio complectens synthesim animadversionum ab Em.mis atque Exc.mis Patribus Commissionis ad novissimum Schema CIC exhibitarum, cum responsionibus a Secretaria et Consultoribus datis, Typ. Pol. Vat. 1981 (abgedr.: Communicationes 14 [1982], S. 116–230; 15 [1983], S. 57–109)
Rescr.	Rescriptum
resp.	respektive
Resp.	Responsum
REU	Apost. Konst. „Regimini Ecclesiae universae" vom 15. August 1967 (AAS 59 [1967], S. 885–928; NKD 10, S. 62–151)
RFIS	Ratio Fundamentalis Institutionis Sacerdotalis vom 6. Januar 1970 (AAS 62 [1970], S. 321–384)
RG	Bundesgesetz vom 13. Juli 1949, BGBl. Nr. 190, betr. den Religionsunterricht in der Schule (Österreich)
RGBl.	Reichsgesetzblatt
RGG³	Die Religion in Geschichte und Gegenwart, 3. Aufl., Bd. I–VI u. Register, Tübingen 1957–1965
RHDFE	Revue historique de droit français et étranger, Paris 1855ff.
RHE	Revue d'histoire ecclésiastique, Louvain 1900ff.
rheinl.-pfälz.	rheinland-pfälzisch(e, er, es)
Rheinl.-Pfälz. K	Rheinland-Pfälzisches Konkordat vom 29. April 1969
Rheinl.-Pfälz. KV	Rheinland-Pfälzischer Kirchenvertrag vom 31. März 1962
RIC	Repertoire des institutions chrétiennes, Strasbourg 1966/67ff.
RK	Konkordat zwischen dem Heiligen Stuhl und dem Deutschen Reich (Reichskonkordat) vom 20. Juli 1933
RL PfarrH	Richtlinien für Pfarrhelfer(innen) der DBK vom September 1978 (u. a. abgedr. in: AfkKR 147 [1978], S. 516–519)
röm.	römisch(e, er, es)
Röm	Römerbrief
ROPB	Rahmenordnung für die Priesterbildung (DBK)
RS	Rahmenstatut
RSGemRef	Rahmenstatut für Gemeindereferenten(innen) in den Bistümern der Bundesrepublik Deutschland vom September 1978 (u. a. abgedr. in: AfkKR 147 [1978], S. 507–516)
RSPastRef	Rahmenstatut für Pastoralreferenten(innen) in den Bistümern der Bundesrepublik Deutschland vom September 1978 (u. a. abgedr. in: AfkKR 147 [1978], S. 498–507)
RSPhTh	Revue des sciences philosophiques et théologiques, Paris u. a. 1907ff.
RThL	Revue théologique de Louvain, Louvain 1970ff.
RUG	(österr.) Bundesgesetz vom 13. Juli 1949 (BGBl. Nr. 190) betreffend den Religionsunterricht in der Schule (Religionsunterrichtsgesetz – RUG) i. d. F. der Novellen 1957 (BGBl. Nr. 185), 1962 (BGBl. Nr. 243) und 1975 (BGBl. Nr. 234)
RVO	Reichsversicherungsordnung

RvSR	Revue des Sciences Religieuses, Strasbourg 1921 ff.
Rz.	Randziffer(n)
s.	siehe
S.	Satz; Seite(n); Sancta; Sacra
s. a.	sine anno
saarl.	saarländisch(e, er, es)
SAC	Societas Apostolatus Catholici (Pallottiner)
SacrM	Sacramentum Mundi, Theologisches Lexikon für die Praxis, Bd. I–IV, Freiburg i. Br.-Basel-Wien 1967–1969
SaKo	Sachkommission
SapChrist	Johannes Paul II., Apost. Konst. „Sapientia Christiana" vom 15. April 1979 (AAS 71 [1979], S. 469–499)
Sb	Synodenbeschluß
Sb Ausländische Arbeitnehmer	Gemeinsame Synode, Synodenbeschluß: Der ausländische Arbeitnehmer – Eine Frage an die Kirche und die Gesellschaft
Sb Bildungsbereich	Gemeinsame Synode, Synodenbeschluß: Schwerpunkte kirchlicher Verantwortung im Bildungsbereich
Sb Dienste und Ämter	Gemeinsame Synode, Synodenbeschluß: Die pastoralen Dienste in der Gemeinde
Sb Ehe und Familie	Gemeinsame Synode, Synodenbeschluß: Christlich gelebte Ehe und Familie
Sb Entwicklung und Frieden	Gemeinsame Synode, Synodenbeschluß: Der Beitrag der katholischen Kirche in der Bundesrepublik Deutschland für Entwicklung und Frieden
Sb Gottesdienst	Gemeinsame Synode, Synodenbeschluß: Gottesdienst
Sb Jugendarbeit	Gemeinsame Synode, Synodenbeschluß: Ziele und Aufgaben kirchlicher Jugendarbeit
Sb Kirche und Arbeiterschaft	Gemeinsame Synode, Synodenbeschluß: Kirche und Arbeiterschaft
Sb Laienverkündigung	Gemeinsame Synode, Synodenbeschluß: Die Beteiligung der Laien an der Verkündigung
Sb Missionarischer Dienst	Gemeinsame Synode, Synodenbeschluß: Missionarischer Dienst an der Welt
Sb Ökumene	Gemeinsame Synode, Synodenbeschluß: Pastorale Zusammenarbeit der Kirchen im Dienst an der christlichen Einheit
Sb Orden	Gemeinsame Synode, Synodenbeschluß: Die Orden und andere geistliche Gemeinschaften. Auftrag und pastorale Dienste heute
Sb Pastoralstrukturen	Gemeinsame Synode, Synodenbeschluß: Rahmenordnung für die pastoralen Strukturen und für die Leitung und Verwaltung der Bistümer in der Bundesrepublik Deutschland
Sb Räte und Verbände	Gemeinsame Synode, Synodenbeschluß: Verantwortung des ganzen Gottesvolkes für die Sendung der Kirche
Sb Religionsunterricht	Gemeinsame Synode, Synodenbeschluß: Der Religionsunterricht in der Schule
Sb Sakramentenpastoral	Gemeinsame Synode, Synodenbeschluß: Schwerpunkte heutiger Sakramentenpastoral
Sb Unsere Hoffnung	Gemeinsame Synode, Synodenbeschluß: Unsere Hoffnung. Ein Bekenntnis zum Glauben in dieser Zeit
Sb Verwaltungsgerichtsordnung	Gemeinsame Synode, Synodenbeschluß: Ordnung für Schiedsstellen und Verwaltungsgerichte der Bistümer in der Bundesrepublik Deutschland

SBK	Schweizer Bischofskonferenz
SBZ	Sowjetische Besatzungszone
SC, VatII SC	Vaticanum II, Konstitution „Sacrosanctum Concilium" (AAS 56 [1964], S. 97–134)
SC	Sacra Congregatio
SC CausSS	Sacra Congregatio pro Causis Sanctorum
SC Cler	Sacra Congregatio pro Clericis
SC Conc	Sacra Congregatio Concilii
SC Consist	Sacra Congregatio Consistorialis
SC Cult	Sacra Congregatio pro Cultu Divino
SC EcclOr	Sacra Congregatio pro Ecclesiis Orientalibus
SC Ep	Sacra Congregatio pro Episcopis
SC Fid	Sacra Congregatio pro Doctrina Fidei
SC InstCath	Sacra Congregatio pro Institutione Catholica
SC NegExtr	Sacra Congregatio pro Negotiis Ecclesiasticis Extraordinariis
SC Off	Sacra Congregatio S. Officii
SC Or	Sacra Congregatio pro Ecclesia Orientali
SC Prop	Sacra Congregatio pro Gentium Evangelizatione seu de Propaganda Fide
SC Rel	Sacra Congregatio pro Religiosis et Institutis Saecularibus
SC Rit	Sacra Congregatio Rituum
SC Sacr	Sacra Congregatio de Disciplina Sacramentorum
SC SacrCult	Sacra Congregatio pro Sacramentis et Cultu Divino
SC Stud	Sacra Congregatio de Seminariis et Universitatibus Studiorum
ScEccl	Sciences Ecclésiastiques, Montréal 1, 1948–19, 1967
Schema CIC 1980	Schema Codicis Iuris Canonici iuxta animadversiones S.R.E. Cardinalium, Episcoporum Conferentiarum, Dicasteriorum Curiae Romanae, Universitatum Facultatumque ecclesiasticarum necnon Superiorum Institutorum vitae consecratae recognitum. Libreria Editrice Vaticana 1980
Schema CIC 1982	Codex Iuris Canonici. Schema novissimum post consultationem S.R.E. Cardinalium, Episcoporum Conferentiarum, Dicasteriorum Curiae Romanae, Universitatum Facultatumque ecclesiasticarum necnon Superiorum Institutorum vitae consecratae recognitum, iuxta placita Patrum Commissionis deinde emendatum atque Summo Pontifici praesentatum. E Civitate Vaticana, 25 Martii 1982
Schema EcclMunDoc	Schema canonum libri III de Ecclesiae munere docendi, Typ. Pol. Vat. 1977
Schema EcclMunSanct	Schema canonum libri IV de Ecclesiae munere sanctificandi, pars II, De locis et temporibus sacris deque Cultu Divino, Typ. Pol. Vat. 1977
Schema InstVitCons	Schema canonum de institutis vitae consecratae per professionem consiliorum evangelicorum, Typ. Pol. Vat. 1977
Schema IurPatr	Schema canonum libri V de iure patrimoniali Ecclesiae, Typ. Pol. Vat 1977
Schema LEF	Schema Legis Ecclesiae Fundamentalis, Typ. Pol. Vat. 1971
Schema NormGen	Schema canonum libri I de normis generalibus, Typ. Pol. Vat. 1977
Schema Poen	Schema documenti quo disciplina sanctionum seu poenarum in Ecclesia Latina denuo ordinatur, Typ. Pol. Vat. 1973

Schema PopDei	Schema canonum libri II de Populo Dei, Typ. Pol. Vat. 1977
Schema ProcAdm	Schema canonum de procedura administrativa, Typ. Pol. Vat. 1972
Schema Sacr	Schema documenti pontificii quo disciplina canonica de Sacramentis recognoscitur, Typ. Pol. Vat. 1975
Schema TutIur	Schema canonum de modo procedendi pro tutela iurium seu de processibus, Typ. Pol. Vat. 1976
Schlesw.-Holst. KV	Schleswig-Holsteinischer Kirchenvertrag vom 23. April 1957
Schl.Prot., Schlußprot.	Schlußprotokoll
SchOG	Schulorganisationsgesetz
Scholastik	Scholastik. Vierteljahresschrift für Theologie und Philosophie, Freiburg 1, 1926–40, 1965
Schulte	J. F. v. Schulte, Die Geschichte der Quellen und Literatur des canonischen Rechts, Bd. I–III, Stuttgart 1875–1880 (Nachdruck Graz 1956)
schweiz.	schweizerisch(e, er, es)
scil.	scilicet
SDHI	Studia et documenta historiae et iuris, Roma 1935ff.
S. E. Cardinalis	Sacrae Ecclesiae Cardinalis
SecrChristUnit	Secretariatus ad Christianorum unitatem fovendam
SecrNonChrist	Secretariatus pro non christianis
SecrNonCred	Secretariatus pro non credentibus
SecrStat	Secretaria Status seu Papalis
SED	Sozialistische Einheitspartei Deutschlands (DDR)
Seelsorger	Der Seelsorger. Monatsschrift für zeitgemäße Homiletik, liturgische Bewegung und seelsorgliche Praxis. Innsbruck-Wien-München 1925–1969
sent.	sententia
Seppelt	F. X. Seppelt, Geschichte der Päpste von den Anfängen bis zur Mitte des 20. Jahrhunderts, München, Bd. I 2. Aufl. 1954, Bd. II 2. Aufl. 1955, Bd. III 1956, Bd. IV 2. Aufl. 1957, Bd. V 2. Aufl. 1959
Sess.	Sessio
SignAp	Supremum Tribunal Signaturae Apostolicae
S. J.	Societas Jesu
SJZ	Süddeutsche Juristenzeitung, Heidelberg 1, 1946–5, 1950
SKG	Gesetz vom 25. Mai 1868, RGBl. Nr. 48, betr. grundsätzliche Bestimmungen über das Verhältnis der Schule zur Kirche (Österreich)
SKZ	Schweizerische Kirchenzeitung, Luzern 1832ff.
Slg.	Sammlung
SMB	Societas Missionum Exterarum de Bethlehem in Helvetia
s. o.	siehe oben
sog.	sogenannt(e, er, es)
SourcesChr	Sources chrétiennes, Paris 1941ff.
Sp.	Spalte(n)
SPaenAp	Sacra Paenitentiaria Apostolica
sq./sqq.	sequens/sequentes
SQS	Sammlung ausgewählter kirchen- und dogmengeschichtlicher Quellenschriften, Tübingen 1891ff.
S. R. E. Cardinalis	Sacrae Romanae Ecclesiae Cardinalis
S. Romana Rota, SRR, S. R. Rota	Sacra Romana Rota

SRR Dec	Sacrae Romanae Rotae Decisiones seu Sententiae, Roma 1909 ff.
SS	Sanctae Sedis
SSC	Società Sacerdoti di San Giuseppe Benedetto Cottolengo
städt.	städtisch(e, er, es)
statist.	statistisch(e, er, es)
StC	Studia Catholica, Nijmegen u. a. 1, 1925–35, 1950
StdZ	Stimmen der Zeit, Freiburg i. Br. 88, 1915 ff.
SteT	Studi e Testi, Città del Vaticano 1900 ff.
StG	Studia Gratiana, Bologna 1953 ff.
StGB	Strafgesetzbuch
StGBl.	Staatsgesetzblatt (Österreich)
StGG	Staatsgesetz vom 21. Dezember 1867, RGBl. Nr. 142, über die allgemeinen Rechte der Staatsbürger (Österreich)
STh, S.th., S theol., Suth	Summa Theologiae
StL^6	Staatslexikon, 6. Aufl., Bd. I–XI, Freiburg i. Br. 1957–1970
StPO	Strafprozeßordnung
StraßbKoll	Deutsch-Französische Kolloquien Kirche – Staat – Gesellschaft. Straßburger Kolloquien. Hrsg. von Joseph Listl u. Jean Schlick. Kehl am Rhein-Straßburg 1982 ff.
StudCan	Studia Canonica, Ottawa 1967 ff.
StVO	Straßenverkehrs-Ordnung
s. u.	siehe unten
Suppl.	Supplement(um)
Suth	Summa Theologiae
SVD	Societas Verbi Divini
SynEp	Synodus Episcoporum
SYNODE	SYNODE. Amtliche Mitteilungen der Gemeinsamen Synode der Bistümer in der Bundesrepublik Deutschland, München 1/1970–4/1976
Synode' 72	Synode' 72. Synoden der Schweizer Bistümer
Syn.Prot.	Synodal-Protokolle
Syn.Stat.	Synodalstatuten
T.	Teil(e)
Teilbd.	Teilband
theol.	theologia; theologisch(e, er, es)
Thess	Thessalonicherbrief
ThEx	Theologische Existenz heute, München 1933 ff.
ThGgw	Theologie der Gegenwart (in Auswahl), Bergen-Enkheim 3, 1960 ff.
ThGl	Theologie und Glaube, Paderborn 1909 ff.
ThPh	Theologie und Philosophie, Freiburg 41, 1966 ff.
ThPQ	Theologisch-praktische Quartalschrift, Linz/Donau 1848 ff.
ThQ	Theologische Quartalschrift, Tübingen 1818 ff.
ThR	Theologische Rundschau, Tübingen 1897 ff.
ThRv	Theologische Revue, Münster 1902 ff.
ThZ	Theologische Zeitschrift, Basel 1945 ff.
TijdschrRG	Tijdschrift voor Rechtsgeschiedenis, Groningen u. a. 1918 ff.
Tim	Timotheusbrief
tit.	titulus
Tit	Titusbrief
tom.	tomus (tomi)

tr.	tractatus
TRE	Theologische Realenzyklopädie. Hrsg. von Gerhard Krause u. Gerhard Müller. Berlin-New York 1977ff.
TThQ	Tübinger Theologische Quartalschrift, Stuttgart 140, 1960 bis 148, 1968
TThSt	Trierer Theologische Studien, Trier 1941ff.
TThZ	Trierer Theologische Zeitschrift, Trier 56, 1947ff.
Typ. Pol. Vat.	Typis Polyglottis Vaticanis
u.	und; unten; unter
u. a.	und andere(s); unter anderem(n)
u. ä.	und ähnliches
u. a. m.	und andere(s) mehr
UdSSR	Union der Sozialistischen Sowjetrepubliken
Übers.	Übersetzung
UN	United Nations
UNESCO	United Nations Educational, Scientific and Cultural Organization
unv.	unverändert(e, er, es)
unv., unveröff.	unveröffentlicht(e, er, es)
u. ö.	und öfter
UR, VatII UR	Vaticanum II, Dekret „Unitatis redintegratio" (AAS 57 [1965], S. 90–107)
Urt.	Urteil
US	United States (of America)
USA	United States of America
UStG	Umsatzsteuergesetz
usw.	und so weiter
Utz/v. Galen	Die katholische Sozialdoktrin in ihrer geschichtlichen Entfaltung. Eine Sammlung päpstlicher Dokumente vom 15. Jahrhundert bis in die Gegenwart. Hrsg. v. A. Utz u. B. Gräfin von Galen, Bd. I–IV, Aachen 1976
Utz/Groner	Aufbau und Entfaltung des gesellschaftlichen Lebens. Soziale Summe Pius XII. Hrsg. v. A.-F. Utz und J.-F. Groner, Bd. I–III, Freiburg/ Schweiz 1954–1961
u. U.	unter Umständen
v	verso
v.	verbum; von; vom
Vac. Apost. Sedis	Apost. Konst. „Vacantis Apostolicae Sedis" vom 8. Dezember 1945 (AAS 38 [1946], S. 65–99)
Vat.	(Biblioteca Apostolica) Vaticana; Vatikanisch(e, er, es)
VatI	Vaticanum Primum
VatII	Vaticanum Secundum
VatII AA	Vaticanum II, Dekret „Apostolicam actuositatem" (AAS 58 [1966], S. 837–864)
VatII AG	Vaticanum II, Dekret „Ad gentes" (AAS 58 [1966], S. 947–990)
VatII CD	Vaticanum II, Dekret „Christus Dominus" (AAS 58 [1966], S. 673–696)
VatII DH	Vaticanum II, Erklärung „Dignitatis humanae" (AAS 58 [1966], S. 929–941)
VatII DV	Vaticanum II, Dogmatische Konstitution „Dei Verbum" (AAS 58 [1966], S. 817–830)

VatII GE	Vaticanum II, Erklärung „Gravissimum educationis" (AAS 58 [1966], S. 728–739)
VatII GS	Vaticanum II, Pastorale Konstitution „Gaudium et spes" (AAS 58 [1966], S. 1025–1115)
VatII IM	Vaticanum II, Dekret „Inter mirifica" (AAS 56 [1964], S. 145 bis 153)
VatII LG	Vaticanum II, Dogmatische Konstitution „Lumen gentium" (AAS 57 [1965], S. 5–75)
VatII NA	Vaticanum II, Erklärung „Nostra aetate" (AAS 58 [1966], S. 740–744)
VatII OE	Vaticanum II, Dekret „Orientalium Ecclesiarum" (AAS 57 [1965], S. 76–89)
VatII OT	Vaticanum II, Dekret „Optatam totius" (AAS 58 [1966], S. 713–727)
VatII PC	Vaticanum II, Dekret „Perfectae caritatis" (AAS 58 [1966], S. 702–712)
VatII PO	Vaticanum II, Dekret „Presbyterorum ordinis" (AAS 58 [1966], S. 991–1024)
VatII SC	Vaticanum II, Konstitution „Sacrosanctum Concilium" (AAS 56 [1964], S. 97–134)
VatII UR	Vaticanum II, Dekret „Unitatis redintegratio" (AAS 57 [1965], S. 90–107)
VDD	Verband der Diözesen Deutschlands
VELKD	Vereinigte Evangelisch-Lutherische Kirche Deutschlands
VELK-DDR	Vereinigte Evangelisch-Lutherische Kirche der DDR
Verb.	Verbindung
Verf.	Verfasser; Verfassung
Verh.	Verhandlung(en)
Veröff.	Veröffentlichung(en)
Vf.	Verfasser
VfSlg	Sammlung der Erkenntnis und wichtigsten Beschlüsse des Verfassungsgerichtshofs (Österreich)
VG	Verwaltungsgericht
VGH, VwGH	Verwaltungsgerichtshof
vgl.	vergleiche
VO	Verordnung
VOBl.	Verordnungsblatt
vol., Vol.	Volumen (Volumina)
Vorbem.	Vorbemerkung(en)
vorl.	vorläufig(e, er, es)
VVDStRL	Veröffentlichungen der Vereinigung der Deutschen Staatsrechtslehrer, Berlin u. a. 1924 ff.
VwGH	Verwaltungsgerichtshof
VwGO	Verwaltungsgerichtsordnung
VwSlgNF	Sammlung der Erkenntnisse und Beschlüsse des Verwaltungsgerichtshofs – Neue Folge (Österreich)
VwVorschrift	Verwaltungsvorschrift(en)
WBTh	Wiener Beiträge zur Theologie, Wien 1963 ff.
WeimRV, WRV	Verfassung des Deutschen Reichs vom 11. August 1919 (Weimarer Reichsverfassung)
weit.	weiter(e, er, es)
Wetzer-Welte[2]	Wetzer und Welte's Kirchenlexikon oder Encyklopädie der

	katholischen Theologie und ihrer Hülfswissenschaften, 2. Aufl., Bd. I–XII u. Register, Freiburg i. Br. 1882–1903
WoWa	Wort und Wahrheit, Wien 1946ff.
WRV	Verfassung des Deutschen Reichs vom 11. August 1919 (Weimarer Reichsverfassung)
Wtb.	Wörterbuch
z.	zum
Z., Ziff.	Ziffer(n)
zahlr.	zahlreich(e, er, es)
ZaöRV	Zeitschrift für ausländisches öffentliches Recht und Völkerrecht, Berlin u. a. 1929ff.
z. B.	zum Beispiel
ZdK	Zentralkomitee der deutschen Katholiken
ZevKR	Zeitschrift für evangelisches Kirchenrecht, Tübingen 1951ff.
ZGB	Zivilgesetzbuch (Schweiz)
Ziff.	Ziffer(n)
zit.	zitiert
ZKR	Zeitschrift für Kirchenrecht, Berlin u. a. 1, 1861–22, 1889 (s. auch DZKR)
ZkTh	Zeitschrift für katholische Theologie, Wien 1876/77ff.
Zl.	Zahl
ZÖR	(österreichische) Zeitschrift für öffentliches Recht, Wien u. a. 1919ff.
ZPO	Zivilprozeßordnung
ZRG	Zeitschrift für Rechtsgeschichte
ZRG Germ.Abt.	Zeitschrift der Savigny-Stiftung für Rechtsgeschichte, Germanistische Abteilung, Weimar 1880ff.
ZRG Kan.Abt.	Zeitschrift der Savigny-Stiftung für Rechtsgeschichte, Kanonistische Abteilung, Weimar 1911ff.
ZRG Rom.Abt.	Zeitschrift der Savigny-Stiftung für Rechtsgeschichte, Romanistische Abteilung, Weimar 1880ff.
ZRP	Zeitschrift für Rechtspolitik, München u. a. 1968/69ff.
Zschr.	Zeitschrift
z. T.	zum Teil
ZThK	Zeitschrift für Theologie und Kirche, Tübingen 1891ff.
ZusP.	Zusatzprotokoll
zust.	zustimmend(e, er, es)
z. Z., z. Zt.	zur Zeit

Erster Teil

Grundlagen

1. Abschnitt: Die Kirche und ihr Recht

§ 1 Die Kirche – Das Recht im Mysterium Kirche

Von Winfried Aymans

I. Die Kirche in der biblischen Bildsprache

Das II. Vatikanische Konzil läßt sich in seiner Lehre über die Kirche von dem biblischen Bildbegriff des Volkes Gottes leiten. Ausdrücklich widmet die Kirchenkonstitution diesem Thema das wichtige zweite Kapitel, das mit dem Satz beschlossen wird: „So aber betet und arbeitet die Kirche zugleich, daß die Fülle der ganzen Welt in das Volk Gottes eingehe, in den Leib des Herrn und den Tempel des Heiligen Geistes, und daß in Christus, dem Haupte aller, jegliche Ehre und Herrlichkeit dem Schöpfer und Vater des Alls gegeben werde." (VatII LG Art. 17).

Die hier verwendeten biblischen Bilder am Abschluß des Kapitels über die Kirche als Volk Gottes weisen – neben der bewußten trinitarischen Komposition – auf eine formale Eigenart der bildhaften Begriffssprache hin. In den Bildern werden bestimmte Züge am Wesen der Kirche hervorgehoben, ohne daß andere wichtige Aspekte damit geleugnet würden. Die Bilder verzichten von vornherein auf den Anspruch, die Kirche nach Art einer abstrakten Definition erklären zu wollen, je für sich erschöpfend zu beschreiben. Insoweit enthält die Methode der Bildsprache selbst schon eine erste Aussage über das theologische Wesen der Kirche. Die Kirche ist eine geheimnisvolle, mystische Wirklichkeit, die nicht adäquat aussagbar ist. Das Wesen der Kirche kann stets nur annähernd umschrieben werden. Es kommt nicht von ungefähr, daß die Kirchenkonstitution einen eigenen Artikel jener reichen theologischen Bildsprache ausgerechnet in ihrem ersten Kapitel widmet, das die Überschrift „De Ecclesiae Mysterio" trägt (VatII LG Art. 6).

Gleichwohl nehmen die theologischen Bilder einen Mittelplatz ein zwischen der bloßen Metapher (Analogie) und der unmittelbaren Begriffsidentifizierung. Was im Bilde ausgesagt wird, knüpft an innerweltlichen Wirklichkeiten, Erfahrungen und Vorstellungen an. Die Aussage verbleibt aber nicht auf der Ebene des bloß analogen Wortgebrauches; sie transformiert vielmehr das Bild gleichsam auf eine neue Ebene, wo es eine neue Wirklichkeit bezeichnet. Einerseits verhält es sich mit der Kirche wie mit einem Volk; anderseits ist die Kirche wirklich Volk Gottes. Einerseits verhält es sich mit der Kirche ähnlich wie mit einem Leib; anderseits ist die Kirche auf geheimnisvolle Weise wirklich Leib Christi (vgl. VatII LG Art. 7 Abs. 2 Satz 1). Einerseits verhält es sich mit der Kirche ähnlich wie mit einem Bauwerk zur Ehre Gottes; anderseits ist die Kirche wirklich Tempel des Heiligen Geistes. Mit anderen Worten: Man kann die biblischen Bilder als theologische Bildbegriffe bezeichnen.

Das Konzil verwendet die verschiedenen Bildbegriffe – bei einer deutlichen Bevorzugung des Bildes vom Volke Gottes – abwechselnd, gelegentlich nebeneinander, ohne dabei in theologische Erörterungen darüber einzutreten, in welcher genaueren Beziehung diese zueinander stehen. Dies kann auch an dieser Stelle nicht geschehen, doch soll wenigstens ansatzweise skizziert werden, was aus den Bildbegriffen für die Rechtsgestalt der Kirche zu gewinnen ist und welche Ausblicke ekklesiologisch-kanonistischer Art sie eröffnen.

1. Die Kirche als Volk Gottes

Der Volk-Gottes-Begriff[1] betont den Aspekt der Heilsgeschichte. Die Kirche hat ihren Platz in dem Heilshandeln Gottes am Menschen. Dabei lassen sich drei Perspektiven aufzeigen, die man unter die Stichworte fassen kann: Erwählung, Gemeinschaft, Geschichte.

Die Kirche ist Volk nicht aus sich selbst, sondern aus Gottes Erwählung. Schon das alttestamentliche Israel, verwurzelt in der aus göttlicher Verheißung hervorgegangenen natürlichen Abstammung von *Abraham* und der übernatürlichen Berufung im sinaitischen Bundesschluß, trägt den Namen Volk Gottes. Es ist Volk weder aus eigenem Entschluß noch zu selbstgewählter Zielsetzung. Es ist Volk Gottes, weil Gott es dazu gemacht und sich als Eigentumsvolk erwählt hat (vgl. VatII LG Art. 9 Abs. 1 Satz 3). Israel mag diesem seinem besonderen Wesen untreu werden, entkommen kann es ihm nicht. – Das Konzil nennt die Kirche nicht selten das „neue" Volk Gottes, um so die neue Heilszeit und Heilssituation zu bezeichnen, in die das Gottesvolk durch das Heilshandeln Jesu Christi im Heiligen Geist eingetreten ist. Der natürliche Volksbegriff, an den das alttestamentliche Gottesvolk noch angeknüpft hatte, hat für die Kirche jede reale Bedeutung verloren[2]. Insofern ist die Kirche erst recht Volk allein aus göttlicher Berufung; sie ist als Gottesvolk aus Gottes Willen konstituiert, von Gott her hat sie ihre innere Zielsetzung, und aus dieser Grundbefindlichkeit kann sie nicht ausscheiden. Jeder Versuch, die Kirche – und sei es auch nur im Hinblick auf ihre äußere Gestalt – als religiös motivierte menschliche Vergemeinschaftung zu betrachten[3], muß deshalb das Wesen der Kirche verfehlen. Weil vielmehr Gottes Herrschaft die Kirche in ihrem Sein bestimmt, kann der Wesenskern ihres Rechts nur göttlichen Ursprungs sein. Alles rein kirchliche Recht, das sich um den Kernbestand des

[1] Über die Tradition und die Wiederentdeckung dieses Bildbegriffes für die Ekklesiologie vgl. *M. Schmaus*, Kath. Dogmatik, Bd. III/1, München 1958, S. 205–211; *O. Semmelroth*, Die Kirche, das neue Gottesvolk, in: *Baraúna* I, S. 365–379, bes. 368f.; *Y. M. Congar*, Die Kirche als Volk Gottes, in: Concilium 1 (1965), S. 5–16. Im Hinblick auf die Kanonistik muß *K. Mörsdorf* zu den Pionieren bei der Wiederentdeckung des Volk-Gottes-Begriffes gerechnet werden; vgl. dazu die Urteile von *Semmelroth* (S. 369) und *Congar* (S. 7).

[2] Vgl. *J. Ratzinger*, Art. Kirche, in: LThK² VI, Sp. 176. Skeptischer im Hinblick auf die Anwendbarkeit des natürlichen Volk-Begriffes schon auf das Volk Israel ist *M. Keller*, „Volk Gottes" als Kirchenbegriff, Zürich-Einsiedeln-Köln 1970, S. 247–266.

[3] Im Bannkreis der Gedankenwelt der Aufklärung hat es an derartigen Versuchen nicht gefehlt.

göttlichen Rechts entfaltet, hat seine innere Legitimation nur und insoweit, als es eine Ausformung des ius divinum ist und dessen Schutz und Durchsetzung dient.

Daß es allerdings in der Geschichte Gottes mit dem Menschen das Phänomen des Rechts gibt, ist keine Selbstverständlichkeit. Eine erste Grundlage hierfür ergibt sich aus der Offenbarungstatsache, nach der es Gott gefallen hat, „die Menschen nicht einzeln, unabhängig von aller wechselseitigen Verbindung, zu heiligen und zu retten, sondern sie zu einem Volk zu machen, das ihn in Wahrheit anerkennen und ihm in Heiligkeit dienen soll" (VatII LG Art. 9 Abs. 1 Satz 2). Ein bloßer Heilsindividualismus würde keinen Raum für irgendeine Form von Recht anbieten. Es kommt nicht von ungefähr, daß einseitig auf die individuelle Heilsverwirklichung ausgerichtete Bewegungen im Laufe der Kirchengeschichte stets auch ein antijuridisches Gepräge hatten. Anderseits darf man nicht vorschnell von dem Gemeinschaftscharakter des Volkes Gottes gemäß der naturrechtlichen Maxime „ubi societas, ibi ius" auf die Notwendigkeit und die Eigenart des kirchlichen Rechts schließen[4]. Aus dem Volk-Gottes-Begriff allein können strukturelle Folgerungen für die Kirchenverfassung nicht gezogen werden, weder zugunsten der hierarchischen Struktur noch im Blick auf irgendeine Demokratisierung der Kirchenverfassung. Der Bildbegriff vom Volke Gottes kann zwar die Herrschaft Gottes in seinem Volk zum Ausdruck bringen und sogar die Herkunft aller geistlicher Vollmacht von oben, nicht jedoch die konkrete Gestalt der Vollmacht. Da aber dieses Volk Ort der Heilsvermittlung Gottes an den Menschen ist, muß hier die wahre Gleichheit aller Glieder des Volkes Gottes angesiedelt werden, von der das Konzil spricht (VatII LG Art. 32 Abs. 2 Satz 2). Im Hinblick auf die Verwirklichung des persönlichen Heils gibt es keinerlei institutionelle Unterschiede, in dieser Perspektive herrscht wahre Gleichheit[5].

Daß sich das Konzil so überraschend schnell und erfolgreich der Betrachtungsweise der Kirche unter dem Volk-Gottes-Gedanken zugewendet hat, steht mit einer gewissen reservierten Grundeinstellung der Konzilsväter gegenüber einem allzu rechtlich geprägten Denken in Zusammenhang. Man wandte sich aufgeschlossen dem Thema des Gottesvolkes zu, um „über den mehr juridischen Aspekt einer geschichtlich punktuell bestimmten Kirchengründung durch Christus hinauszugehen und die Entwicklung des göttlichen Heilsplanes in der ganzen Schrift zu suchen"[6]. Die Betonung des geschichtlichen Aspekts im Volk-Gottes-Begriff widerstreitet aber nicht allgemein einem richtig verstandenen Kirchenrecht. Schon das Recht als solches ist nicht schlechthin statisch, sondern ein Phänomen der Geschichte. Der Volk-Gottes-Begriff ist theologisches Kriterium der geschichtlichen Dimension des Kirchenrechts. Die Kirche ist das wandernde Gottesvolk, ihre Zeit die Spanne zwischen dem gekommenen und dem wieder-

[4] Nachweise siehe bei *Keller*, Volk Gottes (Anm. 2), S. 125–136, 283; wesentlich zurückhaltender *M. Schmaus*, Das gegenseitige Verhältnis von Leib Christi und Volk Gottes im Kirchenverständnis, in: Volk Gottes. Festg. für Josef Höfer, hrsg. v. *R. Bäumer* u. *H. Dolch*, Freiburg-Basel-Wien 1967, S. 13–27, bes. 24.

[5] Vgl. *K. Mörsdorf*, Das eine Volk Gottes und die Teilhabe der Laien an der Sendung der Kirche, in: Festg. Scheuermann, S. 99–119, hier 104f.

[6] *A. Grillmeier*, in: LThK²-Konzilskommentar I, S. 177.

kommenden Herrn. In Rückbindung an seinen Auftrag geht die Kirche in der Kraft des Heiligen Geistes voran, um die Sendung des Herrn in Raum und Zeit hineinzutragen. Ebenso wie es dabei eine Entfaltung des Glaubensverständnisses, wie es Dogmenentwicklung gibt, so gibt es auch eine Entfaltung des göttlichen und in dessen Folge alles übrigen Kirchenrechts[7]. Das Kirchenrecht ist nicht eine starre Größe, sondern vielmehr Ausdruck einer fortschreitenden Aneignung des Glaubensverständnisses über die Kirche.

2. Die Kirche als Leib Christi

Das Konzil hat sich häufig auch des aus der paulinischen Theologie stammenden inkarnatorischen Bildes von der Kirche als dem Leib Christi bedient. Diese Ergänzung ist nicht nur gerechtfertigt, sondern wünschenswert und gar notwendig, weil die Heilsgeschichte Gottes mit seinem Volk im Heilswerk Christi ihre radikal neue Gestalt gefunden hat; das Volk Gottes existiert als Leib Christi[8]. Christus ist das Haupt des Leibes, welcher die Kirche ist (VatII LG Art. 7 Abs. 4). Der Bildbegriff von der Kirche als dem Leib Christi hat in der katholisch-theologischen Tradition zweifellos eine kontinuierlichere Geschichte aufzuweisen als der vom Volke Gottes, doch ist diese Geschichte – namentlich in Verbindung mit dem seit karolingischer Zeit gerne zu „corpus Christi" hinzugefügten Beiwort „mysticum" – verschlungen und von mehrfachen Bedeutungswandlungen beherrscht[9]. In seinem theologischen Kern weist der Bildbegriff auf den innigen Zusammenhang hin, der zwischen Eucharistie und Kirche besteht. Mehrmals greift die Kirchenkonstitution den Satz des 1. Korintherbriefes auf: Weil es ein Brot ist, sind wir ein Leib als die Vielen; denn wir nehmen alle teil an dem einen Brot (10,17). Die Kirche ist also Leib Christi, weil sie vom sakramentalen Leib Christi lebt[10]. Kirche und Eucharistie sind sakramentale Wirklichkeiten, die sich im Bande gegenseitiger Ursächlichkeit stützen und füreinander bürgen[11]. Von der Eucharistiefeier her, die die Grundvollzüge der Kirche auf dichteste Weise in sich vereinigt (vgl. VatII SC Art. 56), ist das Recht der Kirche zu begreifen, und von hierher erhält es sein eigenes Gepräge. In dieser zentralen Feier ist nicht nur die aktive Teilhabe

[7] Vgl. *K. Mörsdorf*, Art. Kirchenrecht, in: LThK^2 VI, Sp. 246.

[8] *Congar*, Volk Gottes (Anm. 1) spricht davon, das Gottesvolk habe im neuen Bund ein Grundgesetz erhalten, „das sich nur mit der Terminologie von ‚Leib Christi' aufzeigen läßt" (S. 13). *Ratzinger*, Kirche (Anm. 2), Sp. 176, versteht corpus Christi als differentia specifica, durch die sich das Volksein des „neuen Volkes" vom Volksein der Weltvölker und Israels grundsätzlich unterscheidet.

[9] Vgl. *H. de Lubac*, Corpus Mysticum. Kirche und Eucharistie im Mittelalter, Einsiedeln 1969 (übertragen v. H. U. v. Balthasar). Zusammenfassend vgl. *J. Ratzinger*, Art. Leib Christi, in: LThK^2 VI, Sp. 910–912; *W. Aymans*, „Volk Gottes" und „Leib Christi" in der Communio-Struktur der Kirche. Ein kanonistischer Beitrag zur Ekklesiologie, in: TThZ 81 (1972), S. 321–334, bes. 327f.

[10] Vgl. VatII LG Art. 3 und Art. 7; im Anschluß an die Vätertheologie so auch *Ratzinger*, Leib Christi (Anm. 9), Sp. 910.

[11] *De Lubac*, Corpus Mysticum (Anm. 9), S. 310f.; vgl. VatII LG Art. 3: „Simul sacramento panis eucharistici repraesentatur et efficitur unitas fidelium, qui unum corpus in Christo constituunt."

aller Gläubigen an der ganzen Sendung der Kirche vorgebildet, sondern auch die besondere Rollenverteilung, die der hierarchischen Struktur der kirchlichen Verfassung eigentümlich ist[12] und die sich vor allem darin zeigt, daß Christus als das unsichtbare Haupt durch bevollmächtige Sendungsträger auf sichtbare Weise vertreten wird (vgl. etwa VatII LG Art. 21). Die Kirche hat nicht deshalb ein Recht, weil sie ein „corpus", eine Körperschaft ist. Das Kirchenrecht erwächst vielmehr aus der Wesensart der in Wort und Sakrament sich vollziehenden Sendung. Diese Sendung ist allgemein, wird nicht von den Trägern geistlicher Vollmacht absorbiert, wiewohl der geistlichen Vollmacht in der allgemeinen Sendung eine unverzichtbare und eigenständige Rolle zufällt.

3. *Die Kirche als Tempel des Heiligen Geistes*

Obwohl das Konzil oft von dem Wirken des Heiligen Geistes spricht, verwendet es doch nur wenige Male den Bildbegriff vom Tempel des Heiligen Geistes[13]. Die Kirche kann indessen nur auf geheimnisvolle Weise Leib Christi sein, weil der Heilige Geist sie zu einem Bau zusammenfügt, dessen Eckstein Christus der Herr ist. „Im Neuen Bund weiht der Geist zu seinem endgültigen Tempel einzig Christi Werk, ein Werk, das mit Christus so eng zusammengehört, daß es sein Leib heißen kann, so wie er selbst dessen Haupt ist und bleibt."[14] Das pneumatologische Prinzip gehört notwendig zu dem inkarnatorischen hinzu. In ihrer konkreten Gestalt gründet die Kirche nicht nur auf dem Stiftungswillen Jesu, sondern zugleich in der vom Heiligen Geist gegebenen Entscheidungsvollmacht der Apostel angesichts der noch ausstehenden Vollendung im Eschaton[15]. „Wird das pneumatologische Element in der Kirche so von den geschichtlichen Ursprüngen her verstanden, so erweist es sich offensichtlich einem gängigen Vorurteil zum Trotz nicht als antiinstitutionalistisch, sondern als das Fundament, auf dem überhaupt zuallererst das Recht zur institutionellen Gestalt der Kirche aufruht."[16] Der Heilige Geist ist es, durch dessen Wirken die geschichtliche Heilstat Christi den Menschen aller Räume und Zeiten direkt zugewandt wird. Daß die Glieder des Leibes in Wort und Sakrament nicht bloße erhebende Erinnerungszeichen haben, sondern darin unmittelbar Gemeinschaft mit dem Herrn selbst gewinnen, ist die Frucht des Geistes. Die Kirche ist der Ort des Geistes Christi. Den angeblichen Widerspruch zwischen einer Kirche des Rechts und einer Kirche des Geistes gibt es nicht. Es ist derselbe Heilige Geist, der die Kirche als Institution schafft und als

[12] Vgl. *K. Mörsdorf*, Der Träger der eucharistischen Feier, in: Aktuelle Fragen zur Eucharistie, hrsg. v. *M. Schmaus*, München 1960, S. 72–91.

[13] VatII LG Art. 4 Satz 3 (in Anwendung auf die Kirche und auf die Herzen der Gläubigen); LG Art. 9 Abs. 2 (in Anwendung auf die Herzen der Kinder Gottes); LG Art. 17 und AG Art. 7 Abs. 2 (in Anwendung auf die Kirche mit trinitarischer Bildkomposition; ähnlich AG Art. 9 Abs. 2) sowie in gleicher Weise in PO Art. 1. Zur Pneumatologie des II. Vatikanischen Konzils vgl. *Y. M. Congar*, Der Heilige Geist, Freiburg-Basel-Wien 1982, S. 147–153.

[14] *L. Bouyer*, Die Kirche II, Theologie der Kirche, Einsiedeln 1977 (übertragen v. H. U. v. Balthasar), S. 156. Vgl. auch VatII LG Art. 7 Abs. 1: „Communicando enim Spiritum suum, fratres suos, ex omnibus gentibus convocatos, tamquam corpus suum mystice constituit."

[15] Vgl. hierzu auch *Congar*, Der Heilige Geist (Anm. 13), S. 160–167.

[16] *Ratzinger*, Kirche (Anm. 2), Sp. 177.

Ereignis bewegt, in Amt und Charisma prägt. Weil die Kirche in ihrer Sichtbarkeit nur aus dem beständigen Wirken des heiligen Geistes begriffen werden kann, ist sie in ihrem Wesen zutiefst sakramentale Gemeinschaft[17].

II. Das Mysterium Kirche als Communio

Die trinitarische Bildkomposition[18] führt zu der Kirche als Mysterium, aber nicht nur in dem schon angesprochenen Sinne, daß die Kirche wegen ihres göttlichen Ursprungs eine geheimnisvolle, mystische Wirklichkeit und deshalb am ehesten in einer Bildsprache beschreibbar ist. Die Kirche ist vielmehr Mysterium, weil und insofern sie sakramentalen Wesens ist[19]. Dies ist mit der Formel der Theologie von der Kirche als Ursakrament[20] oder Wurzelsakrament[21] gemeint. Das II. Vatikanische Konzil bringt diesen Gedanken gleich am Beginn der Kirchenkonstitution zur Sprache: Die Kirche ist ja in Christus gleichsam Sakrament, das heißt Zeichen und Werkzeug für die innigste Vereinigung mit Gott wie für die Einheit der ganzen Menschheit (Art. 1)[22]. Dies ist ein prinzipieller Ausdruck des katholischen Kirchenverständnisses[23]. Die Kirche kann weder ausschließlich als unsichtbares göttliches Geheimnis noch in ihrer äußeren Gestalt als bloß menschliches Gebilde begriffen werden; sie ist beides in einem, und zwar so, daß Gott selbst in und mit der Sichtbarkeit der Kirche das Geheimnis des Heiles am Menschen zu erkennen gibt und wirkt.

Das sakramentale Wesensverständnis der Kirche ist für die theologische Ortsbestimmung des Kirchenrechts von ausschlaggebender Bedeutung. Die Kirchenkonstitution zieht ausdrücklich die Schlußfolgerung. Nach der Feststellung, daß Christus seine Kirche als sichtbares Gefüge verfaßt hat und sie als solches unablässig trägt, fährt der Text fort: Die mit hierarchischen Organen ausgestattete Gesellschaft und der geheimnisvolle Leib Christi, die sichtbare Versammlung und die geistliche Gemeinschaft, die irdische Kirche und die mit himmlischen Gaben

[17] Vgl. *Congar*, Der Heilige Geist (Anm. 13), S. 454–495, bes. 494f.

[18] *Congar*, ebd., S. 149, spricht von einer trinitarischen Sicht des Konzils.

[19] Man kann gerade auch diesen Aspekt in der Doppelstruktur der biblischen Bildaussagen grundgelegt sehen; vgl. etwa *O. Semmelroth*, Art. Ursakrament, in: LThK² X, Sp. 569.

[20] Vgl. vor allem *O. Semmelroth*, Die Kirche als Ursakrament, 3. Aufl., Frankfurt 1963; *ders.*, Ursakrament (Anm. 16), Sp. 568f. Der Begriff ist in einem umfassenden Sinne gemeint; frühzeitig und weitsichtig hatte vor einer möglichen Mißdeutung im Sinne einer „Kultkirche" gegenüber einer „Wortkirche" gewarnt *G. Söhngen*, Symbol und Wirklichkeit im Kultmysterium, Bonn 1937, S. 18f.

[21] Vgl. *O. Semmelroth*, Die Kirche als Ursakrament, in: Mysterium Salutis, Grundriß heilsgeschichtlicher Dogmatik. Hrsg. v. *J. Feiner* u. *M. Löhrer*, Bd. IV/1, Einsiedeln-Zürich-Köln 1972, S. 318–348.

[22] S. auch VatII LG Art. 9 Abs. 3, Art. 48 Abs. 2 sowie AG Art. 1 Abs. 1; zur Interpretation vgl. *O. Saier*, „Communio" in der Lehre des Zweiten Vatikanischen Konzils, München 1973, S. 38–45.

[23] Vgl. *M. Schmaus*, Der Glaube der Kirche, Bd. 2, München 1970, S. 262ff., der die Lehre von der Sakramentalität der Kirche für die wohl wichtigste, wenn auch nicht die schwierigste Aussage des Konzils hält. Vgl. ferner *P. Smulders*, Die Kirche als Sakrament des Heils, in: *Baraúna* I, S. 289.

beschenkte Kirche sind nicht als zwei verschiedene Größen zu betrachten, sondern bilden eine einzige komplexe Wirklichkeit, die aus menschlichem und göttlichem Element zusammenwächst. Deshalb ist sie in einer nicht unbedeutenden Analogie dem Mysterium des fleischgewordenen Wortes ähnlich. Wie nämlich die angenommene Natur dem göttlichen Wort als lebendiges, ihm unlöslich geeintes Heilsorgan dient, so dient auf eine ganz ähnliche Weise das gesellschaftliche Gefüge der Kirche dem Geist Christi, der es belebt, zum Wachstum seines Leibes (VatII LG Art. 8 Abs. 1).

Die entscheidende Aussage dieses Textes geht dahin, daß in der Kirche menschliches und göttliches Element eine einzige komplexe Wirklichkeit bilden. Die Charakterisierung des menschlichen und des göttlichen Elements in der dreifachen Gegenüberstellung scheint allerdings nicht besonders gut gelungen[24]. Vernehmlich klingt die überholte Entgegensetzung von Gesellschaft und Gemeinschaft an (societas – communitas)[25], wobei der Gesellschaft das äußerlich sichtbare und rechtliche, der Gemeinschaft das geistliche Element zugeordnet wird. Auf seiten der communitas siedelt der Konzilstext auch das „mysticum Christi Corpus" an. Zwar wehrt sich das Konzil an dieser Stelle gerade dagegen, daß die sichtbare und die unsichtbare Wirklichkeit der Kirche wie zwei verschiedene Dinge auseinandergerissen werden[26], und betont, daß sie eine einzige komplexe Wirklichkeit bilden; dies ist aber begrifflich schon deshalb nicht gut eingefangen, weil das Beiwort „mysticum" nicht allein für die Innenseite der Kirche verwandt werden darf, sondern als gerade typischer theologischer Begriff für die komplexe Realität von innen und außen gelten muß, die das sakramentale Wesen der Kirche ausmacht.

Eine Übertreibung in die umgekehrte Richtung kann man in Worten finden, die jenen Leitlinien für die Reform des CIC zu entnehmen sind, welche der Bischofssynode des Jahres 1967 vorgelegen haben[27]. Dort wird in dem 3. Punkt behauptet, das Recht habe im Mysterium der Kirche gleichsam den „Sinn eines Sakramentes oder eines Zeichens des übernatürlichen Lebens der Gläubigen, das es bezeichnet und fördert". Abgesehen davon, daß in solcher Redeweise die Identität zwischen dem Mysterium und dem sakramentalen Charakter der Kirche fraglich

[24] Eine frühere Textvorlage (Textus prior Art. 7) war knapper, aber auch nicht besser: „Societas autem visibilis et mysticum Christi corpus, non duae res sunt sed una tantum ..."

[25] Diese Unterscheidung entstammt den Sozialwissenschaften und ist hauptsächlich vertreten worden durch *F. Tönnies*, Gemeinschaft und Gesellschaft. Grundbegriffe einer reinen Soziologie, Leipzig 1887 (8. Aufl. 1935; Neuausg. Darmstadt 1969 u. 1979), muß aber auch in den Sozialwissenschaften als überholt gelten; vgl. etwa *G. Gundlach*, Art-Gemeinschaft, in: StL[6] III, Sp. 728–732. Die Entgegensetzung von Gesellschaft und Gemeinschaft im Hinblick auf die Kirche spielte noch in manchen Konzilsreden eine prinzipielle Rolle; vgl. *G. Philips*, in: LThK[2]-Konzilskommentar I, S. 140.

[26] Gegenüber Einwänden hatte auch die zuständige Unterkommission betont: „Elementa visibilia et invisibilia diversis locutionibus in textu indicantur, ut edicatur quod funditus non efformant nisi unam realitatem." (Schema Constitutionis de Ecclesia, Typ. Pol. Vat. 1964, S. 24; AcSynVat Vol. III Pars I, S. 177).

[27] „... Nam ius in mysterio Ecclesiae habet rationem veluti sacramenti seu signi vitae supernaturalis christifidelium, quam signat et promovet ..." (Communicationes 1 [1969], S. 79; vgl. auch HerKorr 21 [1967], S. 530f.).

erscheint[28], wird hier dem Recht selbst, also einem der Elemente der komplexen Wirklichkeit, wenigstens quasi-sakramentaler Charakter zugesprochen. Dies kommt in der Tat einer Mystifizierung des Kirchenrechts gleich. Ebensowenig wie die Kirche als Mysterium ein achtes Sakrament ist, kann das Kirchenrecht als ein Quasisakrament verstanden werden. Das Kirchenrecht hat vielmehr Anteil an dem sakramentalen Wesen der Kirche, ist Element des Mysteriums Kirche[29].

Schließlich kann in Art. 8 der Kirchenkonstitution die einseitige Verwendung des „societas"-Begriffs für die rechtliche Seite der Kirche nicht zufriedenstellen. Wie groß die Gefahr des Mißverständnisses ist, veranschaulicht eine Übersicht über den sonstigen konziliaren Wortgebrauch von „societas". Das Konzil bedient sich dieses Ausdruckes verhältnismäßig häufig, und zwar fast ausschließlich in der Bedeutung unseres heute geläufigen profanen Verständnisses von „Gesellschaft", z. B. menschliche, bürgerliche, heutige Gesellschaft[30]. Nur äußerst selten und nahezu ausnahmslos in der Kirchenkonstitution wird „societas" zur näheren Bezeichnung der Rechtsgestalt der Kirche gebraucht. Einige Male wird zwar der Begriff der „societas" in bewußtem Gegensatz zur „Ecclesia" verwandt, doch hindert dies nicht, daß aus naheliegenden Gründen[31] in dem Dekret über die Religionsfreiheit die Kirche als Gesellschaft von Menschen bezeichnet wird, die das Recht haben, in der bürgerlichen Gesellschaft gemäß den Vorschriften ihres christlichen Glaubens zu leben (VatII DH Art. 13 Abs. 2). Hiernach wäre die Kirche Gesellschaft[32] in der Gesellschaft. Die darin liegende leichte Mißdeutbarkeit des „societas"-Begriffes sollte Anlaß genug sein, auf ihn für die Beschreibung der eigentümlichen Rechtsgestalt der Kirche zu verzichten und ihn durch den Begriff der Communio zu ersetzen.

Obwohl das Konzil entschieden häufiger den Begriff der „communitas" in einem allerdings vielfältigen Sinne verwendet, muß die Vatikanische Kirchenversammlung in der Tat als die Wiederentdeckerin des Communio-Begriffes für die Ekklesiologie gelten. In der vorkonziliaren Alltagssprache, aber auch in der Rechtssprache des CIC/1917 war communio fast ausschließlich im Sinne der eucharistischen Kommunion und kaum im ekklesiologischen Sinne verstanden worden[33]. Für die Ekklesiologie des II. Vatikanischen Konzils ist communio zu

[28] In VatII LG Art. 1 wird von der Kirche selbst gesagt, sie sei „veluti sacramentum".

[29] Deshalb muß man dem Einwand von Kardinal *Suenens*, den er bei der Diskussion der Leitlinien während der Bischofssynode 1967 geltend machte, das Kirchenrecht sei kein Sakrament, zustimmen. Nicht annehmbar dagegen ist die weitere Behauptung, das Kirchenrecht sei kein Zeichen der Kirche; vgl. HerKorr 21 (1967), S. 532.

[30] Einzelnachweise s. bei *Aymans*, „Volk Gottes" (Anm. 9), S. 330f.

[31] Die bis zum Konzil geläufige Beschreibung der Kirche als „societas perfecta" war in der Disziplin des Ius Publicum Ecclesiasticum bis zu hoher Vollendung mit dem Hauptziel entwickelt worden, die Kirche gegenüber dem Staat als eigenständige Rechtsgemeinschaft zu verteidigen und zu sichern.

[32] Etwas gemildert ist die Bezeichnung dadurch, daß von der Kirche gesagt wird, sie sei „etiam societas".

[33] Im ekklesiologisch-verfassungsrechtlichen Sinne findet sich communio im CIC/1917 nur in cc. 87, 961, 2257, 2268; in einem weiteren Sinne für Gemeinschaft bemerkenswerterweise auch bez. der Ehe c. 1129 § 1, in manchen Ausgaben auch c. 1128; auf dem Wege zu einem säkularisierten Gemeinschaftsverständnis c. 2267 ebd.

einem Schlüsselbegriff geworden[34]; er findet im neuen Codex Iuris Canonici eine bestimmende Verwendung im ekklesiologischen Sinne[35]. In der deutschen Sprache läßt sich die Bedeutung von communio nicht mit einem kurzen Begriff wiedergeben. Wie der Bildbegriff vom Volk Gottes drückt communio den für die Kirche typischen Gemeinschaftscharakter aus, der nicht aus dem Willen des Menschen, sondern aus Gott stammt. Communio ist dem Konzil jener Begriff, der die gnadenhafte Gemeinschaft von Menschen mit Gott und in einem die Gemeinschaft der mit Gott Verbundenen ausdrückt[36]. Communio ist nicht nur göttliche Gabe, sondern darin auch menschliche Aufgabe, nicht nur Institution, sondern darin auch lebendiger Vollzug. Die communio hat sakramentalen Charakter[37]. Wie Leib Christi sowohl den eucharistischen als auch den kirchlichen Leib des Herrn bezeichnet, so drückt communio die Teilhabe an beiden aus. Beide Formen der Teilhabe hängen aufs engste zusammen. Die eucharistische Tischgemeinschaft ist die Mitte der Kirche, der Konvergenzpunkt aller kirchlicher Sendungsvollzüge, die auf die Euchariestiefeier hingeordnet sind oder von dieser ausgehen. Daher steht die Struktur der eucharistischen und der kirchlichen communio in einem unlöslichen Zusammenhang[38]. Die communio als sichtbar verfaßte Gemeinschaft ist geistgewirkte Gemeinschaft, Tempel des Heiligen Geistes. In ihrem gesellschaftlichen Gefüge dient sie dem Geist Christi, wie auf analoge Weise die angenommene Natur dem göttlichen Wort als lebendiges, ihm unlöslich verbundenes Heilsorgan gedient hat[39]. Der sakramentalrechtliche Begriff der communio darf als der Schlüsselbegriff angesehen werden, der geeignet ist, auf angemessene Weise das Mysterium Kirche im Kirchenrecht wie auch die Rolle des Kirchenrechts im Mysterium Kirche zu erschließen, denn communio spricht nicht nur den rechtlichen Aspekt der Kirche an, sondern ist Ausdruck der komplexen Wirklichkeit des Mysteriums Kirche selbst[40].

[34] Vgl. den aufschlußreichen sprachlichen Überblick bei *Saier*, „Communio" (Anm. 22), S. 1–24.

[35] Zur Erläuterung sei in *diesem* Band verwiesen etwa auf *W. Aymans*, § 24 Gliederungs- und Organisationsprinzipien.

[36] Vgl. *Saier*, „Communio" (Anm. 22), S. 25–36.

[37] Vgl. *Saier*, Ebd., S. 37–46.

[38] Zu den strukturellen Konsequenzen s. zusammenfassend *Aymans*, „Volk Gottes" (Anm. 9), S. 332f.

[39] S. oben den Text VatII LG Art. 8 Abs. 1.

[40] S. auch *R. Sobański*, Modell des Kirche-Mysteriums als Grundlage der Theorie des Kirchenrechts, in: AfkKR 145 (1976), S. 22–44. Verf. geht allerdings nicht vom Mysterium-Begriff zum Communio-Begriff über.

§ 2 Theologie des Kirchenrechts

Von Eugenio Corecco

I. Rechtsphilosophische Voraussetzungen

Das Kernproblem sowohl der Rechtsphilosophie als auch der Rechtstheologie wie der Theologie des Kirchenrechts ist das Problem der Einheit des Rechts: Gibt es einen ontologischen Zusammenhang zwischen der wechselhaften menschlichen Rechtsnorm und einem höheren Gesetz naturrechtlichen oder göttlichen Ursprungs, welches sie transzendiert und rechtfertigt?[1] Diese Frage hat sich schon die griechische Philosophie gestellt. Dem oft frivolen intellektualistischen Spiel der Sophisten, welche einmal die Natur *(Physis)* gegen die menschliche Rechtsetzung oder die positive Rechtsnorm gegen das Naturgesetz ausspielten, hat die mittlere und späte Stoa nicht mehr, wie *Epikur*, einen in der instinktiven Anlage begründeten, sondern einen im rationalen Wesen des Menschen fundierten Naturbegriff als Maßstab aller positiven Rechtsnormen entgegengesetzt. Diese im Menschen vorgegebene Vernünftigkeit fällt allerdings mit der im Kosmos waltenden universalen Vernunft zusammen, welche pantheistisch mit der göttlichen Vernunft in eins gesetzt wird. Dadurch entsteht in der griechisch-römischen Rechtsphilosophie eine Trilogie: Die auf den heraklidischen *Logos* zurückführende *lex aeterna Ciceros*, die *lex naturalis (Physis)* und die *lex positiva (Nomos)*. Da aber die behauptete strukturelle Abhängigkeit des positiven Rechts von der *lex aeterna* keine notwendige Änderung der konkreten sozialen und politischen Ungleichheiten mit sich brachte, ist auch letzten Endes die Einheit dieser Trilogie – in der klassischen Zeit der römischen Juristen durch die etwas anderes bedeutende Einteilung *ius naturale, ius gentium* und *ius civile* ersetzt – eine äußerliche geblieben.

Mit *Plato* und *Aristoteles* wurde das Problem des Rechts nicht nur vom instinktiven physischen in den rationalen, sondern in den eigentlichen metaphysischen Bereich erhoben. So gründet nach *Plato* das Recht nicht in den einzelnen geschichtlichen Tatbeständen, sondern in der metaphysischen Natur der transzendentalen Idee der Gerechtigkeit, in welcher, gleich den anderen allgemeinen Ideen, wie jenen des Wahren und Guten, sich einzig die Fülle des Seins verwirklicht. Letzten Endes gibt es nur ein einziges wahres Recht, da jede naturrechtliche und positive Verwirklichung desselben nur eine Abbildung ihres Archetyps beinhaltet. Daß die positive Rechtssetzung dem Naturrecht konform sein muß, liegt nicht so sehr in einer metaphysischen Abhängigkeit, sondern in der voluntaristischen Option *Platos*, wonach die einzelnen Dinge, in denen nicht die Ideen als solche, sondern allein das Ziel (*Telos*) immanent ist, nur deswegen die *universalia* verwirklichen, weil der Demiurg (Gott) in seinem Willen es so bestimmt hat. Diese metaphysische Welt, derzufolge sich aber die konkreten Dinge in eine inkonsistente Realität aufzulösen drohten, wurde durch den Hylemorphismus des *Aristoteles* überwunden. Nach ihm ist die Wirklichkeit des Seins nicht in den platonischen abstrakten Ideen (*universalia ante rem*), sondern in der immanenten Wesensform der einzelnen Dinge (*universalia in re*) gegeben. Obwohl *Aristoteles* nicht von einem *ius divinum* im eigentlichen Sinne spricht (vielleicht existiert nach ihm nur ein besonderes Recht der Götter), hat er mit der Lehre der Einheit zwischen der Wirk- und Zielursache die metaphysische Grundlage für die Einheit des Rechts gelegt. Die positiven Rechtsnormen sind insofern wahres Recht, als sie die in ihnen liegende Naturrechtsform (entelechia) verwirklichen. Somit kann eine positive Rechtsnorm, welche der Gerechtigkeit

[1] Über diesen ganzen Abschnitt vgl. *E. Corecco*, Theologie des Kirchenrechts. Methodologische Ansätze, Trier 1980, S. 7–44; *A. Stiegler*, Der kirchliche Rechtsbegriff, München 1958; *A. Verdross*, Abendländische Rechtsphilosophie, 2. Aufl., Wien 1963.

als metaphysischer Rechtsnorm entbehrt, nicht den Anspruch erheben, rechtsverbindlich zu sein.

Die Einführung des inhaltsreichen, kaum auszuschöpfenden Naturbegriffs, welcher nicht nur die Gesamtheit der belebten und unbelebten, materiellen und geistigen Dinge, sondern auch die Wesenheit der Dinge selbst umfaßte und der metaphysisch offenblieb, bleibt das unvergängliche Geschenk des Griechentums an die Rechtsphilosophie des Abendlandes. Die noch eklektisch gebliebene Aufnahme der griechisch-römischen Rechtslehre durch die Kirchenväter hat aber dazu geführt, daß die jüdisch-christliche Idee der Unmittelbarkeit Gottes im Rechtsgeschehen sich mit dem griechischen Naturrechtsbegriff zu einer Synthese verschmolz. Nach *Augustinus* ist die theonomisch verstandene *lex aeterna* weder die transzendentale Idee *Platos* noch die autonom existierende Weltvernunft *Ciceros*, sondern der unveränderliche in der Gottesvernunft enthaltene Schöpfungs- und Lenkungsplan der Welt. Somit ist die *lex aeterna* nicht mehr mit der *lex naturalis* zu identifizieren, trotz ihrer gegenseitigen Zuordnung, da die erste der *ordo ordinans* des durch das Alte und Neue Testament präzisierten Naturgesetzes (*ordo ordinatus)* ist, die zweite ihrerseits den *ordo ordinans* des menschlichen Rechts (*lex temporalis*) darstellt. Trotz dieser Klärung hat das christliche Denken bis zur Frühscholastik die naturalistischen und rationalistischen Naturrechtsbegriffe der Antike weitergeschleppt, ohne sich dabei ihrer Widersprüchlichkeit mit der christlich-augustinischen Lehre immer bewußt zu werden. Die Lage verwirrte sich noch mehr dadurch, daß die stoische Auffassung des Naturrechts sich mit der sakralen, jüdisch-christlichen Tradition des *ius divinum* vermischte, so daß *Gratian* das *ius naturale* und das *ius divinum* weiter identifizieren konnte: *Ius naturale est quod in lege et in Evangelio continetur* (c. I, D. l, Gr. a.).

Erst das Wiederaufblühen des aristotelischen Systems in der Scholastik hat zu einer klaren und endgültigen Unterscheidung zwischen Vernunft und Glaube, Natur und Übernatur und dadurch auch zwischen *ius naturale* und *ius divinum* geführt. So erkennt nach *Thomas von Aquin* der Mensch in seiner eigenen rationalen Natur sowohl die *lex aeterna* als auch die *lex naturalis*, von der er die *lex humana* in der Weise ableiten kann, daß eine dem Naturrecht widerstrebende menschliche Rechtsnorm als eine *corruptio legis* bewertet werden muß. Die unbestreitbare Aufwertung des griechisch-stoischen, rationalistischen Denkens durch den Aquinaten zeigt sich dadurch, daß er die *lex aeterna* wieder an die Spitze der natürlichen und übernatürlichen Weltordnung stellt, in der aber die *lex divina* im Vergleich zur *lex naturalis* eine höhere Teilhabe an der *lex aeterna* darstellt. Dieses System wurde in seiner Substanz von *Francisco Suárez* bei gleichzeitiger stärkerer Betonung des *ius divinum* übernommen. Die *lex aeterna*, welche mit Gott identisch ist, kann nur dann verpflichten, wenn sie *ad extra* durch das *ius divinum* verkündet wird, wovon für die natürliche Ordnung das *ius naturale* und für die übernatürliche das *ius divinum positivum* abgeleitet werden. Die dadurch entstandene Trilogie *ius divinum, sive naturale sive positivum,* welche die Thomasische Trilogie *lex aeterna-lex naturalis-lex positiva* nach langem Ringen ersetzte, wurde zur Grundlage des christlichen Rechtsdenkens der Folgezeit und somit auch des CIC/1917 (vgl. z. B. cc. 27 und 1509) und des CIC/1983 (vgl. z. B. cc. 199 n. 1, 1163 § 1).

Das vom Doctor Angelicus und letzten Endes auch von *Suárez* erreichte Gleichgewicht von Vernunft und Willen wurde durch den franziskanischen, dem Nominalismus (*universalia post rem*) verpflichteten Voluntarismus und durch den Intellektualismus der späteren Scholastik in Frage gestellt. Ist die Rechtsordnung in der Gottesvernunft (*lex aeterna*) oder im Gotteswillen verankert? Der thomistische Primat der Vernunft wurde durch *Johannes Duns Scotus* und *Wilhelm von Ockham* durch denjenigen des Willens mit der Behauptung ersetzt, daß Gott *de potentia absoluta* auch gegen seine eigene Weisheit handeln könne. Die Gefahr, die Ethik und das Recht von der Metaphysik zu trennen und dem Rechtspositivismus zu verfallen, lag sehr nahe. Damit wurde aber auch die Idee der Einheit des Rechts durch diejenige der Einzigkeit deshalb wieder ersetzt, weil die unteren Rechtsnormen nur insofern für gültig erachtet werden, als sie dem von Gott gewollten und nur im Glauben erkennbaren *ius divinum* entsprechen, so daß die Existenz des Naturrechts in Frage gestellt war. Dieser stark religiös gefärbte, aber die innere Wahrheit der Dinge in Frage stellende Voluntarismus rief mit *Gregor von Rimini* und *Gabriel Vázquez* – überzeugter Anhänger der Lehre von der *natura pura* – einen intellektualistischen Gegenstoß hervor, demzufolge das Wesen der Dinge (die *lex naturalis primaria*) als autonome Wirklichkeit existiert, unabhängig davon, ob Gott sie schaffen will oder nicht. Danach ist eine Verletzung einer *recta aliqua ratio* (eines Engels oder eines Menschen) schon eine Sünde, auch wenn *per impossibile ratio divina sive Deus ipse non daretur*. Die traditionelle Lehre der Unmittelbarkeit Gottes in der Rechtsetzung und der Einheit des Rechts wurde von *Vázquez* mit der Behauptung gerettet, daß Gott die menschliche Vernunft (*lex naturalis secundaria*) unmittelbar erleuchtet, damit sie das Wesen der Dinge richtig versteht. Im ausgehenden Mittelalter beginnt somit jener Säkularisierungsprozeß des Naturrechts, das von *Hugo Grotius* nicht mehr als ontologische Teilhabe der rationalen Menschennatur, sondern als ausschließliches Ergebnis der menschlichen Vernunft betrachtet wurde. Doch sollte das Naturrecht erst vom modernen Rationalismus und juristischen Positivismus von der Existenz Gottes und von der Theologie endgültig losgelöst werden.

II. Theologie des Kirchenrechts

Die Frage nach dem Kirchenrecht als eigentlichem theologischem Problem wurde erst von der Reformation gestellt. Dies trotz der Tatsache, daß sowohl die orientalische als auch die lateinische Tradition das Kirchenrecht wenigstens einschlußweise – wenn nicht schon thematisch – längst in die Gesamtheit des *nexus mysteriorum* eingeordnet hatte. Immerhin ist der spezifische Charakter der von diesen drei theologischen Denkweisen gegebenen Antwort nur von seinen verschiedenen anthropologischen, kulturellen und philosophischen Grundoptionen her zu erfassen. Da aber auch die theologische Kernfrage des Kirchenrechts jene der inneren Einheit zwischen dem göttlichen, natürlichen und menschlichen Recht ist, spielte das zu lösende Problem des jeweiligen Verständnisses der Menschwerdung Christi, also des Prinzips *Inkarnation*, eine ausschlaggebende Rolle[2].

1. Die orthodoxe Tradition

Ohne die Lehre von Chalzedon irgendwie zu verfälschen, neigt die der paulinischen Gedankenwelt verpflichtete und vom Neoplatonismus wie auch von der Mentalität der slawischen Völker geprägte orthodoxe byzantinische Theologie dazu, den Akzent auf die Transzendenz zu setzen, welche in der Ikone ihre beste Ausdrucksform findet[3]. Die Ikone bezeugt als Zeichen die Anwesenheit Gottes in

[2] Zu den wissenschaftstheoretischen und methodologischen Fragen einer Rechtstheologie siehe z. B. *W. Steinmüller*, Wissenschaftstheorie, Rechtstheologie und Kirchenrecht, in: ZevKR 23 (1978), S. 58–89; *R. Dreier*, Methodenprobleme der Kirchenrechtslehre, ebd., S. 343–367; *ders.*, Entwicklungen und Probleme der Rechtstheologie, in: ZevKR 25 (1980), S. 20–39.

[3] Für eine Gesamtdarstellung des orthodoxen theologischen Denkens, siehe: *J. Daniélou*, Platonisme et théologie mystique, Paris 1944; *V. Lossky*, Essai sur la théologie mystique de l'Eglise d'Orient, Paris 1944; *E. Benz*, Die Ostkirche, Freiburg-München 1952; *S. Bulgakov*, L'Orthodoxie, Paris 1959; *O. Clément*, L'Eglise orthodoxe, Paris 1965; *P. Evdokimov*, L'Orthodoxie, Neuchâtel 1965; Die orthodoxe Kirche in griechischer Sicht. 1. und 2. Teil, hrsg. von *P. Bratsiotis*, 2. Aufl., Stuttgart 1970; *F. Heiler*, Die Ostkirchen, München-Basel 1971.

der Welt, ohne sie versachlichen zu wollen. Das gnoseologische Instrument dieser Theologie ist in der Tat nicht so sehr wie in der lateinischen Theologie die vom Glauben geformte, rationale Deduktion, sondern die der übernatürlichen Weisheit eigene Methode der Kontemplation, welche anstelle des Bedürfnisses zu definieren jenes des Nichtdefinierens empfindet[4]. In dieser Theologie, in der das Verhältnis Gott – Mensch nicht durch die Vermittlung der *gratia supernaturalis creata*, sondern kraft der Unmittelbarkeit der *theosis* und das Verhältnis Universalkirche – Partikularkirche aufgrund eines transzendentalen Begriffs der Kirche bestimmt wird, welche vielmehr als ein in den Partikularkirchen sich verwirklichender Archetyp als eine von den einzelnen Partikularkirchen selbst konstituierte Größe verstanden wird, und in der das Verhältnis Transzendenz – Immanenz sich in einer die Ordnung der weltlichen konkreten Gegebenheiten vernachlässigenden Neigung offenbart, wird auch das Problem des Verhältnisses Dogma – Recht entsprechend gelöst.

Schon die Vorliebe der Autoren, einfachhin von den Kanones statt von dem kanonischen Rechtssystem zu sprechen, verrät einen zur Unterscheidung von *ius* und *lex* unfähigen Empirismus, welcher von vornherein den Kanones schon deshalb jegliche dogmatische Relevanz abspricht, weil er nicht wie das lateinische Kirchenrechtsdenken danach strebt, kraft des Prinzips *Inkarnation* das Dogma in die konkrete Rechtsnorm zu übersetzen. Dogma und Recht stehen auf zwei verschiedenen Ebenen, und zwischen ihnen besteht nur eine funktionelle Bezogenheit. Das Kirchenrecht wird letzten Endes von der orthodoxen Theologie nicht als mittragendes Element der kirchlichen heilsbringenden Wahrheit betrachtet, sondern allein als eine kirchlich-soziale Überstruktur, die im Namen einer eigentlich auf dem Bereich des Dogmas liegenden Wahrheit immer wieder überholt werden kann. In der kirchlichen Rechtsetzung wird nicht wie im lateinischen Kirchenrecht der Versuch unternommen, die Wahrheit der Lehre institutionell festzuhalten, damit eine unbedingte Übereinstimmung zwischen Dogma und Recht entsteht. So hat z. B. das III. Konzil von Konstantinopel den Kanones nur eine *therapeutische* Funktion zugewiesen, wonach im Namen der Ökonomie der Barmherzigkeit die Rechtsnorm dem personalen Schicksal des Einzelnen immer wieder anzupassen ist. Diese platonisierende Abstrakthaltung der Wahrheit räumt in der Tat den irdischen Gegebenheiten eine starke Autonomie ein.

Die von der Orthodoxie praktizierte strenge dogmatische *Akribie* verlangt nämlich nur, daß der absolute Wert der Wahrheit auch dann nicht in Frage gestellt wird, wenn in der Praxis Rechtslösungen getroffen werden, welche von ihr abweichen. Diese leicht rechtspositivistische und dualistische Einstellung drückt sich am augenfälligsten im Rechtsinstitut der Ökonomie aus, welches trotz der neuesten theoretischen Konkordanzbestrebungen längst nicht der lateinischen

[4] *Y. Congar*, Propos en vue d'une théologie de l'„Economie" dans la tradition latine, in: Irénikon 45 (1972) S. 155–206.

Dispens gleichgestellt werden kann[5]. Die Anwendung der Ökonomie auf das Prinzip der Unauflöslichkeit der Ehe zeigt, daß einerseits die Wahrheit der Lehre mit absoluter *Akribie* behauptet wird, damit sie als *Archetyp* erhalten bleibt, andererseits aber, daß die Orthodoxie im Gegensatz zur lateinischen Kirche nicht mit der gleichen Überzeugung darauf abzielt, das Dogma auch auf der rechtlichen Ebene mit voller Geltung umzusetzen. Dies zeigt an, daß das Problem der Einheit des göttlichen und des menschlichen Rechts, dessen soteriologischer Charakter keineswegs verneint wird, nicht ontologisch, sondern extrinsezistisch gelöst wird.

2. *Die protestantische Tradition*

Ein bewußter Bruch zwischen dem *ius divinum* und dem *ius humanum* entstand erst mit der Reformation. Vom antinomischen Charakter der für das Heilsmysterium zentralen Thematik *Lex et Evangelium* und von der Lehre der *natura totaliter deleta* ausgehend, verneint *Martin Luther* die Heilsnotwendigkeit der Werke, auch dann, wenn sie mit Hilfe der Gnade verrichtet werden sollten[6]. Dem voluntaristischen Nominalismus des Spätmittelalters verpflichtet, greift er zur Lehre der *non imputatio peccati*, wonach die Werke des Naturgesetzes nicht als solche, sondern nur insofern gut sind, als sie im Gehorsam des Gotteswillens als Zeichen des Heilswirkens Gottes getan werden. Das thomistische System, welches seine Einheit in der ciceronianisch-augustinischen Lehre der *lex aeterna* und in der Unterscheidung zwischen Natur und Übernatur gefunden hatte, wurde von *Luther* durch eine neue, dualistisch-kosmologische Ordnung ersetzt. Gott hat zwei Reiche gewollt: Das geistliche Reich zur rechten Hand – in welchem der gläubige Christ steht – ist im Glauben gegründet und von der Liebe beherrscht; das weltliche Reich zur linken Hand – in welchem der Nichtglaubende lebt – wird von der zur Erfassung der Wahrheit nunmehr unfähig gewordenen menschlichen Vernunft und von der menschlichen Gewalt getragen; es wurde von Gott in seiner *ira misericordiae* nur deswegen geschaffen, um die Menschheit vor dem totalen Chaos zu bewahren.

Dieser Weltordnung, in der eine unüberbrückbare Kluft zwischen beiden Reichen existiert, entspricht auch eine dualistische Auffassung des Rechts. Im *Corpus Christi Mysticum* waltet ein göttliches Recht, die *lex charitatis* oder *lex Christi*, welche nur den inneren Menschen erfaßt und über ihn eschatologisch

[5] *J. Kotsonis*, Problèmes de l'économie ecclésiastique, Gembloux 1971; *Miguel M. Garijo-Guembe*, La ‚Economia' en la Iglesia Ortodoxa, in: Dialogo Ecumenico 10 (Salamanca 1975), Nr. 39, S. 621–646.

[6] *W. Wehrhahn*, Die Grundlagenproblematik des deutschen evangelischen Kirchenrechts 1933–1945, in: ThR 18 (1950), S. 69–90 und 19 (1951), S. 221–252; *H. Liermann*, Die gegenwärtige Lage der Wissenschaft vom evangelischen Kirchenrecht, in: ZevKR 8 (1961/62), S. 290–302; *B. Schüller*, Die Herrschaft Christi und das weltliche Recht, Rom 1963; Gesetz und Evangelium. Hrsg. von *E. Kinder* und *K. Haendler*, Darmstadt 1968; *W. Steinmüller*, Evangelische Rechtstheologie, Köln-Graz 1968; *S. Grundmann*, Abhandlungen zum Kirchenrecht, Köln-Wien 1969; Reich Gottes und die Welt. Hrsg. von *H. H. Schrex*, Darmstadt 1969; *A. Stein*, Zur Entwicklung der deutschen evangelischen Kirchenrechtswissenschaft 1961–1975, in: ZevKR 22 (1977), S. 6–25.

richtet; im *Corpus Babylonicum* herrscht dagegen ein in Gewalt und Gesetz manifestiertes und vom Staat verkündetes Recht, das nur ein Schatten des göttlichen Rechts und allein an den äußeren Menschen gerichtet ist.

Da auch die Kirche nach dem Modell der Zwei-Reiche-Lehre in eine für das Heil gedachte *Ecclesia abscondita seu spiritualis* und eine für die soziale Ordnung der Christenheit gedachte *Ecclesia universalis seu visibilis* zweigeteilt ist, können von dem nur im Glauben erkennbaren *ius divinum* für die *Ecclesia universalis* keine rechtlichen Zuständigkeiten abgeleitet werden. Das der *Ecclesia universalis* eigene Kirchenrecht hat somit nur empirischen Charakter, da es nicht mehr zum Inhalt des Glaubens gehört und für das Heil ohne Belang ist. Trotzdem bleibt es ein Recht *sui generis*, das seine ekklesiologische Relevanz schon deswegen nicht verloren hat, weil die sichtbare soziologische Kirche nicht mit dem Reich zur Linken identisch ist[7].

Dieses *disharmonische* System ist erst von *Rudolph Sohm* am Ende des letzten Jahrhunderts zu seinen letzten Konsequenzen geführt worden[8]. In der Absicht, die Kirche von der Handhabung des Staatskirchenrechts zu befreien, das inzwischen im System der Staatskirche das *ius canonicum* ersetzt hatte, geht *Sohm* von zwei verschiedenen Voraussetzungen aus: Im Kielwasser der modernen Staats- und Rechtsphilosophie vertritt er einerseits einen monistischen Rechtsbegriff, so als ob es nur ein einziges Recht gäbe, nämlich das Recht des Staates; andererseits vertritt er eine radikale spiritualistische Auffassung der Kirche, als ob sie eine rein charismatische Struktur besäße. Die Gegenüberstellung dieser zwei Elemente zwingt *Sohm* folgerichtig zur These: *Das Wesen des Kirchenrechts steht im Widerspruch zum Wesen der Kirche*[9]. Mit dieser kraftvollen These hat *Sohm* sowohl die protestantische als auch die katholische Kanonistik herausgefordert, die theologische Grundlegung des Kirchenrechts neu zu erbringen.

Obwohl *Karl Barth* in Kontinuität mit der protestantischen Theologie sich primär nicht mit den Problemen des Kirchenrechts, sondern des Rechts überhaupt befaßt hat, hat er neue Voraussetzungen erarbeitet, um das Problem anzugehen. Mit seinem gegen die modernen Strömungen des Naturrechts und des theologischen Positivismus gerichteten Programm *Evangelium und Gesetz* und *Rechtfertigung und Recht* hat *Barth* nicht nur die lutherische Thematik *Lex und Evangelium* umgekehrt, sondern auch den Versuch unternommen, die in ihr enthaltene

[7] *J. Heckel*, Lex Charitatis, München 1953; *ders.*, Das blinde, undeutliche Wort „Kirche". Gesammelte Aufsätze, hrsg. von S. Grundmann, Köln-Graz 1964. Eine andere Auslegung Luthers bietet *P. Althaus*, Luthers Lehre von den beiden Reichen im Feuer der Kritik, in: Luther-Jahrbuch 24 (1957), S. 40–68; *E. Schott*, die ekklesiologische Begründung des evangelischen Kirchenrechts im Lichte der Zwei-Reiche-Lehre, in: Zeitschrift für Systematische Theologie 22 (1953), S. 335–351.

[8] *R. Sohm*, Kirchenrecht, 2. Aufl., Bd. 1, Berlin 1923; *ders.*, Wesen und Ursprung des Katholizismus, 2. Aufl., Leipzig-Berlin 1912; *H. Barion*, Rudolph Sohm und die Grundlegung des Kirchenrechts, Tübingen 1931; *A. Rouco Varela*, Die katholische Reaktion auf das „Kirchenrecht I" Rudolph Sohms, in: Festschr. Mörsdorf, S. 15–52.

[9] *Sohm*, Kirchenrecht (Anm. 8), S. X und S. 1.

Antinomie dadurch zu überwinden, daß er auch die Zwei-Reiche-Lehre aufgab[10]. In seiner dialektischen Theologie gibt es nur eine einzige Weltordnung, mit Christus als alleinigem Seins- und Erkenntnisgrund. Nicht durch die zur Erkenntnis des Naturrechts unfähige menschliche Vernunft, sondern allein durch den Glauben ist es möglich, etwas Verbindliches über Staat und Recht auszusagen. Da die Kirche Christus, dem Mittelpunkt der ganzen Weltordnung, näher steht als dem Staat, ist sie besser als dieser in der Lage, zu sagen, was Recht eigentlich ist.

Ohne ausdrücklich zur Frage Stellung zu nehmen, ob das Kirchenrecht, formal gesehen, in seinem Wesen anders sei als das staatliche Recht, vertritt *Barth* die Meinung, ersteres sei als liturgisches, der biblischen Weisung unterstelltes Dienstrecht der Kirche, welches eigentlich nur *Kirchenordnung* heißen könne, scharf vom Staatskirchenrecht und vom Recht überhaupt zu unterscheiden. Trotz seiner theologischen Relevanz bleibt die kirchliche Norm eine rein menschliche, nur für die Zeit der Kirche geltende Größe, die keine Heilsverbindlichkeit besitzt, da Christus das einzige Subjekt in der Kirche ist. Wenn man von *Calvin* absieht, der der Kirchengemeinde eine im Vergleich zu *Luther* stärkere institutionelle Bedeutung eingeräumt hat und welchem *Barth* sich verpflichtet fühlt, hat *Barth* das Kirchenrecht zum ersten Mal seit der Reformation wieder in den Glaubensinhalt hineingenommen. Dies hat die gegenwärtige protestantische Theologie dazu gebracht, eine eigentliche Theorie des Kirchenrechts dadurch zu entwickeln, daß sie neue theologische Ansatzpunkte, unter anderem in der Christologie und in der Trinitätslehre, gesucht und mit den der modernen Philosophie eigenen existentiellen und phänomenologischen Kategorien ausgedrückt hat.

Nach *Erik Wolf* offenbart sich das *ius divinum* als *brüderliche Herrschaft* Christi, welche kraft der biblischen Weisung das menschliche Recht der Kirche, das die paradoxe Existenz des Christen in der Welt ordnet, zu einem *Recht des Nächsten* umgestaltet[11]. Für *Hans Dombois* dagegen verdichtet sich die nach dem Modell des Trinitätsmysteriums geformte Relation Gott – Mensch in der Institution Kirche. Da das von Gott in der Geschichte zum Menschen geschlagene Verhältnis ein Akt der Gnade ist, bedeutet es, daß auch das Kirchenrecht ein *Recht der Gnade* ist[12].

Eine starke Konvergenz mit der katholischen Theologie ist damit erreicht, daß das Kirchenrecht in diesen theologischen Versuchen nicht mehr als ein rein soziologisch-empirisches, sich mit *eiserner Notwendigkeit*[13] durchsetzendes Phänomen, sondern als eine mit dem Wesen der Kirche untrennbar zusammenhängende Wirklichkeit betrachtet wird. Trotz der erreichten Distanz zur Zwei-

[10] *K. Barth*, Evangelium und Gesetz, München 1935; *ders.*, Rechtfertigung und Recht, Zürich 1948; *ders.*, Die Ordnung der Gemeinde. Zur dogmatischen Grundlegung des Kirchenrechts, München 1955 (= Sonderdruck des § 67,4 aus: Die kirchliche Dogmatik, Bd. IV/2, Zürich 1955, S. 765–824.)

[11] *E. Wolf*, Das Recht des Nächsten, Frankfurt a. M. 1950.

[12] *H. Dombois*, Das Recht der Gnade, 2. Aufl., Bd. 1, Witten 1969; Bd. 2, Bielefeld 1974; *U. Scheuner*, Zur Rechtstheologie von Hans Dombois, in: ZevKR 23 (1978), S. 1–7.

[13] *Sohm*, Wesen und Ursprung (Anm. 8), S. 56.

Reiche-Lehre ist es aber dieser zeitgenössischen protestantischen Theologie noch nicht gelungen, die Einheit zwischen dem *ius divinum* und dem *ius humanum* wiederherzustellen. Weiterhin wird das göttliche Recht so verspiritualisiert, daß es kaum auf der historisch-institutionellen Ebene anwendbar ist. Dabei verwirklicht sich analogerweise die gleiche Dynamik wie in der Gnade, welche das Menschliche nicht durchdringt, sondern ihm gegenüber eine äußere heilsbringende Präsenz bleibt (*simul iustus et peccator*). Somit bleibt das Kirchenrecht ein rein menschliches Recht, ohne soteriologische Relevanz, weil die auf *Calvin* zurückführende biblische Weisung nicht imstande ist, das Prinzip *Inkarnation* zu ersetzen. Daß der aufgegebene ekklesiologische Dualismus auf der Ebene des Rechts wieder auftaucht, hat letzten Endes seine Wurzeln in der protestantischen Auffassung des Verhältnisses zwischen Natur und Übernatur sowie zwischen Vernunft und Glaube[14].

3. *Das Ringen um eine katholische Theologie des Kirchenrechts*

Die katholische Kirchenrechtslehre geht von der Voraussetzung aus, daß zwischen *Lex* und *Gnade* kein antinomisches Verhältnis besteht, weil das neue Gesetz seine Verbindlichkeit nicht kraft seiner eigenen Gesetzlichkeit, sondern kraft der es innerlich gestaltenden Gnade erhält: *Lex nova est ipsa gratia (seu ipsa praesentia) Spiritus Sancti, quae (qui) datur Christi fidelibus* (STh I–II, q. 106 a. 1). Daraus folgt, daß das Gesetz und somit die Werke, welche als solche das Heil nicht bewirken, nicht nur eine äußerliche Folge der Gnade, sondern eine eigentliche Bedingung (wenigstens *a posteriori*) für das Heil sind, auch wenn sie nur mit Hilfe der Gnade verrichtet werden können[15]. Da die katholische Theologie, welche im thomistischen Realismus der lateinischen Tradition (*universalia in re*) ein entsprechendes metaphysisches Instrumentarium gefunden hat, das sich in der Menschwerdung Christi paradigmatisch verwirklichende Prinzip *Inkarnation* in allen Bereichen der Heilsökonomie wie in jenem der Eschatologie, der Gnade, der Sakramente und der Kirche angewandt hat, so versteht sie auch das *ius canonicum* nicht nur als ein einer paränetischen biblischen Weisung unterstelltes soziologisches Produkt, sondern als eine *inkarnatorische* Entfaltung des *ius divinum* in der Geschichte.

Von daher versteht sich die Tatsache, daß die katholische Kirche niemals, auch nicht in der Zeit des Staatsabsolutismus, das Wissen um eine eigene, vom Staat völlig unabhängige, im göttlichen und positiven Kirchenrecht grundgelegte Verfassung verloren hat. Die Existenz des Kirchenrechts als solchen wurde auch nicht von den nachkonziliaren antijuristischen Strömungen in Frage gestellt, so daß das eigentliche Problem der katholischen Kanonistik lediglich darin besteht, einen methodologisch einwandfreien Aufweis der Existenz des Kirchenrechts und dar-

[14] *A. Rouco Varela*, Teologia protestante contemporanea del derecho eclesial, in: REDC 26 (1970), S. 117–143.
[15] *G. Söhngen*, Gesetz und Evangelium. Ihre analogische Einheit, Freiburg-München 1957.

über hinaus eine dessen spezifische Natur erklärende Theologie hervorzubringen, wie neuerdings auch vom Lehramt gefordert wird[16].

Wenn man von der Reformation und vom Mittelalter absieht, wo trotz aller spiritualistischen Strömungen das *ius canonicum* neben dem *ius romanum* als *ius commune* galt, kam die erste methodologische Herausforderung von der in der rationalistischen Naturrechtslehre entstandenen modernen Rechtswissenschaft, welche mit dem *ius publicum* ein Instrumentarium geschaffen hatte, um die Souveränität des territorialen und absolutistischen Staates auch auf den Bereich des kirchlichen Lebens auszudehnen und um das *ius canonicum* aus dem Staatsleben auszuschalten. In der Folge entwickelte die Würzburger Schule in der zweiten Hälfte des 18. Jahrhunderts eine neue kanonistische Rechtswissenschaft, das *ius publicum ecclesiasticum* (IPE)[17]. Da nicht nur der Staat, sondern auch die Kirche eine *societas perfecta* darstellt, ist sie auch aufgrund des philosophischen naturrechtlichen Prinzips *ubi societas ibi et ius* im Besitz eines eigenen *ius publicum*, das ihre angeborene Eigenständigkeit dem Staat gegenüber legitimiert. Obwohl die im 19. Jahrhundert entstandene römische Schule sich bemühte, das *ius publicum ecclesiasticum* theologisch besser zu untermauern, ist es ihr trotzdem nicht gelungen, vom originalen naturrechtlich-philosophischen Ansatz loszukommen und damit methodologisch den Bereich der Kirchenrechtstheologie zu erreichen. Dies ist auch der italienischen Schule der Laienkanonisten nicht gelungen, welche in den letzten fünfzig Jahren die Kategorie der *societas perfecta* durch jene des *Ordinamento giuridico primario* ersetzt hat[18]; auch kaum der neuesten spanischen Kanonistik an der Universität *Navarra*, trotz ihrer eindeutigen theologischen nachkonziliaren Vorstöße[19], da beide überzeugt sind, Kirchenrecht sei keine theologische, sondern eine rein juristische Wissenschaft[20].

In bewußtem oder unbewußtem Bezug sowohl auf das antijuristische Manifest *Sohms* als auch auf die nachkonziliare Kirchenrechtskrise sind neue eindeutigere Versuche einer theologischen Grundlegung des Kirchenrechts entstanden. So

[16] *Paul VI.*, Ansprache an die S. R. Rota vom 8. Februar 1973, in: AAS 65 (1973), S. 95–103; dt. Übers. in: AfkKR 142 (1973), S. 111–119; *ders.*, Ansprache vom 17. September 1973 an die Teilnehmer des II. Kongresses für Kanonisches Recht in Mailand, in: OssRom, Nr. 213 vom 17./18. Sept. 1973; dt. Übers. in: AfkKR 142 (1973), S. 463–471; *Johannes Paul II.*, Ansprache vom 3. Februar 1983 anläßlich der feierlichen Präsentation des neuen CIC, in: OssRom, Nr. 28 vom 4. Februar 1983.

[17] *E. Fogliasso*, Per la sistematicità e la funzionalità del „Ius Publicum Ecclesiasticum", in: Salesianum 25 (1963), S. 412–480; *A. de la Hera/Chr. Munier*, Le droit publique ecclésiastique à travers ses définitions, in: RDC 14 (1964), S. 32–63; *A. de la Hera*, Introducción a la ciencia del Derecho canónico, Madrid 1967; *J. Listl*, Kirche und Staat in der neueren katholischen Kirchenrechtswissenschaft, Berlin 1978.

[18] Vgl. z. B. *P. Fedele*, Discorso generale sull'ordinamento canonico, Padova 1941; *ders.*, Lo spirito del Diritto Canonico, Padova 1962; *V. del Giudice*, Nozioni di Diritto Canonico, 12. Aufl., Milano 1970.

[19] *J. Hervada*, El ordenamiento canónico. I: Aspectos centrales de la construcción del concepto, Pamplona 1966; *J. Viladrich*, Sobre la naturaleza del derecho canónico, Pamplona 1969; *J. Hervada/P. Lombardía*, El derecho del pueblo de Dios. I: Introducción. La constitución de la Iglesia, Pamplona 1970; *P. Lombardía*, Escritos de Derecho Canónico, Bd. I–III, Pamplona 1973–1974.

[20] Vgl. auch *C. G. Fürst*, Vom Wesen des Kirchenrechts, in: IKZ Communio 6 (1977), S. 496–506.

versucht die römische Kanonistik an der Päpstlichen Universität *Gregoriana*, die in der katholischen Soziallehre verankerte Analyse der metaphysischen Struktur der Person und der Gesellschaft, wonach die innere ontologische Struktur der Gesellschaft eine äußere rechtliche Struktur zu ihrer Aktualisierung benötigt, auf das Kirchenrecht zu übertragen; dies unter der überkommenen theologischen Voraussetzung, die Kirche sei eine menschliche, in die übernatürliche Ebene erhobene Gesellschaft[21]. Abgesehen von der theologischen Unhaltbarkeit dieses Verfahrens liegt es auf der Hand, daß das naturrechtliche Prinzip *ubi societas ibi et ius* in diesem System – wie allerdings letzten Endes auch in VatII LG Art. 8 Abs. 1 – wieder auftaucht, so daß die ganze theologische Methodologie, trotz der klaren Absicht, die Einheit des Rechts zu bewahren, fragwürdig wird.

Auf einem philosophischen und theologischen Eklektizismus fußend, wird in der Zeitschrift *Concilium* mit dem Programm einer Enttheologisierung des Kirchenrechts versucht, eine eigengeartete theologische Lösung vorzutragen[22]. Der Kirchenordnung wird dabei die Funktion zugewiesen, die immerwährenden strukturellen Konflikte zwischen der Liebeskirche und der Rechtskirche einzuebnen. Trotz dieser Dienstfunktion kann die Kirchenordnung den Gläubigen im Gewissensbereich keine Hilfe bedeuten, zumal die letzte normative Instanz in der Kirche nicht die Institution oder das Gesetz, sondern der Heilige Geist ist.

Tiefer in der traditionellen katholischen Denkweise verwurzelt ist dagegen der Vorstoß jener Kanonisten, welche im Kielwasser der von der Tübinger Schule des letzten Jahrhunderts entwickelten Christologie den *locus theologicus* des Kirchenrechts in der Menschwerdung Christi suchen. Ob diese Autoren[23] damit auch die Existenz des Kirchenrechts methodologisch einwandfrei grundzulegen in der Lage sind, kann dahingestellt bleiben, zumal das Kirchenrecht mehr in der durch die Natur vorgegebenen sichtbaren und sozialen Struktur der Kirche, welche in das Mysterium Christi durch die Menschwerdung übernommen wurde, als im ganzen Wesen der Kirche als solcher verankert zu sein scheint. Das verborgene Zurückgreifen dieser Autoren auf den Stiftungswillen Christi, um die endgültige Rechtsverbindlichkeit der Institution Kirche zu rechtfertigen, legt die noch unausgeräumten Unzulänglichkeiten dieser Methode bloß.

Im Bestreben, jegliche dualistische und voluntaristische Lösung zu vermeiden, hat *Klaus Mörsdorf* das Kirchenrecht in Wort und Sakrament als Bauelemente der Kirche bezeichnet[24]. Indem Christus das Wort und das Rechtssymbol (Zeichen) als

[21] Vgl. z. B. *W. Bertrams*, Quaestiones fundamentales iuris canonici, Romae 1969.

[22] Vgl. z. B. *T. I. Jimenez-Urresti*, Zur Theologie des Kirchenrechts, in: Concilium 3 (1967), S. 608–612; *A. Müller/F. Elsener/P. Huizing*, Vom Kirchenrecht zur Kirchenordnung?, Einsiedeln-Zürich-Wien 1969; *P. Huizing*, Die Kirchenordnung, in: MySal IV/2, Einsiedeln-Zürich-Köln 1973, S. 156–182.

[23] Vgl. z. B. *A. M. Stickler*, Das Mysterium der Kirche im Kirchenrecht, in: Mysterium der Kirche. Hrsg. von *F. Holböck* und *Th. Sartory*, Bd. 2, Salzburg 1962, S. 570–647; *H. Heimerl*, Aspecto cristologico del Derecho Canónico, in: IusCan 6 (1966), S. 25–51.

[24] *K. Mörsdorf*, Zur Grundlegung des Rechtes der Kirche, in: MThZ 3 (1952), S. 329–348; *ders.*, Altkatholisches „Sakramentsrecht?", in: StG 1 (Bologna 1953), S. 483–502; *ders.*, Kanonisches Recht als theologische Disziplin, in: AfkKR 145 (1976), S. 45–58; *Mörsdorf* Lb I, S. 1–26. Zur theologischen Grundlegung des Kirchenrechts siehe auch: *R. Bidagor*, El

Kommunikationsmittel, wodurch Gott sich schon im Alten Testament offenbarte, übernommen hat, hat er ihnen nicht so sehr kraft eines Willensakts, sondern kraft seiner Menschwerdung als solcher eine letztgültige Verbindlichkeit gegeben. In der Tat ist die Offenbarung durch Wort und Sakrament eine *locutio Dei attestans*, welche für das Heil die höchste Verbindlichkeit darstellt. *Antonio Rouco Varela* hat diesen Ansatz insofern weiter entwickelt, als er darauf hinwies, daß eine Kirchenrechtstheologie sich nicht auf die Analyse des einen oder anderen Elements beschränken kann. Sie muß alle Grundelemente des Kirchenmysteriums, wie *Volk Gottes, Corpus Christi Mysticum, Wort und Sakrament, Apostolische Sukzession* einbeziehen, da jede dieser theologischen Kategorien wesentliche Elemente bietet, um den kanonischen Rechtsbegriff auszuformen[25]. Wie neuerdings das Lehramt durch Papst *Paul VI.* festgehalten hat, sollte eine Theologie des Kirchenrechts sich auch der Tatsache des Wirkens des Hl. Geistes bewußt werden, welches ja mit jenem Christi mitkonstitutiv für die Kirche ist[26]. Ob aber daraus eine eigenständige, für den Rechtsbegriff relevante Kategorie entstehen kann, mag dahingestellt bleiben, zumal das Wirken des Hl. Geistes bereits in allen institutionellen Elementen (Wort und Sakrament, Apostolische Sukzession usw.) gegenwärtig ist[27].

Das Kernproblem einer Theologie des Kirchenrechts wird somit jenes der Definition seiner formalen Begriffe des Rechts und des Gesetzes sein[28]. Die in der Rechtsphilosophie gründende und von der Kanonistik seit jeher mitgeschleppte

espiritu del Derecho Canónico, in: REDC 13 (1958), S. 5–30; *M. Useros Carretero*, Temática relevante en los estúdios actuales sobre la naturaleza peculiar del Ordenamiento Canónico, in: REDC 14 (1959), S. 73–120; *G. Söhngen*, Grundfragen einer Rechtstheologie, München 1962; *R. Sobański*, La parole et le sacrement facteurs de formation du droit ecclésiastique, in: NRTh 95 (1973), S. 515–526; *ders.*, De theologicis et sociologicis praemissis theoriae iuris ecclesialis elaborandae, in: PerRMCL 66 (1977), S. 657–681; *ders.*, Kościół jako Podmiot Prawa. Elementy eklezjologii prawnej, Warszawa 1983; *G. Ghirlanda*, Fondamenti teologici del diritto, in: Rassegna di Teologia 15 (1974), S. 282–296; *ders.*, Il diritto civile „analogatum princeps" del diritto canonico?, ebd. 16 (1975), S. 588–594; *F. X. Urrutia*, De natura legis ecclesiasticae, in: MonEccl 100 (1975), S. 400–419; *P. Krämer*, Das Recht im Selbstvollzug der Kirche, in: TThZ 85 (1976), S. 321–331; *F. Coccopalmerio*, De conceptu et natura iuris Ecclesiae animadversiones quaedam, in: PerRMCL 66 (1977), S. 447–474.

[25] *A. Rouco Varela*, Was ist „Katholische" Rechtstheologie?, in: AfkKR 135 (1966), S. 530–543; *ders.*, Allgemeine Rechtslehre oder Theologie des Kanonischen Rechts?, in: AfkKR 138 (1969), S. 95–113; *ders.*, Le statut ontologique et épistémologique du droit canonique, in: RSPhTh 57 (1973), S. 203–226; *ders.*, Die katholische Rechtstheologie heute, in: AfkKR 145 (1976), S. 3–21; *ders.*, Grundfragen einer katholischen Theologie des Kirchenrechts, in: AfkKR 148 (1979), S. 341–352.

[26] Ansprache vom 17. September 1973 (Anm. 16), in: AfkKR 142 (1973), S. 467–470.

[27] Was hingegen klarzustellen wäre, ist der Sachverhalt, daß das Charisma, welches zu den zwei Eckpfeilern der Institution, dem allgemeinen Priestertum und dem Amtspriestertum, vom Hl. Geist gegeben wird, als solches – trotz der Tatsache, daß es der Institution nicht zuzurechnen ist – ein mit Wort und Sakrament wesentliches Element der Kirchenverfassung darstellt. Dies deutet darauf hin, daß Institution und Verfassung im Gegensatz zum Staat in der Kirche nicht identisch sind. In der Tat ist die Kirchenverfassung nicht allein in den rechtlichen Elementen der Institution grundgelegt. Siehe hierzu: *E. Corecco*, Profili istituzionali dei Movimenti nella Chiesa, in: I Movimenti nella Chiesa negli anni '80. Atti del 1⁰ Convegno Internazionale, Roma 23–27 settembre 1981, a cura di *M. Camisasca* e *M. Vitali*, Milano 1982, S. 203–234.

[28] Vgl. *Rouco Varela*, Le statut ontologique (Anm. 25), S. 205–212.

formale Definition des Rechts geht letzten Endes auf das aristotelische System zurück, wo das Recht als *objectum virtutis iustitiae* bezeichnet wurde (STh II–II, q. 57 a. 1). Der Maßstab der kanonischen Gerechtigkeit kann aber nicht einfachhin im Naturrecht gesucht werden, da die Kirche *„vivit iure divino"*. Was in der Kirche verwirklicht werden muß, ist das Heil, d. h. die Gerechtigkeit Gottes, deren Andersartigkeit gegenüber der menschlichen Gerechtigkeit einerseits dadurch offenkundig wird, daß die zu verwirklichenden Grundwerte der kirchlichen Sozialität nicht so sehr die Kardinal- (zu denen auch die Gerechtigkeit gehört), sondern die theologischen Tugenden des Glaubens, der Hoffnung und der Liebe sind, andererseits dadurch, daß das Ziel des kanonischen Rechtssystems nicht die Verwirklichung eines philosophisch verstandenen *bonum commune Ecclesiae*, sondern die auf der Offenbarung gründende theologische Wirklichkeit der *communio cum Deo et hominibus* ist[29].

Das Recht ist in der Kirche nicht von der formalen Verbindlichkeit der menschlichen *iustitia legalis (commutativa* und *distributiva)*, sondern von der höchsten Heilsverbindlichkeit der *communio* bestimmt. In der Tat legt bezeichnenderweise auch c. 209 § 1 als erste rechtliche Pflicht der Christgläubigen fest, stets in der *communio* der Kirche zu verbleiben. Da die kirchliche Sozialität nicht aus dem Dynamismus der menschlichen Natur, sondern aus der Gnade entsteht, muß die *communio* als die strukturelle Wirklichkeit verstanden werden, worin sich die Gnade mit ihrer letztgültigen Verbindlichkeit institutionell „inkarniert"[30]. Somit kann den Rechtsbegriff im kanonischen System formal nicht einfach die Tatsache definieren, daß es das *objectum virtutis iustitiae*, sondern vielmehr die Tatsache, daß es das Objekt der *communio Ecclesiae et Ecclesiarum* ist, welche den Maßstab der in der Kirche zu verwirklichenden materiellen Gerechtigkeit darstellt.

Ähnliches gilt für den zweiten zentralen Begriff jeglichen Rechtssystems: jenen des *Gesetzes*. Bezugnehmend auf alle Erscheinungsformen des Gesetzes (*lex aeterna, naturalis, humana* und *divina*) hat *Thomas von Aquin* das Gesetz als *ordinatio rationis ad bonum commune* definiert (STh I–II, q. 90 a. 4) und dabei auch die Definition des kanonischen Rechtsbegriffs entscheidend beeinflußt. Angesichts der Tatsache aber, daß die Kirche als primär in der Offenbarung gegründete Institution adäquat nur durch den Glauben erkennbar ist, muß das kanonische Gesetz als *ordinatio fidei* bezeichnet werden, nicht zuletzt um einen sicheren Ansatzpunkt für eine korrekte methodologische Entwicklung der kanonistischen Wissenschaft vorzulegen, wie sie mit aller Deutlichkeit nunmehr auch von der prinzipiell theologischen Struktur des neu kodifizierten kanonischen Rechtssystems verlangt wird[31].

[29] *R. Sobański*, Die methodologische Lage des katholischen Kirchenrechts, in: AfkKR 147 (1978), S. 345–376; siehe auch: *P. A. Bonnet*, Eucharistia et ius, in: PerRMCL 66 (1977), S. 583–616; *H. Müller*, Freiheit in der kirchlichen Rechtsordnung?, in: AfkKR 150 (1981), S. 454–476.

[30] *E. Corecco*, Erwägungen zum Problem der Grundrechte des Christen in Kirche und Gesellschaft. Methodologische Aspekte, in: AfkKR 150 (1981), S. 421–453.

[31] *E. Corecco*, „Ordinatio rationis" oder „ordinatio fidei"? Anmerkungen zur Definition des kanonischen Gesetzes, in: IKZ Communio 6 (1977), S. 481–495.

Somit kann das Kirchenrecht nicht als eine säkulare, weltliche Angelegenheit behandelt werden. Die kanonistische Wissenschaft muß gerade deswegen, weil sie eine theologische Disziplin ist, auch konsequenterweise der theologischen Methodologie unterzogen werden, in der der juristischen Methode, ebenso wie sämtlichen Humanwissenschaften in der Theologie überhaupt, letzten Endes nur die Rolle der Hilfswissenschaft überlassen werden kann. In der Tat kann die das weltliche Recht übersteigende Normativität des menschlichen Kirchenrechts, welches nicht nur den Anspruch hat, Gehorsam auf rein ethischer Ebene, sondern prinzipiell auf jener des letzten, übernatürlichen Schicksals des Menschen, des Heils, zu verlangen, nur innerhalb der dem Glauben eigenen Epistemologie und Methodologie in ihrer ontologischen Einheit zum göttlichen Recht erkannt und hergestellt werden.

§ 3 Rechtsphilosophische Grundlagen des Kirchenrechts

Von Gerhard Luf

I. Einleitende Überlegungen

Eine Erörterung der rechtsphilosophischen Grundlagen des Kirchenrechts im Anschluß an das Kapitel über die Rechtstheologie dieses Rechtskomplexes bedarf einer besonderen Rechtfertigung. In den modernen Grundlagendiskussionen um den Rechtsbegriff des kirchlichen Rechts wird nämlich immer wieder die Forderung erhoben, es gelte, eine spezifisch rechtstheologische und nicht eine bloß rechtsphilosophische Begründung des kirchlichen Rechtsbegriffes zu geben. Andernfalls werde der besondere Charakter des kirchlichen Rechts verfehlt, da dieses aus einer einseitig rechtsphilosophischen Perspektive gegenüber dem weltlichen Recht nicht zureichend unterschieden und in seiner Eigenart, Recht der Kirche zu sein, nicht zureichend zur Geltung gebracht werde. Solcherart drängten sachfremde, dem weltlichen Rechtsdenken entnommene Begriffselemente unzulässig in das kirchliche Rechtsverständnis ein und verzerrten seine theologischen Dimensionen.[1]

Im Anschluß daran stellt sich somit die Frage: Kann die Rechtsphilosophie überhaupt einen legitimen Beitrag zur Grundlegung des Kirchenrechts leisten? Welches Verhältnis besteht zwischen der rechtstheologischen und der rechtsphilosophischen Fragestellung? Ist die letztere durch die erstere im Bereich des kirchlichen Rechts ersetzbar? Gibt es umgekehrt ein rechtstheologisches Begründungsdenken, das nicht immer schon und notwendig auch die rechtsphilosophische Fragedimension in seine Fragestellung einbeziehen muß? Kann

[1] Aus der umfangreichen Literatur vgl. *A. Rouco Varela*, Allgemeine Rechtslehre oder Theologie des kanonischen Rechts?, in: AfkKR 138 (1969), S. 95–113; *ders.*, Die katholische Rechtstheologie heute, Versuch eines analytischen Literaturberichtes, in: AfkKR 145 (1976), S. 3–21; *E. Corecco*, „Ordinatio rationis" oder „ordinatio fidei"? Anmerkungen zur Definition des kanonischen Gesetzes, in: IKZ Communio 6 (1977), S. 481–495; *ders.*, Theologie des Kirchenrechts. Methodologische Ansätze (= Canonistica 4), Trier 1980; *P. Krämer*, Zum Stand der Grundlagendiskussion in der katholischen Kirchenrechtswissenschaft, in: *K. v. Bonin* (Hrsg.), Begründungen des Rechts II, Göttingen 1979, S. 14–32; *ders.*, Warum und wozu kirchliches Recht (= Canonistica 3), Trier 1979.

man die beiden Frageweisen überhaupt präzise voneinander abgrenzen? Ergibt sich eine Verbindung nicht notwendigerweise aus der Tatsache, daß beide Rechtsordnungen auf den einen Menschen als Adressaten bezogen und damit auf herrschendes Rechtsethos verwiesen sind, das zu reflektieren ist?

Anliegen dieses Beitrages ist es, darzulegen, daß zwischen Rechtstheologie und Rechtsphilosophie kein Gegensatz, sondern ein Entsprechungsverhältnis besteht, in dem Gemeinsamkeit und Unterschiedenheit der Problemstellung berücksichtigt werden müssen[2]. Es ist zum einen notwendig, im Zeichen der Wesensverschiedenheit von Kirche und Staat das kirchliche Recht als Funktion des Kirchenbegriffes[3] zu sehen und damit theologisch zu begründen. Insofern wäre es unzulässig, einen von theologischen Gesichtspunkten unabhängigen allgemeinen Rechtsbegriff voranzustellen und dann erst, gleichsam im Sinne einer theologischen Überhöhung, besondere theologische Gehalte an diesen Rechtsbegriff heranzutragen. Solcherart bestünde die Gefahr, durch eine linear-vermittlungslose Übernahme staatlicher Rechtsformen die Aufgaben des Kirchenrechts innerhalb der Kirche als einer bekennenden, göttlicher Offenbarung verpflichteten Gemeinschaft zu verfehlen.

Anderseits wäre es aber ebenso unzulässig, bei der theologischen Grundlegung des Kirchenrechts eine Bezugnahme auf allgemeine rechtsphilosophische bzw. rechtswissenschaftliche Problemstellungen zu unterlassen. Andernfalls wäre es nicht zureichend möglich, den nötigen Praxisbezug kirchlichen Rechts unter Einbeziehung der methodischen Leistungen und Erfahrungen der Rechtswissenschaften herzustellen und aufrechtzuerhalten. Es geht demnach bei allen Unterschieden doch auch um einen gemeinsamen Begriff von Recht, der die Möglichkeit bietet, kirchliches und weltliches Recht zueinander in Beziehung zu setzen, Gesprächsmöglichkeiten zu schaffen und wechselseitige Anregungen zu geben. Diese Gemeinsamkeiten von kirchlichem und staatlichem Rechtsbegriff, die es aufzusuchen gilt, bestehen nicht bloß in strukturellen Übereinstimmungen von Normen bzw. Normenkomplexen. Der entscheidende Berührungspunkt ist vielmehr in der Rechtsbegründung selbst gelegen. Denn es ist sowohl der weltlichen als auch der kirchlichen Rechtsbegründung die zentrale Aufgabe gestellt, bei ihrer Grundlegung auf einen Begriff vom Menschen zu rekurrieren, von dem aus rechtliche Ordnungsbeziehungen allererst legitimiert werden können. Es geht also um gemeinsame anthropologische Grundbedingungen, um den Aufweis kategorialer Handlungsvoraussetzungen im Horizont kommunikativer Handlungszusammenhänge und vieles mehr, um von diesen Grundlagen aus spezifische Ordnungs- und Gestaltungsforderungen an das Recht abzuleiten. Daß diese in Kirche und Staat auf Grund unterschiedlicher Zielsetzungen und Kommunikationsbedingungen verschieden sind, bleibt dabei wohl außer Zweifel.

[2] Dazu mit überzeugenden Argumenten *R. Potz*, Die Geltung kirchenrechtlicher Normen. Prolegomena zu einer kritisch-hermeneutischen Theorie des Kirchenrechts, Wien 1978, S. 261 ff.; vgl. weiters *H. Socha*, Begründung kirchenrechtlicher Normen, in: TThZ 91 (1981), S. 131 ff.

[3] Vgl. *K. Mörsdorf*, Kanonisches Recht als theologische Disziplin, in: AfkKR 145 (1976), S. 50; *R. Dreier*, Methodenprobleme der Kirchenrechtslehre, in: ZevKR 23 (1978), S. 364.

II. Geschichtliche Wurzeln des kirchlichen Rechtsbegriffes[4]

Der kirchliche Rechtsbegriff ist nicht nur geschichtlich, sondern auch noch in seiner gegenwärtigen Gestalt sehr wesentlich durch die Tradition des christlichen Naturrechtsdenkens im allgemeinen geprägt, in dem das Problem einer speziellen theologischen Legitimation des kirchlichen Rechtsbegriffes keine oder zumindest nur geringe Bedeutung besaß. Dieses christliche Naturrecht stellt sich geschichtlich gesehen als schöpferische Vermittlung des griechisch-römischen Naturrechts mit dem christlichen Denken dar, welches in diese Rechtsbegründung schöpfungstheologische, christologische und eschatologische Aspekte einbrachte. Seine volle Entfaltung findet es, durch die Rezeption der aristotelischen praktischen Philosophie und ihres teleologischen Ansatzes sehr wesentlich geprägt, im Naturrechtsdenken der Scholastik, insbesondere bei *Thomas von Aquin*. In diesem Naturrechtskonzept ist das Recht im Zeichen der Trias: lex aeterna, lex naturalis, lex humana hineingestellt in einen Kosmos der Schöpfung, einen ontologisch fundierten, durch den göttlichen Ordnungswillen geprägten Zusammenhang finaler Ordnungsbeziehungen, in dem auch der Mensch sich aufgefordert sieht, auf schöpferisch freie Weise seine spezifische Wesensfinalität zu verwirklichen. Das Recht bleibt, bei aller Anerkennung der Eigenständigkeit der irdischen Wirklichkeiten, eingespannt in diesen auch die gesellschaftlichen Realitäten umgreifenden Schöpfungsplan der lex aeterna als dem metaphysischen Grund der Möglichkeit vernünftiger Rechtserkenntnis bzw. Rechtsgestaltung. In dieser philosophisch-theologischen Lehrtradition und ihm Rahmen eines durch den Bestand einer „religiös-politischen Einheitswelt"[5] gekennzeichneten Systems sozialer Beziehungen bestand für eine spezifisch theologische Begründung des kirchlichen Rechtsbegriffes keine Veranlassung. Obgleich es gerade in dieser Zeit zur Entfaltung einer durch hohes wissenschaftliches Niveau ausgezeichneten Kanonistik kam, blieb auch für diese die allgemeine Begriffsbestimmung von Recht bestimmend.[6]

Vor eine geänderte Situation wurde das Kirchenrecht in der neuzeitlichen Entwicklung gestellt, und zwar angesichts der durch fortschreitende Säkularisierungsprozesse entscheidend geprägten Ausbildung des souveränen Staates der Neuzeit und, ideologisch gesehen, angesichts der Herausforderung durch Aufklärung und Liberalismus. Die durch diese Entwicklung bewirkte sukzessive Zurückdrängung bzw. Infragestellung überkommener kirchlicher Positionen hatte seitens der Kirche das Bestreben zur Folge, den staatlichen Einflußbereich zu begrenzen und ihm gegenüber apologetisch einen eigenständigen kirchlichen Rechtsbereich zu behaupten.[7] Um einen vom Staat unabhängigen Status zur Erfüllung des kirchlichen Heilsauftrages zu sichern, wird die Kirche im Anschluß an einen Begriff der aristotelischen Politiktradition, allerdings in rationalistischer Umformung, wie der Staat als „societas perfecta"[8] verstanden, die ihr eine der Staatsgewalt analoge, aber von ihr unabhän-

[4] Vgl. dazu *Corecco*, Theologie des Kirchenrechts (Anm. 1), S. 10ff.

[5] *E. W. Böckenförde*, Die stufenweise Auflösung der Einheit von geistlich-religiöser und weltlich-politischer Ordnung in der Verfassungsentwicklung der Neuzeit, in: Sozialwissenschaften im Studium des Rechts, Bd. 4, München 1978, S. 46.

[6] Zur Weiterentwicklung des Rechtsbegriffes durch *Suarez*, insbes. zur Ersetzung der Gliederung in lex aeterna, lex naturalis und lex humana durch die auch noch für den CIC/1917 bestimmende Unterscheidung „ius divinum, sive naturale sive positivum" vgl. *Corecco*, Theologie des Kirchenrechts (Anm. 1), S. 39ff.; *ders.*, Theologie des Kirchenrechts, in: GrNKirchR, S. 12.

[7] *Corecco*, „Ordinatio rationis" oder „ordinatio fidei" (Anm. 1), S. 481f., spricht in diesem Zusammenhang von der Ausarbeitung eines konfessionellen Rechtssystems, „dessen primärer Zweck es war, der katholischen Kirche im säkularisierten Kulturraum der Neuzeit apologetisch ihr Bürgerrecht als vollkommene Gesellschaft zu gewährleisten".

[8] Vgl. *R. Schwarz*, Die eigenberechtigte Gewalt der Kirche, Rom 1974; *Rouco Varela*, Die katholische Rechtstheologie heute (Anm. 1), S. 5ff.; *J. Listl*, Kirche und Staat in der neueren katholischen Kirchenrechtswissenschaft, Berlin 1978, S. 104ff.; *G. Luf*, Neuzeitliche Freiheitsgeschichte und Kirchenrecht, in: ÖAKR 30 (1979), S. 559ff.

gige hoheitliche Kirchengewalt zusichern soll. In dem immer wieder zitierten Satz: „Ubi societas, ibi ius"[9] wird dies auf eine abstrakte und in ihrer Abstraktheit inhaltlich unterbestimmte naturrechtliche Formel gebracht. Innerhalb dieses abstrakten Rahmens wird dann im Zeichen des „ius divinum positivum" die Jurisdiktionshierarchie geistlicher Amtsträger, etwa unter Bezugnahme auf den Verkündigungsauftrag oder auf die apostolische Sukzession fundiert, wobei aber absolutistische Vorbilder eine starke Wirkung ausüben. Das kirchliche Rechtsverständnis bleibt dabei in seinem Bemühen um die Eigenständigkeit der Kirche gerade in der Distanzierung dem Vorbild des weltlichen Rechtsbegriffes verpflichtet und enthält daher ein theologisches Begründungsdefizit.[10]

Prägende Wirkung auf den kirchlichen Rechtsbegriff übt in diesem Zusammenhang auch die neoscholastische Naturrechtslehre aus, die das Rechtsdenken der Kirche lange Zeit beherrschte. Gegenüber ihren historischen Vorbildern ist diese Konzeption des Naturrechts charakterisiert durch die Tendenz zu einem ungeschichtlichen, rationalistischen deduktiven Prinzipiendenken. Dieses manifestiert sich in einer „reduktionistischen Engführung des Naturbegriffes",[11] in dem speziell für die Berücksichtigung der Dimension von Freiheit und Geschichte kein Platz ist, und in einem transpersonalistisch-objektivistischen Wahrheitsbegriff, der durch die berufenen rechtlichen Autoritäten auf deduktivem Wege in konkrete Gesetzesform umgesetzt werden soll. In diesem deduktiven, durch den naturrechtlichen Rahmen nur allgemein umschriebenen System kommt den zur Rechtssetzung Befugten bei der Rechtskonkretisierung ein großer, ihrer Dezision überlassener Entscheidungsspielraum zu, so daß damit Tendenzen zu einem legalistischen Positivismus freigesetzt werden,[12] und dies eben nicht bloß im staatlichen, sondern auch im kirchlichen Rechtsbereich. Naturrechtliches Rahmendenken und Gesetzespositivismus bilden so gesehen keinen Gegensatz, sondern ergänzen einander, bilden also eine komplementäre Einheit. Ein durch diesen methodischen Ansatz geprägter kirchlicher Rechtsbegriff blieb für die Kanonistik lange Zeit, auch noch nach dem Inkrafttreten des CIC/1917, leitend.

III. Gegenwärtige Entwicklungstendenzen

Die neuere Kanonistik hat sich zum überwiegenden Teil gegenüber diesem Verständnis des kirchlichen Rechtsbegriffes wegen dessen Unvermögen distanziert, grundlegenden theologischen Anforderungen zu genügen. Angeregt durch die Auseinandersetzung mit der evangelischen Rechtstheologie und in besonderem Maße inspiriert durch die Beschlüsse des II. Vatikanums wurde die Aufgabe verstärkt gesehen und aufgegriffen, eine spezifisch theologische und nicht bloß eine allgemein gehaltene rechtstheoretische Begründung bzw. Legitimation des kirchlichen Rechts vorzunehmen und damit die Kanonistik als theologische, mit den anderen Fächern der Theologie verbundene Disziplin zu erweisen.[13] Das

[9] Zur Problematik dieser Formel vgl. *H. Schwendenwein*, Das neue Kirchenrecht, Graz, Wien, Köln 1983, S. 27.

[10] Zu diesem ekklesiologischen Begründungsdefizit vgl. *Rouco Varela*, Die katholische Rechtstheologie heute (Anm. 1), S. 5ff.

[11] *A. Hollerbach*, Das christliche Naturrecht im Zusammenhang des allgemeinen Naturrechtsdenkens, in: *F. Böckle/E. W. Böckenförde* (Hrsg.), Naturrecht in der Kritik, Mainz 1973, S. 28. *Hollerbach* hebt als weitere Elemente dieses Naturrechtsdenkens einen „abstrakten Rationalismus" und einen „legalistischen Positivismus" hervor.

[12] Ebd.

[13] Dies betont auch *Paul VI.* mehrfach, z. B. in der Ansprache vom 17. 9. 1973 an die Mitglieder des II. Kongresses für kanonisches Recht in Mailand, deutscher Text in: AfkKR 142 (1973), S. 463f.

kirchliche Recht ist in dieser Sicht vom Wesen der Kirche her zu bestimmen als eine für das kirchliche Leben nicht bloß äußerliche, sondern wesensnotwendige Institution der Ordnung ekklesialer Grundbeziehungen im Zeichen eines essentiellen Zusammenhanges von Recht und Ekklesiologie.[14] Man knüpft zu diesem Zweck auf durchaus unterschiedliche, in sich wieder zu differenzierende Weise, etwa im Rahmen eines kerygmatisch-sakramentalen Ansatzes, an „Wort" und „Sakrament"[15] als Bauelemente der Kirche an, nimmt Bezug auf grundlegende Aussagen (vor allem des II. Vatikanums) über die Kirche, wie z. B. auf das Verständnis der Kirche als „Volk Gottes", als „Leib Christi"[16] und sucht daraus Folgerungen für die Gestaltung kirchlicher Rechtsstrukturen zu gewinnen. Besondere Bedeutung besitzt in diesem Zusammenhang der Begriff der „Communio", welche als „grundlegendes Strukturprinzip der Kirche"[17] qualifiziert und ins Zentrum der Rechtsbegründung gerückt wird.

Gegenüber einer solchen theologischen Akzentuierung treten, wohl aus der legitimen Sorge heraus, das Kirchenrecht erneut rechtspositivistischen bzw. abstrakt-naturrechtlichen Einflüssen und Verzerrungen seiner eigentlichen Aufgaben auszusetzen,[18] rechtsphilosophische bzw. rechtswissenschaftliche Aspekte deutlich in den Hintergrund. Diesen wird eine nur untergeordnete Aufgabe zugesprochen, im wesentlichen eine methodische Hilfsfunktion,[19] etwa um in technisch-instrumenteller Perspektive zur Steigerung der praktischen Effizienz der kirchlichen Rechtsnormen beizutragen. Im Vordergrund bleibt jedenfalls das Bestreben, den besonderen Charakter des Kirchenrechts zu betonen, ohne daß aber umfangreichere rechtsphilosophische Erwägungen bzw. Erörterungen zum Verhältnis von Theologie und Jurisprudenz angestellt würden.

So sehr das Bemühen um eine Theologie des Kirchenrechts prinzipiell bejaht und als Fortschritt empfunden werden muß, stellt sich allerdings die Frage, ob dabei der theologische und der philosophisch-juristische Aspekt der Rechtsbegründung nicht allzusehr voneinander isoliert werden, sodaß notwendige Vermittlungsfaktoren außer Betracht bleiben.[20] Das birgt die Gefahr einer nur unzu-

[14] Zum Verhältnis von Recht und Ekklesiologie vgl. *Potz*, Die Geltung kirchenrechtlicher Normen (Anm. 2), S. 146ff.

[15] Vgl. *Mörsdorf* Lb I, S. 13ff.

[16] Vgl. *W. Aymans*, „Volk Gottes" und „Leib Christi" in der Communio-Struktur der Kirche, in: TThZ 83 (1974), S. 321–334; *P. Krämer*, Theologische Grundlegung des kirchlichen Rechts, Trier 1977, S. 135ff.

[17] *P. Hinder*, Grundrechte in der Kirche, Freiburg/Schweiz 1977, S. 176.

[18] Dies wird etwa in der Kritik an der italienischen Laienkanonistik bzw. an der Schule von Navarra artikuliert; vgl. *Rouco Varela*, Die katholische Rechtstheologie heute (Anm. 1), S. 17ff.; *Corecco*, Theologie des Kirchenrechts Anm. 1), S. 86ff.

[19] So weist *Corecco*, Theologie des Kirchenrechts (Anm. 1), S. 98, der juristischen Methode gegenüber der Theologie „nur die Rolle einer Hilfswissenschaft" zu, „weil die Verbindung zwischen göttlichem und menschlich kanonischem Recht nur innerhalb der dem Glauben eigenen Logik und Methodologie festgesetzt werden kann". Markant charakterisiert *Mörsdorf* Lb I, S. 36 die Kanonistik als „eine theologische Disziplin mit juristischer Methode". Kritisch dazu *Dreier*, Methodenprobleme (Anm. 3), S. 345ff.

[20] *Dreier*, Methodenprobleme (Anm. 3), S. 364, sieht die Theologisierung der Problemstellung mit der Gefahr verbunden, „daß die Kirchenrechtslehre den Kontakt zur allgemeinen Rechtstheorie verliert".

reichend mit Realbedingungen menschlichen Handelns vermittelten und daher übermäßigen Spiritualisierung des kirchlichen Rechts in sich. Um dies zu verhindern, muß auch das kirchliche Recht, und zwar nicht nur aus allgemein rechtlichen, sondern wesentlich auch aus theologischen Gründen, auf eine für seine Grundlegung wesentliche anthropologische Bezugsebene menschlichen Handelns rückgebunden werden, von der aus grundlegende rechtliche Ordnunganforderungen abzuleiten wären. Darin besteht im wesentlichen auch die Bedingung der Möglichkeit, den kirchlichen mit einem allgemeinen, auch das weltliche Recht mitumfassenden Rechtsbegriff in Beziehung zu setzen.

IV. Kirchliche Rechtsbegründung im Zeichen der Freiheit

Die Frage nach den für das Recht maßgeblichen anthropologischen Grundlagen menschlichen Handelns muß im Horizont eines bestimmten geschichtlichen Begründungsdenkens, nämlich dem der neuzeitlichen Freiheitsgeschichte gesehen werden. In dieser neuzeitlichen, durch den Prozeß der Autonomisierung der Vernunft geprägten Entwicklung wird ein Prinzip zum anthropologisch maßgeblichen Ausgangspunkt normativer Begründung: die Freiheit als transzendentale Bestimmung des Menschen. Gemäß dieser Sicht soll der Mensch in allen seinen sozialen Bezügen als verantwortliches, zu freiheitlicher Selbstbestimmung aufgefordertes Vernunftsubjekt begriffen und unter seinesgleichen, also im Sinne eines wechselseitigen Anerkennungszusammenhanges, geachtet werden. Das macht seine unverfügbare „Würde" als menschliche Person aus, von der die Erklärung des II. Vatikanums über die Religionsfreiheit so eindringlich spricht.[21] Bei dieser als Autonomie konzipierten Freiheit des Menschen handelt es sich nicht um ein liberalistisches Freiheitsverständnis, das die Forderung nach maximaler Freisetzung individueller Willkür bei möglichstem Abbau hindernder Schranken, also das bloße Nebeneinander isolierter Individuen zum Inhalt hätte, sondern um ein kommunikatives, d. h. vom Gedanken der Autonomie als kommunikativer Selbstbindung geprägtes Freiheitsverständnis.[22] Nach diesem ist der Mensch vor die unbedingte sittliche Verpflichtung gestellt, die Freiheit aller anderen anzuerkennen, um in der Kommunikation mit anderer Freiheit selbst frei sein zu können. Damit diese Anforderung wirklich werden kann, bedarf es ermöglichender und schützender rechtlicher Institutionen, die selbst auf Freiheit hin zu legitimieren, somit als Institutionen der Freiheit zu begreifen und im Hinblick auf diese Aufgabe immer wieder auch zu kritisieren sind.[23] Legitimationsgrundlage wie zentrale Aufgabe des Rechts ist es daher, in einem System von Ordnung und

[21] VatII DH Art. 1.

[22] Vgl. *H. Krings*, Der Preis der Freiheit, in: System und Freiheit, Freiburg, München 1980, S. 228f.

[23] Zur institutionellen Bestimmung der Freiheit vgl. *W. Kasper*, Theologische Bestimmung der Menschenrechte im neuzeitlichen Bewußtsein von Freiheit und Geschichte, in: *J. Schwartländer* (Hrsg.), Modernes Freiheitsethos und christlicher Glaube, München, Mainz 1981, S. 301f.

Freiheit Realbedingungen des Freiheitshandelns nach allgemeinen, schlechthin geltenden Prinzipien in institutioneller Form zu garantieren. Eine solche freiheitsfunktionale Konzeption des Rechtsbegriffes wurde bzw. wird in der Rechtsphilosophie in höchst unterschiedlicher konkreter Ausformung vertreten, bleibt aber gerade in den oben genannten neoscholastisch-naturrechtlichen bzw. rechtspositivistischen Ansätzen unberücksichtigt, sodaß eine an anthropologischen Grundlagen orientierte Rechtstheologie sich von solchen, nicht aber von allen anderen rechtsphilosophischen Ansätzen distanzieren müßte.

Allerdings stellt sich die Frage: Ist ein solches freiheitsfunktionales, dem Gedanken der Autonomie verpflichtetes Rechtskonzept überhaupt auf den Bereich des kirchlichen Rechts übertragbar?[24] Steht dem nicht die Anforderung entgegen, kirchliches Recht als Recht einer dem sich offenbarenden Gott verpflichteten, auf göttliches Recht bezogenen Glaubensgemeinschaft radikal theozentrisch, also vom Gedanken der Theonomie und nicht der Autonomie her zu begründen? Die fundamentaltheologische Diskussion gerade der letzten Zeit hat eindringlich dargelegt, daß zwischen Theonomie und Autonomie kein radikaler Gegensatz, sondern ein wesentliches Entsprechungs- und Voraussetzungsverhältnis besteht, das in der christlichen Botschaft selbst seine Basis hat.[25] In schöpfungstheologischer Perspektive ist zu zeigen, daß „radikale Abhängigkeit von Gott" und „echter Selbstand"[26] zusammengedacht werden müssen, weil erst über den Selbstand menschlicher Freiheit die Geschöpflichkeit in ihrer radikalen Abhängigkeit von Gott erfahren werden kann. Gerade weil, so *Walter Kasper*, „die Welt das ganz und radikal von Gott Abhängige ist, ist sie zugleich das von Gott radikal Verschiedene. Als das radikal von Gott Abhängige ist die Welt das radikal Nichtgöttliche und deshalb das Gott in relationaler Eigenständigkeit Gegenüberstehende."[27] Durch sein von sakralen Kosmosvorstellungen abgehobenes Konzept von Theonomie trägt das Christentum notwendigerweise die Forderung nach einem „Weltlichwerden von Welt" in sich, in welcher Freiheit als Voraussetzung der Erfahrung von Geschöpflichkeit gedacht werden muß: „Die Theonomie setzt menschliche Autonomie voraus, weil Gottes Gottsein von Menschen in verantworteter Freiheit erkannt werden soll, weil Gott seine Ehre und Verherrlichung durch ein freies Geschöpf will."[28] Christliche Freiheit setzt menschliche Freiheit voraus, überbietet sie aber. Denn sie ist als verdankte Freiheit nur dort erfahrbar, „wo eine geistige, kreatürliche Person ihre eigene Freiheit noch einmal auf Gott hin und von ihm her als Wirklichkeit erfährt".[29] Freiheit vermag, so gesehen, erst

[24] Dazu *G. Luf*, Die Autonomie des religiösen Subjekts. Überlegungen zur Begründung von Menschenrechten in der Kirche, in: *Schwartländer*, Modernes Freiheitsethos (Anm. 23), S. 322–343.

[25] Dazu *W. Kasper*, Autonomie und Theonomie. Zur Ortsbestimmung des Christentums in der modernen Welt, in: *H. Weber/D. Mieth* (Hrsg.), Anspruch der Wirklichkeit und christlicher Glaube, Düsseldorf 1980, S. 17–41.

[26] *K. Rahner*, Grundkurs des Glaubens. Einführung in den Begriff des Christentums, Freiburg, Basel, Wien 1976, S. 86.

[27] *Kasper*, Theologische Bestimmung der Menschenrechte (Anm. 23), S. 298.

[28] *Kasper*, Autonomie und Theonomie (Anm. 25), S. 37f.

[29] *Rahner*, Grundkurs (Anm. 26), S. 87.

in der Perspektive des Glaubens über ihre notwendige Offenheit und Unbestimmtheit hinaus zur Erfüllung und Vollendung zu kommen.

Dieser notwendige Zusammenhang zwischen Geschöpflichkeit und Freiheit ermöglicht es, auch eine Korrelation zwischen einer Rechtsbegründung im allgemeinen und einer kirchlichen im besonderen herzustellen: Auch dem kirchlichen Recht ist ein der Glaubenserfahrung als einer spezifischen Freiheitserfahrung entsprechender kommunikativer Freiheitsbegriff als ein für die Ordnung der Glaubensgemeinde konstitutives Prinzip zugrundezulegen.[30] Das kirchliche Recht erlangt damit die aus der Mitte der christlichen Botschaft, also theologisch hergeleitete (und nicht bloß äußerlich herangebrachte) Aufgabe, Kirche als Institution kirchlicher Freiheit in allen ekklesialen Ordnungsbeziehungen konkret zu vergegenwärtigen, zu schützen und zu unterstützen. Diese Bezugnahme auf die Freiheit als konstitutiven Faktor auch des kirchlichen Rechts bedeutet keinesfalls, den Bestand eines positiver Rechtssetzung vorgeordneten „ius divinum" zu leugnen,[31] noch die Autorität des geistlichen Amtes und seiner Forderung nach Rechtsgehorsam in Frage zu stellen. Sie verlangt aber im Sinne eines normativkritischen Leitprinzips, daß die Rechtsgestaltung bzw. die Ausübung geistlicher Amtsgewalt derart rechtlich institutionalisiert und im Hinblick auf die Aufgabe kritisch beurteilt werden müssen, ein kirchliches Zusammenleben aus einem frei verantworteten Glauben zu ermöglichen und zu fördern. Darin liegt eine aus dem neuzeitlichen Bewußtsein von Freiheit heraus artikulierte, wesentliche geschichtliche Anforderung an das kirchliche Recht.

In dieser Fundierung des Rechts in der Freiheit als der transzendentalen Bestimmung des Menschen ist eine wesentliche Grundlage für die Möglichkeit des Dialoges zwischen Theologie, Rechtsphilosophie und Jurisprudenz gelegt, wobei daraus für den wissenschaftlichen Standort der Kirchenrechtstheorie zu folgern ist, daß diese, so *Ralf Dreier*, „eine mehrdimensionale, tendenziell integrale Theorie mit Vorrang der theologischen Dimension ist bzw. sein sollte".[32] Die Grundlage ist damit auch für eine Analogie im Verhältnis von kirchlichem und weltlichem Recht, im Hinblick auf Entsprechungen wie auf Unterschiede, gegeben. Kirchliches Recht vermag sich zum weltlichen sowohl in ein rezeptives wie auch in ein kritisches Verhältnis zu setzen. Es ist einerseits in der Lage, die Leistungen des modernen Rechts für den eigenen Bereich fruchtbar zu machen. Die Anknüpfung an herrschendes Rechtsethos sollte dabei die Möglichkeit bieten, die eigenen Rechtsstrukturen auf ihre Tauglichkeit zu überprüfen, grundlegen-

[30] Zum Verhältnis von Offenbarung und Glaube im Zeichen des Rechts vgl. *Krämer*, Theologische Grundlegung des kirchlichen Rechts (Anm. 16), S. 119ff.; *ders.*, Warum und wozu kirchliches Recht? (Anm. 1), S. 19ff.

[31] Allerdings gilt es, ius divinum nicht als Komplex von absoluten, satzhaft vorgegebenen, übergeschichtlichen Normen zu verstehen, die auf bloß deduktivem Wege im Rechtsleben der Kirche zur Geltung gebracht werden. Im Zeichen wesentlicher Geschichtlichkeit menschlichen Verstehens ist auch das ius divinum Gegenstand geschichtlicher Konkretisierung, an dem nicht nur die Träger der hierarchischen Leitungsämter, sondern auch der „sensus fidelium" des ganzen christlichen Volkes Anteil haben.

[32] *Dreier*, Methodenprobleme (Anm. 3), S. 366.

den, geschichtlich artikulierten Anforderungen der Gerechtigkeit zu entsprechen. Darin besteht ein wesentlicher Prüfstein für die Glaubwürdigkeit des kirchlichen Rechts, welche durch eine Kluft gegenüber dem allgemeinen Rechtsbewußtsein bedroht wäre. Ein gutes Beispiel für Anstöße aus dem weltlichen Rechtsbereich bildet die Verwirklichung von Grundrechten auch in der Kirche, wobei gleichwohl das Bewußtsein bestehen bleiben muß, daß auf Grund unterschiedlicher Gegebenheiten in Kirche und Staat keine lineare Übernahme des staatlichen Rechts, sondern nur eine die unterschiedlichen Anforderungen berücksichtigende schöpferische Transformation stattfinden kann.[33] Anderseits vermag das kirchliche Recht in seiner geschichtlich immer wieder einzulösenden Qualität, christliche Freiheit institutionell vorbildlich zu vergegenwärtigen, das weltliche Recht an Möglichkeiten der Verbürgung von Humanität kritisch zu erinnern und solcherart Modellcharakter für die Rechtsentwicklung zu besitzen.[34]

[33] Zur Problematik der Transformation von Grundrechten in die kirchliche Rechtsordnung vgl. *W. Huber/H. E. Tödt*, Menschenrechte, Perspektiven einer menschlichen Welt, Stuttgart, Berlin 1977, S. 199; *Luf*, Die Autonomie des religiösen Subjekts (Anm. 24), S. 266.

[34] Zum Modellcharakter kirchlichen Rechts vgl. *Potz*, Die Geltung kirchenrechtlicher Normen (Anm. 2), S. 266.

2. Abschnitt: Die Reform des Kirchenrechts

§ 4 Der Codex Iuris Canonici von 1983

Von Heribert Schmitz

Mit der Apostolischen Konstitution „Sacrae Disciplinae Leges" vom 25. Januar 1983 hat Papst *Johannes Paul II.* den Codex Iuris Canonici (CIC) promulgiert. Das Gesetzbuch trat am 27. November 1983 (1. Adventssonntag) in Kraft.

Die Promulgation des CIC war von Papst *Johannes Paul II.* am 23. Dezember 1982 auf den 25. Januar 1983, den 24. Jahrestag der Ankündigung des Aggiornamento des CIC durch Papst *Johannes XXIII.*, festgelegt worden[1]. An diesem Tag konnte der Papst allerdings nur die Promulgationsbulle unterzeichnen, den Text des CIC aber aus technischen Gründen noch nicht amtlich bekanntgeben. Der CIC selbst wurde erst am 3. Februar 1983 in einem feierlichen Akt in der Benediktionsaula in Anwesenheit des Papstes öffentlich vorgestellt[2].

Der authentische Text des CIC ist in den AAS veröffentlicht[3]. Der Apostolische Stuhl hat sich alle Rechte an dem Gesetzeswerk vorbehalten; niemand ist es gestattet, ohne Genehmigung des Apostolischen Stuhls den CIC nachzudrucken oder zu übersetzen[4]. Die Genehmigung für Ausgaben des lateinischen Textes oder für Übersetzungen wird vom Apostolischen Stuhl über die Bischofskonferenzen erteilt; rechtsverbindlich aber bleibt allein der lateinische Text[5]. Die Deutsche Bischofskonferenz wurde vom Apostolischen Stuhl ermächtigt, eine Übersetzung herzustellen und die Drucklegung einer zweisprachigen Ausgabe des CIC zu veranlassen[6]. Wie beim CIC/1917 ist eine Ausgabe mit Angabe der Quellenstellen (Fontes) und mit einem Sachindex (Index analytico-alphabeticus) geplant.

[1] *Johannes Paul II.*, Ansprache vom 23. Dezember 1982, in: OssRom vom 24. Dezember 1982, S. 1–2, hier 2; AAS 75 (1983), S. 218.

[2] Vgl. OssRom vom 4. Februar 1983, mit den Ansprachen (in zeitlicher Reihenfolge) des Pro-Präsidenten der CIC-Reformkommission, Erzbischof *R. J. Castillo Lara* (S. 4), von Kardinalstaatssekretär *A. Casaroli* (S. 3) und von Papst *Johannes Paul II.* (S. 1 und 3), in deutscher Übersetzung in: OssRom (dt) Nr. 10 vom 11. März 1983 (S. 14–16, 13–14 und 12–13).

[3] AAS 75 (1983), Pars II (Separatfaszikel), datiert vom 25. Januar 1983, XXX und 317 S. (Ap. Konst. „Sacrae Disciplinae Leges": S. VII–XIV; Praefatio: S. XV–XXX); gleichzeitig erschien eine (handlichere) typographisch verkleinerte Buchausgabe.

[4] AAS 75 (1983), Pars II, S. VI: „Nemini liceat sine venia Sanctae Sedis hunc Codicem denuo imprimere aut in aliam linguam vertere." – „Ius Proprietatis vindicabitur." – In der Buchausgabe heißt es: „Sancta Sedes omnia sibi vindicat iura. Nemini liceat, sine venia Sanctae Sedis hunc Codicem denuo imprimere aut in aliam linguam vertere. © Copyright by Libreria Editrice Vaticana, Vatican City, 1983."

[5] *SecrStat*, Normae de latino textu CIC tuendo eodemque alias in linguas convertendo vom 28. Januar 1983, in: OssRom vom 29. Januar 1983, S. 1; Communicationes 15 (1983), S. 41.

[6] *Schreiben des Kardinalstaatssekretärs* N. 102.993/210 vom 13. Februar 1983; vgl. *Pressebericht der Frühjahrs-Vollversammlung der Deutschen Bischofskonferenz 1983*, in: Pressedienst der Deutschen Bischofskonferenz, Dokumentation vom 24. Februar 1983, S. 6, Nr. III/2.

I. Der Weg zum CIC von 1983

1. Das Corpus Iuris Canonici

Die von den kirchlichen Autoritäten erlassenen Rechtsnormen wurden schon in früher Zeit um der Rechtskontinuität willen und wegen der praktischen Handhabung zunächst in privaten, dann auch in amtlichen Sammlungen zusammengestellt und tradiert. Die Vielfalt der Sammlungen und die wirklichen und scheinbaren Widersprüche in den nach Ort, Zeit und Reichweite verschiedenen Normen führten über Harmonisierungsversuche zu systematischer Durchdringung der Rechtsnormen. Die „Concordia discordantium canonum", bald *Decretum* genannt, des Mönches *Gratian*, um 1140 in Bologna entstanden, stellt das bedeutendste Werk dieser Art dar. Es wurde das Fundament für weitere Sammlungen, insbesondere der aufgrund der im 12. Jahrhundert einsetzenden regen päpstlichen Gesetzgebungstätigkeit erlassenen Dekretalen, und für die mit Gratian und seinen Schülern beginnende Wissenschaft des Kirchenrechts (Kanonistik). Die dem Dekret nachfolgenden Sammlungen wuchsen mit diesem zum *Corpus Iuris Canonici* zusammen. Diese von der Wissenschaft geprägte Bezeichnung wurde von Papst *Gregor XIII.* in der Konstitution „Cum pro munere" vom 1. Juli 1580 erstmals amtlich verwendet für die im Zuge des Konzils von Trient durch die Correctores Romani verbesserte Textfassung der Sammlungen, die er approbierte und für Lehre und Praxis als verbindlichen Text vorschrieb. Das Corpus Iuris Canonici umfaßt: das Dekret Gratians, die Dekretalen Gregors IX. (Liber Extra), den Liber Sextus Bonifaz' VIII., die Clementinen Clemens' V., die Extravagantensammlung Johannes' XXII. und die Extravagantes communes genannte Sammlung. Das Corpus Iuris Canonici ist die wichtigste Quelle des bis zum CIC/1917 geltenden Kirchenrechts[7].

2. Der CIC von 1917

Seit der Vorbereitung des I. Vatikanums setzte sich immer stärker die Einsicht in die Notwendigkeit einer Neufassung des Kirchenrechts durch[8]. Papst *Pius X.* erteilte dazu am 19. März 1904 den Auftrag[9]. Auf dem Geheimen Konsistorium vom 4. Dezember 1916 konnte Papst *Benedikt XV.* die Fertigstellung des Werkes bekanntgeben[10]. Mit der Apostolischen Konstitution „Providentissima Mater Ecclesia" vom 27. Mai 1917 hat Papst *Benedikt XV.* den Codex Iuris Canonici (CIC) als Gesetzbuch der Katholischen Kirche für den Lateinischen Rechtskreis promulgiert. Am 19. Mai 1918 ist das Gesetzeswerk in Kraft getreten[11]. Im CIC/1917[12] war der damals geltende, in zahlreichen Sammlungen unüber-

[7] Vgl. die gedrängten Darstellungen (m. w. N.) von *K. W. Nörr*, Die kanonistische Literatur, in: *H. Coing* (Hrsg.), Handbuch der Quellen und der Literatur der neueren europäischen Privatrechtsgeschichte, Bd. 1, München 1973, S. 365–382; *ders.*, Die Entwicklung des Corpus Iuris Canonici, in: ebd., S. 835–846; *A. M. Stickler*, Historia iuris canonici latini, Vol. I: Historia fontium, Turin 1950, sowie die entsprechenden Abschnitte bei *Plöchl*.

[8] Vgl. *G. Feliciani*, Il Concilio Vaticano I e la codificazione del diritto canonico, in: La Norma en el Derecho Canonico. Actas del III Congreso Internacional de Derecho Canónico, Pamplona, 10–15 de octubre de 1976, Pamplona 1979, Vol. I, S. 505–525.

[9] *Pius X.*, MP „Arduum sane munus" vom 19. März 1904, in: AAS 36 (1903/04), S. 549–551.

[10] *Benedikt XV.*, Ansprache vom 4. Dezember 1916, in: AAS 8 (1916), S. 465–467.

[11] *Benedikt XV.*, Ap. Konst. „Providentissima Mater Ecclesia" vom 27. Mai 1917, in: AAS 9 (1917), Pars II, S. 5–8. Diese Konstitution ist den Ausgaben des CIC/1917 vorangestellt. Die Urausgabe des CIC/1917 siehe in: AAS 9 (1917), Pars II, S. 11–521. Der CIC/1917 wurde auch mit Angabe der Quellenbelege (Fontes) aus dem alten Recht herausgegeben. Die Vorrede (Praefatio) und der Sachindex (Index analytico-alphaleticus) stammen von Kardinal *P. Gasparri*. Die Quellenbelege sind gesammelt herausgegeben in: CIC-Fontes.

[12] *K. Mörsdorf*, Art. Codex Iuris Canonici (CIC), in: SacrM I, Sp. 799–809 (m. w. N.). – Vgl. ferner: *Mörsdorf* R; *H. Schmitz*, Die Gesetzessystematik des Codex Iuris Canonici Liber I–III, München 1963.

sichtlich verstreute Rechtsstoff in Form einer Kodifikation zusammengefaßt und neugeordnet worden[13]. Die mit dem CIC/1917 gelungene Leistung einer Neufassung des kanonischen Rechts hat seinerzeit auch außerhalb der katholischen Kirche hohes Lob erhalten[14]. Die in jüngster Zeit gegen die Übernahme der Kodifikationsidee aus dem weltlichen Bereich in das Kirchenrecht erhobenen Einwände[15] sind nur zu einem kleinen Teil berechtigt, da sie Vorzug und Nutzen einer Kodifikation auch für das kanonische Recht übersehen und nicht zu würdigen wissen.

Durch die Kodifikation von 1917 war das alte Recht in formeller Hinsicht bis auf wenige Ausnahmen aufgehoben worden; der Sache nach lebte es jedoch zum größten Teil im CIC/1917 fort. Mit dem Gesetzeswerk wurde aber das Kirchenrecht nicht unabänderlich festgeschrieben. Die Rechtsentwicklung ist weitergegangen. Die gesetzgeberische Aktivität des Apostolischen Stuhls konnte dabei auf die Ergebnisse der durch den Erlaß des CIC/1917 stark belebten kanonistischen Wissenschaft zurückgreifen und auf ihnen aufbauen. So wurde im Zusammenwirken von Wissenschaft und Gesetzgebung das Recht des CIC/1917 fortgebildet. Da die nach1917 erlassenen Gesetze trotz anderslautender Maßgabe[16], abgesehen von wenigen Ausnahmen[17], aber nicht in das Gesetzbuch eingearbeitet wurden, der CIC/1917 demnach nicht alles geltende Recht enthielt, mußte der außerhalb des CIC/1917 befindliche Rechtsstoff stets herangezogen werden, wenn nach dem geltenden Recht gefragt wurde[18]. Auch durch diesen Mißstand der Unübersichtlichkeit des Kirchenrechts war der Boden für eine Reform des Kirchenrechts bereitet.

3. Das II. Vatikanum

Der erste Anstoß zur Reform des Kirchenrechts wurde von Papst *Johannes XXIII.* gegeben; er fiel auf fruchtbaren Boden. Am 25. Januar 1959 kündigte der Papst außer einer römischen Diözesansynode ein Ökumenisches Konzil und ein „aggiornamento" des CIC zur Anpassung des Kirchenrechts an die Erfordernisse der heutigen Zeit sowie die vollständige

[13] Vgl. *W. Aymans*, Die Quellen des Kanonischen Rechts in der Kodifikation von 1917, in: IusCan 15 (1975), n. 30, S. 79–95 und in: La Norma en el Derecho Canónico (Anm. 8), Vol. I, S. 487–503; *R. Metz,* Les sources conservatrices du droit canonique pendant la première moitié du XXe siècle. Le Code de droit canonique. La codification et ses conséquences, in: *R. Epp/Ch. Lefebvre/R. Metz,* Le Droit et les Institutions de l'Église Catholique Latine de la fin du XVIIIe siècle à 1978. Sources, Communauté chrétienne et Hiérarchie (= Le Bras/Gaudemet D, tome 16), Paris 1981, S. 217–260.

[14] Vgl. z. B. *U. Stutz,* Der Geist des Codex iuris canonici, Stuttgart 1917, bes. S. 51–53.

[15] Vgl. *F. Elsener*, Der Codex Iuris Canonici im Rahmen der europäischen Kodifikationsgeschichte, in: *A. Müller/F. Elsener/P. Huizing,* Vom Kirchenrecht zur Kirchenordnung?, Einsiedeln-Zürich-Köln 1968, S. 29–53; *F. Finocchiaro,* La codificazione del diritto canonico e l'ora presente, in: Chiesa dopo il Concilio, Vol. II/1, S. 647–667.

[16] *Benedikt XV.* hatte im MP „Cum iuris canonici" vom 25. September 1917 (AAS 9 [1917], S. 483–484; auch in den Ausgaben des CIC/1917 abgedruckt) angeordnet, daß Änderungen, Ergänzungen und neue Normen jeweils in das Gesetzbuch eingearbeitet werden sollten.

[17] Bis zum Jahre 1959 sind nur zwei Streichungen erfolgt: Der zweite Satzteil von c. 1099 § 2 („item ... contraxerint"; die Formpflicht bei der Eheschließung betr.) wurde von *Pius XII.* mit Wirkung vom 1. Januar 1949 außer Kraft gesetzt und im Text des CIC gestrichen: MP „Decretum ‚Ne temere'" vom 1. August 1948, in: AAS 40 (1948), S. 305–306; *Ochoa II,* Sp. 2510. – Die zweite Änderung geschah mit MP *Pius' XII.* „Ecclesiae bonum" vom 25. Dezember 1953 (AAS 46 [1954], S. 88; *Ochoa II*, Sp. 3237 f.) durch Streichung der Worte „contra praescriptum can. 1063 § 1" (die Strafbarkeit der Doppeltrauung betr.) in c. 2319 § 1 n. 1.

[18] Rechtlich relevante Dokumente des Apostolischen Stuhles ab 1917 sind in dem großen Sammelwerk zusammengetragen: *X. Ochoa*, Leges Ecclesiae post CIC editae (1917–1978), Vol. I–V, Roma 1966–1980.

Promulgation des ostkirchlichen Gesetzbuches an[19] und bestätigte diese Vorhaben in seiner Enzyklika „Ad Petri Cathedram" vom 29. Juni 1959[20]. Diese Ankündigung brachte einen ungeahnten, nicht zu übersehenden Aufbruch, der sich vor allem in der Literatur zu diesem Fragenkreis niedergeschlagen hat[21]. Die in die Reform des Kirchenrechts gesetzten Erwartungen führten das gegenüber dem Kirchenrecht aufgestaute Unbehagen zu einer antijuridischen Welle. Die ablehnende Haltung gegen alles Rechtliche in der Kirche, „die von der Hinnahme als notwendiges Übel bis zur schlichten Negation reicht"[22], gipfelte im antijuridischen Protest auf dem II. Vatikanum. Mit großer Entschiedenheit wandten sich die Konzilsväter gegen eine Verrechtlichung von Glaube und Kirche[23]. Sie lehnten eine juridische Sprachweise der Konzilstexte selbst in jenen Fragen ab, bei denen es sich um eindeutig kirchenrechtlich zu normierende Materien handelte[24]. Der Protest hatte unmittelbar zur Folge die bewußt pastorale Sprache der Konzilsbeschlüsse; andererseits verstärkte er die eben begonnene kanonistische Grundlagenforschung[25].

Die während der Vorbereitungszeit des Konzils und die auf dem Konzil selbst vorgebrachten Vorschläge zur Reform des Kirchenrechts konnten begreiflicherweise nicht alle vom II. Vatikanum berücksichtigt werden[26]. Das Konzil mußte sich vielmehr damit begnügen, einige fundamentale Prinzipien und Weisungen zu geben. Daher hat das II. Vatikanum nur in wenigen Punkten unmittelbar anwendbares Recht erlassen[27]. Da diese Rechtsnormen jedoch nicht besonders gekennzeichnet waren, ließ sich nur schwer feststellen, ob und inwieweit früheres Recht verändert worden war. Das II. Vatikanum hat aber den unmißver-

[19] *Johannes XXIII.*, Ansprache vom 25. Januar 1959, in: AAS 51 (1959), S. 65–69, 68f.; *Ochoa III*, Sp. 3939–3921.

[20] *Johannes XXIII.*, Lit. enc. „Ad Petri Cathedram" vom 29. Juni 1959, in: AAS 51 (1959), S. 497–531, 498; *Ochoa III*, Sp. 3944–3958.

[21] Einen ersten Überblick bot *P. Huizing*, Reform des kirchlichen Rechts, in: Conc 1 (1965), S. 670–685; siehe die Bibliographie von *M. Zimmermann*, Revision of the Code of Canon Law – Révision du Code du droit canonique. International bibliography 1965–1977 indexed by Computer, Bibliographie internationale 1965–1977 établie par ordinateur (= RIC-Supplement 29), Strasbourg 1977. Vgl. ferner *K. Mörsdorf*, Grundfragen einer Reform des kanonischen Rechts, in: MThZ 1 (1964), S. 1–16; *ders.*, Streiflichter zur Reform des kanonischen Rechtes, in: AfkKR 135 (1966), S. 38–52. Vgl. auch *R. Metz*, La période conciliaire et post-conciliaire 1959–1978. La révision du droit de l'Église, in: *R. Epp/Ch. Lefebvre/R. Metz*, Le Droit et les Institutions de l'Église Catholique Latine de la fin du XVIIIe siècle à 1978. Sources, Communauté chrétienne et Hiérarchie (= Le Bras/Gaudemet D, tome 16), Paris 1981, S. 283–342.

[22] *H. Heimerl*, Das Kirchenrecht im neuen Kirchenbild, in: Festg. Scheuermann, S. 1–24, 1f.

[23] *P. Krämer*, Theologische Grundlegung des kirchlichen Rechts, Trier 1971, S. 114–119; *ders.*, Das Recht im Selbstvollzug der Kirche. Wider die Gefahr der Verrechtlichung, in: TThZ 85 (1976), S. 321–331, besonders S. 326 mit Anm. 23.

[24] *Heimerl*, Das Kirchenrecht (Anm. 22), S. 2.

[25] Vgl. *H. Schmitz*, Auf der Suche nach einem neuen Kirchenrecht, Freiburg 1979, S. 80–92 (m. w. N.); ferner: La Norma en el Derecho Canónico (Anm. 8); Akten des 4. Internat. Kongresses f. Kirchenrecht.

[26] Vgl. die zahlreichen Eingaben in: AcDocVat und AcSynVat.

[27] Daß das der Fall war, konnte der Bestimmung von MP EpMun Nr. I entnommen werden, nach der die Normen des CIC und alle späteren gesetzlichen Anordnungen, soweit sie nicht früher widerrufen worden waren, noch voll in Geltung waren, wenn sie das II. Vatikanum nicht offensichtlich ganz oder teilweise aufgehoben oder abgeändert hatte. Mehr als andere Konzilsbeschlüsse enthielt das Dekret „Christus Dominus" als Verfassungsgesetz unmittelbares Recht; vgl. z. B. Art. 38 Ziff. 4, zu der im MP EcclSanct I Nr. 41 deswegen keine weiteren Ausführungsbestimmungen erforderlich waren. Zur Eigenart eines Verfassungsgesetzes gehört es, daß rechtliche Grundaussagen mit unmittelbaren Rechtsnormen verbunden sind; *K. Mörsdorf*, Einleitung und Kommentar (zu VatII CD), in: LThK²-Konzilskommentar II, S. 146 und S. 148f.; a. A.: *G. May*, Deutung und Mißdeutung des Konzils, in: AfkKR 135 (1966), S. 444–472, 444f.

ständlichen Auftrag erteilt, entsprechend den Konzilsbeschlüssen neue Rechtsnormen zu schaffen und dadurch die konziliaren Aussagen in anwendbares Recht zu transformieren. Dazu hat es richtungweisende Grundentscheidungen getroffen, die weitaus bedeutsamer waren, als es die konziliaren Einzelnormen waren oder hätten sein können[28]. Der CIC/1917 mußte seither aufgrund der konziliaren Grundentscheidungen, die den Interpretationsmaßstab abgaben, konzilskonform interpretiert werden.

4. Die nachkonziliare Gesetzgebung

Der kirchliche Gesetzgeber hat die vom II. Vatikanum gefällten Grundentscheidungen und erteilten Weisungen aufgegriffen und zu konkretisieren versucht. Dabei ging es ihm in mehr oder weniger reflektiertem Bemühen um ein nicht nur juristisch richtiges, sondern um ein theologisch besseres Kirchenrecht. Die Zahl der erlassenen gesamtkirchlichen Gesetze ist groß[29]. Die Quantität war Folge der bewußt pastoralen, aber rechtlich ungenauen Sprache des II. Vatikanums. Nicht alle Gesetze waren in Inhalt und Form von gleichem Gewicht und Format. Auch die kirchliche Gesetzgebung ist nicht davon bewahrt, daß Quantität zu Lasten von Qualität geht.

In formaler Hinsicht krankte die kirchliche Gesetzgebung an den Folgen eines fehlenden formalen Gesetzesbegriffs. Ihr fehlte die wünschenswerte klare Formtypik[30]. Selten ließ sich zudem auf Anhieb feststellen, welche Normen des weitergeltenden CIC und in welchem Umfang sie betroffen waren[31]. Die teilkirchliche Gesetzgebung hat auch der modernen Sucht des Gesetzesperfektionismus nicht widerstehen können, vor allem im Bereich der Räte-Strukturen, alles möglichst vollkommen und bis in die letzten Einzelheiten zu regeln[32]. Im Bereich dienstrechtlicher Regelungen hat der Gesetzgeber auf ein überzogenes subjektives Sicherungsbedürfnis derer reagiert, die sonst das objektive Recht weithin ablehnen[33].

Ein besonders gelagertes Problem stellten die provisorische Gesetzgebung (ad interim) und die Gesetzgebung auf Probe (ad experimentum) dar[34]. Sachgerecht war es aber, die für die Zeit bis zum Erlaß des CIC/1983 geschaffenen Normen mit der Klausel zu versehen „donec novus Codex promulgetur"[35]. Mit dieser Klausel wurde im Gegensatz zu den Formeln „ad interim" und „ad experimentum" in besserer Gesetzestechnik einmal eine zeitlich begrenzte Geltung festgelegt, weil von vorneherein auf die mit dem Inkrafttreten des CIC/1983 verbundene Aufhebung abgestellt war; zum anderen war dadurch klargestellt, daß Änderungen vorbehalten sind und die Normen im Zuge der Überarbeitung des CIC überprüft werden.

Die Zeit von der der Ankündigung der Reform des Kirchenrechts und des CIC bzw. vom Erlaß der Dekrete des II. Vatikanums an war keine gesetzlose Zeit. Der CIC/1917 und die

[28] Vgl. unten II 1 b; Gesetzgebungsaufträge waren z. B. erteilt in: CD 44 und AA 1.

[29] Vgl. das Sammelwerk von *Ochoa*. Für den deutschsprachigen Bereich sei hingewiesen auf die Reihe: *Nachkonziliare Dokumentation*, Bd. 1–58, Trier 1967–1977.

[30] Vgl. *C. G. Fürst*, Die kirchliche Gesetzgebung seit 1958 oder zur Kunst der Gesetzgebung, in: Festg. Flatten, S. 287–301; *H. Heimerl*, Einige formale Probleme des postkonziliaren allgemeinen Rechtes, in: ÖAKR 24 (1973), S. 139–159; *A. Hollerbach*, Neuere Entwicklungen des katholischen Kirchenrechts, Karlsruhe 1974, S. 18; *H. Schnizer*, Liturgiereform und Normklarheit, in: ÖAKR 27 (1976), S. 310–322.

[31] Vgl. den Versuch von *M. Cabreros de Anta*, Vigencia y estado actual de la legislación, Pamplona 1974. Daß die Feststellung der vom CIC weitergeltenden Normen nicht einfach war, mußte auch Kardinal *Felici* auf einen diesbezüglichen Einwand in der Bischofssynode 1974 zugeben, in: Communicationes 6 (1974), S. 159; vgl. auch S. 157.

[32] Vgl. die vielfältigen Statuten, Satzungen, Geschäfts- und Wahlordnungen für die Räte in den diözesanen Ebenen; ferner *W. M. Plöchl*, in: ÖAKR 23 (1972), S. 208.

[33] Vgl. z. B. die Statuten für Anstellung und Versetzung der Pfarrer, Vikare und Kapläne in einigen Diözesen.

[34] Vgl. hierzu *H. Schmitz*, Der CIC und das konziliare und nachkonziliare Kirchenrecht, in: GrNKirchR, S. 29.

[35] Vgl. z. B. MP EpMun, MP EcclSanct, MP CausMatr.

seither erlassenen Anordnungen galten weiter, soweit sie nicht aufgehoben oder abgeändert waren.

5. Die Revision des CIC

a) Die Päpstliche Kommission für die Revision des CIC

Das am 25. Januar 1959 angekündigte „aggiornamento" des CIC wurde der *„Pontificia Commissio Codici Iuris Canonici Recognoscendo"* (CIC-Reformkommission) übertragen, einer Kommission von Kardinälen, die von Konsultoren beraten wurde. Sie war von Papst *Johannes XXIII.* durch die Berufung von 30 Kardinälen zu Mitgliedern am 26. März 1963 eingesetzt worden[36]. Konsultoren wurden erstmals am 17. April 1964 von Papst *Paul VI.* ernannt[37]. Zu der zunächst nicht näher umschriebenen Hauptaufgabe der Revision des CIC übertrug Papst *Paul VI.* der Kommission die weitere Aufgabe, die Frage einer Lex Ecclesiae Fundamentalis für die ganze katholische Kirche zu prüfen und gegebenenfalls ein solches Grundgesetz zu erarbeiten[38]. Mit Rundschreiben des Staatssekretariats vom 25. März 1968 erhielt die Kommission als dritte Aufgabe beratende Funktion für die nachkonziliare Gesetzgebung[39].

Nachdem am 12. November 1963 die Kardinäle der Kommission beschlossen hatten, den förmlichen Beginn der Arbeiten auf die Zeit nach dem II. Vatikanum zu verschieben, da gegenwärtig eine sinnvolle Arbeit noch nicht möglich sei[40], eröffnete Papst *Paul VI.* kurz vor Abschluß des Konzils (8. Dezember 1965) mit der bedeutenden richtungweisenden Ansprache über die Prinzipien und Kriterien der CIC-Reform und über die Notwendigkeit des Rechts in der Kirche am 20. November 1965 feierlich und offiziell die Arbeit der CIC-Reformkommission[41]. Über ihre Arbeit berichtete die Kommission seit 1969 zunehmend ausführlicher in den von ihr herausgegebenen Mitteilungen, die unter dem Titel *„Communicationes"* zweimal jährlich erscheinen[42].

b) Die Durchführung des Revisionsauftrags

Die CIC-Reformkommission hat ihre Aufgabe entsprechend den ihr gegebenen Weisungen unter großem Arbeitseinsatz durchgeführt[43]. Beim *Werdegang* des neuen CIC lassen sich *vier Phasen* unterscheiden, die sich teilweise zeitlich überschneiden:

[36] AAS 55 (1963), S. 363–364; Communicationes 1 (1969), S. 35; vgl. die Listen der Mitglieder, in: Communicationes 1 (1969), S. 7–13 (Stand: Juni 1969); 5 (1973), S. 175–179 (Stand: Dezember 1973); 10 (1978), S. 33–36 (Stand: Juli 1978); Veränderungen wurden in den einzelnen Heften der „Communicationes" mitgeteilt.

[37] AAS 56 (1964), S. 473–474; Communicationes 1 (1969), S. 35; vgl. die Listen der Konsultoren, in: Communicationes 1 (1969), S. 15–28 (Stand: Juni 1969), 5 (1973), S. 179–188 (Stand: Dezember 1973); 10 (1978), S. 37–45 (Stand: Juli 1978).

[38] Vgl. *Paul VI.*, Ansprache vom 20. November 1965, in: AAS 57 (1965), S. 985–989; *Ochoa III*, Sp. 4793–4795; Communicationes 1 (1969), S. 38–42.

[39] *Staatssekretariat*, Rundschreiben vom 25. März 1968, Prot. N. 115121; vgl. Communicationes 1 (1969), S. 5; 3 (1971), S. 185; 6 (1974), S. 29, 157; 9 (1977), S. 67.

[40] Communicationes 1 (1969), S. 36.

[41] *Paul VI.*, Ansprache vom 20. November 1965 (Anm. 38); vgl. HerKorr 20 (1965), S. 53–54.

[42] *Pontificia Commissio CIC recognoscendo*, Communicationes, Typ. Pol. Vat., Vol. 1 (1969) ff. – Vgl. Communicationes 1 (1969), S. 3; 6 (1974), S. 114, 158, 161.

[43] Zur Arbeit der CIC-Reformkommission vgl. zusammenfassend die Praefatio des CIC (Anm. 3) und die Ansprache von *Castillo Lara*, des Pro-Präsidenten der CIC-Reformkommission, vom 3. Februar 1983 (Anm. 2); ferner: *H. Schmitz*, Reform des kirchlichen Gesetzbuches CIC 1963–1978. 15 Jahre Päpstliche CIC-Reformkommission, Trier 1979, und *F. D'Ostilio*, È pronto il Nuovo Codice di Diritto Canonico. Iter revisionale e prossima promulgazione, Città del Vaticano 1982 (teilweise auch in: MonEccl 107 [1982], S. 207–332, 354–382).

1. Phase – Erarbeitung von Einzelentwürfen (1965–1977). Die Entwürfe (Schemata) wurden nach Billigung durch den Papst den Beratungsorganen zugeleitet (1972–1977).

2. Phase – Konsultationsphase (1972–1980), in drei Schritten: *1. Schritt*: Prüfung und Bearbeitung der Entwürfe durch die Beratungsorgane (organa consultativa): die Bischofskonferenzen, die Behörden der Römischen Kurie, die sachlich zuständigen Universitäten und Fakultäten und die Vereinigung der Ordensgeneraloberen; auch die Kardinäle der Kommission erhielten erst zu diesem Zeitpunkt die Schemata zur Stellungnahme. *2. Schritt*: Prüfung der eingegangenen Stellungnahmen und Einarbeitung der Vorschläge und Anregungen, zum Teil durch neu zusammengesetzte und um neu hinzugezogene Mitarbeiter erweiterte Unterkommissionen. *3. Schritt*: Zusammenfügen der Einzelteile zum Gesamtentwurf (Schema CIC 1980), der am 29. Juni 1980 vorlag.

3. Phase – Revisionsphase (Juni 1980 – April 1982), in vier Schritten: *1. Schritt*: Prüfung des Schema CIC 1980 durch die Mitglieder der CIC-Reformkommission, die dazu von Papst *Johannes Paul II.* um 18 Kardinäle und 18 Bischöfe aus der ganzen Welt erweitert worden war. *2. Schritt*: Prüfung und Würdigung der eingegangenen Stellungnahmen, deren Ergebnis die Relatio vom 16. Juli 1981 war[44]. *3. Schritt*: Beratung der Ergebnisse durch die Plenarversammlung der Mitglieder der (erweiterten) CIC-Reformkommission vom 20.–29. Oktober 1981[45]. *4. Schritt*: Einarbeitung der Ergebnisse der Plenarversammlung, terminologische und stilistische Überprüfung, Erstellung des Schema CIC 1982 (25. März), das mit Datum vom 22. April 1982 dem Papst übergeben wurde.

4. Phase – Entscheidungsphase (April 1982 – Januar 1983), in drei Schritten: *1. Schritt*: Studium und Beratung des Schema CIC 1982 durch Papst *Johannes Paul II.* zusammen mit einer kleinen Gruppe vom Papst berufener Mitarbeiter. *2. Schritt*: Bearbeitung durch eine kleine Kardinalskommission, die ihre Arbeiten am 22. Dezember 1982 abgeschlossen hat, mit nachfolgender Schlußredaktion und weiteren Änderungen. *3. Schritt*: Erteilung des Gesetzesbefehls, Promulgation und Inkraftsetzen des CIC durch Unterzeichnung der Apostolischen Konstitution „Sacrae Disciplinae Leges" am 25. Januar 1983 durch Papst *Johannes Paul II.*

c) Das Ergebnis

Am 3. Februar 1983 konnte der CIC einer größeren Öffentlichkeit vorgestellt werden. Der CIC ist eine Kodifikation, d. h. eine einheitliche, allgemeine, ein ganzes Rechtsgebiet (hier: das Recht der Katholischen Kirche des Lateinischen Rechtskreises) umfassende systematische Sammlung von mit der Promulgation formell in Kraft gesetzten Rechtsnormen. Als Kodifikation kann der CIC nicht *Rechts*buch, sondern nur *Gesetz*buch genannt werden[46]. Eine Kodifikation setzt im Gegensatz zu einer einzelgesetzlichen Regelung[47] eine gewisse Konsolidierung voraus, weil „sie einen bestehenden und bis zu einem gewissen Grad ausgereiften Zustand fixieren und für eine längere Zeit festhalten"[48] will. Seit Jahren drängten viele Bischöfe zunehmend darauf, daß der CIC endgültig fertiggestellt und damit die so gefährliche Zeit der Rechtsunsicherheit ein Ende habe[49]. Wenngleich der CIC eine Kodifikation ist, so ist damit die weitere Rechtsentwicklung nicht abgeschnitten. Der CIC

44 Vgl. Communicationes 14 (1982), S. 116–230; 15 (1983), S. 57–109.

45 Vgl. Communicationes 13 (1981), S. 255–270.

46 Unter *Rechts*buch versteht die juristische Terminologie eine private Rechtssammlung geltenden Rechts; *Gesetz*buch dagegen ist die Fachbezeichnung für eine amtlich erlassene Kodifikation von Rechtsnormen. Vgl. *W. M. Plöchl*, Rechtsbuch, Gesetzbuch oder gemeinrechtliche Vorschriften, in: ÖAKR 27 (1976), S. 323–343.

47 Vgl. *P. Felici*, Diskussion auf der Bischofssynode 1974, in: Communicationes 6 (1974), S. 164, auch S. 156f.; *ders.*, in: Communicationes 5 (1973), S. 249.

48 *B. Löbmann*, Die Bedeutung des Zweiten Vatikanischen Konzils für die Reform des Kirchenrechts, in: Festschr. Mörsdorf, S. 83–98, 93.

49 Vgl. Relatio 1981, S. 121, und den Bericht über die CIC-Reformkommission, in: L'Attività della Santa Sede nel 1981, Città del Vaticano 1982, S. 1008–1010, 1009f.

bildet zwar den Abschluß einer Entwicklungsphase, setzt aber zugleich einen neuen Anfang für eine weitere Reform des Kirchenrechts, die von dem Grundsatz geprägt ist, mit dem der CIC (c. 1752) ausklingt: Salus animarum in Ecclesia suprema semper lex esse debet. – Das Heil der Seelen muß in der Kirche oberstes Gesetz sein.

II. Perspektiven und Tendenzen des CIC

Der CIC und die in ihm zum Ausdruck gekommene Reform des Kirchenrechts können zum gegenwärtigen Zeitpunkt in ihrer Tragweite noch nicht umfassend oder erschöpfend gewürdigt werden. Einzelne Grundlinien und Akzente, Perspektiven und Tendenzen, die erkennbar sind, lassen sich nur werten auf dem Hintergrund der Vorgaben, an welche die CIC-Reformkommission gebunden war.

1. Die Vorgaben

a) Die Maßgaben Papst Pauls VI. von 1965

Das von Papst *Johannes XXIII.* initiierte, aber nicht näher umschriebene „aggiornamento" des CIC wurde zunächst nur als einfache Überarbeitung des CIC/1917 in Anpassung an die Erfordernisse der heutigen Zeit verstanden, wenngleich diese Aufgabe schon damals als Krönung des II. Vatikanums bezeichnet worden war[50].

Papst *Paul VI.* hat in seiner Ansprache vom 20. November 1965[51], im Blick auf die Ergebnisse des II. Vatikanums von einer tiefgreifenderen Reform des Kirchenrechts gesprochen. Danach war das kanonische Recht dem neuen Geist des II. Vatikanums und den nicht zuletzt darin wurzelnden neuen Bedürfnissen des Volkes Gottes anzupassen. Der Auftrag der CIC-Reformkommission wurde dadurch dahingehend präzisiert, nicht nur die kirchliche Gesetzgebung zu überprüfen und neue oder novellierte Normen zu schaffen, sondern entsprechend den gesetzten Maßstäben einen neuen CIC zu erarbeiten[52]. Mit diesen Maßgaben hatte der Papst die *Bindung an das II. Vatikanum* mit seinen Lehren und dem Primat der pastoralen Anliegen wie auch die *Bindung an den CIC/1917* in Gestalt und Gehalt einer Kodifikation in Kontinuität zur Rechtstradition der Kirche im Grund unmißverständlich vorgeschrieben.

[50] Vgl. oben Anm. 19 und 20.

[51] S. oben Anm. 38.

[52] Vgl. *P. Felici*, Communicatio de opere CIC recognoscendi, am 18. Oktober 1974 vor der Bischofssynode, in: Communicationes 6 (1974), S. 150–158, 157. – In der Ansprache vom 4. Februar 1977 mußte Papst *Paul VI.* noch einmal den 1965 erteilten Auftrag betonen; danach genüge nicht eine einfache Verbesserung des CIC, dieser müsse vielmehr ein auf das beste an das II. Vatikanum angepaßtes Instrument werden (AAS 69 [1977], S. 147–153, 148); *Ochoa V*, Sp. 7290–7293); *Castillo Lara*, Ansprache vom 3. Februar 1983 (Anm. 2).

b) Die Weisungen des II. Vatikanums

Die vom II. Vatikanum getroffenen richtungweisenden Grundentscheidungen waren, unbeschadet ihres Charakters als Fundamentalnormen[53], bindende Weisungen für die Reform des Kirchenrechts und die Revision des CIC. Letztlich wurzeln alle Weisungen in der konziliaren Ekklesiologie. Mit Papst *Johannes Paul II.* sollen als bedeutsamste Elemente der Weisungen folgende genannt werden: der Volk-Gottes-Gedanke, die Communio-Struktur der Kirche, die Dienstfunktion der hierarchischen Autoritäten, die Teilhabe aller Glieder der Kirche am dreifachen Amt Christi, die rechtliche Grundstellung der Gläubigen, die Rechtsstellung der Laien, die ökumenische Ausrichtung[54].

Beispielhaft sei auf folgende Grundentscheidungen verwiesen: In Art. 8a VatII CD ist eine Grundentscheidung für die Vollmacht des Diözesanbischofs ergangen mit der Folge der totalen Umkehrung des bisher im Verhältnis Papst-Bischof geltenden Konzessionssystems in ein Reservationssystem. Die Fundamentalaussage, daß die Kirche Volk Gottes ist, wurde in Art. 11 CD in der Definition konkretisiert, daß die Diözese Teil des Gottesvolkes ist (portio Populi Dei). Diese Aussage ist in Verbindung mit der Grundaussage in Art. 23 Abs. 1 VatII LG, daß die Kirche in und aus Teilkirchen besteht, gleichermaßen auf die anderen Teilkirchen, ihre Zusammenschlüsse und die dem Aufbau der kirchlichen Organisation dienenden Untergliederungen (z. B. Pfarrei) anzuwenden. Die Teilkirche ist demnach wesentlich personale Gemeinschaft, die Funktion des territorialen Elements ist eindeutig als determinativ bestimmt. Daß es nicht nur Teilkirchen, sondern in allen Stufen der kirchlichen Communio zu vollem Recht eigengeprägte Teilkirchen (teilkirchliche Verbände) gibt, hat seine Grundlage in der Fundamentalnorm von Art. 13 Abs. 3 LG über die Fülle der Katholizität. Die Eigenprägung der teilkirchlichen Gemeinschaften ist daher zu bewahren und zu schützen, damit sie diese zur Fülle des Ganzen in die Gesamtkirche einbringen können. Für den ordensrechtlichen Bereich ergibt sich aus der Stärkung der Autorität des Diözesanbischofs (Art. 17 CD) und aus der Einordnung der Ordensleute unter die Mitarbeiter des Diözesanbischofs (Art. 28 CD) eine Schwerpunktverlagerung zur Diözese hin mit der daraus folgenden stärkeren Einbindung der Tätigkeiten in den bischöflichen Leitungs- und Verantwortungsbereich[55].

Die Beachtung der konziliaren Weisungen erwies sich in mehrfacher Hinsicht als nicht einfach[56]. Der Unterschied in Charakter und Stil zwischen den mehr lehrmäßigen Konzilsdekreten in ihrer mit Absicht betont pastoralen Sprache und einem Gesetzbuch, das in juridischer Terminologie möglichst präzise Normen enthalten soll, konnte und durfte nicht beseitigt werden. Auch ging es nicht darum, die Konzilsdekrete außer Kraft zu setzen; sie behalten ihre Geltung und sind zur Interpretation beizuziehen. Schließlich konnte sich die CIC-Reformkommission nicht über die in der nachkonziliaren gesamtkirchlichen Gesetzgebung bereits erfolgte Konkretisierung konziliarer Grundentscheidungen hinwegsetzen.

[53] Vgl. *Schmitz*, Der CIC (Anm. 34), S. 25–26 (m. w. N.).
[54] *Johannes Paul II.*, Ap. Konst. „Sacrae Disciplinae Leges" vom 25. Januar 1983 (Anm. 3), S. XII.
[55] Vgl. *Schmitz*, Der CIC (Anm. 34), S. 26–27 (m. w. N.).
[56] Vgl. auch *Castillo Lara*, Ansprache vom 3. Februar 1983 (Anm. 2).

c) Die Leitlinien von 1967

Neben den päpstlichen Maßgaben und den konziliaren Weisungen war die CIC-Reformkommission auch an die „Principia quae Codicis Iuris Canonici recognitionem dirigant" gebunden[57]. Diese von der Kommission unter Berücksichtigung der Stellungnahmen der Bischofskonferenzen erarbeiteten Leitsätze wurden von der Bischofssynode 1967 approbiert, ohne daß jedoch die nicht unbedeutenden und kritischen Diskussionsbeiträge zu Änderungen an dem vorformulierten Text führten[58]. Mit diesen zehn Leitsätzen und den weiteren Vorschlägen der Bischofssynode wurden bedeutsame Schlußfolgerungen aus Lehre und Weisung des II. Vatikanums gezogen und für die CIC-Reformkommission als maßgeblich erklärt[59].

Der *Leitsatz 1* „De indole iuridica Codicis" skizziert den Angelpunkt aller CIC-Reform. Er spiegelt das weite Problemfeld der im Zuge des II. Vatikanums in der katholischen Kirche aufgebrochenen kirchenrechtstheoretischen Diskussion um die theologische Grundlegung und Rechtfertigung des Kirchenrechts wider. Der neue CIC muß bei aller theologisch begründeten Eigenprägung und pastoral angelegten Zielsetzung Rechtscharakter haben. Daher wurden alle Konzeptionen abgelehnt, nach denen der CIC in erster Linie nur eine Glaubens- oder Sittenregel oder nur pastorale Ermahnungen enthalten dürfe. Der CIC hat vielmehr entsprechend der Aufgabe der Kirche Normen zu enthalten, damit der Gläubige bei der Gestaltung seines christlichen Lebens der von der Kirche zur Erlangung des ewigen Heils angebotenen Güter teilhaftig werde. *Leitsatz 3* „De quibusdam mediis fovendi curam pastoralem in Codice" hat diese Grundlinie weitergeführt. In seiner diakonischen pastoralen Funktion hat das Kirchenrecht es dem Gläubigen zu ermöglichen und ihm zu helfen, in der Gemeinschaft des Volkes Gottes seinen Weg zum Heil in eigener Verantwortung und in freier Entscheidung zu gehen. Gemäß dem zwischen diese fundamentalen Leitsätze eingeschobenen *Leitsatz 2* „De fori externi et interni positione in iure canonico", bedeutsam besonders für Sakramentenrecht und Strafrecht, sollen die seit langem in der Kirche zu Recht unterschiedenen Bereiche des „forum externum" (äußerer Bereich) und des „forum internum" (innerer Bereich) optimal miteinander koordiniert werden, so daß Konflikte vermieden werden oder auf ein Minimum reduziert bleiben.

Die beiden folgenden Leitsätze ziehen Folgerungen aus der in Leitsatz 3 grundgelegten Position. *Leitsatz 4* „De incorporatione facultatum specialium in ipso Codice" handelt von den Vollmachten der Diözesanbischöfe. Die in Folge der Wiederherstellung der ursprünglichen Bischofsrechte (VatII CD Art. 8a) erforderliche Normierung der bischöflichen Vollmachten soll umfassend im neuen CIC durchgeführt werden. Diese Frage gehört zu dem Problemfeld, das in *Leitsatz 5* „De applicando principio subsidiarietatis in Ecclesia" abgesteckt ist. Das Subsidiaritätsprinzip soll bei der Neugestaltung des CIC voller und stärker berücksichtigt werden. Durch die beabsichtigte Dezentralisation soll den teilkirchlichen Autoritäten ein größerer autonomer Wirkungsraum geschaffen werden. Die hier angesprochenen Fragen stehen in unlösbarem Konnex mit der konziliaren Wiederentdeckung der Teilkirche, die wesentlicher Teil der Gesamtkirche ist, dem eine Eigenberechtigung im

[57] Eine Kurzfassung siehe in: Praefatio CIC (Anm. 3), S. XXI–XXIII. Vgl. auch *W. Aymans*, Einführung in das neue Gesetzbuch der lateinischen Kirche (= Arbeitshilfen 31, hrsg. vom Sekretariat der Deutschen Bischofskonferenz), Bonn 1983, S. 15f. Zur Kritik der Leitsätze vgl. *Schmitz*, Reform des kirchlichen Gesetzbuches (Anm. 43), S. 15–23 (m. w. N.); *ders.*, Der CIC (Anm. 34), S. 32–35.

[58] Vgl. Communicationes 1 (1969), S. 86–100; ebd. 1 (1969), S. 55–56; 9 (1977), S. 64–65; HerKorr 21 (1967), S. 530–533.

[59] *Synodus Episcoporum*, Secretariatus generalis, Notificatio vom 14. Oktober 1968, in: *Ochoa III*, Sp. 5435–5436.

Ganzen zukommt, und mit der wiederentdeckten Fülle der Katholizität der Kirche in und aus Vielfalt.

Leitsatz 6 „De tutela iurium personarum" wendet sich der fundamentalen Frage der den Gliedern der Kirche eigenen rechtlichen Grundstellung zu und erteilt den Auftrag, sie in der Weise zu definieren, daß vor der Normierung der mit den einzelnen Funktionen der Glieder der Kirche verbundenen Rechte und Pflichten jene Rechte und Pflichten kodifiziert werden, die wegen der grundlegenden Gleichheit der Gläubigen allen aufgrund ihrer Menschenwürde und Taufe zukommen. Das soll nicht zuletzt deswegen geschehen, um den Dienstcharakter aller kirchlichen Vollmacht zu betonen und ihren Mißbrauch zu vermeiden. In Konsequenz daraus fordert *Leitsatz 7* „De ordinanda procedura ad tuenda iura subiectiva" eine Verbesserung des Rechtsschutzes. Jeder, der sich in seinem Recht durch eine kirchliche Instanz verletzt fühlt, soll sich vor einer höheren Instanz, vor allem vor Gericht, sein Recht wirksam wiederherstellen lassen können. Dazu ist es notwendig, die drei Funktionen Gesetzgebung, Verwaltung und Rechtsprechung im neuen CIC eindeutig zu unterscheiden und hinreichend festzulegen, von welchen Organen die Funktionen ausgeübt werden.

Leitsatz 8 „De ordinatione territoriali in Ecclesia" beantwortet die Frage, ob die Kirche territorial oder nach anderen Gesichtspunkten zu gliedern ist, mit dem Rückgriff auf die konziliare Wiederentdeckung der Kirche als Communio fidelium. Kirche als Volk Gottes ist primär eine Gemeinschaft *von* Personen und nicht eine Institution *für* Menschen, auf welche diese als Gnadenanstalt mit einer bestimmten Benutzungsordnung verwiesen sind. Das territoriale Element hat keinen konstitutiven, sondern nur determinativen Charakter. Gleichwohl sollen die kirchlichen Gemeinschaften in der Regel territorial determiniert, die Bildung anders bestimmter Gemeinschaften aber erleichtert werden.

Nach *Leitsatz 9* „De recognoscendo iure poenali" sollen die Strafen reduziert werden und in der Regel nicht mit Begehen der Straftat von selbst eintreten, sondern im äußeren Bereich verhängt und nachgelassen werden. Von selbst eintretende Strafen sind nur für schwerste Straftaten vorzusehen.

Leitsatz 10 „De nova dispositione systematica Codicis Iuris Canonici" stellt fest, daß die Weisungen und Leitlinien für die CIC-Reform notwendig eine Änderung der Struktur und Legalordnung des CIC bedingen.

d) Die Stellungnahmen der Beratungsorgane

Die CIC-Reformkommission sah sich schließlich zu Recht gebunden an die Ergebnisse der Befragung der Beratungsorgane[60]. Die Teilentwürfe für den CIC wurden einem weltweiten Beratungsverfahren unterworfen[61] mit der notwendigen Folge, daß die eingegangenen Stellungnahmen berücksichtigt werden mußten. Dabei ergaben sich Schwierigkeiten aus der Fülle der Antworten, vor allem aber aufgrund der oft disparaten Wünsche[62]. Alle Vorschläge wurden nach Auskunft der CIC-Reformkommission eingehend geprüft[63]. Ob und in welchem Maß die Modi der Beratungsorgane im einzelnen eingearbeitet wurden, wird man erst feststellen können, wenn die Akten der CIC-Reformkommission der Forschung voll zugänglich sind[64]. In einigen Punkten jedenfalls mußte die CIC-Reformkom-

[60] L'Attività della Santa Sede nel 1980, Typ. Pol. Vat. 1981, S. 1069; Schema CIC 1980, Praenotanda, S. Vf.

[61] Vgl. Praefatio CIC (Anm. 3), S. XXVI.

[62] Vgl. *V. Fagiolo*, Intensa e vasta collegialità ecclesiale, in: OssRom vom 26. Januar 1983, S. 1–2.

[63] Vgl. Praefatio CIC (Anm. 3), S. XXVI-XXVIII; Relatio 1981, S. 116f., 119f.

[64] *R. Sebott*, Das neue kirchliche Gesetzbuch (HerKorr 37 [1983], S. 128–134) berichtet, von manchen Kommissionsmitgliedern werde das „eher bezweifelt" (S. 128).

mission ihre Vorschläge auf Drängen der Bischöfe zurückstecken. Papst *Johannes Paul II.* hat in der Apostolischen Konstitution „Sacrae Disciplinae Leges" vom 25. Januar 1983 den CIC, dessen Promulgation freilich ein Akt des päpstlichen Primats sei, dem der Papst seinen persönlichen Stempel eingeprägt hat, als die Frucht einer kollegialen Zusammenarbeit bezeichnet, und zwar sowohl hinsichtlich der Verfahrensweise wie auch der Substanz des Inhalts. Das sei der Grund für die lange Dauer des Werdeganges; die Reformen seien allmählich herangereift[65].

Damit sind aber auch Ansatzpunkte für die Kritik gegeben. Der CIC enthält viele Kompromisse; er ist nicht aus einem Guß. Die Transplantation von Texten aus dem Schema LEF, die für ein anderes Projekt konzipiert und sprachlich gefaßt waren, ist nicht hinreichend gelungen[66]; Änderungen in der Schlußphase des Werdeganges führten zu Verwerfungen[67]. Nicht ganz zu Unrecht wurde immer wieder der Wunsch nach einer nochmaligen weltweiten Beratung des Entwurfs des Gesetzbuches vorgebracht. Man kann diesen Wunsch verstehen, da die erste Befragung sich nur auf die nacheinander und zum Teil auch unabhängig voneinander entstandenen Teilentwürfe beziehen konnte, wogegen die Beurteilung des ganzen Entwurfs nicht nur punktuelle und partielle, sondern übergreifende Gesichtspunkte hätte berücksichtigen können[68]. Diesem Wunsch hat der Papst aber nicht entsprochen, wohl vor allem deswegen nicht, weil sich dadurch die Fertigstellung des CIC verzögert hätte, was dem Wunsch so vieler Bischöfe nach baldigem Erlaß des CIC entgegen gewesen wäre[69]. Als gewisser Ersatz kann die

[65] *Johannes Paul II.*, Ap. Konst. „Sacrae Disciplinae Leges" (Anm. 3), S. VIII–X.

[66] Vgl. z. B. die Einordnung der cc. 5, 6, 8 Schema LEF als cc. 96, 205, 206 CIC und die darin gründende Doppelung von Aussagen in c. 206 und c. 788, die zudem mit c. 851 nicht voll abgestimmt sind; ferner die Übernahme des Katalogs der Christenpflichten und -rechte (cc. 9–24 Schema LEF als cc. 208–223 CIC) ohne Korrektur der auf dem IV. Internationalen Kongreß für Kirchenrecht 1980 zutage getretenen Mängel (vgl. die Akten des Kongresses).

[67] Vgl. z. B. die Einordnung des Vereinsrechts (cc. 298–329); c. 149 § 2 und c. 1400 § 2 über die Verwaltungsgerichte. Nachträgliche Änderungen (Einfügungen, Streichungen und Umstellungen) hatten sich schon beim CIC/1917 als Fehlerquelle herausgestellt; vgl. *Schmitz*, Die Gesetzessystematik (Anm. 12), passim und S. 345.

[68] Es scheint aber, daß Papst *Johannes Paul II.* wenigstens an eine informelle Befragung des Episkopats gedacht hatte. Mit Schreiben des Kardinalstaatssekretärs vom 3. Mai 1982 (N. 88. 355) an die Vorsitzenden der Bischofskonferenzen, sollte allen Bischöfen Gelegenheit gegeben werden, nochmals Hinweise und Bemerkungen für die letzte Beratung des Schema CIC 1982 durch den Papst zu machen. Die Bischöfe schienen zu recht sehr verwundert darüber, daß sie sich äußern sollten, ohne daß ihnen der Gesamttext des Entwurfs, weder in der Fassung von 1980 noch in der von 1982, vorgelegt worden war. Mit Schreiben vom 22. Juli 1982 (N. 88. 355) wurde dann das in hohem Auftrag gemachte Angebot weitgehend wieder zurückgenommen. Es habe nicht eine formelle Befragung über den Text des endgültigen Entwurfs des CIC bedeuten sollen. Der Papst betrachte zu diesem Zeitpunkt die Vorbereitungsarbeiten als abgeschlossen; er erachte es aber noch für möglich und nützlich, für das eine oder andere Thema, das im Kodex bereits enthalten und somit im wesentlichen bekannt sei, noch eventuelle Vorschläge zu berücksichtigen, damit die neue kirchliche Gesetzgebung bestmöglich den gegenwärtigen Erfordernissen der Kirche entspreche, denen die Bischöfe in Ausübung ihres Hirtenamtes täglich begegnen.

[69] Vgl. *Aymans*, Einführung (Anm. 57), S. 9f. *Aymans* verdient Zustimmung, wenn er feststellt: „Dennoch hat es manch unnütze Geheimhaltung(sversuche) gegeben. Wenn das Schema/1980 wohl mit Recht nicht mehr einer weltweiten Konsultation ausgesetzt worden ist, so hätte man den Entwurf doch jenen Bischöfen, die daran Interesse zeigten, amtlich zugänglich machen sollen. Daß interessierte Bischöfe sich den weltweit in Fotokopie

Erweiterung der CIC-Reformkommission für die Schlußkonsultation des Beratungsverfahrens angesehen werden.

2. *Die Erfüllung*

Der CIC ist als Ergebnis der Arbeit der CIC-Reformkommission zu messen mit dem Maßstab der Weisungen und Leitlinien, die er widerspiegeln soll. Die maßgebenden und verbindlichen Vorgaben für die CIC-Reform waren von verschiedenem Gewicht und unterschiedlicher Tragweite. Der rechte Ausgleich unter Wahrung der Treue gegenüber den Vorgaben war schwierig[70]. Der CIC kann daher nicht primär, wenn überhaupt, unter dem Gesichtspunkt von Kreativität und schöpferischer Idee, von Initiative und Inspiration und der Eröffnung neuer Perspektiven betrachtet werden. Er muß zunächst als Kodifizierung des konziliar und nachkonziliar Geschaffenen und Gewachsenen angesehen werden, mit anderen Worten nicht als Neuschöpfung von Grund auf und in allen Punkten, sondern als Fixierung und Fortschreibung auf dem Fundament der neuen Ekklesiologie, welche das Bewährte und die punktuellen Neuerungen in einen größeren Zusammenhang einordnet und sinnvoll ergänzt[71]. Ob die Vorgaben und Zielvorstellungen und die durch sie angeregten Erwartungen in allem und jedem erfüllt sind und inwieweit das geschehen ist oder nicht, kann nur eine eingehende Prüfung feststellen, die noch zu leisten ist. Gleichwohl lassen sich *Grundzüge* erkennen, die den ganzen CIC durchziehen; einige grundlegende *Einzelaspekte* sollen, ohne daß auf Vollständigkeit abgestellt werden kann, jeweils unter Verweis auf die einschlägigen Beiträge dieses Handbuchs, skizziert werden[72].

a) Grundzüge

Der CIC ist geprägt vom II. Vatikanum unter Beachtung der Bedürfnisse des Volkes Gottes in Kontinuität zur kirchlichen Rechtstradition:

– *Geprägt vom II. Vatikanum*: Papst *Johannes Paul II.* hat in der Apostolischen Konstitution „Sacrae Disciplinae Leges" vom 25. Januar 1983 betont, daß die Neuerungen des CIC die Neuerungen des Konzils sind[73]. Der CIC ist durch und

gehandelten Entwurf auf Umwegen besorgen mußten, war mehr als ein taktischer Schönheitsfehler." – Zur Frage der Geheimhaltung vgl. auch *Schmitz*, Reform des kirchlichen Gesetzbuches Anm. 43), S. 11.

[70] Vgl. *Casaroli*, Ansprache vom 3. Februar 1983 (Anm. 2).

[71] *P. Krämer*, Was bringt die Reform des Kirchenrechts? (StdZ 199 [1981], S. 651–659), hatte die Zielvorstellungen wohl zu hoch angesetzt (S. 658).

[72] Zu den ersten Wertungen des CIC/1983 s. *H. Müller*, Neues kirchliches Gesetzbuch am Konzil orientiert, in: KNA – Das Interview – Nr. 2 vom 5. Januar 1983, S. 1–4; *J. Listl*, Das neue kirchliche Gesetzbuch, in: KNA – Katholische Korrespondenz Nr. 2 vom 11. Januar 1983, S. 2–3 (KNA-KK 14/83); *Aymans*, Einführung (Anm. 57); *ders.*, Sonn- und Feiertagspflichten bleiben bestehen, in: KNA – Das Interview – Nr. 4 vom 9. Februar 1983, S. 1–3; *Sebott*, Das neue kirchliche Gesetzbuch (Anm. 64); *P. Krämer*, Was brachte die Reform des Kirchenrechts?, in: StdZ 201 (1983), S. 316–326; *H. Müller*, Geist und Gesetz. Das neue Gesetzbuch für die Kirche, in: Südwestfunk, Kirchenfunk, 2. Programm, Glauben heute – vom 22. Mai 1983 (Manuskript).

[73] *Johannes Paul II.*, Ap. Konst. „Sacrae Disciplinae Leges" vom 25. Januar 1983 (Anm. 3), S. XII.

durch geprägt von der neuen *Ekklesiologie* des II. Vatikanums, deren tragender Gedanke in dem Schlüsselbegriff *„Communio"* und seinen Konsequenzen zum Ausdruck kommt[74]. Die Kirche ist primär von Gott gerufene *Communio fidelium*. In ihr ist jeder berufen, auf seine Weise und zu seinem Teil, aufeinander verwiesen und aufeinander angewiesen, an der Sendung der Kirche im Dienst am Wort Gottes und im Dienst des Heiligens wie im Dienst an der Leitung mitzuwirken[75]. Die berufenen Autoritäten sind bei aller Unterschiedenheit durch die ihnen sakramental übertragene geistliche Vollmacht[76] eingebunden in die Gemeinschaft zum Dienst an der Gemeinschaft (*Communio hierarchica*). Die Kirche ist so gestaltet, daß sie in und aus Teilkirchen besteht, die nach dem Bild der Gesamtkirche struktuiert sind und in denen die Gesamtkirche präsent wird (*Communio Ecclesiarum*)[77].

Die Lehre von der Kirche als Volk Gottes prägt, auch äußerlich in der Gesetzessystematik sichtbar (vgl. unten III), das ganze zweite Buch des CIC mit dem Verfassungs- und Verbandsrecht. Dadurch ist sichtbar gemacht, daß der einzelne Gläubige nicht isoliert gesehen werden kann, sondern vorwiegend als zugehörig und inkorporiert in die Gemeinschaft des hierarchisch gegliederten Volkes Gottes. In gleicher Weise ist deutlich gemacht, daß die kirchlichen Ämter nicht über oder außerhalb der zugeordneten Gemeinschaft stehen, sondern in der jeweiligen Gemeinschaft ihren Dienst ausüben. Deswegen sind vor der Normierung der einzelnen Ämter jeweils die betreffenden kirchlichen Gemeinschaften umschrieben (vgl. z. B. cc. 368–374, 515–516)[78]. Die Sorge um die Gemeinschaft mit der Kirche (c. 209) steht nicht ohne Absicht an der Spitze des Katalogs der Christenpflichten und -rechte[79].

Mit der Feststellung, der CIC ist durch und durch geprägt vom II. Vatikanum, ist aber noch nicht behauptet, daß die neue Ekklesiologie nicht hätte umfassender und besser und detaillierter in Rechtsnormen umgesetzt werden können oder müssen. Auch der CIC von 1983 ist Menschenwerk und als solches verbesserungsfähig. Vom erreichten Stand aus ist eine Weiterentwicklung notwendig und möglich.

– *Unter Beachtung der Bedürfnisse des Volkes Gottes*: Der von Papst *Paul VI.* geforderte Primat der pastoralen Anliegen ist nicht zu übersehen. Wie der CIC bei aller Bindung an das II. Vatikanum kein theologisches Lehrbuch ist, so ist er auch kein Handbuch für die Pastoral. Die *pastorale* Tendenz ist besonders sichtbar in den Normen über den Dienst am Wort (Lib. III) und über den Dienst des Heiligens (Lib. IV), aber z. B. auch in den Bestimmungen über Pfarrei und Pfarrer mit ihren weiten Möglichkeiten hinsichtlich Gestalt und Leitung der Gemeinden (cc. 515–

[74] Vgl. in *diesem* Band, oben, *W. Aymans*, § 1 Die Kirche – Das Recht im Mysterium Kirche.

[75] Vgl. in *diesem* Band, unten, *M. Kaiser*, § 16 Die rechtliche Grundstellung der Christgläubigen.

[76] Vgl. in *diesem* Band, unten, *P. Krämer*, § 11 Die geistliche Vollmacht.

[77] Vgl. *Aymans*, Einführung (Anm. 57), S. 17–21.

[78] Vgl. *Castillo Lara*, Ansprache vom 3. Februar 1983 (Anm. 2).

[79] Ebd.

520, 526). Trotz seines Rechtscharakters mit der Folge, daß die Aussagen des CIC Rechtsnormen sind, die Rechte und Pflichten normieren, ist dort, wo man nicht verbindlich vorschreiben konnte oder wollte, die Form der pastoralen Weisung verwendet, gleichsam um Orientierungspunkte zu setzen und Wegweisung zu geben[80]. Die in der nachkonziliaren Zeit festzustellende *rechtsrezessive* Tendenz[81] ist beibehalten und in Konkretisierung der Vereinigungsfreiheit (c. 215) im neu konzipierten Vereinsrecht (cc. 298–329) wenigstens im Ansatz erweitert worden[82]. Man muß wohl bedauern, daß es nicht gelungen ist, den Begriff der *geistlichen Freiheit* (libertas sacra als Gegenbegriff zu potestas sacra)[83] zu verankern. Was Papst *Johannes Paul II.* in der Apostolischen Konstitution „Sacrae Disciplinae Leges" vom 25. Januar 1983 über die Notwendigkeit kirchlicher Rechtsordnung, die diakonische Funktion und den Instrumentalcharakter des Kirchenrechts ausgeführt hat, darf in diesem Zusammenhang nicht übersehen werden (vgl. Leitsatz 1 und 3/1967). Danach ist erste und notwendige Aufgabe des Kirchenrechts, den *Weg* aufzuzeigen, der zum Heil führt, und sodann den *Raum* für Glaube und Liebe, für Gnade und Charisma zu schaffen und mit einer Ordnung der Freiheit die *Bedingungen* zu setzen für das Leben der Kirche[84]. Damit ist das „pastoralistische" Mißverständnis des Kirchenrechts in seiner doppelten Ausformung eindeutig zurückgewiesen: Sowohl die Auffassung, man könne mit dem Kirchenrecht auch das geistliche Leben der Kirche selbst schaffen, wie die Meinung, man müsse auf rechtliche Normierung, da Leben hindernd, Entwicklungen blockierend und Impulse strangulierend, verzichten, haben eine klare Absage erfahren.

In diesem Zusammenhang ist die *missionarische* Tendenz zu nennen, deren Grundlinien in einem eigenen Abschnitt „Die missionarische Tätigkeit der Kirche" (cc. 781–792) eine tragbare Normierung erhalten haben[85]. Schließlich ist eine ausgeprägte *ökumenische* Perspektive festzustellen. Der CIC hat den Geltungsanspruch gegenüber den nichtkatholischen Christen im Bereich des rein menschlichen Kirchenrechts (vgl. c. 12 CIC/1917) aufgegeben. Die Geltung des CIC ist beschränkt auf die in der Katholischen Kirche Getauften oder katholisch geworde-

[80] Vgl. *R. J. Castillo Lara*, I criteri direttivi dell'iter della revisione, in: OssRom vom 25. Februar 1983, S. 6.

[81] Vgl. *H. Schmitz*, Tendenzen nachkonziliarer Gesetzgebung, in: AfkKR 146 (1977), S. 381–419, 415 (m.w.N.); *W. Schulz*, Was ist neu am neuen Kirchenrecht?, in: ThGl 72 (1983), S. 129–156, 138–142.

[82] Vgl. in *diesem* Band, unten, *H. Schnizer*, §§ 53–55 über das kirchliche Vereinsrecht.

[83] Vgl. *W. Aymans*, Kirchliche Grundrechte und Menschenrechte, in: AfkKR 149 (1980), S. 389–409, 403–406. Gerade im Blick auf die geistliche Freiheit war für die rechtsrezessive Tendenz die mißverstandene Bezeichnung „pro-liberale Tendenz" verwendet worden (*Schmitz*, Tendenzen [Anm. 81], S. 406).

[84] *Johannes Paul II.*, Ap. Konst. „Sacrae Disciplinae Leges" vom 25. Januar 1983 (Anm. 3), S. XI, XIII; vgl. *ders.*, Ansprache an die Plenarversammlung der CIC-Reformkommission vom 29. Oktober 1981, in: AAS 73 (1981), S. 720–724 = Communicationes 13 (1981), S. 255–258; *ders.*, Ansprache am 3. Februar 1983 (Anm. 2).

[85] Abgesehen von den Normen über die kirchlichen Amtsstrukturen im Missionsbereich (cc. 293–311 CIC/1917) kannte der CIC/1917 nur die Bestimmung des c. 1350 § 2, nach der die Aufgabe der Missionierung allein dem Apostolischen Stuhl vorbehalten war. Vgl. in *diesem* Band, unten, *O. Stoffel*, § 63 Der missionarische Auftrag.

nen Christen (c. 11). Das Eherecht gilt nur mehr für Ehen, an denen ein katholischer Christ als Partner beteiligt ist (c. 1059) mit der Folge, daß die Ehen nichtkatholischer Christen nach der Rechtsordnung ihrer Kirche oder kirchlichen Gemeinschaft zu beurteilen sind[86]. In einigen Punkten stellt die Kirche sogar katholische Christen von Bestimmungen des Eherechts frei, wenn diese sich in einem förmlichen Akt von ihr losgesagt haben (vgl. cc. 1061 § 1, 1117, 1124). Das bereits 1970 neugeordnete sogenannte Mischehenrecht wurde in der Weise modifiziert, daß das Ehehindernis der Konfessions- oder Bekenntnisverschiedenheit aufgehoben ist, die Eheschließung eines konfessionsverschiedenen Paares keiner Dispens bedarf, sondern nur mehr eine Erlaubnis gefordert wird. Diese Umgestaltung darf in ihrer rechtstheoretischen Bedeutung nicht unterschätzt werden[87]; außerdem ist dadurch die Ehe eines konfessionsverschiedenen Paares noch stärker von der eines religionsverschiedenen Paares abgehoben. Der ökumenische Auftrag[88] wird in Normen über die Förderung der ökumenischen Bewegung (c. 755) und über die Gottesdienst- und Sakramentengemeinschaft konkretisiert[89].

– *In Kontinuität zur Rechtstradition*: Papst *Paul VI.* hatte am 20. November 1965 neben dem II. Vatikanum den CIC von 1917 als Leitbild für die Kirchenrechtsreform genannt[90] und damit in Kurzform die Kontinuität zum bisherigen Recht auch in der äußeren Form gewünscht. Der CIC von 1983 kann seine Herkunft vom CIC/1917 nicht verleugnen und er will es nicht. Er ist weder materiell noch formell ein Bruch mit dem Rechtserbe der Kirche, sondern dessen zeitgemäße und ekklesiologisch legitimierte Fortentwicklung und damit eine weitere Stufe in der Rechtsentwicklung der Kirche[91]. Nicht übersehen werden darf c. 6 § 2, nach dem, auch in sprachlich anderer Fassung als in c. 6 nn. 2–4 CIC/1917, bei der Interpretation des CIC die kanonische Tradition zu berücksichtigen ist[92].

Der Vorwurf, der CIC sei zu stark abendländisch und europäisch geprägt[93], muß ernst genommen werden. Daher war es als theologisch nicht zureichend begründet kritisiert worden, daß in Leitsatz 5/1967 für die Lateinische Kirche abgelehnt wurde, was den Orientalischen Kirchen nicht nur von der geschichtlichen Entwicklung her zugestanden wird: abgelehnt wurde, daß es in der Lateinischen Kirche teilkirchliche Verbände mit eigener Rechtsordnung gibt[94]. Der CIC läßt jedoch breiten Raum für das Teilkirchenrecht und ist so für weitere Entwicklungen offen.

[86] Vgl. zu diesen Problemkreis *Schmitz*, Reform des kirchlichen Gesetzbuches (Anm. 43), S. 31.

[87] Zum Unterschied zwischen Dispens und Erlaubnis vgl. *J. Lederer*, Der Dispensbegriff des kanonischen Rechtes, München 1957, S. 66–71.

[88] Vgl. in *diesem* Band, unten, *H. Müller*, § 64 Der ökumenische Auftrag.

[89] Vgl. in *diesem* Band, unten, *M. Kaiser*, § 71 Ökumenische Gottesdienstgemeinschaft.

[90] Vgl. oben II 1 a.

[91] Vgl. *Johannes Paul II.*, Ap. Konst. „Sacrae Disciplinae Leges" vom 25. Januar 1983 (Anm. 3), S. X–XI; *Castillo Lara*, Ansprache vom 3. Februar 1983 (Anm. 2); *ders.*, I criteri direttivi (Anm. 77).

[92] Vgl. unten IV 6.

[93] Vgl. Relatio 1981, S. 127 (n. 23).

[94] Vgl. *Schmitz*, Reform des kirchlichen Gesetzbuches (Anm. 43), S. 22.

b) Einzelaspekte

Neben den Grundzügen, die den CIC insgesamt prägen, muß auf bedeutsame, vor allem in den Leitsätzen von 1967 genannte Einzelaspekte eingegangen werden:

– *Bessere Umschreibung der rechtlichen Grundstellung der Glieder der Kirche und des Rechtsstatus der Laien*: Die Erkenntnis, daß Kirche zunächst Communio fidelium ist und vor aller Unterscheidung in Kleriker und Laien zwischen den Gliedern der Kirche eine in der Taufe begründete Gleichheit besteht, mußte für die CIC-Reform Konsequenzen haben. Im Zuge des Projekts einer LEF[95] war unter dem unzutreffenden Etikett „Grundrechte in der Kirche" (Christengrundrechte) eine Diskussion aufgebrochen, deren Ergebnis ein Katalog von Pflichten und Rechten ist, die allen Gliedern der Kirche eigen sind. Der für die LEF vorgesehene *Katalog* wurde (ohne Beachtung der in der wissenschaftlichen Erörterung aufgedeckten Schwächen[96]) in den ersten neueingeführten Teil „De christifidelibus" des zweiten Buches „De Populo Dei" (cc. 208–223) übernommen. Trotz aller Mängel ist damit die *rechtliche Grundstellung* der Gläubigen (Leitsatz 6/1967) besser und in grundsätzlich zu begrüßender Weise umschrieben[97]. Diesem Katalog schließt sich konsequenterweise ein Abschnitt über die *Pflichten und Rechte der Laien* an (cc. 224–231), der als brauchbarer, wenn auch nicht voll befriedigender Versuch bezeichnet werden kann, die Rechtsstellung der Laien im Blick auf die ihnen eigene Partizipation an den Aufgaben der Kirche in der kirchlichen Gemeinschaft selbst (c. 225 § 1) wie besonders in der Welt (c. 225 § 2) zu normieren[98].

Die Aussagen über die spezifischen Laienrechte sind unvollständig. Für den Bereich des munus regendi (c. 228) ist die Grundnorm von c. 129 § 2 hinzuziehen, nach der Laien bei der Ausübung der Leitungsvollmacht mitwirken können. Die Aufzählung von Aufgaben, die Laien gegebenenfalls im Bereich des munus sanctificandi ausüben können (c. 230 § 3) ist durch das taxative „videlicet" (= nämlich) falsch formuliert; stattdessen hätte das exemplarische „praesertim" (= insbesondere) verwendet werden müssen, da im CIC selbst und in den liturgischen Ordnungen weitere Fälle genannt sind (vgl. z. B. cc. 910 § 2, 930 § 2, 943, 1112, 1168, 1174 § 2).

Rechte und Pflichten sind korrespondierende Größen. Entsprechend der Communio-Struktur der Kirche wird im CIC zuerst die Pflichtseite der Rechtsstellung betont. Im Blick auf das unserer Zeit geläufige überzogene Anspruchsdenken kann dieser Akzent für die kirchliche Gemeinschaft nicht unterschätzt werden. C. 231 enthält begrüßenswerte Ansätze für ein kirchliches Dienst- und Arbeitsrecht[99]. Mit dieser Frage befaßt sich unter anderem Aspekt auch c. 1286. Wegen des Bezugs dieser Rechtsmaterien zum weltlichen Recht ließen sich vermutlich eingehendere Normen nicht statuieren.

– *Betonung des personalen Elements in der Kirchenstruktur*: Da die Kirche als Volk Gottes primär eine Gemeinschaft von Personen ist, demnach das personale

[95] Vgl. in *diesem* Band, unten, *W. Aymans*, § 6 Das Projekt einer Lex Ecclesiae Fundamentalis.

[96] Vgl. oben Anm. 66.

[97] Vgl. in *diesem* Band, unten, *M. Kaiser*, § 13 Die rechtliche Grundstellung der Christgläubigen.

[98] Vgl. in *diesem* Band, unten, *M. Kaiser*, § 17 Die Laien.

[99] Vgl. in *diesem*, Band, unten, *W. Aymans*, § 18 Die Träger kirchlicher Dienste.

Element für die kirchlichen Gliederungen konstitutiven Charakter hat, werden die verfassungsrechtlichen Grundgliederungen (z. B. Diözese, Pfarrei) als personale Gemeinschaften gebildet. Gleichwohl gilt aus naheliegenden pastoralen Gründen, daß die kirchlichen Gemeinschaften in der Regel territorial bestimmt werden (vgl. cc. 372 § 1, 518). Die Bildung anders determinierter Gemeinschaften wird im Gegensatz zum bisherigen Recht (vgl. c. 216 § 4 CIC/1917) entsprechend Leitsatz 8/1967 erleichtert. Wo es nützlich erscheint, können die verfassungsrechtlichen Grundgliederungen aus anderem determinierendem Grund eingerichtet werden: Für die Teilkirche wird ein anderer als der lateinische Ritus wie auch jedweder ähnliche Grund genannt (c. 372 § 2); für den pfarrlichen Bereich sind die Gründe für Ausnahmen von der Territorialregelung durch die Nennung von Ritus, Sprache und Nationalität (c. 518) wie auch durch die Möglichkeit, für Hochschulen Pfarreien einzurichten (c. 813), exemplarisch spezifiziert. Durch die erweiterte Möglichkeit zur Einrichtung nichtterritorialer Gemeinschaften besteht die Gefahr, daß die Organisationsstruktur durch Partikularinteressen unterlaufen wird[100].

– *Stärkung des Bischofsamtes*: Gemäß VatII CD Art. 8a kommen dem Diözesanbischof alle jene Vollmachten in ordentlicher Weise zu, die zur Ausübung seines Dienstes in der ihm anvertrauten Teilkirche erforderlich sind (c. 381 § 1). Die damit verbundene Umstellung vom Konzessionssystem auf das Reservationssystem mußte zu einer kodikarischen Neuumschreibung des bischöflichen Dienstes in der Leitung der Diözese führen. Im Blick auf die Stellung der Teilkirche innerhalb der Communio Ecclesiae kann die Kompetenz zur Bestimmung seiner Kompetenz nicht beim einzelnen Diözesanbischof liegen, da er die ihm anvertraute Gemeinschaft nicht isoliert leitet, ohne Kontakte und Verbindung im Gesamt der Kirche, sondern in einem vielfältigen horizontalen und vertikalen Bezugsgefüge steht, das die Einordnung in das Ganze verlangt; eine Konkretisierung ist auch deshalb erforderlich, damit die Ausübung des Bischofsamtes nicht zu einer Willkürherrschaft entartet[101]. Die Amtsaufgaben des Diözesanbischofs sind positiv durch Abgrenzung des Feldes der bischöflichen Tätigkeit in Normierung der Pflichten und Rechte wie negativ durch Ausgrenzung jener Bereiche umschrieben, die um der Wahrung der Einheit und Gemeinschaft der Kirche willen der höchsten oder einer anderen Autorität in der Kirche vorbehalten bleiben müssen[102]. Die „proepiskopale" Tendenz[103] der nachkonziliaren Zeit dürfte damit im wesentlichen durchgehalten sein.

– *Größere Anwendung des Subsidiaritätsprinzips*: Hat die Stärkung des Bischofsamtes auch ihren eigenständigen theologischen Grund, so kann sie doch nicht ganz losgelöst vom Subsidiaritätsprinzip gesehen werden, das besonders im Verhältnis von Gesamtkirche zur Teilkirche und den teilkirchlichen Verbänden

[100] Vgl. in *diesem* Band, unten, *W. Aymans*, § 24 Gliederungs- und Organisationsprinzipien, und *H. Schmitz*, § 60 Die Personalprälaturen.
[101] Vgl. *Mörsdorf*, Einleitung und Kommentar (Anm. 27), S. 160.
[102] Vgl. in *diesem* Band, unten, *H. Schmitz*, § 36 Der Diözesanbischof.
[103] Vgl. *Schmitz*, Tendenzen (Anm. 78), S. 384–397.

stärker angewendet werden sollte. Der CIC ist wohl mehr als sein Vorgänger als *Rahmengesetz* angelegt, das einen weiten Raum läßt, der durch komplementäre teilkirchliche Normierung ausgefüllt werden muß. Die in den Entwürfen zum CIC noch anzutreffende umfangreiche Kompetenzzuweisung an die Bischofskonferenzen[104] mußte aber zurückgeschnitten werden. Das Pochen auf die sakramental grundgelegte und ekklesial bedingte personale Verantwortung des Diözesanbischofs hat eine stärkere Verlagerung der Zuständigkeiten auf hierarchische Zwischeninstanzen verhindert[105]. Aber selbst wo solches geschehen ist, hat der Apostolische Stuhl sich Mitwirkungsrechte gesichert, wie die zahlreichen Stellen erkennen lassen, in denen seine recognitio, confirmatio oder approbatio gefordert ist. Im Bereich der teilkirchlichen Zwischeninstanzen kann also von Dezentralisierung nur in eingeschränktem Sinn gesprochen werden.

– *Schärfere Abgrenzung der Funktionen der kirchlichen Leitungsvollmacht*: Im Bereich der Funktionen von Gesetzgebung und Verwaltung und der zugehörenden Rechtsinstitute und Rechtshandlungen sind die Bemühungen um eine klare Umschreibung und Abgrenzung hinsichtlich Inhaber und Ausübung der Vollmacht[106] zu einem beachtlichen Ergebnis gediehen (vgl. Lib. I). Problematisch im Kapitel der Rechtsnormen bleibt die Regelung der Decreta generalia (c. 29) in ihrer Abgrenzung zu den Gesetzen. Erstmals sind Durchführungsverordnungen (decreta generalia exsecutoria, cc. 31–33), Verwaltungsanordnungen (instructiones, c. 34), Verwaltungsakt (cc. 35–47), insbesondere in der Form von Dekret und Befehl (cc. 48–58), Satzungsrecht und Geschäftsordnungsrecht (cc. 94–95) normiert[107].

– *Ausbau des Rechtsschutzes*: Mit der Zuerkennung von Rechten an die Glieder der Kirche ist es nicht getan; es muß auch für den Schutz dieser Rechte gesorgt werden[108]. Aus dieser Einsicht sollte der Rechtsschutz im CIC ausgebaut werden (Leitsatz 7/1967). Diese Vorgabe ist nur zu einem ganz geringen Teil erfüllt worden. Zwar wurde das Verfahren zum Erlaß eines *Verwaltungsaktes* (vgl. insbesondere cc. 48–58) und die *Verwaltungsbeschwerde* (cc. 1732–1739) normiert[109]. Die ursprünglich vorgesehene *Verwaltungsgerichtsbarkeit* auf den Ebenen der Bischofskonferenz und der Diözese konnte schon in das Schema CIC 1980 nur in der Form aufgenommen werden, daß es in der Entscheidung der Bischofskonferenz liegen sollte, ob eine derartige Verwaltungsgerichtsbarkeit eingerichtet werden sollte. Aber selbst in dieser modifizierten Form konnte die Verwaltungsgerichtsbarkeit nicht in den CIC aufgenommen werden. Sie wurde in der Schlußphase der Arbeit am CIC gestrichen. Die *Bedenken* gegen den Ausbau des gericht-

[104] Vgl. in *diesem* Band, unten, *J. Listl*, § 33 Plenarkonzil und Bischofskonferenz.
[105] Vgl. Relatio 1981, S. 124 (n. 11).
[106] Vgl. in *diesem* Band, unten, *H. Pree*, § 12 Die Ausübung der Leitungsvollmacht.
[107] Vgl. in *diesem* Band, unten, *J. Listl*, § 8 Die Rechtsnormen.
[108] Vgl. den alten Grundsatz: Parum esset iura condere, nisi, qui ea tueatur exsistat (c. 1 in Extravag. Comm. 2,1, ed. E. Friedberg, Corpus Iuris Canonici II, Leipzig 1879, Nachdruck Graz 1959, Sp. 1252).
[109] Vgl. in *diesem* Band, unten, *R. A. Strigl*, § 9 Verwaltungsakt und Verwaltungsverfahren; *ders.*, § 110 Verwaltungsbeschwerde und Verwaltungsgerichtsbarkeit.

lichen Rechtsschutzes gegenüber der Verwaltung dürften vor allem in folgenden grundsätzlichen Überlegungen beruhen: Die Verantwortung und Entscheidungsfreiheit des Diözesanbischofs werde dadurch zu stark eingeengt; letztlich laufe es auf eine Gewaltentrennung hinaus, wenn Nichtbischöfe über Entscheidungen von Bischöfen judizierten. Man kann den Wegfall der Möglichkeit zu einem besseren gerichtlichen Rechtsschutz nur bedauern, zumal es sich um einen Rechtsgedanken handelt, der nicht nur in jüngster Zeit wenigstens im europäischen Raum große Resonanz gefunden hatte, sondern der in der Gestalt der „appellatio extraiudicialis" zum Rechtserbe der Kirche zählt[110], dem der CIC sich so stark verbunden fühlen soll. Die durch die Kurienform von 1967 eingerichtete Verwaltungsgerichtsbarkeit auf oberster Ebene (Apostolische Signatur) ist jedoch beibehalten worden (c. 1445 § 2).

– *Neuordnung des Strafrechts:* Weisungsgemäß wurde das kirchliche Strafrecht gründlich und umfassend überarbeitet (Leitsatz 9/1967). Die Strafen wurden reduziert; sie sind in der Regel im äußeren Bereich zu verhängen und nachzulassen. Von selbst, d. h. mit Begehen der unter Strafandrohung stehenden Tat, eintretende Strafen (poenae latae sententiae) sind auf wenige schwerwiegende Fälle beschränkt worden[111]. In der Anwendung des Strafrechts ist dem Bischof ein großer Ermessensspielraum eingeräumt, ob überhaupt gestraft werden soll, welche Strafe und welches Strafmaß angewendet wird. Als Maxime gilt: Strafen sollen nur dann verhängt werden, wenn auf keine andere Weise das gegebene Ärgernis behoben, die Gerechtigkeit wiederhergestellt oder der Täter gebessert werden kann (c. 1341); außer den gesetzlich statuierten Straftatbeständen soll in anderen Fällen nur dann gestraft werden, wenn die Rechtsverletzung wegen ihrer besonderen Schwere eine Bestrafung fordert oder es sich als unabdingbar erweist, einem Ärgernis vorzubeugen oder es zu beseitigen (c. 1399). Im Blick auf die bisherige Zurückhaltung der Bischöfe in diesem Bereich, kann man voraussehen, daß Maximen zur sparsamen Anwendung des Strafrechts weitestgehend befolgt werden.

In der *Gesamtschau* stellt sich der CIC von 1983 bei rechter Würdigung des Auftrags der CIC-Reformkommission und der sie bindenden Weisungen als ein Werk dar, das in den Grundlinien den Vorgaben entspricht und insofern als gelungen bezeichnet werden kann, wenn auch in Einzelfragen und im Detail manches unbefriedigend geblieben ist. Bei aller notwendigen Kritik sollten aber die erzielten wichtigen Fortschritte[112] und die neuen Ansätze nicht übersehen werden.

[110] Vgl. *H. Schmitz*, Appellatio extraiudicialis. Entwicklungslinien einer kirchlichen Gerichtsbarkeit über die Verwaltung im Zeitalter der klassischen Kanonistik (1140–1348), München 1970.

[111] Vgl. in *diesem* Band, unten, *R. A. Strigl*, § 101 Grundfragen des kirchlichen Strafrechts; *ders.*, § 102 Straftat und Strafe; *ders.*, § 103 Die einzelnen Straftaten.

[112] Vgl. dazu auch den folgenden Abschnitt III.

III. Die Systematik

Entsprechend der Weisung von Leitsatz 10/1967 ist der CIC unter Berücksichtigung der Ekklesiologie des II. Vatikanums und der wissenschaftlichen Erkenntnisse sachgemäßer gegliedert als der CIC/1917, wie schon ein erster Blick auf das Inhaltsverzeichnis zeigt[113]. Das Gesetzeswerk hat gegenüber seinem Vorgänger mit dessen allzu starken Anklängen an die römischrechtliche Dreigliederung „personae – res – actiones" schon im äußeren Aufbau ein entschieden kirchlicheres Gepräge[114].

Der CIC ist in sieben Bücher unterteilt mit den zentralen Inhalten im zweiten Buch „De Populo Dei" über die Strukturen der Kirche, im dritten Buch „De Ecclesiae munere docendi" über den Verkündigungsdienst und im vierten Buch „De Ecclesiae munere sanctificandi" über den Heiligungsdienst. In diesen drei Büchern kommen die Communio-Struktur der Kirche und die Aufbauelemente von Wort und Sakrament in bisher kodifikatorisch nicht gekannter Weise zur Geltung.

Mit dieser Neugliederung ist wesentlichen Postulaten Rechnung getragen. Vor allem ist der Fehler vermieden, die Sakramente unter dinglichem Aspekt als Sachen zu betrachten und sie mit anderen, so unterschiedlichen Materien unter dem Titel „De Rebus" zusammenzufassen, unter dem im dritten Buch des CIC/1917 anscheinend all das eingeordnet war, was an anderer Stelle des Gesetzbuches nicht unterzubringen war[115]. Von mehreren Seiten war vorgeschlagen worden, den CIC nach den sieben Sakramenten zu gliedern, um so die das kanonische Recht prägende Eigenart noch stärker in der äußeren Gestalt aufscheinen zu lassen[116]. Dieser durchaus erwägenswerte Vorschlag wird erst dann Wirkungskraft entfalten können, wenn es seinen Vertretern gelingt, ihren Vorschlag in einer ausgearbeiteten Gliederung als besser und praktikabel vorzustellen. Das für die Neugliederung zunächst vorgesehene Drei-Munera-Schema (munus docendi, sanctificandi, regendi) erwies sich als ungeeignet zur sachgerechten Einfügung der Normen über den hierarchischen Aufbau der Kirche, da die Unterscheidung der drei Munera weder adäquat noch vollständig ist[117].

Mußte das zweite Buch „De Populo Dei" aufgrund der 1977 im Schema PopDei gebotenen Gliederung als die größte gesetzessystematische Schwachstelle bezeichnet werden[118], so trifft dieser Vorwurf in vollem Umfang auf den CIC nicht mehr zu. Man kann das zweite Buch treffend das Rückgrat des CIC nennen[119]. Doch weist dieses Rückgrat einige schwerwiegende Verkrümmungen auf. Die für die Eingliederung in das Volk Gottes und für die Zugehörigkeit zur Kirche fundamentale Norm des c. 96 (Durch die Taufe wird der Mensch der Kirche Christi eingegliedert ...) ist an der Spitze des Titels VI über die physischen und

[113] Vgl. *Schmitz*, Die Gesetzessystematik (Anm. 12); *K. Mörsdorf*, Zur Neuordnung der Systematik des Codex Iuris Canonici, in: AfkKR 137 (1968), S. 3–38; *H. Schmitz*, De ordinatione systematica novi Codicis Iuris Canonici recogniti, in: PerRMCL 68 (1979), S. 171–200.

[114] Vgl. auch Praefatio CIC (Anm. 3), S. XXVIII.

[115] Vgl. *Stutz*, Der Geist des CIC (Anm. 14), S. 40f. mit Anm. 4.

[116] Vgl. *St. Kuttner*, Betrachtungen zur Systematik eines neuen CIC, in: Festschr. Plöchl (70), S. 15–21; auch das unveröffentlichte Papier der dreiundzwanzig Theologen (vgl. La Documentation catholique 63 [1981], S. 1059, Anm. 5; Le Monde vom 20. Oktober 1981, S. 13): Anhang B (Möglichkeit von systematischen Alternativlösungen), Nr. 2.

[117] *Mörsdorf*, Zur Neuordnung der Systematik (Anm. 96), S. 20.

[118] *Schmitz*, Reform des kirchlichen Gesetzbuches (Anm. 43), S. 41–43.

[119] *Castillo Lara*, Ansprache vom 3. Februar 1983 (Anm. 2).

juristischen Personen im ersten Buch „De normis generalibus" noch unzulänglicher eingeordnet als c. 87 CIC/1917, wo mit dieser Norm immerhin noch das zweite Buch „De Personis" begonnen hatte. Das Vereinsrecht ist abweichend von den in diesem Punkt zutreffend gegliederten vorhergehenden Gesamtentwürfen zu stark vom Verbandsrecht der Lebensgemeinschaften der evangelischen Räte getrennt. Die Personalprälatur gehört als Zweckverband mit besonderer apostolischer Zielsetzung auch gesetzessystematisch in die Nähe der gleicher Zielsetzung dienenden Gemeinschaften des apostolischen Lebens. Dagegen ist die ausufernde Breite der Normen über die Priesterseminare (cc. 237–264) eher als ein Schönheitsfehler des Klerikerrechts anzusehen. Mit der Überschrift „De Populo Dei" soll das Gewicht des zweiten Buches hervorgehoben werden. Der Gesetzgeber aber muß sich fragen lassen, ob die Normen der anderen sechs Bücher des CIC denn nicht vom Volke Gottes handeln.

IV. Die Einführungs- und Übergangsbestimmungen (cc. 1–6)

Der CIC/1983 enthält wie schon der CIC/1917 keine besonderen Übergangsbestimmungen, die den Übergang vom bisher geltenden Recht zum neuen Recht regeln, d. h. die Überführung des alten in den neuen Rechtszustand erleichtern. Für die erforderliche Anpassung des teilkirchlichen Rechts an die Vorschriften des CIC wie auch für die Errichtung neu vorgeschriebener Institutionen reicht nach Meinung der CIC-Reformkommission die Zeit der Gesetzesschwebe (vacatio legis) aus[120], die vom Tag der Promulgation (25. Januar 1983) bis zum Inkrafttreten (27. November 1983) dauert.

Gleichsam als Einleitung sind dem CIC/1983 aber wie auch schon dem CIC/1917 grundlegende, außerhalb der Untergliederung des ersten Buches stehende allgemeine Einführungs- und Übergangsbestimmungen über Geltungsbereich, Reichweite und Verhältnis des neuen Gesetzbuches zum bisher geltenden Recht vorangestellt, die zur rechten Anwendung des CIC/1983 unabdingbar sind.

1. Geltungsbereich (c. 1)

Der CIC ist Gesetzbuch für die Lateinische Kirche. Seine Normen gelten, wie die des CIC/1917, nur für diesen Bereich der Katholischen Kirche[121]. Da für die uniierten Orientalischen Kirchen ein eigenes Gesetzbuch in Vorbereitung ist[122], konnte und mußte im Gegensatz zum CIC/1917 (vgl. dessen c. 1), abgesehen von wenigen Ausnahmen[123], auf jeglichen Bezug auf die Ostkirchen verzichtet werden.

2. Verhältnis zum liturgischen Recht (c. 2)

Der CIC will in der Regel nicht die in den liturgischen Feiern einzuhaltenden Riten regeln; das geschieht durch die in den liturgischen Büchern enthaltenen Normen. Daher wird das

[120] Relatio 1981, S. 125f. (n. 18).

[121] Zur Gliederung der Katholischen Kirche in die Lateinische Kirche (Ecclesia Latina) und in die Ostkirchen (Ecclesiae Orientales) siehe in *diesem* Band, unten, *W. Aymans*, § 24 Gliederungs- und Organisationsprinzipien.

[122] Vgl. in *diesem* Band, unten, *R. Potz*, § 5 Die Kodifikation des katholischen Ostkirchenrechts.

[123] Vgl. z. B. cc. 111, 112, 350 § § 1 und 3, 372 § 2, 450 § 1, 518, 844 § 1, 923, 991, 1248 § 1, 1558 § 2.

zum Zeitpunkt des Inkrafttretens geltende liturgische Gesetzesrecht durch den CIC grundsätzlich nicht berührt und bleibt in Kraft. Wenn und soweit eine liturgische Norm jedoch im Gegensatz zu einer Vorschrift des CIC steht, ist sie aufgehoben. Das Verhältnis zum liturgischen Gewohnheitsrecht bestimmt sich nach c. 5.

3. Verhältnis zum Vertragsrecht (c. 3)

Die Kirche weiß sich an den allgemeinen Rechtsgrundsatz gebunden, daß Verträge einzuhalten sind (pacta sunt servanda). C. 3 enthält daher einen Vorbehalt zugunsten jener (völkerrechtlichen) Verträge (Konkordate und andere vertragliche Vereinbarungen)[124], die der Apostolische Stuhl mit Staaten oder anderen politischen Gemeinschaften über gegenseitige Beziehungen abgeschlossen hat. Ein derartiger, zum Zeitpunkt des Inkrafttretens des CIC geltender Vertrag und das durch ihn geschaffene teilkirchliche Recht bleibt weiterhin in Kraft, selbst dann, wenn es im Gegensatz zu Vorschriften des CIC stehen sollte. Gleiches muß gelten für Verträge zwischen Kirche und Staat, die von Diözesanbischöfen abgeschlossen wurden, zumal wenn sie unter Mitwirkung des Apostolischen Stuhls zustande gekommen sind[125].

4. Verhältnis zu wohlerworbenen Rechten und Privilegien (c. 4)

In c. 4 entscheidet der Gesetzgeber die Frage, ob und inwieweit vor Inkrafttreten des CIC erworbene subjektive Rechte und Privilegien durch das neue Gesetzbuch betroffen sind, zugunsten einer grundsätzlichen Wahrung des Besitzstandes. Wohlerworbene Rechte (iura quaesita) bleiben unberührt, sofern sie nicht durch Normen des CIC ausdrücklich widerrufen sind. Der gleiche Vorbehalt ist angebracht zugunsten jener Privilegien[126], die vom Apostolischen Stuhl verliehen wurden, zum Zeitpunkt des Inkrafttretens des CIC noch in Gebrauch sind und bis dahin nicht widerrufen wurden (vgl. cc. 79–83).

5. Verhältnis zum Gewohnheitsrecht (c. 5)

Das Gewohnheitsrecht[127] wird unterschieden in solches, das gegen das gesatzte Recht gerichtet ist (contra legem), das dieses Recht ergänzt (praeter legem) und das es nur erklärt (secundum legem). Die Weitergeltung von Gewohnheitsrecht secundum legem ist unstreitig und bedarf keiner besonderen Normierung (vgl. c. 27). Die Weitergeltung von Gewohnheitsrecht praeter legem ist der Klarheit halber, im Gegensatz zum CIC/1917, ausdrücklich in c. 5 § 2 statuiert. Für das Gewohnheitsrecht contra legem enthält c. 5 § 1 die erforderlichen Bestimmungen, wobei zwei Gruppen von gegen Normen des CIC gerichteten Gewohnheitsrechts unterschieden sind: a) *Gewohnheitsrecht* (contra legem), das durch Normen des CIC *verworfen* ist: es ist als Rechtsnorm voll und ganz aufgehoben und kann in Zukunft nicht wieder Gewohnheitsrecht werden[128]; b) *Gewohnheitsrecht* (contra legem), das durch den CIC *nicht verworfen* ist: es gilt als aufgehoben, sofern im CIC nicht etwas anderes ausdrücklich bestimmt ist oder sofern es sich nicht um hundertjähriges oder unvordenkliches Gewohnheitsrecht handelt, das geduldet werden kann, wenn es nach dem Urteil des Ordinarius aufgrund der örtlichen oder persönlichen Umstände nicht beseitigt werden kann.

[124] Conventio ist Oberbegriff für diese Verträge; vgl. cc. 289 § 2, 365 § 1 n. 2.
[125] Vgl. *R. Puza*, Kirchenrechtliche Probleme konkordatärer Vereinbarungen, in: ThQ 160 (1980), S. 122–137, 131.
[126] Vgl. in *diesem* Band, unten, *R. A. Strigl*, § 9 Verwaltungsakt und Verwaltungsverfahren.
[127] Vgl. in *diesem* Band, unten, *J. Listl*, § 8 Die Rechtsnormen.
[128] Vgl. die Reprobationen in cc. 396 § 2, 423 § 1, 526 § 2, 1076, 1287 § 1, 1425 § 1.

6. *Verhältnis zum Gesetzesrecht (c. 6)*

In c. 6 sind zwei Fragenkreise geregelt: Außerkraftsetzung des bisherigen Gesetzesrechts (c. 6 § 1) und die Auslegung der Normen des CIC, wenn diese altes Recht wiedergeben (c. 6 § 2).

Da der CIC eine Kodifikation ist[129], wird zunächst a) der CIC/1917 ganz außer Kraft gesetzt (c. 6 § 1 n. 1); ferner sind aufgehoben: b) alle anderen (nicht im CIC/1917 enthaltenen) vom Apostolischen Stuhl erlassenen universalen (für die ganze Lateinische Kirche geltenden) und die partikulären (für einen Teilbereich geltenden) Strafgesetze (c. 6 § 1 n. 3) sowie c) alle anderen (disziplinären) universalen und partikulären Gesetzesnormen, unabhängig davon, von welchem kirchlichen Gesetzgeber sie erlassen sind, wenn sie im Gegensatz zu den Bestimmungen des CIC stehen und hinsichtlich partikulärer Normen nicht ausdrücklich etwas anderes vorgesehen ist (c. 6 § 1 n. 2), und d) die universalen Gesetze, die jene Fragen betreffen, die im CIC umfassend (ex integro) geordnet sind (c. 6 § 1 n. 4).

Der CIC/1983 enthält demnach, ebenso wie schon der CIC/1917, das universalkirchliche Recht der Lateinischen Kirche nicht vollständig, da früher erlassene Gesetze, die nicht durch c. 6 § 1 aufgehoben wurden, auch nach Inkrafttreten des CIC weiterhin gültig bleiben.

Für die Auslegung gilt, daß Vorschriften des CIC, soweit sie altes Recht wiedergeben, auch im Blick auf die kanonische Tradition zu würdigen sind (c. 6 § 2). Diese Interpretationsnorm hätte ihren gesetzessystematischen Ort bei den Auslegungsvorschriften von c. 17 erhalten müssen[130].

Ein Vergleich der cc. 5–6 mit den entsprechenden cc. 5–6 CIC/1917 zeigt ein Bemühen des Gesetzgebers um einfachere und durchsichtigere Formulierungen; gleichwohl erschließen sich cc. 5–6 in Inhalt und Reichweite nur mühsam dem Verständnis.

V. Fortschreibung des CIC

Der Vorwurf des Überholtseins, den man dem CIC/1917 so oft gemacht hat, wurzelte nicht zuletzt darin, daß es entgegen dem ausdrücklich erklärten Willen von Papst *Benedikt XV.*[131] nicht gelungen war, die nachfolgende Gesetzgebung in das Gesetzbuch einzuarbeiten. Dieser Fehler muß vermieden werden, nicht nur um den CIC vor dem gleichen Vorwurf zu bewahren, sondern damit das Gesetzbuch möglichst immer auf dem neuesten Stand ist.

Notwendig ist ein *Organ zur authentischen Interpretation* des CIC. Es genügt aber nicht, dessen Entscheidungen zu publizieren und zu sammeln[132]. Es ist auch unzureichend, wenngleich höchst wünschenswert und von einer zeitgemäßen Gesetzgebungstechnik zu fordern, beim Erlaß neuer Normen jeweils die betroffenen Bestimmungen des CIC näher zu bezeichnen. Der kirchliche Gesetzgeber müßte dazu seine bisherige Übung aufgeben, sich mit Generalklauseln zu begnügen und das Herausfinden der abgeänderten oder aufgehobenen Normen des CIC anderen zu überlassen. Aufheben, Abändern und Neufassen der Canones des CIC ist Aufgabe des Gesetzgebers selbst. Das Gesetzbuch muß entsprechend fortge-

[129] Vgl. oben I 5 c.
[130] Vgl. *Schmitz*, Die Gesetzessystematik (Anm. 12), S. 13.
[131] S. Anm. 16.
[132] Vgl. z. B. *C. Sartori*, Enchiridion canonicum, ed. 11 ab J. J. Belluco, Roma 1963.

schrieben werden[133]. Den CIC als *Loseblattsammlung* herauszugeben, damit stets der Wortlaut der Bestimmung in der geltenden Fassung zur Hand ist[134], ist demgegenüber eine sekundäre Frage, die sich auch im kirchlichen Bereich, trotz der vom Apostolischen Stuhl beanspruchten Urheber- und Verlagsrechte am CIC, ohne größere Schwierigkeiten lösen ließe.

§ 5 Die Kodifikation des katholischen Ostkirchenrechts

Von Richard Potz

I. Vorgeschichte

Bereits auf dem I. Vatikanischen Konzil wurde – parallel zum Problem der Kodifikation des lateinischen Kirchenrechts – die Kodifikation des Kirchenrechts der mit Rom unierten Kirchen diskutiert, das Projekt dann aber nicht weiter verfolgt. Aufgrund der erfolgreichen Arbeit der lateinischen Kodexkommission, vor allem aber nach der Veröffentlichung des CIC/1917, wurde diese Idee jedoch wieder aufgegriffen. Dabei mag das immer wieder auftretende „emanzipatorische Interesse" der katholischen Ostkirchen an der Herstellung gleicher Bedingungen, wie sie für die lateinische Kirche bestehen, eine Rolle gespielt haben.

Am 13. 7. 1929 wurde zu diesem Zweck eine Kardinalskommission unter dem Vorsitz von *Pietro Gasparri* eingesetzt[1]. 1930 wurde mit der historisch-kritischen Aufbereitung des Quellenmaterials begonnen, und noch im selben Jahr kam es zur Herausgabe des 1. Bandes der *fonti* (Fontes Codificationis Orientalis), die in der Folge in drei Serien veröffentlicht wurden. Die erste Serie enthält das alte kanonische Recht sowie Recht der einzelnen Kirchen, die zweite Serie weiteres Recht einzelner Kirchen, aber auch monographische Arbeiten zu den Quellen. Die dritte Serie umfaßt das päpstliche Recht für die katholischen Ostkirchen[2].

Am 17. 7. 1935 wurde die Kommission umbenannt in „Pontificia Commissione per la redazione del Codice di diritto Canonico Orientale", wodurch die Phase der Erarbeitung der Schemata eingeleitet wurde. Die Vorbildwirkung des lateinischen Kodex war jedoch für diese Kommission eine zu große Hypothek. Man legte das Augenmerk oft nur darauf, sprachliche Ungenauigkeiten bzw. inzwischen bekannt gewordene Redaktionsfehler des lateinischen Kodex zu verbessern.

133 Vgl. *Aymans*, Einführung (Anm. 57), S. 11, der zur Fortschreibung des CIC vorschlägt, daß „durch Schaffung der entsprechenden Institutionen Sorge dafür getragen wird, daß die notwendigen Änderungen wenigstens in bestimmten Zeitabschnitten – etwa alle fünf Jahre – in das Gesetzbuch selbst eingearbeitet werden."

134 Vgl. dazu zuletzt *Sebott*, Das neue kirchliche Gesetzbuch (Anm. 64), S. 133.

1 AAS 21 (1929), S. 669.

2 Die Arbeit an den *fonti* ist noch nicht abgeschlossen, als letzter Band ist 1980 Serie III, vol. XIV: Acta Martini PP. V (1417–1431), hrsg. von *A. Tautu*, erschienen; in Druck befindlich ist Serie II, fasc. XXXII: *J. Panjikaran*, Fonti del diritto canonico dei Siri-Malabaresi. Übersicht über die *fonti* in: Nuntia 10/1980, S. 123ff.

Schließlich wurde sogar kurzfristig die Erarbeitung eines Codex Iuris Canonici Universalis geplant.

Die Kritik an der Arbeit der Kommission wurde immer vehementer, man sah nicht zu Unrecht die Gefahr einer neuen Form der „latinizatio". Es kam schließlich zu einem Kompromiß, indem Papst *Pius XII.* anordnete, keinen Gesamtkodex zu promulgieren, sondern durch Motuproprios jene Teilgebiete ad experimentum in Kraft zu setzen, von denen man annahm, sie würden am ehesten einen breiten Konsens finden. Dies waren:

a) Crebrae Allatae sunt (Eherecht) vom 22. 2. 1949 (131 Kanones);
b) Sollicitudinem Nostram (Prozeßrecht) vom 6. 1. 1950 (576 Kanones);
c) Postquam Apostolicis Litteris (Ordens-, Vermögensrecht, Terminologie) vom 9. 2. 1952 (325 Kanones);
d) Cleri Sanctitati (Riten, Personenrecht) vom 2. 6. 1957 (558 Kanones).

Die restlichen Schemata blieben zunächst unveröffentlicht und wurden erst im Zuge der Arbeiten an der Revision des Ostkirchenrechtskodex allgemein zugänglich gemacht[3].

Am 25. 1. 1959 kündigte Papst *Johannes XXIII.* die bevorstehende Promulgation des Ostkirchenrechtskodex an, das heißt man nahm den Gedanken einer Gesamtkodifikation auf der Basis der Motuproprien bzw. der sonstigen erarbeiteten Schemata wieder auf.[4] Durch die Einberufung des II. Vatikanums wurde das Vorhaben jedoch wieder zurückgestellt. Als dann die Reform des lateinischen Kirchenrechts durch die Einsetzung der Kodexkommission am 28. 3. 1963 in Angriff genommen wurde und durch das Konzilsdekret *Orientalium Ecclesiarum* vom 21. 11. 1964 dezente, jedoch unüberhörbare Zeichen einer Neubewertung der Ostkirchen und ihrer Tradition gesetzt wurden, trat immer mehr der Gedanke einer Gesamtrevision des Ostkirchenrechts in den Vordergrund.

II. Die Pontificia Commissione per la Revisione del Codice di Diritto Canonico Orientale

Am 10. 6. 1972 wurde die päpstliche Kommission für die Revision des CICO eingesetzt, die damit an die Stelle der alten Kommission trat[5]. Die Leitung der neuen Kommission trat noch im Juni dieses Jahres zusammen, einerseits, um über die Konsultoren zu beraten, und andererseits wurde beschlossen, die kanonistische Fakultät des Orientalischen Instituts einzuladen, eine erste Studie über die Leitlinien für die Kodifikation zu entwerfen[6], die dann als Grundlage für die bei der ersten Vollversammlung der Kommission vom 18. bis 23. März 1974 approbierten Richtlinien für die Kodifikation dienten.[7]

[3] Vgl. *I. Zuzek*, Les textes non publiés du Code de Droit Canonique Oriental, in: Nuntia 1/1976, S. 23ff.
[4] AAS 51 (1959), S. 69.
[5] Vgl. Nuntia 1/1973, S. 2.
[6] Nuntia 1/1973, S. 12ff.
[7] Vgl. unten III.

Die Kommission gibt eine Zeitschrift mit dem Titel *Nuntia* heraus, deren einzelne Hefte durchgehend numeriert sind. Nach einer ersten Broschüre, 1/1973 benannt, erfolgte seit 1976, beginnend mit Heft 1, die Herausgabe der Zeitschrift in ihrer endgültigen Form; bislang sind 15 Hefte erschienen. Hier finden sich laufende Berichte über die Arbeit der Kommission, aber auch Beiträge zu den zentralen Problemen der Kodifikationsarbeit. Im großen und ganzen ist der Informationsgrad, der durch *Nuntia* erreicht wurde, recht hoch; er ermöglichte eine relativ breite Diskussion, die über die katholische Kirche hinausreichte und auch die Fachleute der orthodoxen Kirchen einbezog. Es haben an den Arbeiten Kanonisten der verschiedenen orthodoxen Kirchen überdies als Beobachter teilgenommen.

III. Die Richtlinien für den Codex Iuris Canonici Orientalis[8]

Die von der Kommission 1974 approbierten Richtlinien sind teilweise an die entsprechenden Richtlinien der lateinischen Kodexkommission angelehnt, einige, vor allem die ersten drei, sind durch spezifisch ostkirchliche Problemlagen bestimmt.

1. Ein einziger Kodex für alle Ostkirchen

Seit dem Beginn der Arbeiten an einer ostkirchlichen Kodifikation wurde diskutiert, wie weit es gemeinsame Bestimmungen für alle Ostkirchen geben könne und ob es überhaupt möglich sei, ein gemeinsames umfangreiches Gesetzbuch für alle ostkirchlichen Traditionen zu schaffen. Die Richtlinien führen eine Reihe von Argumenten für einen einzigen Kodex auf. Es wird darauf verwiesen, daß das rechtliche Erbe der Ostkirchen in großem Ausmaß auf den gleichen alten Kanones beruht, wie dies die Rechtssammlungen aller Kirchen deutlich machen. Überdies seien die Erfahrungen mit den vier bereits promulgierten Motuproprios insoweit positiv gewesen, als an einer für alle Ostkirchen einheitlichen Regelung keine substantielle Kritik laut wurde. Auch das II. Vatikanum hat im Dekret *Orientalium Ecclesiarum* generelle Normen für alle Ostkirchen vorgesehen. Trotz der teilweisen Stichhaltigkeit dieser Argumente, besteht meines Erachtens kein Zweifel, daß praktischen Gründen gegenüber ekklesiologischen Argumenten der Vorzug gegeben wurde. Es hätte sowohl traditioneller ostkirchlicher Ekklesiologie, aber auch der Teilkirchenekklesiologie des II. Vatikanums besser entsprochen, wenn man die Rechtsfortbildung – abgesehen von grundsätzlichen Bereichen – den einzelnen Kirchen überlassen hätte.

[8] Texte in Italienisch, Französisch, Englisch, in: Nuntia 3/1976, S. 3ff.

2. Ostkirchlicher Charakter der Kodifikation

Es ist charakteristisch, daß es immer noch notwendig erscheint, eine derartige Selbstverständlichkeit zu betonen. Als Begründung für dieses Prinzip findet sich in den Richtlinien erstens, daß der Kodex eben für Orientalen bestimmt sei (!), und zweitens, daß eine diesbezügliche Anordnung des II. Vatikanums existiere (VatII OE Art. 5). Sicherheitshalber muß die Autorität des II. Vatikanums beschworen werden, um zu begründen, daß die Kodifikation des Ostkirchenrechts ostkirchlichen Charakter haben soll.

Es wird des weiteren ausdrücklich auf die apostolische Tradition, auf die ostkirchlichen Rechtssammlungen sowie auf das allen Ostkirchen gemeinsame Gewohnheitsrecht verwiesen. Nur dort, wo diese Quellen lückenhaft sind, sollen andere kirchenrechtliche Normen herangezogen werden, um den Kodex den Anforderungen der Gegenwart entsprechen zu lassen.

In der Arbeit der Kommission ist der Verweis auf das alte Recht der Ostkirchen aber eher als subsidiäres Argument herangezogen worden. Als Ausgangspunkt für die Arbeiten dominierten die am CIC/1917 ausgerichteten Kanones der vier Motuproprien bzw. der nichtpromulgierten Schemata bzw. Aussagen des II. Vatikanums.

3. Ökumenischer Charakter der Kodifikation

Hier wird auf die besondere Aufgabe der katholischen Ostkirchen verwiesen, zur Förderung der Einheit der Christen beizutragen (VatII OE Art. 24), einer Einheit, als deren treue Zeugen sie entsprechend dem Ökumenismusdekret wirken sollen.

Zweifellos wird jedoch die heikle Situation der katholischen Ostkirchen in Hinblick auf die Aufnahme der vollen communio zwischen der katholischen Kirche und den orthodoxen Kirchen unterspielt. Die Existenz der katholischen Ostkirchen stellt für viele Orthodoxe eine starke ekklesiologische und psychologische Barriere für die Einheit mit der katholischen Kirche dar. Diese Vermittlung zwischen der Brückenfunktion zur Orthodoxie und der Sicherung einer eigenen Identität für jene katholischen Ostkirchen, die eine entsprechende Tradition haben, wird eine der subtilsten Aufgaben des CICO im Rahmen der ökumenischen Weiterentwicklung sein.[9]

Jedenfalls hat die Kommission zu beachten, daß den Hierarchen der orthodoxen Schwesterkirchen, die in einer *quasi plena communio* mit der katholischen Kirche stehen, ein Teil der Gläubigen anvertraut wurde, wie es im Ökumenismusdekret statuiert ist[10].

[9] Der Titel 17 des vorläufigen Entwurfes des CICO ist „De oecumenismo" überschrieben und enthält 7 Kanones, von denen einer allerdings auch die Warnung vor den Gefahren des Irenismus und Indifferentismus enthält, s. Nuntia 12/1981, S. 95ff.

[10] VatII UR n. Art. 16; vgl. unten IV.

4. Die rechtliche Natur des Kodex

Die Betonung der rechtlichen Natur des Kodex finden wir hier ebenso wie in den Richtlinien für den lateinischen Kodex. Diese Hervorhebung ist zweifellos auch für das Ostkirchenrecht als Zurückweisung einer nachkonziliarem Zeitgeist entstammenden, zu weitgehenden, weil grundsätzliche Kritik am Recht in der Kirche übenden Tendenz zu verstehen.

Es muß allerdings beachter werden, daß die ostkirchliche Tradition, soweit sie nicht im Zuge der Entwicklung eigenen katholischen Ostkirchenrechts – und damit lateinischen Einflüssen verschiedener Intensität unterliegend – verdeckt wurde, sich resistenter gegen den zunehmenden neuzeitlichen Normativismus im Kirchenrecht gezeigt hatte. Es wäre im Zusammenhang mit obigem Hinweis vielleicht angebracht gewesen, dieses Spezifikum in der Geschichte des Ostkirchenrechts gebührend herauszustellen.

5. Der pastorale Charakter des Kodex

Hier wird auf das Postulat von „Christus Dominus" in Hinblick auf die Revision des Kirchenrechts verwiesen, den pastoralen Charakter des Bischofsamtes zu beachten. Es werden die bekannten Folgerungen gezogen, daß die Normen keine Verpflichtungen auferlegen sollen, wenn Instruktionen, Ermahnungen, Ratschläge und anderes zur Erreichung der entsprechenden Ziele genügen. Auch soll die Zahl der leges perfectaę auf das nötigste beschränkt werden.

Wie schon im Zusammenhang mit der rechtlichen Natur des Kodex erwähnt, wäre auch hier der Hinweis auf die ostkirchliche Tradition sinnvoll gewesen, in der die Anwendung der Oikonomia überwiegend als „pastorales Korrektiv" gegenüber der Strenge des Gesetzes verstanden wird.[11]

6. Prinzip der Subsidiarität

Hier wird erfreulicherweise vorweg darauf hingewiesen, daß das Prinzip der Subsidiarität bis zu einem gewissen Grad den Ostkirchen auf Grund ihrer besonderen Struktur der Sache nach seit jeher bekannt ist. Es werden aber einige Kriterien genannt, die eine ausgedehntere und effektivere Anwendung des Prinzips ermöglichen sollen. Dies muß vor allem im Zusammenhang mit der Frage einer einheitlichen Kodifizierung für alle Ostkirchen gesehen werden.

7. Riten und Partikularkirchen

Hier geht es neben der Klarstellung des Ritusbegriffs vor allem um die Gleichbehandlung der Kirchen des Ostens mit der Lateinischen Kirche, aber auch um die Gleichstellung der einzelnen Rituskirchen. Es ist zu beachten, daß die Verfas-

[11] Vgl. dazu Kanon – Jahrbuch der Gesellschaft für das Recht der Ostkirchen VII (1983), dessen erster Teil dem Problem der oikonomia gewidmet ist.

sungsstruktur der einzelnen Rituskirchen sehr unterschiedlich sein kann. Neben den alten Patriarchalkirchen stehen Gemeinschaften, an deren Spitze etwa ein Metropolit sui iuris steht. Hier sieht das Schema eine deutliche Differenzierung vor, es wird aus praktisch administrativen Gründen dem ekklesiologischen Konzept von der Gleichheit aller Rituskirchen nicht entsprochen. Dies wird vor allem dann als diskriminierend empfunden, wenn eine Kirche, an deren Spitze weder ein Patriarch noch ein Großerzbischof steht, eine Gläubigenzahl hat, die die der meisten Patriarchalkirchen übersteigt.

8. *Laien*

Bezüglich der Stellung der Laien findet sich sowohl eine Reihe von Zitaten aus VatII LG Art. 32 bis 37 und VatII AA, als auch der Hinweis auf die orientalische Tradition, der die Teilnahme der Laien an der kirchlichen Verwaltung und am Apostolat durchaus bekannt ist. In besonderer Weise wird es als wünschenswert herausgestellt, daß Laien als kirchliche Richter tätig werden. Dies vor allem im Hinblick auf eine Besonderheit, die für viele ostkirchliche Gemeinschaften gilt, daß das staatliche Familienrecht auf das religiöse Recht verweist und damit die kirchlichen Gerichte auch über zivilrechtliche Folgen der Ehe zu entscheiden haben.

9. *Prozeßrecht*

Ein wesentliches Anliegen des neuen CICO soll es sein, daß in allen Kirchen eine entsprechende Gerichtsorganisation eingerichtet wird, so daß – vorbehaltlich der Rechte des Heiligen Stuhls – in allen drei Instanzen innerhalb der jeweiligen Kirche entschieden werden kann. Die richterlichen Funktionen der Patriarchalsynoden sollen wieder ausgebaut werden und ein lückenloses Rechtsschutzsystem unter Einbeziehung eines Verwaltungsverfahrens sichergestellt werden.

10. *Strafrecht*

Es wird die Aufhebung aller „poenae latae sententiae" als der orientalischen Tradition nicht bekannt postuliert und unter Hinweis auf die alten Kanones verlangt, daß der monitio canonica vor der Einleitung eines Strafverfahrens größere Bedeutung eingeräumt werde.

IV. Die Fortbildung des katholischen Ostkirchenrechts nach dem II. Vatikanum

Neben Konzilsaussagen und auf ihnen beruhend ist der Kodexkommission eine Reihe von Normen vorgegeben, die für einzelne Bereiche neues Recht brachten. Diese neu geregelten Komplexe entsprechen im allgemeinen der Rechtsfortbildung des lateinischen Kirchenrechts zwischen dem II. Vatikanum und CIC/1983, aber es sind auch spezifisch ostkirchliche Problemkreise geregelt.

Die folgende kurze Übersicht soll dies verdeutlichen: Bereits 1965 wurde die Frage der Rangordnung der Patriarchen im Kardinalskollegium geregelt[12]. Das Jahr 1967 brachte eine Erweiterung der Bestimmungen von Art. 18 VatII OE im Dekret der Glaubenskongregation *Crescens matrimoniorum*[13]: die Konzilsbestimmung wurde auch auf lateinische Katholiken ausgedehnt (für die Gültigkeit der Mischehen ist die Mitwirkung des minister sacer ausreichend), und die Ortsordinarien, die eine Dispens vom Ehehindernis erteilen, erhielten auch die Vollmacht zur Dispensierung von der kanonischen Eheschließungsform ad liceitatem für diese Ehe. Dies wurde erst durch *Matrimonia mixta* 1970 auf alle christlichen Mischehen ausgedehnt.

Das MP *Episcopalis potestatis*[14], ebenfalls von 1967, entspricht im wesentlichen dem MP *De Episcoporum muneribus*. Das Problem der patriarchalen Jurisdiktion außerhalb des patriarchalen Territoriums wurde durch eine *declaratio* der *Kongregation für die Ostkirchen* wohl angesprochen, jedoch nicht gelöst[15].

Die den ostkirchlichen Ordensangehörigen übertragenen Vollmachten sind im Dekret der Kongregation für die Ostkirchen *Orientalium Religiosorum*[16] von 1972 geregelt, das im Vergleich zum Paralleldekret für die lateinische Kirche gesetzestechnisch gelungener wirkt.

Das MP *Cum Matrimonialium* von 1973 behandelt parallel zu *Causas Matrimoniales* die Reform des Eheprozesses[17].

Für die Entwicklung des katholischen Ostkirchenrechts von Bedeutung ist schließlich vor allem noch eine Entscheidung der *Signatura Apostolica* vom 28. 11. 1970, die zwar in ihren Konsequenzen nicht unumstritten ist, aus der jedoch mit Sicherheit der Schluß zu ziehen ist, daß orthodoxe Gläubige prinzipiell (in der Entscheidung handelte es sich um die orthodoxe Eheschließungsform) durch ihr Recht verpflichtet werden[18].

V. Stand der Kodifikationsarbeit Beginn 1983

Von den acht Schemata[19] sind bis Ende 1982 alle bis auf das besonders heikle Schema „*Constitutio hierarchica ecclesiarum orientalium*" gedruckt und versandt worden. Die Arbeit ist damit in das Stadium der denua revisio getreten, in

[12] MP *Ad purpuratorum Patrum*, in: AAS 57 (1965), S. 295f.
[13] AAS 59 (1967), S. 165f.
[14] Ebd., S. 385ff.
[15] *Apostolica Sede*, in: AAS 62 (1970), S. 179; s. unten V.
[16] AAS 64 (1972), S. 738ff.
[17] AAS 65 (1973), S. 577ff.
[18] Vgl. *R. Potz*, Das katholische Ostkirchenrecht nach dem Zweiten Vatikanum, in: DirEccl 89 (1978), S. 212f.
[19] Die vorläufige Einteilung des CICO sieht folgendermaßen aus (s. Nuntia 11/1980, S. 85ff.):

der die Wünsche und Anmerkungen der an der weltweiten Konsultation Beteiligten berücksichtigt werden. Nach Einarbeitung dieser Vorschläge wird eine Fassung des Gesamtkodex an alle Mitglieder der Kommission mit der Bitte um Stellungnahme versandt. Dem wird die dritte Revision angeschlossen, die durch eine Spezialkommission vorgenommen wird. Als nächster Schritt erfolgt dann die in Plenarsitzungen vorzunehmende definitive Formulierung der Kanones seitens der Kommission und die Übersendung des Textes an den Heiligen Vater zur Approbation.

Als Beispiele für Schwierigkeiten bei der Kodifikation seien Probleme aus der Arbeit des Coetus „De Sacra Hierarchia" genannt. Neben der bereits oben erwähnten Frage der Gleichordnung aller Rituskirchen[20] war die Normierung des Verhältnisses von Patriarch und Synode umstritten, vor allem aber die Frage der Auslandsjurisdiktion der Patriarchen[21]. Während die alten Kanones überwiegend die Patriarchen in die synodale Struktur einbinden, gab es in manchen orthodoxen Kirchen später eine Entwicklung, durch die die Jurisdiktion beim Patriarchen konzentriert wurde. Diese Entwicklung haben auch die katholischen Ostkirchen

		numerus canonum
Canones praeliminares		8
Titulus I	De Ecclesiis sui iuris et de ritibus	14
Titulus II	De Summo Pontifice	10
Titulus III	De Ecclesiis Patriarchalibus (8 capita)	104
Titulus IV	De Ecclesiis Archiepiscopalibus Maioribus	4
Titulus V	De Ecclesiis Metropolitanis sui iuris	14
Titulus VI	De Eparchiis et Episcopis	137
Titulus VII	De Exarchiis et Exarchis	12
Titulus VIII	De Conventibus Hierarcharum interritualibus	1
Titulus IX	De Ministris Ecclesiae in genere	85
Titulus X	De Laicis	12
Titulus XI	De Monachis ceterisque Religiosis necnon de sodalibus aliorum Institutorum vitae consecratae (5 capita)	144
Titulus XII	De christifidelium consociationibus	10
Titulus XIII	De gentium evangelizatione	12
Titulus XIV	De Magisterio Ecclesiastico	73
Titulus XV	De cultu divino et praesertim de sacramentis (8 capita)	236
Titulus XVI	De baptizatis non catholicis ad plenitudinem communionis catholicae convenientibus	9
Titulus XVII	De oecumenismo	7
Titulus XVIII	De personis physicis vel iuridicis ac de actibus iuridicis	23
Titulus XIX	De officiis ecclesiasticis	39
Titulus XX	De potestate regiminis	14
Titulus XXI	De recursibus adversus decreta administrativa (2 capita)	19
Titulus XXII	De bonis Ecclesiae temporalibus	47
Titulus XXIII	De iudiciis in genere (8 capita)	120
Titulus XXIV	De iudicio contentioso	176
Titulus XXV	De aliquibus specialibus iudiciis	42
Titulus XXVI	De processu in sanctionibus poenalibus ferendis	23
Titulus XXVII	De sanctionibus poenalibus	63
Titulus XXVIII	De lege, consuetudine, actibus administrativis, temporis supputatione etc.	58

20 S. oben III 7.

21 Vgl. *I. Zuzek*, Canons Concerning the Authority of Patriarchs over the Faithful of their own Rite who live outside the Limits of Patriarchal Territory, in: Nuntia 6/1978, S. 3ff.

mitgemacht, bei denen unter Umständen der päpstliche Primat als Vorbild für die Leitung der einzelnen Rituskirchen gewirkt haben mag.

Der Umfang der Jurisdiktion der Patriarchen außerhalb ihres Sprengels hat zu den vielfältigsten Auseinandersetzungen geführt. In Konkretisierung von VatII OE Art. 7 wurden 1970 durch eine *Declaratio* der Kongregation für die Ostkirchen die Hierarchen, die außerhalb des Territoriums eines Patriarchen ihre Jurisdiktion ausüben, mit beschließender Stimme in die Synode eingebunden. Es wurde aber erklärt, daß damit keine Ausdehnung der Jurisdiktion der Patriarchen verbunden sei. Diese umstrittene Frage wurde von der Kommission sogar einem eigenen ad hoc einberufenen Konsultoren-Komitee vorgelegt. Nach langen Diskussionen verblieb man in der Kommission zuletzt dabei, die Jurisdiktion nicht auf die Gebiete außerhalb der alten patriarchalen Territorien auszudehnen. Es ist jedoch vorauszusehen, daß hier die Diskussion noch lange nicht abgeschlossen ist.

§ 6 Das Projekt einer Lex Ecclesiae Fundamentalis

Von Winfried Aymans

Das Projekt einer Lex Ecclesiae Fundamentalis (= LEF) gehört als wesentlicher Bestandteil in den Zusammenhang der Bemühungen um die Reform des Kirchenrechts. Diesem Projekt liegt der Gedanke zugrunde, die für den Aufbau und die Sendung der Kirche wichtigeren Rechtsnormen formal hervorzuheben und in einem eigenen Grundgesetz der Kirche zusammenzufassen. Im Endergebnis würde dies bedeuten, daß die Gesamtreform des katholischen Kirchenrechts in einer dreigliedrigen Kodifikation Gestalt annähme; die beiden Codices für die lateinische Kirche und für die katholisch-orientalischen Kirchen würden gleichsam verbunden durch die hauptsächlich die Gesamtkirche betreffende LEF.

I. Vorgeschichte und Entstehung des Gesetzentwurfs

Der Gedanke, eine LEF zu schaffen, ist aus grundsätzlichen Vorerwägungen erwachsen, denen sich die päpstliche Konsultoren-Kommission für die Reform des Codex Iuris Canonici bei Aufnahme ihrer Arbeiten am 6. Mai 1965 gegenübersah[1]. Den Beratern wurde die Frage vorgelegt, ob im Zuge der Reform des kanonischen Rechts ein Codex oder zwei Codices zu schaffen seien, nämlich je ein eigener für die Orientalen und für die Lateiner, wobei in diesem Falle eine Art „Codex Fundamentalis" vorzuschalten wäre[2]. Damit war für das kirchliche Recht eine

[1] Communicationes 1 (1969), S. 36f.

[2] Ebd.: „Quaestio utrum unus an duo Codices faciendi sunt, unus pro Orientalibus et alter pro aliis praemisso Codice quodam Fundamentali". Merkwürdigerweise ist hier nicht von der Lateinischen Kirche, sondern allgemein von „aliis" die Rede.

Frage aufgeworfen, die – in anderem Gewand – schon für das II. Vatikanische Konzil selbst eine Rolle gespielt hatte[3].

Dort war umstritten, ob es tunlich sei, ein eigenes Dekret über die katholischen Ostkirchen zu erlassen, da auf diese Weise die orientalischen Kirchen notgedrungen als Sonderfall erscheinen müßten. Demgegenüber hätte es sich empfehlen können, namentlich in der Kirchenkonstitution selbst neben den grundsätzlichen Aussagen über die Kirche als Ganze das Notwendige über die Besonderheiten der Lateinischen und der Orientalischen Kirchen darzulegen. Das Konzil hat sich vor allem aus praktischen Erwägungen dazu entschlossen, ein eigenes Dekret über die katholischen orientalischen Kirchen zu erlassen[4].

Über Jahre hinweg hatte das II. Vatikanische Konzil der katholischen Kirche die praktische Erfahrung der gesamtkirchlichen Einheit in der Vielfalt des Kirchlichen vergegenwärtigt. Diese praktische Erfahrung in Verbindung mit dem für die katholische Ekklesiologie selbstverständlichen Gedanken, daß die Universalkirche als solche rechtlich verfaßt ist, mußte die Überlegung auslösen, ob nicht diese Einheit der Kirche auch gesetzesrechtlichen Ausdruck finden könne. Angesichts der vom Konzil betonten legitimen Vielfalt und insbesondere der auch rechtlichen Autonomie der katholischen Ostkirchen im Rahmen des Ganzen konnte dies nur bedeuten, daß ein einziger Codex, der das gesamte Kirchenrecht von West und Ost in sich vereinigen würde, nicht in Frage kommen konnte. Daher war es nur folgerichtig, daß Papst *Paul VI.* am 20. November 1965 in einer Ansprache an die Mitglieder und Konsultoren der Codex-Reformkommission die Prüfung der Frage anregte, ob es angezeigt sei, ein gemeinsames und grundlegendes Gesetzbuch (Codex fundamentalis) zu schaffen, das das Verfassungsrecht der Kirche (ius constitutivum Ecclesiae) enthalte[5]. Diese Fragestellung war darauf gerichtet, einerseits die herkömmliche formale Beziehungslosigkeit der lateinischen und orientalischen Rechtskreise in der katholischen Kirche zu überwinden und die grundlegende Gemeinschaft auch im Recht sichtbar zu machen, anderseits aber den notwendigen Freiraum für die legitimen eigengeprägten Rechtstraditionen der großen kirchlichen Rechtskreise offenzuhalten und rechtlich aufzuzeigen.

Wenige Tage nach der Ansprache des Papstes hat die Kardinals-Kommission sich auf ihrer Plenarsitzung am 25. November 1965 der aufgeworfenen Frage gestellt und sich dafür entschieden, eine „Lex Fundamentalis seu Ecclesiae Constitutionis" zu erarbeiten[6].

Einer zentralen Arbeitsgruppe von Konsultoren ist am 26./27. Juli 1966 ein erster Gesetzesvorschlag dieser Art zur Beratung unterbreitet und von dieser verworfen worden[7]. Ein zweiter Vorschlag trägt erstmals den Titel „Lex Ecclesiae Fundamentalis"; er wurde von der zentralen Arbeitsgruppe am 3./4. April 1967 in der Substanz, d. h. als Grundlage für die

[3] *J. G. Gerhartz*, Kommt das Grundgesetz der Kirche zu früh?, in: Kein Grundgesetz der Kirche ohne Zustimmung der Christen, Hrsg.: „Publik", Mainz 1971, S. 9–17, berichtet (S. 10), daß auf dem Konzil selbst der Vorschlag, einen für die Ost- und Westkirche einheitlichen Rechtskodex zu schaffen, aus der Ostkirche, näherhin von den Bischöfen der maronitischen Kirche, angeregt worden sei. Auf der Bischofssynode von 1967 sei dieser Vorschlag außerdem von den ukrainischen Bischöfen unterstützt worden. Vgl. hierzu auch *A. Gommenginger*, Verfassung und Strukturen in einem neuen Kirchenrecht, in: Orientierung 31 (1967), S. 26.

[4] Vgl. *J. M. Hoeck*, Einleitung zum Dekret über die Katholischen Ostkirchen, in: LThK²-Konzilskommentar I, S. 363 f.; *K. Mörsdorf*, Streiflichter zur Reform des kanonischen Rechtes, in: AfkKR 135 (1966), S. 47 f.

[5] Vgl. Communicationes 1 (1969), S. 114.

[6] Ebd.

[7] Dieser Gesetzesvorschlag war von seinen Autoren offenbar nur als eine erste Annäherung an die Materie verstanden worden, wie man aus dem Titel „Prima quaedam adumbrata propositio Codicis Ecclesiae fundamentalis" schließen kann (s. ebd.).

weiteren Arbeiten, gutgeheißen[8]. Am 27. April 1967 wurde eine Sondergruppe (Coetus specialis) bestehend aus 9 Konsultoren (und später 4 Bischöfen) unter dem Vorsitz des Präsidenten der Codex-Reformkommission, Kardinal *Pericle Felici*, gebildet[9].

Die Kernfrage, ob nämlich ein Gesetzeswerk dieser Art geschaffen werden solle oder nicht, schien wichtig genug, um sie auch der Bischofssynode des Jahres 1967 vorzulegen; diese hat sich am 3. Oktober für ein solches Projekt ausgesprochen[10].

Auf mehreren Arbeitssitzungen hat die Sondergruppe ihren überarbeiteten Gesetzentwurf fertiggestellt[11], der am 24. Oktober 1969 zusammen mit einem Brief von *Willy Onclin* (Löwen), einem der beiden Sekretäre der Codex-Reformkommission, an die Mitglieder (Kardinäle) dieser Kommission, an die Konsultoren der Glaubenskongregation und an die Mitglieder der Internationalen Theologenkommission zur Stellungnahme übersandt worden ist[12]. Diese hatten als Einzelpersonen Gelegenheit, bis zum Frühjahr 1970 Verbesserungsvorschläge einzureichen[13]. Aufgrund der eingegangenen Vorschläge, die allerdings keine wesentlichen Veränderungen erbrachten, wurde das „Schema Legis Ecclesiae Fundamentalis, Textus emendatus" erstellt und zusammen mit einem Bericht über das Schema und die eingegangenen Verbesserungsvorschläge am 10. Februar 1971 an die Bischöfe in aller Welt mit der Bitte übersandt[14], bis zum folgenden September hierzu Stellung zu nehmen. Nach Kritik an der allzu knapp bemessenen Zeitspanne wurde die Frist bis zum 1. Februar 1972 verlängert.

Bei dem Schema handelt es sich um einen auf Konsultorenebene erstellten Gesetzentwurf, dessen amtlicher Charakter dadurch gemindert ist, daß die zuständige Kardinalskommission als solche darüber nicht beraten und beschlossen hat[15]; anderseits kann man das Schema auch nicht als bloßes „Arbeitspapier" bezeichnen, wie schon die amtliche Zustellung an die Bischöfe zeigt[16].

Die in der Zwischenzeit abgehaltene dritte Bischofssynode des Jahres 1971 wurde am 3. November durch Kardinal Felici über die bis zum 28. Oktober eingegangenen Stellungnahmen unterrichtet[17]. Die Bischofssynode hat über das Thema eines Grundgesetzes der Kirche beraten, jedoch keine eigene Stellungnahme zu dem Schema abgegeben[18].

In der Folgezeit wurden die eingereichten Voten der Bischöfe ausgewertet. Dabei zeigte sich, daß die große Mehrheit der Bischöfe die Einführung eines Grundgesetzes der Kirche begrüßte, wenn auch gegenüber dem vorgelegten Schema eine erhebliche Zahl von Ände-

[8] Ebd., S. 115.

[9] Ebd.

[10] Ebd.

[11] Die Sitzungen fanden statt vom 28. bis 31. Oktober 1968, vom 3. bis 7. März und vom 16. bis 24. Mai 1969 (s. ebd.).

[12] Ebd., S. 116–118.

[13] Vgl. HerKorr 25 (1971), S. 239.

[14] Communicationes 3 (1971), S. 45f.

[15] Dieses Schema wird nicht selten als „vierter Entwurf" bezeichnet. Es scheint diese Redeweise übertrieben, weil die voraufgehenden Texte den Charakter von Vorstudien hatten bzw. als Bestandteile eines differenzierten Beratungsvorganges betrachtet werden müssen, an dessen Ende ein erster Gesetzentwurf stand, der für eine breite Diskussion eine ernsthafte Grundlage abgeben konnte. Gleichwohl muß zugestanden werden, daß die Bezeichnung als „Textus emendatus" die Annahme mindestens eines voraufgehenden Entwurfes nahelegen könnte.

[16] So *W. Onclin* auf einer Pressekonferenz am 5. Juli 1971 (s. HerKorr 25 [1971], S. 370). Arbeitspapiere kann es nur kommissionsintern geben. Bei späterer Gelegenheit bezeichnete *Onclin* den Textus emendatus als „primum Schema" (s. Communicationes 8 [1976], S. 79).

[17] Communicationes 3 (1971), S. 177. Bei dieser noch nicht repräsentativen Übersicht ergab sich eine beachtlich hohe Zahl von Ablehnungen (422), während die vorbehaltlose Zustimmung äußerst gering blieb (61); eine starke Mehrheit allerdings wünschte Verbesserungen (798).

[18] Ebd., S. 179–185.

rungswünschen vorgetragen wurde[19]. Auf der Grundlage dieser Voten begann die Sondergruppe mit der Erarbeitung eines neuen Schemas[20]. Da unterdessen auch eine Reformkommission für die Revision des orientalischen kanonischen Rechts (CICO) ins Leben gerufen war, wünschte der Papst eine entsprechende Erweiterung der Sondergruppe zu einer gemischten Kommission. Diese konstituierte sich als Konsultoren-Kommission[21] in einer Sitzung vom 23.–26. April 1974 unter dem Vorsitz von Kardinal *Felici*, dessen Stellvertreter Kardinal *Parecattil*, der Präsident der CICO-Kommission, wurde.

Im Februar 1976 konnte die gemischte Kommission ihre Arbeit erfolgreich abschließen[22]. Die von dieser Kommission erstellte Schlußfassung ist als solche nie veröffentlicht worden, doch kann sie aufgrund der fortlaufenden Berichte in dem amtlichen Publikationsorgan weitestgehend erschlossen werden[23]. Dieses Schema ist allen Mitgliedern der beiden päpstlichen Kommissionen für die Reform des lateinischen und des orientalischen Kirchenrechts zur Stellungnahme übersandt worden. Über die Rückantworten[24] hat eine eigens hierfür gebildete Konsultorengruppe in zwei Sitzungswochen beraten und eine letzte Überarbeitung des Schemas vorgenommen[25]. Unter dem Datum des 24. April 1980 hat die endgültige Fassung des Gesetzentwurfs einer LEF zur Vorlage an den Papst bereitgelegen.

Somit wäre es möglich gewesen, die LEF zusammen mit dem CIC im Januar 1983 zu promulgieren. Aber schon in dem Bericht über die weltweite Konsultation zum Schema/1980 des CIC, der unter dem Datum des 16. Juli 1981 den Mitgliedern der erweiterten Codex-Kommission vorgelegt wurde, kündigte sich die Möglichkeit einer Zurückstellung des Schema-LEF an[26]. Es zeigte sich, daß das ganze Interesse des Gesetzgebers auf den möglichst baldigen Erlaß des Codex für die lateinische Kirche gerichtet war; da aber der Codex in der bis dahin vorgesehenen Form ohne die LEF inhaltlich unvollständig gewesen wäre, wurde schon in dem genannten Bericht für den Fall einer Zurückstellung der LEF Vorsorge getroffen. In einem eigenen Anhang wurden jene Canones des Schema-LEF aufgeführt, die dann in den CIC eingearbeitet werden müßten. Diese betreffen vor allem die kodikarischen Abschnitte über die Gläubigen sowie über Papst und Bischofskollegium. Es ist aber nichts darüber verlautet, daß diese Grundsatzfrage auf der für das Schema-CIC abschließenden Sitzung der erweiterten Codex-Kommission überhaupt erörtert worden ist.

Tatsächlich ist das Schema-LEF weder vor noch zusammen mit dem CIC promulgiert worden; statt dessen sind 38 Canones des Schema-LEF in teils geringfügig modifizierter Form in den promulgierten Codex inkorporiert worden. Der Gesetzgeber hat sich bezüglich seiner Absichten über das künftige Schicksal der LEF beharrlich ausgeschwiegen. Da aber das Schema-LEF durch die Verpflan-

[19] HerKorr 28 (1974), S. 628f.

[20] Diese kam zu Sitzungen vom 20. bis 23. November 1972 sowie vom 17. bis 22. Dezember 1973 zusammen.

[21] Vgl. Communicationes 8 (1976), S. 78f.

[22] Die gemischte Kommission tagte ein weiteres Mal vom 17. bis 21. März 1975 und abschließend vom 23. bis 27. Februar 1976 (s. Communicationes 9 [1977], S. 79).

[23] Vgl. Communicationes 8 (1976), S. 80–108; 9 (1977), S. 84–116, 274–303.

[24] Von den eingegangenen 58 Stellungnahmen kamen nur 3 zu einem negativen Votum; vgl. Communicationes 12 (1980), S. 26.

[25] Vgl. Communicationes 12 (1980), S. 25–47; 13 (1981), S. 44–110. Die Sitzungen fanden statt vom 24. bis 29. September 1979 und vom 7. bis 12. Januar 1980.

[26] Relatio: Communicationes 14 (1982), S. 116–230 (eine Fortsetzung des Berichtes ist zu erwarten); vgl. bes. ebd., S. 121f.

zung von nahezu der Hälfte seines Normbestandes in den CIC[27] ruiniert worden ist, dürfte das Projekt einer LEF im Zuge der derzeitigen Gesamtreform keine Zukunft mehr haben; statt dessen werden die genannten Canones parallel auch in den Codex für die orientalischen Kirchen aufgenommen werden müssen. Damit muß der Plan einer dreigliedrigen Kodifikation des kanonischen Rechts als gescheitert, das Schema-LEF als in aller Stille zu Grabe getragen betrachtet werden.

II. Bewertung

Das Schicksal des Gesetzentwurfs der LEF ist äußerst wechselvoll gewesen. Der Gedanke, die tatsächlich vorhandene Gemeinschaft des westlich und des östlich geprägten katholischen Kirchentums, die fundamentale Einheit der lateinischen und der orientalischen Kirchen in einem umgreifenden Gesetz sichtbar zum Ausdruck zu bringen, ist anfänglich auch in einer breiteren Öffentlichkeit mit viel Sympathie aufgenommen worden. Als aber das erste Schema im Jahre 1971 bekannt wurde, schlug der Wind um, und es setzte eine zum Teil mit großer Heftigkeit geführte Diskussion ein[28]. Dabei stieß nicht nur der konkrete Gesetzentwurf auf sachliche Kritik; vielmehr wurden nunmehr auch grundsätzliche Fragen nach der Opportunität, ja sogar nach der theologischen Legitimität eines solchen Gesetzeswerkes aufgeworfen. Manche der gelegentlich mit großer Entschiedenheit vorgebrachten Einwände waren in mangelnder Sachkenntnis oder in Verkennung des Ziels einer LEF erhoben worden. So wundert es nicht, daß der erste Pulverdampf alsbald verweht war; die zweifellos berechtigte, aber auch besonnenere Kritik dagegen konnte den weiteren Arbeiten an dem Gesetzentwurf nur nützen. Dabei ist der prinzipielle Widerspruch gegen das Projekt der LEF fast ganz verstummt. Der Gesetzentwurf selbst ist nach Inhalt, systematischer Ordnung und sprachlicher Aussageform so gründlich überarbeitet worden, daß man von einer grundlegenden Verbesserung sprechen kann.

Für den Erlaß dieses Grundgesetzes der Kirche hätten vor allem folgende Gründe gesprochen:

(1) Mit Erscheinen des CIC von 1917 hatte die Kirche sich die neuzeitliche, abstrakte Gesetzgebungsweise zueigen gemacht. Die Schaffung eines Grundgesetzes der Kirche würde ein Fortschreiten auf dieser Linie einer methodisch angemesseneren Erfassung des kirchlichen Rechtsstoffes bedeuten. Dies muß in unmittelbarem Zusammenhang mit der Tatsache gewürdigt werden, daß im Zuge der Gesamtreform des Kirchenrechts neben dem CIC der Codex für die orientalischen

[27] Diese Transplantation ist nicht in jedem Falle besonders gut gelungen, weil der normative Zusammenhang natürlich verschieden ist. Die Mängel zeigen sich vor allem bei den cc. 204 § 2–206 CIC, die mit c. 204 § 1 logisch nicht recht zusammenpassen, im Schema-LEF aber theologisch richtig entwickelt und eingeordnet waren.

[28] Für die Einzelheiten und literarische Nachweise s. *W. Aymans*, Das Projekt einer Lex Ecclesiae Fundamentalis, in: GrNKirchR, S. 43–50.

Kirchen stehen soll. Aus beiden Codices jene Normen zu erheben, die unabhängig von den verschiedenen Rechtstraditionen für Aufbau, Leitung und Sendung der Gesamtkirche ohnehin gemeinsames Rechtsgut sind, und diese in einem eigenen Dokument zusammenzufassen, wäre äußerst sinnvoll.

(2) Das Vorhandensein eines solchen Gesetzes wäre nicht nur Ausdruck der die autonomen katholischen Ritusverbände umgreifenden Rechtsgemeinschaft; vielmehr wäre es auch geeignet, den Rahmen für eine differenzierte Rechtsentwicklung solcher bisher zur lateinischen Kirche gehörenden Teilkirchen bzw. Teilkirchenverbände zu umschreiben, die sich aus Gründen der sie umgebenden Rechtskultur mit dem aus dem abendländischen Rechtsdenken erwachsenen Recht der lateinischen Kirche schwer tun. Hierbei ist vor allem an die jungen Kirchen Afrikas und Asiens zu denken.

(3) Aus pastoralen Gründen wäre eine LEF begrüßenswert, weil sie das Recht der Kirche durchsichtiger machte. Auf solche Weise könnte das grundsätzliche Verständnis der Kirche über ihre Rechtsgestalt leichter vermittelt werden.

(4) Dies könnte auch auf ökumenischem Feld hilfreich sein. Im ökumenischen Gespräch kann die Konfrontation mit dem notwendigerweise auch viele Einzelheiten regelnden CIC eher verwirren. Wichtiger wäre es, durch Konzentration auf Wesentliches zugleich jenen Raum eigenständiger kirchlicher Entfaltung aufzuzeigen, in dem sich die autonomen Rituskirchen bewegen.

Ungeachtet solcher Erwägungen bleibt festzuhalten, daß das Projekt der LEF vorerst zurückgestellt ist; bislang deutet nichts darauf hin, daß es in absehbarer Zeit verwirklicht werden soll und auf welche Weise dies geschehen könnte. Über die Gründe, die den Gesetzgeber zur Zurückhaltung veranlaßt haben, obwohl alle kirchenamtlich mit den einschlägigen Fragen befaßten Personenkreise und Gremien einschließlich des ganzen Episkopats sich stets mit eindrucksvollen Mehrheiten grundsätzlich für das Projekt ausgesprochen hatten, kann man bisher allenfalls Vermutungen anstellen. Auf zwei Probleme sei hier kurz hingewiesen:

An *erster* Stelle muß auf eine kirchenrechtstheoretische Schwierigkeit aufmerksam gemacht werden. Die Schlußbestimmungen des Schema-LEF sind von der Idee einer durchgreifenden, formalrechtlich festgelegten Überordnung des Grundgesetzes über alles nachgeordnete Kirchenrecht beherrscht. Man kann aber mit Recht daran zweifeln, ob eine solche strikte formale Überordnung kirchenrechtlich zulässig ist. Im Kirchenrecht wird das innere Gefälle der Normqualität in erster Linie durch die Unterscheidung von göttlichem und menschlichem Kirchenrecht bestimmt. Wenn aber die LEF erklärtermaßen nicht als eine Sammlung des „ius divinum" verstanden sein will und werden kann, sondern nur bestimmte Normen des „ius divinum" mit Normen des „ius mere ecclesiasticum" verbindet, ist ein bloß formal begründeter absoluter Vorrang aller Normen der LEF theologisch nicht vertretbar. Die Schwierigkeit hätte indessen leicht behoben werden können, indem man auf die Schlußbestimmungen schlicht verzichtet hätte. Der besondere Rang der LEF würde sich von selbst aus dem Inhalt der einzelnen Normen ergeben.

Die *zweite* Schwierigkeit ist eher kirchenpolitischer Natur. Obwohl man aufs

Ganze gesehen nicht bestreiten kann, daß das Schema-LEF eindeutig an der Ekklesiologie des II. Vatikanischen Konzils orientiert ist, kann man nicht ausschließen, daß die spezifische Gestalt der rechtlichen Aussage – obgleich theologisch richtig – für das Denken und Sprechen namentlich orthodoxer Christen als zu stark westlich geprägt empfunden werden könnte. So wäre es möglich, daß ein auch ökumenisch an sich hilfreiches Gesetzeswerk gleichwohl Irritationen in den mit einigen Hoffnungen in Gang gekommenen katholisch-orthodoxen Dialog brächte. Der gegenwärtige Verzicht auf den Erlaß einer LEF darf aber nicht darüber hinwegtäuschen, daß bei Erreichen einer Einigung ein gemeinsam zu erarbeitendes Dokument dieser Art wiederum besonders hilfreich sein könnte.

Mit der Zurückstellung des Projekts der LEF bleibt ein geschichtlicher Augenblick gesetzgeberisch ungenutzt, der sich nicht so bald wiederholen läßt. Die Gunst der Stunde war es, daß sich zu gleicher Zeit das lateinische und das orientalische Kirchenrecht im Stadium einer durchgreifenden Reform befanden, die durch die gleichen Grundgedanken, nämlich durch die Ekklesiologie des II. Vatikanischen Konzils, getragen wird. Solche Gelegenheiten lassen sich nicht beliebig wiederholen.

§ 7 Kirchenrechtswissenschaft und Kirchenrechtsstudium

Von Georg May

I. Kirchenrechtswissenschaft

1. Begriff

Die (katholische) Kirchenrechtswissenschaft (Kanonistik)[1] ist die methodisch betriebene Erforschung und Darstellung des Rechtes der katholischen Kirche als des von Gott gestifteten Organs der Gottesherrschaft. Im ersten Jahrtausend der Kirchengeschichte wurde sie im Rahmen der einheitlich erfaßten Theologie gepflegt. Seit *Gratians* „Concordia discordantium canonum" etablierte sie sich als eigene Disziplin, die von der Mitte des 12. bis zur Mitte des 14. Jahrhunderts ihre klassische Zeit erlebte.

2. Gegenstand

Gegenstand der Kirchenrechtswissenschaft ist die Gesamtheit der von Gott und der Kirche erlassenen bzw. geschaffenen, auf sie bezüglichen oder mit ihr in Verbindung stehenden Rechtsnormen, Rechtseinrichtungen, Rechtsverhältnisse, Rechtsstreitigkeiten und Rechtsverletzungen. Dabei sind sowohl das allgemeine

[1] *A. M. Stickler*, Kanonistik, in: LThK[2] V, Sp. 1289–1302.

als auch das Teilkirchenrecht zu behandeln. Über das Recht der lateinischen Kirche hinaus ist das Recht der orientalischen Ritusgemeinschaften zu beobachten und in die Forschung einzubeziehen. Die Kirchenrechtswissenschaft hat weiter das Staatskirchenrecht und das Vertragskirchenrecht zu bearbeiten. Sie kann sodann, zumal in einer Zeit verstärkter ökumenischer Bemühungen der Kirche, an dem Recht der getrennten christlichen Gemeinschaften nicht vorübergehen. Die Kirchenrechtswissenschaft hat auch die wechselseitige Abhängigkeit zwischen kanonischem Recht und dem Recht anderer Verbände (Staat, nichtkatholische Religionsgemeinschaften) zu untersuchen. Sie muß schließlich die Rechtsprechung der kirchlichen Gerichte kennen und einbeziehen. Aus dem Gegenstand ergeben sich die verschiedenen Zweige der Kirchenrechtswissenschaft, also Rechtsphilosophie, Rechtstheologie, Rechtsgeschichte und die Bearbeitung des geltenden Rechts in seinen verschiedenen Teilen wie Grundlegung des Kirchenrechts, Allgemeine Grundbegriffe, Verfassungsrecht, Ämter- und Dienstrecht, Verwaltungsrecht, Recht des Gottesdienstes und der Sakramente, Recht der Lehre und Verkündigung, Missionsrecht, Prozeßrecht, Strafrecht, Staatskirchenrecht und Konkordatsrecht.

Die einzelnen Teile des Kirchenrechts sind ungleichmäßig bearbeitet. Eherecht und Verfassungsrecht werden in starkem Maße bevorzugt. Gebiete wie das Recht der übrigen Sakramente und das Strafrecht sind stiefmütterlich behandelt. Das liturgische Recht ist zum Schaden der Sache beinahe eine Domäne der Liturgiker geworden.

3. *Aufgabe*

Die Kirchenrechtswissenschaft muß ihren Gegenstand durch klare Begrifflichkeit, inhaltliche Vollständigkeit, methodisches Vorgehen und Ermittlung der Zusammenhänge zu erfassen suchen. Zu diesem Zweck hat sie an erster Stelle den Rechtsstoff zu sammeln. Dieser Aufgabe stehen gewisse Schwierigkeiten entgegen. Einmal war auch der CIC/1917 keineswegs eine erschöpfende Zusammenfassung des kanonischen Rechts der lateinischen Kirche; umfangreiche Normenkomplexe waren anderen Quellen zu entnehmen. Erst recht läßt der revidierte CIC zahlreiche Rechtsgebiete außerhalb der Kodifikation wie z. B. die Organisation und die Verfahrensweisen der Römischen Kurie sowie das Recht der Selig- und Heiligsprechung; sie müssen ebenso wie die zahlreichen ausführenden und ergänzenden Vorschriften des Partikularrechts an je ihrem Ort aufgesucht werden. Sodann sind die Rechtsnormen von anderen Formen der Regelung wie Plan, behördlicher Einzelanordnung oder Vertrag sowie von Programmsätzen, Appellen und Orientierungshilfen zu unterscheiden. Weiter ist festzustellen, ob Normen, die rechtmäßig erlassen worden sind, auch tatsächlich Geltung gewonnen haben, d. h. grundsätzlich als verbindlich angenommen und beachtet werden. Die Kirchenrechtswissenschaft hat sodann das normative Material nach sachlichen und formalen Gesichtspunkten zu ordnen. Dabei sind die Rangordnung der Normen zu berücksichtigen und das Verhältnis von allgemeinen und besonderen, früheren und späteren Gesetzen zu bestimmen. Die Kirchenrechtswissenschaft muß die große Zahl der Normen auf allgemeine Prinzipien zurückzuführen suchen, die Rechtssätze erklären, ihren Sinn und ihren Zweck aufdecken, sie in den Zusammenhang des jeweiligen Rechtsinstituts hineinstellen und ihre ekklesiologische Funktion aufzeigen. Sie hat hierbei den rechtsanwendenden Organen Vorarbeit zu leisten, wie der durch die Generalklauseln und wertausfüllungsbedürftigen Begriffe in den Normen eröffnete Beurteilungsspielraum auszufüllen ist. Sie hat weiter die gegenseitige Zuordnung von Bestimmungen, die über den CIC verstreut sind und sich darüber hinaus finden, zu untersuchen; der gesamte Rechtsstoff ist in ein logisch geordnetes System zu bringen. Die Kirchenrechtswissenschaft darf auch die geschichtliche Entwicklung des Rechts, der Rechtssätze und der Rechtseinrichtungen nicht vernachlässigen. Die Kenntnis des Entstehens und des Wandels des Rechts ist hilfreich für die Erklärung. Die Kanonistik hat ebenfalls die Aufgabe, aufgrund geeigneter und anerkannter Maßstäbe Kritik an der Rechtsetzung und an dem Recht zu üben. Die Maßstäbe dafür sind die theologische Begründetheit, die Gerechtigkeit, die Sicherheit und die Nützlichkeit der Normen. Dabei sind die religiösen, kulturellen, sittlichen, sozialen und politischen Verhältnisse stets im Auge zu behalten; der Kanonist muß die Fähigkeit und den Mut haben, die Wirklichkeit in Kirche und Gesellschaft unbefangen und realistisch in den Blick zu nehmen. Wo Rechtsnormen gebraucht werden, aber fehlen, hat die Kirchenrechtswissenschaft sie zu finden bzw. Grundsätze zu entwickeln, um sie finden zu lassen. Schließlich kann es auch erforderlich werden, gesetzliches Unrecht festzustellen und die daraus folgende Freiheit oder Pflicht zur Nichtbeachtung von Normen auszusprechen. Seit Beginn der Arbeit an dem neuen CIC waren der Kirchenrechtswissenschaft gewichtige rechtsschöpferische und rechtstechnische Aufgaben gestellt. Nach der Promulgation des Werkes haben seine geistige Durchdringung und seine praktische Aneignung einzusetzen. Besondere Aufmerksamkeit beansprucht die Rechtssprache. Die Rechtsordnung bedient sich des sprachlichen Mediums, um ihre Regelungen zu formulieren. Vom Gebrauch und vom Verständnis der Sprache, der Worte und der Sätze hängt das Wirksamwerden der Rechtsnormen in erheblichem Umfang ab. Der Kanonist hat daher die Bedeutung der Worte und der Wortverbindungen an jeder Stelle und im Gesamt der Rechtsordnung sorgsam zu erheben.

4. Methode

Die Kirchenrechtswissenschaft besitzt eine ihr eigentümliche Erkenntnisweise. Der Kanonist arbeitet mit der juristischen Methode unter Beachtung theologischer Prinzipien[2]. Das formale Prinzip des kanonischen Rechts wie des

[2] *H. Barion*, Die gegenwärtige Lage der Wissenschaft vom katholischen Kirchenrecht, in: ZevKR 8 (1962), S. 228–290; *G. May*, Enttheologisierung des Kirchenrechts?, in: AfkKR 134 (1965), S. 370–376; *A. M. Rouco Varela*, Allgemeine Rechtslehre oder Theologie des kanonischen Rechtes? Erwägungen zum heutigen Stand einer theologischen Grundlegung des kanonischen Rechtes, in: AfkKR 138 (1969), S. 95–113; *E. Corecco*, Kritische Erwägungen

katholischen Glaubens ist die Formel „Sola Ecclesia" (*Hans Barion*). Die Kirchenrechtswissenschaft kann ihre (dogmatische) Grundlage weder bestreiten noch von ihr abgehen, ohne sich selbst aufzugeben. Der Kanonist muß auch stets die salus animarum (c. 747 § 2), das periculum animarum und die ratio peccati vor Augen haben. Seine Disziplin kann daher adäquat nur in voller Übereinstimmung mit der Glaubenslehre der Kirche verstanden und betrieben werden. Aufbauend auf dieser Basis, umfaßt die kanonistische Methode folgende Elemente. Der Kanonist muß einmal bei seiner Arbeit logisch vorgehen, worunter sowohl die formale Logik wie die Rechtslogik[3] zu verstehen sind. So sind beispielsweise Definitionen, wie sie die Logik lehrt, in der Kanonistik unentbehrlich und von größter Tragweite. Nur wer über klare Begriffe verfügt, kann interpretieren und deduzieren. Ein Grunddatum der kanonistischen Methode ist das Urteilen über konkrete Fälle entsprechend dem Maßstab der Gerechtigkeit. Der Kanonist muß mithin die logische Lehre vom Urteil kennen. Schließlich ist logisches Rüstzeug, vor allem die Lehre vom Schluß, notwendig, wo es darum geht, aus bestimmten Rechtsnormen andere zu gewinnen.

Das Kernstück der kanonistischen Methode ist sodann die Interpretation der Normen[4], d. h. die Ermittlung ihres Sinnes. Zu diesem Zweck ist die Kenntnis des Vorgehens von Philologen und Historikern nützlich. Die kanonistische Auslegung unterscheidet sich jedoch dadurch wesentlich von dem philologisch-historischen Bemühen um das Verständnis der Sprache und eines Textes, daß bei ihr der Prozeß des Verstehens bestimmten rechtlichen Zielsetzungen untergeordnet ist; Ausdruck derselben sind die Auslegungsregeln, die sich in den cc. 16–18 finden. Bei der Interpretation ist danach auszugehen vom Wortsinn, wie er sich aus dem Text und dem Textzusammenhang ergibt. Führt diese (grammatische) Interpretation nicht zum Ziel, sind etwa vorhandene parallele Stellen heranzuziehen (systematische I.). Weiter ist auf den Zweck des Gesetzes, d. h. was es erreichen will, zurückzugehen (teleologische I.). Ebenso sind die Umstände seiner Entstehung,

zum Internationalen Kongreß für kanonisches Recht in Rom vom 14. bis 19. Januar 1970, in: AfkKR 139 (1970), S. 91–124; *K. Mörsdorf*, Kanonisches Recht als theologische Disziplin, in: AfkKR 145 (1976), S. 45–58. Vgl. auch die Ansprache *Pius' XII.* vom 17. Oktober 1953, in: AAS 45 (1953), S. 687f.

[3] Vgl. *K. Engisch*, Logische Studien zur Gesetzesanwendung, 2. Aufl., in: Sitzungsberichte der Heidelberger Akademie der Wissenschaften, Philosophisch-historische Klasse, Jg. 1960, 1. Abh., Heidelberg 1960; *O. Weinberger*, Rechtslogik. Versuch einer Anwendung moderner Logik auf das juristische Denken (= Forschungen aus Staat und Recht, 13), Wien, New York 1970; *H. Wagner/K. Haag*, Die moderne Logik in der Rechtswissenschaft, Bad Homburg v.d.H. 1970; *E. Schneider*, Logik für Juristen. Die Grundlagen der Denklehre und der Rechtsanwendung, 2. durchges. Aufl., München 1972.

[4] *L. Bender*, Legum ecclesiasticarum interpretatio et suppletio, Rom 1961; *A. Mennicken*, Das Ziel der Gesetzesauslegung. Eine Untersuchung zur subjektiven und objektiven Auslegungstheorie (= Studien und Texte zur Theorie und Methodologie des Rechts, Bd. 4), Bad Homburg v.d.H., Berlin, Zürich 1970; *R. Potz*, Die Geltung kirchenrechtlicher Normen. Prolegomena zu einer kritisch-hermeneutischen Theorie des Kirchenrechts (= Kirche und Recht, 15), Wien 1978; *H. Pree*, Die evolutive Interpretation der Rechtsnorm im Kanonischen Recht (= Linzer Universitätsschriften, Monographien, Bd. 6), Wien, New York 1980; *L. Orsy*, The Interpreter and his Art, in: The Jurist 40 (1980), S. 27–56.

die Veranlassung, zu bedenken (genetische I.). Schließlich ist der Wille des Gesetzgebers zu erforschen (historische I.).

Die Kanonistik ist insofern eine praktische Wissenschaft, als sie der Verwirklichung des Rechts im konkreten Leben der Kirche und ihrer Glieder dient; sie lehrt die Rechtsanwendung, d. h. die Vornahme einzelner Rechtsakte aufgrund der allgemeinen Rechtsnormen[5]. Der Rechtsanwendende leistet der Kirche den Dienst, bindende Entscheidungen hervorzubringen, seien es Urteile, seien es Verwaltungsakte. Die Rechtsanwendung bedarf notwendig der Auslegung der Normen, aber sie beschränkt sich nicht darauf, sondern schreitet fort zu ihrer Konkretisierung oder Präzisierung, ja zur Rechtsschöpfung. Die Konkretisierung geschieht dadurch, daß der Norm bestimmte Tatbestandselemente hinzugefügt werden, die Präzisierung besteht darin, daß die vom Gesetzgeber absichtlich gelassenen Freiräume ausgefüllt werden. Konkretisierung und Präzisierung gehen über die Auslegung hinaus, weil eben nicht nur festgestellt wird, welchen Inhalt eine Rechtsnorm hat, sind aber nicht Rechtsschöpfung, weil nicht eine rechtliche Regelung erzeugt wird, die vom Gesetzgeber nicht vorgesehen war. Wenn indes ein Fall zur Entscheidung ansteht, für den eine Vorschrift des Gesetzesrechts oder eine gewohnheitsrechtliche Norm fehlt, wo also eine Gesetzeslücke vorliegt, ist der Gesetzesanwender zur Rechtsschöpfung berufen[6], d. h. der Rechtsfall (von Strafsachen abgesehen) ist zu entscheiden unter Heranziehung der Gesetzesanalogie, der Rechtsanalogie, der Rechtsprechung und der Praxis der Römischen Kurie sowie der gemeinsamen und beständigen Meinung der Rechtslehrer (c. 19).

Das Herzstück der Rechtsanwendung ist die Verknüpfung von Rechtsnorm und Sachverhalt; sie geschieht grundsätzlich rechtslogisch in dem Syllogismus, d. h. durch die Subsumtion des (gegebenen) Sachverhalts unter die (zu findende) Rechtsnorm. Grundlegend bei diesem Verfahren ist die klare Erkenntnis des Obersatzes. Es ist Sache der Kommentatoren des Rechts, die normativen Merkmale des gesetzlichen Tatbestandes vollständig zu erheben und die deskriptiven Merkmale desselben auf beobachtbare Merkmale zurückzuführen, soweit dies möglich ist. Die entscheidende Schwierigkeit bei der Rechtsgewinnung liegt in der Aufstellung des Untersatzes des Syllogismus. Hier ist zu fragen, ob der Sachverhalt die Merkmale des Obersatzes, genauer seines Mittelbegriffes, aufweist. Nur wenn der zu beurteilende Lebenssachverhalt dem vom Gesetzgeber normierten Tatbestand hinlänglich ähnlich ist, kann er unter diesen subsumiert werden. Der Kanonist muß lernen, aus dem ihm unterbreiteten bzw. in Erfahrung gebrachten Lebenssachverhalt die rechtserheblichen Fakten herauszudestillieren. Zu diesem Zweck muß er einerseits auf den Sachverhalt, anderseits auf den

[5] *W. Sauer*, Juristische Methodenlehre. Zugleich eine Einleitung in die Methodik der Geisteswissenschaften, Stuttgart 1940, Neudr.: Aalen 1970; *M. Rumpf*, Gesetz und Richter. Versuch einer Methodik der Rechtsanwendung, Berlin 1906, Neudr.: Aalen 1970; *F. Müller*, Juristische Methodik, 2. Aufl., Berlin 1976; *K. Larenz*, Methodenlehre der Rechtswissenschaft, 3., völlig neubearb. Aufl., Berlin, Heidelberg, New York 1975.

[6] *A. Ravà*, Il problema delle lacune dell'ordinamento giuridico e della legislazione canonica, Milano 1954.

normierten Tatbestand schauen und beide einander immer genauer und gründlicher gegenüberstellen. Dabei zeigt es sich, ob eine Norm auf den Sachverhalt paßt oder nicht und welche Merkmale desselben erheblich oder unerheblich sind.

Der Kanonist muß sich bei seiner Arbeit auch der Lehren der *Hermeneutik*[7] bewußt sein. Jedermann geht an einen Gesetzestext, der ausgelegt werden soll, mit einem Vorverständnis, d. h. einem irgendwie gearteten Wähnen und Erwarten, heran. Diese Einschätzung des Textes kann jedoch nur vorläufig und muß grundsätzlich überholbar sein. Im Laufe der Interpretation wandelt sich das pauschale und diffuse Verständnis in ein genaues und richtiges.

Wegen der Begründung ihres wesentlichen Gegenstandes im Ereignis der Offenbarung ist die Kirchenrechtswissenschaft eine *theologische Disziplin*. Je näher eine Norm dem geistlichen Wesen der Kirche steht, um so enger ist die Kirchenrechtswissenschaft der Theologie verbunden. In seiner Ansprache vom 20. Januar 1970[8] sprach Papst *Paul VI.* von der Pflicht des Kanonisten, seine Lehre tiefer in der Heiligen Schrift und in der Theologie zu begründen, wie das kanonische Recht aus dem Wesen und der Verfassung der Kirche abzuleiten sei. Das Rundschreiben der Kongregation für das katholische Bildungswesen vom 2. April 1975[9] fordert die Dozenten des kanonischen Rechts auf, bei ihrer wissenschaftlichen Arbeit ein enges Verhältnis zu den Lehrern der übrigen theologischen Disziplinen zu unterhalten. Diese letzteren sind für die Kirchenrechtswissenschaft von unterschiedlicher Bedeutung. An der Spitze stehen die Exegese des Neuen Testamentes und die Dogmatik, von denen die Kirchenrechtswissenschaft ihren fundamentalen Gegenstand, das göttliche Kirchenrecht, empfängt, ihnen folgen die Moraltheologie, die Sozialethik, die Liturgik, die Pastoraltheologie und die Kirchengeschichtswissenschaft. Bei aller Bejahung der pastoralen Zielsetzung des Kirchenrechts ist zu beachten, daß, wie *Paul VI.* am 19. Februar 1977[10] richtig sagte, sein erstrangiger Dienst für die Seelsorge, die „diaconia iuris", darin gelegen ist, daß es „wahres Recht" ist.

II. Kirchenrechtsstudium

1. Haupt- und Pflichtfach

Das Kirchenrecht ist notwendiger Bestandteil des Theologiestudiums der Priester (c. 252 § 3)[11]. Die Kongregation für das katholische Bildungswesen richtete am 2. April 1975[12] ein Rundschreiben an die Diözesan- und Personaloberhirten sowie

[7] *H. Coing*, Die juristischen Auslegungsmethoden und die Lehren der allgemeinen Hermeneutik (= Arbeitsgemeinschaft für Forschung des Landes Nordrhein-Westfalen, Geisteswissenschaften, H. 84), Köln, Opladen 1959.
[8] AAS 62 (1970), S. 108f.
[9] AfkKR 144 (1975), S. 139–144.
[10] AAS 69 (1977), S. 208–212, hier 211.
[11] *B. Frison*, Training in the Seminary, in: The Jurist 27 (1967), S. 323–349; *J. T. Finnegan*, The Teaching of Canon Law in the Seminary, ebd., S. 350–364.
[12] *Ochoa* V, n. 4371, Sp. 7012–7016.

an die Regenten ihrer Seminarien und Scholastikate über das kirchenrechtliche Studium der Priesteramtskandidaten. Danach hat sich der künftige Priester die für seinen Seelsorgedienst erforderlichen Grundsätze und Normen des kanonischen Rechts anzueignen. In Priesterseminaren und Ordensscholastikaten, theologischen Fakultäten und Abteilungen muß ein Lehrstuhl des kanonischen Rechts vorhanden sein. Die Kirchenrechtswissenschaft ist Pflichtfach des Theologiestudiums. In Deutschland wurde indes die Zahl der Stunden, die für das Studium dieses Fachs zur Verfügung stehen, im Zuge der nachkonziliaren Entwicklung empfindlich beschnitten. Das erwähnte Rundschreiben sieht die Berücksichtigung des kanonischen Rechts auch bei der theologischen Weiterbildung des Klerus vor.

Die Weisungen und die Normen, die der Heilige Stuhl über die Ausbildung im Kirchenrecht ergehen läßt, kranken meist an dem Mangel, daß sie lediglich auf die Priesterkandidaten abstellen, während, vor allem in Deutschland, in immer stärkerem Maße Nichtpriester, Diakone und Laien, Theologie studieren und im kirchlichen Dienst tätig werden. Ihnen ist die Kenntnis des Kirchenrechts ebenfalls unentbehrlich. Papst *Paul VI.* wies am 25. Mai 1968[13] richtig auf die auch für Laien bestehende Notwendigkeit hin, das kanonische Recht zu studieren.

Die „Ordinationes" zu der Apostolischen Konstitution „Sapientia Christiana" sehen die Kirchenrechtswissenschaft als obligatorische theologische Disziplin für jeden an einer theologischen Fakultät Studierenden vor (Art. 51). Umgekehrt wird eine Beschäftigung mit dem kanonischen Recht, die von der Theologie und der Philosophie (oder vom weltlichen Recht) absieht, von den „Ordinationes" mit Recht als unzulänglich abgewiesen (Art. 56). Denn einer Kanonistik ohne Theologie fehlt die Basis, ohne Philosophie das Verständnis und ohne Rechtswissenschaft die Methode; rechtlich denken lernt man nur in der Schule des Juristen.

2. *Studienziel*

Die Studierenden müssen das geltende Recht systematisch erfassen und wissenschaftlich durchdenken sowie mit der rechtswissenschaftlichen Methode vertraut werden. Sie müssen Verständnis für die rechtliche Struktur der Kirche und die Notwendigkeit einer Rechtsordnung in der Kirche, Achtung vor Gesetz und Recht, Einblick in die gegenseitige Verwiesenheit der übrigen theologischen Disziplinen und der Kirchenrechtswissenschaft sowie Verantwortungsbewußtsein für den Dienst in der Kirche aufgrund einer genauen Beobachtung des kanonischen Rechts gewinnen. Dieses Ziel ist zu erreichen, wenn das Kirchenrecht in der oben angegebenen Weise, mit methodischer Strenge und bei angemessener zeitlicher Ausdehnung dargeboten wird. Das Rundschreiben der Kongregation für das katholische Bildungswesen vom 2. April 1975 legt es in das gewissenhafte Ermessen des Kirchenrechtslehrers, die Entwicklung eines Rechtsinstituts und seine Verknüpfung mit der zeitgenössischen Theologie darzustellen, fordert

[13] AAS 60 (1968), S. 341 f.

die Behandlung der Normen, die den Ökumenismus betreffen, vor allem im Bereich von Liturgie und Sakramentenspendung, und verlangt den Erwerb einer hinreichenden Kenntnis des staatlichen Rechts des jeweiligen Landes, soweit es sich sachlich mit dem kanonischen Recht berührt, vor allem in den gemeinsamen Angelegenheiten von Staat und Kirche. Die Deutsche Bischofskonferenz verabschiedete in ihrer Vollversammlung vom 13. bis 16. Februar 1978 eine „Rahmenordnung für die Priesterbildung"[14], die von der Kongregation für das katholische Bildungswesen am 9. März 1978 approbiert wurde. Darin wird für die Priesterkandidaten gefordert, daß sie „ein theologisch fundiertes und rechtlich orientiertes Verständnis von der konkreten Rechtswirklichkeit der Kirche" erwerben und ihre kirchenrechtlichen Kenntnisse in der Praxis verwerten lernen (Nr. 101). Bei den Studien- und Prüfungsinhalten werden u. a. die theologische Einordnung und die ekklesiologische Bedeutung des Kirchenrechts, das Recht der Verfassung, der Ämter und der Dienste der Kirche, die Normen über die Verkündigung und das Recht der Sakramente erwähnt (Nr. 102). Auch die haupt- und nebenberuflichen Diakone bedürfen – im Rahmen ihrer theologischen Ausbildung – kanonistischer Studien[15]. Dasselbe gilt für die Gemeindereferenten[16] und in gesteigertem Maße für die Pastoralreferenten[17]. Schließlich müssen alle Religionslehrer in Schulen über gewisse Grundkenntnisse im Kirchenrecht verfügen[18].

3. *Lehr- und Studienweise*

Das Dekret des Zweiten Vatikanischen Konzils über die Ausbildung der Priester fordert für den Unterricht im Kirchenrecht, daß dabei das Geheimnis der Kirche berücksichtigt, d. h. in allem der ekklesiologische Bezug der Normen dargestellt werde[19]. In der „Ratio Fundamentalis Institutionis sacerdotalis" der Kongregation für das katholische Bildungswesen vom 6. Januar 1970[20] wird eine Art der Darbietung des Kirchenrechts gefordert, welche die notwendige Übereinstimmung der Ordnung und der Disziplin in der Kirche mit dem Heilswillen Gottes aufzeigt. Das Rundschreiben der Kongregation für das katholische Bildungswesen vom 2. April 1975 verlangt, daß bei dem Kirchenrechtsunterricht die theologischen Grundlagen des kanonischen Rechts im allgemeinen und einer jeden Einrichtung des Rechts im besonderen aufgewiesen werden. Auf diese Weise sollen der Geist des Kirchenrechts, seine Eigenart und seine pastorale Aufgabe dargelegt werden. Die

[14] Bonn 1978.

[15] Rahmenordnung für ständige Diakone in den Bistümern der Bundesrepublik Deutschland vom 22. Januar 1979, Bonn 1979, Nr. 3.3, 4.3, 4.4.

[16] Rahmenstatut für Gemeindereferenten vom 19. September 1978 Nr. 4.1; Rahmenordnung vom 25. September 1979, Bonn 1979, Nr. 13.

[17] Rahmenstatut für Pastoralreferenten vom 19. September 1978 Nr. 3.3, 4.1; Rahmenordnung vom 7. März 1979, Bonn 1979, Nr. 6, 13.

[18] Kirchliche Anforderungen an die Studiengänge für das Lehramt in Katholischer Religion an Hauptschulen, Realschulen, Gymnasien und Beruflichen Schulen bzw. in der Sekundarstufe I und II vom 23. September 1982, Bonn 1982, Nr. III.

[19] VatII OT Art. 16.

[20] AAS 62 (1970), S. 321–384.

Behandlung von Streitfragen und das Aufgreifen von Einzeluntersuchungen sollen außerhalb der Stätten, an denen eine kanonistische Fachausbildung vermittelt wird, lediglich dann erfolgen, wenn sie für die Seelsorge von besonderer Bedeutung sind. Die Apostolische Konstitution „Sapientia Christiana" weist den kanonistischen Fakultäten die Aufgabe zu, die kirchenrechtlichen Fächer im Lichte des Evangeliums zu pflegen und voranzubringen und die Studierenden tiefer darin einzuführen, damit sie imstande sind, sie durch Forschung und Lehre zu betreiben und im kirchlichen Dienst anzuwenden (Art. 75). Die „Ordinationes" zu dieser Konstitution fordern von den erwähnten Fakultäten, Geschichte und Text der kirchlichen Gesetze, ihre Begründung und ihren Zusammenhang in wissenschaftlicher Weise zu erklären (Art. 55).

Für das Studium des Kirchenrechts ist die akademische Vorlesung, wie sie sich in vielhundertjähriger Praxis der abendländischen Universität bewährt hat, auch heute unentbehrlich. Sie muß gut gegliedert und präzise formuliert sein, den Studierenden methodisches rechtliches Denken im Mitvollzug ermöglichen, was durch die Freiheit, Fragen zu stellen, erleichtert wird. Die Vorlesung muß weiter auf dem jüngsten Stand der Rechtsentwicklung stehen und durch treffende Beispiele wirklichkeitsnahe gehalten werden. Dem letzteren Erfordernis dient es, wenn der akademische Lehrer des Kirchenrechts in der Seelsorge tätig ist und in Verbindung mit der forensischen und der Verwaltungspraxis steht. Der Stoff ist zweckmäßigerweise in systematischer Ordnung darzustellen, weil so leichter die tragenden Prinzipien und der logische Zusammenhang des Rechtssystems vorgeführt werden können[21]. Die Vorlesungen sind durch Übungen zu ergänzen; sie sind für die Aneignung der kanonistischen Methode unentbehrlich. In den Übungen sind die Studierenden im einzelnen in den Umgang mit den Quellen des Kirchenrechts einzuführen. Sie gestatten es auch, den Studierenden anhand von Rechtsfällen die Kunst zu vermitteln, die theoretischen Kenntnisse auf die Praxis anzuwenden. In ihnen werden schließlich ausgewählte Themen nach der materiellen Seite vertieft. Ein Mangel besteht darin, daß die Übungen regelmäßig nicht obligatorisch sind und daß die Studierenden nicht ausnahmslos schriftlichen Übungsarbeiten unterworfen werden. Das Rundschreiben der Kongregation für das katholische Bildungswesen vom 2. April 1975 schreibt vor, daß die Studierenden auch in die Rechtspraxis von Verwaltung und Rechtsprechung eingeführt werden.

4. *Studienmittel*

Die Pflege des kanonischen Rechts geschieht in den dafür bestehenden Einrichtungen, also in den kanonistischen Fakultäten[22] und Abteilungen sowie an den Lehrstühlen für Kirchenrecht in den theologischen und rechtswissenschaftlichen

[21] *J. B. Sägmüller*, Die Stellung der kirchlichen Rechtsgeschichte in der akademischen Disziplin des Kirchenrechts, in: ThQ 100 (1919), S. 59–102; *J. Haring*, Zur Methode des akademischen Kirchenrechtsunterrichtes, in: ThPQ 73 (1920), S. 212–225; *N. Hilling*, Studium und Wissenschaft des Kirchenrechts in der Gegenwart, in: AfkKR 101 (1921), S. 3–28.

[22] *Fr. J. Urrutia*, La Facultad de Derecho Canónico, in: Seminarium 32 (1980), S. 522–547.

Fakultäten (Fachbereichen)[23]. Geographisch gesehen sind nach wie vor Rom und Italien die Hauptstätten kirchenrechtlicher Wissenschaft. Ihnen folgen in dieser Ordnung Spanien, Frankreich, Deutschland, Österreich und die USA. Die von *Nikolaus Hilling* schon 1925 geforderte Einrichtung eines deutschen Kanonistischen Institutes[24] kam nach dem Zweiten Weltkrieg in München[25] zustande. In Bonn besteht ein von der Deutschen Bischofskonferenz getragenes „Institut für Staatskirchenrecht der Diözesen Deutschlands"[26]. Ergebnisse und Probleme des Kirchenrechts werden in der Fachliteratur niedergelegt und erörtert. Die Kanonistik verfügt über eine große Anzahl von Fachzeitschriften, in Italien über Apollinaris, Commentarium pro Religiosis et Missionariis, Il Diritto Ecclesiastico, Ephemerides Iuris Canonici, Monitor Ecclesiasticus, Periodica de re morali, canonica, liturgica, in Deutschland und Österreich über das Archiv für katholisches Kirchenrecht und das Österreichische Archiv für Kirchenrecht, die Zeitschrift für evangelisches Kirchenrecht und die Zeitschrift der Savigny-Stiftung für Rechtsgeschichte, Kanonistische Abteilung, in Frankreich über L'Année Canonique und die Revue de droit canonique, in Spanien über das Ius Canonicum und die Revista Española de derecho canónico und in den USA über The Jurist. Daneben gibt es mehrere Reihen, in denen kanonistische Monographien erscheinen, wie beispielsweise die Münchener theologischen Studien, Kanonistische Abteilung, die Kanonistischen Studien und Texte und die Staatskirchenrechtlichen Abhandlungen. Eine stattliche Anzahl von Festschriften birgt große Schätze gelehrter Abhandlungen. Die Edition der Quellen des Kirchenrechts hat Fortschritte gemacht, ist aber, vornehmlich was das Mittelalter angeht, noch nicht entscheidend vorangekommen[27]. Nach der Promulgation des revidierten CIC hat die Arbeit an Lehrbüchern des kanonischen Rechts in verstärktem Maße eingesetzt. Wissenschaftliche Kongresse dienen der Verbindung der Gelehrten, dem Austausch von Erkenntnissen und dem Gespräch über offene Fragen[28].

5. Notwendigkeit kanonistischer Ausbildung

Das Recht ist der Schutz des Schwachen. Jedes Kirchenglied sollte daher ein Mindestwissen darüber besitzen, wie es sich gegen Unrecht und Gesetzlosigkeit wehren und erforderlichenfalls sein Recht durchsetzen kann. Kenntnisse im Kirchenrecht sind jedem Theologen notwendig; ohne sie fehlt ihm ein wesentli-

[23] Die Fakultäten für evangelische Theologie besitzen regelmäßig keinen Lehrstuhl für Kirchenrecht. Ihre Studierenden werden entweder an protestantische Kirchenrechtslehrer in der benachbarten rechtswissenschaftlichen Fakultät verwiesen oder durch Lehrbeauftragte unterrichtet.

[24] *N. Hilling*, Die Errichtung eines Kanonistischen Instituts in Deutschland, in: AfkKR 105 (1925), S. 569–573.

[25] *R. Motzenbäcker*, Kanonistisches Institut, in: LThK² V, Sp. 1302.

[26] Vgl. AfkKR 150 (1981), S. 637–641.

[27] Vgl. dafür das „Bulletin of Medieval Canon Law", das von dem „Institute of Medieval Canon Law" in Berkeley, California herausgegeben wird.

[28] Vgl. die Berichte in AfkKR 149 (1980), S. 616–634 (Freiburg in der Schweiz 1980), 635–640 (Berkeley, California 1980).

ches Stück an seiner Theologie. Sie sind erst recht für jeden unentbehrlich, der als Geistlicher oder Laie im Dienst der Kirche steht. Zumal die in der Seelsorge tätigen Personen bedürfen einer kanonistischen Ausbildung, wenn sie ihren Heilsdienst in geordneter Weise wahrnehmen sollen. Die Inhaber von Kirchenämtern, wie Pfarrer, Bischof, Generalvikar, Vorstand eines Kapitels, Offizial und andere Gerichtspersonen, bedürfen dringend der Vertrautheit mit dem Kirchenrecht. Ebenso sind die Bischofskonferenzen, die Synoden, die Ortsoberhirten und die Ordensoberen für die Beachtung und die Auslegung des gemeinen Rechts sowie für die Setzung und Anwendung des partikulären Rechts notwendig auf kanonistische Fachleute angewiesen. Auch weltliche Juristen in Verwaltung und Rechtsprechung können kirchenrechtlichen Wissens nicht entraten.

Eine gründliche kanonistische Ausbildung wird regelmäßig in einem Spezialstudium an einem kanonistischen Institut oder einer kanonistischen Fakultät erworben. Es gibt einen eigenen Lizentiaten- und Doktorgrad des kanonischen Rechtes (c. 378 § 1 n. 5). Die Apostolische Konstitution „Sapientia Christiana" vom 15. April 1979 setzte für die kanonistische Spezialausbildung an einer Fakultät des kanonischen Rechts vier Jahre fest (Art. 76). Im ersten Jahr sind die Prinzipien und die grundlegenden Disziplinen darzubieten, in den beiden folgenden Jahren die Dogmatik des geltenden Rechts und benachbarte Disziplinen, im vierten Jahr ist die Ausbildung abzurunden und die Doktordissertation anzufertigen. Die Konstitution sieht den Erwerb des Lizentiats nach dreijährigem, den des Doktorats nach vierjährigem Studium vor (Art. 77 § 2).

In den letzten Jahren wird es immer schwieriger, qualifizierte Personen für die Arbeit in der Verwaltung und den Gerichten der Kirche zu gewinnen. Das Rundschreiben der Kongregation für das katholische Bildungswesen vom 2. April 1975 fordert daher die Orts- und die Ordensoberhirten auf, Priester zu Dozenten des Kirchenrechts ausbilden oder sich eine für den Dienst in der Diözese oder im klösterlichen Verband geeignete vertiefte Kenntnis des Kirchenrechts erwerben zu lassen. In Diözesen, in denen sich katholische oder orthodoxe Ostchristen befinden, sollen einige Diözesanpriester sich im orientalischen Kirchenrecht fortbilden.

In den rechtswissenschaftlichen Fakultäten der Universitäten wird regelmäßig dem Religionsrecht eine gewisse Beachtung in Forschung und Lehre geschenkt. Leider ist der Raum, der dem Kirchenrecht im Rahmen des rechtswissenschaftlichen Studiums vorbehalten wird, seit Jahrzehnten fortwährend geschrumpft. In der Bundesrepublik Deutschland ist das Kirchenrecht in den Justizausbildungs- und Prüfungsordnungen fast aller Bundesländer nicht einmal mehr als Wahlfach erhalten[29]. Die Verordnung des österreichischen Bundesministers für Wissenschaft und Forschung vom 12. März 1979[30] über die Studienordnung für das

[29] *A. Hollerbach*, Das Kirchenrecht an den deutschen Rechtsfakultäten, in: Festschr. Panzram, S. 327–339; *M. Heckel*, Die Situation des Kirchenrechts an den deutschen Universitäten, in: ZevKR 18 (1973), S. 330–354.

[30] BGBl. S. 811. Vgl. *H. Schnizer*, Juristenausbildung im Kirchenrecht – Gesichtspunkte, in: ÖAKR 30 (1979), S. 495–503.

Studium der Rechtswissenschaften sieht das Kirchenrecht lediglich als Wahlfach vor (§§ 6 Abs. 2, 8 Abs. 3). In der Schweiz ist das Kirchenrecht nur in Basel und (mit Einschränkung) in Freiburg pflichtmäßiges Prüfungsfach. Die Tendenz der Prüfungsordnungen geht auch in diesem Land dahin, es einzuschränken oder zu eliminieren[31].

[31] *L. Carlen*, Kirchenrecht in der Schweiz, in: ÖAKR 25 (1974), S. 366–375.

3. Abschnitt: Allgemeine Normen

§ 8 Die Rechtsnormen

Von Joseph Listl

I. Das Gesetz

1. Die gesetzgebende Gewalt in der Kirche

Die Notwendigkeit des Gesetzes in der Kirche ist in ihrem Gemeinschaftscharakter und in der hierarchischen Organisationsstruktur des zur Kirche geeinten Volkes Gottes begründet. Die Kirche ist Heils- und Rechtsgemeinschaft in untrennbarer Einheit[1]. Sie besitzt als nicht in reiner Innerlichkeit bestehende, sondern in der Außenwelt existierende, sichtbare und von jeder weltlichen Macht unabhängige[2] und deshalb *rechtlich* „vollkommene" Gesellschaft die ihr von ihrem Herrn und Stifter Jesus Christus übertragene und unabhängig von jeder weltlichen Macht auszuübende dreifache Gewalt der Gesetzgebung, Verwaltung und Rechtsprechung (c. 135 § 1). Diese drei Funktionen bilden die Bestandteile der *hoheitlichen Leitungsgewalt* (potestas regiminis oder iurisdictionis) der Kirche (c. 129). Diese ist als oberste Hirtengewalt dem Papst und dem Bischofskollegium zur Leitung der Gesamtkirche[3] und als oberhirtliche Gewalt den Diözesanbischöfen zur Leitung ihrer Diözese[4], im Rahmen ihrer Zuständigkeit den Bischofskonferenzen[5], und ferner den Vorstehern diözesanähnlicher Teilkirchen[6] übertragen.

[1] VatII LG Art. 8; AAS 57 (1965), S. 11.

[2] In wörtlicher Übernahme einer Aussage aus VatII LG Art. 8 nennt c. 204 § 2 die Kirche eine „societas constituta et ordinata". In diesem Sinne wird in der Praefatio zum CIC/1983 auf S. XXIII die Kirche als „societas externa visibilis et independens" bezeichnet. Vgl. hierzu ferner in *diesem* Band, unten, *J. Listl,* § 111 Die Lehre der Kirche über das Verhältnis von Kirche und Staat, IV.

[3] Vgl. in *diesem* Band, unten, *R. Metz,* § 26 Der Papst.

[4] Vgl. in *diesem* Band, unten, *H. Schmitz,* § 36 Der Diözesanbischof.

[5] Vgl. in *diesem* Band, unten, *J. Listl,* § 33 Plenarkonzil und Bischofskonferenz. Keine Gesetzgebungskompetenz besaß die *Gemeinsame Synode der Bistümer in der Bundesrepublik Deutschland* (1971–1975). Dies ergibt sich eindeutig aus der Bestimmung des Art. 14 Abs. 2 des Statuts der Gemeinsamen Synode der Bistümer in der Bundesrepublik Deutschland, wonach Beschlüsse der Synode, die Anordnungen enthalten, „in den einzelnen Bistümern mit der Veröffentlichung im Amtsblatt des Bistums als Gesetz der Deutschen Bischofskonferenz oder – je nach Zuständigkeit – als Diözesangesetz in Kraft" treten. Zustimmung verdient *Nees,* wenn er die Gemeinsame Synode als eine aus Bischöfen, Priestern und Laien zusammengesetzte Kirchenversammlung bezeichnet, die mit „konstitutivem Mitwirkungsrecht bei der kirchlichen Gesetzgebung im Bereich der Bundesrepublik" ausgestattet gewesen sei. Die Gemeinsame Synode konnte neben ihren sonstigen Beschlüssen im übrigen letztverbindliche Anordnungen nur unter den Voraussetzungen treffen, daß *erstens* der betreffende Beratungsgegenstand im Einvernehmen mit der Bischofskonferenz zugelassen worden war, die Bischofskonferenz *zweitens* nicht erklärt hatte, daß

Der Gesetzgebung als der normsetzenden Funktion der kirchlichen Leitungsgewalt kommt gegenüber der Verwaltungstätigkeit und der Rechtsprechung ein Vorrang zu. Alle bedeutsamen Anordnungen, die das Leben der Kirche im inneren und äußeren Rechtsbereich regeln, ergehen als Gesetze. Durch Gesetze wird die Ausübung der beiden anderen Funktionen der kirchlichen Leitungsgewalt geregelt. Die Gesetzgebungsgewalt ist somit die erste Rechtsquelle des Kirchenrechts und das Gesetz bildet das zentrale Mittel zur Leitung der Universalkirche, der Teilkirchen und deren Untergliederungen und der teilkirchlichen Verbände.

2. Begriff des Gesetzes und Typologie der Rechtsnormen nach dem CIC von 1983

Der CIC von 1983 enthält ebensowenig wie der CIC von 1917 und die staatlichen Gesetzbücher eine Definition des Gesetzes[7]. Der Gesetzgeber überläßt die nähere Bestimmung des Begriffs des Gesetzes vielmehr der Kirchenrechtswissenschaft sowie der Rechtsphilosophie und der Rechtstheologie. Der CIC von 1983 enthält aber im Unterschied zum CIC von 1917 eine klare und systematische Typologie der verschiedenen Rechtsnormen, d. h. der objektiven Rechtssätze, die ein Tun oder Unterlassen gebieten. Innerhalb der Rechtsnormen unterscheidet das Kirchliche Gesetzbuch wiederum streng zwischen denjenigen Rechtsnormen, denen der Charakter eines *Gesetzes* zukommt und die den Bestimmungen der Kanones über die Gesetze unterliegen, und den übrigen Rechtsnormen, die ihrem Rang nach unter dem Gesetz stehen.

a) Die Kompetenz zum Erlaß von *Gesetzen* (leges) besitzen aufgrund ihrer im göttlichen Recht begründeten Gesetzgebungsgewalt der Papst und das Bischofskollegium, und zwar sowohl für den Bereich der Gesamtkirche als auch für die Teilkirchen (cc. 331, 336), und ferner der Diözesanbischof für das Gebiet seiner Teilkirche (c. 381).

b) Auch die *Allgemeinen Dekrete* (decreta generalia), durch die von einem zuständigen Gesetzgeber für eine gesetzesfähige Gemeinschaft allgemeine Anordnungen erlassen werden, sind *Gesetze* im eigentlichen Sinn des Wortes und unterliegen den Vorschriften der Kanones über die Gesetze (c. 29). Nur ein kirchli-

sie der Vorlage aus Gründen der verbindlichen Glaubens- und Sittenlehre der Kirche nicht zustimmen könne, und *drittens* die Bischofskonferenz ferner nicht erklärt hatte, daß zu den vorgeschlagenen Anordnungen die bischöfliche Gesetzgebung für den Bereich der Bistümer in der Bundesrepublik Deutschland versagt werden müsse. Vgl. hierzu im einzelnen *A. Nees*, Die erste Gemeinsame Synode der Bistümer in der Bundesrepublik Deutschland (1971–1975), Paderborn 1978, S. 182 mit Anm. 231. Dort S. 263ff. auch das Statut der Gemeinsamen Synode der Bistümer in der Bundesrepublik Deutschland. Wie *Nees* im Ergebnis bereits vorher *W. Aymans*, Synode 1972. Strukturprobleme eines Regionalkonzils, in: AfkKR 138 (1969), S. 375ff.

[6] Vgl. in *diesem* Band, unten, *H. Müller*, § 35 Diözesane und quasidiözesane Teilkirchen.

[7] Überraschenderweise enthält sowohl im Schema CIC 1980 als auch noch im Schema CIC 1982 der jeweils vorgesehene c. 7 die folgende gesetzliche Definition (sog. „Legaldefinition") des Begriffs des Gesetzes: „Lex, *norma scilicet generalis ad bonum commune alicui communitati a competenti auctoritate data*, instituitur cum promulgatur." Im CIC/1983 findet sich diese Legaldefinition des Gesetzesbegriffs nicht mehr. Die an dieser Stelle vom Gesetzgeber geübte Abstinenz ist sehr zu begrüßen.

ches Organ, das Gesetzgebungsgewalt besitzt, kann Allgemeine Dekrete erlassen. Daraus folgt, daß ein kirchliches Organ, das nur Exekutivgewalt besitzt, ein Allgemeines Dekret im Sinne des c. 29 nicht erlassen kann, es sei denn, daß ihm diese Befugnis in Einzelfällen nach Maßgabe des Rechts vom zuständigen Gesetzgeber ausdrücklich verliehen worden ist, wobei die Bedingungen beobachtet werden müssen, die in dem Verleihungsakt festgelegt worden sind (c. 30). Damit erklärt der kirchliche Gesetzgeber, daß alles kirchliche Verwaltungshandeln an das Gesetz gebunden ist. Nur in Einzelfällen und aufgrund einer vom Gesetzgeber einer reinen Verwaltungsbehörde unmittelbar erteilten rechtlichen Ermächtigung und innerhalb deren Grenzen soll es nach dem Recht der Kirche den Verwaltungsbehörden möglich sein, ihrerseits selbst Akte der Gesetzgebung vorzunehmen. Für die reinen Verwaltungsbehörden gilt somit auch im Recht der Kirche der Grundsatz der Gewaltenteilung.

Im Rahmen ihrer Zuständigkeit besitzen aufgrund der ihnen vom allgemeinen Kirchenrecht übertragenen Gesetzgebungsgewalt die Kompetenz zum Erlaß von Gesetzen und Allgemeinen Dekreten die Partikularkonzilien, d. h. das Provinzial- und das Plenarkonzil (cc. 445 f.)[8], und die Bischofskonferenzen (c. 455 § 1)[9].

c) Nicht den Rang von Gesetzen besitzen die *Allgemeinen Durchführungsdekrete* (decreta generalia exsecutoria). Bei ihnen handelt es sich um bloße Durchführungsverordnungen, durch die Einzelheiten bei der Anwendung von Gesetzen genauer geregelt werden oder die Beobachtung eines Gesetzes urgiert wird. Durchführungsverordnungen dieser Art können, jeweils im Rahmen ihrer Zuständigkeit, diejenigen Verwaltungsbehörden erlassen, die nur Exekutivgewalt besitzen. Jedoch schreibt der kirchliche Gesetzgeber im Interesse der Rechtsklarheit und Rechtssicherheit ausdrücklich vor, daß für die Promulgation und die Anordnung einer Ruhefrist (vacatio legis) von der Promulgation bis zu ihrem Inkrafttreten auch für die Allgemeinen Durchführungsdekrete die allgemeinen Bestimmungen für die Promulgation der kirchlichen Gesetze Geltung besitzen, die in c. 8 aufgeführt sind (c. 31)[10].

d) Ebenfalls nicht den Rang eines Gesetzes besitzen die *Verwaltungsverordnungen* (instructiones), die die gesetzlichen Bestimmungen näher erläutern und Anweisungen für ihre Ausführung enthalten. Sie richten sich an Verwaltungsbehörden, denen die Durchführung der Gesetze übertragen ist und für die sie bei der Ausführung der Gesetze verpflichtend sind. Zum rechtmäßigen Erlaß von Verwaltungsverordnungen sind im Rahmen ihrer Zuständigkeit diejenigen Verwaltungsbehörden legitimiert, die Exekutivgewalt besitzen. Die in Verwaltungsverordnungen enthaltenen Bestimmungen können Gesetze nicht aufheben und haben, wenn sie mit den Vorschriften der Gesetze nicht in Einklang gebracht werden können, keinerlei verpflichtende Kraft (c. 34 §§ 1 und 2).

[8] Vgl. in *diesem* Band, unten, *H. Maritz*, § 34 Die Kirchenprovinz. Provinzialkonzil und Metropolit.

[9] Vgl. *Listl*, Plenarkonzil und Bischofskonferenz (Anm. 5).

[10] Vgl. in *diesem* Beitrag, unten, I 4 (Materiale Wesensmerkmale des kirchlichen Gesetzes).

e) Dagegen besitzen *Statuten* im eigentlichen Sinn (statuta; Satzungen), d. h. Anordnungen, die für Personenvereinigungen (z. B. Vereine) oder Sachgesamtheiten (z. B. Stiftungen) nach Maßgabe des Rechts erlassen werden und in denen deren Zweck, Verfassung, Leitung und Geschäftsführung bestimmt werden, Gesetzescharakter. Durch Statuten von Personengesamtheiten werden nur diejenigen Personen verpflichtet, die in rechtmäßiger Weise Mitglieder sind. Durch die Statuten der Sachgesamtheiten wird nur der Personenkreis verpflichtet, dem ihre Leitung obliegt. Die Bestimmungen der Statuten, die aufgrund der Gesetzgebungsgewalt beschlossen und verkündet worden sind, unterliegen den Vorschriften der Kanones über die Gesetze (c. 94). Die Statuten der Ordensgemeinschaften (Instituta vitae consecratae) werden im Ordensrecht auch als *Konstitutionen* bezeichnet (vgl. cc. 587 § 1, 598 § 1).

f) Im Unterschied zu den Statuten kommt den *Ordnungen* (ordines) kein Gesetzescharakter zu. Bei ihnen handelt es sich um Regeln oder Normen, die bei Versammlungen, die von einer kirchlichen Autorität angeordnet oder von den Gläubigen aufgrund eigenen Entschlusses einberufen worden sind, und ferner bei anderen Veranstaltungen beobachtet werden müssen. In den Ordnungen sind Materien geregelt, die sich auf die Verfassung, die Leitung und die Geschäftsführung dieser Versammlungen beziehen. Bei den Zusammenkünften und Veranstaltungen sind diejenigen Personen an die Bestimmungen der Ordnung gebunden, die an diesen Versammlungen teilnehmen (c. 95).

Das kirchliche Gesetz weist gegenüber dem staatlichen Gesetz bedeutsame Unterschiede auf. Wegen der das kanonische Recht kennzeichnenden Gewalteneinheit ist dem Kirchenrecht im Unterschied zum Staatsrecht der modernen freiheitlichen Demokratie der in der Auseinandersetzung zwischen der Volksvertretung und dem Monarchen im Lauf des 19. Jahrhunderts entwickelte Begriff des „formellen" (d. h. von der Volksvertretung in einem durch die Verfassung vorgeschriebenen Verfahren beschlossenen) Gesetzes fremd. Dies bedeutet, daß kirchliche Gesetze im Gegensatz zu den staatlichen Gesetzen zu ihrer Gültigkeit weder in einem bestimmten Verfahren beschlossen noch in einer besonderen Form erlassen werden müssen. Gesetz im Sinne des kanonischen Rechts ist vielmehr jede von der zuständigen Autorität *als Gesetz* erlassene *Rechtsnorm*, die allerdings an bestimmte *materielle* Voraussetzungen gebunden ist. In einem formalen und allgemeinen Sinn, der für das staatliche und kirchliche Gesetz gleichermaßen Gültigkeit besitzt, kann mit *Thomas von Aquin* das Gesetz definiert werden als „vernunftgemäße Anordnung, die von der zuständigen Autorität zum Zwecke der Verwirklichung des Gemeinwohls erlassen und verkündet worden ist"[11]. Im gleichen Sinn definiert *Francisco Suarez* das Gesetz als „allgemeine Anordnung, die zur Verwirklichung der Gerechtigkeit auf Dauer erlassen und hinreichend

[11] *Thomas v. Aquin*, S. theol. I–II, qu. 90 art. 4. Lex est „quaedam rationis ordinatio ad bonum commune et ab eo, qui curam communitatis habet, promulgata". Zum Begriff des Gesetzes vgl. *G. Michiels*, Normae generales Juris Canonici, 2. Aufl., Bd. 1, Paris-Tournai-Rom 1949, S. 152ff.

verkündet worden ist"[12]. Kirchliches Gesetz ist demnach jede von der zuständigen kirchlichen Autorität zum Wohle der Kirche für eine gewisse Dauer erlassene, allgemeine (generelle) und meistens eine unbestimmte Vielzahl von Fällen regelnde (abstrakte), nicht selten aber auch nur für einen Einzelfall (z. B. Errichtung einer Diözese) geschaffene Norm des freien Handelns, die die untergebene Gemeinschaft verpflichtet, sofern sie in der gesetzlich vorgeschriebenen Form als *Gesetz* verkündet worden ist[13].

3. *Der analoge Charakter des kirchlichen Gesetzes*

Kirche und Staat sind hinsichtlich ihres Ursprungs, ihrer Aufgaben und ihres Wesens verschieden[14]. Im Unterschied zur staatlichen Gewalt geht die Kirchengewalt nicht vom Volk aus; sie ist der Kirche von ihrem Herrn und Stifter Jesus Christus unmittelbar übertragen[15]. Deshalb besteht zwischen dem staatlichen und dem kirchlichen Gesetz ein wesensmäßiger Unterschied, der nur im Verhältnis einer *Analogie* ausgedrückt werden kann. Es handelt sich hierbei nicht um eine bloße Rechtsanalogie, mit deren Hilfe in der profanen und kirchlichen Rechtswissenschaft Bestimmungen eines Gesetzes oder Grundgedanken mehrerer Gesetze (Gesetzesanalogie) auf einen ähnlich gelagerten Sachverhalt, den der Gesetzgeber ungeregelt gelassen hat, ausgedehnt werden[16]. Der Geltungsgrund, d. h. der verpflichtende Charakter, und der Zweck (ratio legis) jedes *kirchlichen* Gesetzes können daher letztlich nur erkannt werden im Glauben an Jesus Christus und an das Mysterium der von ihm gestifteten Kirche[17]. Das Gesetz in der Kirche steht deshalb zum staatlichen Gesetz, dessen Geltung und Zweck sich aus der Verpflichtung der naturrechtlichen Institution des Staates zur Gemeinwohlverwirklichung ergeben und der natürlichen ratio in vollem Umfang zugänglich sind, im Verhältnis einer Analogie, die als *Glaubensanalogie* (analogia fidei) bezeichnet werden kann[18]. Der Begriff des Gesetzes, wie ihn *Thomas von Aquin* im Anschluß an *Aristoteles* entwickelt hat, muß deshalb für das Verständnis des kirchlichen Gesetzes dahin erweitert werden, daß das Kirchengesetz „eine von der

[12] *Francisco Suarez*, De leg., 1. I c. 12, n. 5. Vgl. ferner über die Entwicklung des Gesetzes im neueren kanonischen Recht *Ch. Lefebvre*, Les pouvoirs dans l'Église, in: Le Droit et les Institutions de l'Église Catholique Latine de la fin du XVIIIe siècle à 1978. Organismes collégiaux et moyens de gouvernement, hrsg. von *L. Chevailler, Ch. Lefebvre, R. Metz* (= Le Bras/Gaudemet D, tome 17), Paris 1982, S. 195–206.

[13] Vgl. dazu im einzelnen *Mörsdorf* Lb I, S. 83 ff.; *G. J. Ebers*, Grundriß des Katholischen Kirchenrechts, Wien 1950, S. 238 ff.

[14] *Leo XIII.*, Enz. „Sapientiae christianae", in: ASS 22 (1889/1890), S. 398.

[15] *Pius XII.*, Ansprache an die S. Romana Rota am 2. 10. 1945, in: AAS 37 (1945), S. 256 ff.

[16] Zur Analogie in der profanen Rechtswissenschaft vgl. z. B. *G. Dahm*, Deutsches Recht. Die geschichtlichen und dogmatischen Grundlagen des geltenden Rechts. 2. Aufl., Stuttgart 1963, S. 52 ff.; *K. Larenz*, Methodenlehre der Rechtswissenschaft, 3. Aufl., Berlin-Heidelberg-New York 1975, S. 368 ff.

[17] In diesem Sinne bestimmt *E. Corecco* das kirchliche Gesetz als „ordinatio fidei". Vgl. *E. Corecco*, „Ordinatio rationis" oder „ordinatio fidei"? Anmerkungen zur Definition des kanonistischen Gesetzes, in: IKZ Communio 6 (1977), S. 489 ff.

[18] *Corecco*, ebd., S. 493.

vom Lichte des Glaubens erleuchteten Vernunft getroffene Anordnung" darstellt („ordinatio rationis fide illuminatae"). Die Tatsache, daß die Kirche Christi auf dieser Welt als sichtbare Kirche (ecclesia visibilis) und – ebenso wie der Staat – auch als soziologische Größe und als aus Menschen bestehender, rechtlich strukturierter und hoheitlicher Herrschaftsverband existiert, bewirkt andererseits, daß der Prozeß des Zustandekommens und des Vollzugs der Gesetze in der Kirche phänomenologisch zahlreiche Parallelen zum staatlichen Gesetz aufweist[19].

4. Materiale Wesensmerkmale des kirchlichen Gesetzes

Für alle kirchlichen Gesetze gilt, daß sie bestimmte inhaltliche Voraussetzungen erfüllen müssen, um dem Anspruch gerecht zu werden, ein taugliches Mittel zur Verwirklichung des Gemeinwohls der Kirche und ihres Heilsauftrags für die Menschen zu sein.

a) Hinsichtlich der *inneren Wesensmerkmale* muß ein Gesetz eine verpflichtende Norm darstellen und sich als vernunftgemäße oberhirtliche Anordnung an die gesetzesunterworfene Gemeinschaft erweisen. Dies bedeutet, daß Gesetze ihrem Inhalt nach *sittlich gut, gerecht, naturgemäß, notwendig, nützlich* und bezüglich ihrer Befolgbarkeit *möglich* sein müssen. Im Gegensatz zu den Gesetzen des Staates, der in aller Regel nur den Vollzug äußerer Akte fordern kann, befehlen die kirchlichen Gesetze in zahlreichen Fällen auch innere Akte. Auch die Dogmen der Kirche und die Beschlüsse der Konzilien werden in der Form kirchlicher Gesetze promulgiert[20].

b) Hinsichtlich der *äußeren Wesensmerkmale* müssen die Gesetze von dem personal, territorial und sachlich zuständigen Gesetzgeber erlassen, als solche bezeichnet und in der vorgeschriebenen Form promulgiert und an eine Gemeinschaft gerichtet sein, die die passive Gesetzesfähigkeit besitzt, d. h. die fähig ist, ein Gesetz zu empfangen (c. 25). Jedes Kirchengesetz durchläuft dabei die drei Stadien der Feststellung des Gesetzesinhalts, der Erteilung des Gesetzesbefehls (Ausfertigung) und der Gesetzesverkündung (Promulgation)[21]. Dem Akt der Promulgation kommt für die Geltung des Kirchengesetzes ebenso wie beim staatlichen Gesetz eine konstitutive Bedeutung zu. Ein Gesetz gilt nur dann als „erlassen", wenn es ordnungsgemäß verkündet (promulgiert) ist (c. 7). Die vom Apostolischen Stuhl erlassenen Gesetze werden in der Regel in dem seit 1. 1. 1909 erscheinenden päpstlichen Amtsblatt *Acta Apostolicae Sedis* (AAS) promulgiert und treten, sofern nichts Gegenteiliges bestimmt ist, drei Monate nach dem Ausgabedatum der betreffenden Nummer der Acta Apostolicae Sedis in Kraft (c. 8 § 1). Die teilkirchlichen Gesetze werden in der vom Gesetzgeber vorgeschriebenen Form promulgiert und treten einen Monat nach dem Tag ihrer Verkündung in Kraft, sofern im Gesetz selbst nicht ein anderer Termin festgelegt ist (c. 8 § 2). Die Form der Promulgation und der Zeitpunkt des Inkrafttretens der Dekrete der *Bischofskonferenz* werden von der Bischofskonferenz selbst bestimmt (c. 455 § 3). Für die Gesetze der Deutschen Bischofskonferenz besteht bisher kein eigenes Publikationsorgan. Sie werden in den diözesanen Amtsblättern promulgiert.

[19] Das hat besonders die kirchenrechtliche Teildisziplin des Jus Publicum Ecclesiasticum stets stark herausgestellt. Vgl. *J. Listl*, Kirche und Staat in der neueren katholischen Kirchenrechtswissenschaft, Berlin 1978, S. 79, 86ff., 92ff., 107f., 136f., 179f.

[20] Vgl. hierzu *G. May*, Das Glaubensgesetz, in: Festschr. Mörsdorf, S. 349ff.

[21] *H. Eisenhofer*, Die kirchlichen Gesetzgeber. Technik und Form ihrer Gesetzgebung. München 1954, S. 46ff.

5. Einteilung der kirchlichen Gesetze

a) Nach der *Person des Gesetzgebers* und dem *territorialen* Geltungsbereich werden unterschieden *gesamtkirchliche* Gesetze (leges universales), die für das Gesamtgebiet der Lateinischen Kirche gelten, und *teilkirchliche* Gesetze (leges particulares), die für einen bestimmten teilkirchlichen Bereich erlassen sind (c. 8 §§ 1 und 2). Universalkirchliche Gesetzgeber sind der Papst, das Bischofskollegium und die römischen Kurialbehörden[22]. Teilkirchliche Gesetzgeber sind (neben dem Papst und dem Bischofskollegium, die auch als partikulare Gesetzgeber fungieren können) die Diözesanbischöfe, die Plenar- und Provinzialkonzilien und die Bischofskonferenzen[23]. An die universalkirchlichen Gesetze sind überall auf der Welt alle gebunden, für die sie erlassen worden sind (c. 12 § 1). Die universalkirchlichen Gesetze sind also *personale* Gesetze. Dagegen sind aufgrund einer ausdrücklichen Rechtsvermutung die teilkirchlichen Gesetze entsprechend der territorialen Gliederung der Kirche, sofern nichts Gegenteiliges bestimmt ist, *territorial*, nicht personal (c. 13 § 1).

Neben dem personalen universal- und dem territorialen teilkirchlichen Gesetz steht das autonome Satzungsrecht der mit dem Recht der Selbstregierung und -verwaltung (Autonomie) ausgestatteten kirchlichen Körperschaften. Dazu gehören neben den Dom- und Stiftskapiteln (c. 502 § 3 CIC/1983; c. 410 CIC/1917) vor allem die Lebensgemeinschaften der evangelischen Räte (Ordensgemeinschaften; vgl. cc. 587 § 1, 598 § 1), die katholischen Universitäten (c. 810 § 1), die kirchlichen Universitäten und Fakultäten (c. 816 § 2) und die öffentlichen und anerkannten privaten kirchlichen Vereine (c. 304 § 1). Deren stets personale Satzungen werden Statuta und bei den Ordensgemeinschaften oft auch Constitutiones genannt. Zu ihrer Gültigkeit bedürfen sie der Bestätigung durch den Papst oder den zuständigen Diözesanbischof[24].

b) Nach dem *persönlichen Geltungsbereich* des Gesetzes werden unterschieden das *für alle geltende Gesetz* (lex generalis) und das *Sondergesetz* (lex specialis) für bestimmte Personengruppen und -gemeinschaften (z. B. Kleriker, Ordensgemeinschaften).

c) Nach dem *Inhalt* der gesetzlich geregelten Materien werden unterschieden das *allgemeine* Gesetz (lex generalis oder communis) und das *besondere* Gesetz (lex specialis oder singularis). Es gilt der Grundsatz, daß die Sonderregelung der allgemeinen Regelung vorgeht (lex specialis derogat legi generali).

d) Nach dem *Gegenstand* des Gesetzes werden befehlende, verbietende und gestattende Gesetze unterschieden, je nachdem, ob durch sie eine Handlung befohlen, verboten oder gestattet wird. Ein verbietendes Gesetz kann sich darauf beschränken, den entgegengesetzten Rechtsakt schlicht zu verbieten. Es kann aber auch eine *Rechtshandlung* wegen eines Rechtsfehlers für nichtig erklären, sog. lex irritans (z. B. Nichtigkeit einer Eheschließung wegen Mangels der Einhaltung der vorgeschriebenen Form, c. 1108 § 1), oder es kann eine *Person* unfähig

[22] *Eisenhofer*, ebd., S. 1ff.
[23] *M. Pesendorfer*, Partikulares Gesetz und partikularer Gesetzgeber im System des geltenden lateinischen Kirchenrechts, Wien 1975, S. 49ff.
[24] *Mörsdorf* Lb I, S. 87f.

machen, bestimmte Rechtshandlungen wirksam vorzunehmen oder an sich vornehmen zu lassen, sog. lex inhabilitans (c. 10; vgl. hierzu die trennenden Ehehindernisse der cc. 1083ff. oder die Bestimmung über die Unfähigkeit der Frau zum Empfang des Weihesakramentes, c. 1024). Beiden Gesetzesformen gemeinsam ist die Nichtigkeitsfolge; der Unterschied besteht darin, daß sich diese Rechtsfolge beim irritierenden Gesetz unmittelbar auf die Rechtshandlung, beim inhabilitierenden Gesetz dagegen unmittelbar auf die Person und mittelbar auch auf die Rechtshandlung bezieht. Die Nichtigkeitsfolge tritt, sofern nicht ausdrücklich etwas anderes bestimmt ist, von selbst und unabhängig davon ein, ob sie dem Handelnden bekannt war oder nicht (c. 15 § 1).

In bestimmten Fällen bedient sich die Rechtsordnung einer *Rechtsvermutung* (praesumtio iuris), d. h. einer auf der Lebenserfahrung beruhenden Wahrscheinlichkeitsannahme, gegen die der Gegenbeweis zulässig ist (cc. 1584f.)[25].

e) Nach der *äußeren* Form werden unter den wichtigsten Publikationsformen der päpstlichen Gesetze unterschieden die *Constitutio Apostolica*, die bei besonderen Anlässen auch in der feierlicheren Form der Ausfertigung als päpstliche Bulle (auf Pergament geschrieben und mit anhängendem oder aufgeprägtem Siegel versehen), und das *Motuproprio*, das lediglich in Briefform ausgefertigt wird.

Die Gesetze der römischen Kongregationen und übrigen Behörden mit Gesetzgebungsbefugnis (Dikasterien) trugen vor dem Inkrafttreten des CIC von 1983 vielfältige Bezeichnungen. In der Form des *Responsum*, d. h. der Beantwortung vorgelegter Fragen, ergingen die Entscheidungen der Päpstlichen Kommission für die Interpretation der Beschlüsse des Zweiten Vatikanischen Konzils und der zur Durchführung der Konzilsdekrete erlassenen Dokumente, des Nachfolgeorgans der Kommission zur authentischen Interpretation des CIC. Meistens wurden die neuen Gesetze der römischen Dikasterien als *Decreta* bezeichnet. Aus dieser Bezeichnung allein konnte jedoch nicht auf ihren inhaltlichen Charakter geschlossen werden. Die von diesen Behörden erlassenen Ausführungsgesetze wurden häufig als *Instructiones* oder *Normae* oder auch als *Ordinationes* bezeichnet. Hinsichtlich ihrer Verbindlichkeit bestand zwischen den verschiedenen Papstgesetzen und den neuen Gesetzen der römischen Kongregationen kein Unterschied, sofern letztere speziell vom Papst approbiert worden waren. Bei den übrigen Erlassen war jeweils aus dem Inhalt und dem Kontext festzustellen, ob es sich um Gesetze oder um Durchführungsbestimmungen oder um bloße Richtlinien für die Gesetzgebung und Verwaltungstätigkeit der Oberhirten handelte. *Einzelerklärungen* mit Gesetzescharakter ergingen als *Declaratio* (Erklärung) oder als Beantwortung eines *Dubium* (Zweifels)[26].

Es ist dringend zu wünschen, daß nach dem Inkrafttreten des CIC/1983 im Amtsgebrauch der römischen Dikasterien bei der Rechtsetzung die neue Terminologie im Sinne einer neuen Typologie streng nach den Bestimmungen des CIC/1983 praktiziert wird. Dies ist im Interesse der Rechtsklarheit und Rechtssicherheit ein Desiderat ersten Ranges.

[25] Über die Bedeutung der Rechtsvermutung im System des CIC/1917 vgl. *R. Motzenbäkker*, Die Rechtsvermutung im kanonischen Recht (= MthSt III. Kan. Abt., Bd. 10), München 1958; diesem Werk kommt auch für das Verständnis des Begriffs und der Bedeutung der Rechtsvermutung im CIC/1983 große Bedeutung zu.

[26] Einzelheiten vgl. bei *Michiels*, Normae generales (Anm. 11), S. 212ff.; *Mörsdorf* Lb I, S. 90f.

6. Der verpflichtende Charakter der Kirchengesetze

Aufgrund der Tatsache, daß die Kirchengesetze vom zuständigen Gesetzgeber kraft der von Jesus Christus der Kirche verliehenen Gesetzgebungsgewalt erlassen werden, verpflichten sie die gesetzesunterworfene Gemeinschaft nicht nur zum äußeren Gesetzesvollzug, sondern auch zur inneren Annahme im Gewissen. Dabei gilt:

a) Bezüglich des *Zeitpunktes* des Inkrafttretens des Gesetzes: Keinem Gesetz kommt eine rückwirkende Kraft zu, sofern ihm eine solche nicht ausdrücklich beigelegt ist (c. 9).

b) Bezüglich der *Zustimmung der gesetzesunterworfenen Gemeinschaft*: Das Kirchengesetz bedarf zu seinem Inkrafttreten und seiner Geltung keiner Zustimmung oder Annahme (acceptatio). Dies bedeutet jedoch nicht, daß nicht auch in der Kirche die Aufnahme eines Gesetzes (acceptatio approbativa) durch die Gemeinschaft für dessen faktische Beobachtung (acceptatio exsecutiva) und damit letztlich auch für seinen Bestand von großer Bedeutung ist. Ein Gesetz, das von Anfang an allgemein nicht beobachtet wird, büßt seinen verpflichtenden Charakter ein. Deshalb haben die Bischöfe, wenn sie im Falle eines *rein kirchlichen*, d. h. nicht in den Normen des göttlichen Rechts gründenden päpstlichen Gesetzes (d. h. also nicht bei Glaubensgesetzen, die in jedem Falle verpflichten[27]) Schwierigkeiten für dessen Annahme seitens der Gläubigen befürchten, das Recht und die Pflicht, beim Apostolischen Stuhl rechtzeitig Gegenvorstellungen zu erheben (sog. Remonstrationsrecht), damit erforderlichenfalls das Gesetz einer den örtlichen oder zeitlichen Verhältnissen angepaßten Revision unterzogen werden kann[28]. Die Gläubigen sind berechtigt, gegen Gesetze der Bischöfe bei diesen selbst oder beim Apostolischen Stuhl Gegenvorstellungen zu erheben.

c) Bei *Zweifeln bezüglich der Gesetzesverpflichtung*: Bei einem *Rechtszweifel* (dubium iuris), d. h. wenn das Vorliegen eines Gesetzes, dessen verpflichtende Kraft oder die Anwendbarkeit eines Gesetzes auf einen konkreten Tatbestand zweifelhaft sind, gilt der Grundsatz, daß ein zweifelhaftes Gesetz nicht verpflichtet (lex dubia non obligat); bei einem *Tatsachenzweifel* (dubium facti), d. h. wenn nicht sicher ist, ob ein unter die Bestimmung eines Gesetzes fallender Tatbestand im Sinne des Gesetzes wirklich vorliegt, gilt das Gesetz grundsätzlich. Die Oberhirten haben aber die Vollmacht, in diesen Fällen von der Verpflichtung des Gesetzes zu dispensieren, sofern die kirchliche Behörde, der die Erteilung der Dispens vorbehalten ist, in derartigen Fällen überhaupt Befreiung zu erteilen pflegt (c. 14).

d) Bei *Unkenntnis des Gesetzes* ist die Unkenntnis im Falle irritierender oder

[27] *May*, Glaubensgesetz (Anm. 20), S. 365. Zu den Grundfragen der Rechtsgeltung im kanonischen Recht vgl. *R. Potz*, Die Geltung kirchenrechtlicher Normen. Prolegomena zu einer kritisch-hermeneutischen Theorie des Kirchenrechts, Wien 1978.

[28] *H. Müller*, Das Gesetz in der Kirche „zwischen" amtlichem Anspruch und konkretem Vollzug. Annahme und Ablehnung universalkirchlicher Gesetze als Anfrage an die Kirchenrechtswissenschaft (= Eichstätter Hochschulreden, H. 13), München 1978, S. 6ff., bes. S. 11ff.; *Michiels*, Normae generales (Anm. 11), S. 192ff.; *Mörsdorf* Lb I, S. 86f.

inhabilitierender Gesetze unbeachtlich (c. 15 § 1); bei anderen Gesetzen findet dagegen der Grundsatz Anwendung, daß deren Übertretung dem schuldlos Nichtwissenden nicht, dem verschuldet Nichtwissenden je nach der Schwere der Schuld vermindert zugerechnet wird (cc. 1323 § 1 n. 2, 1324 § 1 n. 8). Die Unkenntnis des Rechts wird nicht vermutet, sondern muß bewiesen werden (c. 15 § 2).

e) Im Falle der *Epikie*, d. h. wenn außerordentliche Umstände die begründete Feststellung erlauben, daß der Gesetzgeber einen konkreten Fall, sofern er diesen zu berücksichtigen gehabt hätte, von der Gesetzesverpflichtung ausgenommen haben würde, findet das Gesetz keine Anwendung. Dies trifft insbesondere zu bei Wegfall des Gesetzeszwecks, vor allem bei dessen konträrem Wegfall, d. h. wenn der Sinn des Gesetzes bei seiner Befolgung in das Gegenteil verkehrt würde, bei Normenkollisionen und bei der Unmöglichkeit der Gesetzeserfüllung[29].

f) *Gesetze treten außer Kraft* durch Zeitablauf bei einem für eine bestimmte Zeitdauer erlassenen Gesetz, durch ein ausdrückliches gegenteiliges späteres Gesetz (c. 20), durch eine gegenteilige Gewohnheit und durch Nichtanwendung (desuetudo)[30]. Jedoch hebt ein gesamtkirchliches Gesetz ein teilkirchliches oder besonderes Gesetz keineswegs auf, es sei denn, daß im Recht ausdrücklich etwas anderes vorgesehen ist (c. 20). Bei Zweifeln, ob ein früheres Gesetz durch ein späteres aufgehoben worden ist, spricht die Vermutung gegen den Widerruf des früheren Gesetzes. Das frühere und das spätere Gesetz sind in diesem Fall durch Interpretation nach Möglichkeit in der Weise in Einklang zu bringen, daß beide nebeneinander Bestand haben können (c. 21).

g) Die Bestimmungen des kanonischen Rechts über den verpflichtenden Charakter der kirchlichen Gesetze werden erst dann in vollem Umfang verständlich, wenn berücksichtigt wird, daß der Gesetzesvollzug in der Kirche der Begleitung durch eine großzügig zu handhabende *Dispenspraxis* bedarf.

7. *Geltungsbereich der kirchlichen Gesetze*

a) Göttliches und rein kirchliches Recht: Dem *göttlichen* Recht (ius divinum) unterliegen alle Menschen, unabhängig davon, ob sie die Taufe empfangen haben oder nicht. Daher sind Kirchengesetze, soweit sie *inhaltlich* göttliches Recht zum Gegenstand haben, für alle Menschen verbindlich. An zahlreichen Stellen enthält der CIC in variierenden sprachlichen Formulierungen Aussagen darüber, daß einzelne Rechtsnormen auf göttlicher Anordnung beruhen, die deshalb in ihrem Wesensgehalt der Verfügung des kirchlichen Gesetzgebers entzogen sind. Vgl. z. B. c. 113 § 1 (Rechtspersönlichkeit der katholischen Kirche und des Apostolischen Stuhls: aufgrund göttlicher Anordnung – ex ipsa ordinatione divina); c. 129 § 1 (Bestand der Leitungsgewalt in der Kirche: aufgrund göttlicher Einrichtung – ex

[29] Näheres bei *Mörsdorf* Lb I, S. 102ff.

[30] In der kanonistischen Fachsprache bedeutet *abrogatio* die völlige Aufhebung eines Gesetzes, *derogatio* die Teilaufhebung und *obrogatio* in der Regel die stillschweigende Aufhebung eines Gesetzes durch ein anderes, inhaltlich entgegengesetztes Gesetz.

divina institutione); c. 145 § 1 (Existenz bestimmter Kirchenämter: aufgrund göttlicher Anordnung – ordinatione divina); c. 330 (Petrus und die übrigen Apostel als Mitglieder des Apostelkollegiums; der Papst als Nachfolger Petri und die Bischöfe als Nachfolger der Apostel im Bischofskollegium: aufgrund der Anordnung des Herrn – statuente Domino); c. 375 § 1 (Die Bischöfe als Nachfolger der Apostel: aufgrund göttlicher Einsetzung – ex divina institutione); c. 747 § 1 (Das Glaubensgut von Christus dem Herrn der Kirche anvertraut – Christus Dominus Ecclesiae fidei depositum concredidit); c. 840 (Die Sakramente des Neuen Testaments von Christus eingesetzt und der Kirche anvertraut – sacramenta Novi Testamenti, a Christo Domino instituta et Ecclesiae concredita); c. 1055 § 1 (Der Ehebund: unter Getauften von Christus zur Würde eines Sakramentes erhoben – matrimoniale foedus, a Christo Domino ad sacramenti dignitatem inter baptizatos evectum).

Die auf *göttlichem Recht* beruhenden Rechtsnormen sind für den kirchlichen Gesetzgeber, im Unterschied zum rein kirchlichen Recht (ius mere ecclesiasticum), nicht reversibel. Sie können in ihrem Wesensgehalt nicht verändert werden. Die Rechtsnorm göttlichen Rechts ist unmittelbar von Gott allein gesetzt, entweder als *Naturgesetz* (Naturrecht) oder als Norm, die in der *göttlichen Offenbarung* enthalten ist (positives göttliches Recht) und von der Kirche als geoffenbarte Wahrheit verkündet wird.

Dabei muß zwischen dem *dogmatischen Inhalt* des Glaubenssatzes als Bestandteil der göttlichen Offenbarung, d. h. dem Offenbarungsrecht als der kirchlicher Rechtsetzung vorgegebenen göttlichen Grundverfügung, und der *rechtssatzmäßigen Ausformung* durch den kirchlichen Gesetzgeber unterschieden werden. Das göttliche Recht ist in seiner Erkenntnis durch das kirchliche Lehramt und die einzelnen Gläubigen und in der „aktualisierenden Entfaltung seiner ontologischen Grundlagen" den geschichtlichen Prozessen und auch der Dogmengeschichte unterworfen[31]. Dies bedeutet, daß das göttliche Recht in einem kirchlichen Rechtssatz immer in geschichtlicher Konkretheit erscheint und durch geschichtlich variable Umstände bedingt ist, zu denen auch die Folgen der freien menschlichen Entscheidungen und damit auch diejenigen des kirchlichen Lehramts und des kirchlichen Gesetzgebers gehören. Rechtssätze göttlichen Rechts sind deshalb nicht mit dem göttlichen Recht an sich identisch, sondern immer zugleich göttlich-menschliches Recht, d. h. Versuche, das geoffenbarte ius divinum in der konkreten historischen Situation der Kirche in Rechtsnormen zu kleiden. Jeder Rechtssatz göttlichen Rechts enthält somit immer auch ein historisch bedingtes menschliches Element. Unbeschadet dieser historischen Einkleidung ist der Rechtssatz göttlichen Rechts aber seinem Wesensgehalt nach ius

[31] *K. Rahner*, Art. Recht, Göttliches und menschliches Recht, in: LThK² VIII, Sp. 1033; vgl. ferner *ders.*, Über den Begriff des „ius divinum" im katholischen Verständnis, in: *ders.*, Schriften zur Theologie, Bd. V, Einsiedeln-Zürich-Köln 1962, S. 249–277; *E. Rößer*, Göttliches und menschliches, unveränderliches und veränderliches Kirchenrecht von der Entstehung der Kirche bis zur Mitte des 9. Jahrhunderts (= Veröff. der Sektion für Rechts- und Staatswissenschaft der Görres-Gesellschaft, H. 64), Paderborn 1934; *A. Stiegler*, Der kirchliche Rechtsbegriff, München 1958.

divinum und insoweit der Verfügungsgewalt des kirchlichen Gesetzgebers entzogen und irreversibel.

Die *rein kirchlichen Gesetze* dagegen verpflichten nur diejenigen, die in der katholischen Kirche getauft oder in sie aufgenommen worden sind und die ferner den Vernunftgebrauch besitzen und, sofern im Recht nicht ausdrücklich etwas anderes vorgesehen ist, das siebente Lebensjahr vollendet haben (c. 11). Die Bestimmung des c. 11 unterscheidet sich wesentlich von der korrespondierenden Bestimmung des c. 12 CIC/1917, wonach die *rein kirchlichen* Gesetze alle Glieder der Kirche, d. h. alle Getauften mit Einschluß der Exkommunizierten und Nichtkatholiken, verpflichtet haben, sofern nicht die Nichtkatholiken ausdrücklich ausgenommen waren (z. B. von der Beobachtung der kirchlichen Eheschließungsform des c. 1099 § 2 CIC/1917).

In diesem Zusammenhang ist von Bedeutung, daß der CIC/1983 den vorsätzlich erklärten Abfall von der Kirche kennt. Sagt sich ein Katholik „durch formalen Akt" (actu formali) von der Kirche los, ist er in bestimmten Fällen an rein kirchliche Gesetze nicht mehr gebunden, z. B. an die Verpflichtung zur Beobachtung der kanonischen Eheschließungsform (vgl. cc. 1086 § 1, 1117, 1124). Im Unterschied zum CIC/1917 behandelt der CIC/1983 den Katholiken, der von der Kirche abgefallen ist, damit in bestimmten Fällen *wie* einen Nichtkatholiken.

b) Gesamtkirchliche und teilkirchliche Gesetze: Universalkirchliche Gesetze verpflichten überall den Personenkreis, für den sie erlassen worden sind (c. 12 § 1). Partikulare territoriale Gesetze verpflichten alle, die in dem betreffenden Gebiet ihren Wohnsitz oder Quasi-Wohnsitz haben und sich dort tatsächlich aufhalten (c. 13 § 1). Fremde (peregrini) sind im Unterschied zu den Wohnsitzlosen (vagi) an teilkirchliche Gesetze ihres Aufenthaltsortes in der Regel nicht gebunden (c. 13 §§ 1 und 2).

8. Die Auslegung der Gesetze

Der richtigen Auslegung der Gesetze kommt für deren sinnvolle Anwendung und Befolgung im Leben des einzelnen Gläubigen und in der Praxis der kirchlichen Verwaltung und Rechtsprechung eine entscheidende Bedeutung zu. Der Sinn und die Aufgabe des Kirchenrechts erschließen sich in vollem Umfang nur demjenigen, der sich nicht mit der Kenntnis des Buchstabens der Gesetze allein begnügt, sondern der darüber hinaus auch bemüht ist, die Notwendigkeit des Rechts als eines Wesensmerkmals der Kirche im Dienste ihrer Heilsaufgabe für den Menschen zu begreifen und im Lichte dieses der Kirche von ihrem Herrn Jesus Christus erteilten Auftrags den Sinn der einzelnen Gesetze zu verstehen. Ist der Sinn eines Gesetzes (ratio legis), auf den es für dessen Verständnis und Befolgung entscheidend ankommt, unklar, muß er mit den Mitteln der *Gesetzesinterpretation* erforscht und geklärt werden[32].

[32] *Michiels*, Normae generales (Anm. 11), S. 471 ff.; *Mörsdorf* Lb I, 105 ff.; *Holböck* I, S. 140 ff. Über die große Bedeutung und die rechtsfortbildende Dynamik, die die *Gesetzes-*

In *methodischer* Hinsicht dient dazu an erster Stelle die *grammatikalische* Auslegung, die vom Wortlaut des Gesetzes ausgeht und dessen Sinn im unmittelbaren Zusammenhang der übrigen Bestimmungen festzustellen sucht; eine enge, einschränkende Auslegung (stricta interpretatio) ist stets erforderlich, wenn es sich um Strafgesetze handelt oder um Gesetze, die die freie Ausübung von Rechten beschränken oder eine Ausnahme von einem Gesetz aufstellen (c. 18). An zweiter Stelle kommt in Betracht die *logisch-teleologische* Auslegung, die den Wortsinn mit dem Sinn des gesamten Gesetzes in Einklang zu bringen sucht; sodann die *systematische* Auslegung, die den Sinn einer Einzelnorm dadurch zu klären sucht, daß sie diese mit den tragenden Grundsätzen der Rechtsordnung in Beziehung setzt; ferner die *historische* Auslegung, die den Willen des Gesetzgebers (mens legislatoris) anhand der Entstehungsgeschichte eines Gesetzes zu ermitteln sucht (c. 17); schließlich die *analoge* Interpretation, die Gesetzeslücken nach den Grundsätzen der Gesetzes- oder Rechtsanalogie[33] dadurch auszufüllen sucht, daß sie gleichartige Gesetze zur Rechtsfindung heranzieht. Zur Auffüllung von Gesetzeslücken sind ferner, jedoch unter Wahrung der kanonischen Billigkeit (aequitas canonica), auch die allgemeinen Rechtsprinzipien des kirchlichen Rechts anzuwenden; schließlich ist in solchen Fällen auf den Verwaltungs- und Gerichtsgebrauch der Römischen Kurie (stylus et praxis Curiae Romanae) und auf die gemeinsame und ständige Lehre der kanonistischen Fachgelehrten zurückzugreifen (c. 19).

Hinsichtlich ihrer *Verbindlichkeit* werden folgende Arten der Gesetzesinterpretation unterschieden:

a) *Die authentische Auslegung.* Die Befugnis zur authentischen Gesetzesauslegung haben der Gesetzgeber und die von ihm hierzu Bevollmächtigten (c. 16 § 1). Für die authentische Auslegung des CIC war bis zum Zweiten Vatikanischen Konzil die am 15. 9. 1917 errichtete Pontificia Commissio ad Codicis canones authentice interpretandos (PCI), die sog. Kodex-Kommission, zuständig. Die Aufgaben dieser Kommission wurden am 11. 7. 1967 von Papst *Paul VI.* der neuerrichteten Päpstlichen Kommission für die Auslegung der Beschlüsse des Zweiten Vatikanischen Konzils übertragen[34]. Die authentische Gesetzesauslegung, die in Form eines Gesetzes ergeht, hat dieselbe verpflichtende Kraft wie das Gesetz selbst. Handelt es sich um eine ausschließlich erklärende Auslegung des an sich klaren Wortlauts, die kein neues Recht schafft, bedarf die Auslegung keiner Promulgation und besitzt rückwirkende Kraft. Schränkt die Gesetzesauslegung jedoch den Sinn eines Gesetzes ein oder erweitert ihn oder klärt einen Gesetzeszweifel, schafft sie neues Recht und bedarf einer Promulgation wie ein Gesetz (c. 16 § 2). Handelt es sich um Gesetze des Apostolischen Stuhles, treten sie erst drei Monate nach ihrer Promulgation in Kraft (c. 8 § 1). Eine authentische Interpretation in einem konkreten Einzelfall durch richterliches Urteil oder durch Verwaltungsverfügung erlangt keine Gesetzeskraft, sondern gilt nur für die Personen und den Sachverhalt, für den sie gegeben worden ist (c. 16 § 3). Jedoch kommt der ständigen

auslegung im Bereich des kanonischen Rechts von jeher besaß, vgl. die umfassende, gleichermaßen historisch und systematisch argumentierende Untersuchung von *H. Pree*, Die evolutive Interpretation der Rechtsnorm im Kanonischen Recht, Wien und New York 1980.

[33] *Holböck* I, S. 142f.; *Mörsdorf* Lb I, S. 111f.

[34] Vgl. hierzu *Ochoa* III, Nr. 3577, Sp. 5217.

Rechtsprechung der obersten Gerichte auf dem Wege der Gewohnheit in der Praxis eine normsetzende Bedeutung zu[35].

b) Die gewohnheitsmäßige Auslegung. Nach c. 27 ist die Gewohnheit die beste Interpretin der Gesetze. Die Auslegung der Gesetze durch die Gewohnheit kann in doppelter Weise erfolgen: sie kann den klaren und eindeutigen Sinn des Gesetzes verdeutlichen. Hierbei fügt sie dem Gesetz nichts hinzu und beschränkt sich auf dessen Ausführung. Ist der Sinn des Gesetzes zweifelhaft, kann sie diesen Sinn klären helfen. Obwohl die Gewohnheit hier an sich keinen höheren Wert besitzt als die wissenschaftliche Interpretation, erhält sie diesen aber durch die Verjährung, wenn der Gesetzgeber die Gewohnheit durch seinen Einspruch nicht unterbrochen hat[36].

c) Die wissenschaftliche Auslegung. Die wissenschaftliche Interpretation eines Gesetzes hat nur jenen Wert, der den Argumenten, auf die sie sich stützt, zukommt. Jedoch haben die von der Mehrheit der Fachgelehrten vertretenen Schulmeinungen eine Vermutung der Richtigkeit für sich (vgl. c. 19).

9. Anerkennung der staatlichen Gesetze im kirchlichen Recht

Die staatlichen Gesetze, auf die das Recht der Kirche verweist, sollen im kanonischen Recht mit denselben Wirkungen Beobachtung finden, die ihnen in der staatlichen Rechtsordnung zukommen, soweit sie nicht zum göttlichen Recht in Widerspruch stehen und im kanonischen Recht nichts anderes vorgesehen ist (c. 22). Das kanonische Recht enthält keine Normen über die Rechtsgeschäfte des täglichen bürgerlichen Lebens, wie sie im Bürgerlichen Gesetzbuch (Zivilgesetzbuch) geregelt sind. Die Kirche ist aber darauf angewiesen, am rechtsgeschäftlichen Verkehr, wie er durch die jeweilige bürgerliche Rechtsordnung geregelt ist, teilzunehmen (Abschluß von Verträgen, Verwaltung des Vermögens, Inanspruchnahme der Formen der Rechtsfähigkeit des staatlichen Rechts für kirchliche Organisationen und Institutionen). Für alle Rechtshandlungen dieser Art verweist daher das kanonische Recht auf die jeweilige Rechtsordnung des betreffenden Staates, auf dessen Gebiet diese Rechtshandlungen vorgenommen werden. Die jeweils hierfür geltenden Gesetze haben – mit den Einschränkungen des c. 22 – im kanonischen Recht dieselben Rechtswirkungen, die ihnen im staatlichen Rechtsbereich zukommen. Sie sind sog. *leges canonizatae*[37], d. h. vom kanonischen Recht anerkannte geltende Gesetze, in einem gewissen Sinne also sekundäres kanonisches Recht.

[35] *K. Mörsdorf*, Die Autorität der rotalen Rechtsprechung, in: AfkKR 131 (1962), S. 415 ff., bes. S. 427 ff.

[36] *Holböck* I, S. 141; über die Gewohnheit als Rechtsquelle vgl. in *diesem* Beitrag, unten, II.

[37] *Mörsdorf* Lb II, S. 525.

II. Die Gewohnheit

1. Die Bedeutung des Gewohnheitsrechts im kanonischen Recht

Als zweite Rechtsquelle neben dem Gesetz anerkennt das kanonische Recht die *Gewohnheit* (consuetudo)[38]. Aus der hierarchischen Verfassungsstruktur der Kirche folgt, daß in der Kirchenrechtsordnung Gewohnheitsrecht nur entstehen kann, wenn zur tatsächlichen und ununterbrochenen gewohnheitlichen Übung die ausdrückliche oder stillschweigende, vorausgehende oder nachträglich erteilte Zustimmung des Gesetzgebers hinzutritt (c. 23). In diesem Sinn erklärt z. B. Art. 24 VatII LG zur Frage der rechtsgültigen Amtseinsetzung der Bischöfe, die kanonische Sendung der Bischöfe könne geschehen „durch rechtmäßige, von der höchsten und universalen kirchlichen Gewalt nicht widerrufene Gewohnheiten, durch von derselben Autorität erlassene oder anerkannte Gesetze oder unmittelbar durch den Nachfolger Petri selbst"[39]. Die einzige objektive und absolute Schranke für die Ausbildung von Gewohnheitsrecht stellt das ius divinum dar (c. 24 § 1). Unter dieser Voraussetzung ist die kirchliche Rechtsordnung für die Entstehung von Gewohnheitsrecht durchaus aufgeschlossen[40]. Der CIC/1983 erleichtert gegenüber den Bestimmungen des CIC/1917 die Bildung von Gewohnheitsrecht dadurch erheblich, daß der Zeitraum, innerhalb dessen sich Gewohnheitsrecht bilden kann, die sog. Verjährungsfrist, von früher 40 (vgl. c. 28 CIC/1917) auf nunmehr 30 Jahre verkürzt worden ist (c. 24 § 2).

An verschiedenen Stellen verweist der CIC auf die Geltung bewährten Gewohnheitsrechts, z. B. bei den besonderen Befugnissen, die in einigen Fällen einem Patriarchen oder einem Primas gewohnheitsrechtlich zustehen (c. 438); bei der in der Lateinischen Kirche üblichen Verwendung von ungesäuertem Brot bei der Eucharistiefeier (c. 926); bei der Praxis der Hingabe einer Spende bzw. Opfergabe (stips, früher stipendium) für die Übernahme der Verpflichtung einer Eucharistiefeier nach einer bestimmten Intention (c. 945 § 1); bei der Praxis eines Reliquiengrabes von Märtyrern oder anderen Heiligen unter dem Altar (c. 1237 § 2); bei der alten kirchlichen Praxis, daß der Tisch eines feststehenden Altars aus Stein, und zwar aus einem einzigen Naturstein, bestehen muß (c. 1236 § 2); ferner bei der in einigen Teilkirchen gewohnheitsrechtlich entstandenen Praxis der Erhebung von Kirchensteuern (c. 1263).

2. Einteilung des Gewohnheitsrechts

a) Nach dem *Geltungsbereich*: Universale (gesamtkirchliche) und partikulare (teilkirchliche) Gewohnheiten (vgl. c. 5 § 2).

b) Nach seiner *Beziehung zum Gesetzesrecht*: Gesetzmäßige (consuetudo secundum legem), außergesetzliche (consuetudo praeter legem) und gesetzwidrige (consuetudo contra legem) Gewohnheiten.

[38] Zum Verständnis des Gewohnheitsrechts im kanonischen Recht vgl. die grundlegende Darstellung von *J. Trummer*, Die Gewohnheit als kirchliche Rechtsquelle. Ein Beitrag zur Erklärung des Codex Juris Canonici, Wien 1932; ferner *Michiels*, Normae generales (Anm. 11), Bd. 2, S. 1 ff.; *Mörsdorf* Lb I, S. 122 ff.; *Ebers*, Grundriß (Anm. 13), S. 235 ff. Über die geschichtliche Entwicklung des Gewohnheitsrechts in der neueren kirchlichen Rechtsentwicklung vgl. *Ch. Lefebvre*, Les sources du droit et la seconde Centralisation Romaine, in: L'Epoque Moderne (1563–1789), hrsg. von *Ch. Lefebvre, M. Pacaut, L. Chevailler* (= Le Bras/Gaudemet D, tome 15, vol. 1), Paris 1976, S. 51–54; *ders.*, Les pouvoirs (Anm. 12), S. 210; über die Bedeutung des Gewohnheitsrechts im CIC/1983 vgl. *Fr. J. Urrutia*, De consuetudine canonica novi canones studio proponuntur, in: PerRMCL 70 (1981), S. 69–103.

[39] VatII LG Art. 24, in: AAS 57 (1965), S. 29.

[40] *Mörsdorf* Lb I, S. 123.

c) Nach der *Dauer*: Gewöhnliche (durch 30 Jahre geübte), hundertjährige (consuetudines centenariae) und unvordenkliche (consuetudines immemorabiles) Gewohnheiten (cc. 5 § 1, 26, 28).

3. *Die Entstehung von Gewohnheitsrecht*

Der CIC sieht die im voraus gewährte Zustimmung des Gesetzgebers zur Bildung von Gewohnheitsrecht, den sog. *Legalkonsens*, unter zwei Voraussetzungen vor (cc. 23–26)[41]:

a) Ebenso wie das Gesetz eine „vernunftgemäße Anordnung" (ordinatio rationis) sein muß, muß auch die Gewohnheit „vernunftgemäß" (rationabilis, c. 24 § 2) sein, d. h. sie muß der rechten Ordnung entsprechen. Verwirft das Gesetz eine gesetzwidrige Gewohnheit ausdrücklich, ist diese unvernünftig (non rationabilis) und kann daher niemals Rechtskraft erlangen (c. 24 § 2).

b) Eine *außergesetzliche* oder *gesetzwidrige* Gewohnheit muß während eines Zeitraums von 30 Jahren ohne Unterbrechung tatsächlich und gleichmäßig in Übung sein. Verbietet ein Gesetz zukünftige Gewohnheiten, so kann es nur durch hundertjährige oder unvordenkliche Gewohnheiten außer Kraft gesetzt werden (c. 26).

c) Bei außergesetzlichen und gesetzwidrigen Gewohnheiten muß ferner ein *Verpflichtungswille* einer passiv gesetzfähigen Gemeinschaft vorhanden sein (cc. 25, 26), d. h. die Gewohnheit muß in dem Bewußtsein geübt werden, daß es sich um die Bildung einer *Rechtsnorm* handelt, die die Gemeinschaft verpflichtet. Dies bedeutet, daß eine Einzelperson eine Gewohnheit nicht begründen kann.

4. *Außerkrafttreten von Gewohnheitsrecht (c. 28)*

Bestehendes gesetzesgemäßes Gewohnheitsrecht erlischt mit dem Außerkrafttreten des betreffenden Gesetzes. *Außergesetzliches* und *gesetzwidriges* Gewohnheitsrecht wird durch ein vom zuständigen kirchlichen Gesetzgeber erlassenes entgegengesetztes Gesetz oder durch gegenteiliges Gewohnheitsrecht aufgehoben. Durch den CIC/1983 und durch spätere Gesetze wird partikulares Gewohnheitsrecht nur aufgehoben, wenn dies im Gesetz ausdrücklich ausgesprochen ist. Diese Bestimmung befand sich auch bereits im CIC/1917. Hundertjährige und unvordenkliche Gewohnheiten werden durch ein gegenteiliges gesamtkirchliches Gesetz nur dann außer Kraft gesetzt, wenn es diese Gewohnheiten ausdrücklich nennt (cc. 28, 5).

[41] Über den Unterschied zwischen Gewohnheitsrecht und Gepflogenheit sowie zwischen Gewohnheitsrecht und bloßer Observanz vgl. *Mörsdorf* Lb I, S. 124.

§ 9 Verwaltungsakt und Verwaltungsverfahren

Von Richard A. Strigl

A. Verwaltungsakt

I. Allgemeines

Verwaltung ist jene Tätigkeit eines hoheitlichen Organs, die weder der rechtsetzenden, noch der rechtsprechenden Gewalt zuzurechnen ist. In Angleichung an das profane Recht wird nunmehr auch im kirchlichen Recht „Verwaltung" sinngleich mit „vollziehender Gewalt" (Exekutive) verstanden. Wichtigste Handlungsform der hoheitlichen Verwaltung ist der Verwaltungsakt. Er dient der zweckmäßigen Durchsetzung des materiellen Rechts[1].

1. *Rechtssprachliches*

Der allgemeine kirchliche Sprachgebrauch kennt zwar den Begriff „Verwaltung" in einem jeweils konkreten Sachzusammenhang wie Kultus-, Sakramenten-, Vermögensverwaltung, in der kirchlichen Rechtssprache aber findet sich die substantivische Form administratio so wenig wie die Bezeichnungen legislatio und iudicatio für die beiden anderen Funktionen hoheitlichen Tuns. Immer ist Verwalten adjektivisch gekennzeichnet als Tätigwerden einer dafür bestimmten Gewalt. Es werden die Ausdrücke potestas administrativa, potestas executiva und actus administrativus verwendet. In dieser eigentümlichen Wortwahl des kanonischen Rechts kann ein Hinweis darauf gesehen werden, daß „Verwaltung" in der Kirche weniger als abstrakt-institutionelle Größe (Apparat, System) verstanden werden will, sondern vorwiegend als organspezifisches Wirken einer geistlichen Ordnungsmacht.

Die vorfindlichen Bezeichnungen für Verwaltungshandeln legen das Schwergewicht teils auf seine rechtliche Begründung (potestas administrativa), teils auf die Herbeiführung eines vollzugsfähigen Ergebnisses (actus administrativus: Maßnahme, Anordnung, Erlaß, Bescheid). Der Ausdruck potestas executiva trägt in sich diese Doppelsinnigkeit, indem er einmal die Befähigung, einen Verwaltungsakt zu setzen, meint und zum anderen eine Bevollmächtigung zur Ausführung eines Verwaltungsaktes bedeuten kann[2].

2. *Verwaltungstätigkeit*

a) Gesetzmäßigkeit. Im päpstlichen Bereich kommt den römischen Kurialbehörden als höchsten Stellvertretungsorganen eine maßgebliche Bedeutung zu.

[1] Zum Begriff und Verständnis des Verwaltungsaktes im profanen Verwaltungsrecht vgl. *N. Achterberg,* Allgemeines Verwaltungsrecht. Ein Lehrbuch, Heidelberg 1982, S. 335ff.; *H.-U. Erichsen* und *W. Martens,* Der Verwaltungsakt, in: Allgemeines Verwaltungsrecht, hrsg. von H.-U. Erichsen und W. Martens, 5. Aufl., Berlin 1981, S. 148ff.

[2] Siehe *K. Mörsdorf,* De actibus administrativis in Ecclesia, in: Miscellanea Bidagor III, S. 5–26; *R. A. Strigl,* Kritische Analyse der im Jahre 1968 zur Erprobung ergangenen Verfahrensordnung für die Apostolische Signatur, ebd., S. 79–111; *H. Schmitz,* Der Beitrag der zweiten Sektion der Apostolischen Signatur zur Lehre vom actus administrativus, in: Festschr. Dordett, S. 195–208.

Wenn sie auch grundsätzlich an gesetzliche Normierungen gebunden sind, haben die Kardinalskongregationen auf Grund ihrer Stellung (vgl. c. 360) doch eine im Vergleich mit sonstigen kirchlichen Verwaltungen weitergehende freie Bestimmungsmacht. Ihre Tätigkeit beschränkt sich nicht auf die Durchführung gesetzlicher Bestimmungen, sondern ist auch Rechtsschöpfung nach den Gesichtspunkten von Notwendigkeit und Zweckmäßigkeit zum Wohl der Kirche.

Der nachgeordneten kirchlichen Verwaltung (Bischof, Generalvikar, Bischofsvikar, Bischofskonferenz, Ständiger Rat, Generalsekretär) sind engere Schranken gesetzt. Ein Abweichen vom gemeinen Recht ist hier nur soweit möglich, wie es dem Inhaber der partikulären Gesetzgebungsgewalt zugestanden ist bzw. von ihm eingeräumt werden kann[3].

b) Bereiche. Das kanonische Recht kennt zwei formal verschiedene Bereiche der Verwaltung. Die *freiwillige* Verwaltung (iurisdictio exsecutiva voluntaria) umfaßt die gesamte gnadenerweisende Tätigkeit[4], die von Amts wegen oder auf Antrag zugunsten von einzelnen oder Gruppen (in volentes et petentes) ausgeübt wird. Ihre Kennzeichen sind, daß sie gegenüber Untergebenen auch außerhalb des eigenen Territoriums, innerhalb des eigenen Territoriums auch gegenüber Fremden sowie zum eigenen Vorteil tätig werden kann, sofern sich das nicht aus der Natur der Sache oder auf Grund eines Gesetzes oder zur Wahrung der Rechte fremder Hoheitsträger verbietet (cc. 91, 136). Die *zwangsmäßige* Verwaltung (iurisdictio exsecutiva coercens) setzt ein, wenn sich ein bestimmter vom Recht geforderter oder von der zuständigen Behörde angestrebter Erfolg anders nicht einstellt (in invitos). Ein im Zuge der Behandlung gemeingerichtlicher Streitsachen vorzunehmender Akt der zwangsmäßigen Verwaltung wird von den ordentlichen Rechtsprechungsorganen gesetzt (z. B. cc. 1487–1489). Eine verbindliche Vorgangsweise für die zwangsmäßige Verwaltung ganz allgemein ist gesetzlich nicht festgelegt, lediglich das Einspruchsverfahren gegen Verwaltungsdekrete (recursus hierarchicus) ist geregelt (cc. 1732–1739). Vereinzelt rückt die Wahrnehmung der zwangsmäßigen Verwaltung in die Nähe der richterlichen Tätigkeit, wie sich aus den Sondernormen für die strafprozessuale Voruntersuchung (praevia investigatio) ergibt (cc. 1717–1719).

c) Wirksamkeit. Die meisten Verwaltungsakte werden gesetzt in der Form von Reskripten, als Antwort auf Anfrage, Antrag oder Bericht. *Formelle* Rechtswirk-

[3] *K. Mörsdorf*, Rechtsprechung und Verwaltung im kanonischen Recht, Freiburg i. Br. 1941, S. 35f.

[4] Nach dem neueren profanjuristischen Verständnis gelten Gnadenakte, die stets eine Rechtsfolge aus im positiven Recht nicht geregelten Gründen aufheben, nicht mehr als „justizfreie Hoheitsakte", sondern als Verwaltungsakte. Die gerichtliche Überprüfung von Gnadenentscheidungen ist jedoch im wesentlichen darauf beschränkt, ob das rechtlich geordnete Verfahren beim Erlaß des Gnadenerweises eingehalten und der Gleichheitssatz nicht verletzt worden ist. Vgl. im einzelnen bei *Achterberg*, Allgemeines Verwaltungsrecht (Anm. 1), S. 340f., m.w.N.; *H.-U. Erichsen* und *W. Martens*, Allgemeines Verwaltungsrecht (Anm. 1), S. 158f. mit Anm. 64, m.w.N.

samkeit erlangen Reskripte entweder bereits mit ihrer Ausstellung oder erst mit ihrem Vollzug (c. 62)[5]. Eine *materielle* Rechtskraft im eigentlichen Sinn wächst Verwaltungsakten prinzipiell nicht zu, weil zum einen die Behörde ihren Bescheid widerrufen kann (cc. 47, 58 § 1) und zum anderen der Empfänger eine ihm persönlich gewährte Vergünstigung nicht gebrauchen muß (c. 71). Ein Widerruf kann nur durch Gesetz ausgeschlossen werden. Verwaltungsakte im Rahmen der freiwilligen Verwaltung stehen immer unter der Klausel, daß sich die Verhältnisse nicht ändern. Es können daher gegebenenfalls Anpassungen nach Maßgabe des kirchlichen Wohles vorgenommen werden. Durch Akte der zwangsmäßigen Verwaltung werden gewöhnlich Rechte beschnitten bzw. entzogen oder Verpflichtungen auferlegt. Auch hier sind Widerruf und Abänderung zugunsten des Betroffenen ebenso möglich wie eine Verschärfung des Zugriffs, wenn sich der angewandte Zwang als unzureichend erweisen sollte.

3. *Richtlinien*

a) Begrenzung. Ein Verwaltungsakt, gleichgültig in welcher Form er sich darstellt, kann von einem mit entsprechender Verwaltungsvollmacht ausgestatteten Organ innerhalb der Grenzen seiner Zuständigkeit gesetzt werden, wobei für die Gewährung eines Privilegs zusätzlich eine wenigstens delegierte Gesetzgebungsvollmacht erforderlich ist (c. 35 mit c. 76 § 1). Ausfertigungen sind nach dem natürlichen Wortsinn und gewöhnlichen Sprachgebrauch zu verstehen. In Zweifelsfällen darf grundsätzlich weit ausgelegt werden, außer – und hier gilt eine enge Auslegung – wenn der Bescheid eine streitige Angelegenheit berührt, Strafen androht oder verhängt, wohlerworbene Rechte beschneidet, Personenrechte verletzt, einer Gesetzesnorm zugunsten des privaten Wohles widerstreitet (c. 36 § 1). Da sich Verwaltungsbescheide immer auf konkrete Einzelfälle beziehen, stehen sie unter dem Analogieverbot (c. 36 § 2). Eine Verwaltungsmaßnahme, die den äußeren Bereich (forum externum) betrifft, bedarf der Schriftform. Desgleichen ist, wenn die Ausführung durch eine Mittelsperson angeordnet wurde, der Vollzug schriftlich festzuhalten (c. 37). Ein Verwaltungsakt, selbst ein motu proprio ausgestelltes Reskript, hat keine Rechtswirksamkeit, wenn dadurch wohlerworbene Rechte Dritter verletzt werden oder ein Gesetz oder eine rechtmäßige Gewohnheit dagegen stehen, sofern nicht die zuständige Autorität ausdrücklich einen Nichtbehinderungsvermerk (clausula derogatoria), z. B. mit der Formel „non obstante quacumque lege aut consuetudine contraria" beifügt (c. 38). In dem Bescheid enthaltene Bedingungen sind nur dann als Gültigkeitserfordernisse anzusehen, wenn sie mit den Partikeln „si, nisi, dummodo" eingeleitet werden (c. 39).

[5] Demnach kann die in der bisherigen Rechtsprechung der Zweiten Sektion der Apostolischen Signatur aufgestellte Maxime, daß der für das Wirksamwerden von Verwaltungsakten allein maßgebliche Zeitpunkt die amtliche Bekanntgabe an den Adressaten sei, für Reskripte keine uneingeschränkte Geltung haben.

b) Vollzug. Wird für die Ausführung eines Verwaltungsaktes ein Vollzieher (exsecutor) bestellt, so kann dieser seine Aufgabe gültigerweise erst wahrnehmen, wenn er das Schriftstück erhalten und sich von dessen Authentizität bzw. Richtigkeit überzeugt hat, sofern ihn nicht die ausstellende Behörde schon vorher davon in Kenntnis gesetzt hat (c. 40).

Die Exekution eines Verwaltungsaktes kann den Charakter einer bloßen Dienstleistung oder den einer eigenständigen hoheitlichen Handlung haben. Die bestellte Mittelsperson ist zur Ausführung des Auftrages verpflichtet, es sei denn, daß der Verwaltungsakt offensichtlich ungültig ist oder aus sonstigen schwerwiegenden Gründen nicht aufrechterhalten werden kann oder daß wesentliche Bedingungen nicht erfüllt sind. Lassen persönliche oder örtliche Umstände einen Vollzug nicht zweckmäßig erscheinen, so kann er ausgesetzt werden. In all diesen Fällen ist sofort die ausstellende Behörde zu verständigen (c. 41). Der Vollzieher muß nach Maßgabe empfangener Weisungen vorgehen. Hält er schriftlich erteilte Anordnungen oder wesentliche Formvorschriften nicht ein, so ist der Vollzug ungültig (c. 42).

Ein Vollzieher kann sich nach klugem Ermessen von einer Person seiner Wahl vertreten lassen, sofern nicht eine Stellvertretung ausdrücklich untersagt oder seine Person speziell für diese Aufgabe ausgewählt oder ein eventueller Vertreter bereits vorbestimmt wurde. Stets unbenommen aber bleibt es dem Vollzieher, die Vollzugshandlung von jemand anders vorbereiten zu lassen (c. 43). Wurde ein Vollzieher nicht speziell um seiner Person willen bestellt, so kann der Vollzug auch von seinem Amtsnachfolger vorgenommen werden (c. 44). Ist dem Vollzieher bei seiner Handlung irgendein Irrtum unterlaufen, kann er, ohne Rücksprache mit der Behörde, den Vollzug wiederholen (c. 45).

c) Aufhebung. Ein Verwaltungsakt wird nicht dadurch hinfällig, daß die Amtsgewalt des Erlaßorgans erlischt, es sei denn, im Recht wäre ausdrücklich etwas anderes bestimmt (c. 46). Der Widerruf eines Verwaltungsaktes durch einen neuen Erlaß der zuständigen Autorität wird wirksam mit dem Zeitpunkt der Mitteilung an die betroffene Person (c. 47).

II. Formen kirchlicher Verwaltungsakte

1. Dekret

a) Kennzeichnung. Dekret ist eine von Amts wegen durch Verwaltungsakt erfolgende rechtskonforme Anordnung eines zuständigen Verwaltungsorgans für einen bestimmten Einzelfall. Solche Maßnahmen bedürfen ihrer Natur nach keines vorausgehenden Antrages (c. 48). Bevor ein Dekret erlassen wird, sind durch Erkundigung die nötigen Nachweise zu erheben und, soweit das möglich ist, auch jene zu hören, deren Rechte verletzt werden könnten (c. 50). Ein Dekret ist schriftlich auszufertigen mit wenigstens summarischer Angabe der Gründe, wenn es sich um einen Entscheid handelt (c. 51). Rechtliche Wirkung entfaltet ein Dekret nur hinsichtlich der in Rede stehenden Angelegenheit und allein für den Adressaten. Diesen aber bindet es überall, außer es wäre etwas anderes bestimmt (c. 52). Liegen in derselben Sache einander widersprechende Dekrete vor, so geht ein spezielles, insoweit es Besonderheiten enthält, einem generellen vor. Sind alle gleich speziell oder gleich generell, so wird ein früheres im Hinblick auf Abweichungen des späteren aufgehoben (c. 53).

b) Rechtswirksamkeit. Ein Dekret erlangt Wirksamkeit mit dem Zeitpunkt, in dem es der betroffenen Person amtlich zur Kenntnis gebracht wird, sei es durch direkte Zustellung, sei es indirekt mittels eines Vollziehers (c. 54 § 1). Die rechtliche Durchsetzbarkeit eines Dekrets setzt voraus, daß es als Urkundenstück übergeben worden ist (c. 54 § 2). Unter grundsätzlicher Beachtung der cc. 37 (Schriftform) und 51 (Entscheidbegründung) gilt – falls ein sehr schwerwiegender Grund gegen die Aushändigung besteht – ein Dekret auch als zugestellt, wenn es dem Empfänger vor einem Notar oder zwei Zeugen mündlich eröffnet worden ist. Darüber ist ein Protokoll anzufertigen und von allen Beteiligten zu unterschreiben (c. 55). Weiters kommt es einer Zustellung gleich, wenn der Empfänger ordnungsgemäß aufgefordert wird, das Dekret entgegenzunehmen oder seinen Inhalt anzuhören, dieser aber ohne rechtmäßigen Hinderungsgrund nicht erscheint oder zwar erscheint, jedoch die Unterschrift verweigert (c. 56).

c) Säumigkeit. Wenn der Erlaß eines Dekrets gesetzlich vorgeschrieben ist oder ein Interessent durch Vorstelligwerden rechtmäßig ein solches verlangt, hat die zuständige Autorität innerhalb von drei Monaten seit erfolgter Anrufung tätig zu werden, außer es wäre vom Gesetz eine andere Frist vorgeschrieben (c. 57 § 1). Bleibt sie säumig, wird nach Verstreichen der Frist eine Ablehnung vermutet und der Weg ist frei für eine Beschwerde bei der übergeordneten Verwaltungsautorität (c. 57 § 2). Die Ablehnungspräsumption entbindet die säumige Autorität nicht von der Pflicht, das Dekret nachträglich zu erlassen und sie ist gehalten, einen durch ihre Untätigkeit eventuell entstandenen Schaden gemäß c. 128 (allgemeine Schadensersatzpflicht bei rechtswidrigem oder schuldhaftem Verhalten) gutzumachen (c. 57 § 3).

d) Aufhebung. Ein Dekret verliert seine Geltung entweder durch rechtmäßigen Widerruf seitens der zuständigen Autorität oder durch Außerkrafttreten des Gesetzes, zu dessen Durchführung es erlassen worden war (c. 58 § 1).

2. *Präzept*

Das Präzept ist eine Sonderform des Einzeldekrets und dient insbesondere dazu, die Beachtung von Gesetzesnormen durchzusetzen. Es stellt eine direkte und förmliche (schriftlich oder vor zwei Zeugen) Aufforderung zu einem bestimmten Tun oder Unterlassen dar (c. 49) und verpflichtet den Betroffenen zu rechtlichem

Gehorsam, widrigenfalls es zum Ausspruch einer nachteiligen Rechtsfolge kommt. Insoweit spricht man von einem Verwaltungsbefehl bzw. einer Verwaltungsverfügung. Ist das Präzept mit einer Strafdrohung versehen, die im Falle der Nichtbeachtung verhängt wird, handelt es sich um ein Verwaltungsstrafgebot bzw. eine Verwaltungsstrafverfügung[6]. Das Verwaltungsgebot folgt der territorialen Verpflichtungskraft partikulärer Gesetze. Die Verwaltungsverfügung dagegen teilt die Rechtsnatur eines gerichtlichen Urteils und bindet den Betroffenen überall. Ein Präzept, das nicht in der Form einer ordnungsgemäßen Urkunde ausgefertigt worden ist, erlischt mit dem Amtsrecht dessen, der es erlassen hat (c. 58 § 2).

3. *Reskript*

a) Kennzeichnung. Zum Unterschied vom Einzeldekret, das von Amts wegen ergeht, ist das Reskript seiner Natur nach immer schriftliche Antwort auf ein Ansuchen und kann zum Inhalt haben eine Dispens, ein Privileg oder eine sonstige Begünstigung, wobei es nicht auf eine bestimmte Erledigungsform ankommt (c. 59 § 1). Es werden unterschieden rescripta gratiae, d. h. Gnadenerweise ohne Rechtsanspruch (Akte der freiwilligen Rechtspflege), und rescripta iustitiae, d. h. verwaltungsmäßige Hilfsakte bei Ausübung der Rechtsprechung (Akte der Justizverwaltung)[7]. Die Normen über Reskripte gelten auch für die Erteilung einer Erlaubnis und für mündlich ausgesprochene Gunsterweise, sofern nicht jeweils dafür etwas anderes bestimmt ist (c. 59 § 2). Wird durch Reskript eine Dispens oder ein Privileg gewährt, so sind auch die dafür geltenden Sonderbestimmungen (cc. 76–93) zu beachten (c. 75).

b) Empfänger. Ein Reskript kann jeder empfangen, dem es nicht ausdrücklich untersagt ist (c. 60). Sofern nicht anders bestimmt, kann ein Reskript auch zugunsten Dritter erworben werden, ohne daß es einer Einwilligung oder Annahme seitens des Begünstigten bedürfte, vorbehaltlich anderslautender Klauseln (c. 61). Niemand ist gehalten, von einem ausschließlich persönlich begünstigenden Reskript Gebrauch zu machen, außer es würde das auf Grund anderweitiger kanonischer Verpflichtungen gefordert (c. 71). Eine mündlich ausgesprochene Gnade kann von dem Begünstigten im inneren Bereich (forum internum) genutzt werden. Die Gewährung muß aber für den äußeren Bereich nachgewiesen werden, wenn das rechtmäßig verlangt wird (c. 74).

[6] Zu weiteren Einzelheiten siehe *R. A. Strigl*, Verwaltungsakt und Verwaltungsverfahren, in: GrNKirchR, S. 75.

[7] Diese haben entweder gnadenhaften Charakter, wie etwa die Gewährung einer außerordentlichen Instanz oder ein Prozeßkostenerlaß, oder sie sind im Recht vorgesehen, wie z. B. die Überweisung einer möglichen Gerichtssache durch eine Verwaltungsbehörde an das zuständige ordentliche Gericht.

c) Rechtswirksamkeit. Reskripte erlangen Wirksamkeit entweder mit der Ausstellung der Urkunde (forma gratiosa) oder, falls ein Vollzieher bestellt wird (forma commissoria), mit dem Vollzug (c. 62). Ein Reskript ist ungültig, wenn es durch Verschweigen der Wahrheit (subreptio) erreicht wurde oder wenn Angaben nicht gemacht worden sind, die – sei es von Gesetzes wegen, sei es nach Stil und Praxis des kanonischen Rechts – erforderlich waren, außer es handelt sich um ein motu proprio gewährtes Reskript (c. 63 § 1). Weiters ist ein Reskript ungültig, wenn es durch falsche Darstellung (obreptio) erschlichen worden ist, sofern nicht wenigstens ein angegebener Grund zutrifft (c. 63 § 2). Die Begründung eines Reskripts muß zum Zeitpunkt der Ausstellung bzw. des Vollzugs tatsächlich noch stimmen (c. 63 § 3).

Reskripte, die vom Apostolischen Stuhl in forma gratiosa ausgestellt wurden, sind nur dann dem Ordinarius des Empfängers vorzulegen, wenn das in der Urkunde vermerkt ist, wenn es sich um eine Angelegenheit von amtlicher Bedeutung handelt oder wenn eine Prüfung der Bedingungen notwendig ist (c. 68). Ist für die Übergabe eines Reskripts an einen Vollzieher kein bestimmter Zeitpunkt festgesetzt, so kann diese zu einer beliebigen Zeit erfolgen, sofern dabei nur Betrug und Arglist ausgeschlossen sind (c. 69). Wird im Reskript einem Vollzieher anheimgestellt, die in Rede stehende Gnade zu gewähren oder zu verweigern, so hat er die Entscheidung nach seinem gewissenhaften und klugen Ermessen zu treffen (c. 70).

d) Konkurrenzen. Die Heilige Pönitentiarie ist in der Ausstellung von Reskripten für den inneren Bereich frei und unabhängig. Alle anderen Behörden des Apostolischen Stuhles und die sonstigen, dem Papst nachgeordneten zuständigen Autoritäten können eine von einer römischen Behörde abgelehnte Gnade ohne Zustimmung dieser Behörde nicht gültig gewähren (c. 64). Niemand darf eine Gnade, die ihm vom eigenen Ordinarius verweigert worden ist, von einem anderen Ordinarius erbitten, ohne die Ablehnung zu erwähnen. In Kenntnis der Ablehnung darf der andere Ordinarius die Gnade nicht gewähren, bevor er nicht die Verweigerungsgründe erfahren hat (c. 65 § 1). Diesbezüglich sind jedoch folgende Einschränkungen zu beachten. Eine vom Generalvikar oder einem Bischofsvikar verweigerte Gnade kann von einem anderen Vikar desselben Bischofs auch bei Kenntnis der Ablehnungsgründe nicht gültig gewährt werden (c. 65 § 2). Eine vom Generalvikar oder einem Bischofsvikar verweigerte, dann aber vom Diözesanbischof, ohne daß die vorherige Ablehnung erwähnt worden wäre, gewährte Gnade ist ungültig. Eine vom Diözesanbischof verweigerte Gnade kann, auch bei Erwähnung der Ablehnung, vom Generalvikar oder einem Bischofsvikar nicht gültig gewährt werden, außer der Bischof würde zustimmen (c. 65 § 3).

Wenn in derselben Sache zwei einander widersprechende Reskripte ergangen sind, geht ein besonderes, hinsichtlich seiner Besonderheiten, einem allgemeinen vor (c. 67 § 1). Sind sie gleich besonders oder gleich allgemein, so geht das frühere dem späteren vor, sofern nicht in dem späteren das frühere erwähnt wird, oder der Empfänger des früheren, sei es absichtlich, sei es aus bemerkenswerter Nachlässigkeit, von seinem Reskript keinen Gebrauch gemacht hat (c. 67 § 2). Läßt sich ein Zweifel über die Gültigkeit eines Reskripts nicht lösen, entscheidet der Aussteller (c. 67 § 3). Ein Reskript wird nicht ungültig, weil ein Irrtum unterlaufen ist hinsichtlich des Namens des Empfängers, der Person des Ausstellers, des Wohnortes oder der Sache, um die es sich handelt, solange nach dem Urteil des Ordinarius über Person und Sache kein Zweifel besteht (c. 66).

e) Endigung. Vom Apostolischen Stuhl befristet ausgestellte Reskripte können, wenn sie abgelaufen sind, vom Diözesanbischof aus einem angemessenen Grund ein Mal verlängert werden, jedoch nicht über drei Monate (c. 72). Durch gegenteiliges Gesetz werden Reskripte nicht widerrufen, außer es wäre in dem Gesetz etwas anderes bestimmt (c. 73).

4. Privileg

a) Kennzeichnung. Unter Privileg versteht man eine bestimmten natürlichen oder juristischen Personen durch einen besonderen Akt des Gesetzgebers oder eines von ihm mit entsprechender Vollmacht ausgestatteten Verwaltungsorgans gewährte Gnade (c. 76 § 1). Bei hundertjährigem oder unvordenklichem Besitz eines Privilegs spricht die Vermutung für eine rechtmäßige Verleihung (c. 76 § 2). Die Verleihung eines Privilegs bringt für den Empfänger eine Änderung der objektiven und subjektiven Rechtsverhältnisse mit sich. *Unechte* Privilegien sind durch Gesetz festgelegtes und daher reguläres Sonderrecht für bestimmte Personenkreise (z. B. Standesprivilegien von Klerikern und Ordensleuten). *Echte* Privilegien sind Ausnahmerecht für Einzelpersonen (privilegium personale), Orte oder Sachen (privilegium reale), das an die Stelle des sonst gemeinhin geltenden Rechtes tritt. Ein Privileg ist nach der Norm des c. 36 auszulegen (Wortsinn, allgemeiner Sprachgebrauch), immer aber so, daß dem Privilegierten noch irgendeine tatsächliche Begünstigung verbleibt (c. 77).

b) Dauer. Die Vermutung steht dafür, daß ein Privileg auf Dauer verliehen worden ist, außer es könnte etwas anderes bewiesen werden (c. 78 § 1). Das an eine Person gebundene Privileg erlischt mit dieser Person (c. 78 § 2). Das an eine Sache (Ort, Gegenstand) gebundene Privileg erlischt mit dem vollständigen Untergang der Sache. Wird allerdings eine Örtlichkeit, mit der das Privileg verbunden war, innerhalb von 50 Jahren wiederhergestellt, so lebt auch das Privileg wieder auf (c. 78 § 3).

c) Verzicht. Durch Verzicht endet ein Privileg nur, wenn dieser von der zuständigen Autorität angenommen wird (c. 80 § 1). Natürliche Personen können auf ein Privileg verzichten, das ausschließlich zu ihrem persönlichen Nutzen verliehen worden ist (c. 80 § 2). Nicht möglich ist ein Verzicht von Einzelpersonen auf ein Privileg, das einer juristischen Person oder einem Ort bzw. einer Sache auf Grund ihres Ranges verliehen ist. Eine juristische Person kann nicht auf ein ihr verliehenes Privileg verzichten, wenn dadurch der Kirche oder Dritten ein Nachteil entstünde (c. 80 § 3).

d) Wegfall. Ein Privileg entfällt mit einem gemäß c. 47 (wirksam mit Kundgabe) ausgesprochenen Widerruf der zuständigen Autorität[8], nicht jedoch (gemäß c. 46)

[8] Vertraglich eingegangene Bindungen (z. B. Konkordate) kann die Kirche nicht durch einseitigen Widerruf lösen.

mit der Beendigung der Amtsgewalt des Verleihers (c. 79), es sei denn, daß es unter Beifügung von „ad beneplacitum nostrum" oder einer ähnlichen Formel verliehen worden wäre (c. 81). Unterlassener oder verleihungswidriger Gebrauch bewirkt nicht ohne weiteres den Wegfall eines Privilegs, solange daraus für Dritte keine Belastung entsteht. Tritt eine solche aber ein, entfällt das Privileg nach Ablauf der gesetzlichen Verjährungsfrist (c. 82)[9]. Ein befristet oder für eine bestimmte Anzahl von Fällen verliehenes Privileg fällt mit Erfüllung der Beschränkungsauflage weg. Wird jedoch kraft nur für den inneren Bereich delegierter Vollmacht ein Akt infolge Unaufmerksamkeit über die festgesetzte Limitation hinaus gesetzt, so ist der Akt (gemäß c. 142 § 2) gültig (c. 83 § 1). Ein Privileg entfällt schließlich, wenn sich nach dem Urteil der zuständigen Autorität die Verhältnisse im Laufe der Zeit so geändert haben, daß es sich als schädlich erweist und sein Gebrauch unerlaubt wird (c. 83 § 2).

e) Entzug. Wer eine durch Privileg verliehene Vollmacht mißbräuchlich anwendet, verdient, daß es ihm entzogen wird. Der Ordinarius kann einem grob mißbräuchlich handelnden Privilegierten ein von ihm selbst verliehenes Privileg nach vergeblicher Mahnung entziehen. Handelt es sich um ein vom Apostolischen Stuhl verliehenes Privileg, hat der Ordinarius diesem zu berichten (c. 84).

5. Dispens

a) Kennzeichnung. Als Dispens bezeichnet man die für den Einzelfall erklärte Aufhebung der Verpflichtungskraft eines rein kirchlichen Gesetzes durch ein zuständiges Verwaltungsorgan oder durch jemand, dem die Dispensgewalt ausdrücklich oder einschlußweise – sei es kraft Gesetzes, sei es auf Grund rechtmäßiger Delegation – zukommt (c. 85). Damit schafft die Dispens für den Begünstigten die subjektive Berechtigung, entgegen einer weitergeltenden Rechtsnorm gültig

[9] Der CIC nennt keine auf Privilegien anwendbare Verjährungsfrist. *Mörsdorf* Lb I, S. 152, hat bei c. 63 § 1 CIC/1917 diesbezüglich auf die Zeit, wie sie für die Bildung von Gewohnheitsrecht festgelegt war, nämlich 40 Jahre, hingewiesen. Dementsprechend könnte man nunmehr an die hierfür verkürzte Spanne von 30 Jahren (c. 26) denken. Das würde auch eine Übereinstimmung mit den Rechtsverhältnissen in der Bundesrepublik Deutschland ergeben. In c. 197 werden die jeweiligen staatlichen Normen über Verjährung zur lex canonizata erklärt. Das Verwaltungsrecht der Bundesrepublik Deutschland hat zwar keine allgemeine Regelung der Verjährung, doch sind die Vorschriften des bürgerlichen Rechts, wenn auch in beschränktem Umfang, anwendbar. Bürgerlich-rechtliche Ansprüche unterliegen grundsätzlich der Verjährung (§ 194 BGB). Die regelmäßige Verjährungsfrist beträgt 30 Jahre (§ 195 BGB). Die Verjährung beginnt gewöhnlich mit dem Tag der Entstehung des Anspruchs. Hängt der Anspruch von einer Willenserklärung des Berechtigten ab (z. B. Kündigung, Anfechtung), so beginnt sie nicht erst mit der entsprechenden Erklärung, sondern bereits mit dem Zeitpunkt ihrer Zulässigkeit (§§ 199, 200 BGB). Ein Verjährungsausschluß bei Privilegien kommt allenfalls gemäß c. 199 n. 3 (Rechte und Pflichten, die das geistliche Leben der Gläubigen direkt berühren) in Frage, nicht dagegen gemäß c. 199 n. 2 (Apostolisches Privileg), da hier nur ein Ersitzungsausschluß gemeint ist. Vgl. *Palandt*, Bürgerliches Gesetzbuch, Kommentar, 40. Aufl., München 1981, Überblick vor § 194 und §§ 194–225.

und erlaubt zu handeln[10]. Indispensabel sind solche Gesetze des kirchlichen Rechts, in denen bestimmt wird, was für Rechtseinrichtungen oder Rechtshandlungen wesentlich konstitutiv ist (c. 86). Dispenserteilung ist ein hoheitlicher Akt der freiwilligen Verwaltung, der in der Regel einen Antrag oder eine als solcher interpretierbare Situation voraussetzt. Die Dispensgewalt kann ausgeübt werden außerhalb des Heimatterritoriums gegenüber Untergebenen, ob sie sich zu Hause oder in der Fremde befinden, innerhalb des eigenen Territoriums auch gegenüber Fremden und nicht zuletzt zum eigenen Vorteil. Ausdrückliche Einschränkungen bezüglich eines Handelns auf fremdem Territorium sind zu beachten (c. 91).

b) Dispensgrund. Von einem kirchlichen Gesetz darf ohne gerechten und vernünftigen Grund nicht dispensiert werden, wobei man sich die Umstände des Falles und die Gewichtigkeit des in Frage stehenden Gesetzes vor Augen halten muß. Dispens ohne Grund ist unerlaubt und, falls sie nicht vom Gesetzgeber selbst oder seinem Vorgesetzten erteilt wird, auch ungültig (c. 90 § 1). Im Zweifel, ob ein Grund hinreichend ist, kann die Dispens gültig und erlaubt gewährt werden (c. 90 § 2).

c) Dispensträger. Der Diözesanbischof kann Gläubige, so oft er es für deren geistliches Wohl als dienlich erachtet, dispensieren und zwar sowohl von gemeinkirchlichen, als auch von teilkirchlichen, von der höchsten kirchlichen Autorität für sein Territorium oder seine Untergebenen erlassenen Gesetzen, ausgenommen prozeßrechtliche und strafrechtliche Bestimmungen sowie solche, deren Dispens dem Apostolischen Stuhl oder einer sonstigen Autorität besonders vorbehalten ist (c. 87 § 1)[11]. Wenn es schwierig ist, den Apostolischen Stuhl anzugehen und gleichzeitig die Gefahr eines großen Schadens droht, kann der Ordinarius auch von den normalerweise ausgenommenen Gesetzen dispensieren, vorausgesetzt, daß es sich in den Fällen, die dem Apostolischen Stuhl vorbehalten sind, um eine Dispens handelt, die dieser unter den gleichen Umständen zu erteilen pflegt. Die Dispens eines Klerikers von der Zölibatsverpflichtung durch den Ordinarius ist gänzlich ausgeschlossen (c. 87 § 2 mit c. 291).

Der Ordinarius kann von seinen Diözesangesetzen und, so oft es das geistliche Wohl der Gläubigen notwendig erscheinen läßt, von Gesetzen eines Allgemeinen Konzils, eines Provinzialkonzils und der Bischofskonferenz dispensieren (c. 88).

Ein Pfarrer und sonstige Priester sowie Diakone können vom allgemeinen oder teilkirchlichen Recht nur soweit dispensieren, wie ihnen dafür Vollmacht erteilt worden ist (c. 89)[12].

[10] Siehe *J. Lederer*, Der Dispensbegriff des kanonischen Rechts unter besonderer Berücksichtigung der Rechtssprache des CIC (= MthSt III. Kan. Abt., Bd. 8), München 1957, S. 59; *ders.*, Die Neuordnung des Dispensrechts, in: AfkKR 135 (1966), S. 415–443.

[11] Die päpstlichen Reservate sind im MP EpMun in einem eigenen Katalog aufgezählt (Nr. IX). Sie stehen z. T. im Widerspruch mit den Vollmachten, die durch MP PastMun vom 30. 11. 1963 (AAS 56 [1964], S. 5–12) den Bischöfen als eigenständiges Recht zuerkannt waren (siehe NKD 16, eingeleitet und kommentiert von *H. Schmitz*, Trier 1970, S. 13–26).

[12] Zu weiteren Einzelheiten siehe *Strigl*, Verwaltungsakt (Anm. 6), S. 77.

In den Fällen des c. 36 § 1 (odiose Auswirkung) unterliegt nicht nur die Dispenserteilung einer engen Auslegung, sondern auch die für einen bestimmten Einzelfall verliehene Dispensvollmacht (c. 92).

d) Endigung. Beinhaltet eine Dispens die Befreiung von wiederkehrenden Leistungen (z. B. Fasten, Abstinenz, eucharistische Nüchternheit, Breviergebet), so entfällt sie aus denselben Gründen wie ein Privileg (Widerruf, Verjährung, Veränderungen). Sie erlischt, wenn der für die Gewährung bestimmende Grund sicher und gänzlich weggefallen ist (c. 93).

B. Verwaltungsverfahren

Das Verwaltungsverfahren ist sowohl im Bereich der freiwilligen, als auch der zwangsmäßigen Verwaltung ein von gerichtlichen Formalbindungen freier Vorgang.

I. Freiwillige Verwaltung

Akte der freiwilligen Verwaltung sind dadurch gekennzeichnet, daß niemand einen Rechtsanspruch darauf hat und zu ihrer Wirksamkeit nicht die Annahme durch den Adressaten erforderlich ist. Die allgemeinen Verfahrensregeln finden sich in den Bestimmungen über Reskript (cc. 59–75), Privileg (cc. 76–84) und Dispens (cc. 85–93). Für verschiedene Verwaltungshandlungen bestehen Sonderregelungen.

1. *Päpstliche Reskripte* ergehen nach Maßgabe eigener Verfahrens- und Geschäftsordnungen sowie nach Stil und Praxis der einzelnen Kurialbehörden[13].

2. Im *Institutionen- und Ämterrecht* sind eigene Verfahrensweisen vorgesehen für die Errichtung oder Veränderung kirchlicher Ämter und Amtsbezirke (z. B. cc. 145, 294, 373, 431, 449, 504, 515) sowie für die Ämterbesetzung (cc. 146–183). Sondernormen gelten für die Papstwahl[14] und die Besetzung der Bischofsstühle[15].

3. Im *Sakramentenrecht* kann man insofern von einem Verfahren sprechen, als verschiedentlich für Spendung und Empfang eines Sakraments rechtliche Prozeduren vorgeschrieben sind. Diesbezüglich bestehen detaillierte Bestimmungen für Taufe (cc. 850–878), Firmung (cc. 880–896), Weihe (cc. 1010–1054) und Ehe (cc. 1055–1165).

[13] Antrag über den römischen Agenten, Bearbeitung durch den Sekretär der Behörde, evtl. Einschaltung von Konsultoren, Entscheidung durch einen zuständigen Ausschuß oder die Vollversammlung der adskribierten Kardinäle, in Ausnahmefällen durch den Papst persönlich.

[14] Neuordnung durch Const. Pauls VI. „Romano Pontifici eligendo" vom 1. 10. 1975 (AAS 67 [1975], S. 609–645).

[15] Neuregelung für die lateinische Kirche durch Normen des Rates für öffentliche kirchliche Angelegenheiten vom 21. 5. 1972 (AAS 64 [1972], S. 386–391; NKD 38, 2. Aufl. 1977).

4. Im *ökumenischen Bereich* hat sich in der Praxis eine übliche Vorgangsweise bei Konfliktsfällen herausgebildet. Wenn es zu Beanstandungen kommt im Zusammenhang mit Trauungen bekenntnisverschiedener Paare oder Konversionen, z. B. auf dem Sterbebett, ist es zunächst Sache des Ortspfarrers, diese mit dem verantwortlichen Geistlichen der anderen Kirche zu besprechen und eine befriedigende Lösung zu suchen. Kann die Gegensätzlichkeit auf örtlicher Ebene nicht ausgeräumt werden, soll katholischerseits der zuständige Dekan um Vermittlung gebeten werden. Für diesen wird sich eine Kontaktnahme mit dem entsprechenden Amtsträger der anderen Kirche empfehlen. Führen auch diese Bemühungen zu keinem Erfolg, so sind die jeweiligen Kirchenleitungen einzuschalten[16].

II. Zwangsmäßige Verwaltung

Die zwangsmäßige Verwaltung greift, gerufen oder ungerufen, dort ein, wo es notwendig oder zweckmäßig erscheint[17]. Es sind Maßnahmen ohne und mit Strafcharakter möglich.

1. *Maßnahmen ohne Strafcharakter*

a) Aufsicht. Zwangsmäßiges Vorgehen kann notwendig werden zur Beseitigung von Mißständen im geistlichen (Kult, Sakramente, Lehre, Amtsführung, Ordenswesen, Wallfahrten, Prozessionen, Schrifttum etc.) oder im zeitlichen (Vermögensverwaltung, Vereine, Anstalten, Stiftungen, Sozialleistungen, Versicherungswesen etc.) Bereich. Es wird ausgelöst durch Beanstandung oder Anzeige. Als Zwangsmittel stehen zur Verfügung: laufende Überprüfung, regelmäßige Berichtsanforderung, außerordentliche Visitationen.

b) Genehmigung. Vielfach ist die Genehmigung oder Erlaubnis des kirchlichen Oberen für die Gültigkeit bzw. Zulässigkeit einer Handlung einzuholen. Dieses Erfordernis allein schon stellt einen in der freiwilligen Verwaltung nicht anzutreffenden Zwang dar. Nichtbeachtung macht unter Umständen restitutionspflichtig. Zwangsmaßnahmen gegen oberhirtlich nicht genehmigtes oder ohne Erlaubnis erfolgtes Handeln können mittels Präzept eingeleitet werden.

c) Vollstreckung. Sobald ein mit Vollstreckungsklausel versehenes rechtskräftiges Urteil vorliegt (vgl. c. 1651), hat der Ordinarius des Erstgerichtes die Durchführung als Verwaltungssache zu verfolgen (vgl. c. 1653 § 1). Im Gegensatz zu c. 1924 CIC/1917 enthält das neue Recht nichts mehr über ein Vorgehen bei Weigerung des Betroffenen, einem Urteil nachzukommen. Als allgemeine Richtschnur für

[16] Rundschreiben des Generalvikars der Erzdiözese München und Freising an alle Seelsorger vom 11. 7. 1975 (GV-Nr. 3714/75/1).
[17] *Mörsdorf*, Rechtsprechung und Verwaltung (Anm. 3), S. 145.

die Anwendung von Zwangsmaßnahmen darf jedoch folgender Ablauf gelten: Mahnung, Verwaltungsbefehl, Verwaltungsverfügung[18].

2. Maßnahmen mit Strafcharakter

Die Verwaltungsstrafrechtspflege liegt grundsätzlich in der Hand des Bischofs bzw. der ihm gleichgestellten Oberhirten. Gewöhnlich bedient sie sich des Präzepts (praeceptum poenale), so daß die dafür geltenden Bestimmungen (cc. 49, 58 § 2) zu beachten sind. Das allgemeine Verwaltungsstrafverfahren besteht in der Androhung einer Strafe mittels Strafgebot und ihrem evtl. Ausspruch durch Strafverfügung, sofern nicht ausnahmsweise für den Fall einer Zuwiderhandlung der von selbst erfolgende Strafeintritt angedroht worden war (vgl. cc. 1314, 1319). Die Vorgangsweise bei der Strafverhängung auf dem Verwaltungszwangsweg ist der gerichtlichen Strafverhängung weitgehend angeglichen (vgl. cc. 1341–1353).

a) Strafgebot. Das allgemeine Strafgebot dient dazu, vorübergehenden rechtswidrigen Zuständen durch generelle Strafdrohungen, die auch über gesetzlich angedrohte Strafsanktionen hinausgehen können (vgl. c. 1399), entgegenzutreten. Das besondere Strafgebot konkretisiert eine durch Gesetz oder allgemeines Strafgebot in unbestimmter Weise ausgesprochene Strafdrohung für den aktuellen Fall, es kann aber auch eine neue, zusätzliche Strafdrohung enthalten. Als Strafen kommen in Frage sog. Strafsicherungsmittel (c. 1339: remedia poenalia), nämlich Warnung bzw. Verwarnung (monitio) und Verweis (correptio), des weiteren sog. Strafbußen (c. 1340: paenitentiae), nämlich Werke der Frömmigkeit und Nächstenliebe, die auch den Strafsicherungsmitteln hinzugefügt werden können (vgl. auch c. 1312 § 3). Der Selbsteintritt von Strafen, bei Beugestrafen insbesondere der Exkommunikation, soll nur mit äußerster Behutsamkeit angedroht werden (c. 1318).

b) Strafverfügung. Die Strafverfügung ergeht zur Ahndung eines strafwürdigen Verhaltens in Fällen, die keinen Aufschub dulden, oder dann, wann immer nach dem Urteil des Ordinarius der Gerechtigkeit auch durch eine außergerichtliche Strafverhängung an Stelle eines gemeingerichtlichen Strafurteils hinreichend Genüge getan werden kann (c. 1720). Auf diesem Wege kann nicht nur eine durch Strafgebot, sondern auch eine durch Gesetz angedrohte Strafe verhängt werden (c. 1314), sofern letzteres nicht ausdrücklich ausgeschlossen ist (c. 1317: Ausstoßung aus dem geistlichen Stand; c. 1319 § 1: Dauernde Sühnestrafen). Zeitlich begrenzte Sühnestrafen können durch Strafverfügung verhängt werden, wenn sie vorher durch Strafgebot angedroht waren. Voraussetzung für den Erlaß einer Strafverfügung ist in jedem Fall, daß die Straftat schuldhaft begangen wurde (vgl. cc. 1322, 1323) und noch nicht verjährt ist (vgl. c. 1363).

[18] Ebd., S. 155.

3. Ordnungsstrafen

Ordnungsstrafen, die durchwegs den Charakter von Sühnestrafen haben, sind Maßnahmen, die ohne Einhaltung der Regeln für das allgemeine Verwaltungsstrafverfahren getroffen werden. Sie sollen eine geordnete Wahrnehmung des kirchlichen Dienstes sicherstellen und erlangen auf der Stelle Wirksamkeit, vorbehaltlich einer späteren evtl. gerichtlichen Nachprüfung.

In der *allgemeinen Verwaltung* erfüllen Ordnungsstrafen hauptsächlich den Zweck, der Dienstaufsicht gebotenenfalls (z. B. bei Beanstandungen gelegentlich von Visitationen, bei Säumigkeit und Nachlässigkeit) Nachdruck zu verleihen. Verschiedentlich werden als Folge disziplinären Fehlverhaltens (z. B. Wahlverstöße, Nichterfüllung von Patronatspflichten, schadenstiftende Geschäftsführung) von Gesetzes wegen Ordnungsstrafen wirksam. In der *Justizverwaltung* sind Ordnungsstrafen eine Handhabe, um die ungestörte Ausübung der Rechtsprechung zu gewährleisten. Es handelt sich um Maßnahmen entweder der Gerichts- bzw. Sitzungspolizei oder der Gerichtsaufsicht. Sie können, weil sie auf einem Verwaltungsakt beruhen, vom Gericht nach Ermessen wieder aufgehoben werden.

III. Rechtsmittel

Das allgemeine Rechtsmittelverfahren bei Beanstandung von Verwaltungsakten ist in den cc. 1732–1739 geregelt. Für den Normalfall steht als Rechtsmittel die Beschwerde (recursus hierarchicus) zur Verfügung. Ihr hat regelmäßig eine schriftliche Bitte (petitio) um Rücknahme des in Rede stehenden Dekrets vorauszugehen. Diese gilt gleichzeitig als Antrag auf Vollzugsaussetzung. Die erlassende Behörde hat innerhalb von zehn Tagen über das Ersuchen zu befinden. Kommt es wegen Ablehnung einer Rücknahme zur Beschwerde, so ist diese beim Dekretaussteller einzulegen, der sie unverzüglich an den zuständigen kirchlichen Oberen weiterzuleiten hat. Dieser entscheidet zunächst, ob eine evtl. zugestandene Vollzugsaussetzung zu bestätigen oder aufzuheben sei. Wenn eine Beschwerde von Rechts wegen aufschiebende Wirkung hat, wie immer bei Einsprüchen gegen Strafverfügungen (c. 1353), kommt diese Wirkung bereits auch der vorausgegangenen Petition zu. Ist Beschwerdeinhalt ein anderer Sachverhalt und hat der Dekretaussteller nicht innerhalb von zehn Tagen nach Eingang der Petition die Vollzugsaussetzung angeordnet, so kann der kirchliche Obere aus schwerwiegendem Grund von Amts wegen die Aussetzung verfügen. In der Rekurssache selbst kann er das angefochtene Dekret bestätigen, abändern, widerrufen, aufheben und ersetzen. Als höhere Rekursinstanz für einen Einspruch gegen die Entscheidung des kirchlichen Oberen kommt die zuständige römische Kongregation in Frage, deren Entscheid endgültig ist. Beschwerden gegen Verwaltungsakte wegen Verstoßes gegen eine Rechtsnorm können bei der zweiten Sektion der Apostolischen Signatur eingebracht werden (vgl. c. 1445 § 2). Die Möglichkeit der Klage gegen Verwaltungsakte vor einem ordentlichen kirchlichen Gericht wegen Verletzung eines subjektiven Rechts (vgl. c. 1491) ist nicht ausgeschlossen[19]. Über Beschwerden gegen Ordnungsstrafmaßnahmen im Rahmen der Justizverwaltung (z. B. cc. 1488, 1489), denen auch aufschiebende Wirkung zukommt, entscheidet die jeweils übergeordnete gemeingerichtliche Instanz[20].

Um streitige Auseinandersetzungen möglichst zu vermeiden, sollen die Bischofskonferenzen in den Diözesen dauernde Schlichtungsstellen einrichten, denen die Aufgabe zukommt, im Petitionsstadium eine Konfliktlösung nach Maßgabe der Billigkeit einzuleiten. Ähnlich ist es auch im Rekursstadium wünschenswert, daß der mit der Sache befaßte kirchliche Obere, bei einiger Aussicht auf Erfolg, die Parteien ermahne, sich auf akzeptable Weise zu einigen (c. 1733).

§ 10 Rechtspersönlichkeit und rechtserhebliches Geschehen

Von Franz Pototschnig

I. Rechtspersönlichkeit

Sowohl *physische* (= natürliche) als auch *juristische* (= von der Rechtsordnung konstruierte) Personen sind Träger von Rechten und Pflichten und werden als *rechtsfähig* bezeichnet.

1. *Allgemeine Rechtspersönlichkeit physischer Personen.* Das kanonische Recht betrachtet und anerkennt jeden *Menschen* als Person mit bestimmten unveräußerlichen Rechten[1]. Deshalb ist es zweckmäßig, zwischen der *allgemeinen Rechtsfähigkeit*, die allen Menschen zukommt, und der *besonderen Rechtsfähigkeit* der gültig Getauften zu unterscheiden[2].

2. *Besondere Rechtsfähigkeit physischer Personen.* Die besondere, kirchenrechtliche Rechtsfähigkeit wird allen *gültig Getauften* zuerkannt. In einem noch spezielleren Sinn entsteht sie aus der Taufe in der katholischen Kirche bzw. aus der Konversion zur katholischen Kirche[3]. Diese Rechtsfähigkeit ist, mit *Lombardia*[4], am ehesten mit der Rechtsstellung des *Staatsbürgers* und den aus dieser Stellung ableitbaren besonderen Rechten und Pflichten vergleichbar; denn ähn-

[19] Siehe *H. Schmitz*, Rechtsschutz und kanonisches Dienstrecht, in: Festschr. Mörsdorf, S. 750.

[20] *Mörsdorf*, Rechtsprechung und Verwaltung (Anm. 3), S. 167–173.

[1] Vgl. *Jone* I, S. 111 f.; *Mörsdorf* Lb I, S. 175; *P. Lombardia*, Struttura dell' ordinamento canonico, in: Corso di Diritto Canonico I, Gremona 1975, S. 165, sowie die zahlreichen Aussagen des VatII, z. B. GS 21.43, 28.10, 29.8, 29.12, 29.16, 42.39, 76.40 und in DH.

[2] Die Katechumenen bilden gemäß c. 204 eine Art Zwischenstufe. Was die Prozeßfähigkeit betrifft, normiert c. 1476: „Quilibet, sive baptizatus sive non baptizatus, potest in iudicio agere ..."

[3] Vgl. auch *F. Pototschnig*, „Persona in Ecclesia" – Probleme der rechtlichen Zugehörigkeit zur „Kirche Christi", in: Festschr. Plöchl (70), S. 277, 294.

[4] *Lombardia*, Struttura (Anm. 1), S. 167.

lich wie im Staatsbürgerschaftsrecht ergeben sich aus der kirchenrechtlichen Stellung einer „persona in Ecclesia" *zusätzliche* Rechte und Pflichten[5].

Gemeinsames für 1. und 2. Sowohl die allgemein-menschliche als auch die besondere-kirchenrechtliche Rechtsfähigkeit haben eine *aktive* und eine *passive* Seite. In beiden Fällen ist das Rechtssubjekt einerseits Träger von Rechten, aus denen sich grundsätzlich rechtliche Befugnisse ergeben, andererseits aber auch Träger von Pflichten. In beiden Bereichen unterliegt die Rechtspersönlichkeit der Normierung durch die zuständige Rechtsordnung[6].

II. Das „exercitium iurium"

Die Rechtsfähigkeit kann von der Rechtsordnung keinem Menschen, der als Person anerkannt wird, abgesprochen werden, doch schränkt auch das kanonische Recht die *Ausübung der Rechte* in ähnlicher Weise ein wie vergleichbare staatliche Rechte. Gleichzeitig teilt das Kirchenrecht die hoheitliche Haltung bezüglich der Pflichten, wie sie uns aus dem Staatsbürgerschaftsrecht vertraut ist.

Die kirchliche Rechtsordnung behält sich vor, die Ausübung der Rechte, die den Gläubigen prinzipiell zustehen, in Hinblick auf das *bonum commune* zu *verbieten*[7], zu *beschränken* oder durch *leges irritantes* und *inhabilitantes*[8] *auszuschließen*.

Die Ausübung der Rechte wird insbesondere *eingeschränkt* bzw. *ausgeschlossen* durch

1. die Bestimmungen der cc. 97–99[9],

2. *Strafsanktionen. Jede Strafe* führt zum Entzug eines Gutes (vgl. c. 1312) und beeinträchtigt die Rechtsausübung. Die Art der Beeinträchtigung muß im Gesetz ausdrücklich genannt werden. Außerdem ist zu beachten, daß Strafbestimmungen der strikten, somit den Täter begünstigenden, Interpretation unterliegen (c. 18). Eine Gesetzesänderung nach Begehung einer Tat führt dazu, daß die für den Täter günstigere Norm anzuwenden ist (c. 1313). Den *Extremfall* bildet die Exkommunikation, mit der ein vollständiger Verlust des „exercitium iurium" – mit Ausnahme des Rechtsanspruchs auf Versöhnung – verbunden sein kann. Für Kleriker ist in erster Linie die Suspension vorgesehen (c. 1333 ff.). – Die *remotio ab actibus legitimis* (Verlust der Befähigung zur Übernahme kirchlicher Ehrendienste bzw. Enthebung von Ehrendiensten) wird in der Regel als Nebenfolge einer Strafe verhängt. Der Bestrafte kann z. B. weder Tauf- noch Firmpate sein (c. 874 § 1 n. 4; vgl. c. 893). Bei den übrigen Bestimmungen des c. 874 handelt es sich um bloße Übernahme- bzw. Ausübungsverbote.

[5] Gemäß c. 11 sind Nichtkatholiken keine Normadressaten des ius mere ecclesiasticum.

[6] Im folgenden wird unter Rechtsfähigkeit die kirchenrechtliche Rechtsfähigkeit verstanden.

[7] Solche Verbote können durch Androhung von Strafsanktionen verschärft werden.

[8] Vgl. c. 10. – Gemäß c. 18 müssen solche Normen strikt interpretiert werden.

[9] Vgl. in *diesem* Beitrag, unten, unter III: „Handlungs- und Geschäftsfähigkeit".

3. Sanktionen mit *strafähnlichem* Charakter. Sie betreffen a) die freie Zugänglichkeit bzw. b) die Ausübung kirchlicher Ämter. Zu a) gehören jene Irregularitäten, die als Deliktsfolgen konstruiert sind (vgl. c. 1041). Unter b) sind die Einschränkungen für jene Priester zu erwähnen, die nicht strafweise, sondern aufgrund eines päpstlichen Reskripts (auf Antrag) aus dem geistlichen Stand ausscheiden. Mit Ausnahme der Beichtjurisdiktion „in periculo mortis" gemäß c. 976 verlieren auch sie das Recht zur Ausübung aller Funktionen, die den Empfang der Priesterweihe voraussetzen. Die Zölibatspflicht hingegen bleibt grundsätzlich weiterbestehen (vgl. cc. 291 und 292). Für die Möglichkeit der Zulassung zu kirchlichen Hilfsdiensten bietet sich nur die von der Bischofssynode 1971 erlassene Regel an[10].

Den schon bisher geltenden Normen, welche den Ordinarien das Recht einräumen, den aus dem geistlichen Stand ausgeschiedenen Priestern Ämter zugänglich zu machen, die nicht unter den Begriff des „ministerium stricte sacerdotale" fallen, wurde nicht derogiert[11].

4. *Hemmende Umstände bzw. Mängel.* a) Mangel der kirchlichen *Einheit.* Dieser Mangel ist ein von der kirchlichen Rechtsordnung festgesetzter hemmender Umstand, der Mitgliedern getrennter Kirchen – nach dem jeweiligen Naheverhältnis der getrennten Glaubensgemeinschaft zur katholischen Kirche abgestuft – die aktive Teilnahme am sakralen Geschehen in der katholischen Kirche verbietet bzw. die Ausübung dieser Rechte durch *Sondergesetze* regelt[12].

b) Rechtlich relevant sind auch bestimmte *Mängel (Defekte).* Es handelt sich um Tatbestände, die keinerlei Verschulden voraussetzen und dennoch zu einer Einschränkung der Rechtsausübung führen. Dazu gehören die *Irregularitäten „ex defectu"*[13] und als einfaches Weihehindernis das Fehlen der ausreichenden Bewährung eines Neubekehrten[14].

5. *Festlegung zusätzlicher Kriterien,* von denen die Zugänglichkeit eines Amtes abhängig gemacht wird. Verwiesen sei nur auf die besondere Eignung, die als Voraussetzung für die Zulassung zur Priester- bzw. Bischofsweihe und für die Erlangung der Kardinalswürde verlangt wird[15].

[10] Die Bischofssynode 1971 (AAS 63 [1971], S. 917) hat folgende Formulierung beschlossen: „Sacerdos, qui exercitium ministerii reliquit, aeque et fraterne tractetur; etsi in servitio Ecclesiae adiutricem operam praebere potest, non tamen admittatur ad actus sacerdotales exercendos".

[11] Zur gesamten Problematik vergleiche *H. Heimerl,* Der laisierte Priester. Seine Rechtsstellung, Graz 1973.

[12] Vgl. das „Ökumenische Direktorium" Ad totam Ecclesiam v. 14. Mai 1967, in: AAS 59 (1967), S. 574 ff. Fast keine Behinderungen treffen Mitglieder der getrennten Ostkirchen, denn aufgrund der besonderen Nähe der Kirchen erklärt das zit. Direktorium bei Vorliegen einer iusta causa sowohl die Übernahme der Patenschaft durch Mitglieder dieser Kirchen (48), als auch die communicatio in sacris (43) für erlaubt. C. 874 erwähnt nur die Möglichkeit, daß Nichtkatholiken als Taufzeugen herangezogen werden können.

[13] Vgl. c. 1041 n. 1 und c. 1044 § 2 n. 2.

[14] C. 1042 n. 3.

[15] Cc. 1025 ff., 378, 351 § 1.

III. Handlungs- und Geschäftsfähigkeit

Von der prinzipiellen Rechtsfähigkeit, d. h. der Fähigkeit – im Rahmen der geltenden Normen – Rechtssubjekt und damit Träger von Rechten und Pflichten in einer rechtlich faßbaren kirchlichen Gemeinschaft zu sein, ist die *Handlungsfähigkeit* zu unterscheiden. Es handelt sich um die Fähigkeit – im Rahmen des jeweils garantierten „exercitium iurium" – nicht bloß auf dem Umweg über einen *gesetzlichen Vertreter*, sondern unmittelbar durch *eigene* Handlungen Rechtsfolgen herbeizuführen. Die Handlungsfähigkeit setzt demnach vor allem die Fähigkeit zu eigener Willensbildung voraus. Handlungsfähigkeit umfaßt die *Geschäfts-* und die *Deliktsfähigkeit*[16].

Die *volle* Geschäftsfähigkeit (oft als „Eigenberechtigung" bezeichnet) ist die Fähigkeit, Rechtsgeschäfte abzuschließen. Gewisse Personen sind vollkommen *geschäftsunfähig*. So können Kinder unter sieben Jahren und Geisteskranke nicht rechtserheblich handeln. Rechtsgeschäfte können für sie nur durch ihre gesetzlichen Vertreter abgeschlossen werden. Das gleiche gilt für Personen, die nach *staatlichem Recht* voll entmündigt sind, da der CIC (c. 1290) grundsätzlich die Beobachtung des staatlichen *Vertragsrechts* fordert. *Beschränkt* ist die Geschäftsfähigkeit der Minderjährigen, die das 7. Lebensjahr zurückgelegt haben[17], und die der beschränkt Entmündigten.

IV. Rechtserhebliche Eigenschaften und Umstände physischer Personen (cc. 97–110)

Rechtlich relevant sind: *Geschlecht*[18], *Alter, Geisteszustand, Heimat* (locus originis) bzw. *Wohnsitz, Verwandtschaft, Schwägerschaft* und *Rituszugehörigkeit*[19].

1. *Alter*. Grundsätzlich werden *Minderjährige* (personae minores) und *Volljährige* (personae maiores) unterschieden. Volljährig ist, wer das 18. Lebensjahr vollendet hat (c. 97). Innerhalb der Minderjährigkeit sind folgende Altersstufen relevant: Bis zur Vollendung des 7. Lebensjahres wird die persona minor als Kind (infans) bezeichnet. Kinder sind rechts-, jedoch nicht handlungsfähig. Außerdem sind sie nicht dem „ius mere ecclesiasticum" unterworfen (c. 11). Da Minderjährige ab dem 7. Lebensjahr aufgrund der (widerleglichen) Gesetzesvermutung (c. 97 § 2) bereits den Vernunftgebrauch erlangt haben, sind sie

[16] Abweichend vom staatlichen Recht, das die Deliktsfähigkeit schon mit Vollendung des 14. Lebensjahres bejaht, ist im Kirchenrecht (c. 1323 n. 1) die Vollendung des 16. Lebensjahres erforderlich.

[17] Im c. 98 § 2 wird für die Bestellung eines Vormundes auf das staatliche Recht verwiesen, die Möglichkeit einer Sonderregelung durch den Diözesanbischof jedoch ausdrücklich erwähnt. Bezüglich der rechtlichen Konsequenzen, die sich aus der Stellung der Eltern bzw. gesetzlichen Vertreter ergeben, ist im c. 98 § 2 ein Vorbehalt zugunsten des ius divinum und jener Bestimmungen des kanonischen Rechts enthalten, durch welche die elterliche Vollmacht eingeschränkt wird.

[18] Nur ein „vir" baptizatus ist weihefähig (c. 1024).

[19] Zur Rituszugehörigkeit vgl. in *diesem* Band, unten, *P. Krämer*, § 15 Die Zugehörigkeit zur Kirche.

beschränkt geschäftsfähig, d. h. sie können Willenserklärungen, die ihnen ausschließlich rechtliche *Vorteile* bringen, selbständig abgeben. Außerdem können sie im Rahmen der finanziellen Mittel, die zu ihrer freien Verfügung stehen (z. B. Taschengeld) auch ohne Zustimmung ihres gesetzlichen Vertreters Verträge schließen (z. B. etwas kaufen). Im CIC werden auch Zwischenstufen erwähnt, die rechtlich relevant sein können: Gemäß c. 1550 § 1 sollen Minderjährige unter 14 Jahren grundsätzlich nicht als *Zeugen* zugelassen werden. Die Vollendung des 16. Lebensjahres ist Voraussetzung für die Deliktsfähigkeit (c. 1323). Ab Vollendung des 16. Lebensjahres dürfen Minderjährige das Patenamt übernehmen (c. 874 § 1 n. 2). Die allgemeine Altersgrenze für das Ehehindernis des Alters ist für Mädchen mit dem 14. und für Männer mit dem 16. Lebensjahr terminisiert (c. 1083 § 1). Der erhöhte strafrechtliche Schutz der Geschlechtsehre endet für beide Geschlechter ab Vollendung des 16. Lebensjahres (c. 1395 § 2). Auch nach Vollendung des 16. Lebensjahres bildet die Minderjährigkeit einen Strafmilderungsgrund (c. 1324 § 1 n. 4). Für die gültige Zulassung zum Noviziat ist die Vollendung des 17. Lebensjahres vorgeschrieben (c. 643 § 1 n. 1). Die *Volljährigkeit* bringt die Eigenberechtigung, doch spielen auch höhere Altersstufen eine Rolle, so z. B. das vollendete 25. Lebensjahr für den Empfang der Priesterweihe (c. 1031 § 1) und das 35. Lebensjahr für die Erlangung des Bischofsamtes (c. 378 § 1 n. 3).

2. *Geisteszustand*. Dauernd Geisteskranke werden rechtlich den *Kindern* gleichgestellt und können daher nicht rechtserheblich handeln (c. 99). Im Strafrecht führt auch der unvollkommene Vernunftgebrauch zur Strafmilderung (c. 1324 § 1 n. 1). Für die Erlangung kirchlicher Würden oder Ämter wird volle geistige und psychische Gesundheit verlangt[20].

Für das *Vertragsrecht* sind wegen der Verweisung auf das staatliche Recht im c. 1290 auch die Bestimmungen der staatlichen *Entmündigungsordnungen* relevant[21].

3. *Heimatort*. Für die Festlegung des „locus originis“ ist nicht der Geburtsort, sondern der Wohnsitz bzw. der Quasiwohnsitz der Eltern maßgebend. Hatten die Eltern kein gemeinsames Domizil (Quasidomizil), ist das der Mutter entscheidend (c. 101 § 1). Für Wohnsitzlose (vagi) fällt der „locus originis“ mit dem Geburtsort zusammen; für Findelkinder wird der Ort, an dem sie gefunden wurden, zum Heimatort (c. 101 § 2)[22].

4. *Wohnsitz* und *Quasiwohnsitz* (domicilium, quasi-domicilium). Der CIC unterscheidet in beiden Fällen zwischen einem freiwilligen (c. 102), gesetzlichen (c. 103), gemeinsamen (c. 104) und notwendigen (c. 105) Domizil. Der *freiwillige Wohnsitz* wird auf zweierlei Art erworben: *entweder* sofort durch den Aufenthalt auf dem Gebiet einer Pfarre oder wenigstens Diözese, mit dem Willen, ständig zu bleiben (falls man von dort nicht wieder weggerufen wird) *oder* später, d. h. nach einem tatsächlichen Aufenthalt von fünf vollen Jahren[23]. Dasselbe gilt mutatis mutandis für den Erwerb des Quasidomizils (mit dem Willen wenigstens drei Monate zu bleiben oder durch den tatsächlichen Aufenthalt von drei vollen Monaten[24]. Ordensleute (im weitesten Sinn) erwerben den Wohnsitz dort, wo das Ordenshaus liegt, dem sie zugeschrieben sind (c. 103). Für den Erwerb des Quasidomizils gilt c. 102 § 2 analog. Für Eheleute sieht der CIC einen *gemeinsamen* Wohnsitz vor, doch kann jeder Teil bei gesetzlicher Trennung oder aus einem anderen gerechten Grund einen eigenen Wohn- oder Quasiwohnsitz haben (c. 104). Minderjährige teilen *notwendig* den Wohnsitz des gesetzlichen Gewalthabers. Sobald sie jedoch dem Kindesalter entwachsen sind, können

[20] Zulassung zum Noviziat (c. 642), Zulassung zu ewigen Gelübden (c. 689 § 2). Befähigung zum Priestertum (c. 1041 n. 1).

[21] Im c. 22 wird klargestellt, daß staatliches Recht, wenn und soweit der CIC darauf verweist, im kanonischen Recht dieselben Rechtsfolgen bewirkt wie in der staatlichen Rechtsordnung.

[22] Laut c. 100 heißt eine Person dort wo sie den Wohnsitz hat *incola*, wo sie einen Quasiwohnsitz besitzt *advena*. Als *peregrinus* wird eine Person bezeichnet, die sich außerhalb ihres Wohnsitzes (Quasiwohnsitzes) aufhält. Der *vagus* hat nirgends einen Wohnsitz oder Quasiwohnsitz.

[23] C. 102 § 1.

[24] C. 102 § 2. – Das Domizil oder Quasidomizil auf dem Gebiet einer Pfarre heißt Pfarr-, auf dem Territorium einer Diözese Diözesandomizil (Quasidomizil). Vgl. c. 102 § 3.

sie ein eigenes Quasidomizil erwerben. Falls sie für volljährig erklärt wurden, steht es ihnen frei, einen eigenen Wohnsitz zu haben (c. 105 § 1). Personen, die aus anderen Gründen als dem der Minderjährigkeit unter einem Vormund oder Kurator stehen, teilen *notwendig* den Wohn- oder Quasiwohnsitz des Gewalthabers (c. 105 § 2). Solche Personen können ihren notwendigen Wohn- oder Quasiwohnsitz auch durch den Wegzug mit der Absicht nicht mehr zurückzukehren, der sonst zum Verlust des Wohn- oder Quasiwohnsitzes führt, nicht verlieren (c. 106).

Durch das Domizil oder den Nebenwohnsitz erhält jeder seinen zuständigen Pfarrer und Ordinarius. Der parochus oder ordinarius proprius eines Wohnsitzlosen (vagus) ist der Ortspfarrer (parochus loci) oder der Ortsordinarius (ordinarius loci) des Gebietes, in dem sich der vagus gerade aufhält. Der parochus proprius für Personen, die nur ein Diözesandomizil (-quasidomizil) erworben haben, ist ebenfalls der Pfarrer des jeweiligen Aufenthaltsortes (c. 107).

5. *Verwandtschaft.* Die *Bluts*verwandtschaft wird nach *Linien* (gerade und Seitenlinie) und nach *Graden* berechnet (c. 108 § 1). In der *geraden Linie* (Personen, die zueinander im Eltern- und Kindesverhältnis stehen) sind so viele Grade als Generationen oder Personen ohne Mitzählung des Stammes (c. 108 § 2). In der *Seitenlinie* (Geschwister, Vetter, Cousine etc.) sind so viele Grade als Personen in beiden Linien, wobei bei der Zählung der Stamm ebenfalls unberücksichtigt bleibt (c. 108 § 3)[25]. In der Zählung der Grade der Verwandtschaft übernahm der CIC/1983 damit die römische Zählung, während der CIC/1917 der germanischen Zählung folgte, die nach Geschlechterfolgen rechnet.

Für die *gesetzliche* Verwandtschaft, die durch eine Adoption nach staatlichem Recht entsteht, wurde in c. 110 festgelegt, daß Adoptivkinder als Kinder der Adoptiveltern gelten.

6. *Schwägerschaft.* Die Schwägerschaft (affinitas) entsteht nur aus einer *gültigen* Ehe, jedoch aus *jeder* gültigen Ehe (d. h. auch aus einem matrimonium non consummatum). Sie besteht zwischen dem Mann und den Blutsverwandten seiner Frau bzw. zwischen der Frau und den Blutsverwandten ihres Mannes. Der eine Gatte ist mit den Blutsverwandten des anderen in der gleichen Linie und im gleichen Grad verschwägert, wie dieser blutsverwandt ist (c. 109).

V. Die juristische Person (cc. 113–123)

Die juristische Person (persona iuridica) ist neben physischen Personen jener Träger von Rechten und Pflichten, der vom kanonischen Recht als solcher anerkannt bzw. neu geschaffen wird. Es handelt sich um Rechtssubjekte, deren Rechte und Pflichten von der Rechtsordnung, der Eigenart dieser Gebilde entsprechend, festgelegt werden. Durch derartige juristische Konstruktionen, denen von der Rechtsordnung – in Analogie zu den menschlichen Individuen – *Rechtspersönlichkeit* zuerkannt wird, soll die Erreichung eines kirchlichen Aufgabenbereiches ermöglicht werden, der die Aufgaben des einzelnen übersteigt (vgl. c. 114 § 1)[26].

Juristische Personen können kraft Gesetzes oder durch eine besondere Konzes-

[25] Die bisher bestehende Möglichkeit, daß die Seitenlinie gleich oder ungleich sein konnte, weil die Seitenlinie nach den Zeugungsreihen berechnet wurde, die auf verschiedenen Linien zu einem gemeinsamen Stamm oder zu mehreren gemeinsamen Stämmen führte, fällt nunmehr weg.

[26] Die Katholische Kirche und der Apostolische Stuhl werden im c. 113 § 1 als juristische Personen kraft göttlichen Rechts verstanden. Wir beschränken uns in dieser Darstellung auf die juristischen Personen des ius mere ecclesiasticum.

sion der zuständigen Autorität *errichtet* werden. Die Konzession ist durch ein Dekret zu erteilen (c. 114 § 1). Als besondere kirchliche Aufgabenbereiche werden Werke der Frömmigkeit, des Apostolats oder der geistlichen bzw. leiblichen Nächstenliebe genannt (c. 114 § 2). Die zuständige kirchliche Autorität wird angewiesen, nur solchen Vereinigungen oder Einrichtungen die Rechtspersönlichkeit zu verleihen, die einen nützlichen Zweck verfolgen und voraussichtlich über ausreichende Mittel zur Erreichung ihrer Ziele verfügen (c. 114 § 3).

Unter den juristischen Personen in der Kirche sind *zwei Grundtypen* zu unterscheiden: Personenvereinigungen (universitates personarum) oder Einrichtungen, die aus Sachen und vermögenswerten Gütern bestehen, also Sachgesamtheiten (universitates rerum). Die „universitas personarum" kann, je nach der vorgesehenen Willensbildung, eine „universitas collegialis" bzw. „non collegialis" sein (c. 115 §§ 1 und 2)[27].

Bei der universitas personarum collegialis sind die *Mitglieder* (wie in den gesetzlichen oder statutarischen Vorschriften vorgesehen, also nicht notwendigerweise gleichberechtigt) an der Willensbildung in den leitenden Gremien beteiligt und können die Tätigkeit determinieren. Fehlt diese Möglichkeit, handelt es sich um eine universitas personarum *non* collegialis (c. 115 § 2)[28]. Bei diesen Einrichtungen kann die Leitungsgewalt einem einzelnen anvertraut werden (vgl. c. 515 § 1).

Die juristische Person in der Konstruktionsweise einer *„universitas rerum"* oder autonomen Stiftung besteht aus Vermögenswerten oder geistlichen bzw. körperlichen Sachen und wird – den gesetzlichen oder statutarischen Vorschriften entsprechend – von einer bzw. von mehreren physischen Personen oder von einem Kollegium geleitet (c. 115 § 3)[29].

Im Recht des CIC/1983 wird expressis verbis zwischen *öffentlichen* und *privaten* juristischen Personen differenziert, wobei die Unterscheidung für beide Grundtypen relevant ist. Erstere werden dazu errichtet, innerhalb ihres Aufgabenbereiches im Namen der Kirche zu handeln und sollen ihren speziellen kirchlichen Dienst im Hinblick auf das öffentliche Wohl erfüllen, letzteren fehlt dieser besondere Bezugspunkt (c. 116 § 1). Die Errichtung einer öffentlichen juristischen Person kann auf gesetzlichem Wege oder in Form eines speziellen Dekrets der zuständigen kirchlichen Autorität erfolgen und bedarf der ausdrücklichen Gewährung dieses Status (c. 116 § 2). Private juristische Personen können nur durch Dekret errichtet werden (c. 116 § 2)[30].

[27] Für beide Formen der Personengesamtheit gilt die Regel, daß bei der Errichtung mindestens drei Personen vorhanden sein müssen (c. 115 § 2).

[28] Als Beispiele für eine universitas personarum collegialis seien das Bischofskollegium, das Kathedralkapitel und für eine universitas personarum non collegialis Diözesen (c. 373) und Pfarren (vgl. c. 515 § 3) genannt.

[29] Zu den Einrichtungen, die aus Sachen und Vermögenswerten bestehen, gehören auch die Anstalten. Bei Anstalten sind entweder eine Gesamtheit geistlicher Befugnisse oder vermögenswerter Güter vorhanden, zuweilen auch beides zugleich (z. B. beim bepfründeten Kirchenamt).

[30] Für alle juristischen Personen gilt das Konzessionssystem. Außerdem muß der Errichtung die Prüfung der Statuten durch die zuständige kirchliche Behörde vorausgehen (c. 117).

Die *Rechtsfähigkeit* juristischer Personen umfaßt alle Rechte und Pflichten, die ihrer Natur nach nicht ausschließlich physischen Personen zukommen. Sie können auch Träger *geistlicher* Rechte und Pflichten sein (z. B. Jurisdiktionsrechte des Domkapitels, Wahl-, Präsentationsrechte einer Körperschaft oder Anstalt). Die *Handlungsfähigkeit* setzt allerdings die Tätigkeit physischer Personen voraus. Deshalb kann eine juristische Person nur durch besondere *Organe* tätig werden, die im Namen der juristischen Person und mit Wirkung für oder gegen sie handeln. Die *öffentliche* juristische Person repräsentieren, indem sie in ihrem Namen handeln, diejenigen, denen diese Kompetenz durch das allgemeine- oder Partikularrecht bzw. durch eigene Statuten eingeräumt wird. Die Vertretung der *privaten* juristischen Person wird durch Statuten geregelt (c. 118).

Der CIC stellt für die *Willensbildung*, soweit es sich um Kollegialakte handelt, subsidiär folgende Normen auf:

1. Bei *Wahlen* entscheidet die einfache Mehrheit der Anwesenden, wenn beim Wahlvorgang die Mehrheit der einzuladenden Wahlberechtigten anwesend war. Nach zwei ergebnislosen Wahlvorgängen erfolgt die Entscheidung zwischen zwei Kandidaten, welche die meisten Stimmen erhalten haben, durch eine Stichwahl. Muß zwischen mehreren Kandidaten entschieden werden, erfolgt die Stichwahl zwischen den beiden ältesten. Im Falle der Stimmengleichheit gilt nach dem dritten Wahlvorgang der ältere Kandidat als gewählt (c. 119 n. 1).

2. Bei *anderen Rechtsgeschäften* entscheidet die einfache Mehrheit der Anwesenden, wenn bei der Abstimmung die Mehrheit der einzuladenden Stimmberechtigten anwesend war. Falls auch nach zwei Abstimmungen Stimmengleichheit besteht, kann der Vorsitzende durch seine Stimme eine Entscheidung herbeiführen (c. 119 n. 2). Was jedoch jeden als Einzelperson betrifft, muß von allen gebilligt werden (c. 119 n. 3).

Endigung juristischer Personen. Juristische Personen sind ihrer Natur nach auf Dauer eingerichtet. Sie verlieren ihre rechtliche Existenz jedoch, wenn sie von der zuständigen Autorität rechtmäßig aufgehoben werden oder seit 100 Jahren ihre Tätigkeit eingestellt haben. Darüber hinaus endigen *private* juristische Personen auch dann, wenn die Vereinigung als solche, den Vorschriften der Statuten gemäß, zu bestehen aufhört oder wenn nach dem Urteil der zuständigen Autorität die Stiftung selbst statutenmäßig zu bestehen aufgehört hat (c. 120 § 1). Falls nur noch ein Mitglied einer *kollegialen* juristischen Person übrigbleibt und die Statuten auch für diesen Fall nicht den Untergang der Personengesamtheit vorsehen, stehen sämtliche Organrechte diesem einen Mitglied zu (c. 120 § 2).

Vereinigung öffentlich-rechtlicher juristischer Personen. Werden öffentliche juristische Personen in der Weise vereinigt, daß aus ihnen eine einzige Gesamtheit entsteht, der ebenfalls Rechtspersönlichkeit zuerkannt wird, dann übernimmt diese neue juristische Person sowohl die Güter und Vermögensrechte als auch die Schulden der bisherigen juristischen Personen (= sämtliche Aktiva und Passiva). Was die Zweckwidmung des Vermögens und die Erfüllung laufender Verpflichtungen betrifft, ist so vorzugehen, daß der Wille der Gründer und Stifter wie auch die wohlerworbenen Rechte voll gewahrt bleiben (c. 121).

Teilung öffentlich-rechtlicher juristischer Personen. Wird eine öffentliche juristische Person in der Weise geteilt, daß entweder ihr Teil mit einer anderen juristischen Person vereinigt, oder aus dem abgetrennten Teil eine öffentliche juristische Person neu errichtet wird, dann muß die kirchliche Autorität, welche zur Teilung berechtigt ist, von sich aus oder durch das ausführende Organ, unter Wahrung des Willens der Gründer und Stifter, weiters der wohlerworbenen Rechte und unter Beachtung der geprüften Statuten, folgendermaßen vorgehen:

1. Sämtliche *teilbaren* gemeinsamen Aktiva und Passiva sind unter den juristischen Personen aufzuteilen. Dabei ist unter Wahrung der richtigen Proportion nach den Grundsätzen der Billigkeit vorzugehen, wobei alle besonderen Umstände und die beiderseitigen Bedürfnisse zu berücksichtigen sind.

2. Der Gebrauch und Nießbrauch des gemeinsamen unteilbaren Vermögens, ist jeder der

beiden juristischen Personen einzuräumen. Ebenso sind die bestehenden Verpflichtungen beiden aufzuerlegen, wobei die richtige Proportion nach den Grundsätzen der Billigkeit zu bestimmen ist (c. 122).

Vermögensrechtliche Folgen bei *Untergang* juristischer Personen. Primär ist das rechtliche Schicksal der Aktiva und Passiva bei einer öffentlichen juristischen Person nach den gesetzlichen Vorschriften und den Bestimmungen der Statuten zu beurteilen. Enthalten diese keine Regelung, fällt alles der nächsthöheren öffentlichen juristischen Person zu, unbeschadet des Willens der Gründer oder Stifter sowie der wohlerworbenen Rechte. Bei Untergang einer *privaten* juristischen Person richtet sich das rechtliche Schicksal ihres Vermögens und ihrer Lasten nach den Statuten (c. 123).

Kirchliche juristische Personen und *staatliches Recht*. Juristische Personen des kanonischen Rechts werden in der Regel auch durch die staatlichen Rechtsordnungen anerkannt und geschützt. In der *Bundesrepublik Deutschland* haben sie teils den Charakter öffentlich-rechtlicher Körperschaften (so die Kirchenprovinzen, Bistümer – Bischofsstühle, Bischöfliche Tafelgüter –, die Domkapitel und die Gemeindeverbände. Vgl. Art. 140 GG i.V.m. Art. 137 Abs. 5 WRV und RK Art. 13), teils privatrechtliche Rechtsfähigkeit (so klösterliche Verbände und kirchliche Vereine)[31].

In *Österreich* genießt die katholische Kirche öffentlich-rechtliche Stellung. Ihre einzelnen Einrichtungen, welche nach dem kanonischen Recht Rechtspersönlichkeit haben, genießen diese auch für den staatlichen Bereich, insoweit sie bereits im Zeitpunkt des Inkrafttretens des Konkordats (1934) in Österreich bestehen. „Künftig zu errichtende erlangen Rechtspersönlichkeit für den staatlichen Bereich, wenn sie unter der in diesem Konkordat vorgesehenen Mitwirkung der Staatsgewalt entstehen"[32].

VI. Voraussetzungen für rechtserhebliches Handeln (cc. 124–128)

Die hier zusammengefaßten Bestimmungen gelten sowohl für das Handeln *physischer* wie *juristischer* Personen. Von entscheidender Bedeutung ist die Frage nach den Voraussetzungen für die *Gültigkeit* von Rechtsakten. Die Grundregel ist im c. 124 enthalten: Für die Gültigkeit eines Rechtsaktes ist erforderlich, daß

1. er von einer dazu fähigen Person (persona habilis) gesetzt wird,
2. in diesem Rechtsakt alles enthalten ist, was den Akt selbst essentiell konstituiert, und
3. alle Formvorschriften und sonstigen Erfordernisse, die vom Gesetz als Gültigkeitsvoraussetzungen deklariert wurden, beachtet werden (c. 124 § 1). *Gültig* ist demnach nur jener Rechtsakt, bei dem alle drei Grundvoraussetzungen erfüllt wurden. Fehlen diese konstitutiven Elemente, ist der Akt *ungültig* (invalidus) im Sinne von *nicht existent*[33].

Die ordnungsgemäße Beobachtung der äußeren Elemente, wie z. B. die Vornahme der Trauung in der Kirche, erzeugt allerdings den *äußeren Schein* der

[31] Vgl. *Mörsdorf* Lb I, S. 209 und *E. Friesenhahn*, Die Kirchen und Religionsgemeinschaften als Körperschaften des öffentlichen Rechts, in: HdbStKirchR I, S. 545–585.

[32] Art. II des Konkordats 1933/34.

[33] Ein Laie ist z. B. unfähig, einen Akt der Beichtjurisdiktion zu setzen. – Ein Vertrag setzt essentiell Willensübereinstimmung (den Konsens) zweier oder mehrerer Personen voraus. Der Vertrag kann nicht zustande kommen, wenn nicht wenigstens zwei Personen vorhanden sind, wenn der Konsens auch nur einer Person fehlt oder wenn der Gegenstand, auf den sich der Konsens bezieht, gar nicht vorhanden ist.

Gültigkeit eines Rechtsaktes. Diesem Umstand trägt der CIC dadurch Rechnung, daß er eine widerlegliche *Präsumtion für die Gültigkeit* von Rechtsakten aufstellt, die, rein äußerlich betrachtet, „rite" gesetzt wurden (c. 124 § 2). In solchen Fällen muß die Ungültigkeit eines Rechtsaktes erst förmlich ausgesprochen werden[34]. Bis zu diesem Zeitpunkt ist der Rechtsakt im forum externum als gültig anzusehen. Als ob er *nicht vorgenommen* worden wäre (pro infecto habetur) ist ein Rechtsakt zu beurteilen, der unter einem von außen kommenden Zwang gesetzt werden *mußte*, d. h. wenn der Zwang so beschaffen war, daß ihm der zum Handeln Gezwungene keineswegs widerstehen konnte (c. 125 § 1). Grundsätzlich anerkennt die Rechtsordnung die Gültigkeit eines Rechtsaktes, wenn er aus schwerer, ungerecht eingeflößter Furcht oder arglistig gesetzt wurde, es sei denn die gesetzliche Regelung berücksichtigt diesen Umstand ausdrücklich (c. 125 § 2)[35]. Es besteht jedoch die Möglichkeit, daß von der in ihren Rechten verletzten Partei, von ihren Rechtsnachfolgern oder von Amts wegen die *Anfechtungsklage* erhoben wird. Der Richter kann in diesem Fall den Rechtsakt aufheben (c. 125 § 2).

Rechtsakte, die aus *Unkenntnis* oder *Irrtum* gesetzt werden, sofern sich die Unkenntnis bzw. der Irrtum auf die Substanz des Aktes oder auf eine *condicio sine qua non* beziehen, sind ungültig. Wenn das Gesetz nichts anderes sagt, macht die Unkenntnis oder der Irrtum den Rechtsakt in anderen Fällen nicht ungültig, doch ist die Anfechtung des Rechtsaktes durch die *actio rescissoria* möglich (c. 126).

Die Bestimmungen des c. 127 beziehen sich auf *Beispruchsrechte Dritter*. Unter Beispruchsrechten versteht man die bestimmten Gremien, untergeordneten Organen und selbst bloßen Interessenten eingeräumte Befugnis, bei bestimmten Amtshandlungen eines Oberen durch *Zustimmung* (consensu) oder *Rat* (consilio) mitzuwirken.

Im Falle des Zustimmungsrechts eines *Kollegiums* oder *Personenkreises* muß das entsprechende Gremium zunächst ordnungsgemäß einberufen werden. Der Obere kann erst dann rechtswirksam handeln, wenn die Mehrheit der anwesenden Beispruchsberechtigten zustimmt. Wird nur ein Recht auf Gehör gewährt, muß der Obere, um rechtswirksam handeln zu können, nach erfolgter ordnungsgemäßer Einladung des Gremiums, den Rat aller Anwesenden einholen.

Ist das Beispruchsrecht so geregelt, daß der Obere der Zustimmung oder des Rates *bestimmter Einzelpersonen* bedarf, ist im Falle des *Zustimmungsrechts* die Rechtswirksamkeit des Aktes von der Zustimmung jedes einzelnen Berechtigten abhängig (c. 127 § 2 n. 1). Muß sich der Obere vor seiner Entscheidung nur von bestimmten Einzelpersonen *beraten* lassen, dann ist der Rechtsakt des Oberen, der diese Personen nicht anhört, ungültig. Zwar ist der Obere nicht verpflichtet dem Votum der Beispruchsberechtigten, selbst wenn es einhellig wäre, beizutreten, doch soll er ohne schwerwiegende Gründe, deren Beurteilung seinem Ermessen anheimgestellt bleibt, vor allem von einem einhelligen Votum nicht abweichen (c. 127 § 2 n. 2).

[34] Bei der Ehe z. B. durch richterliches Urteil.
[35] So z. B. beim Ehekonsens gemäß c. 1103.

Den Beispruchsberechtigten wird die *Verpflichtung* auferlegt, ihre Entscheidung unmißverständlich kundzutun und, wenn es die Bedeutung der Angelegenheit erforderlich macht, das Amtsgeheimnis zu wahren. Diese Verpflichtung kann vom Oberen noch besonders eingeschärft werden (c. 127 § 3).

Im c. 128 ist ein allgemeiner *Haftungsgrundsatz* enthalten, der besagt, daß *jeder*, der durch einen Rechtsakt (actu iuridico), ja selbst durch ein anderes vorsätzliches oder fahrlässiges Handeln, einem anderen rechtswidrig (illegitime) einen Schaden zufügt, verpflichtet ist, den zugefügten Schaden wieder gutzumachen. Als rechtswidrig oder widerrechtlich gelten Handlungen oder Unterlassungen pflichtgemäßen Tuns, die einem gebietenden oder verbietenden Rechtssatz oder dem subjektiven Recht eines einzelnen zuwiderlaufen.

VII. Andere rechtserhebliche Komponenten (cc. 197–203)

1. *Die Präskription*. Zu unterscheiden ist die zum Erwerb führende „praescriptio acquisitiva" = *Ersitzung* und die „praescriptio extinctiva seu liberativa" = Verjährung, die Rechte (zumeist Ansprüche) durch Nichtübung zum Erlöschen bringt[36].

Der CIC/1983 rezipiert grundsätzlich die diesbezüglichen Normen des jeweiligen staatlichen Rechts (c. 197), mit Ausnahme der Bestimmungen, die in den beiden folgenden canones enthalten sind. Gemäß c. 198 ist bei der Präskription die „bona fides" nicht nur zu Beginn, sondern während der gesamten Frist erforderlich[37].

Im c. 199 werden die Rechte und Pflichten, die nicht der Präskription unterliegen, taxativ aufgezählt. Es sind dies: 1. Rechte und Pflichten, die sich aus dem ius divinum naturale oder positivum ergeben; 2. Rechte, die nur durch ein päpstliches Privileg erworben werden können; 3. Rechte und Pflichten, die unmittelbar das geistliche Leben der Christgläubigen betreffen; 4. sichere und zweifelsfrei feststehende kirchliche Territorialgrenzen; 5. Meßstipendien und Verpflichtungen dieser Art; 6. die Übernahme eines kirchlichen Amtes für dessen Ausübung eine Weihe (ordo sacer) erforderlich ist; 7. das Visitationsrecht und die Verpflichtung zum Gehorsam in dem Sinne, daß Christgläubige von keiner kirchlichen Autorität visitiert werden könnten und keiner Autorität untergeordnet wären.

2. *Die Zeitberechnung*. Die Normen der cc. 201–203 sind anzuwenden, wenn keine abweichenden gesetzlichen Regelungen getroffen werden (c. 200). Von großer Bedeutung ist die Unterscheidung zwischen *„tempus continuum"* (c. 201 § 1) und *„tempus utile"* (c. 201 § 2). Das „tempus continuum" bedeutet eine Frist, die keinerlei Unterbrechung verträgt. Sollte eine Unterbrechung eintreten, muß die Frist ihren Lauf von neuem beginnen. „Tempus utile" ist eine Zeit, die jemandem, der sein Recht ausübt oder geltend macht, so zugemessen wird, daß sie im Falle der Unkenntnis oder Behinderung für ihn nicht läuft.

Unter *Tag* ist ein ununterbrochener Zeitraum von 24 Stunden, gerechnet von Mitternacht zu Mitternacht, zu verstehen. Die *Woche* umfaßt 7 Tage, der *Monat* 30 Tage, das *Jahr* einen Zeitraum von 365 Tagen, wenn nicht gesagt wird, daß Monat und Jahr so zu berechnen sind, wie es sich aus dem Kalender ergibt (c. 201 § 1). Wenn es sich um ein „tempus continuum" handelt, ist der Berechnung immer der Kalendermonat oder das Kalenderjahr zugrundezulegen (c. 202 § 2). Der dies *a quo* ist nur mitzurechnen, wenn sein Anfang mit dem Tagesbeginn (Mitternacht) zusammenfällt oder wenn die gesetzliche Regelung dies ausdrücklich vor-

[36] Im c. 197 wird die praescriptio als Mittel für den Erwerb oder den Verlust subjektiver Rechte sowie als Mittel, sich von Obligationen zu befreien, definiert.

[37] Die im c. 1362 enthaltene Norm, die sich auf die Verjährung der actio criminalis bezieht, ergibt sich aus der Natur der Sache (vgl. c. 1362 § 2).

schreibt (c. 203 § 1). Wenn nichts Gegenteiliges angeordnet wird, ist der *dies ad quem* in die Frist mit einzubeziehen. Diese endet, wenn der Zeitraum aus einem oder mehreren Monaten bzw. Jahren, ferner aus einer oder mehreren Wochen besteht, nach Ablauf des letzten Tages desselben Datums, oder, falls dieses in einem Monat fehlt, nach Ablauf des letzten Tages dieses Monats.

§ 11 Die geistliche Vollmacht

Von Peter Krämer

In den Texten des II. Vatikanischen Konzils ist mehrfach von einer „sacra potestas", einer heiligen oder geistlichen Vollmacht[1] die Rede, um die Funktion kirchlicher Amtsträger näher zu bestimmen. Demgegenüber greift das kirchliche Gesetzbuch von 1983 wieder auf die herkömmliche Begrifflichkeit zurück, die vom Konzil bewußt vermieden worden war[2], und unterscheidet zwischen einer Weihevollmacht („potestas ordinis") und einer Leitungs- bzw. Jurisdiktionsvollmacht („potestas regiminis" bzw. „iurisdictionis"). Nun muß ein Gesetzbuch nicht ohne weiteres die Sprache eines Konzils übernehmen; denn die jeweilige Aufgabenstellung ist verschieden. Wichtig ist aber die Frage, ob und in welchem Umfang die Anliegen des II. Vatikanischen Konzils in der Neukodifikation berücksichtigt worden sind.

I. Das Zweite Vatikanische Konzil

In der Kirchenkonstitution heißt es: „Denn die Amtsträger, die mit heiliger Vollmacht ausgestattet sind, stehen im Dienst ihrer Brüder, damit alle, die zum Volke Gottes gehören und sich daher der wahren Würde eines Christen erfreuen, in freier und geordneter Weise sich auf das nämliche Ziel hin ausstrecken und so zum Heile gelangen."[3] Die eine geistliche Vollmacht ist auf das dreifache Dienstamt – auf den Bereich der Lehre, der Heiligung und der Leitung – bezogen und wird darin wirksam[4]. Dabei ist das Bestreben des Konzils unverkennbar, *„sacra potestas" als eine einheitliche Wirklichkeit sakramental zu begründen*. Deshalb wird bezüglich der Bischofsweihe, die die Fülle des Weihesakramentes darstellt, gesagt: „Die Bischofsweihe überträgt mit dem Amt der Heiligung auch die Ämter der

[1] In der deutschen Wiedergabe für „sacra potestas" hat sich zumeist „geistliche Vollmacht", nicht aber „heilige Gewalt" durchgesetzt. Vgl. die Tatsache, daß VatII PO Art. 6 Abs. 1 „potestas spiritualis" im Sinn von „sacra potestas" gebraucht.

[2] *P. Krämer*, Dienst und Vollmacht in der Kirche. Eine rechtstheologische Untersuchung zur Sacra Potestas-Lehre des II. Vatikanischen Konzils, Trier 1973, S. 22–27.

[3] VatII LG Art. 18 Abs. 1; vgl. ebd. Art. 10 Abs. 2, 27 Abs. 1; PO Art. 2 Abs. 2.

[4] VatII LG Art. 19, 28 Abs. 1; CD Art. 2 Abs. 2; AA Art. 2.

Lehre und der Leitung, die jedoch ihrer Natur nach nur in der hierarchischen Gemeinschaft mit Haupt und Gliedern des Kollegiums (scil. Bischofskollegiums) ausgeübt werden können."[5] Diese Feststellung kann nur in dem Sinn interpretiert werden, daß mit der sakramentalen Verleihung der verschiedenen Ämter („munera") zugleich auch die bischöfliche Vollmacht sakramental begründet ist[6]. Was die Priesterweihe betrifft, betont das Konzil ebenso die Beziehung zu dem dreifachen Dienstamt und erklärt, daß die Priester in der *Ausübung* der ihnen eigenen Vollmacht – also nicht in der Vollmacht selbst – von den Bischöfen abhängen[7].

Um die Aussagen über die sakramentale Verleihung der einzelnen Dienstämter sowie die sakramentale Fundierung geistlicher Vollmacht in der rechten Weise einordnen zu können, ist zu beachten, *daß das Konzil an der Unterscheidung zwischen dem Sakrament der Weihe und der kirchlichen Beauftragung (kanonischen Sendung) durchaus festgehalten hat*[8]; von der „potestas" wird in den Konzilstexten deutlich das „exercitium", die Ausübung der geistlichen Vollmacht innerhalb eines konkreten Aufgabenbereiches, abgehoben[9]. Hiermit stellt sich die Frage, was durch das Sakrament der Weihe und was durch die kirchliche Beauftragung gewirkt wird oder, um es anders zu formulieren, wie die Einheit der „sacra potestas" im einzelnen zu begründen ist.

Auch wenn das II. Vatikanum dieses Problem nicht gelöst hat – hier sind verschiedene Interpretationen möglich –, so ist doch nicht zu bestreiten: Dem Konzil kommt das Verdienst zu, mit einer Entwicklung gebrochen zu haben, durch die das Leben der Kirche über viele Jahrhunderte nicht unerheblich belastet worden ist. Kennzeichnend für diese Entwicklung war, daß Weihe- und Jurisdiktionsgewalt mehr und mehr gegenständlich voneinander abgegrenzt wurden: die Weihegewalt wurde auf einen sakramentalen, kultischen Bereich, insbesondere auf die Feier der Eucharistie, die Jurisdiktionsgewalt hingegen auf die äußere Leitung der Kirche bezogen. Dahinter verbarg sich ein dualistischer Kirchenbegriff: die Kirche als sakramentale Wirklichkeit und die Kirche als äußere, gesellschaftliche Größe. Vollends verdunkelt wurde das Beziehungsverhältnis zwischen Weihe- und Jurisdiktionsgewalt durch die Vermischung mit dem Drei-Ämter-Schema, dem prophetischen, priesterlichen und königlichen Dienstamt Christi; demgemäß wurde die *Lehrgewalt der Weihe- und Jurisdiktionsgewalt hinzugefügt*; man sprach folglich von drei Gewalten, die mehr oder weniger

[5] VatII LG Art. 21 Abs. 2.

[6] Vgl. *Krämer*, Dienst und Vollmacht (Anm. 2), S. 37–41.

[7] VatII LG Art. 28 Abs. 1; CD Art. 15 Abs. 1; PO Art. 6 Abs. 1. In den Konzilstexten wird allerdings nirgends die „sacra potestas" der Bischöfe von derjenigen der Priester deutlicher abgegrenzt. Nach VatII LG Art. 21 Abs. 2 u. Art. 28 läßt sich nur sagen, daß die Bischöfe die Fülle der „sacra potestas" innehaben, während die Priester auf das Bischofsamt hingeordnet sind und die geistliche Vollmacht in Gemeinschaft mit dem Bischof und in Abhängigkeit von diesem ausüben.

[8] Vgl. VatII PO Art. 7 Abs. 2; LG Art. 21 Abs. 2 i.V.m. Art. 24 Abs. 2; Ne n. 2,2.

[9] Vgl. z. B. VatII LG Art. 22 Abs. 2, 27 Abs. 1, 28 Abs. 1.

beziehungslos einander gegenübergestellt worden sind[10]. Indem das Konzil sich von dieser Entwicklung absetzt, kommt „sacra potestas" wieder als eine einheitliche sakramentale Wirklichkeit in den Blick.

II. Das kirchliche Gesetzbuch

In c. 129 wird über eine Leitungsvollmacht gehandelt, die es in der Kirche aufgrund göttlicher Einsetzung gibt und die in einem engen Zusammenhang mit dem Weihesakrament steht; an der Ausübung dieser Vollmacht können auch Laien mitwirken.

1. Bezug zum Weihesakrament

Diejenigen, die das Weihesakrament empfangen haben, sind – nach der Norm der Rechtsvorschriften – fähig, Leitungsvollmacht innezuhaben (c. 129 § 1). Das Weihesakrament, das die Stufen von Episkopat, Presbyterat und Diakonat umfaßt (c. 1009 § 1), bildet also die Grundlage für den Empfang von Leitungsvollmacht. In dieselbe Richtung weist, wenn in c. 274 § 1 gesagt wird, daß allein Kleriker Ämter in der Kirche innehaben können, zu deren Ausübung Weihe- oder Leitungsvollmacht erforderlich ist (vgl. auch c. 150). Dabei ist vorausgesetzt, daß die Weihevollmacht im Weihesakrament selbst verliehen wird und nicht entzogen werden kann (c. 1338 § 2); sie kann nur in ihrer Ausübung – auch strafrechtlich – eingeschränkt oder gänzlich untersagt werden (cc. 292, 1333 § 1 n. 1). Auch wenn sich das Gesetzbuch nicht im einzelnen zur Herleitung und Eigenart der Leitungsvollmacht äußert, geht es doch davon aus, daß diese durch einen nichtsakramentalen Akt übertragen wird und demzufolge – über eine mögliche Einschränkung in der Ausübung hinaus (c. 1333 § 1 n. 2) – wiederum entzogen werden kann.

In einer gewissen Spannung hierzu steht, wenn an anderen Stellen nicht zwischen einer Weihe- und Leitungsvollmacht, sondern zwischen einer in der Weihe verliehenen Vollmacht und der Beauftragung oder Befugnis („facultas"), diese in einem bestimmten Bereich auszuüben, unterschieden wird[11]. Mit dieser Beauftragung ist also nicht eine zur Weihe hinzutretende Vollmacht gemeint, sondern die Konkretisierung der Vollmacht, die im Weihesakrament verliehen wird. Mag die Terminologie auch unterschiedlich sein – nicht zu übersehen ist,

[10] Zu der ins 12. Jahrhundert zurückreichenden begrifflichen Unterscheidung zwischen Weihe- und Jurisdiktionsgewalt und der späteren Entwicklung vgl. u. a. *K. Mörsdorf*, Weihegewalt und Hirtengewalt in Abgrenzung und Bezug, in: Miscellanea Comillas 16 (1951), S. 93–110; *Krämer*, Dienst und Vollmacht (Anm. 2), S. 4–15; *A. Zirkel*, „Executio Potestatis". Zur Lehre Gratians von der geistlichen Gewalt (= MthSt. III. Kan. Abt. Bd. 33), St. Ottilien 1975; *L. Schick*, Das Dreifache Amt Christi und der Kirche. Zur Entstehung und Entwicklung der Trilogien, Frankfurt-Bern 1982.

[11] Von einer solchen „facultas" ist nicht nur in c. 966 § 1 (Spendung des Bußsakramentes), sondern auch in c. 882 (Spendung der Firmung) und in c. 764 (Beauftragung eines Priesters oder Diakons mit dem Predigtdienst) die Rede.

daß das kirchliche Gesetzbuch insofern dem II. Vatikanischen Konzil folgt, als es die Bedeutung des Weihesakramentes für die Ausübung geistlicher Vollmacht hervorhebt. Unter dieser Rücksicht ist noch auf c. 375 § 2 hinzuweisen, wo es in wörtlicher Übereinstimmung mit dem Konzil heißt, daß in der Bischofsweihe das dreifache Dienstamt Christi übertragen wird.[12]

2. Mitwirkung der Laien

Im kirchlichen Gesetzbuch von 1983 hat sich nicht die noch in den Vorentwürfen anzutreffende Auffassung durchzusetzen vermocht, derzufolge die Laien an der Ausübung der kirchlichen Leitungsvollmacht *beteiligt* werden können[13]; dies war wohl in dem Sinn zu verstehen, daß sie an der Leitungsvollmacht selbst teilhaben können. Stattdessen stellt c. 129 § 2 fest: an der Ausübung der Leitungsvollmacht können die Laien nach der Norm des Rechts *mitwirken*. Das II. Vatikanische Konzil hat sich mit dieser Frage nicht unmittelbar befaßt; ihm ging es allein um die „sacra potestas", die im Weihesakrament gründet. Ob es darüber hinaus eine Vollmacht in der Kirche gibt, die auch Laien übertragen werden kann, ist noch nicht endgültig geklärt[14]; eine kirchenrechtliche Fixierung, wie sie in c. 129 erfolgt ist, stellt keine dogmatische Festlegung dar. Aber auch die Aussage über eine Mitwirkung der Laien an der Ausübung kirchlicher Leitungsvollmacht ermöglicht es, die rechtliche Stellung des Laien in der Kirche wesentlich positiver zu sehen, als dies bislang der Fall gewesen ist – womit einem Anliegen des Konzils entsprochen wird[15].

III. Systematische Entfaltung

Die Aussagen des II. Vatikanischen Konzils und des kirchlichen Gesetzbuches lassen unterschiedliche Deutungen zu, wie die Einheit der geistlichen Vollmacht näherhin zu begründen ist. Unter dieser Rücksicht können vor allem folgende Lösungsvorschläge genannt werden.

[12] Vgl. auch die Tatsache, daß die päpstliche Vollmacht nach c. 332 § 1 die Bischofsweihe zur unerläßlichen Voraussetzung hat.

[13] Vgl. bes. Communicationes 3 (1971), S. 187f., 195; ebd. 14 (1982), S. 146–149; cc. 126, 244 Schema CIC/1980; *G. Ghirlanda*, De Potestate iuxta Schemata a Commissione Codici recognoscendo proposita, in: PerRMCL 70 (1981), S. 401–428, 402–405.

[14] Vgl. hierzu in *diesem* Band, unten, *W. Aymans*, § 18 Die Träger kirchlicher Dienste; *E. Corecco*, Die „sacra potestas" und die Laien, in: FZPhTh 27 (1980), S. 120–154; *Krämer*, Dienst und Vollmacht (Anm. 2), S. 57–70, 111–115; *Mosiek* Verf. I, S. 217–229.

[15] Vgl. hierzu *P. Krämer*, Was brachte die Reform des Kirchenrechts?, in: StdZ 201 (1983), S. 316–326, 319.

1. Einheit aus komplementären Elementen

Nach *Klaus Mörsdorf*[16] ist heilige Gewalt „doppelschichtig" angelegt, in der sakramentalen Weihe und in der kanonischen Sendung[17]. Damit ist ein formaler, die Form der Übertragung betreffender Unterschied gegeben; denn Weihegewalt wird unverlierbar in der sakramentalen Weihe verliehen, während die Hirtengewalt (Jurisdiktionsgewalt) in der kanonischen Sendung übertragen wird und von der Person des Geweihten abtrennbar ist[18]. Dies weist zugleich auf eine funktionale Unterschiedenheit hin: Weihegewalt ist das Prinzip des Lebens in der Kirche und bedarf zur rechten Ausübung eines ordnenden Prinzips, das in der Hirtengewalt wirksam wird. Die formale und funktionale Unterschiedenheit darf aber nicht darüber hinwegtäuschen, daß beide Gewalten eng aufeinander bezogen sind. Wie die erlaubte bzw. gültige Ausübung der Weihegewalt von der Hirtengewalt abhängt, setzt die Hirtengewalt ihrerseits den Besitz von Weihegewalt voraus; denn „die Bischofs- oder Priesterweihe sind Voraussetzung für die Übertragung eines Vorsteherdienstes in der Kirche"[19]. Zudem gehen beide Gewalten in verschiedenen Akten (vgl. z. B. die Spendung des Bußsakramentes) dergestalt eine Wirkeinheit ein, daß diese nicht mehr zerlegt werden können in einen Bestandteil, der der Weihegewalt, und in einen Bestandteil, der der Hirtengewalt zuzuschreiben wäre. „Weihegewalt und Hirtengewalt bilden daher zwei komplementäre Elemente der einen heiligen Gewalt, die Jesus Christus seiner Kirche anvertraut hat."[20] So erfließt die eine „sacra potestas" aus einem zweifachen Quellgrund, aus der sakramentalen Weihe und der kanonischen Sendung, und bewirkt, daß Christus als das unsichtbare Haupt der Kirche durch Menschen sichtbar vertreten wird[21].

[16] Zu diesem Ansatz vgl. bes. *K. Mörsdorf*, Art. Heilige Gewalt, in: SacrM II, S. 582–597; *J. Neumann*, Weihe und Amt in der Lehre von der Kirchenverfassung des Zweiten Vatikanischen Konzils, in: AfkKR 135 (1966), S. 3–18; *P. Leisching*, Die Einheit der kirchlichen Gewalt nach dem II. Vatikanischen Konzil, in: ÖAKR 19 (1968), S. 5–12; *M. Kaiser*, Aussagen des Zweiten Vatikanischen Konzils über die Kirchengewalt, in: Festschr. Mörsdorf, S. 253–271.

[17] Vgl. *Mörsdorf*, Heilige Gewalt (Anm. 16), S. 587.

[18] Die explizite Unterscheidung in formaler Hinsicht ist, wie *Mörsdorf* hervorhebt, notwendig geworden, um dem menschlichen Versagen in der Kirche wirksam zu begegnen; vgl. ebd., S. 590.

[19] *K. Mörsdorf*, Das eine Volk Gottes und die Teilhabe der Laien an der Sendung der Kirche, in: Festg. Scheuermann, S. 99–119, 104. Abgesehen von der in der kanonischen Sendung übertragenen Hirtengewalt wird nach *Mörsdorf* im Sakrament der Weihe ein „Grundbestand" an heiliger Gewalt, an Weihe- und Hirtengewalt, verliehen, demzufolge ein Priester immer gültigerweise das eucharistische Opfer vollzieht und ein Bischof immer gültigerweise das Weihesakrament spendet; vgl. *K. Mörsdorf*, Der Träger der eucharistischen Feier, in: Pro Mundi Vita. Festschr. zum Eucharistischen Weltkongreß 1960, München 1960, S. 223–237, 227–230; *ders.*, Heilige Gewalt (Anm. 16), S. 593.

[20] *Mörsdorf*, Heilige Gewalt (Anm. 16), S. 592. Um das polare Beziehungsverhältnis zwischen Weihe- und Hirtengewalt zu veranschaulichen, gebraucht *Mörsdorf* häufig das Bild von zwei beweglich gedachten Brennpunkten einer Ellipse, die in verschiedenen Funktionen so zusammenfallen, daß sie den Mittelpunkt eines Kreises bilden; dabei haben Weihegewalt und Hirtengewalt je auf ihre Weise an dem durch das Drei-Ämter-Schema bezeichneten Wirkungskreis der Kirche teil (vgl. ebd.).

[21] *K. Mörsdorf*, Die Zusammenarbeit von Priestern und Laien in ekklesiologisch-kanonistischer Sicht, in: Grundfragen der Zusammenarbeit von Priestern und Laien, hrsg. v.

2. *Einheit aus innerer und äußerer Struktur*

Wilhelm Bertrams[22] geht von sozialphilosophischen Erwägungen aus, die den Menschen als Leib-Geist-Einheit zu begreifen versuchen. Das Geistige muß sich im Leiblichen ausdrücken und darstellen; die äußeren Strukturen der Gesellschaft sind demzufolge eine Verleiblichung der inneren Beziehungen der Menschen zueinander. Insofern die Kirche eine echt menschliche Gemeinschaft ist, weist auch sie eine innere und äußere Struktur auf, was bei der Bestimmung der „sacra potestas" zu berücksichtigen ist[23]. Dies besagt, daß die heilige Gewalt als eine einheitliche Größe der inneren Struktur nach in der sakramentalen Weihe verliehen wird[24]. Gleichwohl ist mit der sakramentalen Verleihung die heilige Gewalt rechtlich noch nicht voll und ganz konstituiert; sie bedarf der äußeren Struktur, der Eingliederung in die hierarchische Gemeinschaft der Kirche, um zu einer rechtlich ausübbaren Gewalt zu werden. Dabei darf die äußere Struktur, die in der Rechtmäßigkeit der Weihe und in der kanonischen Sendung gegeben ist[25], nicht als etwas Nebensächliches abgetan werden; sie ist vielmehr ein „Wesenselement konstitutiver Natur"[26], damit die heilige Gewalt ihre „leibliche Prägung und Umschreibung"[27] erfährt. Die äußere Struktur ist „eine Wirklichkeit, die wesentlich konstitutiv ist für die Kirche; sie hat als Ausdruck und Schutz des inneren Lebens eine Funktion, die für die Existenz der Kirche als menschlicher Gemeinschaft unbedingt notwendig ist und auf eine andere Weise nicht geleistet werden kann"[28].

H. Gehrig, Karlsruhe 1968, S. 13–26, 21 ff.; *Mörsdorf* Lb I, S. 18; *ders.*, Das eine Volk Gottes (Anm. 19), S. 102 ff.

[22] Zu diesem Ansatz vgl. bes. *W. Bertrams*, Papst und Bischofskollegium als Träger der höchsten Hirtengewalt, München-Paderborn-Wien 1965; *ders.*, Die Einheit von Papst und Bischofskollegium in der Ausübung von Hirtengewalt durch den Träger des Petrusamtes, in: Acta congressus internationalis de theologia concilii vaticani II, Typ. Pol. Vat. 1968, S. 60–79; *ders.*, De constitutione ecclesiae simul charismatica et institutionali, in: PerRMCL 57 (1968), S. 281–330.

[23] *Bertrams*, Die Einheit von Papst und Bischofskollegium (Anm. 22), S. 61 ff.; *ders.*, De constitutione ecclesiae (Anm. 22), S. 287 ff.

[24] Nach *Bertrams* ist die Weihegewalt mit dem „munus sanctificandi" und die Hirtengewalt mit den „munera docendi et regendi" gleichzusetzen. Demzufolge wird in der Bischofsweihe gemäß VatII LG Art. 21 Abs. 2 die ganze bischöfliche Gewalt verliehen; vgl. *ders.*, Papst und Bischofskollegium (Anm. 22), S. 12, 21 f. Entsprechendes gilt wegen der Analogie zwischen Bischofs- und Priesteramt auch von der Priesterweihe, auch wenn den Priestern nicht die Fülle der „sacra potestas" eigen ist; sie können deshalb nicht in der Weise wie die Bischöfe zum Haupt einer Teilkirche bestellt werden; ihnen kommt vielmehr die Stellung von Mitarbeitern zu; vgl. *W. Bertrams*, De differentia inter sacerdotium episcoporum et presbyterorum, in: PerRMCL 59 (1970), S. 185–213, 197–200.

[25] Dem sakramentalen Zeichen der gültig gespendeten Bischofs- und Priesterweihe kommt schon eine „gewisse äußere Struktur" zu, so daß hier äußere und innere Struktur nicht exakt voneinander getrennt werden können. Vom sakramentalen Zeichen ist aber jene äußere Struktur abzuheben, durch welche die Ausübung der Weihe- und Hirtengewalt näher geregelt wird; diese wird in der Rechtmäßigkeit der Weihe und in der kanonischen Sendung hervorgebracht; vgl. *Bertrams*, Papst und Bischofskollegium (Anm. 22), S. 12 ff.

[26] *Bertrams*, ebd., S. 15; vgl. *ders.*, De constitutione ecclesiae (Anm. 22), S. 306.

[27] *Bertrams*, Die Einheit von Papst und Bischofskollegium (Anm. 22), S. 66.

[28] *Bertrams*, ebd., S. 63.

3. *Einheit aus heilsökonomischer Sicht*

Dem II. Vatikanischen Konzil scheint eine Interpretation der geistlichen Vollmacht vom Ansatz der heilsökonomischen Zielsetzung besonders zu entsprechen[29]. Denn eine solche Interpretation berücksichtigt die Tatsache, daß geistliche Vollmacht in den Konzilstexten unmittelbar auf das Heil des Menschen bezogen wird[30]; sie ist geeignet, „sacra potestas" als eine sakramentale Gegebenheit herauszustellen und die konziliare Unterscheidung zwischen „potestas" und „exercitium" positiv aufzugreifen. Geistliche Vollmacht wird hiernach als eine jeglicher Aufgliederung vorgegebene, einheitliche Größe in der sakramentalen Weihe verliehen. Sie bedeutet eine besondere Verantwortlichkeit in der Heilssendung der Kirche[31] und stellt als solche eine Gabe Christi an die Kirche dar. Dies weist auf einen ekklesialen und einen christologischen Aspekt der geistlichen Vollmacht hin. Denn die kirchlichen Amtsträger handeln aufgrund der geistlichen Vollmacht als Beauftragte der Kirche, damit diese in geschichtlich-gesellschaftlicher Weise für die Menschen greifbar wird; und sie handeln zugleich als Beauftragte Christi, insofern Christus das Haupt der Kirche ist[32]. Hinsichtlich der Ausübung ist zu beachten, daß die geistliche Vollmacht einer rechtlichen Determination bedürftig ist, die angibt, innerhalb welcher Grenzen sie ausgeübt werden soll (vgl. die Zuweisung eines bestimmten Amtes oder einer bestimmten Aufgabe). Über diese Beschränkung hinaus kann die Ausübung der geistlichen Vollmacht von der zuständigen kirchlichen Autorität bis zur Ungültigkeit behindert werden, wenn sie der heilsökonomischen Zielsetzung widerspricht und nicht der Auferbauung der Kirche dient; und das gilt für alle Bereiche, in denen geistliche Vollmacht wirksam zu werden vermag[33]. Freilich ist dieser Behinderung eine innere Grenze gegeben, die wiederum heilsökonomisch bestimmt ist und die nicht überschritten werden darf; denn sie muß ihrerseits der Auferbauung der Kirche dienen und darf nicht willkürlich erfolgen[34]. Die Ausübung geistlicher

[29] Vgl. *Krämer*, Dienst und Vollmacht (Anm. 2), S. 100–115.

[30] VatII LG Art. 18 Abs. 1, 24 Abs. 1, 32 Abs. 3; CD Art. 19 Abs. 1, 22 Abs. 1, 23 Abs. 3, 35 § 1; PO Art. 10 Abs. 1.

[31] Vgl. die häufige Verwendung von „pascere", „praeesse", „praesidere", „regere" usw. in den Konzilstexten (hierzu: *Ochoa* Index).

[32] VatII PO Art. 2 Abs. 3. – Auch wenn geistliche Vollmacht eine einheitliche, sakramentale Wirklichkeit darstellt, kann zwischen einer formalen und einer materialen Betrachtungsweise unterschieden werden. Wird geistliche Vollmacht unter einem formalen, die Art der Übertragung betreffenden Gesichtspunkt betrachtet, erscheint sie als Weihevollmacht; denn sie wird in der sakramentalen Weihe verliehen. Wird hingegen von einem materialen Gesichtspunkt ausgegangen und nach dem gefragt, was inhaltlich gegeben ist, so erscheint geistliche Vollmacht als Jurisdiktionsvollmacht; denn sie beinhaltet eine besondere Verantwortlichkeit in der Heilssendung der Kirche.

[33] Das II. Vatikanum hat es absichtlich unterlassen, von einer Vollmacht der Bischöfe und Priester zu sprechen, die immer gültigerweise ausgeübt werden kann; es läßt vielmehr die Frage nach der erlaubten bzw. gültigen Ausübung bewußt offen; vgl. Ne (Notabene).

[34] Die Grenze, um die es hier geht, wird z. B. offenkundig, wenn man bedenkt, daß die Ausübung der geistlichen Vollmacht in den von der katholischen Kirche getrennten Kirchen nicht behindert werden kann; andernfalls würde ein größerer Schaden angerichtet als der Schaden, den die Trennung von der vollen kirchlichen Gemeinschaft mit sich bringt.

Vollmacht kann also hinsichtlich ihrer Gültigkeit bzw. Ungültigkeit nicht nach rein positivistischen Maßstäben beurteilt werden; sie hängt letztlich davon ab, ob sie der Verwirklichung der „communio" zu dienen vermag[35].

§ 12 Die Ausübung der Leitungsvollmacht

Von Helmuth Pree

I. Innerer und äußerer Wirkungsbereich

Die kirchliche Leitungsvollmacht erstreckt sich sowohl auf den *äußeren (forum externum*, z. B. Erlaß von Gesetzen, Erteilung einer Dispens) als auch auf den *inneren* Bereich (*forum internum*, z. B. die sakramentale Lossprechung). Im inneren Bereich kann die Leitungsvollmacht innerhalb des Bußsakraments *(forum internum sacramentale)* wie auch außerhalb desselben (*forum internum extrasacramentale*, z. B. Erlaß von Gelübdeverpflichtungen) ausgeübt werden.[1] Sie besitzt eine soziale, öffentliche Funktion im Rahmen der Rechtsgemeinschaft Kirche und wird daher an sich (de se) regelmäßig für das forum externum ausgeübt, manchmal jedoch auch für das forum internum allein. In letzterem Fall werden die Rechtswirkungen im äußeren Bereich nicht anerkannt, außer kraft spezieller rechtlicher Anordnung für bestimmte Fälle (c. 130). Die im forum externum ausgeübte Leitungsvollmacht entfaltet allerdings ihre Wirkungen auch für das forum internum.

Wenn nicht ausdrücklich anderes gesagt ist, gilt die für den äußeren Bereich verliehene Vollmacht auch für das gesamte forum internum. Wer im inneren sakramentalen Bereich Vollmacht besitzt, muß nicht ohne weiteres auch Gewalt im äußeren Bereich haben. Die Inhaber von Leitungsvollmacht im forum internum extrasacramentale entsprechen den Inhabern von Leitungsvollmacht im forum externum. Zu beachten ist die Sonderstellung der Apostolischen Pönitentiarie für das gesamte forum internum.[2]

Die Vollmacht zur sakramentalen Lossprechung von Sünden wird wegen ihrer Zugehörigkeit zum Amt der Heiligung (Sakrament) im CIC zwar nicht mehr als „Jurisdiktion" (vgl. c. 202/CIC 1917) bezeichnet (c. 966), enthält aber eine solche – was sich an der hoheitlich ausgesprochenen Versöhnung mit der Kirche zeigt.

In der CIC-Reform wurde eine bessere Abgrenzung und Koordinierung von äußerem und innerem Bereich durchgeführt. In der Formulierung des c. 130 wird klar, daß die *eine* kirchliche Leitungsgewalt in diesen zwei Bereichen ausgeübt wird – anders als in c. 196/CIC 1917, der an zweierlei Gewalt denken ließ.

35 Vgl. *Corecco*, Die „sacra potestas" (Anm. 14), S. 142ff.

1 *E. H. Fischer*, Die Notwendigkeit hoheitlicher Hirtengewalt zur Bußspendung, in: Festschr. Mörsdorf, S. 231–251; *K. Mörsdorf*, Der Rechtscharakter der iurisdictio fori interni, in: MThZ 8 (1957), S. 161–179; *F. Coccopalmerio*, Ecclesiologia Vaticani II et iuridicitas fori interni qua fori remissionis peccatorum, in: PerRMCL 69 (1980), S. 163–189.

2 *Coccopalmerio*, Ecclesiologia Vaticani II (Anm. 1), S. 163–189.

Es hat sich die Erkenntnis durchgesetzt, daß das forum internum nicht einen reinen Gewissensbereich darstellt, der nur Gegenstand der Moral wäre; es ist vielmehr ein *rechtlicher* Bereich, Gegenstand der rechtlichen Leitungsgewalt, hat aber primär das Heil des einzelnen im Auge, freilich im Gesamt der Rechtsordnung und des Gemeinwohls. Als hauptsächliches Unterscheidungskriterium dient, daß im forum internum *geheim* vorgegangen wird. Im Rahmen des Bußsakramentes werden bei der Einholung der erforderlichen Vollmachten oder Dispense Decknamen verwendet, schriftliche Aufzeichnungen sind zu vernichten; im forum internum extrasacramentale werden die Namen der Betroffenen festgehalten, jedoch in geheimen Aufzeichnungen. So kann z. B. jemand in der Beichte von einem Ehehindernis befreit werden, aber auch im forum internum extrasacramentale (c. 1079 § 3). Im forum externum wird an sich öffentlich vorgegangen, die Jurisdiktionsakte werden in öffentliche Protokolle und Bücher eingetragen. Dennoch ist dadurch eine faktische Diskretion nicht ausgeschlossen.

Der *Grund*, warum das Kirchenrecht überhaupt zwischen einem forum internum und forum externum unterscheidet, liegt letztlich in der *Zweckrichtung des Kirchenrechts*. Das bonum commune der Rechtsgemeinschaft Kirche, zu dessen Erreichung das Kirchenrecht eines der Mittel ist, erschöpft sich nicht im äußerlichen Funktionieren der Gemeinschaftsbeziehungen, sondern umfaßt auch das *geistliche Wohl des einzelnen*, welches wiederum nur in der gegenseitigen Zuordnung von Person und Gemeinschaft verwirklicht werden kann. Zwischen Person und Gemeinschaft besteht ein notwendiges Spannungsverhältnis, das einen wesentlichen Grund in der Unwiederholbarkeit der menschlichen Person und ihrer unmittelbaren Verantwortung vor Gott hat. Diese Spannung ausgleichen zu helfen, ist die wichtige Aufgabe der Unterscheidung von forum internum und forum externum. Freilich können nicht alle Konflikte zwischen Recht und Gewissen beseitigt werden.

II. Ordentliche und delegierte Leitungsvollmacht

1. *Begriffe*

a) Potestas (regiminis) ordinaria. Die *ordentliche* Leitungsvollmacht ist jene, die von Rechts wegen mit einem Kirchenamt verbunden ist (c. 131 § 1). Demzufolge muß die Vollmacht *aufgrund des objektiven Rechts* mit einem bestimmten *Kirchenamt verbunden* sein.

Ist die Gewalt zwar mit dem Amt verbunden, aber nicht von Rechts wegen, sondern kraft Verleihung durch einen Oberen (z. B. die Dezennalvollmachten der Ordinarien in den Missionsländern), so handelt es sich nicht um potestas ordinaria, sondern um potestas delegata; ebenso, wenn die Befugnis zwar von Rechts wegen verliehen wird, aber nicht als Konnex zum Amt, sondern unabhängig davon einer bestimmten Person (z. B. die Befugnis des Trauungsberechtigten zur Dispens von Ehehindernissen bei Todesgefahr gemäß c. 1079 § 2). Die ordentliche Hirtengewalt wird mit der Amtsverleihung erworben und geht mit dem Amtsverlust verloren.

Die potestas ordinaria ist entweder *propria (eigenberechtigt)* oder *vicaria (stellvertretend)* (c. 131 § 2).

Die *potestas ordinaria propria* besitzt jemand, der das Amt in eigenem Namen innehat und ausübt. Die potestas *ordinaria vicaria* wird im Namen eines anderen ausgeübt; weil sie mit einem Amt verbunden ist, ist sie ebenfalls ordinaria.

Der Vikar handelt *im Namen des Vertretenen,* nicht etwa als eine diesem untergeordnete Instanz. Zu den Trägern von potestas ordinaria vicaria zählen die Inhaber von Ämtern der Römischen Kurie, der Apostolische Administrator, Vikar und Präfekt, der Generalvikar und Bischofsvikar, der Offizial und der Pfarrvikar sowie die vorübergehenden Stellvertreter bei Vakanz und Behinderung.

Die Vertreterstellung kann jemand erlangen entweder durch Amtsverleihung seitens der zuständigen Autorität oder kraft Gesetzes bei Vorliegen bestimmter Voraussetzungen. In der hierarchischen Ordnung ist die Gewalt des Vikars der des Vertretenen untergeordnet, ebenso wie die vom Vikar delegierte Gewalt der vom Vertretenen delegierten.[3]

b) *Potestas delegata.* Darunter ist die einer Person unabhängig von ihrem Amt verliehene Leitungsvollmacht zu verstehen (c. 131 § 1).

Als Ausgleich zur relativ starren Ämterorganisation bei den Trägern der ordentlichen Gewalt ermöglicht die Delegation eine größere Beweglichkeit und Dezentralisierung in der Ausübung der hoheitlichen Befugnisse. Während der Besitz von potestas ordinaria wegen der Verbindung mit einem Amt als einer ständigen öffentlichen Einrichtung nicht bewiesen zu werden braucht, trägt derjenige, der sich als delegiert bezeichnet, die Beweislast (c. 131 § 3; „asserentis est probare"). Der *Beweis* kann erbracht werden durch Vorweisen des Delegationsschreibens (vgl. c. 37) oder durch zwei Zeugen. Im Falle der gesetzlichen Delegation erübrigt sich der Beweis bzw. ist dieser aus dem Gesetz zu erbringen.[4]

Der Unterschied zwischen Stellvertretung und Delegation: Das Wesen der Stellvertretung besteht darin, daß jemand *im Namen eines anderen,* d. h. mit Rechtswirkung für und gegen den Vertretenen handelt. Voraussetzung ist eigenverantwortliches Handeln in fremdem Namen und eine entsprechende Vertretungsmacht. Die Stellvertretung ist grundsätzlich bei allen Rechtsgeschäften, auch bei privaten, selbst bei rechtsgeschäftsähnlichen Handlungen (z. B. Einwilligung), nicht allerdings bei Realakten, möglich. Die stellvertretende Leitungsvollmacht ist immer eine ordentliche Gewalt, weil sie nur im Rahmen eines Vertreteramtes übertragen wird.

Demgegenüber bedeutet *Delegation* stets *Übertragung hoheitlicher Befugnisse;* diese werden vom Delegaten im eigenen Namen wahrgenommen. Im Unterschied zum Stellvertreter kann gegen die Entscheidung des Delegaten an den Deleganten ein Rechtsmittel eingelegt werden.

Auf eine Kurzformel gebracht: Der Vertreter handelt aus fremder Gewalt und in fremdem Namen, während der Delegat zwar aus fremder übertragener Gewalt, aber im eigenen Namen tätig wird.

Es ist möglich, daß sich in ein und derselben Person Stellvertretung und Delegation verbinden.

c) *Der Terminus „Ordinarius".* Für die Träger der oberhirtlichen Gewalt verwendet c. 134 den Fachausdruck *„Ordinarius".* Darunter fallen, außer dem Papst,

[3] *G. Michiels,* De potestate ordinaria et delegata. Commentarius tituli V Libri II CIC, Paris 1964; *I. Beyer,* De potestate ordinaria et delegata animadversiones, in: PerRMCL 53 (1964), S. 482–502; *V. de Paolis,* De significatione verborum: iurisdictio „ordinaria", „delegata", „mandata", „vicaria", in: PerRMCL 54 (1965), S. 508–516; *G. Thils,* „Potestas ordinaria", in: Das Bischofsamt und die Weltkirche, hrsg. v. *Y. Congar,* Stuttgart 1964, S. 719–738; *M. Zurowski,* Potestà ordinaria, delegata o collegiale?, in: Chiesa dopo il Concilio, S. 1485–1495; *R. Schwarz,* Die eigenberechtigte Gewalt der Kirche, Roma 1974.

[4] *L. Bender,* Quaestiones de delegatione, in: PerRMCL 49 (1960), S. 191–203; *A. Szentirmai,* An iurisdictio delegata non subdito non petenti seu invito valide conferri valeat?, in: PerRMCL 49 (1960), S. 260–262.

alle Personen, die, wenn auch nur vorübergehend, einer Teilkirche (Diözese) oder einer dieser gleichgestellten Gemeinschaft (c. 368) vorgesetzt sind; ferner jene Personen, die in diesen Teilkirchen allgemeine ordentliche Vollzugsgewalt besitzen, nämlich die General- und Bischofsvikare; weiters für ihre Verbandsangehörigen die höheren Oberen der klerikalen Religioseninstitute päpstlichen Rechts sowie der klerikalen Gemeinschaften des Apostolischen Lebens päpstlichen Rechts, die ordentliche Vollzugsgewalt (potestas exsecutiva) besitzen. Alle ordinarii, außer den Oberen der Religiosengemeinschaften sowie der Gemeinschaften des Apostolischen Lebens sind *ordinarii loci*.

Die dem *„Diözesanbischof"* – im Unterschied zum ordinarius loci allgemein – vom Recht im Rahmen der Vollzugsgewalt eingeräumten, nur persönlich auszuübenden Befugnisse besitzen auch die ihm gemäß c. 381 § 2 rechtlich Gleichgestellten, nicht jedoch der Generalvikar und der Bischofsvikar, es sei denn kraft speziellen Mandats (c. 134 § 3).

Obwohl in c. 134 nicht erwähnt, sind auch die den *Personalprälaturen* vorstehenden *Prälaten* gemäß c. 295 § 1 Ordinarien für die ihnen unterstellten Personen.

2. Delegation und Subdelegation[5]

Die *ordentliche* Vollzugsgewalt kann sowohl für einen oder mehrere bestimmte Akte (ad actum) als *auch allgemein* (ad universitatem casuum oder negotiorum) *delegiert* werden, wenn nicht ausdrücklich anderes vorgesehen ist (c. 137 § 1).

Delegieren kann demnach, wer ordentliche Gewalt besitzt, sei diese eine eigenberechtigte oder eine stellvertretende. Beide Arten können ganz oder zum Teil weitergegeben werden, soweit das Gesetz nicht anderes anordnet. Kein Amtsinhaber kann allerdings mehr Rechte übertragen, als er im Zeitpunkt der Übertragung selbst besitzt und rechtmäßig ausüben darf (vgl. RegIur 79 in VI°: „Nemo potest plus iuris transferre in alium, quam sibi competere dignoscatur"). Damit hängt zusammen, daß *niemand* solche Befugnisse delegieren kann, an deren Ausübung er selbst *rechtlich gehindert ist*. So kann etwa ein suspendierter Pfarrer die Befugnis zur Eheassistenz nicht delegieren.

Die Delegation kann *durch Gesetz* erfolgen (a iure) oder *durch Verwaltungsakt* (ab homine). Die gesetzliche Delegation darf nicht mit der ordentlichen Gewalt verwechselt werden; letztere ist immer dann gegeben, wenn eine bestimmte Vollmacht vom Gesetz mit einem Amt verbunden wird. Die Delegation kann eine *besondere* (specialis) sein, d. h. für einen oder mehrere bestimmte Fälle oder eine *allgemeine* (generalis oder: ad universitatem negotiorum), d. h. für alle Fälle einer bestimmten Art, etwa für die Ehehindernisse. Auch die zeitlich oder örtlich umgrenzte Vollmacht ist eine generelle Vollmacht.

Beispielsweise ist die vom Diözesanbischof im Verordnungsblatt allen Pfarrern verliehene Vollmacht, von der Exkommunikation wegen Abtreibung loszusprechen, oder die Voll-

[5] *H. Heimerl/H. Pree,* Kirchenrecht. Allgemeine Normen und Eherecht, Wien 1983, S. 114ff.

macht, Mischehen zu erlauben, eine generelle Vollmacht; ob sie unter die delegatio ab homine oder a iure fällt, hängt davon ab, ob der Delegationsakt eine Gesetzespromulgation darstellt oder nicht. Bedeutsam ist dieser Unterschied u. a. für den Nachweis der (delegierten) Vollmacht.

Vom *Hl. Stuhl* delegierte potestas exsecutiva kann für den Einzelfall wie auch allgemein (vgl. c. 92) *subdelegiert* werden, wenn nicht eine bestimmte Person mit Rücksicht auf ihre besondere Eignung ausgewählt wurde (vgl. c. 43) oder die Subdelegation ausdrücklich verboten wurde (c. 137 § 2).

An sich wäre nämlich die Subdelegation rechtlich nicht möglich, da der Delegat ein Beauftragter (Mandatar) des Deleganten ist, dessen Gewalt er erhalten hat. Deshalb bedarf es der gesetzlichen Ermöglichung der Subdelegation. Dadurch ist die Stellung des Delegaten der des selbständigen Exekutors (vgl. c. 70) ähnlich. Wurde aber eine bestimmte Person mit Rücksicht auf ihre besondere Eignung gewählt oder die Subdelegation ausdrücklich verboten, so ist die dennoch erfolgte Subdelegation nichtig.

Vollzugsgewalt, die von einer anderen mit ordentlicher Gewalt ausgestatteten Autorität als dem Hl. Stuhl delegiert wurde, kann nach folgender Maßgabe subdelegiert werden: Wurde *allgemein delegiert*, so ist die *Subdelegation* nur für individuell bestimmte Fälle zulässig. Erfolgte hingegen die Delegation für einen bestimmten oder mehrere bestimmte Einzelfälle, so ist keine Subdelegation möglich, es sei denn, der Delegant habe dies ausdrücklich zugestanden (c. 137 § 3).

So kann beispielsweise der nur für einen Einzelfall zur Eheassistenz delegierte Kaplan nur dann subdelegieren, wenn ihm dies vom Deleganten ausdrücklich gestattet worden ist. Die Subdelegation der Subdelegation ist ausgeschlossen, wenn nicht der Hauptdelegant dies ausdrücklich eingeräumt hat (c. 137 § 4).

Der Delegat, der entweder hinsichtlich der Sache oder hinsichtlich der Personen die *Grenzen seines Mandats überschreitet*, handelt *ungültig* (c. 133 § 1). Jenseits dieser Grenzen handelt er nämlich ohne Kompetenz, welche für das hoheitliche Handeln immer Gültigkeitsvoraussetzung ist. Allerdings gilt es nicht als Überschreitung des Mandats, wenn der Delegierte nur auf eine andere Art und Weise als im Mandat vorgesehen seine Befugnis ausführt, es sei denn, die Art und Weise der Durchführung wäre vom Deleganten als Gültigkeitsbedingung vorgeschrieben worden (c. 133 § 2). Aus einer Analogie zu c. 10 ergibt sich, daß diese ausdrücklich vorgeschrieben werden muß.

Kraft ausdrücklicher gesetzlicher Anordnung (c. 132 § 1) sind auch auf die ständigen Vollmachten (*facultates habituales*, vgl. c. 92) die Vorschriften über die delegierte Gewalt anzuwenden.

Dabei handelt es sich um ab homine delegierte Vollmachten, die einer Person aufgrund ihres Amtes verliehen werden. Wenn nicht bei der Verleihung dieser Befugnis ausdrücklich anderes gesagt ist oder die Person mit Rücksicht auf ihre besondere Eignung gewählt wurde, erlischt eine solche ständige Vollmacht, die einem Ordinarius gegeben wurde, nicht mit dessen Amtsverlust, selbst wenn er schon mit der Ausübung dieser Befugnis begonnen hatte. Vielmehr geht diese ständige Befugnis an den in der Leitungsgewalt nachfolgenden Ordinarius über (c. 132 § 2). Da es sich um Vollmachten handelt, die ratione officii übertragen werden, stehen sie, zusammen mit dem Ordinarius auch dem Generalvikar und – im Rahmen seiner Zuständigkeit – dem Bischofsvikar zu, es sei denn, es wird ausdrücklich anderes bestimmt oder die Person wurde mit Rücksicht auf ihre besondere Eignung ausgewählt (c. 479 § 3).

Die *gesetzgebende* Gewalt ist ohne ausdrückliche rechtliche Ermächtigung nicht delegierbar (c. 135 § 2). So könnte eine der Bischofskonferenz zugewiesene Materie nicht zur verbindlichen Beschlußfassung einer ihrer Kommissionen oder bestimmten Organen delegiert werden.

Auch die *richterliche* Gewalt kann nicht delegiert werden, außer für Akte, die zur Vorbereitung eines Dekrets oder eines Urteils ausgeführt werden müssen (c. 135 § 3).

III. Die Funktionen der Leitungsvollmacht

1. Gesetzgebung (potestas regiminis legislativa)

Die Gesetzgebung besteht im Erlaß allgemeinverbindlicher, generell-abstrakter Normen, die im Interesse des Gemeinwohls – regelmäßig auf unbestimmte Zeit – aufgestellt werden.[6] Auch die gesetzgebende Befugnis ist rechtmäßig auszuüben (c. 135 § 2). Kein Gesetzgeber darf solche Gesetze erlassen, die denen der übergeordneten Gesetzgeber widersprechen; dagegen verstoßende Gesetze wären nichtig. Dies folgt aus dem hierarchischen Prinzip (c. 135 § 2).

2. Gerichtsbarkeit (Rechtsprechung, potestas iudicialis)

Richterliche Gewalt besitzen, außer den mit voller oberhirtlicher Gewalt ausgestatteten Organen, die Richter und Richterkollegien. Die Rechtsprechung ordnet die konkreten Rechtsverhältnisse durch Urteil. Dabei muß die generell-abstrakte Rechtsnorm auf den konkret-individuellen Fall angewendet werden. In Ausübung dieser Befugnis sind die Richter und Richterkollegien sowohl formell (was das Verfahren betrifft) als auch materiell (was die Entscheidung inhaltlich betrifft) an das Recht gebunden (c. 135 § 3).[7]

3. Verwaltung (potestas exsecutiva oder administrativa)

Verwaltung oder Vollziehung ist jene kirchlich-hoheitliche Tätigkeit, die weder Gesetzgebung noch Rechtsprechung ist. Eine darüber hinausgehende inhaltliche Bestimmung des Verwaltungsbegriffes ist wegen des potentiell unbegrenzten

[6] *G. Michiels*, Normae generales iuris canonici. Commentarius Libri I Codicis Iuris Canonici, Bd. I, Lublin 1929, S. 122–161; *M. Pesendorfer*, Partikulares Gesetz und partikularer Gesetzgeber im System des geltenden lateinischen Kirchenrechts (= KuR, Bd. 12), Wien 1975.

[7] *K. Mörsdorf*, Die kirchliche Verwaltungsgerichtsbarkeit, in: Festschr. für E. Eichmann, Paderborn 1940, S. 551–591; *C. de Diego Lora*, La función judicial, función pastoral de la Iglesia, in: IusCan 21 (1981), S. 629–640.

Anwendungsbereiches kaum möglich.[8] Die Vollzugsvollmacht wird sowohl in Form hoheitlicher Rechtsentscheidungen tätig (z. B. Ausstellung von Reskripten) als auch im Bereich der sonstigen Verwaltung (z. B. Führung der Personenstandsbücher).

Darüber hinaus pflegt zwischen *freiwilliger Verwaltung* (iurisdictio voluntaria) und *zwangsweiser Verwaltung* (iurisdictio coactiva oder coercens) unterschieden zu werden. Unter die erstere fällt besonders die gnadenerweisende Tätigkeit der Kirche (iurisdictio gratiosa), d. h. die Gewährung von Dispensen, Kondonationen, Ablässen, die Begnadigung von Strafen; ferner Akte der Weihegewalt mit jurisdiktionellem Einschlag, wie z. B. die Erteilung der Weihen, Eheassistenz, sakramentale Lossprechung sowie Konsekrationen; ebenso das Urkundenwesen und die Matrikelführung, aber auch Ämtererrichtung und Ämterverleihung. Die hauptsächlichen Verwaltungsakte im Rahmen der freiwilligen Verwaltung sind Dekret und Reskript.

Die Zwangsverwaltung richtet sich in invitos, d. h. gegen solche Personen, die sich widersetzen, und hat die Aufgabe, Forderungen des Rechts, die nicht erfüllt werden, zwangsweise zu verwirklichen. Der zugehörige Verwaltungsakt ist der Verwaltungsbefehl (praeceptum).

Außerdem wird die Verwaltung sowohl *rechtsanwendend* (rechtsvollziehend), als auch *rechtsschöpferisch* tätig. Beides zeigt sich bei der hoheitlichen Verwaltung sowohl im Erlaß genereller als auch im Erlaß individueller Verwaltungsakte.[9]

Die folgenden Ausführungen gelten nur für jenen Teil der Vollziehung, der sich in Form hoheitlicher Rechtsentscheidungen betätigt.

IV. Sonderbestimmungen für die potestas exsecutiva (ordinaria oder delegata)

1. *Wirkungsbereich*

Der Inhaber von potestas exsecutiva kann diese, auch wenn er sich *außerhalb des Territoriums befindet*, gegenüber seinen *Untergebenen* ausüben, gleichgültig, ob diese sich innerhalb oder außerhalb des Territoriums befinden, es sei denn, aus der Natur der Sache oder aus einer rechtlichen Bestimmung ergäbe sich anderes (c. 136).

So ergibt sich z. B. aus der Natur der Sache, daß die Ehedispens durch den Trauungspriester nur am Ort seiner Vollmacht kraft cc. 1063 und 1065 möglich ist und nur anwesenden Nupturienten gegenüber. Gegenüber Fremden (peregrini), d. h. Nichtuntergebenen, die sich im Territorium des Gewaltträgers aufhalten, vermag dieser seine Vollzugsvollmacht nur dann auszuüben, wenn das für den Betroffenen günstig ist oder wenn es sich um den Vollzug bzw. die Anwendung von Gesetzen auf den Fremden handelt, an die er ohnedies gebunden ist (universelle Gesetze und partikulare Gesetze gemäß c. 13 § 2 n. 2).[10]

[8] *G. Raab*, Rechtsschutz gegenüber der Verwaltung. Zur Möglichkeit einer kanonischen Verwaltungsgerichtsbarkeit nach dem Modell des deutschen Rechts, Roma 1978, bes. S. 222–251; vgl. *C. Creifelds*, Rechtswörterbuch, 6. Aufl., München 1981, S. 1303 ff.

[9] *K. Mörsdorf*, Rechtsprechung und Verwaltung im kanonischen Recht, Freiburg i. Br. 1941; *ders.*, De relationibus inter potestatem administrativam et iudicialem in iure canonico, in: Questioni attuali di diritto canonico, Rom 1955, S. 399–418.

[10] *L. Bender*, Potestas iurisdictionis exercenda extra territorium, in: PerMun 34 (1959), S. 349–354.

2. Auslegung

Die *ordentliche* Vollzugsgewalt und die *allgemein delegierte* Gewalt sind *weit* (interpretatio lata) auszulegen. Jedwede sonstige Vollzugsgewalt, namentlich die speziell delegierte, ist eng (interpretatio stricta) zu interpretieren. Allerdings begreift eine delegierte Befugnis alle jene Vollmachten in sich, ohne die sie nicht ausgeübt werden kann (c. 138).

Implizit sind damit alle Vollmachten gewährt, die aus der Natur der Sache zur Ausübung der Befugnis erforderlich sind, nicht aber andere Vollmachten. Beispielsweise begreift die Befugnis zur Eheassistenz nicht auch die Vollmacht zur Dispens von Ehehindernissen in sich; wer die Vollmacht hat, von bestimmten Ehehindernissen Dispens zu erteilen, darf nicht auch von anderen dispensieren.

3. Zuständigkeit

a) Hierarchisch. Sind *mehrere Verwaltungsbehörden* unabhängig voneinander für ein und dieselbe Entscheidung zuständig, so wird durch das Angehen der einen die Kompetenz der anderen nicht beseitigt, sondern es bestehen beide nebeneinander (c. 139 § 1).

Das gilt unabhängig davon, ob die konkurrierenden Autoritäten hierarchisch auf derselben Stufe oder im Verhältnis der Über- und Unterordnung stehen; auch wenn die zuerst angegangene Behörde die übergeordnete ist, wird die Zuständigkeit der anderen, untergeordneten nicht beseitigt, sogar wenn sie nur delegierte Gewalt hat.

Stehen die beiden zuständigen Behörden zueinander im Verhältnis der hierarchischen Über- und Unterordnung und wird zuerst der Übergeordnete um seine Entscheidung angegangen, dann soll sich allerdings die *untergeordnete Autorität* in diesen Fall *nicht einmischen*, außer wenn ein schwerwiegender dringender Grund dies verlangt. In diesem Fall muß die untergeordnete Autorität sofort die übergeordnete verständigen (c. 139 § 2).

Ohne dringenden Grund ist das Handeln des Untergeordneten zwar gültig, weil seine Zuständigkeit gegeben ist, aber unerlaubt. Nimmt der Untergeordnete seine Zuständigkeit wahr, und ist inzwischen die Entscheidung des Übergeordneten ergangen, so sind auf diesen Fall der Konkurrenz die Regeln der cc. 64 und 65 analog anzuwenden.

b) *Konkurrierend (aufgrund einer delegatio in solidum).* Wenn mehrere Personen *solidarisch* für ein- und dieselbe Rechtshandlung delegiert werden (d. h. jeder einzelne ist für sich allein zuständig und befugt, die Vollmacht auszuüben bzw. die Rechtshandlung zu setzen), dann *schließt* derjenige, welcher *zuerst* zu handeln begonnen hat, *die anderen aus.*

Eine Ausnahme bildet der Fall, daß der Ersthandelnde im nachhinein behindert wird oder die Wahrnehmung seiner Zuständigkeit nicht fortsetzen will (c. 140 § 1). Außer in den beiden zuletzt genannten Fällen würden die übrigen, später Handelnden, zwar nicht ungültig, aber unerlaubt handeln.

Von der mehreren Personen delegierten Vollzugsgewalt wird *vermutet*, daß sie *solidarisch* erteilt wurde (c. 140 § 3), falls nicht aufgrund der Delegation ohnedies schon feststeht, daß sie entweder kollegial oder solidarisch erfolgt ist. Die Vermutung zugunsten der solidarischen Delegation hat den rechtspraktischen Grund der einfacheren Durchführbarkeit.

c) *Kumulativ (aufgrund einer collegialiter erfolgten Delegation.* Wenn mehrere Personen zur Vornahme eines bestimmten Rechtsgeschäfts *kollegial delegiert werden,* so richtet sich deren Handeln nach den Vorschriften über die *kollegiale Willensbildung* (c. 119), wenn nicht im Mandat anderes vorgesehen ist (c. 140 § 2). Da in diesem Fall nicht die Einzelperson zuständig ist, sondern das Kollegium, bedarf es einen kollegialen Aktes.

d) *Sukzessiv.* Wenn mehrere Personen *nacheinander* delegiert werden, sollen jene den Akt vornehmen, an die das Mandat *früher* ergangen ist, vorausgesetzt, daß es nicht widerrufen wurde (c. 141).

Im Falle der sukzessiven Delegation bleiben zwar *alle* im Besitz der Vollmacht (außer bei Widerruf) und können gültig handeln, es wird jedoch zur Vermeidung von Konflikten die genannte Ordnung für ihre Ausübung getroffen. Die sukzessive Delegation darf also nicht mit der Regelung über einander widersprechende Reskripte (c. 67) verwechselt werden.

4. *Erlöschen*[11]

a) Delegierte Gewalt. Die delegierte Gewalt erlischt mit der *Ausführung des Mandats;* durch *Ablauf der Zeit,* für welche das Mandat gegeben wurde; durch *Erschöpfen der Fälle,* für die es erteilt wurde; durch *Wegfall der Zweckursache* der Delegation, d. h. wenn es den Zweck nicht mehr gibt; durch *Widerruf* seitens des Deleganten, wenn der Widerruf dem Delegierten direkt zugestellt wird; mit *Annahme des Verzichts* durch den Deleganten.

Nicht jedoch erlischt die Delegation mit dem Amtsverlust des Deleganten, es sei denn, dies würde durch entsprechende Klauseln angeordnet (c. 142 § 1).

Wurde allerdings ein Akt aufgrund delegierter Gewalt ausschließlich für das *forum internum* infolge *Unbedachtheit* nach *Ablauf der Zeit,* für die sie gewährt wurde, gesetzt, so ist dieser Akt *gültig* (c. 142 § 2). Trotz der Singularformulierung (actus ... positus) ist diese Annahme von ihrem Zweck her nicht auf einen einzigen Akt beschränkt. Zu bedenken ist freilich, daß dies – anders als gemäß c. 207 § 2 CIC/1917 – *nicht gilt* nach *Erschöpfen der Zahl* der Fälle, für die die Befugnis delegiert wurde, sondern nur nach Zeitablauf.

Während c. 207 § 2 CIC/1917 ausdrücklich nur von einer für das forum internum delegierten Vollmacht sprach, so erlaubt die geänderte Formulierung des c. 142 § 2 auch die für das forum externum delegierte Vollmacht, die aber im Einzelfall nur für das forum internum ausgeübt wird, miteinzubeziehen.

b) Ordentliche Gewalt. Die potestas ordinaria erlischt mit dem *Verlust des Kirchenamtes,* mit dem sie verbunden ist (c. 143 § 1). Auch ohne Verlust der Gewalt oder des Amtes kann die *gültige* Ausübung dennoch ausgeschlossen werden durch verhängte oder erklärte *Exkommunikation* (c. 1331) und durch bestimmte Formen der *Suspension* (c. 1333 § 2).

Die potestas ordinaria wird *suspendiert,* wenn gegen die privatio oder amotio vom Kirchenamt gesetzmäßig *Berufung* oder *Rekurs* eingelegt wurde; gesetzliche Ausnahmen sind möglich (c. 143 § 2).

[11] *Z. Grocholewski,* L'estinzione della „potestas regiminis" nella revisione del Codice, in: MonEccl 105 (1980), S. 455–485.

Die rechtmäßig verhängte privatio oder amotio beseitigt mit dem Amt auch die Gewalt. Mit Einbringung der Appellation gegen das Urteil oder des Rekurses gegen das Dekret wird die Vollstreckung der privatio oder amotio ausgesetzt (vgl. cc. 1638, 1736) bzw. aufgeschoben. Die unter diesen Voraussetzungen suspendierte potestas ordinaria kann deshalb, vorbehaltlich anderer Regelung, bis zur endgültigen Entscheidung *gültig* ausgeübt werden.

V. Die gesetzliche Supplierung fehlender Vollmachten

Das Gesetz ersetzt unter bestimmten Voraussetzungen die nicht vorhandene Leitungsvollmacht mit der Wirkung, daß der so gesetzte Rechtsakt dennoch gültig ist.[12] In diesen Fällen handelt es sich deshalb nicht um eine Heilung ungültiger Akte, sondern um *gesetzliche Übertragung* (Delegation) von *Jurisdiktionsgewalt*. Der *Grund* der Regelung ist die Gewährleistung des spirituellen Wohles, der *Rechtssicherheit* sowie des Gemeinwohles. Bei allgemeinem Irrtum „de facto aut de iure" und bei einem positiven, begründeten Zweifel über das Vorliegen der erforderlichen Gewalt wird diese von der Kirche ersetzt, und zwar sowohl für das forum externum als auch für das forum internum (c. 144 § 1).

Diese Supplierungsvorschrift ist gemäß § 2 auch auf die von Rechts wegen verliehene *Firmvollmacht* (c. 883), auf die – gleich ob ordentliche oder delegierte – *Lossprechungsvollmacht* im Bußsakrament (c. 966) und auf die delegierte Befugnis zur *Eheassistenz* (c. 1111 § 1) anzuwenden.

In allen Fällen ist die Voraussetzung für die gesetzliche Supplierung, daß es sich um *prinzipiell ersetzbare Befugnisse* handeln muß. Demnach wäre z. B. die Suppletion der Beichtjurisdiktion für einen Nichtpriester ausgeschlossen.

1. Error communis[13]

Der Tatbestand des allgemeinen Irrtums ist verwirklicht, wenn der den Jurisdiktionsakt Setzende dort, wo er tätig wird, „allgemein", d. h. von der betreffenden kirchlichen *Gemeinschaft* als solcher oder wenigstens vom größeren Teil derselben (z. B. den Bewohnern einer Pfarre) *irrtümlich als im Besitz der Vollmacht* stehend angesehen wird (*de facto*). Es ist dabei jedoch nicht erforderlich, daß die Gemeinschaft tatsächlich irrt. Vielmehr genügt es, daß sie unter den konkreten Umständen irren würde, wenn sie gefragt würde, und zwar aufgrund von Gegebenheiten, die normalerweise die entsprechende Vollmacht implizieren, zumindest dort, wo der Rechtsakt gesetzt wird *(error de iure)*.

Der Handelnde muß also wegen bestimmter Anhaltspunkte als bevollmächtigt betrachtet werden können. Dabei ist es rechtlich nicht erheblich, ob das Fehlen der Jurisdiktionsgewalt darauf zurückzuführen ist, daß sie ihm überhaupt nie, oder darauf, daß sie ihm ungültig verliehen wurde.

Beispiele: Der nichtbevollmächtigte Priester, der sich durch längere Zeit in einer Pfarre

[12] *Heimerl/Pree*, Kirchenrecht (Anm. 5), S. 118ff.

[13] *L. Bender*, Error communis et potestas delegata ad actum, in: MonEccl 85 (1960), S. 291–306; *H. Hermann*, Ecclesia supplet. Das Rechtsinstitut der kirchlichen Suppletion nach c. 209 CIC (= KStuT, 24), Amsterdam 1968.

aufhält und dort Beichte hört, gibt Anlaß, ihn als einen zum Beichthören bevollmächtigten Priester zu betrachten. Der Pfarrer, der einen kirchlichen Verwaltungsakt setzt, obwohl die Amtsverleihung wegen geheimer Simonie (c. 146 § 3) ungültig war, erweckt den Anschein, als würde er als Pfarrer zur rechtsgültigen Vornahme des Aktes bevollmächtigt sein.

In beiden Fällen ist der gesetzte Jurisdiktionsakt gültig.

2. Dubium positivum et probabile

Der Tatbestand des positiven, begründeten Zweifels ist verwirklicht, wenn der Leitungsvollmacht Ausübende diese zwar objektiv nicht besitzt, aber subjektiv daran zweifelt, *ob er im Besitz der Gewalt ist*. Dabei muß ein bestimmter (dubium positivum) *Grund* vorliegen, der die Existenz der Vollmacht wahrscheinlich (probabile) macht. Dabei ist es unerheblich, ob sich der subjektive Zweifel auf die *Rechtslage* oder auf eine *Tatsache*, namentlich die Verleihung der Gewalt entweder mittels Amtes oder durch Delegation (*sive iuris sive facti*) bezieht.[14]

Bei bloßem Nichtwissen (ignorantia) um das Bestehen der Vollmacht sowie einem bloß negativen Zweifel, d. h. ohne Vorliegen positiver Gründe, die die Existenz der Vollmacht wahrscheinlich machen, greift die gesetzliche Suppletion der fehlenden Vollmacht nicht ein.

Beispiel: Ein Kaplan hat nach Ablauf von zwei Jahren seit Erteilung seiner Beichtjurisdiktion Zweifel darüber, ob sie ihm weiter zusteht; es ist ihm bekannt, daß in seiner Diözese die Beichtvollmacht gewöhnlich für drei Jahre erteilt wird. Damit hat er einen positiven und wahrscheinlichen Grund für die Annahme, daß sie auch ihm für diesen Zeitraum gegeben wurde.

§ 13 Das Kirchenamt

Von Georg May

I. Begriff und Arten

1. Begriff

Der revidierte CIC bestimmt, sich teilweise anlehnend an VatII PO Art. 20, das Kirchenamt als jedweden Pflichtenkreis, der durch göttliche oder kirchliche Anordnung für Dauer errichtet ist und zur Ausübung eines geistlichen Zweckes

[14] Vgl. die Entscheidung der PCI vom 26. 3. 1952, in: AAS 44 (1952), S. 497; *L. Hofmann*, Ergänzung der Trauungsvollmacht bei allgemeinem Irrtum (c. 209 CIC), in: ÖAKR 16 (1965), S. 146–162; *G. Oesterle*, De errore communi et assistentia matrimoniali juxta jurisprudentiam Sacrae Rotae Romanae, in: RDC 11 (1961), S. 122–143, 244–259.

dient (c. 145 § 1)[1]. Diese Definition ist unglücklich und praktisch unverwendbar. Denn sie ist inhaltsarm, läßt den wesentlichen Unterschied zwischen Ämtern, die eine Teilhabe an der Hirten- oder Weihegewalt vermitteln, und anderen, bei denen dies nicht der Fall ist, nicht erkennen und versagt vor der Aufgabe, zu bezeichnen, ob ein Amt mit einem Geweihten besetzt werden muß oder nicht (vgl. c. 228 § 1). Grundlegend für das Kirchenamt ist, allerdings je nach der Nähe zum Weihesakrament und zu der Fülle der Kirchengewalt, der Gedanke der Repräsentation Christi. Der Amtsinhaber ist grundsätzlich berechtigt und verpflichtet, die Obliegenheiten des ihm übertragenen Amtes zu erfüllen. Die einem jeden Kirchenamt eigenen Pflichten und Rechte ergeben sich entweder aus der Rechtsordnung oder aus dem Errichtungsdekret (c. 145 § 2). Ihr Mißbrauch ist strafbar (c. 1389).

2. *Arten*

Wichtige Arten von Ämtern sind die Grundämter und die Stellvertretungsämter, die konsistorialen (vom Papst im Konsistorium verliehenen) und die nichtkonsistorialen, die für eine bestimmte Zeitspanne und die unbefristet übertragenen Ämter, Ämter, die mit Residenzpflicht verbunden sind (officium residentiale: c. 283 § 1, vgl. c. 1396), und solche, bei denen dies nicht der Fall ist. Der revidierte CIC kennt nicht mehr die bisher übliche grundlegende Unterscheidung zwischen unbepfründeten (officia) und bepfründeten Ämtern (beneficia). Die Sache selbst bleibt davon unberührt. Denn auch der CIC/1983 weiß, daß es Gebiete der Kirche gibt, in denen Benefizien im strengen Sinne existieren. Aber er sieht die Änderung bzw. die Aufhebung des Benefizialsystems vor. Den Bischofskonferenzen wird auferlegt, die Einkünfte und womöglich auch das Stammvermögen der Benefizien auf einen Fonds zu übertragen, der für den Unterhalt der Geistlichen, die im Dienst der Diözese stehen, eingerichtet werden soll. Die Normen, die zu diesem Zweck zu erlassen sind, bedürfen der Genehmigung des Apostolischen Stuhles (c. 1272).

[1] *O. Robleda*, Innovationes Concilii Vaticani II in theoria et disciplina de officiis et beneficiis ecclesiasticis, in: PerRMCL 58 (1969), S. 155–198; 59 (1970), S. 277–314; *A. da Silva Pereira*, Sacramento da ordem e ofício eclesiástico. Problemática hodierna do sacramento e poder na igreja (= AnGr, vol. 175), Rom 1969; *O. Robleda*, Notio officii ecclesiastici in Concilio Vaticano II, in: Quaestiones disputatae iuridico-canonicae, hrsg. von O. Robleda, Rom 1969, S. 132–150; *E. F. Regatillo*, El ofício eclesiástico en el Código de Derecho Canónico y en el Concilio Vaticano II, in: REDC 27 (1971), S. 161–171; *S. Alvarez Menéndez*, Quidnam Conciliari hac aetate officium ecclesiasticum, in: Angelicum 54 (1977), S. 88–97; *J. H. Provost*, Toward a Renewed Canonical Understanding of Official Ministry, in: Jurist 41 (1981), S. 448–479; *ders.* (Hrsg.), Official Ministry in a New Age, Washington 1981.

II. Errichtung, Veränderung und Aufhebung von Kirchenämtern

1. Errichtung

Kirchenämter werden durch den zuständigen kirchlichen Gesetzgeber eingerichtet und durch den zuständigen kirchlichen Oberen errichtet. Die Errichtung von Kirchenämtern setzt voraus, daß sie notwendig sind und daß die Mittel zur Erfüllung der ihnen eigenen Aufgaben und für die Unterhaltung der Amtsinhaber bereitgestellt werden. Dem Papst ist die Errichtung der Bischofskonferenzen (c. 449 § 1) und der Ämter des Metropoliten (c. 431 § 3), des Diözesanbischofs (c. 373), des Koadjutors und des Hilfsbischofs (cc. 403, 404) sowie der Kathedralkapitel (c. 504) vorbehalten. Der Diözesanbischof und die ihm rechtlich gleichgestellten Oberhirten können grundsätzlich alle Ämter in ihrem Gebiet frei errichten (cc. 374, 391, 515 § 2). Bei Pfarreien ist die vorherige Anhörung des Priesterrates vorgeschrieben.

2. Veränderung und Aufhebung

Ämter können durch Vereinigung (unio), Inkorporation, Verlegung (translatio), Teilung (divisio), Abgliederung (dismembratio), Umwandlung (conversio) verändert oder aufgehoben (suppressio) werden. Die Kompetenz für diese Vorgänge bemißt sich grundsätzlich nach jener für die Errichtung von Ämtern (vgl. cc. 431 § 3, 449 § 1, 504, 515 § 2).

Die Inkorporation von Pfarreien in Kapitel ist für die Zukunft untersagt; bestehende Inkorporationen hat der Diözesanbischof aufzuheben (c. 510 § 1).

III. Verleihung

1. Begriff, Zuständigkeit und Weisen

a) Begriff

Ein Kirchenamt kann gültig nur durch kanonische Verleihung erlangt werden (c. 146). Darunter ist die nach Maßgabe des kanonischen Rechts durch den zuständigen kirchlichen Oberen vorgenommene Übertragung des Kirchenamtes zu verstehen. Widerrechtliches Übernehmen oder Beibehalten eines Amtes macht strafbar (c. 1381). Die Amtsverleihung hat schriftlich zu erfolgen (c. 156).

b) Zuständigkeit

Die Verleihung der Kirchenämter liegt normalerweise bei jenem kirchlichen Oberen, der für ihre Errichtung, Veränderung und Aufhebung zuständig ist (c. 148). Infolge von Sonderrecht, Reservation oder Devolution kann eine andere Zuständigkeit begründet werden[2]. Kraft der Fülle und der Unmittelbarkeit der Primatial-

[2] Vgl. beispielsweise c. 504 und c. 509.

gewalt (c. 331) hat der Papst das Recht, in der ganzen Kirche Ämter zu verleihen oder sich zur Verleihung vorzubehalten. Er beschränkt sich indes normalerweise auf die Verleihung der hohen Kirchenämter, d. h. des Bischofsamtes und der diesem in gewisser Hinsicht gleichgestellten Ämter (c. 377 § 1).

c) Weisen

Die Amtsverleihung enthält zwei Elemente: die Bezeichnung der Person, die das Kirchenamt erhalten soll, und die Übertragung des Kirchenamtes. Beide Vorgänge liegen gewöhnlich in der Hand des verleihungsberechtigten Oberen. Man spricht in diesem Fall von freier Verleihung. Ist der Obere bei der Auswahl der Person, der das Amt übertragen wird, an das Vorschlagsrecht Dritter gebunden, spricht man von gebundener Verleihung. Der Vorschlag kann in den Formen der Wahl, der Präsentation oder der Nomination gemacht werden. Der solchermaßen Vorgeschlagene und für geeignet Befundene hat ein Recht auf Übertragung des Amtes. Die Amtsübertragung erfolgt bei vorangegangener Wahl durch Bestätigung (confirmatio)[3], ausgenommen die Fälle, in denen die Wahl nicht der Bestätigung, sondern lediglich der Annahme bedarf, bei vorheriger Präsentation durch Einsetzung (institutio). Ein Kandidat, dem ein kanonisches Hindernis anhaftet, kann nicht gewählt, wohl aber erbeten werden (postulatio); die Verleihung des Amtes geschieht in diesem Fall durch Zulassung (admissio) (c. 147). Die Verleihung eines Amtes kommt in manchen Fällen, wie z. B. beim Bischof (cc. 379, 380, 382, 404) und beim Pfarrer (c. 527), erst dadurch zum Abschluß, daß der Amtsinhaber von dem ihm übertragenen Amt Besitz ergreift; danach ist er berechtigt und verpflichtet, die Rechte und Pflichten des Amtes wahrzunehmen bzw. auszuüben. Das schuldhafte Versäumnis der Frist, die dem Pfarrer für die Besitzergreifung gesetzt ist, berechtigt den zuständigen Oberen, das Amt als erledigt zu erklären (c. 527 § 3).

2. *Erfordernisse*

Wem ein Kirchenamt verliehen werden soll, der muß in der kirchlichen Gemeinschaft stehen und geeignet sein, d. h. jene Eigenschaften besitzen, die vom gesamt- oder teilkirchlichen Recht oder von der Stiftungsurkunde für das betreffende Amt verlangt werden (c. 149 § 1)[4]. Das Urteil über ihr Vorliegen steht dem verleihungsberechtigten Oberen zu (vgl. c. 378 § 2). Nur Geistliche können Ämter erhalten, zu deren Ausübung Weihe- oder Leitungsgewalt verlangt wird (c. 274 § 1). Ämter, die alle seelsorglichen Funktionen einschließen und daher zu ihrer Ausübung die Priesterweihe voraussetzen, können Nichtpriestern nicht wirksam übertragen werden (c. 150); ihre etwaige Verleihung an solche unterliegt nicht der Verjährung (c. 199 n. 6). Im besonderen darf das Pfarramt nur einem geeigneten Priester übertragen werden (c. 521 § 1), wobei jede ungerechtfertigte Bevorzugung zu unterbleiben hat (c. 524).

[3] *P. Tocanel,* De facultate Superioris confirmandi vel repellendi electum, in: Apollinaris 35 (1962), S. 266–284.

[4] Eignungsbestimmungen für die Bischöfe: c. 378; für den Generalvikar: c. 478 § 1; für die Angehörigen eines Kathedral- oder Kollegiatkapitels: c. 509 § 2; für den Pfarrer: c. 521.

3. *Verbot der Übertragung inkompatibler Ämter*

Niemandem dürfen zwei oder mehr unvereinbarliche Ämter, d. h. solche, die von ein und derselben Person nicht gleichzeitig versehen werden können, übertragen werden (c. 152). Inkompatibel sind beispielsweise die Ämter des General- oder Bischofsvikars und des Bußkanonikers (c. 478 § 2); nach Art. 21 § 2 der „Ordinationes" zu der Apostolischen Konstitution „Sapientia Christiana" kann niemand festangestellter Dozent an zwei kirchlichen Fakultäten sein. Kompatibel sind dagegen beispielsweise die Ämter des Erzbischofs einer Diözese und des Metropoliten einer Kirchenprovinz (c. 435) und allgemein die durch den Apostolischen Stuhl in Personalunion verbundenen Ämter[5] sowie mehrere Pfarrämter (cc. 526 § 1, 534 § 2).

4. *Nichtigkeit der Verleihung*

Die Verleihung eines Kirchenamtes an einen Ungeeigneten ist unwirksam, wenn ihm Eigenschaften abgehen, die vom Recht ausdrücklich zur Gültigkeit der Verleihung gefordert werden; beim Mangel anderer Eigenschaften ist die Aufhebung der Verleihung durch ein Dekret des zuständigen Vorgesetzten oder durch ein Urteil des Verwaltungsgerichts möglich (c. 149 § 2). Die simonistische Verleihung eines Kirchenamtes ist unwirksam (c. 149 § 3). Die Verleihung eines rechtlich noch nicht erledigten Kirchenamtes ist ohne weiteres nichtig und wird auch durch nachfolgende Erledigung des Amtes nicht geheilt (c. 153 § 1). Eine Ausnahme besteht für jene Ämter, die von Rechts wegen nur auf bestimmte Zeit übertragen werden. Sie dürfen in den sechs Monaten vor Ablauf dieser Zeit verliehen werden; die Verleihung wird jedoch erst wirksam mit dem Tage ihrer Erledigung (c. 153 § 2). Die Abgabe des Versprechens, jemandem ein noch nicht erledigtes Amt verleihen zu wollen, ist zwar nicht verboten, aber ohne rechtliche Wirkung (c. 153 § 3). Ein von Rechts wegen erledigtes Amt, das jemand noch unrechtmäßig innehat, kann verliehen werden, wenn die Unrechtmäßigkeit des Besitzes festgestellt worden ist und der ergangene Spruch in dem Verleihungsdekret erwähnt wird (c. 154).

5. *Devolution*

Die Amtsverleihung bzw. der Vorschlag zur Verleihung eines Amtes hat innerhalb der gesetzlichen Frist zu erfolgen. Wird sie versäumt, tritt Devolution ein. Die echte Devolution besteht darin, daß die Verleihung eines Kirchenamtes an den übergeordneten kirchlichen Oberen übergeht. Die unechte Devolution bewirkt, daß der bisher (durch das Vorschlagsrecht) gebundene Verleiher in der Verleihung frei wird. Dafür zwei Beispiele. Wenn das Konsultorenkollegium es unterläßt, innerhalb der vorgesehenen Zeitspanne den Diözesanadministrator zu wählen, geht seine Bestellung auf den Metropoliten über (cc. 421 § 2, 425 § 3). Versäumen die Präsentationsberechtigten die gesetzte Frist oder schlagen sie zweimal einen Ungeeigneten vor, verlieren sie für dieses Mal das Präsentationsrecht und der bislang gebundene Verleiher wird frei (c. 162).

[5] Z. B. ein Bischof für mehrere Diözesen (c. 461 § 2). Vgl. AAS 74 (1982), S. 805.

6. Die Übertragung eines Amtes von Rechts wegen

In bestimmten Fällen wird einer Person oder einer Personenmehrheit ein Amt von Rechts wegen, d. h. ohne Dazwischentreten eines Verleihers, übertragen. So geht nach Erledigung des Bischofsstuhles die Regierung der Diözese bei Vorhandensein eines Koadjutors auf diesen (c. 409 § 1), ansonsten zunächst auf den Auxiliarbischof (bzw. den der Weihe nach ältesten Auxiliarbischof) oder, falls ein Auxiliarbischof nicht vorhanden ist, auf das Konsultorenkollegium über (c. 419). Auf der Ebene der Pfarrei geht bei Erledigung des Pfarramtes und bei Behinderung des Pfarrers die Leitung der Pfarrei auf den Pfarrvikar (bzw. den nach der Ernennung ältesten Pfarrvikar) oder, falls ein solcher nicht vorhanden ist, auf den vom Teilkirchenrecht bestimmten Pfarrer über (c. 541).

7. Die freie Verleihung

Die Kardinäle (c. 351 § 1), die päpstlichen Gesandten (c. 362) und die weit überwiegende Mehrheit der Bischöfe (c. 377 § 1) werden vom Papst frei ernannt. Rechtmäßig erworbene Mitwirkungsrechte anderer bleiben bestehen[6]. In Zukunft dürfen indes den weltlichen Autoritäten keine Rechte und Privilegien betreffend die Wahl, die Nomination, die Präsentation oder die Designation von Bischöfen mehr eingeräumt werden (c. 377 § 5). Dem Diözesanbischof kommt grundsätzlich die freie Verleihung der in seiner Teilkirche bestehenden Kirchenämter zu; Ausnahmen müssen ausdrücklich von Rechts wegen festgesetzt sein (c. 157). Im besonderen ist die freie Ernennung der Pfarrer durch den Diözesanbischof die Regel, der lediglich durch Präsentations- oder Wahlrechte Abbruch getan werden kann (c. 523). Ebenso werden der Generalvikar und die Bischofsvikare (c. 477 § 1), die Mitglieder der Diözesankurie (c. 470), die Richter (cc. 1420, 1421), die Pfarrvikare (c. 547), die Kirchenrektoren (c. 557 § 1) und die Seelsorger für besondere Gemeinschaften (c. 565) vom Bischof frei ernannt. Der interimistische Regent einer Diözese unterliegt bei der Verleihung von Pfarreien gewissen Einschränkungen (c. 525) und darf Kanonikate nicht verleihen (c. 509 § 1).

8. Die gebundene Verleihung

a) Die Präsentation

Die Präsentation ist das verbindliche Ansuchen des oder der Berechtigten an den verleihungsberechtigten Oberen, einem geeigneten Kandidaten ein erledigtes Kirchenamt zu übertragen (c. 158). Präsentationsrechte können auf verschiedenen Rechtstiteln beruhen; der häufigste ist das Patronatsrecht[7]. Das Patronatsrecht ist

[6] Ein Beispiel für Nomination in AAS 72 (1980), S. 48 (Art. III).

[7] *Ch. Lefebvre*, De iure patronatus deque iuribus praesentationis, nominationis, electionis secundum m. p. „Ecclesiae Sanctae", in: MonEccl 93 (1968), S. 345–352; *W. Doskocil*, Zur Frage des Patronatsverzichtes in Österreich, in: AfkKR 139 (1970), S. 443–459; *A. Lotti*, Il Giuspatronato. Un Istituto giuridico che va scomparendo, in: Apollinaris 54 (1981), S. 462–508.

eine Summe von Rechten und Pflichten, die den katholischen Stiftern einer Kirche, einer Kapelle oder eines Benefiziums bzw. deren Rechtsnachfolgern kraft Einräumung der Kirche zustehen (c. 1448 CIC/1917). Als kanonisch anerkannte Erwerbstitel des Patronatsrechts gelten die vermögensrechtliche Ausstattung (dos), die Aufbringung der Baukosten (aedificatio) und die Bereitstellung des Grundstückes (fundus). Seit dem Inkrafttreten des CIC konnten Patronatsrechte nicht mehr neu entstehen (c. 1450 § 1 CIC/1917), der Verzicht auf sie war erwünscht (c. 1451 CIC/1917). Das Zweite Vatikanische Konzil hat diese Linie fortgesetzt (VatII CD Art. 28, 31; MP EcclSanct I n. 18 § 1). Das wichtigste Vorrecht des Patrons ist das Präsentationsrecht, d. h. die Befugnis, dem Ortsoberhirten einen verbindlichen Vorschlag für die Besetzung der erledigten Patronatsstelle zu machen (cc. 1455–1468 CIC/1917). Die folgenreichsten Pflichten des Patrons sind die bauliche Erhaltung der Kirche oder die Ergänzung des Einkommens des Stelleninhabers, je nachdem, ob das Patronat auf dem Titel der Erbauung einer Kirche oder der Ausstattung einer Kirche oder eines Benefiziums beruht (c. 1469 § 1 nn. 2, 3 CIC/1917). Lastenfreie Präsentationsrechte sind aufgehoben (MP EcclSanct I n. 18 § 1).

Durch die zunehmende Verwendung von Ordensleuten in der Seelsorge sind in diesem Bereich neue Präsentationsrechte entstanden. Angehörigen klösterlicher Verbände kann der Diözesanbischof nur aufgrund der Präsentation oder (wenigstens) der Zustimmung des zuständigen Oberen ein Amt übertragen (c. 682 § 1; vgl. cc. 520, 557 § 2).

Die Präsentation hat grundsätzlich innerhalb von drei Monaten seit Kenntniserlangung von der Erledigung des Amtes zu erfolgen (c. 158 § 1). Niemand darf gegen seinen Willen präsentiert werden (c. 159). Der Präsentationsberechtigte darf einen oder mehrere, und zwar gleichzeitig oder nacheinander, präsentieren (c. 160 § 1). Niemand kann sich selbst präsentieren. Doch darf eine Körperschaft oder eine Personenmehrheit eines ihrer Mitglieder vorschlagen (c. 160 § 2). Wer einen nicht geeignet befundenen Kandidaten präsentiert hat, kann – aber nur einmal – innerhalb eines Monats einen anderen präsentieren (c. 161 § 1). Wenn der Präsentierte vor der vollzogenen Einsetzung verzichtet oder stirbt, kann der Präsentationsberechtigte innerhalb eines Monats seit Kenntniserlangung vom Tod oder Verzicht sein Recht von neuem ausüben (c. 161 § 2). Der Obere, dem von Rechts wegen die Einsetzung des Präsentierten zusteht, muß den rechtmäßig Präsentierten, wenn er ihn geeignet befunden hat, einsetzen; bei mehreren rechtmäßig Präsentierten und für geeignet Befundenen darf er auswählen (c. 163).

b) Die Wahl

Die kirchliche Wahl ist die Benennung eines geeigneten Kandidaten für ein erledigtes Kirchenamt durch kollegiale Willensbildung der dazu berechtigten Personenmehrheit[8]. Es ist zu unterscheiden zwischen der nicht bestätigungsbe-

[8] *J. Gaudemet*, Les Élections dans l'Église Latine des Origines au XVIe Siècle. Publié avec la collaboration de J. Dubois, A. Duval, J. Champagne, Paris 1979; *B. Schimmelpfennig*, Das Prinzip der „sanior pars" bei Bischofswahlen im Mittelalter, in: Conc 16 (1980), S. 473–477.

dürftigen (z. B. c. 427 § 2) und der bestätigungsbedürftigen Wahl (z. B. cc. 509 § 1, 625 § 3). Für die Wahl des Papstes ist an die Stelle der Apostolischen Konstitution „Vacantis Apostolicae Sedis" vom 8. Dezember 1945 die Konstitution „Romano Pontifici eligendo" vom 1. Oktober 1975 getreten[9]. Für die übrigen Wahlen gilt grundsätzlich folgendes: Aktiv wahlberechtigt sind die Mitglieder des Wahlkörpers, die an der Ausübung des Stimmrechts nicht behindert sind (cc. 169, 171). Die Zulassung eines nicht zu dem Wahlkörper Gehörigen zu der Wahl macht diese ungültig (c. 169). Passiv wahlberechtigt ist, wer geeignet und würdig ist, auf das zu besetzende Kirchenamt berufen zu werden (z. B. c. 425 § 1). Die Wahl auf das erledigte Kirchenamt ist, falls das Recht nicht etwas anderes vorsieht, innerhalb von drei Monaten nach Kenntniserlangung von der Amtserledigung vorzunehmen. Verstreicht die Frist ungenützt, tritt die freie Verleihung des Oberen ein, der die Wahl zu bestätigen bzw. (bei einer nicht bestätigungsbedürftigen Wahl) das Amt ersatzweise zu besetzen hat (c. 165). Der Vorsitzende des Wahlkörpers hat die Mitglieder in geeigneter Weise zu der Wahlversammlung einzuberufen (c. 166 § 1). Das Versäumnis, den einen oder anderen Wahlberechtigten einzuladen, der deswegen bei der Wahlhandlung nicht anwesend ist, macht die Wahl anfechtbar, das Übergehen von mehr als dem dritten Teil der Wähler macht sie nichtig (c. 166 §§ 2, 3). Der Mangel der Einladung ist für die Gültigkeit der Wahl unschädlich, wenn die Übergangenen tatsächlich erschienen sind. Das gemeine Recht sieht nur die persönliche Stimmabgabe der bei der Wahlhandlung Anwesenden vor; die Wahl durch Brief oder Vertreter ist nicht zulässig (c. 167 § 1). Lediglich für jene, die sich in dem Gebäude, wo die Wahl stattfindet, aufhalten, aber der Wahlhandlung wegen Krankheit nicht beiwohnen können, ist schriftliche Stimmabgabe vorgesehen (c. 167 § 2). Auch wer aus mehreren Rechtsgründen zu der Stimmabgabe berechtigt ist, hat nur eine Stimme (c. 168). Die Behinderung der Freiheit der Wahl macht diese ohne weiteres ungültig (c. 170). Die Stimmabgabe muß, um gültig zu sein, frei, geheim, sicher, unbedingt und bestimmt erfolgen (cc. 172, 626). Das bisher bestehende Verbot der Selbstwahl ist entfallen. Die Wahlhandlung wird geleitet von dem Vorstand; ihm stehen zwei Stimmzähler und ein Schriftführer zur Seite (c. 173).

Die Wahl erfolgt in der Regel durch geheime schriftliche Abstimmung der anwesenden Wahlberechtigten (scrutinium). Die Wähler können aber auch einstimmig und schriftlich eine Person oder mehrere Personen, die zu dem Wahlkörper gehören oder außerhalb seiner stehen, mit der Ausübung des Wahlrechts für dieses Mal beauftragen (compromissum) (cc. 174, 175). Vorbehaltlich etwaiger Sonderbestimmungen ist der gewählt, der die überhälftige Mehrheit der abgegebenen gültigen Stimmen erhalten hat. Ungültige Stimmen und Stimmenthaltungen bleiben unberücksichtigt. Nach zwei ergebnislosen Wahlgängen erfolgt – abweichend vom bisherigen Recht – eine Stichwahl zwischen den beiden Kandidaten, welche die größte Stimmenzahl auf sich vereinigten, bzw. zwischen den beiden ältesten, wenn mehr als zwei Kandidaten die gleiche Stimmenzahl erhielten. Ergibt sich im dritten Wahlgang Stimmengleichheit, ist der gewählt, der das höhere Lebensalter hat (c. 176). Der

[9] AAS 67 (1975), S. 609–645. Vgl. *G. May*, Das Papstwahlrecht in seiner jüngsten Entwicklung, in: Festschr. Plöchl (70), S. 231–262.

Gewählte muß innerhalb von acht Tagen nach Zugehen der Mitteilung von der Wahl dem Wahlvorstand eine Erklärung abgeben, ob er die Wahl annimmt oder nicht; bei Versäumnis büßt die Wahl ihre Wirkung ein (c. 177 § 1). Lehnt der Gewählte die Wahl ab, verliert er jedes Recht aus der Wahl; eine etwaige spätere Sinnesänderung ist unbeachtlich. Der Wahlkörper hat innerhalb eines Monats nach Kenntniserlangung von der Nichtannahme zur Neuwahl zu schreiten (c. 177 § 2). Nimmt der Gewählte die Wahl an, erlangt er bei der Wahl, die der Bestätigung nicht bedarf, sogleich das volle Recht am Amt, bei der Wahl, die der Bestätigung bedarf, das Recht auf das Amt, d. h. den (bedingten) Anspruch, daß ihm das Amt von dem zuständigen Oberen übertragen wird (c. 178). Bei der bestätigungsbedürftigen Wahl muß der Gewählte innerhalb der Nutzfrist von acht Tagen nach Annahme der Wahl bei dem zuständigen Oberen persönlich oder durch einen Stellvertreter um Bestätigung nachsuchen; andernfalls verliert er sein Recht aus der Wahl (c. 179 § 1). Der zuständige Obere ist verpflichtet, den Gewählten zu bestätigen, wenn er ihn geeignet und die Wahl rechtmäßig vollzogen findet (c. 179 § 2). Vor Erhalt der (schriftlichen) Bestätigung darf sich der Gewählte in keiner Weise in die geistliche oder zeitliche Verwaltung des Amtes einmischen (c. 179 § 4). Mit dem Empfang der Bestätigung erlangt der Gewählte das volle Recht am Amt, wenn nicht im Recht etwas anderes vorgesehen ist (c. 179 § 5).

c) Die Postulation

Wenn der Wahl einer Person, die den Wählern geeigneter (als andere) erscheint, ein kanonisches Hindernis entgegensteht, von dem befreit werden kann und zu werden pflegt, können sie den zuständigen Oberen bitten, den Kandidaten zu dem Kirchenamt (gnadenweise) zuzulassen (c. 180 § 1). Die Postulation ist jedoch nur dann wirksam, wenn sich wenigstens zwei Drittel der Stimmen für den Postulierten aussprechen (c. 181 § 1).

Die Kompromissare (Auftragswähler) dürfen lediglich in dem Falle zur Postulation schreiten, wenn ihnen dies ausdrücklich zugestanden wird (c. 180 § 2). Der Vorstand des Wahlkörpers muß bei erfolgter Postulation innerhalb einer Nutzfrist von acht Tagen bei der bestätigungsbedürftigen Wahl den für die Bestätigung zuständigen Oberen um Dispens von dem Hindernis und um Zulassung der Postulation angehen, bei der nicht bestätigungsbedürftigen Wahl den für die Erteilung der Dispens zuständigen Oberen (c. 182 § 1). Der Postulierte erwirbt aus der Postulation kein Recht; der zuständige Obere ist nicht verpflichtet, sie zuzulassen (c. 182 § 3). Ist die Postulation dem zuständigen Oberen unterbreitet, können die Wähler sie nur mit Zustimmung desselben zurücknehmen (c. 182 § 4). Läßt der zuständige Obere die Postulation nicht zu, darf der Wahlkörper von neuem wählen (c. 183 § 1). Wird die Postulation zugelassen, muß sich der Postulierte innerhalb einer Nutzfrist von acht Tagen entscheiden, ob er sie annimmt (c. 183 § 2). Mit der Annahme erlangt er das volle Recht am Amt (c. 183 § 3).

IV. Die Amtserledigung

1. Erledigungsgründe

Ein Kirchenamt wird erledigt durch Tod, Verlust des geistlichen Standes (c. 292), Ablauf der Amtszeit, Erreichen der Altersgrenze, Verzicht, Versetzung, Amtsenthebung (amotio) und Amtsentsetzung (privatio) (cc. 184 § 1, 416, 430, 538). Bestimmte Ämter werden frei, wenn das Amt des Verleihers erledigt wird (cc. 184 § 2, 481 § 1; Ap. Konstitution „Romano Pontifici eligendo" n. 14), und die Gewalt ihrer Inhaber wird suspendiert, wenn die Suspension ihren Herrn trifft (c. 481 § 2).

2. *Der Ablauf der Amtszeit*

Noch immer wird die große Mehrheit der Kirchenämter für unbestimmte Zeit verliehen. Indes nimmt die Zahl der Ämter, die auf bestimmte Zeit übertragen werden, zu. So sind beispielsweise die Bischofsvikare, denen die Bischofsweihe abgeht, die kirchlichen Richter und die Dekane lediglich auf Zeit zu ernennen (cc. 477 § 1, 554 § 2, 1422). Das Konsultorenkollegium (c. 502 § 1), die Mitglieder des Diözesanvermögensverwaltungsrates (c. 492 § 2) und der Diözesanvermögensverwalter werden auf fünf Jahre bestellt (c. 494 § 2). Der Pfarrer wird zwar grundsätzlich auf unbestimmte Zeit ernannt. Wenn aber ein entsprechender Beschluß der zuständigen Bischofskonferenz vorliegt, ist seine Ernennung auch auf bestimmte Zeit möglich (c. 522). Der Amtsverlust wegen Ablaufs der festgesetzten Zeit oder wegen Erreichens der Altersgrenze wird an dem Tage wirksam, an dem er von den zuständigen Oberen schriftlich mitgeteilt wird (c. 186). Das Amt des auf unbestimmte Zeit bestellten Diözesanadministrators erlischt mit der Besitzergreifung des neuen Bischofs (c. 430 § 1).

3. *Der Eintritt in den Ruhestand*

Entsprechend den Regelungen in den Bereichen des öffentlichen Dienstes und der Wirtschaft ist auch in der Kirche der Eintritt in den Ruhestand bei Erreichen eines bestimmten Alters oder aus anderen Gründen immer mehr üblich geworden. Im einzelnen gilt folgendes. Rotarichter treten mit Erreichen des 75. Lebensjahres von Rechts wegen in den Ruhestand[10]. Die Kardinäle, die an der Spitze von Dikasterien der Römischen Kurie oder anderen Einrichtungen des Heiligen Stuhles und der Vatikanstadt stehen, sollen nach Vollendung des 75. Lebensjahres dem Papst den Verzicht auf ihr Amt anbieten[11]. Kardinäle, die das 80. Lebensjahr vollendet haben, verlieren ihre Mitgliedschaft in den Dikasterien der Römischen Kurie und den übrigen ständigen Einrichtungen des Heiligen Stuhles und der Vatikanstadt (MP „Ingravescentem aetatem" n. II 1). Untergeordnete Angestellte der Römischen Kurie werden mit 65, höhere und niedere Beamte mit 70 Jahren und die höheren Prälaten mit Beginn des 75. Lebensjahres in den Ruhestand versetzt[12]. Nach den Richtlinien der Erzdiözese München und Freising vom

[10] Normae S. Romanae Rotae Tribunalis vom 16. Januar 1982 (AAS 74 [1982], S. 490–517), Art. 3 § 2.

[11] MP „Ingravescentem aetatem" vom 21. November 1970 (AAS 62 [1970], S. 810–813), n. I; c. 354. Vgl. *W. M. Plöchl*, Der alte Kardinal und das Recht, in: Festschr. Panzram, S. 159–170.

[12] Regolamento Generale della Curia Romana vom 22. Februar 1968 (AAS 60 [1968], S. 129–176), Art. 101.

3. Dezember 1975[13] hat jeder im Dienst der Erzdiözese stehende Priester mit Vollendung des 70. Lebensjahres Anspruch auf Versetzung in den Ruhestand. Mit Vollendung des 65. Lebensjahres kann er um Versetzung in den Ruhestand bitten. Vor Vollendung des 65. Lebensjahres erfolgt die Versetzung in den Ruhestand bei nachgewiesener Dienstunfähigkeit. Entsprechende Regelungen finden sich in anderen Diözesen.

4. Der Verzicht

Der Verzicht ist die gegenüber dem zuständigen Oberen abgegebene Willenserklärung des Amtsinhabers, das Amt aufgeben zu wollen. Der Verzichtleistende muß handlungsfähig, sein Verzicht frei von schwerer, ungerecht eingeflößter Furcht, Arglist, wesentlichem Irrtum und Simonie sein (cc. 187, 188). Die Entscheidung, auf ein Kirchenamt verzichten zu wollen, ist grundsätzlich in das gewissenhafte Ermessen des Amtsinhabers gestellt. In einigen Fällen ist das Angebot des Verzichtes jedoch bei Erreichen eines bestimmten Alters vorgeschrieben. So sollen der Pfarrer dem Diözesanbischof (c. 538 § 3) und der Diözesanbischof dem Papst bei Vollendung des 75. Lebensjahres den Verzicht auf ihr Amt anbieten (c. 401 § 1); dasselbe gilt in anderen Fällen, in denen der Amtsinhaber den Aufgaben seines Amtes nicht mehr gewachsen ist (c. 401 § 2). Diese Vorschriften sind entsprechend auf die Koadjutoren und Hilfsbischöfe anzuwenden (c. 411).

Der Verzicht ist entweder annahmebedürftig oder nicht. Der Verzicht des Papstes auf sein Amt bedarf keiner Annahme (c. 332 § 2) und ist an keine Form gebunden. Der Verzicht des Diözesanadministrators ist ebenfalls nicht der Annahme bedürftig, jedoch in authentischer Form dem Wahlkollegium zu unterbreiten (c. 430 § 2). In den Fällen der Annahmebedürftigkeit ist der Verzicht gegenüber dem Oberen schriftlich oder mündlich vor zwei Zeugen auszusprechen, dem die Besetzung des in Frage stehenden Amtes zukommt (c. 189 § 1). Der Obere darf einen Verzicht nur annehmen, wenn er sich auf einen gerechten und angemessenen Grund stützt (c. 189 § 2). Der angebotene Verzicht, der von dem zuständigen Oberen nicht innerhalb dreier Monate angenommen wird, wird hinfällig (c. 189 § 3). Der nicht annahmebedürftige Verzicht wird wirksam mit der nach Maßgabe des Rechts vorgenommenen Mitteilung des Verzichtleistenden (c. 189 § 3). Solange der Verzicht nicht wirksam geworden ist, kann er zurückgenommen werden. Ist er wirksam geworden, kann er nicht zurückgenommen werden, aber das Amt kann dem Verzichtleistenden von neuem verliehen werden (c. 189 § 4).

5. Die Versetzung

Die Versetzung ist die Verbringung des Inhabers eines Amtes von dem bisherigen auf ein anderes Amt. Zuständig zur Vornahme von Versetzungen ist der Obere, der zur Besetzung beider Ämter berechtigt ist (c. 190 § 1). Zur freiwilligen Verset-

[13] AfkKR 144 (1975), S. 535–537.

zung genügt jeder rechtmäßige Grund; sie bedarf keines bestimmten Verfahrens. Zur zwangsmäßigen Versetzung sind das Vorliegen eines schwerwiegenden Grundes und die Einhaltung des vorgeschriebenen Verfahrens erforderlich (c. 190 § 2). Die zwangsmäßige Versetzung eines Pfarrers richtet sich nach den cc. 1748–1752. Durch die Versetzung wird das erste Amt in dem Augenblick erledigt, in dem der Versetzte in kanonischer Weise von dem neuen Amt Besitz ergriffen hat, es sei denn, das Recht oder der zuständige Obere bestimmt einen anderen Zeitpunkt (c. 191 § 1)[14]. Die Einkünfte aus dem früheren Amt stehen dem Versetzten solange zu, bis er den Besitz des zweiten Amtes in kanonischer Weise erlangt hat (c. 191 § 2). Die Strafversetzung von einem Amt auf ein anderes ist eine Sühnestrafe (c. 1336 § 1 n. 4).

6. *Die Entziehung eines Kirchenamtes*[15]

a) Die Amtsenthebung

Die zwangsmäßige Entziehung eines Kirchenamtes kann in den Formen der Amtsenthebung (amotio) und der Amtsentsetzung (privatio) vor sich gehen. Die Amtsenthebung geschieht entweder durch ein in gesetzmäßiger Weise erlassenes Dekret des zuständigen Oberen oder von Rechts wegen (c. 192). Derjenige, dem ein Amt auf unbestimmte Zeit übertragen wurde, kann nur wegen schwerwiegender Gründe und unter Beachtung des vom Recht vorgesehenen Verfahrens dieses Amtes enthoben werden (c. 193 § 1). Dasselbe gilt für ein Amt, das auf bestimmte Zeit übertragen wurde, bevor die Zeit abgelaufen ist (c. 193 § 2)[16]. Wem ein Amt so übertragen ist, daß die Dauer der Amtsinhaberschaft von dem klugen Entscheid des zuständigen Oberen abhängt, kann aus einem gerechten Grunde dieses Amtes enthoben werden (c. 193 § 3)[17]. Angehörige klösterlicher Verbände sind ad nutum abberufbar (cc. 624 § 3, 682 § 2). Das Dekret, das die Amtsenthebung verfügt, ist, um wirksam zu werden, schriftlich mitzuteilen (c. 193 § 4). Von Rechts wegen wird seines Amtes enthoben, wer die Zugehörigkeit zum geistlichen Stand verliert, wer öffentlich vom katholischen Glauben oder von der Gemeinschaft der Kirche abfällt und ein Geistlicher, der versucht, eine Ehe zu schließen, wenn auch nur in der Form der Zivilehe (c. 194 § 1). In den beiden letzten Fällen bedarf es, um die Amtsenthebung durchsetzen zu können, einer entsprechenden Feststellung des zuständigen Oberen (c. 194 § 2). Die Behinderung, den Pflichten eines Amtes nachzukommen, hat nicht automatisch seine Erledigung zur Folge (cc. 412–415, 539). In den Fällen, in denen jemand durch ein Dekret des zuständigen Oberen seines Amtes, mit dessen Einkünften er seinen Lebensunterhalt bestritt, enthoben wird, ist der Obere gehalten, eine angemessene Zeit lang für den Lebensunterhalt

[14] Vgl. für die Versetzung eines Diözesanbischofs c. 418, eines Metropoliten c. 437 § 3.

[15] *G. Lobina*, Procedura per la remozione dei parroci, in: MonEccl 105 (1980), S. 147–164.

[16] Vgl. etwa für die Enthebung des Diözesanvermögensverwalters c. 494 § 2, des Pfarrers c. 538 § 1, der kirchlichen Richter c. 1422.

[17] Vgl. die cc. 367, 477 § 1, 485, 552, 554 § 3, 563, 572.

des Amtsenthobenen aufzukommen, falls dafür nicht anderweitig gesorgt ist (c. 195).

b) Die Amtsentsetzung

Die Amtsentsetzung geschieht stets zur Bestrafung eines Vergehens und kann nur nach Maßgabe des Rechts vorgenommen werden (c. 196 § 1); sie ist eine Sühnestrafe (c. 1336 § 1 n. 2). Die Amtsentsetzung erlangt Wirksamkeit gemäß den Vorschriften des Strafrechts (c. 196 § 2).

Zweiter Teil

Verfassung der Kirche

1. Abschnitt: Die Christgläubigen

1. Kapitel: Berufung und Zugehörigkeit zur Kirche

§ 14 Die Berufung zur Kirche

Von Reinhold Sebott

In den letzten Jahrzehnten hat sich im Problemfeld von Zuordnung und Berufung aller Menschen zur Kirche ein grundlegender Wandel angebahnt. Konnte man noch 1938 feststellen: „Heiden und Juden haben mit der Kirche nichts zu schaffen. Sie stehen draußen vor den Mauern der Kirche und haben nicht den geringsten Anteil an ihr"[1], so heißt es 1972: „Die Nicht-Getauften sind auf die Kirche hingeordnet ... Die Hinordnung der Nicht-Getauften auf die Kirche hat rechtliche Strukturen"[2]. Das II. Vatikanum hat mit seiner Lehre über die Berufung aller Menschen zur Kirche und ihre Hinordnung auf sie den Wandel lehramtlich vollzogen[3].

I. Die Aussagen des CIC

1. Der CIC/1917 hatte im c. 12 die Grundnorm aufgestellt: „Legibus mere ecclesiasticis non tenentur qui baptismum non receperunt". Danach unterlagen die Nicht-Getauften nicht den rein kirchlichen Gesetzen, wohl aber dem göttlichen Recht, weil es für alle Menschen gilt. Zwar ist diese Grundnorm auch heute noch richtig, doch setzte der CIC/1983 die Akzente etwas anders. Die neue Grundnorm wird im c. 206 aufgestellt. Zwar handelt dieser ausdrücklich nur von den Katechumenen, doch darf er analog auf alle angewandt werden, die durch das Votum Ecclesiae (Wunsch, zur wahren Kirche Jesu zu gehören) und durch Glaube, Hoffnung und Liebe auf die Kirche hingeordnet sind. Daß dieser Wunsch nicht ausdrücklich zu sein braucht, sondern als impliziter genügt, lehrte die SC Off 1949

[1] *A. Hagen*, Die kirchliche Mitgliedschaft, Rottenburg a. N. 1938, S. 6.

[2] *H. Schmitz*, Taufaufschub und Recht auf Taufe, in: Zeichen des Glaubens, Studien zu Taufe und Firmung. Balthasar Fischer zum 60. Geburtstag, hrsg. von *H. Auf der Maur* und *B. Kleinheyer*, Zürich-Einsiedeln-Köln 1972, S. 253–268, hier 255–256; vgl. *M. Kaiser*, Aussagen des Zweiten Vatikanischen Konzils über Kirchengliedschaft, in: Festg. Scheuermann, S. 121–135, besonders 133ff.

[3] Vgl. VatII LG, Art. 2 u. 13–17; auch: *J. Amstutz*, Über die Allgegenwart der Gnade, in: NZM 38 (1982), S. 81–109 (dort auch weiterführende Literatur); vgl. *P. Ramers*, Der „Absolutheitsanspruch des Christentums" und der Dialog mit den nichtchristlichen Religionen. Präliminarien zu einer „Theologie der Religionen", in: Verbum SVD 23 (1982), S. 211–243.

(DS 3870). In c. 206 § 1 betont der Gesetzgeber ein Mehrfaches[4]: *Zunächst*: Die Katechumenen sind in besonderer Weise mit der Kirche verbunden. *Dann*: Die Katechumenen werden bereits vom Hl. Geist bewegt. *Weiter*: Sie haben den ausdrücklichen Wunsch, in die Kirche eingegliedert zu werden. *Ferner*: Durch diesen Wunsch und durch ein Leben aus Glaube, Hoffnung und Liebe sind sie schon mit der Kirche vereint. *Schließlich*: Die Kirche behandelt die Katechumenen als zu ihr gehörig. In c. 206 § 2 wird betont, daß die Kirche sich um die Katechumenen sorgt, sie zu einem Leben gemäß dem Evangelium einlädt, sie in die Liturgie einführt und sie an jenen Vorrechten teilnehmen läßt, welche die Christen genießen. Die cc. 788 ff. ergänzen das in c. 206 Gesagte aus einer anderen Sicht. In den entsprechenden Canones geht es um die Mission der Kirche. Dabei nimmt die Sorge der Kirche für die Katechumenen einen besonderen Platz ein.

2. Außer in den cc. 206 u. 788 ff. werden die Nicht-Getauften noch an einigen anderen Stellen beiläufig genannt. Zwar gehört der Nicht-Getaufte (noch) nicht zur Kirche, aber er kann doch anderen die Kirchengliedschaft vermitteln; denn nach c. 861 § 2 ist er fähig, die Nottaufe zu spenden, wobei nur gefordert wird, daß die Taufabsicht besteht.[5] Pate kann der Nicht-Getaufte jedoch nicht sein (c. 874 § 1 n. 3). Nicht-Getaufte können keine Sakramente empfangen, außer der Taufe (c. 842 § 1). Ob dasselbe auch für die Sakramentalien gilt, darüber schweigt sich der CIC aus.[6] Auf die Taufe hat der Nicht-Getaufte ein Recht (vgl. cc. 864 u. 865 § 1). Zwischen einer ungetauften und einer in der katholischen Kirche getauften oder zu ihr konvertierten und nicht durch einen formellen Akt von ihr abgefallenen Person besteht das trennende Ehehindernis der Religionsverschiedenheit (disparitas cultus, c. 1086 § 1); die Partner können nach Dispens vom Ehehindernis bei Einhaltung der kanonischen Eheschließungsform kirchlich rechtswirksam heiraten. Nicht-Getaufte unterliegen nicht der Formpflicht, wenn sie unter sich oder mit getauften Akatholiken die Ehe schließen (c. 1117). Die gültige und vollzogene Ehe unter Nicht-Getauften kann aufgrund des Privilegium Paulinum zugunsten des Glaubens gelöst werden (c. 1143). Nach CIC/1917 c. 1239 § 1 konnten Nicht-Getaufte kein kirchliches Begräbnis erhalten. Der CIC/1983 nimmt zwar dieses ausdrückliche Verbot nicht mehr auf, der Sache nach dürfte sich aber nichts geändert haben. Nach c. 1183 § 1 werden Katechumenen hinsichtlich des Begräbnisses den Kirchengliedern gleichgestellt. Gemäß § 2 desselben Kanons kann der

[4] Can. 206 – § 1. Speciali ratione cum Ecclesia connectuntur catechumeni, qui nempe, Spiritu Sancto movente, explicita voluntate ut eidem incorporentur expetunt, ideoque hoc ipso voto, sicut et vita fidei, spei et caritatis quam agunt, coniunguntur cum Ecclesia, quae eos iam ut suos fovet.

[5] „Wir haben hier einen Fall, in dem nicht nur gültiger-, sondern erlaubter-, evtl. sogar gebotenerweise der Akatholik (und zwar auch der ungetaufte) einen *Jurisdiktionsakt*, und sogar den wichtigsten, den die Kirche kennt, vornehmen darf" (*W. Bohm*, Acatholicus, Hamburg 1933, S. 25).

[6] Aus c. 1170, der Nicht-Katholiken den Empfang persönlicher Segnungen nicht verbietet, könnte man folgern, daß dies auch für die Nicht-Christen gilt. Dann würde das allgemeine Prinzip gelten, daß Nicht-Getaufte Sakramentalien empfangen können, sofern es nicht ausdrücklich verboten ist.

Ortsordinarius gestatten, daß ungetaufte Kinder von Eltern, die vorhatten, ihre Kinder zu taufen, ein kirchliches Begräbnis erhalten. Aus diesem Kanon wird man schließen dürfen, daß die andern Nicht-Getauften nicht kirchlich beerdigt werden können. Die SC Sacr hatte im Art. 35 § 3 der Instruktion „Provida Mater" vom 15. August 1936 den Nicht-Katholiken, sowohl den Getauften als auch den Ungetauften, das Klagerecht für den Eheprozeß entzogen. Durch Reskript der Kongregation für die Glaubenslehre konnten diese allerdings die Erlaubnis bekommen, den Nichtigkeitsprozeß der Ehe zu beginnen; seit 1973 ist ihnen das Klagerecht für ihren Eheprozeß generell zugestanden[7]. Diese Bestimmung hat der CIC/1983 übernommen (vgl. c. 1674 i. V. m. c. 1476). Von daher ist es auch verständlich, daß der Prozeßbevollmächtigte nicht mehr notwendig katholisch sein muß, denn man kann von ihm nicht mehr verlangen als von der prozeßfähigen Partei. Wohl aber muß der Anwalt katholisch sein, sofern der Diözesanbischof nicht eine Ausnahme davon macht (c. 1483).

3. Im Laufe der *Kirchengeschichte* wurde bei der Frage, ob und wie die Nicht-Christen der katholischen Kirche zugeordnet sind, in Theologie und Kanonistik besonders erörtert, ob die Kirche eine irgendwie geartete Autorität über die Nicht-Getauften besitzt. Die Frage wurde meist zugespitzt auf die Autorität des Papstes. *Innozenz IV.* (1243–1254) vertrat die Ansicht, daß der Papst über alle Menschen Gewalt hat[8]. Das Konzil von Trient hat diese Lehre abgelehnt[9]; es stützte sich dabei auf 1 Kor 5,12–13. Gleichwohl wurde dem Papst auch weiterhin eine Jurisdiktion über die Nicht-Getauften zugeschrieben, wobei eine zu schnelle und volle Gleichsetzung von Papst und Christus eine Rolle spielte. Mit der Zeit setzte sich die Überzeugung durch, daß der Papst über die Nicht-Getauften, wenn auch keine potestas ordinaria, so doch eine potestas extraordinaria et vicaria habe. Diese Lehre wurde mit dem Missionsauftrag Christi begründet (Mt 28,18–19). Aus ihr wurde gefolgert, das kirchliche Lehramt habe das Naturrecht und das göttliche Recht zu interpretieren und an diese Interpretation seien auch die Nicht-Christen gebunden[10].

[7] PCDecrI vom 8. Januar 1973, in: AAS 65 (1973), S. 59.

[8] Vgl. die Nachweise bei *P. Gismondi*, Gli acattolici nel diritto della Chiesa, in: EIC 2 (1946), S. 224–249; 3 (1947), S. 20–45; 4 (1948), S. 55–68. *Innozenz IV.*: „Omnes autem fideles, quam infideles, oves sunt Christi per creationem"; dementsprechend hätte der Papst „super omnes autem iurisdictionem et potestatem de iure licet, non de facto", ebd. 3 (1947), S. 21.

[9] Tridentinum, sess. XIV, cap. 2 de poen. (DS 1671; COD S. 704): „Constat certe, baptismi ministrum iudicem esse non oportere, cum Ecclesia in neminem iudicium exerceat, qui non prius in ipsam per baptismi ianuam fuerit ingressus".

[10] Zur Kritik an der Lehre vom Papst als dem Statthalter Christi vgl. *R. Sebott*, Religionsfreiheit und Verhältnis von Kirche und Staat, Rom 1977, S. 98 f., 220 f., sowie *M. Maccarone*, Vicarius Christi. Storia del titolo papale, Rom 1952.

II. Die Lehre des Zweiten Vatikanischen Konzils

Die konziliare Lehre über die Zuordnung und Berufung der Menschen zur Kirche läßt sich in fünf Leitsätzen zusammenfassen, die in das Schema Lex Ecclesiae Fundamentalis[11] aufgenommen wurden.

1. Da die Menschen nach dem Bilde Gottes geschaffen sind, anerkennt die Kirche in allen und in jedem einzelnen die der menschlichen Person eigene Würde und tritt öffentlich für sie ein (vgl. c. 3 Schema LEF und VatII DH Art. 1 und 14).

Um die Bedeutung dieser Aussage zu ermessen, muß man den Weg abschreiten, den die katholische Kirche bis zu dieser Lehre zurückgelegt hat. Weil alle Menschen zum Heil berufen sind, meinte man, alle Menschen müßten daher auch zur katholischen Kirche gehören. Außerhalb dieser könnten Menschen rechtens nicht leben. Sollten sie das dennoch versuchen, so müßten sie vom Staat gezwungen werden, dieser Kirche beizutreten. Bei der Begründung dieser Lehre ging man von zwei Grundsätzen aus: 1) Die katholische Kirche ist die allein wahre. 2) Der Irrtum hat kein (öffentliches) Recht. Diesen beiden Grundsätzen entsprach nur der katholische Staat, d. h. ein Staat, in dem die katholische Religion Staatsreligion war.

Natürlich enthielt diese Lehre der katholischen Kirche ein gut Teil Opportunismus. Denn solange die katholische Kirche in der Minderheit war, forderte sie für sich – wie alle anderen Religionen – die Religionsfreiheit. Sobald sie aber in der Mehrheit war, verneinte sie eben diese Religionsfreiheit für alle anderen Religionen mit der Begründung, eine falsche Religion habe kein Recht. In der Neuzeit ließ sich der katholische Glaubensstaat nicht mehr durchhalten. Deshalb löste man das Verfassungsproblem mit der Unterscheidung von „These" und „Hypothese". Nach der These hat keine andere Kirche oder Religion per se und prinzipiell ein gesetzliches Recht auf öffentliche Existenz und Tätigkeit innerhalb der Gesellschaft. Die Hypothese findet Anwendung, wenn die These (= Ideal) in der Praxis nicht verwirklicht werden kann. An sich ist die Situation dann ein Übel, sie kann aber um des Friedens willen als das kleinere Übel hingenommen werden[12]. Diese Lehre hat das II. Vatikanum überwunden. Zwar hält es an dem ersten der beiden Grundsätze fest. „Diese einzige wahre Religion, so glauben wir, ist verwirklicht in der katholischen, apostolischen Kirche, die von Jesus dem Herrn den Auftrag erhalten hat, sie unter allen Menschen zu verbreiten" (DH Art. 1). Die weitere Behauptung freilich läßt das Konzil fallen. Es kommt nicht mehr auf den Irrtum des einzelnen an, sondern auf die *Würde des Menschen*. „Ferner erklärt das Konzil, das Recht auf religiöse Freiheit sei in Wahrheit auf die Würde der menschlichen Person selbst gegründet, so wie sie durch das geoffenbarte Wort Gottes und durch die Vernunft selbst, erkannt wird" (DH Art. 2).

2. Zur Kirche sind alle Menschen gerufen, da alle durch Gottes Gnade zum Heil berufen, in allgemeiner Weise auf das Volk Gottes hingeordnet sind (vgl. c. 4 Schema LEF; VatII LG Art. 13). In dieser entscheidenden und zentralen Lehre spitzt sich die Fragestellung zu. Die Spannung besteht zwischen zwei Glaubenswahrheiten. Nach der einen (1 Tim 2, 2–4; vgl. c. 4 Schema LEF) will Gott, daß alle Menschen gerettet werden. Die andere Glaubenswahrheit besagt, daß es außerhalb der Kirche, die ihrerseits begrenzt ist, kein Heil gibt[13].

[11] Vgl. in *diesem* Band, oben, *W. Aymans*, § 6 Das Projekt einer Lex Ecclesiae Fundamentalis. – Im folgenden wird zitiert nach dem Schema LEF, Textus emendatus von 1971.

[12] Vgl. zum Ganzen *Sebott*, Religionsfreiheit (Anm. 10), S. 103–105.

[13] Nachweis bei *O. Semmelroth*, Offenbarung und Heil außerhalb der sichtbaren Kirche, in: GuL 42 (1969), S. 37f.

Es ist schwer, die Spannung dieser beiden Wahrheiten durchzuhalten. Eine glatte Lösung scheint es nicht zu geben. Von den verschiedenen Meinungen seien wenigstens drei genannt: Die *erste* geht davon aus, daß Christus die sichtbare Kirche als menschliche Gemeinschaft gewollt hat. Und wenn Gott durch Jesus Christus sich in seiner Kirche verleiblicht hat, „dann muß der Mensch den Ausdruck seiner Gotteshingabe suchen, den Gott selbst gesetzt hat. Und wenn dieser Ausdruck das Leben in einer gesellschaftlich geprägten Gemeinschaft ist, kann der Vollzug dieses Ausdrucks nur in der Zugehörigkeit zu dieser Gemeinschaft und im Mitvollzug ihres Lebens bestehen"[14]. Diese Antwort geht mehr von der positiven Anordnung Gottes aus.

Die *zweite* Meinung sucht zu begründen, warum die Nicht-Getauften der Offenbarung und der Kirche zugeordnet sind. Es handelt sich um das Theologoumenon vom anonymen Christen. „Das Christentum (tritt) dem Menschen außerchristlicher Religionen nicht einfach als dem bloßen und schlechthinnigen gegenüber, sondern als einem, der durchaus schon als ein anonymer Christ in dieser oder jener Hinsicht betrachtet werden kann und muß. Es wäre falsch, den Heiden zu sehen als einen Menschen, der bisher in keiner Weise von der Gnade und Wahrheit Gottes berührt war. Hat er aber die Gnade Gottes schon erfahren, hat er unter Umständen diese Gnade in der Annahme der Unabsehbarkeit und der ins Unendliche offenen Weite seines sterbenden Daseins schon angenommen als die unauslotbare letzte Entelechie seines Daseins, dann ist in ihm, schon bevor das missionarische Wort von außen auf ihn auftrifft, in einem wahren Sinn schon Offenbarung geschehen, weil diese Gnade als apriorischer Horizont aller seiner geistigen Vollzüge zwar nicht gegenständlich gewußt, aber subjektiv mitbewußt ist"[15].

Im bewußten Gegensatz dazu stellt die *dritte* Meinung die Idee der Stellvertretung in den Vordergrund. Anknüpfend an Röm 9 bis 11 und die Stellvertretungslehre von *Karl Barth* schreibt *Joseph Ratzinger*: „Der Christ wird heute weder verkrampft daran festhalten, daß nur er zum Heil kommen kann, noch auch wird er fiktiv die Nichtchristen in intentionale Christen (oder gar Katholiken) umdeuten und den Ernst seines eigenen Christenstandes durch die Vorstellung untergraben, daß es eine (oft bedenklich einfach aufgefaßte) „Wunschchristlichkeit" gibt, von der der Betreffende gar nicht zu wissen braucht. Statt dessen wird er erkennen, daß es im Körper der Menschheit Dienstleistungen gibt, die zwar nicht allen abverlangt werden, aber die doch für alle nötig sind, weil von ihnen alle leben. Er wird erkennen, daß der eine, zentrale Dienst, an dem dieser ganze Körper hängt, der Dienst Jesu Christi ist; er wird weiter erkennen, daß dieser Dienst fortgetragen wird von der Gemeinschaft der Glaubenden und daß ohne deren Diakonie die Menschheit nicht leben könnte"[16].

Die folgenden drei Leitsätze enthalten rechtliche Konsequenzen aus dem zweiten Leitsatz, nach dem alle Menschen zur (katholischen) Kirche berufen sind.

3. Alle Menschen sind kraft göttlichen Rechts gehalten, in die wahre Kirche, sofern sie diese als solche erkennen, einzutreten (vgl. c. 5 § 1 Schema LEF). Die Begründung findet sich in DH Art. 1, 2 und 14: Weil die Menschen als Personen mit Vernunft und freiem Willen begabt sind, werden sie von ihrem eigenen Wesen gedrängt, die Wahrheit zu suchen. Und da die (katholische) Kirche die religiöse Wahrheit besitzt, müssen die Menschen in diese Kirche eintreten.

4. Es steht allen Menschen zu, frei der Kirche beizutreten (vgl. c. 5 § 2 Schema LEF). Dieser Leitsatz enthält eine zentrale Aussage von VatII DH, weil es ja gerade

[14] *Semmelroth*, Offenbarung (Anm. 13), S. 44.

[15] *K. Rahner*, Das Christentum und die nichtchristlichen Religionen, in: *ders.*, Schriften zur Theologie, 2. Aufl., Bd. 5, Einsiedeln-Zürich-Köln 1964, S. 154f.; vgl. dazu *E. Klinger* (Hrsg.), Christentum innerhalb und außerhalb der Kirche, Freiburg-Basel-Wien 1976. Siehe auch *B. Stoeckle*, Die außerbiblische Menschheit und die Weltreligionen, in: MySal II, S. 1049–1075.

[16] *J. Ratzinger*, Art. Stellvertretung, in: HthG II, S. 573f.

zum Wesen der Religionsfreiheit gehört, daß sich die Menschen jener religiösen Gruppe anschließen können, die sie wählen möchten (vgl. DH Art. 1, 2, 14).

5. Aufgrund der ihr von Gott anvertrauten Sendung ist die Kirche verpflichtet und daher auch berechtigt, alle in rechter Weise disponierten Menschen, die dies wünschen, aufzunehmen (vgl. c. 5 § 3 Schema LEF)[17]. In diesem Leitsatz ist zusammengefaßt, was in LG Art. 16–17 und in VatII AG Art. 1–2 weiter ausgeführt wurde. Da die Kirche ihr Wesen nicht selbst bestimmt, sondern „ihren Ursprung aus der Sendung des Sohnes und der Sendung des Heiligen Geistes herleitet gemäß dem Plan Gottes des Vaters" (AG Art. 2), kann sie denen die Aufnahme nicht verweigern, die durch eben diesen dreifaltigen Gott zur Kirche berufen sind (vgl. Apg 11, 17)[18].

§ 15 Die Zugehörigkeit zur Kirche

Von Peter Krämer

Wer gehört zur Kirche? Wer kann als Glied der Kirche bezeichnet werden? Ist jeder, der zur Kirche gehört, ohne weiteres auch Glied dieser Kirche? Auf solche und ähnliche Fragen sind in der Theologiegeschichte – in der neueren Zeit vor allem ausgelöst durch die Enzyklika *Pius'XII.* „Mystici Corporis" aus dem Jahr 1943[1] – recht unterschiedliche Antworten gegeben worden[2]. Das II. Vatikanische Konzil hat – wie in so vielen anderen Bereichen – auch bezüglich der Frage nach der Zugehörigkeit zur Kirche eine Neubesinnung eingeleitet[3].

[17] Zum ekklesialen Status und den Rechten und Pflichten des Katechumenen vgl. die eingehende Darstellung von *O. Stoffel*, Die Rechtsstellung des Katechumenen in der Kirche, in: Investigationes theologico-canonicae (Festschr. W. Bertrams), Roma 1978, S. 415–430.

[18] Zur Frage der Evangelisierung, die sich an alle Menschen richtet, vgl. *Paul VI.*, Apostolica adhortatio „Evangelii nuntiandi" vom 8. Dezember 1975, in: AAS 58 (1975), S. 5–76; NKD 57.

[1] AAS 35 (1943), S. 193–248; vgl. DS 3800–3822; Heilslehre der Kirche. Dokumente von Pius XI. bis Pius XII., hrsg. v. *A. Rohrbasser*, Freiburg/Schweiz 1953, S. 466–526.

[2] Vgl. insbes. *K. Mörsdorf*, Die Kirchengliedschaft im Lichte der kirchlichen Rechtsordnung, in: Theologie und Seelsorge 1 (1944), S. 115–131; *ders.*, Persona in Ecclesia Christi, in: AfkKR 131 (1962), S. 345–393; *K. Rahner*, Die Zugehörigkeit zur Kirche nach der Lehre der Enzyklika Pius XII. Mystici Corporis Christi, in: ZkTh 69 (1947), S. 129–188; *ders.*, Die Gliedschaft in der Kirche nach der Lehre der Enzyklika Pius XII. „Mystici Corporis Christi", in: *ders.*, Schriften zur Theologie, Bd. II, Einsiedeln 1953, S. 7–94; *A. Gommenginger*, Bedeutet die Exkommunikation Verlust der Kirchengliedschaft?, in: ZkTh 73 (1951), S. 1–71; *H. Schauf*, Zur Frage der Kirchengliedschaft, in: ThRv 58 (1962), S. 217–224.

[3] Vgl. hierzu *F. Ricken*, „Ecclesia ... universalis salutis sacramentum". Theologische Erwägungen zur Lehre der Dogmatischen Konstitution „De Ecclesia" über die Kirchengliedschaft, in: Scholastik 40 (1965), S. 352–388; *E. Fischer*, Kirche und Kirchen nach dem Vaticanum II. Die Lehre des Konzils über die Kirchenzugehörigkeit aus ökumenischer Sicht, München 1967; *M. Kaiser*, Aussagen des Zweiten Vatikanischen Konzils über die Kirchengliedschaft, in: Festg. Scheuermann, S. 121–135; *H. Schauf*, „Persona in Ecclesia" und

I. Ausgangspunkt der Fragestellung

Um darzustellen, wer zur Kirche gehört, verwendet das kirchliche Gesetzbuch von 1917 den Begriff des *Personseins*: durch die Taufe wird jemand Person in der Kirche Christi, d. h. Träger von kirchlichen Rechten und Pflichten (vgl. c. 87 CIC/1917). Wie die Taufe nur einmal und unwiderruflich gespendet wird, kann die im sakramentalen Taufgeschehen grundgelegte Zugehörigkeit zur Kirche durch den Menschen nicht mehr rückgängig gemacht werden. Dabei sind gemäß c. 12 CIC/1917 alle Getauften den Gesetzen der katholischen Kirche unterworfen; sie werden als der katholischen Kirche zugehörig betrachtet – ganz gleich, ob sie sich zu eben dieser Kirche bekennen oder nicht –, so daß hiernach eine ausschließliche Identifikation zwischen der Kirche Christi und der katholischen Kirche gegeben ist.

Zur Beschreibung der Kirchenzugehörigkeit hat Papst *Pius XII.* in der Enzyklika „Mystici Corporis" – dem ekklesiologischen Bildbegriff vom Leib Christi entsprechend – auf den Begriff der *Gliedschaft* zurückgegriffen. In der Enzyklika heißt es: „Den Gliedern der Kirche sind in Wahrheit nur jene zuzuzählen, die das Bad der Wiedergeburt empfingen, sich zum wahren Glauben bekennen und sich weder selbst zu ihrem Unsegen vom Zusammenhang des Leibes getrennt haben, noch wegen schwerer Verstöße durch die rechtmäßige kirchliche Obrigkeit davon ausgeschlossen worden sind."[4] Diese Worte bringen den Kirchengliedschaftsbegriff zum Ausdruck, wie er von der Apologetik in Anlehnung an *Robert Bellarmin* entwickelt worden ist. Drei Elemente konstituieren hiernach die Gliedschaft in der Kirche: das Bekenntnis des gleichen Glaubens, die Gemeinschaft der gleichen Sakramente und die Unterordnung unter die kirchliche Hierarchie (die sogenannte Lehre vom *dreifachen Band* – vinculum symbolicum, liturgicum, hierarchicum)[5]. Wer eine dieser Forderungen nicht erfüllt, steht außerhalb der Kirche; die nichtkatholischen Christen sind demzufolge nicht wirkliche Glieder der Kirche; sie können auf diese – ebenso wie die Ungetauften – nur aufgrund eines

Kirchengliedschaft, in: ThGl 61 (1971), S. 348–355; *W. Aymans*, Die kanonistische Lehre von der Kirchengliedschaft im Lichte des II. Vatikanischen Konzils, in: AfkKR 142 (1973), S. 397–417; *K. Mörsdorf*, Die Kirchengliedschaft nach dem Recht der katholischen Kirche, in: HdbStKirchR I, S. 613–634; *M. Kaiser*, Zugehörigkeit zur Kirche, in: IKZ Communio 5 (1976), S. 196–206; *H. Müller*, Zugehörigkeit zur Kirche als Problem der Neukodifikation des kanonischen Rechts, in: ÖAKR 28 (1977), S. 81–98.

[4] „In Ecclesiae autem membris reapse ii soli annumerandi sunt, qui regenerationis lavacrum receperunt veramque fidem profitentur, neque a Corporis compage semet ipsos misere seperarunt, vel ob gravissima admissa a legitima auctoritate seiuncti sunt" (DS 3802).

[5] Vgl. *Aymans*, Die kanonistische Lehre (Anm. 3), S. 398ff. – Die Entwicklung des apologetischen und des kanonistischen Kirchengliedschaftsbegriffs und die Modifizierungen in der Enzyklika *Pius XII.* „Mystici Corporis" können in unserem Zusammenhang vernachlässigt werden. Vgl. hierzu die vor dem II. Vatikanischen Konzil geführte Kontroverse zwischen *Mörsdorf* und *Rahner* (s. die in Anm. 2 angegebene Literatur). Zu beachten ist, daß die Enzyklika *Pius XII.*, die dem apologetischen Kirchengliedschaftsbegriff folgt, andeutet, daß es Glieder der Kirche gibt, die dieser nicht „reapse" zugehören; außerdem ist – beeinflußt durch c. 87 CIC/1917 – das dritte positive Element der Kirchenzugehörigkeit, die Anerkennung der Hierarchie, in zwei negative Elemente aufgegliedert worden.

ihnen selbst nicht bewußten Verlangens hingeordnet sein[6]. So wird auch in der Enzyklika „Mystici Corporis" die Kirche, der mystische Leib Christi, mit der katholischen Kirche identifiziert[7].

Die unterschiedlichen Ausgangspunkte zur Bestimmung der Kirchenzugehörigkeit laufen daher auf ein und dieselbe ekklesiologische Konzeption hinaus, wonach die Kirche Christi in einem exklusiven Sinn mit der katholischen Kirche gleichzusetzen ist. Die *kanonistische* Traditionslinie betont unter dieser Rücksicht stärker die Begründung der Kirchenzugehörigkeit im sakramentalen Taufgeschehen, so daß alle Getauften der katholischen Kirche zugehören; demgegenüber bezieht sich die *apologetische* Traditionslinie auf die Entfaltung dessen, was in der Taufe grundgelegt wird, so daß nunmehr nur diejenigen als Glieder der Kirche bezeichnet werden können, die sich auch tatsächlich zu ihr bekennen. Um diese scheinbar sich widersprechenden Betrachtungsweisen auszugleichen, hat *Klaus Mörsdorf* „zwei verschiedene Schichten der Gliedschaft" voneinander abgehoben; dies besagt: von der „konsekratorischen Gliedschaft" muß die „tätige Gliedschaft" unterschieden werden, die als „der personale Vollzug der konsekratorisch geprägten Christusförmigkeit" zu verstehen ist[8].

II. Begründung und Entfaltung der Kirchenzugehörigkeit

Die im kirchlichen Gesetzbuch von 1983 enthaltenen Bestimmungen zur Kirchenzugehörigkeit sind auf dem Hintergrund des II. Vatikanischen Konzils zu interpretieren. Unter dieser Rücksicht darf nicht übersehen werden, daß sich dieses Konzil deutlich von manchen Auffassungen in der bisherigen Behandlung unseres Themas distanziert hat. So ist in der Dogmatischen Konstitution über die Kirche die ausschließliche Gleichsetzung von Kirche Christi und katholischer Kirche aufgegeben worden[9]. Damit geht einher, daß das Konzil – im Unterschied zum apologetischen Kirchengliedschaftsbegriff – viele kirchenbildende Elemente außerhalb des sichtbaren Gefüges der katholischen Kirche anerkannt hat[10]. Und zudem ist in den Konzilstexten das Recht auf religiöse Freiheit in einer Art und Weise herausgestellt worden, daß die nichtkatholischen Christen – entgegen dem

[6] „... inscio quodam desiderio ac voto ad mysticum Redemptoris Corpus ordinentur ..." (DS 3821).

[7] AAS 35 (1943), S. 199.

[8] *Mörsdorf*, Die Kirchengliedschaft (Anm. 3), S. 618. *Mörsdorf* sprach ursprünglich „von ‚konstitutioneller Gliedschaft', einer Kennzeichnung, die schlicht dem Wort ‚constituitur' in can. 87 (scil.: CIC von 1917) entlehnt war. Die neu gewählte Bezeichnung ‚konsekratorische Gliedschaft' bringt das, worum es sachlich geht, d. i. die sakramental-ontologische Schicht der Kirchengliedschaft, besser zum Ausdruck" (ebd.).

[9] VatII LG Art. 8 Abs. 2; im Gegensatz hierzu ist in VatII OE Art. 2 noch von einer exklusiven Identifikation zwischen der katholischen Kirche und dem mystischen Leib Christi die Rede.

[10] Vgl. bes. VatII LG Art. 15; UR Art. 3.

kanonistischen Kirchengliedschaftsbegriff – katholischerseits nicht vereinnahmt werden dürfen[11].

Hinsichtlich der Lehre des *II. Vatikanischen Konzils* über die Zugehörigkeit zur Kirche ist zunächst festzustellen, daß es ganz selbstverständlich jener Überlieferung folgt, nach welcher das Sakrament der Taufe anfanghaft und zugleich unwiderruflich in die Kirche eingliedert. Das Konzil beschreibt „die Taufe als Wiedergeburt aus dem Wasser und dem Heiligen Geist, durch die der Mensch in das Volk Gottes hineingeboren wird, als Eingangstor in den geistigen Bau des Hauses Gottes und als Eingliederung in den Leib Christi. Einem anderen Vorgang oder Ereignis als dem Sakrament der Taufe spricht das Konzil die Kraft, in die Kirche aufzunehmen, einzugliedern oder einzulassen, nicht zu."[12] Doch wird diese Einsicht in den Konzilstexten mit der anderen Überlieferungslinie verknüpft, wenn es in der Kirchenkonstitution heißt: „Jene werden der Gemeinschaft der Kirche voll eingegliedert, die, im Besitz des Geistes Christi, ihre ganze Ordnung und alle in ihr eingerichteten Heilsmittel anerkennen und in ihrem sichtbaren Verband mit Christus, der sie durch den Papst und die Bischöfe leitet, verbunden sind, und dies durch die Bande des Glaubensbekenntnisses, der Sakramente und der kirchlichen Leitung und Gemeinschaft."[13]

Formulierte die Enzyklika „Mystici Corporis": „Den Gliedern der Kirche sind *in Wahrheit* nur jene zuzuzählen ...", so heißt es jetzt: „Jene werden der Gemeinschaft der Kirche *voll* eingegliedert ...". Auf diese Weise wollte das Konzil zum Ausdruck bringen, daß die Zugehörigkeit zur Kirche keine statische, sondern eine dynamische Größe ist und verschiedene Intensitätsgrade aufweist. Doch sollte die terminologische Änderung, der Verzicht auf die Redeweise von den Gliedern („membra"), nicht allzu hoch veranschlagt werden, zumal in dem Konzilstext durchaus von einem Eingegliedertwerden („incorporantur") gesprochen wird[14]. Entscheidender ist vielmehr die Feststellung, daß es *verschiedene Stufen und Schichten* der Kirchenzugehörigkeit bzw. der Kirchengliedschaft gibt. Demzu-

[11] Vgl. z. B. VatII DH Art. 2, 9–11; hierzu *P. Krämer*, Religionsfreiheit in der Kirche. Das Recht auf religiöse Freiheit in der kirchlichen Rechtsordnung, Trier 1981, S. 23, 30.

[12] *Kaiser*, Zugehörigkeit zur Kirche (Anm. 3), S. 199; vgl. *ders.*, Aussagen des Zweiten Vatikanischen Konzils (Anm. 3), S. 122f.; *O. Saier*, „Communio" in der Lehre des Zweiten Vatikanischen Konzils. Eine rechtsbegriffliche Untersuchung, München 1973, S. 68–71. – Das Konzil betont eine zweifache Wirkung der Taufe, insofern diese mit dem gekreuzigten und auferstandenen Christus verbindet und zugleich in die Kirche eingegliedert (VatII SC Art. 6 Abs. 1; LG Art. 7 Abs. 2, Art. 10 Abs. 1, Art. 11 Abs. 1, Art. 14 Abs. 1, Art. 31 Abs. 1; AA Art. 3 Abs.1; AG Art. 6 Abs. 3, Art. 7 Abs. 1; UR Art. 22).

[13] „Illi plene Ecclesiae societati incorporantur, qui Spiritum Christi habentes, integram eius ordinationem omniaque media salutis in ea instituta accipiunt, et in eiusdem compage visibili cum Christo, eam per Summum Pontificem atque Episcopos regente, iunguntur, vinculis nempe professionis fidei, sacramentorum et ecclesiastici regiminis ac communionis" (VatII LG Art. 14 Abs. 2; vgl. auch UR Art. 22 Abs. 2).

[14] Um die verschiedenen Weisen der Kirchenzugehörigkeit darzustellen, ist es nicht erforderlich, an dem Bild der Gliedschaft festzuhalten, das im Verlauf des Konzils bewußt zurückgedrängt worden ist; vgl. *Müller*, Zugehörigkeit zur Kirche (Anm. 3), S. 86f. Andererseits ist mit Eingliederung ein Geschehen gemeint, das verschiedene Intensitätsgrade aufweist; in diesem Sinn können verschiedene Schichten der Kirchengliedschaft – vgl. *Mörsdorf* (s. Anm. 8) – voneinander abgehoben werden.

folge ist nicht davon die Rede, wer in Wahrheit („reapse"), sondern wer voll („plene") in die Gemeinschaft der Kirche eingegliedert ist; es geht um die Entfaltung der Kirchengliedschaft in der „plena communio", in der vollen Kirchengemeinschaft[15]. In dieselbe Richtung zielt der Hinweis auf den Besitz des Geistes Christi („Spiritum Christi habentes")[16]; denn der Geist Christi ist ein dynamisches Prinzip und muß, soll die Eingliederung in die Kirche zur vollen Entfaltung gelangen, das Bekenntnis des Glaubens, den Vollzug der Sakramente und die Einfügung in die kirchliche Gemeinschaftsordnung durchwirken und durchdringen, was in unterschiedlicher Intensität möglich ist. Dabei darf der Besitz des Geistes Christi nicht neben die anderen Bedingungen der vollen Kirchenzugehörigkeit gestellt werden, sondern ist, wie schon die Partizipialkonstruktion andeutet, auf das dreifache Band des Glaubensbekenntnisses, der Sakramente und der kirchlichen Gemeinschaftsordnung insgesamt zu beziehen[17].

Im Unterschied zum Konzilstext spricht das kirchliche Gesetzbuch von 1983 in diesem Zusammenhang nicht vom „Besitz des Geistes Christi" (vgl. cc. 96, 205). Dies ist insofern gerechtfertigt, als die theologisch bedeutsame Feststellung des Konzils die Frage nach dem Heil des Menschen betrifft, auf die das kirchliche Gesetzbuch nicht unmittelbar eingehen muß. In der Neukodifikation ist die konziliare Lehre über die Kirchenzugehörigkeit durchaus beachtet worden. Dies ergibt sich vor allem aus folgenden Gründen: Nach c. 96 wird jemand „durch die Taufe in die Kirche Christi eingegliedert und in dieser als Person konstituiert mit den Pflichten und Rechten, die den Christen eigen sind ...". Von der Kirche Christi aber heißt es – gemäß der Lehre des Konzils – in c. 204 § 2, daß sie in der katholischen Kirche verwirklicht ist, mit dieser also nicht einfachhin zusammenfällt[18]. Von der im sakramentalen Taufgeschehen grundgelegten Zugehörigkeit zur Kirche Christi ist schließlich nach c. 205 die Entfaltung der Kirchenzugehörigkeit in der katholischen Kirche zu unterscheiden: „Voll in der Gemeinschaft der katholischen Kirche stehen jene Getauften, die in ihrem sichtbaren Verband mit Christus verbunden sind, und zwar durch die Bande des Glaubensbekenntnisses, der Sakramente und der kirchlichen Leitung."

[15] Die Redeweise von „communio plena" bzw. „perfecta" weist auf die Existenz von nichtkatholischen Kirchen und kirchlichen Gemeinschaften hin, die nicht in der vollen Kirchengemeinschaft stehen, gleichwohl aber viele kirchenbildende Elemente bewahrt haben; vgl. *Saier*, „Communio" (Anm. 12), S. 8f., 22ff., 103–132.

[16] VatII LG Art. 14 Abs. 2 fragt nicht nur nach der äußerlich feststellbaren Zugehörigkeit zur Kirche, sondern nach einer Zugehörigkeit, die für das Heil des Menschen fruchtbar zu werden vermag; deshalb mußte den einzelnen Bedingungen der Kirchenzugehörigkeit die Aussage über den Besitz des Geistes Christi vorangestellt werden. Die Relatio bemerkt zur Stelle: „Quia peccatores Ecclesiae non plene incorporantur, etsi ad Ecclesiam pertinent, Commissio statuit adiungere, secundum Rom. 8,9: ‚Spiritum Christi habentes'" (AcSynVatIII/1, S. 203).

[17] Nach VatII UR Art. 2 Abs. 4 ist die Wirksamkeit des Heiligen Geistes auf alle Bedingungen der Kirchenzugehörigkeit zu beziehen (vgl. auch *Aymans*, Die kanonistische Lehre (Anm. 3), S. 409.

[18] Vgl. *P. Krämer*, Was brachte die Reform des Kirchenrechts?, in: StdZ 201 (1983), S. 316–326, 317f.; *ders.*, Das Selbstverständnis des katholischen Kirchenrechts, in: Christlicher Glaube in moderner Gesellschaft, Bd. 29, Freiburg-Basel-Wien 1982, S. 149–162, 150ff.

Was die Einfügung in die kirchliche Gemeinschaftsordnung anbelangt, ist die Lehre des Konzils zu berücksichtigen, derzufolge die eine und einzige katholische Kirche in und aus Teilkirchen besteht[19]. Aufgrund der Taufe in der „plena communio" steht der Christ zugleich in einer bestimmten Teilkirche und muß in dieser seine kirchliche Existenz verwirklichen. Die Zugehörigkeit zur Kirche konkretisiert sich demgemäß in der *Zugehörigkeit zu einer bestimmten Teilkirche* (Diözese), innerhalb dieser in der Zugehörigkeit zu einer bestimmten Pfarrei und der Teilkirche übergeordnet in der Zugehörigkeit zu einem Teilkirchenverband (Kirchenprovinz und ggf. Kirchenregion) sowie zu einer bestimmten Rituskirche. Während die Zugehörigkeit zu einer Teilkirche durch Wohnsitzwechsel jederzeit veränderbar ist (vgl. cc. 102, 106, 107), kann ein Rituswechsel nur – von Ausnahmen abgesehen – mit der Erlaubnis des Apostolischen Stuhles vorgenommen werden[20].

III. Beeinträchtigung der vollen Kirchenzugehörigkeit

Mit dem Personsein in der Kirche sind grundlegende *Rechte* und *Pflichten* gegeben[21]. Doch können diese nach c. 96 eine *Einschränkung* erfahren, insofern jemand sich nicht in der kirchlichen Gemeinschaft befindet oder eine rechtmäßig verhängte Strafe entgegensteht. Damit wird die schon in c. 87 CIC/1917 erwähnte Beeinträchtigung der vollen Kirchenzugehörigkeit aufgrund einer Sperre oder einer Strafe angesprochen.[22] Der Unterschied, um den es hier geht, liegt darin begründet, daß eine Strafe stets schuldhaftes Versagen voraussetzt, während bei einer Sperre nur von dem faktischen Zustand der Trennung ausgegangen wird.

Die von der Kirche verhängte *Strafe* zieht eine gestufte Rechtsminderung nach

[19] VatII LG Art. 23 Abs. 1. Vgl. dazu *W. Aymans*, Die Communio Ecclesiarum als Gestaltgesetz der einen Kirche, in: AfkKR 139 (1970), S. 69–90.

[20] Außer dem Rituswechsel mit Erlaubnis des Apostolischen Stuhles (c. 112 § 1 n. 1; can. 8 CICO/CS) ist es gestattet, daß bei Eheschließung und während der Ehe ein Partner zum Ritus des anderen Partners übertritt; bei Auflösung der Ehe kann dieser wieder zum früheren Ritus zurückkehren (c. 112 § 1 n. 2; vgl. can. 9 CICO/CS). Kinder, deren Eltern rechtmäßig einen Rituswechsel vorgenommen haben, unterliegen demselben Wechsel; nach Vollendung des 14. Lebensjahres können sie aber den früheren Ritus wieder annehmen (c. 112 § 1 n. 3; can. 10 CICO/CS). Das *Prinzip der freien Rituswahl* ist bei der Erwachsenentaufe – wenn der Taufbewerber das 14. Lebensjahr vollendet hat – anerkannt (c. 111 § 2; can. 12 CICO/CS), außerdem beim Übertritt eines nichtkatholischen orientalischen Christen zur katholischen Kirche; hierbei ist gesetzlich der Wunsch ausgesprochen, daß der eigene Ritus beibehalten werden soll (can. 11 § 1 CICO/CS; vgl. VatII OE Art. 4). Ansonsten liegt dem kirchlichen Recht das *Prinzip der strengen Ritusbindung* zugrunde. Kinder werden durch die Taufe in den Ritusverband der Eltern aufgenommen; gehören die Eltern verschiedenen Ritusverbänden an, müssen sie hinsichtlich der Kinder eine Einigung anstreben; wenn dies nicht möglich ist, wird das Kind in den Ritusverband des Vaters aufgenommen (vgl. c. 111 § 1).

[21] Vgl. hierzu in *diesem* Band, unten *M. Kaiser*, § 16 Die rechtliche Grundstellung der Christgläubigen.

[22] C. 87 CIC/1917 sah nur eine mögliche *Rechts*minderung, nicht aber auch die Möglichkeit der Minderung von *Pflichten* vor.

sich, je nachdem, welche strafrechtliche Wirkung gesetzlich festgelegt worden ist. Zu beachten ist, daß die Strafe nicht so tief zu greifen vermag, daß die in der Taufe grundgelegte Zugehörigkeit zur Kirche rückgängig gemacht werden könnte – diese ist dem kirchlichen Zugriff entzogen –; es geht vielmehr um eine Minderung der mit der Taufe gegebenen kirchlichen Rechte, um eine Beeinträchtigung der vollen Kirchenzugehörigkeit.

Bei einer *Sperre* kommt es allein darauf an, ob äußere, rechtlich feststellbare Umstände vorliegen, die der kirchlichen Einheit im Wege stehen, auch wenn hierdurch die sakramental begründete Kirchenzugehörigkeit ebenfalls nicht aufgehoben wird. Eine Sperre ist keine Strafe, sondern eine Ordnungsmaßnahme, die eine umfassende Rechtsminderung bewirkt, insofern den nichtkatholischen Christen – von wenigen Ausnahmen abgesehen[23] – unterschiedslos alle Rechte in der katholischen Kirche abgesprochen werden[24]. Unter dieser Rücksicht trifft die Sperre vor allem diejenigen, die aufgrund der Glaubensspaltung nicht in der „plena communio" der Kirche stehen, ohne daß ihnen selbst eine Schuld an der Trennung angelastet werden könnte. Neu gegenüber der bisherigen Rechtslage ist allerdings, daß die nichtkatholischen Christen katholischerseits durch rein kirchliche Gesetze nicht mehr in Pflicht genommen werden (vgl. c. 11); der Rechtsminderung entspricht also eine Minderung in den Pflichten, wovon auch c. 96 (im Unterschied zu c. 87 CIC/1917) ausgeht.

Außerdem wird die volle Zugehörigkeit zur Kirche – abgesehen vom Fall der Strafe bzw. der Sperre – dadurch beeinträchtigt, daß jemand aufgrund von *schwerer Schuld* nicht zum Empfang der Eucharistie hinzutreten darf, bevor die Schuld im Bußsakrament nachgelassen worden ist (vgl. c. 916)[25]. An Worte von *Augustinus* anknüpfend bemerkt die Kirchenkonstitution: „Nicht gerettet wird aber, wer, obwohl der Kirche eingegliedert, in der Liebe nicht verharrt und im Schoße der Kirche zwar ‚dem Leibe', aber nicht ‚dem Herzen' nach verbleibt."[26] Daß durch ein solches Verbleiben in der Kirche die volle Kirchenzugehörigkeit geschmälert wird, geht vor allem aus der fehlenden Berechtigung zur eucharistischen Kommunion hervor; auf diese Weise kommt zugleich der tiefe Zusammenhang zwischen „communio eucharistica" und „communio plena", zwischen Eucharistie und Kirche, zwischen Eucharistiefähigkeit und Kirchenzugehörigkeit zum Vorschein[27].

Was schließlich den vor einer staatlichen Behörde erklärten und durch staatli-

[23] Vgl. z. B. c. 844 §§ 3 u. 4, wonach nichtkatholischen Christen unter bestimmten Voraussetzungen die Möglichkeit eingeräumt werden kann, die Sakramente der Buße, der Eucharistie und der Krankensalbung in der katholischen Kirche zu empfangen.

[24] Außerdem können von einer Sperre – unabhängig von strafrechtlichen Bestimmungen – katholische Christen betroffen sein, wenn sie in ihrer Lebensführung offenkundig im Gegensatz zur christlichen Lehre stehen; dadurch erfahren sie eine partielle Rechtsminderung (vgl. z. B. cc. 915, 1071 § 1 n. 4).

[25] Von den in der angeführten Rechtsnorm genannten Ausnahmen kann hier abgesehen werden.

[26] VatII LG Art. 14 Abs. 2 mit Anm. 26.

[27] Vgl. *Müller*, Zugehörigkeit zur Kirche (Anm. 3), S. 95–98.

ches Recht geregelten *Kirchenaustritt*[28] angeht, führt auch dieser zu einer Beeinträchtigung der vollen Kirchenzugehörigkeit. Darauf haben die Diözesanbischöfe der Bundesrepublik Deutschland in einer Erklärung vom Dezember 1969 nachdrücklich hingewiesen: „Der Austritt hat nicht nur Wirkungen im staatlichen Bereich, sondern auch in der Kirche. Die Ausübung der Grundrechte eines katholischen Christen ist untrennbar von der Erfüllung seiner Grundpflichten. Wenn also ein Katholik seinen Austritt aus der Kirche erklärt – aus welchen Gründen auch immer –, so stellt dies eine schwere Verfehlung gegenüber der kirchlichen Gemeinschaft dar. Er kann daher am sakramentalen Leben erst wieder teilnehmen, wenn er bereit ist, seine Austrittserklärung rückgängig zu machen ..."[29]. Der Kirchenaustritt läßt sich nicht eindeutig in die vom kirchlichen Gesetzbuch umschriebenen Straftatbestände einordnen. Aus c. 1364 § 1 (in Verbindung mit c. 751) muß man allerdings folgern: Insofern der Kirchenaustritt einen Verstoß gegen den Glauben und ein Lossagen von der Kirche bedeutet, zieht er die von selbst eintretende Exkommunikation nach sich. Wenn ein katholischer Christ aus anderen Beweggründen, obgleich er innerlich am katholischen Glauben festhält, seinen Austritt aus der Kirche erklärt, ist die Exkommunikation nicht eindeutig gegeben.[30] Die Teilnahme am sakramentalen Leben der Kirche wäre in einem solchen Fall aber ohnehin wegen des faktischen Zustandes der Trennung nicht möglich, also aufgrund einer Sperre. – Von großer Bedeutung ist, daß das kirchliche Gesetzbuch von 1983 – im Unterschied zum CIC/1917 – einen „Kirchenaustritt" unmittelbar anspricht und aus der Tatsache, daß sich ein katholischer Christ „in einem formalen Akt" von der katholischen Kirche lossagt[31], die Folgerung zieht, daß er dann nicht mehr an bestimmte Rechtsvorschriften (z. B. die kanonische Eheschließungsform) gebunden ist. Auch hierin äußert sich die Tendenz, den Geltungsbereich kirchlicher Rechtsvorschriften einzuschränken.

IV. Wiederherstellung der kirchlichen Einheit

Die Neubesinnung, die das II. Vatikanische Konzil in der Frage nach der Zugehörigkeit zur Kirche eingeleitet hat, muß nun noch eigens – obgleich dieser Aspekt schon bisher mitgegeben war – in ökumenischer Hinsicht gewürdigt werden.

[28] Vgl. hierzu *A. Frhr. v. Campenhausen*, Der Austritt aus den Kirchen und Religionsgemeinschaften, in: HdbStKirchR I, S. 657–666, und in *diesem* Band, unten, *J. Listl*, § 113 Das Verhältnis von Kirche und Staat in der Bundesrepublik Deutschland, sowie *A. Hollerbach*, § 97 Kirchensteuer und Kirchenbeitrag.

[29] AfkKR 138 (1969), S. 557–559, 558.

[30] Aus diesem Grund ist in einzelnen Diözesen die Exkommunikation als Tatstrafe für den angesprochenen Fall eigens angedroht worden; vgl. Kölner Diözesansynode 1954, hrsg. v. Erzbischöflichen Generalvikariat Köln, Köln o. J., S. 236, Nr. 610 § 2; Synodalstatuten des Bistums Trier, hrsg. v. Bischöflichen Generalvikariat Trier, Trier 1959, S. 139, Art. 271 Abs. 2.

[31] „... actu formali ab ea defecerit ..." (vgl. z. B. cc. 1086 § 1, 1117, 1124). Dabei läßt das Gesetzbuch völlig offen, wie der formale Akt des Sich-Lossagens von der Kirche beschaffen sein muß.

Denn der Fortschritt in der Lehre über die Kirchenzugehörigkeit ist von nicht geringer Bedeutung für die Art und Weise, wie kirchliche Einheit wiederhergestellt werden soll.

Durch die Taufe, die die Zugehörigkeit zur Kirche Christi begründet, werden die nichtkatholischen Christen zugleich ihren *eigenen* Kirchen oder kirchlichen Gemeinschaften *eingegliedert*[32]; in diesen von der katholischen Kirche getrennten Kirchen und kirchlichen Gemeinschaften verwirklichen sie ihre christliche Existenz. Deshalb sind, wie es im Ökumenismusdekret heißt, die „getrennten Kirchen und Gemeinschaften trotz der Mängel, die ihnen nach unserem Glauben anhaften, nicht ohne Bedeutung und Gewicht im Geheimnis des Heiles. Denn der Geist Christi hat sich gewürdigt, sie als Mittel des Heiles zu gebrauchen, deren Wirksamkeit sich von der der katholischen Kirche anvertrauten Fülle der Gnade und Wahrheit herleitet."[33] So ist über alle Unterschiede hinweg, die die Christen voneinander trennen, „eine wahre Verbindung im Heiligen Geist" gegeben[34], eine Verbindung, die sakramental verankert und insofern menschlicher Verfügungsmacht entzogen ist; denn die Taufe begründet – obgleich sie nur einen „Anfang und Ausgangspunkt" darstellt – „ein sakramentales Band der Einheit zwischen allen, die durch sie wiedergeboren sind"[35].

Dies besagt nicht, daß das Bemühen um die Wiederherstellung der kirchlichen Einheit heruntergespielt oder gar als überflüssig angesehen werden dürfte. Es rückt allerdings eine *andere Zielvorstellung* in den Vordergrund. „Lag es in der Konsequenz des CIC (scil.: von 1917), daß die Wiederherstellung der kirchlichen Einheit auf dem Wege der Wiederversöhnung der vielen einzelnen, also auf dem Wege der Einzelkonversion geschehen mußte, so ist dies jetzt zu einer direkten Aufgabe zwischen den Kirchen und kirchlichen Gemeinschaften geworden."[36] Zwar ist an der Möglichkeit der *Einzelkonversion* durchaus festzuhalten, wenn – wie das ökumenische Direktorium sagt – „ein von uns getrennter Christ durch die Gnade des Heiligen Geistes und auf Antrieb seines Gewissens die volle Gemeinschaft mit der katholischen Kirche wünscht"[37]. Darüber hinaus sind aber *Modelle* zur Wiederherstellung der kirchlichen Einheit zu entwickeln, die den einzelnen Kirchen und kirchlichen Gemeinschaften eine möglichst große Eigenständigkeit belassen.[38] Insbesondere für die aus der Reformation entstandenen Kirchen und

[32] Vgl. VatII LG Art. 15; UR Art. 3 Abs. 1.

[33] VatII UR Art. 3 Abs. 4.

[34] VatII LG Art. 15.

[35] VatII UR Art. 22 Abs. 2.

[36] *Aymans*, Die kanonistische Lehre (Anm. 3), S. 416f.

[37] Sekretariat für die Einheit der Christen, Ökumenisches Direktorium. Erster Teil – lat. Ausg.: AAS 59 (1967), S. 574–592 und NKD 7, S. 12–59, hier: S. 23 n. 11; VatII UR Art. 4 Abs. 4. – Vgl. auch die von *W. Bartz* verfaßte Einleitung in das ökumenische Direktorium, in: NKD 7, S. 7–11, hier: S. 11.

[38] Vgl. hierzu z. B. *A. Brandenburg*, Einheit der Kirche – Einheit der Christen. Ökumenische Zielvorstellungen in der Sicht der gegenwärtigen katholischen Theologie, in: Ökumenische Rundschau 22 (1973), S. 469–479; *H. Tenhumberg*, Kirchliche Union bzw. korporative Wiedervereinigung. Überlegungen zu Ziel und Bedeutung ökumenischer Bestrebungen, in: Kirche und Gemeinde, Festschr. H. Thimme, Witten 1974, S. 22–33; *P. W. Scheele*, Einheitssuche – Einheitskrise – Einheitsmodelle, in: Lebendiges Zeugnis 1974, H. 2, S. 9–18;

kirchlichen Gemeinschaften ergibt sich hieraus die Folgerung, daß von ihnen keine Rückkehr in den Verband der Lateinischen Kirche verlangt werden kann, von der sie ihren Ausgang genommen haben. Das kanonische Recht läßt es vielmehr – im Anschluß an die Aufwertung der Teilkirche und des Teilkirchenverbandes durch das II. Vatikanische Konzil – als sinnvoll erscheinen, daß ein Zusammenleben in der Form von relativ eigenständigen Rituskirchen angestrebt wird[39]. Als glaubwürdig kann sich eine solche Zielvorstellung nur dadurch erweisen, daß die *Rechtsordnungen* der nichtkatholischen Kirchen und kirchlichen Gemeinschaften katholischerseits in einem umfassenderen Sinn *anerkannt* werden; dies ist eine notwendige Vorbedingung zur Wiederherstellung der kirchlichen Einheit[40].

2. Kapitel: Die Glieder der Kirche

§ 16 Die rechtliche Grundstellung der Christgläubigen

Von Matthäus Kaiser

I. Die Christgläubigen als Volk Gottes (c. 204)

Die Christgläubigen werden als Volk Gottes beschrieben. Sie haben sich nicht selber dazu gemacht, sondern sind dadurch zum Volk Gottes geworden, daß sie durch das Sakrament der Taufe Christus eingegliedert wurden. Dadurch ist zugleich die Grundstellung der Christgläubigen bestimmt: durch die *Eingliederung in Christus* sind sie der *Aufgabe Christi* teilhaft geworden und als Glieder des *Volkes Gottes* sind sie berufen, *die Sendung der Kirche* auszuüben (c. 204 § 1). Die Aufgabe Christi wird in Anlehnung an die Sprechweise des Zweiten Vatikanischen Konzils nach dem Drei-Munera-Schema beschrieben. Allerdings ist hier nicht von drei Aufgaben die Rede, sondern die eine Aufgabe Christi wird als priesterlich, prophetisch und königlich vorgestellt. Dadurch kommt deutlich zum Ausdruck, daß die Aufgabe Christi zwar unter verschiedenen Gesichtspunkten gesehen, aber letztlich nicht in mehrere voneinander verschiedene Aufgaben aufgespaltet werden kann. An der Aufgabe Christi haben zwar alle Christgläubi-

R. Groscurth (Hrsg.), Wandernde Horizonte auf dem Weg zu kirchlicher Einheit. Vorstellungen von Einheit und Modelle der Einigung, Frankfurt/M. 1974.

39 Vgl. *Aymans*, Die kanonistische Lehre (Anm. 3), S. 414f.

40 Nach VatII UR Art. 16 haben die getrennten orientalischen Kirchen die Vollmacht, sich nach eigenen Ordnungen zu regieren. Dieses Prinzip muß auch in bezug auf die aus der Reformation entstandenen Kirchen und kirchlichen Gemeinschaften Anwendung finden. Vgl. *H. Schmitz*, Anerkennung der Ämter – Vielfalt theologisch-ekklesialer Kulturen, in: TThZ 88 (1977), S. 201–210, 202f.

gen auf Grund ihrer Eingliederung in Christus Anteil, aber nicht alle in der gleichen, sondern jeder in seiner Weise. Darum sind auch alle Christgläubigen berufen, die Sendung auszuüben, die Gott der Kirche zur Erfüllung in der Welt anvertraut hat, aber nicht alle in gleicher Weise, sondern jeder gemäß seiner Stellung, die ihm in der Kirche zukommt. Damit werden einschlußweise Volk Gottes und Kirche ebenso miteinander identifiziert wie die Aufgabe Christi mit der Aufgabe der Kirche. Diese Kirche, in dieser Welt als Gesellschaft verfaßt und geordnet, ist in der katholischen Kirche verwirklicht, die vom Nachfolger Petri und den Bischöfen in der Gemeinschaft mit ihm geleitet wird (c. 204 § 2). In dieser Kirche sind die Christgläubigen fähig, berechtigt und verpflichtet, je in ihrer Weise die priesterliche, prophetische und königliche Aufgabe Christi auszuüben.

II. Fundamentale Gleichheit aller Christgläubigen (c. 208)

Auf Grund ihrer Wiedergeburt in Christus im Sakrament der Taufe gilt unter allen Christgläubigen eine wahre Gleichheit in der Würde und Tätigkeit, kraft der alle je nach ihrer eigenen Stellung und Aufgabe am Aufbau des Leibes Christi mitwirken.

Die Tatsache, daß es in der Kirche Kleriker und Laien gibt, denen je eine verschiedene Rechtsstellung eigen ist, hatte Anlaß zu tiefgreifenden Mißverständnissen gegeben. So wurde von „zwei Arten von Christen"[1] gesprochen. Unter dem Einfluß einer ständischen Gesellschaftsordnung wurden Kleriker und Laien als verschiedene Stände im Sinn von abgegrenzten und sich gegenseitig ausschließenden gesellschaftlichen Gruppen gegenübergestellt. Die Kleriker, zumal der Papst und die Bischöfe, wurden mehr oder weniger mit der Kirche gleichgesetzt, während die Laien als minderberechtigtes „Volk", als „Schutzgenossen" oder gar als „Untertanen" galten[2]. Nachdem das Pendel nach der anderen Seite auszuschlagen schien und selbst dem Zweiten Vatikanischen Konzil noch in der zweiten Sitzungsperiode im Jahre 1963 ein Entwurf für die Konstitution über die Kirche vorlag, der die Lehre vom Volk Gottes mit der Lehre von den Laien verbunden hatte[3], vollzog sich auf diesem Konzil ein entscheidender Wandel im Kirchenverständnis. In der endgültigen Fassung der Konstitution LG ist den beiden Kapiteln über die Hierarchie (Kleriker) und die Laien ein eigenes Kapitel über das Volk Gottes vorangestellt. Darin wird deutlich, daß Kleriker und Laien zusammen das Volk Gottes sind. Allerdings sind manche Aussagen über das Volk Gottes im

[1] Decr. Gratiani C 12 q. 1 c. 7.

[2] Vgl. die geläufige Sprechweise von „Klerus und Volk", „Priester und Gläubigen" oder „ecclesia imperans und ecclesia oboediens", „ecclesia docens und ecclesia discens". Die in jüngster Zeit aufgekommene polemische Sprechweise von einer „Amtskirche", der teils unausgesprochen eine „Kirche der Laien" oder „Kirche des Volkes", teils aber auch von ihr distanzierte „Basisgemeinden" („Basiskirchen") gegenübergestellt werden, hat zwar einen anderen Ursprung und eine andere Zielrichtung, schreibt aber unvermerkt die überwundene Kluft fort.

[3] Das dritte Kapitel hatte die Überschrift: Das Volk Gottes und insbesondere die Laien.

allgemeinen wie auch die entscheidene Aussage über die fundamentale Gleichheit aller Glieder dieses Volkes nicht, wie zu erwarten wäre, in dem Kapitel über das Volk Gottes zu finden, sondern in dem Kapitel über die Laien stehengeblieben (VatII LG Art. 32 Abs. 3).

III. Pflichten und Rechte aller Christgläubigen (cc. 209–223)

1. Grundrechte in der Kirche

Der CIC/1917, der nicht von einer wahren Gleichheit aller Kirchenglieder ausging, enthielt demgemäß auch keinen Katalog von Rechten, die allen Gliedern der Kirche in gleicher Weise zukommen. Nur in ganz allgemeiner Weise bestimmte c. 87 CIC/1917, daß mit der Begründung der Kirchengliedschaft durch die Taufe für das einzelne Kirchenglied auch „alle Rechte und Pflichten der Christen" verbunden sind, soweit einzelne *Rechte* nicht durch eine Sperre oder eine Strafe behindert sind. Welche Rechte einem Kirchenglied zukommen, war aus der Aufzählung der Rechte zu ersehen, die durch die Strafe der Exkommunikation beschränkt oder entzogen wurden[4]. Dabei ist beachtlich, daß selbst durch die Exkommunikation nicht *alle* Rechte behindert oder entzogen wurden, sondern nur jene, die ausdrücklich aufgezählt wurden (c. 2257 § 1 CIC/1917). Allerdings wurden andere Rechte des Kirchengliedes auch an keiner anderen Stelle des Gesetzbuches ausdrücklich genannt. Selbst das Recht auf Lossprechung von der Exkommunikation unter bestimmten Voraussetzungen wurde nicht als solches formuliert; dafür wurde der zuständigen kirchlichen Autorität aufgegeben, gegebenenfalls die Lossprechung nicht zu verweigern (c. 2248 § 2 CIC/1917). In ähnlicher Weise konnten Rechte der Kirchenglieder indirekt daraus erschlossen werden, daß Amtsträgern der Kirche bestimmte Pflichten zusätzlich übertragen wurden, die sie zugunsten der Glieder der Kirche zu erfüllen hatten. Lediglich in c. 682 CIC/1917 wurde ausdrücklich von dem Recht gesprochen, nach Maßgabe des kirchlichen Rechts vom Klerus die geistlichen Güter, vor allem die zum Heil notwendigen Mittel zu empfangen. Dieses Recht wurde dort zwar den *Laien* zugesprochen; aber dabei handelt es sich um ein Grundrecht, das allen Gliedern der Kirche zukommt; denn auch die Kleriker sind auf die Vermittlung des Heiles durch andere verwiesen.

Was die *Pflichten* der Kirchenglieder angeht, enthielt c. 87 CIC/1917 keine Einschränkung wie bezüglich der Rechte. Es gab aber auch nirgends eine Aufzählung der „Pflichten der Christen". Lediglich in c. 12 CIC/1917 wurden die Glieder der Kirche grundsätzlich zur Befolgung der kirchlichen Gesetze verpflichtet. Selbst die Pflicht, Abgaben für den kirchlichen Finanzbedarf zu leisten, wurde nicht als solche deklariert, sondern als Recht der Kirche, erforderlichenfalls Abgaben von ihren Gliedern zu erheben (c. 1496 CIC/1917).

Nachdem das Zweite Vatikanische Konzil nicht nur die fundamentale Gleichheit aller Glieder des Volkes Gottes anerkannt (VatII LG Art. 32 Abs. 3), sondern auch die Würde der menschlichen Person betont hat (VatII DH Art. 1 Abs. 1), kam eine lebhafte Diskussion über Grundrechte in der Kirche auf. In dieser Diskussion sind die *Grundrechte der Christen in der Kirche* häufig mit den *allgemeinen*

[4] Teilnahme am Gottesdienst, Empfang (und Spendung) von Sakramenten, kirchliches Begräbnis, Ablässe, öffentliche Fürbitten, kirchliche Ehrenrechte (Vermögensverwaltung, Tätigkeit in kirchlichen Prozessen, Patenschaft, Wahlrecht, Ausübung des Patronatsrechts), Klagerecht, Ausübung kirchlicher Ämter und Aufgaben, Gebrauch von Privilegien, Mitwirkung bei Amtsübertragung, Empfang von Würden, Ämtern, Aufgaben und Pensionen (cc. 2259–2267 CIC/1917).

Menschenrechten in Verbindung gebracht worden, zumal sich die Kirche in Appellen an die gesellschaftlichen Kräfte in der Welt zum Anwalt derselben gemacht hat. Die Verwirklichung innerkirchlicher Grundrechte wurde dabei insbesondere als Prüfstein der Glaubwürdigkeit der kirchlichen Forderung nach allgemeiner Anerkennung von Grund- und Menschenrechten verstanden[5]. Selbstverständlich sind die Rechte des einzelnen, die sich aus der Würde der menschlichen Person ergeben, als vorgegebene Normen der Schöpfungsordnung auch im Bereich der Kirche zu beachten. Daraus folgt jedoch nicht die Notwendigkeit, die jedem Menschen als Person zukommenden allgemeinen Menschenrechte in einem kirchlichen Gesetzbuch aufzuzählen. Es gibt aber darüber hinaus auch Grundrechte, die sich aus der durch die Wiedergeburt der Taufe gewirkten Eingliederung in Christus und der Zugehörigkeit zu seiner Kirche als Volk Gottes ergeben und dem einzelnen Christgläubigen daher auf Grund seiner Würde als Kind Gottes zukommen[6]. Als *kirchliche Grundrechte* sind sie der Kirche nicht vorgegeben, wie die Menschenrechte dem Staat vorgegeben sind, weil es zwar den Menschen vor dem Staat und unabhängig von ihm gibt, während es den Christen nicht vor und unabhängig von der Kirche gibt. Die kirchlichen Grundrechte sind daher in der Kirche selbst grundgelegt. Ihre Grundlage ist die Communio der Glieder des Volkes Gottes mit Gott und mit der kirchlichen Glaubensgemeinschaft, die durch das Wort, das Sakrament und den apostolischen Dienst als Bauelemente der Kirche bestimmt ist[7]. Infolge ihrer Verankerung in der Gemeinschaft der Kirche sind die Grundrechte der Christgläubigen nicht von deren Grundpflichten zu trennen. Im CIC/1983 sind daher die Grundrechte und Grundpflichten aller Christgläubigen in einem einzigen Titel zusammengefaßt. Dabei sind die Pflichten den Rechten vorangestellt. Zuweilen gehen Pflichten und Rechte ineinander über. In der Formulierung lehnen sie sich weithin an Aussagen des Zweiten Vatikanischen Konzils an.

[5] Vgl. *J. Beyer*, De iuribus humanis fundamentalibus in statuto iuridico christifidelium assumendis, in: PerRMCL 58 (1969), S. 29–58; *W. Rüfner*, Die Geltung von Grundrechten im kirchlichen Bereich, in: Essener Gespräche zum Thema Staat und Kirche, Bd. 7, Münster 1972, S. 9–27; *H. Heinemann*, Menschenrechte? Eine Anfrage an das Kirchenrecht, in: ÖAKR 25 (1974), S. 238–255; *G. Luf*, Grundrechte und kirchlicher Rechtsschutz, in: ÖAKR 26 (1975), S. 25–54; *Mosiek* Verf. I, S. 170, 198–216; *J. Neumann*, Menschenrechte auch in der Kirche?, Zürich-Einsiedeln-Köln 1976; *G. Luf*, Überlegungen zur Begründung von Menschenrechten in der Kirche, in: *J. Schwartländer* (Hrsg.), Modernes Freiheitsethos und christlicher Glaube. Beiträge zur juristischen, philosophischen und theologischen Bestimmung der Menschenrechte, Mainz 1981, S. 322–343.

[6] Vgl. VatII LG Art. 9–12; *P. Lombardia*, Die Grundrechte des Gläubigen, in: Conc (D) 5 (1968), S. 608–611; *W. Aymans*, Kirchliche Grundrechte und Menschenrechte, in: AfkKR 149 (1980), S. 389–409.

[7] *P. Hinder*, Die Grundrechte in der Kirche. Eine Untersuchung zur Begründung der Grundrechte in der Kirche, Freiburg/Schweiz 1977. *Hinder* stellt auf dieser Grundlage einen Katalog kirchlicher Grundrechte auf (S. 262f.) und stellt diesen anderen Vorschlägen für kirchliche Grundrechtskataloge gegenüber (S. 260f.): *Neumann*, Menschenrechte (Anm. 5), S. 70–84; *P. J. Viladrich*, Teoria de los derechos fundamentales del fiel, Pamplona 1969, S. 396f.; *A. del Portillo*, Gläubige und Laien in der Kirche, Paderborn 1972, S. 40–125; *Ch. Leitmaier*, Der Katholik und sein Recht in der Kirche, Wien-Freiburg-Basel 1971, S. 143–183; *H. Heimerl*, Menschenrechte, Christenrechte und ihr Schutz in der Kirche, in: ThPQ 121 (1973), S. 31. Vgl. auch: Akten des 4. Internat. Kongresses f. Kirchenrecht.

Daß diese Pflichten und Rechte den *Christgläubigen* zugesprochen werden, hat seinen guten Grund. Im Unterschied zum CIC/1917 verpflichtet der CIC/1983 auf die kirchlichen Gesetze nicht mehr alle Getauften, sondern nur noch die Angehörigen der katholischen Kirche (c. 11). Wer nicht oder nicht mehr in Gemeinschaft mit ihr steht, ist nicht oder nicht mehr Träger der kraft der Taufe den Christen zukommenden Pflichten und Rechte (vgl. c. 96 mit c. 87 CIC/1917).

2. Die einzelnen Pflichten (cc. 209–211, 212 § 1, 222)

a) Gemeinschaft mit der Kirche (c. 209). Die Christgläubigen sind verpflichtet, auch in ihrer eigenen Lebensweise immer die Gemeinschaft mit der Kirche zu bewahren (c. 209 § 1). Die Gemeinschaft mit der Kirche ist nicht nur der Lebensraum, sondern auch der Lebensgrund für jeden einzelnen. Trennung von dieser Gemeinschaft ist daher lebensbedrohend. Darum wird formelle Trennung mit Strafe bedroht (c. 1364). Weil die Kirche in und aus Teilkirchen besteht (VatII LG Art. 23 Abs. 1), haben die Christgläubigen Pflichten gegenüber der Gesamtkirche wie auch gegenüber der Teilkirche, zu der sie gehören. Alle diese Pflichten haben sie mit Sorgfalt zu erfüllen (c. 209 § 2). Leben in der Gemeinschaft der Kirche bedeutet immer auch Leben für diese Gemeinschaft.

b) Heiligkeit des Lebens und Heiligung der Kirche (c. 210). Alle Christgläubigen müssen je nach ihrer eigenen Stellung ihre Kräfte einsetzen, selber ein heiliges Leben zu führen und das Wachstum der Kirche und ihre ständige Heiligung zu fördern. In dem Lebensaustausch zwischen der kirchlichen Gemeinschaft und ihren einzelnen Gliedern geht der Lebensstrom hin und her. Der einzelne empfängt von der Gemeinschaft der Kirche das heilige Leben und fördert durch seine eigene heilige Lebensführung das Wachstum und die Heiligung der Kirche.

c) Ausbreitung der göttlichen Heilsbotschaft (c. 211). Alle Christgläubigen haben die Pflicht und das Recht, mitzuarbeiten, daß die göttliche Heilsbotschaft zu allen Menschen aller Zeiten und an allen Orten gelangt. Die Kirche hat den Auftrag, allen Menschen des ganzen Erdkreises die Heilsbotschaft zu bringen. Alle Glieder der Kirche haben teil an der Sendung der Kirche. Daraus ergibt sich für jeden einzelnen Verpflichtung und Berechtigung.

d) Gehorsam gegenüber Vorlagen der geistlichen Hirten (c. 212 § 1). Was die geistlichen Hirten im Namen Christi als Lehrer des Glaubens erklären oder als Leiter der Kirche bestimmen, haben die Christgläubigen in christlichem Gehorsam zu befolgen. Soweit es sich dabei um die Vorlage einer Offenbarungswahrheit handelt, ist der Gehorsam von allen dem sich offenbarenden Gott geschuldet. Soweit es sich um eine rechtliche Anordnung handelt, die im Interesse des allgemeinen kirchlichen Wohles erlassen wurde, sind um dieses kirchlichen Wohles willen alle verpflichtet, diese Anordnung zu befolgen. In diesem Falle ist allerdings nicht von Gehorsam im wirklichen Sinn zu sprechen, da unmittelbares Gegenüber nicht der sich offenbarende Gott und auch nicht der gesetzgebende geistliche Hirte ist, sondern die abstrakte Norm, die alle bindet. Aber in beiden Fällen gilt die Verpflichtung für alle Christgläubigen. Der geistliche Hirt, der eine

Offenbarungswahrheit vorlegt, schuldet wie jeder andere Christgläubige dem sich offenbarenden Gott Glaubensgehorsam. Der geistliche Hirt, der ein Gesetz für die kirchliche Gemeinschaft erläßt, muß wie jeder andere Christgläubige dieses Gesetz befolgen. Durch diese Norm ist gegen die weitverbreitete gegenteilige Meinung klargestellt, daß auch der kirchliche Gesetzgeber an die von ihm erlassenen Gesetze gebunden ist[8].

e) Beitrag für die Bedürfnisse der Kirche (c. 222 § 1). Die Christgläubigen sind verpflichtet, für die Bedürfnisse der Kirche einen Beitrag zu leisten, daß ihr die Mittel zur Verfügung stehen, die für den Gottesdienst, die apostolischen und karitativen Werke und für den Lebensunterhalt der in ihrem Dienst Stehenden notwendig sind. Die Form, in der dieser Beitrag zu leisten ist, kann verschieden sein und wird sich jeweils nach den allgemeinen gesellschaftlichen Bedingungen richten, unter denen die Kirche lebt. Dieser Beitrag kann in Natural- oder Geldleistungen bestehen, als Kirchensteuer oder Kirchenbeitrag erhoben oder als freiwillige Gabe erbeten werden.

f) Förderung der sozialen Gerechtigkeit (c. 222 § 2). Die Christgläubigen sind verpflichtet, die soziale Gerechtigkeit zu fördern und aus ihren eigenen Einkünften die Armen zu unterstützen. Dadurch ist der Verkündigung der christlichen Botschaft Glaubwürdigkeit zu verleihen.

3. Die einzelnen Rechte (cc. 212 §§ 2 und 3, 213–220)

a) Freie Meinungsäußerung (c. 212 §§ 2 und 3). Die Christgläubigen haben das Recht, ihre Bedürfnisse, insbesondere die geistlichen, und ihre Wünsche den Hirten der Kirche zu eröffnen (c. 212 § 2). Entsprechend ihrem Wissen, ihrer Zuständigkeit und ihrer Stellung haben sie das Recht und bisweilen sogar die Pflicht, ihre Meinung in dem, was das Wohl der Kirche angeht, den geistlichen Hirten mitzuteilen und sie unter Wahrung der Reinheit des Glaubens und der Sitten und der Ehrfurcht gegenüber den Hirten und unter Beachtung des allgemeinen Nutzens und der Würde der Personen den übrigen Christgläubigen kundzutun (c. 212 § 3). Soweit es sich dabei um Rechte gegenüber Hirten der Kirche handelt, gelten sie auch für jene, die selber Hirten sind. Denn auch diese haben Bedürfnisse und Wünsche, die nur von anderen Hirten der Kirche zu erfüllen sind. Das Recht auf Äußerung der Bedürfnisse und Wünsche zielt selbstverständlich auf deren Erfüllung. Die Hirten der Kirche dürfen diese nicht unbegründet versagen. Die Meinungsäußerung in Dingen, die das allgemeine Wohl der Kirche angehen, ist nicht nur ein Recht, sondern auch eine Pflicht, da alle Christgläubigen als Glieder des Volkes Gottes an der Heilssendung der Kirche Anteil haben und damit berechtigt und verpflichtet sind, an der Erfüllung der Aufgaben der Kirche mitzuwirken.

b) Geistliche Hilfen (c. 213). Die geistlichen Güter, insbesondere das Wort Gottes und die Sakramente, sind der Kirche für die Menschen anvertraut. Alle

[8] Vgl. *M. Kaiser*, Die Rolle des Gesetzgebers in der Kirche. Überlegungen in Hinblick auf die Revision des kirchlichen Gesetzbuches, in: Miscellanea Bidagor I, S. 477–479.

Christgläubigen haben daher ein Recht darauf, diese geistlichen Hilfen zu empfangen. Auch dieses Recht richtet sich an die Hirten der Kirche, berechtigt aber in gleicher Weise auch diese selbst. Dem Recht aller Christgläubigen entspricht die Pflicht der jeweils zuständigen Hirten, die erbetenen Hilfen zu gewähren. Dies schließt allerdings nicht aus, daß die Hirten im Einzelfall die Rechtmäßigkeit des Verlangens zu prüfen haben; denn das Recht auf den Empfang von Sakramenten ist nicht ein absolutes Recht, sondern von der subjektiven Disposition des Empfängers abhängig.

c) Eigener Ritus und eigene Form des geistlichen Lebens (c. 214). Da die Kirche in und aus Teilkirchen besteht, haben die Teilkirchen das Recht auf eigene Gestaltung des Gottesdienstes und des geistlichen Lebens, soweit dadurch die Gemeinschaft mit den übrigen Teilkirchen und der Gesamtkirche nicht gestört wird. In diesem Rahmen haben auch alle einzelnen Christgläubigen das Recht, den Gottesdienst gemäß den Vorschriften des eigenen, von den zuständigen Hirten der Kirche anerkannten Ritus zu feiern und der eigenen Form des geistlichen Lebens zu folgen, sofern sie mit der Lehre der Kirche übereinstimmt.

d) Vereinigungs- und Versammlungsfreiheit (c. 215). Die Aufgabe der Kirche ist nicht nur von einzelnen, sondern auch von Gemeinschaften zu erfüllen. Darum haben die Christgläubigen das Recht, für Zwecke der Liebestätigkeit oder der Frömmigkeit oder zur Förderung der christlichen Berufung in der Welt Vereine zu gründen und zu leiten und Versammlungen abzuhalten, um diese Zwecke gemeinsam zu verfolgen[9].

e) Apostolische Tätigkeit (c. 216). Da alle Christgläubigen an der Sendung der Kirche teilhaben, haben sie das Recht, je nach ihrem Stand und ihrer Stellung auch durch eigene Unternehmungen eine apostolische Tätigkeit in Gang zu setzen oder aufrecht zu erhalten. „Katholisch" dürfen sich solche Unternehmungen jedoch nicht ohne Zustimmung der zuständigen kirchlichen Autorität nennen. Bei diesen Einrichtungen ist vor allem an Kindergärten, Schulen, Krankenhäuser und Altenheime und ähnliche Anstalten zu denken.

f) Christliche Erziehung (c. 217). Da die Gläubigen durch die Taufe zu einem Leben nach der Lehre des Evangeliums berufen sind, haben sie das Recht auf eine christliche Erziehung. Zu einer christlichen Erziehung gehört nicht nur die Hinführung zur Erkenntnis des Heilsmysteriums und die Anleitung zu einem Leben danach, sondern auch die Entfaltung und Reifung der menschlichen Person. Dieses Recht richtet sich nicht nur an die Eltern, sondern auch und vor allem an die Kirche, die durch ihre Amtsträger und auch als Gemeinschaft der Gläubigen verpflichtet ist, den einzelnen Gläubigen zu einem der Taufe entsprechenden christlichen Leben zu verhelfen.

g) Forschungs- und Veröffentlichungsfreiheit (c. 218). Sofern die Theologie eine Glaubens*wissenschaft* ist, steht denen, die sich theologischen Disziplinen widmen, jene Freiheit der wissenschaftlichen Forschung zu, die mit den der theologischen Wissenschaft angemessenen Methoden zu tieferem Verständnis der Glau-

[9] Zum kirchlichen Vereinrecht im einzelnen s. in *diesem* Band, unten, *H. Schnizer*, §§ 53–55 Die kirchlichen Vereine.

benswahrheit zu führen vermag. Diese Freiheit schließt auch das Recht in sich, die Forschungsergebnisse unter Einsatz aller Kommunikationsmittel zu publizieren. Sofern jedoch die Theologie eine *Glaubens*wissenschaft ist, ist diesem Freiheitsrecht in dem geoffenbarten Glaubensgut selbst eine Grenze gesetzt. Über die Einhaltung dieser Grenze hat das Lehramt der Kirche zu wachen.

h) Freie Standeswahl (c. 219). Alle Gläubigen haben das Recht, ihren Lebensstand frei von jeglichem Zwang zu wählen. Dies ist eine Ausformung des allgemeinen Menschenrechts auf freie Entfaltung der Persönlichkeit. Dieses Recht gewährleistet nur, daß niemand zu einer Eheschließung, zum Empfang sakramentaler Weihe oder zum Eintritt in ein Institut des geweihten Lebens oder in eine Gesellschaft des apostolischen Lebens gezwungen werden darf, es gewährt aber nicht einen uneingeschränkten Anspruch auf freie Wahl des Lebensstandes.

i) Guter Ruf und Intimsphäre (c. 220). Den guten Ruf eines Gläubigen darf niemand rechtswidrig verletzen. Rechtmäßigerweise kann der gute Ruf z. B. dadurch verletzt werden, daß ein Straftäter vor ein kirchliches Gericht gezogen und zu einer Strafe verurteilt wird. Dagegen ist das persönliche Recht eines jeden auf den Schutz der eigenen Intimsphäre absolut unverletzlich. Dazu gehört auch das Briefgeheimnis. Der Schutz persönlicher Daten ist im privaten wie im amtlichen Bereich zu achten.

4. Ausübung der Rechte (c. 223)

In der Ausübung finden selbst die Grundrechte ihre *Grenzen* an dem Grundsatz der persönlichen Verantwortung. Darum haben die Gläubigen bei der Ausübung ihrer Rechte sowohl als einzelne wie auch im Verein mit anderen auf das Gemeinwohl der Kirche, die Rechte anderer und ihre eigenen Pflichten diesen gegenüber Rücksicht zu nehmen (c. 223 § 1). Der kirchlichen Autorität steht das Recht zu, im Hinblick auf das Gemeinwohl die Ausübung der Rechte der einzelnen Gläubigen zu regeln (c. 223 § 2). Das in Entwürfen der kirchlichen Autorität zugestandene Recht, die Grundrechte der einzelnen Gläubigen *einzuschränken*, ist nicht in den CIC aufgenommen worden. Aber auch die Regelung der Ausübung kann eine gewisse Einschränkung der Rechte mit sich bringen. Diese darf jedoch nicht zu einer völligen Aushöhlung der Rechte führen.

5. Rechtsschutz (c. 221)

Die Rechte des einzelnen Gläubigen bedürfen des Schutzes vor Verletzung. Das Recht auf diesen Schutz gehört selbst zu den Grundrechten. Die Gläubigen haben das Recht, ihre Rechte, die sie als Glieder der Kirche besitzen, rechtmäßig geltend zu machen und sie nach Maßgabe des Rechtes vor dem zuständigen kirchlichen Gericht zu verteidigen (c. 221 § 1). Grundsätzlich ist jedes Recht mit der gerichtlichen Klage geschützt (c. 1491)[10]. Wenn Gläubige von der zuständigen kirchlichen

[10] Zum Rechtsschutz gegen Verwaltungssakte s. in *diesem* Band, unten, *R. A. Strigl*, § 110 Verwaltungsbeschwerde und Verwaltungsgerichtsbarkeit.

Autorität vor Gericht gezogen werden, haben sie ein Recht auf ein Urteil, das nach Recht und Billigkeit gefällt wird (c. 221 § 2). Schließlich haben die Gläubigen das Recht, daß kanonische Strafen über sie nur nach Maßgabe des Rechts verhängt werden (c. 221 § 3).

IV. Stellung der Frau in der Kirche

1. Grundsatz der Gleichberechtigung

In der Enzyklika „Pacem in terris" vom 11. April 1963 erkennt Papst *Johannes XXIII.* an, daß die Frau mit Recht „sowohl im häuslichen Leben als auch im Staat jene Rechte und Pflichten in Anspruch nimmt, die der Würde der menschlichen Person entsprechen" (n. 41)[11]. Das Zweite Vatikanische Konzil stellt fest, daß „die Frauen für sich die rechtliche und faktische Gleichstellung mit den Männern verlangen, wo sie diese noch nicht erlangt haben" (VatII GS Art. 9 Abs. 2) und erkennt darin ein berechtigtes Verlangen nach einem „erfüllten und freien Leben, das des Menschen würdig ist" (GS Art. 9 Abs. 3). Das Konzil begründet die „grundlegende Gleichheit aller Menschen" und die Anerkennung der daraus folgenden Grundrechte der Person ohne Unterschied des Geschlechts oder der Rasse mit der Gottebenbildlichkeit des Menschen (GS Art. 29 Abs. 1 u. 2). Während sich das Konzil mit diesen Forderungen in allgemeiner Weise an Staat und Gesellschaft wendet[12], erkennt es auch ausdrücklich an, daß allen Gliedern der Kirche aus ihrer Wiedergeburt in Christus eine gemeinsame Würde zukommt. Es gibt daher auch „in der Kirche keine Ungleichheit auf Grund von Rasse und Volkszugehörigkeit, sozialer Stellung oder Geschlecht (VatII LG Art. 32 Abs. 2)[13].

2. Rechtliche Bestimmungen über die Stellung der Frau

Die rechtlichen Bestimmungen des CIC/1917 entsprachen weithin nicht dem Grundsatz der Gleichberechtigung von Mann und Frau[14]. Die kirchliche Gesetzgebung nach dem Zweiten Vatikanischen Konzil hat zunächst nur geringfügige Modifizierungen im Bereich der liturgischen Dienste gebracht[15]. Die rechtliche Gleichstellung wurde aber immer lauter

[11] AAS 55 (1963), S. 267f.

[12] Vgl. *J. Neumann*, Die Stellung der Frau in der Sicht der katholischen Kirche heute, in: TThQ 156 (1976), S. 112–117.

[13] Vgl. *Portillo*, Gläubige und Laien (Anm. 7), S. 207–211; Zu Fragen der Stellung der Frau in Kirche und Gesellschaft (= Die Deutschen Bischöfe, H. 30), hrsg. vom Sekretariat der DBK, Bonn 1981.

[14] Vgl. *H. Müller*, Zur rechtlichen Stellung der Frau in der Kirche, in: ThPQ 126 (1978), S. 341–349.

[15] Allgemeine Einführung in das Römische Meßbuch, Nr. 70, in: Feier der Heiligen Messe. Meßbuch für die Bistümer des deutschen Sprachgebietes. Kleine Ausgabe, Einsiedeln-Köln u. a. 1976, S. 41*. Vgl. auch SC Rit Instr. vom 5. 3. 1967 über die Kirchenmusik, n. 23, in: AAS 59 (1967), S. 307; lat. u. dt. in: NKD 1, S. 24f. SC Cult Instr. vom 5. 9. 1970 zur Durchführung der Liturgiekonstitution, n. 7, in: AAS 62 (1970), S. 700f.; lat. u. dt. in: NKD 31, S. 36f.; SC Sacr Instr. vom 29. 1. 1973 über die Erleichterung des Kommunionempfanges, in: AAS 65 (1973), S. 265f.; lat. u. dt. in: NKD 46, S. 54–57.

verlangt. So hat z. B. auch die Gemeinsame Synode der Bistümer in der Bundesrepublik Deutschland an den Papst das Votum gerichtet, „dafür zu sorgen, daß alle Bestimmungen des Kirchenrechts der Würde und der Rechtsgleichheit der Frau entsprechen"[16].

Der CIC hat nunmehr die meisten rechtlichen Bestimmungen, welche die Stellung der Frau in der Kirche beeinträchtigen, aufgehoben, aber die volle rechtliche Gleichstellung nicht hergestellt. Wenn nur ein Elternteil der lateinischen Kirche angehört, wird ihr Kind durch die Taufe nur dann der lateinischen Kirche zugeführt, wenn beide Eltern dies übereinstimmend wollen. Wenn eine solche Einigung nicht zustandekommt, wird das Kind durch die Taufe der Rituskirche zugeführt, der der Vater des Kindes angehört (c. 111 § 1). Die Jungfrauenweihe begründet eine besondere Form des geweihten Lebens (c. 604). Das Ehemündigkeitsalter erreicht die Frau mit der Vollendung des 14., der Mann mit der Vollendung des 16. Lebensjahres (c. 1083 § 1). Das Ehehindernis der Entführung gilt nur für eine Frau, die gegen ihren Willen entführt oder festgehalten wird (c. 1089)[17].

Am einschneidendsten ist die Bestimmung daß sakramentale Weihen nur Männer gültig empfangen können (c. 1024). Angesichts verschiedener Stimmen, welche die Zulassung der Frau zur sakramentalen Weihe gefordert haben[18], hat die Glaubenskonkregation in einer Erklärung vom 15. Oktober 1976[19] daran festgehalten, daß die Kirche sich aus Treue zum Vorbild der Handlungsweise Christi und der Apostel nicht dazu berechtigt hält, Frauen zur Priesterweihe zuzulassen, zumal der Priester Christus als Bräutigam der Kirche zu repräsentieren hat. Sie räumt zwar ein, daß nicht ein stringenter Beweis für den normativen Charakter der bisherigen Praxis der Kirche zu erbringen ist, daß nur Männer zum Empfang der sakramentalen Weihen zugelassen werden können; andererseits aber lehnt sie es auch ab, die Zulassung der Frau zum Priestertum aus der Gleichheit der Rechte der menschlichen Person abzuleiten, da das Priestertum seiner Natur nach nicht als ein Recht zu begreifen ist, sondern zum Dienst für Gott und Kirche übertragen wird, so daß die Taufe kein persönliches Anrecht auf den Empfang der sakramentalen Weihe verleiht.

[16] Sb Dienste und Ämter 7. 1, in: Gemeinsame Synode. Gesamtausgabe I, S. 633. Gleichzeitig hat die Synode als Anordnung beschlossen: „Die kirchlichen Dienststellen sollen bei ihren Stellenplänen und Stellenbesetzungen Frauen den Zugang auch zu leitenden Positionen eröffnen" (Ebd., 7. 2, S. 634). „Dabei sollten Frauen nicht nur für die Zielgruppe Frauen, sondern in allen Bereichen tätig sein" (Ebd., 3. 2. 3, S. 612).

[17] Da die Eheschließungsfreiheit durch c. 1103, nach dem eine erzwungene Eheschließung ungültig ist, hinreichend geschützt ist, ist das Ehehindernis der Entführung in Wirklichkeit überflüssig.

[18] Vgl. *E. Gössmann*, Die Frau als Priester?, in: Conc (D) 4 (1968), S. 288–293; *H. van der Meer*, Priestertum der Frau? Eine theologiegeschichtliche Untersuchung (= QD 42), Freiburg 1968; *I. Raming*, Der Ausschluß der Frau vom priesterlichen Amt. Gottgewollte Tradition oder Diskriminierung? Eine rechtshistorisch-dogmatische Untersuchung der Grundlagen von Kanon 968 § 1 des Codes Iuris Canonici, Köln 1973.

[19] AAS 69 (1977), S. 98–116; dt. in: Erklärung der Kongregation für die Glaubenslehre zur Frage der Zulassung der Frauen zum Priesteramt (= Verlautbarungen des Apostolischen Stuhles, H. 3), hrsg. vom Sekretariat der DBK, Bonn 1976. Vgl. *M. Hauke*, Problematik um das Frauenpriestertum vor dem Hintergrund der Schöpfungs- und Erlösungsordnung (= Konfessionskundliche und kontroverstheologische Studien, Bd. 46), Paderborn 1982.

Die Frage nach der Zulassung der Frau zum Diakonat hat die genannte Erklärung der Glaubenskongregation nicht behandelt. Die Gemeinsame Synode der Bistümer in der Bundesrepublik Deutschland verwies darauf, daß der geschichtliche Befund bezüglich des *Diakonats* der Frau und bezüglich des *Priestertums* der Frau jeweils anders liegt. Darum hat sie den Papst gebeten, „die Frage des Diakonats der Frau entsprechend den heutigen theologischen Erkenntnissen zu prüfen und angesichts der gegenwärtigen pastoralen Situation womöglich Frauen zur Diakonatsweihe zuzulassen"[20]. Unter den Gründen, die dafür sprechen, auf die alte kirchliche Praxis der ersten Jahrhunderte zurückzugreifen, führt die Synode an, daß viele Frauen Tätigkeiten ausüben, die an sich dem Diakon zukommen. „Der Ausschluß dieser Frauen von der Weihe bedeutet eine theologisch und pastoral nicht zu rechtfertigende Trennung von Funktion und sakramental vermittelter Heilsvollmacht"[21].

Der Priestermangel in vielen Gebieten der Weltkirche hat dazu geführt, daß Frauen weitgehend mit Aufgaben betraut wurden, die gemeinhin Priestern vorbehalten sind[22]. Dabei handelt es sich jedoch nicht um Übertragung von Aufgaben, die notwendig den Empfang der sakramentalen Weihe voraussetzen, sondern um kirchliche Dienste, die geistlichen Zielen dienen und auch Laien übertragen werden können, selbst wenn sie gewöhnlich von Priestern ausgeübt werden[22a].

Lektorat und Akolythat gelten zwar nicht mehr als Weihestufen; die liturgische Einsetzung in diese Dienste bleibt aber „gemäß ehrwürdiger Tradition der Kirche Männern vorbehalten"[23]. Diese Regelung wurde trotz vieler Widersprüche in den CIC unverändert übernommen (c. 230 § 1). Dennoch ist nach wie vor nicht ausgeschlossen, daß Frauen wie Männer ohne liturgische Einsetzung zu Aufgaben des Lektors und des Akolythen und auch zu anderen Aufgaben herangezogen werden, selbst zur Leitung liturgischer Gebete, zur Spendung der Taufe und zur Kommunionausteilung (c. 230 §§ 2 und 3)[24], zur Assistenz bei der Eheschließung (c. 1112) und zur Spendung einzelner Sakramentalien (c. 1168). Soweit Laien als erkennende Richter in ein Richterkollegium aufgenommen (c. 1421 § 2) oder als Beisitzer oder Vernehmungsrichter tätig werden können (cc.1424, 1428), sind Frauen nicht mehr davon ausgeschlossen, wie die nachkonziliare Gesetzgebung zunächst bestimmt hatte[25].

[20] Sb Dienste und Ämter 7. 1, in: Gemeinsame Synode. Gesamtausgabe I, S. 634.

[21] Ebd., 4. 2. 2, S. 617.

[22] *Mosiek* Verf. I, S. 227 u. *Neumann*, Die Stellung der Frau (Anm. 12), S. 118, Anm. 19, weisen einzelne Beispiele nach: Bischofsvikar, Gemeindeleitung.

[22a] Vgl. in *diesem* Band, unten, *W. Aymans*, § 18 Die Träger kirchlicher Dienste.

[23] MP Ministeria quaedam vom 15. 8 1972, Art. VII, in: AAS 64 (1972), S. 533; lat. u. dt. in: NKD 38, S. 36f.

[24] Darum werden im Gebiet der Deutschen Bischofskonferenz so gut wie ausschließlich nur die Kandidaten für das Weihesakrament durch liturgischen Ritus in die Dienste des Lektors und des Akolythen eingesetzt. Vgl. *M. Kaiser*, Erlischt die Beauftragung zum Lektoren- und Akolythendienst eines Kandidaten für das Weihesakrament durch seine Entlassung aus dem Priesterseminar?, in: ThGl 71 (1981), S. 238–241.

[25] MP Causas Matrimoniales vom 28. 3. 1971, in: AAS 63 (1971), S. 441–446; lat. u. dt. in: NKD 39, S. 32–45. Vgl. auch die entsprechende Regelung für die Ostkirchen durch MP Cum Matrimonialium vom 8. 9. 1973, in: AAS 65 (1973), S. 577–581; lat. u. dt. in: NKD 39, S. 46–59.

V. Unterscheidung der Christgläubigen (c. 207)

Die fundamentale Gleichheit aller Kirchenglieder verbietet es, von verschiedenen Ständen in der Kirche in dem Sinn zu reden, daß es sich dabei um verschiedene Gruppen handle, denen ausschließlich je andere Rechte und Pflichten zukommen[26]. Gleichwohl gibt es in verschiedener Hinsicht Unterscheidungen.

1. Kleriker und Laien (c. 207 § 1)

a) Unterscheidung kraft göttlicher Weisung. Kraft göttlicher Weisung gibt es in der Kirche unter den Gläubigen geistliche Amtsträger, die Kleriker heißen; die übrigen heißen Laien. Nach der Aufhebung der ersten Tonsur, der niederen Weihen und des Subdiakonats[27] erfolgt die Aufnahme unter die Kleriker jetzt durch den Empfang der Diakonenweihe (c. 266 § 1). Die sakramentale Weihe ist jedoch nicht „eine Aussonderung der Geweihten aus dem Gottesvolk"[28]; sie nimmt nichts von dem weg, was allen Gliedern des Volkes Gottes an Grundrechten und Grundpflichten zukommt. Die Kleriker verlieren nicht ihre Stellung im Volk Gottes als Gläubige und Glieder der Kirche. Die fundamentale Gleichheit aller Kirchenglieder, die in der Teilhabe aller an dem dreifachen munus Christi und an der Heilssendung der Kirche besteht, wird dadurch nicht aufgehoben. Dies kommt in der Formulierung des c. 207 § 1 deutlicher zum Ausdruck als in c. 107 CIC/1917.

b) Unterscheidungskriterium. Die Unterscheidung in Kleriker und Laien ist nicht gleichbedeutend mit der Unterscheidung in *kirchlich* und *weltlich*[29]. Zwar wird den Laien in besonderer Weise der „Weltcharakter" zugesprochen und die Besorgung der weltlichen Dinge im Geiste des Evangeliums aufgetragen (c. 225 § 2)[30] und von den Klerikern wird erwartet, daß sie in der Regel hauptberuflich im kirchlichen Dienst stehen (c. 281) und sich von weltlichen Tätigkeiten fernhalten (cc. 285, 286). Aber dabei geht es nicht um ausschließliche Zuweisungen. Vor allem wird betont, daß auch die Laien durch die Taufe und die Firmung dazu bestimmt sind und darum die Pflicht und das Recht haben, an der Verbreitung der göttlichen Heilsbotschaft in aller Welt mitzuhelfen (c. 225 § 1). Darum können ihnen auch kirchliche Ämter und Aufgaben übertragen werden (cc. 228, 230, 231).

Nach deutschem Sprachgebrauch werden die Kleriker gewöhnlich als *Geistliche* bezeichnet. Aber auch darin liegt nicht das Kriterium für die Unterscheidung der Kleriker von den Laien. Zwar wird den Klerikern durch die sakramentale

[26] Vgl. *H. Conrad*, Art. Stand, in: StL[6] VII, Sp. 652.

[27] MP Ministeria quaedam vom 15. 8. 1972, Art. I, II u. IV, in: AAS 64 (1972), S. 531; lat. u. dt. in: NKD 38, S. 30f.

[28] So *Mosiek* Verf. I, S. 173.

[29] Die im CIC/1917 gebräuchliche Sprechweise „ecclesiasticus" in der Bedeutung „klerikal" und „laicus" bzw. „laicalis" in der Bedeutung „weltlich" oder „staatlich" zu verwenden, hat der CIC/1983 nicht übernommen. Nur in c. 284 wird die Kleidung des Klerikers noch als „kirchliche" Kleidung bezeichnet (= c. 136 CIC/1917).

[30] Vgl. VatII LG Art. 31 Abs. 2.

Weihe eine besondere Geistbegabung zuteil, aber auch die Laien haben im Sakrament der Taufe und der Firmung den Heiligen Geist empfangen. Darin gründen Pflicht und Recht der Laien, am Aufbau der Kirche als Leib Christi mitzuarbeiten und dazu schenkt der Heilige Geist den einzelnen auch besondere Gaben (VatII AA Art. 3).

Kriterium für die Unterscheidung in Kleriker und Laien ist auch nicht die Teilhabe am *Priestertum*. Auch die Laien sind, wie alle Christgläubigen, durch die Taufe des Priestertums Christi teilhaft geworden (c. 204 § 1). Alle Getauften sind daher zu „einem heiligen Priestertum geweiht" (VatII LG Art. 10 Abs. 1). „Das gemeinsame Priestertum der Gläubigen aber und das Priestertum des Dienstes, das heißt das hierarchische Priestertum, unterscheiden sich zwar dem Wesen und nicht bloß dem Grad nach. Dennoch sind sie einander zugeordnet: das eine wie das andere nämlich nimmt *je auf besondere Weise* am Priestertum Christi teil" (LG Art. 10 Abs. 2). Damit ist zugleich der Weg zum wirklichen Unterscheidungskriterium gewiesen. Der Unterschied zwischen Klerikern und Laien besteht nicht in einem *quantitativen Mehr oder Weniger* der Teilhabe an der Aufgabe Christi und damit an der Heilssendung der Kirche, sondern in einer *qualitativen Andersartigkeit* dieser Teilhabe.

Die Kleriker sind kraft göttlicher Weisung *ministri sacri* in der Kirche (c. 207 § 1). Dazu werden sie im Sakrament der Weihe gemacht, indem sie dazu geweiht und bestimmt werden, gemäß ihrem Weihegrad in der Person Christi des Hauptes die Aufgaben zu lehren, zu heiligen und zu leiten zu erfüllen, um das Volk Gottes zu weiden (c. 1008). Während alle Christgläubigen *Glieder* des Volkes Gottes und des Leibes Christi sind und als solche zu handeln berufen sind, sind allein die Kleriker durch das Sakrament der Weihe in besonderer Weise christusförmig geprägt und dazu bestimmt, in der Person Christi als *Haupt* der Kirche zu handeln und damit einen besonderen Dienst in der Kirche zu leisten, den nicht alle christgläubigen Glieder der Kirche zu leisten vermögen. Dies wird besonders deutlich in der Feier der Eucharistie, in der der Bischof oder der Priester als Vorsteher in der Person Christi handelt und alle Gläubigen, die daran teilhaben, je auf ihre Weise *mitwirken* (c. 899 § 2)[31]. Da die Feier des eucharistischen Opfers Gipfelpunkt und Quelle des ganzen christlichen Lebens ist (c. 897)[32], ist das Zusammenwirken von Klerikern und Laien bei der Darbringung des eucharistischen Opfers Modell für alles kirchliche Handeln.

2. Gläubige in Instituten des geweihten Lebens (c. 207 § 2)

Sowohl die Kleriker wie die Laien können einen besonderen Lebensstand wählen, indem sie sich in einem Institut des gottgeweihten Lebens durch Gelübde oder andere Bindungen zu einem Leben nach den Evangelischen Räten verpflichten und dadurch der Heilssendung der Kirche dienen. Dieser Lebensstand, dem Kleriker wie Laien angehören können, gehört nicht

[31] Vgl. VatII LG Art. 10 Abs. 2; Art. 11 Abs. 1; VatII SC Art. 7 Abs. 3 u. 4; Art. 48; VatII PO Art. 2 Abs. 4.

[32] Vgl. VatII LG Art. 11 Abs. 1; VatII SC Art. 10.

wie die Unterscheidung in Kleriker und Laien zur hierarchischen Struktur der Kirche. Er ist jedoch für das Leben und die Heiligkeit der Kirche bedeutsam, sofern das Leben nach den Evangelischen Räten eine radikale Form christlicher Lebensweise ist[33].

§ 17 Die Laien

Von Matthäus Kaiser

I. Der Begriff „Laie"

1. *Neuere Versuche einer Begriffsbestimmung*

Ein neues Selbstbewußtsein der Laien hat den Begriff „Laie" in dem herkömmlichen Verständnis als „Nichtfachmann" und als „Nichtkleriker" in Frage gestellt. Aus der Sorge, daß eine negative Begriffsbestimmung die Wertschätzung der Laien beeinträchtigt, wurde versucht, den Begriffsinhalt positiv zu bestimmen.

Die naheliegende Erklärung, daß „Laie" von λαός und λαικός abgeleitet, „zum heiligen Volk Gottes gehörig" bedeute, ist von der Wortgeschichte her widerlegt worden, da mit λαικός der zur Volksmenge Gehörige im Unterschied zu den Regierenden bezeichnet wurde[1]. *Karl Rahner* bestimmt den Begriff des Laien, indem er ihm spezifische Aufgaben in der Welt und in der Kirche zuspricht[2]. Für *Yves Congar* ist Laie ein „geheiligtes und verantwortliches Glied des Volkes Gottes"[3]. Ähnlich verlangt *Charlotte Leitmaier* „eine Abhebung von den Menschen, die nicht zum Volke Gottes gehören, und darüber hinaus eine Spezifizierung, die nach innen Kleriker und Laien scheidet". Sie wendet sich gegen die Bestimmung des Laien als Nichtkleriker, die auf den staatlichen Bereich übertragen zu der Bezeichnung „Nichtbeamter für den Bürger eines Staates" führen würde. In Umkehrung dieser Parallele glaubt sie in dem Begriff „Kirchenbürger" einen „rechtlich befriedigenden Ausdruck" für die Bezeichnung des Laien gefun-

[33] Vgl. in *diesem* Band, unten, *H. Müller*, § 56 Grundfragen der Lebensgemeinschaften der evangelischen Räte; *B. Primetshofer*, § 57 Die Religiosenverbände; *R. Weigand*, § 58 Die Säkularinstitute.

[1] *J. de la Potterie*, L'origine et le sens primitif du mot „Laic", in: NRTh 80 (1958), S. 840–853; *J. B. Bauer*, Die Wortgeschichte von „Laicus", in: ZkTh 81 (1959), S. 224–228. Zur Geschichte der Stellung des Laien vgl. *A. Scheuermann*, Der Laie in der Kirche, in: Apostolat und Familie. Festschr. f. Opilio Kardinal Rossi, Berlin 1980, S. 51–75.

[2] *K. Rahner*, Über das Laienapostolat, in: *ders.*, Schriften zur Theologie. 5. Aufl., Bd. 2, Einsiedeln-Zürich-Köln 1961, S. 339–351. Dabei erfolgt die Abgrenzung von den Klerikern so eigenwillig, daß z. B. ein hauptamtlicher Pfarrmesner „nicht mehr eigentlich Laie" ist (S. 340).

[3] *Y. Congar*, Art. Laie, in: HthG II, S. 14–20.

den zu haben[4]. Auch *Ulrich Mosiek* versucht, den bislang zumeist negativ umschriebenen Begriff des Laien positiv zu formulieren: „Laie ist jener Gläubige, der durch das Sakrament der Taufe als Person dem Volk Gottes eingegliedert und, vollendet durch das Sakrament der Firmung, vornehmlich zum Weltapostolat berufen ist. Ferner hat er die Befähigung, kraft spezieller Sendung Aufgaben des hierarchischen Apostolats im Bereich des dreifachen Amtes Christi wahrzunehmen"[5]. Auch *Johann Auer* spricht von einem „Weltamt" der Laien[6]. Diese Charakterisierung kann sich auch auf das Zweite Vatikanische Konzil berufen, das den Laien in besonderer Weise den *Weltcharakter* zuspricht. Ihre Aufgabe ist es, in der Regelung der weltlichen Dinge das Reich Gottes zu suchen. Sie sind von Gott gerufen, in der Welt ihre eigentliche Aufgabe zu erfüllen und so zur Heiligung der Welt beizutragen (VatII LG Art. 31 Abs. 2)[7].

2. *Technischer Hilfsbegriff*

Das Zweite Vatikanische Konzil hat in der Dogmatischen Konstitution über die Kirche ein eigenes Kapitel den Laien gewidmet (VatII LG Art. 30–38) und ein eigenes Dekret über das Apostolat der Laien (VatII AA) verabschiedet. Dadurch hat sich das Konzil ausdrücklich zur Würde der Laien als aktive Glieder der Kirche bekannt. Daraus ist aber nicht ein neuer Begriff des „Laien" zu konstruieren. Das Konzil betont, daß das über das Volk Gottes Gesagte auch für Laien (VatII LG Art. 30) und das von den Laien Gesagte für alle Christgläubigen gilt (LG Art. 33 Abs. 2 u. 3, Art. 37 Abs. 1 u. 2). Die Laien haben die Sendung des christlichen Volkes nicht nur in der Welt, sondern auch und zuerst *in der Kirche* auszuüben[8].

Der positive Inhalt, der in den Aussagen des Zweiten Vatikanischen Konzils und in den neueren Versuchen den Begriff des Laien zu bestimmen scheint, die Teilhabe an dem munus Christi und der Sendung des ganzen christlichen Volkes, beschreibt nicht den *Laien*, sondern das *Kirchenglied*. Sofern die Laien *Kirchenglieder* sind, ist ihre Stellung in der Kirche mit positivem Inhalt gefüllt; sofern jedoch Kirchenglieder *Laien* sind, ist damit eine Einschränkung auf jene Kirchenglieder ausgedrückt, die nicht Kleriker sind. Die Versuche, den Begriff „Laie"

[4] *Ch. Leitmaier*, Der Katholik und sein Recht in der Kirche, Wien-Freiburg-Basel 1971, S. 46, 50–52. Dabei wird aber übersehen, daß sowohl Beamte wie auch Nichtbeamte Staatsbürger sind, wie auch Kleriker und Laien Kirchenglieder (Kirchenbürger) sind. Der Begriff „Staatsbürger" ist Analogon für den Begriff „Kirchenglied". Ein Staatsbürger, der Beamter wird, bleibt Staatsbürger, wie ein Kirchenglied, das Kleriker wird, Kirchenglied bleibt. Für den kirchlichen Begriff „Laie" gibt es im staatlichen Bereich kein Analogon. Gäbe es ein solches, dann könnte es nur die Bedeutung von „Nichtbeamter" haben.

[5] *Mosiek* Verf. I, S. 183f.

[6] *J. Auer*, Die Kirche – das allgemeine Heilssakrament (= Kleine Katholische Dogmatik, Bd. VIII), Regensburg 1983, S. 167–169, 284–289.

[7] Der „Weltcharakter" der Laien wird auch hervorgehoben in dem Apost. Schreiben vom 8. 12. 1975 über die Evangelisierung in der Welt von heute, n. 70, in: AAS 68 (1976), S. 59; lat. u. dt. in: NKD 57, S. 156–159. Vgl. auch SC Prop, Rundschreiben vom 17. 5. 1970 über die Pflichten der Laien in der Missionstätigkeit der Kirche, in: *Ochoa* IV, Sp. 5817–5824.

[8] Vgl. *K. Mörsdorf*, Das eine Volk Gottes und die Teilhabe der Laien an der Sendung der Kirche, in: Festg. Scheuermann, S. 105–109.

positiv zu bestimmen, fußen im Grund auf der überholten Formulierung des c. 107 CIC/1917, die noch vom Ständewesen geprägt ist[9]. Der Begriff „Laie" ist in Wirklichkeit lediglich ein technischer Hilfsbegriff als *Kurzbezeichnung* für „Kirchenglieder, die nicht Kleriker sind". Als solcher Hilfsbegriff mag der Begriff „Laie" nützlich sein[10]. Jeder Versuch aber, dem Begriff „Laie" einen positiven Inhalt zu geben, der über das hinausgeht, was ein Kirchenglied ist, oder gar dies einschränkt (Weltcharakter!), ist notwendig zum Scheitern verurteilt. Die *negative Begriffsbestimmung* (Kirchenglied, das *nicht* Kleriker ist) besagt jedoch nicht, daß dem Laien etwas weggenommen würde, sondern lediglich, daß ihm über die Grundstellung des Kirchengliedes hinaus nichts Weiteres zukommt.

II. Die rechtliche Stellung der Laien in der Kirche

1. Der Ort des Laienrechts im CIC (c. 224)

Der Teil des CIC/1917, der „De laicis" überschrieben war, enthielt vornehmlich das kirchliche Vereinsrecht, das nicht nur für die Laien galt. Das in dem einleitenden c. 682 CIC/1917 ausdrücklich den Laien zugesprochene Recht auf den Empfang der geistlichen Güter ist ein Grundrecht, das nicht nur den Laien, sondern allen Gliedern der Kirche in gleicher Weise zukommt. Lediglich das grundsätzliche Verbot, klerikale Kleidung zu tragen (c. 683 CIC/1917) galt ausschließlich für die Laien. Wenn sich auch darüber hinaus verstreut über das ganze Gesetzbuch verschiedene Einzelbestimmungen fanden, welche die Stellung des Laien in der Kirche betrafen[11], so waren doch diese beiden Canones insofern für die Rechtsstellung bezeichnend, die der CIC/1917 den Laien in der Kirche einräumte, als sie die Laien als *Empfangende* darstellten, die im übrigen *Verboten* unterworfen sind. Das allgemeine Unbehagen darüber ist vor allem nach dem Zweiten Vatikanischen Konzil weiter gewachsen[12], nachdem dieses Konzil, ohne den Unterschied zwischen Klerikern und Laien zu verwischen, den Grundsatz der fundamentalen Gleichheit aller Kirchenglieder verkündet und programmatische Anstöße für die Neugestaltung des kirchlichen Rechts gegeben hatte[13].

[9] „... sunt in Ecclesia clerici a laicis distincti". Demgegenüber läßt der CIC/1983 deutlich die fundamentale Gleichheit aller Glieder der Kirche erkennen: „... inter christifideles sunt in Ecclesia ministri sacri, qui in iure et clerici vocantur; ceteri autem et laici nuncupantur" (c. 207 § 1).

[10] Da im staatlichen Bereich ohne einen entsprechenden Hilfsbegriff (Staatsbürger, die Nichtbeamte sind) auszukommen ist, dürfte auch im kirchlichen Bereich der Hilfsbegriff „Laie" entbehrlich sein. Vgl. dazu *H. Heimerl*, Ist der Laienbegriff noch aktuell?, in: Chiesa dopo il Concilio, Bd. II/2, S. 797–806. Wenn im kirchlichen Sprachgebrauch noch nicht ohne den Begriff „Laie" auszukommen ist, kann dies ein Zeichen dafür sein, daß die Lehre von der fundamentalen Gleichheit aller Glieder der Kirche (VatII LG Art. 32 Abs. 3) vom Bewußtsein des christlichen Volkes (= Kleriker und Laien) noch nicht rezipiert ist.

[11] *K. Mörsdorf*, Die Stellung der Laien in der Kirche, in: RDC 11 (1961), S. 214–234; *J. Trummer*, Der Laie im Codex Iuris Canonici, in: Der Laie in der Kirche. Seckauer Diözesan-Synode 1960, Graz 1961, S. 47–66.

[12] Vgl. *P. Lombardia*, Die Rechte des Laien in der Kirche, in: Conc (D) 7 (1971), S. 588, 591; *A. del Portillo*, Gläubige und Laien in der Kirche, Paderborn 1972, S. 154–157.

[13] *M. Gomez Carrasco*, La condicion juridica del laico en el Concilio Vaticano II, Pamplona 1972. Vgl. *H. Socha*, Grundlegung von Beispruchsrechten der Laien durch das II. Vatikanische Konzil, in: Festg. Scheuermann, S. 355–378; *ders.*, Mitverantwortung gleich Mitentscheidung?, in: AfkKR 142 (1973), S. 16–70.

Der allenthalben lautstark erhobenen Forderung entsprechend, die Rechtsstellung der Laien in der Kirche zu stärken, wurde in den CIC/1983 ein eigener Titel über „Pflichten und Rechte der Laien" (cc. 224–231)[14] aufgenommen. Dabei sind die Pflichten und die Rechte nicht voneinander getrennt. Neben einem eigenen Titel über Pflichten und Rechte aller Christgläubigen (cc. 208–223), auf deren Geltung auch für die Laien ebenso verwiesen wird wie auf die über das ganze Gesetzbuch verstreuten Einzelbestimmungen über die Stellung der Laien in der Kirche (c. 224), verbleiben für einen eigenen Titel über Pflichten und Rechte der Laien nur Präzisierungen und Wiederholungen[15].

2. *Pflichten und Rechte der Laien (cc. 225–230)*

a) Ausbreitung der Heilsbotschaft (c. 225 § 1). Wie alle Gläubigen (vgl. c. 211) sind die Laien verpflichtet und berechtigt, mitzuwirken, daß die Heilsbotschaft von allen Menschen überall auf der Welt erkannt und angenommen wird. Diese Pflicht und dieses Recht kommen den Laien (wie allen Gläubigen) sowohl als einzelnen wie auch in Vereinen zu. Hervorgehoben wird, daß die Pflicht besonders drängend ist, wenn die Menschen (z. B. wegen Priestermangel oder Verfolgung) das Evangelium nur durch Laien kennenlernen können.

b) Besorgung der weltlichen Ordnung im Geiste des Evangeliums (cc. 225 § 2, 227). Erst nach der betonten Voranstellung der innerkirchlichen Aufgabe der Ausbreitung der Heilsbotschaft wird an zweiter Stelle die besondere Pflicht der Laien genannt, die Ordnung der zeitlichen Dinge im Geiste des Evangeliums zu betreiben und dabei wie allgemein bei der Erfüllung weltlicher Aufgaben in besonderer Weise Zeugnis für Christus abzulegen. Diese Pflicht kommt jedem gemäß seiner Stellung zu (c. 225 § 2). Soweit Kleriker für einzelne Aufgaben der Besorgung zeitlicher Dinge die Erlaubnis ihres Oberhirten erhalten (c. 285 § 4), gelten selbstverständlich auch für sie die den Laien dabei obliegenden Pflichten. Außerdem haben die Kleriker als Hirten der Kirche nicht nur das Recht, sondern auch die Pflicht, durch öffentliche Erklärungen Weisungen für die Gestaltung der weltlichen Ordnung im Geiste des Evangelium zu geben.

In den Angelegenheiten des irdischen Gemeinwesens haben die Laien das Recht auf jene Freiheit, die allen Bürgern zukommt. Dies ist in gleicher Weise ein Appell an die außerkirchlichen gesellschaftlichen Kräfte wie eine Bindung der kirchlichen Autorität. Für den Gebrauch dieser Freiheit wird die Forderung wiederholt, sich vom Geiste des Evangeliums leiten zu lassen (vgl. c. 225 § 2) und hinzugefügt,

[14] Zu c. 231 s. in *diesem* Band, unten, *W. Aymans*, § 18 Die Träger kirchlicher Dienste. Die Bestimmungen des c. 231 wären richtiger in Verbindung mit denen des c. 281 in den Titel über die Rechte aller Christgläubigen eingearbeitet worden.

[15] Während ein eigener Titel über Pflichten und Rechte der Kleriker wegen der diesen eigentümlichen besonderen Aufgaben notwendig ist, ist ein eigener Titel über Pflichten und Rechte der Laien neben dem Titel über Pflichten und Rechte aller Christgläubigen dazu geeignet, die Vorstellung von der Aufspaltung der Kirchenglieder in voneinander getrennte Stände fortzuschreiben. Erforderliche Präzisierungen hätten sich an anderen Stellen leicht einfügen lassen.

daß sie sich dabei nach der vom Lehramt der Kirche vorgelegten Lehre zu richten haben, sich dabei aber hüten müssen, in Fragen, die der freien Meinungsbildung unterliegen, ihre eigene Ansicht als Lehre der Kirche auszugeben (c. 227). Dies gilt selbstverständlich auch für Kleriker.

c) Aufgaben der Eheleute und Eltern (c. 226). Unter den Pflichten und Rechten der Laien finden sich auch Aufgaben der Eheleute und der Eltern. Es gibt trotz der allgemeinen Verpflichtung der Kleriker zur Ehelosigkeit (c. 277 § 1) Ständige Diakone, die rechtmäßig verheiratet sind (cc. 281 § 3, 1031 § 2). Andererseits gibt es auch Laien, und zwar nicht nur in den Instituten des geweihten Lebens, die nicht verheiratet sind; außerdem gibt es selbst Ehegatten, die keine Kinder haben. Es handelt sich hier also nicht um spezifische Aufgaben der Laien, sondern um Aufgaben der Eheleute und Eltern, unabhängig davon, ob sie Laien oder Kleriker sind.

Die *Ehegatten* haben gemäß ihrer eigenen Berufung die besondere Pflicht, durch Ehe und Familie am Aufbau des Volkes Gottes mitzuwirken (c. 226 § 1). Dazu gehört vor allem, daß sie ihre Ehe und Familie als Hauskirche leben, in der die Kirche konkrete Gestalt gewinnt. Pflicht und Recht der *Eltern*, ihre Kinder zu erziehen, wird damit begründet, daß sie den Kindern das Leben geschenkt haben. Als christlichen Eltern obliegt ihnen zudem die Sorge für die christliche Erziehung ihrer Kinder gemäß der kirchlichen Lehre (c. 226 § 2)[16].

d) Christliche und theologische Bildung (c. 229 §§ 1 u. 2). Die Laien haben das Recht, sich entsprechend ihren Fähigkeiten und ihrer Stellung die Kenntnis der *christlichen Lehre* anzueignen (c. 229 § 1), damit sie dieser Lehre entsprechend leben und ihre sonstigen Pflichten erfüllen können. Dieselbe Begründung findet sich in c. 217 für das Recht aller Gläubigen auf eine christliche Erziehung. Bildung und Erziehung sind tatsächlich kaum voneinander zu trennen. Wenn das Recht auf christliche Erziehung allen Christgläubigen zugesprochen wird, kann das Recht auf (Weiter-)Bildung in der christlichen Lehre nicht allein den Laien vorbehalten sein.

Dasselbe gilt von dem Recht, jene tiefere Kenntnis in *theologischen Wissenschaften* zu erwerben, die in kirchlichen Universitäten oder Fakultären oder ähnlichen Instituten vermittelt werden, dort Vorlesungen zu besuchen und akademische Grade zu erwerben (c. 229 § 2). Dieses Recht ist in c. 218, der allen Gläubigen die Freiheit der Forschung in theologischen Disziplinen zugesteht, stillschweigend vorausgesetzt[17].

e) Beauftragung mit kirchlichen Aufgaben (cc. 224, 228, 229 § 3, 230). Während Kleriker verpflichtet sind, ihnen übertragene kirchliche Aufgaben zu übernehmen (c. 274 § 2), *können* Laien, die dazu geeignet sind, mit ihrer Zustimmung für jene kirchlichen Ämter und Aufgaben herangezogen werden, die sie nach kirchlichen Recht wahrzunehmen vermögen, soweit ein Bedarf dafür besteht (c. 228 § 1). Laien

[16] Pflicht und Recht der Eltern zur Erziehung ihrer Kinder wird in den cc. 793 u. 1136 wiederholt.

[17] Daß das Recht auf Studium und akademische Grade der Theologie unter die Laienrechte eingereiht wird, ist vor dem Hintergrund zu sehen, daß es nach dem CIC/1917 den Klerikern vorbehalten war.

mit entsprechendem Wissen und Ansehen können den Hirten der Kirche als *Sachverständige* und *Ratgeber* Hilfe leisten (c. 228 § 2). Unter Beachtung der erforderlichen Eignungsvoraussetzungen können Laien von der kirchlichen Autorität zur *Lehre in theologischen Wissenschaften* beauftragt werden (c. 229 § 3). Für den Dienst des *Lektors* und des *Akolythen* können nur *männliche* Laien durch den entsprechenden liturgischen Ritus auf Dauer bestellt werden, die gemäß den Vorschriften der Bischofskonferenz dazu geeignet sind[18]. Ein Recht auf Unterhalt oder Vergütung von seiten der Kirche erhalten sie dadurch jedoch nicht (c. 230 § 1). Auf Grund einer zeitlich begrenzten Beauftragung können alle Laien die Aufgabe des *Lektors* erfüllen wie auch die Aufgaben des *Kommentators*, des *Kantors* oder *andere* Aufgaben nach Maßgabe des Rechts (c. 230 § 2). Wenn für bestimmte liturgische Dienste jemand, der dafür bestellt ist, nicht zur Verfügung steht, können diese von Laien erfüllt werden: *Dienst am Wort, Leitung liturgischer Gebete, Spendung der Taufe, Austeilung der heiligen Kommunion* (c. 230 § 3).

Vielfältig sind die außerhalb des Titels über die Pflichten und Rechte der Laien genannten kirchlichen Aufgaben, die allgemein oder wenigstens unter bestimmten Voraussetzungen auch Laien übertragen werden können (c. 224): Mitwirkung an der Ausübung von Hirtengewalt (c. 129 § 2)[19], Ämter im kirchlichen Gericht (cc. 483 § 2, 1421 § 2, 1424, 1428 § 2, 1429, 1435), Vermögensverwaltung (cc. 492 § 1, 494 § 1, 537, 1279 § 2, 1280, 1282, 1287 § 1, 1289), Teilnahme an Konzilien und Synoden (cc. 339 § 2, 443 § 4, 463 § 2), Beratung und Teilnahme an Beratungsgremien (cc. 377 § 3, 1064, 512 § 1, 536 § 1), Mitwirkung an apostolischen Werken (cc. 296, 784), Mitwirkung bei Amtsübertragung (c. 523), Wahlen (c. 174 § 2), Mitwirkung in der Pfarrseelsorge (cc. 517 § 2, 519), Dienst am Wort (cc. 759, 766, 776, 785 § 1, 843 § 2) und Dienst der Heiligung (cc. 835 § 4, 861 § 2, 874 § 1, 893, 899 § 2, 910, 930 § 2, 943, 1112, 1168, 1174). Den Klerikern wird aufgetragen, die Sendung der Laien anzuerkennen und zu fördern (cc. 275 § 2, 529 § 2).

Beim Heiligen Stuhl wurden in Ausführung von Beschlüssen des Zweiten Vatikanischen Konzils[20] zum Dienst und zur Anregung für das Laienapostolat der *(Päpstliche) Laienrat*, die *Päpstliche Studienkommission Iustitia et Pax* und der *Päpstliche Rat für die Familie* eingerichtet[21].

[18] Vgl. *A. Kuhne* (Hrsg.), Die liturgischen Dienste, Paderborn 1982.

[19] Die Frage, ob Laien Jurisdiktionsträger sein können (vgl. *Mosiek* Verf. I, S. 217–229), beantwortet der CIC zwiespältig. Einerseits wird dafür der Empfang sakramentaler Weihe vorausgesetzt (cc. 129 § 1, 274 § 1); andererseits werden die Laien für fähig erklärt, an der Ausübung mitzuwirken (c. 129 § 2; vgl. c. 135 §§ 1 u. 3 i. V. m. c. 1421 § 2). Vgl. dazu *E. Corecco*, Die „Sacra potestas" und die Laien, in: FZPhTh 27 (1980), S. 120–154.

[20] VatII AA Art. 26 Abs. 3 u. GS Art. 90 Abs. 3.

[21] MP Catholicam Christi Ecclesiam vom 6. 1. 1967, in: AAS 59 (1967), S. 25–28; lat. u. dt. in: NKD 13, S. 78–87. Vgl. Const. REU n. 103. Die endgültige Ordnung dieser beiden Einrichtungen erfolgte durch MP Apostolatus peragendi und MP Iustitiam et pacem vom 10. 12. 1976, in: AAS 68 (1976), S. 696–703. Durch MP Apostolatus peragendi (Art. VII) ist auch das am 11. 1. 1973 (AAS 65 [1973], S. 60f.) eingesetzte *Komitee für die Familie* mit dem Päpstlichen Laienrat koordiniert worden. Durch MP Familia a Deo instituta vom 9. 5. 1981 (AAS 73 [1981], S. 441–444) ist es zu einem selbständigen *Päpstlichen Rat für die Familie* umgestaltet worden. Vgl. hierzu in *diesem* Band, unten, *I. Pérez de Heredia y Valle*, § 30 Die Römische Kurie, III 11.

§ 18 Die Träger kirchlicher Dienste

Von Winfried Aymans

Das II. Vatikanische Konzil lehrt, daß unter allen Christgläubigen eine wahre Gleichheit in der ihnen gemeinsamen Würde und Tätigkeit zum Aufbau des Leibes Christi besteht[1]. Diese Aussage des Konzils ist mißverständlich und kann nur im ganzen der Konzilstexte richtig gedeutet werden. Falsch wäre es vor allem, die wahre Gleichheit in der gemeinsamen Tätigkeit zum Aufbau des Leibes Christi so zu verstehen, daß alle Kirchenglieder prinzipiell zu denselben Aufgaben berufen wären[2]. Bei dieser Aussage kann es vielmehr nur darum gehen, daß alle Kirchenglieder aufgrund von Taufe und Firmung gleichermaßen dazu berufen sind, aktiv an dem gemeinsamen Werk zum Aufbau des Leibes Christi teilzunehmen. Andernfalls würde sich die Frage nach dem besonderen Dienst erübrigen.

Der besondere Dienst knüpft an der in Taufe und Firmung grundgelegten aktiven Teilhabe an der allgemeinen Sendung der Kirche an und unterliegt einer gesonderten Ordnung durch das apostolische Amt der Kirche; darüber hinaus hat er, soweit er geistlicher Dienst ist, in dem apostolischen Amt auch seinen gesonderten Existenzgrund. Es besteht kein Rechtsanspruch zur Aufnahme in den besonderen Dienst der Kirche. Wer in den besonderen Dienst der Kirche berufen wird, handelt insoweit stets im Namen der Kirche. Aus diesem Grunde bedarf es zur Ausübung des besonderen Dienstes über Taufe und Firmung hinaus einer kirchenamtlichen Sendung, die in den verschiedensten Formen bestehen kann, wie beispielsweise in Beauftragung, Zulassung, Einsetzung, Bestätigung, „Nihil obstat".

I. Der geistliche Dienst

Der geistliche Dienst ist jener Dienst, den bestimmte Kirchenglieder aufgrund des empfangenen Weihesakramentes und einer besonderen kirchlichen Sendung ausüben. Prinzipiell ist der geistliche Dienst für die Kirche konstitutiv, denn Kirche im Sinne der plena communio gibt es nur dort, wo der geistliche Dienst inmitten des Volkes Gottes ausgeübt wird.

[1] VatII LG Art. 32 Abs. 3; vgl. auch c. 208.

[2] Bezüglich der wahren Gleichheit in der gemeinsamen Würde will beachtet sein, daß das Konzil den Begriff der „dignitas" zuallermeist in dem allgemeinen Sinn der Menschenwürde verwendet, anderseits aber auch innerkirchlich insoweit differenziert, als es beispielsweise die geistlichen Hirten ermahnt, die Würde der Laien (laicorum dignitatem) anzuerkennen (VatII LG Art. 37 Abs. 3), bzw. umgekehrt von einer „dignitas, Episcoporum propria" (VatII CD Art. 25 Abs. 1) spricht.

1. Die Befähigung zum geistlichen Dienst

Durch den rechtmäßigen Empfang des Weihesakramentes werden Gläubige dazu befähigt und bestimmt, Aufgaben des geistlichen Dienstes in der Kirche wahrzunehmen[3]. Solche Gläubigen heißen im Recht der lateinischen Kirche Kleriker, nach verbreitetem deutschem Sprachgebrauch Geistliche. Allgemein umfaßt der geistliche Dienst alle Aufgaben des besonderen Dienstes, doch bedeutet dies nicht, daß alle Aufgaben des besonderen Dienstes nur von Geistlichen ausgeübt werden können. Die Mitte des geistlichen Dienstes ist in jenen Aufgaben zu sehen, die nur aus geistlicher Vollmacht (sacra potestas) wahrgenommen und deshalb nur Geistlichen übertragen werden können[4]. Der Umfang der Befähigung zum geistlichen Dienst hängt ab einerseits von der empfangenen Weihestufe, andererseits von der näheren Aufgabenbestimmung der zugeordneten kirchenamtlichen Sendung.

2. Die Stufungen des Weihesakramentes

Im Hinblick auf das Weihesakrament hat das II. Vatikanische Konzil wichtige Klärungen theologischer und disziplinärer Art erbracht[5]. Vor allem lehrt das Konzil die Sakramentalität der Bischofsweihe (LG Art. 21 Abs. 2) und wünscht für die lateinische Kirche die Wiederherstellung des ständigen Diakonates (LG Art. 29 Abs. 2)[6]. Die nachkonziliare Gesetzgebung und mit ihr der CIC/1983 haben für die lateinische Kirche[7] hieraus den Schluß gezogen, den Subdiakonat und die sog. niederen Weihen als Weihestufen sowie die Tonsur als Rechtsakt der Aufnahme in den Klerus abzuschaffen[8]. Damit werden eindeutig dem Weihesakrament nur die drei Stufen des Episkopates, des Presbyterates und des Diakonates zugerechnet[9]. Dabei versteht das Konzil den Zusammenhang der drei Weihestufen so, daß die Fülle des Weihesakramentes in der Bischofsweihe übertragen wird (LG Art. 21 Abs. 2), während Priesterweihe und Diakonenweihe eine graduell gestufte Teilhabe an dem Weihesakrament vermitteln (LG Art. 28 und 29). Alle drei Stufen bilden zusammen die Hierarchie[10]; dies bedeutet, daß ihre Glieder in verschiedenem Umfang befähigt sind, Träger geistlicher Vollmacht zu sein. Umstritten ist,

[3] Vgl. c. 1008.

[4] Vgl. cc. 129 § 1 und 274 § 1.

[5] Vgl. in *diesem* Band, unten, *H. Müller*, § 79 Die Ordination.

[6] Letzteres gilt im übrigen auch für jene orientalischen Kirchen, wo die Einrichtung des ständigen Diakonates außer Übung gekommen ist (VatII OE Art. 17).

[7] Vgl. vor allem MP SacrDiacOrd und MP MinQ; so auch der CIC.

[8] Für das orientalische Kirchenrecht bleibt es den einzelnen Kirchen überlassen, eine eigene Regelung bezüglich des Subdiakonates und der niederen Weihen zu erlassen (VatII OE Art. 17).

[9] Vgl. 1009 § 1.

[10] Diesen Sinn von Hierarchie legt VatII LG dadurch nahe, daß die Konstitution in dem dritten Kapitel Bischof, Priester und Diakon unter der Überschrift „De constitutione hierarchica Ecclesiae et in specie de Episcopatu" behandelt. Von den Diakonen heißt es ausdrücklich, daß sie in „gradu inferiori hierarchiae sistunt" (Art. 29). Dieser weitere Begriff von Hierarchie ist theologisch wohl begründet, muß aber von dem sonst geläufigen Sprachgebrauch unterschieden werden, wonach die Hierarchie aus dem Episkopat gebildet wird.

ob die geistliche Vollmacht in dem der Stufe entsprechenden Umfang ganz durch die Weihe übertragen wird[11] oder ob möglicherweise die Weihe nur zum Teil Vollmacht vermittelt und im übrigen eine Befähigung verleiht, geistliche Vollmacht zu übernehmen[12].

3. *Die verschiedenen Aufgaben des geistlichen Dienstes*

Die verschiedenen Aufgaben des geistlichen Dienstes werden durch eine besondere kirchliche Sendung (missio canonica) übertragen bzw. umschrieben. Einzige Ausnahme ist das Papstamt, das ein bereits zum Bischof Geweihter durch Annahme der Wahl, ein noch nicht zum Bischof Geweihter nach Annahme der Wahl durch den Empfang der Bischofsweihe übernimmt[13]; im Falle des Papstamtes spricht man deshalb von „missio divina", weil der Papst keine Rechtsinstanz über sich hat, die eine kirchliche Sendung aussprechen könnte. Im übrigen erfolgt die „missio canonica" in den verschiedensten, im Recht vorgesehenen Formen. Sie kann vor allem in der Übertragung eines bestimmten Amtes bestehen, ebenso aber auch in der Delegation oder Beauftragung mit im einzelnen zu umschreibenden Aufgaben.

Die wichtigsten Aufgaben des geistlichen Dienstes sind in jenen Ämtern umschrieben, die für den Aufbau der Kirche entscheidende Bedeutung haben und deren Sinnbestimmung darin besteht, dem ganzen Gottesvolk (Papst) oder bestimmten verfassungsrechtlichen Teilgemeinschaften (vor allem Diözesanbischof, Pfarrer) auf gewisse Dauer als geistliches Haupt vorzustehen. In dieser Aufgabe repräsentieren die Amtsinhaber den unsichtbaren Herrn der Kirche und einen die ihnen anvertraute Herde in Christus und auf Christus hin[14]. Die gegenseitige Zuordnung dieser Ämter mit der entsprechenden Gemeinschaft des Gottesvolkes ist für die verfassungsrechtliche Existenz dieser kirchlichen Teilgemeinschaften konstitutiv, wie das Papstamt für die katholische Kirche als Ganze konstitutiv ist. Man nennt diese Ämter deshalb auch Grundämter[15].

Den Grundämtern können sog. Hilfsämter zugeordnet sein, beispielsweise auf der Ebene der Gesamtkirche die obersten Verwaltungsbehörden und Gerichte mit ihren verschiedenen Ämtern, auf der Ebene des Ortsbischofsamtes die sog. Auxiliar- oder Weihbischöfe und die Kurialämter, auf der Ebene der Pfarrei vor allem der Pfarrvikar. Während die Grundämter kraft Wesens zum Bereich des geistlichen

[11] Die ontologische Grundlegung der geistlichen Vollmacht durch die Weihe vertritt *W. Bertrams* in zahlreichen Beiträgen.

[12] Diese Ansicht hält *K. Mörsdorf* auch in nachkonziliaren Beiträgen für die begründetere.

[13] Vgl. Const. Ap. Rom. Pont. elig. n. 88; vgl. c. 332 § 1.

[14] Vgl. c. 1008.

[15] Vgl. *K. Mörsdorf*, Kritische Erwägungen zum kanonischen Amtsbegriff, in: Festschrift f. K. G. Hugelmann, Bd. I, Aalen 1959, S. 383–398; *R. A. Strigl*, Grundfragen der kirchlichen Ämterorganisation, München 1960. Man kann allerdings nicht länger die Errichtungsbedürftigkeit als spezifisches Merkmal der Grundämter selbst verstehen. Nach dem CIC sind vielmehr das Bischofsamt und das Amt des Pfarrers begriffsnotwendige Bestandteile der errichtungsbedürftigen verfassungsrechtlichen Gliedgemeinschaften Diözese (cc. 369, 373) bzw. Pfarrei (c. 515).

Dienstes gehören, hängt dies im Bereich der Hilfsämter von der konkreten Aufgabenstellung ab; insoweit die Aufgaben der Hilfsämter nur in geistlicher Vollmacht ausgeübt werden können, gehören sie ausschließlich zum geistlichen Dienst.

Aufgaben des geistlichen Dienstes können aber auch außerhalb der gesetzlich umschriebenen Ämter, in Einzelfällen verschieden, Geistlichen übertragen werden (z. B. Delegation).

4. *Rechtsverhältnisse im geistlichen Dienst*

Wie generell kein Rechtsanspruch auf Aufnahme in den besonderen Dienst der Kirche besteht, gilt dies auch für den geistlichen Dienst[16]. Die Verwendung im geistlichen Dienst geschieht nach der aufgrund von Berufung durch den Empfang der Diakonatsweihe erfolgten Aufnahme in den geistlichen Stand. Wer in den geistlichen Stand aufgenommen worden ist, hat wegen der in der Weihe angelegten unumkehrbaren Befähigung und personalen Prägung zum geistlichen Dienst einen grundsätzlichen Rechtsanspruch auf irgendeine Verwendung im geistlichen Dienst[17], so lange er dieses Recht nicht unverschuldet (z. B. Geisteskrankheit) oder verschuldet (z. B. schwere Dienstpflichtverletzung) verwirkt hat. Es besteht kein Rechtsanspruch auf eine bestimmte Verwendung im geistlichen Dienst, wohl aber darauf, dem Weihegrad entsprechend eingesetzt und im übrigen nach den Regeln des geistlichen Dienstrechts behandelt zu werden.

Ein völliges Ausscheiden aus dem geistlichen Dienst ist wegen der Unumkehrbarkeit des in der Weihe Grundgelegten nie ein normaler Vorgang. Dies kann geschehen allein im Hinblick auf die Sendung bei weiterer Zugehörigkeit zum geistlichen Stand[18], aber auch im Hinblick auf die Weihe, sei es, daß die Gültigkeit der Weihe selbst prozessual angefochten wird (Weiheprozeß)[19], sei es, daß bei bleibender Anerkennung des gültigen Weiheempfangs Entlassung aus dem geistlichen Stand erfolgt[20].

II. Teilhabe von Laien am besonderen Dienst der Kirche

1. *Besondere Dienste*

Aufgrund von Taufe und Firmung sind alle Gläubigen dazu befähigt und berufen, in den Diensten des Lehrens, des Heiligens und des Leitens aktiv an dem Leben der Kirche teilzunehmen. Dies geschieht namentlich durch das alltägliche

[16] Vgl. c. 1025 § 2.
[17] Vgl. *H. Schmitz*, Fragen des Inkardinationsrechtes, in: Festg. Scheuermann, S. 146–148.
[18] Etwa im Falle von Geisteskrankheit.
[19] Vgl. cc. 1708–1712.
[20] Vgl. cc. 290–293.

Glaubenszeugnis, die Teilnahme am liturgischen und sonstigen gemeindlichen Leben der Kirche[21].

Darüber hinaus aber können Laien sich bereit erklären und dazu angenommen werden, besondere Dienste in der Kirche zu übernehmen[22]. Bei diesen komplementären Diensten kann es sich um solche Aufgaben handeln, die – wenn auch nicht exklusiv, so doch ihrem Wesen nach – laikale Dienste sind[23], aber auch um einzelne Aufgaben, die – ohne die Befähigung durch potestas sacra vorauszusetzen[24] – dem geistlichen Dienst der Kirche zuzuzählen sind[25]. Die Grenze zwischen beiden Aufgabenbereichen ist nicht immer leicht zu bestimmen, doch scheint dies auch nicht dringlich, da in jedem Falle eine Übernahme der hier gemeinten Dienste an eine besondere kirchliche Sendung gebunden ist.

Im Bereich des Lehrens hat die Mitwirkung von Laien im besonderen Dienst der Kirche eine weit verbreitete Tradition[26]. Hierher gehört ein breitgespanntes Aufgabenfeld, das von der Katechese über den Religionsunterricht bis – neuestens – zur wissenschaftlichen Theologie nicht nur in der Forschung, sondern auch in der Lehre reicht[27].

Für den Bereich des Heiligens ist vor allem auf die Dienste des Lektors und des Akolythen zu verweisen, die allerdings als auf Dauer übertragene Dienste gemäß der altehrwürdigen Tradition der Kirche Männern vorbehalten sind[28].

Im Bereich des Leitens muß in erster Linie die Tätigkeit in jenen Institutionen

[21] Es mag hier der allgemeine Hinweis auf VatII LG Art. 30–38 genügen; siehe auch c. 204.

[22] Vgl. VatII LG Art. 33 Abs. 3; vgl. cc. 224–231.

[23] Hierunter sind solche Dienste zu verstehen, die zwar Laien nicht ausschließlich vorbehalten sind, die aber doch dann von Laien ausgeübt werden sollen, wenn das entsprechende kirchliche Handeln zu seiner vollen Entfaltung kommen kann; vgl. hierzu *W. Aymans*, Der strukturelle Aufbau des Gottesvolkes, in: AfkKR 148 (1979), S. 21–47, hier 36–40.

[24] Obwohl das II. Vatikanum die Einheit der in der Weihe gründenden geistlichen Vollmacht lehrt und obwohl Papst *Paul VI.* in dem MP MinQ (Einleitung Abs. 6) erklärt, daß durch die Beschränkung des Klerus-Begriffes auf diejenigen, die das Weihesakrament empfangen haben, der Unterschied klarer werde zwischen dem, was dem Kleriker eigen und vorbehalten ist, und dem, was den Laien übertragen werden kann, hat sich in der nachkonziliaren Gesetzgebung zugleich eine gegenläufige Tendenz gezeigt, die die geistliche Vollmacht wieder aufspaltet. Danach müßte es neben der in der Weihe gründenden geistlichen Vollmacht eine weitere Vollmacht geben, die nicht in der Weihe grundgelegt ist. Einen Überblick über die Problematik bietet *Mosiek*, Verf. I, S. 217–229; s. auch *W. Aymans*, Laien als kirchliche Richter?, in: AfkKR 144 (1975), S. 3–20. Der CIC hat diese Unsicherheiten weitgehend behoben (vgl. cc. 129, 274), aber nicht befriedigend voll ausgeräumt (c. 1421 § 2).

[25] Für das deutsche Teilkirchenrecht vgl. etwa die sog. Richtlinien der Deutschen Bischofskonferenz vom 7. März 1974 für die Beteiligung der Laien an der Verkündigung, in: AfkKR 143 (1974), S. 147f. Nach allgemeinem Kirchenrecht ist in dieser Hinsicht nunmehr c. 766 zu beachten.

[26] Vgl. VatII LG Art. 35 Abs. 4. S. hierzu des Näheren in *diesem* Band, unten, *W. Aymans*, § 61 Begriff, Aufgabe und Träger des Lehramts.

[27] Über die Rechtslage hinsichtlich der Dozenten informiert *H. Schmitz*, Kirchliche Hochschulen nach der Apostolischen Konstitution Sapientia Christiana von 1979, in: AfkKR 150 (1981), S. 45–90, 477–527, hier 477–493, bes. 482f.; vgl. darüber hinaus auch cc. 229 § 3, 253 § 1, 810 und 812, 818.

[28] Für die nachkonziliare Entwicklung vgl. MP MinQ, hinsichtlich der erwähnten Einschränkung ebd. n. VII und die hierzu ergangene präzisierende Erklärung, in: NKD 38, S. 40f. Der Dienst des Lektors kann aber aufgrund einer zeitweisen Beauftragung auch von Frauen ausgeübt werden; s. hierzu nunmehr c. 230 §§ 1 und 2.

erwähnt werden, die von der Kirche dazu auf Dauer eingerichtet sind, damit u. a. Laien – eben als Laien – die Möglichkeit haben, gemäß ihrem Wissen und Sachverstand sowie ihrer Stellung erklären zu können, was nach ihrem Urteil dem Wohl der Kirche dient (Rätewesen)[29].

Im deutschen Teilkirchenrecht ist der Versuch unternommen worden, bestimmte Aufgaben der Seelsorge so miteinander zu verbinden, daß sie kirchliche Berufe für Laien darstellen. In diesem Sinne hat die Deutsche Bischofskonferenz „Grundsätze zur Ordnung der pastoralen Dienste" sowie einen Beschluß hierzu verabschiedet, dem folgend Rahmenstatuten für Pastoralreferenten und für Gemeindereferenten in den Bistümern der Bundesrepublik Deutschland erlassen worden sind[30]; auf der Grundlage dieser Rahmenstatuten hatten die einzelnen Diözesen im Laufe des Jahres 1979 eigene Ordnungen und Statuten in Kraft zu setzen[31]. Ebenso hat die Bischofskonferenz Richtlinien für Pfarrhelfer beschlossen, die im Bedarfsfalle als Empfehlung an die Diözesen verstanden sein wollen, entsprechende diözesane Regelungen zu erlassen[32]. Die Berufe des Pastoralreferenten[33] und des Gemeindereferenten[34] stehen unter den in den jeweiligen Rahmenstatuten genannten Bedingungen und im Rahmen des Bedarfs der Bistümer, der Beruf des Pfarrhelfers im Sinne der Richtlinien Männern und Frauen grundsätzlich in gleicher Weise offen[35]. Der Unterschied in den Berufsbildern ist hauptsächlich vorbildungsbedingt[36].

2. *Vereinbarung und Sendung*

Im Gegenüber zu der prinzipiellen Unumkehrbarkeit der Bestimmung zum geistlichen Dienst, die durch den Empfang der Weihe wesensmäßig grundgelegt ist und aus der eine grundsätzlich nicht zur Disposition stehende lebenslange Indienstnahme des Geistlichen folgt, ist die Aufnahme eines Laien in den besonderen Dienst der Kirche zu verstehen. Aus Taufe und Firmung erwächst eine allgemeine Berufung zu aktiver Teilhabe an Leben und Sendung der Kirche; daraus folgt aber nicht notwendig und nicht einmal im Regelfall die Berufung oder gar die Pflicht des Gläubigen, sich für die Übernahme eines besonderen Dienstes der Kirche bereitzuhalten. Die Verbindung von persönlicher Berufung, kirchenamtlicher Annahme und Sendung gestattet dem Laien eine größere Freiheit. Diese zeigt

[29] Vgl. VatII LG Art. 37 Abs. 1. Statt vieler Einzelnormen sei auf c. 228 § 2 verwiesen.

[30] Beschluß der DBK vom 2. März 1977 zur Ordnung der pastoralen Dienste, in: AfkKR 147 (1978), S. 481–485; Grundsätze der DBK vom 2. März 1977 zur Ordnung der pastoralen Dienste, ebd., S. 486–496; RS PastRef, ebd., S. 498–507; RS GemRef, ebd., S. 507–516.

[31] Vgl. Vorwort zu den Rahmenstatuten, ebd., S. 497f. Hier war auch vorgesehen, daß die Bischofskonferenz die Rahmenregelungen nach Ablauf von drei Jahren nach den bis dahin vorliegenden Erfahrung überprüfen werde.

[32] RL PfarrH, ebd., S. 516–519.

[33] S. RS PastRef n. 1. 4.

[34] S. RS GemRef n. 1. 5.

[35] RL PfarrH n. 1. 2, Abs. 1.

[36] Da der Pfarrhelfer seinen Beruf auch nebenberuflich ausüben kann, dürfte in diesem Fall die Vorbildung nicht zentrales Kriterium sein.

sich vor allem darin, daß die Übernahme eines laikalen besonderen kirchlichen Dienstes nicht notwendig eine Lebensentscheidung voraussetzt[37]. Eine nur befristete Übernahme solchen Dienstes widerspricht dem Wesen dieses Dienstes nicht. Unbeschadet etwa bestehender gesetzlicher Regelungen kommt es im Prinzip darauf an, daß sich ein Bewerber und ein Oberhirte über Dauer und Art des zu übernehmenden besonderen Dienstes einig werden, so daß auf dieser Grundlage die kirchliche Sendung erfolgen kann. Dies ist der entscheidende Grund dafür, daß sich für den Laien im besonderen Dienst der Kirche mit dem Moment der Sendung ein vertragliches Element verbindet. Dieses vertragliche Element kann einschlußweise in der bloßen Anerkennung vorhandener rechtlicher Regelungen für bestimmte Aufgaben bestehen (z. B. befristete Tätigkeit im Pfarrgemeinderat), kann sich aber auch im ausdrücklichen Abschluß eines Arbeitsvertrages zeigen[38]. Aus dem gleichen Grunde kann auch ein bestehendes Vertragsverhältnis einvernehmlich gelöst werden, ohne daß dies einen Bruch in der kirchlichen Existenz des so aus dem besonderen Dienst ausscheidenden Laien mit sich bringt[39].

III. Dienstverhältnis und kirchliche Sendung

Für den besonderen kirchlichen Dienst ist es von untergeordneter Bedeutung, ob der Dienst haupt-, neben- oder ehrenamtlich, ob er innerhalb eines kirchlichen Arbeits- und Dienstverhältnisses oder in Verbindung mit einem außerkirchlichen Dienstverhältnis, ob er haupt- oder nebenberuflich ausgeübt wird. Die Regeln, die im Kirchenrecht hierfür ausgebildet worden sind bzw. werden, sind Angemessenheitsregeln, die oftmals von den örtlichen Verhältnissen stark mitbedingt sind.

Der geistliche Dienst wird zu allermeist hauptamtlich in rein kirchlichem Dienstverhältnis versehen, jedoch ist für ständige Diakone die Möglichkeit der Ausübung eines Zivilberufes ausdrücklich vorgesehen[40]. In Deutschland gibt es herkömmlich eine erhebliche Zahl von Geistlichen, die als staatliche Beamte oder Angestellte kirchlichen Dienst versehen (z. B. viele Religionslehrer, Theologieprofessoren, Militärgeistliche).

[37] Der Übernahme eines geistlichen Dienstes geht die Aufnahme in den geistlichen Stand voraus, die mit einer Lebensentscheidung verbunden ist. Zur Regelung dieser strukturellen Besonderheit ist das Inkardinationsrecht entwickelt worden (vgl. cc. 265–272), in dem bestimmte gegenseitige Rechte und Pflichten zwischen dem aufnehmenden Oberhirten und dem Aufgenommenen umschrieben sind; dieses gegenseitige Rechtsverhältnis kann nicht durch vertragliche Abmachungen geregelt werden. Die Bereitschaft zum geistlichen Dienst verlangt eine prinzipielle Ganzhingabe, allerdings nicht unter dem Drohzeichen der Willkür, sondern unter der Garantie rechtlicher Ordnung.

[38] Vgl. etwa RS PastRef n. 5 und RS GemRef n. 5; ferner RL PfarrH n. 4.

[39] Daher sieht der Beschluß zur Ordnung der pastoralen Dienste (Anm. 30) in n. 3. 3 ausdrücklich vor, daß Laien im pastoralen Dienst die grundsätzliche Freiheit behalten müssen, ihren Beruf zu wechseln. Deshalb sollen sogar die Qualifikationen und Ausbildungsgänge möglichst mit denjenigen vergleichbarer weltlicher Berufe von vornherein abgestimmt werden.

[40] Vgl. cc. 281 § 3, 285 §§ 1 und 2, 288; diese Bestimmungen gehen zurück auf das MP SacrDiacOrd, bes. nn. 17 und 21.

Umgekehrt hat bei dem besonderen kirchlichen Dienst, der von Laien übernommen wird, entsprechend der Vielfalt der möglichen Dienste traditionell die ehrenamtliche Tätigkeit überwogen[41]. In Deutschland hat es schon längst daneben vor allem den kirchlichen Dienst in staatlichem Arbeitsverhältnis gegeben (z. B. viele Religionslehrer, neuestens auch Theologieprofessoren)[42]. Die künftigen Pastoralreferenten und Gemeindereferenten hingegen sollen in kirchlichem Arbeitsverhältnis einen hauptberuflichen pastoralen Dienst ausüben[43], während die Pfarrhelfer ihren pastoralen Dienst haupt- oder nebenberuflich übernehmen können[44].

Unbeschadet dieser vielfältigen Gestaltungsmöglichkeiten wird der besondere kirchliche Dienst in seinem Wesen bestimmt aus der Einheit von sakramentaler Befähigung und ekklesialer Sendung. Auf dem gemeinsamen Fundament von Taufe und Firmung aufbauend, beruht der konstitutive geistliche Dienst auf Weihe und Sendung[45], während der komplementäre besondere Dienst von Laien – ohne „Quasiweihung"[46] – durch bloßes Hinzutreten der Sendung begründet wird. Die Tatsache, daß der besondere Dienst weder in der bloßen Personwürde noch in irgendwelchen erworbenen Fertigkeiten, sondern in der sakramentalen Befähigung von Taufe und Firmung gründet, hat zur Folge, daß der im besonderen Dienst Stehende – sei er Geistlicher oder Laie – zugleich in die für alle Kirchenglieder geltende Grundordnung und in die besondere Dienstordnung eingebunden ist. Grundordnung und Dienstordnung sind deshalb nicht als ein beziehungsloses Nebeneinander zweier Rechtsstellungen verschiedener Ebenen etwa in dem Sinne zu deuten, daß für die dienstliche Verwendung allein die Beurteilung der Leistungen im Dienst in Betracht käme. Vielmehr sind beide Ebenen aufeinander bezogen, und zwar dergestalt, daß die ungeschmälerte kirchliche Grundstellung eine entscheidende Voraussetzung für die Übernahme in den besonderen Dienst bildet; ein rechtserhebliches Versagen in diesem Bereich kann Auswirkung auf die dienstliche Stellung haben, wie auch umgekehrt ein schwerwiegendes Versagen im Dienst Folgen nicht nur für die dienstliche, sondern auch für kirchliche Grundstellung nach sich ziehen kann.

Alle in den besonderen Dienst der Kirche Genommenen wirken, da sie an der Sendung der Kirche in besonderer Weise teilhaben, zu einer Gemeinschaft des Dienstes zusammen. In diese kirchliche Dienstgemeinschaft müssen sich darüber

[41] Schon in MP MinQ n. XII. wurde bezüglich der liturgischen Dienste des Lektors und des Akolythen ausdrücklich festgehalten, daß ihre Übertragung keinen Anspruch auf Unterhalt oder Bezahlung von seiten der Kirche begründet; s. jetzt c. 230 § 1 zweiter Halbsatz.

[42] S. oben Anm. 27.

[43] RS PastRef n. 1. 1; RS GemRef n. 1. 1. Vor allem auf sie und auf alle Laien, die hauptamtlich im besonderen Dienst der Kirche stehen, ist im Hinblick auf die Ausbildungsverpflichtung und die angemessene wirtschaftliche Versorgung c. 231 anzuwenden.

[44] RL PfarrH n. 1. 1.

[45] Für Bischöfe und Priester ist nicht allein die Zugehörigkeit zu einem bestimmten Inkardinationsverband, sondern die daran anschließende, nicht aber notwendig identische Zugehörigkeit zu einem Presbyterium maßgeblich. Für Diakone muß eine analoge Regelung getroffen werden.

[46] Die bisherige Bezeichnung der ministeria als „niedere Weihen" müßte eine solche Charakterisierung nahelegen.

hinaus auch alle die – seien sie katholische Christen oder nicht – einfügen, die ohne besonderen Sendungsauftrag, nicht selten auch ohne sakramentale Grundlage an kirchlichen Werken beteiligt sind (z. B. Angestellte an einem kirchl. Krankenhaus oder sonstigem sozialen Werk). Die in manchen Bereichen oft unvermeidliche, manchmal wünschenswerte Mitwirkung von Nichtkatholiken oder gar Nichtchristen, für die die Kirche in erster Linie als Arbeitgeber auftritt, müssen sich doch so verhalten, daß der besondere Charakter der kirchlichen Dienstgemeinschaft durch sie nicht in Mißkredit gerät oder gar in Frage gestellt wird.

3. Kapitel: Die Kleriker

§ 19 Die Zugehörigkeit zu einem geistlichen Heimatverband

Von Hugo Schwendenwein

Das kanonische Recht geht davon aus, daß es „clerici acephali" (clerici vagi) nicht geben darf, sondern daß jeder Kleriker einem geistlichen Heimatverband angehören muß (c. 265). Der Weltgeistliche gehört in der Regel einer Diözese bzw. einer gleichgestellten teilkirchlichen Organisationsform[1], einer Personalprälatur[2] oder einer mit Inkardinationsrecht ausgestatteten Gesellschaft (des apostolischen Lebens) an (cc. 265, 266 § 1), der Ordensgeistliche einer Ordensgemeinschaft (cc. 265, 266 § 2). Kleriker, die in definitiver Weise anderen Rechtsformen der vita consecrata (Gesellschaften des apostolischen Lebens[3], Weltinstituten) zugehören, sind entweder wie die Ordensgeistlichen inkardinationsrechtlich dem Institut zugeordnet (auch als Kleriker dem Institut adskribiert) oder wie Weltgeistliche in die Diözese (Teilkirche) inkardiniert, je nachdem, ob das betreffende Institut mit Inkardinationsrecht ausgestattet ist oder nicht. Diese Ausstattung mit Inkardinationsrecht ist bei den klerikalen Gesellschaften des apostolischen Lebens (c. 266 § 2), die vitae consecratae oder auch weltgeistlichen Charakters sein können, der gesetzlich vorgesehene Regelfall (c. 266 § 2). Die Inkardination in die Diözese bedürfte einer abweichenden Regelung (in den Konstitutionen der Gesellschaft). Bei den Weltinstituten ist es umgekehrt; ihnen angehörige Kleriker sind, soweit nicht eine Sonderregelung besteht (soweit dem Institut nicht durch Apostolische

[1] Das sind territoriale Prälaturen und Abteien, Apostolische Vikariate, Präfekturen und Administraturen.

[2] S. *H. Schwendenwein*, Das Neue Kirchenrecht, Gesamtdarstellung, Graz 1983, S. 159f.

[3] Nach c. 731 wird nur ein Teil der Gesellschaften des apostolischen Lebens der vita consecrata zugerechnet.

Konzession Inkardinationsrecht verliehen ist)[4], in die Diözese (Teilkirche) inkardiniert (c. 266 § 3), deren Bischof die entsprechende Kompetenz bei der Zulassung der Weihe zukommt.

1. Die Aufnahme unter die Kleriker

Kleriker wird man durch den Empfang der Diakonatsweihe (c. 266 § 1)[5]. Die durch diese erfolgende Aufnahme unter die Kleriker ist von der vorausgehenden Aufnahme als Kandidat des Diakonen- bzw. Priesteramtes (vgl. c. 1034 § 1) zu unterscheiden. Die Aufnahme als Kandidat stützt sich auf ein vom Bewerber eigenhändig geschriebenes und unterschriebenes Gesuch, das der schriftlichen Annahme durch die kompetente Autorität bedarf (c. 1034 § 1). Diejenigen, die in ein klerikales Institut durch Gelübde kooptiert sind (insbesondere also Professen eines Klerikerordens), bedürfen dieser Annahme als Kandidat nicht.

Bevor jemand zum Diakon geweiht wird[6], muß er die Dienstämter des Lektors und des Akolythen empfangen und durch einige Zeit ausüben (c. 1035 § 1). Dies gilt sowohl für dem Priestertum zustrebende Diakonatskandidaten, als auch für die Bewerber des ständigen Diakonates. Zwischen der Übertragung des Akolythates und der Diakonatsweihe muß ein Zeitraum von mindestens sechs Monaten liegen (c. 1035 § 2).

Damit jemand zum Priester oder Diakon geweiht werden kann, muß er dem eigenen Bischof oder dem zuständigen höheren Oberen eine eigenhändig geschriebene und unterschriebene Erklärung übergeben, in der er bezeugt, daß er von sich aus und frei die Weihe empfangen und sich dem kirchlichen Dienst widmen will und gleichzeitig um Zulassung zur zu empfangenden Weihe bitten (c. 1036). Dieses Erfordernis ist nicht schon mit der in c. 1034 § 1 vorgesehenen Bitte um Annahme als Kandidat erfüllt. Die in c. 1036 vorgesehene Erklärung muß, nachdem der Bewerber auf sein Ansuchen hin als Kandidat angenommen worden ist, jeweils vor der Weihe abgegeben werden.

Außer den bereits genannten Erklärungen müssen der unverheiratete Anwärter des ständigen Diakonates und der Priesteramtskandidat vor der Diakonatsweihe die Zölibatsverpflichtung durch den hierfür vorgeschriebenen öffentlichen Ritus

[4] Indiesem Fall hat das Institut eigene, ihm inkardinierte Kleriker.

[5] Bereits mit dem MP AdPasc (Nr. IX), das am 1. Januar 1973 in Kraft getreten ist, wurde die Disziplin des CIC/1917, die den Eintritt in den Klerikerstand an die „Erste Tonsur" (prima tonsura) geknüpft hat, aufgehoben. Selbstverständlich haben die bereits vorher durch die Erteilung der Tonsur Kleriker Gewordenen ihre Rechte behalten. Mit der Abschaffung der „Ersten Tonsur", der niederen Weihen und des Subdiakonates durch das gleichfalls am 1. Januar 1973 in Kraft getretene MP MinQ hat die Unterscheidung zwischen Klerikern göttlichen und kirchlichen Rechts in ihrer früheren Form sowie die zwischen Majoristen und Minoristen ihre praktische Bedeutung verloren (*K. Mörsdorf*, Das konziliare Verständnis vom Wesen der Kirche in der nachkonziliaren Gestaltung der kirchlichen Rechtsordnung, in: AfkKR 144 [1975], S. 397). Durch Übertragung der an die Stelle der niederen Weihen getretenen Dienstämter wird man nicht Kleriker (vgl. *H. Schwendenwein*, Die Aufnahme unter die Kleriker und die Zugehörigkeit zu einem geistlichen Heimatverband, in: GrNKirchR, S. 140).

[6] Des Näheren s. *Schwendenwein*, Das Neue Kirchenrecht (Anm. 2), S. 346–353.

vor Gott und der Kirche übernehmen. Andernfalls dürfen sie zur Diakonatsweihe nicht zugelassen werden. Die Verpflichtung zur Zölibatsübernahme entfällt für jene, die ewige Gelübde in einer Ordensgemeinschaft abgelegt haben (c. 1037).

Kompetente Autorität ist für Weihebewerber des Diözesanklerus der Bischof der Diözese, in der der Bewerber Wohnsitz hat, bzw. der Bischof der Diözese, der sich der Bewerber widmen will (c. 1016). Für jene, die die Weihe in Klerikerorden und Gesellschaften des apostolischen Lebens päpstlichen Rechts anstreben, ist die kompetente Autorität zur Annahme des erwähnten Gesuches der höhere Obere des betreffenden Institutes (c. 1019 § 1). Der kirchliche Gesetzgeber betont, daß niemand zum Empfang der Weihen gezwungen werden darf (c. 1026). Anderseits darf keiner, der die kanonische Eignung besitzt, davon abgehalten werden (c. 1026).

2. *Das Inkardinationsverhältnis*

Die Eingliederung in den geistlichen Heimatverband wird, wie c. 265 ausweist, Inkardination genannt. Sie erfolgt mit der Aufnahme in den Klerus, also durch die Diakonatsweihe (c. 266 § 1). Der Diakon wird der Teilkirche eingegliedert, für deren Dienst er geweiht wird (c. 266 § 1). Bei den Ordensleuten wird mit der Diakonatsweihe das Inkardinationsverhältnis zur betreffenden Gemeinschaft begründet. Entsprechendes gilt von Angehörigen von Priestergesellschaften und Säkularinstituten mit Inkardinationsrecht (c. 266 § § 2 und 3). Bei den Ordensgemeinschaften und Gesellschaften des apostolischen Lebens ist die ewige Profeß oder eine andere Form der dauernden oder definitiven Bindung bzw. die definitive Eingliederung in die Gemeinschaft Voraussetzung für die Diakonatsweihe (c. 266 § 2), d. h. die Verbandszugehörigkeit geht der Weihe voraus. Doch bewirkt auch hier die Diakonatsweihe die Adskription als Kleriker an den betreffenden Verband (c. 298 § § 2 und 3)[7].

Aus der Tatsache, daß Kleriker auch Gesellschaften und Orden, denen nur Kleriker und gegebenenfalls auch sich in besonderer Weise in ihren Dienst stellende Laien angehören, also Verbänden, die nicht im eigentlichen Sinn Teilkirchen sind, adskribiert werden können, wird geschlossen, daß das Wesentliche des Inkardinationsverhältnisses nicht in der Eingliederung in eine Teilkirche, sondern in der Eingliederung in einen geistlichen Heimatverband unter einem kirchlichen Jurisdiktionsträger besteht[8].

Durch die Inkardination erhält der Kleriker seinen Ordinarius proprius[9] (Heimatoberhirten), dessen Aufsicht er hinsichtlich der persönlichen Lebensführung untersteht. Aufgrund der Inkardination ist der Kleriker zum Dienst der Kirche im

[7] Vgl. auch Communicationes 3 (1971), S. 190.

[8] Vgl. *H. Schmitz*, Fragen des Inkardinationsrechtes, in: Festg. Scheuermann, S. 143f.

[9] Nicht zu verwechseln mit dem aufgrund des Wohnsitzes zuständigen Oberhirten, der nach c. 107 auch als Ordinarius proprius bezeichnet wird (*Schwendenwein*, Das Neue Kirchenrecht [Anm. 2], S. 550, Anm. 90).

Sinne von c. 274 § 2[10] gehalten. Der dem Heimatbischof gegebene Auftrag, die Wahrung der Rechte der in auswärtigen Teilkirchen, also außerhalb des eigenen Heimatverbandes arbeitenden Kleriker zu sichern (VatII PO Art. 10 Abs. 3, vgl. auch c. 271 § 1 i. V. m. c. 1274), zeigt, daß die diesbezügliche Verantwortung, der ein Recht des betreffenden Klerikers entspricht, zum Inkardinationsverhältnis gehört. Im Inkardinationsverhältnis wurzeln nach *Heribert Schmitz* dem Kleriker zukommende Rechte betreffend die dienstliche Verwendung, die geistliche und geistige Betreuung sowie die wirtschaftliche Versorgung und der Anspruch auf Sicherung dieser Rechte[11]. Der zitierte c. 271 § 1 verpflichtet den Diözesanbischof, wenn seiner Teilkirche inkardinierte Kleriker in den Dienst anderer Teilkirchen treten, durch Verträge mit den Diözesanbischöfen der Dienstdiözesen die Rechte und Pflichten der Betreffenden zu umschreiben. Naturgemäß werden solche Verträge die Sicherung jener Rechte des Klerikers enthalten, für die zu sorgen der Oberhirte durch kanonische Vorschriften gehalten ist (z. B. entsprechende Entlohnung: c. 281 § 1; soziale Vorsorgen für Alter, Invalidität, Krankheit: c. 281 § 2; Erholungsurlaub: c. 283 § 2)[12],[13]. Bis zum Inkrafttreten des CIC/1983 durfte niemand ohne kanonischen Weihetitel (z. B. Vermögen, Pension, Benefizium), durch den der standesgemäße Unterhalt gewährleistet erschien, geweiht werden. Wenn man im Zuge der Codex-Reform die Bestimmungen über den Weihetitel als überflüssig[14] weggelassen hat, so deshalb, weil man den angemessenen Lebensunterhalt (einschließlich der sozialen Sicherheit) des Klerikers bereits als durch die Inkardination gewährleistet betrachtet.

Hier knüpft nach Ausweis der nachkonziliaren Kanonistik die Pflicht des Bischofs an, für den angemessenen Unterhalt seiner Kleriker und für ihre soziale Sicherheit (für Alter, Krankheit, Invalidität) zu sorgen[15]. Kandidaten des Diakona-

[10] Siehe in *diesem* Band, unten, *H. Schwendenwein*, § 20 Die Rechte und Pflichten der Kleriker.

[11] *Schmitz*, Fragen (Anm. 8), S. 146–152; vgl. ferner *ders.*, Die Weisungen des Vatikanum II zur Altersversorgung der Presbyter, in: Festschr. Panzram, S. 139–158.

[12] In diesem Zusammenhang darf auch das Recht auf Anerkennung außerhalb des Heimatverbandes verbrachter Dienstzeiten (c. 271 § 2) und allenfalls ein gewisses Recht auf Freistellung zum außer- und überdiözesanen Dienst (vgl. z. B. c. 271 § 1; siehe auch *J. Ribas*, Incardinación y distribución del clero, Pamplona 1971, insbes. S. 266ff.) genannt werden. Vgl. bezüglich dieser Rechte auch *Mosiek* Verf. I, S. 245f., und *Schmitz*, Fragen (Anm. 8), S. 146–150. *Mosiek* (ebd.) und *Schmitz* (ebd.) betonen auch unter Hinweis auf VatII PO Art. 10 den Anspruch des Klerikers auf Verwendung im Heimatverband, auf einen ihren Kräften, Fähigkeiten und Eignungen entsprechenden Einsatz. Ein Einsatz außerhalb der eigenen Diözese setzt naturgemäß Bereitwilligkeit auf seiten des betreffenden Priesters voraus (vgl. *K. Mörsdorf*, Artikel: Klerus, in: SacrM II, Sp. 1372; vgl. auch *Schmitz*, Fragen (Anm. 8), S. 147; *Schwendenwein*, Das Neue Kirchenrecht (Anm. 2), S. 550, Anm. 52.

[13] Oft wird dabei auch die Abgrenzung der Kompetenzen und Verpflichtungen des eigenen (Ordinatius proprius) und des Dienstoberhirten eine Rolle spielen.

[14] Vgl. für die Anbahnung dieser Entwicklung: *Mosiek* Verf. I, S. 246; vgl. auch *Schmitz*, Fragen (Anm. 8), S. 149; *W. Ülhof*, Die Zuständigkeit zur Weihespendung mit besonderer Berücksichtigung des Zusammenhanges mit dem Weihetitel und der Inkardination, München 1962, S. 111.

[15] Vgl. insbesondere *Schmitz*, Fragen (Anm. 8), S. 146–152; *ders.*, Die Weisungen (Anm. 11), S. 139–158; *H. Schwendenwein*, Überlegungen zur 3. Session des „Internationalen Kirchenrechtskongresses" in Fribourg 1980, in: Prawo Kanoniczne 25 (1982), S. 291.

tes, die Orden oder Gesellschaften des apostolischen Lebens angehören, die gleichsam auf den Titel des Instituts geweiht werden, dürfen die Weihe erst erhalten, wenn sie mit der ewigen Profeß oder definitiven Inkorporation einen gesicherten Versorgungstitel haben (vgl. cc. 1019 § 1, 266 § 2). Analoges gilt, was freilich mehr eine Ausnahme darstellt, für inkardinationsrechtlich einem Weltinstitut zu adskribierende Diakone.

3. *Die die ganze Kirche umfassende Heilssendung*

Das II. Vatikanische Konzil hat die über die eigene Diözese hinausgreifende Verantwortung der Bischöfe für alle Kirchen besonders hervorgehoben und auf das Anliegen einer angemessenen Verteilung der Priester hingewiesen. Es soll also ein Ausgleich zwischen priesterreichen und priesterarmen Gegenden, Missionsgebieten oder Seelsorgsbereichen angestrebt werden (VatII PO Art. 10 Abs. 2, vgl. auch VatII CD Art. 6 Abs. 2). Die hierzu seinerzeit durch das MP EcclSanct I 1–5[16] gegebenen Ausführungsbestimmungen sind zwar nicht in sämtlichen Details in den CIC/1983 übernommen worden, doch bleibt das Anliegen auch im neuen Recht bestehen[17].

Bei der historischen Genese der Weltpriestergesellschaften mit Inkardinationsrecht (c. 736 § 1) spielte das Anliegen, Priester zur Durchführung außerordentlicher pastoraler und missionarischer Aufgaben für Gebiete und Gesellschaftsgruppen, die einer besonderen Hilfe bedürfen, vorzubereiten und zu entsenden, also das Anliegen, einen beweglicheren Einsatz von Klerikern zu ermöglichen, eine Rolle[18]. Bei diesen Vereinigungen und Gesellschaften handelt es sich nicht um Teilkirchen. Sie sind weltgeistliche Heimatverbände (Klerusverbände, denen nicht ein Teil des Gottesvolkes direkt zugeordnet ist) mit besonderen Aufgaben und haben eine gewisse Ähnlichkeit mit klösterlichen Verbänden[19].

Wichtig ist die vom Konzil verlangte Hebung des Bewußtseins der Verantwortung für die Gesamtkirche im Klerus. Nach VatII PO Art. 10 Abs. 1 rüstet die Geistesgabe, die den Priestern in ihrer Weihe verliehen wurde, sie nicht für irgendeine begrenzte und eingeschränkte Sendung, sondern für die alles umfassende und universale Heilssendung („bis an die Grenzen der Erde") aus. Darum soll auch in der priesterlichen Ausbildung der Geist der gesamtkirchlichen Verantwortung gestärkt werden (c. 257, VatII OT Art. 20)[20]. Im Licht der zitierten Aussage des II. Vatikanums und des kirchlichen Gesetzbuches kann die Inkardi-

[16] Vgl. auch die Normen der Päpstl. Kommission für die Seelsorge am Menschen unterwegs „De cleri transitu ab una ad aliam dioecesim secundum Concilium Oecumenicum Vaticanum Secundum" vom 16. März 1974, in: On the move, Nr. 9, September 1974, S. 9–12.

[17] Es zählt zu den Aufgaben der Kleruskongregation, durch einen besonderen Rat Grundsätze für eine bessere, der pastoralen Situation angemessene Verteilung des Diözesanklerus aufzustellen (vgl. Const. REU, Art. 68 § 2).

[18] Vgl. auch das MP EcclSanct I, 4.

[19] *Mörsdorf*, Klerus (Anm. 12), Sp. 1373.

[20] Vgl. auch *H. Schwendenwein*, Priesterbildung im Umbruch des Kirchenrechts, Wien 1970, S. 64, 151.

nation nicht im Sinne einer ausschließlichen Bindung zum Dienst in der Teilkirche, für die der Kleriker angenommen wurde, verstanden werden[21].

4. Aushilfe von Priestern in anderen Teilkirchen

„Die Priester jener Diözesen, die mit einer größeren Zahl von Berufungen gesegnet sind", sollen sich gern bereit zeigen, mit Erlaubnis oder auf Wunsch des eigenen Ordinarius ihren Dienst in Gegenden, in Missionsgebieten oder in Seelsorgsaufgaben auszuüben, in denen es an Klerus mangelt (VatII PO Art. 10 Abs. 1). Der Heimatbischof soll die Erlaubnis zu einem solchen Dienst in unter großer Priesternot leidenden Gegenden, sofern es sich um einen geistlichen Dienst handelt[22], nur a) bei wahrer Notlage der eigenen Diözese (c. 271 § 1) oder b) bei fehlender Bereitschaft und Eignung des Klerikers (c. 271 § 1) verweigern[23]. Der kirchliche Gesetzgeber intendiert hier eine großherzige Entscheidung. Der Diözesanbischof hat die Möglichkeit, eine solche Erlaubnis auf Zeit zu geben, und er hat auch die Möglichkeit zu mehrmaliger Verlängerung (c. 271 § 2). Der aushelfende Kleriker bleibt seinem Heimatverband inkardiniert und erfreut sich bei seiner Rückkehr aller Rechte, die ihm zukämen, wenn er in demselben Dienst getan hätte (c. 271 § 2)[24]. Die Bischöfe sollen Klerikern, die zum Einsatz in anderen Ländern bereit sind, eine geeignete Vorbildung zuteil werden lassen (c. 257 § 2)[25].

Wenngleich die Frage des Einsatzes von Klerikern außerhalb der eigenen Teilkirche in unseren Tagen besondere Aktualität erlangt, so hat es doch schon immer Gründe für auswärtige Dienstleistungen von Priestern gegeben, die auch zur Befassung der Kanonistik mit der rechtlichen Situation der außerhalb ihres Heimatverbandes lebenden Geistlichen geführt haben. Zum Teil handelt es sich bei auswärtigen Tätigkeiten um den Dienst in einer anderen Teilkirche, zum Teil aber auch um den Dienst in Einrichtungen, deren Wirkungsbereich in etwa doch über eine Teilkirche hinausweist (z. B. nationale Seelsorgezentren, Militärseel-

[21] *Schmitz*, Fragen (Anm. 8), S. 145; *J. Lécuyer*, Die Kollegialität der Bischöfe, in: Umkehr und Erneuerung, hrsg. von *Th. Filthaut*, Mainz 1966, S. 63. Am 25. März 1980 hat die SC Cler Richtlinien für die Förderung der Zusammenarbeit der Teilkirchen und besonders für eine bessere Verteilung des Klerus in der Welt erlassen (AAS 72 [1980], S. 343–364). Vor allem wurde auf eine bessere Verteilung des Klerus innerhalb der Teilkirchen (Zusammenarbeit mit dem Ordensklerus, Mitarbeit von Laien) und auf Aushilfe in fremden Teilkirchen hingewiesen. Darum soll jede Bischofskonferenz zwei Kommissionen bilden, eine für die bessere Verteilung des Klerus, die andere für die Mission. Die enge Zusammenarbeit, ja die Zusammenlegung der beiden Kommissionen erscheint möglich, ja sinnvoll.

[22] Vorausgesetzt ist, daß es sich um einen geistlichen Dienst handelt (c. 271 § 1), der auf der Linie priesterlichen Wirkens im Sinne des vom II. Vatikanum gezeichneten Priesterbildes liegt (vgl. *H. Schwendenwein*, Die Rechte und Pflichten der Kleriker, in: GrNKirchR, S. 149, Anm. 2).

[23] Der Heimatbischof hat die Möglichkeit, eine solche Erlaubnis für bestimmte Zeit zu erteilen. Er hat auch die Möglichkeit, sie sogar mehrmals zu verlängern (c. 271 § 2). *Ribas* spricht von einem Recht des Klerikers, das ihm nicht ohne weiteres verweigert werden kann. Vgl. *Ribas*, Incardinación (Anm. 12), S. 266ff.; *Schmitz*, Fragen (Anm. 8), S. 141, 146f.

[24] *Mörsdorf*, Klerus (Anm. 12), Sp. 1372.

[25] Ebd.

sorge, Theologische Fakultäten)[26]. Während *Joseph Biederlack* im letzteren Fall aus dem außerhalb der Inkardinationsdiözese gelegenen Wohnsitz des Klerikers nur die Unterstellung unter die an diesem geltenden Gesetze (einschließlich der Partikulargesetze) ableitet[27], schreibt *Karl Hofmann* dem Wohnsitzbischof auch die Ausübung der richterlichen Gewalt nach den allgemeinen Regeln des Prozeßrechts und die Aufsicht über den Lebenswandel zu[28].

In jedem Falle steht dem Wohnsitzbischof eine Kompetenz zu, wenn es um die Ausübung bestimmter priesterlicher oder diakonaler Funktionen in seinem Territorium geht bzw. wenn er für die Tätigkeit des betreffenden Klerikers ein dienstliches Aufsichtsrecht oder eine sonstige Zuständigkeit (z. B. über den Religionsunterricht) besitzt. Bei Klerikern im Staatsdienst wird auf die in den jeweiligen Konkordaten festgelegten Rechte zu verweisen sein.

Hat der diözesanfremde Kleriker eine kirchliche Anstellung im diözesanen Bereich, so ist der Wohnsitzbischof auch zur Regelung der dienstlichen bzw. mit dem Dienst zusammenhängenden persönlichen Verhältnisse (Dienstsitz, Urlaub usw.) zuständig[29]. In diesem Fall ist der Heimatbischof gemäß c. 271 § 1 verpflichtet, durch schriftliche Vereinbarung mit dem Wohnsitzbischof die Rechte und Pflichten des im Dienst der fremden Diözese stehenden Klerikers festzulegen[30],[31]. Auf jeden Fall wird man hier an die wirtschaftliche Versorgung, an die oben

[26] Über die Grundsätze, die für diözesane Einrichtungen gelten, die außerhalb der Diözese lokalisiert sind, vgl. die Ausführungen bei *P. Felici*, De seminario in aliena dioecesi rusticanti, in: Apollinaris 12 (1939), S. 261–264.

[27] *J. Biederlack*, Inkardination und Ordination der Säkularkleriker nach jetzigem Kirchenrecht, in: ZkTh 47 (1923), S. 51.

[28] *K. Hofmann*, Die Rechtsverhältnisse eines außerhalb seines Heimatbischofs wohnenden Geistlichen, in: Festschr. E. Eichmann zum 70. Geburtstag, hrsg. von *M. Grabmann* und *K. Hofmann*, Paderborn 1940, S. 431–433. Jedenfalls soll er die Gepflogenheiten des Klerus im betreffenden Bereich berücksichtigen.

[29] *Hofmann*. Die Rechtsverhältnisse (Anm. 28), S. 433f. Vgl. auch *Holböck* I, S. 253; ferner die von der SC Conc veröffentlichten Grundsätze vom 31. Januar 1913, in: AAS 5 (1913), S. 39, Nr. 14. Niemals dürften, abgesehen von Extremfällen eines schwer schuldhaften Verhaltens, soziale Sicherheiten (Pensionsansprüche, Krankheitsvorsorge usw.) verlorengehen, sofern sie nicht durch mindestens gleichwertige ersetzt werden. *Ribas*, Incardinación (Anm. 12), S. 290, erklärt hierzu: „... el Ordinario debe respetar la situación jurídica del presbitero ... teniendo derecho – el presbitero – a permanecer en su nueva situación jurídica." Vgl. auch *Schwendenwein*, Das Neue Kirchenrecht (Anm. 2), S. 152 und 551 mit Anm. 109.

[30] Im Falle der Dienstleistung außerhalb der Diözese bei einem nichtkirchlichen Dienstgeber muß man anstelle der genannten schriftlichen Vereinbarung die im Zeitpunkt der Übernahme der betreffenden Stellung geltenden Normen des Dienstrechts als gültige Rechtsgrundlage für die dem diensttuenden Kleriker zustehenden Rechte ansehen. In den staatlichen Dienstrechten sind die wichtigsten in einer Vereinbarung der oben genannten Art zu regelnden Fragen zumeist ohnedies normiert.

[31] Ein unter Beibehaltung seines bisherigen Inkardinationsverhältnisses in eine andere Teilkirche überwechselnder Kleriker kann vom eigenen Bischof aus einem gerechten Grunde zurückgerufen werden, sofern dabei die mit dem anderen Bischof eingegangenen Vereinbarungen und die natürliche Billigkeit (c. 271 § 3) gewahrt werden; unter den gleichen Bedingungen (Wahrung der natürlichen Billigkeit und allfälliger Vereinbarungen) kann der Bischof der Aufenthaltsdiözese, falls ein gerechter Grund vorliegt, dem Kleriker die Erlaubnis zum weiteren Aufenthalt in seinem Territorium entziehen (c. 271 § 3). Der Gesetzgeber betont strikt, daß dies nur unter Wahrung der aequitas naturalis (c. 271 § 3) geschehen darf, d. h., es ist eine Schädigung des Priesters zu vermeiden (vgl. oben Anm. 29).

genannten Rechte denken, deren Sicherung dem Gesetzgeber ein großes Anliegen ist. Darüber hinaus wird man aber auch bestrebt sein, die Fragen der Art und der Modalitäten des Einsatzes zu regeln und allenfalls auch die der dienstlichen Stellung in der Diözesanorganisation.

5. *Umkardination*

Das kanonische Recht kennt nicht nur die Möglichkeit der Tätigkeit außerhalb der eigenen Teilkirche, es kennt auch die Möglichkeit des inkardinationsmäßigen Übertrittes von einer Teilkirche zur anderen, die Umkardination. Diese umgreift die Exkardination aus dem bisherigen und die Inkardination in den neuen Heimatverband, wobei die Exkardination erst mit der dauernden und bedingungslosen Aufnahme in den neuen Verband (Inkardination) wirksam wird (c. 267 § 2). Sowohl über die In- als auch über die Exkardination ist eine vom jeweils zuständigen Diözesanbischof eigenhändig unterschriebene Urkunde auszustellen (c. 267 § 1). Eine solche sogenannte freie Umgliederung steht nur dem Diözesanbischof zu (c. 272)[32,33]. Ein diözesanfremder Geistlicher soll nur inkardiniert werden, wenn eine Notwendigkeit oder ein Nutzen für die Diözese gegeben ist (z. B. Annahme oder Ausübung eines Amtes)[34], wenn über die Exkardination eine Urkunde und außerdem, nötigenfalls, geheime Zeugnisse des exkardinierenden Bischofs über Leben, Sitten und Studien des Inkardinationswerbers vorliegen und der Inkardinierende dem neuen Diözesanbischof schriftlich verspricht, sich nach Maßgabe des Rechts der neuen Diözese zu widmen (c. 269)[35]. Bei alledem müssen auch die Vorschriften über den angemessenen Unterhalt des Klerikers[36] gewährleistet sein (c. 269, n. 1). Das heißt, der neue Diözesanbischof muß, wenn nicht auf andere Weise für entsprechenden Unterhalt gesorgt ist, diesen bereitstellen.

Die Exkardination darf – dies betrifft die Erlaubtheit – nur aus gerechten Gründen gewährt werden; solche Gründe sind der Nutzen der Kirche und das Wohl der betreffenden Klerikers (c. 270; z. B. Gesundheitsrücksichten, Annahme oder Ausübung eines Amtes)[37]. Sie darf nur bei Vorliegen schwerwiegender Gründe verweigert werden. Gegen eine Ablehnung könnte ein Kleriker, der sich durch diese benachteiligt erachtet, rekurrieren, vorausgesetzt, daß ein Bischof bereit ist, ihn aufzunehmen.

[32] General- und Bischofsvikare können die In- und Exkardination und die Erlaubnis, in eine andere Diözese auszuwandern, nur mit bischöflicher Sondervollmacht gewähren. Der Diözesanadministrator darf dies erst ein Jahr nach Sedisvakanz und nur mit Zustimmung des Konsultorenkollegiums bzw. des dessen Funktion wahrnehmenden Domkapitels (c. 272).

[33] Nach dem Erlaß der SC Ep vom 29. Juni 1975 (in: AfkKR 114 [1975], S. 137) ist bei Behinderung des für die Exkardination zuständigen Oberhirten die Erlaubnis der päpstlichen Kommission für die Auswanderer und Reisenden einzuholen.

[34] *Mosiek* Verf. I, S. 237.

[35] Im Sinne der herkömmlichen Lehre würde dies freilich einen begründeten erneuten Wechsel der Diözese nicht hindern (vgl. *Mosiek* Verf. I, S. 238).

[36] S. *Schwendenwein*, Die Rechte und Pflichten der Kleriker (Anm. 10).

[37] *Mosiek*, Verf. I, S. 237.

In Durchführung der Bestimmungen von VatII PO Art. 10 Abs. 2 wurde auch eine erleichterte Form der Umkardination vorgesehen[38], die sich nunmehr gemäß c. 268 § 1 folgendermaßen darstellt: Ein Geistlicher, der fünf Jahre lang erlaubterweise in einer fremden Teilkirche seinen Dienst verrichtet hat, wird in diese ipso iure inkardiniert, wenn er ein entsprechendes Schreiben sowohl an den Bischof der Diözese, in der er lebt, als auch an den eigenen Heimatbischof richtet und innerhalb von vier Monaten kein gegenteiliges Schreiben eines der beiden Genannten ergeht.

Eine Umkardination[39] kann auch durch Übertritt in einen welt- oder ordensgeistlichen Personalverband erfolgen. Durch die dauernde und definitive Aufnahme in ein Institut des gottgeweihten Lebens (ewige Profeß) oder in eine Priestergesellschaft mit Inkardinationsrecht wird der Kleriker, der damit aus seinem bisherigen geistlichen Heimatverband (Teilkirche) exkardiniert wird, dem Institut bzw. der Gesellschaft inkardiniert (c. 286 § 2)[40].

§ 20 Die Rechte und Pflichten der Kleriker

Von Hugo Schwendenwein

Die Kleriker haben an den Pflichten und Rechten der Christgläubigen teil. Was die besonderen Klerikerpflichten und -rechte anbelangt, bringt der CIC folgende Aufzählung[1]:

1. *Ehrfurcht und Gehorsam gegenüber dem Hl. Vater.* Am Beginn dieses Kapitels wird auf die besondere Gehorsams- und Ehrfurchtsbindung des Klerikers gegenüber dem obersten Hirten der Kirche, dem Papst, hingewiesen (c. 273).

2. *Besondere Disposition für jurisdikionelle Aufgaben.* Nach c. 274 § 1 können nur Kleriker solche Ämter erhalten, deren Ausübung Weihegewalt oder kirchliche Regierungsgewalt erfordert. Allerdings ergibt sich aus c. 129 § 2 bezüglich der Reservation der Ausübung kirchlicher Regierungsgewalt durch Kleriker insofern eine Modifizierung oder Einschränkung, als die angezogene Bestimmung auch die

[38] Vgl. ebd., S. 239f.
[39] Vgl. ebd., S. 239.
[40] Auch durch die Aufnahme eines Geistlichen, der einem Institut des gottgeweihten Lebens oder einer Priestergesellschaft oder Priestervereinigung adskribiert war, in eine Diözese oder ihr gleichgestellte Teilkirche erfolgt eine Umgliederung (vgl. *Mörsdorf* Lb I, S. 251; *Mosiek* Verf. I, S. 239).

[1] Während der CIC/1917 von den Rechten und Pflichten der Kleriker spricht, nennt das neue kirchliche Gesetzbuch in der diesbezüglichen Überschrift – so wie bei den Pflichten und Rechten der Gläubigen – zuerst die Pflichten und dann die Rechte. Bemerkt sei noch, daß der Gesetzgeber Rechte und Pflichten, da sie ja vielfach miteinander zusammenhängen, nicht voneinander gesondert aufzählt. (*H. Schwendenwein*, Das Neue Kirchenrecht. Gesamtdarstellung, Graz 1983, S. 552, Anm. 120).

Mitwirkung von Laien an der potestas regiminis zuzurechnenden Aufgaben im Rahmen des Rechts vorsieht.

Wenn in c. 274 § 1 eine Hinordnung der Weihe auf das Hirtenamt[2] zum Ausdruck kommt, so ist dies nicht so zu verstehen, daß mit der Weihe immer eine Hirtenstellung verbunden sein muß. Das II. Vatikanische Konzil, das das für uns auch heute rechtlich verbindliche Priesterbild gezeichnet hat, läßt sowohl den pfarrlichen und überpfarrlichen Dienst als auch die wissenschaftliche Arbeit und die Lehrtätigkeiten, ja unter bestimmten Umständen sogar die in Verbindung mit Handarbeit geübte Teilnahme am Los der Arbeiter sowie sonstige apostolische Werke als vollwertigen priesterlichen Dienst gelten (VatII PO Art. 8 Abs. 1). Beim diakonalen Dienst spielt die jurisdiktionelle Ausstattung eine viel geringere Rolle als beim priesterlichen Dienst.

3. *Dienst der Kirche.* Kleriker sind zum Dienst der Kirche geweiht[3]. Nach c. 1025 § 2 darf niemand geweiht werden, auch wenn er die Eignung hat, wenn er nicht für den Dienst der Kirche von Nutzen ist.

4. *Angemessener Unterhalt*[4]. Der Kleriker hat, weil er sich dem kirchlichen Dienst hingibt, Anspruch auf eine Entlohnung, die seiner Stellung angemessen ist[5]. Bei dieser Entlohnung müssen die Natur seiner Aufgabe sowie die zeitlichen und örtlichen Gegebenheiten berücksichtigt werden. Es ist darauf Bedacht zu nehmen, daß er durch die Entlohnung in die Lage versetzt werden soll, seine Lebensbedürfnisse zu befriedigen und die, die ihm dienen, gerecht zu entlohnen (c. 281 § 1).

5. *Soziale Sicherheit.* Es ist auch geeignete[6] Vorsorge für soziale Sicherheit, für die Bestreitung der Bedürfnisse bei Krankheit, Invalidität und im Alter zu treffen (c. 281 § 2)[7]. Eine Sonderbestimmung wird für die verheirateten Diakone gegeben: Wenn sie sich ganz dem kirchlichen Dienst widmen, muß die Entlohnung, auf die sie Anspruch haben, sie in die Lage versetzen, nicht nur für ihren Unterhalt, sondern auch für den Unterhalt ihrer Familie vorzusorgen. Wenn sie jedoch aufgrund einer zivilen Berufstätigkeit, die sie ausüben oder ausgeübt haben, eine

[2] Eine solche Hinordnung ist, wie *Pedro Lombardia* sagt, auch wenn keine konkrete Hirtenstellung mit der Weihe verbunden ist, gegeben (Estructura del ordenamiento canonico, in: Derecho canonico I, ed. catedraticos de Derecho Canonico de Universidades Espanolas, Pamplona 1974, S. 175).

[3] Die unverlierbare personale Prägung, die durch die Weihe erfolgt, bedingt die unumkehrbare, vom Personalen getragene Widmung für den diakonalen bzw. priesterlichen Status. So besteht auch – von bestimmten Sonderregelungen für die ständigen Diakone abgesehen – Anspruch auf Verwendung bzw. Unterhalt im geistlichen Dienst.

[4] Vgl. hierzu auch *H. Schwendenwein*, Brüderlichkeit und „Grundrechte" in der Kirche, in: Brüderlichkeit. Aspekte der Brüderlichkeit in der Theologie, hrsg. v. *J. Marböck*, Graz 1981. S. 201.

[5] Mit diesen Aussagen über die Beschaffenheit des den Klerikern zukommenden Unterhaltes folgt der kirchliche Gesetzgeber der Linie von VatII PO Art. 20 Abs. 1. Allerdings trifft das Konzilsdekret noch näher präzisierende Aussagen zu diesem Thema.

[6] Dabei wird man darauf achten müssen, daß die Vorsorgen tatsächlich geeignet sind, bei Krankheit, Invalidität und Alter in würdiger Weise Hilfe zu bieten, und insbesondere auch, daß sie nicht hinter den sonst in dem betreffenden Land üblichen Modi der Krankheits-, Invaliditäts-und Altersvorsorge zurückstehen.

[7] Vgl. in diesem Zusammenhang auch *H. Schwendenwein*, Rechtsfragen in Kirche und Staat, Graz 1979, S. 40f.

Entlohnung (oder Pension) erhalten, dann soll diese in erster Linie für die Bestreitung ihrer und ihrer Familie Lebensbedürfnisse dienen (c. 281 § 3). Bei Diakonen mit Zivilberuf geht also das kirchliche Gesetzbuch davon aus, daß sie ihren Unterhalt aus den Einkünften (allenfalls Renten oder Pensionen) aus dem Zivilberuf bestreiten. Dabei erscheint aber an sich nicht ganz ausgeschlossen, daß sie gegebenenfalls, wenn die zivilen Einkünfte für den anständigen Lebensunterhalt nicht hinreichen, eine ergänzende kirchliche Versorgung beziehen.

6. *Einfache Lebensführung.* Der kirchliche Gesetzgeber weist die Kleriker auf eine einfache Lebensführung und auf die Enthaltung von allem, was nach Eitelkeit aussieht, hin (c. 288 § 1). Man könnte von einem Hinweis auf den Geist der Armut und Einfachheit sprechen. Was von den Gütern, die ihnen aus Anlaß der Ausübung eines kirchlichen Amtes zuteil werden, nach den aus ihnen zu bestreitenden Vorsorgen für den anständigen Unterhalt und für die Erfüllung aller ihrem Stand eigenen Aufgaben übrigbleibt, mögen sie dem Wohl der Kirche und karitativen Werken widmen (c. 282 § 2)[8].

7. *Urlaub.* Die Kleriker haben Anspruch auf hinreichenden, wohlverdienten jährlichen Urlaub. Dabei wird auf Regelungen des gesamtkirchlichen und des partikulären Rechtes hingewiesen (c. 283 § 2).

8. *Vereinigungen.* Weltgeistliche haben das Recht, sich mit anderen zur Verfolgung von Zielen, die dem geistlichen Stande angemessen sind, zusammenzuschließen (c. 278 § 1)[9].

a) Die Säkularkleriker sollen vor allem jene mit von der kirchlichen Autorität anerkannten Statuten ausgestatteten Vereinigungen hochschätzen, die durch eine geeignete und gebührend anerkannte Lebensordnung und durch brüderliche Hilfe die eigene Heiligung in Ausübung des geistlichen Dienstes fördern und der Einheit der Kleriker unter sich und mit dem Bischof dienen (c. 278 § 2).

b) Die Kleriker sollen Vereinigungen, deren Zweck oder Aktivität mit den dem geistlichen Stand eigenen Verpflichtungen nicht vereinbar ist oder die gewissenhafte Erfüllung des ihnen von der zuständigen kirchlichen Autorität anvertrauten Amtes behindern kann, weder gründen noch ihnen beitreten (c. 278 § 3).

9. *Vollkommenheitsstreben.* Die Kleriker sind ganz besonders zum Streben nach Heiligkeit gehalten, sind sie doch durch den Empfang der Weihe aus einem neuen (zu dem aus der Gliedschaft im Volk Gottes hinzukommenden) Titel Gott geweiht als Ausspender der Geheimnisse Gottes im Dienste seines Volkes (c. 276 § 1). Eigens wird für das Vollkommenheitsstreben der Kleriker[10] hervorgehoben (c. 276 § 2):

[8] In Österreich wird in den meisten Diözesen von den Geistlichen verlangt, daß sie ein Testament erstellen. Andernfalls tritt im Falle des Todes die Intestaterbfolge nach den besonders für Geistliche gegebenen staatlichen Bestimmungen ein (vgl. HFD in: JGS 828/1807, OGH 9. April 1895, GlU 15460).

[9] Vgl. hierzu Communicationes 9 (1977), S. 245; 3 (1971), S. 196; SC Cler vom 4. November 1969, Nr. 25; *H. Ewers*, Das Vereinigungsrecht der Priester, in: Ius Populi Dei II, Festg. Bidagor, Roma 1972, S. 111–120.

[10] In bezug auf das religiöse Streben der Kleriker vgl. auch *H. Schwendenwein*, Priesterbildung im Umbruch des Kirchenrechts (= KuR, Bd. 9), Wien 1970, S. 172–188.

a) An erster Stelle die getreue und unermüdliche Erfüllung der Aufgaben des pastoralen Dienstes (n. 1).

b) Sie sollen ihr geistliches Leben vom zweifachen Tisch der Heiligen Schrift und der Eucharistie nähren; den Priestern wird die tägliche Feier des eucharistischen Opfers[11], den Diakonen die tägliche Teilnahme an demselben empfohlen („eiusdem oblationem cotidie participent"; n. 2).

c) Weiters werden die Kleriker zur regelmäßigen Pflege des betrachtenden Gebetes, zum häufigen Empfang des Bußsakramentes und zur Verehrung der Muttergottes eingeladen. Es wird ihnen empfohlen, auch andere Mittel der Heiligung – allgemeine, aber auch besondere – zu gebrauchen (n. 5).

d) Folgende konkrete Verpflichtungen werden ausgesprochen: Das *kirchliche Stundengebet* (Brevier): zum täglichen Breviergebet (nach den eigenen approbierten liturgischen Büchern) sind die Priester und die Diakone, die dem Priestertum zustreben, verpflichtet; die ständigen Diakone müssen den Teil des Brevierts persolvieren, den die Bischofskonferenz umschreibt (n. 3).

Exerzitien (geistliche Einkehr): Nach dem CIC des Jahres 1917 war vom allgemeinen Recht für Weltpriester die Teilnahme an Exerzitien wenigstens alle drei Jahre verlangt[12]. Nunmehr ist die Regelung dieser Frage dem Partikularrecht überlassen (n. 4).

10. Im Zusammenhang mit dem Vollkommenheitsstreben der Kleriker steht auch *die Hinordnung auf den Zölibat*. Die Zölibatsverpflichtung (Ehelosigkeit) der Kleriker, die durch das II. Vatikanische Konzil eine Bestätigung erfahren hat (vgl. PO Art. 16)[13], wird auch vom neuen Codes betont (c. 117 § 1). Mit der Aufnahme der Worte des II. Vatikanums (PO Art. 16 Abs. 1) „propter regnum coelorum" in das kirchliche Gesetzbuch wird der in Art. 16 des eben zitierten vatikanischen Priesterdekretes aufgezeigte theologisch-spirituelle Hintergrund der Zölibatsverpflichtung angesprochen. Der Zölibat ist ein besonderes Geschenk Gottes, durch welches die Träger des heiligen Dienstes sich leichter und freier mit ungeteiltem Herzen Christus, dem Dienst Gottes und der Menschen weihen können (c. 277 § 1). Näherhin gilt folgendes:

a) Die Kleriker sind zu vollkommener, dauernder Keuschheit gehalten (vgl. c. 277 § 1). Der Diakonatsweihe geht ein Ritus der öffentlichen Übernahme des Zölibates voraus (c. 1037)[14].

b) Nicht an den Zölibat sind jene Männer reiferen Alters gebunden, die als Verheiratete zum ständigen Diakonat vorgerückt sind. Für sie entfällt auch die für die anderen im Hinblick auf die Diakonatsweihe vorgesehene öffentliche Übernahme des Zölibates (vgl. c. 1037). Vom Ehehindernis der Weihe sind sie nach c. 1087 nicht ausgenommen.

c) Im Zusammenhang mit der Zölibatsverpflichtung mahnt die Kirche die Kleriker, daß sie sich gegenüber Personen, durch deren Umgang ihre Verpflichtung zur Enthaltsamkeit gefährdet werden oder Ärgernis für die Gläubigen entstehen könnte, mit entsprechender

[11] Konzelebration ist gestattet. Selbstverständlich muß das Recht des Priesters auf Einzelzelebration gewahrt werden (VatII SC Art. 57 § 2 n. 2). Auch ist entsprechend Gelegenheit zur Einzelzelebration zu bieten (SC Cult vom 7. August 1972, in: AAS 63 [1972], S. 561–563). Vgl. auch VatII PO Art. 13 Abs. 3.

[12] Nach bisherigem Recht durfte die Zeit (einmal im Jahr) vollzogener Exerzitien nicht auf den Urlaub angerechnet werden. Im neuen Recht ist dies ausdrücklich für den Pfarrer festgelegt (c. 553 § 2).

[13] Vgl. auch die Enz. „Sacerdotalis Coelibatus" vom 24. Juni 1967, in: AAS 59 (1967), S. 657–697; Synodus Episcoporum 1971.

[14] Eingeführt wurde dies durch das MP AdPasc VI Abs. 1; vgl. auch das MP SacrDiacOrd Art. 16.

Klugheit verhalten sollen (c. 277 § 2). Es kommt dem Diözesanbischof zu, nähere Bestimmungen zu geben, um das Urteil über die Einhaltung dieser Verpflichtung in besonderen Fällen zu erleichtern (c. 277 § 3).

Weiters erwartet der Gesetzgeber vom Kleriker eine entsprechende Haltung gegenüber der Hierarchie, gegenüber den Mitbrüdern im geistlichen Amt und gegenüber den Laien.

11. Kanonischer Gehorsam. Kleriker sind in besonderer Weise dem Papst und dem eigenen Oberhirten zu Ehrfurcht und Gehorsam verpflichtet (c. 273)[15]. Dieser kanonische Gehorsam ist, wie *Klaus Mörsdorf* sagt, durch das natürliche Sittengesetz und das Recht der Kirche näher bestimmt und begrenzt. Die Gehorsamspflicht des Klerikers besteht nur gegenüber rechtmäßigen[16] Befehlen[17]. Ein Kleriker muß bei entsprechender Notwendigkeit, wenn keine Hinderungsgründe[18] bestehen (z. B. Krankheit, Alter, Arbeitsüberlastung, Gefährdung oder Beeinträchtigung von Versorgungsansprüchen), d. h., wenn dies nach den Umständen zumutbar ist, einem rechtmäßigen Befehl zur Übernahme eines kirchlichen Amtes entsprechen und dieses Amt getreulich erfüllen (c. 274 § 2)[19]. Kleriker sollen sich, auch wenn sie kein mit Residenzpflicht verbundenes Amt haben, aus der Diözese nicht für einen längeren Zeitraum[20], ohne zumindest vorausgesetzte Erlaubnis des eigenen Ordinarius[21], entfernen (c. 283 § 1)[22].

12. Verbundenheit der Kleriker. Ausdrücklich betont der Gesetzgeber die Verbundenheit der Kleriker durch das Band der Brüderlichkeit und des Gebetes sowie die Zusammenarbeit. Einschlägige partikularrechtliche Regelungen sind möglich. Es geht um das Zusammenwirken am gemeinsamen Werk, um den Aufbau des Leibes Christi (c. 275 § 1).

13. Respektierung der Sendung der Laien. Die Kleriker werden vom Codex auch darauf hingewiesen, daß sie gehalten sind, die Sendung, die die Laien in der Kirche und in der Welt ausüben[23], zu respektieren und zu fördern (c. 275 § 2). Darüber

[15] Vgl. auch VatII PO Art. 7 Abs. 2; LG Art. 41 Abs. 3.

[16] Auch die aequitas canonica et naturalis ist zu wahren (vgl. die von der SC Conc am 31. Januar 1913 (AAS 5 [1913], S. 39, Nr. 14) entwickelten Grundsätze; über die Bedeutung der aequitas gerade in der Kirche von heute vgl. *S. Baggio*, La naturaleza pastoral de la norma canonica, in: Ius Canonicum 16 (1976), S. 56. Dem Geistlichen darf kein unverhältnismäßiger Schaden erwachsen; vgl. *Hölböck* I, S. 253. Siehe ferner *J. Hervada*, La incardinacion en la Perspectiva conciliar, in: Ius Canonicum 7 (1967), S. 511; *Schwendenwein*, Das Neue Kirchenrecht (Anm. 1), S. 553, Anm. 32.

[17] *Mörsdorf* Lb I, S. 258f.

[18] Ebd., S. 259.

[19] Bei Klerikern, die von nichtkirchlichen Dienstgebern abhängen, müssen natürlich die besonderen Gegebenheiten des Dienstes voll berücksichtigt werden.

[20] Eine solche Erlaubnis ist nur, wenn es sich um eine durch einen beachtlichen Zeitraum hindurch (per notabile tempus) fortgesetzte Abwesenheit handelt, vorgesehen (c. 283). Man ist versucht, hierbei an Abwesenheiten, die ein Jahr überschreiten, zu denken. Die konkrete Determinierung des „notabile tempus" bleibt der Partikulargesetzgebung überlassen. Auch Diakone unterliegen dieser Bestimmung.

[21] Abwesenheit wegen dienstlicher Verpflichtungen ist immer legitim; ebenso Abwesenheit aus gesundheitlichen Gründen.

[22] Bisher mußte gemäß SC Ep vom 29. Juni 1975 bei Reisen in überseeische Länder, die länger als zwei Monate dauern, die Zustimmung des Ordinarius a quo und des Ordinarius ad quem eingeholt werden (vgl. AfkKR 144 [1975], S. 137).

[23] Bezüglich dieser Sendung vgl. vor allem *Schwendenwein*, Das Neue Kirchenrecht (Anm. 1), S. 135f.

hinaus betont das kanonische Recht das Anliegen der Förderung von Friede und Gerechtigkeit. Die Kleriker sollen stets den Frieden und die Eintracht unter den Menschen, die sich auf die Gerechtigkeit stützt, soviel wie möglich fördern (c. 287 § 1).

14. Studium. Großes Gewicht legt die Kirche beim Kleriker auf geistige Offenheit, auf Fortbildung und Studium. Dementsprechend schreibt das kirchliche Gesetzbuch ausdrücklich vor, daß die Kleriker, auch nach dem Empfang der Priesterweihe, die kirchlichen Studien fortsetzen müssen. Dabei werden sie besonders auf die gesunde Lehre hingewiesen, die in der Heiligen Schrift gründet, von den Vorfahren überliefert, allgemein von der Kirche angenommen und insbesondere durch konziliare und päpstliche Dokumente umschrieben ist (c. 279 § 1)[24].

Sie sollen sich auch in anderen Wissensgebieten, also auch in profanen Wissensbereichen, vornehmlich in solchen, die mit den kirchlichen Wissenschaften zusammenhängen, vertiefen, insbesondere insoweit dies der Ausübung des pastoralen Dienstes dienst (c. 279 § 3).

15. Der Fortbildung dienende Veranstaltungen. Zur für die Priester verpflichtenden Fortbildung gehört auch der Besuch von Veranstaltungen:

a) Unmittelbar nach der Priesterweihe sind pastorale Vorlesungen vorgeschrieben. Das Nähere soll partikularrechtlich festgelegt werden (c. 279 § 2).

b) Weiters sollen die Priester – zu vom partikularen Recht zu bestimmenden Zeiten – Vorlesungen, theologische Zusammenkünfte oder Konferenzen besuchen, wodurch ihnen Gelegenheit zur Vertiefung in der Kenntnis der kirchlichen Wissenschaften (scientiae sacrae) und seelsorglicher Methoden geboten wird (c. 279 § 2). Offenbar ist hier an Wissenschaften gedacht, bei denen wegen ihres Inhaltes ein besonderes Bezugsverhältnis zur Offenbarung besteht.

16. Hausgemeinschaft. Die Betonung der brüderlichen Verbundenheit geht so weit, daß den Klerikern eine gewisse Gemeinsamkeit des Lebens, eine gewisse Hausgemeinschaft, empfohlen wird. Über diese völlig unverbindliche Empfehlung (vgl. auch VatII PO Art. 17) hinaus spricht der Gesetzgeber den Wunsch aus, daß dort, wo eine solche bisher der Gepflogenheit entsprach (z. B. die Hausgemeinschaft von Pfarrer und Kaplan in verschiedenen Gegenden Österreichs und Deutschlands), sie nach Möglichkeit beibehalten werden soll (c. 280)[25].

17. Geziemende Kleidung. Nach c. 284 sollen die Kleriker geziemende geistliche Kleidung tragen. Sie bestimmt sich nach den Vorschriften der Bischofskonferenz bzw. nach der Gewohnheit[26].

18. Vermeidung ungeziemenden und standesfremden Verhaltens. Die Kleriker sollen sich von allem, was sich für ihren Stand nicht ziemt, enthalten (c. 285 § 1). Partikularrechtliche Vorschriften können nähere Konkretisierungen bringen (c. 285 § 1). Der c. 285 § 2 spricht den Wunsch aus, daß Kleriker bestrebt sein sollen, „standesfremde" Verhaltensweisen zu vermeiden. Der neue CIC knüpft

[24] Eigens betont c. 279 § 1: „... devitantes profanas vocum novitates et falsi nominis scientiam".

[25] Dadurch soll das Anliegen des c. 134 des CIC/1917 fortgeführt werden.

[26] So hat sich beispielsweise im Wege der Gewohnheit für die geistlichen Universitätsprofessoren eine besondere Gepflogenheit herausgebildet.

dabei an die bereits vom CIC 1917 gebrauchte Unterscheidung von standeswidrigem (bzw. ungeziemendem: „quae statum suum dedecent") und standesfremdem („a clericali tamen statu aliena sunt") Verhalten an[27]. Man wird beim „standesfremden" Verhalten vor allem an ein Verhalten denken, das bei einem Kleriker zu Recht als befremdend befunden wird[28].

An die Vorlage dieser allgemein gehaltenen Grundsätze schließt der Gesetzgeber noch einige konkrete Verbotsbestimmungen an:

19. Öffentliche Ämter, besonders solche, die eine Teilhabe an der Ausübung ziviler Gewalt mit sich bringen, dürfen Kleriker nicht annehmen (c. 285 § 3).

20. Vermögensverwaltung – Bürgschaften – Wechsel. Ohne Erlaubnis ihres Ordinarius sollen sie nicht die Verwaltung Laien zugehörigen Vermögens oder weltlicher Ämter, die mit Rechnungslegung verbunden sind[29], übernehmen. Auch die Belastung des eigenen Vermögens durch Übernahme von Bürgschaften ist Geistlichen ohne Befragung des Ortsoberhirten verboten. Daran knüpft der Gesetzgeber noch ein die schriftliche Übernahme von Zahlungsverpflichtungen (Schuldscheine bzw. Wechsel) einschränkendes Verbot (c. 285 § 4). Derartige Verbote erleichtern es dem Kleriker, die Übernahme von Verpflichtungen, die ihn, insbesondere wenn sie seine finanziellen Möglichkeiten übersteigen, in große Schwierigkeiten bringen können, abzulehnen.

21. Handelsverbot. Den Klerikern sind Handelsgeschäfte[30,31] zu eigenem oder fremden Gunsten verboten[32], es sei denn mit Erlaubnis der rechtmäßigen kirchlichen Autorität (c. 286).

22. Politische Betätigung. Kleriker sollen nicht aktiv an politischen Parteien und an der Leitung von Gewerkschaften teilhaben, soweit dies nicht – nach dem Urteil der kompetenten kirchlichen Autorität[33] – der Schutz der Rechte der Kirche oder die Förderung des Gemeinwohles erfordern (c. 287 § 2).

[27] *Mörsdorf*, Lb I, S. 276f.

[28] Der Begriff des „standesfremden Verhaltens" mag vielen als etwas vage erscheinen. Deshalb drückt sich auch der Gesetzgeber äußerst vorsichtig aus. Während er bezüglich des standeswidrigen Verhaltens auf nähere Regelungen durch das Partikularrecht verweist, das konkreter faßbare und damit auch rechtlich greifbare Normen schafft, begnügt er sich beim „standesfremden Verhalten" mit der allgemein gehaltenen Äußerung, daß Kleriker ein solches Verhalten vermeiden sollen; siehe auch *H. Schwendenwein*, Die Rechte und Pflichten der Kleriker, in: GrNKirchR, S. 153f.

[29] Gemäß RK Art. 6 sind Kleriker und Ordensleute frei von der Verpflichtung zur Übernahme öffentlicher Ämter und solcher Obliegenheiten, die nach kanonischen Vorschriften mit ihrem Status unvereinbar sind. RK Art. 7 geht weit über alle Erfordernisse des kanonischen Rechts hinaus, indem er für die staatliche Anstellung von Geistlichen und Ordensleuten ein kirchliches „Nihil obstat" fordert.

Nach österr. Recht können Geistliche wider ihren Willen zur Vormundschaft (§ 195 ABGB) und Kuratel (§ 281 ABGB) nicht gezwungen werden.

[30] Nach c. 286 sollen sie solche weder selbst noch durch andere ausüben.

[31] Handelsgeschäft ist der in Gewinnabsicht getätigte An- und Verkauf von Waren oder Wertpapieren (z. B. die Tätigkeit des Börsenmaklers). Das Verbot zielt auf die gewerbsmäßige Ausübung hin (vgl. *Mörsdorf* Lb I, S. 278).

[32] Nicht verboten erscheint der als Kapitalanlage gedachte Erwerb von Aktien (vgl. *Mörsdorf* Lb I, S. 278).

[33] Die Deutsche Bischofskonferenz tendiert diesbezüglich zu großer Zurückhaltung (vgl. hierzu *J. Listl*, Die „Erklärung der Deutschen Bischofskonferenz zur parteipolitischen Tätig-

23. Militärdienst. Da der Militärdienst dem geistlichen Stand weniger entspricht, dürfen sich Kleriker und Kanidaten der heiligen Weihen nicht freiwillig zum Militärdienst melden, es sei denn mit Erlaubnis ihres Oberhirten (c. 289 § 1). Dies betrifft auch die ständigen Diakone. In manchen staatlichen Rechtsordnungen finden sich Befreiungen (für Geistliche) vom Militärdienst bzw. von der Stellungspflicht, z. B. in Österreich[34] und in der Bundesrepublik Deutschland[35].

24. Befreiung von standesfremden Tätigkeiten. Die Kleriker sollen, soweit nicht in besonderen Fällen der eigene Oberhirte anders entscheidet, von Befreiungsmöglichkeiten von der Ausübung ziviler öffentlicher Ämter und Aufgaben, die dem geistlichen Stand fremd sind, Gebrauch machen, wenn solche Befreiungen zu ihren Gunsten gesetzlich, vertraglich oder gewohnheitsmäßig verankert sind (c. 289 § 2)[36]. So sind z. B. in manchen Rechtsordnungen nicht nur Befreiungen vom Militärdienst, sondern auch Befreiungen vom Geschworenen- und vom Schöffenamt[37] verankert.

Die vorgelegten Vorschriften gelten für die Kleriker und damit auch für die Diakone. Die wenigen Einschränkungen bzw. Modifizierungen für die ständigen Diakone werden weiter unten[38] referiert.

keit des Priesters" vom 27. September 1973, in: ÖAKR 26 [1975], S. 166–176). Die Österreichische Bischofskonferenz hat 1933 durch Beschluß Erlaubnisse für Geistliche zu politischer Betätigung zurückgenommen (vgl. *E. Weinzierl-Fischer*, Die österreichischen Konkordate von 1855 und 1933, Wien 1960, S. 227).

[34] § 23 Abs. 2 österr. Wehrgesetz.

[35] Art. 6 RK, § 11 Abs. 1 Nr. 2 des Wehrpflichtgesetzes der Bundesrepublik Deutschland.

[36] Die sogenannten Klerikerprivilegien (privilegium canonis, privilegium fori, privilegium immunitatis, beneficium competentiae) wurden in den CIC/1983 nicht übernommen (bezüglich dieser Privilegien s. *Schwendenwein*, Die Rechte und Pflichten [Anm. 28], S. 150). Doch wünscht die Kirche, daß Kleriker von bestehenden Befreiungsmöglichkeiten (Militärdienst usw.) Gebrauch machen (vgl. Communicationes 3 [1971], S. 192; 9 [1977], S. 244). Das frühere *privilegium fori*, wonach Kleriker nur vor dem kirchlichen Gericht belangt werden konnten, hat auch schon vor Inkrafttreten des CIC/1983 in verschiedenen Ländern auf konkordats- bzw. gewohnheitsrechtlichem Weg Aufhebungen erfahren, so anerkanntermaßen in Deutschland und in Österreich (vgl. die Erklärung des Kardinalstaatssekretärs *Merry del Val* vom 16. Dezember 1911; s. dazu *Mörsdorf* Lb I, S. 254 und *Schwendenwein*, Die Rechte und Pflichten [Anm. 28], S. 150).

Bemerkt sei noch, daß nach RK Art. 5 und BayK Art. I § 3 Geistliche in Ausübung ihrer geistlichen Tätigkeit in gleicher Weise wie Staatsbeamte geschützt sind. In Österreich besteht für Geistliche ein erhöhter strafrechtlicher Schutz bei Ehrenbeleidungsklagen (§ 17 Abs. 2 in Verb. mit § 115 österr. Strafgesetzbuch 1974).

[37] RK Art. 6; Gerichtsverfassungsgesetz der Bundesrepublik Deutschland § 34 Abs. 1 Nr. 6; ÖK Art. 19. Betreffend die Befreiung von der Mitgliedschaft in Steuerausschüssen und Finanzgerichten vgl. RK Art. 6. Siehe auch *Mörsdorf* Lb I, S. 256.

[38] *H. Schwendenwein*, § 23 Der ständige Diakon.

§ 21 Die Entlassung aus dem Klerikerstand

Von Gerhard Fahrnberger

1. Begriff

Unter „Entlassung aus dem Klerikerstand" versteht man die Aufhebung der durch den gültigen Empfang der Diakonatsweihe erworbenen besonderen Gliedschaftsstellung des geistlichen Standes (c. 266 § 1) und dessen Rückführung in die Gliedschaftsstellung eines Laien.[1] Die sakramentale Weihe verleiht dem Geweihten einen unauslöschlichen Charakter (c. 1008), so daß weder die Weihe noch die mit ihr gegebenen Gewalten aufgehoben werden können, und zwar weder durch die kirchliche Autorität noch durch den Geweihten selbst (c. 290). Bei der Entlassung aus dem Klerikerstand unterbindet die kirchliche Autorität jedoch, außer in einigen Ausnahmefällen (vgl. c. 976), die erlaubte Ausübung der Weihegewalt (c. 292), und darüber hinaus führt die Entlassung eine rechtliche Personenstandsveränderung herbei: der aus dem Amt geschiedene Kleriker wird ungeachtet dessen, daß er gültig geweiht ist und geweiht bleibt, als Laie angesehen und behandelt.[2]

2. Arten

Kleriker können nicht kraft eigenen Willens aus dem geistlichen Stand ausscheiden, sondern allein durch hoheitliche Maßnahmen der kirchlichen Autorität entlassen werden. Das neue kirchliche Gesetzbuch sieht folgende Arten des Ausscheidens vor (c. 290 nn. 1–3):

a) Im Frieden mit der Kirche kann ein Kleriker über den Weg eines Weiheprozesses gemäß cc. 1708–1712 durch richterliches Urteil bzw. durch Dekret im Verwaltungsweg unter Befreiung von allen geistlichen Standespflichten, selbst von der Zölibatspflicht (c. 291 mit Verweis auf c. 290 n. 1), aus dem Klerikerstand entlassen werden, wenn das Verfahren die Ungültigkeit der Weihe durch ein rechtskräftiges Feststellungsurteil erwiesen hat. Im Gegensatz zum Codex Iuris Canonici von 1917 hat der Weiheprozeß im neuen Recht ausschließlich die Nichtigerklärung der Weihe zum Gegenstand. Die Möglichkeit der Klage auf Aufhebung der Weihepflichten, die ein unter schwerer Furcht, aber dennoch gültig Geweihter erheben konnte, falls er nachweislich nach Aufhören der Zwangslage auch nicht wenigstens stillschweigend durch Ausübung der Weihe in Verpflichtungsabsicht die geistlichen Standespflichten übernommen hat (cc. 214 § 1 sowie

[1] Im neuen kirchlichen Gesetzbuch ist nicht mehr von Rückführung von Klerikern in den Laienstand (De reductione ad statum laicalem), sondern von Verlust des geistlichen Standes (De amissione status clericalis) die Rede, um jede Geringschätzung des Laienstandes zu vermeiden; vgl. Communicationes 9 (1977), S. 245.

[2] *Mosiek* Verf. I, S. 260; *Mörsdorf* Lb I, S. 336.

1993 § 1 CIC/1917), besteht nicht mehr. Der unter Zwang erfolgte Weiheempfang kann, ebenso wie andere die Gültigkeit der Weihe ebenfalls nicht beeinträchtigende schwere Mängel an Freiheit und Verantwortlichkeit der Entscheidung, nur mehr auf dem administrativen Weg des Gesuches um Entbindung von der Zölibatspflicht durch den Papst und um Entlassung aus dem geistlichen Stand auf dem Gnadenweg durch ein Reskript des Apostolischen Stuhles gemäß c. 290 n. 3 geltend gemacht werden.[3]

b) Ein zwangsmäßiges Ausscheiden aus dem Klerikerstand findet statt durch die rechtmäßige Verhängung der Strafe der Entlassung (dimissio, c. 290 n. 2). Die Strafe der Entlassung ist eine Sühnestrafe (poena expiatoria), die in der Weise unmittelbar auf die Vergeltung einer Straftat zielt, daß ihre Nachlassung nicht von der Aufgabe der Verhärtung des Bestraften abhängig ist (c. 1336 § 1 n. 5; vgl. c. 1312 § 1 n. 2).[4] Die neugeschaffene Strafe der Entlassung ersetzt und vereinfacht den gestuften strafweisen Ausschluß des Geistlichen aus dem Klerikerstand nach dem Codex Iuris Canonici von 1917, der mit der ihrerseits schon zusammengesetzten Strafe der Absetzung (depositio) seinen Anfang nahm (c. 2303 CIC/1917), bei Ausbleiben der Besserung durch die Strafe der immerwährenden Aberkennung der geistlichen Kleidung verschärft werden konnte (c. 2304 CIC/1917), während die schwerste Strafe der Ausstoßung aus dem geistlichen Stand (degradatio, c. 2305 CIC/1917) allen eingetretenen Straffolgen die Entlassung aus dem Klerikerstand ohne Entbindung von den geistlichen Standespflichten hinzufügte.[5] Im neuen Recht werden die Rechtswirkungen der strafweisen Entlassung aus dem Klerikerstand nicht mehr eigens angeführt. Sie sind mit den Rechtswirkungen des Ausscheidens auf dem Gnadenweg (c. 190 n. 3) identisch und sind unteilbar.[6] Während bei Strafverhängungen über Kleriker ansonsten immer auf die Bewahrung der für

[3] Vgl. Communicationes 14 (1982), S. 85f.; *M. Zalba*, De sacerdotalis caelibatus dispensatione normae hodiernae, in: PerRMCL 70 (1981), S. 237–256.

[4] *Mörsdorf* Lb III, S. 400; vgl. c. 2286 CIC/1917. Der neue Codex Iuris Canonici bringt diese Begriffsbestimmung der Sühnestrafe nicht mehr ausdrücklich, sondern überläßt sie der Lehre. Eine Andeutung des Wesens der Sühnestrafe enthält c. 1312 § 2.

[5] Die Absetzung hatte bereits die Enthebung vom geistlichen Dienst, die Entsetzung von allen Würden, Ämtern und Versorgungsansprüchen und die Unfähigkeit zur Erlangung von Ämtern und Würden zur Folge (c. 2303 § 1 CIC/1917). Vom Verlust der Versorgungsansprüche war auch der Weihetitel betroffen; doch sollte der Oberhirte in diesem Fall dem Geistlichen aus Liebe eine ausreichende Versorgung um der Ehre des Standes willen gewähren (c. 2303 § 2 CIC/1917). Erst die Strafe der immerwährenden Aberkennung der geistlichen Kleidung hatte den Verlust der geistlichen Standesrechte und der aus Gnade zu erwartenden Versorgung zur Folge (c. 2304 §§ 1, 2 CIC/1917). Absetzung und Ausstoßung durften wegender Schwere der Strafen nur in den ausdrücklich vom Gesetz vorgesehenen Fällen verhängt werden (c. 2303 § 3, 2305 § 2 CIC/1917); die Ausstoßung im Ausnahmefall aber auch dann, wenn ein mit den vorausgehenden Strafen bestrafter Geistlicher noch fortgesetzt ein ganzes Jahr hindurch schweres Ärgernis gegeben hat (c. 2305 §§ 1, 2 CIC/1917). Vgl. *Mörsdorf* Lb III, S. 408f.

[6] Im Schema CIC/1980 war noch eine eigene strafrechtliche Bestimmung vorgesehen, die der strafweisen Entlassung folgende Rechtswirkungen zuschrieb: Verlust aller Ämter, Dienste und jeder delegierten Gewalt; Unfähigkeit für diese Funktionen; Ausübungsverbot für die Weihegewalt; Unfähigkeit für den Empfang weiterer Weihen; rechtliche Gleichstellung mit den Laien, ausgenommen deren Befähigung zum Anteil an der kirchlichen Leitungsgewalt. Vgl. c. 1290 und c. 126 Schema CIC/1980.

einen standesgemäßen Lebensunterhalt notwendigen Mittel zu achten ist, entfällt diese Rücksichtnahme bei der Entlassung (c. 1350 § 1). Nur wenn der Kleriker wegen dieser Strafe wahrhaft in Not geraten sollte, soll der Oberhirte in geeigneter Weise vorsorgen (c. 1350 § 2). Die strafweise Entlassung aus dem geistlichen Stand kann nur als Urteilsstrafe (c. 1336 § 2) für jene Vergehen verhängt werden, für die sie vom gesamtkirchlichen Gesetz vorgesehen ist, und regelrecht nur im Wege eines Strafprozesses nach cc. 1717–1731. Das teilkirchliche Gesetz kann diese Strafe nicht festsetzen (c. 1317). Diese Begrenzung ist auch bei der Androhung von Strafen durch Strafgebot zu beachten (c. 1319 § 2), so daß Ortsoberhirten und Generalobere geistlicher Orden die Entlassung aus dem geistlichen Stand auch nicht durch ein Strafgebot androhen können. Die Entlassung aus dem geistlichen Stand ist an sich eine lebenslängliche Sühnestrafe. Darum kann selbst bei Vorliegen von gerechten Gründen von der Durchführung eines Strafprozesses nicht abgesehen werden, da die gesetzliche Beschränkung von c. 1342 § 2 zutrifft: Der Weg eines Strafprozesses (cc. 1717–1731; vgl. auch cc. 1412, 1417, 1425) ist immer einzuschlagen, wenn eine Strafe auf Lebenszeit verhängt oder erklärt werden soll. Bei der Strafe der Entlassung aus dem Klerikerstand ist überdies ein Kollegialgericht aus drei Richtern vorgeschrieben (c. 1425 § 1 n. 2 a)[7]. Die an sich gegebene Endgültigkeit der Entlassung (poena perpetua) kann in Einzelfällen durch den Apostolischen Stuhl wieder aufgehoben werden (vgl. c. 293). Die Möglichkeit einer Entlassung aus dem Klerikerstand von Amts wegen in schwerwiegenden Fällen, die aber im kanonischen Strafrecht nicht als Delikte mit der strafweisen Entlassung als Sanktion angeführt sind, wie sie die Normen der Glaubenskongregation vom 13. Januar 1971 bei schlechtem Lebenswandel, Lehrirrtümern oder aus anderen schwerwiegenden Gründen ermöglicht hatte, wurde vom neuen Codex Iuris Canonici nicht eröffnet.[8] Die genannte Bestimmung der Normen vom 13. Januar 1971 ist daher nicht mehr in Kraft. Das kanonische Strafrecht sieht die Verhängung der Strafe der Entlassung aus dem Klerikerstand als schwerste Strafmaßnahme, wenn andere keinen Erfolg gezeitigt haben, für folgende Delikte vor: Apostasie, Häresie, Schisma (c. 1364 §§ 1, 2); Hostienschändung (c. 1367); tätlicher Angriff auf Leib und Leben des Papstes (c. 1370 § 1); Begehung eines Mordes (c. 1397); in schwereren Fällen bei Verführung eines Pönitenten (c. 1387); als schwerste Strafmaßnahme bei versuchter Eheschließung, auch durch Zivilehe

[7] Das kanonische Strafrecht gibt ohne Zweifel dem prozessualen Weg bei der Strafverhängung den Vorzug. Dennoch genügen nach c. 1342 § 1 „iustae causae" für die Anwendung administrativen Vorgehens, während das Schema Poen von 1973 „graves causae" forderte und außerdem verlangte, daß offenkundige Beweise für das Delikt vorhanden sind und das Klagerecht noch nicht erloschen ist (vgl. Schema Poen, c. 28 § 1).

[8] SC Fid, Normae ad apparandas in Curiis diocesanis et religiosis causas reductionis ad statum laicalem cum dispensatione ab obligationibus cum sacra Ordinatione conexis, in: AAS 63 (1971), S. 308 (VII). – Die Möglichkeit einer Entlassung von Amts wegen war auch noch in c. 150 n. 4 Schema PopDei vorgesehen, wurde von der Kommission aber abgelehnt, da damals schon ersichtlich war, daß das Strafrecht praktisch alle in Frage kommenden Fälle berücksichtigen wird und weil der Schutz von Grundrechten mit dem Ermessensspielraum des Verwaltungsweges nicht ausreichend gewährleistet ist; vgl. Communicationes 14 (1982), S. 85 und 87.

(c. 1394 § 1), bei Klerikerkonkubinat (c. 1395 § 1), bei Sexualvergehen in Verbindung mit Gewaltanwendung oder mit Personen unter sechzehn Jahren (c. 1395 § 2); als eine der möglichen Strafen bei Mord, Entführung, Verstümmelung, Körperverletzung, Delikte, für die alle Sühnestrafen des c. 1336 je nach Schwere des Vergehens verhängt werden können.

c) Auf einem dritten Weg, ebenfalls im Frieden mit der Kirche, ist die Entlassung aus dem Klerikerstand möglich durch einen Gnadenakt des Apostolischen Stuhles auf Ansuchen des Klerikers, der jedoch Diakonen nur aus schwerwiegenden, Priestern nur aus ganz besonders schweren Gründen gewährt wird (c. 290 n. 3), wobei die Entbindung von der Zölibatspflicht nicht eine mit der Entlassung verbundene Rechtswirkung ist, sondern vom Papst selbst eigens gewährt werden muß (c. 291). Aus diesem Grund besitzt ein Diözesanbischof keine Vollmacht, und zwar auch nicht unter den besonderen Bedingungen des c. 87 § 2, von der Zölibatspflicht zu entbinden. Denn mit der Entbindung von der Zölibatspflicht ist die Entlassung aus dem Klerikerstand untrennbar verbunden. Diese Neuregelung beendet die nachkodikarische Rechtsentwicklung der Entlassung auf Antrag durch ein Reskript des Apostolischen Stuhles und kehrt, dem ausdrücklichen Wunsch des Papstes *Johannes Paul II.* zufolge, zu einer strengeren und vorsichtigeren Praxis zurück, die jener im Anschluß an den Codex Iuris Canonici von 1917 nicht unähnlich ist und die dem Gemeinwohl der Kirche und wegen ihrer Beispielwirkung auch dem geistlichen Wohl der Priester und Priesteramtskandidaten in entsprechender Weise Rechnung trägt.[9] Das neue kirchliche Gesetzbuch enthält keine Normen über die Prozedur, führt keine Beispiele für die erforderlichen sehr schwerwiegenden Gründe für einen Antrag auf Dispens an und zählt auch keine Fälle auf, in denen die Vorlage eines Dispensantrages beim Apostolischen Stuhl verantwortet werden kann. Offenkundig sollen diese Fragen in Zukunft der Durchführung überlassen und durch jeweils zu erlassende administrative Weisungen geregelt werden. Als im neuen kirchlichen Gesetzbuch nicht normiertes Rechtsgebiet fallen die Verfahrensnormen des Schreibens der Glaubenskongregation vom 14. Oktober 1980 nicht unter die Abrogationsbestimmungen von c. 6 § 1. Die zuständigen Oberhirten können sich darum bis zum Ergehen neuer Weisungen in der Frage der zulässigen Fälle und der Vorgangsweise an das Schreiben der Glaubenskongregation vom 14. Oktober 1980 halten, das durch Einschränkung der zulässigen Fälle und durch neue Verfahrensnormen die strengere Praxis bereits eingeführt hat, bzw. in nur in den früheren Weisungen geregelten Fragen auch an jene, soweit diese dem geltenden Recht nicht widersprechen.[10]

d) Durch Eheschließung unter Befreiung vom Zölibatsgesetz in Todesgefahr (vgl. c. 1079, §§ 1–4) scheidet ein zum Zölibat verpflichteter Diakon ebenfalls auf dem Gnadenweg ohne weiteres aus dem Klerikerstand aus, da der Ehestand mit

[9] Communicationes 14 (1982), S. 84.

[10] SC Fid, De modo procedendi in examine et resolutione petitionum quae dispensationem a caelibatu respiciunt, in: AAS 72 (1980), S. 1132–1135; SC Fid, Normae procedurales de dispensatione a sacerdotali coelibatu, in: AAS 72 (1980), S. 1136–1137. – Frühere Dokumente: AAS 63 (1971), S. 303–308; 64 (1972), S. 641–643. – Vgl. auch *Zalba*, De sacerdotalis (Anm. 3), S. 252.

diesem unvereinbar ist. Ermächtigt zur Dispenserteilung in drängender Todesgefahr ist der Ortsoberhirte (c. 1079 § 1), wenn dieser nicht oder nur telegraphisch oder telephonisch erreichbar ist (c. 1079 § 4), jeder geweihte Amtsträger im Besitze von Trauungsvollmacht (c. 1079 § 2). Der Beichtvater hat in Todesgefahr Dispensvollmacht vom Ehehindernis der Diakonatsweihe in geheimen Fällen für den inneren Rechtsbereich sowohl innerhalb als auch außerhalb der Beichte (c. 1079 § 3). Vom Ehehindernis der Priesterweihe kann auch in Todesgefahr nicht dispensiert werden, während alle anderen Hindernisse kirchlichen Rechts von den genannten Ermächtigten dispensiert werden können (c. 1079 § 1).[11] Ein aus dem Amt geschiedener Priester, der die Zölibatsdispens bis zu diesem Zeitpunkt nicht erhalten hat, kann auch in Todesgefahr von der Zölibatspflicht nicht entbunden werden, so daß eine kirchenrechtliche Ordnung der Ehe nicht möglich ist. Trotzdem bringt das neue Recht eine nicht unbeträchtliche Milderung. Der Abschluß einer Zivilehe hat für den Kleriker zwar wie früher den Verlust eines innegehabten Kirchenamtes kraft Gesetzes zur Folge (c. 194 § 1 n. 3; vgl. c. 188 n. 5 CIC/1917), nicht mehr jedoch den vom Sakramentenempfang ausschließenden Kirchenbann (c. 2388 CIC/1917), sondern eine von selbst eintretende Suspension (c. 1394 § 1), die nur die Ausübung der nach dem Amtsverlust noch verbleibenden Weihegewalt untersagt (cc. 1333 § 1, 1334 § 2). Findet der Priester angesichts des Todes glaubhaft zu seiner früheren Treue zu den geistlichen Standespflichten zurück, kann er ohne Behinderung durch eine kirchliche Zensur die Sakramente der Buße und Eucharistie empfangen.[12]

3. Die Entwicklung der Dispenspraxis auf dem Gnadenweg bis zum neuen Recht

a) Die unter Paul VI. ergangenen Weisungen. Im Anschluß an den Codex Iuris Canonici von 1917 war die Entlassung von Priestern mit Zölibatsdispens nur in seltenen Ausnahmefällen gewährt worden.[13] Mit der Erleichterung der Dispenserteilung hatten *Johannes XXIII.* und *Paul VI.* von Anfang an entschieden die Absicht verbunden, am Zölibatsgesetz der lateinischen katholischen Kirche in aller Strenge festzuhalten und nur für einige irreversible Situationen eine Lösung aus pastoraler Sorge zu schaffen.[14] Alle unter Papst *Paul VI.* ergangenen Weisungen verliehen dieser ursprünglichen Absicht Ausdruck. So brachte die im Schreiben des Heiligen Offiziums an alle Ordinarien vom 2. Februar 1964 enthaltene

[11] Im Schema Sacr 1975 (c. 268) und im Schema CIC/1980 (c. 1032 § 1) waren im Gegensatz zu den beiden Ausnahmen des c. 1043 CIC/1917 (Priesterweihe, Schwägerschaft in gerader Linie nach Vollzug der Ehe) keine Ehehindernisse kirchlichen Rechts von der Dispensvollmacht des Ortsoberhirten ausgenommen. Die Kommission begründete diese Haltung mit pastoralen Rücksichten, während sie zugeben mußte, daß einige die Nichtdispensierbarkeit des Ehehindernisses der heiligen Weihen in Todesgefahr gefordert hatten; vgl. Communicationes 9 (1977), S. 348.

[12] Zur früheren Praxis der Lossprechung eines in ungültiger Verbindung lebenden, aus dem Amt geschiedenen Priesters vom Kirchenbann und der Zulassung zur Laienkommunion vgl. *Mörsdorf* Lb III, S. 464f.

[13] *H. Schmitz*, in: Kleriker- und Weiherecht, 2. Aufl. (= NKD 38), Trier 1973, S. 65.

[14] *Zalba*, De sacerdotalis (Anm. 3), S. 243–245. – Vgl. *Joannes XXIII.*, Allocutio altera ad Synodum romanam, in: AAS 52 (1960), S. 226; *Paulus VI.*, Epistula Ad E.mum P. D. Joannem S.R.E. Card.Villot, a publicis Ecclesiae negotiis: de sacro ecclesiastico caelibatu, in: AAS 62 (1970), S. 98–103; bes. S. 100f.

Verfahrensordnung zwar eine leichtere Dispensmöglichkeit für länger aus dem Amt geschiedene, voll in das bürgerliche Leben integrierte Priester sowie eine Ausdehnung des c. 214 CIC/1917 auf weitere Verantwortungsmängel, hielt aber bei deren Geltendmachung am gerichtlichen Verfahrensweg in aller Strenge fest.[15] Die Enzyklika „Sacerdotalis Coelibatus" *Pauls VI.* vom 24. Juni 1967 begründete die erstmals so öffentlich erwähnten wenigen Dispensen bei Glaubenskrisen und sittlichem Versagen nicht nur mit dem geistlichen Wohl des einzelnen, sondern auch mit der Sorge der Kirche um die Weitergeltung des Zölibatsgesetzes.[16] Die nach Bitten vieler Oberhirten um Vereinfachung erlassenen Normen der Glaubenskongregation vom 13. Januar 1971 zogen zwar den pastoralen administrativen Verfahrensweg dem Gerichtsweg vor und ließen eine weitgehendere Berücksichtigung von Fällen glaubensmäßigen und sittlichen Versagens erkennen, verpflichteten aber streng zu Versuchen der Rückgewinnung für den priesterlichen Dienst, gaben genaue Anweisungen für die durchzuführende Untersuchung der Ursachen und Umstände der Schwierigkeiten und des Ausscheidens vor allem durch Befragung aller für ein kompetentes Urteil zuständiger Personen aus Elternhaus und Ausbildungsweg, mühten sich um Vermeidung jeden Ärgernisses durch Geheimhaltungspflicht für Dispens und Eheschließung und durch Tätigkeitsbeschränkungen für den Antragsteller im kirchlichen Bereich, und sahen sogar in schweren Fällen eine Entlassung von Amts wegen mit Dispens aus Barmherzigkeit vor.[17] Die im folgenden Jahr am 26. Juni 1972 erlassene Erklärung der Glaubenskongregation verpflichtete zu allen nur möglichen Versuchen der Rückgewinnung für den priesterlichen Dienst, verlangte schwerwiegende Dispensmotive, wies nichtige Gründe zurück, schloß die Anwendbarkeit von c. 81 CIC/1917 auf die Zölibatsdispens aus und erweiterte die Betätigungsverbote im Lehrbereich.[18] Wegen der trotzdem zunehmenden Verschärfung der Priesterkrise sistierte Papst *Johannes Paul II.* zunächst die Dispenserteilung, und bereitete durch die strengeren Normen des Schreibens der Glaubenskongregation vom 14. Oktober 1980 die geltende neue Gesetzeslage vor.[19]

b) Das Schreiben der Glaubenskongregation vom 14. Oktober 1980. Das Schreiben der Glaubenskongregation an alle Ortsordinarien und Generaloberen der geistlichen Orden vom 14. Oktober 1980 brachte neben neuer Verfahrensnormen vor allem eine beträchtliche Eingrenzung der für eine Dispensbitte zulässigen Fälle und läßt in der ausführlichen Begründung die Absichten und Ziele des neueren strengeren Rechts bereits deutlich erkennen. Nur mehr in zwei Fällen darf der Ordinarius Ansuchen um Entbindung von den Weihepflichten an die Glaubenskongregation weiterleiten, wenn Priester, die ihr priesterliches Leben schon lange aufgegeben haben, ihren Lebensstand nicht mehr ändern können, ihn aber rechtlich ordnen wollen, und außer diesem Fall, wenn Priester ohne schwere eigene Anmaßung die Priesterweihe empfangen hatten, obwohl sie gar nicht zur Weihe hätten zugelassen werden dürfen.[20] Im ersten Fall müssen natürlich schwerwiegende äußere Gründe gegen eine Rückkehr in das priesterliche Leben vorliegen und nicht ablehnende

[15] AfkKR 140 (1971), S. 159–169.

[16] Lit. enc. Sacerdotalis coelibatus (AAS 59 [1967], S. 91–104), n. 85, in: NKD 8, Trier 1968, S. 99.

[17] SC Fid, Normae ad apparandas (Anm. 8), S. 303–308 = NKD 38, 2. Aufl., S. 74–91; SC Fid, Litterae circulares omnibus locorum ordinariis et moderatoribus generalibus religionum clericalium, in: AAS 63 (1971), S. 309–312 = NKD 38, 2. Aufl., S. 92–101.

[18] Als nichtige Motivationen wurden zurückgewiesen: der bloße Wille zu heiraten, die Ablehnung des Zölibatsgesetzes, zivile Eheschließung oder Festsetzung des Hochzeitstermines in der Hoffnung auf raschere Dispenserteilung (vgl. AAS 64 [1972], S. 642); SC Fid, Declaratio quoad interpretationem quarundam dispositionum, quae normis, die XIII Ianuarii 1971 editis, statutae sunt, in: AAS 63 (1972), S. 641–643.

[19] SC Fid, De modo procedendi (Anm. 10); SC Fid, Normae procedurales (Anm..10); *Zalba*, De sacerdotalis (Anm. 3), S. 245–248.

[20] SC Fid, De modo procedendi (Anm. 10), S. 1134 (n. 5).

Haltung gegen eine tiefere christliche Lebensführung.[21] Der zweite Fall stellt eine Ausweitung der Möglichkeiten des c. 214 CIC/1917 in Richtung Freiheits- und Eignungsmängel, aber auch Beurteilungsfehler dar, freilich unter Ausschluß des Prozeßweges. Erheblich sollten durch den Einfluß nachstehender Personen verursachte schwere Freiheitsbeeinträchtigungen sein, aber auch Mängel an ausreichender Verantwortlichkeit, wenn der Kandidat aus mangelnder seelischer Reife, wegen Fehlsteuerungen im emotiv-affektiven Bereich, seltener wegen irrealer Vorstellungen vom priesterlichen Leben oder wegen psychischer Anomalien zu keiner entsprechenden Urteilsreife fähig war. Erhebliche Beurteilungsfehler der Oberen können entstehen, wenn verschlossene Kandidaten ihre inneren Zweifel an der Berufung nicht zu äußern wagten oder durch äußeres Wohlverhalten überdeckten.[22] Als Gründe für die Erschwerung der Entlassung auf dem Gnadenweg führt das Schreiben der Glaubenskongregation die ständig steigende Zahl der Amtsniederlegungen der Priester an, die Papst *Johannes Paul II.* zu einer vorläufigen Einstellung der Dispenserteilung bis zum Erlaß der neuen Weisungen bewogen haben,[23] ebenso aber auch die Gefahr der weiteren Ausbreitung irriger Vorstellungen über die dauernde Verbindlichkeit der priesterlichen Standespflichten[24] sowie die rechte Abwägung aller auf dem Spiel stehender überaus bedeutsamen Werte.[25] Gegen diese Gefahren greift das Schreiben der Glaubenskongregation auf das Priesterbild der Kirche zurück, das *Johannes Paul II.* in seinem Schreiben an alle Priester der Kirche zum Gründonnerstag 1971[26] allen Fehlentwicklungen der nachkonziliaren Zeit eindrucksvoll entgegenstellt. Ungebrochen ist der Wille der lateinischen katholischen Kirche, am priesterlichen Zölibat festzuhalten, der nicht nur ein in der Lebensform der evangelischen Räte gelebtes eschatologisches Zeichen darstellt, der vielmehr auch in dieser Welt in soziologischer Hinsicht den Priester in seiner frei gewollten und reiflich überlegten vollen Verfügbarkeit als „Menschen für die anderen", meist für eine Gemeinde des Gottesvolkes, kennzeichnet. Keineswegs nur kraft kirchlichen Gesetzes, sondern aus dem anthropologischen Grund der Treue zu sich selbst, seinem Gewissen und seiner eigenen Menschenwürde hat der Priester das nach Jahren gründlicher Prüfung und eifrigen Gebetes Christus und der Kirche gegebene Wort zu halten, da er es erst gegeben hat, nachdem er zur festen Überzeugung gelangt ist, daß der Herr ihm diese Gnadengabe geschenkt hat. Das Stehen zu diesem Wort ist Verpflichtung, Zeichen seiner inneren Reife und Ausdruck seiner persona-

[21] Als solche Gründe könnten z. B. angeführt werden: ein früher gegebenes schweres Ärgernis, das eine dauernde Entlassung als angemessen erscheinen läßt; eine staatlich legitimierte Lebensgemeinschaft mit einer Frau, Pflichten gegen gemeinsame Kinder. Vgl. *Zalba*, De sacerdotalis (Anm. 3), S. 248f.

[22] *Zalba*, ebd., S. 249f.

[23] SC Fid, De modo procedendi (Anm. 10), S. 1133f. (nn. 2 und 4).

[24] Die Handhabung des Gnadenweges darf nicht den Eindruck entstehen lassen, die Entbindung vom Zölibat sei ein Recht, das jedem Priester zuerkannt werden müsse; nur ein Recht könne in Wirklichkeit angeführt werden, das Recht des Gottesvolkes auf Treue des Priesters, der sich Christus und dem Volk Gottes hingegeben hat, ungeachtet aller Fährnisse des Lebens. Keineswegs darf im Laufe der Zeit sich die Auffassung verbreiten, die Zölibatsdispens sei eine gleichsam automatische Wirkung eines summarischen Verwaltungsverfahrens. Vgl. SC Fid, De modo procedendi (Anm. 10), S. 1133f. (n. 3).

[25] Eine Rückkehr zu größerer Strenge erfordern vor allem das Wohl des Priesters selbst, damit er die Dispens nicht vorschnell als einzige Lösung seines existentiellen Problems betrachtet, aber auch das Wohl der Gesamtkirche, die eine allmähliche Auflösung ihres priesterlichen Gefüges nicht hinnehmen kann, sowie das Wohl der Teilkirchen, die ihre notwendigen apostolischen Kräfte bewahren wollen, schließlich auch der Anspruch der Gemeinden auf den priesterlichen Dienst. Vgl. SC Fid, De modo procedendi (Anm. 10), S. 1133f. (n. 3).

[26] Litterae Summi Pontificis *Joannis Pauli II*, Ad universae Ecclesiae Sacerdotes, adveniente Feria V in Caena Domini, in: AAS 71 (1979), S. 393–417. – Dienst aus der größeren Liebe zu Christus, Schreiben Papst *Johannes Pauls II.* an die Priester, mit einem Kommentar von *Hans Urs von Balthasar*, Freiburg i. Br. 1979.

len Würde zugleich. Eheleute erwarten mit Recht vom Priester das Zeugnis der Treue zum Beruf bis in den Tod.[27]

Angesichts dieser Argumente mit der starken Betonung der Entscheidungsfreiheit und Treuepflicht wird verständlich, warum in Hinkunft außer einem pastoralen Heilmittel in irreversiblen Fällen nur mehr schwere Verantwortlichkeits- und Eignungsmängel beim Kandidaten und schwere Fehlbeurteilungen durch die Oberen zugelassene Fälle für eine Dispensbitte darstellen.

4. Rechtswirkungen

Nur bei Entlassung durch ein rechtskräftiges Urteil oder einen Verwaltungsbescheid im Zuge eines Weiheprozesses gemäß cc. 1708–1712, der die Ungültigkeit der Weihe erwiesen hat, ist mit dem Ausscheiden aus dem Klerikerstand auch die Befreiung von der Zölibatspflicht verbunden (cc. 290 n. 1, 291). Der gültige Empfang der Diakonatsweihe ist Voraussetzung für die Aufnahme in den Klerikerstand und das Entstehen der geistlichen Standespflichten (c. 266). Im Falle der strafweisen Entlassung und der Entlassung auf Antrag durch ein Reskript des Apostolischen Stuhles (c. 290 nn. 2, 3) ist mit dem Ausscheiden aus dem Klerikerstand die Befreiung von der Zölibatspflicht nicht mitgewährt. Diese ist ausdrücklich dem Papst vorbehalten und wird alleinvon ihm gewährt (c. 291). Damit ist verfügt, daß der Diözesanbischof auch in Fällen, in denen der Apostolische Stuhl nicht angegangen werden kann und Gefahr im Verzug ist und er ansonsten bevollmächtigt ist, von päpstlichen Vorbehalten zu dispensieren, von der Zölibatspflicht nicht entbinden kann (cc. 87 § 2, 1078 § 2 n. 1; vgl. auch c. 1079).[28] Durch die Entlassung verliert der Kleriker alle mit dem geistlichen Stand verbundenen Rechte, d. h. die Rechte aus der Inkardination[29]; ebenso wird er, mit Ausnahme der besonderen Regelung bezüglich Zölibatspflicht, von allen Pflichten aus dem Inkardinationsverhältnis entbunden. Mit der Entlassung wird das im Inkardinationsverhältnis gründende Recht auf Existenzsicherung hinfällig; staatliche Regelungen verlangen jedoch in der Bundesrepublik Deutschland und in Österreich die Nachentrichtung von Sozialversicherungsbeiträgen für die geleistete Dienstzeit.[30] Dem aus

[27] SC Fid, De modo procedendi (Anm. 10), S. 1132f. (n. 1). Litterae Summi Pontificis (Anm. 26), S. 405–409; 409–411 (nn. 8 und 9); Dienst aus der größeren Liebe (Anm. 26), S. 37–41.

[28] Die Erklärung der Glaubenskongregation vom 26. Juni 1972 hatte bereits die Anwendbarkeit von c. 81 CIC/1917 auf die Zölibatsdispens ausdrücklich verneint. Vgl. SC Fid, Declaratio (Anm. 18), S. 642 (III).

[29] Communicationes 14 (1982), S. 85f.; *H. Schmitz*, Fragen des Inkardinationsrechtes, in: Festg. Scheuermann, S. 137–152.

[30] Für Österreich vgl. 29. ASVG-Novelle 1972, § 314; für die Bundesrepublik Deutschland vgl. *L. Waltermann*, Über soziale Schwierigkeiten des Berufswechsels, in: *F. Böckle* (Hrsg.), Der Zölibat, Mainz 1968, S. 188f. Zur sozialrechtlichen Nachversicherungspflicht für aus dem Dienst geschiedene Kleriker in der Bundesrepublik Deutschland vgl. *J. Listl*, Das Grundrecht der Religionsfreiheit in der Rechtsprechung der Gerichte der Bundesrepublik Deutschland, Berlin 1971, S. 422. – Nach den Normen der Glaubenskongregation vom 13. Januar 1971 (VI 5) war die materielle Unterstützung aus dem Amt geschiedener Priester mit dem zu einer ehrenhaften Lebensführung Notwendigen den betroffenen Oberhirten nach deren Möglichkeiten als Liebespflicht anempfohlen (SC Fid, Normae ad apparandas [Anm. 8], S. 308).

dem Amt Geschiedenen ist die Ausübung der Weihegewalt untersagt, mit Ausnahme der Möglichkeit, in Todesgefahr gültig und erlaubt von allen Zensuren und Sünden lossprechen zu können, selbst wenn ein dazu berechtigter Priester anwesend ist (c. 976). Schließlich lassen selbst Sühnestrafen den Besitz der Weihegewalt unangetastet (c. 1338 § 2). Der Entlassene verliert weiters alle innegehabten Ämter, Würden und jede delegierte Gewalt (c. 292).

Eine Wiederaufnahme in den geistlichen Stand ist nur durch einen Gnadenakt des Apostolischen Stuhles möglich (c. 293). Weisungen, inwiefern einem aus dem Amt Geschiedenen kirchliche Ämter und Funktionen, die auch Laien übertragen werden können, erlaubt oder untersagt sind, enthält das kirchliche Gesetzbuch nicht. Es ist jeweils auf die Klauseln des Dispensreskriptes zu achten.[31]

§ 22 Die Ausbildung und Fortbildung der Kleriker

Von Rudolf Weigand

I. Allgemeine und partikulare Kirchenrechtsquellen

1. Das *II. Vatikanum* hat mit seinem Dekret über die Priesterausbildung Optatam totius unter selbstverständlicher Voraussetzung der Institution „Priesterseminar"[1] die Inhalte der Priesterbildung von einem neu akzentuierten Prie-

[31] Die Normen vom 13. Januar 1971 erließen Aufenthaltsbeschränkungenfür Orte früherer priesterlicher Wirksamkeit, Geheimhaltungspflicht für Entlassung und Eheschließung mit Dispensmöglichkeit durch den Ordinarius des Aufenthaltsortes. Untersagt wurde dem aus dem Amt geschiedenen Priester die Ausübung seiner Weihevollmachten außer in den Fällen der cc. 882 und 892 § 2 CIC/1917, liturgische Funktionen, bei Volksbeteiligung, wo seine Verhältnisse bekannt sind, Predigt überall, jedes Seelsorgsamt, Leitungs- und Lehrtätigkeit in Seminaren, theologischen Fakultäten und ähnlichen Instituten, die Leitung einer katholischen Schule. Die Erteilung des Religionsunterrichtes konnte der Ortsordinarius für öffentliche Schulen, ausnahmsweise auch für katholische Privatschulen, gestatten. Vgl. SC Fid, Normae ad apparandas (Anm. 8), S. 307f. (VI 1–5). Diese Auflagen waren vom Papst im Gegensatz zum Dekret als ganzen „peculiari ratione" bestätigt worden (AAS 63 [1971], S. 310f.). Die Erklärung der Glaubenskongregation vom 26. Juni 1972 verstand unter „ähnlichen Instituten" Fakultäten, Anstalten Schulen usw. kirchlicher und religiöser Wissenschaften (z. B. Kirchenrecht, Missionswissenschaft, Kirchengeschichte) sowie alle Zentren höherer Studien jeglicher Art, auch wenn sie nicht im eigentlichen Sinn von der kirchlichen Autorität abhängen, sofern dort theologische oder religiöse Fächer gelehrt werden. Für diese besteht für aus dem Amt Geschiedene Lehrverbot. Bei den erstgenannten Instituten mußte auch eine innegehabte Lehrtätigkeit aufgegeben werden. Vgl. SC Fid, Declaratio (Anm. 18), S. 643 (V a, b); ferner *H. Heimerl*, Der laisierte Priester. Seine Rechtsstellung, Graz 1973, S. 20–45.

[1] Das Tridentiner Seminardekret vom 15. 7. 1563 ordnete die Errichtung von Priesterseminaren an und verfügte die Einheit von spiritueller Bildung und theologischer Ausbildung; Ausgabe in: COD, S. 726–729. Über seine Bedeutung siehe statt aller: *H. Jedin*, Die Bedeutung des Tridentinischen Dekrets über die Priesterseminare für das Leben der Kirche, in: ThGl 54 (1964), S. 181–198.

sterbild her formuliert und die Formen der Ausbildung flexibler gestaltet.[2] Bedeutsam hierfür ist die Bestimmung, daß auf nationaler Ebene (der Bischofskonferenz) eine eigene Ordnung der Priesterausbildung erstellt werde, welche von Zeit zu Zeit zu revidieren sei, damit die Priesterbildung zeit- und ortsentsprechend sei und den jeweiligen pastoralen Erfordernissen genüge (VatII OT Art. 1; cf. c. 242).

2. Während der CIC/1917 den institutionellen Rahmen unter dem Titel „De seminariis" (cc. 1352–1371) festlegte, wird im CIC/1983 in den Canones 232–264 die Priesterbildung systematisch am richtigen Platz behandelt und relativ einläßlich geregelt.

3. Ohne daß dies im II. Vatikanum eigens vorgesehen war, erließ die SC InstCath am 6. 1. 1970 eine *Grundordnung* für die Priesterbildung, welche nach einleitenden grundsätzlichen Aussagen 101 Einzelbestimmungen enthält, die vielfach über eine Rahmenordnung hinausgehen und schon viele konkrete Aussagen machen, die unverändert in die nationalen Ausbildungsordnungen übernommen werden können.[3]

4. Eine *nationale Ordnung* für die Priesterausbildung, wie sie gemäß dem II. Vatikanum jetzt auch in c. 242 gefordert wird, wurde im deutschen Sprachraum bisher nur von der Deutschen Bischofskonferenz nach mehrjährigen Vorbereitungen im Februar 1978 für die Bundesrepublik Deutschland beschlossen (ROPB)[4]. Sie sieht die Priesterausbildung und -fortbildung als einen Vorgang in drei Bildungsphasen an und zeigt die Dimensionen der priesterlichen Bildung: geistliches Leben und menschliche Reifung, theologische Bildung und pastorale Befähigung in ihrer inneren Verschränkung auf.

5. *Diözesane* Ausbildungsordnungen, wie sie für jedes einzelne Seminar gefordert sind (c. 243), wurden bisher in einem Teil der deutschen Diözesen erlassen[5]. Sie brauchen nicht alles in der Rahmenordnung Enthaltene zu wiederholen, sondern sollen zweckmäßigerweise die besonderen Regelungen beinhalten (z. B.

[2] Siehe besonders *H. Schwendenwein*, Priesterbildung im Umbruch des Kirchenrechts. Die „Institutio Sacerdotalis" in der vom II. Vatikanum geprägten Rechtslage (= KUR, Bd. 9), Wien 1970.

[3] Ratio Fundamentalis Institutionis Sacerdotalis (RFIS), in: AAS 62 (1970), S. 321–384; mit ausführlicher Einleitung und Kommentar von *A. Arens* zweisprachig herausgegeben, in: NKD 25, Trier 1974.

[4] Rahmenordnung für die Priesterbildung. Verabschiedet von der Deutschen Bischofskonferenz (DBK) in der Vollversammlung vom 13.–16. Februar 1978, approbiert von der SC InstCath am 9. März 1978. Hrsg. von Sekretariat der DBK als H. 15 der Reihe „Die deutschen Bischöfe", (Bonn, 1. Mai) 1978. Über die Art der Publizierung als partikulares Gesetz siehe *H. Schmitz*, Vom schwierigen Umgang mit Beschlüssen der Deutschen Bischofskonferenz, in: AfkKR 147 (1978), S. 406–423. Gemäß einer KNA-Meldung hat die Berliner Bischofskonferenz eine Rahmenordnung für die Priesterbildung in der DDR im Juni 1983 verabschiedet. (Deutsche Tagespost vom 29. Juni 1983, S. 5). Für die USA war z. B. bereits 1971 „The Program of Priestly Formation", Washington 1971, in Kraft gesetzt worden.

[5] Als Beispiele seien genannt: Die Priesterbildung im Bistum *Osnabrück*, am 5. 3. 1980 „vom Bischof bis auf weiteres in Kraft gesetzt", wie es in der Vorbemerkung auf S. 3 der Publikation heißt (nicht im KABl. veröffentlicht); Ordnung für die Priesterbildung im Bistum *Trier* vom 20. 8. 1980, in: KABl. Trier 124 (1980), S. 197–205; Lebensordnung des Priesterseminars *Sankt Georgen* Frankfurt am Main vom 10. 8. 1981, in: ABl. Limburg 1981, S. 97–100.

Seminarordnung, örtliche Studien- und Prüfungsordnung, Regelung der Praktika usw.).

II. Recht und Pflicht der Kirche zur Bildung der Kleriker

1. Die Kirche beansprucht ein unverzichtbares und ausschließliches Recht, die Priester, Diakone und alle übrigen Amtsträger selbst auszubilden (c. 232); auch wie diese Ausbildung im einzelnen gestaltet wird, ist Sache der Kirche. Daher gehört die Sicherung der eigenständigen Priesterbildung meistens auch zu den klassischen Inhalten der Konkordate[6].

2. In einer Zeit des Priestermangels müßte allen Kirchengliedern bewußt gemacht werden, daß jeder auf seine Weise an der *Förderung der Priesterberufe* mitzuwirken hat. In besonderer Weise tragen hierfür Verantwortung die christlichen Familien, die Erzieher, die Bischöfe und die Priester, speziell die Pfarrer (c. 233)[7]. Letztlich sind alle Elemente der Pastoral, vorrangig der Jugendpastoral einzubeziehen, nicht zuletzt die Ministrantenseelsorge.

3. Wieweit dazu *Konvikte* (sog. kleine Seminare) für Schüler geeignet sind (c. 234), wird nicht überall gleich beurteilt, in jedem Fall müssen auch Schüler solcher Konvikte wirklich die Möglichkeit einer freien Berufswahl haben; sie dürfen also nicht wie in einer Einbahnstraße dem Priestertum zugeführt werden[8]. Die wichtigste institutionelle Voraussetzung für die Priesterausbildung ist nach wie vor das Priesterseminar.

III. Das Priesterseminar

1. *Errichtung.* Für die Errichtung, oberste Leitung, Aufsicht und Ausstattung des Priesterseminars ist der Diözesanbischof zuständig. Dieser ist verpflichtet, ein Priesterseminar zu errichten, oder falls die Diözese zu klein bzw. die Zahl der Priesterkandidaten zu gering ist, diese in ein anderes Seminar zu schicken oder – nach Erteilung der erforderlichen Zustimmung des Apostolischen Stuhles – zusammen mit anderen Bischöfen ein Regionalseminar zu errichten (c. 237, ROPB Nr. 47). Das Seminar ist mit seiner Errichtung eine kirchliche juristische Person (c. 238). „Die bisherigen Erfahrungen zeigen, daß auf ein Seminar als geistliches Ausbildungszentrum nicht verzichtet werden kann."[9]

Wenigstens vier Jahre muß sich jeder Priesterkandidat dort aufhalten, sich formen und formen lassen (c. 235). Ob dieses Seminar die Studenten sämtlicher Semester umfaßt oder in ein sogenanntes Konvikt für die ersten zehn Semester

[6] Siehe RK Art. 19 und 20, BayK Art. 3 und 4, BadK Art. IX, PreußK Art. 12.
[7] Siehe auch VatII OT Art. 2, RFIS nn. 5–10.
[8] VatII OT Art. 3, RFIS nn. 11–19.
[9] Sb Dienste und Ämter 5.4.3, in: Gemeinsame Synode, Gesamtausgabe I, S. 525; ROPB Nr. 45.

und ein Pastoralseminar für die letzten Semester aufgeteilt ist, wird vorwiegend durch die örtliche Tradition bedingt (ROPB Nr. 44). Nicht so ohne weiteres könnte statt des Priesterseminars ein Seminar für kirchliche Berufe insgesamt errichtet werden, da die Erziehung zum ehelosen Priestertum manche Eigenheiten bedingt, die in einem solch offenen Seminar kaum gewährleistet sind. Wohl aber ist eine Aufgliederung in kleinere Gruppen vorgesehen[10].

2. Die *Leitung* des Priesterseminars obliegt dem Regens oder Rektor (c. 239). Ihm müssen genügend qualifizierte Mitarbeiter, sowohl für die äußere Leitung als auch für die innere Führung (Spiritual), zur Seite stehen. „Als Mindestbesetzung sind der Regens, ein Subregens und ein Spiritual anzusehen." (ROPB Nr. 50). Da von ihrer theologischen, geistlichen und menschlichen Qualifikation die Erziehung der Priester entscheidend abhängt, müssen sie aus den besten Kräften ausgewählt, auf ihren Beruf besonders vorbereitet werden und sich ständig weiterbilden, nicht zuletzt durch gegenseitigen Erfahrungsaustausch auf regelmäßigen Konferenzen[11].

Der Regens hat für sämtliche Seminarbewohner Rechte und Pflichten eines Pfarrers, weil das Seminar von der evtl. zuständigen Pfarrei exemt ist (c. 262). Er und die übrigen Verantwortlichen müssen auf die Trennung des inneren und äußeren Bereiches achten, selbst wenn Studenten von sich aus mit ihm persönliche Fragen des geistlichen Lebens erörtern (c. 985). Außer dem Leitungsgremium müssen auch die Alumnen an Entscheidungen über das Leben im Seminar beteiligt werden (c. 239 § 3)[12].

3. *Ausstattung und Unterhalt.* Da in der Regel ein Seminar kaum aus eigenen Einkünften (c. 263) zu bestehen vermag, sind eigene Kollekten zugunsten des Seminars in allen Kirchen der Diözese und die Erhebung einer eigenen Seminarsteuer vorgesehen (c. 264), an deren Stelle in den Diözesen mit zentraler Einziehung der Kirchensteuer ein entsprechender Teil des Kirchensteueraufkommens tritt. Freiwillige Spenden der Gläubigen, Vermächtnisse und Legate fallen auch heute zugunsten des Seminars ins Gewicht.

IV. Priesterbildung

1. *Auswahl und Aufnahme der Kandidaten.* Die *Auswahl* der Kandidaten muß alle einschlägigen Gesichtspunkte berücksichtigen (c. 241). Sie ist ein mehrjähriger Lebensvorgang, in dessen Verlauf sich jeder Bewerber um das Priestertum selber prüft und geprüft wird. Schon aus diesem Grunde ist das Leben in der Gemeinschaft des Seminars erforderlich, in welchem Kirche in ihren verschiedensten Bezügen erfahren werden kann[13].

[10] RFIS n. 23, ROPB Nr. 28. *G. Heinemann* weist darauf hin, „das Modell der vollen Integration der geistlich-pastoralen Ausbildung" werde „in der Schweiz zum großen Teil praktiziert", vgl. *ders.*, Priesternachwuchs und Priesterbild, in: HerKorr 37 (1983), S. 165.

[11] VatII OT Art. 4, RFIS n. 30, ROPB Nrn. 53f.

[12] RFIS n. 24, ROPB Nr. 57 sieht hierfür die Seminarkonferenz vor, gebildet aus der Seminarleitung und den Studentenvertretern. Näheres regeln die diözesanen Ordnungen. In Trier ist z. B. außer der Seminarkonferenz noch die Gruppensprecherkonferenz und die Vollversammlung vorgesehen, vgl. Ordnung Trier (Anm. 5), S. 199f.

[13] Diese Dimension des Seminars wird in der wichtigen Anm. 74 der RFIS genannt; siehe hierzu *Arens*, in: NKD 25, S. 21 mit Anm. 57; ROPB Nrn. 45f.

Trotz des drohenden Priestermangels in vielen Ländern können die Anforderungen an die Bewerber nicht gesenkt, sondern müssen eher noch gewissenhafter angewandt werden (VatII OT Art. 6). Sie dürfen nicht nur in der Fähigkeit zum Studium und in der Bereitschaft zur Übernahme des Zölibats und zum kanonischen Gehorsam gesehen werden, sondern umfassen vielfache menschliche Qualitäten individueller und sozialer Natur, christliche Grundhaltungen und spezifische Fähigkeiten für den pastoralen Dienst, die weit über das Freisein von Irregularitäten und Weihehindernissen hinausgehen[14].

Die *Aufnahme* ins Seminar geschieht „durch den Bischof nach Anhören der Seminarleitung" (ROPB Nr. 58), in der Regel nach mündlichen Gesprächen und Einreichung der schriftlichen Unterlagen vor Beginn des Studiums. Von dieser (ersten) Aufnahme ist die *Admissio* zu unterscheiden, welche an die Stelle der früheren Tonsur getreten ist[15]. Auf Grund einer Vorentscheidung nach den externen Semestern bekundet der Student (im 4. Studienjahr) „darin öffentlich seine Bereitschaft, zu gegebener Zeit den priesterlichen Dienst zu übernehmen; der Bischof nimmt ihn unter die Kandidaten des Priesteramtes auf" (ROPB Nr. 41; cf. c. 1034).

2. *Geistliches Leben und menschliche Reife.* Die umfassende geistliche Formung und menschliche Reifung (c. 245) ist nicht einfach dadurch zu erreichen, daß sich die Alumnen einer vorgegebenen Tagesordnung fügen: gemeinsames Gebet, Mitfeier der hl. Messe, Meditation, Anhören eines geistlichen Vortrages, häufiger Empfang des Bußsakraments usw. (cf. c. 246). Andererseits kann auch nicht alles der persönlichen Spontaneität und damit Beliebigkeit überlassen bleiben, was einer geistlich tut oder nicht tut. Der priesterliche Dienst stellt hohe Forderungen, die es zielbewußt zu erschließen gilt. Das II. Vatikanum hat diesem Aspekt besondere Sorgfalt angedeihen lassen (VatII OT Art. 8–12), der in der Grundordnung für die Priesterbildung noch weiter entfaltet wird[16].

Die Harmonie zwischen vorgegebenen Frömmigkeitsformen und priesterlicher Freiheit im religiösen Leben, zwischen eigenem Bemühen und Einführung durch die Verantwortlichen muß je neu gesucht werden. Eine wichtige Rolle spielt in der Lateinischen Kirche die Hinführung zum *Zölibat*, der nicht einfach in Kauf genommen werden darf, sondern als sinnvolle priesterliche Lebensform vom Priesterkandidaten für sich persönlich voll bejaht werden muß (c. 247), wenn der priesterliche Dienst gelingen soll.[17]

Ein echtes Ja zur Kirche in ihrer konkreten Gestalt mit ihren vielfältigen Spannungen, die zugleich ecclesia sancta und ecclesia semper reformanda ist, gehört ebenfalls dazu. Die im deutschen Sprachraum üblichen externen Semester zur Klärung der Berufsfrage und zur Bewährung in anderer Umgebung (ROPB Nrn. 36–39) sind nun auch vom allgemeinen Recht her ermöglicht (c. 235 § 2, RFIS n. 42).

[14] Cc. 1040–1044. Eine gute Zusammenstellung dieser Kriterien bietet ROPB Nrn. 63–67. Siehe auch *A. Arens*, Kriterien der Eignung für den pastoralen Dienst, in dem von ihm herausgegebenen Band: Pastorale Bildung. Erfahrungen und Impulse zur Ausbildung und Fortbildung für den kirchlichen Dienst, Trier 1976, S. 36–68.

[15] MP AdPasc Einl. Abs. 15, Art. I, III; auch abgedr. in: NKD 38, S. 52f., 54–57.

[16] RFIS nn. 44–58, mit der wichtigen einführenden Anm. 99. In ROPB Nrn. 8–13, 21 f. u. ö.

[17] VatII OT Art. 10, RFIS n. 48; siehe auch die eigene Verlautbarung der SC InstCath vom 11. 4. 1974: „Leitgedanken für die Erziehung zum priesterlichen Zölibat", Typ. Pol. Vat. 1974.

3. Die *Theologische Ausbildung* hat seit dem Tridentinum schon immer eine herausragende Rolle gespielt, wenn sich auch die Lehrmethoden mit der Zeit gewandelt haben und neue Lehrinhalte aufgenommen wurden oder neue Disziplinen entstanden sind (vgl. VatII OT Art. 13–18). Die hierfür vorgesehene Zeit umfaßt normalerweise sechs Jahre (cc. 250–254), von denen im deutschen Sprachraum fünf Jahre dem Studium an der Hochschule gewidmet sind, während das letzte Jahr vorzüglich der pastoralen Einführung und der stufenweisen Einübung dient.

Der in der Rahmenordnung vorgesehene Fächerkanon (ROPB Nrn. 70–105) führt die Disziplinen auf, die es zu studieren und auch in der Abschlußprüfung nachzuweisen gilt. Die Formulierung der jeweiligen Studienziele sowie Studien- und Prüfungsinhalte ist als echter Fortschritt zu werten.[18] Bei der Vielzahl der Fächer auch die Einheit der Theologie zu finden, kann aber nicht allein Aufgabe des einzelnen Studenten sein, sondern muß zusätzlich in fächerübergreifenden Lehrveranstaltungen deutlich werden (ROPB Nrn. 113f.). Für ein wichtiges Anliegen von VatII OT Art. 14 Abs. 2, nämlich den Einführungskurs zu Beginn des Studiums, ist bisher noch kein überzeugendes Konzept gefunden worden, obwohl diese Forderung den Bedürfnissen der Studienanfänger entspricht. Leider hat auch seine Aufnahme in die ROPB (Nrn. 106–108) bisher noch keine neuen Impulse gebracht.

4. Die *pastorale Befähigung* (c. 255) darf nicht auf das letzte Jahr der sechsjährigen Ausbildung beschränkt werden, sondern soll „die gesamte Erziehung der Alumnen durchdringen"[19]. Das bedeutet natürlich keinen kurzschlüssigen Pragmatismus, beinhaltet aber doch für alle Beteiligten, daß sie sich das Ziel der Studien immer vor Augen halten sollen.

Der Praxisbezug vor allem der Fächer der praktischen Theologie muß auch für die Studierenden erlebbar sein. Das geht nicht ohne eine gewisse Einübung vor Ort, z. B. bei Predigt und Katechese in einer Gemeinde bzw. Schule. Entsprechend vorbereitete und begleitete, zum allermindesten ausgewertete Praktika, die VatII OT Art. 21 und c. 258 eigens fordern, verhelfen sowohl zur Erkenntnis der Wirklichkeiten heutigen Lebens als auch zur Motivierung weiteren Lernens in den theologischen Fächern und angrenzenden Humanwissenschaften. Zahl und Art der Praktika ist in den diözesanen Ordnungen festzulegen[20]. Manche Grundeinsichten der Gruppendynamik und der seelsorglichen Gesprächsführung gehören heute zur Voraussetzung eines gedeihlichen pastoralen Wirkens, damit ein Priester in der rechten Weise die Nöte der Menschen aufnehmen und diese beraten kann oder damit er mit den verschiedenen Gremien (etwa Pfarrgemeinderat) sachgerecht umzugehen weiß.[21]

[18] Der ganze Abschnitt „Das Studium der Theologie" (ROPB Nrn. 68–127) wurde unter Verwertung von Ergebnissen der Kommission „Curricula in Theologie" (siehe deren Veröffentlichungen: SKT-Studium Katholische Theologie, Bd. 1–6, Zürich-Einsiedeln-Köln 1973–1975, 1980) und unter Mitarbeit der Sprecher der Arbeitsgemeinschaften der theol. Disziplinen erstellt. Die SC InstCath hat am 22. 2. 1976 ein eigenes Rundschreiben erlassen: „Die Theologische Ausbildung der künftigen Priester", Typ. Pol. Vat. 1976.

[19] VatII OT Art. 19; siehe auch RFIS nn. 94–99, ROPB Nrn. 16f. u. ö.

[20] ROPB Nr. 24. Während *Osnabrück* nur zwei Pfarrpraktika, je nach dem 1. und 7. Semester, verlangt, sind es in *Trier* drei: Gemeinde-, Industrie- oder Krankenhauspraktikum, Schul- oder Jugendpraktikum (siehe Anm. 5). *Limburg* fordert ebenfalls drei, vgl. Ferienpraktika der Priesterkandidaten des Bistums Limburg während der Ersten Bildungsphase (v. 10. 8. 1981), in: ABl. Limburg 1981, S. 100–101. Auch in *Würzburg* sind drei Praktika üblich.

[21] Siehe hierzu z. B. die Aufsätze von *A. J. Hammers, A. Thome, R. Ruppert* und *B. Zimmer* in: Pastorale Bildung (Anm. 14); teils gehören solche Veranstaltungen zeitlich zur folgenden sogenannten zweiten Bildungsphase.

5. Die *Einführung* in den Dienst als Priester, die *zweite Bildungsphase*, welche etwa den gleichen Zeitraum von fünf Jahren umfaßt wie die Ausbildung an der Hochschule, erstreckt sich vom Eintritt ins Pastoralseminar bzw. in den Pastoralkurs bis zur zweiten Dienstprüfung (Pfarrexamen) und soll die Fähigkeit zu selbständiger Führung einer Gemeinde vermitteln (ROPB Nrn. 128–145). „Die Priesterweihe ist der Angelpunkt der gesamten Priesterbildung. Die zweite Bildungsphase gliedert sich von ihr her in zwei Stufen" (ROPB Nr. 131).

Die in den Diözesen praktizierten Modelle sind sehr verschieden. Doch scheint sich wenigstens für den deutschen Sprachraum die Tendenz abzuzeichnen, etwa zwei Jahre der pastoralen Einführung vor der Priesterweihe zu widmen, von denen ein Jahr der praktischen Ausbildung im Seminar mit verschiedenen spezialisierten Kursen (Blockveranstaltungen) und ein Jahr der Erprobung in einer Pfarrei reserviert sind (mit oder ohne Diakonenweihe). Die *Fortbildung* in den ersten Jahren nach der Priesterweihe geschieht vorwiegend durch geistliche, menschliche und theologische Aufarbeitung der praktischen Erfahrungen, Schwierigkeiten und Probleme in gegenseitigem Austausch unter entsprechender Leitung (Supervision), wozu genügend Raum in Kursen, Tagungen, Gesprächsrunden und auch Rekollektionen und Exerzitien geschaffen werden muß. Den Abschluß dieser Einübung bildet die zweite Dienstprüfung (Pfarrexamen), welche die pastorale Befähigung zur selbständigen Führung eines Seelsorgsdienstes nachweisen soll, u. a. durch begutachtete pastorale Einzelaufgaben und ein Kolloquium über pastoral relevante Themen (ROPB Nr. 145)[22].

6. Berufsbegleitende *Fort- und Weiterbildung*, die dritte Bildungsphase, ist heute unerläßlicher denn je (c. 279). Dies geschieht in regelmäßigen Dienstbesprechungen, bei Fortbildungstagen oder mehrtätigen Pastoraltagungen, in Werkwochen und mehrwöchigen Kursen, wozu diözesane und überdiözesane Einrichtungen nötig sind, deren Besuch den Priestern zu ermöglichen ist[23].

Vor Übernahme eines neuen Amtes ist eine spezialisierte Weiterbildung erforderlich, die nur in manchen Fällen berufsbegleitend geschehen kann. Obwohl eine Spezialisierung schon während des Studiums möglich ist (vgl. RFIS n. 84), wird sich für viele Bereiche und Aufgaben eine Spezialisierung erst nach mehrjähriger pastoraler Praxis an entsprechenden Instituten empfehlen, wobei auch eigene Diplome erworben werden können.[24] Es ist eine ernste Pflicht der Bischöfe, diesem Bereich der Fortbildung und Weiterbildung ein größeres Gewicht als bisher zu geben, wozu allerdings auch die theologischen Fakultäten ihren Beitrag zu leisten haben (z. B. durch das Kontaktstudium).

[22] Kombinierte Ordnungen für die Berufseinführung und das Pfarrexamen wurden z. B. für die Diözese Fulda am 1. 9. 1981 erlassen, vgl. KABl. Fulda 97 (1981), S. 88–90, für Limburg am 10. 8. 1981, vgl. ABl. Limburg 1981, S. 101–102. Für die bayerischen Diözesen hat die Freisinger Bischofskonferenz am 5. 11. 1980 eine neue „Ordnung für die Zweite Dienstprüfung von Priestern" beschlossen (gültig ab 1. 1. 1981), in: DiözBl. Würzburg 126 (1980), S. 509–513. Für Trier gilt die „Ordnung für die Pfarrbefähigungsprüfung" vom 20. 8. 1980, in: KABl. Trier 124 (1980), S. 206–208.

[23] ROPB Nrn. 146–159; in den Nrn. 161–167 werden die personellen, organisatorischen und rechtlichen Voraussetzungen der Fortbildung skizziert.

[24] RFIS n. 85, besonders für die wissenschaftliche Laufbahn vorgesehen, aber nicht nur für diese. Siehe auch das Rundschreiben der SC Cler über die dauernde Aus- und Weiterbildung des Klerus, namentlich des jüngeren, vom 4. 11. 1969, in: AAS 62 (1970), S. 123–134.

V. Ausbildung der ständigen Diakone

Für die Ausbildung der ständigen Diakone schreibt c. 236 eine in der Regel wenigstens drei Jahre dauernde Ausbildung in einem eigenen Studienhaus vor. Die Deutsche Bischofskonferenz hat im Februar 1975 die „Grundordnung für die Ausbildung des Diakons" endgültig verabschiedet.[25]

§ 23 Der ständige Diakon

Von Hugo Schwendenwein

1. *Wiedereinführung des ständigen Diakonates*

Der Diakonat stellt die unterste Stufe des dreigliedrigen kirchlichen Amtes (Episkopat, Presbyterat, Diakonat, VatII LG Art. 28, 29) dar. In der dem Zweiten Vatikanischen Konzil unmittelbar vorausgehenden Disziplin der Lateinischen Kirche war der Diakonat nur Durchgangsstufe zum Priestertum (c. 973 § 1 CIC/1917). VatII LG Art. 29 Abs. 2, in dessen Ausführung unter dem 18. 6. 1967 das MP „Sacrum Diaconatus Ordinem"[1] ergangen ist, hat den Diakonat als selbständige Weihestufe[2] wiederhergestellt[3].

Die durch die konziliare und nachkonziliare Gesetzgebung geschaffene Situation betreffend den ständigen Diakonat[4] ist die Voraussetzung und Grundlage, auf der der Gesetzgeber des CIC/1983 aufbaut und in einzelnen Rechtsgebieten für die diaconi permanentes (bzw. gegebenenfalls für die diaconi uxorati) die eine oder andere Vorschrift gibt, die jeweils bei den betreffenden Sachgebieten referiert wird.

Das konziliare (VatII LG Art. 29 Abs. 2) und nachkonziliare Recht (MP SacrDiacOrd n. I, siehe auch ebd. Einführung Abs. 4) hat die Wiedereinführung des Diakonates in den Bereichen der einzelnen Bischofskonferenzen von der Beschlußfassung der letzteren und der jeweiligen Approbation eines solchen Beschlusses durch den Hl. Stuhl abhängig gemacht.

Ob die bisherigen römischen auf Gesetzesstufe stehenden Normen über den ständigen Diakonat, die nicht in den CIC/1983 eingegangen sind, diesem aber auch nicht widerstreiten, weitergelten, hängt davon ab, ob die den ständigen Diakon betreffenden Bestimmungen des CIC/1983 eine Ex-integro-Regelung darstellen, oder nicht (vgl. c. 6 § 1 n. 4). Es ist nun in concreto nicht in jedem Falle leicht, festzustellen, ob eine Neuregelung, die nicht zu

25 AfkKR 144 (1975), S. 153–157. Vgl. hierzu in *diesem* Band, unten, *H. Schwendenwein*, § 23 Der ständige Diakon.

1 AAS 59 [1967], S. 697–704; NKD 9.

2 *H. Schwendenwein*, Das Neue Kirchenrecht. Gesamtdarstellung, Graz 1983, S. 138.

3 Der Gebrauch des Wortes „Wiederherstellung" steht dem nicht entgegen, daß sich mit dieser Neueinführung ein schöpferischer Neuansatz verbindet, d. h., daß der heutige diaconatus permanens in seiner konkreten Ausgestaltung nicht eine volle Kopie der früheren Konkretisierung desselben zu sein braucht (*H. Krätzl*, Der verheiratete Diakon, in: ThPQ [1979], S. 251; vgl. auch *K. Rahner*, Theologie des Diakonates, in: Der Diakon. Ein Werkbuch für den deutschsprachigen Raum. Freiburg 1970, S. 30.

4 S. *H. Schwendenwein*, Exkurs: Der ständige Diakon, in: GrNKirchR, S. 134f.

sämtlichen Details des bisherigen Rechts Aussagen trifft, als Ex-integro-Regelung zu betrachten ist. Als Kriterium zur Lösung dieser Frage verweist *K. Mörsdorf* auf die Absicht des Gesetzgebers, der die Neuregelung veranlaßt hat[4a]. In diesem Zusammenhang ist zunächst festzustellen, daß, abgesehen von der zur Besprechung stehenden Bestimmung über die Wiedereinführung des Diakonates durch die Bischofskonferenzen inhaltlich die bisherigen Normen des ius commune Ecclesiae Latinae mit geringfügigen Einschränkungen auch im vom CIC/1983 bestimmten Normengefüge figurieren.

Die Bestimmungen über die Aufgaben der Diakone, die VatII LG Art. 29, insbes. Abs. 1, und das MP SacrDiacOrd bringen, ergeben sich ja, was ihren hauptsächlichen Inhalt anbelangt, auch aus dem CIC/1983. Auch die Abhaltung von Beerdigungen, deren „minister" im CIC/1983 nicht eigens genannt ist, steht dem Diakon aufgrund von c. 1168 („Sacramentalium minister est clericus debita potestate instructus") in Verbindung mit den liturgischen Vorschriften zu. Bei der Betreuung von Gemeinschaften von Gläubigen ist nunmehr gegebenenfalls die Differenzierung von c. 517 § 2 zu beachten, die aber dem MP SacrDiacOrd nicht widerspricht. Nunmehr erscheint die Frage geklärt, daß, wenn es sich bei der betreuten Gemeinschaft um eine Pfarre handelt, die Spitzenposition des Hirtendienstes, einem „sacerdos, potestatibus et facultatibus parochi instructus", zukommt. Auch den Auftrag zur Förderung der Werke des Laienapostolates wird man aus c. 275 § 2 ableiten können. Nicht im CIC/1983 enthalten ist die sehr deutliche Aussage über die karitativen Aufgaben der Diakone (VatII LG Art. 29 Abs. 1, MP SacrDiacOrd n. 22,9). Der Gesetzgeber hat, was den ständigen Diakonat betrifft, nahezu alles geregelt, was bisher geregelt war. Man gewinnt beim Studium des CIC/1983 den Eindruck, daß er wohl auch die Bestimmung, die die Zulassung von diaconi permanentes zur Weihe von der Einführung des Diakonates durch die für das betreffende Land zuständige Bischofskonferenz abhängig macht, in den CIC aufgenommen hätte, wenn es seine Absicht gewesen wäre, sie weiter gelten zu lassen. Es ist nicht anzunehmen, daß er eine solche Bestimmung, hätte er sie aufrechterhalten wollen, nicht ausdrücklich angeführt hätte. Dies spricht dafür, den CIC/1983 hinsichtlich der Diakone als Ex-integro-Regelung zu betrachten. Jedenfalls spricht manches für die Annahme, daß sie der Gesetzgeber des CIC/1983 als solche verstanden hat, so daß nunmehr jeder Diözesanbischof, wenn er sich dazu entschließt und geeignete Bewerber da sind, Diaconi permanentes weihen kann.

In Deutschland, Österreich und der Schweiz wurde der Diakonat nach der damaligen von VatII LG und dem MP SacrDiacOrd bestimmten Rechtslage als selbständige Weihestufe wiedereingeführt, so daß sich also das vorausgehend ausgeführte Problem in diesen Ländern nicht stellt.

Nach Art. 16 VatII AG erscheint es „angebracht, daß Männer, die tatsächlich einen diakonalen Dienst ausüben", dies nunmehr in sakramentaler Vollmacht tun[5]. Durch den selbständigen Diakonat soll der Dienstcharakter, der dem kirchlichen Amt überhaupt in allen seinen Stufen zukommt, in ganz besonderer Weise verdeutlicht werden[6]. Auch im neuen Recht gibt es neben dem Diakonat als Durchgangsstufe zum Priestertum den ständigen Diakonat (diaconatus permanens)[7].

[4a] Vgl. *Mörsdorf* Lb I, S. 116.

[5] Vgl. hierzu *K. Rahner*, Die Lehre des II. Vatikanischen Konzils über den Diakonat, in: *ders.*, Schriften zur Theologie VIII, Einsiedeln 1967, S. 541–552.

[6] *H. Vorgrimler*, in: LThK²-Konzilskommentar I, S. 258; vgl. auch *P. Hünermann*, Diakonie als Wesensdimension der Kirche und das Spezifikum des Diakonates, in: Diaconia (Dokumentation des internationalen Dokumentationszentrums) 13 (1978), H. 4, S. 16.

[7] Im CIC/1983 finden sich keine spezifischen Aussagen, die den Diakonat in Ordensgemeinschaften, Gesellschaften des Apostolischen Lebens und in jenen Weltinstituten, die mit Inkardinationsrecht ausgestattet sind, betreffen. Selbst, wenn man davon ausgeht, daß

2. Zölibatäre Diakone und diaconi uxorati

Bei den ständigen Diakonen wird zwischen denen, die als jüngere Männer zum Diakonat hinzutreten und den diaconi maturioris aetatis[8] unterschieden. Diaconi maturioris aetatis bzw. Bewerber um diese Form des Diakonates können verheiratet[9] sein (diaconi uxorati), doch steht auch unverheirateten Männern (viri coelibes) reiferen Alters der Zugang zum ständigen Diakonat offen. Als Mindestalter (Weihealter) legt das allgemeine Recht für die jüngeren Diakone das 25. Lebensjahr (c. 1031 § 2) – (bei Priesteramtskandidaten ist es das 23. Lebensjahr) –, für die letzteren das 35. Lebensjahr fest (c. 1031 § 2). Die Bischofskonferenzen können das Weihealter noch weiter hinaufsetzen (c. 1031 § 3). Allerdings können die Diözesanbischöfe – bis zu einem Jahr – Dispens vom Weihealter geben (vgl. c. 1031 § 4)[10].

Der CIC widmet den Diakonen kein eigenes Kapitel, wenngleich er sie – man ist fast versucht, zu sagen: anhangsweise – im Konnex anderer Materien immer wieder erwähnt. Darüber hinaus gilt für die Diakone, soweit nicht bei verschiedenen Normen ausdrücklich anderes angemerkt ist, das allgemeine Klerikerrecht. Der größere Teil der auf Diakone bezüglichen Rechtsnormen betrifft sowohl die ständigen als auch die das Priestertum anstrebenden Diakone[11].

Auch im neuen Recht ist der Priesterrat als Gremium von Priestern, als Repräsentanz der Priester der Diözese konzipiert (vgl. insbes. cc. 497, 498, 499). Es ändert sich also nichts an der besonders durch das Rundschreiben der SC Cler über die Pastoralräte vom 25. 1. 1973, n. 7 Abs. 3[12], gekennzeichneten Situation, wonach die Diakone ihre Vertretung im diözesanen Pastoralrat haben, der mancherorts Diözesanrat genannt wird.

der CIC/1983 in betreff des Diakonates eine Ex-integro-Regelung darstellt und Art. 32 des MP SacrDiacOrd, wonach nur, wenn der Hl. Stuhl dem zustimmt, selbständige Diakone dem Institut inkardiniert werden dürfen, erloschen ist, so könnte man doch die Ansicht vertreten, daß die Einführung ständiger Diakone in einem solchen Institut einer Grundlage im verbandsinternen Recht bedarf. Meines Erachtens spräche viel dafür, die Regelung einer solchen Frage den „normae fundamentales circa instituti regimen et sodalium disciplinam, membrorum incorporationem atque institutionem" (c. 587 § 1) zuzuschreiben. Diese normae fundamentales bedürfen aber, auch im Falle einer Änderung, der Approbation durch die kompetente kirchliche Autorität (c. 587 § 2), und dies ist in Instituten päpstlichen Rechts der Hl. Stuhl.

[8] Im MP SacrDiacOrd findet sich auch der Ausdruck „grandioris aetatis" (vgl. Art. 11 und 12).

[9] Bezüglich der verheirateten Diakone vgl. auch *Krätzl*, Der verheiratete Diakon (Anm. 3), insbes. S. 256–258.

[10] Die Dispens vom allgemeinen Recht geforderten Weihealter ist, wenn sie mehr als ein Jahr umgreift, dem Apostolischen Stuhl reserviert (c. 1031 § 4; vgl. auch *Schwendenwein*, Das Neue Kirchenrecht [Anm. 2], S. 348). Dies entspricht der vom MP EpMun n. IX, 6 geprägten Disziplin (vgl. auch PCDecrI v. 19. 7. 1977, in: AAS 62 [1970], S. 57).

[11] Z. B. die die Befähigung und die Aufgaben der Diakone betreffenden Normen im Bereiche des Lehr- und des Heiligungsamtes oder der größere Teil der Normen über die Klerikerpflichten und -rechte. Wo der Gesetzgeber nur die ständigen (z. B. Ausnahmenormen rücksichtlich einiger Klerikerpflichten) oder bloß die verheirateten Diakone (z. B. Erfordernis der Zustimmung der Ehefrau vor der Weihe) treffen will, sagt er dies ausdrücklich. Wo der Gesetzgeber eine Aussage nur für die Priester bzw. für Träger des Weihesakramentes vom priesterlichen Weihegrad aufwärts treffen will, spricht er von sacerdotes.

[12] Abgedr. in: AfkKR 142 (1973), S. 487.

3. Der Zugang zum „ständigen Diakonat“

Jene Form des Diakonates, die sich als Durchgangsstufe zum Priestertum versteht, stellt eine Phase des Weges zur Priesterweihe dar, so daß wir auf die diese betreffenden Bestimmungen verweisen können. Der Ausbildungsweg zum Priestertum und damit auch der der das Priestertum anstrebenden Diakone ist von dem des ständigen Diakonates weitgehend verschieden. Ebenso wie in der Priesterbildung trägt man auch in der Ausbildung der ständigen Diakone der Verschiedenheit der Verhältnisse in den einzelnen Ländern Rechnung und weist den Erlaß der einschlägigen Vorschriften den Bischofskonferenzen zu (c. 236). Dabei müssen die Rahmenbestimmungen[13] des allgemeinen Rechtes beachtet werden:

a) Nach c. 236 müssen die Vorschriften der Bischofskonferenz sowohl die spirituelle Bildung als auch die Vorbereitung auf die diakonalen Aufgaben regeln.

b) Die *jüngeren Diakone* erhalten diese Ausbildung während eines mindestens dreijährigen Aufenthaltes in einem eigens dazu bestimmten Haus (c. 236 n. 1). Zwar kann der Diözesanbischof aus schwerwiegenden Gründen anderes festlegen, doch betrifft dies jeweils nur seine Diözese und nicht den gesamten Bereich der Bischofskonferenz.

c) Die *Diakone reiferen Alters*, die, wie gesagt, auch als Verheiratete zum Diakonat hinzutreten können, müssen einer dreijährigen von der Bischofskonferenz festgelegten Ausbildung unterzogen werden (c. 236 n. 2).

In praxi wird der längere Aufenthalt im Diakonenseminar für die Diakone maturioris aetatis zumeist nicht möglich oder nicht zumutbar sein, zumindest dann, wenn sie den Diakonat nur nebenberuflich oder ehrenamtlich anstreben und ihren Brotberuf nicht aufgeben können. Deshalb ist vom allgemeinen Recht für die Diakone reiferen Alters der Aufenthalt im Diakonenseminar nicht verlangt. Dies gilt für alle Männer reiferen Alters, die sich auf den ständigen Diakonat vorbereiten, gleichgültig, ob sie verheiratet sind oder nicht (c. 236 n. 2).

Die ständigen Diakone unterliegen den allgemeinen Normen des Weiherechtes sowohl hinsichtlich der Weihezuständigkeit (und der Weihedimissorien) als auch der Weihevoraussetzungen (einschließlich Irregularitäten und einfacher Weihehindernisse). Das sonst für verheiratete Männer bestehende Weihehindernis (c. 1042 n. 1) hindert bei denen, die rechtmäßig die korrespondierende Form des ständigen Diakonates (viri maturioris aetatis) anstreben, den Zutritt zur Weihe nicht. Doch sind die diaconi uxorati vom Ehehindernis der Weihe nicht ausgenommen. Auch der den ständigen Diakonat Anstrebende bedarf zunächst der Annahme als Kandidat und des Durchganges durch die Dienstämter des Lektors

[13] Die einschlägigen Rahmenbestimmungen des CIC/1983 gehen nicht so stark ins Detail wie die des MP SacrDiacOrd. Auch die auf der Grundlage dieses MP seitens der DBK ergangene Ordnung des Diakonates für die Bistümer der Bundesrepublik Deutschland (siehe unten Anm. 37), die natürlich auch eine Ausbildungsordnung enthält, nennt sich Rahmenordnung. Vgl. auch die Grundordnung der DBK vom 17.–20. 2. 1975, in: AfkKR 144 (1975), S. 153–157; vgl. auch Sb Dienste und Ämter, 7. 3, 2c und 7.3, 3a. Die von der Schweizer Bischofskonferenz am 31. 5. 1977 erlassene Diakonatsordnung „Il ripristino del Diaconato permanente in Svizzera“ enthält die Ausbildungsvorschriften in n. 3, 3.

und des Akolythen[14]. Auch er muß, um geweiht zu werden, die Bitte um Zulassung zur Weihe mit der Erklärung über die Freiheit des Weiheempfanges abgeben und außerdem die Zölibatsverpflichtung (c. 1037) in einem öffentlichen Ritus übernehmen. Diese letztere Verpflichtung entfällt nur bei den verheirateten Diakonen (bzw. Diakonatskandidaten) und bei jenen, die ewige Gelübde in einem Orden abgelegt haben. Verheiratete Kandidaten bedürfen, um zum Diakonat hinzutreten zu können, der Zustimmung der Gattin (c. 1050 n. 3).

Der ständige Diakon darf erst nach Abschluß des für ihn vorgesehenen Ausbildungsganges geweiht werden (c. 1032 § 3). In diesem Zusammenhang sei noch erwähnt: Wenn ein Priesteramtskandidat mit Diakonatsweihe sich weigert, den Schritt zum Priestertum zu tun, so darf ihm die weitere Ausübung der Diakonatsweihe nur bei Vorliegen eines kanonischen Hindernisses oder aus einem anderen schwerwiegenden Grund verweigert werden. Das Urteil über das Vorliegen eines solchen kommt dem Diözesanbischof bzw. dem höheren Oberen zu (c. 1038). Wenn es also nicht zu einem – doch an besondere Voraussetzungen gebundenen – Verbot der Ausübung der Diakonatsweihe kommt, so kann sich hier ein Zustand ergeben, der praktisch darauf hinausläuft, daß ein im Hinblick auf die priesterliche Laufbahn geweihter Diakon wie ein ständiger Diakon fungiert. Selbstverständlich ist er, da er als Unverheirateter zum Diakonat hinzugetreten ist, an die lex coelibatus gebunden und unterliegt dem Ehehindernis der Weihe (c. 1087).

4. *Die ständigen Diakone sind Kleriker*

Die ständigen Diakone sind – wie die Diakone überhaupt – Kleriker und unterliegen grundsätzlich den für Kleriker geltenden Rechtsbestimmungen[15] (z. B. Inkardinationsrecht, Rechtsnormen über das Ausscheiden aus dem status clericalis).

Wo der Gesetzgeber eine abweichende Sondernorm für die Diakone bzw. für die ständigen Diakone oder ganz speziell für die verheirateten Diakone für notwendig hält, fügt er an die jeweilige Norm des allgemeinen Klerikerrechtes eine kurze Sonderregelung an.

Was die Ausbildung anbelangt, wird angesichts der großen Unterschiede die priesterliche (cc. 237–264) von der diakonalen (c. 236) gesondert behandelt, wobei freilich der letzteren nur ein Kanon gewidmet ist[16]. Bei den Klerikerrechten und -pflichten[17] sind nur bezüglich einiger weniger Bestimmungen für die ständigen Diakone Einschränkungen bzw. Differenzierungen vermerkt. Den allgeeinrechtlichen Vorschriften über die geistliche Kleidung (c. 284), über das Verbot der Übernahme öffentlicher Ämter, die eine Teilhabe an der zivilen Gewalt mit sich bringen (c. 285 § 3), über die in c. 285 § 4 verbotenen wirtschaftlichen Aufgaben und finanziellen Verpflichtungen, über das Handelsverbot des c. 286, das in c. 287

[14] Siehe in *diesem* Band, oben, *H. Schwendenwein*, § 19 Die Zugehörigkeit zu einem geistlichen Heimatverband.

[15] 2. Buch, 1. Teil, 3. Titel: cc. 232–293, wobei allerdings einige Bestimmungen nur speziell für die Priester gelten (vgl. insbes. die Ausbildungsvorschriften der cc. 237–264).

[16] Vgl. auch *H. Schwendenwein*, Priesterbildung im Umbruch des Kirchenrechts (= KuR, Bd. 9), Wien 1970, S. 1, Anm. 4.

[17] Siehe in *diesem* Band, oben, *H. Schwendenwein*, § 20 Die Rechte und Pflichten der Kleriker.

§ 2 enthaltene Verbot parteipolitischer Betätigung und führender Tätigkeit in Gewerkschaften sind die ständigen Diakone nicht unterworfen, doch können sie durch Partikularrecht auch diesen Verboten bzw. Einschränkungen zur Gänze oder zum Teil unterstellt werden (c. 288)[18].

Das in c. 276 für das religiöse Leben der Kleriker Festgelegte gilt auch für die ständigen Diakone. Lediglich die Brevierpflicht ist eingeschränkt: es ist Sache der Bischofskonferenz, festzulegen, welchen Teil des Stundengebets die ständigen Diakone täglich zu beten haben (c. 276 § 2 n. 3)[19]. Was die Fortbildung anbelangt, kennt c. 279 u. a. auch eine nur die Priester – und nicht in dieser Form die Diakone – betreffende Norm (c. 279 § 2)[20]. Eine Sonderbestimmung für ständige Diakone[21] bezieht sich auf den Unterhalt und die soziale Vorsorge. Die eine gründet auf den Umstand, daß bei ständigen Diakonen unter Umständen nicht nur für den geweihten Amtsträger, sondern für eine ganze Familie zu sorgen ist. Sie besagt, daß bei jenen verheirateten Diakonen, die sich voll dem kirchlichen Dienst widmen, die Entlohnung so beschaffen sein muß, daß sie für den eigenen Unterhalt und den Unterhalt der Familie hinreicht (c. 281 § 3). Die andere trägt der Tatsache Rechnung, daß ständige Diakone oft einen Zivilberuf ausüben: wenn sie eine Entlohnung für einen Zivilberuf, den sie ausüben oder ausgeübt haben (Pension), erhalten, sollen sie den eigenen Unterhalt und den ihrer Familie aus diesen Einkünften bestreiten (c. 281 § 3).

Die in die Kompetenz der Bischofskonferenzen fallenden Regelungen über die an Kleriker und Ordensleute bei Behandlung von Fragen der Glaubenslehre und der Moral in Radio und Fernsehen zu stellenden Erfordernisse (c. 831 § 2) gelten auch für die Diakone.

[18] Auch für Diakone ist die Möglichkeit der Ungültigerklärung der Weihe (c. 290 n. 1) der strafrechtlichen Entlassung aus dem geistlichen Stand (c. 290 n. 2) und der Erlangung eines Apostolischen Laisierungsreskriptes (c. 290 n. 3) vorgesehen. Die Gewährung eines solchen Reskriptes ist an entsprechend schwere, nicht aber an so schwere Gründe, wie bei Priestern, gebunden (c. 290 n. 3: „... diaconis ob graves tantum causas, presbyteris ob gravissimas causas ..."). Die Zölibatsdispens ist nicht automatisch mit einem solchen Reskript gegeben, sie wird ausschließlich vom Hl. Vater gewährt (c. 291). Des Näheren s. *Schwendenwein*, Das neue Kirchenrecht (Anm. 2), S. 158f. Es entspricht voll der bisherigen Vorgangsweise, daß Priester, die heiraten, erschwerten Bedingungen unterliegen.

[19] Während der Priester eingeladen ist, täglich das Meßopfer darzubringen, ist der Diakon eingeladen, an der Darbringung des Meßopfers täglich teilzunehmen.

[20] Bezüglich der von der DBK auf der Grundlage des vorausgehenden Rechts an die ständigen Diakone erhobenen persönlichen Anforderungen siehe unten Anm. 37.

[21] Der ständige Diakon ist Kleriker, und es gelten für seinen Unterhalt und für seine soziale Sicherung (cc. 281, 1274 §§ 1 und 2) mit einigen Besonderheiten die gleichen Vorschriften wie für den Priester (s. *Schwendenwein*, Das neue Kirchenrecht [Anm. 2], S. 153f. und S. 433f.; Fonds für die Klerusversorgung und Fonds für die soziale Sicherheit des Klerus). In manchen (österreichischen) Diözesen geht man bezüglich hauptberuflich für die Kirche arbeitender Diakone den Weg, daß die kirchliche Anstellung auf eine Stelle des nichtgeistlichen kirchlichen Dienstes erfolgt. In diesen Fällen sind sie also nicht als Diakone, sondern als Pastoralassistenten, Caritasmitarbeiter usw. angestellt und unterliegen in gleicher Weise wie im kirchlichen Dienst stehende Laien der öffentlich-rechtlichen Sozialversicherung. Eine solche Lösung ermöglicht die in manchen Sozialversicherungssystemen bedeutsame Dazurechnung vorausliegender (d. h. vor der Diakonatsweihe liegender) Sozialversicherungszeiten.

5. *Aufgaben, Vollmachten und Funktionen der Diakone*

Welche Aufgaben[22] Diakone übernehmen können, erhellt aus den verschiedensten Rechtsbestimmungen des CIC/1983. Zunächst wird man sagen können, daß den Diakonen jene kirchlichen Funktionen[23] zugänglich sind, die auch Laien offenstehen[24]. Hierher gehört der ganze Bereich der kirchlichen Vermögensverwaltung[25], ja weitgehendst die Verwaltung überhaupt[26]. Diakone können Mitglieder des diözesanen und des pfarrlichen Pastoralrates sein.

Sie sind, soweit sie die sonstigen Erfordernisse erfüllen (z. B. die prüfungsmäßigen Voraussetzungen[27]) zur Erteilung der Katechese befähigt. Darüber hinaus werden dem Diakon, insbesondere im IV. Buch des Codex (Heiligungsdienst), aber auch in anderen Büchern, noch verschiedene Funktionen zugeschrieben.

Der Diakon hat ebenso wie der Priester Predigtvollmacht (c. 764)[28]. Auch die Homilie, die einen Teil der Liturgie darstellt, ist davon nicht ausgenommen (c. 767 § 1).

Im Bereiche des Heiligungsdienstes wird die Grundaussage über die Diakone von der über die Priester abgehoben. Während es von den Priestern heißt, daß sie, als Teilhaber am Priestertum Christi, als seine unter der Autorität des Bischofs stehenden Dienstträger zur Feier des Gottesdienstes „ad cultum divinum celebrandum" und zur Heiligung des Volkes geweiht werden (c. 835 § 2), wird von den Diakonen gesagt, daß sie an der Feier des Gottesdienstes nach der Vorschrift des Rechtes Anteil haben („in divino cultu celebrando partem habent, ad normam iuris praescriptum" c. 835 § 2). Nicht der Gedanke des selbständigen Vollzuges des Gottesdienstes, sondern die Vorstellung der Teilhabe an diesem steht bezüglich der Diakone im Vordergrund.

Der Diakon ist minister ordinarius (ordentlicher Spender)[29] der Taufe (c. 861) und der Kommunion (c. 910). Nach c. 943 kommt es ihm – ebenso wie dem Priester – zu, das Allerheiligste auszusetzen und den sakramentalen Segen zu geben. Er kann ohne besondere Genehmigung[30] zur Eheassistenz delegiert werden (c. 1111). In dringender Todesgefahr (c. 1079 § 2) und bei dringender Verlegenheit (c. 1080) hat ein rechtmäßig zur Eheassistenz delegierter Diakon die gleichen Dispensvollmachten, wie der Pfarrer oder ein rechtmäßig delegierter Priester.

22 Vor Erlaß des CIC hat *J. Weier* eine Zusammenstellung versucht in: Das MP Papst Paul VI. vom 18. 6. 1967 über den eigenständigen Diakonat in rechtlicher Sicht, in: Festg. Scheuermann, S. 184. Vgl. hierzu auch ÖSV I, 4.1.2.

23 Bezüglich der ursprünglichen Regelungen im MP SacrDiacOrd s. *H. Schwendenwein*, Exkurs: Die ständige Diakon, in: GrNKirchR, S. 138f.

24 D. h. sie können Aufgaben, die auch Laien zugänglich sind, übernehmen.

25 Einschließlich des Amtes des Diözesanökonomen und der Mitgliedschaft im diözesanen und im pfarrlichen Rat für die wirtschaftliche Verwaltung.

26 Kanzler, Vizekanzler, Notare.

27 Vgl. hierzu u. a. *H. Schwendenwein*, Religion in der Schule. Rechtsgrundlagen, Graz 1980, S. 279ff.

28 Des Näheren s. *Schwendenwein*, Das Neue Kirchenrecht (Anm. 2), S. 300f.

29 Bestimmungen dieser Art gelten unbeschadet der pfarrlichen Rechte (vgl. hierzu c. 530, s. aber auch *Schwendenwein*, Das Neue Kirchenrecht [Anm. 2], S. 570, Anm. 22).

30 Hierzu bedarf es nicht wie bei Laien eines positiven Votums der Bischofskonferenz und der Erlaubnis des Hl. Stuhles.

Wenn bei einer Noteheschließung die Möglichkeit besteht, einen (nicht zur Eheassistenz berechtigten) Diakon beizuziehen, so muß er gemäß c. 1116 § 2 beigezogen werden. Diese Vorschrift betrifft nicht die Gültigkeit.

Während der Priester alle Sakramentalien, hinsichtlich derer keine Reservation ausgesprochen ist, erteilen kann (c. 1169 § 2), stehen dem Diakon nur jene zu, die ihm in den einschlägigen Vorschriften (Kirchenrecht und vor allem liturgische Vorschriften, insbesondere Rituale) ausdrücklich zugesprochen sind (vgl. c. 1169 § 3)[31]. Die Dedikation und die Benediktion Heiliger Orte kann selbst in den in c. 1206 vorgesehenen Ausnahmefällen bzw. im Wege der Delegation (c. 1207) nur Priestern anvertraut werden. Der Ortsoberhirte darf die Erlaubnis zum Exorzismus nur Priestern erteilen (c. 1172 § 2).

Angesichts dessen, daß c. 137 keine Einschränkung bringt, könnte einem Diakon im Wege der Delegation kirchliche Leitungsgewalt übertragen werden. Er könnte vom Pfarrer zur Dispenserteilung vom Fest- und vom Bußtagsgebot bzw. zur Umwandlung der Verpflichtungen des letzteren delegiert werden (c. 1245)[32, 33].

6. *Zugang des Diakons zu kirchlichen Ämtern*

In der Konsequenz des Gesagten hat der Diakon auch Zugang zu kirchlichen Ämtern. Ausgenommen sind jene, die Trägern des priesterlichen oder eines höheren Weihegrades vorbehalten sind. Selbstverständlich müssen jeweils die sonstigen Voraussetzungen für das betreffende Amt erfüllt sein.

General- und Bischofsvikare (c. 478 § 1), Moderatores curiae (c. 473 § 2), Diözesanadministratoren (c. 425) und interimistische Bistumsverwalter im Sinne des c. 413 müssen zumindest Priester sein. Andere kuriale Ämter, auch die des Kanzlers, des Vizekanzlers und der Notare, des Diözesanökonomen und der Mitglieder des diözesanen Vermögensverwaltungsrates sind an sich auch anderen, und so auch Diakonen zugänglich. Diakone können kirchliche Richter sein, es bedarf hierzu keiner Genehmigung der Bischofskonferenz (vgl. c. 1421 § 2). Auch

[31] Hier sind außerhalb des CIC stehende liturgische Vorschriften angesprochen. Beispielsweise können Diakone Beerdigungen halten.

[32] Wenngleich der Diakon nicht unmittelbar auf Grund des Gesetzes Dispensgewalt hat (c. 89) bzw. wenngleich er eine solche nur in den Fällen, in denen ihm dies ausdrücklich (cc. 1079 § 2, 1080 § 1) konzediert ist, hat, so kann ihm doch (vgl. hierzu auch c. 129 § 1), auch im Wege der Delegation, Jurisdiktionsgewalt übertragen werden. Im Sinne von c. 129 (vgl. insbesondere c. 129 § 1) erscheint er durchaus befähigt, Träger von Jurisdiktion zu sein.

[33] Im MP SacrDiacOrd Art. 22 fand der Grundsatz Ausdruck, daß der Diakon die ihm an sich auf Grund des Rechts zugänglichen Funktionen nicht schon alleine auf Grund der Weihe ausüben darf, sondern nur insoweit, als der Ortsoberhirte ihm diese überträgt, also gleichsam für ihn freigibt. Wenngleich der CIC/1983 diese Bestimmung nicht bringt, so darf doch nicht übersehen werden, daß der Ortsoberhirte den Dienst des Diakons regeln kann und die konkrete Dienstleistung natürlich im Rahmen einer Pfarre oder einer anderen organisatorischen Einheit erfolgt. Auch ein Priester bedarf ja, um zu taufen, wenn er nicht der verantwortliche und mit entsprechender Kompetenz ausgestattete Hirte der betreffenden Gemeinschaft bzw. ihr zur Dienstleistung zugeteiltes und im Rahmen der Dienstverteilung für den vorliegenden Fall kompetentes Organ ist, des Einvernehmens mit dem verantwortlichen Hirten.

kann ein kirchliches Richterkollegium mit mehreren Diakonen besetzt werden. Lediglich der Offizial (Gerichtsvikar) und der Vizeoffizial (Judizialvikarsadjunkt) müssen Priester sein (c. 1420 § 4). Für die anderen gerichtlichen Ämter (Auditor bzw. Untersuchungsrichter, Kirchenanwalt, Advokat usw.), die auch Laien zugänglich sind, können natürlich auch Diakone genommen werden. Die Ämter des Dechanten (Dekans) (cc. 553–555), des Kirchenrektors (cc. 556–563) und des Kaplans (Seelsorger) einer besonderen Gemeinschaft im Sinne der cc. 564–572 setzen die Priesterweihe voraus.

7. *Diakon und Pfarrdienst*

Der CIC umschreibt wohl die Rechtsgestalt spezieller priesterlicher Ämter des Pfarrdienstes (Pfarrer, Kaplan[34] Mitglied und Moderator des Priesterteams im Sinne des c. 517 § 1) in ihrer näheren rechtlichen Ausgestaltung und Einbindung in die pfarrliche Tätigkeit[35], nicht aber diakonale Ämter des Pfarrdienstes. Abgesehen von der Norm des c. 517 § 2 (Beteiligung eines Diakons an der Ausübung der pfarrlichen Hirtensorge) muß man, wenn man den allgemeinen rechtlichen Rahmen für die Wirksamkeit von Diakonen in der Pfarre erfahren will, ihre Befugnisse aus den verschiedensten Teilen des Kirchenrechts ableiten: aus dem Bereiche des Lehrdienstes, des Heiligungsdienstes usw. Wie das Amt eines diakonalen Mitarbeiters in der Pfarre konzipiert ist, ob dabei sämtliche ihm vom allgemeinen Recht eröffneten Möglichkeiten zum Tragen kommen oder nur ein Teil derselben, hängt von der konkreten partikularrechtlichen Ausgestaltung dieses Amtes und gegebenenfalls auch von der konkreten Dienstverteilung in der betreffenden Pfarre ab.

Das allgemeine Recht bietet nur in c. 517 § 2 eine kurze Aussage über ein konkretes Amt des diakonalen Dienstes in der Pfarre. Demnach könnte unter Umständen ein Diakon oder ein Laie an der Ausübung des pfarrlichen Hirtendienstes teilhaben. Er ist nicht nur Mitarbeiter des Pfarrers, sein Seelsorgsdienst reicht in jenen Bereich hinein, den sonst der Pfarrer selbst wahrnimmt. Diese über die Stellung eines Mitarbeiters des Pfarrers hinausgehende in den sonst vom Pfarrer wahrgenommenen Bereich des Hirtenamtes hineinreichende Tätigkeit bzw. von ihrer Abgrenzung gegenüber der des in solchen Fällen aufzustellenden, mit pfarrlicher Gewalt und Vollmacht auszustattenden Priesters ist im allgemeinen Recht wenig ausgesagt. Der im Falle des c. 517 § 2 an der Spitze der Pfarre stehende Priester wird im Recht vom Pfarrer abgehoben; jedenfalls wird der Diakon das nicht tun können, was die priesterliche Weihe erfordert. Das Amt des nach c. 517 § 2 an der Ausübung der pfarrlichen Hirtensorge beteiligten Nicht-Priesters steht vom allgemeinen Recht her Diakonen wie Laien offen. Naturgemäß wird ein

[34] Hier ist nicht der cappellanus im Sinne der cc. 564–572 gemeint, sondern der vicarius paroecialis im Sinne der cc. 545–552, der im deutschen Sprachraum vielfach Kaplan, mitunter auch Vikar oder Kooperator genannt wird (vgl. auch *Schwendenwein*, Das Neue Kirchenrecht [Anm. 2], S. 571 f., Anm. 35).

[35] Vgl. das Kapitel „De paroeciis, de parochis et de vicariis paroecialibus".

Diakon an einer solchen Stelle die den Diakonen offenstehenden Möglichkeiten im Bereiche des Lehr- und des Heiligungsamtes gebrauchen können[36].

Wenn Diakone einer durch einen Pfarrer oder ein Priesterteam (im Sinne des c. 1517 § 1) geleiteten Pfarre zugeteilt werden, besteht natürlich die Möglichkeit, ihren Aufgabenbereich näher zu umschreiben[37]. Eine solche Umschreibung ist durch Partikulargesetz (für Diakone im haupt-, neben- oder ehrenamtlichen Pfarrdienst) bzw. bei Schaffung einer solchen Einsatzstelle (durch Akt des Teilkirchenvorstehers) möglich[38]. Natürlich können ihnen nur Aufgaben zugeschrieben werden, die vom allgemeinen Recht her Diakonen zugänglich, die also nicht Trägern höherer Weihegrade (Priestern und Bischöfen) vorbehalten sind.

[36] Wenn ein Diakon gemäß c. 517 § 2 an der Ausübung des pfarrlichen Hirtenamtes teilhat, so ist er doch nicht Pfarrer im Sinne des kanonischen Rechts. So wird man wohl die Auffassung vertreten dürfen, daß er beispielsweise die Dispensvollmachten in Todesgefahr (c. 1079 § 2) und in dringender Verlegenheit (c. 1080) nicht als Pfarrer, sondern gegebenenfalls, so er delegiert ist, als minister sacer rite delegatus genießt.

[37] Abgesehen von der obenerwähnten partikularrechtlichen Umschreibung der diakonalen Ausbildung erscheint die Schaffung partikularrechtlicher Ämter des geweihten diakonalen Dienstes bzw. der Erlaß von Ordnungen für die ständigen Diakone möglich. Auf der Grundlage der bisherigen allgemeinrechtlichen Situation ist für ständige Diakone in den Bistümern der Bundesrepublik Deutschland eine Rahmenordnung ergangen. Diese findet sich in: Pressedienst des Sekretariats der Deutschen Bischofskonferenz vom 8. März 1979 (Dokumentation 7/79, Anlage 3). Die DBK hat am 10. April 1978 Richtlinien über persönliche Anforderungen an Diakone und Laien im pastoralen Dienst im Hinblick auf Ehe und Familie aufgestellt (vgl. KABl. Essen 21 [1978], S. 97–98); siehe auch die Erläuterungen hierzu in: Pressedienst des Sekretariats der Deutschen Bischofskonferenz vom 8. März 1979 (Dokumentation 7/79, Anlage 1); vgl. in diesem Zusammengang auch Sb Dienste und Ämter; *K. Forster*, Vielfalt und Ordnung der pastoralen Dienste, in: IKZ Communio 6 (1977), S. 351–356. Die von der Schweizer Bischofskonferenz erlassene Diakonatsordnung (vgl. Anm. 13) hat am 21. 7. 1977 die römische Approbation erhalten. Zur Einführung des ständigen Diakonates in Österreich vgl. *M. Pesendorfer*, Kritische Bemerkungen zur Einführung des Diakonates als eigenständige Weihestufe in Österreich, in: ÖAKR 21 (1970), S. 344ff.

[38] Es gibt hauptberuflich im kirchlichen Dienst stehende, nebenberufliche (neben einem Zivilberuf) und ehrenamtliche Diakone (vgl. auch *Schwendenwein*, Das Neue Kirchenrecht [Anm. 2], S. 547f., Anm. 56).

2. Abschnitt: Die hierarchische Organisationsstruktur der Kirche

§ 24 Gliederungs- und Organisationsprinzipien

Von Winfried Aymans

Nach der Lehre des II. Vatikanischen Konzils ist die Kirche Jesu Christi in der katholischen Kirche voll verwirklicht (VatII LG Art. 8 Abs. 2). Auch außerhalb der katholischen Kirche erkennt das Konzil das Vorhandensein kirchenbildender Elemente an und spricht insoweit von getrennten Kirchen und kirchlichen Gemeinschaften. Zu diesen kirchenbildenden Elementen gehören gegebenenfalls auch gemeinsame Strukturmerkmale. Obwohl die ganze Christenheit in dieser Hinsicht von einer – freilich gestuften – Communio durchwaltet ist[1], erwächst daraus wegen des Mangels an Einheit doch keine gemeinsame Gliederung und Organisationsstruktur. Nur die katholische Kirche ist plena communio, und nur auf diese beziehen sich uneingeschränkt die folgenden Ausführungen.

I. Die Kirche als Communio Ecclesiarum

Mit dem Wort „Ecclesia" bezeichnet das II. Vatikanische Konzil die Kirche als ganze wie die vielen Ortskirchen (Teilkirchen) und deren Verbände[2]. In dieser differenzierten, schon biblisch begründeten Sprechweise kommt eine Eigentümlichkeit der Kirche und ihrer Verfassung zum Ausdruck, die die Gliederung der einen katholischen Kirche in eine Vielzahl von Teilkirchen und Teilkirchenverbänden kennzeichnet. Die Eigenart dieser inneren Gliederung und näherhin das Bezugsverhältnis, das zwischen der Gesamtkirche und den Teilkirchen samt ihren Verbänden herrscht, sind die Kernfragen der Communio Ecclesiarum.

Den Begriff der Communio Ecclesiarum sucht man in den Konzilstexten vergeblich; der Sache nach aber ist die Communio Ecclesiarum in vielfacher Weise Gegenstand der Konzilsdarlegungen. Dabei wird Ecclesia stets als bischöflich verfaßte Kirche verstanden.

Die Hauptaussage zur Communio Ecclesiarum macht die Kirchenkonstitution eher beiläufig. In einem Nebensatz wird zum Ausdruck gebracht, daß die Gesamtkirche in und aus Teilkirchen besteht[3]. Dies ist eine hochbedeutsame Aussage, die

[1] Vgl. zum Ganzen *O. Saier*, „Communio" in der Lehre des Zweiten Vatikanischen Konzils, München 1973.

[2] Für die nähere Ausführung des Folgenden sowie für ins Einzelne gehende Quellennachweise und weitere Literaturhinweise vgl. *W. Aymans*, Die Communio Ecclesiarum als Gestaltgesetz der einen Kirche, in: AfkKR 139 (1970), S. 69–90.

[3] VatII LG Art. 23 Abs. 1. Der hauptsächliche Gegenstand der Darlegungen ist an dieser Stelle die kollegiale Einheit der Bischöfe; diese wird aber richtig in ihren ekklesiologischen Zusammenhang gestellt.

das Gestaltgesetz der Kirche in der Communio Ecclesiarum mit genialer Einfachheit und Kürze formuliert. Gesamtkirche und Teilkirche erscheinen als die ekklesiologischen Eckgrößen, die zum unverfügbaren Wesen der Kirche gehören. Ihr gegenseitiges Verhältnis wird durch ein inneres und ein äußeres Element bestimmt.

Das *innere Element* besagt, daß die Gesamtkirche in den Teilkirchen besteht. Damit ist eine mystische Wirklichkeit angesprochen. Die Gesamtkirche gewinnt in der Teilkirche konkrete Gestalt, weil hier die eine Sendung der Kirche in Wort und Sakrament konkret vollzogen wird[4]. Die Teilkirche ist gleichsam die sichtbare Erscheinungsform der Gesamtkirche. Dies ist darin begründet, daß die Gesamtkirche in bezug auf den Inhalt der Grundvollzüge der Kirche in Wort und Sakrament nicht über das hinausreicht, was in der Teilkirche an kirchlicher Sendung lebendige Wirklichkeit wird. Anderseits ist auch nur in der Teilkirche als ganzer und nicht in ihren einzelnen Gliedgemeinschaften inhaltlich die Gesamtsendung in Wort und Sakrament gegenwärtig. Wie es auf der einen Seite weder einen der Gesamtkirche vorbehaltenen Gegenstand der Verkündigung noch vorbehaltene bzw. ausschließlich gesamtkirchlich ausgerichtete Sakramente gibt und geben kann[5], so ist auf der anderen Seite in den teilkirchlichen Gliedgemeinschaften, wie beispielsweise der Pfarrei, nicht der volle Sendungsdienst der Kirche gegenwärtig[6]. Die Rolle der Gesamtkirche gegenüber der Teilkirche ist also nicht material, sondern ausschließlich formal bestimmt, während die Rolle der Teilkirche gegenüber ihren Untergliederungen teilweise auch inhaltlich geprägt ist. Die ausschließlich formale Bestimmung der gesamtkirchlichen Funktion bedeutet indessen keine Herabwürdigung, weil die Einheit der Kirche, um die es bei der Formalbestimmung geht, nicht nur eine organisatorische Frage beinhaltet; die Einheit ist vielmehr selbst Gegenstand des Glaubens der Kirche (Credo unam Ecclesiam).

Das *äußere Element* besagt, daß die Gesamtkirche aus Teilkirchen besteht. Für sich genommen bringt dies ein soziologisches Faktum zum Ausdruck. Für die äußere Entfaltung der Gesamtkirche ist es von Bedeutung, ob neue Teilkirchen geboren werden oder alte Teilkirchen absterben. Gewiß ist die Integrität der Rechtsgestalt der Gesamtkirche unabhängig davon, aus wie vielen Teilkirchen sie besteht, aber die Gesamtkirche wird objektiv größer oder kleiner in dem Maße, in dem die Zahl der Teilkirchen anwächst oder abnimmt.

[4] Dies wird in VatII LG Art. 26 Abs. 1 Sätze 2 und 4 näher ausgeführt. Die Elemente von Wort und Sakrament erscheinen hier stellvertretend in ihren Kerngestalten der evangelischen Verkündigung und des eucharistischen Mysteriums.

[5] Sogar das Sakrament der Taufe, das einen Menschen zum Glied der Kirche Jesu Christi macht, gliedert als in der katholischen Kirche gespendetes Sakrament nicht nur in die Gesamtkirche ein, sondern vermittelt zugleich die Zugehörigkeit zu einer bestimmten Rituskirche und, in Verbindung mit dem Wohnsitz, die Eingliederung in eine der Rituskirche zugehörige Teilkirche (vgl. cc. 111, 107).

[6] Neben der Fülle bischöflicher Vollmacht fehlt dem Pfarrer inhaltlich vor allem die Fähigkeit, kraft eigenen Rechts das Weihesakrament zu spenden. Nach dem Recht der Lateinischen Kirche ist sogar die Spendung des Firmsakramentes weitgehend dem Bischof vorbehalten (s. des näheren dazu in *diesem* Band, unten, *A. Hierold*, § 74, Taufe und Firmung, und *H. Müller*, § 79, Die Ordination).

Die beiden Elemente gehören nach katholischem Verständnis wesentlich zusammen, bedingen sich gegenseitig. Jede *Einseitigkeit muß zu einem falschen Kirchenbild führen*. Wer das Verhältnis von Gesamtkirche und Teilkirche allein durch das *innere Element* bestimmt sein läßt, löst die Gesamtkirche in die Teilkirchen hinein auf. Man gelangt so notwendig zu einer Ekklesiologie, die in der Teilkirche eine vollkommen selbständige und letzten Endes introvertierte Größe sieht; rechtlich sind die vielen Teilkirchen dann nur insofern einander verbunden, als sie auf den gleichen Ursprung zurückgehen. Der einzelnen Teilkirche müßte es überlassen bleiben, selbständig und letztverbindlich darüber zu befinden, ob sie tatsächlich in jeder Weise der einen Sendung der Kirche treu ist. Rechtlich müßte dies zu einem *radikal autokephalen System* führen, das entweder die materiale Glaubensgemeinschaft der Teilkirchen mehr und mehr einbüßt[7] oder – um dieser Gefahr zu wehren – die einzelnen Teilkirchen in einen ausgeprägten Traditionalismus nötigt[8]. Die Gesamtkirche verliert in dieser exklusiven Sicht ihre reale Existenz und wird zur bloßen Idee verflüchtigt. Soweit gleichwohl eine institutionelle Zusammenarbeit der selbständigen Teilkirchen erstrebt wird, kann dies nur auf freiwilligen Zusammenschluß oder faktische Anerkennung theologisch nicht zwingend begründbarer gewachsener Verhältnisse zurückgehen; daraus erwächst indessen nicht Gesamtkirche, sondern *Bundeskirche* oder etwa Nationalkirche.

Wenn man umgekehrt das innere Element außer acht läßt und allein dem *äußeren Element* Beachtung schenkt, muß man zu einem *monistischen Kirchenverständnis* gelangen. Angesichts eines solchen Kirchenbildes wird die Teilkirche in die Gesamtkirche hinein aufgelöst. Die Teilkirche erscheint nicht mehr von ihrem theologischen Wesen her als eine notwendige Repräsentanz der Gesamtkirche, die letzten Endes in dem persongebundenen Wesen der Sendung in Wort und Sakrament wurzelt; die Teilkirche wird so allein aus praktischen, organisatorischen Gründen notwendig und insoweit zum bloßen Verwaltungsbezirk der Gesamtkirche herabgewürdigt[9].

Die ekklesiologische Kurzformel der Kirchenkonstitution wendet sich mit der Verbindung beider Elemente sowohl gegen das Prinzip der Autokephalie und dem daraus eventuell folgenden Bild einer Bundeskirche wie gegen das monistische Kirchenbild einer einzigen, in Verwaltungsbezirke aufgeteilten Weltdiözese. Das *innere und das äußere Element* stehen aber *nicht unverbunden* nebeneinander, vielmehr greifen sie so ineinander, daß sie nur unter Verlust der Kirchenstruktur der Communio Ecclesiarum voneinander lösbar sind. Die Gesamtkirche existiert nämlich ihrem Wesen nach ganz in jeder Teilkirche, wird zugleich aber aus diesen Teilkirchen auferbaut. Daraus folgt, daß die Gesamtkirche als aus den Teilkirchen auferbaute in den Teilkirchen gegenwärtig ist. Die Kirchenstruktur der Commu-

[7] Die starke Zersplitterung im protestantischen Kirchenwesen muß u. a. wohl in diesem Zusammenhang gesehen werden.

[8] Bis zu einem gewissen Grade hat diese Linie Einfluß auf das orthodoxe Kirchenwesen.

[9] Geschichtlich betrachtet liegt in dieser Einseitigkeit eine besondere Gefährdung des katholischen Kirchenverständnisses mit einem übersteigerten Zentralismus.

nio Ecclesiarum läßt eine historische oder theologische Priorität der Gesamtkirche vor den Teilkirchen oder umgekehrt nicht zu; sie ist vielmehr die organische Entfaltung der vorgegebenen Kircheneinheit.

Die theologische Bedeutung des vom Konzil nur in einem Nebensatz formulierten Gestaltgesetzes der Kirche ist inzwischen deutlicher erkannt und hat deshalb im CIC als umfassende Grundaussage über die Teilkirche rechtlichen Ausdruck gefunden[10].

II. Gesamtkirche – Teilkirchenverband – Teilkirche

Trotz der genannten theologisch gleichen Qualität von Gesamt- und Teilkirche gibt es eine rechtliche Über- und Unterordnung, die die gesamte Verfassungsstruktur der katholischen Kirche von der Gesamtkirche über die Teilkirchenverbände bis hin zur Teilkirche und deren Untergliederungen durchwaltet. Diese rechtliche Über- und Unterordnung erwächst aus der unterschiedlichen Qualität bzw. dem unterschiedlichen Umfang der bischöflichen Vollmacht, die auf den verschiedenen Verfassungsebenen geübt wird[11].

In organisatorischer Hinsicht ist die fundamentale Gliederung der katholischen *Gesamtkirche* diejenige nach *Rituskirchen*[12]. Dabei stehen die katholischen orientalischen Rituskirchen gleichberechtigt neben der Lateinischen Kirche des Westens[13]. Diese geschichtlich gewachsene und bis in die Frühzeit der Kirche zurückreichende Gliederung ist gegenwärtig weniger von praktischer als von prinzipieller Bedeutung. Die geringe praktische Bedeutung hängt damit zusammen, daß die katholischen orientalischen Rituskirchen infolge der verschiedenen östlichen Kirchenspaltungen rein numerisch verhältnismäßig kleine Teilkirchenverbände sind, die in dieser Hinsicht nicht einmal die Stärke großer Bistümer der Lateinischen Kirche erreichen. Gleichwohl kommt ihrer Existenz prinzipielle Bedeutung zu, weil ihre im Rahmen des Ganzen bewahrte Autonomie bezüglich der eigenen Liturgie, des eigenen Kirchenrechts und des eigenen geistigen Erbgu-

[10] C. 368. Da der CIC auf eine rechtliche Wesensumschreibung der Gesamtkirche verzichtet, war für die Formel der Communio Ecclesiarum nur an dieser Stelle Platz. In dem Schema LEF hatte die Formel als Ausdruck der Rechtsgestalt der Kirche einen zweifellos hervorragenderen und angemesseneren Ausdruck in can. 2 § 1 gefunden: „Ecclesia Christi universa in particularibus Ecclesiis et ex iisdem exsistit, ita ut sit etiam Corpus Ecclesiarum, ..."; vgl. Communicationes 12 (1980), S. 31 f.

[11] S. hierzu unter III.

[12] Der CIC bedient sich an der entscheidenden Stelle des Begriffes der „Ecclesia ritualis sui iuris" (Rituskirche eigenen Rechts, autonome Rituskirche).

[13] Vgl. VatII OE Art. 3: „Huiusmodi particulares Ecclesiae, tum Orientis tum Occidentis, licet ritibus, ut aiunt, nempe liturgia, ecclesiastica disciplina et patrimonio spirituali partim inter se differant, aequali tamen modo concreduntur pastorali gubernio Romani Pontificis, qui Beato Petro in primatu super universam Ecclesiam divinitus succedit. Eaedem proinde pari pollent dignitate, ita ut nulla earum ceteris praestet ratione ritus, atque iisdem fruuntur iuribus et tenentur obligationibus, etiam quod attinet ad Evangelium praedicandum in universum mundum (cf. Mc. 16, 15), sub moderamine Romani Pontificis."

tes[14] sowohl für gegebenenfalls notwendige innerkatholische Entwicklungen[15] wie auch in ökumenischer Hinsicht[16] vorbildlich sein kann.

Die im Rahmen der katholischen Gesamtkirche übergroße *Lateinische Kirche* ist als Rituskirche ihrem kirchenrechtlichen Charakter nach ein Teilkirchenverband. Das II. Vatikanische Konzil hat mit der Einrichtung der *Bischofskonferenz* als hierarchischer Zwischeninstanz[17] einen entscheidenden Schritt getan, um die Lateinische Kirche organischer durchzugliedern. Gemessen an den Rituskirchen ist damit ein neuer und nachgeordneter Typ des Teilkirchenverbandes geschaffen worden[18]. Diese Neuschöpfung war umso notwendiger, als – hauptsächlich in Folge des über Jahrhunderte geschichtlich angewachsenen römischen Zentralismus – die Metropolitanverfassung der katholischen Kirche praktisch nahezu bedeutungslos geworden und deshalb eine echte Zwischeninstanz zur Integration der vielen Teilkirchen in das Ganze der Lateinischen Kirche so gut wie nicht vorhanden war. Rechtlich allerdings bilden die einer Kirchenprovinz zugehörigen Teilkirchen nach wie vor einen Teilkirchenverband, näherhin den *Metropolitan-* oder *Provinzialverband*[19].

Das ekklesiologische Wesen der Teilkirchenverbände hängt ab von der Qualifizierung der in ihnen geübten geistlichen Vollmacht. In diesem Sinne sind die Teilkirchenverbände weder als Teilhaber an der Höchstgewalt der Kirche[20] noch einfachhin als kooperative Zusammenschlüsse von Teilkirchen[21] zu erklären.

[14] Ebd.

[15] Vgl. hierzu die in *diesem* Band, oben, bei *W. Aymans*, § 6 Das Projekt einer Lex Ecclesiae Fundamentalis, II, gemachten Bemerkungen über die Lage namentlich der jungen Kirchen Afrikas und Asiens.

[16] Die erhalten gebliebene und im Hinblick auf die rechtliche Ausgestaltung durchaus verbesserungsfähige relative Autonomie der katholischen orientalischen Kirchen vermag viel besser die tatsächliche Rolle des Papstes als Haupt der Gesamtkirche zu verdeutlichen als der Blick auf die Lateinische Kirche, in der der Papst als Patriarch des Abendlandes eine konkret viel durchgreifendere Rolle spielt.

[17] VatII CD Art. 38.

[18] Der ursprünglich für diese Verfassungsebene vorgesehene Begriff der „regio ecclesiastica" ist bedauerlicherweise in der endgültigen Fassung des CIC/1983 für eine andere Einrichtung, nämlich die mögliche Zwischengliederung zwischen dem Gebiet der Bischofskonferenz und den zugehörigen Kirchenprovinzen verwendet worden (cc. 433, 434; so können z. B. die beiden bayerischen Kirchenprovinzen zu einer Kirchenregion zusammengeschlossen werden). Die Gebietskörperschaft, an deren Spitze die Bischofskonferenz steht, ist vom Gesetzgeber bewußt und im Vergleich mit allen anderen Gebietskörperschaften auffallend ignoriert worden; sie hat weder eine eigene kirchenrechtliche Bezeichnung, noch wird sie als solche mit Rechtspersonalität ausgestattet. Man könnte daran denken, sie in Analogie zum Provinzialverband und mit Rücksicht auf die ihr zugeordnete Einrichtung des Plenarkonzils als *Plenarverband* zu bezeichnen. S. hierzu im übrigen in *diesem* Band, unten, *J. Listl*, § 33 Plenarkonzil und Bischofskonferenz.

[19] S. dazu des Näheren in *diesem* Band, unten, *H. Maritz*, § 34 Die Kirchenprovinz. Provinzialkonzil und Metropolit.

[20] So faßte der CIC/1917 alle oberbischöflichen Einrichtungen unter der Überschrift zusammen: „De suprema potestate deque iis qui eiusdem sunt ecclesiastico iure participes" (Tit. VII vor c. 218 ebd.).

[21] Eine solche Deutung möchte der Gesetzgeber des CIC/1983 offenbar mit Nachdruck fördern, indem er die Teilkirchenverbände in einer Sektion mit den Teilkirchen zusammenfaßt: „De Ecclesiis particularibus deque earundem coetibus". Diese Sicht wird noch dadurch

Einerseits verdanken diese Zwischeninstanzen ihre rechtliche Existenz geschichtlich weithin der verbindlichen Anerkennung[22] oder nach geltendem Recht der Einrichtung durch die gesamtkirchliche Autorität[23]; andererseits ist die hier geübte geistliche Vollmacht in ihrem Kernbestand nicht eine Stellvertretungsvollmacht der obersten Kirchengewalt, sondern ordentliche bischöfliche Vollmacht[24]. Insofern sind die Teilkirchenverbände als mit ordentlicher Vollmacht im Rahmen des Rechts oberbischöflich geleitete Kirchengemeinschaften zu deuten. Im Gegensatz zu der bischöflichen Teilkirche (Diözese) gehören sie trotz ihrer teilweise altehrwürdigen Geschichte nicht zu der theologisch unabdingbaren Rechtsgestalt der Kirche[25] und können je nach den Bedürfnissen der kirchlichen Sendung verschieden gestaltet werden.

Die Teilkirche ist eine umfassende Seelsorgseinheit, in der den *Pfarrgemeinden* für die Durchführung der kirchlichen Sendung eine herausragende, nicht aber eine ausschließliche Rolle zufällt. Zu dem vollen Inhalt der Seelsorge in der Diözese gehört nämlich ebensosehr das, was – neben der Hirtensorge für das Ganze – in der unmittelbaren Verantwortung des Oberhirten (Bischof) beigetragen wird (z. B. Weihe, Firmung), wie auch die Vielfalt nicht-gemeindlich organisierter kategorialer Seelsorge (z. B. Religionsunterricht, Erwachsenenbildung).

III. Die hierarchischen Verfassungsorgane

Auf den verschiedenen Ebenen der Kirchenverfassung ist für die Bildung der verfassungsrechtlichen Gebietskörperschaften konstitutiv jeweils die Zusammenbindung des Gottesvolkes oder eines Teiles des Gottesvolkes mit einem bestimmten hierarchischen Leitungsorgan bischöflicher Vollmacht. Diese Leitungsorgane haben eine Zuständigkeit und Verantwortung im Rahmen des Rechts. Die Verteilung der Zuständigkeit darf aber nicht willkürlich geschehen. Entsprechend der Kirchenstruktur der Communio Ecclesiarum sind die Eckgrößen bischöflicher Vollmacht die *Primatialgewalt des Papstes*[26] auf der einen und

kräftig unterstrichen, daß die Teilkirchenverbände in einem Zwischentitel (Titel II) zwischen dem Titel über die Teilkirchen als solche (Titel I) und dem Titel über deren innere Organisation (Titel III) rechtssystematisch eingeordnet werden.

[22] Namentlich die Entstehung der geschichtlich gewachsenen Rituskirchen muß in der Hauptsache gewohnheitsrechtlich verstanden werden.

[23] Nach bisherigem orientalischem Kirchenrecht ist die Einrichtung etc. von Kirchenprovinzen allerdings Sache des Patriarchen mit Zustimmung der Patriarchalsynode bzw. der Patriarchenwahlsynode; vgl. CICO/CS can. 248 § 1 n. 1. Im übrigen vgl. VatII CD Art. 37 bis 41. Siehe auch cc. 431 § 3, 433 § 1, 449 § 1.

[24] Ordentliche Vollmacht ist die gesetzlich mit einem Amt verbundene Vollmacht; auch ein gesetzlich mit bestimmten Zuständigkeiten ausgestattetes Kollegialorgan kann in diesem Sinne Amt sein; vgl. etwa c. 135 § 3 mit c. 131 § 1.

[25] Gleichwohl genießen die Rituskirchen als solche einen besonderen rechtlichen Schutz, der in der Treue der Kirche zur eigenen Geschichte wurzelt. Es ist faktisch nicht vorstellbar, daß eine Rituskirche durch einen Rechtsakt abgeschafft würde, doch würde die Kirche immer noch ganz Kirche sein, wenn die Unterscheidung der Riten in Verfall geriete.

[26] Vgl. VatII LG Art. 22 Abs. 2 sowie c. 331. Die Primatialgewalt des Papstes ist um der Einheit der Kirche willen eine umfassende bischöfliche Vollmacht, doch bringt sie keine

die bischöfliche *Vollmacht des Diözesanbischofs*[27] auf der anderen Seite. Die Zuständigkeiten der zwischen beiden angesiedelten *hierarchischen Zwischeninstanzen* sind – soweit sie nicht als geschichtlich gewachsene eine stabilisierte Anerkennung gefunden haben – in der Weise zu bestimmen, daß einerseits die Verantwortung des einzelnen Diözesanbischofs nicht ungebührlich ausgehöhlt wird, andererseits aber die bischöfliche Vollmacht in übergreifenden Aufgaben möglichst wirkungsvoll zur Geltung kommen kann und die Integration der Teilkirchen in die Einheit der Gesamtkirche besser gewährleistet wird[28].

Im Hinblick auf die *Ausübungsweise* der bischöflichen Vollmacht sind bei den hierarchischen Leitungsorganen zwei Grundtypen zu unterscheiden: Sie sind entweder direkt-personaler Art im ausschließlich persönlichen Zuständigkeitsbereich der verschiedenen Bischofsämter[29] oder indirekt-personaler Art im Zuständigkeitsbereich bischöflicher Kollegialorgane[30]. Beide Grundtypen können auch rechtlich miteinander verbunden sein[31]. Aufgrund der Kirchenstruktur der Communio Ecclesiarum sind die bischöflichen Leitungsorgane so verfaßt, daß sie nicht nur untereinander in Communio bleiben müssen, sondern auch – insoweit sie oberbischöfliche Ämter sind – stets ein konkretes Ortsbischofsamt einschließen[32]. Ähnlich sind die bischöflichen Kollegialorgane durch die ihnen zugehörigen Diözesanbischöfe immer teilkirchlich verwurzelt[33].

Die wichtigsten *hierarchischen Leitungsorgane* auf den verschiedenen Ebenen der Kirchenverfassung sind: für die Gesamtkirche der Papst und das Ökumenische Konzil; für die Rituskirchen die Patriarchen bzw. die diesen vergleichbaren Oberbischöfe mit ihren Synoden, wobei für die Lateinische Kirche zu bemerken ist, daß der Papst als Patriarch des Abendlandes faktisch kein fest eingerichtetes Synodalorgan zur Seite hat; für den Plenarverband[34] das Plenarkonzil und die Bischofskonferenz; für den Provinzialverband der Metropolit mit dem Provinzial-

umfassende Erstzuständigkeit mit sich. Auf weitesten Strecken ist sie eine subsidiäre Vollmacht, die dort wirksam eingreifen muß, wo das erstzuständige Verfassungsorgan versagt. – Unter dem Gesichtspunkt nicht der Organschaft, sondern der Trägerschaft kirchlicher Höchstgewalt müßte hier auch das Bischofskollegium genannt werden (vgl. c. 336).

[27] Vgl. hierzu die wichtige Bestimmung VatII CD Art. 8a sowie c. 381 § 1.

[28] Um eine ausgewogene Ausgestaltung dieser Rechtsverhältnisse ist der CIC bemüht.

[29] Papst, Patriarch, Metropolit, Diözesanbischof.

[30] Z. B. Konzilien, Bischofskonferenz (synodales Element).

[31] Im orientalischen Kirchenrecht ist das notwendige Zusammenwirken des Patriarchen mit seinen Synoden besonders charakteristisch.

[32] So ist der Papst gleichzeitig Oberhaupt der Gesamtkirche, Patriarch der Lateinischen Kirche, Metropolit der römischen Kirchenprovinz und Bischof von Rom. Jeder Metroplit ist zugleich Diözesanbischof.

[33] Ebenso wie auf die einzelnen Bischofsämter nichtbischöfliche Beratungsgremien unter Wahrung der bischöflichen Vollmacht rechtlich zugeordnet sind oder sein können (z. B. Diözesansynode, Kathedralkapitel, Priesterrat, Pastoralrat), ist es in analoger Weise möglich und in einigen Fällen auch rechtlich vorgesehen, daß bischöflichen Kollegialorganen nichtbischöfliche Mitglieder angehören; dabei ist aber ebenso wie im Falle der einzelnen Bischofsämter für die Wahrung der bischöflichen Vollmacht zu sorgen (vgl. etwa die Struktur der in cc. 439–446 vorgesehenen Partikularkonzilien).

[34] Zu dem Begriff vgl. oben Anm. 18.

konzil; für die Teilkirche der Diözesanbischof bzw. die diesem vergleichbaren Oberhirten[35].

IV. Die verfassungsrechtlich relevanten Gebietskörperschaften

Die Kirche als ganze ist weltweite Communio, nicht gebunden an ein bestimmtes Gebiet oder an ein bestimmtes Volk. Sie ist Volk Gottes, d. h. die von Gott zusammengerufene und gestiftete „Versammlung derer, die zu Christus als dem Urheber des Heils und dem Ursprung der Einheit und des Friedens glaubend aufschauen"[36]. Daraus ergibt sich, daß die Kirche in erster Linie eine personal bestimmte Gemeinschaft ist. Dies gilt ebenfalls für die Gliederung der Kirche auf allen Verfassungsebenen. Auch die Teilkirche, ihre Verbände und Untergliederungen sind in erster Linie personale Gemeinschaften.

Gleichwohl wird dieses *Personalprinzip* von einem *Territorialprinzip* grundlegend strukturiert. In der Regel sind die verfassungsrechtlichen Gliedgemeinschaften jeweils durch die Bindung an ein Gebiet mitbestimmt, weshalb man diese Gliedgemeinschaften als Gebietskörperschaften bezeichnen kann. Dies ist nicht nur das Ergebnis einer organisatorischen Strategie, sondern theologisch darin begründet, daß die Kirche nicht nur als eine ideelle Gemeinschaft verstanden werden darf, die Menschen in gemeinsamem Glauben einander verbindet; vielmehr ist die Kirche Gemeinschaft im lebendigen Vollzug von Wort und Sakrament, weshalb die personal-orthafte Verbundenheit zu ihrem Wesen gehört.

Die Korrelation von Personal- und Territorialprinzip kann allerdings von unterschiedlichen Akzentsetzungen geprägt sein.

Die Rituskirchen, in sich zwar territorial gegliedert, sind dennoch ihrem Wesen nach primär personal bestimmte Gliedgemeinschaften[37], was zur Folge hat, daß auf demselben Territorium verschiedene Rituskirchen nebeneinander bestehen können[38]. Dagegen sind die Plenarverbände und Provinzialverbände als Einrichtungen ein und desselben Ritus strikt territorial geordnet[39]. In der Regel gilt auch für die Teilkirchen eines bestimmten Ritus, daß eine jede ihr eigenes Gebiet hat und infolgedessen nicht mehrere ritusgleiche Teilkirchen in demselben Gebiet bestehen können[40]. Die Pfarrorganisation folgt in erster Linie dem Territorialprinzip[41].

[35] Die Pfarrer und die ihnen rechtlich gleichgestellten Quasipfarrer sind im Hinblick auf ihre Gemeinden die zuständigen geistlichen Hirten mit ordentlicher Amtsvollmacht, für den äußeren Bereich aber nicht Träger hoheitlicher Gewalt, wenn man von einigen wenigen Kompetenzen zur Setzung hoheitlicher Akte für den äußeren Bereich in Abhängigkeit von der Oberhirtengewalt des zuständigen Bischofs absieht.

[36] VatII LG Art. 9 Abs. 3.

[37] Die Zugehörigkeit zu einer bestimmten Rituskirche ist unabhängig von dem Wohnsitz des Gläubigen.

[38] Vgl. VatII OE Art. 4.

[39] Vgl. cc. 447, 431 § 1.

[40] Vgl. c. 372 § 1; s. aber unten Anm. 43.

[41] Vgl. c. 518; s. aber unten Anm. 44.

Diese *ordentliche* Verfassungsstruktur der Kirche ist in ihrer Verbindung von Personal- und Territorialprinzip dadurch gekennzeichnet, daß sie die jeweilige „portio Populi Dei" eines bestimmten Ritus und eines bestimmten Gebietes umfassend in sich schließt. Besondere Seelsorgsbedingungen lassen aber in begrenztem Umfang daneben eine *außerordentliche* Verfassungsstruktur zu, die sog. kategoriale Seelsorgsstruktur[42]. Auf teilkirchlicher Ebene ist diese insbesondere in der Militärseelsorge[43] ausgestaltet, findet aber auch auf der Ebene diözesaner Untergliederungen gegebenenfalls Anwendung, z. B. durch Errichtung ritusgleicher Personalpfarreien etwa aus Gründen muttersprachlicher oder nationaler Bindungen[44].

[42] Die kategoriale Seelsorgsstruktur unterscheidet sich von der oben erwähnten bloßen kategorialen Seelsorge dadurch, daß sie in teilkirchlichen (diözesanen) oder gemeindlichen (pfarrlichen) Verfassungsformen organisiert ist.

[43] S. des Näheren in *diesem* Band, unten, *A. Hierold*, § 52 Militärseelsorge. Die ursprünglich vorgesehene direkte Nennung des Militärvikariates als außerordentliche Gestalt der Teilkirche ist nicht in die Endfassung des CIC/1983 aufgenommen worden. Bedauerlicherweise ist statt dessen in c. 372 § 2 mit der Formel „aliave simili ratione" Tür und Tor für jedwede dem Ritus ähnliche Kategorie zur Errichtung personaler Teilkirchen eröffnet worden. Aus ekklesiologischer Sicht ist eine solche Entwicklung deshalb bedenklich, weil damit dem theologischen Verständnis der Teilkirche Eintrag geschehen kann. Die Teilkirche repräsentiert die Gesamtkirche; deshalb sollte der ihr zugehörende Teil des Gottesvolkes davor bewahrt werden, sich durch zusätzliche spezifische Kategorien abzuschließen und zu verengen. Die hier lauernden Gefahren für die ordentliche Seelsorgsstruktur auf der Ebene der Teilkirche sollten jedenfalls dadurch klein gehalten werden, daß die höchste kirchliche Autorität von ihrem Errichtungsrecht keinen ausgedehnten Gebrauch macht und die oben genannte Formel in aller Regel nur auf die Militärvikariate anwendet.

[44] Um Mißbräuchen zu wehren, war dies im Recht des CIC/1917 an ein besonderes Indult des Apost. Stuhles gebunden (vgl. c. 216 § 4). Diese Bindung ist durch MP EcclSanct I 21 aufgehoben; der Diözesanbischof hat seither wie bei jeglicher anderen Veränderung in der Pfarrorganisation zuvor lediglich den Priesterrat zu hören; vgl. c. 515 §§ 1 und 2 sowie c. 518. Der maßvolle Einsatz der außerordentlichen Verfassungsstruktur, der auf der Ebene der Teilkirche aus ekklesiologischen Gründen nicht wünschenswert ist, kann auf der Ebene der Pfarrei aus seelsorglichen Gründen hilfreich sein.

1. Kapitel: Die Gesamtkirche

§ 25 Die Träger der obersten Leitungsvollmacht

Von Hubert Müller

Die Frage nach dem Subjekt der höchsten Leitungsvollmacht in der Kirche ist durch das II. Vatikanum von neuem aufgeworfen worden, nachdem sie zuvor die Theologie des 18. und 19. Jahrhunderts beschäftigt hatte[1], dann aber seit der Definition[2] des päpstlichen Jurisdiktionsprimats auf dem I. Vatikanum weithin verstummt war. Die feierliche Erklärung, daß der Papst die volle und höchste Jurisdiktionsvollmacht für die gesamte Kirche besitzt[3], die bei der Kodifizierung des kanonischen Rechts 1917 auch Eingang in das Gesetzbuch der lateinischen Kirche fand (c. 218 § 1 CIC/1917), ließ den Nachfolger des Apostels Petrus für nahezu ein Jahrhundert in Ekklesiologie und Kirchenrechtswissenschaft als einzigen Träger der höchsten Leitungsvollmacht erscheinen, obgleich c. 228 § 1 CIC/1917 auch dem Ökumenischen Konzil die oberste Vollmacht für die Universalkirche zuerkannte.

1. Amtliche Lehre

Das Zweite Vatikanum, das den päpstlichen Jurisdiktionsprimat ausdrücklich bestätigte (VatII LG Art. 22b), hat die diesbezügliche Aussage des I. Vatikanums durch die Lehre von der Kollegialität des Episkopats[4] ergänzt und festgestellt: „Die Ordnung der Bischöfe aber, die dem Kollegium der Apostel im Lehr- und Hirtenamt nachfolgt, ja, in welcher die Körperschaft der Apostel immerfort weiter besteht, ist gemeinsam mit ihrem Haupt, dem Bischof von Rom, und niemals ohne dieses Haupt, gleichfalls Träger der höchsten und vollen Gewalt über die ganze Kirche." (VatII LG Art. 22b). Diese Aussage der Kirchenkonstitution, die inhaltlich vom revidierten Gesetzbuch übernommen wurde (c. 336), hat in der erläutern-

[1] *J. Beumer*, Die kollegiale Gewalt der Bischöfe für die Gesamtkirche nach der Theologie des 18. Jahrhunderts, in: Gr 45 (1964), S. 280–305.

[2] *L. Oeing-Hanhoff* vertritt mit Berufung auf DS 3011 und c. 1323 § 1 CIC/1917 die Auffassung, daß die Lehre über den Jurisdiktionsprimat des Papstes auf dem I. Vatikanum nicht dogmatisch definiert worden ist, da die Konzilsaussage im Unterschied zu den Mariendogmen und dem Dogma von der päpstlichen Infallibilität in Kathedralentscheidungen nicht die Formel „divinitus revelatum" enthält. Vgl. hierzu *L. Oeing-Hanhoff*, Die Kirche – Institution christlicher Freiheit?, in: Dienst an der Einheit. Hrsg. v. J. Ratzinger, Düsseldorf 1978, S. 130.

[3] DS 3060 und 3064.

[4] Begründet wird diese Lehre aus der Verhältnisgleichheit (dazu s. Nota praevia n. 1) mit dem Apostelkollegium, aus der altkirchlichen Disziplin der communio, aus der synodalen Tätigkeit, aus der Existenz Ökumenischer Konzilien sowie aus der Tatsache, daß die Bischofskonsekration durch mehrere Bischöfe erfolgt (VatII LG Art. 22a).

den Vorbemerkung der dogmatischen Konstitution eine authentische Interpretation erfahren, die zunächst zu bedenken gibt, daß zum Bischofskollegium notwendigerweise auch der Papst gehört, daß deshalb dem Kollegium die Voll-[5] und Höchstgewalt abzusprechen heißen würde, sie in gewissem Sinne dem Papst selbst abzuerkennen.[6] Denn die Unterscheidung waltet nicht zwischen dem Bischof von Rom einerseits und den übrigen Bischöfen anderseits, sondern zwischen dem Bischof von Rom auf der einen und dem Bischof von Rom vereint mit den übrigen Bischöfen auf der anderen Seite (Nota praevia n. 3).[7] Sodann wird der Papst als eigenständiger Träger der kirchlichen Höchstgewalt herausgestellt, insofern es in seiner Macht steht, entsprechend den gesamtkirchlichen Notwendigkeiten zu bestimmen (Nota praevia n. 3), ob und in welcher Weise das Kollegium, das zwar immer besteht, aber nur von Zeit zu Zeit streng kollegial handelt (Nota praevia n. 4), tätig werden soll (s. auch c. 337 § 3), und insofern er auch ohne Zustimmung des Kollegiums eigenverantwortlich vorgehen kann (Nota praevia n. 4).

2. *Spekulative Erklärung*

Auf dem Boden dieser Konzilsaussagen[8] finden sich in der nachkonziliaren Literatur zwei unterschiedliche Auffassungen, die das Problem um Subjekt und Ausübung[9] der Höchstvollmacht in der Kirche tiefer zu durchdringen und die Konzilslehre spekulativ zu erhellen suchen.

Eine vorwiegend von Kanonisten[10] vertretene Meinung, die sich sehr eng an den Wortlaut der erläuternden Vorbemerkung zur Kirchenkonstitution anlehnt, nimmt zwei inadäquat voneinander verschiedene Träger der höchsten Leitungsvollmacht in der Kirche an[11]: der Papst als Stellvertreter Jesu Christi einerseits und

[5] Zur Lehre des Zweiten Vatikanums über die Vollgewalt des Bischofskollegiums s. *W. Aymans*, Das synodale Element in der Kirchenverfassung, München 1970, S. 248–255.

[6] Vgl. *J. Ratzinger*, Das neue Volk Gottes, 2. Aufl., Düsseldorf 1970, S. 195.

[7] Vgl. dazu *G. Ghirlanda*, „Hierarchica Communio". Significato della formula nella „Lumen Gentium", Roma 1980, S. 409.

[8] Dagegen scheinen drei Auffassungen mit dem Zweiten Vatikanischen Konzil unvereinbar: 1. Papst und Bischofskollegium sind zwei adäquat unterschiedene Träger der Höchstgewalt. 2. Einziger Träger ist der Papst, der das Kollegium von Fall zu Fall bevollmächtigen kann, so daß es kraft menschlichen Rechtes tätig wird. 3. Einziger Träger der höchsten Leitungsvollmacht ist das Bischofskollegium, das durch den Papst repräsentiert wird, so daß dieser seine Vollmacht vom Kollegium empfängt und immer nur im Namen des Kollegiums handelt, dem er deshalb auch Rechenschaft schuldet. Vgl. *A. Dordett*, Kirche zwischen Hierarchie und Demokratie, Wien 1974, S. 133f.

[9] Unterschied und Zusammenhang zwischenSeins- und Handlungsebene werden dargetan von *U. Betti*, Die Beziehungen zwischen dem Papst und den übrigen Gliedern des Bischofskollegiums, in: *Baraúna* II, S. 71–83.

[10] *K. Mörsdorf*, Die hierarchische Verfassung der Kirche, insbesondere der Episkopat, in: AfkKR 134 (1965), S. 90; *W. Bertrams*, De subiecto supremae potestatis Ecclesiae, in: PerRMCL 54 (1965), S. 173–232; *ders.*, Die Einheit von Papst und Bischofskollegium in der Ausübung der Hirtengewalt durch den Träger des Petrusamtes, in: Gr 48 (1967), S. 28–48; *Ghirlanda*, „Hierarchica Communio" (Anm. 7), S. 409, Anm. 500.

[11] Diese Auffassung referiert auch schon *J. Kleutgen* in der Relatio auf dem Ersten Vatikanischen Konzil (*Mansi* 53, 321).

das Bischofskollegium mit dem Papst als seinem Haupt anderseits. Beide Vollmachtsträger sind in der Person des Papstes miteinander verbunden, so daß es zwischen ihnen nicht zu einem Widerspruch kommen kann. Bei primatialem Vorgehen wird die Vollmacht tätig, die dem Papst unabhängig vom Kollegium persönlich zukommt.

Dagegen betrachtet eine vorwiegend von Dogmatikern[12] vorgetragene Erklärung die beiden Weisen der Ausübung der kirchlichen Höchstgewalt lediglich als eine funktionelle Zweiheit, die in bezug auf das Subjekt eine wesentliche Einheit nicht antastet. Einziger Träger der höchsten Leitungsvollmacht für die Gesamtkirche ist das Bischofskollegium mit dem Papst als seinem Haupt. Das Kollegium kann auf zweifache Weise tätig werden: entweder in einem streng kollegialen Akt, den der Papst veranlassen und bestätigen muß, oder aber nur durch sein Haupt. Auch in diesem Falle ist das Bischofskollegium, das durch den Papst repräsentiert wird, am Werk, freilich nicht „in voller Tätigkeit" (Nota praevia n. 4).

Gegen diese Deutung der Konzilslehre kann nicht geltend gemacht werden, daß sie den päpstlichen Jurisdiktionsprimat nur den Worten, nicht aber der Sache nach aufrechterhält.[13] Unbestritten ist, daß der Bischof von Rom ontologisch immer mit den übrigen Bischöfen aufgrund der Konsekration und der hierarchischen Gemeinschaft verbunden ist, auch dann, wenn er allein tätig wird.[14] Auch in diesem Falle handelt er als Haupt (nicht im Namen!) des Bischofskollegiums[15], das hierarchisch strukturiert ist.[16] Die päpstliche Primatialgewalt ist die Vollmacht, die dem Nachfolger des Petrus als Haupt des Bischofskollegiums und damit im Kollegium aller Bischöfe für die Universalkirche zukommt.[17] Sie stellt die äußer-

[12] *K. Rahner*, Über das ius divinum des Episkopats, in: Episkopat und Primat (= QD, Bd. 11), Freiburg-Basel-Wien 1961, S. 86–93; *O. Semmelroth*, Die Lehre von der kollegialen Hirtengewalt über die Gesamtkirche „unter Berücksichtigung der angefügten Erklärungen", in: Scholastik 40 (1965), S. 175ff.

[13] Vgl. auch *W. Aymans*, Papst und Bischofskollegium als Träger der kirchlichen Hirtengewalt, in: AfkKR 135 (1966), S. 146f.

[14] *R. Weigand*, Änderung der Kirchenverfassung durch das II. Vatikanische Konzil?, in: AfkKR 135 (1966), S. 403.

[15] *K. Rahner*, Kommentar zur Kirchenkonstitution, in: LThK² – Konzilskommentar I, S. 228; *W. Bertrams*, Papst und Bischofskollegium als Träger der kirchlichen Hirtengewalt, München-Paderborn-Wien 1965, S. 56.

[16] Im Anschluß an VatII LG Art. 22 verlangt c. 336 für die Zugehörigkeit zum Bischofskollegium außer der Konsekration auch die communio hierarchica mit Haupt und Gliedern des Kollegiums. Communio hierarchica mit dem Haupt schließt die Anerkennung des Primats ein, der als communio-Primat zu begreifen ist und der die communio ecclesiarum voraussetzt. Vgl. *Ratzinger*, Das neue Volk Gottes (Anm. 6), S. 212; *W. Bertrams*, De origine et significatione notionis „Hierarchica Communio", in: PerRMCL 69 (1980), S. 23–30; *G. Ghirlanda*, De notione Communionis hierarchicae iuxta Vaticanum secundum, in: PerRMCL 70 (1981), S. 41–68.

[17] Vgl. *Y. Congar*, Die apostolische Kirche, in: MySal IV/1, S. 589: „Gewiß ist Petrus ‚Vorsteher' oder ‚Haupt' im Apostelkollegium und hat darum persönlich die Hirtenvollmacht erhalten, aber er steht nicht über den andern, wie wenn er die Quelle wäre, aus der ihre Vollmacht erflösse. Die oberste und universale Vollmacht wird von Christus dem Kollegium übergeben, aber einem Kollegium, daß so strukturiert ist, daß es darin ein Haupt gibt." S. auch *H. Döring*, Das „ius divinum" des Petrus-Amtes. Ansätze zu einem gemeinsamen Verständnis, in: Catholica 32 (1978), S. 273–304.

ste Verdichtung jener einen kirchlichen Höchstgewalt dar, die in ihrer breitesten Entfaltung dem gesamten Bischofskollegium zukommt.[18] Sie darf deshalb, auch wenn sie persönlich ausgeübt wird, nicht vom Kollegium getrennt gedacht werden. Die erläuternde Vorbemerkung zur Kirchenkonstitution erklärt, daß der Papst seine Vollmacht nur so weit nach eigenem Gutdünken ausüben kann, wie es von seinem Amt her gefordert ist (Nota praevia n. 4). Dieses ist zwar in sich nicht kollegial strukturiert[19], wohl aber ist es eingebunden in das Kollegium der Bischöfe, so daß der innere Anspruch des Petrusamtes die moralische Bindung an die Stimme des Kollegiums einschließt.[20] „Umgekehrt wird es durchaus selbständige Initiativen des Episkopats geben müssen, ja, auch die Aufgabe, dem Papst durch Kritik bei seiner Aufgabe zu helfen, wird man nicht auf die apostolischen Zeiten und die Kirche der Väter beschränken dürfen."[21]

3. *Ekklesiale Bedeutung*

Die Bemühungen um eine spekulative Durchdringung der Konzilslehre über den Träger der kirchlichen Höchstgewalt, die in den skizzierten Auffassungen ihren Niederschlag gefunden haben, sind nicht nur von theoretischem Interesse, sondern enthalten auch eine dynamische Stoßkraft in bezug auf die Ausübung der höchsten Leitungsvollmacht in der Kirche. Dies zeigt sich darin, daß die kollegiale Form der Ausübung theologisch als „ordentlicher" Weg gewürdigt, die primatiale Form dagegen als „außerordentlicher" Weg bezeichnet[22] und sogar als defizienter modus disqualifiziert wird, der die Kirche nach Art einer Militärmonarchie leitet, so daß sie einer Nation im Zustande der Mobilmachung gleicht.[23] In letzter Konsequenz erwächst aus dieser Ansicht der Vorschlag eines rechtlich gebundenen Primats: Der Papst solle sich gesetzlich binden, die Primatialvollmacht nur in einer radikalen Notstandssituation einzusetzen, sonst aber bei Entscheidungen den Weg über das Bischofskollegium zu suchen.[24] Abgesehen von der Frage der

[18] *Aymans*, Papst und Bischofskollegium (Anm. 13), S. 146; *L. Scheffczyk*, Das Petrusamt in der Kirche: Übergeordnet – eingefügt, in: Catholica 32 (1978), S. 30.

[19] *Bertrams*, Papst und Bischofskollegium (Anm. 15), S. 34, Anm. 22.

[20] *J. Ratzinger*, Kommentar zu den Bekanntmachungen der Kirchenkonstitution, in: LThK²-Konzilskommentar I, S. 356; *H. Müller*, Rezeption und Konsens in der Kirche, in: ÖAKR 27 (1976), S. 20; *A. Scheuermann*, Die Amtsgewalt des Papstes, in: Kirche und Staat (Festschr. F. Eckert), Berlin 1976, S. 18; *W. Kasper*, Dienst an der Einheit und Freiheit der Kirche. Zur gegenwärtigen Diskussion um das Petrusamt in der Kirche, in: Catholica 32 (1978), S. 1–91.

[21] *Ratzinger*, Das neue Volk Gottes (Anm. 6), S. 187f.

[22] Ebd., S. 167. Diese von *J. Ratzinger* vertretene Ansicht ist von *J. Auer* als „nicht tragbar" zurückgewiesen worden; denn „diese Auffassung wird weder der tatsächlichen Kirchengeschichte noch dem Text der Nota praevia gerecht und würde die ordentliche Ausübung des päpstlichen Amtes nur in außerordentlichen Fällen ermöglichen." (*J. Auer*, Die Kirche – Das allgemeine Heilssakrament [= Kleine katholische Dogmatik, Bd. 8], Regensburg 1983, S. 269).

[23] *H. Dombois*, Hierarchie, Freiburg-Basel-Wien 1971, S. 92f.

[24] So *K. Rahner*, zit. bei *A. Kolping*, Gebundener Primat im Papsttum der Zukunft?, in: Festschr. Panzram, S. 65.

Praktikabilität erheben sich Bedenken grundsätzlicher ekklesiologischer Natur[25] gegen diesen Vorschlag, der unweigerlich in eine Sackgasse führt. Ein Ausweg läßt sich wohl nur finden, wenn die Idee der bischöflichen Kollegialität nicht allein gesamtkirchlich auf den actus stricte collegialis konzentriert wird, wie dies in der Frage nach dem Träger der kirchlichen Höchstgewalt entsprechend der neuzeitlichen Kollegialitätslehre geschieht, sondern zugleich auch von der Theologie der Väter her entfaltet wird[26] und zur Wiederherstellung des Organismus der Einzelkirchen in der Einheit der Gesamtkirche führt.[27] „Der Sinn der Kollegialität kann es ja in der Tat nicht sein, etwa ein Parlament anstelle einer Monarchie zu setzen, sondern die Ecclesiae in der Ecclesia wieder zur Geltung und zum Wirken zu bringen."[28] Dies impliziert eine relecture der Primatslehre des I. Vatikanums im Lichte des II. Vatikanums[29], so „daß die Förderung der kollegialen Mitverantwortung des Episkopats, der Eigenverantwortung der Ortskirchen und der communio aller in die Wesensbestimmung des Primats eingeht."[30]

§ 26 Der Papst

Von René Metz

Als Nachfolger des heiligen Petrus steht der Papst an der Spitze der übrigen Bischöfe, ebenso wie Petrus durch Jesus Christus an die Spitze der übrigen Apostel gestellt worden ist. Aus diesem Grund kommt dem Papst in der Kirche nicht nur die Funktion des obersten Hirten zu; er ist auch „das Prinzip und das Fundament

[25] *Bertrams*, Papst und Bischofskollegium (Anm. 15), S. 70; *A. Dordett*, Die unveräußerliche Gewalt des kirchlichen Amtsträgers, in: ÖAKR 27 (1976), S. 261f.; *Kolping*, Gebundener Primat (Anm. 24), S. 66–72; *P. A. Bonnet*, Estne in lege Ecclesiae Fundamentali Supremae Auctoritatis limitatio constituenda?, in: PerRMCL 69 (1980), S. 85–106; *Auer*, Die Kirche – Das allgemeine Heilssakrament (Anm. 22), S. 269.

[26] Über die zwei verschiedenen Typen einer Theologie der Kollegialität s. *Ratzinger*, Das neue Volk Gottes (Anm. 6), S. 184–187.

[27] Vgl. auch VatII LG Art. 22b: „Insofern dieses Kollegium aus vielen zusammengesetzt ist, stellt es die Vielfalt und Universalität des Gottesvolkes, insofern es unter einem Haupt versammelt ist, die Einheit der Herde Christi dar."

[28] *Ratzinger*, Das neue Volk Gottes (Anm. 6), S. 196. Vgl. dazu den wichtigen Text in VatII LG Art. 13c über die Fülle der Katholizität und die Aufgabe des Petrusamtes, die rechtmäßigen Verschiedenheiten in der Kirche zu schützen und die Vielfalt in der kirchlichen Einheit zu gewährleisten (*H. Schmitz*, Amt und Ordination – Anerkennung der Ämter, in: TThZ 86 [1977], S. 207).

[29] Dazu s. den hilfreichen Beitrag von *H. J. Pottmeyer*, Kontinuität und Innovation in der Ekklesiologie des II. Vatikanums. Das Problem der ausgebliebenen Vermittlung von I. und II. Vatikanum, in: ThQ 160 (1980), S. 277–294.

[30] Ebd., S. 294.

der Glaubenseinheit und der Gemeinschaft"[1]. Darüber hinaus besitzt der Papst auch eine Rechtsstellung auf dem Gebiet des internationalen Rechts.

Der Primat des Papstes hat seine Grundlage in der Heiligen Schrift und in der Tradition. Seine deutlichste lehramtliche Ausprägung hat er durch das Erste Vatikanische Konzil (1869 bis 1870) in der Dogmatischen Konstitution „Pastor aeternus"[2] und zum Teil durch das Zweite Vatikanische Konzil (1962–1965), insbesondere in der Dogmatischen Konstitution über die Kirche „Lumen gentium" gefunden[3]. Diese beiden Konzile ergänzen einander in dieser Frage. Die Lehre über die Aufgaben und die Stellung des Papstes in der Kirche hat nach dem I. Vatikanum ihren rechtlichen Ausdruck im Codex Iuris Canonici vom Jahre 1917 gefunden[4]. Nach dem Zweiten Vatikanischen Konzil wurden diese Aussagen im Rahmen der Reform des CIC wieder aufgenommen. Im Entwurf der CIC-Reformkommission vom Jahre 1980 war dieser Gegenstand in c. 377 geregelt. Diese Bestimmung beschränkte sich jedoch darauf, auf den Entwurf des Grundgesetzes der Kirche (Lex Ecclesiae Fundamentalis) zu verweisen. Sie hatte folgenden Wortlaut: „Die geltenden Gesetze über die höchste Autorität in der Kirche sind in den Bestimmungen des Grundgesetzes der Kirche über den Papst und das Bischofskollegium enthalten". Der letzte Entwurf für eine Lex Ecclesiae Fundamentalis vom Jahre 1980 handelte vom Papst im wesentlichen in den cc. 29–33[5]. Bekanntlich kam es nicht zu einer Promulgation der Lex Ecclesiae Fundamentalis; die entsprechenden cc. 29–33 LEF fanden vielmehr als cc. 331–335 Aufnahme in den CIC/1983.

Die Aussagen der beiden Vatikanischen Konzile und des CIC bilden die Grundlage für die hier gegebene Darstellung der Rechtsstellung des Papstes. Es versteht sich von selbst, daß es sich hierbei nur um Grundaussagen handelt, die einer Ergänzung durch neuere oder auch ältere Dokumente des Papstes und der Römischen Kurialbehörden bedürfen, auf die im folgenden hingewiesen wird.

Im Gegensatz dazu ist die Stellung des Papstes im Bereich des internationalen Rechts in stärkerem Maße das Ergebnis der geschichtlichen Entwicklung. Die Kirche nimmt für sich nicht das Recht in Anspruch, in die rein weltlichen Angelegenheiten der Staaten unmittelbar einzugreifen[6]. In den folgenden Ausführungen wird die tatsächliche Stellung untersucht

[1] VatII LG Art. 18; LThK² Konzilskommentar I, S. 213. Zum theologischen Verständnis und zur ekklesiologischen Stellung des Papsttums in der Gegenwart vgl. die beiden Sammelbände mit Beiträgen zahlreicher Theologen: *A. Brandenburg* und *H. J. Urban* (Hrsg.), Petrus und Papst, Evangelium – Einheit der Kirche – Papstdienst, Münster 1976/1978; ferner *K. Lehmann* (Hrsg.), Das Petrusamt. Geschichtliche Stationen seines Verständnisses und gegenwärtige Positionen. Mit Beiträgen von *R. Pesch, W. de Vries, K. Schatz, H. J. Pottmeyer, H. Meyer, K. Lehmann*, München und Zürich 1982.

[2] COD, S. 811–816.

[3] AAS 57 (1965), S. 5–75; COD, S. 849–90O; LThK²-Konzilskommentar I, S. 156–359.

[4] Die cc. 218–221 CIC/1917 sind die wichtigsten; darüber hinaus sind zahlreiche weitere Kanones in diesem Zusammenhang von Bedeutung.

[5] Der Text der cc. 29–33 LEF in der letzten Fassung (7.–12. Januar 1980) ist abgedr. in: Communicationes 13 (1981), S. 45–49 und 84–87, oder besser in der Relatio 1981, Appendix, S. 353–354.

[6] Nicht behandelt ist hier die moralische und geistliche Autorität, die der Papst in der Welt stets in Anspruch genommen hat; sie zu begrenzen liegt außerhalb der Sphäre der staatlichen Rechtsordnung; vgl. hierzu auch unten Anm. 39.

und dargestellt, die dem Papst in der Gegenwart im Bereich der internationalen Rechtsordnung zukommt[7].

I. Ehrentitel und Amtsbezeichnungen des Papstes

Vor der genaueren Darlegung der Aufgaben und Vollmachten des Papstes sollen im folgenden einige Hinweise auf die verschiedenen Bezeichnungen des Papstes gegeben werden, die ihm zukommen[8]. Die Unterscheidung zwischen Ehrentiteln und Amtsbezeichnungen könnte zu Kritik Anlaß geben. Einige dieser Bezeichnungen sind nämlich, insbesondere gilt dies für die Gegenwart, eher Ehrentitel als daß ihnen eine wirkliche Bedeutung zukäme.

Ehrentitel: Beatissimus Pater, Sanctissimus Pater, Sanctitas Vestra, Beatitudo Vestra, Dominus Apostolicus. In aller Regel handelt es sich hierbei um Anreden, die in Gesuchen oder in Ansprachen Verwendung finden, die an den Papst gerichtet sind. Die Bezeichnung „Papst" nimmt einen besonderen Platz ein. Sie ist gleichermaßen der gebräuchlichste Name, mit dem Katholiken und Nichtkatholiken das Oberhaupt der katholischen Kirche bezeichnen und der Titel, den der Papst in bestimmten offiziellen Dokumenten für sich verwendet. Das gilt vor allem für die päpstlichen Enzykliken, die apostolischen Schreiben und die Motuproprios. Diese Dokumente beginnen und enden mit dem Namen des Papstes, z. B. Ioannes Paulus PP. II[9].

Die *Amtsbezeichnungen* des Papstes sind zahlreich. Das päpstliche Jahrbuch erkennt dem Papst folgende Amtsbezeichnungen zu, mit denen eine Reihe von Titeln gleichbedeutend ist, die sich in verschiedenen Dokumenten findet. Im Annuario Pontificio finden sich unter dem Namen des Papstes acht Titel[10], die in italienischer, nicht dagegen in lateinischer Sprache aufgeführt sind[11]. Es handelt sich um folgende Titel:

1. *Bischof von Rom* (Vescovo di Roma): Unbestritten handelt es sich hier um eine wesentliche Amtsbezeichnung, die zwei einander ergänzende Wesensmerkmale enthält. Der Papst ist zu allererst Bischof. Aufgrund seiner Stellung als Bischof kommen ihm die grundlegenden Vollmachten zu, die sein Amt erfordert. In bestimmten Fällen bezeichnet sich der Papst nur als Episcopus: Dies ist der Fall in den Dokumenten des II. Vatikanischen Konzils, die sämtlich mit der Formel

[7] Einen guten Gesamtüberblick über die gegenwärtige Stellung des Papstes in der Kirche gibt *A. Scheuermann*, Die Amtsgewalt des Papstes, in: Kirche und Staat. Fritz Eckert zum 65. Geburtstag. Hrsg. v. *H. Schambeck*, Berlin 1976, S. 3–20.

[8] Über die päpstlichen Insignien, Kleider und Ehrenbezeugungen s. *Mörsdorf* Lb I, S. 346–347; *Hinschius* I, S. 208–212.

[9] Vgl. z. B. AAS 73 (1981), S. 577 (encycl.); 72 (1980), S. 5, 113 (epistula apost.); 74 (1982), S. 369, 1202 (motu proprio). Über den Ursprung des Wortes „Papa", s. LThK² VIII, Sp. 36f.; ausführlicher in: Dictionnaire d'archéologie et de liturgie, hrsg. v. *F. Cabrol* und *H. Leclercq*, 13 (1937), Sp. 1097–1111. Über die Papsttitel s. besonders *Y. Congar*, Titres donnés au pape, in: Concilium 108 (Tours 1975), S. 55–64.

[10] AnPont 1983, S. 27*.

[11] Die Titel sind in der Reihenfolge des AnPont aufgeführt.

beginnen: Paulus episcopus servus servorum Dei ...[12]. Der Papst ist jedoch nicht Bischof irgendeiner Diözese, er ist der Bischof von Rom. Gerade in seiner Eigenschaft als Bischof von Rom ist der Papst der Nachfolger Petri mit allen Konsequenzen, die sich daraus ergeben. Aufgrund seines Bischofsamtes ist der Papst Mitglied des Bischofskollegiums, in dem das Kollegium der Apostel fortbesteht, und als Bischof von Rom zugleich Haupt des Kollegiums der Bischöfe, wie Petrus nach dem Willen Christi das Haupt der Apostel war. In den offiziellen Verlautbarungen findet als Bezeichnung für den Bischof von Rom der Ausdruck Romanus Pontifex Verwendung[13].

Der Papst kann jedoch die Leitung seiner Diözese wegen der vielfachen Verpflichtungen, die ihm die Sorge für die Gesamtkirche auferlegt, nicht persönlich ausüben. Aus diesem Grunde hat er die tatsächliche Leitung der Diözese Rom einem Kardinal übertragen, der den Titel „Kardinalvikar" führt und die Diözese im Namen des Papstes mit ordentlicher stellvertretender Gewalt (potestas ordinaria vicaria) leitet[14]. Die Diözese Rom, die über einen umfangreichen Verwaltungsapparat verfügt[15], ist vor einiger Zeit durch die Konstitution „Vicariae Potestatis" vom 8. 1. 1977 neu organisiert worden[16].

2. *Stellvertreter Jesu Christi* (Vicario di Gesù Cristo): Der Titel Vicarius Christi (selten: Vicarius Iesu Christi), der sich in Dokumenten des Ersten[17] und des Zweiten Vatikanischen Konzils[18] findet, wurde in c. 331 aufgenommen (er ist im CIC/1917 nicht enthalten). Dieser Titel geht zurück auf eine alte Tradition, die im Papst in seiner Eigenschaft als Nachfolger des Apostels Petrus den Repräsentanten Jesu Christi erblickt. Aus diesem Grunde ist dieser Titel mit dem folgenden im wesentlichen identisch.

3. *Nachfolger des Apostels Petrus, des Oberhaupts der Apostel* (Successore del principe degli Apostoli): Diese Eigenschaft ist ebenso bedeutsam wie die des Bischofs von Rom. Unter einer bestimmten Rücksicht ist sie sogar wichtiger. Historisch betrachtet bedingen sich diese beiden Aussagen gegenseitig. Die Bischöfe sind nicht die Nachfolger der einzelnen Apostel, sondern des Apostelkollegiums; der Papst dagegen ist der Nachfolger Petri, des Oberhaupts der Apostel. Während die Nachfolge der übrigen Apostel nicht an einen Bischofssitz gebunden ist, war es immer die einhellige Tradition der Kirche, daß Petrus den Bischofsstuhl von Rom eingenommen hat und daß der Inhaber dieses Sitzes die Nachfolge Petri

[12] Dieselbe Formel findet man in: VatI Const. Ap. Pastor aeternus. Überhaupt beginnen alle Const. Ap. in derselben Form: z. B. Ioannes Paulus episcopus servus ..., vgl. AAS 74 (1982), S. 5, 6, 8, 191, 193.

[13] S. z. B. VatII LG Art. 22 u. 23; cc. 332–334 u. a.; vgl. auch cc. 218–222 CIC/1917. Im c. 331 findet sich ebenfalls der Ausdruck: Ecclesiae Romanae Episcopus.

[14] AnPont 1983, S. 1577: Il Cardinale Vicario, in nome e per mandato del Romano Pontefice, esercita il ministero episcopale di magistero, santificazione e governo pastorale della Diocesi di Roma con potestà ordinaria vicaria, nei termini stabiliti del medesimo Pontefice.

[15] Ebda, S. 1204–1209: Vicariato di Roma.

[16] Ebda, S. 1577.

[17] Const. Ap. Pastor aeternus, cap. 3 u. 4.

[18] S. VatII LG Art. 18 u. 22.

angetreten hat[19]. In diesem Zusammenhang muß festgestellt werden, daß die Tatsache, daß der Papst der Nachfolger Petri ist, vorrangig ist; sie ist göttlichen Rechts. Die Verbindung dieser Eigenschaft als Nachfolger Petri mit dem Bischofsstuhl von Rom ist nicht wesentlich; sie erklärt sich aus der historischen Entwicklung[20].

4. *Oberster Bischof der Gesamtkirche* (Sommo Pontefice della Chiesa universale): Diese Eigenschaft ergibt sich daraus, daß der Papst der Nachfolger des Apostels Petrus ist. Damit ist die höchste Autorität zum Ausdruck gebracht, die der Papst in der Kirche innehat. Wesen und Umfang dieser Vollmacht sollen später dargestellt werden. In diesem Zusammenhang sollen lediglich die verschiedenen Bezeichnungen genannt werden, mit denen die Dokumente des Ersten und Zweiten Vatikanischen Konzils und der CIC die überragende Stellung des Papstes in der Gesamtkirche zum Ausdruck bringen: Sichtbares Oberhaupt der ganzen Kirche (totius Ecclesiae visibile caput)[21], Hirte der ganzen Kirche (totius Ecclesiae pastor)[22], Hirte der Gesamtkirche (universae Ecclesiae pastor)[23], Oberster Hirte der Kirche (supremus Ecclesiae pastor)[24], Bischof der katholischen Kirche (catholicae Ecclesiae episcopus)[25], Haupt des Kollegiums der Bischöfe (collegii episcoporum caput)[26]. In diesem Zusammenhang ist es von Interesse, zu erwähnen, daß in der Dogmatischen Konstitution über die Kirche die Bezeichnung *Summus Pontifex* ausschließlich für Christus, nicht dagegen für den Papst gebraucht wird[27].

5. *Patriarch des Abendlandes* (Patriarca dell'Occidente): Hierbei handelt es sich um einen reinen Ehrentitel; in der abendländischen Kirche verleiht nämlich, im Gegensatz zur Ostkirche, die Würde eines Patriarchen keinerlei Jurisdiktionsgewalt mehr. Dies betont ausdrücklich c. 438. Aus diesem Grund erwähnte der Entwurf einer Lex Ecclesiae Fundamentalis nur noch die Patriarchen der Ostkirchen; er überging die Würde der Patriarchen der Lateinischen Kirche mit Stillschweigen[28].

6. *Primas von Italien* (Primate d'Italia): Die Ausführungen über das Patriarchat gelten auch für die Würde des Primas; c. 438 zählt ihn für den Bereich der Lateinischen Kirche gleichermaßen zu den reinen Ehrentiteln.

7. *Erzbischof und Metropolit der römischen Kirchenprovinz* (Arcivescovo e metropolita della provincia romana): Die Rechtsstellung eines Erzbischofs und Metropoliten verleiht dem Inhaber dieses Amtes Rechte und Pflichten gegenüber den Diözesanbischöfen, die zu

[19] Cf. VatII LG Art. 22; s. bes. die Anmerkungen 59 bis 62 von LG, in denen einschlägige Texte von *Eusebius, Dionysius, Tertullian, Cyprian* angeführt werden: AAS 57 (1965), S. 26.

[20] Das VatI enthält keine Aussagen über die Natur der Verbindung zwischen dem Papsttum und dem römischen Bischofssitz; beruht sie auf göttlichem oder rein positivem Recht? Heute scheint niemand mehr an dem rein historischen Charakter dieser Verbindung zu zweifeln; vgl. *Mörsdorf* Lb I, S. 347.

[21] VatII LG Art. 18; VatI Const. Ap. Pastor aeternus, cap. 1: totius Ecclesiae militantis visibile caput.

[22] VatII LG Art. 22.

[23] C. 331: universae Ecclesiae his in terris Pastor.

[24] C. 333 § 2.

[25] Diese Formel findet sich am Schluß aller Dokumente des VatII; sie findet sich auch am Schluß der Litterae decretales; vgl. z. B. AAS 63 (1971), S. 182, 244; 64 (1972), S. 267.

[26] VatII LG Art. 22; c. 331.

[27] VatII LG Art. 21. Im c. 336 hingegen findet sich für den Papst die Bezeichnung Summus Pontifex.

[28] Schema LEF c. 40–42; Communicationes 13 (1981), S. 53–54, 90–91.

der betreffenden Kirchenprovinz gehören, deren Vorsitz der Erzbischof oder Metropolit innehat. Diese Rechte und Pflichten sind umschrieben in cc. 435–437. Aufgrund der Tatsache, daß der Bischofssitz von Rom Metropolitansitz ist, ist der Bischof von Rom, d. h. der Papst, keinem anderen Bischof unterstellt. In Wirklichkeit verleiht diese Stellung dem Papst keine zusätzlichen Befugnisse zu seiner obersten Leitungsgewalt.

Nach dem Annuario Pontificio[29] besteht die Kirchenprovinz Rom gegenwärtig zunächst aus den sieben suburbikarischen Diözesen Albano, Frascati, Ostia, Palestrina, Porto e Santa Rufina, Sabina e Poggio Mirteto, Velletri; ferner aus acht Diözesen und zwei Abteien „nullius" im oberen Latium (Lazio superiore) und aus einer Erzdiözese, acht Diözesen und drei Abteien „nullius" im unteren Latium (Lazio inferiore). Dazu gehören ferner, jedenfalls grundsätzlich, alle Erzdiözesen ohne Suffragane und die Diözesen, Abteien und Prälaturen „nullius", die unmittelbar dem Heiligen Stuhl unterstellt sind.

8. *Souverän des Staates der Vatikanstadt* (Sovrano dello Stato della Città del Vaticano): Nach dem Verlust jeglicher weltlichen Souveränität im Jahre 1870 infolge des Untergangs des Kirchenstaats hat der Papst durch die Schaffung des kleinen Staates der Vatikanstadt im Jahre 1929 wieder ein Minimum an territorialer Souveränität zurückgewonnen. Die Gründung des Kirchenstaats erfolgte durch die Lateranverträge (11. 2. 1929), die aus dem Staatsvertrag, dem Finanzabkommen und dem Konkordat bestehen. Im Staatsvertrag wird die Eigenschaft des Papstes als Souverän des Vatikanstaates anerkannt, mit allen sich hieraus ergebenden Befugnissen, insbesondere dem aktiven und passiven Gesandtschaftsrecht, der diplomatischen Immunität und der Exterritorialität einer Reihe römischer Gebäude, die im Eigentum des Heiligen Stuhls stehen[30]. Der Vatikanstaat verfügt über sämtliche staatlichen Behörden, die für seine Verwaltungsaufgaben erforderlich sind[31].

Die hier gegebene Aufzählung der offiziellen Titel des Papstes ist erschöpfend. Bis zum Jahr 1968 einschließlich endete diese Aufzählung der Titel im Päpstlichen Jahrbuch mit der Formel „Der glorreich Regierende" (Gloriosamente regnante). Im Päpstlichen Jahrbuch für das Jahr 1969 findet sich diese Formel nicht mehr. Sie wurde ersetzt durch die Formel „Diener der Diener Gottes" (Servo dei servi di Dio). Seither enthält das Päpstliche Jahrbuch diese Bezeichnung. Sie entspricht mit Sicherheit dem Evangelium und auch dem Geist unserer Zeit mehr als die frühere[32]. Es handelt sich um den klassischen Ausdruck „Diener der Diener Gottes" (Servus servorum Dei), der seit langer Zeit in vielen päpstlichen Dokumenten verwendet wird, insbesondere zu Beginn aller Apostolischen Konstitutionen und aller Dokumente des Zweiten Vatikanischen Konzils[33]. Dieser Titel ist sehr alt; er geht zurück auf Papst *Gregor den Großen* (590–610)[34].

[29] AnPont 1983, S. 1002.

[30] AAS 21 (1929), S. 209–221; s. bes. Art. 12, ebd., S. 215. Cf. *M. Petroncelli*, Problemi aperti sulla cittadinanza vaticana, in: Studi di diritto ecclesiastico e canonico, 1, Napoli 1978, S. 419–454.

[31] Nähere Einzelheiten über die staatliche Organisation des Vatikanstaates in: AnPont 1983, S. 1193–1203; s. ferner in *diesem* Band, unten, *W. Schulz*, § 32 Der Vatikanstaat.

[32] Die Ersetzung der frühen Formel durch die jetzige, aber ältere, fällt zeitlich zusammen mit den Studentenunruhen des Jahres 1968 in Frankreich, Italien, der Bundesrepublik Deutschland und anderen Ländern. Die jetzige Formel entspricht zweifellos mehr dem Empfinden der gegenwärtigen Zeit.

[33] S. oben Anm. 12.

[34] *R. Bäumer*, Art. Servus servorum Dei, in: LThK² IX, Sp. 695–696; s. auch *Stephan Kuttner*, Universal pope or servant of God's servants: the canonists, papal titles, and Innocent III, in: RDC 31 (1981), S. 109–149.

II. Der Papst als oberster Hirte der Gesamtkirche

Die Aussage, daß der Papst der Hirte der Gesamtkirche ist, bringt zugleich zum Ausdruck, daß er der oberste Hirte ist. Dies ist auch der Sinn der verschiedenen Bezeichnungen, die in den bereits erwähnten Dokumenten des Ersten und Zweiten Vatikanischen Konzils und im CIC enthalten sind. Die Begriffe „Oberster Hirte der Kirche", „Hirte der gesamten Kirche" und „Hirte der ganzen Kirche" besagen der Sache nach dasselbe[35]. Sie bringen den wirklichen und nicht nur einen Ehrenprimat zum Ausdruck, der dem Papst in der Kirche Christi auf Erden zusteht.

Das biblische Fundament dieses Primats ist bekannt: er beruht auf der Nachfolge des Petrus, dem dieser Primat von Jesus Christus verliehen worden ist (Mt 16, 18–19; Jo 21, 15–17)[36]. In den folgenden Ausführungen sollen der Umfang dieses Primats und sein Inhalt, d. h. seine verschiedenen Funktionen, dargelegt werden.

1. *Der Umfang des päpstlichen Primats.* Übereinstimmend besagen diese Texte, daß es sich um die oberste, volle und universale Leitungsgewalt in der Kirche handelt[37]. Bei der Ausübung dieses Primats ist der Papst durch keine menschliche Gewalt beschränkt. Wie das Vatikanum II hierzu erklärt, kann er ihn in voller Freiheit ausüben: „Romanus Pontifex habet in Ecclesiam, vi muneris sui, Vicarii scilicet Christi et totius Ecclesiae Pastoris, plenam, supremam et universalem potestatem, quam semper libere exercere valet"[38]. Es ist kaum möglich, dies noch klarer und deutlicher auszudrücken, als es das Vatikanum II an dieser Stelle von LG über das Fundament, den Umfang und die freie Ausübung des päpstlichen Primats getan hat.

„Oberste Gewalt" bedeutet die oberste Leitungsgewalt in der Kirche. Der Papst erhebt keinen Anspruch im Bereich der zeitlichen Angelegenheiten dieser Welt; gleichwohl nimmt er für sich das Recht in Anspruch, im Bereich des gesellschaftlich-politischen Lebens zu intervenieren, wenn der Schutz und die Verteidigung der geistigen Werte dies erfordern oder wenn diese bedroht sind[39]. Diese oberste Vollmacht erhält der Papst unmittelbar von Gott und nicht durch die Versammlung der Gläubigen oder der Bischöfe, wie dies in den modernen Demokratien der Fall ist, wo das Staatsoberhaupt die Staatsgewalt nur aufgrund einer Delegation der Mitglieder der Gesellschaft ausübt[40]. Kraft dieses Primats, den er allein besitzt, ist der Papst grundsätzlich bei seiner Tätigkeit von keiner kirchlichen Stelle abhängig; er steht über dem Konzil und dem Kollegium der Bischöfe. Zu ihrer

[35] S. oben Anm. 21–26.

[36] Vgl. VatI Const. Ap. Pastor aeternus, cap. 1 u. 2; VatII LG Art. 22.

[37] VatI Const. Ap. Pastor aeternus, cap. 3; CIC/1917 c. 218; VatII LG Art. 22; c. 331.

[38] VatII LG Art. 22: „Der Bischof von Rom hat nämlich kraft seines Amtes als Stellvertreter Christi und Hirt der ganzen Kirche volle, höchste und universale Gewalt über die Kirche und kann sie immer frei ausüben".

[39] Jo 3, 17; 18,36–37; Mt 20,28; Mk 10,45. Cf. VatII GS Art. 3; *Leo XIII.*, Enz. Immortali Dei, 1. 11. 1885 (CICfontes III, S. 234–250). Vgl. *Mörsdorf* Lb I, S. 51–56.

[40] Die Auffassung, daß die päpstliche Gewalt auf einer Delegation beruhe, wurde in mehr oder minder starkem Maße vertreten von den Anhängern des Gallikanismus und auch von Febronius; vgl. LThK² IV, Sp. 46f., 499–503.

Gültigkeit bedürfen seine Entscheidungen keiner Bestätigung; gegen sie gibt es auch keine Berufung an eine andere Autorität. Der Papst kann von keiner anderen Instanz zur Verantwortung gezogen werden: Prima Sedes a nemine iudicatur[41].

„Vollgewalt" bedeutet, daß der Papst die Gewalt, die Christus seiner Kirche auf Erden übertragen hat, in ihrer gesamten Fülle besitzt. Es handelt sich hierbei um die Gewalt, die erforderlich ist für die Ausübung der dreifachen Aufgabe (munus): des Lehrens, des Heiligens und des Leitens. Sie umfaßt zugleich Rechte und Pflichten. Die Aussage, daß der Papst die kirchliche Gewalt in ihrer ganzen Fülle besitzt, bedeutet nicht, daß seine Gewalt ihrem Inhalt nach größer ist als die des Bischofskollegiums. Die Gewalt ist dieselbe; der Unterschied besteht darin, daß sie der Papst in ihrer ganzen Fülle *allein* ausüben kann, während sie das Kollegium der Bischöfe nur *zusammen mit dem Papst* ausüben kann. Der Papst besitzt daher gegenüber dem Bischofskollegium einen Vorrang; dieser bezieht sich nicht auf den Inhalt der kirchlichen Gewalt, aber auf deren Ausübung. Die Konstitution LG trifft hierzu die scharfe Unterscheidung: „Die Ordnung der Bischöfe ... ist gemeinsam mit ihrem Haupt, dem Bischof von Rom, und niemals ohne dieses Haupt, gleichfalls Träger der höchsten und vollen Gewalt (plena potestas) über die ganze Kirche"[42]. „Der Papst als höchster Hirte der Kirche kann seine Vollmacht jederzeit nach Gutdünken ausüben"[43].

„Universale Leitungsgewalt": Der Papst besitzt als Bischof eine Leitungsgewalt, die derjenigen gleich ist, die jeder Bischof innehat. Unter dieser Rücksicht ist die Gewalt des Papstes keine höhere als die Gewalt der Bischöfe. Hinsichtlich ihrer Ausdehnung ist die Leitungsgewalt des Papstes aber größer als die der anderen Bischöfe. Seine bischöfliche Gewalt erstreckt sich auf die gesamte Kirche. Der Papst ist nicht nur der Bischof der Diözese Rom, sondern der ganzen katholischen Kirche: Catholicae Ecclesiae episcopus[44]. Die universale Leitungsgewalt des Papstes ist gleichermaßen lokal und personal. Er übt sie aus über alle Teilkirchen und alle Gläubigen (Kleriker und Laien). Diese universale Leitungsgewalt ist unmittelbar mit dem Amt gegeben, wie bereits das Erste[45] und das Zweite Vatikanische Konzil[46] mit aller Deutlichkeit gelehrt haben. Die päpstliche Leitungsgewalt über die gesamte Kirche ist Bestandteil des obersten Hirtenamtes, das der Papst innehat. Der Papst übt seine Leitungsgewalt im eigenen Namen (Potestas ordinaria propria) aus und nicht kraft einer Delegation oder einer Genehmigung. Er kann deshalb in allen Teilkirchen unmittelbar eingreifen oder sich direkt an alle Gläubigen wenden, ohne hierzu einer Ermächtigung oder Erlaubnis einer

[41] C. 1404; s. auch cc. 332 § 3, 1372. Vgl. VatII LG Art. 25.
Zur Geschichte des Ausspruches *Prima Sedes a nemine iudicatur* s. die zahlreichen historischen Belege, die der CIC/1917 in der Anmerkung des Kanons 1556 angibt; bes. Decretum Gratiani, C. 9. q. 3, c. 13, mit kritischer Anm. von *Friedberg* I, 610.

[42] VatII LG 22 (LThK²-Konzilskommentar I, S. 223); S. 223); c. 336. Über die Ausübung dieser plena potestas in der frühen Kirche, s. *Scheuermann*, Die Amtsgewalt (Anm. 7), S. 7.

[43] VatII LG, Ne 4; LThK²-Konzilskommentar I, S. 357.

[44] S. o. Anm. 25.

[45] VatI Const. Ap. Pastor aeternus, cap. 3.

[46] VatII CD Art. 2; c. 331.

örtlich oder personell zuständigen Autorität zu bedürfen. Ebenso können sich alle Gläubigen unmittelbar an den Papst wenden. Auf der anderen Seite beeinträchtigt die Leitungsgewalt des Papstes die Gewalt des Ortsbischofs an sich nicht; in seiner Diözese besitzt nämlich auch der Bischof eine mit dem Amt gegebene, eigene und unmittelbare Gewalt, die ein Bestandteil seines Amtes und göttlichen Rechts ist[47]. Der Papst behält sich zwar kraft seiner universalen Leitungsgewalt bestimmte Fälle zur Entscheidung vor (causae maiores)[48]. In Anerkennung des Subsidiaritätsprinzips gewährt er aber den Ortsbischöfen einen immer größeren Freiheitsraum[49].

2. *Der Inhalt des päpstlichen Primats*. Das Wesen der päpstlichen Gewalt bestimmt seinen Inhalt. Die Leitungsgewalt des Papstes ist ihrer Natur nach eine im strengen Sinne des Wortes bischöfliche Gewalt (potestas vere episcopalis)[50]. Das II. Vatikanische Konzil lehrt, daß „die Bischofsweihe mit dem Amt der Heiligung auch die Ämter der Lehre und der Leitung überträgt"[51]. Diese drei Aufgaben oder Dienste (munera) stehen dem Papst in einem überragenden Maße zu[52]; sie enthalten Rechte und Pflichten, die aufgrund des Primats von größerer Bedeutung und von größerem Gewicht sind als diejenigen der Bischöfe.

Der Dienst der Heiligung (munus sanctificandi) bedarf keiner ausführlichen Darstellung. Der Papst hat daran Anteil nicht nur mit den Bischöfen, sondern mit der ganzen Kirche. Das II. Vatikanische Konzil hat diese Funktion in der Konstitution LG eingehend behandelt[53].

Der Dienst des Lehrens (munus docendi) ist die dem Papst übertragene Aufgabe, die Gläubigen auf dem Weg der Wahrheit zu führen und zu einem sittlichen Verhalten anzuleiten, das den Grundsätzen des Evangeliums entspricht. Seine Zuständigkeit erstreckt sich gleichermaßen auf die Glaubens- und die Sittenlehre. Auf diesen beiden Gebieten besitzt der Papst die höchste Autorität und das Charisma, die Christus seiner Kirche verliehen hat. Diese Autorität und dieses Charisma kann der Papst für sich allein ausüben. Die Entscheidungen, die er auf diesen Gebieten „ex cathedra" fällt, sind unfehlbar und unwiderruflich aus sich

[47] VatII CD Art. 3 u. 8; c. 381 § 1. Zur Frage des Verhältnisses der bischöflichen und der päpstlichen Gewalt in der Diözese, s. *Scheuermann*, Die Amtsgewalt (Anm. 7), S. 12–14.

[48] Über die neue Abgrenzung der Vollmachten der Bischöfe und der dem Papst reservierten Befugnisse vgl. MP PastMun, in: AAS 56 (1964), S. 5–12; MP EpMun, in: AAS 58 (1966), S. 467–472; MP Episcopalis potestatis (orient. Kirche) vom 2. 5. 1967, in: AAS 59 (1967), S. 385–390; s. cc. 87, 291, 763, 930 § 1, 934 § 1 n. 2, 967 § 1 u. a.

[49] Communicationes 1 (1969), S. 80–82, 89, 96, 99–100. Die Päpste haben anfangs die Geltung des Subsidiaritätsprinzips nur für den staatlich-gesellschaftlichen Bereich ausgesprochen; erst sehr spät wurde seine Gültigkeit auch auf die Kirche bezogen. Pius XII. hat als erster den zaghaften Versuch unternommen, die Geltung des Subsidiaritätsprinzips auch auf den kirchlichen Bereich auszudehnen. Vgl. *R. Metz*, La subsidiarité, principe régulateur des tensions dans l'Eglise, in: RDC 22 (1972), S. 155–176; *ders.*, De principio subsidiaritatis in iure canonico, in: Acta Conventus Internationalis, S. 297–306.

[50] VatI Const. Ap. Pastor aeternus, cap. 3; cc. 331, 332 § 1, 333 § 1; vgl. auch c. 218 § 2 CIC/1917.

[51] VatII LG Art. 21 (LThK²-Konzilskommentar I, S. 219).

[52] Über die Dreiteilung der potestas sacra s. Principia quae Codicis iuris canonici recognitionem dirigant, in: Communicationes 1 (1969), S. 107, u. bes. *W. Onclin*, De potestate regiminis in Ecclesia, in: Festschr. Plöchl (70), S. 221–223.

[53] Art. 26; s. auch cc. 834, 835, 838, 1186.

selbst und nicht kraft der Zustimmung der Kirche. Dies folgt daraus, daß der Papst, wenn er in dieser Eigenschaft handelt, sozusagen die Kirche ist[54].

Der Dienst des Leitens (munus regendi) besagt, daß der Papst als Hirte der universalen Kirche die Aufgabe hat, die ganze Christenheit ihrem Ziel zuzuführen, das über diese Welt hinausweist. Dabei hat er auch die Aufgabe, alles in seinen Kräften Stehende zu tun, daß auf dieser Welt Eintracht und Frieden herrschen. Um dieses Ziel zu erreichen, verfügt der Papst über unverzichtbare Befugnisse in den drei Bereichen, die bei jeder Organisation, die aus Menschen besteht, vorhanden sind, nämlich über die Befugnis der Gesetzgebung, der Verwaltung und der Rechtsprechung. Die Verwirklichung dieser drei Aufgaben hat zur Voraussetzung, daß der Papst die drei Funktionen des Gesetzgebers, des obersten Inhabers der Verwaltung und des Richters ausübt[55]. Ebenso wie sich die Verantwortung des Papstes auf die ganze Kirche erstreckt, steht sie dem Papst auch hinsichtlich dieser drei Funktionen über die ganze Kirche zu; er nimmt sie wahr entweder allein oder zusammen mit dem Kollegium der Bischöfe[56]. In demokratischen Staaten sind diese drei Gewalten geteilt und werden von drei verschiedenen Inhabern ausgeübt. In der Kirche sind sie in einer einzigen Person vereint. Sie sind nämlich nicht von der Gemeinschaft der Gläubigen übertragen, sondern unmittelbar von Gott.

a) Als *oberster Gesetzgeber* obliegt es dem Papst kraft seines Primats, verpflichtende Gesetze für die ganze Kirche oder eine Teilkirche oder für eine bestimmte Gruppe von Gläubigen zu erlassen[57]. Soweit diese Gesetze nicht göttliches Recht zum Inhalt haben, kann er sie ändern, aufheben oder von ihnen dispensieren.

b) Als *oberster Richter* kann der Papst persönlich oder durch Beauftragte alle Streitfälle und Strafsachen an sich ziehen und entscheiden. Er behält sich jedoch in der Praxis nur bestimmte Angelegenheiten vor und läßt sie durch seine Gerichtshöfe (Apostolische Signatur oder Römische Rota) entscheiden[58]. Darüber hinaus hat jeder Gläubige das Recht, sich unmittelbar an den Papst zu wenden. Als oberster Richter unterliegt der Papst keiner anderen gerichtlichen Instanz[59].

c) Als *Inhaber der obersten ausführenden Gewalt* obliegt dem Papst die Sorge für die gesamte Kirche. Diese Aufgabe verleiht dem Papst Rechte, mehr noch aber bedeuten sie für ihn Verpflichtungen. Der Papst versucht sie auf dreifache Weise zu erfüllen. An erster Stelle verfolgt er die Entwicklung des kirchlichen Lebens der Diözesen durch seine Nuntien und Legaten[60] oder durch Visitatoren und durch die unmittelbare Verbindung mit den Bischöfen, die regelmäßig alle fünf Jahre einen Rombesuch machen (visitatio liminum Apostolorum) und bei dieser Gelegenheit

54 VatI Const. Ap. Pastor aeternus, cap. 4: De Romani Pontificis infallibili magisterio; CIC/1917 cc. 218 § 1, 1323; VatII LG Art. 25 (u. Kommentar von *K. Rahner*, in: LThK²-Konzilskommentar I, S. 235–242); c. 749.

55 Cf. *Onclin*, De potestate (Anm. 52), S. 223–230.

56 VatII LG Art. 27; cc. 331, 333, 337.

57 Cc. 331 u. 333.

58 S. in *diesem* Band, unten, *I. Pérez de Heredia y Valle*, § 30 Die Römische Kurie.

59 Cc. 1404, 1417, 1442; s. oben Anm. 41.

60 MP SolOmnEccl.; s. in *diesem* Band, unten, *P. Mikat*, § 31. Die päpstlichen Gesandten.

einen Bericht über die pastorale Situation ihrer Diözese vorlegen[61]. Ferner hat der Papst die Möglichkeit, bestimmte Verwaltungsangelegenheiten an sich zu ziehen und persönlich oder durch Behörden der Römischen Kurie zu entscheiden[62]. Ungeachtet der vom II. Vatikanischen Konzil geforderten Dezentralisation und der Anwendung des Subsidiaritätsprinzips[63] sind zahlreiche Angelegenheiten der Entscheidung untergeordneter Verwaltungsstellen entzogen und bleiben somit dem Papst vorbehalten: Ernennung der Bischöfe[64], Errichtung und Änderung der Grenzen der Diözesen und Kirchenprovinzen, Dispens von bestimmten Gesetzen[65], Bestätigung (recognitio) der Entscheidungen von Partikularkonzilien und Bischofskonferenzen[66].

Der Papst entfaltet außerdem eine große persönliche Aktivität. Eine Vorstellung vom Ausmaß der Mannigfaltigkeit der Tätigkeit des Papstes gewährt die Zusammenstellung der Dokumente, die von Papst *Paul VI.* unmittelbar in seinem Namen[67], im Unterschied zu denjenigen der Kongregationen der Römischen Kurie, erlassen und vom Beginn seines Pontifikats im Jahre 1963 bis zum Ende desselben im Jahre 1978 in den AAS veröffentlicht worden sind. Nach dieser Zusammenstellung hat Papst *Paul VI.* in diesen 15 Jahren (1963–1978) folgende Amtshandlungen vorgenommen bzw. folgende Dokumente veröffentlicht: 526 constitutiones apostolicae, 2 epistulae encyclicae, 10 epistulae apostolicae, 252 epistulae, 4 chirographa, 21 litterae decretales, 5 litterae encyclicae, 46 motu proprio, 476 litterae apostolicae, 1118 allocutiones, 48 homiliae, 13 adhortationes apostolicae, 1 declaratio, 7 declarationes communes, 1 sollemnis professio fidei, 9 sollemnes canonizationes, 15 sacra consistoria, 3 nuntii, 121 nuntii gratulatorii, 150 nuntii scripto dati, 79 nuntii radiophonici, 37 nuntii radiotelevisifici, 10 nuntii telegraphici, 25 conventiones. Diese Aufzählung gibt zwar nur einen quantitativen Überblick über die Tätigkeit des Papstes, sie vermittelt aber doch eine Vorstellung von der Arbeitslast, die vom Papst in der 2. Hälfte des 20. Jahrhunderts gefordert wird.

III. Der Papst als Prinzip der Einheit der Kirche
Die Beziehungen zum Kollegium der Bischöfe

Im Anschluß an das I. Vatikanische Konzil[68] erklärt die Konstitution LG des II. Vatikanischen Konzils, daß der Papst, ebenso wie Petrus, dessen Nachfolger er ist, an die Spitze der Kirche Christi auf Erden gestellt ist, um ihre Einheit sicherzustellen[69]. Er ist gleichzeitig das Prinzip und das Fundament dieser Einheit,

[61] Cc. 399–400, 592; Decr. *Ad Romanam Ecclesiam*, 29. 6. 1975 (AAS 67 [1975], S. 674–676).

[62] Vgl. oben Anm. 58 u. 59.

[63] Vgl. oben Anm. 49.

[64] C. 377; zu der Norm sowie zu den Ausnahmen vgl. *J. L. Harouel*, Les désignations épiscopales dans le droit contemporain. Préface de J. Gaudemet, Paris 1977.

[65] Cc. 291, 373, 431 § 3; vgl. auch oben Anm. 48.

[66] VatII CD Art. 38,4; cc. 446 u. 456; über nähere Einzelheiten s. *Scheuermann*, Die Amtsgewalt (Anm. 7), S. 10–12.

[67] In der folgenden Aufzählung sind alle Handlungen enthalten, die in den AAS unter dem Namen des Papstes und nicht als solche der Kongregationen publiziert worden sind, auch wenn diese Akte von den Kongregationen vorbereitet wurden.

[68] VatI Const. Ap. Pastor aeternus, Introductio.

[69] Art. 18.

die er in doppelter Hinsicht sicherstellen muß: auf der Ebene der Lehre oder des Glaubens und durch die brüderliche Verbindung mit den Gliedern der Kirche. Das bedeutet, daß der Primat eher eine Bürde als eine Ehre ist.

Diese Berufung zur Wahrung der Einheit ist nicht allein Aufgabe des Papstes; er teilt sie mit den anderen Bischöfen, die ein Kollegium bilden, das Nachfolgeorgan des Apostelkollegiums. Wie das II. Vatikanische Konzil im Anschluß an das I. Vatikanum erklärt, ist das Papsttum eingesetzt worden, damit „der Episkopat selbst einer und ungeteilt sei"[70]. In diesem Punkt hat das II. Vatikanische Konzil das I. Vatikanum ergänzt, indem es gezeigt hat, daß die Gewalt des Papstes ihrem Wesen nach sich nicht von der Gewalt der Diözesanbischöfe unterscheidet[71]. Daher sind die Bischöfe zusammen mit dem Papst für die Einheit der Kirche verantwortlich. Das betont die Konstitution LG nachdrücklich: Die Bischöfe sind Prinzip und Grundlage der Einheit des Glaubens und der Gemeinschaft in ihrer eigenen Ortskirche und darüber hinaus zusammen mit dem Papst berufen, die Einheit des Glaubens und der brüderlichen Gemeinschaft in der Gesamtkirche zu wahren[72]. Diese Berufung zur Wahrung der Einheit üben die Bischöfe dadurch aus, daß sie Mitglieder des Bischofskollegiums sind und selbst in Verbindung mit dem Papst stehen. Sie sind aufgerufen, sie noch konkreter zu verwirklichen, immer zusammen mit dem Papsttum und niemals ohne den Papst auf dem Ökumenischen Konzil[73]; in einem eingeschränkten Maß gilt dies auch von der Bischofssynode[74] und von jeder anderen Weise, die der Papst als angemessen betrachtet[75].

IV. Die völkerrechtliche Stellung des Papstes

Der Heilige Stuhl besitzt in der Person des Papstes, der ihn repräsentiert, eine doppelte Souveränität: Die territoriale Souveränität des im Jahre 1929 geschaffenen Vatikanstaates[76] und die persönliche Souveränität aufgrund seiner Stellung als Oberhaupt der gesamten katholischen Kirche. Die territoriale Souveränität ist zweitrangig, aber keineswegs gering zu achten, sie gestattet nämlich die freie Ausübung der persönlichen Souveränität[77].

[70] VatI Const. Ap. Pastor aeternus, Introductio; VatII LG Art. 18.

[71] Cf. weiter oben Anm. 42–47. Vgl. u. a., *K. Rahner*, Kommentar zu Art. 18 bis 27 der Konstitution Lumen Gentium, in: LThK²-Konzilskommentar I, S. 210–246; *U. Betti*, Relations entre le pape et les autres membres du collège épiscopal, in: L'Eglise de Vatican II. Hrsg. v. *G. Baraúna* u. *Y. Congar*, Bd. 3, Paris 1966, S. 791–803 (Unam Sanctam, 51c).

[72] VatII LG Art. 23; cc. 336 u. 375; s. auch VatII CD Art. 2 u. 6.

[73] S. in *diesem* Band, unten, *K. Hartelt*, § 27 Das Ökumenische Konzil.

[74] S. in *diesem* Band, unten *C. G. Fürst*, § 28 Die Bischofssynode.

[75] Vgl. *J. Ratzinger*, La collégialité épiscopale. Développement théologique, in: L'Eglise de Vatican II (Anm. 71), Bd. 3, S. 778–781.

[76] S. Anm. 30f. und in *diesem* Band, unten *W. Schulz*, § 32 Der Vatikanstaat.

[77] Im Jahre 1982 waren 111 Länder beim Papst durch einen Botschafter vertreten; vgl. AnPont, 1983, S. 1169–1191. Der Heilige Stuhl ist auch an zahlreichen internationalen Organisationen beteiligt: AnPont, 1983, S. 1168. Vgl. hierzu bes. *H. F. Köck*, Die völkerrechtliche Stellung des Heiligen Stuhles, dargestellt an seinen Beziehungen zu Staaten und internationalen Organisationen, Berlin 1975, S. 479–772; *L. Chevailler*, L'action diplomati-

Der Papst und der Heilige Stuhl repräsentieren die gesamte katholische Kirche. Die katholische Kirche besitzt in ihrer Universalität den Charakter einer supranationalen Institution. Aus diesem Grund bestehen keine rechtlichen Bedenken, der katholischen Kirche eine völkerrechtliche Rechtspersönlichkeit zuzuerkennen, die ihr eine wirkliche Souveränität verleiht. Dabei darf nicht verkannt werden, daß diese einer anderen Ordnung angehört als die territoriale Souveränität.

Auf diese Weise vermittelt der Papst in seiner Eigenschaft als Repräsentant der gesamten katholischen Kirche dem Heiligen Stuhl einen Platz in der Kategorie der internationalen Institutionen und verleiht ihr auf dieser Grundlage die Stellung eines regulären Völkerrechtssubjekts[78]. Läßt ein Staat einen Diplomaten am päpstlichen Hof akkreditieren oder schließt er mit dem Heiligen Stuhl ein Konkordat, erblickt er in der Person des Papstes in erster Linie das Oberhaupt der gesamten katholischen Kirche.

Das macht es erklärlich, daß der Papst im Jahre 1957 durch den Kardinalstaatssekretär die zuständigen Instanzen der Vereinten Nationen gebeten hat, in den offiziellen Dokumenten dieser Organisation künftig die Bezeichnung „Heiliger Stuhl" anstelle der bis dahin üblichen Bezeichnung „Vatikanstaat" zu verwenden. Mit Schreiben vom 29. Oktober 1957 hat *Dag Hammerskjöld,* der Generalsekretär der UN, dieser Bitte des Papstes entsprochen[79]. Dieser Wechsel der Terminologie bei den UN im Jahre 1957 zeigt mit Deutlichkeit, daß das Subjekt, das der Papst auf dem Gebiete des internationalen Rechts repräsentiert, in erster Linie die gesamte katholische Kirche ist. Die persönliche Souveränität des Papstes ist ungleich bedeutender als die territoriale Souveränität des Vatikanstaates.

V. Die Besetzung des Apostolischen Stuhles
Die Papstwahl

In der Regel wird der heilige Stuhl vakant durch den Tod des Papstes, in außerordentlichen Fällen durch seinen Amtsverzicht. Dieser bedarf zur Gültigkeit keiner Annahme irgendeiner Instanz[80]. Während der Sedisvakanz ruht der päpstliche Primat; er geht weder auf das Kardinals- noch auf das Bischofskollegium über. Die Leitung der Kirche ist dem Kardinalskollegium anvertraut, aber nur zur Erledigung der laufenden Geschäfte[81].

que et internationale du Saint-Siège, in: *L. Chevailler/Ch. Lefebvre/R. Metz,* Le droit et les institutions de l'Eglise catholique latine de la fin du XVIIIe siècle à 1978. Organismes collégiaux et moyens de gouvernement (= Le Bras/Gaudemet D, tome 17), Paris 1983, S. 393–422.

[78] Vgl. *Köck,* ebd., S. 50–170, 773–775, mit zahlreichen Literaturangaben S. 791–843.

[79] Text des Briefes bei *Köck,* ebd., S. 733, Anm. 215; s. ferner *Chevailler,* L'action diplomatique (Anm. 77), S. 358–359. Zur Frage des Verhältnisses: Heiliger Stuhl und Vatikanstaat, vgl. auch den Brief (Epistula) des Papstes an Kardinal *Casaroli* vom 20. 11. 1982, in: AAS 75 (1983), S. 120.

[80] C. 332 § 2. Vgl. *M. Bertram,* Die Abdankung Papst Cölestins V. (1294) und die Kanonisten, in: ZRG Kan. Abt. 56 (1970), S. 1–101.

[81] Die Aufgaben und Rechte der Kardinäle und der römischen Kurie während der Sedisvakanz sind ausführlich angegeben in der Const. Ap. Romano Pontifici eligendo (Anm. 82), n. 1–32; s. c. 335.

Die Bestimmung der Person des Papstes geschieht durch Wahl. Seit dem Jahre 1179 besitzt das Kardinalskollegium das ausschließliche Recht der Wahl des Papstes. Seit dem Ende des 13. Jahrhunderts erfolgt die Wahl im *Konklave*. Diese Bestimmung wurde getroffen, um äußere Einflüsse auf die Wahl zu unterbinden und die Wahl zu beschleunigen. *Paul VI.* hat neue Bestimmungen über die Papstwahl getroffen. Sie sind enthalten in der Apostolischen Konstitution „Romano Pontifici eligendo" vom 1. Oktober 1975, durch die alle früheren Bestimmungen über die Papstwahl außer Kraft getreten sind[82].

Nach der neuen Konstitution bleibt die Papstwahl das ausschließliche Vorrecht der Kardinäle, die als die Nachfolger des ehemaligen Klerus von Rom betrachtet werden[83]. Kirchliche und ökumenische Rücksichten haben den Papst bestimmt, auf eine Ausweitung des Wahlkollegiums zu verzichten. Seit 1970 besteht eine Altersgrenze für die Ausübung des Papstwahlrechts. Kardinäle, die das 80. Lebensjahr vollendet haben, besitzen kein aktives Wahlrecht mehr[84]. Im Gegensatz dazu wurde das passive Wahlrecht keinen Beschränkungen unterworfen: gewählt werden kann jede Person, unbeschadet ihres Alters, die durch göttliches oder kirchliches Gesetz nicht ausgeschlossen ist. Tatsächlich wurde seit dem Ende des 14. Jahrhunderts zum Papst immer nur ein Mitglied des Kardinalskollegiums gewählt.

Das Konklave beginnt frühestens fünfzehn und spätestens zwanzig Tage nach dem Tode des Papstes[85]. Die Wahlgänge beginnen am Tage nach dem Eintritt in das Konklave[86]. Täglich haben zwei Sitzungen mit je zwei Wahlgängen stattzufinden. Die Wahl wird solange fortgesetzt, bis ein Kandidat die erforderliche Mehrheit von zwei Dritteln der Stimmen der anwesenden Wähler und einer weiteren Stimme erhalten hat[87]. Nach dreizehn Wahlgängen kann sich das Wahlkollegium mit der

[82] AAS 67 (1975), S. 609–645. Als ausführlichen Kommentar der neuen Konstitution mit wertvollen historischen und literarischen Angaben vgl. *G. May*, Das Papstwahlrecht in seiner jüngsten Entwicklung. Bemerkungen zu der Apostolischen Konstitution „Romano Pontifici eligendo", in: Festschr. Plöchl (70), S. 231–262.

[83] C. 349. Während der letzten Jahre wurde die Frage einer Erweiterung des Wahlkollegiums erörtert. Papst *Paul VI.* schien für eine derartige Erweiterung aufgeschlossen zu sein. Vgl. *May*, ebd., S. 238f.

[84] MP Ingravescentem aetatem vom 21. 11. 1970 (AAS 62 [1970], S. 810–813); Const. Ap. Rom. Pont. elig., n. 33. Die Bestimmung n. 33 setzt die Altersgrenze auf 80 Jahre fest und begrenzt auch die Zahl der Wahlberechtigten auf 120.

[85] Die Kardinäle sind nicht mehr berechtigt, einen Begleiter in das Konklave mitzunehmen; vgl. Const. Ap. Rom. Pont. elig., n. 45.

[86] Der normale Wahlmodus erfolgt mittels Wahlzettels; die Konst. sieht, wie auch in der Vergangenheit, zwei weitere Wahlmöglichkeiten vor: quasi per inspirationem et per compromissum; ebd., n. 63f.

[87] Ebd., n. 65. *Pius XII.* hat diese Besonderheit eingeführt: Zwei Drittel der Stimmen plus eine Stimme (Vac. Apost. Sedis vom 5. 12. 1945, n. 68). Durch diese Bestimmung sollte verhindert werden, daß in dem Fall, in dem ein Kandidat genau die erforderliche Mehrheit von zwei Dritteln der abgegebenen Stimmen erreicht hatte, Feststellungen über die Herkunft der Stimmen getroffen werden könnten; andererseits sollte sichergestellt werden, daß der Kandidat sich nicht mit seiner eigenen Stimme gewählt hat. *Johannes XXIII.* hat diese Bestimmung wieder abgeschafft: MP Summi Pontificis electio vom 5. 9. 1962, n. 15; ganz offensichtlich war Johannes XXIII. der Auffassung, daß kein Kardinal auf die Idee kommen könne, sich selbst zu wählen. *Paul VI.* kehrte wieder zu der von Pius XII. eingeführten Bestimmung zurück.

absoluten Mehrheit und einer weiteren Stimme begnügen, wenn dieser Wahlmodus von sämtlichen Wahlberechtigten einstimmig gebilligt wird[88].

Hat ein Kandidat die erforderliche Zahl der Stimmen erhalten und die Wahl angenommen, ist die Wahlbefugnis des Kardinalskollegiums beendet. Wenn der Gewählte Bischof ist, besitzt er vom Zeitpunkt der Annahme seiner Wahl an die gesamte Fülle der Vollmachten, die dem Nachfolger des heiligen Petrus zusteht. Ist der Gewählte dagegen nicht Bischof, muß er zuvor die Bischofsweihe empfangen; nach der neuen Papstwahlkonstitution[89] erfolgt in diesem Fall die Bekanntgabe der Wahl an das Volk erst nach der Bischofsweihe und erst nach dem Empfang der Weihe ist der Gewählte im Besitz der gesamten Leitungsgewalt, die dem Papst übertragen ist[90]. Der Gewählte gibt den neuen Namen bekannt, den er annimmt. Der Brauch der Namensänderung geht zurück in das 10. Jahrhundert; im Jahre 956 hat *Johannes XII.* diese Tradition begründet. Kurze Zeit nach der Wahl findet in einer liturgischen Feier die öffentliche Amtsübernahme durch den Papst statt.

§ 27 Das Ökumenische Konzil

Von Konrad Hartelt

1. *Begriff und Kompetenz*

Die Normen, die das Ökumenische Konzil betreffen (cc. 337 § 1, 338–341), sind im CIC eingebettet in den großen Zusammenhang „Über die höchste Autorität der Kirche", näherhin in den Abschnitt „Über das Bischofskollegium" (cc. 336–341)[1]. Nachdem c. 331 betont, daß der Papst – kraft seines Amtes – die höchste, volle und unmittelbare Gewalt über die gesamte Kirche besitzt, ergänzt c. 336, daß das Bischofskollegium, gemeinsam mit seinem Haupt (dem Papst) und niemals ohne dieses, gleichfalls Träger der höchsten und vollen Gewalt über die ganze Kirche ist[2].

[88] Vgl. Const. Ap. Rom. Pont. elig., n. 76.
[89] Ebd., nn. 89–90; c. 332 § 1.
[90] Diese neue Bestimmung liegt offensichtlich nicht auf der Linie der Tradition; vgl. c. 219 CIC/1917; ferner *C. G. Fürst*, „Statim ordinetur episcopus" oder die Papsturkunden „sub bulla dimidia". Innozenz III. und der Beginn der päpstlichen Gewalt, in: Festschr. Plöchl (70), S. 45–65; *May*, Das Papstwahlrecht (Anm. 82), S. 256–261; vgl. jedoch auch *W. Bertrams*, De missione divina et de consecratione episcopali tamquam constitutiva officii supremi Ecclesiae Pastoris, in: PerRMCL 65 (1976), S. 187–242; *K. Mörsdorf*, Das Weihesakrament in seiner Tragweite für den verfassungsrechtlichen Aufbau der Kirche, in: EThL 52 (1976), S. 193–204, bes. S. 193 ff.

[1] Die Normen über das Ökumenische Konzil waren ursprünglich als Bestandteil der LEF vorgesehen, s. Communicationes 9 (1977), S. 84–90; zur LEF s. in *diesem* Band, oben, *W. Aymans*, § 6 Das Projekt einer Lex Ecclesiae Fundamentalis.
[2] S. in *diesem* Band, oben, *H. Müller*, § 25 Die Träger der obersten Leitungsvollmacht; *R. Metz*, § 26 Der Papst.

Die praktische *Ausübung* dieser Höchstgewalt über die Gesamtkirche seitens des Bischofskollegiums kann grundsätzlich auf zweierlei Weise geschehen: In feierlicher Weise übt das Bischofskollegium seine Gewalt über die ganze Kirche im Ökumenischen Konzil aus (c. 337 § 1). Daneben sind aber auch andere – extrakonziliare – gemeinsame Handlungen der über die Welt verstreuten Bischöfe als Ausübung ihrer Höchstgewalt über die Gesamtkirche denkbar, insofern nur diese gemeinsamen Handlungen vom Papst veranlaßt oder frei angenommen werden, so daß sie wirkliche kollegiale Akte darstellen (c. 337 § 1)[3].

In beiden Fällen handelt es sich um die Realisierung der bischöflichen Kollegialität, die jeweils ihren Ausdruck findet in einem wirklichen kollegialen Akt, bei dem in jedem Falle der Papst als primatiales Haupt des Kollegiums konstitutiv mitwirken muß. Auf einem Ökumenischen Konzil geschieht dies in der Weise des lokalen Versammeltseins mit allen sich daraus ergebenden Förmlichkeiten, in „feierlicher Weise"[4].

Das Ökumenische Konzil stellt damit eine unter bestimmten rechtlichen Bedingungen erfolgende Versammlung des Bischofskollegiums dar, bei der das Kollegium mit seinem primatialen Haupt die höchste und volle Gewalt über die ganze Kirche in feierlicher Weise ausübt, indem es über Angelegenheiten des Glaubens und der Disziplin der Universalkirche berät und beschließt.

Die Tradition der katholischen Kirche kennt einundzwanzig Ökumenische Konzile. Diese Zählung geht auf *R. Bellarmin* (gest. 1621) zurück und ist keineswegs unproblematisch[5]. Während die acht Ökumenischen Konzile des 1. Jahrtausends Bischofsversammlungen aus allen Teilen der Oikumene (d. h. des zivilisierten Erdkreises) waren, sind die nach dem Jahr 1054 gehaltenen Konzile „allgemeine Konzile der abendländischen Kirche, die ihre Katholizität wohl durch die Einheit mit dem Papst zum Ausdruck brachten, der aber die größere Einheit fehlte. Das collegium episcopale wie überhaupt die communio war gespalten und zerrissen"[6].

Der Grund für die umstrittene Frage, welche Konzile wirklich „Ökumenische" Konzile waren, liegt darin, daß die Kriterien für ein Allgemeines Konzil in der Geschichte schwankend gewesen sind. Die Wertung einer Kirchenversammlung als Ökumenisches Konzil ergibt sich nicht allein aus dem historischen Befund, sondern setzt eine Wertung voraus, die auf der jeweils geltenden Rechtsordnung beruht, die ihrerseits wieder den jeweiligen Stand des Selbstverständnisses der Kirche widerspiegelt. Darum ist es nicht verwunderlich, daß die vom geltenden Kirchenrecht geforderten Kriterien auf keines der Ökumenischen Konzile des 1. Jahrtausends adäquat zutreffen und selbst für die Konzile des 2. Jahrtausends nur mit unterschiedlichen Einschränkungen anwendbar sind[7].

[3] S. in *diesem* Band, oben, *H. Müller*, § 25 Die Träger der obersten Leitungsvollmacht.

[4] „Die feierlichen Sitzungen der Ökumenischen Konzilien sind nicht nur kirchliche Rechtsakte, sondern auch liturgische Feiern. Ihre Liturgie folgte seit dem 13. Jh. dem ‚Pontificale Romanum'; in Trient wurde das ‚Ceremoniale Romanum' zugrunde gelegt" (*H. Jedin*, Art. Konzil, in: HthG I, S. 858).

[5] Vgl. *G. Schwaiger*, Päpstlicher Primat und Autorität der Allgemeinen Konzilien im Spiegel der Geschichte, München-Paderborn-Wien 1977, S. 137–139.

[6] *W. Plöchl*, Das Factum „Konzil" in rechtshistorischer Sicht, in: IusCan 11 (1971), S. 157.

[7] *Schwaiger*, Päpstlicher Primat (Anm. 5); *H. Jedin*, Das II. Vatikanische Konzil in historischer Sicht, in: *ders.*, Kirche des Glaubens – Kirche der Geschichte. Ausgewählte Aufsätze und Vorträge, Bd. 2, Freiburg 1966, S. 589–603; *ders.*, Kleine Konziliengeschichte (= Herder-Bücherei, Bd. 51), Freiburg 1959; *W. de Vries*, Das Ökumenische Konzil und das Petrusamt, in: ThPQ 124 (1976), S. 27–40; *Plöchl*, Das Factum „Konzil" (Anm. 6), S. 135–178; *J. Ratzin-*

2. Einberufung und Vorsitz

Ein Ökumenisches Konzil kommt nur zustande, wenn es vom Papst einberufen worden ist; der Papst besitzt das alleinige Einberufungsrecht.

Dem Papst allein steht es ferner zu, auf dem Ökumenischen Konzil den Vorsitz zu führen, sei es persönlich, sei es durch von ihm beauftragte Stellvertreter. In seine alleinige Kompetenz fällt außerdem die Verlegung, Vertagung oder Aufhebung eines Konzils sowie die Approbation der Konzilsbeschlüsse (c. 338 § 1).

Daß diese Rechte als dem Papst allein zukommend deklariert werden, gründet in der Lehre, daß der Papst als Inhaber des Petrusamtes qualifiziertes Haupt des Bischofskollegiums ist und „*in dem Kollegium sein Amt als Statthalter Christi und Hirt der Gesamtkirche unverkürzt bewahrt* ... Da aber der Papst das Haupt des Kollegiums ist, kann er allein manche Handlungen vollziehen, die den Bischöfen in keiner Weise zustehen, z. B. das Kollegium einberufen und leiten, die Richtlinien für das Verfahren approbieren usw."[8].

3. Beratungsgegenstände und Geschäftsordnung

Die Beratungsgegenstände eines Konzils bestimmt der Papst. Jedoch haben die Konzilsväter das Recht, den vom Papst vorgelegten Verhandlungsgegenständen weitere hinzuzufügen; diese müssen allerdings vom Papst gebilligt sein. Sache des Papstes ist es ferner, die für ein Konzil geltende Geschäftsordnung festzulegen (c. 338 § 2).

Bereits hier – im Stadium der Festlegung des Konzilsprogramms – konkretisiert sich das Zusammenwirken des Bischofskollegiums mit seinem primatialen Haupt. So unbestritten das Propositionsrecht des Papstes ist, so unbestritten muß es gleichermaßen sein, daß die Bischöfe – „als Glieder des Bischofskollegiums und rechtmäßige Nachfolger der Apostel ... aufgrund von Christi Stiftung und Vorschrift zur Sorge für die Gesamtkirche gehalten"[9] – ihre Anliegen einbringen und auf dem Konzil frei artikulieren können – als notwendige Voraussetzung, die zur Ausübung der Höchstgewalt des Bischofskollegiums über die Gesamtkirche im Ökumenischen Konzil gefordert ist.

Die diesbezüglichen Verfahren (den „Geschäftsgang" – ebenso wie Kompetenzverteilungen innerhalb des Teilnehmerkreises und die Arbeitsweise der Konzilsorgane) regelt die Geschäftsordnung des Konzils. Diese gewinnt damit nicht nur Bedeutung für dessen „technischen" Ablauf, sondern sie ist zugleich unverfälschter Ausdruck der inneren Struktur eines jeden Konzils und daher nicht ohne ekklesiologische Bedeutung[10].

ger, Zur Theologie des Konzils, in: *ders.*, Das neue Volk Gottes. Entwürfe zur Ekklesiologie, 2. Aufl., Düsseldorf 1970, S. 147–170; *B. Botte/H. Marot/P.-Th. Camelot* u. a., Das Konzil und die Konzile. Ein Beitrag zur Geschichte des Konzilslebens der Kirche, Stuttgart 1962.

[8] Ne n. 3, in: LThK²-Konzilskommentar I, S. 355; hinsichtlich der Approbation von Konzilsbeschlüssen s. unten 5 (Sanktions- und Promulgationsrecht).

[9] VatII LG Art. 23, in: LThK²-Konzilskommentar I, S. 231.

[10] *H. Jedin*, Die Geschäftsordnung der beiden letzten ökumenischen Konzilien in ekklesiologischer Sicht, in: *ders.*, Kirche des Glaubens (Anm. 7), S. 577.

4. Teilnahme- und Stimmrecht

Das II. Vatikanum hatte beschlossen, „daß allen Bischöfen, die Glieder des Bischofskollegiums sind, das Recht zusteht, am Ökumenischen Konzil teilzunehmen"[11]. Damit war entschieden, daß – anders als im CIC/1917 – künftig die Titularbischöfe *ordentliche* Mitglieder des Ökumenischen Konzils sind. Noch nicht entschieden war damit aber die Frage, ob sich aus dem ordentlichen Teilnahmerecht schon ein ordentliches Stimmrecht für die Titularbischöfe ergäbe[12]. Diese Frage ist durch den CIC c. 339 § 1 gemeinrechtlich geregelt: Alle Bischöfe (und jeder einzelne von ihnen!), die Mitglieder des Bischofskollegiums sind, haben das Recht und die Pflicht, an einem Ökumenischen Konzil mit beschließender Stimme teilzunehmen.

Diese Neuregelung ist als eine Frucht des konziliaren Nachdenkens auf dem II. Vatikanum über das Bischofsamt und das Bischofskollegium anzusehen. Die Eingliederung in das Bischofskollegium erfolgt grundsätzlich durch die sakramentale Weihe und die hierarchische Communio mit dem Haupt und den Gliedern des Bischofskollegiums[13]; das trifft sowohl für die Diözesanbischöfe wie für die Titularbischöfe zu. Wer aber auf diese Weise Mitglied des Bischofskollegiums geworden ist – ob als Diözesanbischof oder als Titularbischof –, nimmt teil an der Verantwortung des Bischofskollegiums für die Gesamtkirche[14], die auf einem Ökumenischen Konzil in feierlicher Weise wahrgenommen wird. Darum erscheint es in der Tat als eine „logische Schlußfolgerung", wenn den Titularbischöfen als ordentlichen Konzilsteilnehmern auch ohne weiteres ein ordentliches Stimmrecht zusteht[15].

Aus der engen Verbindung von Bischofskollegium und Ökumenischem Konzil[16] erklärt sich die Tatsache, daß der CIC alle Bischöfe – und nur sie – als ordentliche Mitglieder eines Ökumenischen Konzils anführt. Damit ist aber keineswegs schon eine unbedingte Gleichsetzung von Bischofskollegium und Ökumenischem Konzil statuiert. Denn außer den Bischöfen können auch andere, die nicht mit der bischöflichen Würde ausgezeichnet sind, von der höchsten kirchlichen

[11] VatII CD Art. 4, in: LThK²-Konzilskommentar II, S. 153.

[12] Vgl. *K. Mörsdorf*, Kommentar zu VatII CD, in: LThK²-Konzilskommentar II, S. 153.

[13] Vgl. VatII LG Art. 22; vgl. auch c. 336 CIC.

[14] Vgl. VatII LG Art. 23.

[15] *W. Bertrams*, De relatione inter Episcopatum et Primatum. Principia philosophica et theologica quibus relatione iuridica fundatur inter officium episcopale et primatiale, Rom 1963, S. 81; *ders.*, De Episcopis quoad universam Ecclesiam, in: De Concilio Oecumenico Vaticano II Studia, Rom 1966, S. 6 mit Anm. 7; *ders.*, Die Einheit von Papst und Bischofskollegium in der Ausübung der Hirtengewalt durch den Träger des Petrusamtes, in: Gr 48 (1967), S. 37. Anderer Ansicht sind: *W. Aymans*, Das synodale Element in der Kirchenverfassung (= MthSt III. kan. Abt., Bd. 30), München 1970, S. 118–125; *Mörsdorf*, Kommentar (Anm. 12), S. 153.

[16] Vgl. cc. 336 und 337 (die geradezu aus VatII LG Art. 22 zitieren) und c. 339 § 1 (der aus VatII CD Art. 4 genommen ist).

Autorität zu einem Ökumenischen Konzil berufen werden, deren Stellung im Konzil dann vom Papst bestimmt wird (c. 339 § 2)[17].

Die Tatsache, daß der CIC – anders als sein Vorgänger[18] – nur das ordentliche Teilnahme- und Stimmrecht für die Mitglieder des Bischofskollegiums festschreibt und alle darüber hinausgehende Teilnahme- und Stimmberechtigung auf einem Ökumenischen Konzil in die jeweilige Entscheidung des Papstes legt[19], ermöglicht es der höchsten kirchlichen Autorität leicht, dann wenn ein Konzil zusammentreten soll, den konkreten Notwendigkeiten am angemessensten Rechnung zu tragen.

5. Sanktions- und Promulgationsrecht

Die Beschlüsse eines Ökumenischen Konzils erlangen nur Rechtskraft, wenn sie zusammen mit den Konzilsvätern vom Papst gebilligt (approbare), von ihm bestätigt (confirmare) und auf seine Anordnung hin verkündigt (promulgare) worden sind (c. 341 § 1).

Die konziliare Beschlußfassung ist ein kollegialer Akt. Im Konzilsbeschluß manifestiert sich der von den Einzelwillen abgelöste Gesamtwille des auf dem Konzil versammelten Bischofskollegiums[20]. Haupt dieses Kollegiums ist der Papst. Das bedeutet, daß es keinen Konzilsbeschluß geben kann, bei dem nicht der Papst als primatiales Haupt des Bischofskollegiums mitwirkt.

Dieses kollegiale Zusammenwirken von Haupt und Gliedern des Bischofskollegiums unterstreicht der CIC, indem er herausstellt, daß die Konzilsbeschlüsse vom Papst „zusammen mit den Konzilsvätern" approbiert werden. Damit sind die Konzilsbeschlüsse wirklich „Synodal"-Dekrete und nicht Dekrete des Papstes,

[17] Eine diesbezügliche Berufung und Kompetenzzuweisung dürfte auch im Verlaufe einer Konzilsversammlung durch einen entsprechenden Konzilsbeschluß möglich sein (vgl. *Aymans*, Das synodale Element [Anm. 15], S. 94 und 96).

[18] Nach dem CIC/1917 waren ordentliche Mitglieder mit ordentlichem Stimmrecht die Kardinäle (auch wenn sie nicht Bischöfe waren) und die regierenden Bischöfe jeglichen Ranges (auch wenn sie noch nicht geweiht waren), ferner die gefreiten Äbte und Prälaten (also Personen, die in der Regel nicht die Bischofsweihe empfangen hatten) sowie der Abtprimas, die (Abts-)Vorsteher monastischer Verbände und die Generaloberen exemter klerikaler Verbände (c. 223 § 1 CIC/1917). Als außerordentliche Mitglieder kannte der CIC/1917 die Titularbischöfe, denen beschließendes Stimmrecht zuerkannt werden konnte (c. 223 § 2 CIC/1917) und die Gruppe der Theologen und Kanonisten, denen ein ausschließliches Beratungsrecht zukam (c. 223 § 3 CIC/1917). – Seit 1962 müssen alle Kardinäle zu Bischöfen geweiht werden (MP „Cum gravissima" v. 15. 4. 1962, in: AAS 54 [1962], S. 256–258).

[19] Die detaillierte Umschreibung der Kompetenzen des gesamten am Ökumenischen Konzil beteiligten Personenkreises gehört in die Geschäftsordnung. – Die in den cc. 224 und 225 CIC/1917 aufgeführten Rechte und Pflichten der Konzilsteilnehmer werden im CIC nicht mehr genannt; auch sie sind Bestandteil der Geschäftsordnung eines Konzils (vgl. für das II. Vatikanum den „Ordo Concilii Oecumenici Vaticani II celebrandi, in: AAS 54 [1962], S. 609–631).

[20] Wie sich aus dem Teilnahme- und Stimmrecht ergibt, bilden die Mitglieder des Bischofskollegiums den Kern des Ökumenischen Konzils; soweit aber im konkreten Falle auch Nichtbischöfen beschließendes Stimmrecht auf dem Konzil zuerkannt worden ist, fließen ihre Stimmen selbstverständlich in den Akt der kollegialen Willensbildung mit ein.

denen das Konzil lediglich seine Zustimmung gibt[21], sondern Konzilsväter und Papst (Haupt und Glieder des Bischofskollegiums) wirken zusammen. Daß dabei das Mitwirken des Papstes ein qualifiziertes ist, ergibt sich daraus, daß der Papst als Inhaber des Petrusamtes das primatiale Haupt des Kollegiums ist, ohne dessen Mitwirkung ein kollegialer Akt nicht zustande kommt.

Damit sind die Primatialrechte des Papstes in vollem Umfang gewahrt, aber es ist vermieden, die Approbation als einen vom Konzil verschiedenen Akt hinzustellen. Die Approbation durch den Papst „zusammen mit den Konzilsvätern" ist ein inneres, konstitutives Moment des Konzils[22].

Unverständlich wäre es darum, wenn c. 341 § 1 so zu verstehen wäre, daß die vom Papst zusammen mit den Konzilsvätern approbierten Dekrete noch einmal einer zusätzlichen Bestätigung (confirmatio) durch den Papst bedürfen sollten, bevor dieser den Auftrag zur Promulgation erteilt. Die notwendige, konstitutive Mitwirkung des Papstes ist durch sein zusammen mit den Konzilsvätern erfolgendes Approbieren der Konzilsbeschlüsse sichergestellt, ebenso wie das unbestrittene Promulgationsrecht des Papstes klar herausgehoben ist[23]. Eine zusätzliche Bestätigung der gemeinsam approbierten Beschlüsse durch den Papst erscheint daher zumindest als überflüssig; u. U. könnte sie sogar geeignet sein, das dargelegte Miteinander zwischen Haupt und Gliedern des Bischofskollegiums auf dem Konzil zu verdunkeln, d. h. zugunsten einer zusätzlichen und hier nicht mehr notwendigen, außerhalb des konziliaren Aktes liegenden Aktivierung der päpstlichen Primatialgewalt zu verschieben. Eine solche zusätzliche Bestätigung wäre kein konziliarer, sondern ein primatialer Akt.

Die Ausübung der Höchstgewalt des Bischofskollegiums über die Gesamtkirche braucht nicht nur in feierlicher Weise auf einem Ökumenischen Konzil zu geschehen, sie kann auch ohne lokale Versammlung erfolgen durch eine gemeinsame Handlung der über die Welt verstreuten Bischöfe, insofern nur der Papst diese gemeinsame Handlung entweder veranlaßt oder sie frei annimmt, so daß ein

[21] „Die Dekrete des Vaticanum I erhielten auf Grund der GO [Geschäftsordnung] (Abschnitt VIII) mit Rücksicht auf die Gegenwart des Papstes die Form päpstlicher Konstitutionen und beginnen mit der Formel: ‚Pius episcopus servus servorum Dei sacro approbante Concilio'" (*H. Jedin*, Die Geschäftsordnung des Konzils, in: LThK²-Konzilskommentar III, S. 610).

[22] Vgl. *Jedin*, ebd., S. 614; *K. Rahner*, Kommentar zu Art. 18 bis 27 VatII LG, in: LThK²-Konzilskommentar I, S. 226 und 229; *Aymans*, Das synodale Element (Anm. 15), S. 247f. Vgl. ferner *K. Mörsdorf*, Die Promulgationsformel des Zweiten Vatikanischen Konzils, in: AfkKR 147 (1978), S. 456–462. Hier wird die Funktion des Papstes beim Zustandekommen von Konzilsdekreten ausführlich untersucht und die einzelnen Schritte bzw. Akte finden eine differenzierte Darstellung (vgl. bes. S. 459).

[23] Die von Papst *Paul VI.* im II. Vatikanum verwendete Bestätigungsformel bringt diese Struktur deutlich zum Ausdruck: „Was in dieser Konstitution im gesamten und im einzelnen ausgesprochen ist, hat die Zustimmung der Väter gefunden, und Wir, kraft der von Christus Uns übertragenen Apostolischen Vollmacht, billigen (approbare), beschließen (decernere) und verordnen (statuere) es zusammen mit den Ehrwürdigen Vätern (una cum Venerabilibus Patribus) im Heiligen Geiste und gebieten zur Ehre Gottes die Veröffentlichung (promulgari iubemus) dessen, was so durch das Konzil (synodaliter) verordnet ist" – so z. B. die Bestätigung der Liturgiekonstitution (VatII SC), in: LThK²-Konzilskommentar I, S. 108f.

wirklicher kollegialer Akt zustandekommt[24]. An diese in c. 337 § 2 formulierte Norm knüpft c. 341 § 2 an und bestimmt, daß Beschlüsse, die das Bischofskollegium, wenn es einen eigentlichen kollegialen Akt entsprechend einer anderen, vom Papst veranlaßten oder frei angenommenen Weise setzt, der Bestätigung (confirmatio) und Verkündigung (promulgatio) durch den Papst bedürfen, damit sie Rechtskraft erlangen.

Wird unter dieser Bestätigung (confirmatio) durch den Papst das zum Zustandekommen des kollegialen Beschlusses notwendige qualifizierte Mitwirken des (primatialen) Hauptes mit den übrigen Gliedern des Bischofskollegiums verstanden, so ist diese Bestätigung ein Moment des kollegialen Beschlußaktes selbst und würde damit dem Vorgang der „Approbation" der Konzilsbeschlüsse entsprechen; andernfalls gilt das bereits dort Gesagte hinsichtlich einer zusätzlichen primatialen Bestätigung von bereits unter konstitutiver Mitwirkung des Papstes kollegial gefaßten Beschlüssen[25].

6. *Vakanz des Apostolischen Stuhles*

Da das Bischofskollegium im Ökumenischen Konzil die Höchstgewalt über die Gesamtkirche ausübt, diese Gewalt aber immer nur zusammen mit seinem Haupt und niemals ohne dieses innehat, ergibt sich als Konsequenz, daß ein Konzil von selbst unterbrochen ist für den Fall, daß der Apostolische Stuhl während der Dauer des Konzils vakant wird. Die Unterbrechung dauert solange, bis ein neuer Papst die Fortsetzung des Konzils anordnet oder das Konzil aufhebt (c. 340). Dem Bischofskollegium würde im Falle der Vakanz des Apostolischen Stuhles das Haupt fehlen, das aber am Zustandekommen des kollegialen Aktes, wie er auf einem Ökumenischen Konzil in feierlicher Weise gesetzt wird, wesensnotwendig mitwirken müßte.

Hier findet – zusammenfassend – Anwendung, was die Nota explicativa praevia n. 4 (in einem größeren Zusammenhang) festhält: „Im ganzen aber wird ersichtlich, daß es sich um die *Verbundenheit* der Bischöfe *mit ihrem Haupt* handelt, niemals jedoch um die Betätigung der Bischöfe *unabhängig* vom Papst. In diesem Falle, wenn die Tätigkeit des Hauptes ausfällt, können die Bischöfe als Kollegium nicht handeln, wie aus dem Begriff ‚Kollegium' hervorgeht. Diese hierarchische Gemeinschaft aller Bischöfe mit dem Papst ist in der Tradition fest verwurzelt"[26].

[24] Als eine solche Weise kollegialen Handelns könnte z. B. ein „Briefkonzil" angesehen werden (s. *Rahner*, Kommentar [Anm. 22], S. 226; *Aymans*, Das synodale Element [Anm. 15], S. 128–133).

[25] Vergleicht man c. 338 § 1 und c. 341 § 1 und § 2, so fällt auf, daß die Worte „approbare" und „confirmare" durchaus uneinheitlich gebraucht werden.

[26] Ne n. 4, in: LThK²-Konzilskommentar I, S. 357.

§ 28 Die Bischofssynode

Von Carl Gerold Fürst

Bereits in der Eröffnungsansprache zur zweiten Tagungsperiode des II. Vatikanischen Konzils am 29. 9. 1963 – zur Diskussion standen an u. a. das Schema über die Kirche und das Schema über die Bischöfe – hat Papst *Paul VI.* die Möglichkeit angedeutet, den Episkopat in einer noch näher zu bestimmenden Art und Weise zur Unterstützung des Papstamtes heranzuziehen[1]. Dieser Gedanke wurde von den Konzilsvätern positiv aufgenommen und diskutiert, wobei auch verschiedene konkrete Vorschläge unterbreitet wurden[2]. In seiner Ansprache bei der Schlußsitzung der dritten Tagungsperiode am 21. 11. 1964 – auf der auch die Dogmatische Konstitution über die Kirche promulgiert wurde – kündigte Papst *Paul VI.* an, er werde ausgewählte Bischöfe zu bestimmten Zeiten zur Beratung heranziehen[3]. Durch das MP „Apostolica sollicitudo" vom 15. 9. 1965[4] errichtete er unter der Bezeichnung „Bischofssynode" einen Rat von Bischöfen in Vertretung des ganzen Episkopats, und zwar als dem Papst unmittelbar unterstellte zentrale kirchliche Einrichtung, ihrem Wesen nach ständig, der Struktur nach jedoch zeitlich befristet in der Erfüllung der jeweils gestellten Aufgaben. Am 8. 12. 1966 erhielt die Bischofssynode eine eigene Ordnung[5], die am 24. 6. 1969 durch eine revidierte Fassung ersetzt wurde[6]. Am 20. 8. 1971 wurde diese Ordnung ergänzt und ein ständiges Generalsekretariat eingerichtet[7]. Der CIC/1983 übernimmt als Kapitel II des Abschnitts über die oberste kirchliche Autorität (cc. 342–348) in den Grundzügen und der Sache nach im wesentlichen unverändert das geltende Recht und verweist im übrigen mehrfach allgemein auf das besondere Recht der Bischofssynode, also zur Zeit das Motu Proprio und den Ordo.

Wie schon aus der Entstehungsgeschichte und den Aufgaben der Bischofssynode hervorgeht, ist sie als synodales Organ in den Rahmen der durch das II. Vatikanische Konzil besonders betonten Communio Ecclesiarum und der bischöflichen Kollegialität einzuordnen. Da sie als beratendes Gremium an sich nicht zur Ausübung von *sacra potestas* befugt ist, kann sie auch als „sekundärer Synodaltyp" bezeichnet werden[8].

[1] AAS 55 (1963), S. 841–859 (849f.).

[2] Siehe die Einleitung von *H. Jedin* zu: Ordnung der Bischofssynode, NKD 12, S. 9ff.

[3] AAS 56 (1964), S. 1007–1018 (1011f.).

[4] AAS 57 (1965), S. 775–780; NKD 12, S. 50–61.

[5] Secretaria Status, Ordo Synodi Episcoporum celebrandae, in: AAS 59 (1967), S. 91–103; NKD 12, S. 18–49.

[6] Consilium pro publicis Ecclesiae negotiis, rescriptum ex audientia: Ordo Synodi Episcoporum celebrandae recognitus et auctus, in: AAS 61 (1969), S. 525–539.

[7] Consilium pro publicis Ecclesiae negotiis, rescriptum ex audientia: Ordo Synodi Episcoporum celebrandae recognitus et auctus nonnullis commutationibus et additamentis perficitur, in: AAS 63 (1971), S. 702–704; in der geänderten und ergänzten Fassung neu publiziert in: Synodus Episcoporum. Typis Polyglottis Vaticanis 1971, S. 19–49. Dieser Ordo wird hier zitiert OSadd.

[8] So *W. Aymans*, Synode – Versuch einer ekklesiologisch-kanonistischen Begriffsbestimmung, in: AnHistConc 6 (1974), S. 7–20 (16). Zur Bischofssynode vgl. besonders: *A. Antón*, Episcoporum Synodus: partes agens totius catholici episcopatus, in: PerRMCL 57 (1968), S. 495–527; *W. Bertrams*, De Synodi Episcoporum potestate cooperandi in exercitio potestatis primatialis, in: PerRMCL 57 (1968), S. 528–549; *ders.*, Commentarium in Litteras Apostolicas „Apostolica Sollicitudo" Pauli Papae VI., in: PerRMCL 55 (1966), S. 115–132; *G. Caprile*, Verso un nuovo sinodo dei vescovi, in: CivCatt 123 (1972), IV, S. 384–386; *P. Colella*, Collegialità episcopale e Sinodo dei Vescovi, in: Chiesa dopo il Concilio II/1, S. 333–350; *R. Laurentin*, Synode und Kurie, in: Conc(D) 15 (1979), S. 476–482; *K. Mörsdorf*,

1. Begriff und Aufgabe

Die Bischofssynode ist eine Versammlung von Bischöfen, die, aus den verschiedenen Regionen der Welt erwählt, zu bestimmten Zeiten zusammentreten, um die enge Verbindung zwischen dem Papst und den Bischöfen zu fördern und durch ihren Rat dem Papst Hilfe zu leisten bei der Reinhaltung des Glaubens und der Sitten, bei der Wahrung und Festigung der kirchlichen Disziplin sowie um Fragen zu erörtern, die sich auf das Wirken der Kirche in der Welt beziehen (c. 342). Es ist Aufgabe der Bischofssynode, die zur Behandlung gestellten Fragen zu diskutieren und Wünsche vorzubringen, nicht aber sie zu entscheiden oder über sie Dekrete zu erlassen, sofern ihr nicht der Papst in bestimmten Fällen Entscheidungsvollmacht übertragen hat; die Entscheidungen bedürfen der Bestätigung durch den Papst (c. 343).

2. Einberufung, Vorsitz und Schließung

Das Recht zur Einberufung der Bischofssynode und zur Bestimmung des Tagungsortes steht allein dem Papst zu (c. 344 n. 1); nur er kann die Synode schließen, verlegen, vertagen oder aufheben (c. 344 n. 6). Bei Vakanz des Apostolischen Stuhles nach Einberufung oder während einer Versammlung der Bischofssynode ist die Versammlung und die den Mitgliedern übertragene Aufgabe von Rechts wegen suspendiert, bis der neue Papst ihre Auflösung oder Fortsetzung anordnet (c. 347 § 2).

3. Versammlungsarten

Die Bischofssynode kann in dreifacher Art einberufen werden (c. 345 mit c. 346 § 2):

a) als *Generalversammlung*, wenn Angelegenheiten behandelt werden sollen, die das Wohl der ganzen Kirche direkt betreffen, und zwar entweder als ordentliche Generalversammlung oder, wenn die Angelegenheiten eine unverzügliche Entscheidung erfordern, als außerordentliche Generalversammlung;

b) als *Besondere Versammlung*, wenn die Angelegenheiten direkt eine bestimmte Region oder bestimmte Regionen betreffen.

Das synodale Element der Kirchenverfassung im Lichte des Zweiten Vatikanischen Konzils, in: Volk Gottes, Festg. für J. Höfer. Hrsg. von *R. Bäumer* u. *H. Dolch*, Freiburg 1967, S. 568–584 (574ff.); *ders.*, Die Bischofssynode, in: LThK²-Konzilskommentar II, S. 163–166; *Mosiek* Verf. II, S. 41–47; *J. Neumann*, Die Bischofssynode, in: ThQ 147 (1967), S. 1–27; *B. Primetshofer*, Rat für die öffentlichen Angelegenheiten der Kirche: die verbesserte und ergänzte Ordnung der Bischofssynode wird mit einigen Zusätzen versehen, in: ÖAKR 23 (1972), S. 38–40; *O. Rousseau*, Préparation du Synode des Evêques, in: Irénikon 44 (1971), S. 260–265; *O. Semmelroth*, Anmerkungen zur Bischofssynode, in: StdZ 181 (1968), S. 22–30; *M. Zurowski*, Synodus Episcoporum in quantum „partes agens totius catholici episcopatus", in: PerRMCL 62 (1973), S. 375–391.

4. Mitglieder

Die Bischofssynode besteht vorwiegend aus Bischöfen, die für die jeweilige Versammlung von ihrer Bischofskonferenz gewählt werden oder von Rechts wegen bzw. kraft päpstlicher Ernennung Mitglieder sind, sowie aus einigen Vertretern der klerikalen Ordensinstitute (c. 346). Des Näheren gilt das besondere Recht der Bischofssynode[9]:

a) *Ordentliche Generalversammlung.* Mitglieder sind die Patriarchen, die Großerzbischöfe und die Metropoliten außerhalb der Patriarchate der katholischen Ostkirchen; die von den einzelnen nationalen Bischofskonferenzen gewählten Bischöfe[10]; die von den Bischofskonferenzen mehrerer Nationen, das heißt von den für Nationen ohne eigene Bischofskonferenz bestehenden übernationalen Konferenzen gewählten Bischöfe[11]; zehn Ordensmänner als Vertreter der klerikalen Ordensinstitute, die von der römischen Union der Generaloberen gewählt werden; die den Dikasterien der römischen Kurie vorstehenden Kardinäle.

b) *Außerordentliche Generalversammlung.* Mitglieder sind die Patriarchen, die Großerzbischöfe und die Metropoliten außerhalb der Patriarchate der katholischen Ostkirchen; die Präsidenten der nationalen Bischofskonferenzen; die Präsidenten der Bischofskonferenzen mehrerer Nationen, das heißt der für Nationen ohne eigene Bischofskonferenz bestehenden übernationalen Konferenzen; drei Ordensmänner als Vertreter der klerikalen Ordensinstitute, die von der römischen Union der Generaloberen gewählt werden; die den Dikasterien der römischen Kurie vorstehenden Kardinäle.

c) *Besondere Versammlung.* Mitglieder sind die Patriarchen, die Großerzbischöfe und die Metropoliten außerhalb der Patriarchate der katholischen Ostkirchen sowie Vertreter der Bischofskonferenzen einer oder mehrerer Nationen[12] und höchstens zwei Ordensmänner als Vertreter der klerikalen Ordensinstitute[13], die jedoch alle zu den Regionen gehören müssen, für die die Besondere Versammlung einberufen worden ist; ferner die Kardinäle, die denjenigen Dikasterien der römischen Kurie vorstehen, die für die anstehenden Fragen zuständig sind.

d) Für alle Versammlungen hat der Papst das Recht, nach seinem Ermessen die Zahl der Mitglieder um bis zu 15% zu erweitern[14] und diese Mitglieder zu ernennen; die gewählten Mitglieder bedürfen seiner Bestätigung (c. 344 n. 2).

e) Die Bischofskonferenzen bzw. die Union der Generaloberen sollen das eine oder andere Ersatzmitglied wählen, das jeweils mit Zustimmung des Papstes nur dann an der Bischofssynode teilnimmt, wenn das Mitglied, das es vertritt, nicht anwesend sein kann[15].

[9] MP ApSol V–VII; OSadd Art. 5 §§ 1–3.

[10] Die Zahl der von einer Bischofskonferenz zu wählenden Mitglieder der Bischofssynode bestimmt sich nach der Zahl ihrer Mitglieder: sie entsendet bis 25 ein Mitglied, bis 50 zwei, bis 100 drei und über 100 vier Vertreter (MP ApSol VIII; OSadd Art. 6 § 1 n. 3).

[11] Vertreterzahlen wie bei den nationalen Bischofskonferenzen (OSadd Art. 6 § 1 n. 4).

[12] ApSol X; OSadd Art. 5 § 4.

[13] OSadd Art. 6 § 2 n. 4.

[14] Wie Anm. 12.

[15] OSadd Art. 6 § 4.

f) Mit Abschluß einer Versammlung der Bischofssynode endet die den Mitgliedern übertragene Aufgabe (c. 347 § 1).

5. Beratungsgegenstände und Tagesordnung

Die Beratungsgegenstände werden vom Papst rechtzeitig[16] bestimmt (c. 344 n. 3); dem Papst steht auch die Festlegung der Tagesordnung zu (c. 344 n. 4). Die Beratungen selbst erfolgen in Plenarversammlungen oder in kleineren Arbeitsgruppen[17] bzw. Studienkommissionen[18].

6. Sekretariat

Ein Generalsekretariat ist auf Dauer eingerichtet. Es besteht aus einem vom Papst ernannten Generalsekretär sowie einem 15 Mitglieder[19] umfassenden Rat, der am Ende einer jeden Generalversammlung konstituiert wird[20] und bis zum Beginn einer neuen Generalversammlung im Amt bleibt. Für jede Versammlung der Bischofssynode werden vom Papst ein oder mehrere besondere Sekretäre für die Dauer der Versammlung ernannt (c. 348).

Die Bezeichnung und Zählung der Versammlungen der Bischofssynode in den Acta Apostolicae Sedis sind nicht einheitlich[21]. An den ordentlichen Generalversammlungen haben jeweils rund 200 Mitglieder teilgenommen, an der außerordentlichen 145. Bisher haben folgende Versammlungen stattgefunden:

1. Generalversammlung (1. ordentliche Generalversammlung) vom 29. 9. – 29. 10. 1967. Beratungsthemen waren die Reform des Kirchenrechts, Fragen des Glaubens und der Lehre (besonders die gefährlichen Meinungen von heute und der Atheismus), Reform der Priesterausbildung, Mischehengesetzgebung und Liturgiereform (besonders Neugestaltung der Eucharistiefeier und des Stundengebets). Sie erließ eine Friedensbotschaft der Bischofssynode.

2. Generalversammlung (1. außerordentliche Generalversammlung) vom 11. 10. – 27. 10. 1969. Beratungsthemen waren das Verhältnis zwischen Papst und Bischofskollegium und die Zusammenarbeit der Bischofskonferenzen miteinander.

3. Generalversammlung (2. ordentliche Generalversammlung) vom 30. 9. – 6. 11. 1971. Beratungsthemen waren der priesterliche Dienst und die Gerechtigkeit in der Welt; ferner der Stand der Arbeiten an der Lex Ecclesiae Fundamentalis.

4. Generalversammlung (3. ordentliche Generalversammlung) vom 27. 9. – 26. 10. 1974.

[16] Nach OSadd Art. 23 sind die Beratungsgegenstände von den Bischofskonferenzen bzw. den entsprechenden Organen der Ostkirchen vorzuberaten; das Ergebnis wird dann von den Vertretern in der Versammlung der Bischofssynode vorgetragen.

[17] OSadd Art. 34.

[18] OSadd Art. 8, 9 und 37.

[19] OSadd Art. 13 § 2; 12 Mitglieder werden von der Bischofssynode gewählt, drei vom Papst ernannt.

[20] OSadd Art. 13 § 1.

[21] Vgl. Episcoporum Synodi coetus (AAS 59 [1967], S. 963) bzw. primus consessus (ebd., S. 1023); extraordinaria Episcoporum Synodus (AAS 61 [1969], S. 716); secundus ordinarius Coetus (AAS 63 [1971], S. 770, 831); tertius generalis Coetus (AAS 66 [1974], S. 554, 557, 631); quartus Coetus generalis ... „Ineunte V Synodo Episcoporum" (AAS 69 [1977], S. 625); VI Synodus Episcoporum (AAS 72 [1980], S. 791). Je nachdem, ob die außerordentliche Generalversammlung mitgezählt wird, ergeben sich auch verschiedene Zählungen in der Literatur.

Beratungsthemen waren die Evangelisation in der heutigen Welt und der Stand der Kommissionsarbeiten zur Reform des Kirchenrechts. Es wurde ein dreijähriger Zyklus der Versammlungen beschlossen sowie eine „Erklärung der Synodenväter"[22].

5. Generalversammlung (4. ordentliche Generalversammlung) vom 30. 9. – 29. 10. 1977. Beratungsthemen waren die Katechese in unserer Zeit mit besonderer Berücksichtigung der Kinder- und Jugendkatechese; ferner der Stand der Reformarbeiten des CIC und des CICO.

6. Generalversammlung (5. ordentliche Generalversammlung) vom 26. 9. – 25. 10. 1980. Beratungsthemen waren Ehe und Familie und die Veröffentlichung einer Botschaft der Bischofssynode an die christlichen Familien[23].

7. Generalversammlung (6. ordentliche Generalversammlung) im Oktober 1983. Beratungsgegenstand ist die Versöhnung und Buße im Sendungsauftrag der Kirche.

§ 29 Die Kardinäle

Von Peter Leisching

Die Rechtsstellung der Kardinäle wird im II. Buch des Kodex im Teil über die hierarchische Verfassung der Kirche im Abschnitt über die oberste Leitungsgewalt der Kirche (Kapitel III, cc. 349–359) behandelt. Im Verfassungssystem sind sie zwischen der Bischofssynode und der Römischen Kurie eingeordnet. Neben den Normen des CIC bleiben die einschlägigen Einzelbestimmungen – sie sind seit dem II. Vatikanischen Konzil ergangen – weiterhin in Kraft. Zu einer systematischen Regelung konnte sich der Gesetzgeber auch in dieser Materie leider nicht entschließen, was dem Wesen einer Kodifikation nicht entspricht[1].

Zur Aufgabe der Kardinäle gehört die Beratung des Papstes. Sie unterstützen ihn gemeinsam bei der Behandlung von Angelegenheiten größerer Bedeutung im Konsistorium. Darüber hinaus bekleiden einzelne Kardinäle klerikale Ämter in der Leitung der Gesamtkirche (c. 349, 2. Satzteil).

I. Das Kardinalskollegium

Die Kardinäle bilden ein Kollegium (c. 349, 1. Satzteil) das wie bisher in drei Rangklassen geteilt wird:

(1.) Die Rangklasse der *Kardinalbischöfe* (c. 350 § 1): diese umfaßt die Titularbischöfe der 7 ehemaligen suburbikarischen Bistümer: Ostia, Albano, Frascati,

[22] Veröffentlicht in: OssRom vom 27. 10. 1974, OssRom(dt.) vom 8. 11. 1974.

[23] Veröffentlicht in: OssRom vom 26. 10. 1980, OssRom(dt.) vom 31. 10. 1980.

[1] Aus der älteren Literatur sei verwiesen auf: *Mörsdorf* Lb I, S. 355–360; *Mosiek* Verf. II, S. 50–59; *M. Petroncelli*, Il Diritto Canonico dopo il Concilio Vaticano II, Napoli 1969, S. 202–204; *L. de Eccheverria*, Descripción de la organizacion ecclesiástica, in: Derecho Canonico. Hrsg.: Catedráticos de Derecho Canónico de Universidades Españoles, 2. Aufl., Pamplona 1974, S. 280f.

Palestrina, Porto und Santa Rufina, Sabina und Poggio Mirteto, Velletri und die Patriarchen der unierten Ostkirchen, die dem Kardinalskollegium angehören. Sie behalten ihren Patriarchensitz (c. 350 § 3) und zählen nicht zum römischen Stadtklerus. Die Patriarchen führen daher nicht den Titel eines „Kardinals der Hl. Römischen Kirche", sondern werden als „Kardinal der Hl. Kirche" bezeichnet[2].

(2.) Die Kardinalpriester (c. 350 §§ 1 und 2) erhalten bei ihrer Kreation eine römische Titelkirche übertragen. Einige von ihnen sind als Kurienkardinäle tätig, die größere Zahl aber sind Diözesanbischöfe außerhalb Roms.

(3.) Die Kardinaldiakone (c. 350 § 2) erhalten vom Papst bei ihrer Ernennung eine Diakonie in Rom zugewiesen, sie sind regelmäßig Kurienkardinäle.

Kardinalpriester und Kardinaldiakone besitzen das Recht, auf einen anderen Titel bzw. eine andere Diakonie zu optieren. Das Optionsrecht wird im Konsistorium ausgeübt und bedarf der Bestätigung des Papstes. Der Vorrang des Kardinals hinsichtlich seiner Weihe und seiner Ernennung bleibt dadurch gewahrt. Ein Kardinaldiakon kann nach zehn Jahren durch Option auch in die Rangklasse der Kardinalpriester aufrücken, hierbei erhält er einen Rang vor den erst nach ihm kreierten Kardinälen (c. 350 §§ 5 und 6). Es besteht kein Recht auf eine suburbikarische Titeldiözese zu optieren, auch gibt es innerhalb des ordo der Kardinalbischöfe kein Optionsrecht.

Weder die Kardinalpriester noch die Kardinaldiakone üben über ihre Titelkirche bzw. Diakonie Jurisdiktionsgewalt aus (c. 357 § 1). Alle Kardinäle – gleichgültig welcher Rangklasse sie angehören – sind mit der Bischofsweihe ausgestattet. Sollten sie dieser im Zeitpunkt der Kreation noch entbehren, so wird sie ihnen erteilt (c. 351 § 1). Alle Kardinäle sind also zugleich auch Mitglieder des Bischofskollegiums.

Das Kardinalskollegium ist persona iuridica und zwar universitas personarum (cc. 113–123). Seine Organe sind der Kardinaldekan als Vorsitzender und dessen Stellvertreter der Kardinalsubdekan (c. 352 § 1). Der Dekan erhält zu dem Titel, den er bereits innehat, den der Diözese Ostia hinzu (c. 350 § 4). Er ist im Kollegium „primus inter pares" und übt über die Mitglieder des Kardinalskollegiums keine Jurisdiktionsrechte aus (c. 352 § 1). Kardinaldekan und Subdekan werden von den Kardinalbischöfen aus ihrer Mitte gewählt. Die Wahl bedarf der Bestätigung des Papstes (c. 352 §§ 2 und 3). Dekan und Subdekan müssen ihren Wohnsitz in Rom haben (c. 352 § 4).

Das Kardinalskollegium hat die Aufgabe, nach Maßgabe besonderer rechtlicher Bestimmungen für die Durchführung der Papstwahl zu sorgen (c. 349, i. Satzteil).

[2] Vgl. auch *Paul VI.*, MÖ „Ad Purpuratorum Patrum", vom 11. 2. 1965, in: AAS 57 (1965), S. 295 f. Nach AnPont 1983, S. 31* und 74*, ist zur Zeit nur noch *Stephanus I. Sidarouss* als Patriarch Mitglied des Kardinalskollegiums; er hat keine Titelkirche in Rom.

II. Die Kreation der Kardinäle

Wer zum Kardinal berufen wird, bestimmt der Papst frei. Der zur Beförderung Vorgesehene muß wenigstens die Priesterweihe empfangen haben und durch Bildung, Sitten wie durch Erfahrung in geschäftlichen Dingen hervorragend sein (c. 351 § 1). Der Papst kreiert die Kardinäle durch Dekret (c. 48), das vor dem Kardinalskollegium kundgemacht wird. Von diesem Zeitpunkt an erhält der Genannte Pflichten und Rechte des Kardinals (c. 352 § 2). Verkündet der Papst aber nur die Erhebung zum Kardinal, behält sich aber die Kundmachung des Namens vor (reservatio in pectore), erhält der zur Würde Vorgesehene Pflichten und Rechte als Kardinal erst mit der Veröffentlichung seines Namens; seine Rangstellung aber wird durch den Zeitpunkt der in-pectore Reservation bestimmt (c. 351 § 3).

Durch die Ernennung zum Kardinal soll sowohl das Verdienst von Bischöfen als auch von Mitgliedern der römischen Kurie anerkannt werden, auch wird hierdurch die Bedeutung eines Bischofsstuhles zum Ausdruck gebracht. Das Kardinalskollegium soll die äußere geographische und innere ekklesiale Vielfalt der Kirche widerspiegeln und ein Kreis erfahrener Männer sein, die dem Papst bei der Leitung der Gesamtkirche als Mitarbeiter zur Verfügung stehen. Die Zahl der Kardinäle ist nicht gesetzlich festgelegt. Das Kardinalskollegium erscheint als Institution, in der die Einheit und Katholizität der Kirche immer wieder aufs neue vor der Welt sichtbar gemacht werden sollen[3].

III. Mitwirkung an der Kirchenregierung

1. *Sede plena*

Die Kardinäle sind verpflichtet, mit dem Papst zusammenzuarbeiten (cc. 334 und 356). Haben Kardinäle Funktionen an der Kurie, sind sie verpflichtet, in Rom zu residieren, soweit sie nicht Diözesanbischöfe sind; letztere haben nach Rom zu kommen, sooft sie der Papst einberuft (c. 356).

a) Die Gesamtheit der Kardinäle unterstützt das Oberhaupt der Kirche besonders in den *ordentlichen und außerordentlichen Konsistorien*, die vom Papst einberufen und geleitet werden (c. 353 § 1). Zum *ordentlichen* Konsistorium werden zumindest alle Kardinäle, die sich in Rom aufhalten, einberufen, um wichtige Angelegenheiten zu beraten oder Akte besonderer Feierlichkeit zu vollziehen. Die *außerordentlichen* Konsistorien werden einberufen, wenn eine besondere Notwendigkeit für die Kirche besteht. Hierzu werden alle Kardinäle geladen (c. 353 § 2). Öffentlich sind nur ordentliche Konsistorien, die ausschließlich

[3] *Paul VI.* am 26. 6. 1967, in: AAS 59 (1967), S. 705–714; *H. Schmitz*, Kurienreform I (= NKD 10), Trier 1968, S. 58f.

zeremonielle Bedeutung haben: daran können außer den Kardinälen auch Prälaten, staatliche Gesandte und andere geladene Gäste teilnehmen (c. 353 § 4).

b) Mitwirkung an den Einrichtungen der römischen Kurie. Die Leiter der verschiedenen kurialen Behörden sind vorwiegend Kardinäle. So werden das Päpstliche Sekretariat (Staatssekretariat) und der Rat für die Öffentlichen Angelegenheiten der Kirche vom Kardinalstaatssekretär in Personalunion geleitet. Ebenso steht an der Spitze der einzelnen Kongregationen jeweils ein Kardinalpräfekt, auch ein Teil ihrer Mitglieder setzt sich aus Kardinälen zusammen. Im Bereich der päpstlichen Gerichtshöfe ist auf die vom Kardinalgroßpönitentiar geleitete Apostolische Pönitentiarie zu verweisen, ferner auf die Apostolische Signatur, einKardinalsgericht mit einem Kardinalpräfekten an der Spitze. In den päpstlichen Sekretariaten, Räten und Kommissionen sowie den Ämtern stellen die Kardinäle die Leiter und vielfach auch einen Teil der Mitglieder, so ist z. B. der Präsident des Sekretariates für die Einheit der Christen, des Laienrates, der Präfektur für die wirtschaftlichen Angelegenheiten des Apostolischen Stuhles und des Amtes für die Vermögensverwaltung des Apostolischen Stuhles jeweils ein Kardinal, weiters der Vorstand der Apostolischen Kammer und der Kardinalkämmerer der Heiligen Römischen Kirche.[4] Kardinäle, die Dikasterien und anderen ständigen Einrichtungen der Römischen Kurie und des Vatikanstaates vorstehen, sollen dem Papst, nachdem sie ihr 75. Lebensjahr vollendet haben, den Verzicht auf ihr Amt anbieten (c. 354). Mit Erreichung des 80. Lebensjahres verlieren die Kardinäle ihre Funktionen kraft Gesetzes[5].

c) Teilnahme von Kardinälen an der Bischofssynode. Kardinäle, die an der Spitze der römischen Kurialbehörden stehen, sind Mitglieder der allgemeinen und außerordentlichen Versammlungen der Bischofssynode; an der Sonderversammlung für ein bestimmtes Gebiet nehmen die Kardinalpräsides jener Kurialbehörden teil, die zu den anstehenden Beratungsgegenständen einen sachlichen Bezug haben.[6]

d) Da alle Kardinäle zu Bischöfen geweiht und daher Mitglieder des Bischofskollegiums sind, haben sie das Recht der Teilnahme am ökumenischen Konzil mit beschließendem Stimmrecht (c. 339 § 1).

e) Ein Kardinal kann als Sondervertreter des Papstes (legatus a latere, c. 358) entsandt werden, wodurch der Kardinal das Recht erhält, bei Feierlichkeiten und Versammlungen als „alter ego" den Papst zu vertreten.

2. *Sede vacante*

Die Kardinäle haben das ausschließliche Recht, den Papst zu wählen. Ausgenommen vom aktiven Wahlrecht sind jedoch solche, die bei Eintritt ins Konklave

[4] AnPont 1983, S. 1023ff.

[5] *Paul VI.*, MP „Ingravescentem Aetatem" vom 21. 11. 1970, in: AAS 62 (1970), S. 810–813.

[6] „Ordo Synodi Episcoporum celebrandae", Art. 5, in: AAS 59 (1967), S. 93f.; dt. in: Ordnung der Bischofssynode (= NKD 12), eingel. v. *H. Jedin*, Trier 1908, S. 23–25.

das 80. Lebensjahr vollendet haben.[7] Damit steht das Papstwahlrecht nicht mehr dem Kardinalskollegium als solchem zu, das Papstwahlkollegium ist nicht mehr mit dem Kardinalskollegium identisch. Zu den speziellen Rechten einzelner Kardinäle nach Abschluß der Papstwahl gehört die Befugnis des Kardinaldekans (vertretungsweise des Subdekans), dem zum Papst Erwählten erforderlichenfalls die Bischofsweihe zu erteilen (c. 355 § 1), und die Aufgabe des ranghöchsten Kardinaldiakons (Proto-Diakon), den Namen des Neuerwählten dem Volk zu verkünden (c. 355 § 2, 1. Satzteil).

IV. Sonderrechte der Kardinäle

1. *Ehrenrechte:* Kleidung (u. a. roter Hut, rotes Birett), Titel, Insignien, Wappen[8].

2. Kardinäle, die außerhalb Roms oder ihrer eigenen Diözese leben, sind von der Leitungsgewalt des Bischofs, in dessen Gebiet sie sich aufhalten, exemt (c. 357 § 2).

3. *Prozeßrechtliche Sonderstellung:* Ausschließlicher Gerichtsstand beim Papst (c. 1405 § 1 und 2); Sonderbestimmung über die Zeugeneinvernahme (c. 1558 § 2).

§ 30 Die Römische Kurie

Von Ignacio Pérez de Heredia y Valle

I. Allgemeines

1. Zur Erfüllung seiner Aufgaben als Haupt und oberster Hirte der Kirche bedient sich der Papst verschiedener Behörden, auch Dikasterien genannt, die die Gesamtbezeichnung *Römische Kurie* tragen[1]. Sie handelt im Namen des Papstes und führt ihren Auftrag zum Wohl und im Dienste aller Kirchen durch[2]. Ihre gegenwärtige Verfassung ist, solange keine Neuordnung besteht, durch die Konsti-

[7] *Paul VI.*, Apost. Konst. „Romano Pontifici Eligendo" vom 1. 10. 1975, in: AAS 67 (1975), S. 609–645; vgl. hier Anm. 5; *W. M. Plöchl*, Der alte Kardinal und das Recht, in: Festschrift Panzram, S. 159–170; *Mosiek* Verf. I, S. 131.

[8] Instr. der SecrStat circa vestes, titulos et insignia generis Cardinalium, Episcoporum et Praelatorum ordine minorum v. 31. 3. 1969, in: AAS 61 (1969), S. 334–340 = *Ochoa* IV, Sp. 5508–5511.

[1] *N. del Re*, La Curia Romana. Lineamenti storico-giuridici, 3. ed., Rom 1970 (mit ausführlichen Literaturangaben); *Mosiek* Verf. II, S. 60–124; *H. Schmitz*, Kurienreform I u. II (= NKD 10 u. 47), Trier 1968 u. 1975, mit Abdruck der einschlägigen Normen.

[2] Cc. 360, 361; Const. REU n. 1 § 1.

tution *Pauls VI.* „Regimini Ecclesiae Universae" (REU) geregelt[3], die in weiteren nachfolgenden Reformmaßnahmen ergänzt wurde.

Bedeutsame Dokumente in der Geschichte der Römischen Kurie bilden die Konstitution *Sixtus' V.* „Inmensa Aeterni Dei" vom 22. 1. 1588[4] und die Konstitution *Pius' X.* „Sapienti Consilio" vom 29. 6. 1908[5], die im wesentlichen vom CIC/1917 übernommen wurden.

Weitere Reformmaßnahmen der Römischen Kurie befinden sich im Stadium der Planung und sind nach der Promulgation des CIC/1983 noch dringlicher geworden[6]. Wichtige Bestrebungen der künftigen, und wie es scheint, bevorstehenden Reform sind alte Anliegen: Eine klarere Abgrenzung der Kompetenzen, Verbesserung der Koordination und Effizienz der Dikasterien, eine bessere Zusammenarbeit mit den Bischöfen und Bischofskonferenzen, eine stärkere pastorale Prägung. Dazu kommen neue Anliegen, wie die Klärung des Verhältnisses von Kurie und Bischofssynode, insbesondere wird aber immer dringlicher eine bessere theologische Definition der Funktion der Kurie im Dienst des Papstes und zum Wohl der Gesamtkirche verlangt[7].

2. Die Kurialorgane gliedern sich in das Staatssekretariat und den Rat für die Öffentlichen Angelegenheiten der Kirche, in die Kongregationen und Gerichtshöfe und andere Institutionen, wie Sekretariate, Ämter, Räte und Kommissionen[8]. Unter allen Dikasterien nimmt das Staatssekretariat eine herausragende Stellung ein. Soweit nichts anderes aus dem Zusammenhang zu entnehmen ist, werden außer dem Papst unter der Bezeichnung Apostolischer oder Heiliger Stuhl auch die Kurialorgane verstanden (vgl. c. 361). Einzelne Behörden sind entsprechend ihren Aufgabenbereichen in Abteilungen unterteilt; oft sind ihnen päpstliche Kommissionen, Räte oder Dienststellen angegliedert.

Den Kurialbehörden steht, mit Ausnahme der Rota Romana und der Präfektur des Apostolischen Palastes, ein Kardinal als Präfekt oder Präses vor, welchem ein höherer Prälat (Substitut, Sekretär, Regens) unmittelbar zur Seite steht. Je nach der Art der betreffenden Behörde gehören ihr neben Kardinälen und Bischöfen auch andere Mitglieder an.

Den meisten Dikasterien sind Konsultoren aus der gesamten Kirche zugeordnet, unter denen sich auch Laien befinden können[9]. Leitende Kardinäle, höhere Prälaten sowie Mitglieder und Konsultoren werden vom Papst ernannt, und zwar grundsätzlich jeweils für fünf Jahre. Diese Begrenzung gilt nicht für den Kardinalstaatssekretär und die Mitglieder des Staatssekretariats, der Apostolischen Kammer, der Apostolischen Signatur und der Rota Romana[10]. Weitere Mitarbeiter bei den Kurienbehörden sind die verschiedenen höheren und niederen Beamten, die aus allen Ländern ausgewählt werden.

3. Alle Angelegenheiten, die im Gerichtsweg zu entscheiden sind, gehören zum Zuständigkeitsbereich der Gerichte, ausgenommen die Befugnisse der Kongregation für die Glau-

[3] Vom 15. 8. 1967, in: AAS 59 (1967), S. 885–928.

[4] Bullarium Romanum VIII, Ed. Taurinensis, 1863, S. 985–999.

[5] AAS 1 (1909), S. 9–17.

[6] Die Reform der Römischen Kurie war schon Arbeitsthema der ersten Kardinalsvollversammlung im November 1979, vgl. AAS 71 (1979), S. 1448 ff.; sie war aber Hauptthema der zweiten Kardinalsvollversammlung im November 1982, vgl. Eröffnungs- und Schlußansprachen des Papstes am 23. bzw. 25. 11. 1982, in: AAS 75 (1983), S. 135–146. Den Kardinälen lag bereits ein ausgearbeitetes Schema für die Revision vor.

[7] Vgl. Herkorr 37 (1983), S. 4.

[8] C. 360; Const. REU, Einleitung und n. 1 § 1.

[9] Const. REU n. 5.

[10] Ebd., Einleitung und n. 2 § 5; MP „Pro comperto" *Pauls VI.*, n. VI, in: AAS 59 (1967), S. 881–884; PCDecrI 18. 4. 1973, in: AAS 65 (1973), S. 220f.

benslehre; dementsprechend wurden durch die Const. REU die Kompetenzen der Gerichte erweitert und die Verwaltungsbehörden angewiesen, alle Fragen, die einer gerichtlichen Untersuchung bedürfen, den Gerichten zuzuweisen[11]. Hauptsächlich und im wesentlichen sind die Kongregationen und Ämter Verwaltungsorgane. Die selbständigen Sekretariate gehören nicht zu den Dikasterien alter Ordnung, sondern stellen eine neue Art von Behörden dar. Räte und Kommissionen bestanden zwar auch früher, sie fanden aber bis zu der Const. REU keine Aufnahme in die Organisationsordnung für die Gesamtkurie. Über Kompetenzstreitigkeiten zwischen den Behörden entscheidet die Apostolische Signatur[12]. Die Apostolische Pönitentiarie ist ausschließlich für den inneren Bereich zuständig[13].

4. Der Koordination der Tätigkeit der Gesamtkurie und der Förderung der Zusammenarbeit unter den einzelnen Kurialbehörden dienen folgende Regelungen: a) Der Kardinalstaatssekretär beruft in regelmäßigen Abständen eine Versammlung der Leiter aller Dikasterien ein; b) Fragen, die verschiedene Behörden betreffen, sollen nach gemeinsamer Beratung gemeinsam entschieden werden; deshalb sollen zwischen den Leitern der einzelnen Behördenabteilungen auf den verschiedenen Ebenen regelmäßige Konferenzen stattfinden[14]. Diesem Zweck dient auch die Bestimmung, daß die leitenden Kardinäle oder die Sekretäre gleichzeitig auch Mitglieder oder Konsultoren anderer Behörden sind.

5. Eine von *Paul VI.* am 22. 2. 1968 approbierte Geschäftsordnung der Kurie hat das Verfahren der verschiedenen Verwaltungsorgane (insbesondere der Konggationen) neu geordnet[15]. Das Verfahren der Päpstlichen Gerichtshöfe (Tribunale) richtet sich nach deren eigenen Ordnungen.

Keine Behörde kann jedoch schwerwiegende oder außergewöhnliche Angelegenheiten ohne Vorwissen des Papstes entscheiden. Erlasse, Entscheidungen oder Gnadenerweise bedürfen der päpstlichen Bestätigung, mit Ausnahme jedoch der Gerichtsurteile und solcher Akte, für die den Leitern besondere Vollmachten erteilt worden sind[16]. Unbeschadet des Rechts der Pönitentiarie für den inneren Bereich (Forum internum), kann ein von einem Dikasterium verweigerter Gnadenerweis ohne dessen Zustimmung von einem anderen Dikasterium nicht rechtsgültig verliehen werden[17]. Gegen Entscheidungen von Verwaltungsbehörden, die mit einer Beschwer verbunden sind, kann innerhalb von zehn Tagen eine nochmalige Behandlung der Sache beantragt oder in bestimmten Fällen Rekurs an die Zweite Sektion der Apostolischen Signatur erhoben werden[18]. Alle Beamten sind streng zur Wahrung des Amtsgeheimnisses verpflichtet[19]. Zwar ist Latein die Amtssprache; jedermann kann sich aber auch in allen modernen Sprachen von weiterer Verbreitung an die Kurie wenden.

[11] Const. REU nn. 7, 34–36, 39, 54, 73, 87, 121; Regolamento Generale della Curia Romana Art. 125, in: AAS 60 (1968), S. 168f.; Const. „Sacra Rituum Congregatio" 1, in: AAS 61 (1969), S. 297–305. Die Trennung der Rechtsprechung und Verwaltung ist zwar angestrebt, jedoch noch nicht in vollem Umfang durchgeführt, in der Praxis ist dies oft deshalb schwierig, weil von der Sache her nicht immer leicht zu entscheiden ist, ob auf dem Gerichtsweg vorzugehen ist oder nicht.

[12] C. 1445 § 2; Const. REU nn. 1 § 2, 107.

[13] Vgl. cc. 64, 1048, 1082; Const. REU nn. 45, 112.

[14] Const. REU nn. 13–18, 20, 53.

[15] Regolamento Generale della Curia Romana, in: AAS 60 (1968), S. 129–176. Der erste Teil enthält das Beamten- und Dienstrecht, der zweite die Verfahrensordnung (Art. 105–130).

[16] Const. REU nn. 12, 136.

[17] C. 64.

[18] Const. REU n. 106; Regolamento (Anm. 15) Art. 119.

[19] Es wurde am 4. 2. 1974 neu geregelt, vgl. AAS 66 (1974), S. 89–92; abgedr. auch in: NKD 47, S. 124–135.

II. Das Staatssekretariat und der Rat für die Öffentlichen Angelegenheiten der Kirche

1. Das *Staatssekretariat*, nunmehr zutreffend auch Päpstliches Sekretariat genannt, nimmt innerhalb aller übrigen Behörden der Römischen Kurie eine Vorrangstellung ein[20]. Es unterstützt unmittelbar den Papst bei der Leitung der Gesamtkirche und im Verkehr mit den Behörden der Kurie; ihm eignet die Stellung einer Präsidialkanzlei. Es wird geleitet vom Kardinalstaatssekretär, der von einem Substituten und einem Assessor unterstützt wird. Der Kardinalstaatssekretär, der zugleich auch das Amt des Präfekten des Rates für die Öffentlichen Angelegenheiten der Kirche innehat, hat die Funktion des Koordinators der Gesamttätigkeit der Kurie und des Leiters der päpstlichen Politik; ihm untersteht auch die Präfektur der Vatikanstadt[21].

Zum Zuständigkeitsbereich des Staatssekretariats gehören alle Angelegenheiten, die ihm vom Papst übertragen werden; ferner sämtliche Aufgaben, für die eine andere Kurialbehörde nicht ausdrücklich für zuständig erklärt ist. Dem Staatssekretariat obliegt die Pflege der Beziehungen zu den Bischöfen und den Legaten des Heiligen Stuhls sowie zu den Staatsregierungen und deren Gesandten und ebenso, unbeschadet der Zuständigkeit des Rates für die Öffentlichen Angelegenheiten der Kirche, auch zu Privatpersonen. Zum Staatssekretariat gehören folgende Ämter:

a) Die Kanzlei für die Apostolischen Schreiben. Dieser obliegt die Ausfertigung und der Versand der päpstlichen Dokumente und die Aufbewahrung des Bleisiegels und des Fischerrings[22].

b) Das Dokumentationsamt.

Außerdem untersteht dem Staatssekretariat das Statistische Amt und die Kommission für die sozialen Kommunikationsmittel.

2. Der *Rat für die Öffentlichen Angelegenheiten der Kirche* ist eine selbständige Behörde, er steht aber aufgrund seiner Aufgabenstellung in ständiger Beziehung zum Staatssekretariat[23]. Zu seiner Zuständigkeit gehören insbesondere die politischen Fragen. Dazu zählen in erster Linie die Verhandlungen mit den Staatsregierungen und die Pflege der diplomatischen Beziehungen.

3. Zwischen beiden Behörden besteht im Hinblick auf die Pflege der Beziehungen zu den Staatsregierungen und die Leitung der päpstlichen Diplomatie keine klare Kompetenzabgrenzung. Die Const. REU (nn. 21, 28) trägt dieser Tatsache Rechnung und bestimmt, daß beide Organe erforderlichenfalls gemeinsam beraten und ihre Entscheidungen in gegenseiti-

[20] Const. REU nn. 19–25.

[21] Ebd. nn. 18, 20, 25, 27 § 2; Regolamento (Anm. 15) Art. 105. Dem Staatsrekretär unterstehen auch die päpstlichen Legaten, vgl. MP v. 24. 6. 1969, in: AAS 61 (1969), S. 473–484.

[22] Das Amt wurde durch MP „Quo aptius" v. 22. 2. 1973 (AAS 65 [1973], S. 113–116) neu geschaffen. Damit wurden die im Staatssekretariat bestehenden Ämter (vgl. Const. REU n. 22 1,2) für die Abfassung lateinischer Dokumente umgebildet und die Apost. Kanzlei (ebd., nn. 114–116) aufgelöst zugunsten einer rationellen Konzentration aller dieser Aufgaben im Staatssekretariat.

[23] Const. REU nn. 26–28. Mit dem geänderten Namen übernimmt er die Aufgaben der alten SCNegExtr. Ihm bleibt die päpstliche Kommission für Rußland angegliedert, vgl. AAS 27 (1935), S. 65–67 und AnPont 1983, S. 1028 u. 1525.

gem Einvernehmen treffen. Die erforderliche Abstimmung der Tätigkeit der beiden Ämter ist dadurch gewährleistet, daß die Leitung beider Behörden in der Hand des Staatssekretärs vereinigt ist.

III. Die Kongregationen

Die Kongregationen sind in erster Linie oberste Verwaltungsorgane mit eigenem Aufgabenkreis: ihnen stehen aber gewisse Gesetzgebungsbefugnisse zu[24] und in wenigen Ausnahmefällen üben sie auch Gerichtsbarkeit aus. Sie sind kollegial verfaßte und rechtlich gleichgestellte Dikasterien, die aus einer vom Papst bestimmten Anzahl von Kardinälen und in der Regel aus sieben Diözesanbischöfen bestehen[25]. Ihre Zuständigkeit erstreckt sich im allgemeinen auf die gesamte Kirche.

Die Kongregationen erledigen Fragen von größerer Wichtigkeit in der *Vollversammlung*, die in der Regel einmal jährlich stattfindet und an der sämtliche Mitglieder teilnehmen; andere wichtige Angelegenheiten werden in der *ordentlichen Versammlung* beraten und entschieden. Fragen von geringerer Bedeutung werden vom sog. *Kongreß* behandelt, zu dem neben dem leitenden Kardinal der höhere Prälat, der Abteilungsleiter, die übrigen Leiter der jeweiligen Behörde und die Sachbearbeiter gehören[26].

Gegenwärtig bestehen folgende Kongregationen:

1. *Die Kongregation für die Glaubenslehre* (S. Congregatio pro Doctrina Fidei) hat die Aufgabe, die Glaubens- und Sittenlehre für den Bereich der gesamten Kirche zu schützen und zu fördern[27].

Die Zuständigkeit der Glaubenskongregation erstreckt sich auf folgende Gebiete: Behandlung theoretischer Fragen, die die Glaubens- und Sittenlehre berühren; Prüfung und ggf. Zurückweisung neuer Lehren und Meinungen; Prüfung von Büchern, die zur Beurteilung vorgelegt werden[28]; Verurteilung von Glaubensirrtümern nach den Normen des ordentlichen Gerichtsverfahrens und nach eigenen Normen Ahndung von Verstößen gegen das Bußsakrament; Behandlung von Fragen des Privilegium Fidei und die Durchführung von Verfahren zur Befreiung von der Zölibatspflicht, mit der das Ausscheiden aus dem geistlichen Stand verbunden ist[29]. Die Kongregation wird je nach der zu entscheidenden Angelegenheit als Verwaltungsbehörde oder als Gericht tätig; sie übt im Rahmen der ihr zugewiesenen Kompetenzen oberste Gerichtsbarkeit aus. Zur Wahrnehmung ihrer Aufgaben ist ihr ein Kirchenanwalt zugeteilt. Zu ihren Aufgaben gehört ferner die Förderung von Studien- und

[24] Vgl. Const. REU nn. 51, 68 § 2, 69 1, 73, 78, 86.

[25] Ebd. n. 2 1; MP „Pro comperto" (Anm. 10) n. II; Sonderregelungen gelten für die Kongregation für Ordensleute und Säkularinstitute und für die Kongregation für die Glaubensverbreitung.

[26] Regolamento (Anm. 15) Art. 110–130.

[27] Const. REU nn. 29–40. Die Kongregation ist Nachfolgeinstitution des früheren Heiligen Offiziums, das am 7. 12. 1965 umbenannt und neu geordnet wurde, vgl. MP „Integrae servandae", in: AAS 57 (1965), S. 952–955.

[28] Über die Bücherzensur und das Lehrbeanstandungsverfahren vgl. in *diesem* Band, unten, *H. Heinemann*, § 66 Schutz der Glaubenslehre.

[29] Das Verfahren zur Befreiung von der Zölibatspflicht unter Verlust des geistlichen Standes wurde am 11. 10. 1980 durch Schreiben und Normen der Kongregation neu geregelt, vgl. AAS 72 (1980), S. 1132–1137; s. auch cc. 290–293.

Gelehrtenkongressen und die Pflege besonderer Beziehungen zur Theologen- und zur Bibelkommission[30].

2. *Die Kongregation für die Ostkirchen* (S. Congregatio pro Ecclesiis Orientalibus) ist für Angelegenheiten der Ostkirchen zuständig, die Personen, Disziplin und Ritus der Angehörigen der Ostkirchen betreffen mit Einschluß der interrituellen Fragen[31]. Zu den Mitgliedern dieser Kongregation gehören die Patriarchen und der Kardinalpräses des Sekretariats zur Förderung der Einheit der Christen; dessen Sekretär ist von Amts wegen Konsultor dieser Kongregation.

An der Kongregation für die Ostkirchen besteht für jeden unierten Ritus eine eigene Abteilung. Diese Kongregation besitzt dieselben Rechte und Vollmachten wie die Kongregationen für die Lateinische Kirche. Diejenigen Angelegenheiten, die in die Zuständigkeit der übrigen Behörden fallen, muß die Ostkirchenkongregation an jene überweisen[32]. Ihr unterstehen ausschließlich die Gebiete, in denen die Mehrheit der Christen den orientalischen Riten angehört. Außerhalb dieser Gebiete richtet sich ihre Zuständigkeit nach der persönlichen Rituszugehörigkeit. Angelegenheiten, die nichtkatholische Christen oder Muslime betreffen, berät die Kongregation für die Ostkirchen mit den Sekretariaten zur Förderung der Einheit der Christen bzw. für die Nichtchristen.

3. *Die Kongregation für die Bischöfe* (S. Congregatio pro Episcopis) ist Rechtsnachfolgerin der Konsistorialkongregation[33]. Zu ihren Mitgliedern gehören die Kardinalpräfekten des Rates für die Öffentlichen Angelegenheiten der Kirche und der Kongregationen für die Glaubenslehre, den Klerus und das katholische Bildungswesen. Die Sekretäre dieser Behörden und der Substitut des Staatssekretariats gehören zu ihren Konsultoren.

Die Zuständigkeit der Kongregation für die Bischöfe erstreckt sich, vorbehaltlich der Kompetenz der Kongregationen für die Ostkirchen und für die Glaubensverbreitung: a) auf die Errichtung und Besetzung von Diözesen und Prälaturen, auf deren Veränderung und auf ähnliche Maßnahmen; ferner auf die Ernennung von Koadjutor- und Auxiliarbischöfen. Verhandlungen über diese Fragen mit den Staatsregierungen führt der Rat für die Öffentlichen Angelegenheiten der Kirche im Benehmen mit der Kongregation für die Bischöfe; b) auf die Aufsicht über die Bischöfe und die Diözesen und alle Angelegenheiten, die die Einberufung und Anerkennung von Partikularkonzilien, Bischofskonferenzen und -versammlungen betreffen; c) auf die Vorbereitung des Päpstlichen Konsistoriums.

Die Kongregation ist außerdem zuständig für den Erlaß von Normen, die die Koordination der Seelsorgstätigkeit der Bischöfe im Rahmen einer Bischofskonferenz betreffen, und für die Aufstellung von Seelsorgsleitlinien für die Bischöfe.

Ihr sind die Päpstlichen Kommissionen für Lateinamerika und für die Seelsorge am Menschen unterwegs angeschlossen[34].

[30] Zu den Aufgaben beider Kommissionen s. *Schmitz*, Kurienreform II (Anm. 1), S. 26ff., 39ff. Die *Bibelkommission* wurde am 27. 6. 1971 neu geordnet, vgl. AAS 63 (1971), S. 665–669; die *Theologenkommission* hat die endgültigen Statuten am 6. 8. 1982 erhalten, vgl. AAS 74 (1982), S. 1201–1205.

[31] Const. REU nn. 41–45. Die neue Bezeichnung „für die Ostkirchen" trägt der ekklesialen Vielfalt im Bereich der orientalischen Riten Rechnung.

[32] Vorbehalte bei *del Re*, La Curia (Anm. 1), S. 109.

[33] Const. REU nn. 46–53.

[34] *Paul VI.* hat am 19. 3. 1970 die Kommission für die Seelsorge an Menschen unterwegs errichtet, s. AAS 62 (1970), S. 193–197; vgl. hierzu in *diesem* Band, unten *B. Puschmann*, § 49 Seelsorge am Menschen unterwegs.

4. *Die Kongregation für die Sakramente und den Gottesdienst* (S. Congregatio pro Sacramentis divinoque cultu) wurde von Papst *Paul VI.* durch die Konstitution „Constans nobis" vom 11. 7. 1975 neu gebildet[35].

Sie ist in zwei Sektionen gegliedert: Die *erste Sektion* ist zuständig für die Disziplin der Sakramente (mit Ausnahme der Ehenichtigkeitssachen und der Organisation und Aufsicht über die Gerichte) und für die Erteilung von Dispensen. Für Entscheidungen über den Nichtvollzug von Ehen (auch für Angehörige der orientalischen Riten) ist sie ausschließlich zuständig[36]. Bei Fragen über die Gültigkeit von Weihen übt sie Gerichtsbarkeit aus, sofern sie eine Sache nicht an das zuständige Gericht verweist[37]. Die *zweite Sektion* ist zuständig für den Gottesdienst. Sie besteht aus drei Abteilungen: für die Liturgie in rituellen und pastoralen Angelegenheiten; für die Beziehungen zu den Bischofskonferenzen; für die Beziehungen zu den liturgischen Kommissionen und die Förderung des liturgischen Apostolates.

5. *Die Kongregation für den Klerus* (S. Congregatio pro Clericis)[38] ist zuständig für alle Angelegenheiten, die die Person und die pastorale Tätigkeit der im Dienst der Diözesen stehenden Kleriker betreffen.

Sie ist in drei Abteilungen gegliedert: Die *erste Abteilung* ist zuständig für die Förderung des geistlichen Lebens und die wissenschaftliche und theologische Fortbildung der Kleriker; ferner für die disziplinären und alle sonstigen den pastoralen Dienst in den Diözesen betreffenden Angelegenheiten (niedere Ämter, Kapitel, Räte, Meßfeier und Meßstipendien). Ihr unterstehen auch die Ordensleute, insofern sie im Dienst der Diözesen als Seelsorger tätig sind. Ihre Zuständigkeit erstreckt sich ferner auf die Behandlung von Angelegenheiten, die gemeinsame Verpflichtungen von Klerikern und Laien betreffen. Sie entscheidet bei bestimmten Vorrangstreitigkeiten und – auf dem Verwaltungswege – über Streitigkeiten zwischen Klerikern untereinander, zwischen Klerikern und Laien und auch zwischen Diözesan- und Ordensgeistlichen. Durch einen eigenen Rat stellt sie Grundsätze auf für eine bessere Verteilung des Klerus. Die *zweite Abteilung* ist zuständig für Fragen der Wortverkündigung und der Apostolischen Werke sowie für den Religionsunterricht. Die Kongregation für den Klerus steht dabei in Verbindung mit den Bischofskonferenzen und mit der Kongregation für das Katholische Bildungswesen. Der *dritten Abteilung* obliegt die Sorge für die Erhaltung des Kirchengutes und die Regelungen seiner Verwaltung (ausgenommen die Vermögensverwaltung der anderen Kongregationen), ferner für Fragen, die den Lebensunterhalt und die soziale Fürsorge des Klerus betreffen.

6. *Die Kongregation für die Ordensleute und Säkularinstitute* (S. Congregatio pro Religiosis et Institutis saecularibus) ist nach dem CIC/1983 zuständig für die Institute des geweihten Lebens und die Gesellschaften des apostolischen Lebens der Lateinischen Kirche, unbeschadet der Befugnisse der Kongregation für die

[35] AAS 67 (1975), S. 417–420. In ihr wurden die SC Sacr (Const. REU n. 54) und die SC Cult vereinigt, vgl. Const. „Sacra Rituum Congregatio" v. 8. 5. 1969, in: AAS 61 (1969), S. 297–305.

[36] Rescriptum ex audientia v. 15. 7. 1973, in: AAS 65 (1973), S. 602. Die cc. 1697–1706 erwähnen allerdings nicht ausdrücklich die Kongregation. Zur neuen Verfahrensordnung s. AAS 64 (1972), S. 244ff.

[37] Vgl. c. 1709 § 1.

[38] Const. REU nn. 65–70. Ihre Vorgängerin, die Konzilskongregation, hatte die oberste Leitung über die Disziplin des Weltklerus und des christlichen Volkes.

Glaubensverbreitung[39]. Zu ihren Mitgliedern gehören auch drei Generalobere von klerikalen Ordensverbänden[40].

Nach der Const. REU ist die Kongregation in zwei Abteilungen gegliedert, eine für die klösterlichen Verbände, die Gesellschaften mit gemeinsamem Leben und die Dritten Orden, die andere für die Säkularinstitute. Änderungen der inneren Struktur dieser Kongregation sind zu erwarten. In allen Fällen ist sie zuständig für die Errichtung und Auflösung von Verbänden und Instituten und für sämtliche Angelegenheiten, die die Institute des geweihten Lebens und die Gesellschaften des apostolischen Lebens betreffen, insbesondere für die Ausbildung der Mitglieder, die Disziplin, die Verwaltung und die Erneuerung. Ihr obliegt die Errichtung von Räten oder Konferenzen von höheren Oberen[41].

7. *Die Kongregation für das katholische Bildungswesen* (S. Congregatio pro Institutione catholica) ist in drei Abteilungen gegliedert[42].

Die *erste Abteilung* ist zuständig für die Leitung der Priesterseminare, jedoch vorbehaltlich der Befugnisse der Kongregation für die Glaubensverbreitung, ferner für die Ausbildung des Priesternachwuchses und für die wissenschaftlichen Studien der Ordensleute. Zum Zuständigkeitsbereich der *zweiten Abteilung* gehören die kirchlichen Hochschulen, Fakultäten und Universitäten. Die *dritte Abteilung* ist zuständig für die übrigen Erziehungs- und Bildungseinrichtungen, sofern diese nicht in den Zuständigkeitsbereich der Kongregationen für die Ostkirchen und für die Glaubensverbreitung gehören oder ausschließlich auf das Ordensleben vorbereiten. Die Kongregation untersucht außerdem grundsätzliche Fragen der Erziehung und des Studiums; ihr obliegt die Koordination der Kräfte zur Verteidigung der Rechte und der Freiheit der Schulen. Dabei arbeitet sie mit den Bischofskonferenzen, den staatlichen Behörden und den bestehenden Organisationen zusammen und koordiniert ihre Tätigkeit mit dem Rat für die Öffentlichen Angelegenheiten der Kirche.

8. *Der Kongregation für die Evangelisation der Völker oder die Glaubensverbreitung* (S. Congregatio pro Gentium Evangelizatione seu de Propaganda Fide) obliegt die oberste Leitung des Missionswesens der Gesamtkirche[43]. Geborene Mitglieder dieser Kongregation sind die Kardinalpräsidenten der drei Sekretariate zur Förderung der Einheit der Christen, für die Nichtchristen und für die Nichtglaubenden. Zu den Mitgliedern dieser Kongregation gehören ferner zwölf Prälaten aus den Missionen und vier aus anderen Bereichen; außerdem – jedoch nur mit dem Recht zur Teilnahme an den Vollversammlungen – je vier Leiter von Missionsinstituten und von Päpstlichen Missionswerken[44].

Im Missionsbereich besitzt die Kongregation für die Evangelisation der Völker die Befugnisse aller übrigen Kongregationen, mit Ausnahme der Glaubensangelegenheiten, Ritenvorschriften, eherechtlichen Nichtvollzugsverfahren, Weiheprozesse, kirchlichen Studien und Universitäten. Sie leitet und koordiniert die gesamte Missionstätigkeit der Kirche und regt

[39] Const. REU nn. 71–74; vgl. CIC/1983, Buch II, Teil III.

[40] Const. REU n. 2 2 u. MP „Pro comperto" (Anm. 10) n. II.

[41] C. 709; Const. REU n. 73 § 5.

[42] Const. REU nn. 75–80. Sie ist die Nachfolgerin der Studienkongregation.

[43] Const. REU nn. 81–91. Bis zur Kurienreform trug sie nur den Namen „SC de Propaganda Fide" und wurde schon durch das MP EcclSanct III 13 ff. neu organisiert; vgl. AAS 58 (1966), S. 757–787.

[44] Instructio de membris adiunctis et consultoribus SC pro Gentium Evangelizatione seu de Propaganda Fide, I 1, abgedr. bei *Ochoa* III, n. 3633, Sp. 5317 f.; NKD 47, S. 140–149.

missionarische Initiativen und die Sammlung von Hilfsmitteln an. Ihr unterstehen die Missionsinstitute und Missionswerke und die Ordensleute in ihrer Eigenschaft als Missionare.

9. *Die Kongregation für die Selig- und Heiligsprechungen* (S. Congregatio pro Causis Sanctorum) erhielt durch die Konstitution „Divinus perfectionis Magister" vom 25. 1. 1983 eine neue Struktur. Sie führt die Selig- und Heiligsprechungsverfahren durch und ist für alle Fragen bezüglich der Verwahrung von Reliquien zuständig[45].

Bei dieser Kongregation besteht außer dem Glaubensanwalt ein Relatorenkollegium, geleitet durch den Generalrelator. Die Kongregation trifft zuerst eine Feststellung darüber, ob bei der ersten Phase des Verfahrens auf der Diözesanebene die geltenden Normen eingehalten worden sind[46]. Unter Heranziehung von Sachverständigen müssen sodann die Unterlagen durch einen Relator geprüft und eine „Positio" über den jeweiligen Fall (d. h. über Tugenden, Martyrium oder ggf. über die Wunder) erstellt werden. Dieser Bericht wird im weiteren Verlauf des Verfahrens von den Theologen unter Leitung des Glaubensanwalts und schließlich von den Mitgliedern der Kongregation beraten. Die letzte Entscheidung liegt beim Papst.

10. Den Kongregationen ist auch der *Päpstliche Rat für die Laien* (Pontificium Consilium pro Laicis) zuzuzählen. Ungeachtet seiner Bezeichnung als „Rat" ist er seiner Zielsetzung und seinen Aufgaben nach eine Kongregation. Ihm ist ein Aufgabenbereich übertragen, für den nach der Umwandlung der Konzilskongregation in die Kongregation für den Klerus keine andere Kongregation mehr zuständig war[47]. Die endgültige Verfassung erhielt der Päpstliche Rat für die Laien am 10. 12. 1976[48]. Die Struktur des Rates weist gegenüber den Kongregationen insofern eine Besonderheit auf, als dem Kardinalpräses ein Präsidialausschuß zur Seite steht, dem auch Laien beiderlei Geschlechts als Mitglieder angehören. Die jurisdiktionellen Entscheidungen obliegen dem Präses sowie dem Sekretär und dem Untersekretär. Zu den Konsultoren gehören von Amts wegen die Sekretäre der Päpstlichen Kommission „Iustitia et Pax", der Kongregation für die Bischöfe, Ostkirchen, Kleriker, Ordensleute und Säkularinstitute und für die Glaubensverbreitung.

Der Rat fördert die apostolische Tätigkeit der Laien, er ist ferner für die Lebensführung der Laien zuständig und ebenso für die Laienvereinigungen (Apostolische und fromme Vereine, Drittorden hinsichtlich ihrer apostolischen Werke, Vereinigungen, auch wenn diesen Kleriker angehören)[49]. Ferner hat der Rat für die Einhaltung der die Laien betreffenden Gesetze zu sorgen und entscheidet auf dem Verwaltungsweg über Streitsachen, an denen Laien beteiligt

[45] AAS 75 (1983), S. 349–355; 396–403; vgl. c. 1403. Sie wurde als selbständige Kongregation durch die Const. „Sacra Rituum Congregatio" v. 8. 5. 1969 errichtet, vgl. AAS 61 (1969), S. 297–305.

[46] Dafür hat die Kongregation am 7. 2. 1983 „Normae servandae in inquisitionibus ab Episcopis faciendis in Causis Sanctorum" erlassen (OssRom v. 27. 2. 1983).

[47] Vgl. Const. REU nn. 65–70 mit c. 250 CIC/1917.

[48] MP „Apostolatus peragendi" von *Paul VI.*, in: AAS 69 (1976), S. 696–700; vgl. *Mosiek* Verf. II, S. 103. Der Rat wurde in seiner vorläufigen Verfassung von 1967 in die Const. REU n. 103 aufgenommen.

[49] Zu beachten sind die von der Apost. Signatur im November 1968 erlassenen „Normae quibus regitur competentia Curiae Romanae in fidelium Associationes", abgedr. bei *Ochoa* III, n. 3699, Sp. 5446f.; NKD 47, S. 150–155.

sind. Angelegenheiten der Pastoralräte behandelt er in Zusammenarbeit mit der Kongregation für den Klerus.

11. Unabhängig vom Päpstlichen Rat für die Laien, wenn auch in enger Verbindung mit ihm, steht der durch das MP „Familia a deo instituta" vom 9. 5. 1981 durch Papst Johannes Paul II. errichtete *Päpstliche Rat für die Familie* (Pontificium Consilium pro Familia)[50]. Der Päpstliche Rat für die Familie trat an die Stelle des von Paul VI. am 11. Januar 1973 durch das MP „Apostolatus peragendi" geschaffenen und (wenn auch mit eigenem Personal und eigener Aufgabenstellung) dem Päpstlichen Rat für die Laien angegliederten Rats für die Familie. Präsident des Päpstlichen Rats für die Familie ist ein Kardinal; ihm steht ein Präsidium zur Seite, das aus Bischöfen gebildet ist, die aus den verschiedenen Erdteilen stammen. Ferner verfügt der Päpstliche Rat für die Familie über einen Sekretär und einen Subsekretär sowie über die erforderliche Anzahl von Kurialbeamten. Die Mitglieder des Rates sind Laien, und zwar überwiegend verheiratete Männer und Frauen, aus allen Erdteilen und Kulturräumen. Die Aufgabe des Rats besteht in der pastoralen Förderung der Familien und des Familienapostolats im Sinne des Lehramts der Kirche. Die Familien sollen befähigt werden, auf den Gebieten der Erziehung, der Glaubensverkündigung und der Glaubensverwirklichung ihren Auftrag zu erfüllen. Dem Päpstlichen Rat für die Familie obliegt sowohl die wissenschaftlich-theologische Erforschung aller einschlägigen Fragen als auch die Entwicklung und Durchführung praktisch-pastoraler Initiativen jeglicher Art.

IV. Die Gerichtshöfe

1. *Die Apostolische Signatur* ist der oberste Gerichtshof der Kirche und zugleich die oberste Behörde der Gerichtsverwaltung[51]. Am 25. 1. 1968 hat sie ihre heutige Verfassung und neue Verfahrensnormen erhalten[52]. Ihr gehören an zwölf Kardinäle, höhere Gerichtsbeamte, die Praelati votantes und die Praelati referendarii.

Die Signatur besteht heute aus zwei Sektionen:

a) Die *erste Sektion* ist ein Revisionsgericht für die Entscheidungen der Rota und zugleich Gerichtshof für Befangenheitseinreden gegen Rotarichter und für Kompetenzkonflikte (vgl. cc. 1445 § 1 n. 4, 1416). Zu ihrem Zuständigkeitsbereich gehört auch die formale Überprüfung von Ehenichtigkeitsurteilen, die der Signatur aufgrund konkordatärer Bestimmungen vorgelegt werden.

b) Die *zweite Sektion* ist in erster Linie Verwaltungsgerichtshof für Rekurse gegen Verwaltungsakte der kirchlichen Oberen, die auf rechtmäßige Weise bei ihr eingelegt

[50] AAS 73 (1981), S. 441–444. Über die Struktur und die gegenwärtige Zusammensetzung des Präsidiums, der Mitglieder, der Beamten und der Berater des Päpstlichen Rates für die Familie vgl. AnPont 1983, S. 1108–1110.

[51] S. c. 1445; Const. REU nn. 104–107.

[52] Die Normen, zunächst „ad experimentum" gegeben, wurden am 14. 10. 1972 bis zum Inkrafttreten des CIC/1983 bestätigt; abgedr. in: AfkKR 137 (1968), S. 177–202.

werden. Sie ist ferner zuständig für Kompetenzstreitigkeiten zwischen den Kurialbehörden und entscheidet die ihr vom Papst oder von den Dikasterien der Kurie zugewiesenen Verwaltungsstreitsachen (vgl. c. 1445 § 2)[53]. Als Gerichtsverwaltungsbehörde obliegt der Apostolischen Signatur die Aufsicht im Gerichtsbereich, die Verlängerung und Erweiterung von Gerichtskompetenzen und die Förderung und Errichtung von Regional- und Interregionalgerichten (vgl. c. 1445 § 3).

2. *Die Rota Romana* ist das ordentliche Gericht des Heiligen Stuhls, vornehmlich mit Aufgaben eines Berufungsgerichts; sie kann aber auch in erster Instanz handeln[54]. Ihre Zuständigkeit erstreckt sich auf alle Ehenichtigkeitsfälle. Am 16. 1. 1982 hat Papst *Johannes Paul II.* ihre neue Verfassung bestätigt[55]. Als Rotarichter fungieren mehrere Auditoren, deren Kollegium vom Dekan, nach der Regel dem jeweils dienstältesten Auditor[56], geleitet wird. Außerdem bestehen bei ihr ein Kirchenanwalt, dessen Substitut, mehrere Ehebandverteidiger, ein Kanzler und Notare[57].

Die Rota Romana wird regelmäßig durch Kollegien von drei Richtern (sog. Turnus) tätig, die nach einer festgelegten Reihenfolge gebildet werden. Sie kann aber auch in voller Besetzung mit sämtlichen Auditoren tätig werden. Im Regelfall agiert sie als Berufungsgericht für Rechtssachen in zweiter, dritter oder höherer Instanz. In erster Instanz behandelt sie als ordentliches Gericht: Streitfragen der Bischöfe und alle Rechtsfragen eines Abtprimas, des höheren Abtes einer monastischen Kongregation, des höheren Oberen eines Ordensinstitutes päpstlichen Rechts, der Diözesen und kirchlichen Rechtspersonen, die keinem anderen Oberen als dem Papst unterstehen[58]; in anderen Fällen judiziert sie als delegierter Gerichtshof[59]. Für Berufungen gegen ihre eigenen Urteile ist sie selbst zuständig. Als Instanz fungiert aber dann ein anderer Turnus. Bei der Rota Romana ist ein Studiengang eingerichtet, in dem nach einem Studium von drei Jahren das Diplom eines Rotaanwalts erworben werden kann.

3. *Die Apostolische Pönitentiarie* ist zuständig für den inneren, sowohl sakramentalen als auch nichtsakramentalen Bereich. Zu ihrer Zuständigkeit gehört ferner alles, was sich auf die Gewährung und den Gebrauch von Ablässen bezieht[60]. Sie besteht aus zwei Sektionen. An ihrer Spitze steht der Kardinalgroßpönitentiar, der von einem Regens und fünf anderen Prälaten mit beratender Funktion unterstützt wird.

[53] Über Verwaltungsbeschwerde und Verwaltungsrechtsprechung vgl. in *diesem* Band, unten, *R. A. Strigl*, § 110.

[54] S. cc. 1443–1444; Const. REU nn. 109ff.

[55] „Normae Sacrae Romanae Rotae Tribunalis", in: AAS 74 (1982), S. 490–517. Allerdings gelten nach Art. 65 der neuen Normen bezüglich der Verfahrensordnung nach wie vor Art. 59–185 der „Normae S. R. Rotae Tribunalis", in: AAS 26 (1934), S. 449–491.

[56] Ebd., Art. 4 § 2.

[57] Ebd., Art. 6–10; der Substitut wird ein Priester orientalischen Ritus und erarbeitet vor allem Fragen, die Christen der Ostkirchen betreffen.

[58] Vgl. c. 1405 § 3. Die Inkompetenz anderer Gerichte ist für diese Fälle absolut c. 1406 § 2.

[59] Der Papst kann sich aus eigenem Antrieb oder auf Antrag der Parteien eine Rechtsfrage vorbehalten und die Rota mit der Behandlung der Sache beauftragen, c. 1444 § 2.

[60] Const. REU nn. 111–113. Die bestehende Organisation der Apostolischen Pönitentiarie wurde 1935 unter *Pius XI.* geschaffen, Const. „Quae divinitus" v. 25. 3. 1935, in: AAS 27 (1935), S. 97–113; aus dieser Zeit stammen auch noch ihre Verfahrensnormen.

Die Aufgabe der Pönitentiarie besteht überwiegend in der Gewährung von Gnadenerweisen, d. h. von Lossprechungen, Dispensen, Umwandlungen von Verpflichtungen, Heilung von fehlerhaften Handlungen, und zwar dergestalt, daß sie eher den Charakter eines Gnadenhofs als den eines Gerichts im strengen Sinn besitzt. Die wichtigeren Angelegenheiten werden in der sog. Signatur, d. h. der Vollversammlung der Prälaten unter Vorsitz des Großpönitentiars behandelt, die gewöhnlichen in den täglichen Versammlungen des Regens mit je zwei Beamten, dem sog. Kongreß, dessen Entscheidungen vom Großpönitentiar bestätigt werden. Bestimmte Angelegenheiten werden vom Papst bei der üblichen zweimal monatlich stattfindenden Audienz entschieden. Gewissensangelegenheiten können der Pönitentiarie durch den Betroffenen persönlich sowie durch dessen Pfarrer oder den Beichtvater vorgelegt werden, sofern nötig, unter Verschweigung des Namens des Betroffenen.

V. Weitere Kurieninstitutionen

1. Die ständigen Sekretariate[61]

Die Sekretariate sind selbständige Behörden und ihrer Struktur nach weitgehend den Kongregationen angeglichen. Zu ihren Mitgliedern gehören Kardinäle und eine im einzelnen nicht genau festgelegte Anzahl von Bischöfen. Ihre Zielsetzung entspricht aber nicht den spezifischen Aufgaben einer Verwaltungsbehörde; sie besteht im Studium und in der Pflege der Beziehungen der Kirche zu drei Gruppen von Menschen, zu den getrennten Christen, den Nichtchristen und den Nichtglaubenden. Die Arbeitsweise der Sekretariate ist infolgedessen auch verschieden.

a) *Das Sekretariat zur Förderung der Einheit der Christen* (Secretariatus ad Christianorum unitatem fovendam). Zu seinen Mitgliedern gehören die Präfekten der Kongregationen für die Ostkirchen und für die Glaubensverbreitung; zu den Beratern die Sekretäre dieser Dikasterien. Aufgaben dieses Sekretariats sind die Pflege der Beziehungen zu den anderen Kirchen und kirchlichen Gemeinschaften, die Förderung und Koordination des ökumenischen Apostolats, die Auslegung der ökumenischen Grundsätze und die Durchführung der Konzilsbeschlüsse. Eine Kommission für das Judentum ist diesem Sekretariat zugeordnet.

b) *Das Sekretariat für die Nichtchristen* (Secretariatus pro non Christianis). Zu seinen Mitgliedern gehört der Präfekt der Kongregation für die Glaubensverbreitung. Unbeschadet der Zuständigkeit der Kongregation für die Glaubensverbreitung dient dieses Sekretariat der Förderung der gegenseitigen Kenntnis und eines besseren Verständnisses der Gläubigen der nichtchristlichen Religionen. Bei ihm besteht eine Kommission für die Beziehungen zum Islam.

c) *Das Sekretariat für die Nichtglaubenden* (Secretariatus pro non Credentibus). Dieses Sekretariat widmet sich dem Studium des Atheismus und nach Möglichkeit dem Gespräch mit den Nichtglaubenden.

[61] Die Erhebung der seit 1960 neu errichteten ständigen Sekretariate zu Kurialbehörden stellte eine bedeutsame Neuerung der Const. REU dar (vgl. nn. 92–102).

2. Kommissionen und Räte

a) *Die Päpstliche Studienkommission für Gerechtigkeit und Frieden* (Iustitia et Pax) erhielt am 10. 12. 1976 von Papst *Paul VI.* ihre endgültige Ordnung[62]. Ihre Organisationsstruktur ähnelt derjenigen der Kongregationen; ihre Aufgabenstellung und Arbeitsweise jedoch derjenigen der Sekretariate.

Die Kommission hat die Aufgabe, die Gerechtigkeit und Frieden betreffenden Probleme zu erforschen und die Soziallehre der Kirche zu vertiefen und zu verbreiten. Dadurch soll sie die Menschen aufklären und die Gewissensverpflichtung, insbesondere der Christen, für die Verwirklichung von Gerechtigkeit und Frieden, für die Entwicklung der Völker und die Achtung der Menschenrechte wecken. Zu diesem Zweck unterhält sie Verbindungen zu den ebenfalls mit diesen Fragen befaßten Behörden der Kurie, den Bischofskonferenzen und katholischen und anderen Organisationen. Stellungnahmen von größerer Tragweite soll sie erst nach Beratung mit dem Staatssekretariat veröffentlichen.

b) *Die Päpstliche Kommission für die Revision des Codex Iuris Canonici*[63]. Nach der Promulgation des CIC/1983 hat diese Kommission, so wie sie besteht, keine Rechtfertigung mehr.

c) *Die Päpstliche Kommission für die Revision des Ostkirchenrechts*, errichtet durch Papst *Paul VI.* am 10. 7. 1972[64].

Sie trat an die Stelle der früheren Kommission für die Redaktion des Ostkirchenrechts. Ihre Zuständigkeit erstreckt sich auf das gesamte orientalische Kirchenrecht. Ihr obliegt auch die Edition der Rechtsquellen.

d) *Die Päpstliche Kommission für die Interpretation der Beschlüsse des Zweiten Vatikanischen Konzils* und der zur Durchführung der Konzilsdekrete erlassenen Dokumente[65].

e) *Der Päpstliche Rat „Cor Unum"* für die Koordinierung aller karitativen Werke der Kirche, errichtet am 15. 7. 1971 durch Papst *Paul VI.*[66].

f) *Der Kardinalsrat für die Bearbeitung von organisatorischen und wirtschaftlichen Fragen des Heiligen Stuhls*[67].

g) *Der Päpstliche Rat für die Kultur*[68]. Diesem Rat obliegt die Aufgabe der Förderung der Beziehungen der Kirche mit der Kultur.

62 MP „Iustitiam et Pacem", in: AAS 69 (1976), S. 700–703; die Kommission wurde in ihrer vorläufigen Verfassung von 1967 in die Const. REU n. 103 aufgenommen.

63 Papst *Johannes XXIII.* hat sie am 28. 3. 1963 errichtet, vgl. AAS 55 (1963), S. 363f. Ihre Arbeiten und wichtige Dokumente veröffentlicht sie in der Zeitschrift „Communicationes".

64 Nuntia 1 (1975), S. 2. Ihre Arbeiten werden in der Zeitschrift „Nuntia" veröffentlicht.

65 Schreiben des Staatssekretariats vom 14. 4. 1969, abgedr. bei *Ochoa* III, n. 3577, Sp. 5217; Communicationes 2 (1970), S. 78.

66 AAS 63 (1971), S. 669–673. Vgl. die Ansprache *Johannes Pauls II.* am 22. 11. 1982, in: AAS 75 (1983), S. 132–135.

67 Am 31. 5. 1981 errichtet, vgl. AAS 73 (1981), S. 545–546; vgl. AnPont 1983, S. 1111.

68 Der Rat wurde am 20. 5. 1982 errichtet, vgl. AAS 74 (1982), S. 683–688.

3. *Die Ämter*

Von den Ämtern (officia) alter Ordnung ist nach Auflösung der Apostolischen Kanzlei[69] allein die Apostolische Kammer übriggeblieben. Die an der Römischen Kurie bestehenden Ämter sind reine Verwaltungsbehörden, die in der Regel nicht kollegial verfaßt sind[70]. Die bedeutenderen Ämter, die gegenwärtig an der Römischen Kurie bestehen, sind die folgenden:

a) *Die Ämter für Finanzangelegenheiten*, an deren Spitze jeweils ein Präses steht, der von einem Rat von Kardinälen unterstützt wird: Die Präfektur für die Wirtschaftsangelegenheiten des Apostolischen Stuhls als oberste Behörde für die Koordinierung und Überwachung des gesamten Finanzwesens; die Vermögensverwaltung des Apostolischen Stuhls mit je einer Sektion für ordentliche und außerordentliche Aufgaben.

b) *Die Apostolische Kammer* für die Verwaltung der Güter und der Rechte des Apostolischen Stuhls während der Sedisvakanz. Sie wird vom Kardinalkämmerer der Römischen Kirche geleitet.

c) *Die Präfektur des Apostolischen Palastes* ist zuständig für die Leitung des Apostolischen Palastes (Regelung der Audienzen und päpstlichen Zeremonien) und für die Assistenz des Papstes an allen Orten, an denen er sich aufhält.

Die Vorbereitung und Durchführung von Papstreisen und Staatsbesuchen obliegt dem Präfekten in Zusammenarbeit mit dem Staatssekretariat. Das Amt entscheidet Fragen der Präzedenz der Kardinäle und des Diplomatischen Korps beim Heiligen Stuhl. Der Präfekt leitet auch den Päpstlichen Hof, der seit 1968 die Bezeichnung „Päpstliches Haus" trägt.

d) *Das Personalamt* für das Personal des Apostolischen Stuhls[71].

e) *Das Statistische Amt* hat die Aufgabe, den Stand der Kirche besser erkennen zu lassen und durch Erstellung und Auswertung der Statistiken den Seelsorgern eine wirksame Hilfe zu leisten[72].

VI. Das Päpstliche Haus

Von Heribert Schmitz

Mit Motu Proprio *Pontificalis Domus* vom 28. März 1968 (AAS 60) [1968], S. 305–315; NKD 10, S. 254–273) hat Papst Paul VI. nach der Neuordnung der Römischen Kurie auch eine Reform des Päpstlichen Hofstaats durchgeführt, der seither Päpstliches Haus (Pontificalis Domus; Casa Pontificia) genannt wird. Es besteht aus Klerikern und Laien und gliedert sich wie bisher schon in die Päpstliche Kapelle (Cappella Pontificia) und die Päpstliche Familie (Familia Pontificia). Cappella Pontificia ist der Kreis von Würdenträgern, der den Papst als Haupt der

[69] S. Anm. 22.
[70] Const. REU nn. 117–128.
[71] Errichtet durch *Paul VI.* am 9. 5. 1971, vgl. AnPont 1983, S. 1136.
[72] Const. REU nn. 120–131.

Katholischen Kirche bei feierlichen Gottesdiensten umgibt. Zur Familia Pontificia gehören außer den Klerikern im Dienst des päpstlichen Hauses auch Laien, die den Papst als Staatsoberhaupt des Vatikans in besonderer Weise unterstützen, außerdem zählen zu ihr Ehrenmitglieder. Die Leitung des Päpstlichen Hauses obliegt dem Präfekten des Apostolischen Palastes, jenem bei der Kurienreform neugeschaffenen Amt, das die Ämter des Maggiordomo und des Maestro di Camera und die Funktionen der Zeremonienkongregation übernommen hat. Die Mitglieder des Päpstlichen Hauses werden vom Papst auf fünf Jahre berufen, soweit nicht etwas anderes festgelegt ist oder sich von der Amtsstellung her ergibt. Bei Vakanz des Papstamtes enden alle Dienste im Päpstlichen Haus. Die geistlichen *Ehrentitel* sind auf drei Stufen reduziert: Apostolischer Protonotar (mit zwei Klassen); Ehrenprälat Seiner Heiligkeit (bisher Päpstlicher Hausprälat)[73], Kaplan Seiner Heiligkeit (bisher Päpstlicher Geheimkämmerer, in Deutschland meist Monsignore genannt).

§ 31 Die päpstlichen Gesandten

Von Paul Mikat

I. Die Aufgaben des päpstlichen Gesandtschaftswesens

Das päpstliche Gesandtschaftswesen gründet nach kanonischer Rechtsauffassung im Jurisdiktionsprimat und in der Hirtenaufgabe des Papstes, dem das „angeborene und unabhängige Recht" beigelegt wird, „seine Vertreter zu ernennen und zu den Teilkirchen in den verschiedenen Nationen und Regionen oder zugleich auch zu den Staaten und zu öffentlichen Institutionen zu entsenden, zu versetzen und abzuberufen, und zwar unter Beobachtung der Vorschriften des internationalen Rechts, sofern es sich um Legaten handelt, die bei den Staaten akkreditiert sind" (c. 362)[1]. Wahrung der Einheit des Papstes mit den Teilkirchen in aller Welt und Hilfe bei der Erfüllung des Missionsauftrages der Kirche, aber auch Pflege der Beziehungen des Heiligen Stuhls zu den Staaten und – in jüngster Zeit von zunehmender Bedeutung – dessen angemessene Vertretung bei internationalen Organisationen und Konferenzen, das sind wichtige Aufgaben des päpstlichen Gesandtschaftswesens, deren komplexer Art auch die komplexe rechtliche

[73] Als *Prälaten* werden im kanonischen Recht die Inhaber ordentlicher Leitungsvollmacht für den äußeren Bereich bezeichnet, z. B. die Diözesanbischöfe und die anderen Ordinarien sowie hohe Amtsträger der Römischen Kurie. Prälat ist vielfach, besonders in Deutschland, Kurzbezeichnung für jene Kleriker, denen, ohne daß ihnen damit Leitungsvollmacht zuteil wurde, der Titel „Ehrenprälat Seiner Heiligkeit" ehrenhalber verliehen wurde (vgl. c. 110 CIC/1917).

[1] Der Wortlaut des c. 362 findet sich nahezu wörtlich in MP SolOmnEccl Art. III 1; vgl. hierzu auch c. 265 CIC/1917.

Normierung korrespondiert; denn so frei der Papst hinsichtlich der innerkirchlichen Gestaltung ist, so sehr ist er doch in allen Materien internationalen Charakters an die völkerrechtlichen Normen gebunden[2]. Aber der innere Zusammenhang zwischen päpstlicher Jurisdiktionsgewalt und päpstlichem Gesandtschaftswesen macht deutlich, daß das *päpstliche Gesandtschaftswesen in erster Linie der Verbindung des Papstes mit den Teilkirchen, d. h. den Bischöfen und den Gläubigen, dient*; dieser Hauptaufgabe ist die Pflege diplomatischer Beziehungen mit den Staaten nachgeordnet. Damit ist die Hauptaufgabe der päpstlichen Gesandten ihrem Wesen nach geistlicher Natur und hebt sie insofern jedenfalls aus kirchlicher Sicht von den übrigen diplomatischen Vertretungen ab. Es wäre jedoch verfehlt, daraus die Preisgabe der völkerrechtlichen Seite und der Sicherung des päpstlichen Gesandtschaftsrechts (ius legationis) zu fordern, stellt diese doch eine bewährte Hilfe für die freie Wahrnehmung des geistlichen Auftrags dar.

Nach heute sowohl in der Völkerrechtslehre wie in der Völkerrechtspraxis durchweg herrschender Ansicht kommt es dem Apostolischen Stuhl zu, nicht nur mit anderen Staaten auf dem Boden der Gleichberechtigung Verträge (Konkordate) zu schließen, sondern auch in gleicher Weise wie die souveränen Staaten sich durch eigene Gesandte vertreten zu lassen und dementsprechend auch Gesandte dieser Staaten bei sich in Rom zu akkreditieren. Dieses aktive und passive Gesandtschaftsrecht des Apostolischen Stuhls ist historisch gewachsen. Als einzige unter allen Religionsgemeinschaften der Welt ist die römisch-katholische Kirche dauerndes und aktives Völkerrechtssubjekt, ausgestattet mit einer souveränen Regierung. Völkerrechtlich gesehen stellt der Apostolische Stuhl die Verkörperung der Kirche dar, die ihm zukommenden Rechte und Pflichten sind Rechte und Pflichten der Kirche selbst, deren Völkerrechtssubjektivität keineswegs an die Existenz eines souveränen Kirchenstaates oder heute des Vatikanstaates gebunden ist; sie beruht weder auf dem italienischen Garantiegesetz von 1871 noch auf den Lateranverträgen von 1929.

II. Die Bestimmungen des Codex Iuris Canonici von 1983

Bereits der CIC/1917 hatte erstmals die wichtigsten Normen des päpstlichen Gesandtschaftswesens in den cc. 265–270 unter der Überschrift „De Legatis Romani Pontificis" in lapidarer Kürze zusammengefaßt. Ähnlich enthalten die

[2] Vgl. hierzu die mit reichhaltigen Literaturangaben ausgestattete Darstellung des heutigen päpstlichen Legationswesens bei *M. Oliveri*, Natura e funzioni dei Legati Pontifici nelle storia e nel contesto ecclesiologico del Vaticano II, Torino 1979, bes. S. 227ff., 230–286; ferner *H. E. Cardinale*, The Holy See and the International Order, Buckinghamshire/England 1976, bes. S. 73–97, 137–177; die ausführliche Darstellung von *H. F. Köck*, Die völkerrechtliche Stellung des Heiligen Stuhls, Berlin 1975, bes. S. 295–310 mit umfassenden Literaturangaben und differenzierten Hinweisen auf die kuriale und internationale Praxis; *U. Scheuner*, Die internationalen Beziehungen der Kirchen und das Recht auf freien Verkehr, in: HdbStKirchR II, S. 299ff.; *P. Mikat*, Zum Verhältnis des Heiligen Stuhls zu internationalen Organisationen, in: Politik und Konfession (Festschr. für K. Repgen zum 60. Geburtstag), Berlin 1983, S. 281–304.

Bestimmungen der cc. 362–367 CIC/1983 mit der Überschrift „De Romani Pontificis Legatis" Bestimmungen über die wesentlichen Aufgaben der päpstlichen Gesandten[3]. Der hauptsächliche Unterschied zwischen diesen Bestimmungen des CIC/1917 und des CIC/1983 besteht darin, daß in den cc. 362–367 CIC/1983 dem innerkirchlichen Aufgabenkreis der päpstlichen Legaten mit aller Deutlichkeit der Vorrang vor ihrer Funktion als diplomatische Vertreter des Apostolischen Stuhls bei den Staatsregierungen zuerkannt wird. Die päpstlichen Gesandten sind damit an erster Stelle die Vertreter des Papstes bei den Teilkirchen und erst in zweiter Linie, soweit ihnen in den einzelnen Staaten diese Funktion zukommt, diplomatische Vertreter des Apostolischen Stuhls. Auch der päpstliche Gesandte mit diplomatischem Status hat danach vorrangig religiös-kirchliche Aufgaben[4]. Im CIC/1917 werden die päpstlichen Legaten nur als diplomatische Vertreter bei den Staatsregierungen und als Beobachter des Heiligen Stuhls in den einzelnen Staaten mit bestimmten Verpflichtungen zur Berichterstattung dargestellt.

Der CIC/1983 folgt in denkbar engem Anschluß den Bestimmungen des MP *Pauls VI.* „Sollicitudo Omnium Ecclesiarum" vom 24. 6. 1969, durch das entsprechend dem auf dem II. Vatikanum geäußerten Wunsch der Bischöfe das Amt des päpstlichen Gesandten unter Berücksichtigung des den Bischöfen eigenen Hirtenamtes eine genauere Abgrenzung und Umschreibung erfahren hat[5]. Das umfangreiche Dokument SolOmnEccl enthält in einem ersten Teil eine eingehende theologisch-ekklesiologische und kirchenrechtliche Legitimation und Darstellung der Notwendigkeit und Bedeutung des päpstlichen Gesandtschaftswesens für die Lebenswirklichkeit und die gedeihliche Entwicklung der katholischen Weltkirche im Rahmen der Koexistenz der Kirche innerhalb der Staatenwelt und der internationalen Ordnung. Ebenso wie in dem MP SolOmnEccl als auch in den cc. 362–367 des CIC/1983 hat die bedeutsame Aussage des II. Vatikanum, daß die eine katholische Kirche in und aus Teilkirchen besteht[6], in ihrem vollen Gewicht Berücksichtigung gefunden. Deshalb steht die innerkirchliche Dienstfunktion des päpstlichen Gesandten bei der dauernden Aufgabe der Verwirklichung der Einheit zwischen dem Papst und den Teilkirchen an erster Stelle. Dieses durch das II. Vatikanum bewirkte neue ekklesiologische Verständnis des päpstlichen Gesandtschaftswesens hat jedoch die einer einseitigen kirchlichen Regelung entzogenen völkerrechtlichen Normen, nach denen sich im internationalen Ver-

[3] In ihrer Entstehungsgeschichte haben die cc. 362–367 CIC/1983 vom Schema PopDei (cc. 177–184) über das Schema CIC 1980 (cc. 299–305) und das Schema CIC 1982 (cc. 361–367) nicht unerhebliche inhaltliche Veränderungen erfahren.

[4] *H. Schmitz,* Kommentar zu dem Motuproprio über die Päpstlichen Gesandten, in: Motuproprio über die Aufgaben der Legaten des römischen Papstes (= NKD 21), Trier 1970, S. 29.

[5] AAS 61 (1969), S. 473–484; NKD 21, S. 40–67 und Kommentar von *H. Schmitz,* in: ebd., S. 17–37; *Oliveri,* Natura e funzioni (Anm. 2), S. 155ff. m.w.N.; *G. Lajolo,* Funzione ecclesiale delle rappresentanze pontificie, in: Scuola Cattolica 97 (1969), S. 205–231; *W. M. Plöchl,* Das neue päpstliche Gesandtschaftsrecht, in: ÖAKR 21 (1970), S. 115–129; *H. Socha,* „Helfer und Schützer der Bischöfe". Die Stellung des Nuntius nach geltendem Recht, in: ThGl 65 (1975), S. 60–75.

[6] VatII LG Art. 23; diese Stelle aus LG wurde wörtlich aufgenommen in c. 368.

kehr die Stellung der päpstlichen Gesandten bestimmt, in keiner Weise verändert. Sowohl der CIC/1983 als auch das MP SolOmnEccl haben die Stellung der päpstlichen Gesandten gegenüber der vorkonziliaren Zeit eher gestärkt als geschwächt. Entgegengesetzte Tendenzen, die auf dem Konzil artikuliert wurden und auch in der unmittelbaren nachkonziliaren Epoche in der theologischen und kanonistischen Literatur festzustellen waren, haben allgemein einer ausgeglicheneren Beurteilung des päpstlichen Legationswesens Platz gemacht. Die Stärkung und der Ausbau der Stellung des päpstlichen Gesandtschaftswesens entsprechen der fundamentalen Aufgabe des Papsttums, die Einheit der Kirche zu wahren.

Die cc. 362–367 CIC/1983 bilden eine prägnante Zusammenfassung des zweiten Teils der Bestimmungen des MP SolOmnEccl über die Aufgaben der päpstlichen Legaten. Zahlreiche Einzelbestimmungen über die Aufgaben der päpstlichen Gesandten gegenüber den Bischöfen, der Bischofskonferenz, den Lebensgemeinschaften der evangelischen Räte, aber auch gegenüber den Staatsregierungen sind in den cc. 362–367 nicht genannt. Diese nicht in den CIC/1983 aufgenommenen Bestimmungen des MP SolOmnEccl gelten gemäß c. 6 § 1 n. 4 auch in Zukunft fort. Aus dem MP SolOmnEccl nicht in den CIC/1983 aufgenommen wurden auch die *verschiedenen Amtsbezeichnungen* der päpstlichen Legaten. Der Kodex beschränkt sich darauf, sämtliche päpstlichen Gesandten unter dem Oberbegriff „Legaten" zusammenzufassen. Im Gegensatz zu den MP SolOmnEccl enthält der CIC/1983 auch keine Definition des päpstlichen Legaten. Er umschreibt nur deren Aufgaben. Gemäß Art. I 1 MP SolOmnEccl werden als Päpstliche Gesandte (Legati Romani Pontificis) Kleriker, meist Bischöfe, bezeichnet, die den Papst ständig in den verschiedenen Nationen oder Gebieten vertreten. Nach c. 363 § 2 wird den päpstlichen Legaten das Amt übertragen, die Person des Papstes auf Dauer bei den Teilkirchen oder auch bei den Staaten und öffentlichen Behörden, zu denen sie gesandt sind, zu vertreten. Im einzelnen sind gemäß Art. I 2 SolOmnEccl zu unterscheiden:

1. *Apostolische Delegaten*, deren Legation nur für die Ortskirchen erfolgt. Da sie nicht bei einem Staat akkreditiert sind, genießen sie keinen diplomatischen Status, doch kann ihnen in bestimmten Fällen ein quasi-diplomatischer Status zukommen, so z. B., wenn sie die Errichtung einer ständigen diplomatischen Vertretung im Verhandlungswege vorbereiten oder auch, wenn – meist historisch bedingt – in einem Staat die Aufnahme offizieller diplomatischer Beziehungen mit dem Heiligen Stuhl nicht möglich ist, aber beide Seiten an unmittelbaren Beziehungen interessiert sind (z. B. die Stellung des Apostolischen Delegaten in Washington).

2. *Päpstliche Gesandte*, die sowohl bei den Ortskirchen als auch bei den Staaten den Heiligen Stuhl vertreten und diplomatischen Status genießen: *Nuntien, Pronuntien* und *Internuntien*. Der Titel *Nuntius* bezeichnet den päpstlichen Gesandten in einem Staat, der diesem den Ehrenvorrang zubilligt. Ein Nuntius ist also stets Doyen des diplomatischen Korps im Empfangsstaat; unbeschadet konkordatärer Regelungen steht es grundsätzlich im Ermessen des Empfangsstaates,

ob er diesen Ehrenvorrang zubilligt. Auch der *Pronuntius* zählt zur ersten Rangklasse, doch wird ihm innerhalb des diplomatischen Korps nicht der Ehrenvorrang eingeräumt, seine Stellung bestimmt sich hier nach seiner Anciennität. Der Titel *Internuntius* bezeichnet einen päpstlichen Gesandten der zweiten Rangklasse (außerordentlicher Gesandter und bevollmächtigter Minister), seine Akkreditierung erfolgt wie die des Nuntius oder Pronuntius beim jeweiligen Staatsoberhaupt[7].

3. In bestimmten Ausnahmefällen wird der päpstliche Gesandte auch als *„Apostolischer Delegat und Abgesandter des Heiligen Stuhls bei einer Regierung"* bezeichnet; ferner ist es möglich, daß eine päpstliche Vertretung stellvertretend und ergänzend einem *„Regenten"* oder einem *„Geschäftsträger mit Beglaubigungsschreiben"* ständig anvertraut wird[8].

4. Vertreter des Apostolischen Stuhls sind auch die Mitglieder päpstlicher Missionen, die als Delegierte oder Beobachter an internationalen Räten, Konferenzen oder Vereinigungen teilnehmen (c. 363 § 2). Der Heilige Stuhl kann bei internationalen Organisationen oder Konferenzen durch Geistliche, aber auch durch Laien vertreten werden. Der Titel von *Delegierten* oder von *Beobachtern* kommt ihnen zu je nachdem, ob der Heilige Stuhl Mitglied der internationalen Organisation ist oder nicht, und je nachdem, ob er an einer Konferenz mit oder ohne Stimmrecht teilnimmt.

5. Bei zeitweiliger Abwesenheit des päpstlichen Missionschefs kann der Heilige Stuhl auch durch ein Mitglied der päpstlichen Vertretung als *„einstweiliger Geschäftsträger"* sowohl gegenüber den Ortskirchen wie gegenüber den Staatsregierungen vertreten werden.

Sedisvakanz des Heiligen Stuhls beendet nicht das Amt des päpstlichen Gesandten, sofern in dem päpstlichen Schreiben nicht ausdrücklich etwas anderes bestimmt ist. Sein Amt endet mit der Erfüllung des Auftrags, mit der Rückberufung sowie mit der Verzichterklärung, die der Annahme durch den Papst bedarf (c. 367). Auch auf den päpstlichen Vertreter findet die in der Geschäftsordnung der Römischen Kurie festgelegte Anordnung über das Ausscheiden aus dem Amt bei Erreichung des 75. Lebensjahres Anwendung.

III. Rechte und Pflichten der päpstlichen Gesandten

1. Als hauptsächlichen und spezifischen Zweck des päpstlichen Gesandtschaftswesens bezeichnet c. 364 die Stärkung der Bande zwischen dem Apostolischen Stuhl und den Teilkirchen. Katalogmäßig nennt c. 364 folgende in dieser Hinsicht den päpstlichen Gesandten insbesondere obliegenden Aufgaben: Pflicht

[7] Die Wiener Konvention über die diplomatischen Beziehungen vom 18. April 1961 nennt die Internuntien, die beim Staatsoberhaupt akkreditiert werden, unter den Missionschefs der zweiten Klasse. Vgl. bei *Cardinale*, The Holy See (Anm. 2), S. 400.

[8] MP SolOmnEccl II 1.

zur Information über den Stand der Teilkirchen und das gesamte kirchliche Leben; Unterstützung der Bischöfe durch Rat und Tat – unter völliger Wahrung ihrer Leitungsgewalt; häufige Kontakte und Beziehungen zu den Bischofskonferenzen; Mitteilung von Namen und Übermittlung von Vorschlägen von Kandidaten, die für das Bischofsamt geeignet sind, sowie Einholung von Informationen über die für die Ernennung zum Bischofsamt in Aussicht genommenen Kandidaten nach den Bestimmungen des Apostolischen Stuhls; Förderung des Friedens, des Fortschritts und der Zusammenarbeit zwischen den Völkern; Förderung von Initiativen zum Zwecke der Schaffung guter Beziehungen zwischen der katholischen Kirche und anderen kirchlichen Gemeinschaften und auch zu den nichtchristlichen Religionen; Förderung und Vertretung der Anliegen und des Auftrags der Kirche und des Apostolischen Stuhles bei den Staatsregierungen – in Kooperation mit den Bischöfen; ferner Gebrauch erteilter Vollmachten und Ausführung spezieller Aufträge, die ihm vom Apostolischen Stuhl übertragen werden.

2. Erst an zweiter Stelle nennt c. 365 die zusätzlichen Aufgaben derjenigen päpstlichen Gesandten, die zugleich auch eine völkerrechtliche Vertretung des Heiligen Stuhls bei den Staaten nach den Normen des internationalen Rechts ausüben. Ihnen obliegen folgende zusätzliche Aufgaben: Pflege und Förderung der Beziehungen zwischen dem Apostolischen Stuhl und den Behörden des Staates; Behandlung der die Beziehungen zwischen Staat und Kirche betreffenden Fragen, insbesondere der Abschluß und die Durchführung von Konkordaten und anderer Verträge dieser Art. Ausdrücklich verpflichtet c. 365 § 2 den päpstlichen Vertreter, bei Konkordatsverhandlungen die Meinung und den Rat der Bischöfe seines Tätigkeitsgebiets einzuholen und sie über den Verlauf der Verhandlungen zu informieren.

3. Die persönlichen Rechte und Privilegien des päpstlichen Gesandten, die ihm in Anbetracht des besonderen Charakters seiner Aufgabe zustehen, regelt, jedenfalls teilweise, c. 366. Der Sitz des päpstlichen Gesandten ist von der Leitungsgewalt des Ortsordinarius, ausgenommen das Recht zur Eheschließung, exemt (n. 1). Dem päpstlichen Legaten steht das Recht zu, in allen Kirchen seines Legationsbezirks liturgische Feiern, auch Pontifikalhandlungen, vorzunehmen, wobei nach Möglichkeit der Ortsordinarius vorher benachrichtigt werden soll (n. 2). Andere rechtliche Befugnisse und Ehrenvorrechte der päpstlichen Gesandten, wie z. B. das Recht der Präzedenz vor allen Erzbischöfen und Bischöfen, nicht jedoch vor den Kardinälen und den Patriarchen der Ostkirche, sind im CIC/1983 nicht mehr ausdrücklich aufgeführt. Sie ergeben sich aus anderen Rechtsquellen oder aus speziellen Bestimmungen.

Eine Sonderstellung im Rahmen des päpstlichen Legationswesens nehmen die ad-hoc-Gesandtschaften ein, deren rechtlicher Status im CIC/1983 – im Unterschied zum CIC/1917 (vgl. c. 266) – nicht mehr in dem Kapitel über die päpstlichen Legaten (cc. 362–367), sondern in dem Kapitel über die Kardinäle (cc. 349–359) geregelt ist. Nach c. 358 besitzt ein Kardinal, dem vom Papst die Aufgabe übertragen ist, ihn bei einer gottesdienstlichen Feierlichkeit oder einem Kongreß als *Legatus a latere*, d. h. als sein *alter ego* (sein anderes Ich), zu vertreten, nur diejenigen Befugnisse, die ihm vom Papst selbst übertragen worden sind[9]. Gleiches gilt von einem Legaten, dem vom Papst als seinem *Missus specialis* (besonderer Gesandter) eine bestimmte pastorale Aufgabe zur Erledigung übertragen worden ist. Nicht mehr erwähnt werden im CIC/1983 die sog. *„Geborenen Legaten“* (Legati nati)[10], die in c. 270 CIC/1917 genannt waren.

§ 32 Der Vatikanstaat

Von Winfried Schulz

Durch einen politischen Vertrag, den der Heilige Stuhl mit dem Königreich Italien am 11. 2. 1929 abgeschlossen hat[1], ist der Vatikanstaat als souveränes Völkerrechtssubjekt entstanden. Zweck dieser Staatsgründung war es, mit der Lösung der seit dem 20. 9. 1870 anstehenden „Römischen Frage“ dem Heiligen Stuhl durch ein Minimum an Territorium eine unstreitige Souveränität auch auf internationalem Gebiet zu sichern[2]. Dahinter steht die Auffassung, die geistliche Souveränität des Papstes als Haupt der Kirche sei ohne einen „civilis principatus Sanctae Sedis“ nicht zu begreifen[3].

[9] *Legatus a latere* ist stets ein Kardinal, der bei besonderen Anlässen den Papst als dessen alter ego vertritt und völkerrechtlich in dieser Eigenschaft sowohl im Empfangsstaat wie in den Transitstaaten die Ehrenvorrechte eines Souveräns genießt. Der Papst wird aber in der Praxis auch durch einfache Kardinallegaten vertreten, die für die Dauer ihrer Legation Privilegien und Immunitäten eines Prinzen von Geblüt genießen; vgl. im einzelnen bei *Oliveri*, Natura e funzioni (Anm. 2), S. 146ff.; ferner *Köck*, Die völkerrechtliche Stellung (Anm. 2), S. 304f. Im Rahmen der päpstlichen ad-hoc-Gesandtschaften kennt die kuriale Praxis neben den kardinalizischen Gesandten auch nicht-kardinalizische Gesandte, denen aus besonderen Anlässen der Titel eines päpstlichen Legaten verliehen wird und die wie die kardinalizischen Gesandten für die Dauer ihrer Legation gemäß der „Konvention über die special missions“ von 1969 die völkerrechtlichen Privilegien der kardinalizischen Gesandten – also nicht mehr die der Legati a latere – genießen.

[10] Dem *Legatus natus* kommt innerhalb des kirchlichen Bereichs keine rechtliche Bedeutung zu, wohl aber kann er noch völkerrechtlich-protokollarische Bedeutung (Rangfolge) haben. Legatus natus ist ein Ehrentitel, der solchen Erzbischöfen und Bischöfen zukommt, mit deren Bischofssitz der Titel eines „Geborenen Apostolischen Legaten“ historisch verknüpft ist (so z. B. Gnesen, Gran, Köln, Prag, Salzburg, Esztergom). Vgl. hierzu bei *Oliveri*, Natura e funzioni (Anm. 2), S. 149.

[1] Die *Patti Lateranensi* bestehen aus drei Vertragswerken: dem obengenannten *politischen Vertrag*, der die Gründung des Vatikanstaates und dessen völkerrechtliche Beziehungen zu Italien zum Gegenstand hat, einem *Konkordat*, das die Beziehungen zwischen dem Heiligen Stuhl und dem Königreich Italien in staatskirchenrechtlichen Fragen regelt, und einem *Finanzabkommen*, in welchem der Heilige Stuhl für den größten Teil des 1870 annektierten Gebietes des alten Kirchenstaates eine einmalige Abfindung in Höhe von 750 Mill. Lit. in bar und 1 Milliarde Lit. in 5%igen italienischen Staatsanleihen zugesprochen erhalten hat. Die Texte dieser Vertragswerke finden sich in: AAS 21 (1929), S. 209–295.

[2] Abs. 2 der Präambel des Traktates, in: AAS 21 (1929), S. 209.

[3] So *Pius XI.* am Tag der Unterzeichnung der Lateranverträge in einer Ansprache an die Fastenprediger Roms, in: AAS 21 (1929), S. 105; ähnlich zwei Tage später zu den Professoren und Studenten der Herz-Jesu-Universität Mailand, in: AAS 21 (1929), S. 112.

Noch heute ist die *Zuordnung von Vatikanstaat und Heiligem Stuhl* Thema der wissenschaftlichen Diskussion[4], wenngleich die Anerkennung des Heiligen Stuhls als souveränes Völkerrechtssubjekt, unterschieden von der Völkerrechtssubjektivität des Vatikanstaates, d. h. die Anerkennung einer doppelten internationalen Rechtspersonalität des Heiligen Stuhles, wohl als derzeit herrschende Auffassung unter den Völkerrechtlern anzusehen ist[5].

Die Legaldefinition des c. 361 setzt, ähnlich wie c. 7 CIC/1917, eine zweifache Bedeutung von „Sedes Apostolica" oder „Sancta Sedes" voraus, womit *im weiten Sinn* die vom Papst in seinem Namen kraft ordentlicher stellvertretender Leitungsgewalt handelnden obersten Behörden der Kirche, d. h. die Dikasterien und Gerichtshöfe der Römischen Kurie, gemeint sind[6]. *Im engen Sinn* wird damit das Papstamt als ständige Einrichtung der Kirche sowie der Papst als Träger dieses Amtes bezeichnet (vgl. c. 333). Da die Behörden des Vatikanstaates neben den eigenen Verwaltungsaufgaben wesentliche Dienstfunktionen für den Heiligen Stuhl wahrnehmen, ist eine konkrete Abgrenzung der jeweiligen Zuständigkeiten nicht immer leicht. Hinzu kommt, daß sich diese Behörden selbstverständlich auf vatikanischem Territorium befinden; die Dikasterien der Römischen Kurie aber auch teils auf vatikanischem Staatsgebiet, teils auf mit dem Privileg der Extraterritorialität ausgestatteten, dem Vatikanstaat zugeordnetem Gebiet ihren Sitz haben. Das hat dazu geführt, für den Heiligen Stuhl ebenso wie für den Vatikanstaat *in einem uneigentlichen Sinn* den Ausdruck „Vatikan" zu gebrauchen. Da dieser eigentlich nur die geographische Bezeichnung eines Hügels in Rom ist, handelt es sich bei dieser verkürzenden Redeweise um den Austausch eines Ortsnamens für an sich zwei getrennte Institutionen[7].

Dabei hat sich der Vatikanstaat selbst von Anfang an als ein vom Heiligen Stuhl zu unterscheidendes Völkerrechtssubjekt verstanden, das *nach innen* über eine eigene Gesetzgebung, Rechtsprechung und Verwaltung verfügt, *nach außen* durch Abschluß internationaler Verträge (*nicht* Konkordate), durch den Beitritt zu internationalen Konventionen und durch die Ausübung des mit dem Heiligen Stuhl gekoppelten aktiven und passiven Gesandtschaftsrechts[8] seine Gleichberechtigung gegenüber anderen Staaten zum Ausdruck bringt, die von diesen uneingeschränkt akzeptiert wird.

Als absolutem Wahlmonarch steht dem Papst die volle gesetzgebende, ausführende und rechtsprechende Gewalt über den Vatikanstaat zu, bei Sedisvakanz dem Kardinalskollegium; diesem hinsichtlich der Gesetzgebungsvollmacht allerdings mit erheblichen Einschränkungen[9]. Insofern es sich um Gesetze im eigentlichen Sinne handelt, übt der Papst die *Gesetzgebung* in der Regel selbst aus[10]. Alle

[4] Vgl. hierzu *W. Schulz*, Lo Stato della Città del Vaticano e la Santa Sede. Alcune riflessioni intorno al loro rapporto giuridico, in: Apollinaris 51 (1978), S. 661–674.
[5] Für viele *U. Scheuner*, Die internationalen Beziehungen der Kirchen und das Recht auf freien Verkehr, in: HdbStKirchR II, S. 323–336, vor allem 328–333. Vgl. auch *H. F. Köck*, Die völkerrechtliche Stellung des Heiligen Stuhls, Berlin 1975 (daselbst weitere Literatur).
[6] S. in *diesem* Band, oben, *I. Pérez de Heredia y Valle*, § 30, Die Römische Kurie.
[7] Ähnlich wie z. B. Dowingstreet, Kreml oder Weißes Haus.
[8] S. in *diesem* Band, oben, *P. Mikat*, § 31, Die päpstlichen Gesandten.
[9] Art. 1 der Legge fondamentale della Città del Vaticano N. I v. 7. 6. 1929, in: AAS Suppl. 1 (1929), n. 1, 8 giugno 1929, S. 1.
[10] Diese Gesetze führen meist die Bezeichnung *Leggi* oder *Motu Proprio*.

übrigen Normen[11] werden de facto seit dem 1. 7. 1969 von der aus sieben Kardinälen bestehenden „Päpstlichen Kommission für den Vatikanstaat" erlassen[12], ohne daß die im Staatsgrundgesetz verankerte Gesetzgebungsgewalt des Gouverneurs des Vatikanstaates aufgehoben wäre, die diesem nach Anhören des „Consigliere generale dello Stato" zusteht[13]. Beide Ämter, sowohl das des „Governatore" als auch das des „Consigliere generale dello Stato" bestehen zwar noch, sind aber seit vielen Jahren nicht mehr besetzt[14].

Als Quellen des objektiven Rechts des Vatikanstaates werden *„fonti principali"* und *„fonti suppletive"* unterschieden. Erstere sind der CIC, die Apostolischen Konstitutionen und die eigens für den Vatikanstaat erlassenen Dispositionen[15], die, falls nichts anderes ausdrücklich verfügt ist, als Supplement zu den Acta Apostolicae Sedis promulgiert sein müssen[16]. Bei Fehlen einschlägiger Bestimmungen in den „fonti principali" hat der vatikanische Gesetzgeber ersatzweise die bis zum Zeitpunkt des Inkrafttretens des Gesetzes über die Rechtsquellen (d. h. bis zum 8. 6. 1929) vom Königreich Italien erlassenen Gesetze und Verordnungen, aber auch die allgemeinen und örtlichen von der Provinz und dem Governatorat Rom gegebenen Bestimmungen angerufen, die in vielen Bereichen noch heute im Vatikanstaat Gesetzeskraft haben[17].

Die Verwaltung obliegt der obengenannten Kardinalskommission, die sich hierzu je nach Aufgabenbereich der verschiedenen Generaldirektionen bedient, über die ein „Delegato Speciale" wacht, dem ein Generalsekretär zur Seite steht[18]. Diese können sich von der mit MP „Una struttura particolare" vom 28. 3. 1968 eingerichteten „Consulta dello Stato" beraten lassen, die in Wirklichkeit kaum mehr als ein Ehrengremium ist. Es ist anzumerken, daß die Vorschrift des Staatsgrundgesetzes, das die Ausübung „del potere esecutivo" ausdrücklich dem Gouverneur des Vatikanstaates vorbehält, bis zur Stunde nicht abrogiert worden ist[19].

Die Rechtsprechung ist durch eine eigene Justizordnung geregelt, die mit MP „Con la legge n. II" vom 1. 5. 1946 zusammen mit einer Zivilprozeßordnung

11 Diese Normen tragen Bezeichnungen wie *decreto, regolamento, ordinanza, estensione, deliberazione, avviso.*

12 Art. 1 der Legge sul governo dello Stato della Città del Vaticano N. LI v. 24. 6. 1969, in: AAS Suppl. 40 (1969), n. 5, 1 luglio 1969, S. 29.

13 Art. 5 der Legge fondamentale (Anm. 9), S. 2.

14 Zum derzeitigen Stand vgl. AnPont 1983, S. 1193.

15 Vgl. hierzu die Gesetzessammlung: *W. Schulz,* Leggi e disposizioni usuali dello Stato della Città del Vaticano, 2 Bde., Rom 1981/82, in der u. a. eine Vielzahl bisher ungedruckter gesetzlicher Bestimmungen gerade im Hinblick auf die interne Struktur der einzelnen vatikanischen Staatsorgane zugänglich ist.

16 Art. 2 Abs. 1 der Legge sulle fonti del diritto N. II v. 7. 6. 1929, in: AAS Suppl. 1 (1929), n. 1, 8 giugno 1929, S. 5. – Die Gesetze tragen, beginnend mit jedem Pontifikat, fortlaufende römische Ziffern. Sie treten von Gesetzes wegen am 7. Tag nach ihrer Promulgation in Kraft. Da von dieser Norm häufig abgewichen wird, ist es bei der Zitation üblich, das Datum des Inkrafttretens eigens anzuführen.

17 Die in Frage kommenden Rechtsmaterien sind in den Art. 4–23 der Legge sulle fonti del diritto (Anm. 16), S. 6–13 aufgezählt.

18 Zur Gliederung der verschiedenen Generaldirektionen vgl. AnPont 1983, S. 1194–1200.

19 Art. 6 der Legge fondamentale (Anm. 9), S. 2.

erlassen worden ist[20]. Außer dem Einzelrichter sieht diese Gerichtsordnung in erster Instanz ein Kollegialgericht vor, das je nachdem, ob es sich um einen Prozeß „per il Foro Laicale"[21] oder um eine Zivilsache „di natura patrimoniale od economica di competenza del Foro Ecclesiastico"[22] oder um andere „cause di competenza del Foro Ecclesiastico"[23] handelt, entweder nur mit Richtern aus dem Laienstand bzw. teils mit Laien, teils mit Klerikern bzw. ausschließlich mit Richtern aus dem Klerikerstand besetzt ist. Das Appellationsgericht setzt sich aus dem Dekan der Sacra Romana Rota und zwei zu Beginn jedes Gerichtsjahres vom Präsidenten zu designierenden Auditoren zusammen[24]; es entspricht de facto meistens dem ersten Rotaturnus. Über eine eventuelle Kassation eines Urteils befinden der Präfekt der Apostolischen Signatur zusammen mit zwei zu Beginn jedes Gerichtsjahres zu bestimmenden Kardinälen dieses obersten Gerichts[25].

2. Kapitel: Die Teilkirchenverbände

§ 33 Plenarkonzil und Bischofskonferenz

Von Joseph Listl

I. Das Plenarkonzil

1. Überdiözesane Gliederungen und Institutionen

Der bereits im Mittelalter einsetzende Ausbau der Primatialgewalt des Römischen Stuhles[1] hat im Lauf der geschichtlichen Entwicklung dazu geführt, daß der CIC vom 27. 5. 1917 in der Lateinischen Kirche als überdiözesane Institutionen mit eigenen Leitungs- und Gesetzgebungsbefugnissen zwischen der Ebene der Gesamtkirche (Papst, Ökumenisches Konzil, Römische Kurie) und der einzelnen Diözese nur den Primas und den Metropoliten sowie das Plenar- und das Provinzialkonzil kannte[2]. Wegen der jurisdiktionellen Gleichstellung aller Diözesanbi-

[20] Ordinamento giudiziario e Codice di Procedura civile, Città del Vaticano 1946.
[21] Art. 3–15 des Ordinamento giudiziario (Anm. 20), S. XV–XXI.
[22] Art. 11, ebd., S. XVIII–XIX.
[23] Art. 12, ebd., S. XIX.
[24] Art. 16–21, ebd., S. XXI–XXII.
[25] Art. 22–28, ebd., S. XXII–XXIV.

[1] Über die Entwicklung nach dem Konzil von Trient vgl. *M. Pacaut*, La seconde centralisation romaine, in: *Ch. Lefebvre/M. Pacaut/L. Chevailler*, L'époque moderne (1563–1789). Les sources du droit et la seconde centralisation romaine (= Le Bras/Gaudemet D, tome 15, vol. 1), Paris 1976, S. 109ff., bes. S. 126ff.

[2] Über die Diözese als Teilkirche vgl. in *diesem* Band, unten, *H. Müller*, § 35 Diözesane und quasidiözesane Teilkirchen; über die Kirchenprovinz, unten, *H. Maritz*, § 34 Die Kir-

schöfe kam in der Neuzeit sowohl der Metropolitanverfassung als auch – wegen der Schwerfälligkeit und Umständlichkeit ihrer Einberufung und Durchführung – den Plenar- und Provinzialkonzilien nur noch eine sehr begrenzte Bedeutung zu. Die ursprüngliche Funktion dieser beiden Institutionen erfüllen seit dem Zweiten Vatikanischen Konzil in einer den heutigen Zeitumständen und den Bedürfnissen der Kirche angemesseneren Weise die *Bischofskonferenzen*, deren Bildung als Zusammenschluß der Bischöfe ein und derselben Nation oder eines bestimmten Gebietes vom Konzil vorgeschrieben wurde[3]. In zahlreichen Ländern, u. a. auch in Italien, bestehen Bischofskonferenzen überhaupt erst seit dem Zweiten Vatikanischen Konzil.

Als weitere teilkirchliche Gliederung hat das II. Vatikanum die neue Rechtsfigur der *Kirchenregion* (regio ecclesiastica) geschaffen und die Bildung von Kirchenregionen angeregt[4]. Danach sollen überall, wo dies nützlich erscheint, für die Bedürfnisse der Seelsorge entsprechend den sozialen und örtlichen Verhältnissen benachbarte Kirchenprovinzen zu Kirchenregionen zusammengeschlossen werden, deren Ordnung vom Recht festzulegen ist[5]. Der CIC vom 25. 1. 1983 trägt dieser Vorschrift des II. Vatikanums in cc. 433 und 434 Rechnung. Diese beiden Kanones wurden in dieser Form erst ganz am Ende der Redaktionsarbeiten, unmittelbar vor der Promulgation des Gesetzbuchs, in den CIC eingefügt; sie sind auch im Schema novissimum vom 25. 3. 1982 noch nicht enthalten. Dies erklärt sich daraus, daß die Vorstellungen über die Funktion und die Rechtsnatur der Kirchenregion bis zum Abschluß der Redaktionsarbeiten am CIC äußerst kontrovers waren.

2. *Die Kirchenregion als Zusammenschluß benachbarter Kirchenprovinzen*

Gemäß c. 433 § 1 können, sofern dies nützlich erscheint, insbesondere gilt dies für Länder mit einer besonders großen Anzahl von Teilkirchen, benachbarte Kirchenprovinzen auf Vorschlag der Bischofskonferenz vom Heiligen Stuhl zu *Kirchenregionen* zusammengeschlossen werden. Gemäß c. 433 § 2 *kann* eine derartige Kirchenregion als juristische Person errichtet werden. Im Gegensatz zur Diözese, die ein Teil des Volkes Gottes ist (c. 369), und zur Bischofskonferenz, die eine Vereinigung der Bischöfe einer Nation oder eines bestimmten Gebietes und somit einen *Personalverband* darstellt (c. 447), handelt es sich bei der Kirchenre-

chenprovinz. Provinzialkonzil und Metropolit. Zum Plenar- und Provinzialkonzil s. *M. Pesendorfer*, Partikulares Gesetz und partikularer Gesetzgeber im System des geltenden lateinischen Kirchenrechts, Wien 1975, S. 82ff.; ferner *W. Aymans*, Das synodale Element in der Kirchenverfassung, München 1970, S. 42ff.

[3] Vgl. VatII CD Art. 38.

[4] Für Italien wurden bereits vor dem Zweiten Weltkrieg zur Ordnung des kirchlichen Gerichtswesens „Kirchenregionen" geschaffen. In dem MP „Qua cura" Pius' XI. v. 8. 12. 1938 De ordinandis tribunalibus Ecclesiasticis Italiae pro causis nullitatis matrimonii decidendis begegnet der Begriff „Regio Conciliaris seu Ecclesiastica Italiae", in: AAS 30 (1938), S. 410–413; abgedr. auch bei *Ochoa* I, Sp. 1902f.; Ausführungsbestimmungen in: AAS 32 (1940), S. 304–308; bei *Ochoa* I, Sp. 1991–1994.

[5] VatII CD Art. 39–41.

gion ihrer Rechtsnatur nach um einen vom Heiligen Stuhl vorgenommenen Zusammenschluß mehrerer Kirchenprovinzen.

Über die Leitungsstruktur der Kirchenregion enthält der CIC von 1983, im Gegensatz noch zu c. 368 § 1 SchemaCIC 1980 und zu den cc. 185ff. des Schemas PopDei, wonach die Leitungsgewalt der Kirchenregion nach Maßgabe des Rechts beim Regionalkonzil und bei der Bischofskonferenz der Region lag, keine Aussagen mehr. Bei Errichtung einer Kirchenregion müßten somit vom Heiligen Stuhl erst noch besondere rechtliche Regelungen getroffen werden. Hinsichtlich der Aufgabenstellung der Kirchenregion beschränkt sich c. 434 auf die Feststellung, daß es zu den Aufgaben der Versammlung der Bischöfe der Kirchenregion (ad conventum Episcoporum regionis ecclesiasticae) gehöre, die Zusammenarbeit und das gemeinsame pastorale Handeln in der Region zu fördern. Um jeder Kompetenzvermischung zwischen der Kirchenregion und der Bischofskonferenz von vornherein vorzubeugen, erklärt c. 434 im 2. Halbsatz, daß die nach den Bestimmungen des CIC der Bischofskonferenz zustehenden Befugnisse der Versammlung der Bischöfe der Kirchenregion nicht zustehen, sofern ihr nicht einzelne dieser Kompetenzen ausdrücklich verliehen worden sind. Eine Kirchenregion gemäß cc. 433 und 434 ist somit ein auf Antrag der zuständigen Bischofskonferenz vom Apostolischen Stuhl errichteter – je nach den Bestimmungen des Errichtungsdekrets nichtrechtsfähiger oder rechtsfähiger – teilkirchlicher Verband, zu dem mehrere benachbarte Kirchenprovinzen zum Zwecke der Zusammenarbeit und des gemeinsamen pastoralen Handelns zusammengeschlossen sind.

Die Kirchenregion, wie sie in cc. 433 und 434 normiert ist, hat somit für die Praxis im wesentlichen dieselbe pastorale Funktion, die den Bischofskonferenzen alter Ordnung vor dem II. Vatikanum zukam. Die Bischofskonferenzen alter Ordnung waren nichtrechtsfähige pastorale Beratungsgremien der Bischöfe ohne gesetzgeberische Kompetenzen. Die Kirchenregion hat damit im CIC von 1983 nicht die rechtliche Ausgestaltung gefunden, die ihr in VatII CD Art. 39–41 zugedacht war. Die Zuerkennung dieser reduzierten Rechtsstellung war jedoch im Interesse einer klaren Abgrenzung der Kompetenzen zwischen der Kirchenregion, die nur einen Teil des Territoriums eines Landes erfaßt, und der Bischofskonferenz, die den Zusammenschluß sämtlicher Bischöfe einer Nation darstellt, zwingend geboten. Aus diesem Grunde war es auch notwendig, daß das in c. 188 Schema PopDei als gesetzgebendes Leitungsorgan für die Region vorgesehene Regionalkonzil ersatzlos in Wegfall gekommen ist[6]. Der CIC von 1983 kennt statt dessen neben dem Provinzialkonzil für die Teilkirchen einer Kirchenprovinz (vgl. c. 440) nur noch das *Plenarkonzil* für alle Teilkirchen ein und derselben Bischofskonferenz.

[6] Vgl. Schema PopDei cc. 185ff.

3. Das Plenarkonzil

Die Partikularkonzilien, d. h. das Plenar- und das Provinzialkonzil, haben die Aufgabe, für die pastoralen Bedürfnisse des Volkes Gottes Sorge zu tragen. Die Partikularkonzilien besitzen hierfür hoheitliche Leitungsgewalt, insbesondere die Befugnis zur Gesetzgebung (potestate gaudent regiminis, praesertim legislativa; vgl. c. 445). Unbeschadet des universalen Rechts der Kirche kann das Partikularkonzil über alle Gegenstände Beschlüsse fassen, die für die Förderung des Glaubens, die Ordnung der gemeinsamen praktischen Seelsorge, die Aufrechterhaltung der Sittlichkeit und die Wahrung, Begründung und den Schutz der gemeinsamen kirchlichen Lebensordnung angemessen erscheinen (c. 445).

Ein Plenarkonzil, d. h. eine Versammlung aller Teilkirchen ein und derselben Bischofskonferenz, kann mit Zustimmung des Heiligen Stuhles veranstaltet werden, so oft dies der Bischofskonferenz notwendig oder nutzbringend erscheint (c. 439). Es obliegt der *Bischofskonferenz*, das Plenarkonzil einzuberufen, den Ort für die Veranstaltung des Konzils innerhalb des Territoriums der Bischofskonferenz festzulegen, unter den Diözesanbischöfen des Plenarkonzils einen Vorsitzenden zu wählen, der der Bestätigung des Apostolischen Stuhles bedarf, die Geschäftsordnung zu erlassen und die Tagesordnung aufzustellen, den Beginn und die Dauer der Sitzungsperiode festzulegen, das Konzil zu verlegen, zu verlängern und zu beenden (c. 441).

Beschließendes Stimmrecht bei einem Plenarkonzil haben die Diözesanbischöfe, die Koadjutor- und Auxiliarbischöfe, ferner andere Titularbischöfe, die auf dem Gebiet der Bischofskonferenz eine besondere, ihnen vom Apostolischen Stuhl oder der Bischofskonferenz übertragene Funktion ausüben. Gleichfalls mit beschließendem Stimmrecht können zur Teilnahme am Plenarkonzil andere Titularbischöfe und emeritierte Bischöfe, die sich auf dem Territorium der Bischofskonferenz aufhalten, eingeladen werden. Mit beratendem Stimmrecht sind ferner zu berufen die Generalvikare und die Bischofsvikare aller auf dem Territorium der Bischofskonferenz bestehenden Teilkirchen, eine bestimmte Anzahl höherer Ordensoberer und -oberinnen, die Rektoren der katholischen Universitäten, die Dekane der Theologischen und Kanonistischen Fakultäten und ein weiterer im einzelnen festgelegter Personenkreis. Ferner können, sofern dies nach dem Urteil der Bischofskonferenz von Nutzen ist, neben den gesetzlich festgelegten Teilnehmern auch andere Personen als Gäste eingeladen werden. Für alle, die zum Plenarkonzil von Rechts wegen berufen werden, besteht Teilnahmepflicht, sofern sie nicht durch einen rechtmäßigen Grund verhindert sind, von dem sie den Vorsitzenden in Kenntnis setzen müssen. Teilnehmer, die zum Plenarkonzil mit beschließendem Stimmrecht berufen werden, können, wenn sie wegen eines rechtmäßigen Hindernisses nicht teilnehmen können, einen Vertreter entsenden, der aber nur beratendes Stimmrecht besitzt. Nach Abschluß des Plenarkonzils dürfen dessen Dekrete erst promulgiert werden, wenn sie die Billigung des Apostolischen Stuhles gefunden haben. Dem Konzil obliegt es, die Form der Promulgation der Dekrete und den Zeitpunkt ihres Inkrafttretens festzulegen (cc. 443–446).

Ob die Bestimmungen des CIC von 1983 über das Plenarkonzil wegen der historisch erwiesenen „strukturbedingten Schwerfälligkeit" (*H. Schmitz*) von Synoden und Konzilien im Ergebnis ebenso ineffektiv bleiben werden wie die Regelungen, die der CIC von 1917 über die Partikularkonzilien enthält, wird erst die künftige Entwicklung des Kirchenrechts erweisen. Gleiches gilt von den Bestimmungen der cc. 433 und 434 über die Schaffung von Kirchenregionen mit oder ohne eigene Rechtspersönlichkeit.

Die Aufgaben der vom Zweiten Vatikanischen Konzil angeregten Kirchenregionen, deren ursprüngliche Konzeption sich als nicht realisierbar erwies[7], werden, ebenso wie die Funktion der Partikularkonzilien seit dem Ende des Konzils von den in vieler Hinsicht beweglicheren, einen geringeren Aufwand erfordernden und ungleich effizienteren Bischofskonferenzen wahrgenommen[8].

II. Die Bischofskonferenz

1. *Die Neuordnung der Bischofskonferenzen durch das Zweite Vatikanische Konzil*

a) Zu den vom II. Vatikanum in der gesamten katholischen Weltkirche eingeleiteten, kirchenhistorisch bedeutsamen und die Verfassung und das Erscheinungsbild der katholischen Weltkirche umgestaltenden Entwicklungen gehört der universalkirchliche Ausbau nationaler Bischofskonferenzen zu kollegialen hierarchischen Mittelinstanzen mit selbständigen Gesetzgebungs-, Verwaltungs- und Rechtsprechungskompetenzen zwischen dem Heiligen Stuhl und dem Einzelbistum[9]. Diese Entwicklung entsprach der inneren Dynamik der Entfaltung der katholischen Weltkirche in der Gegenwart. Nur auf diese Weise ist für die Zukunft in vielen Bereichen des kirchlichen Lebens eine dezentralisierte und den Erfordernissen des auch in der Kirche geltenden Subsidiaritätsprinzips Rechnung tragende und damit dem Eigenleben und den Erwartungen der unterschiedlichen Kulturkreise und ihrer jeweiligen Tradition gerecht werdende effektive Leitung der Gesamtkirche möglich. Ferner verlangt in der Gegenwart in den einzelnen Staaten und Kulturkreisen die moderne Entwicklung der Kommunikation auch auf dem Gebiete des kirchlichen Lebens und des kanonischen Rechts eine großräumige Kooperation und Koordination über die engen Grenzen der einzelnen Diözese hinaus. Dadurch erfährt die Kompetenz des einzelnen Diözesanbischofs

[7] Über die im Schema PopDei vorgesehenen Regelungen über das Regionalkonzil vgl. im einzelnen *J. Listl*, § 32 Die Kirchenregion. Regionalkonzil und Bischofskonferenz, in: GrNKirchR, S. 241f.

[8] *H. Schmitz*, Tendenzen nachkonziliarer Gesetzgebung, in: AfkKR 146 (1977), S. 381–419 (390ff.); abgedr. auch in: *ders.*, Tendenzen nachkonziliarer Gesetzgebung. Sichtung und Wertung (= Canonistica, H. 2), Trier 1979, S. 13ff.

[9] *Schmitz*, ebd.

auf dem Gebiete der Gesetzgebung, Verwaltung und Rechtsprechung zugunsten der kollegialen Kompetenzen der Bischofskonferenzen im Interesse größerer Effizienz und der erforderlichen Einheitlichkeit der kirchlichen Lebensverhältnisse in größeren geistigen Räumen bei der Verwirklichung des Auftrags der Kirche in der Welt von heute gegenüber dem früheren Zustand in vieler Hinsicht eine sachlich gebotene und unvermeidliche Beschränkung[10].

b) Zwar kannte auch c. 292 §§ 1–3 CIC/1917 bereits Bischofskonferenzen. Hierbei handelte es sich aber um reine pastorale Beratungsorgane, die aus den Bischöfen eines Metropolitanbezirks bestanden. Ihnen kam in der Praxis nur eine geringe Bedeutung zu. Dagegen bildeten sich aufgrund zwingender pastoraler und kirchenpolitischer Notwendigkeiten, zum Teil bereits im 19. Jahrhundert, ohne gesetzliche Grundlage in verschiedenen Ländern nationale Bischofskonferenzen heraus[11].

c) Das II. Vatikanum hat an die Stelle der im CIC von 1917 vorgesehenen Bischofskonferenz eine neue Form teilkirchlicher Zusammenschlüsse von Bischöfen gesetzt und damit die gewohnheitsrechtlich entstandenen nationalen Bischofskonferenzen universalrechtlich sanktioniert[12]. Das theologische Fundament für die Errichtung von Bischofskonferenzen als hierarchische Instanzen zwischen dem Papst und den Einzelbischöfen bildet die kollegiale Struktur des Bischofsamtes. Ebenso wie nach der Anordnung Christi Petrus und die übrigen Apostel ein einziges Apostelkollegium gebildet haben, sind auch der römische Stuhl und die übrigen Bischöfe sowie diese untereinander verbunden (VatII LG Art. 22). In ähnlicher Weise können in der Gegenwart Bischofskonferenzen vielfältige und fruchtbare Hilfe leisten, um die kollegiale Gesinnung zu einer konkreten Verwirklichung zu führen (LG Art. 23).

d) Die konziliare „Magna Charta" für die Konstituierung nationaler Bischofskonferenzen als hierarchische Zwischeninstanzen zwischen dem Papst und dem Einzelbischof bilden die Bestimmungen der Art. 37 und 38 VatII CD. Darin sind Anordnungen enthalten über die Aufgabenstellung und Zielsetzung der Bischofskonferenzen, die Mitgliedschaft und das Stimmrecht, die Rechtskraft der Beschlüsse, die Zuständigkeit übernationaler Bischofskonferenzen, die Koopera-

[10] Auf diese Tatsache, die bereits während der Sitzungen des II. Vatikanischen Konzils Gegenstand ausführlicher Erörterungen war, weist mit Nachdruck hin *W. Bertrams*, De capacitate iuridica Conferentiae Episcoporum, in: Miscellanea Bidagor, Bd. 2, S. 74–87, 86 in Anm. 16; ferner *Schmitz*, Tendenzen (Anm. 8).

[11] Genereller Überblick bei *G. Feliciani*, Le Conferenze Episcopali, Bologna 1974, S. 15 ff.; zur Situation in Deutschland vgl. *G. May*, Die Deutsche Bischofskonferenz nach ihrer Neuordnung, in: AfkKR 138 (1969), S. 411 ff.; über die Situation in Österreich vgl. *P. Leisching*, Die Bischofskonferenz. Beiträge zu ihrer Rechtsgeschichte, mit besonderer Berücksichtigung ihrer Entwicklung in Österreich, Wien-München 1963, S. 23 ff. Eine ausführliche Darstellung der Geschichte der 1863 gebildeten Schweizer Bischofskonferenz wird gegenwärtig am Kirchenrechtlichen Institut der Theologischen Fakultät der Universität Freiburg i.Ü. unter Anleitung von Prof. Eugenio Corecco erarbeitet. Dieses vom Schweizerischen Nationalfonds unterstützte Werk soll 1984/85 erscheinen. Autor ist *Romero Astorri*.

[12] *Mosiek* Verf. III, S. 164.

tion der einzelnen Riten und die Ausarbeitung eigener Statuten[13]. Die Ausführungsbestimmungen zu Art. 38 CD enthielt das Motuproprio *Pauls VI.* „Ecclesiae Sanctae" vom 6. 8. 1966 in I 41 dieses Dekrets[14]. Dieses fügte zwar den Anordnungen in Art. 38 CD keine wesentlichen neuen inhaltlichen Regelungen hinzu; seine Bedeutung bestand jedoch darin, daß es den Bischofskonferenzen eine Reihe konkreter Aufgaben und damit vielfach auch Gesetzgebungs- und Verwaltungskompetenzen zuwies[15].

e) In cc. 199–210 des Schemas PopDei waren die Bestimmungen der Art. 38 CD und 141 des Motuproprio „Ecclesiae Sanctae" in sehr dezidierter Weise zusammengefaßt.

2. *Die Organisationsstruktur und Arbeitsweise der Bischofskonferenz nach dem CIC vom 25. 1. 1983*

a) Die Rechtsstellung, die organisatorische Struktur und die Arbeitsweise der Bischofskonferenz sind in enger und zum Teil wörtlicher Anlehnung an die Bestimmungen des Art. 38 CD in cc. 447–459 im einzelnen geregelt. Danach ist die *Bischofskonferenz* als selbständige Einrichtung der Zusammenschluß der Bischöfe einer Nation oder eines bestimmten Gebietes, durch den die Bischöfe ihren Hirtendienst für die Gläubigen dieses Gebietes gemeinsam ausüben, um das höhere Gut, das die Kirche den Menschen bietet, zu fördern, und zwar insbesondere durch Formen und Methoden des Apostolats, die den jeweiligen örtlichen und zeitlichen Verhältnissen nach Maßgabe des Rechts in geeigneter Weise angepaßt sind (c. 447).

b) In der Regel umfaßt die Bischofskonferenz die Bischöfe aller Teilkirchen ein und derselben Nation (c. 448 § 1). Eine Bischofskonferenz kann jedoch auch für ein Territorium kleinerer oder größerer Ausdehnung errichtet werden mit der Folge, daß sie nur die Bischöfe einiger Teilkirchen, die auf einem bestimmten Territorium bestehen, oder die Oberhirten von Teilkirchen verschiedener Nationen umfaßt, wenn dies nach dem Urteil des Apostolischen Stuhles und nach Anhörung der betroffenen Diözesanbischöfe aufgrund der personellen und sachlichen Umstände opportun erscheint. In diesen Fällen obliegt es dem Apostolischen Stuhl, für die einzelne Bischofskonferenz besondere Bestimmungen zu erlassen (c. 448 § 2).

c) Von Rechts wegen gehören der Bischofskonferenz an alle Diözesanbischöfe und die ihnen rechtlich Gleichgestellten, ferner die Koadjutor- und Auxiliarbischöfe sowie die übrigen Titularbischöfe, denen vom Apostolischen Stuhl oder von der Bischofskonferenz ein besonderes Amt übertragen worden ist, das sie auf

[13] AAS 58 (1966), S. 692–694; durch diese Bestimmungen und das zu ihrer Ausführung ergangene MP *Pauls VI.* „Ecclesiae Sanctae" v. 6. 8. 1966, in: AAS 58 (1966), S. 757–785 = NKD 3, S. 10–95, wurden frühere Rechtsgrundlagen für liturgische Kompetenzen der Bischofskonferenzen außer Kraft gesetzt. Vgl. hierzu im einzelnen bei *Listl*, Die Kirchenregion (Anm. 7), S. 244 mit Anm. 10.

[14] AAS 58 (1966), S. 773f.; NKD 3, S. 57f.

[15] Vgl. ebd.

diesem Territorium ausüben. Eingeladen werden können ferner die Ordinarien eines anderen Ritus, und zwar nur mit beratendem Stimmrecht, sofern nicht die Statuten der Bischofskonferenz etwas anderes bestimmen. Die übrigen Titularbischöfe und der päpstliche Gesandte sind nicht von Rechts wegen Mitglieder der Bischofskonferenz (c. 450 §§ 1 und 2).

d) Das Recht, Bischofskonferenzen zu errichten, aufzuheben und neu zu errichten, steht einzig der höchsten Autorität der Kirche zu. Den betroffenen Bischöfen ist dabei ein Anhörungsrecht eingeräumt (c. 449 § 1). Die rechtmäßig errichtete Bischofskonferenz besitzt von Rechts wegen Rechtspersönlichkeit (c. 449 § 2). Die durch c. 449 § 2 den Bischofskonferenzen verliehene Rechtsfähigkeit hat an sich Geltung nur für den Bereich des kirchlichen Rechts. Kraft des für die Republik Österreich geltenden Konkordatsrechts besitzt die Österreichische Bischofskonferenz jedoch zugleich auch Rechtsfähigkeit für den Bereich der staatlichen Rechtsordnung[16].

e) Jede Bischofskonferenz ist verpflichtet, sich Statuten zu geben, die der Bestätigung des Apostolischen Stuhles bedürfen; in ihnen sind u. a. Regelungen über die Durchführung der Vollversammlungen zu treffen; ferner ist in ihnen ein Ständiger Rat der Bischöfe vorzusehen sowie ein Generalsekretariat der Konferenz und andere Dienststellen und Kommissionen, die nach dem Urteil der Konferenz zur Erreichung des angestrebten Zweckes möglichst wirksam beitragen können (c. 451).

f) Jede Konferenz muß einen Vorsitzenden und für den Fall, daß dieser rechtmäßig verhindert ist, einen stellvertretenden Vorsitzenden wählen und nach Maßgabe der Statuten einen Generalsekretär bestimmen. Der Vorsitzende der Konferenz, und im Falle von dessen rechtmäßiger Verhinderung der stellvertretende Vorsitzende, führen nicht nur den Vorsitz bei den Vollversammlungen, sondern auch bei den Sitzungen des Ständigen Rates (c. 452).

g) Die Vollversammlungen der Bischofskonferenz müssen mindestens einmal jährlich stattfinden und darüber hinaus, so oft dies besondere Umstände nach Maßgabe der Bestimmungen der Statuten verlangen (c. 453).

h) Beschließendes Stimmrecht bei den Vollversammlungen der Bischofskonferenz besitzen von Rechts wegen die Diözesanbischöfe, die ihnen rechtlich Gleichgestellten und die Koadjutor-Bischöfe (c. 454 § 1). Die Auxiliarbischöfe und die

[16] Nach § 2 der von der Österreichischen Bischofskonferenz bei ihrer Tagung vom 4.–6. 11. 1969 beschlossenen und am 22. 12. 1969 von Papst Paul VI. genehmigten Statuten (nicht veröffentlicht) genießt die Österreichische Bischofskonferenz „Rechtspersönlichkeit mit der Fähigkeit, bewegliche und unbewegliche Güter zu kaufen, zu besitzen, zu verwalten und zu veräußern" für den kirchlichen Bereich und damit gemäß Art. II des Österreichischen Konkordats vom 5. 6. 1933 auch für den *staatlichen* Rechtsbereich. Vgl. hierzu Schreiben des Österreichischen Bundesministeriums für Unterricht vom 31. 3. 1970 an die Österreichische Bischofskonferenz, abgedr. in: ÖAKR 21 (1970), S. 285 f.; Wortlaut des Konkordats zwischen dem Hl. Stuhl und der Republik Österreich v. 5. 6. 1933 in: AAS 26 (1934), S. 249–293 und in: *H. Klecatsky* und *H. Weiler* (Hrsg.), Österreichisches Staatskirchenrecht, Wien 1958, S. 235–274, mit zahlr. Anmerkungen. – Die päpstliche Genehmigung für die nichtveröffentlichten Statuten der Österreichischen Bischofskonferenz ist abgedr. in: ÖAKR 21 (1970), S. 285.

übrigen Titularbischöfe besitzen beschließendes oder beratendes Stimmrecht je nach den Bestimmungen der Statuten der Konferenz. Wenn über die Statuten und deren Änderungen Beschluß gefaßt wird, haben nur die Diözesanbischöfe und die ihnen Gleichgestellten beschließendes Stimmrecht (c. 454 § 2).

i) Die Bischofskonferenz kann *Allgemeine Dekrete* nur in jenen Angelegenheiten erlassen, in denen dies das universale Kirchenrecht vorschreibt oder ein besonderer Auftrag des Apostolischen Stuhles anordnet, der aufgrund eigener Entschließung oder auf Antrag der Bischofskonferenz ergehen kann (c. 455 § 1). Allgemeine Dekrete können nur gültig durch die Vollversammlung mit mindestens zwei Dritteln der Stimmen derjenigen Mitglieder, die in der Konferenz beschließendes Stimmrecht haben, beschlossen werden; sie erhalten ihre verpflichtende Kraft erst dann, wenn sie vom Apostolischen Stuhl bestätigt und rechtmäßig verkündet worden sind (c. 455 § 2). Den Ort und den Zeitpunkt ihres Inkrafttretens bestimmt die Bischofskonferenz selbst (c. 455 § 3). In denjenigen Fällen, in denen weder das universale Recht noch ein besonderer Auftrag des Apostolischen Stuhles der Bischofskonferenz eine Gesetzgebungskompetenz verliehen hat, bleibt die Kompetenz des einzelnen Diözesanbischofs unberührt und es kann weder die Konferenz noch der Vorsitzende im Namen aller Bischöfe tätig werden, es sei denn, daß sämtliche Bischöfe einstimmig ihre Zustimmung erteilt haben (c. 455 § 4).

k) Nach Abschluß der Vollversammlung der Bischofskonferenz sind das Protokoll über die Verhandlungen der Konferenz und ihre Dekrete vom Vorsitzenden an den Apostolischen Stuhl zu schicken, damit die Verhandlungen zu seiner Kenntnis gebracht und die Dekrete überprüft werden können (c. 456).

l) Aufgabe des Ständigen Rates der Bischöfe ist es, dafür Sorge zu tragen, daß die in der Vollversammlung zu behandelnden Angelegenheiten vorbereitet und die durch die Vollversammlung ergangenen Beschlüsse in gehöriger Weise ausgeführt werden; er hat ferner die Aufgabe, andere Angelegenheiten auszuführen, die ihm nach Maßgabe der Statuten übertragen werden (c. 457).

m) Das Generalsekretariat hat die Aufgabe, das Protokoll über die Verhandlungen und Beschlüsse der Vollversammlung der Konferenz und über die Verhandlungen des Ständigen Rates der Bischöfe zu erstellen und den Mitgliedern der Konferenz zuzusenden und andere Vorlagen zu verfassen, deren Erstellung ihm vom Vorsitzenden der Konferenz oder vom Ständigen Rat übertragen worden sind; es hat ferner die Aufgabe, den angrenzenden Bischofskonferenzen die Akten und die übrigen Dokumente zuzuschicken, die ihnen aufgrund der Anordnung der Vollversammlung oder des Ständigen Rates der Bischöfe zugestellt werden sollen (c. 458).

n) Die Beziehungen zwischen den Bischofskonferenzen, insbesondere den benachbarten, sollen im Interesse der gedeihlichen Entwicklung und Pflege des größeren Wohls der Kirche gefördert werden. So oft aber von den Bischofskonferenzen Projekte und Initiativen ergriffen werden, denen ein internationaler Charakter zukommt, soll der Apostolische Stuhl gehört werden (c. 459).

3. *Der Rechtsstatus der Bischofskonferenz*

Bei der Bestimmung der Rechtsnatur der Bischofskonferenz ist davon auszugehen, daß, wie dargelegt, die Bischofskonferenz auf den Gebieten der Gesetzgebung, Verwaltung und Rechtsprechung *eigene*, im universalen Recht der Kirche festgelegte rechtliche Kompetenzen besitzt. Die Tatsache, daß die von der Bischofskonferenz beschlossenen Allgemeinen Dekrete der Bestätigung durch den Apostolischen Stuhl bedürfen, verändert ihre rechtliche Natur nicht; diese bleiben auch nach erfolgter Bestätigung durch den Apostolischen Stuhl Gesetze der Bischofskonferenz.

Jede vom Apostolischen Stuhl rechtmäßig errichtete Bischofskonferenz besitzt gemäß c. 449 § 2 von Rechts wegen Rechtspersönlichkeit und ist damit Trägerin eigener öffentlicher Rechte und Pflichten im Rahmen der hierarchischen Ordnung der Kirche. Sie ist *persona iuridica publica* im Sinne der cc. 113ff. Für ihre kollegialen Akte gelten, sofern nicht die speziellen Bestimmungen der cc. 447ff. eingreifen, die dort enthaltenen allgemeinen Bestimmungen.

Soweit die Kompetenzen der Bischofskonferenz im universalen Kirchenrecht festgelegt sind, verfügen die Bischofskonferenzen über eine ordentliche und eigene hoheitliche Leitungsgewalt (potestas regiminis) im Sinne der cc. 129ff. mit der Aufgabe, das Volk Gottes im Bereich der in der jeweiligen Bischofskonferenz zusammengeschlossenen Diözesen auf den ihrer Tätigkeit unterliegenden Gebieten zu heiligen, zu lehren und zu leiten. Die Bischofskonferenzen besitzen somit insoweit eine *potestas ordinaria propria*. Werden die Bischofskonferenzen dagegen kraft besonderen Auftrags des Apostolischen Stuhles tätig, üben sie ihre Befugnisse als *potestas ordinaria delegata* aus[17].

4. *Die Einzelkompetenzen der Bischofskonferenz*

Der CIC und zum Teil auch das nicht im CIC enthaltene nachkonziliare katholische Recht verleihen den Bischofskonferenzen eine große Fülle rechtlicher Kompetenzen der verschiedensten Art auf nahezu sämtlichen Gebieten des kirchlichen Rechts. Hierbei handelt es sich zum Teil um die Kompetenz zum Erlaß von Allgemeinen Dekreten (decreta generalia) im Sinne des c. 29, also um eine Gesetzgebungsbefugnis, zum Teil um die Kompetenz zum Erlaß von Allgemeinen Ausführungsdrekreten (decreta generalia exsecutoria) im Sinne des c. 31, also um eine Verwaltungskompetenz. In vielen Fällen ist die Bischofskonferenz zum Erlaß von Gesetzen oder Ausführungsbestimmungen verpflichtet, in anderen steht es in ihrem Ermessen, ob sie tätig werden will oder nicht. Wiederum in anderen Fällen gewährt das universalkirchliche Recht der Bischofskonferenz lediglich Rechte zur Mitwirkung oder Anhörung bei Entscheidungen des Apostolischen Stuhls oder es

[17] *Bertrams*, De capacitate (Anm. 10), S. 85; *Mosiek* Verf. II, S. 167; *J. Manzanares Marijuan*, Las Conferencias Episcopales a la luz del Derecho Canonico, in: Las Conferencias Episcopales hoy. Actas del Simposio de Salamanca, 1–3 Mayo 1975 (= Bibliotheca Salmanticensis XVIII, Estudios 16), Salamanca 1977, S. 81f.

enthält allgemeine Direktiven, die keine Kompetenz zum Erlaß von Gesetzen oder Ausführungsbestimmungen darstellen. Neben der Gesetzgebungskompetenz werden den Bischofskonferenzen kraft Gesetzes in vielen Fällen auch Exekutivaufgaben übertragen. Die Zweite Sektion der Apostolischen Signatur hat durch Entscheidung vom 1. 12. 1970 klargestellt, daß auch die Bischofskonferenzen und ihre Organe, z. B. der Ständige Rat oder der Generalsekretär der Bischofskonferenz, Verwaltungsakte erlassen können[18]. Verschiedentlich statuiert das kirchliche Gesetzbuch auch bloße Kommunikations- und Informationsrechte und -pflichten, die für das harmonische und gedeihliche Zusammenwirken zwischen den Bischofskonferenzen und dem Apostolischen Stuhl sowie zwischen den Bischofskonferenzen und den Diözesanbischöfen und zwischen den Bischofskonferenzen untereinander von Wichtigkeit sind.

Im folgenden werden die Kompetenzen und Pflichten der Bischofskonferenzen im einzelnen anhand der Gliederungsstruktur des kirchlichen Gesetzbuchs aufgeführt.

a) Bestimmungen über die Ausbildung von Priestern und Diakonen, den Altardienst und die priesterliche Lebensführung

(1) Antragstellung der zuständigen Bischofskonferenzen als Voraussetzung für die Genehmigung zur Errichtung eines interdiözesanen Seminars für die Priesterausbildung durch den Apostolischen Stuhl, sofern das interdiözesane Seminar für das gesamte Territorium der Bischofskonferenz errichtet werden soll (c. 237 § 2).

(2) Verpflichtung der Bischofskonferenz zur Schaffung einer besonderen Ordnung für die Priesterausbildung und das Theologiestudium (Ratio nationalis institutionis sacerdotalis) auf der Grundlage der von der Kongregation für das katholische Bildungswesen erlassenen Grundordnung (Ratio fundamentalis institutionis sacerdotalis; c. 242 §§ 1 und 2)[19].

(3) Kompetenz der Bischofskonferenz zum Erlaß von Normen über die Art und die Dauer der spirituellen Ausbildung der Anwärter auf das Amt des Ständigen Diakons (c. 236)[20].

(4) Auftrag für die Bischofskonferenz zur Festlegung des Umfangs des von den Ständigen Diakonen täglich zu verrichtenden Teiles des kirchlichen Stundengebetes (c. 276 § 2 n. 3).

(5) Zuständigkeit der Bischofskonferenz zur Festlegung der Qualifikationen, über die Männer aus dem Laienstand verfügen müssen, die auf Dauer als Lektoren oder Akolythen bestellt werden sollen (c. 230 § 1).

(6) Kompetenz der Bischofskonferenz zum Erlaß von Normen über die Kleidung der Kleriker (c. 284).

[18] Abgedr. bei *Ochoa* IV, Sp. 5930–5934; über den Verwaltungsakt im Verständnis des kanonischen Rechts vgl. in *diesem* Band, oben, *R. A. Strigl*, § 9 Verwaltungsakt und Verwaltungsverfahren.

[19] Text der „Ratio fundamentalis institutionis sacerdotalis" v. 6. 1. 1970, in: AAS 62 (1970), S. 321–384 = NKD 25, S. 68–263; vgl. hierzu ferner die einschlägigen Dokumente zur Priesterausbildung und zum Theologiestudium, in: NKD 25, hrsg. von *A. Arens* und *H. Schmitz*, Trier 1974. Die „Rahmenordnung für die Priesterbildung" („Ratio nationalis institutionis sacerdotalis") wurde von der Deutschen Bischofskonferenz in der Vollversammlung vom 13.–16. Februar 1978 verabschiedet. Vgl. Rahmenordnung für die Priesterbildung, hrsg. von der Deutschen Bischofskonferenz (= Die Deutschen Bischöfe, H. 15), Bonn 1978.

[20] Über das Amt des Ständigen Diakons vgl. in *diesem* Band, oben, *H. Schwendenwein*, § 23 Der Ständige Diakon.

b) Genehmigungsrechte der Bischofskonferenz für die Errichtung bestimmter kirchlicher Vereinigungen

(7) Zuständigkeit der Bischofskonferenz zur Errichtung öffentlicher kirchlicher Vereine, deren Tätigkeit sich auf das gesamte Gebiet der Bischofskonferenz erstreckt (c. 312 § 1 n. 2; vgl. hierzu auch cc. 314, 315, 316, 318, 319).

(8) Kompetenz der Bischofskonferenz, von ihr errichtete öffentliche Vereine aus schwerwiegenden Gründen aufzulösen (c. 320 § 2).

(9) Befugnis der Bischofskonferenz zur Anerkennung privater kirchlicher Vereine (c. 322 § 1 i.V.m. c. 312 n. 2) und erforderlichenfalls auch zu deren Auflösung (vgl. c. 326 § 1).

c) Bestimmungen über Beziehungen, Kommunikation und gegenseitige Information zwischen dem Apostolischen Stuhl und der Bischofskonferenz

(10) Recht der Bischofskonferenzen zur Wahl der Mehrzahl der Mitglieder der ordentlichen Generalversammlung der Bischofssynode (c. 346 § 1).

(11) Anhörung der beteiligten Bischofskonferenzen durch den Apostolischen Stuhl vor Errichtung von aus Priestern und Diakonen des Weltklerus bestehenden Personalprälaturen (c. 294).

(12) Anhörung der beteiligten Bischofskonferenz durch den Apostolischen Stuhl vor Errichtung von Teilkirchen eines anderen Ritus auf ihrem Gebiet (c. 372 § 2).

(13) Verpflichtung des päpstlichen Gesandten zu häufiger Kommunikation und enger Zusammenarbeit mit der Bischofskonferenz (c. 364 n. 3).

(14) Möglichkeit der Aufstellung geheimer Dreijahreslisten von Priestern, die für das Bischofsamt geeignet sind, durch die Bischofskonferenz (c. 377 § 2).

(15) Verpflichtung des Apostolischen Nuntius, vor Besetzung eines bischöflichen Stuhles oder der Ernennung eines Koadjutors dem Vorsitzenden der Bischofskonferenz Gelegenheit zu bieten, zur Person der auf der Dreierliste für das Bischofsamt vorgeschlagenen Kandidaten eine Stellungnahme abzugeben (c. 377 § 3).

d) Kompetenzen der Bischofskonferenz gegenüber den Teilkirchen

(16) Erlaß der Statuten des Diözesanpriesterrats durch den Diözesanbischof nach Maßgabe der von der Bischofskonferenz hierfür aufgestellten Richtlinien (c. 496).

(17) Kompetenz der Bischofskonferenz, die Aufgaben des Konsultorenkollegiums dem Domkapitel zu übertragen (c. 502 § 3).

(18) Kompetenz der Bischofskonferenz, den Diözesanbischöfen durch Dekret das Recht zu gewähren, die Ernennung von Pfarrern – abweichend vom c. 522, 1. Halbsatz – für eine bestimmte Zeit vorzunehmen (c. 522, 2. Halbsatz).

(19) Verpflichtung der Bischofskonferenz, subsidiär nach der Diözese, der sie gedient haben, für einen angemessenen und würdigen Lebensunterhalt der Altbischöfe zu sorgen, die ihren Amtsverzicht erklärt haben (c. 402 § 2).

(20) Verpflichtung des Diözesanbischofs, unter Beachtung der von der Bischofskonferenz erlassenen Bestimmungen für den angemessenen Lebensunterhalt und die Wohnung der Pfarrer zu sorgen, die ihren Amtsverzicht erklärt haben (c. 538 § 3).

(21) Verpflichtung des Diözesanbischofs, nach Abschluß der Diözesansynode den Wortlaut der Beschlüsse und die Synodalgesetze dem Metropoliten und der Bischofskonferenz mitzuteilen (c. 467).

(22) Rechtliche Klarstellung, daß die durch die pflichtgemäße Teilnahme an den Sitzungen der Bischofskonferenz bedingte Abwesenheit des Diözesanbischofs von seiner Diözese keine Unterbrechung der vorgeschriebenen Residenzpflicht darstellt (c. 395 § 2).

e) Kooperation zwischen Bischofskonferenz und Ordensgemeinschaften

(23) Empfehlung der Herstellung einer angemessenen Koordination und Kooperation zwischen den Konferenzen der höheren Ordensoberen auf der einen und den Bischofskonferenzen und den einzelnen Bischöfen auf der anderen Seite (c. 708).

f) Aufgaben und Kompetenzen der Bischofskonferenz im Bereich der Glaubenslehre, der Glaubensverkündigung, des Schutzes des Glaubens und des Schulwesens

(24) Die Bischöfe, sowohl als einzelne als auch in den Bischofskonferenzen, sind authentische Lehrer des Glaubens (c. 753).

(25) Gesetzgebungskompetenz der Bischofskonferenzen auf dem Gebiet der Ökumene und der Wiedervereinigung im Glauben; Bindung der Bischöfe an das von den Bischofskonferenzen hierzu geschaffene Recht (c. 755 § 2)[21].

(26) Kompetenz der Bischofskonferenz, Bestimmungen über die Zulässigkeit der Laienpredigt zu treffen (c. 766).

(27) Zuständigkeit der Bischofskonferenz, Anordnungen über Radio- und Fernsehansprachen zu erlassen, die über die Glaubenslehre handeln (c. 772 § 2).

(28) Zuständigkeit der Bischofskonferenz, im Bedarfsfall mit vorheriger Genehmigung des Apostolischen Stuhles Katechismen herauszugeben und katechetische Initiativen zu fördern, mit Einschluß der Errichtung eines Katechetischen Institutes mit der Aufgabe, den Diözesen Hilfen anzubieten (c. 775 §§ 2 und 3).

(29) Verpflichtung der Bischofskonferenz, eine Ordnung für das Katechumenat zu schaffen, in der die Anforderungen an die Katechumenen und deren Rechte festzulegen sind (c. 788 § 3).

(30) Auftrag an die Bischofskonferenz zur Errichtung von Werken, durch die Arbeiter und Studenten aus den Missionsländern brüderlich empfangen und seelsorglich betreut werden (c. 792).

(31) Verpflichtung der Bischofskonferenz, Allgemeine Normen für den Bereich der gesamten religiösen katholischen Unterweisung und Erziehung zu erlassen, dessen Organisation und Aufsicht dem Diözesanbischof obliegt (c. 804 § 1).

(32) Verpflichtung der Bischofskonferenz, im Rahmen des Möglichen und Wünschenswerten um die Gründung von Universitäten oder zumindest von Fakultäten bemüht zu sein, in denen unter Wahrung der Autonomie der Wissenschaften auch die katholische Glaubenslehre gepflegt wird (c. 809).

(33) Verpflichtung und Befugnis der Bischofskonferenzen und der zuständigen Diözesanbischöfe, darüber zu wachen, daß an den katholischen Universitäten die Grundsätze der katholischen Glaubenslehre sorgfältig beachtet werden (c. 810 § 2).

(34) Verpflichtung der Bischofskonferenz und des Diözesanbischofs, dafür Sorge zu tragen, daß höhere Bildungseinrichtungen (instituta superiora) zur Pflege des religiösen Wissens gegründet werden, in denen theologische und andere Fächer gelehrt werden, die einen Bezug zum christlichen Bildungsgut haben (c. 821).

(35) Recht und Pflicht der Bischöfe, sowohl einzeln als auch in den Partikularkonzilien und in den Bischofskonferenzen über die Integrität der Glaubens- und Sittenlehre im Schrifttum und in den sozialen Kommunikationsmitteln zu wachen, die Schriften über die Glaubens- und Sittenlehre zu prüfen und schädliche Bücher zurückzuweisen (c. 823 § 2).

(36) Ausgaben der Heiligen Schrift bedürfen der Approbation des Apostolischen Stuhles oder der Bischofskonferenz (c. 825 § 1); Übersetzungen der Heiligen Schrift, die mit den erforderlichen Erklärungen versehen sind, können katholische Gläubige mit Erlaubnis der Bischofskonferenz zusammen mit den getrennten Brüdern vorbereiten und herausgeben (c. 825 § 2).

[21] Vgl. Ökumenisches Direktorium des Sekretariats für die Einheit der Christen, Teil I v. 14. 5. 1967, in: AAS 59 (1967), S. 574–592 = NKD 7, S. 15, 19, 37, 45, 53; Teil II v. 16. 4. 1970, in: AAS 62 (1970), S. 705–724 = NKD 27, S. 55 und 65.

(37) Unbeschadet des Rechts des Ordinarius loci, Bücher über Glaubens- und Sittenfragen der Begutachtung eines Zensors seiner Wahl zu übertragen, hat die Bischofskonferenz die Kompetenz, eine Liste sachkundiger und sich durch rechte Lehre und Klugheit auszeichnender Zensoren aufzustellen, die den Diözesanverwaltungen bei Bedarf zur Verfügung stehen, oder eine Kommission von Zensoren zu schaffen, an die sich der Ordinarius loci wenden kann (c. 830 § 1)[22].

(38) Verpflichtung der Bischofskonferenz zum Erlaß von Bestimmungen über die Voraussetzungen, die Kleriker und Ordensleute erfüllen müssen, die in Rundfunk- oder Fernsehsendungen Fragen behandeln, die die katholische Glaubens- oder Sittenlehre zum Gegenstand haben (c. 831 § 2).

(39) Mitwirkung der Bischofskonferenz bei der Durchführung von Lehrbeanstandungsverfahren[23].

g) Zuständigkeiten und Pflichten der Bischofskonferenz auf dem Gebiete der Liturgie, des Gottesdienstes und der Sakramentenspendung

(40) Generelle Kompetenz der Bischofskonferenzen, Übersetzungen der liturgischen Bücher in die Volkssprachen innerhalb des vorgegebenen Rahmens vorzubereiten und mit vorheriger Genehmigung des Apostolischen Stuhles herauszugeben (c. 838 § 3)[24].

(41) Kompetenz der Bischofskonferenz zur Festlegung der Voraussetzungen für die Zulassung nichtkatholischer Christen zum Empfang der Sakramente der katholischen Kirche, nach Beratung zumindest mit den lokalen zuständigen Organen der betreffenden Kirche oder nichtkatholischen Gemeinschaft (c. 844 §§ 4 und 5).

(42) Kompetenz der Bischofskonferenz zur Schaffung einer Ordnung der Erwachsenentaufe und zum Erlaß besonderer Normen über die verschiedenen Grade der sakramentalen Initiation (c. 851 n. 1).

(43) Zuständigkeit der Bischofskonferenz zur Bestimmung der konkreten Form der Spendung der Taufe (Eintauchen oder Übergießen mit Wasser; c. 854).

(44) Kompetenz der Bischofskonferenz oder des Diözesanbischofs, Bestimmungen über Anlage und Form der Kirchenbücher in den Pfarreien, d. h. des Tauf-, Trauungs- und Sterberegisters, zu erlassen (c. 535 § 1).

(45) Zuständigkeit der Bischofskonferenz zum Erlaß von Vorschriften über die Zulässigkeit und die Form der Eintragung der Namen der natürlichen Eltern bei Adoptivkindern in das Taufregister (c. 877 § 3).

(46) Kompetenz der Bischofskonferenz zur Festlegung des Firmalters (c. 891).

(47) Kompetenz der Bischofskonferenz oder des Diözesanbischofs, anzuordnen, daß die Eintragung der Spendung des Sakraments der Firmung nicht in einem bei der Diözesankurie geführten Register, sondern in Firmbüchern zu erfolgen hat, die in den einzelnen Pfarreien geführt und aufbewahrt werden (c. 895).

(48) Kompetenz der Bischofskonferenz, Kriterien für die Zulässigkeit der Erteilung der sakramentalen Generalabsolution aufzustellen (c. 961 § 2).

(49) Verpflichtung der Bischofskonferenz, Bestimmungen über Form und Aufstellung der Beichtstühle zu treffen (c. 964 § 2).

[22] Vgl. hierzu in *diesem* Band, unten, *H. Heinemann*, § 66 Schutz der Glaubenslehre.

[23] SCFid, Neue Verfahrensordnung zur Prüfung von Lehrfragen v. 15. 1. 1971, in: AAS 63 (1971), S. 234–236 = NKD 37, S. 47 ff.; vgl. dazu ferner das „Lehrbeanstandungsverfahren der Deutschen Bischofskonferenz". Neufassung, beschlossen auf der Vollversammlung vom 9.–12. 3. 1981, abgedr. in sämtlichen Amtsblättern der deutschen Diözesen; ferner bei *H. Heinemann*, Lehrbeanstandung in der katholischen Kirche. Analyse und Kritik der Verfahrensordnung (= Canonistica, H. 6), Trier 1981, S. 89–101; vgl. ferner *ders.*, in *diesem* Band, unten, § 66 Schutz der Glaubens- und Sittenlehre.

[24] Vgl. hierzu *J. Manzanares Marijuan*, De Conferentiae Episcopalis competentia in re liturgica, in schemate Codicis emendata, in: PerRMCL 70 (1981), S. 469–497.

(50) Zuständigkeit der Bischofskonferenz für die Festlegung eines höheren als des durch das kirchliche Gesetzbuch vorgeschriebenen Mindestalters für den Empfang der Weihen zum Priester und Ständigen Diakon (c. 1031 § 3).

(51) Kompetenz der Bischofskonferenz, Bestimmungen über das kirchliche Verlöbnisrecht – unter Berücksichtigung bestehenden Gewohnheitsrechts und der staatlichen Gesetzgebung – zu treffen (c. 1062).

(52) Verpflichtung der Bischofskonferenz zum Erlaß von Normen über die Ehevorbereitung, einschließlich des Aufgebots und der Feststellung des Ledigenstandes (c. 1067).

(53) Zuständigkeit der Bischofskonferenz für die Festlegung eines höheren als des durch das kirchliche Gesetzbuch vorgeschriebenen Mindestalters für die Eheschließung (c. 1083 § 2).

(54) Zustimmende Stellungnahme der Bischofskonferenz als Voraussetzung für die vom Heiligen Stuhl zu gewährende Erlaubnis der Erteilung einer Trauungsdelegation an Laien durch den Diözesanbischof (c. 1112 § 1).

(55) Kompetenz der Bischofskonferenz zur Erarbeitung eines vom Heiligen Stuhl zu bestätigenden, mit den örtlichen Verhältnissen und den Gebräuchen der Völker übereinstimmenden und dem christlichen Geist angepaßten Trauungsritus (c. 1120).

(56) Kompetenz der Bischofskonferenz für die Festlegung der Form der Eintragung der Eheschließung in das Trauungsregister (c. 1121 § 1).

(57) Pflicht der Bischofskonferenz, Bestimmungen zu treffen über die Form der bei konfessionsverschiedenen Ehen vom katholischen Teil abzugebenden Erklärungen und Versprechen sowie festzulegen, auf welche Weise die Abgabe dieser Erklärungen im äußeren Rechtsbereich nachgewiesen werden kann und wie der nichtkatholische Partner davon Kenntnis erhalten muß (c. 1126)[25].

(58) Verpflichtung der Bischofskonferenz, Bestimmungen zu treffen, unter welchen Voraussetzungen bei der Eheschließung eine Dispens von der vorgeschriebenen Eheschließungsform gewährt werden kann (c. 1127 § 2).

(59) Zuständigkeit der Bischofskonferenz für die Erklärung eines Heiligtums zum Nationalheiligtum (c. 1231).

(60) Zuständigkeit der Bischofskonferenz für die Approbation der Statuten eines Nationalheiligtums (c. 1232 § 1).

(61) Zuständigkeit der Bischofskonferenz, eine Festlegung darüber zu treffen, daß der Altartisch auch aus einem anderen Material als aus einem einzigen Naturstein bestehen kann (c. 1236 § 1).

(62) Zuständigkeit der Bischofskonferenz, mit vorheriger Zustimmung des Apostolischen Stuhles einige der gebotenen Festtage abzuschaffen oder auf den Sonntag zu verlegen (c. 1246 § 2).

(63) Kompetenz der Bischofskonferenz, festzulegen, daß an den Freitagen des Jahres und den gebotenen Abstinenztagen anstelle der Abstinenz vom Fleischgenuß die Abstinenz von einer anderen Speise treten kann (c. 1251).

(64) Kompetenz der Bischofskonferenz, die Beobachtung des Fastens und der Abstinenz genauer zu regeln und andere Formen der Buße, insbesondere Werke der Nächstenliebe und Übungen der Frömmigkeit, ganz oder teilweise anstelle der Abstinenz oder des Fastens festzulegen (c. 1253).

h) Zuständigkeiten der Bischofskonferenz auf dem Gebiete des kirchlichen Vermögensrechts

[25] Vgl. hierzu MP „Matrimonia mixta" v. 31. 3. 1970, in: AAS 62 (1970), S. 257–263 = NKD 26, S. 19 und NKD 28, S. 129. Zu dem MP „Matrimonia mixta" v. 31. 3. 1970 über die rechtliche Ordnung der konfessionsverschiedenen Ehen hat die Deutsche Bischofskonferenz umfangreiche Ausführungsbestimmungen erlassen, abgedr. in sämtlichen Amtsblättern der deutschen Diözesen und ferner in: NKD 28, S. 134ff.

(65) Kompetenz der Bischofskonferenz, Normen über das kirchliche Beitrags- und Spendenwesen zu erlassen (c. 1262).

(66) Kompetenz der Bischofskonferenz, allgemein verpflichtende Bestimmungen über die Veranstaltung und Durchführung kirchlicher Sammlungen zu erlassen, die auch für die Angehörigen von Bettelorden Gültigkeit besitzen (c. 1265 § 2).

(67) Auftrag an die Bischofskonferenz, in denjenigen Gegenden, in denen noch Benefizien im eigentlichen Sinne des Wortes bestehen, durch geeignete und mit dem Apostolischen Stuhl abgestimmte und von diesem bestätigte Normen das Benefizialwesen in seinen Auswirkungen zu mildern und allmählich zu beseitigen (c. 1272).

(68) Verpflichtung der Bischofskonferenz, dort, wo die soziale Sicherung der Kleriker noch nicht hinreichend geordnet ist, durch Gründung einer Einrichtung für die soziale Sicherung des Klerus Vorsorge zu treffen (c. 1274 § 2).

(69) Das Ziel der sozialen Sicherung des Klerus kann erforderlichenfalls auch durch Zusammenarbeit oder durch einen geeigneten Verein, der für verschiedene Diözesen oder sogar auch für das gesamte Gebiet der Bischofskonferenz gegründet wird, erreicht werden (c. 1274 § 4).

(70) Auftrag an die Bischofskonferenz, die „Akte der außerordentlichen Verwaltung" auf dem Gebiete des kirchlichen Vermögensrechts zu bestimmen, für deren Vornahme der Diözesanbischof der Zustimmung des Vermögensverwaltungsrats und des Konsultorenkollegiums bedarf (c. 1277).

(71) Auftrag an die Bischofskonferenz, für die Veräußerung zeitlicher Güter der Kirche die Mindest- und Höchstwertgrenze festzulegen, innerhalb derer die zuständige kirchliche Autorität, d. h. im Falle der Diözesen der Diözesanbischof, mit Zustimmung des Vermögensverwaltungsrats und des Konsultorenkollegiums Kirchengut veräußern kann (c. 1292 § 1).

(72) Auftrag an die Bischofskonferenz, nach den jeweiligen örtlichen Verhältnissen Bestimmungen über die Verpachtung bzw. Vermietung von Kirchenvermögen zu erlassen, insbesondere über die von der zuständigen kirchlichen Behörde einzuholende Erlaubnis (c. 1297).

i) Kompetenzen der Bischofskonferenz auf dem Gebiete der Gerichtsbarkeit und des Prozeßrechts

(73) Zuständigkeit der Bischofskonferenz, zu gestatten, daß auch Laien als Richter bestellt werden, aus deren Zahl bei Bedarf einer zur Bildung eines Kollegiums verwendet werden kann (c. 1421 § 2).

(74) Kompetenz der Bischofskonferenz, zu gestatten, daß in der ersten Instanz, sofern ein Kollegium nicht gebildet werden kann, für die Dauer dieser Unmöglichkeit der Bischof die Rechtssachen einem Klerikerrichter überträgt, der nach Möglichkeit einen Assessor und einen Auditor beizieht (c. 1425 § 4).

(75) Verpflichtung der Bischofskonferenz, mit Zustimmung des Apostolischen Stuhles ein Gericht zweiter Instanz zu errichten, wenn für mehrere Diözesen ein einziges Gericht erster Instanz errichtet worden ist, es sei denn, daß alle diese Diözesen Suffragane derselben Erzdiözese sind (c. 1439 § 1).

(76) Kompetenz der Bischofskonferenz, mit Zustimmung des Apostolischen Stuhles, auch unabhängig von den Voraussetzungen des c. 1439 § 1, ein oder mehrere Gerichte zweiter Instanz zu errichten (c. 1439 § 2).

(77) Klarstellung, daß die Bischofskonferenz oder der von ihr bezeichnete Bischof über diese Gerichte der zweiten Instanz sämtliche Befugnisse haben, die dem Diözesanbischof bezüglich seines Gerichts zustehen (c. 1439 § 3).

(78) Kompetenz der Bischofskonferenz, für die kirchliche Gerichtsbarkeit Bestimmungen über die gütliche Beilegung von Streitigkeiten, die Auftragsschlichtung und über die schiedsrichterliche Streitentscheidung zu erlassen (c. 1714).

(79) Kompetenz der Bischofskonferenz, in jeder Diözese ein ständiges Amt oder einen Rat zu errichten, dem nach den von der Bischofskonferenz erlassenen Bestimmungen die Aufgabe übertragen ist, in Verwaltungsstreitigkeiten nach den Grundsätzen der Billigkeit zum Zwecke der Vermeidung von Prozessen Lösungsvorschläge zu erarbeiten und zu unterbreiten (c. 1733 § 2).

(80) Kompetenzen der Bischofskonferenz für die Selig- und Heiligsprechungsverfahren[26].

III. Die Bischofskonferenzen im deutschen Sprachgebiet

1. *Die Deutsche Bischofskonferenz und der Verband der Diözesen Deutschlands*

a) *Die Deutsche Bischofskonferenz*, die bis zum 2. 3. 1966 den Namen „Fuldaer Bischofskonferenz" getragen hat[27], ist gemäß Art. 1 Abs. 1 ihres am 23. 10. 1976 vom Apostolischen Stuhl genehmigten Statuts der Zusammenschluß der Bischöfe der deutschen Diözesen zum Studium und zur Förderung gemeinsamer pastoraler Aufgaben, zu gegenseitiger Beratung, zur notwendigen Koordinierung der kirchlichen Arbeit und zum gemeinsamen Erlaß von Entscheidungen sowie zur Pflege der Verbindung zu anderen Bischofskonferenzen[28].

Nach Art. 2 Abs. 1 ihres Statuts sind gegenwärtig Mitglieder der Deutschen Bischofskonferenz

(1) alle Ortsoberhirten eines jeden Ritus mit Ausnahme der Generalvikare,
(2) die Koadjutoren,
(3) die Weihbischöfe und andere Titularbischöfe, die ein besonderes, vom Apostolischen Stuhl oder von der Bischofskonferenz übertragenes Amt bekleiden in den Kirchenprovinzen Bamberg, Freiburg, Köln, München-Freising und Paderborn sowie der Ortsoberhirte von Berlin.

Nach Art. 2 Abs. 3 des Statuts haben die Apostolischen Visitatoren von Breslau, Ermland und Schneidemühl sowie die Kanonischen Visitatoren von Glatz und Branitz in Anbetracht der besonderen Lage der Heimatvertriebenen in Deutsch-

[26] Vgl. Die Const. Ap. *Divinus perfectionis Magister* Papst *Johannes' Pauls II.* vom 25. Januar 1983, in: AAS 75 (1983), S. 349–355, durch die das Verfahren bei Kanonisationsprozessen neu geregelt wurde, sowie die Anordnung der SC CausSS vom 7. 2. 1983, in: AAS 75 (1983), S. 396–403, über die von den Bischöfen bei der Durchführung von Informativprozessen bei Heiligsprechungsverfahren einzuhaltenden Bestimmungen; ferner MP „Sanctitas clarior" über die Neuordnung der Selig- und Heiligsprechungsverfahren v. 19. 3. 1969, in: AAS 61 (1969), S. 149ff. = *Ochoa* IV, Sp. 5492ff. = NKD 39, S. 18ff.

[27] Zur Geschichte der Deutschen Bischofskonferenz vgl. *R. Lill*, Die ersten deutschen Bischofskonferenzen, Freiburg 1964; *E. Gatz*, Die Akten der Fuldaer Bischofskonferenz, Bd. 1 (1871–1887), Bd. 2 (1888–1899), Mainz 1977/1979; *E. Iserloh*, Die Geschichte der Deutschen Bischofskonferenz, in: *Franz Kardinal König* u. *Erwin Iserloh*, Die Freiheit der Kirche in einem christlichen Europa. Reden zur Zeit, hrsg. vom Institut für Demokratieforschung, Würzburg o.J. (1977), S. 15–31; *K.-E. Schlief*, Die Organisationsstruktur der katholischen Kirche, in: HdbStKirchR I, S. 307ff.; *G. May*, Die Deutsche Bischofskonferenz (Anm. 11), m.w.N.

[28] Das Statut der Deutschen Bischofskonferenz v. 23. 10. 1976 ist veröffentlicht in: Pressedienst des Sekretariats der Deutschen Bischofskonferenz, Dokumentation 27/76 v. 25. 10. 1976; abgedr. auch in: AfkKR 145 (1976), S. 543–552.

land bis auf weiteres bei der Vollversammlung die den Titularbischöfen zukommenden Rechte[29].

Nach Art. 3 des Statuts sind Organe der Deutschen Bischofskonferenz (1) die Vollversammlung, (2) der Ständige Rat, (3) der Vorsitzende, (4) die Bischöflichen Kommissionen.

Nach Art. 28 des Statuts sind Dienststellen der Deutschen Bischofskonferenz das Sekretariat, das Kommissariat der deutschen Bischöfe in Bonn, die Kirchlichen Zentralstellen sowie jene Arbeitsstellen, die von der Deutschen Bischofskonferenz errichtet sind.

In der staatlichen Rechtsordnung der Bundesrepublik Deutschland besitzt die Deutsche Bischofskonferenz keine Rechtsfähigkeit. Die *Bayerische* (früher Freisinger) Bischofskonferenz und die aus den Bischöfen der im Lande Nordrhein-

[29] Nach der Neuregelung der kirchlichen Verhältnisse in den polnischen (ehemals deutschen) Gebieten ostwärts der Oder-Neiße-Linie durch die Apostolische Konstitution Pauls VI. *Episcoporum Poloniae* vom 28. Juni 1972 (AAS 64 [1972], S. 657–659) wurden am 23. Oktober 1972 für diejenigen Kleriker und Laien der früheren Teilkirchen *Erzdiözese Breslau, Diözese Ermland* und *Freie Prälatur Schneidemühl*, die sich wegen der veränderten Verhältnisse fern ihrer ursprünglichen Heimat in der Bundesrepublik Deutschland befinden, *Apostolische Visitatoren* bestellt. Hinsichtlich der Kleriker haben diese Visitatoren, kumulativ mit dem jeweiligen Ortsordinarius des Klerikers, Personaljurisdiktion mit allen Rechten und Pflichten eines Diözesanbischofs, soweit hierzu nicht die Bischofskonsekration erforderlich ist. Das Ernennungsschreiben der Kongregation für die Bischöfe vom 23. Oktober 1972 für den Apostolischen Visitator der ermländischen Kleriker und Gläubigen, *Paul Hoppe*, ist in deutscher Übersetzung abgedruckt in: AfkKR 143 [1974], S. 472f. Darin sind die Vollmachten des Administrators für die ihm unterstehenden Kleriker und über die Gläubigen im einzelnen umschrieben. Die von diesem Apostolischen Visitator mit Datum vom 28. Juli 1974 erlassenen Statuten des Konsistoriums des Apostolischen Visitators der Ermländer sind abgedruckt in: AfkKR 143 [1974], S. 498–501. Das Ernennungsschreiben der Kongregation für die Bischöfe vom 11. März 1975 für den gegenwärtig amtierenden Apostolischen Visitator für die Ermländer, Apostolischen Protonotar *Johannes Schwalke*, ist im lateinischen Originalwortlaut abgedruckt in: AfkKR 144 [1975], S. 134f. Im Gegensatz zu den genannten Apostolischen Visitatoren besitzen die *Kanonischen Visitatoren* von *Glatz* (ehemaliger Anteil der Erzdiözese Prag auf ehemals preußischem Territorium) und *Branitz* (ehemaliger Anteil der Erzdiözese Olmütz auf ehemals preußischem Territorium) keine Personaljurisdiktion über die Kleriker, die aus diesen Gebieten stammen und in der Bundesrepublik Deutschland leben. Bei der neuen Diözesanzirkumskription in Polen durch die Apostolische Konstitution *Episcoporum Poloniae* vom 28. Juni 1972 wurde das Gebiet des ehemaligen Generalvikariats *Branitz* von der Erzdiözese Olmütz abgetrennt und der neu geschaffenen Diözese Oppeln zugeteilt. Das Gebiet des ehemaligen Generalvikariats *Glatz* wurde unter Abtrennung von der Erzdiözese Prag mit der Erzdiözese Breslau vereinigt (vgl. AAS 64 [1972], S. 657 und 658f.).

Mit dem Inkrafttreten des CIC/1983 sind die genannten Apostolischen Administratoren und Kanonischen Visitatoren nicht mehr Mitglieder der Deutschen Bischofskonferenz, sofern nicht durch den Apostolischen Stuhl für die Deutsche Bischofskonferenz neues partikulares Sonderrecht geschaffen wird. Dies ergibt sich daraus, daß gemäß c. 450 Mitglieder einer Bischofskonferenz nur Bischöfe sein können. Bisheriges entgegenstehendes teilkirchliches Recht wird durch c. 6 § 2 n. 2 beseitigt, wonach sämtliche universal- und teilkirchlichen Gesetze, die den Bestimmungen des CIC/1983 entgegenstehen, außer Kraft gesetzt werden, sofern hinsichtlich der teilkirchlichen Gesetze nicht ausdrücklich etwas anderes bestimmt ist. C. 6 § 2 n. 2 gilt auch für die Bestimmung des Art. 2 Abs. 2 des Statuts der Deutschen Bischofskonferenz vom 23. 10. 1976, wonach die Apostolischen Visitatoren von Breslau, Ermland und Schneidemühl sowie die Kanonischen Visitatoren von Glatz und Branitz in Anbetracht der besonderen Lage der Heimatvertriebenen in Deutschland bis auf weiteres bei der Vollversammlung die den Titularbischöfen zukommenden Rechte haben.

Westfalen gelegenen Diözesen bestehende *Westdeutsche* Bischofskonferenz sind nicht nach VatII CD Art. 38 bzw. cc. 447–459 konstituiert und haben damit den Status von Bischofskonferenzen alter Ordnung, d. h. sie sind pastorale kollegiale Beratungsgremien ohne Kompetenz zu eigener Gesetzgebung, Verwaltung und Gerichtsbarkeit[30].

b) *Der Verband der Diözesen Deutschlands.* Im Jahre 1968 haben sich die Diözesen in der Bundesrepublik Deutschland zu einem „Verband der Diözesen Deutschlands" mit Sitz in München zusammengeschlossen. Dieser Verband besitzt nach dem Verfassungsrecht der Bundesrepublik Deutschland den Rechtsstatus einer Körperschaft des öffentlichen Rechts (Art. 140 GG i.V.m. Art. 137 Abs. 5 Satz 3 WeimRV). Nach Art. 37 des Statuts der Deutschen Bischofskonferenz werden die Aufgaben der Deutschen Bischofskonferenz im rechtlichen und wirtschaftlichen Bereich, soweit die Bischofskonferenz sie dem Verband der Diözesen Deutschlands übertragen hat, von diesem gemäß seiner Satzung wahrgenommen. Der Verband ist für Rechts- und Wirtschaftsfragen und für die überdiözesanen Finanz- und Haushaltsangelegenheiten der deutschen Diözesen zuständig. Die Mitglieder des Verbandes sind die 21 Diözesen in der Bundesrepublik Deutschland. Das Bistum Berlin, das aus staatskirchenrechtlichen Gründen nicht Mitglied des Verbandes der Diözesen Deutschlands sein kann, hat bei dessen Sitzungen einen Gaststatus. Die Organe des Verbandes sind die *Vollversammlung,* das Entscheidungsgremium des Verbandes, dem sämtliche und nur die Diözesanbischöfe angehören, der *Verbandsausschuß,* ein Exekutivorgan der Vollversammlung, der *Verwaltungsrat,* ein Beratungsorgan für die Beratung und Verabschiedung des Haushaltsplanes des Verbandes, der aus drei Mitgliedern bestehende *Arbeitsausschuß,* der eine vorbereitende Funktion für die Beratungen des Verbandsausschusses und des Verwaltungsrates besitzt, sowie der *Geschäftsführer.* Dieser besorgt im Rahmen seiner allgemeinen Zuständigkeit die laufende Geschäftsführung des Verbandes und die ihm aufgrund besonderer Weisung übertragenen Aufgaben. Zwischen der Deutschen Bischofskonferenz und dem Verband der Diözesen Deutschlands bestehen zahlreiche personelle und sachliche Verschränkungen und Verflechtungen. Der Vorsitzende der Deutschen Bischofskonferenz ist zugleich auch der Vorsitzende der Vollversammlung des Verbandes der Diözesen Deutschlands. Der Sekretär der Deutschen Bischofskonferenz ist in Personalunion Geschäftsführer des Verbandes der Diözesen Deutschlands. Die Geschäftsstelle des Verbandes der Diözesen Deutschlands ist das Sekretariat der Deutschen Bischofskonferenz in Bonn. Seit dem 1. 1. 1977 gilt die Satzung des

[30] Über die Tätigkeit und das Zusammenwirken der Organe der Deutschen Bischofskonferenz und des Verbandes der Diözesen Deutschlands vgl. *J. Homeyer,* Die Deutsche Bischofskonferenz, in: Katholiken und ihre Kirche in der Bundesrepublik Deutschland, hrsg. von *G. Gorschenek,* München-Wien 1976, S. 74–88; *ders.,* Ein Verband für die Diözesen Deutschlands, in: Zeugnis und Dienst. Zum 70. Geburtstag von Bischof Dr. Franz Hengsbach, Bochum 1980, S. 242–256; vgl. ferner *J. Listl,* Deutsche Bischofskonferenz und Verband der Diözesen Deutschlands. Nachkonziliare Entwicklungen im überdiözesanen Bereich der katholischen Kirche in der Bundesrepublik Deutschland, in: AnzkathGeist 86 (1977), S. 374ff.

Verbandes der Diözesen Deutschlands i.d.F. vom 1. 12. 1976, die die Gründungssatzung aus dem Jahre 1968 abgelöst hat[31].

2. *Die Berliner Bischofskonferenz*

Die *Berliner Bischofskonferenz*, deren Statut am 25. 9. 1975 vom Apostolischen Stuhl bestätigt wurde, ist nach Art. 1 ihres Statuts der Zusammenschluß der Bischöfe, Weihbischöfe und Ordinarien der früheren Berliner Ordinarienkonferenz, die durch Entscheid des Heiligen Stuhles vom 10. 4. 1976 als auctoritas territorialis gemäß dem Konzilsdekret *Christus Dominus* anerkannt wurde[32]. Der Berliner Bischofskonferenz gehören an die Bischöfe und Weihbischöfe der beiden exemten Bistümer Berlin und Dresden-Meißen (Sitz Dresden) und der Apostolischen Administratur Görlitz sowie die Apostolischen Administratoren in Magdeburg (Anteil des Erzbistums Paderborn), Erfurt-Meiningen mit Sitz in Erfurt (Anteile des Bistums Fulda bzw. des Bistums Würzburg) und Schwerin (Anteil des Bistums Osnabrück).

Aufgaben der Berliner Bischofskonferenz sind nach Art. 2 ihres Statuts gemeinsame Beratungen, Koordinierung der kirchlichen Arbeit, gemeinsame Entscheidungen und Verfügungen, Studium und Förderung gemeinsamer pastoraler Aufgaben, Pflege von Beziehungen zu anderen Bischofskonferenzen, vor allem durch Mitarbeit im Europäischen Bischofsrat (CCEE), Zusammenarbeit mit den Bischofskonferenzen des deutschen Sprachgebietes in pastoralen und liturgischen Fragen.

Organe der Berliner Bischofskonferenz sind a) die Konferenz, b) der Vorsitzende, c) das Sekretariat, d) die Kommissionen.

3. *Die Österreichische Bischofskonferenz*

Die Statuten der *Österreichischen Bischofskonferenz*[33] wurden am 22. 12. 1969 vom Apostolischen Stuhl genehmigt. Nach § 3 der Statuten sind Mitglieder der Österreichischen Bischofskonferenz alle Ortsoberhirten eines jeden Ritus mit Ausnahme der Generalvikare, die Koadjutoren und die Weihbischöfe (sowie jene anderen Titularbischöfe, die ein besonderes, vom Apostolischen Stuhl oder von der Bischofskonferenz übertragenes Amt in Österreich bekleiden).

[31] Wortlaut der Satzung des Verbandes der Diözesen Deutschlands in sämtlichen Amtsblättern der Diözesen der Bundesrepublik Deutschland, u. a. in: KAnz. Köln 117 (1977), S. 11 ff.; abgedr. auch in: AfkKR 145 (1976), S. 552–558). Über die rechtliche Struktur, die Arbeitsweise und das Zusammenwirken der verschiedenen Organe des Verbandes der Diözesen Deutschlands vgl. *J. Listl*, Der Verband der Diözesen Deutschlands. Strukturreform im überdiözesanen Bereich der katholischen Kirche der Bundesrepublik Deutschland, in: StdZ 195 (1977), S. 337 ff.

[32] Das Statut der Berliner Bischofskonferenz ist veröffentlicht in: Pressedienst des Sekretariats der Deutschen Bischofskonferenz, Dokumentation 27/76 v. 25. 10. 1976. Die Geschäftsordnung der Berliner Bischofskonferenz wurde am 6. 9. 1982 verabschiedet und trat mit sofortiger Wirkung für drei Jahre ad experimentum in Kraft.

[33] Bisher nicht veröffentlicht; vgl. dazu oben Anm. 16.

Nach § 1 der Statuten ist die Österreichische Bischofskonferenz der Zusammenschluß der Bischöfe der österreichischen Diözesen, mit Gutheißung des Apostolischen Stuhles errichtet, zum Studium und zur Förderung gemeinsamer pastoraler Aufgaben, zu gegenseitiger Beratung, zur notwendigen Koordinierung der kirchlichen Arbeit und zum gemeinsamen Erlaß von Entscheidungen sowie zur Pflege der Verbindung zu anderen Bischofskonferenzen. Wie oben unter III 2 d bereits dargelegt, besitzt die Österreichische Bischofskonferenz nach dem österreichischen Staats- und Konkordatsrecht Rechtsfähigkeit auch für den Bereich des staatlichen Rechts, und zwar den Status einer Körperschaft des öffentlichen Rechts.

4. Die Schweizer Bischofskonferenz

Mitglieder der *Schweizer Bischofskonferenz*, deren Statuten vom 9. 10. 1974 vom Apostolischen Stuhl am 20. 9. 1975 approbiert wurden[34], sind die Diözesanbischöfe und die Weihbischöfe der schweizerischen Diözesen, die Altbischöfe mit besonderem Auftrag sowie die Äbte von St. Maurice und Einsiedeln. Die ständigen Organe der Bischofskonferenz sind nach Art. 3 der Statuten die Vollversammlung, das Präsidium und das Sekretariat. Nach Art. 13 der Statuten besteht zur Regelung finanzieller Fragen ein Verein „Schweizer Bischofskonferenz" nach ZGB Art. 60 f. Mitglieder des Vereins sind die Mitglieder der Bischofskonferenz. Der Präsident, der Vize-Präsident und der Sekretär der Bischofskonferenz bilden das Präsidium des Vereins „Schweizer Bischofskonferenz".

[34] Die Statuten vom 9. 10. 1974 wurden am 20. 9. 1975 vom Apost. Stuhl approbiert. Die Statuten der Schweizer Bischofskonferenz sind abgedr. in: SKZ 143 (1975), S. 764 f. Die Geschäftsordnung der Schweizer Bischofskonferenz wurde im Oktober 1974 und in leicht abgeänderter und erweiterter Form am 4. 10. 1976 von der Bischofskonferenz gutgeheißen und in Kraft gesetzt. Neben der Schweizer Bischofskonferenz bestehen in der Schweiz eine deutsch-schweizerische Ordinarienkonferenz (DOK) und eine französischsprachige „Conférence des Ordinaires de Suisse Romande". Vgl. das Statut der deutschschweizerischen Ordinarienkonferenz in: SKZ 141 (1973), S. 599. Das revidierte Statut dieser Ordinarienkonferenz vom 11. 3. 1976 ist abgedr. in: SKZ 144 (1976), S. 232. Vgl. dazu *F. Dommann*, Deutsch-schweizerische Ordinarienkonferenz – Ein neues Gremium, in: SKZ 141 (1973), S. 596–598.

§ 34 Die Kirchenprovinz
Provinzialkonzil und Metropolit

Von Heinz Maritz

Im Unterschied zur Kirchenregion zählt die Kirchenprovinz als teilkirchlicher Verband zu den verfassungsrechtlichen Institutionen, die in die Anfänge der territorialen Gliederung der Kirche zurückreichen[1].

1. *Die Kirchenprovinz*

Die Kirchenprovinz ist die Zusammenfassung mehrerer benachbarter Diözesen mit dem Ziel, in dem territorial geschaffenen teilkirchlichen Verband die gemeinsame pastorale Tätigkeit und die Beziehungen der Diözesanbischöfe untereinander zu fördern (c. 431 § 1)[2]. Im Regelfall soll es keine exemten Diözesen mehr geben; die innerhalb des Gebietes einer Kirchenprovinz liegenden exemten Teilkirchen sollen sich dieser Kirchenprovinz anschließen (c. 431 § 2). Errichtung, Neuumschreibung und Aufhebung von Kirchenprovinzen ist allein Sache der höchsten kirchlichen Autorität, die jedoch zuvor die betroffenen Diözesanbischöfe anhören wird (c. 431 § 3). Die Kirchenprovinz ist mit ihrer Errichtung juristische Person (c. 432 § 2). Nach Maßgabe des Rechts haben sowohl das Provinzialkonzil als auch der Metropolit im Bereich der Kirchenprovinz hoheitliche Gewalt (c. 432 § 1).

2. *Das Provinzialkonzil*

Das Provinzialkonzil hat als synodales teilkirchliches Verfassungsorgan für den Bereich der Kirchenprovinz hoheitliche Gewalt, insbesondere Gesetzgebungsbefugnis[3], unter Wahrung des für die Gesamtkirche geltenden Rechts. Aufgabe des Provinzialkonzils ist es, für die pastoralen Erfordernisse des Volkes Gottes in der Kirchenprovinz Sorge zu tragen, d. h. die Beschlüsse zu fassen, die ein Wachsen im Glauben ermöglichen, sittliches Leben und kirchliche Disziplin im Rahmen der gemeinsamen pastoralen Obsorge schützen und fördern (c. 445).

Ein Provinzialkonzil soll immer dann abgehalten werden, wenn es nach dem Urteil der Mehrheit der Diözesanbischöfe der Kirchenprovinz als notwendig

[1] Vgl. *Mörsdorf*, Art. Metropolit, in: LThK² VII, Sp. 373ff.; *ders.* Lb I, S. 380ff.; *F. Claeys-Bouuaert*, Art. Métropolitain, in: DDC VI, Sp. 875f.

[2] Vgl. VatII CD Art. 39; *A. Moroni*, Art. Provincia, in: Dictionarium morale et canonicum, hrsg. v. *P. Palazzini*, Bd. III, Rom 1966, S. 891.

[3] Vgl. *M. Pesendorfer*, Partikulares Gesetz und partikularer Gesetzgeber im System des geltenden Lateinischen Kirchenrechts (= Kirche und Recht, Bd. 12), Wien 1975, bes. S. 85ff.; *K. Hartelt*, Die Diözesan- und Regional-Synoden im deutschen Sprachraum nach dem zweiten Vatikanum (= EThSt, Bd. 40), Leipzig 1979, bes. S. 66ff. u. 143ff.

erachtet wird. Eine vorgängige Erlaubnis des Apostolischen Stuhles ist nur dann erforderlich, wenn die Kirchenprovinz mit dem Bereich der Nation deckungsgleich ist (c. 439 § 3)[4]. Einberufung eines Provinzialkonzils und Festlegung des Tagungsortes (innerhalb der Kirchenprovinz), der Verfahrensordnung und der zu behandelnden Fragen sowie des Beginns, der Dauer, der Verlegung, der Vertagung und des Abschlusses sind Sache des Metropoliten, der jedoch dazu der Zustimmung der Mehrheit der Suffraganbischöfe bedarf (c. 442 § 1). Auf dem Provinzialkonzil führt der Metropolit den Vorsitz, bei seiner rechtmäßigen Verhinderung ein von den anderen Suffraganbischöfen gewählter Suffraganbischof (c. 442 § 2).

Die zu berufenden Teilnehmer am Provinzialkonzil haben entweder beschließende oder nur beratende Stimme.

Beschließende Stimme haben (c. 443 §§ 1 u. 2):

a) die Diözesanbischöfe;

b) die Koadjutor- und Auxiliarbischöfe;

c) Titularbischöfe, die im Auftrag des Apostolischen Stuhles oder der Bischofskonferenz im Bereich der Kirchenprovinz eine besondere Aufgabe wahrnehmen;

d) andere Titularbischöfe, auch Bischöfe im Ruhestand, soweit sie im Bereich der Kirchenprovinz ihren Wohnsitz haben, können eingeladen werden; werden sie eingeladen, haben sie beschließende Stimme.

Beratende Stimme haben (c. 443 §§ 3–5):

a) die General- und Bischofsvikare aller Teilkirchen der Kirchenprovinz;

b) die höheren Ordensoberen der Ordensinstitute und der Gesellschaften des apostolischen Lebens; die Anzahl der Teilnehmer wird von den Bischöfen der Kirchenprovinz sowohl für die männlichen als auch für die weiblichen Ordensangehörigen festgesetzt, die Teilnehmer selbst werden von den höheren Ordensoberen durch Wahl bestimmt;

c) die Rektoren der katholischen Universitäten und die Dekane der theologischen und kirchenrechtlichen Fakultäten, die im Bereich der Kirchenprovinz ihren Sitz haben;

d) Regenten (Rektoren) der Priesterseminare der Kirchenprovinz; ihre Anzahl wird von den Bischöfen bestimmt, die Teilnehmer selbst werden durch Wahl aller Regenten bestimmt;

e) Priester und Gläubige können mit beratender Stimme zum Provinzialkonzil geladen werden; ihre Anzahl darf jedoch die Hälfte der oben genannten (c. 443 §§ 1–3) nicht übersteigen;

f) die Domkapitel, Priester- und Pastoralräte der Teilkirchen mit je zwei von ihnen gewählten Vertretern (c. 443 § 5).

Sollte es dem Metropoliten und den Suffraganbischöfen angebracht erscheinen, können auch Gäste zum Provinzialkonzil eingeladen werden (c. 443 § 6).

Wer zur Teilnahme am Provinzialkonzil berufen wird, ist zur Teilnahme auch verpflichtet, es sei denn, er wäre rechtmäßig verhindert. Der Hinderungsgrund ist dem Vorsitzenden des Provinzialkonzils mitzuteilen. Ist ein Teilnehmer mit

[4] Z. B. Belgien, Niederlande.

beschließender Stimme rechtmäßig an der Teilnahme verhindert, kann er einen Vertreter entsenden, der jedoch nur beratende Stimme hat (c. 444).

Nach Abschluß des Provinzialkonzils hat der Vorsitzende alle Konzilsakten an den Apostolischen Stuhl zu schicken. Die vom Provinzialkonzil verabschiedeten Dekrete dürfen erst nach Überprüfung durch den Apostolischen Stuhl promulgiert werden. Art und Weise der Promulgation und den Zeitpunkt des Inkrafttretens der promulgierten Dekrete bestimmt das Provinzialkonzil (c. 445).

Wenn keine andere rechtliche Regelung getroffen ist, haben die Bischöfe der Kirchenprovinz die Gebühren für Akte der freiwilligen Verwaltung und für die Durchführung der Reskripte des Apostolischen Stuhls festzusetzen (diese Gebührenordnung bedarf der Approbation durch den Apostolischen Stuhl) sowie die Opfergaben festzulegen, die aus Anlaß der Spendung von Sakramenten und Sakramentalien gereicht werden (c. 1264).

3. *Der Metropolit*

Der Metropolit ist der Vorsteher einer Kirchenprovinz. Als Erzbischof ist er Bischof einer bestimmten Diözese. Sein Amt als Metropolit ist mit dem Bischofssitz verbunden, der vom Papst als Metropolitansitz bestimmt oder anerkannt wurde (c. 435).

In den Suffraganbistümern stehen dem Metropoliten nur (erschöpfende Aufzählung: c. 436 § 3) folgende Rechte zu (c. 436 § 1):

a) Er hat darüber zu *wachen*, daß Glaube und kirchliche Disziplin sorgfältig beobachtet werden; über etwa eingetretene Mißbräuche hat er den Papst zu benachrichtigen.

b) Er hat die *kanonische Visitation* durchzuführen, wenn diese von einem Suffraganbischof vernachlässigt wird, jedoch nur dann, wenn der Apostolische Stuhl den Anlaß zur Visitation bestätigt hat.

c) Er hat den *Diözesanadministrator* zu bestimmen (Devolutionsrecht), wenn bei Vakanz des Bischofsstuhles eines Suffraganbistums nicht innerhalb von acht Tagen rechtmäßig ein Diözesanadministrator gewählt wird (c. 421 § 2) oder der Gewählte die vom Recht vorgeschriebenen Voraussetzungen nicht erfüllt (c. 425).

Ist ein Diözesanbischof länger als sechs Monate unrechtmäßig von seiner Diözese abwesend, ist es Pflicht des Metropoliten, dies dem Apostolischen Stuhl mitzuteilen (c. 395 § 4).

Wenn ein Suffraganbischof wegen einer kirchlichen Strafe in der Ausübung seines oberhirtlichen Dienstes behindert ist, hat dies der Metropolit unverzüglich dem Apostolischen Stuhl mitzuteilen, damit dieser entsprechende Maßnahmen treffen kann (c. 415).

Wo es die Umstände erforderlich machen, kann der Apostolische Stuhl den Metropoliten mit besonderen Aufgaben und Vollmachten ausstatten, die im Partikularrecht näherhin zu bestimmen sind. Der Metropolit besitzt in den Suffraganbistümern keine weitere Leitungsgewalt. Wie der Bischof in seiner eigenen Diözese, kann der Metropolit in allen Kirchen der Kirchenprovinz – wenn es sich um die Kathedrale eines Suffraganbistums handelt, jeweils nach Benachrichtigung des Diözesanbischofs – Gottesdienste halten (c. 436 § 3).

Innerhalb von drei Monaten nach empfangener Bischofsweihe oder, wenn er bereits geweihter Bischof ist, nach kanonischer Amtsverleihung, ist der Metropolit verpflichtet, entweder persönlich oder durch einen Stellvertreter, vom Papst das Pallium zu erbitten[5]. Das Pallium ist Zeichen seiner Vollmacht als Metropolit in seiner Kirchenprovinz und gleichzeitig der Gemeinschaft mit der Kirche Roms (c. 437 § 1)[6].

Das Pallium ist ein weißer, etwa drei Finger breiter, geschlossener Streifen aus Wolle mit sechs eingewebten, schwarzen, seidenen Kreuzen, der ringförmig um die Schulter gelegt wird und von dem ein Streifen über die Brust und der andere über den Nacken herabfällt. Es wird aus der Wolle von Schafen gefertigt, die in S. Agnese fuori le mura gehalten und am Agnestag geweiht werden. Die neu angefertigten Pallien werden am Feste der Apostelfürsten in der Peterskirche vom Papst geweiht und bis zu ihrer Überreichung in der Confessio Petri aufbewahrt (daher: de veneranda Beati Petri Apostoli confessione sumptum)[7].

Nach den liturgischen Vorschriften[8] kann der Metropolit das Pallium in jeder Kirche seiner Kirchenprovinz tragen, keinesfalls jedoch außerhalb der Kirchenprovinz, auch nicht, wenn dazu ein Diözesanbischof seine Zustimmung geben sollte (c. 437 § 2). Wird einem Metropoliten ein anderer Metropolitansitz übertragen, so ist er verpflichtet, ein neues Pallium zu erbitten (c. 437 § 3).

Der Metropolit ist ordentliche Berufungsinstanz für die von den Suffragangerichten gefällten End- und Zwischenurteile (c. 1438 n. 1) und erste Instanz zur

[5] Nach Art. 49 § 5 Const. REU wird die Verleihung des Palliums von der SC Ep vorbereitet; nach c. 355 § 2 wird das Pallium an Stelle des Papstes vom rangältesten Kardinaldiakon den Metropoliten umgelegt oder deren Prokuratoren übergeben.

[6] Nach dem MP *Pauls VI.* „Inter eximia" v. 11. 5. 1978, in: AAS 70 (1978), S. 441 f., wird das Pallium nur noch den wirklichen Metropoliten und dem Lateinischen Patriarchen von Jerusalem verliehen, nicht mehr den Titularerzbischöfen. Alle entgegengesetzten Gewohnheitsrechte und Privilegien wurden abgeschafft. Sollte ein zum Papst Gewählter die Bischofsweihe noch nicht empfangen haben, so steht dem Kardinaldekan oder dem für die Erteilung der Bischofsweihe zuständigen Kardinal der Gebrauch des Palliums zu (vgl. c. 355 § 1). Derjenige, dem das Pallium bereits verliehen worden war, darf es weiterhin tragen.

[7] Vgl. *M. Morgante*, Art. Pallium, in: Dictionarium morale et canonicum, Bd. III (Anm. 2), S. 568 f.

[8] Das Pallium darf ausschließlich bei der Feier der Hl. Messe getragen werden, nie bei anderen gottesdienstlichen Funktionen. Allein dem Papst steht der Gebrauch des Palliums in jeder Hl. Messe zu. Vom Metropoliten darf es nur an den sogenannten Pallientagen oder an den Tagen, die ihm etwa durch päpstliches Privileg zusätzlich zugestanden werden, getragen werden. Nach dem Pont. Rom. Tit. de Pallio sind dies folgende Tage: Weihnachten (25. 12.); Feste des Hl. Stephanus (26. 12.)und des Hl. Johannes (27. 12.); Hochfest der Gottesmutter Maria (1. 1.); Epiphanie (6. 1.); Darstellung des Herrn (2. 2.); Hochfest des Hl. Josef (19. 3.); Palmsonntag; in der Chrisammesse; Gründonnerstag; Karsamstag; Ostern und die zwei darauf folgenden Tage; Weißer Sonntag; Christi Himmelfahrt; Pfingsten; Fronleichnam; Hochfest der Geburt des Hl. Johannes (24. 6.); Mariä Aufnahme in den Himmel (15. 8.); Mariä Geburt (8. 9.); Allerheiligen (1. 11.); Hochfest der ohne Erbsünde empfangenen Jungfrau und Gottesmutter Maria (8. 12.); Apostelfeste; Hauptfeste der Diözese; in Messen anläßlich einer Kirchenkonsekration; in den Weihemessen von Diakonen, Priestern, Bischöfen, Äbten, Äbtissinnen und Jungfrauen; am Jahrestag der eigenen Bischofsweihe und der Kirchweihe.

Entscheidung von Streitfällen bezüglich der Rechte und der zeitlichen Güter der Suffraganbischöfe (c. 1419 § 2).

Die Titel Patriarch und Primas sind im Bereich der Lateinischen Kirche reine Ehrentitel; wenn nicht aufgrund eines päpstlichen Privilegs oder einer anerkannten Gewohnheit etwas anderes feststeht, beinhalten diese Titel keine besondere Hirtengewalt (c. 438).

3. Kapitel: Die Teilkirche

§ 35 Diözesane und quasidiözesane Teilkirchen

Von Hubert Müller

I. Zum Begriff „Teilkirche"

Im Verfassungsgefüge der Kirche nimmt die Teilkirche einen unaufgebbaren Platz ein, da es zum Wesen[1] der katholischen Kirche gehört, daß sie nicht einen ungegliederten, monolithischen Block bildet, sondern in und aus Teilkirchen besteht (VatII LG Art. 23; c. 368)[2]. Diese vom II. Vatikanum wieder ans Licht gehobene Erkenntnis spiegelt sich bereits in der Terminologie wider, insofern der Begriff „Kirche", der im CIC/1917 – soweit ekklesiologisch von Gewicht[3] – fast ausschließlich für die Gesamtkirche gebraucht wurde[4], im letzten Konzil entsprechend dem neutestamentlichen Befund[5] auch wieder auf untergeordnete ekklesiale Gliedgemeinschaften Anwendung gefunden hat. Dabei ist jedoch der Wortsinn von „ecclesia particularis" in den Konzilsdokumenten nicht konstant[6]. In VatII CD bezeich-

[1] Die quaestio disputata, ob die Teilkirche göttlichen Rechts ist (vgl. *G. Philips*, Utrum Ecclesiae particulares sint iuris divini an non, in: PerRMCL 58 [1969], S. 143–154), dürfte wenigstens in dem Sinne zu bejahen sein, daß die Gesamtkirche grundsätzlich nicht in eine einzige Weltdiözese umgewandelt werden kann. Vgl. die von *Pius X.* bestätigte Kollektiverklärung der deutschen Bischöfe gegen eine Circulardepesche *Bismarcks* aus dem Jahre 1874 (DS 3112–3117), die vom II. Vatikanum als Beleg für die eigenberechtigte Stellung des Diözesanbischofs herangezogen worden ist (VatII LG 27 Anm. 95). Das Bischofsamt in der diözesanen Teilkirche ist göttlichen Rechts (c. 329 § 1 CIC/1917; VatII LG Art. 27). Die *konkrete* Grenzziehung einer Diözese und die Errichtung eines *konkreten* Bischofsamtes liegen dagegen in der Kompetenz des Apostolischen Stuhls (c. 373) und sind damit eindeutig nur kirchlichen Rechts.

[2] Vgl. *W. Aymans*, Die Communio Ecclesiarum als Gestaltgesetz der einen Kirche, in: AfkKR 139 (1970), S. 69–90; *H. Schauf*, Zur Textgeschichte des 3. Kapitels von „Lumen Gentium", in: MThZ 22 (1971), S. 95–118; *A. M. Rouco Varela*, Iglesia Universal-Iglesia Particular, in: Ius Canonicum 22 (1982), S. 221–239; *J. Beyer*, Chiesa universale e chiesa particulare, in: Vita Consacrata 18 (1982), S. 73–87.

[3] Ekklesiologisch weniger bedeutsam ist der Wortgebrauch „Kirche", wie er sich im CIC/1917 findet für das Kirchengebäude und für eine juristische Person in der Kirche. Vgl. *Köstler*, S. 133 ff.; *Mörsdorf* R, S. 232 ff.

[4] Außer dem Ritusverband (cc. 1 und 2 CIC/1917) wird im CIC/1917 nur *ausnahmsweise* auch die Diözese „Kirche" genannt (cc. 218 § 2 und 329 § 1 CIC/1917).

[5] Vgl. *J. Hainz*, Ekklesia, Regensburg 1972.

[6] Vgl. *K. Mörsdorf*, Die Autonomie der Ortskirche, in: AfkKR 138 (1969), S. 390; *ders.*, L'autonomia della chiesa locale, in: Chiesa dopo il Concilio, Bd. 1, S. 166 ff.; *P. Chouinard*,

net „ecclesia particularis" die Diözese und die ihr rechtlich gleichgestellten diözesanähnlichen Organisationsformen, in VatII OE den aus mehreren Eparchien gebildeten Ritusverband, in VatII AG die ekklesiale Gemeinschaft eines sozio-kulturellen Großraums und in VatII LG teils die Diözese, teils einen Teilkirchenverband, teils auch eine überhaupt nicht näher festgelegte ekklesiale Größe[7]. Eine noch größere Verschiedenheit weist der Sprachgebrauch auf den nachkonziliaren Synoden und in der nachkonziliaren Literatur auf, wo „ecclesia particularis" im Unterschied zum Konzil bisweilen zusätzlich als Ortsgemeinde verstanden wird[8].

In dem Bemühen um eine Klärung der Begrifflichkeit, bei dem es nicht nur um eine sprachtechnische Angelegenheit, sondern um die Erfassung einer ekklesiologischen Gegebenheit von höchster verfassungsrechtlicher Relevanz geht, hat die Tatsache, daß das unter verfassungsrechtlicher Rücksicht bedeutsamste Konzilsdokument VatII CD mit „ecclesia particularis" ausnahmslos die Diözese oder eine diözesanähnliche Teilkirche meint[9], besonderes Gewicht. Aus ekklesiologischen Gründen[10] ist dieser Sprachgebrauch in das revidierte Gesetzbuch übernommen worden (c. 368). Den Begriff „Teilkirche" der Bischofskirche vorzubehalten, ist letztlich darin begründet, daß die apostolische Sukzession, die wesentlich zur Kirche gehört, nur über die Bischöfe weitergegeben wird[11], die aufgrund göttlicher Einsetzung an die Stelle der Apostel als Hirten der Kirche getreten sind (VatII LG Art. 20; c. 375 § 1). Die bischöfliche Verfaßtheit gehört demnach zum Wesen der Kirche: sowohl der Gesamt- als auch der Teilkirche[12].

II. Die Elemente der Teilkirche

Die in VatII CD Art. 11 enthaltene Definition der Diözese ist wörtlich in den CIC/1983 übernommen: „Die Diözese ist der Teil des Gottesvolkes, der dem Bischof in Zusammenarbeit mit dem Presbyterium zu weiden anvertraut wird.

Les expressions ‚Eglise locale' et ‚Eglise particulière' dans Vatican II, in: StudCan 6 (1972), S. 115–161; *G. Ghirlanda*, De definitione Ecclesiae universalis, particuliaris, localis, iuxta Concilium Vaticanum Secundum, in: PerRMCL 71 (1982), S. 615f.

[7] Vgl. *Ochoa* Index, S. 164–173.

[8] Vgl. *W. Beinert*, Dogmenhistorische Anmerkungen zum Begriff „Partikularkirche", in: ThPh 50 (1975), S. 38–69. Im II. Vatikanum wird die Ortsgemeinde an einer Stelle „ecclesia localis" genannt (VatII PO Art. 6), sonst aber als „congregatio localis fidelium" (VatII LG Art. 28; VatII PO Art. 5; VatII AG Art. 15) oder als „communitas fidelium" (VatII PO Art. 6; VatII LG Art. 28; VatII AA Art. 30) bezeichnet. Vgl. *H. Wieh*, Konzil und Gemeinde, Frankfurt a. M. 1978, S. 223–228.

[9] Auch die als theologische Aufwertung der Teilkirche gewürdigte Aussage der Kirchenkonstitution, „wonach die Kirche Christi wahrhaft in allen rechtmäßigen Ortsgemeinschaften der Gläubigen anwesend ist, die in der Verbundenheit mit ihren Hirten im Neuen Testament auch selbst Kirchen heißen" (VatII LG Art. 26), geht von der Bischofskirche aus, die in frühchristlicher Zeit in der Regel mit der Stadtgemeinde identisch war. Vgl. *K. Rahner*, Kommentar zur Kirchenkonstitution, in: $LThK^2$-Konzilskommentar I, S. 244.

[10] Vgl. Communicationes 4 (1972), S. 40f.

[11] Vgl. *H. Socha*, Grundlegung des Ius Divinum der bischöflichen Apostelnachfolge, in: Festschr. Dordett, S. 149–164. Zur Frage einer presbyteralen Sukzession s. *W. Averbeck*, Gegenseitige Anerkennung des Amtes?, in: Catholica 26 (1972), S. 172–191.

[12] Deshalb bedeutet es ein Manko, daß für die Vorsteher quasi-diözesaner Teilkirchen nicht in jedem Falle auch die Bischofsweihe vorgesehen ist.

Indem sie ihrem Hirten anhängt und von ihm durch das Evangelium und die Eucharistie im Heiligen Geist zusammengeführt wird, bildet sie eine Teilkirche, in der die eine, heilige, katholische und apostolische Kirche wahrhaft wirkt und gegenwärtig ist." (c. 369). In dieser Beschreibung sind die eine Diözese konstituierenden Elemente genannt:

1. *Teil des Gottesvolkes.* Diözese meint nicht, wie es die Etymologie dieses Wortes nahelegen könnte, einen Verwaltungsbezirk[13] der Gesamtkirche, sondern bezeichnet eine Gemeinschaft von Getauften, die sich zum katholischen Glauben bekennen und dem Dienst eines Bischofs anvertraut sind[14]. Die so umschriebene Gliedgemeinschaft, die nicht als Objekt der Hirtensorge zu verstehen ist, sondern als Subjekt der kirchlichen Lebensvollzüge, ist für die Teilkirche konstitutiv. Dagegen hat das Territorium, soweit dieses aufgrund des in der Kirche vorherrschenden Territorialprinzips (vgl. c. 372 § 1) festlegt, welche Gläubigen näherhin durch Zuordnung zu einem Bischofsamt eine eigene Teilkirche bilden, keine konstitutive Bedeutung, sondern besitzt nur eine determinative Funktion[15].

2. *Dem Bischof anvertraut.* Eine Teilkirche entsteht dadurch, daß ein Teil des Volkes Gottes als autonome ekklesiale Einheit dem Dienst eines Bischofs als des sichtbaren Prinzips und Fundaments seiner Einheit (VatII LG Art. 23) zugeordnet wird[16], der einerseits als ordentlicher, eigenberechtigter und unmittelbarer Hirt (VatII CD Art. 11; c. 381 § 1) die Teilkirche leitet und sie repräsentiert, indem er rechtswirksam in ihrem Namen handelt (c. 393), der anderseits aber als Mitglied des Bischofskollegiums (vgl. c. 336) zugleich seinen Gläubigen die Gesamtkirche repräsentiert, die in der Verkündigung der Frohbotschaft und der Feier der Sakramente durch die Vermittlung des Bischofs[17] in der Teilkirche präsent wird. Der Bischof bildet deshalb verfassungsrechtlich die Verbindungsstelle zwischen Teilkirche und Gesamtkirche. Er ermöglicht, daß einerseits im Herzen jeder Teilkirche grundsätzlich die ganze Kirche gegenwärtig ist; er garantiert zugleich, daß anderseits die Teilkirche durch das Hineinverflochtensein in das Kommunionnetz der katholischen Kirche überhaupt ihr Kirchesein bewahrt.

3. *In Zusammenarbeit mit dem Presbyterium.* Obgleich dem Diözesanbischof als dem Haupt der Teilkirche die zur Ausübung seines Amtes erforderliche

[13] Diözese (διοίκησις = Verwaltung) bezeichnet in der römischen Rechtssprache eine politische Ordnungseinheit von unterschiedlicher Reichweite. An diesen Sprachgebrauch hat sich die kirchliche Rechtssprache angelehnt: während der Osten im ersten Jahrtausend unter Diözese den Zusammenschluß mehrerer Kirchenprovinzen verstand, hat der Westen diesen Begriff von Anfang an der kleineren ekklesialen Einheit vorbehalten und ihn seit dem 13. Jahrhundert ausschließlich für die Bischofskirche gebraucht. Der Wesensbezug zum Bischofsamt kommt in der deutschen Sprache treffender in der Bezeichnung „Bistum" (von Bischoftum) zum Ausdruck. (Vgl. *A. Scheuermann*, Diözese, in: LThK² III, Sp. 414ff.; *K. Mörsdorf*, Diözese, in: SacrM I, Sp. 885f.).

[14] Vgl. *H. Müller*, Zugehörigkeit zur Kirche als Problem der Neukodifikation des kanonischen Rechts, in: ÖAKR 28 (1977), S. 81–98.

[15] Vgl. Communicationes 1 (1969), S. 84; 4 (1972), S. 42.

[16] *O. Saier*, „Communio" in der Lehre des Zweiten Vatikanischen Konzils, München 1973, S. 149.

[17] Vgl. VatII CD Art. 11; c. 369: „... pastori suo adhaerens ab eoque ... congregata ..."

Vollmacht (VatII CD Art. 8; c. 381 § 1) persönlich zukommt (Mon-Episkopat)[18], ist seine Stellung im Hirtendienst der Teilkirche dennoch nicht isoliert[19]. Wie der Bischof in der Gesamtkirche kraft sakramentaler Konsekration und hierarchischer Verbundenheit Glied des Bischofskollegiums ist (c. 336), so bildet er analog in der Teilkirche zusammen mit seinen bischöflichen und priesterlichen Mitarbeitern aufgrund des durch sakramentale Weihe verliehenen Amtspriestertums und der gemeinsamen Sendung für den gleichen Teil des Gottesvolkes eine hierarchisch gestufte Gemeinschaft, das Presbyterium, dem er vorsteht[20]. Für die Zugehörigkeit zum Presbyterium ist außer der Priesterweihe die kirchenamtliche Sendung erforderlich (VatII PO Art. 7), die entsprechend der vom II. Vatikanum eingeführten Unterscheidung zwischen „clerus dioecesanus" und „clerus dioecesis" (VatII CD Art. 28 und 34)[21] entweder in Form der ordentlichen oder in Form der außerordentlichen Teilhabe an der Sendung des Diözesanbischofs gegeben ist[22]. Die unterschiedliche Form der Zugehörigkeit wird vom unterschiedlichen Maß der Disponibilität her bestimmt. Ordentliche Mitglieder des Presbyteriums sind die in der eigenen Teilkirche inkardinierten Priester, die unbedingt und unbefristet zum Dienst der Teilkirche verpflichtet sind[23]. Außerordentliche Mitglieder des Presbyteriums sind die übrigen priesterlichen Mitarbeiter des Diözesanbischofs, die in einer anderen Teilkirche[24], in einer Personalprälatur (cc. 294–297), in einer auf die evangelischen Räte verpflichteten Priestervereinigung oder in einer Gesellschaft des apostolischen Lebens inkardiniert sind (c. 265) und deshalb nicht unbedingt und unbefristet für den Einsatz in der Teilkirche zur Verfügung stehen[25]. Zur Neubelebung des Presbyteriums hat das letzte Konzil Voraussetzungen sowohl verfassungs- als auch liturgierechtlicher Art geschaffen, indem es die Institution des Priesterrats[26] verbindlich eingeführt (VatII PO Art. 7) sowie die eucharistische Konzelebration wieder zu Ehren gebracht hat (VatII SC Art. 57).

[18] *A. Dordett*, Die unveräußerliche Gewalt des kirchlichen Amtsträgers, in: ÖAKR 27 (1976), S. 263 ff.

[19] Vgl. *H. Schmitz*, Das Presbyterium der Diözese, in: TThZ 77 (1968), S. 138; *E. Corecco*, Der Bischof als Haupt der Ortskirche und Wahrer und Förderer der örtlichen Kirchendisziplin, in: Conc (D) 4 (1968), S. 607; *H. Müller*, Der Priesterrat als Senat des Bischofs, in: ÖAKR 24 (1973), S. 7 f.; *R. Zollitsch*, Amt und Funktion des Priesters, Freiburg-Basel-Wien 1974, S. 281 f.

[20] *O. Saier*, Die hierarchische Struktur des Presbyteriums, in: AfkKR 136 (1967), S. 341–391.

[21] *H. Müller*, Zum Verhältnis zwischen Episkopat und Presbyterat im Zweiten Vatikanischen Konzil, Wien 1971, S. 381.

[22] Zum Folgenden s. *Saier*, „Communio" (Anm. 16), S. 269–282.

[23] Vgl. in *diesem* Band, oben, *H. Schwendenwein*, § 19 Die Zugehörigkeit zu einem geistlichen Heimatverband.

[24] In diesem Falle bleibt zwar die ordentliche Mitgliedschaft im Presbyterium der Heimatdiözese unangetastet; die daraus resultierenden Rechte und Pflichten ruhen jedoch während der Zeit einer außerdiözesanen Tätigkeit.

[25] Aufgrund von c. 498 ist für die (außerordentliche) Zugehörigkeit zum Presbyterium nicht unbedingt eine ausdrücklich erfolgte Sendung durch den Diözesanbischof notwendig; es genügt als Voraussetzung vielmehr „irgendein" amtlicher Dienst zugunsten der Diözese (c. 498 §§ 1 und 2), nicht jedoch nur der Wohnsitz in der Diözese (vgl. c. 498 § 2).

[26] Vgl. in *diesem* Band, unten, *H. Schmitz*, § 38 Die Konsultationsorgane des Diözesanbischofs.

4. Erscheinungsform der Gesamtkirche. Das für das rechte Verständnis der Kirchenverfassung bedeutsame Zuordnungsverhältnis des Bistums zur Gesamtkirche findet seinen Ausdruck in der vom II. Vatikanum geprägten Kurzformel (VatII LG Art. 23), daß die eine katholische Kirche in und aus Teilkirchen besteht (c. 368)[27]. Dadurch wird nicht nur ein System autokephaler Einzelkirchen ausgeschlossen, sondern auch umgekehrt eine monolithisch-uniformistische Kirchenstruktur nach Art eines Weltbistums, in dem die einzelnen Bistümer lediglich die Funktion praktisch notwendiger Verwaltungsbezirke hätten[28]. Vielmehr gewinnt die Gesamtkirche in jeder Teilkirche konkrete Gestalt, weil hier inhaltlich die gesamte Sendung der Kirche in der Verkündigung des Gotteswortes und in der Feier der Sakramente gegenwärtig wird. In diesen Grundvollzügen der kirchlichen Sendung weist die Gesamtkirche gegenüber der Teilkirche keine zusätzlichen Inhalte auf, so daß die Gesamtkirche ereignishaft in der Teilkirche präsent ist.

III. Die diözesanähnlichen Teilkirchen

Teilkirche im eigentlichen Sinne ist nur in der Diözese gegeben[29]. Ausschlaggebend dafür ist vor allem die Tatsache, daß ihr *kraft göttlichen Rechts* ein Bischof mit eigenberechtigter Vollmacht vorsteht. Mit Rücksicht auf besondere Umstände und entsprechende Bedürfnisse sind daneben weitere Organisationsformen der Teilkirche (vgl. c. 368) entwickelt worden, die die rechtliche Vollgestalt der Diözese nicht erreichen, da das durch ordentliche Vollmacht geprägte Amt ihres Vorstehers unabhängig davon, ob dieser die Bischofsweihe besitzt oder nicht, in jedem Fall nicht auf göttlicher Einsetzung beruht, sondern sich vom päpstlichen Primat herleitet[30]: sei es, daß der Ortsoberhirt sein Amt nur in Stellvertretung des Papstes ausübt, sei es, daß ihm eigenberechtigte Vollmacht lediglich kraft kirchlichen Rechts zukommt[31].

1. Der teilkirchlichen Idealform der Diözese am nächsten kommt die *Territorialprälatur* (c. 370)[32], die im Bereich der ordentlichen Kirchenverfassung zumeist

[27] Vgl. in *diesem* Band, oben, *W. Aymans*, § 24 Gliederungs- und Organisationsprinzipien.

[28] *W. Aymans*, Einführung in das neue Gesetzbuch der lateinischen Kirche (= Arbeitshilfen 31, hrsg. vom Sekretariat der Deutschen Bischofskonferenz), Bonn 1983, S. 20.

[29] Communicationes 4 (1972), S. 40.

[30] Vgl. *R. A. Strigl*, Grundfragen der kirchlichen Ämterorganisation, München 1960, S. 49–53.

[31] Der CIC/1917, der einseitig hierarchologisch konzipiert war, handelte von den Vorstehern der quasidiözesanen Teilkirchen im Titel: De suprema potestate deque iis qui eiusdem sunt ecclesiastico iure participes. Im revidierten Gesetzbuch, das stärker gesamtekklesiologisch orientiert ist, finden die bistumsähnlichen Teilkirchen zusammen mit der Diözöse ihren Platz unter der Überschrift: De ecclesiis particularibus (cc. 368–371).

[32] Bisher trug diese diözesanähnliche Teilkirche die Bezeichnung „praelatura nullius dioeceseos" (vgl. c. 319 § 1 CIC/1917; AnPont 1966, S. 713–732). Die Wörter „nullius dioeceseos" wurden am 22. Januar 1966 in einer Audienz Papst *Pauls VI.* für den Präfekten der römischen Bischofskongregation getilgt (vgl. *G. Lobina*, Le Abbazie Nullius. Note giuridico-pastorali, in: Benedictina 24 [1977], S. 12) und finden sich seit 1967 nicht mehr im Annuario Pontificio (s. AnPont 1967, S. 715–734). Im Zuge der Neukodifikation des kanonischen Rechts sollte diese Teilkirche dann umbenannt werden in „praelatura cum proprio

entweder in bevölkerungsarmen Gebieten (zur Zeit vor allem Lateinamerikas[33]) als mögliche Vorstufe auf dem langfristigen Weg zur Bildung einer Diözese oder für ein relativ kleines Gebiet als provisorische Lösung teilkirchlicher Verfassungsprobleme dient, die sich aus der Änderung staatlicher Grenzziehungen ergeben (z. B. Schneidemühl 1930–1972). Sie wird von einem Prälaten[34] als ihrem Vorsteher geleitet, der sein Amt mit eigenberechtigter[35] Vollmacht ausübt[36].

2. Im ordensgeistlichen Bereich besitzen die *Territorialabteien* (z. B. Maria Einsiedeln und St. Moritz in der Schweiz, Wettingen-Mehrerau in Österreich) über die Grenzen der Exemtion hinaus vollständige Unabhängigkeit vom Diözesanbischof, zu dessen Gebiet sie ihrer geographischen Lage nach gehören würden, so daß sie eine eigene Teilkirche bilden, die keinem Bistum zugehört[37]. Obgleich mit Berufung auf das in VatII PC Art. 9 enthaltene Verständnis des Mönchtums in der päpstlichen Gesetzgebung nach dem Konzil[38] verfügt worden war, daß in Zukunft – abgesehen von außergewöhnlichen Fällen – Territorialabteien nicht mehr errichtet und bei den bestehenden die Weisungen von VatII CD Art. 23 über die Abgrenzung des Diözesangebietes durchgeführt werden sollen[39], hat diese bistumsähnliche Form der Teilkirche, der ein Abt als eigenberechtigter Ortsordinarius vorsteht (c. 134 § 2 i.V.m. c. 368), auch im revidierten Gesetzbuch (c. 370) wieder ihren Platz gefunden.

populo" (Communicationes 4 [1972], S. 40f.), ehe schließlich die Entscheidung zugunsten „praelatura territorialis" fiel.

[33] Vgl. AnPont 1983, S. 887–904.

[34] „Prälaten" sind in der kirchlichen Rechtssprache (vgl. c. 110 CIC/1917) die Inhaber ordentlicher Leitungsvollmacht (vgl. cc. 134 § 1 und 295 § 1). Von diesen Jurisdiktionsprälaten zu unterscheiden sind die Ehrenprälaten, die zu den Mitgliedern der „Päpstlichen Familie" gehören (vgl. *Paul VI.*, MP „Pontificalis Domus" vom 28. 3. 1968, in: AAS 60 [1968], S. 305–315).

[35] Die Rechtsstellung des Vorstehers einer Territorialprälatur wird wie die des Territorialabtes in c. 370 wie folgt umschrieben: „ad instar Episcopi dioecesani, tamquam proprius eius pastor".

[36] Im Unterschied zur Territorialprälatur (c. 370) bildet die vom II. Vatikanum (VatII PO Art. 10) zur besseren Verteilung des Klerus und zur Übernahme pastoraler Sonderaufgaben geschaffene „Personalprälatur" (cc. 294–297) keine Teilkirche (s. AnPont 1983, S. 1012), sondern einen Inkardinationsverband im weltgeistlichen Bereich, der sowohl in der Zielsetzung als auch in seiner verbandsrechtlichen Struktur eine große Nähe zu den Gesellschaften des apostolischen Lebens aufweist; s. hierzu in *diesem* Band, unten, *H. Schmitz*, § 60 Die Personalprälaturen. – Allerdings ist die Errichtung von Teilkirchen auf der Grundlage personaler Kategorien durchaus möglich (c. 372 § 2). Außer für einzelne orientalische Riten (s. AnPont 1983, S. 913–917) ist dies auch für die Militärseelsorge geschehen (s. AnPont 1983, S. 947–952), freilich nicht in der rechtlichen Vollgestalt eines Bistums, sondern in der Ersatzform des Vikariats, das kein Inkardinationsrecht besitzt und das zum jeweiligen Bistum zudem nur komplementären Charakter hat; s. hierzu in *diesem* Band, unten, *A. Hierold*, § 52 Militärseelsorge.

[37] Die Nicht-Zugehörigkeit zur Diözese fand ihren begrifflichen Ausdruck in der früheren Bezeichnung dieser teilkirchlichen Organisationsform: „abbatia nullius nempe dioecesis" (c. 319 CIC/1917).

[38] *Paul VI.*, MP „Catholica Ecclesia" vom 23. 10. 1976, in: AAS 68 (1976), S. 694ff.; s. dazu den fundierten Kommentar eines Mitglieds der römischen Kongregation für Religiose und Säkularinstitute: *Lobina*, Le Abbazie Nullius (Anm. 32), S. 2–17.

[39] *Lobina* spricht sich dafür aus, daß die Bischofskonferenzen, in deren Bereich zur Zeit noch Territorialabteien bestehen, dabei eingeschaltet werden (*ders.*, Le Abbazie Nullius [Anm. 32], S. 16).

3. Um besonders schwierigen, vor allem durch politische Entwicklungen bedingten Verhältnissen begegnen zu können, hat sich als vorläufige verfassungsrechtliche Organisationsform die *Apostolische Administratur* herausgebildet, die den von einer einzelnen Diözese (z. B. 1921–1968 Innsbruck-Feldkirch; seit 1972 Görlitz) oder von mehreren Diözesen (z. B. 1922–1960 das Burgenland) abgegrenzten Teil zu einer eigenen diözesanähnlichen Teilkirche unter der Leitung eines Apostolischen Administrators[40] zusammenfaßt, der in der Regel auf Dauer „ad nutum Sanctae Sedis"[41] mit stellvertretender Vollmacht bestellt ist (c. 371 § 2).

4. In den Missionsgebieten, in denen die Kirchenverfassung erst im Aufbau begriffen ist, gibt es als bistumsähnliche Teilkirchen[42] zunächst die *Apostolische Präfektur*, der ein Apostolischer Präfekt im Namen des Papstes vorsteht, sodann nach weiterem Ausbau das *Apostolische Vikariat*, das von einem Apostolischen Vikar, der in der Regel die Bischofsweihe hat, als Vertreter des Papstes geleitet wird (c. 371 § 1)[43]. Nach Erreichen der erforderlichen pastoralen und organisatorischen Stabilität erfolgt die Errichtung als Diözese, die in der Regel der SC Prop zunächst weiterhin unterstellt bleibt[44].

[40] *Apostolischer Administrator* bezeichnet nicht nur das Amt des Vorstehers einer Apostolischen Administratur, sondern auch das Amt eines interimistischen Vorstehers einer vakanten oder besetzten Diözese (oder auch diözesanähnlichen Teilkirche), der aus besonderen Gründen entweder auf Zeit oder auf Dauer als Stellvertreter des Papstes mit dem Dienst der Leitung betraut wird, wobei „sede plena" die Leitungsvollmacht des Diözesanbischofs ruht. Für die im Bereich der Deutschen Demokratischen Republik liegenden Teile der Bistümer Fulda, Hildesheim, Osnabrück, Würzburg und des Erzbistums Paderborn sind drei Titularbischöfe als Apostolische Administratoren (Erfurt-Meiningen, Magdeburg, Schwerin) auf Dauer eingesetzt; s. AnPont 1983, S. 912.

[41] *H. Schmitz*, Die Vorsteher quasidiözesaner Teilkirchen, in: GrNKirchR, S. 273.

[42] Vgl. AnPont 1983, S. 918–945. In Deutschland bestanden noch bis zum Jahre 1930 sowohl eine Apostolische Präfektur (Schleswig-Holstein) als auch ein Apostolisches Vikariat (mit den drei Hansestädten Hamburg, Bremen, Lübeck sowie Mecklenburg und Schaumburg-Lippe).

[43] Bei Sedisvakanz übernimmt die Leitung der Teilkirche im missionsrechtlichen Bereich der Pro-Präfekt oder der Pro-Vikar, die ausschließlich für diese Aufgabe vom Apostolischen Präfekten bzw. Apostolischen Vikar unmittelbar nach dem Amtsantritt ernannt werden (c. 420).

[44] Die Mitarbeit der Missionsinstitute in den als Diözesen errichteten Teilkirchen in den Missionsgebieten geschieht aufgrund eines von der SC Prop erteilten „mandatum"; im einzelnen gelten dafür die Grundsätze und Richtlinien der Instruktion der SC Prop vom 23. 2. 1969 (AAS 61 [1969], S. 281–287).

§ 36 Der Diözesanbischof

Von Heribert Schmitz

I. Der bischöfliche Dienst

Die Kirche ist wesentlich dadurch geprägt, daß sie bischöflich verfaßt ist. Die den Aposteln von Christus anvertraute Sendung ist auf die Bischöfe übergegangen, die den ihnen übertragenen Dienst an der Gemeinschaft zusammen mit ihren Helfern, den Priestern und den Diakonen, ausüben[1]. Aufbauend auf den Lehren des II. Vatikanums[2] erklärt der CIC, daß die Bischöfe kraft göttlicher Einsetzung durch die ihnen zuteil gewordene Gabe des Geistes als Nachfolger der Apostel in der Kirche zu Hirten bestellt sind, um Lehrer des Glaubens, Priester des Gottesdienstes und Träger der Leitungsvollmacht zu sein (c. 375 § 1). Damit sind Sinn und Zweck des bischöflichen Auftrags als apostolischer Dienst an der Gemeinschaft der Kirche in der Trias der Funktionen des Lehrens, Heiligens und Leitens in knapper, aber für das Gesetzbuch hinreichender Weise beschrieben[3].

1. *Bischofsweihe und Bischofsamt*

Der bischöfliche Dienst wird in sakramentaler, die Person unverlierbar prägender Weise in der Bischofsweihe durch Gebet und Handauflegung übertragen (c. 1008). Die Bischofsweihe gibt die Fülle des Weihesakramentes[4]; sie überträgt mit dem Dienst des Heiligens auch die Dienste des Lehrens und des Leitens, die jedoch ihrer Natur nach nur in der hierarchischen Gemeinschaft mit dem Haupt und den Gliedern des Bischofskollegiums ausgeübt werden können (c. 375 § 2)[5]. Die bischöfliche Vollmacht ist demnach in der Bischofsweihe sakramental grundgelegt, aber noch nicht in allem ohne weiteres ausübbar; dazu bedarf es einer die hierarchische Gemeinschaft mit Haupt und Gliedern des Bischofskollegiums und damit die Zugehörigkeit zum Bischofskollegium vermittelnden rechtlichen

[1] VatII LG Art. 20 Abs. 3.

[2] VatII LG Art. 20 u. 21.

[3] *Ch. Lefebvre*, L'Épiscopat, in: *R. Epp/Ch. Lefebvre/R. Metz*, Le Droit et les Institutions de l'Église Catholique Latine de la fin du XVIIIe siècle à 1978. Sources, Communauté chrétienne et Hiérarchie (= Le Bras/Gaudemet D, Tome 16), Paris 1981, S. 519–536 (m.w.N.). *Mörsdorf* Lb I, S. 405–422; *Mosiek* Verf. III, S. 17–49 (Lit.); *U. Betti*, La dottrina sull'episcopato nel capitolo III della costituzione dommatica Lumen Gentium, Roma 1968; *H. Müller*, Zum Verhältnis zwischen Episkopat und Presbyterat im Zweiten Vatikanischen Konzil, Wien 1971; *F. Falchi/G. Feliciani/S. Ferrari* (u. a.), Ministero episcopale e dinamica istituzionale. I Vescovi nella Chiesa del Vaticano II, Bologna 1981; *J. Neumann*, Grundriß des katholischen Kirchenrechts, Darmstadt 1981, S. 168–201.

[4] VatII LG Art. 21 Abs. 2.

[5] VatII LG Art. 21 Abs. 3; vgl. *K. Mörsdorf* (Art. Bischofsamt, II. Katholisch, in: EvStL[2], Sp. 226–228): „Dies ist dahin zu verstehen, daß die Bischofsweihe – für den Dienst des Heiligens wenigstens hinsichtlich des erlaubten Handelns, für die Dienste des Lehrens und Leitens aber schlechthin – keine unmittelbar ausübbare Gewalt überträgt" (Sp. 227).

Umschreibung durch die hierarchische Autorität, die in der Zuweisung eines konkreten Dienstes oder Amtes geschieht[6]. Bischofsweihe und Bischofsamt sind damit notwendig aufeinander hingeordnet; sie stellen jedoch zwei voneinander zu unterscheidende Weisen der Übertragung des bischöflichen Dienstes dar.

2. *Diözesanbischof und Titularbischof*

Der bischöfliche Dienst, in dem die apostolische Sukzession weitergegeben wird, ist seinem Wesen nach angelegt auf die Leitung einer Teilkirche, in denen und aus denen die eine und einzige katholische Kirche besteht (vgl. c. 368). Der Diözese steht der Bischof, *Diözesanbischof* genannt, als der verantwortliche Hirte vor (c. 376). Die Zuordnung eines jeden Bischofs zu einer Teilkirche wird dadurch deutlich gemacht, daß bei den Bischöfen, die nicht Diözesanbischöfe sind, d. h. den *Titularbischöfen*, an der Weihe auf den Titel einer nicht mehr bestehenden Diözese festgehalten wird. Die Titularbischöfe üben bischöfliche Aufgaben in verschiedenen Funktionen aus: als Koadjutor- oder Auxiliarbischof in einer bestimmten Diözese (c. 403), als Vorsteher einer quasidiözesanen Teilkirche oder in anderen Aufgaben zum Wohl einer Teilkirche, von Teilkirchenverbänden oder der ganzen Kirche, z. B. in leitender Stellung in der Römischen Kurie oder als päpstliche Legaten.

3. *Bischofsbestellung*

a) Formen

Die Bestellung der Bischöfe erfolgt durch den Papst, und zwar durch freie Ernennung oder durch Bestätigung der rechtmäßig Gewählten (c. 377 § 1). Entsprechend den Weisungen des II. Vatikanums werden in Zukunft weltlichen Autoritäten keine Rechte oder Privilegien für die Wahl, Nomination, Präsentation oder Designation von Bischöfen gewährt (c. 377 § 5)[7].

Die Kandidaten für das Bischofsamt werden auf doppeltem Weg ermittelt und ausgewählt: Unabhängig von einem konkreten Bestellungsvorgang in einem *absoluten* (Listen-)Verfahren, durch welches die überhaupt für ein Bischofsamt in Frage kommenden Kandidaten ermittelt werden. Dazu haben die Bischöfe einer Kirchenprovinz oder, wo die Umstände dies anraten, die Bischofskonferenzen wenigstens alle drei Jahre nach gemeinsamer Beratung und geheim eine Liste von für ein Bischofsamt geeigneten Priestern, auch aus dem Ordensklerus, zu

[6] VatII LG Ne Nr. 2.

[7] *H. Müller*, Der Anteil der Laien an der Bischofswahl, Amsterdam 1977; *ders.*, De episcoporum electione iuxta Concilium Vaticanum Secundum, in: Investigationes theologico-canonicae (Festschr. W. Bertrams), Roma 1978, S. 317–332; *H. Schmitz*, Plädoyer für Bischofs- und Pfarrerwahl, in: TThZ 79 (1970), S. 230–249; *P. Krämer*, Bischofswahl heute – im Bistum Trier, in: TThZ 89 (1980), S. 243–247; *J. B. Bauer*, Die Bischofswahl gestern, heute, morgen, in: ThPQ 129 (1981), S. 248–254; *A. Glässer*, Das Kirchenrecht als konsekutives Recht und die Bestellung der Bischöfe, in: ThPQ 130 (1982), S. 4–19; *H. Zapp*, Die Bischofsernennung nach dem geltenden Recht und nach dem Entwurf des „liber II de populo Dei" von 1977, in: Conc (D) 16 (1980), S. 500–504.

erstellen und dem Apostolischen Stuhl zu übermitteln. Dessen ungeachtet bleibt es das Recht eines jeden einzelnen Bischofs, hiervon unabhängig dem Apostolischen Stuhl Namen von Priestern mitzuteilen, die er für das Bischofsamt für würdig und geeignet hält (c. 377 § 2). Im Fall der Besetzung eines bestimmten Bischofsamtes wird der Kandidat in einem *relativen* (Listen-)Verfahren ermittelt, bei welchem dem päpstlichen Gesandten die Schlüsselstellung zugewiesen ist (c. 377 § 3); sofern nichts anderes rechtmäßig bestimmt ist (z. B. durch Konkordatsrecht), hat er im Fall der Bestellung eines Diözesanbischofs oder eines Koadjutorbischofs bezüglich des dem Apostolischen Stuhl vorzulegenden Dreiervorschlags[8] einzeln die Vorschläge des Metropoliten und der Suffraganbischöfe der betreffenden Kirchenprovinz und die des Vorsitzenden der Bischofskonferenz zu erforschen und sie zusammen mit seinem Votum dem Apostolischen Stuhl zu übermitteln; außerdem soll er einige Mitglieder des Konsultorenkollegiums und des Domkapitels und gegebenenfalls andere Kleriker und Laien einzeln und geheim befragen. Im Fall der Bestellung eines Auxiliarbischofs obliegt es dem betreffenden Diözesanbischof, dem Apostolischen Stuhl einen Dreiervorschlag geeigneter Priester zu unterbreiten (c. 377 § 4)[9].

Die Besetzung der Bischofsämter im *deutschsprachigen* Raum ist weithin konkordatsrechtlich geregelt.

(1) In den *bayerischen* Diözesen und in *Speyer* hat der Papst bei der Ernennung der Diözesanbischöfe volle Freiheit; er ist lediglich an die vorgelegten Listen gebunden. Die bayerischen Bischöfe und die Domkapitel legen unabhängig von einem Besetzungsfall alle drei Jahre eine Liste vor, im Erledigungsfall das betreffende Domkapitel; unter den in den Listen genannten Kandidaten wählt der Apostolische Stuhl frei aus. Vor der Publikation des Ernennungsschreibens setzt sich der Apostolische Stuhl in offiziöser Weise mit der bayerischen Staatsregierung in Verbindung, „um sich zu versichern, daß gegen den Kandidaten Erinnerungen politischer Natur nicht obwalten" (Art. 14 BayK).

In den *übrigen* deutschen Diözesen wird der Diözesanbischof vom betreffenden Domkapitel aus einem vom Papst vorgelegten Dreiervorschlag frei gewählt:

(2) In den zum Geltungsbereich des *preußischen* Konkordats gehörenden Diözesen legen im Erledigungsfall das betreffende Domkapitel und alle Diözesanbischöfe dem Papst Listen mit geeigneten Kandidaten vor. „Unter Würdigung dieser Listen benennt der Heilige Stuhl dem Kapitel drei Personen, aus denen es in freier, geheimer Abstimmung den Erzbischof oder Bischof zu wählen hat." Der Papst ernennt zum Bischof niemanden, von dem nicht das betreffende Domkapitel nach

[8] Die gegenüber dem Schema CIC 1980 geänderte Fassung von c. 377 § 3 ist insofern unklar, als nicht zu erkennen ist, wer den Dreiervorschlag aufstellt. Diese Unklarheit bestand schon in Art. XIII Nr. 2 der Bestimmungen des Rates für die öffentlichen Angelegenheiten der Kirche (*ConsPublNegEccl*, Normae de promovendis ad episcopale ministerium in Ecclesia Latina v. 25. 3. 1972, in: AAS 64 [1972], S. 387–391; NKD 38, S. 132–151, mit Kommentar von *H. Schmitz*, ebd., S. 115–131).

[9] Die berechtigte Forderung, auch in diesem Fall die Bischöfe der Kirchenprovinz anzuhören, wurde ohne Begründung als nicht erforderlich abgelehnt; vgl. Relatio 1981 (zu c. 344 § 4 Schema CIC 1980), S. 205.

der Wahl durch Anfrage bei der zuständigen Landesregierung festgestellt hat, daß Bedenken politischer Art gegen ihn nicht bestehen (Art. 6 PreußK).

(3) In den Diözesen *Freiburg im Breisgau* (Art. III BadK), *Mainz, Rottenburg-Stuttgart* und *Meißen* (Art. 14 RK) reicht im Erledigungsfall das betreffende Domkapitel dem Papst eine Liste geeigneter Kandidaten ein. Unter Würdigung dieser Liste sowie der jährlich von dem betreffenden Diözesanbischof vorzulegenden Liste benennt der Apostolische Stuhl dem Domkapitel drei Kandidaten zur Wahl. Vor der Ernennung des Gewählten vergewissert sich der Apostolische Stuhl, ob gegen ihn seitens der zuständigen Landesregierung Bedenken allgemeinpolitischer Art bestehen. Weihbischöfe werden vom Apostolischen Stuhl frei ernannt; ein Koadjutorbischof kann nach Art. 7 PreußK nur ernannt werden, sofern keine Bedenken politischer Art bestehen[10].

(4) In *Österreich* werden die Diözesanbischöfe vom Papst frei ernannt, wenngleich im Erledigungsfall die einzelnen Diözesanbischöfe innerhalb eines Monats Listen mit geeigneten Kandidaten vorzulegen haben. Nur in Salzburg hat das Domkapitel Wahlrecht aus einem päpstlichen Dreiervorschlag. Vor der Ernennung eines Diözesanbischofs oder Koadjutorbischofs fragt der Apostolische Stuhl bei der Bundesregierung an, ob sie Gründe allgemeinpolitischer Natur gegen die Ernennung geltend zu machen hat (Art. IV ÖK).

(5) In der *Schweiz* besteht Bischofswahlrecht des Domkapitels in den Diözesen Basel und St. Gallen und aus einem päpstlichen Dreiervorschlag in Chur; in den übrigen Diözesen gilt das freie Ernennungsrecht des Papstes[11].

b) Kanonische Eignung

Für das Bischofsamt sind folgende kanonische Eigenschaften gefordert (c. 378 § 1): erstens fester Glaube, gute Sitten, Frömmigkeit, Seeleneifer, Weisheit, Klugheit, menschliche Tugenden und jene Qualitäten, die den Kandidaten für das zur Besetzung anstehende Bischofsamt geeignet machen; zweitens guter Ruf; drittens Mindestalter von 35 Jahren; viertens Vollendung von fünf Jahren im priesterlichen Dienst; fünftens Doktorat oder wenigstens Lizentiat in Bibelwissenschaft, Theologie oder kanonischem Recht, erworben an einer vom Apostolischen Stuhl (wenigstens) anerkannten Hochschulinstitution, oder zumindest tatsächlich Kenntnisse in diesen Disziplinen.

Das endgültige Urteil über die Eignung steht dem Apostolischen Stuhl zu (c. 378 § 2). Der Entscheidung geht ein vom päpstlichen Legaten durchgeführtes Verfahren voraus, der sogenannte *Informativprozeß*, in dem die kanonische Eignung

[10] Zur politischen Klausel vgl. *J. H. Kaiser*, Die politische Klausel der Konkordate, Berlin-München 1949; *W. Weber*, Die politische Klausel in den Konkordaten, Hamburg 1939, Nachdr. Aalen 1966; *E. H. Fischer*, Die politische Klausel des Reichskonkordates und ihre rechtliche Tragweite, in: ThQ 143 (1954), S. 352–376.

[11] *H. Maritz*, Das Bischofswahlrecht in der Schweiz unter besonderer Berücksichtigung der Entwicklung des Bistums Basel nach der Reorganisation, St. Ottilien 1977; zu der erforderlichen „Genehmheit" seitens der Regierungen der das Bistum Basel bildenden Kantone: ebd., S. 115–121, bzw. des katholischen Großratskollegiums des Kantons St. Gallen: ebd., S. 97–103.

festgestellt und gegebenenfalls das Verfahren der gebundenen Verleihung (z. B. die Vorgänge der Wahl) überprüft werden[12]. Da der Papst von den Eignungserfordernissen dispensieren kann und im Einzelfall befreit, sind sie letztlich nur von Bedeutung für die Weisen der gebundenen Verleihung. Wahl-, Nominations-, Präsentations- und Designationsberechtigte können nur einen Kandidaten zur Ernennung verbindlich vorschlagen, der kanonisch geeignet ist. Wer vom Apostolischen Stuhl durch Aufnahme in einen päpstlichen Dreiervorschlag als wählbar erklärt wurde, kann jedoch gewählt werden.

4. *Empfang der Bischofsweihe*

Der zum Bischof Ernannte muß innerhalb von drei Monaten nach Erhalt des Ernennungsschreibens die Bischofsweihe empfangen, und zwar noch bevor er das Bischofsamt kanonisch in der sog. Besitzergreifung übernimmt (c. 379). Mit dieser Norm soll die im Recht der Lateinischen Kirche zwischen Bischofsweihe und Bischofsamt (Amtsübertragung) bestehende Diskrepanz überbrückt werden, daß nämlich jemand – wenn auch nur kurze Zeit – Bischof sein kann ohne Bischofsweihe. Zur vollen Behebung dieser Unstimmigkeit hätten jedoch c. 379 wie auch c. 382 §§ 1 und 2 besser aufeinander abgestimmt und schärfer gefaßt sein müssen. Aufgrund von c. 375 § 2 und im Blick auf die entsprechende Aussage über das Papstamt (c. 332 § 1) hätte man eine Bestimmung dahingehend erwartet, daß der zum Bischof Ernannte das Bischofsamt erst mit der Bischofsweihe erlangt.

5. *Glaubensbekenntnis und Treueid*

Vor der kanonischen Amtsübernahme muß der zum Bischof Ernannte das Glaubensbekenntnis ablegen und den Treueid gegenüber dem Apostolischen Stuhl nach der vom Apostolischen Stuhl gebilligten Formel leisten (c. 380), und zwar höchstpersönlich vor dem Beauftragten des Apostolischen Stuhls (c. 833 n. 3)[13].

II. Das Diözesanbischofsamt

Diözesanbischof ist der Bischof, dem eine Diözese in der Weise übertragen ist (c. 376), daß er sie als ihr eigener Hirt im Zusammenwirken mit dem Presbyterium durch das Evangelium und die Eucharistie, in Wort und Sakrament, zur Einheit im Heiligen Geist zusammenführt und leitet und sie so zu einer Teilgemeinschaft des Volkes Gottes macht, in der die eine, heilige, katholische und apostolische Kirche Christi wahrhaft gegenwärtig ist und wirkt (vgl. c. 369).

[12] Vgl. *ConsPublNegEccl*, Normae (Anm. 8), Art. XII.
[13] Vgl. *Th. Gottlob*, Der kirchliche Amtseid der Bischöfe, Bonn 1936.

1. *Die Amtsvollmacht*

Der Diözesanbischof hat zur Erfüllung seines Dienstes in der ihm anvertrauten Diözese *alle ordentliche, eigenberechtigte und unmittelbare Vollmacht*, die zur Ausübung seines Hirtendienstes erforderlich ist, ausgenommen jene Fälle, die von Rechts wegen oder durch Dekret des Papstes der höchsten oder einer anderen kirchlichen Autorität vorbehalten sind (c. 381 § 1).

Mit dieser Fundamentalnorm übernimmt der CIC/1983 die nach langem Ringen zur zeitentsprechenden Wiederherstellung der ursprünglichen Bischofsrechte zustande gekommene Grundaussage von VatII CD Art. 8a. In ihr hatte das Verhältnis von Papst und Diözesanbischof gegenüber der Regelung des CIC/1917 eine totale Umkehrung erfahren. Wurden bis dahin dem Diözesanbischof die notwendigen Vollmachten im Wege der Einzel- oder Sammelgewährung übertragen *(Konzessionssystem)*, so wurde ihm nunmehr die ganze für die Ausübung seines Amtes erforderliche Vollmacht zugesprochen, soweit nicht der Papst kraft seines Amtes sich oder anderen kirchlichen Autoritäten bestimmte Fälle vorbehalten hat *(Reservationssystem)*. Diese konziliare Grundentscheidung wurde für die CIC-Reform richtungweisend und ist im CIC/1983 durch Abgrenzung der bischöflichen Tätigkeit in Normierung der Amtsaufgaben des Diözesanbischofs mit Pflicht und Recht (cc. 383–400) und durch Ausgrenzung jener Bereiche, die um der Wahrung der Einheit und Gemeinschaft der Kirche willen der höchsten oder einer anderen Autorität der Kirche vorbehalten bleiben müssen[14], verwirklicht worden. Ob dabei der rechte Ausgleich gefunden wurde, muß vorerst offen bleiben. Wenn und wo immer es aber zu Auslegungsschwierigkeiten kommt oder Kompetenzkonflikte auftreten, ist von der Grundnorm des c. 381 § 1 auszugehen, nach der die *Vermutung* dafür steht, *daß der Diözesanbischof alle Vollmacht besitzt, die für die Ausübung seines Hirtenamtes erforderlich ist*[15]. Der Diözesanbischof hat nicht nur einzelne oder mehrere gebündelte Befugnisse (facultates, potestates), sondern alle Vollmacht (omnis potestas), die durch eine mehrgliedrige Formel qualifiziert ist. Schon der CIC/1917 erklärte in Wiedergabe althergebrachter Lehre in c. 334 § 1, daß die Diözesanbischöfe die ordentlichen und unmittelbaren Hirten der ihnen anvertrauten Diözesen sind. Das neu aufgenommene Element „eigenberechtigt" will über das hinaus, was die Festlegungen des c. 131 besagen, im Verbund mit den beiden anderen Merkmalen, ausdrücken, daß das Amt des Diözesanbischofs nicht vom Papstamt abgeleitet ist, sondern seinen Ursprung auf göttliche Weisung zurückführt, daß also die mit dem Amt verbundene Vollmacht von Gott gegeben ist, weder vom Papst verliehen ist, noch (den Papst) stellvertretenden Charakter hat und der Papst oder andere zuständige kirchliche Autoritäten nur vermittelnd bei der Übertragung der Vollmacht tätig werden. Damit ist nicht in Frage gestellt, daß das Amt des Diözesanbischofs näherer Bestimmung durch die zuständige kirchliche Autorität bedarf, die in der Errichtung der konkreten Diözesanbischofsämter und in der gesetzlichen Umschreibung der Amtsaufgaben des Diözesanbischofs geschieht[16].

Der zum Diözesanbischof Ernannte erlangt die Ausübung seiner Amtsvollmacht durch die *kanonische Amtsübernahme* (c. 382). Vorher darf er sich nicht in die Amtsführung einmischen; die Ausübung der Ämter, die er gegebenenfalls vor seiner Ernennung zum Diözesanbischof in der Diözese innehatte, bleibt davon unberührt (c. 382 § 1). Die Amtsübernahme ist ein formgebundener Rechtsakt, der

[14] Vgl. die zahlreichen päpstlichen Reservationen und die den Bischofskonferenzen übertragenen Kompetenzen; zu letzteren siehe den Katalog in *diesem* Band, oben, *J. Listl*, § 33 Plenarkonzil und Bischofskonferenz, II 4.

[15] *K. Mörsdorf*, Kommentar zu VatII CD, in: LThK²-Konzilskommentar II, S. 160.

[16] Vgl. *H. Schmitz*, Art. 8a des Bischofsdekrets als Fundamentalnorm, in: NKD 16, S. 2–9.

innerhalb einer bestimmten Frist vorzunehmen ist (c. 382 § 2). Er besteht darin, daß der ernannte Bischof, entweder selbst oder durch Stellvertreter, das päpstliche Ernennungsschreiben dem Konsultorenkollegium in Anwesenheit des Kanzlers der Kurie, der diesen Vorgang zu protokollieren hat, vorzeigt; in neu errichteten Diözesen ist das Ernennungsschreiben dem in der Kathedralkirche anwesenden Klerus und Volk bekanntzugeben, wobei der Senior der Priester den Vorgang zu protokollieren hat (c. 382 § 3). Wegen ihrer Bedeutung für die Teilkirche, wird sehr empfohlen, daß die Amtsübernahme in einer liturgischen Feier in der Kathedralkirche entsprechend alter Tradition in Anwesenheit des Klerus und der Gläubigen geschieht (c. 382 § 4). Auch hier hätte man wegen der Zuordnung des Bischofs zum Presbyterium und zur Gemeinschaft des Gottesvolkes der Diözese eher eine Verpflichtung als nur eine Empfehlung erwartet.

2. *Die Amtsaufgaben (cc. 383–400)*

Nach einigen grundlegenden allgemeinen Aussagen (cc. 383–385) versucht der CIC, geraffter als in VatII CD Art. 12–18, die Aufgaben, Pflichten und Rechte des Diözesanbischofs nach dem Drei-Munera-Schema zu gliedern: Dienst der Verkündigung (c. 386), Dienst der Heiligung (cc. 387–390), Dienst der Leitung (cc. 391–400). Trotz einiger Unzulänglichkeiten kommt in dem so gewonnenen Katalog die geistliche Verantwortung des Bischofs umfassend zum Tragen; der neue „Bischofsspiegel" erscheint „pastoraler" als der des CIC/1917 (cc. 335–347)[17].

a) Die *geistliche Sorge* und *pastorale Verantwortung* des Diözesanbischofs ist umfassend (c. 383). Sie erstreckt sich auf alle Gläubigen der Diözese ohne jeden Unterschied, auch auf die außerhalb der Diözese weilenden, nicht zuletzt auch auf die religiös Abständigen (c. 383 § 1). Eigene Weisungen beziehen sich auf die Seelsorge der Gläubigen eines anderen katholischen Ritus (§ 2; vgl. c. 518), auf das Verhalten gegenüber den getrennten Christen (einschließlich der Pflege des Ökumenismus, c. 383 § 3; vgl. c. 755) und gegenüber den Nichtchristen (c. 383 § 4).

Die Priester sind als Mitarbeiter und Ratgeber der besonderen Sorge des Diözesanbischofs anempfohlen, wobei einzelne Bereiche besonders hervorgehoben sind (c. 384). Die Pflege und Förderung der Berufungen für die verschiedenen Dienste und für das gottgeweihte Leben (nach den evangelischen Räten), vor allem aber von Priester- und Missionsberufungen, sind dem Diözesanbischof in besonderer Weise aufgetragen (c. 385; vgl. c. 233 § 1).

b) Der *Dienst der Verkündigung* ist ureigene Aufgabe des Diözesanbischofs; er ist der authentische Lehrer im Glauben (c. 753) und der Leiter des ganzen Dienstes am Wort Gottes in seiner Diözese (c. 756 § 2). Da der Dienst der Verkündigung im dritten Buch des CIC eingehend normiert ist, wurden in c. 386 nur einige Aufgaben besonders eingeschärft: die Verpflichtung des Diözesanbischofs, den Dienst am

[17] Vgl. *SC Ep*, Directorium de pastorali ministerio episcoporum v. 22. 2. 1973, Typ. Pol. Vat. 1973, abgedr. *Ochoa* V, Sp. 6462–6539.

Wort in der Predigt häufig persönlich auszüben (c. 386 § 1, 1. Halbsatz); die Sorge um die Einhaltung der Vorschriften über die Glaubensverkündigung, vor allem in Predigt und Katechese (c. 386 § 1, 2. Halbsatz); die Sicherung der Vollständigkeit und Einheit des Glaubens, wobei die (in c. 218 normierte) Freiheit zur tieferen Erforschung der Glaubenswahrheiten eigens genannt ist (c. 386 § 2).

c) Im Bereich des *Dienstes der Heiligung* obliegt es dem Diözesanbischof, beispielgebend in Nächstenliebe, Demut und einfachem Leben, die Gläubigen zur Heiligkeit zu führen; als Ausspender der Geheimnisse Gottes hat er dafür zu sorgen, daß den Gläubigen die Gnade der Sakramente zuteil wird und sie das österliche Geheimnis tiefer erkennen und erleben (c. 387). Die nähere Normierung dieses Bereichs ist dem vierten Buch des CIC überlassen (vgl. grundlegend cc. 835 § 1, 838 § 1 und § 4, 839 § 2).

Zu den speziellen Pflichten des Diözesanbischofs gehört die *Applikationspflicht*, welche die geistliche Verantwortung für die anvertraute Gemeinschaft im dichtesten Vollzug kirchlichen Lebens zum Ausdruck bringt[18]. Der Bischof hat die Pflicht, am Sonntag und an den in seiner Diözese gebotenen Feiertagen das Meßopfer für seine Teilkirche darzubringen (c. 388). Darüber hinaus soll er oft in der Kathedrale oder in einer anderen Kirche seiner Diözese der Eucharistiefeier vorstehen, vor allem an gebotenen Feiertagen und anderen hohen Festtagen (c. 389). Er kann in der ganzen Diözese die Pontifikalhandlungen vollziehen, d. h. jene liturgischen Handlungen, zu denen die Pontifikalinsignien (insbesondere Mitra und Stab)[19] getragen werden; außerhalb der Diözese ist dazu die ausdrückliche oder wenigstens vermutete Zustimmung des Ortsordinarius erforderlich (c. 390).

d) Aufgabe des Diözesanbischofs ist es, die ihm anvertraute Teilkirche nach Maßgabe des Rechts zu *leiten* (c. 391 § 1). Er ist dabei an die Bestimmungen des übergeordneten Gesetzes- und Gewohnheitsrechts und in bestimmten Fällen an die Beispruchsrechte der ihm verfassungsrechtlich zugewiesenen Konsultationsorgane gebunden[20].

Nachdem einige Leitungsaufgaben im Bereich des Dienstes der Verkündigung und der Heiligung entsprechend der Gliederung der Legalordnung bereits in den vorangehenden Normen behandelt sind, werden in den cc. 391–400 die spezifischen Leitungsaufgaben und die damit verbundenen Pflichten und Rechte näher normiert.

[18] Vgl. *M. Kaiser*, Die applicatio missae pro populo in Geschichte und geltendem Recht, in: AfkKR 130 (1961), S. 58–124, 355–388.

[19] Vgl. *Paul VI.*, MP Pontificalia Insignia über die Neuordnung des Gebrauchs der Pontifikalinsignien v. 21. 6. 1968, in: AAS 60 (1968), S. 374–377; NKD 16, S. 120–127 (mit Kommentar von *H. Schmitz*, ebd., S. 48–52); *SC Rit*, Instr. Pontificales Ritus zur Vereinfachung der Pontifikalriten und -insignien v. 21. 6. 1968, in: AAS 60 (1968), S. 406–412; *Ochoa* III, Sp. 5390–5393; ferner: *SecrStat*, Instr. Ut sive sollicite über Kleidung, Titel und Insignien der Kardinäle, Bischöfe und niederen Prälaten v. 31. 3. 1969, in: AAS 61 (1969), S. 334–340; *Ochoa* IV, Sp. 5508–5511.

[20] Vgl. in *diesem* Band, unten, *H. Schmitz*, § 38 Die Konsultationsorgane des Diözesanbischofs.

(1) Die Leitungsvollmacht des Diözesanbischofs betätigt sich in den Funktionen der *Gesetzgebung, Rechtsprechung und Verwaltung oder Exekutive* (c. 391 § 1)[21]. Die *Gesetzgebung* muß der Diözesanbischof *höchstpersönlich* ausüben (c. 391 § 2, 1. Halbsatz); er kann diese Vollmacht nicht an andere delegieren, da diese Möglichkeit im CIC nicht eigens vorgesehen ist (c. 135 § 2 i.V.m. c. 30). Demnach ist es dem Diözesanbischof verwehrt, den Generalvikar oder einen Bischofsvikar nach Norm von c. 30 zum Erlaß von Rechtsverordnungen zu ermächtigen. Der Diözesanbischof ist der einzige Gesetzgeber in seiner Diözese; die Diözesansynode hat nur beratende Funktion (c. 446).

Die bischöflichen Gesetze treten einen Monat nach ihrer amtlichen Verkündung (Promulgation) in Kraft, sofern kein anderer Zeitpunkt im Gesetz selbst festgelegt ist; die Form der Verkündung wird vom Bischof bestimmt (c. 8 § 2); in der Regel werden die Diözesangesetze im bischöflichen Amtsblatt verkündet[22]. Die *Verwaltung und die Rechtsprechung* dagegen übt der Diözesanbischof nach Maßgabe des Rechts entweder selbst oder durch die Inhaber der im CIC dazu vorgesehenen Stellvertretungsämter aus: im Bereich der *allgemeinen Verwaltung* durch den Generalvikar und ggf. den Bischofsvikar[23], im Bereich der *Rechtsprechung* (einschl. der Gerichtsverwaltung) durch den Offizial und die Diözesanrichter[24].

(2) Unter den *Leitungsaufgaben* des Diözesanbischofs werden eigens genannt:

– Die *Verantwortung für die kirchliche Disziplin* in seiner Teilkirche (c. 392). Diese Aufgabe ist im Kontext der den Diözesanbischöfen als Mitgliedern des Bischofskollegiums aufgetragenen Sorge um den Schutz der Einheit der Kirche zu sehen, zu der auch die Förderung der der ganzen Kirche gemeinsamen Disziplin gehört. Daher hat der Bischof auf die Beobachtung aller kirchlichen Gesetze zu drängen (c. 392 § 1). Er hat darüber zu wachen, daß keine Mißbräuche in die kirchliche Disziplin einreißen, vor allem nicht hinsichtlich der Wortverkündigung, der Feier der Sakramente und Sakramentalien, der Gottesverehrung, der Heiligenverehrung und der Vermögensverwaltung, also jener Bereiche, die in den Büchern III und IV CIC normiert sind (c. 392 § 2).

– Die *gesetzliche Vertretung* der Diözese (c. 393). Die Vertretungsvollmacht erstreckt sich auf alle Rechtsgeschäfte.

– Die *Leitung des Apostolats* (c. 394). Der Diözesanbischof hat das Apostolat in all seinen Ausprägungen zu fördern und die Apostolatswerke unter Wahrung ihres Eigencharakters zu koordinieren (c. 394 § 1). Er hat die Verpflichtung der Gläubigen zum Apostolat (vgl. cc. 216, 225 § 2) zu urgieren und sie zu Mitwirkung und Hilfe anzuhalten (c. 394 § 2).

(3) Folgende *Pflichten* des Diözesanbischofs sind näher normiert:

– Die *Residenzpflicht* (c. 395) als die höchstpersönliche Verpflichtung zur Anwesenheit in der Diözese; sie ist ein rechtlicher Ausdruck des Verständnisses

[21] Vgl. in *diesem* Band, oben, *H. Pree*, § 12 Die Ausübung der Leitungsvollmacht.
[22] Vgl. in *diesem* Band, oben, *J. Listl*, § 8 Die Rechtsnormen.
[23] Vgl. in *diesem* Band, unten, *H. Müller*, § 39 Die Diözesankurie.
[24] Vgl. in *diesem* Band, unten, *P. Wirth*, § 105 Gerichtsverfassung und Gerichtsordnung.

des Bischofsamtes als eines pastoralen Dienstes für die teilkirchliche Gemeinschaft[25]. In dieser Verpflichtung kann der Bischof sich nicht vertreten lassen, auch nicht durch einen Koadjutor- oder Auxiliarbischof (c. 395 § 1). Von der Residenzpflicht befreit ist der Bischof aus Gründen der „Visitatio liminum", der Teilnahme an Konzilien, an der Bischofssynode, an der Bischofskonferenz oder aufgrund eines anderen ihm rechtmäßig übertragenen Amtes; im übrigen darf er nur aus angemessenem Grund (z. B. Urlaub) von der Diözese abwesend sein, jedoch insgesamt nicht länger als einen Monat jährlich und unter der Voraussetzung, daß dadurch der Diözese kein Schaden entsteht (c. 395 § 2). Durch die Beschränkung auf einen Monat ist die Residenzpflicht gegenüber c. 338 § 2 CIC/1917 verschärft worden. An bestimmten Hauptfesten (Weihnachten, Ostern, Pfingsten, Fronleichnam) und in der Karwoche ist eine Abwesenheit von der Diözese nur aus schwerwiegendem und dringendem Grund gestattet (c. 395 § 3). Der Metropolit führt die Aufsicht über die Erfüllung der Residenzpflicht der Suffraganbischöfe, der rangälteste Suffraganbischof über die des Metropoliten; eine unrechtmäßige Abwesenheit von über sechs Monaten ist dem Apostolischen Stuhl mitzuteilen (c. 395 § 4).

– Die *Visitationspflicht* (c. 396) als die Verpflichtung, die Diözese jedes Jahr ganz oder teilweise zu visitieren, so daß wenigstens alle fünf Jahre die ganze Diözese einer Visitation unterzogen wird. Die Pflicht obliegt dem Bischof persönlich; bei rechtmäßiger Verhinderung kann er sich durch den Koadjutorbischof, durch einen Auxiliarbischof, durch den Generalvikar oder einen Bischofsvikar oder auch durch einen eigens dazu beauftragten Priester vertreten lassen (c. 396 § 1). Im Gegensatz zu c. 343 § 1 CIC/1917 ist der Zweck der Visitation nicht näher umschrieben; in c. 398 wird die Visitation weiterhin (wie in c. 346 CIC/1917) als „pastoral" qualifiziert. Die Visitation bezieht sich demnach auf alle Angelegenheiten, für die der Diözesanbischof als der berufene Hirt die Verantwortung trägt. Der ordentlichen bischöflichen Visitation unterliegen alle im Bereich der Diözese befindlichen Personen, katholischen Einrichtungen, geweihten Sachen und Orte (c. 397 § 1); Mitglieder von Ordensinstituten päpstlichen Rechts und ihre Niederlassungen kann der Bischof nur in den im Recht ausdrücklich genannten Fällen visitieren (c. 397 § 2). Die Visitation ist sorgfältig durchzuführen (c. 398). Als Begleiter und Helfer kann der Bischof nach freiem Ermessen Kleriker beiziehen(c. 396 § 2). Der Bischof hat dafür zu sorgen, daß er nicht durch überflüssigen Aufwand jemandem unnötig zur Last fällt (c. 398).

– Die *Berichtspflicht* (c. 399) als die Verpflichtung, dem Papst über den Stand der Diözese alle fünf Jahre nach näherer Anweisung des Apostolischen Stuhls Bericht zu erstatten.

– Die *Pflicht des Rombesuchs* (c. 400) als die Verpflichtung, im Jahr der nach c. 399 fälligen Berichterstattung nach Rom zu kommen zum Besuch der Gräber der Apostel Petrus und Paulus (sog. Visitatio liminum Apostolorum; Ad-limina-

[25] Vgl. *J. Ratzinger*, Die kirchliche Lehre vom sacramentum ordinis, in: IKZ Communio 10 (1981), S. 435–445, 442.

Besuch genannt) und zur persönlichen Begegnung mit dem Papst (und den Behörden der Römischen Kurie)[26].

3. *Das Ausscheiden aus dem Amt*

Das Amt des Diözesanbischofs wird unbefristet auf Lebenszeit übertragen. Es gelten die allgemeinen Normen über den Verlust eines Kirchenamtes (cc. 184 bis 196)[27]. Für den *Amtsverzicht* des Diözesanbischofs gilt darüber hinaus: Der Diözesanbischof ist nach Vollendung des 75. Lebensjahres gebeten, dem Papst den Verzicht auf sein Amt anzubieten, über den der Papst nach Abwägen aller Umstände entscheidet (c. 401 § 1). Ist der Diözesanbischof wegen Krankheit oder aus einem anderen schwerwiegenden Grund nicht mehr voll in der Lage, sein Bischofsamt auszuüben, verstärkt sich diese Bitte; er ist schon vor der genannten Altersgrenze dringend gebeten, auf sein Amt zu verzichten (c. 401 § 2). Der Bischof, dessen Amtsverzicht angenommen wurde, führt den Titel eines *emeritierten* Bischofs der von ihm bisher geleiteten Diözese; er kann in der Diözese wohnen bleiben, sofern nicht der Apostolische Stuhl in bestimmten Fällen wegen besonderer Umstände etwas anderes vorsieht (c. 402 § 1). Aufgabe der Bischofskonferenz ist es, für den angemessenen und würdigen Unterhalt des Emeritierten zu sorgen; doch bleibt die Diözese des Emeritierten erstverpflichtet (c. 402 § 2).

III. Behinderung und Erledigung des Diözesanbischofsamtes

1. *Behinderung*

a) Unter *tatsächlicher* Behinderung ist jene Behinderung zu verstehen, durch die der Diözesanbischof im Fall von Gefangenschaft, Ausweisung, Verbannung oder Unfähigkeit in einer Weise voll an der Ausübung seines Amtes gehindert ist, daß er nicht einmal brieflich mit seinen Diözesanen verkehren kann (c. 412). Wenn der Apostolische Stuhl nichts anderes vorsieht, übernimmt in diesem Fall der Koadjutorbischof, wenn es ihn geben sollte und nicht auch er gehindert ist, die Leitung der Diözese, sonst der Auxiliarbischof, der Generalvikar, ein Bischofsvikar oder ein anderer Priester, nach der Reihenfolge der Liste, die der Diözesanbischof baldmöglichst nach seiner Amtsübernahme aufzustellen hat. Diese Liste ist dem Metropoliten mitzuteilen, wenigstens alle drei Jahre zu erneuern und vom Kanzler geheim aufzubewahren (c. 413 § 1). Sollte keine Liste vorhanden sein, hat das Konsultorenkollegium einen Priester zu wählen, der die Diözese leitet (c. 413 § 2). Der interimistische Vorsteher muß den Apostolischen Stuhl von der Behinderung des Bischofs und seiner Amtsübernahme in Kenntnis setzen (c. 413 § 2). Für

[26] Der Termin der Visitatio liminum richtet sich zur Zeit nach dem Dekret der *SC Ep,* Ad Romanam Ecclesiam v. 29. 6. 1975, in: AAS 67 (1975), S. 674–676; *Ochoa* V, Sp. 7034–7036.

[27] Vgl. in *diesem* Band, oben, *G. May,* § 13 Das Kirchenamt.

die Zeit der Behinderung des Bischofs hat er die Pflichten und die Vollmacht, die dem Diözesanadministrator von Rechts wegen zukommen (c. 414).

b) *Rechtlich* behindert ist der Diözesanbischof, wenn ihm aufgrund einer Kirchenstrafe die Ausübung seines Amtes untersagt ist. In diesem Fall hat der Metropolit (gegebenenfalls der rangälteste Suffraganbischof) unverzüglich den Apostolischen Stuhl zu informieren, damit dieser die notwendigen Maßnahmen trifft (c. 415).

2. *Erledigung*

a) Erledigungsgründe

Das Bischofsamt wird vakant durch den Tod des Diözesanbischofs, durch seinen vom Papst angenommenen Amtsverzicht, durch seine Versetzung oder durch Absetzung (c. 416).

b) Vorläufige Diözesanleitung

Bei Erledigung des Bischofsamtes (Sedisvakanz) geht die Leitung der Diözese bis zur Bestellung eines Diözesanadministrators auf den (rangältesten) Auxiliarbischof bzw. auf das Konsultorenkollegium über, sofern der Apostolische Stuhl nicht etwas anderes vorgesehen hat. Wer auf diese Weise die Diözesanleitung übernommen hat, muß unverzüglich das zur Bestellung des Diözesanadministrators zuständige Kollegium einberufen (c. 419); im übrigen hat er die Vollmacht, die dem Generalvikar von Rechts wegen zukommt (c. 426).

c) Diözesanadministrator

Innerhalb von acht Tagen nach Kenntnis von der Erledigung des Bischofsamtes hat das Konsultorenkollegium (oder ggf. das Domkapitel, vgl. c. 502 § 3) einen Diözesanadministrator, d. h. einen interimistischen Leiter der Diözese, zu wählen (c. 421 § 1)[28], andernfalls geht dieses Recht auf den Metropoliten bzw. den rangältesten Suffraganbischof über (c. 421 § 2). Die Wahl des Diözesanadministrators erfolgt nach den Normen des kanonischen Wahlrechts (c. 424), wobei besondere Wirksamkeitsvoraussetzungen zu beachten sind (cc. 423, 425). Die Wahl ist nicht bestätigungsbedürftig; daher erlangt der Diözesanadministrator sein Amt mit Annahme der Wahl (c. 427 § 2). Er hat die Pflichten und die Vollmacht des Diözesanbischofs, jene ausgenommen, die aufgrund der Natur der Sache (z. B. fehlende Bischofsweihe) oder von Rechts wegen ausgeschlossen sind (c. 427 § 1). Bei der Ausübung seines Amtes ist er an den Grundsatz gebunden: Sede vacante nihil innovetur (Während der Sedisvakanz darf keine Neuerung eingeführt werden, c. 428 § 1); insbesondere darf durch die interiministische Diözesanleitung

[28] Nach dem bisher geltenden Recht führte der interimistische Leiter der vakanten Diözese die Bezeichnung *Kapitelsvikar*, wenn und weil er vom Domkapitel bestellt wurde. Da diese Aufgabe nunmehr dem Konsultorenkollegium zukommt (dem Domkapitel nur noch in dem Fall, daß ihm nach Maßgabe von c. 502 § 3 die Funktionen des Konsultorenkollegiums übertragen sind), mußte eine neue Amtsbezeichnung geschaffen werden.

nichts getan werden, was die Diözese oder die Rechte des Diözesanbischofs beeinträchtigen könnte; vor allem ist es verboten, Dokumente der Diözesankurie zu entwenden, zu vernichten oder zu verändern (c. 428 § 2). Das Amt des Diözesanadministrators endet mit der Amtsübernahme durch den neuen Diözesanbischof (c. 430 § 1) oder durch Amtsverzicht, der gegenüber dem für die Bestellung des Diözesanadministrators zuständigen Kollegium zu erklären ist (c. 430 § 2).

Seit einigen Jahren regelt der Apostolische Stuhl bei Annahme des ihm vom Diözesanbischof bei Erreichen der Altersgrenze angetragenen Amtsverzichts in manchen Fällen abweichend von der im CIC vorgesehenen ordentlichen Weise die interimistische Diözesanleitung bei Sedisvakanz dadurch, daß er den emeritierten Diözesanbischof zum Apostolischen Administrator bestellt, der mit allen Rechten und Pflichten eines amtierenden Diözesanbischofs die Diözese vertretungsweise im Namen des Papstes leitet. Dadurch wird zwar die Einleitung des konkordatär vorgesehenen Besetzungsverfahrens ermöglicht, gleichzeitig werden aber neue Probleme geschaffen, weil unter Hintansetzung des die Sedisvakanz sonst beherrschenden Grundsatzes „Sede vacante nihil innovetur" der bisherige Diözesanbischof ohne erkennbaren Unterschied die Diözese wie eh und je leiten kann und leitet und Präjudizien möglich sind, die der interimistischen Diözesanleitung untersagt sind (c. 428 § 2). Da die den Apostolischen Stuhl leitenden Kriterien, einmal einen Apostolischen Administrator zu ernennen, ein andermal die Bestellung eines Diözesanadministrators zuzulassen, nicht erkennbar sind, entsteht der Verdacht, daß in denjenigen Fällen, in denen der bisherige Diözesanbischof nicht zum Apostolischen Administrator ernannt wird, nach Ansicht des Apostolischen Stuhls die bisherige Amtsführung des Diözesanbischofs eine Bestellung zum Apostolischen Administrator nicht rechtfertigt. Zur Vermeidung einer solchen Disqualifizierung und einer entsprechenden Aushöhlung der vom CIC als ordentliche Form der interimistischen Diözesanleitung vorgesehenen Regelung sollte die Praxis, den emeritierten Diözesanbischof zum Apostolischen Administrator seiner Diözese zu bestellen, wieder aufgegeben werden.

§ 37 Koadjutor- und Auxiliarbischof

Von Joseph Listl

1. *Rechtsstellung und Amtsbezeichnung*

Durch das Zweite Vatikanische Konzil haben nicht nur das Bischofskollegium als Träger der obersten Leitungsgewalt über die Gesamtkirche und der Diözesanbischof als Vorsteher der Teilkirche, sondern auch die Koadjutor- und Auxiliarbischöfe eine theologiegeschichtlich und gegenüber dem vorkonziliaren Kirchenrecht bedeutsame und notwendige Stärkung und Aufwertung erfahren[1]. Der

[1] Vgl. *H. Schmitz*, Tendenzen nachkonziliarer Gesetzgebung, in: AfkKR 146 (1977), S. 381–419 (384 ff.); abgedr. auch in: *ders.*, Tendenzen nachkonziliarer Gesetzgebung. Sichtung und Wertung (= Canonistica, H. 2), Trier 1979, S. 9 ff.

Zur geschichtlichen Entwicklung der Ernennung von Koadjutoren und Auxiliarbischöfen vgl. *J. Gaudemet*, Le gouvernement de l'Église à l'Époque classique, IIe partie: Le gouvernement local (= Le Bras/Gaudemet D, tome 8, vol. 2), Paris 1979, S. 163 ff.; *Ch. Lefebvre*, La

Codex Iuris Canonici von 1983 hat die Bestimmungen des II. Vatikanums übernommen, wie sie insbesondere in dessen Dekret *Christus Dominus* über die Hirtenaufgabe der Bischöfe enthalten sind. Gemäß c. 336 sind auch die Koadjutor- und Auxiliarbischöfe kraft ihrer sakramentalen Weihe und ihrer hierarchischen Gemeinschaft mit dem Haupt und den übrigen Bischöfen Mitglieder des Bischofskollegiums und haben als solche gemäß c. 339 § 1 das Recht und die Pflicht, an einem Ökumenischen Konzil mit beschließendem Stimmrecht teilzunehmen. Kraft Gesetzes steht dem Koadjutor- und dem Auxiliarbischof das Recht zu, überall auf der Welt das Wort Gottes zu verkündigen (c. 763); kraft Gesetzes besitzen sie ferner die Vollmacht, überall auf der Welt die Beichten der Gläubigen entgegenzunehmen (c. 967 § 1), sofern der Ortsbischof dies in Einzelfällen nicht ausdrücklich untersagt. Hinsichtlich der Bischöfe, die dem Diözesanbischof bei der Leitung der Diözese zur Seite stehen, unterscheidet der Codex Iuris Canonici von 1983 terminologisch den *Auxiliarbischof*, den *mit besonderen Vollmachten ausgestatteten Auxiliarbischof* und den *Koadjutorbischof*.

Im Einklang mit der Bestimmung des Art. 25 VatII CD, in dem die Notwendigkeit der Ernennung von Auxiliarbischöfen ausdrücklich anerkannt worden ist, bestimmt c. 403 § 1, daß auf Antrag des Diözesanbischofs ein oder mehrere Auxiliarbischöfe („Hilfsbischöfe") bestellt werden sollen, wenn pastorale Notwendigkeiten der Diözese dies angeraten erscheinen lassen. Ein auf diese Weise bestellter *Auxiliarbischof* (episcopus auxiliaris) besitzt kein Recht der Nachfolge. Aus schwerwiegenden Gründen, die auch in der Person des Diözesanbischofs liegen können, kann diesem nach dem Ermessen des Heiligen Stuhls ein *mit besonderen Vollmachten ausgestatteter Auxiliarbischof* (episcopus auxiliaris specialibus instructus facultatibus) beigegeben werden. Auch dieser besitzt kein Recht der Nachfolge. Ferner kann der Heilige Stuhl gemäß c. 403 § 3, wenn ihm dies eher angebracht erscheint, von Amts wegen einen *Koadjutorbischof* bestellen, der ebenfalls mit besonderen Vollmachten ausgestattet ist und immer das Recht der Nachfolge besitzt (episcopus coadiutor cum iure successionis). Nur der Papst kann einen Koadjutor- oder Auxiliarbischof ernennen (c. 377 §§ 1–4). Die Koadjutor- und Auxiliarbischöfe, denen im Unterschied zu den Diözesanbischöfen keine Diözese zur Leitung übertragen ist, gehören zu den sog. *Titularbischöfen*, da sie auf den *Titel* einer früher bestehenden, später aber untergegangenen Diözese („in partibus infidelium") geweiht worden sind (vgl. c. 376). In Deutschland und Österreich führen die Auxiliarbischöfe traditionell den Titel „Weihbischof", weil ihre Funktion bereits in der früheren deutschen Reichskirche im wesentlichen darin bestand, den Diözesanbischof bei der Erteilung der verschiedenen Grade des Weihesakraments und vor allem auch bei der Spendung des Sakramentes der Heiligen Firmung zu unterstützen bzw. zu vertreten[2]. Die größeren Diözesen in Deutschland, Österreich und Polen hatten seit jeher einen

hiérarchie, in: *R. Epp/Ch. Lefebvre/R. Metz*, Le droit et les institutions de l'Eglise Catholique Latine de la fin du XVIIIe siècle à 1978 (= Le Bras/Gaudemet D, tome 16), Paris 1981, S. 522ff.

[2] Vgl. *Ph. Hofmeister*, Art. Weihbischof, in: LThK^2, Bd. 10 (1965), Sp. 980.

oder mehrere Weihbischöfe, deren Ernennung in Deutschland in den Länderkonkordaten geregelt ist[3].

2. *Amtsübernahme*

Die Amtsübernahme eines *Koadjutorbischofs* erfolgt dadurch, daß er das päpstliche Ernennungsschreiben entweder persönlich oder durch einen Vertreter dem Diözesanbischof und dem Konsultorenkollegium des Bischofs (collegium consultorum – in Deutschland dem Domkapitel) vorzeigt. Ein *Auxiliarbischof* übernimmt sein Amt dadurch, daß er das päpstliche Ernennungsschreiben dem Diözesanbischof vorzeigt. Ist der Diözesanbischof an der Amtsausübung völlig gehindert, genügt es, wenn sowohl der Koadjutor- als auch der Auxiliarbischof das Ernennungsschreiben dem Konsultorenkollegium des Bischofs (in Deutschland dem Domkapitel) vorzeigt. In allen Fällen hat die Amtsübernahme in Anwesenheit des Kanzlers der Diözesankurie zu erfolgen, der den Vorgang beurkundet (c. 404 §§ 1–3).

3. *Amtspflichten*

Die Aufgaben und Rechte der Koadjutor- und Auxiliarbischöfe bestimmen sich im einzelnen nach den Vorschriften der cc. 406–411 und nach den besonderen Anweisungen, die in ihren Ernennungsschreiben enthalten sind (c. 405 § 1). Der Kreis der Aufgaben und Befugnisse kann im einzelnen sehr unterschiedlich sein. Von besonderer Bedeutung ist in diesem Zusammenhang, daß nach der ausdrücklichen Bestimmung des c. 405 § 2 der Koadjutor- und der mit besonderen Vollmachten ausgestattete Auxiliarbischof dem Diözesanbischof bei der Gesamtleitung der Diözese zur Seite stehen und ihn im Falle der Abwesenheit oder der Verhinderung vertreten. Der große Einfluß, der dem Koadjutor- und dem mit besonderen Vollmachten ausgestatteten Auxiliarbischof auf die Gesamtleitung der Diözese von Rechts wegen zustehen soll, kommt vor allem auch dadurch zum Ausdruck, daß der Koadjutor- und der mit besonderen Vollmachten ausgestattete Auxiliarbischof vom Diözesanbischof zu seinem *Generalvikar* bestellt werden muß. Die besondere Vertrauensstellung, die der Diözesanbischof ihnen einräumen soll, zeigt sich ferner darin, daß c. 406 § 1 bestimmt, daß der Diözesanbischof sie vor jedem anderen mit den Aufträgen betrauen soll, für die nach den Vorschriften des kirchlichen Rechts ein sog. *Spezialmandat* (mandatum speciale) erforderlich ist. Sofern nicht im päpstlichen Schreiben eine abweichende Anordnung getroffen worden ist und unbeschadet der genannten Vorschrift des c. 406 § 1, soll der Diözesanbischof den Auxiliarbischof oder die Auxiliarbischöfe zu seinen Generalvikaren oder mindestens zu Bischofsvikaren ernennen, die nur ihm oder dem Koadjutor- oder dem mit besonderen Vollmachten ausgestatteten Auxiliarbischof unterstehen (c. 406 § 2).

[3] Einzelheiten bei *Werner Weber*, Die deutschen Konkordate und Kirchenverträge der Gegenwart, Bd. 1, Göttingen 1962, S. 46, 70f., 73f., 82, 92, 105; Über das bei der Ernennung eines Koadjutorbischofs cum iure successionis anzuwendende Verfahren vgl. RK Art. 14 Abs. 2 Nr. 2; PreußK Art. 7; BadK Schlußprot. zu Art. III Abs. 1, bei *Werner Weber*, ebd., S. 20, 72, 102.

Im Interesse des gegenwärtigen und zukünftigen Wohles der Diözese sollen sich der Diözesanbischof und der Koadjutor- bzw. der mit besonderen Vollmachten ausgestattete Auxiliarbischof in allen Angelegenheiten von größerer Bedeutung *gegenseitig konsultieren* (c. 407 § 1). Der Diözesanbischof soll sich über Angelegenheiten von größerer Bedeutung, insbesondere auf dem Gebiete der Seelsorge, vor allen übrigen mit seinen Auxiliarbischöfen beraten (c. 407 § 2). Aufgrund ihrer Teilhabe an der Hirtensorge des Diözesanbischofs sollen der Koadjutor- und der Auxiliarbischof ihr Amt in innerer und äußerer Übereinstimmung mit ihm ausüben (c. 408 § 3). Sofern sie nicht durch einen rechtmäßigen Grund verhindert sind, sind der Koadjutor- und der Auxiliarbischof auf Bitten des Diözesanbischofs verpflichtet, liturgische Pontifikal- und andere Funktionen zu übernehmen, deren Ausübung dem Diözesanbischof obliegt (c. 408 § 1). Andererseits soll der Diözesanbischof bischöfliche Rechte und Funktionen, die der Koadjutor- und der Auxiliarbischof ausüben können, einem anderen nicht auf Dauer (habitualiter) übertragen (c. 408 § 2).

Bei Erledigung des bischöflichen Stuhles wird der Koadjutorbischof sofort Bischof der Diözese, für die er bestellt worden ist, sofern er sein Amt als Koadjutorbischof rechtmäßig gemäß c. 404 § 1 übernommen hat (c. 409 § 1). Ist ein Koadjutorbischof nicht vorhanden, geht bei Erledigung des bischöflichen Stuhles die Leitung der Diözese bis zur Bestellung des Diözesanadministrators auf den Auxiliarbischof über, und wenn mehrere Auxiliarbischöfe vorhanden sind, auf den im Bischofsamt ältesten Auxiliarbischof (c. 419)[4]. Sofern von einer zuständigen kirchlichen Stelle keine gegenteilige Anordnung getroffen worden ist, behält der Auxiliarbischof bis zur Amtsübernahme des neuen Bischofs alle, aber auch nur die mit seinem Amt verbundenen rechtlichen Befugnisse (potestates) und die ihm persönlich verliehenen Vollmachten (facultates), die er vor Eintritt der Sedisvakanz als Generalvikar oder Bischofsvikar besaß. Wurde er nicht zum Diözesanadministrator bestellt, hat er diese Befugnisse, die ihm durch das kirchliche Recht übertragen worden sind, in Unterordnung unter den Diözesanadministrator auszuüben, der der Leitung der Diözese vorsteht.

Bei völliger Behinderung des Diözesanbischofs (sede impedita) obliegt die Leitung der Diözese dem Koadjutorbischof; wenn dieser ebenfalls an der Ausübung der Leitung gehindert oder ein Koadjutorbischof nicht vorhanden ist, einem Auxiliarbischof oder dem Generalvikar oder einem Bischofsvikar oder einem anderen Priester, jeweils nach Maßgabe der vom Diözesanbischof festgelegten Reihenfolge (c. 413 § 1).

Für den Koadjutor- und Auxiliarbischof gelten bezüglich der *Residenzpflicht* in der Diözese dieselben Bestimmungen wie für den Diözesanbischof; sie dürfen ihre Diözese, abgesehen von einer dienstlichen Verpflichtung, die außerhalb der Diözese wahrzunehmen ist, und von ihrem Urlaub, der über die Dauer eines Monats nicht ausgedehnt werden darf, nur für kurze Zeit verlassen (c. 410). Bezüglich des Amtsverzichts, der nach Vollendung des 75. Lebensjahrs sowie bei Amtsunfähigkeit wegen Krankheit oder anderer Gründe dem Papst anzubieten ist, gelten für den Koadjutor- und Auxiliarbischof dieselben Bestimmungen wie für den Diözesanbischof (c. 411)[5].

[4] Vgl. hierzu auch VatII CD Art. 38 Abs. 2 und MP EcclSanct I 13 § 3.

[5] Vgl. hierzu in *diesem* Band, oben, *H. Schmitz*, § 36 Der Diözesanbischof.

4. Aufgaben und Befugnisse im überdiözesanen Bereich

Bei den Partikularkonzilien, d. h. den Plenar- und Provinzialkonzilien (vgl. cc. 439 und 440), besitzen auch die Koadjutor- und Auxiliarbischöfe, ebenso wie die Diözesanbischöfe, beschließendes Stimmrecht (c. 443 § 1 n. 2).

Die Zugehörigkeit der Koadjutor- und Auxiliarbischöfe zum Bischofskollegium wird auch dadurch besonders hervorgehoben, daß sie von Rechts wegen Mitglieder der für ihre Diözese zuständigen *Bischofskonferenz* sind (c. 450 § 1). Bei den Vollversammlungen der Bischofskonferenz besitzen die Diözesanbischöfe und die ihnen rechtlich Gleichgestellten sowie die Koadjutorbischöfe von Rechts wegen beschließendes Stimmrecht. Für die Weihbischöfe und die übrigen Titularbischöfe, die zur Teilnahme an der Bischofkonferenz berechtigt sind, bestimmen die jeweiligen Statuten, ob sie beschließendes oder beratendes Stimmrecht haben. Bei der Beschlußfassung über die Statuten der Bischofskonferenz und bei ihrer Änderung besitzen nur Diözesanbischöfe, die den Diözesanbischöfen rechtlich Gleichgestellten und die Koadjutorbischöfe beschließendes Stimmrecht (c. 454 § 2)[6].

§ 38 Die Konsultationsorgane des Diözesanbischofs

Von Heribert Schmitz

Der Diözesanbischof ist in der Leitung der ihm anvertrauten Teilkirche nicht auf sich allein gestellt. Ihm stehen vielmehr seit alters in wechselvoller Entwicklung *kirchenamtliche* Konsultationsorgane zur Seite, deren Rat oder Zustimmung er kraft Gesetzes einholen muß, wenn er rechtswirksam handeln will (c. 127), die er aber auch darüber hinaus um ihren Rat angehen soll. Die Konsultationsorgane sind so gestaltet, daß die personale Verantwortung des Diözesanbischofs in seiner ekklesiologisch bedingten Stellung als geistliches Haupt der Teilkirche voll gewahrt bleibt, er aber gleichwohl in einen kollegialen Beratungsvorgang verfassungsrechtlicher Struktur eingebunden ist[1].

Die im Verfassungsrecht des CIC genannten Konsultationsorgane sind entweder *verbindlich* vorgeschrieben (Priesterrat, Konsultorenkollegium, Diözesanvermögensverwaltungsrat) oder nur als *möglich* vorgesehen, so daß ihre Einsetzung im freien Ermessen des Diözesanbischofs liegt (Diözesanpastoralrat). Sie sind *ständig* bestehende, wenngleich nur von Zeit zu Zeit tagende (Priesterrat, Konsultorenkollegium, Diözesanvermögensverwaltungsrat, Diözesanpastoralrat), oder

[6] Einzelheiten s. in *diesem* Band, oben, *J. Listl*, § 33 Plenarkonzil und Bischofskonferenz.

[1] Vgl. *W. Aymans*, Einführung in das neue Gesetzbuch der lateinischen Kirche (= Arbeitshilfen 31, hrsg. vom Sekretariat der Deutschen Bischofskonferenz), Bonn 1983, S. 20; *H. Müller*, De formis iuridicis corresponsabilitatis in Ecclesia, in: PerRMCL 69 (1980), S. 303–320, 306f.

nichtständige, nur in gewissen Zeitabständen eingesetzte Gremien (Diözesansynode). Die Konsultationsorgane sind schließlich zu unterscheiden in *extrakuriale* und *intrakuriale* Gremien, je nachdem sie außerhalb der Diözesankurie[2] (Priesterrat, Konsultorenkollegium, Diözesanpastoralrat) oder innerhalb der Kurie gebildet sind (Diözesanvermögensverwaltungsrat).

I. Funktion

Wie für jeden, der Rat sucht, gilt auch für den Diözesanbischof, daß er sich Rat holen kann, wo er glaubt, ihn am besten zu erhalten. Auf die hier zu behandelnden Konsultationsorgane des verfassungsrechtlichen Bereichs ist der Diözesanbischof aber von Gesetzes wegen und damit von seiten der übergeordneten Autorität verwiesen. Der Diözesanbischof kann und darf den Dienst der verfassungsrechtlich vorgesehenen Konsultationsorgane nicht übergehen oder geringschätzen. Denn Fundament der konsiliaren Strukturen ist die Partizipation aller Glieder der Kirche an den Aufgaben der Kirche.

Sinn und Zweck vor allem der vom II. Vatikanum vorgesehenen oder angeregten Räte ist es, Teilhabe und Mitwirkung der Glieder der Kirche, auch der Laien (c. 228 § 2)[3], an Sendung und Aufgaben der Kirche, differenziert nach ihrer Stellung und Funktion, zu institutionalisieren. Die Räte sind zugleich Ausdruck gemeinschaftlicher Verwirklichung der christlichen Freiheit[4]. Die Communio Ecclesiae bedarf sichtbarer Zeichen. Sie erhält ihre institutionalisierte Manifestation in nach Repräsentativität gebildeten Gremien. Die Communio Ecclesiae ist aber nicht etwas Statisches. Sie muß unter Mitwirkung aller bewirkt werden. Dazu bedarf es notwendig des Konsenses. Kommunikation und Konsultation sind unabdingbare Elemente jenes Prozesses, der zu Konsens und damit zu Communio führt. Amt und Dienst der Räte besteht nun darin, Kommunikation und Konsultation in institutionalisierter Form zu erreichen und damit Konsens zu ermöglichen. Das geschieht in repräsentativ zusammengesetzten und mit Sachverstand angereicherten Beratungsorganen, auf die der Diözesanbischof rechtlich verwiesen ist.

Die verfassungsrechtlichen Beratungsorgane sind konkreter Ausdruck und Instrument für das Zusammenwirken der Glieder einer Teilkirche. Ihre Aufgabe ist *konsiliare Diakonie*, die in konzertierender (nicht vom Bischof konzertierter) Aktion zu durch Konsens bewirkter und vertiefter Communio führt[5].

[2] Vgl. hierzu in *diesem* Band, unten, *H. Müller*, § 39 Die Diözesankurie.

[3] In VatII LG Art. 37 Abs. 1 hatte bereits das II. Vatikanum auf die konsiliaren Strukturen verwiesen, in denen die Laien die ihrer Stellung entsprechende Verantwortung wahrnehmen können sollten; in dieser Norm gründet die Bestimmung von c. 228 § 2, siehe auch c. 212 § 3.

[4] Vgl. *H. Müller*, Freiheit in der christlichen Rechtsordnung?, in: AfkKR 150 (1981), S. 454–478, 470–475.

[5] *H. Schmitz*, Der Bischof und die konsiliare Diakonie, in: TThZ 64 (1975), S. 236–239.

II. Die Diözesansynode

Die Diözesansynode ist eine vom Diözesanbischof einberufene und präsidierte Versammlung von Priestern und anderen Angehörigen der Teilkirche, die den Diözesanbischof zum Wohl der ganzen diözesanen Gemeinschaft beratend unterstützen soll (c. 460).

In der Zeit nach dem II. Vatikanum wurde den Diözesansynoden mit Recht wieder ein größeres Gewicht beigemessen; sie wurden in verschiedenen Formen und mit (unter Einbeziehung von Laien) erweitertem Teilnehmerkreis abgehalten[6]. Die dabei gewonnenen Erfahrungen dürften auf die neuen Normen eingewirkt haben[7].

Sah das bisherige Recht vor, daß wenigstens alle zehn Jahre eine Diözesansynode stattzufinden hatte, so hat der Diözesanbischof nunmehr eine Diözesansynode nur dann abzuhalten, wenn es nach seinem Urteil die Umstände anraten; der Priesterrat ist dabei anzuhören (c. 461 § 1). Nur der Diözesanbischof, nicht der interimistische Leiter der Diözese kann eine Diözesansynode einberufen (c. 462 § 1); er kann sie nach seinem klugen Ermessen suspendieren oder auflösen (c. 468 § 1). Bei Sedisvakanz oder Behinderung des Bischofsamtes wird die Diözesansynode von Rechts wegen unterbrochen, bis der neue Bischof sie fortsetzen läßt oder als erloschen erklärt (c. 468 § 2). Der Diözesanbischof präsidiert der Diözesansynode; er kann sich aber für einzelne Sitzungen durch einen Generalvikar oder Bischofsvikar vertreten lassen (c. 462 § 2).

Zum verbindlich vorgeschriebenen *Teilnehmerkreis* (mit Verpflichtung zur Teilnahme) gehören (c. 463): 1. der Koadjutorbischof und die Hilfsbischöfe; 2. die Generalvikare und die Bischofsvikare sowie der Offizial; 3. die Kanoniker des Domkapitels; 4. die Mitglieder des Priesterrats; 5. Laien, darunter auch Mitglieder der Lebensgemeinschaften der evangelischen Räte, die vom Pastoralrat zu wählen oder, wo ein solcher nicht besteht, vom Bischof zu berufen sind, wobei Zahl und Bestellungsmodus der Diözesanbischof festlegt; 6. der Leiter des Priesterseminars; 7. die Dechanten (Dekane); 8. aus jedem Dekanat mindestens ein Priester, gewählt von allen dort in der Seelsorge Tätigen; 9. einige Obere jener Verbände der Religiosen und Gesellschaften des apostolischen Lebens, die in der Diözese eine Niederlassung haben, wobei der Diözesanbischof Zahl und Bestellungsmodus festlegt (c. 463 § 1). Darüber hinaus können als weitere Teilnehmer Kleriker und Laien, darunter Mitglieder der Lebensgemeinschaften der evangelischen Räte, vom Diözesanbischof frei berufen (c. 463 § 2) und einige Amtsträger oder Mitglieder der getrennten christlichen Kirchen und kirchlichen Gemeinschaften als Beobachter eingeladen werden (c. 463 § 3). Durch sein freies Berufungs-

[6] Das beweisen die seit dem Ende des II. Vatikanums abgehaltenen Diözesansynoden. – *Mosiek* Verf. II, S. 174–181; *W. Aymans*, Die nachkonziliare Synodalbewegung in Mitteleuropa. Eine rechtsvergleichende Studie, in: Archeion ekklesiastikou kai kanonikou dikaiou, Athen 1973, S. 13–31; *ders.*, Synode – Versuch einer ekklesiologisch-kanonistischen Begriffsbestimmung, in: AnHistConc 6 (1974), S. 7–20; *ders.*, Konzil – Bleibendes und Veränderliches im kirchlichen Synodalwesen, in: Synodale Strukturen der Kirche. Entwicklung und Probleme, Donauwörth 1977, S. 187–207; *A. Nees*, Die erste Gemeinsame Synode der Bistümer in der Bundesrepublik Deutschland (1971–1975), Paderborn 1978; *K. Hartelt*, Die Diözesan- und Regionalsynoden im deutschen Sprachraum nach dem Zweiten Vatikanum, Leipzig 1979.

[7] Vgl. *H. Heinemann*, Zur Reform der Diözesansynode, in: Festg. Scheuermann, S. 209 bis 223; *H. Schmitz*, Die Diözesansynode. Ihre geplante Zukunft in kirchenrechtlicher Sicht, in: AfkKR 144 (1975), S. 444–454; *Communicationes* 6 (1974), S. 46; 9 (1977), S. 253.

recht hat der Diözesanbischof die Möglichkeit, Angehörige andernfalls nicht vertretener Dienste (Diakone, Mitarbeiter der pastoralen Berufe) und kirchlicher Vereine und Verbände an der Diözesansynode zu beteiligen. Daß auch Sachverständige für die Beratung bestellt werden können, muß im Gesetzestext nicht eigens statuiert sein.

Von den Teilnehmern sind alle für die Diözesansynode vorgeschlagenen Beratungsgegenstände auf den einzelnen Sitzungen frei zu erörtern (c. 465). Die Teilnehmer der Diözesansynode haben nur *beratendes Stimmrecht*; sie bringen ihre Meinung aufgrund von Abstimmungen in Beschlüssen zum Ausdruck. Rechtsverbindliche Normen kann jedoch nur der Diözesanbischof erlassen, da er der alleinige Gesetzgeber in der Diözese (vgl. c. 391 § 2) und damit auch auf der Diözesansynode ist. Er allein unterzeichnet die synodalen Erklärungen und Dekrete, publiziert sie und setzt sie in Kraft (c. 466). Daß der Diözesanbischof die alleinige Gesetzgebungskompetenz hat, bedeutet nicht, daß er die dazu notwendigen Dinge alle selbst macht. Die Diözesansynode allerdings kann ihren Beschlüssen nicht selbst Gesetzeskraft verleihen. Es obliegt dem Diözesanbischof, aus den Synodenergebnissen die erforderlichen Schlußfolgerungen zu ziehen. C. 466 scheint dabei davon auszugehen, daß die Diözesansynode auch den Wortlaut der Erklärungen und Dekrete beschließt. Die aufgrund der synodalen Beratungen erlassenen Normen heißen Synodalstatuten (vgl. c. 548 § 1). Der Diözesanbischof hat die Erklärungen und Synodaldekrete möglichst bald dem Metropoliten und der Bischofskonferenz mitzuteilen (c. 467)[8].

Mit der Öffnung der Diözesansynode für Teilnehmer aus den Reihen der Laien, ist ein wesentliches Desiderat erfüllt. Obwohl nicht ausdrücklich normiert, ist bei der Zusammensetzung der Diözesansynode auf Repräsentativität abgestellt; gleichwohl ist die Diözesansynode keine die Diözese oder die Diözesanangehörigen repräsentierende Versammlung. Aufgaben, die nach früherem Recht von der Diözesansynode erfüllt werden sollten, können heute in zeitgemäßer Weise von den neugeschaffenen Räten (Priesterrat und Pastoralrat) wahrgenommen werden. Diese Räte sind, jeder auf die ihm entsprechende Weise, in die Diözesansynode integriert. Die Chance der Diözesansynode könnte darin liegen, daß sie alle Teile, Dienste, Gruppen und Initiativen vereint und die großen Fragen der Diözese grundlegend und umfassend berät[9].

III. Der Priesterrat

Der Priesterrat (Consilium presbyterale) ist ein rechtsverbindlich für jede Diözese vorgeschriebenes, das Presbyterium repräsentierendes, eigengeprägtes Gre-

[8] Die bisher bestehenden Rechte der Diözesansynoden, die vom Diözesanbischof für die Ämter der Synodalexaminatoren (-prüfer), Synodalrichter und Pfarrkonsultoren Vorgeschlagenen zu approbieren, sind (mit diesen Ämtern) weggefallen. Prüfer und Richter ernennt der Diözesanbischof frei.

[9] Vgl. *R. Metz*, Les synodes diocésaines, in: *L. Chevailler/Ch. Lefebvre/R. Metz*, Le droit et les institutions de l'Eglise catholique latine de la fin du XVIIIe siècle à 1978. Organismes collégiaux et moyens de gouvernement (= Le Bras/Gaudemet D, tome 17), Paris 1982, S. 149–169, bes. S. 165f., 169.

mium von Priestern, das den Diözesanbischof als Senat in der Leitung der Diözese mit beratender Funktion unterstützen soll (c. 495 § 1)[10]. Der CIC beschränkt sich auf einige wenige grundlegende Normen. Die nähere rechtliche Ausgestaltung hat in den Statuten des Priesterrates zu erfolgen, die vom Diözesanbischof approbiert werden müssen; die Bischofskonferenz hat das Recht, dazu Normen zu erlassen (c. 496).

Die Rechtsfigur des Priesterrates geht auf die konziliare Weisung von VatII PO Art. 7 Abs. 1 zurück: Die sakramental fundierte hierarchische Gemeinschaft zwischen dem Bischof und seinen Priestern verlangt nach institutioneller Manifestation; sie könne in einem Kreis oder Senat von Priestern gegeben sein, der, das Presbyterium repräsentierend, den Bischof bei der Leitung der Diözese mit seinen Ratschlägen wirksam unterstützt. Zum Vollzug dieser Weisung wurden mit MP EcclSanct I 15, 17 nähere rechtliche Normen erlassen, die durch nachfolgende Empfehlungen verfeinert wurden[11]. Die teilkirchliche Ausgestaltung dieser Weisungen über den Priesterrat führte in den Diözesen des deutschen Sprachraums zunächst zu einer Verkennung der Funktion des Priesterrates, indem seine „spezifische Aufgabe" in der Beratung des Bischofs in den priesterlichen Standesfragen gesehen wurde und die sachliche Priorität dem Pastoralrat zugesprochen wurde[12]. Durch den Beschluß der Gemeinsamen Synode der Bistümer in der Bundesrepublik Deutschland „Verantwortung des ganzen Gottesvolkes für die Sendung der Kirche" wurde die Fehlentwicklung in tragbarer Weise korrigiert[13].

Der Priesterrat ist *Repräsentanz des Presbyteriums* der Diözese. Das Presbyterium ist die aus dem Diözesanbischof als Vorsteher und den ihm durch Inkardina-

[10] Im Missionsbereich nimmt die Stelle des Priesterrats der *Missionsrat* ein, wie er in c. 502 § 4 genannt wird. In Apostolischen Vikariaten und Präfekturen braucht der Apostolische Vikar oder Präfekt nur einen aus drei Priester-Missionaren bestehenden Rat zu berufen, dessen Empfehlungen er, auch brieflich, in schwerwiegenden Angelegenheiten einholen muß (c. 495 § 2). Der Missionsrat hat auch die Funktion des Konsultorenkollegiums, soweit nichts anderes bestimmt ist (c. 502 § 4).

[11] *SC Cler*, Litterae circulares ad Praesides Conferentiarum Episcopalium de Consiliis Presbyteralibus iuxta placita Congregationis Plenariae die 10 Octobris 1969 habitae (vom 10. April 1970), in: AAS 62 (1970), S. 459–465; *Ochoa* IV, Sp. 5797–5800; AfkKR 139 (1970), S. 514–519; *SynEp 1971*, De sacerdotio ministeriali, in: AAS 63 (1971), S. 898–922; *Ochoa* IV, Sp. 6167–6178; Pars Altera II Nr. 1 Abs. 6–10; vgl. Das Priesterliche Dienstamt. Eine Arbeitsgrundlage für die Diskussion in der allgemeinen Bischofssynode, München (1971), vorgenannte Texte in: NKD 54, S. 34–63; *SC Ep*, Directorium de Pastorali Ministerio Episcoporum (vom 22. Februar 1973), Typ. Pol. Vat. 1973, Nr. 203. – *K. Mörsdorf*, Kommentar zum Dekret über die Hirtenaufgabe der Bischöfe in der Kirche, in: LThK²-Konzilskommentar II, S. 202–205; *A. Scheuermann*, Der Priesterrat, in: Festschr. Panzram, S. 123–137; *H. Müller*, Der Priesterrat als Senat des Bischofs, in: ÖAKR 24 (1973), S. 4–17; *H. Schmitz*, Consilium Presbyterale. Stellung, Funktion und Organisation des Priesterrats im Lichte der kirchenrechtlichen Normen, Weisungen und Planungen, in: AfkKR 144 (1975), S. 20–46; *H. Heinemann*, in: NKD 54, S. 7–33; *M. Payá-Andrés*, Los Consejos presbiterales y pastorales en Espana, Análisis teológica, Valencia 1979; *R. Metz*, Deux nouveaux organismes: le conseil presbytéral et le conseil pastoral, in: *L. Chevailler/Ch. Lefebvre/R. Metz*, Le droit et les institutions (Anm. 9), S. 171–186 (m.w.N.). – Zum nachkonziliaren Problem „Priesterrat oder Domkapitel – Senat des Bischofs in der Leitung der Diözese" siehe die Literaturangaben bei *H. Schmitz*, Die Beratungsorgane des Diözesanbischofs, in: GrNKirchR, S. 280 Anm. 17. *T. Pieronek*, Les conseils presbyteraux en Pologne, in: MonEccl 104 (1979), S. 249–268; *B. A. Rossi*, Priests' senates. Canadian experiences, Roma 1979; *St. Kotzula*, Der Priesterrat. Ekklesiologische Prinzipien und kanonistische Verwirklichung, Leipzig 1983.

[12] *Deutsche Bischofskonferenz*, Empfehlungen zur Konstituierung von Priester- und Seelsorgerat vom 13.–16. Februar 1967, in: NKD 13, S. 89–91; 44, S. 68–69; 54, S. 63–65.

[13] *Gemeinsame Synode.* Gesamtausgabe I, S. 651–677, hier S. 666f.

tion oder Dienst in der Diözese als Mitarbeiter unmittelbar zugeordneten Bischöfen und Priestern bestehende hierarchische Gemeinschaft, deren Aufgabe es ist, die betreffende Teilkirche zu weiden (vgl. c. 369). Es ist daher von dem Inkardinations- oder geistlichen Heimatverband zu unterscheiden[14]. Ein Presbyterium besteht in jeder Teilkirche, nicht jedoch in reinen Zweckverbänden, wie z. B. den Personalprälaturen (c. 294) oder den Verbänden der Religiosen, da diesen die Qualität einer Teilkirche abgeht[15]. Im Priesterrat haben die Mitglieder des *Presbyteriums* ihre Repräsentanz, nicht die Mitglieder des Presbyterats, des priesterlichen Standes. Die Mitgliedschaft im Presbyterium ist daher über die sakramentale Weihe und die Inkardination hinaus bestimmt durch den in der Diözese ausgeübten Dienst. Zur Gewährleistung der Repräsentanz hat der Priesterrat ungefähr zur Hälfte aus frei gewählten Mitgliedern zu bestehen; einige Priester müssen ihm kraft Amtes angehören, andere kann der Diözesanbischof frei berufen (c. 497). Aktives und passives Wahlrecht kommt allen der Diözese inkardinierten Priestern, aber auch den nichtinkardinierten Weltpriestern und den Priestern aus Verbänden der Religiosen und Gesellschaften des apostolischen Lebens zu, die sich im Bereich der Diözese aufhalten und zum Wohl der Diözese ein Amt ausüben (c. 498 § 1)[16]. Die Statuten können auch anderen Priestern, die in der Diözese Wohnsitz oder Quasiwohnsitz haben, Wahlrecht zugestehen (c. 498 § 2). Als Maßstab für die den Statuten überlassene nähere Bestimmung des Wahlmodus ist festgelegt, daß soweit möglich die Priester des Presbyteriums vor allem unter Berücksichtigung der verschiedenen Dienste und der Regionen der Diözese repräsentiert sind (c. 499)[17]. Eine Vertretung der Diakone und der Priesteramtskandidaten im Priesterrat ist (wenigstens mit vollem Stimmrecht) daher von Natur und Funktion des Priesterrates her und nach den Bestimmungen des CIC nicht legitimiert. Die Mitglieder des Priesterrates sind auf Zeit zu bestellen in der Weise,

[14] Vgl. in *diesem* Band, oben, *H. Schwendenwein*, § 19 Die Zugehörigkeit zu einem geistlichen Heimatverband, Abschn. II.

[15] *H. Schmitz*, Das Presbyterium der Diözese, in: TThZ 77 (1968), S. 133–152; *O. Saier*, Die hierarchische Struktur des Presbyteriums, in: AfkKR 136 (1967), S. 341–391; *ders.*, „Communio" in der Lehre des Zweiten Vatikanischen Konzils, München 1973, S. 257–296; *J. Denis*, La collaboration du presbyterium au ministère de l'évêque, in: AnnéeC 17 (1973), S. 303–308. – Insofern ist *H. Socha*, Gehören die Ordenspriester zum Presbyterium?, in: ÖAKR 25 (1974), S. 68–92, bes. 86ff., 91f., zu korrigieren.

[16] Gemäß *SC Ep*, Decl. vom 23. August 1982 (siehe in *diesem* Band, unten, *H. Schmitz*, § 60 Die Personalprälaturen, Anm. 5), Nr. II a haben alle der Personalprälatur vom Heiligen Kreuz und Opus Dei inkardinierten Priester aktives und passives Stimmrecht bei der Wahl zum Priesterrat. Diese Bestimmung verfehlt den Sinn von c. 498 § 1 n. 2, in dem gerade nicht jedem sich in der Diözese aufhaltenden Priester schlechthin das Wahlrecht von Rechts wegen zuerkannt ist; es ist vielmehr auf die „Ausübung eines Amtes zum Wohl der Diözese" abgestellt. Der besagten Bestimmung liegt anscheinend die Annahme zugrunde, daß jeder Priester dieser Personalprälatur, nur weil er Weltpriester ist, oder weil er in jedem Fall ein Amt zum Wohl der Diözese ausübt, diese Voraussetzung von c. 498 § 1 n. 2 erfüllt. Diese Annahme ist nicht gerechtfertigt. Letztlich beruht die Bestimmung darauf, daß der Unterschied zwischen Weltpriester und Diözesanpriester nicht erkannt ist.

[17] Die Erfahrung hat gezeigt, daß die Effektivität des Priesterrats entschieden gefördert wird, wenn sich seine Mitglieder aus Vertretern der verschiedenen pastoralen Einheiten, vor allem aus deren (gewählten) Leitern und nicht so sehr aus nach Standesinteressen bestimmten Vertretern zusammensetzen.

daß entweder der ganze Rat oder ein Teil innerhalb von fünf Jahren erneuert wird (c. 501 § 1). Bei Sedisvakanz hört der Priesterrat zu bestehen auf; seine Funktionen werden von dem Konsultorenkollegium wahrgenommen (c. 501 § 2)[18]. Der neue Diözesanbischof muß innerhalb eines Jahres nach Amtsantritt den Priesterrat neu berufen (c. 501 § 2). Wenn der Priesterrat seinen Dienst nicht mehr zum Wohl der Diözese erfüllt oder ihn schwer mißbraucht, kann der Diözesanbischof nach Besprechung mit dem Metropoliten den Priesterrat auflösen, muß jedoch innerhalb eines Jahres einen neuen Priesterrat berufen (c. 501 § 3).

Der Priesterrat ist ein *Ratsorgan eigener Prägung*, weil er seiner Natur und seiner Verfahrensweise nach unter den anderen Beratungsorganen hervorragt. Der Eigencharakter gründet in der Natur des Priesterrats als Organ der institutionierten Manifestation der zwischen dem Diözesanbischof und seinen Priestern bestehenden Beziehungen. Als Zeichen der hierarchischen Gemeinschaft eignet dem Priesterrat eine besondere Verfahrensweise. Aufeinander verwiesen und angewiesen sind Bischof und Presbyterium, repräsentiert durch den Priesterrat, gehalten, in gemeinsamem Dienst die notwendigen Maßnahmen zur Leitung der Teilkirche zu beraten[19]. Der Diözesanbischof steht als Haupt des Presbyteriums dem Priesterrat vor (c. 500 § 1); dadurch kommt die Einheit zwischen Bischof und Presbyterium sinnfällig zum Ausdruck und ist eine mögliche Mißdeutung des Priesterrats als „Gegenüber" des Bischofs vermieden. Der Priesterrat hat kein Selbstversammlungsrecht, kein Recht zur Bestimmung der Beratungsgegenstände und kein vom Diözesanbischof unabhängiges Handlungsrecht (c. 500 § 1 und § 3). Der Diözesanbischof soll den Priesterrat in den Angelegenheiten von größerer Bedeutung hören (c. 500 § 2). Die Beratungsfunktion konkretisiert sich in jenen Beispruchsrechten (Anhörungs- oder Zustimmungsrechten), die im Recht ausdrücklich genannt sind (c. 500 § 2); es handelt sich um jene Fälle, in denen der Diözesanbischof zu rechtswirksamem Handeln den Rat oder die Zustimmung des Priesterrates einholen muß[20]. Die besondere Stellung des Priesterrates zeigt sich auch darin, daß der Diözesanbischof nach allgemeinem Recht gehalten ist, aus dem Kreis der Mitglieder des Priesterrates ein kleines Organ (Konsultorenkollegium) zu berufen, dem weitere Beispruchsrechte und besondere Aufgaben zukommen (c. 502).

Anhörungsrechte hat der Priesterrat nach dem Recht des CIC in folgenden Fällen: 1. bei Entscheidung über die Abhaltung einer Diözesansynode (c. 461 § 1); 2. bei Errichtung, Aufhebung und wesentlicher Veränderung von Pfarreien (c. 515 § 2); 3. bei Erlaß von diözesanen Ordnungen betr. die Verwendung von Gaben und Spenden der Gläubigen und betr. die Besoldung der Kleriker (c. 531); 4. bei Entscheidung, ob in der Diözese pfarrliche Pastoralräte eingesetzt werden sollen (c. 536 § 1); 5. bei Kirchen(neu)bauten (c. 1215 § 2), 6. bei Entwidmung einer nicht mehr gebrauchten Kirche (c. 1222 § 2); 7. bei Festlegung von diözesanen

[18] Mit dieser Norm ist wenigstens in etwa der Tatsache Rechnung getragen, daß das Presbyterium, welches durch den Priesterrat repräsentiert wird, bei Sedisvakanz nicht zu bestehen aufhört.

[19] Der Priesterrat sollte auch Ort des ständigen Kontakts und Dialogs zwischen Bischof und Priestern und zwischen den Priestern untereinander sein. Von dieser, in den nachkonziliaren Weisungen beschriebenen Funktion ist im CIC nicht mehr ausdrücklich die Rede.

[20] Da der Diözesanbischof auf die Beispruchsrechte des Priesterrats rechtlich verwiesen ist, ist es nicht legitim, wenn sich der Bischof in diesen Fällen an der Abstimmung beteiligt.

Abgaben (c. 1263). Für das nach c. 500 § 2 mögliche *Zustimmungsrecht* ist in den Normen des CIC kein Fall statuiert. – Der Priesterrat hat *ferner* auf Vorschlag des Diözesanbischofs einen Kreis von Pfarrern auf Dauer zu bestellen (c. 1742 § 1), von denen jeweils zwei bei den Verfahren zur Amtsenthebung oder Versetzung von Pfarrern gemäß cc. 1740–1752 mitwirken. An Partikularkonzilien nehmen zwei gewählte Vertreter eines jeden Priesterrates mit beratender Funktion teil (c. 443 § 5). Alle Mitglieder des Priesterrates sind Teilnehmer einer Diözesansynode (c. 463 § 1 n. 4).

IV. Das Konsultorenkollegium

In jeder Diözese hat der Diözesanbischof ein aus sechs bis zwölf Priestern bestehendes Konsultorenkollegium zu bestellen, dessen Mitglieder er frei *aus dem Priesterrat* für die Dauer von fünf Jahren beruft[21]. Dem Konsultorenkollegium kommen die im Recht näher bestimmten Aufgaben zu (c. 502 § 1). Das Konsultorenkollegium ist gleichsam ein vom Bischof gebildeter Ausschuß des Priesterrats, jedoch mit eigenständiger Stellung und Funktion, vom Priesterrat unabhängig und diesem nicht verantwortlich. Es nimmt im wesentlichen die Stellung ein, die dem Domkapitel in der Leitung der Diözese, vor allem bei Behinderung und Erledigung des Bischofsamtes nach dem Recht des CIC von 1917 zukam.

Für die Einrichtung des Konsultorenkollegiums soll die Überlegung maßgebend gewesen sein, daß vor allem in großen Diözesen es nicht möglich oder angebracht sei, zur Beratung des Bischofs jeweils den ganzen Priesterrat einzuberufen oder kluge Diskretion erfordernde Angelegenheiten vom Plenum des Priesterrats behandeln zu lassen[22]. Wenn man die dem Konsultorenkollegium übertragenen Aufgaben durchmustert, ging es vor allem darum, ein Organ zu haben, das bei Behinderung und Erledigung des Bischofsamtes die notwendigen Entscheidungen und Maßnahmen treffen kann.

Die Bischofskonferenz kann verbindlich festlegen, daß die dem Konsultorenkollegium zukommenden Aufgaben dem Domkapitel[23] übertragen werden (c. 502 § 3). Diese Norm ermöglicht es dort, wo (wie im deutschsprachigen Raum) die Domkapitel nach teilkirchlichem Recht, vor allem nach Konkordatsrecht, eine bedeutende Stellung einnehmen und diese zum Wohl der Diözese auch ausüben, den Domkapiteln auch nach neuem Recht ihre Rolle zu belassen[24]. Da das Konsultorenkollegium seiner Konzeption nach ein vom Diözesanbischof *unabhängiger Rat* und ein *extrakuriales Gremium* sein soll, andererseits die Mitglieder

[21] Die gewählten Mitglieder des Priesterrates braucht der Diözesanbischof dabei nicht zu berücksichtigen.

[22] Vgl. *Communicationes* 5 (1973), S. 229–230; 6 (1974) S. 163; 9 (1977), S. 255; Relatio 1981, S. 118. – Vgl. *H. Heinemann*, Was wird aus dem Priesterrat, in: ThPQ 122 (1974), S. 361–370; *J. Beyer*, De capitulis cathedralibus servandis vel supprimendis, in: PerRMCL 63 (1974), S. 477–487.

[23] Vgl. hierzu in *diesem* Band, unten, *R. Puza*, § 40 Die Dom- und Stiftskapitel.

[24] Diese Norm greift in modifizierter Weise einen Vorschlag der Deutschen Bischofskonferenz auf; vgl. *Arbeitsgruppe für Fragen der Reform des kanonischen Rechtes in der Deutschen Bischofskonferenz*, Entwurf einer Stellungnahme zu dem „Schema canonum libri II De Populo Dei" vom 30. August 1978, S. 67; *Communicationes* 13 (1981), S. 135.

der Domkapitel im deutschsprachigen Raum weithin in der Diözesankurie tätig und insofern weisungsgebunden sind, ergeben sich aus der dadurch bedingten Verquickung von extrakurialen und intrakurialen Aufgaben und von weisungsfreien und weisungsgebundenen Aufgaben Bedenken gegen die durch c. 502 § 3 gebotene Möglichkeit, die allerdings auch schon gegenüber dem bisher geltenden Recht bestanden.

Den Vorsitz im Konsultorenkollegium hat der Diözesanbischof, der interimistische Leiter der Diözese oder, sofern ein solcher noch nicht bestellt ist, das der Priesterweihe nach älteste Mitglied (c. 502 § 2). Nach Ablauf der fünf Jahre bleibt das Konsultorenkollegium bis zur Bestellung des neuen Gremiums im Amt (c. 502 § 1)[25].

Bei *besetztem* Bischofsamt hat das Konsultorenkollegium nur wenige *Beispruchsrechte*, die ausschließlich die Vermögensverwaltung betreffen; daher ist auch der Diözesanvermögensverwaltungsrat beteiligt: Ein *Anhörungsrecht* besteht bei Ernennung und Abberufung des Ökonomen (c. 494 §§ 1–2) und bei den Akten der (ordentlichen) Vermögensverwaltung, denen größere Bedeutung zukommt (c. 1277); die *Zustimmung* der Gremien ist – außer in den im allgemeinen Recht und in den Stiftungsurkunden genannten Fällen – gefordert für die Akte der außerordentlichen Vermögensverwaltung (c. 1277) sowie bei Veräußerungen von Vermögen der Diözese und der dem Diözesanbischof unterstellten juristischen Personen (c. 1292 § 1).

Bei *Behinderung* (c. 413 § 2) und bei *Erledigung* des Bischofsamtes kommen dem Konsultorenkollegium *gewichtige* Aufgaben zu. Sofern kein Weihbischof vorhanden ist oder vom Apostolischen Stuhl nicht auf andere Weise vorgesorgt ist, geht bei Sedisvakanz die Leitung der Diözese vorübergehend auf das Konsultorenkollegium über (c. 419). Dieses hat den *Diözesanadministrator* zu wählen (c. 421 § 1), dem die interimistische Leitung der Diözese obliegt; er ist dabei in folgenden Fällen an die *Zustimmung* des Konsultorenkollegiums gebunden: bei Inkardination, Exkardination und bei Erteilung der Erlaubnis, in einer anderen Teilkirche Dienst zu tun (c. 272), bei Absetzung des Kanzlers oder der Notare der Diözesankurie (c. 485), bei Erteilung von Weihedimissorien (c. 1018 § 1 n. 2). Im übrigen hat das Konsultorenkollegium die *Beispruchsrechte des Priesterrates*, da es bei Sedisvakanz auch die Aufgaben des Priesterrates wahrnimmt (c. 501 § 2). Der Diözesanadministrator hat seinen Amtsverzicht dem Konsultorenkollegium gegenüber zu erklären (c. 430 § 2). Der neu ernannte Diözesanbischof ergreift Besitz von seiner Diözese, indem er dem Konsultorenkollegium seine Ernennungsurkunde vorzeigt (c. 382 § 3; bezüglich des Koadjutorbischofs und der Auxiliarbischöfe vgl. c. 404).

V. Der Diözesanvermögensverwaltungsrat

Zur Hilfe in den finanziellen und wirtschaftlichen Fragen ist innerhalb der Diözesankurie ein Diözesanvermögensverwaltungsrat (Consilium a rebus oeconomicis) zu bilden. Unter dem Vorsitz des Diözesanbischofs oder seines Beauftragten soll dieser Rat aus wenigstens drei Gläubigen bestehen, die außer in den ökonomischen Angelegenheiten im weltlichen Recht sachkundig sind und sich durch Rechtschaffenheit auszeichnen; sie werden vom Diözesanbischof für fünf Jahre (mit der Möglichkeit der Wiederberufung) frei ernannt (c. 492).

[25] Im Missionsbereich nimmt der Missionsrat (vgl. c. 495 § 2) auch die Aufgaben des Konsultorenkollegiums wahr (c. 502 § 4).

Der CIC übernimmt mit diesem Rat eine bewährte Einrichtung des CIC/1917 (c. 1520), dessen Bestimmungen er weiterentwickelt hat. Bei der Berufung der Mitglieder ist der Bischof aber nicht mehr an ein Beispruchsrecht gebunden. Daß der Bischof auch einem anderen bestehenden Organ die Funktion dieses Rats übertragen kann, ist nicht mehr erwähnt[26]. Zu den *Aufgaben* des Diözesanvermögensverwaltungsrates gehört die Aufstellung des jährlichen Haushaltsplans der Diözese und die Prüfung und Genehmigung der Jahresrechnung (c. 493), die ihm der Ökonom vorzulegen hat (c. 494 § 4). Der Rat hat auch die Jahresrechnungen der Vermögensverwalter zu prüfen, die von der Leitungsgewalt des Diözesanbischofs nicht freigestellt sind (c. 1287 § 1). Folgende Beispruchsrechte stehen dem Diözesanvermögensverwaltungsrat zu: Ein *Anhörungsrecht* besteht bei Ernennung und Berufung des Ökonomen (c. 494 §§ 1–2), bei der Festlegung der in c. 1263 vorgesehenen Diözesanabgabe und bei den Akten der (ordentlichen) Vermögensverwaltung, denen größere Bedeutung zukommt (c. 1277); die *Zustimmung* des Gremiums ist – außer in den im allgemeinen Recht und in den Stiftungsurkunden genannten Fällen – gefordert für die Akte der außerordentlichen Vermögensverwaltung (c. 1277) sowie bei Veräußerungen von Vermögen der Diözese und der dem Diözesanbischof unterstellten juristischen Personen (c. 1292 § 1). Wenn der Ökonom bei Erledigung des Bischofsamtes zum Diözesanadministrator berufen wird, hat der Diözesanvermögensverwaltungsrat einen neuen Ökonom für die Zeit der Sedisvakanz zu wählen (c. 423 § 2).

VI. Der Diözesanpastoralrat

Der Diözesanpastoralrat (Consilium pastorale) ist ein aus Diözesanangehörigen gebildetes diözesanes Beratungsorgan für Fragen des pastoralen Wirkens. Er soll in jeder Diözese eingesetzt werden, sofern es die pastoralen Umstände anraten (c. 511). Im Gegensatz zum Priesterrat liegt es in der verantwortlichen, an den pastoralen Gegebenheiten auszurichtenden Entscheidung des Diözesanbischofs, ob er einen Pastoralrat einsetzt. Abgesehen von einigen wenigen Grundnormen ist die rechtliche Normierung dem Diözesanbischof überlassen; er gibt dem Pastoralrat die Statuten (c. 513 § 1), wobei anders als beim Priesterrat eine Kompetenz der Bischofskonferenz zum Erlaß von Normen nicht gegeben ist.

Die Rechtsfigur des Pastoralrats hat ihre Wurzel in dem allen Gliedern der Teilkirche aufgrund ihrer Teilhabe an Sendung und Auftrag der Kirche je nach ihrer Stellung zukommenden Recht auf Mitwirkung[27]. Das II. Vatikanum hat dazu den Pastoralrat als die Institution vorgesehen, in der es zu fruchtbarem Dialog und Konsens zwischen den Kirchengliedern einer Diözese über das pastorale Wirken kommen soll[28]. Zur rechtlichen Ausgestaltung wurden in der nachkonziliaren Zeit nähere Weisungen erlassen[29].

[26] Vgl. *S. Schröcker,* Die Verwaltung des Ortskirchenvermögens nach kirchlichem und staatlichem Recht, Paderborn 1935.

[27] Vgl. *Vat II LG* Art. 31 und 37.

[28] Vgl. *Vat II CD* Art. 27 Abs. 5; *AG* Art. 30 Abs. 2.

[29] Vgl. *MP EcclSanct* I 16–17, II 4, 20; *SC Cler,* Litterae circulares de Consiliis Pastoralibus iuxta placita Congregationis Plenariae Mixtae die 15 Martii 1972 habitae (vom 25. Januar 1973), abgedr. in: AfkKR 142 (1973), S. 483–489; vorgenannte Dokumente bzw. Texte in: NKD 44, S. 38–67; *SC Ep,* Directorium de Pastorali Ministerio Episcoporum (Anm. 11), Nr. 204; *Mörsdorf,* Kommentar (Anm. 11), S. 31–46; *H. Schmitz,* Consilium Pastorale. Stellung, Funktion und Organisation des diözesanen Pastoralrats nach neuen Weisungen des Apostolischen Stuhls, in: AfkKR 142 (1973), S. 417–435; *H. Heinemann,* in: NKD 44, S. 7–36; *Payá-Andrés,* Los Consejos presbiterales (Anm. 11); *J. I. Arrieta,* El régimen juridico de los consejos presbiteral y pastoral, in: IusCan 21 (1981), S. 567–605; *Metz,* Deux nouveaux organismes (Anm. 11), S. 181–185 (m.w.N.).

Der Pastoralrat soll aus Gläubigen bestehen, die in der vollen Gemeinschaft mit der katholischen Kirche stehen müssen; ihm sollen Kleriker, Mitglieder aus den Lebensgemeinschaften der evangelischen Räte, vornehmlich aber Laien angehören, die nach einem vom Diözesanbischof festzulegenden Modus berufen werden (c. 512 § 1). Der Pastoralrat ist keine Repräsentanz der Diözesanangehörigen (der Gläubigen der Diözese) im rechtlichen Sinn; gleichwohl sollen seine Mitglieder so berufen werden, daß die gesamte diözesane Gemeinschaft in ihm wirklich dargestellt wird. Dabei sind die verschiedenen diözesanen Regionen, die sozialen Verhältnisse und Berufe und der Anteil zu berücksichtigen, den die Gläubigen (als einzelne oder mit anderen zusammen, d. h. in entsprechenden Vereinen und Werken) am Apostolat haben (c. 512 § 2). Die Mitglieder sollen sich durch festen Glauben, gute Sitten und Klugheit auszeichnen (c. 512 § 3)[30]. Der Pastoralrat ist auf Zeit einzusetzen; bei Sedisvakanz hört er zu bestehen auf (c. 513). Der Vorsitz im Pastoralrat kommt allein dem Diözesanbischof zu; er beruft den Pastoralrat gemäß den Erfordernissen des Apostolats ein, was wenigstens einmal jährlich erfolgen soll (c. 514).

Der Pastoralrat hat nur beratende Funktion (c. 514 § 1). Seine Aufgabe ist es, unter der Autorität des Diözesanbischofs das zu untersuchen und zu beraten, was das pastorale Wirken in der Diözese anbelangt, und daraus praktische Folgerungen vorzulegen (c. 511). Anhörungsrechte sind im CIC nicht statuiert. Zu Partikularkonzilien sind die Pastoralräte der betreffenden Teilkirchen mit der Maßgabe eingeladen, daß jeder bestehende Pastoralrat zwei gewählte Vertreter entsenden kann, die mit beratender Stimme am Konzil teilnehmen (c. 422 § 5). Der Pastoralrat bestellt einige Teilnehmer der Diözesansynode (c. 463 § 1 n. 5).

Die Bestimmung der Kompetenzbereiche von Pastoralrat (c. 511) und Priesterrat (c. 495 § 1) läßt erkennen, daß die Abgrenzung der Aufgaben dieser Gremien (immer noch) nicht gelungen ist[31], wohl deswegen, weil man die Formulierungen wörtlich den Konzilstexten entnommen und die nachfolgenden Bemühungen außer acht gelassen hat. Beide Räte sind ausgerichtet auf Effektivität des pastoralen Wirkens. Der Priesterrat ist jedoch *das* Konsultationsorgan in der Leitung der Diözese. Dementsprechend umfaßt sein Aufgabenbereich alle für die Leitung der Teilkirche wesentlichen Fragen und kommt ihm die Priorität vor dem Pastoralrat zu, was auch in der systematischen Einordnung der Normen zum Ausdruck gebracht ist. Die Aufgabe des Pastoralrates dagegen soll sich auf Fragen der pastoralen Planung und die Durchführung pastoraler Vorhaben erstrecken[32].

VII. Teilkirchliche Ausgestaltung

Die Diözesanbischöfe und die Bischofskonferenzen hatten die ihnen durch das II. Vatikanum gebotenen Möglichkeiten für die diözesanen Räte auf verschiedene Weise mit unterschiedlichem Ergebnis genutzt. Die teilkirchlichen überdiözesa-

[30] Diese Norm ist gegenüber der Bestimmung über die volle Zugehörigkeit zur Kirche (c. 512 § 1) als Erlaubtheitsbestimmung zu qualifizieren.

[31] Vgl. *Communicationes* 13 (1981), S. 138.

[32] Vgl. *SynEp 1971*, De sacerdotio ministeriali (Anm. 11), Pars altera II Nr. 3 Abs. 3–4; NKD 44, S. 66–67.

nen Empfehlungen und Beschlüsse wie die diözesanen Regelungen sind auf ihre Vereinbarkeit mit den gesamtkirchlichen Normen hin zu überprüfen und gegebenenfalls abzuändern; denn nach c. 6 § 1 n. 2 sind teilkirchliche Gesetze durch den neuen CIC aufgehoben, soweit sie den Bestimmungen des CIC widersprechen.

Die erste Durchführung der Weisungen und Anregungen des II. Vatikanums in den Diözesen des deutschen Sprachraums ergab ein buntschillerndes, aber legitimes Bild mit fundamentalen Unterschieden in Zahl, Zusammensetzung, Koordination und Integration der Räte auf diözesaner Ebene[33]. Die in den Empfehlungen der Deutschen Bischofskonferenz[34] angelegten Mängel[35] wurden durch den Beschluß der Gemeinsamen Synode der Bistümer in der Bundesrepublik Deutschland „Verantwortung des ganzen Gottesvolkes für die Sendung der Kirche" (Nr. 3)[36] für den Bereich der Diözesanebene in tragbarer Weise behoben[37]. Dieser Beschluß dürfte für den *Priesterrat* im wesentlichen den Normen des CIC entsprechen; der Katalog der Aufgaben läßt sich bei weiter Interpretation von c. 500 in den gesamtkirchlichen Rahmen einfügen. Hinsichtlich des *Diözesanpastoralrates* ist der Beschluß zumindest als für den einzelnen Diözesanbischof verbindliche Anordnung außer Kraft gesetzt; gleiches gilt für die Anordnungen, die den *Katholikenrat* betreffen.

Nach VatII AA Art. 26 soll in der Diözese nach Möglichkeit ein *diözesaner Rat* eingerichtet werden, der „die apostolische Tätigkeit der Kirche im Bereich der Evangelisierung und Heiligung im caritativen und sozialen Bereich und in anderen Bereichen bei entsprechender Zusammenarbeit von Klerikern und Ordensleuten mit den Laien unterstützen" soll und der Koordinierung der verschiedenen Vereinigungen und Werke der Laien dient. Für dieses Gremium sind keine gesamtkirchlichen Ausführungsbestimmungen ergangen. Auch der CIC enthält keine

[33] Vgl. die Bestandsaufnahme für die deutschen Diözesen bei *H. Schmitz*, Der Bischof und die vielen Räte. Anmerkungen zum diözesanen Rätewesen, in: TThZ 79 (1970), S. 323–326, und zur Frage der Legalität und Legitimität teilkirchlicher Regelungen: ebd., S. 330–336. Zu den Problemen hinsichtlich der Räte in der nachkonziliaren Zeit siehe auch die Literaturangaben bei *Schmitz*, Die Beratungsorgane (Anm. 11), S. 281 Anm. 19.

[34] *Deutsche Bischofskonferenz*, „Empfehlungen zur Konstituierung von Priester- und Seelsorgerat" und „Zur institutionellen Neuordnung des Laienapostolats" vom 13.–16. Februar 1967, in: NKD 13, S. 89–95; 44, S. 68–69; 54, S. 63–65. – Für Österreich vgl. *K.-Th. Geringer*, Zur Verfassungsstruktur in den österreichischen Diözesen nach dem Zweiten Vatikanischen Konzil, in: Festschr. Plöchl (70), S. 309–326; *H. Krätzl*, Pastorale Gremien in der Erzdiözese Wien, in: Investigationes theologico-canonicae (Festschr. W. Bertrams), Roma 1978, S. 233–252.

[35] *K. Mörsdorf*, Das eine Volk Gottes und die Teilhabe der Laien an der Sendung der Kirche, in: Festg. Scheuermann, S. 99–119, bes. 112–117; *ders.*, Die andere Hierarchie. Eine kritische Untersuchung zur Einsetzung von Laienräten in den Diözesen der Bundesrepublik Deutschland, in: AfkKR 138 (1969), S. 461–509; *ders.*, Zur Problematik der konziliaren Räte, in: KlBl. 53 (1973), S. 200–203; *W. Aymans*, Mitverantwortung in der Kirche, Köln 1975. – Vgl. für die Situation in der Schweiz z. B. *E. Corecco*, Katholische „Landeskirche" im Kanton Luzern. Das Problem der Autonomie und der synodalen Struktur der Kirche, in: AfkKR 139 (1970), S. 3–42; *ders.*, Kirchliches Parlament oder synodale Diakonie?, in: IKZ 1 (1972), S. 33–53; *Metz*, Deux nouveaux organismes (Anm.11), bes. S. 185f.

[36] *Gemeinsame Synode*. Gesamtausgabe I, S. 651–677, hier S. 666–673; dazu *W. Pötter*, ebd., S. 645–647.

[37] *W. Aymans*, Mitsprache in der Kirche, Köln 1977.

Bestimmungen[38]. Das schließt aber nicht aus, daß zur Koordinierung der Vereinigungen und Aktivitäten der Gläubigen, vor allem der Laien (vgl. cc. 215, 216, 225, 299), auf Diözesanebene ein Gremium gebildet wird; dieses Gremium ist jedoch kein verfassungsrechtliches kirchenamtliches Beratungsorgan des Diözesanbischofs, sondern gehört der verbandsrechtlichen Organisationsstruktur an.

§ 39 Die Diözesankurie

Von Hubert Müller

Neben den verfassungsrechtlichen Konsultationsorganen des Diözesanbischofs[1], die im teilkirchlichen Bereich das der Kirche eigentümliche synodale bzw. quasisynodale Verfassungselement bilden, steht dem Diözesanbischof in der *Diözesankurie (cc. 469–494)*[2] *eine Institution zur Seite, die in seinem Namen Aufgaben der Bistumsleitung wahrnimmt* (c. 469) und deshalb zur hierarchischen Struktur der Teilkirche zu rechnen ist. Die Diözesankurie, auch *Ordinariat* (im weiteren Sinne) genannt, ist der Inbegriff aller Dienste und Ämter der bischöflichen Verwaltung und bischöflichen Gerichtsbarkeit (c. 469). Unter ihnen ragen der *Generalvikar* als Vertreter des Bischofs für die Verwaltung und der *Offizial* als Vertreter des Bischofs in der Rechtsprechung hervor.

I. Generalvikar und Offizial

Die Natur dieser beiden Ämter und in Abhängigkeit davon die Struktur der Diözesankurie, die sich in den deutschsprachigen Bistümern entsprechend in das Generalvikariat bzw. Ordinariat[3] (im engeren Sinne) und das Offizialat bzw. Konsistorium[4] gliedert, wird durch zwei Prinzipien grundlegend bestimmt: das der Funktionentrennung und das der Stellvertretung.

[38] Die in der nachkonziliaren Zeit fehlende gesamtkirchliche Normierung des Rates nach VatII AA Art. 26 hätte ein Indiz dafür sein können, daß mit diesem Rat auf Diözesanebene kein anderer Rat gemeint war als der in VatII CD Art. 27 Abs. 5 vorgesehene Rat, wenigstens was die pastorale Beratungsfunktion anlangte. Das Fehlen entsprechender Bestimmungen im CIC deutet daruf hin, daß ein nach VatII AA Art. 26 gebildeter Rat nicht der Ebene der *verfassungsrechtlichen* Beratungsorgane zuzurechnen ist, sondern dem Bereich des in der freien Initiative der Gläubigen liegenden Vereinigungsrechts zugehört.

[1] Vgl. in *diesem* Band, oben, *H. Schmitz*, § 38 Die Konsultationsorgane des Diözesanbischofs.

[2] Einen Überblick über die geschichtliche Entwicklung bieten *P. Torquebiau*, Curie Diocésaine, in: DDC IV, Sp. 961–971; *Plöchl* II², S. 152–155 und III², S. 295–307; *Feine* RG, S. 369–375, 534f.

[3] *G. May*, Ordinariat, in: LThK² VII, Sp. 1209.

[4] *C. Holböck*, Konsistorium, in: LThK² VI, Sp. 477.

1. Funktionentrennung

Der Grundsatz der Funktionentrennung, der zur Mäßigung und Kontrolle der politischen Macht von der Staatsrechtswissenschaft entwickelt worden ist, wurde in modifizierter Form von der Kirchenrechtswissenschaft rezipiert[5] und für die Ausübung der kirchlichen Vollmacht nutzbar gemacht; im CIC/1917 fand er sich jedoch nur erst ansatzweise[6]. Entsprechend den von der römischen Bischofssynode 1967 approbierten Leitsätzen zur Revision des Kirchlichen Gesetzbuches[7] ist das Prinzip der Funktionentrennung, das auch im II. Vatikanum zur Beschreibung des bischöflichen Hirtenamtes herangezogen wurde[8], im CIC von 1983 konsequent zur Anwendung gebracht worden. Wenn in den allgemeinen Normen des Gesetzbuches die kirchliche Leitungsvollmacht unterschieden wird in eine legislative, exekutive und richterliche (c. 135)[9], dann ist der Dienst der Kirchenleitung in die gleichfalls dem staatlichen Recht entlehnte Trias: Gesetzgebung, Verwaltung (im weiteren Sinne), Rechtsprechung aufgegliedert, zugleich aber auch in der Formulierung angedeutet[10], daß es sich nicht um eine Gewaltentrennung im Raum der Kirche handelt, die eine Teilung und Kontrolle der Macht zum Ziele hat, sondern daß es um die Aufgliederung des bischöflichen Hirtendienstes in drei verschiedene Bereiche geht, in denen die eine, unteilbare geistliche Vollmacht[11] tätig wird (vgl. c. 391 § 1). Darin unterscheidet sich Funktionentrennung in der Kirche von der im Staate, daß sie nicht zu einer Gewaltentrennung führt, sondern die Einheit der eigenberechtigten Vollmacht und damit die unveräußerliche Verantwortlichkeit des kirchlichen Amtsträgers nicht tangiert. Funktionentrennung in der Kirche soll zu einem sachgerechten Vollzug der kirchlichen Vollmacht beitragen, insofern als hierfür in den genannten Bereichen jeweils unterschiedliche Grundsätze gelten[12]. Außerdem soll sie eine Trennung der für die unterschiedlichen Funktionen zuständigen Organe ermöglichen, wie dies ebenfalls in den Leitsätzen zur Revi-

[5] *K. Mörsdorf*, Die Regierungsaufgaben des Bischofs im Lichte der kanonischen Gewaltenunterscheidung, in: Episcopus. Festschr. Kardinal Faulhaber, Regensburg 1949, S. 257–277.

[6] Z. B. c. 335 § 1 CIC/1917; s. dazu *K. Mörsdorf*, Rechtsprechung und Verwaltung im kanonischen Recht, Freiburg 1941, S. 23f.

[7] Communicationes 1 (1969), S. 83; 5 (1973), S. 221. Vgl. hierzu in *diesem* Band, oben, *H. Schmitz*, § 4 Der Codex Iuris Canonici von 1983.

[8] Vgl. VatII LG Art. 27a: „Kraft dieser Gewalt haben die Bischöfe das heilige Recht und vor dem Herrn die Pflicht, Gesetze für ihre Untergebenen zu erlassen, Urteile zu fällen und alles, was zur Ordnung des Gottesdienstes und des Apostolats gehört, zu regeln."

[9] Dementsprechend wird auch in der Partikularkirche die Leitungsvollmacht des Diözesanbischofs in gleicher Weise aufgegliedert (c. 391). Vgl. hierzu in *diesem* Band, oben, *H. Schmitz*, § 36 Der Diözesanbischof.

[10] C. 135 § 1 spricht nicht von mehreren Gewalten, sondern von der einen „potestas" (im Singular!); außerdem ist nicht von einer Trennung die Rede, sondern es heißt: „distinguitur".

[11] Vgl. hierzu in *diesem* Band, oben, *P. Krämer*, § 11 Die geistliche Vollmacht.

[12] So kann beispielsweise die bischöfliche Vollmacht im Bereich der Rechtsprechung nicht außerhalb der Grenzen der Diözese ausgeübt werden (vgl. c. 1417 § 1), während sie im Bereich der Verwaltung nicht in jedem Fall dieser Beschränkung unterliegt (c. 136). Vgl. hierzu in *diesem* Band, oben, *H. Pree*, § 12 Die Ausübung der Leitungsvollmacht.

sion des kirchlichen Gesetzbuches verlangt wurde[13] und im Bereich der Teilkirche durch die Aufgliederung der Diözesankurie in Generalvikariat und Offizialat gegeben ist. Diese Abgrenzung dient nicht nur der Transparenz und Objektivität in der Ausübung der kirchlichen Vollmacht, sondern ist auch Voraussetzung dafür, daß der Schutz subjektiver Rechte in der Kirche sichergestellt[14] und die dafür notwendigen Rechtsmittel des Rekurses, der Appellation oder des verwaltungsgerichtlichen Verfahrens[15] gewährt werden können. Die genannten Ziele sind allerdings nur zu erreichen, wenn zur funktionellen Gewaltenunterscheidung auch eine personelle tritt, so daß die verschiedenen Funktionsbereiche auf der Ebene der Stellvertretung auch durch verschiedene Personen wahrgenommen werden. Das universalkirchliche Recht kommt diesem Anliegen in der Organisation der Diözesankurie dadurch entgegen, daß es das Amt des Generalvikars – von Ausnahmen abgesehen – für unvereinbar erklärt mit dem des Offizials (c. 1420 § 1). Aus den genannten Gründen sollte der Generalvikar aber auch kein anderes Richteramt übernehmen, also auch nicht das des Vizeoffizials oder das des Diözesanrichters.

Die Grenzziehung zwischen Rechtsprechung und Verwaltung, die sowohl in der theoretischen Erfassung[16] als auch in der organisatorischen Durchführung Schwierigkeiten bereitet und gelegentlich Überschneidungen in Kauf nehmen muß, ist in der Diözesankurie verhältnismäßig konsequent durchgeführt. Von einer gewissen Unschärfe ist hier nur das Offizialat betroffen, dem einerseits Aufgaben der Verwaltung, näherhin der Gerichtsverwaltung, zugewiesen sind, dem anderseits jedoch einige Sonderverfahren entzogen und dem Diözesanbischof vorbehalten sind[17]. Dies trägt mit dazu bei, daß das Offizialat in der geltenden Rechtsordnung lediglich ein kleines Betätigungsfeld aufzuweisen hat, das in der Praxis fast gänzlich auf Eheverfahren eingeschränkt ist.

2. Stellvertretung

Neben dem Prinzip der Funktionentrennung ist für das Verständnis des Wesens der Diözesankurie das Prinzip der Stellvertretung entscheidend. Die in ihrem jeweiligen Bereich herausragenden Ämter des Generalvikars und des Offizials sind Vertretungsämter. Das kommt in der Bezeichnung dieser Ämter auch rechtssprachlich zum Ausdruck: nicht nur beim General*vikar*, sondern aufgrund einer sprachlichen Neuschöpfung nun auch beim Offizial, insofern dieses Amt die treffende Bezeichnung „Gerichts*vikar*" erhalten hat (cc. 391 § 2, 1420). Während der Diözesanbischof die Gesetzgebung selbst auszuüben hat und seine Vollmacht in diesem Bereich nicht einmal delegieren kann (c. 391 § 2 i.V.m. c. 135 § 2), steht

[13] Vgl. Anm. 7.
[14] Communicationes 1 (1969), S. 83.
[15] Vgl. hierzu in *diesem* Band, unten, *R. A. Strigl*, § 110 Verwaltungsbeschwerde und Verwaltungsgerichtsbarkeit.
[16] *C. Creifelds*, Rechtswörterbuch, 6. Aufl., München 1981, S. 947.
[17] So z. B. cc. 1699 § 1, 1707 § 1, 1740, 1748.

ihm im Generalvikar ein ständiger Vertreter für die Verwaltung (im weiteren Sinne) und im Gerichtsvikar oder Offizial ein ständiger Vertreter für die Rechtsprechung zur Verfügung. Beide üben ihr Amt mit *ordentlicher* stellvertretender Vollmacht aus[18], da ihre Stellvertretung nicht auf einem persönlichen Auftrag beruht, sondern amtsgebunden ist[19]. Stellvertretung besagt „die Vornahme von Rechtsgeschäften für einen anderen in der Weise, daß die Wirkungen der Handlungen des Vertreters unmittelbar den von ihm vertretenen Geschäftsherrn treffen ... Sie ermöglicht es dem Geschäftsherrn, sich auch bei Rechtsgeschäften vertreten zu lassen, die er selbst vornehmen könnte, und damit im Wege der Arbeitsteilung den eigenen Geschäftsbereich zu erweitern."[20]

Im Unterschied zum Delegierten[21] handelt der Vertreter nicht im eigenen Namen, sondern im Namen des Vertretenen. „Qui facit per alium est perinde, ac si faciat per se ipsum", sagt die 72. Rechtsregel im Liber Sextus[22]. Aus diesem Grund bildet der Generalvikar im Bereich der Verwaltung das alter ego Episcopi, der Gerichtsvikar oder Offizial unum tribunal cum Episcopo (c. 1420 § 2). Gegen ihre jeweilige Entscheidung gibt es keine eigentliche[23] Beschwerde bzw. keine Berufung an den Diözesanbischof[24]. Der Vertretungscharakter dieser beiden Ämter ist auch die Ursache dafür, daß der Diözesanbischof sowohl in Angelegenheiten der Verwaltung jederzeit eingreifen als auch Gerichtssachen in jedem Stadium des Verfahrens vor sein persönliches Forum ziehen kann[25]. Aus dem gleichen Grund ist der Diözesanbischof befugt, diese Ämter wie alle anderen Ämter in der Diözesankurie frei zu besetzen (cc. 470, 477 § 1, 1420 § 1) und ihre Inhaber ohne Verfahren aus gerechtem Grund (c. 193 § 3) wieder abzuberufen, wobei sein Entscheidungsfreiraum gesetzlich außer durch Mindestvoraussetzungen in der Qualifikation für diese Ämter (cc. 478 § 1, 1420 § 4) nur dadurch eingegrenzt ist, daß ein etwaiger Koadjutor- oder Auxiliarbischof mit besonderen Aufgaben in jedem Fall zum Generalvikar zu bestellen ist (c. 477 § 1 i.V.m. c. 406 § 1) und der

[18] *U. Stutz*, Der Geist des Codex iuris canonici, Stuttgart 1918, S. 321–329; *J. Caroli*, De munere Vicarii Generalis, Torino 1939; *E. Rösser*, Generalvikar, in: LThK² IV, Sp. 667f.; *C. Holböck*, Offizial, in: LThK² VII, Sp. 1119f.; *C. J. Kuhlmann*, De evolutione muneris Vicarii Generalis, in: RDC 13 (1963), S. 149–174, 227–247, 327–339; *V. De Paolis*, La natura della potestà del Vicario Generale, Roma 1966; *T. D. Dougherty*, The Vicar General of the Episcopal Ordinary (= CLS 447), Washington 1966.

[19] Vgl. *A. Kradepohl*, Stellvertretung und kanonisches Eherecht, Bonn 1939, S. 6–10.

[20] *W. Frhr. v. Marschall*, Stellvertretung, in: StL⁶ VII, Sp. 680.

[21] Vgl. *E. Rösser*, Die gesetzliche Delegation, Paderborn 1937; außerdem in *diesem* Band, oben, *H. Pree*, § 12 Die Ausübung der Leitungsvollmacht.

[22] *Friedberg* II, Sp. 1124.

[23] Da kirchliche Verwaltungsakte, von wenigen Ausnahmen abgesehen, keine innere Rechtskraft besitzen (*Mörsdorf*, Rechtsprechung [Anm. 6], S. 85–89), in der Regel also nicht endgültig verbindlich sind, besteht in den meisten Fällen die Möglichkeit, daß der Generalvikar von sich aus oder auf Antrag eine von ihm getroffene Entscheidung ändert. A fortiori vermag das der Diözesanbischof, der auch einen vom Generalvikar versagten Gnadenerweis erteilen kann, vorausgesetzt, daß der Antragsteller die Tatsache der Ablehnung nicht verschwiegen hat (c. 65 § 3).

[24] *E. v. Kienitz*, Die Gestalt der Kirche, Frankfurt a. M. 1937, S. 209; *Mörsdorf* Lb I, S. 327.

[25] *E. v. Kienitz*, Generalvikar und Offizial aufgrund des Codex Iuris Canonici, Freiburg 1931, S. 124.

Gerichtsvikar oder Offizial, der nach geltendem universalkirchlichem Recht nur mehr für bestimmte Zeit ernannt werden kann, während dieser Frist lediglich aus besonders *schwerwiegendem* Grund abgesetzt werden darf (c. 1422).

3. *Verhältnis zum Diözesanbischof*

Die in der Vertretungsnatur von Generalvikar und Gerichtsvikar oder Offizial begründete Parallele in der grundsätzlichen Struktur der beiden Ämter läßt in der weiteren juristischen Ausgestaltung durchaus Raum für eine in ihren jeweiligen Funktionen begründete unterschiedliche „Distanz" zum Diözesanbischof. So kommt dem Offizialat insofern eine größere Eigenständigkeit zu, als der Bischof im Bereich der Rechtsprechung stets die Unabhängigkeit der richterlichen Entscheidungstätigkeit achten muß[26]. Außerdem bleibt der Gerichtsvikar oder Offizial, der in jeder Diözese bestellt werden muß (c. 1420 § 1), weiter im Amt, wenn der Bischofsstuhl frei wird, und kann vom Bistumsverwalter, der die interimistische Leitung der Diözese innehat[27], nicht entfernt werden (c. 1420 § 5). Dagegen steht und fällt das Amt des Generalvikars mit dem des Diözesanbischofs. War nach dem CIC von 1917 ein Generalvikar überhaupt nur dann einzusetzen, wenn die geordnete Leitung der Diözese das unbedingt verlangte (c. 366 § 1 CIC/1917)[28], so ist nach geltendem Recht in jeder Diözese[29] ein Generalvikar zu bestellen (c. 475 § 1). Sein Amt erlischt mit Eintritt der Sedisvakanz (c. 481 § 1); seine Vollmacht ruht, wenn die des Diözesanbischofs suspendiert ist (c. 481 § 2). Nur wenn der Generalvikar zugleich Auxiliarbischof ist, verbleiben ihm in den beiden genannten Fällen seine Vollmachten und Befugnisse (c. 409 § 2). In seiner Amtsführung ist der Generalvikar im Unterschied zum Gerichtsvikar oder Offizial an die Weisungen des Diözesanbischofs gebunden, dem er alle bedeutsamen Vorgänge und Maßnahmen mitzuteilen hat und gegen dessen Willen er niemals eine Entscheidung fällen darf (c. 480). Den Umfang seiner Vollmacht, die sich im Bereich der Verwaltung auf die gesamte Diözese erstreckt (c. 479 § 1), kann weithin der Bischof festlegen. Die wichtigsten, im CIC namhaft gemachten Akte der Diözesanverwaltung sind kraft Gesetzes dem Diözesanbischof vorbehalten, so

[26] *K. Mörsdorf*, Die kirchliche Verwaltungsgerichtsbarkeit, in: Festschr. E. Eichmann, Paderborn 1940, S. 568.

[27] Vgl. hierzu in *diesem* Band, oben, *H. Schmitz*, § 36 Der Diözesanbischof.

[28] *Mosiek* Verf. III, S. 60.

[29] Außer dem Diözesanbischof haben gemäß c. 381 § 2 auch die Vorsteher der diözesanähnlichen Partikularkirchen die Pflicht, einen Generalvikar zu ernennen. Während dies aufgrund des CIC von 1917 bereits in der Territorialabtei, in der Territorialprälatur (c. 323 § 3 CIC/1917) und in der Apostolischen Administratur (vgl. c. 315 § 1 CIC/1917) möglich und in der Praxis auch üblich war (vgl. AnPont 1983, S. 887–911 bzw. 912), wurde für das Apostolische Vikariat und für die Apostolische Präfektur das Amt des Vicarius Delegatus geschaffen, dem in den Missionen die gleiche Kompetenz zugesprochen wurde wie einem Generalvikar (AAS 12 [1920], S. 120). In der Praxis wurde jedoch diese Amtsbezeichnung dem „Stellvertreter" des Apostolischen Vikars reserviert, während der „Stellvertreter" des Apostolischen Präfekten die Bezeichnung „Praefectus Delegatus" erhielt (vgl. AnPont 1983, S. 918–945).

daß der Generalvikar sie nur mit bischöflichem Spezialmandat[30] gültig ausführen kann (c. 134 § 3). Innerhalb der Diözesankurie kommt der Vorsitz des gesetzlich vorgeschriebenen Vermögensverwaltungsrats dem Diözesanbischof persönlich zu (c. 492 § 1), der darüber hinaus den Kompetenzbereich des Generalvikars noch weiter einschränken kann, indem er sich bestimmte Aufgaben persönlich reserviert (c. 479 § 1). Dadurch weist das Amt des Generalvikars eine große Flexibilität auf, die den unterschiedlichen Bedürfnissen und Möglichkeiten der einzelnen Teilkirchen Rechnung trägt, zugleich aber auch dem Diözesanbischof weitgehend die Vornahme von Verwaltungsaufgaben überläßt. „Während in der Gerichtsbarkeit seine Unterschrift nur für einige gesetzlich festgelegte Akte erforderlich ist und eingeholt wird, nimmt er viele Verwaltungsakte selbst vor, die ihm gesetzlich in keiner Weise vorbehalten sind"[31].

Das geltende Recht sieht für jede Diözese nur einen Gerichtsvikar oder Offizial (c. 1420 § 1) und in der Regel auch nur einen Generalvikar vor (c. 475 § 2). Falls ein Gerichtsvikar oder Offizial nicht ausreicht, um die anfallenden Gerichtssachen zu erledigen, können beigeordnete Gerichtsvikare oder Vizeoffiziale bestellt werden (c. 1420 § 3), die als zusätzliche Vertreter des Diözesanbischofs (nicht des Gerichtsvikars) mit ordentlicher Vollmacht in seinem Namen Recht sprechen, die in Angelegenheiten der Gerichtsverwaltung aber dem Gerichtsvikar unterstehen. Mehrere Generalvikare können nach dem CIC nur ausnahmsweise bestellt werden, wenn die Weite der Diözese, die Zahl der Diözesanen oder andere pastorale Gründe dies erforderlich machen (c. 475 § 2)[32]. Mit einer solchen Notwendigkeit wird offensichtlich weiterhin gerechnet, obgleich für die genannten Fälle vom Zweiten Vatikanischen Konzil (VatII CD Art. 26 und 27) innerhalb der Diözesankurie das neu geschaffene Amt des Bischofsvikars[33] zur Verfügung steht (c. 476).

[30] Im CIC/1917 waren 21 Einzelfälle genannt (*A. Vermeersch/J. Creusen*, Epitome Iuris Canonici, 8. Aufl., Bd. 1, Mechliniae-Romae-Parisiis-Brugis 1963, S. 404), in denen durch bischöfliches Spezialmandat der Bereich der potestas ordinaria vicaria executiva des Generalvikars erweitert wurde, „und zwar in einem durch das Gesetz selbst vorgesehenen Umfang" (*Mörsdorf* Lb I, S. 431). Im Gesetzbuch von 1983 ist die Rechtsfigur des Spezialmandats verändert. Durch bischöfliches Spezialmandat wird nicht mehr der Amtsbereich des Generalvikars erweitert, sondern eine dem Diözesanbischof vorbehaltene Aufgabe dem Generalvikar als persönlichem Bevollmächtigtem des Bischofs übertragen, so daß sie vom Generalvikar mit potestas delegata (nicht: ordinaria vicaria) wahrgenommen wird.Das Gleiche gilt für ein Spezialmandat des Bischofsvikars.

[31] *P. Wesemann*, Ad tuenda iura personarum, in: Festg. Flatten, S. 163.

[32] Bei Abwesenheit oder legitimer Verhinderung des Generalvikars kann der Diözesanbischof einen Vertreter ernennen (c. 477 § 2). Zur Problematik der Ernennung stellvertretender Generalvikare auf Dauer s. *K. Walf*, Die Kompetenzen der bischöflichen Vikare und stellvertretenden Generalvikare in den Diözesen der Bundesrepublik Deutschland, in: ThQ 151 (1971), S. 152ff.

[33] Über den Ursprung und die unterschiedlichen Zielsetzungen des Amtes des Bischofsvikars informiert *K.-B. Fritzen*, Der Bischofsvikar im Zweiten Vatikanum – Entstehung und Sendung, Roma 1980.

II. Bischofsvikar

1. Verhältnis zum Diözesanbischof

Der Bischofsvikar ist ein weiterer Vertreter des Diözesanbischofs „neben" dem Generalvikar mit den ihm vom Diözesanbischof zugewiesenen Aufgaben, die er mit ordentlicher stellvertretender Vollmacht wahrnimmt (c. 479), in denen er deshalb einzig und allein dem Diözesanbischof untersteht. Sein Amt ist entweder territorial oder funktional oder personal eingegrenzt: *territorial*, wenn es sich auf einen Teil der Diözese erstreckt; *funktional*, wenn es einen fest umschriebenen Geschäftsbereich (z. B. Pastoralvisitationen) umfaßt; *personal*, wenn es eine bestimmte Personengruppe innerhalb der Diözese (z. B. Ritus, Sprachgruppe) betrifft (c. 479 § 2). Da gesetzlich keine einzige Aufgabe für den Bischofsvikar festgelegt ist, sondern die inhaltliche Bestimmung dieses Amtes vollständig im Ermessen des Diözesanbischofs liegt, ist es vom Gesetz her durchaus zulässig, gleichzeitig eine doppelte Grenzziehung vorzunehmen dergestalt, daß der Bischofsvikar etwa für den ihm übertragenen Aufgabenbereich nur in einem Teil des Bistums zuständig ist[34], wie dies in einigen Diözesen des deutschen Sprachraums mit guten Erfahrungen geregelt ist[35]. Im übrigen ist das Amt des Bischofsvikars formalrechtlich ganz und gar dem Amt des Generalvikars nachgebildet[36]. Im CIC zeigt sich das vor allem darin, daß die einschlägigen Bestimmungen wie für den Generalvikar so auch für den Bischofsvikar gelten. Auch beim Bischofsvikar kann der Diözesanbischof den Aufgabenbereich nach eigenem Ermessen ausweiten durch Erteilung eines Spezialmandats, er kann anderseits aber auch aus dem Aufgabenbereich des Bischofsvikars bestimmte Angelegenheiten für sich oder für den Generalvikar reservieren (c. 479 § 2). Wie der Generalvikar darf auch der Bischofsvikar niemals gegen die Absicht des Diözesanbischofs handeln, dem er außerdem über seine wichtigsten Tätigkeiten Bericht erstatten muß (c. 480). Innerhalb der Grenzen seines Aufgabenbereichs kommen ihm die Dauervollmachten zu, die dem Diözesanbischof vom Apostolischen Stuhl zugestanden werden, ebenso die Ausführung von Reskripten, soweit nicht etwas anderes ausdrücklich bestimmt oder die Ausführung dem Diözesanbischof persönlich vorbehalten ist (c. 479 § 3). Wie der Generalvikar ist auch der Bischofsvikar Ortsordinarius (c. 134 §§ 1 und 2).

[34] Die für ein so konzipiertes Amt gelegentlich gewählte Bezeichnung „Regionalbischof" ist nicht zutreffend, da der sog. „Regionalbischof" gerade nicht Bischof der Region, sondern Vertreter des Diözesanbischofs für einen Teil des Bistums mit einem nur begrenzten Aufgabenbereich ist. Auch die Reflexionen von *K. Rahner* (Theologisches zur Aufgabe des Regionalbischofs, in: Ortskirche – Weltkirche. Festg. Kardinal Döpfner, Würzburg 1973, S. 478–487) übersehen den Vertretungscharakter dieses Amtes und die Grenzen seiner Kompetenz.

[35] Vgl. auch *H. Krätzl*, Bischofsvikare in der Erprobung, in: ThPQ 122 (1974), S. 346–360.

[36] Vgl. *W. Aymans*, Bischofsvikar, in: HPTh V, S. 65 f.; *T. P. Swift*, The Pastoral Office of Episcopal Vicar. Changing Role and Powers, in: Jurist 40 (1980), S. 237–240.

2. Verhältnis zum Generalvikar

Da der Bischofsvikar in dem ihm zugewiesenen Aufgabenbereich den Diözesanbischof mit ordentlicher Vollmacht (c. 479 §§ 1 und 2) direkt und unmittelbar vertritt und deshalb nur ihm verantwortlich ist[37], ergibt sich daraus für das Amt des Generalvikars, daß diesem der Aufgabenbereich des Bischofsvikars entzogen ist[38]. Für das Verhältnis von Generalvikar und Bischofsvikar zueinander hat dies zur Folge, daß es zwischen ihnen keine Über- bzw. Unterordnung gibt, der Bischofsvikar also nicht dem Weisungsrecht des Generalvikars untersteht[39]. Dies gilt unabhängig davon, ob der Bischofsvikar auf der Weihestufe des Presbyterats[40] oder auf der des Episkopats steht. Damit ist in der Rechtsfigur des Bischofsvikars das erreicht, was auf dem II. Vatikanum aus den Reihen der Auxiliarbischöfe eindringlich gefordert worden war: Unabhängigkeit in ihrem Dienst vom Generalvikar im Bereich der Teilkirche. Eine Stütze in der Lehre fand dieses Bestreben in der Aussage des Konzils, daß die Bischofsweihe mit dem Amt der Heiligung auch die Ämter der Lehre und der Leitung überträgt, deren Ausübbarkeit freilich die hierarchische Gemeinschaft voraussetzt (VatII LG Art. 21). Auf teilkirchlicher Ebene hat das II. Vatikanum daraus die Konsequenz gezogen, den Dienst der Auxiliarbischöfe nicht weiterhin auf kultische Funktionen zu beschränken, wie die deutsche Bezeichnung „Weihbischöfe" es nahelegt, sondern sie mit zusätzlichen Vollmachten auszustatten, die ihre Tätigkeit wirksamer werden lassen und die den Bischöfen eigene Würde sicherstellen (VatII CD Art. 25). Der Diözesanbischof ist deshalb gehalten, die Auxiliarbischöfe wenn nicht zu Generalvikaren, dann wenigstens zu Bischofsvikaren zu bestellen, die entsprechend einer Konzils-

[37] *V. De Paolis*, De Vicario episcopali secundum Decretum Concilii Oecumenici Vaticani II „Christus Dominus", in: PerRMCL 56 (1967), S. 321–324; *T. P. Cunningham*, The Episcopal Vicar, in: IER 109 (1968), S. 421 f.; *J. Sánchez y Sánchez*, El Vicario Episcopal, in: REDC 27 (1971), S. 35–39; *A. Arza*, La figura juridica de los Vicarios de Zona, in: Miscellanea Bidagor II, S. 141–155.

[38] Soweit in die Kompetenz des Bischofsvikars Aufgaben fallen, die Leitungsvollmacht im strengen Sinne voraussetzen, besitzt diese, wie aus dem analogen Fall der Bestellung mehrerer Generalvikare zu schließen ist (vgl. *I. Chelodi*, Ius de Personis, Tridenti 1922, S. 306; *F. X. Wernz/P. Vidal*, Ius Canonicum, 3. Aufl., Bd. 2, Romae 1943, S. 806), in solidum (c. 140 § 1) mit dem Bischofsvikar zwar auch der Generalvikar, kann diese aber aufgrund der Bestellung eines Bischofsvikars in dessen Aufgabenbereich nicht erlaubterweise einsetzen.

[39] Vgl. auch *P. Inhoffen*, Die Diözesankurie als Mittel des Apostolats, in: Jahrbuch für Christliche Sozialwissenschaften XII, hrsg. von *W. Weber*, Münster 1971, S. 251: „Ein bischöflicher Vikar als Betreuer eines Referates innerhalb der herkömmlichen Struktur der Diözesankurie unter einem Generalvikar ist jedoch eine Ungereimtheit, weil es sich um zwei miteinander konkurrierende Stellvertreter des Bischofs handelt".

[40] Das zur Aufwertung des Auxiliarbischofs geschaffene Amt des Bischofsvikars (VatII CD Art. 25 und 26) kann auch, wie es in Konzilsentwürfen ursprünglich vorgesehen war, einem Presbyter übertragen werden. In diesem Falle erfolgt die Ernennung auf Zeit, ohne daß das Recht des Diözesanbischofs auf vorzeitige Abberufung tangiert wird (c. 477 § 1). Außerdem erlischt dann das Amt bei Sedisvakanz; es ruht, wenn das Amt des Diözesanbischofs suspendiert ist (c. 481 § 2). Die von *W. W. Bassett* nach dem Konzil vertretene Auffassung, daß auch Diakonen das Amt des Bischofsvikars übertragen werden kann (The Office of Episcopal Vicar, in: Jurist 30 [1970], S. 380 f.) steht in offenem Widerspruch zu c. 478 § 1, der ausdrücklich das Amtspriestertum als Voraussetzung verlangt.

weisung (VatII CD Art. 26) nach geltendem Recht nur von seiner Autorität abhängen (c. 406 § 2).[41]

3. *Einheit der Diözesanverwaltung*

Das neu geschaffene Amt des Bischofsvikars wie auch die Bestellung mehrerer Generalvikare wirft in der Teilkirche die Frage auf, wie die erforderliche Einheit der Diözesanverwaltung (im weiteren Sinne) gewährleistet werden kann. Um zu verhindern, daß ein Vertreter des Diözesanbischofs gegen den anderen ausgespielt wird, verfügt c. 65 § 2, daß ein Antrag, der vom Generalvikar oder Bischofsvikar abgelehnt worden ist, von einem anderen Stellvertreter des Diözesanbischofs nicht bewilligt werden kann. Auch ist ein Gunsterweis, der zunächst vom Generalvikar oder Bischofsvikar verweigert, dann aber unter Verschweigen dieser Ablehnung vom Diözesanbischof gewährt worden ist, ungültig (c. 65 § 3). Wie sehr darüber hinaus aufgrund der Vermehrung der bischöflichen Vertretungsämter die Einheit der Diözesanverwaltung eine Aufgabe geworden ist, die aktiv bewältigt werden muß, wird aus den entsprechenden neuen Bestimmungen des Gesetzbuches ersichtlich. Dem Diözesanbischof selbst wird die Verantwortung für die Koordination aller Amtsgeschäfte im Bereich der Verwaltung (c. 473 § 1) und aller pastoralen Tätigkeiten seiner Stellvertreter (c. 473 § 2) zugewiesen. Ihm stehen dafür zwei neue Institutionen zur Verfügung, deren er sich bedienen kann, wenn er dies für notwendig erachtet: Für die Koordinierung der Verwaltungsaufgaben kann er einen *Moderator der Kurie* ernennen, der in der Regel mit dem Generalvikar identisch sein soll (c. 473 § 3) und der zugleich die Dienstaufsicht über alle Mitarbeiter der Diözesankurie führt (c. 473 § 2). Außerdem kann er zur Förderung der pastoralen Zusammenarbeit[42] einen *Bischofsrat* bilden, dem die Generalvikare und Bischofsvikare angehören (c. 473 § 4). Der Bischofsrat stellt in der Diözesankurie eine geeignete Institution dar, in der sich einerseits der Diözesanbischof entsprechend c. 407 § 2 mit den Auxiliarbischöfen, die er wenigstens zu Bischofsvikaren bestellen muß (c. 406 § 2), vor allem in pastoralen Fragen regelmäßig berät, in der ihm anderseits aber auch seine Stellvertreter über ihre wichtigsten Vorhaben und Tätigkeiten zu festgesetzten Zeiten berichten (c. 480), so daß für die notwendige Koordination und für eine gedeihliche Kooperation zum Wohle des Gottesvolkes in der Teilkirche (vgl. c. 473 § 1) Sorge getragen ist. In größeren Diözesen wird freilich der Diözesanbischof darauf bedacht sein müssen, daß er sich nicht allzusehr von der Koordinierung der Tätigkeiten seiner Vertreter absorbieren läßt, sondern sich hauptsächlich für die vorrangige bischöfliche

[41] Bei Sedisvakanz behalten die Auxiliarbischöfe alle Vollmachten und Befugnisse, die sie als Generalvikar oder Bischofsvikar innehatten (c. 409 § 2).

[42] Vgl. Relatio 1981 (zu c. 393 Schema CIC 1980), S. 112: „Additio proposita recipi non potest, quia ita mutaretur ipsa natura Consilii episcopalis, cuius est peculiaris et arcta cooperatio cum Episcopo dioecesano in iis quae ad universum regimen pastorale dioecesis pertinent."

Aufgabe frei hält: für die Verkündigung der Heilsbotschaft (VatII LG Art. 25; c. 762 i.V.m. c. 756 § 2).

III. Weitere Organisation der Diözesankurie

1. Weitere Ämter

Außer den Vertretungsämtern des Generalvikars und Bischofsvikars für den Bereich der Verwaltung sowie des Gerichtsvikars oder Offizials für die Rechtsprechung[43], für die die Weihestufe des Presbyterats Voraussetzung ist (cc. 478 § 1, 1420 § 4), sieht das universalkirchliche Recht[44] nur wenige, diesen untergeordnete, auch Laien zugängliche Ämter vor, so daß die konkrete Organisation der Diözesankurie weitestgehend entsprechend den örtlichen Verhältnissen erfolgen kann. Vorgeschrieben ist die Bestellung eines *Kanzlers*[45], der die Erledigung des Schriftverkehrs beaufsichtigt, die Aufbewahrung und Registrierung der ein- und ausgehenden Schriftstücke leitet und für das in jeder Diözese einzurichtende *Archiv* (cc. 486–491) mit je einer Sektion für *Geheimakten* (cc. 489–490) und für *historisch wertvolle Dokumente* (c. 491 § 2) verantwortlich ist (c. 482 § 1)[46]. Mit dem Amt des Kanzlers ist eo ipso das Amt des *Notars* verbunden (c. 482 § 3), dessen Unterschrift öffentlichen Glauben schafft (c. 483 § 1). Sodann ist die Ernennung eines *Ökonomen* verbindlich vorgeschrieben (c. 494 § 1), der unter der Autorität des Diözesanbischofs das Vermögen der Diözese verwaltet (c. 494 § 3)[47] und dem innerhalb der Diözesankurie zu bildenden *Diözesanvermögensverwal-*

[43] Wegen weiterer Ämter im Bereich der bischöflichen Gerichtsbarkeit s. in *diesem* Band, unten, *P. Wirth*, § 105 Gerichtsverfassung und Gerichtsordnung.

[44] Partikularrechtlich hat in den Diözesen der bayerischen Kirchenprovinzen eine Bestimmung des Bayerischen Konkordats vom 24. 10. 1817, derzufolge alle Dignitäre und Kanoniker der Domkapitel neben dem Chordienst den Bischöfen auch in der Bistumsverwaltung als Räte zu dienen haben (GBl. für das Königreich Baiern, XVIII. Stück, München 1818, Sp. 406), zur Bildung eines Allgemeinen Geistlichen Rates innerhalb der Kurie geführt (*G. May*, Geistlicher Rat, in: LThK² IV, Sp. 624), der mit Aufgaben der kirchlichen Vermögensverwaltung befaßt ist (*v. Kienitz*, Die Gestalt der Kirche [Anm. 24], S. 211). In der Erzdiözese München-Freising ist inzwischen dieses Gremium abgeschafft und seine Befugnis der Finanzkammer übertragen worden (ABl. [1973], S. 34f.). Wohl zu unterscheiden von der Institution des Geistlichen Rates ist der in zahlreichen Diözesen des deutschen Sprachraums gebräuchliche Titel eines Ordinariats- bzw. Generalvikariatsrats wie auch der eines Offizialatsrats als Amtsbezeichnung für Mitarbeiter (sowohl Kleriker als auch Laien) der Diözesankurie.

[45] In etlichen deutschen Diözesen existiert dieses Amt im Unterschied zu Österreich und entgegen universalkirchlicher Vorschrift bisher nicht.

[46] Außer dem Diözesanbischof hat der Kanzler als einziger einen Schlüssel für das Archiv (c. 487 § 1). Für den Zugang zum Archiv (c. 487 § 1) und die zeitweilige Entnahme von Akten (c. 488) muß die Erlaubnis entweder des Diözesanbischofs oder gleichzeitig die des Moderators der Kurie und des Kanzlers vorliegen. Für das Geheimarchiv (cc. 489–490) und das Historische Archiv (c. 491 §§ 2 und 3) gelten eigene Bestimmungen.

[47] Vgl. hierzu in *diesem* Band, unten, *R. Puza*, § 98 Die Verwaltung des Kirchenvermögens.

tungsrat (c. 492 § 1)[48] jährlich Rechenschaft über die Einnahmen und Ausgaben zu erteilen hat (c. 494 § 4)[49].

2. *Pastorale Ausrichtung*

Der CIC nennt unter den Aufgaben der Diözesankurie in der Leitung der Partikularkirche an erster Stelle die Förderung der pastoralen Tätigkeit (c. 469). Dies stellt gegenüber dem Gesetzbuch von 1917 (c. 363 § 1 CIC/1917) eine Neuerung dar, die auf das Zweite Vatikanische Konzil zurückgeht: „Die Diözesankurie soll so geordnet werden, daß sie für den Bischof ein geeignetes Mittel wird nicht nur für die Verwaltung der Diözese, sondern auch für die Ausübung des Apostolats" (VatII CD Art. 27). Diese Weisung des Konzils sucht einer zweifachen Tendenz zu begegnen, die jeder Administration[50] – auch der kirchlichen[51] – innewohnt: der zur Bürokratisierung, wobei der Kontakt zur pastoralen Wirklichkeit verlorengeht[52], sowie der zur Beschränkung auf eine bloße „Eingriffsverwaltung"[53], der pastorale Initiativen fehlen[54]. Stattdessen hat das Konzil eine pastorale Ausrichtung der Diözesankurie und ihre Prägung durch die apostolische Zielsetzung verlangt[55]. Dies bedeutet zunächst grundlegend, daß als oberstes Kriterium

[48] Vgl. hierzu in *diesem* Band, oben, *H. Schmitz*, § 38 Die Konsultationsorgane des Diözesanbischofs.

[49] Das Amt der Synodal- bzw. Prosynodalexaminatoren ist mit Inkrafttreten des CIC/1983 erloschen. Das Amt der Pfarrkonsultoren, die im Einspruchsverfahren eines inamovibIen Pfarrers (c. 2153 CIC/1917) und im Sonderverfahren zur Versetzung eines Pfarrers (c. 2165 CIC/1917) als Beisitzer tätig wurden, existiert bereits seit der Abschaffung dieser beiden Verfahrenswege im Jahre 1966 (MP EcclSanct I 20 §§ 1 und 2) nicht mehr.

[50] Zur Bürokratiekritik im staatlichen Raum, s. *F. Hegner*, Das bürokratische Dilemma, Frankfurt 1978.

[51] Die Gemeinsame Synode spricht in ihrem Beschluß „Unsere Hoffnung. Ein Bekenntnis zum Glauben in dieser Zeit" die Gefahren an, „die sich aus der eigenen behördlichen Organisationsform der Kirche, aus ihrer Verwaltungsapparatur und den damit zusammenhängenden institutionellen Zwängen für eine lebendige Gemeinschaftserfahrung ergeben." (Gemeinsame Synode. Gesamtausgabe I, S. 100). Vgl. auch *F. X. Kaufmann*, Zur gesellschaftlichen Verfassung des Christentums heute, in: Kirchliche und nichtkirchliche Religiosität, hrsg. von *L. Bertsch* und *F. Schlösser* (= QD 81), Freiburg-Basel-Wien 1978, S. 11–48; *H. Heimerl*, Kommunikation in Kirche und Kirchenrecht, in: ThPQ 130 (1982), S. 38; *F. X. Kaufmann*, Kirchenrecht und Kirchenorganisation, in: Diakonia 13 (1982), S. 226–229.

[52] Vgl. die kritische Stellungnahme von Kardinal *Paul Emile Leger* in der 84. Generalkongregation des II. Vatikanums: „Nobis enim multi fideles obiiciunt nostram ignorantiam eorum vitae conditionum et eorum difficultatem dialogum instituendi nobiscum. Alia ex parte, mens episcopi saepe ignoratur, quia media apta non adhibentur et efficaciter omnes attingat. Opportunum ergo apparet ita renovare curiam dioecesanam, ut vivum sit instrumentum totius Ecclesiae dioecesanae ..." (AcSynVat III/2, S. 221).

[53] Die Rechtswissenschaft unterscheidet zwischen Eingriffsverwaltung, die „mit hoheitlichen Anordnungen in die Rechts- und Freiheitssphäre der Rechtsunterworfenen eingreift" (*Creifelds*, Rechtswörterbuch [Anm. 16], S. 334), und Leistungsverwaltung, die „zur Erreichung wirtschafts-, gesellschafts-, sozial- oder kulturpolitischer Zwecke im öffentlichen Interesse für den Bürger bestimmte Leistungen erbringt oder Einrichtungen für die Öffentlichkeit bereitstellt." (*ders.*, ebd., S. 737).

[54] Vgl. *L. Hofmann*, Der Bischof und sein Bistum, in: Pastoraltheologische Informationen 1972, Mainz 1972, S. 16.

[55] *J. J. G. Failde*, La Curia episcopal juridica, in: Aspectos del Derecho Administrativo Canonico, Salamanca 1964, S. 187–210; *L. de Echeverria*, La Curia episcopal pastoral, ebd.,

für alle kuriale Tätigkeit zu gelten hat: Salus animarum suprema lex esto! Für zwei Bereiche der Seelsorge ist sodann die Bildung diözesaner Kommissionen vorgesehen: Die Liturgiekonstitution des II. Vatikanums hat verbindlich eine *Liturgische Kommission* vorgeschrieben (VatII SC Art. 45) und „womöglich in jedem Bistum auch eine *Kommission für Kirchenmusik* und eine weitere *für sakrale Kunst*" (VatII SC Art. 46); das Ökumenische Direktorium vom 14. 5. 1967 hielt es für „sehr angebracht, daß in mehreren Bistümern zusammen oder, wenn es die Verhältnisse nahelegen, auch in jedem einzelnen Bistum ein Rat, eine Kommission oder ein Sekretariat errichtet werden, die sich im Auftrag der Bischofskonferenz oder des Ortsoberhirten dem *Ökumenischen Anliegen* widmen. In jenen Bistümern, in denen keine eigene Kommission eingerichtet werden kann, soll der Bischof wenigstens einer Einzelperson diese Aufgabe übertragen"[56]. Diese konziliaren bzw. nachkonziliaren Bestimmungen haben in den CIC zwar keine Aufnahme gefunden, behalten aber weiterhin ihre Gültigkeit, da sie nicht unter die in c. 6 § 1[57] genannten Kategorien von Gesetzen fallen, die außer Kraft gesetzt sind. Darüber hinaus hat das auf Veranlassung des II. Vatikanums (VatII CD Art. 44b) erarbeitete Direktorium für den Hirtendienst der Bischöfe[58] die Anregung gegeben, die in der Diözesankurie tätigen Priester sollten nach Möglichkeit auch noch in irgendeiner Weise seelsorgerisch tätig sein, um ein pastorales Sensorium zu entwickeln und die Nöte der Gläubigen persönlich zu erfahren. Außerdem solle die Diözesankurie möglichst um eine *pastorale, sozial-karitative* und *liturgische Sektion* erweitert werden[59]. Das Anliegen dieser letztgenannten Anregung dürfte in den Diözesen des deutschen Sprachgebietes großenteils verwirklicht sein in zwei Institutionen, die sich in den letzten Jahrzehnten gebildet haben: der Caritasverband für den sozialen Bereich sowie das Seelsorgeamt[60] für den pastoralen Bereich. Was gelegentlich noch aussteht, ist deren vollständige organisatorische Eingliederung in die Diözesankurie. Die Gemeinsame Synode hat in ihrem Beschluß „Rahmenordnung für die pastoralen Strukturen und für die Leitung und Verwaltung der Bistümer in der Bundesrepublik Deutschland" vorgeschlagen, die Diözesankurie in der Weise aufzugliedern, daß sie neben einer Zentralstelle folgende Hauptabteilungen umfaßt: I. Gemeindearbeit; II. Weiterbildung; III. Schulen und Hochschulen; IV. Caritas und Sozialarbeit; V. Personal; VI. Finanzen;

S. 211–248; *J. Sánchez y Sánchez*, La nueva curia diocesana, in: Lex Ecclesiae, Salamanca 1972, S. 311–336; *F. Klostermann*, Gemeinde – Kirche der Zukunft II, Freiburg-Basel-Wien 1974, S. 53–62; *F. R. Aznar*, La nueva concepción global de la Curia diocesana en el Concilio Vaticano II, in: REDC 36 (1980) 440f.

[56] Ökumenisches Direktorium, I. Teil, Nr. I 3 (NKD 7, S. 15).

[57] Vgl. hierzu in *diesem* Band, oben, *H. Schmitz*, § 4 Der Codex Iuris Canonici von 1983.

[58] SC Ep, Directorium de pastorali ministerio Episcoporum, 2. Aufl., Typ. Pol. Vat. 1973, S. 196.

[59] In zahlreichen italienischen Diözesen besteht ein Centro Pastorale mit einer katechetischen, einer liturgischen und einer karitativen Abteilung entsprechend den drei grundlegenden Lebensvollzügen der Kirche: martyreia, leiturgeia, diaconeia. (Vgl. *A. Bressani*, La chiesa particulare e le sue strutture, in: Il Diritto nel Mistero della Chiesa, Bd. 2, Roma 1981, S. 329f).

[60] *A. Fischer*, Seelsorgeamt, in: LThK² IX, Sp. 584f.; *P. Inhoffen*, Der Bischof und sein Helferkreis nach dem Zweiten Vatikanischen Konzil, Hildesheim 1971, S. 124–140.

VII. Bau und technische Dienste[61]. In den meisten deutschen Diözesen ist dieser Organisationsplan unter Anpassung an die örtlichen Gegebenheiten im großen und ganzen bis auf den karitativen Bereich[62] verwirklicht worden. Für das sogenannte Seelsorgeamt bedeutet dies, daß es selbst eine straffere Gliederung erfahren hat und organisatorisch dem Generalvikariat einverleibt ist. Diese unter verfassungsrechtlicher Rücksicht zu begrüßende Maßnahme darf aber nicht dazu führen, daß die nunmehrigen Hauptabteilungen des Generalvikariats, die eine unmittelbar pastorale Aufgabenstellung haben, sich auf eine vorwiegend verwaltende Tätigkeit zurückziehen. Da hier pastorale Konzeptionen zu erarbeiten, Experimente anzuregen und Hilfen für die Gemeinden und die verschiedenen Zielgruppen zur Verfügung zu stellen sind, bedürfen diese Hauptabteilungen innerhalb des Generalvikariats einer eigenen Arbeitsweise mit größerem Freiraum[63] als jene Sektionen, in denen es hauptsächlich um Aktivitäten mit unmittelbar rechtlicher Wirkung geht, für die (außer dem Diözesanbischof) allein der Generalvikar oder der Bischofsvikar zeichnungsberechtigt ist[64]. Die aus dem früheren Seelsorgeamt hervorgegangenen Hauptabteilungen des Generalvikariats werden ihre pastorale Wirksamkeit und damit ihre Existenzberechtigung nur dann wahren können, wenn sie der Gefahr der Verbürokratisierung entgehen und den Kontakt zur Basis halten.

§ 40 Die Dom- und Stiftskapitel

Von Richard Puza

I. Geschichte, Begriff und grundsätzliche Fragen

1. Die Dom- und Stiftskapitel[1] haben in der Kirche eine lange Tradition. Sie sind aus dem Klerus (Presbyterium) einer Bischofs-(Stadt-)Kirche bzw. Landkirche hervorgegangen. Ihre wesentliche Ausprägung haben sie in der germanischen und

[61] Gemeinsame Synode. Gesamtausgabe I, S. 707–709.

[62] Vgl. hierzu in *diesem* Band, unten, *A. Hierold*, § 94 Organisation der Karitas.

[63] Die in den vergangenen Jahren vorgetragenen Überlegungen zu einer der kirchlichen Bürokratie angepaßten Pneumatologie (*Y. Spiegel*, Kirche als bürokratische Organisation, München 1969, S. 84; *E. Berning*, Kirche und Planung, Bern-Frankfurt-München 1976, S. 217f.) verdienen hier besondere Beachtung.

[64] C. 474 verlangt bezeichnenderweise die Unterschrift des Ordinarius nur für jene Akte der Kurie, die eine Rechtswirkung erzielen sollen.

[1] *Mörsdorf* Lb I, S. 438–451; *M. Bierbaum*, Art. Domkapitel, in: LThK² III, Sp. 496–500; *H. Nottarp*, Art. Stift, in: LThK² IX, Sp. 1073f.; *Ph. Schmitz*, Art. Kollegiatstift, in: LThK² VI, Sp. 573; *Mosiek* Verf. III, S. 68–81; *P. Wesemann*, Domkapitel nach dem II. Vatikanum. Abschaffung oder Reform, in: Investigationes Theologico-Canonicae (Festschr. Bertrams), Rom 1978, S. 501–531; *H. Schmitz*, Die Beratungsorgane des Diözesanbischofs – II. Das Domkapitel, in: GrNKirchR, S. 279f.

klassisch-kanonischen Periode erfahren. Die Domkapitel haben im Laufe des Mittelalters die Mitwirkung bei der Diözesanregierung und das Bischofswahlrecht erlangt. Der CIC/1917 bezeichnet sie als Senat und Rat des Bischofs. In ihrer heutigen Form gehen sie meistens auf die Neubildung nach der Säkularisation zurück. Die Zahl der Stiftskapitel ist sehr zurückgegangen. Vor allem in unseren Bereiten sind infolge der Säkularisation viele Stiftskapitel untergegangen[2].

2. Die Dom- und Stiftskapitel sind Kollegien von Priestern, deren Aufgabe es ist, feierliche liturgische Funktionen an der Kathedral- bzw. Stiftskirche durchzuführen. Darüber hinaus hat das Domkapitel jene Aufgaben zu erfüllen, die ihm durch das Recht oder vom Diözesanbischof übertragen sind (c. 503). Die Rechtsfähigkeit der Kapitel ist weder im CIC/1917 noch im CIC/1983 direkt ausgesprochen. Sie wird jedoch im Einklang mit dem alten Recht von Lehre und Praxis bei den Domkapiteln allgemein anerkannt, bei den Kollegiatkapiteln wird sie seit eh und je angenommen[3]. Bei Neuerrichtung sollte die Rechtsfähigkeit daher ausdrücklich zuerkannt werden. Im System des CIC/1983 sind die Kapitel den öffentlichen juristischen Personen zuzuordnen.

3. In der Formulierung des c. 503, daß das Domkapitel jene Aufgaben zu erfüllen hat, die ihm durch das Recht oder vom Diözesanbischof übertragen sind, hat eine nachkonziliare Tendenz, die die Rechte der Domkapitel zugunsten des Priesterrates zu beschneiden sucht, ihren rechtlichen Ausdruck gefunden. Das Domkapitel wird nicht mehr als Senat und Rat des Bischofs, wie noch im c. 391 § 1 CIC/1917, bezeichnet. Nach dem Willen des Gesetzgebers ist an dessen Stelle der Diözesanpriesterrat bzw. das Konsultorenkollegium getreten[4]. Das II. Vatikanum war von der Vorstellung ausgegangen, daß die Domkapitel zur besseren Erfüllung ihrer Aufgabe erforderlichenfalls umgestaltet werden sollten[5]. Das MP EcclSanct schrieb die Errichtung eines Priesterrates für jedes Bistum vor[6]. Eine Reihe der dabei gegebenen Einzelbestimmungen schließt aus, daß die Domkapitel, dort wo sie vorhanden sind, alle ihre bisherigen Aufgaben beibehalten können. Die Kleruskongregation stellte in ihrer Drucksache Nr. 123969/I im Jahre 1969 fest, daß zwei Drittel aller Bischöfe der Welt die Beibehaltung der Domkapitel unter gleichzeitiger Reform wünschen[7]. Die Plenarkonferenz der gleichen Kongregation hat jedoch im selben Jahr entschieden, daß die in c. 391 § 1 CIC/1917 ausdrücklich den Domkapiteln zugesprochene Eigenschaft eines *senatus* des Bischofs nach Bezeichnung und Aufgabenstellung nicht mehr den Domkapiteln, sondern nur noch dem Priesterrat zustehe[8]. Der CIC/1983 schließt allerdings ein teilkirchenrechtliches

[2] *Ph. Schmitz*, Kollegiatstift (Anm. 1), Sp. 573. Noch bestehende Kollegiatstifte s. bei *Mörsdorf* Lb I, S. 438, Anm. 1 (Deutschland) und *H. Schnizer*, Schuldrechtliche Verträge der Katholischen Kirche in Österreich, Graz-Köln 1961, S. 77, Anm. 7 (Österreich).

[3] S. dazu *Schnizer*, Schuldrechtliche Verträge (Anm. 2), S. 71f. (Domkapitel) und 77f. (Kollegiatkapitel).

[4] Cc. 495 § 1, 502 § 1.

[5] VatII CD Art. 27 Abs. 2.

[6] I 15 § 1.

[7] S. dazu *Wesemann*, Domkapitel (Anm. 1), S. 507.

[8] Ebd.

Aufrechterhalten weitergehender Funktionen des Domkapitels nicht aus. C. 502 § 3 sieht vor, daß die Bischofskonferenzen festlegen können, daß die Aufgaben des Konsultorenkollegiums durch das Domkapitel übernommen werden können. Die Abgrenzung der Aufgaben von Priesterrat und Domkapitel läge dann darin, daß das Domkapitel Beratungs- und Entscheidungsorgan (bei Sedisvakanz)[9] für die laufenden Entscheidungen der Diözesanleitung wäre, der Diözesanpriesterrat insbesondere Grundsatzfragen zu behandeln hätte.

Nach Teilkirchenrecht, vor allem nach konkordatärem Recht, kommen dem Domkapitel bei der Bestellung des Diözesanbischofs weitere Rechte zu. So hat in einer Reihe von Diözesen das Domkapitel das Recht der Bischofswahl[10]. Die Domkapitulare erfüllen außerdem schon traditionell wesentliche Aufgaben in der Diözesanleitung[11]. Soweit Rechte und Pflichten der Domkapitel konkordatsrechtlich abgesichert sind, werden sie durch den CIC/1983 nicht betroffen. C. 3 über den Vorrang der Konkordate ist anzuwenden.

Zusammenfassend kann daher gesagt werden, daß der CIC/1983 die Funktionen der Kapitel zwar auf die feierlich liturgischen Funktionen in der Kapitelkirche beschränken will, daß die Domkapitel aber durchaus ein Element der Bistumsverfassung bleiben. Der Rahmen des CIC/1983 ist darüber hinaus so weit gesteckt, daß sie in ihrer heutigen, in der deutschen Teilkirche üblichen Funktion erhalten bleiben können. Erforderlich ist dazu allerdings ein entsprechendes Dekret der Deutschen Bischofskonferenz (c. 502 § 3).

II. Verfassung und Organisation

Die Verfassung der Dom- und Stiftskapitel ist nach den Statuten und vermöge teilkirchenrechtlicher (auch konkordatärer) Bildung unterschiedlich. Der CIC/1983 läßt den Statuten und dem Teilkirchenrecht einen weitergehenden Spielraum als der CIC/1917.

1. Die Errichtung, Erneuerung und Aufhebung eines Domkapitels, nicht mehr des Kollegiatkapitels, ist dem Hl. Stuhl reserviert[12]. Jedes Kapitel muß seine eigenen Statuten haben. Sie sind durch das Kapitel autonom festzulegen und vom Diözesanbischof zu bestätigen. Ihre Änderung oder Abschaffung kann nur im Wege der Approbation durch den Diözesanbischof erfolgen (c. 505). Die Statuten müssen – unbeschadet der Bestimmungen der Stiftung – die Verfassung des Kapitels und die Zahl der Kleriker festlegen sowie die liturgischen und sonstigen Aufgaben umschreiben, die dem Kapitel und den einzelnen Kanonikern zukommen. Sie müssen die Kapitelversammlungen regeln und im Rahmen des allgemeinen Rechts Bedingungen für die Erlaubtheit und Gültigkeit von Rechtshandlun-

[9] C. 419.

[10] PreußK Art. 6; RK Art. 14 Abs. 1; BadK Art. III; ÖK Art. IV § 1 Abs. 3 (Salzburg).

[11] So ist in der Diözese Rottenburg-Stuttgart die Beratung und Unterstützung des Bischofs in der Leitung der Diözese die Haupttätigkeit der Domkapitulare (Ordnung der kirchlichen Dienste, zusammengestellt von *K. Knaupp*, 2. Aufl., Rottenburg am Neckar 1980, S. 16).

[12] C. 504.

gen des Kapitels umschreiben (c. 506 § 1). Die Statuten müssen auch – unter Beachtung der Vorschriften des Hl. Stuhls – Bestimmungen über die ständigen und funktionsgebundenen Einkünfte der Kanoniker sowie über deren Insignien beinhalten (c. 506 § 2).

Die Bestimmungen des CIC/1983 sind sehr knapp ausgefallen. So beinhaltet der CIC/1983 keine Regeln mehr über die Ableistung des Chordienstes und die Choranteile. Die Dignitäten werden nicht mehr erwähnt und nur noch bestimmt, daß einer der Kanoniker der Vorsitzende des Kapitels sein muß und daß sonst noch weitere Ämter auf Grund der Statuten errichtet werden können[13]. Einzelne Ämter können auch an Kleriker übertragen werden, die nicht dem Kapitel angehören[14]. Von den beiden Ämtern des Domtheologen und des Bußkanonikers ist gemeinrechtlich noch das des Bußkanonikers vorgeschrieben. Der Bußkanoniker (Pönitentiar) hat die nicht an andere weiter delegierbare ordentliche Vollmacht, im sakramentalen Bereich von nicht erklärten Zensuren, die dem Hl. Stuhl nicht reserviert sind, zu absolvieren (c. 508 § 1). Wenn kein Kapitel vorhanden ist, soll der Diözesanbischof einen Priester mit der Wahrnehmung der Aufgabe des Bußkanonikers betrauen (c. 508 § 2). Das Amt des Domtheologen hat sich wohl überlebt.

2. In Übereinstimmung mit dem nunmehr weiteren Rahmen des gesamtkirchlichen Rechts setzen sich Dom- und Stiftskapitel aus Dignitäten (Domdekan und/oder Domprobst) und Domkapitularen (Domherren, Kanoniker) zusammen. Daneben gibt es Ehrendomherren, die nur Ehrenrechte besitzen. Die Domvikare (Dompräbendare, -benefiziaten) sind Hilfsgeistliche des Domkapitels, gehören aber diesem nicht als Mitglieder an.

Die Besetzung der Kapitelstellen steht den Diözesanbischöfen, nicht den Diözesanadministratoren zu. Das Kapitel ist zu hören. Entgegenstehende Privilegien sind ausdrücklich abgeschafft[15]. Nicht abgeschafft sind damit aber die in den deutschen Diözesen bestehenden Konsensrechte des Domkapitels. Hier werden die Domkapitulare vom Diözesanbischof abwechselnd nach Anhörung und mit Zustimmung des Domkapitels ernannt, in Bayern abwechselnd durch den Bischof nach Anhörung des Domkapitels und auf Grund einer Wahl des Domkapitels mit bischöflicher Bestätigung[16]. Wo diese Rechte auf Grund konkordatärer Absicherung bestehen, können sie gemäß c. 3 des CIC/1983 nicht untergehen. Auch gibt es in den deutschen, nichtbayerischen Diözesen nichtresidierende Domkapitulare, die in Fragen der Bischofswahl die gleichen Rechte haben wie die residierenden Domherren[17].

3. Für die Stiftskapitel gelten, was ihre Struktur und Verfassung anbelangt, im wesentlichen die gleichen gesamtkirchlichen Normen. Sie sind durch die bei den Domkapiteln besprochenen Reformen im Zuge des II. Vatikanischen Konzils nicht betroffen.

[13] C. 507 § 1.
[14] C. 507 § 2.
[15] C. 509 § 1.
[16] S. z. B. *Mosiek* Verf. III, S. 72f.
[17] *H. Schmitz*, Beratungsorgane (Anm. 1), S. 279f.

III. Kapitel und Pfarrei

Für Dom- und Stiftskapitel in gleicher Weise von Bedeutung ist die Frage des Verhältnisses von Pfarramt und Kapitel. C. 510 § 1 bestimmt, daß es in Zukunft keine Vereinigung mehr zwischen einer Pfarre und einem Kanonikerkapitel geben darf. Wo es solche Vereinigungen noch gibt, sind sie durch den Diözesanbischof aufzuheben. C. 510 § 1 ist unter anderem Konkretisierung von c. 520 § 1, der betont, daß eine juristische Person nicht Pfarrer sein könne.

Wenn Stifts- und Kapitelkirche gleichzeitig als Pfarrkirche Verwendung finden, ist nach c. 510 §§ 2 und 3 folgendes vorgesehen:

1. Es muß ein eigener Pfarrer nominiert werden, der auch dem Kapitel angehören kann. Dieser Pfarrer ist Pfarrer im Vollsinn, mit allen damit verbundenen Rechten und Pflichten.
2. Aufgabe des Diözesanbischofs ist es, durch eigene Normen die Ausübung der seelsorglichen Pflichten des Pfarrers und der Aufgaben des Kapitels sinnvoll aufeinander abzustimmen, so daß sich pfarrliche und Kapitelfunktionen in der Kirche nicht gegenseitig hindern. In Konfliktsfällen entscheidet der Diözesanbischof. Den Pfarrfunktionen ist dabei der Vorzug zu geben.

Bei Opfergaben, die der Kirche an sich gegeben werden, wird vermutet, daß sie der Pfarre gegeben sind (c. 510 § 4).

4. Kapitel: Die Untergliederungen der Diözese

§ 41 Die diözesane Region

Von Karl-Theodor Geringer

1. *Begriff und Rechtsgrundlage*

Die diözesane Region ist der Zusammenschluß mehrerer Dekanate, die unter einer bestimmten Rücksicht (kulturell, soziologisch) eine Einheit bilden, die sich auch auf die konkreten Zielsetzungen und Methoden der Seelsorge auswirken muß[1].

Das universalkirchliche Recht erwähnt die diözesane Region nicht. Das *deutsche Teilkirchenrecht* sieht die Möglichkeit zur Errichtung von Regionen vor; dabei beruft es sich auf das Subsidiaritätsprinzip und auf den Grundsatz der Dezentralisierung der Pastoral[2]. Die konkrete Bildung von diözesanen Regionen

[1] Gemeinsame Synode. Gesamtausgabe I, S. 700.

[2] Ebd., S. 685. – Ähnliches gilt für die Schweiz (vgl. *Ch. Leitmaier*, Die diözesane Region, in: GrNKirchR, S. 298 [Anm. 1]).

fällt in die Kompetenz des einzelnen Bischofs, der die betroffenen Dekanate anzuhören hat[3]; er hat auch die Rahmenordnung der Gesamtdeutschen Synode durch ein *Regionalstatut* zu ergänzen.

Das *österreichische Teilkirchenrecht* kennt das *Vikariat*[4], das als diözesane Groß-Region umschrieben werden könnte. Da es aber von einem vom Generalvikar unabhängigen Bischofsvikar[5] geleitet wird, ist das Vikariat verfassungsrechtlich mit der diözesanen Region nur schwer vergleichbar[6]; dieser entspricht eher die *Seelsorgezone*, die eine Untergliederung des Vikariates sein kann[7].

2. *Funktion*

Die Region hat den diözesanen Pastoralplan nach ihren eigenen Notwendigkeiten und Bedürfnissen zu konkretisieren, zu ergänzen und schließlich durchzuführen, wobei sie grundsätzlich nur solche Aufgaben an sich ziehen darf, die im Dekanat nicht bewältigt werden können; dazu gehören auch spezialisierte Beratungsdienste, soweit diese nicht vom Bistum geleistet werden.

Die Region sorgt außerdem für den Kommunikationsfluß nach unten und nach oben. Bei Stellenbesetzungen und bei der Bauplanung in ihrem Bereich hat die Region Mitwirkungsrechte.

Der Bischofsvikar hat darüber hinaus auch gesamtdiözesane Aufgaben: Er unterstützt den Diözesanbischof auch in der Bistumsleitung, muß daher mit dem Bischof, dem Generalvikar und den anderen Bischofsvikaren regelmäßigen Kontakt halten und ist deshalb auch ex officio Mitglied des Priesterrates, des Pastoralrates und der Ordinariatskonferenz[8].

3. *Organisation*

Geleitet wird die Region vom *Regionaldekan*, der auf Zeit gewählt und vom Bischof ernannt wird. Ihm zur Seite steht ein *Regionalpastoralrat* oder, wenn bei den Dekanaten Pastoralräte eingerichtet sind, eine *Arbeitskonferenz*, der alle verantwortlichen Mitarbeiter im pastoralen Dienst der Region angehören. Das Gremium ist vor allem für die Erstellung der regionalen Pastoralpläne und ihre Verwirklichung zuständig.

Der *Regionalverwaltung* obliegt die Leitung, Organisation und Durchführung der regionalen Seelsorgsaufgaben. Verantwortlich ist der Regionaldekan, der sich eines Regionalbüros mit geeigneten Mitarbeitern bedient. Soweit Mitarbeiter für die Region angestellt sind, haben sie im Regionaldekan ihren Dienstvorgesetzten.

[3] Dazu und zum folgenden s. Gemeinsame Synode (Anm. 1), S. 700f.

[4] Vgl. *K.-Th. Geringer*, Zur Verfassungsstruktur in den österreichischen Diözesen nach dem Zweiten Vatikanischen Konzil, in: Festschr. Plöchl (70), S. 309–326 (hier: S. 309f.), wo eine von der Österr. Bischofskonferenz verabschiedete – allerdings nie publizierte – Rahmen-Diözesanordnung erörtert wird. Konkret errichtet wurden solche Vikariate freilich bloß im Erzbistum Wien (Wiener DBl. 107 [1969], S. 23).

[5] Vgl. in *diesem* Band, oben, *H. Müller*, § 39 Die Diözesankurie.

[6] Vgl. die Wiener Vikariatsordnung in: Leben und Wirken der Kirche von Wien. Handbuch der Synode 1969–1971, Wien o. J., S. 53–62.

[7] Ebd., S. 62.

[8] Ebd., S. 53–54.

Dem Bischofsvikar steht ein Vikariatsrat zur Seite. Ein eigenes Vikariatsbüro gibt es nicht; die Verwaltungsaufgaben auch der Vikariate werden vielmehr vom Ordinariat wahrgenommen[9].

§ 42 Das Dekanat

Von Karl-Theodor Geringer

1. *Begriff und Rechtsgrundlage*

Das Dekanat ist der Zusammenschluß mehrerer benachbarter Pfarreien mit dem primären Ziel, die Seelsorge durch überpfarrliche gemeinsame Aktionen zu fördern (c. 374 § 2). Im Unterschied zur diözesanen Region ist das Dekanat aber auch eine wirkliche Verwaltungseinheit, die der Aufrechterhaltung der Kirchendisziplin zu dienen hat[1].

Das gemeine Recht stellt das Amt des Dekans und seine Aufsichtsfunktion in den Vordergrund (c. 555). Nach deutschem Teilkirchenrecht soll es vor allem eine pastorale Einheit zwischen Pfarrei und Bistum sein, die durch Zusammenarbeit und Arbeitsteilung pastorale Dienste anbieten soll, die die Pfarrei nicht leisten kann. Die universalrechtlichen Aufgaben des Dekans bleiben davon unberührt.

2. *Funktion*

Für den Bereich der *allgemeinen Seelsorge* weist c. 555 § 1 n. 1, dem Dekan lediglich die Förderung und Koordinierung gemeinsamer Pastoralmaßnahmen zu[2]; durch den Verweis auf das Teilkirchenrecht wird aber auch der Weg zur Ausgestaltung dieser Norm nach den örtlichen Gegebenheiten gewiesen. So ist es Aufgabe des Dekanates, Planungen und Entscheidungen des Bistums (gegebenenfalls der Region) für das eigene Gebiet anzupassen, für spezialisierte pastorale Dienste zu sorgen (Zielgruppenseelsorge) und die Arbeit der Pfarreien zu koordinieren.

Außerdem leistet das Dekanat Informations- und Öffentlichkeitsarbeit, sorgt für den innerkirchlichen Kommunikationsfluß und pflegt den Kontakt zu Behörden und außerkirchlichen Institutionen.

Die *Seelsorge an den Priestern*, besonders die Sorge für jene, die sich in Schwierigkeiten befinden oder Probleme haben, gehört zu den vorzüglichsten

[9] Ebd., S. 55.

[1] Dies wird deutlich werden, wenn die Amtspflichten des Dekans erörtert werden. Die Darstellung des deutschen Teilkirchenrechts erfolgt stets nach: Gemeinsame Synode. Gesamtausgabe I, S. 698–700. Ähnlich: Leben und Wirken der Kirche von Wien. Handbuch der Synode 1969–1971, Wien o. J., S. 45–52.

[2] In c. 447 § 1 CIC/1917 fehlte eine ähnliche Bestimmung.

Aufgaben des Dekans; er hat daher für die geistliche Betreuung des Dekanatsklerus zu sorgen (c. 555 § 2 n. 2). Wenn ein Priester schwer erkrankt, hat der Dekan für geistliche und notfalls auch materielle Hilfe zu sorgen; im Todesfall ist eine würdige Begräbnisfeier zu veranlassen (c. 555 § 3).

Die *Weiterbildung des Dekanatsklerus* richtet sich nach den Normen des Teilkirchenrechts; der Dekan hat sich zu bemühen, daß die Kleriker an Vorträgen, theologischen Zusammenkünften und Pastoralkonferenzen teilnehmen (c. 555 § 2 n. 1). Darüber hinaus ist die theologische und spirituelle Fortbildung aller Mitarbeiter in der Seelsorge zu ermöglichen.

Die *Aufsicht* des Dekans hat sich auf die priesterliche Lebensführung und auf die Erfüllung der geistlichen Amtspflichten zu richten, auf die Einhaltung der liturgischen Vorschriften, auf die Ausstattung und Sauberkeit der Gotteshäuser, insbesondere was die Feier und Aufbewahrung der Eucharistie betrifft, dann auf die Führung und Aufbewahrung der Kirchenbücher, auf die kirchliche Vermögensverwaltung und schließlich auf die sorgfältige Führung des Pfarrhauses (c. 555 § 1 nn. 2–3). Daher obliegt dem Dekan die Pflicht, jede Pfarrei seines Sprengels nach den Bestimmungen des Bischofs zu visitieren (c. 555 § 4). Zur Aufsichtspflicht gehört auch die Vorsorge, daß anläßlich der Erkrankung oder des Todes eines Pfarrers nicht Kirchenbücher, Dokumente, liturgische Geräte oder sonstiges kirchliches Eigentum verlorengehen oder weggeschafft werden (c. 555 § 3).

3. *Organisation*

Der *Dekan*, mancherorts auch Dechant oder Erzpriester genannt, muß Priester sein; er steht dem Dekanat vor (c. 553 § 1). Nach Teilkirchenrecht steht ihm ein Pastoralrat (Dekanatsrat) zur Seite oder – wo ein regionaler Pastoralrat eingerichtet ist – eine Arbeitskonferenz; für die Verwaltungsaufgaben ist allenfalls ein Dekanatsbüro einzurichten.

Vorbehaltlich anderer Regelungen im Teilkirchenrecht wird der Dekan vom Bischof frei ernannt, wobei dieser nach seinem klugen Ermessen den Rat der im Dekanat wirkenden Priester einzuholen hat (c. 553 § 2). Partikularrechtlich werden die Dekane gewählt und vom Bischof bestellt; dieser hat zu prüfen, ob der Gewählte nach den örtlichen und zeitlichen Verhältnissen für dieses Amt geeignet ist, wobei auch ein Priester, der nicht Pfarrer ist, Dekan werden kann (c. 554 § 1)[3].

Die Amtsdauer des Dekans ist partikularrechlich zu regeln (c. 554 § 2). Er kann zwar auch vor Ablauf der Amtszeit vom Bischof frei, d. h. ohne Einhaltung eines bestimmten Verfahrens, abgesetzt werden, wofür es freilich einen gerechten Grund geben muß, den der Bischof nach klugem Ermessen zu würdigen hat (c. 554 § 3)[4].

Der *Pastoralrat* unterstützt den Dekan in der Dekanatsleitung, sofern sich diese auf die allgemeine Seelsorge bezieht; er legt die pastorale Planung fest und sorgt für

[3] Auch c.446 § 1 CIC/1917 verlangte nicht unbedingt die Bestellung eines Pfarrers zum Dekan, legte dies aber nahe.

[4] Mit der Begrenzung der Amtszeit hat das gemeine Recht nachvollzogen, was teilkirchenrechtlich schon verwirklicht war. In c. 446 CIC/1917 war keine Begrenzung der Amtszeit vorgesehen; der Dekan war aber *ad nutum* absetzbar.

die Durchführung. Die Sorge für die Priester und die disziplinäre Aufsicht sind persönlich wahrzunehmende Pflichten des Dekans; eine „Mitverantwortung" des Pastoralrates ist hier nicht denkbar.

Vom Pastoralrat des Dekanates ist die *Dekanatskonferenz* bzw. das *Dekanatskapitel* zu unterscheiden, das sich aus dem Dekanatsklerus zusammensetzt; nach Teilkirchenrecht hat das Dekanatskapitel mancherorts sogar kirchliche und staatliche Rechtspersönlichkeit[5].

Auch das *Dekanatsbüro* hat lediglich jene Verwaltungsaufgaben zu erfüllen, die die allgemeine Seelsorge betreffen. Vornehmlich hat es die Sitzungen des Pastoralrates vorzubereiten und bei der Durchführung der Beschlüsse zu helfen. Hinsichtlich der anderen Aufgaben des Dekans kann das Dekanatsbüro allenfalls die Funktion eines Schreibbüros haben.

Darüber hinaus kann die partikularrechtliche Ausgestaltung der Dekanatsverfassung sehr vielfältig sein. Oft ist das Dekanat eine Nahtstelle von territorialer und kategorialer Seelsorge (Dekanatsjugendseelsorger, -frauenseelsorger, -männerseelsorger, -missionsreferent usw.); mancherorts gibt es auch einen Stellvertreter des Dekans mit unterschiedlichen Bezeichnungen (Dekanatskämmerer, Definitor). In den deutschen Diözesen gibt es vielfach Schuldekane, die die Aufsicht über den schulischen Religionsunterricht ausüben[6].

5. Kapitel: Die Pfarrei

§ 43 Die Pfarrei

Von Hubert Hack

I. Begriff und Aufgabe

1. Die Pfarrei als unterster selbständiger Teilverband

Jede Teilkirche (Diözese, Territorialprälatur, Territorialabtei, Apostolisches Vikariat, Apostolische Präfektur, ständige Apostolische Administratur) muß in Pfarreien bzw. Quasipfarreien aufgeteilt sein[1]. Die Pfarrei ist eine bestimmte Gemeinschaft von Gläubigen, die in einer Teilkirche auf Dauer errichtet ist und deren Seelsorge einem Pfarrer als ihrem eigenen Hirten anvertraut ist; dieser

[5] So im Erzbistum Freiburg/Br. (AfkKR 113 [1933], S. 118–127) und im Bistum Rottenburg-Stuttgart (ABl. 1980, S. 447 ff.).

[6] In Österreich steht diese Funktion den Fachinspektoren für den Religionsunterricht zu, wie es auch für die anderen Unterrichtsfächer Schulinspektoren gibt.

[1] C. 374 § 1. Zur Pfarrei allgemein s. *A. Hagen*, Pfarrei und Pfarrer, Rottenburg 1935; SC Ep, Directorium de pastorali ministerio episcoporum, Vatikanstadt 1973, S. 171–180 (De paroecia); *W. Kasper*, Einleitung zum Synodenbeschluß „Dienste und Ämter", in: Gemeinsame Synode. Gesamtausgabe I, S. 581–596.

untersteht dabei dem Diözesanbischof bzw. einem diesem gleichgestellten Ortsoberhirten (c. 515 § 1). Die Pfarrei ist der unterste rechtlich selbständige Teilverband zum ordentlichen Vollzug der Heilssendung, die Christus seiner Kirche aufgetragen hat. Dazu gehören vor allem Verkündigung des Wortes Gottes, Glaubenszeugnis, Gottesdienst und Feier der Sakramente sowie Dienst der Diakonie für den Einzelnen wie für die Gesellschaft[2].

a) Wie die Kirche grundsätzlich territorial gegliedert ist, so bestimmt sich in der Regel auch das *Pfarrvolk* (communitas christifidelium stabiliter constituta) durch territoriale Abgrenzung als Gemeinschaft der Gläubigen, die auf dem Gebiet der Pfarrei ihren Wohnsitz oder Nebenwohnsitz haben (c. 518). Wer durch Geburt oder Zuzug zum Gebiet einer bestimmten Pfarrei gehört, ist (die Taufe vorausgesetzt) auch Glied dieser Pfarrei. Er hat damit das Recht und die Pflicht, sich in pfarrlichen Angelegenheiten an seinen zuständigen Pfarrer zu wenden, und kann sich diesem nur durch Aufgabe des Wohnsitzes entziehen (Pfarrzwang). Dadurch ist gewährleistet, daß (abgesehen von den Wohnsitzlosen) jeder Gläubige seinen bestimmten ständigen Seelsorger hat (c. 107 § 1). In cc. 528 § 1 und 771 § 2 werden auch die Nichtkatholiken innerhalb der Pfarrei der Sorge des Pfarrers empfohlen.

Die Gemeinsame Synode der Bistümer der Bundesrepublik Deutschland verlangt, daß die Grenzen der Pfarreien bzw. Pfarrverbände[3] sich nach Möglichkeit mit denen des betr. Verflechtungsnahbereiches decken sollen[4].

Pfarrei als Personengemeinschaft wird im Deutschen auch als Pfarrgemeinde oder Gemeinde bezeichnet. Der Begriff Kirchengemeinde (in der Schweiz „Kirchgemeinde") entstammt dem deutschen bzw. schweizerischen Staatskirchenrecht und bezeichnet die Gebietskörperschaft auf der pfarrlichen Ebene, wenn sie mit Wirkung für das staatliche Recht konstituiert ist[5].

Neben den Territorialpfarreien können auch *personal bestimmte Pfarreien* bestehen, wo besondere Verhältnisse dies notwendig oder wünschenswert erscheinen lassen (c. 518). Vor allem kommen hier in Frage Militärpfarreien, Pfarreien für Minderheiten eines anderen Ritus, einer anderen Sprache oder Nationalität in einem bestimmten Gebiet, aber auch sonstige Personalpfarreien (Schloßpfarrei, Anstaltspfarrei). Die Gemeinsame Synode der Bistümer der Bundesrepublik Deutschland fordert zur kirchlichen Errichtung von personal bestimmten „Gemeinden"[6] auf, nicht nur soweit sie bisher schon üblich waren, sondern auch für „Gemeinschaften von Christen in besonderen Lebenssituationen, die sich aus gemeinsamen Aufgaben und Interessen im gesellschaftlichen Leben, in Arbeit und Freizeit ergeben"[7].

Die wichtigsten bestehenden personal bestimmten Pfarreien sind die Militär-

[2] Gemeinsame Synode. Gesamtausgabe I, Pastoralstrukturen III 1.1.1., S. 694.
[3] Vgl. hierzu in *diesem* Band, unten, *P. Krämer*, § 47 Der Pfarrverband.
[4] Gemeinsame Synode. Gesamtausgabe I, Pastoralstrukturen III 1, S. 693.
[5] Vgl. hierzu in *diesem* Band, unten, *W. Schulz*, § 95 Grundfragen kirchlichen Vermögensrechts.
[6] Diese „Gemeinden" sind nicht notwendig als Pfarreien zu errichten. Vgl. unten III 2.
[7] Gemeinsame Synode. Gesamtausgabe I, Pastoralstrukturen II 2, S. 691 f.

pfarreien. Als Standortpfarreien sind sie auch territorial abgegrenzt[8]. Sonst gibt es im deutschen Sprachraum, selbst in gemischtsprachigen Orten, nur vereinzelt personal bestimmte Pfarreien. Die Seelsorge für die Ausländer ist fast ausschließlich in „Missiones cum cura animarum", die einen pfarreiähnlichen Status haben, organisiert[9]. Studenten- oder Hochschulgemeinden haben in der Regel nicht den Status einer kanonischen Pfarrei, sondern einer – ggf. überpfarrlichen – Gruppe; ähnlich verhält es sich mit der Anstaltsseelsorge[10]. Dennoch führen die Seelsorger solcher Gruppen bzw. Anstalten oft den Titel Pfarrer.

Die *Integrierten Gemeinden*[11] sind Personalgemeinschaften, die zwar nicht den Status einer kanonischen Pfarrei haben, aber doch eine gewisse Gemeindestruktur aufweisen. Ihre Mitglieder bleiben kirchenrechtlich der Wohnsitzpfarrei zugehörig. Sie stellen apostolische Gemeinschaften im Sinne von VatII AA Art. 18–19 dar mit der Besonderheit, daß ihre Mitglieder ein gemeinsames Leben führen in der Form der „Integration". Sie verknüpfen ihr Leben in allen Bereichen miteinander bis zum gemeinsamen Wohnen in „Integrationshäusern" und ergreifen gemeinsame Initiativen auf verschiedensten Gebieten. Sie tragen gemeinsam Kosten und Lasten der Gemeinschaft und ihrer Aktivitäten auch auf wissenschaftlichem Gebiet[12]. Die Integrierten Gemeinden haben ihr eigenes Statut. Sie sind vom Diözesanbischof errichtet, der ihnen (im Benehmen mit ihnen) einen Priester zuteilt. Die Leitung der Gemeinschaft liegt aber bei einem Leitungsteam, dem der Priester angehört.

b) Der *eigene Hirt* als das geistliche Haupt der ihm anvertrauten Gläubigen übt den der ganzen Kirche aufgegebenen Dienst des Propheten-, Priester- und Leitungsamtes für seine Pfarrgemeinde amtlich und öffentlich aus. Durch Verkündigung des Wortes, Darbringung des eucharistischen Opfers, Spendung der Sakramente sowie durch Bruderdienst, Auferbauung und Leitung der Gemeinde soll er die Gläubigen heiligen, einen und den Weg der Nachfolge Christi führen. Dabei soll er sie zugleich fähig machen, ihre eigenen Aufgaben in der Gemeinde wahrzunehmen[13]. Der Dienst des Pfarrers ist sowohl Dienst in der Person und im Auftrag Christi als auch Dienst in und mit der Gemeinde[14].

Durch ihren Hirten, der zum Presbyterium der Diözese gehört, wird die Pfarrgemeinde mit der größeren Gemeinschaft des Bistums und mit dessen Oberhirten, dem Bischof, verbunden. Der Bischof ist der Seelsorger aller Gläubigen seiner Diözese, in dessen Auftrag und unter dessen Aufsicht die Pfarrer in den Gemeinden wirken. Je nach Größe der Pfarrei und örtlichen Möglichkeiten stehen dem Pfarrer haupt- oder nebenamtliche Kräfte, Priester, Diakone oder Laien, als Mitarbeiter zur Seite[15].

[8] Vgl. in *diesem* Band, unten, *A. Hierold*, § 52 Militärseelsorge.
[9] Vgl. in *diesem* Band, unten, *B. Puschmann*, § 49 Seelsorge am Menschen unterwegs.
[10] Vgl. in *diesem* Band, unten, *A. Hierold*, § 50 Schul- und Hochschulseelsorge, und *ders.*, § 51 Anstaltsseelsorge.
[11] Integrierte Gemeinden gibt es in München, Hagen (Erzdiözese Paderborn) und Wangen (Diözese Rottenburg-Stuttgart).
[12] Vgl. Zeitschrift „Die Integrierte Gemeinde", München, 1969–1976.
[13] Gemeinsame Synode. Gesamtausgabe I, Dienste u. Ämter, 5.1.1, S. 619; Pastoralsynode, Dienste 66 u. 67, S. 124f.
[14] Gemeinsame Synode, ebd. Vgl. auch in *diesem* Band, unten, *H. Heinemann*, § 44 Der Pfarrer.
[15] Vgl. hierzu in *diesem* Band, unten, .*H. Heinemann*, § 45 Die Mitarbeiter des Pfarrers.

Von großer Wichtigkeit für die Pfarrgemeinde ist auch die eigene *Pfarrkirche* (vgl. c. 216 § 1 CIC/1917). Sie ist der Ort, an dem sie, vor allem zur Feier der heiligen Eucharistie versammelt, als Kirche in Erscheinung tritt. Hier vollzieht sich ihre gemeinsame Christusbegegnung im Hören der Frohbotschaft und im Empfang der Sakramente. Hier kommt die Gemeinde zum Gotteslob, zur Danksagung und zum Bittgebet zusammen. Im CIC/1983 ist die Pfarrkirche nicht mehr als notwendiger Bestandteil der Pfarrei genannt, da in Notfällen Pfarreien auch ohne eigene Kirche bestehen können.

Organe der Pfarrei sind die Pastoralkonferenz (Pfarrverbandskonferenz) und der Pfarrgemeinderat[16].

2. *Rechtspersönlichkeit*

Die alte, umstrittene und komplexe Frage nach der Rechtspersönlichkeit der Pfarrei ist im CIC/1983 dahingehend beantwortet, daß jede Pfarrei mit ihrer rechtmäßigen Errichtung von Rechts wegen eine juristische Person ist (c. 515 § 3). Diese ist näherhin zu bestimmen als *öffentliche* juristische Person, und zwar als *nichtkollegiale Personengesamtheit* (cc. 515 § 1, 115 § 2, 116 § 1). Damit wird die Pfarrei in erster Linie als Körperschaft gesehen, nicht als Territorium wie früher (vgl. c. 216 §§ 1 und 3 CIC/1917).

Nach dem Recht des CIC/1917 eignete der Pfarrei als Gebietskörperschaft keine Rechtspersönlichkeit[17]. Nach allgemeiner Ansicht gab es in der Pfarrei zwei verschiedene Rechtspersonen, das Pfarrbenefizium und die Pfarrkirchenstiftung; die Aufspaltung in zwei juristische Personen wurde aber bereits in Frage gestellt[18].

In den deutschen Diözesen ging die Entwicklung in den letzten zehn Jahren dahin, der Pfarrei als Gebietskörperschaft *partikularrechtlich kirchliche* Rechtspersönlichkeit zuzuerkennen. So wurde in manchen deutschen Bundesländern das preußische Gesetz über die Verwaltung des katholischen Kirchenvermögens von 1924 als staatliches Recht aufgehoben[19], von den betr. Diözesen aber für eine Übergangszeit als kirchliches Recht im wesentlichen in Geltung gelassen, bis eigene Diözesangesetze über die Vermögensverwaltung ausgearbeitet und in Kraft gesetzt wurden. Diese neuen Diözesangesetze bezeichnen, wie ihr preußischer Vorgänger, die Pfarrei als Rechtsperson mit dem ursprünglich staatsrechtlichen Begriff „Kirchengemeinde"[20]. Jetzt befindet sich diese Auffassung sachlich in Übereinstimmung mit dem ius commune.

Die Vertretung der Pfarrei in allen Rechtsgeschäften liegt beim Pfarrer bzw. (bei kollegialer Leitung) beim Moderator des Leitungsteams (cc. 532, 543 § 2, n. 3). Dies ist eine lex specialis gegenüber c. 1279 § 1, wonach in Vermögensangelegen-

[16] Vgl. in *diesem* Band, unten, *H. Heinemann*, § 45 Die Mitarbeiter des Pfarrers; *J. Lederer*, § 46 Pfarrgemeinderat und Pfarrverwaltungsrat; *P. Krämer*, § 47 Der Pfarrverband.

[17] *H. Schnizer*, Schuldrechtliche Verträge der katholischen Kirche in Österreich, Graz-Köln 1961, S. 38–54.

[18] *R. A. Strigl*, Grundfragen der kirchlichen Ämterorganisation, München 1960, S. 178–183; *M. Petroncelli*, La personalità unica o molteplice, in: AnGr 69 (1955), S. 106.

[19] Vgl. Vertrag zwischen dem Lande Rheinland-Pfalz und dem Erzbistum Köln sowie den Bistümern Limburg, Mainz, Speyer und Trier vom 18. Sept. 1975, in: GVBl. Rheinl.-Pfalz 1975, S. 398; ABl. Limburg 117 (1975), S. 190–192; KABl. Mainz 118 (1976), S. 6–9; OVBl. Speyer 68 (1975), S. 368–374; KABl. Trier 119 (1975), S. 273–275.

[20] Vgl. ABl. Limburg 119 (1977), S. 559–564; KABl. Mainz 121 (1979), S. 1–6; KABl. Fulda 95 (1979), S. 43–47; KABl. Trier 122 (1978), S. 215–221.

heiten die Verwaltung partikularrechtlich nicht notwendig beim Leiter der betr. juristischen Person liegen muß. Dennoch kann in den Diözesen, in denen seit über hundert Jahren die vermögensrechtliche Vertretung der Pfarreien durch ein kollegiales Organ[21] erfolgt, dieses Gewohnheitsrecht nach c. 5 § 1 aufrechterhalten werden.

II. Arten der Pfarrei

1. *Die kanonische Pfarrei*

Die kanonische Pfarrei des CIC ist die Regelform der Pfarrei. Sie muß selbständig bestehen können, so daß sie in geistlicher wie in zeitlicher Hinsicht ihren Aufgaben gewachsen ist und die Gewähr der Dauer bietet[22]. Dies gilt für Territorial- wie Personalpfarreien.

Die *kollegial geleitete* Pfarrei ist nach dem CIC/1983 ebenfalls eine Art der kanonischen Pfarrei. Sie kann bestehen in der Form, daß die Seelsorge mehreren Priestern „in solidum" anvertraut wird, von denen einer als Moderator das gemeinsame Wirken dieser Priester einheitlich auszurichten hat und dem Bischof für die gemeinsame Seelsorge verantwortlich ist (c. 517 § 1). Sie kann aber auch, wo Priestermangel herrscht, in der Form bestehen, daß einem Diakon oder Laien oder einer Personengemeinschaft die Mitwirkung in der Ausübung der Seelsorge anvertraut wird; dann muß vom Bischof jedoch stets ein Priester bestellt werden, der, mit pfarrlicher Vollmacht ausgestattet, die Seelsorgsarbeit leitet (c. 517 § 2).

Als Laien in diesem Sinne werden, wo es möglich ist, in erster Linie Pastoralreferenten, als Personengemeinschaften Angehörige von Ordensinstituten, Säkularinstituten oder einer Gesellschaft des apostolischen Lebens, auch Frauen, infrage kommen.

2. *Der Pfarrverband*

Der Pfarrverband ist ein Zusammenschluß von Pfarreien oder Quasi-Pfarreien, die jedoch ihre rechtliche Selbständigkeit behalten. In der Bundesrepublik Deutschland hat die Gemeinsame Synode eine Rahmenordnung auch für den Pfarrverband erlassen[23]. Aber schon vorher wurde in manchen deutschen Diözesen der Pfarrverband eingeführt[24].

Der CIC/1983 enthält in c. 517 § 1 die Bestimmung, daß die Seelsorge mehrerer Pfarreien zusammen mehreren Priestern „in solidum" übertragen werden kann, wobei einer als verantwortlicher Moderator die Seelsorgsarbeit lenkt. Näheres

[21] Die Bezeichnungen dieser Organe sind sehr verschieden, vor allem: *Kirchenvorstand* (in Teilen des ehem. preußischen Rechtsgebiets), *Kirchenverwaltung* (in Bayern und Speyer), *Verwaltungsrat* (Limburg, Fulda, Mainz, Trier), *Pfarrkirchenrat* (in Österreich), *Kirchenrat, Kirchenpflege-* oder *Stiftungsrat* (in der Schweiz). In einigen Diözesen liegt die Vermögensverwaltung beim Pfarrgemeinderat bzw. einem seiner Ausschüsse.

[22] Vgl. *Mörsdorf* Lb I, S. 462f.

[23] Gemeinsame Synode. Gesamtausgabe I, Pastoralstrukturen III 1.2, S. 696ff. und Musterstatut, Anhang, S. 713–716.

[24] *H. Schmitz*, Der Pfarrverband. Kirchenrechtliche Fragen einer neuen Organisationsform, dargestellt an der Regelung im Bistum Trier, in: Festg. Flatten, S. 189–204.

über die Rechte und Pflichten des Moderators sowie der übrigen Priester des Leitungsteams wird in c. 543 ausgesagt. Beim Ausscheiden eines Priesters des Leitungsteams, ja selbst des Moderators, aus dem Amt werden die verbundenen Pfarreien nicht vakant (c. 544). Die Bestimmungen des CIC/1983 decken sich nicht mit der Rahmenordnung der Gemeinsamen Synode der Bistümer in der Bundesrepublik Deutschland für den Pfarrverband[25].

3. *Die Quasi-Pfarrei*

Nach dem Recht des CIC/1917 gab es die Quasi-Pfarrei nur im Bereich der Missionskirchenverfassung (vgl. c. 216 §§ 2 und 3 CIC/1917). Heute versteht man unter Quasi-Pfarrei in der ganzen Kirche eine *Ersatzform* der Pfarrei, oft eine Vorstufe zu ihr. Sie ist im deutschen Sprachraum unter den Namen (Pfarr-)Kuratie, Pfarrvikarie, Rektorat, in Österreich auch Lokalie, Pfarrexpositur, Kuratbenefizium bekannt. Es handelt sich um eine Gemeinschaft von Gläubigen in einer Teilkirche, die aus besonderen Gründen noch nicht als kanonische Pfarrei errichtet ist[26]. Sie ist, wenn im Recht nichts anderes bestimmt ist, rechtlich der kanonischen Pfarrei gleichgestellt (c. 516 § 1). Die Quasipfarrei muß, wie die kanonische Pfarrei, ihren eigenen Hirten haben. Dieser ist ebenfalls dem kanonischen Pfarrer gleichgestellt[27]. Es gibt jetzt wohl keinen Grund mehr, ihn als Stellvertreter (vicarius) des Bischofs zu bezeichnen, auch wo er die Dienstbezeichnung Pfarrvikar führt.

Wenn eine bestimmte Personengemeinschaft nicht einmal zu einer Quasi-Pfarrei errichtet werden kann, soll der Diözesanbischof auf andere Weise für ihre seelsorgliche Betreuung sorgen (c. 516 § 2). Das könnte etwa geschehen durch Beauftragung eines Hilfspriesters (vicarius paroecialis) für den betreffenden Teil einer Pfarrei (vgl. c. 545 § 2).

Im deutschsprachigen Raum kennt man partikularrechtlich auch Gemeinden, die eine praktische seelsorgliche und oft auch vermögensrechtliche Selbständigkeit genießen, die aber nicht von der Mutterpfarrei abgetrennt, sondern lediglich innerhalb der Pfarrei abgegrenzt worden sind (Kuratie, Pfarrvikarie, Pfarr-Rektorat, abhängiges Rektorat, Seelsorgebezirk, Expositur; in Österreich auch Stationskaplanei, in der Schweiz auch Kuratkaplanei). Dem Pfarrer der Mutterpfarrei bleibt dabei die Pflicht der *applicatio pro populo* auch für den abgetrennten Bezirk; an sich bleiben ihm alle pfarrlichen Rechte in diesem Bezirk, doch soll er sie nicht ausüben. Oft bleibt dem Pfarrer der Mutterpfarrei mit seinem Verwaltungsorgan[28] auch die Verwaltung des Vermögens in dem abgegrenzten Gebiet. Demnach sind solche Gemeinden keine Quasi-Pfarreien im Sinne des c. 516 § 1, ja sie stehen im

[25] Vgl. in *diesem* Band, unten, *P. Krämer*, § 47 Der Pfarrverband.
[26] *R. A. Strigl*, Die Vicaria perpetua als Ersatzform der kanonischen Pfarrei, München 1964.
[27] Wo nach partikularrechtlicher hundertjähriger oder unvordenklicher Gewohnheit diese Seelsorger frei (ad nutum) abberufen werden können, wird es nach c. 5 § 1 auch künftig dabei bleiben können.
[28] Vgl. Anm. 21.

Gegensatz zu der Bestimmung des c. 526 § 2, der streng verbietet, daß in einer Pfarrei zwei amtierende Pfarrer sind[29]. Ihre Seelsorger erhalten (und erhielten schon vor dem CIC/1983) die Trauungsvollmacht in der Regel mit ihrer Anstellung als allgemein delegierte Vollmacht und sind daher im Grunde als Kapläne *(vicarii paroeciales)* anzusehen (vgl. c. 1096 § 1 CIC/1917)[30]. Vielfach wurden unter der Herrschaft des CIC/1917 Gebietsteile, die nur abgegrenzt waren, durch Abtrennung von der Mutterpfarrei umgewandelt in Quasi-Pfarreien (damals vicariae perpetuae genannt, vgl. c. 1427 CIC/1917).

III. Gliederung der Pfarrei

1. *Pfarrbezirke*

Größere territoriale Pfarreien können und sollen in Pfarrbezirke gegliedert werden[31], um durch kleinere Gemeinschaften der Gefahr der Anonymität zu begegnen. Die Pfarrbezirke entsprechen in der Regel den örtlichen Siedlungseinheiten (Wohnviertel), in denen die Gläubigen sich einander persönlich kennenlernen und unmittelbares Zeugnis ihres Glaubens ablegen können. So fördert die Einteilung in Pfarrbezirke die Glaubenssicherheit und Glaubensfreude in der Pfarrei.

Da die Einteilung in Pfarrbezirke nicht juridischer Art ist, gibt es für sie kein Führungsamt. Die Bezirke werden von im pastoralen Dienst der Pfarrei (bzw. des Pfarrverbands) stehenden Personen betreut[32].

2. *Basisgemeinden*

Aus dem Bestreben, die Passivität vieler Gemeindeglieder zu überwinden und sie zu aktivem Einsatz aus dem Geist des Evangeliums zu führen, und ebenso aus dem Bedürfnis, der Anonymität und Isolierung des Einzelnen in den großen städtischen Pfarreien zu entgehen und eine wahrhaft brüderliche Gemeinde zu werden, sind in Mittel- und Westeuropa seit den sechziger Jahren innerhalb von Pfarreien Gruppen entstanden, die sich *Basisgruppen, Basisgemeinschaften* oder *Basisgemeinden* nennen[33]. Ähnlich in Lateinamerika, dort aber aus pastoralen Notlagen.

[29] Vgl. *Mörsdorf* Lb I, S. 466.
[30] *Strigl*, Vicaria perpetua (Anm. 26), S. 61 f.; SC Consist v. 1. 8. 1919, in: AAS 11 (1919), S. 346; SC Conc v. 13. 7. 1918, in: AAS 11 (1919), S. 46.
[31] Gemeinsame Synode. Gesamtausgabe I, Pastoralstrukturen III 1.1., S. 694; Pastoralsynode, Dienste 62–68, S. 123–125.
[32] Vgl. ÖSV, A I 3.3.1, S. 21.
[33] Es fehlt nicht an Versuchen, die Ziele der kirchlichen Basisgemeinden in ganzen Pfarreien durch Aktivierung der Gläubigen zu verwirklichen. Literatur über solche engagierte Pfarreien und über Basisgemeinden: *J. Bichler u. a.*, Denkschrift zur Gemeindearbeit, München 50, Templestr. 5, 1969; *L. Boff*, Die Neuentdeckung der Kirche, Basisgemeinden in Lateinamerika, 2. Aufl., Mainz 1980; *Ph. Boonen*, Einleitung zum Synodenbeschluß „Pasto-

Es gibt für sie kein gemeinsames Statut. Sie unterscheiden sich oft beträchtlich voneinander. Die Idealgestalt einer kirchlichen Basisgemeinde sieht folgendermaßen aus: Sie besteht vorwiegend aus Familien, in der Größenordnung von etwa 30 Personen. Der Zusammenschluß erfolgt freiwillig auf der Grundlage entweder des Wohnens in Nachbarschaft, oder gemeinsamer Interessen, oder einfach freundschaftlicher Beziehungen, seltener auf der Grundlage gemeinsamer Berufe oder als Betriebsgemeinde in einem Industriebetrieb. Die kirchliche Basisgemeinde hat eine frei gewählte und familiäre Führung, doch soll nach Möglichkeit, wenn nicht ein Priester, so doch wenigstens ein Diakon den „Vorsitz im Glauben und in der Liebe" haben. Sie will also keine private Gruppe sein, sondern Gliederung der Pfarrei, deren geistliches und karitatives Leben sie fördern will. Auf diese Weise soll die Pfarrei eine „Gemeinschaft von Gemeinschaften" werden. Die Ansprüche an die einzelnen Mitglieder der Gruppe sind hoch, sie sollen in der Gruppe selbstverantwortlich mitarbeiten; sie leisten freiwillige finanzielle Beiträge nicht nur für die Bedürfnisse der Gruppe, sondern auch für Hilfeleistung nach außen.

Die kirchliche Basisgemeinde setzt sich für die Forderungen der Gerechtigkeit in der menschlichen Gesellschaft ein und ist bemüht, den Menschen in- und außerhalb der Gruppe in geistigen und materiellen Nöten Hilfe zu leisten. Ihr letzter Zweck ist, eine Gemeinschaft nach dem Vorbild der Urkirche (Apg 2,42–45) zu werden und jeden einzelnen zur Gemeinschaft mit Gott, zur brüderlichen Liebe und zur Einbeziehung aller Wirklichkeit in die Einheit des Lebens zu führen[34].

Wenn solche Untergliederungen in der Pfarrei gebildet werden, ist darauf zu achten, daß die Einheit der Pfarrei nicht durch auseinanderstrebende oder sich abkapselnde Teile gefährdet wird. Stets müssen die einzelnen Gemeinschaften sich als Glieder der Pfarrgemeinde (bzw. ihrer Pfarrgemeinden) fühlen und für einen lebendigen Austausch untereinander und mit der Pfarrgemeinde sorgen[35].

Die kirchlichen Basisgemeinden, soweit sie ihren eigentlichen Zielen und Aufgaben treu bleiben, werden von Papst *Paul VI.* in dem Apostolischen Schreiben über die Evangelisierung in der Welt von heute als eine Hoffnung für die universale Kirche bezeichnet[36].

ralstrukturen", in: Gemeinsame Synode. Gesamtausgabe I, S. 679–687 mit der dort angegebenen Lit., bes. S. 683f.; *W. Bühlmann*, Die Basisgemeinden: Ort der aktiven Kirche, in: Franziskanische Studien 65 (1983), S. 9–15; *H. Fischer/N. Greinacher/F. Klostermann*, Pastorale. Handreichung für den pastoralen Dienst. Faszikel „Die Gemeinde", 2. Aufl., Mainz 1970, S. 11–25; *K. Rahner*, Schriften zur Theologie, 7. Aufl., Bd. II, Einsiedeln-Zürich-Köln 1964, S. 299–337: Friedliche Erwägungen über das Pfarrprinzip; *H.-M. Schulz*, Ein Jahr in Gottes Werkstatt, Mainz 1978; *P. Weß*, Gemeindekirche – Zukunft der Volkskirche, Freiburg 1976; *ders.*, Eine Frage bricht auf, Graz 1982; *Ders.:* „Ihr alle seid Geschwister, Gemeinde und Priester", Mainz 1983; *W. Wessel/R. Kellerhoff*, Faszination Gemeinde, Freiburg 1979.

[34] *J. Capellaro/J. Mira/J. Jiménez*, Pfarrgemeinde der Zukunft, Gemeinschaft von Gemeinschaften, Projekt 1990, Thaur/Tirol 1979, S. 21–36.

[35] Ortskirche als Ereignis der Weltkirche. Diözesansynode Bozen-Brixen 1970–1973, Bozen 1974, S. 28–29.

[36] Vgl. *Paul VI.*, Apost. Schreiben „Evangelii nuntiandi" vom 8. 12. 1975, n. 58, in: AAS 68 (1976), S. 46–49; dt. Übers. in: Verlautbarungen des Apostolischen Stuhles, Nr. 2, hrsg. vom Sekretariat der DBK, Bonn 1975, S. 43–46.

Außer den so beschriebenen kirchlichen Basisgemeinden gibt es auch andere, denen nach den Worten Papst *Pauls VI.* die Bezeichnung „kirchlich" nicht zukommt[37], obwohl auch sie in der Gemeinschaft der Kirche bleiben wollen. Es sind jene, die nicht nur eine scharfe Kritik an der Kirche üben, sondern auch die kirchliche Hierarchie ablehnen[38] und das kirchliche Lehramt in Frage stellen[39], anderseits stark einseitig politisch ausgerichtet und engagiert sind[40]. Sie verstehen sich meist als Personalgemeinden, also nicht als Gliederung der Pfarrei, zu der sie jedoch den Kontakt suchen.

Im deutschsprachigen Raum sind Basisgemeinden noch dünn gesät, es werden in der Bundesrepublik Deutschland etwa 40, einschließlich aller Schattierungen, gezählt. Die jeweilige Zahl ihrer Glieder schwankt zwischen 10 und 150[41].

IV. Die Neubesetzung der Pfarrei

Die frühere Bestimmung, daß vakante Kirchenämter in der Regel innerhalb von sechs Monaten neu besetzt werden sollten (c. 155 CIC/1917; vgl. c. 125 Schema NormGen), ist dahin abgeändert worden, daß die Neubesetzung eines Seelsorgsamtes nicht ohne schwerwiegenden Grund hinausgeschoben werden soll (c. 151). Dadurch erübrigt sich die alte Ausnahmebestimmung, daß mit der Neubesetzung einer Pfarrei unter besonderen Umständen länger als sechs Monate gewartet werden könne; c. 458 CIC/1917 bzw. c. 358 Schema PopDei ist in den CIC/1983 nicht übernommen worden. Ausgeschlossen bleibt aber eine Verzögerung der Pfarreibesetzung wegen einer wirtschaftlichen Notlage der Diözese[42].

V. Errichtung, Aufhebung und Änderung von Pfarreien

Die Vollmacht, Pfarreien zu errichten, aufzuheben oder zu verändern, liegt allein beim Diözesanbischof; bei einer Errichtung, Aufhebung oder erheblichen Veränderung muß er zuvor den Priesterrat hören (c. 515 § 2)[43]. Es ist Aufgabe des Bischofs, im Interesse einer unbehinderten Seelsorgsarbeit Pfarreien, deren Ausdehnung oder Gläubigenzahl allzu groß ist, zu teilen oder umzugliedern sowie anderseits zu kleine Pfarreien zu vereinigen, soweit dies erforderlich und durchführbar ist.

[37] Ebd.

[38] „... Gruppen und Gemeinschaften, die sich außerhalb der verfaßten Gemeindestrukturen und außerhalb des Geltungsbereiches des Kirchenrechts ansiedeln": *N. Copray/ H. Meesmann/Th. Seiterich* (Hrsg.), Die andere Kirche, Basisgemeinden in Europa, Wuppertal 1982, S. 135 (dort auch weitere Literaturangaben S. 163f.).

[39] „Mindestens ebenso wichtig wie Erklärungen der römischen Glaubenskongregation wird im konkreten Konfliktfall das genommen, was die Mitchristin oder der Mitchrist beim gemeinsamen Lesen der Bibel zu sagen hat": Ebd., S. 146.

[40] Ebd., S. 135f., 143.

[41] Ebd., S. 137.

[42] Vgl. PCI v. 3. 5. 1945, in: AAS 37 (1945), S. 149.

[43] Der CIC/1983 erwähnt nicht mehr die Fälle, daß über die Errichtung von Pfarreien Vereinbarungen zwischen dem Apostolischen Stuhl und einer Staatsregierung bestehen oder daß wohlerworbene Rechte Dritter berührt werden (vgl. MP EcclSanct I 21 § 3 mit AAS 61 [1969], S. 551). Die Möglichkeit, mehrere Pfarreien in Personalunion zu vereinigen, welche im früheren Benefizialrecht gegeben (vgl. cc. 460 § 1, 1420 § 2, 1423 § 1 CIC/1917) und noch im Schema PopDei c. 360 § 1 vorgesehen war, besteht nicht mehr.

Personalpfarreien konnten früher nur auf Grund eines päpstlichen Indults errichtet werden (c. 216 § 4 CIC/1917). Seit dem MP EcclSanct (I 21 § 3) und nach dem CIC/1983 ist auch die Errichtung solcher Pfarreien in die Vollmacht des Diözesanbischofs gegeben (c. 515 § 2 i.V.m. c. 518).

VI. Einverleibung und Anvertrauung einer Pfarrei

1. *Inkorporierte Pfarreien*

Das Recht des CIC/1917 kannte die *Einverleibung (incorporatio)* einer Pfarrei in einen Konvent von Ordensmännern[44], in ein Dom- oder Stiftskapitel oder auch in eine andere juristische Person (ausgenommen eine Niederlassung von Ordensfrauen). Bei *voller Einverleibung* wurde die juristische Person selbst Pfarrer (parochus habitualis) und wurde für die Ausübung der Seelsorge ein Vikar (vicarius actualis) bestellt (cc. 452, 471, 609 § 2, 1425 § 2 CIC/1917). Geschah die Einverleibung in ein Kloster, so wurde die Pfarrei zu einem ordensgeistlichen Benefizium (Klosterpfarrei) und der Klosterobere präsentierte dem Bischof einen Priester seines Ordens als Vikar. Für die volle Einverleibung war ein Indult des Apostolischen Stuhls notwendig.

In Ausführung von VatII CD Art. 32 wurde im MP EcclSanct (I 21 § 2) die volle Einverleibung einer Pfarrei in ein Dom- oder Stiftskapitel untersagt und angeordnet, daß solche bestehende Einverleibungen vom Bischof nach Anhören des betr. Kapitels und des Priesterrats aufgelöst werden und statt des vicarius actualis ein kanonischer Pfarrer bestellt wird.

Die *halbe Einverleibung* (z. B. in ein Kloster) bezog sich nur auf das Einkommen aus der Pfarrpfründe, das der juristischen Person zufloß. Diese (bzw. der Klosterobere) präsentierte dem Bischof einen *weltgeistlichen* Kandidaten für die Pfarrstelle, da diese ihren weltgeistlichen Charakter behielt (c. 1425 § 1 CIC/1917).

Das neue Gesetzbuch verbietet *jegliche volle Einverleibung* (Inkorporation) einer Pfarrei, nicht nur in ein Dom- bzw. Stiftskapitel (was schon durch MP EcclSanct verboten war, s. o.), sondern auch in ein Ordensinstitut, eine Gesellschaft des apostolischen Lebens oder eine sonstige juristische Person: „Persona iuridica ne sit parochus" (c. 520 § 1). Diese lapidare Bestimmung verlangt zugleich, daß etwa noch bestehende volle Einverleibungen aufgelöst werden müssen.

Die *halbe Einverleibung* ist nicht ausdrücklich untersagt, hat aber auch keine gesetzliche Grundlage mehr. Angesichts der heutigen wirtschaftlichen Situation der Pfarreien ist sie praktisch gegenstandslos geworden.

2. *Anvertraute Pfarreien (c. 520)*

Eine Pfarrei kann einem klerikalen Ordensinstitut oder einer klerikalen Gesellschaft des apostolischen Lebens in einfacher Weise (ohne Einverleibung) *anvertraut* werden, wenn der zuständige Obere des betr. Verbandes zustimmt. Die Anvertrauung ist Sache des Diözesanbischofs, nicht aber des Diözesanadministra-

[44] *A. Fehringer*, Die Klosterpfarrei. Der Pfarrdienst der Ordensgeistlichen nach geltendem Recht mit einem geschichtlichen Überblick, Paderborn 1958.

tors, und kann auf Dauer oder auf eine bestimmte Zeit geschehen, in jedem Fall aber nur durch einen schriftlichen Vertrag zwischen dem Diözesanbischof und dem zuständigen Oberen des Instituts bzw. der Gesellschaft des apostolischen Lebens.

In diesem Vertrag ist klar zu regeln, worin die Dienstleistungen des Pfarrers bzw. des Leitungsteams bestehen, wieviele Personen dafür eingesetzt werden und welche wirtschaftlichen Verpflichtungen die Anvertrauung mit sich bringt. In jedem Fall gilt auch hier, daß in der Pfarrei nur ein Pfarrer bzw. – bei kollegialer Leitung der Pfarrei gemäß c. 517 § 1 – nur ein Moderator sein darf. Bei der Anvertrauung kann die Kirche des betr. Klosters oder Priesterverbandes zur Pfarrkirche bestimmt werden. Auch Quasipfarreien können in dieser Weise anvertraut werden.

Für die anvertraute Pfarrei präsentiert der zuständige Obere jeweils einen *Angehörigen seines Verbandes*, der vom Diözesanbischof als kanonischer Pfarrer eingesetzt wird (Gestellungsvertrag). Bei kollegialer Leitung werden alle Priester des Leitungsteams samt dem Moderator von dem Oberen präsentiert. Das Pfarramt bleibt, auch wenn die Pfarrei einem Ordensinstitut anvertraut ist, ein weltgeistliches Amt. Vermögensrechtliche Veränderungen wie früher bei einer Einverleibung sind mit der Anvertrauung nicht verbunden, abgesehen von den Dienstbezügen des Pfarrers, die dem Verband zufließen, und einer Entschädigung für die Benutzung der Kloster- bzw. Verbandkirche, wenn diese als Pfarrkirche benutzt wird. Anvertrauungen an Ordensinstitute waren auch nach dem früheren Recht möglich (c. 456 CIC/1917)[45].

VII. Staatsrechtliche Stellung der Pfarrei

Nach dem Staatskirchenrecht ist in der *Bundesrepublik Deutschland* die katholische *Kirchengemeinde* und somit jede Pfarrei eine Körperschaft des öffentlichen Rechts. Das gleiche gilt für Quasi-Pfarreien, die aus dem Territorium der Mutterpfarrei ausgeschieden sind. Vielfach sind auch Filialgemeinden, die nicht aus der Pfarrei ausgepfarrt sind, als Kirchengemeinden im Sinne des staatlichen Rechts errichtet. Zusammenfassungen von Kirchengemeinden zu Gemeindeverbänden besitzen ebenfalls die staatliche öffentlich-rechtliche Personalität[46].

Die Verfassung der *Deutschen Demokratischen Republik* von 1968 enthält

[45] *H. S. Mayer*, Die nicht inkorporierte Klosterpfarrei; in: AfkKR 112 (1932), S. 468–481, betont, daß die Anvertrauung nur mit päpstlichem Indult geschehen kann (vgl. cc. 1442, 626 § 1 CIC/1917). Nach dem CIC/1983 wird ein solches Indult nicht mehr gefordert.

[46] Art. 13 RK; vgl. Art. 140 GG i.V.m. Art. 137 Abs. 6 WRV; *K.-E. Schlief*, Die Organisationsstruktur der kath. Kirche, in: HdbStKirchR I, S. 299–325, besonders S. 321 ff.; *S. Marx*, Staatskirchenrechtliche Bestimmungen zum Kirchenvermögens- und Stiftungsrecht im Bereich der katholischen Kirche, in: HdbStKirchR II, S. 117–160. Vgl. auch in *diesem* Band, unten, *J. Listl*, § 113 Das Verhältnis von Kirche und Staat in der Bundesrepublik Deutschland.

keine Bestimmung des Verhältnisses kirchlicher Rechtspersonen zum Staat und verweist auf mögliche Vereinbarungen (Art. 39)[47].

In *Österreich* haben, gemäß der früheren Konzeption, die kirchlichen juristischen Personen *Pfarrkirche* und *Pfarrpfründe* Rechtspersönlichkeit für den staatlichen Bereich und genießen öffentlich-rechtliche Stellung[48].

In der *Schweiz* ist die staatsrechtliche Stellung der Pfarrei nach Kantonen verschieden geregelt[49]. Auch Quasi-Pfarreien können staatliche Rechtspersönlichkeit besitzen (Kirchgemeinden).

§ 44 Der Pfarrer

Von Heribert Heinemann

I. Begriff

Unter Pfarrer, „parochus", versteht das kanonische Recht einen Priester, dem unter der Autorität des Bischofs die Seelsorge in einer Pfarrei[1] als eigentlichem Hirten (pastor proprius) übertragen ist (vgl. c. 519). Das kirchliche Recht übernimmt damit die Aussage des II. Vatikanischen Konzils: „In vorzüglicher Weise sind ... die Pfarrer Mitarbeiter des Bischofs. Ihnen wird als eigentlichen Hirten die Seelsorge in einem bestimmten Teil der Diözese unter der Autorität des Bischofs anvertraut" (VatII CD Art. 30 Abs. 1).

Im Anschluß an VatII CD Art. 32 und gemäß MP EcclSanct (I 21 § 2) legt c. 520 § 1 fest, daß eine juristische Person nicht mehr das Amt des Pfarrers ausüben kann. Diese Regelung entspricht nicht nur seelsorglichen Erfordernissen, sondern vielmehr der verfassungsrechtlichen Struktur der Kirche, die sich in Haupt-Leibes-Einheit darstellt. Die Regelung im CIC/1917, wonach Orden, Dom- und Stiftskapitel auf Grund von Einverleibung als juristische Person das Amt des Pfarrers übernahmen (vgl. c. 452 i.V.m. c. 471 CIC/1917) ist damit abgeschafft; wo solche Einverleibungen noch bestehen, sind sie aufzuheben. Der Diözesanbischof kann eine Pfarrei wohl an eine Religiosen- oder Priestergemeinschaft übertragen, jedoch

[47] *H. Weidemann*, Zur Rechtsstellung der Kirchen und Religionsgemeinschaften nach der neuen Verfassung in Mitteldeutschland, in: DVBl. 84 (1969), S. 10–15. Vgl. auch in *diesem* Band, unten, *A. Hollerbach*, § 114 Das Verhältnis von Kirche und Staat in der Deutschen Demokratischen Republik.

[48] Art. II ÖK 1933; *I. Gampl*, Die Rechtsstellung der Kirchen und ihrer Einrichtungen nach österreichischem Recht. Untersuchung auf rechtshistorischer und rechtsvergleichender Grundlage, in: ÖAKR 16 (1965), S. 3–30 u. 99–146. Vgl. auch in *diesem* Band, unten, *H. R. Klecatsky*, § 115 Das Verhältnis von Kirche und Staat in der Republik Österreich.

[49] *J. G. Fuchs*, Zum Verhältnis von Staat und Kirche in der Schweiz, in: Essener Gespräche zum Thema Staat u. Kirche, Bd. 5, Münster 1971, S. 125–166. Vgl. auch in *diesem* Band, unten, *L. Carlen*, § 116 Das Verhältnis von Kirche und Staat in der Schweiz.

[1] Vgl. hierzu in *diesem* Band, oben, *H. Hack*, § 43 Die Pfarrei.

in der Weise (vgl. unten II 3 und 4), daß entweder ein Priester, der dieser Gemeinschaft angehört, das Pfarramt übernimmt, oder, falls der Gemeinschaft die Pfarrei „in solidum" übertragen wurde, daß einer der Priester die Aufgabe des Moderators übernimmt (vgl. c. 520 § 1). Diese Übertragung, die nur durch den Diözesanbischof, jedoch nicht durch den Diözesanverwalter erfolgen kann, geschieht entweder auf Dauer oder auf bestimmte Zeit. Dabei sind in schriftlicher Vereinbarung ausdrücklich und sorgfältig alle Aufgaben, der Personenkreis, dem diese Aufgaben übertragen werden und alle vermögensrechtlichen Angelegenheiten festzustellen (vgl. c. 520 § 2).

II. Arten

1. *Der kanonische Pfarrer (c. 519)*

Der kanonische Pfarrer ist der Vorsteher einer ihm übertragenen Pfarrei. Er besitzt nach den Normen des Kirchenrechtes eine eigenberechtigte ordentliche Gewalt.

2. *Der Quasi-Pfarrer*

Das bisher geltende Recht definierte den Quasi-Pfarrer als einen Geistlichen, der einer meist für Missionsgebiete (vgl. c. 216 § 3 CIC/1917) errichteten Pfarrei vorstand (vgl. c. 451 § 2 n. 1 CIC/1917). Das kanonische Recht hat die Einschränkung der Quasi-Pfarreien auf Missionsländer aufgegeben und ganz allgemein formuliert, daß unter Quasi-Pfarreien solche Gemeinden verstanden werden, die noch nicht als kanonische Pfarreien errichtet sind (c. 516 § 1). Hierzu würden auch die Pfarrvikarien (vicaria perpetua) gemäß c. 1427 CIC/1917 gehören, die das kirchliche Gesetzbuch nicht mehr aufführt. Den Titel „quasi-parochus" oder „vicarius paroecialis" in diesem auf die „vicaria perpetua" eingeschränkten Sinn (vgl. c. 451 § 2 n. 2 CIC/1917) übernimmt das kirchliche Gesetzbuch nicht. In c. 516 § 1 wird lediglich von einem Priester gesprochen, dem diese Gemeinschaft der Gläubigen als ordentlichem, d. h. mit ordentlicher Gewalt ausgestatteten Hirten seelsorglich anvertraut wird. Daraus läßt sich ableiten, obschon das kirchliche Gesetzbuch die präzise Auskunft, wie dies in c. 451 § 2 CIC/1917 geschehen war, vermissen läßt, daß der Priester, dem eine kanonisch noch nicht als Pfarrei errichtete Gemeinschaft von Gläubigen übertragen ist, die gleichen Verpflichtungen und Rechte wie der kanonische Pfarrer hat.

3. *Der Religiose als Pfarrer*

Der Bischof kann eine Pfarrei auch einem klerikalen Ordensinstitut oder einer klerikalen Gesellschaft des apostolischen Lebens übertragen, allerdings – wie bereits angesprochen – nicht mehr durch Einverleibung (Inkorporation; vgl. c. 452

CIC/1917), sondern vielmehr durch einfache Übertragung. Dabei übernimmt ein einer solchen Gemeinschaft angehörender Priester das Amt des Pfarrers (vgl. c. 520 § 1). Bis auf die Abberufung entsprechen seine Rechte und Pflichten denen des kanonischen Pfarrers.

4. *Der Moderator*

In c. 517 § 1 ist vorgesehen, daß eine Pfarrei auch einer priesterlichen Gemeinschaft „in solidum" („équipe") übertragen werden kann. Es könnte sich dabei um eine Gemeinschaft von Weltpriestern oder von Ordenspriestern (institutum religiosum aut societas vitae apostolicae gemäß c. 520 § 1) handeln. In diesem Fall übernimmt einer der Priester das Amt des „moderator", der die der Gemeinschaft übertragenen pfarrlichen Rechte und Verpflichtungen (vgl. auch c. 520 § 1) koordiniert und leitet. In allen rechtlichen Fragen und pfarrlichen Verpflichtungen vertritt er allein die Pfarrei nach außen. Er ist dem Bischof verantwortlich (c. 517 § 1; vgl. dazu im folgenden unten VI).

5. *Der „Ersatzpfarrer"*

Gemäß c. 517 § 2 kann der Bischof bei Priestermangel die Ausübung der Seelsorge in einer kanonischen Pfarrei auch einem Diakon, anderen Personen, die nicht die Priesterweihe haben – hier wäre wohl an Pastoralassistenten[2] zu denken – oder einer Gemeinschaft übertragen. Dabei muß er jedoch zur Leitung der Seelsorge einen Priester als „Ersatzpfarrer" bestellen, den er mit pfarrlicher Gewalt und Vollmacht ausstattet. Über c. 517 § 2 hinaus ist dazu keine weitere Regelung getroffen. Der Umfang seiner Vollmacht richtet sich nach dem vom Bischof erteilten Auftrag, wobei er jedoch hinsichtlich der Gewalt und Vollmacht grundsätzlich einem Pfarrer gleichgestellt ist. Hier ist von einer ordentlichen, stellvertretenden Gewalt zu sprechen.

6. *Der Militärpfarrer (capellanus militum)*

Die Rechte und Pflichten des Militärpfarrers ergeben sich aus den entsprechenden Statuten für die Militärseelsorge[3].

7. *Der Titularpfarrer*

In den meisten Diözesen ist es üblich, Krankenhausgeistlichen, Religionslehrern, Studentenseelsorgern u. ä. den Titel „Pfarrer" zu verleihen. Aus diesem Titel

[2] Vgl. hierzu in *diesem* Band, unten, *H. Heinemann*, § 45 Die Mitarbeiter des Pfarrers, II 1.

[3] SC Consist, Instructio de vicariis castrensibus v. 23. 4. 1951, in: AAS 43 (1951), S. 562–565; durch Apost. Schreiben v. 31. 7. 1965 erfolgte die Approbation der Statuten für die Militärseelsorge in der Bundesrepublik Deutschland, in: AAS 57 (1965), S. 704–712; zur Militärseelsorge vgl. in *diesem* Band, unten, *A. Hierold*, § 52 Militärseelsorge.

lassen sich keinerlei pfarrliche Rechte ableiten. Die Möglichkeit, daß mit der Ernennung durch Diözesanrecht oder durch den Diözesanbischof bestimmte Rechte verliehen werden, bleibt hiervon unberührt.

III. Rechte und Pflichten des Pfarrers

Das kirchliche Gesetzbuch umschreibt die Rechte und Pflichten des Pfarrers in c. 519 gleichsam in einer Generalnorm. Es wird dort festgestellt, der Pfarrer sei „pastor proprius" der ihm übertragenen Pfarrei und der seiner seelsorglichen Sorge anvertrauten Gemeinde unter der Autorität des Bischofs, der ihn zu diesem Anteil am Amt Christi berufen hat[4]. Mit allen Mitarbeitern[5], den Priestern, Diakonen und den diese Arbeit unterstützenden Laien ist er bestellt, nach Norm des kanonischen Rechts gegenüber seiner Gemeinde das Amt Christi, d. h. das Amt des Lehrens, des Heiligens und des Leitens wahrzunehmen.

Diese allgemeine Norm über die Rechte und Pflichten wird in den folgenden cc. 528–535 durch differenzierte Aussagen gefüllt.

1. *Die Verpflichtung zur Verkündigung des Wortes (c. 528 § 1)*

Da es Aufgabe des Pfarrers ist, allen Pfarrangehörigen das Wort zu verkünden, soll er besorgt sein für die Predigt an Sonn- und Festtagen, die katechetische Unterweisung und die Pflege von Werken, die apostolische Gesinnung und soziale Gerechtigkeit fördern. Seine besondere Sorge soll der katholischen Erziehung der Kinder und Jugendlichen gelten. Ebenso soll er sich um die Verkündigung des Evangeliums bei denen bemühen, die religiös gleichgültig geworden oder noch nicht zum Bekenntnis des wahren Glaubens gelangt sind. Die zentrale Verpflichtung zum Dienst am Wort ist in c. 757 noch einmal eigens angesprochen und wird in c. 770 (im Hinblick auf geistliche Exerzitien und Missionen), c. 776 (allgemeine katechetische Unterweisung), c. 777 (besondere katechetische Unterweisung z. B. als Vorbereitung auf den Empfang der Sakramente, vgl. hierzu auch cc. 843, 867, 914), konkretisiert.

2. *Die Verpflichtung zur Heiligung (c. 528 § 2)*

Da die Feier der Eucharistie „Mitte und Höhepunkt des Lebens der christlichen Gemeinde" ist[6], muß der Pfarrer besorgt sein, daß sie wirklich zur Mitte der Gemeindeversammlung wird. Seinem besonderen Bemühen obliegt es, daß die Gemeindeglieder häufig die Sakramente der Eucharistie und der Buße empfangen. Unter der Autorität des Bischofs muß er um die Feier der Liturgie besorgt sein, in der sich der Heiligungsdienst der Kirche (vgl. c. 834 § 1) verdeutlicht. Er soll ihr

[4] Vgl. VatII CD Art. 30.
[5] Vgl. hierzu in *diesem* Band, unten, *H. Heinemann*, § 45 Die Mitarbeiter des Pfarrers.
[6] Vgl. VatII CD Art. 30 Abs. 2.

vorstehen und darüber wachen, daß keine Mißbräuche entstehen. Dabei sind die Bestimmungen für die einzelnen Sakramente mitzubedenken, auf die jedoch noch eigens einzugehen ist.

3. *Verpflichtung zur allgemeinen Seelsorge (c. 529)*

Der Pfarrer muß seine ihm anvertraute Gemeinde kennen. Diese Kenntnis gewinnt er am einfachsten durch Hausbesuche. Seiner Sorge sind alle anvertraut, diejenigen, die am religiösen Leben teilnehmen und die, die sich von ihm getrennt haben. Gerade letztere soll er klug ermahnen. Den Kranken und Sterbenden soll er Hilfe, vor allem in den Sakramenten, angedeihen lassen. Mit besonderer Sorgfalt soll er den Armen, Bedrängten, Alleinstehenden, den aus ihrem Vaterland Vertriebenen und durch besondere Schwierigkeiten Beschwerten zur Seite stehen. Eheleute und Eltern soll er unterstützen, damit sie ihre Verpflichtungen erfüllen und in der Familie das Wachsen eines christlichen Lebens gefördert werde. Die Arbeit der Laien, die ihren Teil an der Sendung der Kirche übernehmen, soll Anerkennung und Hilfe finden. Durch Zusammenarbeit mit dem Bischof und dem Presbyterium der Diözese soll die Verbindung der Pfarrgemeinde auch mit dem Bistum und der Weltkirche gefördert werden.

4. *Besondere Amtsaufgaben des Pfarrers (c. 530)*

Bestimmte seelsorgliche Aufgaben in der Pfarrei unterliegen in besonderer Weise der Verantwortlichkeit und Zuständigkeit des Pfarrers. Das kirchliche Gesetzbuch spricht nicht mehr von Vorbehaltsrechten, wie sie in c. 462 CIC/1917, noch in Erinnerung an den alten „Pfarrzwang", formuliert waren. In c. 530 wird stärker auf die besonderen Amtshandlungen des Pfarrers abgestellt[7].

a) Spendung der Taufe (c. 530 n. 1). Hierzu gehören auch die Vorbereitung der Eltern (c. 867 § 1) und die Sorge für einen christlichen Namen des Täuflings (c. 855).

b) Spendung der Firmung in Todesgefahr nach Norm des c. 883 n. 3 (c. 530 n. 2).

c) Spendung der Wegzehrung (vgl. auch c. 911 § 1), der Krankensalbung unter Beachtung des c. 1003 §§ 2 und 3 sowie des Apostolischen Segens (c. 530 n. 3).

d) Eheassistenz (gemäß cc. 1108, 1109) und Erteilung des Brautsegens (c. 530 n. 4).

e) Vornahme der Begräbnisfeierlichkeiten gemäß c. 1177 § 1 (c. 530 n. 5).

[7] Gegenüber c. 363 Schema Sacr sind in der endgültigen Fassung des c. 530 einige besondere Zuständigkeiten des Pfarrers nicht mehr angesprochen, so die Ankündigung des Empfanges der hl. Weihen (vgl. c. 998 § 1 CIC/1917) und des Aufgebotes bei Eheschließungen (vgl. c. 1023 CIC/1917). Letzteres erklärt sich wohl daher, daß es den Bischofskonferenzen obliegt, Regelungen für das Aufgebot zu treffen (c. 1067). Im Hinblick auf den Weiheempfang sind solche Regelungen nicht vorgesehen, wobei allerdings allgemein festgestellt wird, daß die Gläubigen verpflichtet sind, Weihehindernisse, von denen sie Kenntnis haben, dem Ordinarius oder dem Pfarrer vor der Weihe mitzuteilen (vgl. c. 1043).

f) Weihe des Taufwassers zur österlichen Zeit. Durchführung öffentlicher Prozessionen und feierlicher Segnungen außerhalb der Kirche (c. 530 n. 6).

g) Feierlicher eucharistischer Gottesdienst an den Sonn- und Festtagen (c. 530 n. 7; vgl. auch c. 534 § 1)[8].

5. Besondere Pflichten

a) Vertretung in Rechtsgeschäften (c. 532). Nach Norm des Rechtes vertritt der Pfarrer die Pfarrei in allen Rechtsgeschäften. Er ist verantwortlich für die Vermögensverwaltung der Pfarrei. Dabei sind nicht nur die Bestimmungen des kanonischen Rechts (cc. 1281–1288) zu beachten, sondern auch die vom staatlichen Gesetzgeber erlassenen Gesetze über die kirchliche Vermögensverwaltung.

b) Residenzpflicht (c. 533 § 1). Zu den besonderen Pflichten des Pfarrers gehört die Residenzpflicht, die beinhaltet, in einem Pfarrhaus bei der Kirche Wohnung zu nehmen. Der Ordinarius kann in besonders gelagerten Fällen aus gerechtem Grund die Erlaubnis erteilen, an einem anderen Ort zu wohnen, etwa in einem Haus, in dem eine Priestergemeinschaft wohnt. Dabei muß die Seelsorge in der Pfarrei gesichert sein (c. 533 § 3). Eine grobe Verletzung der Residenzpflicht ist mit strafrechtlichen Sanktionen bedroht (vgl. c. 1396).

c) Applikationspflicht (c. 534). Mit Besitzergreifung der Pfarrei ist der Pfarrer verpflichtet, an allen Sonn- und bestimmten Feiertagen für seine Gemeinde die Eucharistie zu feiern (applicatio pro populo). Im Falle rechtmäßiger Verhinderung kann er einen anderen Priester um die Vertretung bitten oder aber die Verpflichtung an einem anderen Tag wahrnehmen (c. 534 § 1). Hat der Pfarrer für mehrere Pfarreien die Seelsorge übernommen, bedarf es nur einer Applikation für alle ihm seelsorglich Anvertrauten (c. 534 § 2). Ein Pfarrer, der diesen in c. 534 §§ 1 und 2 genannten Verpflichtungen nicht nachkommt, ist gehalten, sobald wie möglich alle versäumten Applikationen, zu denen er verpflichtet ist, nachzuholen (c. 534 § 3).

d) Führung der Pfarrbücher, des Pfarrsiegels und des Pfarrarchivs (c. 535). Die sorgfältige Führung und Aufbewahrung der Pfarrbücher, des Tauf- (vgl.c. 877 § 1), Trauungs- (vgl. c. 1121) und Totenbuches (vgl. c. 1182) gemäß der vom Bischof oder von der Bischofskonferenz erlassenen Vorschriften obliegt dem Pfarrer (vgl. c. 535 § 1). In das Taufbuch sind auch Empfang der Firmung und die weiteren Angaben zum Personenstand einzutragen, wie Eheschließung (vgl. c. 1121, jedoch unter Beachtung der Bestimmung des c. 1133 über die Geheimehe), Adoption, Empfang der Diakonats- und Priesterweihe, Ablegung der ewigen Profeß in einem Ordensinstitut und Rituswechsel. In Taufbescheinigungen sind diese Eintragungen immer zu vermerken (c. 535 § 2).

[8] Die in c. 363 n. 9 Schema Sacr noch vorliegende Zufügung „cum homilia" ist in c. 530 n. 7 weggefallen. Das erklärt sich daraus, daß gemäß c. 767 § 2 bei den eucharistischen Gottesdiensten an Sonn- und Feiertagen grundsätzlich eine Homilie gehalten werden soll.

Als kirchlicher Urkundsbeamter führt der Pfarrer das Pfarrsiegel. Zeugnisse zum Stand von Christgläubigen sowie alle Akten mit Rechtscharakter müssen vom Pfarrer oder seinem Beauftragten unterschrieben und mit dem Pfarrsiegel versehen sein (c. 535 § 3). Für die Errichtung und sorgfältige Betreuung des Pfarrarchivs, in dem die Pfarrbücher, Briefe des Bischofs, andere Dokumente, die notwendiger- oder nützlicherweise aufbewahrt werden müssen, hat er Sorge zu tragen. Dem Bischof bzw. dem von ihm Beauftragten ist Einsicht zu gewähren; ansonsten muß er dafür sorgen, daß diese Bücher nicht in die Hand von Unbefugten gelangen (c. 535 § 4). Gemäß den Vorschriften des partikulären Rechtes sind ältere Pfarrbücher sorgfältig aufzubewahren (c. 535 § 5)[9]. Der Pfarrer ist gehalten, im Zusammenhang mit der Führung von Kirchenbüchern und Pfarrarchiv die Bestimmungen über das kirchliche Meldewesen[10] und des kirchlichen Datenschutzes[11] zu beachten.

6. Amtseinkommen (c. 531)

Im Priesterdekret des II. Vatikanischen Konzils war die Frage des Anspruchs auf gerechte Entlohnung angegangen worden und dabei wurden auch die Gläubigen aufgefordert, „dafür Sorge zu tragen, daß den Priestern das zu einem würdigen und ehrbaren Leben Notwendige gegeben werden kann"[12]. Durch die weitgehende Abschaffung des Pfründenwesens, das die Versorgung des Pfarrers gemäß c. 1472 CIC/1917 noch sicherte, bedarf es neuer Regelungen. Das allgemeine Recht sieht dafür weniger eine Pfarrbesoldung vor – wie dies etwa im Bereich der deutschen Diözesen geschieht, für die Kirchensteuer und staatliche Zuschüsse herangezogen werden –, sondern vielmehr die Gaben, die anläßlich der Verwaltung des Pfarramtes von den Gläubigen erbracht werden. Diese sollen, soweit nicht seitens des Gebers anderweitige Verwendung ausdrücklich gewünscht wird, einem pfarrlichen Vermögensfonds (massa paroecialis) zugewiesen werden. Es ist Aufgabe des Bischofs, nach Anhörung des Priesterrates Vorschriften darüber zu erlassen, wie über diese Gaben auch im Hinblick auf die Besoldung der Geistlichen verfügt werden soll[13]. Dabei führt der Gesetzgeber diese rechtlichen Regelungen mit dem Hinweis ein, daß der Pfarrer sein Amt nicht um des Amtseinkommens willen ausübt.

[9] Vgl. z. B. Ordnung für die Aufbewahrung und Kassation von Schriftgut und Schrifttum in den Kirchengemeinden des Bistums Essen v. 19. 8. 1982, in: KABl. 25 (1982), S. 83–85, mit Änderung v. 29. 11. 1982, ebd., S. 131.

[10] Anordnung über das kirchliche Meldewesen (Kirchenmeldewesenanordnung – KMAO) für das Bistum Essen (gleichlautend in den Diözesen der Bundesrepublik Deutschland und in der Diözese Berlin für Berlin-West) v. 24. 5. 1978, in: KABl. 21 (1978), S. 68–69.

[11] Vgl. Anordnung über den kirchlichen Datenschutz – KDO – für das Bistum Essen v. 7. 2. 1979, in: KABl. 22 (1979), S. 35–39.

[12] Vgl. VatII PO Art. 20 Abs. 1.

[13] Vgl. hierzu auch MP EcclSanct I 8.

7. Urlaub und geistliche Erholung (c. 533 §§ 2 und 3)

Wenn nicht schwerwiegende Gründe entgegenstehen, darf der Pfarrer als Jahresurlaub höchstens einen Monat lang, entweder an einem Stück oder mit Unterbrechungen, von seiner Pfarrei abwesend sein. Auf diese Urlaubszeit sollen die Tage, die er einmal im Jahr für geistliche Einkehr[14] benötigt, nicht angerechnet werden. Verläßt der Pfarrer für länger als eine Woche die Pfarrei, so hat er den Ordinarius zu benachrichtigen (c. 533 § 2).

Es ist Aufgabe des Bischofs, Normen zu erlassen, daß für die Zeit der Abwesenheit des Pfarrers die Seelsorge in einer Pfarrei durch einen mit entsprechenden Vollmachten ausgestatteten Priester gesichert ist (c. 533 § 3; vgl. hierzu auch c. 549).

IV. Einsetzung in das Pfarramt

1. Voraussetzungen

Daß nur einem Priester das Pfarramt übertragen werden kann, ergibt sich aus c. 521 § 1. Selbst dann, wenn eine klerikale Gemeinschaft „in solidum" eine Pfarrei übernimmt, muß ein Priester die seelsorgliche Verantwortung, auch gegenüber dem Bischof übernehmen (vgl. c. 517 § 1). Das gleiche gilt, wenn einem Diakon oder sogar einem Nichtgeweihten die Seelsorge in einer Pfarrei anvertraut wird. Auch in diesem Fall muß ein Priester mit den eigentlichen pfarrlichen Gewalten und Vollmachten ausgestattet werden (vgl. c. 517 § 2).

„Beim Urteil über die Eignung eines Priesters, eine Pfarrei zu leiten, berücksichtige der Bischof nicht nur seine wissenschaftlichen Kenntnisse, sondern auch seine Frömmigkeit, seinen Seelsorgseifer und die übrigen Begabungen und Eigenschaften, die für die rechte Ausübung der Seelsorge erforderlich sind", so hatte das II. Vatikanische Konzil die Voraussetzungen für die Übernahme des Pfarramtes definiert (VatII CD Art. 31). Diese Überlegungen nimmt c. 521 § 2 auf und stellt fest, daß sich ein Priester zur Übernahme des Pfarramtes durch Rechtgläubigkeit und Rechtschaffenheit auszeichnen muß; er soll Seelsorgseifer besitzen sowie die Eigenschaften, die vom allgemeinen und partikulären Recht zur Seelsorge in der betreffenden Pfarrei verlangt sind. Der Bischof soll sich über diese Eignungsvoraussetzungen auf eine von ihm festzulegende Weise Gewißheit verschaffen, wobei auch ein entsprechendes Examen eingerichtet werden kann[15].

[14] Vgl. VatII PO Art. 18 Abs. 3.

[15] Wenn auch der sog. „Pfarrkonkurs" abgeschafft ist (vgl. MP EcclSanct I 18 § 1), besteht doch weiterhin die Möglichkeit der Einrichtung eines Pfarrexamens; vgl. hierzu z. B. Ordnung für die Fortbildung und Weiterbildung der Priester im Bistum Essen v. 9. 9. 1978, in: KABl. 21 (1978), S. 201 f.; vgl. *H. Flatten*, „Lex concursus supprimitur". Zum Verhältnis von Pfarrexamen und Pfarrkonkurs, in: Festschr. Mörsdorf, S. 303–318.

2. Einsetzung

Die Übertragung (provisio) eines Pfarramtes steht dem Diözesanbischof selbst[16] in freier Verleihung zu[17]. Bestimmungen des Ordensrechtes (vgl. c. 682) oder Wahl- und Präsentationsrechte sind dabei jedoch zu berücksichtigen (c. 523)[18]. Der CIC/1917 ließ für die Zukunft solche Wahl- und Präsentationsrechte nicht mehr zu (c. 1450 § 1 CIC/1917) und wünschte darüber hinaus deren Ablösung (c. 1451 § 1 CIC/1917). Das II. Vatikanische Konzil (VatII CD Art. 28 Abs. 1) und ihm folgend MP EcclSanct (I 18 § 2) drängten ebenfalls auf Ablösung aller Rechte, die die freie Verleihung des Pfarramtes durch den Bischof behindern.

Im Falle der Behinderung (vgl. cc. 412–415) oder der Vakanz (vgl. cc. 416–430) des Bischöflichen Stuhles steht dem Diözesanadministrator bei „gebundener Verleihung", d. h. bei bestehenden Wahl- oder Präsentationsrechten die Bestätigung des Gewählten bzw. die Einsetzung des Vorgeschlagenen zu. Bei der „freien Verleihung" kann der Administrator diese Übertragung erst vornehmen, wenn Vakanz oder Behinderung des Bischöflichen Stuhles länger als ein Jahr andauern (vgl. c. 525).

Wenn der Diözesanbischof auch unter Berücksichtigung aller Umstände und unter Würdigung der Voraussetzungen demjenigen das Pfarramt übertragen kann, den er für den geeigneten hält, so soll er doch, damit er zu einem Urteil über die Eignung gelangt, den Rat des Dechanten hören. Falls es von der Sache her erforderlich erscheint, kann er bestimmte Priester und auch Laien anhören (c. 524). Im Schema PopDei c. 356 § 2 wurde noch deutlicher ausgeführt, daß es bei dieser Anhörung vor allem um die Situation der zu besetzenden Pfarrei und die danach erforderlichen Fähigkeiten und Eigenschaften eines künftigen Pfarrers gehen solle[19].

[16] Das in c. 455 § 3 CIC/1917 verlangte Spezialmandat für die Verleihung des Pfarramtes durch den Generalvikar ist in den CIC/1983 nicht mehr ausdrücklich aufgenommen worden. Das bedeutet jedoch nicht, daß der Generalvikar, von dem gemäß c. 479 § 1 alle bischöflichen Rechte – soweit der Bischof sich nicht bestimmte Rechtsakte vorbehalten hat oder ein Spezialmandat eigens gefordert ist – ausgeübt werden können, bei der Pfarrbesetzung frei verfügen könnte. Diese Rechtsfrage ist im Zusammenhang mit c. 134 § 3 zu entscheiden: Wenn in einem Rechtssatz eigens der Episcopus dioecesanus genannt ist – das ist in c. 523 der Fall –, kann nur der Bischof selbst handeln, nicht der Generalvikar oder der Bischofsvikar. Der Generalvikar bedarf in diesen Fällen eines Spezialmandats. Der Gesetzgeber hat damit in c. 134 § 3 eine Generalnorm erlassen, so daß es in einzelnen Kanones des Hinweises auf das Spezialmandat nicht mehr bedurfte.

[17] Dabei sind auch Konkordatsverpflichtungen zu berücksichtigen (z. B. Konkordat zwischen dem Hl. Stuhl und dem Deutschen Reich v. 20. 7. 1933, Art. 14 Ziff. 1).

[18] Vgl. hierzu *H. Schmitz*, Plädoyer für die Bischofs- und Pfarrerwahl, in: TThZ 79 (1970), S. 230–249; *W. Ülhoff*, Die Pfarrerwahl in der Erzdiözese Paderborn, in: Westfälische Zeitschrift 109 (1959), S. 259–355; die bei *Schmitz* im Zusammenhang mit dem Aufsatz von *Ülhoff* in Anm. 14 gemachte Aussage über den Verzicht eines Wahlrechts im Bereich der Diözese Essen erscheint problematisch, auch wenn das Handbuch des Bistums Essen (Bd. I, S. 222) diesen Verzicht ausdrücklich anmerkt.

[19] Vgl. hierzu Sb Dienste und Ämter 2.5.2 und 7.2.3b, in: Gemeinsame Synode, Gesamtausgabe I, S. 607, 634; vgl. auch *H. Heinemann*, Mitbestimmung der Gemeinde bei der Besetzung des Pfarramtes? Kanonistische Erwägungen zu c. 455 CIC, in: Christuszeugnis der Kirche. Theologische Studien, Festg. f. F. Hengsbach, hrsg. v. *P. W. Scheele* und *G. Schneider*, Essen 1970, S. 263–288, hier S. 281–283.

Mit der Einsetzung, die diözesanrechtlich unterschiedlich geregelt ist (Investitur durch Bischof oder Generalvikar, Einführung in das Amt im Rahmen einer liturgischen Feier durch den zuständigen Dechanten) und der Besitzergreifung (vgl. c. 527 § 2) erhält und übernimmt der Pfarrer alle pfarrlichen Rechte und Pflichten (vgl. c. 527 § 1). Der Ortsbischof kann festsetzen, in welchem Zeitraum die Besitzergreifung zu geschehen hat; dabei kann er auch festlegen, daß, falls die Frist nicht genutzt wurde, mit ihrem Ablauf die Pfarrei erneut als vakant erklärt wird (c. 527 § 3).

V. Erledigung des Pfarramtes

Wie jedes kirchliche Amt durch Ablauf der Zeit, für die es übertragen war, auf Grund der Erreichung der Altersgrenze, durch Verzicht, Versetzung, Abberufung und Absetzung verloren gehen kann (vgl. c. 184 § 1), so trifft das kirchliche Recht auch Vorsorge für die Erledigung des Pfarramtes (vgl. c. 538 § 1). Zu diesen vom Recht ausdrücklich genannten Erledigungsgründen zählt mit Selbstverständlichkeit auch der Tod des Amtsinhabers. Auch für diesen Fall treten bestimmte, für die Vakanz des Pfarramtes vorgesehene Rechtsfolgen ein.

1. Erledigung des Pfarramtes durch Zeitablauf (cc. 522, 538 § 1)

Obwohl sich der Pfarrer nach c. 522 der Stabilität seines Amtes erfreut – *Klaus Mörsdorf* begründet dies mit dem eheähnlichen Band, das Pfarrer und Pfarrgemeinde miteinander verbindet[20] – und auf Dauer ernannt werden soll, so kann der Bischof eine Pfarrei auch auf Zeit übertragen, falls die Bischofskonferenz gemäß c. 455 § 1 hierzu ein entsprechendes Dekret erlassen hat. Diese Regelung kannte das bisherige Recht nicht.

2. Erledigung des Pfarramtes durch Verzicht (c. 538 §§ 1 und 3)

Das Pfarrecht sieht zunächst ganz allgemein die Möglichkeit des Verzichts, der sich nach den Rechtsregeln der cc. 187–189 richtet, vor. Es ist damit die Möglichkeit eingeräumt, daß ein Pfarrer dem Bischof dann seinen Verzicht auf das Pfarramt anbietet, wenn er sich nicht mehr in der Lage sieht, dieses Amt zu verwalten (vgl. c. 187).

Die Bestimmung des c. 538 § 3, daß der Pfarrer gebeten wird (rogatur), mit Vollendung des 75. Lebensjahres dem Diözesanbischof seinen Verzicht auf das Pfarramt anzubieten, folgt der Empfehlung des Bischofsdekretes (VatII CD Art. 31, Abs. 4) und des MP EcclSanct (I 20 § 3)[21]. Die noch im Schema PopDei c. 370 § 3 formulierte Aussage, der Pfarrer müsse mit Vollendung des 75. Lebensjahres

[20] *Mörsdorf* Lb I, S. 467.

[21] Vgl. hierzu jedoch Sb Dienste und Ämter 7.3.4, der eine einheitliche Regelung in den Diözesen empfiehlt, wonach die Pfarrer mit Vollendung des 70. Lebensjahres dem Bischof ihren Verzicht anbieten sollen, in: Gemeinsame Synode, Gesamtausgabe I, S. 636.

seinen Verzicht anbieten, ist offenbar wegen verschiedener Bedenken gegenüber einer solchen Regelung nicht in den endgültigen Gesetzestext aufgenommen worden.

Der Bischof wird ausdrücklich auf die Verpflichtung, für Versorgung und Wohnung des Verzichtenden unter Berücksichtigung entsprechender, von der Bischofskonferenz aufzustellender Richtlinien besorgt zu sein, hingewiesen[22].

Der Bischof kann einen Pfarrer jedoch auch zum Verzicht auffordern. Das gilt vornehmlich, wenn die in c. 1741 genannten Gründe für die Einleitung eines Absetzungsverfahrens (vgl. hierzu unten V 4) sprechen. In diesen Fällen soll der Bischof zunächst den Pfarrer zum Verzicht veranlassen (vgl. c. 1741 § 1); der Verzicht kann seitens des Verzichtleistenden an Bedingungen gebunden werden. Diese Bedingungen müssen jedoch vom Bischof angenommen sein (c. 1743).

Nach c. 185 kann einem Amtsinhaber, der auf sein Amt verzichtet hat, der Titel „emeritus" verliehen werden; dies sollte auch im Zusammenhang mit dem Verzicht auf das Pfarramt berücksichtigt werden.

3. *Erledigung durch Amtsenthebung (c. 538 § 1)*[23]

Wenngleich c. 184 § 1 sowohl die Amtsentsetzung (privatio) als auch die Amtsenthebung (amotio) anspricht, beschränkt sich das Pfarrecht auf die Amtsenthebung des Pfarrers (c. 538 § 1). Dies liegt vor allem darin begründet, daß die Amtsentsetzung eine Strafe im strengen Sinne darstellt und ein entsprechendes Strafverfahren voraussetzt (vgl. c. 1336). Bei einer Amtsenthebung geht es jedoch vordringlich darum, „daß ein Pfarrer aus Gründen des allgemeinen Wohles, namentlich im Interesse einer gedeihlichen Seelsorge"[24] durch ein entsprechendes Rechtsverfahren seines Amtes enthoben werden kann. Die Amtsenthebung stellt auf das Wohl der Gemeinde ab, während es sich bei der Amtsentsetzung um die strafrechtliche Folge einer Straftat handelt.

Die im CIC/1917 getroffene Unterscheidung zwischen inamoviblen und amoviblen Pfarrämtern und einem dementsprechend unterschiedlichen Verwaltungsverfahren bei der Amtsenthebung (vgl. cc. 2147–2156; cc. 2157–2161 CIC/1917) ist gemäß dem Auftrag des II. Vatikanischen Konzils (CD Art. 31 Abs. 3) und der im MP EcclSanct (I 20 § 1) getroffenen Zwischenlösung abgeschafft. Insofern bedarf es bei Amtsenthebung gemäß c. 538 § 1 eines in cc. 1740–1747 formulierten Verwaltungsverfahrens. Ist der Pfarrer als Religiose mit der Leitung einer Pfarrei betraut (vgl. oben II 3), so richtet sich seine Amtsenthebung nach den in c. 682 § 2 formulierten Regeln: Eine Amtsenthebung durch den Oberen erfolgt nach Mitteilung an denjenigen, der das Amt verliehen hat, also an den Diözesanbischof. Will dieser die Amtsenthebung vornehmen, so muß der Obere unterrichtet sein; falls

[22] Vgl. *H. Schmitz*, Die Weisungen des Vaticanum II zur Altersversorgung der Presbyter, in: Festschr. Panzram, S. 139–158.

[23] Vgl. hierzu *H. Schmitz*, Amtsenthebung und Versetzung der Pfarrer. Verbesserungsvorschläge zum Entwurf der CIC-Reformkommission, in: AfkKR 146 (1977), S. 129–140; *ders.*, Amtsenthebung und Versetzung der Pfarrer im neuen Recht, in: TThZ 76 (1967), S. 357–371.

[24] *Mörsdorf* Lb III, S. 281.

nicht jeweils eigens eine Zustimmung vereinbart wurde, ist diese nicht erforderlich.

Das Verfahren zur Amtsenthebung gemäß cc. 1740–1747, das durch den Diözesanbischof durchgeführt wird, setzt voraus, daß sich die Tätigkeit eines Pfarrers aus irgendeinem Grund als schädlich oder wirkungslos erwiesen hat. Dabei ist die Frage nach einem Verschulden des Amtsinhabers zweitrangig (c. 1740). In c. 1741 werden beispielhaft (praesertim) einige Gründe angeführt: Ein Vorgehen, durch das in der Gemeinde großer Schaden oder Verwirrung entsteht (n. 1); Unerfahrenheit[25]; geistige oder körperliche Hinfälligkeit (n. 2); Verlust des guten Rufes oder Abneigung bei rechtschaffenen und ernstzunehmenden Pfarrangehörigen, sofern vorauszusehen ist, daß dies sich nicht in absehbarer Zeit ändern dürfte (n. 3); trotz entsprechender Mahnung schwerwiegende Vernachlässigung und Verletzung der Amtspflichten (n. 4); schlechte Vermögensverwaltung zu großem und schwerem Nachteil für die Kirche, sofern andere Abhilfe nicht möglich ist (n. 5).

Falls sich nach Prüfung die gemäß c. 1740 erforderliche Voraussetzung einer Amtsenthebung als gegeben erweist, ist der Bischof gehalten, die Angelegenheit mit zwei der Pfarrer, die vom Priesterrat für etwa vorkommende Fälle auf Dauer ausgewählt sind, zu besprechen[26]. Hält es der Bischof nach dem Gespräch mit den beiden Pfarrern weiterhin für angezeigt, die Amtsenthebung zu verfügen, so soll er zunächst den Pfarrer väterlich ermahnen, innerhalb von fünfzehn Tagen auf das Pfarramt zu verzichten (c. 1742 § 1). Dieser Verzicht kann seitens des Pfarrers an – soweit der Bischof darauf eingeht – rechtsgültige Bedingungen geknüpft werden (c. 1743). Falls der Pfarrer in der angegebenen Zeit auf den Vorschlag des Bischofs nicht eingeht, soll dieser mit Fristangabe erneut zu einer Antwort auffordern (c. 1744 § 1). Verläuft diese Einladung ebenso ergebnislos und der Pfarrer ist zum Verzicht nicht zu veranlassen, kann der Bischof das Dekret der Amtsenthebung erlassen (c. 1744 § 2).

Widerspricht der Pfarrer jedoch der Begründung für seine Amtsenthebung, so muß der Bischof, um rechtsgültig zu handeln, den Pfarrer einladen, nach Akteneinsicht seinen Einspruch schriftlich darzulegen und den Gegenbeweis anzutreten. Nach – soweit notwendig – erneuter Untersuchung erwägt der Bischof die Angelegenheit wieder mit den in c. 1742 § 1 genannten Pfarrern, sofern an deren Stelle nicht andere tätig werden müssen, weil die zunächst bestellten ihre Aufgabe aus irgendwelchen Gründen (z. B. Krankheit) nicht erfüllen können (c. 1745 n. 2). Daraufhin entscheidet der Bischof, ob die Amtsenthebung durchgeführt werden muß. Hält er sie weiterhin für notwendig, so ist baldmöglichst das entsprechende Dekret zu erlassen (c. 1745 n. 3).

Dem Bischof ist es unbenommen, den amtsenthobenen Pfarrer bei Eignung mit

[25] *Mörsdorf* nennt eigens als Beispiel für die „Unerfahrenheit" das „Fehlen von nötigen Umgangsformen" (Lb III, S. 282).

[26] Der CIC/1917 hatte hierfür zwei „Synodalexaminatoren" gefordert (vgl. cc. 2148 § 1, 2159 CIC/1917), die durch die Diözesansynode (vgl. c. 385 CIC/1917) oder zwischenzeitlich nach Anhören des Domkapitels (c. 386 § 1 CIC/1917) bestellt wurden.

einem anderen Seelsorgsauftrag zu betrauen oder ihn, je nach Einzelfall und Umständen, in den Ruhestand zu versetzen (c. 1746).

Der amtsenthobene Pfarrer muß sich der Ausübung des Pfarramtes enthalten (c. 1747 § 1). Wenn diese Formulierung auch rechtlich unscharf ist, so bedeutet sie nichts anderes, als daß er unfähig ist, Rechtsakte zu setzen, die nur vom Pfarrer rechtmäßig und rechtsgültig ausgeführt werden können (z. B. Trauungsassistenz). Das Pfarrhaus soll er baldmöglichst freimachen, soweit ihm der Bischof nicht aus Krankheitsgründen das Wohnrecht beläßt. Alles, was zur Pfarrei gehört, hat er seinem Nachfolger im Amt zu übergeben (c. 1747 §§ 1 und 2).

Falls der Pfarrer gegen die Amtsenthebung Rekurs beim Apostolischen Stuhl einlegt, kann der Bischof bis zur Entscheidung einen neuen Pfarrer nicht bestellen, sondern muß vorerst die Seelsorge in der Pfarrei einem Pfarradministrator übertragen (c. 1747 § 3)[27].

4. *Erledigung durch Versetzung*

Das Dekret über die Hirtenaufgabe der Bischöfe hatte verlangt, daß die Verfahrensweise bei der Versetzung des Pfarrers überprüft werden sollte (VatII CD Art. 31 Abs. 3). In Anlehnung daran gab das MP EcclSanct (I 20 § 2) dem Ortsbischof das Recht, „wenn Heil der Seelen, Not oder Nutzen der Kirche es erfordern" den Amtsinhaber, falls sich dieser dem Vorschlag des Bischofs auf Versetzung widersetzt, nach Durchführung des für amovible Pfarrer bestimmten Absetzungsverfahrens (cc. 2157–2161 CIC/1917) zu versetzen. Dieser Gleichsetzung von Versetzung und Absetzung, die kanonistisch nie befriedigen konnte, hatte *H. Schmitz* kritische Einwände entgegengehalten[28].

Das kirchliche Gesetzbuch geht nun allgemein davon aus, daß eine Pfarrei durch Versetzung des bisherigen Amtsinhabers vakant wird. Diese Versetzung (c. 538 § 1) muß nach bestimmten Rechtsnormen erfolgen, die in den Sonderverfahren des Prozeßrechts (cc. 1748–1752) eingeordnet sind.

Mit wörtlichem Zitat des Konzils (VatII CD Art. 31 Abs. 3) leitet das kirchliche Gesetzbuch die Aussagen über die Versetzungsordnung ein. Der Bischof kann einen Pfarrer schriftlich bitten, einer von ihm beabsichtigten Versetzung auf eine andere Pfarrei oder ein anderes Amt „aus Liebe zu Gott und zu den Seelen" zuzustimmen (c. 1748). Möchte der Pfarrer diesem Wunsch nicht entsprechen, soll er seinerseits dem Bischof dazu eine schriftliche Begründung vorlegen (c. 1749). Wenn der Bischof trotz der vorgebrachten Gründe bei seiner Absicht bleibt, so muß er mit zwei dazu vom Priesterrat bestellten Pfarrern (vgl. hierzu c. 1742 § 1 des Absetzungsverfahrens) die Gründe, die für und gegen die Versetzung sprechen, erörtern. Hält er weiterhin an der Versetzung fest, soll er seine

[27] Die Formulierung „Episcopus non potest novum parochum *nominare*..." ist rechtssprachlich unkorrekt, da der Bischof ein *Besetzungsrecht* ausübt (c. 523) und kein *Nominationsrecht*.

[28] *Schmitz*, Amtsenthebung und Versetzung der Pfarrer. Verbesserungsvorschläge (Anm. 23), S. 139f.

väterlichen Ermahnungen wiederholen (c. 1750). Bleibt der Pfarrer bei seinem Widerstand gegen die Versetzung, der Bischof aber bei seiner Auffassung, diese sei durchzuführen, so fertigt er das Versetzungsdekret aus und erklärt die Pfarrei nach Ablauf einer festgesetzten Zeit für vakant (c. 1751). Ist diese Zeit ungenutzt abgelaufen, so wird das Pfarramt als erledigt erklärt. Die Bestimmungen des c. 1747 über die Beendigung der Amtsgeschäfte, die Freimachung des Pfarrhauses und die Übergabe der Amtsgeschäfte (§ 1) und über Einlegung einer Beschwerde beim Apostolischen Stuhl (§ 3) sind sinngemäß auch auf das Versetzungsverfahren anzuwenden. Dabei sollen jedoch die Prinzipien der kanonischen Billigkeit und des Heils der Seelen, das in der Kirche das höchste Gesetz sein müsse, beachtet werden (c. 1752).

VI. Sonderregelung für die Übernahme einer Pfarrei durch eine priesterliche Gemeinschaft (cc. 542–544)

Gemäß c. 517 § 1 i. V. m. c. 520 § 1 kann der Diözesanbischof eine oder mehrere Pfarreien einer priesterlichen Gemeinschaft „in solidum“ übertragen, allerdings in der Weise, daß einer dieser Priester als *Moderator* die pfarrliche Seelsorge leitet (vgl. oben II 4).

1. *Voraussetzungen und Einsetzung (c. 542)*

Priester, denen eine oder mehrere Pfarreien „in solidum“ übertragen werden, bedürfen der in c. 521 geforderten Eigenschaften für die Übernahme des Pfarramtes (vgl. hierzu oben IV 1). Sie werden den Normen der cc. 522 und 524 entsprechend ernannt bzw. eingesetzt. Vom Zeitpunkt der Übernahme der Pfarrei erhalten sie gemeinsam die „cura pastoralis“. Der Moderator wird nach Maßgabe von c. 527 § 2 in den Besitz der Pfarrei eingewiesen; für die übrigen Priester tritt die Ablegung des Glaubensbekenntnisses an die Stelle der Besitzergreifung.

2. *Rechte und Pflichten (c. 543)*

Wenn Priestern die Seelsorge in einer oder mehreren Pfarreien gemeinschaftlich übertragen wird, sind die einzelnen gehalten, gemäß der dazu von ihnen vereinbarten Ordnung die Dienste und Funktionen des Pfarrers nach cc. 528–530 (vgl. hierzu oben III) zu erfüllen. Die Vollmacht, der Eheschließung zu assistieren, sowie die dem Pfarrer von Rechts wegen erteilte Gewalt, Dispensen zu gewähren, kommt jedem einzelnen dieser Priester zu; sie sind jedoch nach Maßgabe des Moderators auszuüben (c. 543 § 1).

Alle Priester, die zu der Gemeinschaft gehören, haben Residenzpflicht (vgl. hierzu oben III 5b). Einer von ihnen übernimmt die Applikationspflicht gemäß c. 534 (vgl. hierzu oben III 5c). Nur der Moderator vertritt in den Rechtsgeschäften die anvertraute Pfarrei bzw. die Pfarreien (c. 543 § 2).

3. Erledigung des Amtes (c. 544)

Wenn einer der Priester aus dieser Gemeinschaft – das gilt auch im Falle des Moderators – aus dem Amt ausscheidet oder zur Amtsausübung unfähig wird, so werden damit Pfarrei bzw. die Pfarreien nicht vakant, weil ja die Seelsorge der Gemeinschaft als solcher übertragen wurde. Wohl muß der Bischof gegebenenfalls einen anderen Moderator ernennen. Bis dahin übt dieses Amt der Priester aus, der in dieser Gemeinschaft der Ernennung nach der älteste ist (c. 544).

VII. Pfarrvikar mit Pfarrechten

1. Pfarrverwalter (cc. 539, 540)

Damit eine Pfarrei bei Vakanz oder, sofern die Seelsorge aus irgendwelchen Gründen durch den Inhaber des Pfarramts nicht oder nicht mehr wahrgenommen werden kann, keinen Schaden nimmt, hat der Gesetzgeber entsprechende Vorsorge getroffen.

Gegenüber dem CIC/1917 ist die für solche Fälle vorgesehene Figur eines Amtsverwalters umfassender und zugleich rechtlich vereinfacht ausgestaltet worden. Die von *Klaus Mörsdorf* eingebrachte Unterscheidung von Pfarrvikaren mit „notwendigen" und mit „möglichen Pfarrechten"[29] (*Pfarrverweser*, vicarius oeconomus nach c. 472, 473 CIC/1917 bei Vakanz der Pfarrei durch Tod, Versetzung, Absetzung, Verzicht des Amtsinhabers; *Pfarrstellvertreter*, vicarius substitutus nach c. 474 CIC/1917 bei Abwesenheit; *Pfarradiutor*, vicarius adiutor nach c. 475 CIC/1917 bei geistiger oder körperlicher Behinderung des Pfarrers) ist aufgegeben worden.

Nach c. 539 ist ein *Pfarrverwalter* (administrator paroecialis) vom Diözesanbischof zu bestellen

a) bei Erledigung des Pfarramtes durch Tod, durch Zeitablauf, durch Verzicht, durch Absetzung oder durch Versetzung;

b) bei Gefangenschaft, Verbannung, Vertreibung;

c) bei (geistiger) Unfähigkeit oder körperlichen Gebrechen;

d) in allen anderen Fällen, in denen die Ausübung des Pfarramtes behindert ist (Urlaub, Krankenhausaufenthalt, Reise).

Dieser Pfarrverwalter vertritt den Pfarrer (c. 539) in allen pfarrlichen Pflichten und erfreut sich aller Vollmachten eines Pfarrers, soweit nicht der Diözesanbischof etwas anderes verfügt (c. 540 § 1). Da der in c. 541 § 1 genannte Pfarrvertreter, der den Pfarrer nur vorübergehend vertritt, ausdrücklich von der Applikationspflicht ausgenommen wird (vgl. c. 549), ist davon auszugehen, daß der Pfarrverwalter applikationspflichtig ist.

Dem Pfarrverwalter ist alles untersagt, wodurch die Rechte des Pfarrers beeinträchtigt oder das Wohl der Pfarrei geschädigt würde (c. 540 § 2). Dabei ist von dem

[29] *Mörsdorf* Lb I, S. 479–482.

allgemein anzuwendenden Grundsatz „sede vacante nihil innovetur" (vgl. c. 428 § 1) auszugehen. Nach Erfüllung seines Auftrages, d. h. wenn das Pfarramt wieder rechtmäßig ausgeübt wird, hat er dem Pfarrer Rechenschaft zu geben. Da der Bischof die Ernennung vornehmen muß – der Generalvikar bedarf dazu gemäß c. 134 § 3 eines Spezialmandates – ist die Bestimmung des c. 533 § 2 verständlich, die den Pfarrer verpflichtet, eine länger als eine Woche dauernde Abwesenheit von der Pfarrei dem Bischof mitzuteilen.

2. *Pfarrvertreter (c. 541)*

Falls das Pfarramt erledigt oder der Pfarrer an der Ausübung der pfarrlichen Rechte und Verpflichtungen behindert ist, übernimmt bis zur Ernennung des Pfarrverwalters der an der Pfarrei angestellte Hilfsgeistliche[30] die Leitung in der Pfarrei (vgl. c. 549). Er übernimmt alle Pflichten des Pfarrers mit Ausnahme der Applikationspflicht.

Wenn mehrere Hilfsgeistliche angestellt sind, so übernimmt derjenige, der der Ernennung nach der ältere ist, diese Verpflichtungen. Falls keine Hilfsgeistlichen für die Pfarrei bestellt sind, muß ein durch Partikulargesetz bezeichneter Vertreter bestellt werden[31].

Der Geistliche, der vorläufig die Leitung der Pfarrei übernimmt, muß baldmöglichst von der Vakanz Mitteilung an den Bischof machen (c. 541 § 2). Auch hier sind die Texte nicht aufeinander abgestimmt, da es nicht nur um die Erledigung des Pfarramtes (Vakanz) geht, sondern um jede Erledigung des Amtes und Behinderung der Ausübung des Pfarramtes (vgl. c. 541 § 1).

[30] Vgl. in *diesem* Band, unten, *H. Heinemann*, § 45 Die Mitarbeiter des Pfarrers, I 1.

[31] Kritisch wäre anzumerken, daß diese Bestellung kanonistisch unbefriedigend formuliert ist. Dieser Vertreter übernimmt gemäß der Aussage in c. 549 zwar alle Verpflichtungen des Pfarrers, seine Rechte sind jedoch – vergleicht man die Aussage über den Pfarrverwalter in c. 540 § 1 – nicht klar formuliert. Es sei denn, man leitet diese Rechte allgemein aus „paroeciae regimen" (c. 541 § 1) ab; „regimen" würde aber auch alle Verpflichtungen einschließen, so daß der Hinweis auf die Pflichten überflüssig wäre. Hier bedarf es einer Interpretation. Weiterhin sind die Formulierungen über die Applikationspflicht nicht aufeinander abgestimmt. Der Pfarrvertreter ist eigens von der Applikationspflicht ausgenommen (c. 549). Eine entsprechende Regelung für den vom Partikularrecht her zu bestellenden Pfarrer – falls keine Hilfsgeistlichen vorhanden sind – fehlt. Es kann deshalb davon ausgegangen werden, daß hier, weil alle pfarrlichen Verpflichtungen gemäß c. 541 § 1 übernommen werden müssen, auch die Applikationspflicht gegeben ist, wobei jedoch die Regel des c. 534 § 2 analog anzuwenden wäre.

§ 45 Die Mitarbeiter des Pfarrers

Von Heribert Heinemann

„Aus einer Gemeinde, die sich pastoral versorgen läßt, muß eine Gemeinde werden, die ihr Leben im gemeinsamen Dienst aller und in unübertragbarer Eigenverantwortung jedes einzelnen gestaltet"[1]. Wenn auch dem Pfarrer als dem eigentlichen Hirten unter der Autorität des Bischofs die Seelsorge in der Pfarrei anvertraut ist[2], so bedarf es doch der Mitwirkung aller, die zu einer Pfarrei gehören, da alle Getauften entsprechend ihrem Stand und ihrer Aufgabe am Aufbau des Leibes Christi beteiligt sein müssen (vgl. c. 208). Neben dem Pfarrer sind in der Pfarrei als Mitarbeiter für den Dienst des Leitens, des Verkündigens und des Heiligens weitere Priester, die Diakone und Laien nach Norm des geltenden Rechts (c. 519). Im besonderen vollzieht sich diese Mitarbeit jedoch in einer gestuften Ordnung und in differenzierter Aufgabenübertragung an Kleriker und Laien.

I. Kleriker

1. *Hilfsgeistlicher (vicarius paroecialis)*

a) Ernennung und Abberufung

Wo immer es die Seelsorge in einer Pfarrei notwendig erscheinen läßt, kann der Diözesanbischof, sofern er es für angebracht hält, nach Anhörung des Pfarrers sowie des Dechanten (c. 547), einer Pfarrei einen oder mehrere Hilfsgeistliche zuweisen (c. 545 § 1). Wird ein Hilfsgeistlicher für verschiedene Pfarreien zugleich ernannt, so wären alle beteiligten Pfarrer anzuhören. Handelt es sich um einen Geistlichen, der einem Ordensinstitut angehört, so macht gemäß c. 682 § 1 der zuständige Obere, dem nach jeweiligem (Ordens-)Recht der Einsatz der Mitglieder seiner Gemeinschaft zukommt, einen rechtsverbindlichen Vorschlag (praesentatio). Wenigstens aber muß der Obere einer durch den Bischof vorgenommenen Ernennung seine Zustimmung geben (assensus).

Das in c. 476 § 3 CIC/1917 begründete Anhörungsrecht des Pfarrers richtete sich nach den Rechtsregeln des c. 105 n. 1 CIC/1917, der beispielhaft auf solche Anhörungsrechte (audito parocho) eigens verwies. In dem entsprechenden c. 127 § 2 wird nunmehr nur auf „consensus" und „consilium" als rechtserhebliche Beispruchsrechte abgestellt. Der Gesetzgeber wollte offensichtlich ein derart starkes Recht bei der Ernennung eines Hilfsgeistlichen nicht mehr einräumen. Es

[1] Sb Dienste und Ämter 1.3.2, in: Gemeinsame Synode, Gesamtausgabe I, S. 602.
[2] Vgl. VatII CD Art. 30; c. 519.

ist nunmehr dem Ermessen des Ortsbischofs überlassen, ob er den Pfarrer bzw. die Pfarrer vor der Ernennung anhört.

Hilfsgeistliche können durch den Diözesanbischof oder durch den Diözesanadministrator aus gerechtem Grunde abberufen werden (c. 552)[3]. Wenn in c. 552 eigens auf eine Begründung für die Abberufung verwiesen wird, so wird damit die Stellung des Hilfsgeistlichen gegenüber der Formulierung in c. 477 CIC/1917 (ad nutum Episcopi) gefestigt. Der Generalvikar bedarf zur Abberufung gemäß c. 134 § 3 eines Spezialmandates, da in c. 552 der Diözesanbischof selbst eigens genannt ist.

Gehört der Hilfsgeistliche einem Ordensinstitut an, kann der Diözesanbischof bzw. der Diözesanadministrator, aber auch der Ordensobere nach gegenseitiger Verständigung die Abberufung frei verfügen (c. 552 i.V.m. c. 682 § 2). Eine den Bestimmungen des c. 127 § 2 entsprechende Zustimmung des Diözesanbischofs oder des Oberen ist nicht erforderlich (c. 682 § 2).

In der Regel wird der Hilfsgeistliche für die Seelsorge im Gesamtbereich der Pfarrei ernannt. Er kann jedoch auch mit einem festgelegten Teil der Pfarrei betraut oder für eine bestimmte Personengruppe bestellt werden. Ebenso kann ihm der Auftrag erteilt werden, in mehreren Pfarreien bestimmte Aufgaben zu übernehmen (c. 545 § 2). Nach deutschem Partikularrecht führt ein Hilfsgeistlicher bei Beauftragung mit einem Teilgebiet der Pfarrei den Titel „vicarius expositus" oder „Lokalkaplan". Diese Regelung geschieht dann meist im Hinblick auf eine künftige Veränderung der Pfarrei, etwa Neuerrichtung, Teilung (vgl. c. 515 § 2). Durch diözesanrechtliche Bestimmungen wird der Hilfsgeistliche in solchen Fällen mit größerer Selbständigkeit ausgestattet[4].

b) Bezeichnung

Die deutsche Bezeichnung „Hilfsgeistlicher" gibt nur unzureichend das lateinische, in das Gesetzbuch im einschränkenden Sinne eingeführte und verwendete Wort „vicarius paroecialis" wieder. Der CIC/1917 kannte dieses Wort zwar auch, verwandte es aber als Sammelbezeichnung für alle vom Recht vorgesehenen Vertreter des Pfarrers (vgl. z. B. c. 477 § 1 CIC/1917). Die Bezeichnung „*vicarius* paroecialis" weist darauf hin, daß der Inhaber einen abhängigen, nicht selbständigen seelsorglichen Dienst (ministerium pastorale) ausübt. Das Dekret „Christus Dominus" des II. Vatikanischen Konzils hatte bereits in Art. 30 Abs. 3 die in einer Pfarrei tätigen geistlichen Mitarbeiter des Pfarrers als „vicarii paroeciales" bezeichnet. Das in der amtlichen Übersetzung des Konzilstextes verwendete Wort

[3] Gelegentlich sind Versetzungsordnungen für Hilfsgeistliche erlassen worden, die u. a. die Bestimmungen des c. 547 berücksichtigen, aber auch dem Hilfsgeistlichen ein Anhörungsrecht einräumen. Das freie Entscheidungsrecht des Diözesanbischofs ist damit nicht eingeschränkt. Vgl. z. B. Bischof von Essen, Verfahrensordnung bei der Versetzung von Kaplänen, in: KABl. 16 (1973), S. 34f.; Erzbischof von Köln, Verfahrensordnung beim Einsatz und bei der Versetzung von Kaplänen v. 17. 4. 1971, in: KAnz. 111 (1971), S. 157.

[4] Vgl. z. B. Art. 160 i. V. m. Art. 108 der Synodalstatuten der Diözese Essen 1961, Essen o. J. (1961), S. 51f.

„Pfarrvikar" kann wegen der im deutschen Sprachgebrauch für den Leiter einer selbständigen, aber aus irgendwelchen Gründen noch nicht zu einer kanonischen Pfarrei errichteten Gebietskörperschaft (bisher „vicaria perpetua" gemäß c. 1427 CIC/1917, jetzt „quasi-paroecia" c. 516 § 1) üblichen Bezeichnung nicht ohne weiteres übernommen werden. Hier bedarf es einer neuen Sprachregelung, wobei der Vorschlag zu machen wäre, den „vicarius paroecialis" wohl als „Pfarrvikar" zu bezeichnen, dafür aber den bisher einer „vicaria perpetua" vorstehenden Geistlichen, entsprechend der Einteilung in c. 516 § 1, nun „Quasi-Pfarrer" (vgl. vordem c. 451 § 2 n. 1 CIC/1917 für Missionsgebiete) oder, wie in manchen deutschen Diözesen üblich, „Rektoratspfarrer" zu nennen.

In Deutschland trägt der Hilfsgeistliche meist den Titel „Kaplan" (von „cappellanus", der im kirchlichen Gesetzbuch dem mit besonderen Seelsorgsaufgaben – z. B. Orden, kirchlichen Vereinen, Militär – beauftragten Geistlichen vorbehalten ist, vgl. cc. 564–572). Aber auch andere Bezeichnungen wie „Kooperator" oder „Vikar" sind üblich.

c) Aufgaben und Rechte

„Die Pfarrvikare (vicarii paroeciales) vollbringen als Mitarbeiter des Pfarrers täglich eine ausgezeichnete und tatkräftige Leistung für den Seelsorgsdienst, den sie unter der Autorität des Pfarrers verrichten" (VatII CD Art. 30 Abs. 3). Die verantwortliche Mitarbeit des Kaplans wird hiermit deutlich angesprochen. Ausdrücklich nennt c. 545 § 1 den Hilfsgeistlichen als Mitarbeiter des Pfarrers (cooperator parochi) und Teilhaber seines Seelsorgseifers.

Seine Rechte und Pflichten ergeben sich aus den Diözesanstatuten, aus dem Bestellungsschreiben des Diözesanbischofs und aus den ihm seitens des Pfarrers zugewiesenen Aufgaben, soweit nicht das kirchliche Gesetzbuch eigene Rechte und Pflichten festsetzt (c. 548 § 1).

Soweit das Ernennungsschreiben des Bischofs dies nicht eigens vorsieht, hat er bereits auf Grund seines Amtes die Verpflichtung, den Pfarrer in allen Seelsorgsaufgaben zu unterstützen. Ausgenommen ist allein die „applicatio missae pro populo", zu der der Pfarrer höchstpersönlich verpflichtet ist. Falls erforderlich, kann jedoch der Hilfsgeistliche den Pfarrer bei diesen Verpflichtungen vertreten (c. 548 § 2). Der Hilfsgeistliche soll alle pastoralen Vorstellungen und Überlegungen, die er ins Auge gefaßt oder in Angriff genommen hat, mit dem Pfarrer besprechen, damit diese Aufgaben gemeinsam durchgeführt werden, da Pfarrer und Hilfsgeistliche zugleich verantwortlich sind für die Pfarrei (c. 548 § 3).

Ausgenommen von den pfarrlichen Diensten ist die Vollmacht zur Eheassistenz. Hierzu bedarf der Hilfsgeistliche gemäß c. 1111 § 1 der Delegation seitens des Pfarrers oder des Ortsoberhirten, die ihm allgemein[5] oder für einen Einzelfall gegeben werden muß (vgl. c. 1111 § 2). Ist eine generelle Trauungsvollmacht

[5] So z. B. im Bistum Essen: Synodalstatuten der Diözese Essen Art. 158 Abs. 2, 557 Abs. 2, ebd., S. 51, 168.

erteilt, so soll von ihr nur mit Wissen des Pfarrers Gebrauch gemacht werden[6]. Eine ohne Kenntnisnahme des Pfarrers geleistete Trauungsassistenz würde jedoch die Gültigkeit der Eheschließung dann nicht berühren.

Bei Abwesenheit des Pfarrers leitet – falls durch Diözesanrecht keine anderslautende Vorsorge getroffen (c. 533 § 3) und ein Pfarrverwalter nicht oder noch nicht bestellt worden ist – der Hilfsgeistliche die Pfarrei gemäß c. 541 § 1. In diesem Fall übernimmt er alle Pflichten des Pfarrers mit Ausnahme der Applikationspflicht (c. 549).

Die Hilfsgeistlichen sind verpflichtet, in der Pfarrei, für die sie bestellt sind, Wohnung zu nehmen. Sind sie für mehrere Pfarreien ernannt, so werden sie in einer dieser Pfarreien ständig wohnen. Aus gerechtfertigten Gründen kann der Bischof die Erlaubnis erteilen, auch an einem anderen Ort zu wohnen, etwa in einer Priestergemeinschaft, wenn dadurch die Seelsorge in der Gemeinde keinen Schaden nimmt (c. 550 § 1). Der Ortsbischof soll dafür Sorge tragen, daß nach Möglichkeit Pfarrer und Hilfsgeistliche im Pfarrhaus in einer Art von Gemeinschaftsleben zusammen wohnen (c. 550 § 2)[7].

Die Mitgliedschaft der Hilfsgeistlichen im Pfarrgemeinderat ist in den Beschlüssen der Gemeinsamen Synode nicht eigens festgelegt worden; sie ergibt sich jedoch mit Notwendigkeit aus der verantwortlichen Aufgabe, die dem Kaplan zugewiesen ist[8]. Nach c. 536 ist der Kaplan nunmehr von Amts wegen Mitglied in einem pfarrlichen Pastoralrat (Pfarrgemeinderat). Über die Mitgliedschaft im Kirchenvorstand[9] oder in der Kirchenverwaltung[10] entscheiden die dafür erlassenen Anordnungen.

Auf angemessene Ferien hat der Hilfsgeistliche wie der Pfarrer Anspruch (c. 550). Bezüglich seiner Einkünfte gelten die Bestimmungen des c. 531, der sich auf die Gaben bezieht, die anläßlich geistlicher Dienste von den Gläubigen aufgebracht werden. Die deutschen Diözesen haben hierzu für den Dienst und die Versorgungsbezüge eigene Ordnungen erlassen[11].

[6] Ebd. Art. 557 Abs. 2 (S. 168).

[7] Vgl. hierzu *W. Astrath*, Die vita communis der Weltpriester, (= KStuT 22), Amsterdam 1967.

[8] Vgl. z. B. Satzung der Pfarrgemeinderäte im Erzbistum Freiburg v. 20. 10. 1976 § 2, 1, in: ABl. 1976, S. 448; Satzung für die Pfarrgemeinderäte im Bistum Essen § 3, 1a, b und 4, in: KABl. 19 (1976), S. 415 ff.; danach sind neben dem Pfarrer alle in der Gemeinde hauptamtlich tätigen Geistlichen Mitglieder des Pfarrgemeinderates.

[9] Die Bischöfe des Landes Nordrhein-Westfalen z. B. haben, nachdem der Landtag das (Preußische) Gesetz über die Verwaltung des katholischen Kirchenvermögens v. 24. 7. 1924 hinsichtlich des Wahlalters für die Kirchenvorstandwahl geändert hat, den Hilfsgeistlichen ohne Einschränkung des Lebensalters (bisher Vollendung des 30. Lebensjahres) die Mitgliedschaft im Kirchenvorstand zuerkannt. Sind mehrere Hilfsgeistliche in der Pfarrei angestellt, so gehört derjenige, der das höhere Weihealter, bei gleichem Weihealter das höhere Lebensalter hat, dem Kirchenvorstand als Mitglied an (vgl. KABl. Essen 25 [1982], S. 101).

[10] Vgl. z. B. Art. 5 der Satzung für die gemeindlichen kirchlichen Steuerverbände in den bayerischen (Erz-)Diözesen v. 17. 11. 1970 in der Fassung v. 15. 9. 1971, abgedr. in: *H. Eisenhofer*, Die Satzungen für die katholischen Kirchenverwaltungen und Diözesansteuerausschüsse in Bayern, 6. Aufl., München 1972, S. 23.

[11] Vgl. z. B. KABl. Essen 25 (1982), S. 122–125.

2. Der Diakon

Durch die Wiedereinrichtung des Ständigen Diakonats[12] mit MP „Sacrum Diaconatus Ordinem" vom 18. Juni 1967[13] und die inzwischen dazu ergangenen Ausführungsbestimmungen erhielt der Diakon einen eigenen Platz als Mitarbeiter des Pfarrers in der Seelsorge.

Von rechtlicher Bedeutung ist dabei vor allem, daß ihm die Vollmacht erteilt werden kann, Eheschließungen zu assistieren unter der Voraussetzung, daß die Delegation allgemein oder für den Einzelfall erteilt ist (vgl. c. 1111).

Schon nach bisher geltendem Recht konnte der Diakon dort, wo kein Priester vorhanden war, vom Ortsbischof oder vom Ortspfarrer unter Beachtung der rechtlichen Vorschriften zur Eheassistenz delegiert werden (MP SacrDiacOrd n. 22, 4[14]). Das Wort „abwesend" bedurfte einer eigenen Interpretation[15]. Die deutschen Bischöfe haben inzwischen, allerdings unterschiedliche, Normen für die Trauungsassistenz von Diakonen erlassen, die Delegationen für den Einzelfall[16] oder allgemein vorsehen[17].

Durch die übrigen im MP SacrDiacOrd, aber nunmehr auch im allgemeinen Recht genannten Aufgabenübertragungen gewinnen die Diakone nicht nur Bedeutung als Mitarbeiter des Pfarrers in der Pfarrei (vgl. c. 519). Ihre Aufgaben werden darüber hinaus noch für die Bereiche der *priesterlosen* Gemeinde zu sehen sein (vgl. hierzu c. 517 § 2).

Nach Beschluß der Gemeinsamen Synode sind Ständige Diakone hinsichtlich der Mitgliedschaft im Pfarrgemeinderat angemessen zu berücksichtigen[18]. Dazu sagt die Rahmenordnung, die von den deutschen Bischöfen herausgegeben wurde[19]: „Die Mitgliedschaft in den Gremien der kirchlichen Mitverantwortung regelt das diözesane Recht"[20]. Über die Zugehörigkeit zum Kirchenvorstand sind eigene Regelungen seitens der Diözesen ergangen[21].

Die von den deutschen Bischöfen herausgegebene Rahmenordnung umfaßt die

[12] Vgl. hierzu auch in *diesem* Band, oben, *H. Schwendenwein*, § 23 Der ständige Diakon; vgl. Diaconia in Christo. Über die Erneuerung des Diakonates, hrsg. v. *K. Rahner* und *H. Vorgrimler* (= Quaestiones disputatae, 15/16), Freiburg i. Br. 1962; vgl. auch die Bibliographie bei *Mosiek* Verf. III, S. 141–145.

[13] *Paul VI.*, MP SacrDiacOrd, in: AAS 59 (1967), S. 697–704.

[14] AAS 59 (1967), S. 702.

[15] PCDecrI v. 4. 4. 1969, in: AAS 61 (1969), S. 348.

[16] Trauungsvollmacht für Diakone, Erlaß des Bischofs von Essen v. 14. 7. 1969, in: KABl. 12 (1969), S. 87.

[17] Erlaß des Bischofs von Rottenburg, in: KABl. 34 (1977), S. 117f.; dieser Erlaß schränkt die Vollmachten auf die ständigen Diakone ein. Den Diakonen, welche die Weihe als Übergangsstufe zum Presbyterat empfangen haben, wird durch diese bischöfliche Anordnung die allgemeine Trauungsvollmacht offensichtlich nicht erteilt.

[18] Vgl. Sb Räte und Verbände 1.5, in: Gemeinsame Synode, Gesamtausgabe I, S. 660.

[19] Rahmenordnung für Ständige Diakone in den Bistümern der Bundesrepublik v. 22. 1. 1979, veröffentlicht in: Die deutschen Bischöfe, H. 22, hrsg. vom Sekretariat der DBK, Bonn 1978/79, S. 17–33; abgedr. auch in: AfkKR 148 (1979), S. 160–171.

[20] Rahmenordnung 5.4, ebd., S. 33.

[21] Nach Diözesanrecht der Diözese Essen kann der Diakon, falls er hauptamtlich an einer Pfarrei angestellt und ein Kaplan nicht vorhanden ist, dem Kirchenvorstand als geborenes Mitglied angehören, vgl. KABl. 25 (1982), S. 101.

Aufgaben, Ausbildung und Besoldung der Diakone. Für ihre persönliche Lebensführung in Ehe und Familie sind die Grundsätze maßgeblich, die die Deutsche Bischofskonferenz am 10. April 1978 erlassen hat. Die rechtssprachlich und gesetzestechnisch in einigen Aussagen (z. B. Nr. 6 „in der Regel") unbefriedigenden Formulierungen bedurften offensichtlich noch einer „Erläuterung", die am 7. März 1979 erlassen wurde[22].

3. *Der Subsidiar und der Adscribierte*

„Subsidiar" ist der Titel für einen in der Pfarrei wohnenden Geistlichen, der neben seiner hauptamtlichen Aufgabe (in Hochschule, Schule, Caritasverband, kirchlicher Verwaltung, Vereinen und Verbänden) einen Seelsorgsdienst übernimmt[23]. Das allgemeine Kirchenrecht kennt diesen Titel nicht. Die Rechte und Pflichten der Subsidiare ergeben sich aus ihrer Ernennungsurkunde. Eine Mitgliedschaft im Pfarrgemeinderat ergibt sich in der Regel nicht[24]. Für die übernommenen Aufgaben erhält der Subsidiar eine diözesanrechtlich geordnete Vergütung[25]. Eine allgemeine Trauungsvollmacht, die c. 1096 § 1 CIC/1917 ausschloß, kann ihm nunmehr seitens des Ortsordinarius oder des Pfarrers für den Bereich des Bistums oder der Pfarrei erteilt werden (c. 1111 § 1). Dies muß jedoch ausdrücklich geschehen (vgl. c. 1111 § 2).

Ein an einer Pfarrei *„Adscribierter"* ist ein Geistlicher, der innerhalb der Pfarrei wohnt, aber keine rechtlich bindenden Seelsorgsverpflichtungen übernommen hat. Die Beteiligung an den Seelsorgsaufgaben ergibt sich in freier Absprache mit dem Pfarrer. Für die Trauungsassistenz bedarf er einer besonderen Delegation (vgl. c. 1111).

4. *Der Krankenhausgeistliche*

Rechte und Pflichten des Krankenhausseelsorgers ergeben sich aus der bischöflichen Ernennungsurkunde. Ihm sind alle Seelsorgsaufgaben im Krankenhaus übertragen, d. h. er hat die Verpflichtung, das Wort zu verkünden und die Sakramente der Buße, der Eucharistie und der Krankensalbung zu spenden. Die den Krankenhausgeistlichen durch die Sakramentenkongregation gegebene Vollmacht, lebensgefährlich erkrankten Kindern die Notfirmung zu spenden[26], war

[22] Richtlinien über persönliche Anforderungen an Diakone und Laien im pastoralen Dienst im Hinblick auf Ehe und Familie v. 10. 4. 1978 mit den dazu ergangenen Korrekturen und der Erläuterung v. 7. 3. 1979, veröffentlicht in: Die deutschen Bischöfe, H. 22, S. 109–115; abgedr. ohne Erläuterung in: AfkKR 147 (1978), S. 519f.

[23] Vgl. Synodalstatuten der Diözese Essen (Anm. 4), Art. 162–163, S. 52f.

[24] Vgl. Satzung der Pfarrgemeinderäte im Erzbistum Freiburg v. 20. 10. 1976, § 2,1, die nur den Geistlichen, die in der Pfarrseelsorge mit amtlichem Auftrag tätig sind, die Mitgliedschaft zuweist; nach § 3,4 der Satzung für die Pfarrgemeinderäte im Bistum Essen nehmen die Subsidiare an den Sitzungen mit beratender Stimme teil, vgl. KABl. 19 (1976), S. 417.

[25] Vgl. Erlaß des Bischofs von Münster v. 2. 5. 1974, in: KABl. 108 (1974), S. 80.

[26] SC Sacr, Indultum v. 17. 1. 1950, abgedr. in: AfkKR 124 (1950), S. 525f.; vgl. auch *Paul VI.*, MP PastMun I 13, in: AAS 56 (1964), S. 8.

bereits durch den neuen „Ordo Confirmationis" überflüssig geworden, da in Todesgefahr, falls Bischof und Pfarrer nicht erreichbar sind, jeder Priester das Recht zur Firmung besitzt[27]. Nach c. 883 n. 3 besitzt numehr in Todesgefahr generell jeder Priester die Firmvollmacht. Eine Trauungsvollmacht ist mit dem Amt des Krankenhausgeistlichen nicht verbunden. Sie könnte jedoch gemäß c. 1111 allgemein oder für Einzelfälle erteilt werden.

II. Laien

Die differenzierte Mitarbeit der Laien in der Pfarrei und als Mitarbeiter des Pfarrers haben sowohl die Gemeinsame Synode[28] als auch die Deutsche Bischofskonferenz in „Grundsätze zur Ordnung der pastoralen Dienste"[29] ausgesprochen; letztere wurden durch die den einzelnen Diensten entsprechenden Rahmenstatuten und Rahmenordnungen ergänzt, die jeweils von den einzelnen Diözesanordnungen übernommen oder angepaßt werden können.

Ganz allgemein sagt das kirchliche Gesetzbuch, daß es zur Ausübung von Leitungsgewalt (potestas regiminis), die auch Jurisdiktionsgewalt (potestas iurisdictionis) genannt wird, in der Kirche der Weihe bedarf. Deshalb sind zur Ausübung der Hirtengewalt lediglich die geweihten Amtsträger befähigt (vgl. c. 129 § 1). Bei der Ausübung dieser Gewalt können gemäß den rechtlichen Normen auch die Laien mitarbeiten (vgl. c. 129 § 2)[30]. Darüber hinaus besteht die Möglichkeit der Mitarbeit in der Verkündigung des Wortes (vgl. c. 229) und der Spendung der Sakramente (vgl. c. 230). Das kirchliche Gesetzbuch verlangt von diesen im kirchlichen Dienst stehenden Laien nicht nur eine sorgfältige Ausübung der mit dem Dienst gegebenen Verpflichtungen (c. 231 § 1); es fordert auch die zuständigen kirchlichen Autoritäten auf, für die wirtschaftliche Sicherheit dieser im kirchlichen Dienst stehenden Laien und ihrer Familien Vorsorge zu treffen. Hierauf, wie auf soziale Sorge und Gesundheitsfürsorge, besteht ein Rechtsanspruch (vgl. c. 231 § 2).

Wenn im folgenden einige der sich inzwischen herausgebildeten kirchlichen Dienste im Bereich der Pfarrei angesprochen werden, so wird die von der Gemeinsamen Synode beschlossene Terminologie[31] vorausgesetzt.

[27] SC SacrCult, Decr. v. 22. 8. 1971, Praenotanda n. 7c, in: Ordo Confirmationis, Vatikanstadt 1971, S. 18.

[28] Vgl. Sb Dienste und Ämter 3, in: Gemeinsame Synode, Gesamtausgabe I, S. 609–614.

[29] Grundsätze der Deutschen Bischofskonferenz v. 2. 3. 1977 zur Ordnung der pastoralen Dienste, abgedr. in: AfkKR 147 (1978), S. 486–496 (4. Laien: S. 493–496); vgl. ferner die am 27. 6. 1983 durch den Ständigen Rat der DBK beschlossene „Erklärung der Bischöfe zum kirchlichen Dienst", abgedr. u. a. in: KABl. Essen 26 (1983), S. 87–89.

[30] Vgl. hierzu in *diesem* Band, oben, *M. Kaiser*, § 17 Die Laien; *W. Aymans*, § 18 Die Träger kirchlicher Dienste.

[31] Vgl. Sb Dienste und Ämter 7.2, in: Gemeinsame Synode, Gesamtausgabe I, S. 634.

1. Pastoralassistent(in)/Pastoralreferent(in)[32]

Für den Dienst der Pastoralassistenten/Pastoralreferenten haben die deutschen Bischöfe sowohl ein Rahmenstatut[33] als auch eine Rahmenordnung[34] erlassen. „Der Pastoralassistent hat Anteil am kirchlichen Amt. Er erhält Sendung und Ermächtigung für alle Seelsorgsaufgaben, die nicht eine höhere Weihe zur Voraussetzung haben"[35]. Seine Aufgabe besteht in der verantwortlichen Übernahme z. B. von Religionsunterricht, Katechese, Bildung, Beratung, Sorge für bestimmte Gruppen[36], Mitwirkung bei der Feier der Liturgie im Rahmen der den Laien zukommenden Funktionen[37]. Das Rahmenstatut der Deutschen Bischofskonferenz gibt auch einen Hinweis auf die Verantwortlichkeit des Pastoralassistenten/-referenten in Gemeinden, für die kein eigener Priester zur Verfügung steht. Hier kann eine Beauftragung erfolgen in dem Sinne, daß der Pastoralassistent als „Bezugsperson" benannt wird, wobei deutlich bleiben muß, daß die Leitung der Gemeinde beim Pfarrer liegt[38] (vgl. hierzu c. 517 § 2). Die deutschen Bischöfe warnen jedoch vor einer Tendenz, „daß das Profil des Pastoralassistenten/-referenten in das Profil des Priesters übergeht. Sonst entsteht ein neues ‚Amt ohne Weihe', entweder das Amt des ‚Laienkaplans' oder das Amt des ‚Predigers'"[39]. Grundsätzlich steht der Dienst des Pastoralassistenten/-referenten bei aller Eigenverantwortung und Eigenständigkeit als kirchlicher Dienst unter der Leitung des Bischofs und ist dem Einsatzbereich entsprechend dem verantwortlichen Priester zugeordnet[40]. Über Anstellung und arbeitsrechtliche Bestimmungen enthält das Rahmenstatut Aussagen, die jedoch durch Diözesanordnungen ergänzt werden[41]. Über die Mitgliedschaft im Pfarrgemeinderat entscheiden die Diözesanordnungen[42]. Voraussetzung für die Anstellung ist ein abgeschlossenes theologisches Hochschulstudium[43]. Die Anstellung bedingt die Bereitschaft, sich zum Glauben

[32] Die Terminologie Pastoralassistent/Pastoralreferent ist in den deutschen Diözesen nicht einheitlich; die Ordnungen der Deutschen Bischofskonferenz (Rahmenstatut und Rahmenordnung) benutzen den Begriff „Pastoralreferent".

[33] Rahmenstatut für Pastoralreferenten(innen) in den Bistümern der Bundesrepublik Deutschland v. 19. 9. 1978, veröffentlicht in: Die deutschen Bischöfe, H. 22, S. 71–84; abgedr. in: AfkKR 147 (1978), S. 498–507.

[34] Rahmenordnung für die Ausbildung, Berufseinführung und Fortbildung von Pastoralreferenten(innen) v. 7. 3. 1979, veröffentlicht in: Die deutschen Bischöfe, H. 22, S. 85–101; abgedr. in: AfkKR 147 (1978), S. 507–516.

[35] Erlaß des Erzbischofs von München und Freising v. 25. 2. 1972, Statut für Pastoralassistenten, Präambel, in: ABl. 1972, S. 78.

[36] Vgl. München und Freising, Statut für Pastoralassistenten III, ebd., S. 80; vgl. auch Dienstordnung für die Pastoralreferenten in der Diözese Rottenburg Nr. 2 Abs. 2, in: KABl. 34 (1977), S. 98.

[37] Rahmenstatut 2.7, in: Die deutschen Bischöfe, H. 22, S. 74.

[38] Grundsätze der Deutschen Bischofskonferenz v. 2. 3. 1977 zur Ordnung der pastoralen Dienste 6.2, abgedr. in: AfkKR 147 (1978), S. 516.

[39] Ebd. 4.3, in: AfkKR 147 (1978), S. 496.

[40] Rahmenstatut 1.1, in: Die deutschen Bischöfe, H. 22, S. 71.

[41] Rahmenstatut 5, ebd., S. 80.

[42] Rahmenstatut 5.5, ebd., S. 81.

[43] Rahmenstatut 1.3, ebd., S. 72.

der katholischen Kirche zu bekennen und sich deren Grundsätzen entsprechend zu verhalten[44].

2. *Gemeindeassistent(in)/Gemeindereferent(in)*[45]

Die „Grundsätze zur Ordnung der pastoralen Dienste" der Deutschen Bischofskonferenz definieren den Gemeindeassistenten/-referenten als einen Laien im pastoralen Dienst der Pfarrgemeinde, der eine Fachhochschul- oder Fachschulausbildung abgeschlossen hat[46]. In der Regel handelt es sich bei diesem Amt um die Übernahme von Aufgaben, die bisher der Seelsorgehelferin übertragen waren.

Die Aufgabe besteht schwerpunktmäßig in der allgemeinen Unterstützung des Dienstes kirchlicher Amtsträger. Der Qualifikation entsprechend sollen auch Spezialaufgaben im Rahmen der allgemeinen Pfarrseelsorge übernommen werden. Das von den deutschen Bischöfen und von der Gemeinsamen Synode verlangte Studium an Fachhochschule oder Fachschule soll zur kirchlichen Bildungsarbeit, zur Gemeindearbeit, zur Erteilung des Religionsunterrichtes befähigen[47]. Die Übernahme des im weiten Sinne zu verstehenden Amtes eines Gemeindeassistenten setzt ein Leben aus dem Glauben und nach den Grundsätzen der katholischen Kirche voraus[48].

Die Gemeinsame Synode fordert eine angemessene Vertretung in den jeweiligen Räten, so hier im Pfarrgemeinderat[49]. Die zuständigen kirchlichen Behörden sind gehalten, bezüglich der Vergütung und Versorgung der Gemeindeassistenten entsprechende Regelungen vorzunehmen. Für den Dienst der Gemeindeassistenten/Gemeindereferenten haben die deutschen Bischöfe sowohl ein Rahmenstatut[50] als auch eine Rahmenordnung[51] erlassen.

3. *Gemeindehelfer(in)/Pfarrhelfer(in)*

„Angesichts der Spezialisierung und der weitgehenden Akademisierung der pastoralen Dienste wird dieser Beruf in Zukunft wieder mehr gefragt sein, wenn

[44] Rahmenstatut 5.7, ebd., S. 82; vgl. auch München und Freising, Statut für Pastoralassistenten, Präambel, in: Abl. 1972, S. 78; vgl. auch oben Anm. 22.

[45] Sb Dienste und Ämter 7.2.2, in: Gemeinsame Synode, Gesamtausgabe I, S. 634; vgl. *H. Müller*, Von der Seelsorgehilfe zum pastoralen Dienst. Die Stellung der Seelsorgehelferin/Gemeindereferentin in kirchenrechtlicher Sicht, in: ThpQ 124 (1976), S. 360–369. Die Terminologie ist auch hier nicht einheitlich. Rahmenordnung und Rahmenstatut der Deutschen Bischofskonferenz wählen den Begriff „Gemeindereferenten(innen)".

[46] Grundsätze der Deutschen Bischofskonferenz v. 2. 3. 1977 zur Ordnung der pastoralen Dienste 4.4, abgedr. in: AfkKR 147 (1978), S. 496.

[47] Vgl. Sb Dienste und Ämter 3.3.2, in: Gemeinsame Synode, Gesamtausgabe I, S. 613.

[48] Vgl. oben Anm. 22.

[49] Sb Dienste und Ämter 3.3.1, in: Gemeinsame Synode, Gesamtausgabe I, S. 612f.

[50] Rahmenstatut für Gemeindereferenten(innen) in den Bistümern der Bundesrepublik Deutschland v. 19. 9. 1978, veröffentlicht in: Die deutschen Bischöfe, H. 22, S. 35–47, abgedr. in: AfkKR 147 (1978), S. 507–516.

[51] Rahmenordnung für die Ausbildung, Berufseinführung und Fortbildung von Gemeindereferenten(innen) v. 25. 9. 1979, veröffentlicht in: Die deutschen Bischöfe, H. 22, S. 49–70.

sich nicht einerseits alle Verwaltungsarbeit erneut bei den Priestern kumulieren soll und wenn vom Pfarrbüro andererseits auch Offenheit für pastorale Fragen erwartet wird"[52]. Die Tätigkeit des Gemeindehelfers besteht zunächst in der Verwaltungsarbeit, d. h. im Pfarrbüro. Darüber hinaus soll er aber auch seelsorgliche Kontakte aufnehmen, sowohl im Pfarrbüro als auch anläßlich von Hausbesuchen. Für seinen Dienst hat die Deutsche Bischofskonferenz Richtlinien erlassen[53]. Die Mitgliedschaft im Pfarrgemeinderat ergibt sich aus den jeweiligen Satzungen[54]. Für den Gemeindehelfer gelten die Grundsätze, die die deutschen Bischöfe für den pastoralen Dienst festgestellt haben[55]. Die Dienste sind angemessen zu vergüten; hierzu haben die Diözesen entsprechende Gehaltsordnungen aufgestellt.

4. *Der Ministrant*

Ein Kirchenamt, das zur Wahrnehmung eines geistlichen Zweckes auf Dauer übertragen und unter der zuständigen geistlichen Autorität ausgeübt wird, ist das Amt des Ministranten[56]. Dieser Dienst steht in unmittelbarer Zuordnung zum Gottesdienst der Pfarrei. Insofern ist der Ministrant, der sich geschichtlich vom Akolythen herleiten läßt, ein Mitarbeiter des Pfarrers „im Bereich der Liturgie, wo es sich um einen Dienst am Wort und Sakrament handelt"[57].

5. *Die Pfarrhaushälterin*

„Frauen, die einen Pfarrhaushalt führen, leisten einen kirchlichen Dienst; denn mit ihrer Sorge machen sie den Priester freier für seine pastoralen Aufgaben. Auch durch ihre Präsenz im Pfarrhaus dienen sie der Gemeinde"[58]. Diese Formulierung der Gemeinsamen Synode, die in einer Anordnung noch ausdrücklich die Verpflichtung für notwendige Aus- und Fortbildung, gerechte Entlohnung und soziale Alterssicherung unterstreicht[59], macht deutlich, daß der Dienst der Pfarrhaushälterin nicht mehr nur als Aufgabe für den Pfarrer bzw. den Pfarrgeistlichen

[52] Grundsätze der Deutschen Bischofskonferenz v. 2. 3. 1977 zur Ordnung der pastoralen Dienste 4.5, abgedr. in: AfkKR 147 (1978), S. 496.

[53] Richtlinien für Pfarrhelfer(innen) v. 19. 9. 1979, veröffentlicht in: Die deutschen Bischöfe, H. 22, S. 103–107.

[54] Vgl. Mustersatzungen für die Räte des Laienapostolats, Satzung des Pfarrgemeinderates II, 4, abgedr. in: AfkKR 136 (1967), S. 526.

[55] Vgl. oben Anm. 22.

[56] Vgl. *K. Mörsdorf*, Die Stellung des Ministranten nach kanonischem Recht, in: AfkKR 143 (1974), S. 448–453. Den in diesem Beitrag dargelegten Grundsätzen hat sich das Bundessozialgericht in einer Entscheidung v. 18. 12. 1974 angeschlossen, abgedr. in: AfkKR 143 (1974), S. 530–540.

[57] *Mörsdorf*, ebd., S. 452.

[58] Sb Dienste und Ämter 5.2.3, in: Gemeinsame Synode, Gesamtausgabe I, S. 622; vgl. Ansprache Papst *Paul VI.* v. 22. 4. 1977 an die Mitglieder des Präsidiums der Internationalen Föderation der Pfarrhaushälterinnen, in: OssRom v. 28. 4. 1977.

[59] Sb Dienste und Ämter 7.2.7, in: Gemeinsame Synode. Gesamtausgabe I, S. 635.

verstanden werden kann. Direkt und indirekt übernimmt sie einen Dienst an der Gemeinde. Dieser Dienst ist sicherlich, je nach der Struktur der Pfarrei, im Hinblick auf die in der Pfarrei hauptamtlich tätigen Kleriker und Laien unterschiedlich.

In den deutschen Diözesen ist diese umfassendere Aufgabe und Verpflichtung schon seit langem erkannt worden. So sind verschiedentlich seitens der Diözesen in Besoldungsordnungen Mindestlöhne festgelegt worden[60]; für arbeitsunfähig gewordene Pfarrhaushälterinnen und für ihre Altersversorgung wurden Diözesanwerke errichtet[61]. Die Geistlichen wiederum sind verpflichtet, für diese Hilfswerke einen bestimmten Beitrag zu leisten[62]. Für die Besoldung der Haushälterin erhalten die Geistlichen Zuschüsse seitens der Diözesen, die damit die Mitarbeit der Pfarrhaushälterin in der Pfarrei deutlich unterstreichen[63].

6. *Die übrigen Mitarbeiter des Pfarrers – Küster (Mesner), Organist, Chorleiter*

Zur Durchführung des Gottesdienstes und der Feier der Liturgie bedarf die Pfarrgemeinde der Mithilfe von Laien, denen unterschiedliche Aufgaben zukommen. Ihre Aufgaben werden meist in entsprechenden Statuten oder Ordnungen umschrieben und festgelegt[64]. Da die Tätigkeit dieser Helfer, die von der Pfarrei auf Dauer eingestellt werden, einem unmittelbaren geistlichen Zweck dient, bekleiden sie ein Kirchenamt im weiteren Sinne[65] (vgl. c. 145 § 1). Das kirchliche Gesetzbuch hat die Bestimmungen des c. 1185 CIC/1917 zwar nicht aufgenommen, doch ist davon auszugehen, daß der Pfarrer unmittelbarer Dienstvorgesetzter ist, der auch die Zuständigkeit für Einstellung und Entlassung nach den diözesanrechtlichen Vorschriften ausübt. Das Dienstverhältnis wird durch einen Anstellungsvertrag begründet, der in denjenigen Diözesen, für die das (Preußische) Gesetz über die Verwaltung des Kirchenvermögens gilt, mit der Kirchengemeinde abgeschlossen wird. Dieser Vertrag bedarf zu seiner Rechtsgültigkeit der Geneh-

[60] Vgl. z. B. Erlaß des Allg. Geistlichen Rates der Erzdiözese München und Freising, in: ABl. 1972, S. 171f.

[61] Z. B. Statut des Hilfswerkes für die Versorgung der Haushälterinnen von Geistlichen des Bistums Essen v. 19. 9. 1973, in: KABl. 16 (1973), S. 117–118.

[62] Vgl. ebd., § 3, Abs. 2; der Bischof von Essen ist durch Reskript der SC Cler v. 12. 9. 1973 ermächtigt, alle Geistlichen des Bistums zu dieser Abgabe heranzuziehen; vgl. dazu auch die Verordnung über „Pflichtabgaben der Geistlichen, die nicht vom Bistum Essen besoldet werden" v. 26. 6. 1977, in: KABl. 20 (1977), S. 96.

[63] Vgl. z. B. Erlaß des Erzbischöflichen Generalvikariates Köln v. 2. 6. 1971, in: KAnz. 111 (1971), S. 229–231.

[64] Vgl. z. B. Allg. Dienstanweisung für Küster im Bistum Aachen v. 12. 3. 1975, in: KAnz. 45 (1975), S. 69f.; Dienstordnung des Bistums Würzburg v. 31. 5. 1974 für hauptberufliche Kirchenmusiker, in: DiözBl. 120 (1974), S. 201–205; Dienstordnung des Bistums Berlin v. 22. 12. 1971 für Organisten und Chorleiter in Berlin (West), in: Anlage zum ABl. v. 1. 1. 1972.

[65] *Mörsdorf* Lb II, S. 326.

migung seitens der Bischöflichen Behörde[66]. Für die Dienstleitungen sind entsprechende Vergütungsordnungen erlassen[67].

Da mit dem Dienst als Küster, Organist und Chorleiter ein Kirchenamt im weiteren Sinne ausgeübt wird und sich diese Aufgabe als pastoraler Dienst in und an der Gemeinde versteht, gelten auch für diese Mitarbeiter des Pfarrers die Richtlinien, die die Deutsche Bischofskonferenz über die persönlichen Anforderungen an Laien im pastoralen Dienst im Hinblick auf Ehe und Familie aufgestellt hat[68].

7. *Die „missio canonica" für die Mitarbeiter des Pfarrers*

Die Darstellung der Laien-Mitarbeiter des Pfarrers hat gezeigt, daß sich deren Tätigkeit in sehr unterschiedlichen Aufgabenübertragungen vollzieht. Dabei handelt es sich jeweils um die Ausübung eines kirchlichen Amtes im weiteren Sinne. Die Indienstnahme geschieht in der Regel durch Anstellungsverträge. Es wird in den Kirchen zunehmend deutlicher erkannt, daß die dienst- und arbeitsrechtlichen Fragen der kirchlichen Mitarbeiter zwar auch auf dem Hintergrund des staatlichen Arbeitsrechtes gesehen werden müssen, dabei aber einer genuin innerkirchlichen Lösung bedürfen[69]. Denn es stellt sich auch die Frage, ob eine rein vertragsrechtliche Regelung dem geistlichen Dienst entspricht, der übernommen wird. Sie verdichtet sich zumal bei der Anstellung von Pastoralassistenten/Pastoralreferenten und Gemeindeassistenten/Gemeindereferenten, die in einer besonderen Weise pastorale Aufgaben übernehmen.

In seinen Überlegungen zu einem künftigen Laienrecht hatte *Heribert Schmitz* mit Verweis auf die theologischen Aussagen bei *Alois Sustar*[70] und *Karl Rahner*[71] die Forderung erhoben, Regelungen zu treffen, damit Laien, die „in allen Formen des Apostolats am Aufbau der Kirche verantwortlich mit(zu)wirken und nicht nur als Hilfskraft des Klerus daran beteiligt sind", auch zu dieser Aufgabe kanonisch gesandt werden können[72]. Damit ist die Frage nach der „missio canonica" gestellt.

[66] Vgl. Anordnung des Preußischen Ministers für Wissenschaft, Kunst und Volksbildung v. 20. 2. 1928 Z. 7, in: Preuß. GS S. 12; abgedr. bei *J. Wenner*, Kirchenvorstandsrecht, Paderborn 1965, S. 112.

[67] Vgl. z. B. Kirchliche Arbeits- und Vergütungsordnung (KAVO) für die (Erz-)Bistümer Aachen, Essen, Köln, Münster, Paderborn v. 15. 12. 1971 mit Veränderungen zum 21. 10. 1982, in: KABl. Essen 15 (1982), S. 116f.

[68] Vgl. oben Anm. 22.

[69] Mit der Problematik beschäftigten sich zwei Tagungen der „Essener Gespräche zum Thema Staat und Kirche" (10. Tagung 1976; 18. Tagung 1983). Die Referate und Diskussionsbeiträge werden herausgegeben von *J. Krautscheidt* und *H. Marré*, Bd. 10, Münster 1976; *H. Marré* und *J. Stüting*, Bd. 18, Münster 1984; ferner *J. Jurina*, Das Dienst- und Arbeitsrecht im Bereich der Kirchen in der Bundesrepublik Deutschland (=Staatskirchenrechtliche Abhandlungen, Bd. 10), Berlin 1979.

[70] *A. Sustar*, Der Laie in der Kirche, in: Fragen der Theologie heute, 2. Aufl., Einsiedeln-Zürich-Köln 1958, S. 519–548, hier S. 540.

[71] *K. Rahner*, Über das Laienapostolat; in: Schriften zur Theologie II, Einsiedeln-Zürich-Köln 1955, S. 339–373, hier S. 372.

[72] *H. Schmitz*, Die Gesetzessystematik des Codex Iuris Canonici Liber I–III (= MthStkan, Bd. 18), S. 45.

Das II. Vatikanische Konzil hat sehr deutlich formuliert, daß Laien durch besonderen kirchlichen Auftrag an einzelnen Aufgaben des kirchlichen Amtes mitwirken. Im Konzilsdekret über das Laienapostolat wird ausdrücklich von gewissen Aufgaben gesprochen, die die Laien kraft Sendung (vi huius missionis) ausüben[73]. Mit Recht macht *Hubert Müller* darauf aufmerksam, daß sich die Feststellung der Deutschen Bischofskonferenz, „daß die sakramentale Weihe eine notwendige Voraussetzung ist für jene kirchlichen Aufgaben, für die jemand auf Dauer in den kirchlichen Dienst genommen wird und die sich unmittelbar auf den Heilsdienst beziehen", mit der Aussage des II. Vatikanischen Konzils über den besonderen Dienst des Laien nicht vereinbaren läßt[74].

Hier stellt sich die Frage nach der rechtlichen und theologischen Qualität der „missio canonica". Der CIC/1917 kannte diesen Begriff nur in der Bedeutung für Übertragung von Jurisdiktion[75]. In Deutschland hat das Wort eine Sonderbedeutung. Hier gilt „missio canonica" für die Übertragung des Auftrages zur Erteilung von Religionsunterricht im Sinne einer „missio catechetica"[76]. Sie wird Religionslehrern und Katecheten als Unterrichtsauftrag erteilt. Von hierher ist verständlich, daß auch die Seelsorgehelferinnen (nunmehr „Gemeindeassistentinnen") eine „missio canonica" in diesem einschränkenden Sinne erhielten. Diese „missio" war nicht als kanonische Sendung für den ganzen Umfang der Seelsorgsaufgaben verstanden, sondern im Hinblick auf den Religionsunterricht erteilt.

Die Forderung, die *Heribert Schmitz* und neuestens *Hubert Müller* erheben, die Indienstnahme des Laien, der in besonderem Auftrag Aufgaben im pastoralen Bereich übernimmt, deutlich herauszustellen, ist theologisch und rechtlich verständlich. Offensichtlich wollte das Konzil diese Frage offenhalten, so daß in Art. 24 des Laiendekretes nicht, wie ursprünglich vorgesehen, von einer „missio canonica", sondern lediglich von einer „missio" die Rede ist[77].

In c. 228 § 1 wird die Problematik umgangen mit der Feststellung, daß Laien, die sich als geeignet erweisen, fähig sind, von den Bischöfen in jene kirchlichen Dienste und Ämter (officia ecclesiastica et munera) berufen zu werden (assumantur)[78], die sie nach Normen des Rechts versehen können. Welche theologische und rechtliche Qualität diese Berufung hat, bleibt offen. Es könnte sich um einen analogen Vorgang zu dem Ritus handeln, der nach dem MP AdPasc bei der Zulassung von Kandidaten für den Empfang der Diakonats- und Priesterweihe

[73] VatII AA Art. 24; vgl. hierzu auch Grundsätze der Deutschen Bischofskonferenz v. 2. 3. 1977 zur Ordnung der pastoralen Dienste 4.1, abgedr. in: AfkKR 147 (1978), S. 494.

[74] *Müller*, Seelsorgehilfe (Anm. 45), S. 366, Anm. 32.

[75] *Mörsdorf* R, S. 190, vgl. auch S. 249.

[76] Vgl. *H. Flatten*, Missio canonica, in: Verkündigung und Glaube, Festschr. Arnold, hrsg. v. *Th. Filthaut* und *J. A. Jungmann*, Freiburg 1958, S. 127–131 und S. 137–141; in einem Schreiben der Kleruskongregation v. 20. 11. 1973 an Kardinal *Döpfner* bezüglich der Erteilung der Predigterlaubnis an Laien zum Sb Laienverkündigung (Gemeinsame Synode, Gesamtausgabe I, S. 169–178) wird die Beauftragung, die „Delegation" eines Laien seitens der Bischöfe für den Predigtdienst als „missio canonica" bezeichnet, vgl. ebd., S. 184.

[77] Vgl. *Müller*, Seelsorgehilfe (Anm. 45), S. 366.

[78] Vgl. hierzu auch VatII LG Art. 33 Abs. 3 (adsumantur).

gefordert wird[79]. Auf diese „Berufung" (= assumere) müßte jedoch die spezielle Beauftragung (missio) für einen bestimmten Dienst als Pastoralreferent oder Gemeindereferent folgen.

III. Die Pastoralkonferenz

Um der Zusammenarbeit aller Priester und hauptamtlich in der Gemeinde tätigen Laien willen fordert die Gemeinsame Synode die Einrichtung einer Pastoralkonferenz, bei der Fragen der Seelsorgsaufgaben, der Seelsorgsplanung, der Akzentsetzung der Arbeit zu besprechen sind[80]. Das geltende Recht kennt diese Einrichtung nicht. Die in c. 131 CIC/1917 bzw. c. 278 § 2 vorgesehene Konferenz, die meist als Pastoralkonferenz bezeichnet wird[81], ist eine Zusammenkunft von Geistlichen einer Diözese oder eines Dekanates. Das kirchliche Gesetzbuch hat die verpflichtende Teilnahme der Geistlichen an diesen Konferenzen festgestellt. Durch die Gemeinsame Synode wird jedoch diese Konferenz als Einrichtung auf der Ebene der Pfarrei gefordert. Den Vorsitz soll der Pfarrer führen; alle in der Pfarrei hauptamtlich oder nebenamtlich tätigen Priester, Diakone und Pastoralassistenten/Pastoralreferenten sind Mitglieder. „Je nach Gegenstand der Beratungen sind auch Kirchenangestellte und ehrenamtliche Dienste an den Sitzungen der Pastoralkonferenz zu beteiligen"[82]. Wichtige Fragen werden in den Pfarrgemeinderat eingebracht.

[79] *Paul VI.*, MP „Ad Pascendum" v. 15. 8. 1972 I a, in: AAS 64 (1972), S. 538.
[80] Sb Dienste und Ämter 6.1, in: Gemeinsame Synode, Gesamtausgabe I, S. 632.
[81] *Mörsdorf* Lb I, S. 261.
[82] Siehe oben Anm. 80.

§ 46 Pfarrgemeinderat und Pfarrverwaltungsrat

Von Josef Lederer

I. Der Pfarrgemeinderat

1. *Entwicklung*

Der Pfarrgemeinderat[1] entwickelte sich im deutschen Sprachraum aus dem Laienapostolat in der Katholischen Aktion. Eine konziliare Grundlage erhielt er in Art. 27 Abs. 5 VatII CD im Zusammenhalt mit n. 12 des Rundschreibens der Kleruskongregation vom 25. Juni 1973[2] und in Art. 26 VatII AA[3].

Die *Deutsche Bischofskonferenz* beschloß im Frühjahr 1967 Grundsätze und Empfehlungen zur institutionellen Neuordnung des Laienapostolates[4] und gab dem Zentralkomitee der deutschen Katholiken den Auftrag, Mustersatzungen zu erarbeiten; sie wurden im Herbst 1967 den Diözesen als Handreichung zugeleitet[5]. In den Grundsätzen wurde die Bildung der Pfarrgemeinderäte angeordnet, die Mustersatzungen enthielten einen Vorschlag für die Satzung des Pfarrgemeinderates.

Die *Gemeinsame Synode der Bistümer in der Bundesrepublik Deutschland* legte in dem Beschluß „Verantwortung des ganzen Gottesvolkes für die Sendung der Kirche" eine Rahmenordnung für den Pfarrgemeinderat vor[6]. In Ausfüllung dieser Rahmenordnung erließen die deutschen Diözesen neue Satzungen[7].

[1] *K. Mörsdorf*, Das eine Volk Gottes und die Teilnahme der Laien an der Sendung der Kirche, in: Festg. Scheuermann, S. 114–117; *ders.*, Die andere Hierarchie, in: AfkKR 138 (1969), S. 473–480; *ders.*, Zur Problematik der konziliaren Räte, in: KlBl. 53 (1973), S. 200ff.; *A. Stiefvater*, Auftrag und Aufgabe. Eine Handreichung für die Pfarrgemeinderäte, Freiburg 1971; *W. Zauner* (Hrsg.), Der Pfarrgemeinderat, Wien 1972; *J. Lederer*, Pfarrer und Pfarrgemeinderat, in: Festg. Flatten, S. 227–245; *G. May*, Das Verhältnis von Pfarrgemeinderat und Pfarrer nach gemeinem Recht und nach Mainzer Diözesanrecht, in: Festg. Flatten, S. 205–225; *W. Pötter*, Verantwortung des ganzen Gottesvolkes für die Sendung der Kirche, in: Gemeinsame Synode. Gesamtausgabe I, S. 637–650; *E. Hunold/A. Schuchart*, Pfarrer und Pfarrgemeinderat – Gegeneinander oder Miteinander?, in: Lebendiges Zeugnis 33 (1978), H. 4, S. 45–57; *Mosiek* Verf. III, S. 128–134; *K. Lehmann*, Verantwortliches Christsein und Räte, in: *ders.*, Geistliches Handeln, Freiburg 1982, S. 131–135; Landeskomitee der Katholiken in Bayern (Hrsg.), Gemeinsam Pfarrgemeinde gestalten. Handbuch für den Pfarrgemeinderat, München 1983.

[2] Abgedr. in: AfkKR 142 (1973), S. 483–489.

[3] Vgl. *F. Klostermann*, in: LThK²-Konzilskommentar II, S. 682; *F. Hengsbach*, Das Konzilsdekret über das Apostolat der Laien, Paderborn 1967, S. 129.

[4] Abgedr. in: AfkKR 136 (1967), S. 523–525 und in: NKD 13, S. 93–95.

[5] Abgedr. in: AfkKR 136 (1967), S. 525–532.

[6] Gemeinsame Synode. Gesamtausgabe I, S. 659–664.

[7] *Aachen:* KAnz. 1977, S. 59–63; 1981, S. 76; *Augsburg:* ABl. 1978, S. 2–8; *Bamberg:* ABl. 1977, S. 255–264; *Berlin:* ABl. 1978, S. 6–8; *Eichstätt:* Pastoralblatt 1978, S. 13–18; *Essen:* KABl. 1976, S. 416–418; 1978, S. 87; *Freiburg:* ABl. 1976, S. 447–451; *Fulda:* Satzung vom 15. Juni 1979 (Sonderdruck); *Hildesheim:* KAnz. 1977, S. 173–180; *Köln:* KAnz. 1977, S. 181–189, 223; *Limburg:* ABl. 1977, S. 567–573; *Mainz:* Statut vom 31. Mai 1979 (Sonderdruck); *München und Freising:* ABl. 1977, S. 421–438; *Münster:* KABl. 1977, S. 29–34;

Ähnlich war die Entwicklung in den Bistümern *Österreichs*[8] und der *Schweiz*[9].

2. *Das geltende Recht (c. 536)*

Der Pfarrgemeinderat ist ein Organ, in dem die Gläubigen zusammen mit ihren Seelsorgern die Seelsorge in der Pfarrei zu fördern suchen.

Der Diözesanbischof hat nach Beratung im Priesterrat darüber zu befinden, ob in den Pfarreien seines Bistums Pfarrgemeinderäte eingerichtet werden. Es obliegt ihm, dem Pfarrgemeinderat durch Satzung eine rechtliche Ordnung zu geben. Dabei ist er an zwei Vorgaben gebunden: Vorsitzender des Pfarrgemeinderates ist der Pfarrer; der Pfarrgemeinderat hat beratende, nicht aber beschließende Stimme. Eine Zuständigkeit der Bischofskonferenz ist nicht vorgesehen.

3. *Unterschiede zu dem bisherigen Satzungsrecht der deutschen Diözesen*[10]

Das neue gesamtkirchliche Rahmenrecht des c. 536 CIC/1983 deckt sich nicht mit dem Satzungsrecht der deutschen Diözesen. Es sind insbesondere folgende Unterschiede festzustellen:

a) Nach bisherigem Recht ist in jeder Pfarrei ein Pfarrgemeinderat zu bilden; nach dem CIC/1983 kann der Diözesanbischof frei darüber entscheiden, ob es Pfarrgemeinderäte geben soll oder nicht.

b) In den deutschen Diözesen hat der Pfarrgemeinderat eine Doppelfunktion: Er soll einerseits den Heilsdienst des Pfarrers innerhalb der Gemeinde mittragen und andererseits Initiativen anregen und koordinieren, die der Kirche in den Ordnungen der Welt Anwesenheit und Wirksamkeit verschaffen. Der CIC/1983 spricht nur von einer Förderung der seelsorglichen Tätigkeit.

c) Die Satzungen der deutschen Diözesen bestimmen, daß der Pfarrgemeinderat bei wichtigen Entscheidungen beratend oder beschließend mitzuwirken hat; der CIC/1983 sieht nur eine Beratung des Pfarrers vor.

Osnabrück: KABl. 1978, S. 38–40; 1981, S. 164f.; *Paderborn:* KABl. 1977, S. 38–41; *Passau:* Ordnung für das Apostolat der Laien, 1976, S. 11–18; *Regensburg:* ABl. 1978, S. 4–7; 1982, S. 65; *Rottenburg-Stuttgart:* Ordnung für die Kirchengemeinden und ortskirchlichen Stiftungen in der Diözese Rottenburg §§ 26 u. 27, KABl. 1972, S. 159f.; *Speyer:* OVBl. 1979, S. 513–520; *Trier:* KABl. 1975, S. 173–175; 1979, S. 155; *Würzburg:* DiözBl. 1978, S. 58–64.

[8] Satzungen bzw. Statuten wurden erlassen: *Eisenstadt:* Amtliche Mitteilungen von 1971, S. 43f.; *Feldkirch:* DiözBl. 1975, S. 33f.; *Graz-Seckau:* KVOBl. 1973, S. 73–75; *Gurk-Klagenfurt:* KVOBl. 1972, S. 63–66; *Innsbruck:* KVOBl. 1974, S. 41f.; *Linz:* DiözBl. 1976, S. 144–148; *Salzburg:* VOBl. 1969, S. 33–42; 1974, S. 41f.; *St. Pölten:* DiözBl. 1970, S. 1–4; 1977, S. 49–57; *Wien:* DiözBl. 1974, S. 49–55.

[9] In den schweizerischen Diözesen heißt der Pfarrgemeinderat „Pfarreirat"; Pfarrgemeinderat ist die Bezeichnung für das Organ der Finanz- und Vermögensverwaltung der Pfarrei. Verschiedene Diözesen haben allgemein gehaltene Richtlinien für die Arbeit der Pfarreiräte erlassen, die zu recht unterschiedlicher Entwicklung in den Pfarreien geführt haben.

[10] *W. Böckenförde*, Einschneidende Änderungen? Zur künftigen Mitverantwortung von Laien in Gremien der Pfarrei, in: Der Sonntag. Kirchenzeitung für das Bistum Limburg Nr. 12 vom 20. März 1983 (Sonderdruck).

d) Bisher war die Bestimmung des Vorsitzenden dem Diözesanrecht überlassen; dabei sollte möglichst nicht der Pfarrer zum Vorsitzenden bestellt werden. Nunmehr ist verbindlich festgelegt, daß der Pfarrer kraft seines Amtes Vorsitzender ist.

4. *Die weitere Entwicklung*

Nach c. 6 § 1 n. 2 wird mit dem Inkrafttreten des CIC/1983 bisher geltendes teilkirchliches Recht außer Kraft gesetzt, soweit es den Bestimmungen des CIC widerspricht. Damit stellt sich die Frage, ob und in welchem Umfang das für die diözesanen Satzungen für den Pfarrgemeinderat zutrifft.

Die Deutsche Bischofskonferenz hat eine Kommission beauftragt, zu dieser Frage eine Vorlage auszuarbeiten, die als Gesprächsgrundlage für Verhandlungen mit römischen Stellen dienen soll[11]. Die Gemeinsame Konferenz von Bischofskonferenz und Zentralkomitee der deutschen Katholiken begrüßte die Verankerung eines Pastoralrates auf Pfarrebene im neuen Kirchenrecht. Sie geht davon aus, daß die Arbeit des Pfarrgemeinderates in dem von der Gemeinsamen Synode ermöglichtem Rahmen fortgeführt wird. Der Pfarrgemeinderat nimmt nach dem Synodenbeschluß auf Pfarrebene die Funktion eines Gremiums des Laienapostolates und zugleich die eines Pastoralrates wahr; diese bewährte Praxis gelte es fortzusetzen[12].

Die deutschen Bischöfe werden also bemüht sein, mit dem gesamtkirchlichen Gesetzgeber eine Regelung zu finden, die den Pfarrgemeinderäten eine Fortführung ihrer bisherigen Arbeit möglich macht. Es bleibt abzuwarten, wie diese Regelung die Satzungen der Pfarrgemeinderäte modifizeren wird. Dabei richtet sich das Interesse besonders auf die Frage nach dem Vorsitzenden und der nur beratenden Funktion. Bei Erörterungen dieser Frage sollte immer im Auge behalten werden, daß das eigentlich Entscheidende ein wirkliches Miteinander von Pfarrer und Pfarrgemeinderat ist und bleibt. Solches Miteinander wird nur dann gelingen, wenn die Pfarrgemeinderatsmitglieder die Amtsgewalt und die besondere Verantwortung des Pfarrers achten und der Pfarrer nicht durch den Stil seiner Amtsführung die Verantwortung und den Beitrag der Gläubigen mißachtet. Diese Kooperation setzt die Einsicht voraus, daß Mitverantwortung ein brüderliches Strukturprinzip ist, das von einem dialogisch gefundenem Konsens lebt.

Bei solchem Willen zu einem wirksamen Miteinander sollte die Frage nach dem Vorsitzenden keine unlösbaren Schwierigkeiten machen. Es wird nicht zu übersehen sein, daß nach der neuen Gesetzgebung in allen Mitwirkungsgremien, die einem Amtsträger zugeordnet sind, dieser Amtsträger der Vorsitzende ist (Bischofssynode, Diözesansynode, Priesterrat, Diözesanpastoralrat). Eine emotionsfreie Wertung der Diözesansatzungen wird zudem feststellen, daß die dem

[11] HerKorr 37 (1983), S. 284f.

[12] Mitteilungen des Zentralkomitees der deutschen Katholiken Nr. 223 vom 18. April 1983.

Pfarrer eingeräumte rechtliche Stellung ihn sozusagen zum „verdeckten" Vorsitzenden macht und daß dem vorgesehenen Vorsitzenden mehr die Funktion eines Moderators zukommt, dem vor allem die Handhabung der Geschäftsordnung obliegt.

Auch die Frage ob nur beratendes oder auch beschließendes Stimmrecht sollte nicht hochgespielt werden. Wegen des weitgehenden Vetorechtes des Pfarrers war auch in der bisherigen Regelung der Pfarrgemeinderat praktisch ein beratendes Gremium. Eine Besinnung auf den Wert des Ratgebens und Ratnehmens könnte unseren Pfarreien und ihrem Heilsauftrag mehr nützen als ein Streit um die nähere rechtliche Qualität eines Beschlusses des Pfarrgemeinderates[13].

II. Der Pfarrverwaltungsrat

1. *Die gesamtkirchliche Norm (c. 537)*[14]

Jede rechtmäßig errichtete Pfarrei ist von Rechts wegen eine juristische Person des kirchlichen Rechts (c. 515 § 3). Ihre Vertretung im rechtsgeschäftlichen Verkehr obliegt dem Pfarrer. Er hat insbesondere auch dafür zu sorgen, daß das Vermögen der Pfarrei nach den Vorschriften der cc. 1281–1288 verwaltet wird (c. 532).

In jeder Pfarrei soll ein Pfarrverwaltungsrat eingerichtet werden (c. 537). Zu seiner rechtlichen Ordnung erläßt der Diözesanbischof unter Beachtung des gesamtkirchlichen Rechts die notwendigen Vorschriften, die insbesondere auch die Auswahl der Mitglieder regeln. Der Pfarrverwaltungsrat soll den Pfarrer durch fachkundigen Rat und andere Hilfeleistungen unterstützen; seine Mitwirkung darf die rechtliche Vertretungsmacht des Pfarrers nicht einschränken.

2. *Bisheriges deutsches Partikularrecht*[15]

In den deutschen Diözesen ist die Verwaltung des Ortskirchenvermögens in der Regel einem kollegialen Organ (Kirchenvorstand, Kirchenverwaltung) übertragen, dessen Vorsitzender der Pfarrer ist und dessen Beschlüsse den Pfarrer binden. Die näheren Einzelbestimmungen sind nach Bundesländern sehr verschieden und vielfach in Abstimmung mit staatlichen Instanzen getroffen. Deswegen wird es

[13] Vgl. *J. Höffner*, Zur Theologie des Seelsorgsrates und des Priesterrates, in: *W. Dreier* (Hrsg.), Weltverantwortung aus dem Glauben. Reden und Aufsätze von J. Höffner, Münster 1969, S. 181–190.

[14] *Böckenförde*, Einschneidende Änderungen? (Anm. 10).

[15] *Mörsdorf* Lb II, S. 323–325; *S. Marx*, Staatskirchenrechtliche Bestimmungen zum Kirchenvermögens- und Stiftungsrecht im Bereich der katholischen Kirche, in: HdbStKirchR II, S. 117–160; *J. Wenner*, Kirchenvorstandsrecht, 2. Aufl., Paderborn 1965; *H. Eisenhofer*, Satzungen und Wahlordnungen für die katholischen Kirchenverwaltungen und Diözesansteuerausschüsse in Bayern. 10. Aufl., München 1983.

nicht ohne weiteres möglich sein, mit dem Inkrafttreten des CIC/1983 Pfarrverwaltungsräte einzurichten, die der Norm des c. 537 entsprechen.

3. *Koordinierung mit dem Pfarrgemeinderat*

C. 537 sieht für die Verwaltung des Vermögens der Pfarrei ein eigenes, vom Pfarrgemeinderat verschiedenes Organ vor. Es kann deswegen die Zielvorstellung des Synodenbeschlusses, die Vermögens- und Finanzverwaltung in den Pfarrgemeinderat zu integrieren, nicht mehr realisiert werden. Umso wichtiger ist eine gedeihliche Zusammenarbeit beider Gremien. Dafür sieht der Synodenbeschluß folgendes vor: Das für die Vermögensverwaltung zuständige Gremium entscheidet unter Berücksichtigung der pastoralen Richtlinien des Pfarrgemeinderates. Der stellvertretende Vorsitzende des für die Vermögensverwaltung zuständigen Gremiums ist amtliches Mitglied des Pfarrgemeinderates; ein Vertreter des Pfarrgemeinderates nimmt an den Sitzungen des Gremiums für die Vermögensverwaltung teil. Bei der Vorlage des Haushaltes zur Genehmigung ist die Stellungnahme des Pfarrgemeinderates beizufügen[16].

§ 47 Der Pfarrverband

Von Peter Krämer

Um den Anforderungen an eine zeitgemäße Pastoral besser zu entsprechen, sind neue Organisationsformen auf pfarrlicher und überpfarrlicher Ebene entwickelt worden. Hierzu gehört die *Bildung von Pfarrverbänden*; durch diese (aber nicht nur durch diese) soll die Weisung des II. Vatikanischen Konzils zu größerer Zusammenarbeit der Pfarrer und aller, die in einem bestimmten Seelsorgsbereich tätig sind, befolgt werden[1]. Pfarrverbände werden im kirchlichen Gesetzbuch nicht unmittelbar angesprochen, doch können nach c. 374 § 2 mehrere benachbarte Pfarrgemeinden miteinander verbunden werden, um die pastorale Bemühung durch gemeinsame Tätigkeit zu fördern. Insofern das Gesetzbuch in diesem Zusammenhang nur beispielhaft auf die Dekanate hinweist, sind auch andere Formen des Zusammenschlusses möglich.

[16] Gemeinsame Synode. Gesamtausgabe I, S. 663.

[1] VatII CD Art. 30 Ziff. 1; vgl. LG Art. 28 Abs. 3, Art. 30, Art. 32 Abs. 3, Art. 37 Abs. 3; PO Art. 8 Abs. 1, Art. 9 Abs. 2; AA Art. 18 Abs. 1, Art. 24 Abs. 5, Art. 25 Abs. 1.

1. *Beschlüsse der Gemeinsamen Synode*

Grundlegend für die Bildung von Pfarrverbänden im Bereich der Deutschen Bischofskonferenz sind Beschlüsse der Gemeinsamen Synode der Bistümer in der Bundesrepublik Deutschland[2]. Eindringlich mahnt die Synode, „entschlossen und mutig nach Wegen zu suchen, die den priesterlichen Dienst und die anderen pastoralen Dienste in unseren Gemeinden für die Zukunft sicherstellen"[3]. Unter dieser Rücksicht stellt die Errichtung von Pfarrverbänden eine wichtige Aufgabe dar, wobei unter einem *Pfarrverband* der *„Zusammenschluß rechtlich selbständig bleibender Pfarrgemeinden"* zu verstehen ist[4]. „Im Pfarrverband sollen die *Grunddienste*, vor allem die Feier der Eucharistie und die Sakramentenspendung, *bei der einzelnen Pfarrgemeinde* bleiben, während besonders die *Zielgruppenarbeit* (Jugendarbeit, Erwachsenenbildung, Katechese, Alten- und Krankenseelsorge u. a.) *für alle Pfarreien gemeinsam* wahrgenommen wird"[5]. – Sodann hat die Synode eine „Rahmenordnung für die pastoralen Strukturen" vorgelegt, die nicht rechtsverbindlich ist, gleichwohl nachdrücklich empfohlen wird[6]. Hiernach bilden Pfarrverbände (zusammen mit den Pfarrgemeinden) die untere pastorale Ebene[7] und werden vom Bischof nach Anhörung der betroffenen Pfarrgemeinden und im Benehmen mit dem zuständigen Dekanat bzw. der Region errichtet[8]. Es ist zwischen Leitung, Mitverantwortung und Verwaltung zu unterscheiden. Der Pfarrverband wird von einem *Pfarrer als Pfarrverbandsvorsitzendem* im Zusammenwirken mit der Pfarrverbandskonferenz geleitet. Die *Pfarrverbandskonferenz*, die als Gremium der Mitverantwortung wirksam wird, setzt sich zusammen aus allen im unmittelbaren Dienst innerhalb des Pfarrverbandes stehenden Priestern und Laien sowie den Vorsitzenden (bzw. Delegierten) der Pfarrgemeinderäte; sie plant die Durchführung gemeinsamer Aufgaben und wählt den Pfarrverbandsvorsitzenden, dessen Amtszeit fünf Jahre betragen soll; die Wahl bedarf der Bestätigung durch den Bischof[9]. Anstehende Verwaltungsaufgaben sollen von einem Pfarrverbandsbüro erfüllt werden, das dem Pfarrverbandsvorsitzenden unterstellt ist[10].

[2] Vgl. hierzu Gemeinsame Synode. Gesamtausgabe I, S. 601f., 623f., 696ff.; *Mosiek* Verf. III, S. 114–117.

[3] Sb Dienste und Ämter 1.3.3.

[4] Sb Dienste und Ämter 5.3.3; Sb Pastoralstrukturen III 1.2.

[5] Sb Dienste und Ämter 5.3.3; vgl. Sb Pastoralstrukturen III 1.2.1.

[6] Vgl. *P. Boonen*, Einleitung zu Sb Pastoralstrukturen, in: Gemeinsame Synode. Gesamtausgabe I, S. 679–687, 687.

[7] Sb Pastoralstrukturen II 1, III 1.

[8] Sb Pastoralstrukturen III 1.2. Zur Kompetenz des Diözesanbischofs vgl. *H. Schmitz*, Der Pfarrverband. Kirchenrechtliche Fragen einer neuen Organisationsform, dargestellt an der Regelung im Bistum Trier, in: Festg. Flatten, S. 189–204, 193ff.

[9] Sb Pastoralstrukturen II 4, III 1.2.2. Als Mitglieder der Pfarrverbandskonferenz hätten hier auch die im Pfarrverband tätigen Diakone erwähnt werden müssen. Außerdem wird in mehreren diözesanen Rahmenordnungen zwischen einer Pfarrverbandskonferenz, die stärker an Leitungsaufgaben des Pfarrverbandes beteiligt ist, und einem Pfarrverbandsrat als Organ der Mitverantwortung unterschieden; vgl. z. B. Rahmenordnung für die Pfarrverbände im Bistum Trier, in: KABl. Trier 120 (1976), Nr. 269, S. 375ff., hier § 5 u. 6; in Sb Pastoralstrukturen III 1.2.2 werden beide Funktionen zusammengefaßt.

[10] Sb Pastoralstrukturen III 1.2.3.

Mit der Errichtung eines Pfarrverbandes, der eine zeitgerechte Durchführung des kirchlichen Heilsdienstes ermöglichen und gewährleisten soll, wird keine neue kirchliche Teilgemeinschaft geschaffen, auch keine neue Gemeindeform, durch die das Pfarrprinzip – die verbindlich vorgeschriebene Untergliederung einer Diözese in voneinander unterschiedene Pfarreien (c. 374 § 1) – abgelöst werden könnte. Der Pfarrverband ist lediglich ein *Zweckverband*, der dazu beitragen soll, das Gemeindeleben zu erneuern und zu vertiefen. Es geht allein um eine „Kooperation der Pfarreien zur Erzielung einer wirksamen Pastoral"[11]. Insofern diese Kooperation aber einen rechtlichen Niederschlag findet, wird die Eigenständigkeit der im Pfarrverband zusammengeschlossenen Pfarrgemeinden berührt. Denn hinsichtlich der Aufgaben, die über die Grenzen der Pfarrei hinaus im ganzen Gebiet des Pfarrverbandes wahrgenommen werden sollen, besteht die Eigenständigkeit der Pfarrgemeinde nicht fort. Dies macht deutlich, daß ein Pfarrverband nur dann funktionsfähig ist, wenn Funktionen aus dem Aufgabenbereich einer Pfarrgemeinde ausgegliedert werden und ein arbeitsteiliges Zusammenwirken in verschiedenen pastoralen Diensten erfolgt. Zu beachten ist, daß die Stellung des Pfarrers, dem als eigentlichen Hirten („pastor proprius") die Seelsorge in einem bestimmten Teil der Diözese anvertraut ist, durch die Errichtung eines Pfarrverbandes nicht ausgehöhlt werden darf[12]. Pastorale Dienste, die eine personale Nähe zu den Gliedern der Gemeinde erfordern oder wünschenswert erscheinen lassen, müssen in der Pfarrei verbleiben; davon in kategorialer Hinsicht pastorale Dienste abzugrenzen, die überpfarrlich, wenn auch innerhalb der Grenzen des Pfarrverbandes, ausgeübt werden sollen, ist kein leichtes Unterfangen. Entscheidend ist, daß es bei diesen Diensten weniger auf eine personale Nähe als auf eine besondere Sachkenntnis ankommt.

Von der Aufgabenstellung her gesehen ist eine genaue Unterscheidung zwischen *Pfarrverband und Dekanat*[13] nicht möglich. Denn auch das Dekanat hat – entgegen der bisherigen Rechtslage – pastorale Struktur und stellt einen Zusammenschluß mehrerer Pfarreien zur besseren Durchführung pastoraler Dienste dar (vgl. cc. 374 § 2, 555).

2. *Diözesanrechtliche Ausformung*

Die Entwicklung von Pfarrverbänden ist bisher in den einzelnen Diözesen recht unterschiedlich verlaufen und noch keineswegs abgeschlossen; deshalb ist ein abschließendes Urteil gegenwärtig nicht möglich[14]. Abgesehen davon, daß in einigen Diözesen noch überhaupt keine diözesanrechtlichen Regelungen erlassen

[11] *Schmitz*, Der Pfarrverband (Anm. 8), S. 196.

[12] VatII CD Art. 30 Abs. 1; c. 515 § 1.

[13] Vgl. hierzu in *diesem* Band, oben, *K. Th. Geringer*, § 42 Das Dekanat.

[14] Vgl. *H. Heinz*, Erste Erfahrungen mit Pfarrverbänden in den Diözesen Münster und Aachen, in: Pastoralblatt für die Diözesen Aachen, Berlin, Essen, Köln, Osnabrück 25 (1973), S. 343–349; *O. Selg*, Der Pfarrverband. Ein kooperatives Gemeindemodell, Regensburg 1974.

worden sind[15], ist die Entwicklung in anderen Diözesen soweit gediehen, daß (vorläufige) Rahmenordnungen und Musterstatuten vorliegen, nach welchen Pfarrverbände errichtet worden sind bzw. errichtet werden[16]. Wenngleich sich diese Rahmenordnungen und Musterstatuten an die Beschlüsse und Empfehlungen der Gemeinsamen Synode anlehnen[17], heben sich doch zwei verschiedene Grundtypen voneinander ab. Für den *ersten Grundtyp* ist charakteristisch, daß die *Initiative* zur Bildung eines Pfarrverbandes *bei den einzelnen Pfarrgemeinden* liegt; es wird ein freiwilliger Zusammenschluß von unten her betont und ein größerer Raum zur Eigengestaltung gelassen; der Pfarrverband wird hiernach auf Antrag der beteiligten Pfarreien vom Bischof errichtet[18]. Der *zweite Grundtyp* ist dadurch gekennzeichnet, daß die Kooperation der betreffenden Pfarrgemeinden von *der kirchlichen Autorität* nicht bloß genehmigt oder gutgeheißen, sondern *verbindlich angeordnet* wird; die Errichtung eines Pfarrverbandes ist in diesem Fall stärker an diözesan-rechtliche Regelungen gebunden[19].

[15] Als Beispiel sei hier Köln genannt; im KAnz. bzw. ABl. für die Erzdiözese Köln sind bislang keine diözesanrechtlichen Bestimmungen publiziert worden.

[16] Die Entwicklung von Pfarrverbänden hat z. T. vor der Gemeinsamen Synode eingesetzt und diese beeinflußt.

[17] Vgl. auch das „Musterstatut für den Pfarrverband", das dem Sb Pastoralstrukturen als Anlage hinzugefügt worden ist (Gemeinsame Synode. Gesamtausgabe I, S. 713–716).

[18] So z. B. in der Diözese Eichstätt; vgl. Rahmenordnung für Pfarrverbände, in: Pastoralblatt des Bistums Eichstätt 126 (1979), S. 31–35; vgl. auch Synodalordnung für das Bistum Limburg, in: ABl. Limburg (1977), Nr. 112, S. 539–558, hier: § 26 (S. 545); Ordnung für die Kirchengemeinden und ortskirchlichen Stiftungen in der Diözese Rottenburg, in: KABl. Rottenburg 31 (1972), Nr. A 1200, S. 153–172, hier: § 7 (S. 156).

[19] So z. B. in der Diözese Trier; vgl. Rahmenordnung für die Pfarrverbände im Bistum Trier (Anm. 9), bes. §§ 1, 2, 4. In der Diözese Trier wird überdies angestrebt, daß der Pfarrverband mit dem Dekanat deckungsgleich ist; dies steht wohl im Gegensatz zu Sb Pastoralstrukturen (III 1 u. 2), wonach die Pfarreien und Pfarrverbände zur unteren, die Dekanate und Regionen hingegen zur mittleren pastoralen Ebene gehören, bewegt sich aber innerhalb des Gestaltungsraumes, der einem Diözesanbischof mit c. 374 § 2 für die Strukturierung seiner Diözese zuerkannt ist.

§ 48 Kirchenrektor und Seelsorger für besondere Gemeinschaften

Von Helmuth Pree

I. Der Kirchenrektor

1. Begriff

Unter „Kirchenrektoren" im engeren Sinn (ecclesiarum rectores)[1] sind Priester zu verstehen, denen die Obsorge um eine Kirche anvertraut ist, die weder Pfarr- noch Kapitelskirche noch auch dem Haus einer Gemeinschaft von Religiosen oder einer Gesellschaft des apostolischen Lebens, die darin den Gottesdienst feiert, angeschlossen ist (c. 556).

In einem weiteren, untechnischen Sinn fallen darunter alle Geistlichen, die direkt für eine Kirche verantwortlich sind (z. B. cc. 764, 903, 1215 § 2). Im folgenden ist nur vom Kirchenrektor im engeren Sinn die Rede.

Darunter fallen die für die Führung sog. *Nebenkirchen* – wie Seminar-, Anstalts- oder Wallfahrtskirchen – verantwortlichen Priester[2], *nicht* jedoch solche, die als Pfarrer oder Hausgeistliche Pfarrkirchen, Kirchen von Religiosengemeinschaften (Stifts- bzw. Klosterkirchen) oder von Gesellschaften des apostolischen Lebens verwalten; ebensowenig Pfarrer, die gottesdienstliche Orte ohne Kirchencharakter (Oratorien und Privatkapellen gemäß cc. 1223–1229) betreuen.

„Geistliche Assistenten" oder „Kapläne" kirchlicher Vereinigungen beispielsweise sind als solche nicht Kirchenrektoren. Für die Kirchen der Religionsgemeinschaften sowie der Gesellschaften des apostolischen Lebens gelten deren Sonderbestimmungen.

2. Bestellung

Im Unterschied zu c. 480 CIC/1917, der die Bestellung der Kompetenz des Ordinarius loci zuwies, schränkt nunmehr c. 557 die Zuständigkeit auf den Diözesanbischof ein (vgl. jedoch c. 134 § 3). Dieser ernennt den Rektor *frei*, soweit nicht ein Wahl- oder Präsentationsrecht besteht; im letzteren Fall obliegt dem Diözesanbischof die Bestätigung (confirmatio) oder Amtseinsetzung (institutio; c. 557 § 1).

Auch wenn die Nebenkirche zu einem klerikalen Religioseninstitut päpstlichen Rechts gehört – ohne jedoch Kirche einer Religiosengemeinschaft gemäß c. 556 zu sein (vgl. c. 611 n. 3) –, ist der Diözesanbischof für die Amtseinsetzung des vom Oberen Vorgeschlagenen zuständig (c. 557 § 2). Ist die Nebenkirche mit

[1] *F. X. Wernz/P. Vidal,* Ius Canonicum, 3. Aufl., Bd. 2, Romae 1943, S. 954–957 (nn. 746–750); vgl. *Mörsdorf* Lb I, S. 485–487.
[2] Vgl. *Mörsdorf* Lb I, S. 485f.

einem Seminar oder einem anderen von Klerikern geleiteten Kolleg verbunden, so ist der Leiter des Seminars oder Kollegs zugleich Rektor der Nebenkirche, wenn nicht der Diözesanbischof anderes bestimmt hat (c. 557 § 3).

3. *Rechtsstellung*

a) Rechte. Die Befugnisse des Kirchenrektors bewegen sich hauptsächlich im gottesdienstlichen Bereich. Er kann in der ihm anvertrauten Kirche alle *Gottesdienste,* auch feierliche, abhalten, und zwar im Rahmen der stiftungs- oder satzungsmäßigen Bestimmungen und soweit der Vollzug dieser geistlichen Funktionen nach dem Urteil des *Ortsordinarius* in keiner Weise die Aufgaben der Pfarre beeinträchtigt (c. 559).

Die pfarrlichen Funktionen gemäß c. 530 nn. 1–6 allerdings sind dem Kirchenrektor verwehrt, es sei denn, der Pfarrer stimmt zu bzw. erteilt die erforderliche Delegation (c. 558). Von dieser Beschränkung ausgenommen sind die Seminarkirchen gemäß c. 262, da diese von der Pfarre eximiert sind.

Wo der Ortsordinarius dies für angebracht hält, kann er dem Kirchenrektor in seiner Kirche die Vollziehung bestimmter, auch pfarrlicher Funktionen für die Gläubigen auftragen; ebenso kann er ihn anweisen, seine Kirche bestimmten Zusammenkünften von Gläubigen zur Abhaltung liturgischer Feiern zur Verfügung zu stellen (c. 560).

Die teilweise Betrauung des Kirchenrektors mit pfarrlichen Funktionen könnte z. B. dann angebracht sein, wenn die Pfarrkirche für manche Gläubige nur schwer erreichbar ist.

Ohne Erlaubnis des Kirchenrektors oder eines anderen rechtmäßigen Oberen darf in der Nebenkirche niemand die Eucharistie feiern, Sakramente spenden oder andere geistliche Funktionen ausüben. Diese Erlaubnis ist nach Maßgabe des Rechts zu erteilen oder zu verweigern (c. 561). Dabei sind die Bestimmungen des universellen Kirchenrechts (z. B. cc. 764, 903) wie auch allfällige Normen des Partikularrechts zu beachten (vgl. c. 772).

b) Pflichten. Unter der Autorität des Ortsordinarius und unter Beachtung der rechtmäßigen Statuten sowie der wohlerworbenen Rechte Dritter ist der Kirchenrektor streng verpflichtet zu sorgen für die würdige Feier der geistlichen Funktionen nach den liturgischen und sonstigen Vorschriften, die gewissenhafte Erfüllung der Verbindlichkeiten (aus Satzung oder Stiftung), für die sorgfältige Vermögensverwaltung, die Instandhaltung der heiligen Gerätschaften und Gebäude und schließlich dafür, daß nichts geschieht, was der Heiligkeit des Ortes und der dem Gotteshaus gebührenden Ehrfurcht in irgendeiner Weise nicht zuträglich ist (c. 562).

Eine Bekräftigung finden diese Pflichten in vereinzelten Bestimmungen, wie c. 767 § 4, demzufolge der Kirchenrektor für die Einhaltung der Predigtvorschriften zu sorgen hat.

4. *Abberufung*

Der Ortsordinarius kann den Kirchenrektor, auch wenn dieser von anderen gewählt oder präsentiert worden ist, aus gerechtem Grund nach seinem klugen Ermessen abberufen (c. 563). Ist der Kirchenrektor ein Religiose, so kann er sowohl von der ihn einsetzenden Autorität nach Verständigung des klösterlichen Oberen – als auch vom Verbandsoberen nach Verständigung der einsetzenden Autorität frei abberufen werden, ohne daß es der Zustimmung des jeweils anderen bedarf (c. 682 § 2).

II. Der Seelsorger für besondere Gemeinschaften

1. *Begriff*

Für Priester, denen auf Dauer die wenigstens teilweise Seelsorge für eine Gemeinschaft oder eine bestimmte Gruppe von Gläubigen anvertraut wird, gebraucht der CIC den Terminus *„cappellanus"* (c. 564)[3].

Dabei kann es sich z. B. um Seelsorger für die Krankenhäuser, Gefängnisse, kirchliche Vereine, Militärangehörige, auf dem Meer Reisende, Flüchtlinge, Touristen u. a. handeln (vgl. cc. 568, 569)[4]. Ihre Seelsorgsfunktion haben sie nach Maßgabe des universellen und partikularen Rechts zu erfüllen.

Der Begriff „cappellanus" darf daher nicht verwechselt werden mit der in vielen deutschsprachigen Diözesen üblichen Bezeichnung „Kaplan" für Hilfsgeistliche des Pfarrers, die nunmehr „vicarii paroeciales" heißen (cc. 545–552)[5].

2. *Bestellung*

Vorbehaltlich anderer rechtlicher Regelung und vorbehaltlich besonderer bestehender Rechte wird der Seelsorger vom *Ortsordinarius* bestellt; diesem obliegt im Falle eines Präsentations- oder Wahlrechts auch die Amtseinsetzung oder Bestätigung (c. 565). Vor Ernennung eines Seelsorgers für ein Haus eines laikalen Religiosenverbandes muß der Ortsordinarius mit dem Oberen Rücksprache pflegen; dieser hat nach Anhörung der Gemeinschaft das Recht, einen Priester vorzuschlagen (c. 567 § 1).

3. *Rechtsstellung*

Die Befugnisse des Seelsorgers sind nicht auf den gottesdienstlichen Bereich beschränkt. Er soll mit allen zur ordnungsgemäßen Erfüllung seiner pastoralen Aufgaben erforderlichen Vollmachten ausgestattet werden. Außer den ihm vom Partikularrecht oder kraft spezieller Delegation eingeräumten Befugnissen ist der Seelsorger kraft seines Amtes bevollmächtigt zur Spendung des Bußsakramentes an die ihm anvertrauten Gläubigen, zur Wortverkündigung diesen gegenüber, zur

[3] Der CIC/1917 enthielt noch keinen eigenen Abschnitt über die „cappellani", sondern nur diesbezügliche Einzelbestimmungen, z. B. im Ordensrecht.
[4] Vgl. in *diesem* Band, unten, *B. Puschmann*, § 49 Seelsorge am Menschen unterwegs; *A. Hierold*, § 50 Schul- und Hochschulseelsorge; *ders.*, § 51 Anstaltsseelsorge; *ders.*, § 52 Militärseelsorge.
[5] Vgl. VatII CD Art. 30 Abs. 3.

Spendung der Wegzehrung und der Krankensalbung sowie zur Spendung des Firmsakraments an Personen in Todesgefahr (c. 566 § 1).

Durch den ausdrücklichen Hinweis auf die partikulare Gesetzgebung ist klargestellt, daß er mit allen Rechten eines Pfarrers gemäß c. 530 ausgestattet werden kann, so daß seine Stellung derjenigen eines Personalpfarrers angenähert wird. Dies steht in Einklang mit c. 516 § 2, wonach der Diözesanbischof notfalls auf andere Art und Weise als durch Einrichtung einer Pfarre oder Quasipfarre die Seelsorge zu gewährleisten hat.

Im Vergleich zum Personalpfarrer besitzt der Seelsorger eine geringere Stabilität (vgl. c. 522); außerdem genießt die Kaplanei nicht, wie die Personalpfarre (cc. 515 § 3, 518), von Rechts wegen ipso iure Rechtspersönlichkeit.

In Krankenhäusern, Gefängnissen und auf Schiffsreisen genießt der Seelsorger die auf die betreffenden Orte beschränkte Vollmacht, von Zensuren (Exkommunikation, Interdikt, Suspension) latae sententiae, wenn diese nicht reserviert und nicht erklärt worden sind, zu befreien (c. 566 § 2). Diese Absolution kann im Unterschied zu c. 1357 auch außerhalb der Beichte und ohne Rekurspflicht gegeben werden. Die gemäß c. 976 *jedem* Priester zustehenden Befugnisse hinsichtlich Bußfertiger in Todesgefahr bleiben unberührt.

Dem Hausseelsorger eines laikalen Religioseninstituts obliegt die Abhaltung oder Leitung der liturgischen Funktionen; jedoch darf er sich in die innere Führung des Instituts nicht einmischen (c. 567 § 2).

Wenn dem Sitz der Vereinigung oder Gemeinschaft eine *Kirche* angeschlossen ist, die nicht Pfarrkirche ist, so ist der Seelsorger zugleich Rektor dieser Nebenkirche, sofern nicht die Obsorge um die Gemeinschaft oder Kirche anderes erfordert (c. 570). In diesem Fall sind die erforderlichen Sonderbestimmungen den Stiftungs- bzw. Gründungsbestimmungen oder allfälligen sonstigen partikularrechtlichen Anordnungen zu entnehmen.

Die *Seelsorge* soll der „cappellanus" in der erforderlichen Zusammenarbeit mit dem Pfarrer betreiben (c. 571).

4. Abberufung

Für die Abberufung des Seelsorgers gilt dasselbe wie für die Abberufung des Kirchenrektors gemäß c. 563 (c. 572).

6. Kapitel: Kategoriale Bereiche

§ 49 Seelsorge am Menschen unterwegs

Von Bernhard Puschmann

I. Begriff und Einteilung kategorialer Seelsorge Seelsorge am Menschen unterwegs im kirchlichen Gesetzbuch

1. *Kategoriale Seelsorge*[1] sucht jene Personengruppen zu erfassen, die aufgrund besonderer Umstände besondere seelsorgliche Zuwendung brauchen, da ihre Betreuung die Möglichkeiten gewöhnlicher Pfarrseelsorge zumeist überfordert. Die Kirche soll im Auftrag Christi überall präsent sein. In Erfüllung ihrer Guthirtenaufgabe nimmt sie sich jener Gruppen mit mütterlicher Sorge an.

2. Folgende *Personenkreise* seien genannt:

a) Menschen unterwegs im eigentlichen Sinn: Auswanderer, ausländische Arbeitnehmer, Vertriebene, Flüchtlinge, Touristen, See- und Luftreisende, Wallfahrer, Wohnsitzlose u. a.;

b) Menschen in Instituten und Anstalten verschiedener Art: Schulen, Hochschulen, Universitäten, Krankenhäuser, Sanatorien, Seniorenheime;

c) Militärdienst, Bundesgrenzschutz;

d) Untersuchungs- und Strafgefangene.

3. Der *CIC/1917* erwähnte Fragen kategorialer Seelsorge meist nur kurz und einschlußweise[2]. Das Zweite Vatikanische Konzil trug der veränderten Weltlage Rechnung und wies in mehreren Dokumenten auf die mit wachsender Mobilität steigenden Seelsorgsprobleme hin[3]. Das *kirchliche Gesetzbuch* stellt in dem Artikel über die Seelsorger für besondere Gemeinschaften (c. 564–572) ausdrücklich den *Seelsorger für Auswanderer, Vertriebene, Flüchtlinge, Nomaden und Seefahrer* heraus (c. 568). Die eingehende Regelung der Einzelbereiche erfolgt durch jeweils besondere Normen, Instruktionen und Pastoralanweisungen.

II. Leitungsorganisation

1. *Römische Zentralbehörde*

Das von *Pius X.* 1912[4] bei der Konsistorialkongregation errichtete *Amt für Auswandererseelsorge* wurde durch die Apostolische Konstitution „Exsul Fami-

[1] *K. Rahner*, „Taktische“ Strukturen der Seelsorge, in: HPTh II/1, S. 166ff.; vgl. III, S. 263ff.; zu *kategorial* ebd. IV, S. 717 und V, S. 499.

[2] Vgl. CIC/1917, cc. 14, 91, 92, 94, 216 § 4, 451 § 3, 464.

[3] Vgl. Vorbereitungsschema, in: LThK²-Konzilskommentar III, S. 680ff.; VatII AA Art. 10 Abs. 3, 11 Abs. 2 und 3; AG Art. 20; CD Art. 18; GS Art. 6 und 66.

[4] MP „Cum omnes catholicos“ vom 15. 8. 1912, in: AAS 4 (1912), S. 526ff.

lia" vom 1. August 1952[5] in den *Obersten Rat für die Auswanderung* umgebildet. Bei der Konsistorialkongregation wurden die Internationalen Generalsekretariate *Apostolat des Meeres* (1952), *Apostolat der Luftfahrt* (1953) und *Nomadenapostolat* (1965) errichtet. 1969 wurde der Kleruskongregation das *Amt für Touristenseelsorge* angegliedert. Das Motuproprio „Apostolicae Caritatis" vom 19. März 1970[6] faßt die letztgenannten fünf Leitstellen in der *Päpstlichen Kommission für die Seelsorge am Menschen unterwegs* zusammen und gliedert sie in die Kongregation für die Bischöfe ein. Die Kommission besteht aus dem Obersten Rat für Wanderungsfragen, den fünf Ämtern für die einzelnen Seelsorgszweige und einer Studienkommission. Ihre Aufgabe bestimmt sich nach der am 22. August 1969 von der Kongregation für die Bischöfe erlassenen *Instruktion für die Seelsorge am Menschen unterwegs*[7]. Außer dieser Instruktion sind für die Seelsorge am Menschen unterwegs zur Zeit folgende Normen und Pastoralweisungen bedeutsam:

a) das *Generaldirektorium für Touristenpastoral* „Peregrinans in terra" vom 29. April 1969[8];

b) das *Dekret „Apostolatus maris"* mit den Normen und Vollmachten für die Seelsorge der Seeleute und Schiffsreisenden vom 24. September 1977[9];

c) das Schreiben der Päpstlichen Kommission an die Bischofskonferenzen *„Kirche und Mobilität der Menschen"* vom 26. Mai 1978[10] mit den Pastoralrichtlinien gleichen Datums: *Emigrantenseelsorge – Das Apostolat des Meeres – Pastoral der Luftfahrt – Pastoral der Nomaden – Pastoral des Tourismus – Apostolat der Straße*[11] und aus gegebenem Anlaß verspätet *Flüchtlingspastoral* (vom 14. Februar 1983)[12];

d) das Dekret der Päpstlichen Kommission vom 19. März 1982[13] mit Sondervollmachten für die Kapläne und Privilegien für die Gläubigen.

2. *Nationale und diözesane Leitstellen*

a) Die Bischofskonferenzen. Die nationalen Bischofskonferenzen bestellen gegebenenfalls eine Sonderkommission oder einen delegierten Promotor für Ein-

[5] AAS 44 (1952), S. 649–705; lat.-dt. mit Kommentar, in: *T. Grentrup*, Die Apostolische Konstitution „Exsul familia", München 1955/56, S. 52ff.

[6] AAS 62 (1970), S. 193–197; lat.-dt. mit Kommentar, in: *B. Puschmann*, Wandererseelsorge (= NKD 24), Trier 1971, S. 42f. und 142ff.; *V. de Paolis*, Die Seelsorge für die Menschen unterwegs, Rom 1981 (Übers.), S. 35f.

[7] AAS 61 (1969), S. 614–643; *Puschmann*, Wandererseelsorge (Anm. 6), S. 23ff., 62ff.

[8] AAS 61 (1969), S. 361–384; lat.-dt. mit Kommentar, in: *R. Svoboda*, Allgemeines Direktorium für die Touristenseelsorge (= NKD 22), Trier 1970, S. 36ff.

[9] AAS 69 (1977), S. 737–746 (zit. als *Meerapostolat*); vgl. dazu den Kommentar von *P. Tocanel*, in: Apollinaris 51 (1978), S. 363f.

[10] AAS 70 (1978), S. 357–378; *Ochoa* V, n. 4571. Die Päpstliche Kommission publizierte das Dokument mit zusätzlichem Vorwort in der von ihr hrsg. Zschr. „On the move – Migrazioni e Turismo", VIII/Mai 1978/20 in 6 Sprachen.

[11] „On the move" (Anm. 10), S. 71–195; *Ochoa* V, n. 4572; zum Rechtscharakter dieser Rundschreiben vgl. ebd. V, Declaratio, S. CCXCIII (initio).

[12] OssRom vom 23. 3. 1983, S. 5.

[13] AAS 74 (1982), S. 742–745.

bzw. Auswanderer und für die Seelsorge an sonstigen Menschen unterwegs. Der Sekretär dieser Kommission ist meist gleichzeitig Nationaldirektor. Zur Aufgabe dieser Kommission gehören Auswahl, Aus- und Fortbildung von Missionaren; Sorge für Mitarbeit religiöser Genossenschaften und geeigneter Laien; Kontakt mit internationalen und nationalen Organisationen und staatlichen Institutionen und Verbänden; Finanzierungsfragen; Festlegung und Programmierung eines *Tages des Auswanderers* bzw. *des ausländischen Mitbürgers* und Bericht an die römische Zentralstelle.[14]

In der *Bundesrepublik Deutschland* wurde 1974 die frühere Projektgruppe *Ausländische Arbeitnehmer* zur Unterkommission *Seelsorge am Menschen unterwegs* ausgeweitet und diese 1978 der *Zentralstelle Pastoral der Deutschen Bischofskonferenz* zugeordnet. Der Nationaldirektor ist zugleich Leiter des Referates *Ausländerseelsorge in Deutschland*. Er hält ständigen Kontakt mit den Delegaten der Ausländerseelsorge, koordiniert zusammen mit den entsendenden Bischofskonferenzen, mit den Delegaten und Bistumsleitungen Einstellung, Versetzung und Abberufung der Ausländerseelsorger, informiert die Bistümer über die Entwicklung der Ausländerseelsorge und gibt seelsorgliche Hilfen für die Diözesan-Seelsorgsämter und die Ausländerseelsorger heraus. Die Referate *Seelsorge für die deutschsprachigen Katholiken im Ausland* und *Tourismus und Verkehrspastoral* verbleiben bei dem Katholischen Auslandssekretariat der Zentralstelle Pastoral am Menschen unterwegs der Deutschen Bischofskonferenz.[15]

b) Aufgabe der Ortsbischöfe. Den Ortsoberhirten der *Herkunftsländer*[16] wird die Errichtung fachmännisch geleiteter Beratungsstellen für Auswanderungswillige empfohlen. Die Ortsordinarien sollen sich um geeignete Auswanderermissionare bemühen und mit den Bischofskonferenzen Verbindung halten.

Die Ortsoberhirten der *Einwanderungsländer* errichten an den betreffenden Ordinariaten Referate für Ausländerseelsorge. In Zusammenarbeit mit den zuständigen Dienststellen im In- und Ausland sorgen die Ortsoberhirten für Ausländermissionare entsprechender Nationalität. Die seelsorgliche Verantwortung der Ortspfarrer für die ausländischen Mitbürger bleibt grundsätzlich bestehen. Die konkrete Ausländerseelsorge kennt verschiedene Verwaltungsformen oder Modelle.[17] Für die Tourismusseelsorge und das Apostolat des Meeres gelten analoge Bestimmungen.[18]

In der *Bundesrepublik Deutschland* übernahm die Gemeinsame Synode die Weisungen der Instruktion.[19] Die Seelsorgsämter der einzelnen Bistümer erarbei-

[14] MP EcclSanct I 9; *Puschmann*, Wandererseelsorge (Anm. 6), S. 93ff.
[15] Gemeinsame Synode. Gesamtausgabe I, S. 386, Anordnung 1.1; vgl. auch Kleruskalender (Köln) 1983, S. 169ff.
[16] *Puschmann*, Wandererseelsorge (Anm. 6), S. 100ff.
[17] Ebd., S. 45ff., 107ff.
[18] *Svoboda*, Allg. Direktorium (Anm. 8), S. 64ff.; *Meerapostolat* (Anm. 9), Art. 6.
[19] Gemeinsame Synode. Gesamtausgabe I, S. 387, Anordnung 1,2f.

teten, zum Teil viele Jahre vor der Instruktion, entsprechende Ordnungen der Ausländerseelsorge.[20]

III. Strukturen der praktischen Seelsorge

1. *Ausländische Arbeitnehmer*

Die Sorge für die *ausländischen Arbeitnehmer* steht in der Instruktion im Vordergrund.[21] Sie nahm auf der Gemeinsamen Synode der Bistümer in der Bundesrepublik Deutschland eine bevorzugte Stellung ein. Mitte 1981 waren bei einer Gesamtzahl von 4629700 Ausländern in der Bundesrepublik Deutschland 1929737 ausländische Arbeitnehmer registriert.[22] Die Zahl der ausländischen Missionare in der Bundesrepublik Deutschland beträgt ca. 500 Priester.[23]

2. *Auswanderer*

1980 wanderten aus dem Bundesgebiet ins Ausland insgesamt 439571 Menschen aus, 53728 Deutsche und 385843 Ausländer.[24] Die Beratung und Betreuung katholischer Auswanderer übernimmt das *Raphaelswerk – Dienst am Menschen unterwegs*[25]. Die Seelsorge der deutschsprachigen Katholiken im Ausland wird vom *Katholischen Auslandssekretariat* betreut.[26]

3. *Touristen*

Für die Touristenseelsorge bieten das *Generaldirektorium*, das Dekret „Apostolatus maris" und die Pastoralrichtlinien von 1978 Norm und Anregung.[27]

[20] Vgl. *Aachen* KAnz. 31 (1961), S. 102; 36 (1966), S. 114; 46 (1976), S. 29–31; *Augsburg* ABl. 77 (1967), S. 17–23; 91 (1981), S. 376f.; *Berlin* ABl. 45 (1973), S. 43ff.; *Eichstätt* Pastoralblatt 126 (1979), S. 81–84; *Essen* KABl. 16 (1973), S. 36; 17 (1974), S. 3ff.; 21 (1978), S. 178–182; *Freiburg* ABl. 1970, S. 13f. (abgedr. in: NKD 24, S. 161ff.); *Fulda* KABl. 89 (1973), S. 97–99; *Hildesheim* KAnz. 1974, S. 91–97; *Köln* KAnz. 110 (1970), S. 331–334; 114 (1974), S. 282f., *Limburg* ABl. 1974, S. 275–279; 1977, S. 545ff., 575–579 und 586; 1981, S. 91–93; *Mainz* KABl. 133 (1964), S. 129–134; *München-Freising* ABl. 1967, S. 183f.; *Münster* KABl. 105 (1971), S. 146f.; *Osnabrück* KABl. 90 (1974), S. 145ff.; *Paderborn* KABl. 99 (1956), S. 72; 103 (1960), S. 178 und 188f.; 108 (1965), S. 269; 122 (1979), S. 175f.; 176–179; *Rottenburg* KABl. 31 (1973), S. 286–293; *Speyer* OVBl. 66 (1973), S. 501–506; 68 (1975), S. 228; *Trier* AmtsAnz. 107 (1963), S. 71–74; *Würzburg* DiözBl. 112 (1966), S. 142–146 (abgedr. in: NKD 24, S. 155ff.).

Für Österreich: Graz-Seckau Kirchl. VOBl. 1967, S. 79f.; *Gurk* Kirchl. VOBl. 1962, Nr. 113; *Innsbruck* VOBl. 47 (1972), S. 50; *Linz* DiözBl. 1971, S. 61; *Salzburg* VOBl. 1975, S. 129–131; *St. Pölten* DiözBl. 1962, S. 72; 1972, S. 43; *Wien* DiözBl. 110 (1972), S. 87f.; 112 (1974), S. 9.

[21] *Puschmann*, Wandererseelsorge (Anm. 6), S. 30, 188ff.

[22] Statist. Jb. für die Bundesrepublik Deutschland 1982, S. 66 und 104.

[23] Mitteilung von Nationaldirektor Msgr. Dr. *Raimund Amann* vom 25. 4. 1983.

[24] Statist. Jb. 1982, S. 78.

[25] *Puschmann*, Wandererseelsorge (Anm. 6), S. 14f.

[26] Vgl. Kleruskalender (Köln) 1983, S. 170ff.

[27] Vgl. oben Anm. 8–11.

4. Sondergruppen[28]

a) Flüchtlinge, Heimatvertriebene, Aussiedler, Rückwanderer;

b) Das *Meerapostolat* umfaßt neben der Seemannsmission und Passagierseelsorge auch die Binnenschifferseelsorge;

c) Das *Apostolat der Luftfahrt* betreut Fluggäste, Bord- und Bodenpersonal, das zum Flughafen gehörende Gaststättengewerbe und gegebenenfalls die anwohnende Bevölkerung;

d) *Nomadenapostolat:* Zigeuner u. a.; Katholische Zirkus- und Schaustellerseelsorge;

e) Wallfahrts- und Pilgerwesen, Campingseelsorge, Seelsorge für das Fremdenverkehrs- und Gaststättengewerbe.

§ 50 Schul- und Hochschulseelsorge

Von Alfred E. Hierold

Schul- und Hochschulseelsorge sind Formen kategorialer Seelsorge, deren Wichtigkeit das II. Vatikanum ausdrücklich betonte, insbesondere die geistliche Sorge für die studierende Jugend[1].

1. Schulseelsorge

Für die Seelsorge an den Schulen gibt der CIC keine Weisung und überläßt damit diesen Zweig der Pastoral der freien Gestaltung in den einzelnen Teilkirchen, die bisher keine eigene Struktur dafür entwickelt haben. Die Schulseelsorge wird gewöhnlich von den Religionslehrern wahrgenommen, soweit eine eigene Betreuung der Schüler notwendig ist. Schülereinkehrtage, -exerzitien, -missionswochen und Wochenendseminare werden größtenteils von Schülerreferenten in den Bischöflichen Ordinariaten veranstaltet und von den entsprechenden Referaten getragen.

2. Hochschulseelsorge

Die Hochschulseelsorge[2], die ihre Anfänge in den Bursen des Mittelalters und in den im 16. Jahrhundert gegründeten Marianischen Kongregationen hat, erhielt

[28] Die hier genannten Gruppen werden meist von Sonderbeauftragten der Bischofskonferenz oder einzelner Oberhirten betreut. Vgl. das Anschriftenverzeichnis im Kleruskalender (Köln) 1983, S. 168ff.

[1] VatII GE Art. 10 Abs. 3.

[2] Vgl. dazu *P. Benkart/W. Ruf* (Hrsg.), Katholische Studentenseelsorge, Paderborn 1965; *W. Ruf*, Studentenseelsorge, in: HPTh, Bd. 4, S. 268–292; *F. Kerstiens*, Art. Hochschulgemeinde, in: HPTh, Bd. 5, S. 205f.

eine besondere Form mit der Einrichtung der Studentengemeinden. In c. 813 wird die Aufgabe des Diözesanbischofs unterstrichen, für die Pastoral der Studierenden Sorge zu tragen. Er kann sie erfüllen durch die Errichtung einer eigenen Pfarrei[3]. In diesem Fall gelten für die Studentengemeinde die allgemeinen Normen für die Pfarrei[4], und die Hochschulseelsorger sind Pfarrer mit deren Vollmachten und Pflichten[5]. Zumindest aber hat der Diözesanbischof für die Studierenden einer oder mehrerer Hochschulen Priester auf Dauer anzuweisen. Die so gebildeten Studentengemeinden sind trotz ihrer kirchenamtlichen Einrichtung rechtlich nicht fixiert[6], d. h. sie sind keine Pfarrei im Rechtssinn[7]. Die Seelsorger sind keine Pfarrer und bedürfen zur Vornahme bestimmter Amtshandlungen (z. B. Trauungen) einer speziellen Delegation durch den Ordinarius oder einen bevollmächtigten Priester. Darüber hinaus soll der Diözesanbischof Vorsorge treffen, daß bei den Universitäten, auch bei den nichtkatholischen, katholische Universitätszentren vorhanden sind, die den Studierenden Hilfe, besonders geistlicher Art, bieten.

Überdiözesane Zusammenschlüsse von Studentengemeinden, wie sie z. B. in der Bunderepublik Deutschland erfolgten, sind im CIC nicht vorgesehen. Dort sammelten sich 1946 die neu entstandenen Studentenverbände und Studentengemeinden in der „Katholischen Deutschen Studenteneinigung (KDSE)“[8]. Die auf dem KDSE-Vertretertag vom 13. bis 16. 7. 1969 in Freising verabschiedete Satzung bezeichnet die KDSE als Zusammenschluß der Mitglieder der katholischen Studenten- bzw. Hochschulgemeinden[9]. Nach langjährigem Ringen um das Selbstverständnis der KDSE entzog ihr die Deutsche Bischofskonferenz 1973 die kirchliche Anerkennung und die finanzielle Unterstützung[10]. Anstelle der KDSE konstituierte sich die „Arbeitsgemeinschaft katholischer Studenten- und Hochschulgemeinden (AGG)“, deren Satzung am 16. 1. 1978 durch den Ständigen Rat der Deutschen Bischofskonferenz genehmigt wurde[11].

[3] Einige wenige Studentengemeinden (z. B. an der Universität Mainz) sind als kanonische Pfarreien errichtet.

[4] Vgl. in *diesem* Band, oben, *H. Hack*, § 43 Die Pfarrei.

[5] Vgl. in *diesem* Band, oben, *H. Heinemann*, § 44 Der Pfarrer.

[6] Die Gemeinsame Synode der Bistümer in der Bundesrepublik Deutschland forderte die Bindung der Hochschulgemeinden an Bistumsleitung und Ortsgemeinden. „Dabei sollten die Gemeindestrukturen von den Hochschulgemeinden beachtet werden“: Gemeinsame Synode. Gesamtausgabe I, S. 543. Eine eigene Ordnung für die Studenten-/Hochschulgemeinden erließ am 5. 5. 1980 das Bistum Rottenburg-Stuttgart, in: ABl. Rottenburg-Stuttgart 35 (1980), S. 414–416.

[7] Insoweit sind sie keine kirchliche juristische Person und besitzen im kirchlichen Bereich auch keine Körperschaftsrechte, wie Satzungsbefugnis usw.

[8] Vgl. Hardehauser Grundgesetz von 1946.

[9] HerKorr 23 (1969), S. 525f.

[10] Vgl. HerKorr 27 (1973), S. 210.

[11] Vgl. Briefe des Vorsitzenden der Deutschen Bischofskonferenz vom 27. 1. 1978 an die AGG und an die Hochschul-/Studentenpfarrer. Während der Drucklegung läuft bei der DBK eine Überprüfung der Anerkennung der AGG; dabei wird eine Neuorientierung und Neustrukturierung der überregionalen Zusammenarbeit der katholischen Hochschulgemeinden angestrebt; vgl. Beschluß der DBK auf ihrer Vollversammlung vom 20.–23. 9. 1982.

§ 51 Anstaltsseelsorge

Von Alfred E. Hierold

1. *Begriff*

Als Anstalt wird hier jedwede Einrichtung verstanden, in der Personen für längere Zeit untergebracht sind und die diese aufgrund rechtlicher oder tatsächlicher Umstände – z. B. hoheitlich ausgeübten Zwanges, besonderer Dienstpflichten, körperlicher oder geistiger Behinderungen – nicht verlassen können mit der Folge, daß sie nicht an der allgemeinen Seelsorge teilhaben können[1]. Demnach sind hierzu Erziehungs-, Kranken-, Pflege- und Strafanstalten zu zählen, wobei zunächst von der jeweiligen Trägerschaft abgesehen wird. Anstaltsseelsorge ist die geistliche Betreuung der in diesen Anstalten lebenden und arbeitenden Personen. Sie umfaßt vornehmlich die Feier des Gottesdienstes, die Spendung der Sakramente, Einzel- und Gruppenseelsorge, gegebenenfalls auch sozial-karitative Hilfe.

2. *Organisation nach kirchlichem Recht*

Das gesamtkirchliche Recht befaßt sich im Artikel über die Seelsorger für besondere Gemeinschaften (cc. 564–572)[2] auch mit der Anstaltsseelsorge; dazu regeln einige teilkirchliche Anordnungen die Seelsorge in Anstalten[3]. Danach ergeben sich entsprechend der Größe und Eigenart der Anstalten Unterschiede in der Organisation und in der rechtlichen Stellung der Seelsorger.

Sofern eine Anstalt keinen eigenen Seelsorger hat, was zahlenmäßig am häufigsten zutrifft, wird die Seelsorge von den Geistlichen der Pfarrei wahrgenommen,

[1] Vgl. *K. Albrecht*, Staatsrechtliche Grundfragen der Anstaltsseelsorge, Bonn 1975, S. 14f.; *ders.*, Anstaltsseelsorge, in: HdbStKirchR II, S. 703. Im fachlichen Sinn ist eine Anstalt „eine aus Sachen und vermögenswerten Gütern bestehende Einrichtung, die durch den Willen ihres Begründers (Stifters) Zwecken der Gemeinschaft zu dienen bestimmt ist" (*Mörsdorf* Lb I, S. 201), oder entsprechend dem von der deutschen Verwaltungsrechtslehre entwickelten Begriff „ein Bestand von Mitteln, sächlichen wie persönlichen, welche in der Hand eines Trägers öffentlicher Verwaltung einem besonderen öffentlichen Zweck dauernd zu dienen bestimmt sind" (*O. Mayer*, Deutsches Verwaltungsrecht, 3. Aufl., Bd. 2, München-Leipzig 1924, S. 268).

[2] Vgl. dazu in *diesem* Band, oben, *H. Pree*, § 48 Kirchenrektor und Seelsorger für besondere Gemeinschaften.

[3] Vgl. Art. 131–135, 338 der Synodalstatuten des Bistums Trier, Trier 1959, S. 62–65, 175; Synodalstatuten der Diözese Essen 1961, Essen o. J., S. 52, 111, 168f.; Statut des Bistums Limburg vom 1. 6. 1968 für die hauptamtlichen Krankenhausseelsorger, in: ABl. Limburg 1968, S. 185; Richtlinien des Bistums Augsburg vom 29. 2. 1980 für die Seelsorge in den Justizvollzugsanstalten, in: ABl. Augsburg 90 (1980), Beilage zu Nr. 4; Erlaß des Bistums Sitten vom 31. 7. 1980 über die Spitalseelsorge, in: SKZ 148 (1980), S. 484f.; Statut des Bistums Münster vom 5. 3. 1981 für die hauptamtlichen Krankenhauspfarrer, in: KABl. Münster 115 (1981), S. 58f.; PfBl. 54 (1981), S. 144–146; Vereinbarung zwischen dem Erzbistum Freiburg und der Evangelischen Landeskirche in Baden vom 16. 3./10. 4. 1979 über die Bildung einer kirchlichen Arbeitsgemeinschaft zur Unterstützung der Seelsorge in den Vollzugsanstalten (im Landesteil Baden), in: ABl. Freiburg (1979), S. 123f.

in der die Anstalt liegt. Die Vollmachten des betreuenden Seelsorgers bestimmen sich danach, welches Amt er in der Pfarrei bekleidet (z. B. Pfarrer, Vikar oder Kaplan).

Bei einem größeren Umfang der Aufgaben ist es notwendig, für eine Anstalt einen eigenen Seelsorger zu bestellen. Dieser wird vom zuständigen Ordinarius im Einvernehmen mit dem Träger der Anstalt ernannt (c. 565), manchmal für mehrere Anstalten zugleich, und untersteht der Dienstaufsicht des Ortsoberhirten unabhängig davon, ob er seinen Dienst haupt- oder nebenamtlich versieht. Seine Vollmachten bemessen sich nach cc. 566f., 570f., nach dem Ernennungsdekret oder sind im teilkirchlichen Recht umschrieben. Entweder bekleidet er die Stellung eines Kaplans gemäß cc. 564–572 oder eines vicarius cooperator der Pfarrei, in der die Anstalt liegt[4], oder eines Seelsorgers einer Einrichtung, die der pfarrlichen Seelsorge entzogen ist, mit quasipfarrlichen Rechten[5]. Die Seelsorger in Krankenhäusern und Justizvollzugsanstalten haben darüber hinaus gemäß c. 566 § 2 die Vollmacht, die nur dort ausgeübt werden darf, von Tatstrafen zu absolvieren, die nicht vorbehalten und nicht erklärt worden sind, unter Wahrung der weiterreichenden Vollmacht bei Todesgefahr entsprechend c. 976. Die Amtsbezeichnung der Anstaltsseelsorger ist schwankend[6]. Selbst wenn aber ein solcher Seelsorger den Titel „Pfarrer" führt, ist er nicht Pfarrer im rechtlichen Sinn.

In einigen wenigen Fällen bildet die Anstalt eine eigene kanonisch errichtete Pfarrei[7]. Dann ist der Anstaltsseelsorger wirklicher Pfarrer und hat die Vollmachten und Pflichten, wie sie das kanonische Recht dem Pfarrer zuweist[8].

3. *Staatliche Regelungen*

Über das in Art. 4 Abs. 2 GG deklarierte Grundrecht der freien Religionsausübung hinaus, das innerhalb der Anstalten die Einrichtung einer eigenen Seelsorge erfordert, um die Möglichkeit religiöser Betätigung zu gewährleisten, und das darum „als unmittelbare Rechtsgrundlage der Anstaltsseelsorge angesehen wer-

[4] In Nr. 161 der Synodalstatuten der Diözese Essen, Synodalstatuten (Anm. 3), S. 52 wird bestimmt: „Die an Krankenanstalten und Entbindungsheimen vom Ortsordinarius ernannten Seelsorger aus dem Welt- und Ordensklerus gelten hinsichtlich der Jurisdiktion als vicarii cooperatores der Pfarrei, in der die betreffende Anstalt liegt." Ebenso Nr. 5 des Limburger Statuts (ABl. Limburg 1968, S. 185) und Nr. 5 des Münsterschen Statuts (KABl. Münster 115 [1981], S. 58).

[5] Vgl. Art. 131 Abs. 2, 134, 338 der Synodalstatuten des Bistums Trier (Anm. 3), S. 62, 64, 175.

[6] Gewöhnlich wird er ohne Unterschied als Kurat, Rektor, Hausgeistlicher oder als Hauskaplan bezeichnet. Im Bistum Trier ist die rechtliche Stellung eines Hauskaplans genau unterschieden von der eines Rektors insofern, als die Hauskapläne die Stellung von Hilfsgeistlichen besitzen, während die Rektoren Hausgeistliche mit bestimmten, vom Bischof übertragenen pfarrlichen Rechten und Pflichten in Anstalten und Laienklöstern sind, die der Pfarrseelsorge ganz oder teilweise entzogen sind.

[7] Z. B. Spitalpfarrei St. Katharina in Regensburg (vgl. Schematismus des Bistums Regensburg 1981, Regensburg o. J., S. 93), St. Rochus, Pfarrei in den Universitätskliniken Mainz und im Städt. Altersheim in Mainz (vgl. Schematismus der Diözese Mainz 1978, Mainz o. J., S. 97).

[8] Vgl. dazu in *diesem* Band, oben, *H. Heinemann*, § 44 Der Pfarrer.

den" kann[9], ist die Anstaltsseelsorge in Art. 140 GG i.V.m. Art. 141 WRV ausdrücklich garantiert. Demnach sind die Religionsgesellschaften, soweit das Bedürfnis nach Gottesdienst und Seelsorge im Heer, in Krankenhäusern, Strafanstalten und sonstigen öffentlichen Anstalten besteht, zur Vornahme religiöser Handlungen zuzulassen.

Neben § 37 Abs. 4 Satz 2 Bundesseuchengesetz[10], der die einzige bundesrechtliche Spezialnorm zur Krankenhausseelsorge darstellt, regeln das Strafvollzugsgesetz (§§ 53–55, 157)[11], das Jugendgerichtsgesetz (§ 91 Abs. 2 Satz 4)[12], die Dienst- und Vollzugsordnung[13], die Untersuchungshaft-Vollzugsordnung[14] und die Jugendarrest-Vollzugsordnung[15] auf Bundesebene die Seelsorge an Anstaltsinsassen[16].

Von den elf Landesverfassungen haben sechs spezielle Bestimmungen zur Anstaltsseelsorge[17]. Teilweise lehnen sich die Formulierungen an die Regelung des Grundgesetzes an, teilweise werden die Voraussetzungen für die Ausübung der Seelsorge enger oder weiter umschrieben.

Für den Krankenhausbereich bestehen unterhalb der gesetzlichen Ebene im Länderbereich keine Vorschriften, die die Krankenhausseelsorge näher regeln. In vielen Krankenhäusern enthalten die Hausordnungen Bestimmungen über die Seelsorge. Im Strafvollzugsbereich liegen „Allgemeine Richtlinien für den Dienst der evangelischen und katholischen Anstaltsgeistlichen in den Vollzugsanstalten des Landes Baden-Württemberg"[18], eine „Dienstordnung für die evangelischen und katholischen Anstaltspfarrer in den Justizvollzugsanstalten des Landes Hessen"[19] und eine „Dienstordnung für die katholischen Anstaltspfarrer in den

[9] *Albrecht*, Grundfragen (Anm. 1), S. 5.

[10] Bundesseuchengesetz vom 18. 7. 1961, in: BGBl. I, S. 1012.

[11] Gesetz über den Vollzug der Freiheitsstrafe und der freiheitsentziehenden Maßregeln der Besserung und Sicherung vom 16. 3. 1976, in: BGBl. I, S. 581 ff.

[12] I.d.F. d. B. vom 1. 3. 1973, in: BGBl. I, S. 149.

[13] I.d.F. vom 1. 3. 1971. Allgemeinverfügung der Landesjustizminister vom 1. 3. 1971, in: Justizministerialblatt für Nordrhein-Westfalen S. 122.

[14] I.d.F. vom 1. 3. 1973; abgedr. bei *Th. Grunau*, Vollzug von Freiheitsentziehung, 2. Aufl., Teil I, Köln-Berlin-Bonn-München 1972.

[15] I.d.F. vom 12. 8. 1966, in: BGBl. I, S. 505.

[16] Vgl. *G. Rehborn*, Katholische Seelsorge in den Justizvollzugsanstalten der Bundesrepublik Deutschland mit Berlin (West). Vorschriftensammlung, Hamm o. J. – In Österreich ist die Seelsorge in den Justizvollzugsanstalten geregelt in § 640 Geschäftsordnung für die Gerichte I. und II. Instanz, VO des Bundesministers für Justiz vom 1. 3. 1930, BGBl. Nr. 74; neu verlautbart BGBl. Nr. 264/1951 (Nr. 61/1968). Vgl. dazu *I. Gampl*, Österreichisches Staatskirchenrecht, Wien-New York 1971, S. 197 f.; zur Anstaltsseelsorge allgemein S. 251 f.

[17] Art. 148 BayVerf. (vgl. dazu *F.-G. von Busse*, Gemeinsame Angelegenheiten von Staat und Kirche: Religionsunterricht, Kirchensteuer, Anstaltsseelsorge, Friedhofswesen, theol. Fakultäten/Fachbereiche nach der Bayerischen Verfassung, München 1978, S. 221–254); Art. 62 Bremer Verf.; Art. 54 Hessische Verf.; Art. 20 und 22 Nordrhein-Westfälische Verf.; Art. 48 Rheinland-Pfälzische Verf.; Art. 42 Saarländische Verf.

[18] Allgemeine Verwaltungsanordnung des Justizministeriums vom 25. 4. 1977 (2412 I–VI/94), in: AfkKR 146 (1977), S. 194–197.

[19] Verwaltungsanordnung des Ministeriums der Justiz vom 10. 11. 1977, in: AfkKR 146 (1977), S. 615–618.

Justizvollzugsanstalten des Saarlandes"[20] vor, die im Einvernehmen mit den zuständigen Kirchenleitungen erlassen wurden. Sie regeln die dienstliche Stellung, die Aufgaben und die Ausübung des Dienstes der Anstaltspfarrer[21].

4. *Vertragliche Regelungen*

Da im Anstaltsbereich die Kirche und der Staat dieselben Menschen in Anspruch nehmen und beide den gleichen Menschen verpflichtet sind, stellt die Anstaltsseelsorge, ohne daß der jeweilige Zuständigkeitsbereich übersehen werden darf, eine gemeinsame Angelegenheit von Kirche und Staat dar[22], die ein verständiges Zusammenwirken beider erfordert und darum als notwendige Vertragsmaterie angesehen werden kann. So enthalten auch mehrere den deutschen Sprachraum betreffende Konkordate und Vereinbarungen Bestimmungen über die Anstaltsseelsorge.

Art. 28 RK und das dazugehörende Schlußprotokoll garantieren die Zulässigkeit seelsorglicher Besuche und gottesdienstlicher Handlungen in Krankenhäusern, Strafanstalten und sonstigen Häusern der öffentlichen Hand. Wird in solchen Anstalten eine regelmäßige Seelsorge eingerichtet und werden hierfür Geistliche eingestellt, so hat dies im Einvernehmen mit der kirchlichen Oberbehörde zu geschehen. Die gleiche Regelung enthält Art. 16 des Konkordates zwischen dem Hl. Stuhl und der Republik Österreich vom 5. 6. 1933.

Bei den neben dem Reichskonkordat zwischen der Kirche und einigen Bundesländern geschlossenen Vereinbarungen sind vereinzelt Abmachungen über die Anstaltsseelsorge getroffen[23], die geringfügige Unterschiede hinsichtlich des Umfanges der eingeräumten Rechte aufweisen. Durch sie verpflichten sich die Länder Bayern und Niedersachsen, in ihren Straf-, Pflege-, Erziehungs- und Krankenanstalten auf eigene Kosten eine entsprechende Seelsorge einzurichten, wobei die Seelsorger im Benehmen mit dem Diözesanbischof angestellt werden, und bei der Genehmigung von Anstalten anderer Unternehmer dahin zu wirken, daß die Anstaltsinsassen seelsorglich betreut werden. Eine eigene Vereinbarung über die Seelsorge an den Justizvollzugsanstalten haben das Land Hessen und das Saarland mit den Bistümern Fulda, Limburg und Mainz bzw. Speyer und Trier geschlos-

[20] Allgemeine Verwaltungsanordnung des Ministers für Rechtspflege vom 6. 5. 1982 (10/1982), in: OVBl. Speyer 75 (1982), S. 126–128.

[21] Der bedeutendste Unterschied der Regelungen liegt darin, daß in Hessen und im Saarland die Anstaltspfarrer im Dienst des jeweiligen Bistums verbleiben und vom Bistum im Benehmen mit dem Justizminister berufen werden (Art. 4 Abs. 1), während in Baden-Württemberg die Seelsorger vom Land auf Vorschlag der Kirche nach den Bestimmungen des Landesbeamtenrechts in das Beamtenverhältnis berufen oder durch Dienstvertrag angestellt werden (§ 1 Abs. 3). Darüber hinaus wird in Baden-Württemberg für jede Konfession ein Dekan bestellt, dem die Förderung der Zusammenarbeit zwischen Strafvollzugs- und Kirchenbehörden, die Beratung des Justizministeriums in seelsorgerlichen Angelegenheiten, die Betreuung und der Besuch aller im Strafvollzug tätigen Seelsorger und die Visitation im Rahmen der jeweiligen kirchlichen Ordnung obliegt (§ 1 Abs. 2).

[22] Vgl. *P. Mikat*, Religionsrechtliche Schriften, Bd. 1, Berlin 1974, S. 112–114.

[23] Art. 11 BayK; Art. 11 NiedersK; Abschnitt IV der Berliner Vereinbarung vom 2. 7. 1970.

sen[24]. In ihr sind Berufung und Abberufung, Rechte und Pflichten der Anstaltspfarrer und besoldungs- und dienstrechtliche Fragen geregelt.

Insgesamt gesehen bildet die Anstaltsseelsorge, selbst dort, wo sie von hauptamtlichen oder gar beamteten Seelsorgern ausgeübt wird, einen Teil der der Kirche obliegenden Seelsorge. Sie untersteht voll der Leitung und Verantwortung der Kirche und bildet keinen Sonderbereich im verfassungsrechtlichen Strukturgefüge der Kirche.

§ 52 Militärseelsorge

Von Alfred E. Hierold

Die Kirche ist sich bewußt, daß „auf die geistliche Betreuung der Soldaten wegen ihrer besonderen Lebensbedingungen eine außerordentliche Sorgfalt verwendet werden muß"[1]. Darum ordnete das Zweite Vatikanische Konzil an, daß „nach Möglichkeit in jedem Land ein Militärvikariat errichtet" werden solle[2]. Der CIC verweist in c. 569 hinsichtlich der Militärseelsorger nur auf Spezialgesetze. Damit bleibt die Gestalt der Militärseelsorge[3], wie sie durch die Instruktion der Konsistorialkongregation vom 23. 4. 1951[4] gemeinrechtlich geordnet ist[5], weiterhin bestehen.

I. Gesamtkirchliche Ordnung

1. *Militäroberhirt*

Nach der genannten Instruktion der Konsistorialkongregation besitzt der Militäroberhirt (Vicarius Castrensis; in der Bundesrepublik Deutschland „Militärbi-

[24] Vereinbarung zwischen dem Land Hessen und den Bistümern Fulda, Limburg und Mainz vom 26. 8. 1977 über die kath. Seelsorge an den hessischen Justizvollzugsanstalten, in: AfkKR 146 (1977), S. 638–641; Vereinbarung zwischen dem Saarland und den Bistümern Speyer und Trier über die kath. Seelsorge an den saarländischen Justizvollzugsanstalten, in: OVBl. Speyer 75 (1982), S. 121–125.

[1] VatII CD Art. 43.

[2] Ebd.

[3] Vgl. dazu *Ph. Hofmeister*, Die Militärseelsorge in neuerer Zeit, in: MThZ 11 (1960), S. 123–140; *E. Simon*, Die katholische Militärseelsorge nach dem Codex Iuris Canonici und den dazu ergangenen Sonderbestimmungen unter besonderer Berücksichtigung der Militärseelsorge in der Bundeswehr, Erlangen-Nürnberg 1962; *M. Gritz*, Militärseelsorge, in: HPTh, Bd. 3, S. 311 ff.; *K. Steuber*, Militärseelsorge in der Bundesrepublik Deutschland, Mainz 1972. Die staatskirchenrechtlichen Fragen der Militärseelsorge sind eingehend behandelt bei *R. Seiler*, Seelsorge in Bundeswehr und Bundesgrenzschutz, in: HdbStKirchR II, S. 685 bis 700.

[4] AAS 43 (1951), S. 562–565.

[5] Vgl. dazu *Mörsdorf* Lb I, S. 341 f.

schof") *ordentliche, nur personale Oberhirtengewalt* über den Personenkreis, der durch das päpstliche Errichtungsdekret festgelegt wird. Diese Oberhirtengewalt ist nicht exklusiv, d. h. sie entzieht Personen und nur für das Militär bestimmte Orte keineswegs der Hirtengewalt des Ortsoberhirten, so daß keine Exemtion von der Gewalt des jeweils zuständigen Ortsoberhirten stattfindet[6]. Die Militärpersonen und die militärischen Orte unterstehen also sowohl der personalen Gewalt des Militäroberhirten als auch der Gewalt des Ortsoberhirten. An diesen Orten dürfen aber die Ortsoberhirten und die Ortspfarrer die Seelsorge für die Untergebenen des Militäroberhirten nur in zweiter Linie oder subsidiär ausüben. Es wird darum eine Vereinbarung über die Zusammenarbeit nahegelegt. Die Seelsorger werden zu einem einträchtigen Zusammenwirken vor allem außerhalb der militärischen Bezirke ermahnt.

Das Territorialprinzip behält insofern seine grundlegende Bedeutung, als der Militärstatus keinen eigenen Wohnsitz begründet; es gibt nur ein Domizil in der Diözese oder in der Pfarrei (vgl. c. 102).

Was die Rechte des Militäroberhirten im einzelnen betrifft, so hebt die Instruktion hervor, daß er die Vollmacht hat, die Ordnung für die Feier des Gottesdienstes festzusetzen, sofern dies die Umstände als ratsam erscheinen lassen, natürlich unter Wahrung der Normen des allgemeinen Rechts. Diesen Ordo dürfen die Militärgeistlichen überall gebrauchen, wenn sie für die Truppen den Gottesdienst feiern, ebenso auch andere Priester, wenn sie in Kirchen und Oratorien zelebrieren, die für die Soldaten reserviert sind.

Die Applikationspflicht, wie sie die Diözesanbischöfe nach c. 388 haben, obliegt den Militäroberhirten ebensowenig wie den Militärgeistlichen. Der Militäroberhirt kann diesen aber auferlegen, die Messe wenigstens an den in c. 1246 genannten Tagen für die ihnen Anvertrauten zu applizieren, wenn sie ein Gehalt oder eine ansehnliche Entlohnung für ihre Tätigkeit beziehen. In diesem Fall ist auch der Militäroberhirt an seine Anordnung gebunden.

Zum Statusbericht an den Apostolischen Stuhl sind die Militäroberhirten alle drei Jahre verpflichtet. Wie für die Diözesanbischöfe hat der Hl. Stuhl auch für diese ein besonderes Frageschema aufgestellt, das durch Dekret der Konsistorialkongregation vom 20. 10. 1956 veröffentlicht wurde[7]. Die Visitatio ad limina wurde für die Militäroberhirten durch Dekret derselben Kongregation vom 28. 2. 1959[8] vorgeschrieben und zwar in der Weise, wie sie für die Diözesanbischöfe des Landes im Recht vorgesehen ist. Ist der Militäroberhirt am persönlichen Besuch verhindert, darf er mit Erlaubnis des Hl. Stuhles seinen Weihbischof oder Generalvikar schicken.

Der Militäroberhirt kann die für die übrigen Ortsoberhirten üblichen ständigen Vollmachten (für fünf oder sechs Jahre) erhalten.

Die Ausbüung der Gerichtsbarkeit ist dem Militäroberhirten genommen. Für Streit- und Strafsachen der Untergebenen soll er ein Diözesan- oder Metropolitangericht ein für allemal bestimmen, das vom Apostolischen Stuhl zu approbieren ist.

[6] Die Militärseelsorge erfreute sich ehedem im allgemeinen der Exemtion; vgl. *A. Scheuermann*, Die Exemtion nach geltendem kirchlichen Recht mit einem Überblick über die geschichtliche Entwicklung, Paderborn 1938, S. 208 ff. Diese Regelung führte aber zu gewissen Differenzen mit den Diözesanbischöfen und dem Diözesanklerus; vgl. *Hofmeister*, Militärseelsorge (Anm. 3), S. 131 f.

[7] AAS 49 (1957), S. 150–163.

[8] AAS 51 (1959), S. 272–274.

2. *Militärseelsorger*

Zum Amt eines Militärseelsorgers (Cappellanus militum) sollen nur besonders qualifizierte Geistliche ausgewählt werden, auch Ordensgeistliche; diese sollen jedoch nach Möglichkeit an Orten beschäftigt werden, wo ein Haus ihres Verbandes existiert. Die Anstellung zum Militärseelsorger bewirkt kein Ausscheiden aus dem bisherigen geistlichen Heimatverband. Der Militäroberhirt soll den jeweiligen Ortsoberhirten über den Einsatz oder das Ausscheiden eines Militärgeistlichen in dessen Diözese unterrichten.

Die Militärgeistlichen haben das geistliche Gewand entsprechend den örtlichen Gewohnheiten zu tragen; sie sollen nicht in militärischer Uniform auftreten, wenn es nicht die dienstlichen Aufgaben oder die staatlichen Gesetze verlangen; sie sollen aber ein eigenes Abzeichen für ihr kirchliches Amt verwenden.

Sie sind keine wirklichen Pfarrer und leiten keine Pfarrei, sondern einen Seelsorgebezirk. Sie haben aber die Amtsaufgaben und Pflichten eines Pfarrers. Ihre Vollmachten konkurrieren mit denen der Ortspfarrer. Ihre Zuständigkeit regelt sich analog der des Militäroberhirten.

Die Militärseelsorge hat eigene Kirchenbücher über Taufen, Firmungen, Trauungen und Sterbefälle zu führen, die entweder bei der oberhirtlichen Stelle oder bei den Militärgeistlichen nach Maßgabe von c. 535 §§ 4 und 5 aufzubewahren sind.

II. Die Militärseelsorge bei der Deutschen Bundeswehr

In der Bundesrepublik Deutschland wurde mit dem Aufbau der Bundeswehr aufgrund Art. 27 Abs. 4 RK die Militärseelsorge durch Dekret der Konsistorialkongregation vom 4. 2. 1956[9] mit der Ernennung des ersten Militärbischofs neu eingerichtet und durch die von Papst *Paul VI.* erlassenen Statuten für die Katholische Militärseelsorge in der Deutschen Bundeswehr vom 31. 7. 1965[10], die die gesamtkirchliche Regelung ergänzen und konkretisieren, neu geordnet. Danach unterstehen der Jurisdiktion des Militärbischofs alle katholischen Soldaten und jene katholischen Zivilisten, die nach den jeweils geltenden Gesetzen in die Streitkräfte integriert sind; desgleichen die katholischen Familienmitglieder[11] der Berufssoldaten, der Soldaten auf Zeit und der genannten Zivilisten, auch wenn der Familienvater nicht katholisch ist. Sie bilden einen eigenen bistumsähnlichen

[9] Vgl. AAS 48 (1956), S. 484.

[10] AAS 57 (1965), S. 704–712; Verordnungsblatt des katholischen Militärbischofs für die Deutsche Bundeswehr (zit.: Verordnungsblatt) 1 (1965), S. 1–9; abgedr. auch bei *Werner Weber*, Die deutschen Konkordate und Kirchenverträge der Gegenwart, Bd. 2, Göttingen 1971, S. 13ff. Diese Statuten wurden im Einvernehmen mit der deutschen Bundesregierung erlassen (vgl. *Steuber*, Militärseelsorge [Anm. 3], S. 82–90) und lösten die Statuten vom 19. 9. 1935 ab; vgl. AAS 27 (1935), S. 367–373.

[11] Als Familienmitglieder gelten ausschließlich Frau und Kinder, seien es eigene oder adoptierte, bis zur Vollendung des 21. Lebensjahres, sofern sie im Elternhaus leben. Nicht der Jurisdiktion des Militärbischofs unterstehen also die vom Mann rechtmäßig getrennte Frau sowie die mit ihr zusammenwohnenden Kinder; sie unterstehen ausschließlich dem Ortsbischof. Welcher Personenkreis dem einzelnen Militärgeistlichen unterstellt ist, regelt die „Verordnung über die Jurisdiktion der Militärgeistlichen", in: Verordnungsblatt 9 (1973), S. 81–83.

Verband mit eigenen Seelsorgebezirken. Diese sind teils territorial (z. B. Standortbereich), teils rein personal (z. B. bei schwimmenden Verbänden der Marine) bestimmt. Die Statuten sehen die Aufteilung in Dekanate nicht vor. Aus Verwaltungsgründen sind jedoch alle Militärgeistlichen, die ihren Dienstsitz innerhalb eines Wehrbereichs haben, einem „dienstaufsichtsführenden Militärgeistlichen" (Wehrbereichsdekan) unterstellt[12].

1. *Militärbischof*

Das Amt des Militärbischofs besteht nicht selbständig, sondern ist mit dem eines Diözesanbischofs verbunden; denn zum Militärbischof wird vom Apostolischen Stuhl ein in der Bundesrepublik Deutschland residierender Diözesanbischof ernannt. Der Militärbischof steht in keinem Dienstverhältnis zum Staat. Dies verdeutlicht u. a. die Unabhängigkeit der Militärseelsorge vom Staat[13].

2. *Kurie des Militärbischofs*

Die Kurie des Militärbischofs ist das *Katholische Militärbischofsamt*. Es ist nach den für die Diözesankurien maßgebenden Normen (cc. 469–474) am Sitz der Bundesregierung errichtet. Das Militärbischofsamt ist zugleich eine dem Bundesministerium der Verteidigung unmittelbar nachgeordnete Bundesoberbehörde und nimmt die mit der Militärseelsorge zusammenhängenden staatlichen Verwaltungsaufgaben wahr. Es wird geleitet von dem *Militärgeneralvikar*, der vom Militärbischof ernannt wird und diesen in allem, was die Seelsorge betrifft, zu unterstützen hat. Dazu ist er in sinnentsprechender Anwendung mit allen Vollmachten ausgestattet, die das gemeine Recht für den Generalvikar vorsieht[14]. Abweichend vom allgemeinen Grundsatz erlischt das Amt des Militärgeneralvikars mit der Erledigung des Amtes des Militärbischofs nicht. Wenn das Amt des Militärbischofs vakant ist, werden die Gewalt und die diesem Amt eigenen Vollmachten, falls der Hl. Stuhl nichts anderes vorgesehen hat, inzwischen vom Militärgeneralvikar ausgeübt, jedoch nach Maßgabe des alten Grundsatzes, daß in dieser Zeit keine Neuerungen vorgenommen werden dürfen.

Hinsichtlich der Eheprozesse und der Nichtigerklärung von Ehen der dem Militärbischof unterstellten Gläubigen ist die Zuständigkeit des Militärbischofs ausgeschaltet und nur das nach den Normen des allgemeinen Rechts jeweils zuständige Diözesangericht in erster Instanz zu verhandeln berechtigt.

[12] Zur Zeit gibt es sechs katholische Wehrbereichsdekane für die katholischen Standortpfarrer im Haupt- und Nebenamt und einen Katholischen Dekan beim Flottenkommando, dem die katholischen Militärgeistlichen bei den schwimmenden Verbänden der Marine unterstehen. Die Dienstaufsicht über die Militärgeistlichen mit Dienstsitz im Ausland wird vom Katholischen Militärbischofsamt direkt wahrgenommen.

[13] Vgl. *Seiler*, Seelsorge (Anm. 3), S. 685f.

[14] Cc. 475–481; vgl. in *diesem* Band, oben, *H. Müller*, § 39 Die Diözesankurie.

3. Priesterrat des Militärbischofs

Dem Militärbischof steht ein Priesterrat als beratendes Gremium zur Seite[15]. Er gilt „als Ausdruck der Verbundenheit aller in der Militärseelsorge tätigen Priester mit dem Militärbischof", als „ein Zeichen der Mitverantwortung" und „der Verbundenheit der Priester untereinander" (I 1) und als „direkte Vertretung der hauptamtlichen Militärgeistlichen beim Militärbischof" (I 3).

4. Militärgeistliche

Bei der Bestellung der Militärgeistlichen ist ein einträchtiges Zusammenwirken von Militärbischof und Diözesanbischöfen bzw. Ordensgemeinschaften notwendig. Der Militärbischof hat dafür zu sorgen, daß die Ortsbischöfe und die Ordensgemeinschaften Geistliche in genügender Zahl zur Verfügung stellen[16]. Die Bischöfe und Ordensoberen wiederum sollen es sich angelegen sein lassen, daß nur besonders geeignete Geistliche berufen werden, die sie selbst vorschlagen oder empfehlen. Der Militärbischof prüft gemäß Art. 27 Abs. 3 RK, ob die Einstellungsvoraussetzungen für die Militärgeistlichen gegeben sind, und schlägt die betreffenden Geistlichen, wenn das Einverständnis der zuständigen Diözese bzw. Ordensgemeinschaft vorliegt, der zuständigen Bundesbehörde entsprechend dem Gesetz über die Militärseelsorge vom 26. 7. 1957 (BGBl. II S. 701) i.V.m. dem Vertrag der Bundesrepublik Deutschland mit der Evangelischen Kirche in Deutschland zur Regelung der evangelischen Militärseelsorge vom 22. 2. 1957 (BGBl. II S. 702) zur Einstellung in den Militärseelsorgedienst vor. Er spricht die kirchliche Ernennung aus und beantragt nach Ablauf der Erprobungszeit im Angestelltenverhältnis die Berufung in das Beamtenverhältnis auf Zeit. Soweit die Militärgeistlichen dauernd für leitende Aufgaben verwendet werden sollen, werden sie in das Beamtenverhältnis auf Lebenszeit berufen.

Die hauptamtlichen Militärgeistlichen unterstehen während ihrer Amtszeit in vollem Umfang der Hirtengewalt des Militärbischofs, die Militärgeistlichen im Nebenamt nur hinsichtlich ihrer Tätigkeit in der Militärseelsorge. Sie alle sind bei der Ausübung ihrer seelsorglichen Tätigkeit an das kirchliche Recht gebunden[17] und von staatlichen Weisungen unabhängig. Bei der Ausübung der Seelsorge genießen die Militärgeistlichen – in sinnentsprechender Anwendung – die Rechte und Vollmachten, wie sie dem Pfarrer zukommen. So haben beispielsweise die Militärgeistlichen das Recht, der Eheschließung der ihnen unterstellten Gläubigen zu assistieren. Dabei ist diese Vollmacht „kumulativ" mit dem Ortsbischof

[15] Die Einrichtung eines Priesterrates ging in der Art und Weise vor sich, daß der Militärbischof bei der 14. Gesamtkonferenz der hauptamtlichen katholischen Militärgeistlichen am 18. 4. 1969 die Zustimmung gab, daß die Mitglieder des Vorbereitenden Ausschusses den Priesterrat bilden; vgl. Verordnungsblatt 5 (1969), S. 20. Eine Geschäftsordnung wurde am 22. 8. 1969 erlassen; vgl. Verordnungsblatt 5 (1969), S. 35–37.

[16] Für je 1500 katholische Soldaten wird ein hauptamtlicher Militärseelsorger als angemessen betrachtet (Art. 24 Statut).

[17] Vgl. z. B. Ordnung des kath. Militärbischofs vom 2. 4. 1981 für die Fortbildung der hauptamtlichen kath. Militärgeistlichen, in: Verordnungsblatt 17 (1981), S. 93–95.

und dem Ortspfarrer bzw. mit dem von einem von beiden delegierten Priester zu verstehen.

5. *Seelsorge*

Die Militärseelsorge ist ein wichtiger Teil der Gesamtseelsorge; darum gilt bei der Ausübung der seelsorgerlichen Funktionen und der Spendung der Sakramente das allgemeine Recht, unbeschadet der rechtmäßigen örtlichen Gewohnheiten.

Aus dem gleichen Grund ist ein einträchtiges Zusammenwirken von Militärseelsorgern und Ortspfarrern unabdingbar. Die Ortsbischöfe sollen daher dafür Sorge tragen, daß dem Militärbischof und den Militärgeistlichen je nach Bedarf Kirchen zur Verfügung gestellt und jede Unterstützung von den Geistlichen gewährt werden. Umgekehrt sollen die Militärgeistlichen diese Hilfe annehmen und selbst die Ortspfarrer nach Kräften unterstützen. Wenn ein Militärgeistlicher außerhalb seines Dienstbereiches den Seelsorgedienst auch an ihm nicht unterstehenden Gläubigen leisten will, bedarf er dazu der Vollmacht des jeweiligen Ortsbischofs. Irgendwelche Meinungsverschiedenheiten zwischen Militär- und Diözesangeistlichen bezüglich der Seelsorge sollen durch die Bischöfe beider Teile bereinigt oder, wenn dies nicht möglich ist, dem Apostolischen Stuhl vorgelegt werden.

Auch in der Militärseelsorge besteht vielfach die Notwendigkeit einer Zusammenarbeit mit nichtkatholischen Kirchen oder kirchlichen Gemeinschaften und mit der Seelsorge anderer Streitkräfte, die einer Regelung durch Vereinbarung und teilkirchliche Normsetzung bedarf[18].

Die finanziellen Bedürfnisse der Militärseelsorge werden durch Leistungen des Staates gedeckt. Was die Verwendung der Kirchensteuer betrifft, die von Gläubigen erhoben wird, welche dem Militärbischof unterstehen, so ist dies im Einvernehmen zwischen Militärbischof und den zuständigen Diözesen geregelt.

III. Militärseelsorge in Österreich und in der Schweiz

In *Österreich*[19] wurde die Militärseelsorge mit der Bestellung der ersten Militärkapläne am 15. 10. 1956 neu aufgebaut und mit Erlaß des Bundesministers für Landesverteidigung vom 20. 4. 1970[20] staatlicherseits geordnet. Für die Militärseelsorge in Österreich gelten die gesamtkirchlichen Normen. Was die Bestellung des Militäroberhirten, Militärvikar genannt, und der Militärkapläne und ihre

[18] Vgl. dazu Richtlinien des kath. Militärbischofs vom 17. 3. 1980 für die Zusammenarbeit der evangelischen und katholischen Militärseelsorge, in: Verordnungsblatt 16 (1980), S. 13 bis 15; Richtlinien (ad experimentum) vom 1. 10. 1980 für die Zusammenarbeit zwischen der evangelischen und der katholischen Militärseelsorge der Bundeswehr im Bereich des Heeres und der Militärseelsorge der US-Army Europe, in: Verordnungsblatt 16 (1980), S. 35–38; AfkKR 149 (1980), S. 509–515.

[19] Vgl. Handbuch der kath. Militärseelsorge Österreichs, o. O. o. J. (Loseblattsammlung).

[20] Zl. 3307–PräsA/70.

Amtsführung betrifft, ist Art. VIII des Konkordates zwischen dem Hl. Stuhl und der Republik Österreich vom 5. 6. 1933[21] maßgebend.

Für die Militärseelsorge in der *Schweiz*[22] gelten die gesamtkirchlichen Regelungen. Es gibt jedoch keinen Militäroberhirten und deshalb auch kein ihm zugeordnetes Hilfsamt, sondern lediglich einen Militärbeauftragten der Bischofskonferenz. Die Feldprediger werden nur mit Empfehlung des zuständigen Bischofs oder Ordensoberen vom Bundesrat ernannt und bekleiden den Rang eines Hauptmanns. Sie üben ihren Dienst nur nebenamtlich aus.

Die Struktur der Militärseelsorge ist geprägt durch eine stärkere Einbeziehung in die Gesamtseelsorge, wie sie in den Teilkirchen entfaltet wird. In den genannten Ländern ist die Militärseelsorge durch einen zweiten Zug gekennzeichnet, nämlich durch eine weitere „Verkirchlichung", insofern als der Staat lediglich die äußere Organisation und die finanziellen Mittel zur Verfügung stellt, der Kirche aber die Leitung und inhaltliche Verantwortung bleibt.

[21] AAS 26 (1934), S. 259f.

[22] Vgl. *H. Zaugg*, Das Feldpredigeramt. Theologische, ökumenische und militärische Aspekte der schweizerischen Armeeseelsorge, o. O. 1977.

3. Abschnitt: Die Vereinigungen in der Kirche

1. Kapitel: Die kirchlichen Vereine

§ 53 Allgemeine Fragen des kirchlichen Vereinsrechts

Von Helmut Schnizer

I. Wesen des Vereins

1. Der Verein

Unter Verein versteht man eine rechtlich organisierte Personenmehrheit, die sich zur Verfolgung eines konkret definierten Zwecks freiwillig und auf Dauer zusammengeschlossen hat[1]. Zur Verwirklichung dieses Zwecks erfolgt in satzungsmäßig geordneter Weise eine Gesamtwillensbildung. Dieser Gesamtwille konstituiert eine neue selbständige soziale Kraft. Der einmal gefundene Gesamtwille tritt personsgleich, als ein über sich und damit gegenüber anderen verfügendes Sein auf. Er ist nicht identisch mit der Summe des Willens aller Mitglieder, der Bestand des Vereins ist auch unabhängig vom Wechsel seiner Mitglieder.

Regelmäßig erfolgt die Bildung des Gesamtwillens nicht durch Einstimmigkeit, sondern im Wege verschiedener Majoritäten, durch Vorzugsstimmrechte oder Widerspruchsbefugnisse, durch mitbedingende obrigkeitliche Weisung usw. Als Gesamtwille gilt also das in einem Zusammenspiel aller zu beachtenden Bedingungen abschließend gefundene Ergebnis. Dieses Ergebnis ist die Integration sowohl der subjektiven Äußerungen der einzelnen Stimmberechtigten als auch der diese Äußerungen zuordnenden und allenfalls modifizierenden Wertungen der Rechtsordnung. Als solche zuordnende und allenfalls korrigierende Faktoren kommen z. B. in Frage Regeln über die Wertung von Stimmenthaltung oder von der Oberbehörde bindend geäußerte Rechtsauffassungen usw. Der einmal rechtmäßig gefundene Gesamtwille steht auch den an der Willensbildung Beteiligten als etwas von ihnen Abgelöstes, als eine neue, in sich bestehende Größe gegenüber.

Man kann den Verein als ein am sozialen Leben selbständig teilnehmendes Wesen „ens morale" nennen[2]. Der Kodex von 1917 verwendete für die normative Erfassung dieses Phänomens den Ausdruck „persona moralis" (c. 99 CIC/1917). Nach Schwankungen im

[1] *Mörsdorf* Lb I, S. 565; *P. Fessler/W. Kölbl*, Österreichisches Vereinsrecht, 4. Aufl., Wien 1979, S. 9f.; *O. Palandt*, Kurzkommentar zum BGB, 41. Aufl., München 1982, S. 22f.; *W. Erman*, Handkommenbar zum BGB, 7. Aufl., Bd. 1, Münster 1981, S. 52f.; *R. Ostheim*, Die Rechtsfähigkeit von Verbänden im österreichischen bürgerlichen Recht, Wien-New York 1967, bes. S. 14f.; *E. Sauter/G. Schweyer*, Der eingetragene Verein, 12. Aufl., München 1983, S. 1f.; *J. Beil*, Das kirchliche Vereinsrecht, Paderborn 1931, S. 23f.; *J. Staudinger*, Kommentar zum BGB, 1. Buch, 12. Aufl., Berlin 1980, S. 317f.; *Reichert/Dannecker/Kühr*, Handbuch des Vereins- und Verbandrechtes, 2. Aufl., Neuwied und Darmstadt 1977, S. 3f.

[2] *H. Schnizer*, Die juristische Person in der Kodifikationsgeschichte des ABGB, in: Festschr. W. Wilburg, Graz 1965, S. 143f. (Lit.); *W. Onclin*, De personalitate morali vel canonica, in: Acta Conventus Internationalis, S. 121f. (Lit.).

Verlauf der nunmehrigen Kodifikationsarbeiten wurde der Ausdruck „persona moralis" exklusiv für die ex ordinatione divina bestehenden obersten kirchlichen Rechtsträger Gesamtkirche und Apostolischer Stuhl eingesetzt (c. 113 § 1)[3]. Für sämtliche übrigen Rechtsträger verwendet der Kodex nun einheitlich den Ausdruck „persona iuridica" (siehe grundsätzlich c. 113 § 2 und Kapitelüberschrift vor cc. 113 ff.). Nach der nunmehr gegebenen Gesetzeslage ist es jedenfalls nicht mehr möglich, die Termini juristische und moralische Person gleichzusetzen[4].

2. *Der Verband*

Ein Verband ist ein qualifizierter Verein. Er nimmt besondere Interessen, meist Mitgliederinteressen, aufgrund einer besonderen Rechtsausstattung (Privilegierung) wahr[5]. In diesem Sinn hat der Ausdruck in den letzten Jahrzehnten seine spezifische Bedeutung in Lehre und Rechtssprache konsolidiert.

Im weiteren Sinn kommt der Ausdruck immer noch vor, um rechtlich organisierte Personenmehrheiten zu bezeichnen[6], insbesondere Zusammenschlüsse höherer Ordnung, deren Mitglieder dann unter Umständen nur juristische Personen sind, so z. B. Dachverbände, wie der Verband der Diözesen Deutschlands[7] oder der Deutsche Caritasverband[8]. Wegen des spezifischen Bedeutungsgehalts der Interessenwahrnehmung im pluralistischen, sozialen Wohlfahrtsstaat ist die Anwendung des Ausdrucks „Verband" auf kirchliche Einrichtungen unter Umständen irreführend, vor allem dann, wenn damit schon eine Klassifizierung oder gar wesensmäßige Einordnung der Kirche versucht sein sollte. Dennoch haben kirchliche Einrichtungen oder auch die Kirche als solche in mancher Hinsicht Funktionen wahrzunehmen, die unter gewissen Aspekten als Verbandstätigkeit in diesem spezifischen Sinn zu bezeichnen sind[9]. Die Verwendung des Fachausdrucks „Verband" erfordert daher Analyse und Deklaration. In diesem Zusammenhang ist besonders die Verwendung des Ausdrucks „Verband" zur Bezeichnung freiwilliger Zusammenschlüsse im Gegensatz zur verfassungsmäßig vorgegebenen Struktur der Kirche zu beachten[10].

[3] Siehe die Begründung im Schema PopDei, Praenotanda S. 5f. Vgl. auch *J. Sabater*, Revisión de estructuras ecclesiasticas, in: IusCan 10 (1970), S. 67ff., hier S. 78f.

[4] Auf den vorgeschlagenen Terminus „persona canonica" hat man verzichtet. Vgl. Schema IurPatr. can. 15; siehe *Onclin*, De personalitate (Anm. 2), im Verlaufe der Abhandlung, etwa S. 154.

[5] Gute Zusammenfassung bei *G. Beyer*, Zur Beschwerdebefugnis von Verbänden wegen Grundrechtsverletzungen, Berlin 1976, S. 24f. (Lit.); *Ch. Brünner*, Art. Verbände, in: *Klose/Mantl/Zsifkovits* (Hrsg.), Katholisches Soziallexikon, 2. Aufl., Graz-Wien-Köln usw. Sp. 3138f. (Lit.).

[6] Vgl. etwa *A. Stillhart*, Die Rechtspersönlichkeit der klösterlichen Verbandsformen nach kanonischem und schweizerischem Recht, Freiburg/Schweiz 1953, S. 3f.

[7] *J. Listl*, Der Verband der Diözesen Deutschlands, in: StdZ 195 (1977), S. 337–344.

[8] Hierzu *A. Rinken*, Die karitativen Werke und Einrichtungen im Bereich der katholischen Kirche, in: HbdStKirchR II, S. 389f.; vgl. dazu ferner in *diesem* Band, unten, *A. Hierold*, § 94 Organisation der Karitas.

[9] Vgl. den Beschluß „Räte und Verbände" der Gemeinsamen Synode der Bistümer in der Bundesrepublik Deutschland, in: Gemeinsame Synode, Gesamtausgabe I, bes. Einleitung S. 641; *N. Greinacher*, Kirche als Verband, in: ThQ 156 (1976), S. 191–197; *Brünner*, Verbände (Anm. 5), unter I 3.

[10] Siehe *W. Aymans*, Der strukturelle Aufbau des Gottesvolkes, in: AfkKR 148 (1979), S. 35 und Anm. 46; *ders.*, Einführung in das neue Gesetzbuch der lateinischen Kirche (= Arbeitshilfen 31; Hrsg.: Sekretariat der Deutschen Bischofskonferenz), Bonn 1983, S. 24; *ders.*, Kirchliches Verfassungsrecht und Vereinigungsrecht in der Kirche, in: ÖAKR 32 (1981), S. 91ff., bes. S. 92.

3. *Der nicht rechtsfähige Verein*

a) *Begriff.* Auch der Ausdruck „Verein" ist für sich allein nicht eindeutig. Im rechtlichen Niveau unterhalb des Vereins im eigentlichen Sinne liegt der „nicht rechtsfähige Verein"[11]. Ihm mangelt die Rechtspersönlichkeit. Die Rechtsordnung behandelt ihn in mancher Hinsicht ähnlich wie eine Rechtspersönlichkeit, deshalb läßt sich von einer Quasirechtspersönlichkeit sprechen.

Die Ähnlichkeit zur „echten" Rechtspersönlichkeit liegt darin, daß ein Gesamtwille gebildet und nach außen wirksam wird. Der Unterschied besteht darin, daß die Rechte und Pflichten des nicht rechtsfähigen Vereins den einzelnen Mitgliedern wie Gesellschaftern zur gesamten Hand zugerechnet werden, also nicht einem von den Mitgliedern verschiedenen Rechtssubjekt. Die zur Satzung erhobenen Regeln sind ihrer juristischen Natur nach Gesellschaftsvertrag. Lehre und Rechtsprechung haben jedoch auch hier eine weitgehende Annäherung an den rechtsfähigen Verein durchgesetzt[12].

Die Anwendung des Vereinsbegriffes auf den nicht rechtsfähigen Verein schafft zunächst einen den tatsächlichen und rechtlichen Kontakt mit der Umwelt vereinfachenden Sammelnamen, der zugleich den bestimmten Zweck ausdrücken soll, für den diese Personenmehrheit geschlossen als einheitliche Partei handelnd auftreten will. Sobald aber der rigor iuris nach dem Subjekt der Rechte und Pflichten fragt, das hinter solchem Auftreten steht, z. B. bei der Vergewährung von Liegenschaften oder im Prozeß, dann muß die Gesamtheit der einzelnen Mitglieder als eigentliche Rechtsträger aus dem sie umhüllenden Mantel des Vereinsnamens heraustreten und als eine Mehrheit unmittelbar haftender Personen die Parteirolle übernehmen[13].

Die Unterscheidung zwischen rechtsfähigem und nicht rechtsfähigem Verein beruht auf einem formalen Kriterium: Die Rechtsordnung verleiht einer Personenmehrheit Rechtsfähigkeit oder nicht (vgl. § 54 BGB, cc. 310 und 322, auch c. 687 CIC/1917). Dies kann im Wege der Gesetzgebung oder durch individuellen Hoheitsakt (formale decretum, Registrierung usw.) geschehen.

b) *Im Kirchenrecht.* Die Rechtsstellung des nicht rechtsfähigen Vereins ist durch das neue Recht im Gegensatz zu früher ausdrücklich geordnet. C. 310 bestimmt, daß die Mitglieder eines nicht rechtsfähigen Vereins gemeinsam dessen Obligationen eingehen und als Miteigentümer und Mitbesitzer des Vereinsvermögens anzusehen sind. Die betreffenden Rechte und Pflichten werden durch einen Mandatar oder Prokurator (scil. Vereinsfunktionäre) ausgeübt. Die Rechte und Pflichten des einzelnen Vereinsmitgliedes sind durch den aufrechten Bestand der Zugehörigkeit bedingt, mit dem Aufhören der Zugehörigkeit gehen sie im allgemeinen ersatzlos unter. Auch während der Zugehörigkeit zum Verein ist die

[11] *Erman*, BGB (Anm. 1), S. 84f.; *Palandt*, BGB (Anm. 1), S. 41f.; *F. Romita*, De fidelium associationibus. Principia iuridica de iure condendo, in: MonEccl 87 (1962), S. 522f., bes. Anm. 2a; *A. Diaz Diaz*, Derecho fundamental de asociación en la Iglesia, Pamplona 1972, S. 200f.

[12] Siehe *K. Larenz*, Allgemeiner Teil des deutschen bürgerlichen Rechts, 5. Aufl., München 1980, S. 157; *Staudinger*, BGB (Anm. 1), S. 530ff., bes. Rdnr. 1 und 6ff., 31; *Reichert/Dannecker/Kühr*, Handbuch (Anm. 1), Rdnr. 1, 1025f.; *Erman*, BGB (Anm. 1), S. 41f.

[13] *Romita*, De fidelium (Anm. 11), S. 523ff.; *Erman*, BGB (Anm. 1); *Palandt*, BGB (Anm. 1), S. 41; zu den Problemen im einzelnen mit teilweise anderer Ansicht, vgl. *Larenz*, Allgemeiner Teil (Anm. 12), S. 122f., bes. 156f.; *F. Rittner*, Die werdende juristische Person, Freiburg i. Br. 1973, S. 267f. u. a.

Beteiligung am Vereinsvermögen als Bestandteil eines Sondervermögens zu behandeln; die freie Verfügung ist dem einzelnen Vereinsmitglied dadurch benommen. Es kann nur im Rahmen der statutenmäßigen Gesamtwillensbildung über das gebundene Vermögen verfügt werden.

Grundsätzlich ist festzuhalten, daß in der kirchlichen Ordnung die verschiedensten Arten von Vereinen existieren. Dies hängt mit dem Weiterwirken älterer Rechtsschichten ebenso wie mit der Vitalität des sozialen, auf freien Zusammenschluß nach den persönlichen Vorstellungen und Bedürfnissen der Mitglieder drängenden Lebens oder der speziell konstituierten Vereinszwecke zusammen. So ist insbesondere kein zwingender Konnex zwischen dem Status der Rechtsfähigkeit und dem höheren oder niederen Organisationsgrad eines Vereins hergestellt. Der Organisationsgrad kann von der paritätischen Gesellschaft ohne feste Organe einerseits bis zur hochdifferenzierten Körperschaft mit sachlich, personell und funktionell aufgegliederter Organisationsstruktur andererseits reichen[14]. Die Lösung von Rechtsproblemen darf deshalb nicht generalisierend, sondern nur zum jeweiligen Bezugspunkt definierend erfolgen.

II. Das Vereinswesen in der Kirche

Die Bedeutung der Vereine aller Art ist groß und weltweit noch im Wachsen[15]. Man benötigt sie als Rechtsträger überall dort, wo eine Aufgabe die Kraft eines Einzelnen übersteigt oder unabhängig vom Leben oder der Schaffenskraft einer Person gewährleistet werden muß (c. 114 § 1). Die Gläubigen werden deshalb aufgefordert, sich insbesondere den Vereinigungen zur Verfügung zu stellen, die von der zuständigen Autorität errichtet oder zumindest gelobt oder empfohlen sind (c. 298 § 2).

Die Kirche bedient sich zur Erfüllung ihrer Aufgaben verschiedenster vereinsrechtlicher Regelungen, solcher des Kirchenrechts und solcher des staatlichen Rechts. Verbindungen werden in verschiedener Weise geschaffen. Es kommt Rezeption von Rechtsträgern des staatlichen Rechts, z. B. durch Konkordate, ebenso vor, wie die Anerkennung von Rechtspersönlichkeiten des kanonischen Rechts durch staatliche und koordinative Normen[16]. In solchen Fällen ist Intensität und Umfang der Einbindung in die jeweils rezipierende Rechtsordnung zu prüfen; nicht selten erfolgt sie nur im Hinblick auf Teilaspekte.

Das Zweite Vatikanum konnte eine breite Vielfalt von Organisationsformen gemeinsamen Vorgehens der Christen feststellen, es mußte sich um entsprechende Ordnungen bemühen, die es teilweise selbst schuf, vor allem aber einer

[14] Vgl. *Mörsdorf* Lb I, S. 567.

[15] Communicationes 2 (1970), S. 97; 9 (1977), S. 239; VatII AA Art. 18 f. Weitere Belege aus den Konzilsdokumenten bei *A. del Portillo*, Ius associationis et associationes fidelium iuxta Concilii Vaticani II doctrinam, in: IusCan 8 (1968), S. 5 ff., hier S. 8.

[16] S. etwa Österreichisches Konkordat v. 5. 6. 1933, in: AAS 26 (1934), S. 249 f. (Art. XIV und ZusP. zu Art. XIV); Text u. a. bei *L. Schöppe*, Konkordate seit 1800, Bd. I, Frankfurt-Berlin 1964, S. 307 f.; Reichskonkordat v. 20. 7. 1933, in: AAS 25 (1933), S. 389 f. (Art. 13 und 31), u. a. in: *Werner Weber*, Die deutschen Konkordate und Kirchenverträge der Gegenwart, Bd. 1, Göttingen 1962, S. 14 ff.; Österr. „Schulvertrag" v. 9. 7. 1962, in: AAS 54 (1962), S. 641 f. (Art. II § 3), bei *Schöppe*, S. 507.

künftigen Gesetzgebung zur Aufgabe stellte[16a], da der Kodex von 1917 einer solchen Entwicklung nicht gerecht werden konnte.

Die Bestimmungen des Kodex von 1917 über das Vereinsrecht wurden schon gleich nach seiner Erlassung als unzureichend und veraltet kritisiert[17]. Dieses Vereinsrecht war in einen allgemeinen und in einen speziellen Teil gegliedert; die angebotenen Typisierungen waren zu eng und nicht lebensnah. Seine Terminologie war uneinheitlich, weil sie aus ganz unterschiedlichen Rechtsschichten stammte[18]. Der Standort dieses Vereinsrechts war verfehlt, weil es in der pars „de laicis" eingerückt war. Es war aber von Anfang an klar, daß die hier geregelten Vereine Laien und Klerikern zugänglich sein sollten. Die Zulässigkeit privater Vereine konnte nur indirekt erschlossen werden. Deshalb war die bekannte Entscheidung der Konzilskongregation von 1920 notwendig, die die Vereinsfreiheit und damit die Bildung privater Vereine als ius nativum und so auch als Bestandteil des Kirchenrechts anerkannte[19]. Nicht eindeutig war auch, welchen Vereinen und aufgrund welchen Rechtstitels kirchliche Existenz zukam. Eine neue Gesetzgebung mußte sich einerseits von in den Konzilsdokumenten enthaltenen Anstößen leiten lassen, andererseits von einer differenzierteren Sicht der sozialrealen Phänomene und fortführenden Entwicklungen der Rechtslehre ausgehen. Aus den Konzilsbeschlüssen stammen zwei Grundgedanken: Die Anerkennung der *Vereinigungsfreiheit* als eines naturgegebenen Persönlichkeitsrechtes und die bessere Berücksichtigung des *Subsidiaritätsprinzips*[20]. Beide verlangen nicht selten denselben juristischen Schluß, so daß sie gelegentlich komplex auf Systematik oder Ausdruckswahl der Revisionsarbeiten einwirken. Nicht übersehen werden darf, daß das Postulat der Vereinigungs- und Versammlungsfreiheit aus dem weltlichen Recht stammt. Seine Durchsetzung bildete ein zentrales Anliegen des Kampfes um die Anerkennung von Grundrechten durch den bis dorthin absolutistischen Staat[21]. Auch das Subsidaritätsprinzip hat spezifische Ausprägungen in der Staatslehre erfahren[22]. Deshalb darf die Verwendung vorgefundener Begriffe,. Formeln und Institutionen nicht unbesehen erfolgen, sondern nur mit präziser Wahrnehmung der unterschiedlichen Grundlagen des kirchlichen Rechts, die sich aus der institutionellen Eigenart der Kirche ergeben[23].

Die naturgegebenen Persönlichkeitsrechte erlangen durch die Taufe und die damit begründete Rechtsfähigkeit in der Kirche eine weitere Dimension, die hier

[16a] Um die Vielfalt nicht zur Vergeudung von Kräften ausarten zu lassen, fordert c. 328 die Leiter von Laienvereinigungen auf, Zusammenarbeit und gegenseitige Hilfeleistung zu pflegen.

[17] *Del Portillo*, Ius associationis (Anm. 15), S. 7.

[18] *Mörsdorf* R, S. 138f.; *W. Schulz*, Le norme canoniche sul diritto di associazione e la loro reforma alla luce dell'insegnamento del Concilio Vaticano secondo, in: Apollinaris 50 (1977), S. 149ff., bes. 151f.

[19] SC Conc Corrienten vom 13. 11. 1920, in: AAS 13 (1921), S. 135f.; siehe auch *A. del Portillo*, Gläubige und Laien in der Kirche. Paderborn 1972, S. 94f.; *Diaz Diaz*, Derecho fundamental (Anm. 11), S. 52f.

[20] Communicationes 2 (1970), S. 97f.; VatII CD Art. 17; VatII AA Art. 19 und 24; VatII PO Art. 8; VatII GS Art. 73. Vgl. auch den Kommentar von *F. Klostermann*, in: LThK²-Konzilskommentar II, S. 656; *del Portillo*, Ius associationis (Anm. 15), S. 5f.; *ders.*, Gläubige und Laien (Anm. 19), S. 91ff.; die diversen Beiträge in Relatio V: De principio subsidiaritatis in iure canonico, in: Acta Conventus Internationalis, S. 297f.

[21] Guter Überblick bei *G. Kleinheyer*, Grundrechte – Zur Geschichte eines Begriffes, Graz 1977, S. 47; *W. Mallmann*, Art. Vereins- und Versammlungsfreiheit, in: StL⁶, Bd. 11, Sp. 562f.; *F. Müller*, Korporation und Assoziation (Schriften z. Öffentl. Recht, 21), Berlin 1965.

[22] Vgl. *H. Peters*, Art. Staat II, in: StL⁶, Bd. 7, Sp. 531.

[23] Nachdrücklich in diesem Sinne *L. Guerzoni*, Diritto di associazione, associazinismo spontaneo dei fedeli e „autonomia" delle chiese locali, in: Chiesa dopo il concilio, Bd. 2, Milano 1972, S. 755ff., hier 778.

darin besteht, sich als Christ mit anderen Christen frei zur Realisierung konkreter Zwecke eben dieses Christseins zusammenzuschließen[24]. Diese Vereinigungsfreiheit steht nicht im Kontrapunkt zur Hoheitsgewalt; sie ist nicht kräftesammelnder Widerpart gegenüber einem bedrängenden Staat, sondern sie ist mit der Hoheitsgewalt Funktion im Corpus Christi Mysticum. Die mit der Ekklesiologie des „Populus Dei" arbeitende neue Gesetzgebung kann es sich leisten, auf die historisch motivierten Abwehrhaltungen zu verzichten, die noch die Gesetzgebung des Kodex von 1917 allen auf Kollegialismus oder gemeindetheoretische Strukturen verdächtigen Ansätzen entgegenbrachte. Der Anerkennung der Vereinigungsfreiheit, der besseren Berücksichtigung des Subsidiaritätsprinzips und der Offenheit für die Konfrontation mit der Welt entspricht es, daß das Vereins- oder Verbandsrecht bei der Revision auch inhaltlich neu gefaßt wurde.

Das neue Recht hat im wesentlichen den Charakter von Grundsatz- und Rahmenbestimmungen. Auf ein Spezialvereinsrecht mit der Vorgabe besonderer Typisierungen (Drittorden, Bruderschaften, piae uniones)[25] wurde verzichtet. Es kennt lediglich eine abstrakte Abstufung nach dem Ausmaß der juristischen Einbindung in die hierarchische Struktur der Kirche[26], mit der Einführung der bisher dem positiven Recht nicht bekannten Rechtsbegriffe der *„persona iuridica publica"* und der *„persona iuridica privata"*. Die Anerkennung einer privaten juristischen Person erfolgte, um den Freiheitsraum der Gläubigen deutlich zu machen und eine entsprechende Autonomie auch rechtsdogmatisch zu verankern. Man wird die hier getroffene Unterscheidung zwischen öffentlich und privat nicht überbewerten und nicht von da aus die Frage der Unterscheidung zwischen öffentlichem und privatem Recht in der Kirche aufrollen dürfen[27].

[24] *Del Portillo*, Ius associationis (Anm. 15), S. 9f.; *F. Klostermann*, Das christliche Apostolat, Innsbruck-Wien-München 1962, S. 820f., mit Akzentverschiebungen 1967, in: LThK²–Konzilskommentar II, S. 656; *Mörsdorf* Lb I, S. 564; grundsätzlich *L. M. Sistach*, El derecho de asociación en la Iglesia, Barcelona 1973, bes. S. 256; siehe auch *del Portillo*, Gläubige und Laien (Anm. 19), S. 92; VatII AA Art. 18 Abs. 1 unter Berufung auf Mt 18,20.

[25] Siehe CIC/1917 tit. 19, cc. 700ff.; vgl. auch *H. Schnizer*, Die kirchenamtlichen Vereine, in: GrNKirchR, S. 370f. Über den Fortbestand dieser Vereinigungen siehe unten III 4.

[26] Siehe auch *W. Onclin*, Principia generalia de fidelium associationibus, in: Apollinaris 36 (1963), S. 68f., hier S. 108; *B. Bertagna*, Santa Sede e Organizzazioni Internazionali, in: MonEccl 106 (1981), S. 250–286, 107 (1982), S. 102–153, 184–306, 383–428, hier S. 413; *Schulz*, Le norme (Anm. 18), S. 149f., hier S. 168; *Diaz Diaz*, Derecho fundamental (Anm. 11), S. 195f.

[27] Siehe zuletzt das responsum zum Schema novissimum ad c. 113, in: Communicationes 14 (1982), S. 143; zur Dichotomie von öffentlichem und privatem Recht in der Kirche *J. Listl*, Kirche und Staat in der neueren katholischen Kirchenrechtswissenschaft (= Staatskirchenrechtliche Abhandlungen, Bd. 7), Berlin 1978, S. 39f. und Anmerkungen; *Diaz Diaz*, Derecho fundamental (Anm. 11), S. 196f.; *Aymans*, Einführung (Anm. 10), S. 18; *G. Feliciani*, Elementos de derecho canonico, Pamplona 1980, S. 117–120, 143f., bes. 145.

III. Das Vereinsrecht im Codex Iuris Canonici von 1983

1. Grundlagen

Das Vereinsrecht hat im CIC/1983 einen seiner Bedeutung und Funktion angemessenen Platz gefunden. Es ist in einem eigenen Titulus V (cc. 298ff.) an den Schluß des Abschnitts „De christifidelibus" im Buch „De populo Dei" gestellt.

Dieser Standort läßt erkennen, daß das Vereinigungsrecht als eine Befugnis aller Christgläubigen anerkannt wird, die in einem fundamentalen Zusammenhang mit den Persönlichkeitsrechten jedes einzelnen Gläubigen steht.

Dieses Vereinsrecht gliedert sich in 4 Kapitel:
I. Allgemeine Vorschriften (cc. 298–311)
II. Über die öffentlichen Vereinigungen der Gläubigen (cc. 312–320)
III. Über die privaten Vereinigungen der Gläubigen (cc. 321–326)
IV. Besondere Vorschriften über Vereinigungen von Laien (cc. 327–329).

An den Kapitelüberschriften wird eine einschneidende Neuerung kenntlich: Der CIC/1983 hat die bisher dem positiven kirchlichen Recht unbekannte Unterscheidung zwischen *öffentlichen* – im deutschen Sprachraum üblicherweise als kirchenamtlich bezeichneten – und *privaten* Vereinigungen[28] anerkannt und zu einem wichtigen Kriterium des Vereinsrechts erhoben[29].

Wichtige Voraussetzungen sind in den – aus der nicht Gesetz gewordenen Lex Ecclesiae Fundamentalis übernommenen – Grundrechtsbestimmungen der cc. 208ff. vorgegeben[30]. Zu beachten sind ferner Bestimmungen in den Normae Generales über die juristischen Personen (cc. 113ff.) und über die Statuten (c. 94), aus dem Buch über das Vermögensrecht – unterschiedlich für öffentliche oder private Vereine – und dem Strafrecht (c. 1374).

Den Einzelregelungen vorgeordnet ist die in c. 215 nach Art eines Grundrechts umschriebene Vereinigungsfreiheit. Diese Einzelregelungen stellen die Durchführung aber auch Abgrenzung der Vereinigungsfreiheit dar.

Ein Verein wird dadurch als kirchlich gekennzeichnet, daß sich sein Vereinszweck innerhalb der vom kirchlichen Gesetzgeber vorgegebenen Zwecke hält.

Diese *Zwecke* (c. 298 § 1) sind: Förderung eines vollkommeneren Lebens, des Gottesdienstes oder der christlichen Lehre; ferner andere Werke des Apostolats, nämlich Unternehmungen der Evangelisation, zur Übung der Frömmigkeit oder

[28] Zur Haltung der Literatur vgl. *A. Ranaudo*, Nozione, classificazione, elementi costitutivi delle persone morali ecclesiastiche nel diritto canonico e alcune particolari loro caratteristiche, in: MonEccl 89 (1964), S. 477–525, hier 485ff. (Lit.); *Onclin*, De personalitate (Anm. 2), S. 151f.; siehe auch die oben Anm. 26 angegebene Lit.

[29] Die Bedeutung der Unterscheidung wird sehr akzenturiert verteidigt in der Relatio zum Schema novissimum (Communicationes 14 [1982], S. 143).

[30] Siehe Praefatio zum CIC, S. 29, wo auf Übernahmen aus der LEF hingewiesen wird. Ein Textvergleich zeigt, daß diese Bestimmungen überwiegend aus den Entwürfen zur LEF und nicht aus dem Schema PopDei entnommen sind. Wegen der Ungewißheit, ob die LEF zustande kommen werde, wurde auch im SchemaPopDei ein Katalog von Grundpflichten und Grundrechten vorgelegt (vgl. Schema PopDei, Praenotanda, S. 4).

der tätigen Nächstenliebe und zur Beseelung der weltlichen Ordnung mit christlichem Geist.

Die Umschreibung der Zwecke ist durch die ausdrückliche Einbeziehung des Apostolats gegenüber dem CIC/1917 (c. 685) erweitert, dadurch ist der erhöhten Bedeutung des Apostolats in der Welt von heute, das sich besonders der Formen des Vereinsrechts bedient, entsprochen[31]. Den Leitern von Laienvereinigungen wird es zur Pflicht gemacht, dafür zu sorgen, daß die Mitglieder für die Ausübung des eigenständigen Apostolats der Laien entsprechend ausgebildet werden (c. 329).

Die Breite der angegebenen Zwecke schließt eine Behinderung aktueller Initiativen aus und läßt erkennen, daß die Vereinsgesetzgebung vom Grundsatz der Vereinsfreiheit geleitet ist, der auch hier eine weite Auslegung verlangt (c. 215 i.V.m. c. 299 § 1), soweit es sich nicht um die ausdrückliche Beschränkung zugunsten der der Hierarchie vorbehaltenen Zwecke handelt, nämlich:
– Verkündung der christlichen Lehre im Namen der Kirche,
– Förderung des Gottesdienstes,
– andere Zwecke, deren Verfolgung der kirchlichen Autorität natura sua vorbehalten ist (cc. 301, 299 § 1).

Die kirchliche Hierarchie kann aber überdies zur direkten oder indirekten Verfolgung jedes geistlichen Zwecks Vereine errichten (c. 301 § 2). Alle von der kirchlichen Hierarchie errichteten Vereine gelten als öffentliche Vereine (c. 301 § 3). Soweit nicht die angeführten Ausnahmetatbestände vorliegen, stehen die oben zuerst genannten Zwecke der privaten Vereinsbildung zur Disposition. Der private Verein ist an sich nicht rechtsfähig, er kann aber durch besondere Verleihung Rechtspersönlichkeit erlangen (c. 322 § 1).

Klargestellt wurde, daß das Vereinswesen allen Christgläubigen, Laien wie Klerikern, oder auch Laien und Klerikern gemeinsam offensteht (c. 298 § 1)[32].

Auch Ordensleuten ist der Eintritt in Vereine nicht verwehrt, wenn ihr eigenes Recht dies zuläßt und die Erlaubnis des Oberen vorliegt (c. 307 § 3). Ein von Klerikern gebildeter Verein ist nur dann als klerikal zu bezeichnen, wenn er in seinem Zweck die Ausübung der heiligen Weihen ausdrücklich annimmt, von Klerikern geleitet wird und eine entsprechende Anerkennung besitzt (c. 302).

Ferner ist vorgesehen, daß der Name der Drittorden erhalten bleibt, obwohl die Vorschriften über die Drittorden und andere spezielle Formen des Vereinslebens im Kodex nicht mehr aufscheinen (c. 303).

Der Sicherung des Rufs der Kirche und dem Schutz der Gläubigen und der Öffentlichkeit dient die Vorschrift des c. 300, daß keine Vereinigung ohne die Zustimmung der zuständigen kirchlichen Autorität den Namen „katholisch" führen darf.

Die Bewilligung der Namensführung bzw. deren Verweigerung oder Entzug ist auch als Indikator für die Stellung der kirchlichen Hoheitsgewalt brauchbar. Diese Signalwirkung

[31] Besonders VatII AA Art. 18f. und die dort sehr ausführlich niedergelegten Grundsätze über das gemeinsame Apostolat der Laien, insbes. auch Art. 23f.

[32] Siehe *H. Schnizer*, Allgemeine Fragen des kirchlichen Vereinsrechts, in: GrNKirchR, S. 361 und Fußn. 26.

kann nach c. 216 auf jedes „inceptum" bezogen werden, womit auch Randschichten des Vereinswesens, unabhängig von ihrem Organisationsgrad, erfaßt und andererseits als Christenrecht verbürgt werden.

2. *Gewährleistung der Vereinsfreiheit*

a) *Vereins- und Versammlungsfreiheit.* C. 215 hat folgenden Wortlaut: „Integrum est christifidelibus, ut libere condant atque moderentur consociationes ad fines caritatis vel pietatis, aut ad vocationem christianam in mundo fovendam, utque conventus habeant ad eosdem fines in communi persequendos". Es läßt sich fragen, ob diese Stelle auch die *Versammlungsfreiheit* oder *nur* die *Vereinsfreiheit* anspricht. Wortsinn, Sprachgebrauch und Entstehungsgeschichte sprechen dafür, daß die beiden unterschiedlichen Grundrechte gemeint sind.

„Consociatio" bedeutet durchgehend im Kodex und in den Vorarbeiten die auf Dauer angelegte Verbindung in der Form des Vereins. Auch das der Consociatio zugebilligte „condere" und „moderari" ist typisch für Vereinstätigkeit. Dagegen ist die Wortgruppe „conventus habeant ad eosdem fines in communi persequendos" doch wohl als Bezeichnung einer aus gegebenem Anlaß einberufenen Zusammenkunft zu verstehen. Auch die Konstruktion der beiden Satzteile, die mit „ut" hinsichtlich der consociatio bzw. „utque" hinsichtlich der conventus eingeleitet wird, spricht für zwei selbständige, gleichwertige Aussagen. Wollte man in der Gewährleistung, Zusammenkünfte abzuhalten, nur einen Teilbereich der Vereinstätigkeit erblicken, so wäre unverständlicherweise ein wesentlicher Bestandteil der Vereinsarbeit noch einmal gewährleistet.

Die Entstehungsgeschichte der Bestimmung führt zurück zum Schema LEF[33]. Der ausführlichere Wortlaut läßt dort keinen Zweifel über das Vorliegen zweier verschiedener Rechtsinstitute[34]. Der gestraffte Text der nun promulgierten Fassung verwendet die wesentlichen Worte und grundsätzlich auch die Konstruktion der Vorentwürfe, sodaß auch dieser Interpretationsweg die Annahme der Gewährleistung von zwei Rechten, nämlich der Vereins- und der Versammlungsfreiheit bestätigt[35]. Natürlich kann in der Realität des Lebens ein Zusammenhang bestehen, weil nicht selten aus der loseren Form sich wiederholender Versammlungen im Lauf der Zeit ein Verein wächst. Gegenstand dieses Artikels ist aber nun weiterhin nur die Vereinsfreiheit.

b) *Freiheit bei Gründung und Statutenbeschluß.* C. 215 gewährleistet den Gläubigen die freie Gründung („libere condant"). Diese Befugnis darf daher nur soweit eingeschränkt werden, wie es höherrangige Rechtsgüter und die guten Sitten verlangen. Hier ist auch daran zu erinnern, daß die Gewährleistung der Vereinsfreiheit nicht dem Belieben des Gesetzgebers entsprungen ist, sondern einem von Natur gegebenen Recht Ausdruck verleiht, das durch die Taufe zu

[33] C. 16 des textus emendatus bzw. gleichlautend c. 17 des textus prior.

[34] „Integrum est christifidelibus, sive clericis sive laicis, ut debita cum competenti auctoritate ecclesiastica relatione servata, libere condant atque moderentur consociationes ad eos fines religionis vel pietatis prosequendos, quorum persecutio non uni Ecclesiae auctoritati natura sua reservatur, utque conventus habeant ad eosdem fines in communi persequendos; quae privatae associationes, sicut et conventus, vigilantiae auctoritatis ecclesiasticae competentis eiusque regimini, non secus ac singuli christifideles, subiiciuntur."

[35] Vgl. auch *H. Schnizer*, Individuelle und gemeinschaftliche Verwirklichung der Grundrechte, in: Akten des 4. Internationalen Kongresses f. Kirchenrecht, hier S. 437f.; *del Portillo*, Gläubige und Laien (Anm. 19), S. 99.

einem besonderen Christenrecht in der Kirche erhöht wurde (siehe oben unter II). An diese grundsätzliche Aussage knüpft das Vereinsrecht an, indem es in c. 299 § 1 feststellt, daß die Gläubigen durch ein privates Übereinkommen (nicht rechtsfähige) Vereine zu den im Gesetz näher umschriebenen Zwecken gründen dürfen[36]. Die einzige Auflage, die einer solchen privaten Gründung gemacht wird, ist die Pflicht zur Vorlage von Statuten (cc. 299 § 3, 304). *Von der Bestätigung der Statuten hängt es ab, daß eine private Vereinigung als solche in der Kirche anerkannt wird*[37].

Das Gesetz spricht nicht aus, unter welchen Voraussetzungen die Bestätigung der Statuten zu erteilen oder zu verweigern ist. Die kirchliche Autorität kann, ohne daß dies den privaten Charakter der Vereinigung ändert, Lob oder Empfehlung aussprechen (c. 299 § 2). Sieht sich die Hoheitsgewalt zu einem solchen Ausspruch nicht veranlaßt, so verpflichtet die Vereinsfreiheit offenbar dazu, den Statuten das „nihil obstat" zu erteilen[38], sofern nicht wegen Verstößen gegen Glauben, Sitten oder zwingende Vorschriften des Vereinsrechtes ablehnend zu entscheiden ist.

Die Gründungsfreiheit findet ihre Grenze daran, daß bestimmte Zwecke nur öffentlichen Vereinen zugänglich sind[39], sie bedeutet aber umgekehrt, daß die Vereinsgründer innerhalb des Rahmens der zulässigen Zwecke den konkreten Zweck ihrer Gründung frei bestimmen dürfen. Allerdings steht es dem kompetenten kirchlichen Hoheitsträger zu, eine Zersplitterung der Kräfte zu verhindern (c. 323 § 2). Da öffentliche Vereine nur von der zuständigen kirchlichen Autorität errichtet werden können, fallen sie nicht unter den Anspruch auf Gründungsfreiheit.

Die Gründungsfreiheit schließt umgekehrt aber auch aus, daß einem privaten Verein gegen seinen Willen öffentlicher Status oder auch nur private Rechtsfähigkeit verliehen wird. Die Verleihung des öffentlichen Status gegen den Willen des Vereins erscheint deshalb unzulässig, weil damit ein intensivercr Einfluß der kirchlichen Amtsträger begründet und das Vermögen Kirchenvermögen würde (cc. 315, 1258). Auch stünde die Auflösung nicht mehr im Belieben der Mitgliederversammlung (c. 120 § 1, auch c. 320). Durch die Verleihung der Rechtsfähigkeit zu privatem Recht geht das Miteigentumsrecht zur gesamten Hand (c. 310) unter; die betreffenden Vermögenswerte gehen auf die geschaffene Rechtspersönlichkeit über.

Da die Gründung eines Vereins die Schaffung von Statuten verlangt, ist es Sache der Gründungsmitglieder, solche Statuten zu beschließen. Die Beschlußfassung über Statuten steht offenbar nicht nur den privaten Vereinigungen zu, sondern auch den öffentlichen, wie sich aus der Vorschrift des c. 314 ergibt, wonach auch deren Statuten der Genehmigung der zuständigen kirchlichen Autorität bedürfen, ebenso spätere Änderungen. Der Genehmigungsvorbehalt wäre sinnlos, wenn die Statuten unmittelbar von der kirchlichen Autorität zu erlassen wären.

c) *Betätigungsfreiheit.* Grundgelegt in c. 215 in dem Wort „moderentur", hängt sie wesentlich mit der Freiheit zur Erlassung der Statuten zusammen, denn die

[36] In c. 327 werden die Laien noch besonders eingeladen, kirchliche Vereine zu gründen, die sich die Beseelung der weltlichen Ordnung mit christlichem Geist zum Ziele setzen und auf diese Weise eine größere Einheit zwischen Glauben und Leben fördern.

[37] Responsum zum Schema novissimum ad c. 114, in: Communicationes 14 (1982), S. 143–144.

[38] *Del Portillo*, Gläubige und Laien (Anm. 19), S. 99.

[39] Siehe oben III 1.; Die besondere Umschreibung bezüglich der Priester siehe in VatII PO Art. 8, LThK²-Konzilskommentar III, S. 184 mit Komm. dazu von *P. J. Cordes*, S. 185f.

freie Betätigung ist den öffentlichen Vereinen unter der Oberleitung der Autorität nach Maßgabe der Statuten gewährleistet (c. 315); den privaten Vereinigungen gleichfalls nach Maßgabe der Statuten, jedoch unter bloßer Vigilanz der kirchlichen Autorität (cc. 321 und 323). Den zentralen Kern dieser Betätigungsfreiheit stellt die Befugnis dar, die Leitung der Vereinigung zu wählen (cc. 317 und 324 § 1); wichtig ist auch die Befugnis zur Vermögensverwaltung (cc. 319 und 325). Allen Vereinen kommt es als ein weiterer Bereich der Autonomie zu, besondere Richtlinien zur Präzisierung der Vereinsangelegenheiten zu erlassen, Versammlungen abzuhalten, Funktionäre und Angestellte zu bestellen etc. (c. 309).

3. *Gemeinsame Regelungen*

a) *Entstehung kirchlicher Vereine.* Zu unterscheiden ist zwischen rechtsfähigem und nicht rechtsfähigem Verein. Der rechtsfähige Verein wieder kann privat oder öffentlich sein.

Der *nicht rechtsfähige Verein* gilt als privat (c. 299 § 2) und entsteht durch eine freie Vereinbarung der Gründungsmitglieder (c. 299 § 1). Inhalt einer solchen rechtsgeschäftlichen Vereinbarung ist die Festlegung des Vereinszwecks und der wesentlichen Elemente der Statuten[40]. Die Gründung kann als abgeschlossen gelten, sobald die zuständige kirchliche Autorität die Statuten bestätigt hat (c. 299 § 3)[41].

Der *private rechtsfähige Verein* entsteht dadurch, daß einem Zusammenschluß von Gläubigen die Rechtspersönlichkeit durch „formale decretum"[42] der zuständigen kirchlichen Autorität verliehen wird (c. 322 § 1).

In der Regel setzt die Verleihung der Rechtsfähigkeit die Existenz eines nicht rechtsfähigen Vereins als Substrat voraus. Die Zuerkennung der Rechtsfähigkeit bedeutet aber nicht, daß eine private Vereinigung aus ihrem privaten Status herausgenommen wird. Die Rechtsfähigkeit oder Rechtspersönlichkeit ist die Fähigkeit, in eigenem Namen Träger von Rechten und Pflichten in der normativen Ordnung zu sein.

Dem Erfordernis des „formale decretum" genügt nur ein schriftlich erlassener Hoheitsakt (c. 51), der von einem zuständigen kirchlichen Amtsträger ausgeht und den Betroffenen, d. h. mindestens der Leitung der mit Rechtspersönlichkeit nunmehr ausgestatteten Vereinigung, bekanntgegeben wird (c. 54 § 2). Seinem Inhalt nach muß dieser Hoheitsakt die nötigen Angaben zur Individualisierung der neuen Rechtspersönlichkeit enthalten, also den Zweck und den Namen angeben und deutlich den Willen des Dekreterlassers kundtun, der Vereinigung Rechtspersönlichkeit zu verleihen. Die Wahl der dazu gebrauchten Worte ist frei, es muß nur hinreichend erkennbar sein, daß und wem und wozu Rechtsfähigkeit verliehen wird.

[40] Vgl. *Reichert/Dannecker/Kühr*, Handbuch (Anm. 1), Rdnr. 1035–1038. Die in der zivilistischen Lehre anerkannte Möglichkeit, Satzungen auch ohne Schriftform zu vereinbaren, scheidet für das kanonische Recht wegen c. 299 § 3 aus, weil die dort gebotene Durchsicht der Statuten ohne Einhaltung der Schriftform kaum vorstellbar ist.

[41] Responsum zum Schema novissimum ad c. 114, in: Communicationes 14 (1982), S. 144.

[42] *T. Mauro*, La personalità giuridica degli enti ecclesiastici, Rom 1945, S. 70f.; *H. Schnizer*, Schuldrechtliche Verträge der katholischen Kirche in Österreich, Graz-Köln 1961, S. 25f.; siehe in *diesem* Band, oben, *F. Pototschnig*, § 10 Rechtspersönlichkeit und rechtserhebliches Geschehen.

Die *öffentliche Vereinigung* entsteht durch ein entsprechendes Errichtungsdekret der zuständigen kirchlichen Autorität (c. 301 § 3). Ein solcher Errichtungsakt erhebt die betreffende Vereinigung auf jeden Fall zur Rechtspersönlichkeit (c. 313). Hier wird es darauf ankommen, *den öffentlichen Status deutlich zu kennzeichnen*.

Dies ist deshalb notwendig, weil die kirchliche Autorität nicht nur für die ihr vorbehaltenen Zwecke Vereinigungen errichten kann, sondern für alle einem kirchlichen Verein überhaupt zugänglichen Zwecke (c. 301 § 2), so daß aus dem Inhalt des Dekrets allein nicht eindeutig zu erschließen wäre, ob es sich um eine private oder um eine öffentliche Vereinigung handelt. Dem entspricht auch die Vorschrift des c. 116 § 2, wo verlangt wird, daß entweder öffentlicher oder privater Status ausdrücklich zuzuerkennen sei.

Als rechtsfähige Einrichtung kommen auch *Zusammenschlüsse mehrerer öffentlicher Vereine* in Betracht; auch ein solcher Dachverband („confoederatio") hat kraft der Errichtung Rechtspersönlichkeit als persona publica (c. 313).

Zusammenschlüsse privater Vereine zu Dachverbänden sind im Gesetzbuch nicht erwähnt. Dennoch berechtigt die im Vereinsrecht vorliegende Gestaltungsfreiheit auch hier zur Schaffung von Dachverbänden, die als nicht rechtsfähiger Verein erfolgen kann oder mit Rechtsfähigkeit, wenn die zuständige kirchliche Autorität diese mit formale decretum verleiht.

Der CIC/1917 verlangte für die Errichtung einer kollegialen juristischen Person mindestens 3 physische Personen als Substrat. Das neue Gesetzbuch spricht nur vom Vorhandensein von 3 Personen, so daß auch juristische Personen das Substrat für die Errichtung einer kollegialen juristischen Person abgeben können (c. 115 § 2). Außer der Erlassung des Dekretes ist also das Vorhandensein der geforderten Zahl von Mitgliedern, z. B. durch Eintritt bei der Gründungsversammlung, zur Entstehung der Rechtsfähigkeit notwendig[43].

Die Rechtsfähigkeit erhält der Verein nur als eine besondere Individualität. Diese Individualität verschafft ihm sein konkreter Zweck. Ein kirchlicher Verein kann nicht jeden beliebigen Zweck haben, sondern nur einen oder mehrere aus den im Vereinsrecht des Kodex vorgegebenen Kategorien[44].

Die Rechtsfähigkeit des einmal errichteten Vereins ist nach Umfang und Qualität nicht anders als die jeder juristischen Person, d. h. es kommen ihm alle Rechte und Pflichten zu, die die Rechtsordnung den Rechtssubjekten einräumt oder auferlegt, ausgenommen diejenigen, die von der leiblichen Existenz abhängen, z. B. die Testier- oder Ehefähigkeit. Die Rechtsfähigkeit kann allerdings in den Statuten oder durch die Umschreibung des Zwecks beschränkt sein (cf. cc. 114 §§ 1 und 2, 304 § 1). So steht es z. B. einem Kirchenmusikverein nicht zu, ein Altersheim zu führen.

b) *Statuten.* Sie regeln die inneren und äußeren Lebensverhältnisse des Vereins autonom, d. h. nach freier Entschließung der Gründer innerhalb der Grenzen, die vom ius commune oder particulare gesteckt werden[45]. Sie sind in einer förmlichen,

[43] Vgl. *Mauro*, La personalità (Anm. 42), S. 71; *J. Creusen*, Art. Associations Pieuses et Code, in: DDC, Bd. 1, 1935, Sp. 1270ff., hier 1276.
[44] Siehe oben III 1.
[45] *Mörsdorf*, Lb I, S. 566f.; *S. de Angelis*, De fidelium associationibus, Bd. 1, Neapel 1959, S. 13f.; *M. Conte a Coronata*, Institutiones iuris canonici, 4. Aufl., Bd. 1, Turin 1950, S. 893f.

den Gründerwillen einwandfrei beweisenden Urkunde niederzulegen. Die Statuten (synonym Satzungen oder Satzung) bedürfen der kirchenamtlichen Bestätigung (cc. 299 § 3, 314, 322 § 2). Diese ist die Voraussetzung, daß die Existenz mindestens als nicht rechtsfähiger Verein anerkannt wird[46].

Mit der Bestätigung erhalten die Statuten Bindungskraft auch gegenüber der zunächst autonom erfolgten Willensbildung. Spätere Abänderungen bedürfen zur Rechtswirksamkeit der neuerlichen Bestätigung des zuständigen kirchlichen Amtsträgers, die allerdings nicht grundlos verweigert werden darf[47].

Die Statuten haben mindestens zu enthalten: Namen, Vereinszweck oder obiectum sociale, Bezeichnung, Zuständigkeitsumschreibung und Bestellung der Vereinsorgane, Willensbildung und Vollzug der gefaßten Beschlüsse nach innen und außen, Erwerb und Verlust der Mitgliedschaft, Sitz des Vereins, und schließlich Art der Vereinstätigkeit (c. 304 § 1). Der Vereinsname soll die Vereinszwecke erkennen lassen und dem Sprachgebrauch nach Zeit und Ort angemessen sein (c. 304 § 2).

c) *Organe.* Die Statuten müssen insbesonders die Organe des Vereins bezeichnen. Unter Organ verstehen wir Einzelpersonen oder Personenmehrheiten, die im Verein oder namens des Vereins tätig werden, die also die diesem Rechtssubjekt zustehende Handlungsfähigkeit ausüben. Art, Zahl und Bezeichnung der Organe ist grundsätzlich dem Statutengeber überlassen, ebenso die Aufteilung der Zuständigkeit auf die einzelnen Organe. Die im Kodex enthaltenen Vorschriften über die Willensbildung, z. B. die Einberufung der Sitzungen, das Präsenz- und das Abstimmungsquorum usw. gelten nur subsidiär, das heißt, soweit die Statuten darüber nichts aussagen (c. 119). Die Außenvertretung, d. h. die Abgabe von rechtsgeschäftlichen oder sonstigen Erklärungen aufgrund der inneren Willensbildung gegenüber Dritten, steht, wenn die Statuten nichts anderes bestimmen, dem Leiter der Vereinigung zu (vgl. c. 1279 § 1)[48].

d) *Mitgliedschaft.* Die Aufnahme der Mitglieder ist in den Statuten zu regeln (c. 307 § 1). Die Gläubigen sind berechtigt, auch mehreren Vereinen beizutreten (c. 307 § 2). Die Rechte und Pflichten der Mitglieder können in den Statuten nach Ermessen geordnet werden, so, wie es dem Statutengeber zur Erreichung des Vereinszwecks angemessen erscheint. Es bestehen auch keine zwingenden Regeln über das Ausmaß der Mitbestimmung, das jedem Vereinsmitglied gewahrt sein müßte. Innerhalb der Schranken von iustitia und aequitas ist hier Freiheit. Eine Positivierung dieser Schranken ist die Vorschrift, daß die Entlassung nur aus einem angemessenen Grunde erfolgen dürfe (c. 308). Erfolgt die Entlassung wegen Exkommunikation oder aus einem anderen der im c. 316 für die öffentlichen Vereine gebotenen Gründe, so wird dagegen ausdrücklich Rekurs an die zuständige kirchliche Autorität eingeräumt (c. 316 § 2). Man wird jedoch annehmen müssen, daß dieses Rekursrecht in jedem Fall einer Entlassung besteht.

[46] Vgl. Responsum (Anm. 41); hinsichtlich des rechtsfähigen Vereins auch c. 117.
[47] C. 215; *de Angelis*, De fidelium associationibus (Anm. 45), S. 14f. (unter Nr. 37).
[48] Als Maßnahme der Aufsicht kommt die Bestellung eines Kommissärs in Betracht (c. 318 § 1). Dazu siehe in *diesem* Band, unten, *H. Schnizer*, § 55 Die öffentlichen Vereine.

e) *Auflösung.* Der Untergang der Vereine ist im neuen Gesetzbuch ausführlich geregelt. Privaten Vereinen steht es zu, sich nach Maßgabe ihrer Statuten selbst aufzulösen. Jede Art Verein kann durch suppressio[49], d. h. durch einen individuellen Verwaltungsakt des zuständigen kirchlichen Hoheitsträgers, oder durch Eintreten der vom Gesetzgeber generell normierten Untergangstatbestände für Korporationen aufgelöst werden.

Nach c. 120 § 1 verliert eine rechtsfähige Korporation ihre Rechtspersönlichkeit 100 Jahre nach dem Zeitpunkt, an dem sie ihre Handlungsfähigkeit eingebüßt hat. Dieser Verlust der Handlungsfähigkeit wird im allgemeinen mit Ausscheiden (Tod) des letzten Mitgliedes eintreten, wenn die Statuten nicht bereits früher den Untergang vorsehen (c. 120 § 2). Die von c. 120 juristischen Personen zugebilligte Karenzzeit wird man nicht auf die Frage der Existenz nicht rechtsfähiger Vereine beziehen dürfen. Deren rechtliches Dasein ist von dem Vorhandensein von Mitgliedern abhängig, deshalb verliert der nicht rechtsfähige Verein mit dem Ausfall des letzten Mitglieds seine Existenz, wenn nicht die Statuten einen früheren Zeitpunkt festlegen (c. 326 § 1).

f) *Zuständige kirchliche Hoheitsträger.* Die Zuständigkeit ist im allgemeinen territorial bestimmt, doch gibt es Ausnahmen zugunsten von Religiosen. Zuständig sind (c. 312):
– Der Apostolische Stuhl für universale oder über Nationen hinweg reichende Vereine[50];
– die Bischofskonferenz für nationale Vereine, deren Tätigkeit schon kraft der Gründung auf den ganzen Bereich der Bischofskonferenz bezogen ist[50a];
– der Diözesanbischof für diözesane Vereinigungen;
– in bestimmten Fällen, hinsichtlich der ihren Verbänden anvertrauten Vereine, die betreffenden Ordensoberen.

Im einzelnen gibt es Verkettungen oder Kumulierungen der Zuständigkeiten. So bedarf die Errichtung von Vereinen durch Religiosen kraft eines apostolischen Privilegs zu ihrer Gültigkeit der Zustimmung des Ortsoberhirten, die allerdings als miterteilt gilt, wenn der Ortsoberhirte der Errichtung einer Niederlassung der betreuenden Religiosen zugestimmt hat (c. 312 § 2). Für alle in der Diözese tätigen Vereine, auch für die von der Bischofskonferenz oder von Religiosen errichteten, ist die Befugnis zur Vigilanz dem Ortsoberhirten gesichert (c. 305 § 2). Kumulierungen ergeben sich auch hinsichtlich der Bestellung oder Bestätigung der Leiter oder der geistlichen Assistenten (c. 317 §§ 1 und 2).

Die kirchenhoheitliche Tätigkeit besteht außer in der *Errichtung* der Vereine, der *Approbation* von Statuten, allenfalls in der *Verleihung von Rechtsfähigkeit*, weiterhin in der *Vigilanz* (c. 305), der Handhabung sonstiger Aufsichtsrechte, z. B.

[49] Die Möglichkeit der suppressio ist außer im c. 120 § 1 auch im Vereinsrecht, cc. 320 und 326, ausgesprochen. Insoweit entspricht die Rechtslage dem c. 699 CIC/1917. Hierzu *A. Vermeersch/I. Creusen*, Epitome iuris canonici, 8. Aufl., bearb. von Aem. Bergh und I. Greco, Bd. I, Mecheln-Rom 1963, S. 226; *Conte*, Institutiones (Anm. 45), S. 907f.; *de Angelis*, De fidelium associationibus (Anm. 45), S. 35f.; *Beil*, Das kirchliche Vereinsrecht (Anm. 1), S. 85f.; *Mörsdorf* Lb I, S. 570f.

[50] Siehe z. B. die Aufzählung internationaler Organisationen bei *Bertagna*, Santa Sede (Anm. 26), in: MonEccl 107 (1982), S. 416f.

[50a] Bei privaten Vereinen ist die Zuständigkeit der Bischofskonferenz dem Gesetz ausdrücklich nur für die Verleihung der Rechtsfähigkeit und die damit zusammenhängende Genehmigung der Statuten zu entnehmen (c. 322 im Vergleich mit c. 323 § 1).

durch Gebarungskontrolle[51] oder Bestätigung von Statutenänderungen, Sorge für die sinnvolle Kooperation, im Rechtsschutz gegen Entlassung, Bestellung eines Kommissärs usw., insbesonders aber in der *Visitation* (c. 397 § 1).

4. Weiterbestehen bisher existierender Vereine

Das kanonische Recht betrachtet es als ein Wesensmerkmal der juristischen Person, daß sie „ewig" ist. Diesen Grundsatz der „perpetuitas" spricht der Kodex von 1983 in gleicher Weise aus (c. 120) wie der CIC/1917 (c. 102). Unter dem Begriff der perpetuitas ist hier zu verstehen, daß die Gründung auf unbestimmte Zeit erfolgt und daß daher die Existenz unabhängig vom Fortbestand der Gründungsbedingungen weiter dauert, solange die Rechtsordnung nicht den Untergang ausdrücklich verfügt[52].

Ein Untergang der juristischen Person durch bloßes Stillschweigen des Gesetzgebers ist nicht vorstellbar. Dies bedeutet für das Verhältnis von CIC/1917 und CIC/1983, daß die Tatsache, daß ein Typus von juristischer Person nicht mehr erwähnt wird, noch nicht zu der Annahme berechtigt, die seinerzeit wirksam vorgenommenen und zum Abschluß gebrachten Gründungen seien hinfällig. Die juristische Person ist mit der Gründung ein Glied der Rechtsgemeinschaft geworden, sie ist Rechtssubjekt, die von ihr begründeten Rechte und Pflichten haben sie so vielfach in die Rechtsordnung eingebunden, daß sie nicht mehr als Produkt des Gründungsvorganges, sondern als ein von der Rechtsordnung zur Kenntnis genommenes Phänomen existiert. Die Vorschrift des c. 58 § 1, daß decreta singularia hinfällig werden, wenn das Gesetz, das sie vollziehen, wegfällt, trifft nicht die Frage der Existenz, denn diese Existenz beruht nun auf den Vorschriften, die juristische Personen als Mitglieder der Rechtsgemeinschaft anerkennen (c. 113 § 2) und nicht auf den Vorschriften, die nur das Verfahren regeln, mit dem der Weg in die Existenz bezeichnet wird.

Zu berücksichtigen wäre auch, daß im System des Verwaltungsverfahrens der Gedanke vom Fortbestand individueller Gestaltungen nachhaltig ausgedrückt ist. Reskripte werden durch gegenteilige Gesetze nicht widerrufen, wenn dies nicht im Gesetz selber ausgesprochen ist (c. 73). Dieser Rechtsgedanke der Kontinuität ist eine Konsequenz der Vorschrift des c. 9, daß Gesetze nur im Ausnahmefall rückwirken, und zwar dann, wenn dies namentlich verfügt ist. Stillschweigen allein ist also hier zu wenig, um eine neue Gesamtordnung mit Rückwirkung auf bereits abgeschlossene Rechtsgestaltung auszustatten.

Der Gesetzgeber hat bei der Rechtsüberleitung die generellen Normen, deren Fortbestand ihm unerwünscht war, in überlegter Abstufung aufgehoben (cc. 5 und 6), während er auf eine Erwähnung der individuellen Gestaltungen verzichtete, weil deren Fortbestand fraglos scheint. Der sonst eintretende Bruch mit der Rechtskontinuität wäre dem Gesetzgeber auch nicht zuzusinnen[53]. Eine allgemeine Außerkraftsetzung der individuellen Normen und der von ihnen gestalteten Rechtsverhältnisse würde den Prinzipien der aequitas und des Vertrauens-

[51] Cc. 319 und 325.
[52] Siehe oben III 3e.
[53] *A. van Hove,* De legibus ecclesiasticis, Com. Lovan, Vol. I, T. II, Mecheln-Rom 1930, S. 35f., bes. 42f.; *Vermeersch Creusen*, Epitome (Anm. 49), S. 108f., bes. 111f.

schutzes und damit gerade der Eigenart des kanonischen Rechts grob widersprechen.

Kaum Schwierigkeiten wird es wegen des Bestandes der alten Statuten geben, da diese wohl als iura quaesita anzusehen sind (c. 4), wenn überhaupt ein Widerspruch bei der Großzügigkeit und Weite der Rahmenbestimmungen des neuen Rechts auftreten sollte.

Eine weitere Frage der Rechtsüberleitung besteht darin, daß der *öffentliche* oder *private* Charakter bereits bestehender Vereine zu definieren ist. Die Lösung dieser Frage wird sich daraus ergeben, daß das alte Recht eine Verleihung privater Rechtsfähigkeit nicht kannte; Vorläufer für die diesbezüglichen Bestimmungen des Kodex von 1983 (cc. 116, 120, 321–326, 1257 § 2 u. a.) fehlen. Nach dem früheren Recht kamen als private Vereine nur solche in Frage, die kein Errichtungsdekret besaßen und deshalb auch nach kanonischem Recht keine Rechtspersönlichkeit, allenfalls aber nach staatlichem[54]. Daher sind die nach dem Kodex von 1917 mit kanonischer Rechtsfähigkeit beliehenen Vereine als öffentlich anzusehen. Dies entspricht auch dem publizistischen Charakter[55] des Kirchenrechts.

§ 54 Die privaten kirchlichen Vereine

Von Helmut Schnizer

In diesem Artikel sind Vereine zu behandeln, die in ihrer Existenz nicht von der kirchlichen Hoheitsgewalt getragen werden, sondern vom privaten Willensentschluß der Gläubigen[1], die sich freiwillig zur gemeinsamen Verfolgung einer kirchlichen Zielsetzung zusammengeschlossen haben[2]. Sie können sich mit Zustimmung der zuständigen kirchlichen Autorität als katholisch bezeichnen[3], ihre Zwecke müssen sich innerhalb des durch c. 299 § 1 gesteckten Rahmens halten[4].

Der Kodex von 1917 erwähnte die privaten Vereine nicht ausdrücklich und überging die rechtliche Struktur des nicht rechtsfähigen Vereins. Die Kenntnisnahme des privaten

[54] Siehe dazu *H. Schnizer*, Die privaten kirchlichen Vereine, in: GrNKirchR, S. 366f. und die dort angegebene Lit., insbes. Anm. 1 und 2.

[55] *Diaz Diaz*, Derecho fundamental (Anm. 11), S. 207f., 211.

[1] *W. Schulz*, Le norme canoniche sul diritto di associazione e la loro riforma alla luce dell' insegnamento del Concilio Vaticano secondo, in: Apollinaris 50 (1977), S. 149–171, hier S. 158ff. *A. Rauscher* (Hrsg.), Soziallehre der Kirche und katholische Verbände (= Mönchengladbacher Gespräche 2), Köln 1980, bes. S. 182f.

[2] Über die gemeinsamen Bestimmungen, wie Begriff des Vereins, Zwecke, Entstehung, Statuten usw. vgl. in *diesem* Band, oben, *H. Schnizer*, § 53 Allgemeine Fragen des kirchlichen Vereinsrechts.

[3] Hierzu ergingen Beschlüsse der DBK, zuletzt vom 19. 1. 1981, abgedr. in: AfkKR 150 (1981), S. 182. Dieser Beschluß führt Art. 24 des Dekretes über das Laienapostolat (VtII AA) aus, er dürfte auch c. 300 entsprechen.

[4] Siehe *Schnizer*, § 53 Allgemeine Fragen (Anm. 2), unter III 1.

Vereinswesens war nur indirekt aus der Möglichkeit der Empfehlung oder Belobigung zu erschließen[5]. Tatsächlich aber haben solche Vereine seit der Entstehung des modernen Vereinswesens im 19. Jahrhundert für das Wirken der Kirche größte Bedeutung[6]. Sie erhielten und erhalten von der Hierarchie unter Umständen große materielle, geistige und geistliche Unterstützung, wie z. B. der Deutsche Caritasverband, die in Österreich so wichtigen Preßvereine, aber auch Kolpingvereine, Vinzenzkonferenzen usw. *Waren solche Vereine rechtsfähig, so beruhte dies auf dem jeweiligen staatlichen Recht (BGB §§ 21ff., Österr. Vereinsgesetz 1951, ZGB Art. 60ff.).* Die Rechtsfähigkeit nach staatlichem Recht war auch unerläßlich, um zum angestrebten Effekt zu gelangen[7]. Der Zweck wäre ohne den Einsatz beträchtlicher Vermögensmittel und ohne Parteistellung im öffentlichen Recht (Petitionsrecht, Pressefreiheit, Schulträgerschaft etc.) nicht zu verwirklichen gewesen, und daher war die Schaffung eines Rechtssubjektes unumgänglich.

Im CIC/1983 haben die privaten Vereine eine ausdrückliche Regelung gefunden[8]; dabei werden sowohl die rechtsfähigen als auch die nicht rechtsfähigen Vereine erfaßt. Nicht beachtet ist das notwendige Zusammenspiel von kanonischem und staatlichem Recht für Vereine, die staatliche, nicht aber kirchliche Rechtsfähigkeit besitzen. Die Anwendung der kanonischen Vorschriften wird auf das Vorliegen der staatlichen Rechtsfähigkeit Bedacht zu nehmen haben und an der Kenntnisnahme vermögensrechtlicher Folgen dieser Rechtspersönlichkeit nicht vorbeigehen können.

1. *Der nicht rechtsfähige private Verein*

Der nicht rechtsfähige Verein, zutreffend auch „persona collectiva" genannt[9], ist organisationsrechtlich dem rechtsfähigen Verein nahezu gleichgestellt, ihm mangelt aber Rechtspersönlichkeit und damit Vermögensfähigkeit[10]. Seine kirchenrechtliche Existenz erlangt er durch die Anerkennung seiner Statuten (c. 299 § 3), die als bloßes „nihil obstat", aber auch als „laudatio" oder „commendatio" (c. 299 § 2) ergehen kann. Im Zusammenhang mit den Möglichkeiten der staatlichen Rechtordnung ergeben sich nunmehr für den Status des kirchlich nicht rechtsfähigen Vereins folgende zwei Varianten:

[5] C. 684 CIC/1917; *J. Beil*, Das kirchliche Vereinsrecht, Paderborn 1931, S. 110f., *Schulz*, Le norme (Anm. 1), S. 155; *W. Onclin*, De personalitate morali vel canonica, in: Acta Conventus Internationalis, S. 153.

[6] *G. Hartmann*, Katholische Organisationen, in: *Klose/Mantl/Zsifkovits* (Hrsg.), Katholisches Soziallexikon, 2. Aufl., Graz–Wien–Köln 1980, Sp. 1292f. *K. Buchheim*, Vereine, in: LThK² X, Sp. 682f. Siehe dazu auch die Ausführungen bei *H. Schnizer*, Die privaten kirchlichen Vereine, in: GrNKirchR, S. 367 und Lit. in Anm. 3.

[7] Siehe die Ausführungen des Konsultors der Konzilskongregation zur Entscheidung „Corrienten", in: AAS 13 (1921), S. 138; *A. Halder*, „Katholische Organisationen", in: StL⁶, Sp. 883f.

[8] In Betracht zu ziehen sind hier nicht nur das Kapitel III „De christifidelium consociationibus privatis" (cc. 321–326), sondern auch das Kapitel IV „Normae speciales de laicorum consociationibus" (cc. 327–329), die Kanones aus dem I. Kapitel des Vereinsrechts (cc. 298–300, 304–310), den allgemeinen Bestimmungen über die juristische Person (cc. 115 § 2, 120, 123) und dem Vermögensrecht (cc. 1257 § 2, 1258, 1265 § 1, 1267, 1301 i.V.m. 325 § 2).

[9] *F. Romita*, De fidelium associationibus principia de iure condendo, in: MonEccl 87 (1962) S. 515ff., hier 523ff.; *Onclin*, De personalitate (Anm. 5), S. 153.

[10] Siehe auch zum folgenden *Schnizer*, § 53 Allgemeine Fragen (Anm. 2), unter I 3, und die dort angegebene Literatur.

a) kirchlich und staatlich nicht rechtsfähiger Verein. Da die staatlichen Rechtsordnungen für die Gründung eines nicht rechtsfähigen Vereins keinerlei amtliche Intervention vorsehen, würde ein solcher Verein ohne weiteres, wegen Zutreffens der gesetzlichen Merkmale, auch zivilrechtlich als nicht rechtsfähiger Verein gelten. Die kanonischen Statuten wären auch für die privatrechtliche Behandlung maßgebend; die Zivilistik geht hier von sehr ähnlichen Grundlagen aus und anerkennt weitgehend die Dispositionsfreiheit der Gründer bzw. Mitglieder. Für die vermögensrechtlichen Aspekte würde die Behandlung des Vereinsvermögens als Gesellschaftsvermögen einer Gesamthand im wesentlichen mit der Gesamthand der Vereinsmitglieder nach c. 310 zusammenfallen.

b) Nur nach staatlichem Recht rechtsfähiger Verein. Besonders zu überlegen ist die Behandlung der Vereine mit statutengemäß kirchlicher Zielsetzung, *die nach staatlichem Recht Rechtspersönlichkeit haben, aber nicht nach kirchlichem Recht,* obwohl sie mit der Hierarchie zusammenarbeiten, allenfalls auch durch Lob oder Empfehlung qualifiziert sind, wie z. B. Caritasverbände, Vinzenzkonferenzen etc. Es wäre widersinnig, auf einen solchen Verein, weil er kirchlich nicht rechtsfähig ist, die Regelung des c. 310 anzuwenden und dadurch die Vereinsmitglieder kirchenrechtlich zu gesamthänderischen Miteigentümern des Vereinsvermögens zu erklären, welches nach Zivilrecht dem Verein als Rechtspersönlichkeit zuzurechnen ist.

C. 310 spricht von der „Consociatio privata quae persona iuridica non fuerit constituta" und folgert daraus, daß dieser Verein als solcher nicht Träger von Rechten und Pflichten sein kann. Da hier aber doch in irgend einer Form Rechtspersönlichkeit vorliegt, so ist die Anwendung des c. 310 wegen der mens legislatoris nicht tatbestandsgemäß. Die Regelung ist in dieser Hinsicht als lückenhaft anzusehen und durch den in c. 1257 § 2 für die privaten juristischen Personen aufgestellten Grundsatz auszufüllen, daß deren Vermögen nach ihren eigenen Statuten geordnet wird.

2. *Der rechtsfähige private Verein*

Der CIC/1983 ermöglicht ausdrücklich die Verleihung privater Rechtsfähigkeit (c. 322 § 1). In Zukunft ist es also möglich, den Freiheitsraum, der mit der Errichtung eines Vereins zu privatem Recht reserviert werden soll[11], auch mit der Gründung einer Rechtspersönlichkeit auf der Basis des kanonischen Rechts auszunützen. Der früher als Ausdruck der privaten Initiative gewählte Umweg über das Zivilrecht ist entbehrlich. Das zur Erlangung der Rechtsfähigkeit nötige „formale decretum"[12], welches *die private Natur* des Vereins *nicht ändert* (c. 322 § 2), soll die zuständige kirchliche Autorität allerdings nur dann erlassen, wenn anzunehmen ist, daß der neue Rechtsträger über hinreichende Mittel verfügen wird, um den beabsichtigten Zweck zu erreichen (c. 114 § 3). Diese Bestimmung läßt den Schluß zu, daß auf die Verleihung der Rechtspersönlichkeit kein

[11] *A. Diaz Diaz,* Derecho fundamental de asociación de la iglesia, Pamplona 1972, S. 200f.
[12] Siehe *Schnizer,* § 53 Allgemeine Fragen (Anm. 2), unter III 3a.

Anspruch besteht; dies liegt vielmehr im Ermessen der zuständigen kirchlichen Autorität, die ihrerseits in ihrer Entscheidung auf die künftige Subsistenz zu achten hat. Die Verleihung der Rechtsfähigkeit wird überall dort angezeigt sein, wo in größerem Maße vermögensrechtliche Beziehungen zu Außenstehenden einzugehen sind[13]. Dies setzte jedoch voraus, daß einer solchen kirchenrechtlichen Rechtspersönlichkeit auch nach staatlichem Recht Rechtsfähigkeit zukommt. Eine solche Anerkennung ist z. B. durch Art. II und XV § 7 des österr. Konkordats 1933[14] ermöglicht; sie wäre auch durch andere konkordatäre Vereinbarungen oder durch einseitiges staatliches Gesetz vorstellbar.

Kommt einer kanonischen Rechtspersönlichkeit keinesfalls Rechtsfähigkeit im staatlichen Bereich zu, so sind die notwendigen Verbindungen oder Verknüpfungen mit der staatlichen Ordnung bereits bei der Gründung zu beachten und entsprechend Vorkehrungen zu treffen, z. B. durch Bestellung einer Treuhandschaft oder gleichzeitige Erfüllung der Vorschriften des staatlichen Vereinsrechts.

3. *Leitung und Aufsicht*

Im privaten Verein erfolgt die Bestellung des Leiters und der Vereinsfunktionäre frei nach Maßgabe der Statuten, ohne Einflußnahme der zuständigen kirchlichen Autorität (c. 324 § 1). Eine Bestätigung des Leiters durch die Hierarchie ist nicht vorgesehen. Einen geistlichen Assistenten kann sich der private Verein, wenn er einen solchen wünscht, frei aus den in der Diözese zum Seelsorgedienst zugelassenen Priestern, jedoch mit Bestätigung des Ordinarius, wählen (c. 324 § 2). Handelt es sich um eine Vereinigung von Laien, so hat der Leiter besonders auf die Zusammenarbeit mit anderen Vereinigungen und die gegenseitige Hilfeleistung zu achten (c. 328); weiterhin hat er sich besonders um die Formung der Mitglieder für die Eigenart der Aufgaben des Laienapostolats zu kümmern (c. 329).

Die trotz der Autonomie der privaten Vereine bestehende Einflußnahme der Hierarchie wird mit den Begriffen „vigilantia" und „regimen" erfaßt (cc. 305 und 323). *Vigilanz* bedeutet das dem Oberhirten allgemein zustehende Aufsichtsrecht zur Wahrung der kirchlichen Disziplin und von Glaube und Sitte. Dieses Recht und diese Pflicht ist gleich wie gegenüber einzelnen Gläubigen wahrzunehmen. Die Vigilanz fällt also mit der Korrektionsgewalt zusammen. Über die Vigilanz hinaus soll die *oberhirtliche Leitungsgewalt (regimen)*, abgesehen von Spezialbestimmungen im Vermögensrecht[15], nur dann mit Aufträgen eingreifen, wenn dies wegen des „bonum commune" oder zur Vermeidung einer Zersplitterung der

[13] Das Vermögen des privaten Vereins ist nicht Kirchenvermögen (c. 1257); es wird nur von einigen Kanones des Vermögensrechts betroffen (siehe oben Anm. 8); Communicationes 12 (1980) S. 391f.

[14] AAS 26 (1934), S. 249f.

[15] C. 325 gesteht zwar die freie Vermögensverwaltung zu, überträgt aber der Hierarchie die Kontrolle, daß das Vermögen widmungsgemäß für die Vereinszwecke verwendet wird. Dieselbe Bestimmung verlangt ferner Rechnungslegung über dem Verein zugeflossene fromme Verfügungen (c. 1301). Man wird diese Bestimmung auch auf die nicht rechtsfähigen Vereine wenigstens analog anwenden müssen, weil das gleiche Schutzinteresse besteht.

Kräfte angezeigt erscheint. Die Freiheit des einzelnen Gläubigen ist in das bonum commune einzuordnen. Dies kann auch einen Verzicht auf an sich gute oder wenigstens unbedenkliche Tätigkeiten erfordern. Die in dieser Hinsicht nötigen Anordnungen gehören zu den Aufgaben der öffentlichen Autorität. Die Beurteilung durch das regimen (c. 129) ist der privaten Freiheit einzelner oder in Gemeinschaft vereinigter Christen vorgeordnet.

Mittel zur Durchsetzung kirchlicher Aufsichtsmaßnahmen reichen vom Entzug des Rechts, den Namen „katholisch" zu führen, bis zur Auflösung des Vereins, die zulässig ist, wenn seine Tätigkeit zum schweren Nachteil von kirchlicher Lehre oder Disziplin ausschlägt, oder den Gläubigen Ärgernis gibt (c. 326 § 1). In allen Fällen wird man die entsprechenden Maßnahmen zuerst androhen. Kommt es zur Auflösung des Vereins, so ist über sein Vermögen nach Maßgabe der Statuten zu verfügen, unbeschadet wohlerworbener Rechte und des Spenderwillens (c. 326 § 2).

Schwierig ist die Durchsetzung kirchenbehördlicher Aufsichtsmaßnahmen gegenüber einem Verein, der staatliche Rechtsfähigkeit besitzt. Ein unmittelbarer, auch zivilrechtlich durchsetzbarer Anspruch wird nur dann und soweit gegeben sein, als die kirchliche Obrigkeit in den Satzungen die Stellung eines Vereinsorgans hat. Diese Einflußnahme darf allerdings nicht soweit gehen, daß der Verein auf das Niveau eines bloßen Sondervermögens der Diözese herabgedrückt würde[16]. Die in vielen Statuten dem Ordinarius eingeräumte Stellung eines Protektors muß dem Verein den jeweils verfassungskräftig gesicherten Spielraum der Vereinsfreiheit offenlassen.

§ 55 Die öffentlichen kirchlichen Vereine

Von Helmut Schnizer

Unter den bereits erörterten allgemeinen Fragen des Vereinsrechts waren schon mehrfach Sachgebiete (Zwecke, Statuten, zuständige Hoheitsträger usw.), welche den öffentlichen Verein (mit)betreffen, zu behandeln. In diesem nur dem öffentlichen Verein gewidmeten Paragraphen sollen nur das Typische seiner Rechtsstellung zusammengefaßt und außerdem die betreffenden Sonderregelungen dargestellt werden.

Öffentliche Vereine („consociationes publicae") werden von den zuständigen kirchlichen Hoheitsträgern *errichtet*[1], damit sie eine bestimmte Aufgabe *im*

[16] Beschluß des Bayerischen Obersten Landesgerichtes vom 23. 8. 1979, in: AfkKR 148 (1979), S. 511ff.

[1] Die rechtlichen Regelungen sind nicht nur in dem speziellen Abschnitt über die öffentlichen Vereinigungen (Kapitel II, cc. 312–320) enthalten. Anzuwenden sind auch alle Canones des Kapitels I außer cc. 299 und 310, und die Bestimmungen des Kapitels IV über die

Namen der Kirche verfolgen (cc. 301 § 3, 116 § 1). Ihre Mitglieder sind berufen, auf dem durch den Zweck bezeichneten Teilgebiet an der geistlichen Verantwortung der Kirche in institutionalisierter Weise mitzutragen. In der deutschen Rechtssprache werden diese Vereine als „kirchenamtliche" Vereine bezeichnet[2]. Sie besitzen kraft der Errichtung Rechtspersönlichkeit; der dies aussprechende c. 313 drückt dies so unbedingt aus, daß man schon an eine Auffassung als Rechtspersönlichkeit „ex ipso iuris praescripto" denken könnte (cc. 114 § 1, 116 § 2).

Ein Spezialvereinsrecht wie im Kodex von 1917 (cc. 700ff.), das Vereinstypen nach ihren Zwecken wie Bruderschaften, fromme Vereinigungen usw. ordnet, enthält der Kodex von 1983 nicht mehr. Dies ist kein Nachteil, denn es hatte nicht selten nur subsidiären Charakter, weil es einerseits autonomen oder statutarischen Gestaltungen nachgab und weil andererseits eine schwer überschaubare Zahl von Privilegien die eigentlich dominierende Rechtsgrundlage darstellte[3]. Die jetzt getroffene Regelung hat überdies den Vorteil, daß die breite Vielfalt der in der Realität gewachsenen Vereine einschließlich der früher ausdrücklich genannten, *nur die hauptsächlichen Grundlagen im Kodex findet,* der im übrigen der Sonderregelung, insbesondere auf der Ebene der Statuten, nicht vorgreift[4].

Zwei Kriterien unterscheiden die öffentliche Vereinigung von der privaten: Ihre Wirksamkeit geht von der Institution Kirche aus und ihre rechtliche Existenz beruht auf einem konstitutiven Hoheitsakt[5]. Die zur Errichtung zuständigen Hoheitsträger werden in c. 312 bezeichnet[6]. Die Errichtung bezieht sich auf die im Gesetzbuch angegebenen Zwecke, einige davon sind den öffentlichen Vereinen vorbehalten[7]. Darunter findet sich auch der Vorbehalt „natura sua". In diesem Tatbestandselement liegt Unbestimmtheit, die der Auslegung Spielraum überläßt; als Beispiel könnte etwa die Errichtung von Priesterseminaren (cc. 234ff.) gelten. In einer zweiten Richtung sind die vorbehaltenen Zwecke offen: Der Hierarchie steht es zu, zur direkten oder indirekten Verfolgung jedes geistlichen Zweckes Vereine zu errichten, wenn sie meint, das betreffende Gebiet sei durch private Initiative zu wenig betreut (c. 301 § 2).

Vereinigungen von Laien (cc. 327–329); ferner aus dem Recht der juristischen Person cc. 116, 118, 120 und 123. Das kanonische Vermögensrecht ist gemäß c. 1257 insgesamt anzuwenden. Zum Begriff siehe *A. Diaz Diaz*, Derecho fundamental de asociación en la Iglesia, Pamplona 1972, S. 195ff.; *W. Onclin*, De personalitate morali vel canonica, in: Acta Conventus Internationalis, S. 121ff.; hier S. 151f.

[2] *A. Halder*, „Katholische Organisationen", in StL[6] IV, Sp. 881f.; *W. Aymans*, Einführung in das neue Gesetzbuch der lateinischen Kirche (= Arbeitshilfen 31, Hrsg.: Sekretariat der deutschen Bischofskonferenz), Bonn 1983, S. 18 und 21.

[3] Durch das wertvolle Buch von *S. de Angelis*, De fidelium associationibus, Bd. 1 und 2, Neapel 1959, ist dieses Partikularrecht erfaßt.

[4] Communicationes 2 (1970), S. 98: „Ideo, in subiecta materia principium subsidiarietatis servandum est, et congruit proinde ut, positis omnibus normis vere generalibus quae in lege communi statuendae sunt, determinationes magis particulares statuantur per normas inferioris gradus, atque etiam per statuta ipsarum associationum, quae quidem statuta necessario inter se diversa erunt, propter multiformem varietatem finium spiritualium ac modorum exercendi apostolatum."

[5] Siehe in *diesem* Band, oben, *H. Schnizer*, § 53 Allgemeine Fragen des kirchlichen Vereinsrechts, III 3a.

[6] *Schnizer*, ebd., III 3f.

[7] *Schnizer*, ebd., III 1.

Zu wiederholen ist, daß sich aus dieser Weite ergibt, daß aus dem Inhalt der Statuten nicht zwischen öffentlichem und privatem Verein unterschieden werden kann; es bleibt lediglich das Kriterium der formalen Unterscheidung durch das „Errichten" von seiten der kirchlichen Autorität[8]. Im Interesse der Rechtssicherheit ordnet c. 116 an, daß die öffentliche Rechtspersönlichkeit im Errichtungsdekret ausdrücklich zuzusprechen ist. Da auch die Verleihung der privaten Rechtsfähigkeit mit Dekret erfolgt, könnten sonst Schwierigkeiten bei der Zuordnung von Rechtsträgern entstehen.

Die klare Unterscheidung ist auch deshalb notwendig, weil c. 313 an die Erlassung des Dekretes die Folge knüpft, daß damit einer öffentlichen Vereinigung die *missio* erteilt wird, soweit dies zur statutenmäßigen Zweckverfolgung nötig ist; die Bestimmung ist bemerkenswert, denn bisher war die Erteilung der missio nur an physische Personen üblich[9].

Das größere Maß an Teilnahme an den Aufgaben der Hierarchie hat auch eine stärkere Unterstellung unter diese zur Folge. Die öffentliche Vereinigung ist zwar berechtigt, Aufgaben, die ihrer statutenmäßigen Zielsetzung entsprechen, aus eigenem Entschluß anzugehen, sie unterliegt dabei aber doch der übergeordneten *Weisungsgewalt* der zuständigen Autorität (c. 315). Die stärkere Einbindung in die hierarchische Struktur der Kirche ist auch an den folgenden Bestimmungen abzulesen, die für die privaten Vereine nicht gelten:

(1) Je nach Maßgabe der Statuten ist der gewählte *Leiter* zu bestätigen, der präsentierte einzusetzen, oder durch die Hierarchie direkt zu ernennen; der geistliche Assistent wird auf jeden Fall von der Hierarchie nach Anhörung der Funktionäre ernannt (c. 317 § 1).

(2) Inhaber leitender Funktionen in politischen Parteien sollen *nicht* zu Leitern von öffentlichen Vereinen bestellt werden (c. 317 § 4).

(3) Die *Abberufung des Leiters* steht analog dem bei der Ernennung intervenierenden Amtsträger zu, wobei entsprechendes Parteiengehör zu wahren ist (c. 318 § 2).

(4) Bei besonderem Anlaß und aus entsprechend gewichtigen Gründen kann die Hierarchie vorübergehend einen *Kommissär* zur Leitung des Vereins bestellen (c. 318 § 1).

(5) Die vorgenannten Rechte stehen der Hierarchie auch gegenüber *von Religiosen betreuten Vereinen* zu, außer diese sind an eigenen Niederlassungen der Religiosen errichtet (c. 317 § 2).

(6) Die *Abberufung des geistlichen Assistenten* erfolgt nach den Normen über die Amtsenthebung durch den Einsetzungsberechtigten (c. 318 § 2).

(7) Das Naheverhältnis des öffentlichen Vereins zur verfaßten Kirche hat auch höhere *Anforderungen an Erwerb oder Bestand der Mitgliedschaft* zur Folge: Wer

[8] Es wäre auch denkbar, daß der Errichtungsakt durch die Erlassung und Promulgation von Statuten gemäß c. 94 § 2 erfolgt.

[9] Die Erteilung der missio an öffentliche Vereinigungen war in der Konsultorenkommission umstritten. Mit Mehrheitsbeschluß wurde die nun ins Gesetz aufgenommene Formulierung gebilligt (Communicationes 12 [1980], S. 107 ff.); *A. del Portillo*, Gläubige und Laien in der Kirche, Paderborn 1972, S. 105 f.; *W. Schulz*, Le norme canoniche sul diritto di associazione e la loro riforma alla luce dell'insegnamento del concilio Vaticano secondo, in: Apollinaris 50 (1977), S. 161.

öffentlich vom Glauben abfiel, sich von der kirchlichen Gemeinschaft trennte oder in durch Spruch verhängte oder deklarierte Exkommunikation verfiel, kann die Mitgliedschaft nicht erwerben; tritt einer dieser Tatbestände nach Erwerb der Mitgliedschaft ein, so ist der Betroffene nach Mahnung und unter Beachtung der Statuten zu entlassen, allerdings ist der Rekurs an die zuständige kirchliche Autorität zulässig (c. 316).

(8) Über die *Vermögensverwaltung* ist jährlich Rechnung zu legen (c. 319), weil das Vermögen des öffentlichen Vereins als Kirchenvermögen gilt (c. 1257 § 1).

Die zivilrechtliche Anerkennung der öffentlichen Vereine ist unterschiedlich nach dem jeweiligen staatlichen Recht zu behandeln[10]. Die Einordnung des öffentlichen Vereins in die institutionelle Struktur der Kirche wird unter Umständen auch nach staatlichem Recht zu einer stärkeren Einbeziehung in die den Kirchen garantierte Rechtssphäre, insbesonders in deren grundrechtlich geschützten Wirkungskreis, führen.

2. Kapitel: Die Lebensgemeinschaften der evangelischen Räte

§ 56 Grundfragen der Lebensgemeinschaften der evangelischen Räte

Von Hubert Müller

Unter den Vereinigungen in der Kirche nehmen jene Gemeinschaften, deren Mitglieder sich öffentlich auf ein Leben nach den drei evangelischen Räten – Ehelosigkeit um des Himmelreiches willen (c. 599), Armut zur Nachahmung Jesu (c. 600), Gehorsam in der Nachfolge des Herrn (c. 601) – verpflichtet haben, eine Sonderstellung ein. Sie ist darin begründet, daß diese Gemeinschaften nicht einfachhin nur auf dem Recht der Gläubigen basieren, sich zu Vereinigungen mit karitativer oder religiöser Zielsetzung innerhalb der Kirche zusammenzuschließen (VatII AA Art. 19d; VatII PO Art. 8c; c. 215), sondern darüber hinaus in einer besonderen Berufung (c. 574 § 2) zur Lebensform der evangelischen Räte gründen, von der das II. Vatikanum sagt, daß sie im Wort und Beispiel Jesu Christi vorgezeichnet ist und eine Gabe des Herrn an die Kirche darstellt (VatII LG Art. 43a; s. auch c. 575), die unerschütterlich zu ihrem Leben und zu ihrer Heiligkeit gehört (VatII LG Art. 44d; vgl. auch c. 574 § 1). Gesetzessystematisch kommt dieses Spezifikum der Lebensgemeinschaften der evangelischen Räte, die in einer abgekürzten Sprechweise im universalkirchlichen Recht nunmehr *„Institute des gottgeweihten Lebens"* heißen, darin zum Ausdruck, daß im Kirchlichen Gesetz-

[10] Nach Art. II und XV § 7 ÖK besteht ein Rechtsanspruch auf Anerkennung durch den Staat; vgl. auch ZusP. zu Art. XIV ÖK.

buch die diesbezüglichen Normen (cc. 573–730) nicht mit denen für die übrigen kirchlichen Vereinigungen (cc. 298–329) zu einem umfassenden kirchlichen Verbandsrecht zusammengefaßt[1], sondern von diesen wie schon im CIC/1917[2] formal abgehoben sind und einen eigenständigen Platz einnehmen[3].

I. Lehre des Zweiten Vatikanischen Konzils

1. *Leben nach den evangelischen Räten*

Wie der CIC in seinen verfassungsrechtlichen Bestimmungen entscheidend von der Ekklesiologie des II. Vatikanums geprägt wird[4], so ist die neue universalrechtliche Konzeption der Gemeinschaften des gottgeweihten Lebens in der Kirche sowohl inhaltlich als auch gesetzessystematisch[5] von der *theologia spiritualis* des letzten Konzils abhängig[6], das auch in diesem Bereich die überkommene Lehre[7] in manchen Punkten einer Revision unterzogen und weiterentwickelt hat (VatII LG 5.–6. Kapitel und VatII PC)[8]. Das II. Vatikanum hat einerseits eine Neueinschätzung der Weltverantwortung und damit der Weltzuwendung des Christen einge-

[1] Im Schema CIC 1980 war eine Zusammenfassung der verbandsrechtlichen Strukturen im Rahmen des zweiten Buches in folgender Weise vorgesehen:
Pars III: De Consociationibus in Ecclesia
Sectio I: De Institutis vitae consecratae
Titulus I: Normae communes omnibus Institutis vitae consecratae
Titulus II: De Institutis religiosis
Titulus III: De Institutis saecularibus
Sectio II: De Societatibus vitae apostolicae
Sectio III: De aliis christifidelium Consociationibus.
Kritisch ist festzustellen, daß in diesem umfassenden Vereinigungsrecht die vom II. Vatikanum neu eingeführte Rechtsform der Personalprälatur fehlt, die ebenfalls eine verbandsrechtliche Struktur darstellt; s. dazu den bedeutsamen Beitrag von *W. Aymans*, Kirchliches Verfassungsrecht und Vereinigungsrecht in der Kirche, in: ÖAKR 32 (1981), S. 79–99.

[2] Vgl. CIC/1917. Liber secundus: Pars secunda und Pars tertia.

[3] Die gesetzessystematische Trennung von den übrigen Vereinigungen in der Kirche darf nicht dazu führen, daß die in der Kirchenrechtswissenschaft (*Aymans*, Kirchliches Verfassungsrecht [Anm. 1], S. 87–92) erarbeitete Unterscheidung zwischen *verfassungs*rechtlichen Strukturen *der* Kirche und *vereinigungs*rechtlichen Strukturen *in der* Kirche verdunkelt wird.

[4] Vgl. *W. Aymans*, Einführung in das neue Gesetzbuch der lateinischen Kirche (= Arbeitshilfen 31, hrsg. v. Sekretariat der DBK), Bonn 1983, S. 17–24.

[5] Wenn die rechtliche Ordnung in der Kirche primär von theologischen Vorgegebenheiten bestimmt sein muß (vgl. *W. Aymans*, Mitsprache in der Kirche, Köln 1977, S. 5), erscheint es inkonsequent, bei den kirchlichen Verbänden nicht auf das nach dem II. Vatikanum theologisch primäre und deshalb entscheidende Kriterium der Bindung an die evangelischen Räte abstellen zu wollen, sondern stattdessen in diesem Bereich des kanonischen Rechts auf ein *rechtlich* stärker prägendes Element (vgl. *dens.*, Einführung [Anm. 4], S. 24).

[6] Vgl. *A. Cody*, Die neuen Canones über das Ordensleben nach dem Konzil, in: Concilium 17 (1981), S. 587–591.

[7] *A. Fehringer*, Überlegungen zum Leitbild des klösterlichen Lebens, in: Festg. Scheuermann, S. 252–256.

[8] *J. Beyer*, De vita per consilia evangelica consecrata, Roma 1969. Einen Überblick über die rechtsgeschichtliche Entwicklung seit dem II. Vatikanum bietet *R. Henseler*, Zur Geschichte des nachkonziliaren Ordensrechts, in: Ordenskorr. 21 (1980), S. 257–310.

leitet und das Kriterium der Weltflucht als Voraussetzung zur Erlangung evangelischer Vollkommenheit aufgegeben[9]; anderseits hat das Konzil, das die Verpflichtung auf die drei evangelischen Räte als für die gottgeweihte Lebensform konstitutiv und spezifisch (VatII LG Art. 44a) herausgestellt hat[10], gleichzeitig die traditionelle Lehre von den zwei Heilswegen, dem Weg der Gebote und dem der evangelischen Räte, die zu einer *unterschiedlichen* Vollkommenheit führen[11], überwunden[12] und stattdessen die Berufung aller Christen „zur Fülle des christlichen Lebens und zur vollkommenen Liebe" (VatII LG Art. 40b) gelehrt[13]. Mit diesem Neuansatz einer Theologie des geistlichen Lebens[14], der allerdings nicht in allem konsequent zu Ende geführt wurde[15], vertritt das II. Vatikanum nicht nur die Einheit des christlichen Vollkommenheitsideals, sondern verbindet damit auch „die grundsätzliche, wesentliche Gleichheit des christlichen Weges, insofern alle Getauften die bloß einsichtige Gebotsethik in Richtung auf eine Offenheit für den je größeren Gott überschreiten müssen, um ihr Heil in Christus zu wirken"[16].

Alle sind zum Streben nach Heiligkeit verpflichtet (VatII LG Art. 42e)[17], die in der Kirche vielgestaltig zum Ausdruck kommt entsprechend den unterschiedlichen Gaben, die der Geist in den Gläubigen hervorbringt (VatII LG Art. 39). Ein „hervorragendes Zeugnis und Beispiel dieser Heiligkeit" (VatII LG Art. 39) besteht in der Beobachtung der evangelischen Räte (vgl. auch VatII LG Art. 42c), die nach der Lehre des II. Vatikanischen Konzils freilich nicht in erster Linie heilsindividualistisch als aszetisches Mittel zur persönlichen Heiligung (vgl. VatII PC Art. 6a) zu verstehen sind, sondern vielmehr auf neue Weise in das Geheimnis der Kirche und des Erlösungswerkes Christi einführen[18] und die Verpflichtung zum

[9] *F. Wulf*, Kommentar zum 5. und 6. Kapitel der Dogmatischen Konstitution über die Kirche, in: LThK²-Konzilskommentar I, S. 287.

[10] *Wulf*, ebd., S. 306; *M. Said*, La vita consacrata mediante la professione dei consigli evangelici, in: Natura e vincoli della vita consacrata, Milano 1979, S. 11–18.

[11] Vgl. *Augustinus*: „Eine Mutter wird im Himmelreich einen geringeren Platz einnehmen, weil sie verheiratet ist, als ihre Tochter, weil diese Jungfrau ist." (PL 39, 1568); s. auch S.th. I–II, q. 99, art. 6c; I–II, q. 108, Art. 4c; II–II, q. 44, art. 4 ad 2 et 3.

[12] *A. Schneider*, Einleitung und Kommentar zum Ap. Mahnschreiben „Evangelica testificatio" (= NKD 36), Trier 1974, S. 20f.

[13] Nach der Ethik Jesu wird von allen, die mit der Provokation der hereinbrechenden Gottesherrschaft konfrontiert werden, verlangt, daß sie sich in ihrem Handeln einzig und allein von der Gottesherrschaft bestimmen lassen, wenn auch von denen, die zur Nachfolge Jesu berufen und für die Sache der Gottesherrschaft in Dienst genommen werden, eine besondere Radikalität gefordert wird. Vgl. *H. Merklein*, Die Gottesherrschaft als Handlungsprinzip, Würzburg 1978, S. 56–71.

[14] *F. Klostermann*, Gemeinde – Kirche der Zukunft, Bd. 1, Freiburg-Basel-Wien 1974, S. 364f.

[15] *Wulf*, Kommentar (Anm. 9), S. 310; *Schneider*, Einleitung (Anm. 12), S. 10.

[16] *F. Wulf*, Einleitung und Kommentar zum Dekret über die zeitgemäße Erneuerung des Ordenslebens, in: LThK²–Konzilskommentar II, S. 256.

[17] *Wulf*, ebd., S. 255: „Letztlich geht es in jedem Christenleben um das gleiche, nämlich: die Gebote, insbesondere das eine, große Gebot der Liebe, im Geist des evangelischen Rates, der lockenden und werbenden Liebe des bis in den Tod sich verschenkenden Herrn, zu erfüllen".

[18] *A. Scheuermann*, Die konziliaren Leitlinien der klösterlichen Reform, in: Ordenskorr. 9 (1968), S. 16; *Beyer*, De vita (Anm. 8), S. 63f.

Dienst am vollen Aufbau der Kirche und am Heil der Welt vertiefen (VatII LG Art. 44b; VatII PC Art. 5b). Im Bekenntnis und effektiven Vollzug der evangelischen Räte erfahren die von allen Getauften aufgrund ihrer Gemeinschaft mit dem gekreuzigten und auferstandenen Herrn (Röm 6,3ff.) verlangte Weltentsagung[19] und der für jedes Christenleben notwendige Geist der Räte (VatII LG Art. 42e) zeichenhafte Greifbarkeit und letzte Unbedingtheit. Deshalb ist das Leben der evangelischen Räte in einer von der Kirche anerkannten Vereinigung auch nicht nur Mittel zur Erreichung der vollkommenen Liebe (so VatII LG Art. 44b), sondern zugleich auch Ausdruck[20] jener Totalhingabe, die das Leben für Gott und den Nächsten einsetzt (VatII LG Art. 44a und 45a; VatII PC Art. 1). Der Kern dieser Lebensform besteht darin, „daß der Mensch um Christi und seiner Botschaft willen und auf seinen Ruf hin sich von irdischen Sicherungen und Erfüllungen losreißt, um sich auf das eine Notwendige (vgl. Lk 10,42) einzulassen"; Armut, Ehelosigkeit und Gehorsam um des Himmelreiches willen „stehen für die Ganzentscheidung des Glaubens, die alle Bereiche des Lebens umfaßt und sind damit Hinweis und Zeugnis dafür, daß der ganze Mensch für Gott und seinen Heilswillen, für die Sendung Christi, für die Unheilssituation der Welt eingefordert wird"[21].

Das Zweite Vatikanum lehrt, daß mit der Übernahme der evangelischen Räte und der Verpflichtung zu dieser Lebensform in der Kirche eine besondere Weihe (VatII LG Art. 44a, 45c, 46bc; VatII PC Art. 1d, 5a, 11a; VatII AG Art. 18a) gegeben ist, „die zutiefst in der Taufweihe wurzelt und diese voller zum Ausdruck bringt." (VatII PC Art. 5a)[22]. Konstitutiv für diese durch die Räte begründete besondere Weihe[23] sind: der gnadenhafte Ruf Gottes zu dieser Lebensform (VatII PC Art. 5a), die freie Antwort des Christen in der Verpflichtung auf die evangelischen Räte (VatII PC Art. 5a) sowie die Entgegennahme der Verpflichtung durch die Kirche (VatII LG Art. 45c).

2. *Vielfalt gleichwertiger Lebensformen nach den evangelischen Räten*

Auf dem Fundament dieser theologischen Lehre von dem durch die evangelischen Räte geweihten Leben hat das Konzilsdekret „Perfectae caritatis" ein

[19] *J. Beyer*, La vita consacrata, Roma 1977, S. 14f.

[20] *J. Beyer*, Berufung – Apostolat – Weihe, Meitingen – Freising 1970, S. 52–57. Vgl. auch *H. U. v. Balthasar*, Die großen Ordensregeln, 3. Aufl., Einsiedeln 1974, S. 23: „... Gehorsam als vollkommene Gelassenheit des ganzen Ich unter Gottes Verfügung, Armut als daraus folgende letzte Freiheit von allen weltlichen Gütern, ja dem eigenen Selbst gegenüber, und Keuschheit als vollkommene Bindung der Liebe an Gott und Entschluß, jede Liebe zu Welt und Menschen nur nach dem Maß dieser Gottesliebe sich regen zu lassen: dieser Inhalt ... ist der christlichen Liebe nicht mehr äußerlich; er ist ihr Ausdruck, er gehört zu ihrer Fülle, ihrem Wesen selber".

[21] Sb Orden 2.1.3, in: Gemeinsame Synode. Gesamtausgabe I, S. 562.

[22] Zu der Frage, wie sich die mittels der evangelischen Räte vollzogene Lebensweihe näherhin zur Taufe verhält, s. *P. R. Régamey*, Consacrazione religiosa, in: Dizionario degli Instituti di Perfezione, Bd. 2, Roma 1975, Sp. 1611f.

[23] *H. Socha*, Das Ordensapostolat in der Teilkirche, München 1973, S. 206f.

breites Spektrum unterschiedlicher Lebensformen entworfen, in denen die Ganzhingabe an Gott und die Menschen mit Hilfe der evangelischen Räte geübt wird. Dabei strebte das Konzilsdekret nicht eine streng juristische Klassifizierung des kanonischen Rätestandes an, sondern versuchte, die Mannigfaltigkeit der auf die evangelischen Räte verpflichteten Vereinigungen typologisch[24] in folgenden vier[25] Arten zu erfassen: die *ausschließlich kontemplativen* Institute (VatII PC Art. 7), das *Mönchtum* (VatII PC Art. 9a), die mit *unmittelbar apostolischen Aufgaben* befaßten Institute (VatII PC Art. 8 und 9b) sowie die *Säkularinstitute* (VatII PC Art. 11).

Der Fortschritt dieser konziliaren Typologie, der als Einteilungskriterium unterschiedliche Berufungen zugrunde liegen[26], besteht darin, daß hier nicht nur entsprechend dem Stand der rechtsgeschichtlichen Entwicklung die verschiedenen Formen des durch die evangelischen Räte geweihten Lebens in der Kirche lehramtlich bestätigt wurden, sondern darüber hinaus auch das bis in die Konzilsentwürfe hinein[27] vorherrschende Stufendenken, das in der größeren oder geringeren Trennung von der Welt eine Wertskala sah, nach der die Orden mit feierlichen Gelübden die Spitze einnahmen, überwunden wurde[28]. Das Konzilsdekret stellte das Spezifikum der einzelnen Gruppen des kirchlich anerkannten Rätelebens heraus, ohne diese wertend miteinander zu vergleichen. Die Eigenständigkeit und Vollwertigkeit auch der unmittelbar apostolischen und der säkularen Form des Rätelebens wurde ausdrücklich festgestellt. Aus der Beschreibung der Institute mit apostolischer Zielsetzung geht hervor, daß ihre apostolische oder karitative Tätigkeit nicht als ein Zugeständnis betrachtet wird, sondern „zum eigentlichen Wesen des Religiosenlebens" (VatII PC Art. 8b) in diesen Vereinigungen gehört, die deshalb ihre ganze Lebensart und ihr Brauchtum auf ihre apostolische Aufgabe einzustellen haben (VatII PC Art. 8c). Von den Säkularinstituten, die ihr Apostolat „in der Welt und gleichsam von der Welt her" ausüben[29], heißt es, daß sie „eine wahre und vollkommene, von der Kirche gutgeheißene Verpflichtung zu einem Leben nach den evangelischen Räten in der Welt" (VatII PC Art. 11) verwirklichen. Die Gleichwertigkeit der verschiedenen Formen des Rätelebens in der Kirche wird auch dadurch unterstrichen, daß nach der Lehre der Kirchenkonstitution das Bekenntnis zu den evangelischen Räten nicht nur in der kanonischen Form des

[24] Relatio: „... ipsa distinctio veluti typologica formarum ... indicatur ..."; s. AcSynVat, Bd. IV/3, S. 599.

[25] Wenn VatII PC Art. 10 die Rätegemeinschaften von Laien in einem eigenen Artikel darstellt, so bedeutet dies nicht, daß es sich hier um eine weitere Form handelt, die nicht schon in VatII PC Art. 8 erfaßt wäre, sondern es sollte auf diese Weise den Kongregationen die ihnen lange Zeit bestrittene Vollwertigkeit des Religiosenlebens bestätigt und moralische Unterstützung gewährt werden; s. *Wulf*, Einleitung (Anm. 16), S. 285f.

[26] *Beyer*, De vita (Anm. 8), S. 74.

[27] *F. Wulf*, Wesen und Aufgaben der Säkularinstitute nach dem Zweiten Vatikanischen Konzil, in: GuL 40 (1967), S. 449f.

[28] *H. Socha*, Weder Orden noch Säkularinstitut, in: ÖAKR 25 (1974), S. 337.

[29] *H. Müller*, Liebend in der Welt. Erwägungen über die apostolische Welthaftigkeit der Säkularinstitute, Leutesdorf 1968.

Gelübdes[30], sondern auch durch andere heilige Bindungen (Eid[31], Versprechen, Vertrag, Weihe u. a.), „die jeweils in ihrer Eigenart den Gelübden ähnlich sind" (VatII LG Art. 44a), vollgültig[32] zum Ausdruck gebracht werden kann[33], so daß gerade in dem Punkt der Wertunterschied gefallen ist, der in der herrschenden Doktrin das Wertgefälle entscheidend mitbegründete[34].

II. Konzeption des Kirchlichen Gesetzbuches

1. *Rechtsformen der Institute des gottgeweihten Lebens*

Das Gesetzbuch von 1983 hat entsprechend einer Weisung *Pauls VI.*, der wegen der scharfen Kritik am Religiosenrecht des CIC von 1917 verlangt hatte, die neuen Canones auf eine solide Lehre zu gründen und einer gesunden Theologie nahezubleiben[35], die theologischen und spirituellen Prinzipien des II. Vatikanums über das gottgeweihte Leben aufgegriffen und den ekklesialen Ausdruck dieser Lebensform, die Verpflichtung auf die evangelischen Räte, als primäres Einteilungskriterium dieser Rechtsmaterie zugrundegelegt (vgl. c. 573 § 1). Der CIC bezeichnet nunmehr die von der kirchlichen Autorität errichteten Lebensgemeinschaften, deren Mitglieder sich durch Gelübde oder andere sakrale Bindungen entsprechend dem Eigenrecht des jeweiligen Verbandes auf die evangelischen Räte verpflichtet haben, als *instituta vitae consecratae* (c. 573 § 2)[36]. Diese umfassen die *instituta*

[30] Gelübde meint ein Gott gemachtes, wohlüberlegtes und freies Versprechen, dessen Gegenstand möglich und besser als sein Gegenteil ist (vgl. c. 1191 § 1).

[31] Nach kanonischem Recht ist der Eid ein Akt der Gottesverehrung, in dem der Name Gottes zum Zeugen für die Wahrheit einer Aussage oder zum Bürgen eines Versprechens angerufen wird (vgl. cc. 1199 § 1 und 1201 § 1).

[32] Nach herrschender Auffassung bestehen zwar zwischen den Gelübden und den anderen in Rätegemeinschaften üblichen Bindungen Unterschiede hinsichtlich des Adressaten, der Verpflichtung und der rechtlichen Wirkung, aber diese Differenzen beruhen weitgehend auf zeitbedingten terminologischen und juristischen Festlegungen; vgl. *H. Rotter*, Gelübde und Versprechen, in: GuL 43 (1970), S. 368f.; *A. Völler*, Zeitliche Gelübde oder Bindungen anderer Art?, in: Ordenskorr. 12 (1971), S. 438. Sie bestimmen nur sekundär den theologischen Inhalt der Verpflichtung auf die evangelischen Räte; dazu *Wulf*, Kommentar (Anm. 9), S. 308; *A. Gutierrez*, Nonnulla problemata selecta, in: ComRelMiss 48 (1969), S. 246ff.; *Socha*, Weder Orden (Anm. 28), S. 343; *Beyer*, La vita consacrata (Anm. 19), S. 18–28.

[33] *A. Tabera*, De notione et conceptu status religiosi sub aspectu iuridico, in: Acta Conventus Internationalis, S. 372f.

[34] *L. Kaufmann*, Evangelium suprema regula, in: Die Autorität der Freiheit, Bd. 2, hrsg. v. *J. C. Hampe*, München 1967, S. 303f.; *G. Lazzati*, De natura vinculi sacri in Institutis non religiosis, in: PerRMCL 67 (1978), S. 489–497. Einen Überblick über die geschichtliche Entwicklung der einzelnen Lebensformen der evangelischen Räte und ihrer rechtlichen Organisation bietet *O. Engels*, Orden, Ordenswesen, in: SacrM III, Sp. 884–921 (mit umfangreichen Literaturangaben).

[35] Vgl. *Cody*, Die neuen Canones (Anm. 6), S. 588.

[36] Ein kurzer Kommentar zu den für alle Institute des gottgeweihten Lebens geltenden allgemeinen Bestimmungen des CIC (cc. 573–606) findet sich bei *H. Schwendenwein*, Das neue Kirchenrecht, Graz-Wien-Köln 1983, S. 256–262; *D. X. Andrés*, Innovationes in parte III libri II novi Codicis, quae est de institutis vitae consecratae et de societatibus vitae apostolicae, in: ComRelMiss 64 (1983), S. 6–20.

religiosa (c. 607 § 2)[37] und die *instituta saecularia* (c. 710)[38]. Diese kirchenrechtliche Neukonzeption auf der Grundlage der Konzilslehre ist das Ergebnis der rechtsgeschichtlichen Entwicklung des Rätelebens in der Kirche während der letzten Jahrzehnte. Bis zum Inkrafttreten des CIC von 1917 galten nur die Orden, in denen verfassungsgemäß feierliche Gelübde (c. 1192 § 2) abgelegt werden, als religios und entsprechend der thomanischen[39] Konzeption als Vollkommenheitsstand (status perfectionis acquirendae) in der Kirche. Das Gesetzbuch von 1917 erkannte diesen Status erstmals auch den Kongregationen zu (cc. 487 und 488), die durch die Apost. Konstitution „Conditae a Christo" *Leos XIII.* vom 8. 12. 1900[40] zwar eine amtliche Aufwertung und eine gewisse Angleichung an die Orden erfahren hatten[41], die aber kirchenrechtlich bis dahin noch nicht als religiose, sondern als säkulare Vereinigungen zählten. Durch den CIC/1917 fanden diese seit dem Ende des 16. Jahrhunderts entstandenen Gemeinschaften, die auf feierliche Gelübde, Chordienst und Klausur in der überkommenen Form verzichteten, um sich vornehmlich apostolischen und karitativen Aufgaben widmen zu können, ihre Anerkennung als religiose Lebensform, indem der Begriff religio von den Orden auf die Kongregationen ausgedehnt wurde[42]. Statt *religio* (vgl. c. 488 n. 1 CIC/1917) verwendet das Gesetzbuch von 1983 nunmehr den Begriff *institutum religiosum* (c. 607 § 2), der in kirchenamtlicher Sprechweise nicht nur im II. Vatikanum (VatII PC Art. 20b) begegnet, sondern bereits seit Jahrzehnten[43] der römischen Kurialsprache geläufig ist[44] und gegenüber religio zweifelsohne als Fort-

[37] Vgl. hierzu in *diesem* Band, unten, *B. Primetshofer*, § 57 Die Religiosenverbände. Eine umfangreiche Bibliographie bietet *A. Gutiérrez*, Bibliographia systematica de iure religiosorum communi seu universali pro decennio 1970–1979, in: ComRelMiss 62 (1981), S. 157–192; 237–288.

[38] Vgl. hierzu in *diesem* Band, unten, *R. Weigand*, § 58 Die Säkularinstitute. Die Grenzziehung zwischen instituta religiosa und instituta saecularia ist in einzelnen Fällen ausschließlich vom geschichtlichen Ursprung her zu erklären. So gibt es einerseits Kongregationen, z. B. die „Société des Filles du Cœur de Marie" (AnPont 1983, S. 1321), deren Mitglieder weder in Gemeinschaften zusammenleben, noch eine besondere Tracht tragen, noch gemeinschaftlich Apostolatswerke ausüben (vgl. *J. Beyer*, Les Instituts Séculiers, Paris 1954, S. 43–47 und 358ff.), während anderseits in manchen Säkularinstituten die Mitglieder ausschließlich in Gemeinschaft leben, eine einheitliche Tracht haben (mit feierlicher Einkleidung und Namensänderung) und institutseigene Werke betreuen; vgl. *R. Weigand*, Überlegungen zum künftigen Recht der Säkularinstitute, in: Festschr. Mörsdorf, S. 503.

[39] S. th. II–II, q. 184.

[40] ASS 33 (1900), S. 341–347.

[41] *I. Creusen* nennt die Apost. Konstitution „Conditae a Christo" deshalb die „Magna Charta" der Kongregationen. Vgl. *I. Creusen*, De iuridica status religiosi evolutione synopsis historica, 3. Aufl., Roma 1963, S. 40.

[42] Da im Unterschied zum romanischen und angelsächsischen Sprachraum die Begriffe religio bzw. religios, die in dieser Bedeutung auf *Thomas von Aquin* zurückgehen, im deutschen Sprachgebrauch überhaupt nicht üblich waren, konnte die kanonistische Begriffserweiterung in der deutschen Sprache fachlich nicht zum Ausdruck gebracht werden. Stattdessen erfuhr im Deutschen der Ordensbegriff eine Spracherweiterung und wurde auf die Kongregationen ausgedehnt, was zu unüberwindlichen Schwierigkeiten in der Terminologie geführt hat.

[43] Z. B. AAS 11 (1919), S. 239; 12 (1920), S. 301; 13 (1921), S. 177; 14 (1922), S. 20; 16 (1924), S. 134; 22 (1930), S. 138.

[44] *Mörsdorf* R, S. 167.

schritt gewertet werden kann[45]. Institutum religiosum dient als Oberbegriff für Orden und Kongregationen, die seit dem II. Vatikanum vor allem im Zusammenhang mit dem Armutsgelübde[46] eine weitere rechtliche Annäherung erfahren haben und nun im universalkirchlichen Recht keine Erwähnung mehr finden[47], obgleich instituta religiosa bisher[48] nur in der Rechtsform eines Ordens oder der einer Kongregation existieren[49]. Das Gesetzbuch verzichtet bei den instituta religiosa auf jede rechtliche Klassifizierung der Institute, die in der Kodifikationsarbeit sehr einläßlich versucht worden war[50], und weist sämtliche Differenzierungen ohne jeden weiteren universalrechtlichen Rahmen in der Regel direkt dem Eigenrecht der Institute zu, dem für die konkrete Lebensform und Identität des einzelnen Instituts entscheidende Bedeutung zukommt (c. 587).

Neben den instituta religiosa zählt das Gesetzbuch aufgrund der rechtsgeschichtlichen Entwicklung dieses Jahrhunderts zu den Instituten des gottgeweihten Lebens auch die *instituta saecularia*, die durch die Apost. Konstitution „Provida Mater" Papst *Pius XII.* vom 2. 2. 1947[51] ihre gemeinrechtliche Anerkennung gefunden hatten und im MP „Primo feliciter" *Pius XII.* vom 12. 3. 1948[52] zu den Vollkommenheitsständen in der Kirche gerechnet worden waren. Die geschichtliche Bedeutung dieser kirchenamtlichen Entscheidung lag darin, daß letztendlich jene Tendenz überwunden wurde, die die gesamte Geschichte des Rätelebens in der Kirche bestimmt hat, die in der äußeren Trennung von der Welt das Hochbild evangelischer Vollkommenheit sah und jede Anpassung des Rätelebens an pastorale Notwendigkeiten und konkrete welthafte Lebensumstände als „unerwünschte Abschwächung und Abweichung von diesem Ideal"[53] betrachtete. Nachdem im II. Vatikanum die Säkularinstitute zusammen mit den anderen

[45] Im II. Vatikanum wird institutum durchgehend für die Vereinigungen des gottgeweihten Lebens verwendet (z. B. VatII LG Art. 44 und 45; VatII PC Art. 1–9, 11, 13–16, 18–25). Eine Würdigung dieses lateinischen Sprachgebrauchs kann nicht vom Gebrauch des deutschen Fremdworts „Institut" ausgehen, das seit Ende des 18. Jahrhunderts eine Begriffsverengung erfahren hat und weitgehend an die Stelle des alten Begriffs „Anstalt" getreten ist. Demgegenüber hat sich institutum in seiner ursprünglichen allgemeinen Bedeutung in den romanischen Sprachen durchaus gehalten und kann in Anwendung auf eine Lebensgemeinschaft in der Kirche zur Geltung bringen, „daß in der Vereinigung ein ‚objektiver Geist' waltet, der die Summe der Mitglieder übersteigend umfaßt und normativ formt, ein Geist, dessen Wesen und Ausdruck von der Kirche geprüft und gebilligt werden muß..." (*H. U. v. Balthasar*, Die kirchlichen Urkunden für die Weltgemeinschaften, Einsiedeln 1963, Vorwort, S. 8).

[46] Vgl. VatII PC Art. 13; MP EcclSanct IV 24.

[47] Aus dieser Tatsache die Konsequenz zu ziehen, daß damit überhaupt die Unterscheidung zwischen Orden und Kongregationen im kirchlichen Recht gefallen ist und „diese beiden Gruppen in einer zusammengefaßt" sind (*Schwendenwein*, Das neue Kirchenrecht [Anm. 36], S. 262), ist ein Trugschluß. Das Eigenrecht der Verbände weist sehr wohl weiterhin diese Unterscheidung mit entsprechenden Rechtsfolgen auf!

[48] Neue Rechtsformen sieht c. 605 ausdrücklich als Möglichkeit für die Zukunft vor.

[49] Vgl. AnPont 1983, S. 1234–1284.

[50] Vgl. dazu *H. Müller*, Grundfragen der Lebensgemeinschaften nach den evangelischen Räten, in: GrNKirchR, S. 379f.; *Cody, Die neuen Canones (Anm. 6), S. 589f.*

[51] *AAS 39 (1947), S. 114–124.*

[52] *AAS 40 (1948), S. 283–286.*

[53] *B. Löbmann*, Die Bedeutung des Zweiten Vatikanischen Konzils für die Reform des Ordensrechts, in: Miscellanea Bidagor II, S. 290.

Instituten des gottgeweihten Lebens (VatII PC Art. 7–11) in das Dekret „Perfectae caritatis" Eingang gefunden hatten, war ein amtliches Modell für ihre Eingliederung unter die Institute des gottgeweihten Lebens in der Rechtsordnung der Kirche geschaffen[54]. Papst *Johannes Paul II.* hat zu dieser Lozierung im Kirchlichen Gesetzbuch festgestellt: „In ihm finden die Säkularinstitute – die 1947 mit der Apostolischen Konstitution *Provida Mater* meines Vorgängers *Pius XII.* die kirchliche Anerkennung erhalten haben – jetzt ihre richtige Einordnung aufgrund der Lehre des Zweiten Vatikanischen Konzils."[55]

2. *Kirchenrechtlicher „Ort" der Institute des gottgeweihten Lebens*

Von grundlegender Bedeutung für das Verständnis der Institute des gottgeweihten Lebens und der Struktur der Kirche ist die Frage nach dem „Ort" dieser Lebensgemeinschaften im Rechtsgefüge der Kirche[56]. Das Zweite Vatikanum lehrt, daß das Streben nach vollkommener Liebe in der Kirche auf dem Weg der evangelischen Räte „in Wort und Beispiel des Herrn begründet" ist (VatII LG Art. 43a) bzw. „in Lehre und Leben des göttlichen Meisters seinen Ursprung" hat (VatII PC Art. 1a). Die Kirchenkonstitution vergleicht deshalb in einem Bild die im Laufe der Geschichte der Kirche entstandenen Rätegemeinschaften mit dem Wachstum eines Baumes, „der aus einem von Gott gegebenen Keim wunderbar und vielfältig auf dem Ackerfeld des Herrn Zweige treibt" (VatII LG Art. 43a). In diesem Sinne ist das Leben nach den evangelischen Räten in der Kirche göttlichen Ursprungs[57]; seine Institutionalisierung dagegen ist eine Schöpfung der Kirche[58], insofern die kirchliche Autorität unter der Leitung des Heiligen Geistes für die Interpretation der evangelischen Räte und die Regelung des Rätelebens sowie die Festlegung entsprechender dauerhafter Lebensformen Sorge zu tragen hat (VatII LG Art. 43a; vgl. auch c. 576).

Die auf Antrieb des Geistes in einer von der kirchlichen Autorität anerkannten Lebensform übernommene Übung der evangelischen Räte bildet im Verfassungsgefüge der Kirche nach der Lehre der Dogmatischen Konstitution des Konzils[59]

[54] *Cody*, Die neuen Canones (Anm. 6), S. 589.

[55] *Johannes Paul II.*, Ansprache an die Vollversammlung der römischen Kongregation für die Religiosen und Säkularinstitute am 6. 5. 1983, in: OssRom (dt.) vom 20. 5. 1983, S. 4.

[56] Vgl. *N. Hilling*, Die kirchliche Ständelehre und die Apostolische Konstitution Provida Mater Ecclesia vom 2. Febr. 1947, in: AfkKR 124 (1950), S. 96–101.

[57] *Beyer*, De vita (Anm. 8), S. 62; *G. Ghirlanda*, De variis ordinibus et condicionibus iuridicis in Ecclesia, in: PerRMCL 71 (1982), S. 395. Über Neuansätze dieser am Evangelium orientierten Lebensform im Bereich der nichtkatholischen Christenheit informieren *A. Scheuermann*, Orden, in: StL[6] VI, Sp. 30f.; *S. Richter*, Neuentdeckung der Orden in der evangelischen Christenheit, in: Das Wagnis der Nachfolge, hrsg. von *S. Richter*, Paderborn 1964, S. 155–175; *J. Halkenhäuser*, Kirche und Kommunität, Paderborn 1978.

[58] *Mörsdorf* Lb I, S. 187; *Scheuermann*, Orden (Anm. 57), Sp. 17. Dagegen vertrat *F. Suárez* die Ansicht, der Religiosenstand sei „secundum se et quoad substantiam suam" unmittelbar von Jesus Christus eingesetzt (De religione, tr. IX, 1.3, c. 2, n. 3).

[59] Kritisch äußert sich zum Festhalten der Kirchenkonstitution an der traditionellen Lehre von den Personenständen in der Kirche *Kaufmann*, Evangelium suprema regula (Anm. 34), S. 304ff.

zwar einen eigenen kanonischen Stand (VatII LG Art. 39 und 45c)[60], dieser gehört aber nicht zur hierarchischen Struktur der Kirche (LG Art. 44d), die auf göttlicher Anordnung beruht und sich auf der Grundlage fundamentaler Gleichheit aller Gläubigen (VatII LG Art. 32c; c. 208) in der Gliederung des Gottesvolkes in Kleriker und Laien verfassungsrechtlich auswirkt. C. 207 § 2 stellt ergänzend dazu fest, daß es sowohl Kleriker als auch Laien (im verfassungsrechtlichen Sinne) gibt, die sich durch Gelübde oder andere sakrale Bindungen in einer von der Kirche anerkannten Lebensform auf die evangelischen Räte verpflichten. Während *Pius XII.* deshalb von einer Mittelstellung zwischen Klerikern und Laien gesprochen hatte[61], äußerte sich das II. Vatikanum dazu unmißverständlich: „Ein derartiger Stand ist, in bezug auf die göttliche, hierarchische Verfassung der Kirche, kein Zwischenstand zwischen dem der Kleriker und dem der Laien. Vielmehr werden in beiden Gruppen Christgläubige von Gott gerufen, im Leben der Kirche sich einer besonderen Gabe zu erfreuen und jeder, in seiner Weise, ihrer Heilssendung zu nützen" (VatII LG Art. 43b). Die gleiche Klarheit enthält nun auch das Kirchliche Gesetzbuch (c. 207 § 2). Die Institute des gottgeweihten Lebens gehören nicht zum hierarchischen Aufbau der Kirche; sie bilden keine verfassungsrechtliche, sondern eine vereinigungsrechtliche Struktur. Während die Verfassung der Kirche wesentlich durch den Begriff der Communio bestimmt wird und im Dienst ihrer Gesamtsendung steht, geht es bei den Vereinigungen in der Kirche um den freien Zusammenschluß von Gläubigen mit ganz bestimmten religiösen Zielsetzungen, die stets als spezifischer Ausschnitt aus der Gesamtsendung der Kirche zu begreifen sind, aber niemals die Sendung der Kirche insgesamt umfassen[62]. Die Institute des gottgeweihten Lebens sind Vereinigungen innerhalb der Kirche, die auf ein bestimmtes Gründungscharisma zurückgehen (vgl. c. 578) und eine besondere Berufung voraussetzen (c. 574 § 2). Sie sind insofern in der charismatischen Ebene des Gottesvolkes grundgelegt und gehören zur pneumatischen Dimension der Kirche[63]. Sie haben ihren Daseinsgrund einzig und allein in der engen und besonderen Beziehung zur Heiligung, dem Ziel der Kirche[64]. Hier, wo die Kirche primär Heilsfrucht ist, bezeugen sie deren innerste Wesensmitte, die geistgewirkte Christusgegenwart und Christusgemeinschaft[65]. Für den Bereich der sakramentalen Zeichenhaftigkeit der Kirche ergibt sich daraus, daß die Institute des gottgeweihten Lebens nicht als Teilkirchen, in denen und aus denen die katholische Kirche besteht (VatII LG Art. 23a, c. 368), anzusprechen sind. Wie den

[60] Zur geschichtlichen Entwicklung und Problematik dieses Begriffs in der kirchlichen Rechtsordnung s. *J. Fornés*, La noción de „status" en Derecho Canónico, Pamplona 1975.

[61] AAS 39 (1947), S. 116.

[62] *Aymans*, Kirchliches Verfassungsrecht (Anm. 1), S. 89–92.

[63] *J. Daniélou*, Die Stellung der Ordensleute in der Kirche, in: De Ecclesia, Bd. 2, hrsg. von *G. Baraúna*, Freiburg-Basel-Wien-Frankfurt 1966, S. 415–422; *G. Philips*, L'Eglise et son mystère, Bd. 2, Paris 1968, S. 137 f.; *Tabera*, De notione (Anm. 33), S. 361 ff.; *B. Häring*, Orden im Umbruch, 3. Aufl., Köln 1972, S. 29 ff.

[64] AAS 39 (1947), S. 116. Zur prospektiven und provokativen Funktion der Rätegemeinschaften sowohl innerhalb der Kirche als auch gegenüber der Welt und ihren Aporien s. *J. B. Metz*, Zeit der Orden?, Freiburg-Basel-Wien 1977.

[65] *Socha*, Das Ordensapostolat (Anm. 23), S. 157.

Gesellschaften des apostolischen Lebens und den Personalprälaturen gehen ihnen wesentliche Elemente (VatII CD Art. 11; c. 369) ab, die zur Konstituierung einer Teilkirche erforderlich sind[66]. Ihr ekklesialer Ort liegt „nicht neben, sondern in den Bischofskirchen; sie sind Ausprägungen der pneumatischen Vitalität in den Diözesen, Ausdruck dafür, daß ein Bistum in seiner Gestalt die volle Reife erlangt hat"[67]. Ohne diese Lebensform würde die Kirche, auch die Teilkirche (VatII AG Art. 18 und 40), ihre volle Entfaltung nicht erreichen[68]. Deshalb gehört die Lebensform der evangelischen Räte unerschütterlich[69] zum Leben der Kirche und zu ihrer Heiligkeit (VatII LG Art. 44d; cc. 207 § 2 und 574 § 1), die sich freilich nie endgültig in kirchliche Standeskategorien einordnen läßt: „sie überbordet sie souverän und zerstört sie doch nicht; sie setzt sie, indem sie sie überschreitet"[70].

§ 57 Die Religiosenverbände

Von Bruno Primetshofer

I. Begriffliches

1. *Ordensinstitut*

Der einleitende c. 607 § 2 gibt eine Begriffsbestimmung des Ordensinstituts (institutum religiosum)[1], die im wesentlichen mit dem in c. 488 n. 1 CIC/1917 angeführten Begriff der religio übereinstimmt. Demnach ist ein Ordensinstitut eine Vereinigung, in der die Mitglieder gemäß dem Eigenrecht *öffentliche (kirchenamtliche)*, ewige oder zeitliche Gelübde, die nach Ablauf der Zeit zu erneuern sind, ablegen und ein brüderliches Leben in Gemeinschaft führen (c. 607 § 2).

Während c. 488 CIC/1917 von einer deutlich abgehobenen Unterscheidung zwischen *Orden* und *Kongregationen* ausging, ist eine diesbezügliche Differenzierung dem CIC/1983 fremd. Das charakteristische Merkmal für die Kennzeichnung des *Ordensinstituts* (wie auch der bisherigen „religio" im CIC/1917) ist die Ablegung

[66] S. dazu in *diesem* Band, oben, *H. Müller*, § 35 Diözesane und quasidiözesane Teilkirchen.

[67] *Socha*, Das Ordensapostolat (Anm. 23), S. 163.

[68] Vgl. Bischof *A. M. Charue* in der 56. Generalkongregation des II. Vatikanums: „... religiosi constituunt utique aliquam structuram in Ecclesia, aliquam structuram sine qua ceterum Ecclesia ad perfectam suam efflorescentiam non attingeret ..." (AcSynVat, Bd. II/3, S. 383).

[69] Vgl. auch *H. U. v. Balthasar*, Klarstellungen, Freiburg-Basel-Wien 1971, S. 134.

[70] *H. U. v. Balthasar*, Wer ist die Kirche?, Freiburg-Basel-Wien 1965, S. 175.

[1] Der Begriff „Institutum religiosum" wird in Übereinstimmung mit der von der DBK herausgegebenen Übersetzung des CIC durchgängig mit „Ordensinstitut" wiedergegeben.

öffentlicher[2] Gelübde, wobei – dies sei schon jetzt vorweggenommen – vom kodikarischen *Ordens*recht her nicht mehr unterschieden wird zwischen einfachen und feierlichen Gelübden[3].

Begriffsnotwendig zum Ordensinstitut gehört neben der Ablegung öffentlicher Gelübde das *gemeinsame Leben*. Beide Elemente zusammen bilden das unterscheidende Merkmal gegenüber anderen Instituten des geweihten Lebens (dazu zählen auch die Säkularinstitute) und den Gesellschaften des apostolischen Lebens.

2. *Zeichenhaftigkeit des Ordenslebens*

In Anlehnung an die Konzilsaussagen[4] wird das Ordensleben beschrieben als Weihe der ganzen Person, als von Gott gestiftete wunderbare Vermählung und als Zeichen der kommenden Zeit. Der Ordensangehörige vollzieht seine völlige Hingabe als ein Gott dargebrachtes Opfer, wodurch sein ganzes Dasein zu einer beständigen Verehrung Gottes in der Liebe wird (c. 607 § 1). Das öffentliche Zeugnis, das die Ordensleute für Christus und die Kirche ablegen, erfordert jene Trennung von der Welt, die der Bestimmung und dem Zweck einer jeden Gemeinschaft eigentümlich ist (c. 607 § 3).

II. Errichtung und Aufhebung von Niederlassungen

1. *Grundsätze*

a) Bindung der klösterlichen Kommunität an eine Niederlassung (c. 608)

Eine Ordensgemeinschaft muß in einer *rechtmäßig errichteten Niederlassung* unter der Autorität eines Oberen gemäß festgelegten Rechtsnormen wohnen.

Die bisherige Unterscheidung in vollwertige und nicht vollwertige Häuser (domus formata, domus non formata) des. c. 488 n. 5 CIC/1917[5] ist nicht mehr Bestandteil der geltenden Rechtsordnung.

Neu ist die Bestimmung, daß jede Niederlassung jedenfalls eine Kapelle haben muß, in der die Eucharistie gefeiert und aufbewahrt wird, so daß diese Kapelle Mittelpunkt der Gemeinschaft ist (c. 608).

[2] Diese bestehen gemäß c. 1192 § 1 (fast wörtlich identisch mit c. 1308 § 1 CIC/1917) darin, daß sie vom rechtmäßigen Oberen im Namen der Kirche entgegengenommen werden. – Jedes andere Gelübde ist ein privates.

[3] Der Ausdruck „votum sollemne" findet sich in Teil III „De Institutis vitae consecratae" des II. Buches überhaupt nicht. Der einzige Hinweis auf das „votum *sollemne*" ist in c. 1192 § 2 enthalten. Vgl. dazu *P. Zepp*, Überblick über das Ordensrecht des CIC 1983, in: Verbum SVD 24 (1983), S. 143.

[4] VatII LG Art. 44; VatII PC Art. 1, 5, 25.

[5] Vgl. dazu *B. Primetshofer*, Ordensrecht auf der Grundlage der nachkonziliaren Rechtsentwicklung, 2. Aufl., Freiburg i. Br. 1979, S. 38.

b) Voraussetzung für die Gründung einer Niederlassung

Die Errichtung von klösterlichen Niederlassungen hat zum Nutzen der Kirche und des Instituts zu geschehen (c. 610 § 1). Unter Kirche ist sowohl die Gesamtkirche wie auch die Teilkirche[6] zu verstehen. Hierbei muß für all das gesorgt sein, was für das Ordensleben der Mitglieder gemäß den besonderen Zielen und dem Geist des Instituts notwendig ist. Grundsätzlich darf keine Niederlassung errichtet werden, wenn nicht klugerweise erwartet werden kann, daß für die Bedürfnisse der Mitglieder in angemessener Weise Sorge getragen werden kann (c. 610 § 2).

2. *Zuständige Autorität*

a) Grundsatz

Niederlassungen eines Ordensinstituts werden von der nach dem Eigenrecht zuständigen *ordensinternen* Autorität errichtet, wobei in jedem Fall die vorherige schriftliche Zustimmung des Diözesanbischofs[7] erforderlich ist (c. 609 § 1).

Zur Errichtung eines Nonnenklosters ist überdies die Erlaubnis des Hl. Stuhles erforderlich (c. 609 § 2).

b) Konsequenzen

Die Zustimmung des Diözesanbischofs verleiht das Recht auf die Führung eines klösterlichen Lebens gemäß der Eigenart des Instituts, auf die Durchführung der dem Institut eigenen Aufgaben gemäß den Vorschriften des Rechts, wobei die bei der schriftlichen Zustimmung ausgesprochenen Bedingungen einzuhalten sind. Für klerikale Institute ist mit der bischöflichen Zustimmung auch das Recht verbunden, eine Kirche zu haben und, unter Einhaltung der Rechtsvorschriften, geistliche Dienste zu verrichten.

Die Erlaubnis zur Errichtung einer Kirche ist hier nur als eine *grundsätzliche* zu verstehen, denn der Hinweis auf c. 1215 § 3 (vgl. dazu c. 1162 § 4 CIC/1917) zeigt, daß vor der *konkreten* Errichtung einer Kirche an einem Ort nochmals eine *gesonderte Erlaubnis* des Diözesanbischofs einzuholen ist. Bei Errichtung neuer Kirchen, auch wenn es sich um Ordenskirchen handelt, die (noch) keine Pfarrseelsorge ausüben, muß selbstverständlich das pastorale Schwerpunktprogramm der betreffenden Region berücksichtigt werden.[8]

[6] *H. Socha*, Das Ordensapostolat der Teilkirche, München 1973.

[7] Während das Recht des CIC/1917 in diesem Zusammenhang auf den *Ortsordinarius* abstellt (z. B. cc. 495, 497, 498) ebenso wie das Dekret der SC Rel vom 4. 6. 1970, in: AAS 62 (1970), S. 549ff., ist die diesbezügliche Kompetenz nunmehr auf den *Diözesanbischof* übergegangen.

[8] Über die Koordinierung der Pastoral in der Diözese vgl. VatII CD Art. 17, Abs. 1; Dekret der SC Ep und SC Rel „Mutuae Relationes" vom 14. 5. 1978, n. 36, in: *Ochoa* V, n. 4569. Dazu *J. Pfab*, Das Verhältnis von Ordensgemeinschaften und Ortskirche (auf dem Hintergrund von Mutuae Relationes), in: Ordensnachrichten 21 (1982), S. 145–170.

3. *Rechtsstellung der klösterlichen Niederlassungen*

Eine Niederlassung von *Regularkanonikern* und *Mönchen* unter der Leitung und Aufsicht eines eigenen Oberen ist, soweit das Eigenrecht nichts Gegenteiliges festlegt, rechtlich selbständig (c. 613 § 1). Der Leiter einer selbständigen Niederlassung ist höherer Oberer (c. 613 § 2). Soweit es sich dabei um den Klerikeroberen eines Verbandes päpstlichen Rechts handelt, fällt er unter den Begriff des Ordinarius (c. 134 § 1).

Nonnenklöster, die einem Institut von Männern angeschlossen sind, behalten ihre eigene Lebensweise und Leitung gemäß den Konstitutionen bei. Gegenseitige Rechte und Pflichten sollen so bestimmt sein, daß aus dem Zusammenschluß geistlicher Nutzen entstehen kann (c. 614).

Ein *selbständiges Kloster*, das außer seinem eigenen Leiter keinen anderen höheren Oberen hat und keinem anderen Ordensinstitut so angeschlossen ist, daß dessen Oberer eine wirkliche, von den Konstitutionen bestimmte Vollmacht über dieses Kloster besitzt, wird nach Vorschrift des Rechts der besonderen Aufsicht des Diözesanbischofs unterstellt (c. 615).

4. *Zweckumwandlung und Aufhebung von Niederlassungen*

a) Zweckumwandlung

Soll eine klösterliche Niederlassung zu anderen als den ursprünglich geplanten Zwecken verwendet werden, so ist die Zustimmung des Diözesanbischofs erforderlich, sofern es sich nicht, unbeschadet der Gründungsgesetze, um eine rein innere Umwandlung handelt.

Der Gegensatz zu der hier angesprochenen *inneren* Umwandlung wäre die *äußere*, d. h. eine auf das öffentliche Apostolat des Instituts Bezug nehmende Umwandlung, z. B. von einer klösterlichen Niederlassung in eine öffentlich zugängliche Schule. Für eine solche Umwandlung sind dieselben Voraussetzungen erforderlich wie für eine Neugründung, d. h. die Zustimmung des Diözesanbischofs[9].

b) Aufhebung

Eine Zuständigkeit des Hl. Stuhles ist nur mehr gegeben bei der Aufhebung rechtlich selbständiger Niederlassungen von Nonnen, wobei hinsichtlich der Verfügung über die zeitlichen Güter auf die Bestimmungen der Konstitutionen verwiesen wird. Ferner ist der Hl. Stuhl zuständig, wenn es sich um das einzige Haus eines Instituts handelt, wobei in diesem Fall der Hl. Stuhl auch über die zeitlichen Güter zu verfügen hat (c. 616 §§ 2 und 4). Ansonsten ist für die Aufhebung eines Hauses die *institutsinterne Autorität* zuständig. Dies ist bei der Aufhebung eines rechtlich selbständigen Klosters gemäß c. 613 das Generalkapitel, sofern nicht die Konstitutionen etwas anderes bestimmen. Für die Aufhebung

[9] *Primetshofer*, Ordensrecht (Anm. 5), S. 65.

sonstiger klösterlicher Niederlassungen ist der höchste Obere (Generalobere) zuständig gemäß den Konstitutionen, wobei der Diözesanbischof zu befragen ist[10].

Über die zeitlichen Güter des aufgehobenen Hauses bestimmt das Eigenrecht, wobei jedenfalls der Wille der Gründer und Wohltäter sowie wohlerworbene Rechte zu beachten sind (c. 616 § 1).

III. Leitung der Ordensinstitute

1. *Vorbemerkung*

Wenngleich nicht mehr so deutlich voneinander abgehoben wie im CIC/1917[11], finden sich dennoch in der Überschrift „Leitung der Ordensinstitute" sehr verschiedenartige Materien, nämlich die geistig-geistliche Führung im äußeren und inneren Bereich durch Obere, Kapitel und Beichtväter und die Verwaltung zeitlicher Güter, soweit in bezug auf letztere nicht die allgemeinen Bestimmungen maßgeblich sind.

2. *Die klösterlichen Oberen*

a) Unterscheidungen

Sowohl der CIC/1917 wie der CIC/1983 kennen drei Formen von klösterlichen Oberen: den *höchsten Oberen* (*Supremus Moderator*, z. B. cc. 616, 622), den *höheren Oberen* (*Superior maior*, z. B. cc. 613, 620) und den *Oberen einer einzelnen Niederlassung* (*Superior communitatis* bzw. *Superior localis*, z. B. cc. 608, 703).

Die genannten Begriffe heben sich jedoch nicht genau voneinander ab, sondern überschneiden sich. Superior maior wird nämlich als *generelle* Bezeichnung verwendet für den Oberen des Gesamtinstituts (bei zentralistisch regierten Verbänden z. B. der Generalobere) dem auch die Bezeichnung „Supremus Moderator" zukommt, wie auch für den Vorsteher einer *Provinz* bzw. einer ihr gleichgestellten Einheit und den Vorsteher eines selbständigen Hauses (Abtei) sowie für deren *Vikare*. Auch der Abtprimas[12] sowie der Abtpräses einer monastischen Kongregation sind höhere Obere mit einer allerdings gegenüber den sonstigen höheren Oberen eingeschränkten Leitungsvollmacht (c. 620). – Überdies kann „Superior localis" auch ein höherer Oberer sein, etwa der Abt eines selbständigen Klosters bzw. dessen Vikar.

[10] Das Eigenrecht hat in diesem Fall die Frage zu regeln, ob und in welcher Weise die Konsultoren des Generaloberen bei dieser Entscheidung mitwirken.

[11] Die detaillierten Bestimmungen des CIC/1917 im Kapitel II des Titels X über Beichtväter und Kapläne (cc. 518 ff.), denen allerdings schon weitgehend durch das Dekr. der SC Rel vom 8. 12. 1970, in: ComRelMiss 52 (1971), S. 189 ff. derogiert wurde, sind auf die knappe Aussage des c. 630 zusammengeschmolzen.

[12] Rechtsgrundlage für die Stellung des Abtprimas der (schwarzen) Benediktiner ist die Lex propria *Pius XII.* vom 21. 3. 1952, in: AAS 44 (1952), S. 520–522. Die Rechtsstellung des Generalabtes der Augustiner-Chorherren ist geregelt durch ein Schreiben *Johannes XXIII.* vom 4. 5. 1959, in: AAS 51 (1959), S. 630–633.

Der hier eingeführte Begriff der *Provinz* ist eine Eigentümlichkeit der zentralistisch geleiteten Institute. Gemäß c. 621 versteht man darunter die Zusammenfassung mehrerer Niederlassungen, die unter demselben Oberen einen unmittelbaren Teil des Instituts bildet und von der zuständigen Autorität[13] kanonisch errichtet wurde.

Die Provinz ist in der Regel nach *territorialen* Gesichtspunkten errichtet; es gibt aber auch Fälle, in denen eine Provinz nach *personellen* Gesichtspunkten ausgerichtet ist, z. B. Zugehörigkeit zu einer bestimmten Volks- oder Sprachgruppe.

Die Einteilung in Provinzen findet sich bei Orden wie auch bei Kongregationen; in letzterem Falle könnte sowohl eine Kongregation päpstlichen wie auch diözesanen Rechts in Provinzen eingeteilt sein.

Unmittelbare Glieder der Provinz sind die einzelnen Niederlassungen (Kommunitäten), was jedoch nicht ausschließt, daß einzelne Ordenspersonen der Provinz direkt unterstellt sind, ohne einer bestimmten Kommunität anzugehören.

Die *Vize-Provinz* ist die Zusammenfassung mehrerer Niederlassungen (Kommunitäten) in einem von der (Mutter-)Provinz abhängigen Gebiet, meist einem Missionsgebiet der Provinz, das noch den Charakter des Vorläufigen an sich trägt und personell und strukturell noch nicht so gefestigt ist, um zu einer eigenen Provinz erhoben zu werden. Dies äußert sich insbesondere in einer des näheren vom Eigenrecht festzulegenden *Abhängigkeit* der Vize-Provinz von der Provinz. Vorsteher der Vize-Provinz ist der Vize-Provinzial. Er ist ebenfalls höherer Oberer.

b) Leitungsvollmacht

Das Amt des Oberen wird in einer gegenüber dem CIC/1917 erheblich veränderten Sicht vor allem als *Dienst* an und in der Kirche betrachtet (cc. 618 f.)[14].

Alle Oberen haben ihr Amt und ihre Vollmacht gemäß dem allgemeinen Recht und dem Eigenrecht des jeweiligen Verbandes auszuüben (c. 617). Der höchste Obere (Generalobere) hat Leitungsvollmacht über alle Provinzen, Niederlassungen und Sodalen des Instituts, die gemäß dem Eigenrecht auszuüben ist. Die übrigen Oberen haben ihre Vollmacht innerhalb der Grenzen ihres Amtes (c. 622).

Die Gewalt der klösterlichen Oberen ist eine *ordentliche*, d. h. mit dem Amt als solchem verbundene, die entweder eine *eigenberechtigte (potestas propria)* oder eine *stellvertretende (potestas vicaria)* sein kann (vgl. c. 131 §§ 1 und 2). Inhaltlich ist die Gewalt klösterlicher Oberer jedenfalls *Dominativgewalt*[15]; die Klerikeroberen[16] in Ordensinstituten päpstlichen Rechts[17] sowie in klerikalen Gesellschaften des apostolischen Lebens päpstlichen Rechts

[13] Damit ist die *institutsinterne* Autorität gemeint. Dem Dekr. der SC Rel vom 4. 6. 1970 (Anm. 7), das u. a. für die *erstmalige* Teilung in Provinzen eine Intervention des Hl. Stuhles vorsah, ist durch c. 621 derogiert.

[14] Vgl. dazu VatII PC Art. 4, 6, 14 f.; VatII LG Art. 44; MP EcclSanct II 16.

[15] Es war vor allem *A. Larraona*, der den öffentlich-rechtlichen Charakter der klösterlichen Dominativgewalt aufwies. Vgl. ComRelMiss 4 (1923), S. 252; ComRelMiss 7 (1926), S. 31 ff.; Acta Congressus Iuridici Internationalis IV (Romae 1937), S. 145–180.

[16] Nach dem Dekr. der SC Rel vom 27. 11. 1969, in: AAS 61 (1969), S. 738–740 müssen die Oberen und ihre Vikare in Klerikerinstituten Kleriker sein. Laienmitglieder können nur zu administrativen Funktionen herangezogen werden. Vgl. dazu *An. Gutiérrez*, Participatio laicorum in regimine religionis clericalis, in: ComRelMiss 51 (1970), S. 97–114.

[17] Während c. 501 § 1 CIC/1917 nur den Oberen einer „religio clericalis *exempta*" Jurisdiktionsgewalt zuteilte, gibt das Reskr. der SecrStat „Cum admotae" vom 6. 11. 1964, in: AAS 59 (1967), S. 374–378 n. I 13 in Verb. mit II 1 und 2 kraft *allgemeiner Delegation* die Vollmacht zur Vornahme von Jurisdiktionsakten „pro regimine et disciplina interna" den Generaloberen sämtlicher klerikaler Ordensinstitute päpstlichen Rechts, den Generaloberen der klerikalen Gesellschaften ohne öffentliche Gelübde und den Generaloberen der

haben überdies kraft Amtes kirchliche Leitungsgewalt (potestas regiminis) für den äußeren und inneren Bereich (c. 596 § 2).

Die *höheren Oberen* klerikaler Ordensinstitute päpstlichen Rechts sowie klerikaler Gesellschaften des apostolischen Lebens sind, sofern sie zumindest ordentliche ausführende Leitungsgewalt besitzen, *Ordinarien* (c. 134 § 1).

Klösterliche Dominativgewalt ist die „nicht-jurisdiktionelle kirchliche Leitungsgewalt, die die klösterlichen Oberen aufgrund des gemeinen Rechts und der Konstitutionen zum Zwecke der Hinordnung ihrer Untergebenen auf das Ziel des Ordensstandes besitzen"[18]. Die klösterliche Dominativgewalt ist eine öffentliche Gewalt, sie leitet sich aus der einen, der Kirche von Christus übertragenen Gewalt her und ist somit echte kirchliche Gewalt.

c) Bestellung und Amtsdauer der Oberen

Als Voraussetzung für die Wahl oder Bestellung zum Amt des Oberen wird nur mehr verlangt, daß eine angemessene Zeit nach der ewigen bzw. endgültigen Profeß des Betreffenden verstrichen ist. Dieser Zeitraum ist bei höheren Oberen von den *Konstitutionen*, bei den übrigen Oberen vom *Eigenrecht* schlechthin festzulegen (c. 623).

Die bisherigen Bestimmungen über ein bestimmtes Mindestalter sowie über das Hindernis der unehelichen Geburt (c. 504 CIC/1917) sind weggefallen.

Grundsätzlich sind alle Oberen *auf Zeit* zu bestellen, wobei die Länge dieses Zeitraumes nunmehr völlig der freien Gestaltung durch das Eigenrecht des Instituts überlassen bleibt. Für den Generaloberen und den Oberen eines rechtlich selbständigen Hauses (Abtei) kann das Eigenrecht auch Lebenslänglichkeit der Amtsinhaberschaft festlegen (c. 623).

Durch c. 623 wird u. a. der Bestimmung des c. 505 CIC/1917 derogiert, wonach niedere Hausobere nur für drei Jahre, und nach Ablauf dieses Trienniums höchstens für ein weiteres Triennium bestellt werden konnten. An die Stelle dieser Bestimmung, freilich mit Blickrichtung auf sämtliche auf Zeit zu bestellende Obere ist die Anweisung an das Eigenrecht getreten, es möge durch geeignete Normen dafür Sorge tragen, daß auf Zeit bestellte Obere nicht zu lange ohne Unterbrechung in Leitungsämtern verbleiben (c. 624 § 2).

Die Oberen können aus Gründen, die im Eigenrecht festgelegt sind, während der Amtsdauer vom Amt entfernt oder in ein anderes versetzt werden (c. 624 § 3).

Der höchste Obere eines Ordensinstituts (Generalobere) ist gemäß den Konstitutionen durch *Wahl*, die übrigen Oberen sind gemäß den Konstitutionen zu bestellen (c. 625 § 1). Werden sie *gewählt*, bedarf die Wahl der *Bestätigung* durch den zuständigen höheren Oberen; werden sie jedoch vom Oberen *ernannt*, muß eine entsprechende *Beratung* vorausgehen (c. 625 § 3). Bei der Wahl des Oberen eines rechtlich unabhängigen Hauses, das außer dem eigenen Oberen keinen anderen Oberen über sich hat (z. B. bestimmte Nonnenklöster) und bei der Wahl des höchsten Oberen in einem diözesanrechtlichen Institut führt der Bischof den

klerikalen Säkularinstitute päpstlichen Rechts. – Diese bisher *delegierten* Vollmachten (mit der ausdrücklich erwähnten Möglichkeit zur Subdelegation) finden sich nunmehr als *ordentliche* Vollmachten für die Ordensinstitute päpstlichen Rechts in c. 596 § 2, für die Gesellschaften des apostolischen Lebens in c. 732.

[18] *H. Socha*, Die Analogie zwischen der Hirten- und Dominativgewalt der klösterlichen Laienoberen, München 1967, S. 33f.

Vorsitz. Bei diözesanrechtlichen Instituten ist dies der Bischof der Hauptniederlassung (c. 625 § 2).

Obere und Sodalen haben bei Wahl bzw. Bestellung von Oberen die Bestimmungen des allgemeinen Rechts und des Eigenrechts zu beachten. Es soll jeder Mißbrauch und jedes Ansehen der Person vermieden werden. Nur Gott und das Wohl des Instituts vor Augen, sollen sie jene benennen bzw. wählen, die sie vor Gott für wirklich würdig und geeignet halten. Jeder direkte oder indirekte Stimmenfang soll vermieden werden (c. 626).

d) Der Ordensrat

Die Oberen müssen nach Maßgabe des Eigenrechts einen Beirat (Konsultoren, Definitoren, Assistenten) haben, dessen *Rat (consilium)* oder *Zustimmung (consensus)* sie bei bestimmten Angelegenheiten einzuholen haben. Welche Angelegenheiten dies sind bzw. welche Art der Mitwirkung den Beiräten zukommt, ist, soweit es nicht im allgemeinen Recht geregelt ist, Sache des Eigenrechts des jeweiligen Instituts. Dieses legt auch die Anzahl der Beiräte fest.

Grundsätzlich ist der Beirat ein Organ, das bei Handlungen des Oberen *mitwirkt.* Träger einer an Rat oder Zustimmung gebundenen Handlung bleibt daher der Obere allein, der zwar ohne die Mitwirkung der Beiräte nicht rechtsgültig handeln kann[19], aber auch nach erfolgter Mitwirkung frei ist, die betreffende Rechtshandlung vorzunehmen oder nicht[20]. Den Beiräten steht somit keinerlei Recht zu, den Oberen zur Vornahme der Rechtshandlung zu zwingen.

Haben die Beiräte das Recht auf *Zustimmung (consensus)*, so ist diese nur dann gegeben, wenn die absolute Mehrheit der Beiräte zugestimmt hat. Bei Stimmengleichheit[21] kommt dem Oberen kraft *allgemeinen Rechts* kein Dirimierungsrecht zu, d. h. der Obere könnte nicht rechtsgültig handeln, wenn ihm nur die Hälfte der Konsultoren zustimmt. – Ein solches Dirimierungsrecht wird jedoch für möglich gehalten, wenn es sich um Angelegenheiten handelt, die aufgrund des *Eigenrechts* mit Zustimmung der Beiräte zu entscheiden sind, wenn und insoweit dieses Eigenrecht dem Oberen ein Dirimierungsrecht einräumt[22].

Daneben gibt es aber auch Fälle, in denen Oberer und Konsultoren zusammen in Form eines *kollegialen Aktes* vorzugehen haben[23]. Der Obere ist hier nur primus inter pares, das Kollegium selbst wird Träger eines mit entsprechender Mehrheit gefaßten Beschlusses. Dem Oberen kommt nach zwei ergebnislos gebliebenen Abstimmungen das Dirimierungsrecht

[19] Die bisherige Unklarheit, ob die Anhörung der Beiräte, auch wenn bloß das „consilium" verlangt wird, ein Gültigkeitserfordernis darstellt, ist nunmehr durch c. 127 § 1 und § 2 n. 2 und c. 627 § 2 geklärt. Das Nichteinholen des „consilium" macht die betreffende Rechtshandlung ungültig.

[20] *S. Goyeneche*, Quaestiones canonicae de iure Religiosorum, Bd. 1, Neapoli 1954, S. 185; *G. Michiels*, Principia generalia de personis in Ecclesia, Lublin 1932, S. 495.

[21] Hier ist allerdings zu beachten, daß im Gegensatz zum bisherigen Recht Stimmenthaltung keinen Einfluß mehr auf das Konsensquorum hat, d. h. eine Stimmenthaltung wirkt wie eine Negativstimme (c. 127 § 1).

[22] *An. Gutiérrez*, Facultas Superioris dirimendi paritatem in Actibus Consilii, in: ComRelMiss 63 (1982), S. 35–38; *ders.*, De Superiore et consilio triplex quaestio, in: ComRelMiss 54 (1973), S. 122–134.

[23] Das Recht des CIC/1917 hat ein solches kollegiales Vorgehen in den cc. 650 und 655 angeführt. – Der CIC/1983 schreibt in c. 699 § 1 ein kollegiales Vorgehen für Oberen und Beiräte vor. – Es steht indes nichts entgegen, daß das Eigenrecht eines Instituts weitere Fälle *kollegialer* Entscheidung von Oberen und Beiräten vorsieht, sofern nur gesichert ist, für welche Angelegenheiten diese Entscheidungsform vorgeschrieben ist.

zu (c. 119 n. 2), er ist aber andererseits verpflichtet, einen mit der erforderlichen Mehrheit gefaßten Beschluß auszuführen, selbst wenn er gegen ihn gestimmt hat[24].

e) Pflichten der Oberen

Unter den Pflichten der Oberen erwähnt der CIC die *Residenzpflicht* (c. 619), d. h. die Oberen müssen in ihrer jeweiligen Niederlassung residieren und dürfen sich nur nach Maßgabe des Eigenrechts aus derselben entfernen.

Recht und Pflicht der Oberen ist ferner die *Visitation* (c. 628), wobei diese nicht nur dem klösterlichen Oberen obliegt, sondern auch dem Diözesanbischof; diesem allerdings nur in bezug auf die in c. 615 genannten rechtlich selbständigen Häuser und auf die in seinem Territorium gelegenen Niederlassungen eines diözesanrechtlichen Verbandes (c. 628 § 2).

Alle Oberen werden schließlich gemahnt, unbeschadet der klösterlichen Disziplin, den Sodalen die gebührende Freiheit beim Empfang des Bußsakramentes zu gewähren und für geeignete Beichtväter zu sorgen (c. 630 §§ 1 und 2). Die Oberen selbst sollen die Beichte ihrer Untergebenen nicht hören, es sei denn, daß diese aus eigenem Antrieb darum bitten (c. 630 § 4). Die Mitglieder sollen jedoch vertrauensvoll zu ihren Oberen gehen, denen sie ihr Gewissen frei und aus eigenem Antrieb eröffnen können; den Oberen ist es aber untersagt, die Untergebenen auf irgendeine Weise anzuhalten, daß sie ihnen das Gewissen eröffnen (c. 630 § 5).

Die Bestellung eines ordentlichen Beichtvaters ist nur mehr in Nonnenklöstern, in Ausbildungshäusern und in größeren Laiengemeinschaften gefordert. Dieser Beichtvater ist vom Ortsordinarius nach Rücksprache mit der betreffenden Kommunität zu bestellen; es besteht jedoch keine Verpflichtung, das Bußsakrament bei ihm zu empfangen (c. 630 § 4).

3. *Die Kapitel*

a) Begriff und Einteilung

Kapitel sind *kollegiale Leitungsorgane (kollegiale Obere)*, denen innerhalb der vom Eigenrecht gezogenen Grenzen Dominativgewalt bzw. gegebenenfalls auch

[24] *Primetshofer*, Ordensrecht (Anm. 5), S. 108. – Abgesehen von dem in c. 655 CIC/1917 ausdrücklich erwähnten Fall der Entlassung bestreitet *Henseler* die Möglichkeit einer *kollegialen Willensbildung* durch Oberen und Beirat. Der Beirat dürfe nur als *Beispruchsorgan* tätig sein. Oberer und Beirat als kollegialer Entscheidungsträger seien insbesondere durch das Dekr. der SC Rel vom 2. 2. 1972, in: AAS 64 (1972), S. 393f. ausgeschlossen. – In der betreffenden Stelle des erwähnten Dekrets (Nr. 1) wird aber lediglich untersagt, an die Stelle einer persönlichen Leitung durch einen Individualoberen ein „regimen collegiale *ordinarium et exclusivum*" (Hervorhebung vom Verfasser) treten zu lassen, so daß der Obere, wenn es einen solchen überhaupt gibt, nur mehr Ausführungsorgan des Mehrheitsbeschlusses wird. Das Dekret hat somit ganz offensichtlich den Fall vor Augen, daß bei der Leitung eines Ordensinstituts bzw. bestimmter Teile desselben überhaupt nur mehr kollegiale Entscheidungen getroffen werden. Vom Dekret nicht erfaßt sind aber m. E. Regelungen im Eigenrecht eines Instituts, wonach in bestimmten, taxativ angeführten Fällen eine kollegiale Entscheidung durch Oberen und Beirat getroffen wird. Vgl. *R. Henseler*, Die Mitbestimmungsrechte der Mitglieder zentralistischer klösterlicher Verbände an den verbandsinternen Leitungsaufgaben in der Zeit nach dem II. Vaticanum (= MthStkan Bd. 40), St. Ottilien 1980, S. 151f.

kirchliche Leitungsgewalt (potestas regiminis) zukommt. Sie sind rechtliche Vertreter entweder des gesamten Ordensinstituts oder eines Teils desselben[25].

Die Frage der Rechtspersönlichkeit der Kapitel ist auch im CIC/1983 nicht geklärt; man wird daher weiterhin wie zur Zeit der Geltung des CIC/1917 die Frage als offen bezeichnen müssen, ob die Kapitel als vom Ordensinstitut *verschiedene* juristische Personen zu bezeichnen sind, oder als *gesetzliche Vertreter* des Ordensinstituts bzw. eines Teils desselben[26]. Unbestritten ist jedoch, daß die Kapitel nach Art von Kollegien tätig werden und daß daher die für die kollegiale Willensbildung maßgeblichen Bestimmungen (insbesondere c. 119) Anwendung finden.

Man unterscheidet das *Generalkapitel* als Vertretung des gesamten Ordensinstituts, das *Provinzkapitel* als Vertretung der Provinz, das *Hauskapitel* als Vertretung einer einzelnen Niederlassung.

Dem Generalkapitel kommt die höchste Autorität im Ordensinstitut nach Maßgabe der Konstitutionen zu, die sich vor allem im Bereich der *Gesetzgebung* hinsichtlich des Eigenrechts eines Ordensinstituts äußert. Dieses Eigenrecht weist eine verschiedenartige Wertigkeit auf (vgl. c. 587), wobei das sogenannte Grundgesetz bzw. die Konstitutionen (Codex fundamentalis, Constitutiones) der Approbation durch den Heiligen Stuhl unterliegen und nur mit dessen Zustimmung geändert werden können. Daneben gibt es niederrangige Normen (Statuten, Codex addiditius), die sich innerhalb des vom Grundgesetz (den Konstitutionen) gezogenen Rahmens bewegen[27] und der Verfügungsgewalt des Generalkapitels unterliegen.

In Bereichen, in denen das Generalkapitel selbständiger Gesetzgeber ist, kommt ihm auch die Vollmacht zur *authentischen Interpretation* zu (c. 16 § 1).

b) Zusammensetzung und Aufgabenbereich des Kapitels

Die Zusammensetzung des Generalkapitels (Repräsentanz der einzelnen Gliederungen des Ordensinstituts) und der Umfang seiner Gewalt sind in den Konstitutionen festzulegen. Das Eigenrecht hat auch die Zuständigkeit anderer Kapitel und Zusammenkünfte festzusetzen, insbesondere was die Eigenart, die Zusammensetzung, die Vorgangsweise und die Sitzungsperioden anlangt. Das Eigenrecht muß überdies eine *Geschäftsordnung* für die Kapitel erlassen, wobei vor allem die mit Wahlen zusammenhängenden Fragen zu regeln sind (cc. 631 § 2, 632).

Das Generalkapitel soll so zusammengesetzt sein, daß das ganze Ordensinstitut vertreten ist. Seine Aufgabe besteht vor allem darin, das geistige Erbe des Instituts zu schützen (vgl. c. 578) und eine diesem Geist gemäße Erneuerung zu fördern. Es hat ferner die Aufgabe, den Generaloberen zu wählen und Angelegenheiten von größerer Bedeutung zu behandeln sowie diesbezügliche allgemeinbindende Normen zu erlassen (c. 631 § 1)[28].

[25] *G. Escudero*, Il nuovo diritto dei religiosi, Roma 1973, S. 43.

[26] *A. Larraona*, Scuola pratica di diritto dei religiosi (Manuskript), Rom 1953, S. 30.

[27] Vgl. dazu MP EcclSanct II 13f.

[28] Dazu SC Rel „Natura e finalità dei Capitoli generali", in: Informationes SC Rel 1976, S. 215–227. – *D. X. Andrés*, Innovationes in parte III libri II novi Codicis, in: ComRelMiss 64 (1983), S. 27.

Den Provinzen und Einzelniederlassungen und auch den einzelnen Sodalen steht das Recht zu, ihre Wünsche und Vorschläge dem Generalkapitel und auch den anderen Kapiteln vorzutragen (vgl. c. 631 § 3).

4. Zeitliche Güter und deren Verwaltung

a) Rechtsstellung der Ordensinstitute und seiner Gliederungen

Soweit die Konstitutionen die Vermögensfähigkeit eines Ordensinstituts nicht einschränken oder ausschließen, sind das Ordensinstitut selbst sowie dessen Gliederungen (Provinzen, Niederlassungen) von Rechts wegen juristische Personen und demzufolge fähig, zeitliche Güter zu erwerben, im Eigentum zu haben, zu verwalten und zu veräußern. Die Ordensinstitute selber sowie ihre einzelnen Einrichtungen sind öffentlich-rechtliche juristische Personen gemäß c. 116 § 1.

Hinsichtlich der Verwendung zeitlicher Güter enthält c. 634 § 2 in Anlehnung an konziliare und nachkonziliare Weisungen[29] die Mahnung, jeden Anschein von Luxus, unmäßigem Gewinn und Güteranhäufung zu vermeiden. Die Institute sollen sich bemühen, entsprechend den jeweiligen örtlichen Verhältnissen ein kollektives Zeugnis der Liebe und der Armut abzulegen und sie sollen nach Kräften aus dem eigenen Vermögen für die Bedürfnisse der Kirche und den Unterhalt der Armen beitragen (c. 640).

b) Die Vermögensverwaltung

Das Vermögen der Ordensinstitute ist *kirchliches Vermögen*, da es einer kirchlichen öffentlich-rechtlichen juristischen Person *zugehört (pertinet)* gemäß c. 1257 § 1. Daher sind zunächst die im fünften Buch des CIC angeführten Grundsätze über die Verwaltung kirchlichen Vermögens auch auf Ordensinstitute anzuwenden (c. 635 § 1). Innerhalb dieses Rahmens haben die einzelnen Ordensinstitute im Eigenrecht geeignete Bestimmungen über Gebrauch und Verwaltung zeitlicher Güter festzulegen, wodurch die dem Institut eigene Armut gefördert, verteidigt und ausgedrückt wird (c. 635 § 2). Insbesondere hat das Eigenrecht festzulegen, welche Handlungen den Bereich der *ordentlichen* Güterverwaltung übersteigen und welche Modalitäten für die Vornahme eines gültigen Aktes der *außerordentlichen* Verwaltung erforderlich sind (c. 638 § 1).

Die hier angeführten Begriffe ordentliche und außerordentliche Verwaltung sind im Recht des CIC nicht festgelegt[30]. Als nach wie vor gängiges Kriterium kann die von *D. M. Huot*[31] getroffene Unterscheidung zwischen den zur *Aufbewahrung und Erhaltung (patrimonium stabile*, vgl. c. 1291) und den zum *augenblicklichen Gebrauch (patrimonium liberum)* bestimmten Gütern gelten. Eine Verwendung von Gütern, die deren ursprünglicher Zweckbestimmung entspricht, ist *ordentliche*, eine darüber hinausgehende wäre *außerordentliche* Verwaltung. Hinsichtlich des patrimonium stabile umfaßt die ordentliche Verwaltung alle

[29] VatII PC Art. 13; MP EcclSanct II 23.

[30] In den cc.1277 und 1281 werden die Bischofskonferenzen aufgefordert, festzulegen, was ordentliche und außerordentliche Güterverwaltung ist.

[31] *D. M. Huot*, Bonorum temporalium apud Religiones administratio ordinaria et extraordinaria, Romae 1956.

Handlungen, die der Erhaltung, Instandsetzung, Verbesserung und Nutzbarmachung dienen; was darüber hinausgeht, insbesondere die Veräußerung, ist außerordentliche Verwaltung. Hinsichtlich des patrimonium liberum ist dessen tatsächlicher Verbrauch ein Akt der ordentlichen Verwaltung.

Für die Verwaltung des klösterlichen Vermögens ist ein eigener *Verwalter (oeconomus)* vorgesehen. Die Bestellung eines solchen, der nicht mit dem Oberen identisch sein darf, ist *zwingend* vorgeschrieben für das gesamte Ordensinstitut und für eine Provinz, die von einem höheren Oberen geleitet wird. Auch in den einzelnen Niederlassungen soll *womöglich* ein vom Hausoberen verschiedener Ökonom eingesetzt werden (c. 636 § 1). Die Ökonomen und andere Vermögensverwalter haben zu einem vom Eigenrecht festzulegenden Zeitpunkt und gemäß der dort vorgeschriebenen Art und Weise den zuständigen Oberen Rechenschaft über die Vermögensverwaltung zu geben (c. 636 § 2). Die Ökonomen und andere im Eigenrecht bezeichnete Organe sind innerhalb der Grenzen ihres Amtes neben den Oberen selbst für Akte der ordentlichen Verwaltung zuständig.

Zur Gültigkeit jeder *Veräußerung* bzw. jeden Rechtsgeschäftes, durch das die vermögensrechtliche Lage der (klösterlichen) juristischen Person schlechter werden kann[32], ist die *schriftliche Erlaubnis* des zuständigen Oberen und die Zustimmung seiner Konsultoren erforderlich. Handelt es sich um ein Rechtsgeschäft, das die vom Heiligen Stuhl für die einzelnen Regionen festgelegte Wertgrenze übersteigt[33], oder um Sachen, die aufgrund eines Gelübdes der Kirche gegeben wurden, oder um Sachen von künstlerischem oder historischem Wert, ist überdies die Erlaubnis des Heiligen Stuhles erforderlich. Bei rechtlich selbständigen Klöstern gemäß c. 615 und bei Instituten diözesanen Rechts ist auch die schriftliche Zustimmung des Ortsordinarius gefordert (c. 638 §§ 2–4).

Die in c. 615 erwähnten rechtlich selbständigen Klöster haben auch dem Ortsordinarius einmal im Jahr Rechenschaft über die Vermögensverwaltung zu geben. Außerdem hat der Ortsordinarius das Recht, in die wirtschaftlichen Verhältnisse einer Niederlassung diözesanen Rechts Einsicht zu nehmen (c. 637).

c) Haftung für Verbindlichkeiten

Als Grundsatz gilt, daß jede *juristische Person* für ihre eigenen Verbindlichkeiten haftet, auch wenn sie diese mit Erlaubnis eines Oberen auf sich genommen hat (c. 639 § 1). Was die Haftung aus Rechtsgeschäften *einzelner Mitglieder* betrifft, so wird unterschieden, ob es sich um ein Rechtsgeschäft über eigenes Vermögen des Mitglieds oder um Vermögen des Instituts handelt. Bei einem in bezug auf eigenes Vermögen mit Erlaubnis des Oberen getätigten Rechtsgeschäft haftet das Mitglied

[32] Vgl. c. 1533 CIC/1917.

[33] Angesichts der Ausdrucksweise des c. 638 § 3, wo auf eine vom *Hl. Stuhl festzulegende Wertgrenze* verwiesen wird, erscheint es fraglich, ob für Veräußerungen klösterlichen Vermögens die von der *Bischofskonferenz* nach c. 1292 § 1 für jede Region festzulegende Wertgrenze festgelegt werden. Es könnte auch sein, daß für klösterliches Vermögen eigene Wertgrenzen festgelegt werden. Vgl. *H. Schwendenwein,* Das neue Kirchenrecht, Graz-Wien-Köln 1983, S. 578, Anm. 24.

persönlich, d. h. mit seinem eigenen Vermögen; hat das Mitglied hingegen im Auftrag des Oberen ein Rechtsgeschäft für das Institut erledigt, dann haftet dieses (c. 639 § 2). Hat ein Mitglied ohne jede Erlaubnis des Oberen gehandelt, dann haftet es persönlich, nicht aber die juristische Person, d. h. das Institut[34]. In jedem Fall kann aber gegen denjenigen, der aus einem eingegangenen Vertrag einen Vorteil gezogen hat, mit einer Klage vorgegangen werden.

Sämtlichen Oberen wird aufgetragen, die Aufnahme von *Darlehen* nicht zu gestatten, wenn nicht sicher feststeht, daß aus den üblichen Erträgen nicht nur die Zinsen bezahlt, sondern innerhalb einer nicht allzu langen Zeit auch das Kapital selbst zurückgezahlt werden kann (c. 639 § 5).

IV. Aufnahme und Ausbildung der Kandidaten

1. *Postulat und Noviziat*

Der CIC enthält keine Bestimmungen über das *Postulat*, d. h. eine dem Noviziat vorausgehende Probezeit[35]. Damit wird es völlig dem Eigenrecht anheimgestellt, ein Postulat vorzuschreiben oder nicht. – Das *Noviziat* hingegen ist nach wie vor gemeinrechtlich verpflichtend vorgeschrieben. Sein Zweck besteht darin, unabhängig von der besonderen Zielsetzung des einzelnen Ordensinstituts, dafür zu sorgen, „daß der Novize die grundlegenden und wichtigsten Erfordernisse des Ordenslebens kennenlernt; auch soll es ihm behilflich sein beim Streben nach der Vollkommenheit der Liebe und bei der Übung der evangelischen Räte"[36] (vgl. c. 652 § 2).

a) Zulassung zum Noviziat

Die Zulassung zum Noviziat steht dem *höheren Oberen* zu (c. 641); es ist Sache des Eigenrechts, diesen höheren Oberen (Provinzial oder Generaloberer) näher zu bezeichnen und auch die Frage zu entscheiden, welches *Mitwirkungsrecht* den *Beiräten* dabei zukommt. Die Oberen sollen grundsätzlich nur solche Bewerber zulassen, die neben dem vorgeschriebenen Mindestalter Gesundheit, geeignete charakterliche Eigenschaften und eine genügende Reife aufweisen, um das dem

[34] Zur Frage der zivilrechtlichen Gültigkeit dieser mit mangelnder Vertretungsbefugnis für die juristische Person abgeschlossenen Rechtsgeschäfte vgl. ABGB § 867; Art. XIII ÖK und ZusP. – Dazu *H. Schnizer*, Schuldrechtliche Verträge der katholischen Kirche in Österreich, Wien 1961, S. 164ff.; *H. Koziol/R. Welser*, Grundriß des bürgerlichen Rechts, 6. Aufl., Bd. 2, Wien 1982, S. 59ff.; *P. Rummel*, in: *ders.*, Kommentar zum ABGB, Bd. 1, Wien 1983, S. 861ff. – Grundsätzlich ist davon auszugehen, daß ein mit mangelnder Vertretungsbefugnis (falsus procurator) für das Institut abgeschlossenes Rechtsgeschäft nach österr. Recht ungültig ist.

[35] Das Postulat hat nach der Instr. der SC Rel „Renovationis causam" vom 6. 1. 1969, in: AAS (1969), S. 103–120, n. 10 I den Zweck, ein Urteil über die Eignung und Berufung des Kandidaten zu ermöglichen, den Stand seiner religiösen und sonstigen Kenntnisse zu ermitteln und nötigenfalls zu ergänzen. Vgl. *J. Pfab*, Zeitgemäße Erneuerung der Ausbildung zum Ordensleben, Freiburg i. Br. 1969, S. 16–19.

[36] Instr. „Renovationis causam" (Anm. 35), n. 13 I.

Institut eigene Leben auf sich zu nehmen. Diese Voraussetzungen sind gegebenenfalls durch das Urteil von Fachleuten festzustellen (c. 642)[37].

Es kann nicht gültig ins Noviziat aufgenommen werden:
(1) wer das 17. Lebensjahr noch nicht vollendet hat;
(2) ein Ehegatte während bestehender Ehe. – Dieses Hindernis entsteht aus jeder gültigen Ehe, gleichgültig, ob es sich um eine christliche, nichtchristliche oder halbchristliche Ehe handelt und unabhängig davon, ob sie vollzogen wurde oder nicht. Die nicht vollzogene (christliche oder halbchristliche) Ehe wird jetzt nur mehr durch päpstlichen Hoheitsakt, jedoch nicht mehr durch Ablegung (feierlicher) Gelübde gelöst (c. 1142);
(3) wer durch ein heiliges Band mit einem Institut des geweihten Lebens tatsächlich gebunden oder in eine Gesellschaft des apostolischen Lebens eingegliedert ist;
(4) wer unter dem Einfluß von Gewalt, schwerer Furcht oder Arglist in ein Institut eintritt bzw. wen der Obere unter der gleichen Beeinflussung aufnimmt;
(5) wer seine Eingliederung in ein Institut des geweihten Lebens oder in eine Gesellschaft des apostolischen Lebens verheimlicht. – Hier kann es sich nur um eine *frühere*, d. h. aktuell nicht mehr bestehende Eingliederung handeln[38], da sonst Identität mit dem in (3) angeführten Tatbestand vorliegen würde.

Das Eigenrecht kann darüber hinaus andere, auch die Gültigkeit der Aufnahme betreffende Hindernisse aufstellen oder Bedingungen für die Zulassung festlegen (c. 643 § 2).

Es sollen nicht aufgenommen werden Weltkleriker ohne Befragung ihres eigenen Ordinarius sowie Personen, die mit Schulden belastet und zahlungsunfähig sind (c. 644).

Vor der Aufnahme ins Noviziat müssen die Bewerber ein *Tauf-* und *Firmzeugnis* sowie ein *Zeugnis des Ledigenstandes* erbringen. Bei Klerikern oder Aufnahmewerbern, die bereits in ein Institut des geweihten Lebens oder in eine Gesellschaft des apostolischen Lebens zugelassen wurden, ist überdies ein Zeugnis des betreffenden Ortsordinarius bzw. höheren Oberen bzw. Seminarrektors erforderlich. Das Eigenrecht kann darüber hinaus Zeugnisse verlangen, und es können die Oberen weitere Erkundigungen auch vertraulicher Natur über den Kandidaten einholen (c. 645).

b) Durchführung des Noviziats

Das Noviziat hat die Aufgabe, die Berufung zum Leben nach den evangelischen Räten in der dem jeweiligen Institut eigenen Form zu prüfen (vgl. c. 646). Religiöse, apostolische, wissenschaftliche und technische Ausbildung sind Ziel des Noviziats[39]. Je nach Eigenart des Instituts werden sich auch kluge Experimente als notwendig erweisen[40]. Das Noviziat soll die menschlichen und christlichen Tugenden zur Reifung und Entfaltung bringen (vgl. c. 652 § 2).

Die Leitung des Noviziats obliegt unter der Autorität der höheren Oberen ausschließlich dem *Novizenmeister (Magister)*[41]. Dieser muß Mitglied des Ordensinstituts sein. Außer dem Erfordernis der ewigen Profeß wird nur mehr

[37] Ausdrücklich wird hierbei auf das in c. 220 normierte Grundrecht verwiesen, wonach jedermann das Recht auf guten Ruf und auf Unverletzlichkeit seiner Privatsphäre hat.
[38] *Zepp*, Überblick (Anm. 3), S. 150.
[39] VatII PC Art. 18.
[40] MP EcclSanct II 33.
[41] Noch stärker als c. 561 § 1 CIC/1917 betont c. 650 § 2 die Bindung der Noviziatsausbildung an den Magister, da nur auf die Ingerenz der *höheren* Oberen verwiesen wird, während c. 561 § 1 CIC/1917 ganz allgemein die Oberen schlechthin ins Auge faßt.

verlangt, daß der Novizenmeister rechtmäßig bestellt wurde (c. 651)[42]. Nötigenfalls können dem Novizenmeister *Gehilfen* gegeben werden (c. 651 § 2).

Die Errichtung des *Noviziatshauses*, dessen Verlegung und Auflassung ist Sache des obersten Leiters (Generaloberen) mit Zustimmung seiner Konsultoren (c. 647 § 1).

Das Noviziat muß zu seiner Gültigkeit zwölf Monate umfassen, die in der *Noviziatsgemeinschaft* zu verbringen sind (c. 648 § 1). Dies bedeutet allerdings – im Gegensatz zu c. 555 § 1 n. 3 CIC/1917 – nicht, daß die zwölf Monate zur Gänze im Noviziats*haus* zugebracht werden müssen, da der höhere Obere gestatten kann, daß die Noviziatsgemeinschaft bestimmte, nicht näher festgelegte Zeiträume in einem anderen, vom höheren Oberen bezeichneten Haus des Instituts verbringt (c. 647 § 3). – Außerdem müssen die zwölf Monate nicht mehr wie bisher (c. 555 § 1 n. 2 CIC/1917) *zusammenhängend* sein, da sie durch Zeiten apostolischer Tätigkeit außerhalb der Noviziatsgemeinschaft unterbrochen werden können, wenn die Konstitutionen dies vorsehen (c. 648 § 2). – Das Eigenrecht kann ein *längeres* Noviziat vorschreiben, jedoch nicht über zwei Jahre (c. 648 § 3).

Eine *Abwesenheit vom Noviziatshaus*, die – entweder fortlaufend oder in Unterbrechungen – drei Monate übersteigt, macht das Noviziat ungültig. Eine unterhalb dieses Zeitraumes liegende Abwesenheit macht das Noviziat nicht ungültig, doch muß eine Abwesenheit von mehr als fünfzehn Tagen nachgeholt werden (c. 649 § 1). Die erste Profeß kann mit Erlaubnis des höheren Oberen um fünfzehn Tage vorverlegt werden (c. 649 § 2).

Die für die Gültigkeit des Noviziats vorgeschriebenen zwölf Monate sollen ausschließlich der Noviziatsausbildung gewidmet werden; die Novizen sollen in dieser Zeit nicht mit Studien und anderen Beschäftigungen belastet werden, die der Noviziatsausbildung nicht direkt förderlich sind (c. 652 § 5). Es ist unzulässig, während des zwölfmonatigen Noviziats ein in die reguläre theologische Fachausbildung einrechenbares Semester zu persolvieren oder Zeugnisse im Hinblick auf eine Berufsausbildung im engeren Sinne zu erwerben[43].

Der Novize kann das Noviziat jederzeit frei verlassen; die zuständige institutsinterne Autorität kann ihn entlassen, wozu jedenfalls entsprechende Gründe vorliegen müssen. – Nach Ablauf des Noviziats ist der Novize, sofern er geeignet erscheint, zur Profeß zuzulassen, andernfalls ist er zu entlassen. Bestehen Zweifel über die Eignung, kann das Noviziat verlängert werden, jedoch nicht über sechs Monate hinaus. (c. 653).

[42] Auch der CIC/1983 zählt ebensowenig wie der CIC/1917 den Novizenmeister (Magister) als Gültigkeitsvoraussetzung für das Noviziat auf. Daher dürfte auch weiterhin die Meinung *Goyeneches* vertretbar sein, wonach ein Noviziat gültig wäre, auch wenn kein Novizenmeister bestellt wurde bzw. wenn dieser während des ganzen Noviziatsjahres abwesend war. Zu diesem Schluß wird man erst recht durch c. 647 § 2 gedrängt, der ein Noviziat ohne eigentlichen Novizenmeister unter Leitung einer bewährten Ordensperson vorsieht. Vgl. *Goyeneche*, Quaestiones (Anm. 20), Bd. 1, S. 345f.

[43] Vgl. Instr. „Renovationis causam" (Anm. 35), n. 29 II. Dazu *Pfab*, Zeitgemäße Erneuerung (Anm. 35), S. 23.

2. *Profeß und Ausbildung der Ordensleute*

a) Inhalt, Voraussetzungen und Rechtswirkungen der Profeß

Profeß bedeutet die Übernahme der evangelischen Räte Ehelosigkeit, Armut und Gehorsam durch öffentliche (kirchenamtliche) Gelübde (c. 654). Die Profeß ist ein *religiöser Akt*, durch den der Gelobende seine radikale Verfügbarkeit für den Dienst an Gott und den Menschen als seine persönliche Lebensform zum Ausdruck bringt[44], sich Gott durch den Dienst der Kirche weiht und dem Institut mit Rechten und Pflichten eingegliedert wird (c. 654). Öffentliche Gelübde enthalten an sich schon die Verpflichtung, in dem Institut zu verbleiben, in dem die Gelübde abgelegt werden; ein eigenes *Beharrlichkeitsgelübde* ist daher rechtlich überflüssig[45].

Der CIC spricht nur mehr von *Gelübden*; die seit 1969 mögliche Form, daß anstelle von zeitlichen Gelübden *Bindungen anderer Art* treten können (etwa ein dem Institut gegenüber abgelegtes *Versprechen*)[46], ist nicht mehr geltendes Recht.

Zeitliche Profeß wird für einen im Eigenrecht des Instituts festzulegenden Zeitraum abgelegt. Dieser darf aber nicht kürzer als drei Jahre und nicht länger als sechs Jahre sein (c. 655).

Zur Gültigkeit der zeitlichen Profeß ist erforderlich:

(1) vollendetes achtzehntes Lebensjahr;
(2) gültiges Noviziat;
(3) freie, d. h. nicht erzwungene Zulassung durch den zuständigen Oberen unter Mitwirkung seines Rates. Die Art dieser Mitwirkung (Zustimmung oder Rat) ist dem Eigenrecht überlassen;
(4) ausdrückliche Ablegung ohne Gewalt, schwere Furcht oder Täuschung;
(5) Entgegennahme durch den rechtmäßigen Oberen oder seinen Beauftragten (c. 656).

Nach Ablauf der zeitlichen Profeß ist die Ordensperson, wenn sie von sich aus darum bittet und als geeignet erscheint, zur *Profeßerneuerung* oder zur *ewigen Profeß* zuzulassen, andernfalls soll sie ausscheiden. Wenn es sinnvoll erscheint, kann die Zeitspanne der zeitlichen Gelübde vom zuständigen Oberen verlängert werden, doch darf der gesamte Zeitraum zeitlicher Gelübdebindung neun Jahre nicht übersteigen (c. 657 § 2).

Zur Gültigkeit der *ewigen* Profeß ist neben den in c. 656 nn. 3–5 angeführten Voraussetzungen gefordert, daß der Bewerber das einundzwanzigste Lebensjahr vollendet hat und daß eine zeitliche Probeprofeß von mindestens dreijähriger Dauer vorausgegangen ist, wobei allerdings aus einem gerechten Grund die Dreijahresfrist um höchstens drei Monate gekürzt werden kann (cc. 658, 657 § 3).

Die bisher dem Ordensrecht geläufige Unterscheidung in *einfache und feierliche* Profeß scheint im Recht der Religiosenverbände expressis verbis nicht mehr auf. Es finden sich Hinweise auf diese Unterscheidung im Zusammenhang mit der *Vermögensfähigkeit* der Ordenspersonen (siehe unten V 1b); im Eherecht ist künftig jedes öffentliche ewige Gelübde (trennendes) Ehehindernis (c. 1088).

[44] VatII LG Art. 44.
[45] Dazu *J. G. Gerhartz*, Insuper promitto ... Die feierlichen Sondergelübde katholischer Orden, Rom 1966.
[46] Wie dies in der Instr. „Renovationis causam" (Anm. 35), nn. 34–36 vorgesehen war.

b) Aus- und Weiterbildung

In Anlehnung an konziliare und nachkonziliare Rechtsquellen[47] legt c. 659 § 1 eine generelle Verpflichtung zur Aus- und Weiterbildung nach der ersten Profeß fest. Das Eigenrecht hat Ordnung und Dauer dieser Bildung festzulegen. Die Ausbildung der für den Empfang von Weihen bestimmten Sodalen erfolgt nach den im allgemeinen Recht für die Klerikerausbildung festgelegten Normen und der institutseigenen Studienordnung (c. 659 § 3). Als Richtlinie für die Aus- und Weiterbildung wird angegeben, daß sie systematisch, der Fassungskraft der Mitglieder angepaßt, spirituell und apostolisch, wissenschaftlich und zugleich praktisch sein soll. Für die Dauer der Ausbildung sollen den Mitgliedern keine Ämter und Dienste übertragen werden, die die Ausbildung behindern (c. 660).

Die *Weiterbildung* in spiritueller, wissenschaftlicher und praktischer Hinsicht soll das ganze Leben hindurch fortgesetzt werden; die Oberen sollen dafür entsprechende Mittel und Zeit zur Verfügung stellen (c. 661).

V. Pflichten und Rechte der Ordensinstitute und ihrer Mitglieder

1. *Pflichten des geistlichen Lebens*

a) Nachfolge Christi

Alle Ordenspersonen haben die Nachfolge Christi, wie sie im Evangelium und in den Konstitutionen des eigenen Instituts enthalten ist, zur obersten Lebensregel zu nehmen (c. 626). – Im einzelnen wird den Ordenspersonen empfohlen: Ständige Verbindung mit Gott im Gebet, womöglich tägliche Teilnahme am eucharistischen Mahl, Besuch des Allerheiligsten, Lesung der Hl. Schrift, betrachtendes Gebet, Stundengebet, marianische Frömmigkeit durch Rosenkranzgebet. Ferner werden die jährlichen geistlichen Übungen eingeschärft sowie die tägliche Gewissenserforschung und der häufige Empfang des Bußsakraments (cc. 663f.).

Die Ordensleute sollen unter Beobachtung des gemeinsamen Lebens im *Ordenshaus* wohnen und sollen sich nur mit Erlaubnis der Oberen aus demselben entfernen. Eine länger dauernde Abwesenheit kann der Obere aus einem gerechten Grund und mit Zustimmung seines Rates gestatten. Diese darf aber ein Jahr nicht übersteigen, außer es handelt sich um Genesung von einer Krankheit, um ein Studium oder um einen im Namen des Instituts durchzuführenden Apostolatsauftrag (c. 665). Einem Mitglied, das unrechtmäßig abwesend ist mit der Absicht, sich dadurch der Einflußnahme seitens der Oberen zu entziehen, sollen die Oberen sorgfältig nachgehen, und sie sollen ihm Hilfen zur Rückkehr und zur Beharrlichkeit in der Berufung leisten (c. 665 § 2)[48].

In allen Häusern ist eine dem Ziel und der Sendung der Institute eigene *Klausur* nach Maßgabe des Eigenrechts einzuhalten. Ein bestimmter Teil des Hauses soll jedenfalls nur den Mitgliedern des Instituts vorbehalten sein (c. 667 § 1). Eine strengere Klausur ist in den für das beschauliche Leben bestimmten Klöstern

[47] VatII PC Art. 18; MP EcclSanct II 33 und 36. Vgl. *Andrés*, Innovationes (Anm. 28), S. 37.

[48] Diese pastorale Anweisung ist an die Stelle der bisherigen Bestimmungen über den „apostata a religione" und „fugitivus" getreten (vgl. cc. 644f. CIC/1917).

einzuhalten. *Nonnenklöster*, die ganz für das beschauliche Leben bestimmt sind, haben die sog. *päpstliche Klausur* nach Maßgabe der vom Hl. Stuhl erlassenen Richtlinien[49] einzuhalten; die übrigen Nonnenklöster sollen eine dem Ordenszweck angepaßte und in den Konstitutionen festgelegte Klausur beobachten (c. 667 § 3).

Der Diözesanbischof hat das Recht, die Klausur der in seinem Gebiet gelegenen Nonnenklöster zu betreten, und er kann aus einem schwerwiegenden Grund und mit Zustimmung der Oberin auch anderen Personen den Eintritt in die Klausur gestatten. Ebenso kann er Nonnen das Verlassen derselben für den tatsächlich notwendigen Zeitraum gestatten (c. 667 § 4).

b) Vermögensrechtliche Bestimmungen

Die Mitglieder sollen vor der ersten Profeß die Verwaltung ihres Vermögens an eine Person ihrer Wahl abtreten und sie sollen ferner, soweit die Konstitutionen nichts anderes bestimmen, über Gebrauch und Nießbrauch frei verfügen. Zumindest vor der ewigen Profeß sollen sie ein auch vor dem Staat gültiges *Testament* errichten (c. 668 § 1). Für jede Änderung der einmal getroffenen Verfügung wie auch für jeden Akt der Verwaltung bezüglich dieser Güter bedürfen sie der Erlaubnis des zuständigen Oberen (c. 668 § 2).

Was eine Ordensperson durch *eigenen Fleiß* bzw. im *Hinblick auf das Institut* erwirbt, erwirbt sie für dieses. Was der Ordensperson aufgrund einer Pension, Unterstützung oder als Versicherungsprämie zukommt, erwirbt das Institut, soweit nicht das Eigenrecht Gegenteiliges festlegt (c. 668 § 3).

Wer aufgrund der Eigenart des Instituts vollkommen auf seine Güter verzichten muß, soll diesen Verzicht in einer auch vor dem staatlichen Recht gültigen Form vor der ewigen Profeß vornehmen, wobei die Verzichtleistung mit dem Tag der ewigen Profeß Geltung haben soll. In gleicher Weise ist vorzugehen bei einem Professen mit ewigen Gelübden, der nach Maßgabe des Eigenrechts mit Erlaubnis des höchsten Oberen ganz oder z. T. auf seine Güter verzichten will[50]. – Nach wie vor in Geltung scheint die Mahnung zu sein, daß auf jenes Vermögen nicht verzichtet werden darf, das im Falle eines Austritts des Professen zu dessen Lebensunterhalt notwendig ist[51].

Ein Professe, der aufgrund der Eigenart des Instituts vollen Verzicht auf seine Güter geleistet hat (feierliche Profeß), verliert die Erwerbs- und Besitzfähigkeit, so daß die gegen das Gelübde gerichteten Handlungen ungültig sind. Was ihm nach

[49] Instr. der SC Rel „Venite seorsum" vom 15. 8. 1969, in: AAS 31 (1969), S. 674–690. Dazu *H. Schwendenwein*, Gitter und Scheidewand. Überlegungen zur Instruktion der Religiosenkongregation über die Klausur rein kontemplativer Frauenklöster, in: ThPQ 118 (1970), S. 364–367.

[50] Vgl. zur Entwicklung dieser Bestimmung: MP EcclSanct III 25; Rescr. „Cum admotae" (Anm. 17), I 16 und Dekr. der SC Rel „Religionum laicalium" vom 31. 5. 1966, in: AAS 61 (1969), S. 362 ff., n. 5. – Die in diesen Dokumenten den Generaloberen *delegierten* Vollmachten (mit der ausdrücklich erwähnten Vollmacht zur Subdelegation an andere höhere Obere) sind durch c. 668 § 4 zur *ordentlichen* Vollmacht geworden.

[51] Rescr. „Cum admotae" (Anm. 17), n. I 16.

der Verzichtleistung zukommt, geht nach Maßgabe des Eigenrechts auf das Institut über[52].

c) Weitere Rechte und Pflichten

Die Ordenspersonen sollen das nach Maßgabe des Eigenrechts angefertigte *Ordenskleid* tragen. Die Kleriker eines Instituts, das über kein eigenes Ordenskleid verfügt, übernehmen die Kleidung der Weltkleriker gemäß c. 284[53].

Das Institut muß seinen Mitgliedern alles zur Verfügung stellen, was gemäß den Konstitutionen zur Erreichung des Zieles ihrer Berufung erforderlich ist (c. 670).

Ohne Erlaubnis des zuständigen Oberen sollen Ordensleute keine Dienstleistungen und Ämter außerhalb des eigenen Instituts übernehmen (c. 671). – Die Ordensleute werden auf die allgemeinen Klerikerbestimmungen der cc. 277, 285–287 und 289 verwiesen; die Ordens*kleriker* noch überdies auf c. 279 § 2[54].

Im CIC/1983 finden sich keine Bestimmungen mehr über die *Mitgift (dos)* (cc. 547–551 CIC/1917). Angesichts erheblich geänderter wirtschaftlicher Voraussetzungen und angesichts heute bestehender anderer Möglichkeiten finanzieller Sicherstellung erscheint das genannte Rechtsinstitut obsolet[55].

Der CIC erwähnt auch das Rechtsinstitut der *Exemtion* nicht mehr. Abgesehen von der „iusta autonomia" des c. 586 § 1, die *allen Instituten* des geweihten Lebens zukommt, scheint ein bestimmten Instituten ausschließlich zukommendes *Privileg* der Exemtion nicht mehr auf[56].

2. *Das Apostolat der Ordensleute*

a) Zeichenhaftigkeit des Ordenslebens

Das Apostolat sämtlicher Ordensleute besteht primär im Zeugnis ihrer Lebensweihe (c. 673). Aus den verschiedenen Formen des Ordenslebens ergibt sich auch eine breite Fächerung der Apostolatsaufgaben und -methoden. Die rein *kontemplativen Institute*

52 Für Österreich wurde durch Reskr. der SC Rel vom 8. 7. 1974, in: ÖAKR 25 (1974), S. 279 allgemein von der Feierlichkeit des Armutsgelübdes dispensiert (vgl. dazu die Kundmachung des Bundesministers für Justiz vom 8. 1. 1976, in: BGBl. 50/1976), so daß die Professen mit feierlichen Gelübden vor dem staatlichen (österr.) Recht vermögensfähig und die die Erwerbsfähigkeit des Feierlichprofessen einschränkenden Bestimmungen des ABGB nicht anwendbar sind. Vgl. dazu *B. Primetshofer*, Feierliches Armutsgelübde und staatliche Erbfähigkeit, in: ÖAKR 25 (1974), S. 274 ff. Zur Vermögensfähigkeit der Ordenspersonen allgemein *I. Gampl*, Österreichisches Staatskirchenrecht, Wien 1970, S. 240.

53 MP EcclSanct I 25d sieht vor, daß der Ortsordinarius zur Vermeidung von Befremden unter den Gläubigen verbieten kann, daß Welt- und Ordenskleriker öffentlich in Laienkleidern auftreten.

54 Die in c. 285 § 4 erwähnte Erlaubnis kann in Laienverbänden päpstlichen Rechts der eigene höhere Obere erteilen, obwohl er nicht unter die im angezogenen Kanon erwähnte Kategorie des Ordinarius fällt (vgl. dazu c. 134 § 1).

55 Zu den bisher geltenden Bestimmungen über die Mitgift vgl. *J. Pfab*, Zum Verhältnis von Mitgift, Profeß und Unterhaltsanspruch einer Ordensschwester, in: Ordenskorr. 2 (1961), S. 85–95. *Primetshofer*, Ordensrecht (Anm. 5), S. 161–165. – Die aufgrund einer bisher eingebrachten Mitgift wohlerworbenen Rechte bleiben jedoch zufolge c. 4 erhalten. Vgl. dazu *Schwendenwein*, Das neue Kirchenrecht (Anm. 33), S. 277.

56 Vgl. *J. Garcia Martín*, Nova ratio de „exemptione" Religiosorum a Concilio Vaticano II servata, in: ComRelMiss 63 (1982), S. 135–154, 193–217; *V. Dammertz*, Die Exemtion der Ordensverbände im neuen Kirchenrecht, in: Ordenskorr. 23 (1982), S. 153–158.

nehmen im Mystischen Leib Christi einen hervorragenden Platz ein und sind eine Quelle apostolischer Fruchtbarkeit. Um ihre Eigenart zu wahren, dürfen sie daher, mag auch die Notwendigkeit zum tätigen Apostolat noch so drängen, nicht zu seelsorglichen Diensten herangezogen werden (c. 674). – Bei den *apostolischen Gemeinschaften* gehört die unmittelbare Seelsorgetätigkeit zum Ordensziel (c. 675). Männliche und weibliche *Laienverbände* nehmen durch geistliche und leibliche Werke der Barmherzigkeit am Seelsorgeauftrag der Kirche teil[57]. Bewahrung des geistigen Erbes und kluge Anpassung an die Erfordernisse der Zeit wird Oberen und Mitgliedern gleichermaßen aufgetragen (c. 677).

b) Mitarbeit mit der Ortskirche

Das Apostolat der Ordensleute ist in die Gesamt- und Teilkirche eingebunden[58]. In bezug auf die Seelsorge, die öffentliche Abhaltung von Gottesdiensten und andere Apostolatsaufgaben unterstehen die Ordensleute den Bischöfen. Sie sind jedoch bei Ausübung ihres nach außen gerichteten Apostolats auch ihren eigenen Oberen unterstellt. Bischöfe und Ordensobere sollen bei der Regelung des Apostolats gemeinsam vorgehen[59]; die Zusammenarbeit zwischen den einzelnen Ordensinstituten sowie mit dem Diözesanklerus soll vom Bischof gefördert werden (c. 680).

Der CIC empfiehlt die Einrichtung von im Partikularrecht teilweise schon bestehenden *Konferenzen der höheren Ordensoberen (Superiorenkonferenzen)*.[60] Ihre Aufgabe soll neben einer Hilfe für das je eigene Institut (besseres Erreichen des Institutszweckes) auch eine notwendige Koordinierung der Kräfte untereinander sowie die Förderung der Zusammenarbeit mit Bischofskonferenzen und einzelnen Bischöfen sein (c. 708).

Die Konferenzen der höheren Ordensoberen (Superiorenkonferenzen) sollen vom Hl. Stuhl approbierte Statuten haben. Der Hl. Stuhl ist ausschließlich für ihre Errichtung und für die Ausstattung mit Rechtspersönlichkeit zuständig (c. 709).

Aufgaben, die Ordensleuten vom Diözesanbischof übertragen werden, unterstehen der Leitung des Bischofs, wobei allerdings für Fragen der klösterlichen Disziplin der Ordensobere zuständig bleibt. Es soll tunlichst eine schriftliche Vereinbarung getroffen werden zwischen Diözesanbischof und Ordensoberen über die durchzuführende Aufgabe, die damit betraute Ordensperson und auch über finanzielle Fragen (c. 681).

Wird ein in der Diözese bestehendes Kirchenamt einer Ordensperson übertragen, ist diese vom Bischof zu ernennen, nachdem der zuständige Ordensobere den Kandidaten vorgeschlagen oder zumindest seiner Ernennung zugestimmt hat[61].

[57] Diese Sicht des Apostolats der *Laien*verbände bleibt allerdings beträchtlich hinter dem *Weltauftrag* christlicher Laien zurück, wie ihn c. 225 § 1 normiert.

[58] Zufolge VatII CD Art. 34 gehören alle Ordensleute, Männer und Frauen, zur *Diözesanfamilie*. Vgl. dazu auch „Mutuae relationes" (Anm. 8), n. 36. Dazu die Erkl. der DBK auf der Frühjahrs-Vollversammlung in Vierzehnheiligen 1980, in: Ordensnachrichten 21 (1982), S. 171–174.

[59] *Pfab*, Verhältnis (Anm. 8), S. 159.

[60] Vgl. dazu Statut der österr. Superiorenkonferenz, in: Ordensnachrichten 1 (1962), S. 5–14.

[61] Hier ist vor allem an die Bestellung von Ordensmännern als Pfarrer zu denken. Zufolge c. 520 soll es allerdings keine *inkorporierten* Pfarren mehr geben, so daß die bestehenden Inkorporationen wohl allmählich in die auch bisher schon mögliche sog. *einfache Anvertrauung* übergehen werden.

Der Ordensangehörige kann von seinem Amt jederzeit entfernt werden, und zwar sowohl vom Diözesanbischof wie auch vom Ordensoberen, wobei *Mitteilungspflicht* an den jeweils anderen besteht, aber keine Zustimmung desselben erforderlich ist (c. 682)[62].

Der Diözesanbischof kann persönlich oder durch einen Beauftragten Kirchen und Kapellen, zu denen die Gläubigen Zutritt haben, visitieren. Dasselbe gilt für Schulen und für Ordensleuten übertragene karitative Einrichtungen. Der Visitationspflicht unterliegen aber nicht Schulen, die ausschließlich Alumnen des eigenen Ordensinstituts vorbehalten sind. Entdeckt der Bischof Mißstände, kann er nach vergeblicher Mahnung des Ordensoberen von sich aus geeignete Maßnahmen ergreifen (c. 683). Aus einem sehr schwerwiegenden Grund kann der Diözesanbischof auch einer Ordensperson den Aufenthalt in seiner Diözese verbieten, sofern der eigene Ordensobere nach entsprechender Mahnung keine Vorsorge getroffen hat. Der Hl. Stuhl ist von dieser Maßnahme unverzüglich in Kenntnis zu setzen (c. 679).

VI. Trennung vom Institut

1. *Übertritt in ein anderes Institut*

Ein Mitglied mit ewigen Gelübden kann von einem Ordensinstitut in ein anderes nur übertreten mit Genehmigung der höchsten Oberen beider Institute, die dabei an die Zustimmung ihres Rates gebunden sind. Nach einer mindestens dreijährigen Probezeit kann der Übertretende zur ewigen Profeß im neuen Institut zugelassen werden. Will er diese nicht ablegen oder wird er zu deren Ablegung nicht zugelassen, dann hat er in sein früheres Institut zurückzukehren, sofern er nicht das Säkularisationsindult erhalten hat.

Zum Übertritt von einem rechtlich selbständigen Kloster in ein anderes desselben Instituts bzw. derselben Föderation oder Konföderation ist unabhängig etwaiger sonst im Eigenrecht festgelegter Voraussetzungen die Zustimmung der höheren Oberen beider Klöster und die des Kapitels des aufnehmenden Klosters erforderlich und hinreichend; es wird keine neue Profeß verlangt. – Für den Übertritt in ein Säkularinstitut oder in eine Gesellschaft des apostolischen Lebens bzw. von diesen in ein Ordensinstitut ist die Erlaubnis des Hl. Stuhles gefordert, dessen Weisungen zu beachten sind (c. 684).

Bis zur Profeßablegung im neuen Institut werden unter Aufrechterhaltung der Gelübde die Rechte und Pflichten im bisherigen Institut *suspendiert*. Vom Beginn der Probezeit an ist der Bewerber jedoch zur Beobachtung des Eigenrechts des neuen Instituts verpflichtet. Durch die Profeß im neuen Institut wird der Bewerber diesem eingegliedert, wobei gleichzeitig die früheren Gelübde, Rechte und Pflichten erlöschen (c. 685).

[62] Inhaltlich ist hier die „ad-nutum-Amovibilität" des c. 454 § 5 CIC/1917 übernommen worden.

2. *Der Austritt*

a) Die Exklaustration

Darunter versteht man die *zeitweilige Aussonderung* eines Professen aus einem Ordensinstitut, verbunden mit einer partiellen Lockerung der Gelübde wie auch der Bindung an das Institut[63]. Sie unterscheidet sich von der in c. 665 erwähnten *Erlaubnis*, außerhalb des Ordenshauses zu wohnen, da diese keine vom Recht inkludierte Lockerung der Gelübdebindung enthält. – Die Exklaustration wird gewöhnlich auf Antrag des Professen gewährt (Exklaustrations*indult*); sie kann aber auch *zwangsweise auferlegt* werden (c. 686 § 3).

Aus einem schwerwiegenden Grund kann der höchste Obere mit Zustimmung seines Rates einem Professen mit ewigen Gelübden das Exklaustrationsindult bis zu einem Zeitraum von drei Jahren gewähren. Bei Klerikern ist hierbei die Zustimmung des Ortsordinarius des Aufenthaltsortes erforderlich. Eine Verlängerung über drei Jahre ist Sache des Hl. Stuhles bzw. – bei diözesanrechtlichen Instituten – des Diözesanbischofs. Nonnen können die Exklaustration nur vom Hl. Stuhl erlangen (c. 686 §§ 1 und 2).

Auf Antrag des höchsten Oberen und mit Zustimmung seiner Konsultoren kann die Exklaustration vom Hl. Stuhl zwangsweise auferlegt werden, wenn es sich um das Mitglied eines Instituts päpstlichen Rechts handelt; bei diözesanrechtlichen Instituten ist der Bischof zuständig. Es sind in jedem Fall schwerwiegende Gründe gefordert, und es ist mit Billigkeit und Liebe vorzugehen (c. 686 § 3).

Der Exklaustrierte ist von Rechts wegen von jenen Verpflichtungen befreit, die mit seinen neuen Lebensbedingungen unvereinbar sind. Er bleibt der Abhängigkeit und Sorge seiner Oberen und auch des Ortsordinarius überantwortet, besonders, wenn es sich um einen Kleriker handelt. Sofern im Eigenrecht nichts Gegenteiliges vorgesehen ist, darf er das Kleid seines Instituts tragen; er hat jedoch kein aktives und passives Wahlrecht (c. 687).

b) Austritt während der Gelübdebindung oder nach Ablauf derselben

Säkularisation bedeutet im Ordensrecht die während bestehender zeitlicher oder ewiger Gelübde vorgenommene hoheitliche Entbindung von den Gelübden.

Wer nach *Ablauf* seiner zeitlichen Gelübde das Institut verlassen will, kann dies tun[64]. Wer während *bestehender zeitlicher Gelübdebindung* aus einem schwerwiegenden Grund austreten will, kann das entsprechende Indult bei Instituten päpstlichen Rechts vom höchsten Oberen mit Zustimmung seines Rates erlangen; bei diözesanrechtlichen Instituten und bei rechtlich selbständigen Klöstern

[63] *Primetshofer*, Ordensrecht (Anm. 5), S. 317.

[64] Zeitliche Gelübde können jedoch nicht von vornherein in dem Sinne *befristet* abgelegt werden, daß der Professe die Absicht hat, nach Ablauf der Zeit *auf jeden Fall* das Institut zu verlassen. Aufgrund von c. 607 § 2 („... elapso tamen tempore renovanda ...") können zeitliche Gelübde nur mit der Absicht abgelegt werden, sie zu erneuern bzw. ewige Profeß abzulegen, sofern sich kein gewichtiger Grund gegen die Dauerbindung ergibt. Vgl. *Escudero*, Il nuovo diritto (Anm. 25), S. 14.

gemäß c. 615 muß dieses Indult vom Diözesanbischof jenes Hauses bestätigt werden, dem das austretende Mitglied zugeschrieben ist (c. 688)[65].

Ein Professe mit ewigen Gelübden soll das Säkularisationsindult nur aus sehr schwerwiegenden und vor Gott überlegten Gründen erbitten. Das Gesuch ist an den höchsten Oberen zu richten, der es zusammen mit seiner eigenen und der Stellungnahme seines Rates der zuständigen Autorität übermittelt. Dies ist bei Instituten päpstlichen Rechts der Hl. Stuhl[66], bei diözesanrechtlichen Instituten auch der Diözesanbischof, in dessen Gebiet das Haus liegt, dem das austretende Mitglied zugeschrieben ist (c. 691).

c) Nichtzulassung zur weiteren Profeßablegung

Ein Mitglied kann aus gerechten Gründen vom höheren Oberen nach Anhören seines Rates von der weiteren Ablegung von Gelübden ausgeschlossen werden. Eine auch nach der Profeß erst aufgetretene physische oder psychische Krankheit, die das Mitglied nach dem Urteil von Fachleuten für das geistliche Leben ungeeignet erscheinen läßt, bildet einen Grund für die Nichtzulassung zur Profeßerneuerung bzw. Ablegung der ewigen Profeß. Dies allerdings nur dann, wenn die Krankheit nicht durch Nachlässigkeit des Instituts bzw. aufgrund von im Institut verrichteter Arbeiten entstanden ist (c. 689 § 2)[67]. – Verfällt ein Mitglied während der zeitlichen Gelübde in Geisteskrankheit, kann es zwar keine Profeß erneuern, darf aber auch nicht entlassen werden (c. 689 § 3).

d) Rechtsfolgen des Austritts und Wiederaufnahme

Das Säkularisationsindult enthält, sofern es nicht bei der Zustellung an das Mitglied von diesem zurückgewiesen wurde, von Rechts wegen die Dispens von den Gelübden und von allen aus der Profeß entstandenen Verpflichtungen (c. 692). Einem Kleriker wird das Indult erst dann gegeben, wenn er einen Bischof gefunden hat, der ihn in seine Diözese inkardiniert oder ihn wenigstens probeweise aufnimmt (sog. episcopus benevolus). Bei probeweiser Aufnahme ist der Betreffende nach Ablauf von fünf Jahren von Rechts wegen der Diözese inkardiniert, sofern ihn der Bischof nicht zurückgewiesen hat (c. 693).

Einen nach Ablauf des Noviziats oder während bestehender Gelübde rechtmäßig Ausgetretenen kann der höchste Obere mit Zustimmung seiner Konsultoren *wieder aufnehmen*, ohne daß das Noviziat wiederholt werden muß. Der genannte Obere muß festlegen, welche

[65] Hier wird die Frage offen gelassen, ob bei Gewährung des Säkularisationsindults die Gelübde *von selbst* erlöschen oder ob (auch) dem Generaloberen in Laieninstituten päpstlichen Rechts *Dispensbefugnis* gegeben wird. Vgl. dazu Dekr. der SC Rel vom 27. 11. 1970, in: ComRelMiss 51 (1970), S. 81, das von einer ipso-facto-Lösung der Gelübde bei Gewährung des Säkularisationsindults durch einen Laienoberen spricht. De lege lata scheint c. 692 auf eine von selbst eintretende Dispens zu weisen.

[66] Gegenteilige Privilegien, wonach der Generalobere selbst Dispens von den Gelübden erteilen kann, bleiben zufolge c. 4 in Kraft, da sie vom CIC nicht ausdrücklich widerrufen wurden.

[67] Unmittelbare Rechtsquelle für diese nicht unumstrittene Neuerung gegenüber c. 637 CIC/1917 ist das Dekr. der SC Rel vom 8. 12. 1970, in: AAS 52 (1970), S. 810–813.

Prüfungszeit den zeitlichen Gelübden bzw. der Ablegung der ewigen Gelübde vorauszugehen hat. Diese Vollmacht hat auch der Obere eines rechtlich selbständigen Klosters mit Zustimmung seines Rates (c. 690).

3. *Die Entlassung*

Diese kann verschiedene Formen aufweisen. Sie tritt entweder *von selbst* ein oder wird bei bestimmten Delikten den Oberen *zwingend vorgeschrieben*. Bei bestimmten Tatbeständen *kann* das Entlassungsverfahren eingeleitet werden und bei Vorliegen außerordentlicher Umstände kann eine (vorläufige) *Entlassung mit sofortiger* Wirkung vorgenommen werden.

a) Die von selbst eintretende Entlassung

In nachstehend (taxativ) angeführten Fällen tritt eine Entlassung von selbst, d. h. ohne Dazwischentreten eines Oberen ein:
(1) öffentlicher Abfall vom katholischen Glauben;
(2) Eheschließung oder auch nur ein diesbezüglicher Versuch, auch in Form einer bloßen Zivilehe.

In diesen Fällen hat der höhere Obere mit seinem Rat unverzüglich nach Sammlung des Beweismaterials eine Tatbestandsfeststellung vorzunehmen, damit die Entlassung rechtlich außer Zweifel steht (c. 694).

b) Entlassung durch administratives Verfahren

Bei bestimmten *Straftaten*, nämlich Mord, Menschenraub, Verstümmelung (c. 1397), erfolgreich durchgeführter Abtreibung der Leibesfrucht (c. 1398), bei Konkubinat und anderen nach außen in Erscheinung tretenden, Ärgernis erregenden und wiederholten sexuellen Vergehen (c. 1395 § 1) ist der höhere Obere *verpflichtet*, eine Entlassung vorzunehmen. Bei sonstigen Sexualdelikten, die durch Gewaltanwendung, Drohung oder öffentlich mit Minderjährigen unter sechzehn Jahren begangen wurden (c. 1395 § 2), ist die Entlassung in das *Ermessen* des Oberen gestellt. Er kann davon absehen, wenn für die Besserung des Mitglieds, die Wiederherstellung der Gerechtigkeit und die Wiedergutmachung des Ärgernisses anderweitig Vorsorge getroffen werden kann (c. 695 § 1). Ansonsten hat der höhere Obere das Beweismaterial in bezug auf den Tatbestand und die Anrechenbarkeit zu sammeln, er hat dem Mitglied die Anklage und die Beweise zur Kenntnis zu bringen und muß ihm Gelegenheit zur Verteidigung geben. Das gesamte Aktenmaterial ist vom höheren Oberen und vom Notar zu unterzeichnen und zugleich mit der vom Mitglied schriftlich abgefaßten und unterschriebenen Stellungnahme dem höchsten Oberen zu übersenden (c. 695 § 2).

Ein Mitglied kann auch wegen anderer Gründe entlassen werden, sofern diese schwerwiegend, nach außen hin in Erscheinung getreten, anrechenbar und rechtlich erwiesen sind. Genannt werden u. a. ständiges Außerachtlassen der Verpflichtungen des geweihten Lebens, wiederholte Verletzungen der heiligen Bindungen, hartnäckiger Ungehorsam usw. (c. 696 § 1). Für die Entlassung eines Mitglieds mit zeitlichen Gelübden genügen Gründe geringerer Schwere, die im Eigenrecht festgelegt sind (c. 696 § 2).

Wenn der höhere Obere nach Anhören seines Rates zu dem Ergebnis kommt, das Entlassungsverfahren einzuleiten, dann sind zunächst die Beweise zu sammeln bzw. zu ergänzen. Der Sodale ist schriftlich oder vor zwei Zeugen unter ausdrücklicher Androhung der im Falle der Unverbesserlichkeit folgenden Entlassung zu *verwarnen*. Bei ergebnisloser Mahnung hat nach fünfzehn Tagen eine weitere Mahnung zu erfolgen. Bleibt auch diese erfolglos, ist bei feststellbarer Unverbesserlichkeit und unzureichender Verteidigung des Mitglieds nach Ablauf von weiteren fünfzehn Tagen das gesamte Aktenmaterial zusammen mit den vom Mitglied selbst unterschriebenen Antworten dem höchsten Oberen zu übersenden.

Dieser hat mit seinem Rat, der zur Gültigkeit seiner Amtshandlungen aus mindestens vier Mitgliedern bestehen muß, in bezug auf die genaue Abwägung der Beweise und der Verteidigung als *Kollegium* vorzugehen. Wenn mittels *geheimer Abstimmung* so entschieden wurde, ist das Entlassungsdekret auszustellen, das zu seiner Gültigkeit eine wenigstens summarische Anführung der rechtlichen und tatsächlichen Begründung des Spruches enthalten muß. Bei rechtlich selbständigen Klöstern gemäß c. 615 hat über die Entlassung der Diözesanbischof zu entscheiden, dem der Obere die von seinem Rat geprüften Akten übersendet.

Das Entlassungsdekret bedarf zu seiner Rechtskraft der Bestätigung durch den Hl. Stuhl. Es sind ihm daher das Entlassungsdekret selbst und alle Akten zu übersenden. Bei diözesanrechtlichen Instituten obliegt die Bestätigung dem Diözesanbischof jener Diözese, in dem das Haus liegt, dem der zu Entlassende zugeschrieben ist. – Das Entlassungsdekret muß – andernfalls wäre es nichtig – einen Hinweis auf das dem Entlassenen zustehende Recht enthalten, innerhalb von zehn Tagen, vom Zustellungsdatum an gerechnet, *Beschwerde* bei der zuständigen Autorität einzulegen (Rechtsmittelbelehrung)[68]. Der Beschwerde kommt *aufschiebende* Wirkung zu (c. 700).

c) Ausweisung im Dringlichkeitsfall

Bei Vorliegen eines schweren äußeren Ärgernisses oder eines sehr schweren, dem Institut drohenden Schadens kann ein Mitglied unverzüglich vom höheren Oberen, bzw. wenn Gefahr im Verzug ist, vom Lokaloberen mit Zustimmung seines Rates aus dem Ordenshaus *ausgewiesen* werden. Der höhere Obere soll, wenn es nötig ist, für die Einleitung eines rechtmäßigen Entlassungsprozesses Vorsorge treffen oder die Sache dem Hl. Stuhl unterbreiten (c. 703).

[68] Bei einem vom Diözesanbischof bestätigten Entlassungsdekret ist die Beschwerde an den Hl. Stuhl (SC Rel) möglich. Bei einem von der SC Rel bestätigten Dekret kann bei Vorliegen entsprechender Voraussetzungen die SignAp als Verwaltungsgerichtshof angerufen werden (c. 1445 § 2).

d) Rechtsfolgen der Entlassung

Mit der rechtmäßig erfolgten Entlassung erlöschen ohne weiteres die Gelübde[69] und alle aus der Profeß folgenden Rechte und Pflichten. Ist der Entlassene Kleriker, darf er die heiligen Weihen solange nicht ausüben, bis er einen Bischof gefunden hat, der ihn gemäß c. 693 in die Diözese aufnimmt oder ihm zumindest die Ausübung der Weihe gestattet (c. 701).

Wer aus einem Institut ausgetreten ist oder entlassen wurde, kann keinerlei Entgelt für die im Institut geleistete Arbeit verlangen. Das Institut soll aber Billigkeit und evangelische Liebe gegenüber dem ausgeschiedenen Mitglied an den Tag legen (c. 702)[70].

Die Mitglieder, die sich auf irgendeine Weise vom Institut getrennt haben, sind in den in c. 592 § 1 erwähnten Bericht an den Hl. Stuhl aufzunehmen (c. 704).

§ 58 Die Säkularinstitute

Von Rudolf Weigand

I. Zur geschichtlichen Entwicklung

1. Bereits im 16. Jahrhundert versuchten *Angela Merici* († 1540) mit ihren Ursulinen und Anfang des 17. Jahrhunderts *Mary Ward* († 1645) mit den Englischen Fräulein[1] das zu verwirklichen, was erst Mitte dieses Jahrhunderts in den Säkularinstituten[2] rechtlich ermöglicht wurde. In den Wirren der französischen Revolution hat *P. de Clorivière* solche Versuche mit besonderer Intensität neu aufgenommen.

2. Erst durch die Apostolische Konstitution „Provida Mater Ecclesia" vom 2. 2. 1947 hat *Pius XII.* das Grundgesetz für diese Gemeinschaften gegeben und damit

[69] Damit ist c. 669 § 1 derogiert, demzufolge ein Professe mit ewigen Gelübden auch nach seiner Entlassung noch grundsätzlich an die Gelübde gebunden war, was zu teilweise ungeklärten Situationen geführt hatte. Vgl. *Primetshofer*, Ordensrecht (Anm. 5), S. 346.

[70] Vgl. diesbezüglich das Dekr. der SC Rel vom 25. 1. 1974, Prot. Nr. 246/73, in: ÖAKR 25 (1974), S. 280f. – In Österreich besteht kraft staatlichen Rechts die Verpflichtung des Instituts, im Fall des Ausscheidens eines Mitglieds für die gesamte, im Verband zugebrachte Zeit die sog. Überweisungsbeträge an den gesetzlichen Sozialversicherungsträger zu entrichten. Auf diese Weise kommt das ausgeschiedene Mitglied in den Genuß einer staatlichen Rente. Vgl. dazu 29. Novelle zum Allgemeinen Sozial-Versicherungsgesetz (Bundesgesetz vom 16. 12. 1972, in: BGBl. 31/1972).

[1] Siehe hierzu *R. Lemoine*, Le droit des religieux du Concile de Trente aux Instituts séculiers, Paris 1965, der faktisch eine Vorgeschichte und Geschichte der Säkularinstitute bietet und manche verhinderte Säkularinstitute namhaft macht.

[2] Eine umfassende Bibliographie bietet *F. Morlot*, Bibliographie sur instituts séculiers (années 1891–1972), Roma (1973), Sonderdruck aus ComRelMiss 54 (1973), S. 231–297, 354–362. Eine Fortführung ist geplant.

den rechtlichen Rahmen geschaffen für die richtige Einordnung bereits vorhandener Gemeinschaften[3]. Allerdings ist ihm das nicht in jeder Hinsicht geglückt, weil erst allmählich die entsprechende Terminologie geschaffen und sinngemäß angewandt werden mußte[4].

3. Bereits ein Jahr später erging das Motu proprio „Primo feliciter", welches vor allem das Element der Welthaftigkeit (saecularitas) positiv herausarbeitete[5] und insofern die fast pessimistische Sicht der genannten Const. Ap. etwas korrigierte. Am 19. 3. 1948 wurden die geltenden Bestimmungen in der Instruktion „Cum Sanctissimus" der Kongregation für die Ordensleute und Säkularinstitute zusammengefaßt und für die Hand der Bischöfe näher präzisiert[6].

4. Das 2. Vatikanum legt in Art. 11 des Dekrets „Perfectae caritatis" knapp und präzis die Wesenselemente der Säkularinstitute dar, was darauf zurückzuführen ist, daß der erste Entwurf dieses Dekrets über die Stände der zu erwerbenden Vollkommenheit überhaupt gehandelt hat[7]. Der CIC/1983 behandelt sie aus theologischen Gründen, trotz mancher Kritik an dieser Einordnung[8], zusammen mit den Ordensgemeinschaften als eine Form der Institute des (gott)geweihten Lebens (cc. 573–730).

5. In dem nachkonziliaren Ringen über das richtige Verständnis der Säkularinstitute[9] spielte der bisher einzige Internationale Kongreß der Säkularinstitute 1970 in Rom eine wichtige Rolle[10]. Entgegen manchen Tendenzen, die Säkularinstitute auf Laiengemeinschaften ohne eigenes Apostolat einzuschränken, wurde

[3] AAS 39 (1947), S. 114–124.

[4] Sehr kritisch nimmt *F. Wulf* Stellung, der den Vorwurf erhebt, daß dem Gesetz „eine Zwiespältigkeit anhaftet, die unbefriedigt läßt und den Säkularinstituten im Grunde nicht gerecht wird", vgl. *dens.*, Wesen und Aufgaben der Säkularinstitute nach dem Zweiten Vatikanischen Konzil, in: GuL 40 (1967), S. 442–458, Zitat S. 447.

[5] Datiert vom 12. 3. 1948, veröffentlicht in AAS 40 (1948), S. 283–286. *G. Lazzati* erwähnt, daß für dieses Dokument ein Text von *A. Gemelli* maßgebend gewesen sei, vgl. *G. Lazzati*, De natura vinculi sacri in institutis non-religiosis, in: PerRMCL 67 (1978), S. 491. Wahrscheinlich ist *Gemellis* Studie von 1939 gemeint (Le associazioni di laici consacrati a dio nel mondo), die erst in dem Sammelwerk: Secolarità e vita consacrata, Milano 1966, S. 361–442 publiziert wurde.

[6] AAS 40 (1948), S. 293–297; als Grund für die Veröffentlichung wird u. a. angegeben, daß einige Punkte der Const. Ap. „nicht von allen klar verstanden und richtig interpretiert worden sind".

[7] *F. Wulf* zeigt in seinem Kommentar zur Stelle die Vorgeschichte auf, wie erst allmählich ein Stufendenken, „das Gefälle von den Orden zu den Säkularinstituten" überwunden werden konnte und eine positive Sicht und Beschreibung gelang: LThK^2-Konzilskommentar II, S. 286–288.

[8] Hier sei nur verwiesen auf *A. Scheuermann*, Der Entwurf 1977 für das katholische Ordensrecht, in: Ordenskorr. 19 (1977), S. 53–66, bes. S. 57–60; *Lazzati*, De natura (Anm. 5), S. 491–497 und *W. Aymans*, Einführung in das neue Gesetzbuch der lateinischen Kirche (= Arbeitshilfen 31, hrsg. vom Sekretariat der DBK), Bonn 1983, S. 24.

[9] Siehe hierzu *B. Bosatra*, Istituti Secolari e teologia. La ricerca postconciliare (1965–1978), Roma 1980; ferner das Sammelwerk *A. Oberti*, Gli Istituti Secolari nella chiesa d'oggi, Roma 1980.

[10] Die gesamten Referate, die Ergebnisse der Beratungen und die Ansprache des Papstes wurden in den 5 Hauptsprachen veröffentlicht: Acta Congressus Internationalis Institutorum Saecularium Romae 20–26 IX 1970, Milano 1971 (dt. Text: S. 951–1178). Die (kleineren) Welttreffen der Säkularinstitute, welche seit 1972 in vierjährigem Turnus stattfinden, sind davon zu unterscheiden.

auf ihm schließlich ein Votum für den Pluralismus in den Säkularinstituten verabschiedet sowie die Bildung einer internationalen Kommission vorgeschlagen[11].

6. Nach entsprechender Vorbereitung wurde am 23. 5. 1974 die Weltkonferenz der Säkularinstitute (abgekürzt CMIS) gebildet; diese wurde von der Kongregation für die Ordensleute und Säkularinstitute anerkannt, die auch ihre Satzung am 1. 11. 1980 endgültig billigte[12]. Auf nationaler Ebene haben sich ebenfalls Zusammenschlüsse gebildet, für die auch Statuten beschlossen wurden, so in Italien 1975 und Spanien 1978 (sogar als juritische Person von der Kongregation errichtet)[13]. Für Deutschland hat sich die „Arbeitsgemeinschaft der Säkularinstitute" am 15. Oktober 1972 eine interne, nicht veröffentlichte „Grundordnung" gegeben.

II. Begriff und Wesenselemente

Das Säkularinstitut ist ein Institut des (gott-)geweihten Lebens, in dem die Gläubigen nach der Vollkommenheit der Liebe in der Welt streben und zur Heiligung der Welt von innen her beizutragen suchen (c. 710; VatII PC Art. 11). Folgende vier Elemente gehören daher zum Wesen der Säkularinstitute: 1. Die *Weihe* (Verpflichtung auf die evangelischen Räte), 2. die *Welthaftigkeit* (inmitten der Welt), 3. *Apostolat*, 4. Bindung an eine *Gemeinschaft*.[14]

1. *Die Weihe* konkretisiert in einer spezifischen Weise die zugrundeliegende „Taufweihe"[15]. Ohne auf die theologischen und existentiellen Dimensionen dieser Weihe näher einzugehen, sei nur die kanonistische Seite kurz beleuchtet. Die Verpflichtung auf die drei evangelischen Räte muß eine echte und volle sein[16]. Das neue Recht überläßt es den Konstitutionen, durch welche Form der „vincula sacra" in dem einzelnen Institut diese evangelischen Räte übernommen werden (c. 712; c. 573 § 2: vota aut alia sacra ligamina). Nach der Const. Ap. „Provida Mater" war die Verpflichtung zur vollkommenen Keuschheit durch ein vor Gott gemachtes Gelübde, einen Eid oder eine im Gewissen bindende Weihe zu übernehmen[17]. Die Verpflichtung auf die beiden anderen Räte konnte entweder durch ein Gelübde oder durch ein Versprechen übernommen werden[18]. Zutreffenderweise

[11] Ebd., S. 1163–1167, von Pfr. *Bühler* und Dr. *Oberti* vorbereitet.

[12] Siehe ComRelMiss 62 (1981), S. 343–348. Diese CMIS gibt unter dem Namen „Dialog" in mehreren Sprachen ein Mitteilungsblatt mit eigenen Artikeln heraus.

[13] Das berichtet *D. J. Andrés Gutiérrez* in seinem Kommentar zu den Richtlinien über die Beziehungen zwischen den Bischöfen und Ordensleuten in: REDC 34 (1978), S. 613.

[14] Zu diesen vier Elementen siehe auch *M. Albertini*, Istituti secolari, in: Dizionario degli istituti di perfezione V, Sp. 108–114.

[15] Weihe (consecratio) hat sich inzwischen als generische Bezeichnung für alle Formen des Bekenntnisses zu den evangelischen Räten durchgesetzt. Siehe herzu *J. Beyer*, Lebensweihe in den Säkularinstituten, in: Acta (Anm. 10), S. 977–992, ferner *S. Holland*, The Concept of Consecration in Secular Institutes, Thes. ad laur. Roma 1981 und *T. Urquiri*, Ordo consecrationis seu professionis in Institutis saecularibus, in: ComRelMiss 62 (1981), S. 207–213.

[16] Primo feliciter II, in: AAS 40 (1948), S. 284f.

[17] Art. III § 2 n. 1, in: AAS 39 (1947), S. 121.

[18] „Voto vel promissione": Art. III § 2 nn. 2 und 3, ebd.; Promesse negli Istituti secolari, in: Informationes SCRel 5 (1979), S. 49–54.

wird die Art der (welthaften) Bindung in ihrer Bedeutsamkeit für den welthaften Charakter der Säkularinstitute gesehen und mehr und mehr anerkannt[19].

Diese Bindungen sind grundsätzlich als „öffentliche" einzuschätzen, selbst wenn sich viele Säkularinstitute wegen der „öffentlichen Gelübde" in den Ordensgemeinschaften weigern, ihre Gelübde oder sonstigen Bindungen so zu qualifizieren. Im c. 1192 wird ein Gelübde öffentlich genannt, wenn es im Namen der Kirche von rechtmäßigen Oberen angenommen wird. Das trifft auch auf die Säkularinstitute zu. In c. 1088 wird bewußt das Ehehindernis des Gelübdes eingeschränkt auf „in instituto religioso"[20].

2. *Die Welthaftigkeit* der Mitglieder von Säkularinstituten wird durch die Weihe nicht geändert oder gemindert (c. 711). Inmitten der Welt und mit den Mitteln der Welt haben sie zu leben und ihr Apostolat auszuüben (VatII PC Art. 11). Ob die Mitglieder einzeln in der Welt leben, in ihrer Familie oder in einer Wohngemeinschaft mit anderen Gliedern des Instituts zusammen, hängt von den Entscheidungen des Einzelnen und den Konstitutionen ab (c. 714). Gerade in diesem Punkt zeigt sich der wesentliche Unterschied zwischen den verschiedenen Formen des Ordenslebens und den Säkularinstituten, selbst wenn heute bei den Ordensleuten das Moment des Auszugs aus der Welt nicht mehr so betont wird wie früher[21]. Mit diesem welthaften Charakter ist eine gemeinsame Tracht, auch wenn sie rechtlich kein Ordenskleid darstellt, und z. B. die Mitteilung eines neuen Namens bei feierlicher Einkleidung nur schwer zu vereinbaren.

3. *Das Apostolat* oder die missionarische Dimension sollte integrierender Bestandteil jedes christlichen Lebens sein. Für die Mitglieder der Säkularinstitute ist das Apostolat Ausdruck und Verwirklichung ihrer Weihe, indem sie nach Art eines Sauerteigs alles im Geist des Evangeliums zu erfüllen suchen und am Wachstum des Leibes Christi tatkräftig mitwirken (c. 713 § 1). Über die Art dieses Apostolats sind die Meinungen jedoch geteilt. Die einen fordern, daß die apostolische Tätigkeit allein in der christlich geprägten, beispielhaften Berufsarbeit (in einem weltlichen Beruf) besteht, die selbstverantwortlich von den einzelnen Mitgliedern der Säkularinstitute geleistet wird, also kein gemeinsames Apostolat beinhalten dürfte[22]. Demgegenüber ist zu sagen, daß von ihrer Zielsetzung her und

[19] Am 8. 12. 1976 wurde die Satzung der Schönstätter Marienschwestern, des im deutschen Sprachraum verbreitetsten Säkularinstituts, endgültig genehmigt, welche nur die Bindungsform der „Vertragweihe" kennt. Dem Vernehmen nach war für die seit Jahrzehnten vom Opus Dei angestrebte Änderung seiner Rechtsform, dem ersten kanonisch errichteten Säkularinstitut, in eine Personalprälatur u. a. der Umstand maßgebend, daß sich die Laien um ihrer Welthaftigkeit willen in ihm nur „mittels einer klar umschriebenen vertraglichen Bindung und nicht kraft besonderer Gelübde" verpflichten. So in der Erklärung der SC Ep v. 23. 8. 1982 Nr. Ic, vgl. OssRom (dt.) v. 10. 12. 1982, S. 12.

[20] Im Schema CIC 1980 lautete der entsprechende c. 1041 allgemein „in Instituto vitae consecratae".

[21] Siehe *G. Lazzati*, Weihe und Welthaftigkeit, in: Acta (Anm. 10), S. 993–1009, ferner *J. F. Castaño*, Il carisma della secolarità consacrata, in: Angelicum 53 (1976), S. 319–361; *G. Moioli*, Consacrazione e secolarità: problema degli Istituti Secolari o problema ecclesiologico?, in: Oberti, Istituti (Anm. 9), S. 11–51; *T. J. Olmsted*, The Secularity of Secular Institutes, Thes. ad laur. Roma 1981.

[22] Hier sei nur auf *J. Beyer* hingewiesen: L'avenir des Instituts séculiers, in: Gregorianum 46 (1965), S. 545–594. Auch in zahlreichen neueren italienischen Veröffentlichungen wird

nach dem geltenden Recht (c. 713 § 2 „in communitatis ecclesialis servitium") ein gemeinsames Apostolat (z. B. Trägerschaft einer Schule, eines Exerzitien- oder Schulungshauses) sehr wohl zum Aufgabenbereich der Säkularinstitute gehören kann.

4. *Bindung an die Gemeinschaft.* Die Const. Ap. hatte gefordert: „Die Bindung, durch die das Säkularinstitut und seine Glieder im eigentlichen Sinne miteinander verbunden sein sollen, muß sein: 1. eine dauernde ..., 2. eine gegenseitige und vollkommene, so daß der Eintretende sich im Sinne der Konstitutionen der Gemeinschaft ganz hingibt und die Gemeinschaft für das Mitglied sorgt und für es eintritt"[23].

Entsprechend der Lebensform und Aufgabe des Instituts ist die Bindung an die Gemeinschaft sehr verschieden. Sie kann so weit gehen, daß Beruf, Einsatz und Arbeitsplatz vom Institut dem einzelnen vorgeschrieben werden. In diesem Fall ist die Sorge und Verantwortung des Instituts für den einzelnen auch entsprechend groß (cf. c. 718). Bei vielen Säkularinstituten erstreckt sich die Übergabe und die Verfügbarkeit aber nur auf den religiös-aszetischen Bereich, auf das sogenannte regimen internum, das lediglich indirekt die Berufsarbeit, die sozialen Verpflichtungen und den apostolischen Einsatz berührt. In all diesen Fällen üben die Mitglieder ihre Berufsarbeit in eigenem Namen aus, wählen eigenverantwortlich ihren Beruf und Arbeitsplatz (die Verantwortlichen haben nur ein Beratungsrecht), haben selber für ihren Unterhalt zu sorgen usw. (cf. c. 713 § 2).

III. Einteilung

1. Der CIC/1983 kennt weiterhin die Unterteilung in *klerikale und laikale* Institute (cc. 588 §§ 2f., 713 §§ 2f.). Damit ist aber jetzt kein Typenzwang mehr verbunden, da ausdrücklich erklärt wird, daß der Stand des gottgeweihten Lebens seiner Natur nach weder klerikal noch laikal ist (c. 588 § 1). Also kann es auch sog. indifferente Institute[24], d. h. Mischformen geben, zumal solche schon bisher rechtlich anerkannt worden sind.[25] Gelegentlich wurde unter Berufung auf VatII LG Art. 31 über den Weltauftrag der Laien die Welthaftigkeit mit der Laizität gleichgesetzt und offen oder verdeckt die Berechtigung von Priestersäkularinstitu-

diese Sicht vertreten. Siehe demgegenüber das in Anm. 11 genannte Votum, ferner *H. Müller*, Liebend in der Welt. Erwägungen über die apostolische Welthaftigkeit der Säkularinstitute, Leutesdorf 1968, und *C. D. Salamone*, Pluralismo apostolico negli Istituti Secolari (= Pontif. Univ. Lateran. thes. ad laur. in iure canon. 133), Roma 1976.

[23] Provida Mater Art. III § 3, in: AAS 39 (1947), S. 121.

[24] Siehe hierzu *V. Dammertz*, Die Institute des geweihten Lebens im neuen Kirchenrecht, in: Ordenskorr. 23 (1982), S. 257–283, hier S. 269f. Dem Artikel liegt das Schema von 1980 zugrunde. Trotz des allgemeinen Titels wird auf die Säkularinstitute kaum einmal Bezug genommen.

[25] Mitte 1978 waren von 126 anerkannten Säkularinstituten (darunter 38 päpstl. Rechts) nur 7 reine Priesterinstitute, dagegen 9 solche für Priester und männliche Laien und 3 für Priester, Männer und Frauen, 3 für Männer und 104 für Frauen. Siehe *M. Albertini*, Istituti secolari (Anm. 14), Sp. 115.

ten überhaupt in Frage gestellt.[26] Demgegenüber hat Papst *Paul VI.* zwar die Besonderheiten und Schwierigkeiten dieser Institute gesehen, sie aber doch für sehr wichtig gehalten und befürwortet.[27]

2. Bei den *Priestersäkularinstituten* gibt es solche, deren Mitglieder voll einer Diözese inkardiniert sind (der Regelfall), und solche, deren Mitglieder dem Institut inkardiniert sind (c. 715). Das Recht zur Inkardination von Priestern in das eigene Institut wurde von Anfang an um des welthaften spezifischen Apostolats willen einigen wenigen Säkularinstituten gegeben und ist auch in c. 266 § 3 weiterhin vorgesehen, obwohl vielfach die Abschaffung dieser Möglichkeit für den CIC/1983 gefordert worden war. Eine vergleichbare Unterscheidung gibt es bei den Laieninstituten, wenn sie auch terminologisch noch nicht klar erfaßt ist: je nachdem, ob die Mitglieder ihre Arbeit usw. vom Institut vorgeschrieben bekommen, oder ob sie eigenverantwortlich ihren Beruf wählen und dort tätig sind.[28]

3. Die gelegentlich befürwortete Möglichkeit, daß auch *Verheiratete* Vollmitglieder eines Säkularinstituts sein können, ist zu verneinen, nicht nur aus kirchenrechtlichen (cc. 599, 712)[29], sondern auch aus theologischen Gründen[30]. Wenn schon eine besondere Form der radikalen Christusnachfolge in den Gemeinschaften des Rätestandes institutionalisiert wurde, dann sind auch die Wesenselemente unabdingbar, wozu gerade die Form des ehelosen Lebens gehört. Damit ist in keiner Weise das christliche Leben der Verheirateten abqualifiziert, im Gegenteil: jeder ist in seiner Art zur Vollkommenheit berufen, wie VatII LG Kap. V deutlich macht.[31]

[26] Siehe den kritisch zusammenfassenden Artikel von *M. Midali*, Secolarità, laicità, consacrazione e apostolato, in: Salesianum 36 (1974), S. 261–311, ferner Acta (Anm. 10), S. 1151–1160.

[27] In seiner Jubiläumsansprache vom 2. 2. 1972 spricht er von einer dreifachen Forderung (Welthaftigkeit, Bindung an die Gemeinschaft und Abhängigkeit vom Bischof), die nur schwer miteinander zu harmonisieren sei (esigenze apparentemente contrastanti) und fordert zu weiteren Studien auf (AAS 64 [1972], S. 211 f.). Siehe auch *R. Weigand*, Zur Problematik der doppelten Jurisdiktion in Weltpriestergemeinschaften einst und jetzt, in: Regnum 8 (1973), S. 159–166; ferner *H. Müller*, Säkularinstitute für Priester, in: Der große Entschluß 24 (1969), S. 275–280. Ein instruktiver Artikel von *F. J. Errázuriz* (Paul VI. und die Welthaftigkeit der Priester in den Säkularinstituten) jetzt in: Regnum 18 (1983), S. 134 ff. Positiv auch *H. U. v. Balthasar*, Das Wagnis der Säkularinstitute, in: IKZ Communio 10 (1981), S. 238–245, hier S. 240 und 243.

[28] Vgl. cc. 714 und 718, letzter Satz, ferner das in Abschnitt II 4 Gesagte.

[29] So entschied sich auch nach einer Umfrage die SC Rel; siehe Informationes SC Rel 2 (1976), S. 49–61, in dt. Übersetzung in: Dialog 4 (1976), Nr. 22/23, S. 21–30.

[30] Siehe *R. Weigand*, Überlegungen zum künftigen Recht der Säkularinstitute, in: Festschrift Mörsdorf, S. 473–506, hier S. 478–480.

[31] *G. Lazzati*, der sich aufgrund seines Standes so sehr für die „Laizität" einsetzt und z. B. Gemeinschaften von Verheirateten für sehr wichtig hält, betont deren wesentlichen Unterschied zu den Säkularinstituten, „in quibus elementum essentiale est obligatio consiliorum evangelicorum, nominatim castitatis", in der Diskussion nach dem in Anm. 5 genannten Vortrag: PerRMCL 67 (1978), S. 519.

IV. Errichtung und Leitung der Säkularinstitute

1. Von der *amtlichen Errichtung* eines Instituts ist die vorausgehende (meist privatrechtliche) Gründung, welche dem Institut seine spirituelle Mitgift und die spezielle apostolische Zielsetzung vermittelt (c. 578), sehr wohl zu unterscheiden. Einerseits sollen Säkularinstitute nicht voreilig errichtet werden, andererseits dürfen Gemeinschaften, welche die für ein Säkularinstitut geforderten Eigenschaften haben, nicht unter den privaten Vereinigungen der Gläubigen belassen werden. Daher ist ein mehrstufiges Verfahren vorgesehen[32]. Zuerst muß sich eine Gemeinschaft als *private* Vereinigung bewähren und ihre Beständigkeit erweisen (cc. 321–326). Dann kann sie der Bischof als *öffentliche* kirchliche Vereinigung errichten (cc. 312–320). Nach gewissenhafter Prüfung des Lebens der Mitglieder und der Organisation (c. 605) kann die *diözesanrechtliche Errichtung* durch den zuständigen Diözesanbischof nach Konsultation der Kongregation für die Ordensleute und Säkularinstitute erfolgen (c. 579). Für die Errichtung und Leitung der Säkularinstitute gelten dieselben Rahmenbestimmungen wie für die Ordensgemeinschaften (cc. 573–606), so daß hier im wesentlichen auf die Ausführungen von *Bruno Primetshofer* verwiesen werden kann[33].

2. Die *Leitung* eines Säkularinstituts hat eine sehr unterschiedliche Gestalt, je nachdem ob auch der berufliche Einsatz der Mitglieder von den Oberen geregelt wird und Mitglieder gemeinschaftlich leben, oder ob die Leitung sich im wesentlichen auf den spirituell-aszetischen Bereich beschränkt. Die Konstitutionen jedes Instituts haben das Nähere zu regeln: die Art der Bestellung der Oberen, ihre Amtsdauer und die einzelnen Befugnisse (c. 717).

V. Mitglieder der Säkularinstitute

Jeder Katholik, der die geforderten Voraussetzungen besitzt und die rechte Intention hat, kann in ein Säkularinstitut eintreten und nach entsprechender Vorbereitung zugelassen werden (c. 597).

1. *Die Prüfung* der Geeignetheit für ein Säkularinstitut erstreckt sich zunächst auf das Vorhandensein der vom allgemeinen und besonderen Recht geforderten Voraussetzungen (c. 721). Die Prüfungszeit von wenigstens zwei Jahren muß aber auch erkennen lassen, ob die Kandidaten wirklich zu einem Leben nach den evangelischen Räten in der Welt berufen und für das betreffende Institut und seine Zielsetzung geeignet sind (c. 722). Hierzu ist wohl eine gewisse Zeit gemeinsamen Lebens in Kursen, Tagungen etc. erforderlich, evtl. in einem institutseigenen Haus. Jedenfalls ist die gewissenhafte Prüfung und Auswahl der Kandidaten ein wichtiges Recht und ernste Pflicht des obersten Vorgesetzten und seines Rates.

[32] Näheres regelt die bei Anm. 6 genannte Instruktion der SCRel, deren Weisungen auf die Terminologie des neuen Rechts umgestellt wurden.
[33] Vgl. in *diesem* Band, oben, *B. Primetshofer* § 57 Die Religiosenverbände.

2. Die *Erziehung* der Mitglieder[34] erfolgt besonders in der Prüfungszeit (Kandidatur), kann und darf aber nicht darauf beschränkt sein (cc. 722 § 2, 724). Es geht um das volle christliche Leben in der Welt, damit das Leben nach den evangelischen Räten in das entsprechende Apostolat (des Lebens und Wirkens) gemäß den speziellen Zielen des Instituts umgeformt wird. Die einzelnen bewährten Elemente und Hilfsmittel des geistlichen Lebens (c. 719) spielen dabei eine wichtige Rolle. Dauernde (Fort-)Bildung in weltlichen und geistlichen Dingen (c. 724 § 2) ist nötig, lebenslange Formung und „Geistpflege". Eigentätigkeit und Gruppenarbeit sind hierfür unverzichtbar. Allein durch Fernkurse und den sporadischen Kontakt des einzelnen mit der Leitung und durch jährliche Erxerzitien wird kaum eine solche Erziehung und Formung zu erreichen sein, wie sie für Säkularinstitute gefordert ist, deren Mitglieder lebendige Zellen der Kirche bilden sollen.

3. *Aufnahme.* Die Zulassung ist Sache der obersten Leitung (c. 720). Nach positivem Abschluß der Probezeit kann die „Weihe" erstmals auf Zeit erfolgen, wobei die zeitliche Bindung mindestens insgesamt 5 Jahre zu dauern hat. Nach dieser Zeit ist die lebenslange (perpetua) oder auch definitive Eingliederung möglich (c. 723). Das neue Recht stellt die „definitive" Eingliederung, die darin besteht, daß die zeitlichen Bindungen regelmäßig erneuert werden, der lebenslangen Eingliederung gleich (c. 723 §§ 3f.). Die Eingliederung ist ein zweiseitiges (vertragliches) Geschehen, selbst wenn es sich um Gelübde handelt und sich diese direkt an Gott richten, aber vom Oberen der Gemeinschaft im Namen der Kirche entgegengenommen werden. Sie können in den Formen abgelegt werden, wie sie oben in II 1 beschrieben wurden.

4. *Rechte und Pflichten.* Mit der Eingliederung in die Gemeinschaft erwerben die einzelnen die den Mitgliedern eigenen Rechte und nehmen die damit verbundenen Pflichten auf sich, denen von seiten der Gemeinschaft auch Pflichten und Rechte entsprechen. Meist haben jedoch erst die endgültig eingegliederten Mitglieder aktives (und passives) Stimmrecht bei Wahlen oder sonstigen kollegialen Willensbildungen. Jedenfalls haben alle das Leben des Instituts aktiv mitzugestalten, und entsprechende Gemeinschaft untereinander zu pflegen (c. 716). Bezüglich der evangelischen Räte gilt: Die Verpflichtung zur Ehelosigkeit ist dieselbe wie in den anderen Gemeinschaften des Rätestandes. Beim Gehorsam ist je nach der Struktur der Gemeinschaft die Gehorsamsbindung enger oder weiter, inhaltlich aber weitgehend vom Ordensgehorsam unterschieden. Ähnlich ist es hinsichtlich der Beobachtung der Armut: alle Mitglieder haben volles Eigentums- und Besitzrecht, nur das Gebrauchsrecht für die irdischen Güter ist eingeschränkt. Abgesehen von den Gemeinschaften mit eigenem Apostolat und eigener Zuweisung der Arbeit haben die Mitglieder nur einen Beitrag zu leisten für die Bestreitung der Gemeinschaftsauslagen und -aufgaben und sich bei ihrer Haushaltsführung gewissen Beschränkungen zu unterwerfen.

5. Das *Ausscheiden* aus dem Institut ist mit Ablauf der zeitlichen Bindungen

[34] Eine gute Handreichung hierfür bietet auf Grund vieler Voten von Säkularinstituten die SCRel (La formazione negli Istituti Secolari) in: Informationes SCRel 6 (1980), S. 269–282.

ohne weiteres möglich, wobei die Entscheidung beim einzelnen liegen oder durch die Nichtzulassung zu weiteren Bindungen durch die Oberen geschehen kann (c. 726). Wenn während der zeitlichen Bindung ein Austritt erfolgen soll, so kann der Leiter des Instituts auf Antrag des Mitglieds diese mit Zustimmung seines Rates gewähren (c. 726 § 2). Nach der lebenslangen Verpflichtung ist ein Ausscheiden nur unter Einbeziehung des Bischofs oder des Apostolischen Stuhles (bei Instituten päpstlichen Rechts) möglich (c. 727), wenn nicht ausnahmsweise (bei vertraglicher Bindung) das Ausscheiden oder die Entlassung unter Beachtung der entsprechenden Formen in den von Rom gebilligten Satzungen der obersten Institutsleitung übertragen worden ist. Mit dem Ausscheiden enden alle beiderseitigen Rechte und Pflichten (c. 728).

6. Die *Entlassung* eines lebenslang Eingegliederten aus einem Säkularinstitut kann im allgemeinen nur aus den Gründen und in der Form erfolgen, wie das für die Ordensgemeinschaften vorgesehen ist (c. 729 mit Verweisung auf die cc. 694–701). Dasselbe gilt für den beabsichtigten Übergang in ein anderes Säkularinstitut (c. 730).

7. Für die *Mitglieder* eines Säkularinstituts im *weiteren Sinn* sieht c. 725 eine Assoziationsmöglichkeit vor. Das können auch Verheiratete sein, welche die Ziele der Gemeinschaft bejahen und sie nach Kräften in ihren Lebensumständen fördern, aus dem Geist der evangelischen Räte heraus leben, aber keine eigentlichen Mitgliedsrechte und -pflichten haben. Ob sie nur einen vagen Fördererkreis bilden oder schon einzelne Formen gemeinschaftlicher Spiritualität pflegen (gelegentliche Treffen, geistliche Gespräche, Vertiefung des Apostolates usw.) und auch an sie betreffenden Entscheidungen des Instituts beteiligt werden, wird von Fall zu Fall verschieden sein[35].

3. Kapitel: Die Verbände mit besonderer apostolischer Zielsetzung

§ 59 Die Gesellschaften des apostolischen Lebens

Von Hubert Socha

Die Gesellschaften des apostolischen Lebens (Societates vitae apostolicae) sind kirchlich errichtete Verbände, deren Mitglieder *sich mühen, zur von Gott geschenkten Vollendung in der Liebe zu gelangen, indem sie entsprechend ihrer Berufung und Lebensordnung gemeinsam ein apostolisches Ziel verfolgen* (vgl. c. 731 § 1). Obschon alle Gesellschaften durch ihre eminent apostolische Sendung geprägt sind, besteht unter ihnen ansonsten eine große Vielfalt. C. 731 § 2 unterscheidet *zwei Grundformen*, je nachdem ob sich die Mitglieder durch ein in den Konstitutionen festgelegtes Band ausdrücklich auf die evangelischen Räte

[35] Siehe hierzu die in Anm. 29 genannten Informationes der SCRel.

verpflichten oder nicht. Zur *ersten Gruppe* gehören jene Gesellschaften, in denen durch *Gelübde*, Versprechen oder Eid die Verpflichtung zu den drei evangelischen Räten, zu Ehelosigkeit und Gehorsam oder nur zum Gehorsam übernommen wird. Die *zweite Gruppe* mit *impliziter Rätebindung* bilden die übrigen Societates vitae apostolicae[1]. Sie kennen lediglich einen Aufnahmeakt (Einschreibung in das Mitgliederregister, Versprechen, Eid), der nicht unmittelbar auf die Übernahme der evangelischen Räte zielt. Andererseits begnügen sie sich aber auch nicht „nur" mit dem Geist der Räte. Vielmehr gehört deren Beobachtung zu der in den Konstitutionen eingehend geregelten und kirchlich anerkannten Existenz- und Wirkweise dieser Institute. Indem sich die Mitglieder bei der Inkorporation gemäß den Satzungen der gemeinsamen Lebensordnung unterstellen, verpflichten sie sich einschlußweise auch zur Einhaltung der evangelischen Räte (vgl. cc. 731 § 1, 737)[2].

I. Wesenselemente

Die Begriffsumschreibung des c. 731 § 1 nennt vier Wesenserfordernisse der Gesellschaften des apostolischen Lebens.

1. Apostolischer Zweck. Das unmittelbare Apostolat bildet den *Hauptzweck* der Societates. Sie verdanken ihre Entstehung und Fortdauer ganz einer apostolischen Aufgabe, die durch die Vermittlung des Gründers zur Berufung der Vereinigung und ihrer Angehörigen geworden ist. Alle anderen Strukturelemente der Gesellschaften sind dem apostolischen Existenzgrund zu- und untergeordnet[3].

Der apostolische Auftrag ist wesentlich ein *gemeinsamer* Dienst der Gesellschaft[4]. Er setzt Einrichtungen oder Initiativen voraus, die eine Zusammenarbeit der Mitglieder ermöglichen[5].

2. Brüderliches Gemeinschaftsleben. Das brüderliche Gemeinschaftsleben beschränkt sich nicht auf die Pflicht des Zusammenwohnens[6], es beinhaltet

[1] In Ermangelung einer angemesseneren Rechtsgrundlage wurden auch Gemeinschaften, die ursprünglich einfache Weltpriestervereinigungen oder Missionsgesellschaften sein wollten, zu den Societates in communi viventium sine votis (Buch II, Titel XVII CIC/1917) gerechnet. Viele dieser Verbände haben sich nach dem II. Vatikanum dafür ausgesprochen, in keiner Weise, weder rechtlich noch theologisch, mit den Instituta vitae consecratae in Beziehung gebracht zu werden, sondern die Rechtsform der Personalprälatur oder des öffentlichen kirchlichen Vereins anzunehmen.

[2] Wenn in den Gründungstexten der Societates vitae apostolicae und in den Beschlüssen ihrer nachkonziliaren Reformkapitel gesagt wird, es handle sich nicht um die evangelischen Räte, sondern „lediglich" um die „allgemeinchristlichen oder -priesterlichen Tugenden" (vgl. *J. Fernandez*, Sociedades o asociaciones de apostolado consociado, in: REDC 33 [1977], S. 319, 350, 354, 356), so ist der Sprachgebrauch dadurch zu erklären, daß in der Entstehungszeit dieser Verbände ein kirchlich approbiertes Gemeinschaftsleben auf der Grundlage der Räte nur mit Ordensgelübden in Frage kam und daß auch noch lange nach dem II. Vatikanum hinreichender Anlaß zu der Befürchtung bestand, das Bekenntnis zu den Räten habe notwendig die Auferlegung ordensgemäßer Vollzugsweisen zur Folge.

[3] In c. 731 § 1 wird diese Rangordnung dadurch angedeutet, daß die Verwirklichung des finis apostolicus vor dem Streben nach der perfectio caritatis steht. Indem jedoch beide Elemente durch ein „et" verbunden sind, bleibt ihr genaues Verhältnis offen, wohl um die tatsächliche Breite der spirituellen Vielfalt in den Societates zu erfassen; s. u. Anm. 8.

[4] C. 731 § 1: finis apostolicus *societatis* proprius.

[5] Die explizit apostolische und kommunitäre Ausrichtung hebt den Dienst der Societates von dem der Säkularinstitute ab (cc. 710, 713 § 1, 714).

[6] Diese Verpflichtung unterscheidet das gemeinsame Leben der Societates von dem der Säkularinstitute (cc. 714 § 1, 716) und der Diözesanpriester (c. 280), aber auch vom gemeinsamen Bemühen in den Vereinigungen der Gläubigen (c. 298 § 1).

vielmehr das geistliche, geistige und materielle Miteinander-Kommunizieren (c. 740) und dient vorrangig der Verwirklichung der apostolischen Gesellschaftsaufgabe[7]. Seine nähere Ausprägung bestimmt die jeweilige Lebensordnung (cc. 731 § 1, 740).

3. *Streben nach hochherziger Liebe.* Die Mitglieder der Societates bemühen sich, der allgemeinen Berufung zur Fülle des christlichen Lebens und zur vollkommenen Liebe zu entsprechen, indem sie gemeinsam in einer kirchlich anerkannten Form das Apostolat, den primären Auftrag ihrer Gesellschaft, vollziehen[8].

4. *Ähnlichkeit mit den Instituten des geweihten Lebens.* Nach c. 731 § 1 kommen die Gesellschaften den Instituta vitae consecratae, die sich in die Ordens- und Säkularinstitute aufgliedern, nahe. Deren Recht gilt deshalb in weitem Umfang auch für die Gesellschaften. Es handelt sich um eine analoge Normanwendung, die ihre Grenze an der Eigenart der einzelnen Gesellschaft findet (cc. 732, 734).

a) Übereinstimmungen. Die Ausrichtung auf Gesellschaftsaufgaben im unmittelbaren äußeren Apostolat verbindet die Gesellschaften mit einem *Teil* der Ordensverbände und der Säkularinstitute[9]. Mit *allen* Instituten des geweihten Lebens haben die Gesellschaften gemeinsam: das Streben nach der vollkommenen Liebe in der engeren Jesusnachfolge, die dauerhafte Weise kirchlich geregelten Lebens und Wirkens, die Praxis der evangelischen Räte und die amtliche Bindung[10].

b) Unterschiede. Von den Instituta vitae consecratae unterscheiden sich die Gesellschaften des apostolichen Lebens dadurch, daß sie *keine Ordensgelübde* haben (c. 731 § 1), gemeinrechtlich nicht zur ausdrücklichen Übernahme der evangelischen Räte verpflichtet sind (c. 731 § 2), nicht die für Ordenschristen spezifische Weltdistanz (cc. 607 § 3, 667) praktizieren, aber auch nicht schlechthin säkular sind. Die Mitglieder der Gesellschaften des apostolischen Lebens wirken nicht „in der Welt und von der Welt her" (c. 731 § 2)[11]. Aufgrund ihrer Lebensform sind sie vertieft in die Sendung der Kirche hineingenommen (c. 207 § 2) und stehen

[7] Durch die betonte Ausrichtung auf das tätige Apostolat und das Fehlen von vota religiosa unterscheidet sich die vita fraterna der Societates von der der Instituta religiosa (c. 607 § 2).

[8] Nach dem Selbstverständnis einiger Societates fällt allerdings die Vervollkommnung in der Liebe zusammen mit der spezifischen Apostolatsaufgabe unter den ersten Verbandszweck; vgl. Communicationes 13 (1981), S. 387.

[9] Cc. 577, 611 n. 2, 612, 675–678, 715 § 2.

[10] Die Konstitutionen erkennen den *förmlichen Bindungen* der Societates zwar vielfach nur privaten Charakter zu, um sie von den vota publica religiosa abzuheben; doch findet sich in jeder Societas ein *amtlicher Inkorporationsvorgang* (cc. 735 § 1, 737, 742f., 744 § 1, 745f.). Die Oberen der Societates stehen kraft kirchlicher Vollmacht hoheitlich errichteten und geordneten Verbänden vor, denen eine besondere Sendung seitens der Kirche zuteil geworden ist. Der von den Oberen geleitete oder ratifizierte Akt der Eingliederung in diese consociationes publicae (vgl. cc. 301, 313) bildet somit in jedem Fall ein vinculum publicum (vgl. c. 1192 § 1).

[11] Wenn vor dem Inkrafttreten des CIC/1917 die Gründungs- und Verfassungsurkunden der Societates so nachdrücklich deren Welthaftigkeit betonen, dann ist das aus dem damaligen theologisch-rechtlichen Kontext zu verstehen, nach dem es zwischen der vita saecularis und der vita religiosa kein Mittelding gab.

somit dieses besonderen Dienstes wegen in einem anderen Verhältnis zur Welt als die Laien oder die Diözesankleriker[12].

c) Apostolische Weihe. Der CIC läßt die Frage offen[13], ob sich die innere Ähnlichkeit der Societates mit den Instituta vitae consecratae auch auf die besondere Weihe erstreckt, welche die Gläubigen in den Ordens- und Säkularinstituten prägt (vgl. cc. 207 § 2, 573 § 2, 607 § 1, 654, 713). Für das Vorhandensein der vita consecrata in den Societates sprechen vor allem folgende Gesichtspunkte: Die Mitglieder *reagieren* mit einer *amtlichen Verpflichtung* auf eine besondere persönliche und gemeinschaftliche *Berufung* (c. 735 § 3). Ihre ehelose Lebensweise zielt auf die *vollendete Liebe* in der Ganzhingabe an Gott und die Menschen. Selbstlosigkeit und Verfügbarkeit, die jedes kirchliche Räteleben intendiert und zum Ausdruck bringen will, werden in den Societates durch die Erfordernisse des Apostolates zu besonders dringlichen Imperativen.

Die Liebe zu *Gott* und die Absicht, die ganze Schöpfung für die Liebe Gottes zu öffnen und ihn zu *ehren*[14], bewegen Christen, sich in eine Societas und in deren kirchlichen Auftrag einfügen zu lassen. Dadurch gewinnen alle Elemente, die für die Eingliederung relevant sind (Gelübde, Eid, Versprechen, Inkorporationsakt), den theologischen Charakter von *heiligen Bindungen*[15], der seine rechtliche Anerkennung finden sollte[16].

Das Hauptziel der Societates kennzeichnet auch ihre Weihe. Eignet den Ordensgemeinschaften die consecratio religiosa, den Säkularinstituten die consecratio saecularis, so den Societates in der Nachfolge Jesu, des Apostels (Hebr 3,1), die *consecratio apostolica*.

II. Einteilung, Errichtung und Aufhebung

1. Einteilung. Die Societates vitae apostolicae werden unterschieden a) nach der Zielsetzung in *klerikale* und *laikale* Gesellschaften (c. 732 mit c. 588), b) nach der Approbation in Gesellschaften *päpstlichen*[17] und *bischöflichen* Rechts (c. 732 mit c. 589), c) nach der inneren Struktur in *zentralistische* und *föderalistische* Gesellschaften[18].

2. Errichtung und Aufhebung. Errichtung und Aufhebung einer *Gesellschaft* oder ihrer *Teilverbände* (Provinzen, Regionen oder entsprechender Untergliederungen; vgl. c. 734 mit c. 621) erfolgen nach den Normen für die Institute des geweihten Lebens (c. 732). Die *kleinste organisierte Einheit* einer Gesellschaft bildet die Orts- oder Basisgemeinschaft (communitas localis; c. 733 § 1), die in einem kanonisch errichteten Haus oder davon

[12] Vgl. VatII LG Art. 31 Abs. 2; cc. 225 § 2, 498 § 1 u. 2, 736 § 1, 737, 738 § 1, 740, 741 § 2; *N. Weis,* Das prophetische Amt der Laien in der Kirche (= AnGr 225), Rom 1981, S. 462, 464.

[13] Communicationes 13 (1981), S. 377.

[14] Der Vollzug der Tugend der Gottesverehrung und die durch sie bewirkte Sakralität sind nicht an die Gelübde- oder Eidesablegung gebunden. Jeder Gläubige wird durch die Initiationssakramente zur Jesusnachfolge kraft der Tugend der Gottesverehrung bestellt und verpflichtet (S.th. III, q. 63, art. 2; *A. Auer,* Gottesverehrung, in: LThK², Bd. 4, Sp. 1133–1136).

[15] VatII LG Art. 44 Abs. 1 erkennt die besondere konsekratorische Wirkung den „vota aut alia sacra ligamina, votis propria sua ratione assimilata" zu. Mit den „alia sacra ligamina" sollten auch alle Verpflichtungsformen der Societates erfaßt werden (AcSynVat vol. III/8, S. 130f.).

[16] Mögen sich Versprechen oder Eintragung in das Mitgliederregister unmittelbar an die Gesellschaft richten, so sind sie doch intentional unlösbar eingebettet in den Gesamtvorgang der Inkorporation, in die Auslieferung an Gott.

[17] Die Societates päpstlichen Rechts gliedern sich hinsichtlich ihres Verhältnisses zum Ortsoberhirten in *exemte* und *nicht-exemte* Verbände; c. 732 mit c. 591.

[18] *B. Puschmann,* Die Gemeinschaften ohne kirchenamtliche Gelübde, in: GrNKirchR, S. 406.

unabhängig, z. B. in einer Eigentums- oder Mietwohnung, eingerichtet sein kann (c. 740)[19]. Zur *Errichtung* eines Hauses oder zur Bildung einer Basisgemeinschaft bedarf es der schriftlichen Zustimmung des Diözesanbischofs[20]. Dessen Stellungnahme muß auch vor der beabsichtigten *Aufhebung* von Häusern oder Ortskommunitäten eingeholt werden (c. 733 § 1).

III. Leitung

Die Bischöfe sind verpflichtet, die Autonomie der Gesellschaften des apostolischen Lebens zu achten und zu schützen[21]. Andererseits unterstehen die Gesellschaften infolge ihrer Bedeutung für die Sendung und Heiligkeit der Kirche verstärkt der Hierarchie.

1. *Päpstliche und ortsoberhirtliche Leitung.* Bezüglich der *päpstlichen* Leitung gelten die allgemeinen Bestimmungen für die Institute des geweihten Lebens (c. 732 mit cc. 590, 592f.). Alle einer Gesellschaft inkorporierten Gläubigen sind dem *Diözesanbischof* hinsichtlich des Gottesdienstes, der Seelsorge und anderer Apostolatswerke unterstellt (c. 738 § 2 mit c. 680). Eine Gesellschaft *bischöflichen Rechts* ist der Hirtensorge des Diözesanbischofs in besonderer Weise anvertraut (c. 732 mit cc. 594, 595 § 1; c. 734 mit c. 628 § 2 n. 2).

2. *Interne Leitung und Seelsorge.* a) Die interne *Leitung*, der die Mitglieder der Societates sowohl im Zusammenleben wie auch im Apostolat unterstehen (c. 738), bilden die *Einzel-* und *Kollegialoberen* (Kapitel, Versammlungen). Fundamentalnormen über die innere Leitung müssen die Konstitutionen enthalten, wobei die entsprechenden gemeinrechtlichen Bestimmungen für die Instituta religiosa zu berücksichtigen sind (c. 732 mit c. 587 § 1; c. 734 mit c. 617–633)[22].

Allen Oberen kommt eine durch kirchliche Vermittlung von Gott stammende *Vollmacht* zu (c. 734 mit c. 618). In den klerikalen Gesellschaften päpstlichen Rechts eignet den Oberen darüber hinaus *hoheitliche Leitungsvollmacht* (c. 732 mit c. 596 §§ 1, 2; c. 134 § 1). Inhalt und Umfang der Befugnisse der einzelnen Leitungsorgane bemessen sich nach dem allgemeinen Recht und nach dem Eigenrecht (c. 734 mit cc. 617, 622).

Die Einzeloberen sollen nach Maßgabe der Konstitutionen einen *Beirat* haben, der sie in der Amtsführung unterstützt (c. 734 mit c. 627 § 1). Wann und in welcher Weise dem Beirat ein Zustimmungs- oder Anhörungsrecht zusteht, ist teils im CIC festgelegt (vgl. cc. 127, 743, 744 § 1, 745), teils im Verbandsrecht zu normieren (c. 734 mit c. 627 § 2).

b) Hinsichtlich der *pastoralen Betreuung* der Gläubigen in den Societates gelten dieselben Bestimmungen wie für die Ordensgemeinschaften[23].

IV. Mitglieder

1. *Aufnahme.* Damit ein Katholik in eine Gesellschaft aufgenommen werden kann, muß er die in den cc. 597 und 624–645 genannten Voraussetzungen erfüllen

[19] Der Vergleich mit c. 608 zeigt, daß „vel" in c. 740 disjunktive Bedeutung hat. Siehe auch c. 103.

[20] Die bischöfliche Genehmigung der Niederlassung beinhaltet auch die Befugnis, das verbandseigene Apostolat auszuüben – dieses im CIC nicht ausdrücklich erwähnte Recht ergibt sich aus dem Hauptzweck der Societates; vgl. c. 19 mit cc. 315 u. 611 n. 2 – und wenigstens eine Kapelle einzurichten, in der die hl. Eucharistie gefeiert und aufbewahrt werden kann (c. 733 § 2).

[21] C. 732 mit cc. 586, 593f.; c. 738 § 2 mit c. 680.

[22] Siehe auch cc. 443 § 3 n. 2, 957.

[23] C. 734 mit c. 619; c. 19 mit c. 567; sowie cc. 967 § 3, 968 § 2, 969 § 2, 1179.

(cc. 732, 735 § 2). Das Eigenrecht hat zu bestimmen, welcher Obere für die Zulassung zur Vorbereitungszeit zuständig ist; es hat diese Zeit näher auszugestalten und den Eingliederungsakt zu ordnen (c. 735 §§ 1, 3).

2. *Ausbildung.* Die Ausbildung zielt darauf ab, daß die Mitglieder, eingedenk ihrer göttlichen Berufung, für das apostolische Leben in der Gesellschaft in geeigneter Weise vorbereitet werden, und muß darum dem Auftrag und der Eigenart der Gesellschaft angepaßt sein. Diese Ausrichtung zu konkretisieren und zu strukturieren, ist Sache des Verbandsrechts (c. 735 §§ 1, 3).

3. *Inkardination.* Gläubige, die einer *klerikalen* Societas definitiv inkorporiert sind, werden durch den Empfang der Diakonatsweihe ihrer Gesellschaft auch als Kleriker eingegliedert, sofern die Konstitutionen nicht etwas anderes vorsehen (cc. 266 § 2, 736 § 1)[24]. Mitglieder der *anderen* Societates werden bei der Ordination zum Diakon in der Teilkirche inkardiniert, für deren Dienst sie angenommen worden sind (c. 736 § 2 mit c. 1016; vgl. c. 266 § 3)[25].

4. *Rechte und Pflichten.* Die Inkorporation begründet ein vertragsähnliches Verhältnis (c. 737). Das MItglied übernimmt die *Verpflichtung*, für die Gesellschaft und ihre Sendung mit allen Fähigkeiten und der ganzen Arbeitskraft verfügbar zu sein. Diese Grundpflicht beinhaltet die aktive Verbundenheit mit dem Verband und seinen Oberen (c. 738 § 1; c. 732 mit c. 601; c. 746 mit c. 696 § 1), die sich in dem gemeinsamen Leben und Wirken innerhalb einer Basisgemeinschaft konkretisiert (c. 740)[26].

Aus der Eingliederung erwächst dem Gesellschaftsangehörigen das *Recht*, daß ihm in der Gesellschaft die Verwirklichung der gemeinsamen apostolischen Berufung ermöglicht wird (c. 737). Zu diesem Grundrecht gehört vor allem auch der Anspruch auf eine wirksame Mitsprache bei der Gestaltung des Verbandslebens und -apostolates (c. 734 mit cc. 618f., 625 §§ 1, 3, 631–633)[27].

V. Vermögensrecht

Die *Gesamtgesellschaft* und, soweit die Konstitutionen nichts Gegenteiliges verfügen, die *Teilverbände* und *Häuser* (Basisgemeinschaften) sind als öffentliche juristische Personen

[24] Weiheentlaßschreiben können jedoch nur die höheren Oberen der klerikalen Societates päpstlichen Rechts ausstellen; c. 1019 § 1; vgl. c. 732 mit c. 596 § 2; s. auch c. 736 § 2 mit c. 1015 § 1.

[25] Sie unterstehen bezüglich der internen Verbandsdisziplin den eigenen Oberen (c. 738 § 1), im übrigen dem Diözesanbischof als geistlichem Heimatoberhirten (vgl. c. 715 § 1) sowie dem Bischof des Apostolatsortes, falls sie außerhalb ihres Heimatverbandes tätig sind (c. 738 § 2; vgl. c. 103). Da die mehrfache Abhängigkeit zu Spannungen führen kann, ist das Verhältnis dieser Kleriker zum Inkardinationsbischof in den Konstitutionen oder in besonderen Vereinbarungen zu umschreiben (c. 738 § 3).

[26] Aufgrund der vertieften Hineinnahme in den Auftrag der Kirche und des amtlichen Charakters ihrer Existenzweise sind alle Mitglieder der Societates überdies an die allgemeinen Klerikerpflichten (cc. 273–289) gebunden, soweit sich nicht aus der Natur der Sache oder aus dem Zusammenhang etwas anderes ergibt (c. 739).

[27] Die genaue Festlegung der Rechte und Pflichten, die dem Verband und den Mitgliedern zukommen, ist Sache des Eigenrechts; cc. 731 § 1, 737, 738 § 1, 739f.; c. 732 mit cc. 587 § 1 u. 598.

vermögensfähig. Dabei sind die Bestimmungen des fünften Buches des CIC sowie der c. 636 und 638f. zu beachten. Innerhalb dieses gesetzlichen Rahmens kann das Eigenrecht nähere Regelungen treffen (c. 741 § 1).

Nach Maßgabe des Verbandsrechts sind auch die *Mitglieder* fähig, Vermögen zu erwerben, zu besitzen, zu verwalten und darüber zu verfügen. Was sie jedoch im Hinblick auf die Gesellschaft erhalten, erwirbt die Gesellschaft (c. 741 § 2).

VI. Apostolat

Unter der koordinierenden Leitung der Diözesanbischöfe sollen die Societates vitae apostolicae bei der Planung und Durchführung ihrer Sendung mit allen übrigen Apostolatsträgern zusammenarbeiten (c. 738 § 2 mit cc. 678 § 3 und 605). Der Diözesanbischof muß mit dem zuständigen Oberen eine schriftliche Vereinbarung abschließen, wenn er einer Societas oder deren Angehörigen Aufgaben übertragen will (c. 738 § 2 mit c. 681 § 2; vgl. c. 520)[28].

VII. Ausscheiden

1. *Dispens vom gemeinschaftlichen Leben.* Der höchste Obere kann mit Zustimmung seines Beirates einem endgültig inkorporierten Mitglied für höchstens drei Jahre die Erlaubnis erteilen, außerhalb der Gesellschaft zu leben. Das Mitglied bleibt der Sorgepflicht der Oberen weiterhin anvertraut. Gliedschaftsrechte und -pflichten, die mit seinen neuen Lebensbedingungen nicht vereinbar sind, werden jedoch suspendiert (c. 745 § 1)[29].

2. *Übertritt.* Will ein Mitglied nach der definitiven Aufnahme in eine andere *Gesellschaft* überwechseln, kann dies nur der höchste Obere mit Zustimmung seines Beirates gestatten. Bis zur endgültigen Inkorporation in die neue Gesellschaft ruhen die Rechte und Pflichten des Mitgliedes in seinem bisherigen Verband; bis dahin behält es aber auch den Anspruch, in diesen zurückzukehren (c. 744 § 1). Für den Übertritt aus einer Gesellschaft in ein *Institut des geweihten Lebens* oder umgekehrt ist die Genehmigung des Apostolischen Stuhles erforderlich (c. 684 § 5, 744§ 2).

3. *Austritt.* Die Regelung des Austritts (und der Entlassung) eines *zeitlich* gebundenen Mitglieds ist Sache der Konstitutionen (c. 742). Einem *endgültig* inkorporierten Mitglied kann der höchste Obere[30] mit Zustimmung seines Beirates das Austrittsindult gewähren, durch das alle Rechte und Pflichten aus der Eingliederung erlöschen (c. 743)[31].

4. *Entlassung.* Bezüglich der von Rechts wegen oder durch Spruch erfolgenden Entlassung gelten in entsprechender Weise die für die Ordensleute erlassenen Normen (c. 746 mit cc. 694–704).

[28] Ein Kirchenamt innerhalb einer Diözese können Gesellschaftsmitglieder nur auf Vorschlag oder wenigstens mit Zustimmung ihrer Vorgesetzten erlangen. Die Abberufung von diesem Amt kann frei sowohl durch den Bischof wie auch durch den Oberen geschehen, wobei der eine den anderen lediglich zu benachrichtigen hat (c. 738 § 2 mit c. 682; vgl. cc. 563 u. 1742 § 2).

[29] Handelt es sich um einen Kleriker, muß außerdem die Genehmigung des Ordinarius eingeholt werden, in dessen Diözese sich der Beurlaubte aufhalten soll. Der Kleriker ist für die Dauer des Indults kumulativ sowohl den eigenen Oberen wie auch diesem Ortsoberhirten unterstellt (c. 745 § 2).

[30] Sofern die Konstitutionen diesen Ausgliederungsakt nicht dem Apostolischen Stuhl reservieren.

[31] Ist der Ausscheidende Kleriker, muß er vor der Ausstellung des Indults einen Bischof finden, der ihn in seine Diözese inkardiniert oder wenigstens probeweise aufnimmt. Im letzteren Fall wird der Kleriker nach Ablauf von fünf Jahren ohne weiteres in das Bistum inkardiniert, falls ihn der Bischof nicht vorher zurückschickt (c. 743 mit c. 693).

§ 60 Die Personalprälaturen

Von Heribert Schmitz

I. Begriff und Struktur

Personalprälaturen sind klerikale Zweckverbände weltgeistlichen Charakters, die zur Erfüllung besonderer apostolischer Aufgaben unter eigener Leitung (Personalprälat) und mit eigenen Statuten vom Apostolischen Stuhl errichtet werden; ihnen können auch Laien angehören.

Die Personalprälatur geht auf eine Weisung des II. Vatikanums zurück. Die Frage nach einer angemessenen Verteilung der Priester wurde im Kontext der Teilhabe jedes priesterlichen Dienstes an der weltweiten Sendung der Kirche und im Zusammenhang mit der Frage nach einer zeitgemäßen Erfüllung der Apostolatsaufgaben u. a. mit der Möglichkeit beantwortet, Personalprälaturen in je eigener Prägung und unter Wahrung der Rechte der Ortsordinarien zu errichten (VatII PO Art. 10 Abs. 2). Ihre erste rechtliche Ausformung (gesetzliche Einrichtung) haben die Personalprälaturen durch MP EcclSanct I 4 erhalten. Danach sollten vom Apostolischen Stuhl, um einen beweglicheren Einsatz von Priestern zu ermöglichen, Prälaturen errichtet werden können, die aus Weltpriestern bestehen, von einem eigenen Prälaten nach Norm eigener Statuten geleitet werden, deren Aufgabe es ist, Priester für besondere pastorale oder missionarische Aufgaben zugunsten verschiedener Gebiete oder sozialer Gruppen, die besonderer Hilfe bedürfen, vorzubereiten und zu entsenden[1]. Wenn nach dem bis dahin geltenden Recht zur Erfüllung besonderer Aufgaben Klerikerverbände gegründet werden sollten, mußte weithin auf Verbandsformen des klösterlichen Bereichs oder auf solche zurückgegriffen werden, in denen in klosterähnlicher Weise unter der Leitung eines Oberen ein gemeinschaftliches Leben geführt wurde[2]. Mit der Schaffung dieser neuen Rechtsform eines weltgeistlichen Klerikerverbandes war es gelungen, ein schon lang anstehendes Problem zeitgemäß zu lösen[3]. Der CIC hat, nach Umwegen, wenn nicht

[1] *K. Mörsdorf*, Kommentar zu VatII CD, in: LThK²-Konzilskommentar II, S. 156f.

[2] Als Verbandsform wurde oft gewählt die „Societas in communi viventium sine votis" (CIC/1917 cc. 673–681); vgl. z. B. die aus den Missionsseminaren von Mailand und Paris hervorgegangenen Gemeinschaften (AnPont 1981, S. 1248f.); ab 1982 wird die Gruppe dieser Gemeinschaften als „Societates vitae apostolicae" bezeichnet (AnPont 1982, S. 1267). Auch das Opus Dei (s. u.) war als „Societas in communi viventium" gegründet; *J. Beyer*, Les instituts séculiers, Paris 1954, S. 370. – Bereits *Pius XII.* versuchte einen geeigneteren Weg zu gehen, als er zu Sonderaufgaben mit Apost. Konst. „Omnium Ecclesiarum" vom 15. August 1954 (AAS 46 [1954], S. 567–574) die „Missio Galliae seu Pontiniacensis" (Mission de France ou Pontigny) nach Art (instar) einer gefreiten Prälatur (praelatura nullius, gemäß CIC/1917 c. 319 § 2 mit eigenen Statuten) errichtete (AnPont 1982, S. 887), also nicht eine verbandsrechtliche Struktur wählte, sondern die Form einer quasi-diözesanen Teilkirche mit eigenem Territorium, der ein Ortsordinarius vorsteht. – Die Verbandsform der „Societas vitae apostolicae", die trotz aller Blockverweise auf das Religiosenrecht des CIC von den „Instituta religiosa" stärker abgesetzt ist als im CIC/1917, ist mit der der Personalprälatur aufgrund der beiden Rechtsformen wesentlichen besonderen apostolischen Zielsetzung innerlich verwandt. Aus diesem Grund werden beide Rechtsformen in diesem Handbuch in einem Kapitel behandelt.

[3] *H. Schmitz*, Fragen des Inkardinationsrechtes, in: Festg. Scheuermann, S. 137–152, hier S. 143f., unter Herausarbeitung der Konsequenzen für die rechtliche Bedeutung und den Inhalt des Inkardinationsverhältnisses.

Irrwegen[4], in cc. 294–297 die vom MP EcclSanct I 4 gebotene Lösung in ihren wesentlichen Punkten unter Einbeziehung der Diakone übernommen.

Die aus Klerikern (Priestern und Diakonen) bestehende Personalprälatur hat die (vom II. Vatikanum vorgezeichnete) spezifische Aufgabe, entweder eine angemessenere Verteilung der Priester zu ermöglichen oder einer besseren Durchführung besonderer pastoraler oder missionarischer Aufgaben für verschiedene Regionen oder soziale Gruppen zu dienen. Sie kann allein vom Apostolischen Stuhl nach Anhörung der betroffenen Bischofskonferenzen errichtet werden (c. 294). Die Personalprälatur besitzt keine Satzungsautonomie; sie erhält ihre Statuten vom Apostolischen Stuhl. Sie wird von einem Personalprälaten in der Rechtsstellung eines eigenen Ordinarius (ut Ordinarius proprius) geleitet. Seine Rechte ergeben sich aus dem Charakter der Personalprälatur als klerikalem Zweckverband, der das Recht hat, Kleriker zu bestimmten Zwecken auszubilden, zu inkardinieren und zu den Weihen zu führen (Inkardinationsverband). Daher kann der Prälat ein verbandseigenes Priesterseminar errichten (vgl. cc. 237–264), der Personalprälatur Kleriker inkardinieren (vgl. cc. 265–272) und für den Dienst der Personalprälatur weihen lassen (vgl. c. 1015–1023); er hat für die geistliche Weiterbildung der der Personalprälatur inkardinierten Kleriker zu sorgen wie auch für ihren angemessenen Unterhalt (c. 295). Aufgrund von Verträgen mit der Personalprälatur können auch Laien, die sich für die besondere apostolische Zielsetzung der Personalprälatur zur Verfügung stellen, dem Verband angehören. Die Art und Weise ihrer Mitwirkung, ihre Pflichten und Rechte sind in den Statuten festzulegen (c. 296). In den Statuten sind auch die Beziehungen der Personalprälatur zu den Ortsordinarien der Teilkirchen zu normieren, in welchen die Personalprälatur ihre pastoralen oder missionarischen Dienste nach vorheriger Zustimmung des Diözesanbischofs ausübt oder auszuüben wünscht (c. 297).

Die Normen für die Rechtsfigur der Personalprälatur sind so weit gefaßt, daß in diesen Rahmen Vereinigungen mit verschiedenster Zielsetzung eingefügt werden können. Jedoch ist es nicht möglich, ohne Charakter und Struktur der Personal-

[4] In den Entwürfen des CIC sollte die Personalprälatur einer Teilkirche weitgehend rechtlich gleichgestellt sein (vgl. *Schema PopDei* c. 217 § 2, *Schema CIC 1980* cc. 335 § 2, 337 § 2, 339 § 2, *Schema CIC 1982* cc. 573–576; *Communicationes* 3 (1971), S. 189f.; 4 (1972), S. 40f.; 12 (1980), S. 275–282; 14 (1982), S. 201–203. – Zur Kritik an diesem ekklesiologisch falsch angelegten Konzept personal orientierter Teilkirchen s. *W. Aymans*, Kirchliches Verfassungsrecht und Vereinigungsrecht in der Kirche, in: ÖAKR 32 (1981), S. 79–100, hier S. 93–100 und den dort in Anm. 58 gemachten Vorschlag für die Fassung der entsprechenden Gesetzesnormen. – Zur Entwicklung der Rechtsfigur der Personalprälatur vgl. *J. L. Gutiérrez*, De Praelatura Personali iuxta leges eius constitutivas et Codicis Iuris Canonici normas, in: PerRMCL 72 (1983), S. 71–111. Äußerst instruktiv sind die Begründungen dafür, warum die in MP EcclSanct I n. 4 enthaltenen Aussagen: (pro variis regionibus aut coetibus socialibus) „qui speciali indigent adiutorio" und (laici ...) „sua peritia professionali" nicht in die Normen des CIC/1983 über die Personalprälatur übernommen wurden; außerdem wird deutlich, daß und warum die in der Aussage „pro variis regionibus aut coetibus socialibus" mit der Präposition „pro" zum Ausdruck gebrachte Zielsetzung eine Umdeutung erfahren hat, in dem Sinn, daß sich die Zielsetzung primär auf die an die Personalprälatur vertraglich gebundenen Laien erstreckt und erst in zweiter Linie die Zielsetzung der Personalprälatur als solcher angibt (ebd., S. 99, n. 14; vgl. *R. Schunck*, Die Errichtung der Personalprälatur Opus Dei, in: ThGl 93 [1983], S. 91–107, 101).

prälatur zu verfälschen, jedwede Vereinigung mit irgendwelcher partikularen Zielsetzung als Personalprälatur zu organisieren.

II. Die Personalprälatur vom Heiligen Kreuz und Opus Dei (Praelatura personalis Sanctae Crucis et Operis Dei)

Am 28. November 1982 wurden die Normen des MP EcclSanct über die Personalprälaturen zum ersten Mal angewendet und die Errichtung der (verkürzt) *Opus Dei* genannten Institution vom Apostolischen Stuhl als Personalprälatur verkündet[5].

Das Opus Dei, am 2. Oktober 1928 in Madrid von *Josemaría Escrivá de Balaguer y Albás* gegründet[6], hatte nach Erlaß der Apost. Konst. *Pius' XII.* Provida Mater Ecclesia am 2. Februar 1947 über die Säkularinstitute bereits am 24. Februar 1947 das Decretum laudis als erste derartige Einrichtung päpstlichen Rechts erhalten und war am 16. Juni 1950 definitiv als solches anerkannt worden. In dem Schreiben vom 24. Februar 1947 war sogar ausdrücklich festgestellt: „Das ‚Opus Dei' stellt das echte Vorbild des Säkular-Institutes dar"[7]. Dennoch war das Opus Dei mit dieser Lösung nicht zufrieden, da die Rechtsform des Säkularinstituts wegen ihrer Zugehörigkeit zum gottgeweihten Leben (vita consecrata) und der daraus folgenden Unterstellung unter die Kongregation für die Ordensleute und Säkularinstitute dem Gründungscharisma des Opus Dei als einer durch und durch von laikalerwelthafter Spiritualität geprägten Institution (ohne wesensnotwendige Verpflichtung zu den evangelischen Räten in Bindung an das gottgeweihte Leben) nicht voll gerecht wurde[8]. Aber auch die Anwendung der Rechtsform der Personalprälatur auf das Opus Dei wirft nicht unerhebliche Fragen auf, die in Wesen und Struktur der Personalprälatur einerseits und des Opus Dei andererseits wurzeln[9]. Beispielhaft sei nur auf folgendes hingewiesen: Die Perso-

[5] *Johannes Paul II.*, Ap. Konst. *Ut sit* vom 28. 11. 1982, in: AAS 75 (1983), S. 423–425. Die Entscheidung über die Errichtung der Personalprälatur Opus Dei ist wohl in der am 5. 8. 1982 dem Kardinalpräfekten der Bischofskongregation gewährten Audienz beim Papst getroffen worden; vgl. *SC Ep*, Decl. Praelaturae personales v. 23. 8. 1982, in: AAS 75 (1983), S. 464–468; diese Erklärung wurde zusammen mit der Meldung von der Errichtung der Personalprälatur Opus Dei und mit kommentierenden Beiträgen von *S. Card. Baggio*, Kardinalpräfekt der SC Ep (Un bene per tutta la Chiesa), und von *M. Costalunga*, Untersekretär der SC Ep (L'erezione dell' Opus Dei in Prelatura personale), veröffentlicht in: OssRom vom 28. 11. 1982. Die von *Schunck* vorgetragene Auffassung (vgl. oben Anm. 4, S. 92 mit Fußnote 3), die Errichtung der Personalprälatur Opus Dei habe Rechtskraft erhalten durch die Veröffentlichung in der Sektion „Nostre informazioni" des OssRom ist kanonistisch nicht haltbar.

[6] Zur Geschichte des Opus Dei: *S. Bernal*, Msgr. Escrivá de Balaguer, Aufzeichnungen über den Gründer des Opus Dei, Köln 1978; *F. Gondrand*, Au pas de Dieu. Josemaría Escrivá de Balaguer, fondateur de l'Opus Dei, Paris 1982. Vgl. auch *P. Berglar*, Opus Dei. Leben und Werk des Gründers Josemaría Escrivá, Salzburg 1983. – Über das Leben im Opus Dei informiert: *K. Steigleder*, Das Opus Dei. Eine Innenansicht, Einsiedeln–Zürich–Köln 1983.

[7] Zitiert nach *O. B. Roegele*, Das „Opus Dei" – Legende und Wirklichkeit, in: „Opus Dei" – Für und Wider, Osnabrück 1967, S. 148–180, hier S. 152.

[8] *R. Schunck*, Zur „Personalprälatur" des „Opus Dei", in: Anzeiger für die Seelsorge 92 (1983), S. 42 und 44, hier S. 42.

[9] Vgl. z. B. *O. Stoffel*, Das Opus Dei als Personalprälatur, in: SKZ 150 (1982), S. 549–551 und Ordenskorr. 23 (1982), S. 430–436; *A. D.*, „Das Opus Dei": oder was ist eine Personalprälatur?, in: HerKorr 36 (1982), S. 472–473; *L. De Echeverría , Un comentario difícil, in: vida nueva Nr. 1343 vom 11. sept. 1982, S. 24 (1728)–27 (1731); ders.*, Nueva lectura de „un comentario difícil": ebd. Nr. 1358 vom 25. dec. 1982, S. 32 (2524)–34 (2526); *P. Kaiser/K. Steger*, Probleme mit der Weltlichkeit. Zielsetzung und Wirken des Opus Dei, in: HerKorr 37 (1983), S. 122–127; *Gutiérrez*, De Praelatura Personali (Anm. 4), S. 97–104.

nalprälatur ist (nach MP EcclSanct wie nach cc. 294–297) von ihrer Zielsetzung her ein Zweckverband zur Durchführung *besonderer* apostolischer Aufgaben, gleichsam eine „apostolische Feuerwehr"[10]; das Opus Dei versteht sich dagegen als ein besonderer Weg zur Heiligkeit durch ein Apostolat *mitten in der Welt*, gleichsam als „übernatürlicher Sauerteig"[11]. Die Personalprälatur ist ein *welt*geistlicher *Klerikerverband*, dem auch, aber nicht notwendig, Laien angehören können, der als Verband wie durch den Einsatz seiner Mitglieder einer besonderen Zielsetzung dient; das Opus Dei aber versteht sich von seinem Gründungscharisma her als eine laikal-welthafte *Vereinigung von Laien*, der auch Kleriker angehören[12], deren Mitglieder das allen Gläubigen aufgegebene Ziel der Berufung zur Heiligkeit mitten in der Welt und durch selbständige Tätigkeit im Alltag intensiv (wenn nicht sogar elitär) anstreben und zu verwirklichen suchen. Wenn auch die neue Rechtsform, die das Opus Dei sich hat geben lassen, Wesen und Struktur dieser Vereinigung nicht entspricht und weiterhin nach einer besseren Lösung gesucht werden muß, so kann die Rechtsform der Personalprälatur gleichwohl dazu dienen, diese Vereinigung mit ihrer besonderen Eigenprägung, eingefügt in die verfassungsrechtlichen Strukturen[13], und ihre Tätigkeit transparenter werden zu lassen.

Die Errichtung des Opus Dei zur Personalprälatur wird andere ähnliche, aber auch andersgeartete Verbände oder Bewegungen anreizen, dieselbe Rechtsform zu erhalten. Damit würde eine Entwicklung eingeleitet, die partielle Interessen an die Stelle der ganzen Sendung der Kirche setzte. Das Volk Gottes, das als ganzes einen Gesamtauftrag hat, würde zunehmend zergliedert und aufgespalten in Gemeinschaften mit Verbandsstruktur, die als solche primär nur Teilaspekten der Gesamtsendung dienen. Eine ekklesiologisch legitime Lösung müßte Rahmenbedingungen im verbandsrechtlichen Bereich entwickeln, die einerseits diesen Verbänden oder Bewegungen in ihrem Selbstverständnis gerecht werden, sie andererseits aber in die kirchliche Organisationsstruktur rechtlich in einer Weise eingliedern, die weder Prinzipien der Kirchenverfassung verletzt noch der Einheit der kirchlichen Sendung schadet.

10 *W. Aymans*, Die ganze Welt als Personaldiözese für das Opus Dei?, in: FAZ Nr. 290 vom 13. Dezember 1979, S. 9.

11 *J. Escrivá de Balaguer*, Brief vom 14. Februar 1950, zitiert nach *Roegele*, Das „Opus Dei" (Anm. 7), S. 164.

12 Dem Opus Dei gehören über 70 000 Laien an, Männer und Frauen, verheiratet oder ledig, aus den verschiedensten Berufen und sozialen Schichten; ihnen stehten 2% Priester gegenüber.

13 Vgl. *Schunck*, Zur „Personalprälatur" (Anm. 8), S. 44 Anm. 16: „Dies ist gerade der wesentliche Unterschied zur Rechtsform der Personaldiözese bzw. der Praelatura nullius, die sich durch ihre Exemtion von den Ortskirchen hervorheben, ein dem Wesen des Opus Dei konträrer Rechtscharakter."

Dritter Teil

Sendung der Kirche

1. Abschnitt: Der Verkündigungsdienst der Kirche

1. Kapitel: Verkündigung und Lehre

§ 61 Begriff, Aufgabe und Träger des Lehramts

Von Winfried Aymans

Das heilige Gottesvolk als Ganzes nimmt teil an dem prophetischen Amt Christi[1]. Dies geschieht durch den Dienst am Wort Gottes, der unter dem Beistand des Heiligen Geistes von der Kirche dadurch ausgeübt wird, daß sie die ihr anvertraute Offenbarungswahrheit unversehrt bewahrt, tiefer erforscht, getreu verkündet und erklärt. Kraft ihres Wesens weiß sich die Kirche in die Pflicht genommen und beansprucht daher das Recht, unbabhängig von jeder menschlichen Gewalt allen Völkern das Evangelium und die daraus folgenden sittlichen Grundsätze zu verkünden[2].

Die ganze Communio ist Trägerin von Verkündigung, Glaube und Bekenntnis, aber diese Gesamtträgerschaft ist strukturiert in dem Zusammenwirken des apostolischen Lehramtes mit dem Glaubenssinn aller Gläubigen. Dieses Zusammenwirken ist nicht so zu verstehen, daß die einen zur Verkündigung, die anderen dagegen zum Glauben berufen sind. Die lehramtliche Verkündigung selbst ist Frucht des Glaubens. Deswegen sind die Träger der lehramtlichen Verkündigung gleichsam als Erstberufene Mitträger des Glaubenssinnes aller Gläubigen.

I. Das Lehramt in der Kirche

Aufgrund von Taufe und Firmung haben alle Gläubigen Anteil an der *Lehraufgabe* („munus docendi") der Kirche. Die Kirchenkonstitution „Lumen Gentium" bringt dies durch den Hinweis darauf zum Ausdruck, daß Christus sein prophetisches Amt nicht nur durch die Hierarchie, sondern auch durch die Laien erfüllt[3]. Diese Lehraufgabe nehmen alle Gläubigen mitten in der Welt wahr durch ein Leben aus dem Glauben in Verbindung mit dem Bekenntnis des Glaubens. Ein hervorragender Ort der Verwirklichung des „munus docendi" ist dabei die christliche Ehe und Familie, indem die Eheleute sich gegenseitig und den Kindern den Glauben und die Liebe Christi bezeugen[4].

[1] Vgl. VatII LG Art. 12.
[2] Vgl. c. 747.
[3] VatII LG Art. 35 Abs. 1; dies steht in dem größeren Zusammenhang des Apostolates der Laien im Sinne von VatII LG Art. 33 Abs. 2.
[4] Ebd. Abs. 2 und 3; vgl. auch cc. 226 und 774 § 2.

Von der allgemeinen Lehraufgabe ist die *amtliche Lehrverkündigung* der Kirche zu unterscheiden. Zwar haben beide es mit demselben Inhalt zu tun, denn Glaube und Bekenntnis der Kirche sind unteilbar. Formal jedoch gründet die amtliche Lehrverkündigung des kirchlichen Lehramtes im umfassenden Sinne nicht allein in Taufe und Firmung; vielmehr hat das Lehramt einen eigenständigen Existenzgrund in dem apostolischen Amt der Kirche. Die Kirchenkonstitution „Lumen Gentium" stellt diesen Ursprung des Lehramtes dar unter Hinweis auf die Berufung der Apostel, die – am Pfingsttag durch den Heiligen Geist bekräftigt – vom Herrn die besondere Sendung erhielten, *in Teilhabe an der Vollmacht Christi* allen Völkern das Evangelium zu verkünden[5]. Die Sendung in Vollmacht ist vermittels der Fülle des Weihesakramentes auf die Bischöfe übergegangen[6]. Diese nehmen ihr hoheitliches Lehramt auf verschiedene Weise bzw. in unterschiedlichen Rechtsformen und daraus folgend mit differenziertem Rechtsanspruch wahr.

Die amtliche Lehrverkündigung der Kirche erschöpft sich aber nicht in dem Dienst des hoheitlichen Lehramtes; vielmehr können auch andere Glieder des Gottesvolkes entweder durch Weihe und Sendung oder nur durch Sendung an dem kirchenamtlichen Dienst der Verkündigung und insoweit am Lehramt beteiligt werden.

1. *Das hoheitliche Lehramt*

Träger des hoheitlichen Lehramtes der Kirche sind die Bischöfe, die als mit der Autorität Christi ausgerüstete Lehrer[7] den authentischen Glauben der Kirche verbindlich zu bezeugen haben.

a) Im Hinblick auf die Gesamtkirche

Im Hinblick auf die Gesamtkirche wird diese Aufgabe wahrgenommen von dem *Papst*, dem Haupt des Bischofskollegiums, oder auch von dem *Bischofskollegium mit dem Papst als seinem Haupt*[8]. Diese handeln dabei als Träger höchster Vollmacht, jedoch mit einem unterschiedlichen Grad der Rechtsverbindlichkeit, je nachdem, ob ein definitives Glaubensurteil gefällt wird oder nicht.

(1) Die definitive Glaubenslehre. Da Papst und Bischofskollegium in höchster, auf Jesus Christus zurückgehender Vollmacht lehren, können sie endgültige Glaubensurteile fällen. Solche Glaubensurteile sind nicht neue Offenbarung, sondern erklären definitiv, was zum verbindlichen Glaubensbestand der Kirche gehört; darin sind sie mit dem Anspruch auf Unfehlbarkeit ausgestattet. Der Papst handelt auf solche Weise bei sog. Kathedralentscheidungen[9], das Bischofskollegium in der Versammlung eines Ökumenischen Konzils oder auch ohne die örtliche Versammlung, wenn die Bischöfe unter Wahrung des Gemeinschaftsban-

[5] VatII LG Art. 19.
[6] VatII LG Art. 21 Abs. 2; Art. 24.
[7] VatII LG Art. 25 Abs. 1.
[8] C. 756 § 1; vgl. auch VatII LG Art. 25 Abs. 2 und 3.
[9] C. 749 § 1.

des unter sich und mit dem Nachfolger Petri zu einem derartigen Glaubensurteil kommen[10].

Von unfehlbaren Glaubensentscheidungen kann man nur in jenen besonderen Fällen sprechen, in denen dies offenkundig, d. h. ausdrücklich erklärt oder zweifelsfrei zu schließen ist[11]. Solche Glaubensurteile ergehen mit den Anspruch auf *Glaubensgehorsam*. Daraus folgt, daß alle Gläubigen sich von gegenteiligen Lehrmeinungen fernzuhalten haben[12].

Das *schwerwiegendste Versagen* gegenüber diesem hohen Anspruch der definitiven Glaubenslehre der Kirche ist in den Tatbeständen von Häresie, Apostasie und Schisma umschrieben[13]. Ein Glied der Kirche, das ein endgültiges Glaubensurteil des unfehlbaren Lehramtes hartnäckig ableugnet oder bezweifelt, erfüllt den objektiven Tatbestand der *Häresie*. Ein Gläubiger, der ganz vom Glauben der Kirche abfällt, sei es durch totale Zurückweisung des Glaubens oder durch Ableugnung einer für den christlichen Glauben konstitutiven Wahrheit, sei es durch Anschluß an eine nicht-christliche Glaubensgemeinschaft, fällt in *Apostasie*. Wenn ein Kirchenglied die Unterordnung unter den Papst oder die Gemeinschaft mit den zuständigen Hirten verweigert[14], führt es den Tatbestand des *Schisma* herbei; das Schisma ist nicht eine bloß disziplinär zu wertende Unbotmäßigkeit, sondern ein gegen die Gemeinschaft im Glauben gerichteter Tatbestand, weil die Einheit der Kirche auch in rechtlicher Hinsicht Gegenstand des Glaubens der Kirche ist[15].

(2) Die sonstige verbindliche Glaubenslehre. Das Glaubensleben der Gesamtkirche darf aber nicht allein auf die unfehlbaren Lehrentscheidungen hin verkürzt werden. Wenn der Papst oder die Bischöfe in kollegialer Verbundenheit bei der Verkündigung des Evangeliums ihr authentisches Lehramt ausüben, ohne damit schon eine definitive Entscheidung treffen zu wollen, so handeln sie kraft ihres Amtes gleichwohl im Namen Jesu Christi; in ihrer Lehrverkündigung können sie deswegen *religiösen Gehorsam* fordern. Dies schließt das Bemühen der einzelnen Gläubigen darum ein, jedenfalls solche Lehrmeinungen zu meiden, die hiermit

[10] C. 749 § 2.
[11] C. 749 § 3.
[12] C. 750.
[13] C. 751.
[14] Die in c. 751 verwendete Formel „communionis cum Ecclesiae membris eidem subditis" könnte zu der irrigen Ansicht verleiten, daß die Verweigerung der Gemeinschaft schon mit irgendwelchen Gliedern der Kirche den Tatbestand des Schisma begründe. Ein solches Verständnis ließe sich indessen rechtlich nicht exakt erfassen und müßte zu einer unerträglichen Belastung des kirchlichen Lebens führen. Entscheidenden Anhalt für das richtige Verständnis wird man an jenen Aussagen des II. Vatikanischen Konzils suchen müssen, in denen der Papst als immerwährendes und sichtbares Prinzip und Fundament der Einheit sowohl für die Bischöfe wie für die Menge der Gläubigen, die einzelnen (Diözesan-)Bischöfe aber als sichtbares Prinzip und Fundament der Einheit in ihren Teilkirchen beschrieben werden (VatII LG Art. 23 Abs. 1). Die Gemeinschaft mit dem Papst und dem eigenen Bischof ist für den einzelnen Gläubigen insoweit das Kriterium seiner Existenz in der Communio.
[15] Vgl. hierzu in *diesem* Band, oben, *W. Aymans* § 24 Gliederungs- und Organisationsprinzipien, I. Zu den strafrechtlichen Folgen gemäß c. 1364 vgl. in *diesem* Band, unten, *R. A. Strigl*, § 103 Die einzelnen Straftaten.

nicht in Einklang zu bringen sind[16], und die Verpflichtung, sich an amtliche Lehrschreiben zu halten, mit denen namentlich der Papst oder das Bischofskollegium die kirchliche Lehre erläutern oder irrige Ansichten verurteilen[17].

b) Im Hinblick auf kirchliche Gliedgemeinschaften

Im Hinblick auf die Teilkirchen und die Teilkirchenverbände sind die Diözesanbischöfe bzw. die bischöflichen Kollegialorgane (Synoden, Konferenzen) unter Wahrung des Gemeinschaftsbandes mit den anderen Gliedern und dem Haupt des Bischofskollegiums authentische Lehrer des Glaubens. Als solche treten sie ihren Gläubigen gegenüber mit dem Anspruch auf *religiösen Gehorsam* auf[18].

Die *Diözesanbischöfe* haben die Aufgabe, dem ihnen anvertrauten Teil des Gottesvolkes das Evangelium höchstpersönlich und durch Beauftragung von Mitarbeitern zu verkündigen[19]. Insofern erscheinen die Diözesanbischöfe in einer doppelten Augabe: Sie sind für ihre Teilkirchen die authentischen Verkündiger und die bevollmächtigten Leiter aller amtlichen Verkündigung der Kirche. Die kirchenamtliche Verkündigung in diesem Sinne umfaßt alle ihre Formen, hat für den Bischof aber ihre Mitte in der gottesdienstlichen Verkündigung bei der Eucharistiefeier[20].

2. Die Teilhabe an der amtlichen Lehrverkündigung durch Weihe und Sendung

Kraft der Teilhabe am Weihesakrament sind die *Priester* dazu bestimmt, als Mitarbeiter ihres Bischofs die Frohe Botschaft zu verkündigen; dies gilt insbesondere für jene Priester, denen ein Seelsorgsamt anvertraut ist[21]. Die Priester können in allen Sparten der kirchenamtlichen Verkündigung eingesetzt werden, doch ist das Zentrum ihrer diesbezüglichen Tätigkeit die Predigt in der Eucharistiefeier[22]. Alle Priester nehmen die erstrangige Aufgabe der Verkündigung wahr in Abhängigkeit von dem zuständigen Bischof und bedürfen deshalb seiner Sendung; diese kann ausdrücklich oder durch die Übertragung eines entsprechenden Amtes verliehen werden.

Ähnlich verhält es sich mit den *Diakonen*. Sie sind kraft der empfangenen Weihe dazu berufen, in Gemeinschaft mit dem Bischof und seinem Presbyterium in der Diakonie des Wortes zu dienen, und je nach Weisung der zuständigen

[16] C. 752. Vgl. auch VatII LG Art. 25 Abs. 1 und CD Art. 3.
[17] C. 754.
[18] Cc. 753 und 756 § 2.
[19] C. 758 empfiehlt dem Diözesanbischof, Angehörige von Ordens- oder Säkularinstituten, die schon durch ihre Lebensform ein Zeugnis für das Evangelium ablegen, für die Verkündigung beizuziehen. Dies muß natürlich in gleicher Weise für Mitglieder von Gesellschaften des apostolischen Lebens gelten. Alle diese, gleichgültig ob Geistliche oder Laien, bedürfen hierzu der zusätzlichen Erlaubnis ihres Verbandsoberen.
[20] Vgl. cc. 375 § 1 und 386, sowie c. 761.
[21] C. 757 erster und zweiter Halbsatz; s. auch für die Pfarrer c. 528 § 1. Vgl. VatII PO Art. 4; LG Art. 28 Abs. 1.
[22] Zu c. 767 vgl. in *diesem* Band, unten, *O. Stoffel*, § 62 Die Verkündigung in Predigt und Katechese.

Autorität vor den Gläubigen die Hl. Schrift zu lesen, das Volk zu lehren und zu ermahnen[23].

Die Verbindung von Weihe und Sendung, mit der bei Priester und Diakon eine Teilhabe an der amtlichen Lehrverkündigung der Kirche gewährt wird, ist dadurch gekennzeichnet, daß die sakramentale Weihe eine Bestimmung des Geweihten zum kirchenamtlichen Verkündigungsdienst in sich schließt[24]. Die dieser entsprechende Sendung kann der zuständige Obere deshalb nur aus triftigem Grund verweigern oder entziehen; andererseits kann der Priester oder Diakon nicht von sich aus die Sendung zurückgeben, um sich so von dem Sendungsauftrag zu befreien.

3. *Die Teilhabe an der amtlichen Lehrverkündigung durch Sendung*

Schon der CIC/1917 hatte nicht ausgeschlossen, daß *Laien* an der amtlichen Glaubensverkündigung der Kirche durch Sendung beteiligt werden können[25]. Dem II. Vatikanischen Konzil folgend räumt auch der CIC/1983 diese Möglichkeit ein[26]. Dabei geht es nicht um das bloße aktive Glaubenszeugnis und Bekenntnis, zu dem alle Gläubigen gerufen sind[27], sondern um eine in vielfältigen Formen mögliche Beteiligung am kirchenamtlichen Verkündigungsdienst. Es besteht kein Rechtsanspruch auf Empfang der Sendung. Wer aber von einem hierfür zuständigen Diözesanbischof die kanonische Sendung erhalten hat, nimmt die damit verbundene Verkündigungsaufgabe nicht als Privatperson im eigenen Namen wahr, sondern handelt insoweit im Auftrag des Bischofs und verkündet im Namen der Kirche. Der darin zum Ausdruck kommende Anspruch gegenüber den Adressaten der Verkündigung verpflichtet den Sendungsträger. Umfang und Dauer des Sendungsauftrages werden aufgrund der Bereitschaft und Eignung des Laien rechtlich allein von dem die Sendung erteilenden Bischof bestimmt, doch kann ein Laie – im Rahmen des Rechtes – die kanonische Sendung zurückgeben und damit aus dem besonderen Dienst ausscheiden[28].

[23] C. 756 dritter Halbsatz; vgl. auch VatII LG Art. 29.
[24] Vgl. c. 1008.
[25] Vgl. c. 1327 § 2 mit c. 1328 CIC/1917. Hier war sogar eine Pflicht des Bischofs statuiert, neben den Pfarrern andere geeignete Männer zur Verkündigungsaufgabe heranzuziehen. Die dem Gesetzeswortlaut nach vorgesehene Beschränkung auf „Männer" ist praktisch nie in diesem einschränkenden Sinne verstanden worden.
[26] Cc. 228 § 1 und 759.
[27] C. 211.
[28] Vgl. hierzu in *diesem* Band, oben, *W. Aymans*, § 18 Die Träger kirchlicher Dienste, II 2.

II. Die Communio-Struktur des Glaubenslebens der Kirche

1. *Die Gemeinschaft im Lehramt*

Alle Träger der amtlichen Verkündigung der Kirche sind durch ein zweifaches Band miteinander verbunden: durch das formale Band der Sendung und durch das sachbezogene Band der Lehrgemeinschaft.

Die *formale Sendung* nimmt ihren Ausgang von Jesus Christus über die Apostel zu den Bischöfen, die mit dem Bischof von Rom und den anderen Bischöfen in hierarchischer Gemeinschaft stehen müssen[29] und als Vorsteher von Teilkirchen die anderen Träger des geistlichen Amtes und ausgewählte Laien an der amtlichen Verkündigung beteiligen[30]. Wer kraft dieser Sendung das Wort Gottes verkündet, tritt mit dem Anspruch auf, den authentischen Glauben der Kirche zu lehren.

Dieser formale Ausweis für sich genommen genügt indessen nicht. Es muß auch eine *in der Sache selbst gründende Gemeinschaft* herrschen, d. h. die Träger der kirchenamtlichen Sendung müssen in der Tat die amtliche Lehre der Kirche vertreten. Diese Sachgebundenheit wird im kanonischen Recht für das oberste kirchliche Lehramt durch die Formel bündig zum Ausdruck gebracht, daß nur das als endgültig verpflichtende Lehre vorgetragen werden kann, was im schriftlich oder sonstwie überlieferten Wort Gottes enthalten ist[31]. Das oberste Lehramt der Kirche ist kein Orakel, sondern sachgebundene Instanz des authentischen Zeugnisses[32]. Bei der ganzen kirchenamtlichen Verkündigung geht es allein um die unverkürzte und getreue Darlegung des Geheimnisses Christi[33], nicht um neue Erkenntnisse.

Es kann geschehen, daß ein Teilhaber der formalen Sendung in der Verkündigung vom Glauben der Kirche abweicht. Insoweit besteht sein Sendungsanspruch nur scheinbar. Wer sich so in der Sache von der Lehrgemeinschaft trennt, wird nicht sogleich seinen Sendungsauftrag als ganzen verlieren, doch muß die entstandene Diskrepanz des amtlich formalen Anspruches und seiner sachlichen Unbegründetheit auf die eine oder die andere Weise beseitigt werden. Entweder muß die Lehrgemeinschaft voll wiederhergestellt oder die Sendungsgemeinschaft aufgekündigt werden. Die Spannung, die sich so notwendigerweise immer wieder ergibt, ist eine Folge aus der Tatsache, daß die Auszeugung des Glaubens in Raum und Zeit sich nicht durch die bloße Tradierung einmal fixierter Formeln vollzieht, sondern in kulturellen und geschichtlichen Kategorien geschieht.

[29] Vgl. cc. 749 § 2, 752, 753; s. auch VatII LG Art. 21 Abs. 2 und Art. 25.

[30] Vgl. cc. 756 § 2, 757, 758, 759; s. auch VatII LG Art. 28, 29, 33 Abs. 3; CD Art. 30; PO Art. 4.

[31] C. 750.

[32] Vgl. c. 747 § 1.

[33] C. 760; der Dienst am Wort muß sachlich gestützt sein auf Schrift und Tradition, Liturgie und Lehramt sowie auf das Leben der Kirche.

2. *Lehramt und Gemeinschaft der Gläubigen*

Die kirchenamtliche Verkündigung ist zugleich zu sehen in ihrem Zusammenhang mit der Gemeinschaft der Gläubigen, in der sie erfolgt[34]. Um eine gestalterische Kraft in der Kirche zu werden, bedarf die amtliche Verkündigung der Aufnahme (Rezeption) in der Gemeinschaft der Gläubigen[35]. Die Rezeption ist kein legitimierender Rechtsakt, wohl aber ein rechtserheblicher Umstand, denn eine amtlich vorgetragene, nicht definitive Lehre, die keine Aufnahme findet, kann einem Verfallsprozeß anheimfallen, wenn sie nicht immer wieder eingeschärft wird, mindestens aber einem Korrekturprozeß unterliegen. Auch eine definitive Glaubensentscheidung bedarf insofern der Rezeption, als sie ohne diese nicht zu einer lebendigen Glaubenswirklichkeit wird. Ein endgültiges Glaubensurteil unterliegt allerdings in keiner Weise einem Korrektur- oder Verfallsprozeß. Es bleibt mit seinem vollen Anspruch auf Authentizität und auf Glaubensgehorsam erhalten; als Teil des „depositum fidei"[36] ist es eine ständige Herausforderung an den Glauben der „communio fidelium". Im Rahmen der Dogmenentwicklung kann das endgültige Glaubensurteil vertieft, nicht aber ganz oder teilweise aufgehoben werden.

Umgekehrt kann aus dem Glaubenssinn der Gläubigen authentisches Zeugnis des Glaubens erwachsen, das seine Legitimität als authentisches Zeugnis aus der Tatsache bezieht, daß die Träger des hoheitlichen Lehramtes Mitträger des „sensus fidelium" sind[37]. So können beispielsweise aus Volksfrömmigkeit und Theologie[38] authentische Auszeugungen des Glaubens hervorgehen; deren Authentizität

[34] Die Normen des kanonischen Rechts wenden in dieser Hinsicht ihre Aufmerksamkeit vorzüglich der Frage des Gehorsams in Glaubenssachen zu. Vgl. cc. 212 § 1, 750, 752, 753. Die rechtlichen Aspekte reichen aber weiter.

[35] Diese Thematik findet in letzter Zeit größere Aufmerksamkeit. Hierzu sei verwiesen auf *A. Grillmeier*, Konzil und Rezeption, Methodische Bemerkungen zu einem Thema der ökumenischen Diskussion, in: ThPh 45 (1970), S. 321–352; *Y. Congar*, Die Rezeption als ekklesiale Realität, in: Concilium 8 (1972), S. 500–514 mit wichtigen Literaturhinweisen; *P. W. Scheele*, Fragen zum christlichen Amt im Blick auf die kirchliche Rezeption, in: Catholica 27 (1973), S. 386–400; *W. Hryniewicz*, Die ekklesiale Rezeption in der Sicht der orthodoxen Theologie, in: ThGl 65 (1975), S. 250–266; *W. Aymans*, Die Quellen des kanonischen Rechtes in der Kodifikation von 1917, in: Ius Canonicum 15 (1975), S. 90–95; *H. Müller*, Rezeption und Konsens in der Kirche. Eine Anfrage an die Kanonistik, in: ÖAKR 27 (1976), S. 3–21; *W. Aymans*, Apostolische Autorität im Volke Gottes, in: TThZ 86 (1977), S. 391–395.

[36] Vgl. c. 747 § 1.

[37] Einen allzu schwachen Anklang kann man in c. 750 (zweiter Halbsatz) finden, wonach sich das ordentliche und universale Lehramt dadurch als unfehlbares erweist, daß unter seiner Führung die Gläubigen gemeinsam einer bestimmten Lehraussage folgen.

[38] Die Theologie ist nicht schon aus sich heraus eine Funktion des Lehramtes der Kirche, sondern eine spezifische Funktion des „munus docendi" aller Gläubigen (vgl. c. 218). Faktisch erscheint sie aber heute meistens als Hochschul-Theologie wegen ihrer Verbindung mit der Lehraufgabe zugleich in Teilhabe an der amtlichen Verkündigung der Kirche; diese Verbindung geschieht durch die Erteilung der kanonischen Sendung an die Lehrer der wissenschaftlichen Theologie; vgl. zu der ganzen Frage auch *Commissio Theologica Internationalis*, Theses de Magisterii Ecclesiastici et Theologiae ad invicem relatione, 6 junii 1976, in: Gregorianum 57 (1976), S. 549–563. Siehe in diesem Zusammenhang auch *J. Alfaro*, Problema theologicum de munere Theologiae respectu Magisterii, in: Gregorianum 57 (1976), S. 39–79.

erweist sich in dem Maße, als die Träger des hoheitlichen Lehramtes zu Mitträgern dieser Glaubenszeugnisse werden. Dies geht so weit, daß allen Gläubigen als Gesamtheit – und das heißt immer unter Einschluß der Träger des hoheitlichen Lehramtes – Unfehlbarkeit im Glauben („infallibilitas in credendo") zugesprochen wird[39].

So besteht das Glaubensleben der Kirche nicht in einem bloßen Gegenüber von Autorität und Gehorsam, von Über- und Unterordnung. Die Besonderheit des rechtlichen Wesens der Lehrautorität ist es, daß sie weder eine „Autorität *über* die Kirche"[40] noch eine „Autorität *der* Kirche"[41] ist, sondern eine „Autorität *in* der Kirche"; einem Glaubensurteil, sei es ein definitives oder nicht, unterliegen die Träger des hoheitlichen Lehramtes selbst, gleichsam als erste Gläubige der Kirche. Das Glaubensleben der Kirche entfaltet sich dabei in einem wechselseitigen Prozeß, der von dem Lehramt und der Gemeinschaft der Gläubigen aktiv getragen wird. Dieser Prozeß ist doppelschichtig: Einmal geht er von der amtlichen Verkündigung aus und zielt auf die Rezeption, ein andermal nimmt er von dem Glaubenssinn der Gläubigen seinen Ausgang mit dem Ziel, die Autorisierung durch das Lehramt zu finden. In der Lebenswirklichkeit der Kirche verbinden sich oft beide Linien in irgendeiner Form miteinander, denn einerseits hat es der Glaubenssinn der Gläubigen immer auch mit Elementen der amtlichen Verkündigung zu tun, schon bevor ein so entstehendes Glaubenszeugnis als durch das Lehramt autorisiert gelten kann; anderseits wird das hoheitliche Lehramt meistens dort tätig, wo bereits bestimmte theologische Ansichten oder religiöse Haltungen gleichsam von unten her gewachsen sind.

Diese wechselseitige Beziehung kann man die Communio-Struktur des Glaubenslebens der Kirche nennen. Darin sind die apostolische Autorität und die Gemeinschaft der Gläubigen in einer Weise verbunden, daß der Glaube der Kirche unter den veränderlichen Bedingungen von Raum und Zeit bewahrt und entfaltet werden kann, ohne daß das Lehramt zu einer Willkürherrschaft in Glaubenssachen entartet oder der Glaubenssinn der Gläubigen zu bloßen Modeansichten in Glaubenssachen verflacht.

[39] VatII LG Art. 12 Abs. 1 Satz 2; leider hat diese klare Aussage keinen Eingang in das gesatzte Recht der Kirche gefunden.

[40] Im Hinblick auf die Lehrautorität vgl. bes. VatII DV Art. 10 Abs. 2: „Quod quidem Magisterium non supra verbum Dei est, sed eidem ministrat ...".

[41] Das Lehramt ist nicht eine Funktion der Gemeinschaft der Gläubigen, sondern hat in dem apostolischen Amt seinen eigenständigen Rechtsgrund.

§ 62 Die Verkündigung in Predigt und Katechese

Von Oskar Stoffel

Die Kirche steht theologisch konstitutiv unter dem Wort Gottes, das in gläubigem Gehorsam vernommen und angenommen wird. Das Wort Gottes ist das bleibende Kriterium der Worte der Kirche (c. 762; VatII PO Art. 4). „Der Glaube gründet in der Botschaft, die Botschaft im Worte Christi" (Röm 10,17). Umgekehrt bleibt das Wort Gottes in der Kirche gegenwärtig und lebendig. Die geschichtliche Überlieferung der biblisch bezeugten Selbstoffenbarung Gottes ist wesentlich kirchlich vermittelt. Durch Jesus Christus, dem offenbaren Wort Gottes (Jo 1,14), spricht Gott sich selbst dem Menschen als Heil zu. Durch die Verkündigung setzt die Kirche die heilsökonomische Sendung Jesu fort.

Da die geschichtliche Vermittlung der biblisch bezeugten endgültigen Selbstzusage Gottes an die Menschen wesentlich und konstitutiv durch die kirchliche Verkündigung geschieht, ist das Hören des Wortes ein christliches Grundrecht (c. 213; VatII LG Art. 37). Diesem Recht entspricht seitens der Amtsträger die elementare Pflicht der Evangelisation[1] als Wesensaufgabe (c. 762; VatII LG Art. 24, 25, 28; CD Art. 12).

Die rechtmäßigen Verkünder des Wortes Gottes für die Gesamtkirche sind der Papst und das Bischofskollegium (c. 756 § 1; VatII LG Art. 23, 25; CD Art. 3), für die Teilkirchen die Bischöfe (c. 756 § 2; VatII LG Art. 25; CD Art. 3), denen als Helfer die Priester und Diakone zur Seite stehen (c. 757; VatII LG Art. 20; PO Art. 7).

I. Die Predigt des Gotteswortes[2]

1. *Der Predigtauftrag*

a) *Das Predigtrecht der Bischöfe.* Nach c. 763 können die Bischöfe überall das Wort Gottes verkünden, und zwar nicht wie bisher aufgrund eines Privilegs[3] oder einer übertragenen ‚facultas'[4], sondern kraft eines originären Rechts. Mit der Bischofsweihe partizipieren sie am ‚munus docendi' (c. 375 § 2; VatII LG Art. 21) und werden „authentische, das heißt mit der Autorität Christi ausgerüstete

[1] *Paul VI.*, Adhortatio Apost. „Quinque iam anni" vom 8. 12. 1970, in: AAS 63 (1971), S. 97–106; dt. in: NKD 33; *Paul VI.*, Adhortatio Apost. „Evangelii Nuntiandi" vom 8. 12. 1975, in: AAS 68 (1976), S. 5–76; dt. in: NKD 57; Schreiben der deutschen Bischöfe an alle, die in der Kirche mit der Glaubensverkündigung beauftragt sind, Trier 1967.

[2] *B. Dreher/N. Greinacher/F. Klostermann* (Hrsg.), Handbuch der Verkündigung, 2 Bde, Freiburg i. Br. 1970.

[3] Cc. 349 § 1, 239 § 1 n. 3 CIC/1917; für die nachkonziliare Zeit bis zum Inkrafttreten des CIC/1983 vgl. MP PastMun II 1.

[4] Schema EcclMunDoc c. 12 § 1; Relatio 1981 ad can. 718.

Lehrer" (VatII LG Art. 25). Dieses Recht kann nur in Einzelfällen durch ein ausdrückliches Verbot des Ortsbischofs, der der verantwortliche Leiter der Verkündigung in der Teilkirche ist (c. 756 § 2; VatII LG Art. 23, 27), beschränkt werden (c. 763). In der eigenen Diözese ist der Bischof zur öfteren Verkündigung des Wortes verpflichtet (c. 386 § 1).

b) *Die Predigtermächtigung der Priester und Diakone* (c. 764) wird gegenüber der kasuistischen Normierung des CIC/1917[5] vereinfacht und als eine mit der sakramentalen Weihe verbundene Vollmacht theologisch begründet.

Die Priester sind durch die Ordination zur Wortverkündigung geweiht (VatII LG Art. 28). Die Diakone ihrerseits dienen ebenfalls „dem Volk Gottes in der Diakonie der Liturgie, des Wortes und der Liebestätigkeit" (VatII LG Art. 29; DV Art. 25), wobei der Predigtdienst nicht an erster Stelle steht[6].

Priester und Diakone bedürfen zum Predigtdienst keiner besonderen Ermächtigung[7]. Sie ist mit der Ordination schon gegeben. Die außer der Weihe geforderte kanonische, d. h. rechtliche Bestimmung (determinatio)[8], „damit die durch die Ordination verliehene Vollmacht zu einer ausübbaren Vollmacht wird, ist in der von Rechts wegen ausgesprochenen Ermächtigung zu sehen"[9]. Mit dieser Akzentsetzung wurde in Übereinstimmung mit dem Konzil die traditionelle Lehre vom Presbyterat ergänzt und von der Verengung auf den kultisch-sakramentalen Aspekt gelöst[10].

Presbyterat und Diakonat können nur in Relation zum Episkopat ausgeführt werden (VatII LG Art. 28, 29; PO Art. 4; CD Art. 15). Der Bischof als oberster Koordinator des gesamten Verkündigungsdienstes (cc. 756 § 2, 386 § 1, 392 § 2; VatII CD Art. 15) hat die Kompetenz, den Predigtdienst durch verbindliche diözesane Normen zu regeln (c. 772 § 1). Er kann deshalb die Predigtvollmacht einschränken oder aufheben oder sie an eine ausdrückliche Erlaubnis binden (c. 764). Eine Behinderung ist jedoch wegen der heilsökonomischen Zielsetzung der in der Weihe begründeten Vollmacht nur aus schwerwiegenden Gründen zulässig[11].

Was die Predigt vor Ordensleuten in deren Kirchen und Kapellen betrifft, so wird gemäß den betreffenden Konstitutionen die Erlaubnis der zuständigen Obern gefordert (c. 765).

c) *Die Predigterlaubnis der Laien* (c. 766). Das absolute Verbot der Laienpredigt

[5] Cc. 1339–1342 § 1 CIC/1917 über die Predigtvollmacht der Religiosen und auswärtiger Priester sind fallengelassen.

[6] *Paul VI.*, MP „Sacrum Diaconatus Ordinem" vom 18. 6. 1967, Nr. 22.6, in: AAS 59 (1967), S. 697–704; dt. in: NKD 9.

[7] Die in c. 1328 CIC/1917 geforderte missio canonica, die im Schema EcclMunDoc c. 10 übernommen wurde, ist weggefallen. Über den in diesem Zusammenhang verwendeten Begriff der missio canonica vgl. *H. Flatten*, Missio canonica, in: Festschrift Arnold, S. 124–137.

[8] Nota explicativa praevia Nr. 2 zur Kirchenkonstitution.

[9] *H. Schmitz*, Die Beauftragung zum Predigtdienst, in: AfkKR 149 (1980), S. 54.

[10] Ebd., S. 53.

[11] *P. Krämer*, Dienst und Vollmacht in der Kirche, Trier 1973, S. 46–48, 107–111. C. 764 fordert auf jeden Fall für die Ausübung der Predigtvollmacht die wenigstens stillschweigend vorausgesetzte Zustimmung des Kirchenrektors, der die Verantwortung in seiner Kirche trägt.

in der Kirche[12], das sich seit dem Mittelalter wegen häretisch-separatistischen Tendenzen entwickelte[13], ist im neuen Recht gelockert worden. Die Laien haben kraft der Taufe am dreifachen Amt Christi auf ihre Weise teil (VatII LG Art. 31) und können deshalb durch eine ausdrückliche kirchliche Beauftragung zur Wortverkündigung herangezogen werden (VatII LG Art. 33; AA Art. 6, 24). Sie erhalten die Predigtvollmacht durch Auftrag des Bischofs[14].

Die Verkündigung bleibt jedoch die zentrale Aufgabe der ordinierten Amtsträger. Sie kann deshalb durch die Beauftragung der Laien nicht ersetzt, sondern nur ergänzt werden (VatII AA Art. 6)[15]. Die Laienpredigt innerhalb eines Gottesdienstraumes bleibt auf Ausnahmefälle beschränkt, nämlich wenn es unter bestimmten Umständen die Notwendigkeit erfordert oder in besonderen Fällen die Nützlichkeit ratsam macht (c. 766). Die zweite einschneidende Begrenzung ist die Ausklammerung der Homilie im Rahmen einer Eucharistiefeier. Diese ist dem Priester und Diakon vorbehalten (c. 767 § 1)[16]. Diese Reservation wird theologisch mit der Einheit von Wortverkündigung und Eucharistiefeier begründet. Die Homilie ist ein Teil der Liturgie (c. 767 § 1; VatII SC Art. 52), welcher der Amtsträger vorsteht.

Eine strikte Interpretation dieser Bestimmung würde die Praxis zumindest der deutschsprachigen Teilkirchen entscheidend beschränken[17]. Der Grundsatz scheint nach Ansicht der CIC-Reformkommission und aufgrund der Antwort der Päpstlichen Kommission zur authentischen Interpretation der Konzilstexte vom 11. 1. 1971[18] die Laienpredigt in Ausnahmefällen auch innerhalb der Eucharistiefeier zuzulassen[19]. Demgegenüber hält das Apostolische Schreiben „Catechesi

[12] Vgl. c. 1342 § 2 CIC/1917.

[13] *R. Zerfass*, Der Streit um die Laienpredigt, Freiburg 1973; *W. Brandmüller*, Laien auf der Kanzel, in: ThGl 63 (1973), S. 321–342.

[14] Relatio 1981 zu c. 721; *H. Socha*, Was macht die Laien zu amtlichen Verkündern?, in: ThGl 63 (1973), S. 437–454.

[15] Sb Laienverkündigung, in: Gemeinsame Synode. Gesamtausgabe I, S. 174f., 180; dazu *K. Lehmann*, ebd., S. 153–168.

[16] InstGenMiss Rom, n. 42, in: NKD 19. – Das sog. „Predigtgespräch" unter Beteiligung der Gottesdienstteilnehmer bleibt ausgeschlossen, vgl. Instr. SC Cult „Actio pastoralis" vom 15. 5. 1969, n. 6d, in: AAS 61 (1969), S. 806–811; „Liturgicae instaurationes" vom 5. 9. 1970, n. 2a, in: AAS 62 (1970), S. 692–704; „Inaestimabile donum" vom 3. 4. 1980, n. 3, in: AAS 71 (1980), S. 331–343.

[17] Sb Laienverkündigung (Anm. 15), S. 180; Reskript der Klerus-Kongregation an den Vorsitzenden der Deutschen Bischofskonferenz über die Beauftragung von Laien zur Predigt vom 20. 11. 1973 (ebd., S. 182–185) – dieses Reskript tritt mit Inkrafttreten des CIC/1983 außer Kraft; Beschluß der Österreichischen Bischofskonferenz vom 1. 7. 1971, in: ÖAKR 22 (1971), S. 327f.; Synode '72, Basel, SaKo 1, Glaube und Verkündigung heute, 9.4.

[18] AAS 63 (1971), S. 329f.

[19] In der Relatio animadversiones systematice exponens factas ad schema canonum libri III De Ecclesiae Munere Docendi 38 „wird darauf hingewiesen, daß das Wort ‚reservatur' nur einen Grundsatz bezeichne und Ausnahmen zulasse und sogar die Glaubenskongregation hat die Ergänzung ‚ordinarie reservatur' angeregt, so daß Ausnahmen ausdrücklich durch den Gesetzestext möglich wären" (vgl. *Schmitz*, Beauftragung [Anm. 9], S. 62). Als Quelle zum Gesetzestext führt die CIC-Reformkommission VatII SC Art. 52 (die Homilie ist ein Teil der Liturgie) an und das Responsum der PCDecrI (vgl. Anm. 18). Auf die Frage, ob die Bestimmung in InstGenMissRom, n. 42: Homilia de more ab ipso celebrante habeatur, so zu verstehen sei, daß Laien, die an der Liturgie teilnehmen, die Homilie halten können, wurde negativ geantwortet. *Schmitz* interpretiert dies so, daß man sich für die Laienpredigt

Tradendae" erneut fest, daß die Homilie dem geweihten Amtsträger vorbehalten bleiben soll[19a]. Für eine Zulassung von Laien müßte auf jeden Fall der Apostolische Stuhl seine Zustimmung geben. Für die nach c. 766 gestattete Laienpredigt sind von der Bischofskonferenz nähere Vorschriften zu erlassen.

2. *Die Predigt*

a) *Die Predigtformen*. Die *Homilie* als Teil der Liturgie steht an erster Stelle (c. 767 § 1; VatII DV Art. 24). „In ihr werden im Verlaufe des liturgischen Jahres aus der Heiligen Schrift die Geheimnisse des Glaubens und die Richtlinien für das christliche Leben dargelegt" (c. 767 § 1)[20].

An Sonntagen und gebotenen Feiertagen ist in allen Messen, an denen Gläubige teilnehmen, eine Homilie zu halten, die ohne schweren Grund nicht ausfallen darf (c. 767 § 2). Bei genügender Beteiligung sollen Homilien auch in Wochentagsmessen gehalten werden, besonders während des Advents und der Quadragesima oder anläßlich besonderer Ereignisse, wie Hochzeit und Beerdigung (c. 767 § 3)[21]. Der für die Gemeinde verantwortliche Pfarrer hat für die Einhaltung der Predigtvorschriften besorgt zu sein (cc. 767 § 4, 528 § 1).

Sonderanlässe wie religiöse Wochen, Exerzitien und Volksmissionen dienen der Glaubensvertiefung. Sie sind in gewissen Zeitabständen vom Pfarrer nach den Diözesanvorschriften zu veranlassen (c. 770). Die Wortverkündigung durch die *Massenmedien*, Rundfunk und Fernsehen, hat nach den von der Bischofskonferenz erlassenen Richtlinien zu erfolgen (c. 772 § 2; VatII SC Art. 20; IM Art. 13, 20).

b) *Predigt für Randgruppen*. Eine besondere Sorge in der Verkündigung ist jenen Gläubigen zu widmen, „die wegen ihrer Lebensbedingungen die allgemeine ordentliche Hirtensorge nicht genügend in Anspruch nehmen können oder sie völlig entbehren" (c. 771 § 1), z. B. bei Auswanderern, Flüchtlingen, Seeleuten, Touristen, Nomaden und ähnlichen Gruppen (VatII CD Art. 18; Eccl Sanct I 9). Ferner haben die Seelsorger die Verkündigungspflicht bei den Nichtglaubenden. Diese sind in die Seelsorge miteinzubeziehen (c. 771 § 2).

innerhalb der Liturgie nicht auf die genannte Norm berufen könne. „Ob eine Laienpredigt innerhalb der Liturgie möglich ist oder nicht, dazu hat sich die Interpretationskommission nicht geäußert." (Ebd.). Vgl. auch *V. Carbone*, De Commissione decretis Concilii Vaticani Secundi interpretandis, Dubiorum solutionum explanatio III/1. De homilia in Missae celebratione, in: MonEccl 97 (1972), S. 326f. Nach dem Directorium de Missis cum pueris der SC Cult vom 1. 11. 1973, n. 24, in: AAS 66 (1974), S. 30–46, kann der Laie nach dem Evangelium Worte an die Kinder richten.

[19a] *Johannes Paul II.*, Adhortatio Apost. „Catechesi Tradendae" vom 16. 10. 1979 (zit. Cat. trad.), in: AAS 71 (1979), S. 1277–1340; dt.: Papst Johannes Paul II., Über die Katechese in unserer Zeit, Freiburg/Ue. 1979 – hier: Nr. 48.

[20] VatII SC Art. 52; Instr. SC Rit „Inter oecumenici" vom 26. 9. 1964, n. 54, in: AAS 56 (1964), S. 877–900; InstGenMissRom, n. 41, in: NKD 19.

[21] Instr. SC Rit „Inter oecumenici", n. 53; InstGenMissRom, n. 42; VatII SC Art. 52, 35.4. Für Wortgottesdienste außerhalb der Messe sind keine Vorschriften im CIC/1983 erlassen. Dem jeweiligen Leiter bleibt die Gestaltung vorbehalten. Über priesterlose Wortgottesdienste vgl. Instr. SC Rit „Inter oecumenici", n. 37.

c) *Predigtinhalt und -methode.* Die Wortverkündigung soll das Geheimnis Christi unverkürzt darlegen und vor allem aus der Heiligen Schrift und der Liturgie schöpfen (VatII CD Art. 12; SC Art. 35.2). Sie soll alles darlegen, was zur Ehre Gottes und zum Heil der Menschen notwendig ist (c. 768 § 1). Insbesondere sind aufzuzeigen die Lehre der Kirche über Würde und Freiheit der menschlichen Person, über Einheit, Festigkeit und Pflichten der Familie, über die Verpflichtungen gegenüber der menschlichen Gesellschaft und über die irdischen Dinge, die nach der göttlichen Ordnung zu gestalten sind (c. 768 § 2; VatII CD Art. 12).

Form und Gestalt der Predigt sind den geschichtlichen Erfordernissen und den Voraussetzungen der Hörer anzupassen (c. 769; VatII CD Art. 13; PO Art. 4; GS Art. 4).

II. Die katechetische Unterweisung

Die Katechese[22] als zweite vorrangige Verkündigungsform (c. 761; VatII CD Art. 13) ist bemüht, den Glauben durch regelmäßige Unterweisung und christliche Lebenspraxis zu aktivieren und zu vitalisieren (c. 773; VatII CD Art. 14; GE Art. 4).

1. *Die Träger der Katechese*

Da der Dienst am Wort Gottes der ganzen Kirche anvertraut ist (cc. 211, 759; VatII LG Art. 35; AG Art. 41; AA Art. 6), ist es nur logisch, daß alle Gläubigen auf ihre Weise an der kerygmatischen Glaubensvermittlung partizipieren (c. 774 § 1; VatII AA Art. 10).

a) *Die Eltern.* Recht und Pflicht der religiösen Erziehung liegt primär bei den Eltern und ihren Stellvertretern (VatII DH Art. 5). Sie haben die Kinder durch Wort und Beispiel im christlichen Glauben zu erziehen (c. 774 § 2; DC Nr. 78; Cat. trad. Nr. 68), denn sie sind „die ersten Künder und Erzieher des Glaubens" (VatII AA Art. 11). Die Familie ist die Zelle der Kirche und als solche der privilegierte Ort der christlichen Sozialisation. Die katechetische Erziehung in der Familie wird organisch fortgesetzt, begleitet und vertieft im kirchlichen Religionsunterricht (c. 776).

b) *Die Pfarrer und die Mitarbeiter.* Der Kirche und ihren amtlichen Leitern obliegt eine besondere Verantwortung für die religiöse Unterweisung ihrer Glieder (c. 773; VatII GE Art. 3). Kraft des Amtes ist der *Pfarrer* verantwortlich für den Religionsunterricht und für die Berufung von Katecheten (cc. 776, 777, 528 § 1;

[22] Das II. Vatikanum bekräftigte die Wichtigkeit der Katechese im ganzen Apostolat der Kirche. Im Vollzug des Konzilsauftrags (VatII CD Art. 44) erließ die SC Cler ein Direktorium catechisticum generale vom 11. 4. 1971 (zit.: DC), in: AAS 64 (1972), S. 97–176; dt.: Allgemeines katechetisches Direktorium, Fulda 1973. SynEp 1977 befaßte sich mit der Katechese; Schlußdokument „Die Katechese in unserer Zeit", in: HerKorr 31 (1977), S. 617–622; vgl. auch ebd., S. 490–492; *Johannes Paul II.*, Adhortatio Apost. „Catechesi Tradendae" (Anm. 19a).

VatII CD Art. 30.2). Als *Mitarbeiter* sollen Priester und Diakone, die in der Pfarrei wohnen, Mitglieder von religiösen Gemeinschaften und Laien, besonders Katecheten, herangezogen werden (c. 776; DC Nr. 115; Cat. trad. Nr. 64–66; VatII CD Art. 30.2, 35.1.3.4). Bei Bevölkerungszunahme und Priestermangel sind den Laien vermehrt katechetische Aufgaben zu übertragen (VatII LG Art. 35; AA Art. 10). Von allen Katecheten wird Verfügbarkeit und Zusammenarbeit mit den Eltern in der Familienkatechese erwartet (c. 776). Sie haben Anspruch auf eine solide theologische und religionspädagogische Aus- und Fortbildung (c. 780; DC Nr. 108–115; VatII CD Art. 14).

Die *Oberen* religiöser Gemeinschaften tragen die Verantwortung für die Katechese in ihren Kirchen, Schulen und Institutionen (c. 778; VatII CD Art. 35.4).

2. *Die Adressaten der Katechese*

Die Katechese richtet sich an Erwachsene, Jugendliche und Kinder (c. 776; Cat. trad. Nr. 35–45). In jedem Lebensalter soll der Glaube durch die Katechese gestärkt und vertieft werden (c. 777; DC Nr. 30; VatII CD Art. 14).

a) *In der Kinder- und Jugendkatechese* ist vor allem die Hinführung zu den Sakramenten, der Erstbeicht-, Erstkommunion- und Firmunterricht bedeutsam (c. 777 nn. 1 und 2; DC Addendum)[23].

Die Glaubensunterweisung ist auch nach dem Erstempfang der Sakramente weiterzuführen (c. 777 n. 3; DC Nr. 82–91; VatII AA Art. 12). Besonderer Aufmerksamkeit bedarf die Katechese an körperlich und geistig Behinderten (c. 777 n. 4; Cat. trad. Nr. 41).

b) *Die Erwachsenenkatechese* versucht in der sog. Erwachsenenbildung eine Antwort des Glaubens auf die verschiedenen Lebensfragen in Familie, Beruf und persönlicher Entwicklung zu geben (c. 777 n. 5; DC Nr. 92–97; Cat. trad. Nr. 43).

3. *Mittel und Methoden der Katechese*

a) Als *katechetische Hilfsmittel* dienen Direktorien zur Förderung und Koordination der katechetischen Arbeit, Lehrpläne, Katechismen und Textbücher, sowie audiovisuelle Mittel und wenn möglich auch Massenmedien (c. 779; DC Nr. 116–124; Cat. trad. Nr. 46–50).

b) *Die Methoden* sollen Eigenart, Fähigkeit, Alter und Lebensbedingungen der Schüler berücksichtigen und einer vertieften Glaubenspraxis dienen (c. 779; DC Nr. 70–76; VatII CD Art. 14; IM Art. 16; Cat. trad. Nr. 51–55).

[23] SC Cler verlangte am 24. 5. 1973, daß nach versuchsweiser Umstellung wieder in allen Diözesen das Sakrament der Buße der Erstkommunion vorauszugehen habe (vgl. AAS 65 [1973], S. 410). Bekräftigung dieser Weisung durch die SC Sacr und SC Cler am 20. 5. 1977 (vgl. AAS 69 [1977], S. 427).

4. Die Organisation der Katechese

a) *Der Diözesanbischof* ist unter Berücksichtigung der päpstlichen Vorschriften eigenverantwortlich für Förderung, Koordination und Überwachung der katechetischen Tätigkeit (c. 775 § 1; VatII CD Art. 14). Er hat Richtlinien herauszugeben, für geeignete Hilfsmittel, eventuell auch für die Vorbereitung eines Katechismus, und insbesondere für Aus- und Fortbildung der Katecheten besorgt zu sein (cc. 775 § 1, 780; DC Nr. 115; VatII CD Art. 14).

b) *Die Bischofskonferenz* kann bei Opportunität einen Katechismus herausgeben, der von der Kongregation für den Klerus approbiert werden muß (c. 775 § 2; DC Nr. 119, 134). Sie kann ein katechetisches Amt als Beratungsstelle für die einzelnen Diözesen errichten (c. 775 § 3; DC Nr. 128)[24]. Gegenüber dem Directorium catechisticum scheint die Kompetenz der Bischofskonferenz weniger stark betont (DC Nr. 46, 98, 108, 128)[25].

§ 63 Der missionarische Auftrag

Von Oskar Stoffel

Wie kein anderes Konzil zuvor, hat das II. Vatikanum die Mission als „die wichtigste und heiligste Aufgabe der Kirche" (VatII AG Art. 29) ins Bewußtsein gehoben[1].

I. Die Mission der Kirche als Volk Gottes

1. Die missionarische Dimension der Kirche

Als theologische Präambel ist vorangestellt: „Die *ganze Kirche* ist ihrem Wesen nach *missionarisch*" (c. 781; VatII AG Art. 2, 35). Die missio der Kirche wird von ihrem Wesen her als Sakrament der Mission Gottes begründet. Als „allumfassendes Heilssakrament" (VatII LG Art. 48) hat sie „die Liebe Gottes allen Menschen und Völkern zu verkünden" (VatII AG Art. 10).

[24] Das Dekret Provido sane der SC Conc vom 12. 1. 1935 (AAS 27 [1935], S. 145–154) und DC Nr. 126 forderten ein solches Amt auf diözesaner Ebene.

[25] Die nachkonziliaren Synoden versuchten durch vertiefte Neubesinnung der Krise des Religionsunterrichts zu begegnen und seine pastorale Dringlichkeit darzulegen, vgl. Sb Religionsunterricht, in: Gemeinsame Synode. Gesamtausgabe I, S. 123–152; dazu *L. Volz*, ebd., S. 113–122; Synode '72, Basel, SaKo 1, Glauben und Glaubensverkündigung heute; ÖSV, Bildung und Erziehung.

[1] *J. Schütte* (Hrsg.), Mission nach dem Konzil, Mainz 1967; *H. de Lubac*, Le fondement theologique des Missions, Paris 1964; *A. Reuter*, De novis rationibus iuris missionalis a Concilio Vaticano II inductis vel indictis, in: Euntes Docete 28 (1975), S. 293–315; *O. Stoffel*, Missionsstrukturen im Wandel, in: NZM 31 (1975), S. 259–270.

2. *Die Missionspflicht der Glieder des Gottesvolkes*

Mission ist eine Grundfunktion der christlichen Gemeinde und verpflichtet die ganze Kirche (cc. 747 § 1, 781, 211). Alle sind kraft der Taufe und Firmung zu missionarischer Praxis geweiht (VatII AG Art. 36). Den unterschiedlichen Dienstfunktionen entsprechend differenziert sich der je spezifische Evangelisationsbeitrag (VatII AG Art. 28).

Die *Priester* haben als Mitarbeiter der Bischöfe das Evangelium zu verkünden (c. 791; VatII LG Art. 28), missionarische Gemeinden zu errichten (VatII AG Art. 39; CD Art. 30.1) und sind in ihrem Wirkungsbereich auch für die Pastoral der Nichtglaubenden verantwortlich (cc. 771 § 2, 528 § 1)[2].

Die besondere Missionspflicht der *Mitglieder der Instituta vitae consecratae*[3] ist in der besonderen consecratio begründet (c. 783), die mit dem Geheimnis der Kirche verbindet und zum Dienst am Aufbau der Kirche und am Heil der Welt verpflichtet (cc. 758, 573f.; VatII LG Art. 44; PC Art. 5; AG Art. 40; EvNunt Nr. 69).

Die *Laien* haben die Pflicht in Wort und Beispiel christliches Leben zu bezeugen, erst recht dort, wo die Kirche nur durch sie anwesend sein kann (cc. 225 § 1, 759; VatII LG Art. 33; AG Art. 41; EvNunt Nr. 70–72). Außer dem regulären Apostolat können Laien als Missionare ausgesandt werden (c. 785).

II. Die Missionsträger

1. *Die Missionsverantwortung der Universalkirche*

Während im CIC/1917 gemäß c. 1350 § 2 die gesamte Sorge für die „äußere" Mission exklusiv dem Papst reserviert war, wird im CIC/1983 in Anwendung der Lehre von der apostolischen Kollegialität, das Bischofskollegium als oberster Träger der Mission mitgenannt (c. 756 § 1).

a) Der *Papst* als sichtbare Repräsentation der Einheit hat den Auftrag, singulari modo den christlichen Namen auszubreiten (VatII LG Art. 23, 18). Ihm obliegt deshalb die oberste Leitung und Koordination des gesamten Missionswesens (c. 782 § 1). Seine Missionsverantwortung nimmt er wahr durch die Kongregation für die Evangelisation der Völker oder für die Glaubensverbreitung (VatII AG Art. 29; MP EcclSanct III 13).

b) Das *Bischofskollegium* ist ebenfalls für die weltweite Verkündigung des Evangeliums besorgt (c. 756 § 1; VatII AG Art. 29; LG Art. 22, 23) und ist deshalb direkt verantwortlich für das Missionswerk (c. 782 § 1). Seine aktive Mitbeteiligung an der universalkirchlichen Missionsleitung geschieht einerseits in der

[2] *Paul VI.*, Adhortatio Apost. „Evangelii Nuntiandi" vom 8. 12. 1975 (zit.: EvNunt), in: AAS 68 (1976), S. 5–76; lat.-dt., in: NKD 57 – hier: Nr. 68.

[3] Die Societates vitae apostolicae haben keine consecratio in sensu stricto (Relatio 1981 ad cc. 738, 713), dürfen aber zumindest in sensu lato mitverstanden werden.

Bischofssynode, welche der missionarischen Tätigkeit besondere Aufmerksamkeit zu schenken hat (c. 342; VatII AG Art. 29), und anderseits durch eine Vertretung bei der Kongregation für die Evangelisation der Völker (VatII AG Art. 29; MP EcclSanct III 15)[4].

2. *Die Missionsverantwortung der Teilkirchen*

Die Wiederentdeckung der Ortskirche brachte einen bedeutsamen Wandel in der Missionstheorie und Missionspraxis. Jede Teilkirche ist einerseits Realpräsenz der Universalkirche (VatII LG Art. 23; CD Art. 11). Anderseits stehen die Teilkirchen untereinander in der communio ecclesiarum, was zwischenkirchliche missionarische Mitverantwortung impliziert (VatII LG Art. 13, 23; AG Art. 38).

a) Die *missionarische Eigenverantwortung* der Ortskirche (cc. 782 § 2, 790). Mit der Ablösung der außerordentlichen Missionshierarchie durch die ordentliche Kirchenverfassung sind die Missionsdiözesen als gleichberechtigte Ortskirchen in die Gesamtkirche integriert worden (VatII AG Art. 19–22). Die Missionsordinarien sind nicht mehr Stellvertreter des Papstes wie die Apostolischen Vikare und Präfekten (cc. 293–311CIC/1917), sondern vollberechtigte Diözesanbischöfe (c. 381 § 1). Sie sind erstverantwortlich für das ganze Missionswerk (c. 782 § 2; VatII AG Art. 30) und für alle Nichtchristen auf ihrem Territorium (cc. 383 § 4, 364 n. 6). Sämtliche Missionare sind ihnen unterstellt. Mit den Missionsinstituten werden angemessene Vereinbarungen abgeschlossen (c. 790). Die nach wie vor unentbehrlichen Missionsinstitute (VatII AG Art. 27) sind aus der Erstverantwortung entlassen (VatII AG Art. 32). Durch die Ablösung des Ius commissionis[5] durch das Mandatum[6], als einer besonderen Form vertraglich geregelter Mitarbeit, kommt die volle Anerkennung der Missionsdiözese zum Ausdruck.

b) Die *missionarische Mitverantwortung* der Ortskirche (c. 791). Die Communio-Theologie, d. h. die theologisch begründete Beziehung zwischen den Teilkirchen, fordert eine juristisch geregelte Communio-Praxis der missionarischen Kooperation[7]. Mission ist zwischenkirchliche Vermittlung (VatII LG Art. 23; CD Art. 6; AG Art. 19, 38). Die Bischöfe tragen Verantwortung für die missionarische

[4] Instr. SC Prop „Cum in Constitutione" vom 26. 2. 1968 (nicht amtlich veröffentlicht), in: *Ochoa* III, Nr. 3633; lat.-dt., in: NKD 47; Le Congregazioni Plenarie della Sacra Congregazione per l'Evangelizzazione dei Popoli, in: Bibliografia Missionaria 45 (1981), S. 339–344. – Zwei SynEp haben sich bisher mit missionarischen Themen befaßt: De Iustitia in Mundo 1971 und De Evangelizatione mundi huius temporis 1974.

[5] Instr. SC Prop „Quum huic" vom 8. 12. 1929, in: AAS 22 (1930), S. 111–115.

[6] Instr. SC Prop „Realtiones in territoriis" vom 24. 2. 1969, in: AAS 61 (1969), S. 281–287; lat.-dt., in: NKD 18; Schemata contractuum inter Episcopos residentiales vel alios Ordinarios locorum, in territoriis missionum, et Instituta Missionalia, in: Bibliografia Missionaria 33 (1969), S. 186–220; Kommentare von *M. Clementi*, ebd. 32 (1968), S. 271–294 und 33 (1969), S. 221–229.

[7] Instr. SC Prop „Quo aptius" vom 24. 2. 1969, in: AAS 61 (1969), S. 276–281; lat.-dt., in: NKD 18.

Zusammenarbeit der Kirchen und für die Förderung und Leitung der Missionswerke (c. 782 § 2; VatII AG Art. 38; CD Art. 6).

Auf *diözesaner Ebene* sollen die Missionsberufe gefördert, ein Priester mit den Missionsinitiativen beauftragt, jährlich der Weltmissionssonntag gefeiert und eine päpstliche „Missionssteuer" abgeliefert werden (c. 791; VatII AG Art. 35–41; MP EcclSanct III 3–7). Erwähnenswert ist der vom Konzil geforderte Priesteraustausch, wonach Diözesanpriester wenigstens für begrenzte Zeit in Missiongebiete gesandt werden können (c. 271 § 1; VatII LG Art. 23; CD Art. 6; PO Art. 10).

Auf der *Ebene der Bischofskonferenz* wird nicht mehr wie in VatII AG Art. 38 die Koordination der Missionshilfe, sondern detailliert nur die Einrichtung von Werken für Studenten und Arbeiter aus den Missionsgebieten gefordert (c. 792; VatII AG Art. 38).

III. Die Missionstätigkeit

1. *Der Missionsbegriff*

Das Ziel der missionarischen Tätigkeit ist die Einpflanzung der Kirche. Mission ist primär Evangelisation. Ihre Adressaten sind die Nichtchristen, in Gebieten, wo „noch nicht" bzw. „nicht mehr" verkündet wird. Mission ist also Dienst an den Kirchen in Aufbau und Not (c. 786; VatII AG Art. 6).

Die Mission erreicht ihr Ziel, wenn die neue Kirche gesellschaftlich voll präsent ist (VatII AG Art. 5). Drei Kennzeichen einer im christlichen Leben gereiften Kirche werden angeführt. Die *Selbstbestimmung* beinhaltet die Inkulturation der Botschaft und die Bildung eines autochthonen Klerus unter der Leitung eines einheimischen Bischofs. *Selbsterhaltung* meint, daß die Kirchen finanziell selbsttragend werden. Die *Selbstausbreitung* besagt, daß die Teilkirche selber zur missionierenden Kirche wird (c. 786; VatII AG Art. 19).

Die konziliare Theorie von der Plantatio Ecclesiae wurde im Apostolischen Schreiben Evangelii Nuntiandi[8] zu einem „weltoffenen" Missionsbegriff („Mission in sechs Kontinenten") im Sinne der ganzheitlichen Befreiung des ganzen Menschen und aller Menschen weiterentwickelt (EvNunt Nr. 32–34, 52)[9]. C. 786 bleibt deshalb der Vorwurf einer gewissen „Ekklesiozentrik" nicht ganz erspart.

2. *Das Missionspersonal*

a) Die *Missionare* (c. 784) sind spezialisierte Träger der Mission der Kirche. Mit der Sendung durch die zuständige (nicht mehr wie im CIC/1917 durch die höchste)

[8] Vgl. oben, Anm. 2.

[9] *A. Wolanin*, Il concetto della missione nei decreti „Ad Gentes" e „Apostolicam Actuositatem" e nella „Evangelii Nuntiandi", in: *M. Dhavanony* (Hrsg.), Prospettive di Missiologia oggi (= Documenta missionalia 16), Roma 1982, S. 100–105; *J. Amstutz*, Auftrag der Kirche: Evangelisation und Befreiung, in: NZM 32 (1972), S. 255–279.

kirchliche Autorität ist das wesentliche formale Element der Definition des Missionars gegeben, jedoch noch nicht genügend umschrieben. Das Konzil, nicht der genannte Kanon, nennt als zweites Merkmal den Missionseinsatz „ad vitam" (VatII AG Art. 24). Damit vermeidet c. 784 die Unterscheidung zwischen Missionar auf Lebenszeit und Missionar auf Zeit. Dies entspricht der heutigen Situation der Missionskräfte und anerkennt die Laienbrüder und Ordensfrauen[10] als Missionare. Durch die Sendung der Kirche zum Missionswerk wird jeder getaufte Christ Missionar, sei er Einheimischer oder Auswärtiger, Mitglied einer religiösen Gemeinschaft oder Laie[11].

b) Die *Katechisten* (c. 785) sind die wichtigsten Mitarbeiter der Priestermissionare (VatII AG Art. 17)[12]. Als Voraussetzung zum Katechistendienst werden einerseits genügende Ausbildung, wenn möglich in eigenen Katechistenschulen (cc. 785 § 2, 780), anderseits beispielhafte Lebensführung gefordert (cc. 785 § 1, 759; VatII AG Art. 17; CD Art. 14). Konzil und Kodex eröffnen für das Amt des Katechisten neue Perspektiven und vielfältige Einsatzmöglichkeiten. Die angeführten Aufgabenbereiche, Verkündigung des Evangeliums, liturgische Dienste und karitative Werke (c. 785 § 1), liegen ganz auf der Linie des Diakonates (VatII LG Art. 29).

3. *Leitlinien der Missionstätigkeit*

In Übereinstimmung mit dem Missionsdekret werden nicht Modelle neuer Missionsmethoden entworfen, sondern allgemeingültige Grundsätze für jede Missionsarbeit dargelegt.

a) *Grundstrukturen der missionarischen Tätigkeit* (c. 787). Ausgangspunkt der Verkündigung ist das Zeugnis des Lebens und des Wortes (c. 787 § 1; VatII AG Art. 11). Das Missionsdekret Art. 12 präzisiert die christliche Präsenz im nichtchristlichen Raum als Zeugnis der Liebe im persönlichen Dienst an den Notleidenden und im weiten Feld des wirtschaftlichen und sozialen Aufbaus.

Durch dieses Zeugnis sollen die Missionare einen aufrichtigen Dialog mit den nicht an Christus Glaubenden beginnen (c. 787 § 1). Dabei sollen sie die Traditionen der nichtchristlichen Religionen achten (VatII AG Art. 11) und ihre „geistlichen und sittlichen Güter und die sozialen und kulturellen Werte" anerkennen (VatII NA Art. 2; LG Art. 17). Die Methode der Evangelisierung muß der Situation der Hörer angepaßt sein (cc. 787 § 1, 769, 779).

Wer zur Aufnahme der Frohbotschaft bereit ist, soll eine umfassendere Kenntnis der Heilsbotschaft durch Predigt und Katechese vermittelt erhalten (c. 787 § 2;

[10] Sie galten vor dem Konzil als Hilfsmissionare; vgl. *Th. Ohm*, Macht zu Jüngern alle Völker, Freiburg 1962, S. 289, 359, 393–395, 810–818.

[11] Im Gegensatz zum Schema EcclMunDoc (c. 35) spricht c. 784 nicht mehr von den in VatII AG Art. 23–26 beschriebenen Eigenschaften.

[12] Nach c. 784 sind die Katechisten ebenfalls Missionare. Sie sind cooperatores ordinis sacerdotalis (VatII AG Art. 17). Der Ausdruck „sub moderamine missionarii" ist ungenau. – Unter bestimmten Voraussetzungen können sie Diakone werden (VatII AG Art. 16; LG Art. 29).

VatII CD Art. 14; EvNunt Nr. 44, 54). Dabei darf kein Zwang angewendet werden (c. 748; VatII AG Art. 13). Der Bewerber muß seinen Glaubensentscheid in voller Freiheit treffen können (c. 787 § 2; VatII DH).

b) Die *Eingliederung in die Kirche* erfolgt stufenweise inmitten der christlichen Gemeinde entsprechend dem geistlichen Entwicklungsprozeß.

Im *Präkatechumenat*[13] geschieht die erste Verkündigung. Ist der Kandidat grundsätzlich entschlossen, Christ zu werden, wird er in einer liturgischen Feier in die Gruppe der Bewerber aufgenommen (c. 788 § 1; VatII AG Art. 14).

Mit dieser Aufnahme beginnt das eigentliche *Katechumenat*. Die entferntere Vorbereitung, die mehrere Jahre dauern kann, dient der geistlichen Formung und der Glaubensunterweisung. Sie schließt mit einer Feier, in der die Namen ins Katechumenenbuch eingetragen werden (c. 788 § 1; OICA 7b, 14–20). Die nähere Vorbereitung fällt in der Regel mit der österlichen Bußzeit zusammen. Sie ist gekennzeichnet durch Skrutinien und „Übergaben" des Glaubensbekenntnisses und des Vaterunsers (OICA 7c, 21–26; VatII SC Art. 109f.). Den Abschluß bildet die feierliche Eingliederung in die Kirche durch die Spendung der Initiationssakramente (Taufe, Firmung und Eucharistie) in der Osternacht (OICA 27–36, 49, 55; c. 866). Die Eingliederung kommt in der *Mystagogie der Neophyten* während der fünfzigtätigen Osterzeit zur vollen Entfaltung (c. 789; OICA 7d, 37–40).

Das Katechumenat ist *Vorbereitung* auf den Empfang der Sakramente, nicht nur durch katechetische Unterweisung, sondern ebenso durch Einführung und Einübung ins christliche Leben. In geeigneter Weise sind die Katechumenen ins Geheimnis Christi einzuweihen und ins Leben des Glaubens, der Liturgie, der Caritas und des Apostolates einzuführen (c. 788 § 2; VatII AG Art. 14).

Mit dem ausdrücklichen Willen zur Eingliederung in die Kirche werden die Taufbewerber „mit der Kirche verbunden" (c. 206; VatII LG Art. 14). Dieses coniunctum esse beschreibt den ekklesialen Status. Daraus ist die *rechtliche Beziehung* zu normieren[14]. Aufgabe der Bischofskonferenz ist es, Statuten zu erlassen, welche das Katechumenat regeln und die Rechte und Pflichten der Katechumenen umschreiben (cc. 788 § 3, 1170, 1183 § 1; VatII CD Art. 14).

Gegenüber dem CIC/1917, der nur ungenügend über das Missionswesen legiferierte[15], sind die Bestimmungen über die missionarische Tätigkeit der Kirche im CIC/1983 ein beachtlicher Fortschritt. Die konziliare Missionstheologie besann sich auf die missionarische Grunddimension der ganzen Kirche und begründete die missionarische Erstverantwortung der Teilkirche. Das päpstliche „Missionsmonopol" wurde ergänzt durch die episkopale Missionsverantwortung.

[13] Ordo Initiationis Christianae Adultorum, Typ. Pol. Vat. 1972 (zit.: OICA); dt.: Die Feier der Eingliederung Erwachsener in die Kirche, hrsg. von den Liturgischen Instituten Salzburg, Trier, Zürich, Einsiedeln-Freiburg 1975, Nr. 7a, 9–13; *M. Probst/H. Plock/K. Richter* (Hrsg.), Katechumenat heute, Einsiedeln-Zürich, Freiburg-Wien 1976.

[14] *F. J. Urrutia*, Catechumenatus iuxta Concilium Oecumenicum Vaticanum Secundum, in: Periodica 63 (1974), S. 121–144; *O. Stoffel*, Die Rechtsstellung des Katechumenen in der Kirche, in: Investigationes theologico-canonicae (Festschrift Bertrams), Roma 1978, S. 415–430.

[15] Vgl. cc. 252, 293–311, 1125, 1322 § 2, 1327 § 1, 1350, 1351 CIC/1917.

Das sog. „Missionsrecht" wird – mit Ausnahmen – dem allgemeinen Recht angeglichen und ihm eingefügt. So werden die Bestimmungen „De Vicariis et Praefectis Apostolicis" (cc. 293–311 CIC/1917) ins allgemeine Recht integriert und die Missionsordinarien den Diözesanbischöfen rechtlich weitgehend gleichgestellt (cc. 368, 371 § 1, 381 § 2).

Die Verkürzungen und Lücken in unserem Abschnitt sind zu ergänzen durch andere Kanones und durch die liturgischen Vorschriften (c. 2). Nicht wenige Normen finden ihre spezielle Anwendung in den Missionskirchen und haben einen besonderen missionarischen Bezug. Das Bemühen, die missionarischen Bestimmungen möglichst im ganzen Kirchenrecht zu verankern und das ganze Recht sowie das ganze Wirken der Kirche missionarisch zu verstehen, verdient Anerkennung. Die Missionstätigkeit der Kirche erhält grundsätzlich jenen Stellenwert, den ihr das Konzil zugemessen hat.

§ 64 Der ökumenische Auftrag

Von Hubert Müller

1. *Wende zur Ökumene*

Das Zweite Vatikanische Konzil hat im Verhältnis der katholischen Kirche zu den übrigen christlichen Konfessionen eine Wende heraufgeführt, die Papst *Paul VI.* in einer Ansprache an die nichtkatholischen Konzilsbeobachter als Ende der Zeit der Polemik und als Beginn der Wirksamkeit gegenseitiger Liebe charakterisierte[1]. Vorbereitet war diese „Wendung zur Ökumene"[2] durch die Ökumenische Bewegung, deren Ursprung in den aus der Reformation hervorgegangenen Kirchen zu suchen ist und bis in die erste Hälfte des 19. Jahrhunderts zurückreicht[3]. Von katholischer Seite griffen seit dem 1. Weltkrieg einzelne Gruppen, vor allem Laien, das ökumenische Anliegen verstärkt auf[4], ohne daß es jedoch schon sogleich von der kirchlichen Hierarchie rezipiert wurde. Dies geschah erst nach dem 2. Weltkrieg in der Instruktion „Ecclesia catholica" der römischen Kongregation des Hl. Offiziums vom 20. 12. 1949[5], in der die zahlreichen Privatinitiativen zugunsten des Ökumenismus von amtlicher Seite positiv in der römisch-katholi-

[1] Vgl. *W. Becker*, Einführung in das Dekret über den Ökumenismus, in: LThK²-Konzilskommentar II, S. 27.

[2] *J. Ratzinger*, Das neue Volk Gottes, 2. Aufl., Düsseldorf 1970, S. 319.

[3] Zur geschichtlichen Entwicklung des Ökumenismus s. vor allem *R. Rouse/S. Neill*, Geschichte der Ökumenischen Bewegung, 2. Aufl., Göttingen 1963; *E. Fey/G. Gaßmann* (Hrsg.), Geschichte der Ökumenischen Bewegung 1948–1968, Göttingen 1974; *H. M. Moderow/M. Sens* (Hrsg.), Orientierung Ökumene, Berlin 1979.

[4] Eine gute Darstellung der Entwicklung des ökumenischen Gedankens in der katholischen Kirche bietet *G. Tavard*, Geschichte der Ökumenischen Bewegung, Mainz 1964.

[5] AAS 42 (1950), S. 142–147.

schen Kirche verankert und die Bischöfe aufgefordert wurden, diese geistliche Bewegung nicht nur zu überwachen, sondern auch zu fördern. Wenn in diesem Dokument in gewissem Sinne bereits eine Wende im Verhalten der katholischen Kirche zur Ökumenischen Bewegung[6] gesehen werden konnte, so ist der entscheidende Durchbruch dennoch erst im Pontifikat Papst *Johannes XXIII.* gelungen[7], der von vornherein schon im Zusammenhang mit der Ankündigung eines Ökumenischen Konzils[8] von der Einladung an die getrennten Gemeinschaften zur Suche nach der Einheit sprach und noch vor Beginn der vatikanischen Kirchenversammlung mit dem MP „Superno Dei nutu" vom 5. 6. 1960[9] an der römischen Kurie ein eigenes „Sekretariat zur Förderung der Einheit der Christen" gründete. Papst *Paul VI.*[10] übernahm die ökumenische Entscheidung seines Vorgängers als verpflichtendes Erbe und erklärte den Ökumenismus zu einem von insgesamt vier Hauptzielen[11] des II. Vatikanums, das sich in seinen Schlußdokumenten an zahlreichen Stellen mit dem Problem der gespaltenen Christenheit befaßt[12] und auf der Grundlage einer erneuerten Ekklesiologie (VatII LG)[13] mit dem Dekret „Unitatis redintegratio"[14] die Magna Charta[15] der römisch-katholischen Kirche für ökumenisches Denken und Wirken veröffentlicht hat.

Das Konzilsdekret hat die außerhalb der katholischen Kirche entstandene Ökumenische Bewegung als vom Heiligen Geist gewirkt ausdrücklich gewürdigt und unter Verwendung der Basisformel des Weltkirchenrates (Neu-Delhi 1961)[16] wie folgt beschrieben: „Diese Einheitsbewegung, die man als ökumenische Bewegung bezeichnet, wird von Menschen getragen, die den dreieinigen Gott anrufen

[6] So *Becker*, Einführung (Anm. 1), S. 11; *J. Feiner*, Kommentar zum Dekret über den Ökumenismus, in: LThK^2-Konzilskommentar II, S. 42.

[7] Vgl. *A. B. Hasler*, Ökumenische Bewegung, in: SacrM III, Sp. 855.

[8] AAS 51 (1959), S. 65–69.

[9] AAS 52 (1960), S. 433–437.

[10] Ansprache vom 29. 9. 1963, in: AAS 55 (1963), S. 841–859.

[11] Als wichtigste Ziele des Zweiten Vatikanischen Konzils nannte der Papst: Weiterentwicklung des Kirchenbegriffs, Erneuerung der katholischen Kirche, Wiederherstellung der Einheit unter allen Christen, Gespräch der Kirche mit den Menschen unserer Zeit (ebd.). Vgl. auch VatII UR Art. 1a.

[12] Eine Übersicht der Konzilsstellen bietet *C. Gleixner*, Ökumene heute, Wien-München 1980, S. 111, Anm. 32.

[13] Unter ökumenischem Aspekt ist ein Fortschritt in der Ekklesiologie mit weitreichenden Folgen u. a. vor allem in folgenden drei Lehraussagen der dogmatischen Konstitution zu sehen: a) Die Kirche Jesu Christi ist verwirklicht (subsistit in) in der katholischen Kirche (VatII LG Art. 8b). Dadurch wird die *ausschließliche* Identität der katholischen Kirche mit der Kirche Christi aufgegeben und außerhalb ihrer Grenzen Kirchlichkeit anerkannt. b) Katholische Kirche existiert *in* und *aus* Teilkirchen (VatII LG Art. 23a). c) Neben einer *vollständigen* Eingliederung in die Gemeinschaft der Kirche (VatII LG Art. 14b) gibt es Grade der Verbundenheit, die im einzelnen von der vorhandenen Gemeinschaft im Glauben, in den Sakramenten und Ämtern, im Gebet und in anderen geistlichen Gütern bestimmt werden (VatII LG Art. 15).

[14] AAS 57 (1965), S. 90–112. Das Dekret über den Ökumenismus wurde am 21. 11. 1964 mit 2137 Ja-Stimmen bei 11 Nein-Stimmen von der Generalkongregation des Konzils angenommen.

[15] Vgl. *W. Beinert*, Stand und Bewegung des ökumenischen Geschehens, in: Catholica 37 (1983), S. 4.

[16] Vgl. New Delhi Dokumente, Berichte und Reden auf der Weltkirchenkonferenz in New Delhi 1961, hrsg. v. *F. Lüpsen*, Witten 1962.

und Jesus als Herrn und Erlöser bekennen, und zwar nicht nur einzeln für sich, sondern auch in ihren Gemeinschaften, in denen sie die frohe Botschaft vernommen haben und die sie ihre Kirche und Gottes Kirche nennen." (VatII UR Art. 1b). Zugleich hat das II. Vatikanum in feierlicher Form „alle katholischen Gläubigen" aufgerufen, „daß sie, die Zeichen der Zeit erkennend, mit Eifer an dem ökumenischen Werk teilnehmen" (VatII UR Art. 4a), und hat für diesen ökumenischen Auftrag die Prinzipien auf seiten der katholischen Kirche namhaft gemacht (VatII UR 1. Kapitel)[17].

2. *Prinzipien des Zweiten Vatikanischen Konzils*

a) Unter „Ökumenischer Bewegung" versteht das Konzilsdekret „Tätigkeiten und Unternehmungen, die je nach den verschiedenartigen Bedürfnissen der Kirche und nach Möglichkeit der Zeitverhältnisse zur Förderung der Einheit der Christen ins Leben gerufen und auf dieses Ziel ausgerichtet sind." (VatII UR Art. 4b). Diese Umschreibung trägt dem Ökumenismus als einer *Bewegung* Rechnung, in der alles auf Annäherung und letztendlich auf Einigung der Christen aus ist. Dabei geht es nicht nur um eine äußere Aneinanderreihung von Aktivitäten, sondern um Bemühungen, die von einem ständig sich erneuernden Geist ausgehen, die deshalb auch nicht auf ein für immer fixiertes Programm festgelegt sind, sondern sich für neue geistige Entwicklungen offen halten[18]. Deshalb werden die katholischen Christen ausdrücklich ermahnt, sich um die Einheit zu mühen, „ohne den Wegen der Vorsehung irgendein Hindernis in den Weg zu legen und ohne den künftigen Anregungen des Heiligen Geistes vorzugreifen." (VatII UR Art. 24b).

b) Da die katholische Kirche sich an den ökumenischen Bestrebungen nur aufgrund ihrer eigenen Glaubenslehre und ihres Selbstverständnisses beteiligen kann, wie auch die Mitgliedkirchen des Ökumenischen Rates an dessen Bestrebungen entsprechend ihren eigenen Grundsätzen teilnehmen und gerade auf diese Weise das Ihrige in den ökumenischen Dialog einbringen[19], hat das Dekret „Unitatis redintegratio" die für den Ökumenismus wichtigsten ekklesiologischen Prinzipien der Kirchenkonstitution wieder aufgegriffen (vgl. VatII UR Art. 2–3) und damit „kurz das konziliare Selbstverständnis der katholischen Kirche als ein katholisches Prinzip der Ökumenischen Bewegung umrissen"[20]. Es nennt die vom

[17] Wichtig ist die Formulierung der Überschrift des 1. Kapitels: Während sie im Entwurf von 1963 noch gelautet hatte: „Die Prinzipien des katholischen Ökumenismus", heißt es im endgültigen Text: „Die katholischen Prinzipien des Ökumenismus", wofür im Lateinischen nur der Buchstabe s angefügt werden mußte: „De catholicis oecumenismi principiis". Die frühere Formel hätte das Mißverständnis nahegelegt, es gebe zwei ökumenische Bewegungen: die von der katholischen Kirche vorgefundene und nun eine eigene römische. Die endgültige Formulierung des Titels stellt von vornherein klar, daß sich die katholische Kirche der einen Ökumenischen Bewegung anschließt und für ihre Mitwirkung die eigenen Grundsätze formuliert.

[18] *Feiner*, Kommentar (Anm. 6), S. 61.

[19] *Ders.*, ebd., S. 44.

[20] *K. Rahner/H. Vorgrimler*, Kleines Konzilskompendium, 2. Aufl., Freiburg-Basel-Wien 1967, S. 219.

katholischen Glauben geforderten Voraussetzungen zur Mitwirkung an der Ökumenischen Bewegung und verpflichtet die katholischen Christen in ihrer ökumenischen Tätigkeit zur Treue gegenüber der von den Aposteln und den Vätern ererbten und in der katholischen Kirche gelehrten Wahrheit (vgl. VatII UR Art. 24a).

c) Diese Bindung an die eigenen ekklesiologischen Prinzipien darf nicht als methodisch verfeinerte Gegenreformation oder Proselytenmacherei mißverstanden werden. Das II. Vatikanum spricht nicht mehr wie Papst *Pius XI.*[21] von der Rückkehr zur einen Kirche; es hat die Vorstellung vom verlassenen Vaterhaus, zu dem die anderen reumütig zurückkommen sollen, aufgegeben[22] und jede Form von Proselytismus „als Mißbrauch des eigenen Rechtes und als Verletzung des Rechtes anderer" entschieden zurückgewiesen (VatII DH Art. 4d)[23]. Treue zum katholischen Glauben bedeutet auch nicht genügsames Ausruhen auf einem ererbten Besitz. Indem das II. Vatikanum die Pilgerschaft der irdischen Kirche (VatII LG 7. Kapitel) sowie ihre Unzulänglichkeit und ständige Reformbedürftigkeit (VatII UR Art. 6 und 7) deutlich herausstellt, bringt es die Tatsache zum Bewußtsein, daß die Kirche auch bezüglich der Erkenntnis der Offenbarungswahrheit noch unterwegs ist und daß es gerade auch für den Fortschritt der Ökumenischen Bewegung von entscheidender Bedeutung ist, daß die ökumenische Betätigung von seiten der katholischen Kirche „im Streben nach jener Fülle" geschieht, „die sein Leib nach dem Willen des Herrn im Ablauf der Zeit gewinnen soll." (VatII UR Art. 24a). Was in der katholischen Kirche angelegt ist, muß erst noch zu *voller* Entfaltung gebracht werden[24].

Das Ökumenismus-Dekret sieht in der Spaltung der Christenheit nicht nur einen Widerspruch gegen den Willen Christi, auch nicht nur einen Skandal für die Welt und einen Schaden für die Evangelisierung der Völker (VatII UR Art. 1), sondern zugleich ein Hindernis für die katholische Kirche selbst, „die Fülle der Katholizität unter jedem Aspekt in der Wirklichkeit des Lebens auszuprägen" (VatII UR Art. 4k). Solange große Teile der Christenheit mit ihrer jeweiligen Eigenart von der katholischen Kirche getrennt sind, werden sich nicht alle jene berechtigten Ausprägungen des Christlichen und des Kirchlichen voll realisieren lassen, die erst die „Fülle der Katholizität ... in der Wirklichkeit des Lebens" (VatII UR Art. 4k) zur Erscheinung bringen können[25]. Wenn daher das, „was von der Gnade des Heiligen Geistes in den Herzen der getrennten Brüder gewirkt wird" (VatII UR Art. 4i), beherzigt wird und „die Reichtümer Christi und das Wirken der Geisteskräfte im Leben der anderen ..., die für Christus Zeugnis geben, manchmal

[21] *Pius XI.*, Enzyklika „Mortalium animos" vom 6. 1. 1928, in: AAS 20 (1928), S. 5–16.

[22] *P.-W. Scheele*, Einheit, die wir haben, Einheit, die wir suchen. Auslegung des Ökumenismusdekrets, in: Die Autorität der Freiheit, Bd. 2, hrsg. v. *J. C. Hampe*, München 1967, S. 611.

[23] Vgl. auch Ökumenisches Direktorium, I. Teil, Nr. 28 und 46 (AAS 59 [1967], S. 547–592; NDK 7, S. 37 und 47) sowie c. 748 § 2.

[24] *Y. Congar*, L'Église catholique et le mouvement oecuménique à la veille de la Conférence d'Amsterdam, in: Chrétiens en dialogue, Paris 1964, S. 64.

[25] *Feiner*, Kommentar (Anm. 6), S. 68f.

bis zur Hingabe des Lebens" (VatII UR Art. 4h), Anerkennung finden, dient dies der eigenen Auferbauung, und es wird dadurch die Fülle des Mysteriums Christi und der Kirche und damit die Katholizität der Kirche voller aktualisiert (vgl. VatII UR Art. 4i)[26]. Deshalb muß die Kirche, um ihrem Gesetz der Katholizität treu zu sein und ihrer Sendung zu entsprechen, die Gottesherrschaft anzubahnen, mit aller Kraft nach Ökumenizität streben; dies setzt in ihr die zweifache Anstrengung um die *Reinheit* und um die *Fülle* voraus und zieht sie in ein gewaltiges Bemühen um Erneuerung, um Öffnung und Dialog, um Reform und innere Weite[27].

d) Zur Verwirklichung des Ökumenismus hat das Konzilsdekret konkrete Schritte aufgezeigt (s. VatII UR Art. 4b, 5–12), zu denen *Edmund Schlink* festgestellt hat, daß sie in hohem Maße den Methoden der Öffnung und Annäherung entsprechen, die sich seit langem in der Ökumenischen Bewegung der nichtrömischen Kirchen bewährt haben[28]: Ausmerzung aller Vorurteile, Erneuerung durch innere Bekehrung, Gebet, gegenseitiges Verstehen, brüderlicher Dialog auf der Grundlage der Gleichberechtigung, gemeinsames Christuszeugnis, Zusammenarbeit auf mannigfachen Gebieten, Treue gegenüber dem Willen Christi hinsichtlich der Kirche. Hohe Anforderungen werden dabei an die Theologie gestellt, die sich aus allen gegenreformatorischen und kontroverstheologischen Verkrampfungen freizumachen und sich für die ganze Weite der Ökumene zu öffnen hat[29]. Sie muß sich mühen, die eigene Lehre mit Blick auf die anderen zu formulieren, und in ihren ökumenischen Anstrengungen die Hierarchie der Wahrheiten beachten.

e) Aus den genannten einzelnen Aufgaben zur Förderung des Ökumenismus ergibt sich bereits, wem die Sorge um die Wiederherstellung der Einheit obliegt: nicht nur einigen wenigen Spezialisten, sondern sie ist „Sache der ganzen Kirche, sowohl der Gläubigen wie auch der Hirten, und geht einen jeden an, je nach seiner Fähigkeit" (VatII UR Art. 5a). Dabei geht es nicht nur um außerordentliche Anlässe, sondern um das tägliche christliche Leben, um die Gesamtorientierung

[26] In diesem Sinne ordnet *Y. Congar* bei den Wesenseigenschaften der Kirche den Ökumenismus unter dem Gesichtspunkt der Katholizität ein; s. *Y. Congar*, Die Wesenseigenschaften der Kirche, in: MySal, Bd. 4/1, S. 500f.

[27] *Ders.*, ebd., S. 456f. Einen ähnlichen theologischen Ansatz wählt *J. Auer*, wenn er aus dem Verständnis der Kirche als dem Universalsakrament des Heiles zu der Schlußfolgerung kommt, daß allen die ernste Suche nach der in Christus allein gegebenen und durch ihn ausdrücklich vom Vater erbetenen Einheit aufgegeben ist (Die Kirche. Das allgemeine Heilssakrament, Regensburg 1983, S. 349).

[28] *E. Schlink*, Der römisch-katholische Ökumenismus, in: Die Autorität der Freiheit (Anm. 22), Bd. 2, S. 615. Darüber hinausgehende Schritte zur Einheit hat die Gemeinsame römisch-katholische evangelisch-lutherische Kommission erarbeitet; vgl. Wege zur Gemeinschaft, 2. Aufl., Paderborn-Frankfurt 1982, S. 27–50.

[29] In der Geschichte der Theologie sind folgende Formen konfessioneller Begegnung und Auseinandersetzung zu konstatieren: Polemik, Irenik, Symbolik, Konfessionskunde, Kontroverstheologie, Ökumenik (*J. Brosseder*, Ökumenische Theologie, in: SacrM III, Sp. 857–860). Zu den unterschiedlichen Phasen nach dem II. Vatikanum s. *Beinert*, Stand und Bewegung (Anm. 15), S. 7–12. In der theologischen Literatur fehlt es nicht an Denkmodellen, wie Einheit der Kirche konkret gestaltet sein könnte; von den zahlreichen Versuchen werden folgende drei am stärksten diskutiert: das Modell der versöhnten Verschiedenheit, das der korporativen Vereinigung sowie das der konziliaren Gemeinschaft.

der Lebensführung des einzelnen wie der Tätigkeit der Kirche auf all ihren Ebenen[30]. Die Bischöfe werden ausdrücklich verpflichtet, die Teilnahme der katholischen Gläubigen am ökumenischen Werk eifrig zu fördern und klug zu leiten (Vat II UR Art. 4l; CD Art. 16f)[31].

3. *Bestimmungen des Kirchlichen Gesetzbuches*

a) Wie in allen anderen Bereichen war die Neukodifikation des kanonischen Rechts auch im Bereich des Ökumenismus an den Prinzipien und Weisungen des Zweiten Vatikanischen Konzils auszurichten[32], obgleich die ökumenische Perspektive nicht zu den von der CIC-Reformkommission für ihre Arbeit aufgestellten zehn Leitlinien gehörte[33]. Die römische Bischofssynode von 1967 hatte dieses Defizit zwar festgestellt und kritisiert[34], aber keinerlei Änderung an dem vorformulierten Text mehr erreicht[35]. Dennoch kann kein Zweifel bestehen, daß der vom II. Vatikanum erteilte Auftrag zum Ökumenismus im CIC/1983 in entscheidenden Punkten[36] wahrgenommen wurde[37]. Zu fragen bleibt freilich, ob die ökumenische Perspektive im Gesetzbuch in allem konsequent durchgehalten[38] und der ökumenische Auftrag der katholischen Kirche in seinem ganzen Umfang an allen einschlägigen Stellen seinen angemessenen gesetzlichen Ausdruck gefunden hat. Für die letzte Frage ist von grundlegender Bedeutung, daß die Ökumenische Bewegung im Codex Iuris Canonici der lateinischen Kirche programmatisch

[30] Vgl. *Feiner*, Kommentar (Anm. 6), S. 70.

[31] Vgl. auch S. Congregatio pro Episcopis, Directorium de pastorali ministerio Episcoporum, Typ. Pol. Vat. 1973, S. 52f.

[32] Vgl. vor allem die bedeutenden Ansprachen Papst *Pauls VI.* vom 20. 11. 1965 (AAS 57 [1965], S. 985–989) und vom 4. 2. 1977 (AAS 69 [1977], S. 147–153) über die Ausrichtung der Kodifikationsarbeit am II. Vatikanum!

[33] Vgl. Communicationes 1 (1969), S. 77–85.

[34] Vgl. *J. Provost*, Der revidierte Codex Iuris Canonici, in: Concilium 17 (1981), S. 538.

[35] Vgl. Communicationes 9 (1977), S. 64f. Die auf der Bischofssynode vorgetragenen Änderungs- und Ergänzungsvorschläge zu den zehn Leitlinien, u. a. auch die Forderung nach stärkerer Berücksichtigung des ökumenischen Anliegens, wurden der Kodex-Reformkommission zugeleitet und von dieser auf Geheiß des Papstes in die Arbeiten an der Neukodifikation einbezogen (Notificatur executio resolutionum quas Synodus Episcoporum anni 1967 habita approbavit, in: *Ochoa* III, Sp. 5435).

[36] Z. B. in bezug auf den Kirchenbegriff (cc. 204 § 2; 368), die Kirchenzugehörigkeit (c. 205), den Geltungsbereich rein kirchlicher Gesetze (c. 11).

[37] Vgl. das Urteil von *H. Grote* aufgrund des CIC-Schema 1980: „Der überprüfte Codex ist also geprägt von einem delegatorischen und dezentralisierenden Zug . . ., die Denkwelt, die sich hier in Gesetzessprache äußert, ist doch spürbar biblischer, neutestamentlicher, theologischer, gemeindlicher, ja – in einem bestimmten Sinne – sogar kirchlicher, als das 1917 der Fall war." (Codex Iuris Canonici recognitus, in: Materialdienst 32 [1981], S. 49f.).

[38] Vgl. z. B. c. 1366, der unter ökumenischem Aspekt als „Fremdkörper" charakterisiert worden ist; *H. Heimerl*, Das Eherecht im neuen CIC, in: Diakonia 13 [1982], S. 275; *P. Krämer*, Das Selbstverständnis des katholischen Kirchenrechts, in: Christlicher Glaube in moderner Gesellschaft, Bd. 29, hrsg. v. *F. Böckle/F. X. Kaufmann/K. Rahner/B. Welte* i.V.m. *R. Scherer*, Freiburg-Basel-Wien 1982, S. 158; außerdem c. 1365, der die in c. 844 gezogenen Grenzen ökumenischer Sakramentengemeinschaft durch Strafandrohung zu schützen sucht.

genannt[39] und die Teilnahme katholischer Christen an ihr als geboten vorausgesetzt wird.

b) C. 755 § 1 spricht dem gesamten Bischofskollegium und dem Apostolischen Stuhl insbesondere die Aufgabe zu, die Ökumenische Bewegung unter den katholischen Christen zu fördern und zu leiten[40]; als Ziel dieser Bewegung wird die Wiederherstellung der Einheit aller Christen bezeichnet, deren Förderung der Kirche nach dem Willen Christi aufgetragen ist. C. 755 § 2 weist ebenso den Bischöfen und nach Maßgabe des Rechts den Bischofskonferenzen Verantwortung und Kompetenz zu, die Einheit zu fördern und für die unterschiedlichen Gegebenheiten im Rahmen des universalkirchlichen Rechts entsprechende konkrete Bestimmungen zu erlassen. Dieser Kanon zielt darauf ab, lediglich die Autoritäten in der Kirche zu benennen, die für die Leitung und Förderung der Ökumenischen Bewegung die letzte Verantwortung tragen. Damit ist die Konzilsaussage über die ökumenische Verantwortlichkeit des gesamten Gottesvolkes (VatII UR Art. 5a) nicht in vollem Umfang, sondern nur in verkürzter Form rezipiert worden, ohne daß freilich die im II. Vatikanum ausgesprochene Pflicht aller Gläubigen tangiert wird, wie aus der Arbeit der Kodex-Reformkommission hervorgeht[41]. Offensichtlich tritt auch an dieser Stelle des Gesetzbuches etwas in Erscheinung, was bereits vor der Promulgation des CIC/1983 in anderem Zusammenhang festgestellt wurde[42]: daß nämlich die im 2. Buch des CIC zu beobachtende *gesamtekklesiologische* Sichtweise bei der Darstellung der einzelnen Rechtsmaterien nicht immer beibehalten, sondern gelegentlich wieder auf die *hierarchologische* Komponente reduziert wurde.

In c. 755 § 1 wird außer den verantwortlichen Autoritäten für den Ökumenismus auch das Ziel der Ökumenischen Bewegung genannt, bewußt[43] aber keine Definition der Ökumenischen Bewegung gegeben. Da auch schon im Zweiten Vatikanischen Konzil die diesbezügliche Umschreibung (VatII UR Art. 4b) sehr vage und formal geblieben und zudem betont worden war, daß die Ökumenische

[39] *P. Krämer*, Was brachte die Reform des Kirchenrechts?, in: StdZ 108 (1983), S. 322.

[40] Ihre ökumenische Aufgabe hat die höchste kirchliche Autorität nach dem II. Vatikanum in besonderer Weise durch den ökumenischen Dialog wahrgenommen. Auf höchster Ebene befindet sich die katholische Kirche in offiziellem Dialog mit folgenden Kirchen und kirchlichen Gemeinschaften: mit den orthodoxen Kirchen, den anglikanischen Kirchen, mit dem Lutherischen Weltbund, dem Reformierten Weltbund, dem Methodistischen Weltbund und den Pfingstkirchen. Hinzu kommen intensive Beziehungen zum Ökumenischen Rat der Kirchen. Der bisherige Dialog hat eine ganze Reihe von Konvergenzpapieren der beteiligten Kommissionen erbracht, deren Rezeption sowohl von seiten der Kirchenleitungen als auch vom Kirchenvolk noch aussteht. Vgl. *H. Schütte*, Brücken und Hindernisse christlicher Einheit, in: Das christliche Universum, hrsg. v. *B. Moser*, München 1981, S. 420–425.

[41] In seiner Stellungnahme zum CIC-Schema 1980 hatte *J. Kardinal Willebrands* darauf aufmerksam gemacht, daß die Förderung der Einheit allen Gläubigen aufgegeben ist. Die Antwort der Kommission: „Hoc minime negatur in canone, sed de hoc non agitur. Canon intendit determinare ad quamnam auctoritatem directio et responsabilitas suprema spectat." (Relatio 1981, S. 169; Communicationes 15 [1983], S. 91).

[42] *W. Aymans*, Ekklesiologische Leitlinien in den Entwürfen für die neue Gesetzgebung, in: AfkKR 151 (1982), S. 50.

[43] Vgl. Relatio 1981, S. 169. „Textus videtur sufficere, cum non intendat oecumenismi definitionem tradere, sed in luce finem potiorem ponere (§ 1)."

Bewegung nicht ein für allemal inhaltlich festzulegen, sondern für geistige Entwicklungen offen zu halten sei[44], handelt es sich in c. 755 § 1 „um ein Gesetz mit einer recht bestimmten Zielvorstellung, jedoch unbestimmten Formulierungen in Hinblick auf die Realisierungsalternativen im Rahmen von grundsätzlichen Kompetenzregeln"[45], so daß für seine Realisierung zwar die Richtung gewiesen, die konkrete Anwendung aber durch die rechtssprachliche Formulierung selbst weithin offen gehalten ist[46]. Solche Vorgehensweise in der Gesetzgebung wird im vorliegenden Fall sicherlich der Intention des II. Vatikanums gerecht, ist aber nicht frei von Risiko, auch nicht von dem der Minimalisierung.

c) Außer in c. 755 als der wichtigsten Stelle ist der ökumenische Auftrag der Kirche im CIC nur noch in einigen wenigen anderen Bestimmungen ausdrücklich angesprochen. Zu den Aufgaben des Diözesanbischofs gehört es, daß er den Brüdern, die nicht in voller Gemeinschaft mit der katholischen Kirche stehen, in Menschlichkeit und Liebe begegnet, und daß er auch den Ökumenismus im Sinne der katholischen Kirche fördert (c. 383 § 3)[47]. In der Priesterausbildung sind die Bedürfnisse der gesamten Kirche in das Lehrprogramm einzubeziehen, so daß die künftigen Amtsträger sich u. a. auch für die ökumenischen Fragen verantwortlich wissen (c. 256 § 2)[48]. Auffällig ist, daß der CIC in seinen Bestimmungen, die das pastorale Wirken der Kirche „vor Ort" betreffen (z. B. Pfarrei: cc. 515–552; Predigt: cc. 762–772; Katechese: cc. 773–780; Religionsunterricht: c. 804), die ökumenische Perspektive mit keiner Silbe erwähnt[49]. Daß das Gesetzbuch hier ein echtes Manko aufweist, ergibt sich aus der Bedeutung, die sowohl theologisch[50] als auch

[44] Vgl. *Feiner*, Kommentar (Anm. 6), S. 61.

[45] *R. Potz*, Ist die Sprache des Codex-Entwurfes verständlich und zeitgemäß?, in: Concilium 17 (1981), S. 602.

[46] Zum Problem der Offenheit rechtssprachlicher Formulierungen s. *R. Potz*, Die Geltung kirchenrechtlicher Normen (= KuR, Bd. 15), Wien 1978, S. 169 ff. Über die Grenzen der von *R. Potz* vertretenen Kirchenrechtstheorie, die seinem Normenverständnis zugrundeliegt, s. *H. Pree*, Die evolutive Interpretation der Rechtsnorm im Kanonischen Recht, Wien–New York 1980, S. 185 f.

[47] Im sog. Informativprozeß, der die kanonische Eignung zum Bischofsamt prüft (s. hierzu in *diesem* Band, oben, *H. Schmitz*, § 36 Der Diözesanbischof), wird auch nach der ökumenischen Einstellung des Kandidaten und seinem Einsatz gemäß den Prinzipien der katholischen Kirche gefragt.

[48] Die Bestimmungen des CIC über die theologische Ausbildung (c. 252) erwähnen weder unter den theologischen Disziplinen die Ökumenische Theologie als eigenes Studienfach noch den ökumenischen Aspekt einer jeden theologischen Einzeldisziplin. Umso wichtiger ist es zu beachten, daß das Ökumenische Direktorium, II. Teil: Ökumenische Aufgaben der Hochschulbildung (AAS 62 [1970], S. 705–724; NKD 27), in dem diese wichtigen Aussagen enthalten sind, seine Geltung behält, da es weder von c. 6 § 1 n. 2 noch von c. 6 § 1 n. 4 betroffen ist. Die Ap. Konstitution „Sapientia christiana" vom 29. 4. 1979 (AAS 71 [1979], S. 469–499) zählt den Ökumenismus zu den Aufgaben der Fundamentaltheologie (Nr. 51).

[49] C. 528 § 1 enthält sogar die mißverständliche Weisung an den Pfarrer, alle Mühe aufzuwenden, daß die Botschaft des Evangeliums auch jene erreicht, die sich von der religiösen Praxis zurückgezogen haben oder den katholischen (vgl. Relatio 1981, S. 125) Glauben nicht bekennen.

[50] *H. Fries*, Ökumene am Ort. Theologische Erwägungen, in: Ortskirche – Weltkirche. Festgabe für Julius Kardinal Döpfner, hrsg. v. *H. Fleckenstein/G. Gruber/E. Tewes*, Würzburg 1973, S. 410–419.

pastoral[51] Ökumene am Ort besitzt, auf die Papst *Johannes Paul II.* eindringlich aufmerksam gemacht hat: „Ökumenismus auf örtlicher Ebene ist von entscheidender Bedeutung für die allgemeine Förderung der Einheit aller Christen"[52]. Deshalb besteht nach wie vor die wichtigste Aufgabe darin, „unter den Katholiken die Gesinnung eines wahrhaft ökumenischen Apostolates zu wecken und sie in jede Diözese, in jede Pfarrei, in jede Gesellschafts- und Berufsgruppe, in jedes Christenleben, so niedrig es auch sein mag, hineinzutragen"[53]. Nur wenn der Glaube in den einzelnen Gemeinden auf die Einheit zu gelebt wird, kann Einheit wachsen[54].

§ 65 Glaubensfreiheit und Glaubensbekenntnis

Von Gerhard Luf

I. Grundlagen der Glaubensfreiheit in der Kirche[1]

1. Zur Bedeutung der Erklärung des II. Vatikanums über die Religionsfreiheit Dignitatis humanae

Die Erklärung des II. Vatikanums über die Religionsfreiheit *Dignitatis humanae* bildet, unabhängig davon, ob man sie mehr als Ergebnis einer der Kontinuität verpflichteten Lehrentwicklung oder aber als prinzipiellen Neuansatz begreift, einen Markstein in der Entwicklung des Verhältnisses von Kirche und Staat vor dem Hintergrund religiöser Freiheit[2]. Die traditionelle Konzeption von Toleranz war im Sinne eines streng theozentrischen Ausgangspunktes vom Vorrang der wahren Religion vor dem Irrtum ausgegangen, dem prinzipiell kein Anspruch auf

[51] Vgl. Sb Ökumene Nr. 5–9, in: Gemeinsame Synode. Gesamtausgabe I, S. 785–806; Gemeinsame kirchliche Empfehlungen für die Ehevorbereitung konfessionsverschiedener Partner, hrsg. v. Sekretariat der DBK und der Kirchenkanzlei der EKD, Würzburg–Gütersloh 1974; Gemeinsame kirchliche Empfehlungen für die Seelsorge an konfessionsverschiedenen Ehen und Familien, hrsg. v. Sekretariat der DBK und der Kirchenkanzlei der EKD (= Arbeitshilfen 22), Bonn 1981.

[52] Ansprache an den Katholikos der Syrisch-Orthodoxen Kirche Indiens am 3. 6. 1983, in: OssRom (dt.) vom 15. 7. 1983, S. 5.

[53] *A. Kardinal Bea*, Einheit in Freiheit, Stuttgart 1964, S. 207.

[54] *J. Kardinal Ratzinger*, Probleme und Hoffnungen des anglikanisch-katholischen Dialogs, in:IKZ Communio 12 (1983), S. 258.

[1] Vgl. *P. Krämer*, Religionsfreiheit in der Kirche. Das Recht auf religiöse Freiheit in der kirchlichen Rechtsordnung (= Canonistica 5), Trier 1981.

[2] Zur geschichtlichen Genese der Erklärung über die Religionsfreiheit vgl. die Beiträge von *J. Hamer*, Geschichte des Textes der Erklärung, S. 59–123, und *J. C. Murray*, Zum Verständnis der Entwicklung der Lehre über die Religionsfreiheit, S. 125–165, in: *J. Hamer/ Y. Congar* (Hrsg.), Die Konzilserklärung über die Religionsfreiheit, Paderborn 1967.

Entfaltung in der politischen Gemeinschaft zugestanden wurde[3]. Im Rahmen einer solchen Auffassung konnte für die Religionsfreiheit kein Platz sein, sondern nur für staatliche Toleranz gegenüber Andersgläubigen, sofern diese Duldung unter bestimmten Zeitumständen zur Wahrung des Gemeinwohls und des inneren Friedens, als geringeres Übel sozusagen, sich als erforderlich erwies. Zu Recht wurde an dieser Auffassung kritisiert, daß in ihr der Mensch nicht als konkrete Person anerkannt, sondern „zum Objekt (eines) abstrakten Wahrheitsbegriffes erniedrigt"[4] und damit nicht in seiner Freiheit anerkannt werde.

Im Sinne eines, um eine vielzitierte Formel zu gebrauchen, prinzipiellen Schrittes vom „Recht der Wahrheit" zum „Recht der Person"[5] wurde in der Konzilserklärung nunmehr nicht die bloße Toleranz gegenüber dem Irrtum, sondern die Begründung des fundamentalen Rechts auf religiöse Freiheit aus der Mitte der christlichen Botschaft heraus vorgenommen und die Unzuständigkeit des Staates angesichts der religiösen Wahrheitsfrage betont. Den Ansatzpunkt der Begründung bildet dabei die „Würde der menschlichen Person, ... so wie sie durch das geoffenbarte Wort Gottes und durch die Vernunft selbst erkannt wird."[6] Dieses in der Würde des Menschen grundgelegte Recht wird somit nicht erst durch den Staat oder eine andere menschliche Instanz verliehen, sondern geht als ein dem Menschen schlechthin zukommendes, unveräußerliches Recht seiner Freiheit aller positiven Rechtssetzung voraus. Die Anerkennung der Freiheit des Gewissens angesichts der religiösen Entscheidung verbietet jegliche Zwangsanwendung in Glaubensangelegenheiten. Der Mensch, so wird betont, darf „nicht gezwungen werden, gegen sein Gewissen zu handeln", aber auch nicht „daran gehindert werden, gemäß seinem Gewissen zu handeln ... Denn die Verwirklichung und Ausübung der Religion besteht ihrem Wesen nach vor allem in innerlichen, willentlichen und freien Akten, durch die sich der Mensch unmittelbar auf Gott hinordnet; Akte dieser Art können von einer rein menschlichen Gewalt weder befohlen noch verhindert werden."[7] Die religiöse Freiheit hat, darauf wird im weiteren hingewiesen, ihre Wurzeln bereits in der Offenbarung und wird durch das Beispiel Christi und der Apostel geprägt. Der Glaubensakt ist „seiner Natur nach ein freier Akt, da der Mensch, von seinem Erlöser Christus losgekauft und zur Annahme an Sohnes statt durch Jesus Christus berufen, dem sich offenbarenden Gott nicht anhangen könnte, wenn er nicht, indem der Vater ihn zieht, Gott einen vernunftgemäßen und freien Glaubensgehorsam leisten würde."[8] Soweit spezifisch theologische Argumente zur Begründung der Forderung nach Garantie religiöser Freiheit.

2. *Die Konzilserklärung und die Begründung der Glaubensfreiheit in der Kirche*

Die Konzilserklärung beschäftigt sich mit der Garantie der Religionsfreiheit durch den *Staat* und nicht (zumindest nicht unmittelbar) mit dem Problem der religiösen Freiheit in der Kirche. Da zwischen dem Staat, dessen Unzuständigkeit

[3] Zu dieser Lehrtradition vgl. *E. W. Böckenforde*, Religionsfreiheit zwischen Kirche und Staat. Der Wandel lehramtlicher Verlautbarungen zur staatlichen Religionsfreiheit, in: Kirchlicher Auftrag und politische Entscheidung, Freiburg 1973.

[4] *E. W. Böckenförde*, Einleitung zur Textausgabe der Erklärung über die Religionsfreiheit, Münster 1968, S. 8.

[5] *Böckenförde*, Einleitung (Anm. 4), S. 9.

[6] VatII DH ARt. 2 Abs. 1.

[7] VatII DH ARt. 3 Abs. 3.

[8] VatII DH Art. 10, in der Anmerkung zu diesem Abschnitt wird dabei auf den c. 1351 CIC/1917 Bezug genommen, der den Zwang bei Annahme des Glaubens untersagt.

angesichts der religiösen Wahrheitsfrage ja ausdrücklich betont wird, und der Kirche als einer der Botschaft der Offenbarung unbedingt verpflichteten bekennenden Gemeinschaft ein fundamentaler Unterschied besteht, wäre es unzulässig, die Aussagen global und linear auf die kirchlichen Verhältnisse zu übertragen. Dies führte zu einer systemwidrigen Forderung nach Anerkennung der Freiheit zur religiösen Indifferenz auch in der Kirche. Wohl aber ist es möglich, ja notwendig, jene Aussagen zur Begründung der Glaubensfreiheit auch in der Kirche heranzuziehen, die ganz allgemein eine theologische Begründung der Freiheit der Glaubensentscheidung bzw. der Bewährung im Glauben zu geben suchen und damit auch das kirchliche Recht binden.[9]

Für die Begründung religiöser Freiheit in der *Kirche* sind dann an den zitierten Konzilsaussagen zwei miteinander verbundene Momente entscheidend: Der Glaubensakt transzendiert zum einen notwendig alle geschichtlich-gesellschaftlichen Wirklichkeiten, auch die des institutionalisierten kirchlichen Rechts. Denn er stellt die von der Gnade getragene freie Antwort des Menschen auf Gottes Wort dar und ist in dieser seiner Unverfügbarkeit auch im kirchlichen Recht anzuerkennen. Zum anderen kommt im Glaubensakt ein notwendiger Zusammenhang von Wahrheit und Freiheit zur Geltung. Religiöse Wahrheit ist kein Gegenstand bloß intellektuellen Verstehens von etwas satzhaft Vorgegebenem.[10] Sie will auf eine ihr gemäße Weise erkannt, d. h. im personalen Vollzug vergegenwärtigt werden, so daß „das Bewußtsein von Wahrheit selbst als ein Akt der Freiheit"[11] erkannt werden muß. Damit ist die religiöse Wahrheit keinesfalls dem subjektiven Belieben des einzelnen anheimgestellt und die Lehrautorität kirchlicher Amtsträger geleugnet. Entscheidend ist vielmehr, daß der geforderte und zu leistende Glaubensgehorsam nochmals unter den Anspruch des Gewissens gestellt und damit erst in seiner Freiheitlichkeit erkannt wird.[12] Dieser Zusammenhang von Wahrheit und Freiheit gewinnt für das Problem der religiösen Freiheit in der Kirche besondere Bedeutung angesichts der notwendigen Geschichtlichkeit religiöser Wahrheitsfindung, und gerade einer solchen Wahrheitsfindung, die sich einer absoluten Grundlage verpflichtet weiß. Geschichtlichkeit der Wahrheit bedeutet, daß wir sie nur in perspektivischer Weise gläubigen Verstehens besitzen und sie

[9] Zur Möglichkeit, die Erklärung über die Religionsfreiheit aus Gründen der Freiheit des Glaubensaktes auch auf den innerkirchlichen Rechtsbereich zur Anwendung zu bringen vgl. *P. Pavan*, Die wesentlichen Elemente des Rechts auf Religionsfreiheit, in: *Hamer/Congar*, Die Konzilserklärung (Anm. 2), S. 171; *P. Krämer*, Theologische Grundlegung des kirchlichen Rechts. Die rechtstheologische Auseinandersetzung zwischen H. Barion und J. Klein im Licht des II. Vatikanischen Konzils, Trier 1977, S. 119ff.; *ders.*, Religionsfreiheit (Anm. 1), S. 10ff.; *J. Brinkmann*, Toleranz in der Kirche. Eine moraltheologische Untersuchung über institutionelle Aspekte innerkirchlicher Toleranz, Paderborn 1980, S. 8ff.; *H. Schmitz*, Glaubens- und Bekenntnispflicht, in: GrNKirchR, S. 439, Anm. 3.

[10] Zur Problematik einer intellektualistischen Auffassung des Glaubensvollzuges vgl. *Krämer*, Theologische Grundlegung (Anm. 9), S. 127.

[11] *H. Krings* antwortet *E. Simons*, Freiheit als Chance. Kirche und Theologie unter dem Anspruch der Neuzeit, Düsseldorf 1972, S. 46.

[12] So *Krings*, Freiheit als Chance (Anm. 11), S. 22; zur Problematik religiösen Gehorsams im kirchlichen Recht vgl. *Ch. Leitmaier*, Der Katholik und sein Recht in der Kirche, Wien-Freiburg-Basel 1971, S. 116ff.

sich im Akt freier Anerkennung in prozeßhafter Weise manifestiert. Im Gegensatz zu einem transpersonalistisch-objektivistischen Verständnis religiöser Wahrheit besitzt der Glaubensakt so gesehen eine schöpferisch-interpretative Funktion, die in der kirchlichen Gemeinschaft nicht allein dem hierarchischen Lehr- und Leitungsamt zukommt, sondern auch im Glaubenssinn aller Kirchenglieder eine wichtige gestaltende Kraft besitzt.[13]

Aus diesen theologischen Prämissen ergeben sich sehr wesentliche Konsequenzen für das kirchliche Recht. Zunächst ist die *zwangsfreie Annahme des Glaubens* zu garantieren, wie dies, einer langen kirchlichen Tradition entsprechend, der c. 1351 CIC/1917 vorsieht. Diese Garantie trifft indes nur einen Teil des Problems. Denn es muß auch „nach der Annahme des Glaubens ... innerkirchlich der notwendige Raum bleiben für das freie Festhalten am Glauben und für die Gestaltung des Lebens aus dem Glauben in frei verantworteter Entscheidung."[14] Es handelt sich also auch um die Garantie freier Glaubensbewährung. Der Glaubensakt ist ja keine bloß außerrechtliche Erscheinungsform religiöser Innerlichkeit, sondern vollzieht sich innerhalb der bekennenden Gemeinschaft, mit der er auf eine ursprüngliche Weise verbunden ist. Ihm liegt somit nicht ein liberalistisch-individualistischer, sondern ein kommunikativer Freiheitsbegriff zugrunde, der notwendig die Anerkennung der Freiheit des anderen beinhaltet und zu einer dialogischen Begegnung innerhalb der kirchlichen Communio auffordert. Im Rahmen eines solchen Verständnisses der Glaubensbewährung als eines kommunikativen Freiheitshandelns besitzt das kirchliche Recht eine wichtige Funktion, diese Freiheit institutionell zu ermöglichen und zu sichern. Dabei geht es nicht, wie etwa bei liberalistischen Grundrechtskonzeptionen, um den Schutz der Freiheit gegenüber kirchlichen Institutionen, also um die bloße Freisetzung individuellen Beliebens, sondern um die Institutionalisierung von Freiheit, d. h. um die Gestaltung solcher Institutionen, in denen sich ein personal verantworteter Glaube auch tatsächlich zu entfalten vermag. Mit *Peter Krämer* kann man dies auf die Formel bringen: „Kirchliches Recht ist legitim, sofern und soweit es das Recht auf religiöse Freiheit zur Geltung bringt, der Verwirklichung eines lebendigen Glaubensvollzuges dient und den Gehalt des Glaubens vor Fehlinterpretationen schützt, vor konservativer Erstarrung oder progressistischer Auflösung."[15]

Ein solches normatives Grundprinzip der Glaubensfreiheit in der Kirche muß in den verschiedensten Breichen des kirchlichen Rechts konkretisiert und damit erst praktisch zur Geltung gebracht werden. Beispielhaft wären zu nennen: die rechtliche Gestaltung des Konfliktsaustrags in der Kirche, insbesondere die Qualität kirchlicher Rechtsschutzeinrichtungen; die Formulierung und Verwirklichung von Grundrechten, vor allem auch von fundamentalen Teilhaberechten; die Art

[13] Zur Ekklesiologie des „sensus fidelium" und seiner Bedeutung für das kirchliche Recht vgl. *R. Potz*, Die Geltung kirchenrechtlicher Normen. Prolegomena zu einer kritisch-hermeneutischen Theorie des Kirchenrechts, Wien 1978, S. 147ff.

[14] *H. Schmitz*, Tendenzen nachkonziliarer Gesetzgebung, in: AfkKR 146 (1977), S. 416.

[15] *P. Krämer*, Zum Stand der Grundlagendiskussion in der katholischen Kirchenrechtswissenschaft, in: *K. v. Bonia* (Hrsg.), Begründungen des Rechts II, Göttingen 1979, S. 25.

der Autoritätsausübung durch die kirchlichen Amtsträger, welche einem diskursiven Stil freiheitsverbürgender „Zeugnisautorität"[16] verpflichtet sein sollte; das rechtliche Maß, in dem eine zureichende Mitte zwischen den notwendigen Rechtsgarantien kirchlicher Einheit und der Anerkennung der legitimen Pluralität religiöser Entfaltungsformen gefunden wird. Dabei kann es angesichts der Geschichtlichkeit kirchlicher Rechtsverwirklichung keine perfekten, überzeitlichen Lösungen geben. Vielmehr gilt es, gerade im Zeichen der Freiheit der Person das kirchliche Recht gegenüber künftigen Gestaltungen offen und flexibel zu bewahren.

3. *Die Rechtslage nach dem Codex Iuris Canonici von 1983*

Der CIC/1917 stand auf dem Boden eines transpersonalistisch-objektivistischen Verständnisses religiöser Wahrheit, von dem aus ein Recht auf Glaubensfreiheit nicht in den Blick kommen konnte. Die Betonung lag vielmehr auf dem Recht der hierarchischen Amtsträger, die christliche Lehre autoritativ zu interpretieren und in Form eines unbedingten rechtlichen Gehorsamsanspruches jurisdiktionell zu garantieren.

Am CIC/1983 ist hingegen das prinzipielle Bemühen spürbar, der frei verantworteten Glaubensentscheidung intensivere Berücksichtigung im Recht zu verschaffen,[17] wenngleich auch hier manches noch in Ansätzen verblieben ist und einer weiteren Entfaltung bedürfte. Den Hauptbezugspunkt bildet c. 748. In dieser Bestimmung wird zunächst in teilweise wörtlicher Anlehnung an die Konzilserklärung Dignitatis humanae[18] die Verpflichtung und das Recht aller Menschen angesprochen, die Wahrheit in dem, was Gott und seine Kirche angeht, zu suchen und die erkannte Wahrheit aus der Verpflichtungskraft des göttlichen Gesetzes heraus aufzunehmen und zu bewahren (c. 748 § 1). Bei dieser Verpflichtung zur religiösen Wahrheitssuche handelt es sich wohl um eine sittliche, und nicht unmittelbar um eine rechtliche Pflicht.[19] C. 748 § 2 bestimmt, daß die Menschen nicht gegen ihr Gewissen zur Annahme des Glaubens gezwungen werden dürfen. Gegenüber dem c. 1351 CIC/1917 stellt diese Bestimmung einen Fortschritt in systematischer Hinsicht dar: Während c. 1351 CIC/1917 im Normenkomplex über die Mission enthalten war, ist die neue Bestimmung systematisch zutreffender als Grundnorm des kirchlichen Verkündigungsrechts konzipiert.[20] Hervorhe-

[16] Vgl. *J. B. Metz*, Kirchliche Autorität im Anspruch der Freiheitsgeschichte, in: *J. B. Metz/J. Moltmann/W. Oelmüller* (Hrsg.), Kirche im Prozeß der Aufklärung, München-Mainz 1970, S. 79.

[17] Zu den verschiedenen Reformentwürfen zum neuen kirchlichen Gesetzbuch vgl. die kritischen Ausführungen von *Krämer*, Religionsfreiheit (Anm. 1), S. 27ff.

[18] VatII DH Art. 1 Abs. 2.

[19] VatII DH Art. 2 Abs. 2 spricht im Sinne einer für die Verbürgung von verantworteter Freiheit wichtigen Differenzierung von Recht und Moral von der moralischen (und nicht der rechtlichen) Pflicht zur Wahrheitssuche. Dies gilt in gleichem Maße wohl auch für den innerkirchlichen Rechtsbereich. Auch *Krämer*, Religionsfreiheit (Anm. 1), S. 39, Anm. 124, betont es werde hier „primär auf eine ethische Verpflichtung abgestellt."

[20] Zu dieser systematischen Umstellung vgl. *Schmitz*, Glaubens- und Bekenntnispflicht (Anm. 9), S. 439, Anm. 2.

benswert ist im weiteren, daß nunmehr ausdrücklich auf den Schutz des Gewissens vor jeglicher Zwangsanwendung Bezug genommen wird. Als mangelhaft zu bezeichnen ist die nach wie vor bestehende Zentrierung auf die Freiheit der Glaubensannahme, während die, wie oben ausgeführt, rechtstheologisch gleichermaßen geforderte Freiheit der Bewährung im Glauben nicht angesprochen wird. Unberücksichtigt bleibt auch die von *Heribert Schmitz* monierte Ergänzung, „daß niemand von irgendeiner menschlichen Macht, auch nicht in der katholischen Kirche, gezwungen werden darf, seinen Glauben gegen sein Gewissen zu bewahren und vor anderen öffentlich zu bekennen."[21]

Der Berücksichtigung von Glaubensfreiheit dient in ökumenischer Perspektive die Einschränkung des persönlichen Geltungsbereiches kirchlicher Gesetze. Wurden nach c. 12 CIC/1917 prinzipiell alle Getauften als Adressaten kirchlicher Gesetze betrachtet, so erstreckt sich deren Geltungsanspruch gemäß c. 11 nur mehr auf die in der katholischen Kirche Getauften bzw. auf die in sie Aufgenommenen. Damit wird, ohne einem ekklesiologischen Relativismus anzuhängen, der Anspruch nichtkatholischer Christen anerkannt, ihren Glauben in der Kirche ihres Bekenntnisses zu entfalten.[22] Nicht angesprochen wird in diesem Zusammenhang der wertungsmäßig ähnlich gelagerte Fall der Verpflichtung jener durch kirchliche Gesetze, die zwar in der katholischen Kirche getauft wurden, sich aber in der Folge von ihr distanziert haben. Eine ausdrückliche Anerkennung der formellen Distanzierung von der katholischen Kirche enthalten indes die speziellen Vorschriften der cc. 1086 § 1, 1117, die im Hinblick auf die Eheschließung diejenigen von der Formpflicht ausnehmen, welche sich durch einen formalen Akt von der Kirche losgesagt haben.

Wie weit die Anerkennung der Glaubensfreiheit zu einer innerkirchlichen Realität wird, hängt nicht allein von der mehr oder weniger geglückten Konzeption einzelner Bestimmungen ab, sondern von der grundsätzlichen Bereitschaft, kirchliches Recht tatsächlich im Geist christlicher Freiheit zur Anwendung zu bringen. Freiheit bedeutet immer Wagnis und kann ohne das bewußte Inkaufnehmen der Risiken des Freiheitshandelns nicht zureichend verwirklicht werden. Daher ist aus dieser Sicht eine Haltung gegenüber dem kirchlichen Recht geboten, die nicht durch die Furcht vor dem Mißbrauch von Freiheit im Zeichen eines dominierenden Rechtssicherheitsdenkens geprägt ist, sondern, theologisch wohlbegründet, durch das prinzipielle Vertrauen in die Verantwortlichkeit des Freiheitshandelns aus dem Glauben. Nur dann vermögen die grundlegenden Rechtsgarantien des neuen Gesetzbuches eine vorbildliche Ordnung christlicher Freiheit zu begründen.

[21] *Schmitz*, ebd., S. 439.

[22] *Krämer*, Religionsfreiheit (Anm. 1), S. 30, schreibt dazu: „Insofern den nichtkatholischen Christen damit das Recht eingeräumt wird, ihre eigene christliche Existenz zu leben, sie katholischerseits also nicht vereinnahmt werden, kommt gegenüber dem CIC ein Mehr an Religionsfreiheit in den Blick. Verbindlichkeit will die Rechtsordnung der katholischen Kirche weitgehend nur mehr denjenigen gegenüber beanspruchen, die sich auch tatsächlich zu ihr bekennen."

II. Glaubensbekenntnis[23]

Kirchliches Recht ist, das macht seine Besonderheit aus, Recht einer bekennenden Gemeinschaft. Da der Glaube nicht auf private Innerlichkeit beschränkt bleibt, sondern sich notwendig im öffentlichen Bekenntnis manifestiert und durch das gemeinsame Bekenntnis bestärkt und gestützt wird, erlangt die Pflicht, den Glauben zu bekennen, auch rechtliche Bedeutung. Denn das öffentliche Bekenntnis des Glaubens ist in vielen Situationen des kirchlichen Lebens notwendig, um Bedrohungen der Identität der kirchlichen Gemeinschaft abzuwehren, ihre Einheit und ihren Frieden zu gewährleisten. Dies gilt in besonderem Maße für kirchliche Amtsträger. Daher sieht c. 833 vor dem Antritt bestimmter kirchlicher Ämter die förmliche und persönliche Ablegung des Glaubensbekenntnisses gemäß einer vom Apostolischen Stuhl genehmigten Formel vor. Wird umgekehrt die Bekenntnispflicht auf eine äußerlich in Erscheinung tretende und die Einheit bzw. die Gemeinschaft der Kirche gefährdende Weise mißachtet, so steht es bei aller Anerkennung der persönlichen Gewissensentscheidung den kirchlichen Autoritäten doch zu, das abweichende Verhalten als Häresie, Apostasie oder Schisma zu qualifizieren und zu sanktionieren[24].

§ 66 Schutz der Glaubens- und Sittenlehre

Von Heribert Heinemann

I. Allgemeine Einführung

Christus der Herr hat der Kirche den Schatz des Glaubens anvertraut, damit sie unter dem Beistand des Hl. Geistes diese geoffenbarte heilige Wahrheit *bewahre*, sorgfältigst erforsche und getreu verkündige (vgl. c. 747 § 1). Bewahren, Erforschung und Weitergabe des Glaubens ist Aufgabe, die der Gesamtkirche und damit allen Glaubenden aufgetragen ist, denn das Volk Gottes in seiner Gesamtheit nimmt am prophetischen Amt Christi teil[1]. Dabei kommt Papst und Bischofsamt die besondere Aufgabe und Verantwortung im Bewahren und Weitergeben der Lehre zu[2]. Wenn auch Papst und Gesamtepiskopat diese besondere lehramtliche Verantwortung übertragen ist, so besteht die Verpflichtung des gesamten Volkes

[23] Vgl. zu diesem Fragenkomplex *Schmitz*, Glaubens- und Bekenntnispflicht (Anm. 9), S. 439f.; *H. Schwendenwein*, Das neue Kirchenrecht, Graz-Wien-Köln 1983, S. 314.

[24] Vgl. hierzu in *diesem* Band, unten, *R. A. Strigl*, § 103 Die einzelnen Straftaten I 1.

[1] VatII LG Art. 12.

[2] Vgl. VatII LG Art. 8, 18, 21, 23, 25; VatII DV Art. 10; cc. 749, 753; vgl. hierzu auch *A. Scheuermann*, Die Sorge des Ortsbischofs um die rechte Lehre, in: Ortskirche – Weltkirche, Festg. für Julius Kardinal Döpfner, hrsg. v. *H. Fleckenstein, G. Gruber, G. Schwaiger* und *E. Tewes*, Würzburg 1973, S. 459–477.

Gottes, insbesondere der Theologen, in Zusammenarbeit mit den Hirten für die Reinerhaltung des Glaubens und der Sittenlehre Sorge zu tragen, doch uneingeschränkt[3].

Zu einem Teil ist diese lehramtliche Verantwortung im kirchlichen Gesetzbuch mit den Bestimmungen über die sozialen Kommunikationsmittel und die Bücher (vgl. cc. 822–832) rechtlich festgelegt. Die Bestimmungen im Hinblick auf die Sorge für die Bücher, die der CIC/1917 in den cc. 1385–1405 enthielt, sind nach einer Neuordnung dieser auf die Überwachung des Schrifttums abstellenden Vorschriften jetzt durch Rechtsaussagen zu anderen Medien erweitert worden. Das ist einsichtig, nachdem das II. Vatikanische Konzil den Kommunikationsmitteln in einem eigenen Dekret seine Aufmerksamkeit zugewandt hat[4].

Die *vorausgehende* Prüfung und Beurteilung der Bücher, festgelegt in den cc. 1385–1394 CIC/1917 mit den Rechtsaussagen über die sogenannte Druckerlaubnis („Imprimatur"), lassen sich bis ins 15. Jahrhundert zurückverfolgen und ergeben sich mit Konsequenz aus der Erfindung der Buchdruckerkunst[5]. Die *nachfolgende* Beurteilung von Büchern in den Bestimmungen der cc. 1395–1405 CIC/1917 und der in diesem Zusammenhang aufgestellte „Index Romanus" oder „Index librorum prohibitorum" waren lange Gegenstand heftiger Angriffe auch innerhalb des Kirchenvolkes. Durch Dekret der Glaubenskongregation vom 15. November 1966[6] wurden die gesetzlichen Bücherverbote (c. 1399 CIC/1917) abgeschafft und die Strafen, die auf Grund dieser Verbote eingetreten waren (vgl. c. 2318 CIC/1917), aufgehoben.

Durch ein Dekret der Kongregation für die Glaubenslehre, das am 19. März 1975[7] erlassen wurde, erfuhr auch die vorausgehende Beurteilung und Prüfung der Bücher mit theologischem Inhalt eine grundlegende Änderung, die in die Bestimmungen über den Schutz des Glaubens im kirchlichen Gesetzbuch eingegangen ist.

Im Anschluß an Forderungen, die während des II. Vatikanischen Konzils erhoben wurden, auch denen, die den Glauben verkünden und die Glaubenswahrheiten erforschen, größeren rechtlichen Schutz zukommen zu lassen, wurden – allerdings unterschiedliche – Ordnungen für die Prüfung theologischer Lehraussagen und Lehrbeanstandungsverfahren, die das bisherige Recht nicht kannte und auch in das neue kirchliche Gesetzbuch nicht aufgenommen sind, erlassen (vgl. unten III).

[3] Vgl. hierzu *Johannes Paul II.*, Ansprache bei der Begegnung mit Theologieprofessoren in Altötting am 18. 11. 1980, in: Papst Johannes Paul II. in Deutschland, 15.–19. 11. 1980 (= Verlautbarungen des Apostolischen Stuhls, Nr. 25 A [3. Aufl.]; hrsg. vom Sekretariat der DBK), S. 169–174.

[4] Vgl. VatII IM.

[5] Vgl. hierzu *H. Heinemann*, Dekret: Die Aufsicht der Hirten über die Bücher. Eingeleitet und kommentiert, in: NKD 52, S. 8f.

[6] SCFid, Decr. v. 15. 11. 1966, in: AAS 58 (1966), S. 1186; vgl. hierzu *G. May*, Die Aufhebung der kirchlichen Bücherverbote, in: Festg. Scheuermann, S. 547–571.

[7] SCFid, Decr. „De Ecclesiae pastorum vigilantia circa libros" v. 19. 3. 1975, in: AAS 67 (1975), S. 281–284, im folgenden zitiert „Ecclpast"; deutsche Übersetzung und Kommentar, in: NKD 52, S. 40–49, 12–39.

II. Das geltende Recht

1. Allgemeine Weisung (cc. 822 und 823)

Die Sorge um Weitergabe und Erhaltung der Glaubens- und Sittenlehre drückt sich in den Rechtsaussagen in doppelter Weise aus. Zunächst sollen sich die Hirten der Kirche bemühen, bei der Ausübung ihres Amtes das Recht der Kirche wahrzunehmen und die sozialen Kommunikationsmittel (Presse, Film, Rundfunk, Fernsehen u. ä.[8]) zu nutzen (vgl. c. 822 § 1)[9], dabei aber auch auf die Gläubigen einzuwirken, diese Medien mit humanem und christlichem Geist zu erfüllen (vgl. c. 822 § 2)[10]. Alle Gläubigen, vor allem diejenigen, die auf irgendeine Weise in diesem Bereich verantwortlich oder tätig sind, sollen sich darum bemühen, daß die sozialen Kommunikationsmittel eine Hilfe für die pastoralen Aufgaben der Kirche darstellen und sie ihren Auftrag auch dadurch wirkungsvoller ausüben kann (vgl. c. 822 § 3).

Andererseits muß es Sorge der Hirten der Kirche sein, darüber zu wachen, daß Glaube und Sitte der Gläubigen durch Schriften oder Benutzung dieser Kommunikationsmittel keinen Schaden nimmt (vgl. c. 823 § 1). Dabei handelt es sich um Recht und Pflicht der einzelnen Bischöfe, der partikularen Konzilien und der Bischofskonferenzen sowie, im Hinblick auf das gesamte Volk Gottes, der höchsten kirchlichen Autorität (vgl. c. 823 § 2).

2. Aufsicht über Veröffentlichungen

Als Hirten der Kirche sind die Bischöfe berechtigt und verpflichtet, alle *Schriften* (scripta), die von Christen herausgegeben werden und Glaube und Sitte betreffen, ihrem Urteil zu unterziehen und solche, die zum Schaden des rechten Glaubens und der Sittlichkeit gereichen, zu verwerfen (c. 823 § 1)[11]. Damit ist ein sehr weitreichender allgemeiner Grundsatz aufgestellt, der in den folgenden Rechtssätzen modifiziert und erläutert wird. Mit „Christgläubigen" sind Geweihte und Nichtgeweihte, Kleriker und Laien erfaßt. Die Frage, ob auch Veröffentlichungen von nichtkatholischen Christen eingeschlossen sind, läßt sich mit Verweis auf c. 825 § 2, wo eigens auf die getrennten Brüder verwiesen wird, verneinen.

a) Der zuständige Ordinarius (c. 824 § 1)

Wenn auch Schriften mit theologischem Inhalt allgemein der Sorge der Bischöfe und Bischofskonferenzen anheimgegeben sind (vgl. c. 823 § 2), so liegt die Prüfung der Bücher vor ihrer Veröffentlichung beim Ortsordinarius. Das ist der Ortsordinarius des Verfassers oder der Ordinarius des Ortes, an dem die Schriften veröffent-

[8] VatII IM Art. 1.
[9] Vgl. VatII IM Art. 3 Abs. 2.
[10] Vgl. VatII IM Art. 3 Abs. 3.
[11] Vgl. Anm. 7.

licht werden (bisher auch der Ordinarius des Druckortes, vgl. c. 1385 § 2 CIC/1917). Diesem Ordinarius kommt es zu, der Veröffentlichung die Erlaubnis (licentia) oder die Approbation (approbatio)[12] zu erteilen. Der Unterschied zwischen Erlaubnis und Approbation wird bei den einzelnen Rechtsbestimmungen deutlich. Da c. 824 allgemein von dem *Ortsordinarius* ausgeht, können nach der Rechtsregel des c. 134 § 1 außer dem Diözesanbischof und dem ihm rechtlich Gleichgestellten auch der Generalvikar sowie der Bischofsvikar Approbation und Erlaubnis erteilen. Dabei ist aber selbstverständlich davon auszugehen, daß sich der Bischof diese Rechtsakte vorbehalten kann. Die Bestimmung des c. 1385 § 2 CIC/1917, wonach es einem Autor verwehrt war, nach Ablehnung seiner Bitte um Erlaubnis einen anderen zuständigen Ordinarius ohne Mitteilung von dieser Ablehnung anzugehen, ist in das kirchliche Gesetzbuch nicht mehr aufgenommen worden. Hier gilt jedoch die Rechtsregel des c. 65 § 1.

b) Der Prüfer und das Prüfungsverfahren (c. 830)

Die Bischofskonferenz kann eine Liste als Zensoren geeigneter Personen zusammenstellen, die den Diözesankurien zur Verfügung stehen soll. Auch ist die Bestellung einer Zensorenkommission seitens der Bischofskonferenz möglich, die von den Ortsordinarien um Rat angegangen werden kann. Dabei bleibt es dem Ortsordinarius jedoch unbenommen, selbst geeignete Prüfer zu bestellen (vgl. c. 830 § 1).

Der Zensor soll bei der Ausübung seines Amtes ausschließlich die Lehre der Kirche, wie sie vom kirchlichen Lehramt verkündet wird, vor Augen haben; von allen persönlichen Rücksichtnahmen ist abzusehen (vgl. c. 830 § 2)[13]. Er muß seine Stellungnahme dem Ortsordinarius schriftlich vorlegen. Bei einem positiven Urteil soll der Ordinarius nach eigenem klugen Ermessen die Erlaubnis zur Veröffentlichung erteilen, und zwar unter Angabe seines Namens, des Datums und des Ortes der erteilten Erlaubnis. Falls der Ordinarius die Erlaubnis zur Veröffentlichung nicht gewährt, muß er dies dem Verfasser unter Angabe der Gründe mitteilen (vgl. c. 830 § 3).

c) Die einzelnen Veröffentlichungen

In c. 824 § 2 wird allgemein festgestellt, daß unter „Bücher" alle zur *Veröffentlichung* bestimmten Schriften zu verstehen sind. Das entscheidende Kriterium ist also, daß diese Schriften der Öffentlichkeit zugänglich gemacht werden. Des weiteren muß nach Gegenstand, Inhalt und Zweckbestimmung einer Veröffentlichung unterschieden werden.

Bücher der *Heiligen Schrift* dürfen nicht ohne Approbation des Apostolischen

[12] „Approbatio" kann „Gutheißung", „Billigung", „Genehmigung", „Anerkennung" bedeuten; vgl. *Köstler*, S. 42; vgl. auch *Heinemann*, in: NKD 52, S. 13f.; in der von der DBK approbierten Übersetzung des Dekrets „Die Aufsicht der Hirten der Kirche über die Bücher" wird „approbatio" mit „Approbation" wiedergegeben; vgl. NKD 52.

[13] Vgl. hierzu SCFid, Decr. Ecclpast Art. 6 n. 2; *Heinemann*, in: NKD 52, S. 33.

Stuhles oder der Bischofskonferenz herausgegeben werden. Übersetzungen in der Landessprache setzen die notwendigen und hinreichenden Erklärungen voraus und bedürfen zur Veröffentlichung ebenfalls der Approbation seitens des Apostolischen Stuhles oder der Bischofskonferenz (vgl. c. 825 § 1). Die Bestimmungen des schon genannten Dekretes der Glaubenskongregation sahen noch die Möglichkeit einer Approbation seitens des Ortsordinarius vor[14]. Ähnlich wie das Dekret geht c. 825 § 1 davon aus, daß alle Übersetzungen mit entsprechenden Erläuterungen versehen sein müssen. Eine reine Textausgabe sehen diese rechtlichen Bestimmungen nicht vor[15]. Falls eine mit Erläuterungen versehene Übersetzung der Heiligen Schrift in Zusammenarbeit mit nichtkatholischen Christen erstellt und veröffentlicht werden soll, bedarf es für die katholischen Mitarbeiter der Erlaubnis (licentia) der Bischofskonferenz (c. 825 § 2). Das Dekret der Glaubenskongregation verlangte hier lediglich die Zustimmung des Ortsordinarius[16].

Wenn auch gemäß c. 838 dem Apostolischen Stuhl das Recht der Herausgabe von *liturgischen Büchern* für die Gesamtkirche vorbehalten ist, so steht es den Bischofskonferenzen zu, die Übersetzungen von liturgischen Büchern in der Landessprache vorzubereiten und, allerdings erst nach vorausgehender Anerkennung (recognitio) des Apostolischen Stuhles (vgl. cc. 826 § 1, 838 § 3), herauszugeben. Bei nachfolgenden Auflagen liturgischer Bücher, ihrer Übersetzungen in die Landessprache oder Auszügen daraus muß die Übereinstimmung mit der bereits gemäß c. 838 approbierten Ausgabe durch den Ordinarius des Veröffentlichungsortes bestätigt werden (c. 826 § 2).

Die Veröffentlichung von *Gebetbüchern* für den öffentlichen wie privaten Gebrauch bedarf der Erlaubnis des Ortsordinarius (vgl. c. 826 § 3).

Katechismen und andere Schriften zur katechetischen Unterweisung sowie deren Übersetzungen bedürfen vor ihrer Herausgabe der Approbation des Ortsordinarius (c. 827 § 1). Eine besondere Regelung trifft c. 775 § 2 im Hinblick auf das Recht der Bischofskonferenzen, sofern es ihnen dienlich erscheint, für ihren Bereich selbst die Herausgabe von Katechismen zu veranlassen. In diesem Fall ist für die Veröffentlichung eines entsprechenden „amtlichen" Katechismus die vorgängige Approbation des Apostolischen Stuhles erforderlich. Gegenüber der im Dekret der Glaubenskongregation getroffenen allgemeinen Regelung, daß die Approbation von Katechismen und dem katechetischen Unterricht dienenden Schriften beim Ortsordinarius und den Bischofskonferenzen liegt[17], bedeutet der Verweis auf c. 775 § 2 in c. 827 § 1 eine gewisse Einschränkung[18]. Sie war aber bereits durch Antwort der Glaubenskongregation vom 25. Juni 1980 erfolgt. Denn die Frage, ob mit Art. 4 n. 1 des Dekrets der Glaubenskongregation die Verpflich-

[14] SCFid, Decr. Ecclpast Art. 2 n. 1.

[15] SCFid, Decr. Ecclpast Art. 2 n. 1; vgl. *Heinemann*, in: NKD 52, S. 18f.

[16] SCFid, Decr. Ecclpast Art. 2 n. 2.

[17] SCFid, Decr. Ecclpast Art. 4 n. 1.

[18] Die in c. 775 § 2 geforderte „approbatio" des Apostolischen Stuhles ist demnach eingeschränkt auf Katechismen, die seitens der Bischofskonferenzen herausgegeben werden. In den anderen Fällen ist nur die „approbatio" des Ortsordinarius gemäß c. 827 § 1 notwendig.

tung aufgehoben sei, vor der Veröffentlichung eines „*nationalen* Katechismus oder katechetischen Direktoriums" die Approbation des Apostolischen Stuhles einzuholen[19], wurde negativ beschieden[20].

Religionsbücher, die als Unterrichtsgrundlage in Grund-, Mittel- und Höheren Schulen Verwendung finden sollen, müssen entweder bei Herausgabe approbiert oder vor ihrer Einführung zugelassen werden. Darunter fallen Bücher, die Fragen der Heiligen Schrift, der Theologie, des Kirchenrechts und der Kirchengeschichte behandeln oder sich auf religiöse und sittliche Disziplinen beziehen. Die Formulierung von c. 827 § 2 entspricht der Regelung im Dekret der Glaubenskongregation[21], dazu hatte die Deutsche Bischofskonferenz Ausführungsbestimmungen erlassen[22].

Sammlungen von Dekreten und Akten, die von irgendeiner kirchlichen Autorität herausgegeben wurden, dürfen nur mit deren Erlaubnis und unter Einhaltung der daran gebundenen Bedingungen neu aufgelegt werden (c. 828).

Abschließend stellt c. 829 fest, daß die Approbation oder die Druckerlaubnis nur für das jeweils vorgelegte Werk erteilt wird. Approbation und Erlaubnis gelten nicht für Übersetzungen oder künftige Neuauflagen.

d) Allgemeine Empfehlung (c. 827 § 3)

Schließlich spricht das kirchliche Recht in c. 827 § 3 eine grundsätzliche, aber recht allgemein gehaltene Empfehlung aus. Während theologische Bücher, die zum Unterricht verwandt werden sollen, wie bereits dargelegt, einer eigenen Approbation seitens der zuständigen kirchlichen Autorität bedürfen, so wird demgegenüber *empfohlen*, alle anderen theologischen Werke und Schriften, die sich mit Fragen des Glaubens oder der Sittenlehre befassen, dem Ortsoberhirten zur Beurteilung vorzulegen. Auf die Empfehlung, eine ausdrückliche Approbation zu erteilen, wie sie im Dekret der Glaubenskongregation in Art. 4 n. 3 noch gewünscht wurde, ist dabei nunmehr verzichtet worden[23].

e) Bücher und Zeitschriften in Schriftenständen (c. 827 § 4)

Nach c. 827 § 4 dürfen Bücher und Schriften zu Fragen der Religion oder Moral in Kirchen und Kapellen nur ausgelegt, verkauft oder verteilt werden, wenn sie mit

[19] SC Cler, Directorium catechisticum generale v. 11. 4. 1971, n. 134, in: AAS 64 (1972), S. 173.

[20] SCFid, Resp. I v. 25. 6. 1980, in: AAS 72 (1980), S. 756.

[21] SCFid, Decr. Ecclpast Art. 4 n. 2.

[22] Ausführungsbestimmungen der DBK v. 8./11. 3. 1976 zur Approbation von Katechismen, Lehrbüchern und Schriften für den Schulgebrauch, abgedr. in: AfkKR 145 (1976), S. 176f.; vgl. auch die dazu ergangene „Geschäftsordnung für die Zulassung neuer Lehrbücher für den schulischen Religionsunterricht" und den „Kriterienkatalog für Zulassungsverfahren zur kirchlichen Beurteilung von Unterrichtsmaterialien", abgedr. in: *Heinemann*, NKD 52, S. 51–56.

[23] Vgl. SCFid, Decr. Ecclpast Art. 4 n. 3; zu „commendatur" erging auf eine entsprechende Frage die Antwort der SCFid v. 25. 6. 1980, in der festgestellt wird, daß damit das Recht des Ortsordinarius, für solche Veröffentlichungen die Approbation zu verlangen, nicht aufgehoben ist, SCFid, Resp. II, in: AAS 72 (1980), S. 756.

Erlaubnis der zuständigen kirchlichen Autorität herausgegeben oder im nachhinein approbiert wurden. Da in diesem Falle eine Approbation notwendig ist, geht die Bestimmung über eine allgemeine Empfehlung (vgl. c. 827 § 3) hinaus. Im Hinblick auf schriftliche Formen der Verkündigung wird damit die Aufsichtspflicht der zuständigen kirchlichen Autorität, d. h. des Ortsbischofs oder – falls es sich um eine Kirche oder Kapelle eines Ordens- bzw. Säkularinstituts handelt – des zuständigen Oberen, wie auch die Verantwortung des Kirchenrektors in aller Deutlichkeit angesprochen.

3. Mitarbeit von Klerikern und Laien bei Zeitungen und Zeitschriften mit kirchenfeindlicher Tendenz (c. 831 § 1)

Gemäß c. 1386 § 1 CIC/1917 war es Klerikern grundsätzlich nur mit Zustimmung des zuständigen Ordinarius erlaubt, sich an der Herausgabe von Zeitschriften oder Zeitungen zu beteiligen oder darin zu veröffentlichen. Darüber hinaus verbot c. 1386 § 2 CIC/1917 Laien die Mitarbeit an Zeitungen und Zeitschriften mit kirchenfeindlicher Tendenz, soweit nicht vom Ortsordinarius gebilligte Gründe dafür sprachen.

Diese Regelung war bereits im Dekret der Glaubenskongregation vom 19. März 1975[24] modifiziert worden und ist nunmehr in c. 831 § 1 eingegangen. Demnach ist es Laien nur aus einem gerechten und vernünftigen Grund erlaubt, sich durch Veröffentlichungen an Zeitungen und Zeitschriften mit offensichtlicher Tendenz gegen die katholische Religion und die guten Sitten zu beteiligen. Kleriker und Angehörige von Ordensinstituten bedürfen dazu einer ausdrücklichen Erlaubnis des Ortsordinarius. Bezüglich des Ortsordinarius gilt die Regel des c. 824 (vgl. oben II 2 a).

4. Mitarbeit von Klerikern und Angehörigen von Ordensinstituten bei Rundfunk und Fernsehen (c. 831 § 2)

Es ist Aufgabe der Bischofskonferenzen, Normen zu den Voraussetzungen zu erlassen, unter denen Klerikern und Ordensangehörigen die Behandlung von Fragen der katholischen Glaubens- und Sittenlehre in Rundfunk und Fernsehen erlaubt ist.

5. Sonderregelung für Religiosen (c. 832)

Angehörige von Ordensinstituten bedürfen zur Herausgabe von Schriften zu Fragen des Glaubens und der Sittenlehre außerdem der Erlaubnis ihres nach der Satzung zuständigen höheren Ordensoberen. Diese Bestimmung geht über die allgemeine Empfehlung des c. 827 § 3 hinaus.

[24] Vgl. SCFid, Decr. Ecclpast Art. 5 n. 2.

III. Lehrprüfungs- und Lehrbeanstandungsverfahren[25]

Anläßlich der Diskussion um das Dekret über die Hirtenaufgabe der Bischöfe forderte der Kölner Erzbischof *Joseph Kardinal Frings* eine Erneuerung der Verfahrensweise des Hl. Offiziums[26]. Es sollte bei dieser Behörde niemand angeklagt oder gerichtet werden, bevor er und sein Oberhirt gehört und die Gründe, die gegen ihn geltend gemacht werden, mitgeteilt worden sind[27]. Der CIC enthält für ein solches Verfahren keinerlei rechtliche Normen. Regelungen, die *Benedikt XIV.* in der Konstitution „Sollicita ac Provida" vom 9. Juli 1753[28] festlegte, waren nur maßgeblich für eine interne, d. h. für den Geschäftsgang der Kongregation bestimmte Verfahrensordnung. Durch nachkonziliare Gesetzgebung sind auf unterschiedlichen Ebenen Lehrprüfungs- und Lehrbeanstandungsverfahren mit unterschiedlichen Rechtsfolgen erlassen worden.

1. *Neue Verfahrensordnung zur Prüfung von Lehrfragen*

a) Veröffentlichung

Sowohl mit dem MP „Integrae Servandae" vom 7. Dezember 1965 (n. 12)[29], durch welches das Hl. Offizium in „Kongregation für die Glaubenslehre" umbenannt und ihm die Zuständigkeit in allen Fragen der Glaubens- und Sittenlehre zugewiesen sowie die Aufgabe übertragen wurde, Lehren und Lehrmeinungen zu prüfen, als auch durch die Apostolische Konstitution „Regimini Ecclesiae Universae" vom 15. August 1967 (n. 40)[30] wurde die Glaubenskongregation verpflichtet, sich eine eigene Geschäftsordnung zu geben. Am 15. Januar 1971 erließ die

[25] Vgl. dazu *E. Corecco* und *W. Aymans*, Kirchliches Lehramt und Theologie. Erwägungen zur Neuordnung des Lehrprüfungsverfahrens bei der Kongregation für die Glaubenslehre, in: IKZ Communio 3 (1974), S. 150–170; *C. de Diego-Lora*, Procedimientos para el examen y juicio de las doctrinas, in: IusCan 14, No. 28 (1974), S. 149–203; Erzbischof *Jérôme Hamer*, Struktur, Verfahren und Aufgaben der Glaubenskongregation. Fragen an ihren Sekretär, in: HerKorr 28 (1974), S. 238–246; *ders.*, In the service of the magisterium: The evolution of a Congregation, in: The Jurist 37 (1977), S. 340–357; *H. Heinemann*, Lehrbeanstandung in der katholischen Kirche. Analyse und Kritik der Verfahrensordnung (= Canonistica 6), Trier 1981; *ders.*, Neue Verfahrensordnung zur Prüfung von Lehrfragen. Lehrbeanstandungsverfahren bei der Deutschen Bischofskonferenz. Eingeleitet und kommentiert, in: NKD 37; *J. Medina Estevez*, El nuevo procedimiento para el examen de las doctrinas, in: IusCan 14, No. 28 (1974), S. 204–219; *J. Neumann*, Zur Problematik lehramtlicher Beanstandungsverfahren, in: ThQ 149 (1969), S. 259–281; *ders.*, Das Lehrbeanstandungsverfahren bei der Deutschen Bischofskonferenz, in: Festschr. Dordett, S. 301–315; *J. Tomko*, Agendi ratio in doctrinarum examine, in: MonEccl 96 (1971), S. 163–170.

[26] Die Intervention von Kardinal *Frings* ist abgedruckt in: AcSynVat, vol. II, pars IV, S. 616; vgl. auch NKD 37, S. 2, Anm. 1.

[27] Das „Directorium de pastorali ministerio episcoporum" fordert in Nr. 73c, daß Bücher (!) nicht verurteilt werden dürften, bevor nicht, soweit es möglich ist, den Autoren über ihren Irrtum Mitteilung gemacht und die Möglichkeit der Verteidigung eingeräumt wird.

[28] CICfontes II n. 426, S. 404–422.

[29] AAS 57 (1965), S. 952–955.

[30] AAS 59 (1967), S. 657–697.

Glaubenskongregation ihre neue „Agendi ratio in doctrinarum examine", die Verfahrensordnung für die Prüfung von Lehrfragen[31].

b) Inhalt

Die Ordnung sieht ein ordentliches und ein außerordentliches Verfahren vor. Das *außerordentliche* Verfahren wird nur dann angewandt, wenn durch die Verbreitung einer Lehrmeinung unmittelbarer Schaden droht oder aber bereits eingetreten ist. Die Entscheidung, welches Verfahren zu wählen ist, obliegt dem Kongreß, d. h. dem Kardinalpräfekten, dem Sekretär, dem Prosekretär und anderen leitenden Beamten der Kongregation. Das außerordentliche Verfahren verlangt die Benachrichtigung des Ordinarius mit der Auflage, den Autor, dessen Lehrmeinung beanstandet wird, zu einer Berichtigung des Irrtums zu veranlassen. Das weitere Vorgehen richtet sich nach dem Bericht des angegangenen Ordinarius oder der Ordinarien (Art. 1). Wie beim erfolglosen Versuch weiter zu verfahren ist, entscheidet die ordentliche Versammlung der Kardinäle, die ihre Entscheidung dem Papst zur Approbation vorlegt.

In der Regel ist ein *ordentliches* Verfahren durchzuführen. Stellt der *Kongreß* die Notwendigkeit eines Verfahrens fest, so bestellt er zunächst zwei Sachverständige und einen „Relator pro auctore", dessen Aufgabe es ist, die Interessen des Autors wahrzunehmen (Art. 2). Der Relator hat keine anwaltliche Funktion im Sinne des Prozeßrechtes. Er wird von der Kongregation selbst bestellt; der Autor ist daran nicht beteiligt. Ihm bleibt auch in der Regel der Name des Relators unbekannt. Den Sachverständigen kommt es zu, das authentische Werk des Autors auf Übereinstimmung oder Abweichung mit der göttlichen Offenbarung und dem kirchlichen Lehramt zu überprüfen. Darüber hinaus sollen Vorschläge für das weitere Verfahren unterbreitet werden (Art. 3). Die Gutachten der Sachverständigen und die Stellungnahme des Relators, der alle positiven Aspekte der Lehre des Autors und seine Verdienste aufweisen soll, werden der *Versammlung der Konsultoren* zugestellt (Art. 6). Dieses Gremium befaßt sich mit den Gutachten und bereitet für die *Ordentliche Versammlung der Kardinäle* eine Stellungnahme vor (Art. 9). Diese Versammlung bildet sich ein Urteil, ob die Lehrmeinung der göttlichen Offenbarung bzw. dem kirchlichen Lehramt widerstreitet. Das Ergebnis der Beratung wird dem Papst zur Gutheißung vorgelegt (Art. 10 und 11). Hat die Prüfung ergeben, daß die Lehrmeinung zu beanstanden ist, wird dies dem zuständigen Oberhirten zur Kenntnis gebracht. Der Autor selbst wird darüber unterrichtet, welche seiner Lehrmeinungen falsch, irrig oder gefahrbringend sind. Ihm ist Gelegenheit zu geben, sich gegen diesen Vorwurf zu verteidigen. Falls es angebracht erscheint, kann ein Gespräch zwischen Autor und Beauftragten der Glaubenskongregation geführt werden (Art. 13–15). Die endgültige Entscheidung steht

[31] AAS 63 (1971), S. 234–236; Kongregation für die Glaubenslehre, Neue Verfahrensordnung zur Prüfung von Lehrfragen. Von den deutschen Bischöfen approbierte Übersetzung. Eingeleitet und kommentiert von *H. Heinemann*, in: NKD 37, S. 1–13; S. 46–55; *ders.*, Lehrbeanstandung (Anm. 25), S. 82–87.

nach einer möglichen erneuten Verhandlung in der Versammlung der Konsultoren der Ordentlichen Versammlung der Kardinäle zu. Ihre Entscheidung muß dem Papst zur Approbation vorgelegt und anschließend dem Ordinarius des Autors mitgeteilt werden (Art. 18).

c) Rechtscharakter

Wenn auch das Verfahren bestimmte Anlehnungen an das Prozeßrecht aufweist, etwa in der mit einem Anwalt verwechselbaren Stellung des „Relator pro auctore", so handelt es sich bei dieser Lehrprüfungsordnung um ein rechtlich geordnetes Verwaltungsverfahren: Das Vorgehen in diesem Verfahren ist in ganz bestimmter Weise geordnet. Gegen den Entscheid scheint es keine Beschwerde zu geben, da das Urteil der Ordentlichen Versammlung der Kardinäle durch den Papst selbst approbiert wird.

2. Lehrbeanstandungsverfahren bei der Deutschen Bischofskonferenz

a) Veröffentlichung

Die Deutsche Bischofskonferenz verabschiedete am 21. September 1972 ein Lehrbeanstandungsverfahren[32], das vom 1. Januar 1973 an zunächst für drei Jahre zur Erprobung in Kraft trat (§ 41). Die Veröffentlichung der Ordnung erfolgte in den Amtsblättern der Bistümer. Auf Grund eines Beschlusses auf der Frühjahrsvollversammlung vom 9.–12. März 1981 wurde dieses Verfahren neu gefaßt[33].

b) Inhalt

Das Lehrbeanstandungsverfahren bei der Deutschen Bischofskonferenz zielt auf die Feststellung hin, „ob Lehren eines katholischen Autors der kirchlichen Glaubenslehre widerstreiten oder sie verfälschen", und will dem mit einer solchen Fragestellung befaßten Ordinarius Entscheidungshilfen anbieten (§ 1). Antrag auf Durchführung dieses Verfahrens können jedoch nur der Diözesanbischof als Ordinarius proprius des Autors, ein ihm rechtlich gleichgestellter Ordinarius oder der Ordinarius des Ortes, an dem ein Autor seine Tätigkeit ausübt oder ausüben soll, und auch der Autor selbst stellen (§ 4).

Dem Verfahren geht zwingend ein Gespräch zwischen Ordinarius und Autor voraus, das die Einleitung des Verfahrens erübrigen sollte (§ 5).

An dem Verfahren sind drei Gremien beteiligt. Zunächst ist es Aufgabe der

[32] Lehrbeanstandungsverfahren bei der Deutschen Bischofskonferenz vom 21. 9. 1972, in: KABl. Essen 16 (1973), S. 39–42; Deutsche Bischofskonferenz, Lehrbeanstandungsverfahren bei der Deutschen Bischofskonferenz. Eingeleitet und kommentiert von *H. Heinemann*, in: NKD 37, S. 13–45; *ders.*, Lehrbeanstandung (Anm. 25), S. 88–100.

[33] Lehrbeanstandungsverfahren bei der Deutschen Bischofskonferenz (beschlossen auf der Frühjahrsvollversammlung mit Rechtskraft v. 1. 4. 1981 mit endgültigem Text v. 4. 5. 1981), in: KABl. Essen 24 (1981), S. 95–99; abgedr. in: *Heinemann*, Lehrbeanstandung (Anm. 25), S. 89–101.

Glaubenskommission – der Kommission für Fragen der Glaubens- und Sittenlehre der Deutschen Bischofskonferenz –, die Zulässigkeit des Antrags zu prüfen und dabei über die Eröffnung oder Nichteröffnung des Verfahrens zu entscheiden. Soll das Verfahren eröffnet werden, bestellt sie eine *Theologenkommission* nach freiem Ermessen (§§ 8b, 9c). Der Theologenkommission, die aus ihrer Mitte einen Vorsitzenden wählt, gehören fünf Mitglieder an. Dem beteiligten Ordinarius und dem Autor stehen das Recht der Befangenheitseinrede zu (§ 9c). Aufgabe dieser Kommission ist es, die beanstandeten Äußerungen des Autors zu prüfen, mit dem Autor und seinem Anwalt sowie mit dem Bischof und seinem theologischen Berater die beanstandeten Lehren zu besprechen und der Bischofskommission ein Gutachten darüber zu erstellen, ob die Äußerungen des Autors im Widerspruch zur kirchlichen Glaubenslehre stehen oder ob sie diese verfälschen (§ 10e). Die *Bischofskommission* schließlich, die aus fünf Mitgliedern besteht, entscheidet auf Grund des von der Theologenkommission erstatteten Gutachtens, eines Gespräches mit dem beteiligten Ordinarius und dem Autor, „ob die in Frage stehenden Äußerungen des Autors der kirchlichen Glaubenslehre widerstreiten oder sie verfälschen" (§ 17c). Dazu schlägt sie dem beteiligten Ordinarius Maßnahmen vor. Ihre Entscheidung wird dem Ordinarius und dem Autor zur Kenntnis gebracht. Gegen diese Entscheidung steht ein Rekurs bei der Glaubenskongregation offen.

c) Rechtscharakter

Grundsätzlich ist festzustellen, daß mit dieser Ordnung die Bischofskonferenz die Entscheidung nicht an sich gezogen hat. Es geht lediglich darum, Entscheidungshilfen zu bieten. „Das Verfahren setzt die eigene Zuständigkeit und Verantwortung des Bischofs voraus" (Einleitung, Abs. 2). Zweifelsohne kommt dem Vorschlag, der seitens der Bischofskommission zu machen ist, eine große Bedeutung zu. Eine rechtlich zwingende Entscheidung ist damit aber nicht gegeben, wohl eine Orientierung.

Wenn auch das Verfahren bestimmte prozeßrechtliche Merkmale aufweist, z. B. Anwaltszwang (§ 18), Befangenheitseinreden (§ 9c), andererseits aber auch in die Nähe eines Verwaltungsverfahrens rückt, z. B. Rechtsmittel der Beschwerde (§ 32), so trifft im Grunde keiner der im kirchlichen Gesetzbuch vorgesehenen Rechtswege dieses Verfahren. Es dient vielmehr dazu, auf eine sehr qualifizierte Weise einem Ordinarius bei Vorliegen von Lehrstreitigkeiten einen Rat zu erteilen bzw. einem Autor die Möglichkeit zu schaffen, sich von dem Vorwurf, irrige Lehrmeinungen zu äußern, reinigen zu können. Die Entscheidung verbleibt immer bei dem Ordinarius, dessen eigene Zuständigkeit und Verantwortung bei der Durchführung dieses Verfahrens nicht aufgehoben ist.

Für die *Niederländische Kirchenprovinz* ist auf der Versammlung der Bischofskonferenz mit dem Präsidenten der Stiftung Niederländischer Ordenspriester am 18. August 1975 ein Verfahren gebilligt worden, das den Titel trägt „Behandeling van leerstellige bezwaren tegen katholieke auteurs in de Nederlandse Kerkprovincie"[34]. Es entspricht in manchen Verfahrenszügen dem Lehrbeanstandungsverfahren bei der Deutschen Bischofskonferenz. Die Durchführung geschieht aber auf der Ebene des Bistums. Die Bischofskonferenz selbst oder von ihr bestellte Gremien sind an diesem Verfahren nicht beteiligt.

3. *Aufgabe der Verfahren*

Das Problem des Lehrprüfungs- bzw. Lehrbeanstandungsverfahrens, das auch den Evangelischen Kirchen nicht unbekannt ist[35], wird weiterhin darin liegen, daß sowohl das allgemeine Wohl der Glaubenden als auch das subjektive Recht eines Autors gegeneinander abgewogen werden müssen. Bestimmte Grundrechte, die in der Konzilsaula gefordert wurden (z. B. Anhörung des Autors und die Möglichkeit seiner Verteidigung) müssen in einer solchen Verfahrensordnung gesichert sein. Andererseits muß die kirchliche Lehre ohne Abstriche und Verfälschungen weitergegeben und eine irrige Lehrmeinung zurückgewiesen werden. Der Spannung zwischen Verantwortung des kirchlichen Lehramtes und fruchtbarer theologischer Forschung ist hinreichend Rechnung zu tragen. Insofern ergeben sich trotz aller rechtlich geordneter Verfahren immer wieder Schwierigkeiten, die nur im Miteinander, im Geist des Evangeliums und in der Verantwortung vor dem Wort Gottes ausgetragen und ertragen werden können.

[34] Veröffentlicht in: Analecta, September 1975, N. 41–47; der Text wurde freundlicherweise vom Sekretariat der Kirchenprovinz in den Niederlanden zur Verfügung gestellt. Deutsche Übersetzung von *A. Gabriels*, in: *Heinemann*, Lehrbeanstandung (Anm. 25), S. 102–107.

[35] Vgl. hierzu *D. Keller*, Verantwortung der Kirche für rechte Verkündigung, ein Vergleich dreier Lehrzuchtordnungen, Düsseldorf 1972; *A. Stein*, Probleme evangelischer Lehrbeanstandung, Bonn 1967; *ders.*, Evangelische Lehrordnung als Frage kirchenrechtlicher Verfahrensgestaltung, in: ZevKR 19 (1974), S. 253–275.

2. Kapitel: Erziehung und Bildung

§ 67 Das Bildungswesen

Von Franz Pototschnig

I. Grundsätzliches zu Bildung und Erziehung

In der Sicht der Kirche ist unter *Bildung als Tätigkeit* die systematische und möglichst umfassende Entfaltung aller geistig-seelischen Anlagen des Menschen unter der Wirkung geistiger und vor allem religiöser Werte zu verstehen[1]. *Bildung* als anzustrebendes *Ergebnis* ist die harmonisch-allseitig geformte, im christlichen Wertdenken gefestigte Persönlichkeit, die in und gegenüber der Gemeinschaft eigenverantwortlich handelt und ihre Aufgaben voll erfüllt. Jeder Mensch hat gegenüber der Gesellschaft, unter Wahrung des Prinzips der Chancengleichheit, Anspruch auf den seinen geistigen Anlagen entsprechenden Bildungsweg.

Unter *Erziehung* ist der gezielte Einsatz aller zweckdienlichen Mittel der körperlichen und geistigen Formung zu verstehen, die eine harmonische, wertorientierte Entfaltung aller Fähigkeiten – einschließlich der religiösen Kräfte – bewirken. Ohne selbst ein Erziehungsmonopol zu beanspruchen, lehnt die Kirche, gerade im Hinblick auf die legitime Pluralität der modernen Gesellschaft, das staatliche Erziehungs- und vor allem Schulmonopol entschieden ab, weil es die Gefahr einer einseitigen ideologischen Beeinflussung unter Ausschaltung der primär legitimierten Erziehungsträger in sich schließt. Im Sinne des von der Kirche vertretenen *Subsidiaritätsprinzips* vollzieht sich Erziehung nicht nur faktisch, sondern rechtmäßig zunächst in der Familie. Aufgrund des *natürlichen Elternrechts* ist Erziehung einerseits ein unveräußerliches *Recht*, andererseits aber auch eine ernste *Pflicht* der Eltern. Solange und soweit die Familie bereit und

[1] Das Handbuch der Synode 1969–1971 „Leben und Wirken der Kirche von Wien", S. 206, bezeichnet es als oberstes Ziel jeder kirchlichen Bildungs- und Erziehungsarbeit, den Menschen zu einem Leben und Wirken aus dem Glauben unter verantwortungsbewußtem Einsatz der natürlichen Kräfte zu befähigen und dadurch zum Aufbau des Gottesvolkes und der menschlichen Gesellschaft beizutragen. In Bildung und Erziehung werden folgende Prioritäten gesetzt: Gewissensbildung, richtiges Verhältnis zur Autorität, Offenheit für die personale Begegnung mit dem Nächsten, gesunde Einstellung zur Geschlechtlichkeit auf Grund der Erkenntnisse der Humanwissenschaften und der Theologie, Weckung und Förderung kreativer Kräfte, Konsumaskese, Förderung sozialen und caritativen Denkens u. a.; vgl. ebd., S. 207 ff. – Im Bereich der Kirche in Deutschland wurden als oberste Ziele von Erziehung und Bildung die Entfaltung der menschlichen Anlagen, die Befähigung des Menschen zum Dienst an seinen Mitmenschen, an der Welt und am Reich Gottes angegeben. Vgl. Gemeinsame Synode. Gesamtausgabe I, S. 520. – Zum Bildungs- und Erziehungswesen in der Bundesrepublik Deutschland vgl. Beiträge in HdbStKirchR II von *E. Stein*, Elterliches Erziehungsrecht und Religionsfreiheit, S. 455–481; *W. Geiger*, Kirchen und staatliches Schulsystem, S. 483–502; *Chr. Link*, Religionsunterricht, S. 502–546; *Th. Maunz*, Kirchen als Schulträger, S. 547–568; *P. Weides*, Erwachsenenbildung und Akademien, S. 623–681.

in der Lage ist, ihre Erziehungsaufgaben zu erfüllen, kann Anstaltserziehung nur ein Notbehelf sein. Dennoch ist einsichtig, daß die Familienerziehung ab einer bestimmten Altersstufe durch die außerfamiliäre Gemeinschaftserziehung der Schule und des Berufs ergänzt werden muß. Der Staat trägt jedoch den legitimen Forderungen, die sich aus dem Elternrecht ergeben, nur dann voll Rechnung, wenn den Eltern von Anfang an und bis zur Hochschule hinauf eine *echte Wahlmöglichkeit* zwischen gleichwertigen Bildungsstätten geboten wird. Eine solche Wahlmöglichkeit ist nur dann gegeben, wenn neben kommunalen und staatlichen Schulträgern auch kirchliche Schulträger in die Lage versetzt werden, gleichwertige Schulen zu errichten und zu erhalten. Es kommt also nicht nur darauf an, daß die staatliche Rechtsordnung die Errichtung kirchlicher Schulen, wenn dies die Eltern wünschen, ermöglicht. Entscheidend ist vielmehr das Kriterium, ob die öffentliche Hand bereit ist, Steuergelder gerecht, d. h. unter Berücksichtigung berechtigter Wünsche der Steuerzahler, zu verteilen. Die Bereitschaft des Staates, auf seine dominante Rolle im Schulwesen zu verzichten und das Elternrecht voll anzuerkennen, wird allerdings nur dann zu erreichen sein, wenn der Staat sein Demokratieverständnis revidiert und die Indoktrinierung seiner Bürger für illegitim hält.

II. Schulische Bildung

1. *Das Bildungsideal des CIC*

Die wahre Erziehung muß die allseitige und möglichst vollkommene Formung der menschlichen Person anstreben. Bei dieser umfassenden Persönlichkeitsbildung ist zu beachten, daß sie zugleich auf das *Endziel* des menschlichen Individuums und das *Gemeinwohl* der Gesellschaft ausgerichtet sein muß. Deshalb sollen Kinder und Jugendliche so ausgebildet und erzogen werden, daß sie ihre physischen, sittlichen und intellektuellen Anlagen harmonisch entfalten, ein vollkommeneres Verantwortungsbewußtsein entwickeln, den rechten Gebrauch der Freiheit erlernen und zur aktiven Teilnahme am gesellschaftlichen Leben sowohl befähigt als auch angeregt werden[2].

2. *Gewährleistung einer umfassenden katholischen Erziehung*

Um die Erreichung des obigen Bildungsideals möglichst in jedem gesellschaftlichen Umfeld zu garantieren, wird an den göttlichen Auftrag erinnert, durch den der Kirche die Aufgabe anvertraut wurde, den Menschen bei der Erreichung ihres Zieles, zur Fülle des christlichen Lebens zu gelangen, behilflich zu sein. Deshalb steht die Pflicht und das Recht zur Erziehung vor allem und in einzigartiger Weise der Kirche zu (c. 794 § 1). Die kirchlichen Amtsträger sind daher durch ihr Amt

[2] Vgl. c. 795.

verpflichtet, die Voraussetzungen dafür zu schaffen, daß alle Gläubigen der katholischen Erziehung teilhaftig werden (c. 794 § 2). Die *Eltern* oder ihre gesetzlichen Vertreter sind aufgrund des ihnen zustehenden *Elternrechts* verpflichtet und berechtigt, ihre Kinder zu erziehen. *Katholische Eltern* haben die Pflicht und das Recht, unter Berücksichtigung der örtlichen Gegebenheiten, eine *freie Wahl* zugunsten jener Schulen und Bildungseinrichtungen zu treffen, die besser geeignet sind, die katholische Erziehung ihrer Kinder zu gewährleisten (c. 793 § 1)[3].

Zur Ermöglichung der Wahlfreiheit wird ein Rechtsanspruch der Eltern gegenüber dem *Staat* normiert. Danach ist der Staat verpflichtet, die finanziellen Mittel zur Verfügung zu stellen, welche katholische Eltern, die bei der *Ausübung* ihres natürlichen Elternrechts im Gewissen verpflichtet sind, die Normen der Kirche zu bejahen, zur Sicherstellung der katholischen Kindererziehung brauchen[4].

3. *Weitere Forderungen des CIC*

Nach der Feststellung, daß die Schule unter den Bildungsmitteln, die den Eltern bei der Erfüllung ihrer Erziehungsaufgaben helfen[5], einen entsprechend wichtigen Platz einnimmt (c. 796 § 1), wird jede Form des staatlichen Schulmonopols noch durch die Aussage bekämpft, der Kirche stehe, unabhängig von der Bereitschaft des staatlichen Gesetzgebers dies anzuerkennen, das Recht zu, Schulen aller Art, jeder Fachrichtung und jeder Stufe zu gründen und zu leiten (c. 800 § 1). Um die Konkretisierung des kirchlichen Forderungsprogrammes zu erreichen, werden a) die „Christgläubigen"[6] angesprochen, denen das Recht zukommt, an der staatlichen Gesetzgebung mitzuwirken. Sie sollen der Schulfrage große Aufmerksamkeit widmen (c. 796 § 1) und durch zielführende Initiativen die Errichtung bzw. den Bestand *katholischer* Schulen fördern[7].

Die „Christgläubigen" werden ermahnt, sich dafür einzusetzen, daß der Staat im Rahmen seines Schulrechts das Recht der Eltern auf eine umfassende katholische Erziehung ihrer Kinder anerkennt und durch Bereitstellung ausreichender Budgetmittel, unter Berücksichtigung eines gerechten Verteilungsschlüssels[8] die

[3] Für *A. Frhr. v. Campenhausen*, Erziehungsauftrag und staatliche Schulträgerschaft, Göttingen 1967, ist „Elternrecht mehr Kampfruf und Postulat politischer und konfessioneller Gruppen als eine wissenschaftlich bestimmbare Größe" (S. 29). Dem konfessionellen Elternrecht stehe – und gerade das verleihe der kirchlichen Lehre ein besonderes Gepräge – „die Inpflichtnahme der Eltern gegenüber, das (nach den Eltern sogenannte) Elternrecht nur in dem Sinne auszuüben, daß den jeweiligen kirchlichen Weisungen entsprochen wird" (S. 118). Mehr wissenschaftlichen Gehalt billigt *W. Berka*, Konturen des Elternrechts in der Verfassungsordnung, in: RdS 4/82, S. 103–107, anhand eines Urteils des Europäischen Gerichtshofes für Menschenrechte im Fall Campbell und Cosans dem Elternrecht zu.

[4] Vgl. c. 793 § 2 in Verbindung mit cc. 798 und 1366.

[5] Die Betonung der Hilfsfunktion der Schule soll die primäre Geltung des elterlichen Willens und das originäre Elternrecht auf die Gestaltung des staatlichen Schulrechts untermauern.

[6] Unter diesem Begriff sind hier die Katholiken als Staatsbürger zu verstehen.

[7] C. 800 § 2. – Zum Begriff „Katholische Schulen" s. unten II 5 (Normen für katholische Schulen). – Die geforderte Mitwirkung bei der Errichtung und Erhaltung katholischer Schulen umfaßt sowohl die politische als auch finanzielle Förderung.

[8] D. h. unter Berücksichtigung des Steueraufkommens durch katholische Staatsbürger.

Voraussetzungen für eine echte Wahlmöglichkeit zwischen öffentlichen und katholischen Schulen schafft (c. 797). Darüber hinaus sollen sich die katholischen Staatsbürger dafür einsetzen, daß die staatlichen Schulgesetze[9] neben der allgemeinen auch die religiöse und moralisch-sittliche Erziehung der Jugend „dem Gewissen der Eltern entsprechend" gewährleisten (c. 799).

Von den *Eltern* wird b) erwartet, daß sie ihre Kinder nur Schulen anvertrauen, in denen eine umfassende katholische Erziehung gewährleistet ist[10]. Falls dies nicht möglich ist, sind die Eltern verpflichtet, für die notwendige katholische Erziehung *außerhalb* der Schule zu sorgen (c. 798).

Weiters werden die Eltern ermuntert, die Möglichkeiten, die sich für sie aus den Mitwirkungsrechten im schulischen Bereich ergeben, zu nützen. Sie sollen mit den Lehrern eng zusammenarbeiten und in Elternvereinen bzw. bei Zusammenkünften aktiv werden (c. 796 § 2)[11].

Schließlich werden c) die *Diözesanbischöfe* als Normadressaten des CIC angesprochen. Sie sollen für die Errichtung entsprechender Bildungsstätten sorgen, wenn in einem Gebiet keine Schulen bestehen, in denen eine Erziehung vermittelt wird, die von „christlichem Geist" getragen ist (c. 802 § 1)[12].

Wo dies zweckmäßig ist, soll der Ortsordinarius auch für die Errichtung von Berufsschulen, technischen Lehranstalten, oder Schulen, die besondere Bedürfnisse befriedigen, Sorge tragen (c. 802 § 2).

4. *Die kirchliche Schulaufsicht*

a) Die *religiöse* Unterweisung der katholischen Jugend unterliegt in Schulen aller Art, seien sie staatlich-öffentlich oder privat, der Aufsicht und Leitung der Kirche. Es obliegt den *Bischofskonferenzen* für diesen Tätigkeitsbereich allgemeine Normen zu erlassen. Dem *Diözesanbischof* steht es zu, diesen Bereich näher zu regeln und zu beaufsichtigen[13]. Die Forderung nach einer *weitergehenden Schulaufsicht* der Ortsordinarien, die bisher zu Spannungen mit dem staatlichen Schulrecht führen konnte, läßt sich aus c. 804 § 1 nicht ableiten.

b) Neben der inhaltlichen Determinierung der gesamten religiösen Unterweisung durch die kirchliche Autorität[14] wird den Personen, die Religionsunterricht erteilen, große Aufmerksamkeit geschenkt. Das Recht, Religionslehrer zu ernen-

[9] Hier ist wohl zu ergänzen: an allen Schulen.

[10] Wenn sich katholische Eltern schuldhaft für die Erziehung ihrer Kinder in einer nichtkatholischen Religion entscheiden, sieht c. 1366 die Möglichkeit von Strafsanktionen vor.

[11] In c. 796 § 2 wird auch an die Lehrer appelliert, bei der Erfüllung ihrer Aufgaben die Zusammenarbeit mit den Eltern zu suchen und auf diese zu hören.

[12] Diese Formulierung läßt die Interpretation zu, daß es im Ermessen des Diözesanbischofs liegt, auf die Errichtung eigener Schulen zu verzichten, wenn in den bestehenden Schulen wenigstens eine „christliche" Grundausrichtung gewährleistet ist.

[13] Die Ermächtigung zur partikularrechtlichen Bewältigung der Probleme, die sich in diesem Zusammenhang ergeben können (z. B. Approbation von Religionsbüchern; vgl. c. 827 § 2), ermöglicht die Berücksichtigung der örtlichen Gegebenheiten und damit eine größere Flexibilität.

[14] C. 804 § 1.

nen oder zu approbieren, steht für das jeweilige Diözesangebiet dem Ortsordinarius zu. Ebenso fällt es in seine Kompetenz, Relgionslehrer zu entfernen, bzw. ihre Entfernung zu fordern, wenn diese Maßnahme aus religiösen oder sittlichen Gründen[15] erforderlich ist.

Vor der Ernennung oder Approbation von Religionslehrern, auch an nichtkatholischen, z. B. staatlich-öffentlichen Schulen[16], muß der Ortsordinarius prüfen, ob sich die Kandidaten durch rechte Lehre, das Zeugnis eines wahrhaft christlichen Lebens und pädagogische Fähigkeiten auszeichnen (c. 804 § 2).

5. *Normen für katholische Schulen*[17]

Zum *Begriff* der „katholischen Schule" stellt c. 803 § 1 klar, daß nur solche Lehranstalten als „katholisch" bezeichnet werden dürfen, die a) von der zuständigen kirchlichen Autorität oder b) von einer *öffentlichen* kirchlichen juristischen Person[18] geleitet, oder die c) von der kirchlichen Autorität in einem schriftlichen Dokument (documento scripto) als solche anerkannt werden (c. 803 § 1). Eine Schule, selbst wenn sie richtungsmäßig als wahrhaft katholisch anzusehen wäre, darf nur dann die Bezeichnung „katholische Schule" führen, wenn die zuständige kirchliche Autorität ausdrücklich zustimmt (c. 803 § 3). In einer katholischen Schule muß sich der *gesamte* Unterricht und die Erziehungstätigkeit vorbehaltlos von den Prinzipien der katholischen Lehre leiten lassen. Die dort tätigen Lehrer müssen sich durch rechte Lehre und ein einwandfreies christliches Leben auszeichnen (c. 803 § 2). Die Bestimmungen des c. 805[19] sind voll anwendbar. Neben den primär zur Errichtung zuständigen kirchlichen Stellen[20] sollen auch Ordensgemeinschaften[21], deren Zweck es ist, Erziehungsaufgaben zu erfüllen, im Einvernehmen mit dem zuständigen Ortsordinarius, ordenseigene katholische Schulen gründen (c. 801).

Dem Diözesanbischof steht gegenüber *allen* katholischen Schulen in seinem Territorium das *Aufsichts-* und *Visitationsrecht* zu. Es wird ausdrücklich betont, daß sich dieses Recht auch auf die Ordensschulen bezieht (c. 806 § 1). Außerdem fällt es in die Kompetenz des Ortsordinarius, generelle Richtlinien für die rechtliche Ordnung aller katholischen Lehranstalten zu erlassen, jedoch unbeschadet des Rechts der Ordensgemeinschaften zur autonomen Regelung der internen Ord-

[15] Z. B. wegen Mißachtung des kirchlichen Lehramtes oder wegen unsittlichen Lebenswandels.

[16] Man spricht auch von der Erteilung der „missio canonica".

[17] Vgl. SC InstCath, Erklärung zur katholischen Schule vom 19. März 1977 (= Verlautbarungen des Apostolischen Stuhls, hrsg. vom Sekretariat der DBK, H. 4), Bonn 1977 (der Originaltext ist abgedr. bei *Ochoa* V, n. 4505 [Sp. 7301–7313]); SC InstCath, Der katholische Laie – Zeuge des Glaubens in der Schule – Erklärung vom 15. Oktober 1982 (= Verlautbarungen des Apostolischen Stuhls, H. 42), Bonn 1982; siehe auch oben II 3.

[18] Vgl. in *diesem* Band, oben, *F. Pototschnig*, § 10 Rechtspersönlichkeit und rechtserhebliches Geschehen.

[19] Erteilung und Entzug der „missio canonica".

[20] Vgl. c. 800.

[21] Im weiten Sinn des Wortes.

nungsvorschriften (c. 806 § 1). Den *Leitern* katholischer Schulen wird abschließend aufgetragen, unter Aufsicht des Diözesanbischofs, dafür zu sorgen, daß die Bildung, welche an diesen Schulen vermittelt wird, in wissenschaftlicher Hinsicht, jener an anderen Schulen derselben Region, zumindest gleichwertig ist (c. 806 § 2).

6. *Kirchliches Forderungsprogramm und staatliches Recht*

Weil sich die Kirche in den einzelnen Staaten schon seit langem auf unterschiedliche Rechtsverhältnisse einstellen mußte, war sie oft gezwungen, mit sehr verschiedenen Schulsystemen zu leben. Es gibt Staaten, in denen der Gesamtunterricht nach nichtkatholisch-christlichen, nichtchristlich-religiösen oder auch religionsfeindlichen Gesichtspunkten ausgerichtet ist. In anderen Staaten werden von der Gesetzgebung sog. „neutrale" Schulen, die weder im positiven noch im negativen Sinne religiös ausgerichtet sind, zumindest begünstigt. In einigen Ländern wird an den staatlichen Schulen kein Religionsunterricht erteilt, sondern statt dessen eine kirchlich nicht kontrollierbare Konfessionskunde gelehrt. Wo es sog. gemischte (Simultan- oder christliche Gemeinschafts-)Schulen gibt, wird der Gesamtunterricht ohne Rücksicht auf Grundsätze eines bestimmten Bekenntnisses erteilt, ist jedoch prinzipiell christlich ausgerichtet. An solchen (wie auch an neutralen) Elementar- und Mittelschulen gibt es in der Regel einen kirchlich autorisierten Religionsunterricht.

Für das Gebiet der *Bundesrepublik Deutschland* wurde den Eltern noch durch das Reichskonkordat von 1933 das Recht auf Errichtung katholischer Volksschulen unter bestimmten Bedingungen zugestanden. Durch die Aufgliederung der ehemaligen Volksschulen in Grund- und Hauptschulen in den sechziger Jahren, kam es fast in allen Bundesländern zu einer starken *Reduzierung* der staatlichen Bekenntnisschule zugunsten der Gemeinschaftsschulen. Obwohl der spezielle Schultypus einer konfessionellen öffentlichen Schule die optimale Gewähr für eine umfassende Gesamterziehung im Geist des katholischen Glaubens garantiert, ist derzeit die Schulpolitik der katholischen Kirche auch in Deutschland stärker auf die volle Anerkennung und Finanzierung katholischer Schulen in freier Trägerschaft ausgerichtet als auf die Forderung nach einer ausschließlich konfessionellen Gliederung des öffentlichen Schulwesens. Diese Anpassung ist „im Hinblick auf die Gegebenheiten einer pluralistischen und bekenntnismäßig nicht mehr homogenen Gesellschaft" durchaus verständlich[22].

In *Österreich* hat die Kirche seit 1868 *institutionell* keinen Einfluß auf den

[22] *Chr. Link*, Art. Bekenntnisschule. C. Theologische Beurteilung. 1. Kath., in: EvStL², Sp. 159; vgl. *K. Erlinghagen*, Vom Bildungsideal zur Lebensordnung. Das Erziehungsideal der katholischen Pädagogik, Freiburg i. Br. 1960; *ders.*, Grundfragen katholischer Erziehung. Die prinzipiellen Erziehungslehren der Enzyklika Pius XI. „Divini illius Magistri", Freiburg i. Br. 1963; *ders.*, Die Schule in der pluralistischen Gesellschaft, Freiburg i. Br. 1964; *ders.*, Katholisches Bildungsdefizit (= Herder Taschenbuch, Nr. 195), Freiburg i. Br. 1965. Vgl. Gemeinsame Synode. Gesamtausgabe I, S. 533–537.

Lehrstoff und den Geist in dem er an *öffentlichen* Schulen vorgetragen wird[23]. Was die öffentlichen Schulen betrifft, begnügt sich die Kirche im wesentlichen mit der Garantie des Religionsunterrichts in der Form eines relativen Pflichtgegenstandes, d. h. eines „Pflichtfaches", von dem Katholiken nach staatlichem Recht abgemeldet werden können. Der *Religionsunterricht* unterliegt inhaltlich und personell, auch an öffentlichen Schulen, den Normen des kanonischen Rechts[24]. Die österreichische Rechtsordnung kennt kein Schulmonopol und ermöglicht aufgrund einer im wesentlichen auch verfassungsrechtlich abgesicherten Gesetzeslage u. a. jeder gesetzlich anerkannten Kirche und Religionsgesellschaft die Errichtung von *Privatschulen* aus eigenen Mitteln. Diese Schulen unterliegen der allgemeinen staatlichen Schulaufsicht und werden bei voller Erfüllung der allgemeinen staatlichen Anforderungen mit dem Öffentlichkeitsrecht ausgestattet. Durch die Schulverträge, die seit 1962 auf der Grundlage des Konkordats 1933/34 mit dem Hl. Stuhl geschlossen wurden, hat die katholische Kirche schrittweise die *volle* staatliche Finanzierung des *Personalaufwandes* ihrer Privatschulen erreicht, während der *Sachaufwand* aus Eigenmitteln bestritten werden muß.

In der *Schweiz* ist die Lage der konfessionellen freien Schulen in den einzelnen Kantonen verschieden geregelt[25]. Sie stehen unter öffentlicher Aufsicht, werden jedoch im allgemeinen nicht durch die öffentliche Hand unterstützt.

III. Erwachsenenbildung

Der kirchliche Dienst am Glauben der Erwachsenen soll die volle Thematik menschlicher Bildung umfassen. Das Angebot soll die Erwachsenen in allen Lebensbereichen, Ständen und Altersstufen erreichen und ansprechen. Nicht

[23] Im Schule-Kirche-Gesetz v. 25. Mai 1868, RGBl. Nr. 48 wurde im § 2 ausdrücklich erklärt, daß – den Religionsunterricht ausgenommen – der Unterricht in den übrigen Lehrgegenständen „unabhängig von dem Einflusse jeder Kirche oder Religionsgesellschaft sei". Im Schulorganisationsgesetz v. 25. Juli 1962 werden im § 2 als Aufgaben der österreichischen Schule u. a. aufgezählt: Mitwirkung an der Entwicklung der Anlagen der Jugend, nach den *sittlichen, religiösen* und sozialen Werten sowie nach den Werten des Wahren, Guten und Schönen.

Zu § 2 SchOG vgl. insbes. *H.-U. Evers*, Der Bildungs- und Erziehungsauftrag der österreichischen Schule als Rechtsproblem, in: RdS 2/82, S. 33–43. Zur rechtlichen Situation des Religionsunterrichts in Österreich siehe u. a. *H. Schwendenwein*, Religion in der Schule. Rechtsgrundlagen, Graz-Wien-Köln 1980 und *A. Rinnerthaler*, Die rechtliche Normierung des Religionsunterrichts, in: RdS 1/80, S. 17–21; ferner in *diesem* Band, unten, *J. Listl*, § 68 Der Religionsunterricht, II 2.

[24] Konkordat 1933/34, Schulvertrag 1962. – Bundesgesetze in Angelegenheiten des Verhältnisses von Schule und Kirchen, einschließlich des Religionsunterrichts in der Schule, können vom Nationalrat nur bei Anwesenheit von mindestens der Hälfte der Mitglieder des Nationalrates und Zweidrittelmehrheit der abgegebenen Stimmen beschlossen werden (B-VG Art. 14 Abs. 10). – Für Katholisch-Theologische Fakultäten wird die volle Geltung der Vorschriften des kanonischen Rechts durch das Konkordat 1933/34 (Art. V und ZusP. zu Art. V) garantiert.

[25] Eine einheitliche gesetzliche Regelung kann es wegen der Kompetenzbestimmungen weder in der *Schweiz* noch in der *Bundesrepublik Deutschland* geben. Im Gegensatz zu diesen beiden Staaten ist in *Österreich* das Schulwesen Bundessache in Gesetzgebung und Vollziehung. Vgl. hierzu *Listl*, Der Religionsunterricht (Anm. 23), II.

zuletzt soll den Eheleuten Hilfe angeboten werden, damit sie ihre Ehe und Familie im Glauben gestalten und als „Kirche im Kleinen“ wirken können. Das Ziel der kirchlichen Erwachsenenarbeit ist die Bildung zu einem urteilsfähigen und verantwortungsbewußten Menschen.

Die Aufgaben der Erwachsenenbildung transzendieren die Möglichkeiten der rechtlichen Normierung, bedürfen aber der Erstellung eines umfassenden diözesanen Bildungs- und Finanzierungsplanes. Die Möglichkeiten reichen vom bloßen Angebot an Informationen über das persönliche Gespräch und das Glaubensgespräch in Gruppen bis zu Formen intensiver Einübung in das Glaubensverständnis (z. B. Exerzitien).

Größte Bedeutung kommt der fundierten *theologischen* Erwachsenenbildung zu. Sie muß für die Auseinandersetzung offen sein, soll aber angesichts der Fülle der Glaubensaussagen den Blick auf das Wesentliche lenken und praxisbezogen sein[26]. Im Bereich der Erzdiözese Wien bestehen u. a. folgende *Bildungseinrichtungen*, die sich ausschließlich oder vorwiegend mit theologischer Erwachsenenbildung befassen: Bildungswerk der Katholischen Aktion, Theologische Kurse für Laien, Bibelwerk, Wiener Katholische Akademie, diözesane Bildungsheime, Katholische Glaubensinformation, Kirchliches Bibliothekswerk sowie das Exerzitienreferat des Pastoralamtes. Der Koordination dient eine diözesane Arbeitsgemeinschaft für theologische Erwachsenenbildung. Neben den genannten Einrichtungen gibt es kirchliche Institutionen, bei denen im Sinne einer möglichst *umfassenden* Bildung weltanschaulich und ethisch bedeutsame Themen und Perspektiven, vor allem Fragen der *sozial-gesellschaftswissenschaftlichen* Bildung, besonderes Gewicht haben. Die katholische Erwachsenenbildung in kirchlicher Trägerschaft ist öffentlich und steht prinzipiell Katholiken wie Nichtkatholiken offen. Um möglichst vielen Menschen den Zugang zum kirchlichen Bildungsangebot zu ermöglichen und gleiche Bildungschancen für Stadt und Land zu schaffen, sollen, je nach regionalen Notwendigkeiten und Gegebenheiten, kirchliche *Bildungszentren* errichtet werden. Alle katholischen Institutionen und Organisationen gehören dem *„Diözesanen Bildungsrat“* an, in dessen Aufgabenbereich alle Fragen der katholischen Erwachsenenbildung der Diözese fallen. Anzustreben ist eine partnerschaftliche Zusammenarbeit der katholischen mit den übrigen Bildungsinstitutionen. Außerdem wird empfohlen, zwischen Erwachsenenbildung und Massenmedien enge Kontakte herzustellen und die Zusammenarbeit zu fördern. Als integrierender Teil der gesamtgesellschaftlichen Bemühungen beansprucht die katholische Erwachsenenbildung öffentliche Förderung durch Bund, Länder, Gemeinden, Kammern und Verbände[27]. In der Sicht der deutschen Diözesen ist *Weiterbildung* in katholischer Trägerschaft – wie ein Schulwesen in freier Trägerschaft – ein unabdingbarer Beitrag zur Erhaltung und Stärkung der Pluralität in Gesellschaft und Staat. Deshalb wird der Anspruch auf Gleichrangigkeit mit Einrichtungen anderer Träger und auf Gleichstellung bei der Förderung durch Bund, Länder und kommunale Gebietskörperschaften erhoben[28].

IV. Massenmedien – Kommunikationsmittel

Ohne Massenmedien ist in der modernen Gesellschaft eine hinreichende Kommunikation nicht möglich. Deshalb muß sich auch die kirchliche Verkündigung, um ihre Ziele zu erreichen, der Kommunikationsmittel Presse, Rundfunk, Fernsehen und Film bedienen. Die Grundrechtskataloge der freiheitlich-demokratischen

[26] Vgl. Handbuch Synode Wien (Anm. 1), S. 136ff. – Zur Situation der Erwachsenenbildung im Staatskirchenrecht der Bundesrepublik Deutschland vgl. *Weides*, Erwachsenenbildung (Anm. 1).

[27] Handbuch Synode Wien (Anm. 1), S. 140.

[28] Vgl. Gemeinsame Synode. Gesamtausgabe I, S. 548.

Staaten ermöglichen im Interesse der Meinungsvielfalt ein freies Angebot der Meinungen. Auch der Kirche, die als gesellschaftlich relevante Kraft anerkannt ist, wird das Recht garantiert, ihre Lehre frei darzulegen und mit allen legalen Mitteln für die Verwirklichung ihrer Wertvorstellungen in Gesellschaft und Staat einzutreten. Die Kirche anerkennt jene Freiheit, die die Massenmedien brauchen, um ihre Aufgabe erfüllen zu können; sie bekennt sich zu dieser Freiheit, die im besonderen die Freiheit der Meinungsäußerung und Kritik einschließt. In diesem Sinne lehnt sie jedes Meinungsmonopol ab und anerkennt das Recht der Öffentlichkeit, die Bildung solcher Monopole zu verhindern. Die Freiheit der Massenmedien muß nach Ansicht der Kirche verantwortet gebraucht werden. Gegen einen Mißbrauch dieser Freiheit sind die Rechte des einzelnen und die Interessen der Gesellschaft wirkungsvoll zu schützen. Vordringlich sind jene vor dem destruktiven Einfluß bestimmter Erscheinungsformen der Massenmedien zu schützen, die selbst dazu nicht in der Lage sind, insbesondere die Kinder und Jugendlichen. Den wirksamsten Schutz vor einem Mißbrauch der Freiheit sieht die Synode von Wien in der persönlichen Verantwortung jedes einzelnen Mitarbeiters der Massenmedien. Die Kirche wendet sich gegen jede Zensur und lehnt Repressalien wirtschaftlich-materieller oder persönlicher Art ab, weil das Bekenntnis zur Freiheit der Meinungsäußerung und Kritik solche Maßnahmen ausschließt und diese auch völlig ungeeignet sind, das Verantwortungsbewußtsein für die Massenmedien zu fördern. Demnach reichen die zum Schutze der Grundrechtsordnung erlassenen staatlichen Normen im allgemeinen aus, um den einzelnen und die Gesellschaft gegen einen Mißbrauch der Freiheit zu schützen.

Der CIC enthält in c. 822 einige Bestimmungen, die in diesem Zusammenhang behandelt werden sollen. Es wird daran erinnert, daß die zuständigen kirchlichen Amtsträger bei ihrem Bemühen um die sozialen Kommunikationsmittel ein ureigenes Recht der Kirche ausüben (c. 822 § 1). Die Bischöfe sollen die Gläubigen dahingehend belehren, daß sie aufgrund ihres Amtes verpflichtet seien, mitzuwirken, daß der Gebrauch der Kommunikationsmittel durch einen menschenwürdigen und christlichen Geist beseelt wird (c. 822 § 2). Alle Christgläubigen, vor allem diejenigen, die in irgendeiner Weise mit der rechtlichen Ordnung, Leitung oder dem Einsatz dieser Informationsmittel betraut sind, sollen die pastorale Tätigkeit der Bischöfe durch ihre Mithilfe unterstützen, damit die Kirche ihre Aufgabe auch durch die Kommunikationsmittel wirksam erfüllen kann (c. 822 § 3). Für die Vermittlung *religiöser* Informationen fordert der CIC, analog zur religiösen Unterweisung an Schulen, auch für den Bereich der Massenmedien, die kirchenamtliche Kontrolle (c. 804 § 1).

Zur Ergänzung der ziemlich allgemein gehaltenen Forderung des c. 822 sei auf das Konzilsdekret über die sozialen Kommunikationsmittel „Inter mirifica" verwiesen. Danach kommt der Kirche „das ursprüngliche Recht zu, jede Art der Kommunikationsmittel ... zu benützen und zu besitzen"[29].

[29] VatII IM Art. 3. Vgl. zu diesem Konzilstext den Kommentar von *H. Wagner*, in: NKD 11, S. 1–148. – Zur Situation in der Bundesrepublik Deutschland vgl. *R. Herzog*, Kirchen und Massenmedien, in: HdbStKirchR II, S. 417–435.

Dieser Forderung wird im pluralen Rechtsstaat hinsichtlich Presse und Film voll, hinsichtlich Rundfunk und Fernsehen jedoch nur selten[30] entsprochen. Aber auch im Bereich Presse und Film ist die Gefahr der Medienkonzentration zumindest latent vorhanden[31].

Die kirchlichen Richtlinien sind darauf angelegt, die unverfälschte Wiedergabe der Glaubenswahrheiten zu garantieren und die Integrität der Moral zu schützen. Im Interesse des Gemeinwohls sollten nach den Vorstellungen der Kirche *alle* im Bereich der Kommunikationsmittel Tätigen Berufsvereinigungen beitreten, die durch die Erstellung einer Art *Moralkodex* für die innere Disziplin sorgen. Eine solche Instanz mit der Bereitschaft zur verantwortungsbewußten Selbstkontrolle hätte die Aufgabe, „sowohl das notwendige Maß an Freiheit wie das wünschenswerte Maß an Ordnung und Disziplin zu gewährleisten"[32].

Für den Fall des Versagens einer solchen Instanz hätte der Staat Normen zu erlassen, die es möglich machen, in den Medien tätige Personen, die gegen die öffentliche Sitte und das Gemeinwohl verstoßen haben, nach vollzogener Handlung unter Sanktion zu stellen. Gemeint sind nicht Verstöße gegen die Moral an sich, sondern gegen einen im vollen Sinne gesellschaftlichen Wertkomplex, wobei hinzunehmen sein wird, daß das Niveau dieses gesellschaftlichen Wertkodex in unserer Zeit allgemein als recht niedrig angenommen werden muß[33].

1. *Presse und Film*

Außer dem Einsatz für die „gute Presse" fordert das Konzilsdekret ausdrücklich die Gründung und Förderung einer katholischen Presse, deren Träger entweder die Kirche selber oder katholische Persönlichkeiten sein sollen. Mit Hilfe ihrer eigenen Presse sollen die Katholiken ihre Stimme als gesellschaftliche Kraft innerhalb eines Volkes zur Geltung bringen. Im Bereich des Films wünscht das Dekret die Förderung guter Produktionen und ihrer Vorführungen. Durch die organisatorische Maßnahme des Zusammenschlusses von Produzenten und Lichtspieltheaterbesitzern soll der Einfluß auf die Auswahl der Filme größere Effizienz erhalten. Dadurch soll nicht nur die Produktion und Vorführung schlechter Filme verhindert, sondern auch die Förderung wertvoller Filme intensiviert werden. Dem zuletzt genannten Zweck soll auch die Empfehlung in den Kritiken und die Verleihung von Preisen dienen.

[30] Von „Radio Vaticana" abgesehen, im europäischen Raum in den Niederlanden; über neuere Versuche in Frankriech vgl. *J.M. Brunot*, Les positions de l'Eglise catholique en France face aux nouveaux médias, in: StraßbKoll, Bd. 5, 1983, S. 65–85.

[31] In der Studie „Kultur als 3. Kraft", Leitlinien zur Kulturpolitik, hrsg. von der Gewerkschaft Kunst, Medien, freie Berufe, Wien 1978, S. 51 heißt es: „Die Medienpolitik ist in einer freien Gesellschaftsordnung auf Pluralismus ausgerichtet und muß offene oder versteckte Medienkonzentration wegen der damit verbundenen Gefahr strikt unterbinden. Diese Konzentration ist Kennzeichen totalitärer Staatssysteme und Diktaturen wie auch marktbeherrschender Praktiken".

[32] VatII IM Art. 12.

[33] Vgl. *K. Schmidthüs*, in: LThK²-Konzilskommentar I, S. 127.

2. *Rundfunk und Fernsehen*

Da auf diesem Sektor auch in demokratischen Staaten öffentliche Sendeanstalten vielfach eine *Monopolstellung* haben, kann der kirchliche Anspruch auf eigene Sendeanlagen und auf freie Programmgestaltung nicht realisiert werden. Die Konsequenzen, die sich aus dieser für die Kirche unbefriedigenden Gesetzeslage ergeben, sind nur dann erträglich, wenn dieser wichtigen Einrichtung der Gesetzesauftrag erteilt wird, für eine objektive Information zu sorgen und die Vielfalt der im öffentlichen Leben vertretenen Meinungen in angemessener Weise zu berücksichtigen[34].

Im *österreichischen* Rundfunkgesetz[35] werden in diesem Zusammenhang die Kirchen noch eigens erwähnt: „Bei der Planung des Gesamtprogrammes ist die Bedeutung der gesetzlich anerkannten Kirchen und Religionsgesellschaften angemessen zu berücksichtigen". In den *Hörfunkprogrammen* wird die Produktion und Koordination aller Hörfunksendungen aus dem Bereich der Religions- und Glaubensfragen sowie die Aufnahme und Übertragung von Gottesdiensten von einer eigenen Abteilung „Religion H 4" wahrgenommen[36]. Dabei werden, dem gesetzlichen Auftrag entsprechend, alle gesetzlich anerkannten Religionsgemeinschaften berücksichtigt. Für die *Fernsehprogramme* wurde die Dienststelle „Religion-F12" eingerichtet. Zu ihren Aufgaben zählen „Planung und Produktion von Programmen zur Berücksichtigung der gesetzlich anerkannten Kirchen und Religionsgesellschaften sowie Auswahl entsprechender Fremdprogramme". Dabei signalisiert „der Begriff Religion als Ressortbezeichnung die umfassende Berücksichtigung nicht nur aller christlichen Kirchen, sondern aller in Österreich anerkannten Religionsgemeinschaften, also auch der Juden und Moslems."

Daß dabei wiederum „nicht nur die durch diese Instituitionen gesetzten Ereignisse in ihrer gesellschaftlichen Relevanz, sondern auch die Glaubensinhalte zu berücksichtigen sind", legen die Programmrichtlinien des Österreichischen Rundfunks fest[37]. Während religiöse Sendungen mit reinem Informationscharakter vom Sender gestaltet werden, unterliegen Sendungen mit Verkündigungscharakter den kirchlichen Normen. Die hier dargestellte österreichische Lösung kann als Modell für eine gesetzliche Regelung angesehen werden, die der Kirche – trotz

[34] Österr. Rundfunkgesetz 1974, in: BGBl. Nr. 397/74. – Vgl. auch *K. Forster*, Kirchliche Präsenz in Hörfunk und Fernsehen. Orientierende Gesichtspunkte aus dem Selbstverständnis der Kirche, aus der Aufgabe gesellschaftlicher Kommunikation und aus den Verantwortungsstrukturen der Anstalten, in: Essener Gespräche zum Thema Staat und Kirche. Hrsg. von *J. Krautscheidt* u. *H. Marré*, Bd. 13, Münster 1978, S. 9–31; *K. Holzamer*, Positionen, Erfahrungen und Erwartungen im Verhältnis der Kirchen zu den öffentlich-rechtlichen Rundfunkanstalten in der Nachkriegsentwicklung, ebd. S. 55–67; *P. Lerche*, Die Kirchen und die neuen Entwicklungen im Rundfunkbereich – verfassungsrechtlich gesehen, ebd., S. 90–120. Siehe ferner *W. Schätzler*, Die Kirchen in der Bundesrepublik Deutschland angesichts der Neuen Medien – Die Vorstellungen und Projekte der katholischen Kirche, in: StraßbKoll, Bd. 5, 1983, S. 119–133.

[35] § 2 Abs. 3.

[36] Im Jahre 1983: 17914 Sendeminuten; vgl. ORF Almanach 1983, S. 102.

[37] Vgl. ORF Almanach 1983, S. 65.

Rundfunkmonopol – eine gewisse Präsenz in diesem Medium ermöglicht[38]. Die Bedeutung dieser Präsenz hängt nicht zuletzt davon ab, ob es der Kirche gelingt, qualitativ hochwertige Programme zu gestalten und in Sendungen, in denen menschliche Sinnfragen anklingen, die Antwort des Glaubens überzeugend zu verkünden.

§ 68 Der Religionsunterricht

Von Joseph Listl

I. Die Bestimmungen des Codex Iuris Canonici von 1983 über die Erteilung des schulischen Religionsunterrichts

1. Die Bestimmungen über den schulischen Religionsunterricht finden sich im CIC von 1983 in Buch III, das vom Verkündigungsdienst der Kirche handelt. Die grundlegende Aussage des CIC über Zielsetzung und Aufgabe des Religionsunterrichts enthält c. 761. Unter den verschiedenen Mitteln, die der Kirche zur Verkündigung der christlichen Lehre zur Verfügung stehen, nennt der CIC in c. 761 „vor allem" (imprimis) die Predigt (praedicatio) und den katechetischen Unterricht (catechetica institutio), denen immer der erste Platz zukommt, und im Anschluß daran die *Darlegung der Glaubenslehre in den Schulen* (propositio doctrinae in scholis), in Akademien, in Vorträgen und Veranstaltungen jeder Art, in öffentlichen Erklärungen, die von der zuständigen kirchlichen Autorität aus Anlaß bestimmter Ereignisse abgegeben werden, sowie durch die Presse und andere soziale Kommunikationsmittel. Dadurch, daß c. 761 in dem Abschnitt des Buches III steht, der die Überschrift „Der Dienst am Wort Gottes" (De divini verbi ministerio = cc. 756–780) trägt, bringt der kirchliche Gesetzgeber zum Ausdruck, daß auch der schulische Religionsunterricht *im Dienste der Glaubensverkündigung* zu stehen hat. Durch die deutliche Abhebung der Predigt und der katechetischen Unterweisung vom schulischen Religionsunterricht weist das kirchliche Gesetzbuch aber zugleich darauf hin, daß zwar beide, Katechese und schulischer Religionsunterricht, im Dienste der Verkündigung der christlichen Lehre stehen, daß sie diese Aufgabe aber auf je verschiedene Weise zu erfüllen haben. Entsprechend der in c. 761 vorgenommenen Unterscheidung der verschiedenen Mittel der Glaubensverkündigung werden die Predigt des Wortes Gottes (cc. 762–772) und

[38] Während bei der Zuteilung von Sendezeiten der zahlenmäßigen Stärke der katholischen Kirche Rechnung getragen wird, ist der institutionelle Einfluß der katholischen – sowohl im Vergleich zur evangelischen Kirche als auch zu *anderen* gesellschaftlich relevanten Kräften – zu gering. Die evangelische Kirche entsendet in die Hörer- und Sehervertretung – genauso wie die katholische – ein Mitglied. Insgesamt besteht die Hörer- und Sehervertretung aus 35 Mitgliedern (Rundfunkgesetz § 15).

der katechetische Unterricht (cc. 773–780) im einzelnen in dem Abschnitt über den Dienst am Wort Gottes behandelt[1].

Im CIC/1983 wird mit größerer Deutlichkeit, als dies im CIC/1917 der Fall war, zwischen der primär auf den unmittelbaren Glaubensvollzug und den Sakramentenempfang ausgerichteten Katechese und dem – ungeachtet seiner Aufgabe der Glaubensvermittlung und -vertiefung – in stärkerem Maße der religiösen und theologischen Wissensvermittlung dienenden und darüber hinaus auch der versetzungserheblichen Leistungsbewertung unterliegenden Religionsunterricht unterschieden.

2. Die Bestimmungen über den schulischen Religionsunterricht sind im Unterschied zur Predigt und zur katechetischen Unterweisung in dem Abschnitt über die *katholische Erziehung*, und hier *in dem Kapitel über die Schulen* enthalten (De scholis = cc. 796–806)[2]. Der CIC als Weltrecht kann in seinen Bestimmungen über den Religionsunterricht nicht auf konkrete nationale Schulsysteme Bezug nehmen. Das kirchliche Gesetzbuch muß sich auf grundsätzliche und generelle Aussagen zum Religionsunterricht beschränken. Als den aus der Sicht des kirchlichen Gesetzgebers wünschenswerten Idealfall betrachtet der CIC ein Schulsystem, in dem den Eltern eine Wahlmöglichkeit zwischen Schulen verschiedener religiös-weltanschaulicher Richtung geboten wird. Auf dieser Grundlage verpflichtet c. 798 im Sinne einer *generellen* Bestimmung die Eltern, ihre Kinder nur solchen Schulen anzuvertrauen, in denen ihre katholische Erziehung (educatio catholica) sichergestellt ist; für den Fall, daß der Besuch solcher Schulen nicht möglich ist, erklärt das kirchliche Gesetzbuch die Eltern für verpflichtet, dafür zu sorgen, daß die erforderliche katholische Erziehung ihrer Kinder außerhalb der Schule erfolgt.

3. Über den schulischen Religionsunterricht handelt im einzelnen c. 804. Danach untersteht die religiöse katholische Unterweisung und Erziehung (institutio et educatio religiosa catholica), soweit sie in Schulen jeder Art vermittelt oder durch die verschiedenen sozialen Kommunikationsmittel verbreitet wird, der Leitung und Bestimmung der kirchlichen Autorität. Die Kompetenz, auf diesem Gebiet allgemeine Normen zu erlassen, liegt bei der zuständigen Bischofskonferenz. Aufgabe des Diözesanbischofs ist es, die konkreten Anordnungen zu treffen und die Aufsicht über den Religionsunterricht zu führen (c. 804 § 1). Der Ortsoberhirte hat dafür zu sorgen, daß an den Schulen, und zwar auch an den nichtkatholischen Schulen, nur Religionslehrer angestellt werden, die sich durch rechtgläubige Lehre (recta doctrina), das Zeugnis ihres christlichen Lebens (vitae

[1] Vgl. hierzu im einzelnen in *diesem* Band, oben, *W. Aymans*, § 61 Begriff, Aufgabe und Träger des Lehramts; ferner ebd., *O. Stoffel*, § 62 Die Verkündigung in Predigt und Katechese. Das Zweite Vatikanische Konzil hat in Art. 44 CD bestimmt, daß ein Direktorium für die katechetische Unterweisung des christlichen Volkes herauszugeben ist, in dem die grundlegenden Prinzipien und die Ordnung des Unterrichts sowie die Ausarbeitung einschlägiger Bücher behandelt werden sollen. Dieser Auftrag des Konzils wurde durch die Publikation des von der Kongregation für die Kleriker erarbeiteten „Directorium catechisticum generale" vom 11. 4. 1971, in: AAS 64 (1972), S. 97–176, erfüllt.

[2] Vgl. hierzu in *diesem* Band, oben, *F. Pototschnig*, § 67 Das Bildungswesen.

christianae testimonio) und pädagogisches Geschick (arte paedagogica) auszeichnen (c. 804 § 2).

4. Mit nicht mehr zu überbietender Deutlichkeit bringt c. 805 zum Ausdruck, daß, wer immer auf der ganzen Welt katholischen Religionsunterricht erteilt, hierzu der kirchlichen Anerkennung oder Beauftragung bedarf. Nach c. 805 steht das Recht zur Ernennung oder Bestätigung (ius nominandi aut approbandi) von Religionslehrern für den Bereich seiner Diözese dem Ortsbischof zu. Dieser ist auch berechtigt, sofern Gründe der Religion oder der sittlichen Lebensführung dies erfordern, Religionslehrer abzuberufen oder ihre Abberufung zu verlangen[3].

5. Die Gesamtaussagen des CIC über den schulischen Religionsunterricht lassen sich somit dahingehend zusammenfassen, daß der Religionsunterricht in der Schule, ebenso wie die Predigt und die katechetische Unterweisung, eine *Form der Verkündigung der Lehre Christi* darstellt (c. 761) und deshalb der Bestimmung und Aufsicht der Kirche untersteht. Die Kompetenz, in den einzelnen Nationen allgemeine Bestimmungen über den Religionsunterricht zu treffen, liegt bei den zuständigen Bischofskonferenzen. Die Ausführung dieser Bestimmungen und die Beaufsichtigung des Religionsunterrichts obliegt dem zuständigen Diözesanbischof (c. 804 § 1). Für die in unmittelbarer kirchlicher Trägerschaft stehenden Schulen steht das Recht der Ernennung und erforderlichenfalls der Abberufung von Religionslehrern dem Diözesanbischof zu. Für andere Schulen, in denen Religionsunterricht erteilt wird, steht dem Diözesanbischof das Recht zu, die Religionslehrer kraft der von ihm zu erteilenden kirchlichen Lehrbeauftragung (Missio canonica) zu bestätigen und erforderlichenfalls durch Entzug der Missio canonica ihre Abberufung zu verlangen. Die Bestimmungen des CIC/1983 über den Religionsunterricht enthalten somit eindeutig die normative Aussage, daß der Religionsunterricht eine Form der *Glaubensverkündigung* darstellt. Daraus ergibt sich zwingend, daß der schulische Religionsunterricht *in Übereinstimmung mit der Glaubenslehre der Kirche und in deren Auftrag* zu erteilen ist. Hieraus folgt ferner, daß die glaubensmäßige Haltung und die sittliche Lebensführung der Religionslehrer mit der Glaubens- und Sittenlehre der Kirche im Einklang stehen müssen. Aus der Tatsache, daß der schulische Religionsunterricht eine Form der Glaubensverkündigung darstellt und aufgrund der genannten Anforderungen an die glaubensmäßige Haltung und die sittliche Lebensführung der Religionslehrer

[3] Cc. 804 und 805 entsprechen im wesentlichen den Bestimmungen des c. 1381 CIC/1917. In diesem Kanon wurde außerdem noch bestimmt, daß dem Ortsordinarius auch das Recht zusteht, Lehrbücher für den Religionsunterricht zu genehmigen und, für den Fall, daß Lehrbücher mit der Glaubens- und Sittenlehre der Kirche nicht im Einklang stehen, zu verlangen, daß diese aus dem Verkehr gezogen werden. Vgl. hierzu *J. Wenner*, Kirchliches Lehrapostolat in Wort und Schrift, 2. Aufl., Paderborn 1953, S. 62; ferner *Mörsdorf* Lb II, S. 429 ff. Katechismen und andere Bücher, sowie deren Übersetzungen, die zur Verwendung bei der katechetischen Unterweisung bestimmt sind, bedürfen zu ihrer Herausgabe der Genehmigung des Ortsoberhirten. Ebenso dürfen theologische Lehrbücher nur mit Genehmigung der zuständigen kirchlichen Autorität herausgegeben werden (c. 827 §§ 1, 2). Aufgabe der Bischofskonferenz ist es, erforderlichenfalls mit vorheriger Zustimmung des Apostolischen Stuhls Katechismen, die zum Gebrauch in ihrem gesamten Gebiet bestimmt sind, in ihrem Auftrag herauszubringen (c. 775 § 2).

ergibt sich ebenfalls zwingend, daß der Religionsunterricht nach den Bestimmungen des kirchlichen Gesetzbuchs auf *konfessioneller Basis* zu erteilen ist[3a].

II. Die Bestimmungen der staatlichen Rechtsordnung über den schulischen Religionsunterricht

Der als staatliche Unterrichtsveranstaltung erteilte schulische Religionsunterricht ist staatskirchenrechtlich eine „gemeinsame Angelegenheit von Staat und Kirche" im klassischen Sinn. Der Religionsunterricht unterliegt daher auch *staatlicher Normierung*, die in den Verfassungen, in Konkordaten und zahlreichen gesetzlichen Bestimmungen Ausdruck gefunden hat. Die Erteilung des Religionsunterrichts muß daher nicht nur im Einklang mit den kirchlichen Bestimmungen erfolgen, sondern auch im Hinblick auf die Bestimmungen der staatlichen Rechtsordnung „verfassungs- und gesetzeskonform" sein[4]. Dies bedeutet, wie *Willi Geiger* und *Hans Maier* bei den Verhandlungen der Gemeinsamen Synode der Bistümer in der Bundesrepublik Deutschland in Würzburg zu Recht mit Nachdruck betont haben, daß der Religionsunterricht so konzipiert und ausgestaltet sein muß, daß er sich im Rahmen der verfassungsrechtlichen Vorschriften hält und die Grundwertentscheidungen über den Religionsunterricht, die sich in Verfassungen, Konkordaten und anderen gesetzlichen Bestimmungen finden, respektiert. Andernfalls bestünde die Gefahr, daß der schulische Religionsunterricht den staatlichen Schutz der Verfassung verlöre und „rechtlich schutzlos" würde[5].

[3a] Die Bayerische Bischofskonferenz hat durch Beschluß vom 15. März 1983 (nicht veröffentlicht) zu einer Regelung ihr Einverständnis erteilt, wonach den katholischen Schülern hinsichtlich der Teilnahme am Religionsunterricht ungetaufte Schüler gleichgestellt werden sollen, die von der Kirche als Taufbewerber (Katechumenen) anerkannt sind. Dagegen haben ungetaufte Schüler, die nicht von der Kirche als Taufbewerber anerkannt sind, keinen Rechtsanspruch auf Teilnahme am schulischen katholischen Religionsunterricht als ordentlichem Lehrfach. Diese Regelung gilt vom Schuljahr 1983/1984 an auf drei Jahre ad experimentum.

In Bayern können vom Beginn des Schuljahres 1983/1984 an Schüler, die keiner Religionsgemeinschaft angehören oder für deren Religionsgemeinschaft Religionsunterricht als ordentliches Lehrfach für die betreffende Schulart an öffentlichen Schulen nicht eingerichtet ist, auf Antrag der Erziehungsberechtigten bzw. des volljährigen Schülers und mit Zustimmung der zuständigen Stelle der betreffenden Kirche oder Religionsgemeinschaft, für deren Bekenntnis Religionsunterricht eingerichtet ist, am Religionsunterricht dieses Bekenntnisses als Pflichtfach nach Maßgabe der Schuldordnungen für die einzelnen Schularten teilnehmen. Vgl. hierzu die Bekanntmachung des Bayerischen Staatsministeriums für Unterricht und Kultus vom 19. 8. 1983 (Nr. A/1 – 8/86 838), abgedr. u. a. in: DiözBl. Würzburg 129 (1983), S. 249.

[4] Kardinal *J. Höffner*, Inkraftsetzung des Synodenbeschlusses „Der Religionsunterricht in der Schule", in: ABl. Köln 1981, S. 70.

[5] *W. Geiger*, in: Protokoll der Verhandlungen der IV. Vollversammlung der Gemeinsamen Synode der Bistümer in der Bundesrepublik Deutschland vom 21.–23. 11. 1973, S. 151 f.; *ders.*, in: Protokoll der VI. Vollversammlung vom 20.–24. 11. 1974, S. 100; *H. Maier*, ebd., S. 96.

1. Der Religionsunterricht in den Ländern der Bundesrepublik Deutschland

In den Ländern der Bundesrepublik Deutschland ist nach Art. 7 Abs. 3 GG mit Ausnahme von Bremen (sog. „Bremer Klausel" – Art. 141 GG) der Religionsunterricht in den öffentlichen Schulen mit Ausnahme der bekenntnisfreien Schulen auf *konfessioneller Grundlage*, d. h. im Sinne einer Homogenität von Lehre, Lehrern und Schülern, als *ordentliches Lehrfach* in Übereinstimmung mit den Grundsätzen der Religionsgemeinschaften zu erteilen. Der Religionsunterricht ist grundsätzlich Pflichtfach mit der Möglichkeit der Abmeldung. Kein Lehrer darf gegen seinen Willen verpflichtet werden, Religionsunterricht zu erteilen. Die Teilnahme am und die Erteilung des Religionsunterrichts sind damit letztlich der Gewissensentscheidung des einzelnen überlassen. Die Abmeldung vom Religionsunterricht erfolgt ohne Angabe eines Grundes bis zum Zeitpunkt der Religionsmündigkeit eines Schülers durch die Eltern oder Erziehungsberechtigten, bei religionsmündigen Schülern durch diese selbst. Einige Landesverfassungen gewährleisten den Kirchen auch ausdrücklich das Recht zur Festlegung der Lehrpläne, zur Genehmigung der Lehrbücher und zur Einsichtnahme in den Religionsunterricht. Aus der verfassungsrechtlichen Garantie des Religionsunterrichts als eines „ordentlichen Lehrfachs" folgt, daß der Religionsunterricht ebenso wie die übrigen Fächer staatliche Unterrichtsveranstaltung ist. Dies bedeutet, daß für die Personal- und Sachmittel der Schulträger aufzukommen hat[6].

2. Der Religionsunterricht in Österreich

Für Österreich beruht die rechtliche Stellung des katholischen Religionsunterrichts auf Art. 17 Abs. 6 StGG vom 21. 12. 1867 (RGBl. Nr. 142), wonach für den Religionsunterricht in den Schulen von der betreffenden Kirche Sorge zu tragen ist; ferner auf dem Gesetz vom 25. 5. 1868 (RGBl. Nr. 48), wodurch grundsätzliche Bestimmungen über das Verhältnis der Schule zur Kirche erlassen worden sind (SKG), sowie auf dem Vertrag (sog. Schulvertrag) vom 9. 7. 1962 (BGBl. Nr. 273) zwischen dem Heiligen Stuhl und der Republik Österreich zur Regelung von mit dem Schulwesen zusammenhängenden Fragen samt Schlußprotokoll i.d.F. des Zusatzvertrags vom 8. 3. 1971 (BGBl. Nr. 289/1972) samt Protokoll. Nach Art. I § 1 Abs. 1 dieses Vertrags hat die Kirche das Recht, den katholischen Schülern an allen

[6] Vgl. hierzu in *diesem* Band, unten, *J. Listl*, § 113 Das Verhältnis von Kirche und Staat in der Bundesrepublik Deutschland, IV 1; *Chr. Link*, Religionsunterricht, in: HdbStKirchR II, Berlin 1975, S. 503–546; *ders.*, Religionsunterricht im pluralistischen Staat, in: *A. Exeler* (Hrsg.), Umstrittenes Lehrfach: Religion, Düsseldorf 1976, S. 21–45; *E. Friesenhahn*, Religionsunterricht und Verfassung, in: Essener Gespräche zum Thema Staat und Kirche, Bd. 5, Münster 1971, S. 67–88; *R. Schmoeckel*, Der Religionsunterricht. Die rechtliche Regelung nach Grundgesetz und Landesgesetzgebung, Berlin-Spandau und Neuwied 1964. Zur Problematik der Konfessionalität des Religionsunterrichts vgl. *J. Listl* (Hrsg.), Der Religionsunterricht als bekenntnisgebundenes Lehrfach. Sechs Rechtsgutachten von Chr. Link und A. Pahlke, J. Listl, U. Scheuner, A. Hollerbach zur Frage der Möglichkeit der Teilnahme von Schülern am Religionsunterricht einer anderen Konfession (= Staatskirchenrechtliche Abhandlungen, Bd. 15), Berlin 1983.

öffentlichen und mit Öffentlichkeitsrecht ausgestatteten Schulen Religionsunterricht zu erteilen[7].

Die Einzelheiten über die Erteilung des Religionsunterrichts regelt das Bundesgesetz vom 13. 7. 1949 (BGBl. Nr. 190) betreffend den Religionsunterricht in der Schule (Religionsunterrichtsgesetz – RUG) i.d.F. der Novellen 1957 (BGBl. Nr. 185), 1962 (BGBl. Nr. 243) und 1975 (BGBl. Nr. 234). Nach § 1 Abs. 1 RUG ist der Religionsunterricht ihres Bekenntnisses für alle Schüler, die einer gesetzlich anerkannten Kirche oder Religionsgesellschaft angehören, *Pflichtfach* an den öffentlichen und den (im einzelnen aufgezählten) mit Öffentlichkeitsrecht ausgestatteten Schulen[8]. Die Eltern haben das Recht, aus Gewissensgründen ihre Kinder zu Beginn eines Schuljahres von der Teilnahme am Religionsunterricht abzumelden. Mit Vollendung des 14. Lebensjahres steht das Recht der Abmeldung den Schülern selbst zu. Besorgt, geleitet und unmittelbar beaufsichtigt wird der Religionsunterricht von den Religionsgesellschaften. Die Religionslehrer werden vom Staat besoldet. Die Lehrpläne und Lehrbücher werden von der Österreichischen Bischofskonferenz oder von den Leitungen der gesetzlich anerkannten Religionsgesellschaften für ganz Österreich einheitlich und verpflichtend festgelegt[9].

3. *Der Religionsunterricht in der Schweiz*

Nach Art. 27 BV bestimmen in der Schweiz die einzelnen Kantone die Art des Religionsunterrichts in der Schule. Entsprechend der jeweiligen religiösen und kirchenpolitischen Struktur und Tradition der einzelnen Kantone sind deshalb die Bestimmungen über den Religionsunterricht außerordentlich verschieden. Im Ergebnis „gibt es so viele Gestaltungsformen, wie sich Kantone finden"[10]. Verschiedene Kantone verlangen in Schulgesetzen, Reglementen und Grundsatzartikeln, daß die Schulen in christlichem Geist geführt werden. In einzelnen Kantonen finden sich „mehr oder minder öffentliche konfessionelle Schulen"[11].

In den Kantonen Appenzell I.Rh., Freiburg, Graubünden, Luzern, Nidwalden, Obwalden, St. Gallen, Schwyz, Solothurn, Tessin, Uri und Wallis wird *konfessioneller* Religionsunterricht erteilt; in den Kantonen Aargau, Appenzell A.Rh., Basel-Landschaft, Basel-Stadt, Bern, Glarus, Schaffhausen, Thurgau, Waadt, Zürich und Zug wird *gemeinsamer Unterricht in Biblischer Geschichte* erteilt; eine Reihe dieser Kantone sieht in ihren Schulgesetzen zusätzlich auch noch die

[7] Vgl. hierzu in *diesem* Band, unten, *H. Klecatsky*, § 115 Das Verhältnis von Kirche und Staat in der Republik Österreich, V 3 m.w.N.; ferner *H. Schwendenwein*, Religion in der Schule. Rechtsgrundlagen, Graz-Wien-Köln 1980, S. 84, 89ff., 97ff.

[8] *Schwendenwein*, ebd., S. 18; *H. Klecatsky/H. Weiler*, Österreichisches Staatskirchenrecht, Wien 1958, mit umfangreichen Angaben der österreichischen Gesetzgebung zum Religionsunterricht.

[9] Einzelheiten bei *Klecatsky*, Das Verhältnis (Anm. 7), V 3.

[10] *J. E. Fuchs*, Zum Verhältnis von Kirche und Staat in der Schweiz, in: Essener Gespräche zum Thema Staat und Kirche, Bd. 5, Münster 1971, S. 164.

[11] *L. Carlen*, in *diesem* Band, unten, § 116 Das Verhältnis von Kirche und Staat in der Schweiz, IV 2 b.

Möglichkeit der Erteilung eines konfessionellen Religionsunterrichts vor. In den Kantonen Genf und Neuenburg, in denen strenge Trennung zwischen Staat und Kirche herrscht, wird kein schulischer Religionsunterricht erteilt. Diese Kantone stellen den Kirchen lediglich die Räumlichkeiten der Schulgebäude zur Erteilung eines ausschließlich in kirchlicher Verantwortung stehenden Religions- oder Katechismusunterrichts zur Verfügung[12].

III. Das innerkirchlich-theologisch-pädagogische Verständnis des katholischen schulischen Religionsunterrichts

1. *Der Religionsunterricht als schulisches Fach*

Die Situation auf dem Gebiete des katholischen Religionsunterrichts in der Zeit seit dem Zweiten Weltkrieg ist dadurch gekennzeichnet, daß sich verschiedene, jeweils mit einem gewissen Ausschließlichkeitsanspruch auftretende religionspädagogisch-theologische Grundkonzeptionen über den Religionsunterricht nacheinander abgelöst haben.

Zunächst ist hier die *kerygmatische Konzeption des Religionsunterrichts*[13] zu nennen. Sie war durch die liturgisch-kerygmatische Bewegung getragen (*Franz Xaver Arnold; Josef Andreas Jungmann* u. a.), reichte bis in die dreißiger Jahre zurück und war bis in die sechziger Jahre von Bedeutung (vgl. den im Jahre 1967 erschienenen „Rahmenplan für die Glaubensunterweisung"). Unter dem Einfluß einer breit angelegten Verkündigungstheologie wurde der Religionsunterricht weithin als kirchliche Katechese im Raum der öffentlichen Schule, nach einer weithin gängigen Kurzformel als „Kirche in der Schule", verstanden.

Nach diesem kerygmatischen Konzept war der Religionsunterricht seinem Selbstverständnis nach *Glaubensunterweisung*, deren Ziel die Ermöglichung einer gläubigen Existenz des Schülers war. Dieser sollte als Getaufter durch die Glaubensunterweisung zur Umkehr angehalten werden und in einer liturgisch-

[12] Vgl. hierzu die detaillierten Angaben bei *W. K. Bräm*, Religionsunterricht als Rechtsproblem im Rahmen der Ordnung von Kirche und Staat. Unter besonderer Berücksichtigung der Schulgesetzgebung in den Kantonen und der Unterrichtsordnungen der evangelisch-reformierten Kirchen der Schweiz, Zürich 1978, S. 107–300. Über die frühere Rechtslage in der Schweiz s. *G. Thürlimann*, Der Religionsunterricht im schweizerischen Staatsrecht, Jur. Diss. Freiburg i. Ü., Olten 1921. Ein Vergleich dieser beiden Arbeiten zeigt, daß das Staatskirchenrecht der Schweiz auf dem Gebiete des Schulwesens während der vergangenen sechzig Jahre von einem bedeutsamen Abbau der Staatskirchenhoheit gekennzeichnet ist. Dieser Prozeß ist nach wie vor im Fluß und noch keineswegs abgeschlossen.

[13] *K. Wegenast*, Herkömmliche und gegenwärtige Grundtypen einer Theorie, in: *E. Feifel/R. Leuenberger/G. Stachel/K. Wegenast* (Hrsg.), Handbuch der Religionspädagogik, Bd. 1, Gütersloh/Zürich-Einsiedeln-Köln 1973, S. 264–268; *F. Weidmann*, Religionsunterricht in Vergangenheit und Gegenwart, in: *ders.* (Hrsg.), Didaktik des Religionsunterrichts, 2. Aufl., Donauwörth, 1982, S. 32–34; *G. Miller*, Geschichte ist Gegenwart – religionspädagogische Konzeptionen der letzten 50 Jahre, in: Kat.Bl. 102 (1977), S. 913–918. *A. Exeler*, Religionsunterricht zwischen Slogans und notwendigem Wandel, in: *ders.* (Hrsg.), Umstrittenes Lehrfach (Anm. 6), S. 95–117, bes. S. 100–104.

mystagogischen und einer heilsgeschichtlichen Konzentration der Unterrichtsstoffe zur lebendigen Begegnung mit Christus geführt und durch diesen Lernprozeß zum aktiven Mitglied der kirchlichen Ortsgemeinde werden.

Aus dem verbreiteten Unbehagen an einer derartigen kerygmatisch-katechetischen Grundkonzeption entstand gegen Ende der fünfziger und im Verlaufe der sechziger Jahre das Modell des *hermeneutischen Religionsunterrichts*[14]. Es entstand aus der Forderung nach einer schultheoretischen Verankerung des Faches Religion. Nach diesem Verständnis hat die Schule den Bildungsauftrag, durch Auslegen von Überlieferung zum Verstehen der gegenwärtigen Welt zu führen. Da das Christentum jedoch für den gesamten abendländischen Kulturkreis von größter Bedeutung war und ist, hat die Schule den Heranwachsenden auch mit dem Christentum und dem christlichen Glauben vertraut zu machen.

Das tradierte Glaubensverständnis ist daraufhin zu befragen, wie es in den Denk- und Sprachhorizont des heutigen Menschen hineingesprochen werden kann und was es eigentlich besagen will. Biblische Texte und Glaubenssätze werden demnach nur dann auf die rechte Weise verstanden, wenn sie auf die Existenz des Schülers ausgelegt werden. Ein Religionsunterricht dieser Art war seinem Selbstverständnis nach weniger Verkündigung, sondern vielmehr Auslegung und Interpretation.

Dieses hermeneutische Grundkonzept ließ jedoch gegenüber den Erfahrungsfeldern und den Erwartungen der Schüler sowie gegenüber der Problemstruktur der Gesellschaft eine gewisse Ferne erkennen. Deshalb wurde gegen Ende der sechziger und zu Anfang der siebziger Jahre der thematisch-*problemorientierte Religionsunterricht*[15] konzipiert. In ihm wurde die „Mittelpunktstellung" der Bibel kritisiert, da die Frage nach Gott, dem Heil und der Rechtfertigung „im Kontext der geschichtlichen Welt und der Lebenswirklichkeit sowie im Dialog mit dem Welt- und Selbstverständnis der heute lebenden Menschen" gesehen werden müsse[16]. Neben dem Moment der Tradition (Bibel) wurde ein Religionsunterricht gefordert, der sich als „Unterricht über das Christentum und das Menschsein in der Gegenwart" versteht[17]. Solcher Unterricht sollte die menschliche Existenz und die mit ihr verbundenen Fragen, Probleme und Situationen im Lichte der Tradition erhellen.

Obwohl dieser Unterricht bezüglich der pädagogischen Verantwortung Vorteile erkennen läßt, zeigte er doch mitunter Tendenzen, daß sich Religionsunterricht weitgehend nur in der Behandlung mikro- und makrosozialer Lebensfragen und Probleme erschöpfte. Die Frage nach dem Eigentlichen und Spezifischen des

[14] *M. Stallmann*, Christentum und Schule, Stuttgart 1958; *G. Bockwoldt*, Religionspädagogik – eine Problemgeschichte, Stuttgart 1977, S. 79–85; *Wegenast*, Herkömmliche Grundtypen (Anm. 13), S. 268–275; *Weidmann*, Religionsunterricht (Anm. 13), S. 35–37.

[15] *Bockwoldt*, Religionspädagogik (Anm. 14), S. 93–100; *Wegenast*, Herkömmliche Grundtypen (Anm. 13), S. 270–276; *Weidmann*, Religionsunterricht (Anm. 13), S. 37–39.

[16] *H. B. Kaufmann*, Muß die Bibel im Mittelpunkt des Religionsunterrichts stehen?, in: *G. Otto/H. Stock* (Hrsg.), Schule und Kirche vor den Aufgaben der Erziehung, Hamburg 1968, S. 80.

[17] *K. E. Nipkow*, Schule und Religionsunterricht im Wandel, Heidelberg/Düsseldorf 1971, S. 236–263.

Religionsunterrichts wurde daher seitens der Kirche, der Eltern, der Lehrer – und auch der Schüler – mit zunehmender Nachdrücklichkeit gestellt. Die Überbetonung dieses sog. situativen Ansatzes führte nicht selten zu erheblichen Abgrenzungsschwierigkeiten mit Fächern wie Deutsch, Sozialkunde und Ethik[18].

Diese Tendenz wurde noch durch eine dezidierte Gegenüberstellung und nicht selten Entgegensetzung von schulischem Religionsunterricht und Gemeindekatechese verschärft. Nach diesen Vorstellungen setzte die Gemeindekatechese den Glauben voraus, der schulische Religionsunterricht dagegen nicht. Der Religionsunterricht sollte zu kritischem Denken hinführen, die Katechese wurde demgegenüber vielfach als unkritische und konformistisch „indoktrinierende" Glaubensunterweisung hingestellt. Die Katechese hatte nach diesen Vorstellungen die Kirche zum Subjekt, der Religionsunterricht dagegen zum Objekt[19]. Hierbei wurde die grundlegende Tatsache verkannt, daß Religionsunterricht und Katechese lediglich verschieden strukturierte Lernprozesse sind und daß durch diese Struktur des Lernprozesses *keine apriorische Unterscheidung über mögliche Lehrinhalte* bedingt ist[20]. Ferner wurde von vielen Religionspädagogen die Auffassung vertreten, daß der Religionsunterricht als schulische Veranstaltung „im Unterschied zur Predigt und Katechese nicht Glaubensverkündigung, sondern *Information*, d. h. Wissensvermittlung", zu sein habe. Gleichzeitig wurde aber erklärt, daß Information und Verkündigung im schulischen Bereich keine sich ausschließenden Alternativen darstellten, da sachgerechte Information über die Offenbarung nur da vorliegen könne, wo ihr Anspruch nicht verschwiegen werde, so daß eine richtige Information die Möglichkeit der Verkündigung impliziere[21]. Dabei wurde jedoch übersehen, daß auch die Katechese, wie die nunmehr bald zweitausendjährige Tradition der Kirche lehrt, nur als „Einheit von Information und Bekenntnis" erfolgen kann[22].

Vielfach wurde bei den religionspädagogischen Erörterungen über die Zielsetzung und den Sinn des Religionsunterrichts und auch bei dessen Erteilung außer acht gelassen, daß der Religionsunterricht *ordentliches Lehrfach*, d. h. eine im strengen Sinne schulische Veranstaltung ist und sein muß, die, ebenso wie die übrigen Fächer, der Notengebung und Leistungsbemessung unterliegt, bei der aber – im Unterschied zu den übrigen Schulfächern – Information und Verkündigung in ein ausgewogenes Verhältnis gebracht werden müssen, so daß das Fach Religion vor der *Kirche* genauso bestehen kann wie vor der *Schule*, die in staatlichem Auftrag handelt. Dadurch hebt sich der Religionsunterricht deutlich von Fächern

[18] *G. Baudler*, Situativer Ansatz und überlieferter Glaube. Thesen zu Grundfragen des Religionsunterrichts heute, in: IKZ Communio 5 (1976), S. 300.

[19] Vgl. hierzu das Arbeitspapier „Das katechetische Wirken der Kirche", in: Gemeinsame Synode. Gesamtausgabe II, S. 52f.

[20] So zutreffend *G. Baudler*, Schulischer Religionsunterricht und kirchliche Katechese, Düsseldorf 1973, S. 182 und 187.

[21] In diesem Sinne *P. Schladoth*, Der Religionsunterricht in den öffentlichen Schulen aus der Sicht des katholischen Religionspädagogen, in: Essener Gespräche zum Thema Staat und Kirche, Bd. 5, Münster 1971, S. 48f. Dazu *Bockwoldt*, Religionspädagogik (Anm. 14), S. 92f.

[22] *H. U. von Balthasar*, Gründet Katechese auf Glauben und/oder Theologie?, in: IKZ Communio 12 (1983), S. 6.

wie Deutsch, Sozialkunde und Ethik ab. Der Religionsunterricht muß im Unterschied zu diesen Fächern eindeutig dartun, daß er in der Offenbarung gründet und Mensch und Welt in ihrem Bezug zu Jesus Christus im Lichte des kirchlichen Glaubens und Lebens aufzeigt[23]. In der Gegenwart ist die bereits in der zweiten Hälfte der siebziger Jahre auf dem Gebiete des Religionsunterrichts in Umrissen feststellbare „neue Konsensbildung"[24] weiter fortgeschritten. Im Sinne einer als positiv zu bewertenden Integration der genannten religionspädagogischen Konzeptionen des Religionsunterrichts wird auch der kirchliche Verkündigungsauftrag im Rahmen des Religionsunterrichts wieder deutlicher erkannt, herausgestellt und bejaht. Die einseitige Entgegensetzung und falsche Dichotomie zwischen schulischem Religionsunterricht und kirchlicher Katechese wurde in vieler Hinsicht relativiert[25].

2. Die Ziele des Religionsunterrichts in den Stellungnahmen der Deutschen Bischofskonferenz

Im Zuge der Abkehr von der biblisch-kerygmatischen Konzeption des Religionsunterrichts in der zweiten Hälfte der sechziger Jahre wurde das Verständnis des Religionsunterrichts als einer Form der Glaubensverkündigung vielfach in Frage gestellt und eine neue Rechtfertigung des Religionsunterrichts *im Rahmen der Schule* gesucht. Damals sah sich die Deutsche Bischofskonferenz vor die Notwendigkeit gestellt, ihrerseits grundsätzliche Aussagen über Zielsetzung und Sinngebung des Religionsunterrichts zu machen.

a) In der kurzen „Erklärung der Deutschen Bischofskonferenz zum Religionsunterricht" vom 22. 12. 1969, in der eine Begründung des Religionsunterrichts von der Schule her versucht wurde[26], stellten die Bischöfe fest, daß die *Schule* von ihrem Bildungsauftrag und ihrer Zielsetzung her nicht auf den wesentlichen Beitrag verzichten könne, den der Religionsunterricht zu leisten habe. Im Religionsunterricht als schulischer Veranstaltung solle eine sachbezogene Darlegung des Glaubens erfolgen, die zu einer existentiellen Auseinandersetzung mit den Grundfragen des Lebens in der heutigen Gesellschaft und Welt hinführen solle. An der strikten Konfessionalität hielten die Bischöfe fest. Sie begründeten dieses Postulat theologisch damit, daß der christliche Glaube in der konkreten Kirche gelebt werde; aus diesem Grunde müsse der Religionsunterricht „grundsätzlich auf konfessioneller Basis, also für die katholischen Schüler und Schülerinnen vom katholischen Religionslehrer" erteilt werden. Die Deutsche Bischofskonferenz wies hierbei auch auf die Tatsache hin, daß der Religionsunterricht als Schulfach

[23] *J. Duschl*, Erfahrungsbericht eines Ministerialbeauftragten über den Religionsunterricht an Gymnasien heute, in : IKZ Communio 5 (1976), S. 341 f.

[24] In diesem Sinne *Manfred Müller*, Der Religionsunterricht aus der Sicht des bischöflichen Amtes, in: IKZ Communio 5 (1976), S. 299.

[25] *A. Assel*, „Miteinander glauben lernen ...". Plädoyer für einen „kooperativen Ansatz" der Glaubensweitergabe, in: IKZ Communio 12 (1983), S. 20.

[26] Abgedr. in den Amtsblättern der deutschen Diözesen; ferner bei *A. Läpple*, Der Religionsunterricht 1945–1975. Dokumentation eines Weges, Aschaffenburg 1975, S. 129.

gleichzeitig für gläubige, im Glauben angefochtene und vielleicht sogar für ungläubige Schüler erteilt werden müsse und erklärte über die Zielsetzung des Religionsunterrichts wörtlich: „Dieser muß den gläubigen Schülern helfen, tiefer in den Glauben einzudringen, und den anderen die Begegnung mit der Botschaft Christi ermöglichen"[27].

b) In der Erklärung der Vollversammlung der Deutschen Bischofskonferenz vom 22./23. 11. 1972 über die Zielsetzung und Aufgaben des katholischen Religionsunterrichts vertieften die Bischöfe ihre Aussagen vom 22. 12. 1969. Über die Zielsetzung des Religionsunterrichts heißt es in dieser Erklärung, in der wiederum auf die unterschiedliche Einstellung der gläubigen und der im Glauben angefochtenen Schüler gegenüber dem Religionsunterricht hingewiesen wird, daß der Religionsunterricht dem gläubigen Schüler helfe, sich bewußter für diesen Glauben zu entscheiden und damit auch der Gefahr religiöser Unreife und Gleichgültigkeit zu entgehen. Dem suchenden und im Glauben angefochtenen Schüler biete der Religionsunterricht die Möglichkeit, die Antworten der Kirche auf seine Fragen kennenzulernen und sich mit ihnen auseinanderzusetzen. Aus dieser Zielrichtung ergeben sich folgende Aufgaben des Religionsunterrichts:

(1) „Er weckt und reflektiert die Frage nach Gott, nach der Deutung der Welt, nach dem Sinn und Wert des Lebens und nach den Normen für das Handeln des Menschen.

(2) Er ermöglicht eine Antwort aus der Offenbarung und aus dem Glauben der Kirche.

(3) Er befähigt zu persönlicher Entscheidung in Auseinandersetzung mit Konfessionen und Religionen, mit Weltanschauungen und Ideologien und fördert Verständnis und Toleranz gegenüber der Entscheidung anderer.

(4) Er motiviert zu religiösem Leben und zu verantwortlichem Handeln in Kirche und Gesellschaft"[28].

3. Der Synodenbeschluß „Der Religionsunterricht in der Schule"

Die Gemeinsame Synode der Bistümer in der Bundesrepublik Deutschland in Würzburg (3. 1. 1971–22. 11. 1975) hat sich in dem Synodenbeschluß „Der Religionsunterricht in der Schule" intensiv und ausführlich mit den Problemen des schulischen Religionsunterrichts, wie sie sich damals vor allem in den mittleren und oberen Klassen der höheren Schulen gestellt haben, auseinandergesetzt[29]. Die

[27] Erklärung der Deutschen Bischofskonferenz, abgedr. bei *Läpple*, ebd. Am 17. 12. 1970 wurde eine im Auftrag der Deutschen Bischofskonferenz von der Sonderkommission für Fragen des Religionsunterrichts in der Schule erarbeitete Erklärung zum Religionsunterricht veröffentlicht, in der der Religionsunterricht in besonders markanter Weise von seinen schulpädagogischen Zielen her begründet wurde. Die Zeitbedingtheit dieser Erklärung ist besonders auffallend. Die Erklärung ist u. a. abgedr. bei *Läpple*, Der Religionsunterricht (Anm. 26), S. 156f.

[28] Abgedr. in den Amtsblättern der deutschen Diözesen; ferner bei *Läpple*, Der Religionsunterricht (Anm. 26), S. 156f.

[29] Vgl. den Wortlaut dieses Beschlusses mit einer Einleitung von *L. Volz*, in: Gemeinsame Synode. Gesamtausgabe I, S. 113–152.

Synode sah sich vor die Aufgabe gestellt, den Religionsunterricht als *notwendigen Bestandteil des schulischen Fächerkanons* zu begründen und seine Zielsetzung und seine Sinngebung deutlich zu umschreiben. In den Synodenbeschluß über den Religionsunterricht sind wesentliche Elemente der Erklärungen der Deutschen Bischofskonferenz über den Religionsunterricht von 1969 und 1972 eingegangen. Wie darin ausgeführt wird, liegt der Religionsunterricht in der Schnittlinie zwischen pädagogischen und theologischen Begründungen, d. h. er kann und muß sowohl von der *Schule* als auch von der *Kirche* her begründet werden. Die Schule führt in die kulturgeschichtlichen, anthropologischen und gesellschaftlichen Zusammenhänge ein. Theologisch findet der katholische Religionsunterricht seine spezifische Begründung im christlichen Glauben. Dieser weiß sich gebunden an die geschichtliche Offenbarung Gottes. Für den Religionsunterricht bedeutet das den Bezug auf die Heilige Schrift und die Entfaltung der Frohen Botschaft im Glauben und im Leben der Kirche. Die Schüler sollen sich mit der christlichen Verkündigung auseinandersetzen und deren biblische Grundlage und geschichtliche Entfaltung in der Kirche kennenlernen. Der katholische Religionsunterricht ist zu erteilen in konfessioneller Gebundenheit, aber nicht in konfessionalistischer Enge. Von seinem Wesen her hat es der Religionsunterricht mit Konfession, d. h. mit dem Bekenntnis zu tun. Der in der Gemeinschaft bezeugte Glaube umfaßt dabei Dogma und Credo, den Vollzug liturgischer Formen und den gelebten Glauben in Erfüllung des göttlichen Willens. Seiner Gesinnung nach ist der Religionsunterricht ökumenisch. Er wird erteilt aufgrund kirchlicher Lehrbeauftragung[30].

Wie sehr der Synodenbeschluß von zeitgebundenen religionspädagogischen Leitvorstellungen mitbeeinflußt ist, beweist z. B. die ausdrückliche Erklärung, daß der Religionsunterricht „nicht primär einer systematischen Stoffvermittlung" diene. Hierbei klingen Aversionen gegen die in früherer Zeit als Unterrichtsgrundlage für den Religionsunterricht dienenden Katechismen an. Nach dem Wunsche der Synode soll sich der Religionsunterricht vielmehr – „den Ansätzen moderner Didaktik gemäß" – auf die Situation der Schüler beziehen, sich ihren Fragen stellen, ihren Problemen nachgehen und Erfahrungen zu vermitteln suchen. Selbstverständlich müsse er, wie jedes Schulfach, einen „überprüfbaren Wissenszuwachs erbringen"[31]. Der Synodenbeschluß über den Religionsunterricht in der Schule, der nach langen Erörterungen mit einer Mehrheit von 223 von insgesamt 240 abgegebenen Stimmen angenommen wurde, hat auf dem Gebiete des Religionsunterrichts in starkem Maße konsensbildend gewirkt und in vieler Hinsicht die vorher bestehende Unsicherheit über die Zielsetzungen und das Grundverständnis des Religionsunterrichts beseitigt[32].

Dennoch ist eine Reihe von Schwächen des Synodenbeschlusses nicht zu übersehen. Verschiedene Mängel, die seiner Urfassung angehaftet haben, wurden bei den langen Erörterungen in zwei Vollversammlungen der Synode beseitigt oder

[30] Gemeinsame Synode. Gesamtausgabe I, bes. S. 143f., 150f.
[31] Gemeinsame Synode. Gesamtausgabe I, S. 151.
[32] Hierauf verweist nachdrücklich *Müller*, Der Religionsunterricht (Anm. 24), S. 290.

doch gemildert. In mancher Hinsicht waren diesen Bemühungen jedoch nur Teilerfolge beschieden. Auf der Synode wurde an der Vorlage insbesondere kritisiert, daß sie sich ausschließlich am Konzept eines Religionsunterrichts in der Oberstufe der höheren Schulen orientiere und z. B. die unteren Klassen der Grundschule außer Betracht lasse[33]. Ferner wurde festgestellt, daß der Beschluß einseitig religionspädagogisch motiviert sei. Die Leistungsbewertung war ursprünglich nicht einmal erwähnt. Auf das „Normengefüge" der Kirche in den Bestimmungen der cc. 1373 bis 1382 CIC/1917 sei mit keinem Wort hingewiesen worden[34]. Die „Verankerung des Religionsunterrichts im Verfassungsrecht" *(Hans Maier)* fehlte ursprünglich völlig. Es kam nicht hinreichend zum Ausdruck, daß der Religionsunterricht in Übereinstimmung mit den Grundsätzen des jeweiligen Bekenntnisses zu erteilen ist. Die Stellung des Religionsunterrichts zum Dogma und zur katholischen Glaubenslehre gelange nicht mit der erforderlichen Deutlichkeit zum Ausdruck. Hinter der Vorlage stünde ein „Trauma", nämlich die große Zahl der Abmeldungen vom Religionsunterricht, die zu Beginn der siebziger Jahre in der Oberstufe der höheren Schule festzustellen war. Der Vorlage hafte etwas von dem Bedürfnis an, die Existenz des Religionsunterrichts und die Existenz des Religionslehrers nach allen Seiten zu rechtfertigen"[35]. Erst aufgrund der Kritik, die gegen die Vorlage bei den Verhandlungen auf der VI. Vollversammlung der Synode von verschiedenen Seiten vorgetragen wurde, gelang es schließlich, zahlreiche gravierende Mängel zu beseitigen und einen Konsens über diese bedeutsame Synodenvorlage zu erreichen.

Es darf keineswegs verkannt und übersehen werden, daß dem Religionsunterricht, wie er nach dem Beschluß der Synode zu konzipieren ist, eine „pastorale Ergiebigkeit" eignet. Diese zeigt sich u. a. darin, daß der Zusammenhang des christlichen Glaubens mit grundlegenden menschlichen Erfahrungen bedacht, einer „drohenden gesellschaftlichen und intellektuellen Isolierung der Kirche" bereits in der Schule entgegenwirkt, die „Notwendigkeit, über binnenkirchliches Sprechen hinauszukommen" anfanghaft erkannt und der Religionsunterricht als „ein hervorragender Ort für eine institutionalisierte Auseinandersetzung der Kirche mit dem Phänomen kirchlich distanzierter Christlichkeit" gesehen werden könnte[36]. Es sind dies pastorale Gesichtspunkte, die in eine Konzeption eines Religionsunterrichts eingebracht werden können, die sich ausdrücklich nicht als Katechese versteht.

[33] *Geiger*, in: Protokoll IV. Vollversammlung (Anm. 5), S. 152. In der Beschlußvorlage wurde zwar ausdrücklich festgestellt, daß die genannten Aufgaben und Ziele des Religionsunterrichts „grundsätzlich ... für jede Schulstufe, auch für den Primarbereich" gelten (vgl. Gesamtausgabe I, S. 140), tatsächlich war und ist die Vorlage aber nur auf die besondere Problematik des Religionsunterrichts in den mittleren und oberen Klassen der höheren Schulen zugeschnitten.

[34] *Geiger*, ebd.; ferner *ders.*, in: VI. Vollversammlung (Anm. 5), S. 100 und 105.

[35] *Maier*, in: Protokoll VI. Vollversammlung (Anm. 5), S. 96, 106, 108, 124; ferner *ders.*, Zum Religionsunterricht, in: *H. Maier*, Anstöße. Beiträge zur Kultur- und Verfassungspolitik. Mit einer Einführung und erläuternden Hinweisen von E. Dünninger, Stuttgart 1978, S. 195–199.

[36] *Exeler*, Religionsunterricht (Anm. 13), S. 109–113.

Ungeachtet des in Würzburg „keineswegs spannungsfrei formulierten Grundkonsenses"[37] gingen nach der Synode die Grundsatzdiskussionen über die Ziele und die pädagogische Gestaltung des Religionsunterrichts auf allen Ebenen weiter. Betrafen die Auseinandersetzungen über den Religionsunterricht in der Zeit vor und auch auf der Würzburger Synode vor allem die Rechtfertigung des Religionsunterrichts und seiner Zielsetzungen im Rahmen der Erziehungsziele der *Schule* und des schulischen Fächerkanons, so verlagerte sich die Diskussion in der Folgezeit eher auf die *innerkirchliche Ebene*. Die Verpflichtung des Religionsunterrichts, *neben* den in Würzburg formulierten und absolut zu bejahenden Zielen des Religionsunterrichts in stärkerem Maße *auch* die im Auftrag der Kirche erfolgende *Glaubensverkündigung und Glaubensvermittlung* als eine seiner originären Aufgaben zu erkennen und zu verwirklichen, rückte in den Mittelpunkt der Erörterungen. In diesem Sinne betont z. B. die „Erklärung des Zentralkomitees der deutschen Katholiken zur gegenwärtigen Diskussion um den Religionsunterricht" vom 14. 11. 1980 unter ausdrücklicher Bezugnahme auf Art. 30 des Apostolischen Schreibens *Catechesi Tradendae* von *Papst Johannes Paul II.*, daß der Religionsunterricht unverändert den Auftrag habe, „den Glauben der Kirche zu vermitteln" und deshalb „eine möglichst vollständige Einführung in das Christentum bieten" solle[38].

Ein Indiz dafür, daß auch die Vermittlung eines *systematischen Glaubenswissens* wieder in stärkerem Maße Eingang in die Grundkonzeption und die Praxis der Erteilung des Religionsunterrichts gefunden hat, bildet das von erheblicher Kritik begleitete Erscheinen der beiden auf teilweise verschiedenen religionspädagogischen Vorstellungen beruhenden Katechismen „Botschaft des Glaubens"[39] und „Grundriß des Glaubens"[40].

[37] So zutreffend *U. Ruh*, Religionsunterricht: wieder in der Diskussion, in: HerKorr 35 (1981), S. 121. Zur gegenwärtigen Situation des Religionsunterrichts vgl. *A. Läpple*, Religionsunterricht – quo vadis?, in: KlBl. 62 (1982), S. 257f.

[38] Erklärung des Zentralkomitees der deutschen Katholiken zur gegenwärtigen Diskussion um den Religionsunterricht, beschlossen auf der Vollversammlung vom 14. 11. 1980, S. 1 und 3; vgl. hierzu *Johannes Paul II.* Apostolisches Schreiben „Catechesi tradendae" vom 16. 10. 1979, in: AAS 71 (1979), S. 1277–1340; deutschsprachige Ausgabe: Apostolisches Schreiben *Catechesi Tradendae* Sr. Heiligkeit Papst Johannes Paul II. über die Katechese in unserer Zeit (= Verlautbarungen des Apostolischen Stuhles, H. 12). Hrsg. vom Sekretariat der Deutschen Bischofskonferenz, Bonn 1979.

[39] Botschaft des Glaubens. Ein katholischer Katechismus. Im Auftrage der Bischöfe von Augsburg und Essen hrsg. von *A. Baur* und *W. Plöger*, Donauwörth und Essen, 1. Aufl. 1978, 5. Aufl. 1983.

[40] Grundriß des Glaubens. Katholischer Katechismus. Allgemeine Ausgabe. Hrsg. vom Deutschen Katecheten-Verein, München. Verfaßt von *G. Bitter, A. Exeler, W. Hein, G. Lange, W. Langer, M. Lorentz, E. Martin, G. Miller, D. Wagner* – München 1980. Der Katechismus versteht sich als eine systematische Gesamtdarstellung des katholischen Glaubens. Im Vorwort (S. 11) erklären die Verfasser, daß dieses Buch „sozusagen den Bauplan des Ganzen" offenlege. Es betrachte den christlichen Glauben im Lebenszusammenhang der katholischen Kirche und verstehe sich als Einführung in das Leben und die Überlieferung dieser Kirche; denn Christsein geschehe konkret immer in einer Gemeinschaft: in Gemeinde und Kirche. Über die Bedeutung und Notwendigkeit der Katechismen für die Glaubensunterweisung vgl. ferner die zutreffenden Ausführungen bei *K. Lehmann*, Der Katechismus als Form der Glaubensvermittlung, in: IKZ Communio 12 (1983), S. 8–13.

Im Blick auf die religionspädagogische und katechetische Situation in Frankreich hat der Präfekt der Glaubenskongregation, Kardinal *Joseph Ratzinger*, es als einen schweren Fehler bezeichnet, daß man in Frankreich die Katechismen abgeschafft habe[41].

Karl Lehmann weist zutreffend darauf hin, daß sich auch in unserer Zeit der christliche Glaube nicht nur auf seine ureigenen „Inhalte", sondern auch auf die ursprüngliche *Form* besinnen soll, die ihm über fast zwei Jahrtausende die Kontinuität der Glaubensvermittlung und -überlieferung ermöglicht haben. Dazu gehöre der Katechismus, auch wenn man ihm heute eine neue Gestalt geben müsse[42].

4. Die kirchliche Lehrbeauftragung für die Erteilung des Religionsunterrichts (Missio canonica)

Die religionspädagogische Grundkonzeption des Religionsunterrichts und die Formen seiner konkreten Erteilung sind gleichermaßen an die *kirchlichen* und *staatlichen* Gesetze gebunden, die auf dem Gebiete des Religionsunterrichts, der staatskirchenrechtlich eine „gemeinsame Angelegenheit von Kirche und Staat" darstellt, aufeinander bezogen sind und einander korrespondieren. Für den Bereich der Bundesrepublik Deutschland wird gemäß Art. 7 Abs. 3 der Religionsunterricht „in Übereinstimmung mit den Grundsätzen der Religionsgemeinschaften" erteilt. Für Österreich und auch für die Schweiz, soweit in diesem Land konfessioneller Religionsunterricht stattfindet, bestehen analoge Bestimmungen. Zu den sich unmittelbar aus dem Verkündigungsauftrag der Kirche ergebenden Grundsätzen der katholischen Kirche gehört es, daß die Befugnis zur Erteilung des Religionsunterrichts eine besondere kirchliche Lehrbeauftragung voraussetzt, die für die Dauer des Vorbereitungsdienstes als *„Unterrichtserlaubnis"*, für die Lehrtätigkeit nach bestandener pädagogischer Prüfung (II. Staatsprüfung) als *„Missio canonica"* bezeichnet wird. Sie wird vom zuständigen Diözesanbischof auf Antrag im Rahmen der erworbenen Lehrbefähigung erteilt. Die Notwendigkeit dieser kirchlichen Lehrbeauftragung ergibt sich daraus, daß die Erteilung des Religionsunterrichts nicht eine private Veranstaltung des Religionslehrers ist, sondern Teilhabe an der amtlichen Verkündigung der christlichen Lehre, die im Namen und im Auftrag der Kirche erfolgt[43].

Die Deutsche Bischofskonferenz hat bei ihrer Versammlung vom 12.–15. 3. 1973 Rahmenrichtlinien zur Erteilung der Kirchlichen Unterrichtserlaubnis und der Missio canonica für Lehrkräfte mit der Fakultas „Katholische Religionslehre" erlassen. Bei der Sitzung vom 24.–27. 9. 1973 hat die Deutsche Bischofskonferenz

[41] Vgl. hierzu den Bericht „Ce fut une grave faute de supprimer le catéchisme" déclare le Cardinal Ratzinger, in: Le Monde, Ausgabe v. 25. Januar 1983, S. 12. Der volle Wortlaut des Referats von Kardinal *J. Ratzinger* ist veröffentlicht unter dem Titel „Transmission de la foi et sources de foi", in: La Documentation Catholique 65 (1983), S. 260–267.

[42] *Lehmann*, Der Katechismus (Anm. 40), S. 13.

[43] Vgl. c. 805 und die Ausführungen in *diesem* Beitrag, oben, I 1.

ferner eine „Rahmengeschäftsordnung" zu diesen Rahmenrichtlinien verabschiedet[44].

Voraussetzung für die Erteilung der Missio canonica ist die Versicherung des Antragstellers, daß er den Religionsunterricht in Übereinstimmung mit der Lehre und den Grundsätzen der katholischen Kirche erteilen werde. Der Bewerber verpflichtet sich darüber hinaus, in seiner persönlichen Lebensführung die Grundsätze der katholischen Kirche zu beachten. Die Rahmengeschäftsordnung regelt das Verfahren der Erteilung der Missio canonica in besonderen Fällen, in denen gegen die beantragte Erteilung seitens der Kirche Bedenken bestehen.

Ist bei einem Religionslehrer die Übereinstimmung seiner Lehrmeinungen oder seiner Lebensführung mit den Grundsätzen der katholischen Kirche nicht mehr gegeben, kann ihm die Missio canonica entzogen werden. Der Entzug der Missio canonica hat den Verlust der Befugnis zur Erteilung des Religionsunterrichts zur Folge. Sowohl bei der Verleihung als auch beim Entzug der Missio canonica handelt es sich um ausschließlich innerkirchliche Angelegenheiten, die einer Nachprüfung durch staatliche Gerichte nicht unterliegen und gegen die daher ein Rechtsweg zu staatlichen Gerichten nicht gegeben ist[45].

§ 69 Die Hochschulen

Von Georg May

Die Kirche hat das Betreiben und die Förderung der Wissenschaften stets als ihre Aufgabe angesehen und das Recht beansprucht, die entsprechenden Einrichtungen zu unterhalten. Der CIC unterscheidet in den Kapiteln II und III des Titels III des dritten Buches zwischen katholischen Universitäten und Hochschulen einerseits, kirchlichen Universitäten und Fakultäten anderseits. Beide Gruppen können in freier oder staatlicher Trägerschaft stehen. Die Erhebung zur Päpstlichen Universität oder Fakultät muß eigens gewährt werden[1].

[44] Abgedr. in den Amtsblättern der deutschen Diözesen, u. a., in: ABl. Regensburg 1973, S. 141 f.; ferner bei *Läpple*, Der Religionsunterricht (Anm. 26), S. 165–168.

[45] Zur Unzulässigkeit des Rechtswegs zu staatlichen Gerichten bei Entzug der Missio canonica durch den zuständigen Diözesanbischof vgl. VG Aachen, Urt. v. 27. 6. 1972 (Az.: 2 K 594/71), abgedr. in: DVBl. 1974, S. 57 f. mit zust. Anm. von *J. Listl* = AfkKR 142 (1973), S. 173 = ZevKR 18 (1973), S. 413 = KirchE 12, S. 503.

[1] *H. Schmitz*, Kirchliche Hochschulen – Päpstliche Hochschulen?, in: TThZ 81 (1972), S. 310–315. Vgl. z. B.: AAS 63 (1971), S. 320 f.; 65 (1973), S. 446 f.; 67 (1975), S. 149–152.

I. Die katholischen Universitäten und Fakultäten

1. Begriff und Rechtsquellen

Katholische Universitäten sind Hochschulen, die prinzipiell allen wissenschaftlichen Disziplinen offenstehen und in denen Forschung und Lehre in Harmonie mit dem katholischen Glauben betrieben werden[2]. Der CIC/1917 enthielt in den cc. 1376–1380 Vorschriften für die katholischen Universitäten. Heute finden sich die Grundnormen für die katholischen Universitäten und anderen Hochschuleinrichtungen in den cc. 807–814.

2. Errichtung und Struktur

Die Kirche nimmt das Recht in Anspruch, Universitäten und Fakultäten zu errichten und zu leiten[3]. Der Name einer „katholischen Universität" bedarf der Verleihung durch die zuständige kirchliche Autorität (c. 808). Die Errichtung oder Anerkennung kirchlicher Universitäten und Fakultäten gehört zu den Causae maiores und ist daher dem Apostolischen Stuhl vorbehalten. Die Errichtung einer Universität schließt grundsätzlich die Errichtung der (bereits vorhandenen oder in Zukunft zu schaffenden) Fakultäten in sich. Die Aufhebung liegt ebenfalls beim Apostolischen Stuhl. Es ist Sache der Bischofskonferenzen, zu entscheiden, ob die Gründung katholischer Universitäten oder Fakultäten in ihrem Gebiet möglich und tunlich ist (c. 809). Die katholischen Universitäten sind juristische Personen, die in gewisser Hinsicht von dem Ortsoberhirten exemt sind. Sie müssen außer im kirchlichen auch im staatlichen Recht verankert sein, um in ihrer Existenz und in ihrer Tätigkeit gesichert zu sein. Die an ihnen betriebenen Studien, abgelegten Prüfungen und erworbenen Grade müssen als gleichwertig und gleichberechtigend anerkannt sein, wenn diese Hochschulen ihre Aufgaben erfüllen sollen. In der Bundesrepublik Deutschland besteht, verfassungsrechtlich gesehen, die Freiheit, Universitäten in nichtstaatlicher Trägerschaft zu gründen[4].

3. Entwicklung und Bestand

Die katholischen Universitäten neuen Stils sind eine Folge der Aufklärung, der Säkularisation und der Trennung von Staat und Kirche[5]. Die akatholische oder antikatholische

[2] *R. Aigrain,* Les universités catholiques, Paris 1935; *R. Naz,* Universités ecclésiastiques, in: DDC VII (1965), Sp. 1363–1380; *ders.,* Universités libres (les) en France, ebd., Sp. 1380–1385; *N. G. McCluskey,* The Catholic University. A Modern Appraisal, Notre Dame (Indiana) – London 1970; *P. Andrieu-Guitrancourt,* La personnalité morale des Universités Catholiques, in: Miscellanea Bidagor II, S. 43–74.

[3] C. 807; Art. 1 SapChrist.

[4] *Ch. Flämig,* Alternative Stiftungsuniversität?, in: Wissenschaftsrecht – Wissenschaftsverwaltung – Wissenschaftsförderung 8 (1975), S. 1–29.

[5] *R. Mathes,* Löwen und Rom. Zur Gründung der katholischen Universität Löwen unter besonderer Berücksichtigung der Kirchen- und Bildungspolitik Papst Gregors XVI. (= Beiträge zur neueren Geschichte der katholischen Theologie 18), Essen 1975.

Einstellung zahlreicher Professoren, die dieser Gesinnung entsprechende Tätigkeit und die Benachteiligung katholischer Gelehrter veranlaßten katholische Kreise, an die Errichtung eigener Hochschulen zu gehen. Sie bestehen außerhalb Deutschlands in relativ großer Zahl[6]. Das Zweite Vatikanische Konzil forderte zu intensiver Förderung der katholischen Universitäten und Fakultäten auf[7]. *Paul VI.*[8] und *Johannes Paul II.*[9] bekräftigten den besonderen Auftrag der katholischen Universitäten. Die vor allem im 19. Jahrhundert intensiven Bemühungen um Gründung einer katholischen Universität in Deutschland[10] waren in jüngster Zeit von Erfolg gekrönt. In Eichstätt wurde die dort bestehende (kirchliche) Philosophisch-Theologische Hochschule im Jahre 1970 von der Bayerischen Bischofskonferenz zur „Kirchlichen Theologischen Hochschule in Bayern" erklärt und am 8. September 1972 mit der (kirchlichen) Pädagogischen Hochschule Eichstätt und mit Fachhochschulstudiengängen (in „Religionspädagogik und kirchlicher Bildungsarbeit" sowie in „Sozialwesen") zur (ersten kirchlichen) Gesamthochschule[11] zusammengefaßt. Am 1. April 1980[12] erhob sie die Kongregation für das katholische Bildungswesen zur katholischen Universität und bestellte den jeweiligen Bischof von Eichstätt zum Großkanzler. Damit ist zum ersten Mal seit der Säkularisation ein derartiges Objekt in Deutschland verwirklicht worden. Allerdings fehlen der Universität noch zahlreiche Fakultäten bzw. Fächer.

4. *Aufgaben*

Die katholischen Universitäten und Fakultäten dienen der öffentlichen, ständigen und allgemeinen Präsenz des christlichen Geistes in der Welt der Wissenschaft[13]. Sie bezeugen die Vereinbarkeit, ja die fruchtbare Verbindung von Glauben und Denken.Sie sollen Menschen hervorbringen, die wissenschaftlich gut gebildet, für die Übernahme wichtiger Ämter in der Gesellschaft und für das Glaubenszeugnis in der Welt geeignet sind[14]. Zu einer katholischen Universität gehört die Berücksichtigung der katholischen Lehre auch in den nichtkirchlichen Disziplinen (c. 809). Die Bischofskonferenzen und die zuständigen Diözesanbischöfe haben das Recht und die Pflicht, darüber zu wachen, daß in den katholischen Universitäten die Grundsätze der katholischen Lehre getreulich beachtet werden

[6] Ein Verzeichnis der katholischen Universitäten findet sich AnPont 1983, S. 1466–1474. Pius XII. gründete am 27. Juli 1949 die Vereinigung katholischer Universitäten (AAS 42 [1950], S. 387). Vgl. L'université catholique dans le monde moderne. 8e Assemblée générale de la „Catholicarum universitatum internationalis Foederatio", Université Lovanium, Kinshasa, Congo, 9–17 Septembre 1968, Paris 1969.

[7] VatII GE Art. 10.

[8] Z. B.: AAS 67 (1975), S. 531–536.

[9] Z. B.: AAS 71 (1979), S. 428–431, 1260–1264.

[10] *H.-J. Brandt,* Eine katholische Universität für Deutschland? Das Ringen der Katholiken in Deutschland um eine Universitätsbildung im 19. Jahrhundert (= Bonner Beiträge zur Kirchengeschichte, Bd. 12), Köln-Wien 1981.

[11] Zu dieser Einrichtung vgl. *W. Kröll,* Universität Essen – Gesamthochschule, in: Die Deutsche Universitäts-Zeitung 1974, S. 90f.; *J. Fey-Haueswas,* Gesamthochschule Duisburg, ebd., S. 184f.; *W. Kuldschun,* Bergische Universität – Gesamthochschule Wuppertal, ebd., S. 846–848; *G. Neumann,* Gesamthochschulentwicklung: integriert oder kooperativ?, ebd., 1976, S. 653–655; *K.-H. Flechsig/L. Huber/H. Pander,* Gesamthochschule – Mittel oder Ersatz für Hochschulreform?, Stuttgart 1975.

[12] PfBl. 53 (1980), S. 126f.; AfkKR 149 (1980), S. 157f. Für die staats- und vertragsrechtliche Seite des Vorgangs vgl. AfkKR 149 (1980), S. 296f.

[13] VatII GE Art. 10; Prooemium Nr. II SapChrist.

[14] Vgl. die Ansprache *Pius' XII.* vom 21. September 1950, in: AAS 42 (1950), S. 735–738.

(c. 810 § 2). Die verschiedenen Disziplinen einer katholischen Universität besitzen jedoch Anspruch auf Wahrung ihrer wissenschaftlichen Selbständigkeit (c. 809).

5. *Die akademischen Lehrer*

Die Dozenten an einer katholischen Universität müssen fachwissenschaftlich und didaktisch qualifiziert sein, voll auf dem Boden der katholischen Lehre stehen und einen einwandfreien Lebenswandel führen (c. 810 § 1). Anders kann der besondere Auftrag dieser Hochschule nicht erfüllt werden. Wenn es die Dozenten an einer der für ihre Ernennung maßgebenden Eigenschaften späterhin fehlen lassen, sind sie unter Beachtung des vorgesehenen Verfahrens von ihrer Stelle zu entfernen (c. 810 § 1).

6. *Die Vertretung der katholischen Theologie*

Die katholischen Universitäten zielen nicht zuerst auf die Förderung der Theologie; diese kann sogar in dem Kreis der an ihr vorhandenen Fakultäten fehlen. Das Zweite Vatikanische Konzil sah für diesen Fall die Errichtung eines theologischen Instituts oder Lehrstuhls vor[15]. Der CIC nimmt dies auf und geht darüber hinaus. Die zuständige kirchliche Autorität soll darauf Bedacht nehmen, daß den Besuchern einer katholischen Universität die kirchliche Lehre dargeboten wird. Dies kann geschehen durch die Errichtung einer Fakultät, einer Abteilung (eines Seminars) oder eines Lehrstuhls, an denen Theologie vorgetragen wird[16]. In allen katholischen Universitäten müssen Lehrveranstaltungen über jene theologischen Fragen abgehalten werden, die mit den Disziplinen der nichttheologischen Fakultäten im Zusammenhang stehen (c. 811 § 2). Wer immer an einer Hochschule Theologie lehrt, muß einen kanonischen Auftrag (mandatum) der zuständigen kirchlichen Autorität besitzen (c. 812).

7. *Die Studentenseelsorge*

Der Diözesanbischof muß eine Studentenseelsorge[16a] einrichten. Dies kann durch die Errichtung einer Pfarrei oder durch die auf Dauer erfolgende Bestellung von Priestern geschehen. Bei allen, auch den nichtkatholischen Universitäten sollen katholische Zentren geschaffen werden, die der Jugend Hilfe leisten, vor allem in geistlicher Hinsicht (c. 813).

[15] VatII GE Art. 10.

[16] C. 811 § 1. Vgl. die Errichtung einer theologischen Fakultät an der katholischen Universität Kaslik, in: AAS 74 (1982), S. 1089–1091.

[16a] Vgl. hierzu in *diesem* Band, oben, *A. Hierold*, § 50 Schul- und Hochschulseelsorge, 2.

II. Die kirchlichen Universitäten und Fakultäten

1. Rechtsquellen

Das Recht der kirchlichen Hochschulen ist hauptsächlich geordnet in den cc. 815–821[17], der Apostolischen Konstitution „Sapientia Christiana" vom 15. April 1979[18] und den zugehörigen „Ordinationes" der Kongregation für das katholische Bildungswesen vom 29. April 1979[19]. Dazu kommen für die theologischen Fakultäten und Institute bzw. Lehrstühle an den staatlichen Universitäten der Bundesrepublik Deutschland die Dekrete der Kongregation für das katholische Bildungswesen vom 1. Januar 1983[20]. Diese Normen stellen eine Rahmengesetzgebung dar, die von den Statuten der einzelnen Hochschulen auszufüllen ist. Durch die Apostolische Konstitution „Sapientia Christiana" wurden u. a. die Konstitution „Deus scientiarum Dominus" vom 24. Mai 1931[21], die Instruktion vom 7. Juli 1932[22] und die „Normae quaedam" vom 20. Mai 1968[23] aufgehoben.

2. Begriff und Aufgaben

Nach dem Sprachgebrauch der Apostolischen Konstitution „Sapientia Christiana" heißen jene Universitäten und Fakultäten „kirchlich", die vom Apostolischen Stuhl errichtet oder anerkannt sind, die Theologie und die mit ihr verbundenen Wissenschaften pflegen und lehren sowie das Recht besitzen, kraft der Ermächtigung des Heiligen Stuhles akademische Grade zu verleihen (Art. 2). Unter die kirchlichen Universitäten und Fakultäten begreift die Konstitution „Sapientia Christiana" auch die wissenschaftlichen Hochschulen, Institute und Zentren ein, die durch den Apostolischen Stuhl errichtet oder anerkannt sind und das Recht besitzen, im Namen desselben akademische Grade zu verleihen[24]. Dagegen werden Priesterseminare, Ordenslehranstalten und andere theologische Bildungseinrichtungen, die kein Recht zur Verleihung akademischer Grade besit-

[17] Nach c. 818 gelten die cc. 810, 812 und 813 auch für die kirchlichen Hochschulen.

[18] AAS 71 (1979), S. 469–499; dt. Übers. in: Verlautbarungen des Apostolischen Stuhls, hrsg. vom Sekretariat der DBK, H. 9, Bonn 1979, S. 4–30. Vgl. *H. Schmitz*, Kirchliche Hochschulen nach der Apostolischen Konstitution Sapientia Christiana von 1979, in: AfkKR 150 (1981), S. 45–90, 477–527, sowie die Beiträge in der Zeitschrift „Seminarium" 32 (1980), S. 245–612.

[19] AAS 71 (1979), S. 500–521; dt. Übers. in: Verlautbarungen 9 (Anm. 18), S. 31–45.

[20] Vatikanstadt 1983. Vgl. *M. Baldus*, Kirchliche Hochschulen, in: *Ch. Flämig/V. Grellert/O. Kimminich/E.-J. Meusel/H. H. Rupp/D. Scheven/H. J. Schuster/F. Graf Stenbock-Fermor* (Hrsg.), Handbuch des Wissenschaftsrechts, Bd. 2, Berlin-Heidelberg-New York 1982, S. 1101–1130.

[21] AAS 23 (1931), S. 241–262.

[22] *H. Mussinghoff*, Theologische Fakultäten im Spannungsfeld von Staat und Kirche, Mainz 1979, S. 523–527; AfkKR 125 (1951/52), S. 262–267.

[23] *Ochoa* III, n. 3652 (Sp. 5355–5368).

[24] Art. 1 Ord. Ein Beispiel: Am 8. Dezember 1981 errichtete *Johannes Paul II.* die Päpstliche Theologische Akademie Krakau, die aus drei Fakultäten (Theologie, Philosophie, Kirchengeschichte) besteht (AAS 74 [1982], S. 369–372).

zen, von der Konstitution nicht berührt[25]. Der Kreis der Disziplinen, die als kirchliche Studien gelten und somit als kirchliche Fakultät oder fakultätsähnliche Einrichtungen errichtet bzw. anerkannt werden können, ist außerordentlich weit gezogen[26].

Die Aufgaben der kirchlichen Fakultäten sind erstens Forschung, zweitens Lehre, Aus- und Fortbildung und drittens Teilnahme am kirchlichen Heilsdienst in Seelsorge, Verständnis, Schutz und Verbreitung des Glaubens sowie die christliche Durchdringung von Kultur und Gesellschaft[27]. In der Organisation, dem Niveau von Lehrern und Studenten, den akademischen Graden und der wirtschaftlichen Sicherung sollen die kirchlichen Universitäten und Fakultäten, im allgemeinen mit der Einschränkung: wenn es möglich und tunlich ist, dem Beispiel der (nichtkirchlichen) Universitäten des in Frage kommenden Gebietes folgen[28]. Die Fakultäten werden zur Zusammenarbeit untereinander und mit anderen, nichtkirchlichen und sogar nichtkatholischen aufgefordert, soweit dadurch nicht der Eigencharakter beeinträchtigt wird[29].

3. *Errichtung und Anerkennung*

Die Kirche beansprucht kraft eigenen Rechtes die Errichtung kirchlicher Universitäten und Fakultäten, um die theologischen und die mit ihnen verknüpften Disziplinen in Forschung und Lehre zu pflegen (c. 815). Die Bischofskonferenzen und die Diözesanbischöfe sollen sich um die Gründung von Hochschuleinrichtungen bemühen, in denen die theologischen und andere, auf die christliche Kultur bezügliche Disziplinen gelehrt werden (c. 821). Kirchliche Universitäten und Fakultäten bedürfen der Errichtung oder wenigstens der Anerkennung des Apostolischen Stuhles[30], die an bestimmte Voraussetzungen gebunden sind[31]. Auch Veränderungen in einer Fakultät, wie die Einfügung eines Instituts in dieselbe, bedürfen eines Verwaltungsaktes des Apostolischen Stuhles[32].

4. *Bestand*

a) Theologische Fakultäten und Hochschulen bzw. Lehranstalten. Die Zahl der kirchlichen Universitäten und Fakultäten ist groß und nimmt noch zu[33]. In *Deutschland* wurden kanonisch errichtet folgende von Diözesen getragene bzw. ihnen zugeordnete kirchliche

[25] Die etwa seit Ende des Zweiten Weltkrieges einsetzenden Bestrebungen, die Studieneinrichtung von der geistlich-aszetischen Bildung der Seminare abzusetzen, sind jetzt in Art. 21 SapChrist sanktioniert.
[26] Art. 84–87 SapChrist; Appendix II zu Art. 64 Ord.
[27] Art. 3 SapChrist; Art. 4 Ord.
[28] Art. 16, 23, 25 § 3, 32 § 1, 48, 58 SapChrist; Art. 11, 16 § 1 Ord.
[29] C. 820; Art. 64 SapChrist; Art. 49 Ord.
[30] C. 816 § 1. Z. B.: Errichtung einer theologischen Fakultät in Mexiko, in: AAS 74 (1982), S. 1306–1308, und einer philosophischen Fakultät in Krakau, erwähnt in: AAS 74 (1982), S. 371.
[31] Art. 61 SapChrist; Art. 45–46 Ord.
[32] Z. B.: AAS 71 (1979), S. 627f.
[33] Ein Verzeichnis der kirchlichen Fakultäten findet sich AnPont 1983, S. 1474–1480.

Hochschulen bzw. Fakultäten: die Philosophisch-Theologische Hochschule St. Georgen/ Theologische Fakultät S.J. Frankfurt[34], die Theologische Fakultät Trier[35], die Theologische Fakultät Paderborn[36], die Theologische Fakultät der Katholischen Universität Eichstätt[37], das Phil.-Theol. Studium Erfurt[38] und – zunächst probeweise und auf fünf Jahre beschränkt – die Theologische Fakultät Fulda[39]. In *Österreich* gibt es von alters her kirchliche theologische Diözesanlehranstalten in Linz, St. Pölten und Klagenfurt. Die Phil.-Theol. Hochschule in Linz wurde durch Dekret der Kongregation für das katholische Bildungswesen vom 25. Dezember 1978[40] ad experimentum für fünf Jahre zur theologischen Fakultät befördert. Die St. Pöltener Lehranstalt wurde mit Wirkung vom 10. Februar 1975 zur Phil.-Theol. Hochschule erhoben[41]. Die Anrechnung der an kirchlichen theologischen Lehranstalten absolvierten Studien findet nach Maßgabe der §§ 13 und 14 des Bundesgesetzes Nr. 293 vom 10. Juli 1969[42] statt. In der deutschsprachigen *Schweiz*[43] besteht lediglich die theologische Lehranstalt in Chur. Sie wurde am 22. Februar 1968 von der Studienkongregation zur Theologischen Hochschule (Institutum superius theologicorum studiorum) erhoben[44] und befindet sich wohl auf dem Wege zu einer theologischen Fakultät[45].

Neben den von den Diözesen getragenen theologischen Lehranstalten unterhält eine Reihe von Männerorden und -kongregationen eigene Lehranstalten bzw. Hochschulen[46]. Unter ihnen verdienen besondere Erwähnung die Hochschule für Philosophie/Philosophische Fakultät S.J. in München[47], die Theologische Hochschule der Pallottiner in Vallendar[48],

[34] Dekret der SC Stud vom 8. September 1932. Vgl. die Satzung der Philosophisch-Theologischen Hochschule/Theologische Fakultät S.J. vom 1. Juli 1970 (Sankt Georgen. Personen- und Vorlesungsverzeichnis Wintersemester 1972/73, Frankfurt a. M., o. J., S. 4–11). Der hessische Kultusminister verlieh ihr am 31. März 1980 mit Wirkung vom 1. April 1980 die Eigenschaft einer staatlich anerkannten wissenschaftlichen Hochschule (AfkKR 149 [1980], S. 217).

[35] Dekret der SC Stud vom 5. Juni 1950, in: Kirchlicher Amtsanzeiger Trier 94 (1950), S. 111 Nr. 219; Dekret der SC Stud vom 8. September 1955, in: AAS 48 (1956), S. 590f.

[36] Dekret der SC Stud vom 11. Juni 1966, in: AAS 58 (1966), S. 1195f.

[37] Dekret der SC InstCath vom 25. Januar 1975, in: AAS 67, (1975), S. 505f.

[38] KlBl. 48 (1968), S. 147f. Es dient vornehmlich der Ausbildung des Priesternachwuchses in der DDR und untersteht der Berliner Ordinarien- bzw. Bischofskonferenz.

[39] Dekret der SC InstCath vom 22. Dezember 1978, in: *Ochoa* V, n. 4598 (Sp. 7493).

[40] ÖAKR 30 (1979), S. 389–392.

[41] Statut vom 26. Januar 1975, in: ÖAKR 26 (1975), S. 185–193.

[42] BGBl. 1969, S. 1526. Vgl. ÖAKR 21 (1970), S. 292–300.

[43] *E. Isele,* Zur Revision des kantonalen Staatskirchenrechts, in: Ius et Lex. Festg. zum 70. Geburtstag von Max Gutzwiller. Hrsg. von der Jur. Fakultät der Universität Freiburg (Schweiz), Basel 1959, S. 563–602; *J. G. Fuchs,* Neuere Entwicklungen des Katholischen Kirchenrechts auf Schweizer Boden, in: ÖAKR 23 (1972), S. 163–194.

[44] *L. Carlen,* Kirchenrecht in der Schweiz, in: ÖAKR 25 (1974), S. 366–375, hier S. 371, 372.

[45] Statuten vom 28. Januar 1974; AAS 66 (1974), S. 426f. Vgl. Schweizerische Kirchenzeitung 144 (1976), S. 151.

[46] *A. Scheuermann,* Zur rechtlichen Stellung der Ordenshochschulen in der Bundesrepublik, in: Ordenskorr. 3 (1962), S. 206–209; *S. Mayer,* Die Ordenshochschulen, in: AfkKR 132 (1963), S. 110–127; *A. Scheuermann,* Die kirchen- und staatsrechtliche Situation der deutschen Ordenshochschulen, in: AfkKR 136 (1967), S. 391–407; *G. Meyer,* Gründe für die Eigenständigkeit der Ordenshochschulen, in: Ordenskorr. 9 (1968), S. 281–290; *G. Muschalek,* Studienreform an den Ordenshochschulen der Bundesrepublik, in: StdZ 185 (1970), S. 406–420; *M. Baldus,* Die nichtstaatlichen katholischen Hochschulfakultäten in der Bundesrepublik Deutschland, in: Wissenschaftsrecht – Wissenschaftsverwaltung – Wissenschaftsförderung 10 (1977), S. 48–66.

[47] Dekret der SC Stud vom 8. September 1932, in: Personen- und Vorlesungsverzeichnis für das Winter-Semester 1981/82, S. 3.

[48] Die SC InstCath bestätigte am 17.September 1979 die Statuten, die Diplomstudienordnung und die Diplomprüfungsordnung der Hochschule (AfkKR 150 [1981], S. 174). Vgl. die Anerkennung der Studien und der Prüfungsleistungen durch das Kultusministerium von

die Hochschule der Salesianer in Benediktbeuern, die der Theologischen Fakultät der Päpstlichen Salesianer-Universität in Rom affiliiert ist[49], die seit 1971 bestehende Phil.-Theol. Hochschule der Franziskaner und Kapuziner in Münster[50], die Phil.-Theol. Hochschule der Redemptoristen in Hennef[51] und die Hochschule der Gesellschaft des göttlichen Wortes in St. Augustin bei Siegburg, die der theologischen Fakultät der Päpstlichen Universität Anselmianum in Rom affiliiert und eine Sektion dieser Fakultät mit missionstheologischer Spezialisierung ist[52]. Sie dienten bisher regelmäßig ausschließlich der Heranbildung des eigenen Nachwuchses. In den letzten zwei Jahrzehnten lassen sie jedoch in wachsendem Maße Angehörige fremder klösterlicher Verbände oder sogar Personen, die keinem klösterlichen Verband angehören, zu. Auch in *Österreich* gibt es eine Anzahl von Klosterlehranstalten[53]. Zur Zeit unterhalten jedoch lediglich jene des Zisterzienserstiftes Heiligkreuz, des Augustinerchorherrenstiftes Klosterneuburg und der Tiroler Franziskanerprovinz in Schwaz[54] den Lehrbetrieb. In der *Schweiz* ist erwähnenswert das Studium der Benediktiner in Einsiedeln[55].

b) Pädagogische Hochschulen. Die Ausbildung der Lehrer für die Volksschulen erfolgte bisher gewöhnlich an (staatlichen) Pädagogischen Hochschulen. 1958 wurde in Eichstätt eine kirchliche Pädagogische Hochschule errichtet. Damit trat zum erstenmal eine von der Kirche getragene Hochschule ins Leben, die nicht der Heranbildung von Geistlichen bzw. Theologen dient. Sie ist in die Katholische Universität Eichstätt integriert.

c) Fachhochschulen. Eine weitere neue Erscheinung auf dem Gebiet des Hochschulwesens sind die Fachhochschulen[56]. Sie „vermitteln eine praxisbezogene Bildung, die zu

Rheinland-Pfalz am 20. September 1973 (Vorlesungsverzeichnis für das Studienjahr 1973/74, o. O. u. o. J., S. 27). Am 2. März 1979 erfolgte durch den Kultusminister von Rheinland-Pfalz die staatliche Anerkennung der Theologischen Hochschule Vallendar – Gesellschaft des Katholischen Apostolates (Pallottiner) – als Wissenschaftliche Hochschule in freier Trägerschaft gemäß § 115 Abs. 1 des Landesgesetzes über die wissenschaftlichen Hochschulen in Rheinland-Pfalz vom 21. 7. 1978 (GVBl. S. 507) für die wissenschaftliche Ausbildung „Diplomstudiengang im Fach Katholische Theologie" und zugleich Verleihung der Berechtigung, nach Maßgabe der vom Kultusminister von Rheinland-Pfalz genehmigten Diplom-Prüfungsordnung Hochschulprüfungen abzunehmen „sowie den Hochschulgrad: Diplom-Theologe zu verleihen".

[49] Satzung vom 24. März 1981 (ABl. des Bayerischen Staatsministeriums für Unterricht und Kultus Teil II [1981], S. 247). Am 16. April 1981 erhielt sie die staatliche Anerkennung für den wissenschaftlichen Studiengang Katholische Theologie und am 26. Februar 1981 für ein zweisemestriges Aufbaustudium in Pastoraltheologie (ebd., S. 279, 61).

[50] Die Hochschule wird getragen von der Sächsischen Franziskanerprovinz, der Rheinisch-Westfälischen Kapuzinerprovinz und der Schlesischen Custodie OFM. Das Studium an ihr wurde am 31. Mai 1974 vom Minister für Wissenschaft und Forschung als gleichwertig anerkannt.

[51] Die Kongregation für das katholische Bildungswesen gestattete am 1. Oktober 1982 für drei Jahre und ad experimentum die Einrichtung des Diplomstudienganges. Der Minister für Wissenschaft und Forschung erkannte zuletzt am 4. März 1982 das Studium an der Hochschule für die Dauer von vier Jahren als mit dem Studium an einer staatlichen wissenschaftlichen Hochschule als gleichwertig an.

[52] Dekret der SC Stud vom 18. Oktober 1965, vgl. AAS 58 (1966), S. 250f., und Dekrete der SC InstCath vom 25. März 1972, 24. Juni 1973 und 28. Januar 1978. Die beiden zuletzt erwähnten Hochschulen sind rechtlich selbständig, bilden aber praktisch eine Studiengemeinschaft.

[53] *I. Gampl,* Österreichisches Staatskirchenrecht, Wien-New York 1971, S. 244.

[54] Ordenskorr. 14 (1973), S. 94; KlBl. 55 (1975), S. 135f.

[55] *R. Tschudi,* Einsiedeln, in: LThK² III, Sp. 766f.

[56] *G. Blaß/K. H. Petermann,* Auf dem Weg zur Fachhochschule, Bad Honnef 1971; *R. Fleck,* Die Fachhochschule als neue Rechtsfigur im Hochschulbereich, in: DÖV 1971, S. 590ff.; *G. Rimbach,* Zum beruflichen Selbstverständnis der Fachhochschullehrer an den Gesamthochschulen in Nordrhein-Westfalen, in: Die Deutsche Universitäts-Zeitung 1974, S. 981–986.

sachgemäßer und selbständiger Anwendung wissenschaftlicher Methoden und Erkenntnisse in Beruf und Gesellschaft befähigen soll". Die katholische Kirche in der Bundesrepublik Deutschland hat sechs Fachhochschulen errichtet[57]. Sie dienen nur teilweise der Heranbildung von Personen, die in der religiösen Unterweisung und in der Seelsorge tätig sind. Die kirchlichen Fachhochschulen für Sozial- und Religionspädagogen sowie für Sozialarbeiter greifen über den traditionellen Bereich theologischer Bildung in das säkulare Gebiet hinaus.

5. *Rechtlicher Status*

a) Nach staatlichem Recht. Die Kirchen besitzen nach dem Bonner Grundgesetz das Recht der Selbstbestimmung in eigenen Angelegenheiten. Dies gilt in besonderem Maße für die Verleihung ihrer Ämter (Art. 137 Abs. 3 WRV i.V.m. Art. 140 GG). Die Kirchen allein können entscheiden, welche Ausbildung ihre Amtsträger und Bediensteten besitzen müssen. Daher sind sie grundsätzlich frei bei Aufbau und Ausgestaltung der Einrichtungen, die die Ausbildung für ihre Ämter und Dienste bieten. Außerdem gewährleisten die Verfassungen der deutschen Bundesländer den Kirchen das Recht, eigene Hochschulen zur Ausbildung ihrer Geistlichen zu errichten und zu unterhalten[58]. In bezug auf die theologischen Ausbildungsstätten der Kirche ist mithin die kirchliche Hochschulfähigkeit verfassungsrechtlich anerkannt. Ein Genehmigungsvorbehalt des Staates kommt insofern nicht mehr in Frage. Der Staat ist jedoch nur dann bereit, kirchliche Bildungseinrichtungen als wissenschaftliche Hochschulen im Sinne des Hochschulrechts gelten zu lassen, wenn sie den Kriterien, welche für die wissenschaftliche Hochschule als unabdingbar gelten, entsprechen. Als solche sind das Betreiben der Wissenschaft in Forschung und Lehre und das Vorliegen der dazu erforderlichen Voraussetzungen in organisatorischer, personeller und sachlicher Hinsicht anzusehen. Das Prinzip der Wissenschaftsfreiheit (Art. 5 Abs. 3 GG) ist grundsätzlich auch für kirchliche Hochschulen konstitutiv, allerdings mit der Einschränkung, daß es seine Grenze an dem Bildungsauftrag derselben findet. Eine Aufsicht des Staates über die theologischen Hochschulen zur Ausbildung der Geistlichen besteht nicht. Bei den kirchlichen theologischen Bildungsstätten können sich daher die kirchenrechtlichen Bestimmungen über das Hochschulwesen grundsätzlich frei entfalten. So wird z. B. regelmäßig der Ortsoberhirt zum Großkanzler bestellt. Tatsächlich muß aber dem staatlichen Hochschulrecht in weitem Umfang Rechnung getragen werden. Denn für das erfolgreiche Wirken kirchlicher Hochschulen sind ihre materielle und personelle Ausstattung und ihre rechtliche Gleichstellung mit den entsprechenden Einrichtungen des staatlichen Hoch-

[57] *M. Baldus.* Kirchliche Fachhochschulen und staatliches Hochschulrecht, in: *J. Krautscheidt/H. Marré* (Hrsg.), Essener Gespräche zum Thema Staat und Kirche, Bd. 9, Münster 1975, S. 112–166.

[58] Art. 150 Abs. 1 Bayer. Verf., Art.60 Abs. 3 Hess. Verf., Art. 16 Abs. 2 Nordrh.-Westf. Verf., Art. 42 Rheinl.-Pfälz. Verf., Art. 36 Abs. 1 Saarl. Verfl. Vgl. *A. Süsterhenn,* Zur staatskirchenrechtlichen Stellung kirchlicher Hochschulen unter besonderer Berücksichtigung der Rechtslage in Rheinland-Pfalz und Nordrhein-Westfalen, in: TThZ 70 (1961), S. 156–169.

schulwesens, vor allem ihr Rang als wissenschaftliche Hochschulen im Sinne des staatlichen Hochschulrechts, von entscheidender Bedeutung. Die von den deutschen Diözesen unterhaltenen theologischen Anstalten besitzen ausnahmslos den Charakter wissenschaftlicher Hochschulen. Bei den Ordenshochschulen ist er teilweise ausdrücklich anerkannt (z. B. Benediktbeuern und Vallendar), teilweise unumstritten (z. B. München), teilweise ungeklärt.

Nach § 70 Abs. 1 des Hochschulrahmengesetzes (HRG) der Bundesrepublik Deutschland vom 26. 1. 1976 (BGBl. I S. 185) können Einrichtungen des Bildungswesens, die nach Landesrecht nicht staatliche Hochschulen sind, nach näherer Bestimmung des Landesrechts die Eigenschaft einer staatlich anerkannten Hochschule erhalten, wenn die hauptberuflich Lehrenden und die Studienbewerber im wesentlichen dieselben Voraussetzungen erfüllen, die für entsprechende Tätigkeiten einer staatlichen Hochschule gefordert werden und die Angehörigen der Einrichtung an der Gestaltung des Studiums in sinngemäßer Anwendung der Grundsätze des HRG mitwirken.

Nach § 70 Abs. 2 HRG können für kirchliche Einrichtungen nach näherer Bestimmung des Landesrechts Ausnahmen von einzelnen der in Abs. 1 genannten Voraussetzungen zugelassen werden, wenn gewährleistet ist, daß das Studium einem Studium an einer staatlichen Hochschule gleichwertig ist. Nach § 70 Abs. 3 HRG kann eine staatlich anerkannte Hochschule nach näherer Bestimmung des Landesrechts Hochschulprüfungen abnehmen und Hochschulgrade verleihen. Das an einer staatlich anerkannten Hochschule abgeschlossene Studium ist ein abgeschlossenes Studium im Sinne des HRG. Die staatliche Anerkennung kirchlicher Hochschulen bedeutet mithin im wesentlichen die amtliche Feststellung der Gleichwertigkeit und der Gleichberechtigung der Studien und der Prüfungen dieser Hochschulen mit denen staatlicher Hochschulen.

Kirchliche Hochschulen, die nicht der Ausbildung der Geistlichen dienen, sind lediglich nach Maßgabe der Verfassungen der Länder gewährleistet, welche die Errichtung nichtstaatlicher oder privater Hochschulen zulassen[59]. Sie bedürfen grundsätzlich einer staatlichen Genehmigung. Lediglich in zwei Fällen liegt eine vertragsrechtliche Anerkennung vor.

Art. 5 BayK i.d.F. von 1974 gewährleistet die Errichtung und den Betrieb einer kirchlichen Gesamthochschule mit den wissenschaftlichen Studiengängen Katholische Theologie und Lehramt sowie mit den beiden Fachhochschulstudiengängen „Religionspädagogik und kirchliche Bildungsarbeit" und „Sozialwesen". Damit ist zum erstenmal ein Fachhochschulstudiengang an einer kirchlichen Hochschule kirchenvertraglich garantiert worden. In Art. 2 des Vertrags zwischen dem Heiligen Stuhl und Rheinland-Pfalz vom 29. April 1969 gewährleistet das Land die Errichtung und den Betrieb einer kirchlichen Erziehungswissenschaftlichen Hochschule. Die Vorschrift harrt noch der Ausführung.

Die kirchlichen Hochschulen, die nicht der wissenschaftlichen Ausbildung des

[59] Art. 138 Abs. 1 S. 3 Bayer. Verf. (staatliche Genehmigung), Art. 30 Rheinl.-Pfälz. Verf. (staatliche Genehmigung), Art. 61 Hess. Verf. (Genehmigung des Staates), Art. 34 Brem. Verf. (in der Regel staatlich). Vgl. *B. Tiemann*, Private Hochschule und Grundgesetz, in: ZRP 5 (1972), S.116f.

Klerus dienen, unterstehen staatlicher Aufsicht, die sich in jedem Falle darauf erstreckt, zu prüfen, ob die Genehmigungsvoraussetzungen fortbestehen.

In der *Schweiz* bedürfen kirchliche Hochschulen grundsätzlich der staatlichen Anerkennung.

Der Große Rat des Kantons Graubünden erließ am 19. Februar 1976 eine Verordnung über die staatliche Anerkennung der Ausweise der Theologischen Hochschule Chur. Daraufhin sprach die kantonale Regierung am 20. April 1976 die Anerkennung der Hochschule aus.

b) Nach Vertragskirchenrecht. Die Berechtigung der Kirche, eigene theologische Schulen frei zu errichten und zu unterhalten, findet ihre Grenze an den Vereinbarungen, in denen sich die Kirche verpflichtet hat, die wissenschaftliche Ausbildung ihrer Geistlichen grundsätzlich staatlichen Anstalten zu überlassen, sofern und solange diese imstande sind, den kirchlichen Bedürfnissen zu genügen. Art. 20 RK erkennt das Recht der Kirche an, für die Ausbildung des Klerus – nicht für andere Zwecke – philosophische und theologische Lehranstalten zu errichten, „soweit nicht andere Vereinbarungen vorliegen". Solche Abmachungen sind Art. 12 Abs. 2 PreußK, Art. IX BadK, der Briefwechsel zwischen dem Apostolischen Nuntius und dem Ministerpräsidenten von Nordrhein-Westfalen vom 20./29. Dezember 1967 (Essen) und Art. 4 NiedersK (Hildesheim und Osnabrück).

Nach Art. 12 PreußK sind der Erzbischof von Paderborn und die Bischöfe von Trier, Fulda, Limburg, Hildesheim und Osnabrück, nach § 6 Abs. 1 des Vertrages über das Bistum Essen vom 19. Dezember 1956 ist auch der Bischof von Essen berechtigt, ein Seminar zur wissenschaftlichen Vorbildung der Geistlichen zu unterhalten. Von diesem Recht machen indes nur der Erzbischof von Paderborn und die Bischöfe von Trier, Fulda und Limburg, wo kirchliche Fakultäten bestehen, Gebrauch. Der Bischof von Essen hat für die Dauer des Bestehens der Abteilung Katholische Theologie an der Ruhr-Universität zu Bochum auf sein Recht verzichtet. Die Kirche könnte aufgrund der heutigen Verfassungslage in den Diözesen Aachen und Berlin, für die das Preußische Konkordat keine kirchlichen Lehranstalten vorsah, eigene wissenschaftliche Hochschulen errichten. Falls die im Niedersächsischen Konkordat von 1965 vorgesehene Fakultät in Göttingen errichtet wird, verlieren die Bischöfe von Hildesheim und Osnabrück ihr Recht aus Art. 12 Abs. 2 PreußK. Der Erzbischof von Freiburg hat sich damit einverstanden erklärt, daß die theologische Fakultät in Freiburg die einzige Stätte bleibt, an der die Geistlichen seines Sprengels ihre wissenschaftliche Vorbildung erhalten. Zwischen der (kirchlichen) Theologischen Fakultät Trier und der (staatlichen) Geisteswissenschaftlichen Fakultät Trier ist durch den Vertrag zwischen dem Land Rheinland-Pfalz und der Diözese Trier vom 28. September 1970[60] eine enge Zusammenarbeit in Lehre, Studium und Prüfungswesen vereinbart worden. Das Bayerische Konkordat i.d.F. von 1974 erkennt in Art. 13 § 2 das Recht der Ordensgeistlichen an, ihre philosophischen und theologischen Studien an ihren Ordensschulen zurückzulegen. Art. V § 1 ÖK erkennt die „von den zuständigen kirchli-

[60] AfkKR 139 (1970), S. 647.

chen Stellen errichteten theologischen Lehranstalten" an[61]. Damit ist es der Kirche überlassen, diözesane und klösterliche Lehranstalten zu errichten.

6. *Die Unterstellung unter die kirchliche Hierarchie*

Die kirchlichen Universitäten und Fakultäten unterstehen den hierarchischen Autoritäten der Kirche, also an erster Stelle der Kongregation für das katholische Bildungswesen[62], der die oberste Leitung zukommt. Jede kirchliche Universität oder Fakultät muß eine Satzung und eine Studienordnung haben, die von ihr genehmigt sind[63]. Die zweite Autorität, welcher die kirchlichen Universitäten und Fakultäten unterstehen, ist der Großkanzler[64]. Er besitzt als Repräsentant des Heiligen Stuhls bei der Hochschule und der Hochschule beim Heiligen Stuhl Recht und Pflicht der Förderung und der Aufsicht. Als weitere Autoritäten kommen in Frage der Ordinarius, von dem die Universität oder Fakultät von Rechts wegen abhängt und der normalerweise für die Ernennung und Abberufung des Personals zuständig ist[65], der Ortsordinarius[66], der auch dann, wenn er nicht Großkanzler ist, nicht völlig aus der (Mit-)Verantwortung für Hochschulen, die in seinem Gebiet bestehen, entlassen wird, sowie die Bischofskonferenz[67], der die Förderung der Hochschulen und die Wahrung von Wissenschaftlichkeit und Kirchlichkeit derselben übertragen sind.

7. *Die Leitung durch die akademischen Autoritäten*

Neben den hierarchischen Autoritäten stehen die eigenen leitenden Organe der Hochschule[68]. Sie sind normalerweise den Dozenten der Fakultäten zu entnehmen. Personale Autoritäten sind der Rektor (einer Universität), der Präses (einer selbständigen Fakultät oder Einrichtung) und der Dekan (einer Fakultät)[69]. Kollegiale Autoritäten sind der Universitätsrat und der Fakultätsrat. Die letzteren sind mit allen gewichtigen Entscheidungen zu befassen. Wo eine Fakultät auf Zusammenarbeit mit einem Priesterseminar oder einem Studienkolleg verwiesen ist, sind Leitung und Verwaltung beider Einrichtungen zu trennen[70]. Die „akademi-

[61] Vgl. auch §§ 13 und 14 des Bundesgesetzes über katholisch-theologische Studieneinrichtungen vom 10. Juli 1969 (BGBl. S. 1526).
[62] C. 816 § 1; Art. 5, 7, 10, 12, 18, 61–63, 86, 93 SapChrist.
[63] C. 816 § 2; Art. 7 SapChrist. Ein Beispiel in ÖAKR 30 (1979), S. 391 f. Der Appendix I zu Art. 8 Ord gibt die hauptsächlichen Gegenstände an, die in einer Satzung Platz finden müssen.
[64] Art. 12, 13, 27 SapChrist; Art. 8, 10, 14 Nr. 5, 19, 22 §§ 2–3, 35 Ord. Zum Großkanzler der neuerrichteten theologischen Fakultät von Mexiko wurde der jeweilige Vorsitzende der Bischofskonferenz bestellt (AAS 74 [1982], S. 1308).
[65] Art. 13 § 1 SapChrist; Art. 9 Ord.
[66] C. 818; Art. 14 SapChrist; Art. 10 Ord. Das Direktorium über den pastoralen Dienst der Bischöfe legt ihnen die Sorge für in ihrem Gebiet bestehende katholische oder kirchliche Universitäten ans Herz (Directorium de pastorali ministerio Episcoporum, Rom 1973, n. 73).
[67] Art. 4, 60 § 2, 61 SapChrist; Art. 5, 45 § 2, 46 Buchst. a Ord.
[68] Art. 15–21 SapChrist; Art. 11–14 Ord.
[69] Vgl. c. 443 § 3 n. 3.
[70] Art. 21 SapChrist.

sche Gemeinschaft" einer Universität oder einer Fakultät umfaßt die Autoritäten, die Dozenten, die Studierenden, die Beamten und die Bediensteten[71]. Sie alle sind in verschiedenem Maße für das Funktionieren der Einrichtung verantwortlich und zur Mitwirkung bei der Erledigung ihrer Aufgaben verpflichtet und berechtigt[72].

8. Die akademischen Lehrer

Die Dozenten einer kirchlichen Hochschule[73] werden in festangestellte und nicht auf Dauer berufene unterschieden. Zu den ersteren gehören namentlich die ordentlichen und die außerordentlichen Professoren. Sie müssen fachwissenschaftliche und didaktische Eignung besitzen, treu zum katholischen Glauben stehen und sittlich einwandfrei leben (c. 818)[74]. Noch immer wird die Befähigung, an einer Hochschule zu lehren, grundsätzlich durch den akademischen Grad des Doktors erworben[75]. Die Priesterweihe ist für die Dozenten nicht (mehr) verlangt (c. 229 § 3)[76]. Nichtkatholiken sind nicht von vornherein ausgeschlossen[77].

Die Dozenten, die Disziplinen vertreten, welche den Glauben oder die Sittlichkeit betreffen, bedürfen für ihre Anstellung der (nach Ablegung des Glaubensbekenntnisses gemäß c. 833 n. 7 zu erteilenden) Missio canonica, alle übrigen der Venia docendi; allein die letztere kann nichtkatholischen Dozenten erteilt werden[78]. Vor der festen Anstellung oder vor der Beförderung zur höchsten Stufe des akademischen Lehrers oder in beiden Fällen, je nach Maßgabe der Satzung, ist das Nihil obstat des Heiligen Stuhles einzuholen[79]. Suspendierung, Entfernung und Ausscheiden der Dozenten sind je nach den Umständen möglich bzw. notwendig, wobei ein bestimmtes Verfahren einzuhalten ist[80]. Die Freiheit der Forschung und der Lehre innerhalb der Grenzen der (vom kirchlichen Lehramt authentisch interpretierten) Offenbarungswahrheit ist gewährleistet[81].

[71] Art. 11–37 SapChrist.
[72] Art. 11, 23, 34 SapChrist.
[73] Art. 22–30 SapChrist; Art. 16–23 Ord.
[74] Diese Erfordernisse werden von der Konstitution „Sapientia Christiana" etwas differenziert. Danach müssen die festangestellten Dozenten Gelehrsamkeit, beispielhaften Lebenswandel, Verantwortungsbewußtsein und Lehrgeschick aufweisen. Ähnliche Anforderungen gelten für die übrigen akademischen Lehrer. Wer ein Fach vertritt, das Glaube und Sitte betrifft, muß sein Amt in Übereinstimmung mit dem authentischen Lehramt der Kirche ausüben (Art. 25–27 SapChrist).
[75] Art. 50 § 1 SapChrist. Vgl. aber Art. 25 § 1 n. 3 SapChrist.
[76] Die Deutsche Bischofskonferenz faßte auf ihrer Vollversammlung vom 21. bis 24. Februar 1972 in Freising unter Vorsitz von *Julius Kardinal Döpfner* den Beschluß, daß für alle theologischen Disziplinen in Ausnahmefällen auch Nichtpriester habilitiert und berufen werden können. Die Kongregation für das katholische Bildungswesen bestätigte ihn am 20. April 1972 (NKD 25, S. 536–539). Auch in Österreich werden in der jüngsten Zeit Laien auf Lehrkanzeln katholisch-theologischer Fakultäten berufen. Vgl. ÖAKR 30 (1979), S. 467.
[77] Art. 18 Ord.
[78] Art. 26 und 27 SapChrist; Art. 18 Ord.
[79] Art. 27 SapChrist; Art. 19 Ord.
[80] Art. 30 SapChrist; Art. 22 Ord.
[81] C. 218; Art. 39, 70 SapChrist.

9. Die Studierenden

Der Zugang zum Studium an kirchlichen Hochschulen steht katholischen Geistlichen und Laien, welche die geistigen und sittlichen Voraussetzungen erfüllen, offen[82], ist aber auch grundsätzlich Nichtkatholiken möglich[83]. Das Wohl der Diözese, des klösterlichen Verbandes und der Gesamtkirche ist der Maßstab, den die Diözesanbischöfe und die klösterlichen Oberen anlegen müssen, wenn sie junge Leute, Geistliche und Mitglieder, die durch Charakter, Tugend und Begabung hervorragen, an die kirchlichen Universitäten und Fakultäten schicken (c. 819). Die Studienordnung[84] sieht ein dreigestuftes System des Studiums vor, wobei die einzelnen Phasen aufeinander aufbauen. Die einzelnen Disziplinen werden in Haupt- und Nebenfächer sowie in Pflicht- und Wahlfächer unterschieden. Ihre Darbietung vollzieht sich in Vorlesungen sowie in Übungen und Seminarien. Am Schluß stehen Prüfungen.

10. Die akademischen Grade

Nur eine vom Apostolischen Stuhl errichtete oder anerkannte Universität oder Fakultät kann akademische Grade verleihen, die kanonische Wirkungen in der Kirche haben[85]. Letztere liegen darin, daß sie ihre Erwerber befähigen, jene kirchlichen Ämter zu übernehmen, für die der jeweilige Grad verlangt ist[86]. Die kirchlichen Fakultäten verleihen die akademischen Grade des Bakkalaureats, des Lizentiats und des Doktorats[87]. Das Bakkalaureat beschließt die grundlegende Ausbildung in einem Studiengang. Das Lizentiat steht am Ende eines Spezialstudiums. Das Doktorat wird nach weiteren Studien und nach Anfertigung einer Dissertation verliehen. Nach c. 1338 § 2 ist die (strafweise erfolgende) Entziehung akademischer Grade nicht zulässig. Dadurch ist die Aberkennung derselben als Maßnahme akademischer Disziplin jedoch nicht ausgeschlossen. Hochschuleinrichtungen, die keine Fakultät bilden, können bei Erfüllung der erforderlichen Voraussetzungen auf verschiedene Weise mit einer kirchlichen Fakultät in Beziehung gesetzt werden und dadurch Anteil gewinnen an deren Recht zur Graduierung. Durch Affiliation erwerben sie das Recht, das Bakkalaureat zu verleihen[88], Aggregation läßt sie an dem Recht, auch das Lizentiat zu verleihen, teilhaben, Inkorporation verschafft ihnen schließlich auch das Recht, zum Doktor zu promovieren[89].

Staatliche wissenschaftliche Hochschulen besitzen fast immer das Promotionsrecht[90].

[82] C. 229 §§ 1 und 2; Art. 31, 32 SapChrist; Art. 24 Ord.

[83] Schreiben des Sekretärs des Hl. Offiziums vom 17. Juli 1961, in: AfkKR 130 (1961), S. 485f.

[84] Art.40–45 SapChrist; Art. 29–32 Ord.

[85] C. 817; Art. 2, 6 SapChrist; Art. 34 Ord. Der Päpstlichen Bibelkommissionen bleibt das Promotionsrecht erhalten. Vgl. das MP „Sedula cura" vom 27. Juni 1971 (AAS 63 [1971], S. 665–669) Art. 14 und das Dekret der Bibelkommission vom 7. Dezember 1974 (AAS 67 [1975], S. 153–158).

[86] Art. 50 § 2 SapChrist; Art. 7 § 1 Ord. Vgl. cc. 378 § 1 n. 5, 478 § 1.

[87] Art. 47–51 SapChrist.

[88] Art. 62 SapChrist; Art. 47 Ord.

[89] Art. 63 SapChrist; Art. 48 Ord.

[90] Es sei daran erinnert, daß die bis 1945 bestehende staatliche Akademie Braunsberg kein Promotionsrecht besaß. Vgl. *(E. Brachvogel)*, Braunsberg, in: LThK² II, Sp. 656f.

Die Theologischen Fakultäten Trier[91], Paderborn[92], Frankfurt[93] und Fulda[94] sowie die Hochschule für Philosophie/Philosophische Fakultät S.J. München[95] erhielten das selbständige kirchliche Promotionsrecht. Die Ordenshochschule SVD in St. Augustin bei Siegburg besitzt dank des Dekrets der SC InstCath vom 5. Oktober 1982 das Recht, den akademischen Grad des Diplomtheologen, aufgrund des Dekrets der SC InstCath vom 25. März 1972 das Recht, das Lizentiat und das Doktorat in Theologie mit missionswissenschaftlicher Spezialisierung zu verleihen. Die Hochschule CSSR in Hennef darf seit dem 1. Oktober 1982 den Grad des Diplomtheologen zuerkennen. Der Fachbereich Katholische Theologie in Eichstätt erhielt durch das Dekret der Kongregation für das katholische Bildungswesen vom 25. Januar 1975 das Recht, die akademischen Grade des Diploms, des Lizentiaten und des Doktors in Theologie zu erteilen sowie Habilitationen vorzunehmen. Ebenso wurde der Theologischen Fakultät Luzern am 25. Dezember 1973 das Recht übertragen, akademische Grade zu verleihen und Habilitationen vorzunehmen. Die theologische Hochschule Chur erhielt am 1. Januar 1974 das Recht zur Verleihung des Lizentiatengrades. Der theologischen Fakultät Linz wurde am 25. Dezember 1978 das Recht übertragen, die akademischen Grade des Diploms (oder des Magisters), des Lizentiaten und des Doktors zu verleihen sowie Habilitationen vorzunehmen.

Das kirchliche Promotionsrecht wirkt jedoch allein im kirchlichen Bereich, solange es nicht vom Staat anerkannt ist. Ein solcher Legitimationsakt kann in verschiedener Weise und Reichweite ergehen. Der damaligen kirchlichen Gesamthochschule Eichstätt hat der Staat in Art. 5 § 4 BayK i.d.F. von 1974 das Recht zur Verleihung des Doktorgrades sowie zur Habilitation in den wissenschaftlichen Studiengängen übertragen. Für Trier ist eine staatliche Anerkennungserklärung ausgesprochen worden[96]. Die Theologische Fakultät Paderborn ist gemäß § 118 Abs. 1 des Gesetzes über die wissenschaftlichen Hochschulen des Landes Nordrhein-Westfalen vom 20. November 1979 (GV/NW S. 926) eine staatlich anerkannte Hochschule im Sinne dieses Gesetzes. Gemäß § 116 Abs. 2 dieses Gesetzes haben die staatlich anerkannten Hochschulen nach Maßgabe der Anerkennung das Recht, Hochschulprüfungen abzunehmen, Hochschulgrade zu verleihen und Habilitationen durchzuführen. Gemäß § 116 Abs. 3 dieses Gesetzes bedürfen die Studien-, Prüfungs- und Habilitationsordnungen der Feststellung der Gleichwertigkeit mit den Ordnungen der staatlichen Hochschulen durch den Minister für Wissenschaft und Forschung. Aufgrund dieser Rechtslage besitzt die Theologische Fakultät Paderborn seither das staatlich verliehene Promotionsrecht[97]. Bezüglich der Hochschulprüfungen, mit denen ein „berufsqualifizierender Abschluß" erworben wird, sieht § 18 HRG ausdrücklich vor, daß der Diplomgrad auch auf Grund einer kirchlichen Prüfung, mit der ein Hochschulstudium abgeschlossen wird, verliehen werden kann [98]. Die Hochschule St. Georgen erhielt am 10. Juli 1980[99] das Recht, den Grad eines

[91] Kirchlicher Amtsanzeiger für die Diözese Trier 1950, S. 111; AAS 18 (1956), S. 590.

[92] AAS 58 (1966), S. 1195.

[93] AfkKR 140 (1971), S. 180; Dekret der SC InstCath vom 18. Oktober 1974 (Ausweitung auf alle Hörer).

[94] Dekret der SC InstCath vom 22. Dezember 1978, in: AfkKR 147 (1978), S. 480f.

[95] Dekrete der SC InstCath vom 7. Juni und 25. Oktober 1971.

[96] Ministerialerlaß vom 22. August 1950 (Kirchlicher Amtsanzeiger für die Diözese Trier 1950, S. 115).

[97] Vorher besaß die Theologische Fakultät Paderborn das Promotionsrecht aufgrund einer allgemeinen Führungsgenehmigung, die auf einem Erlaß des Kultusministers vom 14. Oktober 1966 beruhte (vgl. *M. Baldus*, Das Promotionsrecht der kirchlichen Theologischen Fakultät zu Paderborn und das deutsche Hochschulrecht, in: TThZ 77 [1968], S. 324–331, hier S. 324, Anm. 4).

[98] Zur Frage der Übertragung staatlicher Diplomierungsrechte an kirchliche Hochschulen vgl. *M. Baldus*, Die deutschen Ordenshochschulen unter besonderer Berücksichtigung eines Diplomgraduierungsrechts nach § 18 HRG, in: Ordenskorr 19 (1978), S. 163–204; *P.-J. Tettinger*, „Diplom"-Erteilung durch Private?, in: Wissenschaftsrecht – Wissenschaftsverwaltung – Wissenschaftsförderung 11 (1978), S. 143–163.

[99] ABl. des Hessischen Kultusministers 1980, S. 396; AfkKR 150 (1981), S. 601f.

Diplomtheologen zu verleihen, am 10. Mai 1982 wurde ihr das staatliche Promotionsrecht ohne Einschränkung übertragen. Ebenso erhielt die Hochschule Fulda am 24. Mai 1982 „das Recht zur Promotion in Katholischer Theologie (Doktor der Theologie) mit Wirkung für den staatlichen Rechtsbereich". Für die Philosophische Hochschule München werden die akademischen Grade des Mag. Art. und des Dr. phil., die aufgrund der vom Kultusministerium erlassenen Akademischen Prüfungsordnung vom 22. September 1975[100] erworben werden, ohne weiteres staatlich anerkannt. Die Phil.-Theol. Hochschule Benediktbeuern erhielt am 30. Januar 1981[101] das Recht, den akademischen Grad eines Diplomtheologen zu verleihen. Andere kirchliche Hochschulen besitzen oder erstreben dasselbe Recht. Der Theologischen Fakultät Luzern übertrug der kantonale Erziehungsrat am 6. Mai 1970 das Recht, akademische Grade zu verleihen; der Beschluß wurde am 8. Mai 1970 vom Regierungsrat genehmigt. Die an der Theologischen Hochschule Chur vorgenommenen Graduierungen erhielten am 19. Februar 1976 die staatliche Anerkennung. Die kirchlichen theologischen Lehranstalten Österreichs, Linz ausgenommen, besitzen kein Promotionsrecht. Indes kann an ihnen unter bestimmten Voraussetzungen das Diplom erworben werden[102]. Von ausländischen Hochschulen verliehene akademische Grade bedürfen in Deutschland einer Führungsgenehmigung. In Österreich entfällt bei akademischen Graden, die an päpstlichen Hochschulen in Rom erworben wurden, diese Nostrifikation. Die kirchlichen Fachhochschulen besitzen das Recht zur Graduierung allein aufgrund staatlicher Verleihung. Das kanonische Recht hat bislang keinen vergleichbaren Grad entwickelt.

III. Die theologischen Fakultäten (Fachbereiche), Abteilungen und Lehrstühle an staatlichen Hochschulen

1. Der Bestand

a) Theologische Fakultäten (Fachbereiche). Die Zahl der vom Staat eingerichteten und unterhaltenen Hochschuleinrichtungen für Theologie ist in der Weltkirche nicht groß[103], wohl aber in der *Bundesrepublik Deutschland.* Hier bestehen einmal folgende (kirchlich anerkannte) katholisch-theologische Fakultäten bzw. Fachbereiche an staatlichen Universitäten: Augsburg, Bamberg, Bochum, Bonn, Freiburg, Mainz, München, Münster, Passau, Regensburg, Tübingen und Würzburg. An der Universität Göttingen ist die Errichtung einer Fakultät vorgesehen[104]. An den Standorten Osnabrück und Vechta der Universität Osnabrück wurde ein für beide Orte gemeinsamer Fachbereich für katholische Theologie und Religionspädagogik eingerichtet, der als Einrichtung zum Studium der katholischen Theologie für Lehramtsbewerber kirchlich anerkannt ist[105]. In der *DDR* gibt es zwar

[100] ABl. des Bayer. Staatsministeriums für Unterricht und Kultus Teil II, 1975, S. 678–702.
[101] ABl. des Bayerischen Staatsministeriums für Unterricht und Kultus Teil II, 1981, S. 46.
[102] § 14 des Bundesgesetzes vom 10. Juli 1969. Vgl. *W. Brunner,* Die akademischen Grade in Österreich von 1848 bis heute, in: Wissenschaftsrecht – Wissenschaftsverwaltung – Wissenschaftsförderung 12 (1979), S. 89–107.
[103] Ein Verzeichnis der theologischen Fakultäten an staatlichen Universitäten findet sich AnPont 1983, S. 1480–1483. Für Deutschland vgl. *A. Frhr. von Campenhausen,* Theologische Fakultäten/Fachbereiche, in: Handbuch des Wissenschaftsrechts II (Anm. 20) S. 1019–1045.
[104] Art. 4 NiedersK.
[105] Vgl. Art. 5 NiedersK.

sechs evangelisch-theologische Fakultäten an staatlichen Universitäten, aber keine einzige katholisch-theologische. In *Österreich* bestehen katholisch-theologische Fakultäten an den Universitäten Wien, Graz, Innsbruck und Salzburg. Die Fakultät in Innsbruck ist der Gesellschaft Jesu übertragen. In der *Schweiz* gibt es theologische Fakultäten an der Universität Freiburg i.Ue. und in Luzern.

b) Theologische Sektionen und Lehrstühle. Neben den Fakultäten bzw. Fachbereichen bestehen an vielen Universitäten und Hochschulen theologische Abteilungen oder Lehrstühle. Sie dienen hauptsächlich der Heranbildung von Religionslehrern für die verschiedenen Schularten bzw. -stufen. Dies war bzw. ist in Baden-Württemberg an den Pädagogischen Hochschulen Eßlingen, Freiburg, Heidelberg, Karlsruhe, Lörrach, Ludwigsburg, Reutlingen, Schwäbisch-Gmünd und Weingarten der Fall. In Bayern unterhält der Staat wenigstens zwei katholisch-theologische Lehrstühle an den Universitäten Erlangen-Nürnberg und Bayreuth. An der Freien Universität Berlin besteht am Fachbereich Philosophie und Sozialwissenschaften II ein Seminar für Katholische Theologie, ein Lehrstuhl für dieses Fach an der (inzwischen in die Universität integrierten) Pädagogischen Hochschule[106]. In Hessen existieren vier staatliche Einrichtungen zum Studium der katholischen Theologie. An den Universitäten Frankfurt a. M. und Gießen besteht in dem (interkonfessionellen) Fachbereich „Religionswissenschaften" eine Betriebseinheit „Katholische Theologie" bzw. ein Institut für Katholische Religionswissenschaften mit jeweils mehreren Professoren[107], an der Gesamthochschule Kassel findet sich im Fachbereich 1 das Fach Katholische Religionspädagogik, und an der Universität Marburg gibt es ein Katholisch-Theologisches Seminar, das aber keine Einrichtung der Universität, sondern des Bistums Fulda ist. In Niedersachsen ist das Fach Katholische Theologie in dem Erziehungswissenschaftlichen Fachbereich der Universitäten Göttingen (durch nebenamtliche Lehrkräfte) und Hannover sowie an den Hochschulen Hildesheim und Lüneburg (durch Lehrbeauftragte) vertreten. In Nordrhein-Westfalen befinden sich theologische Seminare, Institute oder Lehrstühle an der Technischen Hochschule Aachen sowie an den Universitäten bzw. Universitäten/Gesamthochschulen Bielefeld[108], Bonn, Dortmund, Duisburg, Essen, Köln, Münster, Paderborn, Siegen und Wuppertal. Das Land Rheinland-Pfalz unterhält an seiner Erziehungswissenschaftlichen Hochschule in den Abteilungen Koblenz und Landau je ein Seminar für katholische Theologie. An der Universität des Saarlandes ist das Fach Katholische Theologie in der Philosophischen Fakultät untergebracht. An der Pädagogischen Hochschule des Landes, die 1980 der Universität integriert wurde, bestehen weitere theologische Lehrstühle[109]. In Schleswig-Holstein bietet die Universität Kiel die Möglichkeit zum Studium der katholischen Theologie für Lehramtsbewerber. Das gemeinsame Merkmal der Pädagogischen Hochschulen bzw. der Lehrerausbildung der Bundesrepublik Deutschland ist heute ihr interkonfessioneller Charakter. Konfessionell sind lediglich die Lehrstühle für Theologie, Bayern ausgenommen, wo außerdem für die drei Gebiete der Philosophie, der Gesellschaftswissenschaften und der Pädagogik die (katholische) Konfession in gewissem Umfang berücksichtigt wird.

[106] Vgl. das Protokoll vom 2. Juli 1970.

[107] Vgl. *G. May,* Die Errichtung von Stiftungslehrstühlen für katholische Theologie an den Universitäten Frankfurt am Main und Gießen, in: AfkKR 144 (1975), S. 464–478.

[108] An der Universität Bielefeld existiert ein bikonfessionelles und interdisziplinäres Theologisches Institut. Vgl. HerKorr 24 (1970), S. 512–515; *J. B. Metz/Tr. Rendtorff* (Hrsg.), Die Theologie in der interdisziplinären Forschung (= Interdisziplinäre Studien, Bd. 2), Düsseldorf 1971; *A. Frhr. von Campenhausen,* Rechtsprobleme bikonfessioneller theologischer Einrichtungen an staatlichen Universitäten, in: *R. von Thadden/G. von Pistohlkors/H. Weiss* (Hrsg.), Das Vergangene und die Geschichte. Festschrift für Reinhard Wittram zum 70. Geburtstag, Göttingen 1973, S. 461–472.

[109] AAS 62 (1970), S. 499–504.

c) Konkordatsprofessuren. Für die Theologenausbildung werden herkömmlicherweise zwei Lehrstühle in der philosophischen Fakultät unterhalten, die mit korrekt katholischen Gelehrten besetzt werden[110]. Es handelt sich dabei um Stellen, die wegen ihrer weltanschaulichen Komponente für die Ausbildung zum kirchlichen Dienst oder zum Lehramt an Schulen von Bedeutung sind. Solche Professuren sind vertraglich vorgesehen in Freiburg und Mainz für Philosophie und Geschichte (Schlußprot. zu Art. IX BadK, Nr. 4 der Mainzer Vereinbarung vom 15./17. April 1946) sowie für Philosophie, Gesellschaftswissenschaften und Pädagogik in Augsburg, Bamberg, Erlangen-Nürnberg, München, Passau, Regensburg und Würzburg (Art. 3 § 5 BayK i.d.F. von 1974). In Bayern dienen diese Lehrstühle vertragsgemäß auch der Lehrerbildung.

2. *Rechtlicher Status*

a) Staatsrechtlich und vertragsrechtlich. Entgegen Art. 149 Abs. 3 der Weimarer Reichsverfassung enthält das Bonner Grundgesetz keine Garantie des Bestandes der theologischen Fakultäten. Wohl aber findet sich eine solche in den Verfassungen der Länder Bayern (Art. 150 Abs. 2), Rheinland-Pfalz (Art. 40 Abs. 1 S. 3), Hessen (Art. 60 Abs. 2) und Baden-Württemberg (Art. 10). Die Unterhaltung theologischer Fakultäten an staatlichen Hochschulen der Bundesrepublik Deutschland ergibt sich aus der Verantwortung des Staates für die Pflege der Kultur und für die Förderung der Religion. Die Kirche ist an sich von Staats wegen nicht verpflichtet, sich für die Ausbildung der Geistlichen und der Religionslehrer allein der staatlichen Hochschuleinrichtungen zu bedienen; es bleibt ein Raum für kirchliche Hochschulen. Indes ist sie nach den Konkordaten und Kirchenverträgen gehalten, die ihr vom Staat zur Verfügung gestellten Institutionen zu benutzen.

Der Status der theologischen Fakultäten, Fachbereiche und Abteilungen sowie der theologischen Lehrstühle ist fast ausnahmslos durch Konkordate und Kirchenverträge grundlegend bestimmt[111]. Bei deren Fehlen ist die entsprechende Anwen-

[110] *G. May,* Mit Katholiken zu besetzende Professuren an der Universität Breslau. Ein Beitrag zum Ringen um Parität in Preußen, in: ZRG Kan. Abt. 53 (1967), S. 155–272; 54 (1968), S. 200–268, *ders.,* Mit Katholiken zu besetzende Professuren für Philosophie und Geschichte an der Universität Freiburg nach dem Badischen Konkordat vom 12. Oktober 1932, in: Festschr. Panzram, S. 341–370; *ders.,* Mit Katholiken zu besetzende Professuren an der Universität Tübingen von 1917 bis 1945. Ein Beitrag zur Ausbildung der Studierenden katholischer Theologie, zur Verwirklichung der Parität an der württembergischen Landesuniversität und zur Katholischen Bewegung, Amsterdam 1975.

[111] Die kirchlichen und kirchenvertraglichen Quellen für die Ausbildung des Klerus bzw. das Studium der Theologie und das kirchliche Hochschulwesen finden sich ziemlich vollständig in dem von der SC InstCath herausgegebenen „Enchiridion Clericorum. Documenta Ecclesiae futuris sacerdotibus formandis", Vatikanstadt 1975. Das einschlägige Kirchenvertragsrecht ist auch zum großen Teil bei *W. Weber,* Die deutschen Konkordate und Kirchenverträge der Gegenwart, 2 Bde., Göttingen 1962/71 gesammelt sowie im „Archiv für katholisches Kirchenrecht" abgedruckt. Für Österreich ist auf *H. Klecatsky/H. Weiler,* Österreichisches Staatskirchenrecht, Wien 1958 und *F. Ermacora,* Österreichisches Hochschulrecht, 2. Aufl., Wien 1975 zu verweisen. Aus der reichen Literatur seien erwähnt: *W. Weber,* Das Nihil obstat. Beiträge zum Verhältnis von Staat und katholischer Kirche, in: Zeitschrift für die gesamte Staatswissenschaft 99 (1939), S. 213–244; *H. Peters,* Die Besonderheiten der beamtenrechtlichen Stellung der katholischen Theologieprofessoren an den

dung regelmäßig geboten. Im einzelnen bestehen gewichtige Unterschiede in der Rechtsstellung. Eine gemeinsame Vorschrift, für alle Fakultäten, zugleich die einzige für Tübingen, ist Art. 19 RK. Für die sechs bayerischen katholisch-theologischen Fakultäten und die Einzellehrstühle an den übrigen Hochschulen sind das Bayerische Konkordat von 1924 und der Vertrag vom 4. September 1974 maßgebend, für die drei Fakultäten in Nordrhein-Westfalen das Preußische Konkordat von 1929, für Freiburg das Badische Konkordat von 1932 und für Mainz die beiden Vereinbarungen von 1946[112]. Die nach Art. 4 NiedersK evtl. in Göttingen zu errichtende Fakultät folgt dem Preußischen Konkordat. Über die Errichtung eines Lehrstuhls für katholische Theologie an der Universität Saarbrücken wurde am 9. April 1968 ein Vertrag zwischen dem Heiligen Stuhl und dem Saarland geschlossen. In Österreich garantiert Art. V § 1 des Konkordats von 1933 die Erhaltung der

deutschen Universitäten, in: Festschr. f. E. Eichmann, Paderborn 1940, S. 401–418; *W. Weber,* Der gegenwärtige Status der theologischen Fakultäten und Hochschulen, in: Tymbos für Wilhelm Ahlmann, Berlin 1951, S. 309–326; *F. Arnold,* Die Rechtslage der katholischen Kirche im heutigen Österreich, in: Theologische Fragen der Gegenwart. Festg. hrsg. und dargeboten aus Anlaß des goldenen Priesterjubiläums und 20jährigen Bischofsjubiläums Sr. Eminenz des hochwürdigsten Herrn Kardinals Dr. Theodor Innitzer Erzbischofs von Wien von der Katholischen Theologischen (sic) Fakultät der Universität Wien, Wien 1952, S. 187–222; *W. Thieme,* Deutsches Hochschulrecht, Berlin-Köln 1956; *E. H. Fischer,* Theologieprofessor, Theologische Fakultät und Kirche, in: Kirche und Überlieferung. Festschr. f. J. R. Geiselmann, Freiburg i.Br. – Basel-Wien 1960, S. 330–366; *H. Flatten,* Das bischöfliche Nihil obstat für Privatdozenten der Theologie nach deutschem Konkordatsrecht, in: Festschr. Arnold, S. 197–218; *A. Hollerbach,* Verträge zwischen Staat und Kirche in der Bundesrepublik Deutschland, Frankfurt/M. 1965; *O. Kimminich,* Wissenschaft, in: I. von Münch (Hrsg.), Besonderes Verwaltungsrecht, 2. Aufl., Bad Homburg v.d.H.-Berlin-Zürich 1970, S. 569–598; *W. Weber,* Die neuere Entwicklung in der kirchlichen Mitwirkung bei der Besetzung theologischer Lehrstühle an staatlichen Hochschulen, in: AÖR 95 (1970), S. 408 bis 422; *I. Gampl,* Österreichisches Staatskirchenrecht, Wien-New York 1971; *J. G. Fuchs,* Zum Verhältnis von Kirche und Staat in der Schweiz, in: *J. Krautscheidt/H. Marré* (Hrsg.), Essener Gespräche zum Thema Staat und Kirche, Bd. 5, Münster 1971, S. 125–193; *E.-L. Solte,* Theologie an der Universität. Staats- und kirchenrechtliche Probleme der Theologischen Fakultäten, München 1971; *G. May,* Verträge deutscher Bischöfe mit der Bundesrepublik Deutschland und den deutschen Bundesländern, in: Festschr. Dordett, S. 417–451; *E. Corecco,* Der staatskirchenrechtliche Status der theologischen Fakultät an der Universität Freiburg i. Ü., in: Schweizer Rundschau 72 (1973), S. 62–81, 95–112; *W. Weber,* Theologische Fakultäten, staatliche Pädagogische und Philosophisch-Theologische Hochschulen, in: HdbStKirchR II, S. 569–596; *G. May,* Die Rechtsstellung der akademischen Lehrer der katholischen Theologie und die Ausbildung der katholischen Theologiestudierenden an den staatlichen Hochschulen in Bayern nach dem Vertrag zwischen dem Heiligen Stuhl und dem Freistaat Bayern vom 4. September 1974; in: AfkKR 144 (1975), S. 402–443; *R. Lettmann,* Das bischöfliche „Nihil obstat" für die Lehrtätigkeit an theologischen Fakultäten staatlicher Universitäten in Deutschland, in: Investigationes theologico-canonicae (= Festschrift für Wilhelm Bertrams), Rom 1978, S. 273–289; *U. Scheuner,* Rechtsfolgen der konkordatsrechtlichen Beanstandung eines katholischen Theologen (= Staatskirchenrechtliche Abhandlungen, Bd. 13), Berlin 1980.

[112] *G. May,* Entstehung und Rechtscharakter der Vereinbarung zwischen dem Bischof von Mainz und dem Oberregierungspräsidenten von Hessen-Pfalz vom 15./17. April bzw. 5. Oktober 1946 zur Errichtung der Katholisch-Theologischen Fakultät an der Johannes-Gutenberg-Universität in Mainz, in: AfkKR 131 (1962), S. 15–66; *ders.,* Das Verhältnis der Katholisch-Theologischen Fakultät der Johannes-Gutenberg-Universität in Mainz zu dem Diözesanbischof nach der Vereinbarung zwischen Kirche und Staat vom 15./17. April bzw. 5. Oktober 1946, in: Festschr. Arnold, S. 171–196.

staatlichen katholisch-theologischen Fakultäten. Weitere Abreden bestehen für die theologischen Lehrstühle, die der Lehrerausbildung dienen[113].

Die Konstitution „Sapientia Christiana" (Art. 8) erkennt ausdrücklich an, daß sich das Verhältnis der katholisch-theologischen Fakultäten an den staatlichen Universitäten in der Bundesrepublik Deutschland zu der „kirchlichen Behörde" nach den Vorschriften der einschlägigen Konkordate richtet. Lediglich in diesem Rahmen kann sich das kirchliche Hochschulrecht entfalten. Allgemein läßt sich sagen, daß der Doppelcharakter der theologischen Hochschuleinrichtungen in allen gemeinsamen Angelegenheiten einvernehmliches Handeln von Staat und Kirche erfordert. Umfang und Schranken der jeweiligen Rechte und Pflichten der beiden Partner bestimmen sich danach, inwieweit die Ausübung der Religion berührt ist. So ist etwa die Rechtslage hinsichtlich der Studien- und Prüfungsordnungen differenziert. Soweit am Abschluß eines Studiengangs eine kirchliche Prüfung steht, ist der Diözesanbischof berechtigt, ihn ohne staatliche Beteiligung zu regeln. Wo dagegen das Studium mit einer Universitäts- oder Staatsprüfung beendet wird, darf der Diözesanbischof die Anforderungen, die vom kirchlichen Standpunkt an die Studiengänge und an die Prüfungen zu stellen sind, formulieren; ihre Berücksichtigung ist den zuständigen universitären Gremien und den Kultusministerien aufgegeben[114]. In jedem Falle ist es dem Staat verwehrt, ohne Einvernehmen mit der zuständigen kirchlichen Autorität Studiengänge einzurichten. Allein der Diözesanbischof kann aufgrund seiner Überschau über die kirchlichen Bedürfnisse bestimmen, ob die Einrichtung von Studiengängen notwendig bzw. tunlich ist, welcher Art dieselben sein müssen oder können und ob die vom kirchlichen Standpunkt an sie zu stellenden Anforderungen gewahrt sind; erst recht kann die staatliche Behörde nicht ohne seine bzw. des Apostolischen Stuhles Zustimmung ihren Abschluß durch den Grad eines *Diplomtheologen* anordnen, der, weil er auch ein kirchlicher Grad ist, nicht ohne Zustimmung der zuständigen kirchlichen Autorität verliehen werden kann[115].

b) Kirchenrechtlich. Die staatlichen Einrichtungen für katholische Theologie sind in mehrfacher Weise der Lehre und der Ordnung der Kirche verbunden[116]. Ihre Errichtung und ihre Unterhaltung setzen das Einverständnis der kirchlichen Autorität voraus (c. 816 § 1). Das Amt des Großkanzlers wird von den zuständigen Ortsoberhirten wahrgenommen[117]. Als solchem obliegt es ihm u. a., das Nihil obstat bzw. die Missio canonica für die Ausübung des Lehramtes zu erteilen und

[113] Vgl. für Bayern die Vereinbarungen vom 4. September 1974 und 7. Juli 1978, für Baden-Württemberg den Vertrag vom 4. Februar 1969, für Hessen jenen vom 29. März 1974, für Niedersachsen NiedersK Art. 5 und Vertrag vom 21. Mai 1973, für Nordrhein-Westfalen den Notenwechsel vom 22. April 1969, für Rheinland-Pfalz den Vertrag vom 29. April 1969, für das Saarland jenen vom 12. November 1969.

[114] Vgl. das Dekret der SC InstCath vom 1. Januar 1983 n. VI.

[115] Zu dem Frankfurter Vorfall vgl. KABl. Mainz 1983, S. 24, Nr. 50.

[116] Nach dem Schreiben *Pius' XII.* an die deutschen Bischöfe vom 20. Februar 1949 sind die katholisch-theologischen Fakultäten an den staatlichen Universitäten „auch und an erster Stelle kirchliche Fakultäten" (ABl. München und Freising 1949, S. 67–71, hier 68).

[117] Dekret der SC InstCath vom 1. Januar 1983, n. I.

erforderlichenfalls zu entziehen[118]. Nur jene Fakultäten können akademische Grade, die kanonische Wirkung haben, verleihen, die vom Apostolischen Stuhl anerkannt sind[119]. Fachbereiche ohne kirchliches Promotionsrecht dürfen den Dr. theol. überhaupt nicht verleihen. Erst recht kommen für Habilitationen nur (volle) theologische Fachbereiche in Frage[120].

Die Vorschriften des CIC und die übrigen kirchlichen Bestimmungen über das Hochschulwesen, die Lehre der Theologie und die Ausbildung für den kirchlichen Dienst sind soweit wie möglich zu beachten (Art. IX BadK; ARt. 19 RK mit Schlußprot.; Vereinbarung zwischen dem Bischof von Mainz und dem Oberregierungspräsidenten von Hessen-Pfalz vom 5.Oktober 1946).

Als solche Normen kamen früher vor allem die Apostolische Konstitution „Deus scientiarum Dominus" vom 24. Mai 1931 und die Instruktion vom 7. Juli 1932 in Frage. Das Schlußprotokoll zu dem Vertrag über den Fachbereich Katholische Theologie an der Universität Augsburg vom 17. September 1970 und der Notenwechsel zwischen dem Apostolischen Nuntius und dem bayerischen Ministerpräsidenten vom 4. September 1974 erwähnten für damals die „Normae quaedam" vom 20. Mai 1968. Die Lehre muß in Übereinstimmung mit den Grundsätzen der katholischen Kirche stehen (Art. 4 § 4 BayK i.d.F. von 1974) und den Ausbildungsbedürfnissen der Priester und anderer kirchlicher Bediensteter Rechnung tragen (Art. 4 § 1 BayK 1924 i.d.F. von 1974, Art. IX BadK). Die Studienordnung bedarf des Einverständnisses oder der Genehmigung des Bischofs (Art. IX BadK; Nr. 7 der Mainzer Vereinbarung vom 15./17. April 1946). Heute sind die einschlägigen Normen die Apostolische Konstitution „Sapientia Christiana" sowie die zugehörigen „Ordinationes" und die Dekrete vom 1. Januar 1983. Die erwähnte Konstitution beansprucht grundsätzlich Geltung auch für die vom Heiligen Stuhl errichteten oder anerkannten kirchlichen Fakultäten, die sich an nichtkirchlichen Universitäten befinden [121] und fordert die Wahrung der kanonischen Erfordernisse kirchlicher Fakultäten auch dann, wenn sie in nichtkirchliche Universitäten eingefügt sind[122]. Die tiefgreifenden Änderungen, die sich in den deutschen staatlichen Hochschulen in den letzten 15 Jahren vollzogen haben, sind nun nicht ohne Rückwirkungen auf die katholisch-theologischen Fakultäten geblieben. Die Verhältnisse in der Gruppenuniversität[123], die das Hochschulrah-

[118] Nihil obstat und Missio canonica sind begrifflich zu unterscheiden. Die Erteilung der letzteren kann mit der Erklärung des ersteren verbunden oder eigens vorgenommen werden.

[119] C. 817; Art. 6 SapChrist; Dekret der SC InstCath vom 1.Januar 1983, n. VII Ziff. 16.

[120] *A. Frhr. v. Campenhausen*, Rechtsprobleme der Habilitation im Fach Theologie, in: *D. Blumenwitz/A. Randelzhofer* (Hrsg.), Festschrift für Friedrich Berber zum 75. Geburtstag, München 1973, S. 127–138; *W. Weber*, Die Bindung theologischer Habilitationen an theologische Fakultäten oder Fachbereiche, in: *H. Ehmke/J. H. Kaiser/W. A. Kewenig/K. M. Meessen/W. Rüfner* (Hrsg.), Festschrift für Ulrich Scheuner zum 70. Geburtstag, Berlin 1973, S. 591–602.

[121] Art. 8 SapChrist.

[122] Art. 20 § 2 SapChrist.

[123] Vgl. *H. H. Rupp*, „Gruppenuniversität" und Hochschulselbstverwaltung, in: Wissenschaftsrecht – Wissenschaftsverwaltung – Wissenschaftsförderung 7 (1974), S. 89–106.

mengesetz vom 26. Januar 1976[124] geschaffen hat, stehen sogar zum Teil im Widerspruch zu den kanonischen Normen. Denn die früheren Fakultäten sind durch die Fachbereiche abgelöst worden, deren Rechtsstellung sich wesentlich von jener der ersteren unterscheidet. In dem für die Entscheidungen maßgebenden Fachbereichsrat wirken Lehrende, Lernende und nichtwissenschaftliche Angestellte grundsätzlich gleichberechtigt mit, also auch Personen, die keine Missio canonica besitzen oder nicht katholisch sind. Die Beschlüsse dieses Gremiums betreffen nicht nur technische Fragen, sondern auch die kirchlichen Aufgaben der Fachbereiche; man denke etwa an die Studien- und Prüfungsordnungen, aber auch an die Zuweisung und Verwendung von Finanzmitteln. Die Gefahr ist nicht von der Hand zu weisen, daß in den Fachbereichsräten unkirchliche Kräfte sich geltend machen oder gar das Übergewicht erlangen und damit die kirchliche Funktion der Fachbereiche mehr oder weniger in Frage stellen. Auch die starke Vermehrung der Einrichtungen zur Ausbildung von Religionslehrern an Hochschulen ohne theologische Fakultät, häufig mit schmaler personeller und sachlicher Ausstattung, kann nicht ohne Sorge betrachtet werden. Denn sie verlagert das Studium der Theologie für einen großen Kreis von Personen an nichttheologische Fachbereiche.

3. Bestellung und Abberufung der akademischen Lehrer

Die wichtigste, aber auch die heikelste Frage der theologischen Hochschuleinrichtungen in staatlicher Trägerschaft ist die Rechtsstellung, näherhin die Anstellung und die evtl. Abberufung der akademischen Lehrer. Die Mitglieder der theologischen Fakultäten etc. sind Inhaber eines konfessionellen Staatsamtes, d. h. sie üben ein staatliches Amt aus, dessen Träger verpflichtet ist, eine kirchliche Aufgabe wahrzunehmen. Sie stehen infolgedessen in der Spannung zwischen Bekenntnisbindung und kirchlichem Selbstbestimmungsrecht einerseits, der Freiheit des Gewissens und der Wissenschaft anderseits; der Schutz des Grundrechtes aus Art. 5 Abs. 3 GG ist für sie notwendig eingeschränkt. Der Staat besetzt die Lehrstellen in den theologischen Fakultäten etc., aber im Einvernehmen mit der Kirche. Er legt die bildungsmäßigen und beamtenrechtlichen Voraussetzungen ihrer Inhaber fest, überläßt jedoch das Urteil über die kirchlichen Erfordernisse und deren Vorliegen der Kirche. Die kirchliche Autorität besitzt weitreichende Mitwirkungsrechte bei der Anstellung und der evtl. Abberufung der akademischen Lehrer der katholischen Theologie an den staatlichen Hochschulen. Sie sind regelmäßig in den einschlägigen Konkordaten und Kirchenverträgen niedergelegt[125].

[124] Vgl. *W. Thieme,* Das Hochschulrahmengesetz, in: Wissenschaftsrecht – Wissenschaftsverwaltung – Wissenschaftsförderung 9 (1976), S. 193–221.

[125] Art. 19 RK, Art. 3 BayK i.d.F. von 1974, Art. X BadK, Art. 12 Abs. 1 S. 2 PreußK, jeweils mit Schlußprotokoll; Briefwechsel zwischen dem Apostolischen Nuntius und dem Ministerpräsidenten von Nordrhein-Westfalen vom 20./29. Dezember 1967; Art. 4 Abs. 1 NiedersK; Mainzer Vereinbarungen vom 15./17. April und 5. Oktober 1946; § 2 des Vertrags zwischen dem Heiligen Stuhl und dem Saarland von 1968. Vgl. *J. Simon,* Die kirchliche

a) Gemeinsame Regelung. Bei allen Abweichungen in einzelnen Punkten besteht eine gemeinsame Regelung. Die Fakultäten bzw. Fachbereiche unterbreiten bei der Besetzung der theologischen Lehrstellen dem zuständigen Kultusminister Vorschläge. Dieser wählt den zu berufenen Gelehrten aus und gibt, entweder vor dem Hinausgehen der Berufung oder vor der Ernennung, dem zuständigen Diözesanbischof Gelegenheit, Einwendungen gegen die Lehre und den Lebenswandel desselben vorzubringen[126]. In seiner Äußerung hat der Bischof seine Bedenken nach seinem pflichtgemäßen Ermessen niederzulegen. Der Staat hat ihnen grundsätzlich Rechnung zu tragen, d. h. er kann einen Gelehrten, gegen den solche Ausstellungen vorgebracht worden sind, nicht ernennen. Bei der Zulassung von Privatdozenten erfolgt die Befragung des Bischofs entweder durch die Fakultät oder durch das Kultusministerium. Auch andere akademische Lehrer, die nicht Professoren sind, bedürfen, falls sie selbständig Lehraufgaben wahrnehmen, vor ihrer Ernennung des Nihil obstat des zuständigen Diözesanbischofs[127]. In *Bayern* bedarf nach dem Vertrag zwischen dem Heiligen Stuhl und dem Freistaat Bayern vom 7. Juli 1978 zur Änderung des Bayer. Konkordates vom 29. März 1924 (AAS 70 [1978], S. 770–775) *jeder* Lehrende des Nihil obstat des Diözesanbischofs. Das Wort „zu selbständiger" in Art. 3 § 2 BayK vom 4. September 1974 (AAS 66 [1974] S. 601–619) wurde ersetzt durch das Wort „zur" (Lehre). Werden gegen die Lehre und den Lebenswandel eines akademischen Lehrers triftige Gründe vorgebracht, so muß der Staat Abhilfe leisten, d. h. den beanstandeten Lehrer aus der theologischen Fakultät entfernen[128] und für einen entsprechenden Ersatz sorgen. Im

Gebundenheit des staatlichen Amtes der katholischen Theologieprofessoren in Bayern, Jur. Diss. München, München 1964; *D. Lorenz,* Wissenschaftsfreiheit zwischen Kirche und Staat (= Konstanzer Universitätsreden 87), Konstanz 1976; *J. Müller-Volbehr,* Staat und Kirche – Universität und Theologie. Aktuelle Rechtsprobleme der Theologenausbildung an staatlichen Hochschulen, in: ZevKR 24 (1979), S. 1–27; *P. Mikat,* Staatskirchenrechtliche Bemerkungen zur Nihil-obstat-Problematik, in: AfkKR 148 (1979), S. 93–106; *H. Heinemann,* Lehrbeanstandung in der katholischen Kirche (= Canonistica 6), Trier 1981; *E. Th. Ende,* Die theologischen Fakultäten zwischen wissenschaftlicher Freiheit und kirchlicher Bindung. Zu den Rechtsfolgen der kirchlichen Beanstandung eines katholischen Universitätstheologen, in: AÖR 106 (1981), S. 355–402; *E.-L. Solte,* Fakultäten, Theologische, in: TRE X (1982), S. 788–795.

[126] Bei der Berufung an eine andere Fakultät und bei der Erweiterung der Lehrbefugnis in derselben Fakultät ist das Nihil obstat erneut einzuholen und zu erteilen. Das Dekret der SC InstCath vom 1. Januar 1983 schärft in n. IV Ziff. 7 ein, daß der Ortsoberhirt, bevor er einem auf Lebenszeit zu ernennenden Professor das Nihil obstat erteilt, gemäß Art. 27 § 2 SapChrist seinerseits den Apostolischen Stuhl um Gewährung des Nihil obstat angehen muß.

[127] *H. E. Fischer,* Das kirchliche Mitwirkungsrecht bei Ergänzung des Lehrkörpers im katholisch-theologischen Fachbereich, in: Festg. Flatten, S. 361–379.

[128] Das Dekret der SC InstCath vom 1. Januar 1983 hebt in n. IV Ziff. 6 hervor, daß die Erteilung des Nihil obstat die Erklärung in sich schließt, der betreffende akademische Lehrer könne Mitglied der Fakultät werden, und daß der Widerruf des Nihil obstat bedeutet, er könne dies fernerhin nicht bleiben. Eine derartige Regelung ist bereits im Schlußprotokoll zu Art. 3 §§ 2 und 3 des BayK i.d.F. v. 4.September 1974 (AAS 66 [1974], S. 601–619) vorgesehen. Danach bedeutet die Erklärung des zuständigen Diözesanbischofs, daß gegen den in Aussicht genommenen Kandidaten keine Erinnerung erhoben wird, zugleich das Einverständnis, daß der Kandidat Mitglied des theologischen Fachbereiches wird. Die Anwendung des Art. 3 § 3 („Sollte einer der genannten Lehrer vom Diözesanbischof wegen seiner Lehre oder wegen seines sittlichen Verhaltens aus triftigen Gründen beanstandet werden, so wird der Staat unbeschadet der staatsdienerlichen Rechte alsbald auf andere Weise für einen entspre-

übrigen bleibt die beamten- und hochschulrechtliche Stellung des Beanstandeten erhalten. In Österreich hat der Entzug der Missio canonica durch den zuständigen Bischof die Folge, daß der Staat den betreffenden akademischen Lehrer seines Lehramtes entheben muß[129].

Der soeben beschriebene Modus des Zusammenwirkens von Staat und Kirche bei der Bestellung und Abberufung von Theologieprofessoren hat sich trotz gelegentlicher Friktionen im ganzen bewährt. Indes sind die Fakultäten und sonstigen Hochschuleinrichtungen für katholische Theologie von dem Zug nach Entkonfessionalisierung und Herabstufung der Verpflichtung auf das Bekenntnis, der sich seit einiger Zeit in Kirche und Gesellschaft zeigt, nicht gänzlich unberührt geblieben. Die kirchliche Bindung der an staatlichen Hochschulen betriebenen Theologie wird nicht mehr überall als selbstverständlich anerkannt. Die Fälle, die denen katholische Theologen an Universitäten und sonstigen Hochschulen wegen ihrer Lehre oder wegen ihres Lebenswandels mit der Kirche in Konflikt geraten, sind häufiger geworden. Zwischen den Bischöfen und der Regierung von *Nordrhein-Westfalen* kam es zu Meinungsverschiedenheiten über die Gründe und die Folgen einer Beanstandung. Im Jahre 1979 einigten sich der Minister für Wissenschaft und Forschung dieses Landes und die Bischöfe von Köln, Paderborn, Aachen, Essen und Münster über die gegenseitigen Rechte und Pflichten bei der kirchlichen Beanstandung von Lehrenden der katholischen Theologie, wie sie sich aus den vertraglichen Grundlagen ergeben[130]. Dabei wurde u. a. geklärt, daß die Beantragung der Laisierung einen schweren und ärgerlichen Verstoß gegen die Erfordernisse des priesterlichen Lebenswandels darstellt, daß das Ergreifen (staatlicher) Abhilfemaßnahmen nicht von der Entscheidung des Laisierungsantrags oder von dem Ausgang eines (evtl. angestrengten) Lehrbeanstandungsverfahrens abhängig gemacht wird und daß der Beanstandete nicht mehr in der katholisch-theologischen Fakultät lehren oder prüfen darf.

Die Mitwirkung der Kirche bei der Berufung von Dozenten an den Pädagogischen Hochschulen ist, Bayern ausgenommen, auf die Lehrstühle für Theologie beschränkt.

Nr. 2 der Vereinbarung zwischen der Regierung des Landes *Baden-Württemberg* und den Kirchenleitungen vom 4. Februar 1969 i.d.F. von 1975[131] sieht vor, daß die Berufung von Dozenten für Theologie und Religionspädagogik erst nach herge-

chenden Ersatz sorgen") hat daher zur Folge, daß der Lehrer aus dem theologischen Fachbereich ausscheidet. Ferner ist in einem Notenwechsel vom 4. 9. 1974 zwischen dem Apostolischen Nuntius in Deutschland und dem Bayerischen Ministerpräsidenten zu Art. 3 § 3 BayK die folgende einvernehmliche Feststellung getroffen worden: „Priester, die dem Priesterstand nicht mehr angehören und wiederverheiratete Geschiedene können dem theologischen Fachbereich nicht angehören." (Vgl. AfkKR 143 [1974], S. 583).

[129] *E. Melichar*, Austritt eines Theologieprofessors aus seiner Kirche, in: ÖAKR 24 (1973), S. 356–361.

[130] AfkKR 148 (1979), 568–591. Die in diesen Sachzusammenhang gehörigen Bemerkungen des Präfekten für das katholische Bildungswesen vom 15. August 1975 (AnnéeC XXI [1977], S. 254f.) dringen nicht in die Tiefe.

[131] Vereinbarung zwischen dem Lande Baden-Württemberg und den Kirchenleitungen vom September/Oktober 1975 über die Berufung von Dozenten für Theologie/Religionspädagogik an den Pädagogischen Hochschulen, in: AfkKR 145 (1976), S. 276f.

stelltem Einvernehmen mit den zuständigen Kirchenleitungen erfolgt. Nach *Art. 3 § 4 BayK* i.d.F. von 1974 gelten für die Lehrstühle für katholische Theologie und für Didaktik des katholischen Religionsunterrichts an den Universitäten Erlangen-Nürnberg und Bayreuth das Erinnerungsrecht und das Beanstandungsrecht des Bischofs entsprechend. Art. 5 *NiedersK* i.d.F. vom 21. Mai 1973[132] verweist für die Besetzung der Lehrstühle für katholische Religionspädagogik und für Methodik des katholischen Religionsunterrichts an den Pädagogischen Hochschulen sowie für den Fachbereich Katholische Theologie und Religionspädagogik an der Universität Osnabrück auf Art. 12 Abs. 1 PreußK samt Schlußprotokoll und § 3 der Anlage zum Niedersächsischen Konkordat. Auch in *Nordrhein-Westfalen* wird nach dem Briefwechsel zwischen dem Apostolischen Nuntius und dem Ministerpräsidenten vom 21./22. April 1969 bei der Besetzung der Lehrstühle das Schlußprotokoll zu Art. 12 Abs. 1 PreußK angewandt. Merkwürdigerweise sieht Art. 1 Abs. 1 mit Schlußprotokoll des Vertrags zwischen dem Heiligen Stuhl und Rheinland-Pfalz vom 29.April 1969 eine verschiedene Weise der Mitwirkung der Kirche bei der Besetzung der Lehrstühle für katholische Theologie und des Lehrstuhls für Religionspädagogik vor. Die Inhaber der ersteren können erst ernannt werden, wenn der zuständige Diözesanbischof gegen die in Aussicht genommenen keine Erinnerung erhebt. Die Vorschlagslisten für die Berufungen auf diese Lehrstühle werden im Einvernehmen mit dem zuständigen Diözesanbischof erstellt. Der Inhaber des letzteren muß lediglich in der Lage sein, sein Fach im Geist der katholischen Lehre zu vertreten, worüber freilich die zuständige kirchliche Oberbehörde das Urteil trifft. Ähnlich sieht Art. 1 mit Zusatzprotokoll des Vertrags des *Saarlandes* mit dem Heiligen Stuhl vom 12. November 1969 vor, daß die Inhaber der Lehrstühle für katholische Theologie an der Universität Saarbrücken erst ernannt werden, wenn von der kirchlichen Oberbehörde gegen die in Aussicht Genommenen keine Erinnerung erhoben worden ist. Bei dem Inhaber des Lehrstuhls für Religionspädagogik entscheidet die kirchliche Oberbehörde, ob er in der Lage ist, die Pädagogik unter besonderer Berücksichtigung der religiösen Bildung und Erziehung zu vertreten.

Ein Recht, Theologieprofessoren an den Pädagogischen Hochschulen nachträglich zu beanstanden, ist dem zuständigen Diözesanbischof nicht allenthalben ausdrücklich eingeräumt worden. Da es aber mit dem Gesamtstatus des Lehrers der katholischen Theologie untrennbar verknüpft ist, ist es auch dort anzunehmen, wo es nicht vertraglich niedergelegt ist. Sein Umfang ist wie bei den akademischen Lehrern der Universitäten zu bestimmen.

Auch in *Österreich* ist eine entsprechende Mitwirkung „der zuständigen kirchlichen Behörde" bei der Ernennung und Abberufung der akademischen Lehrer der katholischen Theologie vorgeschrieben (Art. V §§ 3 und 4 des Österreichischen Konkordats).

[132] Vertrag zwischen dem Heiligen Stuhl und dem Land Niedersachsen vom 21. Mai 1973 zur Änderung des Konkordats vom 26. Februar 1965, in: AAS 65 (1973), S. 643–646.

In der *Schweiz* liegen besondere Verhältnisse vor[133]. Die Statuten der theologischen Fakultät *Freiburg i. Ü.* von 1936 lassen diese als staatliche Fakultät erkennen, wobei jedoch das Amt der akademischen Lehrer überwiegend als kirchliches verfaßt ist. Die Berufungsordnung vom 16. Juni 1969/24. Juli 1970 hat diese Struktur umgekehrt. Nach dem Vertrag, den der Regierungsrat von Freiburg und der Generalminister des Dominikanerordens am 24. Dezember 1889 geschlossen haben, ernennt der General die akademischen Lehrer, nachdem die Regierung und der Papst (bzw. die zuständige Kongregation) ihrer Auswahl zugestimmt haben und die Fakultät gehört wurde. Seit Erlaß der neuen Berufungsordnung übt die Fakultät ein Vorschlagsrecht aus. Der Großkanzler genehmigt die Liste oder weist sie zurück. Die Ernennung des Kandidaten erfolgt durch den Staatsrat. Der Ordensgeneral kann die akademischen Lehrer nach seinem Ermessen frei abberufen. Seit Erlaß der neuen Berufungsordnung hat der Entzug der Missio canonica keine unmittelbaren Folgen mehr für deren korporations- und beamtenrechtliche Stellung. Indes muß sie der Staat jedenfalls aus der Fakultät entfernen. An der Theologischen Fakultät Luzern, die am 25. Dezember 1973 von der Kongregation für das katholische Unterrichtswesen zu diesem Rang erhoben wurde, bestimmt sich das Verhältnis der akademischen Lehrer zur kirchlichen Behörde nach der Vereinbarung zwischen dem Bischof von Basel und dem Regierungsrat des Kontons Luzern vom 5. April/14. Mai 1971. Danach hat der Bischof das Recht, sich bereits vor Einleitung des Berufungsverfahrens zu den Anträgen der Fakultät zu äußern und Kandidaten zurückzuweisen. Ebenso ist er berechtigt, unter Einhaltung eines bestimmten Verfahrens Lehrern der Fakultät „aus wichtigen Gründen der Lehre oder der Lebensführung" die Missio canonica zu entziehen, worauf der Regierungsrat dem Betroffenen die Lehrerlaubnis für katholische Theologie nimmt.

b) Hessische Sonderregelung. Aus dem gemeinsamen Status der akademischen Lehrer der katholischen Theologie in der Bundesrepublik Deutschland fällt Hessen heraus[134]. In dem Vertrag vom 29. März 1974[135] mit den katholischen Bistümern garantiert das Land Hessen, daß im Bereich der Universitäten und Gesamthochschulen des Landes im Rahmen des Studiums zur Erlangung der Befähigung zum Lehramt die wissenschaftliche Vorbildung in katholischer Theologie und Religionspädagogik erhalten werde. Für die Berufung der hierzu erforderlichen hauptamtlich tätigen Professoren und Dozenten bleibe es hinsichtlich der Mitwirkung des zuständigen Diözesanbischofs bei der derzeitigen Rechtslage (Art. 10 Abs. 1). Diese ist dadurch gekennzeichnet, daß (nur) bei der erstmaligen Anstellung eines Professors oder Dozenten bzw. bei der erstmaligen Erteilung eines

[133] *Corecco,* Der staatskirchenrechtliche Status (Anm. 111), S. 25–33; *J. B. Villiger,* Der lange Weg des Ausbaus der Luzerner Theologischen Fakultät, in: SKZ 138 (1970), S. 289–291; AAS 66 (1974), S. 423–425.

[134] *G. May,* Die rechtliche Stellung der Einrichtungen zur Ausbildung katholischer Religionslehrer an den staatlichen Hochschulen in dem Land Hessen, in: ÖAKR 26 (1975), S. 55–89.

[135] AfkKR 143 (1974), S. 585–595.

Lehrauftrags im Lande Hessen der zuständige Bischof gleichzeitig mit der Berufung um ein Gutachten über die Lehre (nicht über den Lebenswandel) des Anzustellenden ersucht wird. Will der Bischof Bedenken erheben, ist er gehalten, die übrigen Diözesanbischöfe in Hessen zuvor anzuhören; ihre Meinungsäußerung ist dem Gutachten beizufügen. Außerdem muß er mit dem Dekan des in Frage kommenden Fachbereichs in vertraulicher Weise Fühlung nehmen. Von der Möglichkeit einer Beanstandung ist in dem Vertrag keine Rede. Die Weise der kirchlichen Mitwirkung bei der Bestellung der akademischen Lehrer der Theologie, wie sie in Hessen vereinbart wurde, ist unzureichend, weil der zuständige Bischof kein Vetorecht besitzt. Die Bindung der hessischen Einrichtungen zum Studium der katholischen Theologie an die Kirche ist überhaupt zu schwach; dem kirchlichen Charakter der Theologie ist nicht genügend Rechnung getragen.

c) Konkordatsprofessuren. Bescheidener sind die kirchlichen Mitwirkungsrechte bei den sogenannten Konkordatsprofessuren. Für Bayern ist ausdrücklich erklärt, daß für die Ernennung, nicht aber für die Beanstandung der Inhaber dieser Lehrstellen die kirchliche Mitwirkung vorgesehen ist (Art. 3 § 5 BayK i.d.F. von 1974).

2. Abschnitt: Der Heiligungsdienst der Kirche

1. Kapitel: Grundfragen

§ 70 Begriff, Träger und Ordnung der Liturgie

Von Hubert Socha

Neben dem Verkündigungs- und Leitungsdienst gehört der Heiligungs- oder Priesterdienst[1] zur Sendung der Kirche, durch den sie zur Ausbreitung der befreienden Herrschaft Christi und zum Heil der Welt beiträgt (vgl. c. 839 § 1). Das priesterliche Tun vollzieht sich unter anderem im Gebet, in Buß- und Liebeswerken (c. 839 § 1), in der Heiligenverehrung (cc. 1186–1190), einzigartig aber in der Liturgie (c. 834 § 1).

I. Die Liturgie als Teil der Heiligungsaufgabe

Der CIC versteht unter Liturgie *die Ausübung des priesterlichen Dienstes Christi in sinnenfälligen Gemeinschaftsfeiern, durch die die Menschen geheiligt, Gott amtlich verehrt und die Kirche auferbaut und dargestellt wird* (vgl. cc. 834 § 1, 837, 840).

1. Wesenselemente der Liturgie. Im Anschluß an die Aussagen des II. Vatikanum nennt der Gesetzgeber fünf Wesenszüge der Liturgie.

a) Aktualisierung des Heilswerkes Christi. In den liturgischen Feiern ist Christus durch den Heiligen Geist[2] als der österliche Herr heilbringend und den Vater lobpreisend gegenwärtig (vgl. cc. 834 § 1, 840, 899 § 1, 1173). Zeichenhaftes Medium für diese lebenspendende Begegnung ist das stiftungsgemäße Zusammenkommen der Gläubigen (vgl. cc. 835 § 4, 837).

b) Glaubensbezug. Die Liturgie setzt einerseits den Glauben voraus und bezeugt ihn; sie kann nur von Gläubigen innerlich mitgetragen und in ihren Wirkungen angeeignet werden. Andererseits weist die Liturgie in den Glauben ein, bewahrt und vertieft ihn (cc. 836, 840, 843 § 2).

c) Heiligung. Die liturgischen Kommunikationsformen (Symbole, Gesten, Worte) bezeichnen und bewirken in je eigener Weise die Heiligung der Menschen

[1] Da Buch IV des CIC/1983 Aufgaben normiert, die Gott und die Menschen zum Adressaten haben, wäre im Titel dieses Gesetzbuchteiles der Begriff „munus sacerdotale" statt „munus sanctificandi" angebrachter gewesen; vgl. cc. 204 § 1, 834 § 1, 836, 1173.

[2] VatII SC Art. 6 Abs. 2. – Der CIC erwähnt die pneumatologische Dimension der Liturgie nicht. Siehe dagegen die Vorschläge der PCOR, in: Nuntia 15, S. 6f. (c. 1), 25f. (c. 33).

(c. 834 § 1) und ihres Lebensraumes, der Schöpfung (vgl. VatII GS Art. 58 Abs. 4). Indem die Gläubigen an den göttlichen Geheimnissen teilhaben (cc.835 § 1, 1173), werden sie durch die Liturgie zugleich befähigt und gesandt zu christusförmigem Leben und Wirken, um alle und alles der Herrschaft des Vaters zuzuführen (VatII SC Art. 10, Art. 59 Abs. 1; PO Art. 6 Abs. 5).

d) Gottesverehrung. Weil die soteriologische Aktion Gottes der latreutischen Reaktion des Menschen ursächlich vorgeordnet ist (vgl. cc. 834 § 1, 1173), bildet die Gottesverehrung nicht nur eine in der menschlichen Geschöpflichkeit gründende sittliche Verpflichtung, sondern eine notwendige Folge und Dimension der durch die Liturgie bewirkten österlichen Verwandlung. Nach c. 834 § 1 geschieht in der Liturgie die gesamte *öffentliche oder amtliche Gottesverehrung* (cultus Dei publicus)[3], die drei Bedingungen voraussetzt: Der amtliche Kult erfolgt *erstens* im Namen der Kirche (c. 834 § 2); er ist ein *Tun der Kirche,* die durch die aktuellen Gottesdienstträger vertreten wird (c. 837 § 1). Da die Kirche Fülle und Organ des erhöhten Herrn ist (vgl. Eph 1,23; 4,13), ereignet sich der amtliche Kult zugleich im Namen Christi.

Amtlicher Gottesdienst verlangt *zweitens Personen,* die dazu *ordnungsgemäß bestellt* sind (c. 834 § 2). Über das durch die Taufe begründete kirchliche Personsein (c. 96) hinaus ist also eine zusätzliche Beauftragung gefordert.

Die *Kleriker* werden grundlegend in der Ordination zur amtlichen Gottesdienstfeier befähigt, bedürfen jedoch einer weiteren rechtlichen Bestimmung, um ihre Vollmacht in einer kirchlichen Teilgemeinschaft ausüben zu können[4]. Bei den *Laien* gründet die Fähigkeit zur Leitung oder relativ selbständigen Durchführung des amtlichen Kultes unmittelbar in der hoheitlichen Beauftragung, die freilich auf den in Taufe, Firmung, Eucharistie, Ehesakrament und Charismen geschenkten geistlichen Ermächtigungen aufbaut (vgl. cc. 225 § 1, 226, 228 § 1, 230, 759).

Der *hoheitliche Auftrag* zur amtlichen Gottesverehrung wird Klerikern und Laien auf Dauer oder zeitlich begrenzt, mit der Übertragung eines Kirchenamtes (cc. 145, 150, 228 § 1, 230 § 1, 785 § 1) oder unabhängig davon (vgl. cc. 900, 1108 § 1) erteilt. In letzterem Fall kann die Bevollmächtigung von Rechts wegen (z. B. cc. 861 § 2, 976, 1174; c. 656 n. 5 mit c. 1192 § 1) oder durch Verwaltungsakt (z. B. cc. 230 § 2 S. 1, § 3, 759 S. 2, 766, 861 § 2, 910 § 2, 943, 1111 f.) erfolgen.

Cultus publicus setzt *drittens* voraus, daß die Verehrung in einer *von der kirchlichen Autorität anerkannten Form* geschieht (c. 834 § 2)[5].

e) Auferbauung der Kirche. Die Liturgie ist die vorzüglichste Selbstverwirklichung der Kirche (VatII SC Art. 7 Abs. 4, Art. 10). Durch die liturgischen Feiern begründet, stärkt und veranschaulicht der Geist des Herrn die Communio der Erlösten mit Gott und untereinander (cc. 837 § 1, 839 § 1, 840, 843 § 2, 845 § 1, 897), die ihrer Entgrenzung in Herrlichkeit zustrebt (VatII SC Art. 2, Art. 8).

[3] Neben Gott sind auch die Heiligen und Seligen Adressaten des amtlichen Kultes (cc. 1186 f.).

[4] Vgl. cc. 129 § 1, 332 § 1, 375 § 2, 521 § 1, 546, 763 f., 835 §§ 1–3, 900, 965 f., 1003 §§ 1,2, 1008, 1012 f., 1108 f.

[5] S. unten III.

2. *Liturgie und cultus publicus.* Einerseits beinhaltet der cultus publicus nach c. 834 § 1 nur die gottzugewandte Dimension der Liturgie, die außerdem die menschenbezogene Heiligung umfaßt (vgl. cc. 835 § 2, 840, 1173). Andererseits ist laut c. 834 § 1 die gesamte Liturgie in ihrer Doppelstruktur die wichtigste Betätigung des munus sanctificandi. Diese divergierenden Aussagen sind beredter Ausdruck für die untrennbare Einheit, die der cultus und die sanctificatio im konkreten liturgischen Vollzug bilden (vgl. c. 1186).

C. 834 § 2 gilt zwar unmittelbar nur für den cultus publicus, die darin genannten Bedingungen beziehen sich jedoch auf die Liturgie insgesamt. Als wichtigstes amtliches Tun der ganzen Kirche setzt die Liturgie stets die Mitwirkung des Bischofskollegiums voraus, in dem die amtliche Sendung des Gottesvolkes ihre größte Dichte erlangt, sei es daß der zuständige Oberhirt selbst mit seinen Gläubigen Gottesdienst feiert, sei es daß ein von ihm beauftragter Kleriker oder Laie der Feier vorsteht (vgl. VatII SC Art. 13 Abs. 2, 41 f.)[6].

3. *Umfang der Liturgie.* Im Zentrum der Liturgie steht die Eucharistie (cc. 897–958). Um sie ordnen sich die Feiern der übrigen Sakramente (cc. 849–896, 959–1165) und der Sakramentalien (cc. 1166–1172), die Liturgie des Stundengebetes (cc. 246 § 2, 276 § 2 n. 3, 663 § 3, 1173–1175) und der anderen Wortgottesdienste[7]. Innerhalb der Eucharistiefeier und der Wortgottesdienste bildet die Homilie einen integrierenden Teil der Liturgie (c. 767 § 1). Liturgischen Charakter haben ferner u.a. die Prozessionen (c. 944) und die Begräbnisfeiern (cc. 1176–1185)[8].

Die ganze aus dem Glauben gestaltete Existenz der Christen kann und soll als Verwirklichung des gemeinsamen Priestertums (cc. 204 § 1, 836) Gottesdienst sein (Röm 12,1; Eph 1,4–6; Jak 1,27; 1 Petr 2,5.9). Sofern der christlichen Gottesverehrung jedoch eine der in c. 834 § 2 genannten Voraussetzungen fehlt, handelt es sich nicht um amtlichen Kult oder Liturgie, sondern um *Andachtsübungen* (pia exercitia; c. 839 § 2; vgl. c. 663 § 3). Sie sind kirchliches Tun, weil von Kirchengliedern vollzogen und dem Aufbau der Kirche dienend, aber sie sind nicht „Feiern der Kirche selbst" (c. 837 § 1), die stellvertretend für sie und in ihrem Namen geschehen[9]. Zur außerliturgischen devotio oder veneratio (cc. 1188 f., 1190 §§ 2, 3) zählen

[6] Die Feststellung, daß die Gläubigen kraft der Taufe das Recht und die Pflicht haben, bewußt und tätig an den liturgischen Feiern teilzunehmen (VatII SC Art. 14 Abs. 1), enthält keinen Hinweis, daß eine liturgica celebratio ohne den Bischof oder eine von ihm beauftragte Person stattfinden kann. Ebensowenig läßt sich aus VatII AA Art. 24 Abs. 5, wo nur für gewisse liturgische Handlungen eine förmliche missio gefordert ist, schließen, daß Laien ansonsten ohne die Präsenz eines ausdrücklich Beauftragten Liturgie feiern können. Dies verkennt *R. Kaczynski,* Liturgie und Recht. Anmerkungen zum neuen Codex der lateinischen Kirche, in: Gottesdienst 17 (1983), S. 42.

[7] Z. B. Wortgottesdienste anstelle der sonntäglichen Eucharistiefeier (cc. 230 § 3, 1248 § 2) oder Wortgottesdienste zur Verehrung der Heiligen (c. 1186 f.).

[8] Gelübde und Eid, die der CIC auch im Buch IV, Teil II (De ceteris actibus cultus divini) normiert (cc. 1191–1204), sind keine liturgischen Akte; ihre Ablegung kann jedoch im Rahmen einer liturgischen Feier, z. B. bei der Eingliederung in ein Institut des geweihten Lebens, erfolgen.

[9] Darum eignet ihnen auf dem Fundament und im Rahmen der konstitutiven Glaubensüberlieferung weitgehende Gestaltungsfreiheit; vgl. VatII SC Art. 37; c. 839 § 2.

auch die kirchlich empfohlenen oder gutgeheißenen Formen der Volksfrömmigkeit (VatII SC Art. 13 Abs. 1)[10]. Die Andachtsübungen sollen sich an der Liturgie orientieren (ebd. Art. 13 Abs. 3; vgl. c. 839 § 2).

II. Die Träger der Liturgie

Subjekt des amtlichen Gottesdienstes und damit auch der Liturgie ist der „mystische Leib Jesu Christi" (c. 834 § 1). Sichtbares Organ für das priesterliche Wirken des *erhöhten Herrn,* des eigentlichen Liturgen, ist die *universale Kirche,* die durch die jeweilige gottesdienstliche Versammlung tätig wird. Das ganze Gottesvolk ist in jeder liturgischen Feier engagiert (cc. 834, 837 § 1, 840f., 899 § 1, 904, 1173), auch wenn dabei nur eine oder zwei Personen unmittelbar in Erscheinung treten[11].

1. *Alle Gläubigen.* Liturgie als gesamtkirchliche Funktion setzt voraus, daß alle Gläubigen kraft ihrer Eingliederung in Christus und seine Kirche zu priesterlichem Tun ermächtigt (cc. 204 § 1, 836), zur liturgischen Mitträgerschaft befähigt und berechtigt sind (c. 214; vgl. cc. 213, 843 § 1, 899 § 2)[12]. Da Gottesdienst wesenhaft nach gemeinschaftlichem Vollzug verlangt (vgl. cc. 837 § 2, 1174 § 2) und dieses Zusammenkommen für die kirchliche Existenz lebensnotwendig ist (vgl. c.1247), hat das christliche Grundrecht auf die aktive Mitkonstituierung der amtlichen Kultgemeinde zugleich den Charakter einer Grundpflicht (cc. 96, 210; vgl. c. 848).

2. *Auf je eigene Weise.* Die Kirchenglieder können und sollen Liturgie feiern, aber nicht in völliger Einförmigkeit, sondern in der Vielfalt der empfangenen Gaben (vgl. Eph 4,15; cc. 96, 204 § 1, 208, 210, 835). Für die jedem Gläubigen zukommende Mitwirkung sind maßgebend[13]:

a) Die Gliedschaftsstellung. Eingereiht in das priesterliche Volk sind alle *Getauften* zu Liturgen bestellt, jedoch in Verbundenheit mit dem spezifischen Dienst der in der besonderen Apostelnachfolge stehenden *Kleriker* (vgl. c. 834 § 2). Allein die Geistesgabe der Ordination ermächtigt zur vollen sichtbaren Repräsentation Christi und der Kirche. Nur *Bischof* und *Priester* sind imstande, die liturgischen Feiern „in der Person Christi" zu vollziehen (cc. 899 § 2, 900 § 1, 1008); nur der Bischof und der von ihm gesandte Priester vermögen, mit Unterstützung der *Diakone,* eine gottesdienstliche Versammlung so zu einen, daß in ihr in

[10] Z. B. Kreuzweg, Rosenkranz, Litaneien, Andachten, Triduen, Morgen-, Abend- und Angelusgebet.

[11] Z. B. bei der Beichte, bei der Krankensalbung oder beim Stundengebet.

[12] C. 204 § 1 erwähnt nur die Taufe; die volle Befähigung gründet jedoch in allen drei Initiationssakramenten sowie in der uneingeschränkten Verbundenheit mit der kirchlichen Communio; vgl. cc. 96, 204 § 2, 205, 225 § 1, 842 § 2, 866.

[13] Siehe zum Folgenden c. 837 § 1: diverso modo, pro diversitate ordinum, munerum et actualis participationis; c. 899 § 2: suo quisque modo pro ordinum et liturgicorum munerum diversitate.

ursprünglicher und relativ eigenständiger Weise[14] die eine Kirche Christi greifbar wird und handelt (vgl. cc. 835 §§ 1–3, 837 § 1 S. 1, 899 §§ 1,2).

Zusammen mit ihrem Bischof oder abhängig von ihm sind die *Laien* wirkliche Liturgen, Mitträger des amtlichen Gottesdienstes. Ihre konstitutive Mitwirkung, z. B. bei der Eucharistiefeier (cc. 835 § 4, 899, 912) und den übrigen Sakramenten[15], ist aus sich heraus liturgisches Tun.

b) Die Aufgaben. Die von Gott in der Initiation (c. 842 § 2) und Ordination geschenkte priesterliche Befähigung wird entfaltet durch die dem einzelnen Gläubigen darüber hinaus zuteil gewordenen Aufgaben[16]. Diese sind sakramental (cc. 226, 835 § 4 Satz 2, 1055, 1134) oder durch hoheitliche Sendung[17] vermittelt. Es kann sich dabei aber auch um liturgische Dienste handeln, die ein Christ kraft seiner Kirchengliedschaft mit Billigung des jeweiligen Gottesdienstleiters übernimmt (vgl. cc. 230 § 2, 872–874, 892f., 1108 § 1).

c) Die rechtliche Festlegung. Was dem Gläubigen als Liturgen im einzelnen zukommt, bestimmen die geltenden Rechtsvorschriften (vgl. cc. 214, 228 § 1, 230 § 3, 834 § 2, 835 § 3, 837 § 1 S. 1, 846).

d) Das Engagement. Schließlich hängt die tatsächliche Rolle des Gläubigen in der liturgischen Feier entscheidend von seiner tätigen Teilnahme ab, von seinem Bemühen, sich in der ihm zustehenden Funktion optimal, bewußt und ausdruckshaft einzubringen (vgl. cc. 837, 898).

III. Die Ordnung der Liturgie

Allein der kirchlichen Autorität obliegt es, die Liturgie zu leiten (c. 838 § 1), d. h. die Grundgestalt des amtlichen Gottesdienstes festzulegen, die Aufsicht über ihn zu führen und einer gottesdienstlichen Versammlung vorzustehen. Die liturgische Normgebung erfolgt auf dem Wege des Gesetzes oder der gewohnheitsmäßigen Rechtsbildung (cc. 7–30). Der CIC enthält in der Regel nur solche liturgischen Bestimmungen, die über die Festlegung der gottesdienstlichen Funktionen und Texte hinaus die rechtliche Gestalt der kirchlichen Communio betreffen[18]. Alle bei Inkrafttreten des Gesetzbuches geltenden liturgischen Normen bleiben deshalb bestehen, sofern sie nicht dessen Kanones widersprechen (c. 2; vgl. c. 6 § 1 n. 2)[19].

Für die *universalkirchliche* Leitung der Liturgie sind der Papst und das Bischofs-

[14] In abgeleiteter und abhängiger Form kann diese Integrationsfunktion auch ein vom Bischof beauftragter Laie wahrnehmen.

[15] Siehe cc. 840, 865, 959f., 962f., 980f., 987f., 1057, 1101, 1108.

[16] Die in den cc. 837 § 1 S. 3, 843 § 2 u. 899 § 2 genannten munera sind von den durch die Taufe (c. 204 § 1) und durch das Weihesakrament (c. 1008) verliehenen munera zu unterscheiden.

[17] Amtsverleihung, Delegation, Beauftragung, Profeß auf die durch die evangelischen Räte geweihte Lebensform, Jungfrauenweihe; s. oben I 1 d.

[18] Vgl. Schema EcclMunSanct, p. 3.

[19] Die Weitergeltung des bisherigen liturgischen Gewohnheitsrechtes regelt c. 5.

kollegium zuständig (cc. 330–341). Die folgenden Kompetenzregeln beziehen sich nur auf die *lateinische Rituskirche* (c. 1).

1. Aufgaben des Apostolischen Stuhles. Dem Apostolischen Stuhl (vgl. c. 361) kommt es zu, die Liturgie der lateinischen Kirche[20] zu *ordnen*, vor allem durch die Herausgabe der amtlichen Gottesdienstbücher[21] und den Erlaß sonstiger Normen, die den in der abendländischen Patriarchatskirche am weitesten verbreiteten römischen Ritus betreffen (vgl. c. 838 § 2)[22]. Unter anderem sind dem Apostolischen Stuhl die Gesetzgebung bezüglich der Gültigkeitsbedingungen der Sakramente (c. 841), die Stiftung, Abschaffung, Veränderung und authentische Interpretation von Sakramentalien (c. 1167 § 1)[23], die Einrichtung, Verlegung oder Aufhebung von Fest- und Bußtagen für die ganze lateinische Kirche (c. 1244 § 1) sowie die Heilig- und Seligsprechung (vgl. c. 1187)[24] reserviert[25].

Der Apostolische Stuhl übt auch die *oberste Kultaufsicht* aus, indem er die Einhaltung der gottesdienstlichen Ordnungen überwacht, die muttersprachlichen Übersetzungen der gesamtrömischen Liturgiebücher anerkennt (c.838 § 2)[26], die von Bischofskonferenzen, Bischöfen und Leitungsorganen der Instituta vitae consecratae oder Societates vitae apostolicae[27] getroffenen liturgischen Anordnungen gutheißt (vgl. c. 841) sowie die Erlaubnis erteilt, hervorragende und viel verehrte Reliquien oder Bilder zu veräußern oder für immer an einen anderen Ort zu übertragen (c. 1190 §§ 2, 3)[28].

2. Aufgaben der Diözesanbischöfe. In Ausübung seines Hirtendienstes leitet der Diözesanbischof[29] auch die Liturgie der Teilkirche (cc. 375 § 1, 835 § 1, 837 § 1, 838 § 1)[30]. Zusammen mit dem Papst (c. 838 § 2) *beaufsichtigt* er das gesamte priesterliche Wirken seiner Gläubigen, mag dieses amtlichen oder nichtamtlichen

[20] Für sie verwendet der CIC – dem bislang üblichen Sprachgebrauch folgend – in c. 838 § 2 wie auch an anderen Stellen noch die unzutreffende Bezeichnung „Ecclesia universa".

[21] Es ist zu unterscheiden zwischen der in der Vatikanischen Druckerei erscheinenden offiziellen lateinischen Urausgabe und der im Auftrag der Bischofskonferenz erstellten und durch den Ap. Stuhl konfirmierten editio typica; *SC Rit*, Instr. v. 27. 1. 1966, Nr. 1, in: AAS 58 (1966), S. 169.

[22] Der Ap. Stuhl muß zustimmen, wenn liturgisches Gewohnheitsrecht entstehen soll, das zu päpstlichen Gesetzen in Beziehung tritt; cc. 23–26.

[23] Ausgehend von VatII SC Art. 63 u. 79 wäre hinsichtlich der Sakramentalien eine größere Befugnis für die Bischofskonferenzen angebracht gewesen.

[24] *Johannes Paul II.*, Const. „Divinus perfectionis magister" v. 25. 1. 1983, nn. 3–17, in: AAS 75 (1983), S. 353f.

[25] Siehe auch die cc. 1013, 1077 § 2, 1078 § 2.

[26] Die recognitio der Übersetzungen hat lediglich rechts*bekräftigende* Bedeutung. Rechts*begründend* ist das Approbationsdekret der Bischofskonferenz (c. 455f.).

[27] Vgl. *SC Rit*, Normae v. 21. 3. 1969, Nr. 48–55, in: *Ochoa* IV, Sp. 5500f.; *SC Cult*, Instr. v. 24. 6. 1970, Nr. 4 u. 30, in: AAS 62 (1970), S. 652f., 659.

[28] Auch bezüglich der Reliquien und Bilder wäre eine differenziertere Regelung, die der Bischofskonferenz und den Bischöfen größere Vollmachten einräumt, denkbar und sinnvoll gewesen.

[29] Die liturgischen Leitungsbefugnisse des Diözesanbischofs kommen, sofern sich aus der Natur der Sache oder dem Recht nicht etwas anderes ergibt, auch den Oberhirten der teilkirchenähnlichen Gemeinschaften zu; c. 134 § 3; c. 381 § 2 mit c. 368.

[30] Hinsichtlich *gerichtlicher Kompetenzen* des Ortsbischofs im Bereich des munus sacerdotale vgl. *Johannes Paul II.*, Const. „Divinus perfectionis magister" (Anm. 24), Nr. 1–2; *SC CausSS*, Normae v. 7. 2. 1983, in: AAS 75 (1983), S. 396–404.

Charakter haben (c. 835 § 1). Er sorgt unter anderem für die Beachtung der liturgischen Bestimmungen (cc. 392 § 2, 839 § 2), wacht darüber, daß die Neuauflagen liturgischer Bücher und Texte sowie ihrer Übersetzungen der approbierten Ausgabe entsprechen (c. 826 § 2), und erlaubt das Erscheinen von Gebetbüchern für den liturgischen und außerliturgischen Gebrauch (c. 826 § 3)[31].

Um die Liturgie im Bistum zu schützen, zu fördern und zu ordnen, kann der Bischof auch *gesetzgeberisch tätig* werden (c. 835 § 1 mit c. 838 § 4; vgl. cc.391, 678 § 1, 837 § 1). Häufig verpflichtet oder ermächtigt ihn der CIC, *konkretisierende gottesdienstliche Normen* zu erlassen[32]. Darüber hinaus eignet dem Bischof im Rahmen der vorgegebenen Kirchenordnung eine *eigenständige Gesetzgebungskompetenz* bezüglich der Diözesanliturgie[33] (sacra exercitia; VatII SC Art. 13 Abs. 2; c. 839 § 2)[34].

Hundertjähriges oder unvordenkliches liturgisches *Gewohnheitsrecht*, das dem CIC entgegensteht, kann mit ausdrücklicher oder stillschweigender Duldung des Bischofs in der Diözese fortgelten (c. 5 § 1 S. 2). Der Bischof muß zustimmen, wenn neue gottesdienstliche Gewohnheiten (vgl. c. 952 § 2), die von ihm erlassene Gesetze berühren, Rechtskraft erlangen sollen (cc. 23–26).

3. Aufgaben der Bischofskonferenzen. Als Leitungsinstanz der Gläubigen einer Nation oder eines bestimmten Gebietes eignet der Bischofskonferenz auch liturgische Ordnungskompetenz (VatII SC Art. 22 § 2)[35], die vor allem auf die Anpassung des Gottesdienstes an die jeweiligen örtlichen Verhältnisse zielt (c. 447). Liturgische Beschlüsse mit verpflichtender Kraft für alle Diözesen des Territoriums kann die Konferenz nur fassen in Angelegenheiten, für die sie das gesamtlateinische Recht oder eine besondere Anordnung des Apostolischen Stuhles ermächtigt haben (c. 455 § 1; vgl. c. 30).

Im *CIC* enthält c. 838 § 3 die Fundamentalnorm bezüglich der liturgierechtlichen Vollmacht der Bischofskonferenzen. Danach obliegt es ihnen, volkssprachliche Übersetzungen der Gottesdienstbücher, die angemessen innerhalb der von diesen Texten selbst festgelegten Grenzen angepaßt sind, erstellen zu lassen[36] und nach Billigung durch den Apostolischen Stuhl herauszugeben. Näherhin geht es hierbei um zwei Aufgaben: einmal um die amtliche Übertragung lateinischer Liturgietexte in die Landessprache (vgl. VatII SC Art. 36 §§ 2–4, 63a, 101) und zum

[31] Bezüglich weiterer liturgischer *Verwaltungsbefugnisse* des Bistumsoberen siehe z. B. die cc. 847, 858 § 2, 860 § 1, 861, 885 § 1, 886, 899 § 2, 903, 905 § 2, 930 § 1, 933, 934 § 1 n. 2, 943, 944 § 1, 957, 958 § 2, 967 §§ 1,2, 969 § 1, 971, 974 §§ 1–3, 1015–1017, 1018 § 1 n. 1, 1025, 1030, 1039, 1042 n. 3, 1044 § 2 n. 2, 1071, 1077 § 1, 1102 § 3, 1112 § 1, 1115, 1118 §§ 1,2, 1130, 1165 § 2, 1172, 1183 §§ 2, 3, 1184 § 2, 1189, 1206f., 1210–1212, 1215, 1222–1226, 1228, 1230, 1232 § 1, 1241 § 2, 1244 § 2.

[32] Z. B. cc. 841, 844 §§ 4,5, 860 § 2, 874 § 1 n. 2, 935, 943, 944 § 2, 951 § 1, 956, 961 § 2, 1121 § 1, 1168, 1183 § 2.

[33] *A. Adam/R. Berger,* Pastoralliturgisches Handlexikon, Freiburg 1980, S. 69f., 315.

[34] Vgl. cc. 381 § 1, 835 § 1, 837 § 1, 838 §§ 1,4, 841.

[35] *Exekutiv*befugnisse der Bischofskonferenz nennt der CIC z. B.in den cc. 1112 § 1, 1231 u. 1232 § 2.

[36] C. 838 §§ 2,3 erwähnt nicht, daß die rechtsbegründende approbatio der den Erfordernissen des Gebietes angepaßten Übersetzungen gemäß VatII SC Art. 36 § 4 Sache der Bischofskonferenz ist; s. oben Anm. 26.

anderen um die Ergänzung oder Änderung gesamtlateinischer Gottesdienstordnungen unter Berücksichtigung und Übernahme lokaler Überlieferungen[37], sofern diese Möglichkeit in der maßgebenden römischen Ausgabe ausdrücklich eröffnet wird[38].

Die vom II. Vatikanum in SC Art. 40[39] der Bischofskonferenz eingeräumte Befugnis, über den in den römischen Liturgiebüchern vorgesehenen Rahmen hinaus gottesdienstrechtliche Initiativen zu ergreifen[40], erwähnt c. 838 § 3 nicht. Diese Lücke wird auch durch c. 455 § 1 nicht hinreichend geschlossen, der es den Konferenzen ermöglicht, vom Apostolischen Stuhl *Sonderbefugnisse zur liturgischen Gesetzgebung* zu erbitten[41]. Alle liturgischen Gesetzgebungskompetenzen, die den Bischofskonferenzen seit dem II. Vatikanum gewährt wurden, im CIC jedoch keine ausdrückliche Bestätigung finden, sind aufgehoben (c. 6 § 1 n. 2)[42].

4. Aufgaben der übrigen Träger der Liturgie. Gläubige, die nicht Oberhirten sind, verfügen über keine hoheitliche Weisungsbefugnis bezüglich des priesterlichen Dienstes der Kirche (vgl. cc. 134, 838 § 1). Sie tragen indessen maßgeblich zur *tatsächlichen Ordnung* des Gottesdienstes bei, wenn sie diesen entsprechend seinen inneren Gestalt- und Sinngesetzen (VatII SC Art. 23 Abs. 1) und den darauf aufbauenden Bestimmungen (vgl. c. 1216) vollziehen (cc. 835 §§ 2–4, 837 § 1, 840, 846)[43]. Ihre faktische Ordnungskompetenz betätigen die Gläubigen auch, indem sie von den in den liturgischen Büchern vorgesehenen Möglichkeiten zu situationsgerechten Anpassungen Gebrauch machen.

Die Pfarrer, Kirchenrektoren und Gottesdienstleiter nehmen in ihrem Zuständigkeitsbereich ein nichthoheitliches *Aufsichtsrecht*[44] über die Liturgie wahr (vgl.

[37] Vgl. VatII SC Art. 37–39, 54 Abs. 1, 63b, 77, 110, 113 Abs. 2, 120 Abs. 2, 128 Abs. 2; LG Art. 17, 23 Abs. 4; AG Art. 44 Abs. 3; GS Art. 44 Abs. 2, 58 Abs. 2,3.

[38] Z. B. bezüglich der Sakramentenfeier (c. 841): Anpassung der Ordnung für die Eingliederung Erwachsener in die Kirche (c. 851 n. 1); nähere Regelung der Taufe (cc. 854, 877 § 3), Firmung (c. 891), Beichte (c. 964 § 2), Weihespendung (c. 1031 § 3); Ergänzung der eherechtlichen Bestimmungen (cc. 1062 § 1, 1067, 1083 § 2, 1121 § 1, 1126, 1127 § 2); Erlaß bodenständiger Trauriten (c. 1120); Ausführungsnormen hinsichtlich der ökumenischen Gottesdienstgemeinschaft (c. 844); ferner Festlegung gebotener Festtage (c. 1246 § 2); Konkretisierung der Fasten-, Abstinenz- und sonstigen Bußordnungen (cc. 1251, 1253); Vorschriften über das Baumaterial der Altäre (c. 1236 § 1).

[39] Vgl. auch SC Art. 44, 53 Abs. 3, 120 Abs. 2; *SC Cult*, Instr. v. 5. 9. 1970, Nr. 12, in: AAS 62 (1970), S. 703.

[40] „A competenti auctoritate ecclesiastica territoriali ... aptationes, quae utiles vel necessariae existimantur, Apostolicae Sedi *proponantur*, de ipsius *consensu* introducendae" (SC Art. 40 Nr. 1; Hervorhebung v. Verf.); vgl. *Paul VI.*, Const. „Sacra rituum congregatio" v. 8. 5. 1969, Nr. 2 § 2 S. 2, in: AAS 61 (1969), S. 300.

[41] VatII SC Art. 40 Nr. 1 beinhaltet eine allgemeine Ermächtigung für alle Konferenzen, c. 455 § 1 sieht hingegen nur Spezialmandate für einzelne Konferenzen in bestimmten Fällen vor.

[42] Das gilt auch für Erlasse des Ap. Stuhles, die dem CIC nicht widersprechen, weil dieser die Bischofskonferenzen in den cc. 447–459 ganz neu (ex integro) ordnet (c. 6 § 1 n. 4). Im CIC nicht erwähnte liturgische Ordnungsbefugnisse, auch solche partikularen Charakters, die nur bestimmten Konferenzen zugestanden worden waren (vgl. c. 6 § 1 n. 2), müßten vom Ap. Stuhl neu erbeten werden (c. 455 § 1).

[43] Liturgische Normen, die nicht in freier Bejahung rezipiert und befolgt werden, verfehlen ihre sinnvolle Wirksamkeit.

[44] Der Dechant hat hoheitliche Aufsichtsbefugnisse; c. 555 § 1 n. 3.

cc. 561 f., 903). In einzelnen Fällen sind die Pfarrer oder Vorsteher liturgischer Feiern ermächtigt, Ausnahmeregelungen zu treffen (z. B. cc. 874 § 1 n. 2, 891, 1115, 1118 § 1)[45].

IV. Das kirchliche Stundengebet

Zur liturgischen Ausübung des priesterlichen Dienstes Christi durch die Kirche gehört auch das Stundengebet (c. 1173).

1. Bedeutung. Eingedenk des Auftrages, allezeit zu wachen und zu beten (Lk 18,1; 21,36), hört die Kirche in der Feier des Stundengebetes auf Gott, der zu seinem Volk spricht, und begeht das Gedächtnis seiner Heilstaten; sie lobt Gott ohne Unterlaß mit Singen und Beten und tritt bei ihm für das Heil der ganzen Welt ein (c. 1173).

2. Beauftragte. Wer den amtlichen Gebetsdienst verrichtet, tut es in doppelter Stellvertretung: für die Kirche (c. 837 § 1) und für alle Menschen (cc. 246 § 2, 1173). Voraussetzung hierfür sind die volle Eingliederung in die Kirche und die Beauftragung durch deren Leitungsorgane (c. 834 § 2), die gesetzlich in der Gestalt einer Verpflichtung oder einer Einladung erfolgt[46].

a) Verpflichtung. Priester und Diakone, die den Presbyterat anstreben, sind zur täglichen Feier des Stundengebetes verpflichtet (vgl. c. 246 § 2)[47]. Die Ständigen Diakone müssen jeden Tag einen Teil des Stundengebetes, den die Bischofskonferenz festgelegt hat, vollziehen (c. 276 § 2 n. 3). Für die Angehörigen der Institute des geweihten Lebens und der Gesellschaften des apostolischen Lebens richtet sich die Verpflichtung zur Liturgie des Stundengebetes nach den eigenen Konstitutionen (c. 1174 § 1 mit cc. 663 § 3 u. 737)[48].

b) Einladung. Weil die liturgia horarum von ihrer geschichtlichen Entwicklung wie auch von ihrem theologischen Wesensverständnis her Gemeinschaftscharakter hat[49], sind alle Gläubigen im Rahmen des Möglichen zur Teilnahme an diesem Dienst des Lobes und der Fürbitte eindringlich eingeladen (c. 837 § 2 mit c. 1174 § 2)[50].

3. Form. Der amtliche Gebetsgottesdienst ist gemäß den jeweils verbindlichen

45 Die den Priestern bzw. Pfarrern in den cc. 884 § 2 u. 1245 zuerkannten liturgierechtlichen Vollmachten haben hoheitlichen Charakter; s. auch c. 535 § 1.

46 Vgl. *F. Eisenbach,* Die Gegenwart Jesu Christi im Gottesdienst. Systematische Studien zur Liturgiekonstitution des II. Vatikanischen Konzils, Mainz 1982, S. 213–215, 273–275.

47 S. auch *SC Cult,* Institutio generalis de liturgia horarum v. 11. 4. 1971, Nr. 29 (*Ochoa* IV, Sp. 6028), wonach der Verpflichtungsgrad der einzelnen Horen verschieden ist.

48 Da das Stundengebet das private Beten nicht verdrängen, sondern befruchten soll (VatII SC Art. 90 Abs. 1), ist die Kritik von *Kaczynski* an der Erwähnung der „alia pietatis exercitia" in c. 663 § 3 unangebracht. Vgl. *Kaczynski,* Liturgie und Recht (Anm. 6), S. 43.

49 *J. Pascher,* Das Stundengebet der römischen Kirche, München 1954, S. 11–15.

50 Das Gebet in Gemeinschaft bringt die ekklesiale Dimension besser zum Ausdruck und ist darum dem Einzelgebet vorzuziehen; Institutio generalis de liturgia horarum (Anm. 47), Nr. 33.

liturgischen Büchern zu vollziehen (c. 276 § 2 n. 3 S. 1; vgl. c. 834 § 2)[51]. Um den Tag zu heiligen (VatII SC Art. 84 u. 88), soll soweit wie möglich der zeitgerechte Ansatz der einzelnen Hore eingehalten werden (c. 1175)[52].

§ 71 Ökumenische Gottesdienstgemeinschaft

Von Matthäus Kaiser

I. Terminologie

1. Ökumenische Gemeinschaft

Das Zweite Vatikanische Konzil hat die nichtkatholischen christlichen Gemeinschaften als Kirchen oder kirchliche Gemeinschaften anerkannt, in denen der Kirche Christi eigene Gaben zu finden sind (VatII LG Art. 8 Abs. 2; UR Art. 3 Abs. 2). Zwischen diesen und der katholischen Kirche besteht daher nicht nur eine Trennung, sondern auch Gemeinsamkeit. Auch wenn die Gemeinschaft zwischen ihnen eine communio non plena[1] ist, ist dies nicht eine bloß äußere Gemeinschaft. Dieses neue Verständnis ökumenischer Gemeinschaft zwischen getrennten Kirchen und kirchlichen Gemeinschaften hat auch eine Neubewertung gottesdienstlicher Gemeinschaft zwischen diesen zur Folge.

2. Feier des Gottesdienstes

Der CIC/1917 hat die *Sakramente* als Mittel der Heiligung und des Heiles (c. 731 § 1 CIC/1917) und den *Gottesdienst* als Verehrung Gottes (c. 1255 § 1 CIC/1917) voneinander unterschieden. Der CIC/1983 dagegen versteht die Sakramente als Zeichen und Mittel, durch die *Gott Verehrung* dargebracht und die *Heiligung der Menschen* bewirkt wird (c. 840). Im Anschluß an die *Sakramente* werden die sonstigen gottesdienstlichen Handlungen geregelt. Bei jedem einzelnen Sakrament wird ausdrücklich von der *Feier* (celebratio) des Sakraments gesprochen. Die Sakramente werden also nicht mehr vom Gottesdienst unterschieden, sondern auch als gottesdienstliche Feier verstanden.

[51] Siehe z. B. Die Feier des Stundengebetes: Stundenbuch für die katholischen Bistümer des deutschen Sprachgebietes. Authentische Ausgabe für den liturgischen Gebrauch, Bd. I–III, Einsiedeln u. a. 1978; Lektionar. Erste und zweite Jahresreihe, H. 1–16, Einsiedeln u. a. 1978–1980.

[52] Nur wenn „das Herz mit der Stimme zusammenklingt" (VatII SC Art. 90 Abs. 1), kann das Stundengebet für die Teilnehmer Nährboden des geistlichen Lebens und des apostolischen Wirkens sein; Institutio generalis de liturgia horarum (Anm. 47), Nr. 19.

[1] Vgl. dazu *O. Saier*, „Communio" in der Lehre des Zweiten Vatikanischen Konzils (= MthStkan, Bd. 32), München 1973, S. 103–132.

3. *Gottesdienstgemeinschaft zwischen Katholiken und nichtkatholischen Christen*

Ökumenische Gottesdienstgemeinschaft ist jede Art von Gemeinschaft zwischen Katholiken und nichtkatholischen Christen in gottesdienstlicher Feier. Dabei kann die Gemeinschaft darin bestehen, daß nichtkatholische Christen an katholischer Gottesdienstfeier oder katholische Christen an nichtkatholischer Gottesdienstfeier teilnehmen oder auch darin, daß ein (ökumenischer) Gottesdienst von Organen verschiedener Kirchen und/oder kirchlicher Gemeinschaften geleitet wird, sei es, daß diese der ganzen Gottesdienstfeier gemeinsam vorstehen, sei es, daß für einzelne Teile der gottesdienstlichen Feier je ein anderes Organ die Leitung übernimmt. Nach den allgemeinen liturgischen Stilgesetzen sollte bei gemeinsamer Leitung einem die Funktion des Hauptzelebranten zukommen.

Im CIC/1917 wurde die dort in engerem Sinn verstandene Gottesdienstgemeinschaft als *communicatio in sacris* (vgl. c. 1258 § 1 CIC/1917) bezeichnet[2]. Dieser Sprechweise hat sich auch das *Zweite Vatikanische Konzil* bedient (OE Art. 26–28; UR Art. 8 Abs. 4), das aber in diese *Gottesdienstgemeinschaft* zwischen Katholiken und nichtkatholischen Christen auch bereits die *Sakramentengemeinschaft* eingeschlossen hat, nachdem es die Hinordnung der Sakramente auf die Gottesverehrung herausgestellt hatte (SC Art. 59 Abs. 1). Das Sekretariat für die Einheit der Christen hat in dem *Ökumenischen Direktorium* vom 14. Mai 1967[3] als weiteren Begriff „Gemeinschaft im geistlichen Tun" *(communicatio in spiritualibus)* eingeführt. Dieser umfaßt außer der communicatio in sacris als der Teilnahme an liturgischen Gottesdiensten oder Sakramenten (nn. 30 u. 31) auch alle gemeinsamen Gebete und den gemeinsamen Gebrauch von heiligen Dingen und Orten (n. 29)[4]. Der *CIC/1983* spricht nur im Strafrecht ausdrücklich von communicatio in sacris (c. 1365). Damit ist jede Gottesdienstgemeinschaft gemeint.

Besonders vielfältig und verwirrend ist die *allgemeine Sprechweise* bezüglich der *Eucharistiegemeinschaft* (Interkommunion). Die Kommission für Glauben und Kirchenverfassung des Weltkirchenrates hat ein Schema dafür entwickelt[5], das aber auch nicht eindeutig ist und auch nicht allgemein angewendet wird. Zu unterscheiden sind: *Volle Eucharistiegemeinschaft* setzt volle Kirchengemeinschaft voraus, wie sie z. B. zwischen der römisch-katholischen Kirche und den unierten Ostkirchen besteht (vgl. c. 923). *Mitwirkung bei der Zelebration* setzt gegenseitige Anerkennung ordinierter Amtsträger und entsprechende Übereinkunft zwischen getrennten Kirchen voraus. Diese Mitwirkung kann in *gemeinsa-*

[2] Im Strafrecht fand sich dafür „communicatio in *divinis*" (c. 2316 CIC/1917).

[3] AAS 59 (1967), S. 574–592; lat. u. dt. in: NKD 7, S. 12–59. Soweit der CIC die konziliaren Bestimmungen nicht modifiziert hat, sind die Ausführungsbestimmungen des Ökumenischen Direktoriums zu den Konzilsaussagen über die ökumenische Aufgabe weiterhin verbindlich. Dies gilt besonders für die Gottesdienstgemeinschaft, die nicht Sakramentengemeinschaft ist.

[4] Allerdings hält sich das Ökumenische Direktorium selbst nicht konsequent an die eigenen Begriffsbestimmungen (vgl. nn. 53–54 u. 62–63 mit nn. 29–31).

[5] Ökumenische Rundschau 18 (1969), S. 574–592.

mer Zelebration (Konzelebration) bestehen, indem ordinierte Amtsträger verschiedener Kirchen miteinander derselben Eucharistiefeier vorstehen, oder in *Interzelebration,* bei der ein ordinierter Amtsträger der Eucharistiefeier in einer anderen Kirche vorsteht. *Gastweise Zulassung* zum Empfang der Eucharistie kann *allgemein* sein, bei der Angehörige einer anderen Kirche oder kirchlichen Gemeinschaft jederzeit und ohne Einschränkung als Gäste zugelassen sind, oder sie kann auf besondere Fälle *begrenzt* sein; in beiden Fällen kann sie *einseitig* oder *gegenseitig* sein.

Seit dem Zweiten Vatikanischen Konzil wird die ökumenische Gottesdienstgemeinschaft nicht mehr ausschließlich unter dem Gesichtspunkt der *Abgrenzung* gesehen, sondern auch als *Mittel zur Wiederherstellung der Einheit der Christen.* Als maßgebende Prinzipien bezeichnet das Konzil „die Bezeugung der Einheit der Kirche und die Teilnahme an den Mitteln der Gnade" (UR Art. 8 Abs. 4). Das Maß der Gottesdienstgemeinschaft ist bestimmt durch vorhandene Gemeinsamkeiten zwischen den Kirchen[6]. Bei den neuen Bestimmungen geht es daher nicht um eine bloß „mildere Praxis", sondern um Anpassung an ein verändertes Kirchenverständnis[7].

II. Ökumenische Gemeinschaft in der Feier der Sakramente

1. Grundsätzliches Verbot der Sakramentengemeinschaft (c. 844 § 1)

Der CIC/1917 hat die Spendung von Sakramenten an nichtkatholische Christen generell verboten (c. 731 § 2 CIC/1917). Daß Katholiken außerhalb der katholischen Kirche Sakramente empfangen könnten, lag völlig außerhalb seines Blickfeldes. Demgegenüber bestimmt der CIC/1983: Katholische Amtsträger spenden die Sakramente erlaubterweise nur katholischen Gläubigen und diese empfangen die Sakramente erlaubterweise nur von katholischen Amtsträgern, soweit nicht im folgenden Ausnahmen zugelassen werden (c. 844 § 1). Auch wenn an dem Verbot der Sakramentengemeinschaft grundsätzlich festgehalten wird, läßt doch bereits die Formulierung erkennen, daß die Ausnahmen von dem Verbot ebenso

[6] Vgl. DirOecI nn. 25f.

[7] Vgl. *W. Zürcher,* Die Teilnahme von Katholiken an akatholischen christlichen Kulthandlungen, Basel 1965; *A. Völler,* Einheit der Kirche und Gemeinschaft des Kultes. Untersuchung über Möglichkeiten und Grenzen rechtlicher Gestaltung der Teilnahme katholischer Christen am nichtkatholischen christlichen Gottesdienst (= AnGr, 171), Rom 1969; *R. Frieling,* Ökumene in Deutschland. Ein Handbuch der interkonfessionellen Zusammenarbeit in der Bundesrepublik, Göttingen 1970; *A. Pütz,* Interkommunion und Einheit (= Studia Anglicana, 3), Trier 1972; *W. Aymans,* Das Weihesakrament im Lichte der Communicatio in Sacris, in: Festg. Flatten, S. 171–188; *R. Erni/D. Papandreou,* Eucharistiegemeinschaft. Der Standpunkt der Orthodoxie, Freiburg/Schweiz 1974; *J. Pruisken,* Interkommunion im Prozeß. Abendmahlsgemeinschaft als Zeichen und Mittel kirchlicher Einigung, Essen 1974; *M. Brogi,* „Communicatio in sacris" tra cattolici e cristiani orientali non cattolici, in: Antonianum 53 (1978), S. 170–193; *Ch. Konstantinidis/E. Ch. Suttner,* Fragen der Sakramentenpastoral in orthodox-katholisch gemischten Gemeinden. Eine Handreichung für die Seelsorge, Regensburg 1979.

bedeutsam sind wie dieses selbst. Die ökumenische Feier eines Sakraments in der Weise, daß der Gottesdienst gemeinsam von Organen verschiedener Kirchen und/oder kirchlicher Gemeinschaften geleitet wird, ist für die Feier der Eucharistie katholischen Priestern ausdrücklich verboten (c. 908).

2. Begrenzte Sakramentengemeinschaft hinsichtlich der Buße, der Eucharistie und der Krankensalbung (c. 844 §§ 2–5)[8]

a) Empfang der Sakramente in nichtkatholischen Kirchen (c. 844 § 2). Katholiken, denen es physisch oder moralisch unmöglich ist, sich an einen katholischen Amtsträger zu wenden, dürfen die Sakramente der Buße, der Eucharistie und der Krankensalbung auch von nichtkatholischen Amtsträgern empfangen, in deren Kirche diese Sakramente *gültig* gespendet werden. Dabei wird vorausgesetzt, daß eine Notlage dies erfordert oder ein wahrer geistlicher Nutzen dazu rät und dabei die Gefahr des Irrtums oder des Indifferentismus vermieden wird. In den reformatorischen kirchlichen Gemeinschaften darf ein Katholik „wegen des Mangels (defectus) des Weihesakramentes" (VatII UR Art. 22 Abs. 3) selbst in Notfällen Sakramente nicht erbitten.

b) Spendung der Sakramente an nichtkatholische Christen (c. 844 §§ 3 u. 4). Angehörigen *orientalischer Kirchen,* die nicht in voller Gemeinschaft mit der katholischen Kirche leben, sowie Angehörigen *anderer Kirchen,* die hinsichtlich der Sakramente in der gleichen Lage sind wie diese (z. B. Altkatholische Kirche), dürfen katholische Amtsträger die Sakramente der Buße, der Eucharistie und der Krankensalbung spenden, wenn sie von sich aus darum bitten und in der rechten Weise für den Empfang disponiert sind (c. 844 § 3). Den *übrigen* nicht in voller Gemeinschaft mit der katholischen Kirche stehenden Christen dürfen katholische Amtsträger diese Sakramente nur spenden, wenn Todesgefahr besteht oder nach dem Urteil des Diözesanbischofs oder der Bischofskonferenz eine schwere Notlage (z. B. Verfolgung, Gefangenschaft) dazu drängt. Dabei ist weiterhin vorausgesetzt, daß sie einen Amtsträger der eigenen Gemeinschaft nicht erreichen können, von sich aus darum bitten, bezüglich dieser Sakramente den katholischen Glauben bekunden und in rechter Weise für den Empfang disponiert sind (c. 844 § 4). Der häufig ausgesprochenen Bitte (z. B. Sb Gottesdienst 7.3.4), Angehörige kirchlicher Gemeinschaften außer in Notfällen auch bei besonderen Anlässen (z. B. ökumenische Tagungen, bekenntnisverschiedene Ehen) zur Eucharistie zuzulassen, hat der Gesetzgeber nicht entsprochen.

c) Regelung im Benehmen mit den nichtkatholischen Kirchen und kirchlichen Gemeinschaften (c. 844 § 5). Bischofskonferenzen dürfen allgemeine Bestimmungen für die Sakramentengemeinschaft gemäß c. 844 §§ 2–4 nur nach Beratung zumindest mit der lokalen zuständigen Autorität der betreffenden nichtkatholischen Kirche oder kirchlichen Gemeinschaft erlassen. Die *getrennten Kirchen des*

[8] Damit sind SecrChristUnit Instr. v. 1. 6. 1972 über die Zulassung zur Kommunion in besonderen Fällen und die dazu ergangenen Erklärungen (in: NKD 41) gegenstandslos geworden.

Ostens sind in der Gewährung von Sakramentengemeinschaft sehr zurückhaltend, da sie darin nicht sosehr ein Mittel zur Einheit als vielmehr die Krönung der Einheit sehen. Die Synode des Patriarchats von Moskau hat am 16. Dezember 1969 als Antwort auf die Zugeständnisse des Zweiten Vatikanischen Konzils und des Ökumenischen Direktoriums die Zulassung römisch-katholischer Christen zu den Sakramenten der Buße, der Eucharistie und der Krankensalbung zugestanden. Mit der *Altkatholischen Kirche* hat die Deutsche Bischofskonferenz eine Vereinbarung über eine bedingte und begrenzte Sakramentengemeinschaft getroffen[9].

3. *Eheschließung bei Konfessionsverschiedenheit der Partner (c. 1127)*

Ehen zwischen konfessionsverschiedenen Partnern sind grundsätzlich in der ordentlichen Form der katholischen kirchlichen Trauung zu schließen. Wenn der nichtkatholische Partner einer *orientalischen Kirche* angehört, genügt für die Gültigkeit der Ehe auch, daß die Ehe nach dem Ritus dieser Kirche geschlossen wird, wenn dies auch nicht ohne weiteres erlaubt ist (c. 1127 § 1). Darüber hinaus kann nach Dispens von der Pflicht zur kanonischen Form die Ehe gültig und erlaubt nach dem kirchlichen Ritus eines jeden nichtkatholischen Partners geschlossen werden (c. 1127 § 2). Ausdrücklich verboten ist eine kirchliche *Doppeltrauung* in dem Sinn, daß entweder getrennt voneinander oder zu einer Feier miteinander verbunden die Eheschließungsriten der Kirchen beider Partner vollzogen werden (c. 1127 § 3). Nicht berührt wird durch dieses Verbot die von der Deutschen Bischofskonferenz und dem Rat der Evangelischen Kirche in Deutschland auf der Grundlage des Ökumenischen Direktoriums vom 14. Mai 1967 vereinbarte „Gemeinsame Trauung, Ordnung der Trauung für konfessionsverschiedene Paare unter Beteiligung der Pfarrer beider Kirchen"[10]. Dabei handelt es sich weder um eine *Doppeltrauung* noch um eine *gemeinsame* oder *ökumenische Trauung*. Vielmehr ist diese sogenannte gemeinsame Trauung in Wirklichkeit entweder eine evangelische kirchliche Trauung durch den evangelischen Pfarrer (Formular A) oder eine katholische kirchliche Trauung durch den katholischen Pfarrer (Formular B u. C). Der jeweils andere Pfarrer ist nicht unmittelbar an der Trauung, sondern lediglich an dem Wortgottesdienst aktiv beteiligt, in dessen Rahmen die Trauung stattfindet[11]. Daß dies gewöhnlich nicht gesehen wird, hängt damit zusammen, daß die Beteiligung des Organs der Kirche an der Eheschließung immer noch als Assistenz verstanden wird.

[9] ABl. Passau 103 (1973), S. 138f.

[10] 4. Aufl., Regensburg-Kassel 1977. Vgl. dazu auch Ökumenische Trauung, hrsg. v. der Evangelisch-katholischen Arbeitsgemeinschaft für Mischehenseelsorge der deutschen Schweiz, Zürich 1973, und die zwischen der Erddiözese Freiburg, der Evangelischen Landeskirche in Baden und anderen dortigen kirchlichen Gemeinschaften am 1. 4. 1974 vereinbarte gemeinsame Trauung, Formular C, Karlsruhe 1974.

[11] Vgl. *B. Kleinheyer*, Noch deutlichere Gemeinsamkeit, in: Liturgisches Jahrbuch 27 (1977), S. 107–123.

III. Ökumenische Gottesdienstgemeinschaft in sonstigen gottesdienstlichen Handlungen

Die vom CIC/1917 gebrauchte Unterscheidung zwischen *aktiver* und *passiver* Teilnahme am Gottesdienst (c. 1258) wurde aufgegeben.

1. Teilnahme an Gottesdiensten anderer Kirchen oder kirchlicher Gemeinschaften (cc. 874 § 2, 1170, 1183 § 3)

Angehörige *nichtkatholischer kirchlicher Gemeinschaften* sind zwar nicht als Taufpaten, aber zusammen mit einem katholischen Paten als *Taufzeugen* bei einer Taufe in der katholischen Kirche zugelassen (c. 874 § 2). Diesen kommt eine ähnliche aus den übrigen Teilnehmern am Taufgottesdienst herausgehobene Stellung zu wie den *Trauzeugen* bei einer Eheschließung, die ebenfalls auch nichtkatholische Christen sein können (DirOecI nn. 49 u. 58). Angehörige einer nichtkatholischen *Kirche* können dagegen zusammen mit einem Katholiken auch *Taufpate* sein (DirOecI n. 48). Dieselben Funktionen dürfen auch Katholiken in nichtkatholischen Kirchen und kirchlichen Gemeinschaften ausüben. *Segnungen* sind zwar in erster Linie Katholiken zu spenden, aber sie können auch Nichtkatholiken gespendet werden, soweit nicht ein ausdrückliches kirchliches Verbot besteht (c. 1170). Angehörigen einer nichtkatholischen Kirche oder kirchlichen Gemeinschaft kann ein kirchliches *Begräbnis* gewährt werden, wenn ein eigener Amtsträger nicht zur Verfügung steht und nicht ein gegenteiliger Wille des Verstorbenen bekannt ist (c. 1183 § 3). Für verstorbene nichtkatholische Christen darf in Ausnahmefällen auch öffentlich die heilige Messe gefeiert werden, wenn aus einem religiösen Motiv darum gebeten wird und kein Ärgernis daraus entsteht. Der Name des Verstorbenen darf aber nicht im Eucharistischen Hochgebet erwähnt werden[12].

Katholiken dürfen am Gottesdienst einer getrennten Kirche oder kirchlichen Gemeinschaft aus gerechtem Grund teilnehmen, z. B. als Vertreter eines öffentlichen Amtes, auf Grund der Verwandtschaft oder Freundschaft, um den Gottesdienst kennenzulernen oder bei einer ökumenischen Zusammenkunft. Daselbe gilt für die Teilnahme *nichtkatholischer Christen* am Gottesdienst der katholischen Kirche (DirOecI nn. 50 u. 56). Ein Katholik, der aus einem solchen Grund an einem Sonn- oder gebotenen Feiertag in einer *getrennten Ostkirche* die Liturgie mitfeiert, genügt damit der Sonntagspflicht (n. 47).

2. Gemeinsame (ökumenische) Gottesdienste (DirOecI nn. 32–37)

Gemeinsame Gebete von Katholiken mit nichtkatholischen Christen sind nicht nur erlaubt, sondern als wirksames Mittel, um die Gnade der Einheit zu

[12] SC Fid, Decr. v. 11. 6. 1976, in: AAS 68 (1976), S. 621 f.; dt. in: ABl. Passau 106 (1976), S. 95 f.

erflehen, sogar erwünscht, z. B. in konfessionsverschiedenen Ehen, bei besonderen Anlässen und bei ökumenischen Versammlungen (DirOecI n. 32).

Gemeinsame Wortgottesdienste unter aktiver Beteiligung von Amtsträgern verschiedener Kirchen und/oder kirchlicher Gemeinschaften werden empfohlen (DirOecI n. 33). Die Deutsche Bischofskonferenz hat dazu bestimmt: Solche ökumenische Wortgottesdienste sollten fester Bestandteil des liturgischen Lebens der Gemeinden werden. Da sie die sonntägliche Eucharistiefeier nicht ersetzen, sollen sie in der Regel an Werktagen stattfinden, an Sonntagen nur aus wichtigen Gründen und nicht zu den ortsüblichen Zeiten der Meßfeier[13]. Ein Austausch der Prediger bei der Eucharistiefeier zwischen katholischer Kirche und nichtkatholischen Kirchen oder kirchlichen Gemeinschaften ist wegen der inneren Zuordnung von Wort und Sakrament nicht zulässig (DirOecI n. 56).

3. Gemeinsamer Gebrauch von Gotteshäusern und anderen Einrichtungen (DirOecI nn. 52–54, 61–63)

Die Benutzung katholischer Gotteshäuser und Friedhöfe soll mit Genehmigung des Ortsordinarius den nichtkatholischen Kirchen und kirchlichen Gemeinschaften gestattet werden, wenn sie darum bitten und keine eigenen Stätten für die Feier des Gottesdienstes haben (DirOecI nn. 52, 61). Aus gerechtem Grund und mit ausdrücklicher Erlaubnis des Ortsordinarius darf ein Priester die Eucharistie in einem Gotteshaus einer nichtkatholischen Kirche oder kirchlichen Gemeinschaft feiern, sofern daraus kein Ärgernis entsteht (c. 933).

Die Leiter *katholischer Schulen und Institute, Krankenhäuser und ähnlicher Einrichtungen* sollen die Anwesenheit nichtkatholischer Gläubiger deren Amtsträger zur Kenntnis bringen und ihnen die geistliche und sakramentale Hilfe ermöglichen (DirOecI nn. 53–54, 62–63).

IV. Strafbestimmung (c. 1365)

Wer sich einer *verbotenen* Gottesdienstgemeinschaft schuldig macht, soll mit einer gerechten Strafe, die nach der Schwere der Schuld zu bemessen ist, bestraft werden. Diese Gottesdienstgemeinschaft kann in verbotener Teilnahme an einer nichtkatholischen oder gemeinsamen Gottesdienstfeier oder in verbotener Zulassung von Nichtkatholiken zu einer Gottesdienstfeier in der katholischen Kirche (z. B. Konzelebration, Sakramentenempfang) bestehen.

[13] DBK 11. 3. 1976, in: ABl. Passau 106 (1976), S. 43.

2. Kapitel: Vorbedingungen des Gottesdienstes

§ 72 Geweihte Stätten

Von Heinrich J. F. Reinhardt

1. *Allgemeines*

Durch die Weihung (Dedikation)[1] der für den Gottesdienst oder für das Begräbnis der Gläubigen bestimmten Orte werden Kirchen, Kapellen und Friedhöfe zu geweihten oder heiligen Orten, zu loca sacra (c. 1205). Die Weihe bedeutet zeichenhafte Aussonderung für Gott, Entziehung der weltlichen Zweckbestimmung der Orte und ihre Widmung für den Gottesdienst. Man spricht auch von der deputatio (Hingebung, Zuschreibung) locorum ad cultum publicum[2].

Die Weihung geschieht entweder in Form der Dedikation (Weihung mit Ölsalbung) oder in Form der Benediktion (benedictio constitutiva = Weihung ohne Ölsalbung). Für die Durchführung der Dedikation und Benediktion von Kirchen, Kapellen, Altären und Friedhöfen sowie für die Grundsteinlegung von Kirchen gelten im einzelnen die in den liturgischen Büchern vorgegebenen Bestimmungen (c. 1205).

Das Recht der Dedikation von heiligen Orten steht nur dem Diözesanbischof zu sowie denen, die ihm rechtlich gleichgestellt sind. Die Genannten können aber diese Vollmacht anderen Bischöfen (vornehmlich den eigenen Weihbischöfen), in Ausnahmefällen auch Priestern übertragen. Sowohl der General- wie der Bischofsvikar benötigen zur Dedikation eines heiligen Ortes ein Spezialmandat (c. 1206 i. V. m. c. 134 § 3).

Heilige Orte zu benedizieren, ist Recht jedes Ordinarius, d. h. auch des General- und des Bischofsvikars sowie der höheren Oberen von klerikalen Ordensinstituten päpstlichen Rechts und von klerikalen Gemeinschaften des apostolischen Lebens päpstlichen Rechts. Die Benediktion von Kirchen ist jedoch dem Diözesanbischof vorbehalten. Die Genannten können diese Vollmacht auch auf andere delegieren, die jedoch wenigstens die Priesterweihe empfangen haben müssen (c. 1207 i. V. m. c. 134 § 1).

Über erfolgte Dedikationen und Benediktionen einer Kirche, einer Kapelle und eines Friedhofs ist eine Urkunde anzufertigen, von der ein Exemplar im Archiv der bischöflichen Kurie und das andere im Archiv der Kirche zu hinterlegen ist. Ist die Urkunde nicht aufgenommen worden oder verloren gegangen, dann kann der Beweis durch wenigstens einen einwandfreien Zeugen erbracht werden, vorausgesetzt, daß durch die Konsekration oder Benediktion – etwa infolge der Gebrauchsbeschränkung – keinem Dritten ein Nachteil entsteht (cc. 1208 u. 1209).

[1] Vgl. zu den Begriffen Dedikation, Konsekration und Benediktion in *diesem* Band, unten, *H. J. F. Reinhardt*, § 90 Die Sakramentalien.

[2] Zur Weihung und Segnung von Kirchen, Kapellen und Friedhöfen in den anderen christlichen, vor allem den reformatorischen Kirchen sowie zur Geschichte und Bedeutung dieser Handlungen vgl. *J. G. Davies*, Benediktionen III, in: TRE Bd. 5, S. 564–573; als Beispiel für die diesbezüglichen liturgischen Texte in den Kirchen der Reformation sei auf die Agende der Evangelischen Kirche der Union, Bd. II, Die kirchlichen Handlungen, Witten 1966, hingewiesen. Zum Recht der orthodoxen Kirchen in bezug auf die „gesegneten Orte" und die „heiligen Sachen" vgl. *N. Milasch*, Das Kirchenrecht der morgenländischen Kirche, übersetzt v. *A. R. v. Pessić*, 2. Aufl., Mostar 1905, S. 567–573.

Die heiligen Orte dienen der Gottesverehrung. Daher ist jede Nutzung, die der Heiligkeit des Ortes abträglich ist, untersagt. Im Einzelfall kann der Ordinarius jedoch einen anderen Gebrauch der heiligen Orte gestatten, wenn dieser der Heiligkeit des Ortes nicht entgegensteht (c. 1210).

Sollten an heiligen Orten Handlungen wirklich beleidigender Art geschehen, die den Gläubigen zum Ärgernis gereichen, hat der Ortsordinarius zu entscheiden, ob diese Handlungen so gravierend sind, daß an diesem Ort erst dann wieder Gottesdienst gehalten werden darf, wenn die Beleidigung oder Schändung („iniuria") durch einen eigenen Bußritus nach Maßgabe der liturgischen Bücher behoben ist (c. 1211). Ihre Dedikation bzw. Benediktion verlieren die heiligen Orte, wenn sie entweder größtenteils zerstört sind, durch ein Dekret des zuständigen Ordinarius für immer für profan erklärt wurden oder „de facto" einem profanen Gebrauch zugeführt wurden (c. 1212).

An allen heiligen Orten steht der kirchlichen Autorität die freie Ausübung der Hoheitsgewalt zu[3].

2. Kirchen

Der Begriff „Kirche" bezeichnet ein dem Gottesdienst gewidmetes Gebäude, zu dem alle Gläubigen zum Zwecke der öffentlichen Gottesverehrung freien Zugang haben (c. 1214)[4]. Jeder Kirchenbau muß vom Diözesanbischof ausdrücklich und schriftlich genehmigt werden. Der General- und der Bischofsvikar bedürfen zu dieser Genehmigung des Spezialmandates (c. 1215 § 1 i. V. m. c. 134 § 3). Voraussetzung zur Genehmigung ist, daß der Priesterrat und die benachbarten Kirchenrektoren angehört worden sind, daß der Kirchenbau zum Nutzen der Gläubigen erfolgt (Verkürzung des Kirchweges u. ä.) und daß die Mittel zum Bau, zum Unterhalt der Kirche sowie für die Kultkosten vorhanden sind (c. 1215 § 2). Die Ordensinstitute müssen auch dann die Erlaubnis des Diözesanbischofs zum Bau einer Kirche an einem genau zu bestimmenden Platz einholen, wenn ihnen die Erlaubnis zum Bau eines Klosters in der Diözese oder in einer bestimmten Stadt bereits erteilt wurde (c. 1215 § 3). Der Kirchbau selbst und die Wiederherstellung einer Kirche haben nach den Gesetzen der Liturgie und den Regeln der sakralen Kunst unter Einbeziehung des Rates von Sachverständigen zu erfolgen (c. 1216). Nach VatII SC Art. 126 ist bei der Beurteilung von Kunstwerken stets die jeweilige Diözesankommission für sakrale Kunst (Kunstkommission) anzuhören. Nähere Richtlinien zur künstlerischen Gestaltung der Gotteshäuser sind in VatII SC Art. 122–130 und in der I. Instr VatII SC Rit Art. 90ff. aufgeführt worden.

Nach Vollendung des Kirchbaus ist die neue Kirche baldmöglichst zu weihen

[3] Das in c. 1179 CIC/1917 sowie noch in c. 14 des Schemas EcclMunSanct von der Kirche gewährte Asylrecht in einem Kirchengebäude bzw. an allen heiligen Orten (Textentwurf des genannten Schemas) ist in den CIC/1983 nicht aufgenommen worden. Es wurde im staatlichen Recht der Bundesrepublik ohnehin nicht anerkannt.

[4] Zur Unterscheidung nach der Rangordnung der Kirchen (Basiliken, Kathedral-, Stifts-, Propstei-, Pfarr- und Klosterkirchen) vgl. *Mörsdorf* Lb II, S. 308.

oder wenigstens zu benedizieren (c. 1217). Jede geweihte Kirche muß einen Titel haben, der nach vollzogener Weihe nicht mehr geändert werden darf (c. 1218)[5].

In einer rechtmäßig geweihten Kirche dürfen alle gottesdienstlichen Handlungen vorgenommen werden, und zwar unter Beachtung der örtlichen Pfarrechte (c. 1219). Die für die Kirchen Zuständigen, in der Regel der Pfarrer bzw. der Kirchenrektor (vgl. c. 562) haben für die Reinhaltung des Gotteshauses zu sorgen und alles von ihm fernzuhalten, was der Heiligkeit des Ortes abträglich ist[6]. Sie haben dafür Sorge zu tragen, daß die sakralen und kostbaren Werte erhalten bleiben und – diese Norm ist neu – daß zu ihrem Schutz geeignete Sicherheitsmaßnahmen getroffen werden (c. 1220).

Der Zugang der Kirche ist zu den Zeiten des Gottesdienstes allen Gläubigen frei. Gebühren dürfen nicht erhoben werden (c. 1221).

Zur Ausstattung der Kirchenraumes sind die in anderem Sachzusammenhang aufgeführten Normen (z. B. über das Tabernakel c. 938, den Beichtstuhl c. 964 und das Taufbecken c. 858) sowie die liturgischen Bestimmungen[7] zu beachten.

Wenn die Kirche nicht mehr zum Gottesdienst benutzt werden kann und eine Wiederherstellung nicht möglich ist, kann der Diözesanbischof sie für profan erklären. Sie darf aber nach der Profanerklärung keinem unwürdigen Gebrauch zugeführt werden (c. 1222 § 1). Legen andere Gründe es nahe, die Kirche nicht mehr zum Gottesdienst zu verwenden, muß der Diözesanbischof, bevor er die Profanerklärung ausspricht, den Priesterrat hören und die Zustimmung jener einholen, die rechtmäßig Rechte an der Kirche beanspruchen (c. 1222 § 2).

3. *Kapellen*

Während die Kirchen allen Gläubigen zur öffentlichen Gottesverehrung zugänglich sind, dienen die Kapellen (Oratorien) einem im einzelnen näher bestimmten engeren Personenkreis als Stätte der Gottesverehrung.

Die dem früheren Recht geläufige Unterscheidung in *öffentliche* Kapellen, die unbeschadet ihrer Zuordnung zu einem bestimmten Personenkreis zu den Gottesdienstzeiten auch allen anderen Gläubigen zugänglich waren, und *halböffentliche* Kapellen, die nur für einen näher bestimmten Personenkreis bestimmt waren, ist im CIC/1983 aufgegeben worden. *Kapelle (Oratorium)* wird in c. 1223 definiert als eine Stätte, ein Ort, an dem eine Gemeinschaft oder ein dort zusammenkommender Personenkreis mit Erlaubnis des Ordinarius Gottesdienst feiert. Der Zugang der Kapelle für andere Gläubigen hängt von der Zustimmung des zuständigen Oberen ab. Ob diese Zustimmung erteilt wird oder nicht, richtet sich nach den

[5] Der Titel kann die Geheimnisse des Glaubens, die göttlichen Personen, Engel oder Heilige bezeichnen. Die Verwendung des Namens eines Seligen ist ohne Zustimmung des Apostolischen Stuhls nicht möglich; vgl. die Studienausgabe „Die Feier der Kirchweihe und Altarweihe. Die Feier der Ölweihen", hrsg. mit Billigung der zuständigen kirchlichen Autoritäten v. den liturgischen Instituten Salzburg-Trier-Zürich, Freiburg/Br. 1981, S. 22.

[6] Zur diesbezüglichen Aufsichtspflicht des Dechanten vgl. c. 555 § 1 n. 3.

[7] Z. B. den in Anm. 5 genannten Kirchweihritus u. die AEM Nrn. 253–277.

örtlichen Gegebenheiten und anderen Sachzusammenhängen, verändert aber den Rechtscharakter der Kapelle nicht.

Die Erlaubnis zur Errichtung einer Kapelle erteilt der Ordinarius, der den vorgesehenen Ort zuvor selbst oder durch einen Beauftragten besichtigt und als geziemend eingerichtet befunden hat (c. 1224 § 1). Dem Ordinarius (c. 134 § 1) steht auch die Benediktion der Kapelle zu (c. 1207). Nur er kann die Kapelle wieder für profan erklären (c. 1224 § 2). In rechtmäßig errichteten Kapellen ist die Abhaltung der Gottesdienste und aller liturgischen Funktionen gestattet, falls nicht von Rechts wegen oder durch eine Vorschrift des Ortsordinarius[8] Einschränkungen gemacht werden oder liturgische Normen dem entgegenstehen.

Wie im bisherigen Recht ist es auch im CIC/1983 gestattet, zur Abhaltung von Gottesdiensten für einzelne oder für mehrere Personen eine *Privatkapelle (sacellum privatum)* zu errichten. Die Erlaubnis zu ihrer Errichtung erteilt der Ortsordinarius (c. 1226). Er hat auch seine Zustimmung dazu zu geben, wenn in der Privatkapelle die hl. Messe oder andere liturgische Feiern abgehalten werden sollen (c. 1228). Privatkapellen müssen von allem häuslichen Gebrauch frei gehalten werden. Da sie dem Gottesdienst vorbehalten sind, ist es angemessen, daß sie auch benediziert werden (c. 1229)[9]. Die Privatkapelle eines Bischofs hat dieselbe Rechtsstellung wie die einer Kapelle (c. 1227).

4. *Sanktuarien (Wallfahrtsstätten)*

Im Rahmen der heiligen Orte widmet der CIC/1983 einige Kanones den Wallfahrtsstätten, für die der Begriff „sanctuarium"[10] (Heiligtum) festgelegt wird. Im CIC/1917 fehlen derartige Normen, wenn man von einer indirekten Erwähnung in c. 1290 CIC/1917 absieht.

Nach c. 1230 ist ein „sanctuarium" eine Kirche oder ein anderer heiliger Ort, zu dem aus einem besonderen Frömmigkeitsgrund zahlreiche Gläubige pilgern, und zwar „approbante Ordinario loci". Der Kodex betont vor allem die Notwendigkeit der kirchenamtlichen Genehmigung von Sanktuarien, und zwar fordert er – außer der genannten Genehmigung des Ortsordinarius für die Sanktuarien in seiner Diözese – die Approbation durch die Bischofskonferenz bei einer nationalen Wallfahrtsstätte und des Apostolischen Stuhls, wenn es sich um eine internationale Wallfahrtsstätte handelt (c. 1231). Die genannten Instanzen sind auch zuständig für die Genehmigung der für die jeweiligen Sanktuarien notwendigen Statuten, in denen die Rechtsstellung des Rektors, die Eigentumsverhältnisse und die Vermögensverwaltung geregelt sein müssen (c. 1232). Die geforderte kirchenamt-

[8] Zur Unterscheidung von Ordinarius und Ortsordinarius vgl. c. 134 §§ 1 und 2; so können beispielsweise die Gottesdienste in einer von einem höheren Oberen eines Ordensinstituts oder einer Gemeinschaft des apostolischen Lebens errichteten Kapelle – etwa mit Rücksicht auf die benachbarten pfarrlichen Gottesdienste – vom Ortsordinarius (unter diesen Begriff fallen die genannten Oberen nicht) eingeschränkt werden.

[9] Vgl. auch den in Anm. 5 genannten Kirchweihritus, S. 104.

[10] Zur Entwicklungsgeschichte dieses terminus sowie zur Geschichte und theologischen Bedeutung der Wallfahrtsstätten vgl. den grundlegenden Artikel von *B. Puschmann*, Der Begriff des Sanktuariums. Ein Beitrag zum Fragenkreis des Gnadenortes, in: TThZ 58 (1949), S. 138–148; ebenso *B. Kötting*, Wallfahrt, in LThK[2] X, Sp. 941–946.

liche Anerkenntnis von Wallfahrtsstätten soll vor allem der Gewährung echter Volksfrömmigkeit und der Vermeidung von Mißbräuchen dienen sowie der Gefahr einer Entartung in den peripheren Frömmigkeitsbereich begegnen. An den Wallfahrtsstätten, und zwar mehr als anderswo, soll den Gläubigen das Wort Gottes verkündet, Gottesdienste, vor allem die hl. Eucharistie gefeiert, das Bußsakrament gespendet und die anerkannten Formen der Volksfrömmigkeit gepflegt werden (c. 1234 § 1). Zu diesen Formen der Volksfrömmigkeit zählt u. a. auch das Anfertigen und Darbringen von sog. Votiven und Votivbildern, die aus Verehrung, auf Grund eines Gelübdes („ex voto"), der Bitte in einer Notlage oder aus Dankbarkeit entstehen. Diese volkskünstlerischen Votivgaben sowie andere Dokumente der Frömmigkeit sind in den Sanktuarien oder in deren Nähe sichtbar aufzustellen und sicher aufzubewahren (c. 1234 § 2).

5. *Altäre*

Sowie die Feier der hl. Eucharistie das Zentrum und die Quelle des sakramentalen Lebens und des apostolischen Wirkens der Kirche ist, so ist der Altar der zentrale Ort eines Kirchengebäudes. Er soll daher auch räumlich wirklich der Mittelpunkt der Kirche sein, dem sich die Aufmerksamkeit der ganzen Gemeinde von selbst zuwendet[11]. Der Hauptaltar[12] einer Kirche soll freistehen, damit man ihn ohne Schwierigkeiten umschreiten und an ihm, der Gemeinde zugewandt (versus populum), die Messe feiern kann.

Die Normen des CIC/1917 über die Beschaffenheit, Anzahl und Ausgestaltung der Altäre[13] sind durch die Liturgiereform des II. Vatikanischen Konzils weitgehend novelliert worden. Der CIC/1983 hat die wichtigsten Bestimmungen der nachkonziliaren liturgischen Gesetzgebung aufgenommen[14].

Es muß zwischen feststehenden und tragbaren Altären unterschieden werden. Feststehend ist ein Altar, der mit dem Boden verbunden ist und deshalb nicht weggetragen werden kann; tragbar wird ein Altar genannt, wenn er weggetragen werden kann (c. 1235 § 1). In jeder Kirche soll möglichst ein feststehender, an anderen für gottesdienstliche Feiern vorgesehenen Orten kann ein feststehender oder tragbarer Altar vorhanden sein (c. 1235 § 2). Die Materialien des Altares sind nur für die Tischplatte (mensa) des feststehenden Altares festgelegt, und zwar soll die Altarmensa aus gewachsenem Naturstein sein. Allerdings kann die örtliche Bischofskonferenz auch ein anderes würdiges und gediegenes Material gestatten (c. 1236 § 1). Der Altarsockel, d. h. der Unterbau oder die stips, kann aus jedem beliebigen Material bestehen. Auch für den Tragaltar ist kein bestimmtes Material vorgeschrieben. Es soll allerdings dem liturgischen Gebrauch angemessen und solide sein (c. 1236 § 2). Der tragbare Altar sowie der außerhalb des Gottesdienstes zur Meßfeier benutzte Tisch bedürfen

[11] I. Instr VatII SC Rit Nr. 91 und AEM Nr. 262.

[12] Zu den Nebenaltären vgl. die I. Instr VatII SC Rit Nr. 92, AEM Nr. 267 und Kap. IV Nr. 7 (S. 79) der Studienausgabe „Die Feier der Kirchweihe und Altarweihe" (Anm. 5).

[13] Zur Frage der Eucharistieaufbewahrung (Tabernakel) und -verehrung vgl. in *diesem* Band, unten, *A. Mayer*, § 75 Die Eucharistie.

[14] Im Schema EcclMunSanct haben noch allgemeine Normen über die Altäre gefehlt. Zu den Vorschriften des CIC/1983 sind gemäß c. 2 ergänzend vor allem die Nr. 253–280 AEM sowie die Bestimmungen der Studienausgabe „Die Feier der Kirchweihe und Altarweihe" (Anm. 5) heranzuziehen.

keines Altarsteines (AEM Nr. 265). Feststehende Altäre müssen geweiht, tragbare geweiht oder benediziert werden (c. 1237 § 1). Der Brauch, *unter*[15] einem feststehenden Altar von Märtyrern oder anderen Heiligen Reliquien, deren Echtheit gesichert sein muß, beizusetzen, soll – soweit angebracht – beigehalten werden (c. 1237 § 2). Ein Leichnam darf nicht unter einem Altar bestattet sein; anderenfalls darf auf dem Altar keine Messe zelebriert werden (c. 1239 § 2).

Der Altar ist allein dem Gottesdienst gewidmet. Jeder profane Gebrauch ist ausgeschlossen (c. 1239). Er verliert seine Weihe oder Benediktion nach Maßgabe von c. 1212. Sollte eine Kirche oder ein anderer heiliger Ort profan werden, berührt das die Weihe oder Benediktion des in ihm befindlichen Altares nicht (c. 1238).

6. Die Friedhöfe

Der „Friedhof" (lat. coemeterium) ist ein räumlich begrenztes, der Bestattung der Verstorbenen gewidmetes Grundstück in kirchlicher oder kommunaler Trägerschaft. Neben dem Begriff Friedhof[16] sind die Bezeichnungen Kirchhof, Gottesacker, Totengarten oder Totenhof geläufig. Die Kirche wünscht, wo eben es möglich ist, kircheneigene Friedhöfe zu besitzen oder wenigstens Teilstücke von staatlichen (in der Regel kommunalen) Friedhöfen, die für das Begräbnis der verstorbenen Gläubigen bestimmt sind (c. 1240 § 1)[17]. Die kirchlichen Friedhöfe oder Teilbereiche eines staatlichen Friedhofs sind nach vorgeschriebenem Ritus zu benedizieren[18]. Die Benediktion ist dem Ordinarius[19] vorbehalten, der jedoch einen Priester damit beauftragen kann (c. 1205 i. V. m. c. 1207). Einzelgrabstätten können von jedem Priester und Diakon eingesegnet werden[20].

Pfarreien und Ordensinstitute können einen eigenen Friedhof besitzen (c. 1241 § 1). Auch andere juristische Personen sowie Privatfamilien können einen eigenen Friedhof bzw. eine eigene Grabanlage haben, die nach dem Urteil des Ortsordinarius zu benedizieren ist (c. 1241 § 2).

[15] Die in AEM Nr. 266 noch vorgesehene Möglichkeit, auch *in* die Altarplatte Reliquien einzufügen, ist in c. 1237 § 2 nicht mehr übernommen werden. In der Studienausgabe „Die Feier der Kirchweihe und Altarweihe" (Anm. 5) heißt es dazu: „Das Reliquiengefäß soll seinen Platz weder über dem Altar noch in der Altarmensa haben, sondern es soll unter Berücksichtigung der Form des Altares unterhalb der Altarmensa beigesetzt werden" (Kap. IV, Nr. 11, S. 80).

[16] Nicht vom „Frieden" abzuleiten, sondern von „Umfriedung", der Friedhof ist ein umfriedeter, eingehegter Platz, ein umschlossener Vorhof (etwa einer Kirche, daher auch Kirchhof); vgl. *J. Gaedke*, Handbuch des Friedhofs- und Bestattungsrechts, 4. Aufl., Köln-Berlin-Bonn-München 1977, S. 15f.

[17] Der in c. 1206 § 1 CIC/1917 und noch in c. 31 Schema EcclMunSanct formulierte Rechtsanspruch der katholischen Kirche auf eigene Friedhöfe ist nicht in den CIC/1983 aufgenommen worden.

[18] Vgl. Nr. 37 der Studienausgabe des „Benediktionale"; hrsg. mit Billigung der kirchlichen Autoritäten von den Liturgischen Instituten Salzburg-Trier-Zürich, Freiburg/Br. 1978.

[19] Zum Umfang des Begriffs „Ordinarius" vgl. c. 134 § 1. Das Recht der Benediktion des Friedhofs eines klerikalen Ordensinstituts päpstlichen Rechts oder einer klerikalen Gemeinschaft des apostolischen Lebens päpstlichen Rechts steht den jeweiligen höheren Oberen zu. Auch sie können dieses Recht auf ihre Priester delegieren.

[20] Die Einsegnung erfolgt dann als Teil des Beisetzungsritus; vgl. den Ritus „Die kirchliche Begräbnisfeier in den katholischen Bistümern des deutschen Sprachgebietes", Einsiedeln-Freiburg 1973.

In den dem Gottesdienst gewidmeten Kirchen dürfen Leichen nicht bestattet werden. Ausnahmen bestehen für den Papst, die Kardinäle und für die Diözesanbischöfe, auch wenn sie emeritiert waren; sie können in ihren eigenen Kirchen beerdigt werden (c. 1242).

Zu den Normen der Kirche, ob sie allgemein- oder teilkirchenrechtlicher Art sind, die vor allem zum Schutz des heiligen Charakters eines Friedhofes erlassen wurden bzw. erlassen werden (c. 1243), sind auch die einschlägigen staatlichen Vorschriften zu beachten. In der Bundesrepublik Deutschland sind in der Regel nur die Kommunen zur Anlegung von Friedhöfen verpflichtet. Gleichwohl bleibt den Kirchengemeinden das Recht, eigene Friedhöfe anzulegen. Das staatliche Friedhofs- und Bestattungswesen fällt weitgehend in die Gesetzgebungskompetenz der Länder, wenngleich Teilbereiche bundesrechtlich geregelt sind[21].

§ 73 Geheiligte Zeiten

Von Reinhold Sebott

Das von Christus endgültig erworbene Heil muß durch die Kirche in dauernder Anamnese in alle Dimensionen menschlichen Seins und also auch in die Zeit hineingewoben werden.[1] Im Rahmen des so entstandenen Kirchenjahres oder des liturgischen Jahres[2] sind „Geheiligte Zeiten" als in besonderer Weise und mit besonderen Verpflichtungen durch kirchliches Gebot rechtlich normiert: der Sonntag und die Festtage sowie die Bußtage (cc. 1244–1253)[3].

1. Allgemeine Normen

Für die ganze Kirche verbindliche Fest- und Bußtage können nur durch die höchste kirchliche Autorität eingeführt, verlegt oder abgeschafft werden (c. 1244

[21] Z. B. durch das Kriegsgräbergesetz vom 27. 5. 1952 (erweitert durch das Gräbergesetz vom 1. 7. 1965), das Personenstandsgesetz vom 8. 8. 1957 (Anzeigepflicht bei Sterbefällen), das Bundesseuchengesetz vom 18. 7. 1961; vgl. zu weiteren Teilbereichen und zu den einzelnen Ländergesetzen *Gaedke,* Handbuch (Anm. 16), S. 9–13. Einen Überblick aus staatskirchenrechtlicher Sicht gibt *H. Engelhardt,* Bestattungswesen – Friedhofsrecht, in: HdbStKirchR II, S. 779–798.

[1] Vgl. *A. Häußling,* Art. Kirchenjahr, in: SacrM II, Sp. 1216.

[2] VatII SC Art. 102; vgl. *Paul VI.,* MP „Mysterii Paschalis" vom 14. Februar 1969, in: AAS 61 (1969), S. 222–226; Calendarium Romanum, Typ. Pol. Vat. 1969, S. 11–49: Normae universales de anno liturgico et de Calendario; dt. Übersetzung und Kommentar in: NKD 20; ferner: Die Neuordnung der Eigenkalender für das deutsche Sprachgebiet, in: NKD 29.

[3] Der CIC/1917 behandelte die entsprechende Materie in den cc. 1243–1254. Als Kommentar vgl. *Mörsdorf* Lb II, S. 359–364. Im Schema EcclMunSanct handeln die cc. 41–49 über dieses Thema. Vgl. *J. Manzanares,* In schema de locis et temporibus sacris deque cultu divino animadversiones et vota, in: PerRMCL 68 (1979), S. 139–158. Das Schema CIC 1980 handelte in den cc. 1195–1204 über die entsprechende Thematik.

§ 1). Die Diözesanbischöfe können für ihre Diözesen oder für bestimmte Orte besondere Fest- und Bußtage im Einzelfall (per modum tantum actus) festlegen (c. 1244 § 2).

Von den mit diesen Tagen verbundenen *Verpflichtungen* kann befreit werden. Der *Diözesanbischof* kann die Gläubigen dispensieren, sooft dies nach seinem Urteil zu deren geistlichem Wohl beiträgt (c. 1245 u. c. 87 § 1). Der *Pfarrer* kann aus einem gerechten Grund und nach den Vorschriften des Diözesanbischofs in einzelnen Fällen von der Pflicht zur Einhaltung eines Fest- oder Bußtags befreien oder diese Pflicht in andere fromme Werke umwandeln. Das gleiche kann auch der *Obere* eines Ordensinstituts oder einer Gesellschaft des apostolischen Lebens, sofern es sich um einen klerikalen Verband päpstlichen Rechtes handelt, hinsichtlich der eigenen Untergebenen und anderer Personen, die Tag und Nacht im Kloster leben (c. 1245).

2. Der Sonntag und die Feiertage

Am *Sonntag*, dem Tag des Herrn, feiert die Kirche gemäß apostolischer Überlieferung, die auf den Auferstehungstag Christi selbst zurückgeht, das Pascha-Mysterium. Deshalb gilt der Herrentag als Urfeiertag (c. 1246 § 1). Außer dem Sonntag sind folgende Festtage zu *gebotenen Feiertagen*[4] für die ganze Kirche bestimmt (c. 1246 § 1): der Tag der Geburt unseres Herrn Jesus Christus (1. Weihnachtstag, 25. Dezember), Epiphanie (Erscheinung des Herrn, 6. Januar), Christi Himmelfahrt und Fronleichnam (Fest des heiligsten Leibes und Blutes Christi), das Fest der heiligen Gottesmutter Maria (1. Januar), Mariä Unbefleckte Empfängnis (8. Dezember) und Aufnahme Mariens in den Himmel (15. August), die Feste des heiligen Josef (19. März), der heiligen Apostel Petrus und Paulus (29. Juni) und schließlich Allerheiligen (1. November). In den deutschen Diözesen sind auch die sogenannten zweiten Feiertage an Weihnachten, Ostern und Pfingsten gebotene Feiertage[5]. Die Bischofskonferenz kann, nach vorheriger Genehmigung des Apostolischen Stuhles, einige der gebotenen Festtage aufheben oder auf einen Sonntag verlegen (c. 1246 § 2). Nach 1945, besonders aber nach dem II. Vatikanum, wurden in einzelnen Diözesen die gebotenen Feiertage vermindert, da es für die Gläubigen meist nur unter Schwierigkeiten möglich ist, die Feiertage zu halten, wenn sie nicht zugleich auch staatliche Feiertage sind[6].

[4] Der kanonistische Fachbegriff „gebotener Feiertag" (vor allem der deutsche Ausdruck) darf nicht verwechselt werden mit dem liturgischen Fachbegriff „Hochfest" (Sollemnitas), obwohl die Liste der gebotenen Feiertage mit der Liste der Hochfeste weithin identisch ist.

[5] Zunächst nur Sonderregelung für die preußischen Diözesen (AfkKR 98 [1918], S. 245f.) wurde diese Regelung in der Folgezeit auf alle deutschen Diözesen ausgedehnt.

[6] Vgl. z. B. die Neuordnung für die *Diözesen im Land Nordrhein-Westfalen* von 1951: Epiphanie (6. Jan.), Peter und Paul (29. Juni) und Unbefleckte Empfängnis Mariens (8. Dez.) sind auf den nächstfolgenden Sonntag verlegt. Vgl. KABl. Paderborn 94 (1951), Nr. 286, 288, S. 133–135; KAnz. Köln 91 (1951), Nr. 488–490, S. 535–540; 92 (1952), Nr. 478f., S. 436–439; für die *Diözese Trier:* Unbefleckte Empfängnis (8. Dez.), Epiphanie (6. Jan.), Peter und Paul (29. Juni), Maria Himmelfahrt (dieses Fest nur im rheinland-pfälzischen Diözesanteil) sind als gebotene Feiertage abgeschafft. Vgl. KABl. Trier 111 (1967), Nr. 230, S. 146; 112 (1968), Nr. 228, S. 156f.; AfkKR 137 (1968), S. 156f.

Viele kirchliche Feiertage werden auch *staatlich anerkannt*. In der *Bundesrepublik Deutschland* (und in West-Berlin) sind außer den Sonntagen nur folgende kirchliche Feiertage in allen Ländern öffentliche Feiertage: Neujahr (1. Januar), Ostermontag, Christi Himmelfahrt, Pfingstmontag, 1. und 2. Weihnachtstag[7]. In der *Deutschen Demokratischen Republik* sind nur der 1. und 2. Weihnachtstag sowie der Pfingstmontag staatliche Feiertage; Ostermontag, Christi Himmelfahrt, Fronleichnam und Allerheiligen sind weiterhin kirchlich gebotene Feiertage[8]. In *Österreich* sind kirchlich gebotene Feiertage: Weihnachten (25. Dezember), Neujahr (1. Januar), Erscheinung des Herrn (6. Januar), Christi Himmelfahrt, Fronleichnam, Mariä Unbefleckte Empfängnis (8. Dezember), Maria Himmelfahrt (15. August) und Allerheiligen (1. November)[9]. Diese Tage gelten auch nach dem staatlichen Feiertagsgesetz als allgemeine Feiertage[10]. In der *Schweiz* ist die Regelung infolge der Kompetenz der Kantone kantonal verschieden[11].

Die Sonn- und Feiertagspflicht[12] besteht in der Mitfeier der Eucharistie und in der Enthaltung jener Beschäftigungen und Tätigkeiten, die dem Gottesdienst, der dem Sonntag eigenen Freude und der Geist und Körper geschuldeten Erholung abträglich sind (c. 1247). Dem Gebot zur Teilnahme an der Meßfeier genügt, wer an einer Messe teilnimmt, wo immer diese nach katholischem Ritus am Sonn- oder Feiertag selbst oder am Vorabend gehalten wird (c. 1248 § 1). Wenn wegen Fehlens eines Priesters oder aus einem anderen schwerwiegenden Grund die Teilnahme an einer Eucharistiefeier unmöglich ist, wird empfohlen, daß die Gläubigen an einem Wortgottesdienst teilnehmen oder sich eine Zeitlang dem persönlichen oder gemeinschaftlichen Gebet widmen (c. 1248 § 2)[13].

[7] Vgl. *H.-W. Strätz*, Sonn- und Feiertage, in: HdbStKirchR II, S. 801–819, besonders 809f.

[8] Berliner Ordinarienkonferenz vom 1. Januar 1968, in: AfkKR 137 (1968), S. 230.

[9] Wiener DiözBl. 116 (1978), S. 17–22, hier 21.

[10] Vgl. *I. Gampl*, Österreichisches Staatskirchenrecht, Wien-New York 1971, S. 107.

[11] *U. Lampert*, Kirche und Staat in der Schweiz II, Freiburg/Schweiz-Leipzig 1938, S. 494–506.

[12] Vgl. *H. Müller*, De christifidelium obligatione missae dominicali participandi sub aspectu canonico, in: PerRMCL 63 (1974), S. 411–428; *ders.*, Das Sonntagsgebot – Anachronismus oder heilsamer Appell?, in: ThPQ 122 (1974), S. 150–163.

[13] In n. 47 DirOec I ist bestimmt, daß ein Katholik der gelegentlich aus besonderen Gründen (vgl. n. 50) an der Hl. Göttlichen Liturgie/Messe bei den *getrennten orientalischen Kirchen* an Sonn- und Feiertagen teilnimmt, nicht mehr verpflichtet ist, an der hl. Messe in einer katholischen Kirche teilzunehmen. Wer nicht an der Sonntagsmesse in einer katholischen Kirche teilnehmen kann, soll möglichst bei den getrennten orientalischen Kirchen die Hl. Liturgie mitfeiern. – Die *Gemeinsame Synode* der Bistümer in der Bundesrepublik Deutschland unterstreicht die Sonntagspflicht; im Sb Gottesdienst Nr. 2.3 stellt sie fest, daß das Gebot der Kirche aber nicht in jedem Fall und unter allen Umständen bindet, da die Kirche niemand unter schwerer Belastung oder großem Nachteil zur Teilnahme an der sonntäglichen Eucharistiefeier verpflichten will. „Ein Grund, nicht an der sonntäglichen Eucharistiefeier teilzunehmen, kann sich im Einzelfall auch aus der Teilnahme am Gottesdienst einer *anderen christlichen Glaubensgemeinschaft* ergeben, wenn für die Teilnahme ein wichtiger Grund besteht und die zusätzliche Teilnahme am katholischen Gottesdienst nur unter Schwierigkeiten möglich wäre. Dies gilt auch für die Teilnahme an einem *ökumenischen Gottesdienst*, der jedoch nicht die sonntägliche Eucharistiefeier verdrängen darf (vgl. dazu 5.2)". Wo in einer Notsituation anstelle der sonntäglichen Eucharistiefeier ein *Gemeindegottesdienst ohne Priester* stattfinden muß, wird der Sinn der Sonntagspflicht durch Teilnahme an diesem Gottesdienst erfüllt (ebd. 2.4.3). Vgl. Gemeinsame Synode. Gesamtausgabe I, S. 200f., 205. – Die deutschen Bischöfe haben angeordnet, daß ein ökume-

3. Die Bußtage

„Der Christ lebt in einer gebrochenen, von Sünde und Schuld geprägten Welt voll Ratlosigkeit und Verwirrung, Uneinigkeit und Auseinandersetzung. Davon ist auch die Kirche nicht ausgenommen"[14]. Deshalb trifft den einzelnen Gläubigen wie die Gemeinschaft der Christen immer neu der Ruf: „Tuet Buße und glaubet an das Evangelium!" (Mk 1,15). Die Buße, zu der die Christen aufgerufen sind, soll „nicht eine bloß innere und individuelle Übung (sein), sondern auch eine äußere und soziale"[15]. Das göttliche Gebot, Buße zu tun (vgl. c. 1249), wird daher von der kirchlichen Autorität kirchenrechtlich durch die Bußordnung, insbesondere durch das Abstinenz- und Fastengebot, näher bestimmt. Papst *Paul VI.* hat mit der Apostolischen Konstitution „Paenitemini" vom 17. Februar 1966 diesen Fragenkreis vollständig neugeordnet[16]; diese Neuordnung wurde durch die cc. 1249–1253 in den CIC/1983 übernommen. Gemäß c. 1249 werden Bußtage verbindlich vorgeschrieben, damit alle Gläubigen durch bestimmte *gemeinsame* Beobachtung untereinander verbunden werden. An diesen Bußtagen sollen sich die Gläubigen in besonderer Weise dem Gebet hingeben, Werke der Frömmigkeit und der Nächstenliebe üben und sich selbst verleugnen durch Fasten und Abstinenz. Die wesentliche Beobachtung dieser Bußtage stellt eine schwere Verpflichtung dar; wer demnach ohne Entschuldigungsgrund einen in quantitativem oder qualitativem Sinn beträchtlichen Teil der vorgeschriebenen Bußverpflichtung unterläßt, vergeht sich in schwerer Weise gegen das kirchliche Bußgebot[17]. Bußtage und Bußzeiten für die ganze Kirche sind alle Freitage des Jahres und die österliche Bußzeit (c. 1250). An allen Freitagen, auf die nicht ein Hochfest fällt, ist Abstinenz zu halten; für Aschermittwoch und Karfreitag sind Abstinenz und Fasten vorgeschrieben (c. 1251).

Das *Abstinenzgebot* verbietet den Genuß von Fleisch oder von einer anderen Speise entsprechend den Vorschriften der Bischofskonferenz (c. 1251). Das *Fastengebot* schreibt vor, daß nur eine volle Mahlzeit am Tag eingenommen werden darf; gestattet ist eine kleine Stärkung morgens und abends. Zur Abstinenz ist verpflichtet, wer das 14. Lebensjahr vollendet hat; an das Fastengebot sind alle gebunden von der Vollendung des 18. Lebensjahres bis zum Beginn des 60. Lebensjahres. Die Seelsorger und Eltern sollen aber dafür sorgen, daß auch jene, die wegen ihres jugendlichen Alters zu Fasten und Abstinenz noch nicht verpflichtet sind, zu einem echten Verständnis der Buße geführt werden (c. 1252).

nischer Wortgottesdienst nicht zu den ortsüblichen Zeiten des Sonntagsgottesdienstes stattfinden darf, insbesondere nicht am Sonntagvormittag. „Die katholischen Christen dürfen durch die Teilnahme an einem ökumenischen Gottesdienst nicht in einen Konflikt mit dem Sonntagsgebot gebracht werden" (Pastorale Handreichung bez. ökum. Gottesdienste an Sonn- und Feiertagen vom 11. März 1976, Nr. 3, vgl. KABl. Trier 119 [1976], Nr. 133, S. 120).

[14] Sb Sakramentenpastoral, in: Gemeinsame Synode. Gesamtausgabe I, S. 258.

[15] VatII SC Art. 110.

[16] *Paul VI.*, Apost. Konst. „Paenitemini" vom 17. Februar 1966, in: AAS 58 (1966), S. 177–198; NKD 2, S. 6–47.

[17] SC Conc, Resp. vom 24. Februar 1967, in: AAS 59 (1967), S. 229.

Die Bischofskonferenzen sind zu teilkirchlicher Regelung ermächtigt; sie können Fasten und Abstinenz ganz oder teilweise durch andere Formen der Buße ersetzen, insbesondere durch Werke der Liebe und der Frömmigkeit (c. 1253). Gemäß der *Bußordnung* der *Deutschen Bischofskonferenz*[18] sind Aschermittwoch und Karfreitag gebotene Fast- und Abstinenztage. An den Bußtagen (alle Freitage des Jahres, ausgenommen jene, auf die ein Feiertag fällt) sind alle Gläubigen verpflichtet, ein *Freitagsopfer* zu bringen, das nach persönlicher Wahl bestehen kann: in einem Werk der Nächstenliebe, in einer Tat der Frömmigkeit (Gebet, Lesung der Hl. Schrift, geistliche Lesung, Werktagsmesse) oder in einem spürbaren Verzicht, z. B. auf Alkohol und Tabak, auch auf Fleischspeisen, wobei das damit Ersparte für Menschen in Not gegeben werden sollte. Auf die Fastenzeit als die große Bußzeit wird besonders hingewiesen, vor allem auf die Verpflichtung zur Osterkommunion und bei schwerer Schuld zum Empfang des Bußsakramentes. In der Fastenzeit soll jeder ein Geldopfer für die hungernde Welt geben (Aktion MISEREOR).

Die kirchliche Bußordnung für die Jurisdiktionsbezirke, die Bistümer und bischöflichen Ämter im Gebiet der *Deutschen Demokratischen Republik* stimmt inhaltlich mit jener der Deutschen Bischofskonferenz überein[19].

Die *österreichische* Bischofskonferenz hat eine ausführliche „Christliche Buß- und Lebensordnung" erstellen lassen[20]. Aschermittwoch und Karfreitag sind strenge Fast- und Abstinenztage. Die Gläubigen sollen an diesen Tagen keine teuren „Fastenspeisen" genießen, sondern sich mit einfachen Mahlzeiten begnügen. Am Freitag jeder Woche sind die Katholiken zu einem „Freitagsopfer" verpflichtet. „Die Art des Opfers ist in die freie Entscheidung des einzelnen Christen gestellt. Es kann ein Werk der Nächstenliebe oder ein Verzicht sein. Neben der bisher geübten Enthaltung von Fleischspeisen können und sollen die einzelnen Gläubigen, aber auch christliche Familien und Gruppen neue Formen eines persönlichen „Freitagsopfers" suchen und üben: z. B. konkrete Not ausfindig machen und sie beheben helfen; sich einschränken im Genuß von Tabak und Alkohol; das Wirken der Caritas unterstützen, etwa durch den „Freitagsschilling"; sich für andere Menschen Zeit nehmen und dgl. mehr".

In der *Schweiz* sind Aschermittwoch und Karfreitag allgemeine Fast- und Abstinenztage; an den anderen Freitagen besteht kein Abstinenzgebot mehr. Die

[18] Weisung zur kirchlichen Bußpraxis (Bußordnung), verabschiedet vom Ständigen Rat der Deutschen Bischofskonferenz in seiner Sitzung vom 20. 11. 1978, abgedr. u. a. in: ABl. München und Freising 1979, S. 66–71 (Nr. 40). Die Bußordnung von 1978 löst die Bußordnung vom 20.–24. 9. 1970 ab, abgedr. in: AfkKR 139 (1970), S. 556–559. Sie formuliert die Weisungen der Kirche (Kirchengebote) präziser und umfassender im Sinne eines Minimums kirchlicher Glaubenspraxis, unterhalb dessen man nicht mehr von einem katholischen Christsein sprechen kann. Die Bußordnung von 1970 war an die Stelle der (ersten) Bußordnung vom 4. 1. 1967 getreten; vgl. NKD 2, S. 48–50. Die wesentliche Änderung bestand darin, daß an die Stelle der 1967 grundsätzlich festgehaltenen Freitagsabstinenz ein Freitags*opfer* getreten ist, wobei darauf hingewiesen wurde, daß auch die bisherige Abstinenz ihren besonderen Sinn und ihren zeichenhaften Charakter behält, insbesondere wenn sie einen wirklichen Verzicht bedeutet.

[19] Vgl. KABl. Görlitz 21 (1972), Nr. 14, S. 6.

[20] Wiener DiözBl. 116 (1978), S. 17–22.

Gläubigen sind aber auf ihre Pflicht hingewiesen, „alle Freitage des Jahres, vor allem aber die der Fastenzeit, zu Bußtagen zu gestalten, indem sie Werke der Abtötung, der tätigen Nächstenliebe, der Frömmigkeit verrichten, wobei die Wahl des Bußwerkes dem Einzelnen, der Familie oder der Gemeinschaft überlassen wird"[21].

3. Kapitel: Die Sakramente der Initiation

§ 74 Taufe und Firmung

Von Alfred E. Hierold

Taufe und Firmung bilden zusammen mit der Eucharistie die Sakramente der vollen christlichen Initiation (c. 842 § 2). Durch sie erfährt der Mensch seine unwiderrufliche Annahme durch Gott und Eingliederung in die Gemeinschaft der Kirche, was mit dem Terminus des untilgbaren Charakters umschrieben wird[1]. Dieser ist ein Zeichen, das jeden, der Taufe und Firmung empfangen hat, Christus ähnlich macht, von allen unterscheidet, die sie nicht empfangen haben, ihn zu einem christlichen Leben verpflichtet und ihn zum Empfang der Gnade Gottes bereitet. Wegen der Unwiderruflichkeit können die Sakramente der Taufe und Firmung nicht wiederholt werden. Nur wo nach einer sorgfältigen Prüfung noch ein begründeter Zweifel bestehen bleibt, ob sie wirklich oder gültig gespendet worden sind, müssen oder dürfen[2] sie bedingungsweise gespendet werden (c. 845).

A. Die Taufe

I. Grundlegendes

Die Taufe ist das erste Sakrament und das Zugangstor zu allen übrigen Sakramenten (c. 849), da niemand gültig zu den übrigen Sakramenten zugelassen werden kann, der die Taufe nicht empfangen hat (c. 842 § 1)[3]. Sie ist für die

[21] *Schweizerische Bischofskonferenz,* Bischöfliche Verlautbarung von Weihnachten 1966, in: SKZ 1966, S. 695. Diese Regelung gilt nicht für den Tessin.

[1] Vgl. VatII LG Art. 11 Abs. 1.

[2] Der Ausdruck „conferantur" bedeutet hier im Hinblick auf die Taufe eine Muß- und hinsichtlich der Firmung eine Sollvorschrift; vgl. *Mörsdorf* Lb I, S. 13.

[3] Vgl. cc. 889 § 1, 912, 959, 998, 1024, 1055 § 2.

Menschen in Wirklichkeit oder wenigstens dem Verlangen nach (Begierdetaufe) zum Heil notwendig; denn „wenn jemand nicht aus Wasser und Geist geboren wird, kann er nicht in das Reich Gottes kommen" (Jo 3,5). Durch die Taufe werden die Menschen von den Sünden befreit, zu Kindern Gottes wiedergeboren und, durch den unauslöschlichen Charakter Christus gleichgestaltet, in die Kirche eingegliedert mit allen Rechten und Pflichten eines Christen (c. 96)[4]. Gefordert ist zur gültigen Spendung neben der entsprechenden Intention nur die Abwaschung des Täuflings mit natürlichem Wasser unter gleichzeitigem Aussprechen der Worte: „Ich taufe dich im Namen des Vaters und des Sohnes und des Heiligen Geistes." Alle übrigen Zeremonien und Gebete, die das Taufgeschehen seit ältester Zeit umrahmen und ausdeuten, sind zur Gültigkeit der Taufe nicht notwendig und dürfen im Notfall (Nottaufe) ausgelassen werden.

II. Die Feier der Taufe

1. Taufritus (c. 850)

Da die Sakramente Handlungen Christi und der Kirche sind, steht es in der Vollmacht der Kirche, die Weise der Tauffeier zu ordnen und festzulegen. Es sind zwei Grundformen zu unterscheiden:

a) *Die ordentliche Form.* Wenn für den Täufling keine Lebensgefahr besteht, wird die Taufe gespendet nach der in den approbierten liturgischen Büchern vorgeschriebenen Ordnung. Je nachdem, ob es sich bei dem Täufling um einen Erwachsenen oder um ein Kind handelt, ist der „Ordo initiationis christianae adultorum"[5] (= OICA) oder der „Ordo baptismi parvulorum"[6] (= OBP) maßgebend. Die Ordnung für die Erwachsenentaufe unterscheidet sich grundlegend von der der Kindertaufe dadurch, daß ein erweiterter Katechumenat mit einer stufen-

[4] Vgl. VatII LG Art. 7, 14, 15; VatII UR Art. 22; *O. Heggelbacher,* Die Taufe als Rechtsakt nach dem Zeugnis der frühen Christenheit, Freiburg i. Ü. 1953.

[5] Der Ordo initiationis christianae adultorum wurde mit Dekret der SC Cult vom 6. 1. 1972 promulgiert (AAS 64 [1972], S. 252) und sollte alsbald in Kraft treten. Die Editio typica ist 1972 in der Vatikanischen Druckerei erschienen. Der Text ist zum großen Teil abgedruckt bei *R. Kaczynski,* Enchiridion documentorum instaurationis liturgicae I (1963 bis 1973), Turin 1976, S. 830–859. Für den deutschsprachigen Raum ist auch anwendbar: Die Feier der Eingliederung Erwachsener in die Kirche. Studienausgabe, hrsg. von den Liturgischen Instituten Salzburg, Trier, Zürich mit Billigung der Bischofskonferenzen aufgrund der Fakultät, die die SC Cult am 16. 3. 1971 (Prot. Nr. 645/71) gegeben hat, Einsiedeln u. a. 1975.

[6] Der Ordo baptismi parvulorum wurde mit Dekret der SC Cult vom 15. 5. 1969 erlassen und sollte ursprünglich am 8. 9. 1969 in Kraft treten (AAS 61 [1969], S. 548). Die vacatio legis wurde durch Dekret der SC Cult vom 10. 7. 1969 bis Ostern (29. 3.) 1970 verlängert (AAS 61 [1969], S. 549f.). Die Editio typica ist 1969 in der Vatikanischen Druckerei erschienen. Der Text ist ebenfalls abgedruckt bei *Kaczynski,* Enchiridion (Anm. 5), S. 556–572 (mit Lit.). Für die deutschsprachigen Diözesen gilt die Taufordnung: Die Feier der Kindertaufe in den katholischen Bistümern des deutschen Sprachraums. Hrsg. im Auftrag der Bischofskonferenzen Deutschlands, Österreichs und der Schweiz und des Bischofs von Luxemburg, Einsiedeln u. a. (1971), approbiert (Approbatum imprimatur) am 6. 8. 1971. Die SC Cult erteilte am 28. 9. 1971 die Bestätigung (confirmatum; Prot. Nr. 1712/71). Die Feier der Kindertaufe wurde vom 1. 10. 1972 an für verbindlich erklärt.

weisen Einführung durch heilige, in gewissen Zeitabständen aufeinanderfolgende Riten vorgesehen und die Tauffeier selbst reicher ausgestaltet ist. – Für das gesamte Taufrecht gelten als Erwachsene alle, die dem Stadium der Kindheit entwachsen und zum Vernunftgebrauch gelangt sind, was mit der Vollendung des siebten Lebensjahres rechtlich vermutet wird (vgl. c. 97 § 2)[7]. Einem Kind wird, auch was die Taufe angeht, gleichgeachtet, wer seiner nicht mächtig ist (c. 852).

b) *Die außerordentliche Form (Nottaufe).* Im Falle drängender Notwendigkeit, näherhin bei Lebensgefahr für den Täufling, ist es gestattet, die sog. Nottaufe zu spenden. Dabei muß nur das eingehalten werden, was zur Gültigkeit des Sakramentes erforderlich ist. Die Spendung der Nottaufe muß dem Pfarrer des Taufortes mitgeteilt werden.

2. Vorbereitung auf die Taufe (c. 851)

Die Feier der Taufe bedarf einer entsprechenden Vorbereitung des Täuflings oder der Eltern und Paten. Ein *Erwachsener,* der den Empfang der Taufe anstrebt, soll zunächst zum Katechumenat zugelassen werden, während dessen er über die Wahrheiten des Glaubens und die Verpflichtungen eines christlichen Lebens hinreichend unterrichtet wird, und, soweit dies möglich ist, in verschiedenen Stufen zum Empfang des Sakramentes geführt werden[8]. Die Gestalt dieser Einführung in den christlichen Glauben hat jeweils die Bischofskonferenz anzupassen und durch eigene Normen rechtlich zu präzisieren[9]. Bei der beabsichtigten Taufe eines *Kindes* sollen die Eltern und ebenso jene, die das Patenamt übernehmen wollen, über die Bedeutung dieses Sakramentes und die damit zusammenhängenden Pflichten entsprechend belehrt werden. Der Pfarrer soll persönlich oder durch andere dafür Sorge tragen, daß die Eltern durch pastorale Gespräche, sogar auch durch gemeinsames Gebet, hinreichend vorbereitet werden. Dazu kann er mehrere Familien zusammenkommen lassen oder sie, wo es möglich ist, einzeln besuchen.[10] Dem Taufgespräch kommt erhebliche Bedeutung zu. Zum einen kann es dazu dienen, die Eltern und Paten in ihrem Glauben zu bestärken, zum anderen zu klären, ob sie aus religiösen Motiven um die Taufe ihres Kindes bitten und ob

[7] Diese undifferenzierte Festlegung für das gesamte Taufrecht scheint nicht ganz unproblematisch. Für die Spendung der Taufe selbst mag ein bewußter Mitvollzug ab dem siebten Lebensjahr gegeben und die Anwendung des Erwachsenentaufritus sinnvoll sein. Stellt man aber bei der *Zulassung* zur Taufe auf das Elternrecht ab, legte sich eine andere Lösung nahe. Näheres dazu in *diesem* Beitrag, unten, A IV 2b.

[8] Vgl. dazu VatII SC Art. 64.

[9] Der Beschluß der Gemeinsamen Synode der Bistümer in der Bundesrepublik Deutschland „Sakramentenpastoral", der von allen Diözesen in Kraft gesetzt worden ist, sieht eine Eingliederung eines Erwachsenen in vier Stufen vor: Präkatechumenat, Katechumenat, Feier der Eingliederung, Vertiefung des christlichen Glaubens; vgl. Sb Sakramentenpastoral B 2, in: Gemeinsame Synode. Gesamtausgabe I, S. 248–250.

[10] Vgl. dazu Pastoralanweisung der DBK vom 24. 9. 1970 über die Einführung eines Taufgesprächs mit den Eltern vor Spendung der Taufe, abgedr. u. a. in: AfkKR 141 (1972), S. 202–204; Pastorale Anweisung der DBK vom 12. 7. 1979 an die Priester und Mitarbeiter im pastoralen Dienst zur rechtzeitigen Taufe der Kinder, Nr. 3.2, in: AfkKR 148 (1979), S. 466 bis 475, hier 472; Sb Sakramentenpastoral D 3.1.2, in: Gemeinsame Synode. Gesamtausgabe I, S. 251 f.; Feier der Kindertaufe (Anm. 6), Vorbemerkungen, Nrn. 31–38.

sie von ihrer Glaubenshaltung her fähig und bereit sind, die Verantwortung für die katholische Erziehung ihres Kindes zu übernehmen. Lehnen die Eltern bewußt das Taufgespräch ab, kann dies ein Zeichen dafür sein, daß sie nicht bereit sind, ihre Aufgabe zu erfüllen. Dann kann sich ein Aufschub der Taufe nahelegen, zumal wenn noch andere Fakten hinzutreten, z. B. keinerlei religiöse Praxis.

3. *Taufspendung*

Die Taufe kann gespendet werden durch Untertauchen oder durch Übergießen, je nach den Vorschriften, die die für den Taufspender zuständige Bischofskonferenz erlassen hat (c. 854)[11]. Bei der ordentlichen Form der Taufspendung ist gemäß den Vorschriften der liturgischen Bücher geweihtes Wasser zu verwenden; für die sog. Nottaufe genügt gewöhnliches Wasser (c. 853). Das Taufwasser wird in der Osternacht geweiht[12]; außerhalb der österlichen Zeit kann das Taufwasser bei der Spendung der Taufe selbst mit einer approbierten kürzeren Formel geweiht werden[13]. Bei der Taufe sind heilige Öle zu verwenden: Katechumenenöl und Chrisam, die wie das Krankenöl aus Oliven oder anderen Pflanzen gewonnen und von einem Bischof – außer im Notfall bei der Krankensalbung vom Priester – geweiht oder gesegnet worden sind. Die heiligen Öle müssen am unmittelbar vorhergehenden Gründonnerstag geweiht sein; ältere Öle dürfen nur im Notfall verwendet werden (c. 847 § 1). Der Pfarrer muß die heiligen Öle von seinem eigenen Bischof erbitten, was auch durch einen Boten geschehen kann, und sie an einem würdigen Ort sorgfältig aufbewahren (c. 847 § 2).

4. *Namengebung (c. 855)*

Erwachsene wählen sich ihren Namen selbst; die Wahl des Namens der Kinder wird in c. 855 zwar in die Verantwortung der Eltern, Paten und des Pfarrers gelegt, aber angesichts des Elternrechts kann die Sorge der Paten und des Pfarrers nur als subsidär verstanden werden. Es soll kein Name gewählt werden, der keinerlei christliche Bedeutung hat, sondern möglichst der Name eines Heiligen, der dem Täufling Schutz und Vorbild im Leben sein soll[14].

5. *Zeit der Taufspendung (c. 856)*

Die Taufe kann an jedem beliebigen Tag gespendet werden; es wird aber dennoch empfohlen, daß sie gewöhnlich am Sonntag oder, wenn es möglich ist, nach uralter kirchlicher Sitte in der Ostervigil gefeiert wird.

[11] Für die Bistümer des deutschen Sprachraums sind beide Möglichkeiten vorgesehen, aber im allgemeinen wird die Taufe durch Übergießen gespendet; vgl. Feier der Kindertaufe (Anm. 6), Vorbemerkungen, Nr. 12.

[12] Missale Romanum ex decreto Sacrosancti Oecumenici Concilii Vaticani II instauratum auctoritate Pauli PP. VI promulgatum. Editio typica, Typ. Pol. Vat. 1970, S. 280–285.

[13] VatII SC Art. 70; Feier der Kindertaufe (Anm. 6), Vorbemerkungen, Nr. 49.

[14] Vgl. OICA (Anm. 5), Praenot., Nr. 26 und Nr. 65, 4; *W. Dürig*, Geburtstag und Namenstag, München 1954.

6. Ort der Taufspendung

a) Die *Nottaufe* kann an jedem Ort gespendet werden.

b) *Ordentliche* Stätte für die Spendung der Taufe ist eine Kirche oder öffentliche Kapelle. In der Regel soll es so gehalten werden, daß ein Erwachsener in seiner eigenen, ein Kind aber in der für die Eltern zuständigen Pfarrkirche getauft wird, wenn nicht ein gerechter Grund etwas anderes nahelegt (c. 857)[15]. Jede Pfarrkirche muß daher einen Taufbrunnen haben; wohlerworbene Rechte anderer Kirchen auf einen Taufbrunnen bleiben erhalten, aber nicht mit einem das Recht der Pfarrkirche verdrängenden Taufrecht, sondern kumulativ mit dem Recht der Pfarrkirche. Zur Erleichterung der Gläubigen kann der Ortsoberhirt nach Anhörung des Ortspfarrers gestatten oder anordnen, daß auch in einer anderen Kirche oder Kapelle innerhalb des Gebietes der Pfarrei ein Taufbrunnen bereitsteht (c. 858).

Der Taufbrunnen soll sich in einer Taufkapelle oder an einer anderen für die Taufspendung geeigneten Stelle befinden. Diese sollen so ausgestaltet sein, daß die Würde des Sakramentes der Taufe deutlich sichtbar wird und der Ort für gemeinsame Feiern geeignet ist[16].

c) *Außerordentliche Taufstätte* (c. 859). Wenn ein Täufling wegen der großen Entfernung oder wegen anderer Umstände nicht ohne schweren Nachteil zur Pfarrkirche oder zu einer anderen Kirche oder öffentlichen Kapelle mit Taufbrunnen innerhalb des Pfarrgebietes gelangen oder gebracht werden kann, so kann und darf die Taufe in einer anderen näherliegenden Kirche oder öffentlichen Kapelle oder auch an einem anderen geziemenden Ort gespendet werden.

d) *Haustaufen* sind außer im Notfall verboten. In Privathäusern darf die Taufe nur gespendet werden, wenn es der Ortsoberhirt aus einem schwerwiegenden Grund gestattet hat[17]. Soweit der Diözesanbischof nichts anderes angeordnet hat, darf die Taufe auch nicht in Kliniken gespendet werden, außer wenn ein Notfall vorliegt (z. B. schwächliche Gesundheit eines Kindes) oder ein anderer pastoraler Grund dazu zwingt[18].

III. Der Spender der Taufe

1. Taufspender (c. 861)

Ordentlicher Spender der Taufe ist der Bischof, der Priester und der Diakon, außerordentlicher Spender ist erlaubterweise der Katechist oder eine andere vom

[15] Vgl. Weisung des Erzbistums Köln vom 24. 9. 1979 für Kindertaufen außerhalb der Wohnortpfarrei der Eltern, in: ABl. Köln 119 (1979), S. 256f.

[16] SC Rit, Instr. vom 26. 9. 1964 ad exsecutionem Constitutionis de sacra Liturgia recte ordinandam, Art. 99, in: AAS 56 (1964), S. 899; abgedruckt bei *Kaczynski*, Enchiridion (Anm. 5), S. 78.

[17] Vgl. OBP (Anm. 6), Praenot.gen., Nr. 11; Feier der Kindertaufe (Anm. 6), Vorbemerkungen, Nr. 47.

[18] OBP (Anm. 6), Praenot.gen., Nrn. 10–13; Feier der Kindertaufe (Anm. 6), Vorbemerkungen, Nr. 46.

Ortsoberhirten zu diesem Dienst beauftragte Person[19], wenn der ordentliche Spender abwesend oder verhindert ist. Dieser Fall liegt nicht vor, wenn der ordentliche Spender nur kurze Zeit (z. B. wegen Urlaubs) abwesend oder in der Ausübung seines Dienstes (z. B. wegen Krankheit) behindert ist. Im Notfall kann jeder Mensch, auch ein Nichtchrist, die Taufe gültig spenden, sofern er nur die geschuldete Absicht hat, d. h. zu tun, was die Kirche tut, und die zur gültigen Taufspendung notwendige Materie und Form anwendet[20]. Die Seelsorger, insbesondere der Pfarrer, haben dafür Sorge zu tragen, daß die Gläubigen über die rechte Weise der Taufspendung belehrt werden, damit sie in außerordentlichen Fällen die Nottaufe richtig zu spenden verstehen[21].

2. Zuständigkeit (cc. 862, 863)

Die Spendung der Taufe ist in besonderer Weise dem Pfarrer anvertraut (c. 530 n. 1), der damit ein Vorrecht hat, das auch dem Diözesanbischof als dem Vorsteher seiner Teilkirche zukommt (vgl. c. 387); dieser besitzt damit ein mit dem Recht der Pfarrer konkurrierendes Taufrecht. Jeder andere, ob Priester oder Diakon, bedarf der Erlaubnis des zuständigen Pfarrers oder Ortsoberhirten, außer es handelte sich um einen Notfall, in dem ohne diese Erlaubnis getauft werden darf. Zuständig ist der Pfarrer, in dessen Gebiet der Täufling seinen Wohnsitz oder bei Fehlen eines Wohnsitzes seinen Aufenthaltsort hat. Das Taufrecht darf nur innerhalb des Territoriums der Pfarrei ausgeübt werden. Will der Pfarrer die Taufe außerhalb des Pfarrgebietes spenden, bedarf er ebenso wie jeder andere Taufspender der Erlaubnis des Ortspfarrers, dies auch dann, wenn er für den Täufling aufgrund des Wohnsitzes zuständig ist (c. 862 i. V. m. c. 107).

Wenn ein Täufling einem Personenkreis angehört, für den eine Personalpfarrei oder ein eigener Seelsorgebezirk (z. B. im militärischen Bereich) errichtet ist, so ist der Personalpfarrer in derselben Weise zuständig wie der Ortspfarrer[22].

Die Taufe von Erwachsenen, wenigstens derer, die das vierzehnte Lebensjahr vollendet haben, soll dem Diözesanbischof angetragen werden, damit er, wenn er dies für angebracht hält, selbst die Taufe spendet (c. 863). Dadurch wird die Bedeutung des Vorsteheramtes in einer Teilkirche für die Aufnahme in die Kirche, speziell in diese Teilkirche, durch die Taufe sichtbar[23] und zugleich die Taufe

[19] Bezüglich der Taufspendung durch Ordensbrüder und -schwestern vgl. die Erklärung der SC Rel vom 12. 10. 1970, in: AfkKR 140 (1971), S. 176f.; ComRelMiss 52 (1971), S. 188f. Hier wird gegenüber der nationalen Bischofskonferenz und den einzelnen Ordinarien die Beachtung der geltenden Normen hinsichtlich der Paten, des Ortes, der Zeit und der Eintragung der Taufspendung angemahnt.

[20] OBP (Anm. 6), Praenot.gen., Nrn. 11, 16f.; Feier der Kindertaufe (Anm. 6), Vorbemerkungen, Nr. 27.

[21] OBP (Anm. 6), Praenot.gen., Nr. 17; Feier der Kindertaufe (Anm. 6), Vorbemerkungen, Nr. 28; Pastorale Hinweise der DBK vom 18. 8. 1976 zur Spendung der Nottaufe, in: AfkKR 145 (1976), S. 534–537.

[22] Vgl. in *diesem* Band, oben, *A. E. Hierold*, § 52 Militärseelsorge.

[23] Vgl. *K. Mörsdorf*, Die Kirchengliedschaft nach dem Recht der katholischen Kirche, in: HdbStKirchR I, S. 615–634, hier 624f.

Erwachsener oberhirtlich beaufsichtigt. Hier wird das konkurrierende Taufrecht des Diözesanbischofs praktisch ausgeübt.

IV. Der Empfänger der Taufe

1. Tauffähigkeit (cc. 864, 871)

Fähig, getauft zu werden, ist jeder und nur der bereits lebende und noch nicht verstorbene Mensch, der noch nicht gültig getauft ist (c. 864). In der Regel beginnt die Tauffähigkeit mit der Vollendung der Geburt. Eine Taufe im Mutterschoß ist im CIC/1983 nicht mehr vorgesehen, wohl aus dem Bewußtsein, daß Gott auch die Menschen, die ohne ihre eigene Schuld das Evangelium Christi und seine Kirche nicht kennen, „auf Wegen, die er weiß, zum Glauben"[24] führen kann und daß diese, ohne daß sie das Sakrament der Taufe empfangen haben, das ewige Heil erlangen können[25]. Die vorzeitig ausgestoßene Leibesfrucht, sei es bei einer Fehlgeburt oder bei einer Frühgeburt, soll, falls Lebenszeichen vorhanden sind, getauft werden, soweit dies geschehen kann (c. 871).

2. Voraussetzungen für den Empfang der Taufe (cc. 865–868)

Bei der Entscheidung darüber, was an Voraussetzungen für den Taufempfang seitens des Täuflings von der Kirche gefordert werden darf und muß, ist auszugehen einerseits von dem Recht des Ungetauften auf Aufnahme in die Kirche und andererseits von dem Wesen der Taufe als Sakrament des Glaubens[26].

Wie kein Mensch gezwungen werden darf, den katholischen Glauben anzunehmen (c. 748 § 2)[27], ist der Nichtgetaufte, sobald er zum Glauben gelangt ist, verpflichtet, die Wahrheit anzunehmen und darf nicht gehindert werden, seiner Gewissensentscheidung zu folgen (c. 748 § 1). Dieses Recht ist von der Kirche anerkannt[28] und gilt auch gegenüber der Kirche. Es „hat die Struktur eines fundamentalen Anspruchsrechts gegenüber der Kirche"[29]. Darin eingeschlossen ist das Recht auf Taufe (vgl. c. 843 § 1). Die Eltern, die ihr Kind taufen und in die Kirche aufnehmen lassen, nehmen dieses Grundrecht des Kindes an dessen Stelle wahr. Die Kirche kann nicht willkürlich die Taufe versagen, wie sie auch nicht nach Belieben die Taufe spenden kann und darf.

[24] VatII AG Art. 7 Abs. 1.

[25] VatII LG Art. 16 unter Bezug auf Resp. der SC Off. vom 8. 8. 1949 an den Erzbischof von Boston, in: DS 3869–3872; Pastorale Anweisung der DBK vom 12. 7. 1979 (Anm. 10), Nr. 3.4, S. 473.

[26] Vgl. dazu *H. Schmitz,* Taufaufschub und Recht auf Taufe, in: Zeichen des Glaubens, Festschr. für B. Fischer, Zürich-Freiburg (1972), S. 253–268; *ders.,* Taufaufschub – rechtlich betrachtet, in: AfkKR 143 (1974), S. 443–447.

[27] Vgl. VatII DH Art. 10.

[28] Ebd. Art. 2 Abs. 1, 3 Abs. 3.

[29] *Schmitz,* Taufaufschub und Recht (Anm. 26), S. 257.

Die Kirche ist vielmehr berechtigt und verpflichtet, gewisse Anforderungen an den Täufling zu stellen, die sich aus dem unaufgebbaren Zusammenhang von Taufe und Glaube ergeben. Es ist eine gewisse Bekundung des Glaubens vor der Taufe unabdingbar, die weder Vorbedingung noch Vorleistung für die Taufe ist. Sie ist nur Entscheidungskriterium dafür, ob im konkreten Fall getauft werden kann oder die Taufe versagt werden muß. Zu ihrem mindestnotwendigen Inhalt gehört der Glaube daran, daß Gott dem Täufling in der Taufe sein Heil schenkt *(Taufglaube)*. Die Freiheit der Glaubensantwort muß ihren Ausdruck in der Bitte um die Taufe *(Taufbitte)* finden. Notwendig und hinreichend ist dazu der feste Vorsatz, die in der Taufe geschenkte Gabe als Aufgabe zu begreifen und in einem christlichen Leben zu entfalten *(Taufversprechen, Taufgelübde)*. Eine Garantie dafür kann nicht verlangt werden. Darum genügt es, daß das Taufversprechen ernst und aufrichtig ist. Die Kirche ist berechtigt zu prüfen, ob diese Voraussetzungen erfüllt sind; nur dann kann die Taufe gespendet werden.

a) Für die *Taufe eines Erwachsenen* ist es erforderlich, daß er diese Forderungen persönlich erfüllt (c. 865). Er muß aus eigenem Willensentschluß um die Taufe bitten und seinen Willen, die Taufe zu empfangen, geäußert haben. Hinsichtlich des Taufglaubens ist verlangt, daß der Erwachsene über die Wahrheiten des Glaubens und die Pflichten eines Christen hinreichend unterrichtet ist. Das Taufkatechumenat, das der erwachsene Täufling durchlaufen soll, hat zum Ziel, festzustellen, ob er zu einem christlichen Leben fähig ist und die feste Absicht erkennen läßt, ein solches auch nach der Taufe zu führen. Es kann aber ebensowenig wie eventuell ein Taufgespräch zur unabdingbaren Voraussetzung für die Taufe gemacht werden, wenn auf andere Weise Taufbitte, Taufglaube und Taufversprechen ausreichend feststehen. Dann kann die Taufe nicht verweigert oder aufgeschoben werden. Ein Taufaufschub wegen einer tieferen Vorbereitung kann dem zu Taufenden als sinnvoll nahegelegt werden, ist aber nicht gerechtfertigt, wenn er zu einem glaubensgemäßen Leben bereit ist und einen seiner geistigen Fassungskraft entsprechenden Glauben hat.

Selbst in *Todesgefahr* kann ein Erwachsener nur getauft werden, wenn er eine gewisse Kenntnis über die hauptsächlichen Glaubenswahrheiten besitzt, auf irgendeine Weise seine Bereitschaft zum Taufempfang geäußert hat und verspricht, in der Zukunft die Gebote der christlichen Religion zu halten (c. 865 § 2). Vor der Taufe soll der erwachsene Täufling ermahnt werden, seine Sünden zu bereuen (vgl. c. 865 § 1). Wenn kein schwerwiegender Grund entgegensteht, soll er sogleich nach der Taufe gefirmt werden[30], an der Feier der Eucharistie teilnehmen und in ihr die hl. Kommunion empfangen (c. 866)[31].

b) Für die *Taufe von Kindern*[32] und *Geisteskranken*, die den Kindern gleichge-

[30] Vgl. über die Firmung Erwachsener in *diesem* Beitrag, unten, B III 1.

[31] OICA (Anm. 5), Praenot., Nr. 36.

[32] Vgl. dazu *W. Kasper* (Hrsg.), Christsein ohne Entscheidung, Mainz 1970; *J. Lotz*, Zur Frage der Kindertaufe, in: TThZ 80 (1971), S. 110–121; *F. Reckinger*, Kinder taufen – mit Bedacht. Eine Darstellung der Diskussion um die Kindertaufe im katholischen Raum seit 1945 mit kritischer Stellungnahme und pastoralen Ausblicken, Steinfeld-Kall 1979; Instr. der SC Fid vom 20. 10. 1980 über die Kindertaufe, in: AAS 62 (1980), S. 1137–1156.

stellt werden (vgl. c. 852 § 2), gelten grundsätzlich die gleichen Voraussetzungen, aber hier ist das Recht der Eltern und Erziehungsberechtigten sowie der Vormünder entscheidend[33]. Die Eltern haben das vorrangige und unveräußerliche Recht und die Pflicht, ihre Kinder zu erziehen[34] und zum Glauben zu führen. Deshalb spricht die Kirche die Verpflichtung der Eltern aus, dafür zu sorgen, daß die Kinder innerhalb der ersten Lebenswochen getauft werden[35]. Die Eltern sollen sich möglichst bald nach der Geburt, ja sogar vorher, an den Pfarrer wenden, um für ihr Kind das Sakrament der Taufe zu erbitten und um gebührend darauf vorbereitet zu werden (c. 867 § 1). Ob sie das tun und ihr Kind taufen lassen, entscheiden sie selbst. Die Kirche darf das fundamentale Recht der Eltern nicht mißachten und kann es nicht ersetzen. Daher darf ein Kind erlaubterweise nur getauft werden, wenn die Eltern oder wenigstens ein Elternteil[36] oder deren Stellvertreter zustimmen[37]. Ferner ist eine Taufe erlaubterweise nur möglich, wenn die begründete Hoffnung besteht, daß das Kind im katholischen Glauben erzogen wird (c. 868 § 1). Dies setzt ein Mindestmaß an Glaubenshaltung und die Bereitschaft bei den Eltern voraus, ihr Kind katholisch zu erziehen. Grundsätzlich können an die Eltern, die das Recht auf Taufe für ihr Kind wahrnehmen, keine größeren Anforderungen gestellt werden als an den Taufmündigen. Der hinreichende Taufglaube ist bei den Eltern nicht gegeben und damit ein Taufaufschub notwendig, wenn beide Elternteile ungläubig sind[38], sich selbst als ungläubig bezeichnen oder den christlichen Glauben in Reden und Handeln ablehnen[39], und ferner, wenn sie nicht getauft oder nicht katholisch sind. Ebenso muß die Taufe wegen des mangelnden Taufversprechens vorläufig versagt werden, wenn sich die Eltern weigern, ihrem Kind die nötige katholische Glaubenserziehung zu vermitteln[40], oder dieses Ver-

[33] Vgl. VatII GE.
[34] VatII GE Art. 3 Abs. 1, 6 Abs. 1; VatII DH Art. 5; c. 793 § 1.
[35] OBP (Anm. 6), Praenot.gen., Nr. 8 § 1; Feier der Kindertaufe (Anm. 6), Vorbemerkungen, Nr. 56c; die Pastorale Anweisung der DBK vom 12. 7. 1979 (Anm. 10), Nr. 3.3, nennt als Frist „spätestens innerhalb von vier Wochen, wenn kein wichtiger Grund dagegen spricht".
[36] Wegen der beiderseitigen Verantwortung von Vater und Mutter für die Erziehung des Kindes ist grundsätzlich die Zustimmung beider zu fordern. In Einzelfällen (z. B. alleinerziehende Mutter) ist nach wie vor die Zustimmung eines Elternteils ausreichend.
[37] An dieser Stelle wird der Mangel einer undifferenzierten Festlegung der Taufmündigkeit auf die Erlangung des Vernunftgebrauchs offenkundig. Denn ein Kind mag in vorgerückterem Alter durchaus einen hinreichenden Taufglauben haben und ein ernstes Taufversprechen ablegen, aber es kann nicht getauft werden, solange es noch nicht religionsmündig ist, d. h. in der religiösen Erziehung dem Elternrecht unterliegt, wenn man dieses ernst nimmt. In dieser Hinsicht ist auch das staatliche Recht zu berücksichtigen; vgl. Reichsgesetz über die religiöse Kindererziehung vom 15. 7. 1921, § 5. So muß man in den deutschen Bistümern von einer beschränkten Taufmündigkeit sprechen, auch wenn diese kirchlicherseits nicht eigens normiert ist.
[38] Pastorale Anweisung der DBK vom 12. 7. 1979 (Anm. 10), Nr. 3.7, S. 473; Instr. der SC Fid (Anm. 32), Nr. 30, S. 1153.
[39] Vgl. *P. Vanbergen*, Baptism of the infants of „non satis credentes" parents, in: Studia liturgica 12 (1977), S. 195–200.
[40] Die nach OBP (Anm. 6), Praenot.gen., Nr. 5 Ziff. 4 geforderte Erklärung seitens des nichtkatholischen Elternteils, er werde für die Erziehung gemäß der Taufe sorgen oder diese Erziehung wenigstens zulassen, kann nicht als unabdingbare Voraussetzung für die Taufe verlangt werden.

sprechen nicht ernst und aufrichtig ist. Eine Klärung des Sachverhaltes kann das Taufgespräch erbringen, das verpflichtend vorgeschrieben ist[41]. Muß die Taufe vorläufig versagt werden, weil die notwendigen Voraussetzungen fehlen, darf dies nicht den Charakter einer Bestrafung der Eltern haben, und die Eltern müssen über den Grund unterrichtet werden (c. 868 § 1 n. 2 Satz 2). Die Taufe darf erst gespendet werden, wenn die Eltern bereit sind, ihre religiöse Verpflichtung für ihr Kind zu übernehmen, oder „jemand im Lebensbereich des Kindes bereit ist, das Kind in den Glauben und das Leben der Kirche einzuführen"[42]. Um eine einheitliche Praxis zu gewährleisten, ist das Einvernehmen mit dem Dekan herzustellen; die letzte Entscheidung liegt beim Bischof[43].

In *Todesgefahr* soll ein Kind katholischer Eltern ohne Verzug getauft werden (c. 867 § 2). Ein Kind katholischer Eltern, ja sogar von nichtkatholischen, wird in Todesgefahr auch erlaubterweise getauft, selbst wenn die Eltern dies nicht wollen (c. 868 § 2). Dies ist nur verständlich, wenn die Taufe als der einzige Weg zum Heil betrachtet und allein darauf das Augenmerk gerichtet wird. Im Lichte des Elternrechts begegnet diese Bestimmung jedoch erheblichen Bedenken und sollte daher nur äußerst behutsam angewandt werden.

3. Bedingte Taufe (cc. 869, 870)

Wenn ein begründeter Zweifel besteht, ob jemand überhaupt getauft oder ob die empfangene Taufe gültig gespendet worden ist, und der Zweifel auch nach einer eingehenden Untersuchung bestehen bleibt, soll ihm die Taufe bedingungsweise gespendet werden. Christen, die in einer nichtkatholischen kirchlichen Gemeinschaft die Taufe empfangen haben, gelten als gültig getauft und sind daher bei ihrer Aufnahme in die katholische Kirche[44] auch nicht bedingungsweise zu taufen. Eine Ausnahme besteht nur, wenn nach einer Prüfung der bei der Taufspendung verwendeten Materie und Form sowie der Intention des getauften Erwachsenen und des Taufspenders ein ernsthafter Grund besteht, an der Gültigkeit der Taufe zu zweifeln[45]. Bei einem Zweifel, sowohl hinsichtlich der Tatsache als auch der Gültigkeit der Taufe, soll die Taufe nur gespendet werden, nachdem der erwachsene Täufling über das Sakrament der Taufe belehrt worden ist und ihm oder den Eltern, wenn es sich um ein Kind handelt, die Gründe für den Zweifel an der bereits empfangenen Taufe erklärt worden sind (c. 869). Ein Findelkind soll getauft

[41] Pastoralanweisung der DBK vom 24. 9. 1970 (Anm. 10).

[42] Pastorale Anweisung der DBK vom 12. 7. 1979 (Anm. 10), Nr. 3.7; vgl. *H. Schinner*, Taufaufschub und erneuerte Taufpastoral, in: ThPQ 126 (1978), S. 145–155.

[43] Feier der Kindertaufe (Anm. 6), Vorbemerkungen, Nr. 37.

[44] Vgl. OICA (Anm. 5), Appendix, Praenot., Nr. 7; Die Feier der Aufnahme gültig Getaufter in die volle Gemeinschaft der katholischen Kirche in den Bistümern des deutschen Sprachgebietes. Hrsg. im Auftrag der Bischofskonferenzen Deutschlands, Österreichs und der Schweiz und der Bischöfe von Bozen-Brixen und von Luxemburg, Einsiedeln u. a. (1973), approbiert (Approbatum imprimatur) am 2. 2. 1973. Die SC Cult erteilte am 3. 3. 1973 die Bestätigung (confirmatum; Prot. Nr. 408/73).

[45] OICA (Anm. 5), Appendix, Praenot., Nr. 7; Die Feier der Aufnahme (Anm. 44), Einführung, Nr. 7.

werden, wenn nicht nach einer sorgfältigen Untersuchung seine Taufe feststeht (c. 870).

V. Die Taufpaten

1. Wesen der Patenschaft (c. 872)

Nach uraltem Brauch wird bei der Taufe ein Pate beigezogen. Er ist Beistand und Bürge für den Täufling. Er soll dem erwachsenen Taufbewerber bei dem Geschehen des Christwerdens beistehen und das zu taufende Kind zusammen mit den Eltern zur Taufe bringen und ebenso besorgt sein, daß der Getaufte ein der Taufe entsprechendes Leben führt und die damit verbundenen Pflichten getreu erfüllt (c. 872), insbesondere wo die Eltern die religiöse Erziehung ihres Kindes vernachlässigen. Die Patenschaft ist ein kirchlicher Ehrendienst und vor allem Aufgabe der Laien, die hier aufgrund des allgemeinen Priestertums bei der Spendung eines Sakramentes mitwirken.

2. Hinzuziehung von Paten (cc. 872, 873)

Die Hinzuziehung von Paten bei der Taufe ist nur soweit verpflichtend, als dies geschehen kann (c. 872). Jeder Täufling soll in der Regel nur *einen* Paten oder *eine* Patin haben, die nicht das gleiche Geschlecht wie der Täufling zu haben brauchen, oder auch einen Paten und eine Patin zusammen (c. 873).

3. Voraussetzungen zur Patenschaft (c. 874)

Damit jemand zur Übernahme der Patenschaft zugelassen wird, ist gefordert: Der Pate muß vom Täufling selbst oder von dessen Eltern oder deren Stellvertreter oder, wenn diese fehlen, vom Pfarrer oder vom taufenden Geistlichen dazu bestellt sein und die Eignung und den Willen haben, diesen Dienst zu übernehmen. Er muß das 16. Lebensjahr vollendet haben, wenn vom Diözesanbischof nicht ein anderes Alter festgesetzt worden ist oder aus gerechtem Grund dem Pfarrer oder dem Taufspender eine Ausnahme zulässig erscheint. Der Pate muß katholisch und gefirmt sein und bereits das Sakrament der Eucharistie empfangen haben. Er muß ein Leben führen, das dem Glauben und dem zu übernehmenden Dienst entspricht; er darf nicht mit einer kanonischen Strafe belegt sein, die rechtmäßig verhängt oder deren Eintritt durch hoheitliche Erklärung festgestellt worden ist. Von der Patenschaft sind Vater und Mutter des Taufbewerbers ausgeschlossen. Ein Christ, der zu einer nichtkatholischen kirchlichen Gemeinschaft gehört, darf nur zusammen mit einem katholischen Paten zugelassen werden, und zwar nur als Zeuge für die Taufe.

VI. Beweis und Eintragung der vollzogenen Taufe

1. Beweis der Taufspendung (cc. 875, 876)

Der Taufspender hat dafür Sorge zu tragen, daß wenigstens ein Zeuge bei der Taufe herangezogen wird, durch den die Spendung der Taufe bewiesen werden kann, wenn nicht schon ein Pate anwesend ist (c. 875). Wenn niemand benachteiligt wird, genügt zum Beweis der Taufspendung die Erklärung eines einzigen Zeugen, der über jeden Verdacht erhaben ist, oder der Eid des Getauften selbst, wenn er im Erwachsenenalter die Taufe empfangen hat (c. 876). Werden Rechte Dritter berührt (z. B. Nichtigkeit einer Ehe wegen Religionsverschiedenheit), sind wenigstens zwei Zeugen notwendig. In der Regel wird aber der Beweis der Taufspendung aus dem Taufbuch geführt.

2. Eintragungspflicht (c. 877)

Der Pfarrer des Ortes, an dem die Taufe gespendet worden ist, muß die Namen der Getauften unter Erwähnung des Spenders, der Eltern, der Paten und eventuell anwesender Zeugen, des Ortes und des Tages der Taufspendung sorgsam und ohne Verzug in das Taufbuch eintragen. Dazu sind noch Tag und Ort der Geburt zu vermerken. Bei unehelichen Kindern ist der Name der Mutter einzutragen, wenn ihre Mutterschaft öffentlich feststeht oder sie selbst aus eigenem Willen schriftlich oder vor zwei Zeugen darum bittet. Ebenso ist der Name des Vaters einzutragen, wenn dessen Vaterschaft durch eine öffentliche Urkunde oder durch die Abgabe einer Erklärung vor dem Pfarrer und zwei Zeugen bewiesen ist. In den übrigen Fällen soll der Getaufte ohne Angabe des Namens des Vaters oder der Eltern eingetragen werden. Eine Nachforschung ist nicht Sache des Pfarrers. Bei einem Adoptivkind sollen die Namen der Adoptiveltern und, wenigstens wenn dies bei der zivilen Registrierung in dem betreffenden Gebiet so geschieht, auch die der natürlichen Eltern wie bei unehelichen Kindern, je nach Vorschrift der Bischofskonferenz, eingetragen werden.

3. Mitteilungspflicht (c. 878)

Wenn eine Taufe weder von dem zuständigen Pfarrer noch in seiner Gegenwart gespendet worden ist, muß der Spender der Taufe, wer immer es auch sei, den Pfarrer der Pfarrei, in der die Taufe gespendet worden ist, also nicht den Pfarrer der Wohnsitzpfarrei, über die Taufspendung benachrichtigen, damit er die Taufe gemäß c. 877 § 1 eintragen kann. Die Verpflichtung trifft nicht nur den taufenden Geistlichen, sondern auch den Spender der Nottaufe.

B. Die Firmung

I. Grundsätzliches (c. 879)

Das Sakrament der Firmung schenkt den Gläubigen die besondere Kraft des Heiligen Geistes und verstärkt damit auch in Fortführung der in der Taufe begonnenen christlichen Initiation die Zugehörigkeit zur Kirche. Die Besiegelung durch den Heiligen Geist und die engere Bindung an die Gemeinschaft der Kirche sind unwiderrufbar, und die Firmung darum unwiederholbar (vgl. c. 845 § 1). Durch die Firmung werden die Gläubigen „in strengerer Weise verpflichtet, den Glauben als wahre Zeugen Christi in Wort und Tat zugleich zu verbreiten und zu verteidigen"[46]. Taufe und Firmung sind das Fundament des allgemeinen Apostolates aller Gläubigen, zu dem sie durch die beiden Sakramente befähigt und beauftragt werden[47]. Der Empfang der Firmung ist Voraussetzung für die Aufnahme in das Noviziat (c. 645 § 1), für den Empfang der Weihen (c. 1033) und des Ehesakramentes (c. 1065 § 1), jedoch in allen Fällen nicht hinsichtlich der Gültigkeit.

II. Die Feier der Firmung

1. Firmspendung (c. 880)

Das Sakrament der Firmung wird in der Lateinischen Kirche[48] gespendet durch die Salbung mit Chrisam auf der Stirn unter Auflegen der Hand und durch die in den approbierten liturgischen Büchern[49] vorgeschriebenen Worte. Diese lauten: N., accipe signaculum Doni Spiritus Sancti, oder: N., sei besiegelt durch die Gabe Gottes, den Heiligen Geist. Die Salbung mit Chrisam stellt in gewissem Sinn die apostolische Handauflegung dar und nimmt den ersten Platz ein; sie ist zur Gültigkeit des Sakramentes gefordert. Das Ausbreiten der Hände über die Firmlinge vor der Chrisamsalbung mit dem begleitenden Gebet ist für den sakramentalen Ritus nicht wesentlich, trotzdem aber von großer Bedeutung, da es zur

[46] VatII LG Art. 11 Abs. 1; vgl. VatII LG Art. 33 Abs. 2; VatII AG Art. 36 Abs. 1.

[47] Vgl. VatII AA Art. 3 Abs. 1; Sb Räte und Verbände Nr. 1.4, in: Gemeinsame Synode. Gesamtausgabe I, S. 653.

[48] Für die Lateinische Kirche wurde die Firmung neu geordnet durch die Ap. Konst. *Pauls VI.* „Divinae consortium naturae" vom 15. 8. 1971, in: AAS 63 (1971), S. 657–664. – In den Ostkirchen werden nicht nur die Stirn, sondern auch die hauptsächlichsten Glieder gesalbt. Die Formel lautet: „Σφραγὶς δωρεᾶς Πνεύματος ἁγίου. Αμήν."

[49] Der Ordo confirmationis (= OC) wurde mit Dekret der SC Cult vom 22. 8. 1971 promulgiert und in Kraft gesetzt (AAS 64 [1972], S. 77). Die Editio typica ist 1971 in der Vatikanischen Druckerei erschienen; abgedruckt bei *Kaczynski,* Enchiridion (Anm. 5), S. 814–820. Für den deutschsprachigen Raum gilt auch: Die Feier der Firmung in den katholischen Bistümern des deutschen Sprachgebietes. Hrsg. im Auftrag der Bischofskonferenzen Deutschlands, Österreichs und der Schweiz und der Bischöfe von Bozen-Brixen und von Luxemburg, Einsiedeln u. a. (1973), approbiert (Approbatum imprimatur) am 30. 11. 1972. Die SC Cult erteilte am 3. 1. 1973 die Bestätigung (confirmatum; Prot. Nr. 1632/72).

Vervollkommnung des sakramentalen Geschehens und zum volleren Verständnis des Sakramentes beiträgt[50]. Der bei der Firmspendung anzuwendende Chrisam, bestehend aus Olivenöl und Balsam, muß von einem konsekrierten Bischof geweiht sein, auch wenn das Sakrament von einem Priester gespendet wird.

2. Ort und Zeit (c. 881)

Ordentliche Stätte der Firmspendung ist eine Kirche, und zwar soll die Firmung innerhalb der Messe gespendet werden, weil so der grundlegende Zusammenhang dieses Sakramentes mit der Eucharistie deutlicher wird, in der die christliche Initiation ihren Abschluß findet und zu ihrem Höhepunkt kommt. Aus einem gerechten und vernünftigen Grund kann die Firmung auch außerhalb der Messe und an jedem beliebigen würdigen Ort gespendet werden. Eine besondere Zeit ist nicht vorgeschrieben.

III. Der Spender der Firmung

1. Fähigkeit

Ordentlicher[51] Spender der Firmung ist in der Lateinischen Kirche der Bischof. Die Befähigung zur Firmspendung kommt ihm kraft der Bischofsweihe und der damit verbundenen Befähigung zum oberhirtlichen Vorsteherdienst zu[52] und stellt eine Prärogative gegenüber dem gewöhnlichen Priester dar. Gültig spendet die Firmung aber auch ein Priester, der durch das allgemeine Recht oder durch eine eigene Vollmachtserteilung der zuständigen kirchlichen Autorität dazu bevollmächtigt ist (c. 882)[53]. Nach VatII OE Art. 14 haben alle ostkirchlichen Priester die Befähigung, in gültiger Weise allen Gläubigen eines jeden Ritus, auch des lateinischen, die Firmung zu spenden, sei es in Verbindung mit der Taufe oder getrennt von ihr. Von Rechts wegen erfreuen sich in der Lateinischen Kirche dieser Vollmacht: (1) diejenigen, die vom Recht dem Diözesanbischof gleichgestellt werden, d. h. die Äbte und Prälaten einer Territorialabtei bzw. -prälatur (c. 370), die Apostolischen Vikare, Präfekten und Administratoren (c. 371) als Vorsteher

[50] Ap. Konst. „Divinae consortium naturae" (Anm. 48), S. 663; Feier der Firmung (Anm. 49), Vorbemerkungen, Nr. 4.

[51] Es ist auffallend, daß der CIC nicht die Formulierung von VatII LG Art. 26 Abs. 3 „Ipsi sunt ministri originarii confirmationis ...", übernimmt. Vgl. *H. Müller*, Der Bischof als minister originarius des Firmsakramentes, in: EIC 37 (1981), S. 113–134; *ders.*, Der Bischof als erstberufener Spender des Firmsakramentes, in: Der Dienst für den Menschen in Theologie und Verkündigung, Festschr. für A. Brems, Regensburg 1981, S. 313–327.

[52] Vgl. *H. Müller*, Zum Spender des Firmsakramentes auf Grund des Zweiten Vatikanischen Konzils, in: ThPQ 118 (1970), S. 349–353.

[53] Vgl. *J. Neumann*, Der Spender der Firmung in der Kirche des Abendlandes bis zum Ende des kirchlichen Altertums, Meitingen 1963. – *Mörsdorf* (Lb II, S. 28) sieht darin ein Zeichen dafür, daß „auch bei der Firmung ein Zusammenwirken von priesterlicher Weihegewalt und hoheitlicher Hirtengewalt vorliegt".

einer Partikularkirche (vgl. c. 368) innerhalb der Grenzen ihrer Gebiete[54]; (2) im Hinblick auf die betreffende Person ein Priester, der aufgrund seines Amtes oder eines rechtmäßig erteilten Auftrags des Diözesanbischofs einen Erwachsenen oder einen Minderjährigen nach vollendetem siebtem Lebensjahr tauft oder einen bereits Getauften in die volle Gemeinschaft mit der katholischen Kirche aufnimmt[55]; (3) bei Personen, die in Todesgefahr schweben (Notfirmung), jedweder Priester, wobei der Pfarrer eine gewisse Präferenz hat, da er zuerst und eigens genannt ist (c. 883).

Darüber hinaus können Priester auf dem Wege der Delegation durch einen eigenen Verwaltungsakt zur Firmspendung bevollmächtigt werden. Der Diözesanbischof soll zwar die Firmung persönlich spenden oder dafür sorgen, daß sie durch einen anderen Bischof gespendet wird, aber wenn es die Notwendigkeit erfordert, kann er einem oder mehreren bestimmten Priestern die Vollmacht verleihen, dieses Sakrament zu spenden[56]. Aus einem schwerwiegenden Grund (z. B. wegen einer sehr großen Zahl von Firmlingen) können hinwiederum ein Bischof und ebenso ein Priester, der kraft allgemeinen Rechts oder aufgrund besonderer Verleihung durch die zuständige Autorität die Firmvollmacht besitzt, in Einzelfällen Priester heranziehen und damit beauftragen, zusammen mit ihnen die Firmung spenden (c. 884).

Während der Bischof immer gültig firmen kann, ist die Firmvollmacht der Priester der Lateinischen Kirche in der Regel örtlich und zeitlich begrenzt, und zwar mit der Wirkung, daß die Vollmacht außerhalb dieser Grenzen nicht gültig ausgeübt werden kann, außer es handelte sich um eine Notfirmung (c. 887)[57]. Eine persönliche Begrenzung ist nicht gegeben. So können die mit Firmvollmacht ausgestatteten Priester der Lateinischen Kirche gemäß VatII OE Art. 14 auch Angehörigen der Ostkirchen die Firmung gültig spenden.

2. *Zuständigkeit*

Der Bischof kann zwar immer gültig firmen, erlaubterweise aber nur im Bereich seiner Zuständigkeit. Der Diözesanbischof ist zuständig für die Firmspendung

[54] Damit ist eine Einschränkung des Kreises der Vollmachtsträger gegenüber OC (Anm. 49), Praenot., Nr. 7, und Feier der Firmung (Anm. 49), Vorbemerkungen, Nr. 17, gegeben, wo auch noch der interimistische Vorsteher (Kapitalsvikar; jetzt: Diözesanadministrator) eigens aufgeführt wird; vgl. *Müller,* Minister originarius (Anm. 51), S. 123f., Anm. 65.

[55] Vgl. OC (Anm. 49), Praenot., Nr. 7b; dazu Resp. der PCDecrI v. 25. 4. 1975, in: AAS 67 (1975), S. 348; AfkKR 144 (1975), S. 144, und v. 21. 12. 1979, in: AAS 72 (1980), S. 105; AfkKR 148 (1979), S. 465.

[56] Auf die Inhaberschaft eines bestimmten Amtes wird wie in OC (Anm. 49), Praenot., Nr. 8, nicht Bezug genommen.

[57] Die Äbte und Prälaten von Territorialabteien bzw. -prälaturen sowie die Apostolischen Vikare, Präfekten und Administratoren haben die Firmvollmacht nur für ihr Gebiet (c. 883 n. 1). Auch die einem einzelnen Priester verliehene Firmvollmacht ist regelmäßig örtlich begrenzt. Eine zeitliche Beschränkung liegt vor, da die Firmvollmacht nur für die Zeit gilt, solange ein Priester das Amt eines Vorstehers einer Teilkirche innehat oder solange er speziell mit der Firmspendung beauftragt ist.

innerhalb seines Bistums. Er spendet die Firmung in seiner Diözese rechtmäßig auch an Gläubige, die ihm nicht unterstehen, sofern deren Oberhirt dies nicht ausdrücklich verboten hat (c. 886 § 1). Um in einer fremden Diözese erlaubterweise firmen zu können, bedarf er der Erlaubnis des betreffenden Diözesanbischofs, die bei Vorliegen vernünftiger Gründe vermutet werden darf; eigene Diözesanangehörige darf er überall firmen (c. 886 § 2). Der Diözesanbischof ist verpflichtet, dafür Sorge zu tragen, daß das Sakrament der Firmung seinen Diözesanen, die in gehöriger und vernünftiger Weise darum bitten, gespendet wird (c. 885 § 1). Ein Titularbischof, der nicht Vorsteher einer Teilkirche ist, bedarf zur erlaubten Firmspendung immer der Erlaubnis des Vorstehers der Teilkirche. Der Priester, der zur Firmspendung bevollmächtigt ist, darf innerhalb des ihm zugewiesenen Gebietes auch Fremde firmen, soweit es deren eigener Oberhirt nicht verboten hat (c. 887). Er muß von der Firmvollmacht für jene Gebrauch machen, zu deren Gunsten sie gewährt worden ist (c. 885 § 2). Alle, ob Bischof oder Priester, können innerhalb der Grenzen des Gebietes, in dem sie zur Firmung bevollmächtigt sind, diese auch an exemten Orten spenden (c. 888).

IV. Der Empfänger der Firmung

Jeder und nur der bereits Getaufte, der noch nicht gefirmt wurde, ist fähig, das Sakrament der Firmung zu empfangen (c. 889 § 1). Zum erlaubten Empfang der Firmung ist aber außerhalb von Todesgefahr gefordert, daß der Firmling, wenn er den Vernunftgebrauch besitzt, hinreichend unterrichtet und innerlich in rechter Weise vorbereitet ist und das Taufversprechen erneuern kann (c. 889 § 2). Dabei kommt der inneren Vorbereitung und der Unterrichtung über den Sinn und die Bedeutung der Firmung in der Pastoral der Gemeinde erhebliche Bedeutung zu[58]. Auch wenn der Empfang der Firmung zur Erlangung des Heiles nicht notwendig ist, sind die Gläubigen verpflichtet, sie zum entsprechenden Zeitpunkt zu empfangen. Die Eltern und die Seelsorger, insbesondere die Pfarrer, sollen dafür sorgen, daß die Gläubigen auf den Empfang in rechter Weise vorbereitet werden und sie zur rechten Zeit empfangen (c. 890). In der Lateinischen Kirche werden die Gläubigen in der Regel in dem Alter gefirmt, in dem sie die eigene Entscheidungsfähigkeit erlangen; die Firmung darf aber zu einem anderen Zeitpunkt gespendet werden, wenn die Bischofskonferenz ein anderes Firmalter festgelegt hat oder Todesgefahr besteht oder wenn es dem Firmspender aus einem schwerwiegenden Grund angebracht erscheint (c. 891). Für die Festlegung des Firmalters auf etwa das 7. Lebensjahr spricht, daß die Sakramente der christlichen Initiation in ihrer Reihenfolge (Taufe-Firmung-Eucharistie) gespendet und empfangen werden können. Da aber die Firmung eine gewisse eigene Entscheidungsreife des Firmlings

[58] Vgl. OC (Anm. 49), Praenot., Nr. 12; Feier der Firmung (Anm. 49), Vorbemerkungen, Nrn. 10–14; Sb Sakramentenpastoral B 3.4.2, in: Gemeinsame Synode. Gesamtausgabe I, S. 256f.

verlangt, legt sich ein späterer Zeitpunkt nahe. Aus verschiedenen Gründen ist die Firmung etwa im 12. Lebensjahr als sinnvoll zu betrachten[59].

V. Die Firmpaten

Nach uraltem christlichem Brauch soll wie bei der Taufe auch bei der Firmung ein Pate beigezogen werden, wenn es sich ermöglichen läßt. Er hat dafür zu sorgen, daß der Gefirmte ein Leben führt, das ihn als wahren Zeugen für Christus ausweist, und die mit dem Firmsakrament verbundenen Pflichten getreu erfüllt (c. 892). Neben dieser Funktion eines Bürgen für den Firmling ist er für dessen rechte Vorbereitung mitverantwortlich. Für die Übernahme der Firmpatenschaft gelten die gleichen Bedingungen wie für die Taufpatenschaft (vgl. c. 874)[60]. Um die enge Verbindung von Taufe und Firmung deutlicher zu machen und um das Patenamt im Bewußtsein der Taufpaten erneut zu stärken, empfiehlt es sich, daß der Taufpate auch Firmpate ist (c. 893).

VI. Beweis und Eintragung der Firmspendung

Der Beweis für den Empfang der Firmung wird geführt wie bei der Taufe[61] (c. 894). Zu diesem Zweck sind die Namen der Gefirmten mit Angabe des Firmspenders, der Eltern und Paten, von Ort und Tag der Firmspendung in das Firmregister der Diözesankurie einzutragen oder in das im Pfarrarchiv aufzubewahrende Firmungsbuch, wo dies die Bischofskonferenz oder der Diözesanbischof angeordnet hat. Außerdem ist die erteilte Firmung im Taufbuch entsprechend c. 535 § 2 zu vermerken. Darum muß der Pfarrer des Firmortes dem Pfarrer des Taufortes die Firmspendung mitteilen (c. 895). Wenn der zuständige Ortspfarrer bei der Firmspendung nicht anwesend war, so hat ihn der Firmspender persönlich oder durch einen anderen baldmöglichst darüber zu benachrichtigen (c. 896).

[59] Vgl. Sb Sakramentenpastoral B 3.4.1, in: Gemeinsame Synode. Gesamtausgabe I, S. 255f.

[60] Vgl. in *diesem* Beitrag, oben, A V 3. – Damit sind entgegen OC (Anm. 49), Praenot., Nr. 5, und Feier der Firmung (Anm. 49), Vorbemerkungen, Nr. 15, die Eltern vom Patenamt für ihre Kinder ausgeschlossen.

[61] Vgl. c. 876; dazu in *diesem* Beitrag, oben, A VI 1.

§ 75 Die Eucharistie

Von Adalbert Mayer

Die Neuordnung der Normen für die Eucharistie wurde im Anschluß an das Zweite Vatikanische Konzil in der sogenannten Liturgiereform durchgeführt[1] und im wesentlichen durch die Herausgabe des neuen Meßbuches[2] mit seiner Allgemeinen Einführung[3] abgeschlossen. Der CIC/1983 faßt diese Anordnungen zusammen und ergänzt sie.

Während im CIC/1917 die Eucharistie unter den Gesichtspunkten des Opfers und des Mahles behandelt wurde, wobei die Gläubigen nur als Empfänger der

[1] Die wichtigsten Dokumente der Liturgiereform sind in zeitlicher Reihenfolge: VatII, Konstitution *Sacrosanctum Concilium* über die heilige Liturgie v. 4. 12. 1963; MP *Sacram Liturgiam* zur Einführung einiger Vorschriften der Konstitution über die heilige Liturgie v. 25. 1. 1964, in: AAS 56 (1964), S. 139–144; SC Rit, Instr. *Inter Oecumenici* zur ordnungsgemäßen Durchführung der Konstitution über die heilige Liturgie v. 26. 9. 1964, in: AAS 56 (1964), S. 877–900 = AfkKR 133 (1964), S. 429–445; Beschlüsse der Vollversammlung der Bischöfe der Diözesen Deutschlands am 6. Nov. 1964 in Rom, in: AfkKR 133 (1964), S. 446–462; Decretum *Ordo Missae et ritus servandus in celebratione Missae* v. 27. 1. 1965, in: AAS 57 (1965), S. 408f.; SC Rit, Zweite Instruktion *Tres abhinc annos* zur ordnungsgemäßen Durchführung der Konstitution über die Heilige Liturgie v. 4. 5. 1967, in: AAS 59 (1967), S. 442–448 = NKD 5; SC Rit, Inst. *Eucharisticum mysterium* über Feier und Verehrung des Geheimnisses der Eucharistie v. 25. 5. 1967, in: AAS 59 (1967), S. 539–573 = NKD 6, S. 28–117; Litterae encyclicae *Mysterium fidei* über Lehre und Kult der heiligen Eucharistie v. 3. 9. 1965, in: AAS 57 (1965), S. 753–774; SC Cult, Dritte Instruktion *Liturgicae instaurationes* zur ordnungsgemäßen Durchführung der Liturgiekonstitution v. 5. 9. 1970, in: AAS 62 (1970), S. 692–704 = NKD 31, S. 8–53; SC Sacr, Instr. *Immensae caritatis* über die Erleichterung des Kommunionempfangs bei bestimmten Anlässen v. 29. 1. 1973, in: AAS 65 (1973), S. 264–271 = NKD 46, S. 50–69; *Rituale Romanum* ex decreto Sacrosancti Oecumenici Concilii Vaticani II instauratum auctoritate Pauli PP. VI promulgatum. De sacra communione et de cultu mysterii eucharistici extra Missam, Typ. Pol. Vat. 1973, 2. Aufl. 1974; SC SacrCult, Instr. *Inaestimabile donum* über einige Normen zur Feier des Geheimnisses der heiligsten Eucharistie v. 3. 4. 1980, in: AAS 72 (1980), S. 331–343 = AfkKR 149 (1980), S. 130–138. Weitere Texte s. *R. Kaczynski*, Enchiridion documentorum instaurationis liturgicae, I (1963–1973), Turin 1975; für den deutschen Bereich: *P. Boekholt*, Das Geheimnis der Eucharistie in der kirchlichen Rechtsordnung. Grundriß der partikularen Gesetzgebung für die Bistümer in der Bundesrepublik Deutschland, Roma 1981; *ders.*, Eucharistie. Geheimnis des Lebens in der Gemeinde. Fragen der pastoralen Praxis, Roma 1982.

Weiter sind von Bedeutung: MP PastMun u. SecrStat, Päpstl. Reskript *Cum admotae* über die Gewährung von Vollmachten ... v. 6. 11. 1964, in: AAS 59 (1967), S. 374–378.

Ohne daß jedesmal auf die Anmerkung verwiesen wird, werden häufiger genannt: AEM = Allgemeine Einführung zum Meßbuch (Anm. 3), Instr. *Eucharisticum mysterium* (Anm. 1), *Rituale Romanum* (Anm. 1).

[2] Missale Romanum ex decreto Sacrosancti Oecumenici Concilii Vaticani II instauratum auctoritate Pauli PP. VI promulgatum, Ordo Missae, Typ. Pol. Vat. 1969, editio iuxta typicam alteram 1977. Deutsche Ausgabe: Die Feier der heiligen Messe. Meßbuch. Für die Bistümer des deutschen Sprachgebietes. Authentische Ausgabe für den liturgischen Gebrauch, Einsiedeln und Köln, Freiburg und Basel, Regensburg, Wien, Salzburg, Linz 1975, Kleinausgabe 1976.

[3] Institutio Generalis Missalis Romani = Allgemeine Einführung, in: Meßbuch (deutsche Ausgabe) Bd. I, S. 19*–69*, Kleinausgabe S. 23*–73*. Auf den verbindlichen Charakter der Allgemeinen Einführung weist hin SC Cult, Declaratio v. 18. 11. 1969, in: Notitiae 5 (1969), S. 417f.

Kommunion gesehen waren, wird nun neben dem Opfercharakter die kirchenbildende Kraft der Eucharistie hervorgehoben: „Das eucharistische Opfer, das Gedächtnis des Todes und der Auferstehung des Herrn, in dem das Kreuzesopfer durch die Jahrhunderte fortgeführt wird, ist der ganzen Gottesverehrung und des christlichen Lebens Gipfel und Quelle, durch die die Einheit des Gottesvolkes angedeutet und bewirkt sowie die Auferbauung des Leibes Christi vollendet wird. Die übrigen Sakramente und alle kirchlichen Werke des Apostolats sind mit der heiligen Eucharistie verbunden und auf sie hingeordnet"[4].

I. Die Träger der Eucharistie

Die Eucharistiefeier ist ein Tun Christi und der Kirche, indem Christus, wahrhaft gegenwärtig unter den Gestalten von Brot und Wein, durch den Dienst des Priesters sich selbst Gott, dem Vater, opfert und den Gläubigen als geistliche Speise schenkt[5].

1. Das Volk

In der eucharistischen Versammlung wird das Volk unter dem Vorsitz des Bischofs oder – in dessen Autorität – des Priesters, die die Person Christi vertreten, zusammengerufen. Alle teilnehmenden Gläubigen, Kleriker wie Laien, wirken entsprechend der Verschiedenheit des Ordo und der liturgischen Dienste auf ihre Weise mit[6]. Die Gläubigen sollen die Eucharistie in hoher Ehre halten, bei deren Feier eine tätige Rolle spielen, häufig und voll Ehrfurcht das heilige Sakrament empfangen und in tiefer Anbetung es verehren. Die Seelsorger sollen die Lehre über dieses Sakrament darlegen und die Gläubigen über diese Verpflichtung unterrichten[7]. Die Eucharistiefeier soll so geordnet sein, daß sie für alle Teilnehmer möglichst fruchtbar werde[8]. Da die Teilnahme des Volkes wesentlich ist, darf eine Messe, bei der es nicht wenigstens durch eine Person vertreten ist, nur aus gerechtem und einsichtigem Grund gefeiert werden[9].

[4] C. 897. Ein Hinweis auf den Mahlcharakter der Eucharistie fehlt.

[5] C. 899 § 1. Wie sich das Tun der Kirche in Priester und Volk zeigt, ist nicht gesagt.

[6] C. 899 § 2, vgl. cc. 835 § 4, 836. Über die Mitwirkung des Volkes sagt die AEM, Vorwort, n. 5: „Es ist das Volk, das für das Heilsmysterium durch Christus dankt, indem es sein Opfer darbringt, und das durch die Teilnahme an Leib und Blut Christi zu einer Gemeinschaft wird". Vgl. Instr. *Eucharisticum mysterium* n. 11.

[7] C. 898. Leider ist nichts darüber gesagt, wer befähigt und berechtigt ist, sich in die Opfergemeinschaft der Kirche einzugliedern. Erst beim Kommunionempfang wird, allerdings unter der Rubrik „Über die Teilnahme an der Eucharistiefeier", verlangt, daß man getauft und nicht vom Recht gehindert ist (c. 912).

[8] C. 899 § 3. Vgl. AEM, Vorwort, n. 1: Die Kirche hat es immer als ihren Auftrag angesehen, für die Eucharistiefeier Weisungen zu geben, „die auf die Bereitung der Herzen sowie die Ordnung der Räume, Riten und Texte Bezug nehmen".

[9] C. 906; AEM n. 211. Aber auch ohne Teilnahme des Volkes ist die Messe ein Tun Christi und seiner Kirche (c. 904).

2. Der Priester

a) Aufgabe. Das Wesen des priesterlichen Dienstes besteht darin, daß er „in der Person Christi das Opfer darbringt und dem heiligen Volk vorsteht"[10]. Er ermöglicht damit den Gläubigen, daß sie „die makellose Opfergabe nicht nur durch die Hand des Priesters, sondern auch zusammen mit ihm darbringen und dadurch sich selbst darbringen lernen"[11]. „Der Dienst des Priesters ist ein Dienst der Gesamtkirche und kann daher nur im Gehorsam und in Gemeinschaft mit der Hierarchie und im Bestreben, Gott und den Brüdern zu dienen, ausgeübt werden"[12].

b) Befähigung und Berechtigung. Die Befähigung zur Eucharistiefeier wird dem Priester in unverlierbarer Weise in der gültig gespendeten Priesterweihe verliehen[13]. Die Berechtigung ergibt sich aus der Zuordnung zu einem bischöflichen Haupt in einem geistlichen Heimatverband und der Berufung zum Dienst an einer bestimmten Kirche, soweit jemand nicht vom Recht daran gehindert ist[14]. Ein fremder Priester darf zur Zelebration nur zugelassen werden mit einem Empfehlungsschreiben seines Ordinarius oder Oberen, das nicht älter als ein Jahr ist, oder wenn klugerweise angenommen werden darf, daß er an der Zelebration nicht gehindert ist[15].

c) Zelebration. Der Priester soll die Meßfeier „unter Berücksichtigung der konkreten Situation wie auch der geistlichen Erfordernisse von seiten der Gläubigen" gut vorbereiten[16]. Vor der Messe soll er sich dem Gebet widmen, danach eine Danksagung anfügen. Wer sich einer schweren Sünde bewußt ist, darf ohne vorhergehende sakramentale Beichte nur dann zelebrieren, wenn dringende Notwendigkeit besteht und eine Beichtgelegenheit nicht vorhanden ist[17]. Häufige, ja tägliche Meßfeier wird eindringlich empfohlen, da der Priester darin seine wichtigste Aufgabe erfüllt[18]. Es ist nicht erlaubt, öfter als einmal am Tag zu zelebrieren, abgesehen von den Fällen, in denen das Recht es gestattet. Bei Mangel an Priestern kann der Ortsordinarius gestatten, daß ein Priester aus gerechtem Grund zweimal am Tag, bei pastoraler Notwendigkeit auch dreimal an Sonn- und Feiertagen die Messe feiert[19]. Wenn nicht die seelsorgliche Situation etwas anderes erfordert, können Priester konzelebrieren, doch muß jeder die Freiheit zur Einzelzelebration

[10] AEM, Vorwort, n. 4 u. n. 60; vgl. c. 835 § 2; VatII PO Art. 2; VatII LG Art. 28.

[11] AEM n. 62; vgl. c. 836; VatII SC Art. 48.

[12] Instr. *Liturgicae instaurationes* (Anm. 1), n. 1. Ausdruck dieser Einheit mit der Kirche ist die Nennung des Namens des Papstes und des Bischofs: SC Cult, Dekret zum Eucharistischen Hochgebet v. 9. 10. 1972, in: AAS 64 (1972), S. 692–694 = PfBl. 46 (1973), S. 194f.

[13] C. 900 § 1, vgl. c. 1024.

[14] C. 900 § 2, vgl. cc. 265, 274 § 2, 1025 § 2, 1331, 1333.

[15] C. 903, vgl. c. 561 (Kirchenrektor). Bei längerem Aufenthalt ist in der Regel durch Diözesanrecht Meldung beim Ortsordinarius vorgeschrieben.

[16] Instr. *Liturgicae instaurationes* (Anm. 1), n. 3 g; c. 899 § 3.

[17] Cc. 909, 916. Er soll vollkommene Reue erwecken, die den Vorsatz zu baldiger Beichte einschließt.

[18] Cc. 904, 276 § 2 n. 2; Instr. *Eucharisticum mysterium* nn. 29 u. 44.

[19] C. 905; AEM n. 158 nennt Anlässe, an denen mehrmalige Zelebration oder Konzelebration erlaubt ist. An Weihnachten und Allerseelen ist die dreimalige Meßfeier seit alten Zeiten gestattet. Bereits im MP PastMun I n. 2 waren dem Diözesanbischof erweiterte Vollmachten gewährt worden.

haben. Diese darf nicht stattfinden in einer Zeit, in der im gleichen Raum konzelebriert wird[20]. Mit Priestern oder Amtsträgern anderer kirchlicher Gemeinschaften, die nicht in voller Gemeinschaft mit der katholischen Kirche stehen, ist eine Konzelebration nicht gestattet. Gebete, besonders das eucharistische Hochgebet, und Handlungen, die allein dem zelebrierenden Priester vorbehalten sind, dürfen von Diakonen und Laien nicht vorgetragen oder vollzogen werden[21].

3. *Sonstige Dienste*

Neben den Aufgaben von Volk und Priester gibt es besondere Dienste, von denen das Gesetzbuch nur den Spender der Kommunion nennt. In ordentlicher Weise sind dafür zuständig der Bischof, der Priester und der Diakon, in außerordentlicher Weise der Akolyth oder sonst ein Gläubiger, der dafür rechtmäßig beauftragt ist[22]. Die heilige Wegzehrung an Kranke zu bringen, ist Pflicht und Recht des Pfarrers, des Pfarrstellvertreters, des Kaplans sowie des Oberen in klerikalen Ordenshäusern oder Gemeinschaften des apostolischen Lebens für alle, die in diesem Haus verweilen[23]. Der Diakon hat bei der Meßfeier bestimmte, ihm zukommende Aufgaben[24]. Der Dienst des Subdiakons ist abgeschafft[25]. Aufgabe

[20] C. 902. Die Konzelebration wurde grundsätzlich gestattet in VatII SC Art. 57. Der Ritus wurde veröffentlicht mit Generaldekret der SC Rit. v. 7. 3. 1965, in: AAS 57 (1965), S. 410–412. Weitere Normen sind zu finden in Instr. *Eucharisticum mysterium* nn. 47f. und in AEM nn. 153–208, für die Konventsmesse bei n. 76. Zur Auslegung von nn. 76 u. 158 s. SC Cult, Declaratio *In celebratione* v. 7. 8. 1972, in: AAS 64 (1972), S. 561–563. Über die Paramente bei der Konzelebration s. Instr. *Tres abhinc annos* (Anm. 1), n. 27. Vgl. *J. Bishop*, Concelebration in die Religious Community, in: Jurist 25 (1965), S. 326–329; *L. Buijs*, Commentarium, in: PerRMCL 54 (1965), S. 410–460 und 55 (1966), S. 133–152; *Ph. Hofmeister*, Die Konzelebration, in: Archiv für Liturgiewissenschaft 9 (1966), S. 383–411; *A. A. King*, Concelebration in the Christian Church, London 1966; *O. Nußbaum*, Liturgiereform und Konzelebration, Köln 1966; *R. Falsini*, Die Konzelebration, in: Concilium 4 (1968), S. 549–598; *A. Fries*, Die eucharistische Konzelebration in der theologischen Kontroverse des 13. Jahrhunderts, in: Die Kirche im Wandel der Zeit, Festg. f. J. Kard. Höffner, hrsg. v. *F. Groner*, Köln 1971.

[21] Cc. 907, 908, vgl. c. 844.

[22] C. 910; AEM nn. 61, 137 (Diakon), 65, 146 (Akolyth), 68 (beauftragter Kommunionhelfer); vgl. Instr. *Eucharisticum mysterium* n. 35 c; Beschluß der Deutschen Bischofskonferenz v. 4.–7. 3. 1968, in: AfkKR 137 (1968), S. 221–223; Erlaß der Deutschen Bischofskonferenz v. 16.–19. 2. 1970, in: AfkKR 139 (1970), S. 182–184; Instr. *Liturgicae instaurationes* (Anm. 1), n. 6 d; Instr. *Immensae caritatis* (Anm. 1), n. 1 (allgemeine Regelung); Instr. *Inaestimabile donum* (Anm. 1), n. 10 (Der Priester darf nicht die Austeilung ganz den Laien überlassen).

[23] C. 911, vgl. cc. 530 n. 3 (Pfarrer), 545 (Pfarrstellvertreter), 1003 § 2 (alle Seelsorger). Die Spendung soll möglichst bald erfolgen. Sie kann in jedem katholischen Ritus geschehen (cc. 922, 923), vorbehaltlich c. 844; vgl. Instr. *Eucharisticum mysterium* n. 39.

[24] C. 835 § 3; AEM nn. 61, 127–141:. vgl. VatII LG Art. 29; *Paul VI.*, MP *Sacrum Diaconatus.* Allgemeine Richtlinien für die Erneuerung des Ständigen Diakonates in der Lateinischen Kirche v. 18. 6. 1967, in: AAS 59 (1967), S. 697–704 = NKD 9, S. 26–45; *Paul VI.*, MP *Ad pascendum.* Einige Bestimmungen bezüglich der Weihestufe des Diakonats werden erlassen, v. 15. 8. 1972, in: AAS 64 (1972), S. 534–540 = NKD 38, S. 42–61.

[25] *Paul VI.*, MP *Ministeria quaedam* v. 15. 8. 1972 n. IV, in: AAS 64 (1972), S. 532. Die SC Cult hat am 23. 12. 1972 bei der Änderung der AEM darauf hingewiesen, daß die Aufgaben des Subdiakons vom Lektor oder vom Akolythen übernommen werden. Es zieme sich auch nicht, daß ein Priester den Dienst des Diakons in dessen Kleidung verrichte; vgl. Notitiae 9 (1973), S. 34–38. Damit ist auch das vielfach übliche „Levitenamt", bei dem zwei Priester die

des Akolythen ist es, „den Altar und die liturgischen Geräte zu bereiten sowie als außerordentlicher Spender den Gläubigen die Eucharistie zu reichen"[26]. Weiter sind von Bedeutung der Lektor, der Psalmsänger, der beauftragte Kommunionhelfer und Mitwirkende außerhalb des Altarraumes[27]. Altardiener gehören zur Meßfeier und Gemeinde. Sie dürfen auch sonst nur aus schwerwiegendem Grund fehlen[28]. „Dienste, die außerhalb des Altarraumes zu leisten sind, können auch Frauen übertragen werden, wenn der Kirchenrektor es für angebracht hält"[29].

II. Der Empfang der heiligen Kommunion

1. *Empfänger*

a) Allgemein. Jeder Getaufte, der vom Recht nicht daran gehindert ist, kann und muß zur Kommunion zugelassen werden. Ausgeschlossen sind alle, die mit der Strafe der Exkommunikation oder des Interdikts belegt sind, sobald die Strafe verhängt oder ihr Eintritt festgestellt ist. Auch wer hartnäckig in schwerer Sünde verharrt[30] oder geschieden und wiederverheiratet ist[31], darf nicht zugelassen wer-

Aufgaben von Diakon und Subdiakon wahrnehmen, nicht mehr möglich. Wenn mehrere Priester an einer Meßfeier beteiligt sind, bietet sich die Konzelebration an.

[26] AEM nn. 65, 142–147; MP *Ministeria quaedam* (Anm. 25), n. VI (S. 533).

[27] AEM nn. 66, 148–152 (Lektor), 67 (Psalmsänger), 68 (Kommunionhelfer), 68–70 (andere Dienste).

[28] AEM nn. 82, 94, 100–109, 125, 209–211. Daß die Ministranten im neuen Gesetzbuch nicht genannt sind, bedeutet nicht, daß sie entbehrlich sind, sondern daß im liturgischen Recht schon die nötigen Aussagen gemacht sind.

[29] AEM n. 70: „Die Bischofskonferenz kann die Erlaubnis geben, daß Frauen die dem Evangelium vorausgehenden Lesungen und die einzelnen Bitten des Fürbittgebetes vortragen". Vgl. Instr. *Liturgicae instaurationes* (Anm. 1), n. 7: „Gemäß den überlieferten liturgischen Normen der Kirche ist es Frauen (Mädchen, Frauen, Ordensschwestern) nicht erlaubt, dem Priester am Altar zu dienen. Das gilt sowohl für Kirchen wie auch für Häuser, Klöster, Kollegien und Laueninstitute". Es folgen die Bestimmungen, was Frauen erlaubt ist. Das Liturgische Institut Trier merkt an, daß im deutschen Sprachraum Frauen bei Ausübung des Lektorendienstes an dem Ambo treten können, vgl. NKD 31, S. 37. Vgl. Verordnung des Bischofs von Hildesheim v. 20. 11. 1973 über Zulassung von Frauen und Mädchen zum Altardienst, in: PfBl. 47 (1974), S. 139f.

[30] Cc. 912, 915; vgl. cc. 842 § 1 (Taufe), 844 (Nichtkatholiken), 1331 § 1 n. 2 (Exkommunikation), 1332 (Interdikt). Vgl. *K. Hein,* Eucharist and Excommunication. A study in early Christian doctrins and discipline, Frankfurt 1973. Im CIC/1917 galt der Grundsatz, daß geheimen Sündern, die öffentlich darum bitten und nicht ohne Ärgernis übergangen werden können, die Kommunion nicht verweigert werden darf (c. 855 § 2 CIC/1917). Auch wenn das nicht mehr gesagt ist, wird entsprechend zu verfahren sein.

[31] Es wäre wünschenswert gewesen, wenn das Gesetzbuch auch diese Gruppe genannt hätte. Da die Voraussetzung für die Absolution fehlt, kann die Kommunion nicht gegeben werden. Vgl. SC Fid, Brief über die Unauflöslichkeit der Ehe ... v. 11. 4. 1973, in: AfkKR 142 (1973), S. 84; *H. Socha,* Kirchenrechtliche Überlegungen zum Kommunionempfang ungültig Verheirateter, in: TThZ 81 (1972), S. 298–309; *K. Hörmann,* Kirche und zweite Ehe. Um die Zulassung wiederverheirateter Geschiedener zu den Sakramenten, Innsbruck 1973; *F. Rekkinger,* Wiederverheiratete Geschiedene eucharistiefähig?, in: MThZ 24 (1973), S. 36–54; *H. Heinemann,* Die Teilnahme wiederverheirateter Geschiedener an der eucharistischen

den. Wer sich einer schweren Sünde bewußt ist, darf ohne vorhergehende sakramentale Beichte den Leib des Herrn nicht empfangen[32].

b) Kinder. Bei Kindern ist erforderlich, daß sie hinreichendes Wissen haben und sorgfältig vorbereitet sind. Sie sollen das Geheimnis Christi ihrem Verständnis gemäß erfassen und den Leib des Herrn in Glaube und Ehrfurcht empfangen können[33]. Es ist besonders Aufgabe der Eltern und derer, die Elternstelle innehaben, sowie des Pfarrers, dafür zu sorgen, daß Kinder, die den Vernunftgebrauch erlangt haben, in rechter Weise vorbereitet werden und möglichst bald mit der heiligen Speise gestärkt werden. Der Pfarrer muß darauf achten, daß Kinder, die den Vernunftgebrauch noch nicht erlangt haben oder nach seinem Urteil nicht genügend vorbereitet sind, vom Tisch des Herrn ferngehalten werden[34]. Der Kommunion geht die Beichte voraus[35]. Es muß sichergestellt sein, daß das Kind die Taufe empfangen hat[36].

c) Kranke. Gläubige, die sich irgendwie in Todesgefahr befinden, sollen durch die heilige Wegzehrung gestärkt werden. Auch wenn sie an diesem Tag schon am Tisch des Herrn waren, wird ihnen ein zweiter Empfang dringend empfohlen. Bei andauernder Todesgefahr soll der Leib des Herrn ihnen öfter, verteilt auf einzelne Tage, gereicht werden. Die Spendung der Wegzehrung an Kranke soll ohne Verzug erfolgen. Die Seelsorger sollen darauf achten, daß dies geschieht, so lange der Empfänger noch bei Bewußtsein ist[37].

d) Nichtkatholiken. Angehörige der orthodoxen Kirchen, die nicht in voller Gemeinschaft mit der katholischen Kirche stehen, können die Eucharistie emp-

Tischgemeinschaft als Frage an das kanonische Recht, in: ThGl 66 (1976), S. 161–177; *W. Schulz*, Zum Ausschluß von der Kommuniongemeinschaft wiederverheirateter Geschiedener und mit Geschiedenen Verheirateter, in: ThGl 67 (1977), S. 444–453; *A. Zirkel*, Schließt das Kirchenrecht alle wiederverheirateten Geschiedenen von den Sakramenten aus?, Mainz 1977.

32 C. 916. Es sei denn, daß ein wichtiger Grund vorliegt und eine Beichtgelegenheit fehlt. In diesem Fall soll ein Akt vollkommener Reue erweckt werden, der den Vorsatz zu baldmöglicher Beichte einschließt. Vgl. Instr. *Eucharisticum mysterium* n. 35, Rituale Romanum n. 23.

33 C. 913 § 1. In Todesgefahr genügt es, daß das Kind den Leib des Herrn von gewöhnlicher Speise unterscheiden und ehrfürchtig empfangen kann (C. 913 § 2).

34 Cc. 914, 843 § 2. Das Gesetzbuch nennt an erster Stelle die Eltern bzw. deren Stellvertreter. Das Wächteramt über die geforderte Disposition nimmt jedoch der Pfarrer ein. Der Beichtvater ist nicht mehr genannt.

35 C. 914. Gegenüber vielen Versuchen anderer Art verlangt das Gesetzbuch eindeutig die vorhergehende Beichte. Vgl. SC Cler, Weisung v. 11. 4. 1971 über das Alter für Erstbeichte und Erstkommunion. Anhang zum katechetischen Generaldirektorium, in: AAS 64 (1972), S. 173–176; SC Sacr u. SC Cler, Erklärung v. 24. 5. 1973, in: AfkKR 142 (1973), S. 103f., SC SacrCult u. SC Cler, Schreiben an den Vorsitzenden der Deutschen Bischofskonferenz v. 31. 3. 1977, in: PfBl. 50 (1977), S. 226–230; SC SacrCult u. SC Cler, Antwort über die Reihenfolge von Erstbeichte und Erstkommunion v. 20. 5. 1977, in: AAS 69 (1977), S. 427.

36 C. 842 § 1. Da es nicht mehr selbstverständlich ist, daß Kinder frühzeitig getauft werden, ist besondere Vorsicht geboten. Vgl. Verordnung des Erzbischöfl. Generalvikariats München v. 21. 2. 1966, in: PfBl. 39 (1966), S. 132f.; Instruktion des Erzbischöfl. Generalvikariats Köln v. 4. 11. 1975, in: PfBl. 49 (1976), S. 3f.

37 Cc. 921, 922; vgl. c. 530 n. 3 (Pfarrer).

fangen, wenn sie von sich aus darum bitten und recht vorbereitet sind[38]. In Todesgefahr oder anderer schwerer Notlage, über deren Vorliegen der Diözesanbischof oder die Bischofskonferenz entscheiden, kann auch anderen getrennten Christen die Kommunion gereicht werden, wenn sie einen Amtsträger ihrer Gemeinschaft nicht aufsuchen können, frei darum bitten, den katholischen Glauben an das Sakrament bekennen und recht vorbereitet sind[39].

2. *Vorbereitung und Häufigkeit*

Für den Empfang der heiligen Kommunion muß man wenigstens eine Stunde vorher sich von Speise und Trank enthalten, abgesehen von Wasser und Medizin[40]. Ein Priester, der am gleichen Tag zweimal oder dreimal zelebriert, kann vor der zweiten oder dritten Meßfeier etwas zu sich nehmen, auch wenn der Abstand von einer Stunde nicht gegeben ist[41]. Ältere und kranke Leute sowie deren Pfleger dürfen die Eucharistie auch ohne Beachtung des Abstandes von einer Stunde erhalten[42]. Die Kommunion soll häufig, ja täglich empfangen werden[43], jedoch nur einmal am Tag, soweit nicht Ausnahmen bestehen[44]. Wer berechtigt ist, hat auch die Verpflichtung, wenigstens einmal im Jahr die heilige Eucharistie zu empfangen. Das soll in der österlichen Zeit geschehen, wenn nicht ein gerechter Grund daran hindert[45].

[38] C. 844 § 3. Das gilt auch für Glieder anderer Kirchen, die nach dem Urteil des Apostolischen Stuhles in Hinblick auf das Sakrament eine ähnliche Stellung einnehmen. Vgl. VatII OE Art. 27; SecrChristUnit, Ökumen. Direktorium v. 14. 5. 1967, nn. 39–50, in: AAS 59 (1967), S. 587–589; SecrChristUnit, Instr. *In quibus* v. 1. 6. 1972, n. 5, in: AAS 64 (1972), S. 523f.

[39] C. 844 § 4. Vgl. Ökumen. Direktorium (Anm. 38), n. 55; Instr. *In quibus* (Anm. 38), nn. 5–6; Erklärung der Deutschen Bischofskonferenz v. 21. 9. 1972, in: AfkKR 141 (1972), S. 530–532; SecrChristUnit, Erklärung zu einigen Auslegungen v. 17. 10. 1973, in: AAS 65 (1973), S. 616–619.

[40] C. 919 § 1. Das Gebot der eucharistischen Nüchternheit wurde seit längerer Zeit mehr und mehr vereinfacht (vgl. *Mörsdorf* Lb II, S. 36f., 60f.), zuletzt am 10. 1. 1964, als das Heilige Offizium bestimmte, es sollen für Priester und Laien die gleichen Normen gelten (in: AAS 56 [1964], S. 212) und durch Mitteilung des Generalsekretärs des II. Vatikanischen Konzils v. 21. 11. 1964, in: OssRom Nr. 282 v. 4. 12. 1964, bestätigt in: AAS 57 (1965), S. 186.

[41] C. 919 § 2. Bereits nach MP PastMun I n. 3 konnten die Oberhirten eine Erlaubnis in diesem Sinne geben.

[42] C. 919 § 3. In der Instr. *Immensae caritatis* (Anm. 1), n. III, wurde die Nüchternheit für diese Fälle auf eine Viertelstunde verkürzt. Vgl. Rituale Romanum n. 24.

[43] Instr. *Eucharisticum mysterium* nn. 36f.; vgl. cc. 276 § 2 n. 2, 663 § 3.

[44] C. 917. Wer die Kommunion schon empfangen hat, kann sie am gleichen Tag nur bei einer Meßfeier, an der er teilnimmt, nochmals empfangen und in Todesgefahr (c. 921 § 2). Schon bisher galt, daß Gläubige, die in der Osternachtsmesse oder in der Mitternachtsmesse von Weihnachten kommuniziert haben, in einer zweiten Messe es nochmals durften: Instr. *Inter Oecumenici* (Anm. 1), n. 60. In der Instr. *Tres abhinc annos* wird für den Gründonnerstag ein zweiter Empfang gestattet (n. 14). Die Instr. *Eucharisticum mysterium* gibt Gläubigen, die am Morgen schon kommuniziert haben, die Erlaubnis für die Vorabendmesse (n. 28). Begründung für das Gebot und weitere Anlässe, an denen ein zweiter Empfang gestattet ist: s. Instr. *Immensae caritatis* (Anm. 1), n. II.

[45] C. 920. Der Empfang ist in jedem katholischen Ritus möglich (c. 923). Ein Hinweis, daß er möglichst in der eigenen Pfarrkirche und im eigenen Ritus erfolgen soll, hätte das Bewußtsein von der Zugehörigkeit zu einer bestimmten Teilkirche unterstrichen.

3. Spendung

Die Kommunion soll möglichst während der Meßfeier ausgeteilt werden[46]. Die Spendung erfolgt in der Regel nur in der Gestalt des Brotes[47], bei bestimmten Anlässen auch unter beiden Gestalten[48], in besonderer Notlage auch nur in der Gestalt des Weines[49]. Die Kommunion wird in den Mund gegeben, mit Erlaubnis des Oberhirten auch auf die Hand[50]. Die vorgeschriebene Formel ist anzuwenden[51]. Wer aus gerechtem Grund außerhalb der Meßfeier darum bittet, soll sie unter Beachtung der liturgischen Vorschriften erhalten[52]. Wo kein Priester zur Verfügung steht, soll an Sonntagen und gebotenen Feiertagen nach dem Urteil des Ortsordinarius die Feier von Wortgottesdiensten mit Kommunionausteilung gefördert werden[53].

III. Nähere Umstände der Eucharistiefeier

1. Materie

Das eucharistische Opfer muß mit Brot und Wein, dem etwas Wasser beigemischt ist, gefeiert werden. Das Brot muß aus Weizenmehl gebacken und frisch sein, so daß keine Gefahr der Verderbnis besteht. Nach altem Brauch der lateinischen Kirche wird ungesäuertes Brot verwendet. Es soll als Speise erkennbar und so beschaffen sein, daß der Priester es in mehrere Teile brechen kann[54]. „Der Wein für die Eucharistiefeier muß „vom Gewächs des Weinstockes" (vgl. Lk 22,18)

[46] C. 918; Instr. *Eucharisticum mysterium* n. 31.

[47] C. 925. Die Komunion soll dargereicht, nicht von den Gläubigen aus einem aufgestellten Gefäß selbst genommen werden: Instr. *Inaestimabile donum* (Anm. 1), n. 9.

[48] C. 925. Vgl. VatII SC Art. 55; SC Rit, Generaldekret *Ecclesiae semper* v. 7. 3. 1965, in: AAS 57 (1965), S. 410–412; Instr. *Eucharisticum mysterium* n. 32; AEM, Vorwort, n. 14 u. nn. 240–252, bei Konzelebration nn. 199–206; SC Cult, Instr. *Sacramentali communione* v. 29. 6. 1970, in: AAS 62 (1970), S. 664–666; Instr. *Liturgicae instaurationes* (Anm. 1), n. 6 a–c; Richtlinien der Deutschen Bischofskonferenz, in: NKD 31, S. 64 u. S. 74–76.

[49] C. 925; Instr. *Eucharisticum mysterium* n. 41.

[50] SC Cult, Instr. *Memoriale Domini* v. 29. 5. 1969, in: AAS 61 (1969), S. 541–545; Schreiben des Präfekten der SC Cult, mit dem den Bischofskonferenzen gestattet wird, die Erlaubnis zu geben, in: AAS 61 (1969), S. 545–547; Auf die Frömmigkeit und Ehrfurcht weist hin Instr. *Immensae caritatis* (Anm. 1), n. IV; Rituale Romanum n. 21. Vgl. *G. May,* Die sogenannte Handkommunion. Ein Beitrag zur Praxis der kirchlichen Rechtsetzung in der Gegenwart, Regensburg 1970.

[51] SC Rit, Dekret v. 25. 4. 1964, in: AAS 56 (1964), S. 337f.

[52] C. 918; Instr. *Eucharisticum mysterium* n. 33; Rituale Romanum nn. 13–25. Am Gründonnerstag u. Karfreitag nur innerhalb des Gottesdienstes, den Kranken jedoch zu jeder Zeit, am Karsamstag nur als Wegzehrung: vgl. Rubriken im Meßbuch, Kleinausgabe S. [22], [40], [62].

[53] Instr. *Inter Oecumenici* (Anm. 1), n. 37; Instr. *Liturgicae instaurationes* (Anm. 1), n. 6e; Synodenbeschluß Gottesdienst n. 2.4.3 u. n. 7.3.1–2; vgl. c. 1248 § 2.

[54] Cc. 924, 926; AEM nn. 281–283, 285; Instr. *Liturgicae instaurationes* (Anm. 1), n. 5; Instr. *Eucharisticum mysterium* n. 48 (für Konzelebration); Instr. *Inaestimabile donum* (Anm. 1), n. 8.

stammen und naturrein, das heißt ohne Beimischung von Fremdstoffen, sein"[55]. Auch im äußersten Notfall ist es nicht gestattet, die eine Materie ohne die andere, oder beide außerhalb der Meßfeier zu konsekrieren[56].

2. Ritus

a) Sprache. Die Eucharistie wird in lateinischer Sprache gefeiert oder in einer anderen, wenn die liturgischen Texte rechtmäßig gebilligt sind[57]. Da „der Gebrauch der Muttersprache für das Volk sehr nützlich sein kann", wurde er durch das II. Vatikanische Konzil und nachfolgende Bestimmungen in weitem Umfang ermöglicht[58]. Auch in Meßfeiern ohne Gemeinde kann jeder Priester die lateinische Sprache oder die Volkssprache verwenden[59]. „Es soll jedoch Vorsorge getroffen werden, daß die Christgläubigen die ihnen zukommenden Teile des Meß-Ordinariums auch lateinisch sprechen oder singen können[60]."

b) Texte. „Die von der Kirche erstellten liturgischen Texte sind ... mit besonderer Ehrerbietung zu verwenden; es darf deshalb niemand nach eigenem Gutdünken etwas ändern, ersetzen, wegnehmen oder hinzufügen"[61]. Verbindlich ist das von Papst *Paul VI.* am Gründonnerstag 1969 eingeführte Römische Meßbuch mit der Allgemeinen Einführung und späteren Ergänzungen[62]. Die deutschsprachige

[55] C. 924 § 3. Er darf nicht verdorben sein. AEM nn. 284f.; vgl. Verordnung über den Gebrauch von Wein bei der Eucharistiefeier (Meßwein) für alle (Erz-)Bistümer in der Bundesrepublik Deutschland v. 15. 6. 1976, gültig ab 1. 7. 1976, in: PfBl. 49 (1976), S. 103–111. Statut des Bischöflichen Ordinariats Würzburg über Meßweinbehandlung und Vereidigung der Meßweinlieferanten, in: PfBl. 40 (1967), S. 51 f.; Schreiben der SC Fid. v. 22. 9. 1981 über die Zuständigkeit zur Gewährung des Indults, die Eucharistie mit Traubenmost zu feiern, in: AfkKR 150 (1981), 556f.

[56] C. 927. Vgl. aber AEM n. 286: Bemerkt der Priester nach der Konsekration oder beim Kommunionempfang, daß Wasser statt Wein verwendet wurde, so gießt er das Wasser in ein Gefäß und dann Wein mit Wasser in den Kelch; er spricht die Worte des Einsetzungsberichtes über den Kelch, ohne gehalten zu sein, nochmals Brot zu konsekrieren.

[57] C. 928. VatII SC Art. 36 § 1: Der Gebrauch der lateinischen Sprache soll ... erhalten bleiben, soweit nicht Sonderrecht entgegensteht.

[58] VatII SC Art. 36 §§ 2–4, 54; Instr. *Inter Oecumenici* (Anm. 1), nn. 30, 41, 57f., für Sakramente und Sakramentalien n. 61, für das Stundengebet nn. 82, 85–89. Vgl. „Beschlüsse der Vollversammlung der Bischöfe der Diözesen Deutschlands vom 6. Nov. 1964. Richtlinien der Deutschen Bischöfe für die Feier der heiligen Messe in Gemeinschaft", Sonderdruck: Regensburg 1965, S. 5–26 u. 48f. (nn. 53–56). Durch Instr. *Tres abhinc annos* (Anm. 1), n. 28 wurde die Verwendung der Muttersprache auch für den Kanon gestattet. Über die liturgische Sprache bei Offizium und Meßfeier der Ordensleute s. SC Rit, Instr. *In edicendis* v. 23. 11. 1965, in: AAS 57 (1965), S. 1010–1013. Zugleich wurden Richtlinien für die Übersetzung erlassen: *Card. Lercaro,* De unica interpretatione textuum liturgicorum v. 16. 10. 1964, in: Notitiae 1 (1965), S. 195f.; weitere Texte ebd. 5 (1969), S. 3–12, 333f., 442; 6 (1970), S. 84f.; Instr. *Inter Oecumenici* (Anm. 1), n. 40; Instr. *Liturgicae instaurationes* (Anm. 1), n. 11.

[59] SC Cult, Notificatio *Instructione* v. 14. 6. 1971 n. 4, in: AAS 63 (1971), S. 714.

[60] VatII SC Art. 54 Abs. 2; Instr. *Inter Oecumenici* (Anm. 1), n. 59; Notificatio *Instructione* (Anm. 59), n. 4a.

[61] Instr. *Liturgicae instaurationes* (Anm. 1), n. 3; VatII SC Art. 22 Abs. 3; cc. 837, 838, 846 § 1.

[62] S. oben Anm. 2 u. 3. Neuherausgabe durch SC Cult, *Celebrationis eucharisticae* v. 26. 3. 1970, in: AAS 62 (1970), S. 554. Änderung der AEM am 23. 12. 1972 durch SC Cult

Fassung wurde am 23. September 1974 von den zuständigen Bischofskonferenzen für den liturgischen Gebrauch approbiert und am 10. Dezember 1974 von der Kongregation für den Gottesdienst konfirmiert[63]. Zu den verbindlichen Texten gehören weiter die neue Ordnung des Kirchenjahres[64] und der Lesungen[65]. Das Meßbuch enthält vier Hochgebete. Für die Meßfeier in deutscher Sprache wurden vier weitere gestattet[66]. Das Meßbuch sucht selbst eine gewisse Anpassung an die Bedürfnisse der Zeit und bietet bei aller Verbindlichkeit einen gewissen Spielraum in der Gestaltung[67]. Weitere Anpassungsmöglichkeiten sind gegeben für die Meßfeiern kleiner Gemeinschaften[68] und für Kindermessen[69].

c) Kleidung. Priester und Diakone sollen bei Feier und Austeilung der Eucharistie die vorgeschriebenen Gewänder tragen. Die liturgische Kleidung „soll auf die verschiedenen Funktionen derer, die einen besonderen Dienst versehen, hinweisen und zugleich der festlichen Charakter der liturgischen Feier hervorheben"[70]. Die Bischofskonferenzen können Änderungen vornehmen, die den Erfordernissen ihrer Gebiete Rechnung tragen[71]. „Es ist keineswegs erlaubt, nur mit der Stola über den Zivilkleidern die Messe zu feiern und andere liturgische Handlungen zu vollziehen"[72].

wegen Abschaffung des Subdiakonates, vgl. Notitiae 9 (1973), S. 34–38. Editio altera unter Berücksichtigung dieser Änderungen am 7. 12. 1974.

[63] S. oben Anm. 2. Verpflichtend seit 7. 3. 1976. Approbation u. Konfirmation in: Kleinausgabe S. 15* f. u. 5*.

[64] *Paul VI.*, MP *Mysterii paschalis* v. 14. 2. 1969, in: AAS 61 (1969), S. 222–226; Grundordnung des Kirchenjahres und des neuen römischen Generalkalenders, in: Meßbuch, Kleinausgabe S. 78*–86*.

[65] SC Cult, Decr. *Ordinem lectionum* v. 25. 5. 1969, in: AAS 61 (1969), S. 548f.; SC Cult, Die Leseordnung für die Meßfeier. Hrsg. u. übersetzt von den Liturgischen Instituten in Salzburg, Trier und Zürich, Bd. I–III, Trier 1969–1970. Vgl. Instr. *Liturgicae instaurationes* (Anm. 1), n. 2a: „Es ist niemals gestattet, das Wort Gottes durch andere Lesungen religiöser oder profaner, alter oder moderner Schriftsteller zu ersetzen". Vgl. NKD 31, S. 19: Für selbständige Wortgottesdienste bestehen keine detaillierten Bestimmungen.

[66] Mit Erlaubnis des Heiligen Stuhles (vgl. Schreiben der SC Cult v. 1. 11. 1974) im Auftrag der Deutschen Bischofskonferenz hrsg. v. Liturgischen Institut Trier, Einsiedeln u. Zürich – Freiburg u. Wien 1975. Andere dürfen nicht verwendet werden: SC Cult, Rundschreiben *Eucharistiae participationem* v. 27. 4. 1973, in: AAS 65 (1973), S. 340–347; vgl. c. 907 (nur vom Priester zu sprechen).

[67] AEM, Vorwort, nn. 10–15, nn. 314–325; Approbationsbeschluß nn. 2–5, in: Meßbuch, Kleinausgabe S. 15*. Es ist nicht erforderlich, daß Hinweise, Einleitungs- und Abschlußworte so vorgetraten werden, wie sie im Meßbuch stehen. Die zur Auswahl gebotenen Möglichkeiten sollen genutzt werden: AEM nn. 11 u. 313; Rundschr. *Eucharistiae participationem* (Anm. 66), nn. 8, 13f.

[68] SC Cult, Instr. *Actio pastoralis* v. 15. 5. 1969, in: AAS 61 (1969), S. 806–811; Richtlinien der Deutschen Bischofskonferenz für Meßfeiern kleiner Gruppen (Gruppenmessen) v. 24. 9. 1970, in: NKD 31, S. 54–64.

[69] SC Cult, Directorium *Pueros baptizatos* v. 1. 11. 1973, in: AAS 66 (1974), S. 30–46; Richtlinien und Anregungen der Deutschen Bischofskonferenz v. 21.–24. 4. 1970 für den Gottesdienst mit Kindern, in: AfkKR 140 (1971), S. 543f.

[70] AEM n. 297f.: Das allen Weihestufen entsprechende Gewand ist die Albe; vgl. ebd. nn. 81, 299–310.

[71] AEM n. 304. Die Anpassungen sind dem Apostolischen Stuhl vorzulegen.

[72] Instr. *Liturgicae instaurationes* (Anm. 1), n. 8c; Richtlinien der Deutschen Bischofskonferenz für Meßfeiern kleiner Gruppen II 2: wenigstens Albe u. Stola, in: NKD 31, S. 60 u. 41.

d) Erleichterungen. Ein Priester, der durch Krankheit oder Alter geschwächt ist, kann die Eucharistie unter Beachtung der liturgischen Ordnung sitzend feiern, in Anwesenheit des Volkes jedoch nur mit Erlaubnis des Ortsordinarius. Ein durch Blindheit oder ein anderes Gebrechen behinderter Priester darf irgendein anerkanntes Meßformular verwenden. Ein anderer Priester, Diakon oder Laie, der unterrichtet ist, kann ihn unterstützen[73].

3. *Zeit und Ort*

a) Zeit. Feier und Austeilung der Eucharistie können an jedem Tag und zu jeder Stunde erfolgen, soweit nicht die liturgischen Ordnungen dies untersagen. In der Lateinischen Kirche gelten für die „Drei Österlichen Tage" besondere Beschränkungen[74]. Am Karfreitag und Karsamstag feiert die Kirche nach ältester Überlieferung keine Eucharistie[75]. An den Sonntagen und gebotenen Feiertagen ist die Teilnahme an der Messe verpflichtend[76]. Der liturgische Tag reicht von Mitternacht zu Mitternacht, doch beginnt die Feier der Sonntage und der Hochfeste bereits am Abend des vorausgehenden Tages. Die Vorabendmesse hat darin ihre Berechtigung[77].

b) Ort. Die Eucharistie soll an einem geweihten Ort gefeiert werden. In Ausnahmefällen kann dies auch sonst an einem ehrbaren Ort geschehen. „Auf jeden Fall müssen die Räume für den Vollzug der Eucharistie geeignet sein und die tätige Teilnahme der Gläubigen gewährleisten"[78]. „Für die Feier der Messe im kleinen

[73] C. 930. Bereits MP PastMun (I nn. 5 u. 6) hatte die Möglichkeit gegeben, täglich das Formular der Votivmesse von der Gottesmutter oder der Totenmesse zu verwenden unter Assistenz eines Priester oder Diakons. Die Instr. *Tres abhinc annos* (Anm. 1), n. 18 hat weitere Regelungen getroffen.

[74] C. 931, vgl. in *diesem* Band, oben, *R. Sebott,* § 73 Geheiligte Zeiten. Am Gründonnerstag feiert der Bischof mit seinem Priesterkollegium die Chrisam-Messe. Am Abend findet in allen Kirchen eine Messe zum Gedächtnis des Letzten Abendmahles statt. Eine zweite Abendmesse kann der Ortsordinarius gestatten, wo die seelsorglichen Verhältnisse es erfordern. Für Gläubige, denen eine Teilnahme an der Abendmesse unmöglich ist, kann der Ortsordinarius bei dringender Notwendigkeit auch eine Messe am Morgen erlauben: s. Rubriken für die Messe vom Letzten Abendmahl, in: Meßbuch, Kleinausgabe S. [22]; vgl. SC Sacr, Reskript v. 10. 3. 1970, in: AfkKR 139 (1970), S. 151.

[75] Rubriken für Karfreitag u. Karsamstag, in: Meßbuch, Kleinausgabe S. [40] u. [62]; vgl. Notitiae 13 (1977), S. 602.

[76] C. 1247; vgl. VatII SC Art. 106; Instr. *Eucharisticum mysterium* nn. 25 f.; Erklärung der Deutschen Bischofskonferenz v. 11. 3. 1976 bezüglich ökumenischer Gottesdienste an Sonn- und Feiertagen, in: AfkKR 145 (1976), S. 177 f.

[77] Grundordnung des Kirchenjahres n. 3, in: Meßbuch, Kleinausgabe S. 78*. Die Vorabendmesse wurde durch Reskript der SC Conc v. 19. 10. 1965 auf fünf Jahre „ad experimentum" gestattet, in: AfkKR 135 (1966), S. 253 f. Durch Reskript der SC Cler v. 21. 4. 1969 wurde die Vollmacht auf Dauer verliehen, in: AfkKR 138 (1969), S. 161. Vgl. Schreiben des Präfekten der SC Rit v. 25. 9. 1965: Es sind die Texte des Sonntags bzw. des Festes zu verwenden, in: Notitiae 2 (1966), S. 14. In c. 1248 § 1 ist die Vorabendmesse allgemein gestattet, auch wenn die in früheren Dokumenten geforderten Gründe nicht vorliegen.

[78] C. 932 § 1; AEM n. 253; vgl. in *diesem* Band, oben, *H. J. F. Reinhardt,* § 72 Geweihte Stätten. Bereits nach MP PastMun I n. 7 konnte der Diözesanbischof auch auf Dauer die Meßfeier außerhalb einer geweihten Stätte erlauben; vgl. Reskript *Cum admotae* I 4. Eine besondere Erlaubnis des jeweiligen Ordinarius für eine Meßfeier außerhalb gottesdienstlicher Räume wird vom Gesetzbuch und von der AEM nicht verlangt, vgl. NKD 16, S. 43.

Kreis soll ein liturgischer Raum bevorzugt werden, der einer Gruppenfeier eher entspricht"[79]. Auch im Zimmer eines Kranken oder eines älteren Menschen ist die Messe möglich[80]. Ein Gotteshaus einer Kirche oder kirchlichen Gemeinschaft, die nicht in voller Gemeinschaft mit der katholischen Kirche steht, kann für die Eucharistie aus gerechtem Grund und mit ausdrücklicher Erlaubnis des Ortsordinarius benützt werden, wenn kein Ärgernis entsteht[81]. „In einem Gottesdienstraum feiert man die Eucharistie an einem feststehenden oder tragbaren Altar. Außerhalb eines Gottesdienstraumes kann die Messe an einem passenden Tisch gefeiert werden, besonders wenn es sich um Einzelfälle handelt; Altartuch und Korporale sind auch hier zu verwenden"[82]. Der Papstaltar in den Basiliken Roms ist nicht mehr ausschließlich dem Papst vorbehalten[83].

IV. Aufbewahrung und Verehrung der Eucharistie

1. Aufbewahrung

Die heilige Eucharistie muß aufbewahrt werden in der Kathedralkirche, in einer ihr gleichgestellten Kirche, in jeder Pfarrkirche sowie in der Kirche oder Kapelle eines Ordenshauses oder einer Gemeinschaft des apostolischen Lebens. Sie kann aufbewahrt werden in der Hauskapelle des Bischofs und mit Erlaubnis des Ortsoberhirten in anderen Kirchen, Kapellen und Privatkapellen. Voraussetzung dafür ist, daß jemand die Sorgepflicht für den Raum hat und ein Priester wenigstens zweimal im Monat nach Möglichkeit dort zelebriert[84]. Niemand darf die Eucharistie bei sich zu Hause aufbewahren oder auf Reisen mitnehmen, wenn nicht seelsorgliche Notwendigkeit es verlangt und die Vorschriften des Diözesanbi-

[79] Z. B. Kapelle, Werktagskirche, Krypta. Wo ein solcher Raum fehlt, kann auch ein anderer würdiger Raum verwendet werden, z. B. Wohnraum, Versammlungsraum: s. Richtlinien der Deutschen Bischofskonferenz v. 24. 9. 1970 (Anm. 68), n. II 1, in: NKD 31, S. 59.

[80] Richtlinien (Anm. 68), n. II 1. Nach MP PastMun I n. 10 konnte der Diözesanbischof kranken und alten Priestern gestatten, die Messe zu Hause, aber nicht im Schlafzimmer, an allen Tagen zu halten, auch an hohen Festtagen, Vgl. Reskript *Cum admotae* I nn. 4 u. 5. Eine Erlaubnis des Oberhirten ist jetzt nicht mehr verlangt. Im Rahmen einer solchen Meßfeier kann auch die Krankensalbung gespendet werden; vgl.: Die Feier der Krankensalbung. Hrsg. im Auftrag der Bischofskonferenzen Deutschlands, Österreichs und der Schweiz und der Bischöfe von Bozen-Brixen und von Luxemburg, S. 60. Das Verbot des Schlafzimmers ist nicht genannt.

[81] C. 933. Für die Feier der Messe auf dem Meer und auf Flüssen, die unter Beachtung der nötigen Sicherheitsvorkehrungen vom Oberhirten gestattet werden konnte (MP PastMun I n. 8), ist eine Beschränkung nicht mehr erwähnt.

[82] AEM nn. 260–262; c. 932 § 2, vgl. cc. 1235–1239. Ein Altarstein oder Antimension ist nicht mehr verlangt, vgl. AEM n. 265. Nach PastMun I n. 9 war der Diözesanbischof bevollmächtigt, anstelle eines Altarsteins die Benützung eines Antimensions zu gestatten.

[83] *Paul VI.*, MP *Peculiare ius* v. 8. 2. 1966, in: AAS 58 (1966), S. 119–121.

[84] C. 934. Zweck der Aufbewahrung ist die Spendung der Wegzehrung, der Empfang außerhalb der Messe durch solche, die anders verhindert sind, und die Anbetung: Instr. *Eucharisticum mysterium* n. 49; Rituale Romanum n. 5.

schofs gewahrt sind. In dem Haus eines Ordensverbandes oder sonst einer kirchlichen Gemeinschaft mit mehreren Gottesdiensträumen darf die Eucharistie nur in der Hauptkirche oder Hauptkapelle aufbewahrt werden. Aus gerechtem Grund kann der Oberhirt die Aufbewahrung in einem anderen Kultraum des gleichen Hauses gestatten. Eine Kirche, in der die Eucharistie aufbewahrt wird, soll täglich für einige Stunden geöffnet sein, wenn nicht ein schwerwiegender Grund dagegen spricht, damit die Gläubigen vor dem allerheiligsten Sakrament beten können[85]. Die Aufbewahrung erfolgt gewöhnlich nur in *einem* Tabernakel des Gottesdienstraumes. Der Tabernakel soll an einem hervorgehobenen Ort stehen, der leicht erkennbar, geschmückt und zum Beten geeignet ist. Er soll unbeweglich, aus festem Material, das nicht durchsichtig ist, angefertigt sein und so verschlossen, daß die Gefahr einer Verunehrung der heiligen Gestalten möglichst vermieden ist. Aus wichtigem Grund kann die Aufbewahrung besonders in der Nacht an einem Ort erfolgen, der besser gesichert ist. Wer für die Kirche oder Kapelle verantwortlich ist, trage Sorge dafür, daß der Tabernakelschlüssel sicher aufbewahrt ist[86]. Konsekrierte Hostien sollen entsprechend den Bedürfnissen der Gläubigen in einem Ziborium oder in einer Schale aufbewahrt und häufig durch Verbrauch der älteren erneuert werden. Vor dem Tabernakel brenne das ganze Jahr hindurch eine Lampe, durch die Christi Gegenwart angezeigt und geehrt wird[87].

2. *Verehrung*

In Kirchen und Kapellen, in denen die Eucharistie aufbewahrt wird, kann sie nach Maßgabe der liturgischen Normen in dem Ziborium oder in der Monstranz ausgesetzt werden. Während einer Meßfeier darf dies nicht im gleichen Raum geschehen[88]. In diesen Kirchen und Kapellen wird jährlich eine feierliche Aussetzung, wenn auch mit Unterbrechung, empfohlen, damit die Ortsgemeinde das Geheimnis der Eucharistie eindringlich bedenke und anbete. Dies geschehe jedoch nur dann, wenn eine größere Zahl von Gläubigen zu erwarten ist und unter Beachtung der liturgischen Normen[89]. Zuständig für Aussetzung und eucharistischen Segen sind der Priester oder der Diakon, unter besonderen Umständen – jedoch ohne Segen – der Akolyth, ein außerordentlicher Kommunionhelfer oder sonst ein Beauftragter des Oberhirten unter Beachtung der Vorschriften des Diözesanbischofs. Wo es nach dem Urteil des Diözesanbischofs möglich ist, werde zum Zeugnis der öffentlichen Verehrung besonders am Fronleichnamsfest eine Prozession über öffentliche Straßen veranstaltet. Der Diözesanbischof ist zustän-

[85] cc. 935–937; Instr. *Eucharisticum mysterium* nn. 50f.

[86] C. 938; AEM nn. 276, 277; Instr. *Eucharisticum mysterium* nn. 52–56; Rituale Romanum n. 9.

[87] Cc. 939, 940; Instr. *Eucharisticum mysterium* n. 57; Rituale Romanum n. 11.

[88] C. 941; Instr. *Eucharisticum mysterium* nn. 58, 60f.; Rituale Romanum nn. 82f., für klösterliche Gemeinschaften n. 90.

[89] C. 942; Instr. *Eucharisticum mysterium* nn. 63–65; Rituale Romanum nn. 86–88.

dig für Anordnungen, durch die die Teilnahme und die würdige Gestaltung geregelt werden[90].

V. Applikation und Meßstipendium

1. Applikation

In der Applikation ordnet der Priester jemand so in die Meßfeier ein, daß er oder eine von diesem genannte Person in besonderer Weise als Mitopfernder erscheint und am Segen des heiligen Opfers teilhat. Die Messe kann für alle Lebenden und Verstorbenen dargebracht werden. Obwohl im vollen Sinn nur Gläubige, die ganz in der Gemeinschaft der Kirche stehen, Mitopfernde sein können, ist die öffentliche Meßfeier für Nichtkatholiken gestattet, wenn sie von Familienangehörigen, Freunden oder Untergebenen des Verstorbenen aus einem religiösen Motiv ausdrücklich erbeten ist und nach dem Urteil des Ordinarius kein Ärgernis zu befürchten ist. Der Name des Verstorbenen darf im Hochgebet nicht genannt werden[91]. Aufgrund ihrer Dienststellung haben die Seelsorger an allen Sonntagen und gebotenen Feiertagen in der applicatio pro populo das heilige Opfer für die ihnen Anvertrauten darzubringen. Diese Pflicht trifft den Bischof, den Pfarrer und alle mit einer ähnlichen Stellung[92]. Sie ist möglichst persönlich zu erfüllen. Wer verhindert ist, soll einen anderen beauftragen oder selbst an einem anderen Tag die Messe nachholen. Ein Bischof mit mehreren Diözesen und ein Priester mit mehreren Pfarreien genügt der Verpflichtung mit jeweils einer Messe. Wer es versäumt hat, muß möglichst bald so viele Messen nachholen, als er ausgelassen hat[93]. Weitere Verpflichtungen ergeben sich aus der Übernahme eines Benefiziums, bei dem auf Grund von Meßstiftungen oder frommen Vermächtnissen die Feier bestimmter Messen vereinbart ist[94], sowie aus der Annahme von Meßstipendien.

[90] Cc. 943, 944; Instr. *Eucharisticum mysterium* n. 59; Rituale Romanum nn. 91, 101–104. Bei eucharistischen Kongressen soll die Meßfeier das Zentrum bilden, das von Wortgottesdiensten, eucharistischen Aussetzungen und Prozessionen umgeben ist: Instr. *Eucharisticum mysterium* n. 67; Rituale Romanum nn. 109–112.

[91] C. 901, SC Fid, Decr. *Accidit* v. 11. 6. 1976, in: AAS 68 (1976), S. 621 f. Das Verbot der Namensnennung im Hochgebet ist darin begründet, daß der Bezeichnete nicht Mitopfernder ist. Die Messe wird nur fürbittweise für ihn dargebracht.

[92] Cc. 388 § 1 (Bischof), 429 (Diözesanadministrator bei nichtbesetztem bischöflichem Stuhl), 510 § 2 (Dompfarrer), 516 § 1 (Quasipfarrer), 534 § 1 (Pfarrer), 540 § 1 (Pfarradministrator). Wenn mehrere Priester gemeinsam eine Pfarrei leiten, müssen sie untereinander regeln, wann jeweils einer für die Pfarrei appliziert (c. 543 § 2 n. 2). Keine Applikationspflicht haben der Kaplan oder Vikar, der dem Pfarrer zur Seite steht (c. 548 § 2; seine Stellung s. c. 545) und der Vertreter eines abwesenden Pfarrers (c. 549).

[93] Cc. 388 §§ 2–4, 534. Eine Beschränkung nur auf die lebenden Glieder der Pfarrgemeinde ist nicht gerechtfertigt und widerspricht der Gemeinschaft der Lebenden und Verstorbenen.

[94] C. 1303 § 1; vgl. *Mörsdorf* Lb II, S. 45. Herabsetzung der Verpflichtungen durch den Apostolischen Stuhl oder Oberhirten (c. 1308), Änderung der Auflagen (c. 1309). Vgl. MP *Firma in traditione* v. 13. 6. 1974, in: AAS 66 (1974), S. 308–311.

2. *Meßstipendium*

Das Gesetzbuch bezeichnet es als rechtmäßigen Brauch der Kirche, daß ein Priester für Zelebration oder Konzelebration eine Gabe annimmt, um die Messe in einer bestimmten Intention zu feiern. Es wird aber eindringlich empfohlen, auch ohne Stipendium die Messe in Anliegen von Gläubigen, besonders von Armen, zu zelebrieren[95]. Gläubige, die eine solche Gabe reichen, tragen zum Wohl der Kirche bei und nehmen an der Sorge für den Unterhalt der Amtsträger und der kirchlichen Werke teil[96].

a) Annahme. Für allen Umgang mit Meßstipendien gilt der Grundsatz, daß jeder Anschein von Geschäft und Handel fernzuhalten ist. Es sind so viele Messen in bestimmten Intentionen zu applizieren, als Stipendien, wenn auch geringe, angenommen worden sind. Die Verpflichtung bleibt auch dann bestehen, wenn das Stipendium, selbst ohne Schuld des Empfängers, nicht mehr vorhanden ist[97]. Ein Priester, der an einem Tag mehrere Messen zelebriert, kann jeder eine bestimmte Intention zuordnen. Er darf jedoch, abgesehen von Weihnachten, nur die Gabe für *eine* Messe behalten; die übrigen hat er für einen vom Bischof bestimmten Zweck abzugeben, wenn auch eine gewisse Entschädigung erlaubt ist[98]. Für eine zweite Messe, die in Konzelebration gehalten wird, darf unter keinen Umständen ein Stipendium angenommen werden[99]. Wird ein Geldbetrag ohne

[95] C. 945. Damit ist den Gläubigen grundsätzlich das Recht zuerkannt, Stipendien mit einer bestimmten Intention zu geben. Es steht nicht im Belieben des Seelsorgers, das Meßstipendium abzuschaffen und durch eine allgemeine Sammlung zu ersetzen.

[96] C. 946. Der Gesetzgeber begnügt sich mit dem äußeren Erscheinungsbild, ohne nach dem Ursprung und der theologischen Rechtfertigung zu fragen. Vgl. *K. Mörsdorf*, Erwägungen zum Begriff und zur Rechtfertigung des Meßstipendiums, in: Theologie in Geschichte und Gegenwart, Michael Schmaus zum sechzigsten Geburtstag dargebracht. Hrsg. v. *J. Auer* u. *H. Volk*, München 1957, S. 103–122; *M. Kaiser*, Juristisches oder theologisches Verständnis des Meßstipendiums?, in: KlBl. 42 (1962), S. 27–31; *A. Mayer*, Triefkräfte und Grundlinien der Entstehung des Meßstipendiums (= MthStkan, 34), St. Ottilien 1976: *E. J. Kilmartin*, Zur Problematik des Meßstipendiums, in: Concilium 14 (1978), S. 476–480.

[97] Cc. 947–949.Die Annahme von zwei oder mehr Stipendien für *eine* Messe ist selbst dann *nicht* gestattet, wenn der Betrag in voller Höhe für kirchliche oder andere gute Zwecke verwendet wird. Die Gläubigen können jedoch veranlaßt werden, selbst mehrere Intentionen zusammenzufassen. Es wird auch nichts entgegenstehen, wenn der Seelsorger selbst mehrere Intentionen, besonders vom gleichen Geber, so zusammenfaßt, daß eine Messe am Ort gefeiert wird, die anderen dagegen mit gleicher mehrfachen Intention weggeschickt werden, damit auf jeden Fall die Zahl der Messen erhalten ist. Pastoralen Notwendigkeiten dürfte es oft schon genügen, wenn Intentionen, die für den gleichen Tag gewünscht sind, in den Fürbitten erwähnt werden, ohne daß sie in die Applikation eingeschlossen sind.

[98] C. 951 § 1; vgl. MP *Firma in traditione* (Anm. 94), n. III a. Für eine Messe, die aufgrund einer Rechtspflicht appliziert wird (Pfarrgemeinde, Stiftung), darf kein Stipendium angenommen werden. Ordensleute dürfen den Betrag für eine zweite oder dritte Messe für ordenseigene Zwecke verwenden: s. SC Rel, Indult für die Ordensleute v. 10. 1. 1972, in: AfkKR 141 (1972), S. 195f.; vgl. Beschluß des Ständigen Rates der Deutschen Bischofskonferenz v. 21. 4. 1974, in: AfkKR 144 (1975), S. 164f.: Stipendien, die von Ordenspriestern – auch wenn sie im Pfarrdienst tätig sind – für solche Messen angenommen werden, dürfen für ordenseigene Zwecke verwendet werden. Stipendien an Allerseelen sollen weiterhin dem Bonifatiuswerk zugute kommen. Vgl. Konferenz der bayerischen Bischöfe v. 17.-18. 3. 1975: Heimatvertriebene Priester, die nicht inkardiniert sind, dürfen ihren Anteil dem Priesterseminar Königstein/Taunus zuführen, in: Abl. Augsburg 85 (1975), S. 238f.

[99] C. 951 § 2. Außer der Angabe, daß der Priester das Stipendium für eine Messe des Tages behalten darf, fehlen Hinweise über die Verteilung der Gabe. Das Gesetzbuch überläßt dies

Angabe der Zahl der Messen gegeben, so sind so viele Messen anzusetzen, als dem Stipendium am Wohnort des Gebers entsprechen, es sei denn, daß rechtmäßig eine andere Absicht des Gebers angenommen werden darf. Es ist Aufgabe eines Provinzialkonzils oder der Bischofsversammlung der Kirchenprovinz, für das ganze Gebiet die Höhe des Stipendiums zu bestimmen. Kein Priester darf einen höherern Betrag verlangen; er darf ihn jedoch annehmen, wenn er freiwillig gereicht wird, ebenso einen geringeren. Wo eine solche Festlegung fehlt, ist die geltende Gewohnheit in der Diözese zu beachten[100].

b) Weitergabe. Niemand darf mehr Stipendien annehmen, als er innerhalb eines Jahres persolvieren kann. Wenn an einer Kirche oder Kapelle mehr Messen erbeten werden, als zelebriert werden können, dann können diese anderswo gefeiert werden, falls nicht der Geber dies ausdrücklich untersagt[101]. Wer Meßintentionen weitergibt, soll diese möglichst bald Priestern anvertrauen, die ihm als zuverlässig und über jeden Verdacht erhaben bekannt sind. Er muß den vollen Betrag überreichen, wenn nicht sicher feststeht, daß das, was über den in der Diözese geltenden Betrag hinausgeht, in Hinblick auf die Person des Empfängers gereicht wurde. Er muß so lange um die Zelebration besorgt sein, bis er eine Bestätigung der übernommenen Verpflichtung und des empfangenen Betrages erhalten hat. Alle, die mit der Verwaltung von Meßstipendien zu tun haben, Kleriker und Laien, müssen sämtliche Meßverpflichtungen, die sie innerhalb eines Jahres nicht erfüllen konnten, ihrem Oberhirten nach dessen näheren Weisungen übergeben. Die Zeit, innerhalb der die Messen zu feiern sind, beginnt mit dem Tag, an dem der Priester, für den sie bestimmt sind, sie erhält, wenn nicht etwas anderes vereinbart ist[102].

c) Eintragung und Aufsicht. Jeder Priester muß genau die Meßintentionen aufschreiben, die er erhalten und die er persolviert hat. Wer anderen Messen weitergibt, muß alle, die er erhalten, und alle, die er weitergegeben hat, mit Angabe des Betrages unverzüglich in ein Buch schreiben. Der Pfarrer und jeder Rektor einer Kirche oder einer anderen Stätte, an der Meßstipendien angenommen werden, soll ein besonderes Buch führen, in dem die genaue Zahl der Messen, die Intention, der gereichte Betrag und der Tag der Persolvierung eingeschrieben werden. Der Oberhirt muß jährlich selbst oder durch einen Beauftragten diese Bücher prüfen. In Kirchen des Weltklerus ist der Ortsordinarius zuständig, in Kirchen von Ordensverbänden oder Gemeinschaften des apostolischen Lebens deren Obere[103].

dem teilkirchlichen Gesetzgeber. Die vielfach übliche Aufteilung auf Priester, Kirche, Mesner und Ministranten kann damit beibehalten werden. Auch die Verwendung eines Teiles für Aufgaben der Mission oder für notleidende Priester ist möglich.

100 Cc. 950, 952. Auch Mitglieder von Ordensverbänden jeder Art sind an die durch Dekret oder örtliche Gewohnheit geltende Höhe gebunden (c. 952 § 3). Richtiger wäre gewesen, die Stipendienhöhe am Ort des Empfängers bzw. der Übergabe zum Maßstab zu nehmen.

101 Cc. 953f. Grundsätzlich soll Wert darauf gelegt werden, daß der Geber an der von ihm bestellten Messe teilnimmt, wie es dem Sinn des Mitopferns entspricht.

102 Cc. 955 §§ 1 u. 2, 956. Verjährung ist ausgeschlossen: c. 199 n. 5.

103 Cc. 955 §§ 3 u. 4, 957f. Auch der Name des Gebers wird in das Buch eingeschrieben.

4. Kapitel: Die Sakramente der Buße und der Krankensalbung

§ 76 Das Bußsakrament

Von Rudolf Weigand

I. Theologische Grundlagen der Spendung des Bußsakraments

Ähnlich wie Johannes der Täufer hat Jesus sein öffentliches Wirken mit dem Ruf nach einer radikalen Umkehr begonnen: „Bekehret euch!" (Mk 1,15). Diese Forderung durchzieht die ganze Geschichte der Urkirche (z. B. Apg 2,38; 26,20). Gleichzeitig ist die Umkehr auch Gnade, von Gott gewirkt, eine Freude für Gott und die Menschen (vgl. Lk 15). Im Sakrament der Buße hat diese Umkehr die wirksamste Konkretisierung erfahren.

1. Geschichtliche Formen der öffentlichen und „privaten" Buße

a) *Strenge, einmalige, öffentliche Kirchenbuße.* Nach einem gewissen Schock über die Sünde im Leben der frühen Kirche (vgl. 1 Kor 5,1–2; Apg 5,1–11) wurde die Möglichkeit zur Buße und Wiederversöhnung innerhalb der Kirche gewährt, lange Zeit jedoch nur einmal und mit schweren diffamierenden Folgen, weshalb das öffentliche, dem Bischof unterstehende Bußverfahren fast zwangsläufig mehr und mehr an das Ende des Lebens, ja auf das Sterbebett (besonders bei jungen Menschen) verschoben wurde[1]. Gegenüber den rigoristischen Tendenzen des späten *Tertullian* und *Novatian* im 3. Jahrhundert hielt die Kirche an der Vergebbarkeit aller Sünden fest. Obwohl das Bekenntnis der Sünde im allgemeinen nicht öffentlich war, hatte das gesamte Bußverfahren öffentlichen Charakter, nicht zuletzt infolge der „Ausstoßung" durch den Bischof (Verbot der Teilnahme an der Eucharistie), durch die öffentlich wahrnehmbaren Bußwerke und schließlich durch die Rekonziliation. Auf die Dauer konnte eine solch strenge Praxis aber nicht die Bedürfnisse einer Großkirche erfüllen.

b) Daher ist in der *iroschottischen Kirche* eine andere Form der sakramentalen Buße entstanden. Sie ist dadurch zu kennzeichnen, daß sie sich *„privat"* zwischen dem (einfachen) Priester und Büßer vollzog, ohne Einbeziehung einer Gemeinde, und daß sie *wiederholbar* war. Auch für weniger schwere Sünden wurde sie übernommen. Die Bußauflagen waren von begrenzter Dauer. Da sie sich aber addierten (Bußbücher, Tarifbußen), konnten sehr lange Bußzeiten herauskom-

[1] Siehe hierzu statt aller *B. Poschmann,* Poenitentia secunda, Bonn 1940; *K. Rahner,* Frühe Bußgeschichte in Einzeluntersuchungen, in: Schriften zur Theologie, Bd. XI, Einsiedeln 1973. *H. Vorgrimler,* Buße und Krankensalbung, in: HDG IV/3, Freiburg 1978; *J. Mühlsteiger,* Exomologese, in: ZkTh 103 (1981), S. 1–32, 129–155, 257–288.

men, was dazu führte, die Buße auch durch andere Werke zu ersetzen, so daß manche Fehlentwicklungen sich ergaben.

c) Im Hochmittelalter wurde allmählich immer konsequenter zwischen einem *Gerichtsverfahren* im äußeren Bereich und dem *Bußverfahren* im inneren, sakramentalen Bereich *unterschieden*, zwischen dem forum externum und internum[2], beide unter der Leitung des Bischofs, was notwendig Rückwirkungen auf das Bußverfahren hatte. Dieses verlor endgültig seinen diffamierenden Charakter. Das Tridentinum faßte verbindlich die Lehre der Kirche zusammen und gab Weisungen für die Praxis[3]. Die sich allmählich entwickelnde „Andachtsbeichte" ist pastoral gesehen das genaue Gegenstück zur alten Kirchenbuße.

d) Die *Bereitschaft* zu Buße und Versöhnung ist in den letzten Jahrzehnten aus verschiedenen Gründen zurückgegangen und die (Andachts-)Beichte in eine schwere *Krise* geraten[4]. Die seelsorgerlichen Richtlinien zur Erteilung der sakramentalen Generalabsolution der SC Fid vom 16. 6. 1972[5] und der neue Ordo paenitentiae (OPaen) der SC Cult vom 2. 12. 1973[6], der immer noch nicht in seiner endgültigen deutschen Fassung vorliegt, sind Symptome für die schwierige pastorale Situation. Daher befaßte sich auch die Bischofssynode im Herbst 1983 ausschließlich mit dem Thema Versöhnung und Buße[7].

2. *Zur Theologie des Bußsakraments*

Die Kirche kennt mannigfache Formen „der Buße und Sündenvergebung: Gebet, Lesung der Heiligen Schrift, gläubiges Hören auf Gottes Wort, Mitfeier der Eucharistie, Werke der Nächstenliebe und Formen des Verzichtes, Aussöhnung

[2] Siehe das Buch von *B. Fries*, Forum in der Rechtssprache (= MthStKan, 17), München 1963.

[3] Auf der Sessio 14 vom 25. 11. 1551, vgl. DS 1667–1693, 1701–1715. Siehe hierzu besonders *H. P. Arendt*, Bußsakrament und Einzelbeichte. Die tridentinischen Lehraussagen über das Sündenbekenntnis und ihre Verbindlichkeit für die Reform des Bußsakramentes (= FreibThSt, 121), Freiburg 1981.

[4] Siehe z. B. *J. Bommer/T. Rast*, Beichtprobleme heute, Zürich 1968; *J. Finkenzeller/G. Griesl*, Entspricht die Beichtpraxis der Kirche der Forderung Jesu zur Umkehr?, München 1971; *K. Lehmann*, Die verlorene Fähigkeit zur Umkehr, in: IKZ 7 (1978), S. 385–390 und besonders *K. Baumgartner* (Hrsg.), Erfahrungen mit dem Bußsakrament I u. II, München 1978–1979.

[5] AAS 64 (1972), S. 510–514. Zweisprachige Ausgabe als NKD 42. Sie greifen inhaltlich und oft auch im Wortlaut auf die Instr. der Ap. Pönitentiarie vom 25. 3. 1944 zurück, welche die während des 2. Weltkriegs geltenden Normen zusammenfaßte, vgl. AAS 36 (1944), S. 155f.

[6] Typ. Pol. Vat. 1974. Vorläufige Studienausgabe: Die Feier der Buße nach dem neuen Rituale Romanum, Einsiedeln – Zürich – Freiburg – Wien 1974. Das Sekretariat der DBK hat 1975 wertvolle „Hilfen zur Arbeit mit der neuen Bußordnung" herausgegeben.

[7] Die durch Schreiben des Papstes v. 25. 1. 1983 versandte Arbeitsunterlage hierfür ist nicht nur für die Teilnehmer der Synode gedacht, sondern soll auch „dem Klerus und allen Gläubigen helfen, sich auf das Geheimnis der Erlösung zu besinnen": OssRom (dt.) v. 4. 3. 1983, S. 1. Dieses Instrumentum laboris: De reconciliatione et paenitentia in missione ecclesiae, Typ. Pol. Vat. 1983 umfaßt 45 Nummern. Eine kurze Übersicht bietet HerKorr 37 (1983), S. 244f.

mit anderen"[8]. Einen besonderen Rang hat die sakramentale Form der Sündenvergebung in der Taufe und durch das Sakrament der Buße[9]. In neuerer Zeit wurde die von *M. de la Taille* entwickelte und durch *B. Xiberta* 1922 in einer Dissertation historisch fundierte These vorgetragen, daß die Rekonziliation des Sünders mit der Kirche im Bußsakrament zugleich die Versöhnung mit Gott bewirkt. Diese Definition der Buße, welche von der Exkommunikationsbuße der frühen Kirche herkommt, wurde durch viele patristische Untersuchungen gestützt, aber noch nicht allgemein als Wesensbeschreibung des Bußsakramentes angenommen[10]. Schon vor dem Konzil hat sich *Klaus Mörsdorf* klar zur Auffassung bekannt, „daß die pax cum ecclesia ... sakramental ursächlich ist für die pax cum Deo"[11]. Das II. Vatikanum spricht zwar von dem Zusammenhang beider, läßt aber das genauere Verhältnis beider bewußt offen: „Die aber zum Sakrament der Buße hinzutreten, erhalten für ihre Gott zugefügten Beleidigungen von seiner Barmherzigkeit Verzeihung und werden zugleich mit der Kirche versöhnt, die sie durch die Sünde verwundet haben und die zu ihrer Bekehrung durch Liebe, Beispiel und Gebet mitwirkt"[12]. Der Synodenbeschluß Sakramentenpastoral formuliert in C 3: „Durch die Aussöhnung mit der Kirche werden wir mit Gott selbst versöhnt". Der neue OPaen spricht zwar in seiner n. 5 von einer „Reconciliatio cum Deo et cum Ecclesia", er arbeitet aber den Anteil der Kirche theologisch nicht weiter heraus[13]. Während c. 870 CIC/1917 im Anschluß an das Tridentinum von einer „iudicialis absolutio" im Sakrament der Buße spricht, heißt es jetzt in c. 959 im Anschluß an den zitierten Text von LG: Im Sakrament der Buße erhalten die Gläubigen durch die vom rechtmäßigen Spender dieses Sakramentes erteilte Lossprechung von Gott die Vergebung der nach der Taufe begangenen Sünden und zugleich die Versöhnung mit der Kirche, die sie durch ihre Sünden verwundeten. Bei der Lossprechung handelt der Amtsträger in der Kraft der kirchlichen Hoheitsgewalt (sacra potestas) als Beauftragter Christi und bewirkt die Versöhnung mit der Kirche und dadurch mit Gott[14].

[8] Sb Sakramentenpastoral C 3, in: Gemeinsame Synode. Gesamtausgabe I, S. 261. Die Arbeitsunterlage für die Bischofssynode 1983 spricht neben den täglichen Formen der Buße und den Bußandachten auch von der „Eucharistia in remissionem peccatorum": De reconciliatione (Anm. 7), S. 41–46.

[9] De reconciliatione (Anm. 7), S. 38–40, 46–56. Siehe *A. Ziegenaus,* Umkehr, Versöhnung, Friede. Zu einer theologisch verantworteten Praxis von Bußgottesdienst und Beichte, Freiburg-Basel-Wien 1975, besonders S. 35–54; ferner *H. Vorgrimler,* Konkrete Weisen der Sündenvergebung in der Kirche, in: MySal V, S. 368–374 und die dort genannte Literatur. Der gesamte Beitrag Vorgrimlers (Der Kampf des Christen mit der Sünde) umfaßt die Seiten 349–461.

[10] Siehe statt aller *K. Rahner,* Das Sakrament der Buße als Wiederversöhnung mit der Kirche, in: Schriften zur Theologie, Bd. VIII, Einsiedeln 1967, S. 447–471, und die Hinweise bei *Vorgrimler,* Buße (Anm. 1), S. 195–196.

[11] *Mörsdorf* Lb II (9. Aufl. 1958), S. 69; sachlich bereits in der 7. Aufl. S. 69.

[12] VatII LG Art. 11. Siehe auch PO Art. 5: „Peccatores cum Deo et Ecclesia reconciliant".

[13] Siehe hierzu die kritische Bewertung von *O. Nussbaum,* Die Liturgie der Buße und Versöhnung im Ordo paenitentiae von 1973, in: Liturgisches Jahrbuch 25 (1975), S. 137–174, 224–258, ferner *P. De Clerck,* Célébrer la pénitence, ou la réconciliation?, in: RThL 13 (1982), S. 387–424.

[14] Siehe *K. Mörsdorf,* Der hoheitliche Charakter der sakramentalen Lossprechung, in: TThZ 57 (1948), S. 335–348 und neuerdings die abgewogene Darstellung von *Ziegenaus,*

3. Die verschiedenen (liturgischen) Formen des Bußsakraments

a) *Einzelbeichte.* Das individuelle und vollständige Bekenntnis und die darauf erfolgende sakramentale Lossprechung stellen den einzigen ordentlichen Weg dar, einen schweren Sünder mit Gott und der Kirche zu versöhnen. Nur physische oder moralische Unmöglichkeit entschuldigt von diesem Bekenntnis, so daß in einem solchen Fall auch auf andere Weisen die Versöhnung erlangt werden kann (c. 960)[15]. Den erneuerten Ritus bietet der OPaen im 1. Kapitel.

b) Als eine besondere liturgische Form der Buße kennt das neue Rituale die *gemeinschaftliche Feier der Versöhnung* mit Bekenntnis und Lossprechung der einzelnen[16]. Bei ihr sind die Elemente des Bußgottesdienstes, welcher die soziale Dimension der Sünde deutlicher ins Bewußtsein hebt und die Mitwirkung der Kirche zeichenhafter erleben läßt, mit dem Einzelbekenntnis und der Einzellossprechung verbunden. Diese Form „ist besonders für kleinere Gruppen geeignet. Sie könnte angeboten werden ... für bestimmte Zielgruppen (z. B. für Kinder, für alte Menschen ...)"[17].

c) Die *sakramentale Generalabsolution* wird seit den neuen Normen von 1972 nicht nur für den Fall der *Todesgefahr* gestattet[18], sondern auch dann, wenn eine *schwerwiegende Notlage* (gravis necessitas) gegeben ist: dann nämlich, wenn eine große Zahl beichten will und wegen Mangels an Beichtvätern eine persönliche Beichte und Lossprechung nicht innerhalb einer angemessenen Zeit möglich ist, so daß viele die Gnade des Sakramentes oder der heiligen Kommunion lange entbehren müßten. Wenn genügend Beichtväter zur Verfügung stehen könnten, ist die Erteilung der Generalabsolution, z. B. bei größerem Andrang vor Festen oder bei Wallfahrten, nicht erlaubt (c. 961 § 1 n. 2). Bischöfe und Priester haben vielmehr dafür zu sorgen, daß der wichtige Dienst des Beichtvaters auch entsprechend ausgeübt wird[19]. Es ist Sache des Ortsbischofs, gemäß den mit den anderen Mitgliedern der Bischofskonferenz hierfür aufgestellten Kriterien zu bestimmen, ob die Voraussetzungen einer schweren Notlage vorliegen, wenn es also erlaubt ist, eine sakramentale Generalabsolution zu erteilen (c. 961 § 2). Im OPaen n. 40c (nicht im CIC) ist auch die Möglichkeit vorgesehen, daß in einem (außerordentlichen, nicht vorhersehbaren) Notfall der einzelne Priester selber entscheidet und

Umkehr (Anm. 9), S. 183–236 unter der Überschrift: Das Bußsakrament als Gnadengericht.

[15] Siehe auch OPaen n. 31, 1. Satz, ferner n. 15–21. *Vorgrimler* setzt wohl die Akzente etwas einseitig, wenn er so ausführlich von der (normalen?) seelischen Not des Pönitenten spricht und sie als legitimen Entschuldigungsgrund von der Einzelbeichte ansieht: MySal V, S. 437f.

[16] OPaen n. 22–30, 48–59.

[17] Sb Sakramentenpastoral D 4.3.2, in: Gemeinsame Synode. Gesamtausgabe I, S. 273.

[18] So schon SC Consist v. 8. 12. 1939, n. 14, in: AAs 31 (1939), S. 711f.; Ap. Paenit. v. 10. 12. 1940, in: AAS 32 (1940), S. 571; jetzt Normae II, in: AAS 64 (1972), S. 511; OPaen n. 31–35; c. 961 § 1 n. 1.

[19] Siehe die Ansprache Papst *Pauls VI.* v. 20. 4. 1978 beim Adlimina-Besuch amerikanischer Oberhirten aus dem Staat New York, in: AAS 70 (1978), S. 328–332, ferner die Ansprache des Papstes v. 30. 1. 1981 an die Ap. Pönitentiarie und die Beichtväter der Patriarchalbasiliken, in: AAS 73 (1981), S. 201–204.

den Notfall feststellt, über eine erteilte Generalabsolution aber den Bischof informiert, wohl damit eine gewisse Aufsicht da ist.

Diese Normen standen verständlicherweise im Mittelpunkt der nachfolgenden Diskussionen und Ausführungsbestimmungen. Die *Deutsche Bischofskonferenz* hat bereits am 21. 9. 1972 erklärt: „Bei der gegenwärtigen seelsorglichen Betreuung der Gemeinden liegt für das Gebiet der Bundesrepublik Deutschland der beschriebene „schwerwiegende Notfall" zum gegenwärtigen Zeitpunkt nicht vor"[20]. Im Synodenbeschluß Sakramentenpastoral wurden die deutschen Bischöfe gebeten, ihren Beschluß „zu überprüfen und gegebenenfalls die Möglichkeit des Sakramentes der Wiederversöhnung mit gemeinsamem Bekenntnis und allgemeiner Lossprechung zu eröffnen"[21]. Im September 1976 hat die Vollversammlung der Deutschen Bischofskonferenz „endgültig beschlossen, die Generalabsolution in den deutschen Diözesen nicht einzuführen"[22].

Die *Österreichische Bischofskonferenz* hat in ihrer Herbsttagung vom 7.–9. November 1972 ähnlich entschieden, aber den Fall ins Auge gefaßt, „wenn das unmittelbare Verlangen einer großen Zahl, zur Beichte zu gehen, trotz aller Vorsorge aus unvorhergesehenen Gründen nicht erfüllt werden kann". Dann könnte der einzelne Priester die Generalabsolution geben und müßte möglichst bald den Ordinarius verständigen[23].

Die *Schweizer Bischofskonferenz* hat am 7. Nov. 1974 in einer umfassenden Verlautbarung Weisungen über die Buße herausgegeben und darin unter 2.8 die Weisungen zur sakramentalen Generalabsolution. Sie stellen unter 2.8.1.3 fest, „daß diese Situation in unserem Lande eintreten kann, z. B. in der Vorbereitungszeit auf Weihnachten und Ostern. Es ist Sache der Pfarrer bzw. der Rectores ecclesiae, zu beurteilen, ob eine Notwendigkeit vorliegt. Ihrer Verantwortung bewußt, sollen die Priester mit Klugheit und Einverständnis mit dem Ordinarius vorgehen"[24].

Papst *Paul VI.* hatte in seiner Ansprache an die Bischöfe aus dem Staat *New York* am 20. 4. 1978 ähnliche Fälle einer ausufernden Interpretation im Auge gehabt, wenn er sagte: „Die Bischöfe wurden nicht ermächtigt, die verlangten Bedingungen zu ändern, sie durch andere zu ersetzen oder auf Grund persönlicher Kriterien, auch wenn diese noch so achtbar sind, einen schweren Notfall zu konstatieren"[25].

[20] NKD 42, S.23.

[21] C 4.3.3, Gemeinsame Synode. Gesamtausgabe I, S. 264.

[22] DiözBl. Würzburg 1976, S. 530, AfkKR 145 (1976), S. 543.

[23] Zitiert nach *H. B. Meyer/J. Steiner*, Einzelbeichte, Generalabsolution, Bußgottesdienst. Sinn und Praxis der neuen Bußordnung, Innsbruck-Wien-München 1975, S. 106.

[24] Zitiert nach *Meyer/Steiner*, ebd., S. 113.

[25] AAS 70 (1978), S. 330. Der Papst wies in diesem Zusammenhang ferner darauf hin, daß „die Normen, die die Grundordnung des kirchlichen Dienstes der Versöhnung regeln, in besonderer Weise Sache der Gesamtkirche und der Regelung durch ihre oberste Autorität sind." Die Generalabsolution ist nicht der Normalfall im Leben der Kirche „und kein Mittel, irgendwelchen schwierigen pastoralen Situationen zu begegnen. Sie ist nur in außergewöhnlichen Situationen von schwerer Notlage gestattet" (ebd., S. 330–331). Danach dürften im Sinne des Papstes in Europa und Nordamerika solche Verhältnisse nicht vorliegen, sondern nur in Lateinamerika und in manchen Missionsgebieten. Unmittelbarer Anlaß für diese

Im deutschen Sprachraum haben also bei etwa gleicher seelsorglicher Situation verschiedene Bischofskonferenzen unterschiedliche Weisungen erlassen. Es bleibt abzuwarten, welche Normen sich als die seelsorglich besseren erweisen[26].

Die persönliche Vorbereitung des einzelnen ist bei einer sakramentalen Generalabsolution genauso notwendig und unabdingbar wie bei einer persönlichen Beichte. Falls sich jemand einer schweren Sünde bewußt ist, gehört dazu auch der Wille, diese schwere Sünde möglichst bald zu beichten (c. 962), spätestens (innerhalb eines Jahres) bevor erneut die Lossprechung bei einer Generalabsolution erbeten wird, außer wenn ein triftiger Grund (z. B. moralische Unmöglichkeit) entschuldigt (c. 963)[27]. Die Priester müssen die Gläubigen ausdrücklich auf diese Voraussetzungen hinweisen, daß es für den, der sich einer Todsünde bewußt ist, nicht gestattet ist, absichtlich oder aus Nachlässigkeit die Verpflichtung zur persönlichen Beichte zu umgehen und die Gelegenheit zur Generalabsolution abzuwarten[28].

d) Der *Bußakt* zu Beginn der Eucharistiefeier und ein *Bußgottesdienst* in normaler Situation mit deprekativer Lossprechungsform haben keinen sakramentalen Charakter. Der Bußgottesdienst hat eine andere Aufgabe als die Spendung der sakramentalen Buße, nämlich u. a. der Gewissensbildung der Gläubigen zu dienen und ihnen die soziale Dimension der Sünde bewußt zu machen[29]. Wenn in manchen Veröffentlichungen so getan wird, als ob ein vordringliches Anliegen darin bestehe, jeden Bußgottesdienst zum Sakrament aufzuwerten[30], dann würde das gegenwärtige Bemühen wieder zunichte gemacht, neben der sakramentalen Buße auch die anderen Formen der Buße zu ihrem Recht kommen zu lassen[31]. Wenn einzelne Seelsorger trotzdem bei einem Bußgottesdienst vor einem Fest

Aussagen des Papstes war wohl der Versuch des Bischofs von Memphis, auf diese Weise auch Fernstehende anzusprechen. Er hatte nach Vorankündigung und entsprechenden Aufrufen am 5. 12. 1976 etwa 12000 Menschen die Generalabsolution erteilt, vgl. *Mühlsteiger*, Exomologese (Anm. 1), S. 4f. Papst *Johannes Paul II.* hat mehrfach die genannten Grundsätze in Erinnerung gerufen, z. B. am 17. 11. 1978 vor kanadischen Bischöfen, in: AAS 71 (1979), S. 32–36 und am 30. 1. 1981, vgl. AAS 73 (1981), S. 203.

26 Die Sache liegt nicht so einfach, wie etwa *Vorgrimler* suggeriert, wenn er von „Willkür" spricht und die Entscheidung der deutschen Bischöfe „eilfertig und engherzig" nennt: MySal V, S. 437, Anm. 166. Ähnlich kritisierte bereits *K. Rahner* diesen Beschluß (Bußandacht und Einzelbeichte, in: StdZ 190 [1972], S. 363–372, hier S. 365).

27 Siehe auch Normae VI–VII, in: AAS 64 (1972), S. 512; OPaen n. 33.

28 Normae VIII, in: AAS 64 (1972), S. 513; ähnlich schon in der Instr. der Ap. Pönitentiarie vom 25. 3. 1944, in: AAS 36 (1944), S. 155f.

29 Siehe Sb Sakramentenpastoral C 4.1 und 2 (Gemeinsame Synode. Gesamtausgabe I, S. 261f.); Normae X 1, in: AAS 64 (1972), S. 513; OPaen n. 36f. und Appendix II; De reconciliatione (Anm. 7), S. 43f.

30 Wenn *Rahner* schreibt, es sei bisher keine „verbindliche Erklärung gegen die Sakramentalität einer Bußandacht" ergangen (Bußandacht [Anm. 26], S. 371f.), so ist demgegenüber zu sagen, daß ein Sakrament nur dann gegeben ist, wenn es von der Kirche eigens ermöglicht worden ist.

31 Das Vorbereitungsdokument für die Bischofssynode warnt in diesem Zusammenhang vor einer Sakramentenmagie; De reconciliatione (Anm. 7), S. 53. Gegen den Vorschlag von *P. de Clerck*, einen echten (alternativen) sakramentalen Bußgottesdienst zu schaffen (Célébrer [Anm. 13], S. 406–424), ist zu sagen, daß seine Begründungen (pastoral) nicht stichhaltig erscheinen, zumal auch bei der Einzelbeichte die Erneuerung des Lebens wesentliches Ziel ist.

nach eigenem Gutdünken die Voraussetzungen für gegeben erklärten und eine sakramentale Generalabsolution erteilten, so wäre dieses Handeln als schwerer Mißbrauch anzusehen („abusus graves")[32].

4. Ort der Beichte

Der reguläre Ort für die Spendung des Bußsakramentes ist eine Kirche oder Kapelle (c. 964 § 1). Die Regelung der Einzelheiten wird dem Partikularrecht (Bischofskonferenzen) überlassen; jedoch muß in jeder Kirche an einsehbarer Stelle ein Beichtstuhl angebracht sein, der überdies ein durchbrochenes Gitter zwischen Beichtvater und Pönitenten enthält, damit nicht einmal ein Verdacht auf unlautere Handlungen aufkommen kann (c. 964 § 2). Für die Beichte außerhalb des Beichtstuhls wird ein triftiger Grund gefordert (c. 964 § 3), der stets gegeben ist, wenn eine entsprechende Bitte geäußert wird. Daher sollte sowohl die Möglichkeit zur Beichte in einem Beichtstuhl (sozusagen anonym) gewährt werden als auch Gelegenheit zu einem Beichtgespräch in einem Zimmer oder im Freien gegeben werden.

Die durch die technische Entwicklung aufgekommene Frage, ob eine *Beichte und Lossprechung über Telephon* möglich sei, wurde verschiedentlich unter Berufung auf eine Entscheidung Papst *Clemens VIII.* von 1602, in der die Lehrmeinung, eine Beichte und Lossprechung durch Brief und Boten sei möglich, als falsch und skandalös verworfen wurde (DS 1994f.), eher negativ entschieden[33]. Bisher gesteht kaum ein Seelsorger diese Möglichkeit zu, weil das etwas Neues ist, weil eine Sakramentenspendung auf die Ferne nicht für möglich gehalten wird, weil man Mißbräuche befürchtet oder es den Pönitenten nicht zu leicht machen will. Sicher wird und muß eine telephonische Beichte die (seltene) Ausnahme sein und bleiben. Doch ist zu sagen, daß bei einer telephonischen Beichte (evtl. im Rahmen der Telephonseelsorge) mindestens genau so gut, ja vielleicht noch besser, die Disposition des Pönitenten beurteilt werden kann wie bei einer normalen Beichte im Beichtstuhl. Das Beichtgeheimnis ist nicht stärker gefährdet als in einem herkömmlichen Beichtstuhl, um den sich vielleicht noch die Wartenden drängen. Außerdem trägt das Risiko, daß vielleicht jemand mithört, der Anrufende selbst. Die Lossprechungsgewalt ist nicht räumlich auf wenige Meter Entfernung beschränkt[34]. Eine Analogie hierzu bietet jedenfalls die Gewinnung eines voll-

[32] Normae XIII, in: AAS 64 (1972), S. 514; ähnlich schon in der Instr. der Ap. Pönitentiarie vom 25. 4. 1944, n. II u. III, vgl. AAS 36 (1944), S. 155f. Die Generalabsolution wäre also unerlaubt, aber doch wirksam und sakramental, weil die Unwirksamkeit nicht eigens ausgesprochen wurde. So auch *Ziegenaus*, Umkehr (Anm. 9), S. 248f. Siehe ferner *P.D.G. Smith*, General Sacramental Absolution, in: StudCan 12 (1978), S. 225–263.

[33] Siehe *M. Conte a Coronata*, Institutiones Iuris Canonici. De sacramentis Tractatus Canonicus I, 2. Aufl., Turin 1951, S. 375f. (unentschieden) und *F. M. Cappello*, Tractatus canonico-moralis de sacramentis, Vol. II: De poenitentia, 6. Aufl., Taurini, Romae 1953, S. 71–73 (ebenfalls unentschieden, in früheren Auflagen eher negativ).

[34] Wenn sich die Frage darauf reduziert, ob im Telephon das Bekenntnis mündlich („oralis") erfolgt und ob man von einer moralischen Anwesenheit sprechen kann (so *Cappello*, ebd., S. 72), ist die Frage jedenfalls heute positiv zu beantworten. Bezeichnender-

kommenen Ablasses beim Empfang des päpstlichen Segens an den hohen Festen. Ausdrücklich wird in den letzten Jahren jeweils erklärt, daß auch die Rundfunkhörer und Fernsehzuschauer diesen Ablaß gewinnen, wenn sie die (außerdem) vorgeschriebenen Werke verrichten. Da es sich beim Ablaß um den Erlaß zeitlicher Strafen auf Grund einer „autoritativen" Austeilung und Zuwendung aus dem „Kirchenschatz" handelt[35], ist das Tätigwerden der Kirche hier von ähnlicher Art wie bei der Spendung des Bußsakraments. Zumindest das Sakrament der Ehe kann in Sonderfällen auch aus der Ferne gespendet und empfangen werden, nämlich bei der hoheitlichen Eheheilung in der Wurzel (sogar ohne Wissen der Betroffenen, c. 1164), und bei der Eheschließung durch einen Prokurator (c. 1105). Unter Abwägung aller genannten Gesichtspunkte darf man sagen, daß heute kein Grund mehr vorhanden ist, an der Gültigkeit und unter entsprechenden Voraussetzungen für Sonderfälle auch an der Erlaubtheit einer telephonischen Beichte zu zweifeln.

II. Spender des Bußsakraments

1. *Beichtvollmacht*

Möglicher Spender des Bußsakraments ist allein der Priester (c. 965), a fortiori der Bischof. Zur Spendung des Bußsakraments genügt nicht die Weihegewalt allein, sondern zur gültigen Absolution von den Sünden ist auch die Vollmacht (facultas) erforderlich, die in der Weihe empfangene Gewalt gegenüber den Gläubigen ausüben zu können (c. 966). Diese Vollmacht kann von Rechts wegen mit einem Amt gegeben sein (ordentliche Gewalt) oder durch einen eigenen Verwaltungsakt oder durch Gesetz übertragen werden (delegierte Gewalt). Entgegen manchen Vorschlägen, daß im CIC/1983 mit der erlaubten Erteilung der Priesterweihe auch die Vollmacht zur Spendung des Bußsakraments verbunden werden sollte[36], hält der Gesetzgeber im wesentlichen am bisherigen System fest, regelt es allerdings in einer so großzügigen Weise, daß es überschaubar geworden und allen pastoralen Erfordernissen Genüge getan ist.

a) *Reichweite.* Ordentliche Beichtvollmacht (c. 967 § 1) hat der *Papst* für die Gesamtkirche. Sie allein ist ohne jegliche Beschränkung. Die (ordentliche) Beichtvollmacht aller anderen ist durch einzelne wenige päpstliche Vorbehaltsrechte für die Lossprechung von bestimmten Strafen eingeschränkt[37]. Die *Kardinäle* haben ebenfalls in der gesamten Kirche Beichtvollmacht. Auch jeder *Bischof* hat Beicht-

weise nahm 1884 die Ap. Paenit. auf eine diesbezügliche Anfrage keine Stellung (*Cappello*, ebd.).

[35] Const. Ap. Indulgentiarum doctrina, Normae n. 1, in: AAS 59 (1967), S. 21; NKD 2, S. 118–119.

[36] Siehe *H. Müller*, Die Ausübung der geistlichen Vollmacht im Sakrament der Versöhnung, in: *Baumgartner*, Erfahrungen (Anm. 4), Bd. 2, S. 432–445.

[37] Siehe in *diesem* Band, unten, *R. A. Strigl*, § 103 Die einzelnen Straftaten.

vollmacht in der ganzen Kirche, deren Ausübung ihm jedoch vom Ortsordinarius in einem speziellen Fall (aber nur hinsichtlich der Erlaubtheit) untersagt werden kann. Ferner kann *jeder Priester*, der kraft Amtes (z. B. Pfarrer) oder durch Delegation (eines Bischofs) Beichtvollmacht besitzt, diese überall auf der Welt ausüben, außer ein Bischof würde sie ihm für seine Diözese ausdrücklich verweigern (c. 967 § 2). Ordentliche (und delegierbare) Beichtvollmacht hat ferner jeder *höhere Ordensobere* in klerikalen Ordensverbänden und Gesellschaften des apostolischen Lebens päpstlichen Rechts (c. 967 § 3) für die Mitglieder der Gemeinschaft überall auf der Welt, deren erlaubte Ausübung ihm von einem anderen Oberen in einem Spezialfall untersagt werden kann.

b) *Amtliche* Beichtvollmacht haben der Papst (und die Kardinäle) für die gesamte Kirche, der Ortsbischof (und Beichtkanoniker, falls es ihn gibt) für sein Bistum und der Pfarrer (und die ihm Gleichgestellten) für das Gebiet der Pfarrei (c. 968 § 1), ferner die höheren Oberen in klerikalen Ordensverbänden und Gesellschaften des apostolischen Lebens päpstlichen Rechts (c. 968 § 2) für ihre Untergebenen.

c) *Delegation durch einen besonderen Verwaltungsakt.* Allein der Ortsoberhirt kann für seinen Bereich an Priester die Beichtvollmacht delegieren (c. 969 § 1). Vor der Delegation muß er sich (gegebenenfalls durch eine eigene Prüfung) vergewissern, daß der Priester die nötige Vorbildung hat (c. 970). Die reguläre Abschlußprüfung des Theologie-Studiums und die pastorale Einführung im praktischen Jahr sind ein solcher Nachweis. Jetzt wird gewöhnlich mit oder kurz nach der Priesterweihe allen Priestern die Beichtvollmacht gewährt, wenn nicht ein ganz besonderer Grund dem entgegensteht. Bei Ordensleuten ist für den Gebrauch der Beichtvollmacht wenigstens das vermutete Einverständnis des Oberen erforderlich. In der Regel darf der Ortsbischof (fremden) Priestern die Beichtvollmacht für seinen Bereich nur erteilen, wenn er den zuständigen Ordinarius gehört hat (c. 971). Die Beichtvollmacht kann der Bischof auf Dauer oder nur auf Zeit (z. B. für drei Jahre) gewähren (c. 972). Andere Beschränkungen sind jetzt nicht mehr vorgesehen. Er muß diese Vollmacht schriftlich erteilen (c. 973).

d) Eine *gesetzliche* Delegation der Beichtvollmacht ist in mehreren Fällen vorgesehen[38]. *In Todesgefahr* hat jeder Priester, auch wenn er zum Beichthören nicht bevollmächtigt ist[39], die Vollmacht, jeglichen Pönitenten gültig und erlaubt von allen Sünden und Zensuren loszusprechen (c. 976). Bei den dem Ap. Stuhl reservierten oder durch Spruch verhängten Beugestrafen (z. B. Exkommunikation) muß bei Wiedergenesung die Lossprechung noch im äußeren Bereich erbeten werden, sonst tritt die Strafe wieder ein (c. 1357 § 3). Diese Vollmacht gilt auch für die oben in I 3c genannte Generalabsolution.

Im Falle eines *(allgemeinen) Irrtums* über die Beichtvollmacht (z. B. ein Priester

[38] Siehe hierzu *E. Rösser*, Die gesetzliche Delegation (delegatio a iure). Rechtsgeschichtliche und rechtsdogmatische Untersuchung (= Görres-Gesellschaft, Veröff. der Sektion für Rechts- und Staatswissenschaft, H. 76), Paderborn 1937, S. 170ff.

[39] Das gilt auch für die sog. „laisierten" Priester, weil ihnen die Weihegewalt nicht genommen werden kann.

setzt sich guten Glaubens in den Beichtstuhl, obwohl er keine Beichtvollmacht hat) wird von Rechts wegen die fehlende Jurisdiktionsgewalt ersetzt, damit die Gläubigen nicht die Gnade des Sakraments entbehren müssen (c. 144)[40].

2. Ausübung und Entzug der Beichtvollmacht

a) Alle Pfarrer und Seelsorger sind verpflichtet, die ihnen übertragene Vollmacht auch auszuüben, d. h. den Gläubigen genügend und zu passender Zeit Beichtgelegenheit zu geben oder auch außerhalb festgesetzter Beichtzeiten das Sakrament der Buße zu spenden, wenn die Gläubigen rechtmäßig darum bitten (c. 986 § 1)[41]. Bei einer Notlage, vor allem in Todesgefahr, trifft diese Pflicht alle Priester (c. 986 § 2).

b) *Entzug der Beichtvollmacht.* Die mit einem Amt verbundene ordentliche Beichtvollmacht erlischt mit dem Verlust des Amtes. Die von einem Bischof durch einen besonderen Verwaltungsakt delegierte Vollmacht kann vom delegierenden Bischof entzogen werden; außerdem erlischt sie durch Exkardination oder Verlust des Wohnsitzes in der Diözese (c. 975), wenn sie auf diesen Titel hin erteilt wurde. Der Bischof darf nur aus einem wichtigen Grund die Beichtvollmacht entziehen (c. 974 § 1). Damit verliert der Priester überall diese Vollmacht; falls es sich jedoch um eine (zusätzliche) Vollmacht auf Grund eines Wohnsitzes von einem Ordinarius handelte, so gilt der Entzug nur für dieses Bistum (c. 974 § 2). In einem solchen Fall muß der zuständige Ordinarius oder Obere benachrichtigt werden (c. 974 § 3). Entsprechendes gilt für die von einem Ordensoberen verliehene Vollmacht (c. 974 § 4).

c) In einem Sonderfall entzieht c. 977 die Beichtvollmacht, indem er die *Lossprechung eines „Mitschuldigen" unmöglich* macht. Wenn sich ein Priester mit jemand durch unzüchtige Handlungen, auch wenn es kein voller Geschlechtsverkehr war, vergangen hat und diese Sünde beiderseits schwer sündhaft war, so kann dieser Priester diese Sünde nicht lossprechen. Der Lossprechungsversuch ist nicht nur unerlaubt, sondern ungültig. Einzig in Todesgefahr des Mitschuldigen ist die Lossprechung gültig und erlaubt[42]. Die (versuchte) Lossprechung eines Mitschuldigen bildet zugleich eines der schwersten Amtsvergehen des Priesters und ist mit der dem Apost. Stuhl zur Lossprechung vorbehaltenen Exkommunikation bedroht (c. 1378 § 1).

[40] Siehe hierzu *H. Herrmann,* Ecclesia supplet. Das Rechtsinstitut der kirchlichen Suppletion nach c. 209 CIC (= KStuT 24), Amsterdam 1968.

[41] Siehe hierzu Sb Sakramentenpastoral D 4.3.1, Gemeinsame Synode. Gesamtausgabe I, S. 272f.

[42] Diese Bestimmungen gehen im wesentlichen auf die Ap. Const. Sacramentum Poenitentiae *Benedikts XIV.* v. 1. 6. 1741 zurück, welche im Dokumentenanhang des CIC von 1917 abgedruckt ist.

3. Beichthören und Lossprechen

a) Zum *Verhalten des Beichtvaters* heißt es in c. 978 § 1, er solle sich bewußt sein, gleichzeitig die Rolle eines Richters und eines Arztes einzunehmen, Anwalt der göttlichen Gerechtigkeit und Barmherzigkeit zugleich zu sein und daß er sowohl der göttlichen Ehre als auch dem Heil der Seelen zu dienen habe. Dabei muß er sich an die Weisungen des kirchlichen Lehramtes und die Bestimmungen der zuständigen kirchlichen Autorität(en) halten (c. 978 § 2). Das hohe Amt erfordert großes Geschick und Diskretion, Umsicht und Ehrfurcht, zumal Ungeschicklichkeiten oder falsches Verhalten eines Beichtvaters manche Menschen für lange Zeit oder gar für immer vom Empfang des Sakramentes der Buße fernhalten können[43]. Für die Beichtväter ist nicht nur eine solide Ausbildung unabdingbar, sondern auch die spirituelle und fachliche Fortbildung[44]. Einem gemeinsamen, verantworteten Vorgehen aller Beichtväter sollte auch das „Schreiben der deutschen Bischöfe an die Priester ihres Bistums aus Anlaß der Veröffentlichung des ‚Ordo Paenitentiae' in deutscher Sprache" dienen, das Anfang 1975 in den Amtsblättern der deutschen Diözesen erschienen ist.

Zur richtigen Verwaltung des Bußsakraments gehört es ferner, allenfalls notwendige Fragen nur mit Klugheit und der nötigen Diskretion zu stellen, dabei den Zustand und das Alter des Pönitenten zu berücksichtigen und vor allem nicht nach dem Namen eines Mitschuldigen zu fragen (c. 979). Ein perfektionistisches Streben nach Vollständigkeit des Bekenntnisses ist falsch am Platze.

b) *Lossprechung.* Wenn der Beichtvater keinen Grund zum Zweifel über die rechte Disposition des Pönitenten hat[45] und dieser die Lossprechung erbittet, darf er die Absolution weder verwehren noch verschieben (c. 980). Im Einzelfall mag die Beurteilung der Reue und des Willens zur Besserung schwer sein, da u. U. das nicht allein vom Willen des Pönitenten abhängt, z. B. wenn eine Feindschaft mit einem anderen Menschen gebeichtet wird. Ein gewisser Ermessensspielraum ist unvermeidbar, darf aber nicht zum Nachteil des Beichtenden angewandt werden. Bei rückfälligen Sündern ist der Wille nötig, das zu tun, was in den Kräften des Betreffenden liegt, wobei die Umstände stärker sein können als der gute Wille des einzelnen.

Für die *Form* der Spendung des Bußsakraments an einzelne ist im neuen Ritus ein Beichtgespräch als Regelfall vorgesehen mit Begrüßung, Lesung des Wortes Gottes, Sündenbekenntnis und Gespräch im Anschluß daran, Gebet des Gläubigen, priesterliche Lossprechung und Entlassung. Aus seelsorglichen Gründen ist

[43] Siehe hierzu den ungezeichneten Kommentar „Salvare la confessione", in: OssRom v. 14./15. 1. 1974, S. 2, welcher angesichts vieler Klagen von Gläubigen eine eindringliche Mahnung an die Beichtväter enthält, ferner OPaen n. 10.

[44] Das fordert die Gemeinsame Synode der deutschen Bistümer ausdrücklich in Sb Sakramentenpastoral D 4.4, in: Gemeinsame Synode. Gesamtausgabe I, S. 273. Ähnlich die Arbeitsunterlage für die Bischofssynode 1983, die u. a. eine „congrua cognitio psychologiae" und ein „aequilibrium personale" fordert; vgl. De reconciliatione (Anm. 7), S. 65.

[45] Bei dem, der heute zur Beichte kommt und Sünden bekennt, darf diese Disposition, d. h. Reue und Umkehrwille, vermutet werden, bis das Gegenteil erwiesen ist.

eine Kürzungsmöglichkeit vorgesehen[46]. In Todesgefahr genügt die Absolution in Kurzform: „So spreche ich dich los von deinen Sünden im Namen des Vaters und des Sohnes und des Heiligen Geistes". Bei den anderen liturgischen Formen der Sündenvergebung ist jeweils eine sorgfältige Vorbereitung des Gottesdienstes erforderlich, damit die Feier auch die Empfangsbereitschaft der Anwesenden richtig trifft oder sie schaffen hilft.

c) Integrierender Bestandteil der Spendung des Bußsakramentes ist die *Auferlegung einer Buße,* die zugleich Sühne für vergangene Schuld und Hilfe zu einem neuen Leben sein soll, weshalb das Bußwerk möglichst der Schwere und Eigenart der Sünde zu entsprechen hat (c. 981). „Es kann in Gebet, in Selbstverleugnung, vor allem aber im Dienst am Nächsten und in Werken der Barmherzigkeit bestehen, damit der soziale Aspekt von Sünde und Vergebung sichtbar werde"[47]. Das Gespräch über die angemessene Buße kann ein wichtiger Teil des Beichtgespräches sein. Es darf nicht nur mechanisch eine kleine Gebetsbuße auferlegt werden.

4. Das Beichtgeheimnis

a) *Geheimhaltungspflicht.* Unter dem Schutz des Beichtgeheimnisses[48], das allgemeinkirchlich erstmals 1215 auf dem 4. Laterankonzil formuliert wurde[49], stehen nicht nur die gebeichteten Sünden, sondern alles, was anläßlich der Beichte dem Beichtvater zur Kenntnis gelangt ist und dessen Weitergabe dem Pönitenten unangenehm oder lästig wäre (c. 983). Außer dem Beichtvater sind auch alle anderen Personen, die auf irgendeine Weise vom Inhalt der Beichte Kenntnis erlangt haben, insbesondere ein etwa eingeschalteter Dolmetscher, an das Beichtgeheimnis gebunden. Das Beichtgeheimnis besteht auch dann, wenn keine Absolution erfolgt ist; Voraussetzung ist nur der Wille zu einer sakramentalen Beichte.

Das Beichtgeheimnis ist unverletzlich (inviolabile)[50]. Die Kirche hat bisher nie davon dispensiert und kann (zum mindesten bei der gegenwärtigen Ausgestaltung des Bußsakramentes) nicht davon dispensieren.

Aus keinem Grund darf es preisgegeben werden, nicht einmal zur Rettung des eigenen Lebens. Es dauert auch über den Tod des Pönitenten hinaus und verpflichtet gegen jedermann, auch dem Pönitenten gegenüber. Da es allerdings vorwiegend dem Schutz des Pönitenten dient, kann dieser den Beichtvater davon entbinden. Wenn der Pönitent beispielsweise außerhalb der Beichte mit dem Priester

[46] OPaen n. 21.

[47] OPaen n. 18.

[48] Siehe hierzu grundsätzlich und mit ausführlicher Kasuistik unter reicher Literaturverwertung *A. Hagen,* Die laesio sigilli, in: ThPQ 120 (1939), S. 37–70.

[49] C. 21 letzter Abschnitt, DS 814.

[50] Ob es allerdings auf göttlichem Recht beruht, wie vielfach gesagt wurde (siehe z. B. *Mörsdorf* Lb II, 9. Aufl., S. 81 [nicht mehr erwähnt in Lb II, 11. Aufl., S. 76] und *Hagen,* Die laesio sigilli [Anm. 48], S. 47f.), erscheint nicht sicher; jedenfalls hatte es im altkirchlichen Bußverfahren kaum einen Platz. Beim derzeitigen geheimen Bekenntnis ist es auf Grund des Vertrauensschutzes naturrechtlich begründet.

über etwas aus der Beichte zu sprechen beginnt, so ist damit durch konkludente Handlung dem Beichtvater für dieses Gespräch die (ausdrückliche) Erlaubnis gegeben, hier und jetzt von dem Beichtwissen Gebrauch zu machen, aber nicht in anderer Situation.

b) *Schutz des Beichtgeheimnisses.* Selbst ein ausdrücklich von der Schweigepflicht entbundener Beichtvater ist nach *kirchlichem* Recht unfähig, über das in der Beichte erworbene Wissen ein Zeugnis abzulegen (c. 1550 § 2), weil eine solche Aussage der Institution Beichte als solcher abträglich wäre. Nach *deutschem* staatlichem Recht ist das Beichtgeheimnis zusammen mit dem priesterlichen Amtsgeheimnis durch § 383 Abs. 1 Nr. 4 ZPO und § 53 Abs. 1 Nr. 1 StPO geschützt (in Bayern überdies durch Art. 144 Abs. 3 der Bayer. Verfassung) sowie durch Art. 9 RK, „der allgemein dahin ausgelegt wird, daß hier entgegen § 385 II ZPO auch eine „Entbindung" diese Aussagepflicht *nicht* begründet"[51].

Im *österreichischen* Recht ist das Beicht- und Amtsgeheimnis durch § 151 Nr. 1 StPO noch besser als im deutschen Recht zugesichert, da ausdrücklich bei Zuwiderhandeln die Nichtigkeit der Aussage statuiert wird. Geistliche dürfen auch dann nicht über das ihnen in der Beichte Anvertraute vernommen werden, wenn sie der Beichtende dazu ermächtigt hat[52].

Das *schweizerische* Recht schützt sogar positiv das Amtsgeheimnis der „Geistlichen", da es durch Art. 321 des Strafgesetzbuches dessen Verletzung wie bei Rechtsanwälten, Ärzten usw. mit Gefängnis oder Buße bedroht. Das Zeugnisverweigerungsrecht wird in allen kantonalen Strafprozeßordnungen den Geistlichen zugestanden[53].

c) Eine *Verletzung des Beichtgeheimnisses* ist dann gegeben, wenn entweder direkt oder indirekt durch Worte, Zeichen oder auf andere Weise etwas aus der Beichte in Beziehung auf den Pönitenten preisgegeben wird. Da ein solcher Beichtverrat eines der schwersten Amtsvergehen eines Priesters ist, bedroht das Kirchenrecht eine direkte Verletzung des Beichtsiegels mit der von selbst eintretenden Exkommunikation, deren Lossprechung dem Apostolischen Stuhl vorbehalten ist, und die indirekte Verletzung mit anderen schweren Strafen (c. 1388 § 1).

d) Ferner ist jeglicher *Gebrauch des in der Beichte erworbenen Wissens verboten,* der dem Pönitenten lästig wäre, selbst wenn keinerlei Bruch des Beichtgeheimnisses vorliegen würde oder zu befürchten wäre (c. 984 § 1). Der Beichtvater

[51] So in einer amtlichen Verlautbarung: „Zeugenaussagen von Geistlichen vor staatlichen Gerichten und Verwaltungsbehörden", in: Würzburger DiözBl. 109 (1963), S. 133. Diese Aussagen beziehen sich sogar auf das Amtsgeheimnis insgesamt. Ähnliche Verordnungen sind im Herbst 1963 in mehreren deutschen Amtsblättern erschienen, welche zum Ziel hatten, die Geistlichen sollten möglichst keinerlei gerichtliche Aussagen über Angelegenheiten machen, die ihnen im Rahmen ihrer Seelsorgsarbeit bekannt wurden: z. B. Rottenburg (PfBl. 1963, S. 270), Osnabrück (PfBl. 1964, S. 106f.), Mainz (KABl. Mainz 1963, S. 69). Trotz der eindeutigen Bestimmungen ist jedoch nicht immer die Gewähr gegeben, daß sich auch alle Behörden daran halten. Dem Verfasser ist eine bayerische Staatsanwaltschaft bekannt, die schon mehrfach versucht hat, Geistliche entgegen ihrem Amtsgeheimnis zur Aussage zu bewegen.

[52] So in einem Urteil des OGH vom 17. 2. 1967; siehe ÖAKR 31 (1980), S. 86–87.

[53] Siehe *H. F. Pfenninger,* Probleme des Schweizerischen Strafprozeßrechtes, Ausgewählte Aufsätze, Zürich 1966, S. 179, mit Belegstellen.

darf einem Pönitenten nachher überhaupt nichts anmerken lassen oder ihn darum „ansehen". Das in der Beichte erworbene Wissen darf in keiner Weise von Vorgesetzten zur Leitung im äußeren Bereich benützt werden (c. 984 § 2). Die beiden Bereiche sind klar auseinander zu halten. Um dies auch institutionell zu gewährleisten, ist es sowohl dem Novizenmeister und seinem Helfer als auch dem Rektor eines Seminars oder Konvikts grundsätzlich untersagt, die Beichte der mit ihnen im Haus lebenden Alumnen zu hören, außer ein Alumne würde in einem besonderen Fall von sich aus darum bitten (c. 985).

5. *Vorbehalt der Lossprechung*

a) Einen direkten *Vorbehalt der Lossprechung von Sünden* kennt das neue Recht nicht mehr. Nur in einem einzigen Fall ist die Lossprechung untersagt, bevor nicht der angerichtete Schaden (zum Teil) wieder gutgemacht worden ist: Wenn jemand fälschlich einen Beichtvater bei der kirchlichen Behörde angezeigt hat, er habe einen Pönitenten zu einer Sünde gegen das 6. Gebot verführt oder verführen wollen, so muß erst diese Anzeige formell zurückgezogen werden, bevor die Lossprechung erteilt werden kann (c. 982). Der einer solch schweren Anschuldigung gegenüber fast wehrlose Beichtvater muß wenigstens auf diese Weise etwas geschützt werden.

b) *Vorbehalt der Lossprechung von Strafen.* Die Lossprechung von Sünden ist dann nicht (ohne weiteres) möglich, wenn die zugrunde liegende Tat zugleich eine kirchliche Strafe nach sich gezogen hat, besonders die Exkommunikation[54]. Auch wenn im Strafrecht als Regelfall die Lossprechung von der Strafe im äußeren Bereich vorgesehen ist, meist durch den Bischof, so besteht doch nach wie vor in bestimmten Fällen die Lossprechungsmöglichkeit von Strafe und Sünde in der Beichte. In sogenannten *dringenden Fällen* kann der Beichtvater sofort von der Sünde und Strafe lossprechen, wobei für den Pönitenten die Verpflichtung besteht, innerhalb eines Monats den Lossprechungsberechtigten anzugehen (evtl. durch den Beichtvater), außerdem würde die Strafe wiederaufleben (c. 1357).

Im Augenblick ist noch nicht abzusehen, ob und wieweit die einzelnen Bischöfe ihre ordentlichen Lossprechungsvollmachten an die Beichtväter delegieren werden. Da in Zukunft jeder (bevollmächtigte) Priester überall auf der Welt die Lossprechung geben kann, wäre eine einheitliche Regelung (wenigstens für das gesamte deutsche Sprachgebiet) sehr wünschenswert, zum mindesten eine gemeinsame Regelung für jedes Land erforderlich. Aus pastoralen Gründen ist als absolutes Minimum solcher Delegation die Bevollmächtigung aller Beichtväter anzusehen, (das ganze Jahr über) von der Exkommunikation wegen Abtreibung loszusprechen (c. 1398), wenn auch unter entsprechender Bußauflage[55].

[54] Siehe hierzu in *diesem* Band, unten, *R. A. Strigl,* § 101 Grundfragen des kirchlichen Strafrechts; *ders.,* § 102 Straftat und Strafe; *ders.,* § 103 Die einzelnen Straftaten.

[55] Falls die Lossprechungsvollmacht von einer bestimmten Zensur nach dem CIC/1917 auf Dauer gegeben wurde und auch im CIC/1983 dieselbe Strafe vorgesehen ist, so besteht die Lossprechungsvollmacht weiter, z. B. die Lossprechungsvollmacht von der Exkommunikation wegen Abtreibung in der Diözese Würzburg.

III. Empfänger des Bußsakraments

1. *Akte des Pönitenten*

Damit ein Gläubiger dieses Sakrament heilbringend empfangen kann, muß er richtig disponiert sein; er muß sich zu Gott bekehren, die Sünden, die er begangen hat, bereuen und den Vorsatz haben, sich zu bessern (c. 987). An erster Stelle ist unter den herkömmlichen drei Akten des Pönitenten die *Reue* zu nennen, die „der Schmerz der Seele ... über die begangene Sünde ist, verbunden mit dem Vorsatz, fortan nicht mehr zu sündigen"[56]. Im Regelfall wird und muß sich diese Reue im *Bekenntnis* der Sünden vor dem Priester als Vertreter der Kirche verleiblichen, wobei eine entsprechende Besinnung (Gewissenserforschung) vorausgeht, damit auch die wesentlichen Umstände miterfaßt werden können und somit der Weg in die Zukunft deutlicher erkennbar wird[57]. Bei der Lossprechung muß zumindest der Wille da sein, sich zu bessern und die *Buße* (siehe oben II 3c) willig zu übernehmen, in deren persönlicher Ableistung aber nicht allein die Genugtuung bestehen soll. Vielmehr muß sich diese Besserung im persönlichen und gemeinschaftlichen Leben auswirken[58]. Die Metanoia ist dauernde Aufgabe des Christen, ein wichtiger Aspekt der gesamten Pastoral.

2. *Pflicht zum Empfang*

Wer nach der Taufe schwere Sünden begangen hat, die noch nicht durch die Schlüsselgewalt der Kirche (im Bußsakrament) direkt nachgelassen wurden, muß diese nach sorgfältiger Gewissenserforschung beichten und die Art und Zahl der Sünden angeben (c. 988 § 1). Nach der Aussage des Tridentinums ist dies eine Verpflichtung *göttlichen Rechts* (DS 1707). Läßliche Sünden sind nicht notwendige Materie des Bußsakraments. Sie können aber gebeichtet werden, was ausdrücklich empfohlen wird (c. 988 § 2). In vielen pastoralen Verlautbarungen wurde auf die Fruchtbarkeit und Wirksamkeit solcher „Andachtsbeichten" hingewiesen. Sie sind zugleich das Umfeld, das die Beichte schwerer Sünden ermöglicht, ohne daß die Beichte diffamierenden Charakter hat[59]. Daher wäre es seelsorglich falsch, einseitig darauf hinzuweisen, daß nur der zu beichten braucht und beichten soll, der eine schwere Sünde begangen hat.

Kraft *kirchlichen Rechts* muß jeder, der zum Vernunftgebrauch gekommen ist und sich einer schweren Sünde bewußt ist, wenigstens einmal im Jahr seine

[56] DS 1676; cf. OPaen n. 6a; vgl. auch c. 959.

[57] Über die verschiedenen theologischen und psychologischen Aspekte des Bekenntnisses handelt ausführlich das Vorbereitungspapier für die Bischofssynode: De reconciliatione (Anm. 7), S. 48–52.

[58] In der kommenden Bischofssynode werden vermutlich diese Dimensionen sehr ausführlich erörtert. Der letzte Abschnitt des Arbeitspapiers lautet: Das Zeugnis eines versöhnten Lebens und die Förderung der Versöhnung in den verschiedenen Bereichen des persönlichen und sozialen Lebens: De reconciliatione (Anm.7), S. 56–58.

[59] Siehe hierzu *Ziegenaus*, Umkehr (Anm. 9), S. 300–310; OPaen n. 7b.

Sünden beichten (c. 989)[60]. In Ausnahmefällen kann jemand unter Beiziehung eines Dolmetschers beichten, wobei Mißbrauch und Aufsehen zu vermeiden sind (c. 990); niemand ist aber dazu verpflichtet.

3. Freie Beichtvaterwahl

Während das 4. Laterankonzil die pflichtmäßige Jahresbeichte beim zuständigen Pfarrer forderte und die freie Beichtvaterwahl sich erst allmählich durch Privilegien für Mendikanten anbahnte und nach und nach durchsetzte, besteht jetzt für alle grundsätzlich freie Beichtvaterwahl. Die früheren Beschränkungen für Ordensleute (cc. 518–530 CIC/1917) wurden Ende 1970 aufgehoben[61]. Jedem Gläubigen steht es auch frei, bei einem Priester eines anderen Ritus zum Beichten zu gehen (c. 991).

§ 77 Der Ablaß

Von Rudolf Henseler

1. Allgemeines

Das Ablaßwesen, im CIC/1917 sehr detailliert normiert, wurde von Papst *Paul VI.* am 1. 1. 1967 durch die Ap. Konst. *Indulgentiarum doctrina* neu geordnet[1]. Die Nr. 13 der Normen dieser Ap. Konst. kündigte eine Überprüfung des Verzeichnisses der Ablässe dahingehend an, „daß nur noch besondere Gebete und besondere Werke der Frömmigkeit, der Liebe und der Buße durch Ablässe ausgezeichnet werden" sollen. Die Apostolische Pönitentiarie gab dann am 29. 6. 1968 ein solchermaßen revidiertes *Enchiridion indulgentiarum* heraus[2]. Diese neuen Normen der Ap. Konst. und des Enchiridion fanden zunächst Eingang in das Schema Sacr/1975, wurden aber im weiteren Revisionsprozeß im Schema Sacr/1980 von 19 auf 6 Canones reduziert[3]. Letztere sind bis auf zwei vorgenommene Änderungen identisch mit den cc. 992–997 des CIC/1983. Der c. 997 bestimmt jedoch, daß in bezug auf Gewährung und Übung der Ablässe weiterhin darüber hinaus die übrigen Vorschriften, die in den

[60] Vgl. hierzu die „Weisung der Deutschen Bischofskonferenz zur kirchlichen Bußpraxis" (Bußordnung) v. 20. 11. 1978, in Kraft seit Beginn der österlichen Bußzeit 1979: „Bei allen schweren Sünden ist der Empfang des Bußsakramentes unerläßlich. Unter schwerer Sünde versteht die Kirche, daß sich der Christ in wichtiger Sache bewußt und freiwillig gegen Gottes Willen und Ordnung entscheidet, wie sie in der Kirche verkündet werden; denn durch solches Tun wendet er sich von Gott und der Gemeinschaft der Kirche ab. Auch denen, die sich keiner schweren Sünde bewußt sind, empfiehlt die Kirche, in Zeitabständen, in denen das eigene Leben noch überschaubar ist, das Bußsakrament zu empfangen"; abgedr. u. a. in: ABl. Köln 119 (1979), S. 40, DiözBl. Würzburg 129 (1983), S. 30.

[61] Dekret der SC Rel v. 8. 12. 1970, n. 4a, in: AAS 63 (1971), S. 318f.

[1] AAS 59 (1967), S. 5–24; dt. in: NKD 2.

[2] AAS 60 (1968), S. 413–419; die Normen werden zit. wie folgt: EnN; das Enchiridion wurde davor von der SPaenAp zuletzt hrsg. am 31. 12. 1937, in: AAS 30 (1938), S. 110f.; dt.: Ablaßbuch, 3. Aufl., Regensburg 1952.

[3] Vgl. Communicationes 10 (1978), S. 71–74 und 13 (1981), S. 439–440.

besonderen Gesetzen der Kirche enthalten sind, zu beachten sind, somit also die Ap. Konst. und das revidierte Enchiridion.

2. *Begriff und theologische Grundlegung des Ablasses*[4]

Der einleitende c. 992 gibt – ähnlich wie c. 911 CIC/1917 – eine Definition des Ablasses: Der Ablaß ist Nachlaß einer zeitlichen Strafe vor Gott für Sünden, die hinsichtlich der Schuld schon getilgt sind. Ihn erlangt der Christgläubige, der recht disponiert ist, unter genau bestimmten Bedingungen durch die Hilfe der Kirche, die als Dienerin der Erlösung den Schatz der Genugtuungen Christi und der Heiligen autoritativ austeilt und zuwendet.

Martin Luthers 95 Thesen zur katholischen Ablaßtheologie, die damalige Praxis der Ablaßverkündigung sowie die Stellungnahme des Tridentinums[5] weisen auf die interkonfessionelle Problematik der Ablaßlehre hin und machen sie zu einer ökumenisch noch aufzuarbeitenden Materie[6]. Bei der theologischen Reflexion ist von einem richtigen Verständnis der zeitlichen und der ewigen Sündenstrafen auszugehen. Die ewige Sündenstrafe ist in ihrem Kern die Sünde selbst, und da diese unumkehrbar und endgültig ist, wenn der Mensch in dieser totalen Entscheidung gegen Gott gestorben ist, ist umgekehrt mit der Vergebung einer schweren Sünde immer auch die entsprechende ewige Strafe aufgehoben, die in dem Zustand des tiefen Getrenntseins des Menschen von Gott besteht. Anders die zeitlichen Sündenstrafen. *Otto Semmelroth* hat darauf hingewiesen, daß die zeitlichen Sündenstrafen nicht nur und nicht erst nach dem Tod eines Menschen „ausgebüßt" werden, sondern daß sie sich schon hier als diesseitige Straffolgen der Sünde auswirken, sofern nämlich der Mensch die sich aus seiner Schuld ergebende „Strafsituation" in diesem Leben noch nicht „aufgearbeitet" hat. Es handelt sich somit bei den zeitlichen Sündenstrafen nicht um rein positiv von Gott auferlegte Strafen; sie stehen vielmehr „als objektivierter Niederschlag der sündigen Entscheidung in engem Zusammenhang mit der Sünde, die sich in ihnen selbst straft."[7]

[4] Zur Theologie des Ablasses vgl. u. a.: *P. Anciaux*, Das Sakrament der Buße (mit einem Anhang über Ursprung und Bedeutung der Ablässe), Mainz 1961; *C. Gorricho*, Adnotationes (zum Enchiridion von 1968), in: ComRelMiss 47 (1968), S. 271–274; *E. Mura*, Constitutionis Apostolicae Indulgentiarum doctrina breve Commentarium, Rom 1967; *K. Rahner*, Ablaß, in: SacrM I, Sp. 20–33; *ders.*, Ablaß, in: LThK² I, Sp. 46–53; *ders.*, Schriften zur Theologie II, S. 185–210 und ebd. VIII, S. 472–518; *O. Semmelroth*, Zur päpstlichen Neuordnung des Ablaßwesens, in: GuL 40 (1967), S. 348–360; *ders.*, Zur Theologie des Ablasses, in: NKD 2, S. 51–71.

[5] „Da von Christus der Kirche die *Vollmacht* gegeben wurde, Ablässe mitzuteilen, und da die Kirche diese von Gott gegebene Vollmacht seit den ältesten Zeiten gebrauchte, so lehrt und gebietet die heilige Kirchenversammlung, daß der Gebrauch von Ablässen, der für das christliche Volk überaus *segensvoll* ist und durch Entscheidungen heiliger Kirchenversammlungen gutgeheißen wurde, in der Kirche beibehalten werden muß. Und sie verurteilt diejenigen mit Ausschluß, die sie für unnütz erklären oder die der Kirche das Recht absprechen, sie zu verleihen." So das Konzil von Trient auf seiner 25. Sitzung (1563), DS 1835 = NR Nr. 688.

[6] Vgl. dazu: Gespräch über den Ablaß, Kirchengeschichtliche Reihe, H. 2, hrsg. vom theol. Ausschuß des Bundes für ev.-kath. Wiedervereinigung, Graz 1965.

[7] *Semmelroth*, Zur Theologie des Ablasses (Anm. 4), S. 57.

Wichtig ist in diesem Zusammenhang eine dynamische und personale Sicht des sog. *Kirchenschatzes*, der eben kein dinglicher Vorrat, kein Gnadendepot ist, sondern letztlich Christus selbst und die Heiligen, ähnlich wie Gnade letztlich Gott selbst ist, der sich dem Menschen offenbart und heiligend in ihm wirkt.

Mit *Klaus Mörsdorf* muß betont werden, daß der Ablaß nicht nur eine Art kirchlicher Fürbitte ist[8] und daß die Kirche bei der Gewährung von Ablässen nicht nur betet, sondern hoheitlich entscheidet, indem sie kraft ihrer Vollmacht tätig wird[9]. Eine magische oder abergläubische Sicht des Ablasses läßt sich nur vermeiden, wenn der Ablaß eingeordnet wird in die anderen Formen der Heiligung und Läuterung, die die Kirche ihren Gläubigen bietet, und wenn die besondere Intervention der Kirche beim Ablaß erkannt wird. Diese läßt sich an der historischen Entwicklung des Ablasses ablesen[10]. Die altkirchliche Bußpraxis vollzog sich nach dem Schema Exkommunikation – Buße – Rekonziliation. Seitdem aber die Rekonziliation (Absolution) sich unmittelbar an die Beichte anschloß und die Bußleistung erst danach erfolgte, „stand der einzelne hinsichtlich der von ihm zu leistenden Buße allein. Hier liegt die Wiege des Ablasses ... als eine auf die gewandelte Form der Bußpraxis zugeschnittene Hilfe der Gemeinschaft zum Wohle des einzelnen."[11]

3. *Die Normen*

a) Allgemeine Bestimmungen

Der Ablaß ist *Teilablaß* (indulgentia partialis, früher unvollkommener Ablaß genannt) oder *vollkommener Ablaß* (indulgentia plenaria), je nachdem er von der zeitlichen Sündenstrafe teilweise oder ganz freimacht (c. 993). Das rechte Verständnis von „zeitlicher Strafe" ist der Schlüssel zum Verständnis des Wesens des Ablasses. „Zeitlich" bedeutet, wie *Wilhelm Breuning* ausführt, daß dem wieder gerechtfertigten Menschen alle Schuld erlassen ist und er wieder in der Nähe Gottes leben darf. Die Vergebung rein aus Gnade muß sich aber in seinem geschichtlichen Leben auch auf eine dem menschlichen Vollendetwerden entsprechende Weise noch in allen Lebensbereichen durchsetzen. Für das rechte Verständnis des Begriffes der „Strafe" ist es notwendig zu bedenken, daß er „analog" verstanden werden muß. Man wird hierbei auch fragen müssen, ob es nicht andere Vorstellungen gäbe, die den gemeinten Sachverhalt auch ausdrücken könnten, wie die Analogie des Reifens und Ausheilens. Was dieser Analogie fehlt, mag beim Vergleich mit der Analogie des Begriffs von „Strafe" deutlicher verstanden werden. Sünde wird hier nicht in einer Rekonvaleszenzzeit durch Abwarten

[8] Nach *Rahner*, Ablaß, in: LThK² I (Anm. 4), Sp. 51, besteht nämlich das Wesen des Ablasses in dem besonderen *Gebet* der Kirche, das sie für ihre Glieder in ihrem kultischen Tun und im Gebet ihrer Glieder um die volle Entsühnung ihrer Glieder verrichtet und im Ablaß feierlich und in besonderer Weise einem bestimmten Glied zuwendet.

[9] *Mörsdorf* Lb II, S. 84.

[10] *B. Poschmann*, Der Ablaß im Licht der Bußgeschichte, Bonn 1948.

[11] *Mörsdorf* Lb II, S. 85.

auskuriert, sie muß vielmehr ausgelitten und zugleich aktiv überboten werden[12]. Beim Teilablaß entfällt – im Gegensatz zum Recht des CIC/1917 – eine Maßangabe nach Tagen oder Jahren (EnN 5). Einen Ablaß – sei es ein Teilablaß oder ein vollkommener Ablaß – kann ein Gläubiger entweder für sich selbst gewinnen (im c. 911 CIC/1917 hieß es hier „per modum absolutionis", was Anlaß zu Mißverständnissen gab) oder aber den Verstorbenen fürbittweise zuwenden (c. 994). Dagegen kann der Ablaß nicht für andere Lebende gewonnen werden (EnN 3), da es ja auf die persönliche Disposition entscheidend ankommt. Statt einer Maßangabe für den Teilablaß heißt es nun: Einem Christgläubigen, der wenigstens reuigen Herzens ein mit einem Teilablaß versehenes Werk vollbringt, wird durch die Hilfe der Kirche ein ebenso großer Nachlaß an zeitlicher Strafe zugeteilt, wie er selbst schon durch sein Tun erhält (EnN 6). Die Einteilung der Ablässe in persönliche, reale und lokale entfällt in Zukunft. Dadurch soll deutlicher herausgestellt werden, daß durch die Ablässe die Werke der Christgläubigen beschenkt werden, selbst wenn sie bisweilen an eine Sache oder an einen bestimmten Ort gebunden werden (EnN 7).

b) Träger der Vollmacht

Außer der höchsten Autorität der Kirche können nur diejenigen Personen Ablässe gewähren, denen diese Vollmacht entweder vom Recht zuerkannt oder vom Papst gewährt worden ist (c. 995 § 1). Der Papst gewährt diese Vollmacht insbesondere durch die Apostolische Pönitentiarie (als dem kurialen Gnadenhof); insofern dogmatische Fragen berührt werden, ist die Kongregation für die Glaubenslehre zuständig (EnN 9). Von Rechts wegen haben die Diözesanbischöfe, Metropoliten, Patriarchen und Kardinäle in beschränktem Umfang Ablaßvollmachten (EnN 11–14). Keine Autorität unter dem Papst kann die Vollmacht, Ablässe zu gewähren, anderen übertragen, wenn ihr dies nicht vom Hl. Stuhl ausdrücklich zugestanden worden ist (c. 995 § 2).

c) Gemeinrechtliche Ablässe

(1) *Gebrauch von Andachtsgegenständen.* Ein Christgläubiger, der einen von einem Priester rechtmäßig geweihten Andachtsgegenstand (Kruzifix, Kreuz, Rosenkranz, Skapulier, Medaille) mit frommer Gesinnung benutzt, gewinnt einen Teilablaß. Ist aber dieser Andachtsgegenstand vom Papst oder irgendeinem Bischof geweiht, so kann der Christgläubige durch den frommen Gebrauch dieses Gegenstandes auch einen vollkommenen Ablaß gewinnen, und zwar am Fest der hl. Apostel Petrus und Paulus, wenn er nach einer beliebigen rechtmäßigen Formel das Glaubensbekenntnis spricht (EnN 19).

(2) *Kirchenbesuch.* Das zur Gewinnung eines vollkommenen Ablasses, der an eine Kirche oder ein Oratorium gebunden ist, vorgeschriebene Werk besteht im frommen Besuch, bei dem das *Vater unser* und das Glaubensbekenntnis gesprochen wird (EnN 25). In allen Kirchen und Oratorien kann am 2. November (Allerseelen) ein vollkommener Ablaß gewonnen werden, der nur den Verstorbenen zugewendet werden kann. In den Pfarrkirchen kann darüber hinaus zweimal im Jahr ein vollkommener Ablaß gewonnen werden: am Titularfest

[12] *W. Breuning*,, Zum Neuverständnis des Ablasses, in: Pastoralblatt für die Diözesen Aachen, Berlin, Essen, Köln, Osnabrück 35 (1983), S. 153.

und am 2. August, dem Tag des „Portiunkula-Ablasses", oder an einem anderen, vom Ordinarius festzulegenden Tag (Ap. Konst. Norm 15).

(3) *Sterbeablaß.* Einen vollkommenen Ablaß kann man nur einmal am Tage gewinnen (EnN 24 § 1), in Todesgefahr aber auch dann, wenn am selben Tag bereits ein vollkommener Ablaß gewonnen wurde (EnN 24 § 2). Ein Teilablaß kann in der Regel mehrfach am Tage gewonnen werden (EnN 24 § 3); somit ist der „Toties-Quoties"-Ablaß nur noch bei Teilablässen möglich. Wenn kein Priester erreichbar ist, der einem Christgläubigen in Lebensgefahr die Sakramente und den Apostolischen Segen, mit dem ein vollkommener Ablaß verbunden ist, spenden könnte, gewährt die Kirche ihm, wenn er recht disponiert ist, einen vollkommenen Ablaß für die Sterbestunde, sofern er im Laufe seines Lebens gewöhnlich zu beten pflegte (Ap. Konst. Norm 18).

d) Ablaßgewinnung

Damit jemand die Fähigkeit besitzt, Ablässe zu gewinnen, muß er getauft sein, darf nicht exkommuniziert sein und muß sich wenigstens zu der Zeit im Stande der Gnade befinden, wenn er das letzte der vorgeschriebenen Werke verrichtet (c. 996 § 1). Für die tatsächliche Gewinnung eines Ablasses ist darüber hinaus wenigstens die allgemeine Intention erforderlich, die Ablässe zu gewinnen und die vorgeschriebenen Werke zur vorgeschriebenen Zeit und in der richtigen Art und Weise gemäß dem Tenor der Ablaßgewährung zu verrichten (c. 996 § 2). Zur Gewinnung eines vollkommenen Ablasses sind die Verrichtung des mit dem Ablaß versehenen Werkes und die Erfüllung folgender drei Bedingungen erforderlich: Sakramentale Beichte, eucharistische Kommunion und Gebet nach der Meinung des Hl. Vaters. Darüber hinaus ist das Freisein von jeder Anhänglichkeit an irgendeine, auch läßliche Sünde, gefordert. Wenn eine derartige Disposition nicht vollständig vorhanden ist oder die genannten Bedingungen nicht erfüllt werden, so gewinnt man nur einen Teilablaß (EnN 26). Die drei Bedingungen können auch mehrere Tage vor oder nach dem vorgeschriebenen Werk erfüllt werden. Es ist jedoch geziemend, die hl. Kommunion und das Gebet nach der Meinung des Hl. Vaters auf denselben Tag wie das Werk zu legen (EnN 27). Es genügt die einmalige sakramentale Beichte, um mehrere vollkommene Ablässe zu empfangen. Einmalige eucharistische Kommunion und einmaliges Gebet nach der Meinung des Hl. Vaters genügen jedoch nur zur Gewinnung eines einzigen vollkommenen Ablasses (EnN 28). Der Bedingung, nach der Meinung des Hl. Vaters zu beten, wird voll genügt mit dem Beten eines *Vater unser* und *Gegrüßet seist du Maria* nach seiner Meinung; es ist jedoch dem einzelnen Gläubigen freigestellt, ein beliebiges anderes Gebet zu sprechen entsprechend seiner Frömmigkeit und Verehrung (EnN 29). Für rechtmäßig Verhinderte gibt es – wie schon im c. 935 CIC/1917 – die Möglichkeit, daß die Beichtväter das vorgeschiebene Werk und (nun auch) die Bedingungen umwandeln können (EnN 34).

Mit dieser Neuordnung des Ablaßwesens, einer vertieften theologischen Deutung des Ablasses, einer insgesamt vereinfachten und überschaubareren Ablaßpraxis sowie der durchgeführten Revision des Ablaßverzeichnisses „lädt die Kirche alle ihre Kinder ein, zu erwägen und darüber nachzudenken, wie viel der Gebrauch der Ablässe für die Förderung des Lebens jedes einzelnen, aber auch der gesamten Gemeinschaft der Christen bedeutet" (Ap. Konst. IV, 9). „Die Kirche überläßt es jedoch jedem einzelnen, in der heiligen und rechten Freiheit der Kinder Gottes, solche Mittel der Läuterung und Heiligung zu gebrauchen" (Ap. Konst. IV, 11).

§ 78 Die Krankensalbung

Von Oskar Stoffel

I. Theologisch-pastorale Neubesinnung

Der Namenswechsel von „Extrema unctio" in „Sacramentum unctionis infirmorum" markiert bereits die Neubesinnung auf den ursprünglichen Sinn dieses Sakramentes, wie es in Jak 5,14f. gründet[1]. Im Mittelalter entwickelte sich das Sakrament der Kranken im Zusammenhang mit der Bußdisziplin zu einem Sterbesakrament und wurde zur „letzten Ölung" verkürzt. Ein Verständniswandel gelang erst im Zweiten Vatikanum (VatII SC Art. 73–75; LG Art. 11)[2].

Die Krankensalbung ist nicht Sterbevorbereitung und Todesweihe, sondern Existenzbewältigung der Krankensituation aus dem Glauben. Sie ist ein sakramentales Heilszeichen für Kranke. Ihre wesentlichen Wirkungen sind in der neu festgelegten sakramentalen Formel, die nicht wie bisher nur die Sündenvergebung, sondern die innere und äußere Gesundung erwähnt, zusammengefaßt: „Durch diese heilige Salbung helfe dir der Herr in seinem reichen Erbarmen, er stehe dir bei mit der Kraft des Heiligen Geistes: Der Herr, der dich von Sünden befreit, rette dich, in seiner Gnade richte er dich auf."[3].

Durch den Dienst der Kirche wirkt Christus, der durch die Krankenheilungen das Erbarmen Gottes als leibseelisches Heil des ganzen Menschen verkündete, weiter, indem diese „die ernsthaft erkrankten Gläubigen dem leidenden und verherrlichten Herrn empfiehlt, daß er sie aufrichte und rette" (c. 998; VatII LG Art. 11; PO Art. 5).

[1] Vgl. *A. Knauber*, Pastoraltheologie der Krankensalbung, in: HPTh VI, S. 145–178; *J. Feiner*, Die Krankheit und das Sakrament des Salbungsgebetes, in: MySal V, S. 494–548; *J. Ch. Didier*, Im Angesicht des Todes, Aschaffenburg 1962.

[2] Vgl. *B. Studer*, Letzte Ölung oder Krankensalbung, in: FZPhTh 10 (1963), S. 33–60; *E. J. Lengeling*, Todesweihe oder Krankensalbung?, in: Liturgisches Jahrbuch 21 (1971), S. 193–213; *R. Kaczynski*, Neubesinnung auf ein ‚vergessenes' Sakrament, in: ThPQ 21 (1973), S. 346–360. Zum Verständnis des Sakramentes der Krankensalbung vgl. *M. Sales*, Die Krankensalbung – Sakrament des hingegebenen Lebens, in: IKZ 12 (1983), S. 405–412; *K. Romaniuk*, Die Krankensalbung. Eine bibeltheologische Studie, ebd., S. 413–419; *Z. Alszeghy*, Die Anthropologie der Krankensalbung, ebd., S. 420–422; *R. Kaczynski*, Die Feier der Krankensakramente. Für eine pastorale Praxis entsprechend der liturgischen Ordnung, ebd., S. 423–436.

[3] *Paul VI.*, Apost. Konst. Sacram Unctionem Infirmorum vom 10. 11. 1972, in: AAS 65 (1973), S. 5–9 (zit.: Ap. Konst.).

Durch das Sakrament vergegenwärtigt die Kirche dem Kranken das heilsame Wirken Christi, damit dieser in seinen Schmerzen, in der Ungeduld und Angst, in der menschlichen und religiösen Kraftlosigkeit oder auch in der Abstumpfung und im Glaubensdunkel die aufrichtende Kraft des Herrn neu erfahre.

II. Pastoral-liturgische Neuordnung

Der Ordo unctionis infirmorum eorumque pastoralis curae[4] hat die theologische Neubesinnung und das Anliegen des Konzils pastoral-liturgisch zugrundegelegt.

1. Die Feier des Sakramentes

Weihe des Öles: Für die Krankensalbung wird das seit der Antike gebräuchliche Olivenöl oder neuerdings auch ein anderes Pflanzenöl verwendet (Ap. Konst.; Ordo 20). Es wird in der Regel vom Bischof in der Chrisammesse des Gründonnerstags geweiht und über die bisherigen Rechtsindulte hinaus im Notfall von jedem Priester in vereinfachter Form gesegnet (c. 999; Ordo 21 f., 75).

Der *Vollzug* des Sakramentes geschieht durch das Presbyter-Gebet und die Salbung (c. 998). Dazu gibt es genaue liturgische Vorschriften (c. 1000 § 1). Den Rahmen der Spendung bildet eine echte Feier. Die Vollform mit einer Wortliturgie ist deshalb dem Notspenderitus vorzuziehen. Die Salbung geschieht nicht mehr an den „fünf Sinnen", sondern an Stirn und Händen, als den Zeichen der Ganzheit des Menschen als denkender und handelnder Person. Im Notfall genügt eine einzige Salbung (c. 1000 § 1; Ap.Konst.; Ordo 23, 25)[5]. Aus schwerwiegendem Grund ist sie mittels eines Instrumentes (Pinsel, Stäbchen) zulässig (c. 1000 § 2).

Die *Sorge* um den richtigen Sakramentenempfang (c. 1001) ist primär den Seelsorgern aufgetragen, die Sinn und Wert des Sakramentes aufzeigen und zur aktiven Teilnahme anleiten sollen (Ordo 13, 17, 35–37), aber auch den Angehörigen und Pflegepersonen und allen Gläubigen, die am „Dienst der Wiederaufrichtung" teilhaben (VatII LG Art. 28; Ordo 32–34).

Neue *Formen* der Feier, die den kirchlichen Gemeinschaftscharakter ausdrükken, sind zu befürworten, sei es im Rahmen einer Eucharistiefeier als „Hausmesse" oder sei es bei einer kollektiven Salbung vor versammelter Gottesdienstgemeinde an Krankentagen und Krankenwallfahrten, im Krankenhaus oder Altersheim. Bei größeren Feiern liegt die letzte Verantwortung beim Diözesanbischof (c. 1002; Ordo 17).

[4] Typ. Pol. Vat. 1972 (zit.: Ordo); dt.: Die Feier der Krankensakramente, hrsg. von den deutschsprachigen Bischofskonferenzen, Einsiedeln etc. 1975; *M. Probst/K. Richter* (Hrsg.), Heilssorge für die Kranken, Freiburg i. Br. 1975.

[5] Ordo 24 und 38 f. gibt den Bischofskonferenzen für die Eigen-Ritualien die Kompetenz der Adaptation.

2. Der Spender des Krankensakramentes

Nur ein *Priester*[6] kann die Krankensalbung gültig spenden (c. 1003 § 1; Ordo 16). Eine Amtspflicht ist die Spendung für jeden Seelsorger, eine Liebespflicht für jeden andern Priester, der bei präsumierter Zustimmung des zuständigen Seelsorgers das Sakrament spenden darf und soll (cc. 1003 § 2, 530 n. 3; Ordo 18). Unter Wahrung gewisser Grundsätze können auch Geistliche nichtkatholischer Ostkirchen Katholiken dieses Heilszeichen geben (c. 844 § 2; VatII OE Art. 27).

Den heutigen Verhältnissen und Gewohnheiten angepaßt, darf neuerdings jeder Priester das Krankenöl ständig bei sich tragen, um bei dringendem Bedarf die Krankensalbung vornehmen zu können (c. 1003 § 3).

3. Der Empfänger des Krankensakramentes

Nur ein *Gläubiger*, „der nach Erlangung des Vernunftgebrauches infolge Krankheit oder Altersschwäche in Lebensgefahr zu geraten beginnt" (c. 1004 § 1; Ordo 8, 11 f.; VatII SC Art. 73)[7] kann die Krankensalbung empfangen. Todesgefahr ist nicht mehr gefordert, und das sakramentale Zeichen sollte nicht erst beim Versehgang gesetzt werden.

Als Aufrichtung in bedrückender Lebenssituation ist das Sakrament *wiederholbar*; es kann selbst innerhalb einer fortschreitenden Krankheit erneut empfangen werden (c. 1004 § 2).

Besteht *Unsicherheit, ob der Kranke den Vernunftgebrauch erlangt hat* oder ernsthaft erkrankt oder tot ist, so soll das Sakrament gespendet werden (c. 1005; Ordo 15), und zwar sub conditione (Ordo 135). Ist der Tod sicher eingetreten, soll der Priester für den Verstorbenen beten und die Krankensalbung unterlassen (Ordo 15). Einem Kranken, der nicht mehr geistesmächtig ist, darf das Sakrament gespendet werden, wenn er im wachen Zustand mit Wahrscheinlichkeit danach verlangt hätte (c. 1006; Ordo 14). Ausgeschlossen sind nur jene, die hartnäckig in offensichtlicher schwerer Sünde verharren (c. 1007).

Nichtkatholische Ostchristen dürfen bei rechter Vorbereitung zur Krankensalbung zugelassen werden (c. 844 §§ 3 und 4; VatII OE Art. 27). In Todesgefahr oder in schwerer Not dürfen, bei Abwesenheit des eigenen Geistlichen, ebenfalls evangelische Christen bei rechter innerer Verfassung die Krankensalbung erbitten[8].

[6] Vgl. *A. Ziegenaus*, Ausdehnung der Spendevollmacht der Krankensalbung, in: MThZ 26 (1965), S. 345–363; Synode '72, Basel, SaKo 2, Gebet, Gottesdienst und Sakramente, 14.9: „Die Bischofskonferenz soll die Frage der Ausweitung des Spendekreises (über die Priester hinaus) für die Krankensalbung prüfen lassen."

[7] Die deutschen Bischöfe haben ausdrücklich verboten, jedem ohne Krankheit ab einem bestimmten Alter, z. B. ab 70, das Sakrament zu spenden; vgl. „Erklärung der Deutschen Bischofskonferenz zur Krankenpastoral" vom 20. 11. 1978, Hrsg.: Sekretariat der Deutschen Bischofskonferenz (= Die Deutschen Bischöfe, H. 19), Bonn 1978, S. 3ff.

[8] SecrChristUnit, Direktorium *Ad totam Ecclesiam* vom 14. 5. 1967, in: AAS 59 (1967), S. 574–592, n. 55; dt. in: NKD 7.

5. Kapitel: Das Sakrament der Weihe

§ 79 Die Ordination

Von Hubert Müller

I. Theologie des Weihesakramentes

1. Die Aussagen des II. Vatikanums

Das Zweite Vatikanische Konzil hat die kirchliche Lehre über die sakramentale Ordination und das geistliche Amt, die in den letzten Jahrhunderten fast ausschließlich vom theologischen Ansatz des Tridentinums[1] geprägt war, um einige Aspekte bereichert, die in der Lehre und im Leben der frühen Kirche ursprünglich vorhanden waren, die dann aber in der mittelalterlichen und vor allem in der gegenreformatorischen Theologie vernachlässigt wurden. Die vatikanische Kirchenversammlung hat die Doktrin über das Weihesakrament aus einer kultisch-sazerdotalen Engführung in die ursprüngliche Weite der Teilhabe an den Ämtern Jesu Christi zurückgeführt (VatII LG Art. 21b) und in die Lehre über die Kirche integriert[2]. Sie versteht Weihe nicht statisch nur als seinsüberhöhende Angleichung an Christus, sondern dynamisch als Sendung im Heiligen Geist, die Anteil gewährt an der Sendung Christi, des Lehrers, Priesters und Hirten, und zum Dienst für das Gottesvolk ermächtigt[3]. Diese Sendung hat eine kommunitäre Dimension, ist cooptatio in einen ordo[4]. Sie „geschieht seit apostolischer Zeit durch Handauflegung und Gebet innerhalb der gottesdienstlich versammelten Gemeinde. Dadurch wird der Ordinierte in das apostolische Amt der Kirche und in die Gemeinschaft der Amtsträger aufgenommen. Gleichzeitig wird ihm durch Handauflegung und Gebet (Epiklese) die Gabe des Heiligen Geistes zur Ausübung seiner

[1] DS 1763–1778. *J. Kardinal Ratzinger* stellt dazu fest: „Der Trienter Text ist ... nur dann richtig verstanden, wenn man ihn nicht als eine erschöpfende positive Darstellung über das katholische Verständnis des Priestertums liest, sondern als eine polemische Aussage, die sich darauf beschränkt, die Antithesen zu den Leitgedanken Luthers zu formulieren." (Die kirchliche Lehre vom sacramentum ordinis, in: IKZ Communio 10 [1981], S. 444).

[2] Die Aussagen über das Weihesakrament finden sich in der Kirchenkonstitution: LG Art. 21, 28, 29. Zum ökumenischen Aspekt der Lehre s. Amt und Ordination in ökumenischer Sicht, hrsg. von *H. Vorgrimler* (= QD 50), Freiburg-Basel-Wien 1973; *H. Schütte*, Amt, Ordination und Sukzession, Düsseldorf 1974.

[3] *P. J. Cordes*, Sendung zum Dienst (= FThSt 9), Frankfurt 1972; *L. Schick*, Das Dreifache Amt Christi und der Kirche, Frankfurt 1982.

[4] Vgl. Römische Bischofssynode 1971, Der priesterliche Dienst n. 14. 1, in: Römische Bischofssynode 1971, hrsg. von der Deutschen Bischofskonferenz, Trier 1972, S. 53; *B. D. Dupuy*, Theologie der kirchlichen Ämter, in: MySal IV/2, S. 509; *Ratzinger*, Die kirchliche Lehre (Anm. 1), S. 439f.

Sendung zugesprochen und zuteil."[5] Das auf göttlicher Einsetzung beruhende kirchliche Dienstamt (VatII LG 28a) gliedert sich in die Trias: *Episkopat, Presbyterat, Diakonat.* Für die theologische Beschreibung der drei Ordnungen eröffnet die heilsgeschichtlich ausgerichtete Konzeption des II. Vatikanums (VatII LG Art. 18–21) eine neue Perspektive, insofern die Blickrichtung nicht mehr wie in der scholastischen Theologie von unten nach oben zielt[6], sondern beim Episkopat als dem primären und umfassenden Fall der Amtsordination ansetzt[7]. Dies führt mit Berufung auf die Weiheliturgie und auf Vätertexte zu der Aussage der Kirchenkonstitution, daß mit der Bischofskonsekration die Fülle des Weihesakramentes übertragen wird (VatII LG Art. 21b). Die Ordination zum Presbyter dagegen beinhaltet nicht die höchste Stufe der priesterlichen Weihe (VatII LG Art. 28a); gleichwohl überträgt auch sie wahres Dienstpriestertum[8], das die Presbyter mit den Bischöfen in der priesterlichen Würde verbindet (VatII LG Art. 28a) und durch ein besonderes Prägemal dazu befähigt, in der Person Christi, des Hauptes, zu handeln (VatII PO Art. 2c). Über die Weihe zum Diakonat schließlich sagt die Kirchenkonstitution, daß sie sakramentale Gnade vermittelt, und zwar „nicht zum Priestertum, sondern zur Dienstleistung", die in Gemeinschaft mit dem Bischof und seinem Presbyterium erfolgt (VatII LG Art. 29a).

Da das II. Vatikanum nicht die Absicht hatte, eine systematische Darstellung der Lehre über das Weihesakrament vorzulegen, sondern in den Ausführungen über Episkopat, Presbyterat und Diakonat eindeutig der ekklesiologisch-verfassungsrechtliche Aspekt im Vordergrund steht[9], hat das Konzil auch nicht das theologische Verhältnis der drei Weihestufen zueinander näher entfaltet. Für die rechte Interpretation der Konzilsaussagen ist zu beachten, daß mit der Lehre von der Sakramentalität der Bischofskonsekration nicht die Kontroversen über den Unterschied zwischen Episkopat und Presbyterat entschieden werden sollten[10], wie aus den Formulierungen der Kirchenkonstitution[11], aus dem Textzusammen-

[5] Gemeinsame römisch-katholische evangelisch-lutherische Kommission, Das geistliche Amt in der Kirche, 2. Aufl., Paderborn-Frankfurt 1981, S. 29; s. auch die bedeutsamen und deshalb beachtenswerten Aussagen über die Ordination in den Konvergenzerklärungen der Kommission für Glauben und Kirchenverfassung des Ökumenischen Rates der Kirchen (Taufe, Eucharistie und Amt, 4. Aufl., Frankfurt-Paderborn 1983, S. 44–47).

[6] *L. Ott*, Das Weihesakrament (= HDG IV/5), Freiburg-Basel-Wien 1969, S. 40–48, 78–91.

[7] *K. Rahner*, Kommentar zum dritten Kapitel der Kirchenkonstitution, in: LThK²-Konzilskommentar I, S. 218; *F. Wulf*, Kommentar zu Artikel 1–6 des Priesterdekrets, in: LThK²-Konzilskommentar III, S. 151; *Ratzinger*, Die kirchliche Lehre (Anm. 1), S. 439.

[8] Die Kirchenkonstitution beruft sich für ihre Lehre in Anm. 101 zu VatII LG Art. 28a auf das Tridentinum (DS 1763–1778) und auf die Ap. Konstitution *Pius XII.* „Sacramentum Ordinis" vom 30. 11. 1947 (DS 3857–3861). Mit der Unterscheidung zwischen dem in der Taufe gründenden sacerdotium commune und dem durch das Weihesakrament verliehenen sacerdotium ministeriale bedient sich die Kirchenkonstitution einer neuen Terminologie, die ganz und gar theologisch bestimmt ist.

[9] Das 3. Kapitel der Kirchenkonstitution, das die Lehraussagen über Episkopat, Presbyterat und Diakonat enthält, ist überschrieben: Die hierarchische Verfassung der Kirche, insbesondere das Bischofsamt.

[10] *J. Moudry*, Bishop and Priest in the Sacrament of Holy Order, in: Jurist 31 (1971), S. 163–186; *H. Müller*, Zum Verhältnis zwischen Episkopat und Presbyterat im Zweiten Vatikanischen Konzil (= WBTh 35), Wien 1971, S. 272–287; *G. Ghirlanda*, Bischopsambt en priestershap in de dogmatische constitie „Lumen Gentium", in: Internationaal Katholiek Tijdschrift Communio 6 (1981), S. 408–423.

[11] Die ursprünglich vorgesehenen Bezeichnungen für den Episkopat als „praecellenti gradu sacerdotium" und „gradus supremus Sacramenti Ordinis" sowie die vorgeschlagenen

hang[12] und aus der in der Aula vorgetragenen Relatio[13] hervorgeht. Was die Natur des Presbyterats betrifft, so hat das II. Vatikanum zwar seine Zuordnung zum Episkopat betont, zugleich aber die von der pseudo-dionysianischen Idee der Partizipation inspirierte Tendenz, die Quelle des Presbyterats im Episkopat zu sehen, zurückgewiesen[14] und Jesus Christus als eigene und einzige Quelle des Presbyterats herausgestellt[15]. In bezug auf den Diakonat spricht das II. Vatikanum weder von einem character indelebilis[16] noch von einer mit der Weihe gegebenen potestas sacra[17], sondern wählt mit Rücksicht auf entgegengesetzte frühere Lehrmeinungen eine derart vorsichtige Formulierung, daß die Sakramentalität der Diakonenweihe, die vor dem Konzil von den meisten Theologen vertreten wurde, zwar vorausgesetzt wird[18], aber die theologische Qualifikation dieser Lehre als sententia certa[19] keine Veränderung erfährt[20].

2. *Die Aussagen des Kirchlichen Gesetzbuches*

In Abhängigkeit von der Lehre des II. Vatikanums formuliert das Gesetzbuch den einleitenden Canon über das Weihesakrament, der nach Auskunft der CIC-Reformkommission[21] mit größter Anstrengung redigiert worden ist: „Sacramento

Formulierungen „Sacramenti Ordinis supremum complementum", „perfectior participatio Sacramenti Ordinis", „ministerii Christi summa" und „Sacramenti Ordinis complementum ac plenitudo" wurden ausnahmslos abgelehnt. (Vgl. *Müller*, Zum Verhältnis [Anm. 10], S. 277f. und 282).

[12] Das II. Vatikanum hat die Lehraussage von der Sakramentalität der Bischofsweihe nicht, wie ursprünglich vorgesehen, in bezug auf den Presbyterat gemacht, sondern aus diesem Zusammenhang total gelöst (*Müller*, ebd., S. 281) und „einzig und allein dem Versuch zugeordnet, die volle und eigenständige Bedeutung des Dienstes der bischöflichen Gemeinschaft und damit der Vielfalt und Fülle in der Kirche gegenüber einer primatialen Engführung wieder zur Geltung zu bringen. Nur von dieser Zielrichtung her ist der eigentliche Sinn der konziliaren Aussage zu begreifen." (*J. Ratzinger*, Ergebnisse und Probleme der dritten Konzilsperiode, Köln 1965, S. 75).

[13] „Quidam Patres voluerunt ut sacramentalitas magis positive affirmetur, quin sub verbis lateat quaedam implicita redarguitio eorum qui hanc sacramentalitatem negaverunt. Ut tali petitioni satis fiat, Commissio theologica censuit incipiendum esse a dono Spiritus Sancti ... Pro tali autem doctrina authentice proponenda exstant rationes graves, scil.: ... quod textus sedulo evitat quaestiones adhuc disputatas inter theologos." (AcSynVat III/2, S. 203); s. auch die Relationes de singulis numeris (AcSynVat III/1, S. 238f. (F) und S. 241 (K)).

[14] *Cordes*, Sendung zum Dienst (Anm. 3), S. 282–290.

[15] *Müller*, Zum Verhältnis (Anm. 10), S. 333–338.

[16] Zu diesem von *Augustinus* an das Mittelalter weitergegebenen terminus technicus s. *E. Dassmann*, Character indelebilis. Anmaßung oder Verlegenheit?, Köln 1973.

[17] Lediglich in VatII CD Art. 15a wird gesagt, daß die Diakone „in exercenda potestate" von den Bischöfen abhängig sind. Vgl. *L. Bouyer*, Frau und Kirche, Einsiedeln 1977, S. 63: „Dabei ist doch klar, daß der Diakon wie auch jene niedrigen Ämter, die nur sekundäre diakonale Obliegenheiten unter sich verteilen, im Gegensatz zum Priester oder Bischof durch ihre Ordination mit keiner Vollmacht ausgestattet werden, irgendetwas zu verrichten, was nicht jeder getaufte oder geformte Laie in bestimmten Situationen auch verrichten dürfte, ja müßte ...". Zum theologischen Verständnis des Diakonats s. die Überlegungen von *J. Auer*, Die Kirche – Das allgemeine Heilssakrament, Regensburg 1983, S. 278–283.

[18] *H. Vorgrimler*, Kommentar zu Artikel 29 der Kirchenkonstitution, in: LThK^2-Konzilskommentar I, S. 258.

[19] *H. Lennerz*, De Sacramento Ordinis, 2. Aufl., Roma 1953, S. 112; *K. Rahner*, Diakon. III. In der Dogmatik, in: LThK^2 III, Sp. 321; *L. Ott*, Grundriß der katholischen Dogmatik, 4. Aufl., Freiburg-Basel-Wien 1959, S. 541.

[20] *L. Ott*, Grundriß der katholischen Dogmatik, 9. Aufl., Freiburg-Basel-Wien 1978, S. 541.

[21] Relatio 1983, S. 239.

ordinis ex divina institutione inter christifideles quidam, charactere indelebili quo signantur, constituuntur sacri ministri, qui nempe consecrantur et deputantur ut, pro suo quisque gradu, in persona Christi Capitis munera docendi, sanctificandi et regendi adimplentes, Dei populum pascant." (c. 1008). Obgleich der Text auf das Weihesakrament im allgemeinen abhebt, ohne Episkopat, Presbyterat und Diakonat überhaupt zu erwähnen, sind diese drei Weihestufen, von denen erst der nächste Canon ausdrücklich handelt (vgl. c. 1009 § 1), von vornherein mit im Blick, wie der Einschub „pro suo quisque gradu" signalisiert und im übrigen eindeutig aus der Kommissionsarbeit ersichtlich ist[22]. Die Mitteilungen der Päpstlichen Kommission machen allerdings deutlich, daß es nicht möglich war, eine theologisch zutreffende Aussage zu machen, die *in gleicher Weise* für Episkopat, Presbyterat und Diakonat gilt. Deshalb dient der Einschub „pro suo quisque gradu" als salvatorische Klausel, die die unterschiedliche Qualifikation und die unterschiedliche Bedeutung der Aussage über das Weihesakrament in bezug auf Episkopat, Presbyterat und Diakonat zum Ausdruck bringt[23]. Entsprechend behutsam sind auch einzelne Textelemente formuliert. Anstelle der ursprünglich vorgesehenen Formel „ex Christi institutione" heißt es abgeschwächt: „ex divina institutione", weil Christus Presbyterat und Diakonat nicht direkt eingesetzt habe[24]. Mit der Formel „in persona Christi Capitis", die weder in der amtlichen Lehre noch in der theologischen Wissenschaft auf den Diakonat angewendet wird, ist lediglich der Sinn verbunden, den Unterschied zwischen gemeinsamem und amtlichem Priestertum kundzutun[25]. Bei der Verwendung des auf Augustinus zurückgehenden Begriffs „character indelebilis" schließlich war sich die Päpstliche Kommission darüber im klaren, daß das Lehramt der Kirche niemals die Einprägung eines character indelebilis durch die Diakonenweihe festgestellt hat, hielt aber dennoch an der entsprechenden Position fest, weil diese allgemeine Lehrmeinung sei[26], von der freilich zu sagen ist, daß sie auch nach dem II. Vatikanum nicht unumstritten ist[27]. Die Intention der CIC-Reformkommission gestattet es nicht, mit Berufung auf c. 1008 dogmatische Aussagen über den Diakonat zu machen, die über die bisherigen theologischen Erkenntnisse in Wissenschaft und amtlicher Lehre hinausgehen. Dies wird durch den zweiten einleitenden Kanon über das Weihesakrament bestätigt, der die Trias Episkopat, Presbyterat, Diakonat nicht als sakramentale Stufen oder als Grade des Weihesakramentes bezeichnet, sondern sie, ohne auf die sakramententheologische Problematik einzugehen, einfachhin ordines nennt[28], weshalb der Text in der Vorbereitungsphase gelegentlich als allzu schroff kritisiert worden war[29]. Die Päpstliche Kommission hielt aber eine theologische Vertiefung nicht für angezeigt[30], sondern

[22] Communicationes 10 (1978), S. 179ff.
[23] Ebd., S. 181.
[24] Ebd.
[25] Ebd.
[26] Ebd.
[27] *J. Beyer*, De diaconatu animadversiones, in: PerRMCL 69 (1980), S. 441–460.
[28] Vgl. c. 1009 § 1: „Ordines sunt episcopatus, presbyteratus et diaconatus."
[29] Communicationes 10 (1978), S. 181.
[30] Ebd., S. 181.

begnügte sich an dieser Stelle mit der Kodifizierung der nach dem Konzil geschaffenen neuen Rechtslage. In der nachkonziliaren Gesetzgebung hat nicht nur die vom II. Vatikanum (VatII LG Art. 29b) ermöglichte Wiedereinführung des ständigen Diakonats in der lateinischen Kirche Berücksichtigung gefunden[31], sondern auch die bis dahin geltende Disziplin in bezug auf erste Tonsur, niedere Weihen und Subdiakonat (vgl. cc. 949 und 950 CIC/1917) eine Neuordnung erfahren[32], die an der vom II. Vatikanum vertretenen Konzeption des kirchlichen Dienstamtes (VatII LG Art. 28a und AG Art. 16a) orientiert ist. Seit dem 1. Januar 1973 bilden nur noch die drei ordines Episkopat, Presbyterat und Diakonat den Klerus[33]. Lektorat und Akolythat, die universalkirchlich bestehen blieben[34], sind nicht mehr ordines, sondern ministeria[35]. Der liturgische Ritus, in dem diese übertragen werden, heißt nicht mehr ordinatio, sondern institutio[36]. C. 1009 § 1 trägt dieser Neuordnung Rechnung und macht eine Aussage lediglich über die geltende *Disziplin*, in der es nur die Weihen zum Episkopat, Presbyterat und Diakonat gibt, die im genannten Kanon auch nicht als sakramental bezeichnet werden. Das äußere Zeichen jeder dieser drei Weihen (c. 1009 § 2) besteht entsprechend einer Entscheidung *Pius XII.*[37], die von *Paul VI.* bestätigt wurde[38], in der Handauflegung (Materie) und dem jeweiligen Weihegebet (Form)[39]. Dieses lautet – an der in bezug auf die Gültigkeit der Handlung entscheidenden Stelle – für die Bischofsweihe: „Sende herab auf diesen Auserwählten die Kraft, die von dir ausgeht, den Geist der Führung, welchen du deinem geliebten Sohn Jesus Christus gegeben hast. Er hat den Heiligen Geist den Aposteln verliehen, und sie haben dein Heiligtum, die Kirche, überall auf Erden gegründet, deinem Namen zum Lobpreis und Ruhm ohne Ende"[40]; für die Presbyterweihe: „Allmächtiger Gott, wir bitten dich: Gib

[31] *Paul VI.*, MP SacrDiacOrd vom 18. 6. 1967, in: AAS 59 (1967), S. 697–704; NKD 9.

[32] *Paul VI.*, MP MinQ vom 15. 8. 1972, in: AAS 64 (1972), S. 529–534; s. dazu *G. Rambaldi*, Ab ordinibus minoribus ad ministeria, in: PerRMCL 62 (1973), S. 173–191; *J. Manzanares*, Los nuevos Ministerios del lector y acólito, in: REDC 29 (1973), S. 361–384; *H. Müller*, De suppressione ordinum minorum et de nova institutione ministeriorum in Ecclesia latina, in: PerRMCL 63 (1974), S. 99–120; *H. Socha*, Die „Dienstämter" des Lektors und Akolythen, in: MThZ 25 (1974), S. 138–151; *H. Schmitz*, Die Neuordnung von Erster Tonsur, niederen Weihen, Subdiakonat und Diakonat in der Lateinischen Kirche. Einführung und Kommentar, in: NKD 38, S. 2–23.

[33] Vgl. hierzu in *diesem* Band, oben, *H. Schwendenwein*, § 19 Die Zugehörigkeit zu einem geistlichen Heimatverband.

[34] Vgl. hierzu in *diesem* Band, oben, *W. Aymans*, § 18 Die Träger kirchlicher Dienste.

[35] *H. Müller*, Von der Seelsorgehilfe zum pastoralen Dienst, in: ThPQ 124 (1976), S. 367.

[36] Vgl. Die Beauftragung von Lektoren, Akolythen und Kommunionhelfern, hrsg. im Auftrag der Bischofskonferenzen, Einsiedeln-Köln-Freiburg-Basel-Regensburg-Wien-Salzburg-Linz o. J.

[37] *Pius XII.*, Ap. Konstitution „Sacramentum Ordinis" vom 30. 11. 1947, in: AAS 40 (1948), S. 5 ff.; s. dazu den Kommentar von *F. Hürth*, Contenuto e significato della Costituzione Apostolica sopra gli ordini sacri, in: CivCatt 99 (1948) II, S. 614–628.

[38] *Paul VI.*, Ap. Konstitution „Pontificalis Romani" vom 18. 6. 1968, in: AAS 60 (1968), S. 369–373.

[39] Kritisch zur forma sacramenti vor allem bei Presbyterat und Diakonat im neuen Pontificale Romanum äußert sich *E. J. Lengeling*, Die Theologie des Weihesakraments nach dem Zeugnis des neuen Ritus, in: Liturgisches Jahrbuch 19 (1969), S. 165 f.

[40] Liber de ordinatione. Editio linguae germanicae typica. Einsiedeln-Köln-Freiburg-Basel-Regensburg-Wien-Salzburg-Linz o. J., S. 71.

deinen Knechten die priesterliche Würde. Erneuere in ihnen den Geist der Heiligkeit. Gib, o Gott, daß sie festhalten an dem Amt, das sie aus deiner Hand empfingen; ihr Leben sei für alle Ansporn und Richtschnur"[41]; für die Diakonenweihe: „Sende herab auf sie, o Herr, den Heiligen Geist; seine siebenfältige Gabe möge sie stärken, ihren Dienst getreu zu erfüllen."[42]

II. Spender des Weihesakramentes

1. *Befähigung zur Weihespendung*

Die Vollmacht zur Weihespendung ist mit der Bischofsweihe gegeben[43] und stellt deren entscheidende Prärogative vor der Presbyterweihe dar[44]. Gültigerweise erteilt die Weihen des Episkopats, Presbyterats und Diakonats jeder gültig konsekrierte Bischof (c. 1012). Diese, erstmals von *Hippolyt* bezeugte Disziplin[45] ist vom II. Vatikanum ausdrücklich bestätigt worden, ohne daß es allerdings die durch einzelne historische Zeugnisse bzw. Gegebenheiten aufgeworfenen dogmatischen Probleme bezüglich des Weihespenders gelöst hat[46].

Hinsichtlich der Bischofskonsekration sagt die Kirchenkonstitution: „Es ist Sache der Bischöfe, durch das Weihesakrament neue Erwählte in die Körperschaft der Bischöfe aufzunehmen." (VatII LG Art. 21b). Mit dieser Formulierung verzichtete das II. Vatikanum auf die ursprünglich vorgesehene Aussage, daß der Bischof der theologisch einzig mögliche Spender der Bischofsweihe ist[47]. Grund für diese Zurückhaltung sind die literarischen Zeugnisse des *Hieronymus, Severus* und *Eutychius*, nach denen in der Kirche von Alexandrien während der ersten Jahrhunderte der Patriarch vom Presbyterkollegium eingesetzt wurde[48].

Über den Spender der übrigen Weihen hat die Kirchenkonstitution im Zusammenhang mit dem Heiligungsamt der Bischöfe die lapidare Feststellung getroffen: „... sie erteilen die heiligen Weihen" (VatII LG Art. 26c). Sie verzichtete im Gegensatz zum Tridentinum und zum CIC/1917 auf jeden unterscheidenden Terminus zugunsten des Bischofs und umging auf diese Weise sowohl die quaestio iuris, ob nur ein Bischof befähigt sein kann, die Weihen zu spenden, als auch die quaestio facti, ob im Laufe der Kirchengeschichte auch Presbyter rechtmäßig die Weihen bis zum Presbyterat einschließlich gespendet haben bzw. dazu vom

41 Ebd., S. 37f.

42 Ebd., S. 22f. Die geltenden liturgierechtlichen Bestimmungen über Zeit, Ort u. ä. für die Weihespendung finden sich außer in den cc. 1010 und 1011 vornehmlich in den Praenotanda zu den Weiheriten (s. Anm. 40).

43 *J. Auer*, Die Sakramente der Kirche, Regensburg 1972, S. 358–363.

44 *Mörsdorf* Lb II, S. 96.

45 Traditio Apostolica nn. 2, 7, 8, in: La Tradition Apostolique de Saint Hippolyte. Essai de reconstitution par *B. Botte* (Liturgiewissenschaftliche Quellen und Forschungen 39), Münster 1963, S. 4–7, 20–27.

46 Zum Folgenden s. *H. Müller*, De differentia inter Episcopatum et Presbyteratum iuxta doctrinam Concilii Vaticani Secundi, in: PerRMCL 59 (1970), S. 610–614.

47 Auch für den c. 1012 wurde der Zusatz „unice" abgelehnt (Communicationes 10 [1978], S. 182).

48 *Müller*, De differentia (Anm. 46), S. 613f.

Papst ermächtigt worden sind, wie dies aufgrund historischer Dokumente vor allem aus dem 15. Jahrhundert[49] inzwischen allgemein angenommen wird[50].

2. *Zuständigkeit für die Weihespendung*

Um die sakramentalen Weihen nicht nur gültig, sondern auch erlaubterweise erteilen zu können, ist außer der mit der Bischofsweihe gegebenen Befähigung auf seiten des Spenders gefordert, daß er selbst für die Weihespendung zuständig ist oder daß er durch ein entsprechendes Schreiben rechtmäßig mit der Weihespendung beauftragt ist.

a) Die Bischofsweihe, ursprünglich Sache des Metropoliten und der Konprovinzialbischöfe[51], ist seit dem Mittelalter in der Kirche des Westens dem Papst reserviert, so daß sie nach geltendem Recht ohne päpstlichen Auftrag nicht erteilt werden darf (c. 1013)[52]. Eine Zuwiderhandlung zieht für die Beteiligten ipso facto die Strafe der Exkommunikation[53] nach sich, die dem Apostolischen Stuhl reserviert ist[54], und macht den Konsekrator irregulär (c. 1044 § 1 n. 3). Nach alter kirchlicher Tradition[55] hat die Konsekration, die die Aufnahme in das Bischofskollegium bewirkt, durch mehrere Bischöfe zu erfolgen, obgleich für die Gültigkeit ein einziger Spender ausreicht[56]. Der CIC verlangt, daß der konsekrierende Bischof wenigstens zwei weitere Bischöfe als Mitkonsekratoren hinzuzieht, ja daß es sehr angebracht ist, wenn darüber hinaus auch alle übrigen anwesenden Bischöfe den Erwählten weihen (c. 1014). Damit trägt das Kirchliche Gesetzbuch der Wiederentdeckung der bischöflichen Kollegialität durch das II. Vatikanum (VatII LG Art. 22–23) und der nach dem Konzil erfolgten Erneuerung der Liturgie[57] Rechnung und stellt in dieser neuen Bestimmung nicht mehr einseitig nur auf die

[49] DS 1145, 1146, 1290, 1435.

[50] *Müller*, Zum Verhältnis (Anm. 10), S. 316–323.

[51] *O. Heggelbacher*, Geschichte des frühchristlichen Kirchenrechts, Freiburg/Schweiz 1974, S. 79; *H. Müller*, Der Anteil der Laien an der Bischofswahl (= KStuT 29), Amsterdam 1977, S. 14–18.

[52] Die Fontes zu dem entsprechenden c. 953 CIC/1917 nennen an erster Stelle die Dekretalen *Bonifaz VIII.* (VI°, 1. 6. 44).

[53] Hl. Offizium, Dekret „De consecratione episcopi sine canonica provisione" vom 9. 4. 1951, in: AAS 43 (1951), S. 217f.; c. 1382. Zur Auswirkung dieser strafrechtlichen Bestimmung auf die Situation der katholischen Kirche in China s. *H. Waldenfels*, Religion in China, in: StdZ 201 (1983), S. 95–109.

[54] Vgl. das Dekret der römischen Glaubenskongregation vom 17. 9. 1976 gegen Titularerzbischof *P. M. Ngô-dinh-Thuc*, der am 11. 1. 1976 ohne päpstlichen Auftrag fünf Bischöfe konsekriert hatte (AAS 68 [1976], S. 623). Nach der inzwischen erfolgten Absolution von der Kirchenstrafe setzte er seit 1981 die Reihe der illegitimen Bischofsweihen fort, woraufhin die römische Kongregation für die Glaubenslehre von neuem den Eintritt der angedrohten Tatstrafen förmlich festgestellt hat. Die Frage nach der Gültigkeit dieser Weihen wird amtlich nicht entschieden; die Kirche erkennt aber die Wirkungen der Weihespendung ausdrücklich nicht an (AAS 75 [1983], S. 392f.).

[55] *Müller*, Der Anteil der Laien (Anm. 51), S. 14f.

[56] *M. Schmaus*, Der Glaube der Kirche, Bd. 2, München 1970, S. 434. Auch die in c. 1014 signalisierte Dispensmöglichkeit setzt die Gültigkeit der von *einem* Spender erteilten Bischofsweihe voraus.

[57] Vgl. Praenotanda n. 2, in: Liber de ordinatione (Anm. 40), S. 58.

Rechtssicherheit zur Gewährleistung der apostolischen Sukzession ab[58], sondern auch auf die Kooptation in das Kollegium der Bischöfe entsprechend der frühkirchlichen Tradition und der Konzeption des II. Vatikanums (VatII LG Art. 21b).

b) Für die Weihe zum *Presbyterat* ist der Ordinarius jenes geistlichen Heimatverbandes[59] zuständig, dem der Kandidat angehört[60]. Bei Diözesanklerikern ist dies der Bischof, in dessen Teilkirche der Kandidat durch die Diakonenweihe inkardiniert ist (c. 1016)[61].

c) Die Erteilung der *Diakonenweihe* liegt für die Kandidaten des Weltklerus in der Kompetenz des Bischofs jener Diözese, in der der betreffende Weihekandidat entweder seinen Wohnsitz (vgl. c. 102 § 1) hat oder die er für seinen künftigen Dienst selbst ausgewählt hat (c. 1016)[62]. Soweit Religiosenverbände von Klerikern und Gesellschaften des apostolischen Lebens (cc. 731–746) *päpstlichen Rechtes* sind, ist der höhere Obere für die Weiheerteilung jener Kandidaten kompetent, die seinem Verband endgültig angehören (cc. 1019 § 1; 1052 § 2). Für die Mitglieder einer Personalprälatur kommt dieses Recht dem eigenen Personalordinarius zu (c. 295 § 1). In allen anderen Fällen ist für die Weihespendung unter Aufhebung jeglichen den Oberen gewährten Indults der Diözesanbischof zuständig (c. 1019 § 2), in dessen Gebiet die Kandidaten ihren Wohnsitz haben[63]. Dies gilt auch für die Säkularinstitute päpstlichen wie diözesanen Rechts, soweit ihnen der Apostolische Stuhl das Inkardinationsrecht verliehen hat (vgl. c. 266 § 3).

3. *Beauftragung mit der Weihespendung*

Grundsätzlich soll der für die Erteilung der heiligen Weihen zuständige Ordinarius die Weihehandlung selbst vornehmen, wenn er aufgrund der Bischofskonsekration dazu befähigt ist (vgl. c. 1015 §§ 2 und 3). Ist er aus einem gerechten Grunde verhindert (vgl. c. 1015 § 2), so darf die Weihe nur dann von einem anderen Bischof, der in Gemeinschaft mit dem Apostolischen Stuhl stehen und auch dem gleichen Ritus angehören muß (c. 1021), gespendet werden, wenn die schriftliche Beauftragung (litterae dimissoriae) des zuständigen Oberhirten vorliegt. Für die Kandidaten des Weltklerus können außer dem Diözesanbischof (im Sinne von c. 1016) auch der Territorialprälat, der Territorialabt, der Apostolische Vikar, der Apostolische Präfekt (c. 381 § 2 i.V.m. c. 368), der Apostolische Administrator (c. 381 § 2 i.V.m. c. 368; c. 1018 § 1 n. 2) und der Personalprälat (c. 295 § 1) die Dimissorien ausstellen. Mit Zustimmung des Konsultorenkollegiums (vgl. c. 502)

[58] Vgl. *Pius XII.*, Ap. Konstitution „Episcopalis consecrationis" vom 30. 11. 1944, in: AAS 37 (1945), S. 131f.

[59] Vgl. hierzu in *diesem* Band, oben, *H. Schwendenwein*, § 19 Die Zugehörigkeit zu einem geistlichen Heimatverband.

[60] *Mörsdorf* Lb. II, S. 98.

[61] Eine Ausnahme bildete hier bis zum Inkrafttreten des CIC/1983 der Fall der sog. affectio Papae (c. 952 CIC/1917).

[62] Ausgenommen sind die Angehörigen eines orientalischen Ritus, die nicht ohne päpstliches Indult von einem lateinischen Bischof geweiht werden dürfen (cc. 1015 § 2 und 1021).

[63] Vgl. *B. Primetshofer*, Das Ordensrecht, Freiburg 1978, S. 236.

besitzt diese Befugnis auch der Diözesanadministrator (vgl. c. 419), mit Zustimmung des Missionsrats (vgl. cc. 495 § 1, 502 § 4) auch der Apostolische Pro-Vikar bzw. Pro-Präfekt (vgl. c. 420). Diese interimistischen Vorsteher einer Teilkirche dürfen allerdings für solche, denen der Zugang zu den Weihen zuvor vom Diözesanbischof bzw. Apostolischen Vikar oder Präfekt verweigert worden ist, einen Weiheauftrag nicht erteilen (c. 1018 § 1 n. 2, § 2). Die für die Weihekandidaten in den Religiosenverbänden und in den Gesellschaften des apostolischen Lebens im Sinne von c. 1019 § 1 zuständigen höheren Oberen, denen in der Regel die Befähigung zur Weihespendung abgeht, da sie nicht die Bischofsweihe besitzen, können nunmehr wie alle übrigen Ordinarien, die zur Ausstellung der Dimissorien ermächtigt sind, jedweden Bischof (im Sinne von c. 1012) des lateinischen Ritus um Weiheerteilung angehen, der in Gemeinschaft mit dem Apostolischen Stuhl steht (c. 1021). Bis zum Inkrafttreten des CIC/1983 kam diese großzügige Regelung nur einigen Orden und Kongregationen als Privileg zu[64].

III. Empfänger des Weihesakramentes

1. *Ausschluß der Frau von den Weihen*

Zum gültigen Empfang der heiligen Weihen ist nach c. 1024 nur ein getaufter Mann befähigt. Die Formulierung dieser Bestimmung, die in vollem Wortlaut aus dem Gesetzbuch von 1917 (c. 968 § 1 CIC/1917)[65] übernommen wurde, bringt die in der Kirche geltende Disziplin zum Ausdruck, ohne diese als göttlichen Rechts zu qualifizieren[66]. In der Frage nach der theologischen Möglichkeit einer Zulassung von Frauen zum Weihesakrament ist entsprechend dem derzeitigen Stand der Lehrentwicklung eine Differenzierung in bezug auf die einzelnen Weihestufen erforderlich[67]. Die während der letzten Jahrzehnte in der theologischen Literatur diskutierte Frage der Zulassung der Frau zum Priesteramt[68] (Episkopat und Presby-

[64] *Ders.*, ebd., S. 235.

[65] Die für diese Norm im CIC/1917 herangezogenen Quellen beziehen sich nicht auf das Geschlecht („vir"), sondern ausnahmslos auf die Taufe („baptizatus") als notwendige Voraussetzung für den Weiheempfang. Vgl. *H. van der Meer*, Priestertum der Frau? (= QD 42), Freiburg 1969, S. 122.

[66] *H. Herrmann*, Der priesterliche Dienst. IV. Kirchenrechtliche Aspekte der heutigen Problematik (= QD 49), Freiburg-Basel-Wien 1972, S. 35.

[67] *H. Müller*, Zur rechtlichen Stellung der Frau in der Kirche, in: ThPQ 126 (1978), S. 341 f; *R. Puza*, Zur Stellung der Frau im alten und neuen Kirchenrecht, in: ThQ 163 (1983), S. 118–121.

[68] Vgl. dazu in *diesem* Band, oben, *M. Kaiser*, § 16 Die rechtliche Grundstellung der Christgläubigen. Die jüngste Literatur zum Thema s. in: EThL 56 (1980), S. 292 f.; 57 (1981), S. 369; 58 (1982), S. 329; außerdem die umfangreichen Literaturangaben für den vorausgehenden Zeitraum bei *M. Hauke*, Die Problematik um das Frauenpriestertum vor dem Hintergrund der Schöpfungs- und Erlösungsordnung, Paderborn 1982. Zum Ergebnis dieser theologischen Promotionsschrift muß *W. Beinert* freilich die Feststellung machen: „Qui nimis probat, nihil probat. Hier wird mit einem ungeheuren Aufwand an (eigentlich nicht wirklich verarbeitetem) Material aus allen möglichen Sachbereichen ideologisiert. Die Chance einer einläßlichen und objektiven Erörterung einer Frage, die einer begründeten

terat), die ursprünglich durch die Entwicklung in einigen getrennten Kirchen veranlaßt war, ist durch die Erklärung „Inter insigniores" der römischen Kongregation für die Glaubenslehre vom 15. 10. 1976[69] mit Berufung auf die Tradition der Kirche, das Verhalten Christi, die Handlungsweise der Apostel und die bleibende Bedeutung dieser Praxis[70] negativ beantwortet worden, während die Frage nach der Zulassung der Frau zum Diakonat in der lehramtlichen Stellungnahme bewußt ausgeklammert wurde[71].

Hier zeichnet sich nach den Studien von *Y. Congar, P. Hünermann, O. Semmelroth* und *H. Vorgrimler*[72] die Tendenz ab[73], die theologische Möglichkeit der Diakonatsweihe von Frauen anzunehmen, zumal die Forschungen von *C. Vagaggini*[74] nachgewiesen haben, daß in der byzantinischen Tradition im Unterschied zur griechischen die Diakonin nicht benediziert, sondern ordiniert wurde und aufgrund ihrer Weihe zum Klerus gehörte. Die Gemeinsame Synode hatte in einem Votum den Papst gebeten, „die Frage des Diakonats der Frau entsprechend den heutigen theologischen Erkenntnissen zu prüfen und angesichts der gegenwärtigen pastoralen Situation womöglich Frauen zur Diakonatsweihe zuzulassen"[75]. Dieses Votum blieb allerdings ohne Antwort und hat auf das Gesetzbuch keine Auswirkungen gehabt.

2. *Voraussetzungen für den erlaubten Weiheempfang*

Obgleich im Weiherecht des CIC mit keiner Silbe erwähnt[76], setzt die Zulassung zu den heiligen Weihen nach katholischer Lehre (VatII OT Art. 2 und PO Art. 11) eine besondere göttliche Berufung zum geistlichen Dienst voraus[77], die als ungeschuldete Gnadengabe zwar im letzten ein Geheimnis darstellt, die sich aber innerhalb der kirchlichen Gemeinschaft anhand feststellbarer Kriterien als gegeben erweisen muß. Das II. Vatikanum nennt als criteria manifestativa der priesterlichen Berufung: Eignung für den Priesterberuf, die von der zuständigen kirchli-

Lösung so oder so zugeführt werden muß, ist in diesem Buch vertan. Man kann sich vorstellen, daß es den gegenteiligen Effekt erreicht: wer seine Argumentation zur Kenntnis nimmt, wird eher der Gegenthese zuzuneigen versucht sein." (ThGl 73 [1983], S. 203).

[69] AAS 69 (1977), S. 98–116. Der deutsche Text der Erklärung findet sich zusammen mit einem Kommentar und theologischen Studien von *R. Spiazzi, A. Descamps, H. U. v. Balthasar, A. G. Martimort, G. Martelet, J. L. Bernardin, J. Ratzinger* und *M.-J. Nicolas* in dem von der deutschsprachigen Redaktion des „Osservatore Romano" herausgegebenen Band: Die Sendung der Frau in der Kirche, Kevelaer 1978.

[70] Kritisch zu dieser Argumentation *K. Rahner*, Priestertum der Frau?, in: StdZ 102 (1977), S. 291–301; *H. Küng/G. Lohfink*, Keine Ordination der Frau?, in: ThQ 157 (1977), S. 144f.; *P. Hünermann*, „Roma locuta – causa finita?", in: HerKorr 31 (1977), S. 206–209; *K. H. Weger*, Endgültig keine Ordination der Frau?, in: Orientierung 48 (1977), S. 64–67; *J. Neumann*, Grundriß des katholischen Kirchenrechts, Darmstadt 1981, S. 263f., Anm. 19.

[71] *Müller*, Zur rechtlichen Stellung (Anm. 67), S. 341.

[72] Vgl. Gemeinsame Synode. Gesamtausgabe I, S. 595.

[73] Vgl. *T. Schneider*, Zeichen der Nähe Gottes, Mainz 1979, S. 264.

[74] *C. Vagaggini*, L'ordinazione delle diaconesse nella tradizione greca e bizantina, in: OrChrPer 40 (1974), S. 145–189.

[75] Gemeinsame Synode. Gesamtausgabe I, S. 634.

[76] Vgl. dazu den von seiten der päpstlichen Universität Gregoriana für die Kodifikation unterbreiteten Vorschlag von *H. Müller*, De Ordine, in: Adnotationes in Schema „De Sacramentis", Roma 1976, S. 23; s. auch Communicationes 10 (1978), S. 180.

[77] Vgl. *A. Montan*, I sacramenti, in: Il diritto nel mistero della Chiesa, Bd. 3, Roma 1980, S. 163.

chen Autorität anerkannt ist, rechte Absicht des Weihekandidaten sowie *volle* äußere und innere Entscheidungsfreiheit (VatII OT Art. 2 und 6 sowie PO Art. 11). Die Eignung wird vom Wesen der priesterlichen Sendung als eines Dienstes für das Volk Gottes bestimmt und zeigt sich in den für den geistlichen Dienst erforderlichen Gaben charakterlicher, spiritueller, intellektueller, physischer und psychischer Art (c. 241 § 1)[78].

In der von der Deutschen Bischofskonferenz im Jahre 1978 erlassenen Rahmenordnung für die Priesterbildung werden u. a. genannt[79] als menschliche Qualitäten: Gesundheit und Reife; als christliche Grundhaltungen: gefestigte Frömmigkeit, Entschlossenheit zur Nachfolge Christi und Verbundenheit mit der kirchlichen Gemeinschaft; als Fähigkeiten für den pastoralen Dienst: missionarischer Eifer, geistliche Ausstrahlung, Fähigkeit zur Kooperation; als spezifische Einstellungen zum Priestertum: Bejahung des katholischen Amtsverständnisses, Entschlossenheit zur unwiderruflichen Übernahme des Priesteramtes, Einsicht in den Sinn der Ehelosigkeit um des Reiches Gottes willen[80].

Die Erfüllung der Eignungskriterien muß positiv erwiesen sein (c. 1052 § 1) und ohne jeden Zweifel feststehen (c. 1052 § 3). Darüber hinaus wird nach geltendem Recht für die Zulassung zu den heiligen Weihen, die immer nur gradatim, niemals aber per saltum erteilt werden dürfen (cc. 1050 n. 2; 378 § 1 n. 4), von seiten der Weihekandidaten verlangt, daß sie das Sakrament der Firmung empfangen haben (c. 1033), vom Bischof nach dem dafür vorgesehenen liturgischen Ritus unter die Kandidaten für Diakonat und Presbyterat aufgenommen sind (c. 1034 § 1)[81], die Dienstämter eines Lektors und Akolythen übernommen und auch eine angemessene Zeit lang ausgeübt haben (c. 1035 § 1)[82], daß sie die Freiheit ihrer Berufsentscheidung und die Bereitschaft zum lebenslangen Dienst der Kirche schriftlich erklärt (c. 1036) und vor der Diakonenweihe in liturgischer Form das Zölibatsversprechen abgelegt haben[83], daß sie die spirituelle, wissenschaftliche und pastorale Ausbildung entsprechend der von der zuständigen kirchlichen Autorität erlassenen Normen nachweisen können (cc. 1027; 1032)[84], vor jeder Weihe an Exerzitien

[78] Vgl. auch SC InstCath, Ratio fundamentalis institutionis sacerdotalis vom 6. 1. 1970, n. 39, in: AAS 62 (1970), S. 349.

[79] Die Deutschen Bischöfe, Rahmenordnung für die Priesterbildung, Bonn 1978, S. 37 ff.; s. auch *A. Arens*, Kriterien der Eignung für den pastoralen Dienst, in: Pastorale Bildung, hrsg. von A. Arens, Trier 1976, S. 36–68.

[80] Eignungskriterien und rechtliche Voraussetzungen für den Empfang der Bischofsweihe finden sich in c. 378 § 1; s. dazu in *diesem* Band, oben, *H. Schmitz*, § 36 Der Diözesanbischof.

[81] Von dieser Vorschrift sind jene Weihekandidaten ausgenommen, die in einem Institut des gottgeweihten Lebens für Kleriker (vgl. Communicationes 10 [1978], S. 192) Gelübde abgelegt haben (c. 1034 § 2).

[82] Zwischen der Einsetzung in das Amt des Akolythen und der Diakonenweihe ist ein zeitlicher Abstand von wenigstens sechs Monaten einzuhalten (c. 1035 § 2).

[83] Ausgenommen sind einerseits die Mitglieder der Religiosenverbände, die lebenslange Gelübde abgelegt haben, anderseits die verheirateten Kandidaten für den ständigen Diakonat (c. 1037).

[84] Vgl. hierzu in *diesem* Band, oben, *R. Weigand*, § 22 Die Ausbildung und Fortbildung der Kleriker.

von wenigstens fünftägiger Dauer teilgenommen haben (c. 1039) und das für die jeweilige Weihestufe vorgeschriebene Mindestalter aufweisen[85].

Folgende *Dokumente* müssen vor der Weiheerteilung vorliegen: vor der Diakonenweihe das Abschlußzeugnis über die ordnungsgemäß (c. 1032 §§ 1 und 3) absolvierten Studien (c. 1050 n. 1), das Tauf- und Firmzeugnis, eine Bescheinigung über die Einsetzung in das Dienstamt des Lektors und Akolythen, die Erklärung des Kandidaten über die Freiheit seiner Entscheidung und über seine Bereitschaft zum lebenslangen kirchlichen Dienst sowie bei verheirateten Kandidaten für den ständigen Diakonat das Trauungszeugnis und die schriftliche Zustimmung der Ehefrau (c. 1050 n. 3); vor der Weihe zum Presbyterat eine Urkunde über den Empfang der Diakonenweihe (c. 1050 n. 2).

3. *Weihehindernisse*

Um die für den geistlichen Dienst erforderliche Integrität der Amtsträger sicherzustellen, sind außer den positiven Zulassungserfordernissen auch negative Grenzziehungen in Form von Hindernissen entwickelt worden, die den Empfang und die Ausübung der heiligen Weihen verbieten. Die im Gesetzbuch von 1917 enthaltenen 21 Weihehindernisse (cc. 984–987 CIC/1917)[86], deren Ursprung ausnahmslos im ersten Jahrtausend der Kirchengeschichte oder im hohen Mittelalter liegt[87] und deren Grund, der seinerzeit zur Aufstellung der Hindernisse geführt hatte, zumeist schon seit langem nicht mehr bestand[88], sind in der geltenden Rechtsordnung unter inhaltlicher Rücksicht stark reduziert worden, wobei gleichzeitig eine neue Unterscheidung eingeführt wurde, nämlich die in Hindernisse, die vom Weihe*empfang* ausschließen (cc. 1041, 1042), und solche, die die *Ausübung* der Weihevollmacht verbieten (c. 1044)[89]. In beiden Fällen wird dann wie im CIC/1917 entsprechend der im 19. Jahrhundert zum Abschluß gekommenen kanonistischen Lehrentwicklung[90] unterschieden zwischen *einfachen Weihehindernissen*, die mit Wegfall der Ursache des Hindernisses von selbst aufhören,

[85] Diakonat als Durchgangsstufe: 23 Jahre; Presbyterat: 25 Jahre (c. 1031 § 1); ständiger Diakonat (für Unverheiratete): 25 Jahre, (für Verheiratete): 35 Jahre (c. 1031 § 2); Episkopat: 35 Jahre (c. 378 § 1 n. 3). Während die Dispens vom Mindestalter, die über ein Jahr hinausgeht, dem Apostolischen Stuhl vorbehalten ist (c. 1031 § 4), sind die Bischofskonferenzen befugt, für Presbyterat und ständigen Diakonat ein höheres Weihealter zu fordern (c. 1031 § 3).

[86] S. die Zusammenstellung bei *Mörsdorf* Lb II, S. 112–118, außerdem die ausführliche Kommentierung bei *M. Conte a Coronata*, Institutiones Iuris Canonici. De Sacramentis, Bd. 2: De Ordine, Torino 1945, S. 128–200; *F. M. Cappello*, Tractatus canonico-moralis de Sacramentis, 2. Aufl., Bd. 4: De Sacra Ordinatione, Torino-Roma 1947, S. 342–391.

[87] *F. X. Wernz*, Ius Decretalium, 3. Aufl., Bd. II/I, Prato 1915, S. 146.

[88] Vgl. Communicationes 7 (1975), S. 37.

[89] Hindernisse, die der *Ausübung* der Weihen entgegenstehen (c. 1044; s. dazu *H. Schwendenwein*, Das neue Kirchenrecht. Gesamtdarstellung, Graz-Köln 1983, S. 349 f.), bleiben hier unberücksichtigt, da sie nicht unmittelbar von sakramentenrechtlicher Relevanz sind, sondern den Dienst der Kleriker betreffen. Aus diesem Grund kann unter gesetzessystematischem Aspekt ihre derzeitige Plazierung im CIC nicht als gelungen betrachtet werden.

[90] Vgl. *P. Gasparri*, Tractatus canonicus de sacra ordinatione, Bd. 1, Paris-Lyon 1893, S. 145–411.

und qualifizierten Weihehindernissen, den sog. *Irregularitäten*[91], die auch bei Fortfall der Ursache weiterbestehen und deshalb nur durch Dispens behoben werden[92]. *Irregulär* im Hinblick auf den *Empfang* der Weihe (c. 1041) ist: wer an einer Geisteskrankheit oder einer anderen psychischen Schwäche leidet, die ihn unfähig macht, den amtlichen Dienst in rechter Weise auszuüben (n. 1); wer die Straftat der Apostasie, der Häresie oder des Schismas begangen hat (n. 2); wer eine Ehe zu schließen versucht hat, sei es, daß er selbst durch Eheband, heilige Weihe oder öffentliches lebenslanges Gelübde der Ehelosigkeit daran gehindert, sei es daß der Partner durch gültige Ehe oder öffentliches Gelübde auf Lebenszeit gebunden war (n. 3); wer einen Mord begangen oder ungeborenes menschliches Leben abgetrieben hat und wer positiv daran beteiligt war (n. 4); wer sich selbst oder einem anderen in schwerer Weise vorsätzlich eine Verstümmelung zugefügt oder einen Selbstmordversuch unternommen hat (n. 5); wer eine dem Episkopat oder Presbyterat vorbehaltene Handlung der Weihevollmacht vornimmt, wobei ihm entweder der entsprechende Weihegrad fehlt oder die Ausübung der betreffenden Weihe durch eine kanonische Strafe verboten ist (n. 6). Ein *einfaches Hindernis* im Hinblick auf den Weihe*empfang* (c. 1042) besteht für Verheiratete, soweit sie nicht im Rahmen der geltenden Bestimmungen für den ständigen Diakonat vorgesehen sind (n. 1); für diejenigen, die ein für Kleriker verbotenes Amt oder Geschäft wahrnehmen (vgl. cc. 285 und 286), mit dem Rechenschaftslegung verbunden ist, bis sie nach Aufgabe des Amtes oder Geschäftes und nach vollzogener Rechenschaftslegung von diesen Verpflichtungen frei sind (n. 2); für Neuchristen, bis sie sich nach dem Urteil des Ordinarius hinreichend bewährt haben (n. 3).

Für die Dispens von Weihehindernissen gilt, daß sie der Ordinarius erteilen kann, wenn nicht ein Vorbehalt des Apostolischen Stuhls vorliegt (c. 1047 § 4). Vorbehalten ist dem Apostolischen Stuhl die Befreiung von allen Irregularitäten, wenn der zugrundeliegende Tatbestand bei einem Gericht anhängig geworden ist (c. 1047 § 1). Darüber hinaus ist dem Apostolischen Stuhl im Hinblick auf den Weihe*empfang*[93] die Dispens von folgenden Hindernissen reserviert (c. 1047 § 2): von den Irregularitäten wegen der öffentlichen Delikte gegen den Glauben (c. 1041 n. 2) und gegen eine unwiderrufliche Bindung auf Lebenszeit durch Ehe, Weihe oder Gelübde (c. 1041 n. 3), von der Irregularität wegen Mordes oder Abtreibung sowohl in öffentlichen als auch in geheimen Fällen (c. 1041 n. 4), schließlich vom einfachen Hindernis wegen Verheiratetseins (c. 1042 n. 1). Reservation der Dispens impliziert freilich nicht, daß der Apostolische Stuhl überhaupt von allen genannten Hindernissen zu befreien pflegt[94].

[91] Dieser terminus technicus geht auf den Dekretisten *Rufin von Bologna* zurück. (Die Summa Decretorum des Magister Rufinus, hrsg. von *H. Singer*, Paderborn 1902, Neudruck Aalen-Paderborn 1963, S. 60) und fand durch *Innozenz III.* Eingang in die Dekretalen (X. 1. 9. 10 § 6).

[92] Die Unterscheidung der Irregularitäten „ex delicto" (c. 985 CIC/1917) und „ex defectu" (c. 984 CIC/1917) ist im geltenden Recht aufgegeben worden. (Vgl. Communicationes 10 [1978], S. 196).

[93] Die dem Apostolischen Stuhl im Hinblick auf die *Ausübung* der Weihen reservierten Hindernisse s. in c. 1047 § 3.

[94] Vgl. *Mörsdorf* Lb I, S. 120f.

§ 80 Nichtigerklärung der Weihe

Von Gerhard Fahrnberger

Die Gültigkeit der Weihe erfordert auf seiten des Spenders die notwendige Befähigung, da die sakramentalen Weihestufen des Episkopats, Presbyterats und Diakonats nur vom gültig geweihten Bischof gespendet werden können (cc. 1009 § 1, 1012; vgl. VatII LG Art. 21, 26), die Absicht, die heiligen Weihen erteilen zu wollen, und die Einhaltung des wesentlichen Weiheritus, der in der bezeichnenden und bewirkenden Handlung (Materie) der Handauflegung und den die Materie als Weihehandlung bestimmenden Worten des Weihehochgebetes besteht, welche die liturgischen Bücher für die einzelnen Weihegrade vorschreiben (c. 1009 § 2; vgl. DS 3860). Gültig empfangen kann das Weihesakrament jeder durch die Wassertaufe gültig getaufte Mann (c. 1024), der in aktueller oder virtueller, wenigstens aber in habitueller Weise die Absicht hat, sich weihen zu lassen.[1] Fehlt eine dieser Gültigkeitsvoraussetzungen, kann vom Weiheempfänger selbst, aber auch vom Oberhirten, dem der Kleriker untersteht, oder vom Oberhirten der Diözese der Weihespendung Klage auf Nichtigkeit der Weihe erhoben werden, der nach Durchführung des Weiheprozesses gemäß cc. 1708–1712 durch ein Feststellungsurteil entsprochen wird. Der Weiheprozeß hat nach dem neuen Recht ausschließlich die Nichtigerklärung einer Weihe zum Gegenstand, nicht mehr doch die Aufhebung der geistlichen Standespflichten, die nach dem Recht des Codex Iuris Canonici von 1917 jene Kleriker auf dem Prozeßweg anstreben konnten, die nachweislich durch schwere Furcht zum Weiheempfang gezwungen worden waren und nach Aufhören der Zwangslage nicht in die Weiheerteilung eingewilligt hatten, auch nicht stillschweigend durch die Ausübung der empfangenen Weihevollmachten in der Absicht, sich dadurch den geistlichen Standespflichten zu unterwerfen (c. 214 § 1 sowie c. 1993 § 1 CIC/1917).

Die Einengung des Gegenstandes des Weiheprozesses auf die Ungültigkeit der Weihe und die Behandlung aller Gesuche um Befreiung von der Zölibatspflicht auch bei Freiheits- und Eignungsmängeln auf dem administrativen Weg hatte sich in der nachkodikarischen Rechtsentwicklung bereits ebenso abgezeichnet wie die Ausweitung des c. 214 CIC/1917 auf andere Gründe über den erzwungenen Weiheempfang hinaus. Die in einem Schreiben des Heiligen Offiziums an alle Ordinarien vom 2. Februar 1964 enthaltene Verfahrensordnung sah für jüngere Priester noch ein umfangreicheres gerichtliches Verfahren vor, das sich an den früheren Weiheprozeß (cc. 1993–1998 CIC/1917) anlehnte, aber außer Nötigung auch andere Dispensgründe gelten ließ, wie psychische Beeinträchtigung im weiteren Sinn, falsche Rücksichtnahme auf die Eltern, unrichtige Beratung u. a.[2] Die Enzyklika „Sacerdotalis Coelibatus" *Pauls VI.* vom 24. Juni 1967 sprach von einer durch päpstliche Verfügung bereits erfolgte Ausdehnung der Möglichkeit von Weiheprozessen über c. 214 CIC/1917 hinaus auf Fälle mangelhafter Freiheit und Verantwortlichkeit bei der Übernahme der

[1] *K. Hörmann*, Art. Priestertum, in: Lexikon der christlichen Moral, Innsbruck-Wien-München 1976, Sp. 1307, 1321–1323.

[2] Vgl. AfkKR 140 (1971), S. 159–169.

Verpflichtungen sowie auf fehlende Eignung zum priesterlichen Leben, erwähnte aber auch erstmals die bisher geheimgehaltene Dispensmöglichkeit auf dem Verwaltungsweg durch Gnadenakt, in Fällen von Glaubenskrisen und sittlichem Versagen[3].

Das den Normen der Glaubenskongregation vom 13. Januar 1971 beigefügte Rundschreiben an alle Ortsoberhirten und Generaloberen der geistlichen Orden bekundete und motivierte die Abkehr vom Prozeßweg bei allen Dispensbitten. Der Personaloberhirte oder ein von ihm delegierter Priester, nicht mehr der Oberhirte des jeweiligen Aufenthaltsortes des Antragstellers, sollte anstelle eines gerichtlichen Verfahrens eine einfache Untersuchung über die ausreichende Motivation des Antrags und die Wahrheit der Gründe durchführen, eine Aufgabe, die mehr dem pastoralen Dienst zuzurechnen ist.[4] Auch die Weisungen im Schreiben der Glaubenskongregation vom 14. Oktober 1980 schließen selbst Freiheits- und Verantwortlichkeitsmängel bei der Übernahme der geistlichen Pflichten vom Prozeßweg aus und sehen eine Überprüfung der hinreichenden Gründe des Antrags auf administrativem Weg vor.[5] Die Beratungen der Kommission bei der Erarbeitung der geltenden Bestimmungen weisen in dieselbe Richtung.[6] Der pastorale Grund der Rücksichtnahme auf die persönliche Intimsphäre des Antragstellers dürfte für den Verweis aller Dispensbitten auf den Verwaltungsweg maßgeblich gewesen sein.[7]

[3] Lit. enc. Sacerdotalis Coelibatus (AAS 59 [1967], S. 91–104), nn. 84, 85, 88; Enzyklika über den priesterlichen Zölibat, eingeleitet von *Friedrich Wulf*, (= NKD 8), Trier 1968, S. 99 und 101.

[4] SC Fid, Normae ad apparandas in Curiis dioecesanis et religiosis causas reductionis ad statum laicalem cum dispensatione ab obligationibus cum sacra Ordinatione conexis, II 2, in: AAS 63 (1971), S. 304; SC Fid, Litterae circulares Omnibus locorum Ordinariis et Moderatoribus Generalibus Religionum clericalium, in: AAS 63 (1971), S. 309f.

[5] SC Fid, De modo procedendi in examine et resolutione petitionum quae dispensationem a caelibatu respiciunt, in: AAS 72 (1980), S. 1132–1135; SC Fid, Normae procedurales de dispensatione a sacerdotali coelibatu, in: AAS 72 (1980), S. 1136f. – Vgl. *M. Zalba*, De sacerdotalis caelibatus dispensatione normae hodiernae, in: PerRMCL 70 (1981), S. 252.

[6] Die im Schema PopDei enthaltene Möglichkeit der Einführung eines gemeingerichtlichen oder verwaltungsgerichtlichen Verfahrens für die Entlassung aus dem Klerikerstand bei Freiheitsbeschränkungen durch Zwang oder andere Ursachen bei der Übernahme der Standespflichten bzw. bei Vorliegen von schweren Gebrechen, die den Träger zur Übernahme der Zölibatspflicht ungeeignet gemacht haben, wurde vom zuständigen Ausschuß einhellig abgelehnt. Vgl. Schema PopDei, cc. 150 n. 2, 151; Communicationes 14 (1982), S. 85–87.

[7] *A. Dordett*, Lex coelibatus, in: Seelsorger 39 (1969), S. 252.

6. Kapitel: Das Sakrament der Ehe

§ 81 Grundfragen des kirchlichen Eherechts

Von Matthäus Kaiser

Die einleitenden Aussagen und Bestimmungen über Grundfragen des kirchlichen Eherechts (cc. 1055–1061) sowie die Bestimmungen über die Rechtswirkungen der Ehe (cc. 1134–1140) sind entsprechend den Aussagen des Zweiten Vatikanischen Konzils über die Ehe (GS Art. 47–52) gegenüber dem CIC/1917 teilweise erheblich modifiziert[1].

I. Ehe als Institution der Schöpfungsordnung

Ehe findet sich bei allen Völkern aller Zeiten. Wenn auch die Auffassungen darüber, was Ehe ist, sowie deren Gestaltung teilweise auseinandergehen[2], erscheint die Ehe in den meisten *Eheauffassungen* als ein rechtlich anerkannter Status (Ehestand), in dem geschlechtsverschiedene Partner miteinander verbunden sind, der mit der Weitergabe des Lebens in Zusammenhang steht und in den die einzelnen Ehegatten durch eine irgendwie geartete Eheschließung eintreten oder hineinversetzt werden. Darin scheint trotz struktureller Unterschiede eine vorgegebene *Institution* auf, die als eine Grundform menschlichen Gemeinschaftslebens der Menschheit eingeschaffen ist und insoweit nicht menschlicher Verfügung unterliegt. Jesus Christus, der die Ehe zum Sakrament erhoben hat (c. 1055 § 1) verweist ausdrücklich auf die Schöpfungsordnung (Mk 10,6–9; Mt 19,4–6). Die Ehe dient nicht nur dem Wohl der in der Ehe verbundenen Personen, sondern auch der menschlichen Gesellschaft insgesamt. Insofern hat sie auch an der geschichtlichen Existenz menschlicher Gesellschaft teil und ist sie in bestimmten Grenzen rechtlicher Regelung durch menschliche Gesetzgeber zugänglich. Die Ehe ist daher als ursprüngliches Gemeinschaftsgebilde der Schöpfungsordnung sowohl im Lichte der ihr eingestifteten grundlegenden Normen (VatII GS Art. 48 Abs. 1) als auch der menschlichen Erfahrung (ebd. Art. 46 Abs. 1) zu betrachten.

Das *Wesen der Ehe* erschöpft sich nicht darin, daß sie Rechtsinstitut ist. Der Versuch, aus der Sicht der Ehe als Rechtsinstitut einen *Begriff der Ehe* abzuleiten,

[1] Vgl. *Mosiek/Zapp* EheR (Lit.); *H. Hervada/P. Lombardia*, El Derecho del Pueblo de Dios. III Derecho Matrimonial (1), Pamplona 1973; *H. Hack/R. Sebott*, Das neue kirchliche Eherecht, Frankfurt 1983; *K. Lüdicke*, Eherecht, Essen 1983.

[2] *A. Gommenginger*, Wandel in der Eheauffassung, in: Orientierung 31 (1967), S. 228–231; *D. Schwab*, Zum Eheverständnis der Eherechtsreform, in: StdZ 193 (1975), S. 313–320.

birgt daher die Gefahr einer verkürzten Aussage über das Wesen der Ehe in sich[3]. Auch die Rechtsordnung muß sich an der Gesamtwirklichkeit der Ehe orientieren. Darum enthält die Rechtsordnung, vor allem in den cc. 1055–1057[4], auch elementare Aussagen über das, was die Ehe ihrem Wesen nach ist. Diese Aussagen lassen sich in dem Begriff „Bund" zusammenfassen, der im folgenden zu beschreiben ist.

Der CIC verwendet als *Fachausdrücke* für die Ehe neben *matrimonium* auch *nuptiae* und *coniugium*. Alle drei Ausdrücke können gleichbedeutend sowohl die Ehe als auch die Eheschließung bezeichnen.

II. Ehe als Bund (cc. 1055–1057)

Das Zweite Vatikanische Konzil hat in seinen Aussagen über die Ehe mit Bedacht den geläufigen Ausdruck „contractus" (Vertrag) durch „foedus" (Bund) ersetzt (GS Art. 48 Abs. 1). Das Konzil hat damit betont, daß die Ehe mehr und etwas anderes ist als ein bloßes Rechtsverhältnis zwischen Mann und Frau. Der Begriff „Bund" läßt die Ehe in einem umfassenden Sinn zwar auch als rechtliche, aber darüber hinaus auch und vor allem als personale und religiöse Wirklichkeit sichtbar werden. Der CIC/1983 hat den Schritt vom Vertragsverständnis zum Bundesverständnis nachvollzogen, ist aber in formeller[5] wie in materieller Hinsicht teilweise auch dem Vertragsverständnis verhaftet geblieben.

1. Das herkömmliche Verständnis der Ehe als Vertrag (vgl. c. 1057 § 1)

a) Vertrag besonderer Art

Vertrag ist ausschließlich eine rechtliche Kategorie. Zunächst ist er ein zweiseitiges *Rechtsgeschäft*, durch das mittels Willenserklärung der beteiligten Partner ein gemeinsam gewollter Rechtserfolg herbeigeführt wird. Diese Willenserklärung setzt die Willenseinigung der Vertragspartner voraus. In diesem Sinn ist die

[3] Dies gilt nicht nur für die Begriffsbestimmungen in den verschiedenen Lehrbüchern, sondern auch für den Versuch einer Legaldefinition in dem eingeschalteten Nebensatz in c. 1055 § 1.

[4] Zu den Aussagen über Wesenselemente (c. 1101 § 2) und wesentliche Rechte und Pflichten (c. 1095 nn. 2 und 3) siehe in *diesem* Band, unten, *B. Primetshofer*, § 84 Der Ehekonsens.

[5] Besonders auffällig ist, daß neben „foedus" (cc. 1055 § 1, 1057 § 2, 1063 n. 4) auch „contractus" stehen geblieben ist (cc. 1055 § 2 (!), 1097 § 2). Daneben wird achtunddreißigmal der vertragsrechtliche Terminus „contrahere" in der Bedeutung „die Ehe schließen" gebraucht (cc. 1058, 1068, 1073, 1085 § 2, 1086 § 3, 1089, 1094, 1095, 1096 § 1, 1098, 1101 § 2, 1102 § 1, 1104 § 1 (zweimal), 1105 § 1 n. 1, 1105 § 4, 1106, 1108 § 1, 1108 § 2, 1114, 1115, 1116 § 1, 1117, 1120, 1121 § 2 (zweimal), 1121 § 3, 1122 § 1, 1122 § 2, 1125 n. 3, 1127 § 1, 1143 § 1, 1144 § 1, 1146, 1147, 1148 § 2, 1149, 1160), darunter auch in den cc. 1095 u. 1098, die neu in den CIC eingefügt wurden.

Eheschließung ein Vertrag[6]. Sodann wird aber auch die *Ehe* als das dadurch entstandene *Rechtsverhältnis* als Vertrag bezeichnet[7]. Bei einem gegenseitigen Vertrag besteht dieses Rechtsverhältnis darin, daß die Vertragspartner wechselseitig zu bestimmten Leistungen verpflichtet und zu entsprechenden Forderungen berechtigt sind. Als Inhalt des vertraglichen Rechtsverhältnisses der Ehe galt das wechselseitige Recht zur geschlechtlichen Vereinigung und die entsprechende Pflicht beider Partner[8]. Dem Vertragsverständnis entspricht auch die betonte Herausstellung des *Zweckes*[9]. Denn jeder Vertrag ist auf einen bestimmten Zweck gerichtet. An dem abstrakten Rechtsverhältnis sind die Vertragspartner nur insoweit interessiert, als es ihnen als Mittel zur Erreichung eines Zweckes dient[10].

Die *Betonung des Vertragscharakters* der Ehe war für die Kirche insofern hilfreich, als die *Willenseinigung* der beiden Partner (consensus) das Kernstück des Vertrags ist. Gerade dieses Erfordernis hatte die Kirche nach zwei Richtungen hin durchzusetzen und zu verteidigen: nach einzelnen Volksrechten kam es für das Zustandekommen einer Ehe nicht auf die Willenszustimmung der Frau an; sie wurde vom Mann geheiratet oder von den Eltern verheiratet. Außerdem kam nach manchen Volksbräuchen die Ehe durch die Übergabe der Frau an den Mann und den Vollzug der geschlechtlichen Vereinigung der Partner zustande. Mit dem Vertragsmodell läßt sich deutlich machen, daß für das Zustandekommen der Ehe die Willenszustimmung beider Partner unerläßlich und insoweit auch ausreichend ist, als der leibliche Vollzug dafür nicht erforderlich ist.

Bei aller Betonung des Vertragscharakters wurde nicht übersehen, daß die Ehe ein *Vertrag sui generis*, d. h. ein Vertrag eigener Art ist.

Das „ius in corpus" als Vertragsinhalt wurde als „perpetuum et exclusivum" (c. 1081 § 2 CIC/1917) charakterisiert. Damit ist den Ehepartnern die sonst den Vertragspartnern zukommende *Vertragsauflösungsfreiheit* vorenthalten und die *Vertragsschließungsfreiheit* insoweit eingeschränkt, als ein Vertrag dieser Art jeweils nur mit einem einzigen Partner geschlossen werden kann. Die Ausschließlichkeit verlangt außerdem, daß die aus dem Vertragsverhältnis dem anderen Partner geschuldete Leistung jeweils nur persönlich zu erbringen ist, wie auch das

[6] „Matrimonium facit partium consensus legitime manifestatus" (CIC/1917 c. 1081 § 1 = CIC/1983 c. 1057 § 1).

[7] Vgl. *K. Lüdicke*, Zur Rechtsnatur des Ehevertrages. Eine Auseinandersetzung mit der Vorstellung von „traditio et acceptatio iurium" als Inhalt des ehelichen Konsensaustausches, in: AfkKR 145 (1976), S. 152–163; *B. Bruns*, Die Vertragslehre im Eherecht des gegenwärtigen und künftigen CIC und ihre grundsätzliche Problematik, in: ÖAKR 29 (1978), S. 4–25.

[8] „Ius in corpus in ordine ad actus per se aptos ad prolis generationem" (c. 1081 § 2 CIC/1917). Der CIC/1983 hat zwar an der entsprechenden Stelle (c. 1057 § 2) diese Sprechweise zugunsten der Bundesvorstellung aufgegeben; aber ausgerechnet in dem neu eingefügten c. 1095 n. 2 ist wieder von wechselseitig zu übertragenden und zu übernehmenden Rechten und Pflichten die Rede.

[9] „Matrimonii finis primarius est procreatio atque educatio prolis" (c. 1013 § 1 CIC/1917).

[10] Die kirchliche Ehezwecklehre stützte sich darüber hinaus auch auf die von *Augustinus* begründete *Ehegüterlehre*, nach der die Ehe ihren Wert den durch sie erreichten Gütern (proles, fides, sacramentum) verdankt und die geschlechtliche Vereinigung der Gatten nur dadurch gerechtfertigt wird, daß die Ehe der Zeugung von Nachkommenschaft dient.

vertragliche Recht nicht an andere abgetreten werden kann. Das „ius in corpus" der Ehepartner ist daher zu Recht nicht als Forderungsrecht oder gar als dingliches Recht (Gebrauchsrecht an einer fremden Sache oder Eigentumsrecht), sondern als *personales Recht* eigener Art verstanden worden. Schließlich fehlt den Partnern des Ehevertrags auch die *Freiheit der Vertragsgestaltung*. Sie können den Inhalt des Vertrags nicht nach ihrem Belieben bestimmen, sondern sind daran gebunden, was die Ehe als ihnen vorgegebene Institution ist. Dazu kommt, daß der Eintritt der Ehepartner in diese Institution auch rechtliche Folgen erzeugt, die nicht das Verhältnis der beiden Partner zueinander, sondern deren Verhältnis zur Gesellschaft betrifft. Darum ist verschiedentlich mit der Begründung, daß die Ehe eine Institution ist, der Vertragscharakter der Ehe bestritten worden[11].

b) Verhältnis von Institution und Vertrag

Der Streit zwischen der Institutions- und der Vertragstheorie spitzt sich zu in der Frage, wie eine Ehe zustandekommt. Beide Theorien argumentieren damit, daß es dafür nur *eine* Wirkursache geben könne. Diese sieht die Vertragstheorie ausschließlich in der Willenserklärung der Partner, die Institutionstheorie dagegen allein in der Stiftung von außen. Beide Theorien räumen dem jeweils anderen Element die Rolle einer *Voraussetzung* im Sinne einer conditio sine qua non ein. Denn die Vertragstheorie erkennt der Ehe auch Merkmale der Institution zu, wie auch die Institutionstheorie nicht verkennt, daß der Ehe auch Merkmale des Vertrags eigen sind.

Die gesetzlichen Bestimmungen spiegeln den Doppelcharakter der Ehe als Institution und als Vertrag wider. Einerseits wird der Eindruck erweckt, die Ehe käme, wie es dem Vertrag eigentümlich ist, *allein durch die Willenserklärung* der Partner zustande (c. 1081 § 1 CIC/1917 = c. 1057 § 1 CIC/1983); andererseits wird ausdrücklich eine aktive Mitwirkung von außen verlangt (c. 1094 i.V.m. c. 1095 § 1 n. 3 CIC/1917 = c. 1108 §§ 1 u. 2 CIC/1983).

Die Lösung der Streitfrage liegt in dem Verständnis der Ehe als *Bund*. Dieser vereinigt in sich als rechtliche Wirklichkeit sowohl Elemente des Vertrags wie auch Elemente der Institution. Für das Zustandekommen der Ehe ergibt sich daraus die Notwendigkeit eines *Zusammenwirkens* der Willenserklärung der Brautleute und einer bundesstiftenden Aktivität von außen. Mit dem Vertragsmodell ist daher selbst in *rechtlicher* Hinsicht die volle Wirklichkeit der Ehe nicht erschöpfend darzustellen.

[11] Vgl. *S. Lener*, Il matrimonio: Contratto o istituzione?, in: CivCatt 117 (1966), I, S. 518–529; *G. Michiels*, Mariage – contract ou Mariage – institution?, in: Apollinaris 33 (1960), S. 103–117; *O. Robleda*, Matrimonium est contractus, in: PerRMCL 53 (1964), S. 374–408; *A. Szentirmai*, Ist die Eheschließung ein Vertrag?, in: TThZ 71 (1962), S. 302–315; *ders.*, Matrimonium non est contractus, in: REDC 20 (1965), S. 155–164.

2. *Ehe als personale Lebenseinheit (cc. 1055 § 1, 1056, 1057)*

a) Selbstübereignung der Partner (cc. 1055 § 1, 1057)

Der CIC/1983 spricht im Unterschied zum CIC/1917 nicht mehr von einer wechselseitigen Übertragung eines Rechts durch die Partner[12], sondern in Übereinstimmung mit dem Zweiten Vatikanischen Konzil (GS Art. 48 Abs. 1, 49 Abs. 1) davon, daß Mann und Frau durch einen unwiderruflichen Bund sich selbst als Person zur Begründung der Ehe gegenseitig übergeben und annehmen (c. 1057 § 2). Dadurch begründen sie untereinander eine Schicksalsgemeinschaft des ganzen Lebens (c. 1055 § 1)[13]. Trotz der grundlegenden Änderung gegenüber dem alten Recht, daß die Ehe nicht mehr als vertragliches *Rechtsverhältnis*, sondern als *personaler Bund* verstanden wird, wird an dem vertragsrechtlichen Grundsatz festgehalten, daß die Ehe durch die rechtmäßig erklärte Willensübereinstimmung unter den Partnern zustandekommt, die darum durch keine menschliche Macht ersetzt werden kann (c. 1057 § 1). Dies ist insofern berechtigt, als die personale Selbstübereignung der Willenszustimmung beider Partner bedarf. Das Gesetz beschreibt damit aber nur *eines* der Elemente des Bundes. Denn die Partner des Ehebundes können nicht in der Weise über sich verfügen, daß sie als Person in das Eigentum des je anderen Partners übergingen. Vielmehr geben sie sich beide in etwas völlig Neues hinein, das nicht allein von ihrem Willen abhängt. Analog dem einzelnen Menschen, der aus männlichem und weiblichem Element zu einem neuen Leben zusammenwächst, wachsen Mann und Frau in einer von Gott gestifteten Ehe zu einer neuen personalen Lebenseinheit zusammen. Sie sind nicht mehr zwei, sondern ein Fleisch, d. h. ein Leben, zu dem die Partner sich nicht allein selber machen können, sondern zu dem sie zugleich von Gott miteinander verbunden werden (Mk 10,9; Mt 19,6)[14]. Diese neue personale Lebenseinheit ist mehr und etwas anderes als die Summe zweier Personen und als ein Rechtsverhältnis zwischen diesen. In dieser neuen Einheit wird die je eigene personale Würde der Frau und des Mannes nicht aufgehoben (VatII GS Art. 49 Abs. 2). In der Kommunikation des gegenseitigen Sich-Schenkens findet jeder Partner zugleich auch seine persönliche Erfüllung[15]. Insofern ist der Ehebund als personale Lebenseinheit seiner natürlichen Eigenart nach auf das Wohl der Ehegatten ausgerichtet (c. 1055 § 1).

[12] Trotzdem ist in der neu in den CIC aufgenommenen Bestimmung des c. 1095 n. 2 von „gegenseitig zu übertragenden und zu übernehmenden wesentlichen ehelichen Rechten und Pflichten" die Rede; diese Formulierung geht auf die bisherige Rechtsprechung zurück.

[13] Die Formulierung früherer Entwürfe (*intima totius vitae communio*), die sich enger an die Sprechweise des Zweiten Vatikanischen Konzils anlehnte, wurde in der endgültigen Fassung durch *totius vitae consortium* ersetzt. Diese Formulierung mag rechtlich faßbarer erscheinen; eine inhaltliche Änderung bedeutet sie nicht.

[14] Daß das Gesetzbuch von diesem zweiten Element der Bundesstiftung nicht ausdrücklich spricht, versteht sich daraus, daß ein Gesetzbuch sich an das Verhalten der Menschen richtet.

[15] *J. Auer*, Person. Ein Schlüssel zum christlichen Mysterium, Regensburg 1979, S. 38–40.

b) Hinordnung der Ehe auf Zeugung und Erziehung von Nachkommenschaft (c. 1055 § 1)

Das neue Recht hat sich auch darin vom Vertragsmodell abgewendet, daß es nicht mehr von einem *Zweck der Ehe* spricht[16]. Wenn es dagegen sagt, daß die Ehe als Bund ihrer natürlichen Eigenart nach nicht nur auf das Wohl der Gatten, sondern auch auf die Zeugung und Erziehung von Nachkommenschaft hingeordnet ist (c. 1055 § 1), hat dies eine ganz andere Grundlage als die Aussage über die Ehezwecke in c. 1013 § 1 CIC/1917. Das volle gegenseitige Übereignetsein von Mann und Frau in der Ehe findet seinen leiblich-seelischen Ausdruck und seine spezifische Verwirklichung in der geschlechtlichen Vereinigung der Gatten (VatII GS Art. 49 Abs. 1 u. 2). Das Recht dazu wird nicht als isoliertes „ius in corpus" übertragen oder begründet, sondern ergibt sich aus der personalen Einheit, die zwischen den Gatten besteht. Darum hat die geschlechtliche Vereinigung von Mann und Frau ihren legitimen Ort in der Ehe[17]. Sofern die geschlechtliche Vereinigung von Mann und Frau die gewöhnliche Voraussetzung für die Zeugung menschlichen Lebens ist, ist daher die Ehe selbst auf die Zeugung und Erziehung von Nachkommenschaft hingeordnet. Die Ehe ist nicht nur zur Zeugung von Kindern gestiftet, sondern stellt als personale Lebenseinheit in sich selbst einen Wert dar. Aber infolge der Hinordnung des Ehebundes auf Lebenszeugung nehmen Ehegatten an der Liebe und dem Wirken des Schöpfergottes teil (VatII GS Art. 50). Die personale Lebenseinheit zwischen Mann und Frau im Ehebund, in der beide Partner ihren eigenen Personcharakter behalten und doch gleichzeitig zu einer neuen personalen Lebenseinheit miteinander zusammenwachsen, hat ja ihr Urbild in dem einen personalen Gott, der in drei Personen lebt, der das Leben in der Fülle in sich hat und von dem alles Leben ausgeht.

c) Einheit und Unauflöslichkeit der Ehe (c. 1056)

Die Einheit und die Unauflöslichkeit sind *Wesenseigenschaften* der Ehe, die in der christlichen Ehe wegen des Sakraments eine besondere Festigkeit haben. Mit dieser Aussage, die unverändert aus dem CIC/1917 (c. 1013 § 2) übernommen ist[18], hält das neue Recht am Vertragsmodell fest, während das Bundesmodell eine Modifizierung verlangt hätte.

Einheit ist als Einpaarigkeit zu verstehen. Ehe gibt es daher jeweils nur zwischen *einem* Mann und *einer* Frau. Beide Partner sind zur unbedingten Treue verpflichtet, die sich daraus ergibt, daß sie zu einer personalen Lebenseinheit zusammenge-

[16] In der aus MP MatrMixt (n. 6) wörtlich übernommenen Bestimmung des c. 1125 n. 3 ist allerdings weiterhin von Zwecken die Rede, die von keinem Partner ausgeschlossen werden dürfen.

[17] Darum stellt Papst *Johannes Paul II.* in dem Apostolischen Schreiben „Familiaris Consortio" v. 22. 11. 1981 fest: „Die leibliche Ganzhingabe wäre eine Lüge, wenn sie nicht Zeichen und Frucht personaler Ganzhingabe wäre" (Nr. 11 Abs. 5), in: AAS 74 (1982), S. 81–191; dt. in: Verlautbarungen des Apostolischen Stuhles, H. 33, hrsg. v. Sekretariat der DBK, Bonn 1981, S. 15.

[18] Die geringfügige sprachliche Glättung bedeutet keine sachliche Änderung.

wachsen sind, so daß eine gleichartige Beziehung zu jedem Außenstehenden ausgeschlossen ist.

Unauflöslichkeit besagt, daß die Ehe nicht aufgelöst werden kann, so daß die Ehegatten dadurch wieder frei würden, eine neue Ehe mit einem anderen Partner zu schließen. Weder die Gatten selber können ihre Ehe auflösen (*innere* Unauflöslichkeit) noch kann dies eine außerhalb der Ehe stehende Autorität (*äußere* Unauflöslichkeit). Auch die Unauflöslichkeit ergibt sich daraus, daß die Gatten durch den Ehebund zu einer personalen Lebenseinheit verschmolzen sind, in die sie sich nicht nur selber durch ihre gegenseitige Selbstübereignung hineingegeben haben, sondern zu der sie auch von Gott miteinander verbunden wurden. Wie der einzelne Mensch, der nicht allein durch den Willen und das Tun der Eltern aus männlichem und weiblichem Element zu einem neuen Leben zusammengewachsen ist, nicht wieder in diese Elemente aufgelöst werden kann, so kann auch die personale Lebenseinheit der Ehe nicht wieder in den ursprünglichen Zustand eines ledigen Mannes und einer ledigen Frau aufgelöst werden.

Einheit und Unauflöslichkeit sind daher *Wesenseigenschaften* der Ehe. Wesenseigenschaften der Ehe kommen notwendigerweise *jeder* Ehe zu. Darum wird auch an anderer Stelle bekräftigt, daß aus *jeder* gültigen Eheschließung ein *seiner Natur nach dauerndes und ausschließliches Band* entsteht (c. 1134)[19]. Folgerichtig wird der willentliche Ausschluß einer Wesenseigenschaft der Ehe bei der Eheschließung in *jedem* Fall als Nichtigkeitsgrund statuiert (c. 1101 § 2).

Andererseits wird durch die kirchliche Rechtsordnung die *Auflösung* von Ehen von außen her in einem begrenzten Umfang für zulässig erklärt. Nur *die sakramentale Ehe, die vollzogen ist, kann durch keine menschliche Macht und aus keinem Grund, außer durch den Tod aufgelöst werden* (c. 1141 i.V.m. c. 1060 § 1). Dagegen nimmt die kirchliche Autorität für sich in Anspruch, nichtvollzogene Ehen und nichtsakramentale Ehen auflösen zu können (cc. 1142–1150)[20]. Dadurch ist der Nachsatz in c. 1056 bedingt, daß den Wesenseigenschaften der Einheit und der Unauflöslichkeit in der christlichen Ehe wegen des Sakramentes eine besondere Festigkeit zukommt. Diese scheinbare Bekräftigung ist in Wirklichkeit eine Abschwächung. Die Wesenseigenschaften werden dadurch relativiert. Selbst die *besondere* Festigkeit ist keine absolute, da auch sakramentale Ehen aufgelöst werden können, solange sie nicht durch geschlechtliche Vereinigung der Gatten vollzogen sind[21].

Daß die gesetzlichen Bestimmungen über die Wesenseigenschaften und über die Auflösung der Ehe schwer miteinander zu vereinbaren sind, wird gewöhnlich dadurch überdeckt, daß Einheit und Unauflöslichkeit als sekundäre Forderungen

[19] Daß dies für *jede* Ehe gilt, ergibt sich aus dem zweiten Halbsatz, der für die *christliche* Ehe *darüber hinaus* noch weitere Wirkungen feststellt.

[20] Im einzelnen siehe dazu in *diesem* Band, unten, *H. Flatten*, § 88 Nichtigerklärung, Auflösung und Trennung der Ehe.

[21] In Hinblick auf die *Einheit* werden aus der abgestuften Festigkeit keine unmittelbaren rechtlichen Konsequenzen gezogen; aber die Auflösung einer ihrem Wesen (ihrer Natur) nach unauflöslichen Ehe berührt insofern mittelbar auch die Wesenseigenschaft der Einheit, als nach erfolgter Auflösung eine neue Ehe mit einem anderen Partner geschlossen wird.

des Naturrechts deklariert werden, die nicht ohne weiteres evident sind und deshalb Ausnahmen zulassen. Dies war bei dem Eheverständnis des CIC/1917 erklärlich, da Einheit und Unauflöslichkeit mit einem vertraglichen Rechtsverhältnis nicht ohne weiteres zu verbinden sind. Auflösung ist ein Rechtsakt. Ein Rechtsverhältnis und daher auch eine Ehe, die nichts anderes als ein vertragliches Rechtsverhältnis ist, ist grundsätzlich auflösbar. Auch wenn es in besonderen Fällen die Vertragspartner selbst nicht auflösen können, kann es von einer Autorität aufgelöst werden, die Rechtsmacht über dieses Rechtsverhältnis besitzt. Dagegen ist eine Lebenseinheit absolut unauflösbar, weil sie als Lebenseinheit gar nicht Gegenstand der Ausübung von Rechtsmacht sein kann. Sofern also die Ehe als Ehebund eine personale Lebenseinheit ist, in die sich die Partner selbst hineingegeben haben, zu der sie aber letztlich von Gott miteinander verbunden wurden, ist die Unauflöslichkeit der Ehe nicht eine Rechtsqualität, sondern eine Lebensqualität. Daher ist die Ehe absolut unauflösbar. Dies gilt von der Ehe als solcher und daher von der sakramentalen Ehe nicht anders als von der nichtsakramentalen und von der durch geschlechtliche Vereinigung der Gatten vollzogenen Ehe nicht anders als von der nichtvollzogenen. Darum ist die Unauflöslichkeit wie die Einheit wirklich eine *Wesenseigenschaft der Ehe*. Die Auflösung der personalen Lebenseinheit, zu der die Ehepartner miteinander verschmolzen sind, im Sinn einer unversehrten Wiederherstellung des vor der Eheschließung bestehenden Zustandes des Nichtgebundenseins ist schlechterdings unmöglich. Was daher allgemein als Auflösung der Ehe verstanden wird, kann allenfalls *Zerstörung* der personalen Lebenseinheit durch den Tod eines der Ehegatten oder *autoritative Feststellung* einer auf andere Weise erfolgten Zerstörung sein[22], die als Voraussetzung für die Zulassung zu einer neuen Eheschließung anerkannt werden.

Die Erwartung, daß der CIC/1983 die Möglichkeit der Auflösung von Ehen hätte ausweiten sollen[23], mußte voraussetzen, daß das kirchliche Gesetzbuch die Aussagen des Zweiten Vatikanischen Konzils über die Ehe als Bund völlig außer acht ließe. Die davon erhoffte Hilfe für Geschiedene, die wieder heiraten, ist auf anderem Weg zu suchen[24].

3. Ehe als Sakrament (c. 1055)

a) Ehebund als Zeichen

Der von Gott gestiftete Ehebund ist Zeichen für den Bund Gottes mit den Menschen. Im Alten Testament wird der Bund Gottes mit dem von ihm erwählten Volk wegen seiner Beständigkeit und Ausschließlichkeit unter dem Bild der Ehe dargestellt. In der Inkarnation des Sohnes Gottes sind Gott und Mensch zur

[22] Vgl. *M. Kaiser*, Unauflöslichkeit und „Auflösung" der Ehe nach kirchlichem Recht, in: Festg. Flatten, S. 27–43, bes. 34–39.

[23] So z. B. *R. Sebott*, Das Neue im kirchlichen Eherecht, in: StdZ 201 (1983), S. 271.

[24] *M. Kaiser*, Geschieden und wieder verheiratet. Beurteilung der Ehen von Geschiedenen, die wieder heiraten, Regensburg 1983.

Einheit geworden. Damit hat der Bund Gottes mit den Menschen im Bund Jesu Christi mit der Kirche eine neue Dimension erfahren. Der Ehebund unter Christen, die in der Taufe christusförmig geprägt wurden, ist daher nicht ein leeres, sondern ein wirkmächtiges Zeichen des Bundes zwischen Christus und der Kirche (vgl. Eph 5,22–33; VatII LG Art. 11 Abs. 2; GS Art. 48 Abs. 2, 49 Abs. 2). Weil die Einheit und Unauflöslichkeit naturgegebene Wesenseigenschaften der Ehe als personaler Lebenseinheit sind und die Ehe als solche auf die Weitergabe des Lebens hingeordnet ist, stellt sie den Bund zwischen Christus und der Kirche zeichenhaft dar, in dem Christus der einen Kirche unwiderruflich die Selbstmitteilung zugesagt hat, damit die Menschen dadurch am göttlichen Leben Anteil erhalten. Insofern hat Christus der Herr den Ehebund, durch den Mann und Frau unter sich die innige Gemeinschaft des ganzen Lebens begründen, welche durch ihre natürliche Eigenart auf das Wohl der Ehegatten und auf die Zeugung und Erziehung von Nachkommenschaft hingeordnet ist, zwischen Getauften zur Würde eines Sakraments erhoben (c. 1055 § 1). Damit erlangt die Ehe als religiöse Wirklichkeit unter Christen einen besonderen Charakter.

b) Identität des Ehebundes unter Christen mit dem Ehesakrament

Weil der Ehebund selber, nicht etwa ein zu ihm hinzukommendes Zeichen, Sakrament ist, kann es zwischen Getauften keinen gültigen Ehebund geben, ohne daß er zugleich Sakrament wäre (c. 1055 § 2)[25]. Verschiedentlich wurde und wird versucht, den Ehebund in den von den Brautleuten zu schließenden Ehevertrag und das von der Kirche hinzuzustiftende Ehesakrament aufzuspalten, um die Zuständigkeit des Staates für die Ehe zu begründen und die Zuständigkeit der Kirche auf ein Akzessorium zu begrenzen. Wenn jedoch ein vom Ehebund verschiedener Tatbestand Sakrament wäre, könnte dieser nicht Sakrament der Ehe sein. Neuerdings wird auch versucht, die Schwelle der Sakramentalität weiter hinauszuschieben, indem sie nicht allein von der Taufe der beiden Ehepartner, sondern auch von deren gläubigem Bekenntnis abhängig gemacht wird. Auf diese Weise soll die Möglichkeit Ehen aufzulösen ausgeweitet werden, weil ja nach kirchlichem Recht nichtsakramentale Ehen aufgelöst werden können. Dieser Ansatz ist aber schon allein deswegen fragwürdig, weil die Sakramentalität der Ehe ein fragwürdiges Kriterium für deren Unauflöslichkeit ist[26]. Die durch die Taufe begründete Zugehörigkeit zur Kirche kann zwar in verschiedener Intensität gelebt werden, verlorengehen aber kann sie nicht[27]. In entsprechender Weise kann

[25] *E. Corecco*, Il sacerdote ministro del matrimonio?, in: Scuola Cattolica 98 (1970), S. 343–372, 427–476; *ders.*, Il nesso fra contratto e sacramento nel matrimonio, in: AA.VV., Chiesa per il mondo, II: Fede e prassi. Miscellanea teologico-pastorale nel LXX del card. Michele Pellegrino a cura della Facoltà teologica interregionale diTorino, Bologna 1974, S. 45–88; *ders.*, Die Lehre der Untrennbarkeit des Ehevertrages vom Sakrament im Licht des scholastischen Prinzips „Gratia perficit, non destruit naturam", in: AfkKR 143 (1974), S. 379–442.

[26] Vgl. *Kaiser*, Geschieden und wieder verheiratet (Anm. 24).

[27] Vgl. *M. Kaiser*, Die Zugehörigkeit zur Kirche, in: IKZ Communio 5 (1976), S. 205f.

auch die Ehe als Sakrament in verschiedener Intensität gelebt werden. Auch wenn bei mangelndem Glauben die Gnadenwirkung des Ehesakraments zunächst ausbleibt, lebt diese auf, sobald der Glaube verlebendigt wird, ohne daß das Sakrament erst neu begründet werden müßte[28].

Aus der Identität von Ehebund unter Christen und Ehesakrament ergibt sich zwingend, daß die gültige Ehe nur dann Sakrament ist, wenn beide Partner getauft sind. Wie die Ehe nicht für einen Partner gültig und für den anderen ungültig sein kann, so auch nicht für den einen sakramental und für den anderen nichtsakramental. Wenn zur Zeit der Eheschließung ein oder beide Partner ungetauft sind, wird die gültige Ehe ohne weiteres Zutun Sakrament, sobald beide Partner die Taufe empfangen haben.

c) Zustandekommen des Ehesakraments

Wenn beide Partner getauft sind, kommt durch die gültige Eheschließung das Sakrament der Ehe zustande. Die weitverbreitete Meinung, daß die Brautleute die Spender des Ehesakraments seien[29] und sich gegenseitig oder gemeinsam sich selbst das Sakrament spenden, ist jedoch nicht haltbar. Diese Annahme steht und fällt mit der Vorstellung, daß die Ehe nichts anderes sei als ein Vertrag. Für das Zustandekommen eines Vertrags genügt allein die *Willenserklärung* der Vertragspartner. Wenn der CIC sich auch nur halbherzig zum *Bundescharakter* der Ehe bekennt[30], so verkennt er doch nicht, daß der Ehebund mehr und etwas anderes ist als ein bloßer Vertrag. Auch als Bund bedarf die Ehe für ihr Zustandekommen der Willenszustimmung beider Partner. Aber dies ist nur *ein* Element, zu dem als zweites Element die Bundesstiftung hinzukommen muß. Da die Sakramente Lebensvollzüge der Kirche sind, gehört zum sakramentalen Zeichen des Ehebundes neben der *Willenserklärung der Brautleute* auch eine irgendwie geartete *Mitwirkung der Kirche* als Zeichen der Bundesstiftung. Die Form dieser Mitwirkung hat sich im Lauf der Zeit geändert. Sie kann auch nach geltendem Recht in verschiedenen Weisen erfolgen.

Am deutlichsten ist die Mitwirkung der Kirche am Zustandekommen der sakramentalen Ehe in der *unmittelbaren* aktiven Beteiligung eines Organs der Kirche an der Eheschließung, die daher als ordentliche Form für Katholiken allgemein verpflichtend ist (c. 1117). Sie besteht in den Ostkirchen seit jeher in dem liturgischen Akt der Segnung der Brautleute, in der Westkirche in dem Rechtsakt der Erfragung und Entgegennahme der Willenserklärung (c. 1108 § 2)[31].

[28] Vgl. *K. Lehmann*, Glaube – Taufe – Ehesakrament, in: Studia Moralia 16 (1978), S. 71–97; *W. Aymans*, Die sakramentale Ehe als Gottesbund und Vollzugsgestalt kirchlicher Existenz, in: Theologisches Jahrbuch 1981, hrsg. v. *W. Ernst, K. Feiereis, S. Hübner, J. Reindl*, Leipzig 1981, S. 184–197, bes. 189–197.

[29] Vgl. *Mosiek/Zapp* EheR, S. 26f.

[30] Das zeigt sich u. a. auch in den Bestimmungen über die Eheschließung.

[31] Bei der Kodifikation des Eherechts der unierten Ostkirchen wurden das liturgische Element der Ostkirchen und das rechtliche Element der Westkirche miteinander verbunden (CICO/CA c. 85). Der nach dem Zweiten Vatikanischen Konzil neugestaltete liturgische

Als *rechtliches* Erfordernis wurde diese *aktive* Mitwirkung eines Organs der Kirche in der Westkirche erst durch das Dekret der Konzilskongregation „Ne temere" vom 2. August 1907[32] neu eingeführt. Diese bedeutsame rechtliche Neuerung ist jedoch kaum bemerkt worden[33]. Dies konnte umso leichter geschehen, als im *liturgischen* Vollzug der Trauung seit jeher, auch schon vor dem Konzil von Trient, die *aktive* Mitwirkung des trauenden Priesters bei der Eheschließung regelmäßige Übung war. Darum wird bis heute von vielen das Erfordernis der aktiven Mitwirkung eines Organs der Kirche an der sakramentalen Eheschließung ignoriert und die Eheschließung weiterhin nur unter dem Gesichtspunkt des vom Konzil von Trient in der Abwehr gegen die klandestine Eheschließung geforderten Öffentlichkeitscharakters gesehen. Die in jüngster Zeit wiederholt erhobene Forderung, angesichts der Gewährleistung des Öffentlichkeitscharakters der Eheschließung durch die staatliche Gesetzgebung solle die kirchliche Form zwar weiterhin empfohlen, aber nicht mehr zur Gültigkeit der Eheschließung verlangt werden[34], steht ganz auf dem Boden des vertragsrechtlichen Eheverständnisses und übersieht, daß es heute mehr denn je darauf ankommt, gegenüber allen Säkularisierungstendenzen den kirchlichen und sakramentalen Charakter des Ehebundes unter Christen zu betonen und auch im Vollzug der Eheschließung möglichst deutlich sichtbar werden zu lassen.

In *Ausnahme- und Notfällen* ist die Mitwirkung der Kirche am Zustandekommen sakramentaler Ehen weniger deutlich, aber nicht minder wirksam. Durch vorausgehende Dispens von der Formpflicht (c. 1127 § 2) oder nachfolgende Heilung einer ungültigen Eheschließung (c. 1161) ist ein Organ der Kirche *mittelbar* an der Eheschließung beteiligt. Dessen Tätigwerden und die Willenserklärung der Brautleute sind zwar zeitlich und örtlich voneinander getrennt, bilden aber eine Wirkeinheit miteinander. Kaum noch sichtbar, aber gleichwohl als Lebensvollzug der Kirche wirksam, ist die Mitwirkung der Kirche am Zustandekommen sakramentaler Ehen durch die *gesetzliche* Freistellung von der ordentlichen kirchlichen

Trauungsritus sieht nunmehr auch in der Westkirche in jedem Fall die Segnung der Brautleute vor, die ehedem in bestimmten Fällen sogar ausgeschlossen war. Die rechtliche Gestalt der Eheschließung wurde aber auch durch den CIC/1983 der fortentwickelten liturgischen Gestalt nicht angeglichen.

32 ASS 40 (1907), S. 527ff.

33 Die entscheidende Neuerung dieses Dekrets (Art. IV § 3) wurde zwar in den CIC/1917 aufgenommen, aber nicht an der ihr zukommenden Stelle (c. 1094), sondern, ähnlich verborgen wie in der Quelle, in c. 1095 § 1 n. 3. Außerdem hat der CIC/1917 die durch diese Neuerung überholte Sprechweise (Eheschließung „coram parocho", „assistere") beibehalten. Das Dekret „Ne temere" wurde auch in den „Denzinger" aufgenommen, aber gerade ohne die entscheidende Neuerung (vgl. DS 3468ff.). Auch der CIC/1983 hält an der alten Sprechweise fest, wenn er auch die Assistenz als Erfragen und Entgegennehmen der Willenserklärung definiert (c. 1108 § 2).

34 So z. B. *J. G. Gerhartz*, Zur Reform der kanonischen Eheschließungsform, in: Miscellanea Bidagor III, S. 625–638; *P. J. M. Huizing*, Alternativentwurf für eine Revision des kanonischen Eherechts, in: *Ders.* (Hrsg.), Für eine neue kirchliche Eheordnung, Düsseldorf 1975, S. 83–104 (vgl. dazu die Besprechung in: FamRZ 23 [1976], S. 393–395); *Sebott*, Das Neue (Anm. 23), S. 270f. Dabei ist noch zu bedenken, daß in den meisten Staaten der Welt die bürgerliche Eheschließung nicht obligatorisch ist.

Eheschließungsform für Katholiken in Notfällen (c. 1116) und für nichtkatholische Christen (c. 1117)[35].

III. Wirkungen der Eheschließung (cc. 1060–1061, 1134–1140)

1. *Das Eheband*

a) Gültige Ehe (cc. 1060, 1061 §§ 1 u. 2, 1134)

Gültigkeit ist eine rechtliche Kategorie. Gültig ist die Ehe, der kein rechtserheblicher Mangel anhaftet. Voraussetzungen der Gültigkeit sind mangelfreie *Ehefähigkeit* sowie mangelfreier *Ehewille* beider Partner und mangelfreie *Eheschließung*. Der gültigen Ehe kommen alle Rechtswirkungen zu, die der Ehe eigentümlich sind, sofern sie ein Rechtsinstitut ist. Aus der gültigen Eheschließung entsteht zwischen den Ehegatten ein seiner Natur nach dauerndes und ausschließliches Band; in einer christlichen Ehe werden außerdem die Ehegatten durch ein besonderes Sakrament gestärkt und gleichsam geweiht, um die Würde und die Pflichten ihres Standes wahrzunehmen (c. 1134).

Die Ehe erfreut sich der *Rechtsgunst*; deshalb ist im Zweifelsfall an der Gültigkeit der Ehe solange festzuhalten, bis das Gegenteil erwiesen ist (c. 1060). Die Ungültigkeit einer Ehe ist daher kirchenamtlich nur dann festzustellen, wenn kein begründeter Zweifel daran besteht. Die gültige Ehe zwischen Getauften wird als *matrimonium ratum tantum* bezeichnet, wenn sie nicht vollzogen ist; als *matrimonium ratum et consummatum*, wenn die Ehegatten miteinander auf menschliche Weise den ehelichen Akt vollzogen haben, der an sich für die Zeugung von Nachkommenschaft geeignet ist, auf den die Ehe ihrer Natur nach hingeordnet ist und durch den die Gatten ein Fleisch werden (c. 1061 § 1). Der Vollzug der Ehe wird vermutet, wenn die Ehegatten nach der Eheschließung zusammengewohnt haben; gegenteilige Behauptung muß daher bewiesen werden (§ 2). Diese Bestimmung ist bedeutsam in Hinblick auf die Auflösbarkeit von Ehen nach kirchlichem Recht (vgl. cc. 1141–1142). Da auch sakramentale Ehen von der kirchlichen Autorität aufgelöst werden, wenn sie nicht vollzogen sind, wird in jüngster Zeit versucht, den Vollzug der Ehe anders zu bestimmen, um die Möglichkeit der Auflösung sakramentaler Ehen auszuweiten. Dabei wird argumentiert, daß die Ehe als personale Wirklichkeit auch einen personalen Vollzug verlangt. Im Unterschied zu dem körperlichen Vorgang der geschlechtlichen Vereinigung der Ehegatten istaber der personale Vollzug des Aufeinander-Eingehens der Ehegatten ein Wachstums- und Reifungsprozeß, der nie endgültig abgeschlossen ist. Sofern

[35] Die Anerkennung der Gültigkeit der Eheschließung eines Katholiken mit einem nichtkatholischen Ostchristen nach dessen kirchlichem Ritus ist nicht Freistellung, sondern ausdrückliche Anerkennung sakramentalen Handelns einer nichtkatholischen Kirche.

überhaupt Auflösung von Ehen möglich ist, kann daher jedenfalls der Vollzug der Ehe im personalen Verständnis kein Kriterium dafür sein[36].

Gültigkeit der Ehe ist nicht gleichbedeutend mit *Unauflöslichkeit*. Soweit das kirchliche Recht die Auflösung von Ehen zuläßt, wird die Gültigkeit dieser Ehen vorausgesetzt. Gültigkeit der Ehe ist auch nicht gleichbedeutend mit *Sakramentalität*, da es gültige Ehen nicht nur zwischen zwei getauften Partnern (christliche Ehe), sondern auch zwischen einem getauften und einem ungetauften (halbchristliche Ehe) und zwischen zwei ungetauften (nichtchristliche Ehe) gibt. Gültigkeit der Ehe ist auch nicht gleichbedeutend mit *Vollzug*, da die gültige Ehe durch die Eheschließung und nicht erst durch die geschlechtliche Vereinigung der Partner zustandekommt. Gültigkeit sagt auch nichts darüber aus, ob die Ehegatten in einer glücklichen und harmonischen personalen Beziehung zueinander leben.

b) Ungültige Ehe

Der ungültigen oder nichtigen Ehe (matrimonium invalidum, irritum, nullum) haftet ein *rechtlicher Mangel* an, der die der Ehe als Rechtsinstitut eigentümlichen Wirkungen nicht entstehen läßt. Der Mangel kann die Ehefähigkeit (c. 1156 § 1), den Ehewillen (c. 1159 § 1) oder die Eheschließung (c. 1160) betreffen. Er kann auf seiten eines oder beider Partner liegen. Selbst wenn beide Partner den Mangel nicht kennen, hat er die Ungültigkeit der Ehe zur Folge (c. 15 § 1). Eine ungültige Ehe läßt weder das Eheband zwischen den Partnern noch das Sakrament der Ehe zustandekommen. Trotzdem ist die ungültige Ehe nicht wirkungslos. Sofern auch die ungültige Ehe durch eine – wenn auch möglicherweise mangelhafte – Eheschließung begründet wird, entsteht zumindest nach außen der *Rechtsschein* einer gültigen Ehe. Solange dieser nicht durch die kirchenamtliche Feststellung der Ungültigkeit auf dem Gerichts- oder Verwaltungsweg zerstört ist, sind die Partner nicht zu einer Eheschließung mit einem anderen Partner zuzulassen (c. 1085 § 2). Als weitere Rechtswirkung bringt die ungültige Ehe das trennende Ehehindernis der öffentlichen Ehrbarkeit hervor (c. 1093).

Eine ungültige Ehe ist eine *Putativehe*[37], wenn sie wenigstens von einem Partner in *gutem Glauben* geschlossen wurde, und zwar solange, bis beide Partner Gewißheit über die Ungültigkeit erlangt haben (c. 1061 § 3)[38]. Aus dem Nachsatz geht hervor, daß guter Glaube mit der h. M. nur angenommen wird, wenn die ungültige Ehe infolge eines Irrtums oder einer Unkenntnis für gültig gehalten wird. Das schutzwürdige Gut ist aber nicht die *irrige Meinung* als solche, sondern die *redliche Überzeugung*, diese Ehe schließen zu dürfen. Solche Überzeugung kann

[36] Vgl. *Kaiser*, Geschieden und wieder verheiratet (Anm. 24).

[37] Die Gegenüberstellung von *matrimonium putativum* und *matrimonium attentatum* wegen des Gebrauchs von „attentare" in den Ehehindernissen der cc. 1085 § 1, 1087 und 1088 ist nicht begründet, weil auch solche Ehen Putativehen sein können, sofern zumindest der andere Partner gutgläubig sein kann. Vgl. *Mosiek/Zapp* EheR, S. 44.

[38] Zu der problematischen Entscheidung der PCI v. 26. 1. 1949, in: AAS 41 (1949), S. 158 zu dem gleichlautenden c. 1015 § 4 CIC/1917, die zusätzlich eine Eheschließung „coram Ecclesia" verlangte, vgl. *M. Kaiser*, Der gute Glaube im CIC, München 1965, S. 118–121.

aber möglicherweise auch auf anderen besonderen Umständen beruhen, auch wenn die Ehe von beiden Partnern in Kenntnis der Ungültigkeit geschlossen wird. Wenn solche Ehen nach geltendem Recht auch nicht als Putativehen anerkannt sind[39], so fragt sich, ob sie nicht nach dem Grundsatz der Gleichbehandlung diesen gleichgestellt werden sollten. Auf diese Weise könnten Geschiedene, die wieder heiraten oder geheiratet haben, unter bestimmten Voraussetzungen vor Rechtsnachteilen bewahrt bleiben[40].

c) Vernichtbare Ehe

Anders als das kirchliche Recht kennt das *staatliche* Recht auch eine vernichtbare Ehe. Dies ist eine gültige Ehe, der zur Zeit der Eheschließung ein rechtlicher Mangel anhaftet, der zwar nicht die Ungültigkeit der Ehe zur Folge hat, aber eine Auflösung (*Aufhebung*) der Ehe rechtfertigt (§§ 28–37, 39 EheG).

d) Nichtehe

Von der ungültigen oder nichtigen Ehe ist die Nichtehe zu unterscheiden. Während der ungültigen Ehe der Rechtsschein einer gültigen Ehe anhaftet, so daß sie teilweise sogar die gleichen Wirkungen wie diese hervorbringt, fehlt der Nichtehe dieser Rechtsschein, weil Ehefähigkeit, Ehewille oder Eheschließung nicht einmal mangelhaft, sondern erkennbar überhaupt nicht gegeben sind. Gleichgeschlechtlichen Partnern fehlt die Fähigkeit, eine Ehe miteinander zu schließen, völlig. Eine eheähnliche Lebensgemeinschaft zwischen ihnen ist daher nicht eine ungültige Ehe, sondern eine Nichtehe.

In jüngster Zeit entwickeln sich unter der Bezeichnung *„Ehen ohne Trauschein“* Paarbeziehungen zwischen Partnern verschiedenen Geschlechts „von sozialen Randerscheinungen zu allgemein tolerierten Selbstverständlichkeiten“[41]. Die Bezeichnung „Ehen ohne Trauschein“ ist irreführend und als gemeinsamer Nenner für die sehr unterschiedlichen nichtehelichen Lebensgemeinschaften nicht geeignet. In kirchenrechtlicher Hinsicht handelt es sich dabei in jedem Fall um Nichtehen, sofern keinerlei Eheschließung in einer amtlichen Form stattgefunden hat. Im übrigen sind diese nichtehelichen Lebensgemeinschaften, vor allem in sittlicher Hinsicht, unterschiedlich zu beurteilen. Im Blick auf die Ehe sind drei Gruppen zu unterscheiden: Manche *wollen Ehen sein*. Sie wollen eine personale Beziehung in allen Lebensbereichen, unterlassen aber die Eheschließung aus finanziellen Gründen („Rentenkonkubinat“) oder weil sie auf Grund eines personalistischen Eheverständnisses jede rechtliche Ordnung der Ehe ablehnen, oder schieben die Eheschließung auf (Vorehe) oder wollen ihre Bezie-

[39] Eine solche Anerkennung würde voraussetzen, daß in c. 1061 § 3 der Nachsatz (donec ...) gestrichen würde.

[40] Vgl. *Kaiser*, Geschieden und wieder verheiratet (Anm. 24).

[41] *A. Heller*, „Ehen ohne Trauschein“ – Beziehungen ohne Gott? in: ThPQ 131 (1983), S. 46. Dort finden sich auch Hinweise auf Literatur zur Beurteilung dieser Verbindungen in juristischer, soziologischer und theologischer Hinsicht.

hung erst prüfen (Probeehe). Andere *wollen bewußt keine Ehe sein*, weil sie die Institution der Ehe schlechtweg ablehnen. Selbst wenn eine personale Beziehung mit Treuebindung besteht, wird jederzeitige Trennung bei Aufhören gegenseitiger Liebe eingeplant. Wieder andere *machen sich keine Gedanken über die Ehe*, sondern suchen lediglich auf Zeit oder auch auf Dauer bloße Geschlechtsgemeinschaft oder auch andere begrenzte Interessengemeinschaft (z. B. gemeinsame Freizeitgestaltung).

Als *Konkubinat* sind Nichtehen nur zu bezeichnen, wenn keine *Eheschließung* stattgefunden hat und auch der *Wille* zu einer Ehe fehlt, aber eine tatsächliche Geschlechtsgemeinschaft zwischen zwei Partnern besteht. Dabei ist es unerheblich, ob die Ehefähigkeit der Partner mangelfrei ist oder nicht. Auch eine Wohngemeinschaft ist dafür nicht unbedingt erforderlich. Ein Konkubinat kann daher auch gleichzeitig neben einer Ehe bestehen. Dagegen ist die Verbindung von ehewilligen Katholiken, die nur in bürgerlicher Form als Ehe geschlossen wurde, nicht eine Nichtehe oder gar ein Konkubinat, sondern eine ungültige Ehe[42].

2. *Pflichten und Rechte der Ehegatten (c. 1135)*

Auch wenn die Ehe primär nicht in einem Rechtsverhältnis, sondern in der personalen Lebenseinheit der Gatten besteht, kommen diesen bestimmte Pflichten und Rechte zu, die jedoch nicht isoliert für sich als solche begründet werden, sondern sich aus dem personalen Verhältnis der Ehegatten zueinander ergeben. Beide Ehegatten haben gleiche Pflichten und Rechte bezüglich ihrer ehelichen Gemeinschaft (c. 1135). Das neue Gesetzbuch schränkt diese Pflichten und Rechte nicht mehr auf die Leibesgemeinschaft ein, sondern erstreckt sie auf das gesamte eheliche Leben. Zu gemeinschaftlichem Leben sind aber die Gatten nur soweit verpflichtet, als sie nicht ein gerechter Grund davon entschuldigt (c. 1151).

Als personale Lebenseinheit erzeugt die Ehe nicht nur Rechtspflichten, sondern auch *sittliche* Pflichten, vor allem die Treuepflicht der Gatten. Da auch die ungültige Ehe eine rechtliche wie auch eine personale Wirklichkeit ist, kommen den Partnern einer ungültigen Ehe Pflichten und Rechte zu, die denen der Partner einer gültigen Ehe vergleichbar sind. Vor allem sind sie verpflichtet, nach Möglichkeit aus einer ungültigen Ehe eine gültige Ehe zu machen oder machen zu lassen, sobald sie deren Ungültigkeit erkennen (vgl. c. 1676). Die Zerstörung einer ungültigen Ehe ist daher in sittlicher Hinsicht ähnlich zu beurteilen wie die Zerstörung einer gültigen Ehe. Unter den Pflichten und Rechten der Laien wird auch die Pflicht der Ehegatten aufgezählt, gemäß ihrer eigenen Berufung durch Ehe und Familie an der Erbauung des Volkes Gottes mitzuwirken (c. 226 § 1).

[42] Anders *B. Primetshofer*, Die Stellung der Zivilehe im kanonischen Recht, in: Festschr. Arnold, S. 302–313. Aber auch *Primetshofer* unterscheidet die Zivilehe von einem Konkubinat und spricht ihr Rechtswirkungen zu, die einer ungültigen Ehe zukommen.

3. Pflichten und Rechte der Eltern (c. 1136)

Die Eltern haben die strenge Pflicht und das primäre Recht, sowohl für die leibliche, soziale und kulturelle als auch für die sittliche und religiöse Erziehung ihrer Kinder nach Kräften zu sorgen (c. 1136). Dies ist nicht eine unmittelbare Wirkung der Ehe, sondern der Elternschaft. Diese Pflicht und dieses Recht kommen daher den Eltern unabhängig davon zu, ob sie gültig oder ungültig oder nicht miteinander verheiratet sind. Sie werden noch einmal unter den Pflichten und Rechten der Laien (c. 226 § 2) und gesetzessystematisch richtig in dem Titel über die katholische Erziehung (c. 793) angeführt.

4. Stellung der Kinder (cc. 1137–1140)

Ehelich sind jene Kinder, die aus einer *gültigen Ehe* oder einer *Putativehe* empfangen oder geboren sind (c. 1137). Dabei gilt die Rechtsvermutung, daß alle Kinder ehelich sind, die nicht früher als 180 Tage nach der Eheschließung und nicht später als 300 Tage nach der Auflösung der ehelichen Lebensgemeinschaft geboren werden (c. 1138 § 2). Als *Vater* eines Kindes gilt der, den die rechtmäßige Ehe als solchen ausweist, solange nicht das Gegenteil einwandfrei bewiesen ist (c. 1138 § 1).

Nichteheliche Kinder werden durch nachfolgende Eheschließung der Eltern *legitimiert*, auch wenn daraus nicht eine gültige Ehe, sondern eine Putativehe entsteht. Außerdem kann die Legitimation durch Reskript des Heiligen Stuhles erfolgen (c. 1139). Die legitimierten Kinder sind hinsichtlich der kanonischen Wirkungen in allem den ehelichen Kindern gleichgestellt, wenn nicht von Rechts wegen ausdrücklich etwas anderes bestimmt ist (c. 1140)[43].

IV. Kompetenz der Kirche (cc. 1058–1059)

1. Recht auf Eheschließung (c. 1058)

Alle können eine Ehe schließen, die rechtlich nicht daran gehindert sind (c. 1058). Soweit eine Behinderung kraft natürlichem oder positivem göttlichen Recht besteht, gilt sie für alle Menschen. Die höchste kirchliche Autorität nimmt jedoch allein für sich in Anspruch, authentisch zu erklären, was kraft göttlichen Rechts eine Eheschließung behindert (c. 1075 § 1), und für die Getauften andere Hindernisse aufzustellen (c. 1075 § 2). Für die Ehen der *Ungetauften* erhebt die Kirche grundsätzlich keinen Kompetenzanspruch. Wenn der Staat für sie das

[43] Die oft geforderte generelle rechtliche Gleichstellung der nichtehelichen mit den ehelichen Kindern (vgl. z. B. Sb Ehe und Familie 4.1.3: Gemeinsame Synode. Gesamtausgabe I, S. 454) ist an dieser Stelle nicht ausdrücklich ausgesprochen. Aber für die Zulassung zu den Weihen, zu bestimmten kirchlichen Ämtern (Bischof, Kardinal) und zu den Instituten des geweihten Lebens bestehen in dieser Hinsicht keine Einschränkungen mehr.

Recht auf Eheschließung einschränkt, erkennt die Kirche dies an, soweit das staatliche Recht dem göttlichen Recht nicht widerspricht.

2. Bindung an das kirchliche Recht (c. 1059)

Die Ehe von *Katholiken* untersteht, auch wenn nur ein Partner getauft ist, nicht allein dem göttlichen, sondern auch dem kirchlichen Recht, vorbehaltlich der Zuständigkeit des Staates hinsichtlich der rein bürgerlichen Wirkungen der Ehe (c. 1059). In *sachlicher* Hinsicht überläßt die Kirche auch für die Ehen der Katholiken die rein bürgerlichen Wirkungen wie das Namens-, Güter-, Unterhalts- und Erbrecht dem Staat.

Da das Zweite Vatikanische Konzil die Kirche Jesu Christi nicht mehr ausschließlich mit der katholischen Kirche identifiziert (vgl. LG Art. 8 Abs. 2) und folglich auch die nichtkatholischen christlichen Gemeinschaften als Kirchen oder kirchliche Gemeinschaften anerkennt, beansprucht sie in *persönlicher* Hinsicht nicht mehr die Kompetenz für die Ehen aller Getauften, sondern nur noch der *Katholiken* (vgl. auch c. 11). Die Katholiken sind an das kirchliche Recht infolge ihrer *Zugehörigkeit zur Kirche* gebunden. Dies gilt auch, wenn sie die Ehe mit einem Partner schließen, der als Nichtkatholik dieser Rechtsordnung nicht untersteht, da der Ehebund unteilbar ist. In diesem Zusammenhang kann die Kirche auch die Gültigkeit einer vorausgegangenen Ehe unter Nichtkatholiken prüfen[44].

Die Kirche *übt* ihre Kompetenz für die Ehen der Katholiken durch Gesetzgebung, Verwaltung und Rechtsprechung *aus*. In den Bereich der Verwaltung gehören vor allem die Mitwirkung der Kirche am Zustandekommen der einzelnen Ehe sowie die Gewährung von Dispensen. Die Feststellung der ungültigkeit von Ehen erfolgt in der Regel durch Rechtsprechung, in besonderen Fällen auf dem Weg der Verwaltung.

§ 82 Die Vorbereitung der Eheschließung

Von Hartmut Zapp

Sinn und Aufgabe der kirchlichen Vorbereitungen zur Eheschließung ist zum einen die Vermeidung unerlaubter oder ungültiger Ehen. Gegenüber dem Gesetzbuch von 1917 wird nun zum andern die pastorale Vorbereitung besonders betont, wie schon aus der Neuformulierung der Überschrift zu diesem ersten Kapitel der eherechtlichen Normen ersichtlich ist.

[44] Daß dabei als Maßstab das Recht der katholischen Kirche dient (vgl. c. 1075 § 2), ist schwer mit dem Grundsatz zu vereinbaren, der in c. 11 und c. 1059 anerkannt ist. Konsequenterweise müßte das Recht der betreffenden nichtkatholischen Kirche oder kirchlichen Gemeinschaft zugrunde gelegt werden.

1. Eheversprechen

Das Eheversprechen, nach kirchlichem Recht nicht verbindlich vorgeschrieben, zählt nicht zu den kirchlichen Vorbereitungen der Eheschließung im eigentlichen Sinn. Das zeigt deutlich die systematische Einordnung des c. 1062 vor dem Kapitel über die Vorbereitungen; die Beibehaltung – eine Minderheit der Beratungsorgane hatte die völlige Streichung gefordert – der Bestimmung über das Eheversprechen als letzte unter den grundlegenden allgemeinen Eherechtsnormen ist unter systematischem Aspekt allerdings nicht als gelungen zu bezeichnen.

Nach wie vor unterscheidet das kanonische Recht zwischen dem einseitigen und dem zweiseitigen Eheversprechen, dem eigentlichen Verlöbnis. Als Neuerung gegenüber dem alten Recht überläßt c. 1062, einer Grundtendenz des neuen kirchlichen Gesetzbuchs entsprechend, die Festlegung konkreter Normen zum Eheversprechen dem Partikularrecht, das von den Bischofskonferenzen unter Berücksichtigung der jeweiligen landesüblichen Gepflogenheiten und gegebenenfalls der zivilrechtlichen Vorschriften zu erlassen ist. Demzufolge enthält c. 1062 z. B. keine Gültigkeitsvorschriften für das Verlöbnis mehr. Fast im Wortlaut übernimmt jedoch c. 1062 § 2 die Norm des c. 1017 § 3 CIC/1917 wieder, wonach das Eheversprechen eine klaglose Verbindlichkeit ist, d. h. aus einem solchen Versprechen kann nicht auf Eingehung der Ehe geklagt werden; möglich ist allenfalls ein Entschädigungsanspruch für eventuell entstandenen Schaden.

Nach dem – nicht ganz eindeutigen – Wortlaut des c. 1062 können Bischofskonferenzen wohl auch auf den Erlaß solcher Normen verzichten. Diese Interpretation wird gestützt durch die von der Kodexreformkommission gegebene Begründung zur partikularrechtlichen Beibehaltung des Verlöbnisses; partikularrechtlich sollte nämlich dann ein solches Gesetz erlassen werden, „wenn irgendwo die Einrichtung des Verlöbnisses tief in den Gebräuchen eines Volkes verwurzelt ist".[1] Da das kirchliche Eheversprechen – nur um dieses geht es ja – wohl in den seltensten Fällen den Gläubigen bekannt, geschweige denn unter ihnen üblich ist, wird wohl kaum damit zu rechnen sein, daß eine nennenswerte Zahl von Bischofskonferenzen dazu eigene Bestimmungen erlassen wird. Mit dieser in c. 1062 getroffenen Regelung der Überweisung entsprechender Normierungen an das Partikularrecht dürfte das Verlöbnis daher wohl weithin aus dem Recht der Kirche verschwinden.

2. Pastorale Vorbereitung

Besonderes Gewicht kommt nach cc. 1063–1065 der pastoralen Vorbereitung der Eheschließung zu. Die Seelsorger werden verpflichtet, ihren Gläubigen schon frühzeitig, der jeweiligen Altersstufe angepaßt, die christliche Ehelehre zu vermitteln. Schwerpunkt dieser seelsorglichen Pflicht ist dann die pastorale Betreuung der Brautleute als unmittelbare Vorbereitung auf deren künftige Aufgaben als Ehepartner und Eltern. Nach c. 1063 n. 4 sind die Seelsorgegeistlichen überdies

[1] Vgl. Communicationes 9 (1977), S. 131.

gehalten, auch den Eheleuten eine derem Stand entsprechende besondere pastorale Betreuung anzubieten. Verstärkte Betonung erhält diese Norm über die Verpflichtung zu einer gediegenen und effektiven Ehe- und Familienseelsorge durch die an den jeweiligen Ortsbischof gerichtete Vorschrift, für die Gestaltung und Durchführung dieser besonderen pastoralen Hilfeleistung zu sorgen. Dazu kann er sich nach Gutdünken, wie das Gesetz formuliert, der Beratung durch erfahrene Männer und Frauen bedienen.

Die außerordentliche Bedeutung, welche die Reformkommission der pastoralen Vorbereitung beimaß, wird nicht nur aus dieser an die Ortsordinarien gerichteten Vorschrift des c. 1064 deutlich; aus der Textgeschichte des c. 1063[2] geht hervor, daß in dieser Norm ein besonders herauszustellender Rechtsanspruch der Gläubigen, auf eine fundierte Ehevorbereitung nämlich, verankert ist. Gegenüber der ursprünglichen Formulierung dieses Anspruchs als „ius" der Gläubigen setzte sich der jetzige Wortlaut mit der an die Seelsorger gerichteten Verpflichtungsnorm durch. Wohl zu Recht begründete die (knappe) Mehrheit der Kodexkommission dies mit dem Hinweis, daß eine Verpflichtung der Seelsorger nicht nur immer auch das korrespondierende Recht der Gläubigen begründet, sondern zugleich auch für die tatsächliche Gewährleistung dieses Rechtsanspruchs sehr viel besser geeignet ist als die bloße Feststellung eines solchen Rechts, das die korrespondierende Verpflichtung zwar ebenfalls begründet, die Seelsorger aber weniger direkt in Pflicht nimmt.

Bedauern kann man im Interesse einer regional möglichst einheitlichen Durchführung der pastoralen Vorbereitung zur Eheschließung, daß die im Entwurf noch vorgesehene Empfehlung durch die Bischofskonferenz weggefallen ist. Es bleibt also allein der jeweiligen Diözesanleitung überlassen, Anweisungen für die Ehepastoral zu erteilen und deren Durchführung zu überwachen. Die dadurch bedingte unterschiedliche Praxis einer Pastoral der Ehevorbereitung muß in Kauf genommen werden, sofern damit nicht Unzuträglichkeiten verbunden sind, etwa Besuch eines Brautleute-Kurses als Bedingung zur Eheschließungszulassung oder gar Trauaufschub bzw. Trauverweigerung bei – nach Ansicht des Seelsorgers – „vordergründigen" Motiven oder „religiös-kirchlicher Abständigkeit" der Brautleute.[3] So sehr bei der pastoralen Vorbereitung der Eheschließung Traugespräche auch über die religiöse Dimension der christlichen Ehe, insbesondere deren Sakraments-Charakter zu befürworten sind, so klar muß andererseits betont werden, daß in diesem Zusammenhang nur der entschiedene, positive Ausschluß der Sakramentalität der Ehe (der zugleich keine gültige Ehe zustande kommen läßt) zu einem Trauaufschub berechtigt. Sind die (ehefähigen) Partner bereit, in kanonischer Form ihren Ehekonsens – in den der sakramentale Sinngehalt der Ehe nicht ausdrücklich einbezogen zu werden braucht – auszutauschen, darf auch bei Ablehnung z. B. eines Brautleute-Kurses oder „unwürdigem" Empfang des Ehesa-

[2] Vgl. ebd., S. 138–139.
[3] Vgl. *H. Socha*, Das Ehekatechumenat in kirchenrechtlicher Sicht, in: TThZ 85 (1976), S. 230–248.

kramentes die kirchliche Trauung nicht aufgeschoben bzw. verweigert werden.[4] Letztere Begründung ist nach dem neuen Eherecht völlig ausgeschlossen, da die umstrittene Norm des c. 1066 CIC/1917 über den „öffentlichen Sünder" weggefallen ist. Überdies bedeutete ein solches Vorgehen einen eklatanten Verstoß gegen c. 1058 mit dem darin deutlich ausgesprochenen Grundrecht auf die Ehe, das gegenüber dem Gesetzbuch von 1917 durch die geänderte Systematik mit der Einfügung dieser Bestimmung unter die grundlegenden allgemeinen Eherechtsnormen eine wesentliche Bekräftigung erfahren hat.

Als letzter Kanon zur pastoralen Vorbereitung gibt c. 1065 § 1 fast wörtlich die Anordnung des c. 1021 § 2 CIC/1917 wieder, wonach Brautleute, sofern noch nicht gefirmt, nach Möglichkeit vor der Eheschließung das Sakrament der Firmung empfangen sollen; desgleichen wurde in c. 1065 § 2 die eindringliche Empfehlung des c. 1033 CIC/1917 beibehalten, daß nämlich die Brautpaare zu den Sakramenten der Buße und Eucharistie gehen sollen.

3. *Kirchenamtliche Vorbereitung*

Bevor die Trauung stattfinden kann, muß nach c. 1066 feststehen, daß der gültigen und erlaubten Eheschließung nichts im Wege steht. Unter *kirchenamtlicher Vorbereitung* ist daher das Ermittlungsverfahren zu verstehen, durch das die Gewährleistung dieser Vorschrift sichergestellt werden soll. Die Brautleute sind dabei auf Ehehindernisse und Eheverbote, aber auch auf ihren Ehewillen hin zu überprüfen; desgleichen dient das Verfahren der Feststellung eventueller Trauungsverbote. Die umfangreichen und teilweise sehr detaillierten Bestimmungen des Gesetzbuches von 1917 zur Durchführung dieses Verfahrens sind einigen wenigen Normen (cc. 1067–1070) gewichen; deren wichtigste ist die Vorschrift des c. 1067, der die Festlegung rechtlicher Regelungen für diese Ermittlungen, nämlich für Brautexamen und Aufgebot, nun den Bischofskonferenzen überläßt. Erst nach sorgfältiger Einhaltung dieser Normen kann der Pfarrer die Trauungsassistenz übernehmen. Da Sinn und Aufgabe von Brautexamen und Aufgebot im wesentlichen gleich geblieben sind, dürfte die erforderliche partikularrechtliche Neuordnung allerdings gegenüber der bisherigen Praxis im Gebiet der Deutschen Bischofskonferenz kaum nennenswerte Änderungen bringen, zumal schon c. 1020 § 3 CIC/1917 die Durchführungsbestimmungen für das Brautexamen den Ortsordinarien überlassen hatte und für das Aufgebot in den deutschen Diözesen seit 1925 Sonderbestimmungen gelten.[5]

a) Brautexamen

Zuständig für die Durchführung des kirchenamtlichen Ermittlungsverfahrens mit Brautexamen und Aufgebot ist sowohl der parochus proprius, also der (Hei-

[4] Vgl. schon PCI-Entscheidung vom 2./3. 6. 1918, in: AAS 10 (1918), S. 345.
[5] SC Sacr vom 15. 1. 1925; vgl. AfkKR 105 (1925), S. 587–589.

mat-)Pfarrer[6] der Braut als auch der des Bräutigams; die im Regelfall bestandene Bevorzugung des Pfarrers der Braut nach c. 1097 § 2 CIC/1917 ist im entsprechenden c. 1115 weggefallen. Obwohl in c. 1067 ausdrücklich von „Brautexamen" (examen sponsorum) die Rede ist, dürfte die in c. 1020 § 2 CIC/1917 noch vorgesehene „Prüfung" in der christlichen Glaubenslehre wohl endgültig der Vergangenheit angehören. Gegenstand des Brautexamens sind vielmehr rechtliche Ehefähigkeit und Ehewille der Brautleute sowie Feststellung eventueller Trauungsverbote.

Nach Aufnahme der Personalien gilt eine erste Frage dem Nachweis des Taufempfangs. Zwar sind die einschlägigen Vorschriften des c. 1021 § 1 CIC/1917 über das Taufzeugnis im neuen Eherecht nicht mehr enthalten; da jedoch die Norm des c. 1019 § 2 CIC/1917 vollinhaltlich und fast wörtlich im c. 1068 ihre Bestätigung gefunden hat, ist davon auszugehen, daß der Nachweis des Taufempfangs nach wie vor zu den wichtigsten Zielen des Brautexamens gehört. Danach haben die Brautleute dem für das Ermittlungsverfahren zuständigen Pfarrer ein zum Zweck der Eheschließung ausgestelltes Taufzeugnis vorzulegen, sofern sie nicht auch in dieser Pfarrei schon getauft wurden. Dieses Taufzeugnis soll nach z. T. schon lange bestehender partikularrechtlicher Vorschrift[7] nicht älter als drei Monate sein. Neben dem Nachweis des Taufempfangs sind nämlich aus diesem Auszug aus dem Taufbuch alle statuserheblichen Sachverhalte, deren Kenntnis für die Zulassung zur Eheschließung von Bedeutung ist, zu ersehen. Nach c. 535 § 2 müssen Empfang der Firmung sowie für den kirchlichen Personenstand maßgebliche Fakten, die Eheschließung, Adoption, Empfang der Weihe, ewiges Gelübde und Ritusänderung betreffen, nicht nur im Taufbuch eingetragen, sondern überdies auch auf jedem Taufzeugnis vermerkt werden. Für nichtkatholische Christen enthält das Taufzeugnis keine für die Feststellung des status liber wichtigen Eintragungen, da deren Kirchen weitere Vermerke, z. B. über Eheschließungen, nicht ins Taufregister aufnehmen lassen. In solchen Fällen empfiehlt es sich, weitere Dokumente zu erbitten, aus denen eventuell der Personenstand des Betreffenden zu ersehen ist (z. B. Bescheinigung der Meldebehörde, Lohnsteuerkarte). Nach c. 876 genügt als Beweis der Taufe notfalls auch die Aussage wenigstens eines einwandfreien Zeugen oder die beeidigte Erklärung des Betreffenden selbst, falls er als Erwachsener getauft wurde. Nur in Todesgefahr, nicht auch im drängenden Verlegenheitsfall, wie zunächst vorgesehen, reicht nach c. 1068, falls keine Indizien dagegen sprechen, die gegebenenfalls beeidigte Versicherung der Partner aus, daß sie getauft sind und keinem Ehehindernis unterliegen.

Bei Brautleuten, die schon einmal verheiratet waren, sind weitere Erhebungen notwendig. Verwitwete haben den amtlichen Totenschein ihres verstorbenen Gatten vorzulegen. Für Vermißte genügt nach den kirchlichen Vorschriften die staatliche Todeserklärung nicht; die kirchliche Todesvermutung ist in einem eigenen Verfahren auszusprechen[8]. Zivilrechtlich Geschiedene müssen gleichlau-

[6] Vgl. den für die Bestimmung des Heimatpfarrers maßgeblichen, neu festgelegten Begriff von Domizil und Quasidomizil nach c. 102.

[7] Vgl. z. B. AfkKR 115 (1935), S. 159.

[8] Vgl. c. 1707; *Mosiek/Zapp* EheR, S. 65–66; ABl. Freiburg 1953, S. 473.

tende Urteile zweier Instanzen[9] über die kirchliche Nichtigkeitserklärung oder andere Entscheidungen[10] vorlegen, welche die Ungültigkeit oder die kirchliche Auflösung der Vorehe bestätigen. Es genügt auch der entsprechende, aus dem Taufregister übernommene Vermerk.

Mit der Feststellung des sog. status liber[11] – oft nicht ganz korrekt mit „Ledigenstand" wiedergegeben – ist jedoch das Brautexamen nicht abgeschlossen. Die Brautleute sind nämlich nicht nur auf ein etwa schon bestehendes Eheband, sondern auch auf andere Ehehindernisse und Eheverbote hin zu befragen. Ein weiterer wichtiger Punkt innerhalb des Brautexamens dient dem Versuch, einen zur Gültigkeit der Ehe nicht ausreichenden Ehewillen festzustellen. Die wichtigsten Fragen dazu[12] sind in den Vordrucken zur Niederschrift des Brautexamensprotokolls vorformuliert, die im wesentlichen in allen deutschen Diözesen miteinander übereinstimmen. Wie die steigende Zahl der an kirchlichen Gerichten wegen Konsensmängeln anhängigen Ehenichtigkeitsverfahren zeigt, sind diese Fragen nach dem erforderlichen Ehewillen jedoch nur von sehr beschränktem Nutzen; daran konnte auch die in der Praxis allerdings kaum zu befolgende Vorschrift des c. 1020 § 2 CIC/1917 über die Einzeleinvernahme der Partner nichts ändern, die im neuen Eherecht nun nicht mehr enthalten ist. Für kultus- und bekenntnisverschiedene Ehen sind beim Brautexamen zusätzliche Vorschriften[13] zu beachten.

Auf den bisher üblichen Vordrucken des Brautexamensprotokolls sind auch Ersuchen um Dispens bzw. Trauerlaubnis und Vermerke über entsprechende Gewährung einzutragen, gegebenenfalls auch eine Delegation zur Eheassistenz. Überschreiten die dazu erforderlichen Vollmachten die Befugnis des Pfarrers, ist das Brautexamensprotokoll an den Ordinarius einzusenden; dies gilt auch für den Fall, daß Dispens oder Trauerlaubnis von diesem schon fernmündlich erteilt wurde. Weiter sind in diesem Protokoll nach vollzogener Trauung die vorgeschriebenen Mitteilungen über die erfolgte Eheschließung[14] zu vermerken. In der Regel wird das Brautexamensprotokoll im Pfarrarchiv des Eheschließungsortes aufbewahrt. Da sich die bisher geübte Praxis des Brautexamens mit dem Brautexamensprotokoll bewährt hat, kann wohl davon ausgegangen werden, daß die zu erfolgende partikularrechtliche Neuordnung des Brautexamens im großen und ganzen an der jetzigen Regelung festhalten wird.

[9] In 2. Instanz kann auch ein Dekret genügen, vgl. cc. 1682 § 2 und 1684.

[10] Z. B. aus einem Dokumentenprozeß nach c. 1686.

[11] Vgl. auch die entsprechenden Hinweise in cc. 1113–1114.

[12] Z. B. im Brautexamensprotokollformular der Erzdiözese Freiburg nach Freiheit und Ungezwungenheit der Eheschließung, Einflußnahme der Eltern, Ausschluß einer Wesenseigenschaft der Ehe.

[13] Vgl. cc. 1086 § 2 und 1125; nach c. 1126 sind die einzelnen Verfahrensvorschriften dazu noch von den Bischofskonferenzen zu erlassen; s. auch in *diesem* Band, unten *H. Heinemann,* § 86 Die konfessionsverschiedene Ehe.

[14] Vgl. dazu unten in *diesem* Band, *B. Primetshofer,* § 85 Die Eheschließung.

b) Aufgebot

Auch das Aufgebot dient der Vermeidung unerlaubter oder ungültiger Eheschließungen. Es ist gemäß c. 1067 weiterhin ausdrücklich vorgesehen, wenn auch die Bestimmungen über Art und Weise seiner Durchführung ebenfalls der Bischofskonferenz überlassen werden. Die Beibehaltung des Aufgebots bzw. eines aufgebotsähnlichen Verfahrens ist überdies aus c. 1069 ersichtlich, der die Gläubigen auch in Zukunft verpflichtet, ihnen bekannte Ehehindernisse dem Pfarrer oder Ortsordinarius mitzuteilen. Dieser Verpflichtung können sie natürlich nur nachkommen, wenn sie in geeigneter Weise von den beabsichtigten Eheschließungen erfahren; an irgendeiner Form der Eheproklamation wird also festgehalten werden müssen. Dabei wäre wohl auch zu prüfen, ob die Neuregelung der Vorschriften zum Aufgebot die bisher sehr großzügig geübte Dispenspraxis weiterhin gestatten sollte. In vielen Diözesen können die Pfarrer von allen Eheproklamationen dispensieren – die Formulare zum Brautexamensprotokoll bieten diese Möglichkeit geradezu an – und machen davon regen Gebrauch.[15] Weithin mag dahinter die richtige Überlegung stehen, daß es sich beim Aufgebot doch in den allermeisten Fällen um eine bloße Formalität handelt, die kaum den damit intendierten Erfolg hat. Es bleibt abzuwarten, welche Regelung die Bischofskonferenz treffen wird, um sowohl der Vorschrift des Gesetzes Genüge zu tun als auch der Seelsorgepraxis gerecht zu werden. Vielleicht könnte die Eheproklamation unter dem Aspekt eines bewußten und intensiven Gemeindelebens einen neuen Sinngehalt bekommen, ohne daß der vom Gesetz beabsichtigte Zweck dabei außer acht bliebe.

Wird das Ermittlungsverfahren nicht von dem für die Trauung zuständigen Pfarrer vorgenommen, muß dieser nach c. 1070 baldmöglichst durch eine offizielle schriftliche Benachrichtigung über das Ergebnis der Ermittlungen informiert werden. Unter dem „für die Trauung zuständigen Pfarrer" ist in der Regel der Pfarrer des Trauungsortes (parochus loci) zu verstehen, falls der Eheschließungsort nicht zugleich die Pfarrei des parochus proprius ist, der die kirchenamtlichen Vorbereitungen durchgeführt hat. Von der Gesetzesformulierung[16] her trägt der Ortspfarrer Mitverantwortung, auch wenn ein anderer der tatsächlich Trauende ist, der sich nach c. 1114 ebenfalls über den status liber der Brautleute vergewissern, somit also das Ergebnis des Ermittlungsverfahrens kennen muß.

Bestimmungen über die Zulassung zur Eheschließung, wie sie z. B. in c. 1030 CIC/1917 zu finden sind, enthält das neue Eherecht nicht mehr; sie müßten im Zusammenhang mit den Normen zur kirchenamtlichen Eheschließungsvorbereitung von den Bischofskonferenzen erlassen werden. Für den Bereich der Bundesrepublik Deutschland ist darauf hinzuweisen, daß auf Grund der obligatorischen Zivilehe in jedem Fall vor der kirchlichen Eheschließung auch der *standesamtliche Trauschein* vorzuliegen hat.

[15] Vgl. die ähnliche Feststellung in der Reformkommission, Communicationes 9 (1977), S. 140.

[16] c. 1070: „... parochus, cuius est assistere matrimonio ...".

4. Trauungsverbote

Das von den Bischofskonferenzen näher zu bestimmende Ermittlungsverfahren mit Brautexamen und Aufgebot soll als möglichst praktikables Mittel zur Vermeidung ungültiger oder unerlaubter Eheschließungen dienen; unerlaubte Ehen sind auch solche, die einem Trauungsverbot unterliegen. Im Gegensatz zu den Ehehindernissen und Eheverboten betrifft ein Trauungsverbot nicht direkt die Brautleute, verbietet nicht unmittelbar ihnen die Ehe, sondern richtet sich an den Pfarrer bzw. den assistierenden Geistlichen. Es verbietet diesen, außer im Notfall, ohne Erlaubnis des Ordinarius bestimmte Brautleute zu trauen. Eine gegen diese Bestimmung des c. 1071 § 1 vorgenommene Eheschließung ist daher unerlaubt, niemals jedoch ungültig. Gegenüber dem bisherigen Eherecht ist zunächst unter systematischem Aspekt die Zusammenfassung aller Trauungsverbote in einem einzigen Paragraphen zu begrüßen. Aber auch inhaltlich sind positive Veränderungen zu verzeichnen, wenn man sich auch den Wegfall aller schwer zu bestimmenden Sachverhalte als Trauungsverbote gewünscht hätte. Im einzelnen bestehen nach c. 1071 § 1 nn. 1–7 folgende Trauungsverbote:

a) Ehen von *Wohnsitzlosen* darf wie schon nach c. 1032 CIC/1917 auch weiterhin ohne die genannte Erlaubnis nicht assistiert werden.

b) Unter die kirchlichen Trauungsverbote fallen nun auch *Eheschließungen, die im staatlichen Bereich verboten sind*. In der Bundesrepublik Deutschland ist diese Norm allerdings – abgesehen von einigen Sonderformen von Ausländerehen – wegen der obligatorischen Zivilehe ohne Bedeutung.

c) Ebenfalls nicht im alten Eherecht findet sich das Verbot, Eheschließungen zu assistieren, bei denen ein Teil gegenüber dem Partner oder Kindern aus einer früheren Verbindung *„natürliche Verpflichtungen"* hat. Darunter fallen nicht nur in erster Ehe bloß zivil Getraute, sondern dazu gehören auch Personen, deren kirchliche Ehe für nichtig erklärt wurde oder die kirchlich geschieden sind[17].

d) Die Bestimmung des c. 1071 § 1 n. 4 greift teilweise die des c. 1065 CIC/1917 wieder auf. Danach sind mit einem Trauungsverbot Eheschließungen von *Katholiken* belegt, die *offenkundig vom Glauben abgefallen sind*. Entgegen den Entwürfen der Reformkommission wurde auf Zusätze verzichtet, die den Beitritt zu einer nichtkatholischen Glaubensgemeinschaft oder einer von der Kirche verbotenen Vereinigung betrafen. Damit ist sicherlich eine der Schwierigkeiten entfallen, nämlich zwischen akatholischen Glaubensgemeinschaften und verbotenen Vereinigungen unterscheiden bzw. überhaupt erst feststellen zu müssen, ob eine Vereinigung (noch) kirchlich verboten ist. Auf den Einwand, der Begriff „offenkundig" sei unklar, ist zwar mit der Kodexkommission zu erwidern, daß allenfalls die Feststellung des Sachverhalts „Glaubensabfall" Schwierigkeiten bereiten könne, nicht aber der in der kanonistischen Doktrin eindeutige Begriff der Offenkundigkeit; in der Praxis aber wird man tatsächlich in der Regel nur selten sicher

[17] Nach den von der CIC-Reformkommission genannten Beispielen fallen auch solche unter das Trauungsverbot, die Verpflichtungen gegenüber ihren nichtehelichen Kindern haben, vgl. Communicationes 9 (1977), S. 145.

entscheiden können, wann ein solcher Glaubensabfall vorliegt. Die Voraussetzung für dieses Trauungsverbot, eben Glaubensabfall, ist nicht zu verwechseln mit dem „Kirchenabfall" der cc. 1086 § 1, 1117 und 1124, der zusätzlich durch einen Formalakt qualifiziert sein muß. In Ländern, in denen keine Möglichkeit zu einem solchen Formalakt (z. B. „Kirchenaustritt", entsprechende Angabe bei Erhebung der Personalien) gegeben ist, dürfte außerdem die Abgrenzung der beiden Sachverhalte nicht immer leicht sein. Der Ortsordinarius darf nach c. 1071 § 2 die Befreiung von diesem Trauungsverbot nur erteilen, wenn die Voraussetzungen des c. 1125 zur Erlaubnis von Mischehen entsprechend erfüllt sind. Mißbehagen an dieser unter ökumenischem Aspekt nicht glücklichen Formulierung hat bereits die Diskussion innerhalb der Reformkommission erkennen lassen[18].

e) Ein weiteres Trauungsverbot besteht bei *Brautleuten, die einer Beugestrafe* (Zensur), also hier Exkommunikation oder Interdikt[19], verfallen sind. Zusammen mit dem problematischen Verbot für „öffentliche Sünder" – eine Norm, die im CIC/1983 zu Recht keine Berücksichtigung mehr findet –, enthielt c. 1066 CIC/1917 eine ähnliche Vorschrift. Gegenüber dieser Bestimmung und auch noch der entsprechenden Neufassung im Entwurf ist das „notorie" aber im Trauungsverbot des c. 1071 § 1 n. 5 weggefallen.

f) *Minderjährige*, also gegenüber dem alten Recht (bis 21 Lebensjahre) nun noch nicht Achtzehnjährige[20], dürfen ohne Erlaubnis des Ordinarius ebenfalls nicht getraut werden, falls ihre Eltern nichts von der geplanten Eheschließung wissen oder aus berechtigten Gründen nicht damit einverstanden sind[21]. Generell legt darüber hinaus c. 1072 den Seelsorgern nahe, Jugendlichen von der Eheschließung abzuraten, ehe sie das landesübliche Heiratsalter erreicht haben.

g) Schließlich unterliegen auch Ehen einem Trauungsverbot, die *durch Stellvertreter* geschlossen werden sollen.

Bleiben nach Durchführung der kirchenamtlichen Vorbereitungen Unklarheiten bezüglich der zu erhebenden Sachverhalte oder über die einzuhaltende Verfahrensweise bestehen, soll unter Vorlage des Brautexamensprotokolls beim Ordinarius um Entscheidung nachgesucht werden, wie dies nach den üblichen Vordrucken zum Brautexamensprotokoll ausdrücklich vorgesehen ist.

[18] Vgl. Communicationes 9 (1977), S. 145.
[19] Vgl. cc. 1331–1333.
[20] Vgl. c. 97 § 1.
[21] Nicht zu verwechseln mit dem Ehehindernis des Alters (14 bzw. 16 Jahre), vgl. c. 1083 § 1.

§ 83 Die rechtliche Ehefähigkeit und die Ehehindernisse

Von Hartmut Zapp

„Alle können eine Ehe schließen, sofern sie nicht vom Recht daran gehindert sind." Diese Norm des c. 1058 ist zwar die wörtliche Wiedergabe des c. 1035 CIC/1917; die darin ausgesprochene Feststellung des fundamentalen Rechts jedes einzelnen auf Eheschließung erhält nun jedoch eine ganz andere, viel stärkere Aussagekraft, da sie nicht mehr als Einleitung der Normen zu den Ehehindernissen[1] dient, sondern in der Systematik des neuen kirchlichen Eherechts bewußt als vierter Kanon unter den grundlegenden allgemeinen Rechtssätzen über die Ehe eingeordnet wurde.[2] Man wird darin einen Ausdruck des Bemühens der Kirche zu sehen haben, auch in ihrem eigenen Rechtssystem dem Desiderat nach Verwirklichung der Grund- bzw. Menschenrechte[3] nachzukommen. Die „Christengrundrechte" sollten nach ausdrücklicher Weisung an die Kodex-Reformkommission im CIC/1983 der Kirche besondere Beachtung finden.[4]. Dazu gehört auch das „natürliche Recht des Menschen auf Eheschließung", wie im MP MatrMixt in aller nur wünschenswerten Klarheit formuliert wurde[5]; im Anschluß an den Entwurf der Lex Ecclesiae Fundamentalis betont nun c. 219 dieses Grundrecht des Christen auf freie Wahl seines Lebensstandes, also auch auf Eheschließung[6].

Dieses fundamentale Recht des Menschen auf Ehe darf auch vom kirchlichen Gesetzgeber nicht ungebührlich verhindert werden. Er hat vielmehr darauf zu achten, die mögliche Spannung zwischen diesem natürlichen Grundrecht des einzelnen und den kirchenrechtlichen Beschränkungen, den sog. Ehehindernissen, möglichst gering zu halten. Überdies ist darauf hinzuweisen, daß es bei den hindernisrechtlichen Normen nicht nur um die Gefährdung eines Grundrechts

[1] Vgl. *Mosiek/Zapp* EheR S. 79–144 (mit Literatur).

[2] Vgl. *H. Heinemann*, Erwägungen zur Reform der Ehehindernisse, in: Festg. Flatten, S. 47ff.

[3] Vgl. *H. Heinemann*, Menschenrechte? Eine Anfrage an das Kirchenrecht, in: ÖAKR 25 (1974), 250ff.

[4] Leitsatz 6 der „Principia quae Codicis Iuris Canonici recognitionem dirigant", in: Communicationes 1 (1969), S. 82–83; vgl. zur neueren Diskussion über den Grundrechtsgedanken im kanonischen Recht *G. Luf*, Grundrechte und kirchlicher Rechtsschutz, in: ÖAKR 26 (1975), S. 25–54. Eine befremdende, weil äußerst zurückhaltende, eher ablehnende Antwort auf die Frage, ob „die natürlichen Menschenrechte auch für den Christen in der Kirche gültig sein" sollen, gibt *E. Corecco*, Erwägungen zum Problem der Grundrechte des Christen in Kirche und Gesellschaft, in: AfkKR 150 (1981), S. 421–453 (hier S. 452).

[5] AAS 62 (1970) S. 258: „Quoniam vero ius est homini a natura datum, inire matrimonium ..." Ähnlich z. B. *Pius XII.*, in: AAS 33 (1941), S. 422.

[6] Vgl. schon GS Art. 26, ähnlich Art. 29. Die Bestimmungen der cc. 208–231 dürften allerdings bezüglich der an den vorgesehenen Katalog vonChristengrundrechten und -pflichten geknüpften Erwartungen Wünsche offen gelassen haben; vgl. z. B. *H. Müller*, Freiheit in der kirchlichen Rechtsordnung?, in: AfkKR 150 (1981), S. 466 mit der (für c. 227 zutreffenden) berechtigten Kritik, daß „im Verfassungsrecht der erstmals erstellte Grundrechtskatalog zwar das Recht auf religiöse Freiheit im bürgerlichen Bereich, nicht aber im innerkirchlichen Raum aufführt".

geht; diese Ehehindernisse müssen vielmehr auch, da sie den Empfang eines Sakraments verhindern, theologisch vertretbar sein. Solche Eingriffe durch den kirchlichen Gesetzgeber dürfen daher nur aus schwerwiegenden Gründen im recht verstandenen Interesse der Institution Ehe selbst oder des Wohls der kirchlichen Gemeinschaft erfolgen, denen gegenüber das Recht des einzelnen dann zurückzutreten hat. Wie sehr sich das Verständnis von Ehe, auch vom sog. Wesen der Ehe, bzw. vom Gemeinwohl wandeln und demzufolge die rechtlichen Bestimmungen über die Ehehindernisse beeinflussen kann, zeigt die Geschichte des kirchlichen Eherechts zur Genüge[7]. Ein anschauliches Beispiel der Abhängigkeit kirchlicher Ehegesetzgebung von gewandelten Auffassungen über Wesen der Ehe, über deren Schutzbedürftigkeit und über die damit zusammenhängenden Erfordernisse des Gemeinwohls gibt auch das stark veränderte Normengefüge zu den Ehehindernissen im neuen kirchlichen Eherecht[8].

In der Frage nach dem Geltungsbereich der Ehehindernisse hat das neue Gesetzbuch insofern eine wesentliche Neuerung geschaffen, als nach c. 11 rein kirchliche Gesetze, die ja den weitaus größten Teil des Kirchenrechts darstellen, grundsätzlich nur noch für Katholiken verbindlich sind. Damit ist jedoch nicht das Problem gelöst, wann nämlich ein konkreter Rechtssatz nicht der Verfügungsgewalt der Kirche unterworfen ist und als Formulierung einer Norm des ius divinum nicht nur Katholiken verpflichtet. Das angesprochene Problem besteht hier in der Feststellung, welche Ehehindernisse tatsächlich auf *göttlichem Recht* beruhen oder wann – etwa bei der Blutsverwandtschaft – das Hindernis göttlichen Rechts beginnt. Unter rein positiv-rechtlichem Aspekt ist die Frage allerdings insofern gelöst, als nach c. 1075 § 1 die oberste kirchliche Autorität solche Ehehindernisse göttlichen Rechts authentisch deklariert.

1. Trennende Ehehindernisse im allgemeinen

Eine der auffallendsten Änderungen des neuen Eherechts besteht im *Wegfall der verbietenden* (auch sog. aufschiebenden) *Ehehindernisse*, die zwar das strenge Verbot einer Eheschließung beinhalteten, die Gültigkeit der dennoch eingegangenen Ehe aber nicht berührten. Mit dem Verzicht auf die Beibehaltung von verbietenden Ehehindernissen wurde der richtigen Auffassung Rechnung getragen, daß einerseits eine Beschränkung der naturrechtlichen Eheschließungsfreiheit nur aus den umrissenen schwerwiegenden Gründen vorgenommen werden darf, diese dann aber andererseits tatsächlich dazu geeignet sein muß, die ihr zugrundeliegende Intention zu erreichen, also eine trotz eines bestehenden Ehehindernisses vorgenommene Eheschließung nicht gültig zustande kommen zu lassen[9]. Aus-

[7] Vgl. *J. Freisen*, Geschichte des canonischen Eherechts bis zum Verfall der Glossenlitteratur, 2. Ausg., Paderborn 1893 (Neudruck Aalen 1963), S. 220–769.

[8] Vgl. schon die Forderung im Entwurf des Votums über das Sakrament der Ehe, daß „die Gesetzgebung über die Ehehindernisse den neuen Zeitverhältnissen angepaßt werden muß", LThK²-Konzilskommentar III, S. 599.

[9] Vgl. *J. Lederer*, Erwägungen zur theologischen Problematik der verbietenden Ehehindernisse, in: Festschr. Mörsdorf, S. 559–574. Allerdings wurde diese wohl richtige Auffassung

drücklich ist darauf hinzuweisen, daß auch die bekenntnisverschiedene Ehe den Charakter eines verbietenden Ehehindernisses verloren hat[10], obgleich die Eheschließung bekenntnisverschiedener Christen an die Erlaubnis des Ortsordinarius gebunden bleibt[11]. Dies wird eindeutig durch die Systematik des neuen Eherechts belegt, das in den beiden Kapiteln über die Ehehindernisse (cc. 1073–1094) nur noch impedimenta dirimentia kennt und die bekenntnisverschiedenen Ehen unter der Bezeichnung „De matrimoniis mixtis" im 6. Kapitel (cc. 1124–1129) behandelt.

Unter *Ehehindernis* im strengen kanonistischen Sinn versteht man daher den mit einer Person verbundenen Sachverhalt, der diese rechtlich unfähig macht, eine gültige Ehe zu schließen (c. 1073). Die Wirksamkeit der Ehehindernisse als sog. leges inhabilitantes dürfte nach herrschender Lehre unabhängig vom Wissen der Betroffenen eintreten[12]; wegen der Unteilbarkeit des Ehevertrages ist die Ehe ungültig, wenn auch nur bei einem der Partner ein Ehehindernis vorliegt. Von einem *absoluten* Ehehindernis spricht man, wenn es gegenüber jedem, von einem *relativen*, sofern es nur gegenüber einem bestimmten Partner besteht (z. B. Eheband – Blutsverwandtschaft).

Weiter werden die Ehehindernisse unterschieden in *öffentliche* und *geheime*. Nach c. 1074, der wörtlich mit c. 1037 CIC/1917 übereinstimmt, ist ein Hindernis öffentlich, wenn es im äußeren Rechtsbereich bewiesen werden kann (also etwa durch kirchliche oder staatliche Urkunden, sonstige Dokumente oder Zeugen), andernfalls ist es geheim. Die in der Doktrin[13] bisher übliche weitere Einteilung nach dem tatsächlichen Bekanntsein ist wohl wenig dienlich; ein Hindernis ist auf Grund der faktischen Publizität nach der Begriffsbestimmung des c. 1074 ja ebenfalls als öffentlich anzusehen, weil es im äußeren Rechtsbereich (z. B. durch Zeugen) bewiesen werden kann. Außerdem ist zur Interpretation des Öffentlichkeitsbegriffs ein Verweis auf das Bekanntsein im Sinne des c. 2197 CIC/1917 nicht mehr möglich, da eine entsprechende Norm im neuen Strafrecht fehlt. Ähnliches gilt für die Unterscheidung in „ihrer Natur nach öffentliche Hindernisse" nach c. 1971 § 1 n. 2 CIC/1917, der in der entsprechenden Neufassung des c. 1674 n. 2 diese Terminologie nicht mehr enthält; dem „casus occultus" des c. 1080 § 1 dürfte ein anderer Sachverhalt zugrunde liegen, so daß er als Argument für die

im neuen Eherecht nicht konsequent durchgehalten; denn auch bei Ehe- und Trauungsverboten ist zu fragen, ob „die Ausübung eines gottgegebenen Rechts in dieser Weise behindert werden darf" (hier S. 570).

[10] Anderer, wenig einsichtiger Auffassung *H. Heinemann*, „Mischehe" oder bekenntnisverschiedene Ehe? (= Canonistica 7), Trier 1982, S. 40.

[11] Vgl. cc. 1124–1126.

[12] Vgl. aber, falls aus verschiedenen Gründen Dispenseinholung nicht möglich ist, die überzeugenden Ausführungen von *R. Weigand*, Gibt es eine Heiratsmöglichkeit trotz Vorliegens eines trennenden Ehehindernisses?, in: Festg. Flatten, S. 69–78; hinsichtlich der Geltung kirchlicher Gesetze, also auch kirchlicher Ehehindernisse für Protestanten ist der Forderung dieses Autors (S. 78) durch c. 11 bereits entsprochen.

[13] Zum Teil gestützt auf die PCI-Entscheidung vom 25. 6. 1932, in: AAS 24 (1932), S. 284, die aber nur erklärt, daß ein Hindernis öffentlich ist, wenn die ihm zugrundeliegende Tatsache öffentlich bekannt ist.

genannte Unterscheidung wohl kaum in Frage kommt. Für den Öffentlichkeitsbegriff bei den Ehehindernissen sollte daher die Beweisbarkeit im äußeren Rechtsbereich, wie es die Gleichsetzung von öffentlichem und beweisbarem Hindernis in c. 1158 §§ 1 und 2 nahelegt, alleiniges Kriterium sein; damit dürfte auch ohne weiteres die aus c. 1047 CIC/1917 übernommene Bestimmung des c. 1082 vereinbar sein, die voraussetzt, daß ein geheimes Hindernis zu einem öffentlichen werden kann, also etwa durch Auffinden von Urkunden bzw. Auftreten von Zeugen beweisbar wird.

Gegenstandslos wurde eine weitere Unterscheidung von Ehehindernissen, nämlich nach deren Wichtigkeit in solche höheren und niederen Grades; nach c. 1042 CIC/1917 gehörten Blutsverwandtschaft im dritten, Schwägerschaft im zweiten Grad der Seitenlinie (jeweils nach alter Zählung), öffentliche Ehrbarkeit im zweiten Grad, geistliche Verwandtschaft und Ehebruch mit Eheversprechen oder versuchter Eheschließung zu den Ehehindernissen niederen Grades; diese Ehehindernisse sind im neuen Eherecht weggefallen.

a) Aufstellung von Ehehindernissen und Eheverboten

Nur der höchsten kirchlichen Gewalt, also Papst und Ökumenischem Konzil, steht es nach c. 1075 § 1 zu, authentisch zu erklären, wann eine Ehe auf Grund göttlichen Rechts nicht möglich ist. Solche Ehehindernisse gelten ihrem Wesen nach als unveränderlich und indispensabel; zu beachten ist jedoch, daß z. B. das Hindernis der Impotenz in seiner begrifflichen Festlegung neuerdings eine bemerkenswerte Änderung erfahren hat[14], obwohl es als Ehehindernis göttlichen Rechts gilt. Weiter ist es nach c. 1075 § 2 ebenfalls ausschließlich Sache dieser höchsten kirchlichen Autorität, andere Ehehindernisse rein kirchlichen Rechts aufzustellen[15]. Von der im Entwurf von 1975 vorgesehenen Erweiterung dieser Vollmacht auf die Bischofskonferenzen wurde im Interesse eines doch möglichst einheitlichen Eherechts wieder Abstand genommen. Die Bestimmung im 1. Halbsatz des c. 1040 CIC/1917, daß allein der Papst für Aufhebung oder Änderung von Ehehindernissen zuständig ist, wurde wohl zu Recht nicht mehr eigens aufgenommen, da sie sich – mit der genannten geringfügigen Ausweitung auf „die höchste kirchliche Autorität" – schon aus c. 1075 ergibt. Wörtlich beibehalten wurde in c. 1076 die Norm des c. 1041 CIC/1917, wonach durch Gewohnheitsrecht Ehehindernisse weder eingeführt noch abgeschafft werden können.

Gegenüber den Ehehindernissen, die durch Gesetz festgelegt sind, beruhen *Eheverbote* auf einem Verwaltungsgebot; die Möglichkeit zur Aufstellung von Eheverboten ist in c. 1077 beibehalten worden. Den Regelfall stellen die besonderen Eheverbote dar, die für konkrete Einzelfälle ergehen, doch sind auch allge-

[14] Vgl. SC Fid vom 13. 5. 1977, in: AAS 69 (1977), S. 426; c. 1084 § 1.

[15] Die Formulierung des c. 1075 § 2 „pro baptizatis constituere" ist nicht einsichtig. Mit „alia impedimenta" sind eindeutig Ehehindernisse rein kirchlichen Rechts gemeint, die nach der generellen Norm des c. 11 nur noch Katholiken, nicht auch andere Getaufte verpflichten; es müßte hier wohl „pro catholicis constituere" heißen.

meine Eheverbote denkbar, die eine unbestimmte Zahl von Adressaten unter besonderen Umständen betreffen könnten. Die Vollmacht, in einem besonderen Fall, nur auf gewisse Zeit und aus einem gravierenden Grund, jedoch lediglich solange dieser besteht, ein Eheverbot auszusprechen, steht nach c. 1077 § 1 dem Ortsordinarius für alle Gläubigen zu, die sich in seiner Diözese aufhalten; seinen eigenen Diözesanen kann er unter den genannten Voraussetzungen überall die Ehe verbieten. Diese Bestimmung ist jedoch nur von relativer Bedeutung, da ein von einem Ortsoberhirten ausgesprochenes Eheverbot wie schon bisher nach c. 1039 § 1 CIC/1917 bloß verbietenden Charakter hat; eine gegen dieses Verbot geschlossene Ehe ist daher gültig. Nur die höchste kirchliche Autorität wiederum kann nach c. 1077 § 2 einem – von ihr oder einem Ortsordinarius verhängten – Eheverbot eine eheirritierende Klausel beifügen, die der Wirkung nach einem trennenden Ehehindernis entspricht, also keine gültige Ehe zustande kommen läßt. Die mitunter kirchlichen Ehenichtigkeitsurteilen beigefügten Eheverbote, nie mit eheirritierender Folge, haben nur deklarativen Charakter, z. B. wenn wegen des festgestellten Ehehindernisses der Impotenz ohnehin keine erneute Eheschließung möglich wäre. Darüber hinausgehende Befugnisse[16] stehen einem Gericht nach herrschender Meinung nicht zu.

b) Dispens von Ehehindernissen

Die Befreiungsmöglichkeit von Ehehindernissen kirchlichen Rechts in Form der Dispens[17] beruht infolge einer der wesentlichsten Änderungen im neuen kirchlichen Gesetzbuch nun auf einer ganz anderen Grundlage, mag dies auch de facto in der Dispenspraxis wenig in Erscheinung treten. Nach c. 81 CIC/1917 konnten nämlich Ordinarien von allgemeinen Kirchengesetzen nicht befreien, wenn ihnen diese Vollmacht nicht eigens gewährt wurde (sog. Konzessionssystem). Vom II. Vatikanum angeregt und durch verschiedene nachkonziliare Gesetze schon vorbereitet[18] steht nun nach einer völlig anderen Konzeption gemäß c. 87 dem Diözesanbischof kraft seines Amtes diese Dispensvollmacht zu, wann immer es für das geistliche Wohl seiner Gläubigen erforderlich ist, sofern der Apostolische Stuhl sich nicht Sonderfälle vorbehalten hat (sog. Reservationssystem). Diese allgemeine Bestimmung findet speziell für die Dispens von Ehehindernissen in c. 1078 § 1 Anwendung; danach kann in wesentlicher Änderung des 2. Halbsatzes von c. 1040 CIC/1917 der Ortsordinarius alle Gläubigen, die sich in seiner Diözese aufhalten, seine eigenen Diözesanen überall, von allen Ehehindernissen kirchlichen Rechts befreien, mit Ausnahme der dem Apostolischen Stuhl vorbehaltenen. Ein solcher Vorbehalt besteht nach c. 1078 § 2 *nur noch* für das Hindernis *der hl. Weihen, des öffentlichen ewigen Gelübdes der Keuschheit in einem Ordensinstitut päpstlichen Rechts* und für *das des Verbrechens.* Niemals

[16] Z. B. bei einem positiven Urteil auf Grund von Simulation.
[17] Vgl. in *diesem* Band, oben, *R. A. Strigl,* § 9 Verwaltungsakt und Verwaltungsverfahren.
[18] CD Art. 8; MP PastMun, MP EpMun.

wird Dispens, so c. 1078 § 3, vom Hindernis der Blutsverwandtschaft in der geraden Linie und im 2. Grad der Seitenlinie (neuer Zählung) gewährt.

Weiter eingeschränkt werden die päpstlichen Dispensvorbehalte für Ehehindernisse nach den Anordnungen des c. 1079 bei Todesgefahr[19]. Zunächst kann der Ortsordinarius alle Gläubigen in seiner Diözese, seine eigenen Diözesanen überall, sowohl von der kanonischen Formpflicht als auch von allen Ehehindernissen kirchlichen Rechts befreien, mit einer einzigen, gegenüber dem Entwurf wieder eingefügten Ausnahme, dem Hindernis der Priesterweihe. Genau die gleichen Dispensvollmachten haben in Todesgefahr und wenn der Ordinarius nicht mehr schriftlich[20] um Dispens ersucht werden kann, sowohl der Pfarrer als auch jeder trauungsberechtigte Geistliche[21], außerdem Priester oder Diakon, die bei der Noteheschließung gemäß c. 1116 § 2 zugegen sind[22] (c. 1079 § 2). Schließlich verfügt bei Todesgefahr der Beichtvater über besondere Dispensvollmachten, allerdings eingeschränkt auf geheime Ehehindernisse und nur für den inneren, sakramentalen wie nun auch außersakramentalen Bereich (c. 1079 § 3).

Weitere Dispenserleichterungen sieht c. 1080 für den Fall vor, daß schon alles zur Eheschließung vorbereitet ist und die Trauung ohne wahrscheinliche Gefahr großen Übels nicht bis zur Gewährung der Dispens durch die zuständige Autorität verschoben werden könnte. In solchen Fällen drängender Verlegenheit kann der Ortsordinarius von allen dispensablen Ehehindernissen befreien, mit Ausnahme der nach c. 1078 § 2 n. 1 dem Apostolischen Stuhl vorbehaltenen, also den der hl. Weihen und des öffentlichen ewigen Gelübdes der Keuschheit in einem Ordensinstitut päpstlichen Rechts. Sofern der Fall geheim ist, haben die gleiche Dispensvollmacht alle in c. 1079 §§ 2 und 3 Genannten unter den dort jeweils festgelegten Voraussetzungen.

Schwierigkeit bereitet die Interpretation der Wendung des c. 1080 § 1 „dummodo casus sit occultus". Die ähnliche Formulierung des c. 1045 § 3 CIC/1917 wurde nämlich überwiegend dahingehend verstanden, daß das Hindernis selbst geheim sein müßte und zwar in dem Sinn, daß es nur wenigen verschwiegenen Personen bekannt ist. Nach c. 1074 gilt als geheimes Hindernis aber nur jenes, das nicht im äußeren Bereich bewiesen werden kann. Da der Gesetzestext außerdem nicht von „impedimentum", sondern von „casus" spricht, dürften wohl die erwähnten Dispensvollmachten der nach dem Ordinarius Genannten auch auf öffentliche Hindernisse im rechtstechnischen Sinn angewandt werden[23], sofern die Umstände der tatsächlichen Dispensgewährung – und damit eben der „Fall" – geheim sind. Als Beispiel könnte etwa die Situation dienen, in der ein trauungsberechtigter Geistlicher

[19] Periculum mortis ist von articulus mortis zu unterscheiden, also weit zu interpretieren.

[20] Nach c. 1079 § 4 gilt der Ordinarius ausdrücklich als nicht erreichbar, wenn man sich nur telegraphisch oder telephonisch mit ihm in Verbindung setzen könnte.

[21] Nach der Entscheidung der PCDecrI vom 21. 12. 1979, in: AAS 72 (1980), S. 105–106, gehören dazu auch Diakone.

[22] Gegenüber dem nun richtigen „adesse" in c. 1116 § 2 ist in c. 1079 § 2 das nicht korrekte „assistit" stehen geblieben.

[23] Vgl. die PCI-Entscheidung vom 28. 12. 1927, in: AAS 20 (1928), S. 61, wonach der Sachverhalt des casus occultus für „impedimentis ... natura sua publicis et facto occultis" gilt; die Entscheidung bezieht „occultus" allerdings auf Ehehindernisse. Doch dürfte die vorgenommene Differenzierung nach dem oben Ausgeführten im CIC/1983 keine Grundlage mehr haben.

kurz vor der Trauung feststellt, daß für das öffentliche und auch allgemein bekannte Ehehindernis der Blutsverwandtschaft im 4. Grad der Seitenlinie (neuer Zählung), das die Brautleute überdies beim Brautexamen genannt hatten, durch ein Versehen keine Dispens eingeholt wurde. Diese Tatsache aber ist unbekannt, „geheim" geblieben, da allgemein davon ausgegangen wurde, daß der Pfarrer alles Nötige, also auch die Einholung der Dispens, veranlaßt hätte. Damit dürfte wohl die Voraussetzung gegeben sein, daß von diesem öffentlichen Hindernis im „geheimen Fall" vom Trauenden dispensiert werden kann.

Nach der dem c. 1045 § 2 CIC/1917 folgenden Bestimmung des c. 1080 § 2 gelten die Dispensvollmachten bei drängender Verlegenheit auch für die Gültigmachung von Ehen, wenn die „gleiche Gefahr in Verzug ist", nämlich die schweren Übels. Die herrschende Lehrmeinung interpretiert dabei den geforderten Sachverhalt sehr weit; er gilt z. B. als gegeben, wenn die Situation der in einer wegen eines Ehehindernisses ungültigen Ehe Verheirateten als schwere Gewissensbelastung empfunden wird.

Eine im äußeren Bereich erteilte Dispens ist umgehend dem Ortsordinarius zu melden und im Eheregister zu vermerken (c. 1081). Wurde eine Dispens von einem geheimen Ehehindernis durch die Paenitentiarie für den inneren, außersakramentalen Bereich gewährt, ist sie in einem im Geheimarchiv der Diözesankurie[24] zu verwahrenden Buch aufzuzeichnen. Sollte später das geheime Hindernis zu einem öffentlichen werden, ist keine erneute Dispens erforderlich. Bei der nach c. 1079 § 3 bzw. c. 1080 § 1 möglichen Dispenserteilung durch den Beichtvater im inneren, außersakramentalen Bereich trifft diese Regelung nicht zu; ein später öffentlich gewordenes Ehehindernis muß nachträglich für den äußeren Bereich dispensiert werden, obwohl die Ehe von Anfang an gültig war.[25]

Generell gilt, daß für die Dispens von Ehehindernissen ein gerechter und vernünftiger Grund vorliegen muß, was allerdings sehr weit zu fassen ist[26]. Ist er falsch oder vorgetäuscht, ist die Dispens ungültig. Bei einem Zweifel, ob der Befreiungsgrund ausreicht, z. B. auch ob in einer konkreten Situation tatsächlich Todesgefahr besteht, ist nach c. 90 § 2 die Dispens gültig und erlaubt.

2. *Trennende Ehehindernisse im einzelnen*

Die im folgenden nach der Reihenfolge im 3. Kapitel des neuen Eherechts knapp zu beschreibenden Ehehindernisse haben alle eheverungültigende Wirkung; mit Ausnahme des Hindernisses der Impotenz, des Ehebandes und teilweise der Blutsverwandtschaft sind sie rein kirchlichen Rechts und daher grundsätzlich dispensabel.

(1) *Mangel des erforderlichen Alters* (c. 1083). Nach kirchlichem Recht ist das Mindestalter für die Eheschließung verhältnismäßig niedrig angesetzt, um der weltweiten Geltung kirchlicher Gesetze Rechnung zu tragen. Gefordert wird wie bisher für männliche Personen die Vollendung des 16., für weibliche Personen die

[24] Vgl. cc. 489–490.
[25] Vgl. *Mörsdorf* Lb II, S. 205.
[26] Vgl. *Mosiek/Zapp* EheR, S. 94–95.

Vollendung des 14. Lebensjahres. Das dispensable Hindernis kirchlichen Rechts bezieht sich auf die körperliche Reife; beim Mangel an psychischer Reife kann nicht dispensiert werden, es gelten die neuen Bestimmungen zum mangelnden Urteilsvermögen bzw. Erfüllungsunvermögen, in der Systematik des Eherechts zu Beginn der Konsenslehre eingeordnet (c. 1095).

Die Kirche sucht mit Mitteln der Seelsorge zu verhindern, daß Ehen geschlossen werden, die im Verhältnis zu den landesüblichen Gepflogenheiten als Frühehen gelten, wie c. 1072 zeigt. Dieses Bemühen findet erneut in c. 1083 § 2 Ausdruck, wonach es der Bischofskonferenz freisteht, ein höheres Alter zur erlaubten Eheschließung festzulegen. Wie aus dieser Formulierung ersichtlich, handelt es sich dabei nicht um die Möglichkeit der partikularrechtlichen Einführung eines verschärften Ehehindernisses, sondern nur um ein mögliches Eheverbot ohne eheirritierende Wirkung; außerdem ist in diesem Zusammenhang auf das bei einem ähnlichen Sachverhalt gegebene Trauungsverbot gemäß c. 1071 § 1 n. 6 hinzuweisen.

(2) *Impotenz* (c. 1084). Nachdem bereits die Kongregation für die Glaubenslehre mit ihrem Dekret über die eheverungültigende Impotenz vom 13. 5. 1977 sowohl der sog. gemischten Theorie mit deren ungleichen Voraussetzungen – letztlich auf ein wohl noch falsch interpretiertes Breve *Sixtus' V.* von 1587 zurückgehend – die Grundlage entzogen als auch die hartnäckige Kontroverse zwischen der Romana Rota und der Kongregation für die Glaubenslehre (dem früheren Hl. Offizium) beendet hatte[27], enthält nun auch die neue Norm über die Impotenz diese Lehre. Danach ist unter dem Hindernis des geschlechtlichen Unvermögens sowohl bei der Frau als auch beim Mann jeweils nur die Beischlafsunfähigkeit zu verstehen. Diese impotentia coeundi wird weiter charakterisiert als die der Eheschließung vorangehende, dauernde, absolute oder relative Unfähigkeit zum Vollzug des ehelichen Aktes, die „aus der Natur der Ehe selbst diese nicht zustande kommen läßt" (c. 1084 § 1). Mit dauernder Impotenz ist deren Unheilbarkeit gemeint, verstanden als juristischer Begriff, d. h. wenn der Mangel nicht ohne Gefahr behoben werden kann bzw. eine Operation nicht zumutbar ist. Absolute Impotenz verhindert die Ehe mit allen Personen des anderen Geschlechts, relative nur mit einer bestimmten (z. B. im Fall psychischer, partnerbezogener Impotenz)[28].

Bei einem Zweifel über das Vorliegen des Ehehindernisses – c. 1084 § 2 nennt den Rechts- wie Tatsachenzweifel – darf die Eheschließung nicht verhindert und eine bereits geschlossene Ehe bei Fortbestand des Zweifels nicht für ungültig erklärt werden. Sterilität beeinflußt die Gültigkeit der Ehe nicht, noch macht sie sie unerlaubt; wird sie jedoch arglistig verschwiegen, kann sie, so der ausdrückliche Verweis des c. 1084 § 3 auf c. 1098, durch den dort neu eingeführten Ehenichtigkeitsgrund der böswilligen Täuschung (dolus) die Nichtigkeit der Ehe zur Folge haben.

[27] AAS 69 (1977), S. 426.

[28] Zur Beurteilung des Sachverhalts, z. B. bei einem Nichtigkeitsprozeß, sind medizinische Sachverständige als Gutachter beizuziehen.

(3) *Eheband* (c. 1085). Die Erklärung dieses Ehehindernisses stimmt mit Ausnahme des in c. 1085 § 1 nicht mehr enthaltenen Hinweises auf das Glaubensprivileg[29] wörtlich mit c. 1069 CIC/1917 überein. Wer durch das Band einer früheren, auch nichtvollzogenen Ehe gebunden ist, versucht danach ungültig eine Eheschließung. Selbst wenn die frühere Ehe aus irgendeinem Grund nichtig oder geschieden bzw. aufgelöst ist, erlaubt c. 1085 § 2 eine Eheschließung erst dann, wenn Nichtigkeit oder Nichtmehrbestehen der vorangegangenen Ehe rechtmäßig und sicher feststeht. Ein derartiger Beweis kann geführt werden durch Vorlage der Todesurkunde oder des Dekrets über die kirchliche Todesvermutung des früheren Gatten, durch Reskript über die Auflösung einer nichtvollzogenen bzw. nichtsakramentalen Ehe oder durch zwei gleichlautende positive kirchliche Nichtigkeitsentscheidungen bzw. im Fall des sog. Dokumentenprozesses nach c. 1686 durch ein entsprechendes Nichtigkeitsurteil.

Die Strafbestimmung des c. 2356 CIC/1917 bei erneuter – auch nur zivilrechtlicher – Eheschließung trotz Bestehens eines Ehebandes („Bigamie") ist weggefallen[30]; die Norm des c. 1041 n. 3, die vollinhaltlich c. 985 n. 3 CIC/1917 entnommen wurde, konstituiert für diesen Tatbestand wieder die sog. Irregularität.

(4) *Kultusverschiedenheit* (c. 1086). Dieser Begriff[31] (mitunter auch Religionsverschiedenheit genannt) bezeichnet das Ehehindernis zwischen Partnern, von denen der eine in der katholischen Kirche getauft oder in sie aufgenommen wurde und sich nicht in einem Formalakt von ihr losgesagt hat, der andere ungetauft ist. Damit ist gegenüber c. 1070 § 1 CIC/1917 eine beträchtliche Änderung eingetreten, der Grundsatz des „semel catholicus, semper catholicus" gilt für die kultusverschiedene Ehe nicht mehr. Problematisch kann der Nachweis eines solchen Formalakts werden in Ländern ohne entsprechende Möglichkeit, wie z. B. die des „Kirchenaustritts". Von diesem Hindernis kann nach der ausdrücklichen Bestimmung des c. 1086 § 2 nur dispensiert werden, wenn die Voraussetzungen nach cc. 1125 und 1126 über die bekenntnisverschiedene Ehe ebenfalls erfüllt sind[32]. Galt ein Partner zur Zeit der Eheschließung allgemein als getauft oder war seine Taufe zweifelhaft, wird nach c. 1086 § 3 unter Hinweis auf die Rechtsgunst der Ehe gemäß c. 1060 die Gültigkeit der Ehe vermutet, bis sicher bewiesen ist, daß ein Partner getauft, der andere ungetauft ist.

(5) *Heilige Weihen* (c. 1087). Auf Grund der Neuordnung des Weiherechts entsteht dieses Hindernis mit der Diakonatsweihe. Ständige Diakone, die als schon Verheiratete[33] geweiht wurden, sollten nach dem Entwurf nicht mehr daran

[29] Vgl. Communicationes 9 (1977), S. 362.

[30] Auch wenn bezüglich des Eucharistie-Empfangs gegenüber c. 855 § 1 CIC/1917 die „Bigamisten" durch Wegfall dieser Strafnorm keine „manifesto infames" mehr sind, dürfte sich gemäß offizieller kirchlicher Lehre am Verbot des Kommunionempfangs nach der Formulierung des c. 915 „Ad sacram communionem ne admittantur ... aliique in manifesto gravi peccato obstinate perseverantes" nichts geändert haben.

[31] Nun nicht mehr in den Normen zu den Ehehindernissen enthalten, vgl. aber c. 1129.

[32] Umgekehrt verweist c. 1129 darauf, daß die unter dem Kapitel „De matrimoniis mixtis" enthaltenen Bestimmungen der cc. 1127–1128 auch für die kultusverschiedene Ehe Anwendung finden.

[33] Vgl. cc. 236, 1031 § 2, 1042 n. 1.

gebunden sein. Diese Ausnahmeregelung, wonach solche Diakone nach dem Tode ihrer Gattin eine erneute Ehe schließen konnten, ist nun weggefallen. Das Hindernis gehört zu den nach c. 1078 § 2 n. 1 dem Apostolischen Stuhl zur Dispens vorbehaltenen; selbst bei Todesgefahr entfällt dieser Vorbehalt nur für die Diakonatsweihe.

(6) *Gelübde* (c. 1088). Das neue Eherecht hat die Normen über das für die Eheschließung rechtserhebliche Gelübde stark vereinfacht. Das Hindernis entsteht aus dem öffentlichen ewigen Gelübde der Keuschheit in einem Ordensinstitut; ist dieses päpstlichen Rechts, besteht der Vorbehalt des c. 1078 § 2 n. 1, der für dieses Hindernis bei Todesgefahr außer Kraft tritt.

(7) *Entführung* (c. 1089). Trotz des Einwandes in der Kodexkommission, die Freiheit bei der Eheschließung sei durch die Norm über Zwang und Furcht (c. 1103) hinreichend geschützt, hält c. 1089 am Inhalt des c. 1074 §§ 1–3 CIC/1917 fest, jedoch in wesentlich besserer Formulierung. Danach ist zwischen einem Mann und der von ihm mit der Absicht der Eheschließung entführten oder festgehaltenen Frau keine Ehe möglich, es sei denn, sie stimmt später, wenn sie von ihrem Entführer getrennt und an einem sicheren und freien Ort ist, der Ehe mit ihm freiwillig zu.

(8) *Verbrechen* (c. 1090). Gegenüber c. 1075 CIC/1917 wurde dieses Hindernis auf das tatsächliche Verbrechen reduziert, d. h. rechtlich eheunfähig ist, wer in der Absicht späterer Eheschließung mit einer bestimmten Person deren oder den eigenen Ehegatten getötet hat. Nach c. 1090 § 2 unternehmen einen ebenfalls ungültigen Eheschließungsversuch Partner, die mit gegenseitiger physischer oder moralischer Unterstützung Gattenmord begangen haben. In beiden Formen unterliegt das Hindernis dem Dispensvorbehalt des c. 1078 § 2 n. 2, der jedoch bei Todesgefahr und drängender Verlegenheit entfällt.

(9) *Blutsverwandtschaft* (c. 1091). Die Änderungen bei diesem Ehehindernis gehören zu den auffallendsten des neuen Eherechts. Die Bestimmung des c. 1091 § 1, wonach in der geraden (oder direkten) Linie der Verwandtschaft die Ehe zwischen allen Vorfahren und Nachkommen, ehelichen wie nichtehelichen, ungültig ist, entspricht zwar noch wörtlich c. 1076 § 1 CIC/1917. In der Seitenlinie jedoch wurde das Hindernis nach c. 1091 § 2 reduziert, und zwar gemäß c. 108 nach der neuen (sog. römischen) Zählung auf den 4. Grad einschließlich, der dem 2. Grad nach der früheren (sog. germanischen) entspricht. Außerdem gibt es nach c. 1091 § 3 das auf mehrfachem gemeinsamem Stamm beruhende mehrfache Hindernis der Blutsverwandtschaft nicht mehr. Die Vorbehalte nach früherem Recht sind, wie auch beim Hindernis der Schwägerschaft, weggefallen. In schärferer Form wiederholt c. 1091 § 4 die Bestimmung des c. 1078 § 3, daß nämlich auch bei einem Zweifel, ob Blutsverwandtschaft in der geraden Linie oder im 2. Grad der Seitenlinie (Bruder – Schwester) vorliegt, niemals dispensiert wird[34].

[34] Vgl. jedoch als Beispiel einer dennoch erteilten Dispens von der bis unlängst noch weithin als Hindernis göttlichen Rechts betrachteten Blutsverwandtschaft im 2. Grad der Seitenlinie (neuer Zählung) *Ochoa* V, n. 4488; es handelt sich um von der gleichen Mutter abstammende halbbürtige Geschwister.

(10) *Schwägerschaft* (c. 1092). Auch das Hindernis der in c. 109 definierten Schwägerschaft wurde wesentlich verkürzt; es besteht zwischen dem Mann und den Blutsverwandten der Frau und umgekehrt, jedoch nur noch in (jedem Grad) der geraden Linie.

(11) *Öffentliche Ehrbarkeit* (c. 1093). Mitunter als nachgebildete Schwägerschaft bezeichnet, entsteht dieses Ehehindernis aus einer ungültigen Ehe (z. B. bloße Zivilehe von Formpflichtigen) nach Aufnahme des gemeinsamen Lebens oder aus einem notorischen oder öffentlichen eheähnlichen Zusammenleben zwischen dem Mann und den Blutsverwandten der Frau und umgekehrt, jedoch nur im 1. Grad der geraden Linie.

(12) *Gesetzliche Verwandtschaft* (c. 1094). Unabhängig von der jeweiligen bürgerlich-rechtlichen Wertung liegt das Ehehindernis der gesetzlichen Verwandtschaft immer auf Grund eines nach c. 110 bestimmten Adoptionsverhältnisses vor, und zwar sowohl in der geraden Linie als auch im 2. Grad der Seitenlinie.

§ 84 Der Ehekonsens

Von Bruno Primetshofer

I. Begriff, Inhalt, Wirkung und Voraussetzungen des Ehekonsenses

1. *Begriff und Inhalt*

Unter Konsens versteht man die Willensübereinstimmung zweier (gegebenenfalls mehrerer) Personen in bezug auf die wesentlichen Inhalte eines bestimmten Vertragsobjektes[1]. Mag auch die Verwendung des Begriffs Konsens im Zusammenhang mit dem Ehesakrament auf den ersten Blick stark von dem im Eherecht des CIC/1917 dominierenden *Vertrags*begriff der Ehe geprägt sein, so ist sein Inhalt doch gleichermaßen geeignet, die Entstehungsursache des *Bundes* zu beschreiben, als den das neue Recht die Ehe in erster Linie betrachtet (vgl. c. 1055).

Was die *systematische Einordnung* der Grundaussagen über den Ehekonsens im CIC anlangt, so findet sich ein nicht unbedeutender Unterschied zwischen dem alten und dem neuen Recht. Während der CIC/1917 das über den Ehekonsens handelnde fünfte Kapitel des dritten Buches mit einer Legaldefinition des Ehekonsenses einleitete, findet sich im CIC die Grundaussage über den Ehekonsens in den einleitenden cc. zum Eherecht. War das Eherecht des CIC/1917 und insbesondere auch die Aussage über den Ehekonsens (c. 1081 § 2 CIC/1917) in Übereinstimmung mit der Ehezwecklehre dieses Kodex (c. 1013 § 1 CIC/1917) noch stark von der Betonung des physiologischen Aspekts der Ehe geprägt[2], so hat der CIC/1983

[1] *P. Gasparri*, Tractatus canonicus de matrimonio. Typ. Pol. Vat. 1932, II, S. 776.

[2] Dazu *P. A. d'Avack*, Per una riforma giuridica del matrimonio, in: DirEccl 85 (1974), I, S. 6; *P. A. Bonnet*, L'essenza del matrimonio canonico. Contributo allo studio dell' amore coniugale. Il momento costitutivo del matrimonio, Padova 1976, S. 195.

die in diesem Zusammenhang weiterführenden Impulse des II. Vatikanischen Konzils[3] in dankenswerter Weise aufgegriffen. Er legt demzufolge fest, daß der Ehekonsens ein Willensakt ist, durch den Mann und Frau in einem unwiderruflichen Bund sich gegenseitig übergeben und annehmen (c. 1057 § 2)[4]. Der Ehekonsens ist zufolge c. 1055 § 1 auf eine das ganze Leben umfassende ganzheitliche Gemeinschaft („totius vitae consortium") ausgerichtet, ohne daß gesagt wird, worin diese ganzheitliche Lebensgemeinschaft besteht[5].

Inhalt des ehelichen *Bundes* (der CIC spricht nur mehr an einer einzigen Stelle von Vertrag = contractus[6]) ist die nicht mehr nach Zwecken (vgl. c. 1013 § 1 CIC/1917), wohl aber weiterhin in bezug auf ihre *Wesenseigenschaften* (c. 1056) und ihre *natürliche Hinordnung* (c. 1055 § 1) beschriebene Ehe. Der Wille der Kontrahenten darf nicht gegen diese Eigenschaften und Elemente der Ehe gerichtet sein, sonst kommt die Ehe nicht gültig zustande[7] (c. 1101 § 2).

Die Ehewerber können *darüber hinaus* weitere Inhalte zum Gegenstand ihres Bundes machen, die – soweit sie in Form einer *Bedingung* gesetzt werden –[8] sogar die Gültigkeit der Ehe berühren können (vgl. c. 1102 § 2); ohne die im CIC angesprochenen inhaltlichen Mindesterfordernisse gibt es keine gültige Ehe.

Das gegenseitige Sich-Übertragen an den anderen Partner und das Annehmen desselben stellen nicht zwei voneinander getrennt zu betrachtende Willensakte dar, sondern bilden zusammen einen einzigen Willensakt[9].

Die Abgabe der ehelichen Willenserklärung braucht nicht gleichzeitig mit der des anderen im Augenblick der Eheschließung zu erfolgen. Es kann die Konsensabgabe des einen Partners der des anderen vorausgehen bzw. ihr nachfolgen, sofern nur der früher geleistete Konsens des einen Partners noch andauert, wenn die spätere Willenserklärung des anderen erfolgt (moralische Simultaneität). Auf dieser Tatsache beruhen die Eheschließung durch Stellvertretung (c. 1105) und die Vergültigung der Ehe bei Vorliegen eines Konsensmangels auf seiten eines Partners durch dessen nachfolgende Konsensleistung (vgl. c. 1159).

2. *Notwendigkeit und Wirkungen des Ehekonsenses*

Die Grundaussage des CIC über die *Notwendigkeit* des Ehekonsenses findet sich in der Einleitung zum Eherecht (c. 1057). Die rechtliche Normierung über die Notwendigkeit des Ehekonsenses ist im CIC/1917 und im CIC/1983 identisch. Demnach kommt die Ehe durch den Konsens der beiden Ehewerber zustande; der

[3] VatII GS Art. 48–50.

[4] *U. Navarrete*, De matrimonio. Schema Codicis Iuris Canonici cum notis (Manuskript), Romae 1982, S. 1.

[5] Mit Recht bedauert *Mosiek*, daß der Gesetzgeber es unterlassen habe, „die wesentlichen Inhalte dieses neu eingeführten Begriffes zu kennzeichnen". *Mosiek* EheR, S. 206f. Zur Problematik vgl. *J. Weber*, „Erfüllungsunvermögen" in der Rechtsprechung der Sacra Romana Rota. Ursprung und Entwicklung eines neuen Ehenichtigkeitsgrundes in der katholischen Kirche, Regensburg 1983, S. 26–33.

[6] Die Aussage von c. 1055 § 2 über die Identität von Ehevertrag und -sakrament bei Getauften ist deckungsgleich mit c. 1012 § 2 CIC/1917.

[7] Zur Problematik des positiven Willensvorbehalts bzw. der negativen (Total)simulation vgl. unten III 2.

[8] Vgl. unten IV (Die bedingte Eheschließung).

[9] *J. Hervada/P. Lombardia*, El derecho del pueblo de Dios. III. Derecho matrimonial (1), Pamplona 1973, S. 320.

Konsens kann durch keine menschliche Gewalt ersetzt werden (c. 1081 § 1 CIC/1917; c. 1057 § 1).

Der Konsens ist somit die *Wirkursache* (causa efficiens) *der Ehe*[10]; er ist für ihr Zustandekommen unersetzlich.

Kann es somit ohne Konsensleistung seitens beider Partner keine gültige Ehe geben, so ist damit nicht gesagt, daß jeder gültige Konsens auch schon ohne weiteres zu einer gültigen Ehe führt. Vielmehr müssen noch eine Reihe von zusätzlichen Voraussetzungen erfüllt sein, die teils auf dem Naturrecht und positiv-göttlichem Recht, teils auf rein kirchlichem Recht (ius mere ecclesiasticum) beruhen. Diese Erfordernisse sind indes, was ihre Wirkungen betrifft, nicht mit dem Ehekonsens auf dieselbe Stufe zu stellen. Sie sind insbesondere nicht als Ursachen oder Mitursachen (concausae) für das Entstehen einer Ehe anzusprechen, sondern sie stellen lediglich Voraussetzungen, Bedingungen dar, damit die alleinige Wirkursache der Ehe (Ehekonsens) das ihr eigene Ziel, nämlich die gültige Ehe, erreichen kann[11]. Somit liegt, was das Verhältnis von Ehekonsens und Ehe betrifft, gegebenenfalls bei gültigem Ehekonsens eine ungültige Ehe vor[12]. Dies dann, wenn der gültige Ehekonsens wegen eines trennenden Ehehindernisses oder wegen Formmangels nicht die ihm seiner Natur nach zukommende Wirkung, nämlich die gültige Ehe, erreichen kann. Der einmal geleistete, aber wegen der genannten Tatbestände unwirksam gebliebene Konsens wird bis zum Erweis des Gegenteils als fortdauernd präsumiert (c. 1107). Auf diesem Verhältnis von gültigem, rechtlich unwirksamem, jedoch fortdauerndem Konsens beruht das Rechtsinstitut der Heilung in der Wurzel[13].

3. *Voraussetzungen für die Leistung des Ehekonsenses*

Nach dem Grundsatz, daß nichts gewollt werden kann, was nicht vorher erkannt wurde („nil volitum quin praecognitum") kommt ein gültiger Ehekonsens als Willensakt nur dann zustande, wenn die ihm vorausgehende Erkenntnis die wesentlichen Punkte dessen erfaßt, was Gegenstand des ehelichen Bundes ist. Die Gültigkeit des Ehekonsenses wird daher, was das *Erkennen* anlangt, durch alle jene Faktoren beeinträchtigt, die das wesentliche Konsensobjekt entweder überhaupt nicht oder nicht ausreichend erfassen lassen. Von seiten des *Willens* wird der Ehekonsens durch all das beeinträchtigt, was die Fähigkeit des Menschen zu freier, selbstverantworteter Entscheidung entweder ausschließt, erheblich stört, oder die Erfüllung übernommener Verpflichtungen hinsichtlich der ehelichen Lebensgemeinschaft unmöglich macht.

[10] Thomas von Aquin, IV Sent. D 28, qu. unic. art 3.
[11] *Hervada/Lombardia*, Derecho matrimonial (Anm. 9), S. 324.
[12] *A. Bernardez Canton*, Curso de derecho matrimonial, 3. Aufl., Madrid 1976, S. 175.
[13] *R. Quezada Toruño*, La perseverancia del consentimiento matrimonial en la „sanatio in radice" (= AnGr 127), Romae 1962.

II. Die Erkenntnismängel

1. *Fehlen eines hinreichenden Vernunftgebrauchs*

Während das materielle Eherecht des CIC/1917 keine ausdrückliche Bestimmung darüber enthielt, daß mangelnder Vernunftgebrauch eine gültige Ehe ausschließt[14], drückt sich der CIC diesbezüglich in hinreichender Deutlichkeit aus. Unfähig zum Eheabschluß sind demnach diejenigen, die eines hinreichenden Vernunftgebrauches entbehren (c. 1095 n. 1).

Bei der Beurteilung der Frage, *welches Maß* an geistiger Zurechnungsfähigkeit und Urteilsvermögen zur Eingehung einer gültigenEhe erforderlich ist, ist die Judikatur der Romana Rota in ihren diesbezüglichen Kriterien von einer deutlichen Entwicklungslinie gekennzeichnet[15]. Unfähigkeit zur Leistung des Ehekonsenses ist sicher gegeben bei Personen, die dauernd soweit geisteskrank sind, daß sie als nicht zurechnungsfähig anzusehen sind. Schwieriger ist die Beurteilung bei Geisteskrankheiten, die in akuten Phasen (z. B. schizophrenen Schüben) auftreten und dann wieder von einem Nachlassen der Symptome (Remissionsstadien) gekennzeichnet sind, in denen der Kranke seiner Umwelt das Erscheinungsbild eines normalen, gesunden Menschen bietet. Es wird im allgemeinen präsumiert, daß auch im Zeitpunkt der Remission ein hinreichender Vernunftgebrauch nicht gegeben ist und daher eine gültige Ehe nicht eingegangen werden kann[16]. Allerdings kann diese Vermutung durch Gegenbeweis entkräftet werden, wobei die Länge des Remissionsstadiums eine Rolle spielt. Je länger nämlich der Zwischenraum zwischen zwei Krankheitsschüben ist, desto eher wird angenommen, daß der Kranke in diesem Zeitraum einen hinreichenden Vernunftgebrauch gehabt habe. Für eine in einem solchen längeren Remissionsstadium geschlossene Ehe spricht daher trotz vorher und nachher aufgetretener Krankheitsschübe die Vermutung der Gültigkeit[17].

Der zum Eheabschluß erforderliche Vernunftgebrauch kann auch *vorübergehend* beeinträchtigt, ja sogar ausgeschaltet sein (z. B. Drogeneinfluß, Trunkenheit, schwere seelische Erschütterung). Hat die Bewußtseinsstörung einen solchen Grad erreicht, daß die von einer Person für die Ehe getroffene Entscheidung ihr nicht mehr zurechenbar ist, so kommt keine gültige Ehe zustande[18]

2. *Mangelnde Urteilsfähigkeit*

Unfähig zur Eheschließung sind diejenigen, die an einem schweren Mangel der Urteilsfähigkeit hinsichtlich der gegenseitigen Übergabe bzw. Annahme der wesentlichen ehelichen Rechte und Pflichten leiden (c. 1095 n. 2).

[14] Ausdrücklich spricht nur c. 1982 CIC/1917 von einem „defectus consensus ob *amentiam*".

[15] *A. Dordett*, Eheschließung und Geisteskrankheit. Eine Darstellung nach der Rechtsprechung der Sacra Romana Rota, Wien 1977, S. 14–19. – Zu der von der Rota lange Zeit hindurch falsch verstandenen Lehre *Sanchez'* über die sog. Todsündennorm vgl. *H. Zapp*, Die Geisteskrankheit in der Ehekonsenslehre Thomas Sanchez, Köln-Wien, 1971; *J. R. Keating*, The bearing of Mental Impairment in the Validity of Marriage, Rom 1964.

[16] *O. Heggelbacher*, Ehenichtigkeit aufgrund von Schizophrenie in der Sicht des geltenden kanonischen Rechts, in: ÖAKR 17 (1966), S. 17; *Mosiek/Zapp* EheR, S. 158.

[17] Vgl. dazu die richtungweisende Entscheidung der SRR vom 14. 6. 1963 coram Sabattini, bei *Dordett*, Geisteskrankheit (Anm. 15), S. 43f.

[18] *K. Lüdicke*, Eherecht, Essen 1983, S. 85.

Anders als im vorhin beschriebenen Fall handelt es sich hier nicht um Personen, die wegen Geisteskrankheit bzw. Geistesschwäche überhaupt im Gebrauch der Vernunft betroffen sind, sondern es handelt sich hier um Personen, deren Werteinsicht und Urteilsfähigkeit so stark beeinträchtigt sind, daß sie das der Ehe wesentliche Rechte- und Pflichtenverhältnis, nämlich die mit Wesenseigenschaften und Wesenselementen (vgl. c. 1101) ausgestattete christliche Ehe nicht adäquat erfassen können.

Der auf diese Weise Beeinträchtigte muß in seiner Erkenntnis- und Willensfähigkeit hinsichtlich anderer Lebensbereiche nicht unbedingt einen Mangel bzw. eine Fehlhaltung aufweisen; es zeigt sich jedoch ein derartiger Defekt in der Einschätzung und Beurteilung („Wertnehmen"[19]) der naturrechtlichen und christlichen Dimensionen der Ehe, daß sein Wille auf diese Elemente nicht gerichtet sein kann.

Der geschilderte Tatbestand des c. 1095 n. 2, nämlich die Unfähigkeit, sich auf den Inhalt des Ehebundes (Ehevertrags) zu verpflichten, wird zusammen mit der in c. 1095 n. 1 erwähnten Konsensunfähigkeit wegen mangelnden Vernunftgebrauchs in der Lehre als *Ehevertragsunfähigkeit*[20] bezeichnet, während die Unfähigkeit, die wesentlichen ehelichen Pflichten zu erfüllen, als *Erfüllungsunvermögen* bzw. *Eheführungsunfähigkeit*[21] bezeichnet wird (siehe unten III 5).

3. *Fehlen des notwendigen Mindestwissens*

Zur Abgabe des gültigen Ehekonsenses ist erforderlich, daß sich die Ehepartner zumindest darüber nicht im unklaren sind, daß die Ehe eine dauernde, auf Nachkommenschaft hingeordnete Gemeinschaft von Mann und Frau ist. Die Ehepartner müssen wissen, daß Nachkommenschaft durch irgendein *sexuelles Zusammenwirken*[22] von Mann und Frau entsteht (c. 1096 § 1). Eine diesbezügliche Unkenntnis wird nach erreichter Pubertät nicht präsumiert (c. 1096 § 2).

Aus einem Vergleich zwischen c. 1096 § 1 und c. 1056 ergibt sich, daß das erforderliche Mindestwissen nicht unbedingt alle in c. 1056 angeführten Wesenseigenschaften der Ehe umfassen muß. So ist in c. 1096 nur von einer *dauernden*, nicht aber *unauflöslichen* Gemeinschaft die Rede (vgl. dazu c. 1082 § 1 CIC/1917). Die Kontrahenten brauchen nur zu wissen, daß es sich bei der Ehe um eine dauernde Gemeinschaft von Mann und Frau handelt, die auf Weckung neuen Lebens hingeordnet ist. Genauere Kenntnisse über den Geschlechtsakt sind nicht

[19] *Dordett*, Geisteskrankheit (Anm. 15) schält diesen Begriff aus der Rechtsprechung der SRR heraus.

[20] *Lüdicke*, Eherecht (Anm. 18), S. 85. Vgl. *dens.*, Psychisch bedingte Eheunfähigkeit. Begriffe, Abgrenzungen, Kriterien, Frankfurt/M.-Bern-Las Vegas 1978, S. 28–93.

[21] *Weber*, Erfüllungsunvermögen (Anm. 5), S. 32f. *Lüdicke*, Eherecht (Anm. 15), S. 87. *M. Wegan*, L'incapacité d'assumer les obligations du mariage dans la jurisprudence récente du tribunal de la Rote, in: RDC 28 (1978), S. 134–157.

[22] C. 298 Schema Sacr enthielt in diesem Zusammenhang die Wendung „cooperatione aliqua *corporali*". Schon das Schema CIC/1980 änderte auf die vorliegende Fassung von c. 1096 § 1.

gefordert; durch den gegenüber c. 1082 § 1 CIC/1917 neuen Hinweis, daß Nachkommenschaft durch *sexuelles* Zusammenwirken von Mann und Frau entsteht (c. 1096 § 1), ist jedenfalls ein Wissen um die Betätigung der Geschlechtsorgane erforderlich[23]. Ein geschlechtlich nicht aufgeklärter Ehepartner wäre demnach nicht fähig, einen gültigen Konsens abzugeben[24].

4. *Irrtum*

Während *Unkenntnis (ignorantia)* ein rein negatives Verhalten des Verstandes darstellt, besteht der *Irrtum* (error) in einem mit der Wirklichkeit nicht übereinstimmenden Urteil des Verstandes. Der Irrtum kann auf die Sphäre des Erkennens beschränkt bleiben, er kann von da aus aber auch auf den Willen übergehen (vgl. c. 1099).

In bezug auf das *Objekt des Irrtums* wird unterschieden zwischen Irrtum hinsichtlich wesentlicher Eigenschaften der Ehe, ferner zwischen Personenirrtum und Eigenschaftsirrtum.

a) Irrtum in bezug auf Einheit, Unauflöslichkeit und sakramentale Würde. Ein diesbezüglicher Irrtum[25] ist rechtsunerheblich, wenn er in der Sphäre des Verstandes bleibt und den Willen nicht tangiert (c. 1099).

Die Formulierung von c. 1099 hat die bisherige von c. 1084 CIC/1917 nur verdeutlicht, insofern als der im CIC/1917 erwähnte *einfache* Irrtum durch die Formulierung „ein den Willen nicht beeinflussender Irrtum" ersetzt wurde.

Weggelassen wurde allerdings die in c. 1084 CIC/1917 anzutreffende Formulierung „etsi det causam contractui". Möglicherweise hat hier die Überlegung eine Rolle gespielt, daß überhaupt die Aussage des Gesetzbuches über einen nur den Intellekt, nicht aber den Willen berührenden Irrtum in etwa in Zweifel zu ziehen ist. Die Romana Rota vertritt die Auffassung, daß es bei jenen Menschen, die von der grundsätzlichen Lösbarkeit aller Ehen vollständig und zutiefst überzeugt sind, kaum einen im Sinne von c. 1084 CIC/1917 *einfachen* Irrtum geben könne, d. h. dieser Irrtum würde notwendigerweise im Augenblick des Eheabschlusses auch den Willen berühren[26]. Offensichtlich war sich der Gesetzgeber bewußt, daß dann, wenn ein solcher Irrtum *Anlaß* zur Eheschließung ist, wohl nicht mehr leicht von einem in der Sphäre des Intellekts verbleibenden Irrtum gesprochen werden kann.

[23] Früher vertretene Auffassungen der SRR, wonach erstaunlich geringe Anforderungen hinsichtlich dieses Mindestwissens gestellt wurden, sind angesichts der vorliegenden Neufassung des c. 1096 § 1 sicher nicht mehr zu halten. So wurde in einer Entscheidung der SRR vom 13. 11. 1956 die Gültigkeit einer Ehe bejaht, bei der ein Kontrahent der Meinung war, „filios oriri per corporum commixtionem, factam tactibus amplexibus et osculis." Vgl. *O. di Jorio*, Causae nullitatis matrimonii secundum novissimam iurisprudentiam Rotalem, in: Annali di dottrina e giurisprudenza canonica, Bd. II: Il dolo nel consenso matrimoniale. Città del Vaticano 1972, S. 163.

[24] *F. Schönsteiner*, Grundriß des kirchlichen Eherechts, 2. Aufl., Wien 1937, S. 567; *G. Oesterle*, Consultationes de iure matrimoniali, Romae 1942, S. 304ff.

[25] Während das Schema Sacr den Irrtum über die Sakramentalität nicht anführte, ist er nunmehr wieder in den Gesetzestext aufgenommen worden. Zur Begründung der seinerzeitigen Weglassung vgl. Communicationes 3 (1971), S. 76. – Dazu *H. Zapp*, Der Irrtum im kanonischen Eherecht. Zum Entwurf der Kodexkommission, in: ÖAKR 24 (1973), S. 236f.

[26] SRR Entscheidung vom 1. 7. 1969 coram Anné bei *di Jorio*, Causae nullitatis (Anm. 23), S. 198; *Zapp*, Der Irrtum (Anm. 25), S. 235f.

b) Irrtum in der Person des Kontrahenten. Dieser liegt dann vor, wenn jemand eine andere Person heiratet als beabsichtigt war (sog. offener Personenirrtum[27]); die Ehe kommt nicht gültig zustande (c. 1097 § 1), da der Ehewille nicht auf diese, sondern auf eine andere Person gerichtet war.

c) Irrtum in bezug auf eine Eigenschaft der Person. Dieser hat nur dann Einfluß auf die Gültigkeit der Ehe, wenn diese Eigenschaft direkt und der Hauptsache nach angestrebt wurde (c. 1097 § 2).

Die vorliegende Fassung des c. 1097 § 2 geht auf eine offiziell von der CIC-Kommission durchgeführte Änderung zurück[28]. Diese ist zweifellos durch eine in den letzten Jahrzehnten zu beobachtende Entwicklung in der Rechtsprechung gekennzeichnet, die einen „error qualitatis in errorem personae redundans" u. a. auch dann gegeben sieht, wenn ein Irrtum hinsichtlich einer den moralischen und sozialen Status einer Person qualifizierenden Eigenschaft vorliegt[29].

Jeder andere Eigenschaftsirrtum, selbst wenn er Anlaß zur Eheschließung wäre, ist für die Gültigkeit der Ehe unerheblich. Der Irrtum kann sich auf körperliche, geistige und sittliche Eigenschaften, auf Vermögen, Herkunft, Stand, usw. beziehen. Rechtsunerheblich ist nunmehr auch der Irrtum über den Sklavenstand; die bisherige Bestimmung des c. 1083 § 2 n. 2 CIC/1917 ist nicht mehr Bestandteil der geltenden Rechtsordnung.

Entscheidend ist jedoch, daß der Irrende sich den Irrtum selbst zuzuschreiben hat, d. h. daß der Irrtum nicht von einem anderen arglistig hervorgerufen wurde.

5. Arglistige Täuschung

Ungültig ist die Ehe desjenigen, der arglistig, in der Absicht, eine Eheschließung herbeizuführen, über eine Eigenschaft des Partners getäuscht wurde, sofern diese Eigenschaft ihrer Natur nach geeignet ist, die eheliche Lebensgemeinschaft schwer zu stören (c. 1098).

Diese Bestimmung stellt eine Neuerung gegenüber dem bisherigen Recht dar. Von einer einzigen Ausnahme abgesehen ist im Gesetzbuch nicht gesagt, welche Eigenschaften hier angesprochen sind. C. 1084 § 3 weist ausdrücklich darauf hin, daß *Sterilität* zwar an sich keinen Einfluß auf die Gültigkeit der Ehe hat, daß aber die Fähigkeit, Kindern das Leben zu schenken, durchaus für den anderen Partner eine so wertvolle Eigenschaft sein kann, daß die arglistig verheimlichte Sterilität die eheliche Lebensgemeinschaft schwer stören kann. Liegt demnach bezüglich der Sterilität arglistige Täuschung vor, und wird dadurch die eheliche Lebensgemeinschaft schwer gestört, dann wäre die Ehe nichtig.

[27] *Schönsteiner*, Grundriß (Anm. 24), S. 571.

[28] Relatio 1981, S. 256. Das Schema CIC 1980 hatte noch die mit c. 1083 § 1 n. 1 CIC/1917 gleichlautende Formulierung vom error qualitatis in errorem personae redundans.

[29] Vgl. dazu insbesonders SRR 21. 4. 1970 coram Canals, in: DirEccl 81 (1970), II, S. 3–21. Dazu *O. Fumagalli-Carulli*, Intelletto e volontà nel consenso matrimoniale, Milano 1974, S. 255. *G. Delgado*, Error y matrimonio canonico, Pamplona 1975, S. 311 ff.; *A. M. Punzi Nicolò*, Problematica attuale dell'errore e del dolo nel matrimonio, in: EIC 37 (1981), S. 135–164, bes. 147 ff.

Im übrigen wäre arglistige Täuschung wohl dann rechtserheblich, wenn sie sich z. B. auf ansteckende, insbesondere ekelerregende Krankheit[30] bezieht, wenn grobe Täuschung über das sittliche Vorleben eines Partners oder über seinen gesamten Sozialstatus vorliegt, wobei Täuschung über die Vermögensverhältnisse allein wohl nicht als ausreichend zu bezeichnen wäre[31].

Insbesondere aber ist m. E. der Tatbestand der arglistigen Täuschung dann erfüllt, wenn die Frau den Mann fälschlicherweise als Vater des von ihr erwarteten Kindes angibt[32].

Rechtserheblich ist die arglistige Täuschung nur dann, wenn der Irrtum beim anderen Ehepartner hervorgerufen wurde *in der Absicht, eine Eheschließung herbeizuführen*. Hierbei bleibt es gleichgültig, ob die Täuschung vom Ehepartner selbst oder von einem Dritten ausgeht.

So dankenswert die Einfügung dieser neuen Bestimmung über die Rechtserheblichkeit der arglistigen Täuschung ist, es bleibt dennoch die Frage offen, warum der Gesetzgeber nur den durch *arglistige Täuschung hervorgerufenen Irrtum* und nicht auch den *Irrtum schlechthin* für beachtlich erklärt hat. Denn die Situation dessen, der arglistig über eine die eheliche Lebensgemeinschaft schwer störende Eigenschaft des Partners *getäuscht* wurde, wird sich im Ergebnis kaum von der jenes Ehepartners unterscheiden, der sich einen diesbezüglichen *Irrtum* selbst zuzuschreiben hat. Hier ist nach wie vor ein Wunsch an den Gesetzgeber zu richten[33].

III. Die Willensmängel

1. *Vorbemerkungen*

Das kanonische Recht geht davon aus, daß bei Eheabschluß der (innere) Konsens mit dem übereinstimmt, was nach außen erklärt wird. Wer nach außen sichtbar und wahrnehmbar den Eheschließungsritus an sich vollziehen läßt, wer die auf den Ehewillen gerichtete Frage des Trauungsorgans (vgl. c. 1108 § 2) bejaht, von dem wird angenommen, daß er damit auch den Ehekonsens in dem von der Rechtsordnung vorgezeichneten Umfang leistet (c. 1101 § 1). Es handelt sich hierbei um eine *einfache Rechtsvermutung*, die einen direkten Gegenbeweis zwar zuläßt, die Beweislast aber dem zuschiebt, der behauptet, daß das Erklärte mit dem tatsächlich Gewollten nicht in Einklang gestanden hat.

Ein gültiger Ehekonsens ist grundsätzlich auch dann möglich, wenn ein Kontrahent weiß oder annimmt, daß die von ihm geschlossene Ehe nichtig ist. Nach c. 1100 (vgl. dazu 1085 CIC/1917) schließt das Wissen oder die Meinung von der Nichtigkeit der Ehe den ehelichen Konsens nicht notwendig aus. Die wirkliche oder vermeintlich angenommene Nichtigkeit kann in diesem Fall auf einem trennenden Ehehindernis, einem wesentlichen Formmangel oder einem Konsensmangel beruhen.

Eine Diskrepanz zwischen dem nach außenhin Erklärten und innerlich Gewollten (Simulation) kann sich in der Weise ergeben, daß einer oder gegebenenfalls beide Partner, die Ehe überhaupt als ganze nicht wollen (Totalsimulation) oder daß sie zwar die Ehe als solche wollen, aber einen ihrer wesentlichen Bestandteile ausschließen (Partialsimulation).

30 Vgl. dazu den diesbezüglichen *Scheidungs*grund nach § 52 des österr. EheG.

31 Dazu § 38, 3 österr. EheG.

32 Zustimmend *Lüdicke*, Eherecht (Anm. 18), S. 93.

33 *Mosiek-Zapp*, EheR, S. 162f.; *B. Primetshofer*, Theologische Kriterien für ein Familienrecht in Kirche und Staat, in: *A. Riedl/W. Zauner (Hrsg.)*, Familie – Träger des Glaubens. Linz 1980, S. 107.

Rechtserheblich ist indessen nur ein durch *positiven Willensakt* vorgenommener Ausschluß entweder der Ehe selbst oder eines ihrer Wesensbestandteile (c. 1101 § 2); das rein negative Verhalten des Willens hat grundsätzlich keinen Einfluß auf die Gültigkeit der Ehe (vgl. jedoch unten 2). Diese Aussage des CIC hängt mit einer anderen zusammen, wonach eine Ehe selbst dann gültig eingegangen werden kann, wenn einfacher, d. h. den Willen nicht berührender Irrtum über Einheit, Unauflöslichkeit und sakramentale Würde der Ehe vorliegt (c. 1099)[34]. Der Wille der Kontrahenten braucht also keineswegs *ausdrücklich* auf alle Wesensmerkmale der Ehe gerichtet zu sein, es genügt, daß sie die Absicht haben, eine Ehe im Sinne der Schöpfungsordnung zu schließen[35].

2. *Totalsimulation*

Wenn ein Kontrahent oder gegebenenfalls beide durch positiven Willensakt die Ehe selbst ausschließen, kann diese nicht gültig zustandekommen (c. 1101 § 2). Ein solcher Tatbestand wäre gegeben, wenn die Eheschließung nur zu dem Zweck angestrebt wird, um gewisse kirchliche und/oder staatliche, mit der Eheschließung verbundene Rechtswirkungen zu erzielen, ohne daß eine eheliche Lebensgemeinschaft begründet werden soll (etwa die Namensehe bzw. die Staatsangehörigkeitsehe[36] oder eine Eheschließung zur Erreichung einer Einreisebewilligung in das Ausland). Totalsimulation liegt auch bei einem Heiratsschwindler vor, der die Ehe nur zu dem Zweck eingeht, um sich bestimmte vermögensrechtliche Vorteile zu verschaffen.

Nach dem Wortlaut des c. 1101 § 2 ist Voraussetzung für die Rechtserheblichkeit der Totalsimulation der durch *positiven Willensakt* vorgenommene Ausschluß der Ehe selbst. Auch der neue CIC löst die Kontroverse um die sog. *negative Totalsimulation* nicht. Es stellt sich nämlich die Frage, ob zur Gültigkeit der Ehewillenserklärung „vor dem trauungsberechtigten Geistlichen das Begründen-Wollen der Ehe durch diesen Akt erforderlich sei" und das bloße Passiv-Bleiben des Willens die Ehe ungültig macht[37]. Die herrschende Lehre weist der negativen Totalsimulation keine Rechtserheblichkeit zu, d. h. sie betrachtet eine mit negativer Totalsimulation geschlossene Ehe als *gültig*[38]. Dies deshalb, weil der Gesetzestext (c. 1101 § 2) für die Rechtserheblichkeit von Total- wie Partialsimulation einen *positiven* Willensakt vorschreibt. – Hier wird aber übersehen, daß negative Totalsimulation gegebenenfalls mit einem *Fehlen des Ehewillens* gleichzusetzen ist. Insbesondere bei Nichtchristen, nicht praktizierenden Katholiken und Nichtkatholiken kann es sein, daß sie bei vorausgehender standesamtlicher Eheschließung in der kirchlichen Trauung eine reine Zeremonie sehen, der keine ehebegründende Kraft zukommt. Wenn und insoweit derartige Ehewerber nicht die Absicht haben, eine *kirchliche* Ehe begründen zu wollen, fehlt es an einem wesentlichen Erfordernis der kirchlichen Eheschließung, nämlich dem Ehekonsens; die Ehe ist ungültig[39].

[34] Vgl. die Abgrenzungen in einer Entscheidung der SRR coram Ferraro bei *F. Della Rocca*, Diritto matrimoniale canonico. Tavole sinottiche, Padova 1982, S. 106 (Nr. 268).

[35] *Lüdicke*, Eherecht (Anm. 18), S. 98.

[36] Dazu § 23, 1 österr. EheG. – Gelegentlich wird in der Literatur diese mit Totalsimulation (Scheinkonsens) geschlossene Ehe als *Scheinehe* bezeichnet, vgl. *M. Wegan*, Ehescheidung. Auswege mit der Kirche, Graz 1982. S. 16–22; *Lüdicke*, Eherecht (Anm. 18), S. 99.

[37] *Mosiek/Zapp* EheR, S. 167f.

[38] Vgl. *Mosiek/Zapp* EheR, S. 168. – *O. Giacchi*, Il consenso nel matrimonio canonico, 3. Aufl., Milano 1968, S. 93ff.

[39] *H. Flatten*, Der Ehekonsens als consensus de praesenti, in: TThZ 67 (1958), S. 274–298; *R. Strigl*, Für und wider eine sogenannte negative Totalsimulation, in: MThZ 15 (1964), S. 205–215; *H. Schwendenwein*, Das neue Kirchenrecht, Graz-Wien-Köln 1983, S. 385.

3. *Partialsimulation*

Die auf Partialsimulation bezugnehmenden Bestimmungen des c. 1101 § 2 sind anders formuliert als in c. 1086 § 2 CIC/1917. Nunmehr ist rechtserheblich der Ausschluß eines Wesens*elements* bzw. einer Wesens*eigenschaft* der Ehe. Die Wesenseigenschaften (essentiales proprietates) sind zufolge c. 1056 Einheit und Unauflöslichkeit (vgl. dazu c. 1013 § 2 CIC/1917); die Wesens*elemente* wird man aus der in c. 1055 § 1 enthaltenen Beschreibung des ehelichen Bundes herauslesen können.

a) Ausschluß der ehelichen Treue. Ein Ausschluß des „bonum fidei"[40] ist dann gegeben, wenn ein Teil sich im Augenblick der Eheschließung das *Recht* vorbehält, auch mit einem anderen Partner Geschlechtsbeziehungen zu unterhalten. Denn die Ehe im christlichen Verständnis ist eine Dritte ausschließende Verbindung zwischen einem Mann und einer Frau.

Bei der prozessualen Geltendmachung dieser Form der Partialsimulation wie auch bei dem im folgenden darzustellenden Ausschluß des Rechts auf Geschlechtsgemeinschaft bzw. Nachkommenschaft wird von Lehre und Rechtsprechung unterschieden zwischen *Nichtverpflichtungswillen (Ausschluß des „ius ipsum") und Nichterfüllungswillen (Ausschluß des „exercitium iuris")*. Der Nichtverpflichtungswille bestehe darin, daß jemand sich im Augenblick der Eheschließung nicht zur Einhaltung der ehelichen Treue bzw. zur Weckung neuen Lebens verpflichten will; der Nichterfüllungswille hingegen sei der Vorsatz, übernommene Verpflichtungen nicht einzuhalten[41]. Nur dem Nichtverpflichtungswillen, nicht auch dem Nichterfüllungswillen komme ehevernichtende Wirkung zu.

Wenngleich diese Unterscheidung von der Romana Rota selbst, zumindest was die psychologische Vereinbarkeit beider Willensrichtungen betrifft, gelegentlich in Zweifel gezogen wird[42], so wird dennoch daran festgehalten; der CIC läßt keine Anzeichen erkennen, daß die genannte Unterscheidung in der Rechtsprechung nicht mehr angewendet wird.

b) Ausschluß des Rechts auf Geschlechtsgemeinschaft bzw. auf Nachkommenschaft. Wenngleich das den CIC beherrschende Ehebild dankenswerterweise von der stark auf das Biologische reduzierten Sicht des CIC/1917 (vgl. dessen c. 1081 § 1) abgerückt ist und außerdem c. 1101 § 2 das „omne ius ad coniugalem actum" des c. 1086 § 2 CIC/1917 nicht übernommen hat, so kann dennoch kein Zweifel bestehen, daß die Ehe „legitimer Ort der Geschlechtsgemeinschaft zwischen den Gatten"[43] ist. Wer im Augenblick der Eheschließung diese Geschlechts-

[40] Im Anschluß an *Augustinus* (De peccato originali, cap. 34, nr. 39; PL 44, 404) spricht man von den drei Ehegütern (bonum prolis, fidei, sacramenti).

[41] *M. Wegan*, La distinction „ius et usus iuris" dans la jurisprudence récente du tribunal de la Rote, in: RDC 29 (1979), S. 97–113.

[42] *Di Jorio*, Causae nullitatis (Anm. 23), S. 232. Beachtlich insbesondere die SRR 31. 3. 1969 coram Fiore, wo es u. a. heißt „... voluntas sese obligandi, et voluntas non adimplendi, plerumque inter se componi non posse." *Di Jorio*, ebd. S. 215 (Nr. 197). – Auch *Flatten*, der sonst grundsätzlich an der Berechtigung dieser Unterscheidung festhält, äußert gelegentlich Zweifel in bezug auf die psychologische Vereinbarkeit von Nichterfüllungswillen mit dem Verpflichtungswillen. *H. Flatten*, Gilt bei c. 1086 § 2 heute noch die Unterscheidung von Nichtverpflichtungswille und Nichterfüllungswillen?, in: ÖAKR 13 (1962), S. 267; vgl. *dens.*, Der Streit um „ius" und „exercitium iuris" in der jüngsten eherechtlichen Diskussion, in: TThZ 142 (1962), 340–354.

[43] *Lüdicke*, Eherecht (Anm. 18), S. 100.

gemeinschaft dem anderen Partner nicht gewähren will, der schließt keine gültige Ehe. Die Geschlechtsgemeinschaft als solche ist zwar durchaus dem Belieben der Partner anheimgestellt, d. h. sie können in gegenseitigem Einvernehmen ganz (Josefsehe) oder zeitlich befristet darauf *verzichten*. Eine solche Vereinbarung, von dem Recht auf Geschlechtsgemeinschaft keinen Gebrauch machen zu wollen, kann, ohne die Gültigkeit der Ehe zu berühren, auch schon vor Eingehung derselben getroffen werden, sofern jeder Partner dem anderen das *Recht* auf Geschlechtsgemeinschaft einräumt.

Was die Weckung neuen Lebens betrifft, so ist die Ehe ihrer Natur nach darauf *hingeordnet* (c. 1055 § 1). Dies bedeutet freilich nicht, daß diese natürliche Hinordnung als solche in jeder Ehe erreicht werden muß. Einerseits hat *Sterilität* grundsätzlich keinen Einfluß auf die Gültigkeit der Ehe (c. 1084 § 3), andererseits ist der Rechtsprechung der Romana Rota wie auch der Lehre zufolge sowohl die Frage der Nachkommenschaft überhaupt, wie auch der Zahl der Kinder im Lichte der Äußerungen des kirchlichen Lehramtes von der *verantworteten Elternschaft*[44] zu sehen[45]. In diesem Zusammenhang ist auf die vorhin erwähnte Unterscheidung zwischen dem *Recht selbst* und der *Ausübung* des Rechtes (Verpflichtungs- bzw. Erfüllungswille) hinzuweisen. Ein *grundsätzlicher* und *dauernder* Ausschluß der Nachkommenschaft hätte nach der Auffassung der Romana Rota dann keinen Einfluß auf die Gültigkeit der Ehe, wenn die Ehepartner nach gewissenhafter Prüfung aus Gründen der verantwortungsbewußten Elternschaft zu dem Ergebnis kommen, überhaupt keine Kinder zu haben (etwa weil schwere Erbschäden zu befürchten wären) *und* sie die Durchführung dieses Vorhabens nach den Methoden der erlaubten Geburtenregelung vornehmen[46]. Bei *zeitlichem Ausschluß* der Nachkommenschaft (Beschränkung auf eine bestimmte Kinderzahl) wäre ähnlich zu entscheiden: wenn die Ehepartner vor der Ehe nach gewissenhafter Prüfung ihrer Situation übereingekommen sind, nach den kirchlichen Richtlinien der verantworteten Elternschaft die Zahl der Kinder zu beschränken und wenn infolgedessen für die Zeitspanne, wo Kinder ausgeschlossen werden sollen, auch das Recht auf einen empfängnisoffenen ehelichen Verkehr ausgeschlossen wird, so käme eine solche Ehe gültig zustande, da hier kein Ausschluß des Rechtes als solchem vorliegt[47]. Anders wäre die Situation zu beurteilen, d. h. die Ehe wäre *nichtig*, wenn der zeitweise Ausschluß des Rechtes auf Nachkommenschaft aus Gründen erfolgt, die im Rahmen der verantworteten Elternschaft keinen Platz finden. – Es gilt freilich der Grundsatz rotaler Rechtsprechung, daß im Zweifel ein Ausschluß der Nachkommenschaft auf bestimmte Zeit (also Beschränkung der

[44] Vgl. VatII GS Nr. 50f. – *Paul VI.*, Enzyklika „Humanae vitae", NKD 14. Dazu die Erkl. der deutschen Bischöfe zur seelsorglichen Lage nach dem Erscheinen der Enzyklika „Humanae vitae" (Königsteiner Erklärung) vom 30. 8. 1968, in: NKD 14, S. 63–71.

[45] Vgl. *P. Wirth*, Eherechtliche Fragen zur Familienplanung, in: ÖAKR 32 (1981), S. 227–247.

[46] So *Wirth*, ebd., S. 241f. unter Berufung auf einige jüngere Entscheidungen der SRR.

[47] *Wirth*, ebd., S. 243.

Kinderzahl) nur als mangelnder Nichterfüllungswille zu werten ist und demnach die Gültigkeit der Ehe nicht berührt[48].

c) Ausschluß der Unauflöslichkeit (des bonum sacramenti). Dieser liegt dann vor, wenn jemand die Ehe in der Absicht eingeht, sich jedenfalls oder gegebenenfalls scheiden zu lassen, um damit den vor der Eheschließung bestehenden Zustand der Freiheit wiederherzustellen[49]. In diesem Falle ist die Ehe ungültig. Es kann sein, daß ein Kontrahent von vornherein eine *zeitlich befristete* Ehe eingeht oder aber, daß er sie in der Absicht schließt, sich bei *Eintreten gewisser Umstände* (etwa wenn das eheliche Leben sich nicht wunschgemäß gestalten sollte) nach staatlichem Recht scheiden zu lassen.

Die Scheidungsabsicht an sich könnte auch bloß darin bestehen, daß jemand bei Vorliegen bestimmter Umstände eine Auflösung der ehelichen Lebensgemeinschaft unter Aufrechterhaltung des Ehebandes (vgl. cc. 1151 ff.) herbeiführen will. Nach der jüngeren Rechtsprechung der Romana Rota ist allerdings in Ländern mit bestehender staatlicher Scheidung anzunehmen, daß derjenige, der sich das Recht auf eine Scheidung vorbehält, damit das Eheband selbst treffen will, daß er somit den Zustand völliger Freiheit wie vor seiner Eheschließung wiederherstellen will[50].

Bei Vorbehalt gegen die Unauflöslichkeit ist die Unterscheidung zwischen Nichtverpflichtungs- und Nichterfüllungswillen nicht anwendbar.

d) Ausschluß eines wesentlichen Elements der Ehe. C. 1101 § 2 erwähnt nunmehr ausdrücklich, daß der durch *positiven Willensakt* vorgenommene Ausschluß eines *wesentlichen Elements* der Ehe die Nichtigkeit derselben bewirkt.

Zum Wesentlichen der Ehe gehört nach der in c. 1055 § 1 vorgenommenen Umschreibung das „totius vitae consortium", die ganzheitliche Lebensgemeinschaft der Ehegatten. Die nähere Erfassung dieses Tatbestandes bedarf noch einer Klärung durch Lehre und Rechtsprechung; gegenwärtig ist eine erhebliche Divergenz der Auffassungen feststellbar[51]. Kontrovers ist insbesondere die Frage, ob die *eheliche Liebe* (amor coniugalis) einen wesentlichen Teilaspekt dieser ganzheitlichen Lebensgemeinschaft darstellt, so daß bei Fehlen ehelicher Liebe die Ehe ungültig wäre. Während auf der einen Seite die eheliche Liebe als juristisch nicht faßbares Element angesehen und dementsprechend dem Fehlen desselben keine die Gültigkeit der Ehe tangierende Wirkung beigemessen wird[52], fehlt es andererseits nicht an

[48] *Wegan*, La distinction (Anm. 41) S. 111. Vgl. dazu die Ansprache *Pius' XII.* an die Hebammen vom 29. 10. 1951, in: AAS 43 (1951), S. 845. Die weitreichende Schlußfolgerung, die *Sebott* aus c. 1101 § 2 zieht, daß nämlich „zukünftig kaum mehr eine Ehe für ungültig erklärt werden dürfte, wenn die Eheleute den Kindersegen verhindern" scheint mir in dieser generellen Form weder vom Text des erwähnten c. noch von den auch das neue Eherecht beherrschenden Zielvorstellungen gerechtfertigt. *R. Sebott*, Das Neue im neuen kirchlichen Eherecht, in: StdZ 201 (1983), S. 269.

[49] Vgl. *F. M. Cappello*, Tractatus canonico-moralis de sacramentis. 6. Aufl., Bd. V, Turin 1950, S. 582f.

[50] *M. J. Aldanondo Salaverria*, Mentalidad divorcista y consentimiento matrimonial. Monografias Canonicas Peñafort, Nr. 19. Salamanca 1982, S. 130.

[51] So bringt etwa *Lesage* eine umfangreiche (nicht erschöpfende) Liste von Elementen, die zur ehelichen Lebensgemeinschaft gehören sollen; vgl. *G. Lesage*, The Consortium vitae coniugalis: Nature and Applications, in: StudCan 6 (1972), S. 103f.; vgl. ferner *H. Zapp*, Incapacitas im Sinn von Erfüllungsunvermögen, in: AfkKR 141 (1972), S. 467.

[52] *U. Navarrete*, Amor coniugalis et consensus matrimonialis, in: PerRMCL 65 (1976), S. 632.

Stimmen, die die eheliche Liebe entweder schlechterdings den Wesenselementen der Ehe zuzählen[53] oder ihr zumindest unter bestimmten Voraussetzungen konstitutive Bedeutung geben[54]. – Mit Sicherheit kann indes gesagt werden, daß das Fehlen ehelicher Liebe, insbesondere von Beginn der Ehe an, als *Indiz* für das Vorhandensein von Konsensmängeln anderer Art (z. B. Vorbehalt gegen die Treue oder Unauflöslichkeit) oder für Erfüllungsunvermögen angesehen wird[55].

4. *Eheschließung unter Zwang und schwerer Furcht*

Es sind begrifflich zwei Fälle zu unterscheiden: *absoluter Zwang* (vis absoluta), d. h. wenn eine Person unter völliger Ausschaltung ihres Willens zu einem von ihr gar nicht mehr verantwortbarem Handeln veranlaßt wird (etwa bei Eingabe von den Willen völlig ausschaltenden Medikamenten oder Drogen). Hier liegt überhaupt kein actus humanus vor; die Ehe ist ebenso wie jedes andere auf Rechtserfolg ausgerichtete Handeln nichtig (c. 125 § 1). – *Schwere Furcht* (metus gravis) liegt dann vor, wenn der Wille des Betroffenen nicht ausgeschaltet, aber durch Androhung eines schweren Übels zu einem Handeln veranlaßt wird, das nicht zustande gekommen wäre, wenn der Betroffene frei gewesen wäre („si liber fuissem, noluissem, tamen coactus volui").

Grundsätzlich sind zufolge c. 125 § 2 unter schwerer Furcht zustande gekommene Rechtsgeschäfte gültig, aber anfechtbar, soweit nicht durch eine Spezialnorm Gegenteiliges (nämlich Nichtigkeit) festgelegt wird. Das ist bei der Eheschließung der Fall. Die Ehe ist nichtig, wenn die Furcht bestimmte Tatbestandsmerkmale aufweist. Demnach muß sie *schwer* sein, d. h. das angedrohte Übel muß für den Bedrohten eine schwere Belastung bedeuten. Dies kann absolut oder relativ gegeben sein. *Absolut* schwere Furcht liegt dann vor, wenn das angedrohte Übel so beschaffen ist, daß jeder in seinem Widerstand gebrochen wird (Androhung des Todes, Verstümmelung, Schändung, Verlust der Freiheit, der Ehre, wobei es gleichgültig ist, ob dieses Übel dem Bedrohten selbst oder nahestehenden Personen angedroht wird); *relativ* schwere Furcht ist gegeben, wenn eine Person das angedrohte Übel angesichts ihrer besonderen Situation oder Gemütsbeschaffenheit als schwer empfindet.

Die Furcht muß von *außen kommen* (ab extrinseco), d. h. sie muß von einer menschlichen Person ausgehen. Ausgeschlossen sind somit rein innerseelisch bedingte Zwangsvorstellungen. – Diese können jedoch gegebenenfalls die Ent-

[53] *Weber*, Erfüllungsunvermögen (Anm. 5), S. 32: „Eine Ehe ist nichtig, wenn eines ihrer Wesenselemente: Liebe, Geschlechtsgemeinschaft, Treue und Unauflöslichkeit nicht erfüllt werden kann."

[54] *Z. Grocholewski*, De „communione vitae" in novo schemate „De Matrimonio" et de momento iuridico amoris coniugalis, in: PerRMCL 68 (1979), S. 439–480. – Ausgehend von der Unterscheidung zwischen „ius" und „exercitium iuris" kommt *Grocholewski* (S. 489) zu dem Ergebnis, daß ein Ausschluß des *Rechts* auf eine Liebe des Wohlwollens (amor benevolentiae) Nichtigkeit der Ehe im Gefolge haben würde. Vgl. auch *O. Fumagalli-Carulli*, Eheliche Liebe und Unauflöslichkeit bei der kirchlichen Eheschließung, in: AfkKR 149 (1980), S. 410–431.

[55] So insbesondere SRR 3. 7. 1969 coram Abbo; 27. 11. 1969 coram Pinto, in: *Di Jorio*, Causae nullitatis (Anm. 23), S. 185 f. (Nr. 35 und 38).

scheidungsfreiheit des Menschen so beeinträchtigen, daß Ehevertrags- bzw. Eheführungsunfähigkeit (siehe darüber oben) vorliegt[56].

Ausdrücklich hervorgehoben wird nunmehr, daß die Bedrohung nicht den Zweck verfolgen muß, den Bedrohten zur Eheschließung zu veranlassen. Es genügt vielmehr, daß dieser in seiner subjektiven Überzeugung keinen anderen Ausweg aus seiner Zwangslage sieht, als die Ehe einzugehen (metus inconsultus).

Weggefallen ist das Kriterium des c. 1087 § 1 CIC/1917, daß die Furcht *ungerecht* eingeflößt sein mußte. Es hat sich hier offensichtlich die schon längere Zeit vertretene Ansicht durchgesetzt, daß niemandem ein erzwingbares Recht auf Eheschließung zusteht, und es somit in diesem Zusammenhang *keine gerecht* eingeflößte Furcht geben kann[57].

5. *Eheführungsunfähigkeit (Erfüllungsunvermögen)*

Dieser in c. 1095 n. 3 angeführte Nichtigkeitsgrund stellt darauf ab, daß ein Kontrahent aus Gründen psychischer Natur[58] die wesentlichen ehelichen Pflichten nicht übernehmen kann. Während die beiden anderen Tatbestände des c. 1095 (n. 1 und 2) davon ausgehen, daß der Kontrahent das wesentliche Konsensobjekt nicht erfassen kann (Erkenntnismangel), liegt bei der *Eheführungsunfähigkeit* (Erfüllungsunvermögen) eine intakte oder zumindest nicht erheblich gestörte *Erkenntnis*fähigkeit vor; der Kontrahent ist aber *willentlich* nicht in der Lage, die der ehelichen Lebensgemeinschaft wesentlichen Verpflichtungen zu übernehmen bzw. zu erfüllen[59] (Willensmangel).

Diese Fehlhaltung kann durch eine Geisteskrankheit bedingt sein, die (noch) nicht so weit fortgeschritten ist, daß der Kranke überhaupt seine Erkenntnis- und kritische Unterscheidungsfähigkeit einbüßt, die ihn aber dennoch so weit beeinträchtigt, daß er trotz vorhandener Fähigkeit, einen Erkenntnis- und auch einen Willensakt zu setzen, dennoch unfähig ist, die eingegangene Verpflichtung zu erfüllen. In der Praxis wird sich bei einer durch Geisteskrankheit bedingten Störung in der Psyche die Grenze zwischen Ehevertragsunfähigkeit und Eheführungsunfähigkeit nicht leicht ziehen lassen.

Die *Eheführungsunfähigkeit* (Erfüllungsunvermögen) kann unabhängig von Geisteskrankheit durch mannigfache psychische Störungen verursacht sein. In Frage kommen u. a. entwicklungsbedingte Störungen, z. B. seelische Unreife und eine dadurch bedingte Unbeständigkeit, bzw. die Unfähigkeit, eine dauerhafte, auf

[56] Die Formulierung des c. 1103 hat § 2 des c. 1087 CIC/1917 „nullus alius metus, etiamsi det causam contractui matrimonii nullitatem secumfert" nicht übernommen.

[57] SRR 21. 12. 1951 coram Staffa, in: MonEccl 78 (1973), S. 592f.; *V. Reina*, El consentimiento matrimonial. Sus anomalias y vicios como causas de nulidad, Barcelona 1974, S. 156.

[58] Die Formulierung des SchemaSacr enthielt noch die Wendung, daß eine schwere anomalia *psychosexualis* eine die Ehe verungültigende Wirkung habe. Schon das Schema CIC/1980 verbesserte aber auf die nunmehr in c. 1095 nr. 3 anzutreffende Formulierung.

[59] Wenngleich der Gesetzestext (c. 1095 nr. 3) von „assumere" spricht, scheint doch damit dasselbe gemeint zu sein wie mit „adimplere". Dies erweist u. a. die gleichwertige Verwendung beider Formulierungen durch die Redaktionskommission. Vgl. dazu Communicationes 3 (1971), S. 77. Zur Frage *Mosiek-Zapp* EheR, S. 148f. *L. D. Andrea*, L'incapacità di assumere gli oneri essenziali del matrimonio nella giurisprudenza rotale, in: Studi sul matrimonio canonico, a cura di P. Fedele. Roma 1982, S. 299–317.

die menschliche Würde bedachtnehmende Beziehung zu einem andersgeschlechtlichen Partner zu entwickeln[60]. Dies ist etwa der Fall bei bestimmten sexuellen Abartigkeiten wie z. B. Homosexualität[61], Nymphomanie, Satyriasis, krankhafter Neigung zu Inzest, aber auch bei der Unfähigkeit, die eheliche Treue zu halten[62].

Eheführungsunfähigkeit kann ferner bedingt sein durch schwere Schockeinwirkungen, Drogeneinfluß oder Alkoholismus[63], aber auch durch einen Angstzustand, der – ohne von einem Menschen im Zusammenhang mit einer Eheschließung direkt verursacht zu sein (metus ab extrinseco incussus) – dennoch den Betroffenen in eine schwere seelische Bedrängnis versetzt. Während c. 1103 den „metus ab *extrinseco*" als gesonderten Tatbestand erfaßt (siehe darüber III 4), könnte Eheführungsunfähigkeit (wie auch Ehevertragsunfähigkeit) gegeben sein durch einen „metus ab *intrinseco*"[64]. Wenn und insoweit dadurch die in c. 1095 n. 2 bzw. 3 erwähnten Voraussetzungen gegeben sind, wäre die Ehe nichtig.

Die Eheführungsunfähigkeit kann *absolut*, d. h. gegenüber jedem Partner oder *relativ*, d. h. nur gegenüber einem bestimmten Partner auftreten. Letzteres insbesondere dann, wenn die Eigenart oder das Verhalten eines bestimmten Partners im anderen potentiell vorhandene Fehlhaltungen auslöst bzw. ins Krankhafte steigert.[65]

IV. Die bedingte Eheschließung

1. *Begriffliches*

Bedingung ist die von den Parteien einem Rechtsgeschäft beigefügte Beschränkung, durch die der Eintritt oder die Aufhebung einer Rechtswirkung von einem ungewissen Umstand abhängig gemacht wird[66].

[60] Vgl. dazu die Entscheidung der SRR 31. 1. 1976 coram Lefebvre bei *della Rocca*, Diritto (Anm. 34), S. 172 (Nr. 503). Dazu *Weber*, Erfüllungsunvermögen (Anm. 5), S. 106–111.

[61] Die Rechtsprechung der SRR sieht allerdings in der Homosexualität keine Verletzung der ehelichen Treuepflicht. Beispielhaft sei die Entscheidung vom 15. 12. 1953 coram Doheny angeführt, in der es u. a. heißt, daß der im Augenblick des Eheabschlusses vorhandene Wille, Geschlechtsbeziehungen mit einer Person desselben Geschlechts zu unterhalten, selbst dann keine die Ehe verungültigende Wirkung habe, wenn dadurch das ausschließliche *Recht selbst* ausgeschlossen werde. Und dies mit der Begründung, „... perversa haec traditio corporis, quamvis exclusiva, non est ad actus per se aptos ad prolis generationem." Vgl. diese und ähnliche Entscheidungen bei *H. Serafini*, Index iurisprudentiae rotalis super bonum fidei, in: Annali di dottrina e giurisprudenza canonica, Bd. II: Il dolo nel consenso matrimoniale, Città del Vaticano 1972, S. 256. *W. Tobin*, Homosexuality and Marriage, Rome 1964, S. 88f., 227ff. – Gegen diese Auffassung wandte sich schon mit Recht *G. Oesterle*, De relatione homosexualitatis ad matrimonium, in: REDC 10 (1955), S. 57ff.; *ders.*, Welchen Einfluß hat die Homosexualität auf die Ehe, in: ÖAKR 12 (1961), S. 305–337; *Reina*, El consentimiento (Anm. 57), S. 112f. – Seit 1967 sieht die SRR in der Homosexualität ein *Fehlen des Formalobjekts der Eheschließung*. Vgl. dazu *Dordett*, Geisteskrankheit (Anm. 15), S. 77–84. *Weber*, Erfüllungsunvermögen (Anm. 5), S. 47.

[62] Vgl. *Wegan*, Ehescheidung (Anm. 36), S. 109–111.; *dies.*, L'incapacité (Anm. 21).

[63] *Dordett*, Geisteskrankheit (Anm. 15), S. 66f.

[64] Vgl. dazu *Lüdicke*, Eherecht (Anm. 18), S. 86 und 107. Vgl. *U. Mosiek*, Metus ab intrinseco incussus als Ehenichtigkeitsgrund, in: Festschr. Dordett, 243–254. *Mosiek/Zapp*, EheR 177f.

[65] *Lüdicke*, Eherecht (Anm. 18), S. 86 und 107.

[66] *H. Koziol/R. Welser*, Grundriß des bürgerlichen Rechts, 5. Aufl., Wien 1979, I, S. 132.

Man unterscheidet aufschiebende und auflösende Bedingungen (Suspensiv- bzw. Resolutivbedingung) je nachdem, ob der *Eintritt* oder die *Aufhebung* von Rechtswirkungen abhängig gemacht wird.

Der Umstand (das Ereignis), wovon die Rechtswirkungen abhängig gemacht werden, kann in der Vergangenheit, Gegenwart oder Zukunft liegen.

2. Rechtswirkungen

Die Beifügung einer *Resolutivbedingung*, d. h. daß die Ehe bei Eintritt eines Ereignisses aufgelöst werden soll, wäre der Wesenseigenschaft der Unauflöslichkeit der Ehe entgegengesetzt. Die Beisetzung einer solchen Bedingung würde einen Konsensmangel (Ausschluß der Unauflöslichkeit) bedeuten und Ungültigkeit der Ehe zur Folge haben.

Durch eine *Suspensivbedingung* wird die Gültigkeit der Ehe abhängig gemacht von einem ungewissen Umstand, der in Vergangenheit, Gegenwart oder Zukunft liegen kann. Nur im letztgenannten Fall entsteht bei Eheabschluß ein objektiver Schwebezustand, d. h. die Ehe wird erst dann gültig, wenn das künftige ungewisse Ereignis eingetreten ist. Liegt das (für die Parteien) ungewisse Ereignis in Gegenwart oder Vergangenheit, so entsteht kein objektiver, sondern nur ein subjektiver, d. h. auf die Parteien bezogener Schwebezustand und dies solange, bis die Parteien Kenntnis über das Ereignis haben.

Im Gegensatz zu c. 1092 n. 3 CIC/1917, der die Beisetzung einer in der Zukunft liegenden Suspensivbedingung ermöglichte, erklärt nunmehr c. 1102 § 1, *daß eine Ehe unter einer zukünftigen Bedingung nicht gültig geschlossen werden kann* (z. B. „Ich heirate Dich, wenn du das Doktorexamen machst"). Hingegen kann nach c. 1102 § 2 eine Ehe gültig geschlossen werden unter einer Bedingung, bei der das (subjektiv) ungewisse Ereignis in Gegenwart oder Vergangenheit liegt („ich heirate Dich, wenn Du nicht vorbestraft bist"). *Erlaubterweise* kann eine solche Bedingung aber nur mit schriftlicher Genehmigung des Ortsordinarius beigesetzt werden (c. 1102 § 3).

V. Die Abgabe der ehelichen Willenserklärung

1. Grundsätzliches

Vom Wesen des im kanonischen Recht geschilderten Ehebundes (Ehevertrages), der durch den Konsens der Ehewerber entsteht (c. 1057 § 1) ist für die *Abgabe* der ehelichen Willenserklärung keine bestimmte Form erforderlich. Die Ehe kommt zustande, wenn der Konsens ehefähiger Personen zusammentrifft. Nähere Details bezüglich der Art und Weise der Konsensabgabe sind positives Kirchenrecht (ius mere ecclesiasticum).

2. Ordentliche Form der Konsensleistung

Zur Gültigkeit der Konsensleistung wird verlangt, daß die Ehewerber entweder persönlich oder durch Stellvertreter anwesend sind (c. 1104 § 1). Briefliche Konsensabgabe ist daher nicht möglich[67].

Bezüglich der Gültigkeit der während des Zweiten Weltkrieges üblichen sog. *Ferntrauungen* vgl. die Erklärung des Heiligen Offizium vom 18. 5. 1949[68].

Die Ehewerber haben ihren Konsens durch *Worte* auszudrücken; bei Sprachbehinderten ist auch eine Konsensleistung durch gleichwertige Zeichen (z. B. etwa Nicken des Kopfes oder Anstecken der Ringe) möglich (c. 1104 § 2).

3. Eheschließung durch Stellvertretung

Die Eheschließung durch einen Stellvertreter (Prokurator) ist möglich; doch darf der Geistliche, den Notfall ausgenommen, einer solchen Eheschließung nicht assistieren, ohne vorher den Ortsordinarius befragt zu haben (c. 1071 § 1 n. 7). Ferner sind zur Gültigkeit der Eheschließung durch Stellvertretung nachstehende Voraussetzungen zu erfüllen:

Der Stellvertreter muß einen *besonderen Auftrag* (Spezialmandat) zur Eheschließung mit einer bestimmten Person erhalten haben. Er muß diesen Auftrag vom Auftraggeber (Mandanten) selbst erhalten haben und muß den Auftrag auch persönlich ausführen (c. 1105 § 1 n. 1 und 2).

Der besondere Auftrag (Spezialmandat) muß zu seiner Gültigkeit vom Auftraggeber (Mandanten) persönlich unterschrieben sein. Sofern dieser Spezialauftrag nicht überhaupt nach Maßgabe des Zivilrechts als authentische Urkunde erstellt wird, muß er neben der Unterschrift des Auftraggebers auch die des Ortspfarrers bzw. Ortsordinarius des Ausstellungsortes oder eines von diesem delegierten Priesters und zweier Zeugen tragen (c. 1105 § 2).

Ist der Mandant des Schreibens unkundig, muß dies auf dem Auftrag vermerkt werden und es muß ein weiterer Zeuge zugezogen werden, der das Schriftstück zusätzlich unterzeichnet; andernfalls ist der erteilte Auftrag nichtig (c. 1105 § 3).

Widerruft der Auftraggeber sein Mandat, bevor der Stellvertreter im Namen des Mandanten die Ehe geschlossen hat oder verfällt der Auftraggeber vor der Eheschließung in Geisteskrankheit, ist die Ehe ungültig, auch wenn der Stellvertreter von diesen Ereignissen nichts gewußt hat (c. 1105 § 4). – Diese Konsequenzen folgen aus dem Konsensprinzip; der Konsens des Auftraggebers ist im Augenblick der Eheschließung nicht mehr vorhanden, daher kann die Ehe nicht gültig zustande kommen.

[67] Die vor dem CIC/1917 mögliche Form der Konsensabgabe „per litteras et per nuntium" wurde schon durch c. 1088 CIC/1917 außer Kraft gesetzt. *Mosiek/Zapp* EheR, S. 185.
[68] AAS 41 (1949), S. 427.

4. Eheschließung durch Dolmetscher

Eine Ehe kann auch unter Beiziehung eines Dolmetschers geschlossen werden; der Pfarrer soll einer solchen Ehe aber nicht assistieren, bevor er sich nicht über die Zuverlässigkeit des Dolmetschers Gewißheit verschafft hat (c. 1106). Die bisherige Bestimmung des c. 1091 CIC/1917, wonach zu einer solchen Eheschließung, falls die Zeit noch ausreicht, die Erlaubnis des Ortsordinarius eingeholt werden mußte, findet sich nicht mehr in der geltenden Rechtsordnung.

§ 85 Die Eheschließung

Von Bruno Primetshofer

I. Allgemeines zur Eheschließungsform

1. Naturrecht und positives Kirchenrecht

Geht man von der in c. 1055 § 1 gezeichneten Wesensbeschreibung der Ehe als *Bund* von Mann und Frau aus, so ergibt sich, daß von der Natur der Sache her die auf diesen Bund ausgerichtete Willenseinigung der Partner (Ehewille) für das Zustandekommen der Ehe allein ausschlaggebend sein muß (vgl. c. 1057 § 1); eine irgendwie geartete *Form* ist für die Gültigkeit dieses Bundes grundsätzlich nicht erforderlich. Rechtliche Bestimmungen, die Formvorschriften zum Inhalt haben, sind daher rein kirchliches Recht (ius mere ecclesiasticum); sie können daher vom kirchlichen Gesetzgeber jederzeit den Erfordernissen von Zeit und Ort angepaßt werden. Auf dem Hintergrund dieser Tatsachen ist die im Bereich der Formpflicht seit dem II. Vatikanischen Konzil und durch den Codex eingetretene Rechtsentwicklung zu sehen.

Im Bereich der Lateinischen Kirche gab es bis zum Konzil von Trient keine mit Irritationswirkung versehene kirchliche Eheschließungsform, d. h. die ohne nach außen hin erkennbare Form geschlossene Ehe (klandestine Ehe) wurde als gültig anerkannt. Erst das Dekret „Tametsi"[1] des Konzils (1563) hat die Beobachtung einer kirchlichen Eheschließungsform (in facie Ecclesiae), d. h. vor dem eigenen Pfarrer und zwei Zeugen, zur Gültigkeit der Ehe vorgeschrieben[2].

[1] DS 1813.

[2] Der besondere Promulgationsmodus dieses Dekrets – es sollte nur in jenen Pfarreien Geltung haben, in denen es von der Kanzel verkündet wurde – war auch von ökumenischen Überlegungen geleitet. Es sollte vermieden werden, daß die Ehen der Protestanten durch (vorauszusehende) Nichtbeachtung der kanonischen Formpflicht ungültig würden. Vgl. dazu *S. Pallavicino*, Vera Concilii Tridentini Historia, Antverpiae 1670, Lib. XXII, cap. VIII, n. 10; *R. Lettmann*, Die Diskussion über die klandestinen Ehen und die Einführung einer zur Gültigkeit verpflichtenden Eheschließungsform auf dem Konzil von Trient, Münster 1966.

2. Kirchliche Mitwirkung beim Eheabschluß

Wie jedes Sakrament, ist auch die christliche Ehe „ekklesiale Aktuierung"[3] des einen Heilsmysteriums. Das Ehe*sakrament* bedarf daher zweifellos einer „irgendwie gearteten Mitwirkung der Kirche"[4], ohne daß sich daraus unmittelbare Konsequenzen hinsichtlich der Frage nach dem Spender des Ehesakramentes ergeben[5]. Die Kirche ist am Zustandekommen der Ehe in verschiedener Form beteiligt, sei es, daß sie durch den geweihten und beauftragten Priester oder Diakon oder durch einen beauftragten Laien die eheliche Willenserklärung entgegennimmt, sei es, daß sie irgendeine andere Form der Eheschließung durch hoheitliche Festlegung (Gesetz) als gültig bezeichnet. Unter diesen Voraussetzungen ist der für jedes Sakrament notwendige Bezug zur Kirche hergestellt.

II. Der Inhalt der kirchlichen Formpflicht

1. Begriff der Eheassistenz

Unter Eheassistenz versteht man die Tatsache, daß das Trauungsorgan bei persönlicher Anwesenheit den Konsens der Ehewerber erfrägt und ihn im Namen der Kirche entgegennimmt (c. 1108 § 2). Diese Grundnorm ist auch bei den gegebenenfalls von den Bischofskonferenzen zu erstellenden, auf die Gebräuche der betreffenden Gebiete und Völker Rücksicht nehmenden Trauungsriten einzuhalten (vgl. c. 1120).

Damit ist jeder Form der vor dem CIC/1917 möglichen, aber schon durch diesen Kodex außer Kraft gesetzten[6] *passiven Eheassistenz*, bei der der Trauungsgeistliche ohne irgendeine Tätigkeit von seiner Seite die Konsensabgabe der Ehewerber lediglich *anhörte*, neuerdings eine Absage erteilt worden.

2. Das Trauungsorgan

a) Gültigkeit und Erlaubtheit der Trauung. Die Ehe von Personen, von denen zumindest eine formpflichtig ist, kommt grundsätzlich nur dann *gültig* zustande, wenn die eheliche Willenserklärung vor dem Ortsordinarius bzw. Ortspfarrer oder einem durch die Genannten Delegierten und vor zwei Zeugen abgegeben wird (c. 1108 § 1).

[3] *R. Schulte,* Die Sakramente als ekklesiales Heilsgeschehen. Versuch einer systematischen Einsichtnahme, in: MySal 4/2, S. 142.
[4] *M. Kaiser*, Grundfragen des kirchlichen Eherechts, in: GrNKirchR, S. 544; ferner *ders.*, in *diesem* Band, oben, § 81 Grundfragen des kirchlichen Eherechts.
[5] *Mosiek/Zapp* EheR S. 26 halten weiterhin an der richtigen Auffassung von den Ehepartnern als Spendern des Ehesakramentes fest. Dagegen *Kaiser* (Anm. 4), in: GrNKirchR, S. 544.
[6] PCI vom 10. 3. 1928, in: AAS 20 (1928), S. 120. Bereits am 26. 11. 1919 war eine gleichlautende Entscheidung an den Erzbischof von Prag ergangen. Vgl. *F. Schönsteiner*, Grundriß des kirchlichen Eherechts, 2. Aufl., Wien 1937, S. 699.

Wenn c. 1108 § 1 als Empfänger der Delegation nur den Priester und Diakon ins Auge faßt, so ist das insofern unvollständig, als zufolge c. 1112 eine Delegation zur Eheassistenz auch an Laien möglich ist.

Die in c. 1097 CIC/1917 enthaltenen Bestimmungen über die *Erlaubtheit* der Eheschließung sind nur teilweise in das neue Eherecht eingegangen. Demnach darf grundsätzlich einer Eheschließung erlaubterweise nur dann assistiert werden, nachdem sich das Trauungsorgan selbst über den Ledigenstand der Ehewerber nach Maßgabe des Rechts Gewißheit verschafft hat. Wer aufgrund einer allgemeinen Delegation einer Ehe assistiert, soll womöglich die Erlaubnis des Pfarrers einholen (c. 1114).

Die Ehe soll geschlossen werden in der Pfarrei, in der einer der Ehewerber Wohnsitz bzw. Nebenwohnsitz bzw. einmonatigen Aufenthalt hat. Bei Wohnsitzlosen ist die Pfarrei des augenblicklichen Aufenthaltsortes zuständig. Mit Erlaubnis des eigenen Ordinarius oder eigenen Pfarrers kann die Ehe auch anderswo geschlossen werden (c. 1115). Die bisherige Bestimmung über die Erstzuständigkeit des Pfarrers der Braut (c. 1097 § 2 CIC/1917) ist nicht mehr Bestandteil der geltenden Rechtsordnung.

b) Ordentliche Trauungsvollmacht. Träger ordentlicher, d. h. mit dem Amt verbundener Trauungsvollmacht sind der *Ortsordinarius* und der *Ortspfarrer* innerhalb ihres jeweiligen Gebietes, soweit sie nicht durch Urteilsstrafe exkommuniziert, mit dem Interdikt belegt oder vom Amt suspendiert wurden, bzw. der selbsttätige Eintritt einer solchen Strafe durch Spruch festgestellt wurde. Sofern zumindest einer der Ehepartner dem lateinischen Ritus angehört, trauen die Genannten (Ortsordinarius und Ortspfarrer) innerhalb ihres Gebietes jedermann gültig (c. 1109), d. h. also nicht nur diejenigen, die in diesem Gebiet Wohnsitz bzw. Nebenwohnsitz haben, sondern auch Fremde und Wohnsitzlose (vgl. c. 102).

Die *Personaloberhirten* bzw. *Personalpfarrer* können kraft Amtes jenen Ehen gültig assistieren, bei denen zumindest ein Ehewerber ihr Untergebener innerhalb des jeweiligen Sprengels ist (c. 1110).

Die Zuständigkeit von Personaloberhirte bzw. Personalpfarrer ist jedoch keine ausschließliche, selbst wenn beide Ehewerber Untergebene wären. Deren Ehe könnte auch vor jedem Ortsordinarius bzw. Ortspfarrer oder einem von diesen Delegierten innerhalb der Grenzen des jeweiligen Territoriums geschlossen werden.

Im CIC fehlt eine dem c. 1095 § 1 n. 3 CIC/1917 parallele Aussage, daß eine Eheschließung ungültig ist, wenn das Trauungsorgan durch absoluten oder relativen Zwang (vis, metus gravis) zur Entgegennahme des Konsenses veranlaßt wurde. Ob die genannte Bestimmung des CIC/1917 durch die Formulierung von c. 1108 § 2, wonach der Konsens *erfragt* werden muß, abgedeckt ist, erscheint fraglich, da ja möglicherweise das Trauungsorgan den Konsens *erzwungenermaßen* erfrägt. – Da c. 10 im Gegensatz zu c. 11 CIC/1917 Nichtigkeit des Aktes nur dann festlegt, wenn die Nichtigkeit im Gesetz *ausdrücklich* fixiert ist, müßte man aufgrund von c. 125 § 2 zu dem Ergebnis kommen, daß eine Ehe gültig wäre, wenn das Trauungsorgan zur Entgegennahme des Ehekonsenses durch schwere Furcht veranlaßt wurde.

c) Delegierte Trauungsvollmacht. Ortsordinarius und -pfarrer können, solange sie gültig ihres Amtes walten, die Trauungsvollmacht innerhalb der Grenzen ihres Gebietes delegieren. Zur Gültigkeit der Delegation ist erforderlich, daß die delegierte Person genau bezeichnet wird (c. 1111 § 2).

Im Unterschied zu c. 1096 § 1 CIC/1917, demzufolge *allgemeine Trauungsdelegation* nur Pfarrkooperatoren (Kaplänen) gegeben werden konnte, kann diese nunmehr Priestern und Diakonen schlechthin gegeben werden. Eine solche allgemeine Delegation bedarf zu ihrer Gültigkeit allerdings der Schriftlichkeit (c. 1111 § 2). Für die *Einzeldelegation* ist keine besondere Form vorgeschrieben; sie muß indes einer genau bezeichneten Person (siehe oben) und für eine genau bezeichnete Eheschließung gegeben werden.

Bei Mangel an Priestern und Diakonen kann der Diözesanbischof nach einer befürwortenden Stellungnahme der Bischofskonferenz und mit Erlaubnis des Heiligen Stuhles auch Laien zur Eheschließung delegieren. Hierbei sollen geeignete Laien ausgesucht werden, die die Fähigkeit haben, den Brautleuten eine passende Unterweisung zu geben und die Trauungsliturgie ordnungsgemäß zu vollziehen (c. 1112 § 2).

Die Delegation, von der c. 1112 im Zusammenhang mit den Laien spricht, ist nicht identisch mit der allgemeinen Delegation an Priester bzw. Diakone durch den Ortsordinarius bzw. -pfarrer. Vielmehr handelt es sich bei der als solche bezeichneten Delegation an Laien um eine *allgemeine grundsätzliche Ermächtigung*, die zu ihrer Aktualisierung noch der auf einen bestimmten Einzelfall bezogenen besonderen Delegation durch den Ortsordinarius bzw. -pfarrer bedarf.

Bevor eine besondere Delegation erteilt wird, soll für die Einhaltung alles dessen Sorge getragen werden, was das Recht für den Nachweis des Ledigenstandes festlegt (c. 1113).

Nach wie vor nicht geklärt ist die Frage, ob zur Gültigkeit der Delegation deren *ausdrückliche Annahme* durch den Delegierten bzw. zumindest das *Wissen* um dieselbe erforderlich ist. Die richtige sog. objektive Theorie[7] geht davon aus, daß die aufgrund rechtmäßig erteilter Delegation vorgenommene Eheschließung jedenfalls gültig ist, unabhängig von der Frage, ob der Delegierte um die Delegation wußte bzw. ob er diese ausdrücklich angenommen hatte[8].

d) Supplierte Trauungsvollmacht. Die während der Geltung des CIC/1917 zunächst durch die Lehre und dann durch eine authentische Interpretation[9] vorgenommene Ausdehnung des c. 209 CIC/1917 (Supplierung fehlender Jurisdiktionsgewalt) auf fehlende Trauungsvollmacht hat nunmehr in das Gesetzbuch

[7] Die Delegation ist nicht als (annahmebedürftige) Privilegienerteilung oder Schenkung aufzufassen, sondern als Übertragung einer Befugnis. Von dieser aber kann zumindest nicht mit Sicherheit behauptet werden, daß sie zu ihrer gültigen Ausübung einer ausdrücklichen oder stillschweigenden Annahme oder auch nur einer Kenntnis seitens des Bedachten bedarf; vgl. *Schönsteiner*, Grundriß (Anm. 6), S. 713; ebenso *A. Knecht*, Handbuch des katholischen Eherechts, Freiburg/Br. 1928, S. 634. – Gegenteiliger Auffassung u. a. *P. Gasparri*, Tractatus canonicus de matrimonio, Vol. II, Città del Vaticano 1932, S. 115f.; *L. Bender*, Casus practici de iure matrimoniali, Romae 1964, S. 223–226; *A. Bernardez Canton*, Curso de derecho matrimonial canonico, 3. Aufl., Madrid 1976, S. 307.

[8] Über Zusammenhänge mit der supplierten Trauungsvollmacht siehe unten.

[9] PCI vom 26. 3. 1952, in: AAS 44 (1952), S. 497.

selbst Eingang gefunden. C. 144 legt fest, daß die Kirche fehlende Leitungsgewalt gesetzlich ergänzt bei *tatsächlich vorliegendem* bzw. *rechtlich anzunehmendem* allgemeinem Irrtum (error communis de facto aut de iure)[10] sowie bei positivem und begründetem Zweifel. Diese gesetzliche Ergänzung fehlender Leitungsgewalt erstreckt sich zufolge c. 144 § 2 auch auf fehlende Trauungsvollmacht.

Auch die Neuformulierung des c. 144 klärt m. E. nicht die Frage, wann tatsächlich ein rechtserheblicher „error communis" gegeben ist. Denn bei c. 209 CIC/1917 wurde von einem Teil der Lehre und auch der Rechtsprechung verlangt, daß ein *öffentliches Faktum* vorliegen müsse, das von sich aus geeignet sei, viele in Irrtum zu führen[11]. Die Romana Rota folgerte daraus, daß allgemeiner Irrtum nur dann gegeben sei, wenn jemand irrtümlich für einen mit allgemeiner Trauungsvollmacht ausgestatteten Amtsträger gehalten werde, d. h. etwa beim vermeintlichen Pfarrer oder vermeintlich mit allgemeiner Trauungsvollmacht ausgestatteten Kaplan (parochus putativus, vicarius cooperator putativus), nicht aber bei einem Trauungsorgan, von dem irrtümlicherweise angenommen wurde, daß es bloß für einen besonderen Fall mit Trauungsvollmacht versehen sei. In diesem letztgenannten Fall würde demnach kein allgemeiner Irrtum vorliegen[12].

Auch die von c. 144 vorgenommene ausdrückliche Erwähnung der Rechtserheblichkeit des „error communis *de facto aut de iure*"[13] läßt die schon bei c. 209 CIC/1917 bestehende Unsicherheit hinsichtlich der Tragweite der supplierten Trauungsvollmacht bestehen. Die erwähnte restriktive Interpretation durch die Rechtsprechung der Romana Rota ist weiterhin möglich.

3. *Die Noteheschließung*

Wenn ein rechtmäßig bestelltes Trauungsorgan, Kleriker oder Laie, nicht ohne schweren Nachteil angegangen oder herbeigeholt werden kann, dann können

[10] C. 144 spricht von „error communis de facto aut de iure". Unter *tatsächlich vorliegendem* allgemeinem Irrtum (error communis de facto) versteht man den Umstand, daß *tatsächlich* viele zu der irrigen Auffassung gelangen, ein bestimmter Geistlicher habe ordentliche oder delegierte Trauungsvollmacht; *rechtlich anzunehmender* allgemeiner Irrtum (error communis de iure) liegt dann vor, wenn aufgrund der gegebenen Sachlage alle, die in die Lage kämen, ein Urteil zu fällen, mit moralischer Notwendigkeit zu der Schlußfolgerung kommen müßten, der eine Jurisdiktionshandlung Vornehmende sei auch im Besitz der dazu erforderlichen Gewalt. Vgl. dazu die Entscheidung der SRR coram Abbo zitiert bei *F. della Rocca*, Diritto matrimoniale canonico. Tavole sinottiche, Padova 1982, S. 103 (Nr. 255); *H. Hermann*, Ecclesia supplet. Das Rechtsinstitut der kirchlichen Suppletion nach c. 209 CIC (= KStuT 24), Amsterdam 1968, S. 232–241. – *Mosiek/Zapp* EheR, S. 197 geben den Ausdruck „error communis de facto aut de iure" unrichtig mit „Sachverhalts- und Rechtsirrtum" wieder.

[11] Vgl. dazu die in mehreren Entscheidungen der SRR entweder wörtlich oder sinngemäß zitierte Formulierung: „... dicendum est, tunc haberi errorem communem in sensu canonis, cum datur factum publicum quod *per se* natum est inducere in errorem, non unum vel alterum, sed *quoslibet promiscue*, ita ut potius *per accidens sit*, quod unus vel alter ob peculiares ipsius circumstantias in errorem non inducatur, sed defectum noscat potestatis". (Hervorhebungen im Original) *F. X. Wernz/P. Vidal/Ph. Aguirre*, Ius canonicum ad Codicis normam exactum. ed. III, Romae 1943, tom. II (De personis), S. 441 f.

[12] *C. Holböck*, Tractatus de Iurisprudentia Sacrae Romanae Rotae, Graeciae 1957, S. 238. Vgl. dazu jüngere Entscheidungen der SRR bei *della Rocca*, Diritto matrimoniale (Anm. 10), S. 103 (Nr. 255) und 131 f. (Nr. 342).

[13] Vgl. dazu *U. Mosiek*, Bemerkenswertes aus der neuesten Judikatur der Sacra Romana Rota, in: ÖAKR 15 (1964), S. 203 f.

Brautleute, die eine wirkliche Ehe einzugehen beabsichtigen[14], dies gültig und erlaubterweise vor bloß zwei Zeugen unter folgenden Voraussetzungen tun: in Todesgefahr oder außerhalb der Todesgefahr, wenn vernünftigerweise vorauszusehen ist, daß die Notlage einen Monat hindurch andauern werde (c. 1116 § 1).

Es kann sich hierbei um physische oder moralische Unerreichbarkeit des Trauungsberechtigten handeln. Erstere wäre dann gegeben, wenn dieser etwa wegen großer Entfernung nicht angegangen werden kann, letztere dann, wenn dem Trauungsorgan oder den Ehewerbern schwerer Nachteil im Falle einer kirchlichen Eheschließung droht. Dazu zählt auch der sog. *kirchenpolitische Notfall*, wenn etwa eine kirchliche Trauung ohne vorausgehende standesamtliche vom staatlichen Gesetz her untersagt ist, die standesamtliche Eheschließung aber aufgrund bestimmter, nur im staatlichen Gesetz verankerter Tatbestände nicht vorgenommen werden kann[15].

Voraussetzung für die Möglichkeit einer Eheschließung vor bloß zwei Zeugen ist neben der physischen bzw. moralischen Unerreichbarkeit des Trauungsberechtigten, daß mit moralischer Sicherheit angenommen werden kann, dieser Zustand werde voraussichtlich einen Monat andauern[16]. Ein diesbezüglicher *Irrtum* schadet der Gültigkeit der Eheschließung nicht, sofern nur das den Irrtum verursachende Urteil vernünftig begründet ist[17].

In beiden Fällen, d. h. in Todesgefahr oder außerhalb derselben, muß aber ein Priester oder Diakon, der zufällig zugegen ist, herbeigerufen werden, damit er zugleich mit den Zeugen der Noteheschließung assistiert. Allerdings wäre die Ehe auch ohne Zuziehung dieses Klerikers, d. h. also vor bloß zwei Zeugen, gültig (1116 § 2).

Der auf diese Weise „nottrauende Geistliche" besitzt weitgehende Dispensvollmachten von Ehehindernissen (vgl. cc. 1079 § 2, 1080 § 1). Die in Todesgefahr erteilte Dispensvollmacht von der Formpflicht (c. 1079 §§ 1 und 2) schließt auch die Dispensvollmacht von der Form der *Noteheschließung* mit ein, so daß die Ehe gültig auch vor einem einzigen Zeugen, eben dem nottrauenden Geistlichen, geschlossen werden könnte.

[14] Dieser Zusatz ist gegenüber dem CIC/1917 neu.

[15] PCI vom 25. 7. 1931, in: AAS 23 (1931), S. 388. – In der Bundesrepublik Deutschland besteht – im Gegensatz zu Österreich – nach wie vor § 67 PStG mit dem Verbot der kirchlichen „Voraustrauung". Der darauf bezugnehmende Art. 26 des Deutschen Reichskonkordats schließt eine Bestrafung des Geistlichen nur in bestimmten Fällen aus. Vgl. *P. Mikat*, Exkurs: Die bürgerliche Eheschließung und Ehescheidung, in: GrNKirchR, S. 588, Anm. 4; ferner *ders.*, in *diesem* Band, unten, § 89 Die bürgerliche Eheschließung und Ehescheidung. Im Zusammenhang mit Art. 26 des Deutschen Reichskonkordats erfolgte 1956 ein Notenwechsel zwischen dem Päpstlichen Staatssekretariat und der Deutschen Botschaft beim Hl. Stuhl. Schwerer sittlicher Notstand im Sinne des genannten Artikels des Reichskonkordats, der die Vornahme der kirchlichen Trauung vor der standesamtlichen rechtfertigen würde, liegt demnach nicht vor, wenn mit der Vornahme der Ziviltrauung für die Ehewerber ausschließlich wirtschaftliche Nachteile verbunden wären. Vgl. *Mosiek/Zapp* EheR, S. 52.

[16] Dazu PCI vom 10. 11. 1925, in: AAS 17 (1925), S. 582f.

[17] *Schönsteiner*, Grundriß (Anm. 6), S. 733; *Mosiek/Zapp* EheR, S. 200.

Auch eine standesamtliche Eheschließung kann, wenn dabei die Voraussetzungen für eine kirchliche Noteheschließung vorliegen, eine gültige Ehe bewirken.

Für den Fall, daß auch die kirchenrechtlichen Minimalerfordernisse des c. 1116 nicht eingehalten werden können, weil keine Zeugen vorhanden sind, wäre ein Eheabschluß dennoch durch bloßen Konsensaustausch der Ehewerber dann möglich, wenn ein schwerwiegender Grund für den Eheabschluß spricht, z. B. Todesgefahr oder Legitimierung etwa vorhandener Kinder, oder überhaupt die Tatsache, daß die Ehewerber auf längere Zeit keine Möglichkeit sehen, eine gültige Ehe miteinander einzugehen. Hier wäre ein Anwendungsfall von Epikie gegeben, bzw. des Grundsatzes: „Lex positiva non obligat cum gravi incommodo"[18].

III. Der Kreis der formgebundenen Personen

1. Die Formpflicht des Katholiken

Im Bereich des Eheschließungsrechts haben die nachkonziliare Rechtsentwicklung und erst recht der Codex gegenüber dem Recht des CIC/1917 erhebliche Änderungen vorgenommen. Galt bisher im Eheschließungsrecht der Grundsatz, daß der Katholik, d. h. der in der katholischen Kirche Getaufte bzw. zu ihr Konvertierte, immer formpflichtig bleibt[19], mit wem immer er eine Ehe eingeht (c. 1099 § 1 CIC/1917), so kann dies im derzeitigen Recht nicht mehr behauptet werden. Im einzelnen gilt folgendes:

a) Die Eheschließung des Katholiken und des aus der katholischen Kirche Ausgetretenen. Die Eheschließung des *Katholiken*, d. h. des in der katholischen Kirche Getauften oder zu dieser Konvertierten, bleibt nur solange formpflichtig, als der Katholik nicht durch formellen Akt aus der katholischen Kirche ausgetreten ist, wobei es gleichgültig bleibt, ob er sich einer anderen Glaubensgemeinschaft angeschlossen hat oder nicht. Der aus der Kirche Ausgetretene ist ebenso wie der Nichtkatholik nicht an die kanonische Form gebunden, sofern er die Ehe mit einem Partner eingeht, der aus welchen Gründen immer selbst nicht an die kanonische Form gebunden ist (Ungetaufter, getaufter Nichtkatholik, Ausgetretener).

Der Wortlaut des c. 1117 stellt nur auf den „actu formali" aus der katholischen Kirche Ausgetretenen ab. Im Schema Sacr. hieß es noch „actu formali aut notorie", was jedoch schon im Schema CIC 1980 zugunsten der vorliegenden Fassung des c. 1117 aufgegeben worden war.

Ein Problem ganz besonderer Art bildet der „actus formalis" auf den der CIC/1983 abstellt. Offensichtlich ist dabei auch an das Staatskirchenrecht einiger europäischer Länder gedacht,

[18] *I. Aertnys/C. Damen*, Theologia moralis secundum doctrinam S. Alfonsi de Ligorio, ed. XVIII, quam paravit *J. Visser*, tom. II, Roma 1958, S. 750 (Nr. 843).

[19] Beachte dazu die Streichung des zweiten Halbsatzes von c. 1099 § 2 CIC/1917 durch MP *Pius' XII.* vom 1. 8. 1948, in: AAS 40 (1948), S. 305.

das einen formellen, vor der staatlichen Behörde zu vollziehenden Kirchenaustritt kennt[20]. In den meisten Ländern existiert jedoch ein solches Kirchenaustrittsrecht nicht[21], so daß sich die Erlassung von Durchführungsbestimmungen zur Frage, welcher Tatbestand den „actus formalis" des Kirchenaustritts darstellt, wohl als dringendes Gebot erweisen wird. Im gegenwärtigen Stadium ist die Aussage des c. 1117 wohl eher geeignet, Verwirrung statt Klarheit zu schaffen.

b) Eheschließung von Katholiken mit Nichtkatholiken. Hier sind zwei Fälle zu unterscheiden. Was zunächst die Eheschließung von Katholiken mit orientalischen Nichtkatholiken (Orthodoxen) betrifft, so fixiert c. 1127 die bereits durch die konziliare bzw. nachkonziliare Rechtsentwicklung[22] geschaffene Lage, wenn festgelegt wird, daß bei einer Eheschließung zwischen Katholiken und orientalischen Nichtkatholiken die kanonische Formpflicht nur zur *Erlaubtheit* vorgeschrieben ist; zur *Gültigkeit* genügt die Beteiligung des geistlichen Amtsträgers (minister sacer) unter Einhaltung des sonst von der Rechtsordnung Vorgeschriebenen[23].

Diese generelle Befreiung von der Formpflicht gilt aber nur für Eheschließungen des Katholiken mit orientalischen Nichtkatholiken, nicht aber auch für Eheschließungen mit anderen Getauften wie Ungetauften. Sofern der Katholik nicht nach dem oben Gesagten durch formellen Akt aus der katholischen Kirche ausgetreten ist, bleibt er weiterhin an die kanonische Form gebunden. In Übereinstimmung mit der seit 1970 geltenden Rechtslage[24] legt c. 1127 § 2 fest, daß der Ortsordinarius des katholischen Eheteils in Einzelfällen *von der Formpflicht dispensieren kann*, wenn sich der Beobachtung derselben erhebliche Schwierigkeiten in den Weg stellen. Der Ortsordinarius des Eheschließungsortes muß befragt werden und außerdem muß die Einhaltung einer öffentlichen Eheschließungsform gewährleistet sein. Die Bischofskonferenzen sollen diesbezügliche Richtlinien ausarbeiten, damit bei der Gewährung solcher Dispensen einmütig vorgegangen wird. Die im Zusammenhang mit dem MP MatrMixt vom 31. 3. 1970 ergangenen Ausführungsbestimmungen der Deutschen bzw. Österreichischen

[20] In Österreich G über die Interkonfessionellen Verhältnisse der Staatsbürger vom 25. 5. 1868 (RGBl. Nr. 49/1868). Vgl. dazu *A. Frhr. von Campenhausen*, Der Austritt aus den Kirchen und Religionsgemeinschaften, in: Hdb StKirchR I, S. 647–666; *J. Rieger/G. Sagburg/H. Schima (jun)*, Religion, Religionswechsel, religiöse Kindererziehung, in: Österr. Rechtslexikon, 43. Lieferung (1965), 1–56; *I. Gampl*, Österreichisches Staatskirchenrecht, Wien 1971, S. 95–98.

[21] Vgl. dazu das interessante Urteil des österreichischen VwGH nach dem Grundsatz „Locus regit actum" über die rechtliche Relevanz des von einem Österreicher im Ausland vollzogenen „Kirchenaustritts" in: ÖAKR 17 (1966), S. 356–365. Dazu *B. Primetshofer*, Der Kreis der Normadressaten des kanonischen Rechts, in: Festschr. Hermann Eichler, Wien 1977, S. 493f.

[22] Vgl. dazu VatII OE Art. 18; Dekret der SC Or vom 22. 2. 1967, in: AAS 59 (1967), S. 165. Zur Eheschließung zwischen Katholiken und orthodoxen Christen vgl. *C. Konstantinidis/E. C. Suttner*, Fragen der Sakramentenpastoral in orthodox-katholisch (altorientalisch-katholisch) gemischten Gemeinden. Ein Handbuch für die Seelsorger, Regensburg 1979.

[23] Siehe dazu in *diesem* Band, unten, *H. Heinemann*, § 86 Die konfessionsverschiedene Ehe.

[24] MP MatrMixt vom 31. 3. 1970, in: AAS 62 (1970), S. 257–263.

Bischofskonferenz haben nach wie vor Gültigkeit. Demnach muß der nichtkatholische Partner vom Dispensantrag unterrichtet sein und somit wissen, daß in diesem Falle auch ohne Einhaltung der kanonischen Eheschließungsform eine gültige, christliche und sakramentale Ehe geschlossen wird[25]. Die Brautleute müssen bei der Niederschrift des Brautexamensprotokolls erklären, durch welche öffentliche eheliche Willenserklärung sie ihre Ehe begründen wollen, d. h. entweder durch die standesamtliche oder nichtkatholisch-kirchliche Trauung[26].

Ein Problem besonderer Art bildet die Frage, ob nichtkatholische Orientalen (Orthodoxe) bei Eheschließungen unter sich an die Beobachtung einer kirchlichen Form gebunden sind oder nicht. C. 90 § 2 CICO/CA erklärt in Übereinstimmung mit der durch das Motuproprio vom 1. 8. 1948 geänderten Fassung des c. 1099 § 2 CIC/1917[27], daß getaufte wie ungetaufte Nichtkatholiken nicht an die katholische Formpflicht gebunden seien. Im Anschluß daran war es lange Zeit strittig, ob die getauften orientalischen Nichtkatholiken an eine in ihrem eigenen Recht bestehende Formpflicht gebunden seien oder nicht. Konkret ging es dabei insbesondere um die kirchenrechtliche Gültigkeit der von Orthodoxen unter sich bzw. von einem Orthodoxen mit einem Protestanten oder einem Ungetauften geschlossene Zivilehe[28]. Römische Kardinalskongregationen entschieden ebenso wie die Romana Rota, daß die von Orthodoxen unter sich oder mit (getauften wie nichtgetauften) Nichtkatholiken eingegangene Zivilehe gültig sei, da die Orthodoxen aufgrund von c. 90 CICO/CA an keine Formpflicht gebunden seien[29]. Erst eine im Anschluß an das Ökumenismusdekret des II. Vatikanischen Konzils[30] ergangene Grundsatzentscheidung der Apostolischen Signatur vom 28. 11. 1970 stellt fest, daß Ehen von Orthodoxen *ungültig* sind, wenn sie nicht mit priesterlicher Einsegnung geschlossen wurden[31]. Demnach sind künftig Zivilehen Orthodoxer unter sich bzw. mit anderen Getauften ebenso wie mit Nichtgetauften wegen Formmangels nichtig[32].

[25] Vgl. dazu AusfBest der DBK, in: ABl. Freiburg 1970, S. 150ff. – AusfBest der Österr. Bischofskonferenz vom 1. 11. 1970, in: Linzer DiözBl. 1970, S. 106.

[26] In der Erklärung der DBK wird darauf hingewiesen, daß – bei vorausgehender (obligatorischer) Zivilehe – einer zusätzlichen nichtkatholischen Trauung gegenüber der bloßen Zivilehe der Vorzug zu geben sei, weil die Ehe mit dem Segen Gottes beginnen solle. Vgl. *Mosiek/Zapp* EheR, S. 108.

[27] AAS 50 (1948), S. 305. Vgl. Anm. 19.

[28] *C. Pujol*, Orientales ab Ecclesia catholica seiuncti tenenturne novo iure canonico a Pio XII promulgato?, in: OrChrPer 31 (1966), S. 78–110; *A. Coussa*, Epitome praelectionum de iure ecclesiastico orientali, vol. III (De matrimonio), Romae 1950, S. 7; *D. Faltin*, De legibus quibus baptizati acatholici ritui orientali adscripto tenentur, in: Apollinaris 35 (1962), S. 238–249.

[29] *P. Wirth*, Ehen mit Orthodoxen, Freiburg i. Br. 1967, S. 34ff.

[30] VatII UR Art. 16 „... erklärt das Heilige Konzil feierlich, um jeden Zweifel auszuschließen, daß die Kirchen des Orients, im Bewußtsein der notwendigen Einheit der ganzen Kirche die Fähigkeit haben, sich nach ihren eigenen Ordnungen zu regieren, wie sie der Geistesart ihrer Gläubigen am meisten entsprechen und dem Heil der Seelen am besten dienlich sind."

[31] Die Entscheidung ist u. a. abgedruckt in: AfKR 139 (1970), S. 523f.; *Ochoa IV*, n. 3924. Über die rechtliche Tragweite dieser Entscheidung vgl. *B. Primetshofer*, Zur Frage nach dem Normadressaten im kanonischen Recht, in: Festschr. Dordett, S. 137–147; *ders.*, Der Kreis der Normadressaten (Anm. 21), S. 483–501.

[32] *J. Weitzel*, Zivilehen orthodoxer Christen sind wegen Formmangels ungültig, in: AfkKR 139 (1970), S. 482–492.

2. Rechtsfolgen bei Nichtbeachtung der Formpflicht

Bisher war die Frage kontrovers, welche Rechtsfolgen sich aus der Nichtbeachtung der Formpflicht seitens formpflichtiger Ehewerber ergeben. Konkret geht es insbesondere um die Frage, wie die standesamtliche Eheschließung Formpflichtiger zu beurteilen ist. Die als herrschend zu bezeichnende, vom CIC/1917 ausgehende Lehre betrachtet die Zivilehe Formpflichtiger einfachhin als eine (wegen Formmangels) *ungültige Ehe*[33]. – Bei dieser Ansicht wird indes dem wichtigen verfahrensrechtlichen Unterschied nicht ausreichend Rechnung getragen, der zwischen dem Ungültigkeits*prozeß* bei einer wegen Formmangels nichtigen Ehe und der einfachen, auf dem kurzen Verwaltungsweg erfolgenden *Nichtbestands*erklärung bei einer Zivilehe Formpflichtiger besteht[34]. Überdies ergibt sich, was das eherechtliche System des CIC/1917 anlangt, aus Entscheidungen der PCI zumindest ein nicht zu übersehender Hinweis darauf, daß die Zivilehe Formpflichtiger nicht einfachhin das Tatbestandsbild des „matrimonium invalidum" erfüllt. 1929 hat die PCI auf Anfrage erklärt, daß aus der Tatsache des bloßen zivilen Eheabschlusses als solchem, unabhängig vom Zusammenwohnen der Partner, das Hindernis der öffentlichen Ehrbarkeit nach c. 1078 CIC/1917 nicht entstehe[35]. Nachdem c. 1078 aber als eine der Entstehungsursachen des genannten Hindernisses das „matrimonium invalidum" nennt, ist aus der Entscheidung zu folgern, daß eine Zivilehe nicht die Voraussetzung für eine ungültige Ehe erbringt. Und 1949 erklärte dieselbe Kommission, für eine Putativehe im Sinne von c. 1015 § 4 CIC/1917 sei ein Eheabschluß vor der Kirche unabdingbare Voraussetzung[36]. Auch daraus ergibt sich, daß der im § 4 angesprochene Tatbestand des „matrimonium invalidum" nicht erfüllt ist, wenn formpflichtige Personen eine Zivilehe eingegangen haben.

Es zeigt sich also, daß die Zivilehe Formpflichtiger nicht einfachhin jenen Rechtsschein (species matrimonii)[37] einer Ehe erzeugt, der für das Entstehen einer Putativehe und des Hindernisses der öffentlichen Ehrbarkeit Voraussetzung ist. Eine Gleichsetzung der Zivilehe Formpflichtiger mit einer (aus welchen anderen

[33] *H. Heimerl*, Um eine neue Wertung der nicht katholisch geschlossenen Ehen von Katholiken, in: *ders. (Hrsg.)*, Verheiratet und doch nicht verheiratet?, Wien 1970, S. 157ff.; *R. Schwarz*, Die Konvalidation der Ehe, in: GrNKirchR, S. 597; *Mosiek/Zapp* EheR, S. 44.

[34] EPO Art. 231; PCI vom 16. 10. 1919, in: AAS 11 (1919), S. 497, Nr. 17 *H. Flatten*, Das Eheverfahren, in: GrNKirchR, S. 810f.; *ders.*, in *diesem* Band, unten § 107 Die Eheverfahren.

[35] PCI vom 12. 3. 1929, in: AAS 21 (1929), S. 170. – Eine ähnliche Anfrage war übrigens schon 1879 an die Konzilskongregation ergangen und von dieser verneint worden. Aus der Tatsache eines zivilen Eheabschlusses als solchem entstehe das Hindernis der öffentlichen Ehrbarkeit nicht, wobei in der Begründung dieser Entscheidung ausdrücklich darauf hingewiesen wird, die Zivilehe sei nicht als „matrimonium clandestinum nullum" anzusehen; vgl. ASS 12 (1879), S. 170f. – Nach *Köstler* entsteht das genannte Hindernis, der Entscheidung der PCI zufolge, nunmehr aus der Zivilehe mit nachfolgendem Gemeinschaftsleben als *gesonderter* Ursache neben den beiden anderen in c. 1078 CIC/1917 erwähnten Entstehungsursachen. Vgl. *R. Köstler*, Zivilehe und katholisches Kirchenrecht, in: ÖAKR 1 (1950), S. 10.

[36] PCI vom 26. 1. 1949, in: AAS 41 (1949), S. 158.

[37] *L. Bender*, Forma iuridica celebrationis matrimonii, Romae 1960, S. 272ff.

Gründen immer) ungültigen Ehe[38] wird dem eherechtlichen Gesamtsystem des CIC/1917 nicht gerecht[39].

C. 1014 § 4 Schema CIC 1980 enthielt die Wendung „Matrimonium invalidum intelligitur etiam matrimonium civiliter contractum, quod est propter defectum formae canonicae invalidum". Diese Formulierung hat indes in den CIC keinen Eingang gefunden. Der in den ersten drei Paragraphen mit c. 1014 Schema CIC 1980 deckungsgleiche c. 1061 hat § 4 aus c. 1014 Schema CIC 1980 nicht übernommen. Zur Begründung weist die Relatio 1981 u. a. auf den prozeßrechtlichen Unterschied zwischen der ungültigen Ehe und der Zivilehe hin[40].

Wie immer man zur Bezeichnung *„Nichtehe"* für die Zivilehe Formpflichtiger stehen mag[41], eines ist auch nach dem eherechtlichen System des CIC sicher: die Zivilehe Formpflichtiger kann auch weiterhin nicht einfachhin als ungültige Ehe mit allen sich an diesen Tatbestand knüpfenden Rechtsfolgen bezeichnet werden. Nach wie vor sind auch die beiden erwähnten Entscheidungen der PCI über das Hindernis der öffentlichen Ehrbarkeit und die Putativehe relevant. Dies deshalb, weil sowohl c. 1061 § 2 wie auch c. 1093 jeweils auf das „matrimonium invalidum" abstellen und somit, was diese Entstehungsursache der Putativehe und des

[38] Die Terminologie des CIC/1917 hinsichtlich der ungültigen Ehe ist nicht einheitlich. Ohne ersichtlichen Bedeutungsunterschied werden die Ausdrücke „invalidum, irritum, nullum" gebraucht. Nach *Cappello* und *Bánk* wäre der Begriff „invalidum" das Genus, das in die beiden Spezies, nämlich „irritum" und „nullum" zerfällt, wobei „irritum" Nichtigkeit wegen eines trennenden Ehehindernisses, „nullum" wegen Formmangels bedeuten soll. Vgl. *F. M. Cappello*, Tractatus canonico moralis de Sacramentis, 5. Aufl., vol. V: De Matrimonio, Taurini 1947, S. 43; *J. Bánk*, Connubia canonica, Romae 1959, S. 53. Allgemein zum Begriff des matrimonium invalidum: *L. Bender*, Matrimonium invalidum, in: Angelicum 18 (1941), S. 301. – Auch der CIC/1983 gebraucht ohne klar ersichtlichen Bedeutungsunterschied die drei erwähnten Ausdrücke, um die Nichtigkeit einer Ehe zu bezeichnen. Für Ehenichtigkeit wegen Konsensmangels werden „invalidum" (z. B. cc. 1097 § 1, 1098, 1101 § 2, 1103) ebenso wie „irritum" gebraucht (z. B. 1097 § 2). „Invalidum" ist auch nicht durchgängige Bezeichnung für die Rechtsfolge eines (trennenden) Ehehindernisses (z. B. cc. 1083 § 1, 1085 § 1, 1086 § 1, 1087, 1088), da auch „irritum" in diesem Zusammenhang verwendet wird (z. B. c. 1091 § 1). Was speziell die Tatbestandsfolge bei Formmangel betrifft, so kommen sowohl die Ausdrücke „nullum" (c. 1160), als auch „irritum" vor (cc. 1161 § 1 und 1163 § 1).

[39] *R. Schwarz*, Die Konvalidation der Ehe, in: GrNKirchR, S. 597, meint, die Zivilehe Formpflichtiger müsse im System des CIC/1917 als ungültige Ehe bezeichnet werden, denn nur so sei c. 1139 § 1 verständlich. – Der in Rede stehende Kanon legt als unabdingbare Voraussetzung für die Heilbarkeit einer Ehe den consensus naturaliter sufficiens, sed iuridice inefficax fest, sagt aber mit keinem Wort, welche Rechtswirkungen dieser Konsens nach sich zieht. Die von *Schwarz* gezogene Folgerung, daß ein zur Sanierung ausreichender Konsens auf jeden Fall eine zumindest ungültige Ehe entstehen lasse, ist aus dem Gesetzeswortlaut durchaus nicht ableitbar.

[40] Relatio 1981, S. 247.

[41] Für das kodikarische Recht wurde der Ausdruck „Nichtehe" erstmals von *M. Mitterer*, Ehewille und Eheschließungsform, in: TThZ 66 (1957), S. 105 verwendet, er stand jedoch schon vor dem CIC/1917 in Diskussion. Vgl. dazu *R. von Scherer*, Handbuch des Kirchenrechts, Bd. 2, Graz 1886 und 1898, S. 109. – Zum Ausdruck „Nichtehe" vgl. ferner *E. Lalaguna*, El matrimonio civil ante el derecho canonico, in: IusCan 2 (1961), S. 273 ff.; *B. Primetshofer*, Die Stellung der Zivilehe im kanonischen Eherecht, in: Festschr. Arnold, S. 302 ff.; *ders.* Die Eheschließung, in: GrNKirchR, S. 582. – Allgemein zur Zivilehe *H. Flatten*, De matrimonio civili catholicorum, in: PerRMCL 67 (1978), S. 211 ff.; *F. Arboleda*, De natura iuridica matrimonii civilis catholicorum in iure canonico condito et condendo, in: PerRMCL 67 (1978), S. 343 ff.

Hindernisses der öffentlichen Ehrbarkeit anlangt, dieselben Voraussetzungen wie nach dem CIC/1917 vorliegen. Dies alles schließt jedoch nicht aus, daß bei der Zivilehe Formpflichtiger ein wirklicher, die Wesensmerkmale einer christlichen Ehe umfassender *Ehekonsens* geleistet wird. Und dies selbst dann, wenn die Ehewerber um die Tatsache wissen, daß aus ihrer Willenserklärung vor dem Standesbeamten keine kirchlich gültige Ehe entsteht (vgl. c. 1100). Wenn und insoweit bei einer Zivilehe wirklicher Ehekonsens vorhanden ist, bildet dieser die Basis für eine kirchliche Heilung in der Wurzel (vgl. c. 1162).

IV. Liturgische Form, Ort, Zeit und Beurkundung der Eheschließung

1. Die Eheschließungsliturgie

Der Kodex verweist hinsichtlich der Trauungsliturgie auf die Riten, die in den von der Kirche vorgeschriebenen oder durch Gewohnheitsrecht übernommenen liturgischen Büchern enthalten sind (c. 1119). Die Bischofskonferenz kann einen eigenen, den Gebräuchen der betreffenden Gebiete und Völker entsprechenden Trauungsritus erstellen; dieser muß dem christlichen Verständnis angepaßt sein und vom Hl. Stuhl überprüft werden[42]. Unabdingbar erforderlich ist, daß der der Eheschließung Assistierende bei persönlicher Anwesenheit die Konsensabgabe der Ehewerber erfrägt und entgegennimmt (c. 1120; vgl. c. 1108 § 2).

Alle früheren Beschränkungen hinsichtlich der Erteilung des feierlichen Brautsegens sind bereits durch die Durchführungsbestimmungen zur Liturgiekonstitution des II. Vatikanischen Konzils außer Kraft gesetzt worden[43]. Zur Spendung des Brautsegens sind Priester und Diakon[44] befugt.

2. Zeit und Ort der Eheschließung

Die Ehe kann nunmehr zu jeder Zeit geschlossen werden[45]. Ehen von Katholiken unter sich bzw. mit getauften Nichtkatholiken sind in der Pfarrkirche zu schließen. In einer anderen Kirche oder Kapelle kann die Ehe mit Erlaubnis des Ortsordinarius bzw. -pfarrers geschlossen werden (c. 1118 § 1). Der Ortsordinarius kann die Eheschließung auch an einem anderen passenden Ort gestatten (c. 1118 § 2). Die Eheschließung zwischen einem Katholiken und einem Ungetauften kann

[42] Vgl. dazu: Die Feier der Trauung in den katholischen Bistümern des deutschen Sprachgebietes, hrsg. im Auftrag der Bischofskonferenzen Deutschlands, Österreichs und der Schweiz sowie der Bischöfe von Luxemburg, Bozen-Brixen und Lüttich, Einsiedeln-Köln, 1975.

[43] 26. 9. 1964, in: AAS 56 (1964), S. 877–900.

[44] MP SacrDiacOrd n. 22, 4.

[45] Während c. 328 Schema Sacr noch einen ausdrücklichen Hinweis darauf enthielt, daß die Ehe zu jeder Zeit geschlossen werden könne, fehlt eine Parallelbestimmung im CIC. Da aber im Zusammenhang mit der Eheschließung nirgends von einer zeitlichen Beschränkung gesprochen wird, ergibt sich, daß eine solche nicht besteht.

entweder in einer Kirche oder an einem anderen passenden Ort stattfinden (c. 1118 § 3).

3. *Eintragung der Eheschließung (Matrikulierung)*

a) Eintragung in die Trauungsbücher. Der Pfarrer des Eheschließungsortes bzw. dessen Stellvertreter haben, auch wenn keiner von ihnen der Eheschließung selbst assistiert hat, diese unverzüglich in das Trauungsbuch einzutragen. Diese Eintragung hat jedenfalls die Namen der Eheschließenden, des Trauungsorgans, der Zeugen, den Ort und Tag der Eheschließung zu enthalten, wobei die von der Bischofskonferenz oder vom Diözesanbischof vorgeschriebenen Weisungen zu beachten sind (c. 1121 § 1).

Das Trauungspfarramt verwahrt auch sämtliche Eheakten in seinem Archiv. Werden die Ehewerber nicht in der Wohnsitzpfarre getraut, dann hat das Wohnsitzpfarramt alle Unterlagen an das Trauungspfarramt zu übersenden. Das Wohnsitzpfarramt ist von der erfolgten Trauung zu benachrichtigen. Der Wohnsitzpfarrer hat die Trauung in das alphabetische Trauungsregister unter Angabe von Zeit und Ort der Eheschließung einzutragen. Wurden Militärangehörige mit Erlaubnis des Militärpfarrers (Militärvikars) von einem Ortspfarrer getraut, so ist die erfolgte Trauung dem Militärpfarrer zu melden.[46]

Eine Noteheschließung nach c. 1116 muß ebenfalls beurkundet werden. Die Verpflichtung, den Ortspfarrer oder -ordinarius von der stattgefundenen Eheschließung unverzüglich zu verständigen, trifft den Priester bzw. Diakon, wenn einer von ihnen der Noteheschließung assistiert hat, ansonsten die Zeugen und die Eheschließenden selbst solidarisch (c. 1121 § 2).

Bei Eheschließungen, die mit Dispens von der kanonischen Formpflicht vorgenommen wurden, hat der Ortsordinarius, der die Dispens erteilt hat, dafür Sorge zu tragen, daß sowohl die Dispens von der Formpflicht wie auch die Eheschließung selbst eingetragen wird[47]. Diese Eintragung hat zu geschehen im Ehebuch der bischöflichen Kurie und im Trauungsbuch der Pfarrei des katholischen Eheteiles, dessen Pfarrer die Untersuchungen über den Ledigenstand geführt hat. Der katholische Ehepartner hat die Pflicht, den genannten Ordinarius und Pfarrer sobald als möglich über die stattgefundene Eheschließung zu benachrichtigen, wobei auch der Ort der Eheschließung und die öffentliche Form derselben anzugeben sind (c. 1121 § 3).

In das Trauungsbuch des Eheschließungsortes und in das Taufbuch sind ferner einzutragen die im äußeren Bereich durchgeführte Vergültigung der Ehe bzw. Ungültigerklärung bzw. rechtmäßige Auflösung der Ehe, die nicht durch den Tod eines Ehegatten eingetreten ist. Der Pfarrer des Eheschließungsortes muß von diesen Vorgängen benachrichtigt werden, um die genannten Eintragungen in das Trauungs- und Taufbuch vorzunehmen (c. 1123).

[46] *P. Gradauer*, Die kirchlichen Ehegesetze mit den Ehevorschriften der Diözese Linz, in: Linzer DiözBl. 1973, S. 217.

[47] Dazu AusfBest der Österr. Bischofskonferenz Nr. 6/b, in: Linzer DiözBl. 1970, S. 107.

b) Eintragung in die Taufbücher. Die Eheschließung muß auch in die Taufbücher eingetragen werden, in denen die Taufe der Ehewerber vermerkt ist. Hat ein Ehegatte die Ehe nicht in seiner Taufpfarre geschlossen, dann hat der Trauungspfarrer sobald als möglich das Taufpfarramt von der stattgefundenen Eheschließung zu benachrichtigen (c. 1122).

V. Die geheim abzuschließende Ehe

1. Begriff

Der CIC/1917 (cc. 1104–1107) nannte die zwar in der kanonischen Form, d. h. vor dem Ortsordinarius bzw. -pfarrer und zwei Zeugen, abzuschließende, aber geheimzuhaltende Ehe *Gewissensehe (matrimonium conscientiae).* Diese Bezeichnung ist vom CIC fallengelassen und durch den Ausdruck *„geheim abzuschließende Ehe" (Geheimehe)* ersetzt worden. Inhaltlich sind indes die neuen Bestimmungen weitgehend identisch mit denen des CIC/1917.

Für die Eingehung einer solchen Ehe sind ein schwerer und dringender Grund und die Erlaubnis des Ortsordinarius erforderlich (c. 1130).

Was die Erlaubnis zur Eingehung einer Geheimehe anlangt, ist gegenüber dem CIC/1917 eine Änderung eingetreten. Während nunmehr der Ortsordinarius schlechthin für die Gewährung einer solchen Erlaubnis zuständig ist, konnte sie nach c. 1104 CIC/1917 der Generalvikar nur mit Sondervollmacht gewähren.

2. Die Geheimhaltung

Die geheime Eheschließung bedeutet, daß kein Aufgebot vorgenommen wird und die erforderlichen Nachforschungen geheim durchzuführen sind (c. 1131 n. 1). Nach Eheabschluß besteht für alle Beteiligten die strenge Geheimhaltungspflicht, die insbesondere den Ortsordinarius, das Trauungsorgan, die Zeugen und die Eheschließenden selbst betrifft (c. 1131 n. 2).

Während c. 1106 CIC/1917 neben einer allgemeinen Tatbestandsfeststellung auch noch demonstrativ einige Anlässe erwähnte, bei denen die Geheimhaltungspflicht von seiten des Ortsordinarius erlischt, begnügt sich c. 1132 mit der generellen Festlegung, daß der Ortsordinarius nicht mehr an die Geheimhaltung gebunden ist, wenn daraus schwerwiegendes Ärgernis oder schweres Unrecht gegen die Heiligkeit der Ehe droht. Dies ist den Partnern vor der geheim abzuschließenden Ehe bekanntzugeben (c. 1132).

3. Eintragung (Matrikulierung)

Die Geheimehe ist nicht in das übliche Trauungs- und Taufbuch einzutragen, sondern in ein besonderes Buch, das im Geheimarchiv der bischöflichen Kurie aufbewahrt wird (c. 1133).

§ 86 Die konfessionsverschiedene Ehe

Von Heribert Heinemann

I. Begriff

Unter „konfessionsverschiedener" oder auch „bekenntnisverschiedener" Ehe[1] versteht das Kirchenrecht die Ehe zwischen zwei Getauften, von denen einer in der katholischen Kirche getauft oder nach der Taufe in sie aufgenommen worden ist und sich nicht durch einen formalen Akt von der Kirche getrennt hat, der andere jedoch einer Kirche oder kirchlichen Gemeinschaft angehört, die nicht in voller Gemeinschaft mit der katholischen Kirche steht (c. 1124). Nach dieser Definition setzt „katholisch" im Sinne der Konfessionsverschiedenheit also voraus, daß einer der Partner zur Zeit des Eheabschlusses rechtlich und tatsächlich der katholischen Kirche angehört. Hätte er sich, z. B. durch „Kirchenaustritt", durch Übertritt zu einer anderen Kirche oder kirchlichen Gemeinschaft, durch Trennung vom christlichen Glauben von der katholischen Kirche losgesagt, so träfen nicht die Vorschriften über die konfessionsverschiedene Ehe auf ihn zu, sondern – bei einer eventuellen kirchlichen Trauung – die Bestimmungen des c. 1071 § 1 n. 4[2].

Die im deutschen Sprachgebrauch immer noch übliche Verwendung des Wortes „Mischehe", jetzt als direkte Ableitung der Überschrift „De matrimoniis mixtis" des CIC/1983, ist abzulehnen[3].

II. Die Entwicklung der rechtlichen Regelung seit dem CIC von 1917

1. Die Bestimmungen des am 27. Mai 1917 veröffentlichten CIC zur konfessionsverschiedenen Ehe (cc. 1060–1064 CIC/1917) haben durch die schon lange vor dem II. Vatikanischen Konzil aufgekommene und in der Konzilsaula aufgenommene Diskussion in der nachkonziliaren Gesetzgebung bis hin zu der Neuformulierung in cc. 1124–1129 eine entscheidende und aus den ökumenischen Aussagen des Konzils abgeleitete Neuordnung erfahren.

2. Vorbereitet durch eine Reihe von Einzelentscheidungen des Apostolischen Stuhles zur Frage der Dispens und Kautelenleistung bei Abschluß einer konfessionsverschiedenen Ehe (Dekrete des Hl. Offiziums vom 5. 4. 1918 für China, vom 19. 2. 1936 für die Kleinen Sundainseln, vom 21. 4. 1938 für Japan, vom 27. 1. 1949 für China, vom 7. 1. 1965 erneut für Japan[4]), vor allem aber auf Grund von Vorschlägen und Diskussionsbeiträgen im Zusammenhang mit der Abfassung und Verabschiedung des Ökumenismusdekretes wurden im

[1] Vgl. *H. Heinemann*, „Mischehe" oder bekenntnisverschiedene Ehe? Eine theologische, rechtliche und pastorale Untersuchung (= Canonistica 7), Trier 1982; an Stelle weiterer Literatur wird verwiesen auf die Bibliographie bei *J. G. Gerhartz*, Die rechtliche Ordnung der Mischehen, in: NKD 28, S. 66–73, und bei *Mosiek/Zapp* EheR, S. 113f.

[2] Vgl. hierzu in *diesem* Band, oben, *H. Zapp*, § 82 Die Vorbereitung der Eheschließung.

[3] *Heinemann*, „Mischehe" (Anm. 1), S. 9–15.

[4] Vgl. *Gerhartz*, in: NKD 28 (Anm. 1), S. 17–21.

Entwurf des Votums über das Sakrament der Ehe (Schema voti de matrimonii sacramento), das den Konzilsvätern in den Sitzungen vom 19. und 20. November 1964 vorlag, unter Art. 5 reformierte Normen für die konfessionsverschiedene Ehe vorgeschlagen[5]. Das Votum wurde an den Papst weitergeleitet mit der Bitte, die Neuregelung vorzunehmen.

3. Am 18. März 1966 erließ die Kongregation für die Glaubenslehre die Instruktion „Matrimonii sacramentum" über die konfessionsverschiedene Ehe, die am 19. Mai 1966 in Kraft trat[6]. Mit dieser Instruktion wird eine Neuordnung vorgenommen. An dem Hindernis der Konfessionsverschiedenheit wie an dem der Religionsverschiedenheit wird festgehalten. Vor Eheabschluß bedarf es einer Dispens. Die Dispenserteilung war durch MP PastMun Nr. 19 bereits dem zuständigen Ortsordinarius zugewiesen[7]. Der katholische Christ ist weiterhin verpflichtet, für die katholische Taufe und Erziehung der aus der Ehe zu erwartenden Kinder Sorge zu tragen. Die Bereitschaft zur Übernahme der Verpflichtung muß durch ein ausdrückliches Versprechen bekundet werden. Der evangelische Christ verpflichtet sich zu der Bereitschaft, das Versprechen seines katholischen Partners nicht zu behindern (I). Die kanonische Form bleibt verpflichtende Eheschließungsform. Bei Schwierigkeiten ist dem Apostolischen Stuhl zu berichten (III). Die Bestimmungen der cc. 1102 § 2 und 1109 § 3 über die liturgische Form werden abgeschafft; der Ordinarius kann die Erlaubnis zur Feier der Brautmesse und des Brautsegens erteilen (V). Die Exkommunikation, die gemäß c. 2319 § 1 n. 1 bei nichtkatholischer Trauung eintrat, wird rückwirkend abgeschafft (VII).

Die Deutsche Bischofskonferenz veröffentlichte unter dem 31. März 1966 eine „Verlautbarung zur Mischehe" und „Die Anwendung der neuen Mischehenbestimmungen in den deutschen Diözesen"[8].

4. Durch ein „Dekret über die gemischten Ehen zwischen Katholiken und Nicht-Katholiken der östlichen Riten" vom 22. Februar 1967[9] ordnete die Kongregation für die Ostkirchen in Anlehnung an Nr. 18 des Dekretes über die katholischen Ostkirchen des II. Vatikanischen Konzils die Eheschließung von Katholiken des lateinischen wie des orientalischen Ritus mit nichtkatholischen Christen der orientalischen Kirchen. Rechtlich ist von Belang, daß die Eheschließung eines Katholiken mit einem orthodoxen Christen zwar grundsätzlich an die kanonische Form gebunden ist. Eine Nichtbeachtung der Formvorschrift betrifft nur die Unerlaubtheit, jedoch nicht die Ungültigkeit der Eheschließung. Dabei geht das Dekret davon aus, daß die Eheschließung unter Beteiligung eines „minister sacer", eines geweihten Amtsträgers vorgenommen wird. Die deutschen Bischöfe erließen dazu entsprechende Anweisungen[10].

5. Anläßlich der Bischofssynode 1967 wurde den Mitgliedern dieser Synode u. a. ein Fragekatalog zur konfessionsverschiedenen Ehe vorgelegt. Die Fragen beschäftigten sich mit der Terminologie z. B. Mischehe, Bekenntnisverschiedenheit (1), der Dispens (3), der Aufhe-

[5] Abgedr. in: LThK²-Konzilskommentar III, S. 594–606; über die Vorgeschichte des Votums vgl. *B. Häring*, ebd., S. 595; *Heinemann*, „Mischehe" (Anm. 1), S. 17–20; zu seiner rechtlichen Bedeutung vgl. die Äußerungen von *K. Mörsdorf*, Matrimonia mixta, in: AfkKR 139 (1970), S. 356; *J. G. Gerhartz*, Die Mischehe, das Konzil und die Mischehen-Instruktion, in: ThPh 41 (1966), S. 381 und *Heinemann*, „Mischehe" (Anm. 1), S. 19f.

[6] SC Fid v. 18. 3. 1966, in: AAS 58 (1966), S. 235–239.

[7] *Paul VI.*, MP PastMun v. 30. 11. 1963, in: AAS 56 (1964), S. 9; vgl. auch *ders.*, MP EpMun v. 15. 6. 1966, in: AAS 58 (1966), S. 467–472.

[8] KABl. Essen 9 (1966), S. 73–75; abgedr. in: AfkKR 135 (1966), S. 260–266.

[9] SC EcclOr, Decr. „Crescens matrimoniorum" v. 22. 2. 1967, in: AAS 59 (1967), S. 165–166.

[10] KABl. Essen 10 (1967), S. 123f.; abgedr. in: AfkKR 136 (1967), S. 547–550. Zu den Ehen zwischen Katholiken und orthodoxen Christen vgl. *Chr. Konstantinidis* und *E. Chr. Suttner*, Fragen der Sakramentenpastoral in orthodox-katholisch (altorientalisch-katholisch) gemischten Gemeinden. Eine Handreichung für die Seelsorger, im Auftrage der Regensburger Ökumenischen Symposien erstellt von Metropolit Chrysostomos Konstantinidis und Ernst Christoph Suttner, Regensburg 1979.

bung des Hindernisses (4), der Beibehaltung der Formpflicht und der Dispens von der Form (5 und 6), der seelsorglichen Betreuung dieser Ehen (8)[11].

6. Papst *Paul VI.* erließ am 31. März 1970 mit Rechtskraft vom 1. Oktober 1970 das MP MatrMixt, das die rechtlichen Bestimmungen zur konfessionsverschiedenen (bekenntnisverschiedenen) und zur religionsverschiedenen Ehe neu ordnete[12]. „Gegenüber dem Recht des CIC und der letztgenannten Instructio (gemeint ist „Matrimonii sacramentum"; Anm. d. Verf.) stellen die Bestimmungen des Motu Proprio einen nennenswerten und zeitgerechten Fortschritt dar, die mit Sicherheit auch Auswirkungen in ökumenischer Sicht haben werden", beurteilt *Ulrich Mosiek* diese päpstliche Verlautbarung[13]. Die Deutsche Bischofskonferenz veröffentlichte am 23. September 1970 mit Rechtskraft vom 1. Oktober 1970 „Ausführungsbestimmungen zum Motu Proprio MATRIMONIA MIXTA vom 31. März 1970 über die rechtliche Ordnung konfessionsverschiedener Ehen"[14].

7. Während man in den letzten Schemata zum Sakramentenrecht noch ausdrücklich am Hindernis der Konfessionsverschiedenheit als einem der verbietenden Ehehindernisse – „impedimenta prohibentia" statt bisher „impedimenta impedientia" – festgehalten hatte (Schema Sacr cc. 274–284), führte die weitere Diskussion der Kommission für die Reform des Codex Iuris Canonici über die verbietenden Ehehindernisse dazu, die Konfessionsverschiedenheit nicht mehr als Ehehindernis festzulegen, sondern einfachhin das Verbot aufzustellen, eine solche Ehe zu schließen. Für die Aufhebung des Verbotes im Einzelfall sollten bestimmte Voraussetzungen erfüllt sein[15]. In der Tat verzichtete schon das Schema CIC 1980 generell auf die verbietenden Ehehindernisse und führte die Bestimmungen zur konfessionsverschiedenen Ehe in einem eigenen Abschnitt auf (Caput VI „De matrimoniis mixtis", cc. 1078–1083). Diese Entwicklung veranlaßte zu dem Schluß, nicht nur die verbietenden Ehehindernisse allgemein, sondern auch Konfessionsverschiedenheit als *Hindernis* werde abgeschafft[16].

III. Das geltende Recht

Das kirchliche Gesetzbuch faßt die rechtlichen Bestimmungen für die konfessionsverschiedene Ehe in den cc. 1124–1129 in ein eigenes Caput VI „De matrimoniis mixtis", das systematisch nicht ganz einsichtig zwischen die Kapitel über Eheschließungsform (Caput V) und die Rechtsbestimmungen zur geheim zu schließenden Ehe (Caput VII) eingeordnet ist. Offensichtlich sollte damit der sachliche Abstand zu den trennenden Ehehindernissen (cc. 1073–1094) wie auch zu den Ehe- bzw. Trauverboten (c. 1071) deutlich herausgestellt werden; sonst wäre diese Einordnung unverständlich.

[11] Argumenta de quibus disceptabitur in primo generali coetu Synodi Episcoporum. Pars altera. Vatikanstadt 1967, S. 27–37; abgedr. in: NKD 28, S. 114–117; bei *G. Caprile*, Il sinodo dei vescovi. Prima assemblea generale, Rom 1968, S. 332–337; *Mörsdorf*, Matrimonia mixta (Anm. 5), S. 366f.; vgl. *Heinemann*, „Mischehe" (Anm. 1), S. 22.

[12] *Paul VI.*, MP MatrMixt v. 31. 3. 1970, in: AAS 62 (1970), S. 257–263.

[13] *Mosiek* EheR, 3. Aufl., S. 125.

[14] KABl. Essen 13 (1970), S. 150–154; abgedr. in: AfkKR 139 (1970), S. 538–548.

[15] Vgl. Communicationes 9 (1977), S. 353–357.

[16] Vgl. hierzu *Mosiek/Zapp* EheR, S. 112; *H. Zapp*, Die rechtliche Ehefähigkeit und die Ehehindernisse, in: GrNKirchR, S. 559; *ders.*, in *diesem* Band, oben, § 83 Die rechtliche Ehefähigkeit und die Ehehindernisse.

1. Die Behinderung des Eheabschlusses

Es ist nicht einfach, den Rechtscharakter der Behinderung beim Abschluß einer konfessionsverschiedenen Ehe deutlich auszumachen. Das Entfallen der verbietenden Ehehindernisse allgemein und die Forderung nach Aufhebung des Hindernisses der Konfessionsverschiedenheit im besonderen, schließlich auch die Einordnung im CIC führten zu der Annahme, das Hindernis der Konfessionsverschiedenheit sei nunmehr aufgehoben. Bei rein formaler Betrachtung trifft dies zu. In der Tat ist davon auszugehen, daß das strenge Verbot, das im CIC/1917 in c. 1060 ausgesprochen war, durch vielfältige von der Seelsorge und aus ökumenischer Sicht veranlaßte Aussagen gemildert ist[17]. Außerdem gibt es den Begriff „verbietende Ehehindernisse" im kirchlichen Gesetzbuch nicht mehr. Dennoch bleibt festzustellen, daß bereits der Wortlaut des c. 1124 die Deutung im Sinne eines verbietenden Ehehindernisses nahelegt. C. 1124 besagt nämlich, eine konfessionsverschiedene Ehe sei ohne ausdrückliche Erlaubnis (licentia) der zuständigen kirchlichen Autorität verboten (prohibitum). Damit aber wird in direkter Entsprechung zu c. 1060 CIC/1917 ein Verbot ausgesprochen, das sich gegen die konfessionsverschiedene Ehe selbst richtet und insofern nicht mit den Eheverboten des c. 1071 zu vergleichen ist. Denn handelte es sich um einen rechtssystematisch identischen Vorgang, so wäre unverständlich, warum in c. 1071 § 1 nicht wenigstens auf die konfessionsverschiedene Ehe hingewiesen wird. Da weiterhin in der Diskussion um die verbietenden Ehehindernisse schon sehr früh der Vorschlag gemacht wurde, für diese Hindernisse nicht mehr die Bezeichnung „impedimenta impedientia", sondern sachlich und sprachlich eindeutiger den Begriff „impedimenta *prohibentia*" zu wählen, so spricht vieles dafür, daß es sich bei dem Verbot der konfessionsverschiedenen Ehe in der Sache doch um ein verbietendes Ehehindernis handelt. Trotz der ökumenischen Bedeutung der konfessionsverschiedenen Ehe wünscht die Kirche den Abschluß solcher Ehen nicht und stellt diesen unter ein Verbot. Die Gründe dafür sind in den besonderen Belastungen der konfessionsverschiedenen Ehe zu sehen: hier wird die Spaltung der Christenheit in die engste Beziehung, die es unter Menschen geben kann, hineingenommen und muß in einem besonderen Maße getragen werden. Die Schwierigkeiten werden vor allem in der Frage nach der Verpflichtung zur religiösen Erziehung der Kinder und nach der Teilnahme am Gottesdienst deutlich. Rücksichtnahme auf das Bekenntnis des anderen Partners kann zu einer Ausklammerung religiöser Fragestellungen führen. Die Wiedervereinigung der getrennten Kirchen wird daher durch die konfessionsverschiedene Ehe in der Regel keine Förderung erfahren. Selbstverständlich darf andererseits die Möglichkeit einer echten christlichen Gestaltung dieser Ehe nicht übersehen werden. „Die Verschiedenheit der Bekenntnisse kann – eingebettet in die ökumenischen Bemühungen der Kirchen – eine befruchtende Wirkung für das Glaubensleben der Gatten und damit für ihre Ehe haben"[18].

[17] Vgl. hierzu die Aussagen Papst *Paul VI.* in der Einleitung zum MP MatrMixt und vor allem Papst *Johannes Paul II.*, Apost. Adhortatio „Familiaris consortio" v. 22. 11. 1981, n. 78, in: AAS 74 (1982), S. 179.

[18] Sb Ökumene 7.1.3, in: Gemeinsame Synode, Gesamtausgabe I, S. 792.

2. Die Erlaubnis

Die Kirche ist bereit, bei Vorliegen eines gerechten und vernünftigen Grundes die Erlaubnis zum Eheabschluß zu erteilen. In c. 1125 wird ausdrücklich auf den für die Erlaubnis zuständigen Ortsoberhirten verwiesen, während der vorausgehende c. 1124 ganz allgemein von der zuständigen kirchlichen Autorität (auctoritas competens) spricht. Dieser Wechsel in der Formulierung ist rechtlich bedeutsam. Die Erlaubnis zum Eheabschluß ist grundsätzlich an den Ortsoberhirten gebunden; er kann jedoch, wie dies seitens der deutschen Bischöfe nach dem Inkrafttreten des MP MatrMixt geschehen ist, die ihm zustehende Vollmacht weitergeben.

Erst mit Endredaktion des CIC ist gegenüber der zuletzt bekanntgewordenen Fassung des c. 1079 das Wort „dispensatio" durch „licentia" ersetzt worden[19]. Da, wie Untersuchungen von *Josef Lederer* aufweisen, ein rechtlicher Unterschied zwischen „dispensatio" und „licentia" nur schwer auszumachen ist[20], handelt es sich hier wohl mehr um eine optische als um eine rechtliche Änderung.

Nach c. 1125 kann der Ordinarius bei Vorliegen von gerechten und vernünftigen Gründen unter folgenden Voraussetzungen die Erlaubnis zum Eheabschluß erteilen:

a) Der katholische Partner muß seine Bereitschaft erklären, jede Gefährdung seines Glaubens zu meiden und ernsthaft versprechen, alles seinen Kräften mögliche zu tun (se omnia pro viribus facturam esse), daß sämtliche in die Ehe geborenen Kinder in der katholischen Kirche getauft und in ihr erzogen werden (c. 1125 n. 1).

b) Über dieses Versprechen des katholischen Teiles muß der andere Partner frühzeitig (tempestive) unterrichtet werden, so daß über seine Kenntnis von der Verpflichtung und dem Versprechen des katholischen Partners Klarheit besteht (c. 1125 n. 2).

c) Beide Partner müssen über die Zwecke und wesentlichen Eigenschaften der Ehe unterrichtet sein. Diese dürfen von keinem der Partner ausgeschlossen werden (c. 1125 n. 3).

Es ist Aufgabe der jeweiligen Bischofskonferenz, Art und Weise der Abgabe dieser ausdrücklich als unverzichtbar bezeichneten Erklärung und Versprechen festzulegen. Dabei ist zu gewährleisten, daß Erklärung und Versprechen auch für den äußeren Bereich beweisbar bleiben. Außerdem sollen die Bischofskonferenzen bestimmen, in welcher Weise der nichtkatholische Partner hierüber unterrichtet wird (c. 1126).

Die deutschen Bischöfe hatten nach Veröffentlichung des MP MatrMixt gemeinsame rechtliche Regelungen für den Abschluß konfessionsverschiedener Ehen erlassen[21], die den Anforderungen des c. 1125 weitgehend entsprechen.

Diese Ausführungsbestimmungen der Deutschen Bischofskonferenz gehen davon aus, daß bei den Gegebenheiten in Deutschland in jedem Fall ein gerechter Dispensgrund vorliegt[22]. Insoweit ist die in c. 1125 angegebene Voraussetzung

[19] Vgl. hierzu *Heinemann*, „Mischehe" (Anm. 1), S. 40 mit Anm. 139; S. 42.

[20] *J. Lederer*, Der Dispensbegriff des kanonischen Rechtes (= MThStkan, Bd. 8), München 1957, S. 67, 189f.

[21] Ausführungsbestimmungen zum MP MatrMixt, vgl. Anm. 14 (im folgenden abgekürzt „AusfBest.").

[22] AusfBest. 1a, in: KABl. Essen 13 (1970), S. 151; abgedr. in: AfkKR 139 (1970), S. 541.

erfüllt, wenngleich der Gesetzestext nicht nur gerechte, sondern auch vernünftige Gründe für eine Dispens verlangt.

In den Ausführungsbestimmungen zu MP MatrMixt werden dem katholischen Partner zwei Fragen vorgelegt, die inhaltlich c. 1125 n. 1 entsprechen:

a) „Wollen Sie in Ihrer Ehe als katholischer Christ leben und den Glauben bezeugen?"

b) „Sind Sie sich bewußt, daß Sie als katholischer Christ die Pflicht haben, Ihre Kinder in der katholischen Kirche taufen zu lassen und im katholischen Glauben zu erziehen? – Versprechen Sie, sich nach Kräften darum zu bemühen, dieses sittliche Gebot zu erfüllen, soweit das in ihrer Ehe möglich ist?"[23].

Zu Recht hatte die Gemeinsame Synode festgestellt, daß die Bereitschaft, als katholischer Christ zu leben, den Glauben zu bezeugen und den Kindern zu vermitteln, heute nicht nur in Frage gestellt ist, wenn die Eheleute verschiedenen Konfessionen angehören. Deshalb wurde die Bischofskonferenz gebeten, diese Frage auch dann vorzulegen, wenn beide Partner katholisch sind[24]. Dieses Anliegen ist sicher berechtigt, hier geht es aber zuerst um die Regelungen für konfessionsverschiedene Ehen. Es bleibt unbenommen, eine solche Frage ganz allgemein in das sogenannte Brautexamensprotokoll aufzunehmen.

Wenn in c. 1125 n. 2 gefordert ist, der nichtkatholische Teil müsse frühzeitig von dem Versprechen seines katholischen Partners Kenntnis haben, so wird in der Praxis davon auszugehen sein, daß dies meist erst im Brautunterricht erfolgt. Von daher ist verständlich, wenn die deutschen Bischöfe in ihren Ausführungsbestimmungen zu MP MatrMixt formulieren: „Er (d. h. der Brautunterricht) soll Verständnis wecken für die katholische Lebensform und für die Gewissensverpflichtung des Katholiken bezüglich der Taufe und Erziehung seiner Kinder in der katholischen Kirche"[25].

Dem Wortlaut von cc. 1125 n. 2 und 1126 gemäß muß sich der Ortsordinarius für den äußeren Bereich beweisbar Gewißheit darüber verschaffen, daß sowohl das Versprechen des katholischen Partners abgegeben wurde und der nichtkatholische Christ davon Kenntnis erhalten hat. Dies kann sinnvollerweise nur durch entsprechende Eintragungen in das sogenannte Brautexamensprotokoll geschehen.

Da die Erlaubnis des Ortsordinarius zum Eheabschluß an die Belehrung beider Partner über die Zwecke und wesentlichen Eigenschaften der Ehe gebunden ist und davon abhängt, daß keiner der Brautleute diese Zwecke und Eigenschaften ausschließt, scheint die Teilnahme beider an einem Brautunterricht, über den ein schriftliches Protokoll anzufertigen ist, unabdingbar notwendig. Die deutschen Bischöfe hatten in ihren Ausführungsbestimmungen zum MP MatrMixt festgestellt, falls der nichtkatholische Partner zum Brautunterricht und Brautexamen nicht erscheine, müsse die Angelegenheit dem Ortsordinarius zur Entscheidung

[23] AusfBest. 2a, in: KABl. Essen 13 (1970), S. 151; abgedr. in: AfkKR 139 (1970), S. 541.
[24] Sb Ökumene 9.2.1, in: Gemeinsame Synode, Gesamtausgabe I, S. 803.
[25] AusfBest. 3b, in: KABl. Essen 13 (1970), S. 152; abgedr. in: AfkKR 139 (1970), S. 541 f.

vorgelegt werden[26]. Diese Vorschrift gewinnt durch die Bestimmungen in c. 1125 neue Bedeutung.

Auffällig ist im Text der Verweis auf die Zwecke und wesentlichen Eigenschaften der Ehe, die den Partnern vermittelt werden müssen. Gegenüber c. 1013 CIC/1917, der auf die Zwecke (finis primarius und finis secundarius) und auf die wesentlichen Eigenschaften verwies, enthält das nunmehr geltende Gesetzbuch der Kirche nur eine Aussage über die wesentlichen Eigenschaften (c. 1056). Hier scheinen die Texte nicht hinreichend aufeinander abgestimmt zu sein; inhaltlich werden die Zwecke der Ehe in c. 1055 zwar angesprochen, doch haben die dort formulierten Aussagen eine andere Zielrichtung.

Wie bereits angesprochen, kann der Ortsoberhirte seine Vollmacht zur Erlaubnis des Eheabschlusses (c. 1125) delegieren. Die deutschen Bischöfe haben bereits nach dem MP MatrMixt Seelsorger mit allgemeiner Trauungsvollmacht dazu bevollmächtigt, Katholiken, die innerhalb ihres Zuständigkeitsbereiches Wohnsitz oder Nebenwohnsitz haben oder in ihrer Pfarrei getraut werden, vom Hindernis der Konfessionsverschiedenheit zu dispensieren[27]. Es läge wohl nahe, für die nach c. 1124 erforderliche Erlaubnis zum Abschluß einer konfessionsverschiedenen Ehe eine entsprechende Regelung zu treffen. Allgemeine Trauungsvollmacht haben nach geltendem Recht Pfarrer (vgl. cc. 1109, 1110, 530 n. 4), Pfarrverwalter (administrator paroecialis, c. 539) und der Geistliche, der bei Vakanz vor Ernennung des Pfarrverwalters die Leitung der Pfarrei übernimmt (c. 541 § 1)[28].

Kapläne (vicarii paroeciales) besitzen dieses Recht nur, wenn ihnen durch Diözesanstatut, durch den Ortsbischof oder durch den Pfarrer dazu Vollmacht erteilt wurde (vgl. cc. 1111 § 1, 548 § 1)[29]. Da der Ortsbischof und der Pfarrer Priestern und Diakonen auch allgemein die Vollmacht zur Trauungsassistenz übertragen kann (vgl. c. 1111 § 1), wäre hier ein Dispensrecht im Sinne von c. 1124 nach dem Wortlaut der Ausführungsbestimmungen der deutschen Bischöfe nur möglich, wenn diesen Priestern und Diakonen eine allgemeine Trauungsvollmacht erteilt worden ist. Priester und Diakone, die lediglich eine spezielle Beauftragung zu einer Assistenzleistung besitzen, können das Dispensrecht nicht beanspruchen.

Das Gesetzbuch der Kirche sieht nunmehr auch die Beauftragung von Laien zur Eheschließung vor (c. 1112 § 2); es wird sich damit die Rechtsfrage stellen, ob diese beauftragten Laien, die „nomine Ecclesiae" einer Eheschließung assistieren, als „Seelsorger" im Sinne der Ausführungsbestimmungen der deutschen Bischöfe zu verstehen sind. Hier bedarf es noch entsprechender Normen.

[26] AusfBest. 3c, in: KABl. Essen 13 (1970), S. 152; abgedr. in: AfkKR 139 (1970), S. 542.
[27] AusfBest. 1a, in: KABl. Essen 13 (1970), S. 151; abgedr. in: AfkKR 139 (1970), S. 541.
[28] Vgl. hierzu in *diesem* Band, oben, *H. Heinemann*, § 44 Der Pfarrer.
[29] Vgl. z. B. Synodalstatuten der Diözese Essen 1961, Essen o.J. (1961), Art. 158 Abs. 2, S. 51. Siehe auch in *diesem* Band, oben, *H. Heinemann*, § 45 Die Mitarbeiter des Pfarrers.

3. Die Eheschließungsform

a) Die Mitglieder der Bischofssynode von 1967 hatten sich mit großer Mehrheit für die Beibehaltung der Formvorschrift auch für konfessionsverschiedene Paare ausgesprochen[30]. So hat das kirchliche Gesetzbuch in c. 1127 – im Anschluß an MP MatrMixt Nr. 8 – die Bestimmungen des c. 1108 über die kanonische Formvorschrift für den Abschluß einer konfessionsverschiedenen Ehe als verbindlich erklärt. Daraus ergibt sich, daß die kanonische Eheschließungsform grundsätzlich als die regelmäßige Form gilt. Folglich sind die Rechtsbestimmungen der cc. 1108–1111 zur Trauungsvollmacht auch dann zu beachten, wenn eine „gemeinsame Trauung", d. h. unter Beteiligung des nichtkatholischen Geistlichen stattfindet.

b) Über die liturgische Form des Eheabschlusses sind keine Aussagen gemacht. Hier gelten weiterhin die entsprechenden Bestimmungen, die von den deutschen Bischöfen erlassen wurden. Demnach kann die Eheschließung auch – wenn jedoch nicht als Regel – in Verbindung mit der Feier der Eucharistie erfolgen. „Dabei sind die geltenden kirchlichen Bestimmungen über die Teilnahme am eucharistischen Mahl zu beachten"[31].

c) Handelt es sich um die Trauung zwischen einem katholischen Christen und einem Christen der orientalischen Kirche, so soll die kanonische Formvorschrift des c. 1108 beachtet werden, allerdings nur im Hinblick auf die Erlaubtheit dieser Trauung. Falls diese Trauung nicht in der kanonischen Form stattfindet, ist die Ehe – vorausgesetzt, daß sie unter Beteiligung eines geweihten Amtsträgers (minister sacer) vorgenommen wurde – rechtsgültig geschlossen[32].

d) Die Frage, ob den Ortsoberhirten die Vollmacht erteilt werden sollte, von der kanonischen Eheschließungsform bei konfessionsverschiedenen Ehen Dispens zu erteilen, wurde in der Konzilsaula sehr kontrovers diskutiert[33] und anläßlich der Bischofssynode 1967 mit Mehrheit positiv beantwortet[34]. Das MP MatrMixt hat diesem Ergebnis Rechnung getragen und den Ortsordinarien das Recht zur Dispens von der kanonischen Form eingeräumt, wobei aber irgendeine öffentliche Eheschließungsform eingehalten werden muß[35]. Diese Bestimmung übernimmt das kirchliche Gesetzbuch in c. 1127 § 2. Allerdings müssen für diese Dispens eine Reihe von Voraussetzungen erfüllt sein. Grundsätzlich soll die Bischofskonferenz Normen für die Befreiung von der Formpflicht aufstellen, damit innerhalb des Territoriums einer Bischofskonferenz eine einheitliche Regelung gewährleistet ist. Der Ortsbischof kann von seiner Vollmacht für den Einzelfall nur Gebrauch

[30] Vgl. *Caprile*, Il sinodo (Anm. 11), S. 434; *Gerhartz*, in: NKD 28, S. 116f.; *Mörsdorf*, Matrimonia mixta (Anm. 5), S. 368f.; *Heinemann*, „Mischehe" (Anm. 1), S. 37.

[31] AusfBest. 5a in: KABl. Essen 13 (1970), S. 152; abgedr. in: AfkKR 139 (1970), S. 542.

[32] Vgl. SC EcclOr, Decr. „Crescens matrimoniorum" v. 22. 2. 1967, in: AAS 59 (1967), S. 166; vgl. hierzu *Heinemann*, „Mischehe" (Anm. 1), S. 21f.

[33] *Heinemann*, ebd., S. 63f.

[34] Vgl. *Caprile*, Il sinodo (Anm. 11), S. 334f., 434; *Gerhartz*, in: NKD 28, S. 116f.; *Mörsdorf*, Matrimonia mixta (Anm. 5), S. 374f.; *Heinemann*, „Mischehe" (Anm. 1), S. 64f.

[35] MP MatrMixt Nr. 9, in: AAS 62 (1970), S. 261.

machen, wenn große Schwierigkeiten der Beachtung der kanonischen Form entgegenstehen. Die deutschen Bischöfe hatten im Anschluß an MP MatrMixt festgestellt, daß die Dispens nur erteilt wird, „falls das Brautpaar zur katholischen Trauung nicht bereit ist"[36], eine Belehrung der Brautleute darüber erfolgt ist, daß sie durch die von ihnen gewählte öffentliche Eheschließungsform eine gültige sakramentale und damit unauflösliche Ehe schließen und eine Erklärung des Brautpaares darüber vorliegt, in welcher Form (nichtkatholisch-kirchlich oder nur standesamtlich) sie ihre Ehe begründen wollen. Wegen der religiösen Bedeutung des Eheabschlusses ist eine nichtkatholisch-kirchliche Trauung in jedem Fall einer standesamtlichen vorzuziehen[37]. Gegenüber MP MatrMixt hat c. 1127 § 2 das Dispensrecht des Ortsordinarius an den Rat des Ortsbischofs angebunden, in dessen Bereich die Trauung erfolgen soll[38].

Nach einer Entscheidung der Kommission für die Interpretation der Dekrete des II. Vatikanischen Konzils kann der Ortsordinarius bei Erteilung der Dispens von der Formpflicht bestimmte Voraussetzungen und Auflagen festlegen, deren Nichtbeachtung die Ungültigkeit der Ehe wegen Formmangels zur Folge haben würde[39].

e) Die sogenannte Doppeltrauung, wobei der katholische wie auch der nichtkatholische Geistliche den ihrer Kirche oder kirchlichen Gemeinschaft eigenen Ritus gemeinsam oder nacheinander vollziehen, bleibt untersagt (c. 1127 § 3). Die Gemeinsamen kirchlichen Empfehlungen, die vom Sekretariat der Deutschen Bischofskonferenz und der Kirchenkanzlei der Evangelischen Kirche in Deutschland herausgegeben wurden, hatten bereits früher diese Regelung mit dem Hinweis unterstrichen, daß eine Doppeltrauung das Handeln der anderen Kirche nicht ernst nimmt und daher ökumenischem Denken widerspricht[40].

Gemeinsam mit dem Rat der Evangelischen Kirche in Deutschland hat die Deutsche Bischofskonferenz eine Ordnung erlassen, die bei Trauungen konfessionsverschiedener Paare unter Beteiligung der Pfarrer beider Kirchen angewandt werden kann[41]. Dem Anliegen nach Beteiligung der Amtsträger der jeweiligen Kirche ist damit hinreichend Rechnung getragen. Diese Ordnung steht dem Sinn und Wortlaut des c. 1127 § 3 nicht entgegen, solange die Erfragung des Ehewillens eindeutig geklärt ist.

f) Aus den Rechtsbestimmungen über die Trauungsform ergibt sich, daß die

[36] AusfBest. 4a, in: KABl. Essen 13 (1970), S. 152; abgedr. in: AfkKR 139 (1970), S. 542.

[37] Anm. 8 zu AusfBest. 4b, in: KABl. Essen 13 (1970), S. 154; abgedr. in: AfkKR 139 (1970), S. 547.

[38] Über die Problematik dieser Festlegung vgl. *Heinemann*, „Mischehe" (Anm. 1), S. 67f.

[39] PCDecrI v. 9. 4. 1979, in: AAS 71 (1979), S. 632.

[40] Gemeinsame kirchliche Empfehlungen für die Ehevorbereitung konfessionsverschiedener Partner, mit einem Vorwort des Vorsitzenden des Rates der Evangelischen Kirche in Deutschland, Bischof *Claß*, und dem Vorsitzenden der Deutschen Bischofskonferenz, Kardinal *Döpfner*, hrsg. vom Sekretariat der DBK und der Kirchenkanzlei der EKD, Würzburg-Gütersloh 1974, S. 18; abgedr. in: KABl. Essen 17 (1974), S. 72f.

[41] Gemeinsame kirchliche Trauung. Ordnung der kirchlichen Trauung für konfessionsverschiedene Paare unter Beteiligung der Pfarrer beider Kirchen, hrsg. von der DBK und dem Rat der EKD, 4. Aufl., Regensburg-Kassel 1977.

kanonische Form grundsätzlich als die regelmäßige Eheschließungsform gilt. Wird durch den Ortsordinarius Dispens von der Form erteilt, muß der Ehewille in einer öffentlich beweisbaren Form von den Brautleuten abgegeben werden. Das kann im Bereich der Bundesrepublik Deutschland und der DDR auf dem Standesamt geschehen (vgl. Ehegesetz §§ 11 und 13). Die Eheschließung in einer nichtkatholischen-kirchlichen Form ist jedoch wegen ihrer religiösen Aussage der nur standesamtlichen vorzuziehen. In welcher Weise der katholische Geistliche in einem solchen Fall evtl. tätig wird, ist rechtlich unerheblich. Denn nach Erteilung der Dispens von der kanonischen Eheschließungsform ist jede Form möglich, sofern sie eine Ehewillenserklärung der Partner in öffentlich beweisbarer Form gewährleistet. Daraus folgt andererseits, daß ein katholischer Geistlicher *ohne Trauungsvollmacht* nur dann im Sinne der Eheassistenz tätig sein kann, wenn seitens des Ortsordinarius von der Form dispensiert wurde. Eine Eheschließung ohne Dispens von der kanonischen Form wäre in diesem Fall wegen fehlender Trauungsvollmacht ungültig.

Die Kritik, die gelegentlich an der Beibehaltung der kanonischen Eheschließungsform als Gültigkeitsvoraussetzung und an der Ausnahmeregelung durch die Dispens geübt wird, erscheint unberechtigt, da eine generelle Freigabe der Eheschließungsform vor allem die Möglichkeit zum seelsorglichen Gespräch mit den konfessionsverschiedenen Paaren stark einschränken würde und für die notwendige Unterrichtung des nichtkatholischen Christen über die katholische Eheauffassung kaum eine Möglichkeit gegeben wäre.

4. Die Taufe und Erziehung der Kinder

Nach c. 1125 n. 1 ist davon auszugehen, daß der katholische Brautteil alles in seinen Kräften stehende unternehmen wird, damit die in der Ehe zu erwartenden Kinder katholisch getauft[42] und erzogen werden, denn unter dieser Voraussetzung wird die Dispens vom Hindernis erteilt. Die deutschen Bischöfe haben nicht nur diese Verpflichtung verdeutlicht, sondern auch pastorale Hinweise für die bleibenden Pflichten in dem Fall gegeben, daß der katholische Christ eine katholische Taufe und Erziehung nicht erreichen konnte[43]. Grundsätzlich ist die Gewissensverpflichtung jedes der Partner angesprochen, in der Lebensführung dem zu folgen, was er nach seiner Glaubensüberzeugung für wahr hält: „Der Ehepartner, der Taufe und Erziehung seiner Kinder in einer anderen Konfession zuläßt, darf sich nicht von der religiösen Erziehung ausschließen"[44]. Hier wird als Prinzip betont, daß eben *beide* Partner sich ihrer eigenen Verpflichtung zur religiösen Erziehung

[42] Zu den Überlegungen, die Taufe von Kindern aus konfessionsverschiedenen Ehen gemeinsam von Geistlichen beider Kirchen spenden zu lassen, vgl. Sb Ökumene 7.8.2, in: Gemeinsame Synode, Gesamtausgabe I, S. 798; vgl. hierzu *H. Heinemann*, Ökumenische Taufe?, in: Pastoralblatt für die Diözesen Aachen, Berlin, Essen, Köln, Osnabrück 9 (1975), S. 270–274.

[43] Anm. 3 zu AusfBest. 2a, in: KABl. Essen 13 (1970), S. 153; abgedr. in: AfkKR 139 (1970), S. 545.

[44] Ebd., Anm. 3 Abs. 4.

der Kinder nicht entziehen können. Gelegentlich diskutierte Regeln zur Entscheidung der Eheleute über Taufe und Erziehung der Kinder in konfessionsverschiedenen Ehen heben dies nicht auf und können keinen Anspruch auf Allgemeingültigkeit erheben[45].

Eine neue rechtliche Problematik, die im Hinblick auf die Erlaubnis der Eheschließung angesprochen werden muß, ergibt sich mit c. 1366. Danach sind Eltern bzw. Erziehungsberechtigte, die ihre Kinder in einer nichtkatholischen Religion taufen oder erziehen lassen, mit Zensur oder einer anderen gerechten Strafe zu belegen[46]. Unter Zensur (censura) versteht das Recht Exkommunikation, Interdikt und Suspension. Wenn das Gesetzbuch der Kirche für den katholischen Partner nunmehr wieder Strafen bei nichtkatholischer Taufe und Erziehung seiner Kinder vorsieht, so ist diese Bestimmung wohl dahingehend zu interpretieren, daß die Strafe nur dann verhängt wird, wenn der katholische Teil – auch in einer kirchlich ungültigen Ehe – nicht das ihm mögliche tut, für die katholische Taufe und Erziehung seiner Kinder zu sorgen. Will man nämlich die Festlegung des c. 1366 nicht als Rückfall in die Strafbestimmungen des c. 2319 § 1 CIC/1917 verstehen, kann die Neueinführung nur so verstanden werden. Ferner tritt die Strafe im Unterschied zu c. 2319 § 1 CIC/1917 nicht von selbst durch die Straftat, also automatisch ein, sondern sie muß eigens verhängt werden. Dies setzt zunächst eine Beurteilung der jeweiligen Situation voraus; zuständig wäre, wie für die Verhängung der Strafe selbst, der Ortsbischof.

5. Seelsorge

In besonders beachtenswerter Weise hat das kirchliche Gesetzbuch in c. 1128 die Bischöfe und alle Seelsorger auf ihre Verantwortung für katholische Christen, die in einer konfessionsverschiedenen Ehe leben, und deren Kinder hingewiesen. Ihnen soll es nicht an geistlicher Hilfe fehlen, die sie zur Erfüllung ihrer Pflichten, zur Wahrung der Einheit des ehelichen und familiären Lebens benötigen. Dieses seelsorgliche Bemühen war bereits von der Bischofssynode von 1967[47] angesprochen und im MP MatrMixt Nr. 14 noch deutlich unterstrichen worden. Damit ist die Frage der Seelsorge an konfessionsverschiedenen Ehen nunmehr auch gesetzlich verankert worden. Die deutschen Bischöfe stellten bereits in ihren Ausführungsbestimmungen zu MP MatrMixt in Aussicht, daß sie sich mit den Leitungen

[45] Anm. 5 Abs. 4 zu AusfBest 3b, in: KABl. Essen 13 (1970), S. 153; abgedr. in: AfkKR 139 (1970), S. 546; vgl. hierzu *J. Neumann*, Möglichkeiten des kanonischen Rechts für die Seelsorge an konfessionsverschiedenen Ehen, in: Diakonia 4 (1969), S. 174f.

[46] Beachtenswerterweise enthielt der Entwurf des neuen Gesetzbuches, der am 2. Februar 1977 den Bischöfen und Bischofskonferenzen vom Vorsitzenden der Kodex-Reformkommission zugeleitet wurde, den nunmehr in c. 1366 umschriebenen Straftatbestand noch nicht. Auch der in Communicationes 9 (1977), S. 304–306 zum Strafrecht abgedruckte Bericht ließ noch nicht erkennen, daß dieser Straftatbestand diskutiert wurde. Er kam erst am 7. Mai 1977 in das Schema CIC hinein, vgl. Communicationes 9 (1977), S. 319.

[47] Vgl. *Caprile*, Il sinodo (Anm. 11), S. 435; *Gerhartz*, in: NKD 28, S. 116f.; *Mörsdorf*, Matrimonia mixta (Anm. 5), S. 367; *Heinemann*, „Mischehe" (Anm. 1), S. 73.

der christlichen Kirchen in Deutschland darum mühen würden, „Richtlinien für eine gemeinsame Seelsorge an konfessionsverschiedenen Ehen zu erarbeiten“[48].

Im März 1974 wurden von der Kirchenkanzlei der Evangelischen Kirche in Deutschland und dem Sekretariat der Deutschen Bischofskonferenz „Gemeinsame kirchliche Empfehlungen für die Ehevorbereitung konfessionsverschiedener Partner“[49] herausgegeben, denen „Gemeinsame kirchliche Empfehlungen für die Seelsorge an konfessionsverschiedenen Ehen und Familien“[50] im Herbst 1981 gefolgt sind. Letztlich geht es darum, daß konfessionsverschiedene Ehen und Familien um der konfessionellen Überzeugung des anderen willen religiöse Fragen nicht ausklammern und damit in ein *kirchliches Niemandsland* abwandern, sondern daß die Kirchen vielmehr seelsorglich die Chance, aber auch das Wagnis der konfessionsverschiedenen Ehe begleiten.

6. *Die Anwendung der Bestimmungen auf die religionsverschiedene Ehe*

In c. 1129 wird abschließend festgestellt, daß die Bestimmungen des c. 1127 (Eheschließungsform) und c. 1128 (seelsorgliche Verantwortung) auch auf jene Ehen anzuwenden sind, denen das Hindernis der Religionsverschiedenheit entgegensteht (vgl. c. 1086)[51]. Dabei fällt auf, daß c. 1086 lediglich auf die cc. 1125 und 1126, die gemeinsame Norm der Bischofskonferenz und die Voraussetzungen für die Dispens vom Hindernis verweist, ohne die beiden anderen Bestimmungen, nämlich cc. 1127 und 1128 eigens zu nennen. Tatsächlich sind jedoch die cc. 1125–1128 insgesamt auf religionsverschiedene Ehen sinngemäß anzuwenden.

7. *Rechtliche Würdigung*

Durch die Neuordnung im kirchlichen Gesetzbuch sind die rechtlichen Probleme im Grunde gelöst. Die Erlaubnis zum Abschluß einer konfessionsverschiedenen Ehe ist gegenüber den Bestimmungen des CIC/1917 weitgehend erleichtert. Die strikte Bindung an die kanonische Trauungsform wurde im Falle vorausgehender Dispens seitens des Ortsordinarius aufgehoben. Die bindende Erklärung über Taufe und Erziehung aus der Ehe zu erwartender Kinder hat sich in eine den katholischen Partner zu wirklicher Gewissensentscheidung fordernden Aussage gewandelt. Die Härte der kirchlichen Einstellung gegenüber konfessionsverschiedenen Ehen wurde durch den Hinweis auf eine Gefährdung im Glauben und die Wahrnehmung religiöser Pflichten gemildert. Insofern sind die Probleme rein rechtlich – soweit dies möglich ist – wohl bereinigt.

[48] AusfBest. Vorwort Abs. 7, in: KABl. Essen 13 (1970), S. 151; abgedr. in: AfkKR 139 (1970), S. 540.

[49] Vgl. Anm. 40.

[50] Arbeitshilfen 22. Gemeinsame kirchliche Empfehlungen für die Seelsorge an konfessionsverschiedenen Ehen und Familien (= Arbeitshilfen 22, hrsg. vom Sekretariat der DBK und der Kirchenkanzlei der EKD), Bonn/Hannover 1981.

[51] Siehe in *diesem* Band, oben, *H. Zapp*, § 82 Die Vorbereitung der Eheschließung.

Die vom Konzil her angestoßene Entwicklung des Rechtes der konfessionsverschiedenen Ehe hat im kirchlichen Gesetzbuch ihren Niederschlag gefunden. Es ist jetzt Aufgabe der Bischofskonferenzen, so wie dies nach dem MP MatrMixt seitens der Deutschen Bischofskonferenz geschehen ist, diese im Gesetzbuch niedergelegten Regelungen auszufüllen und damit auch seelsorglich fruchtbar zu machen. Rein formal bedeutet dies aber auch, daß die Deutsche Bischofskonferenz entweder neue Ausführungsbestimmungen erläßt oder aber die zum MP MatrMixt herausgegebenen Ausführungsbestimmungen für die neuen rechtlichen Aussagen der cc. 1125–1128 als weiterhin verbindlich erklärt. Dazu bedarf es jedoch eines formalen Rechtsaktes.

Die mit der konfessionsverschiedenen Ehe gegebenen Fragen müssen nunmehr eher von den Eheleuten selbst gelöst werden und können auch weiterhin für sie eine Belastung bedeuten. Auf zwei seelsorglich besonders gewichtige Probleme soll noch verwiesen werden: Auf die Entscheidung bei Taufe und Erziehung der Kinder, die gerade dann, wenn beide Partner fest im Glauben ihrer Kirche verwurzelt sind, Spannungen in sich trägt, und auf die Teilnahme am religiösen Leben der eigenen Kirche. Dies wiederum ist verbunden mit den Fragen nach Teilnahme an Eucharistie oder Abendmahl und nach Erfüllung der sonntäglichen Gottesdienstpflicht. Den in einer konfessionsverschiedenen Ehe lebenden Christen wird ein hohes Maß an Treue zur eigenen Kirche, zugleich auch an ökumenischer Verständigungsbereitschaft abverlangt. Daher sind kirchliche Mahnung und Warnung vor dem Abschluß einer solchen Ehe zweifellos verständlich. Sie sind nämlich nicht Ausdruck eines rechthaberischen Prinzips, sondern vorausblickender Sorge an ihren Gliedern. Sie begründet aber auch die seelsorgliche Verantwortung bei der Vorbereitung auf eine konfessionsverschiedene Ehe und deren Anspruch begleitender Seelsorge.

§ 87 Die Konvalidation der Ehe

Von Karl-Theodor Geringer

I. Die Gültigmachung im allgemeinen

1. Begriff und Arten

Unter *convalidatio* versteht man die Gültigmachung einer bislang bloß dem äußeren Anschein nach gültigen, tatsächlich aber ungültigen Ehe.

Zwar will das kanonische Eherecht ungültige Eheschließungen von vornherein verhindern; nicht immer aber wird dieses Ziel erreicht, sei es weil der Ehewille eines oder beider Partner mangelhaft war oder überhaupt fehlte, sei es auch weil er wegen eines Ehehindernisses oder eines Formmangels rechtlich unwirksam geblieben ist[1]. Angesichts der sakramentalen Würde der Ehe (c. 1055) und ihrer großen Bedeutung sowohl für die kirchliche Gemeinschaft wie auch für das Seelenheil der Betroffenen stellen nichtige Ehen schwere Störungen der Rechtsordnung dar, die nach Möglichkeit beseitigt werden müssen. Ein Weg dazu wäre die Trennung der ungültig verheirateten Partner; andererseits erwachsen aus solchen Verbindungen in aller Regel naturrechtliche Pflichten[2], deren man sich nicht ohne weiteres entledigen kann[3]. Ziel der Kirche ist daher nicht, solche Paare unter allen Umständen zu trennen; primär soll vielmehr die Möglichkeit einer Konvalidation geprüft werden.

Das Recht bietet dafür zwei Wege an: die *convalidatio simplex*, d. h. die einfache Gültigmachung (cc. 1156–1160), und die *sanatio in radice*, d. h. die Heilung in der Wurzel (cc. 1161–1165)[4]. Der wesentliche Unterschied liegt darin, daß der entscheidende Rechtsakt einmal von den ungültig verheirateten Partnern und das andere Mal vom kompetenten Oberhirten zu setzen ist. Entsprechend unterschiedlich sind auch die Voraussetzungen und Wirkungen der Konvalidation.

2. *Allgemeine Voraussetzungen*

Die Gültigmachung einer Ehe setzt schon begrifflich wenigstens den *äußeren Anschein einer Ehe* voraus. Ein bloßes Konkubinat kann daher nicht konvalidiert werden, wohl aber stets eine Verbindung, die seinerzeit durch eine öffentliche Ehewillenserklärung (auch vor dem Standesamt) als Ehe konstituiert werden sollte[5].

Der *Ehewille* der Brautleute ist die Wirkursache jeder Ehe (c. 1057 § 1) und daher auch unerläßliche Voraussetzung für die Gültigmachung einer nichtigen Ehe. Bei der hoheitlichen Eheheilung ist die virtuelle Fortdauer des Ehewillens die „Wurzel", aus der allein eine gültige Ehe wachsen kann (daher: „sanatio in radice"); wenn der Ehewille fehlt, bewirkt auch der hoheitliche Heilungsakt keine gültige Ehe (c. 1162 § 1). Ebenso wenig bewirkt die einfache Konvalidierung durch einseitige Konsenserneuerung die Gültigkeit der Ehe, wenn der andere Partner keinen Ehewillen (mehr) hat (cc. 1158 § 2, 1159 § 1).

Ganz allgemein ist die *Behebbarkeit des Nichtigkeitsgrundes*, der seinerzeit die Ungültigkeit des Eheabschlusses verursacht hat, Voraussetzung für die Konvalida-

[1] Zu den Ehenichtigkeitsgründen im einzelnen vgl. §§ 83–85 in diesem Band.

[2] *R. Schwarz*, Die Konvalidation der Ehe, in: GrNKirchR, bezeichnet solche Ehen als „ihrer Natur nach konstituiert" (S. 598), spricht von einem „naturrechtlich geschaffenen Eheband" (S. 601) und sogar von einem „naturrechtlich gültigen Eheabschluß" (S. 600). Diese Sprechweise ist zumindest irreführend, da eben die Ehe eines Getauften, auch hinsichtlich ihrer Gültigkeit, nicht nur nach dem Naturrecht, sondern auch nach dem positiven Kirchenrecht zu beurteilen ist (c. 1059). Daß ein kirchenrechtlich ungültiger Eheabschluß naturrechtlich gültig sein könnte, ist daher undenkbar. Auch die aus einem ungültigen Eheabschluß resultierenden naturrechtlichen Pflichten können niemals spezifisch eheliche Pflichten sein.

[3] Wohl aus diesem Grund wurde das Trauungsverbot des c. 1071 § 1 n. 3 neu eingeführt.

[4] *B. Ganter*, Problems of Simple Convalidation and Sanatio in Radice, in: Jurist 21 (1961), S. 57–74.

[5] *Mosiek/Zapp* EheR, S. 232. *Schwarz*, Konvalidation (Anm. 2), S. 597.

tion. Behoben wird der Nichtigkeitsgrund entweder durch Wegfall (z. B. Tod des früheren Ehepartners), Dispens oder Gesetzesänderung[6]. Liegt ein nicht behebbarer Ehenichtigkeitsgrund vor (vgl. c. 1078 § 3), dann ist auch eine Konvalidierung der Ehe nicht möglich.

3. *Zuständigkeit und Beweissicherung*

Kann die *convalidatio simplex in forma privata* vorgenommen werden (cc. 1158 § 2, 1159 § 2), stellt sich die Zuständigkeitsfrage naturgemäß nicht, da eine Dazwischenkunft der Kirche nicht erforderlich ist. Auch eine besondere Beweissicherung erübrigt sich, da schon der ungültige Eheabschluß in kanonischer Form erfolgte (vgl. c. 1160) und in den Kirchenbüchern eingetragen ist (cc. 1121 f.). Da die private und geheime Gültigmachung nur unter der Voraussetzung der Unbeweisbarkeit des Nichtigkeitsgrundes möglich ist, spricht eine unzerstörbare Rechtsvermutung für die Gültigkeit der Ehe (c. 1060) von Anfang an.

Ist die *convalidatio simplex in forma canonica* vorzunehmen (cc. 1158 § 1, 1159 § 3, 1160), richtet sich die Zuständigkeit nach denselben Regeln, die für die ordentliche Eheschließungsform gelten (cc. 1109–1117)[7]; ebenso ist die Gültigmachung wie eine Eheschließung in die pfarrlichen Trauungs- und Taufbücher einzutragen (c. 1123), gegebenenfalls als Zusatz zum bereits vorhandenen Eintrag der (ungültigen) kanonischen Eheschließung. Erfolgt die Gültigmachung nicht in der ursprünglichen Trauungspfarrei, so ist sie im Trauungsbuch beider Pfarreien einzutragen.

In derselben Weise geschieht die Beweissicherung einer *sanatio in radice*. Für diese ist sowohl der Hl. Stuhl wie auch der Ortsbischof zuständig (c. 1165). Beide können Eheheilungen nur in den vom natürlichen und positiven göttlichen Recht gezogenen Grenzen vornehmen; die Heilungsgewalt des Bischofs ist darüber hinaus durch päpstliche Vorbehalte eingeschränkt: Er kann nur konkrete Einzelehen heilen[8]; und er kann keine Ehe sanieren, die wegen eines Hindernisses nichtig ist, von dem zu dispensieren gem. c. 1078 § 2 dem Hl. Stuhl reserviert ist[9] oder das, obgleich es inzwischen weggefallen ist, auf göttlichem Recht beruht;

[6] So ist etwa das Ehehindernis *crimen* in der Figur des c. 1075 n. 1. CIC/1917 mit Inkrafttreten des neuen CIC von selbst weggefallen. Ehen, die unter der Herrschaft des alten Rechts geschlossen wurden und wegen dieses Hindernisses nichtig sind, wurden zwar nicht schon durch die Gesetzesänderung gültig; sie können aber, wenn sonst kein Nichtigkeitsgrund vorliegt, konvalidiert werden.

[7] Da auch die außerordentliche Eheschließungsform (Noteheschließung) eine *forma canonica* ist, kann auch die einfache Gültigmachung in dieser Form erfolgen, wenn die Voraussetzungen des c. 1116 § 1 gegeben sind.

[8] Dies impliziert, daß der Papst mehrere Ehen, die unter einer bestimmten Rücksicht vergleichbar sind, global sanieren könnte. Denkbar wäre etwa eine Heilung aller in Anm. 6 erwähnten Ehen durch Gesetz oder Verwaltungsakt.

[9] Da die Eheheilung die Dispens von etwa vorliegenden Ehehindernissen mit sich bringt (c. 1161 § 1), ist diese Einschränkung nur folgerichtig. Die päpstliche Reservation hinsichtlich der Heilungsvollmacht bleibt aber auch dann aufrecht, wenn sie in bestimmten Notstandsfällen hinsichtlich der Dispensvollmacht aufgehoben ist (cc. 1079 f.). Im Falle des Notstandes können die im Gesetz genannten Geistlichen zwar von reservierten Hindernissen dispensieren; sie können aber die wegen solcher Hindernisse nichtigen Ehen nicht in der Wurzel heilen, sondern durch die Dispens vom Hindernis nur den Weg zu einer einfachen Konvalidierung frei machen.

eine Heilung konfessionsverschiedener Ehen kann nur nach Erfüllung der in c. 1125 genannten Bedingungen erfolgen (c. 1165 § 2).

Die Vollmacht zur *Sanierung konfessionsverschiedener Ehen*, die vor dem 1. 10. 1970 geschlossen wurden, hat die Deutsche Bischofskonferenz allen Seelsorgern mit ordentlicher Trauungsgewalt übertragen, allerdings nur wenn kein anderer Ehenichtigkeitsgrund als Formmangel vorliegt[10], die Fortdauer des Ehewillens beider Partner feststeht, wenigstens ein Partner die Eheheilung beantragt und die gesetzlichen Dispensbedingungen erfüllt sind. Die Heilung der seit dem 1. 10. 1970 geschlossenen Ehen kann nur der Bischof vornehmen[11].

II. Die einfache Gültigmachung (cc. 1156–1160)[12]

1. *Begriff und Wirkungen*

Die *convalidatio simplex* ist jene Form der Gültigmachung, die durch Konsenserneuerung eines oder beider Partner vorgenommen wird; dieser aktive Einsatz ist auch dann erforderlich, wenn ohnedies von Anfang an ein an sich ausreichender Ehewille vorlag und nicht widerrufen worden ist (c. 1156 § 2)[13]. Die Konsenserneuerung hat ein neuer positiver Ehewillensakt zu sein, den jener Partner zu leisten hat, der weiß oder auch nur glaubt, daß er in ungültiger Ehe lebt (c. 1157).

Im Gegensatz zu c. 1134 CIC/1917 ist also die einfache Gültigmachung auch dann möglich, wenn jemand bloß subjektiv von der Nichtigkeit seiner Ehe überzeugt ist. Sollte diese subjektive Überzeugung irrig sein, so würde die Ehe nicht erst durch die Konvalidierung gültig, da sie ja in Wahrheit bereits bestünde. Diese *uneigentliche Gültigmachung* dient lediglich der Rechtssicherheit und der Gewissensberuhigung.

Die *eigentliche Gültigmachung* bewirkt dagegen, daß aus einer bisher ungültigen eine gültige Ehe wird, wenn zum Zeitpunkt der Konvalidation kein Ehenichtigkeitsgrund vorliegt. Dabei wird die Ehe selbst mit der Konsenserneuerung *ex nunc* gültig; die kanonischen Rechtswirkungen der Ehe gelten dagegen *ex tunc* vom Zeitpunkt des ungültigen Eheabschlusses an.

Keine Gültigmachung, sondern ein völlig *neuer Eheabschluß* liegt vor, wenn die Ehe wegen Nichteinhaltung der kanonischen Form nichtig war (c. 1160)[14], so daß nicht einmal die Rechtsvermutung des c. 1060 für die Gültigkeit der Ehe streitet[15]. In diesem Fall treten auch die Rechtswirkungen der Ehe *ex nunc* ein (vgl. aber c. 1139).

[10] Wäre auch die Dispens von einem Hindernis notwendig, hätte der Seelsorger keine Sanierungsvollmacht.

[11] AfkKR 139 (1979), S. 543f.

[12] *L. Bender*, Matrimonii convalidatio, in: MonEccl 81 (1956), S. 102–116.

[13] Daß die systematische Einordnung dieser Norm nicht sachgerecht ist, erörtert zuletzt *K.-Th. Geringer*, Zur Systematik der kanonischen Ehenichtigkeitsgründe, in: AfkKR 150 (1981), S. 91–136 (hier S. 129–131, 135).

[14] Bestand der Formmangel in einer ungültigen Delegation, wird man eher eine Heilung in der Wurzel vornehmen (c. 1163 § 1 mit c. 1164).

[15] Wer schon in der Konsenserneuerung in kanonischer Form „einen neuen Eheschließungsvertrag" sieht (*Mörsdorf* Lb II, S. 294), unterscheidet nicht zwischen beweisbarem (cc. 1158 § 1, 1159 § 3) und bewiesenem (c. 1060) Ehenichtigkeitsgrund. Zwar schien c. 1134 CIC/1917 von der bewiesenen Ehenichtigkeit zu sprechen; doch cc. 1135 § 1 CIC/1917, 1136 § 3 CIC/1917 stellen bloß auf die Beweisbarkeit ab.

2. Der Ehewille

Lag die Ursache der Ehenichtigkeit darin, daß ein oder beide Partner keinen oder einen unzureichenden Ehewillen hatten, wird die Ehe durch die Setzung eines ausreichenden Ehewillensaktes gültig, vorausgesetzt freilich, daß der Ehewille des anderen Partners noch vorliegt (c. 1159 § 1). Hätte nämlich der andere seinen Ehewillen inzwischen widerrufen, so läge zum Zeitpunkt des Konvalidierungsaktes keine Willensübereinstimmung mehr vor, durch die allein die Ehe begründet werden könnte (c. 1057 § 1).

Die *Form der Konsenserneuerung* hängt davon ab, ob der ursprüngliche Willensmangel beweisbar ist oder nicht. Ist er nicht beweisbar, genügt eine geheime und stillschweigende Konsenserneuerung dessen, auf dessen Seite der Ehewillensmangel lag (c. 1159 § 2); ist der Konsensmangel beweisbar, muß die kanonische Eheschließungsform eingehalten werden (c. 1159 § 3).

Gegenüber c. 1136 CIC/1917 wurden die artifiziellen Unterscheidungen zwischen innerem, äußerem-öffentlichem und äußerem-geheimem Willensmangel aufgegeben. Jetzt ist nur noch nach der Beweisbarkeit im äußeren Bereich zu fragen; danach bestimmt sich die Form der Konsenserneuerung, wobei im Zweifel um der Rechtssicherheit willen die kanonische Form zu wählen ist.

3. Die Freiheit von Ehehindernissen

Eine Ehe, die wegen eines zum Zeitpunkt des Eheabschlusses vorliegenden Ehehindernisses ungültig ist, kann nur konvalidiert werden, wenn das Hindernis entweder von selbst weggefallen ist oder durch nachträgliche Dispens beseitigt wurde (c. 1156 § 1) und wenn in der Zwischenzeit kein neues Hindernis aufgetreten ist (z. B. Impotenz). Gültig gemacht wird die Ehe durch die Konsenserneuerung zumindest jenes Partners, der um das Hindernis weiß (c. 1156 § 1).

Die *Form der Konsenserneuerung* hängt wieder von der Beweisbarkeit des Hindernisses ab. Ist es beweisbar, muß die kanonische Eheschließungsform eingehalten werden (c. 1158 § 1). Ist es nicht beweisbar, aber beiden Partnern bekannt, haben beide den Akt der Konsenserneuerung zu leisten, ohne daß sie an eine bestimmte Form gebunden wären; ist das Hindernis nur einem Teil bekannt, so bewirkt seine private Konsenserneuerung eine gültige Ehe, sofern der andere Teil seinen Ehewillen noch aufrechterhält (c. 1158 § 2).

4. Der Formmangel

Ist die Ungültigkeit der Ehe darauf zurückzuführen, daß beim Eheschließungsakt die kanonische Form mißachtet wurde oder mangelhaft war, dann muß die Ehe auf jeden Fall unter Beobachtung der Formpflicht neu geschlossen werden (c. 1160). Ist dies nicht möglich, kann unter Umständen an eine Eheheilung in der Wurzel gedacht werden.

III. Die Eheheilung in der Wurzel

1. *Begriff und Wirkungen*

Die *sanatio in radice* ist jene Form der Gültigmachung, die durch hoheitlichen Gnadenakt erfolgt, ohne daß eine Konsenserneuerung der Partner notwendig wäre (c. 1161 § 1). Da diese nicht aktiv werden müssen[16], kann sie sogar ohne ihr Wissen vorgenommen werden (c. 1164).

Die hoheitliche Heilung in der Wurzel bewirkt *ex nunc* die Gültigkeit der bisher ungültigen Ehe (c. 1161 § 2) und beinhaltet gleichzeitig die Dispens von einem etwa vorhandenen (dispensablen) Ehehindernis und von der Formpflicht, falls diese seinerzeit mißachtet wurde, sowie – mit rückwirkender Kraft – die Aktualisierung der kanonischen Rechtswirkungen des Eheabschlusses (c. 1161 § 1), wenn diesbezüglich nicht ausdrücklich etwas anderes bestimmt wird (c. 1161 § 2).

Voraussetzung für die Eheheilung in der Wurzel ist, daß zu diesem Zeitpunkt bei beiden Partnern ein ausreichender Ehewille vorhanden (c. 1162), ein etwa vorhandenes Hindernis dispensabel ist (c. 1163 § 2) und ein schwerwiegender Grund vorliegt (c. 1164).

2. *Der Ehewille*

Da der Ehewille der Brautleute die Wirkursache des Ehebundes ist (c. 1057 § 1), kann auch eine Eheheilung in der Wurzel nicht gültig vorgenommen werden, wenn auch nur einem Partner der ausreichende Ehewille fehlt; dabei ist es gleichgültig, ob der Ehewille von Anfang an fehlte oder mangelhaft war oder ob der ursprünglich vorhandene Ehewille später widerrufen wurde (c. 1162 § 1). Entscheidend ist die virtuelle Fortdauer des Ehewillens zum Zeitpunkt des Heilungsaktes.

Wurde umgekehrt ein ursprünglich mangelhafter Ehewille später durch einen ausreichenden ersetzt, so kann die Ehe von diesem Zeitpunkt der Konsensverbesserung an saniert werden (c. 1062 § 2), wenn der Ehewille auch des anderen Partners noch intakt ist. Deshalb darf eine Eheheilung nur vorgenommen werden, wenn die Wahrscheinlichkeit dafür spricht, daß beide Partner das Eheleben fortsetzen wollen (c. 1161 § 3).

Diese Forderung war im CIC/1917 nicht enthalten, obwohl es natürlich auch ihm auf den beiderseitigen Ehewillen ankam, so daß sich schon bisher eine Eheheilung verbot, wenn ein Teil zur Fortsetzung der Lebensgemeinschaft nicht mehr bereit war (c. 1140 § 1 CIC/1917). Nach der neuen Norm muß für die Bereitschaft, die Ehe fortzusetzen, ein positiver Wahrscheinlichkeitsbeweis erhoben werden. Die Seelsorger sind daher verpflichtet diese Bereitschaft zu prüfen. Eine Mißachtung der Norm würde die Eheheilung unerlaubt, nicht aber ungültig machen, wenn der Ehewille faktisch vorhanden ist.

[16] Die an die Seelsorger mit ordentlicher Trauungsvollmacht delegierte Heilungsgewalt in der Bundesrepublik Deutschland kann nur auf Antrag hin wahrgenommen werden. Vgl. oben S. 811.

Die Fortdauer des Ehewillens ist auch dann Gültigkeitsvoraussetzung für die Eheheilung in der Wurzel, wenn die zu heilende Ehe wegen eines Ehehindernisses oder Formmangels nichtig ist (c. 1163 § 1).

3. *Behebbarkeit des Ehehindernisses*

Die Eheheilung in der Wurzel bringt zwar auch die Dispens von einem etwa vorhandenen Ehehindernis und von der Formpflicht mit sich (c. 1161 § 1), so daß ein eigener Dispensakt nicht erforderlich ist. Notwendige Voraussetzung ist dabei, daß die Kirche die Dispensgewalt hat. Von Ehehindernissen des natürlichen oder positiven göttlichen Rechts kann die Kirche nicht dispensieren (vgl. c. 85); eine Ehe, die wegen eines solchen Hindernisses nichtig ist, kann daher erst dann saniert werden, wenn das Hindernis von selbst weggefallen ist (c. 1163 § 2).

Gegenüber c. 1139 § 2 CIC/1917, der eine Eheheilung auch nach Wegfall des Hindernisses grundsätzlich ausschloß, hatte bereits MP EpMun eine Änderung der Rechtslage gebracht[17]. Die Auffassung, eine Ehe sei sanierbar, wenn das indispensable Hindernis erst später aufgetreten sei[18], kann wohl nicht aufrecht erhalten werden, da durch den ungültigen Eheabschluß eben noch kein Eheband entstanden ist. Dieses entsteht erst im Augenblick der Heilung (c. 1161 § 2), und zu diesem Zeitpunkt muß daher ein nicht nur ausreichender (c. 1162), sondern auch in seiner Wirkursächlichkeit ungehinderter Ehewille vorliegen. Wenn vor der Gültigmachung einer Ehe zum ursprünglichen Ehenichtigkeitsgrund noch ein weiterer hinzutritt, müssen beide beseitigt werden, damit eine gültige Ehe entstehen kann; ist die Behebung des später aufgetretenen Nichtigkeitsgrundes nicht möglich, ändert auch die hoheitliche Eheheilung in der Wurzel nichts daran, daß *ex nunc* keine gültige Ehe entstehen kann.

4. *Der schwerwiegende Grund*

Es liegt im Interesse des kirchlichen Gemeinwohls, daß nichtige Ehen nach Möglichkeit wenigstens nachträglich gültig gemacht werden. Der normale Weg dazu ist die *convalidatio simplex*; die *sanatio in radice* soll die Ausnahme darstellen, wenn die einfache Gültigmachung aus irgendeinem Grund nicht oder nur schwer möglich ist.

Für die hoheitliche Eheheilung in der Wurzel verlangt das Gesetz daher einen schwerwiegenden Grund[19]; welcher Art dieser Grund sein könnte, deutet c. 1164 durch die Bestimmung an, daß die Heilung in der Wurzel auch ohne das Wissen eines oder sogar beider Partner gültig vorgenommen werden könne.

Zu denken ist etwa daran, daß beide Partner glauben, gültig verheiratet zu sein, obgleich sie tatsächlich in ungültiger Ehe leben; hier dürfte es die pastorale Klugheit verbieten, den guten Glauben zu zerstören und die Menschen ohne Not in Unruhe zu versetzen. Noch häufiger wird es vorkommen, daß ein an sich formpflichtiges Paar bloß zivil oder nach akatholischem Ritus heiratet, und ein Teil nach Jahren seine Ehe auch vor Gott und der

[17] Nr. 18b, vgl. AAS 58 (1966), S. 472.

[18] Vgl. *Schwarz*, Konvalidation (Anm. 2), S. 601, mit der dort angegebenen Literatur.

[19] Obwohl der CIC/1917 eine vergleichbare Norm nicht enthielt, wurde der Ausnahmecharakter der Heilung in der Wurzel in der Doktrin schon bisher erkannt; vgl. *Mörsdorf* Lb II, S. 298.

Kirche ordnen will, wozu aber der andere unter keinen Umständen bereit ist, obgleich auch er an der Verbindung selbst festhält.

Mit dem Institut der *sanatio in radice* stellt das kanonische Recht ein Instrument zur Beseitigung konkreter Gewissensnöte zur Verfügung. Damit erweist es sich auch in dieser Hinsicht als ein wahrhaft geistliches Recht, das im Dienst des kirchlichen Sendungsauftrages, die Menschen zum Heil zu führen, steht und dazu seinen spezifischen Beitrag leistet.

§ 88 Nichtigerklärung, Auflösung und Trennung der Ehe

Von Heinrich Flatten

I. Die absolute Unauflöslichkeit der gültig geschlossenen und vollzogenen Ehe von zwei Getauften

1. Den cc. 1141–1155 *De separatione coniugum* stellt der CIC in c. 1141, inhaltlich in voller Übereinstimmung mit c. 1118 CIC/1917, die grundsätzliche Aussage voran, *wann eine Ehe überhaupt nicht mehr gelöst werden kann.* Unter Berücksichtigung der Terminologie von c. 1061 § 1 besagt c. 1141: Die gültig geschlossene und vollzogene Ehe von zwei Getauften kann durch keine menschliche Macht und aus keinem Grunde, außer durch den Tod eines Gatten, aufgelöst werden. Auch die Kirche hat keine Vollmacht, eine solche Ehe aufzulösen. Damit eine Ehe in dieser Weise absolut unauflöslich ist, müssen drei Voraussetzungen zusammen gegeben sein:

a) Die Ehe muß *gültig geschlossen* sein, und zwar gültig nach dem Verständnis der katholischen Kirche. Dazu gehört, daß beim Eheabschluß kein kirchenrechtlich trennendes Ehehindernis vorlag; daß beide Partner den rechten Ehewillen hatten; sodann daß bei der Heirat die kanonische Form eingehalten wurde, falls auch nur einer der beiden formpflichtig war.

b) Die Ehe muß *vollzogen* sein. Dies ist dann gegeben, wenn nach dem gültigen Eheabschluß der eheliche Beischlaf gemäß c. 1061 § 1 stattgefunden hat.

c) Es muß sich um die Ehe von *zwei Getauften* handeln. Denn nur diese Ehe ist sakramental. Erst aus der Sakramentalität fließt der Ehe jene Festigkeit zu, die überhaupt keine Auflösung mehr zuläßt.

2. Zur *Verbindlichkeit* der in c. 1141 getroffenen Aussage ist festzustellen: Der Satz geht über eine positivrechtliche Aussage hinaus und berührt unmittelbar die Glaubenslehre. Schon die Kanones des Trienter Konzils zur Unauflöslichkeit der Ehe[1] lassen sich nicht als bloße Disziplinargesetze einstufen; sie wollen vielmehr,

[1] Cann. 5 und 7 der 24. Sitzung 1563, DS 1805 und 1807.

was selbst von dem aus historischen Gründen verklausulierten can. 7 gilt, im Kern eine Glaubensaussage machen[2]. Erst recht kommt solcher Rang der uneingeschränkten Formulierung des c. 1141 zu, in der eine Glaubensaussage des Magisterium ordinarium zum Ausdruck gelangt.

3. In den Jahren seit dem Zweiten Vatikanischen Konzil setzte eine lebhafte *Diskussion* um das Prinzip der absoluten Unauflöslichkeit der Ehe ein[3].

a) Ein *theologischer* Vorstoß will die Unauflöslichkeit der Ehe wenigstens in ihrer Absolutheit in Frage stellen, ob wirklich die gültige, vollzogene, sakramentale Ehe so unbedingt unauflöslich sei, daß in keinem Fall mehr eine Lösung dieser Ehe mit der Möglichkeit einer anderen Heirat offenbleibe; oder ob nicht doch zum mindesten die Kirche die Vollmacht habe, in dringenden Fällen um des Menschen und seines Heiles willen auch eine derartige Ehe noch zu lösen. Ein solcher Versuch verkennt, daß der Ausspruch des c. 1141, diese Ehe könne durch keine menschliche Macht (nulla humana potestate) mehr gelöst werden, gerade die Grenze auch der kirchlichen Vollmacht im Auge hat. Vor allem aber ist nicht hinreichend berücksichtigt, daß in c. 1141 ein Satz der verbindlichen Glaubenslehre steckt, der nicht mehr zur freien Disposition der Kirche steht.

b) Fruchtbarer ist der *kirchenrechtliche* Gesichtspunkt, unter welchen Voraussetzungen jene gültige, vollzogene, sakramentale Ehe gegeben sei, die keinerlei Möglichkeit einer Auflösung mehr zuläßt. Die verschiedenen Vorschläge erfordern freilich eine differenzierte Beurteilung. Nicht zu überzeugen vermag der Hinweis, Eheschließung sei ein geschichtlicher Prozeß, wenn damit angedeutet sein soll, das Eingehen einer Ehe komme nicht mit der Trauung zu seinem verbindlichen Abschluß, sondern sei der stetigen Entfaltung unterworfen. Gewiß hört das Wachsen und Reifen einer Ehe nie endgültig auf. Gleichwohl ist das Eingehen der Ehe ein einmaliger greifbarer Vorgang; wenn dieser einmal gültig gesetzt ist, so ist der Bund der Ehe geschlossen und fürs ganze Leben bindend, was immer auch hernach in dem geschichtlichen Prozeß dieser Ehe an Veränderungen oder Enttäuschungen eintreten mag. Ebensowenig kann von einer Neudeutung der sakramentalen Ehe her deren Unauflöslichkeit begrenzt werden. Denn sakramental ist nach katholischem Glauben jede gültig geschlossene Ehe von zwei Getauften. Der Versuch, als sakramental und damit als absolut unauflöslich nur jene Ehe von Christen gelten zu lassen, die in religiöser Aufgeschlossenheit eingegangen wird, übersieht den Unterschied von sacramentum formatum und sacramentum informe. Die Gnadenwirkungen des Sakraments (sacramentum formatum) kann freilich nur empfangen, wer sich dabei Gott in Glauben und Liebe

[2] Vgl. *B. Bruns,* Ehescheidung und Wiederheirat im Fall von Ehebruch, München-Paderborn-Wien 1976.

[3] Aus der zahlreichen Literatur sei nur erwähnt: *R. Gall,* Fragwürdige Unauflöslichkeit der Ehe?, Zürich 1970. Die teilweise heftig geführte Auseinandersetzung ist inzwischen größerer Nüchternheit gewichen. Manche der vorgetragenen Thesen halten der kritischen Überprüfung nicht stand. Vgl. auch die eherechtlichen Erörterungen auf dem Kanonistenkongreß der Gregoriana im Februar 1977, in: PerRMCL 67 (1978), S. 5–352; ferner *O. Robleda* u. a., Vinculum matrimoniale, Rom 1973.

öffnet. Aber das Sakrament ohne die Gnadenwirkungen (sacramentum informe) kommt schon zustande, selbst wenn der Glaube erloschen ist; auch solche Ehe ist sakramental, insofern ihr ebenfalls die wirkkräftige Zusage des Herrn gilt, diesem Bund mit seiner Gegenwart und Hilfe beistehen zu wollen. Sinnvoller erscheint in diesem Zusammenhang die Überlegung, ob es nicht Ehen gibt, die man bisher zwar als gültig und unauflöslich angesehen hat, die aber von einem vertieften Eheverständnis her gar nicht gültig zustande gekommen sind. Vor allem ist dabei an die Möglichkeit der *psychischen Eheunfähigkeit* (incapacitas adimplendi onera matrimonialia) zu erinnern. Mit dem Blick auf die Ehe als personale Liebes- und Lebensgemeinschaft wird deutlich, daß für ihren gültigen Abschluß erhöhte psychische Voraussetzungen gefordert sind. Wer von seiner Konstitution her gar nicht in der Lage ist, personale Ehegemeinschaft in Treue zu leben, ist unfähig, eine Ehe zu schließen. Allerdings trifft dies nur bei schwerer psychischer Anomalie zu, wie etwa bei konstitutioneller Homosexualität oder Nymphomanie. Ein schwer krankhafter Zustand müßte also gegeben sein. Bloße Charakterschwächen hingegen mögen zwar hernach das eheliche Zusammenleben erschweren und belasten, unfähig zur Eheschließung machen sie jedoch nicht.

c) Ein dritter Versuch zielt auf *pastorale* Hilfe ab und fragt: Kann nicht, wenn schon die Ehe unauflöslich ist, den Betroffenen, die nach gescheiterter Ehe eine neue Verbindung standesamtlich eingegangen sind, wenigstens seelsorglich ein Ausweg eröffnet werden? Von vielen Seiten drängt man darauf, die Kirche solle wiederverheirateten Geschiedenen den Zugang zu den Sakramenten gestatten[4]. Auch auf der Gemeinsamen Synode der Bistümer in der Bundesrepublik Deutschland (Würzburg 1971–75) wurde dieses Anliegen lebhaft erörtert. Die Synode stellt dazu zwar fest: „Aus der kirchlichen Ehelehre, in der die Aussage Jesu über die Unauflöslichkeit der Ehe festgehalten wird, folgt, daß eine Wiederheirat zu Lebzeiten des Ehegatten ausgeschlossen ist. Für die Kirche ergibt sich daraus der Ausschluß Geschiedener, die wiederverheiratet sind, von den Sakramenten." Aber die Synode bittet, die Kirche möge das Problem erneut überprüfen[5].

Die Kirche steht hier vor einer drückenden Verantwortung, zumal bei der hohen Zahl der weltlichen Scheidungen und bei der Leichtigkeit, mit der auch Katholiken standesamtlich eine neue Verbindung schließen. Sie darf solche Gläubigen nicht kurzerhand zurückstoßen und abschreiben, sondern wird im Bewußtsein, wie eng hier Schuld und Schicksal verstrickt sein können, ihnen mit verstehender Sorge begegnen, auch wenn sie den eingeschlagenen Weg nicht billigen kann. Aber darf sie diesen Christen, die in der Zweitehe verharren, im Sakrament der Buße die Vergebung ihrer Sünde zusprechen und damit ihr weiteres Verbleiben in dieser Ehe gutheißen und ihnen dann den Zutritt zur Kommunion gestatten, ohne daß sie selbst hiermit dem Auftrag und der Weisung ihres Herrn untreu würde?

Es bindet die Kirche das Herrenwort bei Lk 16,18: „Wer eine vom Manne Entlassene heiratet, bricht die Ehe." Der Geschiedene, der trotz bestehenden Ehebandes eine neue Ehe schließt, begeht damit Ehebruch. Dabei geht es im Tatbestand jenes Schriftwortes darum, daß eine Frau bereits von ihrem Mann entlassen ist, daß also die Ehe schon zerbrochen ist.

[4] Vgl. *R. A. McCormick*, Scheidung und Wiederverheiratung als pastorales Problem. Ein Literaturüberblick, in: ThGgw 24 (1981), S. 21–32.
[5] Sb Ehe und Familie 3.5.

Ehebruch ist mithin nicht nur gegeben, wenn eine noch heile Ehe zerbrochen wird. Auch die Wiederheirat, nachdem die Eheleute bereits auseinandergegangen sind, nennt Jesus Ehebruch.

Wer in der im Ehebruch eingegangenen Zweitehe verharrt, handelt weiterhin gegen Gottes Gebot. Ehebruch hört nicht dann auf, Ehebruch zu sein, wenn er lange genug durchgehalten wird. Es gibt keine „Verjährung" des Ehebruchs und der ungültigen Ehe. Außerhalb einer gültigen Ehe ist nach der christlichen Sittenordnung geschlechtliche Gemeinschaft nicht erlaubt. Das Verbleiben in jener ungültigen Zweitehe läuft somit dem Gebot Gottes zuwider, ist Sünde.

Vergebung der Schuld von Gott zu erlangen, ist aber nicht möglich, solange man an der Sünde festhält und von ihr ehrlich abzurücken nicht bereit ist. Wollte die Kirche jemandem ohne solche Bereitschaft im Sakrament der Buße die Vergebung der Schuld zusagen, so würde sie sich und ihn nur täuschen, weil dann das Absolutionswort leerer Schall bliebe, da Vergebung zwangsläufig den Bruch mit der Sünde voraussetzt. Wer dazu auch im Hinblick auf seine Zweitehe nicht bereit ist, wird nicht erst durch ein positives Gebot der Kirche von den Sakramenten ausgeschlossen, vielmehr schließt er sich selbst und mit innerer Notwendigkeit von ihnen aus, weil Gott nur dem verzeiht, der von der Sünde abläßt.

Können aber, so muß man fragen, aus der zwar gegen Gottes Gebot eingegangenen Zweitehe nicht mittlerweile moralische Bindungen erwachsen sein, die ein weiteres Zusammenleben der beiden erlauben oder gar zur Pflicht machen? Christliche Seelsorge aus Glaubensverantwortung kann hier nur mit einer Unterscheidung antworten. Gewiß können auch aus der zweiten Verbindung sittliche Verpflichtungen entsprungen sein. Solche Situationen fordern unter Umständen eine Fortführung der häuslichen Gemeinschaft und die Sorge füreinander, zumal wenn Kinder der gemeinsamen Eltern bedürfen oder der eine auf die Hilfe des anderen angewiesen ist. Nicht jedoch ist damit die Fortführung der *ehelichen* Gemeinschaft gestattet, weil diese Ehebruch wäre, solange einer der beiden Partner durch eine rechtmäßige Ehe gebunden ist.

Hiermit ist auf den Weg verwiesen, der herkömmlich als cohabitatio fraterna, als Zusammenleben wie Bruder und Schwester bezeichnet wird. Ihn hat die römische Glaubenskongregation vor Augen, als sie mit Billigung Papst *Pauls VI.* ihre Litterae circulares vom 11. April 1973[6] an die Bischöfe der ganzen Welt gerichtet hat. Sie fordert diese eindringlich auf, die genuine Lehre der Kirche von der Unauflöslichkeit der Ehe zu wahren, und warnt vor dem Mißbrauch, ungültig Wiederverheiratete entgegen der geltenden Kirchenordnung zu den Sakramenten zuzulassen. Gleichzeitig weist das Schreiben jedoch auf die Hilfe hin, die für die Zulassung zu den Sakramenten aus der probata Ecclesiae praxis in foro interno gefunden werden könne.

Gemäß dieser probata Ecclesiae praxis kann in der Beichte bei der ernsten Bereitschaft zur cohabitatio fraterna, also bei ehrlichem Willen, trotz häuslichen Beieinanderbleibens auf jede eheliche Gemeinschaft zu verzichten, nach gewissenhaftem Abwägen die sakramentale Vergebung der Schuld erteilt und auch die Zulassung zur Kommunion gewährt werden. Drei Voraussetzungen müssen dazu erfüllt sein:

(1) Einer völligen Trennung stehen schwerwiegende Gründe entgegen, etwa die Sorge für die Kinder oder die Hilfsbedürftigkeit der Partner.

(2) Unerläßlich ist der ernstliche Wille, auf eheliche Gemeinschaft miteinander zu verzichten.

(3) Ärgernis bei den Gläubigen muß vermieden werden, wozu unter Umständen der Kommunionempfang nur auswärts gestattet wird, um der Irreführung der Öffentlichkeit vorzubeugen, die Kirche billige die Zweitehe des Geschiedenen.

Dem Wunsch der Würzburger Synode entsprechend hat die Leitung der Weltkirche die Sachfrage nochmals einer Prüfung unterzogen. Nach eingehender Beratung auf der Bischofssynode im Herbst 1980 hat Papst *Johannes Paul II.* in der Adhortatio Apostolica „Familiaris

[6] Veröffentlicht in: AfkKR 142 (1973), S. 84f.

consortio" vom 22. November 1981[7] n. 84 mit allem Nachdruck die dargelegte „auf die Heilige Schrift gestützte Praxis der Kirche" bekräftigt[8].

Der damit gewiesene Weg verlangt von den Betroffenen unstreitig ein hohes Maß an Opfer und Verzicht. Er ist auch mit mancherlei Schwierigkeiten, zumal psychologischer Art, belastet. Viele schrecken davor zurück. Weithin weist man den geforderten Verzicht als unzumutbar von sich. Für den Christen freilich bemißt sich das, was zumutbar ist, nicht nach den Wünschen des Menschen, sondern allein nach Willen und Gebot Gottes. Allerdings wird die Kirche über niemandem, der die Kraft zu solchem Weg nicht aufbringt, hart den Stab brechen; doch die Forderung Christi kann sie deshalb nicht verschweigen oder umbiegen.

Gleichwohl kann so manch einer, der sich redlich bemüht, echte Hilfe finden, vor allem, wenn man das Maß des Geforderten nicht über Gebühr überspitzt. Unabdingbar, aber auch hinreichend zur sakramentalen Absolution und zum Kommunionempfang wäre die Bereitschaft, freilich die ehrliche, zum Verzicht auf eheliche Gemeinschaft im Miteinandersein. Eine solche ehrliche Bereitschaft ist nicht schon dann unmöglich, wenn man damit rechnen muß, der Betroffene werde nicht allen Versuchungen gewachsen sein. Und selbst wo hernach die Erfahrung zeigt, daß er zu wiederholten Malen versagt hat, nimmt das nicht die Möglichkeit zum erneuten Anlauf eines ehrlichen Vorsatzes. Die begleitende Mitsorge eines ebenso grundsatztreuen wie gütig verstehenden Seelsorgers könnte hier Hilfe und Mut schenken.

Wollte dagegen die Kirche wiederverheirateten Geschiedenen die Zulassung zu den Sakramenten auch ohne diese Forderung gewähren, so hätte das zugleich verhängnisvolle Auswirkungen. Dann bliebe von der Unauflöslichkeit der Ehe allenfalls noch ein vages Wunschbild; die reale Forderung Christi hingegen, die es auch in der rauhen Wirklichkeit des Alltags zu erfüllen gilt, wäre preisgegeben. Ferner wäre unzähligen Eheleuten in den Krisen ihrer Ehe der Durchhaltewille zur Überwindung ihrer Schwierigkeiten gebrochen, weil letzten Endes auch die Kirche hernach den Ausweg einer Zweitehe billigen würde. Doch das kann allenfalls noch zusätzlich als Argument in die Waagschale fallen.

Entscheidend bleibt, daß die Kirche nicht gutheißen kann, was ihr Herr als Ehebruch bezeichnet, und daß sie keine Vergebung Gottes zusprechen kann, solange der Mensch nicht ehrlich von der Sünde abzurücken bereit ist. Die Kirche weiß sich gerade in der schwierigen Frage der Zulassung wiederverheirateter Geschiedener zu den Sakramenten an das Wort Gottes gebunden. Sie kann dieses nur bezeugen und verkünden, vorbehaltlos und ohne Abstrich; „ob gelegen oder ungelegen" (2 Tim 4,2).

II. Die Nichtigerklärung der Ehe

Da die absolute Unauflöslichkeit der Ehe an die drei Voraussetzungen gebunden ist, daß die Ehe gültig geschlossen, vollzogen und sakramental ist, so ergibt sich: Sofern eine dieser Voraussetzungen fehlt, ist eine Lösung der Ehe nicht völlig ausgeschlossen[9]. Den ersten Rang nimmt dabei die Nichtigerklärung einer Ehe ein.

[7] AAS 74 (1982), S. 81–191.

[8] Der Versuch von *Kl. Reinhardt* (Kann die Kirche den Empfang der Eucharistie durch wiederverheiratete Geschiedene dulden?. in: TThZ 91 [1982], S. 91–104), die Konsequenz des Papstes zu umgehen, scheitert an logischen Widersprüchen.

[9] Von diesen Lösungsmöglichkeiten wird hier unter dem materialrechtlichen Gesichtspunkt gehandelt, wann und unter welchen Bedingungen eine Lösung noch offensteht. An anderer Stelle ist die formalrechtliche Seite erörtert, nach welchem Verfahren jeweils vorzugehen ist. Vgl. hierzu in *diesem* Band, unten, *H. Flatten,* § 107 Die Eheverfahren.

1. Die *Nichtigerklärung* ist ihrer *rechtlichen Natur* nach nicht die Auflösung einer bestehenden Ehe, sondern die kirchenamtliche Feststellung der Nichtexistenz einer Ehe. Mit ihr wird klargestellt, daß eine Ehe, obschon dem Anschein nach gültig existierend, in Wahrheit bei ihrem vermeintlichen Abschluß gar nicht gültig zustande gekommen ist und daher auch nicht als gültige Ehe existiert.

Die Ehescheidung im weltlichen Recht setzt dagegen eine gültige Ehe voraus und will diese nachträglich auflösen, und zwar aus Gründen, die erst nach der Eheschließung eingetreten sind und zur Zerrüttung der Ehe geführt haben. Anders bei der kirchlichen Ehenichtigkeitserklärung: Hier geht es allein um die Frage, ob seinerzeit im Augenblick der Eheschließung alles, was zur Gültigkeit der Heirat erforderlich ist, vorhanden war oder nicht. Falls aber eine Ehe einmal gültig zustande gekommen ist, so kann eine noch so tiefgreifende Zerrüttung dieser Ehe nichts mehr an dem Faktum der gültigen Eheschließung ändern. Der fundamentale Unterschied zwischen weltlicher Ehescheidung und kirchlicher Ehenichtigkeitserklärung macht es verständlich, daß nur ein verschwindender Bruchteil der geschiedenen Ehen kirchlich für nichtig erklärt werden kann.

2. Aus drei *Gründen* kann eine Eheschließung für nichtig erklärt werden, wenn nämlich bei ihrem Abschluß

a) ein trennendes Ehehindernis vorgelegen hat (impedimentum dirimens) oder

b) der erforderliche Ehewille bei einem oder bei beiden Partnern gefehlt hat (defectus consensus) oder

c) die vorgeschriebene Eheschließungsform nicht eingehalten wurde (defectus formae).

3. Bei der kirchlichen Nichtigerklärung der Ehe spielt eine besondere Rolle die *Rechtsvermutung für die Gültigkeit der Ehe.*

a) Nach c. 1060 kommt der Ehe der *favor iuris* zu. Danach wird im Zweifelsfall die Gültigkeit der betreffenden Ehe von Rechts wegen solange als gegeben angenommen, bis das Gegenteil bewiesen ist[10]. Steht die Tatsache der Eheschließung fest, so ist zunächst von der Gültigkeit der Ehe auszugehen. Wer die Nichtigkeit seiner Ehe behauptet, trägt die Beweislast. Erbringt er den Beweis, kann die Ehe für nichtig erklärt werden (Constat de nullitate matrimonii). Scheitert der Beweis, so muß, selbst wenn einiges für die Ungültigkeit dieser Ehe spräche, aber doch noch vernünftige Zweifel an ihrer Ungültigkeit bestehen blieben, seine Klage abgewiesen werden; das Urteil lautet dann: Non constat de nullitate matrimonii[11].

b) In der umstrittenen Frage nach der *Begründung* für den favor matrimonii des

[10] Vgl. *H. Socha,* Zur Frage der Beweislast im Ehenichtigkeitsprozeß, in: ThQ 153 (1973), S. 364–379.

[11] Für den Fall, daß jemand hintereinander zwei Ehen geschlossen hat und nunmehr die zweite für ungültig erklärt werden soll, gilt: Die zweite Ehe ist, sofern deren Nichtigkeit von der Gültigkeit der ersten Ehe abhängt, dann für ungültig zu erklären, wenn für die erste Ehe im ordentlichen Gerichtsweg festgestellt wurde, daß deren Ungültigkeit nicht feststeht. So PCI vom 26. 6. 1947, in: AAS 39 (1947), S. 374.

c. 1060 wird man schwerlich darin eine bloße Norm des positiven Rechts sehen können. Die Rechtsvermutung gründet vielmehr in der Natur der Sache. Auch wer sonst einen Rechtsakt setzt, muß sich dessen Auswirkungen anrechnen lassen, es sei denn die Ungültigkeit jenes Aktes lasse sich erweisen. Ebenso muß jemand, der sich einem Akt unterzogen hat, der von jedermann nicht anders denn als Eheschließung verstanden werden kann, gegen sich die Gültigkeit dieser Ehe solange gelten lassen, bis deren Nichtigkeit bewiesen ist.

c) Das kann freilich *gelegentlich* zu einem *Auseinanderklaffen von forum internum und forum externum* führen. Wenn jemand z. B. völlig geheim bei der Eheschließung einen Vorbehalt gegen die Unauflöslichkeit der Ehe gesetzt hat, aber keinerlei Beweis dafür erbringen kann, so ist diese Ehe wegen Konsensmangels objektiv ungültig, was er selbst auch wissen mag; doch kann das kirchliche Gericht im Hinblick auf den favor matrimonii, solange der Beweis für die Ungültigkeit nicht erbracht ist, keine Nichtigerklärung der Ehe aussprechen.

Die Konsequenz daraus kann allerdings nicht heißen, die Rechtsvermutung des c. 1060 abzuschaffen. Das würde nur zu einem Auseinanderklaffen im umgekehrten Sinne führen, und zwar vermutlich in viel zahlreicheren Fällen: Ehen würden dann für ungültig erklärt, die in Wirklichkeit gültige Ehen sind. Vielmehr ist Hilfe im Bemühen um prozessuale Objektivität zu suchen. Gerade in Eheprozessen sind Parteiaussagen von überspitzt einengenden Beweisregeln positivrechtlicher Art freizulassen. Parteiaussagen können zwar für sich allein nicht zu einem Constat-Urteil ausreichen. Aber wo sie in ihrer Glaubwürdigkeit noch sinnvoll untermauert und ergänzt werden, wofür die neue Bestimmung des c. 1679 eine weitere Möglichkeit aufzeigt, sind sie der gewissenhaften freien Beweiswürdigung des Richters anheimgegeben. Hiermit ist das Auseinanderfallen von äußerem und innerem Bereich zwar nicht völlig ausgeschlossen, aber auf ein unvermeidliches Mindestmaß von Fällen eingeschränkt.

III. Die Auflösung der nichtvollzogenen Ehe

1. Eine Ehe ist mit der Eheschließung, auch wenn der eheliche Beischlaf noch nicht stattgefunden hat, bereits eine gültig geschlossene Ehe und, sofern die beiden Partner getauft sind, ebenfalls schon eine sakramentale Ehe. Gleichwohl ist, solange der Eheschließung noch nicht die körperliche Einigung der Gatten gefolgt ist, noch eine Auflösung möglich. Jesus bringt sein Wort von der Unauflöslichkeit der Ehe in unmittelbaren Zusammenhang mit dem *„Ein-Fleisch-Werden“* von Mann und Frau. „So sind sie nicht mehr zwei, sondern ein Fleisch. Was nun Gott verbunden hat, soll der Mensch nicht trennen“ (Mk 10,8–9). Die Kirche sieht darin den Hinweis, daß erst dann, wenn der Eheschließung die körperliche Einigung gefolgt ist, die Ehe absolut unauflöslich geworden ist. Die noch nicht vollzogene Ehe *(matrimonium inconsummatum)* hingegen kann noch irgendwie aufgelöst werden.

2. Nach dem *geltenden Recht* (c. 1142) kann die nichtvollzogene Ehe allein durch *päpstlichen Auflösungsbescheid* aufgelöst werden[12]. Der päpstliche Bescheid wird als Dispens bezeichnet (c. 1697), obschon es sich nicht um einen Dispensakt im fachlichen Sinne handelt. Er stellt einen Gnadenakt dar, auf den niemand einen Rechtsanspruch besitzt. Doch darf bei einer nichtvollzogenen Ehe jeder der Gatten, auch gegen den Widerspruch des anderen, den Papst um die Auflösung bitten. Der Nichtvollzug der Ehe muß sicher feststehen; sie ist vollzogen, wenn nach der Eheschließung auch nur einmal der eheliche Beischlaf humano modo stattgefunden hat (c. 1061 § 1). Der päpstliche Auflösungsbescheid kann nur bei Vorliegen eines triftigen Grundes (z. B. Zerrüttung der Ehe) gewährt werden.

IV. Die Auflösung der Ehe von zwei Ungetauften nach dem Paulinischen Privileg

1. Auch die bloße *Naturehe,* die zwischen zwei Ungetauften oder zwischen einem Getauften und einem Ungetauften geschlossen ist, bindet auf Lebenszeit. Eine solche nichtsakramentale Ehe kann jedoch unter gewissen Voraussetzungen, wenn das Festhalten am Bestand dieser Ehe zur Gefahr für Erlangung oder Bewahrung des wahren Glaubens würde, noch dem Bande nach gelöst werden *(privilegium fidei).* Eine derartige Auflösung in favorem fidei erfolgt teils nach dem Paulinischen Privileg (nur bei der Ehe von zwei Ungetauften), teils durch päpstlichen Auflösungsbescheid (auch bei der Ehe zwischen einem Getauften und einem Ungetauften).

2. Das Paulinische Privileg fußt auf der Weisung des *Apostels Paulus* 1 Kor 7,12–15 für die Ehen, die im Unglauben geschlossen wurden. Wenn einer der Ehepartner sich zum Christentum bekehrt und sich taufen läßt, so ist er, falls der andere im Unglauben verharrt und zur Fortsetzung der Ehe nicht bereit ist, nach dem Entscheid des Apostels an diese Ehe nicht gebunden, sondern für eine neue Eheschließung frei.

3. Daran knüpft das kirchliche Recht (cc. 1143–1150) über das Paulinische Privileg an. Zur Anwendung sind *drei Voraussetzungen* erforderlich (c. 1143):

a) Die Ehe muß von *zwei Ungetauften* geschlossen sein.

b) Einer der beiden Ehepartner muß inzwischen die *Taufe* empfangen haben. Nach der herrschenden Meinung genügt dafür jede gültige Taufe; nur in den Sonderfällen der cc. 1148 § 1 und 1149 ist die katholische Taufe gefordert.

c) Der ungetauft bleibende Gatte *verweigert die friedliche Fortsetzung der Ehe,*

[12] Nach früherem Recht (c. 1119 CIC/1917) löste auch die feierliche Ordensprofeß von selbst die nichtvollzogene Ehe. Das ist jetzt entfallen. Der CIC hat die Rechtsfigur der feierlichen Ordensprofeß abgeschafft.

obschon der gläubig gewordene Partner ihm nach der Taufe dazu keinen Anlaß gegeben hat.

4. Zur Feststellung dieser Weigerung ist die *Befragung des ungetauften Gatten* (sog. Interpellation) durchzuführen (cc. 1144f.). Der Ungetaufte wird gefragt, ob er selbst ebenfalls die Taufe empfangen will oder ob er wenigstens bereit ist, mit seinem getauften Partner friedlich und ohne Beleidigung des Schöpfers, d. h. unter Wahrung der sittlichen Eheordnung und ohne Gefahr für den Glauben des Partners, zusammenzuleben. Die Interpellation kann im Ausnahmefall schon vor der Taufe des Gatten erfolgen, notfalls sogar ganz unterbleiben, wenn feststeht, daß ihre Durchführung unmöglich oder nutzlos ist; zu beidem wäre die Zustimmung des Diözesanbischofs nötig. Die Befragung ist in der Regel durch den Oberhirten des getauften Gatten vorzunehmen; wenn der Befragte innerhalb der gesetzten Frist nicht reagiert, wird eine negative Antwort angenommen. Wenn nicht anders möglich, darf der getaufte Gatte die Befragung auch privat durchführen; doch müßte das Ergebnis beweisbar feststehen, etwa durch Zeugen oder Urkunden.

5. Wenn die Befragung ausdrücklich oder stillschweigend eine negative Antwort ergibt oder wenn die Interpellation rechtmäßig unterblieb, hat der getaufte Partner das *Recht, eine neue Ehe* mit einer katholischen Person *einzugehen*. Dieses Recht besäße er gleichfalls, wenn zwar zunächst nach seiner Taufe die Ehe fortgeführt worden wäre, aber hernach der Ungetaufte die friedliche Fortsetzung der Ehe verweigerte (c. 1146). Aus schwerwiegendem Grund kann der Ortsordinarius die Anwendung des Paulinischen Privilegs auch zur Heirat mit einem Nichtkatholiken gestatten; doch sind dann die Bestimmungen über die Mischehen zu beachten (c. 1147).

6. Beim Paulinischen Privileg wird das Band der Naturehe nicht schon bei Vorliegen der genannten gesetzlichen Voraussetzungen, sondern erst *in dem Augenblick aufgelöst*, in dem der getaufte Partner tatsächlich eine *neue Ehe gültig schließt* (c. 1143 § 1).

7. Drei päpstliche Konstitutionen des 16. Jahrhunderts hatten für Missionsländer eine beträchtliche *Ausweitung* des Paulinischen Privilegs gebracht, um der dortigen Not aus Polygamie und Verschleppung zu steuern. Der CIC/1917 hatte diese Bestimmungen übernommen und auf alle Gebiete ausgedehnt, in denen dieselben Verhältnisse vorlagen. Formal geschah dies in der Weise, daß der CIC/1917 die Tatbestände nicht selbst kodifizierte, sondern in seinem c. 1125 die drei päpstlichen Konstitutionen ausdrücklich rezipierte und sie in seinem Anhang im Wortlaut als integrierenden Bestandteil des CIC/1917 abdruckte.

Jetzt hat der CIC, den Kern der Bestimmungen übernehmend, dazu in den cc. 1148f. eine geraffte *Kodifizierung* gebracht. Über das Paulinische Privileg hinausgehend, ist hiernach noch in *zwei Fällen* die Auflösung der Ehe von Ungetauften möglich:

a) Bei *Polygamie* (c. 1148) kann der Mann, wenn es ihm hart ist, mit seiner Erstvermählten zusammenzubleiben, eine seiner anderen Frauen zu seiner rechtmäßigen Ehefrau nehmen, wobei für das persönliche Schicksal der entlassenen Frauen Sorge zu tragen ist. Bei Polyandrie gilt die Bestimmung analog.

b) Bei *Gefangenschaft oder Verfolgung* (c. 1149), die ein eheliches Zusammenleben unmöglich machen, kann eine neue Ehe geschlossen werden.

Bei allen Eheauflösungen nach cc. 1148f. ist genau zu beachten: Die Ehe, die so aufgelöst werden soll, muß von zwei Ungetauften geschlossen worden sein. Der Partner, welcher die Ehe auflösen will, muß die Taufe empfangen haben; nach cc. 1148f. die katholische Taufe. Die Auflösung der Ehe erfolgt erst im Augenblick der neuen Eheschließung. In diesen drei Punkten zeigt sich die Nähe zum Paulinischen Privileg.

V. Die Auflösung der nichtsakramentalen Ehe durch päpstlichen Auflösungsbescheid

1. In keinem Bereich des kanonischen Eherechts hat sich seit Inkrafttreten des CIC/1917 eine so weitreichende *Entwicklung* vollzogen wie bei der päpstlichen Auflösung nichtsakramentaler Ehen[13]. Daß es neben dem Privilegium Paulinum noch eine andere Möglichkeit zur Auflösung einer Naturehe in favorem fidei gibt, nämlich die durch päpstlichen Auflösungsbescheid, ließ der Text des CIC/1917 direkt überhaupt nicht erkennen. Tatsächlich aber wurden, wie man erst nach und nach erfuhr, solche Auflösungen in steigender Ausweitung vorgenommen. Soweit sich feststellen läßt, verlief der Vorgang in folgenden Schritten:
seit 1924 Auflösung von Ehen zwischen ungetauften und nichtkatholisch getauften Personen;
1. 5. 1934 „Normae pro conficiendo processu in casibus solutionis vinculi matrimonialis in favorem fidei per Supremam Summi Pontificis auctoritatem"[14];
seit 1947 Auflösung von Ehen zwischen einer ungetauften und einer katholisch getauften Person, obschon mit Dispens vom Hindernis der Religionsverschiedenheit geschlossen (vgl. dagegen c. 1120 § 2 CIC/1917);
seit 1957 Auflösung von Ehen zwischen ungetauften Personen, ohne daß einer der beiden Partner sich taufen läßt;
1970 ein retardierender Schritt, wohl unter dem Eindruck lautgewordener Bedenken: anhängige Verfahren wurden von Rom vorläufig sistiert;
6. 12. 1973 „Instructio pro solutione matrimonii in favorem fidei", welche wieder die Fortführung der Auflösungsverfahren in dem entwickelten weiten Umfang gestattete, jedoch einige einschränkende Erfordernisse einbaute.

Als Ergebnis läßt sich eine doppelte Ausweitung feststellen. Einmal hinsichtlich der aufzulösenden Ehe: Nicht nur die Ehe von zwei Ungetauften, sondern jede

[13] Vgl. *A. Hopfenbeck*, Privilegium Petrinum (= MthStkan 35), St. Ottilien 1976.
[14] Amtlich nicht publiziert, nur den Ortsordinarien zugesandt.

nichtsakramentale Ehe kann, freilich nur bei schwerwiegendem Grund, vom Papst gelöst werden; ausgeschlossen von der Möglichkeit einer päpstlichen Auflösung bleibt allein die vollzogene Ehe zweier Getauften. Zum zweiten hat sich der Begriff des favor fidei ausgedehnt: Nicht mehr ist unbedingt, wie beim Paulinischen Privileg, die Konversion eines der Ehepartner gefordert; das „in favorem fidei" wird mehr oder weniger dem »ob salutem animarum« gleichgesetzt; als genügend für die Eheauflösung wird angesehen, wenn das Seelenheil, auch etwa das eines Dritten, mit dem die neue Ehe beabsichtigt ist, dazu rät.

2. Nach den Arbeiten für die CIC-Reform war fest damit gerechnet worden, daß endlich die Lücke des CIC/1917 ausgefüllt und im CIC eine kodifizierte Basis für die Auflösung nichtsakramentaler Ehen in favorem fidei durch päpstlichen Bescheid eingebaut werde. Noch im Schema novissimum von 1982 fand sich dazu eine knappe, aber ausreichende Normierung, sowohl im materiellen Eherecht als auch im Eheprozeßrecht[15]. Groß war das Erstaunen bei der Publikation des CIC: Diese Normen sind im letzten Augenblick restlos *gestrichen* worden. Wie der CIC/1917 enthält auch der CIC/1983 nichts zur Auflösung von Ehen in favorem fidei durch päpstlichen Bescheid.

3. Wie ist diese Lücke *rechtlich zu deuten*? Vermutlich hat man die Entwicklung für noch nicht ausgereift angesehen, um sie in die festgefügte Kodifikation eines CIC einzubauen. Keineswegs aber ist damit die Vollmacht des Papstes zu solcher Eheauflösung negiert, die zweifelsohne weiterhin, wenn auch ohne Regelung im CIC, zur Anwendung kommen wird. Da die Materie nun nicht im CIC behandelt ist, darf man aus c. 6 § 1 n. 4 folgern: Als rechtliche Grundlage für Anwendung und Verfahren bei solchen Eheauflösungen bleibt vorerst die von der Glaubenskongregation herausgegebene Instructio pro solutione matrimonii in favorem fidei vom 6. 12. 1973 nebst den zugehörigen Normae procedurales[16] bis auf weiteres in Kraft.

4. Für die Auflösung einer Naturehe in favorem fidei durch päpstlichen Bescheid, vielfach auch Privilegium Petrinum genannt, stellt sich die *jetzige Rechtslage* entsprechend der Instructio von 1973 so dar. Es müssen folgende Gültigkeitsvoraussetzungen erfüllt sein:

a) Beim Abschluß der aufzulösenden Ehe war *wenigstens einer* der Partner *ungetauft*.

b) *Falls* inzwischen beide getauft sind, darf nach der zweiten Taufe die Ehe *nicht* mehr *vollzogen* sein.

[15] Cc. 1150 und 1707–1710 Schema CIC 1982. C. 1150 § 1 Schema CIC 1982 brachte die Fundamentalaussage: Matrimonium initum a partibus, quarum una saltem baptizata non fuit, a Romano Pontifice dissolvi potest in favorem fidei, dummodo matrimonium non fuerit consummatum postquam ambo coniuges baptizati sunt. Die cc. 1707–1710 Schema CIC 1982 enthielten prozessuale Normen unter der Überschrift „De processu ad matrimonii solutionem in favorem fidei".

[16] NKD 39, S. 60–77.

c) *Sofern* eine neue Ehe mit einem Nichtkatholiken beabsichtigt ist, muß dieser, was über die Mischehenbestimmungen hinausgeht, die freie Religionsausübung des katholischen Gatten und die katholische Erziehung der Kinder *zusichern.*

Neben diesen drei condiciones sine quibus non wird des weiteren u. a. gefordert: Die Zerrüttung der aufzulösenden Ehe ist unheilbar und nicht vom Bittsteller verschuldet. Die Ehe, die mit Dispens vom Hindernis der Religionsverschiedenheit geschlossen wurde, wird nur in besonderen Fällen aufgelöst. Die Auflösung der Ehe darf nicht zu öffentlichem Ärgernis führen. Nach Recht und Billigkeit ist für den verlassenen Ehepartner und für etwaige Kinder zu sorgen. Es muß Gewähr für die religiöse Haltung der neuen Ehe geleistet sein. Die Gunst des privilegium fidei soll nicht zweimal gewährt werden, so daß eine Ehe, die selbst erst über das privilegium fidei zustande kam, nicht ebenso auch wieder aufgelöst wird.

Anders als beim Paulinischen Privileg ist die Auflösung der Ehe durch päpstlichen Bescheid ein Gnadenakt, auf den man keinen Rechtsanspruch hat. Diese Auflösung erfolgt nicht erst mit dem Abschluß der neuen Ehe, sondern mit dem päpstlichen Bescheid, falls nichts anderes bestimmt wird.

VI. Die Trennung der Gatten unter Fortbestand des Ehebandes

1. Die *Separation* meint die bloße „Trennung von Tisch und Bett", die Aufhebung nur der ehelichen Lebensgemeinschaft (cc. 1151–1155)[17]. Im Unterschied zur Eheauflösung bleibt bei der Trennung das Eheband als solches bestehen, so daß eine neue Eheschließung nicht möglich ist.

2. Die *dauernde* Trennung kann nur bei *Ehebruch* erfolgen. Trennungsberechtigt ist der verletzte Gatte; jedoch nicht, wenn er dem Ehebruch zugestimmt oder ihn veranlaßt hat, wenn er dem Partner verziehen oder wenn er ebenfalls Ehebruch begangen hat. Der unschuldige Gatte kann die Trennung eigenmächtig durchführen; er muß sich aber, was gegenüber dem CIC/1917 neu ist, innerhalb von sechs Monaten der kirchlichen Autorität stellen, die einen Versöhnungsversuch anstreben soll.

3. Die *zeitweilige* Trennung, auf bestimmte oder auf unbestimmte Zeit, wird zugestanden, wenn und solange für den Gatten oder für die Kinder aus dem weiteren Zusammenleben *Gefahr* an Leib oder Seele droht. Die zeitweilige Trennung ist in der Regel auf Antrag von Amtswegen durchzuführen; bei Gefahr im Verzuge darf der Bedrohte eigenmächtig handeln.

[17] Vgl. *J. Pfab,* Aufhebung der ehelichen Lebensgemeinschaft nach göttlichem, kirchlichem und bürgerlichem Recht, Salzburg 1957.

§ 89 Die bürgerliche Eheschließung und Ehescheidung

Von Paul Mikat

I. Eheschließung

Staatliches Eheschließungsrecht in der Bundesrepublik Deutschland ist bestimmt von dem Kompetenzanspruch des modernen Staates über die Ehe, der am deutlichsten im Gebot der obligatorischen Zivilehe zutage tritt und Ausdruck eines säkularisierten Eherechtsverständnisses ist, das sich seit den Tagen der Reformation im Kampf gegen den ausschließlichen Eherechtskompetenzanspruch der Kirche und ihres kanonischen Rechts durchgesetzt hat[1]. Die auffallenden Parallelen des bürgerlichen Eheschließungsrechts mit dem kanonischen Eheschließungsrecht[2] verweisen auf die gemeinsame Wurzel, die im Dekret „Tametsi" des Konzils von Trient zu suchen ist[3]. Aus dem Rechtsgrundsatz der obligatorischen Zivilehe, auch Zwangszivilehe genannt[4], folgt, daß durch die kirchliche Eheschließung keine bürgerlich-rechtlichen Ehewirkungen entstehen. Die Vornahme einer kirchlichen Trauung oder von religiösen Feierlichkeiten einer Eheschließung ohne vorherige staatliche Eheschließung stellt eine Ordnungswidrigkeit dar (§ 67 PStG), die allerdings nicht mit einer Geldbuße belegt ist. Eine Ordnungswidrigkeit liegt nur dann nicht vor, wenn einer der Verlobten lebensgefährlich erkrankt und ein Aufschub nicht möglich ist oder wenn ein auf andere Weise nicht zu behebender sittlicher Notstand besteht. Bei Vornahme einer religiösen Eheschließung ohne vorherige staatliche Eheschließung besteht

[1] Zur Entwicklung des staatlichen Kompetenzanspruchs im Eherecht vgl. die grundlegende Untersuchung von *D. Schwab*, Grundlagen und Gestalt der staatlichen Ehegesetzgebung in der Neuzeit bis zum Beginn des 19. Jahrhunderts, Bielefeld 1967; ferner *H. Conrad*, Das Tridentinische Konzil und die Entwicklung des kirchlichen und weltlichen Eherechts, in: Das Weltkonzil von Trient. Sein Werden und Wirken, hrsg. von *G. Schreiber*, Bd. I, Freiburg 1951, S. 297ff.

[2] Zum gemeinsamen Ursprung von kirchlichem und weltlichem Eheschließungsrecht und dessen Entwicklung s. *P. Mikat*, Dotierte Ehe – rechte Ehe. Zur Entwicklung des Eheschließungsrechts in fränkischer Zeit, Opladen 1978.

[3] Concilium Tridentinum. Diariorum, Actorum, Epistularum, Tractatum, Nova Collectio, ed. Societas Goerresiana, Tom. IX, (Editio secunda stereotypa) Freiburg/Br. 1965, S. 968f.; vgl. auch die gründliche Untersuchung von *R. Lettmann*, Die Diskussion über die klandestinen Ehen und die Einführung einer zur Gültigkeit verpflichtenden Eheschließungsform auf dem Konzil von Trient, Münster 1966.

[4] Zu den drei Arten der bürgerlichen Ehe (Zwangs-, Wahl- und Notzivilehe) vgl. *Mörsdorf* Lb II, S. 143ff. – Nach *D. Pirson*, Eherecht, in: HdbStKirchR II, S. 741ff., 769 ist das Verbot der kirchlichen Voraustrauung in § 67 PStG kein „allgemeines Gesetz" im Sinne des Art. 140 GG i. V. m. Art. 137 Abs. 3 WRV, sondern eine speziell gegen die Kirchen gerichtete und darum verfassungswidrige Beschränkung des Selbstbestimmungsrechts der Kirche. Grundsätzlich zustimmend hierzu auch *J. Listl*, Das Grundrecht der Religionsfreiheit in der Rechtsprechung der Gerichte der Bundesrepublik Deutschland, Berlin 1971, S. 303f., der zu dieser Frage jedoch die Auffassung vertritt, die katholische Kirche könne sich auf die Verfassungswidrigkeit des § 67 PStG nicht berufen, weil sie in Art. 26 des Reichskonkordats diese Beschränkung ihres Selbstbestimmungsrechts ausdrücklich hingenommen habe.

die Pflicht, dies dem Standesamt unverzüglich schriftlich anzuzeigen, bei deren Nichtbefolgung ebenfalls eine sanktionslose Ordnungswidrigkeit vorliegt (§ 67a PStG). Das Prinzip der obligatorischen Zivilehe gilt ebenso wie in der Bundesrepublik Deutschland auch in Österreich[5] und in der Schweiz[6].

1. *Begriff*

Die staatliche Rechtsordnung enthält keine ausdrückliche Begriffsbestimmung der Ehe; ihre Definition ergibt sich aus der Gesamtheit der rechtlichen, an der sozialen Wirklichkeit orientierten Bestimmungen. Die bürgerliche Ehe ist danach die rechtlich anerkannte, mit Eheschließungswillen eingegangene Verbindung von Mann und Frau mit der Verpflichtung zur grundsätzlich lebenslangen ehelichen Lebensgemeinschaft[7]. Eine von der staatlichen Rechtsordnung anerkannte Ehe liegt nur dann vor, wenn die Eheschließung vor einem Standesbeamten stattgefunden hat, die beiden Verlobten verschiedenen Geschlechts sind und beide den Eheschließungswillen erklärt haben[8]; bei Nichtvorliegen dieser Voraussetzungen handelt es sich um eine sogenannte Nichtehe[9], das heißt um eine Eheschließung ohne rechtliche Wirkungen[10]. Während Österreich in § 44 ABGB bei der Begriffsbestimmung der bürgerlichen Ehe ausdrücklich bestimmt, daß die Eheschließungswilligen verschiedenen Geschlechts sein müssen, läßt sich dieses Erfordernis bei der schweizerischen Regelung nur aus der Gesamtheit der Vorschriften entnehmen[11].

2. *Form der Eheschließung*

Gemäß § 11 Abs. 1 EheG muß die Ehe vor dem Standesbeamten geschlossen werden. Die Eheschließung erfolgt gemäß § 13 Abs. 1 EheG dadurch, daß die Verlobten vor dem Standes-

[5] § 15 des österr. EheG; vgl. dazu *Bergmann/Ferid,* Internationales Ehe- und Kindschaftsrecht, Abschnitt Österreich, Stand: 57. Lieferung – 30. 6. 1977, S. 129, 54.

[6] Art. 118 ZGB; vgl. dazu *BergmannFerid,* Int. Eherecht (Anm. 5), Abschnitt Schweiz, Stand: 58. Lieferung – 31. 8. 1977, S. 21f.

[7] BVerfGE 10, S. 59ff., 66; *G. Beitzke,* Familienrecht. Ein Studienbuch, 19. Aufl., München 1977, § 6 (S. 26ff.); zum Eherecht in seinem gegenwärtigen Stand siehe die umfassende Darstellung von *D. Giesen,* Ehe und Familie in der Ordnung des Grundgesetzes, in: JZ 1982, S. 817–829.

[8] *Massfeller/Hoffmann,* Personenstandsgesetz, Stand: 15. Lieferung – 1. 7. 1977, vor §§ 3ff., Vorbem. 20ff. vor §§ 1ff. EheG; bzgl. der Eheschließungserklärung vgl. *Palandt/Diederichsen,* BGB, 42. Aufl., München 1983, § 13 EheG, Anm. 3b.

[9] Zur Nichtehe allgemein vgl. *Münchener Kommentar/Müller-Gindullis,* BGB, Bd. 5, Familienrecht (§§ 1297–1921), Ehegesetz, München 1978, § 11 EheG, Rdnr. 16ff.; sowie *H. Dölle,* Familienrecht. Darstellung des deutschen Familienrechts mit rechtsvergleichenden Hinweisen, Bd. I, Karlsruhe 1964, S. 255ff.

[10] Vgl. jedoch §§ 13ff. PersonenstandsVO der Wehrmacht vom 17. 10. 1942 (RGBl. I 597), geändert durch Art. III der 4. AVO vom 27. 9. 1944 (RGBl. 219), nach denen Eheschließungen auch in Abwesenheit des Mannes oder der Frau vorgenommen werden konnten. Vgl. zu Sonderregelungen über Notehen, die während des Dritten Reichs geschlossen wurden, im einzelnen *Palandt/Diederichsen,* BGB (Anm. 8), Anm. 3 zu § 13 EheG, Anh. zu §§ 11 und 13a EheG.

[11] Vgl. dazu z. B. Art. 159–161, 96 Abs. 1 ZGB. Bei Gleichgeschlechtlichkeit liegt der Fall einer Nichtehe vor; vgl. dazu *Dölle,* Familienrecht (Anm. 9), S. 260.

beamten persönlich und bei gleichzeitiger Anwesenheit erklären, die Ehe miteinander eingehen zu wollen; diese Erklärung soll nach § 14 Abs. 1 EheG in Gegenwart von zwei Zeugen abgegeben werden. Die Verletzung der Vorschrift des § 13 EheG bedeutet, daß eine Ehe zwar wirksam zustande gekommen, aber vernichtbar ist[12]. Die Verletzung der Vorschrift des § 14 Abs. 1 EheG hat dagegen keinen Einfluß auf die Gültigkeit der Ehe.

Nach § 12 Abs. 1 EheG soll der Eheschließung regelmäßig ein Aufgebot vorhergehen; dieses Aufgebot, das durch die Verlobten bestellt und von dem Standesbeamten erlassen wird (§§ 5 Abs. 1,3 S. 1 PStG), gehört nicht zu den notwendigen Förmlichkeiten der Eheschließung, von ihm kann der Standesbeamte Befreiung erteilen (§§ 12 Abs. 3 EheG, 3 S. 3 PStG); durch das Aufgebot sollen etwaige Eheverbote festgestellt werden[13]. Nach § 13a Abs. 1 EheG[14] soll der Standesbeamte vor der Vornahme der Eheschließung die Verlobten fragen, ob sie eine Erklärung darüber abgeben wollen, welchen Ehenamen (dies kann der Geburtsname des Mannes oder der Frau sein) sie führen wollen. Die Nichteinhaltung dieser Soll-Vorschriften hat auf den Bestand der Ehe keinen Einfluß; die Wirksamkeit der Eheschließung durch einen nicht zuständigen Standesbeamten bleibt ebenso unberührt wie durch das Unterlassen der Befragung nach dem Ehenamen[15].

Die Form der Eheschließung in *Österreich* entspricht im wesentlichen der in der Bundesrepublik Deutschland[16]; demgegenüber ist die *Schweizer* Regelung in einigen Punkten modifiziert; hier unterscheidet man die Verkündung sowie die Trauung durch die Zivilstandsbeamten. Während das Gesuch um Verkündung grundsätzlich beim Zivilstandsbeamten am Wohnsitz des Bräutigams anzubringen ist (Art. 106 Abs. 1 ZGB), erfolgt die Verkündung selbst durch die Zivilstandsämter des Wohnsitzes beider Brautleute (Art. 106 Abs. 3 ZGB). Um die Verkündung zu erwirken, müssen die Verlobten ihr Eheversprechen beim Zivilstandsbeamten anmelden (Art. 105 Abs. 1 ZGB); die Anmeldung erfolgt durch die Verlobten persönlich oder mit einer schriftlichen Erklärung, in der die Unterschriften amtlich beglaubigt sind (§ 105 Abs. 2 ZGB)[17].

3. *Ehefähigkeit*

Gemäß § 1 Abs. 1 EheG soll eine Ehe nicht vor Eintritt der Volljährigkeit, das heißt vor Vollendung des 18. Lebensjahres (§ 2 BGB), eingegangen werden; von dieser Vorschrift kann das Vormundschaftsgericht auf Antrag Befreiung erteilen (sogenannte Befreiung vom Alterserfordernis), wenn der Antragsteller das 16. Lebensjahr vollendet hat und sein künftiger Ehegatte volljährig ist, so daß eine Ehe zwischen Minderjährigen ausgeschlossen ist. Das Vormundschaftsgericht

[12] Zur Nichtigkeitsklage vgl. unten 5; zu der vereinzelt vertretenen Meinung, daß die Abgabe der Eheschließungserklärung unter einer Bedingung oder einer Zeitbestimmung (§ 13 Abs. 2 EheG) zur Folge hat, daß eine Nichtehe vorliegt, vgl. *Massfeller/Hoffmann*, Personenstandsgesetz (Anm. 8), vor §§ 3ff., § 13 EheG, Rdnr. 14ff.

[13] *Palandt/Diederichsen*, BGB (Anm. 8), § 12 EheG, Anm. 2.

[14] Die Vorschrift des § 13a EheG wurde eingefügt durch das Erste Gesetz zur Reform des Ehe- und Familienrechts vom 14. Juni 1976 (1. EheRG), BGBl. I 1421. – Zur Reform des Ehe- und Familienrechts durch das 1. EheRG vgl. *F. W. Bosch*, Neues deutsches Familienrecht 1976/1977, in: FamRZ 1976, S. 401ff. = FamRZ-Sammelband, S. 7ff.; *ders.*, Die Neuordnung des Eherechts ab 1. Juli 1977. Eine grundsätzliche Betrachtung, in: FamRZ 1977, S. 569ff.; *P. Mikat*, Zum Regierungsentwurf eines Ersten Gesetzes zur Reform des Ehe- und Familienrechts, in: FamRZ 1972, S. 1ff. = *ders.*, Religionsrechtliche Schriften. Abhandlungen zum Staatskirchenrecht und Eherecht. Hrsg. v. *J. Listl*, Bd. 2, Berlin 1974, S. 1129–1142.

[15] Vgl. im einzelnen dazu *Münchener Kommentar/Müller-Gindullis*, BGB, Bd. 5 (Anm. 9), § 13a EheG, Rdnr. 1, 2; § 15 EheG, Rdnr. 2ff., 6.

[16] Vgl. dazu §§ 15, 19 des österr. EheG, 1–8 des österr. PStG.

[17] Zur Verkündung und Trauung im einzelnen vgl. Art. 105ff. ZGB.

kann die Befreiung nur für eine bestimmte Ehe und nicht allgemein erteilen, und zwar nur dann, wenn die Verlobten sittlich wie geistig reif genug für die Ehe sind[18].

Während nach *österreichischem* Recht (§ 1 Abs. 1 des österr. EheG) der Mann mit vollendetem 19. und die Frau mit vollendetem 16. Lebensjahr ehemündig ist[19], muß nach *Schweizer* Recht (Art. 96 ZGB) der Mann 20 Jahre und die Frau 18 Jahre alt sein. In Österreich kann das Gericht auf Antrag den 18 Jahre alten Mann und die 15 Jahre alte Frau für ehemündig erklären, wenn beide für die bestimmte Ehe reif erscheinen (§ 1 Abs. 2 des österr. EheG); in der Schweiz kann der 18 Jahre alte Mann und die 17 Jahre alte Frau für ehemündig erklärt werden (Art. 96 Abs. 2 ZGB). Das Schweizer Recht kennt darüber hinaus die Besonderheit, daß die Heirat mündig macht (Art. 14 ZGB).

Der Minderjährige sowie der in der Geschäftsfähigkeit beschränkte Volljährige bedürfen gemäß § 3 Abs. 1 EheG zur Eingehung der Ehe der Einwilligung ihres gesetzlichen Vertreters. In der Geschäftsfähigkeit beschränkt im Sinne des § 3 Abs. 1 EheG ist derjenige, der wegen Geistesschwäche, Verschwendung, Trunksucht oder Rauschgiftsucht entmündigt oder mit Rücksicht auf seine beantragte Entmündigung unter vorläufige Vormundschaft gestellt ist. In dem Fall, daß dem gesetzlichen Vertreter des Minderjährigen nicht gleichzeitig auch die tatsächliche Fürsorge für den Minderjährigen obliegt, bedarf der Minderjährige zur Eingehung der Ehe auch der Einwilligung des Sorgeberechtigten (§ 3 Abs. 2 EheG). Die Verweigerung der Einwilligung seitens des gesetzlichen Vertreters und Sorgeberechtigten ohne triftigen Grund hat zur Folge, daß der Vormundschaftsrichter auf Antrag des Verlobten die Einwilligung ersetzen kann (§ 3 Abs. 3 EheG).

Im wesentlichen entsprechende Regelungen gelten in *Österreich* (§§ 2, 3, 102, 103 des österr. EheG) und in der *Schweiz* (Art. 97–99 ZGB).

4. Ehehindernisse

Das EheG kennt neben sogenannten trennenden Eheverboten auch aufschiebende Eheverbote, von denen aber teilweise Befreiung erteilt werden kann; im ersten Fall „darf" die Ehe nicht, im zweiten Fall „soll" die Ehe nicht geschlossen werden. Während die Nichtbefolgung von trennenden Eheverboten die Nichtigkeit der Ehe zur Folge hat, bleibt sie bei den aufschiebenden Eheverboten gültig[20]. Sogenannte trennende Eheverbote enthalten die §§ 4 und 5 EheG:

§ 4 Abs. 1 EheG bestimmt, daß eine Ehe nicht geschlossen werden darf zwischen Verwandten in gerader Linie, zwischen vollbürtigen und halbbürtigen Geschwistern sowie zwischen Verschwägerten in gerader Linie, und zwar auch dann nicht, wenn das Verwandtschaftsverhältnis durch Annahme als Kind erloschen ist. Gemäß § 4 Abs. 3 EheG kann das Vormundschaftsgericht allerdings von dem Eheverbot der Schwägerschaft Befreiung erteilen.

Gemäß § 5 EheG darf niemand eine Ehe eingehen, bevor seine frühere Ehe für nichtig erklärt oder aufgelöst worden ist.

[18] Vgl. dazu *Palandt/Diederichsen*, BGB (Anm. 8), § 1 EheG, Anm. 4c.

[19] Vgl. dazu im einzelnen *Bergmann/Ferid*, Int. Eherecht (Anm. 5), Abschnitt Österreich, S. 55.

[20] Zu den Eheverboten vgl. im einzelnen *B. Bergerfurth*, Das Eherecht. Eingehen und Auflösen der Ehe, Güterstand, Schlüsselgewalt, 5. Aufl., Freiburg/Br. 1977, S. 34ff.

Die *aufschiebenden* Eheverbote sind abschließend in den §§ 7ff. EheG genannt:

Gemäß § 7 Abs. 1 EheG soll eine Ehe nicht zwischen Personen geschlossen werden, deren Verwandtschaft oder Schwägerschaft (§ 4 Abs. 1 EheG) durch Annahme als Kind begründet worden ist, und zwar für die Zeit, in der das Annahmeverhältnis besteht. Von dem Eheverbot wegen Verwandtschaft in der Seitenlinie und wegen Schwägerschaft kann das Vormundschaftsgericht allerdings nach § 7 Abs. 2 EheG Befreiung erteilen.

§ 8 Abs. 1 EheG bestimmt, daß eine Frau nicht vor Ablauf von zehn Monaten nach Auflösung oder Nichtigkeit ihrer früheren Ehe eine neue Ehe eingehen soll, es sei denn, daß sie inzwischen geboren hat. Von diesem Eheverbot kann der Standesbeamte nach § 8 Abs. 2 EheG Befreiung erteilen.

Gemäß § 9 EheG soll derjenige, der ein Kind hat, für dessen Vermögen er zu sorgen hat oder das unter seiner Vormundschaft steht, eine Ehe nicht eingehen, bevor er ein Zeugnis des Vormundschaftsgerichts darüber beigebracht hat, daß er dem Kind gegenüber die ihm aus Anlaß der Eheschließung obliegenden Pflichten erfüllt hat oder daß ihm solche Pflichten nicht obliegen. Die Pflicht der Beibringung eines solchen Auseinandersetzungszeugnisses trifft auch denjenigen, der mit einem minderjährigen oder bevormundeten Abkömmling in fortgesetzter Gütergemeinschaft lebt.

Ausländer sollen in der Bundesrepublik Deutschland nach § 10 Abs. 1 EheG eine Ehe nicht eingehen, bevor sie ein Ehefähigkeitszeugnis ihres Heimatstaates darüber beigebracht haben, daß der Eheschließung ein in den Gesetzen des Heimatlandes begründetes Ehehindernis nicht entgegensteht. Gemäß § 10 Abs. 2 EheG kann von dieser Vorschrift der Präsident des Oberlandesgerichts, in dessen Bezirk die Ehe geschlossen werden soll, Befreiung erteilen.

5. *Auflösung der Ehe wegen Nichtigkeit*

Neben dem Fall der Nichtehe[21] kennt das Gesetz den Fall der nichtigen oder vernichtbaren Ehe[22]. Die Nichtigkeitsgründe sind in den §§ 17–22 EheG abschließend aufgeführt (§ 16 EheG):

Eine Ehe ist nichtig, wenn die Eheschließung nicht in der durch § 13 EheG vorgeschriebenen Form stattgefunden hat (§ 17 Abs. 1 EheG), wenn einer der Ehegatten zur Zeit der Eheschließung geschäftsunfähig war, sich im Zustand der Bewußtlosigkeit oder vorübergehenden Störung der Geistestätigkeit befand (§ 18 Abs. 1 EheG) oder mit einem Dritten in gültiger Ehe lebt (§ 20 EheG) oder wenn sie zwischen Verwandten oder Verschwägerten dem Verbot des § 4 EheG zuwider geschlossen worden ist (§ 21 EheG). Im Gegensatz zur Nichtehe, auf die sich jeder berufen kann, kann sich auf die Nichtigkeit einer Ehe niemand berufen, solange nicht die Ehe durch gerichtliches Urteil für nichtig erklärt worden ist (§ 23 EheG). Das bedeutet, daß erst mit der Rechtskraft des Nichtigkeitsurteils die Ehe mit rückwirkender Kraft als nicht geschlossen angesehen wird[23]. Liegt ein gesetzlicher Nichtigkeitsgrund der §§ 17–22 EheG vor, steht nach § 24 Abs. 1 EheG die Klagebefugnis sowohl

[21] S. hierzu oben 1.

[22] Vgl. hierzu die allgemeinen Ausführungen bei *Palandt/Diederichsen*, BGB (Anm. 8), Anm. 1–3 vor § 16 EheG.

[23] S. hierzu *Beitzke*, Familienrecht (Anm. 7), § 11 III 4 (S. 47f.).

dem Staatsanwalt als auch den Ehegatten zu; bei Vorliegen einer sog. Doppelehe kann auch der Ehegatte der früheren Ehe die Nichtigkeitsklage erheben; nach Auflösung der Ehe steht die Klagebefugnis allerdings ausschließlich dem Staatsanwalt zu. In dem Fall, daß beide Ehegatten verstorben sind, kann nach § 24 Abs. 2 EheG die Nichtigkeitsklage nicht mehr erhoben werden[24]. Die vermögensrechtlichen Folgen der Nichtigkeit einer Ehe regeln sich auch seit dem 1. 7. 1977 nach den Vorschriften über die Folgen der Scheidung (§ 26 EheG); dabei handelt es sich um den nachehelichen Unterhalt (§§ 1569ff. BGB), den Zugewinnausgleich (§§ 1372ff. BGB) sowie um den Versorgungsausgleich (§§ 1587ff. BGB).

Das *österreichische* Recht regelt die Nichtigkeit der Ehe in den §§ 20ff. des österr. EheG; die Nichtigkeitsgründe sind: Mangel der Form der Eheschließung, der Mangel der Geschäfts- oder Urteilsfähigkeit, Namens- und Staatsangehörigkeitsehe, Doppelehe, Verwandtschaft, Schwägerschaft sowie Ehebruch. Das *Schweizer* Recht kennt die Nichtigkeitsgründe der Doppelehe, Geisteskrankheit oder der fehlenden Urteilsfähigkeit, der Verwandtschaft, Schwägerschaft sowie der Staatsangehörigkeitsehe (Art. 120 ZGB); die Nichtbeachtung der gesetzlichen Formvorschriften führt nach schweizerischem Recht nicht zur Nichtigkeit (Ungültigkeit) einer Ehe (Art. 131 ZGB). Die Nichtigkeitsklage des österreichischen Rechts[25] entspricht im wesentlichen der Rechtslage in der Bundesrepublik Deutschland. Für die Schweizer Regelung[26] gilt die Besonderheit, daß der Nichtigkeitserklärung keine rückwirkende Kraft zukommt, sondern nur ex nunc wirkt[27].

6. *Aufhebung der Ehe*

Die Auflösung der Ehe kann außer durch Nichtigkeitserklärung auch durch Aufhebung erfolgen[28]. Die Aufhebungsgründe sind im Gesetz (§§ 30–34, 39 EheG) abschließend geregelt (§ 28 EheG). Die Aufhebung der Ehe erfolgt durch gerichtliches Urteil, sie ist mit der Rechtskraft des Urteils aufgelöst (§ 29 EheG); das bedeutet, daß ihm keine rückwirkende Kraft zukommt, die Ehe vielmehr für die Zukunft aufgehoben wird. Als Aufhebungsgründe kommen in Betracht: die beschränkte Geschäftsfähigkeit eines Ehegatten, ohne daß der gesetzliche Vertreter die Einwilligung zur Eheschließung oder im Fall des § 18 Abs. 2 EheG die Einwilligung zur Bestätigung erteilt hat (§ 30 Abs. 1 EheG), Irrtum über die Eheschließung oder über die Person des anderen Ehegatten (§ 31 Abs. 1 EheG), Irrtum über die persönlichen Eigenschaften des anderen Ehegatten (§ 32 Abs. 1 EheG) sowie arglistige Täuschung (§ 33 Abs. 1 EheG) oder Drohung (§ 34 Abs. 1 EheG) und Überleben des für tot erklärten Ehegatten (§ 39 EheG). Die Aufhebungsklage, die nicht vom Staatsanwalt erhoben werden kann, muß nach § 35 Abs. 1 EheG binnen eines Jahres erhoben werden[29]. Die Folgen der Aufhebung einer Ehe bestimmen sich auch seit dem 1. 7. 1977 nach den Vorschriften über die Folgen der Scheidung (§ 37 Abs. 1 EheG).

Die Auflösung der Ehe durch Aufhebung kennt auch das *österreichische*[30] und das *Schweizer* Recht (Ungültigkeit der Ehe durch Anfechtung)[31].

[24] Zur Klagebefugnis s. *Münchener Kommentar/Müller-Gindullis*, BGB, Bd. 5 (Anm. 9), § 24 EheG, Rdnr. 2ff.

[25] §§ 27, 28 des österr. EheG; vgl. dazu auch *Bergmann/Ferid*, Int. Eherecht (Anm. 5), Abschnitt Österreich, S. 55f.; zu den Folgen der Nichtigkeit einer Ehe vgl. §§ 29–32 des österr. EheG.

[26] Art. 121, 122, 129–136 ZGB.

[27] Vgl. dazu *Dölle*, Familienrecht (Anm. 9), S. 287.

[28] Zur Aufhebung der Ehe vgl. *Münchener Kommentar/Müller-Gindullis*, BGB, Bd. 5 (Anm. 9), § 28 EheG, Rdnr. 1ff.

[29] Zur Klagebefugnis und zur Klagefrist vgl. *Beitzke*, Familienrecht (Anm. 7), § 11 IV 3 und 2 (S. 49f.).

[30] §§ 33–45 des österr. EheG; s. dazu auch *Bergmann/Ferid*, Int. Eherecht (Anm. 5), Abschnitt Österreich, S. 56.

[31] Art. 123–136 ZGB.

II. Ehescheidung

1. Scheidungstatbestand

Mit Wirkung vom 1. 7. 1977 ist das Ehescheidungsrecht neu geregelt worden[32]; während das alte Scheidungsrecht im Grundsatz vom sogenannten *Verschuldensprinzip* ausging, beruht das heutige Scheidungsrecht auf dem *Zerrüttungsprinzip*[33]; das bedeutet, daß nunmehr unabhängig vom Verschulden der beiden Ehepartner die Ehe geschieden werden kann, wenn sie gescheitert ist (§ 1565 Abs. 1 BGB).

Trotz der grundsätzlich möglichen Auflösung der Ehe durch Scheidung geht das staatliche Eherecht gleichwohl auch heute noch davon aus, daß eine Ehe auf Lebenszeit geschlossen wird und die Ehegatten einander zur ehelichen Lebensgemeinschaft verpflichtet sind (§ 1353 Abs. 1 BGB). Zur Einleitung eines Scheidungsverfahrens ist gemäß § 1564 BGB der Antrag eines Ehepartners und zum Ausspruch der Scheidung stets ein gerichtliches Verfahren notwendig[34]. Das heutige Scheidungsrecht kennt trotz entgegenstehender amtlicher Überschrift im Scheidungsrecht vor § 1564 BGB, in der es „Scheidungsgründe" heißt, nur einen Scheidungsgrund, nämlich den des Scheiterns der Ehe. Die Ehe ist nach § 1565 Abs. 1 S. 2 BGB gescheitert, wenn die Lebensgemeinschaft der Ehegatten nicht mehr besteht und auch nicht erwartet werden kann, daß die Ehegatten sie wiederherstellen. Diese Feststellung des Scheiterns der Ehe kann sich aus zwei unwiderlegbaren Vermutungen ergeben, und zwar einmal daraus, daß die Ehegatten ein Jahr getrennt leben und beide Ehepartner die Scheidung beantragen (§ 1566 Abs. 1, 1. Alt. BGB) oder im Fall der sog. einverständlichen Scheidung, wenn der Antragsgegner der Scheidung zustimmt (§ 1566 Abs. 1, 2. Alt. BGB), zum anderen daraus, daß die Ehegatten seit drei Jahren getrennt leben (§ 1566 Abs. 2 BGB). Stellt das Gericht die Voraussetzungen für eine dieser beiden Vermutungen fest, so wird die Ehe geschieden, ohne daß noch besonders festgestellt wird, daß die Lebensgemeinschaft der Ehegatten nicht mehr besteht und auch nicht mehr erwartet werden kann, daß die Ehegatten sie wieder herstellen.

Gegenüber dem Grundsatz, daß eine gescheiterte Ehe auf Antrag geschieden wird, bestehen drei Ausnahmen: Nach § 1565 Abs. 2 BGB darf eine Ehe, wenn die Ehegatten noch nicht ein Jahr getrennt gelebt haben, nur dann geschieden werden,

[32] Zur Neuregelung *D. Schwab*, Das Recht der Ehescheidung nach dem 1. EheRG: Die Scheidungsgründe, in: FamRZ 1976, S. 491ff. = FamRZ-Sammelband, S. 55ff.; *ders.*, Handbuch des Scheidungsrechts, 1. Aufl., München 1977; *ders.*, Familienrecht, 2. Aufl., München 1983.

[33] S. hierzu BVerfG vom 21. 12. 1977 – 1 BvR 820/76 und 1033/76, in: FamRZ 1978, S. 173ff. – Zur Entwicklung des Zerrüttungsgedankens *P. Mikat*, Rechtsgeschichtliche und rechtspolitische Erwägungen zum Zerrüttungsprinzip, in: FamRZ 1962, S. 81ff., 273ff., 497ff. und 1963, S. 65ff. = *ders.*, Religionsrechtliche Schriften (Anm. 14), Bd. 2, S. 915ff.

[34] Zum Verfahrensrecht s. *D. Brüggemann*, Familiengerichtsbarkeit – Verfahren in Ehesachen im allgemeinen – Verfahren in anderen Familiensachen, in: FamRZ 1977, S. 1ff., 7ff. = FamRZ-Sammelband, S. 123ff., 129ff.; *K. H. Schwab*, Der Verbund von Scheidungs- und Folgesachen, in: FamRZ 1976, S. 658ff. = FamRZ-Sammelband, S. 147ff.

wenn die Fortsetzung der Ehe für den Antragsteller aus Gründen, die in der Person des anderen Ehegatten liegen, eine unzumutbare Härte darstellen würde. Nach § 1568 Abs. 1, 1. Alt. BGB soll die Ehe trotz Scheiterns dann nicht geschieden werden, wenn und solange die Aufrechterhaltung der Ehe im Interesse der aus der Ehe hervorgegangenen minderjährigen Kinder aus besonderen Gründen ausnahmsweise notwendig ist. Die dritte Ausnahme von dem Grundsatz, daß die Ehe geschieden wird, wenn sie gescheitert ist, ist dann gegeben, wenn und solange die Scheidung für den Antragsgegner, der sie ablehnt, aufgrund außergewöhnlicher Umstände eine so schwere Härte darstellen würde, daß die Aufrechterhaltung der Ehe auch unter Berücksichtigung der Belange des Antragstellers ausnahmsweise geboten erscheint (§ 1568 Abs. 1, 2. Alt. BGB).

Die Aufrechterhaltung der Ehe kommt trotz vorliegender Härten und trotz entgegenstehendem Kindesinteresse dann nicht mehr in Betracht, wenn die Ehegatten länger als fünf Jahre getrennt leben; gemäß § 1568 Abs. 2 BGB wird nach fünfjährigem Getrenntleben eine Ehe auf Antrag stets geschieden, unabhängig davon, ob der Antragsgegner widerspricht oder das Interesse gemeinsamer Kinder einer Scheidung entgegensteht.

Das Bundesverfassungsgericht hat mit Beschluß vom 21. 10. 1980[35] festgestellt, daß diese „starre Fristenregelung des § 1568 Abs. 2 BGB im Blick auf bestimmte Ausnahmefälle verfassungsrechtlich zu beanstanden ist". Die Beschlußformel lautet: „§ 1568 Abs. 2 BGB ist mit Art. 6 Abs. 1 GG nicht vereinbar, soweit danach eine Ehescheidung nach fünfjährigem Getrenntleben der Ehegatten ausnahmslos auszusprechen ist, ohne daß außergewöhnlichen Härten mindestens durch eine Aussetzung des Verfahrens begegnet werden kann."

2. *Scheidungsfolgen*

Die Ehescheidungsfolgen, die ebenso wie die Scheidungsvoraussetzungen nunmehr von der Schuldfrage losgelöst sind, sind im Gegensatz zum alten Scheidungsrecht nach dem jetzt geltenden Recht grundsätzlich gleichzeitig mit der Scheidung auszusprechen, und zwar teilweise von Amts wegen und teilweise auch auf Antrag; in dem Fall der sogenannten einverständlichen Scheidung (§ 1566 Abs. 1 BGB) müssen die Ehegatten über die wichtigsten Folgen eine vertragliche Regelung treffen, bevor die Scheidung durch Urteil ausgesprochen wird. Die Ehescheidungsfolgen[36] betreffen Fragen des Unterhalts der Ehegatten und der Kinder (§§ 1569ff., 1601ff. BGB), das Güterrecht (§§ 1372ff. BGB), den sog. Versorgungs-

[35] BVerfG vom 21. 10. 1980 – 1 BvR 1284/79, in: FamRZ 1981, S. 15ff.; vgl. dazu auch *F. W. Bosch*, Weitere Reformen im Familienrecht der Bundesrepublik Deutschland?, in: FamRZ 1982, S. 862ff., 863f., sowie schon *E. Wilkens*, Zur verfassungsrechtlichen Prüfung der Scheidungsgründe im 1. EheRG, in: FamRZ 1980, S. 527ff.

[36] Zum Unterhaltsrecht nach der Scheidung *A. Dieckmann*, Die Unterhaltsansprüche geschiedener und getrenntlebender Ehegatten nach dem 1. EheRG vom 14. Juni 1976, in: FamRZ 1977, S. 81ff. = FamRZ-Sammelband, S. 71ff.; zum Versorgungsausgleich vgl. *B. v. Maydell*, Der Versorgungsausgleich, in: FamRZ 1977, S. 172ff. = FamRZ-Sammelband, S. 109ff.

ausgleich (§§ 1587ff. BGB), die Verteilung des Hausrates und der Wohnung (§§ 1ff. der sog. Hausratsverordnung) sowie Fragen der elterlichen Gewalt und des persönlichen Umgangs der Eltern mit den Kindern (§§ 1671, 1634 BGB). Die Scheidungsfolge der Unterhaltspflicht ist geprägt von dem Grundsatz, daß derjenige Ehegatte, der nach der Scheidung nicht selbst für seinen Unterhalt sorgen kann, gegen den anderen Ehegatten einen Anspruch auf Unterhalt hat; Ausgangspunkt der neuen Regelung über den nachehelichen Unterhalt ist dabei ausschließlich die Bedürftigkeit des geschiedenen Ehepartners.

Das im neuen Scheidungsfolgenrecht eingeführte Rechtsinstitut des Versorgungsausgleichs geht von dem Grundsatz aus, daß die von den Ehegatten während der Ehe erworbenen Anwartschaften und Aussichten auf eine Versorgung für den Fall des Alters, der Berufs- und Erwerbsunfähigkeit einander gegenübergestellt und dabei in ihrer Höhe und in ihrem Wert ausgeglichen werden.

Bei der Frage der Zuteilung der Kindes ist ausschließlich das Kindeswohl entscheidend; die Frage des Verschuldens bei der Scheidung wird trotz Fehlens eines richterlichen Schuldausspruches nicht ganz unbeachtet bleiben können; bisheriges Elternverschulden oder grobe Ehepflichtverletzungen lassen durchaus Rückschlüsse darauf zu, ob ein Ehegatte als Erzieher überhaupt geeignet sein kann.

Mit Wirkung zum 1. 4. 1983 bzw. rückwirkend zum 1. 7. 1977 ist das Gesetz zur Regelung von Härten im Versorgungsausgleich vom 21. 2. 1983[37] in Kraft getreten. Dieses Gesetz, zeitlich begrenzt bis zum 31. 12. 1986, soll dem Urteil des Bundesverfassungsgerichts vom 28. 2. 1980[38] Rechnung tragen, in dem festgestellt wurde, daß § 1587b Abs. 1 und 2 i. V. m. § 1587a Abs. 2, Nr. 1 und 2 BGB nur mit der Maßgabe mit dem Grundgesetz vereinbar sind, „daß der Gesetzgeber eine ergänzende Regelung für bestimmte Härtefälle zu treffen hat, die nach Durchführung des Versorgungsausgleichs eintreten können und zu einem mit dem Grundgesetz unvereinbaren Ergebnis führen".

3. *Regelung in Österreich und in der Schweiz*

Das *österreichische* Scheidungsrecht kennt zwei Arten von Scheidungsgründen; zum einen die Scheidung wegen Verschuldens (Eheverfehlungen), wie beispielsweise Ehebruch, §§ 47–49 des österr. EheG, zum anderen die Scheidung aus

[37] BGBl. I S. 105. Zu dieser Neuregelung *M.-M. Hahne/R. Glockner,* Das Gesetz zur Regelung von Härten im Versorgungsausgleich, in: FamRZ 1983, S. 221ff.

[38] BVerfG vom 28. 2. 1980 – 1 BvL 17/77 u. a., in: FamRZ 1980, S. 326ff.; vgl. dazu *P. Krause,* Zum Urteil des Bundesverfassungsgerichts vom 28. 2. 1980 (FamRZ 1980, 326ff.) betr. den Versorgungsausgleich, in: FamRZ 1980, S. 534ff. Das BVerfG hat in mehreren Entscheidungen zur Vereinbarkeit des durch das 1. EheRG geänderten Scheidungsrechts (betr. die Scheidungsgründe, s. bei Anm. 35) mit dem Grundgesetz Stellung genommen; vgl. dazu *F. W. Bosch,* Weitere Reformen im Familienrecht der Bundesrepublik Deutschland?, in: FamRZ 1982, S. 862ff., 863ff., m. w. N. auch zu Besprechungen dieser Entscheidungen, sowie neuestens auch BVerfG vom 27. 1. 1983, in: FamRZ 1983, S. 342ff. (Nichtigkeit des § 1587b Abs. 3 S. 1 Halbs. 1 BGB).

anderen Gründen, §§ 50–52, 55 des österr. EheG. Bei der Scheidungsfolge der Unterhaltspflicht ist entscheidend die Bedürftigkeit der geschiedenen Ehegatten (§§ 66ff. des österr. EheG), wobei aber auch Billigkeitsgesichtspunkte Berücksichtigung finden.

Auch das *Schweizer* Scheidungsrecht kennt die Scheidung wegen Verschuldens (Art. 137–140 ZGB) und wegen anderer Gründe, wie beispielsweise wegen Zerrüttung, Art. 141, 142 ZGB; bei Vorliegen eines Scheidungsgrundes geht die Klage entweder auf Scheidung der Ehe oder auf Trennung der Ehegatten, Art. 143 ZGB. Die Scheidungsfolgen der Unterhaltspflicht können auf Vereinbarung beruhen, sie bedürfen dann aber der Genehmigung des Richters, Art. 158 Ziff. 5 ZGB; im übrigen gilt der Grundsatz, daß die Unterhaltspflicht von der Bedürftigkeit des schuldlosen Ehegatten abhängt (Art. 152 ZGB).

7. Kapitel: Sonstige gottesdienstliche Formen

§ 90 Die Sakramentalien

Von Heinrich J. F. Reinhardt

Zu den Sakramentalien werden verschiedene liturgische Handlungen wie Kreuzverehrung, Fußwaschung, der gläubige Gebrauch des Weihwassers, Prozessionen, Bittgänge, das kirchliche Begräbnis[1], Exorzismen und vor allem die Weihungen und Segnungen unterschiedlicher Art gezählt.

Nach der dogmatischen Festlegung der sieben Sakramente im 12. Jahrhundert wurde die Bezeichnung „Sakramentalien" für jene liturgischen Handlungen geläufig, die nicht selbst Sakramente sind, sich aber um die Sakramente als Lebensvollzüge der Kirche ausbreiteten, auf sie hinführten oder von ihnen ausgingen. Ihre Wirkweise ist nicht, wie die der Sakramente, ex opere operato, sondern ex opere operantis, genauer gesagt, ex opere operantis Ecclesiae, d. h. sie werden kraft der Fürbitte der Kirche erlangt (Art. 60 VatII SC; c. 1166). Sie sind ekklesiale Bezeugungs- und Ausdrucksformen und machen sinnenfällig, daß die ganze Schöpfung „Zeichen Gottes ist, Raum, in dem der glaubende Mensch Gott begegnet."[2] Im Vordergrund der gegenwärtigen theologischen Deutung der Sakramentalien steht nicht die Abwehr dämonischer Kräfte,[3] sondern der Lobpreis Gottes und die Bitte um seinen Segen. Insofern sind die Sakramentalien das Gegenteil von Zauber und Magie.

Zuständig für die Einführung neuer und für die Abschaffung, Veränderung oder verbindliche Auslegung bestehender Sakramentalien ist allein der Apostolische

[1] Vgl. dazu in *diesem* Band, unten, *H. J. F. Reinhardt,* § 91 Das kirchliche Begräbnis.

[2] *R. Berger,* Kleines liturgisches Wörterbuch, Freiburg i. Br. 1969.

[3] Vgl. *R. Schulte,* Die Einzelsakramente als Ausgliederung des Wurzelsakraments, in: MySal IV 2, S. 150–152; *J. Baumgartner* (Hrsg.), Gläubiger Umgang mit der Welt. Die Segnungen der Kirche, Freiburg i. Br. 1976; dort werden auf den S. 128–132 neuerlich veröffentlichte Segensbücher aufgeführt und kurz charakterisiert.

Stuhl (c. 1167 § 1). Bei der Spendung der Sakramentalien sind die von der Kirche approbierten liturgischen Bücher anzuwenden und die vorgeschriebenen Riten genau einzuhalten (c. 1167 § 2). Wer welche Sakramentalien spenden darf, ist im allgemeinen Recht des Codex sowie in den liturgischen Büchern im einzelnen festgelegt.

Die Wirkung der Sakramentalien ist in erster Linie geistlicher, aber auch weltlicher Art. Diese Unterscheidung gilt es, vor allem bei den Weihungen und Segnungen[4] der Kirche zu treffen. Der Begriff „Weihe" oder „Weihung" bedeutet zeichenhaftes Aussondern für Gott; geweihte Personen, Sachen oder Orte werden mit der Weihe der weltlichen Zweckbestimmung entzogen. Demgegenüber bedeutet „Segen" oder „Segnung" das durch das fürbittende Gebet der Kirche erflehte Einwirken Gottes auf das Gesegnete. Der Segen wird zur Erfahrung der göttlichen Gegenwart, ohne daß der Charakter des Gesegneten sich von der Zweckbestimmung her ändert. Zu den Weihen in diesem Sinn zählen z. B. die Kirchen-[5] und Friedhofsweihe[6] als örtliche, die Altar-[7] und Glockenweihe[8] als dingliche und die Jungfrauen-, Abt- und Äbtissinenweihe[9] als persönliche Weihen. Zu den Segen oder Segnungen gehören etwa der Haus- und Flursegen als örtliche, der Alten-, Kranken-, Kinder-, Braut- und Muttersegen als persönliche und der Auto-, Fahnen-[10] und Früchtesegen als dingliche Segen.[11]

Die lateinischen Begriffe „consecratio" und „benedictio" sind nicht identisch mit den deutschen Begriffen „Weihe" (Weihung) und „Segen" (Segnung). Gerade die deutschen Begriffe „Weihe" (Weihung) und „Segen" (Segnung) werden oft unterschiedlich gebraucht und sind in den liturgischen Büchern fließend.[12] Der lateinische Begriff „consecratio" bezeichnet eine Weihe in Verbindung mit einer Ölsalbung, während „benedictio" entweder eine Weihe ohne Ölsalbung („benedictio constitutiva") oder einen einfachen Segen bzw. Segnung („benedictio invocativa") bezeichnet.

Der CIC/1983 hat gegenüber dem bisherigen Recht eine weitere terminologi-

[4] Zur biblischen Grundlegung und zur praktisch-theologischen Bedeutung der Benediktionen auch in den anderen christlichen Kirchen vgl. die Artikel von *P. Schäfer, R. Deichgräber* und *J. G. Davies,* Benediktionen, in: TRE Bd. 5, S. 560–573.

[5] Vgl. die Studienausgabe „Die Feier der Kirchweihe und Altarweihe. Die Feier der Ölweihen", hrsg. mit Billigung der kirchlichen Autoritäten von den Liturgischen Instituten Salzburg-Trier-Zürich, Freiburg i. Br. 1981.

[6] Vgl. Nr. 37 der Studienausgabe des „Benediktionale", hrsg. mit Billigung der kirchlichen Autoritäten von den Liturgischen Instituten Salzburg-Trier-Zürich, Freiburg i. Br. 1978.

[7] Vgl. Anm. 5.

[8] Vgl. Nr. 31 des „Benediktionale" (Anm. 6).

[9] Vgl. den Ritus „Die Feier der Abt-, Äbtissinen- und Jungfrauenweihe in den kath. Bistümern des deutschen Sprachgebietes", Einsiedeln-Freiburg 1975.

[10] Die Segnung von Fahnen ist erlaubt, wenn sie „in favorem et in obsequium religionis catholicae" erbeten wird; SC Rit, Instr. v. 26. 3. 1924 (AAS 16 [1924], S. 171). Die Segnung politischer Fahnen ist nach einer Entscheidung der SC Off v. 20. 3. 1947, in: AAS 39 [1947], S. 130, verboten.

[11] Vgl. zu den genannten Segnungen die in Anm. 6 aufgeführte Studienausgabe des „Benediktionale".

[12] Vgl. Anm. 5 (S. 22) der Studienausgabe des „Benediktionale" (Anm. 6) u. *Mörsdorf* R, S. 237–239.

sche Unterscheidung vorgenommen. Danach wird der Begriff „consecrationes" nur noch für *persönliche* Weihen (z. B. cc. 207 § 2, 666, 835 § 2, 880 § 2, 1008, 1012, 1014) verwendet, während *dingliche* und *örtliche* Weihungen „dedicationes" (z. B. cc. 1171, 1205f., 1208f., 1212, 1217, 1219, 1237, 1269) genannt werden.[13]

Zur Verdeutlichung der Begriffe:

Weihe (Änderung der weltlichen Zweckbestimmung)

– mit Ölsalbung:

  Weihe von Personen = consecratio;

  Weihung von Orten und Sachen = dedicatio;

– ohne Ölsalbung = benedictio constitutiva;

Segen (keine Änderung der weltlichen Zweckbestimmung, ohne Ölsalbung) = benedictio invocativa.

Konsekrationen, Dedikationen sowie die benedictiones constitutivae[14] kann gültigerweise nur vornehmen, wer die Bischofsweihe empfangen hat, sowie Priester, denen es von Rechts wegen[15] oder durch eine rechtmäßige Bevollmächtigung gestattet ist (cc. 1169, 1206f.).

Die benedictiones invocativae sind je nach ihrem Bezug zur kirchlichen Wortverkündigung und Sakramentenspendung sowie je nach ihrer Bedeutung im Leben der Kirche (Diözese, Pfarrei) dem Bischof oder Pfarrer vorbehalten. Nicht vorbehaltene Segnungen kann jeder Priester vornehmen (c. 1169 § 2), der Diakon aber nur die, die ihm im Recht ausdrücklich zugestanden werden (c. 1169 § 3).[16] Segnungen ohne den oben genannten direkten kirchlichen oder liturgischen Bezug, vor allem die Segnungen im Leben der Familie,[17] können auch von Laien vorgenommen werden.

Empfänger der persönlichen Segnungen sind in der Regel katholische Christen.

[13] Diese Dreiteilung benedictio, consecratio, dedicatio, die erstmalig bei *Gilbert*, Bischof von Limerick († 1140) im „Liber de statu Ecclesiae" (PL 159, 1002) vorkommt, hebt die Weihe von Realien (Sachen) jetzt auch begrifflich wieder ab von der Personenweihe; vgl. auch *Baumgartner*, Gläubiger Umgang (Anm. 3), S. 26 u. 113 u. *Davies*, Benediktionen (Anm. 4), S. 564. In der deutschen Sprache könnte man zur besseren Unterscheidung für „consecratio" den Begriff „Weihe" und für „dedicatio" den Begriff „Weihung" verwenden. Diese Unterscheidung ist jedoch nur bei den Substantiven möglich.

[14] In Nr. 77 der I. Instr VatII SC Rit werden als reservierte Benediktionen genannt: die Benediktion von Glocken für benedizierte Kirchen und Oratorien, des Grundsteins einer neuen Kirche oder eines öffentlichen Oratoriums, einer neuen Kirche, eines Antimensiums, eines neuen Friedhofs sowie die päpstliche Benediktion u. die Errichtung v. Kreuzwegstationen. Die Benediktion u. Errichtung von Kreuzwegstationen ist weiterhin Privileg des Franziskanerordens in den Pfarreien seiner Niederlassungen. In den anderen Pfarreien kann der zuständige Bischof anderen Priestern diese Aufgabe übertragen (MP PastMun n. 30). Vgl. auch in *diesem* Band, oben, *H. J. F. Reinhardt,* § 72 Geweihte Stätten.

[15] Z. B. die Benediktion von Kelch und Patene, vgl. Kap. 7 der Studienausgabe „Die Feier der Kirchweihe und Altarweihe" (Anm. 5).

[16] Auf Antrag der deutschsprachigen Bischofskonferenzen hat die SC SacrCult mit Reskript v. 28. 12. 1981 (Prot. CD 593/77) die Segensvollmachten der Diakone gegenüber den bisherigen liturgischen Bestimmungen erweitert. Diese Vollmachten gelten für fünf Jahre, bis der Hl. Stuhl eine passende Regelung der Gesamtfrage im „Liber Benedictionum" gefunden hat. Die Vollmachten im einzelnen sind in den Amtsblättern der Diözesen aufgeführt, die sie an ihre Diakone weitergegeben haben (z. B. KABl. Essen 1982, S. 55).

[17] Vgl. dazu im einzelnen die Studienausgabe des „Benediktionale" (Anm. 6).

Die Segnungen können aber auch Katechumenen und, wenn nicht im Einzelfall ein Verbot der Kirche entgegensteht, Nichtkatholiken gewährt werden (c. 1170).[18]

Geweihte Sachen und Orte dürfen nicht zu profanen Zwecken gebraucht werden (cc. 1171, 1210). Im Einzelfall kann jedoch der Ordinarius einen anderen Gebrauch etwa einer Kirche oder Kapelle gestatten, der aber der Heiligkeit des Ortes nicht entgegenstehen darf (c. 1210).

Zu den Sakramentalien gehört auch der *Exorzismus.* Zu unterscheiden ist zwischen den kleinen Exorzismen (etwa im Zusammenhang mit der Taufspendung)[19] und dem großen (imprekatorischen) Exorzismus (c. 1172). Insbesondere der große Exorzismus ist trotz seines imperativen Rituals (Befehl an den Teufel,[20] Menschen oder Gegenstände zu verlassen) kein magischer oder okkulter Akt, sondern ist zu verstehen als das eindringliche Gebet der Kirche, Gott möge einen vom Bösen in ungewöhnlicher Weise bedrängten Menschen durch die Erlösungstat Jesu Christi von dieser Bedrängnis befreien. Genaue Kriterien dafür, wann die Anwendung des großen Exorzismus angezeigt ist, sind im einzelnen schwer auszumachen. Die in dem zur Überarbeitung anstehenden Rituale Romanum (tit. XII cap. 1)[21] genannten Indizien (Verstehen oder Sprechen in für den Betroffenen unbekannten Sprachen, Offenbaren verborgener Dinge, Entwickeln übermäßiger körperlicher Kräfte) sind im Lichte heutiger medizinischer Erkenntnisse keine objektiv eindeutigen und allein ausreichenden Anhaltspunkte mehr, so daß jeder Einzelfall einer genauen Prüfung bedarf. Das kirchliche Gesetzbuch fordert die besondere und ausdrückliche Erlaubnis des Ortsordinarius für jede Anwendung des großen Exorzismus (c. 1172 § 1). Von dem den Exorzismus anwendenden Priester wird verlangt, daß er sich durch Frömmigkeit, Klugheit und einen unbescholtenen Lebenswandel auszeichnet (c. 1172 § 2). Vor allem aber ist eine sorgfältige und gewissenhafte Prüfung gefordert, ob die Voraussetzungen zur Anwendung des Exorzismus gegeben sind. Schon das Rituale Romanum weist eigens auf die oft nahe Grenze zur psychischen Krankheit hin und untersagt dem Exorzisten jede Tätigkeit, die einem Mediziner obliegt.[22]

[18] Zum kirchlichen Begräbnis von nichtkatholischen Christen (c. 1183 § 3) vgl. in *diesem* Band, unten, *H. J. F. Reinhardt,* § 91 Das kirchliche Begräbnis.

[19] Hier als deprekatorischer Exorzismus, d. h. als ein an Gott gerichtetes Gebet um Befreiung von der Macht des Bösen; vgl. den Ritus „Die Feier der Kindertaufe in den kath. Bistümern des deutschen Sprachgebiets", Einsiedeln-Freiburg 1971, S. 34, 57f. und die Studienausgabe „Die Feier der Eingliederung Erwachsener in die Kirche nach dem Rituale Romanum", Einsiedeln-Freiburg 1975, z. B. die S. 72–79.

[20] Zur kirchlichen Lehre vom Teufel und den Dämonen vgl. die im Auftrag der SC Fid erstellte Studie „christlicher Glaube und Dämonologie" vom 26. Juni 1975, mit einer Einl. von *K. Kertelge* u. *W. Breuning,* abgedr. in: NKD 55 sowie „Teufel, Dämonen, Besessenheit: Zur Wirklichkeit des Bösen", hrsg. v. *W. Kasper* u. *K. Lehmann,* Mainz 1978 (Lit.).

[21] Editio prima post typicam, Typ. Pol. Vat. 1957, erstmals hrsg. im Auftrag des Konzils von Trient im Jahre 1614.

[22] Cap. I, n. 3. – Hinsichtlich der Anwendungskriterien hat der Vorsitzende der Deutschen Bischofskonferenz, *Joseph Kardinal Höffner,* am 28. 4. 1978 erklärt: „Vor der Annahme eines Falles von Besessenheit sind die heutigen Möglichkeiten der Medizin und Psychiatrie voll auszuschöpfen. Die medizinische Behandlung darf während des Exorzismus nicht unterbrochen werden. Wird ärztliche Beobachtung und Betreuung von Betroffenen oder ihren Angehörigen abgelehnt, dann darf der Exorzismus nicht vollzogen werden. Die beauftragten Priester müssen alles vermeiden, was nicht zu ihrem Auftrag gehört." (Abgedr. in: Pressedienst des Sekretariats der DBK, Dokumentation XV/78).

§ 91 Das kirchliche Begräbnis

Von Heinrich J. F. Reinhardt

1. Das Recht auf kirchliches Begräbnis (Gewährung und Verweigerung)

Durch das kirchliche Begräbnis wird der verstorbene Gläubige Gott anempfohlen. Die Gemeinde erweist dem Toten einen Dienst der brüderlichen Liebe und ehrt seinen in der Taufe zum Tempel des Heiligen Geistes gewordenen Leib. Sie gedenkt des Todes und der Auferstehung des Herrn in gläubiger Hoffnung und erwartet die Wiederkunft Christi und die Auferstehung der Toten. Die Begräbnisfeier wird so zur Verkündigung der Osterbotschaft.[1]

Im Erdbegräbnis sieht die Kirche die größte Ähnlichkeit mit dem Begräbnis des Herrn. Sie verbietet dennoch die Feuerbestattung nicht, wenn diese nicht gewählt wird, um die Ablehnung christlicher Glaubensinhalte zu dokumentieren, sondern etwa aus hygienischen, wirtschaftlichen oder sonstigen Gründen öffentlicher oder privater Art (c. 1176 § 3).[2]

Alle verstorbenen Gläubigen haben einen Anspruch auf ein kirchliches Begräbnis, sofern er ihnen nicht von Rechts wegen ausdrücklich aberkannt ist (c. 1176 § 1). Dieser Anspruch ist ein mit der Taufe gegebenes Gliedschaftsrecht und bedeutet, daß der zuständige Pfarrer nicht nur berechtigt, sondern auch verpflichtet ist, das kirchliche Begräbnis durchzuführen. Ungetaufte haben grundsätzlich kein Recht auf eine kirchliche Beerdigung.[3] Katechumenen, die ohne ihre Schuld vor dem Tod nicht getauft werden konnten, werden den Getauften gleichgestellt (c. 1183 § 1). Stirbt ein Kind, das die Eltern taufen lassen wollten, vor der Taufe, dann kann das Begräbnis nach der Ordnung des Kinderbegräbnisses gehalten werden (c. 1183 § 2).[4]

Bei Vorliegen besonderer Gründe, über die der Ortsordinarius zu entscheiden hat, kann auch nichtkatholischen Christen das kirchliche Begräbnis gewährt werden, vorausgesetzt, daß nicht ihr gegenteiliger Wille feststeht und daß der Pfarrer (Amtsträger) der eigenen Konfession nicht erreicht werden kann (c. 1183 § 3).[5]

[1] Vgl. den Ritus „Die kirchliche Begräbnisfeier in den katholischen Bistümern des deutschen Sprachgebietes", Einsiedeln-Freiburg 1973, S. 13.

[2] Vgl. auch die Instr SC Off v. 5. 7. 1963, in: AAS 56 (1964), S. 822f.; vgl. dazu die Anweisungen der deutschen Bischöfe vom Juli 1964, in: AfkKR 133 (1964), S. 127f.

[3] Die entsprechende Norm des c. 1239 § 1 CIC/1917 ist zwar in den CIC/1983 expressis verbis nicht mehr aufgenommen worden, ergibt sich aber bereits aus der Formulierung des c. 1176 § 1 sowie aus der Natur des christlichen Begräbnisses selbst.

[4] Vgl. „Die kirchliche Begräbnisfeier", S. 109–117 u. S. 144 (eigener Ritus).

[5] Daß nichtkatholischen Christen bei Vorliegen besonderer Gründe ein katholisch-kirchliches Begräbnis gewährt werden kann, ist gegenüber dem CIC/1917 neu. Die Voraussetzung für die Vornahme des Begräbnisses, daß der eigene Amtsträger des Verstorbenen nicht angegangen werden kann („dummodo minister proprius haberi nequeat") enthielt c. 39 § 3 des Schemas EcclMunSanct noch nicht. Sie ist für die Sakramentenspendung an nichtkatholische Christen in besonderen Fällen bekannt (z. B. c. 844 §§ 2 u. 4), bei der Spendung der Sakramentalien stellt sie aber eher eine Sonderregelung dar (vgl. dagegen c. 1170). Die verschiedentlich partikularrechtlich (z. B. in der Vereinbarung der evangelischen Landeskirchen in Hessen und Nassau, Kurhessen-Waldeck und im Rheinland mit den katholischen

Das Recht auf ein kirchliches Begräbnis haben diejenigen verwirkt, die zu ihren Lebzeiten aufgrund eines persönlich schuldhaften Verhaltens zu folgendem Personenkreis zu zählen sind, wenn sie nicht vor ihrem Tod irgendein Zeichen der Reue gegeben haben (c. 1184 § 1):

a) offenkundige Apostaten, Häretiker und Schismatiker;[6]

b) diejenigen, die sich für eine Feuerbestattung entschieden haben aus Gründen, die der christlichen Glaubenslehre widersprechen;[7]

c) andere öffentliche Sünder, denen das kirchliche Begräbnis nicht ohne öffentliches Ärgernis bei den Gläubigen gewährt werden kann.[8]

Zu den genannten „öffentlichen Sündern" („peccatores manifesti") zählen herkömmlicherweise etwa die wiederverheirateten Geschiedenen,[9] Konkubinarier, wenn der objektive Sachverhalt unstreitig ist und an der persönlichen Schuld kein Zweifel besteht, aber auch Katholiken, die bekanntermaßen jahrelang ihrer österlichen Pflicht nicht nachgekommen sind.[10] Soweit Katholiken, die den Austritt aus der katholischen Kirche erklärt haben, nicht schon zu dem in a) genannten Personenkreis gehören,[11] sind sie ebenfalls zu den „öffentlichen Sündern" zu zählen.

Gegenüber dem CIC/1917 ist im CIC/1983 als Entscheidungskriterium das „publicum fidelium scandalum" für die Frage der Begräbnisverweigerung der „öffentlichen Sünder" hinzugekommen. Daher ist diesem Personenkreis nach c. 1184 § 1 nur dann das Begräbnis zu verweigern, wenn im Einzelfall aufgrund der bekannten persönlichen Lebensumstände des Verstorbenen einerseits und der religiös-sittlichen Einstellung der Gläubigen der betreffenden Gemeinde andererseits erwartet bzw. unterstellt werden muß, daß im Falle einer Begräbnisvornahme bei den Gläubigen ein öffentliches Ärgernis entstehen könnte. In der Praxis kann diese Norm aus verschiedenen Gründen (unterschiedliche Einstellung der Gläubigen zu den genannten Tatbeständen; der verschiedene Bekanntheitsgrad

[Erz-]Diözesen Fulda, Limburg, Mainz und Paderborn vom 25. 5. 1977, in: KABl. Paderborn 1977, S. 154–158) vereinbarte oder ohne Vereinbarung gelegentlich praktizierte Regelung, in begründeten einzelnen Ausnahmefällen eine Absprache zwischen den Pfarrern beider Konfessionen zu treffen und – vorbehaltlich der Zustimmung der jeweiligen Kirchenleitung – auch dann dem nicht eigenen Kirchenmitglied ein Begräbnis zu gewähren, wenn der eigene Amtsträger hätte angegangen werden können, erfüllt diese Voraussetzung nicht.

[6] Vgl. dazu in *diesem* Band, unten, *R. A. Strigl,* § 103 Die einzelnen Straftaten.

[7] Vgl. dazu auch die in Anm. 2 genannten Quellen.

[8] Die in c. 1240 § 1 CIC/1917 besonders genannten Fallgruppen: Selbstmörder, Duellanten sowie Freimaurer werden nicht mehr eigens genannt; zur Beurteilung der Mitgliedschaft in einer Freimaurerloge vgl. in *diesem* Band, unten, *R. A. Strigl,* § 103 Die einzelnen Straftaten.

[9] Vgl. zu dieser Problematik vor allem *H. Heinemann,* Die Teilnahme wiederverheiratet Geschiedener an der eucharistischen Tischgemeinschaft als Frage an das kanonische Recht, in: ThGl 66 (1976), S. 161–177, hier S. 174–176.

[10] Zu den Fallgruppen der öffentlichen Sünder vgl. *Mörsdorf* Lb II, S. 342.

[11] Vgl. dazu in *diesem* Band, unten, *R. A. Strigl,* § 103 Die einzelnen Straftaten.

eines Verstorbenen, der bei den Gläubigen einer Großstadtgemeinde in der Regel geringer ist als in der Landgemeinde usw.) vielleicht zu örtlich unterschiedlichen Entscheidungen führen. Andererseits ist es aber gerade die Ortsgemeinde, die dem Verstorbenen durch das kirchliche Begräbnis einen Dienst der brüderlichen Liebe erweist. Ihr steht daher in dem aufgezeigten Rahmen auch ein gewisses Entscheidungsrecht hierüber zu.

In allen Zweifelsfällen, ob ein Begräbnis verweigert werden muß oder nicht, ist der *Ortsordinarius* zu fragen, dessen Entscheidung zu befolgen ist (c. 1184 § 2).

Wer vom kirchlichen Begräbnis ausgeschlossen ist, dem ist auch jede Form einer Begräbnismesse zu verweigern (c. 1185).[12]

2. *Die Bestattung (Begräbniskirche, Wahlrecht, Zuständigkeit, Form)*

In der Regel findet der Totengottesdienst in der eigenen Pfarrkirche des Verstorbenen statt (c. 1177 § 1). Es steht aber jedem Gläubigen durch eine entsprechende Verfügung zu Lebzeiten sowie denen, die für das Begräbnis des Verstorbenen Sorge zu tragen haben, in der Regel also den Angehörigen, frei, eine andere Kirche als Begräbniskirche (Ecclesia funerans) zu wählen, vorausgesetzt, daß der Vorsteher der gewählten Kirche seine Zustimmung erklärt hat und der eigene Wohnsitzpfarrer des Verstorbenen hiervon in Kenntnis gesetzt worden ist (c. 1177 § 2). Die Wahl der Begräbniskirche kann unabhängig von der Wahl des Friedhofs wahrgenommen werden.

Gegenüber dem CIC/1917 verzichtet der CIC/1983 auf eine detaillierte Festlegung der zuständigen Begräbniskirche in Sonderfällen (z. B. bei mehreren Wohnsitzen des Verstorbenen, bei Wohnsitzlosen usw.) und überläßt derartige Regelungen dem teilkirchlichen Gesetzgeber (c. 1177 § 3). Lediglich für den Fall, daß sich der Todesfall außerhalb der eigenen Pfarrkirche ereignet und der Leichnam nicht zu ihr überführt wird und auch keine andere Kirche rechtmäßig bestimmt wurde, legt c. 1177 § 3 fest, daß die Ecclesia funerans die Pfarrkirche ist, in deren Gebiet sich der Todesfall ereignet hat. Auch sind im CIC/1983 keine detaillierten Bestimmungen mehr aufgenommen über die Begräbniskirche der Kardinäle, Domherren, Äbte, Prälaten und Pfarrer. In dieser Hinsicht werden nur zwei Festlegungen in bezug auf die Begräbniskirche getroffen, und zwar wird für die Diözesanbischöfe die eigene Kathedralkirche festgelegt (c. 1178), wenn der Verstorbene nicht selbst zu Lebzeiten eine andere Kirche bestimmt hat, und c. 1179 nennt für die Mitglieder der Ordensinstitute und Gesellschaften des apostolischen Lebens die eigene Kirche oder Kapelle als zuständige Begräbniskirche. Im letztgenannten Fall ist für die Vornahme des Begräbnisses der eigene Obere zuständig, wenn es sich um einen Klerikerverband handelt, sonst der jeweilige Hausgeistliche.

In der Regel ist – wie die Begräbniskirche – auch die Begräbnisstätte faktisch festgelegt durch die örtlichen Gegebenheiten. Gleichwohl hält der CIC/1983 wiederum daran fest, daß der Friedhof vom Verstorbenen selbst zu seinen Lebzeiten oder von denjenigen, die für das Begräbnis des Verstorbenen zu sorgen haben, grundsätzlich frei gewählt werden kann, es sei denn, daß das Recht im Einzelfall, d. h. bei bestimmten Personen, dieses Recht ausschließt

[12] Das Dekret der SC Fid v. 11. 6. 1976 über die öffentliche Meßfeier in der katholischen Kirche für verstorbene nichtkatholische Christen (AAS 68 [1976], S. 621 f.) galt als Ausnahmeregelung nur bis zur Veröffentlichung des neuen Gesetzbuches (n. 2); zum Umfang und zur Bedeutung des jetzigen c. 901 vgl. in *diesem* Band, oben, *A. Mayer,* § 75 Die Eucharistie.

(c. 1180 § 2). Sollte keine andere Begräbnisstätte bestimmt worden sein und die Pfarrei des Verstorbenen einen eigenen Friedhof besitzen, dann ist dort das Begräbnis vorzunehmen (c. 1180 § 1).

Für die Durchführung des Begräbnisses ist grundsätzlich der Pfarrer zuständig (c. 530). Er nimmt entweder selbst das Begräbnis vor oder überträgt es einem anderen ihm zugeordneten Priester (z. B. dem Kaplan). Nach dem Ordo exsequiarum[13] (Praenotanda n. 19) können auch Diakone Begräbnisriten vollziehen, Laien aber sollen nur bei wirklicher pastoraler Notlage mit dieser Funktion beauftragt werden.[14]

Das Begräbnis wird in verschiedenen Stationen vollzogen: Die Überführung der Leiche von Trauerhaus in die Kirche, dort Eucharistiefeier, anschließend Beisetzung auf dem Friedhof. Die Überführung der Verstorbenen in die Kirche ist in Deutschland vielfach gesundheitspolizeilich eingeschränkt.[15] Gleichwohl empfiehlt das Rituale „Die kirchliche Begräbnisfeier" aus dem Jahr 1972, daß dort, wo es möglich ist, der sinnvolle Brauch beibehalten werden soll, den Leichnam in die Kirche zu bringen und die hl. Eucharistie in dessen Gegenwart zu feiern (S. 31). Hinsichtlich der Reihenfolge, Zusammenlegung und Anpassung der genannten Stationen wird in diesem Rituale eine hinreichende Auswahl an Möglichkeiten dargeboten, die den örtlichen Gegebenheiten (Vorhandensein von Trauerhallen, Friedhofskapellen usw.), den Gewohnheitsrechten, den staatlichen Vorschriften, den konkreten Umständen (z. B. schlechtes Wetter) und den persönlichen Wünschen der Angehörigen weitestgehend entsprechen.

Für die liturgischen Feiern im Zusammenhang mit der Einäscherung werden ebenfalls verschiedene Möglichkeiten aufgeführt, bei denen jedoch die Eucharistiefeier in der Kirche zeitlich abgesetzt wird von den übrigen Feierlichkeiten.[16]

Für die Gebühren, die anläßlich des Begräbnisses gefordert werden können, verweist c. 1181 auf die partikularrechtlichen Gebührenordnungen, die nach c. 1264 von den Bischöfen einer Kirchenprovinz einheitlich festgelegt werden

[13] Rituale Romanum ex decreto Sacrosancti Oecumenici Concilii Vaticani II instauratum auctoritate Pauli Pp. VI promulgatum, Typ. Pol. Vat. 1969; vgl. auch den Ritus „Die kirchliche Begräbnisfeier" (Anm. 1), Pastorale Einführung Nr. 26.

[14] Dem muß ein Beschluß der Bischofskonferenz und die Erlaubnis des Apostolischen Stuhls vorausgehen (Vgl. die in Anm. 13 genannten Quellen. Auf Antrag der Deutschen Bischofskonferenz hat die SC Cult mit Schreiben v. 17. 11. 1973 (Prot. n. 1727/73) die Ortsordinarien in der Bundesrepublik Deutschland bevollmächtigt, bei pastoraler Notwendigkeit in den Fällen, in denen kein Geistlicher vorhanden ist, Laien mit der Durchführung des Begräbnisses zu beauftragen.

[15] Die Preußische Polizeiverordnung v. 18. 3. 1933 über das Leichenwesen z. B. bestimmt, daß in Orten mit öffentlicher Leichenhalle die Verstorbenen spätestens 24 Stunden nach dem Tod dorthin überführt werden müssen. Das schließt jedoch nicht aus, daß in Einzelfällen die Leiche zum Begräbnisamt in die Kirche überführt wird.

[16] Nach dem Rituale „Die kirchliche Begräbnisfeier" (Anm. 1; Pastorale Einf. Nr. 14–17 u. S. 121–123) kann eine kirchliche Feier im Krematorium stattfinden, anschließend folgt die Beisetzung der Urne in einfacher Form, die auch ein Laie vornehmen kann. Findet keine kirchliche Feier im Krematorium statt, kann die kirchliche Begräbnisfeier in zwei Stationen (I. Friedhofskapelle oder Trauerhalle, II. Grab) oder in einer der beiden Stationen durchgeführt werden.

sollen. Es muß jedoch sichergestellt sein, daß ein Begräbnis stets ohne Ansehen der Person gehalten wird und den Armen nicht eine gebührende Begräbnisfeier vorenthalten wird.

Unberührt davon bleiben die vom Rechtsträger der Friedhöfe aufgestellten und von den zuständigen Aufsichtsorganen genehmigten Gebührensätze für die Grabstätten.

Nach dem Begräbnis muß die Eintragung (z. B. der Name und das Alter des Verstorbenen, der Name der Eltern bzw. des Gatten, der Zeitpunkt des Todes, die gespendeten Sakramente und der Name des Spenders, sowie Ort und Zeit des Begräbnisses) in das Totenbuch (Sterberegister) nach Maßgabe des Partikularrechts erfolgen (c. 1182).

§ 92 Die Heiligen-, Bilder- und Reliquienverehrung

Von Heinz Maritz

In Übereinstimmung mit den Aussagen des Trienter Konzils[1] lehrt das II. Vatikanum, daß die Heiligen als „treue Nachfolger Christi" in der Kirche von den Gläubigen verehrt werden und ihre fürbittende Hilfe erbeten wird[2]; besonders sollen die Gläubigen mit kindlicher Ergebenheit die seligste Jungfrau Maria, die Mutter Gottes, die von Christus für alle als Mutter bestimmt wurde, verehren (c. 1186).

Durch die Behandlung im (7.) Kapitel der Kirchenkonstitution über den endzeitlichen Charakter der pilgernden Kirche gewinnt die Aussage des II. Vatikanischen Konzils über die Verehrung der Heiligen eine ekklesiologische Aussagekraft und weist hin auf das ständig wache Bewußtsein von der eschatologischen Dimension der Kirche.[3]

1. Die Verehrung der Heiligen und Seligen

Liturgische Verehrung darf nur den Dienern Gottes erwiesen werden, die von der kirchlichen Autorität ins Verzeichnis der Heiligen oder Seligen aufgenommen worden sind (c. 1187).[4]

[1] Sess. XXV De invocatione, veneratione et reliquiis sanctorum, et de sacris imaginibus, in: COD, S. 774ff.

[2] VatII LG Art. 50 u. 51.

[3] Vgl. *E. Niermann,* Art. Heiligenverehrung, in: SacrM II, S. 609ff.

[4] Die in der Lateinischen Kirche während des Kirchenjahres zu feiernden Heiligenfeste wurden durch das MP Papst *Pauls VI.* „Mysterii Paschalis" vom 14. 2. 1969 neu geordnet und durch das Dekret der SC Rit vom 21. 3. 1969 zum 1. 1. 1970 in Kraft gesetzt. Für die Neuordnung der Heiligenfeste im teilkirchlichen Bereich erließ die SC Cult durch die Instruktion „Calendaria particularia" vom 24. 6. 1950 eigene Richtlinien. Die Neuordnung für das deutsche Sprachgebiet erfolgte am 1. 11. 1971 mit Approbation durch den Hl. Stuhl

Exkurs: Das Heiligsprechungsverfahren

Die Normen für das Heiligsprechungsverfahren sind nicht mehr im CIC enthalten (c. 1403 § 1), sondern in Form eines päpstlichen Sondergesetzes erlassen worden[5], wobei die Normen des allgemeinen Prozeßrechtes jeweils dann zur Anwendung kommen, wenn dies aus der Natur der Sache hervorgeht, oder wenn die Sondernormen auf das allgemeine Prozeßrecht verweisen (c. 1403 § 2). Durch die Ap. Konst. „Divinus perfectionis magister" werden alle bis dahin geltenden Normen außer Kraft gesetzt.

Ziel der neuen Verfahrensordnung ist es, die Diözesanbischöfe und die ihnen durch das Recht gleichgestellten Hierarchen in größerem Umfang als bisher an der Durchführung dieser Verfahren zu beteiligen, und durch die Vereinfachung der Verfahrensvorschriften diese zu beschleunigen. Da an keiner Stelle der Sondergesetzgebung, durch die die ganze Gesetzesmaterie „ex integro" neu geordnet wird, das Seligsprechungsverfahren erwähnt wird, hat es wohl als abgeschafft zu gelten.

Sache des Diözesanbischofs ist es, in seinem Bereich von Amts wegen oder auf Antrag einzelner Gläubigen oder dazu berechtigter Verbände Erhebungen hinsichtlich des Lebens, der Tugenden oder des Martyriums wie auch einer seit alters bestehenden Verehrung eines Dieners Gottes durchzuführen. Eine vorherige Erlaubnis des Hl. Stuhles ist dazu nicht mehr erforderlich. Die Untersuchungen haben nach den von der SC CausSS erlassenen Normen zu erfolgen, wobei die Erhebungen über die *Tugenden* oder das Martyrium von denen über die geltend gemachten *Wunder* getrennt durchzuführen sind.

Nach Abschluß der bischöflichen Erhebungen ist ein „Transsumptum" in zweifacher Fertigung zusammen mit den Schriften des Dieners Gottes und deren Beurteilung durch den bischöflichen Bücherzensor sowie eine Erklärung des Diözsanbischofs über die Einhaltung der Dekrete Papst *Urbans VIII.* bezüglich der nicht offiziellen Verehrung des Dieners Gottes („super non cultu") an die SC CauSS zu schicken.

Nach erfolgtem strengem, nach bis jetzt noch nicht veröffentlichten Normen bei der SC CausSS durchgeführtem Verfahren über die Tugenden oder das Martyrium des Dieners Gottes sowie über die geltend gemachten Wunder schlagen die Mitglieder der SC CausSS (Kardinäle und Bischöfe) den Diener Gottes dem Papst zur Heiligsprechung vor, dem allein die Entscheidung zusteht, ob einem Diener Gottes amtliche kirchliche Verehrung zukomme.

Über die Art und Weise des Vorgehens bezüglich der bei der SC CausSS bereits anhängigen Verfahren entscheidet die Kongregation im Einzelfall, jedoch unter Berücksichtigung der neuen Bestimmungen.

2. Die Verehrung der Bilder

Als heilige Bilder sind Darstellungen der göttlichen Personen, der Engel und Heiligen, biblischer Begebenheiten und Glaubensgeheimnisse anzusehen, die der hergebrachten kirchlichen Anschauung entsprechen sollen[6]. Nach altem kirchlichem Brauch werden in den Kirchen heilige Bilder von den Gläubigen verehrt. Um die Gläubigen aber nicht von der liturgischen Feier abzulenken, sollen nicht

vom 21. 9. 1972, während die einzelnen Diözesankalender am 15. 11. 1972 bestätigt wurden. Vgl. NKD 29.

[5] Const. Ap. „Divinus perfectionis magister" v. 25. 1. 1983, in: AAS 75 (1983), S. 349–355; SC CausSS „Normae servandae in inquisitionibus ab Episcopis faciendis in Causis Sanctorum" v. 7. 2. 1983, in: AAS 75 (1983), S. 396–403; SC CausSS „Decretum generale de Servorum Dei causis, quarum iudicium in praesens apud Sacram Congregationem pendet" v. 7. 2. 1983, in: AAS 75 (1983), S. 403–404.

[6] *Mörsdorf* Lb II, S. 380.

zu viele solcher Darstellungen vorhanden sein, wobei auf das religiöse Empfinden der ganzen christlichen Gemeinde Rücksicht zu nehmen ist (vgl. c. 1188)[7].

Bilder, die falschen Glaubensvorstellungen Vorschub leisten oder Anlaß für Glaubensirrtümer sind, dürfen nicht aufgestellt werden.[8] Die feierliche Weihe von Bildern, die zur öffentlichen Verehrung aufgestellt werden, kann von jedem Priester vorgenommen werden[9]. Kostbare Bilder aus Kirchen und Kapellen – wegen ihres Alters, der künstlerischen Darstellung oder der Verehrung – dürfen nur mit schriftlicher Erlaubnis des Ordinarius restauriert werden und erst, nachdem Sachverständigengutachten eingeholt worden sind (c. 1189).

3. *Die Verehrung der Reliquien*

Reliquien im engeren Sinne sind Überreste von verehrungswürdigen Gegenständen oder von Heiligen und Seligen, im weiteren Sinne auch Erinnerungsstücke von diesen. Als hervorragende Reliquien werden Partikel vom heiligen Kreuz und Überreste von Heiligen und Seligen wie Leib, Haupt, Arm, Vorderarm, Herz, Zunge, Bein oder der Körperteil, an dem der Betreffende gemartert wurde, angesehen[10]. Nur echte Reliquien dürfen zur Verehrung durch die Gläubigen ausgesetzt werden[11]. Der Reliquienkult ist, wie die Kirche in ihren Entscheidungen hervorhebt, ein relativer Kult, d. h. die Verehrung wird den Reliquien nur erwiesen in ihrer Beziehung zur Person des Martyrers oder Heiligen, der in sich unmittelbar der Verehrung würdig ist[12].

4. *Die Veräußerung von heiligen Bildern und Reliquien*

Reliquien zu verkaufen, ist in jedem Fall verboten (c. 1190 § 1). Reliquien und kostbare Bilder, die sich großer Verehrung durch das gläubige Volk erfreuen, dürfen nicht ohne Erlaubnis des Hl. Stuhles veräußert oder auf Dauer woanders hin übertragen werden (c. 1190 §§ 2 u. 3).

[7] VatII SC Art. 125; Institutio generalis Missalis Romani n. 278.

[8] So ist es z. B. verboten, den Hl. Geist in menschlicher Gestalt darzustellen: SC Off. v. 16. 3. 1928, in: AAS 20 (1928), S. 103.

[9] Instr. „Inter Oecumenici" der SC Rit v. 26. 9. 1964, n. 77, in: AAS 56 (1964), S. 895.

[10] *Mörsdorf* LB II, S. 381.

[11] Vgl. VatII SC Art. 111.

[12] DS 601, 653–656, 1821 f.; vgl. *F. Lakner*, Art. Reliquien, in: LThK² VIII. Sp. 1217 f.

3. Abschnitt: Der karitative Dienst der Kirche

§ 93 Grundfragen karitativer Diakonie

Von Alfred E. Hierold

Das Gebot Jesu, den Nächsten zu lieben und dem Notleidenden zu helfen[1], ist an jeden einzelnen Christen gerichtet, aber es gilt auch der Kirche als ganzer und hat in der Geschichte der Kirche immer wieder zu karitativen Initiativen und Werken inspiriert[2].

1. Karitative Diakonie als Auftrag der Kirche

Der Auftrag und die Verpflichtung der Kirche zur karitativen Diakonie gründen nicht auf den Pflichten der einzelnen zum karitativen Handeln, sondern fließen aus dem Wesen der Kirche selbst[3], die dazu bestimmt ist, die Liebe Gottes zu bezeugen und das Heil Gottes zu allen Menschen zu tragen. Darum zählt die karitative Diakonie neben der Verkündigung des Wortes Gottes (martyria) und dem Heiligungsdienst (leiturgia) zu den Grundfunktionen kirchlichen Lebens und Handelns[4], bildet mit diesen eine unaufgebbare Einheit und dient wie diese der Heilssorge für alle. Sie ist nicht gleichzusetzen mit den Aktivitäten einzelner kirchlicher karitativer Organisationen, so notwendig auch Organisation in diesem Bereich sein mag, sondern sie wird umfassender verstanden als helfende Zuwendung der kirchlichen Gemeinschaft zu allen Mitmenschen, vornehmlich den Hilfsbedürftigen, Notleidenden und Armen, aufgrund ihres Wesens als Zeichen des Heiles und des Auftrages Jesu Christi. Da das Bemühen kirchlicher Diakonie das Heilsein des Menschen in seiner ganzen Dimension als leiblich-seelische Einheit intendiert, hat sie Entscheidendes gemeinsam mit der pastoralen Tätig-

[1] Vgl. Mt 22,34ff.; Mk 12,28ff.; Lk 20,40ff.; Mt 25,31–46.

[2] Zur Geschichte der christlichen Liebestätigkeit vgl. *G. Ratzinger*, Geschichte der kirchlichen Armenpflege, 2. Aufl., Freiburg i. Br. 1884; *G. Uhlhorn*, Die christliche Liebestätigkeit, 2. Aufl., Stuttgart 1895; *L. Lallemand*, Histoire de la Charité, Paris 1902–1912; *W. Liese*, Geschichte der Caritas, Freiburg i. Br. 1922; *R. Herrmann*, Die Kirche und ihre Liebestätigkeit vom Anbeginn bis zur Gegenwart, Freiburg i. Br. 1963; *R. Völkl*, Frühchristliche Zeugnisse zu Wesen und Gestalt der christlichen Liebe, Freiburg i. Br. 1963.

[3] *R. Völkl*, Dienende Kirche – Kirche der Liebe, Freiburg i. Br. 1969; *ders.*, Caritative Diakonie als Auftrag der Kirche, in: Essener Gespräche zum Thema Staat und Kirche, Bd. 8, Münster 1974, S. 9–24; *J. Meister*, Der Auftrag der Kirche zu sozialcaritativem Handeln, in: ZevKR 18 (1973), S. 354–376; *A. Hierold*, Grundlegung und Organisation kirchlicher Caritas unter besonderer Berücksichtigung des deutschen Teilkirchenrechtes, St. Ottilien 1979; jeweils mit weiterer Lit.

[4] Vgl. *R. Völkl*, Caritas als Grundfunktion der Kirche, in: HPTh I, S. 385–412.

keit der Kirche, ohne mit ihr identisch zu sein[5]. Sie ist ein eigener, integrierender Bestandteil und Ausdruck des Heilsdienstes der Kirche, wie er sich vornehmlich in Verkündigung und Liturgie ereignet, zu denen eine wechselseitige Beziehung besteht, und muß daher ihren Platz im Leben jeder christlichen Gemeinde haben[6].

a) Verkündigung und karitative Diakonie. Die Verkündigung der Frohen Botschaft ist die primäre und vornehmste Aufgabe der Kirche und ihrer Glieder; denn sie fordert und weckt die Antwort des Glaubens (Röm 10,14f.). Die rechte Verkündigung ruft die Liebe zu Gott und zum Mitmenschen hervor und wird dadurch zu einem Kausalprinzip kirchlicher Karitas. Sie muß sich verleiblichen in den Werken der Nächstenliebe. Ohne tätige Liebe wäre jedes Verkünden und Hören des Wortes nutzlos; die Verkündigung würde ohne das karitative Tun unglaubwürdig. Die karitativen Werke legen ein noch stärkeres Zeugnis ab, als es Worte je vermögen. In ihnen wird für viele die Liebe Gottes greifbar, an ihnen die Kirche Christi erkannt[7]. Sie laden die Menschen ein, dem Ruf Christi in dieser Kirche zu folgen. Die karitativen Werke dürfen aber nicht zum Mittel der Proselytenmacherei erniedrigt werden, weil dadurch ihr innerstes Wesen verfälscht würde[8].

b) Dienst der Heiligung und karitative Diakonie. In der *Taufe* erfährt der Mensch seine Annahme durch Gott und seine Eingliederung in die Kirche. Diese ist zwar endgültig und unwiderruflich, aber sie verlangt den Vollzug im Leben; denn die Taufe ist nur ein „Anfang und Ausgangspunkt“[9]. Für den mündigen Christen geht es darum, den ihm durch die Taufe gestellten Aufgaben gerecht zu werden, insbesondere das Gebot der Gottes- und Nächstenliebe zu erfüllen. Die Taufe fordert die Werke der Liebe; diese vollenden das im Sakrament Grundgelegte. Der im Sakrament der *Firmung* in besonderem Maße geschenkte Geist Gottes befähigt zu den karitativen Werken, diese wiederum sind sichtbare Zeichen seines Wirkens und Bestätigung für seinen Besitz. Die *Eucharistie* ist das Sakrament des Erbarmens Gottes, „das Zeichen der Einheit, das Band der Liebe“[10]. Sie vereint den Menschen am tiefsten mit Gott, hat aber auch eine eminent soziale Komponente, als sie zugleich, in ein und demselben Geschehen die Einheit des Volkes Gottes darstellt, bezeichnet und bewirkt. Darum kann sie nicht würdig

[5] Vgl. *K. Lehmann,* Theologische Reflexionen zur Integration von Pastoral und Caritas, in: Caritas 80 (1979), S. 242–248.

[6] Dazu: Diakonie der Gemeinde. Caritas in einer erneuerten Pastoral, hrsg. v. *J. Wiener* und *H. Erharter,* Wien-Freiburg-Basel 1978.

[7] VatII AA Art. 8 Abs. 2 mit Jo 13,35; 17,23.

[8] Das II. Vatikanum vermied darum auch jede Anspielung auf eine Verbindung zwischen karitativer Tätigkeit und Evangelisierung.

[9] VatII UR Art. 22 Abs. 2.

[10] VatII SC Art. 47. Das II. Vatikanum rückt besonders die Eucharistie in ihrem Bezug zu den Werken der Karitas in den Vordergrund, nicht in einer theologischen Wesensanalyse, sondern indem es auf den historischen Befund verweist, daß die „Kirche schon in ihrer Frühzeit eine Agapefeier mit dem eucharistischen Mahl verband und so, als Ganze durch das Band der Liebe um Christus geeint, in Erscheinung tritt“ (VatII AA Art. 8 Abs. 3).

gefeiert werden, wo noch Spaltung anhält oder Lieblosigkeit herrscht[11]. Die recht gefeierte Eucharistie drängt auf das Fruchtbringen in Werken der Liebe. Wahre Karitas kann auf die Dauer nicht geleistet werden ohne Teilnahme an der Eucharistie, diese kann nicht in der Intention Jesu begangen werden ohne die Bestätigung im karitativen Tun.

Das Wesen der Kirche als Trägerin und Vermittlerin der Liebe Gottes fordert die Werke der Karitas, da sie dieses Wesen der Kirche in besonderer Weise sichtbar machen. Die karitativen Werke gehören zu Sendung und Leben der Kirche wie ihre Verkündigung und ihr sakramentales Leben. „Verkündigung, Liturgie und Diakonie haben aneinander und füreinander integrierende, stimulierende und kritisierende Funktion."[12] Darum nimmt die Kirche, „wenn sie sich auch über alles freut, was andere in dieser Hinsicht tun, ... die Werke der Liebe als ihre eigene Pflicht und ihr unveräußerliches Recht in Anspruch"[13].

2. *Gestufte Verpflichtung und Verantwortung in der karitativen Diakonie*

Aufgrund ihrer Zugehörigkeit zur Kirche und als Mitträger des Heilszeichens Kirche sind alle Gläubigen befähigt und verpflichtet zum karitativen Tun; dieses steht als von der Kirche vermittelt mit ihr in Zusammenhang, ist also kirchliche Karitas, wo immer sie von Christen geleistet wird, auch wenn sie nicht im Namen und in der Verantwortung der Kirche entfaltet wird. Von dem Einsatz des einzelnen erhalten alle karitativen Aktivitäten der Kirche und ihrer Teilgemeinschaften Leben und Umfang; er ist darum unersetzlich. Verpflichtung und Verantwortung für die karitative Diakonie treffen die Glieder der Kirche nicht in gleicher Weise, sondern zu ihrem Teil und nach der Weise ihrer Berufung[14]. Es besteht ein jeweils verschiedenes Maß an Verantwortung und Vollmacht je nachdem, ob es sich um die gewöhnlichen Gläubigen oder um jene handelt, die in einem Dienstverhältnis im karitativen Bereich stehen, oder um jene, die ein Vorsteheramt in der Kirche bekleiden[15].

a) Der Diözesanbischof und die karitative Diakonie. Der Bischof hat als Zeuge der Liebe Christi (c. 383 § 4) dafür zu sorgen, daß sich der „spiritus caritatis" in

[11] Darum hat die Kirche u. a. auch solche nicht zur Gabendarbringung und zum Opfermahl zugelassen, die ihre Gaben durch Ausbeutung der Armen gewonnen haben (vgl. D 89,8: „Eorum, qui pauperes obprimunt, dona a sacerdotibus sunt refutanda"; ähnlich C. 1,1,27).

[12] *A. Šuštar,* Eine Zivilisation der Liebe, in: Caritas 83 (1982), S. 5–15, hier: S. 10.

[13] VatII AA Art. 8 Abs. 3.

[14] Vgl. VatII LG Art. 31 Abs. 1.

[15] Die Tatsache, daß das Zweite Vatikanische Konzil die Aussagen über den karitativen Dienst im Dekret über das Apostolat der Laien (Art. 8) untergebracht hat, darf nicht zu dem Trugschluß verleiten, als ob die karitative Diakonie ein besonders den Laien eigenes Betätigungsfeld wäre. Der Grund dafür war, daß man aus grundsätzlichen Erwägungen von einem Sonderteil „Caritas" abrückte und für die Grundgedanken keinen geeigneteren Platz fand. Vgl. *F. Hengsbach,* Das Konzilsdekret über das Laienapostolat. Lateinischer und deutscher Text mit Kommentar, Paderborn 1967, S. 62; *F. Klostermann,* Einleitung und Kommentar zum Dekret über das Apostolat der Laien, in: LThK² – Konzilskommentar II, S. 631.

wohlüberlegter und organisierter Durchführung karitativer Aktionen realisiert durch geeignete Werke, Vereinigungen und Organisationen[16]. Hinsichtlich der verschiedenen Formen des Apostolates ist gefordert, daß alle Apostolatswerke in der ganzen Diözese oder in ihren Gebietsteilen unter der Leitung des Bischofs aufeinander abgestimmt werden (c. 394 § 1). Dazu gehören u. a. jene Unternehmen und Einrichtungen, die die Karitas und die sozialen Dienste betreffen[17]. Diese unterstehen demnach der Leitung des Ortsbischofs. Aufgrund der jedem Bischof obliegenden Verantwortung für das Wohl der Gesamtkirche, nicht kraft rechtlicher Zuständigkeit oder Gewalt, hat der Bischof für die wirtschaftliche Unterstützung anderer Teilkirchen, in denen Not herrscht, zu sorgen[18].

b) Der Pfarrer und die karitative Diakonie. Als Vorsteher hat der Pfarrer seiner Gemeinde mit dem persönlichen Beispiel voranzugehen. Dies gilt auch im karitativen Bereich. Wie jeder Priester soll er ein einfaches Leben führen und aus seinem eigenen Einkommen die karitativen Werke unterstützen (c. 282)[19]. Zu seinen Amtspflichten zählt es, sich der Armen, Bedrängten und Einsamen in besonderer Weise anzunehmen (c. 529 § 1)[20]. Er hat bei der Verwaltung der zeitlichen Güter der Pfarrei (vgl. c. 537) diese ihrer Zweckbestimmung gemäß (c. 1254 § 2) auch für die apostolischen und karitativen Werke einzusetzen[21].

c) Besondere Verpflichtung der im karitativen Dienst Arbeitenden. Die Pflichten eines jeden Mitarbeiters im karitativen Dienst ergeben sich aus dem jeweiligen Dienstvertrag. Wegen des besonderen Charakters des karitativen Dienstes müssen die Kirche und die einzelnen Träger karitativer Einrichtungen um des Vertrauensverhältnisses zwischen den Partnern des Arbeitsverhältnisses und der Glaubwürdigkeit der kirchlichen Einrichtungen willen eine umfassende Loyalität verlangen[22].

[16] VatII GS Art. 88 Abs. 2; VatII AA Art. 8 Abs. 6, 18f.; vgl. VatII LG Art. 10 Abs. 2.

[17] Vgl. VatII CD Art. 17 Abs. 1.

[18] VatII CD Art. 6 Abs. 3 und MP EcclSanct I 5, in: AAS 58 (1966), S. 761.

[19] VatII PO Art. 17 Abs. 3 u. 4.

[20] Vgl. VatII PO Art. 5 Abs. 7; *A. Scheuermann*, Pfarrer und Caritas. Zur Geschichte der pfarrlichen Liebestätigkeit, in: LS 3 (1952), S. 101–104.

[21] VatII PO Art. 17 Abs. 3.

[22] Vgl. *Th. Mayer-Maly*, Die arbeitsrechtliche Tragweite des kirchlichen Selbstbestimmungsrechts, in: Betriebs-Berater. Zeitschrift für Recht und Wirtschaft 32 (1977), Beilage 3, S. 9–15.

§ 94 Organisation der Karitas

Von Alfred E. Hierold

Das gesamtkirchliche Recht stellt für die Organisation der Karitas zwei Rechtsformen zur Verfügung: den *Verein*, der sich karitativen Aktionen widmet[1], und die sog. *Wohlfahrtsanstalt*[2]. In Deutschland[3] sind die katholischen karitativen Vereinigungen und Anstalten fast durchweg zusammengefaßt im Deutschen Caritasverband und in den jeweiligen Diözesancaritasverbänden[4].

1. *Der Deutsche Caritasverband*

Der Deutsche Caritasverband (DCV) wurde am 9. 11. 1897 unter dem Namen „Charitasverband für das katholische Deutschland" als Zusammenschluß örtlicher Caritasvereine gegründet und am 31. 8. 1903 in das Vereinsregister des Amtsgerichts Freiburg eingetragen. Die kirchliche Rechtspersönlichkeit hat der DCV nie erlangt, weil bisher kein entsprechender Akt der zuständigen kirchlichen Autorität erfolgt ist.

Die in § 1 Abs. 1 der Satzung[5] ausgesprochene *Anerkennung* durch die deutschen Bischöfe wird dahingehend interpretiert, „daß die deutschen Bischöfe den Deutschen Caritasverband auf der Rechtsgrundlage des Verbandsstatuts als Zusammenfassung und Vertretung der kirchlichen Liebestätigkeit in Deutschland ansehen"[6]. Die deutschen Bischöfe haben selbst bestätigt, daß der DCV nicht

[1] Zum Verein allgemein vgl. in *diesem* Band, oben, *H. Schnizer*, § 53 Allgemeine Fragen des kirchlichen Vereinsrechts; *ders.*, § 54 Die privaten kirchlichen Vereine; *ders.*, § 55 Die öffentlichen kirchlichen Vereine.

[2] Vgl. in *diesem* Band, unten, *R. Potz*, § 96 Der Erwerb von Kirchenvermögen.

[3] Vgl. *A. Rinken*, Die karitativen Werke und Einrichtungen im Bereich der katholischen Kirche, in: HdbStKirchR II, S. 383–400; zur Statistik: Die katholischen sozialen Einrichtungen der Caritas in der Bundesrepublik Deutschland (Stand: 1. 1. 1981), in: Caritas 83 (1982), S. 46–52. – Das Staatskirchenrecht der Bundesrepublik Deutschland rechnet die karitative Betätigung der Kirchen zu den Ausdrucksformen des Grundrechts der Religionsfreiheit des Art. 4 Abs. 1 und 2 GG und zu dem nach Art. 140 GG i. V. m. Art. 137 Abs. 3 WeimRV dem Selbstbestimmungs- und Selbstordnungsrecht der Kirchen unterliegenden Kernbereich der inneren kirchlichen Angelegenheiten. Vgl. hierzu *W. Leisner*, Karitas – innere Angelegenheit der Kirchen, in: DÖV 30 (1977), S. 475–484, m. w. N.

[4] In Österreich und in der Schweiz weist die Organisation der Karitas eine ähnliche Struktur auf, jedoch mit folgenden grundlegenden Unterschieden:
In *Österreich* sind die Diözesancaritasverbände die Hauptträger der Karitas. Die Österreichische Caritaszentrale hat lediglich die Aufgabe der Koordination ohne weitere rechtliche Kompetenzen.
In der *Schweiz* sind diözesane Caritasverbände kaum entwickelt. Als Hauptträger der Karitas fungiert die Schweizerische Caritas mit entsprechend erweitertem Aufgabenkreis und größerer Zuständigkeit, als sie dem DCV zukommen.

[5] Satzung des Deutschen Caritasverbandes v. 9. 11. 1897 i. d. F. v. 6. 10. 1981, in: Caritas-Korrespondenz. Informationsblätter für die Caritaspraxis, hrsg. v. Deutschen Caritasverband, Freiburg i. Br. 1983, Nr. 1, S. 11–15.

[6] *F. Klein*, Die Verfassung der deutschen Caritas. Ihre Bedeutung für die zeitgerechte Erfüllung des Caritasauftrags, Freiburg i. Br. 1966, S. 42.

auf einer kirchenamtlichen Errichtung gründe, sondern nur empfohlen, aber nicht approbiert worden sei. Der DCV ist demzufolge als ein privater kirchlich empfohlener Verein, als sog. katholischer Verein, zu qualifizieren (vgl. cc. 299, 300). Die *Vertretungsfunktion* des DCV wird im allgemeinen und im Rechtssinn verstanden. Inhalt und Maß bestimmen sich nach den Aufgaben, wie sie in § 6 festgelegt sind. Dabei handelt es sich um überdiözesane Aufgaben auf nationaler und internationaler Ebene.

„Der Deutsche Caritasverband steht unter der Aufsicht der deutschen Bischöfe", die durch den Vorsitzenden der Bischöflichen Kommission „Caritas und Fürsorge" ausgeübt wird. Dieser führt den Titel „Protektor des Deutschen Caritasverbandes" (§ 2 Abs. 1). Inhalt und Maß der *Aufsicht* der Bischöfe sind im Statut festgelegt. Danach wacht der Protektor über Geist und Wirken des DCV (§ 2 Abs. 2), d. h. er übt die Kontrolle über die Beachtung von Glaube und Sitte und des kirchlichen Gemeinwohles aus. Dazu hat der Protektor das Recht, an allen Sitzungen der Verbandsorgane teilzunehmen. Das Teilnahmerecht beinhaltet das Recht auf Anwesenheit, Information und Rede. Eine Teilnahme an Beschlußfassungen ist ausgeschlossen. Das bischöfliche Aufsichtsrecht bedeutet kein Eingriffsrecht der Bischöfe in die Entscheidungen der Organe des Verbandes und in die Geschäftsführung. Sie können Entscheidungen des Verbandes nicht durch Einspruch korrigieren, beseitigen oder in ihrem Vollzug behindern, außer es handelte sich um Beschlüsse, die die Auflösung oder eine Änderung des Grundcharakters des DCV zur Folge haben.

Der DCV ist regional gegliedert in Diözesancaritasverbände und innerhalb dieser in Dekanats-, Bezirks-, Kreis- bzw. Ortscaritasverbände. Daneben sind ihm die anerkannten zentralen katholischen karitativen Fachverbände und Vereinigungen angeschlossen, die sich auf der jeweiligen Ebene der entsprechenden Gliederung des DCV zuordnen.

Der Verband hat persönliche und korporative *Mitglieder* (§ 7 Abs. 1). Persönliche Mitglieder sind die Mitglieder der Untergliederungen. Korporatives Mitglied kann ein Träger solcher Einrichtungen und Dienste werden, der nach seinen satzungsmäßigen Zwecken Aufgaben der Caritas der katholischen Kirche erfüllt.

Organe des DCV sind: der Präsident, der Geschäftsführende Vorstand, der Zentralvorstand, der Zentralrat und die Vertreterversammlung.

Der *Präsident* wird vom Zentralrat für die Dauer von sechs Jahren gewählt. Er repräsentiert den DCV in der Kirche und in der außerkirchlichen Öffentlichkeit. Er hat die Organe einzuberufen und deren Sitzungen zu leiten. Bei Stimmengleichheit entscheidet seine Stimme (§ 11).

Dem *Geschäftsführenden Vorstand*, der aus dem Präsidenten, einem (oder zwei) Generalsekretär(en), dem Finanzdirektor und dem Justitiar sowie bis zu drei Abteilungsleitern der Zentrale besteht, obliegt die laufende Geschäftsführung und die Vorbereitung des Jahresvoranschlags und der Jahresrechnung (§ 13).

Der *Zentralvorstand* setzt sich aus stimmberechtigten (Präsident, Generalsekretär, Finanzdirektor, Justitiar, 13 Vorsitzenden oder Direktoren der Diözesancaritasverbände und überdiözesanen Landescaritasverbände, vier dem Zentralrat mit Stimmrecht angehörenden Vertretern der anerkannten zentralen Fachverbände, der karitativen Orden oder katholischen karitativen Schwesterngemeinschaften und vier Vertretern der von der Vertreterversammlung in den Zentralrat gewählten Personen) und beratenden Mitgliedern (Abteilungsleiter der Zentrale und Leiter der Hauptvertretungen) zusammen. Er hat u. a. die Aufgabe, die Richtlinien für die Verbandsgeschäftsführung festzulegen, über wirtschaftliche und finanzpolitische Fragen von besonderem Ausmaß zu beraten und zu entscheiden (§§ 15 Abs. 1–3, 16).

Der *Zentralrat*, zu dessen stimmberechtigten Mitgliedern die ersten Vorsitzenden und die Direktoren der Diözesancaritasverbände, die Mitglieder des Geschäftsführenden Vorstandes, die Leiter der Hauptvertretungen, die Abteilungsleiter der Zentrale, bis zu 14 Vertreter der zentralen karitativen Fachverbände, der karitativen Orden oder katholischen Schwesterngemeinschaften und bis zu 15 von der Vertreterversammlung aus ihrer Mitte gewählte Vertreter zählen, hat u. a. als Aufgaben: Wahl des Präsidenten und der Vizepräsidenten, Beratung und Entscheidung über Fragen grundsätzlicher Bedeutung, Prüfung und Genehmigung der Jahresrechnung und des Voranschlages (§ 17).

Der *Vertreterversammlung*, der je zwanzig Vertreter der Diözesancaritasverbände, die Mitglieder des Zentralrates, je zwei Vertreter der Fachverbände, 15 Vertreter der karitativen Orden und Schwesterngemeinschaften und je ein Vertreter katholischer karitativer überdiözesan tätiger Vereinigungen angehören, obliegt u. a. die Beratung über Grundfragen der Karitas, die Entscheidung über Satzungsänderungen und über die Auflösung des Verbandes (§ 18).

Beschlüsse, die die Auflösung oder eine Änderung des Grundcharakters des DCV zur Folge haben, bedürfen der Zustimmung des deutschen Episkopats, der auch darüber entscheidet, ob durch einen Beschluß der Grundcharakter des Verbandes geändert würde (§ 21). Nach Art. 31 Abs. 2 des Statuts der Deutschen Bischofskonferenz[7] nimmt der DCV für den Sachbereich „Caritas und Soziales" die *Aufgaben einer Zentralstelle* wahr. In dieser Festlegung ist kein kirchliches Mandat zu sehen, sondern lediglich eine sachliche Feststellung. Dies geht bereits aus der Tatsache hervor, daß die Bestimmungen des Statuts über die Kirchlichen Zentralstellen nur teilweise oder „analog" auf den DCV anzuwenden sind. Insbesondere steht die Satzung des DCV im Widerspruch zur Norm des Art. 32 Abs. 3 des Statuts, wonach die leitenden Mitarbeiter der Zentralstelle auf Vorschlag der Kommission der Bischofskonferenz vom Vorsitzenden der Bischofskonferenz und die sonstigen Mitarbeiter vom Leiter der Zentralstelle im Einvernehmen mit dem Sekretär der Bischofskonferenz bestellt werden. Dies trifft beim DCV offensichtlich nicht zu.

[7] Statut der DBK, gültig ab 1. 1. 1977, in: AfkKR 145 (1976), S. 543–552. Vgl. in *diesem* Band, oben, *J. Listl*, § 33 Plenarkonzil und Bischofskonferenz; hierzu auch *B.-O. Kuper*, Das neue Statut der Deutschen Bischofskonferenz und seine Bedeutung für den DCV, in: Caritas '78. Jahrbuch des Deutschen Caritasverbandes, Karlsruhe o. J., S. 20–23.

2. Verfassung der deutschen Diözesancaritasverbände

Die deutschen Diözesancaritasverbände folgen weitgehend dem gleichen Organisationsmodell, wenngleich sich eine verschiedenartige Verbindung zum jeweiligen Diözesanbischof erkennen läßt[8].

Die Diözesancaritasverbände bezeichnen sich fast durchweg als die vom Bischof anerkannte organisatorische Zusammenfassung der innerhalb der Diözese der Karitas dienenden katholischen Einrichtungen, Anstalten, Körperschaften, Gemeinschaften, Vereine und Verbände und als deren Vertretung. Diese Anerkennung bedeutet jedoch keine Errichtung als kirchenamtlicher Verein. Die kirchliche Rechtspersönlichkeit hat – soweit ersichtlich – noch kein Verband erlangt. Maß und Inhalt der Vertretungsfunktion bestimmen sich nach den in der Satzung festgelegten Aufgaben. Sie bezieht sich aber nicht auf die rechtliche Vertretung der dem Verband zugeordneten Fachverbände und Vereinigungen und in der Regel auch nicht auf die Vertretung des Bischofs. Im Vordergrund der *Aufgaben* stehen Führungs- und Leitungsaufgaben, Beratung, Vertretung in der Kirche und in der außerkirchlichen Öffentlichkeit, Planung und Verantwortung für überörtliche Einrichtungen und Ausbildung, Schulung und Fortbildung der Mitarbeiter.

Hinsichtlich der *Aufsicht* bestimmen die meisten Satzungen, daß der Diözesancaritasverband unter der Aufsicht des Bischofs steht. Diese Aufsicht geht nicht über das hinaus, was nach Inhalt und Ausübung im Statut abschließend geregelt ist, d. h. es ergibt sich kein Eingriffsrecht des Bischofs in die laufende Verbandsgeschäftsführung und in konkrete Entscheidungen der Verbandsorgane.

Die Verbände sind vereinsmäßig aufgebaut und haben persönliche und korporative *Mitglieder*. Zur Mitgliedschaft werden keinerlei Voraussetzungen gefordert; sie wird aber meist von einer Aufnahme durch den Vorstand abhängig gemacht. Die Mitglieder der Ortscaritasverbände, der karitativen Vereinigungen und der angeschlossenen Fachvereine sind auch Mitglieder des Diözesancaritasverbandes.

Verbandsorgane sind: der Vorstand, ein Diözesancaritasrat oder Diözesanausschuß oder Beirat oder Caritasverwaltungsrat, was immer die gleiche Sache bezeichnet, und die Mitglieder- oder Vertreterversammlung.

[8] Eine Sonderstellung nimmt die „Diözesancaritas" des Bistums Meißen hinsichtlich ihrer rechtlichen Organisation unter den deutschen Diözesancaritasverbänden ein (vgl. Statut i. d. F. v. 24. 2. 1977, in: ABl. Meißen 26 [1977], S. 36, 43f.). Vermögensrechtlicher Träger der Diözesancaritas ist der Bischöfliche Stuhl. Im Rahmen der kirchlich genehmigten Haushaltspläne und Jahresrechnungen arbeitet die Diözesancaritas selbständig. Grundsätzliche und wichtige Entscheidungen können nur im vorherigen Einvernehmen mit dem Bischof bzw. seinem Vertreter getroffen werden. Die Diözesancaritas übt die Aufsicht über die karitativen Einrichtungen im Bistum aus und vertritt diese nach außen. Der Diözesancaritasdirektor wird vom Bischof unmittelbar und auf unbestimmte Zeit ernannt und ist Caritasreferent beim Bischöflichen Ordinariat. Der Diözesancaritasrat, dem der Diözesancaritasdirektor, der vom Bischof unmittelbar ernannte Leiter des Diözesancaritasrates, zwei Vertreter des Diözesanklerus, eine Vertreterin der im karitativen Bereich tätigen Ordensgemeinschaften, zwei Fürsorger (innen) aus den Caritassekretariaten und der Sonderfürsorger angehören, hat die Aufgabe, die Arbeit der Diözesancaritas mitverantwortlich zu tragen, und besitzt nur beratende Funktion. Die rechtliche Vertretung und die gesamte Verwaltung der Diözesancaritas unterliegen der Aufsicht des Bischofs.

Die 1. Vorsitzenden und die Diözesancaritasdirektoren werden durchwegs vom jeweiligen Bischof ernannt.

Der Vorstand hat die Beschlüsse der verschiedenen Gremien zu vollziehen und die Geschäftsführung zu gewährleisten. Der Diözesancaritasrat bzw. Diözesanausschuß bzw. Beirat, dessen Zusammensetzung wechselt, hat insbesondere die Beschlußfassung über die Jahresrechnung und den Haushaltsvoranschlag sowie über wichtige Angelegenheiten des Verbandes. Der Mitglieder- bzw. Vertreterversammlung obliegt insbesondere die Beratung über Grundfragen der Karitas und die Entscheidung über Satzungsänderungen und die Auflösung des Verbandes.

Satzungsänderungen und die Entscheidung über die Auflösung des Verbandes bedürfen zu ihrer Wirksamkeit vielfach der Genehmigung des Bischofs[9].

Die *Gemeinsame Synode* der Bistümer in der Bundesrepublik Deutschland hat in ihrem Beschluß „Rahmenordnung für die pastoralen Strukturen und für die Leitung und Verwaltung der Bistümer in der Bundesrepublik Deutschland"[10] vorgeschlagen[11], innerhalb des Generalvikariats eine Hauptabteilung IV „Caritas und Sozialarbeit" zu schaffen. Die Aufgabe dieser Hauptabteilung soll in der Unterstützung und der Koordination des Zusammenwirkens der spontanen Initiativen und der Institutionen bestehen. „Wenn der Caritasverband einen Teil dieser diakonischen Verpflichtungen des Bistums wahrnimmt, kann es zweckmäßig sein, daß der Hauptabteilungsleiter IV zugleich Leiter des Diözesan-Caritasverbandes ist"[12]. Einige Bistümer haben diesen Vorschlag verwirklicht. Wo noch keine Abteilungen oder Referate für Karitas in den Bischöflichen Ordinariaten existieren, ist eine Verbindung zwischen diesen und dem jeweiligen Diözesancaritasverband dadurch hergestellt, daß ein Mitglied des Domkapitels 1. Vorsitzender des Verbandes ist.

3. *Caritas Internationalis*

Die Caritas Internationalis (CI)[13], deren erste Satzung 1951 vom Hl. Stuhl genehmigt wurde[14], ist eine internationale Konföderation katholischer Organisationen der karitativen und sozialen Aktion[15]. Sie hat zur Aufgabe, die Arbeit der Mitgliedsverbände zu unterstützen, die Schaffung nationaler Karitasorganisatio-

[9] Vgl. dazu Beschluß des Bayer. Obersten Landesgerichts vom 23. 8. 1979 über die Mitwirkung des Diözesanbischofs bei Satzungsänderungen oder Auflösung eines Caritas-Verbandes (-BReg. 2 Z 14/79-), in: AfkKR 148 (1979), S. 511–517.

[10] Gemeinsame Synode. Gesamtausgabe I, S. 688–716.

[11] Zur Veröffentlichung bzw. Inkraftsetzung des Beschlusses in den einzelnen Bistümern vgl. Kirchliche Erlasse und Entscheidungen, in: AfkKR 144 (1975), S. 175, 546.

[12] Gemeinsame Synode. Gesamtausgabe I, S. 708.

[13] Vgl. *A. Hierold,* Grundlegung und Organisation kirchlicher Caritas unter besonderer Berücksichtigung des deutschen Teilkirchenrechtes, St. Ottilien 1979, S. 183–186; *N. Frank,* Caritas Internationalis, in: Caritas 83 (1982), S. 309–312.

[14] Zur Geschichte der CI vgl. *J. Hafenbradl,* Caritas Catholica. Internationale Caritas-Organisation von 1924 bis 1950; *G. Wopperer,* Geschichte der Caritas Internationalis (beide unveröff.).

[15] Art. 1 des Statuts von 1975 (unveröff.).

nen zu fördern, Hilfsaktionen der Mitglieder zu koordinieren und diese auf interkonfessioneller und internationaler Ebene zu vertreten.

Organe der Caritas Internationalis sind: die Generalversammlung, das Exekutivkomitee, das Büro und das Generalsekretariat.

Die Generalversammlung ist das oberste Entscheidungsgremium. Sie wählt den Präsidenten und den Schatzmeister und beschließt den Aktionsplan und den Haushaltsplan. Das Exekutivkomitee hat die Beschlüsse und die Direktiven der Generalversammlung zu vollziehen. Das Büro, bestehend aus Präsident, Vizepräsidenten und dem Schatzmeister, bestimmt die Arbeit des Generalsekretariats, dem die laufende Geschäftsführung obliegt.

Vierter Teil

Kirchenvermögen

§ 95 Grundfragen kirchlichen Vermögensrechts

Von Winfried Schulz

Wohl auf keinem Gebiet des kanonischen Rechts ist die bisherige Rechtspraxis so sehr von den gesamtkirchlichen Normen abgewichen wie auf dem Gebiet des kirchlichen Vermögensrechts. Dieser Tatbestand ist nicht erst die Folge eines Trends zu stärkerer Dezentralisierung im Anschluß an das Zweite Vatikanische Konzil, auf dem den Diözesanbischöfen erhebliche Vollmachten zugestanden worden waren[1] und die Teilkirchen mit der Schaffung einer hierarchischen Zwischeninstanz in Form der Bischofskonferenzen u. a. auch vermögensrechtliche Kompetenzen erhalten haben.[2] Es war vielmehr bereits den Verfassern des CIC/1917 klar, daß ohne Rücksicht auf die konkrete Rechtsstellung der Kirche in einem Land, vor allem ohne Beachtung des Verhältnisses von Kirche und Staat, d. h. ohne weitgehende Anerkennung der staatlichen Gesetze für den vermögensrechtlichen Bereich der Kirche, eine Rechtssicherheit auf diesem Gebiet nicht zu erzielen ist.[3]

Trotz dieser grundsätzlichen Einsicht hat der CIC/1917 eine Fülle die Gesamtkirche bindender Detailbestimmungen enthalten, die von den Normunterworfenen weltweit unbeachtet geblieben sind. Hierfür können viele Gründe geltend gemacht werden, seien sie mehr *äußerer Art,* wie etwa der Wandel sozio-ökonomischer Verhältnisse, die z. B. Erwerbsquellen feudalen Ursprungs wie das Benefizialwesen als obsolet erscheinen lassen,[4] oder seien sie mehr *innerer Art,* wie z. B. die über den CIC/1917 weit verstreuten und deshalb oft den Sinnzusammenhang verdeckenden vermögensrechtlichen Normen.[5] Das alles hat dazu geführt, daß auch wohlmeinende Interpreten das Vermögensrecht des CIC/1917 für „verfehlt und weithin nicht anwendbar" erklärten.[6] So ergab sich die dringende Notwendig-

[1] Auf der Grundlage von VatII CD Art. 8a hat *Paul VI.* mit MP EcclSanct v. 6. 8. 1966 erste vermögensrechtliche Konsequenzen gezogen, vor allem in bezug auf die Verwaltung und Verteilung von Vermögenseinkünften im Hinblick auf eine gerechtere Besoldung von Klerikern und anderen Dienstnehmern der Kirche: MP EcclSanct I 8 Abs. 2 i.V.m. I 17 § 2.

[2] So z. B. die Rechtsetzungskompetenz „de usu bonorum ecclesiasticorum" mit dem Ziel eines überdiözesanen Vermögensausgleichs (MP EcclSanct I 5) oder die Abfassung von bindenden Verwaltungsgrundsätzen für die einzelnen Bistümer (DirPastMinEp 134).

[3] Die umfangreiche Verweisungsnorm des c. 1529 CIC/1917 belegt das hinreichend; sie ist in modifizierter Form als c. 1290 in den CIC/1983 übernommen worden.

[4] Vgl. hierzu *E. Isele,* Wandel im Bereich des kirchlichen Vermögensrechts, in: GrNKirchR, S. 679–686.

[5] Obwohl ein erheblicher Teil des Vermögensrechts im Kontext des Sachenrechts, näherhin in der pars sexta des Lib. III unter der Überschrift „De bonis Ecclesiae temporalibus" behandelt worden ist (cc. 1495–1551 CIC/1917), waren doch eine Vielzahl diesbezüglicher Normen über das ganze Gesetzbuch verstreut. So z. B. die Bestimmungen von cc. 383, 531–537, 1150, 1182–1187, 1234–1237, 1355–1356, 1409–1494 CIC/1917.

[6] *H. Schmitz,* Das kirchliche Vermögensrecht als Aufgabe der Gesamtkirche und der Teilkirchen, in: AfkKR 146 (1977), S. 8.

keit, im Zuge der Reform des kirchlichen Gesetzbuches gerade auch dessen Vermögensrecht einer gründlichen Revision zu unterziehen.[7]

Da es auf diesem Rechtsgebiet fast zwangsnotwendig zu Überschneidungen von kanonischen Bestimmungen mit staatlichen Gesetzen kommt, ist vorrangig die Frage zu klären, ob es überhaupt eines eigenen kanonischen, die Gesamtkirche bindenden Vermögensrechts bedarf.

I. Die Notwendigkeit eines kirchlichen Vermögensrechts

Es scheint, als hätte diese grundsätzliche Frage in der mit dieser Materie befaßten Arbeitsgruppe der CIC-Reformkommission nie zur Diskussion gestanden.[8] Offenbar war man hier der Meinung, es genüge, allgemein die Vermögensfähigkeit der Kirche und ihrer juristischen Personen zu vindizieren. Dabei ist es nicht so, als bestritte man der Kirche heute grundsätzlich die Notwendigkeit zeitlicher Güter zur Erfüllung ihrer Sendung,[9] wohl aber, ob es dazu, angesichts der höchst unterschiedlichen vermögensrechtlichen Stellung der Kirche in den einzelnen Ländern[10], universalkirchlicher Normen bedarf.

1. Die Vermögensfähigkeit der Kirche

Insofern Jesus Christus seine Kirche als das neue Volk Gottes auch „als sichtbares Gefüge" verfaßt hat, in welchem göttliches und menschliches Element zu einer „einzigen komplexen Wirklichkeit" zusammenwachsen,[11] insofern bedarf die Kirche zu ihrem Bestand und zur Erfüllung ihrer Sendung zeitlicher Güter („bona temporalia"). Diese grundsätzliche Vermögensfähigkeit wird in c. 1254 § 1 als „ius nativum" der Kirche, d. h. als ein angeborenes, ihr gewissermaßen eingestiftetes Recht bezeichnet. Demzufolge hat sie unabhängig von der staatlichen Gewalt das Recht, Vermögen zur Erreichung der ihr eigenen Zwecke zu erwerben, zu besitzen, zu verwalten und zu veräußern. Diese Bestimmung des CIC enthält drei Aussagen, die besonders hervorgehoben werden sollen.

[7] Über die einzelnen Etappen der Revision des kirchlichen Vermögensrechts geben die Relationen der damit befaßten Arbeitsgruppe der CIC-Reformkommission Auskunft: Communicationes 5 (1973), S. 94–103; 9 (1977), S. 269–273 und 12 (1980), S. 388–435 sowie die verschiedenen Schemata: *Pontificia Commissio Codici Iuris Canonici recognoscendo,* Schema canonum libri V: De iure patrimoniali Ecclesiae, Typ. Pol. Vat. 1977 (im folgenden abgekürzt: Schema IurPatr), die cc. 1205–1262 des Schema CIC Patribus Commissionis reservatum, Typ. Pol. Vat. 1980 und die cc. 1254–1310 des Schema CIC novissimum, Typ. Pol. Vat. 1982. Zu Fragen der Reform des kirchlichen Vermögensrechts ausführlicher: *W. Schulz,* Il progetto per la revisione del diritto patrimoniale della Chiesa, in: Iustitia 33 (1980), S. 123–140.

[8] Zumindest enthalten die in Anm. 7 genannten Berichte der Relatoren dieser Arbeitsgruppe keinen diesbezüglichen Hinweis.

[9] Vgl. hierzu die recht unterschiedlichen Beiträge, aus dem Blickwinkel bestimmter Teilkirchen konzipiert, in: Concilium 14 (1978), S. 417–495.

[10] Über die unterschiedlichen Finanzierungssysteme der Kirche in einigen europäischen Ländern vgl. die Berichte in: ThQ 156 (1976), S. 198–219.

[11] VatII LG Art. 8 Abs. 1.

a) *Die Kirche besitzt Vermögensfähigkeit als ein in ihrer Verfassung verankertes Grundrecht, unabhängig von staatlicher Anerkennung.* Die Betonung dieser Unabhängigkeit, die in den ersten Entwürfen zum CIC/1983 weggefallen war,[12] mag angesichts der staatskirchenrechtlichen Gegebenheiten in vielen Ländern anachronistisch wirken. Ein solcher Eindruck könnte noch dadurch verstärkt werden, daß gerade das Vermögensrecht des neuen Gesetzbuches in einer Vielzahl von Bestimmungen besonderen Wert darauf legt, möglichst den staatlichen Normen zu entsprechen[13].

Beide Bedenken treffen m. E. nicht zu; denn der kanonische Gesetzgeber hat mit der Betonung der Unabhängigkeit der Vermögensfähigkeit mit der in c. 1254 § 1 erfolgten deklaratorischen Form vor allem ein Grundrecht vindizieren wollen, das die Kirche seit jeher für sich beansprucht. Daß derselbe Gesetzgeber in bezug auf die einzelnen Vermögensträger und Rechtsgeschäfte in der Kirche möglichst Geltung auch für den staatlichen Bereich anstrebt, ist aus Gründen der Rechtssicherheit geschehen, hier vor allem im Hinblick auf solche Einrichtungen und Institutionen der Kirche, die kanonisch zwar Rechtspersonalität besitzen, dieselbe vom Staat aber nicht ohne weiteres anerkannt wird.

b) *Die Vermögensfähigkeit umfaßt nicht nur den Erwerb, Besitz und die Verwaltung, sondern schließt auch die Veräußerung kirchlichen Vermögens ein.* Damit hat der kanonische Gesetzgeber eine bisher kontrovers geführte Diskussion unter den Kirchenrechtlern entschieden. Eine Reihe von Kommentatoren der vermögensrechtlichen Bestimmungen des CIC von 1917 vertraten die Auffassung, daß „die Veräußerung von Kirchenvermögen grundsätzlich verboten" sei.[14] Andere betonten dagegen, daß das Alienationsverbot „nicht Verbot der Veräußerung von Kirchengut" bedeute, sondern vor allem eine Schutzfunktion habe, die auf eine verschärfte Kontrolle der Aufsichtsorgane zielt[15].

Bei dieser Kontroverse handelt es sich m. E. mehr um einen Streit um Worte als um die Sache selbst; denn selbstverständlich hatten die Vertreter beider Meinungen die einschlägigen Bestimmungen des CIC/1917 zu akzeptieren, der wie das neue Gesetzbuch die Veräußerung von Kirchenvermögen unter bestimmten Voraussetzungen zuläßt.[16] Offensichtlich unter dem Einfluß diesbezüglicher Einga-

[12] C. 1495 § 1 CIC/1917 hat die Vermögensfähigkeit der katholischen Kirche und des Apostolischen Stuhles als „libere et independenter a civili potestate" gekennzeichnet. Die mit der Revision beauftragte Arbeitsgruppe ließ diesen Passus zunächst ganz fallen mit der wenig überzeugenden Begründung, er sei leicht polemisch (Communicationes 5 [1973], S. 94). C. 1 Schema IurPatr aus dem Jahre 1977 spiegelt diesen Erkenntnisstand wider, für den in der Arbeitsgruppe am 19. 6. 1979 u. a. Gründe einer neuen Ekklesiologie bemüht worden waren (Communicationes 12 [1980], S. 396), während c. 1205 Schema CIC/1980 und c. 1254 Schema CIC/1982 bereits die endgültige Fassung enthalten, d. h. „independenter a civili potestate".

[13] So z. B. die cc. 1254 § 1, 1259, 1274 § 5, 1284 § 2 nn. 2 und 3, 1286 n. 1, 1288, 1290, 1296, 1299 § 2.

[14] *Mörsdorf* Lb II, S. 525. Ähnlich: *C. Heinrichsmeier,* Das kanonische Veräußerungsverbot im Recht der Bundesrepublik Deutschland, Amsterdam 1970 und *G. Vromant,* De bonis Ecclesiae temporalibus, 3. Aufl., Bruxelles-Paris 1953, S. 249 (Nr. 295).

[15] *R. Puza,* Rechtsgeschäfte über das Kirchenvermögen, in: GrNKirchR, S. 736f.

[16] Cc. 1530–1534 CIC/1917 bzw. cc. 1291–1294. Vgl. hierzu in *diesem* Band, unten, *R. Puza,* § 99 Die Rechtsgeschäfte über das Kirchenvermögen.

ben der Konsultativorgane im Anschluß an das Schema de iure patrimoniali Ecclesiae[17] hat man sich in der Arbeitsgruppe der CIC-Reformkommission mit ansehnlicher Mehrheit für die Aufnahme des Wortes „alienare" in den c. 1254 § 1 entschieden.

c) *Die Kirche besitzt Vermögensfähigkeit in Hinordnung auf die ihr eigenen Zwecke.* Diese Aussage ist im Vergleich zum CIC/1917 neu. Dieser kannte keine die Vermögensfähigkeit der Kirche als solche betreffende Zweckbindung. Nur bei der Behandlung des Abgabenrechts war von einer dreifachen Zwecksetzung die Rede.[18] Das neue Gesetzbuch behandelt diese Beitragspflicht im Rahmen der Rechte und Pflichten aller Gläubigen, allerdings mit einer modifizierten Zwecktrias, wenn es in c. 222 § 1 verlangt, daß die Gläubigen für den *Gottesdienst,* die *apostolischen und karitativen Werke* sowie für einen *angemessenen Unterhalt der im Dienst der Kirche Stehenden* zu sorgen haben. Auffällt die Änderung in der Reihenfolge der Zwecke, die gegenüber den „fines sibi proprii" des c. 1496 CIC/1917 vermutlich nicht zufällig ist, sondern eine Wertung bzw. Rangfolge andeutet. Dieser Begriff der „fines sibi proprii" wird nun in c. 1254 § 1 aufgegriffen und erhält hier eine für das kirchliche Vermögen grundlegende Bedeutung.

2. *Die grundsätzliche Zweckgebundenheit kirchlichen Vermögens*

Den Hintergrund der Bestimmung von c. 1254 § 2 bildet eine Aussage des Zweiten Vatikanischen Konzils im Dekret über Dienst und Leben der Priester, derzufolge kirchliches Vermögen nur für die Zwecke verwendet werden soll, „um deretwillen die Kirche zeitliche Güter besitzen darf, nämlich für den rechten Vollzug des Gottesdienstes, für den angemessenen Unterhalt des Klerus und für die apostolischen und karitativen Werke, besonders jene, die den Armen zugutekommen".[19]

Es ist wohl als ein Versehen der Redaktion dieses Konzilsdokumentes zu werten, wenn hier nur von der „honesta *cleri* sustentatio" die Rede ist, der in c. 1496 CIC/1917 aufgeführte angemessene Unterhalt „aliorumque ministrorum" nicht erwähnt wird; ein Defekt, der in c. 1254 § 2 dankenswerter Weise behoben worden ist. Jedoch ist von dieser Lakune die Sinnspitze der Konzilsaussage nicht betroffen, die darauf zielt, die Zweckgebundenheit jedweden kirchlichen Vermögens aufzuzeigen: Zeitliche Güter darf die Kirche überhaupt nur zur Erfüllung der ihr eigenen Zwecke besitzen! Das meint auch die Pastoralkonstitution über die Kirche in der Welt von heute, wo es heißt: „... et ipsa Ecclesia rebus temporalibus utitur quantum propria eius missio id postulat".[20] Insofern also kirchliches Vermögen in seiner grundsätzlichen Zweckbestimmung der Sendung der Kirche dient, findet es seine Berechtigung, aber auch seine Begrenzung.

Wenn es in c. 1254 § 2 lautet, daß die der Kirche eigenen Zwecke vor allem die

[17] Communicationes 12 (1980), S. 396.
[18] Vgl. c. 1496 CIC/1917.
[19] VatII PO Art. 17 Abs. 3.
[20] VatII GS Art. 76 Abs. 5.

ordnungsgemäße Durchführung des Gottesdienstes, die Sicherstellung des angemessenen Unterhalts des Klerus und anderer Kirchenangestellter, die Werke des Apostolats und der Caritas, besonders gegenüber den Armen, umfassen, dann ist damit zwar keine taxative Aufzählung aller Zwecke gegeben,[21] wohl aber eine Selbstbindung des kanonischen Gesetzgebers ausgesprochen und ein Rahmen abgesteckt, innerhalb dessen kirchliches Vermögen erworben, besessen, verwaltet und veräußert werden darf.

In diesem Zusammenhang ist besonders die Übernahme des konziliaren Passus „praesertim erga egenos" hervorzuheben[22], der in den ersten bekannt gewordenen Entwürfen der CIC-Reformkommission einer weniger verbindlichen Form weichen sollte.[23] Seit der apostolischen Zeit hat sich die Kirche als „Schatzmeister der Armen" verstanden. Die Hilfeleistung für die Bedürftigen war trotz vieler Verirrungen im Laufe der Kirchengeschichte *die* genuin christliche Zweckbestimmung jedweder „bona temporalia"[24]. Auf sie soll nach dem Willen des kanonischen Gesetzgebers auch in Zukunft wieder größerer Nachdruck gelegt werden.

Das ist aber nicht im Sinn eines allgemeinen Appells an die Spendenbereitschaft der Gläubigen bei gleichzeitiger Selbstbescheidung mißzuverstehen.[25] Wenn in c. 1254 § 2 von den der Kirche *eigenen* Zwecken die Rede ist, dann sind in erster Linie solche Ziele angesprochen, die ausschließlich von der Kirche realisiert werden können, wie der Gottesdienst, die Spendung der Sakramente, die Verkündigung des Wortes Gottes, alle missionarischen Aktivitäten, die pastorale Leitung der Kirche, eben all das, was in der Sendung der Kirche und ihrem pastoralen Heilsauftrag als ganzer gründet. Dann aber kann Kirchenvermögen, d. h. zeitliche Güter, die auf die Erlangung übernatürlicher Ziele gerichtet sind, eben nicht nur auf die einzelne Teilkirche beschränkt bleiben. Es ist vielmehr eingebunden in das Strukturgefüge von Teilkirche und Gesamtkirche, wie es die Kirchenkonstitution des Zweiten Vatikanischen Konzils in knapper, aber eindringlicher Form zum Ausdruck gebracht hat.[26]

[21] Eine solche Interpretation verbietet das „praecipue" zu Beginn der Aufzählung in c. 1254 § 2.

[22] S. o. VatII PO Art. 17 Abs. 3.

[23] Wohl spezifizierte bereits der 1973 bekannt gewordene Entwurf die „fines sibi proprii" mit dem Zusatz „qui a doctrina Christi et ab ipsius Ecclesiae ordinatione statuuntur" (Communicationes 5 [1973], S. 94), der konziliare Hinweis aber auf die besondere Zweckbestimmung des Kirchengutes für die Armen wurde weggelassen. Bei dieser Formulierung blieb es auch in c. 2 Schema IurPatr. Erst auf die Eingabe vieler Konsultativorgane zu diesem Schema (vgl. Communicationes 12 [1980], S. 396) wurde die Konzilsaussage unverkürzt in den Gesetzestext aufgenommen. So c. 1205 § 2 Schema CIC/1980 und c. 1254 § 2 Schema CIC/1982.

[24] Hierzu näher: *W. Schulz*, „... praesertim erga egenos ...". Zur Reform des kirchlichen Vermögensrechts, in: ... deshalb für den Menschen (Festschrift für S. E. Szydzik), hrsg. v. *G. Struck*, Regensburg 1980, S. 137–153.

[25] Solche Aufgaben und Aktivitäten sind nicht kirchenspezifisch; sie können von einem sozial orientierten Staat oder nicht konfessionell gebundenen Wohlfahrtsorganisationen u. U. sogar erfolgreicher durchgeführt werden.

[26] VatII LG Art. 23 Abs. 1. Zur Interpretation dieser Konzilsaussage vgl. *W. Aymans*, Das synodale Element in der Kirchenverfassung, München 1970, S. 318–351.

Auf diesem Hintergrund ist dann aber auch die eingangs gestellte Frage,[27] ob die Kirche eines gesamtkirchlichen Vermögensrechts bedarf, eindeutig zu bejahen; denn dann können bestimmte rechtliche Grundbezüge eben nicht allein im Ermessen der Teilkirche liegen, weil diese Ziele nur in einem Zueinander von Gesamt- und Teilkirche erreicht werden können. Somit ist der gesamtkirchliche Gesetzgeber gehalten, auch auf vermögensrechtlichem Gebiet allgemein verbindliche Normen zu erlassen, soweit das die Einheit der Kirche fordert. Freilich kann und sollte in dieser Hinsicht, verglichen etwa mit den Fundamentalbestimmungen in bezug auf die verfassungsrechtliche Struktur der Kirche, dem Vermögensrecht eine ungleich größere Vielfalt zugestanden werden. Die oben angedeuteten Erfahrungen mit dem Schicksal des Vermögensrechts des CIC/1917 weisen in eine solche Richtung[28].

3. *Kirchliches Vermögensrecht als Rahmengesetz*

Die Konzeption, ein die Gesamtkirche bindendes Vermögensrecht als Rahmengesetz zu gestalten, das hinreichend Spielraum für die konkrete Ausfüllung und Ausgestaltung durch den teilkirchlichen Gesetzgeber enthält, ist nicht gänzlich neu. Darauf zielte bereits der Beschluß der Ersten Römischen Bischofssynode im Jahre 1967, der verlangte, daß „in re administrativa temporali" das Subsidiaritätsprinzip Anwendung finden soll, „cum regimen bonorum temporalium iuxta leges propriae nationis magna ex parte ordinari debeat"[29]. Diese verbindliche Weisung und die Einsicht in die weitgehende Unbrauchbarkeit des Vermögensrechts des CIC/1917 für die Gesamtkirche haben dazu geführt, den Liber quintus: De bonis Ecclesiae temporalibus des neuen Gesetzbuches als Rahmenrecht zu erlassen.[30] Trotz vieler diesbezüglicher Ratschläge aus der Gesamtkirche[31] war der kanonische Gesetzgeber in der Auswahl nicht immer gut beraten, welche Normen nun konkret in ein solches Rahmengesetz aufgenommen werden und welche eher einer partikularrechtlichen Regelung in Anpassung an die örtlichen, vor allem staatskirchenrechtlichen Gegebenheiten vorbehalten bleiben sollten.[32] Das ändert jedoch nichts an der grundsätzlichen Notwendigkeit universalkirchlicher Bestimmungen auf dem Gebiet des Vermögensrechts.

[27] S. oben I 1.

[28] Ebd.

[29] So Nr. 5 der Principia quae Codicis Iuris Canonici recognitionem dirigant, in: Communicationes 1 (1969), S. 81.

[30] Die damit befaßte Arbeitsgruppe der CIC-Reformkommission hat den Anspruch erhoben, „adamussim" dem Subsidiaritätsprinzip Folge geleistet zu haben, „quodque maxime in hac materia de bonis temporalibus attendi debuerat, cum circumstantiae diversarum regionum speciale influxum habeant in regimine bonorum": Communicationes 9 (1977), S. 269.

[31] Einen interessanten, wenngleich unvollständigen Überblick gibt der Bericht in: Communicationes 12 (1980), S. 388–435.

[32] Die Vorschläge der „Tagung katholischer Kirchenrechtler 1978" zum Schema IurPatr sind kurz zusammengefaßt: *W. Schulz,* Der Entwurf des Vermögensrechtes, in: AfkKR 147 (1978), S. 610–613.

II. Die Rechtsträger kirchlichen Vermögens

Die Frage nach dem Rechtsträger kirchlichen Vermögens war lange umstritten. Sowohl die Kanonistik als auch die zivile Rechtslehre haben sich von unterschiedlichen Standpunkten aus um eine wissenschaftliche Antwort darauf bemüht, vor allem seit der Kirche vom Staat Eigentum entzogen wurde. Seither versuchte man, die Widerrechtlichkeit solcher Säkularisationen zu erweisen oder zu rechtfertigen. Die im Laufe dieser Diskussion entstandenen Theorien in bezug auf das Rechtssubjekt kirchlichen Vermögens[33] sind vom CIC/1917 zugunsten der sogenannten *Institutentheorie* entschieden worden. Derzufolge ist der Träger kirchlichen Vermögens nicht die Gesamtkirche, sondern die jeweilige juristische Person, d. h. die Einrichtung („institutum") bzw. Körperschaft, der das Vermögen gehört oder zugeordnet ist. Dem Apostolischen Stuhl obliegt in diesem Zusammenhang, mit Ausnahme der ihm eigentümlich zukommenden geldwerten Rechte[34], nur die Oberaufsicht in der Verwaltung des kirchlichen Vermögens.

Dieser Auffassung des c. 1499 § 2 CIC/1917 folgt im wesentlichen auch das neue kirchliche Gesetzbuch, wenn es in c. 1256 bestimmt: „Dominium bonorum, sub suprema auctoritate Romani Pontificis, ad eam pertinet iuridicam personam, quae eadem bona legitime acquisiverit". Dabei kommt der Gesamtkirche und dem Apostolischen Stuhl ebenso wie den Teilkirchen und jedweder öffentlichen oder privaten juristischen Person in der Kirche die Befähigung zu, unter Beachtung der gesetzlichen Bestimmungen Vermögen zu erwerben, zu besitzen, zu verwalten und zu veräußern (vgl. c. 1255).

Die wesentlichste Neuerung in diesem Zusammenhang gegenüber dem CIC/1917 ist die Einführung der Unterscheidung von öffentlichen und privaten juristischen Personen, die für die Rechtsträgerschaft kirchlichen Vermögens in Zukunft von Bedeutung ist.

1. Die Unterscheidung von „persona iuridica publica" und „persona iuridica privata"

Die Vermögensfähigkeit ist eine wesentliche Eigenschaft jedweder juristischer Person, unabhängig davon, ob es sich um eine private oder öffentliche juristische Person handelt. Gleichwohl ist diese mit c. 116 eingeführte Distinktion für die Beurteilung der Rechtsträgerschaft ebenso wie für die Relevanz der zur Anwendung kommenden kanonischen Normen von erheblichem Belang.

Handelt es sich nämlich um das Vermögen einer privaten juristischen Person in der Kirche, dann wird dieses nach Maßgabe von c. 1257 § 2 nicht durch die gemeinkirchenrechtlichen Bestimmungen erfaßt, sondern nur durch die eigenen

[33] Einen zusammenfassenden Überblick über diese Theorien bietet *J. Wenner*, Kirchliches Vermögensrecht mit besonderer Berücksichtigung der Verwaltung des katholischen Kirchenvermögens in Preußen und in der Ostmark, 3. Aufl., Paderborn 1940, S. 34–37.

[34] S. in diesem Abschnitt, unten, das unter II 2 Gesagte.

Statuten der jeweiligen juristischen Person, falls das allgemeine Recht nicht ausdrücklich eine andere Regelung vorsieht. Ist der Rechtsträger des Vermögens jedoch eine öffentliche juristische Person, dann unterliegt er außer den eigenen Statuten den vermögensrechtlichen Vorschriften des neuen Gesetzbuches (vgl. c. 1257 § 1). Dabei ist es vermögensrechtlich ohne Belang, ob die Rechtspersonalität einem Träger einer Körperschaft oder Einrichtung in der Kirche von Rechts wegen oder kraft ausdrücklicher Gewährung durch Dekret seitens der zuständigen Autorität zukommt[35]; ebenso, ob es sich bei der juristischen Person um eine Gesamtheit von Personen oder von Sachen handelt[36]. Das neue Gesetzbuch stellt hier ausschließlich auf den privaten oder öffentlichen Charakter einer juristischen Person in der Kirche ab.

2. Die Gesamtkirche und der Apostolische Stuhl als Rechtsträger kirchlichen Vermögens

Kraft c. 113 § 1 besitzen die katholische Kirche und der Apostolische Stuhl Rechtspersonalität „ex ipsa ordinatione divina"[37]. Konsequenterweise erklärt sie deshalb c. 1255 auch zu Rechtsträgern kirchlichen Vermögens. Das ist im Sinne der oben genannten Institutentheorie zu verstehen, d. h. der Apostolische Stuhl ist unmittelbarer Rechtsträger nur des ihm für die Leitung der Gesamtkirche eigentümlich zugehörigen Vermögens; alles übrige Vermögen in der Kirche steht wohl nach Maßgabe von c. 1273 unter der obersten Verwaltungsaufsicht des Heiligen Stuhles, das „dominium" aber besitzt diejenige juristische Person in der Kirche, die es rechtmäßig erworben hat[38]. Insofern aber der Heilige Stuhl, d. h. konkret die Dikasterien der Römischen Kurie, über Vermögen zur Erfüllung ihrer Leitungsaufgaben in der Kirche verfügen, insofern sind sie auch eigene Rechtsträger mit „dominium" im Sinne von c. 1256. Nehmen sie aber Aufsichtsfunktionen über an sich selbständige Rechtsträger, z. B. in den Teilkirchen, wahr, dann kommt ihnen kein „dominium directum" über deren Vermögensstücke zu. Sie dürfen bzw. müssen allerdings bei Versagen der zuständigen Autorität subsidiär tätig werden.

[35] Vgl. c. 114 § 1.

[36] Vgl. c. 115. Zur Unterscheidung von *persona iuridica publica* und *privata* s. in *diesem* Band, oben, *F. Pototschnig*, § 10 Rechtspersönlichkeit und rechtserhebliches Geschehen.

[37] Während sonst der CIC/1983 für die Kennzeichnung der Rechtspersonalität i.d.R. den Begriff „persona iuridica" verwendet, gebraucht er hier in bezug auf die katholische Kirche und den Apostolischen Stuhl den Terminus „persona moralis". Ein inhaltlicher Unterschied ist nicht erkennbar.

[38] Auch wenn bei der Behandlung jenes „dominium", d. h. des Eigentumsrechts in c. 1256, nicht der Apostolische Stuhl als Terminus gebraucht ist, sondern die Wortverbindung „sub suprema auctoritate Romani Pontificis", ist dennoch die „Sedes Apostolica" im weiten Sinne gemeint, d. h. auch die Stellvertretungsorgane der Römischen Kurie. Die Sprachregelung in c. 361 legt eine solche Interpretation zwingend nahe. Vgl. in diesem Sinn auch c. 1273.

3. *Die öffentlichen juristischen Personen als Rechtsträger kirchlichen Vermögens*

Der Öffentlichkeitscharakter wird von ihrer Zuordnung auf das bonum publicum und die Beauftragung bzw. Anerkennung ihrer Zwecke durch die zuständige kirchliche Autorität bestimmt. Darf eine juristische Person im Rahmen der von der Kirche vorgegebenen Zielsetzung „nomine Ecclesiae" handeln und zwar in einer ihr ausdrücklich im Hinblick auf das Gemeinwohl übertragenen, d. h. in der Regel amtlichen Aufgabe, und ist sie als solche anerkannt, dann handelt es sich um eine öffentliche juristische Person. Die in c. 1258 getroffene Sprachregelung verfügt deshalb folgerichtig, daß in den vermögensrechtlichen Bestimmungen des CIC/1983 mit dem Begriff „Kirche", wenn nichts anderes aus dem Wortzusammenhang oder aus der Natur der Sache hervorgeht, nicht nur die Gesamtkirche oder der Apostolische Stuhl bezeichnet wird, sondern jedwede öffentliche juristische Person in der Kirche[39].

Auch wenn die in c. 114 § 2 genannten Zwecke nicht mit den in c. 1254 § 2 aufgeführten „fines Ecclesiae proprii" deckungsgleich sind[40], ist doch die oben beschriebene Zweckbestimmung für die Vermögensfähigkeit einer öffentlichen juristischen Person zwingend. Das heißt, es kann keine öffentliche juristische Person in der Kirche geben, die Ziele verfolgt, die sich nicht unter der spezifischen Zwecktrias subsumieren lassen. Existiert sie doch, so ist sie als persona iuridica privata anzusehen, die in der Regel nicht den gemeinkirchlichen vermögensrechtlichen Bestimmungen unterliegt.

Angemerkt sei, daß wenigstens für die Zeit des Übergangs die vom kanonischen Gesetzgeber neu eingeführte Distinktion von „öffentlich" und „privat" hinsichtlich der bereits bestehenden Rechtsträger von kirchlichem Vermögen Probleme aufgibt. Hier ist es m. E. unerläßlich, daß die zuständige Autorität aufgrund der Kriterien der cc. 114ff. entweder von Rechts wegen, d. h. durch ein die Maßstäbe und Kriterien bestimmendes Gesetz partikularrechtlicher Art, oder durch formelles Dekret, d. h. Fall für Fall regelt, ob es sich um eine öffentliche oder nur private juristische Person in der Kirche handelt. Ob eine solche Anerkennung auf Antrag des betreffenden Instituts oder der jeweiligen Körperschaft zu geschehen hat, bleibt m. E. der partikularrechtlich zu treffenden Entscheidung überlassen. Zwingend scheint mir nur eine Klärung des öffentlichen bzw. privaten Status einer juristischen Person, um sie vor Unsicherheit in vermögensrechtlicher Hinsicht zu schützen[41].

[39] Bereits c. 1498 CIC/1917 enthielt eine solche Sprachregel, bezog sie jedoch auf *jede* juristische Person in der Kirche.

[40] In c. 114 § 2 werden als Zwecke verstanden, die auf die Sendung der Kirche abzielen und deshalb die Zielsetzung der einzelnen Komponenten einer juristischen Person übersteigen, „qui ad opera pietatis, apostolatus vel caritatis sive spiritualis sive temporalis attinent".

[41] Daß hier das Vermögensrecht nur *eine* Komponente ist, die es zu bedenken gilt, wird aus den neuen gesetzlichen Bestimmungen über das kirchliche Vereinsrecht deutlich. Vgl. in *diesem* Band, oben, *H. Schnizer*, Die kirchlichen Vereine (§§ 53–55).

4. Die privaten juristischen Personen in der Kirche und ihr Vermögen

Die Bestimmung des c. 1257 § 2 zusammen mit der in c. 1258 getroffenen Sprachregel stellen für die nunmehr als privat einzustufenden juristischen Personen in der Kirche eine erhebliche Veränderung gegenüber ihrer bisherigen Rechtsstellung auch und gerade in vermögensrechtlicher Hinsicht dar, insofern es ihnen in Zukunft überlassen bleibt, ausschließlich in ihren Statuten ihr Vermögen rechtlich zu regeln[42]. Diese Neuordnung durch den kanonischen Gesetzgeber braucht man nicht als eine Degradierung privater Rechtsträger in der Kirche zu interpretieren, sondern ich halte sie eher für die Anerkennung eines größeren Freiraumes und die konsequente Folgerung aus dem Grundrecht „sese associandi" aller Gläubigen, wie es das Zweite Vatikanische Konzil u. a. im Dekret über das Laienapostolat betont hat[43].

Es ist auch nicht so, als stünden solche privaten juristischen Personen in der Kirche völlig außerhalb der kanonischen Rechtsordnung. Vielmehr sind die eigens für sie getroffenen Regelungen des neuen Gesetzbuches einschlägig.[44]

III. Der Begriff des Kirchenvermögens

Wenn auch das revidierte Gesetzbuch der Kirche, ähnlich wie der CIC/1917, keine förmliche Definition dessen gibt, was allgemein unter dem Begriff *Kirchenvermögen* zusammengefaßt wird, enthalten doch die bisherigen Ausführungen über Zweckgebundenheit und Rechtsträgerschaft desselben wesentliche Elemente, die eine diesbezügliche Begriffsbestimmung ermöglichen.

In Anlehnung an c. 1257 § 1 versteht man unter Kirchenvermögen die der Gesamtkirche, dem Apostolischen Stuhl oder sonst einer öffentlichen juristischen Person in der Kirche gehörenden bzw. zugeordneten zeitlichen Güter. Da der Begriff der *bona temporalia* sowohl körperliche Güter (bona corporalia), seien sie beweglicher oder unbeweglicher Art (z. B. Gerätschaften bzw. Grundstücke), als auch bona incorporalia, d. h. unkörperliche Güter (z. B. Rechtsansprüche auf vermögenswerte Leistungen) umfaßt, gehören zum Kirchenvermögen nicht nur Vermögensstücke, die Eigentum einer öffentlichen juristischen Person in der Kirche sind, sondern auch solche, an denen die betreffende juristische Person geldwerte Rechte besitzt, seien sie dinglicher oder schuldrechtlicher Art. Kirchenvermögen ist demnach die Gesamtheit der geldwerten Rechte der Kirche und ihrer

[42] Hier ist freilich zu beachten, daß der CIC/1917 die Unterscheidung von öffentlichen und privaten juristischen Personen nicht gekannt hat, was jede Wertung ihrer derzeitigen Rechtsstellung des Bezugspunktes beraubt.

[43] VatII AA Art. 19 Abs. 4 i.V.m. cc. 215 und 299 § 1. Vgl. hierzu *W.Schulz,* Le norme canoniche sul diritto di associazione e la loro riforma alla luce dell'insegnamento del Concilio Vaticano Secondo, in: Apollinaris 50 (1977), S.149–171.

[44] Cc. 321–326.

öffentlichen juristischen Personen.[45] Konsequenterweise definierte die Kanonistik das kirchliche Vermögensrecht als „die Gesamtheit der Gesetze, die den Erwerb und Besitz, die Verwaltung, Belastung und Veräußerung des Kirchenvermögens regeln“[46].

Will man aber eine umfassende Begriffsbestimmung von Kirchenvermögen geben, darf dessen wesensmäßige Zweckbestimmung nicht außerachtgelassen werden. Der bloße Aufweis des Rechtszusammenhangs von vermögenswertem Gut und kirchlichem Träger reicht hierfür nicht aus[47]. Berücksichtigt man also seine spezifischen Zwecke, so läßt sich Kirchenvermögen wie folgt bestimmen: *Kirchenvermögen ist die Gesamtheit der einer öffentlichen juristischen Person in der Kirche gehörenden oder zugeordneten geldwerten Rechte zur Bestreitung der Aufwendungen für die geordnete Durchführung des Gottesdienstes, die Sicherstellung des angemessenen Unterhalts des Klerus und anderer Kirchenbediensteter sowie zur Finanzierung der Werke des Apostolats und der Caritas, vor allem jener, die den Armen zugute kommen.*

Auf dem Hintergrund dieser Begriffsbestimmung wird im folgenden eine Übersicht über einzelne Kirchenvermögen gegeben, wobei im Sinne des Rahmenrechts des kirchlichen Gesetzbuchs die konkrete Situation im deutschen Sprachraum besondere Berücksichtigung findet.

IV. Einzelne Kirchenvermögen

Das Vermögensrecht des CIC/1983 steht nicht mehr im Kontext des Sachenrechts[48]. Deshalb sind daselbst eine Reihe von Unterscheidungen entfallen oder in einen anderen Zusammenhang gestellt worden oder werden in der früheren Bedeutung vom kanonischen Gesetzgeber vorausgesetzt, ohne entsprechende Legaldefinitionen zu geben. Es ist aus diesem Grunde erforderlich, die Arten von *res* kurz zu beschreiben, wie sie für das kirchliche Vermögensrecht auch heute noch von Belang sind.

[45] Unter Einbeziehung der mit c. 1257 gegebenen Distinktion in bezug auf die Rechtsträgerschaft von öffentlichen und privaten juristischen Personen in der Kirche entspricht diese Begriffsbestimmung derjenigen, die *Mörsdorf* Lb II, S. 494 gegeben hat.

[46] *Wenner,* Vermögensrecht (Anm. 33), S. 8.

[47] Der Aussage von *Wenner,* ebd., S. 7: „Entscheidend ist das Rechtsverhältnis zu einem kirchlichen Vermögensträger, nicht die Zweckbestimmung“, vermag ich nicht beizupflichten. Ähnlich äußert sich *Mörsdorf* Lb II, S. 495, obwohl er anderer Stelle den u. U. bestimmenden Charakter der Zweckbestimmung für das Kirchenvermögen anerkennt. Vgl. *Mörsdorf,* ebd., S. 320.

[48] Vgl. hierzu: *W. Schulz,* Begriff und Arten des Kirchenvermögens, in: GrNKirchR, S. 699–703.

1. Arten von Kirchenvermögen, wie sie gemeinrechtlich gebraucht oder vorausgesetzt werden

Der lateinische Begriff „res" ist zunächst „ebenso farblos wie unser deutsches Wort Sache"[49]. Erst in der Verbindung mit einem spezifizierenden Attribut erschließt sich sein genauerer Sinn[50].

Neben den bereits angeführten Distinktionen von unkörperlichen und körperlichen Vermögenswerten, von denen sich letztere in bewegliche und unbewegliche gliedern[51], sind vor allem *geistliche Sachen* (res spirituales, bona spiritualia) von *weltlichen Sachen* (res temporales, bona temporalia) zu unterscheiden. Während die res spirituales unmittelbar übernatürlichen Zwecken der Kirche dienen (z. B. Sakramente) und deshalb begriffsnotwendig unkörperlich sind, bilden die res temporales die zur Erfüllung der kirchlichen Aufgaben irdischen Mittel (z. B. bewegliche wie unbewegliche Vermögensstücke, Forderungsrechte).[52] Dazwischen ordnet das kanonische Recht die res mixtae ein, die sogenannten *gemischten Sachen,* d. h. solche weltliche Sachen, die mit einer geistlichen Sache in notwendigem oder zufälligem Zusammenhang stehen (res temporales spirituali adnexae genannt, wie z. B. das Benefizium oder ein benedizierter Friedhof) und als solche einem natürlichen oder übernatürlichem Zweck der Kirche dienen. Soweit es sich hierbei um körperliche Sachen handelt, die durch Konsekration oder Benediktion zum kirchlichen Gebrauch bestimmt sind, heißen sie *heilige Sachen* (res sacrae)[53]. Kommt ihnen ein besonderer künstlerischer, geschichtlicher oder materieller Wert zu, dann gelten sie als *kostbare Sachen* (res pretiosae).[54]

Die vermögensrechtliche Wirkung solcher Einstufungen ist für den Rechtsverkehr erheblich. Von ihr hängt es gegebenenfalls ab, ob eine Angelegenheit (z. B. rein geistliche Sachen) ohne jede Ein- oder Mitwirkung seitens der *staatlichen Gewalt* von der Kirche selbständig geordnet und verwaltet werden darf[55] (z. B. die Verwaltung der Sakramente, die Gesetzgebungshoheit, die Ämterhoheit, letztere ist manchmal konkordatär mit Anzeigepflicht gekoppelt), oder ob sie, wie bei einigen gemischten Sachen, einer staatlichen Mitwirkung bedarf (z. B. die Errichtung neuer Bistümer, kirchlicher Stiftungen u. a.).[56]

[49] *Mörsdorf* Lb II, S. 1.

[50] Im Sprachgebrauch, auch des CIC/1983, haben *res* und *bona* offensichtlich die gleiche Reichweite.

[51] S. oben III.

[52] Diese auch „weltliche Kirchensachen" genannten Mittel (*Mörsdorf* Lb II, S. 3) sind von den rein weltlichen Sachen zu unterscheiden, die nicht in den Kirchenbereich hineinragen.

[53] Vgl. c. 1171. Die Kirchenrechtslehre unterscheidet meistens noch *heilige Sachen im engeren Sinn,* das sind solche, die ihre sakrale Widmung von einer Konsekration oder Benediktion herleiten (z. B. Kelch, Kirchengebäude oder Glocken), von *heiligen Sachen im weiteren Sinn,* die ihren Sakralcharakter erhalten, indem sie im Gottesdienst gebraucht werden (z. B. Weihrauchfaß oder andere liturgische Geräte, die keiner Weihung bedürfen).

[54] Der Begriff *res pretiosae* wird in den cc. 1189 und 1292 § 2 umschrieben; in den cc. 1270 und 1283 n. 2 wird er als bekannt vorausgesetzt.

[55] Für die Bundesrepublik Deutschland: Art. 140 GG i.V.m. Art. 137 Abs. 3 WRV.

[56] *J. Jurina,* Der Rechtsstatus der Kirchen und Religionsgemeinschaften im Bereich ihrer eigenen Angelegenheiten, Berlin 1972, vor allem S. 59–67.

Aber auch *innerkirchlich* kann eine entsprechende Einstufung in die oben genannten Kategorien Rechtswirksamkeit haben. So bedeutet z. B. die Bestimmung eines Gutes als *res sacra,* daß dieses, unbeschadet seines u. U. privaten Rechtsträgers, dem Profangebrauch entzogen ist und bestimmten Verkehrsbeschränkungen unterliegt.[57]

Aufgrund der kanonischen Eigenart und Organisationsstruktur einer juristischen Person als Rechtsträger werden formal folgende Vermögensarten unterschieden:

(1) *Institutsvermögen,* worunter man die Gesamtheit der einem kirchlichen Institut gehörenden oder zugeordneten geldwerten Rechte versteht. Zur Kategorie des Institutsvermögens gehören u. a. das Gotteshausvermögen, das Pfründengut, das selbständige Stiftungsgut in Form der causa pia, das Vermögen sonstiger kirchlicher Anstalten (z. B. des Theologenkonvikts, des Priesterseminars oder von Wohlfahrtsanstalten mit eigener Rechtspersönlichkeit).

(2) *Korporationsvermögen* ist die Gesamtheit der einer kirchlichen Körperschaft gehörenden oder zugeordneten geldwerten Rechte. Dazu gehören z. B. das Vermögen der Dom- und Stiftskapitel, der Ordensgemeinschaften, aber auch der öffentlichen kirchlichen Vereinigungen oder Vereine.

(3) *Fiduziarisches Vermögen* ist das einer öffentlichen juristischen Person der Kirche streng zweckgebunden zur besonderen Treuhänderschaft überlassene unselbständige Vermögen. Hierzu gehören Kollekten, fromme Gaben für bestimmte kirchliche Zwecke und sonstige zweckgebundene Spenden. Oft werden hierzu auch unselbständige Stiftungen im Sinne von c. 1303 § 1 n. 2 gerechnet. Sie lehnen sich als Zustiftungen an eine bestehende öffentliche juristische Person in der Kirche an, wobei die Erträgnisse der Stiftung der damit bedachten juristischen Person zufließen, diese aber ihrerseits die Verpflichtung übernimmt, je nach Stifterwillen für Werke der Frömmigkeit, der Nächstenliebe oder die Abhaltung bestimmter gottesdienstlicher Funktionen (z. B. Jahrtagsmessen, Stiftungsmessen) Sorge zu tragen[58].

2. Das Ortskirchenvermögen

Bis zum Beginn des Spätmittelalters bildete das Ortskirchenvermögen eine rechtliche Einheit[59]. Danach zerfiel es in zwei getrennte Vermögensmassen, deren Träger die fabrica ecclesiae (Kirchenstiftung, Gotteshausvermögen) und das beneficium (Pfründenstiftung, Stellenvermögen) wurden.[60] Daneben entstanden oft noch andere Stiftungen (z. B. Kaplaneistiftungen, selbständige Küstereivermögen u. a.). Unter dem Einfluß eines auf die protestantische Kirche zugeschnittenen

[57] So z. B. die Bestimmung von c. 1269.

[58] Vgl. c. 1302 i.V.m. c. 1303 § 1 n. 2 und § 2.

[59] *S. Schröcker,* Die Kirchenpflegschaft. Die Verwaltung des Niederkirchenvermögens durch Laien seit dem ausgehenden Mittelalter, Paderborn 1934, S. 73–74.

[60] *S. Schröcker,* Die Verwaltung des Ortskirchenvermögens nach kirchlichem und staatlichem Recht, Paderborn 1935, S. 16–30.

Staatskirchenrechts an der Wende des 18. und 19. Jahrhunderts trat die Kirchengemeinde (Pfarrgemeinde) als weiterer, ja wesentlicher ortskirchlicher Vermögensträger auf[61]. Heute besteht das Ortskirchenvermögen aufgrund seiner Rechtsträger im wesentlichen aus drei Vermögensmassen: dem *Gotteshausvermögen* (Kirchenstiftungsgut), den *Stellenvermögen* (Pfründengut) und eventuell vorhandenen *selbständigen Sonderstiftungen.* Diese ortskirchlichen Vermögen werden im folgenden zu ihrer Zweckbestimmung in Relation gesetzt.

a) Gottesdienstliche Zwecke

Diesen Zwecken dient das *Gotteshausvermögen (Kirchenstiftungsgut).* Es ist die Gesamtheit der beweglichen und unbeweglichen Sachen, geldwerten Rechte und laufenden Einnahmen, die mit der Ortskirche (Kirchenstiftung) dauernd verbunden sind. Es umfaßt neben dem Kirchengebäude, seiner Ausstattung und dem kultischen Zubehör als Verwaltungsvermögen auch Wirtschaftsvermögen, dessen Erträgnisse der Bestreitung der anfallenden Ausgaben dienen. Zum Wirtschaftsvermögen gehören aber auch sowohl freiwillige Spendenmittel (Klingelbeutel, Opferstock, Kollekten für pfarreigene Zwecke) als auch Leistungen aufgrund bestimmter Rechtstitel (Stolarien, Mortuarien, taxae), aber auch Kirchgelder, soweit diese als Kopfumlage für alle Pfarrangehörigen gleichhoch erhobenen Beiträge der einzelnen Kirchengemeinde zufließen[62].

Neben den unmittelbaren Zweck des Gotteshausvermögens, d. h. den Personal- und Sachbedarf für den Gottesdienst zu sichern, treten die Errichtung und der Unterhalt des Gotteshauses mit Zubehör sowie die Herstellung und Instandhaltung der Dienstwohnungen für Pfarrgeistliche und Küster[63].

In diesem Zusammenhang ist die komplexe Frage der *Baulasten* zu behandeln. Bei keiner anderen Materie des kirchlichen Vermögensrechts zeigt sich die lokale Aufsplitterung so stark wie bei der Regelung der kirchlichen Baulasten. Mit der Aufspaltung des Ortskirchenvermögens am Ausgang des Mittelalters kam es auch zu einer Aufteilung der kirchlichen Baupflichten und -lasten[64].

Im allgemeinen hafteten die Verpflichteten in folgender Reihenfolge: 1. Die fabrica ecclesiae; 2. die Nutznießer (der Patron oder die zivile Gemeinde); 3. die Pfründeninhaber (unbeschadet ihrer Kongrua) und 4. die Pfarrangehörigen. Auf dieser Grundlage hatte das Konzil von Trient gemeinrechtlich die Baulast an Pfarrkirchen geregelt,[65] wobei die Neuerrichtung derselben nur gestattet wurde, wenn eine ausreichende Finanzgrundlage gesichert war[66].

Die tridentinischen Normen sind ohne wesentliche Änderungen auch vom CIC/1917

[61] *Schröcker,* ebd., S. 25–26.

[62] Solche Kirchgelder werden z. B. in Bayern erhoben, und zwar für jeden Angehörigen einer erhebungsberechtigten Religionsgemeinschaft, sofern er 18 Jahre alt ist und über ein zur Bestreitung seines Unterhalts bestimmtes oder geeignetes Einkommen von mehr als DM 3600,– jährlich verfügt. Vgl. Art . 23 Bayer. KirchStG v. 15. 3. 1967.

[63] *J. Wenner,* Kirchenvorstandsrecht, 3. Aufl., Paderborn 1965, S. 21 weist ausdrücklich darauf hin, daß das Gotteshausvermögen „zu Leistungen an die Geistlichen ... nur auf Grund besonderer Rechtstitel herangezogen werden" darf.

[64] *Schröcker,* Ortskirchenvermögen (Anm. 60), S. 35–39.

[65] *Wenner,* Vermögensrecht (Anm. 33), S. 141.

[66] Sess. XXI, Decr. de reformatione, c. 7 in: COD, S. 706–707.

übernommen worden (vgl. c. 1186 n. 2 CIC/1917), der ausdrücklich darauf hingewiesen hat, daß rechtmäßige Gewohnheiten und Vereinbarungen, worunter auch solche mit dem Staat und den zivilen Gemeinden zu verstehen sind, von den kodikarischen Bestimmungen unberührt bleiben (vgl. c. 3). Hier rangiert Sonderrecht vor kanonischem Gemeinrecht. Dies gilt auch für die Baulast bei sonstigen kirchlichen Gebäuden (Pfarr- und Benefiziatenhäusern, Küsterwohnungen u. a.).

Die staatliche Baupflicht in den Ländern der Bundesrepublik Deutschland leitet sich hauptsächlich aus den §§ 35 und 36 des Reichsdeputationshauptschlusses v. 25. 2. 1803 und darauf aufbauenden partikularrechtlichen Baupflichtnormen her, die durch das Einführungsgesetz zum BGB v. 18. 8. 1896 (in Kraft seit 1. 1. 1900) ausdrücklich Geltung behalten haben[67]. Hinzu kommt die konkordatäre Anerkennung von Dotationspflichten[68] und das Weiterbestehen von Patronaten, so daß heute jeder mit dieser Rechtsmaterie Betraute die oft auch rechtsgeschichtlich schwierigen Fragen von Fall zu Fall einer Lösung zuführen muß. Dabei ist als Tendenz festzustellen, daß der Staat mit der Unterscheidung von baulastpflichtigem und baulastfreiem Baubestand sich nach Möglichkeit seiner Verpflichtungen zu entziehen sucht. Im Interesse des Rechtsfriedens empfiehlt es sich hier, mitunter Baupflichtablösungen durch die zuständigen Kirchenbehörden im Einvernehmen mit dem Staat vorzunehmen.

Ein gangbarer Weg, ein wenig Ordnung in die Vielfalt von Baupflichten und -lasten zu bringen, ist z. B. durch die Vereinbarung zwischen dem Freistaat Bayern und den sieben katholischen Diözesen Bayerns v. 1. 10. 1962 beschritten worden[69], worin die geschuldeten Leistungen hinsichtlich der Baupflicht an Pfarrgebäuden aufgelistet und Kataloge aufgestellt werden, die namentlich alle betroffenen Objekte mit detaillierten Angaben enthalten[70]. Oft aber zögert der Staat. So sind z. B. nach dem hessischen Gesetz zur Bereinigung des hessischen Landrechts v. 6. 2. 1962[71] aus dem preußischen Gesetzesbestand gerade jene Paragraphen hinsichtlich der Baulastregelungen des Staatsgesetzes betreffend die Anordnung kirchlicher Neu- und Reparaturarbeiten in den katholischen Diözesen v. 24. 11. 1925 in Kraft geblieben sowie die dazu ergangene Zuständigkeitsverordnung v. 8. 2. 1926[72].

Von ihrer primären Zwecksetzung her sind zum Gotteshausvermögen noch die piae fundationes zu rechnen[73], die oft in der Form von *Gottesdienststiftungen* einer öffentlichen juristischen Person in der Kirche gewidmet werden.

b) Unterhalt von Klerus und Kirchenbediensteten

Die *Pfründenstiftung (beneficium)* hat im CIC/1917 sowohl das Kirchenamt als auch die für den Stelleninhaber zu seinem Unterhalt bestimmten Einkünfte aus

[67] Eine knappe, wenn auch nicht vollständige Übersicht gibt *J. Lederer,* Art. Baulast, in: LThK² II, Sp. 63–64; vgl. hierzu ferner *A. Frhr. von Campenhausen,* Staatskirchenrecht. Ein Studienbuch, 2. Aufl., München 1983, S. 84 und 110 sowie *E. Sperl,* Art. „Baulast", in: EvStL², Sp. 125–127. Die staatskirchenrechtlichen Grundfragen, wie sie sich in der Bundesrepublik Deutschland unter der Herrschaft des Grundgesetzes stellen, sind dargestellt bei *N. Wiesenberger,* Kirchenbaulasten politischer Gemeinden und Gewohnheitsrecht. Nach heutigem Staatskirchenrecht exemplarisch dargestellt für das Hochstift Paderborn (= Staatskirchenrechtliche Abhandlungen, Bd. 14), Berlin 1981.

[68] Art. 10 § 1 BayK; Art. 4 u. 5 Abs. 2 PreußK und Art. VI mit Schlußprotokoll BadK.

[69] PfBl. 36 (1963), S. 167–188.

[70] Hierzu: *R. A. Strigl,* Aktuelle Fragen der kirchlichen Vermögensverwaltung im pfarrlichen Bereich, in: AfkKR 138 (1969), S. 39–40.

[71] GVBl. 1962, S. 21.

[72] *S. Marx,* Geschichte des katholischen Kirchenvermögensverwaltungsrechts in Hessen nach 1945, in: Kirche und Bibel (Festg. f. Bischof Eduard Schick), Paderborn 1979, S. 247–248.

[73] Cc. 1299–1310.

dem Stammvermögen (patrimonium stabile) umfaßt, mit dem das beneficium ausgestattet ist[74]. Die Verwaltung dieses Stellenvermögens erfolgte bereits vor Erscheinen des kirchlichen Gesetzbuches von 1983, tatsächlich meistensteils zentral über die Finanzkammern oder Rechtsabteilungen der Bischöflichen Ordinariate oder Generalvikariate, wenngleich der CIC/1917 diese gemeinrechtlich dem Pfründeninhaber vorbehalten hatte. Mit c. 1272 ist nun aber die Bestimmung getroffen worden, *gemeinkirchenrechtlich das Benefizialsystem abzuschaffen und in das Partikularrecht zu überführen.* Hier ist es Aufgabe der Bischofskonferenzen, nach Erlaß entsprechender, mit dem Apostolischen Stuhl abgestimmter und von ihm genehmigter Normen, das Benefizialwesen so umzugestalten, daß die Erträge der Pfründen, ja sogar soweit möglich, das Benefizialvermögen selbst in einen diözesanen Unterhaltsfonds übertragen werden (vgl. c. 1274 § 1).

Alle übrigen Kirchenbediensteten auf Ortskirchenebene werden meistens vom Kirchenvorstand angestellt[75] und im Rahmen des Personalbedarfs aus dem Vermögen der Kirchenstiftung besoldet. Dies geschieht in der Regel durch entsprechende Bezuschussung des Ortskirchenvermögens aus dem Kirchensteueraufkommen, das je nach Seelenzahl einer Pfarrgemeinde gemäß einem diözesanrechtlich festgelegten Schlüssel oder Punktesystem verteilt wird. Gemeinkirchenrechtliche Grundlage des Besteuerungsrechts ist die Bestimmung von c. 1263.

c) Apostolische und karitative Aufgaben

Hierhin gehören neben der Pfarrkaritas vor allem kirchliche Wohlfahrtsanstalten (z. B. Krankenhäuser, Altersheime, Waisenhäuser), soweit sie in ortskirchlicher Trägerschaft stehen. Ist diesen Instituten vom Ortsordinarius die öffentliche Rechtspersönlichkeit verliehen, unterliegen sie gemäß c. 1257 § 1 den gemeinkirchenrechtlichen Vermögensnormen sowie den einschlägigen staatskirchenrechtlichen Bestimmungen[76].

Was hier über das Ortskirchenvermögen gesagt worden ist, gilt im wesentlichen auch dort, wo sich einzelne Pfarrgemeinden, teils kraft staatlichen Gesetzes[77], teils kraft partikularrechtlicher kanonischer Normierung[78] zu sogenannten *Ver-*

[74] Die Arten der Pfründen sowie ihre Abgrenzung zu ähnlichen Institutionen beschreibt ausführlich *Mörsdorf* Lb II, S. 447–448; s. auch ebd., S. 451–455 u. 460–462.

[75] Die Bezeichnung dieses Gremiums variiert: für den Geltungsbereich des (preußischen) KathKirchVermG: *Kirchenvorstand;* in Bayern erfüllt diese Aufgabe die *Kirchenverwaltung;* in den Diözesen Fulda, Limburg, Mainz, Speyer und Trier führt das Gremium die Bezeichnung *Verwaltungsrat,* in Rottenburg-Stuttgart *Verwaltungsausschuß des Kirchengemeinderates,* in Freiburg/i.Br. *Stiftungsrat;* in Österreich heißt es *Pfarrkirchenrat,* wobei in Wien dessen Aufgabe vom Pfarrgemeinderat übernommen worden ist.

[76] Für den Bereich der Bundesrepublik Deutschland s. hierzu: *S. Marx,* Kirchenvermögens- und Stiftungsrecht, in: HdbStKirchR II, vor allem S. 133–157.

[77] Solche Zusammenschlüsse sind für den Geltungsbereich des KathKirchVermG von Gesetzes wegen vorgesehen: ebd. §§ 22–27.

[78] Beispiele hierfür sind die im Anschluß an den Hessischen Staatskirchenvertrag v. 29. 3. 1974 und den Saarländischen Staatsvertrag v. 10. 2. 1977 erlassenen Gesetze der Diözesen Fulda, Limburg, Mainz, Speyer und Trier über die Verwaltung und Vertretung des Kirchenvermögens (KABl. Fulda 1979, S. 43–47; ABl. Limburg 1977, S. 559–564; KABl. Mainz 1979,

bänden (Gesamtverbänden) zusammengeschlossen haben. Es gilt jedoch z. B. nicht für die Freie und Hansestadt Hamburg, wo der Verband der römisch-katholischen Kirchengemeinden zwar Rechtsträger und Vermögensverwalter der überpfarrlichen kirchlichen und karitativen Einrichtung ist, gegenüber den einzelnen Pfarrgemeinden aber als Aufsichtsbehörde fungiert[79]. Ähnliche Befugnisse hat der Gesamtverband im Westberliner Anteil des Bistums Berlin[80].

3. *Kirchenvermögen in diözesaner Trägerschaft*

Träger des Kirchenvermögens auf diözesaner Ebene, und zwar sowohl mit kanonischer als auch mit staatlicher Rechtsfähigkeit, sind das Bistum[81], der Bischöfliche Stuhl, vertreten durch den Bischof oder Generalvikar[82], sowie sonstige für den Diözesanbereich errichtete öffentliche juristische Personen, deren Vermögensverwaltung durch die Bestimmungen der cc. 1279 ff. geregelt wird. Im Hinblick auf die Verwaltung des diözesanen Vermögens sind die Beispruchsrechte des Vermögensverwaltungsrats und des Konsultorenkollegiums gemäß c. 1277 zu beachten, wobei die Beispruchsrechte des Konsultorenkollegiums, je nach Beschlußlage der Bischofskonferenz nach Maßgabe von c. 502 § 3, dem Domkapitel zustehen.

In bezug auf die oben näher beschriebene dreifache Zweckbestimmung ergibt sich auf der Ebene des Bistums folgende Einteilung:

a) Gottesdienstliche Zwecke

Neben seiner durch c. 495 § 1 gemeinkirchenrechtlich aufgehobenen Funktion als „Rat und Senat des Bischofs"[83] ist es die vornehmlichste Aufgabe des Domkapitels, die Gottesdienste in der Kathedralkirche zu halten und zu gestalten[84]. Das ist mithin auch die primäre Zweckbestimmung des Kapitelsvermögens. Sofern andere Kirchenvermögen in diözesaner Trägerschaft für gottesdienstliche Zwecke aufgewendet werden (z. B. der Druck diözesaner liturgischer Bücher wie der Meßproprien), sind sie rechtssystematisch hier einzuordnen.

b) Unterhalt von Klerus und Kirchenbediensteten

Der Unterhalt von Klerus und Kirchenbediensteten, der bis zum Reichsdeputationshauptschluß v. 25. 2. 1803 benefizialrechtlich geregelt war, hat sich in der

S. 1–6; OVBl. Speyer 1979, S. 493–505; KABl. Trier 1978, S. 215–221), die in bezug auf die *Kirchengemeindeverbände* fast gleichlautende Bestimmungen haben: Fulda: §§ 23–32; Mainz: §§ 25–33; Trier: §§ 23–31. In Speyer heißen diese *Gesamtkirchengemeinden* (Speyer: §§ 23–30) und in Limburg *Gesamtverbände* (Limburg: §§ 23–31).

79 *Marx*, Kirchenvermögensrecht (Anm. 76), S. 152–154.

80 ABl. Berlin 1971, S. 24–25.

81 Die Diözesen bzw. die ihr gleichgestellten Gebietskörperschaften genießen kraft c. 373 „ipso iure" kanonische Rechtspersonalität.

82 Vgl. c. 393 i.V.m. c. 479 § 1.

83 *Mörsdorf* Lb I, S. 438.

84 S. hierzu die Bestimmungen der cc. 503, 506 § 1 und 510 § 3.

Folgezeit mit der Änderung der wirtschaftlichen Verhältnisse immer stärker überörtlich, d. h. auf die Diözese hin, verlagert, so daß zeitweise die „mensa episcopalis" gewissermaßen als „Sammelbecken diözesaner Mittel"[85] die ihr artfremde Aufgabe der Klerikerbesoldung wahrgenommen hat. Die dafür erforderlichen Leistungen wurden ihr teils vom Staat zur Verfügung gestellt[86], teils als Kirchensteuern oder andere Abgaben erhoben[87]. So hatte sich bereits jenseits des Vermögensrechts des CIC/1917 in weiten Teilen des deutschsprachigen Raumes partikularrechtlich ein eigenes Besoldungsrecht für Klerus und Kirchenbedienstete herausgebildet, dessen Träger heute weitgehend die Diözesen sind. Im Anschluß an die nachkonziliaren Bestimmungen des MP EcclSanct[88] und des DirPastMinEp[89] sind die derzeitig geltenden Bestimmungen des c. 1274 für den Unterhalt von Klerus und anderen Kirchenbediensteten gemeinkirchenrechtlich neu geregelt worden.

c) Apostolische und karitative Aufgaben

Besteht kein ortskirchlicher Träger für die Erfüllung solcher apostolischer und karitativer Aufgaben, oder sind dessen finanzielle Möglichkeiten nicht ausreichend, so betrachtet es heute die Diözese als ihre genuine Aufgabe, allein oder zusammen mit entsprechenden Verbänden (z. B. diözesaner Caritasverband, Malteserhilfsdienst, Kolpingswerk u. a.) derartige Wohlfahrtsanstalten zu unterhalten. Soweit öffentliche Sammlungen durchgeführt werden, sind neben den kanonischen Vorschriften[90] auch die staatskirchenrechtlichen Bestimmungen zu beachten.[91] Zu nennen ist ferner das von den öffentlichen kirchlichen Vereinigungen und Vereinen getragene Vermögen, soweit dieselben und deren Gliederungen auf diözesaner Ebene apostolische oder karitative Ziele verfolgen. Das Vermögen privater kirchlicher Vereinigungen wird auch durch die Gutheißung der zuständigen Autorität noch nicht zu Kirchenvermögen.[92]

4. Kirchenvermögen in überdiözesaner Trägerschaft

Aufgrund der Bestimmungen von c. 449 § 2 genießt *gemeinkirchenrechtlich* die Bischofskonferenz eigene Rechtspersonalität. *Staatskirchenrechtlich* ist dagegen die Rechtslage unterschiedlich. In Österreich ist die Bischofskonferenz Körperschaft des öffentlichen Rechts; in der Schweiz besteht zur Regelung der finanziellen Angelegenheiten ein Verein nach Maßgabe des Schweizerischen Zivilgesetzbuches „Schweizer Bischofskonferenz"; die Deutsche Bischofskonferenz besitzt

85 *Heinrichsmeier,* Veräußerungsverbot (Anm. 14), S. 6.
86 § 35 Reichsdeputationshauptschluß.
87 Vgl. in *diesem* Band, unten, *A. Hollerbach,* § 97 Kirchensteuer und Kirchenbeitrag.
88 MP EcclSanct I Nr. 8 Abs. 2.
89 Ebd., Nr. 136, S. 132–133.
90 Vgl. cc. 1265 u. 1266.
91 *M. Stolleis,* Kirchliches Sammlungswesen, in: HdbStKirchR II, S. 437–451.
92 Vgl. cc. 298–329 i.V.m. c. 1257.

nach staatlichem Recht keine Rechtsfähigkeit. Deshalb haben sich die Diözesen in der Bundesrepublik Deutschland durch Vertrag v. 4. 3. 1968 zu einem „Verband der Diözesen Deutschlands" zusammengeschlossen, dessen satzungsmäßiger Zweck darin besteht, diejenigen Aufgaben wahrzunehmen, „die ihm von der Deutschen Bischofskonferenz im rechtlichen und wirtschaftlichen Bereich übertragen werden"[93]. Dieser Verband ist Körperschaft des öffentlichen Rechts und als solcher Träger des überdiözesanen Vermögens der katholischen Kirche in der Bundesrepublik Deutschland.[94] Da er selbst über keine eigenen Einnahmen verfügt, wird sein Haushalt durch eine Umlage der (Erz-)Diözesen getragen, die ihren Sitz in der Bundesrepublik Deutschland haben[95].

Im Hinblick auf die Zwecktrias solcher überdiözesaner Vermögensträger ist festzustellen, daß unmittelbar gottesdienstliche Zwecke zugunsten der apostolischen und karitativen Aufgaben in den Hintergrund treten. Dennoch sind alle drei Formen anzutreffen.

a) Gottesdienstliche Zwecke

Gottesdienstliche Zwecke werden von der Bischofskonferenz nicht nur bei der Abhaltung überdiözesaner Veranstaltungen (z. B. Katholikentage) verfolgt, sondern hier sind auch die finanziellen Aufwendungen für Arbeiten in entsprechenden Kommissionen, etwa für die Herausgabe von Gebet- und Gesangbüchern (z. B. Gotteslob) und anderen liturgischen Büchern sowie die Finanzierung entsprechender Institutionen (z. B. die Liturgischen Institute in Trier und Salzburg oder das Institut für hymnologische und musikethnologische Studien in Maria Laach) zu nennen.

b) Unterhalt von Klerus und Kirchenbediensteten

Die in c. 1274 auf Diözesanebene vorgesehenen Vermögensfonds sind für die Sicherstellung des angemessenen Unterhalts für Klerus und andere Kirchenbedienstete, sowie für die Bereitstellung von Mitteln für deren soziale Für- und Vorsorge bestimmt. Dort, wo die Sozialversicherung für den Klerus aber auf Diözesanebene noch nicht hinreichend geordnet ist, muß die Bischofskonferenz dafür sorgen, daß eine Einrichtung besteht, bzw. wo sie noch nicht besteht, geschaffen wird, die diese Aufgaben wahrnimmt (vgl. c. 1274 § 2). Im Hinblick auf die übrigen Dienstnehmer der Kirche ist gemäß § 3 desselben Kanons ein weiterer allgemeiner Vermögensfonds einzurichten, der den angemessenen Unterhalt dieser Kirchenangestellten sowie deren soziale Für- und Vorsorge auf Diözesanebene

[93] S. hierzu § 3 der Satzung des VDD i.d.F.v. 1. 12. 1976, in Kraft getreten am 1. 1. 1977, abgedr. in sämtlichen Amtsblättern der Diözesen in der Bundesrepublik Deutschland, u. a. in: KAnz. Köln 117 (1977), S. 11ff. und in: AfkKR 145 (1976), S. 552–558.

[94] Hierzu: *J. Listl,* Der Verband der Diözesen Deutschlands, in: StdZ 195 (1977), S. 337–344. Zur Rechtsstellung der Deutschen, Österreichischen und Schweizer Bischofskonferenz vgl. im einzelnen in *diesem* Band, oben, *J. Listl,* § 33 Plenarkonzil und Bischofskonferenz.

[95] Die gemeinkirchenrechtliche Grundlage bietet hierfür c. 1274 §§ 3 und 4.

sicherstellt, wobei die Trennung dieser Vermögensfonds für Kleriker und Kirchenbedienstete im Laienstand nicht mehr zwingend ist, wenn die örtlichen Erfordernisse u. U. einen Verbund solcher diözesaner Einrichtungen nahelegen (vgl. c. 1274 § 4). Hier aber muß u. U. auch die Bischofskonferenz tätig werden im Sinne der Koordinierung eines überdiözesanen Vermögensausgleichs, wodurch die reicheren Bistümer die ärmeren unterstützen (vgl. c. 1274 § 3). Wichtig ist, was in den meisten Teilkirchen des deutschen Sprachraums bereits entsprechend geregelt ist, daß diese Vermögensfonds und Einrichtungen sowohl auf diözesaner Ebene als auch bei der Bischofskonferenz so konstituiert sind, daß sie nach staatlichem Recht rechtswirksam errichtet sind (vgl. c. 1274 § 5).

Darüber hinaus verfolgt die Bischofskonferenz auch überdiözesane Aufgaben mit entsprechendem Personalbedarf. C. 451 sieht ausdrücklich die Bildung eines Ständigen Rates der Bischöfe, eines Generalsekretariats sowie anderer Ämter und Kommissionen vor, die die Aufgabe haben, die Ziele der Konferenz wirksam zu unterstützen. Der dafür notwendige Unterhalt für die Kirchenbediensteten macht den Einsatz überdiözesan verwalteten Kirchenvermögens erforderlich.

c) Apostolische und karitative Aufgaben

Vermögensrechtlich wird man hier unmittelbar bischöfliche Einrichtungen (wie z. B. Adveniat, Bischöfliches Werk „Not in der Welt", Misereor) von solchen unterscheiden müssen, die zivilrechtlich Rechtspersönlichkeit als „Eingetragener Verein" haben. Insofern diese aber direkt apostolische bzw. karitative Zwecke verfolgen (z. B. Missio e.V., das Bonifatiuswerk e.V. oder der Deutsche Caritasverband e.V.) und öffentliche juristische Personen in der Kirche sind, unterliegen sie den entsprechenden Bestimmungen des kirchlichen Vermögensrechts.

5. Das Vermögen des Apostolischen Stuhles

Aus dem Anspruch der Kirche auf originären Vermögenserwerb, dessen Legitimität bereits dargelegt worden ist[96], hat der Apostolische Stuhl seit jeher auf die entsprechende Pflicht aller Mitglieder der Kirche verwiesen, nach Kräften auch für die Aufbringung der finanziellen Mittel beizutragen, die zur Erfüllung der Leitungsaufgaben des Heiligen Stuhles erforderlich sind. Diese wesentliche Pflicht aller Gläubigen hat freilich im Laufe der Geschichte unterschiedliche Ausprägungen erfahren.

Bereits im 6. Jahrhundert besaß die römische Kirche durch zahlreiche Schenkungen einen erheblichen Grundbesitz, das sogenannte *patrimonium Petri,* das durch den Verfall der byzantinischen Macht und durch geschickte Verwaltung einiger Päpste (vor allem Gregor des Großen) an Umfang zugenommen hatte. Das versetzte die Päpste in die Lage, in den Nöten und Wirren der Kriege die soziale Fürsorge und die innere Ordnung Roms sicherzustellen. Mögen auch die Deutung des Schutzversprechens von Ponthion und die Rechtsnatur und der Inhalt des Schenkungsvertrags von Quiercy im Jahre 754 kontrovers sein, den *Pippin*

[96] S. oben das zu c. 1254 § 1 Gesagte.

d. J. mit Papst *Stephan II.* geschlossen hat[97], feststeht, daß ihr Vorhandensein den Ausgangspunkt für die wechselvolle Geschichte des Kirchenstaates darstellt. Die Einkünfte aus dem patrimonium Petri und später dem Kirchenstaat waren etwa bis zum Jahre 1860 die wesentliche Einnahmequelle des Apostolischen Stuhles, wenngleich dieses Vermögen im Laufe der Kirchengeschichte sicher nicht immer nur zweckentsprechend zur Erfüllung der Leitungsaufgaben der Kirche Verwendung gefunden hat.

Daneben gab es im Mittelalter eine regelmäßig zu entrichtende Steuer, den sogenannten *census S. Petri,* der im deutschsprachigen Raum noch heute die Bezeichnung *Peterspfennig* führt. Diese Abgabe wurde zunächst als Häusersteuer erhoben; sie hat sich an der Wende vom 10. zum 11. Jahrhundert in einen Rekognitionszins gewandelt, der an einem bestimmten Datum zu entrichten war (in England z. B. am 1. August eines jeden Jahres). Mit der persönlichen Übergabe des census S. Petri in Rom oder bei Aushändigung desselben an einen päpstlichen Legaten war ein Akt besonderer Unterwerfung verbunden. Die regelmäßige Eintreibung und Abführung dieser Abgabe ist bezeugt für: England, Irland, Wales, die beiden Sizilien, Dänemark, Schweden, Norwegen, Spanien, Böhmen, Istrien und Dalmatien, Ungarn, Polen und Portugal[98]. In nachreformatorischer Zeit erlosch diese Abgabe und verlor nach und nach auch in den katholisch gebliebenen Ländern an Bedeutung.

Erst ein Defizit in der Jahresbilanz des Kirchenstaates von 80000 Scudi im Jahr 1860 veranlaßte *Pius IX.*, wieder um den Peterspfennig zu bitten. Durch Gründung einer Erzbruderschaft in Rom durch Apostolisches Schreiben vom 31. 10. 1860 mit dem erklärten Ziel der finanziellen Unterstützung des Heiligen Stuhls und der weltweiten Affiliierung entsprechender Vereinigungen und Bruderschaften mit demselben Zweck (u. a. vor allem in Frankreich) wurde die drohende Finanzkrise des Apostolischen Stuhls behoben.

Nach dem Ende des Kirchenstaates am 20. 9. 1870 verlieh *Pius IX.* in der Enzyklika „Saepe, Venerabiles Fratres" vom 5. 8. 1871 der Verwaltung des Peterspfennigs eine kuriale Struktur, indem er ihn zusammen mit der vatikanischen Güterverwaltung dem Staatssekretär anvertraute. *Leo XIII.* schuf hierfür durch MP vom 23. 5. 1883 eine eigene Kardinalskommission unter der Leitung des Kardinalstaatssekretärs, allerdings in dem Bestreben, die vatikanische Güterverwaltung und die des Peterspfennigs voneinander unabhängig zu machen[99]. Am 3. 7. 1882 wurde die Kasse der Datarie der Verwaltung des Peterspfennigs zugeführt und durch eigene Regolamenti 1891 und 1894 geordnet[100]. Dieser Stand der Dinge überdauerte die Kurienreform *Pius' X.*[101], bis *Pius XI.* mit MP vom 16. 12. 1926 die damals noch mit vermögensrechtlichen Kompetenzen ausgestattete Präfektur der Apostolischen Paläste und der Verwaltungen der vermögensrechtlich selbständigen Dikasterien zur „Amministrazione dei Beni della Santa Sede" vereinte.

An deren Stelle ist die von *Paul VI.* mit der Apostolischen Konstitution „Regimini Ecclesiae Universae" vom 15. 8. 1967 geschaffene *Amministrazione del Patrimonio della Sede Apostolica* getreten[102]. Zusammen mit ihr hat *Paul VI.* erstmalig eine Institution ins

[97] *H. Löwe,* Bund mit dem Papsttum und fränkische Weltstellung. Ausbau des rechtsrheinischen Germanien (752–768), in: *B. Gebhardt,* Handbuch der deutschen Geschichte, hrsg. v. H. Grundmann, 8. Aufl., Stuttgart 1954, S. 128–131.

[98] *Feine* RG, S. 311 (mit weiteren Literaturangaben).

[99] Vgl. das MP *Leos XIII.* v. 11. 12. 1880.

[100] Vgl. in diesem Sinne auch das MP *Leos XIII.* v. 23. 5. 1883.

[101] S. hierzu die Apost. Const. „Sapienti Consilio" und deren Durchführungsbestimungen v. 29. 6. 1908, in: AAS 1 (1909), vor allem S. 103–105.

[102] Const REU nn. 123 u. 124. Der Administratio Patrimonii Apostolicae Sedis obliegt in der *ordentlichen Sektion* allgemein die Güterverwaltung des Apostolischen Stuhles, während die *außerordentliche Sektion* die Aufgabe hat, die mit dem Finanzabkommen vom 11. 2. 1929 dem Hl. Stuhl gezahlte Abfindung für den 1870 annektierten Kirchenstaat zu verwalten. (Die Geschäftsordnungen beider Sektionen finden sich erstmalig bei: *W. Schulz,* Leggi e disposizioni usuali dello Stato della Città del Vaticano, Bd. 2, Roma 1982, S. 214–218 bzw. 219–221). S. in *diesem* Band, oben, *W. Schulz,* § 32 Der Vatikanstaat.

Leben gerufen, die *Präfektur für die Wirtschaftsangelegenheiten des Heiligen Stuhles*[103], die als Oberbehörde über die gesamte Finanzverwaltung des Apostolischen Stuhles konzipiert ist und der, neben der Genehmigung der Haushaltspläne und Jahresrechnungen der meisten Behörden des Heiligen Stuhls[104], auch Kompetenzen im Sinne eines obersten Rechnungshofes zukommen. Allerdings gelingt es nicht immer, Anspruch und Wirklichkeit in Einklang zu bringen.

Keine Kurienbehörde ist die kurz als Vatikanbank bezeichnete Einrichtung des *Istituto per le Opere di Religione.* Es handelt sich dabei um ein rechtlich selbständiges Institut mit eigenem Statut und eigener Geschäftsordnung, dessen Hilfe sich die genannten Güterverwaltungen und Dikasterien bei der Erledigung bankarischer Aufgaben bedienen.[105]

Mit der Bestimmung des c. 1271 hat das kirchliche Gesetzbuch eine Norm geschaffen, die die Bischöfe als Vorsteher der Teilkirchen in die Pflicht nimmt, nach dem Maß der Möglichkeiten ihrer Diözesen zur Bereitstellung der Mittel beizutragen, die der Apostolische Stuhl braucht, damit er seinen Dienst gegenüber der Gesamtkriche ordnungsgemäß zu leisten in der Lage ist. Hier geht es nicht nur um eine den heutigen Zeitverhältnissen angepaßte Wiederherstellung des Peterspfennigs. Der begründende Hinweis auf „das Band der Einheit und Liebe" ist vielmehr im Sinne der grundlegenden ekklesiologischen Aussagen des Zweiten Vatikanischen Konzils zu verstehen, wodurch das Zueinander von Gesamt- und Teilkirche auch gegenseitige vermögensrechtliche Verantwortungen mit sich bringt.

Natürlich ließe sich das Vermögen des Apostolischen Stuhles auch gemäß der bisherigen Dreiteilung im Hinblick auf die Zwecke gliedern, denen es vorrangig gilt. So wäre z. B. der Haushalt der SC pro Sacramentis et Cultu Divino oder der SC pro Causis Sanctorum den gottesdienstlichen Zwecken zuzuordnen, während das Vermögen der SC de Propaganda Fide oder des Päpstlichen Rates Cor Unum mehr zu den apostolischen und karitativen Aufgaben zu rechnen wäre. Da die Personalkosten aber alle Behörden des Heiligen Stuhles treffen, ist im Sinne unserer Dreiteilung der Unterhalt von Klerus und anderen Kirchenbediensteten übergreifend, so daß die unvermeidliche Überschneidung eine Differenzierung in bezug auf die jeweilig spezifische Zwecksetzung nicht mehr sinnvoll erscheinen läßt. Ausschlaggebend ist, daß auch das Vermögen des Apostolischen Stuhles jenen „fines sibi proprii" zu dienen hat, ohne die der Sendungsauftrag der Kirche nicht erfüllt werden kann.

[103] Const. REU nn. 117–121.

[104] Einige Dikasterien der Römischen Kurie haben auch heute noch ihre eigene Vermögensverwaltung behalten. So z. B. die SC de Propaganda Fide.

[105] Vgl. *Schulz,* Leggi (Anm. 102), S. 24–38 und 103–107.

§ 96 Der Erwerb von Kirchenvermögen

Von Richard Potz

I. Grundsätzliches

Die Bestimmungen des CIC/1983 in bezug auf das kirchliche Vermögensrecht sind durch den Abschluß einer Entwicklung gekennzeichnet: An die Stelle der Einkünfte aus der Bewirtschaftung von Grund und Boden als zentraler Einkommensquelle einer feudal agrarisch strukturierten Wirtschaft trat ein System von pflichtmäßigen und freiwilligen Abgaben seitens der Gläubigen, um die ökonomischen Grundlagen kirchlichen Wirkens zu sichern.

Augenfälligstes Zeichen dieser Veränderung ist c. 1272, der das Verfahren zur Auflösung der Benefizien angibt. In Regionen, wo noch Benefizien im eigentlichen Wortsinn vorhanden sind, steht es den Bischofskonferenzen zu, durch mit dem Heiligen Stuhl abgestimmte und von diesem approbierte Normen die Organisation dieser Benefizien so zu regeln, daß die Einkünfte und, so weit möglich, auch das Kapital des Benefiziums selbst dem Institut für Klerikerbesoldung übertragen werden (c. 1274 § 1). Damit wurde im allgemeinen Recht normiert, was partikularrechtlich bereits in vielen Diözesen eingerichtet war.[1]

Die Entwicklung des kirchlichen Vermögensrechts ist außerdem durch eine verstärkte Regionalisierung und Dezentralisierung gekennzeichnet, sowie durch eine Tendenz zur Straffung der Zweckgebundenheit, die einhergeht mit einer gewissen Sensibilisierung, was den Bereich Kirche und Geld betrifft.

Im Gegensatz zu sozial- und wirtschaftsethischen Aussagen finden sich in den Dokumenten des II. Vatikanums nur wenige Hinweise auf kirchliches Vermögen. Diese beschränken sich im wesentlichen auf die Grundsatzerklärungen über den Auftrag der Kirche, in Armut ihre Aufgabe am Beispiel Christi zu erfüllen[2], bzw. auf einige Sätze im Dekret über Dienst und Leben der Priester[3].

Als grundsätzliche Aussage zum Vermögenserwerb wiederholt c. 1259 den c. 1499 CIC/1917, wonach die Kirche zeitliche Güter auf alle rechtmäßigen Arten des natürlichen und positiven Rechts erwerben kann, wie es auch anderen erlaubt ist. Dieser Kanon enthält damit den Anspruch der Kirche gegenüber staatlichem Recht auf Gleichbehandlung in bezug auf die Vermögenserwerbsarten und damit die Zurückweisung der sog. „Amortisationsgesetze".

Amortisation wurde der kirchliche Vermögenserwerb genannt, weil wegen des kirchlichen Veräußerungsverbotes die Verkehrsfähigkeit des Gutes herabgesetzt wurde (das Vermögen geriet in die „tote Hand", es spielte aber auch die kirchliche Abgabenfreiheit eine gewisse Rolle). Amortisationsgesetze waren in Deutschland zuletzt im Zuge des Kultur-

[1] Vgl. hierzu in *diesem* Band, oben, *W. Schulz*, § 95 Grundfragen kirchlichen Vermögensrechts.
[2] VatII LG Art. 8.
[3] VatII PO Art. 17.

kampfes erlassen worden, in Bayern galten sie bis zum Konkordat 1924; in Preußen galt weiterhin eine Erwerbsbeschränkung für juristische Personen (damit u. a. für Kirchen) bis zur allgemeinen Aufhebung der Amortisationsgesetze in der Bundesrepublik Deutschland 1953[4].

II. Abgaben

Das kirchliche Abgabenwesen baut darauf auf, daß die Kirche ein „ius nativum" hat, von den Gläubigen das zu fordern, was für die Erfüllung ihrer Aufgaben notwendig ist (c. 1260). Wieder wird ein ursprüngliches, das heißt der staatlichen Rechtsordnung vorgegebenes Recht der Kirche statuiert, und damit u. a. ein Anspruch gegenüber dem Staat auf Nichtbehinderung. Andererseits steht es den Gläubigen frei, zeitliche Güter zugunsten der Kirche zu übertragen (c. 1261 § 1), womit ebenfalls ein Anspruch auf Nichtbehinderung gegenüber dem Staat artikuliert wird.

1. Steuern und Beiträge

An die Spitze des Abgabenrechts ist nun die Verpflichtung der Gläubigen gerückt, entsprechend den Erfordernissen der Kirche finanzielle Leistungen zu erbringen, damit ihr alles zur Verfügung steht, was zum Gottesdienst, zu Werken des Apostolats und der Karitas, sowie zum angemessenen Unterhalt der Geistlichen notwendig ist. Diese Pflicht ist nunmehr in den Katalog der Rechte und Pflichten aller Gläubigen aufgenommen (c. 222 § 1) und hat damit eine besondere Betonung erhalten. Der Diözesanbischof ist gehalten, die Gläubigen zur Erfüllung dieser Verpflichtung zu mahnen und sie in geeigneter Weise zu drängen (bzw. die Verpflichtung geltend zu machen). Die Frage der genaueren Bestimmung dieser Rechtspflicht ist aufgrund des staatlich/partikularrechtlichen Beitrags- bzw. Steuersystems in den deutschsprachigen Staaten nicht von entscheidender praktischer Bedeutung[5].

Während *Mörsdorf* im Zusammenhang mit dem Besteuerungsrecht der Kirche ausführt: „Es besteht unabhängig vom Staat, d. h. das Recht der Steuererhebung wie die Pflicht der Steuerentrichtung bestehen, gleichwie ob der Staat dies anerkennt oder nicht, ob er seine Vollstreckungshilfe gewährt oder versagt. Auch ohne die Hilfe des Staates ist die Kirche in der Lage, ihre Steueransprüche praktisch durchzusetzen, sie kann dabei zwar keine unmittelbare Zwangseintreibung vornehmen, aber durch geistliche Zwangsmittel (z. B. Ausschluß von der Eucharistie, Kirchenbann) einen nicht gefügigen Steuerpflichtigen an seine Mitverantwortung für die Aufbringung des kirchlichen Finanzbedarfes erinnern[6]", betont *Isele* demgegenüber: „Handelt es sich um eine Rechtspflicht, so kann sie doch nicht vollstreckt werden, denn der Kirche stehen nur geistliche Zwangsmittel zu. Interdikt oder Exkommuni-

[4] Zur Amortisationsgesetzgebung vgl. *G. May*, Zu den staatlichen Erwerbsbeschränkungen für kirchliche juristische Personen, in: AfkKR 129 (1960), S. 37.
[5] Vgl. in *diesem* Band, unten, *H. Hollerbach*, § 97 Kirchensteuer und Kirchenbeitrag.
[6] *Mörsdorf* Lb II, S. 469 f.

kation wegen nicht entrichteter Beiträge sind undenkbar" und spricht in der Folge von einer Naturalobligation.[7]

Die Gläubigen leisten der Kirche Unterstützungen durch erbetene Zuschüsse und entsprechend von den Bischofskonferenzen erlassenen Normen (c. 1262). Damit ist gemeinrechtlich die Schaffung von Beitragsordnungen vorgesehen.

Ein spezielles Besteuerungsrecht des Diözesanbischofs gegenüber den öffentlichen juristischen Personen seiner Diözese besteht aufgrund c. 1263. Nach Anhörung des Diözesanvermögensverwaltungsrats und des Priesterrats kann er maßvolle, den Einkünften angemessene Abgaben (tributum) auferlegen. Diese Steuer tritt an die Stelle des „Cathedraticums" (c. 1504 CIC/1917), das jedoch in einer Reihe von Diözesen, so in der Erzdiözese Wien, bereits seit einiger Zeit nicht mehr eingehoben worden ist.

C. 1263 kennt neben dieser Abgabe öffentlicher juristischer Personen noch eine außerordentliche Abgabe, die auch von anderen juristischen Personen eingehoben werden kann. Sie ist durch eine besondere Notlage der Diözese gerechtfertigt und entspricht dem „subsidium caritativum" des CIC/1917 (c. 1505).

Beibehalten wurde gemeinrechtlich das Seminaristicum: c. 264 § 1 sieht diese Abgabe für alle öffentlichen und privaten juristischen Personen, die in der Diözese ihren Sitz haben, vor. Ausgenommen sind jene, die von Almosen leben oder ein dem gemeinen Wohl der Kirche dienendes Kolleg von Schülern oder Lehrern unterhalten.

Beiträge im engeren Sinn, das sind Zuschüsse zu Leistungen seitens derjenigen, die durch diese begünstigt werden, stellen etwa Sozialversicherungsbeiträge dar. C. 281 § 2 normiert den Grundsatz der sozialen Absicherung des Klerus, c. 1274 § 2 die Einrichtung eines Sozialversicherungsinstituts zugunsten der Kleriker durch die Bischofskonferenz, soweit dafür nicht in anderer Weise genügend Vorsorge getroffen wurde. In diesem Falle könnte es zur Einführung eines entsprechenden Beitragssystems kommen.

2. *Gebühren*

Gebühren sind Gegenleistungen für bestimmte Verwaltungsakte. Sie sind durch eine relativ hohe Abgabenanlaßstreuung gekennzeichnet.

a) Für die *Ausführung päpstlicher Gnadenbescheide* und Akte der freiwilligen Verwaltung können Gebühren eingehoben werden. Die Gebührenordnung ist durch die Versammlung der Bischöfe der Provinz zu erlassen und vom Apostolischen Stuhl zu approbieren (c. 1264 n. 1). Hierher gehören auch die Gebühren im Rahmen der streitigen Rechtspflege (c. 1649).

b) Stolgebühren: Aus Anlaß der Spendung von Sakramenten und Sakramentalien vorgesehene „oblationes" (c. 1264 n. 2), die ebenfalls durch eine „Gebührenordnung" seitens der Versammlung der Bischöfe der Provinz zu bestimmen sind.

[7] In diesem Sinne *E. Isele,* Grundprobleme des kirchlichen Vermögensrechts, in: GrNKirchR, S. 696.

Der Begriff oblationes ist hier neu eingeführt, um den Begriff „taxae" zu vermeiden. Gemäß c. 848 darf für Sakramentenspendung nicht mehr verlangt werden, als in dieser Gebührenordnung vorgesehen ist. Es muß aber auch sichergestellt sein, daß Arme nicht aufgrund ihrer Armut der Hilfe der Sakramente beraubt werden.

Der alte Pfarrzwang hat im neuen Kodex insofern seinen Niederschlag gefunden, als die oblationes der Gläubigen der massa paroecialis zuzuführen sind. Bei freiwilligen Leistungen ist jedoch eine anders lautende intentio beachtlich (c. 531).

c) *Meßstipendien:* Finanzwissenschaftlich ebenfalls den Gebühren zuzuordnen sind die Meßstipendien. Als ein tief verwurzelter Brauch sind sie im CIC/1983 beibehalten worden (cc. 945–958). Die in der Vielzahl der Canones auch weiterhin zum Ausdruck kommende sorgfältige Normierung ist als Schutz vor Mißbräuchen angesichts der äußerst sensiblen Materie grundsätzlich wichtig. Die Höhe der Stipendientaxe ist durch das Provinzialkonzil bzw. die Versammlung der Bischöfe der Provinz durch Dekret zu bestimmen (c. 952 § 1). Binations- und Trinationsstipendien sind entsprechend den Vorschriften des Ordinarius zu verwenden (c. 951 § 1). Damit wurde gemeinrechtlich übernommen, was bereits früher aufgrund von Indulten häufig erlaubt war. So besteht in Wien seit längerem die Praxis, diese Stipendienerträge zur Finanzierung der Seminare zu verwenden, womit die nicht eingehobene Seminarsteuer ersetzt wurde.

d) *Andere Gebühren* ergeben sich aus besonderen Diensten der Kirche, wie *Friedhofsgebühren* und *Stempelgebühren.* Gemäß c. 1181 ist von der Versammlung der Bischöfe der Provinz eine Regelung der Oblationen aus Anlaß eines Begräbnisses zu treffen; es ist jedenfalls dafür zu sorgen, daß die Armen der ordentlichen Abhaltung der Exequien nicht beraubt werden. Auch aufgrund besonderer staatskirchenrechtlicher Regelungen kommt es zur Einhebung von Gebühren (z. B. die sog. Altmatrikenführung in Österreich), oder sie beruhen auf sonstiger staatsgesetzlicher Grundlage (z. B. pauschalierte Kostenersätze für die Erteilung von Auskünften gemäß § 25 Abs. 3 österr. Datenschutzgesetz).

III. Freiwillige Leistungen

1. Sammlungen

Unter den verschiedenen Einnahmequellen nehmen Sammlungen eine immer bedeutsamere Stellung ein; sie sind in den Staaten mit Trennung von Staat und Kirche die wichtigste Form der regelmäßigen Finanzierung der Kirche überhaupt. Dies bedeutet einerseits, daß staatliche Regelungen des Sammlungswesens zu einer wichtigen staatskirchenrechtlichen Materie werden, durch die der Staat auch bei zunehmender Entflechtung von Staat und Kirche eine schwerwiegende finanzielle Zugriffsmöglichkeit erhält.

Andererseits steigt die Bedeutung kirchlicher Regelungen des Sammlungswesens, vor allem um eine entsprechende Ausgewogenheit bezüglich der in Sammlungen angesprochenen Zweckbestimmungen zu garantieren. Da im Falle karitativer Zweckbestimmungen unmittelbar ein Bereich christlicher Lebensverwirklichung, d. h. Glaubensbetätigung betroffen wird, erscheinen schützende und vor Mißbräuchen bewahrende rechtliche Maßnahen dringend geboten.

Gemäß c. 1265 besteht bezüglich Sammlungen für fromme oder kirchliche Einrichtungen oder Zwecke seitens Privater, seien es Menschen oder juristische Personen, Genehmigungspflicht. Diese Genehmigung ist durch den Ortsordinarius schriftlich zu erteilen. Nicht betroffen ist durch diese Regelung das Bettelprivileg der Mendikanten.

Die Bischofskonferenz kann Normen bezüglich des Sammlungswesens erlassen, die von allen zu befolgen sind, einschließlich der Mendikanten (c. 1265 § 2). Von großer praktischer Bedeutung sind in der Gegenwart Sammlungen, die auf Anweisung des Ortsordinarius in allen Kirchen und Oratorien vorzunehmen sind, auch solchen, die Instituten religiösen Lebens gehören, und bestimmten Zwekken, seien sie pfarrlicher, diözesaner, nationaler oder universaler Natur, dienen und deren Erträgnisse unverzüglich an die bischöfliche Kurie abzuliefern sind (c. 1266).

Im Zusammenhang mit dem Sammlungswesen hat die Wiener Diözesansynode in einer Resolution festgehalten (Nr. 974): Die gesamte Sammeltätigkeit im kirchlichen Bereich ist neu zu gestalten. Es sind verbindliche Richtlinien zu erlassen, welche Bestimmungen über die Koordinierung (Notwendigkeit, Zumutbarkeit, Zeitpunkt und Bereich), über Kompetenzen für die Genehmigung sowie für eine ausreichende Kontrolle über die Durchführung und Verwendung der Sammlungen enthalten. Weiters sei in diesem Zusammenhang auch Empfehlung 514 der Wiener Diözesansynode erwähnt: Art und Zahl der Sammlungen sind so zu überlegen, daß die in weitem Umfang bestehende Assoziation von Kirche und Geld nicht weiter verstärkt wird.

Was die staatlichen Regelungen des Sammlungswesens betrifft, ist auf die Zuordnung kirchlicher Sammlungen zu den innerkirchlichen Angelegenheiten zu verweisen. Eine ausdrückliche diesbezügliche gesetzliche Bestimmung besteht in Österreich, wo durch § 21 Protestantengesetz 1961 (BGBl. 182/1961) kirchliche Sammlungen als Glaubensbetätigung gewertet werden. Damit sind in Ländergesetzen bestehende staatlich-behördliche Genehmigungsvorschriften nicht mehr anwendbar geworden.[8]

2. Fromme Verfügungen und Stiftungen

Der CIC/1983 hat eine historische Entwicklung in der Normierung dieses Bereiches abgeschlossen. Im CIC/1917 fanden sich Regelungen dieser Materie an

[8] Für die Bundesrepublik Deutschland vgl. *J. Listl,* Das Grundrecht der Religionsgemeinschaften auf Veranstaltung kirchlicher und religiös-karitativer Sammlungen und auf freie, staatsunabhängige Wohlfahrtspflege, in: *ders.,* Das Grundrecht der Religionsfreiheit in der Rechtsprechung der Gerichte der Bundesrepublik Deutschland, Berlin 1971, S. 423–434; *M. Stolleis,* Kirchliches Sammlungswesen, in: HdbStKirchR II, S. 437–451.

drei Stellen, zunächst waren die cc. 1513–1517 über den Erwerb von Vermögen durch Rechtsgeschäfte unter Lebenden oder von Todes wegen zu beachten; die autonomen frommen Stiftungen fielen unter die Bestimmungen der cc. 1489–1494 über die nichtkollegialen kirchlichen Institute; die nicht selbständigen frommen Stiftungen dagegen unter die cc. 1544–1551 über fromme Stiftungen. *Mörsdorf* weist darauf hin, daß die Quellenlage offenbar Anlaß für diese Umschreibung war, die an ursprünglicher Zweckbestimmung und nicht an juristischen Konstruktionen orientiert war. Es war jedoch bereits für die Interpretation des CIC/1917 unklar, ob durch die cc. 1489–1494 auch solche Institute erfaßt wurden, die keine Rechtspersönlichkeit haben.[9] Die nunmehr eingeführte Unterscheidung in öffentliche und private juristische Personen erlaubte eine Herauslösung der privaten Stiftungen aus den entsprechenden Regelungen über nichtkollegiale kirchliche Institute.[10] Der entsprechende Titel lautet nun: Fromme Verfügungen im allgemeinen und Fromme Stiftungen (cc. 1299–1310).

Wer nach Naturrecht und Kirchenrecht frei über sein Vermögen verfügen kann, ist befähigt, durch Rechtsgeschäfte unter Lebenden oder von Todes wegen fromme Zuwendungen zu machen (c. 1299 § 1). Abermals wird die Unabhängigkeit vom staatlichen Recht in einem vermögensrechtlichen Kanon betont. Andererseits ist dem staatlichen Recht Rechnung zu tragen, wie es die generelle Verweisungsnorm für Verträge (c. 1290) vorsieht, da die Kirche naturgemäß ein Interesse daran hat, daß die von ihren Institutionen geschlossenen Verträge auch Wirksamkeit im staatlichen Recht entfalten. Im Hinblick auf Verfügungen von Todes wegen wird dieses Prinzip in c. 1299 § 2 formuliert: Es sollen nach Möglichkeit die Förmlichkeiten des staatlichen Rechts beachtet werden; wenn dies unterlassen worden ist, sind die Erben auf die Verpflichtung hinzuweisen, den Willen des Erblassers zu erfüllen.

Wenn die fromme Zuwendung rechtmäßig angenommen wurde, ist der Wille des Zuwenders gewissenhaft zu erfüllen, auch in Hinblick auf die Verwaltung und die Verwendung der Güter. Es besteht nur ein Vorbehalt zugunsten des Ordinarius als Vollstrecker der frommen Verfügungen, eine dem entgegenstehende Klausel gilt als nicht beigefügt (c. 1301 § 3). Andere vom Zuwender vorgesehene Vollstrekker unterstehen jedenfalls einem Aufsichtsrecht des Ordinarius, dem dieser vor allem durch die Visitationen nachzukommen hat. Es ist nach Beendigung der Aufgabe als Willensvollstrecker jedenfalls dem Ordinarius Rechenschaft zu legen (c. 1300 § 2).

C. 1302 handelt von der treuhänderischen Übernahme von Gütern für fromme Zwecke durch Rechtsgeschäfte unter Lebenden oder von Todes wegen. Diese ist dem Ordinarius zu melden, es sind dabei alle überlassenen beweglichen und unbeweglichen Güter, sowie damit verbundene Lasten anzuführen. Wenn der Zuwender dies ausdrücklich verboten hat, darf die Treuhandschaft nicht übernommen werden.

[9] *Mörsdorf* Lb II, S. 487.

[10] Vgl. in *diesem* Band, oben, *F. Pototschnig,* § 10 Rechtspersönlichkeit und rechtserhebliches Geschehen.

Die Treuhandgüter sind sicher anzulegen, dies hat der Ordinarius ebenso zu überwachen wie die Vollstreckung der frommen Verfügung. Wenn einem Ordensangehörigen oder einem Angehörigen einer Gesellschaft des apostolischen Lebens Treuhandvermögen anvertraut wurde, ist der das Aufsichtsrecht ausübende Ordinarius der Ortsordinarius, wenn die Zuwendungen zugunsten des Ortes oder der Diözese, ihrer Bewohner oder frommer Zwecke geschehen ist, in anderen Fällen ist es der Ordinarius proprius des Ordensangehörigen (c. 1302 § 3).

Schenkungen: Die Schenkung ist ein Vertrag, dessen Elemente eine Vermögenszuwendung und Willensübereinstimmung über deren Unentgeltlichkeit sind.[11] Die Annahmebedürftigkeit der Schenkung bedeutet, daß die nach staatlichem Recht vertretungsbefugten Organe kirchlicher juristischer Personen tätig werden müssen. Ein Schenkungsversprechen ist nur dann gültig, wenn es notariell beglaubigt wurde[12].

Verfügungen von Todes wegen: Als Formen kommen Testament[13] und Erbvertrag[14] in Frage; zu beachten sind weiterhin die Testierfähigkeitsregelungen[15] und die Bestimmungen über das Pflichtteilsrecht[16]. Durch letztwillige Verfügung kann eine kirchliche juristische Person zum Erben[17] oder Vermächtnisnehmer[18] werden. Schließlich kennen die staatlichen Bestimmungen Regelungen zur Abgrenzung von Schenkung und Vermächtnis (für Schenkungen von Todes wegen bzw. auf den Todesfall).[19]

Treuhand: Treuhänder ist, wer (Vermögens)rechte übertragen erhält, die zu eigenem Recht, in eigenem Namen, aber nicht in eigenem Interesse auszuüben sind. Die deutschsprachigen Privatrechtskodifikationen kennen die Treuhand nicht, sie hat in wirtschafts- und handelsrechtlichen Bestimmungen ihren Niederschlag gefunden. Ein Treuhandvertrag ist typologisch nicht erfaßbar, es wird im Einzelfall die Rechtsbeziehung zu bestimmen sein, im Falle der kirchenrechtlichen Treuhand des c. 1302 ist jedenfalls die Form der fiduziarischen Treuhand gegeben.

Stiftungen: Man unterscheidet selbständige Stiftungen (piae fundationes autonomae) und unselbständige Stiftungen oder Zustiftungen (piae fundationes non autonomae). Als selbständige Stiftungen werden Sachgesamtheiten definiert, die den in c. 114 § 2 genannten Zwecken – das sind Werke der Frömmigkeit, des Apostolats oder der Karitas geistlicher oder weltlicher Natur – gewidmet sind und von der zuständigen kirchlichen Autorität als juristische Person errichtet wurden (c. 1303 § 1 n. 2).

Nach Ablauf der in der Stiftung vorgesehenen Zeit sind Vermögenswerte einer nicht selbständigen Stiftung, wenn sie einer dem Diözesanbischof unterstellten juristischen Person gewidmet sind, an das Institut für Klerikerbesoldung (c. 1274 § 1) zu übertragen,

[11] §§ 938ff. ABGB; § 516 BGB; §§ 239ff. Schweiz. Obligationenrecht.

[12] § 934 ABGB, § 1 lit. d österr. NotZwangsG; § 518 BGB (bis 1. 1. 1970 auch gerichtliche Beurkundung zulässig). In der Schweiz ist Schriftlichkeit vorgesehen (§ 243 Abs. 1 Schweiz. Obligationenrecht), sind jedoch Grundstücke oder dingliche Rechte an solchen Gegenstand der Schenkung, ist öffentliche Beurkundung erforderlich (§ 243 Abs. 2 Schweiz. Obligationenrecht).

[13] §§ 493ff. ZGB; §§ 552ff. ABGB; §§ 1937, 2064ff. BGB.

[14] Nicht in Österreich, das nur Erbverträge zwischen Ehegatten kennt; §§ 1941, 2274ff. BGB; §§ 494ff. ZGB.

[15] §§ 565, 566ff. ABGB; §§ 2229f. BGB; §§ 467ff. ZGB.

[16] §§ 762ff. ABGB; §§ 2303ff. BGB; §§ 470ff. ZGB.

[17] § 532 ABGB; § 1922 BGB; § 483 ZGB.

[18] §§ 535, 647ff. ABGB; §§ 1939, 2147ff. ZGB.

[19] § 956 ABGB; § 2301 BGB; § 245 Abs. 2 Schweiz. Obligationenrecht.

soweit nicht der Stifter ausdrücklich etwas anderes festgelegt hat. Bei Stiftungen, die nicht dem Diözesanbischof unterstehen, geht das Vermögen an die juristische Person über (c. 1303 § 2).

Auch wenn sie mündlich gemacht wurden, sind Stiftungen schriftlich zu beurkunden, eine Ausfertigung ist im Kurialarchiv, eine andere im Archiv der juristischen Person aufzubewahren (c. 1306).

Für die Annahme einer Zustiftung bedarf eine juristische Person der schriftlich gegebenen Erlaubnis des Ordinarius. Diese darf nicht erteilt werden, ehe sich der Ordinarius vergewissert hat, daß die juristische Person die neuen Lasten übernehmen kann, ohne bereits übernommene Verpflichtungen zu vernachlässigen. Er hat für eine ortsüblichen Bräuchen entsprechende Ausgewogenheit von Einkünften und Lasten zu sorgen. Weitere Bedingungen für die Errichtung und Annahme von Stiftungen sind durch Partikularrecht festzulegen (c. 1304).

Besteht das gestiftete Vermögen aus Geld und beweglichen Sachen, so sind diese unverzüglich an einem vom Ordinarius approbierten Ort zu hinterlegen, um sie sicher zu verwahren bis nach dem Ermessen des Ordinarius eine Anlage erfolgen kann. Zu hören sind vorher alle, die ein rechtliches Interesse daran haben (Stifter, Organe der bewidmeten juristischen Person), und der Rat für wirtschaftliche Angelegenheiten. Über die Lasten, die aufgrund frommer Stiftungen anfallen, ist an einem gut zugänglichen Platz ein Verzeichnis anzubringen (c. 1307 § 1). Die Persolvierung ist vom Rektor in einem eigenen Buch (insbesondere für Stiftungsmessen) zu vermerken (c. 1307 § 2).

Die Herabsetzung bestehender Meßverpflichtungen kann nur aus einem gerechten Grund erfolgen (c. 1308). Diese Reduzierung ist mit einigen Ausnahmen dem Hl. Stuhl reserviert (1308 § 1). Ebenso kann eine Änderung, Umwandlung und Verminderung frommer Verfügungen aus einer drängenden Notwendigkeit heraus erfolgen (cc. 1309, 1310).[20]

IV. Staatsleistungen

Zu erwähnen sind schließlich noch die sog. „Staatsleistungen" an die Kirchen und Religionsgemeinschaften, denen in den Kirchenbudgets unterschiedliche, jedoch in jedem Fall beachtenswerte Bedeutung zukommt. Für den Bereich der

[20] Im Zusammenhang mit dem Stiftungsrecht ist im besonderen staatliches Recht beachtlich, da naturgemäß ein Interesse bestehen muß, den kirchlichen Stiftungen auch im staatlichen Bereich entsprechende Rechtspersönlichkeit zu verschaffen.

Für die entsprechenden Bestimmungen in der *Bundesrepublik Deutschland* vgl. *S. Marx*, Kirchenvermögens- und Stiftungsrecht – Staatskirchenrechtliche Bestimmungen zum Kirchenvermögens- und Stiftungsrecht im Bereich der katholischen Kirche, in: HdbStKirchR II, S. 117ff.

In *Österreich* ist es 1975 erstmalig zu einer umfassenden Regelung des Stiftungs- und Fondswesen gekommen; vgl. dazu den Kommentar von *O. Stammer*, Das österreichische Bundes-Stiftungs- und Fondsgesetz, Wien 1975.

Für die *Schweiz* vgl. *H. M. Riemer*, Die Stiftungen – Systematischer Teil und Kommentar zu Art. 80–89 des ZGB; in: Berner Kommentar – Kommentar zum schweizerischen Privatrecht, hrsg. von *A. Mayer-Hoyoz*, Bd. 1, Einleitung und Personenrecht, 3. Abt., 3. Teilbd., Bern 1975, bes. S. 128ff.

Bundesrepublik Deutschland und der *Deutschen Demokratischen Republik* handelt es sich überwiegend um Entschädigungsleistungen für die Säkularisationen, die die katholische Kirche – und zu geringerem Maße auch einzelne evangelische Landeskirchen – in der napoleonischen Zeit erlitten haben.[21]

Für *Österreich* haben ebenfalls „Staatsleistungen" eine erhebliche Bedeutung, die Entschädigungen für die Verluste von Vermögenswerten in der Zeit der nationalsozialistischen Herrschaft, insbesondere durch das *Kirchenbeitragsgesetz,* darstellen. Sie gründen auf der allgemeinen Entschädigungsverpflichtung, die durch den österreichischen Staatsvertrag 1955 statuiert wurde.[22]

Leistungen des Staates an die Kirche ergeben sich darüber hinaus aus den verschiedensten anderen Titeln, sie sind entweder mit bestimmten Einrichtungen verbunden (Schule, Theologische Fakultäten) oder stellen überhaupt kein kirchliches Spezifikum (Sozialleistungen, Denkmalschutz etc.) dar.

§ 97 Kirchensteuer und Kirchenbeitrag

Von Alexander Hollerbach

I. Abgaben-Pflicht und Abgaben-Recht[1]

Im weltlichen Gemeinwesen gehört die Abgaben(Steuer-)Pflichtigkeit der Bürger zu den klassischen Grundpflichten[2]. Dem liegt die Überzeugung zugrunde, daß jedes Mitglied einer Gemeinschaft zu deren Lasten beitragen muß, damit die gemeinsamen Aufgaben erfüllt werden können. Diesen letztlich naturrechtlich

[21] Vgl. hierzu im einzelnen *J. Isensee,* Staatsleistungen an die Kirchen und Religionsgemeinschaften, in: HdbStKirchR II, S. 51–90.

[22] Vgl. hierzu *I. Gampl,* Österreichisches Staatskirchenrecht, Wien 1971, S. 278 ff. und die dort zitierte Literatur.

[1] Für den Themenbereich grundlegend und zusammenfassend, auch hinsichtlich der älteren Literatur, *H. Marré,* Das kirchliche Besteuerungsrecht, in: HdbStKirchR II, S. 5–50, sowie *ders.,* Die Kirchenfinanzierung in Kirche und Staat der Gegenwart. Die Kirchensteuer im internationalen Umfeld kirchlicher Abgabensysteme und im heutigen Sozial- und Kulturstaat Bundesrepublik Deutschland, Essen 1982. Außerdem ist hinzuweisen auf: *A. Frhr. v. Campenhausen,* Staatskirchenrecht, 2. Aufl., München 1983, S. 159–185; *H. Engelhardt,* Die Kirchensteuer in der Bundesrepublik Deutschland. Bad Homburg v.d.H.-Berlin-Zürich 1968; *J. Giloy,* Kirchensteuerrecht und Kirchensteuerpraxis in den Bundesländern, Stuttgart-Wiesbaden 1978; *J. Isensee,* La financiación de la mision de las Iglesias en la Republica Federal de Alemania, in: Constitución y relaciones Iglesia-Estado en la actualidad, Salamanca 1978, S. 89–102; *ders.,* Die Finanzquellen der Kirchen im deutschen Staatskirchenrecht, in: JuS 1980, S. 94–100; *Ch. Link,* Art. Kirchensteuer, in: EvStL^2, Sp. 1238–1247; *J. Listl,* Art. Kirchenbeitrag, in: Katholisches Soziallexikon, 2. Aufl. 1980, Sp. 1383–1386; *J. Neumann,* Zur Kirchenfinanzierung in der Bundesrepublik Deutschland, in: ThQ 156 (1976), S. 198–205.

[2] Vgl. dazu die Referate von *Volkmar Götz* und *Hasso Hofmann* über „Grundpflichten als verfassungsrechtliche Dimension", in: VVDStRL 41 (1983), bes. S. 33 f. und 58 ff.

begründeten sachlichen Grundgedanken nimmt auch – jetzt deutlicher als früher – das kanonische Recht zum Ausgangspunkt, wenn es in c. 222 § 1 die Grundpflicht aller Gläubigen statuiert, die Kirche materiell zu unterstützen, damit ihr dasjenige zur Verfügung steht, was für den Gottesdienst, die Werke des Apostolats und der Karitas sowie zum angemessenen Unterhalt ihrer Amtsträger und Bediensteten notwendig ist[3]. Der Diözesanbischof ist ausdrücklich gehalten, die Gläubigen entsprechend zu mahnen und die Verpflichtung auf geeignete Weise zu urgieren (c. 1261 § 2). Dieser Abgaben*pflicht* der Gläubigen korrespondiert das der Kirche als Gemeinschaft von Natur aus zustehende *Recht*, von ihren Mitgliedern dasjenige zu fordern, was zur Erfüllung der ihr eigentümlichen Zielsetzungen notwendig ist (c. 1260)[4]. Dieses Recht wird auch insofern als ein originäres beansprucht, als es nicht vom Staat abgeleitet ist und unabhängig von dessen Anerkennung besteht. Im Blick auf das biblische Zeugnis und die Tradition der Kirche sowie angesichts der weitreichenden, nicht zuletzt auch Mission, Karitas und Erziehung einschließenden Aufgaben der Kirche kann die grundsätzliche theologische Legitimität dieses Rechts nicht bezweifelt werden. Die Unabhängigkeit der Kirche vom Staat, von einzelnen und von gesellschaftlichen Gruppen sowie die Wirksamkeit ihrer Verkündigung und ihres Dienstes beruhen zu einem wesentlichen Teil auf der Geordnetheit und der Ergiebigkeit ihrer finanzwirtschaftlichen Basis. Um der Gerechtigkeit und der Rechtssicherheit willen ist dabei eine klare Normierung gefordert.

In welcher Weise dem Rechnung getragen wird, ist vornehmlich geschichtlich und staatskirchenrechtlich bedingt. Deshalb bestehen für die Regelung des *kirchlichen Abgabenwesens* vielfältige konkrete Ausgestaltungen. Idealtypisch kann man die *drei Grundformen* des Spenden- oder Kollektensystems, des Kirchenbeitrags- und des Kirchensteuersystems unterscheiden[5]. Als weitere Form der Erzielung von Einnahmen kommen Leistungen im Zusammenhang mit bestimmten Amtshandlungen und Verwaltungstätigkeiten, den „Gebühren" im staatlichen Recht vergleichbar, in Betracht[6]. Diese Einnahmequelle besteht prinzipiell unabhängig neben den genannten drei Grundformen.

Was nun den neuen gemeinrechtlichen Rahmen anlangt, so enthält der *Codex* Vorschriften über „subventiones rogatae" (c. 1262), über Steuern (c. 1263: tributum), Taxen und Oblationen (c. 1264: taxae et oblationes) sowie Sammlungen

[3] Vgl. *H. Schwendenwein*, Das neue Kirchenrecht. Gesamtdarstellung, Graz-Wien-Köln 1983, S. 134.

[4] Vgl. *Schwendenwein*, Kirchenrecht (Anm. 3), S. 431. Zum früheren Recht, das seine Grundnorm in c. 1496 CIC/1917 hatte, vgl. statt aller *Mörsdorf* Lb II, S. 496f.

[5] Deutlich herausgestellt von *Listl*, Kirchenbeitrag (Anm. 1), Sp. 1383, sowie von *Marré*, Kirchenfinanzierung (Anm. 1), S. 9ff. Zum Vergleich der „Systeme" siehe auch *v. Campenhausen*, Staatskirchenrecht (Anm. 1), S. 179ff., ferner das von der Sachkommission V vorbereitete Arbeitspapier der Gemeinsamen Synode der Bistümer in der Bundesrepublik Deutschland: Aufgaben der Kirche in Staat und Gesellschaft, Teil D. Die Finanzierung der kirchlichen Aufgaben, in: Gemeinsame Synode. Gesamtausgabe II, S. 206–213. Hierzu kritisch, aber nicht überzeugend *K. Walf*, Kirchensteuer als Existenzmittel, in: Concilium 14 (1978), S. 429–433.

[6] Vgl. *Schwendenwein*, Kirchenrecht (Anm. 3) S. 615, Anm. 8.

(cc. 1265, 1266: stips). Im vorliegenden Zusammenhang kommt es freilich allein auf die beiden erstgenannten Formen an.

Soweit ersichtlich wird man die „erbetene Unterstützung" am ehesten dem Typus des Beitrags zuordnen können, also einer nach Normen der Bischofskonferenz näher bestimmten, in ihren Voraussetzungen tatbestandlich umschriebenen regelmäßigen Zuwendung, die mehr ist als bloße Spende aus Freigebigkeit, deren tatsächliche Leistung andererseits von der Freiwilligkeit des Verpflichteten abhängt und die nicht sanktionsbewehrt ist. Dies erscheint als die gemeinrechtliche Grund- und Regelform, wohl als das maßgebende Leitbild überhaupt. Demgegenüber hat die Form der *Steuer* Sonder- und Ausnahmecharakter[7]. Sie wird in c. 1263 zunächst in zweifacher Hinsicht anerkannt: 1. Der Diözesanbischof kann – nach Anhörung des Vermögensverwaltungsrates und des Priesterrates – die ihm unterstehenden kirchlichen juristischen Personen des öffentlichen Rechts für die Erfordernisse seiner Diözese mit einer maßvollen, ihren Einkünften angemessenen Steuer belegen. 2. Unter den gleichen Verfahrensvoraussetzungen kann der Diözesanbischof auch natürliche und andere juristische Personen zu einer außerordentlichen und maßvollen Steuer heranziehen, aber nur „in casu gravis necessitatis". Diesen einengenden Bestimmungen, durch die augenscheinlich ein unbegrenztes allgemeines Besteuerungsrecht verworfen werden sollte, ist in letzter Minute auf Betreiben der Deutschen Bischofskonferenz eine Klausel mit einem Vorbehalt zugunsten des Partikularrechts angefügt worden: „salvis legibus et consuetudinibus particularibus quae eidem potiora iura tribuant"[8]. Nicht zu Unrecht kann man insoweit von einer „clausula teutonica" sprechen. Zwar wäre sie nicht notwendig gewesen, um das staatskirchenrechtlich geordnete, auf Verfassung, Vertrag und Gesetz beruhende deutsche Kirchensteuer- und das österreichische Kirchenbeitragssystem zu „halten", wohl aber wurde dadurch anerkannt, daß auch *innerkirchlich* weitergehende Rechte gerechtfertigt sind, daß also die Partikularkirchen, welche die Kirchensteuer als Regel kennen oder einführen wollen, kein schlechtes Gewissen zu haben brauchen. Gleichwohl ist c. 1263 in sich und in seinem Verhältnis zu c. 1262 nicht frei von einer starken Spannung. Indes ist der Rückbezug auf die Grundnorm des c. 222 § 1 geeignet, dieses Spannungsverhältnis einerseits abzuschwächen, andererseits die Grundpflicht auf angemessene finanzielle Unterstützung (in welcher Form auch immer), zu bekräftigen. Des weiteren wird man gerade im Bereich des Vermögensrechts, das besonders eng mit konkreten historischen, sozio-kulturellen und ökonomischen

[7] Zur Entstehungsgeschichte vgl. Communicationes 12 (1980), S. 401–403. Im übrigen siehe dazu auch *Schwendenwein*, Kirchenrecht (Anm. 3), S. 431.

[8] *W. Aymans* bemerkt zu dieser Norm: „Bezüglich des Vermögenserwerbs verdient es vor allem in Deutschland Aufmerksamkeit, daß erstmals gemeinrechtlich die direkte Grundlage für eine allgemeine Kirchensteuer kraft bischöflicher Anordnung umschrieben worden ist. Während sie normalerweise freilich nur als außerordentliche Einnahmequelle gilt, kann sie partikularrechtlich auch als ordentliches Mittel gestattet sein. Da der Bischof selbst partikulärer Gesetzgeber ist, bedeutet dies, daß allüberall der Diözesanbischof nach Anhören des Diözesanwirtschaftsrates und des Priesterrates eine allgemeine Kirchensteuer einführen kann" (Einführung in das neue Gesetzbuch der lateinischen Kirche [= Arbeitshilfen 31, hrsg. vom Sekretariat der DBK], Bonn 1983, S. 27).

Bedingungen verknüpft ist, das *Subsidiaritätsprinzip* ins Feld führen dürfen. Es bleibt aber schließlich zu betonen, daß auch die Form des „tributum" nicht ohne weiteres mit der Steuer im Sinne des staatlichen Rechts gleichzusetzen ist, daß also, falls eine staatliche „Beleihung" mit dem Besteuerungsrecht fehlt, nur innerkirchliche Maßnahmen und Sanktionen in Betracht kommen.

II. Die Ausgestaltung der Kirchenbeiträge zur Kirchensteuer

In einigen Kantonen der Schweiz[9] und in der Bundesrepublik Deutschland[10] ist das *Kirchensteuer-System* verwirklicht. Es bildet dort wie hier ein bedeutsames Element der Zusammenarbeit von Staat und Kirche bei gleichzeitiger voller Wahrung ihrer gegenseitigen Unabhängigkeit und der Grundrechte des einzelnen. Dabei stellt die Kirchensteuer – neben Dotationen, Subventionen, Spenden und Kollekten – die bei weitem wichtigste Finanzierungsquelle dar[11].

Das deutsche Kirchensteuersystem, das im Zuge zunehmender Entflechtung von Staat und Kirche in der zweiten Hälfte des 19. Jahrhunderts entstanden ist[12], beruht auf der Grundlage von Art. 140 GG/Art. 137 Abs. 6 WRV. Danach sind die Religionsgesellschaften, die den Status einer Körperschaft des öffentlichen Rechts haben, berechtigt, aufgrund der bürgerlichen Steuerlisten nach Maßgabe der landesrechtlichen Bestimmungen Steuern zu erheben. Der Staat bietet damit den Kirchen für ihre Eigenfinanzierung seine Hilfe an, ohne daß diese verpflichtet

[9] Vgl. dazu *J. G. Fuchs*, Zum Verhältnis von Kirche und Staat in der Schweiz, in: Essener Gespräche zum Thema Staat und Kirche, Bd. 5 (1971), S. 156, 168f.; *v. Campenhausen*, Staatskirchenrecht (Anm. 1), S. 182. Aus der neueren Gesetzgebung bemerkenswert etwa das Gesetz des Kantons Zürich vom 7. Juli 1963 über das katholische Kirchenwesen; vgl. dazu *Fuchs*, S. 144–148. In der Schweiz kennt man vielfach auch noch die Heranziehung von juristischen Personen zur Kirchensteuer; Art. 55 Abs. 2 Satz 2 des Entwurfs einer neuen Bundesverfassung der Schweizerischen Eidgenossenschaft will sogar diese Möglichkeit ausdrücklich aufrechterhalten.

[10] In der *DDR* kann man in bezug auf die Kirchensteuer allenfalls noch von einer Naturalobligation sprechen; es gibt schon seit 1956 weder Verwaltungszwang noch zivilgerichtlichen Rechtsschutz. 1968 ist auch die bis dahin noch formell aufrechterhaltene Verfassungsgarantie abgeschafft worden. Vgl. dazu *Link*, Kirchensteuer (Anm. 1), Sp. 1243f., ferner in *diesem* Band, unten, *A. Hollerbach*, § 114 Das Verhältnis von Kirche und Staat in der Deutschen Demokratischen Republik.

[11] Beispielsweise machen im Haushaltsplan der Erzdiözese Freiburg für 1978 und 1979 die Kirchensteuermittel 86,7 bzw. 87% der Einnahmen aus. Für München und Freising teilt *Walf*, Kirchensteuer (Anm. 5), S. 432, die Zahl 94% mit; *Marré*, Kirchenfinanzierung (Anm. 1), S. 64, gibt für Essen 1981 78,87% an.

[12] Die historischen Grundlinien eindringlich bei *Link*, Kirchensteuer (Anm. 1), Sp. 1239f. Maßgebende Quellen jetzt bei *E. R. Huber/W. Huber*, Staat und Kirche im 19. und 20. Jahrhundert. Bd. III, Berlin 1983, S. 27–122, dort S. V auch prägnante zusammenfassende Charakterisierung: „Das Instrument der Kirchensteuer, das heute vielfach als ein Moment der engen Verflechtung von Kirche und Staat erscheint, war nach Sinn und Funktion ursprünglich für die Kirchen ein Mittel zur Stärkung ihrer Autonomie gegenüber dem Staat und für diesen ein Mittel zur wenigstens teilweisen Befreiung von der aus unterschiedlichen Gründen gegenüber den Kirchen bestehenden Alimentationspflicht. Es erschloß den Kirchen eine eigenständige Finanzierungsquelle, für deren Ausschöpfung sie sich zwar der staatlichen Verwaltungshilfe bedienten, die sie aber in erheblichem Umfang von staatlichen Bedarfszuweisungen oder Dotationen unabhängig machte".

wären, von diesem Angebot Gebrauch zu machen. In dem Begriff „*Steuer*" liegt das maßgebende, vom bloßen „Beitrag" unterscheidende Element beschlossen: die geschuldeten Abgaben können notfalls wie eine sonstige staatlich verordnete Steuer hoheitlich im Wege des Verwaltungszwangs, d. h. ohne vorherige Klageerhebung, beigetrieben werden[13]. Der Staat handelt dabei nicht als „brachium saeculare" der Kirche, sondern aus eigenem Recht kraft seiner Souveränität[14]. Er stellt seine Hilfe in zwar herausgehobener und verdichteter, aber keineswegs dem Wesen nach anderer Weise zur Verfügung, als er jedem einzelnen und jedem innerstaatlichen Verband für die Durchsetzung seiner Forderungen Rechts- und Vollstreckungsschutz gewährt. Er kann und darf das tun, solange die Freiwilligkeit der Mitgliedschaft in der Kirche gewährleistet ist. Zugleich wird er legitimerweise als demokratischer Sozial- und Kulturstaat tätig, der sich in positiver Neutralität bemüht, auch um des Gemeinwohls willen für die materielle Sicherung der Kirchen als eine Voraussetzung ihrer Freiheit und ihrer öffentlichen Potentialität mitzusorgen[15].

Im einzelnen ist das deutsche Kirchensteuersystem durch folgende Faktoren charakterisiert:

1. Die nähere Ausgestaltung des im Grundgesetz und, sachlich übereinstimmend, in einigen Landesverfassungen verbrieften kirchlichen Besteuerungsrechts erfolgt durch Staatskirchenverträge und durch Landesgesetze sowie – in deren Rahmen – durch kirchliche Steuerordnungen und Hebesatzbeschlüsse. Diese verschiedenen *Rechtsquellen*[16] greifen ineinander und dokumentieren schon auf diese Weise, daß es sich bei der Kirchensteuer um eine *gemeinsame Angelegenheit von Staat und Kirche* handelt, die bezüglich ihrer Normierung wie ihrer praktischen Handhabung ein enges Zusammenwirken der beiden Partner voraussetzt. Auf die *inhaltliche* Gestaltung des Kirchensteuerrechts hat in den letzten Jahren in starkem Maße die Rechtsprechung, insbesondere diejenige des Bundesverfassungsgerichts, eingewirkt, und zwar teils stabilisierend, teils korrigierend[17].

2. Das Kirchensteuerrecht beeinflußt die *Organstruktur* der Katholischen Kirche[18]. Auf der Diözesanebene sind nämlich, wenn auch noch nicht überall, für die

[13] Deutlich hervorgehoben von *Listl,* Kirchenbeitrag (Anm. 1).

[14] So mit Recht *Link,* Kirchensteuer (Anm. 1), Sp. 1245.

[15] Vgl. dazu v. *Campenhausen,* Staatskirchenrecht (Anm. 1), bes. S. 177f., eingehend ferner *W. A. Kewenig,* Das Grundgesetz und die staatliche Förderung der Religionsgemeinschaften, in: Essener Gespräche zum Thema Staat und Kirche, Bd. 6 (1972), S. 9–35, und *Marré,* Kirchenfinanzierung (Anm. 1), S. 31ff. Zur Auseinandersetzung mit der in den FDP-Kirchenthesen erhobenen Forderung nach Abschaffung der Kirchensteuer vgl. *A. Hollerbach,* Liberalismus und Kirchen: Fragen an die FDP, in: IKZ Communio 4 (1975), S. 163f.

[16] Genaue Übersicht bei *Marré,* Besteuerungsrecht (Anm. 1), S. 7–25; vgl. auch *Link,* Kirchensteuer (Anm. 1), Sp. 1239.

[17] Vgl. dazu besonders *J. Listl,* Das Grundrecht der Religionsfreiheit in der Rechtsprechung der Gerichte der Bundesrepublik Deutschland, Berlin 1971, S. 217–249; ferner *A. Hollerbach,* Das Staatskirchenrecht in der Rechtsprechung des Bundesverfassungsgerichts, in: AöR 92 (1967), S. 99–127 (auch in: Staat und Kirchen in der Bundesrepublik, hrsg. v. *H. Quaritsch* u. *H. Weber,*, Bad Homburg v.d.H. 1967, S. 401–426); Fortschreibung dieses Rechtssprechungsberichts in: AöR 106 (1981), S. 218–283.

[18] Zu dem damit gestellten allgemeinen Problem erhellend nach wie vor *R. Weeber,* Verfassungsgestaltende Wirkungen des Kirchensteuerrechts, in: ZevKR 5 (1956), S. 362–375.

Festsetzung der Kirchensteuerhebesätze sowie für die Mitwirkung bei der Feststellung des Haushaltsplans und bei der Rechnungslegung nach Maßgabe der (staatlicher Genehmigung unterworfenen) Steuerordnungen besondere, außerhalb der hierarchischen Ordnung stehende *kirchliche* Organe zuständig[19]. Sie tragen unterschiedliche Bezeichnungen, wie z. B. Kirchensteuerrat (in Nordrhein-Westfalen), Steuerverbandsvertretung (in Bayern) oder Kirchensteuervertretung (in Baden-Württemberg). Für ihre Zusammensetzung ist kennzeichnend, daß in ihnen frei gewählte Kirchensteuerpflichtige die Mehrheit haben[20]. Das entspricht einer berechtigten, zuletzt auf der Gemeinsamen Synode artikulierten Forderung[21]. Entsprechendes gilt für die Ebene der Ortsgemeinden. Hier wird eine Integration von Ortskirchensteuervertretung bzw. Gremium für Vermögens- und Finanzverwaltung und Pfarrgemeinderat angestrebt[22].

3. Von wenigen Fällen abgesehen, herrscht heute – in Umkehrung der ursprünglichen historischen Entwicklung – das Diözesan- bzw. Landeskirchensteuer-System gegenüber dem Ortskirchensteuersystem vor. *Gläubiger* der katholischen Kirchensteuer sind demgemäß im allgemeinen die Diözesen[23].

4. Kirchensteuer*schuldner* sind die Kirchenmitglieder. Dabei knüpft die staatliche Rechtsordnung für den *Erwerb* der Mitgliedschaft an das Kirchenrecht, d. h. an die Taufe, an, ja sie muß um der staatlichen Neutralität bzw. des kirchlichen Selbstbestimmungsrechts willen daran anknüpfen. Hierzu hat das Bundesverfassungsgericht in seiner Entscheidung vom 31. März 1971[24] ausgeführt:

> Durch die Anknüpfung an die Taufe ist „hinreichend sichergestellt, daß ein Kirchenangehöriger für die Kirchensteuer nicht ohne oder gegen seinen Willen der steuerberechtigten Kirche zugeordnet wird. Für den Regelfall der Kindestaufe erklären die sorgeberechtigten Eltern die Bereitschaft zur Erziehung des Kindes in diesem Bekenntnis. Dabei wissen sie, daß diesem Akt herkömmlich die Bedeutung der Zugehörigkeit zu der entsprechenden Kirche beigemessen wird. Daß damit nicht auf den Willen des noch unmündigen Kindes, sondern seiner sorgeberechtigten Eltern abgehoben wird, beeinträchtigt nicht das Grundrecht des Kindes auf Glaubens- und Bekenntnisfreiheit. Insoweit handeln die Eltern kraft ihrer

[19] Vgl. dazu *Marré,* Besteuerungsrecht (Anm. 1), S. 25f.; *ders.,* Kirchenfinanzierung (Anm. 1), S. 60f.

[20] So sind beispielshalber Mitglieder der Kirchensteuervertretung der Erzdiözese Freiburg außer dem Generalvikar, einem Vertreter des Erzbischöflichen Ordinariats aus dem Bereich der Vermögensverwaltung und drei vom Erzbischof zu berufenden Persönlichkeiten aufgrund von Wahlen 26 nicht im Dienst der Erzdiözese stehende Laien und 9 amtierende Geistliche, vgl. § 5 Kirchensteuerordnung der Erzdiözese Freiburg i. d. F. v. 25. Juli 1978, ABl. S. 407. Gegenüber einer solchen Regelung geht die Kritik von *Walf,* Kirchensteuer (Anm. 5), S. 431 ins Leere. Wichtiger Beitrag zur Grundsatzdiskussion bei *W. Bayerlein,* Die Rolle der Laien bei der kirchlichen Finanzverwaltung, in: Concilium 14 (1978), S. 466–470.

[21] Vgl. Arbeitspapier (Anm. 5), S. 211–213.

[22] Vgl. Sb Räte und Verbände Nr. 1.3. – Als Beispiel sei auf die Regelung in der Erzdiözese Freiburg verwiesen: Hier ist Ortskirchensteuervertretung (mit Zuständigkeit für Steuerbeschlüsse und den Haushaltsplan) der Pfarrgemeinderat, der aus seiner Mitte als teils beschließenden, teils beratenden Sachausschuß den Stiftungsrat bildet, vgl. §§ 13–20 KiStO (Anm. 20). Im übrigen vgl. zur Organisation der Finanzverwaltung der Katholischen Kirche die eingehende Darstellung bei *S. Marx,* Kirchenvermögens- und Stiftungsrecht, in: HdbStKirchR II, S. 133–160.

[23] Im einzelnen dazu *Marré,* Besteuerungsrecht (Anm. 1), S. 26f.

[24] BVerfGE 30, S. 415 (424).

Elternverantwortung für das Kind, das ihrer Hilfe bedarf, um sich zu einer eigenverantwortlichen Persönlichkeit innerhalb der sozialen Gemeinschaft zu entwickeln ... und sein Grundrecht auf Glaubens- und Bekenntnisfreiheit noch nicht selbst ausüben kann. Belastende Rechtsfolgen für das Kind werden an die Taufe in der Regel erst in einem Zeitpunkt angeknüpft, in dem es die Religionsmündigkeit erlangt hat und daher jederzeit durch Austritt seine Mitgliedschaft beenden kann. Wird die Mitgliedschaft gleichwohl aufrechterhalten, so liegt darin ein Element der Freiwilligkeit, das es ausschließt, von einer Zwangsmitgliedschaft zu sprechen. Eine darüber hinausgehende förmliche Beitrittserklärung nach Maßgabe der Vorschriften des bürgerlichen Rechts ist verfassungsrechtlich nicht erforderlich. Das den Kirchen durch Art. 137 Abs. 3 Satz 1 WRV in Verbindung mit Art. 140 GG verbürgte Selbstbestimmungsrecht verpflichtet den Staat zur Anerkennung ihrer Mitgliedschaftsordnung für seinen Bereich, auch soweit sie von den staatlichen Regeln für Zusammenschlüsse abweicht".

Die Kirchensteuer ist eine *Mitgliedssteuer*, aber auch nur eine solche. Denn das Grundgesetz, so hat das Bundesverfassungsgericht in seiner grundlegenden Leit-Entscheidung vom 14. Dezember 1965[25] festgestellt, verbietet dem Staat, einer Religionsgesellschaft hoheitliche Befugnisse gegenüber Personen zu verleihen, die keiner bzw. einer anderen Religionsgesellschaft angehören[26]. Demgemäß ist die Besteuerung juristischer Personen unzulässig. Bei sog. *glaubens*verschiedenen Ehen, d. h. wenn nur ein Ehegatte einer steuerberechtigten Religionsgemeinschaft angehört, hat die neuere Gesetzgebung aus dem genannten Grundsatz die Konsequenz völliger Freistellung des nicht-kirchenangehörigen Ehegatten von der Kirchensteuerpflicht gezogen. Demgegenüber hat der Gesetzgeber mit Billigung des Bundesverfassungsgerichts[27] für sog. *konfessions*verschiedene Ehen, d. h. wenn die Ehegatten verschiedenen steuerberechtigten Religionsgemeinschaften angehören, an der Geltung des traditionellen Halbteilungs- und Haftungsgrundsatzes festgehalten, sofern gewährleistet ist, daß durch die Möglichkeit der Wahl getrennter Veranlagung zur Einkommensteuer das Zwangsmoment ausgeschlossen ist.

5. Außer durch Tod endet die Kirchensteuerpflicht durch den *Kirchenaustritt*, der nach den geltenden Vorschriften des staatlichen Rechts zu vollziehen ist[28]. Wegen der Gewährleistung des Grundrechts der (negativen) Religionsfreiheit (Art. 4 Abs. 1 GG) muß der Staat diese Möglichkeit einräumen. Von Verfassungs wegen hat die Austrittserklärung sofortige Wirkung; die Gewährung einer „Überlegungsfrist", die den Kirchen die Möglichkeit gäbe, vor dem Wirksamwerden der Erklärung mit dem Betreffenden noch einmal Kontakt aufzunehmen, ist für unzulässig erklärt worden[29]. Demgegenüber wird unter dem Gesichtspunkt einer geordneten Besteuerung die Heranziehung eines aus der Kirche Ausgetretenen zur Kirchensteuer bis zum Ablauf des auf die Austrittserklärung folgenden Kalender-

[25] BVerfGE 19, S. 206.

[26] Dazu und zum folgenden Einzelheiten bei *Marré*, Besteuerungsrecht (Anm. 1), S. 32–34.

[27] Vgl. BVerfGE 20, S. 40.

[28] Zusammenfassend dazu *A. Frhr. von Campenhausen*, Der Austritt aus den Kirchen und Religionsgemeinschaften, in: HdbStKirchR I, S. 657–666.

[29] BVerfGE 44, S. 37.

monats noch für verfassungsrechtlich zulässig gehalten, jedoch keinesfalls eine weitergehende „Nachbesteuerung"[30].

Der Kirchenaustritt erfolgt nur „mit bürgerlicher Wirkung", d. h. nur mit Wirkung für den staatlichen Rechtsbereich, und läßt demgemäß die kraft Kirchenrechts bestehenden Bindungen, wonach es einen Austritt aus der Kirche theologisch und rechtlich nicht gibt[31], unberührt. Umgekehrt bedeutet etwa die Beschneidung der Gliedschaftsrechte in der Kirche durch kirchliche Sanktionen nicht die Befreiung von der Kirchensteuerpflicht[32]. Die Beschränkung auf den staatlichen Rechtsbereich hat auch zur Folge, daß ein staatliches Organ nicht befugt ist, eine Kirchenaustrittserklärung anzunehmen, die mit Zusätzen versehen ist, die sich auf den innerkirchlichen Bereich beziehen, und hierüber eine Bescheinigung über den vollzogenen Kirchenaustritt zu erteilen[33]. Dafür sind Gesichtspunkte der Rechtssicherheit maßgebend, vor allem aber die Pflicht des konfessionell neutralen Staates, jeden Anschein einer Einmischung in innerkirchliche Angelegenheiten zu vermeiden. Dieser Auffassung, die im Schrifttum vor allem von *Joseph Listl* näher begründet worden ist[34], folgt ausdrücklich die neuere Kirchensteuergesetzgebung[35]. Damit ist klargestellt, daß es einen sog. modifizierten Kirchenaustritt in der Form einer öffentlichen Erklärung nicht gibt, somit nicht einen Austritt bloß aus der Kirche als Körperschaft des öffentlichen Rechts oder als Kirchensteuerverband. Der Status einer steuerberechtigten Körperschaft des öffentlichen Rechts ist die konkrete Existenzform der Katholischen Kirche in Deutschland. Wer zu ihr gehören will, muß aus Solidarität die sich daraus ergebenden rechtlichen Konsequenzen auch hinsichtlich seiner Abgabenpflichtigkeit übernehmen. Eine „Kirchensteuerverweigerung" müßte als Verfehlung gegen eine wichtige, auch kirchenrechtlich legitimierte Gemeinschaftspflicht qualifiziert werden[36]. In Härtefällen ist durch Kappung, Stundung oder Erlaß zu helfen,

[30] BVerfGE 44, S. 59. Zu dieser und der in Anm. 29 angeführten Entscheidung vgl. die grundsätzlich zustimmende Besprechung von *J. Listl*, in: DÖV 1977, S. 445–447.

[31] Vgl. dazu *K. Mörsdorf*, Die Kirchengliedschaft nach dem Recht der katholischen Kirche, in: HdbStKirchR I, S. 615–634, bes. 627.

[32] So zutreffend VGH Kassel, in: NJW 1976, S. 642f.

[33] So, mit Hinweisen auf Rechtsprechung und Literatur, BayVGH, in: DVBl. 1976, S. 908 mit zust. Anm. v. *P. Weides;* ferner BVerwG, Urteil v. 23. 2. 1979, in: NJW 1979, S. 2322. Diese Judikatur ist in zwei Nichtannahme-Beschlüssen durch das BVerfG bestätigt worden. Vgl. dazu *A. Hollerbach* in dem oben Anm. 17 angeführten (2.) Rechtsprechungsbericht, in: AöR 106 (1981), S. 251f.

[34] Verfassungsrechtlich unzulässige Formen des Kirchenaustritts, in: JZ 1971, S. 345–352; vgl. ferner die Urteilsanmerkungen *desselben,* in: BayVBl. 1975, S. 89 und NJW 1975, S. 1902, sowie die kritische Auseinandersetzung mit *von Campenhausen,* in: AfkKR 142 (1973), S. 659–662. Für die Gegenposition ist hinzuweisen auf die Urteilsanmerkung von *H. Weber,* in: NJW 1975, S. 1904f. sowie auf *D. Pirson,* Zur Rechtswirkung des Kirchenaustritts, in: JZ 1971, S. 608–612.

[35] Nach den Novellierungen der Kirchensteuergesetze in Niedersachsen, Bremen und Hamburg hat auch das baden-württembergische Kirchensteuergesetz i. d. F. v. 15. Juni 1978 (GBl. S. 370) in § 26 Abs. 1 Satz 2 eine entsprechende Klausel aufgenommen.

[36] Vgl. dazu auch die Erklärung der Diözesanbischöfe zu Fragen des kirchlichen Finanzwesens vom Dezember 1969, veröffentlicht 7. 1. 1970, in: AfkKR 138 (1969), S. 557–559 = HerKorr 24 (1970), S. 80f. In der Frage des „Wie" eventueller kirchlicher Sanktionen dürfte allerdings das letzte Wort noch nicht gesprochen sein; vgl. dazu die Problemerörterung bei

im übrigen kann den bisweilen auftretenden Schwierigkeiten am ehesten durch Transparenz der kirchlichen Finanzgebarung, durch Glaubwürdigkeit der Ausgabenpolitik und durch Verstärkung von Mitwirkungsbefugnissen der Steuerzahler entgegengewirkt werden[37].

6. Kirchensteuer wird erhoben als *Zuschlag* zur Lohn- bzw. Einkommensteuer (in Höhe von 7–10%), in der Regel außerdem als Zuschlag zur Vermögenssteuer; ferner kann an die Grundsteuermeßbeträge angeknüpft werden[38]. Die solchermaßen bestehende Verklammerung mit bedeutsamen staatlichen (Maßstab-)Steuern, mit denen meist nicht nur fiskalische Zwecke erreicht werden sollen, die vielmehr auch als Mittel für gesellschafts- und wirtschaftspolitische Maßnahmen eingesetzt werden, macht die Kirchensteuer bis zu einem gewissen Grad von der staatlichen Steuerpolitk und der wirtschaftlichen Konjunktur abhängig und unterwirft die kirchlichen Einnahmen unter Umständen nicht unbeträchtlichen Schwankungen[39]. Das kann und muß in Kauf genommen werden, solange und soweit sich die Kirchen gegenüber der staatlichen Steuerpolitik als Instrument des gesellschaftspolitischen Ausgleichs jedenfalls grundsätzlich loyal verhalten können[40]. Im übrigen haben die Kirchen die Möglichkeit, die strenge Akzessorietät der Kirchensteuer als Zuschlagsteuer durch die Festsetzung von Mindest- und Höchstbeträgen („Kappung") zu modifizieren bzw. das Zuschlagssystem durch die Erhebung einer Mindestkirchensteuer oder von Kirchgeld zu ergänzen[41]. Das ist vor allem deshalb geboten, weil das geltende System mit seinem Progressionsmechanismus vielfach zu einer unter kirchlichen Gesichtspunkten unangemessenen Belastung hoher Einkommen führt, während Personen, die nicht zu staatlichen Maßstabsteuern veranlagt werden, kirchensteuerfrei bleiben, was aus Gründen der spezifischen Steuergerechtigkeit nicht unproblematisch ist.

7. Was die den Kirchen prinzipiell selbst zustehende *Verwaltung*[42] der Kirchensteuer anlangt, so haben bei der *Kirchensteuer vom Einkommen* alle Diözesen – mit Ausnahme der bayerischen – von der ihnen gesetzlich eingeräumten Möglichkeit Gebrauch gemacht, die staatlichen Finanzämter damit zu beauftragen. Auf diese Weise ersparen sich die Kirchen einen kostspieligen eigenen Verwaltungsap-

W. Steinmüller, Kirchenrecht und Kirchensteuer, in: Essener Gespräche zum Thema Staat und Kirche, Bd. 4 (1970), bes. S. 215–224 sowie in der dazu erfolgten Aussprache, ebd., S. 239–262; ferner bei *Neumann*, Kirchenfinanzierung (Anm. 1), S. 202 f. Die Frage der Schuldhaftigkeit als Voraussetzung für den Kirchenbann etwa wird zu Recht berücksichtigt in der Verordnung des Erzbistums München und Freising vom 22. 6. 1971 über die Behandlung von Kirchenaustritten mit Zusätzen, vgl. AfkKR 140 (1971), S. 557. Eingehende Problemerörterung mit deutlichen Urteilen gegen den Ausschluß von den Sakramenten bei *E. Corecco*, La sortie de l'Eglise pour raison fiscale, in: Austritt aus der Kirche/Sortir de l'Eglise, hrsg. von *L. Carlen*, Freiburg/Schweiz 1982, S. 11–67.

[37] Vgl. dazu auch *Link*, Kirchensteuer (Anm. 1), Sp. 1245 f., ferner das Arbeitspapier der Gemeinsamen Synode (Anm. 5), S. 211–213.

[38] Einzelheiten dazu bei *Marré*, Besteuerungsrecht (Anm. 1), S. 34–38.

[39] Sehr instruktiv dazu *K. Dummler*, Die Steuerreform und die Kirchen, in: ZevKR 21 (1976), S. 34–62.

[40] Vgl. dazu *Isensee*, La financiación (Anm. 1), S. 98 f.

[41] Dazu *Marré*, Besteuerungsrecht (Anm. 1), S. 37 f.

[42] Einzelheiten wiederum bei *Marré*, ebd., S. 39–46.

parat, der nach Schätzungen mindestens etwa 5–10% der Einnahmen verschlingen würde, während jetzt dem Staat ein Entgelt in Höhe von 3–4% des Kirchensteueraufkommens gezahlt wird. Bei der Kirchen*lohn*steuer bedienen sich die staatlichen Finanzbehörden der Hilfe der Arbeitgeber, die gem. § 38 Abs. 3 EStG unter entsprechender Haftung verpflichtet sind, die bei ihren Arbeitnehmern anfallende Kirchensteuer einzubehalten und abzuführen. Das Bundesverfassungsgericht hat in einem nach § 93a Abs. 3 BVerfGG ergangenen (Nichtannahme-) Beschluß vom 17. 2. 1977 die gegen diese Regelung bisweilen erhobenen verfassungsrechtlichen Bedenken zurückgewiesen[43]. Die Ausführungen des Gerichts verdienen, auch im Blick auf Grundfragen des Kirchensteuersystems, hier wiedergegeben zu werden:

„Die Kirchensteuerverwaltung durch staatliche Finanzämter steht in Einklang mit der nach Art. 140 GG in Verbindung mit Art. 137 Abs. 6 WRV zulässigen Abhängigkeit der Kirchensteuer von der staatlichen Einkommensteuer ...; an der damit verbundenen Förderung öffentlichrechtlicher, gesellschaftlich relevanter Körperschaften, die keine Identifikation mit einer bestimmten Kirche oder Religionsgemeinschaft bedeutet, ist auch der weltanschaulich neutrale Kultur- und Sozialstaat verfassungsrechtlich nicht gehindert. Soweit er bei der Erfüllung dieser Förderungsmaßnahme private Arbeitgeber heranzieht und diese als Beauftragte des Steuerfiskus tätig werden läßt ..., handelt es sich um eine an sich zulässige Indienstnahme Privater für öffentliche Aufgaben, die nicht schon als solche einen Anspruch auf Vergütung auslöst ... Diese Indienstnahme ist verfassungsrechtlich als Berufsausübungsregelung zu beurteilen, die – auch bei Unentgeltlichkeit – mit Art. 12, Art. 3 Abs. 1 und Art. 14 GG jedenfalls deshalb vereinbar ist, weil der Arbeitgeber dadurch nicht erheblich belastet wird und dabei im Rahmen seiner sozialstaatlich gebotenen Fürsorgepflicht zugleich seine Arbeitnehmer in der vereinfachten Erfüllung der ihnen obliegenden Kirchensteuerpflicht unterstützt. Die Haftung für den Fall der Nichterfüllung wird jedenfalls durch die in Art. 140 GG in Verbindung mit Art. 137 Abs. 6 WRV gewährleistete Garantie einer ordnungsgemäßen Besteuerung ... gerechtfertigt."

In dem vom Bundesverfassungsgericht entschiedenen Fall war die Beschwerdeführerin eine juristische Person. Das Gericht konnte deshalb offenlassen, ob der Inanspruchnahme des Arbeitgebers im Einzelfall das Grundrecht des Art. 4 GG entgegenstehen könnte[44].

8. In allen Fragen des Kirchensteuerrechts greift, soweit es qua Steuerrecht aus der Staatshoheit abgeleitetes Recht ist, *Rechtsschutz* durch staatliche Gerichte ein[45]. Auseinandersetzungen im Bereich des Kirchensteuerrechts sind im Sinne von § 40 VwGO „öffentlich-rechtliche Streitigkeiten nichtverfassungsrechtlicher Art". Mithin ist grundsätzlich der Verwaltungsrechtsweg eröffnet; in einigen Ländern sind allerdings die Finanzgerichte für zuständig erklärt.

[43] BVerfGE 44, S. 103, Durch BVerfGE 49, S. 375 ist auch klargestellt, daß die gesetzlich vorgesehene Eintragung der Religionszugehörigkeit auf der Lohnsteuerkarte verfassungsrechtlich unbedenklich, ja sogar geboten ist.

[44] Ein weiterer Nichtannahme-Beschluß vom 17. 2. 1977 (DÖV 1977, S. 448f.; nicht in der Amtlichen Sammlung abgedr.) verneint eine Grundrechtsverletzung im Ergebnis auch für den Fall, daß der Arbeitgeber bei der Beschäftigung von Aushilfskräften die vereinfachte Pauschalbesteuerung wählt und sodann seinerseits als Schuldner für die durch die Lohnzahlung an seine Arbeitnehmer ausgelöste Lohn- und Lohnkirchensteuer behandelt wird.

[45] Im einzelnen dazu *Marré*, Besteuerungsrecht (Anm. 1), S. 47f.

III. Das österreichische Kirchenbeitragssystem

In *Österreich* ist das *Kirchenbeitragssystem* verwirklicht, d. h. die *Kirchen ziehen* auf staatsgesetzlicher Grundlage nach Maßgabe kirchlicher Beitragsordnungen *durch kirchliche Stellen als privatrechtlich zu qualifizierende Beiträge ein,* wobei der Staat den Kirchen insofern Hilfe gewährt, als ausstehende Beiträge vor dem Zivilgericht eingeklagt und durch den Gerichtsvollzieher beigetrieben werden können[46]. Maßgebend dafür ist das in durchaus kirchenfeindlicher Absicht von den nationalsozialistischen Machthabern erlassene Gesetz über die Erhebung von Kirchenbeiträgen im Lande Österreich vom 1. Mai 1939[47]. Bei seiner Anwendung heute bemüht man sich, vor allem im Hinblick auf Art. 15 StGG, um eine Berücksichtigung der Anforderungen aus der jetzigen Verfassungslage. Der zwischen dem Hl. Stuhl und der Republik Österreich abgeschlossene Vermögensvertrag vom 23. Juni 1960 geht von der Existenz des Beitragssystems aus, stellt aber ausdrücklich klar, daß die Katholische Kirche über die erzielten Einkünfte frei verfügen kann[48]. Bemühungen um eine Verbesserung des Systems, vor allem hinsichtlich der staatlichen Hilfe bei der Erfassung der Beitragspflichtigen sowie durch Gewährung der sog. politischen Exekution, d. h. des Verwaltungszwangs, sind aber vorerst gescheitert[49].

IV. Die theologische Legitimität der Kirchensteuer

Die Kirche muß bereit sein, ihre eigene Rechtsordnung und die Hilfen, die ihr das Staatskirchenrecht gewährt, immer wieder daraufhin zu überprüfen, ob sie ihrer Sendung dienlich sind und ihre Glaubwürdigkeit nicht beeinträchtigen. Insbesondere wird sie, wie das Zweite Vatikanische Konzil erklärt hat, ihre Hoffnung nicht auf „Privilegien" setzen, die ihr eingeräumt werden[50]. Aber selbst wenn man das deutsche Kirchensteuersystem als Privileg qualifizieren wollte, müßte man mit dem Arbeitspapier der Gemeinsamen Synode[51] sagen:

„Die Abschaffung des gegenwärtigen Kirchensteuersystems würde die Kirche eines Finanzsystems berauben, das mehr Vorzüge hat als jedes andere System und das wesentlich zur Freiheit und Unabhängigkeit der Kirche beiträgt. Sie würde wichtige Gebiete kirchlichen Wirkens gefährden, ja zum Teil sogar zum Erliegen bringen; und zwar nicht nur das seelsorgerische und missionarische, sondern auch und gerade das sozial-caritative (Kranken-

[46] Als Typus deutlich herausgestellt zuletzt bei *Listl,* Kirchenbeitrag (Anm. 1). Im einzelnen vgl. die grundlegenden Darstellungen bei *I. Gampl,* Österreichisches Staatskirchenrecht, Wien-New York 1971, S. 268–278, und bei *H. R. Klecatsky,* Lage und Problematik des österreichischen Kirchenbeitragssystems, in: Essener Gespräche zum Thema Staat und Kirche, Bd. 6 (1972), S. 54–69. Vgl. ferner in *diesem* Band, unten, *H. R. Klecatsky,* § 115 Das Verhältnis von Kirche und Staat in der Republik Österreich.

[47] GBlÖ Nr. 543/1939.

[48] BGBl. Nr. 195/1960, Art. II Abs. 4.

[49] Eindringliche Schilderung bei *Klecatsky,* Lage und Problematik (Anm. 46), S. 61–69.

[50] VatII GS Art. 76.

[51] Gemeinsame Synode. Gesamtausgabe II, S. 211.

häuser, Heilstätten, Altersheime, pfarrgemeindliche Familienbildungsstätten, Kindergärten, Jugendheime, Waisenhäuser, Erziehungsheime usw.) und kulturelle (Unterhaltung von Freien Schulen und der der Erwachsenenbildung dienenden Einrichtungen wie Katholische Akademien, Soziale Seminare; Erhaltung von Domen und Kathedralen usw.). Hier handelt es sich weithin um ein Wirken der Kirche, das nicht nur den Gläubigen dient, sondern der Gesellschaft im ganzen. Was den caritativen und kulturellen Bereich angeht, müßten beim Wegfall der Kirchensteuer Staat und Gemeinden in diese Funktionen eintreten mit der Folge einer Verlagerung der Steuerlast vom kirchlichen auf den staatlichen Bereich und einer zunehmenden staatlichen Monopolisierung und damit Verarmung des gesellschaftlichen Lebens, was dem heutigen Freiheits- und Demokratieverständnis widerspräche. Eine Kirche in finanzieller Not wäre überdies außerstande, ihre sozialen Verpflichtungen gegenüber den zu ihr in einem Dienstverhältnis Stehenden zu erfüllen."

Wenn die – vergleichsweise – finanziell gut situierte Kirche in Deutschland sich darüber hinaus in besonderer Weise der gesamtkirchlichen Aufgaben und der armen Kirchen in anderen Ländern verbunden weiß, darf sie guten Gewissens an dem Kirchensteuer-System festhalten, das unter den Gesichtspunkten vor allem der sozialen Gerechtigkeit, der Gleichheit, der Sparsamkeit, der Effektivität und nicht zuletzt der Unabhängigkeit von einzelnen und von Interessengruppen unvergleichlich besser ist als die anderen möglichen Finanzierungssysteme[52]. Es funktioniert freilich in rechter Weise nur, wenn es eingebettet bleibt in eine freiheitliche Gesamtordnung fairer Zusammenarbeit zwischen Staat und Kirche, bei der beide Partner ihre Lebensprinzipien wechselseitig respektieren und bei der die Kirchen sich bemühen, Volkskirchen zu bleiben.

§ 98 Die Verwaltung des Kirchenvermögens

Von Richard Puza

I. Grundsätzliche Fragen

1. Träger des Kirchenvermögens sind juristische Personen. Die Verwaltung erfolgt durch deren jeweilige Organe. Organwalter kann entweder eine Einzelperson oder eine Personenmehrheit sein. Es ist zwischen Innen- und Außenverhältnis zu unterscheiden. Im Innenverhältnis erfolgt dort, wo Organwalter eine Personenmehrheit ist, die interne Willensbildung kollegial, d. h. durch Abstimmung. Die Außenvertretung, das ist die rechtsgeschäftliche Vertretung gegenüber Dritten, kann durch eine Einzelperson, z. B. den Vorsitzenden, erfolgen. Dies wird vor allem bei mündlichen Erklärungen der Fall sein. Schriftliche Erklärungen bedürfen üblicherweise der Gegenzeichnung durch ein oder zwei Mitglieder des Kolle-

[52] Eingehend dazu *Marré*, Kirchenfinanzierung (Anm. 1), passim. Vgl. auch den eindrucksvollen Exkurs über „Rechtspolitische Fragen zur Kirchensteuer" bei *v. Campenhausen*, Staatskirchenrecht (Anm. 1), S. 171–185, und die begrüßenswerte Stellungnahme von *Neumann*, Kirchenfinanzierung (Anm. 1), S. 204f.

gialorganes[1]. Die sachliche Zuständigkeit kann allerdings auch auf mehrere Personen aufgeteilt sein[2]. Dies dient nicht immer der Rechtssicherheit. Daher sieht z. B. das österreichische Konkordat von 1934 vor, daß bei Orden und Kongregationen – dort ist für den Dritten die Feststellung des kompetenten Organes besonders schwierig – für den staatlichen Bereich der Lokalobere bzw. bei höheren Verbänden der Verbandsobere für die Außenvertretung zuständig ist[3].

Ist Organwalter eine Einzelperson, so obliegen dieser die interne Willensbildung und Außenvertretung[4].

2. Die Festlegung der Organe erfolgt durch Stiftsbrief oder Satzung, kirchliches Partikularrecht, gesamtkirchliches Recht, Gewohnheitsrecht und auch staatliches Recht. Nach c. 1279 § 1 kommt die Verwaltung der kirchlichen Güter dem unmittelbaren Leitungsorgan der Person, der die Güter gehören, zu. Diese Norm betrifft allerdings nur die *persona iuridica publica* und ist subsidiär anzuwenden[5]. Staatliches Recht gilt z. B. noch für die Verwaltung des Ortskirchenvermögens in einigen Diözesen des ehemaligen preußischen Rechtsbereiches[6]. Auf die diesbezügliche staatskirchenrechtliche Problematik kann hier nur hingewiesen werden[7]. Kirchenrechtlich könnte man die betreffenden staatlichen Gesetze heute auch zumindest als gewohnheitsrechtliche *leges canonizatae* qualifizieren[8]. Es besteht allerdings die Tendenz, die staatliche Rechtsetzung weiter zurückzudrängen. Adäquates Mittel ist, wie in Hessen, Rheinland-Pfalz und im Saarland praktiziert, die konkordatäre Vereinbarung[9].

1 Nach dem (preuß.) KathKirchVermG müssen alle Erklärungen des Kirchenvorstandes schriftlich erfolgen. Die Willenserklärungen des Kirchenvorstandes verpflichten die Gemeinde und die vertretenen Vermögensmassen nur dann, wenn sie der Vorsitzende oder sein Stellvertreter und zwei Mitglieder schriftlich unter Beidrückung des Amtssiegels abgeben (§ 14). Außerdem können auch Vertretungsvollmachten für einzelne Mitglieder oder auch Dritte durch den Kirchenvorstand erteilt werden. Vgl. *H. Emsbach*, Rechte und Pflichten des Kirchenvorstandes, Köln 1975, S. 48ff. Für Österreich s. *H. Schnizer*, Schuldrechtliche Verträge der katholischen Kirche in Österreich, Graz 1961, S. 142ff.; *S. Ritter*, Die kirchliche Vermögensverwaltung in Österreich, Salzburg 1954, S. 148.

2 *Schnizer*, Schuldrechtliche Verträge (Anm. 1), S. 145f.

3 Art. XIII § 2 Abs. 1.

4 Beispiele im CIC/1983: c. 1279 § 1 (subsidiäre Norm) u. c. 120 § 2.

5 Daß c. 1279 § 1 nur die *öffentliche* juristische Person betrifft, ergibt sich aus der Bestimmung selbst in Verbindung mit c. 1257 § 1. C. 1279 § 1 spricht von der Verwaltung der *bona ecclesiastica.* Diese sind nach c. 1257 § 1 jene, die öffentlichen juristischen Personen zugehören. S. auch c. 118.

6 KathKirchVermG v. 24. 7. 1924 (GS 1924, S. 585). S. dazu *S. Marx*, Kirchenvermögens- und Stiftungsrecht, in: HdbStKirchR II, S. 133ff.; s. unten, Anm. 9.

7 *Marx*, Kirchenvermögensrecht (Anm. 6), S. 125f., 133ff.; *P. Mikat*, Kirchen und Religionsgemeinschaften, in: Die Grundrechte, Bd. IV/1, Berlin 1960, S. 187f.

8 *Marx*, Kirchenvermögensrecht (Anm. 6), S. 134.

9 Vgl. 1. den Vertrag des Landes *Hessen* mit den Katholischen Bistümern in Hessen (Fulda, Limburg, Mainz, Paderborn) vom 29. 3. 1974, abgedr. in: AfkKR 143 (1974), S. 587–592; 2. den Vertrag zwischen dem Land *Rheinland-Pfalz* und den Bistümern des Landes Rheinland-Pfalz (Köln, Limburg, Mainz, Speyer, Trier) über Fragen der Rechtsstellung und Vermögensverwaltung der Katholischen Kirche vom 18. 9. 1975, abgedr. in: AfkKR 144 (1975), S. 566–571; 3. den Vertrag zwischen dem *Saarland* und den Bistümern Speyer und Trier über Fragen der Rechtsstellung der Bistümer Speyer und Trier und ihrer Vermögensverwaltung vom 10. 2. 1977, abgedr. in: AfkKR 146 (1977), S. 214–218. Aufgrund dieses Staatsvertrags hat der Bischof von Trier am 1. 12. 1978 ein Gesetz über die Verwaltung und Vertretung des

3. Besondere Probleme diözesaner, aber auch pfarrlicher Strukturen und Kompetenzen tauchten durch die zahlreichen, neu geschaffenen Räte auf. Sie traten in Konkurrenz zu den bestehenden kollegialen Verwaltungsorganen[10]. So haben die neu geschaffenen Diözesan-(Pastoral-)räte auch Kompetenzen im Bereich des Vermögensrechtes (Diözesanhaushalt). Im Bereich des Ortskirchenvermögens neigte man in der Bundesrepublik Deutschland eher dazu, die alten Organe neben den neuen Räten bestehen zu lassen – mit entsprechenden persönlichen und sachlichen Verzahnungen; die von der Gemeinsamen Synode beschlossene „Rahmenordnung für Strukturen der Mitverantwortung in der Diözese" sieht für die pfarrliche Vermögens- und Finanzverwaltung ein vom Pfarrgemeinderat gebildetes Organ (Gremium) vor, das unter Berücksichtigung der vom Pfarrgemeinderat beschlossenen pastoralen Richtlinien den Haushalt aufstellt und seine Durchführung überwacht[11]. Einen anderen Weg ist man in der Diözese Rottenburg-Stuttgart gegangen. Hier gibt es im Bereich der Kirchengemeinde nur einen Rat. Für vermögensrechtliche Fragen bildet der Kirchengemeinderat einen eigenen Verwaltungsausschuß. Ähnlich die österreichische Lösung. Sie stellt eher ein Untergehen des alten Rates und eine Übernahme seiner Funktionen durch den neuen Pfarrgemeinderat bzw. einen Ausschuß desselben dar[12]. Auf die Diskussion um die Regelungen in einzelnen deutschen Diözesen (z. B. Limburg) und deren Vereinbarkeit mit dem neuen Kirchenrecht kann hier nur hingewiesen werden. Es ist zu hoffen, daß es in der Bundesrepublik zur Erhaltung der bestehenden, nachkonziliaren Situation kommen kann. Die teilweise über rein beratende Funktion hinausgehenden Mitwirkungsrechte der Räte sollten unbedingt gewahrt werden.

4. Im Rahmen der Vermögensverwaltung ist insbesondere die Beteiligung von Laien üblich und durch das II. Vatikanum auch erwünscht[13]. Diese schon länger bestehende Tradition (ich möchte nur auf das Kirchenvorstandsrecht verweisen) ist im Codex Iuris Canonici auch rechtlich festgeschrieben[14].

Die im CIC/1983 vorgenommene Unterscheidung zwischen öffentlicher und privater juristischer Person wirkt sich auch im kirchlichen Vermögensrecht aus. Nur jene Vermögenswerte *(bona temporalia)*, die im Eigentum oder Besitz der Gesamtkirche, des Apostolischen Stuhls oder anderer kirchlicher *öffentlicher* juristischer Personen stehen, sind Kirchengut (*bona ecclesiastica;* c. 1257 § 1).

Kirchenvermögens und eine Ordnung für die Wahl der Verwaltungsräte der Kirchengemeinden mit Wirkung vom 1. 1. 1979 erlassen (KABl. Trier 1978, S. 215–224). Am 15. 8. 1979 hat der Bischof von Speyer das „Gesetz über die Verwaltung und Vertretung des Kirchenvermögens im Bistum Speyer erlassen (OVBl. 72 [1979], S. 493–505). In beiden Fällen wurde eine diözesane Angleichung in dieser Rechtsmaterie an die Regelung für die Diözesen Limburg (ABl. 1977, S. 559–564) und Mainz (KABl. 1979, S. 1–6) angestrebt und auch weitgehend erreicht. Nach dem „Gesetz über die Verwaltung und Vertretung des Kirchenvermögens im Bistum Limburg vom 23. 11. 1977" (ABl. 1977, S. 559–564) ist das Organ der Vermögensverwaltung in der Kirchengemeinde der Verwaltungsrat, der aus dem Pfarrer und vom Pfarrgemeinderat gewählten Mitgliedern besteht.

[10] *Marx*, Kirchenvermögensrecht (Anm. 6), S. 157f.

[11] Vgl. hierzu *Marx*, ebd., S. 157; ferner Sb Räte und Verbände III 1.3.

[12] Zu *Rottenburg-Stuttgart* siehe „Ordnung für die Kirchengemeinden und ortskirchlichen Stiftungen in der Diözese Rottenburg (KGO) v. 1. Sept. 1972, in: KABl. 1972, S. 153ff.

Zu *Österreich* siehe z. B. KVOBl. der Diözese Graz-Seckau 1978, S. 30; 1975, S. 104f.; 1974, S. 54; 1970, S. 81. Eine einheitliche Regelung ist nicht zustande gekommen. Teilweise bestehen noch die alten Pfarrkirchenräte. In der Diözese Linz führt der Ausschuß des Pfarrgemeinderates die Bezeichnung Pfarrkirchenrat bzw. Fachausschuß für Finanzen des Pfarrgemeinderates (Linzer DiözBl. Nr. 1 v. 1. 1. 1978). In der Diözese Innsbruck bestehen beide Räte nebeneinander.

[13] VatII PO Art. 17 Abs. 2 u. 21; VatII AA Art. 10; *Mosiek* Verf. I, S. 223.

[14] Zu verweisen ist auf die cc. 228 § 2, 492 § 1, 537, 1280 u. 317 § 3 i. V. m. 1279 § 1.

Das Vermögen der privaten juristischen Personen und dessen Verwaltung wird gemäß deren Statuten geregelt, nicht gemäß der Bestimmungen des kirchlichen Vermögensrechts im Codex Iuris Canonici, außer es ist im Kodex etwas anderes vorgesehen (c. 1257 § 2).

II. Das einzelne Organ und seine Befugnisse

1. Der Rahmen des neuen Kirchenrechts ist hier relativ breit. Vorgeschrieben ist, daß jede juristische Person einen oder mehrere Verwalter haben muß (cc. 118, 1279). Außerdem soll jede juristische Person einen Vermögensverwaltungsrat oder wenigstens zwei Berater haben, die den Verwalter, gemäß der Statuten, bei der Erfüllung seines Amtes unterstützen (c. 1280). Das heißt aber, daß die bisherige teilkirchliche Situation im wesentlichen aufrechterhalten bleiben kann. Einzelne Neuerungen sind aber auch verpflichtend vorgeschrieben, so z. B. im Bereich der Diözese der Diözesanvermögensverwaltungsrat und der Ökonom (cc. 492 § 1, 494 § 1) oder im Bereich der Pfarre der (Pfarr-)Vermögensverwaltungsrat (consilium a rebus oeconomicis, c. 537).

2. Das staatliche Recht und das kirchliche Partikularrecht haben vor allem im Bereich der Verwaltung des Ortskirchenvermögens (auf Pfarrebene) Organe geschaffen, die grundsätzlich Verwalter aller in diesem Bereich vorhandenen Vermögensmassen sind. Zu nennen sind hier im Bereich des katholischen Kirchenvermögensgesetzes der Kirchenvorstand[15], in anderen Diözesen Deutschlands der Pfarrgemeinde- oder Kirchengemeinderat, für Österreich der Pfarrgemeinde- bzw. Pfarrkirchenrat[16]. Die folgende Übersicht über die einzelnen Organe kann wegen des reichen Partikularismus nicht vollständig sein.

3. Im Unterschied zur Deutschen Bischofskonferenz besitzt die Österreichische Bischofskonferenz auf Grund ihrer Statuten Rechtspersönlichkeit[17]. Ihre Organe sind die Hauptversammlung und der Vorsitzende[18]. Organe des Verbandes der Diözesen Deutschlands sind die Vollversammlung, der Verbandsausschuß, der Verwaltungsrat und der Geschäftsführer[19]. Organe der Diözese sind der Bischof bzw. der Generalvikar[20]. Das neue Kirchenrecht sieht für die Vermögensverwal-

[15] § 1 KathKirchVermG. Über die verschiedenen Bezeichnungen dieses Verwaltungsorganes s. *W. Schulz*, Einzelne Kirchenvermögen, in: GrNKirchR, S. 707.

[16] So verwaltet dieser Rat die Pfarrkirche, die Pfarrpfründe in Baulastsachen sowie die rechtsfähigen pfarrlichen Stiftungen, die anvertrauten Filialkirchen und die Pfarrheime (s. Pfarrordnung der Diözese Graz-Seckau, in: KVOBl. 1963, S. 83 u. Durchführungsbestimmungen zur Errichtung der Verwaltungs- und Finanzausschüsse, in: KVOBl. 1974, S. 55, Ziff. 7 Buchst. b.

[17] Nach dem CIC/1983 ist die Bischofskonferenz kraft Gesetzes juristische Person (c. 449 § 2).

[18] Freundliche Auskunft des Ordinariates Graz-Seckau. Die Statuten der ÖBK sind nicht publiziert.

[19] *K.-E. Schlief*, Die Organisationsstruktur der katholischen Kirche, in: HdbStKirchR I, S. 312; *J. Listl*, Der Verband der Diözesen Deutschlands, in: StdZ 195 (1977), S. 337 ff.

[20] Cc. 335 § 1, 368 § 1 u. 198 CIC/1917; *Schnizer*, Schuldrechtliche Verträge (Anm. 1), S. 68 f.; c. 393 CIC/1983.

tung der Diözese den Ökonomen und den Diözesanvermögensverwaltungsrat verpflichtend vor (c. 494 § 1, 492 § 1). Das Verhältnis zwischen Bischof und Ökonom bedarf wohl noch entsprechender Klärung. Nach den Vorstellungen des neuen Rechts ist der Ökonom Vermögensverwalter, er ist aber an die Weisungen des Diözesanbischofs gebunden. Die Kirchengemeinde wird im Geltungsbereich des preußischen katholischen Kirchenvermögensgesetzes durch den Kirchenvorstand, der Kirchengemeindeverband durch die Verbandsvertretung vertreten[21]. In anderen Diözesen sind es entweder der Vermögensverwaltungsrat oder z. B. der Kirchengemeinderat (Ausschuß) oder Pfarrkirchenrat.

Das Gotteshausvermögen (*fabrica ecclesiae,* Kirchenstiftung)[22] wird im Geltungsbereich des preußischen katholischen Kirchenvermögensgesetzes durch den Kirchenvorstand, in anderen Teilen der Bundesrepublik Deutschland durch den Kirchengemeinderat oder die Kirchenverwaltung, in Österreich durch den Pfarrkirchenrat oder Pfarrgemeinderat bzw. Verwaltungs- und Finanzausschuß dieses Rates vertreten[23]. Organ der Domkirche ist der Bischof oder das Domkapitel[24]. Dieses wird wiederum durch die statutenmäßigen Organe (Kapitel als ganzes, Dignitär) vertreten[25].

Das neue Recht des CIC/1983 hat auf eine Regelung des Benefizialwesens verzichtet. Wo Benefizien bestehen, gehen diese aber bis zu einer durch die Bischofskonferenz im Zusammenwirken mit dem Heiligen Stuhl vorzunehmenden entsprechenden Regelung nicht unter (c. 1272). Ihre Verwaltung und Vertretung kann wie bisher erfolgen[26]. Demnach werden die Benefizien (das Pfründenvermögen oder auch Stellenvermögen) im Bereich der Ortskirche durch den Benefiziaten verwaltet und vertreten, die *mensa episcopalis* (der Bischöfliche Stuhl) durch den Bischof oder Generalvikar. Auf partikularrechtliche Besonderheiten kann hier nur hingewiesen werden. Im Geltungsbereich des katholischen Kirchenvermögensgesetzes wird das Pfründen-(Stellen)vermögen in bestimmten Grenzen ebenfalls durch den Kirchenvorstand verwaltet und vertreten[27]. In Österreich ist der Pfarrgemeinde- (bzw. Pfarrkirchenrat) in Baulastsachen ausschließlich zuständig[28].

Rechtspersönlichkeit besitzt nach neuem Kirchenrecht auch die Pfarrei. Sie ist als nicht kollegiale Personengesamtheit konstituiert. Nach den neuen Regeln ist

[21] §§ 1 u. 25 KathKirchVermG.

[22] Die Terminologie ist uneinheitlich. Der CIC/1917 normiert als Organ der *fabrica ecclesiae* den Rektor. Daneben kann ein beratendes *Consilium fabricae ecclesiae* bestehen (cc. 1183, 1184). Im CIC/1983 ist auf c. 1279 § 1 (subsidiär) zu verweisen.

[23] Von Kirchenvorstand ist im Geltungsbereich des (preuß.) KathKirchVermG die Rede, von Kirchenverwaltung in Bayern. S. zum deutschen Partikularrecht *Marx,* Kirchenvermögensrecht (Anm. 6), S. 133ff.; zu Österreich oben Anm. 16.

[24] In der Bundesrepublik Deutschland eher der Bischof. S. dazu *Marx,* Kirchenvermögensrecht (Anm. 6), S. 132. In Österreich das Kapitel. S. dazu *Schnizer,* Schuldrechtliche Verträge (Anm. 1), S. 70f. Im CIC/1983 s. c. 1279 § 1.

[25] *Marx,* Kirchenvermögensrecht (Anm. 6), S. 132; *Schnizer,* Schuldrechtliche Verträge (Anm. 1), S. 72. Cc. 506 § 1, 507 § 1.

[26] S. dazu cc. 1279 § 1 und 118.

[27] S. *Emsbach,* Rechte und Pflichten (Anm. 1), S. 33ff.

[28] S. oben Anm. 16.

ihr Vermögensverwalter der Pfarrer (c. 532). Ihm zur Seite soll ein Vermögensverwaltungsrat stehen (c. 537). Da in den deutschen Diözesen schon bisher die Kirchengemeinde als juristische Person angesehen wurde, wird es hier, abgesehen von der Kompetenz der Räte und der Frage des Vorsitzes kaum eine Notwendigkeit zur Rechtsanpassung geben. Anders die Situation in Österreich, wo die Pfarrgemeinde nach Kirchenrecht nicht als juristische Person angesehen wurde[29].

Im Zuge der Reform des Benefizialrechts hat das MP EcclSanct die Errichtung diözesaner und überdiözesaner *massae communes* zum Unterhalt der Kleriker, zur sozialen Sicherheit der Kleriker und auch anderer Personen im Dienste der Kirche vorgesehen. Die Festlegung der Organe ist dem Partikularrecht überlassen. Nur bei der *massa* zum Unterhalt der Kleriker sieht das MP EcclSanct den Diözesanbischof (unter Mitwirkung von Priestern und fachkundigen Laien) als Verwalter vor[30]. Der Codex Iuris Canonici hat diesen Weg weiter beschritten. Die Errichtung mehrerer Fonds ist vorgesehen. Gemäß c. 1274 § 1 soll in jeder Diözese eine spezielle Einrichtung bestehen, die den ordentlichen Unterhalt der Kleriker, die im Dienste der Diözese sind, gemäß c. 281 garantieren soll. Diesem Fonds sollen auch die Benefizialgüter oder deren Erträgnisse übertragen werden (c. 1272). Wo die Besoldung der Kleriker aus den Diözesaneinkünften hinreichend gewährleistet ist, ist die Errichtung eines solchen Fonds nicht unbedingt gefordert. Wo die soziale Vorsorge für den Klerus nicht ausreichend gesichert ist, hat die Bischofskonferenz dafür zu sorgen, daß ein Institut errichtet wird, das diese Aufgaben übernimmt (c. 1274 § 2). Wenn erforderlich, soll auch in jeder Diözese ein Fonds *(massa communis)* errichtet werden, der den Bischof in die Lage versetzt, seinen Verpflichtungen gegenüber anderen Personen im kirchlichen Dienst und verschiedenen Bedürfnissen seiner Diözese zu genügen. Dieser Fonds kann auch zur Unterstützung armer Diözesen durch reiche dienen (c. 1274 § 3). Die in c. 1274 §§ 2 und 3 genannten Zwecke können auch durch untereinander verbundene diözesane Institute, durch Zusammenarbeit oder durch einen entsprechenden Zusammenschluß für mehrere Diözesen oder für den gesamten Bereich der Bischofskonferenz erreicht werden (c. 1274 § 4). Die Fonds sollen so errichtet werden, daß sie auch Rechtswirksamkeit im Bereich des staatlichen Rechts haben (c. 1274 § 5).

Stiftungen werden durch die in den Stiftungsurkunden vorgesehenen Organe verwaltet. Im Bereich des Ortskirchenvermögens ist im Geltungsbereich des preußischen katholischen Kirchenvermögensgesetzes Organ der Kirchenvorstand, in Österreich der Pfarrkirchenrat. Das gilt auch für Zustiftungen[31]. Die

---

29 Durch das staatliche Katholikengesetz (RGBl. 50/1874), war der heute nicht mehr existenten Pfarrgemeinde grundsätzlich Rechtspersönlichkeit zuerkannt worden. Die Kirche hatte sich von Anfang an dagegen gewehrt.

30 MP EcclSanct n. 8.

31 Bundesrepublik Deutschland: z. B. § 1 KathKirchVermG; *Emsbach*, Rechte und Pflichten (Anm. 1), S. 36ff. Österreich: *Schnizer*, Schuldrechtliche Verträge, (Anm. 1), S. 55 u. o. Anm. 16.

Organe der Anstalten und Vereine werden durch die Statuten bestimmt[32]. Verwalter der Seminare ist der Ökonom, deren Vertreter der Regens (Rektor)[33].

4. Alle, die rechtmäßig an der kirchlichen Vermögensverwaltung teilhaben, Kleriker und Laien, üben ihre Aufgabe im Namen der Kirche nach den Normen des Rechts aus (c. 1282). Vor ihrem Amtsantritt müssen die Vermögensverwalter vor dem Oberhirten oder seinem Delegierten einen Eid leisten, daß sie ihre Verwaltungsaufgaben gut und getreu erfüllen. Ferner ist ein Inventar aufzustellen (c. 1283). Dem kirchlichen Vermögensverwalter obliegt die besondere Sorgfaltspflicht eines ordentlichen Hausvaters[34]. Sich daraus ergebende Verpflichtungen sind im einzelnen in c. 1284 § 2 aufgezählt. So ist der Vermögensverwalter verpflichtet, dafür zu sorgen, daß das ihm anvertraute Kirchengut keinen Schaden leidet, und er muß es, wenn notwendig, auch versichern. Das Eigentum am kirchlichen Vermögen soll in zivilrechtlich gültiger Form sichergestellt sein. Die Vorschriften des kanonischen und des Zivilrechts, sowie das, was vom Stifter oder von der rechtmäßigen Autorität auferlegt wurde, sind zu beachten. Dies gilt ganz besonders auch für das Zivilrecht. Einkünfte und Erträgnisse sind exakt und zur rechten Zeit einzutreiben, sicher zu verwahren und nach dem Willen des Stifters bzw. nach rechtmäßigen Vorschriften zu verwenden[35]. Übriggebliebene Geldmittel sind, unter Einholung der Zustimmung des Oberhirten, nutzbringend für die Ziele der Kirche oder des Institutes anzulegen. Die Vermögensverwalter müssen über die Einnahmen und Ausgaben sorgfältig Buch führen. Entsprechend den bischöflichen Aufsichtsrechten haben sie die Pflicht zur Vorlage des Haushaltsplanes[36], die Rechnungslegungspflicht und die Pflicht um die erforderlichen Genehmigungen anzusuchen.

Wer Güter, die der Regierungsgewalt des Ortsoberhirten nicht rechtmäßig entzogen sind, verwaltet, muß jedes Jahr dem Oberhirten Rechenschaft geben, der diese durch den Diözesanvermögensverwaltungsrat prüfen lassen muß. Gegenteilige Gewohnheiten sind verworfen (c. 1287 § 1). Über Güter, die der Kirche gegeben werden, sollen die Verwalter den Gläubigen in der vom Partikularrecht festzulegenden Form Rechenschaft geben (c. 1287 § 2). Das nähere bleibt der Regelung durch das Partikularrecht überlassen. Wer eine kirchliche Vermögensverwaltung übernommen hat, darf diese, auch wenn er hierzu nicht auf Grund eines kirchlichen Amtes verpflichtet ist, nicht eigenmächtig aufgeben. Wenn aus der eigenmächtigen Aufgabe Schaden für die Kirche entsteht, besteht Schadenersatzpflicht (c. 1289).

Mörsdorf will „in der kirchlichen Vermögensverwaltung (überhaupt) eine Art treuhänderischer Tätigkeit sehen"[37]. Es dürfte jedoch ausreichend sein, die Tätigkeit der kirchlichen

[32] Cc. 304 § 1, 309.

[33] Cc. 238, 239.

[34] C. 1284 § 1.

[35] C. 1284 § 2 n. 4. Bezüglich bestehender Nutzungsrechte des Benefiziaten s. c. 1272, der die Nutznießung durch die Erwähnung der *dos* impliziert.

[36] Dies wird durch das gesamtkirchliche Recht empfohlen. Dem Partikularrecht bleibt es überlassen, nähere Bestimmungen zu treffen und den Haushaltsplan verpflichtend vorzuschreiben.

[37] *Mörsdorf* Lb II, S. 521.

Verwalter mit deren Organstellung zu erfassen. Treuhand liegt dort vor, wo dem Organ einer juristischen Person die Verwaltung eines dieser nicht zuzurechnenden Vermögens übertragen ist[38]. Die Befugnisse des Organs sind mehrfach begrenzt. Der CIC/1917 setzte die juristische Person den Minderjährigen gleich[39]. Diese Aussage hat der CIC/1983 zwar nicht übernommen, er enthält aber eine Reihe von Aufsichtsrechten der Oberen (außerordentliche Verwaltung, Veräußerung, sonstige Genehmigungen, z. B. zur Führung eines Rechtsstreits). Die von der Lehre vorgenommene Unterscheidung von Vertretungs- und Aufsichtsorgan ist daher auch für den CIC/1983 maßgeblich[40]. C. 118 beinhaltet nun die grundsätzliche Norm über das Vertretungsorgan.

Zur Führung eines Rechtsstreits vor den zivilen Instanzen im Namen öffentlicher juristischer Personen bedarf der kirchliche Vermögensverwalter der schriftlichen Erlaubnis des eigenen Oberhirten (c. 1288).

5. Das Vertretungsorgan kann nur im Rahmen der ordentlichen Verwaltung rechtsgültig Akte setzen. Wird die Grenze bzw. die Weise der ordentlichen Verwaltung überschritten, ist zur Setzung gültiger Rechtshandlungen die schriftliche Ermächtigung des Oberen erforderlich[41]. Die bisher strittige Frage der Abgrenzung von ordentlicher und außerordentlicher Verwaltung versucht der Kodex durch eine eingehende formalgesetzliche Regelung zu klären. Gemäß c. 1281 § 2 sollen die Statuten festlegen, welche Akte den Bereich der ordentlichen Verwaltung überschreiten. Wenn die Statuten darüber nichts aussagen, ist es Aufgabe des Diözesanbischofs, nach Anhörung des Diözesanvermögensverwaltungsrates, jene Akte für die ihm untergebenen juristischen Personen festzulegen. Auf der Ebene der Diözese kommt diese Aufgabe der Bischofskonferenz zu (c. 1277)[42]. Der Diözesanbischof muß, wenn er Verwaltungsakte erläßt, die unter Berücksichtigung des wirtschaftlichen Zustandes der Diözese von größerer Bedeutung sind *(maioris momenti)*, den Diözesanvermögensverwaltungsrat und das Konsultorenkollegium hören. Das Konsilium des Vermögensverwaltungsrates und den Konsens des Konsultorenkollegiums muß er einholen, wenn dies im allgemeinen Recht oder in der Stiftungsurkunde vorgeschrieben ist und wenn er Akte der außerordentlichen Verwaltung setzt (c. 1277).

Die Frage nach *ordentlicher* und *außerordentlicher* Verwaltung, und somit nach den Grenzen der Gewalt der Organe, ist damit in den Bereich der Setzung genereller Normen verlagert. Das Folgende soll also nur als Richtlinie für diese Setzung dienen: Der materielle Begriff der ordentlichen Verwaltung wird auch im CIC/1983 nicht definiert. So weit die Verpflichtung zur Vorlage eines Haushaltsplanes besteht, der durch das Aufsichtsorgan zu genehmigen ist, ist die Verfügungsberechtigung des Vertretungsorganes damit konkretisiert[43]. Ordentliche Verwaltung ist ein unbestimmter Gesetzesbegriff, der durch den teilkirchlichen

38 Z. B. Sammelvermögen oder Zustiftungen.

39 C. 100 § 3.

40 S. dazu *Mörsdorf* Lb II, S. 517ff.

41 C. 1281 § 1.

42 Neben Statuten und Diözesanbischof fällt also auch der Bischofskonferenz diese Aufgabe zu. Das kann wohl nur so aufgefaßt werden, daß die Bischofskonferenz für das Vermögen auf Diözesanebene zuständig ist.

43 *Mörsdorf* Lb II, S. 523; *Schnizer,* Schuldrechtliche Verträge (Anm. 1), S. 92f.

Gesetzgeber entsprechend zu determinieren ist. Sicher sind alle jene Rechtsakte nicht dem Bereich der ordentlichen Verwaltung zuzuzählen, bei denen das Gesetz selbst eine Genehmigung durch das Aufsichtsorgan vorschreibt[44]. Man wird auch in Zukunft davon ausgehen können, daß der Rahmen für die ordentliche Verwaltung durch die „üblichen und notwendigen Geschäftsvorgänge" abgesteckt werden kann[45].

6. Einen Bereich der kirchlichen Vermögensverwaltung, der heute eine besondere Rolle spielt, den *Abschluß von Dienstverträgen,* berührt c. 1286. Er ist einerseits eine Spezialnorm zu c. 1290, wenn dort bestimmt wird, daß die Vermögensverwalter bei der Vergabe von Arbeiten (Dienstverträgen) auch die zivilen Gesetze, die die Arbeit und das soziale Leben betreffen, angemessen berücksichtigen müssen, getreu den von der Kirche überlieferten Prinzipien (Soziallehre). Er ist andererseits Konkretisierung von c. 231 § 2, wenn er die kirchlichen Vermögensverwalter verpflichtet, denen, die die vereinbarte Arbeit leisten, den gerechten und angemessenen Lohn zu gewähren. Im Hinblick auf die langfristig einzugehende Bindung wird der Abschluß von Dienstverträgen der außerordentlichen Verwaltung zuzuordnen sein.

III. Aufsicht über die Vermögensverwaltung

1. Auszugehen ist zunächst davon, daß diese Bestimmungen primär nur die *öffentliche* juristische Person betreffen[46]. Das Aufsichtsorgan für den Bereich seiner Diözese ist der Ordinarius (Diözesanbischof)[47]. Seinen Aufsichtsrechten korrespondieren die Pflichten der Organe der einzelnen juristischen Personen. Wenn man den Begriff der Aufsicht im Sinne der Gewalteneinheit des Diözesanbischofs weit faßt, so beinhalten seine Rechte Akte der Gesetzgebung, Verwaltung und Gerichtsbarkeit. So hat er innerhalb des vom gesamtkirchlichen Recht abgesteckten Rahmens durch generelle Normen *(instructiones peculiares)* die gesamte Vermögensverwaltung zu ordnen. Vorhandene Rechte, Gewohnheiten und sonstige Umstände sind dabei zu beachten[48]. Besitzt eine öffentliche juristische Person weder von Rechts wegen noch auf Grund der Stiftungsurkunde oder der Statuten Organe, so hat er geeignete Personen dazu zu berufen (c. 1279 § 2).

Im Wege der Bewilligung der Haushaltspläne, der Rechnungslegungspflicht der

[44] Z. B. cc. 1215 § 1, 1284 § 2 n. 6, 1288.

[45] *Mörsdorf* Lb II, S. 523. Zur begrifflichen Erfassung der ordentlichen Verwaltung s. auch *Schnizer,* Schuldrechtliche Verträge (Anm. 1), S. 88 ff.

[46] Bezüglich der Aufsichtsrechte des Diözesanbischofs über private juristische Personen siehe cc. 1257 § 2 mit 323 § 1 u. 325 § 1. Letzterer legt fest, daß die private Vereinigung ihre Güter gemäß den Statuten frei verwaltet. Die zuständige kirchliche Autorität hat ein Aufsichtsrecht hinsichtlich der zweckgebundenen Verwendung der Güter. S. auch in diesem Band, unten, *R. Puza,* § 99 Die Rechtsgeschäfte über das Kirchenvermögen, Anm. 11.

[47] Cc. 1276–1279, 1281 § 2 u. a.

[48] C. 1276 § 2. Zum Begriff *instructio* s. c. 34 und *Mörsdorf* R, S. 63. Als solche *instructiones* kann man auch die gemäß § 21 KathKirchVermG erlassenen Geschäftsanweisungen ansehen.

Vertretungsorgane und der Genehmigung der außerordentlichen Verwaltungsakte sowie der Veräußerungen übt der Diözesanbischof die ihm in c. 1276 § 1 vorgeschriebene Kontrolle im vorhinein oder nachhinein aus[49]. Diese Funktionen des Diözesanbischofs können von den Dienststellen der Ordinariate (Generalvikariat, Finanzkammer, Bauamt in Baulastsachen etc.) wahrgenommen werden. Der Ordinarius kann sein Aufsichtsrecht bezüglich der öffentlichen juristischen Personen (c. 1276 § 1) und die Bestellung von Ersatzorganen der öffentlichen juristischen Personen (c. 1279 § 2) dem Ökonomen übertragen. Beispruchsrechte haben gemäß cc. 1277 und 1292 § 1 der Diözesanvermögensverwaltungsrat und das Konsultorenkollegium (Domkapitel). Aus anderen Bestimmungen können sich noch weitere Beispruchsrechte auch der Interessenten (Beteiligten) ergeben[50]. In den Bereich der im Wege der Gerichtsbarkeit auszuübenden Aufsicht könnte man die Fälle der Haftung der Organe für entstandenen Schaden einbeziehen[51].

Ist der Diözesanbischof zugleich Aufsichts- und Vertretungsorgan (z. B. bei der Diözese und der *mensa episcopalis*), so vereinigen sich in ihm beide Funktionen. Das neue Recht hat hier allerdings einige Vorkehrungen getroffen[52].

2. Oberster Verwalter und Verfügungsberechtigter des Kirchenvermögens ist der Papst[53]. Seine Gewalt äußert sich in seiner Eigenschaft als Gesetzgeber des gesamtkirchlichen Rechts, in dessen Rahmen er sich z. B. die Genehmigung bestimmter Rechtsgeschäfte und Veräußerungen vorbehält, aber auch in der Möglichkeit direkten Eingriffs in die Vermögensverwaltung. Diese Gewalt hat ihre Grenzen in der durch das II. Vatikanum und den Kodex formulierten bischöflichen Gewalt[54], im Rang des Partikularrechts[55] und im Subsidiaritätsprinzip[56]. Insbesondere die Aussage von VatII CD Art. 8a über die Gewalt des Bischofs muß

[49] S. *Mörsdorf* Lb II, S. 519f.; *G. Vromant,* De bonis ecclesiae temporalibus, 3. Aufl., Brüssel-Paris 1953, S. 167ff.; *J. Wenner,* Kirchliches Vermögensrecht, 3. Aufl., Paderborn 1940, S. 192ff.; *ders.,* Kirchenvorstandsrecht, Paderborn 1954, S. 109ff.

[50] Betreffend der Beispruchsrechte des Diözesanvermögensverwaltungsrates und des Konsultorenkollegiums im einzelnen s. oben II 5 und in *diesem* Band, unten, *R. Puza,* § 99 Die Rechtsgeschäfte über das Kirchenvermögen II 3.

[51] Cc. 1289, 1296.

[52] Bei der Diözese wurde im neuen Recht durch die obligatorische Einführung des Ökonomen eine funktionale Teilung der Aufgaben vorgenommen. Zur Aufstellung des Haushaltsplanes und der Rechnungsprüfung ist der Diözesanvermögensverwaltungsrat kompetent (c. 493). Die Rechtshandlungen, die der außerordentlichen Verwaltung zuzuzählen sind, werden durch die Bischofskonferenz festgelegt (c. 1277).

[53] C. 1273. S. *Mörsdorf* Lb II, S. 521; *Vromant,* De bonis (Anm. 49), S. 166f.; *Wenner,* Vermögensrecht (Anm. 49), S. 192; *M. Condorelli,* Spunti ricostruttivi per la qualificazione del potere del Pontefice sul patrimonio ecclesiastico, in: DirEccl 1953, I, S. 113f. Ausdrücklich ist jetzt *vi primatus regiminis* eingefügt.

[54] Insbes. VatII LG Art. 27 und CD Art. 8a; c. 381 § 1 CIC/1983.

[55] Die *lex universalis* kann der *lex particularis* nur derogieren, wenn sie dies ausdrücklich macht (c. 20 CIC). Diese Norm muß aus der kanonistischen Tradition so interpretiert werden, daß der gesamtkirchliche Gesetzgeber nur bei Vorliegen eines gerechten Grundes Partikularrecht aufheben kann. Zum Rang des Partikularrechtes s. *R. Puza,* Die Prüfung fehlerhafter Gesetze im Kirchenrecht, in: ÖAKR 26 (1975), S. 108ff.; *ders.,* Der neue Codex Iuris Canonici und das Diözesanrecht, in: ThQ 163 (1983), S. 59–61; *ders.,* Strömungen und Tendenzen im neuen Kirchenrecht, in: ThQ 163 (1983), S. 171f.

[56] S. dazu *Mosiek* Verf. I, S. 59ff. Das Subsidiaritätsprinzip wird in den Erläuterungen zum Schema IurPatr direkt angesprochen (Communicationes 8 [1977], S. 269).

Interpretationsmaxime, auch im Vermögensrecht, sein. Sie kehrt jetzt in c. 381 § 1 wieder.

3. Neben den kirchlichen Aufsichtsrechten gibt es in der Bundesrepublik Deutschland auch noch staatliche Aufsichtsrechte. Sie gehören in den Bereich des Staatskirchenrechts und hier kann nur darauf verwiesen werden[57].

§ 99 Die Rechtsgeschäfte über das Kirchenvermögen

Von Richard Puza

I. Grundsätzliche Fragen

Einen besonderen Bereich der Verwaltung des Kirchenvermögens stellt die *Vornahme von Rechtsgeschäften* dar. Zuständig sind die zur Außenvertretung vorgesehenen Organe. Sie sind dabei an die interne Willensbildung und an die erforderliche Genehmigung der Aufsichtsorgane gebunden. Grundsätzliche Fragen sind in diesem Zusammenhang die anzuwendenden Rechtsnormen (kirchliches oder staatliches Recht) und die bürgerlich-rechtliche Relevanz kirchlichen Vertragsrechts (vor allem der Genehmigungsrechte der Aufsichtsorgane).

Ist die Festlegung und Bestellung der Organe eigene (innere) Angelegenheit, so begibt sich die Kirche bei Rechtsgeschäften in den Bereich des staatlichen bürgerlichen Rechts. Die Teilnahme am allgemeinen Rechtsverkehr bedingt eine weitgehende Unterwerfung unter dessen Regeln[1]. Vorzug hat daher – auch nach kirchlichem Recht – das staatliche Recht. Nur so ist die Vorschrift des c. 1290 zu begreifen. Die Kirche schafft im Bereich des Vertragsrechts nur so weit eigenes Recht, als es um für sie unabdingbare Positionen geht. Die Anwendung des staatlichen Rechts hat dort ihre Grenzen, wo dieses dem *ius divinum* widerstreitet und wo das positive Kirchenrecht etwas anderes vorsieht[2]. Einen solchen Vorbehalt macht c. 1290 selbst, indem er auf c. 1547 verweist. Aus diesem Verweis ergibt sich, daß entgegen anderslautender staatlicher Normierung der Zeugenbe-

[57] S. die Zusammenstellung bei *Mörsdorf* Lb II, S. 536f. Für den Bereich des ehemaligen preußischen Rechtsgebietes s. *Wenner,* Kirchenvorstandsrecht (Anm. 49), S. 103ff. und *Emsbach,* Rechte und Pflichten (Anm. 1), S. 66f. Für die übrigen Bundesländer s. *Marx,* Kirchenvermögensrecht (Anm. 6), S. 141ff. Zur staatskirchenrechtlichen Problematik s. *Marx,* ebd., S. 127f.

[1] *S. Marx,* Kirchenvermögens- und Stiftungsrecht, in: HdbStKirchR II, S. 123ff.; *P. Mikat,* Kirchen und Religionsgemeinschaften, in: Die Grundrechte, Bd. IV/1, Berlin 1960, S. 187f.

[2] *Mörsdorf* Lb II, S. 525; *G. Vromant,* De bonis ecclesiae temporalibus, 3. Aufl., Brüssel-Paris 1953, S. 241ff.; *H. Schnizer,* Schuldrechtliche Verträge der katholischen Kirche in Österreich, Graz 1961, S. 141; *W. Schulz,* Zum Schutz des geistigen Eigentums im System des kanonischen Rechts, München 1973, S. 43ff. und 52ff. Schon das Schema IurPatr (c. 44) hatte c. 1529 sinngemäß übernommen.

weis immer zuzulassen ist. Für den Normadressaten von c. 1290, das jeweilige Organ, bedeutet das aber, daß es bei der Vornahme von Rechtsgeschäften das staatliche bürgerliche Recht anzuwenden hat. Daher schreiben auch die cc. 1284 § 2 n. 3 und 1286 n. 1 die Beachtung des kirchlichen und staatlichen Rechts als Organpflicht vor.

Die Rezeption des staatlichen Rechts ist mit den oben besprochenen Ausnahmen eine umfassende, d. h. daß insbesondere auch die Vertragstypen und Formvorschriften des staatlichen bürgerlichen Rechts von den kirchlichen Organen zu beachten sind[3].

Der vorletzte Halbsatz des c. 1290 muß aber auch als Anspruch der Kirche auf Beachtung des kirchlichen Vertragsrechts durch den Staat angesehen werden. Regelungsinstrumente zur Durchsetzung dieses Anspruches können das staatliche Recht selbst[4] und konkordatäre Vereinbarungen[5] sein. Kirchliches Vertragsrecht stellen im Titel *De contractibus ac praesertim de alienatione* die Vorschriften über die Veräußerung und die Dekrete der Bischofskonferenz nach c. 1297 über Miete und Pacht dar. Zu ergänzen sind einzelne Tatbestände der außerordentlichen Verwaltung, die auch im Außenverhältnis relevant werden können.

II. Die Schutzfunktion der kanonischen Veräußerungsbestimmungen

1. Veräußerungsverbot[6] bedeutet nicht Verbot der Veräußerung von Kirchengut. Durch die Regeln über die Veräußerung soll bei bestimmten Rechtsgeschäften eine verschärfte Kontrolle durch das Aufsichtsorgan stattfinden, indem der Gesetzgeber die Genehmigung für bestimmte Rechtsgeschäfte an eigens normierte Bedingungen knüpft. Das Aufsichtsorgan ist also bei Erteilung der Genehmigung nicht frei. Selbst die Aufgabe von Eigentum an Kirchengut ist aber bei Erfüllung dieser Bedingungen möglich.

Das Veräußerungsverbot hat ebenso wie die Vorschrift über die Beschränkung der Verfügungsgewalt der Organe überhaupt in erster Linie *Schutzfunktion*. Gegenstand des Schutzes ist das Kirchenvermögen im Hinblick auf seine besondere Zweckbindung. Hinzu kommt, als Konsequenz der Institutentheorie (c. 1256), der konkrete Schutz des Vermögensbestandes einer bestimmten, kirchli-

[3] *Schnizer*, Schuldrechtliche Verträge (Anm. 2), S. 141.

[4] Z. B. die Anerkennung des kanonischen Veräußerungsverbotes in der Bundesrepublik Deutschland dort, wo es Eingang in das jeweilige Staatskirchenrecht gefunden hat (z. B. §§ 21 Abs. 2 u. 27 KathKirchVermG). S. dazu *C. Heinrichsmeier*, Das kanonische Veräußerungsverbot im Recht der Bundesrepublik Deutschland, Amsterdam 1970, S. 130. In Österreich: Rezeption des kanonischen Vertragsrechts durch § 867 ABGB (s. dazu *Schnizer*, Schuldrechtliche Verträge [Anm. 2], S. 164 ff.).

[5] Vgl. für die Bundesrepublik Deutschland die in *diesem* Band, oben, *R. Puza*, § 98 Die Verwaltung des Kirchenvermögens, in Anm. 9 angegebenen Verträge; für Österreich: Art. XIII § 2 ÖK.

[6] S. *Mörsdorf* Lb II, S. 525 ff.; *Heinrichsmeier*, Veräußerungsverbot (Anm. 4); *Vromant*, De bonis (Anm. 2), S. 246 ff.; *J. Wenner*, Kirchliches Vermögensrecht, 3. Aufl., Paderborn 1940, S. 207 ff.; *Schnizer*, Schuldrechtliche Verträge (Anm. 2), S. 95 ff.

chen Zwecken dienenden juristischen Person. Nur das Aufsichtsorgan kann im gesetzlichen Rahmen Umverteilungen vornehmen.

2. Auch der CIC/1983 kennt zwei Arten der Veräußerung. Deren Abgrenzung bereitete schon bisher der Lehre einige Schwierigkeiten[7]. In beiden Fällen sind aber die vorgesehenen Rechtsförmlichkeiten (Bedingungen) und die Rechtswirkungen dieselben. Unter Veräußerung im engeren Sinn werden alle Rechtsgeschäfte verstanden, die zur Aufgabe von Eigentum führen[8], unter Veräußerung im weiteren Sinn (der CIC verwendet diesen Terminus nicht)[9] jedes Rechtsgeschäft, durch das eine kirchliche juristische Person vermögensmäßig schlechter gestellt ist oder sein könnte. C. 1291 des Kodex legt außerdem ausdrücklich fest, daß die Regeln über die Veräußerung 1. bei den *öffentlichen* juristischen Personen anzuwenden sind und 2. daß sie nur die Veräußerung von Stammvermögen *(patrimonum stabile)* betreffen. Nicht dazu gehören z. B. Güter, die zum Verbrauch bestimmt sind[10]. Bei privaten juristischen Personen sind die Regeln über die Veräußerung grundsätzlich nicht anzuwenden. Hier gibt es eigene Vorschriften über die Aufsicht durch den Bischof oder sonstigen Oberen (Errichtenden)[11]. So weit Vermögen kirchlichen Zwecken gewidmet ist, aber nicht einer kirchlichen *öffentlichen* juristischen Person, auch nicht als geldwertes Recht, zugeordnet werden kann (z. B. im Eigentum einer natürlichen Person steht) sind die Vorschriften über die Veräußerung ebenfalls nicht anwendbar. Die Schutzfunktion kann dann allerdings durch die Qualifizierung als *res sacra* übernommen werden[12].

3. Die Veräußerung kann nur bei Erfüllung bestimmter Bedingungen erlaubt bzw. gültig erfolgen. Zur Gültigkeit der Veräußerung ist nach c. 1291 die Genehmigung bzw. Erlaubnis *(licentia)* der kraft Rechtes zuständigen Autorität erforderlich. Wer zuständige Autorität ist, ergibt sich aus c. 1292 § 1. Dort ist zunächst – eigentlich in einem *obiter dictum* – davon die Rede, daß die Bischofskonferenz eine Mindest- und Höchstsumme (als Wertgrenzen) betreffend die Veräußerung festzulegen hat[13]. Wird die Untergrenze durch den Wert der Güter, die veräußert

[7] *Mörsdorf* Lb II, S. 525f.; *Heinrichsmeier,* Veräußerungsverbot (Anm. 4), S. 22f.; *Vromant,* De bonis (Anm. 2), S. 246f.; *Schnizer,* Schuldrechtliche Verträge (Anm. 2), S. 97ff.

[8] C. 1291.

[9] C. 1295.

[10] S. im einzelnen die Kataloge der unter das Veräußerungsverbot fallenden Güter und Rechtsgeschäfte bei *Mörsdorf* Lb II, S. 526; *Heinrichsmeier,* Veräußerungsverbot (Anm. 4), S. 22ff. und *Schnizer,* Schuldrechtliche Verträge (Anm. 2), S. 100f.

[11] C. 1257 § 2 mit c. 1291. C. 325 § 1 legt fest, daß die private Vereinigung ihre Güter gemäß der Statuten frei verwaltet. Die zuständige kirchliche Autorität hat ein Aufsichtsrecht hinsichtlich der zweckgebundenen Verwendung der Güter *(vigilantia).* Eine Analogie zum Veräußerungsverbot – bei Wahrung der Autonomie (cc. 305, 323 § 1) – bzw. eine ausdrückliche Übernahme der Vorschriften des CIC durch die Statuten ist m. E. dadurch nicht ausgeschlossen.

Das gilt auch für Schenkungen zu frommen Zwecken an eine solche Vereinigung (c.325 § 2).

[12] C. 1269.

[13] Die gemäß c. 6 § 2 vorgeschriebene „traditionelle Interpretation" scheint für die Notwendigkeit der päpstlichen Approbation des Beschlusses der Bischofskonferenz zu sprechen: MP PastMun I n. 32. Auch die Auffassung der Kodexreformkommission verlangt eine Approbation.

werden sollen, überschritten, so ist die zuständige Autorität grundsätzlich der Diözesanbischof. Dieser ist an den Konsens des Diözesanvermögensverwaltungsrates und des Konsultorenkollegiums sowie der Interessenten (Beteiligten) gebunden. Dies gilt auch dann, wenn Diözesanvermögen veräußert werden soll (c. 1292 § 1 letzter Satz).

Diejenigen, deren Rat oder Zustimmung bei der Veräußerung von Gütern eingeholt werden muß, sollen diesen nur geben, wenn sie genau über die wirtschaftliche Lage der juristischen Person, deren Güter veräußert werden sollen, und über die bereits erfolgten Veräußerungen im Bilde sind (c. 1292 § 4).

Handelt es sich um eine juristische Person, die nicht dem Diözesanbischof untersteht[14], so ist die zuständige Autorität durch die Statuten festzulegen. Sonderbestimmungen gelten außerdem im Ordensrecht (c. 638 § 3)[15].

Wird die von der Bischofskonferenz festgesetzte Obergrenze überschritten, oder handelt es sich um Gegenstände, die der Kirche aufgrund eines Gelübdes überlassen sind, oder um eine *res pretiosa artis vel historiae causa* so ist zur Gültigkeit der Veräußerung darüber hinaus, also neben der bischöflichen, auch die Genehmigung des Hl. Stuhls erforderlich (c. 1292 § 2). Ungültig wäre die Genehmigung, wenn die zu veräußernde Sache teilbar ist, und im Gesuch um die Bewilligung der Veräußerung bisher veräußerte Teile nicht angeführt sind (c. 1292 § 3).

Die im neuen Kodex genannte Untergrenze muß durch die Bischofskonferenz noch festgelegt werden. Die Obergrenze ist wohl identisch mit der bisher sogenannten „Romgrenze"[16]. Letztere beträgt heute in der Bundesrepublik Deutschland DM 1 000 000 für Veräußerungen, DM 2 000 000 für Belastungen[17]. In Österreich beträgt sie einheitlich S 5 000 000[18].

C. 1293 § 1 nennt die weiteren Bedingungen der Veräußerung. Sie sind Erlaubtheitsvoraussetzungen. 1. Es muß ein *gerechter Grund* vorliegen. Als gerechter Grund gelten beispielsweise *dringende Notwendigkeit* (urgens necessitas), offensichtlicher Nutzen (evidens utilitas), Frömmigkeit (pietas) und (neu) Caritas sowie jeder andere schwerwiegende Grund (gravis alia ratio pastoralis). 2. Es muß eine Schätzung der zu veräußernden Sache durch Sachverständige vorgenommen werden.

Darüber hinaus können zur Vermeidung von Schäden weitere Sicherheitsleistungen durch die zuständige Autorität vorgeschrieben werden. Die Sache darf nicht unter dem Schätzwert veräußert werden (c. 1294 § 1). Der Erlös ist entweder

[14] Gemeint sind hier die überdiözesanen juristischen Personen (Communicationes 12, [1980], S. 424), nicht die privaten juristischen Personen (s. dazu oben bei Anm. 11).

[15] C. 638 §§ 3 u. 4 ist lex specialis zu cc. 1290ff. Zur Veräußerung ist eine schriftliche Genehmigung des zuständigen (Ordens)Oberen erforderlich. Dieser muß den Konsens seines Rates einholen. Die Romgrenze wird durch den Hl. Stuhl festgesetzt. Das kann natürlich auch die jeweils durch die zuständige Bischofskonferenz festgelegte Obergrenze sein. Bei Klöstern eigenen Rechts und Instituten des Diözesanrechts ist darüber hinaus die schriftliche *Zustimmung* des Ortsordinarius erforderlich.

[16] Neu ist die Untergrenze.

[17] Auskunft des Sekretariats der DBK vom 13. 6. 1983. SC Cler v. 10. 12. 1979, Nr. 161735/III.

[18] Auskunft des Sekretariats der ÖBK vom 13. 6. 1983.

zugunsten der Kirche sicher anzulegen oder, gemäß dem Zweck der Veräußerung, mit entsprechender Umsicht zu verwenden (c. 1294 § 2).

4. Nicht mehr erscheinen im Titel über die Veräußerung – bis auf zwei Ausnahmen – die Sonderbestimmungen für bestimmte Rechtsgeschäfte, die früher in den cc. 1535–1543 des CIC/1917 angeführt waren[19]. Diese betrafen Schenkungen, den schon erwähnten Schutz der *res sacra*, die Schuldenaufnahme, den Tausch von Inhaberpapieren, den Verkauf von Kirchenvermögen durch Organe an deren Verwandte und Verschwägerte, Bestandsverträge, Emphyteuse (Erbpacht) und die Vergabe von Darlehen. C. 1297 bestimmt, daß es Aufgabe der Bischofskonferenzen ist, unter Beachtung der lokalen Umstände, Normen über die Vermietung und Verpachtung von Kirchengütern zu erlassen, Normen die insbesondere die Erlangung der Genehmigung der zuständigen Autorität betreffen. Trifft die Bischofskonferenz keine besonderen Regelungen, so wird man annehmen müssen, daß die allgemeinen Regeln über die Veräußerung gemäß c. 1295 anzuwenden sind. Nach c. 1298 ist eine spezielle Genehmigung *(licentia specialis)* – ausgenommen in Bagatellefällen – erforderlich, wenn Kirchengüter an die Verwalter oder deren nächste Verwandte und Verschwägerte bis zum 4. Grad veräußert oder in Bestand gegeben werden. Im Sinne der Grundtendenz des neuen Kirchenrechts, die vor allem im Vermögensrecht zum Tragen kommt, nämlich der Anwendung des Subsidiaritätsprinzips, wird man davon ausgehen können, daß ansonsten hinsichtlich der Sonderbestimmungen bestimmter Rechtsgeschäfte nunmehr ein Freiraum der Teilkirche besteht.

5. Außerdem wird man annehmen müssen, daß im Hinblick auf die Neuformulierung der bischöflichen Gewalt im II. Vatikanum und im CIC/1983 (z. B. cc. 381 § 1 u. 87) die Diözesanbischöfe vom Veräußerungsverbot dispensieren können[20].

Neu gefaßt wurde auch c. 1534 des CIC/1917. C. 1296 bestimmt jetzt, daß, wenn Kirchengüter ohne Einhaltung der erforderlichen Bedingungen veräußert worden sind, und die Veräußerung zivilrechtlich gültig ist, es Aufgabe der zuständigen kirchlichen Autorität ist, festzusetzen, ob und welche Klage von wem und gegen wen zur Wiederherstellung der Rechte der Kirche einzubringen ist.

III. Hinweise zum deutschen Partikularrecht

Die genehmigungspflichtigen Rechtsgeschäfte sind in der Bundesrepublik Deutschland weitgehend durch kirchliches Partikularrecht und auch staatliches Recht geregelt[21]. Es wird dabei zwischen Veräußerung, außerordentlicher Verwal-

[19] *Mörsdorf* Lb II, S. 530ff.; *Heinrichsmeier,* Veräußerungsverbot (Anm. 4), S. 42ff.; *Schnizer,* Schuldrechtliche Verträge (Anm. 2), S. 130ff.; *R. Puza,* Rechtsgeschäfte über das Kirchenvermögen, in: GrNKirchR, S. 739. Zum Teil kehren sie an anderen Stellen wieder. Z. B. c. 1269 *(res sacra)* und c. 1285 (Schenkungen durch Organe aus Kirchenvermögen).

[20] VatII CD Art. 8b. Zur vorkonziliaren Situation s. *Schnizer,* Schuldrechtliche Verträge (Anm. 2), S. 128ff.

[21] S. die Zusammenstellungen bei *Mörsdorf* Lb II, S. 538ff. und *Marx,* Kirchenvermögensrecht (Anm. 1), S. 133ff.

tung und sonstigen genehmigungspflichtigen Akten nicht unterschieden. Genehmigende Obere sind die Diözesanbischöfe bzw. die Ordinariate. Die für bestimmte Rechtsgeschäfte zusätzlich erforderliche staatliche Genehmigung wurde bereits bei der Besprechung der Aufsichtsorgane erwähnt[22].

Die Ablösung der staatlichen durch kirchliche Rechtsnormen läßt die Frage der zivilrechtlichen Relevanz kirchlicher Genehmigungsvorbehalte in den Vordergrund treten. Sie gehört in den Bereich des Staatskirchenrechts und kann hier nur kursorisch beantwortet werden. Die Kirche kann solche Genehmigungsvorbehalte mit Außenwirkung vorschreiben. Sie muß das allerdings im Wege der Satzung tun, die dann – wegen der Sicherheit des Rechtsverkehrs (Vertrauensschutz) – in einem staatlichen Publikationsorgan zu publizieren ist[23].

Im Geltungsbereich des preußischen katholischen Kirchenvermögensgesetzes haben die Diözesanbischöfe Geschäftsanweisungen erlassen[24]. Diese unterscheiden zwischen Innen- und Außengenehmigung[25]. Jene Tatbestände, die der Außengenehmigung bedürfen, müssen im Gesetzblatt publiziert werden[26]. Die Nichteinholung oder Verweigerung der Genehmigung hat die Ungültigkeit des Rechtsgeschäftes auch im staatlichen Bereich zur Folge. Die Verletzung der Pflicht zur Einholung der Innengenehmigung kann nur innerkirchliche Rechtsfolgen (z. B. Schadensersatzpflicht des Kirchenvorstandes) haben.

§ 100 Kunst- und Denkmalpflege

Von Alexander Hollerbach

Die Katholische Kirche ist seit alters ein lebendiger Hort der Pflege der Architektur und der bildenden Kunst[1]. Darin nimmt sie ein Stück Verantwortung für menschliche Kultur wahr, sofern diese sich in den Dienst der Verherrlichung Gottes und der Erbauung des Menschen stellt. Im Hinblick darauf kann die Kirche auch rechtliche Normen erlassen. Schutz und Pflege der Kultur sind andererseits

[22] Vgl. hierzu in *diesem* Band, oben, *R. Puza*, § 98 Die Verwaltung des Kirchenvermögens, III 3 mit Anm. 59.

[23] *Marx*, Kirchenvermögensrecht (Anm. 1), S. 125ff., 129f. und die dort zitierte Literatur.

[24] § 21 KathKirchVermG; *J. Wenner*, Kirchenvorstandsrecht, Paderborn 1954, S. 109ff.; *H. Emsbach*, Rechte und Pflichten des Kirchenvorstandes, Köln 1975, S. 72ff.

[25] S. z. B. Geschäftsanweisung für die Verwaltung des Vermögens in den Kirchengemeinden und Gemeindeverbänden der Erzdiözese Köln (gilt auch im Bistum Essen), Art. 7 u. 8 (abgedr. in der Beilage S. 11ff. zu *Emsbach*, Rechte und Pflichten [Anm. 24]; *Emsbach*, ebd., S. 72ff.; *Mörsdorf* Lb II, S. 538.

[26] § 21 Ziff. 2 KathKirchVermG. Diese Publikation erfolgte mit der „Anordnung betreffend die Veröffentlichung der Regelung der Rechtsgültigkeit der Beschlüsse der kirchlichen Verwaltungsorgane durch die Bischöflichen Behörden" vom 20. 2. 1928 (Preuß. GS S. 12).

[1] Der Begriff „Kunstpflege" umfaßt eigentlich auch die *Kirchenmusik*; die systematische Einordnung des § 100 spricht indes gegen deren Behandlung hier. Immerhin sei festgehalten, daß im CIC/1983 weder eine Entsprechung zu c. 1264 CIC/1917 noch eine sonstige Norm

auch Aufgaben des Staates, insoweit dieser sich als „Kulturstaat" versteht[2]. Deshalb hat das Thema „Kunst- und Denkmalpflege" notwendigerweise auch eine bedeutsame staatskirchenrechtliche Dimension[3].

I. Bestimmungen des Kirchenrechts

1. Im CIC/1983 hat der Sachbereich „Kunst- und Denkmalpflege" zwar keinen eigenen systematischen Ort und ist nicht durch eine allgemeine Grundsatznorm abgedeckt, aber aus mehreren Einzelvorschriften ist klar ersichtlich, daß die Kirche sich ihrer hohen Verantwortung für das „patrimonium historicum-artisticum" bewußt ist, ja daß sie bestrebt ist, die Kunst zu fördern und den Schutz wertvoller Gegenstände zu verstärken[4].

Was zunächst den *Kirchenbau*[5] anlangt, so schreibt c. 1216 (in sachlicher Übereinstimmung mit c. 1164 § 1 CIC/1917)[6] vor, daß beim Bau oder der Restauration von Kirchen der Rat von Sachverständigen eingeholt und die Grundsätze und Normen der Liturgie sowohl als auch der Sakralkunst beachtet werden müssen. Neu ist die Bestimmung (c. 1120 § 2), daß zum Schutz sakraler und wertvoller Gegenstände die für deren Erhaltung notwendige Sorgfalt und geeignete Mittel der Sicherung angewendet werden müssen. Auf dieser Linie liegt auch c. 1234 § 2[7]: Danach müssen in den Heiligtümern und dazugehörigen Stätten – ein überhaupt

über Kirchenmusik enthalten ist. Allenfalls die Erwähnung des Kantors unter den auch Laien offenstehenden Diensten (c. 1230 § 2) erinnert an diese Kunstform. Maßgebend ist mithin das extrakodikarische ius liturgicum. In dieser Richtung vgl. Art. 112–121 VatII SC und die Instr. De musica in sacra liturgia vom 5. März 1967 (Text in NKD 1), auch Sb Gottesdienst Nr. 6.2.; Dokumente zur Kirchenmusik, unter besonderer Berücksichtigung des deutschen Sprachgebiets, hrsg. von *H. B. Meyer* und *R. Pacik*, Regensburg 1981. Staatskirchenrechtlich relevant ist die Frage der kirchenmusikalischen Ausbildung, sofern an staatlichen Hochschulen Einrichtungen dafür bestehen. Die jeweilige Rechtsordnung ist auch maßgebend für die urheberrechtliche Seite; vgl. dazu die bemerkenswerte Kirchenmusik-Entscheidung des Bundesverfassungsgerichts vom 25. Oktober 1978, in: BVerfGE 49, S. 382 und dazu *A. Hollerbach*, Das Staatskirchenrecht in der Rechtsprechung des Bundesverfassungsgerichts (II), in: AöR 106 (1981), S. 271 f.

2 Grundlegend dazu: *E. R. Huber*, Zur Problematik des Kulturstaats (= Recht und Staat, 212), Tübingen 1958, ferner *P. Häberle* (Hrsg.), Kulturstaatlichkeit und Kulturverfassungsrecht (= Wege der Forschung, 138) Darmstadt 1982. Zur Verantwortung des Staates für den Bereich der „Bildenden Künste" und ihrer systematischen Einordnung vgl. *Th. Oppermann*, Kulturverwaltungsrecht, Tübingen 1969, S. 457–471.

3 Grundlegend dazu: *M. Heckel*, Staat – Kirche – Kunst. Rechtsfragen kirchlicher Kulturdenkmäler, Tübingen 1968. Die staatskirchenrechtlichen Regelungen im einzelnen sind dargestellt bei *A. Albrecht*, Kirchliche Denkmalpflege, in: HdbStKirchR II, S. 205–225. Vgl. ferner *B. Keihl*, Das staatliche Recht der Res Sacrae, Köln 1977, neuestens auch *W. Eberl*, Mitwirkung der Kirchen und Gemeinden beim Schutz von Baudenkmälern, in: DÖV 1983, S. 455–460.

4 Diese Zielrichtung ist auch schon deutlich in dem Rundschreiben der SC Cler vom 11. April 1971 über die Obsorge für die historischen und künstlerischen Werte in der Kirche, in: AAS 63 (1971) S. 315–317; abgedr. bei *Ochoa* IV, Sp. 5989 f. und in: AfkKR 140 (1971), S. 173–175.

5 Vgl. dazu *H. Schwendenwein*, Das neue Kirchenrecht, Graz 1983, S. 420 f.

6 Dazu *Mörsdorf* Lb II, S. 311.

7 Vgl. *Schwendenwein*, Das neue Kirchenrecht (Anm. 5), S. 422.

neu geregelter Komplex – Weihegaben der Volkskunst und Dokumente der Frömmigkeit deutlich sichtbar gezeigt und sicher aufbewahrt werden. Es gehört weiter in diesen Zusammenhang, daß der CIC/1983 – insoweit durchaus in sachlicher Übereinstimmung mit seinem Vorgänger[8] – Bestimmungen über den Schutz von Bildern und Reliquien trifft[9]. So dürfen aufgrund ihres Alters, ihrer künstlerischen Qualität oder der Verehrung, die sie genießen, besonders wertvolle Bilder nur mit schriftlicher Erlaubnis des Ordinarius, der überdies den Rat von Sachverständigen einzuholen hat, restauriert werden (c. 1189). Ferner besteht für besonders bedeutsame Reliquien und solche, die beim Volk große Verehrung genießen, sowie für Bilder, für welche diese Voraussetzung ebenfalls zutrifft, ein grundsätzliches Veräußerungs- und Translationsverbot; lediglich der Hl. Stuhl kann eine Sondererlaubnis geben (c. 1190 §§ 2 und 3).

Der Grundgedanke des treuhänderischen Schutzes wertvollen Kulturguts ist schließlich auch in einigen Normen des Vermögensrechts aufgenommen[10]. Da ist die aus dem früheren Recht[11] überkommene Vorschrift über die Verjährung bzw. Ersitzung bei wertvollen beweglichen Sachen (c. 1270), sodann die Bestimmung, daß die Vermögensverwalter vor dem Amtsantritt unter anderem ein genaues Inventar über bewegliche Gegenstände anlegen, die wertvoll sind oder sonstwie zum „Kulturgut" gehören (c. 1283 n. 2). Des weiteren bedarf es zur Veräußerung von Gegenständen, die wegen ihrer künstlerischen Qualität oder aus Gründen der Geschichte wertvoll sind, außer der Zustimmung des Ordinarius der Erlaubnis des Hl. Stuhles (c. 1292 § 2).

2. Neben den Vorschriften des Kodex sind auf dem Weg über c. 2 Bestimmungen des liturgischen Rechts zu berücksichtigen. Grundsatzaussagen und -normierungen hierfür enthalten insbesondere Art. 122–130 VatII SC[12], wozu in einer Instruktion Ausführungsbestimmungen erlassen worden sind[13]. In der Konzilskonstitution bekennt sich der kirchliche Gesetzgeber zu seiner Verantwortung für die kirchliche Kunst als einem Element im Vollzug der Liturgie. Er empfiehlt deshalb, mit Künstlern Kontakt zu pflegen und, wenn es angezeigt ist, Einrichtungen für die Heranbildung von Künstlern zu gründen (Art. 127). Den Klerikern soll während ihrer Studien eine Unterrichtung über Geschichte und Grundsätze der sakralen Kunst zuteil werden (Art. 129). In diesem Zusammenhang wird ausdrücklich der Aufgabe gedacht, die ehrwürdigen Denkmäler der Kirche hochzu-

[8] Dazu *Mörsdorf* Lb II, S. 380–383.

[9] Vgl. *Schwendenwein,* Das neue Kirchenrecht (Anm. 5), S. 415f.; vgl. dazu in *diesem* Band, oben, *H. Maritz,* § 92 Die Heiligen-, Bilder- und Reliquienverehrung.

[10] Bei *Schwendenwein,* Das neue Kirchenrecht (Anm. 5), vgl. dazu S. 432, 436 und 439.

[11] Zu den vergleichbaren Normen des CIC 1917 vgl. *Mörsdorf* Lb II, S. 509f., 521f., 525–530.

[12] Vgl. dazu den Kommentar von *J. A. Jungmann,* in: LThK²-Konzilskommentar I, S. 101–107.

[13] Vgl. dazu die Zusammenfassung der nachkonziliaren Normen in der Institutio Generalis Missalis Romani (Allg. Einführung in das Römische Meßbuch; diesem vorangestellt), Nr. 253–280, 287–312; abgedr. in: NKD 19, 2. Aufl.; ferner bei *R. Kaczynski* (Hrsg.), Enchiridion Documentorum Instaurationis Liturgicae, Bd. I (1963–1973), Turin 1976, Rdnr. 1648–1675, 1682–1707.

schätzen und zu bewahren. In jedem Bistum soll eine Kommission für sakrale Kunst eingerichtet werden (Art. 46, 126), die bei der Beurteilung von Kunstwerken zur Mitwirkung berufen ist. Inhaltliche Richtlinien ergeben sich insbesondere aus Art. 124: Danach sollen die Ordinarien (1.) bei der Förderung und Pflege sakraler Kunst „mehr auf edle Schönheit bedacht sein als auf bloßen Aufwand". Die Bischöfe haben (2.) darauf hinzuwirken, daß solche Werke keinen Eingang in Kirchen und andere sakrale Orte finden, „die dem Glauben, den Sitten und der christlichen Frömmigkeit widersprechen und die das echt religiöse Empfinden verletzen, sei es, weil die Formen verunstaltet sind oder weil die Werke künstlerisch ungenügend, allzu mittelmäßig oder kitschig sind". Insoweit nimmt also die Kirche nach wie vor ein Schiedsrichteramt für sich in Anspruch (vgl. Art. 122). In bezug auf den Kirchenbau ist schließlich (3.) sorgfältig darauf zu achten, daß die Gotteshäuser „für die liturgischen Feiern und für die tätige Teilnahme der Gläubigen geeignet sind".

3. Aus dem partikularrechtlichen Bereich verdient Erwähnung, daß die Gemeinsame Synode der Bistümer in der Bundesrepublik Deutschland zu Fragen des Kirchenbaus im Rahmen des Beschlusses über den „Gottesdienst" kurz Stellung genommen hat (Nr. 6.3)[14]. Dabei wird für Einzelfragen der Raumgestaltung auf Bestimmungen der allgemeinen Einführung in das Römische Meßbuch verwiesen. Für den Gesamtkomplex sind bedeutsam die unter dem Titel „Kirche und Kunst in der Gegenwart" erarbeiteten „Anmerkungen und Empfehlungen" der Bischöflichen Kommission für Fragen der Wissenschaft und Kultur der Deutschen Bischofskonferenz vom 12. Mai 1979[15].

II. Bestimmungen des Staatskirchenrechts

In der Bundesrepublik Deutschland[16] bildet eine entscheidende Grundlage für den Gesamtkomplex die Gewährleistung der *Kunstfreiheit* (Art. 5 Abs. 3 GG)[17], die selbstverständlich auch die sakrale Kunst umfaßt. Für die von der Verfassung gebotene Zuordnung von kirchlicher und staatlicher Kulturverantwortung im Bereich der *Denkmalpflege* sind sodann drei Grundnormen maßgebend, nämlich das Grundrecht der freien Religionsausübung (Art. 4 Abs. 2 GG), die Gewährleistung des kirchlichen Selbstbestimmungsrechts innerhalb der Schranken des für alle geltenden Gesetzes (Art. 140 GG i. V. m. Art. 137 Abs. 3 WRV) sowie das Säkularisationsverbot des Art. 140 GG i. V. m. Art. 138 Abs. 2 WRV[18]. Im einzel-

[14] Offizielle Gesamtausgabe I, S. 221f.

[15] Text in: PfBl. 53 (1980), S. 14–20.

[16] Für *Österreich* vgl. die Hinweise bei *I. Gampl*, Österreichisches Staatskirchenrecht, Wien-New York 1971, S. 188f.

[17] Grundlegende Arbeiten dazu: *W. Knies*, Schranken der Kunstfreiheit als verfassungsrechtliches Problem, München 1967; *F. Müller*, Freiheit der Kunst als Problem der Grundrechtsdogmatik, Berlin 1969; *F. Hufen*, Die Freiheit der Kunst in staatlichen Institutionen, Baden-Baden 1982.

[18] Zu den genannten Grundsatznormen vgl. im HdbStKirchR die entsprechenden Beiträge von *J. Listl* (I, S. 363–406), *K. Hesse* (I, S. 409–444) und *S. Marx* (II, S. 117–160).

nen sind, zum Teil im Rahmen einer vertraglichen Grundsatzvereinbarung[19], durch staatliches Gesetz[20] Regelungen getroffen, die zwischen den Extremen völliger Staatsregie einerseits, totaler Exemtion der kirchlichen Denkmalpflege andererseits, differenzierende Lösungen zu verwirklichen suchen, wie das auch verfassungsrechtlich geboten ist. Beispielshalber sei die Rechtslage nach dem baden-württembergischen Denkmalschutzgesetz vom 25. Mai 1971 (GBl. S. 209) wiedergegeben, wie sie sich aus dessen § 11 ergibt. Danach ist zunächst der allgemeine Grundsatz normiert, daß die staatlichen Denkmalschutzbehörden bei Kulturdenkmalen, die dem Gottesdienst dienen, die – kirchenamtlich festzustellenden – gottesdienstlichen Belange vorrangig zu beachten haben; außerdem dürfen Maßnahmen nur im Benehmen mit den Kirchen getroffen werden (Abs. 1). Für die dem Kultus gewidmeten *kircheneigenen* Kulturdenkmale ist sodann weitergehend bestimmt, daß dafür das übliche denkmalschutzrechtliche Instrumentarium und damit die Dispositionsgewalt des Staates überhaupt nicht zum Zuge kommen, aber nur soweit die Kirchen im Einvernehmen mit der obersten Denkmalschutzbehörde eigene Vorschriften zum Schutze dieser Kulturdenkmale erlassen. Andererseits sind die Kirchen verpflichtet, vor der Durchführung von Maßnahmen das Landesdenkmalamt zu hören und im Konfliktfall nur auf oberster Ebene im Benehmen mit dem Staat zu entscheiden (Abs. 2). Nicht zuletzt ist die förmliche Enteignung für Kulturdenkmäler im Eigentum der Kirche ausdrücklich ausgeschlossen (Abs. 3). Aus Regelungen solcher Art, welche die Freiheit und Eigenverantwortung der Kirche weitestgehend respektieren, erwächst die Aufgabe, auf partikularrechtlicher Ebene das kirchliche Denkmalschutzrecht sachgerecht fortzuentwickeln[21]. Das ist umsomehr erforderlich, als im Rahmen der allgemeinen staatlichen Vorschriften selbstverständlich auch die Kirchen für Zwecke des Denkmalschutzes an finanziellen Zuwendungen aus dem Staatsbudget teilhaben[22].

[19] Vgl. Art. V Vertrag des Landes Hessen mit den katholischen Bistümern in Hessen vom 9. März 1963 (u. a. abgedruckt bei *W. Weber*, Die deutschen Konkordate und Kirchenverträge der Gegenwart, Bd. 2, Göttingen 1971, S. 63); § 13 Anlage zum Niedersächsischen Konkordat vom 26. Februar 1965 (*Weber*, ebd., S. 85); Abschnitt VIII der Berliner Vereinbarung mit der Katholischen Kirche vom 2. Juli 1970 (*Weber*, ebd., S. 55).

[20] Nach der Kompetenzverteilung handelt es sich fast ausnahmslos um *landesrechtliche* Vorschriften; vgl. im einzelnen dazu die kritischen Übersichten bei *Albrecht*, Kirchliche Denkmalpflege (Anm. 3), S. 217–225, und bei *Eberl*, Mitwirkung der Kirchen (Anm. 3), S. 455 f. Aus dem *Bundesrecht* ist einschlägig § 19 Gesetz zum Schutze deutschen Kulturgutes gegen Abwanderung in das Ausland vom 6. August 1955 (BGBl. I, S. 501), wo der Linie eines subsidiären Schutzes durch den Staat gefolgt wird.

[21] Dem dürfte der bloße Hinweis auf kirchliche Bauvorschriften, die einen einfachen Genehmigungsvorbehalt statuieren, schwerlich genügen. Vgl. etwa den Vorspann zur Publikation des baden-württembergischen Denkmalschutzgesetzes, in: ABl. Freiburg 1972, S. 31 mit dem Verweis auf die Verordnung über das kirchliche Bauwesen in der Erzdiözese Freiburg, ebd., 1958, S. 337.

[22] Vgl. dazu *J. Isensee*, Staatsleistungen an Kirchen und Religionsgemeinschaften, in: HdbStKirchR II, S. 88–90.

Fünfter Teil

Kirchenstrafen

§ 101 Grundfragen des kirchlichen Strafrechts

Von Richard A. Strigl

I. Kirchliche Heilsgemeinschaft und menschliches Versagen

Die frühe Kirche betrachtete sich als das vor Jahwe versammelte neue Volk Israel mit dem Anspruch, auf Grund des Messiasglaubens und der Parusieerwartung, im Gegensatz zum Bundesvolk des Alten Testaments, das wahre Volk Gottes zu sein. Taufe und Geistempfang machten sie zur Gemeinde der Heiligen. Das Verbindende war nicht mehr eine Gemeinsamkeit der biologischen oder geschichtlichen Abstammung von *Abraham*, sondern die Geburt aus Gott. Bald zeigte sich freilich, daß auch diese Gemeinde der Heiligen hineingestellt war in das Spannungsfeld zwischen Ideal und Wirklichkeit, zwischen Anspruch und Erfüllung.

Es mußte für die Kirche ein ernstes Problem werden, als sich in ihren Reihen schweres sittliches Versagen zeigte. Wollte die Kirche ihrem Selbstverständnis treu bleiben, mußte sie gegen Verletzungen ihrer wesensgemäßen Ordnung etwas unternehmen. Es konnte sich dabei nicht einfach um eine Disziplinierung handeln, wie sie in jeder natürlichen Gemeinschaft zur Aufrechterhaltung ihres inneren und äußeren Gefüges notwendig ist, sondern es ging um die autoritative Sicherung der auf göttlichem Willen beruhenden Heilsgestalt dieser Kirche. *Paulus* ist mit dem ganzen Gewicht seiner Autorität strafend gegen Übeltäter vorgegangen und hat dasselbe auch seinen Schülern aufgetragen[1]. Da sich eine solche Strafverhängung von Anfang an in bestimmten Formen vollzog, ist ihr rechtlicher Charakter unverkennbar. Grobe sittliche Verfehlungen von Gemeindegliedern wurden nicht als Störung des privaten Verhältnisses einzelner zu ihrem Gott individualisiert, sondern sie galten als Beschmutzung des reinen Bildes der Kirche und wurden daher einem Urteilsspruch vor der Gemeindeöffentlichkeit unterworfen. Es zeigt sich hier bereits eine für die Kirche charakteristisch gebliebene Denkweise, daß nämlich schweres sittliches Versagen nicht nur das Gewissen des Sünders belastet, sondern immer auch die Gemeinde Jesu Christi trifft, wie umgekehrt ein schwerer Verstoß gegen die Ordnung der kirchlichen Heilsgemeinschaft immer auch den Rechtsbrecher vor seinem Gewissen schuldig werden läßt[2].

Die einschneidendste Maßnahme zur Ahndung schwerer Fehltritte war die Ausstoßung eines Kirchengliedes. Eine solche Absonderung des sündigen Gliedes von der Gemeinschaft stellt das Seelenheil des Betroffenen in Frage. Der aus der Kirchengemeinschaft Ausgestoßene ist abgeschnitten von dem Strom des göttlichen Lebens, was sich am sinnfälligsten zeigt im Versagen der Teilnahme am

[1] Siehe 1 Kor 4,21; 5,1–13; 2 Kor 13,10; Tim 1,20; 5,20f.; Tit 2,15.
[2] *K. Mörsdorf*, Der Rechtscharakter der iurisdictio fori interni, in: MThZ 8 (1957), S. 172.

Herrenmahl. Eine derartige Ausschließung ist aber niemals endgültig gemeint, so daß eine Wiederaufnahme für immer ausgeschlossen wäre. Vielmehr kann der Sünder, sofern er nur bereit ist zu Sühne und Besserung, von neuem in die heilsvermittelnde Gemeinschaft zurückkehren[3]. Ob ein Ausgestoßener den helfenden Aspekt der ihm auferlegten Strafe erkennt und nutzt, hängt von ihm selber ab. Die Kirche kann für ihn beten, aber sie kann einen hartnäckig Verstockten nicht mit äußeren Mitteln zwingen, dem Sinn und Zweck der Strafmaßnahme zu entsprechen.

Die Kirche ist als Heilsgemeinschaft von ihrem göttlichen Stifter gewollt, weshalb die Anerkennung ihrer Autorität durch den Einzelnen nichts hinzufügt, ihre Ablehnung nichts hinwegnimmt. Ihre heilsvermittelnde Funktion besteht darin, daß sie jedes subjektive Heilsstreben mit den ihr verfügbaren Mitteln objektiv effizient macht und institutionell sichert. Die stiftungsmäßigen Grundlagen der Kirche, zu denen auch die Strafgewalt gehört, sind unbestreitbar. Ist diese am Anfang auch nur rudimentär in Erscheinung getreten, so läßt sie doch für kommende Entwicklungen offene Ansätze erkennen[4]. Wenn manche strafrechtliche Ausformung im Lauf der Geschichte verschiedentlich weit neben die ursprüngliche Zielrichtung der Kirchenstrafe geriet, so mag das vielleicht anstößig sein, keinesfalls aber ist es bei einer großen religiösen Bewegung, deren Erscheinungsbild immer von zeitgebundenen Menschen geprägt wird, unverständlich.

II. Sühne und Besserung als Sinn kirchlichen Strafens

Jede Strafe, die von einer mit Zwangsgewalt ausgestatteten Autorität festgesetzt wird, ist ihrem Wesen nach Vergeltung für eine Übeltat. Wie immer es ein Bestrafter auffassen mag, von der objektiven Naturordnung her gesehen ist Strafleiden eine Sühne[5]. Kirchenstrafe ist also keineswegs nur eine dem Übeltäter gebotene Handreichung, sozusagen eine lediglich in juristische Formen gekleidete geistliche Wohltat, um ihm zu helfen, das durch sein sündhaftes Verhalten gestörte Verhältnis zu Gott wieder in Ordnung zu bringen. Wegen der natürlich-übernatürlichen Grundstruktur der Kirche kann jedoch ihr Strafrecht kein reines Vergeltungsstrafrecht sein. Die Kirche weiß sich in all ihrem Tun dem Heil der Seelen verpflichtet. Deshalb darf sie auch in ihrem Strafrecht den Gedanken einer Besserung des Straffälligen nie außer acht lassen[6].

Der Vergeltungszweck ist jeder Strafe immanent (punitur, quia peccatum est), aber ihr Sinn erschöpft sich nicht in der Rache. Strafe hat als integrierenden

[3] Siehe 2 Kor 2,5–11; 2 Thess 3,6–15.

[4] Zu den biblischen Grundlagen der kirchlichen Strafgewalt und ihren Ausgestaltungen in der frühen Kirche siehe *R. A. Strigl*, Grundfragen des kirchlichen Strafrechts, in: GrNKirchR, S. 745–747.

[5] *Chr. Mayerhofer*, Die katholische Ansicht vom Wesen des Strafrechts, in: ThPQ 110 (1962), S. 30.

[6] *B. Löbmann*, Die Reform der Struktur des kirchlichen Strafrechts, in: Festg. Scheuermann, S. 707–725 (724).

Bestandteil immer auch eine heilspädagogische Intention (punitur, ne peccetur). Durch Bestrafung soll nicht nur für ein Vergehen gebüßt werden als Ausgleich des begangenen Unrechts und zur Wiederherstellung der verletzten Gemeinschaftsordnung (innerer Strafzweck), sondern es soll damit auch eine abschreckende Wirkung erzielt und ein Ansporn zum Wohlverhalten gegeben werden (äußerer Strafzweck)[7]. Diese Zwecksetzung der Strafe, zukünftigen Fehltritten und sträflichen Neigungen vorzubeugen, zielt nicht nur auf den konkret Bestraften (Spezialprävention), sondern auch allgemein auf potentielle Delinquenten (Generalprävention).

Der innere Zusammenhang von kirchlicher Strafe und kirchlichem Heilsauftrag läßt sich nicht dadurch widerlegen, daß auf den keineswegs sicheren oder durchschlagenden Erfolg einer Strafe hingewiesen und argumentiert wird, Strafe sei immer Anwendung eines äußeren Zwangsmittels und daher ungeeignet zur Erzielung einer inneren Änderung des Menschen. Allenfalls vermöge sie ein äußerliches Verhalten herbeizuführen, das zu keiner Beanstandung Anlaß gebe[8]. Grundidee einer Anwendung der kirchlichen Strafgewalt ist, damit an die sittliche Verantwortlichkeit eines Menschen zu appellieren. In der Tat erreicht eine Kirchenstrafe ihren Vollsinn nicht, wenn sie nur nach außen ein Sich-beugen unter den Zwang auslöst und nicht auch als Gewissensanruf verstanden wird. Es wird immer von dem tatsächlich vorhandenen oder nicht vorhandenen Kirchenbewußtsein eines Schuldigen abhängen, ob er die Strafe in ihrem umfassenden Sinngehalt annimmt oder ob sie an ihm abprallt. Auch wenn das wünschenswerte Verständnis ausbleibt, beweist das nichts gegen eine grundsätzliche Eignung von Strafmaßnahmen als Mittel zur Herbeiführung erzieherisch positiver Wirkungen. Erfolg oder Mißerfolg können nicht als maßgebliche Kriterien für die Richtigkeit einer strafrechtlichen Konzeption gelten[9]. Aus ihnen läßt sich lediglich ablesen, welche Resonanz ein kirchlicher Strafanspruch in der Öffentlichkeit findet.

III. Kirchliche Strafgewalt im Staat

Seitdem die Kirche im römischen Staat rechtliche Anerkennung gefunden hat, stellte sich immer wieder die Frage des Zusammenspiels von staatlicher und kirchlicher Gewalt. Das Verhältnis der beiden Gewalten zueinander war im Laufe der Geschichte größten Schwankungen unterworfen, engste Zusammenarbeit und schärfste Gegensätzlichkeit wechselten sich ab. Es ist verständlich, daß in gespannten Phasen gerade auch die kirchliche Strafgewalt sich heftigen Widerständen gegenüber sah, da ihre Betätigung vornehmlich geeignet ist, in Konflikt mit einem selbstbewußten Staat zu geraten. In der Gegenwart bemüht sich die Kirche, ihr Strafrecht, das lange Zeit ein Schattendasein im inneren Bereich des

[7] *H. Wulf*, Sinn und Zweck der Strafe in der Gesellschaft, in: StdZ 170 (1961/62), S. 8.
[8] So *Hinschius* V, S. 129f.
[9] Siehe *A. Scheuermann*, Erwägungen zur kirchlichen Strafrechtsreform, in: AfkKR 131 (1962), S. 397–403.

Beichtstuhls geführt hat, wieder zu einer Angelegenheit des äußeren Bereiches zu machen, ohne daß freilich Reflexwirkungen der Kirchenstrafe auf die staatsbürgerliche Stellung des von der Strafe betroffenen Kirchengliedes beabsichtigt wären. In Anbetracht dieser Entwicklung bedarf die Frage nach Eigenständigkeit und Effizienz einer kirchlichen Strafgewalt im modernen Staat neuer Überlegungen.

Die Aufgabe des Staates, das zeitliche Wohl seiner Bürger zu schützen und zu fördern, schließt auch die Verfolgung von Rechtsbrechern ein. Staatliche Bestrafung bedeutet eine Auferlegung von Nachteilen durch Entzug wichtiger zeitlicher Güter oder Beschränkung von Rechten. Nach dem Zweiten Weltkrieg ist ein lebendiger Gedankenaustausch über die Sinnhaftigkeit staatlichen Strafens in Gang gekommen. Dualismen wie Rechtsgefühl und Rechtsbewußtsein, rechtspolitische Loyalität und sittliche Gemeinüberzeugung sind Gegenstand der Diskussion geworden. Es zeigte sich, daß bei Strafrechtsreformen mit Behutsamkeit vorgegangen und auf tiefangelegte Wertvorstellungen über Gut und Böse, Lohn und Strafe Rücksicht genommen werden muß, wenn der Rechtssicherheit ebenso wie dem Bedürfnis nach Gerechtigkeit Genüge getan werden soll. Unverkennbar ist, daß auch im profanrechtlichen Bereich die Vorstellungen nicht bei einem reinen Vergeltungsstrafrecht stehen geblieben sind[10], sondern die Idee eines Besserungsstrafrechts an Raum gewinnt[11].

Die Kirche ist von ihrem eingestifteten Wesen her gehalten, das geistliche Wohl ihrer Glieder aufzubauen und gegen Bedrohung abzuschirmen. Mit dem Strafschwert geht die kirchliche Autorität gegen jene Glieder vor, die durch Fehlverhalten ihr eigenes Heil in Gefahr bringen oder durch Ärgernis und schlechtes Beispiel die Grundlagen der sittlichen Gemeinschaftsordnung untergraben. Mit der Auferlegung einer Kirchenstrafe soll und kann natürlich dem göttlichen Strafurteil nicht vorgegriffen werden, durch das erst ein endgültiger Ausgleich zwischen Schuld und Sühne herbeigeführt werden wird. Die streitende Kirche auf Erden würde jedoch ihrer Sendung nicht gerecht, wollte sie darauf verzichten, heilsame Strafen als remedia necessaria zur Abwehr von Störungen ihres Auftragsvollzuges anzudrohen und einzusetzen. Entsprechend dem geistlichen Charakter der kirchlichen Strafgewalt stehen dabei *Beschränkung oder Entzug geistlicher Güter* im Vordergrund. Wenn es um Wiedergutmachung oder Schadensersatz geht, können auch zeitliche Güter zum Strafinhalt gehören.

Die Rechtfertigung eines Einsatzes von Strafmitteln im kirchlichen Bereich kann nicht aus pragmatisch-utilitaristischen Erwägungen gewonnen werden[12], sondern allein aus dem Wesen und der Zielsetzung der Kirche. Nur wenn das kirchliche Strafrecht als Bestandteil des geistlichen Wirkens der Kirche einsichtig

[10] Aufschlußreich dazu *H. H. Jeschek*, Das Menschenbild unserer Zeit und die Strafrechtsreform, Tübingen 1957, S. 13.

[11] *B. Freudenfeld* (Hrsg.), Schuld und Sühne, 13 Vorträge über den deutschen Strafprozeß, München 1960, Vorwort.

[12] Vgl. etwa *H. Schauf*, Einführung in das kirchliche Strafrecht, Aachen 1952, S. 7.

gemacht wird[13], kann mit einem Verständnis auf seiten des Staates und seiner Bereitschaft, die praktische Anwendung nicht zu behindern, gerechnet werden. Unsere Gegenwartsverhältnisse lassen es nicht mehr sinnvoll erscheinen, an dem früher gerne erhobenen Anspruch auf Gewährung des weltlichen Armes zur Sicherung der kirchlichen Gemeinschaftsordnung noch festzuhalten[14]. Es kann heute nur darum gehen, ein der Eigenständigkeit der Kirche gemäßes Strafrechtssystem so zu handhaben, daß es aus sich selber funktionsfähig ist und nicht des im Hintergrund bereitstehenden Staates bedarf. Die Kirche wird danach trachten, keine Konflikte daraus entstehen zu lassen, daß kirchliche Strafwirkungen mit staatlichen Gesetzen, die dem Bürger den Schutz seiner Person gewährleisten, nicht vereinbar sind.

Da die kirchenpolitischen Verhältnisse nicht in jedem Land gleich sind und sich auch innerhalb eines Landes ändern können, ist es zweckdienlich, daß Straftatbestände lediglich teilkirchlicher Bedeutung von den örtlichen Oberhirten festgelegt werden können (vgl. cc. 1315 § 3, 1316–1320). Auf diese Weise wird einer eventuellen Nichtanwendung gemeinkirchlicher Strafgesetze, wenn etwa Schwierigkeiten im staatlichen Bereich zu befürchten wären, vorgebeugt. Die Bischöfe können am besten die jeweilige Situation beurteilen und ihr notfalls strafrechtlich gerecht werden. Sie werden es auch vermeiden, durch diskriminierende Formulierungen bei einer Strafverhängung, die im paritätischen Staat schnell als Beleidigung oder Beschimpfung gewertet werden, Anlaß zu geben, daß die öffentliche Meinung sich gegen die Kirche überhaupt wendet.

Bei der Neuordnung der verschiedenen Rechtsgebiete wurde im CIC/1917 beim Strafrecht die weitaus stärkste Normenreduzierung vorgenommen (CIC/1917 cc. 2214–2414; CIC/1983 cc. 1311–1399). Sicherlich trägt die beträchtliche Einschränkung des Umfangs einer bisher eher verschleierten Tatsache Rechnung, daß nämlich den strafrechtlichen Bestimmungen in der Praxis des kirchlichen Lebens nur eine relativ bescheidene Bedeutung zukam. Entscheidend aber ist, daß im Konzept der Strafe und des Strafens in der Kirche, unter Verzicht auf längst obsolet gewordene Traditionen, ein von zeitbedingten Überwucherungen gereinigtes Vorstellungsbild, das sich auf den unverzichtbaren Wesenskern beschränkt, zum Durchbruch gelangt ist.

IV. Einleitende Bestimmungen des Codex Iuris Canonici

Überschrieben mit „Allgemeines zur Bestrafung von Vergehen" enthält das kirchliche Gesetzbuch als Einleitung zum Strafrecht generelle Aussagen zum Strafanspruch der Kirche und über die Strafgestalt in ihren verschiedenen Ausformungen.

[13] Strafen rein weltlicher Art, wie sie in der Zeit des Früh- und Hochmittelalters von der Kirche nicht selten verhängt worden sind, können heute nicht mehr in Betracht kommen. Vgl. *R. A. Strigl*, Das Funktionsverhältnis zwischen kirchlicher Strafgewalt und Öffentlichkeit, München 1965, S. 64ff.

[14] Dazu *R. A. Strigl*, Kirchlicher Anspruch auf das brachium saeculare heute, in: Festschr. Mörsdorf, S. 817–835.

1. *Strafanspruch*

Die Kirche besitzt ursprünglich und eigenständig das Recht, Gläubige, die sich eines Vergehens schuldig gemacht haben, mit festgesetzten Strafen zu belegen (c. 1311). Mehrfach im Laufe der Geschichte ist eine Strafgewalt der Kirche in Abrede gestellt[15], von den Päpsten aber immer nachdrücklich verteidigt worden. Es kann daher nicht verwundern, daß die Statuierung eines originären Strafanspruches die erste Bestimmung des kirchlichen Strafrechts ist. Da dieser Anspruch nicht abgeleiteter Natur, also nicht verliehen oder zugebilligt ist, sondern der Kirche wesensmäßig zukommt, besteht er auch unabhängig von jeder menschlichen Gewalt.

Ein solcher Strafanspruch wird postuliert gegenüber straffällig gewordenen Gläubigen („christifideles"). Nachdem die Formulierung des c. 2214 § 1 CIC/1917 „ius ... coercendi delinquentes sibi subditos" nicht mehr beibehalten ist und – in bemerkenswerter Einschränkung der Bestimmung des c. 12 CIC/1917 – nunmehr der Kreis der durch das kanonische Recht Verpflichteten auf die „baptizati in Ecclesia catholica vel in eandem recepti" (c. 11) begrenzt wird, kann es sich bei den strafunterworfenen „christifideles" nur um Katholiken (Ursprungs- oder Konversionskatholiken) handeln.

Was die Verhängung von *festgesetzten* Strafen betrifft, so ist diese Regel nicht ohne Ausnahme. In der Generalnorm des c. 1399 wird ein Strafanspruch der Kirche auch reklamiert, wenn eine gesetzliche Strafdrohung zwar fehlt, ganz außerordentliche Umstände aber im Einzelfall eine Bestrafung unumgänglich machen.

2. *Strafgestalt*

Das kirchliche Recht kennt Strafen in grundsätzlich zwei verschiedenen Ausformungen, einmal die *Beuge- oder Bessserungsstrafen*, auch Zensuren genannt (poenae medicinales), und zum anderen die *Sühnestrafen* (poenae expiatoriae). Eigentümlichkeit und inhaltliche Beschaffenheit dieser Strafen werden unten im einzelnen festgelegt (c. 1312 § 1). Zum Unterschied von den Zensuren, die in den cc. 1331–1333 als Exkommunikation, Interdikt und Suspension erschöpfend aufgezählt sind, können die in c. 1336 beispielhaft genannten Sühnestrafen (Aufenthaltseingriffe, Aberkennung von Ämtern, Rechten oder Würden, Strafversetzung, geistlicher Statusentzug) durch Gesetz auch auf andere geistliche oder zeitliche Rechtsbeschränkungen ausgeweitet werden, sofern nur die Strafmaßnahme mit dem übernatürlichen Ziel der Kirche in Einklang steht (c. 1312 § 2).

Neben diesen Strafen im eigentlichen Sinn stehen nachteilige Auflagen mit einem gewissen strafrechtlichen Bezug zur Verfügung, die entweder vorbeugenden Charakter haben, oder der kirchlichen Autorität einen Spielraum für indivi-

[15] *Marsilius von Padua* und *Johannes von Jandun* (14. Jh.), *John Wicleff* und *Jan Husz* (15. Jh.), *Pasquier Quesnel*, Synode von Pistoja (18. Jh.).

dual-didaktische Erfordernisse lassen. Die Strafsicherungsmittel (remedia poenalia) sollen vorwiegend zur Deliktsverhinderung eingesetzt werden, Strafbußen (paenitentiae) können entweder an die Stelle einer eigentlich verwirkten Strafe treten, oder zu deren Akzentuierung zusätzlich auferlegt werden (c. 1312 § 3). Von beiden wird wiederum später in den cc. 1339, 1340 eigens gehandelt.

§ 102 Straftat und Strafe

Von Richard A. Strigl

I. Strafgesetz und Strafgebot (cc. 1313–1320)

Strafen sollen nur dann festgesetzt werden, wenn sie zur besseren Aufrechterhaltung der kirchlichen Ordnung wirklich unerläßlich sind (c. 1317). Der kirchliche Gesetzgeber macht mit aller Deutlichkeit klar, daß er den Einsatz der Strafgewalt auf das unumgänglich notwendige Maß beschränkt wissen will.

1. *Grundregeln für Strafgesetze*

Strafgesetzänderungen bringen immer eine Aufhebung, eine Verschärfung oder eine Milderung mit sich. Wird nach Begehung einer Straftat das Strafgesetz geändert, so kommt dem Straffälligen die günstigere Fassung zugute (c. 1313 § 1). Hebt ein späteres Gesetz ein bestehendes Strafgesetz ganz oder wenigstens die bisherige Strafdrohung auf, so tritt die befreiende Wirkung sofort ein (c. 1313 § 2). Angedrohte Strafen sind in der Regel Spruchstrafen, die einen Straftäter erst nach ihrer Verhängung treffen. Soll es sich um eine Tatstrafe handeln, die sich jemand mit Begehung der Straftat automatisch zuzieht, so muß das im Gesetz ausdrücklich gesagt sein (c. 1314).

Wer Gesetzgebungsgewalt besitzt, kann auch Strafgesetze erlassen. Er kann seinen eigenen, nicht mit einer Sanktion bewehrten Gesetzen, einem von einer vorgesetzten Autorität erlassenen Gesetz oder einem Gesetz göttlichen Rechts in den Grenzen seiner territorialen und personalen Zuständigkeit eine Strafdrohung beifügen (c. 1315 § 1). Durch teilkirchliches Gesetz können auch gemeinkirchlichen Strafgesetzen in dem einen oder anderen Fall weitere Strafdrohungen hinzugefügt werden, allerdings nur bei dringendster Notwendigkeit (c. 1315 § 2).

Ein Gesetz kann eine Strafe entweder fest bestimmen oder ihre Festlegung dem klugen Ermessen des Richters anheimstellen (c. 1315 § 2). Droht ein gemeinkirchliches Gesetz eine unbezeichnete bzw. Auswahlstrafe (poena indeterminata vel facultativa) an, so kann durch teilkirchliches Gesetz statt dessen auch eine bezeichnete bzw. Pflichtstrafe (poena determinata vel obligativa) festgesetzt werden (c. 1315 § 3). Die Entlassung aus dem geistlichen Stand kann nicht Gegenstand eines teilkirchlichen Gesetzes sein (c. 1317). Tatstrafen sollen höchstens vereinzelt für sehr schwere Fälle angedroht werden, d. h. wenn außerordentliches Ärgernis erregt wird oder durch Spruchstrafe eine wirksame Ahndung nicht erreicht werden kann. Zensuren, vor allem die Exkommunikation, sind mit größter Zurückhaltung einzusetzen und können als Tatstrafe nur für besonders schwere Vergehen in Frage kommen (c. 1318).

Die Diözesanbischöfe haben dafür zu sorgen, daß, soweit irgend möglich, in derselben Stadt oder Region die Anwendung von Strafgesetzen einheitlich geschieht (c. 1316). Insoweit Religiosen dem Ortsoberhirten unterstehen, können sie von ihm auch mit Strafen belegt werden (c. 1320).

2. *Grundregeln für Strafgebote*

Inhaber der Strafbefehlsgewalt können für den äußeren Bereich bezeichnete Strafen auch durch *Verwaltungsstrafgebot* androhen, ausgenommen dauernde Sühnestrafen (c. 1319 § 1). Ansonsten gelten für das Strafgebot als Mittel der Kirchenzucht die gleichen Regeln wie für das Strafgesetz: In der Regel ist eine Spruchstrafe anzudrohen; soll es sich um eine Tatstrafe handeln, muß das ausdrücklich erwähnt werden (c. 1314); die Androhung einer Entlassung aus dem geistlichen Stand ist auf diesem Wege nicht möglich (c. 1317). Zensuren, insbesondere die Exkommunikation, sollen nur mit größter Zurückhaltung angedroht werden (c. 1318).

II. Voraussetzungen und Umstände des Strafens (cc. 1321–1330)

1. *Straftat und Schuld*

Voraussetzung des Strafens ist die Verwirklichung eines strafbaren Tatbestandes bei Vorliegen einer strafrechtlich relevanten Schuld. Der Gesetzgeber hat auf eine abstrakte Begriffsbestimmung des Delikts verzichtet und die Elemente der Straftat personenbezogen formuliert, wenn er sagt: *Bestraft wird nur jemand, der in einer schwer anrechenbaren Weise mit Vorsatz (dolus) oder aus Fahrlässigkeit (culpa) durch einen äußeren Akt ein Strafgesetz oder Strafgebot verletzt* (c. 1321 § 1). Eine im Strafgesetz oder Strafgebot vorgesehene Strafe trifft den Täter dann, wenn er der Vorschrift mit Überlegung (vorsätzlich) zuwider gehandelt hat. Geschieht eine Normverletzung durch Unterlassung der gebotenen Aufmerksamkeit (fahrlässig), erfolgt eine Bestrafung nur, wenn das im Strafgesetz oder Strafgebot festgelegt ist (c. 1321 § 2). Liegt eine äußerlich erkennbare Erfüllung der Tatbestandsmerkmale vor, wird die *Anrechenbarkeit* der Handlung vermutet, so lange sich nichts anderes ergibt (c. 1321 § 3).

Jede bewußte Handlung wird von einem Handlungsentschluß getragen. Es besteht eine bestimmte Zielvorstellung (kognitiv), deren Erreichung angestrebt wird (voluntativ). Beide Momente zusammen machen den Vorsatz aus und sind konstitutive Faktoren der Tatbestandsverwirklichung. Die Erfüllung des Tatbestandes ist die schuldhafte Durchführung des *Vorsatzes*[1]. Bleibt die tatbestandsmäßige Handlung im Ausführungsstadium stecken, handelt es sich um einen Versuch, wobei es für die Frage der Strafzumessung von Bedeutung ist, ob eigene Einsicht oder äußere Umstände den Taterfolg verhindert haben. Wird ein Handlungsentschluß zur Gänze durchgeführt, ergibt sich die vollendete Tat.

Das Recht verlangt von jedem, daß er bei seinem Handeln die entsprechende Sorgfalt walten läßt. Der Einzelne muß sein Verhalten im allgemeinen Verkehr „sachgemäß" einrichten. Führt jemand, wenn auch unvorsätzlich, durch Handeln oder Unterlassen einen tatbestandsmäßig gekennzeichneten schädlichen Erfolg herbei, so liegt eine fahrlässige Rechtsgüterverletzung bzw. -gefährdung vor. *Fahrlässigkeit* ist demnach das rechtliche Unwerturteil über eine nicht vorsätzliche Handlung, der Vorwurf eines schuldhaften Mangels gegenüber einer rechtlich postulierten Erwartung[2]. Anders als unser deutsches Recht kennt das kanonische Recht keine eigenen Fahrlässigkeitsdelikte, solche nämlich, die nur fahrlässig begangen werden können[3]. Es will sogar fahrlässiges Handeln prinzipiell nur dann bestrafen, wenn das in der Strafnorm zum Ausdruck kommt.

2. *Abstufungen der Schuld*

a) Strafunfähigkeit

Eine Strafunfähigkeit liegt vor, wenn eine strafbare Handlung nicht begangen werden kann oder eine strafrechtliche Verantwortlichkeit nicht als gegeben zu erachten ist. Grundsätzlich delikts- und damit auch strafunfähig sind Personen, die andauernd des Vernunftgebrauches beraubt sind, selbst wenn die Verletzung einer Strafnorm in einem scheinbar geistig normalen Zustand geschehen sein sollte (c. 1322). Niemals kann eine geflissentlich, grobfahrlässig oder sorglos unterhaltene Rechtsunkenntnis (ignorantia affectata, crassa vel supina) vor Strafe schützen. Ebensowenig Trunkenheit und sonstige Verwirrungszustände des Geistes, die mit Absicht zur Begehung einer Straftat bzw. zu ihrer Entschuldigung herbeigeführt worden sind, oder leidenschaftliche Wallungen, die eigens dazu entfacht und geschürt werden (c. 1325).

Strafunfähig wegen fehlender strafrechtlicher Verantwortlichkeit ist, wer das 16. Lebensjahr noch nicht vollendet hat; wer in einer nicht vorwerfbaren Rechtsunkenntnis eine Strafnorm verletzt (ihr gleichzuachten sind Unaufmerksamkeit und Irrtum); wer auf Grund physischer Gewalteinwirkung handelt oder rein zufällig, sofern das Geschehen nicht vorhersehbar bzw. zwar vorhersehbar, aber unausweichlich war; wer in einem wenigstens relativ schweren Furchtzustand handelt oder unter Nötigung bzw. im Notstand, sofern die Handlung nicht in sich

[1] *H. Welzel*, Das Deutsche Strafrecht, 11. Aufl., Berlin 1969, S. 64.
[2] *Welzel*, ebd., S. 127ff.
[3] Dazu *N. Ruf*, Die Strafzumessung im kanonischen Recht auf Grund der allgemeinen Lehren und Sonderbestimmungen, Freiburg i. Br. 1968.

schlecht ist oder zum Schaden für das Seelenheil ausschlägt (die schuldlos irrtümliche Annahme des Vorliegens eines dieser Gründe ist nicht schädlich); wer in Notwehr einen ungerechten Angreifer von sich oder jemand anders abwehrt, sofern die eingesetzten Mittel in angemessenem Rahmen bleiben (die schuldlos irrtümliche Annahme einer Notwehrsituation ist nicht schädlich); wer in einem vorübergehenden Zustand der Geistesstörung handelt, sofern dieser nicht zweckhaft herbeigeführt war (c. 1323 nn. 1–7).

b) Strafmilderung

Eine Strafmilderung kann von Gesetzes wegen vorgesehen sein oder vom Richter nach Lage des Falles zuerkannt werden (c. 1324 § 2). Sie besagt, daß eine Bestrafung zwar nicht ganz entfällt, die Strafe sich aber verringert, möglicherweise bis zu ihrem Ersatz durch eine Strafbuße. Strafmilderung scheidet aus in den Fällen, die auch eine Strafunfähigkeit ausschließen (vgl. c. 1325). Eine Tatstrafe tritt dann nicht ein, wenn ein gesetzlich festgelegter Strafmilderungsgrund gegeben ist (c. 1324 § 3).

Das Gesetz anerkennt als strafmildernd, wenn jemand nicht im Vollbesitz seiner geistigen Kräfte handelt; wenn jemand in vorübergehender Beeinträchtigung des Vernunftgebrauches infolge schuldhaft herbeigeführter Trunkenheit oder Geistesverwirrung handelt; wenn jemand in hitziger Leidenschaft, durch welche die geistige Entscheidungsfähigkeit und Willenszustimmung nicht gänzlich ausgeschaltet oder behindert ist, handelt, sofern die Leidenschaft nicht freiwillig erregt oder gehegt worden ist; wenn Minderjährige nach Vollendung des 16. Lebensjahres (zwischen 16. und 18. Lebensjahr) eine strafbare Handlung begehen; wenn jemand in einem wenigstens relativ schweren Furchtzustand oder unter Nötigung bzw. im Notstand handelt, die strafbare Handlung aber in sich schlecht ist oder zum Schaden des Seelenheiles ausschlägt, oder wenn das Vorliegen dieser Umstände schuldhaft irrtümlich angenommen wurde; wenn jemand in Notwehr einen ungerechten Angreifer von sich oder jemand anders abwehrt, dabei aber in der Wahl der Mittel das erforderliche Maß überschreitet (Notwehrexzeß), oder wenn eine Notwehrsituation schuldhaft irrtümlich angenommen wurde; wenn jemand auf eine schwere und ungerechtfertigte Provokation mit einer strafbaren Handlung reagiert; wenn jemand in nicht vorwerfbarer Unkenntnis einer mit einer Norm verbundenen Strafdrohung handelt; wenn jemand im Zustand einer erheblichen und anhaltenden Unzurechnungsfähigkeit handelt (c. 1324 § 1 nn. 1–10).

c) Strafverschärfung

Ein Richter hat die Möglichkeit, strenger zu bestrafen, als es eine Strafnorm vorsieht. Ist im Gesetz eine Tatstrafe festgelegt, kann der Richter eine andere Strafe oder eine Strafbuße hinzufügen (c. 1326 § 2).

Das Gesetz nennt als Gründe für eine Strafverschärfung: Wenn jemand trotz Strafverhängung oder Strafeintrittsfeststellung fortfährt, sich strafwürdig zu verhalten, so daß daraus mit Recht seine Unverbesserlichkeit erschlossen werden kann; wenn jemand seine Würdenstellung, seine Autorität oder sein Amt zur Begehung einer Straftat mißbraucht; wenn jemand, obwohl eine Strafe für fahrlässiges Handeln angedroht ist, trotz Voraussicht eines solchen Geschehens keine Vorkehrungen zu seiner Verhinderung trifft, wie es ein gewissenhafter Mensch getan hätte (c. 1326 § 1 nn. 1–3).

Durch teilkirchliches Gesetz können entweder allgemein oder für einzelne Delikte weitere Umstände festgelegt werden, die eine Strafunfähigkeit, Strafmilderung oder Strafverschärfung bewirken. Auch in einem Verwaltungsstrafgebot können derartige Bewertungsmaßstäbe in bezug auf die dort festgesetzte Strafe ausgesprochen werden (c. 1327).

3. *Taterfolg und Täterschaft*

a) Taterfolg

Hinsichtlich des Taterfolges ist zu unterscheiden zwischen der vollendeten und der versuchten Straftat. Eine vollendete Tat liegt vor, wenn die den objektiven Straftatbestand kennzeichnenden Merkmale subjektiv durch schuldhaftes Tun oder Unterlassen verwirklicht worden sind. Die in einer Strafnorm festgelegte Strafe gilt grundsätzlich für den Fall einer vollendeten Straftat. Von einem Versuch spricht man, wenn Handlungen oder Unterlassungen, die ihrer Natur nach zu einer Straftat hinführen, eingeleitet, aber dann nicht zu Ende gebracht worden sind. Ist dies auf Gründe zurückzuführen, die außerhalb der Willensmacht des Täters liegen (fehlgeschlagene Straftat), so unterliegt er nicht der für das vollendete Delikt vorgesehenen Strafe, außer es wäre in der Strafnorm etwas anderes bestimmt (c. 1328 § 1). Wenn die Einleitungshandlungen objektiv zur Begehung einer Straftat geeignet waren, kann dem Täter eine Strafbuße oder ein Strafsicherungsmittel auferlegt werden. Hat der Täter durch den Versuch ein Ärgernis, einen schweren Schaden oder eine Gefährdung herbeigeführt, kann er, selbst bei freiwilligem Rücktritt von der Straftat, mit einer gerechten Strafe belegt werden, die allerdings unter der für die vollendete Tat festgesetzten bleiben muß (c. 1328 § 2). Macht sich jemand eines Vergehens schuldig durch Abgabe einer Erklärung, durch Äußerung einer Willensabsicht, einer Lehrmeinung oder einer wissenschaftlichen Ansicht, gilt das Delikt als nicht vollendet, wenn niemand diese Kundgabe erfaßt oder begreift (c. 1330).

b) Tatbeteiligung

Haben mehrere Personen in sträflicher Willenshaltung bei der Begehung eines Deliktes zusammengewirkt (Mittäterschaft, Teilnahme durch Anstiftung oder Beihilfe, Begünstigung), enthält aber die Strafnorm keine Bestimmung für den Fall einer Tätermehrheit, so sind für einen Alleintäter festgesetzte Spruchstrafen auch auf die Tatbeteiligten anzuwenden, sofern für diese nicht andere Strafen des gleichen oder eines geringeren Schweregrades angebrachter erscheinen (c. 1329

§ 1). Ist für ein Delikt eine Tatstrafe angedroht, so tritt diese auch für Tatbeteiligte, ohne Rücksicht auf ihre Erwähnung in der Strafnorm, dann ein, wenn ohne ihre Mitwirkung die Straftat nicht begangen worden wäre und die Strafe ihrer Natur nach geeignet ist, sie spürbar zu treffen. Ansonsten können Tatbeteiligte mit angemessenen Spruchstrafen belegt werden (c. 1329 § 2).

III. Beugestrafen und Sühnestrafen (cc. 1331–1338)

1. *Beugestrafen*

Das kanonische Recht kennt *drei Beugestrafen* (Zensuren), von denen die *Exkommunikation* und das *Interdikt* für alle Gläubigen, die *Suspension* dagegen nur für Kleriker in Frage kommt. Beinhaltet eine Zensur das Verbot, Sakramente und Sakramentalien zu spenden oder einen Akt der Leitungsgewalt zu setzen, wird dieses Verbot immer ausgesetzt, so oft einem Gläubigen in Todesgefahr der notwendige geistliche Beistand zu leisten ist. Solange bei einer als Tatstrafe vorgesehenen Zensur deren Eintritt nicht durch hoheitlichen Spruch festgestellt worden ist, wird das Verbot selbst dann schon ausgesetzt, wenn Gläubige aus gerechtem Grund nach einem Sakrament, einem Sakramentale oder einem Akt der Leitungsgewalt verlangen (c. 1335).

a) Exkommunikation

Der Eintritt der *Exkommunikation als Tatstrafe* bewirkt, daß es dem Betroffenen verboten ist, sich mit irgendeinem Dienst an der Feier des eucharistischen Opfers oder einer anderen Kulthandlung zu beteiligen, Sakramente und Sakramentalien zu spenden oder Sakramente zu empfangen, erlaubterweise kirchliche Ämter, Dienste oder Tätigkeiten irgendwelcher Art auszuüben oder Akte der Leitungsgewalt zu setzen (c. 1331 § 1).

Eine Verschärfung der Strafwirkungen ergibt sich, wenn die *Exkommunikation durch Spruch* verhängt oder *ihr Selbsteintritt festgestellt* worden ist: Wenn der Bestrafte sich aktiv bei der Feier des eucharistischen Opfers oder einer sonstigen Kulthandlung beteiligen will, ist er zurückzuweisen und, falls das nicht gelingen sollte, der liturgische Akt, sofern nicht ein schwerwiegender Grund entgegensteht, zu unterlassen; ein vom Bestraften gesetzter Akt der Leitungsgewalt ist ungültig; verliehene Privilegien dürfen nicht gebraucht werden; Würden, Ämter oder Dienststellungen können nicht gültig erlangt werden; Erträgnisse aus Würde, Amt oder Dienst sowie kirchliche Pensionszahlungen werden nicht zu eigen erworben (c. 1331 § 2).

b) Interdikt

Wer sich das *Interdikt als Tatstrafe* zugezogen hat, unterliegt wie ein Exkommunizierter dem Verbot, sich mit irgendeinem Dienst an der Feier des eucharistischen Opfers oder einer anderen Kulthandlung zu beteiligen, Sakramente und Sakramentalien zu spenden oder Sakramente zu empfangen. Wenn das *Interdikt als Spruchstrafe* verhängt oder *ihr Selbsteintritt festgestellt* worden ist, muß der Bestrafte gegebenenfalls von einer aktiven Beteiligung an den genannten liturgischen Handlungen abgehalten und notfalls, wenn irgend möglich, der Kultakt unterlassen werden (c. 1332).

c) Suspension

Eine Suspension entfaltet ihre Verbotswirkungen in drei Bereichen. Dem Bestraften kann untersagt sein, alle oder einzelne Akte der Weihegewalt, alle oder einzelne Akte der Leitungsgewalt, alle oder einzelne mit Amt bzw. Dienst verbundene Rechte auszuüben (c. 1333 § 1). Der *Umfang* einer Suspension kann durch Strafgesetz bzw. Strafgebot festgelegt sein oder durch Strafurteil bzw. Strafverfügung festgesetzt werden (c. 1334 § 1). In der Strafnorm kann bestimmt sein, daß nach hoheitlichem Strafausspruch vom Suspendierten gesetzte *Akte der Leitungsgewalt ungültig* sind (c. 1333 § 2). Eine Suspension, die den Bezug von Erträgnissen, Stipendien, Pensionen oder anderen Einkünften dieser Art verbietet, macht, wenn solche trotzdem und sei es auch guten Glaubens empfangen werden, restitutionspflichtig (c. 1333 § 4).

Nur durch Gesetz, nicht dagegen durch Verwaltungsgebot, kann eine uneingeschränkte Suspension als Tatstrafe angedroht werden. Die Strafe entfaltet dann eine umfassende Wirkung hinsichtlich der Ausübung der Weihegewalt, der Leitungsgewalt und der Amtsrechte (c. 1334 § 2). Unbehindert aber bleibt in diesem Fall das Recht des Suspendierten, das zu seinem Amt gehörende Vermögen zu verwalten (c. 1333 § 3 n. 3). Niemals erfaßt werden von einer Suspension Ämter oder eine Leitungsgewalt, die nicht von dem straffestsetzenden Oberen abhängen sowie das Wohnrecht in einer Dienstwohnung (c. 1333 § 3 nn. 1 und 2).

2. Sühnestrafen

Sühnestrafen können einem Straftäter für dauernd, für eine bestimmte Zeit oder unbefristet auferlegt werden. In Frage kommen neben anderen, die durch Gesetz umschrieben werden können, vor allem die folgenden:

a) *Lokal oder territorial begrenztes Aufenthaltsverbot bzw. -gebot* (c. 1336 § 1 n. 1). Ein Aufenthaltsverbot kann grundsätzlich nur über Kleriker und Religiosen verhängt werden. Für ein Aufenthaltsgebot von Religiosen sind deren Konstitutionen zu beachten (c. 1337 § 1). Vor einer Aufenthaltsanweisung ist die Zustimmung des betreffenden Ortsoberhirten erforderlich, außer es handelt sich um ein auf fremdem Gebiet liegendes Korrektionshaus für Kleriker (c. 1337 § 2).

b) *Entzug von Vollmacht, Amt, Aufgabe, Recht, Privileg, Befugnis, Gnade, Titel, Auszeichnung oder Abzeichen,* wenn auch nur ehrenhalber verliehen. Ein allgemeines oder auf bestimmte Orte beschränktes Gebrauchsverbot für die genannten Berechtigungen betrifft immer nur die Erlaubtheit (c. 1336 § 1 nn. 2 und 3). Entzug oder Gebrauchsuntersagung dieser Art können sich nur auf Sachverhalte beziehen, die der Gewalt des straffestsetzenden Oberen unterliegen (c. 1338 § 1). Hinsichtlich der Ausübungsverbote gelten für eine Strafaussetzung die gleichen Regeln wie gemäß c. 1335 bei Zensuren (c. 1338 § 3). Ausgeschlossen ist der Entzug der Weihegewalt. Es kann nur deren Ausübung oder die Ausübung einzelner Akte derselben untersagt werden. Akademische Grade können durch Suspension nicht entzogen werden (c. 1338 § 2).

c) *Strafversetzung auf ein anderes Amt* (c. 1336 § 1 n. 4) und *Entlassung aus dem geistlichen Stand* (c. 1336 § 1 n. 5). Diese beiden Strafmaßnahmen können nicht als Tatstrafen festgesetzt werden (c. 1336 § 2).

IV. Strafsicherungsmittel und Strafbußen (cc. 1339, 1340)

1. *Strafsicherungsmittel*

Der Ordinarius kann jemandem, der entweder nahe daran ist, straffällig zu werden, oder, nach Durchführung einer Vorermittlung, in starken Verdacht geraten ist, eine Straftat begangen zu haben, entweder selbst oder durch einen Beauftragten eine Warnung bzw. Verwarnung (monitio) erteilen (c. 1339 § 1). Ein Verweis (correptio) des Ordinarius, den jeweiligen persönlichen und sachlichen Umständen angepaßt, ist dann am Platz, wenn jemand durch sein Verhalten Ärgernis erregt oder die kirchliche Ordnung schwer stört (c. 1339 § 2). Warnung bzw. Verwarnung und Verweis müssen immer aktenkundig gemacht werden. Das Schriftstück ist im Geheimarchiv der Kurie aufzubewahren (c. 1339 § 3).

2. *Strafbußen*

Strafbußen, die im äußeren Bereich auferlegt werden können, bestehen in Werken der Gottesverehrung, der Wohltätigkeit oder der Nächstenliebe (c. 1340 § 1). Nach seinem klugen Ermessen kann der Ordinarius Strafbußen auch den Strafsicherungsmitteln hinzufügen (c. 1340 § 3). Für einen geheimen Fehltritt darf niemals eine öffentliche Strafbuße auferlegt werden (c. 1340 § 2).

V. Strafverhängung und Straferlaß (cc. 1341–1363)

1. *Strafverhängung*

Der Ordinarius soll zur Strafverhängung oder zur Feststellung des Selbsteintritts einer Strafe den Gerichts- oder Verwaltungszwangsweg erst beschreiten, wenn sich brüderliche Zurechtweisung (correctio fraterna) oder Verweis oder sonstige pastorale Einwirkungen als unzureichend herausstellen, ein Ärgernis gutzumachen, die Gerechtigkeit wiederherzustellen und den Gestrauchelten zu bessern (c. 1341).

a) Gerichts- oder Verwaltungszwangsweg

Wenn entsprechende Gründe vorliegen, von einem gemeingerichtlichen Strafprozeß abzusehen, können durch Verwaltungsdekret Strafen verhängt oder deren Selbsteintritt festgestellt werden. Strafsicherungsmittel und Strafbußen können auf jeden Fall durch Dekret auferlegt werden (c. 1342 § 1). Die Verhängung oder Feststellung des Selbsteintritts einer Dauerstrafe durch Dekret ist nicht möglich. Das gleiche gilt, wenn Strafen nach dem Wortlaut einer Strafnorm durch Dekret nicht angewendet werden dürfen (c. 1342 § 2). In einer Strafnorm enthaltene Vorschriften, die den Richter bei einem Strafausspruch im Prozeßweg binden, gelten, ausgenommen rein prozeßordnende Bestimmungen, auch für den kirchlichen Oberen, der sich zu dem gleichen Zweck des Verwaltungsdekrets bedient, sofern nichts anderes feststeht (c. 1342 § 3).

b) Begleitende Maßnahmen

Eine *Beugestrafe* kann gültigerweise erst verhängt werden, wenn der Straftäter, unter Setzung einer angemessenen Frist, wenigstens einmal gemahnt worden ist, seinen Ungehorsam aufzugeben (c. 1347 § 1). Ein Straffälliger ist dann als gebessert zu betrachten, wenn er seine Tat aufrichtig bereut, einen angerichteten Schaden ersetzt und ein Ärgernis wiedergutgemacht hat oder zumindest ehrlich verspricht, es tun zu wollen (c. 1347 § 2).

Wird ein Angeschuldigter freigesprochen oder geht er straffrei aus, kann der Ordinarius dennoch zu dessen Nutzen oder um des öffentlichen Wohles willen geeignete Ermahnungen aussprechen oder sonstige pastorale Mittel und, wenn es die Sache verlangt, auch Strafsicherungsmittel anwenden (c. 1348).

Es ist dafür zu sorgen, daß ein bestrafter Kleriker in angemessener Weise seinen Lebensunterhalt bestreiten kann, außer es wäre die Entlassung aus dem geistlichen Stand verhängt worden. Obwohl in diesem Fall keine Rechtspflicht besteht, soll der Ordinarius doch einen ehemaligen Kleriker, der durch die Bestrafung in wirkliche Not geraten ist, nicht im Stich lassen (c. 1350).

c) Richterliches Ermessen

Wenn ein Strafgesetz oder Strafgebot dem Richter die Befugnis erteilt, die angedrohte Strafe zu verhängen oder nicht, kann dieser nach seinem klugen und gewissenhaften Ermessen eine mildere Strafe oder an ihrer Stelle eine Strafbuße auferlegen (c. 1343). Ist eine unbestimmte Strafe angedroht, soll der Richter, wenn das Gesetz nichts anderes vorsieht, nicht zu strengeren Strafen greifen, insbesondere nicht zu Zensuren, außer die Schwere eines Falles würde das unumgänglich machen. Dauernde Strafen kommen gar nicht in Frage (c. 1349). Selbst wenn durch Gesetz eine verbindliche Strafe angedroht wird, hat der Richter immer noch folgenden Ermessensspielraum:

(1) Er kann die Verhängung der Strafe auf einen günstigeren Zeitpunkt verschieben, wenn sich aus der sofortigen Bestrafung des Täters aller Wahrscheinlichkeit nach ein größeres Übel ergeben würde.

(2) Er kann von einer Strafverhängung ganz absehen oder eine mildere Strafe anwenden oder eine Strafbuße auferlegen, wenn der Täter sich bereits gebessert und ein Ärgernis gutgemacht hat oder wenn er hinreichend durch die weltliche Autorität bestraft wurde bzw. voraussichtlich bestraft werden wird.

(3) Er kann bei einem erstmals Straffälligen, sofern kein Ärgernis zu beseitigen ist, die Beobachtung einer Sühnestrafe aussetzen mit der Maßgabe, daß bei Rückfälligkeit innerhalb einer vom Richter zu bestimmenden Zeit alle verwirkten Strafen in Anschlag gebracht werden, soweit nicht inzwischen für das frühere Delikt die Strafklage verjährt ist (c. 1344).

(4) Er kann von einer Strafverhängung gänzlich absehen, wenn der Täter das Delikt begangen hat unter verminderter Zurechnungsfähigkeit, aus Furcht, infolge Nötigung bzw. Notstands, aus Leidenschaft, in Trunkenheit oder sonstiger Geistesverwirrung, sofern anzunehmen ist, daß anders seine Besserung eher zu erreichen sein wird (c. 1345).

(5) Er kann bei einem Mehrfachtäter eine eigentlich verwirkte Strafenkumulation zu einer innerhalb billiger Grenzen ermäßigten Gesamtstrafe zusammenziehen, wenn die reine Addition der fälligen Strafen ein zu hohes Strafmaß ergeben würde (c. 1346).

d) Strafbindung

Eine Strafe bindet den Betroffenen überall, auch wenn die Amtsgewalt dessen, der die Strafe festgesetzt oder verhängt hat, erlischt, außer es wäre etwas anderes ausdrücklich gesagt (c. 1351). Beinhaltet eine Strafe das Verbot des Empfangs von Sakramenten und Sakramentalien, so wird dieses in Todesgefahr des Bestraften ausgesetzt (c. 1352 § 1). Hat sich jemand eine Tatstrafe zugezogen, deren Eintritt weder durch hoheitlichen Spruch festgestellt, noch am Aufenthaltsort des Betroffenen bekannt ist, so entfällt die Verpflichtung, die Folgen der Strafe zu beachten gänzlich oder zum Teil, wenn durch ein strafgemäßes Verhalten ein schweres Ärgernis oder eine Rufschädigung zu befürchten wäre (c. 1352 § 2).

e) Rechtsmittel

Die Berufung gegen ein Strafurteil und die Beschwerde gegen eine Verwaltungsstrafverfügung haben immer aufschiebende Wirkung (c. 1353).

2. *Straferlaß*

Alle kirchlichen Oberen, die von Strafgesetzen dispensieren oder von Strafgeboten entbinden können, haben auch Vollmacht, die darin festgesetzten Strafen nachzulassen (c. 1354 § 1). In einem Strafgesetz oder Strafgebot kann auch anderen Personen die Ermächtigung zur Strafnachlassung erteilt werden (c. 1354 § 2). Ein dem Apostolischen Stuhl selbst oder einer von ihm bestimmten Autorität vorbehaltener Straferlaß ist eng auszulegen (c. 1354 § 3). Von Rechts wegen bestehen die folgenden Ermächtigungen zum Erlaß von Strafen.

a) Befugnis für den äußeren Bereich

(1) *Gesetzliche Spruchstrafen.* Die Verhängung oder die Feststellung des Selbsteintritts einer durch Gesetz festgelegten Strafe kann, sofern nicht dem Apostolischen Stuhl vorbehalten, wieder aufgehoben werden entweder von dem Ordinarius, der die Durchführung eines Strafprozesses angeordnet oder die Strafe durch Dekret, sei es persönlich oder durch einen Beauftragten, ausgesprochen hat, oder auch von dem Ordinarius des Aufenthaltsortes des Bestraften, jedoch erst nach Rücksprache mit dem Ordinarius, der die Bestrafung veranlaßt hat, sofern das nicht der Umstände wegen unmöglich ist (c. 1355 § 1).

(2) *Gesetzliche Tatstrafen.* Eine durch Gesetz angedrohte Tatstrafe, deren Eintritt noch nicht durch hoheitlichen Spruch festgestellt wurde, kann, sofern die Nachlassung nicht dem Apostolischen Stuhl vorbehalten ist, der Ordinarius erlassen zum einen seinen Untergebenen, zum anderen Fremden, die sich innerhalb seines Territoriums aufhalten oder dort straffällig geworden sind (c. 1355 § 2).

(3) *Dekretstrafen.* Spruchstrafen und Tatstrafen, die auf Strafverfügungen eines dem Apostolischen Stuhl nachgeordneten kirchlichen Oberen zurückgehen, können nachlassen entweder der Oberhirt, der die Strafe ausgesprochen hat, oder auch der Oberhirt des Ortes, an dem sich der Bestrafte aufhält, jedoch erst, wenn irgend möglich, nach Rücksprache mit dem Ordinarius, der die Bestrafung veranlaßt hat (c. 1356).

b) Befugnis für den inneren Bereich

Exkommunikation und Interdikt, soweit sie als Tatstrafen eingetreten sind, können gelegentlich der Beichte nachgelassen werden:

(1) Von *jedem beliebigen Bischof*, wenn es sich um gesetzliche Tatstrafen handelt (c. 1355 § 2).

(2) Vom *Bußkanoniker* (vgl. c. 508), so lange der Selbsteintritt der Strafe noch nicht durch hoheitlichen Spruch festgestellt worden ist.

(3) Von *jedem Priester in Todesgefahr des Pönitenten* (vgl. c. 976). Wurde in dieser Situation eine dem Apostolischen Stuhl vorbehaltene Strafe nachgelassen, hat der Pönitent im Falle seiner Genesung die Pflicht, bei Gefahr des Wiederauflebens der Zensur, sich entweder selbst oder durch den Beichtvater, unter Wahrung der Anonymität, innerhalb eines Monats an die Apostolische Pönitentiarie in Rom zu wenden und deren Weisungen abzuwarten.

(4) Von *jedem Beichtvater*, so lange der Selbsteintritt der Strafe noch nicht durch Spruch festgestellt worden ist, wann immer es einen Pönitenten stark belasten würde, im Stande der schweren Sünde verbleiben zu müssen, bis der zuständige kirchliche Obere tätig werden kann. Der Beichtvater muß dann inzwischen dem Pönitenten eine angemessene Buße (für die inkurrierte Strafe) auferlegen sowie die Beseitigung eines evtl. Ärgernisses und die Wiedergutmachung eines evtl. angerichteten Schadens verlangen. Außerdem hat der Pönitent die Pflicht, bei Gefahr des Wiederauflebens der Zensur, sich innerhalb eines Monats entweder selbst oder durch den Beichtvater, unter Wahrung der Anonymität, an den zustän-

digen kirchlichen Oberen oder einen von diesem Bevollmächtigten zu wenden und die ergehenden Weisungen abzuwarten (c. 1357).

c) Voraussetzungen

Eine Zensur darf erst nachgelassen werden, wenn der Bestrafte seine sträfliche Willenshaltung aufgegeben hat (vgl. c. 1347 § 2). Ist dies aber geschehen, kann ihm der Straferlaß nicht verweigert werden (c. 1358 § 1). Gelegentlich des Straferlasses können Mahnungen ausgesprochen oder sonstige geeignete Einwirkungen, Bußauflagen nicht ausgeschlossen, erfolgen (c. 1358 § 2). Eine durch schwere Furchteinflößung erzwungene Strafnachlassung ist ungültig (c. 1360).

d) Modalitäten

Eine Strafnachlassung kann auch bei Abwesenheit des Bestraften oder unter Bedingung erfolgen (c. 1361 § 1). Im äußeren Bereich geschieht die Strafnachlassung gewöhnlich schriftlich (c. 1361 § 2). Es soll Vorsorge getroffen werden, daß eine Bitte um Strafnachlassung oder die Nachlassung selbst nicht an die Öffentlichkeit kommt, außer gerade dies wäre nützlich zur Wiederherstellung des Rufes des Bestraften oder notwendig zur Beseitigung eines entstandenen Ärgernisses (c. 1361 § 3). Ist jemand mit mehreren Strafen belegt, so bezieht sich eine Nachlassung nur auf die ausdrücklich erwähnten Strafen. Ein genereller Straferlaß beseitigt grundsätzlich alle Strafen, mit Ausnahme allerdings jener, die der Betroffene in seiner Nachlassungsbitte böswillig verschwiegen hat (c. 1359).

e) Strafverjährung

(1) Eine Strafklage verjährt gewöhnlich nach drei Jahren, außer es handelt sich um Delikte, die der Kongregation für die Glaubenslehre vorbehalten sind oder um Delikte, die nur teilkirchenrechtlich festgelegt sind, sofern dafür eine andere Verjährungsfrist bestimmt ist (c. 1362 § 1 nn. 1 und 3).

(2) Nach fünf Jahren verjähren Strafklagen (c. 1362 § 1 n. 2) wegen Eheschließung von Klerikern und Religiosen (vgl. c. 1394), wegen Klerikerkonkubinats und qualifizierter Vergehen von Klerikern gegen das sechste Gebot des Dekalogs (vgl. c. 1395), wegen Mordes, gewaltsamer Entführung, Verstümmelung oder schwerer Verwundung (vgl. c. 1397) und wegen mit Erfolg durchgeführter Abtreibung (vgl. c. 1398).

Sobald eine Strafklage verjährt ist, besteht auch keine Möglichkeit mehr zu einer Bestrafung durch Dekret auf dem Verwaltungszwangsweg (vgl. c. 170 n. 3). Die Verjährungsfrist beginnt zu laufen mit dem Tag, an dem das Delikt begangen wurde oder, wenn es sich um ein fortgesetztes Delikt handelt, mit dem Tag, an dem es abgeschlossen ist (c. 1362 § 2). Wenn nach Erlaß eines Strafurteils dem Bestraften nicht innerhalb der genannten Fristen (drei bzw. fünf Jahre), gerechnet vom Eintritt der Rechtskraft, das richterliche Vollstreckungsdekret (vgl. c. 1651) bekanntgemacht worden ist, gilt eine Vollstreckungsklage als verjährt. Das gleiche ist der Fall, wenn eine Strafe durch Dekret auf dem Verwaltungszwangsweg verhängt worden ist (c. 1363).

§ 103 Die einzelnen Straftaten

Von Richard A. Strigl

Die Aufzählung der einzelnen Straftatbestände bildet den besonderen Teil des kanonischen Strafrechts. Zum Unterschied vom CIC/1917, der hier 101 Kanones aufwies, beschränkt sich der CIC/1983 auf 36 Kanones, wovon der letzte eine Generalklausel für außerordentliche, tatbestandsmäßig nicht festgelegte Fälle darstellt.

Die *Tatbestände* sind in sechs Deliktskategorien gegliedert: Glaube und Einheit der Kirche (cc. 1364–1369), Freiheit und Autorität der Kirche (cc. 1370–1377), Amtsanmaßung und mißbräuchliche Amtsausübung (cc. 1378–1389), Falschanschuldigung und Urkundenfälschung (cc. 1390, 1391), Amts- und Standespflichten (cc. 1392–1396), Leib und Leben (cc. 1397, 1398). Die *Tatstrafen* wurden auf 11 reduziert, wobei sechs im Bedarfsfall durch Spruchstrafen ergänzt werden können. Fünf Tatstrafen sind dem Apostolischen Stuhl zur Nachlassung vorbehalten. Es sind insgesamt 28 *Spruchstrafen* vorgesehen, davon 23 verpflichtend (poena obligativa) und fünf freigestellt (poena facultativa). Unter den verpflichtenden Spruchstrafen finden sich neun bestimmte (poena determinativa) und 14 unbestimmte (poena indeterminativa).

I. Tatstrafen

(1) *Glaubensabfall* (Apostasie), *Irrglauben* (Häresie) und *Abtrünnigkeit* (Schisma) sind als Hauptvergehen gegen Glauben und Einheit der Kirche strafbar, wenn sie in einem äußeren Akt und schuldhaft verwirklicht worden sind[1]. Das Bekenntnis zum Kommunismus mit Verbreitung und Verteidigung seiner Lehren wird einem Glaubensabfall gleichgeachtet[2]. Angedroht ist in allen Fällen der Selbsteintritt der Exkommunikation. Kleriker sind, wenn sie vom Glauben abfallen oder sich von der Gemeinschaft der Kirche trennen, von Rechts wegen ihres

[1] Der staatlicherseits ermöglichte Kirchenaustritt kann nur dann als Glaubensabfall gewertet werden, wenn er eine gewandelte Überzeugung und Abkehr von der katholischen Kirche demonstrieren soll. Das Urteil darüber steht allein der kirchlichen Autorität zu. Siehe *A. Scheuermann*, Erwägungen zur kirchlichen Strafrechtsreform, in: AfkKR 131 (1962), S. 401; *R. A. Strigl*, Das Funktionsverhältnis zwischen kirchlicher Strafgewalt und Öffentlichkeit, München 1965, S. 244f.

[2] SC Off vom 1. 7. 1949 (AAS 41 [1947], S. 334) und vom 28. 7. 1950 (AAS 42 [1950], S. 553).

Amtes enthoben (vgl. c. 194 § 1 n. 2). Sie können darüber hinaus mit Sühnestrafen gemäß c. 1336 nn. 1–3 (Aufenthaltsverbot bzw. -gebot, Entzug von Befugnissen, Rechten und Würden, allgemeine oder begrenzte Ausübungsverbote) belegt werden (c. 1364 § 1). Bei hartnäckiger Verstocktheit ist es möglich, weitere Spruchstrafen folgen zu lassen und schließlich die Entlassung aus dem geistlichen Stand auszusprechen (c. 1364 § 2).

(2) *Verunehrung der heiligen Gestalten* durch Wegwerfen oder Beiseiteschaffung und Aufbewahrung zu sakrilegischem Gebrauch bewirkt den Selbsteintritt der Exkommunikation, deren Nachlassung dem Apostolischen Stuhl vorbehalten ist. Kleriker können darüber hinaus mit einer Spruchstrafe – die Entlassung aus dem geistlichen Stand nicht ausgeschlossen – belegt werden (c. 1367)[3].

(3) *Tätlicher Angriff* (Realinjurie) oder *Ermordung* (vgl. c. 1397)

– *des Papstes* bewirken den Selbsteintritt der Exkommunikation, deren Nachlassung dem Apostolischen Stuhl vorbehalten ist[4]. Ist der Täter ein Kleriker, kann je nach Schwere des Anschlags eine Spruchstrafe – die Entlassung aus dem geistlichen Stand nicht ausgeschlossen – hinzugefügt werden (c. 1370 § 1);

– *eines Bischofs* bewirken den Selbsteintritt des Interdikts und, wenn der Täter ein Kleriker ist, darüber hinaus den Selbsteintritt der Suspension (c. 1370 § 2).

(4) *Lossprechung eines* (männlichen oder weiblichen) *Pönitenten durch einen Priester, mit dem dieser eine Sünde gegen das sechste Gebot des Dekalogs begangen hat* (absolutio complicis). Absolviert der Priester, obwohl er aus dem Bekenntnis weiß, daß es sich um die betreffende Person und die gemeinschaftlich begangene Sünde handelt, zieht er sich die von selbst eintretende Exkommunikation zu, deren Nachlassung dem Apostolischen Stuhl vorbehalten ist (c. 1378 § 1). Die gleiche Strafe tritt ein, wenn der Priester die Absolution erteilt, der Pönitent aber auf seine unmittelbare oder mittelbare[5] Anleitung hin diese Sünde nicht bekannt hat[6].

(5) *Feier der heiligen Messe* und (außer in Todesgefahr des Pönitenten, vgl. c. 977) *Beichthören* oder *Erteilung der sakramentalen Lossprechung ohne gültige Vollmacht* bewirken den Selbsteintritt des Interdikts oder, wenn es sich um einen Kleriker handelt, den Selbsteintritt der Suspension. Je nach Schwere des Falles können noch Spruchstrafen, auch die Exkommunikation, verhängt werden (c. 1378 §§ 2 und 3).

(6) *Erteilung der Bischofsweihe* ohne päpstlichen Auftrag zieht für den Spender und den Empfänger den Selbsteintritt der Exkommunikation nach sich, deren Nachlassung dem Apostolischen Stuhl vorbehalten ist[7].

(7) *Erteilung der heiligen Weihe durch einen Bischof an einen Nichtuntergebe-*

[3] Diese Strafdrohung gilt auch für die unierten Ostkirchen. Erklärung der SC Off vom 21. 7. 1934 (AAS 26 [1934], S. 550).

[4] Es trifft das in Anm. 3 Gesagte zu.

[5] Dazu SC Off vom 16. 11. 1934 (AAS 26 [1934], S. 634).

[6] Es trifft das in Anm. 3 Gesagte zu.

[7] Der Nachlassungsvorbehalt bedeutet eine Strafverschärfung gegenüber der Erklärung der SC Off vom 9. 4. 1951 (AAS 43 [1951], S. 217).

nen ohne rechtmäßiges Entlaßschreiben (vgl. c. 1015) zieht das Verbot der Weihespendung für ein Jahr nach sich (c. 1383)[8].

(8) *Direkter Beichtsiegelbruch durch einen Beichtvater*, indem der Beichtinhalt und der Name des Pönitenten anderen mitgeteilt wird, bewirkt den Selbsteintritt der Exkommunikation, deren Nachlassung dem Apostolischen Stuhl vorbehalten ist[9]. Ein indirekter Beichtsiegelbruch durch Kundgabe des Beichtinhalts an andere und zwar so, daß aus den Umständen möglicherweise auf die Person des Pönitenten geschlossen werden kann, ist nach Schwere des Falles zu bestrafen (c. 1388 § 1).

Dritte (Dolmetscher oder irgendwelche Mithörer), die von dem Inhalt der Beichte Kenntnis haben und die gebotene Geheimhaltung (vgl. c. 983 § 2) verletzen, sind mit einer angemessenen Strafe – die Exkommunikation nicht ausgeschlossen – zu belegen (c. 1388 § 2). Die Veröffentlichung von Tonbandaufzeichnungen echter oder vorgetäuschter Beichten ist eine grobe Verunglimpfung des Bußsakramentes und zieht für alle an der Herstellung und Publizierung Beteiligten den Selbsteintritt der Exkommunikation nach sich[10].

(9) *Falschanzeige eines Beichtvaters* bei einem kirchlichen Oberen wegen angeblicher sittlicher Verführung im Zusammenhang mit einer Beichte (falsa delatio, vgl. c. 1387) zieht den Selbsteintritt des Interdikts nach sich und, wenn es sich bei dem Falschanzeiger um einen Kleriker handelt, darüber hinaus den Selbsteintritt der Suspension (c. 1390 § 1). Die Strafdrohung gilt nicht nur für einen verleumderischen Pönitenten, sondern auch für Dritte, die – von ihm angeregt – eine solche Falschanzeige erstatten.

(10) *Versuchte Eheschließung*, auch wenn es sich nur um eine Zivilehe handelt, bewirkt

– *bei Klerikern* eine Amtsenthebung kraft Gesetzes (vgl. c. 194 § 1 n. 3) und den Selbsteintritt der Suspension. Wenn eine Mahnung erfolglos bleibt und der Kleriker weiterhin Ärgernis gibt, können zusätzliche Entziehungen und schließlich die Entlassung aus dem geistlichen Stand ausgesprochen werden (c. 1394 § 1);

– *bei Religiosen* mit ewigen Gelübden, die nicht Kleriker sind, den Selbsteintritt des Interdikts. Außerdem gelten sie (vgl. c. 694 § 1 n. 2) als automatisch aus dem klösterlichen Verband entlassen (c. 1394 § 2).

(11) *Abtreibung, mit Erfolg durchgeführt*, zieht für alle unmittelbar Beteiligten (Schwangere, Arzt, Hebamme) den Selbsteintritt der Exkommunikation nach sich (c. 1398)[11].

[8] Der Text ist nicht eindeutig. „Ordo" kann das Weihesakrament überhaupt oder die einzelne Weihestufe bedeuten (siehe *R. Köstler*, Wörterbuch zum Codex Iuris Canonici, München-Kempten 1927, verb. „ordo"). Unter Anwendung der strengen Auslegung von Strafgesetzen gemäß c. 18 dürfte es sich hier um eine von selbst eintretende Suspension („prohibetur") auf ein Jahr von der Weihegewalt nur hinsichtlich der unrechtmäßig gespendeten Weihestufe handeln.

[9] Es trifft das in Anm. 3 Gesagte zu.

[10] Erklärung der SC Fid vom 23. und 24. 3. 1973 (AfkKR 142 [1973], S. 83).

[11] Es ist strittig, ob eine Tötung des Kindes im Mutterschoß, etwa durch Embryotomie, unter den Tatbestand fällt, da es sich hierbei nicht um eine Abtreibung im eigentlichen Sinn handelt (siehe *Mörsdorf*, Lb III, S. 451 f.). Nach der gebotenen strengen Auslegung von

II. Spruchstrafen

1. *Verpflichtende Bestrafung (puniatur)*

a) Bestimmte Strafen

(1) *Nichtkatholische Taufe und Erziehung von Kindern* auf Veranlassung der Eltern oder sonstigen Sorgerechtsinhaber ist mit einer Zensur oder einer anderen angemessenen Strafe zu ahnden (c. 1366)[12]. Die Gesetzesformulierung „baptizandos vel educandos" stellt auf zwei getrennte Tatbestände ab, die jedoch beide korrigierbar sind, indem das Kind einer katholischen Erziehung zugeführt wird. Es dürfte daher selbstverständlich sein, daß einer eventuell ins Auge gefaßten Bestrafung eine Mahnung vorauszugehen hat. Gedanklicher Hintergrund dieser Strafnorm scheint der Häresieverdacht zu sein, der im CIC/1983 nirgends mehr direkt als eigener Straftatbestand aufscheint.

(2) *Rekurs gegen Akte des Papstes* (Gesetz, Dekret, Anordnung, Weisung) an ein Allgemeines Konzil oder an das Bischofskollegium ist mit einer Zensur zu ahnden (c. 1372).

(3) *Öffentliche Aufhetzung Untergebener* zu Feindseligkeit und Haß gegen den Apostolischen Stuhl oder den Ordinarius wegen einer Amtshandlung oder Dienstpflichterfüllung sowie Aufforderung Untergebener zum Ungehorsam gegen die gleichen Autoritäten sind mit dem Interdikt oder anderen angemessenen Strafen zu ahnden (c. 1373).

(4) *Förderung einer gegen die Kirche arbeitenden Vereinigung* oder Bekleidung einer leitenden Stellung in einer solchen sind mit dem Interdikt zu bestrafen. Bloße Mitgliedschaft ist mit einer angemessenen Strafe zu ahnden (c. 1374)[13]. Es ist strittig, ob auch jene durch römische Verlautbarung[14] verbotenen Zusammenschlüsse von Klerikern, die einen gewerkschaftlichen Charakter tragen und sich als Interessenvertretung der Kleriker gegenüber der Hierarchie bzw. der in einer Diözese jeweils zuständigen Obrigkeit verstehen, als kirchenfeindliche Vereinigung anzusehen sind.

Strafgesetzen (vgl. c. 18) und unter Bedachtnahme auf die Bestimmung des c. 1324 § 3, wonach Tatstrafen bei Vorliegen eines Strafmilderungsgrundes (vgl. c. 1324 § 1) nicht eintreten, dürfte in diesem Fall die Strafe nicht in Frage kommen.

[12] Diese Bestimmung kann sich nur auf Kinder aus einer rein katholischen Ehe beziehen, da bei Abschluß einer konfessionell gemischten Ehe der katholische Partner u. a. lediglich zu erklären hat, daß er sein Möglichstes tun werde, alle aus der Ehe stammenden Kinder katholisch taufen zu lassen und zu erziehen (vgl. c. 1125 n. 1).

[13] Das Schreiben der SC Fid an einige Bischofskonferenzen vom 19. 7. 1974 (AAS 66 [1974], S. 460) und die Erklärung derselben Kongregation vom 17. 2. 1981 (AAS 73 [1981], S. 240 f.) bezüglich der Zugehörigkeit zur Freimaurerei sind damit überholt. Nach *R. Sebott*, Der Kirchenbann gegen die Freimaurer ist aufgehoben, in: StdZ 201 (1983), S. 411–421, brauchen sich Freimaurer durch c. 1374 nicht betroffen zu fühlen. Dagegen behält das in der Erklärung der Deutschen Bischofskonferenz vom 12. 5. 1980 (AfkKR 149 [1980], S. 164–174) ausgesprochene moralische Verbot einer Mitgliedschaft in der Freimaurerei seine Gültigkeit (*Sebott*, ebd., S. 416).

[14] AAS 74 (1982), S. 642–645.

(5) *Spendung und Empfang eines Sakramentes in simonistischer Weise* ist mit Suspension bzw. Interdikt zu bestrafen (c. 1380).

(6) *Widerrechtliche Gewinnschöpfung aus Meßstipendien* ist mit einer Zensur oder einer anderen angemessenen Strafe zu ahnden (c. 1385)[15].

(7) *Verführung eines (männlichen oder weiblichen) Pönitenten* bei oder im Zusammenhang oder unter Vortäuschung einer Beichte zu einer Sünde gegen das sechste Gebot des Dekalogs (sollicitatio) ist je nach Schwere des Delikts mit Suspension, Untersagungen, Enthebungen und äußerstenfalls mit Entlassung aus dem geistlichen Stand zu bestrafen (c. 1387)[16].

(8) *Konkubinat* oder sonstige, in der Gemeinschaft bekannte und ein anhaltendes Ärgernis darstellende sexuelle Beziehungen *eines Klerikers* sind mit Suspension zu bestrafen. Wird das Verhältnis trotz erfolgter Warnung nicht aufgegeben, können stufenweise weitere Strafen bis zur Entlassung aus dem geistlichen Stand folgen (c. 1395 § 1).

(9) *Mord, gewaltsame oder heimtückische Entführung, Freiheitsberaubung, Verstümmelung* oder *erhebliche Körperverletzung* sind je nach Schwere des Falles mit einer Sühnestrafe gemäß c. 1336 (Aufenthaltsverbot bzw. -gebot, Entzug von Vollmacht, Amt, Recht oder Vergünstigungen, Ausübungsverbote, Strafversetzung, Entlassung aus dem geistlichen Stand) zu ahnden. Für Ermordung des Papstes, eines Bischofs, eines Welt- oder Ordensklerikers gelten die in c. 1370 festgelegten Strafdrohungen (c. 1397).

b) Unbestimmte Strafen

(1) *Aktive Gottesdienstgemeinschaft mit Nichtkatholiken* (communicatio in sacris) ist mit einer angemessenen Strafe zu ahnden (c. 1365)[17].

(2) *Falscher Aussage- oderVersprechenseid* vor einer kirchlichen Autorität ist mit einer angemessenen Strafe zu ahnden (c. 1368)[18].

(3) *Gotteslästerung*, schwere Verstöße gegen die guten Sitten, Schmähung sowie Aufhetzung zu gehässiger Verachtung von Religion und Kirche in öffentlichen Darbietungen, Ansprachen, Publikationen oder mittels irgendwelcher Medien sind mit einer angemessenen Strafe zu ahnden (c. 1369)[19].

[15] Eine Neuordnung des Meßstipendienwesens erfolgte durch MP „Firma in traditione" vom 13. 6. 1974 (AAS 66 [1974], S. 308–311). Sie ist in den CIC/1983 eingegangen (vgl. cc. 945–958).

[16] Die Anzeigepflicht des Pönitenten mit Strafdrohung für den Fall einer Unterlassung, die im CIC/1917 (cc. 904, 2368) festgesetzt war, ist als Straftatbestand nicht in den neuen Kodex übernommen worden.

[17] Eine Neuregelung der Gemeinschaft im geistlichen Tun mit den getrennten Brüdern erfolgte durch das Sekretariat für die Einheit der Christen im Ökumenischen Direktorium I (nn. 25–63) vom 14. 5. 1967 (AAS 59 [1967], S. 574–592; NKD 7, S. 12–59). – Vgl. hierzu auch in *diesem* Band, oben, *M. Kaiser*, § 71 Ökumenische Gottesdienstgemeinschaft.

[18] Meineid bzw. Falscheid, vor einer zur Eidesabnahme befugten Stelle abgelegt, sind auch nach staatlichem Recht strafbar (§§ 154–163 StGB). Nicht strafbar ist Eidbruch.

[19] Gotteslästerung ist nach staatlichem Recht nur indirekt strafbar (§ 166 StGB), wenn nämlich durch beschimpfende Äußerungen Ärgernis erregt oder ein religiöses Bekenntnis öffentlich in friedensstörender Weise herabgewürdigt wird. Dazu *W. Schilling*, Gotteslästerung strafbar?, München 1966.

(4) *Tätlichkeiten gegen Kleriker oder Religiosen*, um einer Verachtung von Glaube, Kirche, kirchlicher Gewalt oder kirchlichem Dienst Ausdruck zu geben, sind mit einer angemessenen Strafe zu ahnden (c. 1370 § 3).

(5) *Verkündung einer vom Papst oder einem Allgemeinen Konzil verurteilten Lehre* oder hartnäckige Ablehnung einer vom kirchlichen Lehramt (Papst oder Bischofskollegium) in Glaubens- oder Sittensachen, wenn auch ohne dogmatische Glaubensverpflichtung, vorgestellten Lehre (vgl. c. 752) sind, nach vergeblicher Mahnung, mit einer angemessenen Strafe zu ahnden (c. 1371 n. 1).

(6) *Ungehorsam gegenüber Geboten oder Verboten des Apostolischen Stuhls*, des Ordinarius oder eines sonstigen rechtmäßigen kirchlichen Oberen ist, nach vergeblicher Mahnung, mit einer angemessenen Strafe zu ahnden (c. 1371 n. 2).

(7) *Profangebrauch heiliger Sachen*, gleichgültig ob beweglich oder unbeweglich, ist mit einer angemessenen Strafe zu ahnden (c. 1376)[20].

(8) *Veräußerung von Kirchengut* ohne die vorgeschriebene Erlaubnis ist mit einer angemessenen Strafe zu ahnden (c. 1377). Der Tatbestand ist erst mit dem rechtswirksamen Abschluß des Geschäftes erfüllt. Die Strafabstufung wird sich nach dem Veräußerungswert zu richten haben[21].

(9) *Vortäuschung einer Sakramentenspendung* ist mit einer angemessenen Strafe zu ahnden (c. 1379).

(10) *Anmaßung eines kirchlichen Amtes* ist mit einer angemessenen Strafe zu ahnden (c. 1381 § 1). Einer Amtsanmaßung gleichzuachten ist das widerrechtliche Festhalten an einem Amt nach Enthebung oder Ausscheiden (c. 1381 § 2).

(11) *Aktive und passive Bestechung* durch Anbieten und Annahme von Geschenken oder Versprechungen zum Zwecke der Herbeiführung einer pflichtwidrigen Handlung oder Unterlassung im kirchlichen Amt ist mit einer angemessenen Strafe zu ahnden (c. 1386). Der Tatbestand ist auch erfüllt, wenn der angestrebte Erfolg ausbleibt.

(12) *Betreiben von Handelsgeschäften* oder sonstigen kommerziellen Unternehmungen entgegen den Rechtsvorschriften (vgl. c. 286) ist nach Schwere des Vergehens zu bestrafen (c. 1392)[22].

(13) *Qualifizierte Sittlichkeitsvergehen von Klerikern*, d. h. solche, die unter Anwendung von Gewalt oder Drohungen oder öffentlich oder mit Minderjährigen unter 16 Jahren begangen werden, sind mit einer angemessenen Strafe zu ahnden, auch, wenn der Fall es verlangt, mit Entlassung aus dem geistlichen Stand (c. 1395 § 2).

(14) *Residenzpflichtverletzung* von kirchlichen Amtsinhabern ist in schweren

[20] Dazu *B. Keihl*, Das staatliche Recht der res sacrae (= Erlanger juristische Abhandlungen, Bd. 20), Köln-Berlin-Bonn-München 1977.

[21] Mit Schreiben der SC Consist vom 23. 1. 1966 (AfkKR 135 [1966], S. 593f.) sind für 30 Länder die den unterschiedlichen Genehmigungen unterliegenden Wertgrenzen neu festgelegt worden. Vgl. nunmehr c. 1272.

[22] Die Strafdrohung im c. 2380 CIC/1917 war durch Dekret der SC Conc vom 22. 3. 1950 (AAS 42 [1950], S. 330f.) verschärft worden zu einer excommunicatio latae sententiae speciali modo Sedi Apostolicae reservata. In schweren Fällen sollte sogar die Entlassung aus dem geistlichen Stand möglich sein. Das alles ist nunmehr beträchtlich zurückgenommen.

Fällen mit einer angemessenen Strafe zu ahnden, wobei, nach vergeblicher Warnung, eine Amtsenthebung nicht ausgeschlossen ist (c. 1396)[23].

2. Freigestellte Bestrafung (puniri potest)

(1) *Behinderung der kirchlichen Freiheit* bei Ausübung von Diensten oder Amtshandlungen oder Wahlen, beim Gebrauch heiliger Sachen (bona sacra) oder sonstiger zeitlicher Kirchengüter (bona ecclesiastica), durch Einschüchterung eines Wählers oder eines Gewählten oder eines auf Grund einer Vollmacht bzw. Dienstpflicht Handelnden kann mit einer angemessenen Strafe geahndet werden (c. 1375)[24].

(2) *Widerrechtliche Ausübung eines priesterlichen* oder sonstigen geistlichen *Dienstes* kann mit einer angemessenen Strafe geahndet werden (c. 1384).

(3) *Verleumderische Anzeige* bei einem kirchlichen Oberen wegen einer angeblich begangenen Straftat oder sonstige Schädigung des guten Rufes eines anderen, kann mit einer angemessenen Strafe, eine Zensur nicht ausgeschlossen, geahndet werden (c. 1390 § 2). Auch zu einer entsprechenden Wiedergutmachung kann der Täter gezwungen werden (c. 1390 § 3). Delikte dieser Art werden, sofern nicht das öffentliche kirchliche Wohl etwas anderes erfordert, nur auf Antrag des Geschädigten verfolgt (Antragsdelikt).

(4) *Urkundenmißbräuche* durch

– Herstellung falscher und Verfälschung echter (Urkundenfälschung) oder Vernichtung oder Verheimlichung (Urkundenunterdrückung) öffentlich-kirchlicher Urkunden sowie Gebrauch der Falsifikate zur Täuschung;

– Verwendung falscher oder verfälschter nichtkirchlicher Urkunden in einer kirchlichen Sache;

– falsche Angaben in einer öffentlich-kirchlichen Urkunde (mittelbare Falschbeurkundung)

können mit einer der Schwere des Delikts angemessenen Strafe geahndet werden (c. 1391).

(5) *Nichtbeachtung von Strafauflagen* durch einen Bestraften kann mit einer angemessenen Strafe geahndet werden (c. 1393)[25].

[23] Zur rechtswidrigen Auswanderung von Klerikern siehe die Const. „Exsul familia" vom 1. 8. 1952 (AAS 44 [1952], S. 694) und neuerdings die Erklärung der SC Ep vom 29. 6. 1975 (AfkKR 144 [1975], S. 135).

[24] Den Tatbestand erfüllen z. B. Erzwingung des Simultangebrauchs von Gotteshäusern oder eines kirchlichen Begräbnisses, widerrechtliche Enteignung von Kirchengut oder Entziehung vermögenswerter Rechte, Vereitelung frommer Zuwendungen, Nutzungsunterbindung, Gebührenverweigerung.

[25] Nicht mehr strafrechtlich erfaßt ist, anders als im c. 2388 CIC/1917 die Nichtbeachtung von Straffolgen seitens Dritter durch Ermöglichung, Zulassung, Gewährung, Einräumung, Vorschubleistung.

III. Generalklausel (c. 1399)

Es wird in der Kirche kaum jemals möglich und wohl auch gar nicht intendiert sein, ein Strafrechtssystem aufzubauen, das einem um perfekte Erfassung aller gemeinschaftsschädlichen Tatbestände bemühten modernen staatlichen Strafrecht vergleichbar wäre. Der spezifische Charakter der Kirche als Heilsgemeinschaft bietet Angriffsflächen, die nicht alle von vorneherein kalkulierbar sind, so daß sich die möglicherweise auftretenden Verletzungen ihrer Ordnung auch nicht in ausschließender Aufzählung festlegen lassen. Die Kirche wird sich daher nicht dazu verstehen können, daß alles, was nicht ausdrücklich durch eine mit Strafsanktion bewehrte Norm verboten ist, straffrei bleiben solle[26]. Andernfalls wäre sie der Möglichkeit beraubt, störende Machenschaften, die unvorhersehbar in Erscheinung treten, unter veränderten Verhältnissen eben auch in wechselnden Formen, notfalls unter Einsatz ihres Strafschwertes, abzuwehren.

Diesem Erfordernis will eine strafrechtliche Generalklausel gerecht werden. Sie besagt, daß in Fällen, die im CIC oder in sonstigen kirchlichen Gesetzen nicht festgelegt sind, eine Bestrafung für äußerlich erkennbare Verletzungen eines göttlichen oder kirchlichen Gesetzes dann, freilich auch nur dann, in Frage kommen kann, wenn deren außerordentliche Schwere das erfordert und die dringende Notwendigkeit besteht, Ärgernisse zu verhindern oder zu beseitigen (c. 1399).

Der kirchliche Gesetzgeber hat sich den Grundsatz „nulla poena sine lege poenali praevia" in Verbindung mit dem anderen „nulla poena sine culpa" prinzipiell zu eigen gemacht (vgl. c. 1321 § 1). Er wurde dabei von der modernen profanrechtlichen Entwicklung beeinflußt. Im kanonischen Recht vor dem CIC/1917 (dort c. 2195 § 1) gibt es für diese Maxime keine Quellen[27]. Sie wird nun, wie auch im CIC/1917 (dort c. 2222 § 1), wiederum durchbrochen, weil die kanonische Billigkeit verlangt, daß bei verwerflichen Handlungen, die eine Bestrafung geradezu herausfordern, diese nicht deshalb unterbleiben muß, weil eine passende gesetzliche Strafdrohung fehlt[28].

Der Satz „nulla poena sine lege" ist ein Produkt des individualistischen Denkens der Aufklärung. Er verdankt seine Formulierung den Bestrebungen jener Zeit, die Einzelperson gegen Übergriffe des absolutistischen Staates zu schützen. Nach der Französischen Revolution hat der Satz allgemein Anerkennung im europäischen Raum gefunden[29]. Es besteht kein Zweifel, daß er geeignet ist, eine willkür-

[26] *J. Hollweck*, Die kirchlichen Strafgesetze, Mainz 1899, S. 66, Anm. 5; *M. Lega*, De delictis et poenis, 3. Aufl., Romae 1910, S. 33; *J. Klein*, Modernes Rechtsdenken und kanonisches Recht, in: Festschr. für Kardinal Schulte, Köln-Düsseldorf 1935, S. 349ff.

[27] *D. Cortés*, De principio: Nullum crimen, nulla poena sine lege, in iure canonico, Kan. Diss. (masch.), München 1953, S. 6ff.

[28] *G. May*, Das geistliche Wesen des kanonischen Rechts, in: AfkKR 130 (1961), S. 22f.; *A. Scheuermann*, Erwägungen zur kirchlichen Strafrechtsreform, in: AfkKR 131 (1962), S. 407f.

[29] Er hat auch Eingang gefunden in das deutsche StGB von 1870 (§ 2 Abs. 1), in die WRV (Art. 116) und in das Bonner GG (Art. 103 Abs. 2).

liche Bestrafung hintanzuhalten und damit die Rechtssicherheit zu fördern. Einerseits wird der Gesetzgeber angesprochen, indem ihm untersagt ist, Strafgesetze mit rückwirkender Kraft zu erlassen oder in Geltung befindliche Strafgesetze rückwirkend zu verschärfen. Andererseits wendet er sich an den Richter und gebietet ihm, nur solche Handlungen als Straftaten zu werten, die zur Zeit ihrer Begehung mit Strafe bedroht waren[30].

Im 19. Jahrhundert wurde der Satz „nulla poena (nullum crimen) sine lege", als Teilinhalt der allgemeinen Menschenrechte[31], heiliggehalten wie ein Satz des wirklichen Naturrechts. Der moderne Rechtsstaat betrachtet ihn als unverzichtbaren Bestandteil seines Strafverständnisses. Trotzdem kann ihm ein naturrechtlicher Charakter nicht zuerkannt werden. Alle menschliche Strafgewalt leitet ihre Autorität unmittelbar oder mittelbar von der göttlichen Strafgerechtigkeit her. Gott will, daß das Böse bestraft und das Gute belohnt werde. In vollkommener Weise wird das erreicht werden durch das von ihm zu fällende Urteil über unseren irdischen Lebensweg. Gott straft, weil die von ihm gewollte Ordnung verletzt, weil gegen seine Ordnung gefrevelt worden ist. Diese auch für die menschliche Strafgewalt als Hilfsinstrument der göttlichen Gerechtigkeit verbindliche Begründung findet ihren Ausdruck in dem Prinzip „nulla poena sine culpa". Autoritativ menschliches Strafen ist freilich in mancherlei Hinsicht Beschränkungen unterworfen. Wie alles menschliche Tun hat es einmal naturgegebene Grenzen. Zum anderen wird es nach seinem Umfang bestimmt von den Erfordernissen der zu ordnenden Gemeinschaft. Es können nur Übeltaten bestraft werden, die nach außen in Erscheinung getreten und dem Gemeinwesen schädlich sind. Außerdem muß ein Gut verletzt worden sein, das eines strafrechtlichen Schutzes würdig ist. Was in einer Gemeinschaft als schutzwürdig zu gelten hat, kann sich mit den Verhältnissen ändern. Unverändert gültig aber bleibt der Grundsatz, daß nur sittlich schlechte Handlungen nach dem Maß ihrer beurteilungsfähigen Schlechtigkeit bestraft werden dürfen.

Der Gesetzgeber wird sich bei der Überlegung, welche Tatbestände er erfassen und welches Strafmaß er festsetzen will, von den Erfahrungen der Vergangenheit und den Anforderungen der Gegenwart leiten lassen. Da der staatliche Gesetzgeber ein möglichst lückenloses Strafrecht anstrebt, kann er auch erklären, daß ausschließlich die von ihm umschriebenen Tatbestände und keine anderen strafbar sein sollen. Damit erweist sich der Satz „nulla poena sine lege" als Maxime einer verfeinerten Strafrechtstechnik, die nicht den Anspruch erheben kann, naturrechtlich fundiert zu sein. Weil dem kirchlichen Strafrecht eine solche Ausschlußtendenz fehlt, kann es sich auch nicht vorbehaltlos zu diesem Satz bekennen. Die Kirche würde mit seiner Kanonisierung ihren spezifischen Strafanspruch einschränken. Im kirchlichen Strafrecht ist auch eine Generalklausel wie die des c. 1399 um so eher zu rechtfertigen, als die Handhabung der kirchlichen

[30] *H. Welzel*, Das deutsche Strafrecht, 5. Aufl., Berlin 1956, S. 18ff.

[31] Siehe *E. Zellweger*, Nulla poena sine lege, in: Um die Erklärung der Menschenrechte, ein Symposion unter dem Patronat der UNESCO, hrsg. vom Europa Verlag Zürich-Wien-Konstanz 1951, S. 342–347.

Strafgewalt auf dem Boden einer homogenen religiösen und ethischen Weltanschauung stattfindet. Jedenfalls bringt im kirchlichen Bereich die Durchbrechung der Gültigkeit des Satzes „nulla poena sine lege" nicht so leicht eine Gefährdung der Rechtssicherheit durch willkürliches Strafen mit sich, wie das zu befürchten wäre, wenn der weltliche Strafgesetzgeber auf diesen Sperriegel verzichten wollte. Im staatlichen Bereich ist die Variationsbreite der persönlichen ethischen Bindungen, auch der Denkweisen auf Grund unterschiedlichster politischer Standorte erfahrungsgemäß sehr groß, wodurch das Strafrecht zum Betätigungsfeld für subjektive Einseitigkeiten entarten könnte. Aus dieser Rechtfertigung der Generalklausel des c. 1399 ergibt sich aber auch zwingend die Forderung, daß für den Fall ihrer Anwendung die entsprechenden Rechtsmittel zur Verfügung stehen müssen.

Sechster Teil

Kirchlicher Rechtsschutz

§ 104 Grundfragen kirchlicher Gerichtsbarkeit

Von Georg May

I. Existenzberechtigung kirchlicher Gerichtsbarkeit

1. Biblische Grundlage

Christus hat seiner Kirche mit der Hirtengewalt auch richterliche Gewalt übertragen, die Apostel haben diese geübt und ihren Nachfolgern weitergegeben[1]. Bei privaten Streitigkeiten verlangen der Herr und der Apostel *Paulus* Verzicht auf das Recht, lieber Unrecht-Leiden als Unrecht-Tun[2], ohne damit ein Verbot auszusprechen, sein Recht zu suchen. Zudem gibt es neben diesen Rechtshändeln andere Rechtsfälle, in denen um der Gemeinschaft, um der Liebe und um der Wahrheit willen Unrecht und Unsicherheit nicht hingenommen werden können. Der Apostel *Paulus* erklärt es wohl der Christen unwürdig, sich über alltägliche Dinge in Rechtshändel zu verwickeln[3]. Indes weiß er, daß Streitigkeiten auch unter Christen praktisch unvermeidlich sind; er rechnet damit, daß die Gemeinden im Hinblick auf Frieden und Liebe versagen und daß dann die Schlichtung unerläßlich wird. *Paulus* tadelt die Gemeinde in Korinth nicht deswegen, weil sie die Erledigung aufgetauchter Streitfragen in einem geordneten Verfahren, in einem „Prozeß", sucht, sondern weil sie ihre Rechtshändel vor heidnische Gerichte bringt. Er verlangt, daß die Gemeinde selbst in der Lage sein muß, solchen Streit beizulegen. Sie hat Vollmacht und Freiheit, ihn in eigener Zuständigkeit zu schlichten[4].

2. Lehramtliche Begründung

Die Kirche nimmt gemäß ihrer Lehrverkündigung das Recht in Anspruch, Streitigkeiten, die über ihre inneren Angelegenheiten entstehen, nach ihren Gesetzen zu entscheiden und die Entscheidung durch entsprechende Zwangsmittel durchzuführen. Sie weiß sich ebenso mit der Befugnis ausgestattet, ihre Glieder, die sich gegen die Gesetze vergehen, zu mahnen, zu warnen, mit Strafe zu bedrohen und zu bestrafen[5]. Die Gerichtsbarkeit ist ein wesentlicher Teil der den Hirten der Kirche übertragenen Regierungsgewalt (c. 135 § 1). Der Papst ist der höchste Richter der Gesamtkirche; er kann die Rechtsprechung selbst ausüben oder durch andere ausüben lassen (c. 1442). Jedem Gläubigen ist es unbenommen,

[1] Mt 18,15–18; 1 Kor 4,21; 5,1–13; 6,1–6; 2 Kor 13,1. 10; 1 Tim 1,20; 5,19f.; Tit 2,15.
[2] Mt 5,39; 1 Kor 6,7.
[3] 1 Kor 6,7–11.
[4] 1 Kor 6,1–6. Vgl. *E. Dinkler*, Zum Problem der Ethik bei Paulus. Rechtsnahme und Rechtsverzicht (1 Kor 6,1–11), in: ZThK 49 (1952), S. 167–200.
[5] DS 1214–1219, 2605, 2646–2650, 2924.

seine Streit- oder Strafsache zur Erkenntnis an den Heiligen Stuhl zu bringen, gleichgültig, in welcher Instanz und in welchem Stadium des Verfahrens sie sich befindet (c. 1417 § 1). Der Diözesanbischof besitzt richterliche Gewalt für seine Teilkirche (c. 391 § 1); er ist in seiner Diözese für alle vom Recht nicht ausgenommenen Sachen der Richter erster Instanz (c. 1419 § 1). Das Zweite Vatikanische Konzil hat die kirchliche Gerichtsbarkeit als Amtsrecht des Bischofs erwähnt (VatII LG Art. 27). Zur Eröffnung des jeweiligen Gerichtsjahres hält der Papst regelmäßig eine Ansprache an den Dekan und die Mitglieder der Romana Rota, in der er grundsätzliche Ausführungen über Recht und Rechtsschutz, Gerichtsbarkeit und Rechtsprechung, aber auch über die Ehe und die Ehejudikatur macht[6].

3. *Praktischer Aufweis*

Wenn die Kirche sich bei dem Gebrauch der ihr vom Herrn übertragenen Gewalt der Gerechtigkeit verpflichtet weiß, kommt sie um die Ausübung von Rechtsprechung nicht herum. Denn das Recht als eine (gerechte) Ordnung des Geltens ist immer in Gefahr, unbeachtet zu bleiben oder gestört zu werden. Das objektive Recht kann einerseits unsicher oder widersprüchlich sein, es kann anderseits übertreten werden. Die subjektiven Rechte können zweifelhaft sein oder verletzt werden; sie müssen auch gegen Säumnis, d. h. gegen Rechtsverweigerung, geschützt werden. Die Kirche kann nicht darauf verzichten, unsichere Rechtsverhältnisse zu klären, streitige Rechtsfragen zu entscheiden und Straftaten aufzuklären. Sie muß dem Schwachen und Unschuldigen gegen den Starken und Schuldigen zu Hilfe kommen. Der dem Bischof auferlegte Schutz der Rechte (z. B. c. 384) und der Disziplin (z. B. c. 392) läßt sich praktisch nicht ohne Gerichtsbarkeit wahrnehmen. Ebenso ist der Schadensersatz, der wegen einer unrechtmäßigen Rechtshandlung oder einer anderen unerlaubten Handlung zu leisten ist (c. 128), nicht selten nur auf prozessualem Wege durchzusetzen[7]. Die Gewährung von Rechtsschutz ist eine Auswirkung der Erzwingbarkeit des Rechtes. Wie aller Ausübung der Kirchengewalt eignet freilich auch der kirchlichen Rechtsprechung ein besonderer Zug; sie ist an glaubensmäßige und sittliche Grundlagen gebunden[8], und sie steht im Dienst der Heilssorge der Kirche. *Paul VI.* bezeichnete die Arbeit der kirchlichen Gerichte am 30. Januar 1965 als einen „lebenswichtigen Dienst"[9].

[6] Z. B.: AAS 73 (1981), S. 228–234; 74 (1982), S. 449–454. Vgl. auch *I. Parisella,* Quid edocuerit Paulus VI de iustitiae ministerio in Ecclesia hac nostra aetate exercendo, in: PerRMCL 65 (1976), S. 123–140, 445–478, 727–742.

[7] *P. Ciprotti,* Il risarcimento del danno nel progetto di riforma del Codice di diritto canonico, in: EIC 37 (1981), S. 165–176.

[8] *H. Eisenhofer,* Die glaubensmäßigen und sittlichen Grundlagen der kirchlichen Verfahrensordnung in Ehesachen, in: Festg. Scheuermann, S. 573–588; *J. Salaverri,* Aspecto teológico de la potestad judicial, in: REDC 25 (1969), S. 75–92.

[9] AAS 57 (1965), S. 181. Vgl. *C. De Diego-Lora,* La función judicial, función pastoral de la Iglesia, in: IusCan 21 (1981), S. 629–640.

II. Die Zuständigkeit der Kirche

Da die Befugnis, Recht zu sprechen, in der von Christus der Kirche übertragenen Gewalt enthalten ist, ergeben sich daraus die Zuständigkeit sowie die Unabhängigkeit und Freiheit der Kirche bei der Ausübung der Gerichtsbarkeit. Je nach dem Gegenstand ist die Kirche allein oder neben dem Staat zuständig.

1. Ausschließliche Zuständigkeit

Die Kirche nimmt nach c. 1401 eigene und ausschließliche Zuständigkeit in Anspruch in Streitsachen, die sich auf geistliche Sachen und auf jene zeitlichen Sachen beziehen, die mit geistlichen Sachen verbunden sind, ferner in Strafsachen, sofern es sich um die Verletzung kirchlicher Gesetze handelt, sowie in allen Angelegenheiten, bei denen die Sünde eine Rolle spielt, was die Bestimmung der Schuld und die Verhängung kirchlicher Strafen betrifft (vgl. c. 1311). Für Ehesachen wird die eigene[10] Zuständigkeit der kirchlichen Gerichte besonders erwähnt (c. 1671), während die Verfahren über die bürgerlichen Wirkungen der Ehe grundsätzlich dem Staat unterstehen (c. 1672). Die Aufhebung der ehelichen Lebensgemeinschaft kann unter bestimmten Umständen dem weltlichen Gericht überlassen werden (cc. 1153 § 1, 1692 § 2).

2. Konkurrierende Zuständigkeit

Gegenstände, die sowohl den staatlichen wie den kirchlichen Machtbereich berühren, werden als gemischte Sachen bezeichnet. Bei diesen besteht eine konkurrierende Zuständigkeit von Kirche und Staat, für die bisher das Prinzip der Prävention galt (c. 1553 § 2 CIC/1917). Gemischte Sachen können entweder Streit- oder Strafsachen sein. Als erstere haben weltliche Sachen zu gelten, die durch den Sachzusammenhang oder die Zielsetzung den kirchlichen Bereich berühren, als letztere jene Verletzungen staatlicher Gesetze, die in sündhafter Weise geschehen (ratio peccati: c. 1401 n. 2) oder die gleichzeitig vom kirchlichen Recht mit Strafe bedroht sind. Die mit der Redigierung dieser Materie befaßte Kommission ließ die Aussagen betreffend die doppelte Zuständigkeit und Prävention im CIC/1983 als angeblich antiquiert fallen[11].

III. Die kanonischen Rechtswege

Rechtsweg bedeutet die Möglichkeit, eine Behörde um Rechtsschutz anzurufen. Dieser kann grundsätzlich auf doppelte Weise gewährt werden, durch die Verwal-

[10] Die Worte „et exclusivo" fielen aus ökumenischen Gründen weg (Communicationes 11 [1979], S. 256).
[11] Communicationes 10 (1978), S. 218.

tung und durch die Gerichtsbarkeit[12]. *Pius X.* hatte mit seiner Reform der Römischen Kurie die Absicht, die Rechtsprechung wieder als selbständigen Zweig der Ausübung kirchlicher Jurisdiktion neben die Verwaltung zu stellen. Rechtsprechung und Verwaltung sollen im allgemeinen verschiedenen Organen anvertraut werden. So soll der Generalvikar grundsätzlich nicht gleichzeitig Offizial sein (c. 1420 § 1).

1. *Verwaltungsweg*

Die Kirche gibt grundsätzlich der verwaltungsmäßigen Erledigung von Streitfragen den Vorrang vor dem gerichtlichen Austrag derselben. So berechtigte und verpflichtete beispielsweise c. 106 n. 6 CIC/1917 den Ortsoberhirten, in dringenden Fällen Präzedenzstreitigkeiten, die in seinem Sprengel entstehen, mit sofortiger Wirkung durch Verwaltungsverfügung zu schlichten. Die Entlassung von Ordensleuten nach c. 703 geschieht auf dem Verwaltungswege. Die Aufhebung der ehelichen Lebensgemeinschaft kann durch ein Verwaltungsverfahren erfolgen (c. 1692 § 1). Der CIC kennt auch die außergerichtliche Strafverhängung nach Maßgabe der cc. 1341, 1342, 1718 und 1720[13]. An der Römischen Kurie wird die Masse der Rechtsstreitigkeiten nach wie vor von den Kongregationen auf dem Verwaltungsweg erledigt. N. 7 der Konstitution *Regimini Ecclesiae universae* vom 15. August 1967[14] bestimmt indes, daß Fragen, die in gerichtlicher Weise zu untersuchen und zu entscheiden sind, den zuständigen Gerichten überwiesen werden müssen. Die Rechtsschutzgewährung durch die Verwaltung ist grundsätzlich rascher und flexibler als die durch die Gerichte. Sie entbehrt nicht bestimmter verfahrensrechtlicher Normen, ist jedoch von zeitraubenden Förmlichkeiten frei. Allerdings bietet sie nicht die rechtlichen Garantien für die Verwirklichung der Gerechtigkeit, die das Angehen der Gerichte sichert.

2. *Gerichtsweg*

Die Gewährung des Rechtsschutzes durch die Gerichte ist an die Beobachtung strenger verfassungs- und verfahrensrechtlicher Normen gebunden[15]; sie sind von der Dispensgewalt des Diözesanbischofs ausgenommen (c. 87 § 1). Die Verfahrensweise des Gerichtsweges ist der Prozeß, d. h. die Verhandlung einer Sache vor einem Gericht mit dem Ziel, eine Entscheidung desselben zu erlangen[16]. Der Prozeß gewährleistet die Durchsetzung des Rechts in der Wirklichkeit des alltäglichen Rechtslebens und ist deswegen für jede Rechtsordnung unentbehrlich. Im

[12] *K. Mörsdorf,* Rechtsprechung und Verwaltung im kanonischen Recht, Freiburg i. Br. 1941.

[13] *A. Marzoa,* Doble via, administrativa y judicial, en la imposición de penas canónicas, in: IusCan 20 (1980), S. 167–187.

[14] AAS 59 (1967), S. 885–928.

[15] *C. De Diego-Lora,* Estudios de Derecho Procesal Canónico, 2 Bde., Pamplona 1973.

[16] *A. Comolli,* Caratteristiche del processo canonico, in: Apollinaris 42 (1969), S. 37–54; *J. I. Arrieta,* La noción de „processus", in: IusCan 18 (1978), S. 347–404.

Unterschied zu dem materiellen Recht, durch das rechtliche Ansprüche begründet werden, ist das Prozeßrecht, durch das diese durchgesetzt werden, formelles Recht. Je nach dem Sachgebiet und nach der Weise des Vorgehens werden Streit-, Straf- und Verwaltungsgerichtsprozesse unterschieden. Gegenstand des Streitverfahrens sind einerseits Rechte physischer und juristischer Personen, die geltend gemacht oder geschützt werden sollen, anderseits rechtlich bedeutsame Tatsachen, die aufgehellt werden sollen (c. 1400 § 1 n. 1). Objekt des Strafverfahrens sind Straftaten, die entweder mit Strafen belegt werden oder deren bereits eingetretene Strafen festgestellt werden sollen (c. 1400 § 1 n. 2). Streitigkeiten, die sich aus dem Verwaltungsakt ergeben, sind nicht vor den ordentlichen Gerichten auszutragen, sondern entweder vor den zuständigen Oberen oder vor das Verwaltungsgericht zu bringen (c. 1400 § 2).

Das (gemeine) Prozeßrecht des CIC/1983 hat im siebenten Buch seinen Platz gefunden[17]. Es umfaßt die Kanones 1400–1752 und ist somit nach dem zweiten Buch das umfangreichste; es enthält die Zuständigkeitsregelung, die Gerichtsorganisation, die an einem Prozeß beteiligten Personen, das Streitverfahren von der Klage bis zur Vollstreckung des Urteils, die Sonderverfahren[18] betreffend Ehe und Weihe, Vergleich und Schiedsgericht, den Strafprozeß, den Einspruch gegen Verwaltungsakte sowie das Verfahren zur Entfernung und Versetzung von Pfarrern. An die Stelle des früheren Summarprozesses ist jetzt das Streitverfahren mit mündlicher Verhandlung getreten (cc. 1656–1670)[19]. Es kann in allen vom Recht nicht ausgeschlossenen Fällen statthaben, sofern nicht eine Partei auf dem ordentlichen Streitverfahren besteht. Zahlreiche spezielle prozeßrechtliche Normen bleiben außerhalb des CIC, so z. B. die Ordnungen der päpstlichen Gerichte (c. 1402) und das Heiligsprechungsverfahren (c. 1403)[20]. Der geplante Titel „De processu ad matrimonii solutionem in favorem fidei"[21] wurde in die Endredaktion des CIC nicht aufgenommen. Den verschiedenen Verfahren ist gemeinsam, daß ein jeder rechtliches Gehör und seinen gesetzlichen Richter findet, daß die für die Entscheidung wesentlichen Tatsachen mit möglichst großer Gewähr für die Richtigkeit in angemessener Zeit festgestellt und daß die Rechtssätze unbeein-

[17] *Th. J. Green,* The Revision of the Procedural Law Schema: Implications for Tribunal Practice, in: Jurist 40 (1980), S. 349–383.

[18] *A. M. Martínez Sagasti,* Procedimientos jurídicos para la separación conyugal, in: IusCan 17 (1977), 34, S. 105–171; *H. Flatten,* Der Eheprozeß im Entwurf zum künftigen Codex Iuris Canonici, in: AfkKR 146 (1977), S. 36–73; *Th. J. Green,* Marriage Nullity Processes in the Schema De Processibus, in: Jurist 38 (1978), S. 311–414; *C. De Diego-Lora,* Consideraciónes sobre el proceso „in casibus specialibus", in: IusCan 21 (1981), S. 309–383.

[19] Vgl. dazu Communicationes 11 (1979), S. 247 f.; *Z. Grocholewski,* Natura ed oggetto del processo contenzioso sommario, in: EIC 34 (1978), S. 114–143.

[20] Const. Ap. „Divinus perfectionis Magister" vom 25. Januar 1983, in: AAS 75 (1983), S. 349–355; Normae servandae in inquisitionibus ab Episcopis faciendis in Causis Sanctorum vom 25. Januar 1983, in: AAS 75 (1983), S. 396–403; Normae (sc. der Apostolischen Signatur) pro tribunalibus interdioecesanis vel regionalibus aut interregionalibus erigendis et ordinandis vom 28. Dezember 1970 (AAS 63 [1971], S. 486–492); Normae speciales in Supremo Tribunali Signaturae Apostolicae ad experimentum servandae post Const. Ap. Pauli VI „Regimini Ecclesiae universae" vom 23. März 1968 (*Ochoa* III, n. 3636, Sp. 5321–5332).

[21] Communicationes 11 (1979), S. 280–282.

flußt von Dritten richtig angewandt werden, daß am Schluß des Verfahrens eine Entscheidung ergeht und diese Bestandskraft besitzt. Zur Anfechtung richterlicher Anordnungen oder Entscheidungen stehen regelmäßig Rechtsmittel zur Verfügung. Diese können ordentliche oder außerordentliche, devolutive oder suspensive sein. Die Rechtsprechungsgewalt, welche die Richter innehaben, ist in der vom Recht vorgeschriebenen Weise auszuüben; sie kann nicht als ganze durch Delegation weitergegeben werden, sondern lediglich für prozessuale Handlungen, die einem Beschluß oder einem Urteil vorangehen, ist Delegation möglich (c. 135 § 3). Die Rechtsprechung in der Kirche ist grundsätzlich frei und unabhängig[22]. Die Inhaber der obersten Gewalt im Bereich der Gesamtkirche und der Teilkirche können jedoch eine Rechtssache zur persönlichen Entscheidung an sich ziehen[23].

3. *Vermeidung von Prozessen*

Die Gläubigen sind befugt, ihre kirchlichen Rechte vor dem zuständigen kirchlichen Gericht geltend zu machen und zu verteidigen (c. 221 § 1). Sie haben einen Anspruch darauf, im kirchlichen Gericht nach Maßgabe der Vorschriften des Rechts, die mit Billigkeit anzuwenden sind, gerichtet zu werden (c. 221 § 2). Dennoch sind alle Christen, an der Spitze die Bischöfe, gehalten, Streit im Volke Gottes möglichst zu vermeiden oder so bald wie möglich friedlich beizulegen, soweit dies ohne Verletzung der Gerechtigkeit geschehen kann (c. 1446 § 1). Der Richter soll daher zu Beginn und in jedem geeigneten Zeitpunkt des Verfahrens darauf hinwirken, daß sich die Streitparteien um eine billige Lösung der Streitsache bemühen, und ihnen Wege zu diesem Ziel weisen (c. 1446 § 2). Bei Ehestreitigkeiten soll der Richter in seelsorglicher Weise auf die Versöhnung der Gatten und die Gültigmachung der Ehe hinwirken, bevor er das Verfahren eröffnet (c. 1676). In privaten Streitsachen soll der Richter zusehen, ob sie sich durch Vergleich oder Schiedsgericht beenden lassen (c. 1446 § 3). Ebenso wird der Wunsch ausgesprochen, daß, wenn sich jemand durch ein Dekret beschwert glaubt, ein Streit zwischen ihm und dem Urheber des Dekrets vermieden und in gemeinsamer Beratung, u. U. mit Hilfe von Vermittlern, eine billige Lösung gefunden werden soll (c. 1733 § 1); zu diesem Zweck kann in der Diözese eine Schlichtungsstelle eingerichtet werden (c. 1733 § 2).

IV. Entscheidung über den Rechtsweg

Im Unterschied zum staatlichen Bereich werden in der Kirche in bestimmten Fällen auch Verwaltungsorgane in richterlicher Funktion tätig. Die von ihnen angewandten Verfahren sind überwiegend Kurzverfahren, die sich auf die wesentlichen Gerichtsformen beschränken. Ob eine bestimmte Streitsache auf dem

[22] C. 1608 § 3. Vgl. AAS 32 (1940), S. 317f.
[23] Cc. 1442, 1419 § 1, 1420 § 2.

Verwaltungsweg oder auf dem Gerichtsweg zu entscheiden ist, ergibt sich regelmäßig aus der vom Recht getroffenen Zuständigkeitsverteilung.

1. An der Römischen Kurie

Die Konstitution *Regimini Ecclesiae universae* erklärt von der Glaubenskongregation, daß sie, je nach der Eigenart der Sache, auf dem Verwaltungs- oder auf dem Gerichtswege vorgeht (n. 39). Die Sakramentenkongregation entscheidet entweder selbst über die Gültigkeit von Weihen oder überweist die Frage zur Entscheidung an das zuständige Gericht (n. 57; c. 1709 § 1). Die Kongregation für die Heiligsprechungen geht nach der Konstitution *Divinus perfectionis Magister* vom 25. Januar 1983 bei der Kanonisation ad modum iudicii vor[24]. Sie unterhält zu diesem Zweck eine Sectio iudicialis (nn. 62–64 der Konstitution *Regimini Ecclesiae universae*). Die SC Cler und die SC Rel entscheiden Vorrangstreitigkeiten auf gerichtlichem, andere Streitfälle auf dem Verwaltungswege (n. 68 § 5). Die Kongregation für die Ordensleute und Säkularinstitute leitet das Ordenswesen des lateinischen Ritus, muß aber Gerichtssachen an die Gerichte abgeben (n. 73 § 1). Die Kongregation für die Evangelisierung der Völker hat Ehesachen und alles, was ein gerichtliches Verfahren erfordert, an die Römische Rota zu überweisen (n. 87).

2. Im diözesanen Bereich

Im Bistum entscheidet der Bischof bei bestimmten Sachen, ob sie auf dem Verwaltungsweg oder auf dem Gerichtsweg behandelt werden. Hier finden vor allem Summarprozesse gegen Geistliche und bei bestimmten Ehesachen statt[25]. Auch die Entlassung von Religiosen in Verbänden diözesanen Rechtes nach cc. 695–700 hat den Charakter eines solchen Summarprozesses.

V. Rechtsschutz gegen Verwaltungsakte

1. Durch die Verwaltung

Die Verwaltung muß sich innerhalb der Schranken des Rechts bewegen. Ein gewisser Rechtsschutz gegen Rechtswidrigkeiten der Verwaltung liegt in der Möglichkeit zur Erhebung von Gegenvorstellungen (cc. 1733, 1734) und in der Aufsicht einer höheren über eine niedrigere Behörde (z. B. c. 436). So kann, wer sich durch einen Verwaltungsakt des Oberhirten beschwert empfindet, bei dem hierarchischen Vorgesetzten des letzteren Beschwerde einlegen (c. 1737 § 1).

[24] AAS 75 (1983), S. 349–355.
[25] Cc. 1686–1688, 1740–1752. Vgl. *Ph. Hofmeister,* Das summarische Verfahren im Codex Iuris Canonici, in: Acta Congressus Iuridici Internationalis, Romae 12–17 Novembris 1934, IV, Roma 1937, S. 433–467.

2. Durch die Gerichtsbarkeit

In jüngster Zeit ist in Analogie zu den Verhältnissen in den demokratischen Rechtsstaaten der Aufbau einer kirchlichen Verwaltungsgerichtsbarkeit gefordert und in gewissem Umfang in Angriff genommen worden[26]. Jedes Kirchenglied soll sich zum Schutz seiner Rechte an ein unabhängiges Gericht wenden können. Nun hat zwar schon c. 1667 CIC/1917 die wichtige Aussage getroffen, daß jedes (subjektive) Recht durch die gerichtliche Klage geschützt ist, wenn die Rechtsordnung nicht ausdrücklich etwas anderes vorsieht. Nach der Erklärung der Interpretationskommission vom 22. Mai 1923[27] können indes Anordnungen und Verfügungen der Ortsoberhirten, die sich auf die Leitung und Verwaltung der Diözesen beziehen, nicht mit einer Klage angefochten werden. Die von der Versammlung der Bischofssynode 1967 gebilligten Richtlinien für die Revision des CIC sahen die Einrichtung einer Verwaltungsgerichtsbarkeit vor[28]. Die Existenz einer solchen kann sich dahin auswirken, daß die Verwaltungsbehörden sich in stärkerem Maße um Recht- und Gesetzmäßigkeit bemühen und daß das Vertrauen der Kirchenglieder auf die kirchlichen Maßnahmen gestärkt wird. Entgegen zahlreichen Hoffnungen und Bemühungen hat der CIC/1983 jedoch keine Verwaltungsgerichtsbarkeit im bischöflichen Bereich eingerichtet; das Anliegen, durch einen Verwaltungsakt verletzte Rechts- und Besitzverhältnisse durch eine gerichtliche Klage geschützt zu sehen, bleibt bestehen[29]. In der Apostolischen Signatur ist eine eigene Sektion für die gerichtliche Überprüfung von Verwaltungsakten der Römischen Kurie zuständig[30]. Wer sich in seinem Recht durch andere als Organe der Römischen Kurie beeinträchtigt sieht, kann sich nicht unmittelbar an die Apostolische Signatur wenden, sondern lediglich an die zuständige Kongregation. Gegen deren Entscheidung aber kann die Signatur angegangen werden. Schließlich besteht ein Interesse, auf gerichtlichem Wege kirchliche Gesetze auf ihre Vereinbarkeit mit übergeordneten Normen überprüfen zu lassen. Indes ist die gerichtliche Nachprü-

[26] *H. Schmitz*, Möglichkeit und Gestalt einer kirchlichen Gerichtsbarkeit über die Verwaltung, in: AfkKR 135 (1966), S. 18–38; *P. Wirth*, Gerichtlicher Schutz gegenüber der kirchlichen Verwaltung. Modell eines kirchlichen Verwaltungsgerichtes, in: AfkKR 140 (1971), S. 29–73; *M. Kaiser*, Einführung einer Verwaltungsgerichtsbarkeit in der katholischen Kirche?, in: *J. Krautscheidt/H. Marré* (Hrsg.), Essener Gespräche zum Thema Staat und Kirche, Bd. 7, Münster 1972, S. 92–111; *G. Raab*, Rechtsschutz gegenüber der Verwaltung. Zur Möglichkeit einer kanonischen Verwaltungsgerichtsbarkeit nach dem Modell des deutschen Rechts (= AnGr Vol. 211. Series Fac. Iur. Can. Sectio B, n. 41), Rom 1978; *U. Tammler*, Tutela iurium personarum. Grundfragen des Verwaltungsrechtsschutzes in der katholischen Kirche in Vergangenheit und Gegenwart (= KStuT 32), Amsterdam 1981.

[27] AAS 16 (1924), S. 251.

[28] Communicationes 1 (1969), S. 83.

[29] In c. 149 § 2 ist die Aufhebung einer Amtsverleihung u. a. durch das Urteil eines Verwaltungsgerichtes vorgesehen.

[30] Konstitution „Regimini Ecclesiae universae" n. 106; Normae speciales vom 25. März 1968 (AfkKR 137 [1968], S. 177–202). Vgl. *P. Wirth*, Erwägungen zur Neuordnung der Apostolischen Signatur, in: Festschr. Mörsdorf, S. 647–665; *E. Labandeira*, La Signatura Apostólica y los Tribunales Administrativos, in: IusCan 21 (1981), S. 665–721; *Z. Grocholewski*, La „Sectio Altera" della Segnatura Apostolica con particolare riferimento alla procedura in essa seguita, in: Apollinaris 54 (1981), S. 65–110.

fung von Gesetzen im Wege des Normenkontrollverfahrens im CIC/1983 nicht vorgesehen.

VI. Die Gerichtsverwaltung

1. Aufgabe

Nicht die gesamte Tätigkeit der Gerichte ist Rechtsprechung. In gewissem Umfang ist sie verwaltender Art. Die Gerichtsverwaltung schafft einmal die äußeren Voraussetzungen der Rechtspflege. Sie errichtet Gerichte bzw. richtet sie ein, ernennt die Richter und die übrigen Gerichtspersonen und beruft sie ab, befriedigt den sachlichen Bedarf der Rechtspflege. Die Gerichtsverwaltung führt sodann die Dienstaufsicht über die Gerichte. Dazu gehören der Erlaß von Dienstvorschriften, die Verteilung der Geschäfte und die Überwachung der geordneten Erledigung derselben.

2. Organe

Die obersten Organe der Gerichtsverwaltung sind die Gerichtsherren, nämlich der Papst für die päpstlichen Gerichte und darüber hinaus für die Gesamtkirche und der Ortsoberhirt für seinen Bereich. Die Gerichtsherren behalten sich im allgemeinen nur die grundlegenden und wichtigen Akte der Gerichtsverwaltung vor. Alle anderen Angelegenheiten werden von den Gerichten selbst erledigt. So ist die Apostolische Signatur in bestimmtem Umfang für die Organisation der Rechtsprechung zuständig (nn. 54 und 105 der Konstitution *Regimini Ecclesiae universae*). Sie wacht über die Handhabung der Gerichtsbarkeit, verlängert die Zuständigkeit der Gerichte, fördert und bestätigt die Errichtung von Regionalgerichtshöfen (c. 1445 § 3).

§ 105 Gerichtsverfassung und Gerichtsordnung

Von Paul Wirth

A. Gerichtsverfassung

I. Zuständigkeit der Gerichte

Ein Gericht kann und darf nur dann Rechtsschutz gewähren, wenn es von Gesetzes wegen für die Behandlung einer angetragenen Sache ermächtigt ist. Der Belangte hat sich vor einem bestimmten Gericht zu verantworten *(Gerichtsstand).* Zu unterscheiden ist zwischen dem Gerichtsstand einer Person und dem Gerichtsstand für eine Sache (z. B. Ehe), ferner zwischen ordentlichem und Sondergerichtsstand. Ein Gericht, das sich einer angetragenen Sache annehmen darf und muß, besitzt einen *Zuständigkeitsgrund*[1].

1. Ordentlicher Gerichtsstand (cc. 1407–1416)

a) Aus der *Grundregel,* daß jedes Kirchenglied seinen Gerichtsstand bei dem für seinen Wohnsitz zuständigen Oberhirten hat, folgt, daß der Kläger sich an das für den Belangten zuständige Gericht wenden muß (c. 1407 § 3). Daneben können verschiedene vom Recht vorgesehene Fälle auch von einem Gericht behandelt werden, das in einer näheren Beziehung zu einer Streit- oder Strafsache steht (konkurrierender Gerichtsstand). Die Zuständigkeitsregelungen des c. 1560 CIC/1917 über den notwendigen Gerichtsstand für verschiedene Klagearten sind abgeschafft worden.

b) Für den *konkurrierenden Gerichtsstand* gilt folgendes: Jede Person kann bei dem Gericht des Oberhirten belangt werden, in dessen Gebiet sie Wohnsitz oder Nebenwohnsitz hat (actor sequitur forum partis conventae; c. 1408). Wohnsitzlose haben ihren Gerichtsstand bei dem Oberhirten ihres tatsächlichen Aufenthaltsortes (c. 1409 § 1). Ist der Wohnsitz, Nebenwohnsitz oder Aufenthaltsort nicht zu ermitteln, so kann jemand auch bei dem für den Kläger zuständigen Gericht belangt werden, falls nicht noch die Zuständigkeit eines weiteren Gerichtes gegeben ist (c. 1409 § 2). Mit dem Gerichtsstand des Wohnsitzes oder Nebenwohnsitzes des Belangten kann konkurrieren der Gerichtsstand der belegten Sache (forum rei sitae, z. B. Grundstück, Bibliothek; c. 1410), des Vertrages (forum

[1] *Th. Burke,* Competence in Ecclesiastical Tribunals, Washington 1922. Die Zahl der inhaltlichen Änderungen gegenüber dem Prozeßrecht des CIC/1917 hält sich trotz mancher Neuerungen im großen und ganzen in maßvollen Grenzen. Für die Textinterpretation vermag deshalb auch die bisherige prozeßrechtliche Literatur auf weiten Strecken noch wertvolle Hilfe zu leisten.

contractus), d. h. des Ortes des Abschlusses oder der Erfüllung eines Vertrages (c. 1411), der begangenen Tat (forum delicti; c. 1412), des Sachzusammenhanges (forum connexionis; c. 1414), der Verwaltung einer Sache (c. 1413 n. 1) und des letzten Wohnsitzes eines Erblassers (c. 1413 n. 2).

c) Die Konkurrenz der Gerichtsstände wird *behoben* entweder dadurch, daß der Kläger nach freier Wahl eines der zuständigen Gerichte angeht (c. 1407 § 3), oder durch den Vorgriff des Gerichtes, d. h. dadurch daß ein zuständiges Gericht den Belangten als erstes rechtmäßig vorgeladen hat (c. 1415).

2. Sondergerichtsstände (cc. 1404, 1405)

a) Allein beim *Papst* persönlich, der als oberster Richter der Kirche selbst keinen Richter hat (c. 1404), haben ihren Gerichtsstand die obersten Inhaber der Staatsgewalt sowie die Gesandten des Heiligen Stuhles und in Strafsachen die Bischöfe. Ferner ist der Papst zuständig für Angelegenheiten, die er persönlich an sich gezogen hat (c. 1405 § 1).

b) Ihren ausschließlichen Gerichtsstand bei der *Römischen Rota* haben die Bischöfe und die ihnen gleichgestellten Ortsordinarien in Streitsachen, Gebietskörperschaften und natürliche Personen, die nur dem Papst unterstehen (z. B. Diözesen, exemte klösterliche Verbände) sowie die obersten Leiter monastischer Kongregationen oder klösterlicher Institute päpstlichen Rechts (c. 1405 § 3).

c) Kraft seiner Primatialgewalt kann der Papst jede *Sache an sich ziehen* (c. 1405 § 1 n. 4). Umgekehrt steht es allen Kirchengliedern frei, unter Umgehung der Instanzenordnung jede Streit- oder Strafsache unmittelbar oder in jedem Stadium des Verfahrens vor den Apostolischen Stuhl zu bringen bzw. dort anhängig zu machen (c. 1417 § 1).

3. Verstöße gegen die Zuständigkeit (cc. 1406, 1407)

a) Für Klagen gegen natürliche oder juristische Personen, die einen Sondergerichtsstand beim Papst oder einem päpstlichen Gericht besitzen, ist jedes andere Gericht *absolut unzuständig* (c. 1406 § 2) mit der Folge, daß ein Urteil an unheilbarer Nichtigkeit leidet, das von einem absolut unzuständigen Gericht gefällt worden ist (c. 1620 n. 1).

b) Nimmt ein Gericht sich einer Prozeßsache an, für die kein Sondergerichtsstand und auch kein ordentlicher Zuständigkeitsgrund besteht, so ist es *relativ unzuständig* (c. 1407 § 2). Die Prozeßführung ist in diesem Fall gültig und sogar unanfechtbar, wenn sie mit Einverständnis der Parteien geschieht.

II. Organisation der Gerichte

Abgesehen von dem Fall, daß der Papst jede Streit- und Strafsache an sich ziehen (c. 1405 § 1 n. 4) und daß jedes Glied der Kirche eine Sache unmittelbar beim

Heiligen Stuhl einbringen kann (c. 1417 § 1), kennt das kirchliche Recht analog zur territorialen Gliederung der Kirche eine dreifache Abstufung der Gerichte: *Bischöfliche Gerichte* als Untergerichte (erste Instanz) sowie *Metropolitangerichte* (zweite Instanz) und *päpstliche Gerichte* (Römische Rota, Apostolische Signatur) als Obergerichte. Diese *Instanzenordnung* ist in der Regel bei der Einbringung gerichtlicher Klagen einzuhalten. Damit soll die Nachprüfung der Entscheidungen untergeordneter Gerichte und somit ein umfassender Rechtsschutz gewährleistet sein. Es ist zu unterscheiden zwischen ordentlichen und delegierten Gerichten.

1. Ordentliches Gericht der ersten Instanz (cc. 1419–1422, 1424–1437)

a) Innerhalb ihres Gebietes haben die Diözesanbischöfe und die ihnen rechtlich gleichgestellten übrigen *Ortsoberhirten* (Vorsteher von Territorialabteien und -prälaturen, Apostolische Vikare, Präfekten und Bistumsverwalter, vgl. c. 368) ordentliche Gerichtsgewalt über alle Personen, die dort wohnen oder sich aufhalten (c. 1419 § 1). Sie können ihre Gewalt persönlich oder durch andere ausüben. In Sachen, in denen sie als Kläger oder Beklagte auftreten, ist ihnen jedoch die Ausübung der Gerichtsgewalt verwehrt (nemo iudex in causa propria). Sie haben als ständiges Vertretungsorgan ein Kollegialgericht mit dem Offizial an der Spitze zu bilden (c. 1420 § 1).

b) Die Gerichtsgewalt der *Personaloberhirten* (Provinzial, Abt) beschränkt sich auf Streitsachen zwischen exemten Angehörigen desselben priesterlichen Verbandes und auf Strafsachen dieses Personenkreises (c. 1427 § 1). Bei Streitsachen zwischen natürlichen oder juristischen Personen verschiedener Verbände oder zwischen Religiosen, Nichtreligiosen und Laien ist jedoch stets das Diözesangericht des beklagten Teiles zuständig (c. 1427 § 3).

c) Für den Bereich der gemeingerichtlichen Rechtspflege ist das Amt des *Offizials*[2] als ständige Einrichtung vorgesehen (c. 1420 §§ 1 und 2). Der Offizial ist Vorsitzender des Kollegialgerichts und hat ordentliche richterliche Gewalt für den gemeingerichtlichen Bereich; durch ihn spricht der Bischof Recht. Gegen Urteile des Offizials kann nicht Berufung an den Bischof eingelegt werden. Der Offizial kann nur aus einem gerechten und schwerwiegenden Grund abberufen werden und verliert sein Amt nicht mit der Erledigung des Bischofsstuhles (cc. 1422, 1420 § 5). Grundsätzlich besteht Inkompatibilität zwischen dem Amt des Offizials und jenem des Generalvikars, ausgenommen in kleinen Diözesen oder bei geringem Anfall von Gerichtssachen (c. 1420 § 1).

d) *Vizeoffiziale* besitzen ebenfalls ordentliche Gerichtsgewalt, unterstehen aber in Fragen der Gerichtsverwaltung dem Offizial (c. 1420 § 3). Ihre Ernennung

[2] Der CIC kennt die Amtsbezeichnung „Vicarius iudicialis seu Officialis" bzw. „Vicarius iudicialis adiunctus seu Vice-Officialis". Es dürfte sich empfehlen, im deutschen weiterhin die eingeführte Bezeichnung „Offizial" und „Vizeoffizial" beizubehalten. Hierzu auch *H. Flatten,* Der Eheprozeß im Entwurf zum künftigen Codex Iuris Canonici, in: AfkKR 146 (1977), S. 43.

ist angezeigt, wenn der Offizial seinen Dienstobliegenheiten nicht allein nachkommen kann. Von beiden wird gefordert, daß sie Priester sind, guten Leumund haben, wenigstens dreißig Jahre alt sind und den Grad eines Doktors oder wenigstens Lizentiaten im kanonischen Recht besitzen (c. 1420 § 4)[3].

e) Lediglich delegierte Gewalt haben die Mitglieder des bischöflichen Kollegialgerichtes. Die Unterscheidung des c. 1574 § 1 CIC/1917 zwischen Synodal- und Prosynodalrichtern wurde aufgegeben. C. 1421 spricht nur mehr von *Diözesanrichtern* (iudices dioecesani), deren Ernennung auf befristete Zeit erfolgt (c. 1422). Voraussetzung für ihre Berufung ist persönliche Integrität, Doktorat oder Lizentiat im kanonischen Recht (c. 1421 § 3) und die Zugehörigkeit zum geistlichen Stand (c. 1421 § 1). Mit Erlaubnis der zuständigen Bischofskonferenz können auch männliche Laien zu Diözesanrichtern bestellt werden; einer von ihnen kann einem Kollegialgericht angehören, soweit eine Notwendigkeit dazu besteht (c. 1421 § 2)[4]. Es wird noch der wissenschaftlichen Klärung bedürfen, wie diese Möglichkeit mit c. 135 § 3 (die potestas iudicialis ist ein Bestandteil der potestas regiminis) und c. 274 § 1 (nur Klerikern können Ämter übertragen werden, zu deren Ausübung die potestas regiminis erforderlich ist) in Einklang gebracht werden kann.

f) Der Offizial wird in weniger wichtigen Streitsachen als *Einzelrichter* tätig, wobei er zwei beratende Richter (assessores aus dem Kleriker- oder Laienstand) beiziehen kann (c. 1424). In Fällen, in denen eine kollegiale Verfahrensweise vorgeschrieben ist, können erstinstanzliche Verfahren mit Erlaubnis der Bischofskonferenz vom Einzelrichter durchgeführt werden, wenn etwa aus Personalmangel ein Kollegialgericht nicht bestellt werden kann. Dabei soll der Einzelrichter nach Möglichkeit einen Besitzer und einen Vernehmungsrichter hinzuziehen (c. 1524 § 4). *Kollegiale Verfahrensweise* mit wenigstens drei erkennenden Richtern ist gesetzlich vorgeschrieben bei Streitsachen über die Gültigkeit eines Ehe- oder Weihebandes und bei Strafsachen, die die Entlassung aus dem geistlichen Stand oder die Verhängung bzw. Feststellung des Kirchenbannes zur Folge haben können (c. 1425 § 1). Darüber hinaus kann der Bischof in einzelnen schwierigen oder bedeutenderen Prozessen eine kollegiale Behandlung (Dreier- oder Fünfergericht) anordnen (c. 1425 § 2).

In der Regel besteht das Kollegialgericht aus dem Offizial oder einem Vizeoffizial als Vorsitzendem und zwei Richtern als Beisitzern (vgl. c. 1426 § 2). Der Vorsitzende kann, falls er diese Aufgabe nicht selbst übernimmt, einen Beirichter

[3] Hinsichtlich der fachlichen Eignungsvoraussetzungen handelt es sich hier um eine Verschärfung gegenüber c. 1573 § 4 CIC/1917, wonach auch der Nachweis entsprechender Fachkenntnisse genügte. Angesichts des Mangels an geeigneten Fachkräften in der Bundesrepublik Deutschland wird eine strikte Einhaltung der Vorschrift des c. 1420 § 4 gegenwärtig nicht immer möglich sein. Dasselbe gilt für das Erfordernis des cc. 1421 § 3 und 1435. Danach haben auch die Diözesanrichter, Kirchenanwälte und Bandverteidiger einen akademischen Grad im Kirchenrecht aufzuweisen.

[4] *H. Flatten*, Zur Reform des kirchlichen Eheprozesses, in: Kirche im Wandel der Zeit. Festschr. für Joseph Kardinal Höffner, Köln 1975, S. 616f.; *W. Aymans*, Laien als kirchliche Richter?, in: AfkKR 144 (1975), S. 3ff.; *P. Frattin*, Lay Judges in Ecclesiastical Tribunals, in: Jurist 28 (1968), S. 177ff.

zum *Berichterstatter* (ponens, relator) bestellen, der bei der Urteilssitzung über die Prozeßfrage zu berichten und das Urteil auszufertigen hat (c. 1429). Entscheidungen (Beschlüsse und Urteile) des Kollegialgerichtes werden durch Mehrheitsbeschluß gefällt (c. 1426 § 1).

g) Dem *Vernehmungsrichter* (auditor) als Hilfsorgan des Gerichtes obliegt nach Maßgabe des Auftrages die Aufgabe der Beweiserhebung (Partei- und Zeugenvernehmungen; c. 1428 § 3). Es können ein oder mehrere Vernehmungsrichter aus dem Kreis der Richter oder den Personen ausgewählt werden, die der Bischof für diese Aufgabe ermächtigt hat (c. 1428 § 1). Sie können Geistliche oder Laien sein und haben sich durch gute Lebensführung, Klugheit und Fachkenntnisse auszuzeichnen (c. 1428 § 2).

h) Zu dem Gerichtspersonal ohne richterliche Gewalt gehört der *Gerichtsschreiber* (actuarius, notarius)[5]. Als kirchlichem Urkundsbeamten obliegt ihm die Ausfertigung von Akten und Urkunden (gerichtliche Ladungen, Vernehmungsniederschriften, Gerichtsbeschlüsse und Urteile). Die Gültigkeit aller Prozeßvorgänge hängt von ihrer amtlichen Beurkundung ab (c. 1437 § 1). Die Aufgabe des Gerichtsnotars kann auch von Laien wahrgenommen werden, was bei zahlreichen Gerichten bereits der Fall ist. Die vom Aktuar ausgefertigten Schriftstücke genießen öffentlichen Glauben (c. 1437 § 2).

i) Das öffentliche Interesse im gerichtlichen Bereich wird vom *Kirchenanwalt* (promotor iustitiae)[6] und vom *Bandverteidiger* (defensor vinculi)[7] wahrgenommen (vgl. cc. 1430, 1432). Sie können Geistliche oder Laien sein, müssen einen guten Leumund besitzen, Doktoren oder Lizentiaten des kanonischen Rechtes sein und sich durch Klugheit und Streben nach Gerechtigkeit auszeichnen (c. 1435). Als Beamte der bischöflichen Gerichtsverwaltung können sie entweder für alle vorkommenden Fälle (so regelmäßig in größeren Diözesen) oder für einen bestimmten Prozeß vom Bischof bestellt werden (c. 1436 § 2). Ihre Abberufung kann der Bischof aus einem gerechten Grund jederzeit verfügen. Beide Ämter sind grundsätzlich kompatibel, können jedoch nicht von derselben Person in einem und demselben Verfahren wahrgenommen werden (c. 1436 § 1). Aufgabe des Kirchenanwaltes ist die Vertretung des öffentlichen Interesses in Streit- und Strafsachen (c. 1430). In Streitsachen ist es Aufgabe des Bischofs darüber zu entscheiden, ob das öffentliche Wohl gefährdet sein kann oder nicht, sofern nicht die Mitwirkung des Kirchenanwaltes im Prozeß gesetzlich vorgeschrieben ist oder sich aus der Natur der Sache als notwendig erweist (c. 1431 § 1). In Strafsachen besitzt er ein Anklagemonopol (c. 1721 § 1). Während der Kirchenanwalt grundsätzlich dem Weisungsrecht des Bischofs untersteht, kann der Bandverteidiger im allgemeinen nach seiner persönlichen Überzeugung handeln. Als amtlicher Prozeßpartei kommt ihm die Aufgabe zu, das Ehe- und Weiheband zu verteidigen, d. h. alle Argumente

[5] *C. Toliusis,* De notario curiae dioecesanae, Rom 1951.

[6] *L. de Cuisse,* Le promoteur de la justice dans les causes matrimoniales, Ottawa 1944; *J. C. Glynn,* The Promotor of Justice, Washington 1939; *W. Großkortenhaus,* Die Stellung des Kirchenanwaltes im kanonischen Eheprozeß, Münster 1942.

[7] *J. L. Dolan,* The Defensor vinculi, Washington 1934; *P. Heck,* Der Ehebandverteidiger im kanonischen Eheprozeß, Bonn 1937.

ins Feld zu führen, die für die Gültigkeit des Ehe- bzw. Weihebandes sprechen (c. 1432). Kirchenanwalt und Bandverteidiger sind zu allen Prozeßhandlungen zu laden, an denen ihre Beteiligung gesetzlich vorgeschrieben ist (c. 1433). Ein Verstoß hiergegen hat die Nichtigkeit der Prozeßhandlung zur Folge, außer sie haben tatsächlich daran teilgenommen oder vor der Urteilsfällung durch Einsicht in die Akten ihres Amtes walten können.

2. Gemeinsame Gerichte (cc. 1423, 1439)

Mit Rücksicht darauf, daß in kleineren Bistümern die Einrichtung eigener Diözesangerichte personell und organisatorisch auf Schwierigkeiten stoßen kann, hat der Heilige Stuhl seit 1938 für verschiedene Länder die Errichtung von Regionalgerichten genehmigt. Im Zuge der nachkonziliaren Rechtsreform wurde bereits 1970 die Organisation gemeinsamer Gerichte neu geordnet[8]. Nach geltendem Recht können mit Genehmigung der Apostolischen Signatur mehrere Diözesanbischöfe ein gemeinsames Gericht erster Instanz für ihre Diözesen (c. 1423 § 1) und die Bischofskonferenz ein gemeinsames Gericht zweiter Instanz (c. 1439 § 1) einrichten[9]. Zweitinstanzliche gemeinsame Gerichte können unabhängig davon eingerichtet werden, ob ein gemeinsames Gericht erster Instanz besteht (c. 1439 § 1). Für den Fall, daß ein erstinstanzliches gemeinsames Gericht vorhanden ist, besteht die Pflicht, daß die Bischofskonferenz dafür auch ein gemeinsames Berufungsgericht einrichtet (c. 1439 § 1). Die Zuständigkeit des erstinstanzlichen gemeinsamen Gerichtes kann für alle Sachen festgelegt oder auf bestimmte Prozeßarten beschränkt werden (c. 1423 § 2). Die Gerichtsgewalt in gemeinsamen Gerichten besitzt entweder die Bischofskonferenz als Körperschaft oder ein von ihr bestimmter Bischof, der einen Offizial mit ordentlicher richterlicher Gewalt zu ernennen hat (cc. 1423 § 1, 1439 § 3). Im übrigen gelten für die Organisation gemeinsamer Gerichte dieselben Regeln wie für die Organisation der Diözesan- bzw. Metropolitangerichte. Die Vorteile der Konzentration der Gerichtsorganisation für kleinere Diözesen liegen auf der Hand; für das Gebiet der Bundesrepublik Deutschland dürfte indes die Einrichtung gemeinsamer Gerichte kaum in Betracht kommen[10].

[8] SignAp Normae pro tribunalibus interdioecesanis vel regionalibus aut interregionalibus v. 28. 12. 1970, in: AAS 63 (1971), S. 486ff.; *M. Pesendorfer,* Regionale kirchliche Gerichtshöfe. Ein Strukturproblem des kirchlichen Verfassungsrechts, in: ÖAKR 25 (1974), S. 256ff.; *D. Staffa,* De tutela iudiciali administrativa, i. e. de iustitia administrativa apud S. Tribunal Signaturae Apostolicae deque ordinatione tribunalium interdioecesanorum, in: PerRMCL 63 (1974), S. 169ff.

[9] Die Bezeichnung „regionale, überdiözesane und überregionale Gerichte" findet sich im CIC nicht. Es ist lediglich von „unicum tribunal pro pluribus dioecesibus" die Rede.

[10] Sollte zu einem späteren Zeitpunkt das im letzten Augenblick aus dem CIC herausgenommene Institut der kirchlichen Verwaltungsgerichtsbarkeit Rechtswirklichkeit werden, so bliebe zu erwägen, ob sie für den deutschen Bereich auf regionaler oder überdiözesaner Ebene organisiert werden sollte.

3. Ordentliches Gericht der zweiten Instanz (cc. 1438, 1440, 1441)

Zuständiges Obergericht der zweiten Instanz für die Gerichte einer Kirchenprovinz ist das *Metropolitangericht* (c. 1438 n. 1). Es weist dieselbe Verfassung auf wie die Untergerichte und ist für das Erzbistum zugleich Gericht erster Instanz. Dem Metropoliten obliegt die Pflicht, mit Genehmigung des Heiligen Stuhles das Gericht eines Suffraganbischofs als ordentliches Berufungsgericht ein für allemal zu wählen (c. 1438 n. 2). Die Einhaltung der Instanzenordnung ist so zwingend, daß ihre Nichtbeachtung die absolute Unzuständigkeit eines jeden anderen Gerichtes zur Folge hat (c. 1440). Die Gerichte zweiter Instanz haben über eingelegte Rechtsmittel gegen Urteile, Verfügungen und Gerichtsbeschlüsse der erstinstanzlichen Gerichte zu entscheiden. Hinsichtlich der Verfahrensweise gelten unter Anpassung an die Sache dieselben Verfahrensgrundsätze wie in der ersten Instanz (c. 1441). Folgende Ausnahmen sind jedoch zu beachten: Wurde eine Sache in der ersten Instanz vom Einzelrichter behandelt, so muß im Berufungsrechtszug auf kollegiale Weise verfahren werden. Und: In Ehenichtigkeitssachen kann das Berufungsverfahren auf abgekürztem Weg durchgeführt werden und ein erstinstanzliches affirmatives Urteil durch Beschluß bestätigt werden (c. 1682 § 2). – Gegen richterliche Entscheidungen eines Provinzials bzw. Abtes ist der.Generalobere bzw. der Vorsteher des Klosterverbandes zweite Instanz (c. 1438 n. 3).

4. Päpstliche Gerichte (cc. 1442–1445)

a) Zwar nehmen einzelne römische Kongregationen, die ihrer Natur nach Verwaltungsbehörden sind, im beschränkten Umfang auch Aufgaben der Rechtsprechung wahr; die eigentlichen päpstlichen Gerichtshöfe für den äußeren Bereich sind indessen die *Apostolische Signatur* und die *Römische Rota.* Ihrer bedient sich der Papst regelmäßig im gemeingerichtlichen Bereich, soweit er nicht eine Sache seiner persönlichen Entscheidung vorbehält oder im Einzelfall delegierte Gerichte einsetzt (c. 1442).

b) Höchstes Gericht der Kirche und zugleich oberste Gerichtsverwaltungsbehörde ist die *Apostolische Signatur* (Supremum Signaturae Apostolicae Tribunal), die im Zuge der nachkonziliaren Kurienreform eine wesentliche Kompetenzerweiterung erfuhr[11]. Die Signatur hat eine dreifache Aufgabe. Die *erste Sektion* ist Überwachungsgericht gegenüber der Rota (Entscheidungen über Nichtigkeitsbeschwerden gegen Urteile der Rota, über die Wiedereinsetzung in den vorigen

[11] Const. Ap. „Regimini Ecclesiae Universae" v. 6. 8. 1967 Nr. 104–108, in: AAS 59 (1967), S. 921 f.; Normae speciales in Supremo Tribunali Signaturae Apostolicae ad experimentum servandae post Constitutionem Apostolicam Pauli PP. VI Regimini Ecclesiae Universae v. 25. 3. 1968, Rom 1968, in: AfkKR 193 (1969), S. 177 ff.; *P. Wirth,* Erwägungen zur Neuordnung der Apostolischen Signatur, in: Festschr. Mörsdorf, S. 647 ff.; *I. Gordon,* Normae speciales Supremi Tribunalis Signaturae Apostolicae. Editio, aucta introductione, fontibus et notis, in: PerRMCL 59 (1970), S. 75 ff.; *D. Staffa,* De Supremo Tribunalis Signaturae Apostolicae, in: PerRMCL 61 (1972), S. 19 ff.; *G. Lobina,* La competenza del Supremo Tribunale della Segnatura Apostolica con particolare riferimento alla „Sectio Altera" e alla problematica rispettiva, Rom 1971.

Stand, über Beschwerden gegen erneute Vorbringen von Personenstandssachen, die von der Rota abgewiesen wurden, sowie über Befangenheitseinreden gegen Rotarichter und über ihnen angelastete Amtspflichtsverletzungen) und befindet über Kompetenzstreitigkeiten zwischen Gerichten, die kein gemeinsames Obergericht besitzen (c. 1445 § 1). Weiterhin ist die Signatur oberste Gerichtsverwaltungsbehörde und zuständig für die Aufsicht über die Gerichte, Anwälte und Prozeßvertreter, ferner für die Verlängerung der Zuständigkeit von Gerichten und für die Einrichtung und Genehmigung von gemeinsamen Gerichten (c. 1445 § 3). Die 1967 neu gebildete *zweite Sektion* hat die Funktion eines kirchlichen Verwaltungsgerichtes und entscheidet über Beschwerden gegen Akte kirchlicher Verwaltungsträger, ferner über Verwaltungsstreitigkeiten, die ihr vom Papst oder von einer römischen Kurialbehörde überwiesen werden sowie über Zuständigkeitsstreitigkeiten zwischen Behörden der römischen Kurie (c. 1445 § 2). Die Hoffnung, daß der Signatur auch die Aufgabe eines ordentlichen obersten Verwaltungsgerichtes übertragen wird, das in letzter Instanz über Verwaltungsstreitigkeiten befindet, hat sich nicht erfüllt, nachdem die kirchliche Verwaltungsgerichtsbarkeit auf der unteren Ebene nicht verwirklicht worden ist.

c) Verfassung, Geschäftsordnung und Verfahrensweise der *Römischen Rota*[12] werden im einzelnen durch eine eigene Prozeßordnung geregelt[13]. Die Rota ist ordentliches Berufungsgericht für die Lateinische Kirche (vgl. c. 1) in Streit- und Strafsachen (c. 1443), die in zweiter und höherer Instanz von den Metropolitangerichten entschieden worden sind (c. 1444 § 1) oder durch Sprungrevision gegen ein erstinstanzliches Urteil an sie gelangt sind[14]. Als Gericht erster Instanz ist sie zuständig für die ihr nach c. 1405 § 3 vorbehaltenen Sachen und für Verfahren, die ihr vom Papst zugewiesen werden (c. 1444 § 2)[15]. Die Zahl der Rotarichter (auditores) beträgt derzeit 21. Das Kollegium wird von dem dienstältesten Richter (Dekan) geleitet. Die Entscheidungen dieses Gerichtes werden in der Regel in der Besetzung mit drei Richtern getroffen.

B. Gerichtsordnung

Die Gerichtsordnung (ordo iudiciarius) befaßt sich mit grundsätzlichen Fragen des kirchlichen Prozeßrechtes, deren Beachtung im Interesse einer geordneten Rechtspflege liegt und den zügigen Verfahrensablauf gewährleistet.

[12] Der CIC spricht nur von „Romana Rota" und nicht mehr von „Sacra Romana Rota".
[13] Normae S. Romanae Rotae Tribunalis v. 16. Januar 1982, in: AAS 74 (1982), S. 490–517.
[14] Für Deutschland, Österreich und einige andere Länder bestehen delegierte Berufungsgerichte der dritten Instanz (z. B. Bamberg für die Münchener Kirchenprovinz, Köln für die Freiburger Kirchenprovinz und umgekehrt). Dies hat zur Folge, daß Streitsachen aus diesen Ländern relativ selten an die Rota gelangen.
[15] Die Bestimmung von Const. Ap. *Regimini Ecclesiae Universae* Nr. 109, wonach der Rota die ausschließliche Zuständigkeit für die gerichtliche Behandlung aller Ehenichtigkeitsachen unter Aufhebung der bisherigen Befugnisse der Kongregationen zuerkannt wird, findet sich im CIC nicht. Aus c. 360 ist jedoch zu entnehmen, daß die Bestimmungen über die Neuordnung der Römischen Kurie weiter in Geltung sind.

1. Pflicht zur Rechtsschutzgewährung und fehlende Zuständigkeit (cc. 1446, 1460, 1462, 1505)

a) Jeder Richter ist zwar *verpflichtet,* Rechtsschutz zu gewähren, er soll jedoch zu Beginn eines Rechtsstreites die Streitteile zu bewegen versuchen, sich gütlich zu einigen und eine außergerichtliche Lösung des Streitfalles anzustreben (c. 1446). Die Pflicht zur Rechtsschutzgewährung besteht für den Richter nur, wenn er zuständig ist und das Klagevorbringen rechtmäßig gestellt wurde (vgl. c. 1505 § 2).

b) Einem Gericht, das keine Zuständigkeit besitzt, ist es *verwehrt,* sich einer Streitsache *anzunehmen* (c. 1462). Daneben besitzt die beklagte Partei das Recht, auf dem Weg der *Einrede* ein Gericht wegen absoluter oder relativer Unzuständigkeit abzulehnen (c. 1460).

c) Erklärt sich ein Gericht für unzuständig und weist es eine Klage ab, so kann der Kläger innerhalb von zehn Tagen *Beschwerde* an das Obergericht einlegen (c. 1505 § 4).

2. Befangenheit der Gerichtspersonen (cc. 1447–1451)

a) Im Interesse einer unparteilichen Rechtsprechung sind Richter, Kirchenanwälte und Bandverteidiger gehalten, sich in eigener Sache und in jenen Angelegenheiten der Tätigkeit zu enthalten, in denen aufgrund von Verwandtschaft, Vormundschaft, Pflegschaft, Feindschaft oder früherer Parteibeistandschaft eine persönliche Beziehung zum Rechtsstreit besteht (cc. 1447, 1448). Sie sind zum *Rücktritt* verpflichtet.

b) Die Parteien, die die Besorgnis der Befangenheit von Gerichtspersonen hegen, haben das Recht, eine *Befangenheitseinrede* vorzubringen (c. 1449), über die auf schnellstem Weg zu entscheiden ist (c. 1451 § 1). Sowohl im Fall des freiwilligen wie des erzwungenen Rücktritts sind die ausgeschiedenen Personen durch andere vom Verdacht der Befangenheit freie Personen zu ersetzen; eine Änderung der Instanz tritt jedoch nicht ein (c. 1450).

3. Verhandlungs- und Offizialmaxime (c. 1452)

Streitsachen privaten Charakters werden vom *Verhandlungsprinzip* diktiert, d. h. die Parteien bestimmen den Streitgegenstand und stellen das Beweismaterial bereit; der Richter ist von den Parteianträgen abhängig. Für Strafsachen und für Streitsachen öffentlicher Natur (z. B. Ehe- und Weihenichtigkeitsverfahren) gilt die *Offizialmaxime.* Dies bedeutet, daß hier der Richter von Amts wegen tätig wird und die objektive Wahrheit erforscht. Er ist nicht an die Parteianträge gebunden. Von Amts wegen muß er immer tätig werden, wenn es darum geht, ein schwer ungerechtes Urteil zu vermeiden.

4. Beschleunigung und Sicherung der Rechtspflege (cc. 1453–1467)

a) Alle Streit- und Strafsachen sollen in erster Instanz in *einem Jahr* und in der zweiten Instanz in *sechs Monaten* durchgeführt werden (c. 1453)[16].

b) Der Beschleunigung der Rechtspflege dienen die *Termine,* d. h. genau bestimmte Zeitpunkte für eine prozessuale Handlung, und die *Fristen,* d. h. abgegrenzte Zeiträume für die Vornahme von Prozeßhandlungen (c. 1465). Zu unterscheiden sind gesetzliche Fristen, deren Einhaltung vom Gesetz verbindlich vorgeschrieben ist, richterliche Fristen, die vom Richter frei festgesetzt werden können, und vereinbarte Fristen, die auf Vereinbarung zwischen Richter und Parteien beruhen.

c) Zum Zweck der Sicherung der Rechtspflege haben alle Gerichtspersonen in richterlicher und nichtrichterlicher Funktion bei Übernahme des Amtes den *Amtseid* abzulegen (c. 1454). Sie sind zur Wahrung des Amtsgeheimnisses verpflichtet (c. 1455) und haben sich jeder Bestechlichkeit zu enthalten (c. 1456). Die Tatbestände der Amtspflichtsverletzung (Rechtsverweigerung, widerrechtliche Zuständigkeitserklärung, Untreue in der Prozeßführung, Verletzung der Geheimhaltungspflicht, Bestechung) unterliegen Strafsanktionen, einschließlich der Entfernung aus dem Amt (c. 1457).

5. Gerichtsort, Gerichtszeiten und Gerichtssprache (cc. 1468, 1469)

a) Die richterliche Gewalt kann nur innerhalb des Diözesangebietes ausgeübt werden. Das Gericht soll nach Möglichkeit einen festen *Sitz* haben und zu bestimmten *Zeiten* angegangen werden können (c. 1468).

b) Nach Benachrichtigung des zuständigen Ortsbischofs kann ein von seinem Territorium vertriebener oder dort in seinem Amt behinderter Richter auch *außerhalb* seine richterliche Gewalt ausüben (c. 1469 § 1). Der Erlaubnis des Ortsbischofs und der Zustimmung der Prozeßparteien bedarf ein Richter, wenn er sich zur Beweiserhebung in eine andere Diözese begeben will (c. 1469 § 2).

c) Der CIC enthält keine Bestimmungen mehr über die *Gerichtssprache.* Es hat sich durchgängig eingebürgert, daß die Verfahren in der jeweiligen Landessprache geführt werden, ausgenommen bei den römischen Gerichtshöfen, wo neben der lateinischen Sprache auch Italienisch und Französisch zugelassen sind.

6. Verhandlungsgrundsätze (cc. 1470–1475)

a) Soweit das teilkirchliche Recht nichts anderes bestimmt, sind in kirchlichen Prozessen nur jene Personen zugelassen, deren Anwesenheit nach dem Ermessen des Gerichtes als notwendig erscheint (c. 1470 § 1). Jede *Öffentlichkeit* ist dabei *ausgeschlossen.*

b) Das kirchliche Prozeßverfahren wird diktiert vom *Prinzip der Schriftlichkeit*

[16] Es handelt sich hier um eine Halbierung der in c. 1620 CIC/1917 vorgesehenen Fristen, deren Einhaltung in vielen Ehenichtigkeitsverfahren jedoch nicht möglich ist.

(c. 1472). Dies gilt grundsätzlich auch für jene Fälle, die auf dem Weg des mündlichen Streitverfahrens (cc. 1656–1678) behandelt werden können, da hier die wesentlichen mündlichen Sacherörterungen schriftlich aufzunehmen sind (c. 1664). Richterliche Entscheidungen dürfen sich nur auf das stützen, was in den Prozeßakten schriftlich festgehalten ist (quod non est in actis, non est in mundo). Jedes sachdienliche Vorbringen der Parteien, Zeugen und Sachverständigen sowie alle prozeßleitenden richterlichen Verfügungen bzw. Beschlüsse sind schriftlich niederzulegen.

c) Das Gesetz unterscheidet zwischen *acta causae,* die die auf die Streitsache bezüglichen Vorgänge (z. B. Zeugenaussagen) enthalten, und die *acta processus,* die in Beziehung zum formalen Prozeßablauf stehen (z. B. Ladungen; c. 1472 § 1). Alle Prozeßakten sind fortlaufend zu numerieren und mit der Unterschrift des Aktuars und dem Gerichtssiegel zu versehen (c. 1472 § 2).

d) Nach der Vorschrift des c. 1474 § 1 sind im Fall der Berufung die Akten in beglaubigter Abschrift an das Obergericht zu *versenden* (c. 1474 § 1). In der Praxis besteht jedoch vielfach die Gepflogenheit, die Akten im Original weiterzuleiten.

§ 106 Das Streitverfahren

Von Paul Wirth

I. Parteien und ihre Kampfmittel

1. Die Parteien (cc. 1476–1490)

a) Als Prozeßpartei[1] kann nur auftreten, wer *parteifähig* (kirchlich rechtsfähig) und *prozeßfähig* (geschäftsfähig) ist sowie die *Prozeßführungsbefugnis* besitzt, d. h. in Beziehung zum Streitgegenstand steht (cc. 1476, 1477)[2]. Alle Klagerechtsbehinderungen aufgrund der Nichtzugehörigkeit zur katholischen Kirche und aufgrund der schuldhaften Verursachung der Nichtigkeit einer Ehe (vgl. c. 1674)

[1] Zum Streitverfahren aus der bisherigen Literatur, die auch weiterhin manche Interpretationshilfen bietet, vgl. *E. Eichmann,* Das Prozeßrecht des Codex Iuris Canonici, Paderborn 1921; *Lega/Bartoccetti,* Commentarius in iudicia ecclesiastica, 2. Aufl., Bd. 1 u. 2, Rom 1950; *J. Pinna,* Praxis iudicialis canonica, Rom 1952; *M. Conte a Coronata,* Institutiones iuris canonici, 3. Aufl., Bd. 3, Turin 1953; *F. Roberti,* De processibus, 4. Aufl., Bd. 1, Rom 1956; *Mörsdorf* Lb III, S. 88 ff. Zum revidierten kirchlichen Prozeßrecht vgl. *A. Sabattani,* De iure processuali recognoscendo, in: Communicationes 2 (1970), S. 181 ff.; *P. Ciprotti,* Prospettive della procedura giudiziaria della Chiesa, in: MonEccl 97 (1972), S. 115 ff.; *P. Wirth,* Zur künftigen Gestalt des kirchlichen Streitverfahrens, in: Festg. Flatten, S. 131 ff.

[2] *G. Oliviero,* Le parti nel giudizio canonico, Mailand 1941; *E. Kammermeier,* Der Begriff der legitima persona standi in iudicio im Codex Iuris Canonici, in: AfkKR 127 (1955/56), S. 275 ff.

sowie die Beschränkung der aktiven Parteifähigkeit für Religiose und Gebannte sind aufgehoben.

b) Die prozessuale Rollenfähigkeit wird *beschränkt* durch mangelnden Vernunftgebrauch (Minderjährige, Entmündigte, Geisteskranke, Geistesschwache; c. 1478). Sie bedürfen in der Regel vor Gericht der Vertretung durch ihre Eltern, Vormünder oder Pfleger. Für den staatlichen Bereich aufgestellte Vormünder und Pfleger können auch in kirchlichen Verfahren tätig werden (c. 1479). Juristische Personen werden bei Rechtsstreitigkeiten durch ihre gesetzlichen Vertreter, unter bestimmten Voraussetzungen durch den Ordinarius oder einen von diesem bestellten Bevollmächtigten vertreten (c. 1480).

c) Bei den *Parteibeständen*[3] ist zu unterscheiden zwischen den *Prozeßbevollmächtigten* (procurator), die anstelle und mit Wirkung für und gegen die vertretene Partei handeln, und den *Anwälten* (advocatus), denen die Aufgabe der rechtskundigen Beratung einer Partei obliegt (vgl. c. 1482). Außer in Strafsachen und in Streitverfahren, bei denen es um die Rechte Minderjähriger geht, besteht kein Anwaltszwang (c. 1481). Die Parteibeistände müssen volljährig und gut beleumundet sein; die Anwälte müssen, soweit der Diözesanbischof nicht davon absieht, der katholischen Kirche angehören, den Doktorgrad im kanonischen Recht besitzen oder sonst fachlich qualifiziert sein und bedürfen der oberhirtlichen Zulassung (c. 1483). Vor Übernahme ihrer Aufgabe müssen die Parteibeistände bei Gericht eine Vollmacht der Partei hinterlegen, die sie vertreten (c. 1484 § 1). Widerruf der Prozeßvollmacht durch die Partei und Dienstenthebung durch den Richter aus einem schwerwiegenden Grund sind möglich (c. 1487), so etwa wegen Bestechung oder Parteiverrat (c. 1489). Die Empfehlung den c. 1490, bei Gericht für Eheprozesse Anwälte fest anzustellen und sie zu besolden, läßt sich nur selten verwirklichen.

2. *Prozessuale Kampfmittel (cc. 1491–1500)*

a) Grundsätzlich ist jedes subjektive Recht durch eine *Klage* geschützt (c. 1491). Ihr kommt Rechtsschutzfunktion zu und sie stellt einen Anspruch auf hoheitliche Rechtsschutzgewährung dar. Die einzelnen *Klagearten* werden unterschieden in Streit- und Strafklagen (vgl. c. 1400), Offizial- und Privatklagen, Haupt- und Widerklagen (cc. 1494, 1495). Bei den Streitklagen unterscheidet man nach dem Klagegegenstand persönliche, dingliche und Personenstandsklagen, nach dem Klagegrund Rechtsklagen und Besitzklagen, nach dem formalen Klageziel Leistungs-, Feststellungs- und Gestaltungsklagen, selbst wenn diese Klagearten im CIC nicht mehr detailliert aufgeführt werden. In einer einzigen Klage können sowohl mehrere Kläger gemeinschaftlich auftreten bzw. belangt werden

[3] *J. Hogan,* Judicial Advocates and Procurators, Washington 1941; *A. Jullien,* Juges et avocats de tribunaux de l'Eglise, Rom 1970; *J. Weier,* Vorschläge zu den prozeßrechtlichen Vorschriften über den Anwalt und Prozeßbevollmächtigten im kanonischen Recht, in: Festschr. Mörsdorf, S. 725ff.

als auch mehrere Ansprüche eines Klägers miteinander verbunden werden (Klagehäufung) (c. 1493).

b) Die *Einrede* ist das wichtigste Instrument des Beklagten zur Abwehr der Klage (c. 1491). Die Einrede kann sich auf die Sache selbst beziehen (Sacheinrede) oder auf die gerichtliche Geltendmachung eines Anspruches (Prozeßeinrede). In der Regel sind Einreden bei der Streitfestlegung einzubringen und nach den Regeln über den *Zwischenstreit* (cc. 1587–1597) zu entscheiden (c. 1462). Der Beklagte kann über die Abwehr einer Klage hinaus selbst zum Angriff übergehen, *Widerklage* erheben und somit zugleich in der Rolle eines Beklagten und eines Klägers stehen.

c) Im Gegensatz zum CIC/1917 führt das kirchliche Gesetzbuch an *Streitklagen* im einzelnen nur mehr auf: Sicherungsklagen, die entweder die Zwangsverwahrung einer Sache, das Verbot der Rechtsausübung, die Sicherung einer Forderung oder die Sicherung gegen drohenden Schaden zum Ziel haben (cc. 1496–1499), sowie Besitzschutzklagen (c. 1500). Der Sache nach sind jedoch im CIC auch weiterhin die Nichtigkeitsklagen (Klagen auf Feststellung der Nichtigkeit einer Rechtshandlung von Anfang an), Aufhebungsklagen und Klagen auf Wiedereinsetzung in den vorigen Stand (mit dem Ziel der Aufhebung einer wirksamen, aber wegen Nötigung, arglistiger Täuschung oder Irrtums fehlerhaften Rechtshandlung) enthalten.

d) Grundsätzlich *verjährbar* sind alle Klageansprüche, die durch Streitklagen geltend gemacht werden können. Für Personenstandsklagen (z. B. Nichtigerklärung von Ehen und Weihen) gibt es keine Verjährungsfristen (c. 1492 § 1). Straftaten verjähren, einzelne schwere Tatbestände ausgenommen, in der Regel nach drei Jahren (c. 1362 § 1). Für Vergehen, die nicht vom allgemeinen Recht mit einer Strafsanktion belegt sind, kann das teilkirchliche Recht eine andere Verjährungsfrist festlegen (c. 1362 § 1 n. 3).

II. Verfahren

1. Prozeßeinführung (cc. 1501–1525)

a) Eingeleitet wird das gemeingerichtliche Verfahren durch die *Einreichung der Klage* (Klageschrift)[4], die das um Rechtsschutz angerufene Gericht, den Prozeßgegner, das Klagebegehren, den Sachverhalt, aus dem der Rechtsanspruch hergeleitet wird, und die Beweismittel zu bezeichnen hat sowie mit Adresse und Datumsangabe vom Kläger oder seinem Prozeßbevollmächtigten unterschrieben sein muß (cc. 1502–1504). Mündlicher Klagevortrag ist grundsätzlich zulässig (c. 1503 § 1). Das Gericht hat die Klage binnen eines Monates anzunehmen oder aber wegen Unzuständigkeit, fehlender Prozeßfähigkeit des Klägers, unbehebbarer Mängel in

[4] *E. v. Kienitz,* Klageinhalt und Klageänderung im Zivilprozeß des Codex Iuris Canonici, München 1932.

der Klageschrift oder fehlender Grundlage des Klagebegehrens abzulehnen (c. 1505 §§ 1 und 2). Gegen einen Klageablehnungsbeschluß kann innerhalb von zehn Tagen Beschwerde an das Obergericht eingelegt werden, das darüber auf schnellstem Weg zu entscheiden hat (c. 1505 § 4).

b) Nach Annahme der Klage ist den Parteien vom Gericht die *Vorladung* zuzustellen, falls sie nicht persönlich sich bei Gericht eingefunden haben (c. 1507). Der Ladung ist in der Regel die Klageschrift beizufügen (c. 1508 § 2). Der Richter entscheidet, ob die Parteien darauf schriftlich antworten können oder persönlich vor ihm zur Festlegung der Streitpunkte zu erscheinen haben (c. 1507 § 1). In der Regel wird die Ladung auf postalischem Weg zugestellt (c. 1509 § 1). Mit der Ladung soll dem Beklagten Gelegenheit zur Äußerung eingeräumt werden (audiatur et altera pars). Die rechtmäßig erfolgte Ladung bewirkt die Gerichtshängigkeit einer Streitsache, die Zuständigkeitsbefestigung des Gerichtes, die Unterbrechung einer Verjährungsfrist und das Inkrafttreten des Grundsatzes: Lite pendente nihil innovetur (c. 1512).

c) Die *Streitfestlegung* geschieht dadurch, daß durch richterliche Verfügung die Streitziele genau bestimmt werden, die sich aus den Anträgen und Erwiderungen der Parteien ergeben (c. 1513 § 1). Die Anträge und Erwiderungen der Parteien können außer in der Klageschrift entweder bei der Erwiderung auf die Ladung oder in mündlichen Erklärungen vor dem Richter zum Ausdruck kommen (c. 1513 § 2). Antrag auf Abänderung der in der Streitfestlegung bestimmten Streitpunkte ist möglich (c. 1513 § 3). Die endgültige Streitfestlegung hat die Wirkung, daß eine einseitige Klageänderung unzulässig, das Prozeßverhältnis der Parteien begründet und der Rechtszug eröffnet ist (cc. 1514–1516)[5]. Im Anschluß daran erfolgt die Ingangsetzung der Beweisaufnahme.

d) Der *Prozeßlauf* (Rechtszug), d. h. der Prozeßabschnitt von der Streitfestlegung bis zum Abschluß des Verfahrens durch Urteil, kann eine Unterbrechung erfahren (Tod einer Prozeßpartei, Personenstandsveränderung oder Verlust der dienstlichen Stellung) oder aber dadurch *beendet* werden, daß die Parteien ihr fehlendes Interesse am Verfahren bekundet haben, indem sie innerhalb eines halben Jahres, ohne daran gehindert zu sein, keine Prozeßhandlung gesetzt haben[6], oder daß sie ausdrücklich auf den Rechtszug verzichten. Im Fall der vorzeitigen Beendigung des Prozeßlaufes hört das Prozeßverhältnis auf; bei der Unterbrechung ruht das Verfahren (cc. 1517–1525).

2. Beweisaufnahme (cc. 1526–1586)[7]

Allgemeine Beweisgrundsätze: Keines Beweises bedürfen vom Recht selbst vermutete Tatsachen sowie Tatsachen, die von einer Streitpartei zugegeben und von der anderen angenommen werden, sofern nicht trotzdem vom Recht oder vom Richter ein Beweis verlangt wird (c. 1526 § 2). Letzteres gilt allerdings nicht in

[5] *E. Mazzacane,* La litis contestatio nel processo civile canonico, Neapel 1954.
[6] Das teilkirchliche Recht kann andere Erlöschensfristen festsetzen (c. 1520).
[7] *J. Meile,* Die Beweislehre des kanonischen Prozesses, Bazenheid 1925.

Personenstandssachen, weil hier die objektive Wahrheit zu ermitteln ist. Die Beweislast obliegt jenem, der eine Behauptung aufstellt (c. 1526 § 1). Während die Vorlage von Beweisen in privaten Streitklagen Sache der Parteien und in Streitverfahren von öffentlichem Interesse auch Sache des Kirchenanwaltes und des Ehebandverteidigers ist, fallen Beweisaufnahme und Beweiswürdigung in die ausschließliche Zuständigkeit des Richter (cc. 1452, 1529, 1608 § 3). Es können Beweise jeder Art erbracht werden, die zur Beurteilung einer Sache erforderlich erscheinen und zulässig sind (c. 1527 § 1). Das kirchliche Recht anerkennt nachfolgende Beweismittel:

a) *Parteiaussagen:* Auf Anordnung des Richters sind die Prozeßparteien verpflichtet, persönlich vor Gericht zu erscheinen und auf rechtmäßig gestellte Fragen des Richters nach dem für die Zeugenbefragung geltenden Regeln wahrheitsgemäß zu antworten (cc. 1530, 1531, 1534). In Fällen, in denen das öffentliche Wohl betroffen ist, hat der Richter den Parteien den Voreid oder wenigstens den Nacheid abzunehmen[8], falls er nicht aus einem schwerwiegenden Grund davon absieht; in anderen Fällen steht die Forderung der Eidesleistung in seinem klugen Ermessen (c. 1532)[9]. Als *gerichtliches Geständnis* versteht man die schriftliche oder mündliche Erklärung vor dem zuständigen Richter über eine Tatsache, die von einer Partei hinsichtlich der Streitmaterie aus eigenem Antrieb oder auf richterliches Befragen zu ihren Ungunsten abgegeben worden ist (c. 1535). In Angelegenheiten privater Natur befreit es die übrigen Beteiligten von der Beweislast (c. 1536 § 1). In Sachen, die das öffentliche Wohl betreffen (z. B. Ehenichtigkeitssachen) kann das in Freiheit abgegebene gerichtliche Geständnis für sich allein keinen Beweis schaffen, sofern nicht weitere Beweiselemente hinzukommen, die das Geständnis ganz und gar bekräftigen (c. 1536 § 2; vgl. auch c. 1679). Obwohl dem gerichtlichen Geständnis ein höherer Beweiswert als ehedem durch Art. 117 EPO zuerkannt wird, behält, wenigstens in Ehesachen, das *außergerichtliche Geständnis* (c. 1537) seine Bedeutung, vor allem wenn es zu rechtlich unverdächtiger Zeit abgelegt worden ist[10].

[8] Nach der Legaldefinition des c. 1199 ist der Eid ein höchstpersönlicher Akt der Anrufung Gottes als Zeugen der Wahrheit einer Beteuerung, die gegenüber einem Dritten oder der Gemeinschaft gemacht wird. Er muß überlegt und in voller Freiheit geleistet werden und sein Inhalt muß subjektiv wahr sein; er legt die religiöse Pflicht auf, das Versprechen zu halten (c. 1200). Der Aussageeid (Nacheid) ist die Anrufung Gottes als Zeugen für die Wahrheit einer Aussage über eine Tatsache, der Versprechenseid (Voreid) ein eidlich bekräftigtes Versprechen, bei dem Gott als Zeuge für die Richtigkeit der Versprechensabgabe und als Bürge für den Willen zur Erfüllung des Versprochenen angerufen wird (vgl. c. 1201). Ein Versprechenseid erlischt infolge Eidesentbindung, wesentlicher Veränderung des Versprechensgegenstandes, Wegfalls einer eventuell angefügten Bedingung oder Befreiung bzw. Umwandlung in der Regel durch den Oberhirten (cc. 1202, 1203). Der Eid ist streng nach dem Recht und ohne Berücksichtigung innerer Vorbehalte und Zweideutigkeiten auszulegen; im Fall der Arglist ist er so zu interpretieren, wie der Eidnehmende ihn verstehen mußte (c. 1204).

[9] Das Prozeßrecht hat die nicht zu Unrecht kritisierte frühere strenge Verpflichtung der Parteien und Zeugen zur Eidesleistung gemildert (vgl. cc. 1532, 1562 § 2).

[10] *V. da S. Michele,* La confessione delle parti nel processo canonico, Mailand 1957; *A. Dordett,* Das Geständnis als Beweis und Beweisstütze, in: Festschr. Arnold, S. 363ff.; *J. Uhrmann,* Das Geständnis im kanonischen Prozeß, Paderborn 1968.

b) Dem in jeder Art von Verfahren zulässigen *Urkundenbeweis* (c. 1539) kommt wegen seiner Zuverlässigkeit ein hoher Stellenwert zu. Eine Urkunde ist öffentlich, wenn sie von einer kirchlichen Amtsperson in Ausübung ihres Amtes unter Beachtung der rechtlich vorgeschriebenen Förmlichkeiten ausgestellt ist (z. B. Anordnungen der Bischöfe, Matrikelauszüge) oder wenn sie nach staatlichem Recht als öffentliche Urkunde anerkannt wird (c. 1540). Sie erbringt für alles Beweis, was in ihr direkt und hauptsächlich bekundet wird (c. 1541). Private Urkunden sind schriftliche Aufzeichnungen privater Natur (z. B. Briefe, Tagebucheinträge); hinsichtlich ihrer Beweiskraft kommen sie einem außergerichtlichen Geständnis gleich (c. 1542). Urkunden besitzen nur dann einen Beweiswert, wenn sie echt sind und in authentischer Form (Original oder beglaubigter Abschrift) dem Gericht zur Prüfung vorgelegt werden (cc. 1543, 1544).

c) Der *Zeugenbeweis*[11] ist in allen Verfahren zulässig; er steht unter Leitung des Richters (c. 1547). Ihm kommt eine entscheidende Bedeutung vor allem in Ehenichtigkeitsverfahren zu. Die grundsätzliche Zeugnispflicht (c. 1548 § 1) entfällt für jene Personen, die zeugnisunfähig sind (Streitparteien und deren Vertreter, Priester hinsichtlich ihres Beichtwissens; c. 1550 § 2), die aufgrund ihres Amtes oder ihrer Tätigkeit an die Schweigepflicht gebunden sind oder die für sich selbst bzw. ihre nächsten Angehörigen schweren Schaden aus einer Aussage zu befürchten haben (c. 1548 § 2). Die Benennung von Zeugen ist Aufgabe der Parteien, ihre Zulassung Sache des Richters (c. 1551), der sowohl ein übermäßiges Zeugenaufgebot einschränken (c. 1553) als auch von sich aus Zeugen vorladen kann (c. 1552). Die Zeugen haben der Ladung des Gerichtes Folge zu leisten oder den Grund für ihr Fernbleiben mitzuteilen (c. 1557). Für die Erzwingung ihres Erscheinens besteht keine gesetzliche Grundlage. Der Richter soll den Zeugen die Leistung des Vor- und Nacheides auferlegen; im Fall der Eidesverweigerung sind sie unvereidigt zu vernehmen (c. 1562 § 2). In der Regel werden die Zeugen am Sitz des Gerichtes vernommen (c. 1558 § 1). Wohnen sie außerhalb des Diözesangebietes, so kann die Vernehmung auf dem Weg des Rechtshilfeersuchens durch das Gericht des Aufenthaltsortes erfolgen (vgl. c. 1418). Die Vernehmung durch einen delegierten Geistlichen (meist Ortspfarrer) kommt in Betracht, falls ein Zeuge den Sitz des Gerichtes nicht angehen kann (c. 1558 § 3). Die Zeugen sind in Anwesenheit des Aktuars einzeln und unter Ausschluß der Parteien (jedoch nicht ihrer Beistände) vom Gerichtsvorsitzenden oder einem beauftragten Vernehmungsrichter zunächst nach ihren Personalien und dann nach ihrem Wissen zum Streitgegenstand zu befragen (cc. 1560, 1561, 1563). Über die Aussagen ist sofort eine Niederschrift anzufertigen (c. 1567 § 1), die von den Zeugen, vom Richter und Aktuar zu unterzeichnen ist (c. 1569 § 2). Erforderlichenfalls kann eine erneute Befragung

[11] *G. Leccisi,* La prova testimoniale nel Codice di diritto canonico, Rom 1926; *D. Whalen,* The Value of Testimonial Evidence in Matrimonial Procedure, Washington 1935; *J. Bishop,* De interrogatoriis conficiendis pro examine partium et testium in processu canonico, in: EIC 14 (1958), S. 57ff.; *P. Wirth,* Der Zeugenbeweis im kanonischen Recht unter besonderer Berücksichtigung der Rechtsprechung der Römischen Rota, Paderborn 1961; *A. Dordett,* Zur Glaubwürdigkeit der Parteien- und Zeugenaussage im kanonischen Eheprozeß, in: Festschr. Mörsdorf, S. 693ff.

eines bereits vernommenen Zeugen stattfinden (c. 1570). Im Verfahrensstadium der Aktenoffenlegung erhalten die Parteien zum Zweck ihrer Verteidigung Einsicht in die Vernehmungsniederschriften (c. 1598 § 1). Sie haben dann die Möglichkeit, Antrag auf Erhebung weiterer Beweise zu stellen (c. 1598 § 2). In die Würdigung der Aussage eines Zeugen sind einzubeziehen seine persönlichen Verhältnisse und sittliche Lebensführung, ferner die Frage, ob er sein Wissen aus eigenem Erleben, aufgrund eines Gerüchtes oder vom Hörensagen hat, und schließlich, ob er in seiner Aussage fest oder unbeständig, sicher oder schwankend ist (c. 1572). In der Regel kann die Aussage eines einzigen Zeugen keinen vollen Beweis schaffen, außer die sachlichen und persönlichen Umstände legen etwas anderes nahe oder es handelt sich um die Aussage eines qualifizierten Zeugen, d. h. des Trägers eines öffentlichen Amtes (z. B. Geistliche, Beamte; c. 1573). Die unumstößliche gesetzliche Beweisregel des c. 1791 § 2 CIC/1917, wonach nur die Aussagen von zwei Zeugen vollen Beweis schaffen, hat somit an Verpflichtungskraft eingebüßt.

d) *Sachverständige*[12] sind beizuziehen, sooft ihre Untersuchung und Begutachtung, gestützt auf die Regeln ihres Fachwissens, erforderlich sind, um eine Tatsache zu beweisen oder die wahre Natur eines Sachverhaltes zu erkennen (c. 1574). In einigen Fällen ist die Einholung von Sachverständigengutachten gesetzlich vorgeschrieben, so in Ehenichtigkeitsverfahren mit dem Klagegrund des geschlechtlichen Unvermögens und der Geisteskrankheit (c. 1680). Die Auswahl und Beauftragung der Sachverständigen liegt beim Gericht (c. 1575). Sie sind zur ordnungsgemäßen und getreuen Erfüllung ihres Dienstes verpflichtet (c. 1577 § 2) und ihr Gutachten, das in der Regel schriftlich erstellt wird, ist zu begründen (c. 1578 § 2). Die Einholung mehrerer Gutachten oder von mehreren gemeinsam gefertigter Gutachten ist ebenso zulässig wie die Beiziehung von bereits erstellten Berichten anderer Sachverständiger (cc. 1578 § 1, 1575). Bei der Beweiswürdigung ist der Richter nicht zwingend an die Schlußfolgerungen der Sachverständigen gebunden, muß sich aber in der Urteilsbegründung damit auseinandersetzen (c. 1579).

e) Der *richterliche Augenschein*, d. h. die in Augenscheinnahme einer Sache an einem bestimmten Ort durch den Richter (c. 1582), greift als Beweismittel in kirchlichen Streitverfahren nur sehr selten Platz.

f) *Rechtsvermutungen*[13]: Eine Vermutung ist die mutmaßliche Annahme einer unsicheren Tatsache (c. 1584). Man spricht von Rechtsvermutungen, wenn sie vom Gesetz aufgestellt sind, und von richterlichen Vermutungen[14]. Rechtsvermu-

[12] *W. Pickard*, Judicial Experts: A Source of Evidence in Ecclesiastical Trials, Washington 1958; *F. Gastreich*, Die ärztlichen Sachverständigen im kirchlichen Eheprozeß und ihre Bedeutung für die Urteilsfindung, in: ThGl 48 (1958), S. 321 ff.; *J. Uhrmann*, Die Bewertung von Gutachten im kanonischen Prozeß, in: Festg. Scheuermann, S. 631 ff.

[13] *R. Motzenbäcker*, Die Rechtsvermutung im kanonischen Recht, München 1958; *P. Wirth*, Das Verhalten als Beweismittel in Simulationsverfahren unter besonderer Berücksichtigung der Rechtsprechung der S. R. Rota, in: ÖAKR 27 (1976), S. 145 ff.

[14] Die Unterscheidung von einfachen und gehobenen Rechtsvermutungen kennt der CIC nicht mehr.

tungen befreien von der Beweislast (c. 1585). Richterliche Vermutungen *(Indizienbeweis)* unterscheiden sich von ihnen dadurch, daß der Richter aus bestimmten, sicher feststehenden Tatsachen durch schlußfolgerndes Denken und unter Anwendung allgemeiner Erfahrungssätze sich ein Urteil über den strittigen Sachverhalt bildet (c. 1586). Der Indizienbeweis ist selbständiges Beweismittel.

3. *Abschluß der Verhandlung (cc. 1598–1606)*

a) Nach Durchführung der Beweiserhebung muß der Richter die *Offenlegung der Prozeßakten* verfügen. Dadurch erhalten die Parteien Gelegenheit, den gesamten Prozeßstoff einzusehen (c. 1598).

b) Sind nachträglich gestellte Beweisanträge durchgeführt oder keine Anträge auf Erhebung neuer Beweise gestellt worden, so ergeht die Verfügung des *Aktenschlusses* (c. 1599) mit der Wirkung, daß hinfort nur unter erschwerten Umständen neue Beweismittel vorgebracht werden können (c. 1600).

c) Im Anschluß daran erfolgt das Prozeßstadium der *Verteidigung,* bei der in der Regel innerhalb einer vom Richter gesetzten Frist von den amtlichen und privaten Prozeßparteien Schriftsätze eingereicht bzw. ausgetauscht werden (cc. 1601–1603). Eine maßvolle mündliche Erörterung zur Klärung noch offener Fragen kann auf Anordnung des Richters stattfinden (cc. 1604 § 2, 1605).

4. *Richterliche Entscheidungen (cc. 1607–1618, 1641–1644)*

a) Das Urteil ist der Spruch eines gemeingerichtlichen Organs, der in einer in gemeingerichtlicher Weise verhandelten Streitsache ergeht. Die Hauptfrage wird durch *Endurteil,* eine Zwischenfrage in der Regel durch *Zwischenurteil* entschieden (c. 1607). Andere richterliche Entscheidungen während des Verfahrens sind *Verfügungen,* wenn sie vom Einzelrichter erlassen werden, oder *Beschlüsse,* wenn sie kollegial ergehen (c. 1617). Die Urteilsfällung vollzieht sich in der Urteilsfindung, Urteilsausfertigung und Urteilsverkündung.

b) Voraussetzung für die Urteilsfällung ist die *Gewißheitsbildung*[15]. Der Richter muß bezüglich der Richtigkeit seiner Entscheidung moralische Gewißheit besitzen, d. h. eine jeden vernünftigen Zweifel ausschließende Gewißheit (c. 1608 § 1). In die Beweiswürdigung darf er nur den in den Prozeßakten niedergelegten Beweisstoff einbeziehen (c. 1608 § 2). Er entscheidet nach freier Überzeugung, sofern er nicht an gesetzliche Beweisvorschriften gebunden ist (c. 1608 § 3). Gelangt er nicht zu der erforderlichen moralischen Gewißheit, so führt das Klagebegehren nicht zum Erfolg (c. 1608 § 4).

[15] *E. McCarthy,* De certitudine morali quae in iudicis animo ad sententiae pronuntiationem requiritur, Rom 1948; *H. Flatten,* Die freie Beweiswürdigung im kanonischen Prozeß, in: ThQ 139 (1959), S. 427ff.; *A. Coron,* The Concept of Moral Certitude in Canonical Decisions, in: Jurist 19 (1959), S. 12ff.; *F. della Rocca,* De morali certitudine in sententia canonica, in: Apollinaris 33 (1960), S. 210ff.; *P. Felici,* Formalitates iuridicae et aestimatio probationum in processu canonico, in: Communicationes 9 (1977), S. 175ff.

c) Bei kollegialer Verfahrensweise wird das Urteil von den erkennenden Richtern in einer *Urteilssitzung* gefällt (c. 1609). Über den Urteilstenor entscheidet einfache Stimmenmehrheit.

d) Die *Urteilsausfertigung* (End- oder Zwischenurteil), die entweder vom Einzelrichter oder vom Berichterstatter des Kollegialgerichtes abzufassen ist (c. 1610), hat die Bezeichnung des Gerichtes und der Parteien, die Darstellung des Tatbestandes, die Urteilsbegründung in rechtlicher und tatsächlicher Hinsicht, den Urteilstenor, die Unterschrift der beteiligten Richter und des Aktuars sowie eine Rechtsmittelbelehrung zu enthalten (cc. 1611, 1612, 1614).

e) Die *Urteilsverkündung* hat baldmöglich zu geschehen (c. 1614). Sie erfolgt durch Aushändigung an die Parteien oder durch postalische Zustellung (c. 1615). Ein Urteil entfaltet erst mit der Verkündung seine Rechtswirkungen.

5. Rechtskraft und Vollstreckung des Urteils (cc. 1641–1644, 1650–1654)

a) Erst nach Eintritt der *Rechtskraft*[16] ist ein Urteil vollstreckbar, d. h. wenn dagegen kein Rechtsmittel mehr eingelegt werden kann. Dies ist der Fall, wenn in einer Sache zwei gleichlautende Urteile vorliegen, wenn gegen ein Urteil keine Berufung ergriffen wird oder wenn eine Berufung vom Gesetz ausdrücklich als unzulässig erklärt wird (c. 1641). Ein in Rechtskraft erwachsenes Urteil kann nicht mehr mit einem ordentlichen Rechtsmittel angefochten werden; es schafft Recht zwischen den Parteien (c. 1641). Personenstandssachen werden immer nur vorläufig rechtskräftig und können daher bei Vorliegen neuer und schwerwiegender Beweise jederzeit wieder aufgenommen werden (cc. 1643, 1644).

b) Zuständig für die *Vollstreckung* eines Urteils ist in der Regel der Oberhirte jener Diözese, in der das erstinstanzliche Urteil gefällt worden ist (c. 1653). Bei der Urteilsvollstreckung von persönlichen Klagen sind Härten zu vermeiden (c. 1655 § 2).

III. Anfechtung eines Urteils

1. Nichtigkeitsbeschwerde (cc. 1619–1627)

a) Gegen ein Urteil, das auf einem Verstoß gegen eine wesentliche Verfahrensvorschrift gründet, kann das *ordentliche Rechtsmittel* der Nichtigkeitsbeschwerde (querela nullitatis)[17] eingelegt werden. Sie zielt auf die Feststellung der Nichtigkeit des Urteils ab. Nichtigkeitsbeschwerde kann von jeder Partei, die sich

[16] *R. Puza,* Res iudicata. Rechtskraft und fehlerhaftes Urteil in den Decisionen der Römischen Rota, Graz 1973.

[17] *H. Ewers,* Die Nichtigkeitsbeschwerde in dem kanonischen Prozeßrecht, München 1952; *E. Chidotti,* La nullità della sentenza guidiziale nel Diritto Canonico, Mailand 1965; *H. Flatten,* Zur Urteilsnichtigkeit im kirchlichen Eheprozeß wegen Verkürzung des Verteidigungsrechtes, in: Festg. Scheuermann, S. 645ff.; *A. Scheuermann,* Die Nichtigkeit des Urteils gemäß der Rechtsprechung der SRR, in: Festschr. Mörsdorf, S. 667ff.

durch ein ungültiges Urteil beschwert fühlt, sowie vom Kirchenanwalt und Bandverteidiger ergriffen werden (c. 1626 § 1).

b) *Unheilbar nichtig* ist ein Urteil, wenn es z. B. von einem Gericht oder einem Richter ohne richterliche Gewalt gefällt worden ist, wenn in einem Verfahren eine Partei die Prozeßführungsbefugnis nicht besaß, wenn einer Partei das Verteidigungsrecht verweigert worden ist, wenn dem Urteil keine Klage zugrundelag oder wenn die strittige Sache nicht einmal teilweise entschieden worden ist (c. 1620). *Heilbare Nichtigkeit* liegt z. B. vor bei Prozeßfehlern (Aufbau auf nichtigen Prozeßhandlungen), Urteilsfehlern (Fehlen der Entscheidungsgründe, der Unterschriften) sowie bei Fehlen der gesetzlich vorgeschriebenen Richterzahl (c. 1622). Gegen ein unheilbar nichtiges Urteil kann die Nichtigkeitsbeschwerde als Einrede unbefristet, als Klage jedoch innerhalb von zehn Jahren seit Verkündung des Urteils erhoben werden (c. 1621). Ein heilbar nichtiges Urteil kann entweder zusammen mit der Berufung oder getrennt davon innerhalb von drei Monaten durch die Nichtigkeitsbeschwerde angefochten werden (cc. 1623, 1625). Verstreicht die Dreimonatsfrist, so ist die Nichtigkeit geheilt.

2. Berufung (cc. 1628–1640)

a) Das *ordentliche Rechtsmittel* der Berufung (appellatio), d. h. der Anrufung des Obergerichtes zur inhaltlichen Überprüfung eines Endurteils oder eines Entscheides, dem die Wirkung eines Endurteils zukommt, kann jede private Prozeßpartei, die sich durch ein Urteil beschwert fühlt, und ebenso der Kirchenanwalt und Bandverteidiger ergreifen (c. 1628).

b) *Unzulässig* ist eine Berufung gegen Urteile des Papstes oder der Apostolischen Signatur, gegen rechtskräftig gewordene Urteile, gegen Zwischenentscheide, die nicht die Wirkung eines Endurteils haben, sowie gegen Entscheidungen in Fragen, für die das Gesetz eine rascheste Entscheidung vorschreibt (c. 1629).

c) Die Berufung kann innerhalb einer Frist von fünfzehn Tagen nach Verkündung des Urteils bei jenem Richter *eingelegt* werden, der das Urteil gefällt hat (c. 1630); sie ist binnen eines Monates beim Berufungsgericht zu verfolgen (c. 1633). Läßt eine Partei diese Fristen ungenutzt verstreichen, so gilt dies als Verzicht auf die Berufung (c. 1635).

d) Für das Berufungsverfahren gelten dieselben Verfahrensgrundsätze wie für den erstinstanzlichen Rechtszug (c. 1640). *Gegenstand der Berufungsklage* ist die Prozeßfrage der Vorinstanz (c. 1639 § 1). Die Berufungsklage hat aufschiebende Wirkung und hemmt den Eintritt der Rechtskraft (c. 1638).

3. Wiedereinsetzung in den vorigen Stand (cc. 1645–1648)

a) Das *außerordentliche Rechtsmittel* der Wiedereinsetzung in den vorigen Stand (restitutio in integrum) kommt erst dann in Betracht, wenn eine Nichtigkeitsbeschwerde oder eine Berufung nicht mehr eingelegt werden können. Dies ist der Fall, wenn sich ein Urteil als offenkundig ungerecht herausstellt, weil es sich auf Beweise stützt, die im nachhinein als falsch befunden worden sind, wenn später Urkunden aufgefunden worden sind, die eine gegenteilige Entscheidung fordernde Tatsachen zwingend beweisen, wenn eine Partei arglistig zum Nachteil der anderen Partei auf das Urteil Einfluß genommen hat oder wenn eine Gesetzesvorschrift offensichtlich vernachlässigt worden ist (c. 1645).

b) Der *Antrag* auf Wiedereinsetzung in den vorigen Stand ist innerhalb von drei Monaten bei dem Richter einzureichen, der das offenkundig ungerechte Urteil gefällt hat (c. 1646 § 1). Wird jedoch die Verletzung einer Gesetzesvorschrift geltend gemacht, so ist das Berufungsgericht für die Behandlung des Wiedereinsetzungsbegehrens zuständig (c. 1646 § 2). Der Antrag auf Wiedereinsetzung in den vorigen Stand hemmt die noch nicht begonnene Vollstreckung des Urteils (c. 1647 § 1).

IV. Kostenregelung

1. Gerichtskosten (c. 1649)

a) Die Bischöfe haben für ihre Diözesen eine *Gebührenordnung*[18] zu erlassen, in der die Gerichtskosten, Honorare für Parteibeistände und Sachverständige, das Zeugengeld, die Hinterlegung von Sicherheiten u. ä. zu regeln sind. Die Gerichtskosten bei Ehenichtigkeitssachen betragen derzeit einheitlich für alle Gerichte in der Bundesrepublik Deutschland DM 100.- für erstinstanzliche und DM 70.- für Berufungsverfahren.

b) Sämtliche Gerichts- und Anwaltskosten sind in der Regel der unterlegenen Partei *aufzubürden* (vgl. c. 1649 § 1 n. 4). In Ehenichtigkeitssachen trägt gewöhnlich der Kläger die Gerichtskosten und die Gutachterhonorare, während die Anwaltsgebühren jede Partei selbst zu übernehmen hat.

2. Unentgeltlicher Rechtsschutz (c. 1649)

Die Regelung von Fragen des unentgeltlichen Rechtsschutzes (Armenrecht) und der Ermäßigung der Gerichtskosten ist den Bischöfen überlassen.

V. Mündliches Streitverfahren

1. Zulässigkeit (cc. 1656, 1690)

Durch das mündliche Streitverfahren können alle Sachen, *soweit nicht vom Gesetz ausgeschlossen*, behandelt werden, sofern eine Partei nicht ein ordentliches Streitverfahren fordert (c. 1656 § 1). Ehenichtigkeitssachen können nicht auf

[18] *P. Wirth*, Gebührenordnung – Vorschläge für eine gemeinsame Kostenregelung der kirchlichen Gerichte in der Bundesrepublik Deutschland, in: ÖAKR 22 (1971), S. 28ff.

dem Weg des mündlichen Streitverfahrens behandelt werden (c. 1690); widrigenfalls sind die richterlichen Handlungen und das ergehende Urteil nichtig (cc. 1656 § 2, 1669).

2. Durchführung (cc. 1657–1670)

a) Im ersten Rechtszug findet das mündliche Streitverfahren vor dem *Einzelrichter* statt (c. 1657).

b) Die *Klageschrift* muß über die Erfordernisse des c. 1504 hinaus die Beweise so bestimmen, daß diese unverzüglich erhoben werden können (c. 1658). Der Gegenpartei ist eine Kopie des Klagebegehrens zuzusenden; sie hat die Möglichkeit, innerhalb von fünfzehn Tagen darauf zu antworten (c. 1659). Im Anschluß daran hat der Richter binnen eines Monats alle zur mündlichen Verhandlung zu laden, die daran teilzunehmen haben (c. 1661 § 1).

c) Bei der Verhandlung werden in Anwesenheit der Parteien und gegebenenfalls ihrer Anwälte die *Beweise* (Vernehmung von Parteien, Zeugen, Sachverständigen) *erhoben* (c. 1663). Die Antworten, Anträge und Einwände sind summarisch vom Aktuar aufzunehmen (c. 1664). Unmittelbar im Anschluß an die Beweiserhebung findet die *mündliche Erörterung* statt (c. 1667). Die Anberaumung einer weiteren mündlichen Verhandlung ist zulässig (c. 1666).

d) In der Regel soll der Richter nach Abschluß der mündlichen Verhandlung die Sache *entscheiden* und den Urteilstenor sogleich den anwensenden Parteien verlesen (c. 1668 §§ 1 und 2). Innerhalb von fünfzehn Tagen ist ihnen der vollständige Urteilstext mit Begründung bekanntzugeben (c. 1668 § 3). Berufung gegen das Urteil ist zulässig.

e) Für das mündliche Streitverfahren sind im übrigen die *Vorschriften über das ordentliche Streitverfahren* einzuhalten. Zum Zweck der Verfahrensbeschleunigung kann der Richter jedoch die Nichteinhaltung nicht wesentlicher Verfahrensvorschriften verfügen.

VI. Abwendung von Verfahren

1. Vermeidung von Rechtsstreitigkeiten (cc. 1713, 1714)

Das kirchliche Prozeßrecht ist von der Tendenz bestimmt, daß nach Möglichkeit die gerichtliche Austragung von Streitigkeiten vermieden und daß auf eine *gütliche Beilegung* strittiger Fragen hingewirkt wird (cc. 1446 § 1, 1659, 1713, 1733 § 1) und zwar durch Vergleich, Schiedsvertrag oder Schiedsverfahren nach Regeln, die die Parteien vereinbart haben, nach den etwa von der Bischofskonferenz erlassenen Normen oder nach dem am Ort der Vereinbarung geltenden staatlichen Recht (c. 1714).

2. Vergleich, Schiedsvertrag und Schiedsverfahren (cc. 1715, 1716)

a) Ein Vergleich oder Schiedsvertrag kann *nicht* gültigerweise *Platz greifen* in Streitsachen, die das öffentliche Wohl betreffen oder über die die Parteien nicht frei verfügen können (c. 1715 § 1).

b) Erkennt das jeweilige *staatliche Recht* die Wirkung eines Schiedsspruches nur an, wenn er vom Richter bestätigt wird, so bedarf der Schiedsspruch in einem kirchlichen Streitfall zur Rechtswirksamkeit im kirchlichen Bereich auch der Bestätigung durch den kirchlichen Richter (c. 1716 § 1). Läßt das staatliche Recht gegen einen Schiedsspruch ein Rechtsmittel zu, so kann dasselbe Rechtsmittel ebenfalls gegen einen kirchlichen Schiedsspruch beim kirchlichen Richter erhoben werden, der in erster Instanz zur Entscheidung des Streitfalles zuständig ist (c. 1716 § 2).

§ 107 Die Eheverfahren

Von Heinrich Flatten

I. Der ordentliche Ehenichtigkeitsprozeß

1. Rechtsquellen[1]

Die *einzige Rechtsquelle* bietet jetzt der *CIC*, und zwar in den allgemeinen Prozeßvorschriften (cc. 1400–1655) sowie in den besonderen Normen für Ehenichtigkeitsprozesse (cc. 1671–1691). Erst die Verklammerung beider Normgruppen ergibt die konkrete Prozeßordnung für das Ehenichtigkeitsverfahren.

Eine in sich geschlossene, unmittelbar auf die Ehenichtigkeitsverfahren zugeschnittene Eheprozeßordnung, wie sie früher in der EPO von 1936 vorlag, gibt es jetzt nicht mehr. Sie bleibt ein Desiderat, zumal die Diözesangerichte fast nur mit Eheprozessen zu tun haben. Die EPO von 1936 wie auch MP CausMatr von 1971 sind außer Kraft gesetzt, können aber zur Interpretation des neuen Rechts hilfreich sein (c. 6 § 2).

2. Gerichtszuständigkeit

Welches *Diözesangericht* in der *1. Instanz* für die Führung eines Ehenichtigkeitsprozesses zuständig ist[2], hat c. 1673, das bisherige Recht teils ergänzend oder abändernd, so bestimmt: Zuständig ist das Gericht jener Diözese, in der

a) die Ehe geschlossen wurde (forum *contractus*) oder

[1] Dieser Beitrag bringt die verfahrensrechtliche Ergänzung zu dem Beitrag in *diesem* Band, oben, *H. Flatten*, § 88 Nichtigerklärung, Auflösung und Trennung der Ehe.

[2] Abgesehen sei hier von den Sonderbestimmungen, daß für Staatsoberhäupter die Zuständigkeit dem Papst reserviert ist (c. 1405 § 1 n. 1) und daß jeder Gläubige schon für die 1. Instanz das päpstliche Gericht angehen kann (c. 1417 § 1).

b) die nichtklagende Partei Wohnsitz oder Nebenwohnsitz hat (forum *partis conventae*) oder
c) die klagende Partei Wohnsitz hat (forum *partis actricis*)[3] oder
d) die meisten Beweise für den Prozeß zu erheben sind (forum *probationum*)[4].

Nach dieser Regel können unter Umständen für einen Prozeß mehrere Diözesangerichte zuständig sein. Dann kann der Kläger wählen, welches von ihnen den Prozeß zu führen hat.

Mit Zustimmung des Apostolischen Stuhles können mehrere Diözesanbischöfe statt der einzelnen Diözesangerichte ein gemeinsames *Interdiözesangericht* als 1. Instanz errichten (c. 1423 § 1), auf das die oben dargelegte Gerichtszuständigkeit analog anzuwenden ist.

In der *2. Instanz* ist das *Metropolitangericht* für die Suffraganbistümer zuständig. Hat das Metropolitangericht selbst den Prozeß in 1. Instanz geführt, so geht er in 2. Instanz an jenes Diözesangericht, das der Metropolit mit Billigung des Apostolischen Stuhles ein für allemal als Appellationsinstanz bestimmt hat (c. 1438). Die 2. Instanz für ein Interdiözesangericht regelt sich nach c. 1439 § 1[5].

In der *3. Instanz* ist an sich die *Römische Rota* zuständig (c. 1444 § 1 n. 2). Doch besitzen kraft päpstlichen Indults die deutschen Diözesen durchweg das Recht, ein jeweils bestimmtes deutsches Diözesangericht als 3. Instanz anzugehen. Für das Erzbistum Köln besteht so z. B. der Instanzenzug: 1. Köln, 2. Münster, 3. Freiburg.

3. *Organisation des Ehegerichts*

Der ordentliche Ehenichtigkeitsprozeß ist in allen Instanzen in der Regel vor einem *Kollegialgericht aus drei Geistlichen* zu führen[6]. Der Vorsitz liegt beim Offizial oder Vizeoffizial[7], der die meisten Prozeßhandlungen außer der kollegial zu fällenden Urteilsentscheidung allein tätigt und vielfach auch als Untersuchungsrichter die Vernehmungen vornimmt. Die beiden beisitzenden Richter werden aus dem Kreis der Diözesanrichter (c. 1421 § 1) genommen, die früher Synodalrichter hießen. Die Bestellung des Dreierkollegiums für den einzelnen Eheprozeß nimmt unter Einhaltung einer Turnusordnung in der Regel der Offizial (c. 1425 § 3), nicht mehr der Bischof vor (c. 1576 § 3 CIC/1917).

Falls die Besetzung mit drei Geistlichen als Richtern nicht zu erreichen ist, sieht der CIC *zwei Ausnahmen* vor:

[3] Völlig neu, aber durch drei Voraussetzungen eingeschränkt: Beide Parteien müssen zum Gebiet der gleichen Bischofskonferenz gehören; die Gegenpartei ist zuvor zu hören; der Offizial des Wohnsitzes der beklagten Partei muß zustimmen.

[4] Aber nur, wenn der Offizial des Wohnsitzes der beklagten Partei nach deren Befragung seine Zustimmung erteilt. Also gegenüber n. IV MP CausMatr etwas geändert.

[5] Auch wo kein Interdiözesangericht der 1. Instanz besteht, kann für die 2. Instanz ein Interdiözesangericht eingerichtet werden (c. 1439 § 2).

[6] Vgl. cc. 1425 § 1 n. 1, 1420 § 4, 1421 § 1.

[7] Der Offizial heißt nunmehr (c. 1420) amtlich auch Vicarius iudicialis (Gerichtsvikar), der Vizeoffizial Vicarius iudicialis adiunctus (Beigeordneter Gerichtsvikar).

a) *Einzelrichter* (c. 1425 § 4): Für die 1. Instanz, nicht für die Appellationsinstanz, kann die Bischofskonferenz, solange sich das vorgeschriebene Dreierkollegium nicht bilden läßt, dem Bischof erlauben, daß er die Prozesse einem Geistlichen als Einzelrichter überträgt. Der Einzelrichter soll nach Möglichkeit einen beratenden Beisitzer (Assessor) und einen Untersuchungsrichter (Auditor) beiziehen. Die Ämter des Assessors oder des Auditors können nach cc. 1424 und 1428 § 2 auch Laien, Männern wie Frauen, übertragen werden.

b) *Dreierkollegium* mit *einem* Laienrichter (c. 1421 § 2): In Abweichung von der Norm, daß die Diözesanrichter Geistliche sein müssen, kann die Bischofskonferenz erlauben, daß auch Laien als Richter bestellt werden, aus denen dann im Fall einer Notlage *einer* zur Bildung des Dreierkollegiums genommen werden kann.

Zu dieser Bestimmung, hinter der die Grundsatzfrage steht, ob kirchliche Leitungsgewalt überhaupt an einen Nichtordinierten übertragen werden kann, wird vermutlich noch heftiger Streit entbrennen. Schon die Entwürfe zum CIC/1983 hatten in diesem Punkt eine lebhafte Diskussion ausgelöst[8]. Dabei waren die Entwürfe wenigstens in sich konsequent bei der Linie verblieben, jede Aussage zu vermeiden, daß nur Kleriker ein Amt erhalten können, zu dessen Ausübung kirchliche Leitungsgewalt erforderlich ist. So noch in dem Schema CIC/1982 an den drei einschlägigen Stellen[9]. Aber die letzte Überarbeitung durch den Papst hat eine fundamentale Änderung gebracht. In den beiden cc. 129 §§ 1 und 2 und 274 § 1, in denen die theologische Grundsatzaussage zu machen war, ist entgegen der Tendenz der Entwürfe nunmehr ganz eindeutig entschieden worden: „Soli clerici obtinere possunt officia ad quorum exercitium requiritur potestas ordinis aut potestas regiminis ecclesiastici" (c. 274 § 1; analog c. 129 §§ 1 und 2). Nur fehlt die Änderung, die dann konsequent auch in c. 1421 § 2 hätte vorgenommen werden müssen; in c. 1421 § 2 blieb stehen, daß notfalls auch ein Laie zum Richter ernannt werden kann. Warum dort die Änderung unterblieb, wird kaum zu klären sein.

Jedenfalls klafft jetzt im CIC selbst zwischen cc. 129 und 274 § 1 auf der einen Seite und c. 1421 § 2 auf der anderen Seite ein unüberbrückbarer Widerspruch. Das Übergewicht liegt zweifellos bei den theologischen Grundsatzaussagen der beiden ersten Stellen. Aber eine letzte Entscheidung wird wohl nur von einer authentischen Interpretation zu erwarten sein. Wenn man die beiden ersten Stellen ernst nimmt, könnte jemand auf den Ausweg verfallen, daß dann der Laienrichter des c. 1421 § 2 nur als Iudex assessor, als bloß beratender Richter zu verstehen sei[10]. Doch gerät man so in die andere Schwierigkeit, wie das Dreierkollegium mit nur zwei beschließenden Richtern im Dissens dieser beiden überhaupt zu einer Entscheidung kommen kann. Das Dilemma des c. 1421 § 2 ruft nach einer Klärung von höchster Stelle.

In jedem Ehenichtigkeitsprozeß hat ein *Ehebandverteidiger* (defensor vinculi) mitzuwirken. Er hat die Aufgabe, von Amts wegen sachdienliche Argumente

[8] Vgl. die gegensätzliche Stellungnahme von *W. Aymans*, Laien als kirchliche Richter?, in: AfkKR 144 (1975), S. 3–20; a. M. *K. Lüdicke*, Laien als kirchliche Richter, in: ÖAKR 28 (1977), S. 332–352.

[9] Cc. 129, 273; 1421 § 2 Schema CIC 1982. Die Parallelstellen im CIC/1983 sind: cc. 129 §§ 1 und 2, 274 § 1, 1421 § 2.

[10] Ein römischer Sachkenner, der in die letzte Überarbeitung des CIC Einblick hatte, gab auf Befragen zu verstehen: Eine Umformulierung des c. 1421 § 2 sei überflüssig gewesen; denn aus den jetzigen cc. 129 und 274 folge von selbst schon zwingend, daß c. 1421 § 2 nur einen Laienrichter ohne Jurisdiktion, also einen Iudex assessor mit bloß beratender Stimme meinen könne.

zugunsten des Ehebandes vorzutragen (c. 1432). Zur Beurkundung der Gerichtsakten ist ein kirchlicher *Notar* beizuziehen (c. 1437). Jede Partei kann einen *Prozeßvertreter* (procurator) und einen *Anwalt* (advocatus) für seinen Prozeß bestellen, sofern sie die erforderliche Qualifikation aufweisen. Ein Anwaltszwang besteht jedoch für den Eheprozeß in der Regel nicht. Bei jedem Gericht sollen, soweit sich das ermöglichen läßt, ständige Parteibeistände bestellt werden, die vom Gericht entlohnt werden und auf die eine Partei, wenn sie es will, als Prozeßvertreter oder Anwalt zurückgreifen kann (c. 1490).

4. *Klagerecht*

a) Klagerecht im Eheprozeß hat nur jeder *Ehegatte* der angeblich nichtigen Ehe; unter bestimmten Voraussetzungen auch der Kirchenanwalt (c. 1674). Nicht dagegen Verwandte und andere Personen; auch nicht ein Dritter, der einen Geschiedenen standesamtlich geheiratet hat und nun dessen erste Ehe für nichtig erklärt haben will, um sein Verhältnis zu ihm kirchlich zu ordnen; er kann allenfalls den Tatbestand dem Kirchenanwalt anzeigen, der unter Umständen seinerseits Klage von Amts wegen erhebt.

b) Das Recht des CIC/1917 hatte das Klagerecht des Ehegatten *zwei Beschränkungen* unterworfen, die jetzt *entfallen* sind. Einmal hatte früher der *Nichtkatholik* kein Klagerecht[11]. Das war schon durch die authentische Interpretation vom 8. Januar 1973 aufgehoben und gilt auch jetzt nicht mehr. Jeder Ehepartner, ob getauft oder ungetauft, hat Klagerecht (c. 1476). Wohl müßte der Nichtkatholik bei Klageerhebung ein begründetes Rechtsschutzinteresse nachweisen, z. B. weil er eine neue Ehe mit einer Katholikin beabsichtigt. Ohne ein besonderes Rechtsschutzinteresse will die Kirche nicht mit einem Eheprozeß über die Ehe von zwei Nichtkatholiken entscheiden. Zum anderen war früher jeder vom Klagerecht ausgeschlossen, der selbst an der Nichtigkeit seiner Ehe *schuld* war (c. 1971 § 1 n. 1 CIC/1917). In langwierigen Interpretationsversuchen wurde dies dahin präzisiert: wer selbst die Nichtigkeit seiner Ehe direkt und vorsätzlich verursacht hat (causa et directa et dolosa; PCI vom 27. Juli 1942). Die Anwendung in der Praxis bereitete gleichwohl große Schwierigkeit; zudem war im Zweifelsfall das Klagerecht nicht zu verweigern und kam andernfalls oft genug doch die Klage über den Kirchenanwalt zum Zuge. Der CIC/1983 hat daher, trotz des nicht geringen Bedenkens, daß niemand aus seiner eigenen Schuld noch Vorteil ziehen soll, auch diese Klagebeschränkung ganz fallen lassen.

c) Der *Kirchenanwalt* (promotor iustitiae) hat Klagerecht, wenn die Nichtigkeit der Ehe bereits öffentlich bekannt geworden ist und eine Konvalidation der Ehe unmöglich oder untunlich ist (c. 1674 n. 2)[12]. Hier liegt die Nichtigerklärung einer solchen Ehe, der gesamten Aufgabenstellung des Kirchenanwalts entsprechend (c. 1430), im öffentlichen Interesse der Kirche[13].

[11] Vgl. Art. 35 § 3 EPO.

[12] Früher bestand auch für den Kirchenanwalt eine gewisse Einschränkung des Klagerechts bei Eheprozessen wegen Konsensmangels. Vgl. Art. 38f. i. V. m. Art. 41 § 3 EPO. Jetzt entfallen.

[13] Ob das öffentliche Interesse zur Führung eines Prozesses vorliegt, mußte nach früherem Recht (c. 1586 CIC/1917) in allen Fällen, auch bei Ehenichtigkeitsprozessen, zuvor der Diözesanbischof entscheiden; erst dann konnte der Kirchenanwalt Klage erheben. Ob jetzt bei der anderen Formulierung des c. 1431 § 1, wonach die Entscheidung des Bischofs nicht

d) Wenn eine Ehe bereits durch den *Tod* eines Gatten aufgelöst ist, kann in der Regel nicht mehr Klage auf Ehenichtigkeit erhoben werden (c. 1675). Stirbt ein Gatte während eines anhängigen Verfahrens, ist nach c. 1518 vorzugehen.

5. *Prozeßverlauf*

a) Die *Klageschrift* (c. 1504) ist vom Klageberechtigten, nicht vom Pfarrer, an das zuständige Diözesangericht (Offizialat, nicht Generalvikariat) zu richten und hat zu enthalten: *Klagebegehren:* die Ehe N. N. (Namen der beiden Partner mit Anschrift) für nichtig zu erklären; *Klagegrund:* warum die Ehe nichtig sein soll; es kann nur ein kirchlich anerkannter Nichtigkeitsgrund angeführt werden, z. B. weil der Kläger zur Eheschließung gezwungen wurde; ein wenigstens allgemein gehaltenes *Beweisangebot,* z. B. Benennung von Zeugen mit Anschrift; *Datum und Unterschrift* des Klägers oder seines Prozeßvertreters. Beizufügen sind der Klageschrift die Vollmacht für den etwaigen Prozeßvertreter sowie die Trauungsurkunde und das bürgerliche Scheidungsurteil. Bevor das Verfahren in Gang gesetzt wird, soll zunächst noch ein Konvalidationsversuch unternommen werden, sofern ein solcher nicht aussichtslos erscheint (c. 1676).

b) *Annahme der Klage* (cc. 1505f.): Nach Bestellung des Gerichtskollegiums hat dessen Vorsitzender[14], nicht mehr wie früher (Art. 61f. EPO) das gesamte Kollegium, darüber zu befinden, ob die Klage zur Verhandlung angenommen wird oder nicht. Abzulehnen ist die Klage, wenn das Gericht nicht zuständig ist, wenn dem Kläger das Klagerecht fehlt, wenn das Libell keine Unterschrift trägt oder wenn die erhobene Klage jedes Fundaments entbehrt, sei es daß kein kanonischer Klagegrund angegeben ist, sei es daß die vorgebrachte Behauptung zwar rechtlich zulässig ist, ihr aber sachlich jede Begründung sicher abgeht, so daß auch im Verlauf des Prozesses eine Begründung nicht zu erwarten ist.

Gegen die *Ablehnung der Klage* durch den Vorsitzenden steht dem Kläger innerhalb von zehn Tagen der Rekurs an das Gerichtskollegium, nicht mehr wie früher an die 2. Instanz, offen. Die Entscheidung des Kollegiums ist endgültig[15].

Neu ist die in c. 1506 vorgesehene *automatische Annahme* einer Klage. Wenn der Vorsitzende innerhalb eines Monats nach Empfang der Klageschrift nicht das Dekret über Annahme oder Ablehnung der Klage erlassen hat, kann der Kläger ihn mahnen. Falls das nichts nützt, gilt die Klage zehn Tage nach Eingang der Mahnung als zur Verhandlung angenommen.

erforderlich ist, wenn „interventus promotoris iustitiae a lege praecipiatur", der Kirchenanwalt nicht von sich aus schon Klage zu einem Eheprozeß erheben kann, scheint zum mindesten nicht ausgeschlossen. Denn man wird sich fragen müssen, ob c. 1674 dem Kirchenanwalt nur das Klagerecht gibt oder aber für den dort genannten Fall „cum nullitas iam divulgata est" auch die gesetzliche Pflicht zur Klageerhebung auferlegt.

[14] Also nicht ohne weiteres der Offizial, es sei denn, er habe den Vorsitz im bestellten Kollegium. Wohl könnte der Offizial bei Eingang einer unzureichenden Klageschrift den Kläger auf die Mängel hinweisen und ihm die Ergänzung oder auch die Rücknahme der Klage nahelegen.

[15] Das folgt aus c. 1505 § 4 i. V. m. c. 1629 n. 5.

c) Die *Ladung des Beklagten* (citatio; cc. 1507f., 1677) meint die mit der Mitteilung über das eröffnete Verfahren verknüpfte Aufforderung, sich dem Gericht zu stellen, sei es daß er schriftlich zu der vorläufig umschriebenen Streitfrage Stellung nimmt, sei es daß er persönlich zur Streitfestsetzung erscheint. Die Ladung soll alsbald ergehen, spätestens am 20. Tag nach der in c. 1506 vorgesehenen Mahnung. Es bleibt dem gewissenhaften Ermessen des Vorsitzenden überlassen, ob er dem Beklagten mit der Ladung auch die Klageschrift übermittelt; in Eheprozessen wird sich das in der Regel verbieten, solange nicht der Beklagte selbst vernommen ist (vgl. c. 1508 § 2). Mit der rechtmäßig übermittelten Ladung ist das Verfahren rechtsanhängig (c. 1512). Das Ladungsdekret mit der vorläufig umschriebenen Streitfrage geht auch an den Kläger.

d) Die *Streitfestsetzung* (litiscontestatio; cc. 1513–1516, 1677) wird unter Berücksichtigung der schriftlichen Eingaben der Parteien vom Vorsitzenden von Amts wegen vorgenommen. Die Parteien brauchen dazu nicht persönlich zu erscheinen, jede von ihnen kann aber innerhalb von fünfzehn Tagen nach der Ladung verlangen, daß dafür eine Sitzung anberaumt wird. Bleibt ein solches Verlangen aus, vollzieht der Vorsitzende selbst die Streitfestsetzung: Es wird der Streitgegenstand des Prozesses genau mit Angabe des Klagegrundes oder auch mehrerer festgelegt (c. 1677 §§ 2 und 3). Wenn es im Verlauf des Prozesses dienlich erscheint, kann der Streitgegenstand nachträglich geändert oder ergänzt werden.

e) Die *Beweiserhebung* erfolgt durch Vernehmung der Parteien und der Zeugen, durch Sachverständigengutachten und durch Dokumente (cc. 1526–1586, 1678–1680). Als *Zeugen* im Eheprozeß kommen auch Verwandte in Frage, da sie oft am besten um Vorgänge bei der Eheschließung wissen. Wichtig ist, ob Äußerungen der Eheleute, von denen Zeugen berichten, zu unverdächtiger Zeit gefallen sind.

Jeder wird einzeln *vernommen;* in Gegenwart des Vernehmungsrichters und des Aktuars; dem Ehebandverteidiger wie dem etwa beteiligten Kirchenanwalt ist die Anwesenheit freigestellt. Völlig neu ist, daß zwar nicht die Parteien, wohl aber Parteibeistände ebenfalls bei Vernehmungen zugegen sein dürfen; freilich mit der gewichtigen Einschränkung: falls nicht der Richter um der besonderen Umstände willen sie davon ausschließt (c. 1678 § 1 n. 1 i. V. m. c. 1559). Letzteres wird in Eheprozessen sehr oft geboten sein, will man die Hemmung der zu vernehmenden Person überwinden und eine umfassende Darlegung ermöglichen. Der Richter leitet die Vernehmung und stellt die Fragen. Die Aufstellung des Interrogatoriums, die früher Pflicht des Ehebandverteidigers war, obliegt jetzt unter Berücksichtigung der von diesem vorgeschlagenen Fragen (vgl. c. 1533) dem Richter. Je nach dem Gang der Vernehmung kann der Richter Fragen weglassen, ändern oder ergänzen. Der Aktuar führt das Protokoll, das am Schluß von der vernommenen Person, dem Richter und dem Aktuar unterzeichnet wird (c. 1569 § 2). Jeder, auch die Partei, hat die Aussage unter Eid zu machen. Ferner ist ein Glaubwürdigkeitszeugnis beizufügen.

Die eidlichen Aussagen der *Parteien* sind in ihrem Beweiswert vom Richter innerhalb des gesamten Beweismaterials durchaus zu würdigen; jedoch erbringen sie für sich allein niemals bereits vollen Beweis für die Nichtigkeit der Ehe; es müßten schon weitere Beweiselemente hinzukommen, so daß sich insgesamt doch ein voller Beweis ergäbe (c. 1536 § 2).

Als solche Beweisergänzungen kommen u. a. auch *Glaubwürdigkeitszeugen* in Frage. Früher kannte man sie amtlich nur in Impotenz- und Inkonsummationsverfahren als sogenannte „Siebenhänderzeugen" (c. 1975 CIC/1917). Wenn die Impotenz oder der Nichtvollzug nicht anderweitig schon feststand, sollten für jede Partei Zeugen, ursprünglich je sieben an der Zahl, ihre Hand zum Eid für die Glaubwürdigkeit der Partei heben. Unter Verzicht auf die Siebenzahl ist das nunmehr in c. 1679 auf alle Ehenichtigkeitsprozesse ausgedehnt. Diese Beweisergänzung kommt nur subsidiär in Frage, wenn anderweitig kein voller Beweis zu erbringen ist. Solche Glaubwürdigkeitszeugen sind nicht Zeugen in der Sache, sondern Zeugen für die Glaubwürdigkeit der Partei; sie bezeugen nur, daß sie die Partei insgesamt und im besonderen in dem, was sie zur Nichtigkeit ihrer Ehe aussagt, für glaubwürdig halten. Das Instrument der Glaubwürdigkeitszeugen kann eine brauchbare Hilfe in Eheprozessen bieten. Allerdings ist seine sachgerechte Bewertung allein bei äußerst kritischer Abwägung des Richters möglich. Glaubwürdigkeitszeugen sind zudem nur Beweisstütze, nicht schon voller Beweis; auch nicht bei Übereinstimmung der Aussagen der Parteien. Aus dem „praeter" in c. 1679 folgt, daß noch Beweisstützen anderer Art hinzukommen müssen[16].

Bei bestimmten Ehenichtigkeitsgründen kommt das Gericht nicht ohne Zuziehung von *Sachverständigen* aus. So vor allem in der Regel bei Nichtigkeitsklagen wegen Impotenz oder Geisteskrankheit, unter Umständen auch in anderen Fällen (c. 1680). Entgegen dem früheren Verbot (c. 1978 CIC/1917) kann der Richter jetzt auch einen Arzt, der die Partei bereits privat behandelt hat, zum Gutachter bestellen. Der Gutachter braucht auch nicht mehr (vgl. c. 1981 CIC/1917) zusätzlich vernommen zu werden. Es genügt in der Regel sein schriftliches Gutachten (vgl. c. 1578 § 3).

Als *Dokumente* kommen für den Eheprozeß vornehmlich Briefe aus der Zeit kurz vor der Heirat in Frage.

f) Nach Abschluß der Beweiserhebung verfügt der Vorsitzende die *Offenlegung der Prozeßakten* (publicatio processus; c. 1598). Die Parteien können nunmehr die Akten einsehen; die Anwälte auf ihre Kosten in der Regel auch Abschrift von Akten verlangen. Wenn innerhalb einer dafür zu setzenden Frist die Parteien keine weiteren Beweisvorschläge bringen, ergeht der *Aktenschluß* (conclusio in causa; c. 1599).

g) Es folgen die *Schriftsätze* des Ehebandverteidigers und der Parteien (cc. 1601–1606). Der Ehebandverteidiger hat darzulegen, was unter Würdigung des Beweismaterials gegen eine Nichtigerklärung der Ehe spricht. Gegen seine Animadversiones können die Parteien ihre Stellungnahme schriftlich vortragen. Der Ehebandverteidiger hat das Recht der letzten Erwiderung.

h) Das *Urteil* (cc. 1607–1618) wird, nachdem jeder Richter sein Votum erarbei-

[16] Sachlich steht das in Übereinstimmung mit c. 1975 § 2 CIC/1917.

tet hat, in geheimer Sitzung des Kollegiums nach Diskussion durch Mehrheitsbeschluß gefällt und anschließend unter Zuziehung des Notars verkündet. Für die Nichtigkeit der Ehe (Constat de nullitate matrimonii) kann der Richter nur stimmen, wenn er aus den Akten moralische Gewißheit über die Nichtigkeit der Ehe gewonnen hat. Im Zweifel muß das Urteil lauten: Non constat. Die Voten der Richter sind geheimzuhalten; wohl kann ein überstimmter Richter nunmehr (c. 1609 § 4) verlangen, daß im Appellationsfall sein Votum der Oberinstanz übermittelt wird. Das schriftlich ausgefertigte Urteil, das die Entscheidung nach der rechtlichen wie der tatsächlichen Seite zu begründen hat[17] und von den drei Richtern und dem Notar zu unterzeichnen ist, wird den Parteien zugestellt. Eine Rechtsbelehrung über etwaige Appellationsmöglichkeit ist beizufügen (c. 1614).

6. *Appellationsverfahren*

a) Das Ehenichtigkeitsurteil der 1. Instanz eröffnet noch nicht den Weg zu einer neuen Eheschließung. Der Zugang dazu ist solange nicht frei, als die Nichtigerklärung der Ehe nicht auch von der Oberinstanz, und zwar aus dem gleichen Ehenichtigkeitsgrund, ausgesprochen ist. Das Verfahren muß also mindestens durch *zwei Instanzen* laufen.

Gegen ein erstmaliges Constat-Urteil ist anstelle der früheren Appellationspflicht des Ehebandverteidigers (c. 1986 CIC/1917) nunmehr eine Art *automatischer Appellation* getreten (c. 1682 § 1): Das Gericht hat von Amts wegen innerhalb von zwanzig Tagen nach der Urteilszustellung das Urteil mit den gesamten Akten und etwa eingegangenen Appellationen an die zuständige Oberinstanz zu senden. Diese hat dann ohne weiteres das Verfahren der 2. Instanz durchzuführen.

Es ist dem Ehebandverteidiger unbenommen, auch seinerseits gegen das Constat-Urteil der 1. Instanz Berufung einzulegen. Gleichfalls können die Parteien gegen ein unerwünschtes Urteil, mag es positiv oder negativ ausgefallen sein, appellieren (c. 1628). Die Appellation ist innerhalb von fünfzehn (früher zehn) Tagen nach Empfang des Urteils beim Gericht der 1. Instanz einzulegen und innerhalb eines weiteren Monats beim Appellationsgericht zu verfolgen (cc. 1630, 1633).

b) Für das Verfahren bei der Appellationsinstanz ist, ähnlich wie schon in MP CausMatr, eine beträchtliche Abkürzung vorgesehen: die Möglichkeit der *Dekretbestätigung* (c. 1682 § 2). Danach hat das Kollegialgericht der 2. Instanz nach Einholung einer Stellungnahme des eigenen Ehebandverteidigers zunächst in einer Sitzung zu entscheiden, ob die Nichtigerklärung der Ehe seitens der Vorinstanz in rechtlicher wie in sachlicher Hinsicht so zutreffend ist, daß sie kurzerhand ohne Beweisergänzung durch Dekret bestätigt werden kann. Eine Dekretbestätigung ist nur bei positivem, nicht bei negativem Urteil der Vorinstanz mög-

[17] Das Urteil soll gegebenenfalls auch einen Hinweis bringen, welche moralischen Pflichten gegenüber dem Partner oder den Kindern hinsichtlich Unterhalt und Erziehung bestehen (c. 1689).

lich. Es kann auch nur ein *erst*instanzliches Urteil durch Dekret bestätigt werden[18]. Das Bestätigungsdekret ist mit wenigstens kurzer Begründung zu versehen. Es kommt einem zweiten Ehenichtigkeitsurteil gleich. Gegen das Bestätigungsdekret gibt es nicht mehr wie nach n. IX MP CausMatr den Rekurs an die 3. Instanz, sondern allenfalls, wie auch sonst bei zwei gleichlautenden Urteilen, den Antrag auf Wiederaufnahme des Verfahrens nach c. 1644 § 1 (siehe unten).

c) Hat gegen ein negatives Urteil der 1. Instanz (Non constat) eine Partei appelliert oder hat bei einem Constat-Urteil die 2. Instanz eine Bestätigung durch Dekret abgelehnt, so muß dieses Gericht den Eheprozeß als *ordentliches Verfahren der 2. Instanz* durchführen, angefangen von einer neuen Ladung und Streitfestsetzung bis hin zur Urteilsfällung, analog den für die 1. Instanz geltenden Normen. Beweiserhebungen der 1. Instanz werden übernommen, bedürfen gegebenenfalls aber der Ergänzung.

d) *Rechtsmittel* gegen das Appellationsurteil: Hat dieses entgegen dem Urteil der 1. Instanz entschieden, steht den Beteiligten, ähnlich wie in der 1. Instanz, ohne weiteres Berufung zu, und zwar an das Gericht der 3. Instanz. Ist in dem zweitinstanzlichen Urteil erstmalig auf Ehenichtigkeit erkannt worden oder hat das Urteil die Ehenichtigkeit ausschließlich mit Capita begründet, von denen noch keines im Urteil der 1. Instanz mit Constat beschieden war, kommt ebenfalls die Bestimmung des c. 1682 § 1 über die automatische Appellation zur Anwendung.

Stimmen hingegen die Urteile der 1. und der 2. Instanz überein, so ist in wesentlichem Unterschied zum früheren Recht (c. 1987 CIC/1917) eine eigentliche Appellation nicht mehr möglich. Jedoch erlangen Urteile in Ehenichtigkeitssachen niemals endgültige Rechtskraft (c. 1643), eine Bestimmung von außerordentlicher Tragweite. Auch gegen zwei gleichlautende Urteile, mögen sie nun auf Constat oder auf Non constat entschieden haben, gibt es daher grundsätzlich jederzeit die Möglichkeit einer Wiederaufnahme des Verfahrens (nova causae propositio) nach c. 1644 § 1. Dazu ist an das höhere Gericht der Antrag auf Wiederaufnahme zu stellen; doch ist das nur möglich, wenn neues und schwerwiegendes Beweismaterial vorliegt, das innerhalb von dreißig Tagen nachzuliefern ist. Gibt das Obergericht dem Antrag statt, ist der Ehenichtigkeitsprozeß erneut durchzuführen, nunmehr in 3. oder noch höherer Instanz.

7. *Urteilsvollstreckung*

Obschon eine Ehenichtigkeitserklärung niemals in endgültige Rechtskraft erwächst, stellt die für nichtig erklärte Ehe nach zwei gleichlautenden Urteilen kein Hindernis mehr für eine andere Eheschließung dar. Und zwar gilt das, ohne

[18] Sententia pro matrimonii nullitate prolata in *primo* iudicii gradu (vgl. c. 1682 § 2). Daher kann die 3. Instanz, wenn die 1. Instanz negativ und die 2. Instanz zum gleichen Caput positiv entschieden hat, das Urteil der 2. Instanz *nicht* durch Dekret bestätigen. Wohl kann die 3. Instanz, wenn die 2. Instanz ein neues Caput eingeführt und dazu ein positives Urteil gefällt hat, dieses, weil es eben erstinstanzlich (c. 1683) gefällt wurde, gegebenenfalls durch Dekret bestätigen.

daß noch wie früher eine Frist abgewartet werden müßte, ob nicht weitere Appellation eingelegt wird, weil es diese Berufungsmöglichkeit jetzt nicht mehr gibt. Vielmehr kann bei zwei gleichlautenden Ehenichtigkeitsurteilen nunmehr sofort (c. 1684 § 1) das Vollstreckungsdekret (c. 1651) in dem Sinn erlassen werden, daß die für nichtig erklärte Ehe eine andere Eheschließung nicht mehr behindert[19]. Die Vollstreckungsverfügung kann auch gleich im Urteil am Ende ausgesprochen werden[20].

II. Der summarische Ehenichtigkeitsprozeß

1. *Rechtsquellen:* cc. 1686–1688. Zum Rechtsvergleich: Art. 226–230 EPO; nn. X–XIII MP CausMatr.

2. *Anwendung* findet das abgekürzte Verfahren des summarischen Prozesses, wenn sich die Nichtigkeit der Ehe im wesentlichen durch *Urkundenbeweis* feststellen läßt. Gemäß c. 1990 CIC/1917 war der summarische Prozeß auf jene Fälle beschränkt, in denen die Ehenichtigkeit durch bestimmte, erschöpfend aufgezählte trennende Ehehindernisse verursacht war. Wie schon durch MP CausMatr ist auch jetzt gemäß c. 1686 die Anwendung auf sämtliche trennenden Ehehindernisse ausgedehnt, die sich durch Urkunden beweisen lassen; ferner auf den Fall, daß zwar die kanonische Formpflicht eingehalten wurde, dabei aber ein Formfehler unterlief, der zur Ungültigkeit der Trauung führte. Am meisten angewandt wird der summarische Prozeß beim Hindernis des Ehebandes.

Eine doppelte Voraussetzung ist gefordert:

a) Das *Vorliegen des Ehehindernisses* muß durch *Urkunde* beweisbar sein.

b) Mit gleicher Eindeutigkeit muß nachgewiesen werden, daß von dem Ehehindernis, sofern es dispensabel ist, *keine Dispens* erteilt wurde.

3. Zur *Eigenart* des summarischen Prozesses: Er ist ein *Gerichts*verfahren, das weithin wie der ordentliche Nichtigkeitsprozeß abläuft, jedoch mit beträchtlichen *Vereinfachungen:*

a) Statt des Dreiergerichts führt ein *Einzelrichter* diesen Prozeß, und zwar der Offizial oder ein von ihm beauftragter Richter. Die frühere Bestellung durch den Bischof ist entfallen.

b) Gewisse *Förmlichkeiten* können *unterbleiben* wie Streitfestsetzung, Offenlegung der Akten, Aktenschluß, Austausch der Schriftsätze. Dagegen sind auch im

[19] Auch der Antrag auf Wiederaufnahme des Verfahrens hemmt an sich nicht die Vollstreckung des Urteils (c. 1644 § 2). Wohl könnte das Gericht bei solchem Antrag, wenn er begründet erscheint und aus sofortiger Vollstreckung nicht wiedergutzumachender Schaden befürchtet wird, die Vollstreckung vorläufig aufschieben (c. 1650 § 3). Bei sofortigem Antrag auf Wiederaufnahme des Verfahrens wäre dies gerade bei Ehenichtigkeitsurteilen zu beachten, weil hier aus einer alsbald neu geschlossenen Ehe eine unheilvolle Komplikation entstehen könnte.

[20] Es empfiehlt sich jedoch ein getrenntes Dekret. Dann kann für eine neue Eheschließung allein das Vollstreckungsdekret ohne das gesamte Urteil mit etwa bloßstellenden Einzelheiten vorgelegt werden.

Kurzverfahren unerläßlich Klage, Anhörungsrecht beider Parteien, Beteiligung des Ehebandverteidigers, Zuziehung eines Notars, Urteil mit Begründung.

c) Es besteht *nur bedingte Appellationspflicht.* Während im ordentlichen Prozeß das erste Ehenichtigkeitsurteil auf jeden Fall an die Appellationsinstanz gehen muß, entfällt hier die automatische Appellation; und der Ehebandverteidiger im summarischen Prozeß braucht nur zu appellieren, wenn er Zweifel an der Richtigkeit des Urteils hat.

Wenn keine Berufung eingelegt wird, kann das Verfahren schon in *einer* Instanz abgeschlossen werden. Wird Berufung eingelegt, hat der Richter der 2. Instanz zu entscheiden, ob er das Urteil der Vorinstanz bestätigt oder ob die Sache an den ordentlichen Rechtsweg der 1. Instanz zurückverwiesen wird.

III. Die Ehenichtigkeitserklärung im Verwaltungsverfahren

1. *Rechtsquellen:* zum Vergleich PCI vom 16. 10. 1919 n. 17, in: AAS 11 (1919), S. 479; Art. 231 EPO.

Der CIC bringt keine direkte Parallele zu Art. 231 EPO. Doch wäre der Schluß falsch, mithin sei die in der EPO vorgesehene Verwaltungsfeststellung einer Ehenichtigkeit aufgehoben. Denn ein solches Verfahren war auch im CIC/1917 nicht direkt behandelt, ist aber keineswegs erst durch die EPO von 1936 eingeführt worden, sondern war, wie PCI vom 16. 10. 1919 entschieden hat, unter dem CIC/1917 von Anfang an rechtens. Begründet ist dies in dem Recht der Verwaltungsinstanz, den status liber für eine Eheschließung festzustellen, sofern dafür nicht der prozessuale Weg vorgeschrieben ist. Eine solche Vorschrift besteht aber nicht bei völligem Außerachtlassen der Formpflicht.

2. Dieses kürzeste Verfahren zur Feststellung einer Ehenichtigkeit kommt mithin zur Anwendung bei *formlos geschlossenen Ehen formpflichtiger Personen.* Dieser Tatbestand ist in der Regel gegeben, wenn ein Katholik seine Ehe nur standesamtlich oder in einer nichtkatholischen Trauung geschlossen hat.

3. Zum *Verfahren:* Es handelt sich nicht um ein Gerichtsverfahren; alle gerichtlichen Förmlichkeiten wie auch die Beiziehung des Ehebandverteidigers entfallen. Die Feststellung der Ehenichtigkeit geschieht *auf dem Verwaltungsweg;* meist durch den Generalvikar. Der Pfarrer hat gegebenenfalls erforderliche Ermittlungen anzustellen. Nachzuweisen ist, daß

a) für die betreffende Eheschließung die kanonische *Formpflicht bestand,*

b) jedoch die Formpflicht tatsächlich *nicht erfüllt* wurde, also keine katholische Trauung erfolgte und bei einer Mischehe auch keine Dispens von der Formpflicht nach c. 1127 § 2 vorlag,

c) *keine nachträgliche Konvalidation* der Ehe vorgenommen wurde.

Zum Nachweis dienen neue Taufzeugnisse der beiden Partner mit Ledigvermerk; von allen Orten, an denen sie bis zur Trennung gelebt haben, pfarramtliche Bescheinigungen, daß im Traubuch keine Trauung, Dispens oder Konvalidation eingetragen ist; eidliche Versicherung der Beteiligten.

Ergibt sich volle Gewißheit, stellt der Generalvikar die Nichtigkeit der Ehe durch Verwaltungsdekret fest. Bleiben Zweifel offen, ist die Sache auf den ordentlichen Gerichtsweg zu verweisen.

IV. Das Inkonsummationsverfahren

1. *Rechtsquellen:* cc. 1697–1706. Zum Rechtsvergleich *IPO* (Inkonsummationsprozeßordnung von 1923), in: AAS 15 (1923), S. 389–436; vgl. *J. Wenner,* Kirchliche Eheprozeßordnung, 3. Aufl., Paderborn 1956, S. 108–171. Ferner *SC Sacr, Instructio* vom 7. 3. 1972, in: AAS 64 (1972), S. 244–252; vgl. NKD 39, S. 78–103.

2. Das *Bittgesuch* um Auflösung der nichtvollzogenen Ehe kann nur von den Ehegatten selbst gestellt werden, von beiden gemeinsam oder von einem allein, auch gegen den Willen des anderen. Es ist an den Papst zu richten, da nur dieser durch Gnadenakt die Auflösung aussprechen kann. Doch ist es in der Regel beim zuständigen Diözesanbischof einzureichen, der dann den Untersuchungsprozeß durchführen läßt und hernach die Sache an den Apostolischen Stuhl weiterleitet.

Zuständig ist, etwas abweichend von n. 8 IPO und n. I der Instructio von 1972, nunmehr der Diözesanbischof, in dessen Bistum der Bittsteller Wohnsitz oder Nebenwohnsitz hat. Lehnt der Bischof das Bittgesuch von vornherein ab, so steht der Rekurs an den Apostolischen Stuhl offen (c. 1699).

3. Der *bischöfliche Untersuchungsprozeß* soll zwei Punkte klären: die Tatsache des Nichtvollzugs der Ehe und das Vorliegen eines triftigen Grundes für die Auflösung der Ehe. Zur Durchführung dieses Verfahrens ist der zuständige Bischof, wie schon seit der Instructio von 1972, ohne weiteres befugt, ohne daß es noch einer römischen Ermächtigung im Einzelfall bedarf. Er delegiert zur Führung des Prozesses einen Einzelrichter. Zu dem Verfahren sind Ehebandverteidiger und Notar beizuziehen. Den Ehegatten steht kein Rechtsbeistand zu, doch kann der Bischof ihnen die Hilfe eines Rechtskundigen gestatten.

Beide Ehegatten sind zu hören. Im Mittelpunkt der Erhebungen, die durchweg wie im Ehenichtigkeitsprozeß vorzunehmen sind, steht die Frage, ob der Nichtvollzug der Ehe sicher feststeht. Beweismittel sind vor allem die körperliche Untersuchung und Zeugenaussagen; auch reine Glaubwürdigkeitszeugen. Dieses Instrument des Siebenhändereids fand gerade im Inkonsummationsprozeß seine ursprüngliche Anwendung, wenn jetzt auch nicht mehr die Siebenzahl von Glaubwürdigkeitszeugen verlangt ist; es kommt mehr auf das Gewicht als auf die Zahl der Zeugen an. Der Bittsteller muß sich bewußt sein, daß die päpstliche Auflösung der Ehe nichtig wäre, wenn sie durch Trug erschlichen und die Ehe in Wahrheit doch vollzogen wäre.

Nach Abschluß der Erhebungen erfolgt keine Offenlegung der Akten, so daß die Parteien in der Regel keinen Einblick in die Akten erhalten. Wohl kann der Richter sie auf Schwierigkeiten der Sachlage hinweisen und ihnen die Möglichkeit weiteren Vorbringens eröffnen. Sonst wird gleich Aktenschluß verfügt. Der Ehebandverteidiger hat schriftlich seine Stellungnahme einzureichen, die aber nicht an die Parteien geht. Charakteristisch für das Verfahren ist es, daß dem Richter nicht eine Urteilsfällung zusteht. Er gibt dem Bischof nur einen abschließenden Bericht. Der Bischof erstellt dann sein Gutachten (votum) über den Nichtvollzug und den Auflösungsgrund. Das bischöfliche Gutachten geht mit allen Akten des Prozesses an die römische Kurie.

4. Die *römische Überprüfung* erfolgt bei der für Inkonsummationsverfahren zuständigen Kongregation für Sakramente und Gottesdienst. Die Kongregation kann gegebenenfalls eine Beweisergänzung veranlassen. Abschließend entscheidet sie dann, ob die Ehe tatsächlich nicht vollzogen ist und ein triftiger Grund zur Auflösung der Ehe besteht. Sie empfiehlt je nachdem dem Papst, die Ehe aufzulösen.

5. Der *päpstliche Auflösungsbescheid* erst löst die Ehe auf. Damit haben beide Partner das Recht, eine neue Ehe einzugehen, sofern das päpstliche Reskript nicht gewisse Einschränkungen auferlegt; etwa wenn der Nichtvollzug vermutlich auf Impotenz beruhte und daher vor einer neuen Ehe eine Klärung erfolgen müßte. Der Auflösungsbescheid ist beiden Partnern zuzustellen. Ein Vermerk wird in den Taufbüchern und im Traubuch eingetragen.

Da es sich um einen Gnadenakt handelt, gibt es gegen die Verweigerung der Eheauflösung kein Rechtsmittel. Wohl kann bei ablehnendem Bescheid der Kongregation der oben genannte Rechtskundige in die Prozeßakten, nicht aber in das Gutachten des Bischofs, bei Gericht Einblick nehmen. Und es könnte, wenn erst nachträglich der Nichtvollzug eindeutig zu beweisen wäre, ein neues Bittgesuch an den Papst gerichtet werden (c. 1705 § 3).

V. Das Verfahren beim Paulinischen Privileg

1. Für die Anwendung des Paulinischen Privilegs besteht keine gesonderte Verfahrensordnung. Doch ist nach *cc. 1143–1150* folgendes Verfahren einzuhalten.

2. Erforderlich ist in der Regel die nachstehende *Untersuchung auf dem Verwaltungsweg,* für die der Diözesanbischof des getauften Partners zuständig ist. Es ist nachzuweisen, daß

a) bei der Eheschließung *beide* Partner *ungetauft* waren;

b) nur *einer* von ihnen *inzwischen* die *Taufe* empfangen hat[21];

c) der Vorschrift über die *Interpellation* des ungetauften Gatten[22] Genüge getan ist, indem entweder die Interpellation mit negativem Ausgang *amtlich* vorgenommen wurde oder die Interpellation mit negativem Ausgang ausnahmsweise *privat* durchgeführt wurde, was allerdings durch Zeugen oder Dokumente zu belegen wäre, oder von der Interpellation rechtmäßig durch den Bischof *dispensiert* wurde.

3. Auf Grund der vorgenannten Erhebung wird die *Bescheinigung* ausgestellt, daß alle Voraussetzungen des Paulinischen Privilegs erfüllt sind und somit der getaufte Gatte das Recht hat, eine neue Ehe einzugehen.

4. Erst mit der *neuen Eheschließung* des getauften Gatten, nicht schon mit der Bescheinigung, wird die frühere Ehe kraft des Paulinischen Privilegs aufgelöst.

[21] Für den Fall des c. 1149 (Ausweitung des Privilegium Paulinum auf Unmöglichkeit des Zusammenlebens wegen Gefangenschaft oder Verfolgung) könnten inzwischen auch beide getauft sein, sofern nur nach der zweiten Taufe kein Ehevollzug stattgefunden hat. Desgleichen entfällt hier die Interpellation. Letzteres gilt auch für den Fall des c. 1148.

[22] Zum Inhalt der Interpellation s. oben, *Flatten,* § 88 Nichtigerklärung, IV 4.

Von dieser Eheschließung ist der andere Gatte zu unterrichten, da mit ihr auch für ihn das Eheband entfällt.

VI. Das Verfahren bei der päpstlichen Auflösung einer nichtsakramentalen Ehe kraft des Glaubensprivilegs

1. *Rechtsquellen: SC Fid, Instructio* pro solutione matrimonii in favorem fidei; sowie: *Normae procedurales* pro conficiendo processu dissolutionis vinculi matrimonialis in favorem fidei; beides vom 6. 12. 1973; vgl. NKD 39, S. 60–65 bzw. S. 66–77. Ferner n. IV § 1 *MP CausMatr*; vgl. NKD 39, S. 36f. Diese Rechtsquellen sind, da der CIC überraschend überhaupt nichts über päpstliche Eheauflösungen in favorem fidei bringt, vorerst als weitergeltend anzusehen[23].

2. Das Verfahren verläuft ähnlich dem bei der Auflösung der nichtvollzogenen Ehe. Das *Bittgesuch* ist von einem der beiden Ehegatten an den Papst zu richten. Es wird beim zuständigen Diözesanbischof eingereicht und nach der erforderlichen Untersuchung an die römische Kurie weitergeleitet.

Welcher Diözesanbischof *zuständig* ist, richtet sich gemäß Art. 1 der genannten Normae procedurales nach der in n. IV § 1 MP CausMatr aufgestellten Ordnung der Zuständigkeit für Ehenichtigkeitsprozesse. Für letztere Prozesse galt diese Zuständigkeitsordnung nur von 1971 bis 1983; sie bleibt aber für das Verfahren des Glaubensprivilegs vorerst weiter zu beachten[24]. Falls hiernach der Bittsteller sein Gesuch nicht beim Diözesanbischof seines eigenen Wohnsitzes einreichen kann, führt dies unter Umständen zu Schwierigkeiten; so z. B., wenn die Ehe im Vorderen Orient geschlossen wurde und der mohammedanische Gatte jetzt in seiner dortigen Heimat wohnt. Allenfalls könnte auf Antrag hin dann vom Apostolischen Stuhl auch für einen hiesigen Diözesanbischof Kompetenz erteilt werden. Gelegentlich gewährt die römische Kurie sogar die weitergehende Vollmacht, auf ein prozessuales Vorgehen zu verzichten und die nötigen Erhebungen auf dem Verwaltungswege durchzuführen.

[23] S. hierzu oben, *Flatten*, § 88 Nichtigerklärung, V 3.

[24] Daher ist für das Verfahren des Glaubensprivilegs jener Bischof zuständig, in dessen Diözese
a) die Ehe geschlossen wurde (competentia *contractus*) oder
b) der Ehegatte des Bittstellers tatsächlich seinen ständigen Aufenthalt hat (competentia *commorationis alterius partis*) oder
c) die meisten Beweise zu erheben sind, sofern in letzterem Fall sowohl dieser Diözesanbischof als auch jener, in dessen Bistum der Ehegatte des Bittstellers seinen ständigen Aufenthalt hat, ihre Zustimmung erteilen (competentia *probationum*).

Bei aller Parallelität zur jetzigen Zuständigkeit für Ehenichtigkeitsprozesse (s. o. I 2) sind doch gewisse Unterschiede nicht zu übersehen; teils geringfügiger Art, teils auch einschneidend; so vor allem, daß nicht ohne weiteres der eigene Diözesanbischof des Bittstellers zuständig ist. Noch nach c. 1708 Schema CIC 1982 sollte ebenso wie bei Inkonsummationsverfahren das Bittgesuch bei jenem Bischof eingereicht werden, in dessen Diözese der Bittsteller Wohnsitz oder Nebenwohnsitz hat. Daß nunmehr durch das Weglassen des Privilegium-fidei-Verfahrens aus dem CIC für dieses eine andere, recht komplizierte Regelung gilt, ist zu bedauern; eine Angleichung wäre wünschenswert.

3. Der *bischöfliche Untersuchungsprozeß* unter Leitung des vom zuständigen Bischof beauftragten Einzelrichters verläuft mit Beiziehung von Ehebandverteidiger und Notar ähnlich wie beim Inkonsummationsverfahren. In dieser Erhebung soll all das festgestellt werden, was zur päpstlichen Auflösung der Ehe kraft des Glaubensprivilegs gefordert ist[25]. Im besonderen ist hier nachzuweisen:

a) daß *einer* der beiden Gatten *nicht getauft* ist oder daß, wenn auch er nachträglich getauft wurde, jedenfalls nach Empfang der Taufe die Ehe nicht mehr vollzogen wurde, sowie

b) daß, falls eine neue Ehe mit einem Nichtkatholiken beabsichtigt ist, dieser die freie Religionsausübung des katholischen Gatten und die katholische Erziehung der Kinder *zusichert.*

Auch hier endet die Untersuchung nicht mit einem Urteil des Richters, sondern mit dem *Votum des Bischofs,* das mit dem gesamten Aktenmaterial an den Apostolischen Stuhl zu senden ist.

4. Die *römische Überprüfung* der bischöflichen Erhebung fällt beim Glaubensprivileg in die Zuständigkeit der *Kongregation für die Glaubenslehre.* Die Kongregation entscheidet, unter Umständen nach Einholen weiterer Beweise, ob die Voraussetzungen für die Auflösung der Ehe gegeben sind. Dementsprechend richtet sie an den Papst die Empfehlung, die Ehe aufzulösen.

5. Im Unterschied zum Paulinischen Privileg löst nicht erst die nachfolgende neue Eheschließung, sondern schon der *päpstliche Auflösungsbescheid* selbst die Ehe auf, falls nichts anderes verfügt wird. Mitteilung an beide Partner sowie die Eintragung des Bescheids erfolgen wie bei Auflösung einer nichtvollzogenen Ehe. Ein Rechtsmittel gegen die Verweigerung der päpstlichen Auflösung steht nicht zu Gebote.

VII. Das Separationsverfahren

1. *Rechtsquelle:* cc. 1692–1696.

2. Die Separation, d. h. die Trennung der Gatten unter Fortbestehen des Ehebandes, kann *legitim* erfolgen:

a) *eigenmächtig* bei Ehebruch des Partners (mit der Auflage, sich innerhalb von sechs Monaten der kirchlichen Autorität zu einem Versöhnungsversuch zu stellen); ferner bei Unerträglichkeit des Zusammenlebens, sofern Gefahr im Verzuge ist;

b) *durch kirchenamtlichen Entscheid* auf Antrag in anderen begründeten Fällen. Wer zur eigenmächtigen Trennung befugt ist, kann zusätzlich auch den kirchenamtlichen Entscheid beantragen.

3. Der *kirchenamtliche Entscheid* kann ergehen

a) auf dem *Verwaltungsweg:* ohne besondere Förmlichkeiten; durch Dekret des

[25] S. hierzu oben, *Flatten,* § 88 Nichtigerklärung, V 4.

Diözesanbischofs; Rechtsmittel gegen das Dekret: Rekurs an den Apostolischen Stuhl; oder

b) auf dem *Gerichtsweg:* nach einem förmlichen Prozeß; durch Urteil der 1. Instanz; Rechtsmittel gegen das Urteil: Appellation an die 2. Instanz.

4. Wird der Gerichtsweg eingeschlagen, gilt für den *Prozeßverlauf:* Die *Zuständigkeit* des Gerichts ist die gleiche wie beim Ehenichtigkeitsprozeß. Im Verfahren ergeben sich einige *Erleichterungen:* Der Separationsprozeß wird vom *Einzelrichter* geführt (auch in 2. Instanz); der Offizial ist von Amts wegen dazu befugt. Ein *Ehebandverteidiger* wirkt *nicht* mit, da das Fortbestehen des Ehebandes außer Frage bleibt. Eigenartigerweise ist nunmehr, was nicht einmal für den Ehenichtigkeitsprozeß vorgesehen ist, für jeden Separationsprozeß die Mitwirkung des *Kirchenanwalts* vorgeschrieben (c. 1696). Der Prozeß wird mit der 1. Instanz abgeschlossen, sofern nicht Berufung eingelegt wird.

VIII. Das Verfahren zur Todeserklärung bei Verschollenheit

1. *Rechtsquelle:* c. 1707. Zum Rechtsvergleich: *SC Off, Instr.* vom 13. 5. 1868, in: AAS 2 (1910), S. 199–203; vgl. *J. Wenner,* Kirchliche Eheprozeßordnung, 3. Aufl., Paderborn 1956, S. 182–187.

2. Bevor eine Person, die durch eine Ehe gebunden war, zu einer neuen Eheschließung zugelassen wird, muß der Tod des früheren Gatten sicher feststehen. In der Regel durch eine authentische Sterbeurkunde. Andernfalls müßte beim Diözesanbischof ein Verfahren zur Todeserklärung bei Verschollenheit durchgeführt werden. Es handelt sich um ein Verfahren auf dem *Verwaltungsweg.* Die bloße Unauffindbarkeit einer Person, mag sie auch noch solange abwesend sein, reicht für sich allein zu einer Todeserklärung nicht aus. Vielmehr müßten geeignete Nachforschungen angestellt werden. Erst wenn aus den gesamten Indizien der Tod mit moralischer Gewißheit feststeht, kann der Bischof durch Dekret die Todeserklärung (declaratio de morte praesumpta) aussprechen.

§ 108 Die Weiheverfahren

Von Gerhard Fahrnberger

1. Der Weiheprozeß des CIC

Der Weiheprozeß des neuen kirchlichen Gesetzbuches (cc. 1708–1712) hat ausschließlich die Nichtigerklärung der Weihe selbst zum Gegenstand, nicht mehr jedoch die Entbindung von den Weihepflichten, wie sie bei unter schwerer Furcht empfangener Weihe nach c. 214 CIC/1917 auf dem Prozeßweg angestrebt werden konnte.[1] Darum wurden aus dem früheren Weiheprozeßrecht (cc. 1993–1998 CIC/1917) alle diesbezüglichen Bestimmungen entfernt.[2]

Klage auf Ungültigkeit der Weihe erheben kann sowohl der Geweihte selbst als auch der Oberhirte, dem der Kleriker untersteht, oder der Oberhirte, in dessen Diözese der Kleriker geweiht worden ist (c. 1708). Die Klageschrift muß bei der zuständigen römischen Kongregation eingebracht werden, die zuerst eine Entscheidung über den Rechtsweg zu fällen hat, ob sie das Verfahren auf verwaltungsgerichtlichem Weg selbst durchführt oder es zur gemeingerichtlichen Behandlung an ein von ihr zu bestimmendes Gericht überweist (c. 1709 § 1). Mit der Einbringung der Klage ist dem Kleriker die Ausübung der Weihe von Rechts wegen untersagt (c. 1709 § 2). Die Zuständigkeit der römischen Kongregation ist den jeweils für die römische Kurie geltenden Sondergesetzen zu entnehmen, da der neue Codex Iuris Canonici die Zuständigkeitsbereiche für die römischen Kurienbehörden nicht mehr festlegt (cc. 360, 361). Nach der bis zu einer zu erwartenden Neuordnung geltenden Apostolischen Konstitution „Regimini Ecclesiae Universae" Papst *Pauls VI.* vom 15. August 1967 ist für die Überprüfung der Nichtigkeit von Weihen die Kongregation für die Disziplin der Sakramente zuständig, die vor der Entscheidung über den Rechtsweg bei wesentlichen Mängeln im Weiheritus die Kongregation für die Glaubenslehre hört.[3]

Verweist die Kongregation das Weihenichtigkeitsverfahren an ein Gericht, so hat dieses die Verfahrensnormen für das ordentliche Streitverfahren (cc. 1501–1655) und die Sondernormen für den Weiheprozeß (cc. 1708–1712) zu beachten (c. 1710); außerdem kommen dem Weihebandverteidiger dieselben Rechte und Pflichten zu wie dem Ehebandverteidiger im Ehenichtigkeitsverfahren (c. 1711).[4] Erst wenn zwei Urteile verschiedener Instanzen die Nichtigkeit der Weihe festgestellt haben, verliert der Kleriker alle Rechte des geistlichen Standes und ist er von allen Standespflichten, auch vom Zölibat, entbunden (cc. 1712, 291).

2. Die Normen für die Vorgangsweise im administrativen Bereich nach dem Schreiben der Glaubenskongregation vom 14. Oktober 1980

In Fällen, in denen die Nichtigkeit der Weihe nicht in Frage steht, sehr schwerwiegende Gründe aber zugunsten einer Bitte um Befreiung von den Weihepflichten vorgebracht werden können, kann der Prozeßweg nicht beschritten werden, sondern es muß auf dem administrativen Weg ein Ansuchen um Befreiung von der

[1] Communicationes 14 (1982), S. 86.

[2] Zum Weiheprozeßrecht des CIC/1917 vgl. *E. R. von Kienitz,* Der kirchliche Weiheprozeß, Freiburg i. Br. 1934; *Mörsdorf* Lb III, S. 248–252; *A. Scheuermann,* Laisierung, in: LThK², Bd. 6, Sp. 750; *ders.*, Weiheprozeß, in: LThK², Bd. 10, Sp. 982.

[3] Vgl. c. 1993 § 1 CIC/1917; Const. REU n. 57, in: NKD 10, S. 98/99. – Durch die Ap. Konst. „Constans nobis" *Pauls VI.* vom 11. 7. 1975 wurde die Kongregation für die Sakramente und den Gottesdienst neu strukturiert, vgl. AAS 67 (1975), S. 417–420.

[4] Wegen der Neuordnung des Anwendungsbereiches des Weiheprozesses muß die Weiheprozeßordnung der Sakramentenkongregation vom 27. September 1931, in: AAS 33 (1931), S. 457–473, als durch das neue kirchliche Gesetzbuch außer Kraft gesetzt betrachtet werden. Vgl. c. 6 § 1 n. 2.

Zölibatspflicht und um Entlassung aus dem Klerikerstand durch ein päpstliches Reskript (c. 290 n. 3) an die Glaubenskongregation gerichtet werden. Die Bestimmung der zulässigen Fälle für ein solches Ansuchen und die einzuhaltende Vorgangsweise überläßt das kirchliche Gesetzbuch den Durchführungsnormen. Das diesbezüglich letztergangene Schreiben der Glaubenskongregation vom 14. Oktober 1980 enthält außer einer Sanierungsmöglichkeit für lange zurückliegende irreversible Fälle nicht nur eine Begrenzung der Zulässigkeit der Dispensanträge auf gravierende Freiheits- und Verantwortlichkeitsmängel und Beurteilungsfehler, sondern auch eine Verfahrensordnung.[5]

Zuständig für die Entgegennahme einer solchen Bitte um Befreiung von den geistlichen Standespflichten ist für Diözesanpriester der Inkardinationsordinarius, für Angehörige klerikaler Institute des geweihten Lebens päpstlichen Rechts der eigene höhere Obere, für Ordenspriester diözesanen Rechts der Ortsordinarius der betreffenden Niederlassung. Nur wenn diese zuständigen persönlichen Oberhirten die Erhebungen nicht durchführen können, dürfen sie den Ortsordinarius des habituellen Aufenthaltsortes des Antragstellers um die Durchführung des Verfahrens ersuchen. Aus einem entsprechenden Grund kann die Glaubenskongregation auch einen anderen Oberhirten delegieren (Art. 1–2).[6]

Das vom Antragsteller persönlich zu unterzeichnende Gesuch muß außer den erforderlichen Personalien Tatsachen und Argumente anführen, mit denen die Bitte begründet wird (Art. 3).[7] Bei schon lange ausgeschiedenen Priestern werden es die gegenwärtigen Lebensumstände sein; bei Priestern, welche die Weihe gar nicht hätten empfangen dürfen, müssen die Ursachen der Freiheitsbehinderung des Kandidaten oder der Fehlbeurteilung durch den Oberen dargelegt werden.

Nach Erhalt des Gesuches entscheidet der Ordinarius, ob das Verfahren zu eröffnen ist. Bei affirmativer Entscheidung hat er dem Bittsteller außer bei Gefährdung des guten Rufes des Bittstellers oder des Wohles der Gemeinschaft die Ausübung der Weihe zu untersagen. Für die Prozeßinstruktion kann der Ordinarius einen geeigneten Priester bestellen, der sich bei den Erhebungen eines Notars zu bedienen hat (Art. 4).[8]

Der Antragsteller muß unter Eid zu konkreten Fragen vernommen werden; die Oberen aus der Ausbildungszeit sollen gehört oder schriftlich befragt werden; vom Bittsteller namhaft gemachte oder von Amts wegen gerufene Zeugen sind zu vernehmen; Dokumente, vor allem Expertisen über Verantwortlichkeitsmängel,

[5] SC Fid, De modo procedendi in examine et resolutione petitionum quae dispensationem a caelibatu respiciunt, in: AAS 72 (1980), S. 1132–1135; SC Fid, Normae procedurales de dispensatione a sacerdotali coelibatu, in: AAS 72 (1980), S. 1136f. – Vgl. *M. Zalba,* De sacerdotalis caelibatis dispensatione normae hodiernae, in: PerRCML 70 (1981), S. 252–256.
Das Schreiben und die Verfahrensnormen der Glaubenskongregation vom 14. Oktober 1980 stellen keine lex disciplinaris bezüglich eines Rechtsgebietes dar, das im neuen Gesetzbuch völlig neu geordnet wird, sondern eine Verfahrensordnung, die unter den keineswegs vollständig angeführten Sonderprozeßnormen des neuen Gesetzbuches nicht enthalten ist, so daß sie nicht unter die Abrogationsbestimmungen des c. 6 § 1 n. 4 fallen.

[6] AAS 72 (1980), S. 1136.

[7] Ebd.

[8] AAS 72 (1980), S. 1137.

sind einzuholen (Art. 5). Der Fragenkatalog hat den ganzen Werdegang und priesterlichen Lebenslauf, aber auch die derzeitige Situation zu betreffen; Ursachen und Umstände des Ausscheidens, vor allem wenn sie die verantwortliche Übernahme der geistlichen Standespflichten beeinträchtigt haben, sind zu erheben (Art. 6). Nach Abschluß der Erhebungen sind alle Akten mit einer Würdigung der Beweise und einem Gutachten des Oberhirten über die Wahrheit der Angaben und ferner darüber, daß ein Ärgernis nicht zu befürchten ist, der Glaubenskongregation zu übersenden, von deren Entscheidung es abhängt, ob das Ansuchen dem Papst zur Gewährung empfohlen wird, ob die Erhebungen zu ergänzen sind oder die Bitte verworfen werden muß (Art. 7–8).[9]

Da das Schreiben keine Weisungen über die Durchführung des Reskriptes enthält, gelten die früheren Regelungen: das Reskript enthält eine vom Papst bereits gewährte Gnade, seine Durchführung jedoch ist dem betreffenden Oberhirten anvertraut; es tritt mit dem Augenblick der Mitteilung an den Antragsteller durch den Oberhirten in Kraft.[10]

§ 109 Das Strafverfahren

Von Hans Paarhammer

Aufgrund ihres Selbstverständnisses als von Christus gestiftete Heilsgemeinschaft in dieser Welt kann die Kirche zu keiner Zeit darauf verzichten, jene Tatbestände zu bestrafen, die sich gegen ihr Wesen und ihre Heilsvermittlung richten. Seit ihren Anfängen[1] hat die Kirche stets schwerwiegendes Versagen, welches die Gemeinschaft nach außen entehrte und ihre innere Ordnung störte, mit Strafen geahndet. Im Laufe der Geschichte haben sich in bezug auf die Anwendung der kirchlichen Strafgewalt und damit bei der Verhängung von Kirchenstrafen zwei mögliche Wege entwickelt: Gerichts- und Verwaltungsweg[2].

Das kirchliche Strafverfahrensrecht hat vor allem im Mittelalter eine für den heutigen Christgläubigen kaum noch vorstellbare Ausweitung erfahren. Unter dem Einfluß des germanischen Rechtes wurde der römische Akkusationsprozeß mehr und mehr zurückgedrängt.

Die strafrichterliche Tätigkeit des Bischofs gewann im Sendverfahren[3], welches

[9] Ebd.

[10] Vgl. AAS 63 (1971), S. 306f.; *Zalba*, De sacerdotalis (Anm. 5), S. 255f.

[1] Zu den biblischen Grundlagen sowie zur Entwicklung der kirchlichen Strafgewalt siehe ausführlich *R. A. Strigl*, Das Funktionsverhältnis zwischen kirchlicher Strafgewalt und Öffentlichkeit, München 1965, S. 6ff. Vgl. auch *Feine* RG, S. 42f., 120ff.

[2] *K. Mörsdorf*, Rechtsprechung und Verwaltung im kanonischen Recht, Freiburg i. Br. 1941, S. 90ff.

[3] Vgl. z. B. *A. M. Koeniger*, Die Sendgerichte in Deutschland, München 1907; *ders.*, Quellen zur Geschichte der Sendgerichte in Deutschland, München 1910.

dem weltlichen Rüge- und Inquisitionsverfahren nachgebildet war, stark an Ansehen. Verschiedene Sendordnungen legen ein beredtes Zeugnis für die Bedeutung dieses Rechtsinstitutes ab[4].

Die klassische Zusammenstellung und Ausgestaltung des kanonischen Rechts im Hochmittelalter und das Aufblühen der wissenschaftlichen Durchdringung des Kirchenrechts verhalfen im Anschluß an staatliche Vorbilder dem Inquisitionsverfahren zum Durchbruch. „So stehen sich geschichtlich Akkusationsprinzip und Inquisitionsprinzip gegenüber[5]."

Lange schon vor Promulgation des CIC/1917 waren die Formen des kanonischen Strafprozesses veraltet. An die Stelle des oftmals langwierigen und mühseligen Gerichtsverfahrens war zunehmend ein ziemlich formloses Verwaltungsverfahren getreten.

Der CIC/1917 handelte in den cc. 1933–1959 vom Strafprozeß und in den cc. 2168–2185 von verschiedenen Sonderstrafverfahren gegen Geistliche. Auch das Ordensrecht wies ein eigenes Strafverfahren auf (cc. 646–668). In der Zeit der Geltung des CIC/1917 erfuhr das Strafverfahrensrecht keinerlei wichtige Novellierung und Abänderung, auch keine Zusätze oder Deutungen durch die PCI. Dies ist wohl signifikant für die minimale praktische Bedeutung dieser Rechtsinstitute. Ein Strafprozeß hat im Rechtsleben der Kirche höchsten Seltenheitswert. Mit Recht spricht *Audomar Scheuermann* von einem „fast völligen Ausfall des Strafprozesses"[6].

Gegenüber den in früheren Epochen der Rechtsgeschichte schwerfälligen Verfahren des Akkusations- und Inquisitionsprozesses hat sich der Akzent stark verschoben von einer häufigen Inanspruchnahme des kirchlichen Strafverfahrens auf dem gerichtlichen Wege zugunsten einer viel einfacheren und unkomplizierteren Verwaltungsstrafrechtspflege[7]. Sofern die Kirche überhaupt noch Strafen verhängte, geschah dies überwiegend auf dem Verwaltungsweg gemäß der gesetzlichen Ermächtigung des c. 1933 § 4 CIC/1917. *Richard A. Strigl* stellt diesbezüglich fest: „Organe der kirchlichen Rechtsprechung, sei es der gemeingerichtlichen sei es der verwaltungsgerichtlichen, werden nur mehr in seltensten Fällen damit befaßt"[8].

Das neue Strafverfahrensrecht geht davon aus, daß grundsätzlich zwei Wege einer Strafverhängung bzw. -feststellung möglich sind, nämlich der *gerichtliche* und der *Verwaltungsweg;* jedoch wird vom Gesetzgeber dem Ordinarius ans Herz gelegt, nur dann einen dieser Wege zu beschreiten, wenn er habe erkennen und einsehen müssen, daß weder die brüderliche Zurechtweisung noch ein Verweis

4 *Strigl,* Funktionsverhältnis (Anm. 1), S. 69ff.

5 *J. Haring,* Der kirchliche Strafprozeß. Eine praktische Anleitung für kirchliche Richter, Graz 1931, S. 1.

6 *A. Scheuermann,* Erwägungen zur kirchlichen Strafrechtsreform, in: AfkKR 131 (1962), S. 393.

7 Zur Verwaltungsstrafrechtspflege ausführlich *Mörsdorf,* Rechtsprechung und Verwaltung (Anm. 2), S. 155f.; *K. Hofmann,* Das Verwaltungsstrafverfahren im kanonischen Recht. Festschr. f. U. Stutz (= KRA 117 und 118), Stuttgart 1938 (Neudruck Amsterdam 1969), S. 461–510.

8 *Strigl,* Funktionsverhältnis (Anm. 1), S. 222.

noch andere Mittel pastoraler Obsorge genützt haben, ein Ärgernis abzustellen, die Gerechtigkeit wieder herbeizuführen und einen Schuldigen zur Besserung zu bringen[9]. Die Tendenz geht nunmehr dahin, daß nach Möglichkeit ein Gerichtsverfahren vermieden und die Strafverhängung auf dem Verwaltungsweg durchgeführt werden soll, wobei besonders auf den tieferen Sinn einer Bestrafung durch die kirchliche Autorität verwiesen wird, nämlich einen Übeltäter zur Besinnung und auf den Weg der Besserung zu führen. C. 1342 macht zwar deutlich, daß der ordentliche Weg einer Strafverhängung bzw. -feststellung auch künftig der *Strafprozeß* sein soll, in der *Praxis* jedoch wird, wenn überhaupt Strafen verhängt werden, der außerordentliche Weg beschritten werden: der *Verwaltungsweg*.

Die für den Strafprozeß einschlägigen Normen geben zu erkennen, daß der Ordinarius bzw. der Richter alles in seiner Macht Stehende beachten und tun soll, ein Strafgerichtsverfahren nur in seltensten und schwersten Fällen zu führen[10]. In der CIC-Reform-Kommission vertrat man zwar die Meinung, daß ein Gerichtsverfahren die Gerechtigkeit besser verbürge als ein Verwaltungsverfahren, glaubte aber trotzdem, daß das beweglichere Verwaltungsverfahren der Realität des Lebens mehr entspräche[11].

In rechtssprachlicher Hinsicht sind gegenüber dem CIC/1917 einige Veränderungen vorgenommen worden. Bereits die Überschrift „De processu poenali" zeigt, daß man vom überkommenen Begriff des „processus criminalis" Abstand nehmen wollte[12]. Den aus der kirchlichen Rechtsgeschichte belasteten Terminus „inquisitio" ist man durch die mildere Ausdrucksweise „investigatio" zu ersetzen bemüht[13].

In systematischer Hinsicht wird das Strafverfahren innerhalb des 7. Buches als Pars IV im Anschluß an das allgemeine Prozeßrecht und die Normen über das Streitverfahren sowie die speziellen Verfahrensformen (Ehe- und Weiheverfahren, Schiedsgericht und Vergleich) untergebracht[14].

I. Vorverfahren

1. Vorbereitende Untersuchung

Der Gesetzgeber legt großen Wert darauf, daß vor Einleitung eines Strafprozesses grundsätzlich eine Vorerhebung (praevia investigatio) stattfindet[15]. Ist eine Straftat etwa durch Gerücht, Anzeige, Schadensersatzverlangen eines Geschädig-

[9] Vgl. c. 1341.
[10] Vgl. cc. 1718, 1720, 1724.
[11] Communicationes 9 (1977), S. 161.
[12] Siehe Communicationes 12 (1980), S. 188f. Vgl. Relatio 1981, S. 333.
[13] Zum Begriff „inquisitio" siehe *Köstler* S. 190f.
[14] Im CIC/1917 wurde der Strafprozeß unter den besonderen Arten des gemeingerichtlichen Verfahrens an erster Stelle (vor dem Ehe- und Weiheprozeß) aufgeführt. Vgl. *Mörsdorf* Lb III, S. 211f.
[15] Cc. 1717, 1718.

ten u. ä. zur amtlichen Kenntnis gelangt bzw. steht die Wahrscheinlichkeit eines Deliktes fest, muß der Ordinarius mit Bedacht der Sache auf den Grund gehen und hinsichtlich des Tatbestandes sowie der Umstände und der Anrechenbarkeit des Deliktes mit aller gebotenen Vorsicht Nachforschungen anstellen, es sei denn, daß eine solche Untersuchung überflüssig erscheint (c. 1717 § 1). Diese Voruntersuchung kann vom Ordinarius selbst vorgenommen werden. Aus allgemeinen Erwägungen heraus dürfte es sich jedoch empfehlen, daß der Ordinarius nicht selbst tätig wird, sondern eine geeignete Person mit dieser Voruntersuchung betraut[16]. Derjenige, der diese Voruntersuchung durchführt, hat grundsätzlich die gleichen Vollmachten und Verpflichtungen, wie sie dem im allgemeinen Prozeßrecht mit der Erhebung betrauten „Auditor" zukommen[17].

Zwecks Hintanhaltung jeder Voreingenommenheit verfügt das Recht, daß diese Person, welche die Vorerhebung durchführt, in einem etwa später eingeleiteten Strafprozeß keinesfalls als Richter fungieren kann[18].

Es ist sorgfältig darauf zu achten, daß aufgrund dieser Voruntersuchung der gute Ruf einer Person keinen Schaden erleidet (c. 1717 § 2)[19]. Weil durch diese vorbereitende Untersuchung erst festgestellt werden soll, ob eine Anklage überhaupt begründet ist, muß diese Vorerhebung mit größter Vorsicht und höchst geheim durchgeführt werden[20].

Sinn und Zweck dieser Voruntersuchung ist also, einen Tatbestand und die Anrechenbarkeit eines Deliktes aufzuklären sowie die hierfür vorhandenen Beweise festzustellen. Diese Voruntersuchung soll dem Ordinarius helfen, leichter entscheiden zu können, ob ein Strafverfahren eingeleitet werden soll oder nicht. Erst wenn tatsächlich genug Beweismittel für die Tatbegangenschaft vorliegen, soll der Beschuldigte amtlich zur Verantwortung gezogen werden.

2. *Entscheidung über das Strafverfahren*

Hat die Vorerhebung genügend Anhaltspunkte erbracht, muß der Ordinarius entscheiden, ob ein Verfahren zur Strafverhängung oder Straffeststellung durchgeführt werden kann (c. 1718 § 1 n. 1) und ob es überhaupt ratsam ist, einen Prozeß zu führen, weil vielleicht eine brüderliche Zurechtweisung (correctio fraterna) oder ein Verweis (correptio) oder eine andere pastorale Maßnahme besser zum gewünschten Ziel führen könnte (c. 1718 § 1 n. 2)[21].

16 C. 1717 § 1; die Delegation zur Durchführung dieser Voruntersuchung kann jeweils nur für den konkreten Einzelfall gegeben werden.

17 C. 1717 § 3 erster Satzteil.

18 C. 1717 § 4 zweiter Satzteil.

19 Es versteht sich von selbst, daß die Erhebung einer Strafklage für eine bestimmte Person eine große Diffamierung bedeuten kann; daher ist von allem Anfang an sicherzustellen, daß der gut Ruf einer Person nicht gefährdet wird.

20 Entschließt sich z. B. die mit der Vorerhebung befaßte Person, Zeugen zu vernehmen, muß sie dafür Sorge tragen, daß dadurch ein Gerücht nicht noch weiter verbreitet wird; gehörten Zeugen müßte unter Umständen strenges Stillschweigen auferlegt werden. Vgl. cc. 1943, 1944 CIC/1917.

21 Siehe dazu c. 1341. Weil die Besserung eines Delinquenten Hauptzweck des kirchlichen Strafverfahrens ist, trachtet der Gesetzgeber, eine Besserung durch leichtere Strafmittel zu

Grundsätzlich muß der Ordinarius entscheiden, ob im Wege eines Gerichtsverfahrens (Strafprozeß) oder, insofern dies nicht gesetzlich verboten ist, durch außergerichtliches Dekret vorgegangen werden soll (c. 1718 § 1 n. 3)[22]. Der Ordinarius muß seine Entscheidung (Dekret) widerrufen oder abändern, sobald er aufgrund neu aufgetauchter Anhaltspunkte eine andere Entscheidung treffen zu müssen glaubt (c. 1718 § 2).

Der Gesetzgeber wünscht, daß der Ordinarius solche Entscheidungen nicht allein trifft. Vor Erlaß von Dekreten soll er gemäß c. 1718 § 3, so er es für gut hält, zwei Richter oder andere rechtskundige Personen hören.

Allgemein empfiehlt das Recht dem Ordinarius, er solle vor jeder Entscheidung (Dekret) überlegen, ob es zwecks Vermeidung „unnützer Prozesse" nicht ratsam wäre, im Einverständnis mit den Parteien die Schadensfrage nach Recht und Billigkeit zu klären; dabei kann der Ordinarius selbst entscheiden oder auch diejenige Person, welche die Vorerhebung durchgeführt hat (c. 1718 § 4).

3. *Geheimarchiv*

Die im Zuge der Voruntersuchung angefallenen Akten sowie die vom Ordinarius dekretmäßig getroffenen Entscheidungen, ebenso auch alle Dinge, welche aktenmäßig der Vorerhebung vorausgegangen sind, müssen, wenn sie für den Strafprozeß nicht notwendig sind, im Geheimarchiv der Kurie aufbewahrt werden (c. 1719)[23].

II. Strafverhängung durch außergerichtliches Dekret

Hat sich der Ordinarius entschieden, daß außergerichtlich im Dekretwege vorzugehen ist, muß er dem Beschuldigten sowohl die Anklage mitteilen als auch die Beweise bekanntgeben, es sei denn, daß der Beschuldigte trotz rechtmäßiger Vorladung es unterlassen hat, zu erscheinen. Auf jeden Fall muß dem Beschuldigten Gelegenheit zur Verteidigung geboten werden (c. 1720 n. 1). Der Ordinarius hat die Pflicht, die Beweismittel und alle bisher vorgebrachten Argumente zusammen mit zwei Beisitzern (Assessoren) sorgfältig zu prüfen (c. 1720 n. 2).

Steht mit Sicherheit eine Straftatbegangenschaft fest und ist die Strafklage nicht erloschen, muß der Ordinarius entsprechend den Regeln der cc. 1342–1350 ein

erreichen und eine strengere Bestrafung zu vermeiden. Der CIC/1917 hatte in den cc. 1947–1953 das Rechtsinstitut des gerichtlichen Verweises (correptio iudicialis) verankert. Im CIC/1983 begegnet „correptio" nur noch im Rahmen des allgemeinen Strafrechts (cc. 1341, 1339, 1340). Siehe dazu in *diesem* Band, oben, *R. A. Strigl,* § 102 Straftat und Strafe.

[22] Zum Begriff des Dekretes siehe in *diesem* Band, oben, *R. A. Strigl,* § 9 Verwaltungsakt und Verwaltungsverfahren.

[23] Vgl. c. 1946 § 2 n. 2 CIC/1917. Zum Geheimarchiv siehe c. 489 § 1: In jeder Diözesankurie muß es ein Geheimarchiv geben, in welchem die zur Geheimhaltung bestimmten Dokumente sorgfältigst verwahrt werden. Alljährlich sind die sich auf Sittlichkeitsvergehen beziehenden Strafprozeßakten, die seit einem Jahrzehnt durch Verurteilung abgeschlossen sind, oder wenn der Angeklagte verstorben ist, zu vernichten. C. 489 § 2.

Dekret erlassen, in dem er in aller Kürze wenigstens die Gründe in rechtlicher und tatsächlicher Hinsicht darlegen muß (c. 1720 n. 3)[24].

III. Gerichtliche Vorgangsweise

1. *Einleitung und Durchführung eines Strafprozesses*

Nach traditioneller Lehre und Auffassung hat die Verhängung schwerster Kirchenstrafen auf dem gemeingerichtlichen Weg zu erfolgen.

Klaus Mörsdorf hält auf der Grundlage des CIC/1917 den gemeingerichtlichen Strafprozeß grundsätzlich für alle Sühnestrafen zwingend vorgeschrieben[25]. Dieses strenge Prinzip ist jedoch im neuen Recht insofern durchbrochen, als es in den meisten Fällen dem Ermessen des Bischofs anheimgestellt bleibt, zu bestimmen, auf welchem Weg er gegen ein straffällig gewordenes Kirchenglied vorgehen will[26].

a) Anklagerecht. Hat sich der Ordinarius zur Einleitung und Durchführung eines gemeingerichtlichen Strafprozesses entschieden, muß er die Akten der Voruntersuchung dem Promotor iustitiae (Kirchenanwalt) übergeben (c. 1721 § 1)[27]. Dieser besitzt das Anklagemonopol in Strafsachen; alle anderen Christgläubigen sind von der Erhebung einer gemeingerichtlichen Strafklage ausgeschlossen[28]. Hinsichtlich Erhebung wie auch Durchführung der Anklage herrscht also im Strafprozeß die sogenannte Offizialmaxime (amtliche Einbringung einer Klage). Der Kirchenanwalt übt dieses Anklagerecht selbständig durch Anweisung seines Ordinarius bzw. dessen Offizials aus. Der Promotor iustitiae fungiert als amtlicher Ankläger, d. h. er führt den Prozeß nicht als bevollmächtigter Vertreter der Partei.

Vor dem Obergericht wird jener Kirchenanwalt tätig, der bei diesem als Promotor iustitiae angestellt ist (c. 1721 § 2). In jeder Instanz vertritt also der jeweilige Promotor iustitiae die Rolle des Anklägers.

b) Rechtsbeistand. Für den Strafprozeß gilt der Grundsatz, daß der Beschuldigte bzw. Angeklagte einen Advokaten haben muß. Diesen Rechtsbeistand kann er sich entweder selbst in freier Wahl bestellen oder er wird ihm vom Richter amtlich zugewiesen[29].

Der Richter muß bei der Ladung des Angeklagten diesen auffordern, sich innerhalb einer bestimmten Frist (die ebenfalls vom Richter festzulegen ist) einen Anwalt als Rechtsbeistand zu nehmen (c. 1723 § 1)[30]. Macht der Angeklagte von dieser Möglichkeit der freien Wahl eines Rechtsbeistandes keinen Gebrauch,

[24] Cc. 1342–1350. Siehe dazu in *diesem* Band, oben, *R. A. Strigl*, § 102 Straftat und Strafe.

[25] *Mörsdorf*, Rechtsprechung und Verwaltung (Anm. 2), S. 186.

[26] Vgl. c. 1718 § 1 und c. 1720.

[27] *Mörsdorf*, Rechtsprechung und Verwaltung (Anm. 2), S. 62. S. auch *John Caroll Glynn*, The Promotor of justice, his rights and duties (= CLS 101), Kan. Diss. Washington 1936.

[28] Laut CIC/1917 galt dieses Anklagemonopol nicht für die sogenannten Antragsdelikte (Verleumdungs- und Beleidigungssachen). S. auch *Mörsdorf* Lb III, S. 216.

[29] S. c. 1481 § 2.

[30] Vgl. dazu c. 1482 § 1. Grundsätzlich kann sich in jedem Prozeß eine Partei in freier Wahl einen Rechtsbeistand nehmen.

obliegt es dem Richter, noch vor der Streiteinlassung (litis contestatio) einen Rechtsbeistand zu benennen. Dieser seitens des Richters von Amts wegen dem Angeklagten beigegebene Anwalt muß solange tätig sein, bis sich der Angeklagte selbst entschließt, einen Rechtsbeistand seiner Wahl zu bestellen (c. 1723 § 2).

Diese im Strafverfahren pflichtgemäße Beiziehung eines Anwaltes beruht auf der Überlegung, die meist rechtsunkundigen und prozeßunerfahrenen Parteien vor Nachteilen zu bewahren und ihnen dadurch die Möglichkeit zu geben, sich besser verteidigen zu können; überdies dient dies auch einer sachgemäßeren Durchführung des Prozesses überhaupt.

Was die Eignung von Anwälten betrifft, sind auch für den Strafprozeß die einschlägigen Bestimmungen des allgemeinen Prozeßrechtes anzuwenden[31].

Nicht nur die Bestellung eines Advokaten ist im Recht verankert, auch die Bestellung eines Prozeßbevollmächtigten (procurator) ist im Strafprozeß denkbar. Dieser bevollmächtigte Parteivertreter handelt im Prozeß an Stelle des vertretenen Angeklagten. Dieser Prozeßbevollmächtigte erhält alle Ladungen, gerichtlichen Zustellungen und Anweisungen, die sonst an die Partei selbst gehen würden, es sei denn, daß vom Richter ausdrücklich das persönliche Erscheinen des Angeklagten angeordnet wird (c. 1725).

c) Rechtsschutz für die angeklagte Person[32]. Von Rechts wegen ist der Angeklagte auf mehrfache Weise geschützt:

(1) während der Vorerhebungen muß alles vermieden werden, was den guten Ruf des Beschuldigten verletzen oder gar zerstören könnte (c. 1717 § 2);
(2) in c. 1723 wird der Anwaltszwang statuiert;
(3) dem Angeklagten steht grundsätzlich das Recht zu, bei der Erörterung des Sachverhaltes als letzter seine Stellungnahme abzugeben (c. 1725);
(4) c. 1728 § 1 besagt, daß ein Angeklagter nicht gehalten ist, seine Straftat einzugestehen („nemo tenetur prodere seipsum");
(5) dem Angeklagten kann auch kein Eid abverlangt werden (c. 1728 § 2);
(6) dem Angeklagten muß die Möglichkeit zustehen, das Rechtsmittel der Berufung ergreifen zu können (c. 1727 § 1).

d) Ablauf eines Strafprozesses. Maßgeblich für die geordnete Durchführung eines Strafprozesses sind neben den besonderen Bestimmungen für das Strafverfahren auch die Vorschriften des allgemeinen Prozeßrechtes sowie die einschlägigen Normen des Streitverfahrens, soweit nicht aus der Natur der Sache einzelne Bestimmungen im Strafprozeß unanwendbar sind. Auf jeden Fall sind die besonderen Vorschriften, welche sich auf Fälle beziehen, die das öffentliche Wohl betreffen, einzuhalten (c. 1728).

[31] Siehe c. 1483: Ein Anwalt muß demnach großjährig sein und gut beleumundet; er muß der katholischen Kirche angehören, es sei denn, daß der Diözesanbischof etwas anderes bestimmt hätte; er muß das Doktorat im kanonischen Recht erworben haben oder wenigstens auf andere Weise rechtskundig und vom Bischof als Anwalt zugelassen sein. Diese oberhirtliche Zulassung kann ein Anwalt allgemein für alle Prozeßsachen erhalten oder nur für eine bestimmte Angelegenheit. Um nach außen als Parteibeistand auftreten zu können, bedarf der Anwalt einer schriftlichen Vollmacht seitens der Partei (vgl. c. 1484).

[32] Ähnliches hatte der CIC/1917 für einen Beklagten vorgesehen.

2. Vorsorgliche Maßnahmen

Der CIC/1917 kannte nach dem Vorbild des weltlichen Rechts sogenannte vorsorgliche Maßnahmen, die zwar keinen Strafcharakter haben, aber aus Gründen des allgemeinen Wohles und im Hinblick auf ein geordnetes Verfahren notwendigerweise getroffen werden können. Zu diesen vorsorglichen Maßnahmen gehörte die „vorsorgliche Dienstenthebung" und die „vorsorgliche Aufenthaltsanweisung"[33].

Ähnliches sieht auch das neue Strafprozeßrecht vor, wenn es in c. 1722 heißt: Zur Vermeidung von Ärgernissen, zum Schutze der Freiheit von Zeugen, zur Wahrung des Laufes der Gerechtigkeit kann der Ordinarius nach Anhören des Kirchenanwaltes und Ladung des Angeklagten diesem in jedem Stadium des Verfahrens die Ausübung eines kirchlichen Amtes bzw. Dienstes untersagen und ihm auch verbieten, sich an einem bestimmten Ort aufzuhalten oder an der Eucharistie in aller Öffentlichkeit teilzunehmen. Dies alles muß bei Wegfall der Ursache widerrufen werden und findet von Rechts wegen sein Ende, wenn das Strafverfahren aufhört[34].

Wieweit in der Praxis eine solche Aufenthaltsanweisung durchführbar sein dürfte, erscheint fraglich; außerdem ist die Bestimmung hinsichtlich der Aufenthaltsanweisung insofern problematisch, als mit dieser vorsorglichen Maßnahme unter Umständen eine Kollision mit dem staatlichen Recht denkbar wäre. Schließlich bleibt zu beachten, daß ein Zwangsaufenthalt nur mit Einwilligung des Betroffenen verfügt werden kann.

Rechtsmittel gegen diese vorsorglichen Maßnahmen gibt es keine[35]. Da das Prozeßverhältnis befestigt und der Rechtszug bereits in Gang gekommen ist, muß der Angeklagte den Ausgang des Prozesses abwarten; erst gegen ein Urteil kann er Berufung einlegen.

3. Vorzeitige Beendigung eines Strafverfahrens

a) In jeder beliebigen Verfahrensstufe kann der Promotor iustitiae den Verzicht auf Fortsetzung des Prozeßganges erklären, wobei jener Ordinarius zuzustimmen hat, der die Entscheidung für die Durchführung des Strafprozesses getroffen hat. Es ist nicht ausgeschlossen, daß der Ordinarius den Kirchenanwalt ausdrücklich ermächtigt, den Verzicht auf Fortsetzung des Verfahrens geltend zu machen (c. 1724 § 1).

Zur Gültigkeit dieses Verzichtes bedarf es der Annahme seitens des Angeklag-

[33] S. cc. 1956 und 1957 CIC/1917.

[34] Im Schema TutIur S. 90 war unter „Animadvertenda" diese Bestimmung bereits angeführt. In einer Anmerkung im Anschluß an die Bestimmungen über das Strafverfahren wurde darauf hingewiesen, daß nach Auffassung der Konsultoren an einer anderen Stelle des künftigen CIC diese Norm eingebaut werden solle. In der Sitzung der CIC-Reform-Kommission vom 28. Februar 1980 wurde angeregt, an dieser Stelle (c. 1722) diese Norm unterzubringen. Siehe Communicationes 12 (1980), S. 193f.

[35] Dies wurde in c. 1958 des CIC/1917 schon eigens betont.

ten, es sei denn, daß dieser für prozeßsäumig (vom Gericht abwesend) erklärt worden ist (c. 1724 § 2).

b) Sobald eindeutig feststeht, daß eine Straftat vom Angeklagten nicht begangen worden ist, muß der Richter in jeder Instanz und in jedem Stadium des Strafprozesses dies durch ein Urteil festhalten und den Angeklagten freisprechen; der Richter hat dies selbst dann zu tun, wenn zugleich das Erlöschen der Strafklage feststeht (c. 1726).

4. Rechtsmittel

a) Empfindet der Angeklagte das Urteil als ungerecht oder erstrebt er eine Abänderung oder Aufhebung desselben, steht ihm das Recht zu, Berufung einzulegen, d. h. er kann eine Nachprüfung des ihn beschwerenden Urteils sowohl nach der rechtlichen als auch nach der tatsächlichen Seite hin verlangen.

Eine Berufung ist auch dann möglich, wenn ein Urteil den Angeklagten etwa nur vorläufig freigesprochen hat, weil es sich um eine mögliche Strafandrohung gehandelt hat oder weil der Richter von der Ermächtigung Gebrauch gemacht hat, nach seinem Gewissen oder klugen Ermessen die Strafverhängung auf einen gewissen günstigeren Zeitpunkt zu verschieben, weil zu befürchten war, daß eine übereilte Bestrafung größeres Unheil anrichten könnte (c. 1727 § 1)[36].

b) Der Promotor iustitiae kann Berufung einlegen, wenn er glaubt, daß zur Behebung eines Ärgernisses oder zur Wiederherstellung der Gerechtigkeit nicht genügend Vorsorge getroffen worden sei (c. 1727 § 2)

IV. Klage auf Wiedergutmachung eines angerichteten Schadens

1. Eine geschädigte (verletzte) Partei kann während des Strafprozesses eine Streitklage erheben auf Wiedergutmachung eines Schadens, der ihr aufgrund eines Deliktes entstanden ist bzw. zugefügt wurde (c. 1729 § 1).

2. Eine solche Geltendmachung einer Schadensklage kann nur in der ersten Instanz des Strafverfahrens erfolgen, ansonsten ist sie nicht zugelassen (c. 1729 § 2).

3. Für das Schadensersatzverfahren gelten die Regeln des allgemeinen Prozeßrechts sowie des kirchlichen Streitverfahrens.

4. Wird im Schadensersatzverfahren Berufung eingelegt, sind hierfür ebenfalls die einschlägigen Normen des allgemeinen Prozeßrechts zu beachten. Eine Berufung ist selbst dann möglich, wenn etwa im Strafprozeß kein Rechtsmittel geltend gemacht wurde. Es kann aber auch durchaus sein, daß eine doppelte Berufung eingelegt wird, noch dazu von zwei verschiedenen Parteien. Beide Berufungen sind einzig und allein beim Berufungsgericht zu verfolgen und von diesem zu behandeln (c. 1729 § 3).

[36] S. dazu cc. 1344 und 1345.

5. Um eine allzugroße Verzögerung eines Strafprozesses zu vermeiden, kann der Richter das die Schäden betreffende Gerichtsverfahren solange aufschieben, bis er das Urteil im Strafprozeß gefällt hat (c. 1730 § 1). Ist jedoch in einem solchen Fall ein Strafprozeß mit Urteil beendet worden, muß der Richter sich der Schadensfrage annehmen. Dies gilt auch dann, wenn das Strafverfahren aufgrund eines eingelegten Rechtsmittels noch weitergeht. Der Richter ist sogar auch dann zur Führung eines Schadensverfahrens verpflichtet, wenn der Angeklagte im Strafprozeß freigesprochen wurde aus irgendeinem Grund, der die Pflicht zur Schadenswiedergutmachung nicht aufhebt (c. 1730 § 2).

6. Es gilt der Grundsatz: Ein im Strafprozeß gefälltes Urteil, auch wenn dieses rechtskräftig geworden ist, schafft für eine geschädigte Partei noch kein Recht, außer es hatte diese Einspruch erhoben gemäß c. 1733 (c. 1731).

§ 110 Verwaltungsbeschwerde und Verwaltungsgerichtsbarkeit

Von Richard A. Strigl

I. Verwaltungsbeschwerde

Die Normen über die Verwaltungsbeschwerde (recursus hierarchicus) stellen jeweils nur auf das Einzeldekret als möglichem Einspruchsobjekt ab, sie gelten aber ebenso für jeden Akt der freiwilligen oder zwangsmäßigen Verwaltung, der im äußeren Bereich gegenüber Einzelpersonen außergerichtlich ergeht (vgl. c. 35 in Verbindung mit c. 59 § 2), also Verwaltungsbefehl (Präzept), Reskript, Erlaubnis oder Genehmigung, mündliche Zusage. Nicht anwendbar sind die Bestimmungen auf persönliche Akte des Papstes oder solche eines Allgemeinen Konzils (c. 1732).

1. Gütliche Beilegung

Der Gesetzgeber wünscht nachdrücklich, daß ein Verwaltungsstreit möglichst vermieden und von den Kontrahenten in gemeinsamer Überlegung eine billige Lösung des Konflikts gesucht werde. Dabei können auch einflußreiche Persönlichkeiten zur Vermittlung und sachlichen Klärung eingeschaltet werden, um eine gütliche Beilegung der Meinungsverschiedenheit zu erleichtern (c. 1733 § 1). Amtlicherseits, nämlich auf Anordnung der Bischofskonferenz, soll in jeder Diözese eine Schlichtungsstelle eingerichtet werden, die nach Maßgabe eigens zu erstellender Statuten sich der Aufgabe zu widmen hat, bei solchen Kontroversen eine vertretbare Einigung zu suchen und vorzuschlagen. Unterbleibt ein entsprechender Auftrag der Bischofskonferenz, kann jeder Bischof eigenständig eine Schlichtungsstelle schaffen (c. 1733 § 2).

Schlichtungsstellen sollen vorwiegend dann in Tätigkeit treten, wenn eine Bitte um Zurücknahme oder Abänderung eines belastenden Verwaltungsaktes (vgl. c. 1734) schon gestellt, die Frist für eine Rekurseinlegung aber noch läuft. Ist der Rekurs bereits im Gange, soll der kirchliche Obere, bei dem die Entscheidung liegt, trotzdem noch auf die Parteien einwirken, sofern überhaupt Aussicht auf Erfolg besteht, sich über eine friedliche Lösung zu verständigen (c. 1733 § 3).

2. *Änderungsbitte*

Bevor ein Rekurs eingelegt werden kann, muß der Betroffene bei der verantwortlichen Verwaltungsbehörde schriftlich die Bitte um Widerruf oder Abänderung vorbringen. Diese Bitte gilt gleichzeitig als Ersuchen um vorläufige Vollzugsaussetzung des beanstandeten Verwaltungsaktes (c. 1734 § 1). Für die Einbringung dieser Bitte ist eine Ausschlußfrist von 10 Nutztagen seit Kenntnisgabe des Verwaltungsaktes gesetzt (c. 1734 § 2).

Die Bestimmungen über das erforderliche Bittgesuch, die damit verbundene Rechtsvermutung und die vorgesehene Frist sollen nicht gelten (c. 1734 § 3):

a) für Rekurse, die an den Bischof zu richten sind, weil sie Verwaltungsakte betreffen, die eine ihm unterstellte Verwaltungsbehörde erlassen hat (c. 1734 § 3 n. 1). Wer sich durch einen Verwaltungsakt beschwert fühlt, kann dagegen aus jedem gerechten Grund Rekurs bei dem der erlassenden Behörde übergeordneten kirchlichen Oberen einlegen. Es ist dafür eine Ausschlußfrist von 15 Nutztagen festgelegt (c. 1737 § 2);

b) für Rekurse, die sich gegen einen Verwaltungsakt richten, durch den eine vorausgegangene Beschwerde verbeschieden worden ist, sofern nicht der Bischof selbst die Entscheidung getroffen hat (c. 1734 § 3 n. 2). Wenn eine Verwaltungsbehörde innerhalb der vorgeschriebenen Frist von 10 Tagen nach Eingang der Abänderungsbitte Vollzugsaussetzung oder Änderung abgelehnt hat (vgl. c. 1736 § 2), kann ein Beschwerdeführer, von da an gerechnet, innerhalb von 15 Tagen bei dem der Behörde übergeordneten kirchlichen Oberen Rekurs einlegen (c. 1737 § 2);

c) für Rekurse, die sich gegen einen Verwaltungsakt richten, den eine Behörde auf Ersuchen hin innerhalb einer gesetzlichen Frist von 30 Tagen erlassen hat bzw. gegen deren Untätigkeit, weil sie einen solchen hätte erlassen müssen (c. 1734 § 3 n. 3). Für die Einlegung derartiger Rekurse ist eine Frist von 10 Tagen seit der Zustellung des Bescheides bzw. seit dem ergebnislosen Verstreichen der 30 Tage gesetzt (cc. 57, 1735).

3. *Vollzugsaussetzung*

Immer dann, wenn einem Rekurs aufschiebende Wirkung zukommt, bewirkt auch die Einreichung einer Abänderungsbitte von selbst die Vollzugsaussetzung des Verwaltungsaktes. Das ist der Fall bei Strafverfügungen, die auf dem Verwaltungszwangsweg erlassen worden sind (vgl. c. 1353).

Ansonsten kann, wenn die Verwaltungsbehörde nicht innerhalb von 10 Tagen nach Vorbringen der Abänderungsbitte die Vollzugsaussetzung erklärt, diese von dem der Behörde übergeordneten kirchlichen Oberen erbeten werden, der sie aus schwerwiegenden Gründen und unter Bedachtnahme auf die Erfordernisse des Seelenheiles vorläufig anordnen kann (cc. 1736 § 2, 1737 § 3). Wurde auf die Abänderungsbitte hin von der Verwaltungsbehörde zwar die Vollzugsaussetzung erklärt, in der Sache selbst aber ein nicht zufriedenstellender Bescheid erteilt, hat bei einem Rekurs dagegen der übergeordnete kirchliche Obere auch darüber zu entscheiden, ob die Vollzugsaussetzung endgültig zu bestätigen oder aufzuheben sei (c. 1736 § 3). Unterbleibt ein fristgerecht eingelegter Rekurs (vgl. c. 1734 § 3 n. 2), so wird die vorläufige Vollzugsaussetzung von selbst hinfällig (c. 1736 § 4).

4. Rechtsbeistand

Der Beschwerdeführer hat das Recht, sich eines Anwalts und Prozeßstellvertreters zu bedienen, die sich jedoch unzweckmäßiger Handlungsweisen zu enthalten haben. Ein Rechtsbeistand kann auch von Amts wegen, wenn ihn der übergeordnete kirchliche Obere für erforderlich hält, bestellt werden, falls der Beschwerdeführer selbst keinen benennt. Der übergeordnete kirchliche Obere ist dadurch nicht gehindert, ein persönliches Erscheinen des Beschwerdeführers und seine Befragung anzuordnen (c. 1738).

5. Rekursentscheidung

Der übergeordnete kirchliche Obere kann jede ihm richtig erscheinende Entscheidung treffen. Er kann den angefochtenen Verwaltungsakt bestätigen, für ungültig erklären, widerrufen, ganz oder teilweise aufheben (c. 1739)[1].

II. Verwaltungsgerichtsbarkeit

Der CIC kennt zwei Wege der Rechtsprechung, den gemeingerichtlichen und den verwaltungsgerichtlichen, wobei jeweils andere Organe tätig werden. Bei der gemeingerichtlichen Rechtsprechung sind es Einzelpersonen oder Kollegien eines ordentlichen Gerichts (Diözesangericht, Metropolitangericht, Römische Rota), bei der verwaltungsgerichtlichen dagegen Einzelpersonen, Kollegien oder Behörden, die vorwiegend mit Verwaltungsaufgaben befaßt sind, näher bezeichnete Angelegenheiten aber gerichtlich behandeln können (Bischof bzw. Bischofskonferenz, römische Kongregationen, Apostolische Signatur). Der gemeingerichtliche Weg ist gekennzeichnet durch einen dreifachen Instanzenzug, der (normalerweise) erst nach zwei Instanzen innerhalb einer Kirchenprovinz zur Römischen Rota

[1] Die legistische Fassung der cc. 1732–1739 bereitet einer Interpretation Schwierigkeiten, die es nur mit großer Mühe möglich machen, den mutmaßlich intendierten Ablauf eines recursus hierarchicus zu eruieren.

führt. Der verwaltungsgerichtliche Weg führt (in der Regel) aus dem bischöflichen Bereich direkt zum Apostolischen Stuhl.

Die kirchliche Verwaltungsgerichtsbarkeit erscheint heute in einer doppelten Gestalt, nach alter und nach neuer Art. Die alter Art ist überwiegend im CIC, für einzelne Sachbereiche auch in Gesetzen, die nicht in den CIC aufgenommen wurden, verankert. Die neuer Art ist ein Ergebnis der Rechtsentwicklung seit dem II. Vatikanum.

1. Alte Art

Die kirchliche Verwaltungsgerichtsbarkeit alter Art ist keine Einrichtung zur gerichtlichen Überprüfung der Rechtmäßigkeit von Verwaltungsakten, sondern eine arteigene Rechtsprechung innerhalb der Verwaltung *(Mörsdorf)*. Für sie besteht keine allgemeine Zuständigkeit, aber sie kann immer dann in Funktion treten, wenn entweder das Gesetz die verwaltungsgerichtliche Behandlung einer möglichen Gerichtssache vorsieht, oder die Parteien mit einer solchen Behandlung ihrer Angelegenheit einverstanden sind. In der Verfahrensweise lebt der Summarprozeß fort, dessen Ablauf Papst *Clemens V.* (1305–1314) geregelt hat[2]. Es sind nicht die strengen Förmlichkeiten einzuhalten, die das gemeingerichtliche Verfahren bestimmen, sondern man begnügt sich, um einer raschen Erledigung willen, mit der Beachtung lediglich der wesentlichen Prozeßerfordernisse.

Für den gemeinkirchlichen Bereich sind Organe der Verwaltungsgerichtsbarkeit die römischen Kongregationen im Rahmen ihrer sachlichen Zuständigkeit, die hierfür eine eigene Gerichtsorganisation besitzen. Im teilkirchlichen Bereich ist es der Diözesanbischof[3] bzw. die nationale Bischofskonferenz. Der Bischof übt die Verwaltungsgerichtsbarkeit – unter Beiziehung von zwei beratenden Assessoren – entweder persönlich oder durch Einsetzung eines delegierten Richters aus, die Bischofskonferenz durch Bildung von Kommissionen mit oder ohne Entscheidungsbefugnis[4].

a) Gemeinkirchliche Ebene

Seit dem II. Vatikanum sind verschiedene verwaltungsgerichtliche Verfahrensordnungen zum Teil gänzlich neu, zum Teil als Novellierung bestehender erlassen worden.

(1) Im CIC neu geregelt wurden die dispensweise Auflösung von Ehen wegen Nichtvollzugs (cc. 1697–1706) und die Entlassung von Religiosen aus ihrem klösterlichen Verband (cc. 694–704).

(2) Die Neuregelungen außerhalb des CIC fallen sämtlich in den Kompetenzbe-

[2] Dekretale „Saepe" (c. 2 in Clem. 5, 11: ed. *Friedberg* II 1200).

[3] Der Generalvikar ist von der verwaltungsgerichtlichen Rechtsprechung grundsätzlich ausgeschlossen.

[4] Siehe zu dem ganzen Fragenkreis *K. Mörsdorf*, Rechtsprechung und Verwaltung im kanonischen Recht, Freiburg i. Br. 1941, S. 111–130.

reich der Glaubenskongregation: Normen für die Entlassung von Priestern aus dem Klerikerstand auf Antrag[5], Normen für die dispensweise Auflösung halbchristlicher Ehen zugunsten des Glaubens[6] und das Lehrbeanstandungsverfahren[7].

(3) Eine Novellierung außerhalb des CIC erfuhr das Kanonisationsverfahren, wonach die Seligsprechung als Voraussetzung einer Heiligsprechung hinfort entfällt[8].

b) Teilkirchliche Ebene

Auf teilkirchlicher Ebene sind nach gemeinkirchlichen Normen verwaltungsgerichtlich abzuwickeln der mündliche Streitprozeß (cc. 1656–1670); die Ehekurzverfahren (Dokumentenprozeß) wegen eines nicht dispensierten Ehehindernisses, wegen Nichtbeachtung der Formpflicht oder wegen eines ungültigen Stellvertretungsmandats (cc. 1686–1688); das Verfahren zur Aufhebung der ehelichen Lebensgemeinschaft (cc. 1692–1696); das Verfahren für eine Todeserklärung (c. 1707); die Verfahren zur Absetzung (cc. 1740–1747) und Versetzung (cc. 1748–1752) von Pfarrern.

In teilkirchenrechtlichen Normen finden sich Merkmale einer verwaltungsgerichtlichen Vorgangsweise in der Ordnung der Deutschen Bischofskonferenz zur Entlassung von Klerikern aus dem geistlichen Stand von Amts wegen vom 30. 12. 1972[9] und im Lehrbeanstandungsverfahren bei der Deutschen Bischofskonferenz vom 1. 1. 1973[10].

2. Neue Art

Schon in den sechziger Jahren wurden Überlegungen angestellt über die Frage einer gerichtlichen Nachprüfung kirchlicher Verwaltungsakte, ob nicht eine solche in Zukunft eingeführt werden sollte oder müßte und wie sie aussehen könnte[11]. Noch im gleichen Jahrzehnt ist diesem Anliegen auf höchstrangiger Ebene Rechnung getragen worden, bei der Apostolischen Signatur. Bald gab es auch Vorschläge zur Einführung einer Verwaltunggerichtsbarkeit mit Instanzen-

[5] Zuletzt geregelt durch Schreiben der SC Fid „Per litteras" vom 14. 10. 1980 an die Ortsordinarien und Generaloberen klerikaler klösterlicher Verbände, mit „Normae procedurales de dispensatione a sacerdotali coelibatu" (Prot. N. 128/61 s).

[6] Instr. der SC Fid „Ut notum" mit „Normae procedurales" vom 6. 12. 1973, in: AfkKR 142 (1973), S. 474–479; NKD 39, S. 60–77. Dazu *A. Hopfenbeck*, Das Verfahren zur Auflösung einer nichtsakramentalen Ehe zu Gunsten des Glaubens nach der Neuregelung durch die Glaubenskongregation vom 6. Dezember 1973, in: AfkKR 147 (1978), S. 99–123.

[7] Erlaß der SC Fid vom 15. 1. 1971, in: AAS 63 (1971), S. 234–236.

[8] Const. „Divinus perfectionis magister" vom 25. 1. 1983 mit „Normae servandae" und „Decretum generale" über die Weiterbehandlung bereits anhängiger Fälle der SC CausSS vom 7. 2. 1983, in: AAS 75 (1983), S. 349–355 und 396–404.

[9] ABl. München und Freising 1973, S. 125–127.

[10] ABl. München und Freising 1973, S. 115–124.

[11] *H. Schmitz*, Möglichkeit und Gestalt einer kirchlichen Gerichtsbarkeit über die Verwaltung, in: AfkKR 135 (1966), S. 18–38.

zug auf teilkirchlicher Ebene[12], die auch tatsächlich einen Niederschlag im Entwurf eines revidierten Codex von 1980 gefunden haben (dort cc. 1689–1692), im CIC/1983 jedoch nicht mehr aufscheinen.

Im Zuge der Kurienreform von 1967[13] kam es zur Einrichtung einer zweiten Sektion bei der Apostolischen Signatur und zum Erlaß einer probeweisen Verfahrensordnung für die beiden Sektionen[14]. Die neugeschaffene zweite Sektion ist ein kirchliches Verwaltungsgericht neuer Art[15]. Das nach den Erfordernissen ihrer Kompetenz[16] entwickelte Grundmuster des Verfahrensganges berücksichtigt die Doppelfunktion der zweiten Sektion der Apostolischen Signatur. Sie ist zum einen Rekursinstanz für Einsprüche gegen Verwaltungsakte von Ordinarien, sofern diese als rechtsverletzend angefochten werden, und zum anderen Appellationsinstanz gegen verwaltungsgerichtliche Urteile.

Ein Verfahren vor der zweiten Sektion der Apostolischen Signatur verläuft nach den folgenden Normen:

a) Allgemeine Bestimmungen (Art. 97–103, 111)

Sie unterscheiden sich nicht von den auch sonst geltenden prozeßrechtlichen Vorschriften. Als Besonderheiten sind lediglich zu erwähnen: Es besteht Anwaltszwang und außerdem müssen die Parteien oder deren Anwalt für die Dauer des Prozesses in Rom oder in der Vatikanstadt Wohnsitz nehmen (Art. 111); die Nichtigkeit eines Prozeßaktes kann nur geltend gemacht werden, wenn ein wesentlicher Fehler zu rügen ist, d. h. wenn in einer prozessualen Handlung das unterlassen worden ist, was zur Erreichung ihres Zweckes erforderlich gewesen wäre. Die Anfechtungsmöglichkeit entfällt, wenn der Zweck trotz des Fehlers tatsächlich erreicht worden ist.

b) Vorverfahren (Art. 104–116)

Die Bestimmungen über Inhalt und Form des Beschwerdeschriftsatzes und die beizufügenden Unterlagen gleichen den an eine sonstige Klageschrift gestellten Anforderungen. Als Gerichtsperson fungiert der Präfekt der Apostolischen Signatur im Zusammenwirken mit dem Sekretär, dem Amtsanwalt und dem Subsekretär. Mit der Anrufung des Gerichts kann auch der Antrag auf Aussetzung des Vollzugs der angefochtenen Verwaltungsmaßnahme gestellt werden, der nach Art

[12] Zur Entwicklung siehe *R. A. Strigl,* Die Verwaltungsgerichtsbarkeit, in: GrNKirchR S. 826ff.

[13] Const. „Regimini Ecclesiae universae" vom 15. 8. 1967, in: AAS 59 (1967), S. 885–928.

[14] Normae speciales in S. T. Signaturae Apostolicae ad experimentum servandae, in: AfkKR 137 (1968), S. 177–202.

[15] Siehe *R. A. Strigl,* Kritische Analyse der im Jahre 1968 zur Erprobung ergangenen Verfahrensordnung für die Apostolische Signatur, in: Miscellanea Bidagor III, S. 98–111.

[16] Art. 96 lautet: „... cognoscit: 1) contentiones ortas ex actu potestatis administrativae ecclesiasticae, ad eam delatas ob interpositam appellationem seu recursum adversus decisionem competentis Dicasterii, quoties allegetur legis violatio."

eines Zwischenverfahrens zu erledigen ist. Der Präfekt entscheidet darüber innerhalb von 60 Tagen, nach Einholung einer Stellungnahme des kirchenbehördlichen Beschwerdegegners. Diesem bleibt es auch unbenommen, in jeder Phase des Verfahrens eine Gegenbeschwerde zu erheben. Die aufgelaufenen Beweismittel werden jeweils sofort der gegnerischen Seite zwecks Stellungnahme zur Kenntnis gebracht[17] und nach Abschluß der Beweiserhebung dem Amtsanwalt übergeben. Sein Votum wird den Parteien zur Rückäußerung zugestellt. Nach dem Ablauf gesetzter Fristen ist die Sache (vorläufig) spruchreif. Der Präfekt entscheidet, unter Beteiligung der genannten Gerichtspersonen, ob der Rekurs zum Hauptverfahren zuzulassen oder, wegen offensichtlicher Unbegründetheit, zu verwerfen sei. Gegen ein Abweisungsdekret kann Einspruch zum Richterkollegium erhoben werden, das inappellabel darüber entscheidet.

c) Hauptverfahren (Art. 117–123)

(1) *Mündliche Verhandlung.* Innerhalb von 30 Tagen nach der Entscheidung für die Eröffnung des Hauptverfahrens, werden die Parteien zu einer mündlichen Erörterung eingeladen. Dabei holt der Sekretär vorgeschriebene Erklärungen ein, bezeichnet von Amts wegen die zu behandelnden Streitpunkte, stellt grundsätzliche sachliche Vorgegebenheiten klar und legt die Prozeßtermine fest. Sind die Parteien hinsichtlich einer eventuellen Beweisergänzung gegensätzlicher Auffassung, entscheidet das Kollegium von fünf Kardinal-Richtern. Der Präfekt kann, wenn es ihm in schwierigen Fällen notwendig erscheint, ein verwaltungsrechtliches Gutachten einholen.

(2) *Letzte Prozeßhandlungen.* Während einer Spanne von weiteren 30 Tagen nach Beendigung der mündlichen Verhandlung muß der Beschwerdeführer, sofern kein zusätzliches Beweismaterial angefallen ist, nach Weisung des Sekretärs mehrere Exemplare aller aufgekommenen Prozeßakten in der Kanzlei der Apostolischen Signatur abliefern[18]. In dieser Zeit haben die Parteien eine letzte Gelegenheit, dem Gericht noch einmal ihre Sicht der Rechts- und Sachlage darzulegen.

(3) *Endgültige Entscheidung.* Innerhalb der nächsten 60 Tage tritt das Richterkollegium zur Urteilsfällung zusammen. Vor dem Spruch trägt der Amtsanwalt, unter Abwägung des Für und Wider, seine Auffassung der Angelegenheit mündlich vor. Grundsätzlich muß sich die Entscheidung auf alle angenommenen Prozeßfragen erstrecken. Es steht aber nichts im Wege, eine Teilentscheidung vorauszunehmen und das Gesamturteil bis zum Abschluß eventueller ergänzender Ermittlungen aufzuschieben.

[17] In dem Verfahren sind Beweiserhebung und Verteidigung miteinander verschmolzen und laufen parallel, wahrscheinlich um einer rascheren Abwicklung willen.

[18] Es ist nicht vorgeschrieben, daß diese gedruckt werden müßten. Verlangt ist nur, daß sie sauber, fehlerfrei und gut leserlich seien. Auch eine bestimmte Sprachversion ist nicht gefordert (Art. 119).

Entscheidungen der zweiten Sektion der Apostolischen Signatur sind grundsätzlich auch dann rechtswirksam, wenn sie ohne eine Begründung in rechtlicher und tatsächlicher Hinsicht ergehen (Art. 122 § 2). Der Präfekt oder das Richterkollegium können allerdings anordnen, daß auch die Urteilsgründe schriftlich auszufertigen seien (Art. 122 § 3), was in der gegenwärtigen Praxis die Regel zu sein scheint. Ein diesbezügliches Antragsrecht der Parteien ist nicht vorgesehen.

Siebenter Teil

Kirche und Staat

§ 111 Die Lehre der Kirche über das Verhältnis von Kirche und Staat

Von Joseph Listl

I. Die Kirche als Heils- und Rechtsgemeinschaft

Die theologisch-kanonistische Bestimmung des Grundverhältnisses der Beziehungen zwischen Kirche und Staat hat mit den Aussagen des *Zweiten Vatikanischen Konzils* und den Bestimmungen des *Codex Iuris Canonici* davon auszugehen, daß die Kirche Glaubens-, Heils- und Rechtsgemeinschaft in untrennbarer Einheit ist[1]. Damit bringt das Konzil und übereinstimmend mit ihm auch das kirchliche Gesetzbuch zum Ausdruck, daß die Kirche zugleich und wesentlich ebenso pilgerndes Volk Gottes, Geheimnisvoller Leib Christi, Tempel des Heiligen Geistes und geistgewirkte Gemeinschaft ist wie sichtbarer, rechtlich verfaßter und durch seine hierarchischen Organe im Inneren und nach außen handelnder gesellschaftlicher Verband und damit aufgrund der Stiftung durch ihren Herrn Jesus Christus selbst notwendigerweise auch *vorgegebene rechtliche Institution.* Diese in der inkarnatorischen Struktur der Kirche und damit in ihrem tiefsten Wesen grundgelegte unaufgebbare dialektische Spannung muß von sämtlichen Gliedern der Kirche akzeptiert, bejaht und durch alle Zeiten der Geschichte der Kirche durchgehalten werden, wenn im Verständnis der Kirche eine wirklichkeitsfremde und einseitige Spiritualisierung und Mystifizierung ebenso vermieden werden soll wie eine das Wesen der Kirche verfremdende und den Geist tötende Juridifizierung[2].

Diese notwendige Spannung im Kirchenverständnis wurde in der katholischen Kirchenrechtswissenschaft seit langem gesehen. Insbesondere geschah dies in den Auseinandersetzungen mit dem reformatorischen Kirchenverständnis, und hier vor allem mit dem von

[1] VatII LG Art. 8 = AAS 57 (1965), S. 11f. = LThK²-Konzilskommentar I, S. 171ff. Vgl. cc. 96, 129, 204, 330, 747, 756, 834, 840. – Zur Lehre der Kirche über das Verhältnis von Kirche und Staat aus dem Zeitraum vor dem II. Vatikanischen Konzil vgl. die Darstellungen bzw. Einführungen von *J. Hergenröther,* Katholische Kirche und christlicher Staat in ihrer geschichtlichen Entwicklung und in Beziehung auf die Fragen der Gegenwart. In 2 Abteilungen. Freiburg/Br. 1872 (Neudruck Aalen 1968); *J. Moulart,* Kirche und Staat oder die beiden Gewalten, ihr Ursprung, ihre Beziehungen, ihre Rechte und ihre Grenzen. Übersetzt nach der 2. Auflage des Originals von *H. Houben,* Mainz 1881 (Neudruck Aalen 1974); *F. X. Wernz,* Ius Decretalium, 2. Aufl., Bd. 1: Introductio in Ius Decretalium. Rom 1905, S. 13–53. Eine vorzügliche Einführung in das prinzipielle und historische Verhältnis von Kirche und Staat enthält mit reichhaltigen Literaturangaben *J. B. Sägmüller,* Lehrbuch des katholischen Kirchenrechts. 4. Aufl., Bd. 1, Erster Teil, Freiburg/Br. 1925, S. 47–150. In systematischer Weise behandelt das Verhältnis von Kirche und Staat die letzte große Darstellung des Jus Publicum Ecclesiasticum vor dem II. Vatikanischen Konzil von *A. Ottaviani,* Institutiones Iuris Publici Ecclesiastici. Editio prima, 2 vol., Romae 1926; editio quarta, emendata et aucta adiuvante *Iosepho Damizia,* 2 vol., Romae 1958–1960.

[2] Gegen eine falsche Dichotomie von „Liebeskirche" und „Rechtskirche" im Kirchenverständnis hat sich bereits in dezidierter Weise Papst *Pius XII.* gewandt in der Enzyklika *Mystici Corporis* v. 29. 6. 1943, in: AAS 35 (1943), S. 224.

Samuel von Pufendorf (1632–1694) entwickelten kollegialistischen, d. h. vereinsrechtlichen Kirchenbegriff[3], den sich auch *Rudolph Sohm* (1841–1917) weithin zu eigen gemacht hat[4]. In den langwierigen und häufig polemischen Kontroversen zwischen den Vertretern der katholischen Kanonistik und den Verfechtern des reformatorischen Kirchenverständnisses, und hier vor allem des landesherrlichen Kirchenregiments und des Summepiskopats des Landesherrn, sind bei der Bestimmung des Wesens der Kirche neben ihrem geistlichen Wesen immer auch ihr institutioneller Aspekt und ihre Eigenrechtsmacht als einer staatsunabhängigen, *rechtlich* „vollkommenen Gesellschaft" stark betont und herausgestellt worden[5]. Diese starke Akzentuierung des Institutionellen im Verständnis der Kirche erklärt sich daraus, daß von den Verteidigern des landesherrlichen Kirchenregiments, insbesondere von der Mehrzahl der Vertreter des späteren protestantischen kollegialistischen Kirchenverständnisses, gerade die Eigenständigkeit der kirchlichen Rechtsordnung gegenüber dem Recht des Staates in Frage gestellt und nicht selten geleugnet wurde[6].

Nach der Lehre des II. Vatikanums ist die Kirche nicht im Sinne einer bloß additiven Zusammenfügung, sondern einer wesensmäßigen Identität gleichermaßen Heils- und Rechtsgemeinschaft: „Die mit hierarchischen Organen ausgestattete Gesellschaft und der Geheimnisvolle Leib Christi, die sichtbare Versammlung und die geistliche Gemeinschaft, die irdische Kirche und die mit himmlischen Gaben beschenkte Kirche sind nicht als zwei verschiedene Größen zu betrachten, sondern bilden eine einzige komplexe Wirklichkeit, die aus menschlichem und göttlichem Element zusammenwächst"[7]. Von dieser Kirche, „die in dieser Welt als Gesellschaft verfaßt und geordnet ist", bekennt das Konzil, daß sie in der katholischen Kirche verwirklicht ist und vom Nachfolger Petri und von den Bischöfen gemeinsam mit ihm geleitet wird[8]. Der Codex Iuris Canonici vom 25. 1. 1983 hat diese Konzilaussage in c. 204 wörtlich übernommen.

[3] Vgl. hierzu *Samuel von Pufendorf*, De habitu religionis christianae ad vitam civilem, Bremen 1687 (Neudruck Stuttgart-Bad Cannstatt 1972); dazu im einzelnen *J. Listl*, Kirche und Staat in der neueren katholischen Kirchenrechtswissenschaft, Berlin 1978, S. 67ff., 113ff.

[4] *R. Sohm*, Kirchenrecht, Bd. 1, Leipzig 1892 (Neudruck Berlin 1970); darin S. 1 der Satz: „Das Kirchenrecht steht mit dem Wesen der Kirche in Widerspruch"; ebenso S. 700 der Schlußsatz: „Das Wesen des Kirchenrechtes steht mit dem Wesen der Kirche in Widerspruch"; Bd. 2, hrsg. von Erwin Jacobi und Otto Mayer, München und Leipzig 1923.

[5] Zum Sinngehalt des von der kanonistischen Teildisziplin des Jus Publicum Ecclesiasticum entwickelten Begriffs der „societas perfecta" in der Anwendung auf die Kirche vgl. im einzelnen bei *Listl*, Kirche und Staat (Anm. 3), S. 104, 107f., 136ff., 179f., 211, 224ff.

[6] Vgl. hierzu statt aller die Darlegung von *F. Schenke*, Pufendorfs Kirchenbegriff, in: ZRG Kan. Abt. 14 (1925), S. 39–61, bes. S. 60; vgl. hierzu ferner *R. Sohm*, Weltliches und geistliches Recht, in: Festgabe der Leipziger Juristenfakultät für Dr. Karl Binding zum 7. August 1913, München und Leipzig 1914, S. 58f.: „Für die unsichtbare Kirche gibt es keine äußere Ordnung, d. h. *alle* äußere Ordnung, wie sie auch sei, ist *religiös gleichgültig*, ist nur weltlich erheblich und fällt daher unter die weltliche Obrigkeit. Aus den im Schoße der sichtbaren Christenheit lebendigen *religiösen* Kräften heraus kann nur eine auf *freiwillige* Unterwerfung gegründete „Politie" erzeugt werden, die weder religiöse noch rechtliche Verbindlichkeit besitzt, deren Bestand ausschließlich auf den durch christliche *Liebe* bestimmten freien Willen angewiesen ist. Wer das Amt der Schlüssel verwaltet, wird regelmäßig auch zu dem Urteil über die beste Art äußerer Ordnung berufen sein. Aber die etwa von ihm entworfene „Kirchenordnung" ist *ohne* Rechtsgeltung. Sie ist bloß „menschliche", religiös gleichgültige Ordnung und darum ohne die Kraft geistlichen (göttlichen) Rechts."

[7] VatII LG Art. 8 Abs. 1; zur Interpretation dieses Konzilstextes s. *H. Müller*, De analogia Verbum Incarnatum inter et Ecclesiam (L. G. 8a), in: PerRMCL 66 (1977), S. 499–512.

[8] VatII LG Art. 8 Abs. 2.

Dem II. Vatikanum ist es in der Dogmatischen Konstitution über die Kirche „Lumen Gentium" gelungen, die starke Betonung des geistlichen Wesens und Charakters der Kirche und ihrer übernatürlichen Sendung als „Leib Christi" im ersten Kapitel und als „Volk Gottes" im zweiten Kapitel mit dem Verständnis der Kirche als einer auf göttlicher Stiftung und apostolischer Sukzession beruhenden „hierarchisch verfaßten Gesellschaft" („societas hierarchice ordinata") im dritten Kapitel in einer Ausdrucksweise, die dem theologischen Verständnis und dem Empfinden der Gegenwart angemessen ist, zu verbinden. Dabei stehen die Lehren des Konzils durchaus in Kontinuität zu den früheren Aussagen des kirchlichen Lehramts und der katholischen Kirchenrechtswissenschaft des 19. und 20. Jahrhunderts.

Ungeachtet der starken Betonung des institutionellen Charakters der Kirche und ihrer Eigenrechtsmacht gegenüber dem das Selbstbestimmungsrecht der Kirche in ihren eigenen Angelegenheiten weithin bestreitenden Staat der Epoche des Liberalismus und des Rechtspositivismus haben das kirchliche Lehramt und in Übereinstimmung mit ihm die Kirchenrechtswissenschaft stets auch die übernatürliche Sendung der Kirche und ihren Heils- und Verkündigungsauftrag erkannt und akzentuiert. Dies geschah u. a. neben den beiden Enzykliken *Leos XIII.* „Satis cognitum" vom 29. 6. 1896 über die Einsetzung und Einheit der Kirche[9] und „Divinum illud munus" vom 9. 5. 1897 über das Wirken des Heiligen Geistes in der Kirche[10] vor allem in dem Rundschreiben *Pius' XII.* „Mystici Corporis" vom 29. 6. 1943 über den Mystischen Leib Jesu Christi und unsere Verbindung in ihm mit Christus[11]. *Pius XII.* hat in dieser Enzyklika ausgeführt, daß sich das Wesen der Kirche in der Aussage über ihr Selbstbestimmungsrecht und ihre Eigenrechtsmacht gegenüber der staatlichen Gewalt, d. h. über ihre Eigenschaft als rechtlich „vollkommene Gesellschaft" („societas perfecta"), keineswegs erschöpfe, sondern daß das Wesen der Kirche *in erster Linie* darin zu suchen sei, daß sie als von Jesus Christus gestiftete und vom Geist des Erlösers erfüllte Gemeinschaft der fortlebende Geheimnisvolle Leib Christi ist[12].

Gegen die kanonistische Teildisziplin des *Jus Publicum Ecclesiasticum,* die das *Verhältnis der Kirche zum Staat und zur Staatenwelt zum Gegenstand hat,* wurde in der Zeit nach dem II. Vatikanum von manchen Theologen und auch von einigen Kanonisten der Vorwurf mangelnder theologischer, ekklesiologischer, biblischer und spiritueller Fundierung erhoben. Dabei wurde jedoch häufig die Tatsache völlig übersehen, daß die Vertreter des Jus Publicum Ecclesiasticum ihre Wissenschaft niemals im Sinne einer umfassenden Ekklesiologie verstanden, sondern im Gegenteil stets erklärt haben, die Kirche vor allem unter der konkreten und begrenzten, aber für die kanonistisch-theoretische Bewältigung der Grundfragen unverzichtbaren Rücksicht zu behandeln, die sich aus der *notwendigen Koexistenz der Kirche mit den verschiedenen Staaten* in der Geschichte ergeben haben und sich auch in der Gegenwart unverändert stellen. Hierzu hat auch *Alfredo Ottaviani* (1890–1979), der letzte große Repräsentant des Jus Publicum Ecclesiasticum vor dem II. Vatikanischen Konzil, darauf hingewiesen, daß die kanonisti-

[9] ASS 28 (1895/1896), S. 708–739 = *A. Rohrbasser* (Hrsg.), Heilslehre der Kirche. Dokumente von Pius IX. bis Pius XII., Freiburg/Schweiz 1953, S. 355–396.
[10] ASS 29 (1897), S. 644–658 = *Rohrbasser,* Heilslehre (Anm. 9), S. 3–23.
[11] AAS 35 (1943), S. 193–248 = *Rohrbasser,* Heilslehre (Anm. 9), S. 466–526.
[12] AAS 35 (1943), S. 222 f. = *Rohrbasser,* Heilslehre (Anm. 9). S. 499.

sche Disziplin des Jus Publicum Ecclesiasticum zahlreiche andere theologische Teilwissenschaften, wie z. B. die dogmatische und die Fundamentaltheologie, die Bibelwissenschaft, die Patrologie, die Kirchengeschichte und die übrigen theologischen Disziplinen und deren Ergebnisse voraussetzt[13].

II. Wesensverschiedenheit von Kirche und Staat

Eine zweite bedeutsame Determinante der Lehre der katholischen Kirche und Kirchenrechtswissenschaft zum Verhältnis von Kirche und Staat bildet die Betonung der Wesensverschiedenheit von Kirche und Staat und damit auch der Wesensverschiedenheit der kirchlichen und der staatlichen Gewalt. Dieser Wesensunterschied wird, wenn auch in verschiedener Akzentuierung, in dem von der Würzburger und Heidelberger Schule der deutschen Kanonistik in der Aufklärungszeit entwickelten und zu Beginn des 19. Jahrhunderts von der römischen Kirchenrechtswissenschaft rezipierten Jus Publicum Ecclesiasticum ebenso hervorgehoben wie in den Dokumenten des II. Vatikanums. Mit besonderem Nachdruck erklärt hierzu die Pastoralkonstitution über die Kirche in der Welt von heute „Gaudium et Spes", daß die Kirche in keiner Weise hinsichtlich ihrer Aufgaben und ihrer Zuständigkeit mit dem in den Konzilstexten häufig als „communitas politica", aber auch als „potestas publica", „potestas civilis" und „societas civilis" bezeichneten Staat [14] verwechselt werden dürfe und auch an kein politisches System gebunden sei[15]. Aus diesem Grund weist das Konzil jede Zuständigkeit der Kirche für den *rein* politischen, wirtschaftlichen und sozialen Bereich von sich und erklärt, daß die der Kirche von ihrem Herrn Jesus Christus übertragene eigene Sendung und das ihr gesetzte Ziel der *religiösen Ordnung* angehören[16].

Das II. Vatikanum konnte sich in seinen Aussagen über die Wesensverschiedenheit von Kirche und Staat auf zahlreiche Stellungnahmen *Pius' XII.* stützen, der wiederholt auf die wesentliche Verschiedenheit zwischen den beiden Institutionen Staat und Kirche und zwischen der kirchlichen und der staatlichen Gewalt hingewiesen hatte. Insbesondere hat *Pius XII.* dargelegt, daß sich die Gründung der Kirche als Gesellschaft im Gegensatz zum Ursprung des Staates „nicht von unten nach oben, sondern von oben nach unten" vollzogen habe. Die Kirche entspringe einem eigenen Wollen Gottes neben und über der natürlichen sozialen Veranlagung des Menschen, wenn auch in vollkommener Harmonie mit ihr. Darum sei die kirchliche Gewalt aus dem Willensakt geboren worden, durch den Christus seine Kirche gegründet habe. Christus, der in seiner Kirche das Reich Gottes auf Erden, das von ihm verkündet und für alle Menschen aller Zeiten

[13] S. hierzu *A. Ottaviani/I. Damizia,* Institutiones Iuris Publici Ecclesiastici, 4. Aufl., Bd. 1, Rom 1958, S. 25ff.; vgl. hierzu auch *Listl,* Kirche und Staat (Anm. 3), S. 202f. mit Anm. 95.

[14] Vgl. im einzelnen bei *Ochoa* Index.

[15] VatII GS Art. 76 Abs. 2.

[16] VatII GS Art. 42 Abs. 2.

bestimmt worden sei, verwirklicht habe, habe die vom Vater zum Heil des Menschengeschlechtes empfangene Sendung als Lehrer, Priester und Hirte nicht der Gemeinschaft der Gläubigen anvertraut, sondern sie einem eigenen Kollegium von Aposteln und Gesandten übertragen und verliehen, die von ihm ausgewählt worden seien, damit sie durch ihre Predigt, ihren priesterlichen Dienst und die soziale Gewalt ihres Amtes die Scharen der Gläubigen zum Eintritt in die Kirche bewegen sollten, um sie zu heiligen, zu erleuchten und zur Vollreife in der Nachfolge Christi zu führen[17].

Vor *Pius XII.* hatte vor allem Papst *Leo XIII.* in seinen Enzykliken „Diuturnum illud" über den Ursprung der staatlichen Gewalt vom 29. 6. 1881[18] und „Immortale Dei" über die christliche Staatsordnung vom 1. 1. 1885[19] und „Sapientiae christianae" über die wichtigsten bürgerlichen Pflichten des Christen vom 10. 1. 1890[20] auf den Wesensunterschied von Kirche und Staat hingewiesen. Mit besonderer Deutlichkeit ist dies in der Enzyklika „Immortale Dei" geschehen, in der *Leo XIII.* ausgeführt hat: „So hat also Gott die Sorge für das Menschengeschlecht zwei Gewalten zugeteilt, der kirchlichen und der staatlichen. Der einen obliegt die Sorge für die göttlichen Belange, der anderen für die menschlichen. Jede ist in ihrer Art die höchste. Jede hat bestimmte Grenzen, innerhalb derer sie sich bewegt, Grenzen, die sich aus dem Wesen und dem nächsten Zweck jeder der beiden Gewalten ergeben"[21]. Aus dieser oftmals betonten Wesensverschiedenheit der Kirche gegenüber dem Staat hinsichtlich *ihres Ursprungs, ihres Zweckes und ihres Wesens* leitet *Leo XIII.* das Recht der Kirche her, gemäß den ihrem Wesen entsprechenden Gesetzen und Einrichtungen zu leben und zu handeln[22].

Auf der Grundlage der von der aristotelisch-thomistischen Sozialphilosophie entwickelten „Zwecklehre"[23], nach der sich die Vollkommenheit eines gesellschaftlichen Verbandes nach der Vollkommenheit des von ihm verfolgten Zweckes bestimmt, gelangt *Leo XIII.* in seinen Rundschreiben zu der grundsätzlich verschiedenen Aufgabenstellung der beiden „Gesellschaften" (societates) Kirche und Staat und leitet hieraus die auch vom Verfassungsrecht moderner freiheitlicher Staaten anerkannte Wesensverschiedenheit und die gegenseitige Unabhängigkeit und die daraus resultierende beiderseitige „Höchstzuständigkeit" (Souveränität) der beiden Institutionen Kirche und Staat in ihrem jeweiligen rechtlichen Eigenbereich ab[24]. Dies bedeutet, daß das Selbstbestimmungsrecht der Kirche in ihren

[17] *Pius XII.*, Ansprache v. 2. 10. 1945 an die Sacra Romana Rota über den Unterschied zwischen der kirchlichen und der staatlichen Gerichtsbarkeit, aufgezeigt an deren je verschiedenem Ursprung und Wesen, in: AAS 37 (1945), S. 256–262 = *Utz/Groner* II, S. 1343 bis 1351; *ders.*, Ansprache an die Mitglieder der Sacra Romana Rota v. 6. 10. 1946 über den Unterschied zwischen weltlicher und kirchlicher Gerichtsbarkeit, aufgezeigt an deren je eigentümlichem Gegenstand, in: AAS 38 (1946), S. 391–397 = *Utz/Groner* II, S. 1352–1361; ferner *ders.*, Ansprache an die Mitglieder der Sacra Romana Rota v. 29. 10. 1947 über das je verschiedene Ziel der staatlichen und der kirchlichen richterlichen Gewalt, in: AAS 39 (1947), S. 493–498 = *Utz/Groner* II, S. 1362–1369.

[18] ASS 14 (1881/1882), S. 1ff. = *Marmy*, S. 553–570 = *Utz/v. Galen* III, S. 2092–2115.

[19] ASS 18 (1885/1886), S. 161ff. = *Marmy*, S. 571–602 = *Utz/v. Gallen* III, S. 2116–2153.

[20] ASS 22 (1889/1890), S. 385ff. = *Marmy*, S. 603–631 = *Utz/v. Galen* III, S. 2252–2289.

[21] *Leo XIII.*, Enz. „Immortale Dei" (Anm. 19), bei *Marmy*, S. 582.

[22] *Leo XIII.*, Enz. „Sapientiae christianae" (Anm. 20), bei *Marmy*, S. 620.

[23] Vgl. hierzu im einzelnen bei *Listl*, Kirche und Staat (Anm. 3), S. 126f.

[24] *Leo XIII.*, Enz. „Immortale Dei" (Anm. 19), bei *Marmy*, S. 582; *ders.*, Enz. „Sapientiae christianae" (Anm. 20), bei *Marmy*, S. 603ff.

eigenen Angelegenheiten eine vorstaatliche, d. h. nicht vom Staate verliehene oder aus der staatlichen Rechtsordnung abgeleitete Befugnis darstellt.

III. Die Eigenständigkeit der kirchlichen Leitungsgewalt

Aus diesem Wesensunterschied von Kirche und Staat ergeben sich die Eigenständigkeit der Kirche gegenüber der staatlichen Gewalt und die gegenseitige Unabhängigkeit von Kirche und politischer Macht. Zur Eigenrechtsmacht der Kirche erklärt das *Zweite Vatikanische Konzil:* „Die politische Gemeinschaft und die Kirche sind je auf ihrem Gebiet voneinander unabhängig und autonom"[25]. Die Pflicht des Staates zur Achtung der kirchlichen Eigenständigkeit folgt nach der Auffassung des Konzils letztlich aus dem vorstaatlichen Grundrecht der *Religionsfreiheit.* Diese Verpflichtung des Staates ist darin begründet, daß Staat und Kirche, wenn auch unter verschiedener Rücksicht, „der persönlichen und gesellschaftlichen Berufung derselben Menschen dienen"[26]. Die entscheidenden Kriterien für eine sachgemäße Kompetenzabgrenzung zwischen der kirchlichen Rechtssphäre und dem Bereich der staatlichen Gewalt bilden für die kirchliche Rechtsordnung die „natürliche Ordnung der Dinge und die Zweckbeziehung einer Maßnahme". Dabei geht das Konzil davon aus, daß der Zweck und die Aufgaben des Staates in der Sorge für das *zeitliche Gemeinwohl* bestehen[27].

Das II. Vatikanische Konzil hat sich bei der Darstellung der Beziehungen zwischen Kirche und Staat im Unterschied zu den Enzykliken *Leos XIII.* und den Verlautbarungen *Pius' XII.* ganz überwiegend einer theologischen und vor allem pastoralen, weniger dagegen einer juristischen Terminologie und Sprechweise bedient. Das Konzil stellte die Heilsaufgabe der Kirche und ihre Dienstfunktion im Rahmen der Gesellschaft in den Vordergrund. Es konnte sich ganz überwiegend auf diese Sprech- und Betrachtungsweise beschränken, weil das kirchliche Lehramt, insbesondere während der Pontifikate *Leos XIII.* und *Pius' XII.*, und das Jus Publicum Ecclesiasticum des 19. und 20. Jahrhunderts die *Eigenständigkeit* der kirchlichen Gewalt, die wesensmäßige *Verschiedenheit* der Kirche gegenüber dem Staat und die kirchliche *Eigenrechtsmacht,* die sich als vom Staate unabhängige Befugnis der Kirche zu eigener Gesetzgebung, Verwaltung (Exekutive) und Rechtsprechung darstellt, sowie das Selbstbestimmungsrecht der Kirche und ihre Unabhängigkeit vom Staat in ihrem Eigenbereich bereits mit letzter Deutlichkeit ausgesprochen hatten. Die katholische Kirchenrechtswissenschaft des 18. und 19. Jahrhunderts hatte diese Rechtsstellung der Kirche im Sinne einer abkürzenden Gesamtbezeichnung dahingehend umschrieben, daß der Kirche gegenüber dem Staat der Charakter einer *rechtlich* „vollkommenen Gesellschaft" („societas

[25] VatII GS Art. 76 Abs. 3: „Communitas politica et Ecclesia in proprio campo ab invicem sunt independentes et autonomae".

[26] Ebd.

[27] VatII DH Art. 2, 3, 4 und 7. Vgl. dazu *P. Mikat,* Kirche und Staat, in: *ders.*, Religionsrechtliche Schriften. Abhandlungen zum Staatskirchenrecht und Eherecht, Bd. 1, Berlin 1974, S. 288f.

perfecta") zukomme[28]. Zwar findet der *formelle Begriff* „societas perfecta" in den Konzilsdokumenten in bezug auf die Kirche an keiner Stelle Verwendung; am *Gehalt* der societas-perfecta-Lehre hält das Konzil jedoch nach wie vor unvermindert fest.

Nach der societas-perfecta-Lehre sind Staat und Kirche zwei auf ihrem jeweiligen Gebiet souveräne und gleichberechtigte und von einem höheren gesellschaftlichen Verband rechtlich unabhängige und deshalb *rechtlich* „vollkommene" Gesellschaften bzw. Gemeinschaften („societates perfectae"). Von einer „societas perfecta" im Rechtssinn kann, wie *Leo XIII.* im Anschluß an *Aristoteles* und *Thomas von Aquin* ausführt, nur dann gesprochen werden, wenn sie alle Kompetenzen besitzt, die zum Wesen und zu den Rechten einer gesetzmäßigen, souveränen und daher in rechtlicher Hinsicht allseitig vollkommenen Gesellschaft gehören. Ebenso wie *Aristoteles* und *Thomas von Aquin* entwickelt auch *Leo XIII.* den Begriff der „societas perfecta" ursprünglich *am Modell des Staates.* Bei dem Begriff der „societas perfecta" handelt es sich um einen *Rechtsbegriff.* Dies wurde im Bereich der Theologie und des kanonischen Rechts in der Polemik gegen die societas-perfecta-Lehre nicht selten übersehen. Rechts- und sozialphilosophisch bedeutet die Feststellung, daß einer „Gesellschaft" oder „Gemeinschaft" der Charakter einer „societas perfecta" zukommt, nicht die Zuerkennung einer wirtschaftlichen oder kulturellen Autarkie oder einer umfassenden seinsmäßigen Vollkommenheit, sondern ausschließlich die Aussage, daß dieser Verband nicht von einem anderen, höheren gesellschaftlichen Verband in *rechtlicher* Hinsicht abhängig ist und damit über eine *Eigenrechtsmacht* in seinem Bereich verfügt, aufgrund der ihm alle Rechte und Gewalten zukommen, die zur Erreichung seines spezifischen Zweckes, nämlich der vollen Zufriedenstellung der menschlichen Natur und ihrer Entfaltungsmöglichkeiten erforderlich sind. Dazu gehört letztlich die innere und äußere Souveränität der betreffenden Gemeinschaft[29]. *Diesen* am Modell des *Staates* entwickelten Charakter der „societas perfecta" hat die katholische Kirchenrechtswissenschaft bereits in der Aufklärungszeit *auch bei der Kirche hinsichtlich ihrer Unabhängigkeit vom Staat verwirklicht gefunden und deshalb auch auf die Kirche angewendet.*

Mit der Aussage, daß auch die Kirche, ebenso wie der Staat, *rechtlich* eine „societas perfecta" sei, wurde niemals geleugnet oder bestritten, daß in der Kirche, ebenso wie in allen übrigen aus Menschen bestehenden Gemeinschaften, vom Beginn ihres Bestehens an vielfache Formen von Unvollkommenheit anzutreffen waren und auch in der Gegenwart vorhanden sind und die Kirche deshalb dauernder Reform und Erneuerung bedarf. Die Aussage, daß *auch* der Kirche der Charakter einer „societas perfecta" zukommt, will vielmehr in erster Linie die fundamentale *rechtliche* Tatsache zum Ausdruck bringen, daß auch die Kirche ein Recht zu eigener *Gesetzgebung, Verwaltung und Rechtsprechung* besitzt und daß diese

[28] Vgl. hierzu im einzelnen bei *Listl,* Kirche und Staat (Anm. 3), S. 104ff., 107f., 142f., 179ff., 224ff., m. w. N.

[29] *Leo XIII.,* Enz. „Libertas praestantissimum" v. 20. 6. 1888 über die menschliche Freiheit, in: ASS 20 (1887/1888), S. 612f. = *Marmy,* S. 113f. = Utz/v. Galen I, S. 217f.

Befugnisse nicht vom Staat und aus seiner Rechtsordnung abgeleitet sind und die Kirche daher bei der Erfüllung ihres Heilsauftrags nicht vom Staat abhängig ist. Unter Berufung auf den Charakter der Kirche als einer „societas perfecta" hat sich *Leo XIII.* wiederholt gegen Einmischungsversuche staatlicher Regierungen in den inneren Bereich der Kirche gewandt[30].

Zu den konkreten Einzelbefugnissen, die der Kirche aufgrund dieser ihrer Eigenschaft als „societas perfecta" kraft göttlichen Rechts zustehen, rechnet *Leo XIII.* in Übereinstimmung mit der Tradition der katholischen Kirchenrechtswissenschaft an erster Stelle das Recht der Kirche, *Gesetze im strengen Sinn des Wortes* zu erlassen; ferner zählt hierzu die Befugnis der Kirche zur freien Ausübung ihrer Exekutivgewalt, unabhängig von staatlicher Einmischung; schließlich die Befugnis der Kirche zu eigener Rechtsprechung und zur Betätigung einer eigenen Strafgewalt. Ferner gehören hierzu im einzelnen die freie Ämterverleihung, die Beseitigung der Anwendung unzulässiger Exekutiv- und Kontrollmittel der staatlichen Kirchenhoheit, die Freiheit der Kirche zur ausschließlichen Bestimmung über das Theologiestudium und die Priesterausbildung, ferner die Anerkennung der wesentlichen Vorrechte des geistlichen Standes, die Bestands-, Niederlassungs- und Betätigungsfreiheit der religiösen Orden, die Missionsfreiheit, das Recht der Kirche auf religiöse Unterweisung der Jugend und zum Erwerb und zur Verwaltung von Kirchenvermögen sowie die Eigentumsgarantie des Kirchenguts. Schließlich rechnet *Leo XIII.* hierzu auch das aktive und passive Gesandtschaftsrecht und die Konkordatshoheit der Kirche[31].

Gerade angesichts der zahlreichen Formen der Bedrückung und Verfolgung und der schwerwiegenden Eingriffe, die die Kirche auch nach dem Zweiten Weltkrieg und nach dem Zweiten Vatikanischen Konzil bis in die Gegenwart in vielen Teilen der Welt durch den Staat erleidet, erweist sich die – richtig verstandene – societas-perfecta-Lehre nicht nur als eine historische, sondern auch als eine durchaus moderne Doktrin, die ein zeitloses und unverzichtbares Anliegen der Kirche für ihr freies Wirken in dieser Welt auszudrücken und theologisch, sozialphilosophisch und kirchenrechtlich zu begründen vermag[32].

[30] *Leo XIII.*, Enz. „Immortale Dei", in: ASS 18 (1885/1886), S. 174 = *Marmy*, S. 593f. = *Utz/v. Galen* III, S. 2143. – Der Begriff der „societas perfecta" ist in seiner Anwendung auf die Kirche mehrschichtig und besitzt verschiedene geistesgeschichtliche Wurzeln. Vgl. darüber im einzelnen *Listl*, Kirche und Staat (Anm. 3), S. 104ff. m. w. N. Über Formen exzessiver Anwendung und Überdehnungen der societas-perfecta-Lehre vgl. bei *Listl*, ebd., S. 127ff., 135f.

[31] Einzelnachweise bei *Listl*, Kirche und Staat (Anm. 3), S. 141ff., 176ff., 181f. – Auch *Paul VI.* leitet in dem MP „Sollicitudo omnium Ecclesiarum" über die Aufgaben der Legaten des römischen Papstes vom 24. 6. 1969, in: AAS 61 (1969), S. 476, das aktive und passive Gesandtschaftsrecht des Hl. Stuhles aus dem societas-perfecta-Charakter der Kirche her. Vgl. dazu *Listl*, ebd., S. 226f.

[32] Über Einseitigkeiten, Verzerrungen und Übersteigerungen der societas-perfecta-Lehre im Hinblick auf die Kirche, insbesondere in dem sozialphilosophischen Werk des Ethikers *Luigi Taparelli*, Saggio teoretico di diritto naturale appoggiato sul fatto, 1. Aufl., Palermo 1840–1843, und in Äußerungen *Pius' IX.* vgl. bei *Listl*, Kirche und Staat (Anm. 3), S. 127ff., 134ff.

IV. Die Bestimmungen des Codex Iuris Canonici von 1983 zum Verhältnis von Kirche und Staat

Die lehramtlichen Aussagen des Zweiten Vatikanischen Konzils und der Päpste des 19. und 20. Jahrhunderts zum Verhältnis von Kirche und Staat finden sich in der Form *rechtlicher Normen* im kirchlichen Gesetzbuch wieder. Der Codex Iuris Canonici enthält zwar keine geschlossene systematische Darstellung der Lehre der katholischen Kirche zum Verhältnis von Kirche und Staat; es finden sich darin aber zahlreiche zentrale Aussagen über das ekklesiologische Selbstverständnis der Kirche, die gleichzeitig rechtlicher Natur sind und die Grundelemente für die Zuordnung der beiden Gewalten Kirche und Staat bilden. Gegen *Ulrich Stutz*[33] und *Klaus Mörsdorf*[34], die die Auffassung vertreten haben, der Codex Iuris Canonici vom 27. 5. 1917 habe das Verhältnis von Kirche und Staat ausgeklammert, haben *Hans Barion*[35] und *Paul Mikat*[36] mit Recht eingewandt, daß der Codex Iuris Canonici den festgefügten und in sich geschlossenen, auf göttliche Anordnung zurückgeführten Strukturplan der Kirche enthalte. Diese Feststellung gilt unvermindert auch für den Codex Iuris Canonici vom 25. 1. 1983, der insoweit völlig dem Vorbild des Codex Iuris Canonici von 1917 folgt.

Ausgehend von der zutreffenden Auffassung, daß der Kirchenbegriff und das Kirchenverständnis des Codex Iuris Canonici das Verständnis der katholischen Kirche vom Verhältnis von Kirche und Staat bedingen, bezeichnet *H. Barion* den Codex Iuris Canonici zutreffend als die Zusammenfassung aller grundsätzlichen kanonischen Normen zum Verhältnis von Kirche und Staat[37].

Mit kaum mehr zu überbietender Deutlichkeit hebt der Codex Iuris Canonici die *Eigenständigkeit* der Kirche und ihrer Rechtsordnung gegenüber dem Staat hervor. Die katholische Kirche und der Apostolische Stuhl besitzen kraft göttlicher Anordnung den Charakter einer juristischen Person (persona moralis) und damit die Rechtsfähigkeit (c. 113 § 1). In der Kirche besteht kraft göttlicher Anordnung eine Leitungsgewalt (potestas regiminis; c. 129 § 1), die sich in die gesetzgebende Gewalt (potestas legislativa), vollziehende Gewalt (potestas exsecutiva) und die rechtsprechende Gewalt (potestas iudicialis) aufgliedert (c. 135 § 1).

Aufgrund ihrer Organisationsgewalt besitzt die Kirche die Ämterhoheit zur Errichtung sämtlicher kirchlicher Ämter. Unter einem kirchlichen Amt (officium ecclesiasticum) wird dabei jeder Aufgabenbereich verstanden, der aufgrund göttlicher oder kirchlicher Anordnung auf Dauer zur Erreichung eines geistlichen Zweckes eingerichtet ist (c. 145). In c. 204 § 2 übernimmt der Codex Iuris Cano-

[33] *U. Stutz,* Der Geist des Codex iuris canonici (= Kirchenrechtliche Abhandlungen, H. 92/93), Stuttgart 1918 (Neudr. Amsterdam 1961), S. 109ff.

[34] *Mörsdorf* Lb I, S. 42.

[35] *H. Barion,* Art. Kirche und Staat (nach kath. Auffassung), in: RGG[3], Bd. 3, 1959, Sp. 1336–1339.

[36] *P. Mikat,* Kirche und Staat nach der Lehre der katholischen Kirche, in: HdbStKirchR I, S. 164 mit Anm. 77.

[37] *Barion,* Kirche und Staat (Anm. 35), Sp. 1336.

nici von 1983 wörtlich die in der Dogmatischen Konstitution über die Kirche „Lumen Gentium" enthaltene Aussage des II. Vatikanums, daß die von Christus gestiftete Kirche, *in dieser Welt als Gesellschaft verfaßt und geordnet*, in der katholischen Kirche verwirklicht ist und vom Nachfolger des Petrus und von den Bischöfen in Gemeinschaft mit ihm geleitet wird[38]. Nach c. 132 ist es die Pflicht und das eigene und ausschließliche Recht der Kirche, über die Ausbildung der Anwärter, die sich auf den geistlichen Dienst vorbereiten, zu bestimmen.

Dem Papst steht das originäre und unabhängige *Gesandtschaftsrecht* zu. Dieses enthält als Bestandteile die Befugnis, Gesandte zu ernennen und entweder nur zu den Teilkirchen in den verschiedenen Nationen oder Regionen oder zugleich auch zu den Staaten und öffentlichen Behörden zu entsenden, und ferner, diese Gesandten zu versetzen oder abzuberufen. Sind die päpstlichen Gesandten zugleich auch bei den Staaten akkreditiert, erfolgt ihre Entsendung oder Abberufung unter Beobachtung der Bestimmungen des internationalen Rechts (c. 362).

Für die Glaubensverkündigung und die Missionstätigkeit hat die Kirche die Pflicht und das originäre und von jeder menschlichen Gewalt unabhängige Recht, auch unter Anwendung eigener sozialer Kommunikationsmittel allen Völkern das Evangelium zu verkünden (c. 747 § 1). In c. 747 § 2 erhebt die Kirche – in nahezu wörtlicher Übernahme einer Aussage der Pastoralkonstitution über die Kirche in der Welt von heute „Gaudium et Spes" – den Anspruch, immer und überall ihre sittlichen Grundsätze, auch für die soziale Ordnung, zu verkünden und alle menschlichen Angelegenheiten ihrer Beurteilung zu unterstellen, wenn die Grundrechte der menschlichen Person und das Heil der Seelen dies verlangen[39]. Im Bereich des *Bildungswesens beansprucht die Kirche unter Ablehnung jeglichen staatlichen Schulmonopols das Recht, Schulen jeder Art und jeder Stufe mit Einschluß von Universitäten zu gründen und zu leiten (cc. 800 § 1, 807). Zur Verwirklichung der ihr eigenen Aufgaben in dieser Welt kann die Kirche, unabhängig von der staatlichen Gewalt, aufgrund des ihr zustehenden originären Rechts sog. zeitliche Güter* (bona temporalia) besitzen, verwalten und veräußern. Zu den kirchlichen Aufgaben, die den Erwerb und die Nutzung von Kirchengut erfordern und rechtfertigen, zählt die Kirche insbesondere die Veranstaltung von Gottesdiensten, die Sicherung des angemessenen Lebensunterhalts für die Kleriker und die übrigen Kirchenbediensteten sowie die Betreuung religiöser und karitativer Werke, insbesondere im Dienste der Armen und der sozial Schwächeren (c. 1254 §§ 1 und 2).

Auf dem Gebiete des *Strafrechts* beansprucht die Kirche das originäre und eigene Recht, die Gläubigen, die straffällig geworden sind, mit Strafen zu belegen (c. 1311). Die noch in c. 2118 CIC/1917 erhobene Forderung, auch bei ausschließlich kirchlichen Delikten staatliche Hilfe für die kirchliche Strafverfolgung in

[38] VatII LG Art. 8 = AAS 57 (1965), S. 12 = LThK²-Konzilskommentar I, S. 173. Die bedeutsame ekklesiologische Aussage im zweiten Teil dieses Satzes hat keine Aufnahme in c. 204 § 2 gefunden. Sie lautet: „Das schließt nicht aus, daß außerhalb ihres Gefüges vielfältige Elemente der Heiligung und Wahrheit zu finden sind, die als der Kirche eigene Gaben auf die katholische Einheit hindrängen".

[39] VatII GS Art. 76 = AAS 58 (1966), S. 1100 = LThK²-Konzilskommentar III, S. 535.

Anspruch nehmen zu können, hält die Kirche im Codex Iuris Canonici von 1983 nicht mehr aufrecht.

Die *Rechtsprechungsgewalt* ist ein wesentlicher und daher unverzichtbarer Bestandteil der kirchlichen Leitungsgewalt. Die Kirche entscheidet aufgrund eigenen und ausschließlichen Rechts über Streitigkeiten, die geistliche Angelegenheiten und solche Gegenstände betreffen, die mit diesen geistlichen Angelegenheiten in Zusammenhang stehen, sowie ferner über die Verletzung kirchlicher Gesetze und über alle tatbestandsmäßigen strafrechtlichen Handlungen, denen der Charakter einer Sünde zukommt, und zwar hinsichtlich der Feststellung des Vorliegens einer Schuld und der Zuerkennung einer Strafe (c. 1401). Desgleichen unterliegen die *Ehen* von Getauften, wenn über die Frage der Gültigkeit oder Nichtigkeit der Ehe zu entscheiden ist, kraft eigenen Rechts der Kirche der Kompetenz des kirchlichen Richters (c. 1671).

Diese grundlegenden Bestimmungen des Codex Iuris Canonici, die durch zahlreiche weitere Detailregelungen ergänzt werden könnten, enthalten zwar keine geschlossene und umfassende Regelung der Beziehungen zwischen der katholischen Kirche und dem Staat. Insbesondere enthält der Codex Iuris Canonici keine Aussagen über die von der Kirche in der Pastoralkonstitution „Gaudium et Spes" für jedes konkrete Staat-Kirche-Verhältnis dringend geforderte *intensive Kooperation* zwischen dem Staat und der Kirche, die jedem geschichtlich gewachsenen Staat-Kirche-Verhältnis erst seinen typischen und spezifischen Charakter verleiht. In diesen Canones gelangt aber die sich unmittelbar aus dem theologischen Selbstverständnis der Kirche und damit aus ihrem tiefsten Wesen ergebende originäre *Eigenrechtsmacht* der Kirche und damit die wesensmäßige *Unabhängigkeit der Kirche und ihrer Rechtsordnung* von der staatlichen Gewalt und der staatlichen Rechtsordnung zum Ausdruck. Diese Unabhängigkeit ist die unverzichtbare Voraussetzung für die Freiheit der Kirche, d. h. für ihre korporative Religionsfreiheit und ihr ungehindertes Wirken in dieser Welt. Insofern enthalten diese Canones im Sinne eines *Minimalbestandes* das unverzichtbare Fundament für die Freiheit der Kirche und ihres Wirkens in dieser Welt unter jedem wie auch immer gearteten politischen Herrschaftssystem in den einzelnen Staaten. Dieses Gefüge kanonischer Normen bietet zugleich die Basis für den Aufbau eines in den einzelnen Staaten je verschiedenen freiheitlichen Staat-Kirche-Verhältnisses. In diesem Zusammenhang ist schließlich noch darauf hinzuweisen, daß c. 3, ebenso wie auch c. 3 CIC/1917, ausdrücklich erklärt, daß sämtliche Canones des Codex Iuris Canonici die vom Heiligen Stuhl mit den Staaten und anderen politischen Gemeinschaften geschlossenen Verträge weder ganz noch teilweise aufheben. Diese Verträge gelten, ebenso wie bisher, auch in Zukunft unverändert weiter. Soweit der Codex Iuris Canonici gegenteilige Bestimmungen enthält, kommt diesen insoweit keine Geltung zu. Der Codex Iuris Canonici von 1983 hält damit unverändert am Vorrang des Konkordatsrechts, d. h. des Völker- und des internationalen Rechts, vor entgegenstehendem späterem kirchlichem Recht fest. Die Anerkennung und Beobachtung dieses Grundsatzes erwartet die Kirche ihrerseits auch von den Staaten, d. h. von ihren Konkordatspartnern.

V. Die Verpflichtung des Staates zur Gewähr religiöser Freiheit

Bedeutsame Wandlungen in der kirchenamtlichen Doktrin zum Verhältnis von Kirche und Staat brachte die „Erklärung über die Religionsfreiheit" des II. Vatikanischen Konzils. Ohne ihren unverzichtbaren dogmatischen Wahrheitsanspruch in irgendeiner Weise aufzugeben, bekannte sich die Kirche in diesem Konzilsdokument zum *Grund- und Menschenrecht voller und allgemeiner staatlicher Religionsfreiheit.* Die Verlautbarungen des kirchlichen Lehramts während des 19. und der ersten Hälfte des 20. Jahrhunderts und auch die Auffassungen vieler Vertreter der katholischen Kirchenrechtswissenschaft hinsichtlich des Verhältnisses von Kirche und Staat gingen noch von der „Idealvorstellung" des konfessionellen Staates aus. Danach war der „katholische" Staat als *solcher* verpflichtet, die „wahre", d. h. die katholische Religion als *die* Religion des Staates zu fördern und sich mit ihren Lehren und sittlichen Grundanschauungen in seiner Gesetzgebung und seiner gesamten Tätigkeit zu identifizieren; dies bedeutete im Ergebnis, daß anderen, abweichenden Bekenntnissen und Kulten nur eine begrenzte Betätigung im Sinne einer bloßen Duldung („Toleranz") zuerkannt werden durfte[40]. Im Gegensatz zu dieser Grundauffassung, die noch während des 19. Jahrhunderts die Religionspolitik zahlreicher europäischer Staaten bestimmt hatte, jedoch in der katholischen Kanonistik am Vorabend des Konzils nur noch von wenigen Vertretern des Jus Publicum Ecclesiasticum gehalten wurde, bekannte sich das II. Vatikanum in der „Erklärung über die Religionsfreiheit" *Dignitatis humanae* zur Pflicht des Staates zur Gewährung voller Religionsfreiheit[41]. Damit brachte das Konzil zum Ausdruck, daß der Staat nach der Lehre der katholischen Kirche kein konfessioneller Staat mehr sein kann, sondern gegenüber allen Menschen zur Gewähr religiöser Freiheit und *damit zu religiöser und weltanschaulicher Neutralität* verpflichtet ist. Diese religiöse Neutralität des Staates bedeutet nach der Auffassung des Konzils jedoch keine staatlich verordnete religiöse Indifferenz. Die Gewährleistung echter Religionsfreiheit als eines staatlichen Grundrechts läßt vielmehr eine vielfache *Förderung der Religion* und der auf dem Territorium des Staates bestehenden Religionsgemeinschaften unter Wahrung des Grundsatzes der religionsrechtlichen *Parität* durch den freiheitlichen und wertoffenen Staat nicht nur zu, sondern fordert diese geradezu. Der Begriff der Religionsfreiheit, der der „Declaratio de libertate religiosa" zugrunde liegt, umfaßt nicht nur die *individuelle* Religionsfreiheit mit Einschluß der gemeinsamen öffentlichen Religionsausübung (sog. Kultusfreiheit) in deren sämtlichen Erscheinungsformen, sondern auch die *Betätigungsfreiheit der Kirchen und Religionsgemeinschaften*

[40] Über diesbezügliche Äußerungen der Päpste *Gregor XVI., Pius IX., Leo XIII.* bis zu *Pius XII.* und des Kardinals *Alfredo Ottaviani* vgl. bei *Listl,* Kirche und Staat (Anm. 3), S. 144ff., 182ff., 203ff.

[41] „Declaratio de libertate religiosa", in: AAS 58 (1966), S. 929–946 = LThK^2-Konzilskommentar II, S. 703–711.

als solcher, d. h. die *korporative* Religionsfreiheit oder institutionelle Kirchenfreiheit bzw. die Religionsfreiheit als „Verbandsgrundrecht"[42].

Zu den Einzelelementen des Grundrechts der korporativen Religionsfreiheit rechnet das Konzil sämtliche Lebensvollzüge der Kirche: Dazu gehören die *öffentliche Religionsausübung* im Sinne der Kultusfreiheit, die Zulässigkeit der Erteilung von Religionsunterricht in den Schulen und ferner das Recht der Kirche, unabhängig von jeder staatlichen Einmischung „ihre eigenen Amtsträger auszuwählen, zu erziehen, zu ernennen und zu versetzen, mit religiösen Autoritäten und Gemeinschaften in anderen Teilen der Erde in Verbindung zu treten[43], religiöse Gebäude zu errichten und zweckentsprechende Güter zu erwerben und zu gebrauchen"[44]. Auch die „Missionsfreiheit", d. h. das Recht der Religionsgemeinschaften, „keine Behinderung bei der öffentlichen Lehre und Bezeugung ihres Glaubens in Wort und Schrift zu erfahren", bildet einen wesentlichen Bestandteil der Religionsfreiheit, ebenso wie im übrigen auch die Freiheit der religiösen Gemeinschaften, ihre Soziallehre zu verbreiten, d. h. die Befugnis, nicht daran gehindert zu werden, „die besondere Fähigkeit ihrer Lehre zur Ordnung der Gesellschaft und zur Beseelung des gesamten menschlichen Tuns zu zeigen". Auch in der *religiösen Erziehungsfreiheit* und in dem Recht zur Betätigung auf dem Gebiete der Karitas erblickt das Konzil wesentliche Bestandteile der Religionsfreiheit. Großes Gewicht legt das Konzil auf die Tatsache, daß die Religionsfreiheit sich nicht im individuellen Lebensbereich des Menschen erschöpft, sondern alle Bezüge des gesellschaftlichen Lebens ergreift. Nach der Lehre des Konzils ist das Recht, „wonach Menschen aus ihrem *religiösen Sinn* sich frei versammeln oder Vereinigungen für Erziehung, Kultur, Karitas und

[42] VatII DH Art. 4. Dieses durch den *Staat* gewährleistete *Grundrecht der voll aktualisierten individuellen und korporativen Religionsfreiheit,* das auch die „Erklärung über die Religionsfreiheit" des II. Vatianischen Konzils im Auge hat, ist zwar mit den Zielvorstellungen der *societas-perfecta-Lehre* weithin im Ergebnis, keineswegs aber mit deren Begründung und deren sozialphilosophischen und theologischen Voraussetzungen identisch. Die staats- und sozialphilosophische Grundlage für die Verpflichtung des Staates zur Gewährleistung religiöser Freiheit, die in dieser Form auch vom II. Vatikanischen Konzil anerkannt wurde, bildet die Würde des Menschen und letztlich die auch vom religiös-neutralen Staat zu respektierende Autonomie des religiösen Gewissens jedes einzelnen Menschen. Demgegenüber geht die societas-perfecta-Lehre bei der Behandlung der Beziehungen zwischen Kirche und Staat von der Wesensverschiedenheit der beiden „Gesellschaften" Kirche und Staat aus und gelangt, zugleich sozialphilosophisch und theologisch argumentierend, von hier aus zur Eigenrechtsmacht und Unabhängigkeit der Kirche vom Staat. Die societas-perfecta-Lehre findet ihre letzte Begründung *im dogmatischen und ekklesiologischen Selbstverständnis der katholischen Kirche,* d. h. im Verfassungsrecht der Kirche als gottgestifteter Institution.
Im Gegensatz zur societas-perfecta-Lehre folgt aus dem Grundrecht der Religionsfreiheit nicht die Verpflichtung des Staates zu einer *Kooperation* zwischen Staat und Kirche. Religionsfreiheit kann auch ein freiheitliches demokratisches Staatswesen gewähren, das sich, wie z. B. die Französische Republik, zu einer strikten Trennung von Staat und Kirche im laizistischen Sinne bekennt. Vgl. hierzu in *diesem* Band, unten, *R. Metz,* § 117 Kirche und Staat in Frankreich. Auch die *Konkordatshoheit* der Kirche und das *aktive und passive Gesandtschaftsrecht des Hl. Stuhles* können nicht aus dem korporativen Grundrecht der Religionsfreiheit, sondern ausschließlich aus dem Charakter der Kirche als einer societas perfecta hergeleitet werden. Diese bedeutsamen Unterschiede verkennen *J. Königsmann,* „Vollkommene Gesellschaft" oder „Religionsfreiheit" als Zentralbegriff einer Lehre über das Verhältnis von Kirche und Staat, in: ÖAKR 19 (1968), S. 232ff., und *P. Lombardia,* Le Droit Public Ecclésiastique selon Vatican II, in: Apollinaris 40 (1967), S. 59ff., bes. S. 107ff. In schwerwiegender Weise verkannt ist das grundsätzliche und berechtigte Anliegen der societas-perfecta-Lehre bei *K. Walf,* Die katholische Kirche – eine „societas perfecta"?, in: ThQ 157 (1977), S. 107ff.

[43] Hierzu *U. Scheuner,* Die internationalen Beziehungen der Kirchen und das Recht auf freien Verkehr, in: HdbStKirchR II, S. 299–344.

[44] VatII DH Art. 4.

soziales Leben schaffen können", in der gesellschaftlichen Natur des Menschen und im Wesen der Religion selbst begründet[45].

Die Verpflichtung des Staates zur Gewährleistung individueller und korporativer Religionsfreiheit ergibt sich nach der Auffassung des Konzils für den Staat *aus der dem Staate obliegenden Aufgabe der Verwirklichung des Gemeinwohls.* Das Gemeinwohl wird dabei vom Konzil nicht als eine statische oder formale Größe, sondern als eine dynamische und in ihren konkreten Anforderungen einem ständigen Wechsel unterliegende Aufgabe verstanden. Es besteht *inhaltlich* in der Verwirklichung der Gesamtheit aller Bedingungen des sozialen Lebens, unter denen der einzelne Mensch, die Familien und die sozialen Gruppen ihre je eigene Vollendung in größerer Fülle und Freiheit erreichen können[46].

VI. Notwendigkeit enger Kooperation zwischen Kirche und Staat

Mit der gleichen Entschiedenheit, mit der in den Konzilsdokumenten und im Codex Iuris Canonici der Anspruch auf Unabhängigkeit und Eigenständigkeit der Kirche in ihren eigenen Angelegenheiten gegenüber dem Staat erhoben wird, bringt die Kirche auch ihre *Bereitschaft zur Kooperation* mit dem Staat zum Ausdruck. Auch hierin steht das *Zweite Vatikanische Konzil* in Kontinuität zu früheren Aussagen des kirchlichen Lehramts und zur Doktrin des Jus Publicum Ecclesiasticum. Das Konzil bekundet diese Bereitschaft unabhängig von den in den einzelnen Staaten jeweils herrschenden politischen Systemen. Der ausschlaggebende Beweggrund für die Kirche ist dabei in jedem Fall die Sorge um das Wohl der Menschen, die zugleich Bürger des Staates und Glieder der Kirche sind. In diesem Sinn erklärt das Konzil, daß Staat und Kirche, wenn auch in durchaus verschiedener Begründung und Aufgabenstellung, der persönlichen und gesellschaftlichen Berufung desselben Menschen dienen. Diesen Dienst können, wie das Konzil hierzu ausführt, beide – unter Berücksichtigung der jeweiligen Umstände von Zeit und Ort – „zum Wohle aller Menschen um so wirksamer leisten, je mehr und besser sie rechtes Zusammenwirken miteinander pflegen"[47]. Damit hat sich das Konzil gegen jede Form einer radikalen Trennung von Staat und Kirche ausgesprochen.

Unter Ablehnung sämtlicher Trennungsvorstellungen zwischen Staat und Kirche haben die Päpste des 19. und 20. Jahrhunderts und ebenso die Kirchenrechtswissenschaft stets in einer *engen, aber freiheitlichen Kooperation* zwischen den beiden Institutionen den auch unter günstigsten historischen Bedingungen immer

[45] Ebd.

[46] VatII GS Art. 74 Abs. 1 und Art. 78 Abs. 1; VatII DH Art. 6 Abs. 1.

[47] VatII GS Art. 76 Abs. 3 – Zur Frage der Angemessenheit und Notwendigkeit der Förderung der Religion und der Kirchen durch den freiheitlichen und wertoffenen demokratischen Staat vgl. *W. Kewenig,* Das Grundgesetz und die staatliche Förderung der Religionsgemeinschaften, in: Essener Gespräche zum Thema Staat und Kirche. Hrsg. von J. Krautscheidt und H. Marré, Bd. 6, Münster 1972, S. 9–35.

nur in Annäherungswerten erreichbaren „Idealfall" der Zuordnung von Kirche und Staat erblickt. Gegen alle Trennungsforderungen, wie sie im Zeitalter des Liberalismus, insbesondere in den romanischen Ländern des europäischen Südens und in einer Reihe von Staaten Latein- und Mittelamerikas, mit dem Ziel einer weitgehenden Ausschaltung der Kirche aus dem öffentlichen Leben und ihrer völligen „Privatisierung" erhoben wurden, hat bereits Papst *Pius IX.* die *Kooperation zwischen den beiden Gemeinschaften* als die den Interessen der Kirche und des Staates gleichermaßen am besten dienende Gestaltungsform des Verhältnisses von Kirche und Staat bezeichnet[48]. Auch die nicht mehr zur Verabschiedung gelangte Vorlage des I. Vatikanischen Konzils „Schema de Ecclesia Christi" hat sich mit verschiedenen theologischen und praktischen Argumenten für eine möglichst enge Verbindung zwischen Staat und Kirche ausgesprochen[49]. Im selben Sinn hat Papst *Leo XIII.* eine enge Kooperation zwischen Staat und Kirche befürwortet. Ebenso wie die späteren Aussagen des II. Vatikanischen Konzils hat gerade dieser Papst die gemeinsame Verpflichtung des Staates und der Kirche zu gegenseitiger Loyalität, Verständigung und Zusammenarbeit aus der Erwägung hergeleitet, daß Kirche und Staat aus denselben Menschen bestehen und, wenn auch mit verschiedener unmittelbarer Zielsetzung, dem Wohle derselben Menschen zu dienen bestimmt sind[50].

VII. Die Bedeutung des Konkordats für die Regelung der Beziehungen zwischen Kirche und Staat

Den wünschenswerten und besten Weg zur Regelung gemeinsam berührender Angelegenheiten und zur dauerhaften Lösung schwebender und umstrittener Fragen in den Beziehungen zwischen Staat und Kirche erblickt die Kirche in der friedlichen Verständigung, wie sie auch sonst zwischen souveränen Mächten angestrebt wird und in Konkordaten seit jeher ihren Ausdruck gefunden hat. Die Päpste des 19. und 20. Jahrhunderts *Pius IX., Leo XIII., Pius X., Benedikt XV., Pius XI., Pius XII., Paul VI.* und *Johannes Paul II.* empfahlen daher zur Wahrung oder Wiederherstellung eines friedlichen Ausgleichs der Interessen der Kirche und der Staaten *den Abschluß von Konkordaten*[51], d. h. von *zweiseitigen völkerrechtlichen Verträgen zwischen dem Hl. Stuhl und den Staaten, die die dauernde Regelung sämtlicher oder auch nur eines Teiles der die beiden Konkordatspartner gemeinsam berührenden kirchlichen und staatlichen Angelegenheiten zum Ziel*

[48] *Pius IX.* hat deshalb in These 55 des „Syllabus errorum" die Auffassung verworfen, daß Kirche und Staat voneinander zu trennen seien. Vgl. *Pii IX* Pontificis Acta, Rom 1857 ff. (Neudruck Graz 1971), Pars I, Bd. 3, S. 712 = DS 2955; vgl. dazu auch *F. Heiner,* Der Syllabus in ultramontaner und antiultramontaner Beleuchtung, Mainz 1905, S. 259.

[49] Abgedr. bei *Mansi,* Bd. 51, Sp. 545 D ff. = Collectio Lacensis, Bd. 7, Sp. 571 a ff.

[50] *Leo XIII.,* Enz. „Libertas praestantissimum", in: ASS 20 (1887/1888), S. 603 = *Marmy,* S. 101 = *Utz/v. Galen* I, S. 201.

[51] So insbesondere *Leo XIII.,* Enz. „Immortale Dei", in: ASS 18 (1885/1886), S. 167 = *Marmy,* S. 583 = *Utz/v. Galen* III, S. 2129 f.

haben[52]. *Leo XIII.* definiert das Konkordat als „feierlichen und zweiseitigen Vertrag" („pacte solennel et bilatéral")[53] und betont, daß die Konkordate trotz vieler Konkordatsbrüche auf staatlicher Seite „vom Hl. Stuhl immer getreu eingehalten worden seien"[54].

In der neueren Konkordatsgeschichte bildeten die beiden Pontifikate der Päpste *Pius XI.* (1922–1939) und *Pius XII.* (1939–1958) wegen der großen Zahl der in diesem Zeitraum abgeschlossenen Konkordate den bisherigen Höhepunkt der kirchlichen Konkordatspolitik[55]. Wie *Pius XII.* wiederholt ausgeführt hat, sucht die Kirche in den Konkordaten vor allem eine „rechtliche Sicherung und die für ihre Aufgabe erforderliche Unabhängigkeit"[56].

Auch für die Gegenwart wird die vom II. Vatikanischen Konzil angestrebte möglichst harmonische Kooperation zwischen der Kirche und den Staaten am besten durch den Abschluß von Konkordaten und Staatskirchenverträgen erreicht. Diese Form der Verständigung schafft den zum Zwecke der Wahrung eines dauerhaften Friedens und eines freundschaftlichen Einvernehmens zwischen Kirche und Staat unter den jeweils gegebenen Verhältnissen bestmöglichen Ausgleich. Auch in der modernen freiheitlichen Demokratie kommt dem Konkordat für eine zeitgemäße Zuordnung von Kirche und Staat ein „hoher Rechtswert" zu [57]. Den Beweis hierfür liefert u. a. auch die verhältnismäßig große Zahl der seit dem II. Vatikanischen Konzil zwischen dem Hl. Stuhl und verschiedenen Staaten, darunter auch zwei Staaten des Ostblocks, abgeschlossenen Konkordate[58].

[52] Zum Begriff, zur Bedeutung und zur Geschichte der Konkordate vgl. im einzelnen *P. Mikat*, Konkordat, in: *ders.*, Religionsrechtliche Schriften, Bd. 1, Berlin 1974, S. 445–458; *K. Mörsdorf*, Art. Konkordat, in: LThK^2 VI, Sp. 454–459; *U. Scheuner*, Art. Konkordat, in: EvStL^2, Sp. 1365–1370; *A. Hollerbach*, Art. Konkordat (seit 1800), in: HRG, Bd. 2, Sp. 1070–1074.

[53] *Leo XIII.*, Enz. „Au milieu des sollicitudes" v. 16. 2. 1892 an die Erzbischöfe, Bischöfe und alle Katholiken Frankreichs, in: Acta Leonis XIII., Rom 1881–1905 (Neudruck Graz 1971), Bd. 12, S. 37f. = *Utz/v. Galen* III, S. 2375.

[54] *Leo XIII.*, ebd.

[55] Vgl. hierzu im einzelnen die Darstellung bei *H. E. Feine*, Kirchliche Rechtsgeschichte. Die katholische Kirche, 5. Aufl., Köln-Graz 1972, S. 731 ff. Zur neueren Konkordatspolitik des Heiligen Stuhls vgl. im einzelnen *G. May*, Die Konkordatspolitik des Heiligen Stuhls von 1918 bis 1974, in: Handbuch der Kirchengeschichte, Bd. VII, Die Weltkirche im 20. Jahrhundert, hrsg. von H. Jedin und K. Repgen, Freiburg-Basel-Wien 1979, S. 179–229.

[56] *Pius XII.*, Ansprache v. 6. 12. 1953 an den Verband der katholischen Juristen Italiens, in: AAS 45 (1953), S. 802 = *Utz/Groner* II, S. 2052; ferner *ders.*, Ansprache v. 7. 9. 1955 an die Teilnehmer des 10. Internationalen Historikerkongresses, in: AAS 47 (1955), S. 679f. = *Utz/Groner* III, S. 3520f.; hier auch Differenzierungen hinsichtlich der verschiedenen Ausgangslagen und Motivationen des Hl. Stuhls beim Abschluß von konkordatären Vereinbarungen; vgl. hierzu auch bei *Listl*, Kirche und Staat (Anm. 3), S. 199f. mit Anm. 84; ferner *A. Scheuermann*, Die Konkordatspolitik *Pius' XII*, in: Pius XII. zum Gedächtnis. Hrsg. von Herbert Schambeck, Berlin 1977, S. 71–102.

[57] *P. Mikat*, Zum Dialog der Kirche mit der modernen Gesellschaft, in: *ders.*, Religionsrechtliche Schriften, Bd. 1, Berlin 1974, S. 244f.; ebenso *A. Hollerbach*, Kirche – Staat – Gesellschaft – Völkergemeinschaft. Erwägungen zum 3. Kapitel des Entwurfs einer LEF, in: Festg. Flatten, S. 315.

[58] Vgl. hierzu *L. Schöppe*, Neue Konkordate und konkordatäre Vereinbarungen. Abschlüsse in den Jahren 1964–1969, Hamburg 1970. Weitere Konkordate und konkordatäre Vereinbarungen vgl. AAS 62 (1970), S. 157 (Rheinland-Pfalz), 163 (Österreich), 499 (Saarland), 821 (Freistaat Bayern); 63 (1971), S. 212 (Schweiz); 64 (1972), S. 478 (Österreich); 65

§ 112 Grundmodelle einer möglichen Zuordnung von Kirche und Staat

Von Joseph Listl

I. Die geschichtliche Dimension der Aussagen der Kirche zum Verhältnis von Kirche und Staat

Die Sendung und der Heils- und Verkündigungsauftrag, die der Kirche durch alle Zeiten ihrer Geschichte von ihrem göttlichen Stifter aufgegeben worden sind, müssen von ihr unter politischen, gesellschaftlichen und kulturellen Bedingungen erfüllt werden, die sich in dauernder Veränderung befinden. Jede konkrete Situation und Erscheinungsform des Verhältnisses von Kirche und Staat, wie sie sich in den verschiedenen Epochen der Geschichte bei den einzelnen Staaten herausgebildet haben und in der Gegenwart bestehen, ist das Ergebnis eines langen und unwiederholbaren Prozesses der Geschichte dieser Staatswesen. Dies gilt für das Verhältnis der Kirche zur staatlichen Gewalt in der Bundesrepublik Deutschland, der Deutschen Demokratischen Republik, der Republik Österreich, der Schweiz und der Französischen Republik ebenso wie für das Staat-Kirche-Verhältnis der Vereinigten Staaten von Amerika, der Sowjetunion und der jungen Staaten Afrikas. Auch die theoretische Doktrin, die die Kirche in der theologischen und philosophischen Reflexion über ihr Verhältnis zur Staatsgewalt im Laufe ihrer Geschichte entwickelt hat, ist in vieler Hinsicht selbst zutiefst historisch geprägt und von zeitgebundenen philosophisch-theologischen und gesellschaftlich-politischen Leitvorstellungen und Anschauungen der verschiedenen Epochen abhängig. Die Kirche hat dabei den Staat stets als gottgewollte und in der Schöpfungsordnung grundgelegte Institution betrachtet und seinen Bestand sowie seine Aufgabe für die Aufrechterhaltung der öffentlichen Ordnung und die Verwirklichung des Allgemeinwohls anerkannt. Ungeachtet dessen weisen die Praxis und die jeweiligen theoretischen Grundvorstellungen der Kirche über ihr Verhältnis zur staatlichen Macht während der Zeit der Urkirche, in der Epoche nach der Konstantinischen Wende und während des Mittelalters sowie die Stellungnahmen der Päpste des 19. und 20. Jahrhunderts zum Staatsverständnis des Liberalismus, Nationalismus und Kommunismus und die Aussagen des Zweiten Vatikanischen Konzils zum Verhältnis von Kirche und Staat, wie sie in der Pastoralkonstitution über die Kirche in der Welt von heute und in der „Erklärung über die Religionsfreiheit" dieses Konzils enthalten sind, bedeutsame historisch bedingte Unterschiede auf. Unabhängig von diesen Wandlungen besteht aber für die Kirche in allen Epochen

(1973), S. 631 (Rheinland-Pfalz), 643 (Niedersachsen); 66 (1974), S. 601 (Freistaat Bayern); 67 (1975), S. 248 (Saarland), 421 (Kolumbien), 435 (Portugal); 68 (1976), S. 422 (Österreich), 509 (Spanien); 70 (1978), S. 468 (Schweiz), 770 (Freistaat Bayern); 72 (1980), S. 29 (Spanien), 807 (Peru); 73 (1981), S. 651 (Monaco); 74 (1982), S. 272 (Österreich); 75 (1983), S. 481 (Ecuador).

ihrer Geschichte unverändert der Auftrag, in Freiheit und Freimut das Evangelium zu verkünden und die Botschaft Jesu Christi in dieser Welt unverkürzt zu bezeugen und zu verwirklichen.

1. Das Zeitalter der Urkirche und der Christenverfolgungen

In der Zeit der Urkirche befand sich das Christentum im Stadium einer *Minderheitsreligion,* die nicht selten einer verfolgenden Staatsgewalt gegenüberstand. Die Gegenwart kennt in zahlreichen Staaten der Welt Parallelen zu dieser Situation der Urkirche. Die Christen beanspruchten im römischen Weltreich für sich Glaubens-, Bekenntnis- und vor allem auch Missionsfreiheit. Die Stellung der Kirche war dabei auch gegenüber dem spätantiken heidnischen Imperium grundsätzlich staatsbejahend, solange der höhere Anspruch Gottes in Christus und seiner Kirche nicht angetastet wurde[1]. Bereits aus dem Jahr 96, aus der Zeit der Verfolgung der Kirche durch *Domitian,* ist im I. Clemensbrief ein feierliches liturgisches Gebet der Kirche für Kaiser und Staat überliefert[2]. Der Konflikt zwischen der christlichen Religion und dem heidnisch-römischen Staat hatte vor allem darin seinen Grund, daß das Christentum und das Leben der christlichen Gemeinden mit der römischen Staatsideologie und den Bestrebungen zur Erneuerung des Staatskults in der Kaiserzeit nicht in Einklang zu bringen waren[3]. Dazu kam, daß die christliche Religion weder als religio noch als corpus oder collegium staatlich anerkannt war[4].

2. Das Christentum als Staatsreligion im Corpus Christianum

Das Verhältnis zwischen der Kirche und dem römischen Staat änderte sich grundlegend durch die weltgeschichtliche sog. „Konstantinische Wende". Die im Jahre 313 zwischen *Konstantin dem Großen* und *Licinius* geschlossene Mailänder Konvention brachte für die Kirche die staatliche Gewähr religiöser Toleranz[5]. Das Christentum wurde faktisch bereits

[1] *Charles Munier,* L'Église dans l'Empire Romain (IIe–IIIe siècles), IIIe partie: Église et Cité (= Le Bras/Gaudemet D, tome 2, vol. 3), Paris 1979, S. 171 ff.; *H. Rahner,* Kirche und Staat, in: StL^6, Bd. 4, Sp. 993; *M. Dibelius,* Rom und die Christen im ersten Jahrhundert, in: Sitzungsberichte der Heidelberger Akademie der Wissenschaften 1942, S. 6–59, abgedr. auch in: *R. Klein* (Hrsg.), Das frühe Christentum im römischen Staat, Darmstadt 1971, S. 47–105; ferner *P. Mikat,* Kirche und Staat, in: *ders.,* Religionsrechtliche Schriften, Bd. 1, Berlin 1974, S. 265 ff.

[2] Griechischer und deutscher Wortlaut bei *H. Rahner,* Kirche und Staat im frühen Christentum, München 1961, S. 40 f.; vgl. dazu auch *P. Mikat,* Zur Fürbitte der Christen für Kaiser und Reich im Gebet des 1. Clemensbriefes, in: *ders.,* Religionsrechtliche Schriften, Bd. 2, Berlin 1974, S. 829–844; ferner *L. Biehl,* Das liturgische Gebet für Kaiser und Reich. Ein Beitrag zur Geschichte des Verhältnisses von Kirche und Staat, Paderborn 1937, S. 29 ff.

[3] Vgl. im einzelnen *A. Wlosok,* Die Rechtsgrundlagen der Christenverfolgungen der ersten zwei Jahrhunderte, in: *Klein,* Das frühe Christentum (Anm. 1), S. 255 ff., bes. 282 f.; ferner *A. Bigelmair,* Die Beteiligung der Christen am öffentlichen Leben in vorkonstantinischer Zeit, München 1902 (Neudruck Aalen 1970), S. 7 ff., 76 ff., 125 ff., 164 ff., 256 ff.; *J. Speigl,* Der römische Staat und die Christen. Staat und Kirche von Domitian bis Commodus, Amsterdam 1970.

[4] *Wlosok,* Die Rechtsgrundlagen (Anm. 3), S. 282 f.; a. A. *G. Krüger,* Die Rechtsstellung der vorkonstantinischen Kirchen, Stuttgart 1935 (Neudruck Amsterdam 1969), S. 55 ff., 118 ff., 130 ff.

[5] Wortlaut bei *C. Kirch/L. Ueding,* Enchiridion fontium historiae ecclesiasticae antiquae, 9. Aufl., Barcelona-Freiburg/Br.-Rom-New York 1955, S. 207 ff.; vgl. hierzu auch *J. Vogt,* Die Bedeutung des Jahres 312 für die Religionspolitik Konstantins des Großen, in: Zschr. für Kirchengeschichte Bd. 61 (1942) = Folge 3, 12 (1944), S. 171–190; abgedr. auch bei *H. Kraft* (Hrsg.), Konstantin der Große, Darmstadt 1974, S. 247–272; zur geschichtlichen Entwicklung des Verhältnisses von Kirche und Staat vgl. auch den Überblick bei *U. Scheuner,* Kirche

mit dem Beginn der Alleinherrschaft *Konstantins* im Jahre 324 und endgültig spätestens durch das Religionsedikt des Kaisers *Theodosius des Großen* vom 28. 2. 380 „als allein anerkannte und staatsrechtlich erzwingbare Religion des Imperiums" festgelegt[6].

Die Beziehungen zwischen Kirche und Staat entwickelten sich in der byzantinisch-oströmischen Kirche und in der lateinischen Westkirche durchaus unterschiedlich. Während sich in der Ostkirche jene Ausprägung einer Einheit von Staat und Kirche durchsetzte, die dem Kaiser weitgehende Eingriffsrechte in das innere Leben der Kirche sicherte und den Kaiser zum Herrscher auch über die Kirche werden ließ, bildete sich in der lateinischen Kirche frühzeitig ein Bewußtsein der Eigenständigkeit der kirchlichen Gewalt gegenüber dem Hoheitsanspruch heraus, den die Kaiser als Schirmherren der Kirche über diese erhoben. Diese Entwicklung wurde durch die fortschreitende Schwäche des oströmischen Kaisertums begünstigt. Mit aller Deutlichkeit gelangte dieses Bewußtsein abendländischer Kirchenfreiheit in dem Brief über die zwei Gewalten zum Ausdruck, den Papst *Gelasius I.* (492–496) im Jahre 494 an Kaiser *Anastasius* schrieb[7].

In den mittelalterlichen Theorien zum Verhältnis von Kirche und Staat wurde die gelasianische Zwei-Gewalten-Lehre fortentwickelt. Dies geschah insbesondere durch die ambivalente „Zwei-Schwerter-Lehre". Extreme Vertreter der kurialistischen Richtung gelangten dabei bis zu dem auch von Papst *Bonifatius VIII.* (1294–1303) vertretenen Anspruch einer direkten Gewalt der Kirche über das Leben des Staates („potestas Ecclesiae directa in temporalibus")[8]. Für das mittelalterliche Denken standen sich Kirche und Staat nicht als zwei getrennte Institutionen oder gesellschaftliche Verbände („societates") gegenüber. Die langwierigen und vielfach mit großer Leidenschaft geführten religiös-politischen Auseinandersetzungen zwischen Kaisertum und Papsttum, Regnum und Sacerdotium, zwischen weltlicher und geistlicher Gewalt, die im Investiturstreit ihren weltgeschichtlichen Höhepunkt erreichten, vollzogen sich innerhalb der einen „res publica christiana". In ihr rangen die Inhaber der weltlichen und der geistlichen Macht um Einflußrechte und um die Vorherrschaft[9].

und Staat, in: *ders.*, Schriften zum Staatskirchenrecht (= Staatskirchenrechtliche Abhandlungen, Bd. 3), Berlin 1973, S. 109–119.

[6] *Rahner*, Kirche und Staat (Anm. 1), Sp. 995; vgl. hierzu ferner *W. Schneemelcher*, Kirche und Staat im 4. Jahrhundert. Rede zum Antritt des Rektorates der Rheinischen Friedrich-Wilhelms-Universität zu Bonn am 28. Oktober 1967 (= Bonner Akademische Reden, 37), Bonn 1970, S. 5–37; abgedr. auch in: *G. Ruhbach* (Hrsg.), Die Kirche angesichts der Konstantinischen Wende, Darmstadt 1976, S. 122–148.

[7] Lat. Originalwortlaut und dt. Übersetzung bei *Rahner*, Kirche und Staat im frühen Christentum (Anm. 2), S. 254–263.

[8] Vgl. hierzu *P. Mikat*, Das Verhältnis von Staat und Kirche nach der Lehre der katholischen Kirche, in: HdbStKirchR I, S. 346f., abgedr. auch in: *ders.*, Religionsrechtliche Schriften (= Staatskirchenrechtliche Abhandlungen, Bd. 5), Bd. 1, Berlin 1974, S. 158f.

[9] Zum Investiturstreit vgl. das bedeutsame Werk Libelli de Lite Imperatorum et Pontificum saeculis XI. et XII. conscripti. 3 Bde. MGH. Hrsg. von *E. Dümmler* u. a., Hannover 1891–1897 (Nachdruck 1956); *R. Schieffer*, Die Entstehung des päpstlichen Investiturverbots für den deutschen König, Stuttgart 1981 (= Schriften der MGH, 28). Zu den mittelalterlichen Theorien über das Verhältnis von Kirche und Staat vgl. im einzelnen *F. Kempf*, Papsttum und Kaisertum bei Innocenz III. Die geistigen und rechtlichen Grundlagen seiner Thronstreitpolitik, Rom 1954, bes. S. 181ff.; *R. Scholz*, Die Publizistik zur Zeit Philipps des Schönen und Bonifaz' VIII. Ein Beitrag zur Geschichte der politischen Anschauungen des Mittelalters, Stuttgart 1903 (Neudruck Amsterdam 1962); dort eine Darstellung der kurialistischen Schriften (S. 32ff.) und der Schriften der königlichen Partei (S. 224ff.); ferner *J. Listl*, Kirche und Staat in der neueren katholischen Kirchenrechtswissenschaft (= Staatskirchenrechtliche Abhandlungen, Bd. 7), Berlin 1978, S. 108ff. m. w. N.

3. Auflösung und Zerfall der mittelalterlichen Einheit von Staat und Kirche

Im Deutschen Reich zerbrach in der Reformationszeit erstmals im Augsburger Religionsfrieden (25. 9. 1555) und endgültig im Westfälischen Frieden (24. 10. 1648) die bis dahin reichsrechtlich gesicherte Einheit von Glaube und Kirche. Das Reich anerkannte den Bestand der drei Bekenntnisse bzw. „Religionsparteien", d. h. der römisch-katholischen, der evangelisch-lutherischen und der reformierten Religion, wenngleich es in seiner Verfassung der alten Religion verhaftet blieb. Damit war die Anerkennung der *korporativen* Religionsfreiheit erfolgt. Der Gedanke der *individuellen* Religionsfreiheit, der in Ansätzen im Westfälischen Frieden aufscheint, setzte sich erst im 18. Jahrhundert durch und fand seine Verwirklichung allmählich in der Toleranzgesetzgebung der Aufklärungszeit. Die Einführung der individuellen Religionsfreiheit im Zeitalter der Aufklärung beruht in den einzelnen Ländern auf unterschiedlichen Rechtsgrundlagen. Sie ist in den deutschen Staaten Ausdruck einer staatlichen Herrschaft über eine Bevölkerung verschiedener Konfessionen (Toleranzpatent *Josephs II.* vom 13. 10. 1781; in Preußen §§ 1 und 2 II 11 des Allgemeinen Landrechts für die preußischen Staaten von 1794), in den Vereinigten Staaten von Amerika (Virginia Bill of Rights vom 12. 6. 1776[10]) der Entschluß, die Schranken bestehender Religionsverschiedenheiten zu überwinden, und in der Französischen Revolution (Déclaration des droits de l'homme et du citoyen vom 26. 8. 1789[11]) die Folge einer aufgeklärten Betonung der Geistesfreiheit. Es ist diese geistesgeschichtliche Bewegung der Aufklärung mit ihren verschiedenen Akzenten, die in ihren Fernwirkungen noch in unserer Gegenwart in den freiheitlichen Staaten die Grundvorstellungen über die religiösen Freiheitsrechte des Menschen bestimmt[12].

Im späten 18. Jahrhundert erlangte der Staat gegenüber der Kirche eine beherrschende Rolle durch vielfältige Einwirkungsmöglichkeiten und Staatsaufsicht; erst mit der fortschreitenden Entfernung von Kirche und Staat und dem Vordringen allgemeiner individueller Religionsfreiheit in der ersten Hälfte des 19. Jahr-

[10] Wortlaut in: *G. Franz* (Hrsg.), Staatsverfassungen. Eine Sammlung wichtiger Verfassungen der Vergangenheit und Gegenwart in Urtext und Übersetzung, 2. Aufl., München 1964, S. 6ff.

[11] Wortlaut bei *Franz*, ebd., S. 302ff.

[12] Zur Geschichte und Entwicklung der Menschen- und Bürgerrechte im allgemeinen und der Religions- und Kirchenfreiheit im besonderen vgl. u. a. *G. Jellinek*, Die Erklärung der Menschen- und Bürgerrechte, in: *R. Schnur* (Hrsg.), Zur Geschichte der Erklärung der Menschenrechte, Darmstadt 1964, S. 1–77; *F. Hartung*, Die Entwicklung der Menschen- und Bürgerrechte von 1776 bis zur Gegenwart, 4. erw. Aufl. (Zusammenstellung der Texte und Neubearbeitung von *E. Schraepler*), Göttingen-Berlin-Frankfurt 1972; *H. Fürstenau*, Das Grundrecht der Religionsfreiheit nach seiner geschichtlichen Entwicklung und heutigen Geltung in Deutschland, Leipzig 1891 (Neudruck Glashütten im Taunus 1975); *H. Conrad*, Religionsbann, Toleranz und Parität am Ende des Alten Reiches, in: Römische Quartalschrift für christliche Altertumskunde und Kirchengeschichte 56 (1961), S. 167–199, abgedr. auch in: *H. Lutz*, Zur Geschichte der Toleranz und Religionsfreiheit, Darmstadt 1977, S. 155–192; *J. Listl*, Die Religionsfreiheit als Individual- und Verbandsgrundrecht in der neueren deutschen Rechtsentwicklung und im Grundgesetz, in: Essener Gespräche zum Thema Staat und Kirche, hrsg. von J. Krautscheidt und H. Marré, Bd. 3, Münster 1969, S. 34–95.

hunderts trat auch ein allmählicher Abbau der staatskirchlichen Elemente ein. Zwar hielten in Europa viele Staaten auch noch während des 19. Jahrhunderts an der tradierten Idealvorstellung der Staatskirche[13], d. h. der rechtlichen Vorrangstellung der Hauptkonfession des Landes, fest. Ungeachtet dessen vollzog sich aber in der europäischen Staatenwelt weithin ein fortschreitender Prozeß der Loslösung des Staates von seiner jeweiligen konfessionellen Grundlage. Residuen der Staatskirche sind in einzelnen Staaten bis zur Gegenwart bestehengeblieben. In dem Maße, in dem die einzelnen Staaten anfangs nur die individuelle Religionsfreiheit, später auch die Existenz- und Betätigungsfreiheit für andere Kirchen und Religionsgemeinschaften als die herrschende Staatskirche zuließen, gaben sie ihre Identifikation mit der Staatsreligion auf und bekannten sich damit zum Grundsatz religiöser und weltanschaulicher Neutralität.

II. Grundsätzliche religiöse Neutralität des Staates als Voraussetzung für die Gewähr individueller und korporativer Religionsfreiheit

1. Die fundamentale Bedeutung der religiösen Neutralität des Staates

a) Positive religiöse Neutralität und religiöse Indifferenz

Für eine zutreffende Beurteilung des Staat-Kirche-Verhältnisses eines Staates kann in der Gegenwart sinnvollerweise nicht mehr von dem traditionellen Einteilungsschema ausgegangen werden, das auf der einen Seite zwischen sog. *Trennungsländern* und auf der anderen Seite zwischen Staaten unterscheidet, in denen *eine enge oder gelockerte Verbindung zwischen Staat und Kirche* besteht; entscheidend ist in der Gegenwart vielmehr die Frage, ob sich ein Staat mit einer Religion, einer Weltanschauung oder auch einer religionsfeindlichen oder religiös indifferenten *Ideologie* in so starkem Maße „identifiziert", daß dadurch das Bekenntnis zu einer anderen Religion oder deren Ausübung und die freie Tätigkeit der Kirchen und anderer Religionsgemeinschaften behindert oder gar unterdrückt und verfolgt wird[14]. Besteht in einem Staat keine derartige „Identifikation" mit einer bestimmten Religion, Konfession, Weltanschauung oder Ideologie, sondern läßt der Staat Raum für jede Art religiöser Betätigung seiner Bürger und vor allem auch für das uneingeschränkte Wirken sämtlicher auf seinem Territorium bestehenden Kirchen und Religionsgemeinschaften, handelt es sich um einen *religiös und weltanschaulich „neutralen" Staat.* Im Interesse des Schutzes der religiösen Freiheit seiner Bürger und der Religionsgemeinschaften bekennt sich dieser Staat

[13] Zum Begriff der Staatskirche s. *Scheuner,* Schriften zum Staatskirchenrecht (Anm. 5), S. 189ff.

[14] Wie hier auch *A. Frhr. von Campenhausen,* Staatskirchenrecht. Ein Studienbuch, 2. Aufl. München 1983, S. 221ff.

zu religiöser Neutralität. Nur ein religiös neutraler Staat kann volle und uneingeschränkte Religionsfreiheit gewähren[15].

Ist diese Grundvoraussetzung erfüllt, d. h. gewährt ein Staat volle Religionsfreiheit, ist an zweiter Stelle die Frage zu untersuchen, welche konkrete Stellung der Staat der *Kirche* gewährt und ob er gegenüber den auf seinem Territorium bestehenden Kirchen und übrigen Religionsgemeinschaften eine *Kooperationsbereitschaft* zeigt, indem er z. B. in den öffentlichen Schulen die Erteilung von Religionsunterricht durch die Kirchen ermöglicht, die religiöse Betätigung und die Einrichtungen der Kirche fördert und die verschiedenen Formen der Kooperation zwischen Staat und Kirche vielleicht sogar im Interesse einer dauerhaften friedlichen Regelung durch Konkordate oder Kirchenverträge ordnet *oder* ob er jegliche Förderung und Unterstützung der Kirchen seitens des Staates ausschließt. Im ersten Fall zeigt der Staat eine *positive religiöse Neutralität,* im zweiten Fall bekennt er sich zu *religiöser Indifferenz.* Sowohl die positive religiöse Neutralität als auch die religiöse Indifferenz kennen in der staatskirchenrechtlichen Praxis zahlreiche Nuancierungen, Abstufungen und Schattierungen. Dies bedeutet, daß auch in freiheitlichen und demokratischen Staaten das effektiv gewährte Grundrecht der Religionsfreiheit, für sich allein genommen, durchaus ambivalent ist für den Aufbau sehr verschieden gearteter staatskirchenrechtlicher Systeme. Für die Konstituierung eines konkreten staatskirchenrechtlichen Modells bedarf es daher neben der Gewährung uneingeschränkter individueller und korporativer Religionsfreiheit noch einer komplementären Grundentscheidung auf der Ebene der Verfassung eines Staates, sei es im Sinne einer *laizistischen Trennung,* wie sie, jedenfalls nach der ursprünglichen Intention seiner Urheber, dem französischen Trennungsgesetz vom Jahre 1905 zugrunde lag, sei es im Sinne einer *kirchenfreundlichen* Trennung, wie sie ursprünglich durch das Verbot der Staatskirche im Jahre 1791 durch den ersten Zusatzartikel zur amerikanischen Verfassung zum Schutze der kleineren Religionsgemeinschaften festgelegt wurde, sei es im Sinne einer *freundschaftlichen und zugleich freiheitlichen Kooperation zwischen dem Staat und der Kirche,* wie sie dem Zweiten Vatikanischen Konzil vorschwebt und in der Gegenwart in verschiedenen freiheitlichen Staaten verwirklicht ist[16].

[15] Vgl. hierzu *J. Listl,* Das Grundrecht der Religionsfreiheit in der Rechtsprechung der Gerichte der Bundesrepublik Deutschland (= Staatskirchenrechtliche Abhandlungen, Bd. 1), Berlin 1971, S. 5ff.; *K. Schlaich,* Neutralität als verfassungsrechtliches Prinzip, vornehmlich im Kulturverfassungs- und Staatskirchenrecht, Tübingen 1972, S. 129ff. Zu den Grundfragen der religiösen Neutralität des Staates vgl. ferner *A. Hollerbach,* Neutralität, Pluralismus und Toleranz in der heutigen Verfassung, in: Zum Verhältnis von Staat und Kirche, hrsg. von J. Sauer, Karlsruhe 1976 (= Veröffentlichungen der Katholischen Akademie der Erzdiözese Freiburg), S. 9ff.; *H. Maier,* Staatsneutralität – am Beispiel der Religionsfreiheit, ebd., S. 41ff.

[16] Die Rechtslage auf dem Gebiete der Religionsfreiheit und die Gestaltung der jeweiligen Formen der Kooperation zwischen Staat und Kirche in den Staaten der Europäischen Gemeinschaft behandelt in einer umfassenden rechtsvergleichenden Darstellung *Carlos Corral Salvador,* La libertad religiosa en la Comunidad Europea. Estudio comparado, Madrid 1973.

b) Staaten ohne religiöse Neutralität

Dagegen sind diejenigen Staaten, die sich institutionell und ausschließlich mit einer bestimmten Religion, Konfession, Weltanschauung oder auch einer religionsfeindlichen Ideologie verbunden haben und damit eine weltanschauliche Grundlage besitzen, *nicht religiös neutral* und daher auch nicht in der Lage, volle individuelle Religionsfreiheit und noch viel weniger eine freie Betätigungsmöglichkeit der Kirchen und übrigen Religionsgemeinschaften zu gewähren[17]. Diese Staaten lassen allenfalls aus übergeordneten Gesichtspunkten der Staatsraison gegenüber abweichenden Glaubensüberzeugungen und Formen religiöser Betätigung und auch gegenüber der Tätigkeit der Kirchen ein gewisses Maß an Toleranz im Sinne *einer bloßen Duldung* eines von der Staatsreligion oder Staatsideologie abweichenden religiösen Verhaltens zu, sie gewähren aber keine Religionsfreiheit. Das konkrete Erscheinungsbild des Staat-Kirche-Verhältnisses von Staaten, die auf einer religiösen, weltanschaulichen oder ideologischen Grundlage beruhen, kann im einzelnen ebenfalls sehr verschieden geartet sein. Es erstreckt sich von der Identifikation des Staates mit einer Religion, wie sie in der Gegenwart vor allem in verschiedenen islamischen Staaten anzutreffen ist, bis zur völligen Ignorierung und Ausschaltung jeglicher Form religiöser Betätigung aus dem Bereich des öffentlichen Lebens und kann, wie in verschiedenen sozialistischen oder kommunistischen Staaten, mit schweren persönlichen Diskriminierungen und mit der Verfolgung und Unterdrückung der Kirchen und übrigen Religionsgemeinschaften verbunden sein. Zum Zwecke der Kontrolle und Überwachung der Kirchen in Staaten dieser Art besteht fast stets eine staatliche Behörde oder ein Rat für Angelegenheiten der Kirche.

2. Der freiheitliche demokratische Staat

a) Modelle einer Verbindung und einer freiheitlichen Kooperation zwischen Staat und Kirche

(1) Zu den Staaten, die in Europa bei grundsätzlicher Gewährleistung allgemeiner Religionsfreiheit noch am Modell der „Staatskirche" im Sinne einer Bevorzugung der Hauptreligion des Landes festhalten, der auch das monarchische Staatsoberhaupt angehören muß, zählen die drei skandinavischen Staaten *Dänemark, Schweden* und *Norwegen* sowie *Großbritannien.*

Die Beeinträchtigung der religiösen Neutralität des Staates, die durch die Institution der Staatskirche in diesen Staaten zweifellos vorhanden ist, wird jedoch dadurch abgemildert, daß eine effektive individuelle Religionsfreiheit herrscht und auch die gemeinschaftliche und missionarische Betätigung der übrigen Religionsgemeinschaften, die gegenüber der Staatskirche in vieler Hin-

[17] Zum Grundsatz der „Nicht-Identifikation" bzw. zu der diesem Prinzip entgegengesetzten „Identifikation" eines Staates mit einer Religion, Konfession oder Ideologie vgl. *H. Krüger,* Allgemeine Staatslehre, 2. Aufl., Stuttgart 1966, S. 178ff.

sicht benachteiligt sind, keinen besonderen rechtlichen Einschränkungen unterliegen. Im übrigen zeigen die Staatskirchen in diesen Ländern in den letzten Jahrzehnten starke säkularistische Erosionserscheinungen[18].

(2) Im Gegensatz zu diesen protestantischen Staatskirchenländern des europäischen Nordens ist die Institution der „Staatskirche" in den Mittelmeerländern *Italien, Portugal* und *Spanien* nach dem Zweiten Vatikanischen Konzil beseitigt worden oder in raschem Abbau begriffen. In *Spanien* wurde in unmittelbarer Anlehnung an die „Erklärung über die Religionsfreiheit" des II. Vatikanums am 26. 6. 1967 das Gesetz über die Religionsfreiheit angenommen, durch das die bis dahin bestehenden Beschränkungen der öffentlichen Religionsausübung für die nichtkatholischen Religionsgemeinschaften aufgehoben wurden. Durch Art. 16 Abs. 3 der spanischen Verfassung vom 29. 12. 1978 wurde auch die frühere Vorrangstellung der katholischen Kirche als der Kirche des spanischen Staates beseitigt. Spanien wurde damit ein religiös-neutraler Staat. Die Einzelheiten über die Religionsausübung in Spanien enthält das Organische Gesetz über die Religionsfreiheit vom 5. Juli 1980. Eine ähnliche Entwicklung ging in *Portugal* vor sich. Das Gesetz über die Religionsfreiheit vom 21. 8. 1971 und Art. 45 der am 23. 8. 1971 revidierten Verfassung vom 11. 4. 1933 garantieren sämtlichen Religionsgemeinschaften die Freiheit der Religionsausübung und der Organisation des religiösen Bekenntnisses. Für *Italien* zeichnet sich, nicht zuletzt als Auswirkung der „Erklärung über die Religionsfreiheit" des Zweiten Vatikanischen Konzils, eine ähnliche Entwicklung ab, wie sie in Spanien und Portugal bereits eingetreten ist[19].

[18] Über die Situation der Kirche in *Skandinavien* vgl. den Beitrag „Staat und Kirche in Skandinavien". Bericht über eine Konferenz vom 9.–15. August 1969 an der Universität Aarhus/Dänemark von *Niels Hasselmann*, in: ZevKR 15 (1970), S. 263 ff.; zur staatskirchenrechtlichen Lage in Schweden s. *L. Ejerfeldt*, Das Verhältnis von Staat und Kirche in Skandinavien, dargestellt am Beispiel Schweden, in: Essener Gespräche zum Thema Staat und Kirche, hrsg. von H. Marré und J. Stüting, Bd. 17, Münster 1983, S. 128–155; ferner *G. Göransson*, Reform des Staatskirchenrechts in Schweden?, in: ZevKR 15 (1970), S. 60 ff. In *Norwegen* müssen sowohl der König als auch mindestens die Hälfte der Parlamentsmitglieder der Lutherischen Staatskirche angehören. Die Regierung erläßt Kirchengesetze, die Pfarrer und Bischöfe werden von der Regierung ernannt. Die Verfassung, an die die Lutherische Kirche gebunden ist, kann nur durch das Parlament, den Storting, revidiert werden. Eine norwegische Expertenkommission von zehn Mitgliedern unter dem Vorsitz des lutherischen Bischofs *Care Stöylen* kam in ihrem Kommissionsbericht über das gegenwärtige Verhältnis zwischen Staat und Kirche in Norwegen zu dem Ergebnis, daß in Anbetracht der Vorzugsstellung der Lutherischen Staatskirche in Norwegen „keine volle Religionsfreiheit" herrscht. Vgl. dazu im einzelnen den Bericht „Keine volle Religionsfreiheit in Norwegen", in: KNA – Kath. Korrespondenz/Aktuelle Ausgabe Nr. 34 vom 23. 8. 1972, S. 3. Über das Verhältnis von Kirche und Staat in Großbritannien vgl. *A. W. Ziegler*, Das Verhältnis von Kirche und Staat in Europa. 2. Bd. des Handbuches: Religion, Kirche und Staat in Geschichte und Gegenwart, München 1972, S. 168 ff. Über die Situation der Kirche in Großbritannien vgl. ferner den Länderbericht „Vom Getto in die Unsicherheit. Zur Gegenwartssituation der Katholiken in England", in: HerKorr 27 (1973), S. 356–362.

[19] Über die gegenwärtige Situation des Verhältnisses von Staat und Kirche in Italien vgl. *Luciano Musselli*, Kirche und Staat in Italien. Grundlinien ihres bisherigen Verhältnisses und neuere Entwicklungstendenzen, in: Essener Gespräche zum Thema Staat und Kirche, hrsg. von J. Krautscheidt und H. Marré, Bd. 15, Münster 1981, S. 148–184.

Über die gegenwärtige Situation der Beziehungen zwischen Staat und Kirche in Spanien vgl. *Carlos Corral Salvador*, Staat und Kirche in Spanien. Grundlinien ihres bisherigen

(3) Zu den Staaten, in denen, wenn auch mit erheblichen Unterschieden im einzelnen, eine freiheitliche und enge Kooperation zwischen Staat und Kirche herrscht, zählen die Bundesrepublik Deutschland, die Republik Österreich und die meisten Kantone der Schweiz[20].

b) Staatskirchenrechtliche Modelle mit geringer oder fehlender Kooperation

(1) In *Frankreich* wurde durch das Gesetz betreffend die Trennung des Staates von der Kirche vom 9. 12. 1905 eine radikale und nach der Intention des Gesetzgebers auch kirchenfeindliche Trennung zwischen dem Staat und der Kirche durchgeführt. Dieses Gesetz, das der katholischen Kirche, der die große Mehrheit der Franzosen angehört, und ebenso den übrigen Religionsgemeinschaften die Rechtsstellung privater Vereine zuwies, war in seinen Auswirkungen mit tiefen Eingriffen in die Freiheit der katholischen Kirche verbunden. Erst im Laufe der Zeit wurde, nicht zuletzt auch durch die Rechtsprechung des Conseil d'État, eine Reihe der ärgsten Verletzungen der Freiheit und des Selbstbestimmungsrechts der katholischen Kirche gemildert. Obwohl diese Trennungsgesetzgebung in Frankreich nach wie vor in Kraft ist, unterstützt der Staat seit längerem die Freien Schulen, die zu einem erheblichen Teil in der Trägerschaft von Institutionen der katholischen Kirche stehen und daher weithin einen konfessionellen Charakter tragen. Seit dem Wahlsieg des sozialistischen Präsidenten *François Mitterrand* am 10. 5. 1981 und dem Beginn der Herrschaft der aus Sozialisten und Kommunisten gebildeten Regierung hat sich der Druck auf die Freien Schulen in Frankreich, die um ihre Identität und sogar Existenz fürchten müssen, verstärkt. Auf den Gebieten des Sozial- und Fürsorgewesens besteht, jedenfalls partiell, in Frankreich eine Zusammenarbeit zwischem dem Staat und den Religionsgemeinschaften[21]. Der „pseudoreligiöse, kirchenfeindliche Laizismus" der Jahrhundertwende wurde in der Zwischenzeit, jedenfalls weitgehend, von einer toleranten akonfessionellen Laizität abgelöst. Diese Form des Laizismus, die nach dem Buchstaben des Gesetzes jede Form einer Kooperation zwischen Staat und Kirche untersagt, wurde 1946 auch in die französische Verfassung aufgenommen und hat bisher sämtliche Verfassungsänderungen überdauert.

Keine Geltung besitzt das Trennungsgesetz von 1905 in den drei Départements Haut-Rhin, Bas-Rhin und Moselle, dem früheren Elsaß-Lothringen, in denen der frühere französische Rechtszustand aufgrund der zeitweiligen Zugehörigkeit die-

Verhältnisses und neuere Entwicklungstendenzen, in: Essener Gespräche zum Thema Staat und Kirche, hrsg. von H. Marré und J. Stüting, Bd. 18, Münster 1983. Dt. Wortlaut der Grundrechte und -pflichten sowie weiterer wesentlicher Teile der spanischen Verfassung vom 29. 12. 1978 in: EuGRZ 1979, S. 230ff.; vgl. hierzu ferner *G. May*, Die Konkordatspolitik des Heiligen Stuhls von 1918 bis 1974, in: Handbuch der Kirchengeschichte, Bd. VII, Die Weltkirche im 20. Jh., hrsg. von H. Jedin und K. Repgen, Freiburg-Basel-Wien 1979, S. 218ff.

[20] Vgl. hierzu im einzelnen in *diesem* Band, unten, § 113 *(J. Listl)*, § 115 *(H. R. Klecatsky)* und § 116 *(L. Carlen)*.

[21] Vgl. dazu im einzelnen in *diesem* Band, unten, *R. Metz*, § 117 Das Verhältnis von Kirche und Staat in Frankreich, m. w. N.; ferner *R. Epp*, État, École et Églises en France, in: StraßbKoll, Bd. 3 (1982), S. 73–93; *M. Zimmermann*, L'enseignement catholique dans la situation globale de l'école en France, in: StraßbKoll, Bd. 4 (1982), S. 49–89.

ses Gebietes zum Deutschen Reich bestehen blieb und auch nach dem Rückerwerb durch Frankreich im Jahre 1918 in Kraft geblieben ist[22].

(2) In den *Vereinigten Staaten von Amerika* wurde mit dem 1. Amendment zur Amerikanischen Bundesverfassung im Jahr 1791 durch das Verbot jeder Etablierung einer Staatskirche ebenfalls eine strikte Trennung von Staat und Kirche eingeführt. Diese zum Schutz der Religion durchgeführte Trennung wurde, insbesondere durch die Rechtsprechung des amerikanischen Supreme Court, in den letzten Jahrzehnten in den USA immer mehr im Sinne einer laizistischen Trennung („wall of separation") von Staat und Kirche und auch als absolutes staatliches Subventionsverbot für kirchliche Einrichtungen, Betätigungen und Schulen interpretiert. Dies führt dazu, daß weite Bereiche des privaten Schulwesens in den Vereinigten Staaten von Amerika in den letzten Jahren in eine schwerwiegende Existenzkrise geraten sind[23]. Dennoch kennt auch das Staatskirchenrecht der USA vielfältige Formen indirekter staatlicher Subventionen, die auch den Kirchen zugute kommen[24].

3. *Staaten mit weltanschaulicher oder ideologischer Grundlage*

a) Die kommunistischen Staaten

Nur ein begrenztes Maß an Religionsfreiheit gewähren die *kommunistischen und sozialistischen Staaten, die sich zur Doktrin des Marxismus-Leninismus als ihrer tragenden Staatsideologie* bekennen. Trotz gegenteiliger Verfassungsbestimmungen und sogar grundrechtlicher Verbürgung der Religionsfreiheit sind diese kommunistischen Staaten wegen ihrer weltanschaulichen atheistischen Grundlage notwendig religiös intolerant[25]. Bei den rechtlichen Verbürgungen der

[22] Dazu *J. Schlick* (Hrsg.), Eglises et Etat en Alsace et en Moselle. Changement ou fixeté?, Straßburg 1979.

[23] Vgl. den Länderbericht „Die katholischen Schulen in den USA", in: HerKorr 26 (1972), S. 286–291; zur verfassungsrechtlichen und staatskirchenrechtlichen Situation in den USA vgl. *Philip B. Kurland* (Hrsg.), Church and State. The Supreme Court and the First Amendment, 7. Aufl., Chicago und London 1975; *William H. Marnell*, The First Amendment. The history of religious freedom in America, New York 1964; *Frank J. Sorauf*, The Wall of Separation. The Constitutional Politics of Church and State, Princeton, New Jersey 1976.

[24] Darüber *M. Quaas*, Staatliche Hilfe an Kirchen und kirchliche Institutionen in den Vereinigten Staaten von Amerika. Ein Beitrag zur historischen Entwicklung und Gegenwartsproblematik des Verhältnisses von Staat und Kirche in den USA. Mit einem Vorwort von *U. Scheuner* (= Staatskirchenrechtliche Abhandlungen, Bd. 6), Berlin 1977; *ders.*, Neuere Entwicklungen im amerikanischen Recht zum Verhältnis von Staat und Kirche, in: EuGRZ 8 (1981), S. 321–326.

[25] Eine umfassende Darstellung der Verfolgungssituation der Kirchen im sowjetischen Machtbereich enthält das umfangreiche Werk von *Peter J. Babris*, Silent Churches. Persecution of religions in the soviet-dominated areas. Research Publishers, Arlington Heights (Illinois) 1978; vgl. ferner: Kirchen im Sozialismus. Kirche und Staat in den osteuropäischen sozialistischen Republiken. Eine IDOC-Dokumentation, hrsg. und bearb. von *Giovanni Barberini, Martin Stöhr, Erich Weingärtner*, Frankfurt a. M. 1977; von besonderer aktueller Bedeutung in diesem Zusammenhang ist ferner die sachkundige Publikation: Die Religionsfreiheit in Osteuropa nach Helsinki. Recht und Wirklichkeit. Erfahrungen von Katholiken.

Religionsfreiheit in den kommunistischen Staaten ist zu bedenken, daß in diesen Staaten sämtliche durch die Verfassung gewährleisteten Grundrechte unter dem Vorbehalt der staatlichen Gesetze stehen und auch die den Kirchen eingeräumte Betätigungsfreiheit jeweils nur nach Maßgabe und im Rahmen der von der Spitze der jeweiligen Kommunistischen Partei festgesetzten Staatsziele gewährt wird[26].

Diese Situation in den kommunistischen Staaten hatte auch das II. Vatikanische Konzil im Auge, wenn es in der „Erklärung über die Religionsfreiheit" ausgeführt hat, daß die Kirche erst dann rechtlich und tatsächlich die gefestigte Stellung erhalte, welche die Bedingung zu jener Unabhängigkeit darstellt, die für ihre göttliche Sendung nötig ist und die die kirchlichen Autoritäten in der Gesellschaft mit immer größerem Nachdruck gefordert haben, „wenn der Grundsatz der Religionsfreiheit nicht nur mit Worten proklamiert oder durch Gesetze festgelegt, sondern auch ernstlich in die Praxis übergeführt ist und in Geltung steht" (VatII DH Art. 13 Abs. 3). Diese Situation der Kirche in den kommunistischen Staaten hat das Konzil auch im Auge, wenn es erklärt, daß es auch Regierungsformen gebe, „in denen die öffentlichen Gewalten trotz der Anerkennung der religiösen Kultusfreiheit durch ihre Verfassung doch den Versuch machen, die Bürger vom Bekenntnis der Religion abzubringen und den religiösen Gemeinschaften das Leben aufs äußerste zu erschweren und zu gefährden" (VatII DH Art. 15 Abs. 2).

Im einzelnen weist die religions- und staatskirchenrechtliche Situation in der kommunistischen und sozialistischen Staatenwelt – ungeachtet der theoretischen Übereinstimmung ihrer marxistisch-leninistischen Grundlage – in der Rechtspraxis beträchtliche Unterschiede auf, die ihre Erklärung in der jeweiligen innenpolitischen Konstellation und vor allem auch in der faktischen Stärke der religiösen Praxis und des Einflusses der Kirche in den einzelnen Staaten findet.

(1) In der *Sowjetunion* wurden durch das Religionsgesetz vom 23. 6. 1975 die Aufgaben des 1966 geschaffenen „Rates für die Angelegenheiten der Religion beim Ministerrat der UdSSR" erweitert und dessen Kompetenzen verstärkt. Die Religionsgemeinschaften sind strikt auf die Kultusausübung beschränkt. Jede Art pädagogischer und sozialer Betätigung innerhalb und außerhalb der religiösen Gemeinschaften ist verboten. Die Kirchenaufsichtsbehörden verfügen über eine Fülle von Eingriffsrechten in das innere Leben der Religionsgemeinschaften. Die Teilnahme am kirchlichen Leben und das Bekenntnis zum christlichen Glauben

Eine Dokumentation von Glaube in der 2. Welt. Küsnacht-Zürich 1977; darin *L. Révész,* Der Rechtsstatus der Kirchen unter kommunistischer Herrschaft, S. 1–11; vgl. ferner *G. Adriányi,* Die Kirche in Nord-, Ost- und Südosteuropa, in: Handbuch der Kirchengeschichte, Bd. VII (Anm. 19), S. 513–536; *ders.* (Hrsg.), Die Führung der Kirche in den Sozialistischen Staaten Europas, München 1979.

[26] Vgl. hierzu *O. Luchterhandt,* Wie verhalten sich die Rechtsordnungen der sozialistischen KSZE-Staaten zu dem in der Schlußakte der Konferenz von Helsinki verankerten Menschenrecht der Religionsfreiheit?, in: Die Religionsfreiheit in Osteuropa nach Helsinki (Anm. 25), S. 11–17.

kann mit schwerwiegenden diskriminierenden beruflichen und gesellschaftlichen Nachteilen verbunden sein[27].

(2) In einer besonders schwerwiegenden Verfolgungs- und Unterdrückungssituation befindet sich seit vielen Jahren die katholische Kirche in der *Tschechoslowakei*[28].

(3) Dagegen bestehen in *Polen* im Vergleich zu den übrigen Staaten Osteuropas für die katholische Kirche die relativ günstigsten Daseinsbedingungen. Auch in Polen ist jedoch die Freiheit der Kirche in vieler Hinsicht eingeschränkt und unterliegt das individuelle Bekenntnis vielfachen Anfechtungen[29].

(4) In der *Deutschen Demokratischen Republik* herrscht in der Gegenwart zwar keine Christenverfolgung; es ist jedoch dort „eine planmäßige und lautlose Ausschaltung der bekennenden Christen aus allen führenden Stellen" festzustellen. Zwar werden bewährte Fachleute, die sich zum christlichen Glauben bekennen, auf wichtigen Posten belassen; die allseitige berufliche und gesellschaftliche Diskriminierung der Christen wirkt sich aber dahingehend aus, daß engagierte junge Christen keine Möglichkeit haben, in höhere Stellungen aufzusteigen, auch wenn sie noch so tüchtig und qualifiziert wären[30].

Ein staatskirchenrechtlicher Rechtsvergleich zeigt, daß in der gesamten kommunistischen Staatenwelt wegen der Identifikation dieser Staaten mit der athei-

[27] *G. Simon*, Das sowjetische Religionsgesetz vom Juni 1975. Bericht 14–1976 des Bundesinstituts für ostwissenschaftliche und internationale Studien, Köln; *ders.*, Die russische orthodoxe Kirche in der sowjetsozialistischen Gesellschaft. Bericht 2–1978 des Bundesinstituts für ostwissenschaftliche und internationale Studien, Köln; *ders.*, Die katholische Kirche in Litauen, Bericht 13–1982 des Bundesinstituts für ostwissenschaftliche und internationale Studien, Köln; *O. Luchterhandt*, Der Sowjetstaat und die Russisch-Orthodoxe Kirche. Eine rechtshistorische und rechtssystematische Untersuchung, Köln 1976; *G. Simon*, Die Kirchen in Rußland. Berichte, Dokumente, München 1970; *O. Luchterhandt*, Die Religionsgesetzgebung der Sowjetunion, Berlin 1978.

[28] Darüber im einzelnen die Dokumentation: Situation der katholischen Kirche in der Tschechoslowakei. Dokumente, Berichte. Hrsg. von der Schweizerischen Nationalkommission Justitia et Pax, Bern 1976; vgl. ferner die Sammlung: Kirche und Staat in der Tschechoslowakei. Gesetze und Verordnungen. Übersetzt und eingeleitet von *M. Hoffmann* (= Schriftenreihe des Studienausschusses der EKU für Fragen der Orthodoxen Kirche. H. 4), Bielefeld 1974; *J. Nechluwyl*, Zwischen Druck und Widerstand. Zur Lage der Kirche und der Christen in der CSSR, in: HerKorr 33 (1979), S. 155–158; *ders.*, Wird die Kirche in den Untergrund gezwungen? Zur neueren Entwicklung in der CSSR, in: HerKorr 35 (1981), S. 330–335; Zeugnis und Zusage. Dokumente aus der Kirche der CSSR. Materialien zur Situation der Katholischen Kirche in der CSSR 4. Hrsg. vom Sozialwerk der Ackermann-Gemeinde, München 1981; *V. Mali*, Zur Situation der Kirche in der Tschechoslowakei, in: Concilium 19 (1983), S. 213–217.

[29] Vgl. dazu „Die Religionsfreiheit in Osteuropa nach Helsinki" (Anm. 25), S. 47 ff.; *M. Höllen*, Polen: Schwache Hoffnungen, in: HerKorr 36 (1982), S. 111–113; *ders.*, Polen: Ungewisses Warten, in: HerKorr 36 (1982), S. 532–536.

[30] So der Ostberliner Bischof *A. F. G. Schönherr* in seiner Rede vor der Synode des „Bundes der Evangelischen Kirchen der DDR", abgedr. in: FAZ, Mittw., 25. 5. 1977 (Nr. 120), S. 10; vgl. ferner *W. Knauf*, Katholische Kirche in der DDR. Gemeinden in der Bewährung 1945–1980, Mainz 1980; *O. Luchterhandt*, Die Gegenwartslage der Evangelischen Kirche in der DDR. Eine Einfühung, Tübingen 1982; *R. Henkys* (Hrsg.), Die Evangelischen Kirchen in der DDR. Beiträge zu einer Bestandsaufnahme, München 1982. Zum Verhältnis von Kirche und Staat in der DDR vgl. im einzelnen in *diesem* Band, unten, *A. Hollerbach*, § 114 Das Verhältnis von Kirche und Staat in der Deutschen Demokratischen Republik.

stischen Ideologie des Marxismus-Leninismus und des damit notwendig verbundenen Fehlens der religiösen Neutralität des Staates in keinem dieser Staaten eine volle individuelle Religionsfreiheit und noch weniger eine freie Betätigung und Entfaltungsmöglichkeit für die Kirche gegeben ist[31].

b) Die islamische Staatenwelt

Immer deutlicher wird in der Gegenwart auch einer breiteren Öffentlichkeit bewußt, daß zahlreiche islamische Staaten keine Religionsfreiheit gewähren. Ebenso wie das Christentum betrachtet sich auch der Islam als eine missionarische Religion. Im Gegensatz zu den vom Christentum geprägten westlichen Staaten und zur „Erklärung über die Religionsfreiheit" des Zweiten Vatikanischen Konzils gewähren aber zahlreiche islamische Staaten auf ihrem Territorium keine Missionsfreiheit. Der Islam betrachtet sich seinem Selbstverständnis nach nicht nur als eine Religionsgemeinschaft, sondern als eine Lebensform, die eine Totalität von Religion und Gesellschaft voraussetzt und fordert. Nach islamischem Recht steht der volle Genuß der Menschenrechte nur den erwachsenen und freien Angehörigen des islamischen Glaubens zu, nicht dagegen den Sklaven und den Nichtmuslimen. Die Apostasie vom Islam kann zum Verlust der Staatsangehörigkeit, zur Scheidung der Ehe, zum Eintritt des Erbfalls und zur Hinrichtung führen[32]. Die religionsrechtliche Situation in den einzelnen islamischen Staaten ist durchaus unterschiedlich. Einige dieser Staaten gewähren, wenn auch in eingeschränktem Maße, Religionsfreiheit, in anderen sind Tendenzen zu einer religiösen Liberalisierung festzustellen, wiederum in anderen zeigen sich starke und radikale gegenteilige Entwicklungen[33].

[31] Dazu *R. Weiler,* Religionsfreiheit im sozialistischen Staat? Theorien, Aporien und Überlegungen, in: Festschr. Dordett, S. 319–333.

[32] *Pierre Lanarès,* La liberté religieuse dans les conventions internationales et dans le droit public général. Roanne 1964, S. 211 mit Anm. 37. Zum Welt-, Gesellschafts-, Ehe- und Staatsverständnis des Islam vgl. *M. Fitzgerald/A. Th. Khoury/W. Wanzura* (Hrsg.), Mensch, Welt, Staat im Islam, Graz-Wien-Köln 1977.

[33] Zum Religions- und Weltverständnis des Islam und über die Probleme, die sich aus der Koexistenz von Muslimen und Christen in der christlich geprägten Kultur und Gesellschaft in Deutschland ergeben, vgl. die Schrift „Muslime in Deutschland", hrsg. vom Sekretariat der Deutschen Bischofskonferenz (= Arbeitshilfen, H. 26), Bonn 1982, mit umfangreichen Literaturhinweisen.

§ 113 Das Verhältnis von Kirche und Staat in der Bundesrepublik Deutschland

Von Joseph Listl

I. Statistisch-soziologische Grundlagen und Organisationsstrukturen

1. *Der tragende Grundsatz der religionsrechtlichen Parität*

Das Staatskirchenrecht, d. h. der Gesamtbestand der Normen des *staatlichen* Rechts, die sich auf die Kirchen und übrigen Religionsgemeinschaften und auf die Religionsausübung beziehen, ist in der Bundesrepublik Deutschland durch die Tatsache gekennzeichnet, daß hier nicht, wie etwa in Österreich, Frankreich, Italien oder den skandinavischen Staaten, einer einzigen „Großkirche" oder „Mehrheitskonfession" verschiedene religiöse Minderheiten gegenüberstehen, sondern vielmehr in der katholischen und evangelischen Kirche zwei verhältnismäßig gleich große christliche Konfessionen existieren, zu denen sich annähernd neun Zehntel der Bevölkerung der Bundesrepublik bekennen. Diese zahlenmäßige Gleichheit, die sich während der vergangenen fünfzehn Jahre, überwiegend durch Zuwanderung von Gastarbeitern und deren Familien aus katholischen Ländern, leicht zugunsten der katholischen Kirche verändert hat, führte in der Entwicklung des deutschen Staatskirchenrechts auch zu einer *strengen rechtlichen Parität der beiden Kirchen,* die eine der tragenden Grundlagen des deutschen Staatskirchenrechts ist. Der katholischen und evangelischen Kirche steht eine Reihe kleinerer Religionsgemeinschaften gegenüber[1].

2. *Die Konfessionsstatistik*

Nach dem Stand vom 1. Januar 1980 betrug in der Bundesrepublik Deutschland bei einer Wohnbevölkerung von 61 439 000 die Zahl der Katholiken 26 720 000 (= 43,5%), die Zahl der Angehörigen der zur Evangelischen Kirche in Deutschland (EKD) zusammengeschlossenen evangelischen Landeskirchen 26 309 000 (= 42,8%), die Zahl der Muslime etwa 1 400 000 (= 2,3%), die Zahl der Angehörigen evangelischer Freikirchen etwa 300 000 (= 0,5%) und die Gesamtzahl der sonstigen christlichen oder anderen Religionsgemeinschaften oder keiner Religionsgemeinschaft angehörenden Bewohner der Bundesrepublik Deutschland 6 710 000 (= 10,9%)[2].

[1] Zur Problematik der religionsrechtlichen Parität im Staatskirchenrecht der Bundesrepublik Deutschland vgl. die umfassende Untersuchung von *M. Heckel,* Die religionsrechtliche Parität, in: HdbStKirchR I, S. 445–544.

[2] Quelle: Mitteilung des Leiters des Referats Statistik beim Sekretariat der Deutschen Bischofskonferenz, Bonn, *Dr. Paul Rauch,* vom 5. 4. 1983 an den Verfasser.

3. *Die Organisationsstruktur der katholischen Kirche*

Die *katholische Kirche* in der Bundesrepublik Deutschland ist in fünf Kirchenprovinzen mit 5 Erzbistümern und 16 zugehörigen Bistümern eingeteilt[3]. Jedes (Erz-)Bistum besitzt den Rechtsstatus einer Körperschaft des öffentlichen Rechts.

Kirchenprovinz Bamberg: Erzbistum Bamberg; Bistümer Eichstätt, Speyer, Würzburg;

Kirchenprovinz Freiburg (Breisgau): Erzbistum Freiburg; Bistümer Mainz, Rottenburg-Stuttgart;

Kirchenprovinz Köln: Erzbistum Köln; Bistümer Aachen, Essen, Limburg, Münster, Osnabrück, Trier;

Kirchenprovinz München-Freising: Erzbistum München-Freising; Bistümer Augsburg, Passau, Regensburg;

Kirchenprovinz Paderborn: Erzbistum Paderborn; Bistümer Fulda, Hildesheim.

Das *Bistum Berlin* nimmt eine Sonderstellung ein: Der Bischof von Berlin hat seinen Kathedralsitz in Ost-Berlin, der Generalvikar des Bistums Berlin residiert in West-Berlin.

Von den Bistümern Fulda, Hildesheim, Osnabrück, Paderborn und Würzburg liegen Teile in der Deutschen Demokratischen Republik[4].

4. *Die Organisationsstruktur der evangelischen Kirche*

Die 17 *evangelischen Landeskirchen* in der Bundesrepublik Deutschland, d. h.
die Evangelische Landeskirche in Baden,
die Evangelisch-Lutherische Kirche in Bayern,
die Evangelische Kirche in Berlin-Brandenburg (Berlin-West),
die Evangelisch-lutherische Landeskirche in Braunschweig,
die Bremische Evangelische Kirche,
die Evangelisch-lutherische Landeskirche Hannovers,
die Evangelische Kirche in Hessen und Nassau,
die Evangelische Kirche von Kurhessen-Waldeck,
die Lippische Landeskirche,
die Nordelbische Evangelisch-Lutherische Kirche,
die Evangelisch-reformierte Kirche in Nordwestdeutschland,
die Evangelisch-Lutherische Kirche in Oldenburg,
die Evangelische Kirche der Pfalz (Protestantische Landeskirche),
die Evangelische Kirche im Rheinland,
die Evangelisch-Lutherische Landeskirche Schaumburg-Lippe,
die Evangelische Kirche von Westfalen und
die Evangelische Landeskirche in Württemberg,

[3] Näheres bei *K.-E. Schlief,* Die Organisationsstruktur der katholischen Kirche, in: HdbStKirchR I, S. 299–325.

[4] Über die Organisationsstruktur der katholischen Kirche in der DDR vgl. in *diesem* Band, unten, *A. Hollerbach,* § 114 Das Verhältnis von Kirche und Staat in der Deutschen Demokratischen Republik.

sind als *Territorialkirchen* zur Evangelischen Kirche in Deutschland (EKD) zusammengeschlossen. Die EKD ist ein Bund von Gliedkirchen unterschiedlicher konfessioneller und geschichtlicher Prägung. Jede Landeskirche ist Körperschaft des öffentlichen Rechts. Nach dem Grundgesetz für die Bundesrepublik Deutschland (Art. 140 GG i. V. m. Art. 137 Abs. 5 WRV) besitzen auch die EKD und verschiedene zwischenkirchliche konfessionelle und regionale Zusammenschlüsse innerhalb der EKD den Rechtsstatus einer Körperschaft des öffentlichen Rechts[5].

5. *Die übrigen Religionsgemeinschaften*

Die übrigen Religionsgemeinschaften in der Bundesrepublik Deutschland besitzen zum Teil die Rechtsstellung einer Körperschaft des öffentlichen Rechts[6], zum Teil sind sie nach den Bestimmungen des privaten Vereinsrechts organisiert[7].

II. Das Grundverhältnis zwischen Kirche und Staat

Die Kirchen und übrigen Religionsgemeinschaften erfreuen sich in der Bundesrepublik Deutschland einer sowohl im Grundgesetz (Art. 140 GG) als auch in den meisten Landesverfassungen und darüber hinaus in verschiedenen Konkordaten und evangelischen Kirchenverträgen rechtlich stark gesicherten Stellung. Unter der Herrschaft des Grundgesetzes für die Bundesrepublik Deutschland vom 23. 5. 1949 genießen die Kirchen für ihre Tätigkeit einen Freiheitsraum, wie er ihnen in diesem Umfang effektiv in früherer Zeit niemals zu Gebote gestanden hat. Die staatskirchenrechtliche Ordnung in der Bundesrepublik Deutschland verbindet auf der Grundlage einer *institutionellen und organisatorischen Trennung von Staat und Kirche und strikter religiöser Neutralität des Staates die Gewähr umfassender individueller Religionsfreiheit und freier Betätigung der Kirchen und sämtlicher übrigen Religions- und Weltanschauungsgemeinschaften mit der Anerkennung einer Stellung der Kirchen im Bereich des Öffentlichen, die in der Verleihung eines öffentlich-rechtlichen Status durch die Verfassung selbst und in vielfältigen Formen einer staatlich-kirchlichen Kooperation sowie in der Förde-*

[5] Zur Organisationsstruktur der EKD vgl. *W. Hammer,* Die Organisationsstruktur der evangelischen Kirche, in: HdbStKirchR I, S. 327–340; ferner, bereits die letzten Zusammenschlüsse evangelischer Landeskirchen berücksichtigend, *D. Dahrmann* (Hrsg.), Das Recht der Evangelischen Kirche in Deutschland, 4. Aufl., Hannover 1978. – Durch das Kirchengesetz zur Änderung der Art. 31 und 34 der Grundordnung der Evangelischen Kirche in Deutschland vom 9. 12. 1982 (ABl. EKD 1983, S. 1) ist die Verwaltung und Rechtsvertretung der EKD neu geordnet worden. Eine Änderung im Verhältnis der EKD zu den Gliedkirchen ist dadurch nicht eingetreten.

[6] Näheres bei *E.-L. Solte,* Die Organisationsstruktur der übrigen als öffentliche Körperschaften organisierten Religionsgemeinschaften und ihre Stellung im Staatskirchenrecht, in: HdbStKirchR I, S. 341–357.

[7] Vgl. hierzu *J. Jurina,* Die Religionsgemeinschaften mit privatrechtlichem Rechtsstatus, in: HdbStKirchR I, S. 587–605.

rung der Kirchen und übrigen Religionsgemeinschaften durch den Staat Ausdruck findet[8].

Das rechtliche Gefüge der Beziehungen zwischen Kirche und Staat in der Bundesrepublik Deutschland besteht aus verschiedenen einzelnen Komponenten, die ein nur auf dem Hintergrund der deutschen Verfassungs- und Religionsgeschichte verständliches und in den leidvollen Auseinandersetzungen zwischen den Konfessionen in der Reformations- und Nachreformationszeit und in den Kämpfen zwischen dem Staat und der Kirche während des 19. Jahrhunderts entstandenes *komplexes System* bilden. Dieses stellt heute einen abgewogenen Ausgleich staatlicher und kirchlicher Freiheitsansprüche dar und ermöglicht den Schutz der religiösen Freiheit des Einzelnen und der Religionsgemeinschaften in einer auch nach den Maßstäben der freiheitlichen Demokratie nahezu optimalen Weise[9].

Das System der Beziehungen zwischen Kirche und Staat, wie es durch das Staatskirchenrecht der Bundesrepublik Deutschland konstituiert ist, entzieht sich einer schlagwortartigen und eindimensionalen Definition. Es kann deshalb ohne Gefahr von Mißverständnissen weder als „hinkende" oder „abgemilderte" oder „positive" Trennung oder als Trennung „eigener Art" noch als „gelockerte Fortsetzung der Verbindung von Staat und Kirche" eindeutig und adäquat bestimmt werden[10].

Auf keinen Fall ist mit der durch das Grundgesetz konstituierten staatskirchenrechtlichen Ordnung eine „radikale laizistische Trennung" im Sinne eines Verbots von Berücksichtigung, Förderung und Zusammenarbeit zu vereinbaren[11]. Das Grundgesetz enthält im Gegenteil eine Reihe von Bestimmungen, insbesondere über den Religionsunterricht in der Schule, die Seelsorge bei den Streitkräften sowie in Krankenhäusern und Anstalten und über die Verleihung des Besteuerungsrechts an die Kirchen, die eindeutig ergeben, daß Staat und Kirche in der Bundesrepublik Deutschland nicht auf eine völlige Trennung, sondern – bei Wahrung gegenseitiger Freiheit und Unabhängigkeit – auf *Kooperation* angelegt

[8] Zum Grundverhältnis der Beziehungen zwischen Kirche und Staat in der Bundesrepublik Deutschland vgl. *U. Scheuner,* Das System der Beziehungen von Staat und Kirchen im Grundgesetz. Zur Entwicklung des Staatskirchenrechts, in: HdbStKirchR I, S. 5–86; ferner *A. Frhr. von Campenhausen,* Staatskirchenrecht. Ein Studienbuch, 2. Aufl., München 1983, S. 45ff.; *Th. Maunz,* Art. 140, Rdnr. 1–21, in: *Maunz/Dürig/Herzog/Scholz,* Grundgesetz. Kommentar, München 1973; *K. Obermayer,* Art. 140, Rdnr. 76–87 (Zweitbearbeitung), in: Bonner Kommentar, Hamburg 1971; *P. Mikat,* Staat, Kirchen und Religionsgemeinschaften, in: Handbuch des Verfassungsrechts, hrsg. von E. Benda, W. Maihofer, H.-J. Vogel, Berlin 1983, S. 1059–1087; *J. Listl,* Staat und Kirche bei Ulrich Scheuner (1903–1981), in: Demokratie in Anfechtung und Bewährung, Festschr. für Johannes Broermann, Berlin 1982, S. 827 bis 899.

[9] Vgl. hierüber im einzelnen *J. Listl,* Die Religionsfreiheit als Individual- und Verbandsgrundrecht in der neueren deutschen Rechtsentwicklung und im Grundgesetz, in: Essener Gespräche zum Thema Staat und Kirche, hrsg. von J. Krautscheidt und H. Marré, Bd. 3, Münster 1969, S. 34ff.; vgl. hierzu auch den geschichtlichen Überblick bei *von Campenhausen,* Staatskirchenrecht (Anm. 8), S. 11ff.

[10] Einzelnachweise dieser staatskirchenrechtlichen Kurzdefinitionen bei *M. Heckel,* Die Kirchen unter dem Grundgesetz, in: VVDStRL, Heft 26, Berlin 1968, S. 27.

[11] *Heckel,* ebd., S. 26ff.

sind[12]. Insofern könnte das Verhältnis zwischen Kirche und Staat in der Bundesrepublik Deutschland im Sinne des Versuches einer abgekürzten Definition als *„verfassungs- und vertragsrechtlich begründetes freiheitliches Kooperationssystem“* umschrieben werden.

III. Die verfassungsrechtlichen Normativbestimmungen und die Konkordate

1. Die verfassungsrechtlichen Fundamentalnormen

Obwohl die Beziehungen zwischen Staat und Kirche in der Bundesrepublik Deutschland überwiegend zur Kompetenz der Länder gehören, sind die *Grundlagen* des Religions- und Staatskirchenrechts durch das *Grundgesetz* geregelt[13]. Die einander ergänzenden Fundamentalnormen des Grundgesetzes sind enthalten in dem Grund- und Menschenrecht des Art. 4 Abs. 1 und 2 GG, der die *Religionsfreiheit* gewährleistet, und in Art. 140 GG i. V. m. Art. 137 Abs. 1 und 3 WRV, der das *Verbot der Staatskirche* enthält und das *Selbstordnungsrecht sämtlicher Kirchen und Religionsgemeinschaften in ihren eigenen Angelegenheiten* garantiert. Die für das Religions- und Staatskirchenrecht der Bundesrepublik Deutschland zentrale Bedeutung besitzende Bestimmung des Art. 137 Abs. 1 WRV konstituiert das Staatswesen der Bundesrepublik Deutschland als religiös „neutralen“ Staat. Diese Bestimmung sichert durch das *Gebot organisatorischer Trennung von Staat und Kirche* sowohl die Unabhängigkeit der Kirche vom Staat als auch die Unabhängigkeit des Staates von der Kirche; sie schützt den Einzelnen gleichermaßen vor einer konfessionellen Nötigung durch einen Konfessionsstaat wie auch durch eine Staatskirche[14].

Die das *Selbstbestimmungsrecht der Kirchen und Religionsgemeinschaften* garantierende Bestimmung des Art. 137 Abs. 3 WRV sichert das freie Wirken sämtlicher Religionsgemeinschaften nach innen und außen. Mit dieser Bestimmung anerkennt der Staat, wie das Bundesverfassungsgericht wiederholt erklärt hat, die Kirchen als Institutionen mit dem Recht der Selbstbestimmung, „die ihrem Wesen nach vom Staat unabhängig sind und ihre Gewalt nicht von ihm herleiten“[15]. Die genannten drei Fundamentalnormen bilden, wie *Alexander*

[12] Vgl. hierzu die Ausführungen von *U. Scheuner* über die wesentlichen Unterschiede des Staatskirchenrechts der Bundesrepublik Deutschland und der USA in dem Vorwort zu *M. Quaas,* Staatliche Hilfe an Kirchen und kirchliche Institutionen in den Vereinigten Staaten von Amerika. Ein Beitrag zur historischen Entwicklung und Gegenwartsproblematik des Verhältnisses von Staat und Kirche in den USA (= Staatskirchenrechtliche Abhandlungen, Bd. 6), Berlin 1977, S. 8f.

[13] Näheres bei *A. Hollerbach,* Die verfassungsrechtlichen Grundlagen des Staatskirchenrechts, in: HdbStKirchR I, S. 215–265.

[14] Hierüber bereits grundlegende Ausführungen bei *G. J. Ebers,* Staat und Kirche im neuen Deutschland, München 1930, S. 119ff.; ebenso *Heckel,* Kirchen unter dem Grundgesetz (Anm. 10), S. 28.

[15] BVerfGE 18, S. 385 (386); 42, S. 312 (332). Zum kirchlichen Selbstbestimmungsrecht vgl. den Beitrag von *K. Hesse,* Das Selbstbestimmungsrecht der Kirchen und Religionsgemeinschaften, in: HdbStKirchR I, S. 409–444. Eine katalogmäßige gegenständliche Aufzäh-

Hollerbach im einzelnen aufgezeigt hat, eine „historisch und funktionell mehrschichtige, strukturierte Einheit innerhalb der Einheit der Verfassung im Ganzen" und das normative Fundament der individuellen Religions- und der Kirchenfreiheit und des Staat-Kirche-Verhältnisses der Bundesrepublik Deutschland[16]. Neben diesen Bestimmungen des Grundgesetzes enthalten auch die meisten Landesverfassungen weitgehend gleichlautende und inhaltlich übereinstimmende Religions- und Kirchenartikel, denen für die konkrete Ausgestaltung der Beziehungen zwischen Staat und Kirche in den einzelnen Bundesländern und für deren Religionspolitik, soweit sie über die Gewährleistungen des Bundesrechts hinausgehen, Bedeutung zukommt[17].

2. *Das Grundrecht der Religionsfreiheit*

a) Das in seinem vollen Umfang gewährleistete Grundrecht der Religionsfreiheit, d. h. die Religionsfreiheit als Individualgrundrecht und als verbandsmäßige Betätigungsfreiheit der Kirchen und der übrigen Religionsgemeinschaften sowie der Weltanschauungsgemeinschaften, bildet eine der Grundvoraussetzungen für ein freies Geistesleben und damit eine Vorbedingung für die Existenz eines freiheitlich-demokratischen Staates[18]. Das Grundgesetz für die Bundesrepublik Deutschland garantiert die Religionsfreiheit in einem umfassenden Sinn, d. h. sowohl *individuell* als auch *institutionell*. Bestimmungen über die Religionsfreiheit finden sich im Grundgesetz an mehreren Stellen.

lung derjenigen Materien, die zu den „eigenen Angelegenheiten" der Religionsgemeinschaften gehören und daher dem Selbstbestimmungsrecht der Kirchen unterliegen, findet sich bei *Ebers*, Staat und Kirche (Anm. 14), S. 261 ff.; ebenso bei *P. Mikat*, Kirchen und Religionsgemeinschaften in: *ders.*, Religionsrechtliche Schriften. Abhandlungen zum Staatskirchenrecht und Eherecht, Bd. 1 (= Staatskirchenrechtliche Abhandlungen, Bd. 5), Berlin 1974, S. 100 ff. Bedeutsame Ausführungen zum Selbstbestimmungsrecht der Kirchen in ihren eigenen Angelegenheiten und über die materielle Reichweite des Selbstbestimmungsrechts enthalten die Entscheidungen des BVerfG vom 11. 10. 1977 (Az.: 2 BvR 209/76) über die Verfassungsbeschwerde des Wilhelm-Anton-Hospitals in Goch, in: BVerfGE 46, S. 73 (85 ff.); vom 25. 3. 1980 (Az.: 2 BvR 208/76) über die Verfassungswidrigkeit einzelner Bestimmungen des nordrhein-westfälischen Krankenhausgesetzes bei Anwendung auf kirchliche Krankenhäuser, in: BVerfGE 53, S. 366 ff.; vom 17. 2. 1981 (Az.: 2 BvR 384/78) zur Frage der Zulässigkeit eines Selbstdarstellungsrechts einer Gewerkschaft in kirchlich-karitativen Einrichtungen, in: BVerfGE 57, S. 220 ff.; vgl. hierzu auch *A. Hollerbach*, Das Staatskirchenrecht in der Rechtsprechung des Bundesverfassungsgerichts (II), in: AöR 106 (1981), S. 236 ff.

[16] *A. Hollerbach*, Die Kirchen unter dem Grundgesetz, in: VVDStRL, Heft 26, Berlin 1968, S. 60 ff.

[17] *Hollerbach*, Die verfassungsrechtlichen Grundlagen (Anm. 13), S. 230 ff.; vgl. hierzu ferner die umfassende Kommentierung der Kirchenartikel der Bayerischen Verfassung durch *A. Frhr. von Campenhausen* und *F.-G. von Busse*, in: *Nawiasky/Leusser/Gerner/Schweiger/Zacher*, Die Verfassung des Freistaates Bayern. Kommentar, 2. Aufl., München 1976, Art. 142–150.

[18] *J. Listl*, Das Grundrecht der Religionsfreiheit in der Rechtsprechung der Gerichte der Bundesrepublik Deutschland (= Staatskirchenrechtliche Abhandlungen, Bd. 1), Berlin 1971; *ders.*, Glaubens-, Gewissens-, Bekenntnis- und Kirchenfreiheit, in: HdbStKirchR I, S. 363–406; *ders.*, Die neuere Rechtsprechung des Bundesverfassungsgerichts zur Religions- und Kirchenfreiheit in der Bundesrepublik Deutschland, in: Auf dem Weg zur Menschenwürde und Gerechtigkeit. Festschr. Hans R. Klecatsky, Wien 1980, S. 571–590.

b) Die zentrale Grundnorm, die „Magna Charta" der Religionsfreiheit, bilden die grundrechtlichen Bestimmungen des Art. 4 Abs. 1 und 2 GG:

(1) Die Freiheit des Glaubens, des Gewissens und die Freiheit des religiösen und weltanschaulichen Bekenntnisses sind unverletzlich.
(2) Die ungestörte Religionsausübung wird gewährleistet.

c) Im Zusammenhang mit diesen Grundrechtsbestimmungen kommt den Religions- und Kirchenartikeln der Weimarer Reichsverfassung vom 11. 8. 1919 (Art. 136, 137, 138, 139 und 141 WRV), die durch Art. 140 GG zum Bestandteil des Grundgesetzes erklärt und dadurch in das GG inkorporiert worden sind, eine große religions- und staatskirchenrechtliche Bedeutung zu. Die zentralen staatskirchenrechtlichen Bestimmungen sind enthalten in Art. 137 Abs. 1 bis 3 WRV:

(1) Es besteht keine Staatskirche.
(2) Die Freiheit der Vereinigung zu Religionsgesellschaften wird gewährleistet. Der Zusammenschluß von Religionsgesellschaften innerhalb des Reichsgebiets unterliegt keinen Beschränkungen.
(3) Jede Religionsgesellschaft ordnet und verwaltet ihre Angelegenheiten selbständig innerhalb der Schranken des für alle geltenden Gesetzes. Sie verleiht ihre Ämter ohne Mitwirkung des Staates oder der bürgerlichen Gemeinde.

d) Einen wichtigen Bestandteil des Grundrechts der Religionsfreiheit bildet das *elterliche religiöse Erziehungsrecht*. Darüber bestimmt Art. 6 Abs. 2 GG, daß Pflege und Erziehung der Kinder das natürliche Recht der Eltern und die zuvörderst ihnen obliegende Pflicht sind. Damit ist zugleich auch das religiöse Erziehungsrecht der Eltern als Grund- und Menschenrecht gewährleistet[19].

e) Nach Art. 7 Abs. 3 GG ist der *Religionsunterricht in den öffentlichen Schulen* – mit Ausnahme der wenigen bekenntnisfreien Schulen – „ordentliches Lehrfach". Die institutionelle Sicherung des Religionsunterrichts in Art. 7 Abs. 3 GG bildet eine verfassungsrechtliche Ausprägung der Religionsfreiheit der Eltern, die ein Recht auch auf die religiöse Erziehung ihrer Kinder haben[20].

f) Mehrere Verfassungsbestimmungen garantieren die *strenge individualrechtliche religiös-weltanschauliche Parität*. Nach dem Gleichheitsgrundsatz des Art. 3 Abs. 3 GG darf niemand wegen seines Glaubens und seiner religiösen oder politischen Anschauungen benachteiligt oder bevorzugt werden; ebenso sind nach Art. 33 Abs. 3 GG der Genuß bürgerlicher und staatsbürgerlicher Rechte und die Zulassung zu öffentlichen Ämtern vom religiösen Bekenntnis unabhängig[21].

Auch unter den *verschiedenen Religionsgemeinschaften ist dem Staat eine rechtliche Bevorzugung einzelner Bekenntnisse untersagt*. Jede Religionsgemeinschaft hat grundsätzlich Anspruch auf Gleichbehandlung. Dadurch sind jedoch sachlich begründete Differenzierungen nicht ausgeschlossen. Dies bedeutet für die staatskirchenrechtliche Praxis, daß eine allseitige staatskirchenrechtliche

[19] *E. Stein*, Elterliches Erziehungsrecht und Religionsfreiheit, in: HdbStKirchR II, S. 455–481; ferner *W. Geiger*, Kirchen und staatliches Schulsystem, ebd., S. 483–502.
[20] Zum Religionsunterricht vgl. den Beitrag von *Ch. Link*, Religionsunterricht, in: HdbStKirchR II, S. 503–546.
[21] Vgl. hierzu im einzelnen *Heckel*, Die religionsrechtliche Parität (Anm. 1).

Parität nur zwischen den beiden großen Kirchen, d. h. der evangelischen und der katholischen Kirche, bestehen kann. Eine Reihe staatskirchenrechtlicher Einrichtungen können nur von diesen beiden Kirchen in Anspruch genommen werden. Wegen der relativ geringen Zahl der Angehörigen der kleineren Religionsgemeinschaften können für diese z. B. Theologische Fakultäten und eine organisierte Militär- und Anstaltsseelsorge nicht eingerichtet werden. Auch die Erteilung von Religionsunterricht ist für die Angehörigen dieser Religionsgemeinschaften wegen ihrer geringen Schülerzahlen in den meisten Fällen technisch nicht möglich. Ebenso werden Staatskirchenverträge in aller Regel nur mit den beiden Kirchen abgeschlossen.

Neben der *Parität,* die staatskirchenrechtlich *zwischen den beiden Kirchen* besteht, kennt das deutsche Staatskirchenrecht eine zweite Stufe der Parität, die *zwischen den beiden Kirchen und den kleineren Religionsgemeinschaften mit öffentlich-rechtlichem Status* besteht. Auch diesen kleineren öffentlich-rechtlich organisierten Religionsgemeinschaften stehen zahlreiche Befugnisse zu, wie z. B. bestimmte Steuer- und Gebührenbefreiungen, die nur denjenigen Religionsgemeinschaften eingeräumt sind, die die Rechtsstellung einer Körperschaft des öffentlichen Rechts besitzen. So können durchaus auch kleinere öffentlich-rechtliche Religionsgemeinschaften von ihrem verfassungsmäßigen Recht, von ihren Gläubigen Kirchensteuern zu erheben, Gebrauch machen. Ein Einzug der Kirchensteuer durch die staatlichen Finanzämter ist jedoch nur dann zulässig, wenn sie eine aus technischen Gründen erforderliche und in den Kirchensteuergesetzen der einzelnen Bundesländer festgelegte Mindestzahl an Mitgliedern in dem betreffenden Bundesland erreichen[22].

Eine weitere, *dritte Stufe der Parität besteht zwischen den öffentlich-rechtlichen Religionsgemeinschaften und den Religionsgemeinschaften mit privatrechtlichem Rechtsstatus.* Diesen steht die Religionsfreiheit und das Selbstbestimmungsrecht im selben Umfang zu wie den Kirchen und den übrigen öffentlich-rechtlichen Religionsgemeinschaften, sie sind aber nicht in der Lage, die Rechtspositionen und das Maß an Förderung und Kooperation mit dem Staat in Anspruch zu nehmen, das durch die Gesetze den öffentlich-rechtlichen Religionsgemeinschaften zuerkannt wird. Der Grund für diese Differenzierung ist jedoch kein prinzipiell-rechtlicher, sondern ein faktischer; er liegt in der Regel entweder in der geringen Zahl der Mitglieder dieser Gemeinschaften oder in Einzelfällen auch in deren freier Entschließung, einen Antrag auf Verleihung des Rechtsstatus einer Körperschaft des öffentlichen Rechts nicht zu stellen[23].

[22] In dieser Hinsicht bestimmt z. B. Art. 17 des bayer. Gesetzes über die Erhebung von Steuern durch Kirchen, Religions- und weltanschauliche Gemeinschaften (Kirchensteuergesetz – KirchStG) i. d. F. d. B. vom 15. März 1967 (GVBl. 1967, S. 317), daß eine Übertragung der Verwaltung der Kircheneinkommensteuer und der Kirchenlohnsteuer für eine Religionsgemeinschaft auf die Finanzämter nicht stattfindet, „wenn eine Gemeinschaft in Bayern weniger als 25 000 Mitglieder hat". Vgl. *J. Giloy,* Kirchensteuerrecht und Kirchensteuerpraxis in den Bundesländern, Stuttgart-Wiesbaden 1978, S. 150f.

[23] So hat es z. B. die „Wachtturm Bibel- und Traktat-Gesellschaft Deutscher Zweig, e.V.", die in der Rechtsform eines eingetragenen Vereins organisiert ist, abgelehnt, einen Antrag auf Verleihung der Rechtsstellung einer Körperschaft des öffentlichen Rechts zu stellen.

g) Die fundamentale Interpretationsmaxime der Religionsfreiheit im Grundgesetz besagt, daß die Religionsfreiheit, ebenso wie sämtliche übrigen Grundrechte, in erster Linie zum Schutz der *positiven* Religionsausübung gewährleistet und daher der Begriff *Religion* im Grundgesetz *„extensiv" auszulegen ist*[24]. *Dies bedeutet im Ergebnis, daß auch in den staatlichen öffentlichen Institutionen, insbesondere im Bereich des öffentlichen Schul- und Bildungswesens, die positive* Religionsausübung, d. h. die Religionsfreiheit in ihrer „positiven" Erscheinungsform, vor der Religionsfreiheit in deren *„negativen"* Erscheinungsformen, d. h. vor dem Recht, keine Religion zu haben oder sich zu keiner Religionsgemeinschaft zu bekennen oder seine religiöse Überzeugung nicht offenbaren zu müssen (Art. 140 GG i. V. m. Art. 136 Abs. 3 WRV), nicht zu weichen braucht. Daraus folgt für die staatskirchenrechtliche Praxis, daß ein betunwilliger Schüler das Schulgebet einer gesamten Klasse nicht verhindern darf, sofern ihm die Möglichkeit geboten ist, sich in zumutbarer Weise am Schulgebet nicht zu beteiligen[25]. Aus diesem Grund ist es auch nicht unzulässig, daß Patienten bei der Einlieferung in staatliche oder kommunale Krankenhäuser zum Zwecke der Erleichterung ihrer seelsorgerischen Betreuung durch die Kirchen nach ihrer Religionszugehörigkeit gefragt werden, sofern die Beantwortung der Frage freigestellt ist und unter zumutbaren Bedingungen abgelehnt werden kann[26]. Aus den gleichen Gründen ist es auch nicht unzulässig, daß „christliche Gemeinschaftsschulen" von einer Minderheit von Schülern besucht werden müssen, die keinem christlichen Bekenntnis angehören, sofern diesen nichtchristlichen Schülern ein Höchstmaß an religiöser Toleranz entgegengebracht wird[27].

Diese Religionsgemeinschaft wurde daraufhin zur Umsatzsteuer nach dem allgemeinen Steuersatz herangezogen. Der BFH hat diese Maßnahme der Finanzverwaltung bestätigt. Eine gegen das Urteil des BFH erhobene Verfassungsbeschwerde wurde vom BVerfG mit der Begründung verworfen, daß es mit dem Grundgesetz vereinbar sei, die Befreiung von der Umsatzsteuer nach § 2 Abs. 3 UStG auf Religionsgesellschaften zu beschränken, die Körperschaften des öffentlichen Rechts sind. Vgl. zum Ganzen BVerfGE 19, S. 129 ff.

[24] BVerfGE 24, S. 236 (246).

[25] So die zutreffende Entscheidung des Bundesverwaltungsgerichts vom 30. 11. 1973 (Az.: VII C 59.72), in: BVerwGE 44, S. 196 ff.; vgl. dazu *D. Lorenz,* Schulgebet und Toleranz, in: JuS 1974, S. 436–441. Damit wandte sich das Bundesverwaltungsgericht gegen das sog. Schulgebetsurteil des Hessischen Staatsgerichtshofes vom 27. 10. 1965 (Az.: P. St. 388), in: ESVGH 16, S. 1 ff. = NJW 1966, S. 31 ff. = DÖV 1966, S. 51 ff. = DVBl. 1966, S. 29 ff. Der Hessische Staatsgerichtshof war in seiner Entscheidung von einem Vorrang der „negativen" vor der „positiven" Religionsfreiheit ausgegangen. Vgl. zum Ganzen *Listl,* Das Grundrecht der Religionsfreiheit (Anm. 18), S. 274 ff. Das BVerfG hat die Schulgebets-Entscheidung des BVerwG durch Beschluß vom 16. 10. 1979 (Az.: 1 BvR 7/74) bestätigt. Die Entscheidung ist veröffentlicht in: BVerfGE 52, S. 223 ff. = NJW 1980, S. 575 = DÖV 1980, S. 333. Vgl. hierzu die im Ergebnis abl. Stellungnahme von *E.-W. Böckenförde,* Zum Ende des Schulgebetsstreits, in: DÖV 1980, S. 323 und die der Entscheidung des BVerfG zust. Stellungnahme von *U. Scheuner,* Nochmals: Zum Ende des Schulgebetsstreits. Bemerkungen zur Abhandlung von E.-W. Böckenförde, DÖV 1980, S. 323, in: DÖV 1980, S. 514; mit „Schlußwort" von *Böckenförde,* ebd., S. 515.

[26] So das BVerwG in einem Beschluß vom 23. 7. 1975 (Az.: VII B 114.74), abgedr. in: DÖV 1976, S. 273 mit zust. Anm. von *J. Listl;* das BVerfG hat diese Entscheidung des BVerwG bestätigt, vgl. BVerfGE 46, S. 266 ff.

[27] So das BVerfG in drei einander ergänzenden Entscheidungen vom 17. 12. 1975, in: BVerfGE 41, S. 29 ff., 65 ff., 88 ff.; vgl. hierzu *Listl,* Staat und Kirche bei Ulrich Scheuner (Anm. 8), S. 873 ff.

Das Zusammenleben von Angehörigen verschiedener Bekenntnisse und Religionsgemeinschaften in Frieden und Freiheit im selben Staatsverband erfordert von sämtlichen Beteiligten ein hohes Maß an Toleranz. Dieses *Prinzip und Gebot der Toleranz,* das von den verschiedenen religiösen und weltanschaulichen Gruppen innerhalb des Staates die Achtung und Anerkennung der Andersartigkeit und der Würde Andersdenkender verlangt, bildet die rechtliche Grundlage für den Ausgleich widerstreitender Interessen zwischen den „positiven" und „negativen" Erscheinungsweisen des Grundrechts der Religionsfreiheit und erweist sich damit als ein objektives, immanentes und notwendiges *verfassungsrechtliches Komplementärprinzip zum Grundrecht der Religionsfreiheit*[28].

3. *Die Stellung der Kirchen als „Körperschaften des öffentlichen Rechts"*

Eine weitere bedeutsame verfassungsrechtliche Grundentscheidung, die die verfassungsrechtliche effektive Gewähr voller Religionsfreiheit, die grundsätzliche institutionelle Trennung von Staat und Kirche und die Garantie des kirchlichen Selbstbestimmungsrechts wesentlich ergänzt und ein prägendes Element des spezifischen deutschen Staatskirchenrechts darstellt, ist die in Art. 140 GG i. V. m. Art. 137 Abs. 5 WRV enthaltene Zuerkennung der Rechtsstellung einer *„Körperschaft des öffentlichen Rechts"* unmittelbar durch die Verfassung an diejenigen Religionsgesellschaften, die diesen Rechtsstatus beim Inkrafttreten der Weimarer Reichsverfassung vom 11. 8. 1919 bereits besaßen[29]. Die übrigen Religionsgemeinschaften haben, ebenfalls kraft der Verfassung, einen Rechtsanspruch auf Zuerkennung dieser Rechtsstellung, sofern sie durch ihre Verfassung und die Zahl ihrer Mitglieder die Gewähr der Dauer bieten[30]. Die Verleihung der Rechtsstellung einer Körperschaft des öffentlichen Rechts ist für das Staatskirchenrecht der Bundesrepublik Deutschland unter einer dreifachen Rücksicht von Bedeutung:

a) Dadurch wird den Kirchen unmittelbar durch die Verfassung die *Rechtsfähigkeit* verliehen, die sie im staatlichen Rechtsbereich handlungs-, vermögens-, partei- und prozeßfähig macht. Die Kirchen sind damit nicht darauf verwiesen, die Rechtsfähigkeit nach Art privater Vereine auf Antrag nach den allgemeinen Vorschriften des Bürgerlichen Rechts zu erwerben.

b) Die Verleihung des Körperschaftsstatus an die Kirchen bedeutet nicht deren Eingliederung in den allgemeinen Begriff der Körperschaft des öffentlichen Rechts, der Abhängigkeit vom Staat und von der Aufsicht des Staates in sich schließt. Er

[28] Diese Auffassung liegt den drei in Anm. 27 genannten Entscheidungen des BVerfG zugrunde. Nach *Scheuner,* System der Beziehungen (Anm. 8), S. 65 statuiert die Toleranz „ein der Religionsfreiheit entsprechendes objektives Prinzip der grundrechtlichen Ordnung, das auch für den einzelnen Bürger eine Pflicht zu freundlichem und duldsamen Zusammenleben und einem entsprechenden Verhalten begründet". Vgl. hierzu auch *Listl,* Das Grundrecht der Religionsfreiheit (Anm. 18), S. 10ff., 124, 259, 262f., 280f., 450.

[29] Vgl. hierzu *E. Friesenhahn,* Die Kirchen und Religionsgemeinschaften als Körperschaften des öffentlichen Rechts, in: HdbStKirchR I, S. 545–585.

[30] Vgl. dazu im einzelnen *Solte,* Die Organisationsstruktur (Anm. 6).

bringt vielmehr nur die besondere öffentliche Stellung der Kirchen zum Ausdruck. Durch die Verleihung dieser öffentlich-rechtlichen Stellung anerkennt der Staat, wie *Friesenhahn* ausführt, die *Kirchen als geschichtsmächtige Kräfte, die für das öffentliche Leben des im Staate verfaßten Volkes von wesentlicher Bedeutung sind.* Diese Auffassung hatte in den Staaten, die später das Deutsche Reich gebildet haben, dazu geführt, daß den Kirchen dieser besondere Rechtsstatus beigelegt wurde, der sie von den bloß „privaten" Vereinen abhob[31]. Die Zuerkennung dieses Rechtsstatus bedeutet zugleich eine Absage an das staatskirchenrechtliche Modell einer „radikalen" oder „laizistischen" Trennung und die Entscheidung für die Fortsetzung bestimmter Beziehungen zwischen Kirche und Staat und für die Kooperation zwischen den beiden Institutionen[32].

c) Mit dem Körperschaftsstatus ist ferner *eine Reihe konkreter rechtlicher Befugnisse verbunden*, wie die Dienstherrenfähigkeit, die Organisationsgewalt, der strafrechtliche Schutz der Amtsbezeichnungen, die Gewähr des Beeidigungsrechts und der Rechtshilfe an kirchliche Disziplinarbehörden und Gerichte, die öffentlich-rechtliche Rechtsetzungsbefugnis (Autonomie) und die in Art. 137 Abs. 6 (nur) denjenigen Religionsgemeinschaften, die Körperschaften des öffentlichen Rechts sind, verliehene Berechtigung, auf Grund der bürgerlichen (d. h. staatlichen) Steuerlisten nach Maßgabe der landesrechtlichen Bestimmungen Steuern zu erheben[33].

Eine Beschränkung ihrer Freiheit ist für die Kirchen mit der Verleihung des öffentlich-rechtlichen Status *nicht* verbunden[34]. Der Staat anerkennt mit dieser Rechtsstellung vielmehr, daß nach dem Konsens der Rechtsgenossen den Kirchen im Volksganzen für die Pflege der religiösen Interessen der Bürger eine ähnliche Rolle zukommt wie dem Staat für die weltlichen Gemeinschaftsinteressen. Es bestehen damit in der Bundesrepublik Deutschland zwei Bereiche des Hoheitlichen, wobei der der Kirchen auf der Anerkennung durch den Staat beruht und nur insoweit aktuell wird, als kirchliche Handlungen irgendwie in die staatliche Rechtsordnung hineinwirken. Wegen der grundsätzlich staatsfremden Aufgaben der Kirchen *muß die Kontrolle des Staates über das hoheitliche Wirken der Kirchen auf ein Mindestmaß der Wahrung äußerster Grenzen der verfassungsmäßigen Ordnung zurückgenommen werden*[35].

[31] *Friesenhahn,* Die Kirchen (Anm. 29), S. 547 mit zahlr. Nachw. aus der einschlägigen Literatur.

[32] So mit Recht *von Campenhausen,* Rdnr. 7 zu Art. 143 BayVerf. (Anm. 17); vgl. ferner *Maunz,* Rdnr. 25–35 zu Art. 140 GG (Anm. 8).

[33] Vgl. hierzu im einzelnen *Friesenhahn,* Die Kirchen (Anm. 29), S. 563f., 580ff.

[34] In dieser Hinsicht hat das BVerfG ausdrücklich klargestellt, daß die Kirchen durch die Verleihung der Rechtsstellung einer Körperschaft des öffentlichen Rechts „weder in den Staat organisch eingegliedert, noch einer besonderen staatlichen Kirchenhoheit unterworfen" werden. Vgl. Beschl. des BVerfG vom 31. 3. 1971 (Az.: 1 BvR 744/67), in: BVerfGE 30, S. 415 (428).

[35] *Friesenhahn,* Die Kirchen (Anm. 29), S. 550f., m. w. N.

4. Die Konkordate

Eine so enge Kooperation zwischen Kirche und Staat, wie sie durch die Staatskirchenartikel des Grundgesetzes und die korrespondierenden Bestimmungen der meisten Landesverfassungen und durch die diese Verfassungsbestimmungen konkretisierenden staatlichen Gesetze und Verordnungen begründet wird, erfordert ein auf Dauer angelegtes loyales und freundschaftliches Zusammenwirken zwischen den beiden Institutionen Kirche und Staat. Diese Tatsache ist auch der Grund dafür, daß es der Tradition des deutschen Staatskirchenrechts entspricht, die Beziehungen zwischen der katholischen Kirche und dem Staat nicht einseitig nur durch Staatsgesetze, sondern auch durch *Staatskirchenverträge in der Form von Konkordaten* zu regeln und dadurch auf eine dauerhaftere Grundlage zu stellen[36]. Unter einem Konkordat ist ein zwischen dem Hl. Stuhl und einem Staat – in der Regel in feierlicher diplomatischer Form – abgeschlossener völkerrechtlicher Vertrag zu verstehen, dem die Aufgabe zukommt, im Interesse eines geordneten Zusammenlebens von Staat und katholischer Kirche in der Regel alle Gegenstände gemeinsamen Interesses auf Dauer rechtlich zu ordnen[37].

Aus der Weimarer Zeit bestehen in der Bundesrepublik Deutschland Konkordate zwischen dem Hl. Stuhl und Bayern (29. 3. 1924), Preußen (14. 6. 1929) und Baden (12. 10. 1932)[38]. Zwischen diesen Ländern und den jeweiligen evangelischen Landeskirchen wurden zur selben Zeit korrespondierende Evangelische Kirchenverträge abgeschlossen. Am 20. 7. 1933 erfolgte der Abschluß des Konkordats zwischen dem Hl. Stuhl und dem Deutschen Reich (Reichskonkordat), dessen Rechtsbestand und Weitergeltung das Bundesverfassungsgericht durch Urteil vom 26. 3. 1957 anerkannt und bestätigt hat[39]. Am 26. 12. 1965 wurde zwischen dem Hl. Stuhl und dem Land Niedersachsen ein Konkordat geschlossen, dem bereits ein Evangelischer Kirchenvertrag (Loccumer Vertrag) vorhergegangen war.

[36] Terminologisch bildet der „Staatskirchenvertrag" den Oberbegriff für die zwischen dem Hl. Stuhl und einem Staat abgeschlossenen „Konkordate" und die zwischen einem Staat und der evangelischen Kirche seines Hoheitsgebiets abgeschlossenen „Evangelischen Kirchenverträge". Vgl. hierzu *A. Hollerbach,* Die vertragsrechtlichen Grundlagen des Staatskirchenrechts, in: HdStKirchR I, S. 268.

[37] Zum völkerrechtlichen Charakter der Konkordate vgl. *Hollerbach* ebd., S. 282ff.; *U. Scheuner,* Die internationalen Beziehungen der Kirchen und das Recht auf freien Verkehr, in: HdbStKirchR II, S. 332f.; ferner in *diesem* Band, oben, *J. Listl,* § 111 Die Lehre der Kirche über das Verhältnis von Kirche und Staat, VII.

[38] Abgedr. u. a. in der Textausgabe von *Werner Weber* (Hrsg.), Die deutschen Konkordate und Kirchenverträge der Gegenwart, 2 Bde., Göttingen 1962/1971. Über weitere Textausgaben von Konkordaten und Kirchenverträgen vgl. *Hollerbach,* Die vertragsrechtlichen Grundlagen (Anm. 36), S. 268 mit Anm. 2; über die neuesten Konkordatsabschlüsse vgl. bei *Listl,* Die Lehre der Kirche (Anm. 37). Eine zusammenfassende Darstellung und Beurteilung der konkordatsrechtlichen und konkordatspolitischen Situation in Deutschland vom Ende des I. Weltkriegs bis zur Gegenwart bietet *G. May,* Die Konkordatspolitik des Heiligen Stuhls von 1918 bis 1974, in: Handbuch der Kirchengeschichte, Bd. VII: Die Weltkirche im 20. Jahrhundert, hrsg. von J. Jedin und K. Repgen, Freiburg-Basel-Wien 1979, S. 113–201 und 222–229; über den Abschluß des Reichskonkordats vom 20. 7. 1933 und das Schicksal dieses Konkordats bis zum Beginn des Pontifikats Pius' XII. vgl. *K. Repgen,* Die Außenpolitik der Päpste im Zeitalter der Weltkriege, ebd., S. 66–79.

[39] BVerfGE 6, S. 309ff.

Ferner wurde zwischen dem Hl. Stuhl und einzelnen Bundesländern, zum Teil – jeweils mit Zustimmung des Hl. Stuhls – auch zwischen den Bischöfen einzelner Länder und den Landesregierungen, eine Reihe von Abkommen geschlossen, die in einigen Fällen auch als Konkordate bezeichnet werden und einzelne Rechtsmaterien, insbesondere auf dem Gebiet des Vermögensrechts und des Bildungswesens, zum Gegenstand haben.

Die Regelungsmaterien der Konkordate erstrecken sich vor allem auf drei große Sachbereiche[40]:

a) auf die Gewährleistung der *Religions- und Kirchenfreiheit* im weitesten Sinn des Wortes mit Einschluß der Freiheit der Lehre und Verkündigung und der Sakramentenverwaltung, ferner auf die *freie Ämterverleihung* und die *Garantie des Kirchenguts* und der freien kirchlichen Vermögensverwaltung;

b) auf den „klassischen" Bestand der sog. gemeinsamen Angelegenheiten von Staat und Kirche. Dazu gehören traditionsgemäß der *Religionsunterricht,* die *Theologischen Fakultäten,* die *Anstalts- und Militärseelsorge,* das *Friedhofsrecht,* das *Eherecht,* das *kirchliche Besteuerungsrecht* und – in den neueren Konkordaten und kondordatären Abmachungen – der Bereich der *Erwachsenenbildung* und die Beteiligung der Kirche an den Einrichtungen des *Rundfunks und Fernsehens;*

c) auf die auf historischen Rechtstiteln beruhenden und im wesentlichen auf die Säkularisation während der napoleonischen Zeit zurückgehenden *Staatsleistungen, Baulasten* und *Staatszuschüsse* und auf die Frage der Ablösung dieser staatlichen Leistungen.

Für die kontinuierliche Entwicklung der Kooperation zwischen Staat und Kirche kommt den Konkordaten und Kirchenverträgen auch im freiheitlich-demokratischen Staat der Gegenwart eine große Bedeutung zu. Deshalb liegt das grundsätzliche Festhalten an den Konkordaten und deren Anpassung an die jeweiligen geänderten Verhältnisse gleichermaßen im Interesse der Kirche und des Staates.

IV. Einzelne Sachbereiche des Verhältnisses von Kirche und Staat

1. Der Religionsunterricht

Das für die Kirche und ihren pastoralen Auftrag bedeutsamste Institut des Staatskirchenrechts in der Bundesrepublik Deutschland ist der *Religionsunterricht,* der als *staatliches Unterrichtsfach* erteilt wird[41]. Nach Art. 7 Abs. 3 GG ist

[40] Vgl. hierzu im einzelnen bei *Hollerbach,* Die vertragsrechtlichen Grundlagen (Anm. 36), S. 292f.

[41] *Link,* Religionsunterricht (Anm. 20), S. 512ff.; *E. Friesenhahn,* Religionsunterricht und Verfassung, in: Essener Gespräche zum Thema Staat und Kirche, hrsg. von J. Krautscheidt und H. Marré, Bd. 5, Münster 1971, S. 67ff. Vgl. hierzu ferner in *diesem* Band, oben, *O. Stoffel,* § 62 Die Verkündigung in Predigt und Katechese; *F. Pototschnig,* § 67 Das Bildungswesen; *J. Listl,* § 68 Der Religionsunterricht.

der Religionsunterricht an den öffentlichen Schulen – mit Ausnahme der bekenntnisfreien Schulen – ordentliches Lehrfach[42]. Der Religionsunterricht ist, obwohl Lehrveranstaltung des Staates, in Übereinstimmung mit den Grundsätzen der Religionsgemeinschaften zu erteilen. *Dies bedeutet, daß die Kirchen über den Inhalt, den Lehrstoff, die anzuwendenden Lehrmethoden und auch über die Lehrbücher entscheiden*[43]. Die Kirchen sind auch berechtigt, die Erteilung des Religionsunterrichts durch kirchliche Beauftragte daraufhin überprüfen zu lassen, ob er tatsächlich in Übereinstimmung mit den Grundsätzen der Kirche erteilt wird. Die Tatsache, daß durch den Religionsunterricht zulässigerweise die Kenntnis von Glaubenssätzen der Kirche vermittelt wird, steht einer echten Leistungsbewertung in diesem Fach und einer versetzungserheblichen Ausgestaltung der Religionsnote nicht entgegen. Wie jedes wissenschaftliche oder wissenschaftsorientierte Fach ist auch der Religionsunterricht auf *Wissensvermittlung* ausgerichtet. Nicht die glaubensmäßige Einstellung der Schüler, sondern deren *Wissen* unterliegt der Leistungsbewertung und der Benotung[44]. Der Religionsunterricht, der sich seit der zweiten Hälfte der sechziger Jahre, ebenso wie die Religionspädagogik, in einer Krise befand[45], bei dem aber, wie es scheint, allmählich ein neuer Grundkonsens und eine Konsolidierung seiner theoretischen Konzeptionen erzielt wird, weist gegenüber den anderen Pflichtfächern einige Besonderheiten auf. Die Mitwirkung der Kirche am Religionsunterricht äußert sich darin, daß als Voraussetzung zur Erteilung des Religionsunterrichts eine besondere kirchliche Beauftragung in Form der *missio canonica* erforderlich ist, die vom zuständigen Diözesanbischof erteilt wird. Der Entzug der *missio canonica*, der die Unfähigkeit zur Erteilung des Religionsunterrichts bewirkt, ist, da es sich hierbei um eine ausschließlich innerkirchliche Angelegenheit handelt, durch staatliche Gerichte nicht nachprüfbar[46]. Ferner kann kein Lehrer gegen seinen Willen verpflichtet werden, Religionsunterricht zu erteilen. Über die Teilnahme am Religionsunterricht, der seiner Rechtsnatur nach *konfessionelles Pflichtfach* ist[47], bestimmen die

[42] Ausnahmen bilden Bremen (Art. 141 GG, sog. „Bremer Klausel"), ferner einige andere Bundesländer, in denen nicht für alle Schularten die Erteilung von Religionsunterricht vorgesehen ist. Vgl. *Link*, Religionsunterricht (Anm. 20), S. 503.

[43] Vgl. *Friesenhahn*, Religionsunterricht (Anm. 41), S. 80ff. Vgl. hierzu ferner *W. Leisner*, Das staatliche Aufsichtsrecht über den Religionsunterricht unter besonderer Berücksichtigung der Lehrpläne und Lehrmittel. Rechtsgutachten, München 1976 (Hrsg. Katholisches Schulkommissariat II in Bayern, Maxburgstraße 2, 8000 München 2).

[44] BVerwG, Urt. vom 6. 7. 1973 (Az.: VII C 36.71), in: BVerwGE 42, S. 346ff.; abgedr. in: NJW 1973, S. 1815 mit abl. Anm. von *K. Obermayer*; zust. Anm. von *U. Scheuner*, in: NJW 1973, S. 2315ff. Vgl. dazu *F. Müller/B. Pieroth*, Religionsunterricht als ordentliches Lehrfach. Eine Fallstudie zu den Verfassungsfragen seiner Versetzungserheblichkeit (= Staatskirchenrechtliche Abhandlungen, Bd. 4), Berlin 1974, S. 105ff.

[45] Dazu ausführlich *Link*, Religionsunterricht (Anm. 20), S. 507ff.; symptomatisch z. B. die einseitig aggressive Rezension des im Auftrag der Bischöfe von Essen und Augsburg von *A. Baur* und *W. Plöger* herausgegebenen Religionsbuchs „Botschaft des Glaubens. Ein katholischer Katechismus" (Donauwörth/Essen, 1. Aufl. 1978) durch die Religionspädagogen *G. Stachel/J. Hilberath*, in: HerKorr 33 (1979), S. 30–36.

[46] VG Aachen, Urt. vom 27. 6. 1972 (Az.: 2 K 594/71), abgedr. in: DVBl. 1974, S. 57f. mit zust. Anm. von *J. Listl*.

[47] Zur Frage der Konfessionalität des Religionsunterrichts s. *Th. Maunz*, Die Konfessionalität des Religionsunterrichts aus juristischer Sicht, in: *J. Schlüter/P.-W. Scheele/*

Erziehungsberechtigten, nach Erlangung der Religionsmündigkeit die Schüler selbst. Der Staat ist berechtigt, für diejenigen Schüler, die sich vom Religionsunterricht abgemeldet haben, einen obligatorischen Ethik-Unterricht anzubieten[48].

2. *Die Theologischen Fakultäten*

In der Bundesrepublik Deutschland bestehen, abgesehen von einigen kirchlichen Theologischen Fakultäten, an zwölf Universitäten Katholisch-Theologische Fakultäten, deren Rechtsstatus aufgrund des traditionellen deutschen Hochschulrechts weithin einheitlich ist[49]. Konkordatsrechtlich besteht in Art. 19 des Reichskonkordats nur eine für sämtliche Fakultäten gemeinsame Vorschrift, die eine Bestandsgarantie für die staatlichen Fakultäten enthält und im einzelnen auf die einschlägigen Regelungen im bayerischen, preußischen und badischen Konkordat verweist[50]. In Art. 19 Satz 3 des Reichskonkordats hat die Reichsregierung dem Hl. Stuhl für sämtliche in Frage kommenden Katholischen Fakultäten Deutschlands eine der Gesamtheit der einschlägigen Bestimmungen entsprechende einheitliche Praxis zugesichert. Die Theologischen Fakultäten sind ihrer Rechtsnatur nach *staatliche* Einrichtungen, die vom Hl. Stuhl als Theologische Fakultäten anerkannt sind und deshalb sowohl staatlicher als auch kirchlicher Normierung unterliegen. Insofern stehen sie in Parallele zum Religionsunterricht. Die Aufgabenstellung der Theologischen Fakultäten besteht „vornehmlich" darin, den *Bedürfnissen des priesterlichen Berufes* und *daneben* den anderen seelsorgerischen Diensten nach Maßgabe der kirchlichen Vorschriften Rechnung zu tragen. Im Zuge der neueren pädagogischen Entwicklungen muß das Lehrangebot der Theologischen Fakultäten ferner den *Bedürfnissen der Studenten für das Lehramt* entsprechen[51].

Th. Maunz, Religionsunterricht konfessionell? 3 Referate, die anläßlich der Schulreferentenkonferenz der deutschen Diözesen vom 16.–19. Oktober 1972 in Leitershofen gehalten wurden. Hrsg. von der Schulabteilung im Erzbischöflichen Generalvikariat Paderborn, Salzkotten 1972, S. 37–52; ferner *J. Listl* (Hrsg.), Der Religionsunterricht als bekenntnisgebundenes Lehrfach. Sechs Rechtsgutachten von *Chr. Link* und *A. Pahlke, J. Listl, U. Scheuner, A. Hollerbach* zur Frage der Möglichkeit der Teilnahme von Schülern am Religionsunterricht einer anderen Konfession (= Staatskirchenrechtliche Abhandl., Bd. 15), Berlin 1983.

[48] Zur Möglichkeit der Abmeldung eines Schülers vom Religionsunterricht vgl. *Link*, Religionsunterricht (Anm. 20), S. 525ff. Über die Einrichtung eines obligatorischen unkonfessionellen Moral- oder Ethikunterrichts für die sich vom Religionsunterricht abmeldenden Schüler vgl. bei *von Campenhausen,* Staatskirchenrecht (Anm. 8), S. 119 mit Anm. 30.

[49] Einzelheiten bei *Werner Weber,* Theologische Fakultäten, staatliche Pädagogische und Philosophisch-Theologische Hochschulen, in: HdbStKirchR II, S. 569–596; *A. Hollerbach,* Die Theologischen Fakultäten und ihr Lehrpersonal im Beziehungsgefüge von Staat und Kirche, in: Essener Gespräche zum Thema Staat und Kirche, hrsg. von H. Marré und J. Stüting, Bd. 16, Münster 1982, S. 69–99; *E.-L. Solte,* Theologie an der Universität. Staats- und kirchenrechtliche Probleme der theologischen Fakultäten (= Jus Ecclesiasticum, Bd. 13), München 1971; *H. Schmitz,* Kirchliche Hochschulen nach der Apostolischen Konstitution Sapientia Christiana von 1979, in: AfkKR 150 (1981), S. 45–90 u. 477–527; vgl. hierzu auch in *diesem* Band, oben, *G. May,* § 69 Die Hochschulen.

[50] *W. Weber,* Theologische Fakultäten (Anm. 49), S. 570.

[51] So ausdrücklich Art. 4 § 1 BayK i. d. F. vom 4. 9. 1974, in: AAS 66 (1974), S. 604f.; abgedr. auch in AfkKR 143 (1974), S. 550; vgl. hierzu auch *A. Scheuermann,* Das Bayerische Konkordat 1924 bis 1974, in: Festschr. Dordett, S. 399 (404f.).

Da die Lehrer der Theologie an den Theologischen Fakultäten Anteil am Lehramt der Kirche haben und ihre Lehre in Übereinstimmung mit der Lehre der Kirche stehen muß, steht den zuständigen Diözesanbischöfen bei der Berufung bzw. Einstellung sämtlicher Lehrpersonen, die mit der selbständigen Wahrnehmung von Lehraufgaben betraut werden sollen, ein Mitwirkungsrecht zu, das in der Erteilung des in aller Regel die *missio canonica* einschließenden *„Nihil obstat"* durch den für den Hochschulort zuständigen Diözesanbischof besteht. Erweist sich ein Lehrer der Theologie aus schwerwiegenden Gründen, die sowohl in seiner Lehre als auch in seiner sittlichen Lebensführung liegen können, für die weitere Ausübung seiner Lehrtätigkeit als ungeeignet, steht dem Diözesanbischof das Recht zu, ihn unter Angabe des Grundes dem Staat gegenüber formell zu *„beanstanden"* und ihm die *missio canonica* zu entziehen. In diesem Fall ist die zuständige staatliche Kultusbehörde verpflichtet, anstelle dieses Lehrers für einen den Lehrbedürfnissen entsprechenden Ersatz zu sorgen[52].

3. *Militär- und Anstaltsseelsorge*

a) In der Bundesrepublik Deutschland besteht eine institutionalisierte und vom Staat für die Bundeswehr organisierte *Militärseelsorge.* Die staatskirchenrechtliche Grundlage der vom Staat im Einvernehmen mit den Kirchen eingerichteten Seelsorgeorganisationen in Bundeswehr und Bundesgrenzschutz bilden die Bestimmungen des Art. 4 Abs. 1 und 2 GG, in denen der Anspruch der Angehörigen der Bundeswehr und des Bundesgrenzschutzes auf seelsorgerliche Betreuung enthalten ist. Die Notwendigkeit einer besonderen Militärseelsorge findet darin ihre Rechtfertigung, daß der Dienst in Bundeswehr und Bundesgrenzschutz für die Soldaten und Grenzschutzangehörigen eine Herausnahme aus ihren normalen Lebensverhältnissen und aus den normalen Möglichkeiten der Seelsorge bedeutet. Das kann bereits in Friedenszeiten Erschwerungen der Religionsausübung zur Folge haben und rechtfertigt es bereits von daher, daß von seiten des Staates besondere Vorkehrungen getroffen werden, um die Möglichkeit der Religionsausübung zu gewährleisten. Ganz besonders aber gilt dies für den Ernstfall, in dem die Kirche in verstärktem Maße bemüht sein muß, ihren Gläubigen seelsorgerische Betreuung anzubieten[53].

b) Nach Art. 140 GG i. V. m. Art. 141 WRV sind die Religionsgesellschaften, soweit das Bedürfnis nach Gottesdienst und Seelsorge im Heer, in Krankenhäusern, Strafanstalten oder sonstigen öffentlichen Anstalten besteht, zur Vornahme religiöser Handlungen zuzulassen, wobei jeder Zwang fernzuhalten ist. Diese Verfassungsbestimmung bildet in Verbindung mit dem Grundrecht des Art. 4

[52] Vgl. hierzu im einzelnen *A. Hollerbach,* Die Theologischen Fakultäten (Anm. 49), S. 81ff.; *U. Scheuner,* Rechtsfolgen der konkordatsrechtlichen Beanstandung eines katholischen Theologen (= Staatskirchenrechtliche Abhandlungen, Bd. 13), Berlin 1980, bes. S. 18ff., 45ff.; *W. Weber,* Theologische Fakultäten (Anm. 49), S. 575ff.; *Solte,* Theologie an der Universität (Anm. 49), S. 162ff.; *May,* Die Hochschulen (Anm. 49).

[53] Vgl. im einzelnen *R. Seiler,* Seelsorge in Bundeswehr und Bundesgrenzschutz, in: HdbStKirchR II, S. 685–700; ferner in *diesem* Band, oben, *A. Hierold,* § 52 Militärseelsorge.

Abs. 2 GG, der die ungestörte Religionsausübung gewährleistet, die rechtliche Grundlage für die *Errichtung einer institutionalisierten Seelsorge in Krankenhäusern und Strafanstalten.*

Die Notwendigkeit einer eigenen *Anstaltsseelsorge* ergibt sich aus der Erwägung, daß der Patient im Krankenhaus ebenso wie der Strafgefangene die Möglichkeit religiöser Betreuung und des Gottesdienstbesuchs außerhalb der Anstalt in der Regel nicht wahrnehmen kann. Zur Sicherung des Grundrechts auf freie Religionsausübung besteht daher eine Verpflichtung des Staates, für die religiösen Bedürfnisse der in den genannten Anstalten untergebrachten Personen zu sorgen. Die Einrichtung einer besonderen Seelsorge in den Krankenhäusern und in den Strafanstalten dient unmittelbar der Gewährleistung des Grundrechts der Religionsfreiheit[54].

4. Das kirchliche Besteuerungsrecht

a) Nach Art. 140 GG i. V. m. Art. 137 Abs. 6 WRV sind diejenigen Religionsgesellschaften, die Körperschaften des öffentlichen Rechts sind, berechtigt, aufgrund der bürgerlichen Steuerlisten von ihren Gläubigen nach Maßgabe der landesrechtlichen Bestimmungen Steuern zu erheben. Die *Kirchensteuer,* die neben den freiwilligen Spenden der Gläubigen und den – gemessen am Gesamtfinanzbedarf der Kirchen – verhältnismäßig geringen Staatsleistungen als Kompensation für die vom Staat durchgeführten Säkularisationen *die mit großem Abstand bedeutsamste Quelle für die Finanzierung der kirchlichen Aufgaben darstellt,* ist eine gemeinsame Angelegenheit von Kirche und Staat[55]. Kirchenrechtlich ist sie für den Bereich der Bundesrepublik Deutschland die teilkirchliche Konkretisierung des von der Kirche in c. 1263 CIC ausdrücklich bestätigten Rechts, zur Deckung des Geldbedarfs für kirchliche Aufgaben von ihren Gläubigen Abgaben zu verlangen. Zur Kirchensteuer im Sinne des modernen staatlichen Steuerrechts werden diese innerkirchlichen Abgaben erst dadurch, daß der Staat auf gesetzlicher Grundlage erforderlichenfalls deren hoheitliche Beitreibung im Wege des Verwaltungszwangs, d. h. ohne die Notwendigkeit vorheriger Klageerhebung seitens der Kirche, vornimmt. Ungeachtet verschiedener Anfeindungen, die gegen das verfassungsrechtlich gewährleistete Kirchensteuersystem der Bundesrepublik Deutsch-

[54] Einzelheiten bei *K. Albrecht,* Anstaltsseelsorge, in: HdbStKirchR II, S. 701–719; zur Zulässigkeit einer Befragung von Patienten nach ihrer Religionszugehörigkeit bei der Einlieferung in öffentliche Krankenanstalten vgl. Beschl. des BVerwG vom 23. 7. 1975 (Az.: VII B 114.74), abgedr. in: DÖV 1976, S. 273 mit zust. Anm. von *J. Listl.* Eine gegen diesen Beschluß des BVerwG gerichtete Verfassungsbeschwerde wurde vom BVerfG nicht zur Entscheidung angenommen. Vgl. Beschl. des BVerfG vom 25. 10. 1977 (Az.: 1 BvR 323/75), in: BVerfGE 46, S. 266ff. Zur Anstaltsseelsorge vgl. ferner in *diesem* Band, oben, *A. Hierold,* § 51 Anstaltsseelsorge.

[55] Zu sämtlichen Rechtsfragen des kirchlichen Besteuerungsrechts in der Bundesrepublik Deutschland vgl. *H. Marré,* Das kirchliche Besteuerungsrecht, in: HdbStKirchR II, S. 5–50; *ders.,* Die Kirchenfinanzierung in Kirche und Staat der Gegenwart. Die Kirchensteuer im internationalen Umfeld kirchlicher Abgabensysteme und im heutigen Sozial- und Kulturstaat Bundesrepublik Deutschland, Essen 1982; ferner *J. Giloy,* Kirchensteuerrecht (Anm. 22).

land sowohl innerkirchlich von theologischer Seite[56] als auch von seiten kirchenfeindlicher Presseorgane gelegentlich festzustellen sind, ist an der theologischen Legitimität und an der prinzipiellen Richtigkeit dieses modernen und unter jeder Rücksicht der Kooperation der Kirche mit dem freiheitlich-demokratischen Staat angemessenen, effektiven und im Ergebnis sowohl der Kirche als auch dem Staat förderlichen Finanzierungssystems für die kirchlichen Aufgaben festzuhalten[57].

b) Dem freiheitlichen Geist des Staatskirchenrechts der Bundesrepublik Deutschland entspricht es, daß von seiten des Staates niemand gegen seinen Willen zur Zahlung von Kirchensteuern herangezogen werden darf. Deshalb muß jedem Kirchenangehörigen die Möglichkeit geboten sein, seine Zugehörigkeit zur Kirche durch die vor einer staatlichen Behörde abzugebende *Erklärung des Kirchenaustritts* zu beenden. In der Kirchenaustrittserklärung sind sog. *modifizierende* Zusätze unzulässig, in denen zum Ausdruck gebracht werden soll, daß sich der Kirchenaustritt nur auf die Zugehörigkeit zur Kirche in ihrer Eigenschaft als kirchensteuerberechtigte öffentlich-rechtliche Körperschaft, nicht jedoch auf die Zugehörigkeit zur Kirche als Glaubensgemeinschaft beziehen soll[58].

5. Die sozial-karitative Betätigung der Kirchen. Das kirchliche Dienst- und Arbeitsrecht

a) Ein bedeutsames Gebiet, auf dem die Kirchen und Religionsgemeinschaften in besonders intensiver Weise im Bereich des Gesellschaftlichen und Öffentlichen

[56] Beispielhaft in dieser Hinsicht der Beitrag von *K. Walf*, Kirchensteuer als Existenzmittel, in: Concilium 14 (1978), S. 429–433, in dem die Bedeutung und Notwendigkeit der Kirchensteuermittel zur Finanzierung der vielfältigen Dienste, die die Kirche in der Bundesrepublik Deutschland auf den Gebieten der Seelsorge, der Bildungseinrichtungen und der sozial-karitativen Einrichtungen anbietet, weitgehend ignoriert werden. Von daher erweist sich dieser Beitrag, abgesehen von der unqualifizierten Diktion, theologisch-pastoral als wirklichkeitsfremd und verantwortungslos.

[57] *Marré*, Das kirchliche Besteuerungsrecht (Anm. 55), S. 48ff.; ferner Gemeinsame Synode. Gesamtausgabe II, Arbeitspapier „Aufgaben der Kirche in Staat und Gesellschaft", Teil D, Die Finanzierung der kirchlichen Aufgaben, S. 206–213; ferner in *diesem* Band, oben, *A. Hollerbach*, § 97 Kirchensteuer und Kirchenbeitrag; ferner *J. Listl*, Art. Kirchenbeitrag, in: Katholisches Soziallexikon, 2. Aufl., hrsg. von A. Klose, W. Mantel, V. Zsifkovits, Innsbruck und Graz-Wien-Köln 1980, Sp. 1383–1386.

[58] Dieser Auffassung hat sich das BVerwG in zwei Entscheidungen vom 23. 2. 1979 (Az.: VII C 32.78, abgedr. in: DÖV 1980, S. 450 mit krit. Anm. *W. Rüfner*, in: DÖV 1980, S. 454f. = BayVBl. 1979, S. 378, und Az.: VII C 37.78, abgedr. in: NJW 1979, S. 2322) jedenfalls insoweit angeschlossen, als es entschieden hat, daß eine gesetzliche Regelung die Wirksamkeit einer Erklärung über den Kirchenaustritt und die Erteilung einer Bescheinigung über den vollzogenen Kirchenaustritt davon abhängig machen darf, daß die *Erklärung* des Kirchenaustritts keinerlei Zusätze enthält. In nahezu sämtlichen Bundesländern ist zwischenzeitlich die Beifügung eines Zusatzes oder einer Modifizierung zur *Erklärung* des Kirchenaustritts für unzulässig erklärt worden. Zur Gesamtproblematik vgl. *J. Listl*, Verfassungsrechtlich unzulässige Formen des Kirchenaustritts. Zur Rechtsprechung in der Frage der Zulässigkeit eines sog. „modifizierten" Kirchenaustritts, in: JZ 1971, S. 345–352; *ders.*, Das Grundrecht der Religionsfreiheit (Anm. 18), S. 196ff.; *von Campenhausen*, Staatskirchenrecht (Anm. 8), S. 145ff. Zur staatskirchenrechtlichen und kirchenrechtlichen Bedeutung des Kirchenaustritts vgl. im einzelnen *Hollerbach*, Kirchensteuer (Anm. 57) m. w. N.

wirken, bildet ihre breit gefächerte sozial-karitative Tätigkeit[59]. Karitas ist nicht nur eine *elementare Äußerung der christlichen Religion* und damit ein Wesensbestandteil des Grundrechts der Religionsfreiheit[60], sondern zugleich auch *innere Angelegenheit der Kirche und damit Gegenstand ihres Selbstbestimmungs- und Selbstordnungsrechts*[61]. Andererseits begegnen die Kirchen auf dem sozial-karitativen Sektor dem Staat, der nach dem Sozialstaatsprinzip verpflichtet ist, für eine gerechte Sozialordnung zu sorgen[62]. Hierbei ergeben sich schwierige Abgrenzungsprobleme zwischen staatlicher Vorsorge und Hilfeleistung einerseits und dem Anspruch der Kirchen und der übrigen Träger der freien Wohlfahrtsverbände andererseits. Der Staat ist verpflichtet, „den Kirchen, deren Freiheit der religiösen Betätigung auch die Liebestätigkeit mitumfaßt, einen angemessenen Raum für diese Arbeit zu belassen"[63]. Die grundsätzlich beste und letztlich allein befriedigende Lösung für diese Abgrenzungsprobleme bildet der aus dem Wesen des freiheitlich-demokratischen Rechtsstaats abgeleitete *Subsidiaritätsgedanke*, der, wie *E. Friesenhahn* hervorhebt, einen „Grundsatz des objektiven Verfassungsrechts" darstellt, kraft dessen der Staat Einrichtungen finanziell zu fördern hat, die ihn unter Einsatz eigener Mittel von Aufgaben entlasten, die er andernfalls allein erfüllen und finanzieren müßte, und zwar bis zu dem Grad, daß die Träger der freien Wohlfahrtseinrichtungen den Standard erreichen können, den der Staat nach den jeweiligen Umständen für notwendig erachtet und erforderlichenfalls auch bei den von ihm selbst getragenen Einrichtungen verwirklicht[64]. Auf diesem Grundgedanken beruhen das Gesetz für Jugendwohlfahrt – JWG – vom 11. 8. 1961 (BGBl. I, S. 1205) und das Bundessozialhilfegesetz – BSHG – vom 30. 6. 1961 (BGBl. I, S. 815). Das Bundesverfassungsgericht hat durch Urteil vom 18. 7. 1967

[59] *W. Leisner*, Das kirchliche Krankenhaus im Staatskirchenrecht der Bundesrepublik Deutschland, in: Essener Gespräche zum Thema Staat und Kirche, hrsg. von H. Marré und J. Stüting, Bd. 17, Münster 1983, S. 9–29; *E. Friesenhahn*, Kirchliche Wohlfahrtspflege unter dem Grundgesetz für die Bundesrepublik Deutschland, in: Auf dem Weg zur Menschenwürde (Anm. 18), S. 247–269; *A. Rinken*, Die karitative Betätigung der Kirchen und Religionsgemeinschaften. Staatskirchenrechtliche Grundlagen, in: HdbStKirchR II, S. 345–381; *ders.*, Die karitativen Werke und Einrichtungen im Bereich der katholischen Kirche, ebd., S. 383–400; *P. von Tiling*, Die karitativen Werke und Einrichtungen im Bereich der evangelischen Kirche, ebd., S. 401–416; ferner in *diesem* Band, oben, *A. Hierold*, § 93 Grundfragen karitativer Diakonie, und *ders.*, § 94 Organisation der Karitas.

[60] BVerfGE 24, S. 236 (246f.); hierzu *U. Scheuner*, Zum Schutz der karitativen Tätigkeit nach Art. 4 GG. Rechtsgutachten, in: *ders.*, Schriften zum Staatskirchenrecht (= Staatskirchenrechtliche Abhandlungen, Bd. 3), Berlin 1973, S. 55–64.

[61] BVerfGE 42, S. 312 (321); 53, S. 366 (387, 391ff.); 57, S. 220 (241ff.); hierzu *W. Leisner*, Karitas – innere Angelegenheit der Kirchen, in: DÖV 1977, S. 475–484.

[62] BVerfGE 22, S. 180.

[63] *U. Scheuner*, Die karitative Tätigkeit der Kirchen im heutigen Sozialstaat. Verfassungsrechtliche und staatskirchenrechtliche Fragen, in: Essener Gespräche zum Thema Staat und Kirche, hrsg. von J. Krautscheidt und H. Marré, Bd. 8, Münster 1974, S. 59.

[64] In diesem Sinn *E. Friesenhahn*, Kirchliche Wohlfahrtspflege (Anm. 59), S. 253f. Zum grundsätzlichen Verständnis des Subsidiaritätsprinzips als eines objektiven Verfassungsgrundsatzes vgl. *J. Isensee*, Subsidiaritätsprinzip und Verfassungsrecht. Eine Studie über das Regulativ des Verhältnisses von Staat und Gesellschaft, Berlin 1968, bes. S. 35ff., 149ff., 220ff.

verschiedene Verfassungsbeschwerden, die gegen diese Gesetze erhoben worden sind, zurückgewiesen[65].

b) Die *Arbeitsverhältnisse der kirchlichen Dienstnehmer* in den kirchlichen und kirchlich-karitativen Einrichtungen können aufgrund des kirchlichen Selbstbestimmungsrechts durch Kirchengesetze geregelt werden. Unter kirchlichen Einrichtungen sind ohne Rücksicht auf ihre Rechtsform alle Einrichtungen zu verstehen, die der Kirche in bestimmter Weise zugeordnet sind und nach kirchlichem Selbstverständnis ihrem Zweck oder ihrer Aufgabe entsprechend berufen sind, ein Stück Auftrag der Kirche in dieser Welt wahrzunehmen und zu erfüllen[66]. Bei der Regelung der Arbeitsverhältnisse sind die Kirchen jedoch an die elementaren Grundsätze des staatlichen Arbeitsrechts gebunden. Bei arbeitsrechtlichen Streitigkeiten kann der Weg zu den staatlichen Arbeitsgerichten nicht ausgeschlossen werden[67].

Für die Regelung der *kollektiven Arbeitsbedingungen* überlassen § 118 Abs. 2 des Betriebsverfassungsgesetzes vom 15. 1. 1972 (BGBl. I, S. 13) und § 112 des Bundespersonalvertretungsgesetzes vom 15. März 1974 (BGBl. I, S. 693) den Kirchen und ihren karitativen und erzieherischen Einrichtungen ohne Rücksicht auf ihre Rechtsform ausdrücklich die Möglichkeit der selbständigen Ordnung ihres Personalvertretungsrechtes[68].

6. Die Beteiligung der Kirche an Rundfunk und Fernsehen und an den Einrichtungen der Erwachsenenbildung

a) An den Einrichtungen des Rundfunks und Fernsehens sind die Kirchen in der Bundesrepublik Deutschland auf eine doppelte Weise beteiligt. Als „gesellschaftsrelevante Gruppen", innerhalb derer die Kirchen jedoch wegen ihres religiösen

[65] BVerfGE 22, S. 180 (199); *R. Wegener*, Staat und Verbände im Sachbereich Wohlfahrtspflege. Eine Studie zum Verhältnis von Staat, Kirche und Gesellschaft im politischen Gemeinwesen (= Staatskirchenrechtliche Abhandlungen, Bd. 8), Berlin 1978.

[66] BVerfGE 46, S. 73 (85f.); 53, S. 366 (391); 57, S. 220 (242) mit zahlr. weit. Nachw. aus der Literatur.

[67] *A. Frhr. von Campenhausen*, Die Verantwortung der Kirche und des Staates für die Regelung von Arbeitsverhältnissen im kirchlichen Bereich, in: Essener Gespräche zum Thema Staat und Kirche, hrsg. von H. Marré und J. Stüting, Bd. 18, Münster 1984; *W. Dütz*, Aktuelle kollektivrechtliche Fragen des kirchlichen Dienstes, ebd.; *J. Jurina*, Kirchenfreiheit und Arbeitsrecht, in: Demokratie in Anfechtung und Bewährung (Anm. 8), S. 797–825; *ders.*, Das Dienst- und Arbeitsrecht im Bereich der Kirchen in der Bundesrepublik Deutschland (= Staatskirchenrechtliche Abhandlungen, Bd. 10), Berlin 1979; *J. Frank*, Dienst- und Arbeitsrecht, in: HdbStKirchR I, S. 669–725.

[68] Das BVerfG weist in BVerfGE 46, S. 73 (95) ausdrücklich darauf hin, daß diese Bestimmungen im Betriebsverfassungs- und Personalvertretungsgesetz durch das in Art. 140 GG i. V. m. Art. 137 Abs. 3 WRV gewährleistete Selbstbestimmungsrecht der Kirchen in ihren eigenen Angelegenheiten verfassungsrechtlich geboten sind. Die katholische und die evangelische Kirche haben während der letzten Jahre kirchliche Mitarbeitervertretungen geschaffen; vgl. dazu im einzelnen bei *Jurina*, Das Dienst- und Arbeitsrecht (Anm. 67); *ders.*, Kirchenfreiheit und Arbeitsrecht (Anm. 67), S. 812ff.; *A. Pahlke*, Kirche und Koalitionsrecht. Zur Problematik des kirchlichen Arbeitsrechtsregelungsverfahrens, insbesondere des sog. Dritten Weges der Kirchen (= Jus ecclesiasticum, Bd. 29), Tübingen 1983.

Auftrags stets eine besondere Stellung einnehmen[69], steht ihnen nach den Rundfunkgesetzen nahezu sämtlicher Bundesländer – ebenso auch beim Zweiten Deutschen Fernsehen, beim Deutschlandfunk und bei der Deutschen Welle – das Recht zu, in den *Rundfunkrat* bzw. das jeweils korrespondierende Aufsichtsgremium einen oder mehrere Vertreter ihres Vertrauens zu entsenden, die dort die Auffassungen der Kirchen zu Gehör bringen können[70]. Die Einflußmöglichkeiten dieser Vertreter innerhalb dieser Gremien sind bedeutsam, wenngleich verständlicherweise begrenzt; dies gilt insbesondere, jedoch mit erheblichen Unterschieden zwischen den einzelnen Sendeanstalten, für die Wahrung der sittlichen und religiösen Belange im allgemeinen Sendeprogramm.

Neben ihrer Repräsentanz in den Rundfunkräten nehmen die Kirchen aufgrund ihres Heils- und Verkündigungsauftrags als religiöse Institutionen *durch eigene Rundfunkbeauftragte* unmittelbar Einfluß auf die Programmgestaltung bei kirchlichen Sendungen. Trotz einiger „Fehlstellen" in einzelnen Rundfunkgesetzen bezüglich des Verhältnisses der Kirchen zu den Rundfunkanstalten wird die Gesamtlage auf *rechtlichem Gebiet* von den Kirchen als zufriedenstellend und zum Teil als erfreulich beurteilt[71].

b) Auf dem Gebiet der *Erwachsenenbildung* unterhalten die katholische und die evangelische Kirche in der Bundesrepublik Deutschland eine Vielzahl von Einrichtungen[72]. Ebenso wie die übrigen „gesellschaftlich-relevanten Gruppen", Verbände und Organisationen haben auch die Kirchen einen Rechtsanspruch auf staatliche Förderung ihrer Einrichtungen. Gerade im Interesse der Ermöglichung eines freien geistigen Lebens ist der Staat verpflichtet, die Bildungsinitiativen der freien gesellschaftlichen Kräfte, zu denen auch die Kirchen als „Großgruppen"

[69] *W. Rudolf,* Die rechtliche Stellung und die Lage der Kirchen im Rundfunk- und Fernsehsystem in der Bundesrepublik Deutschland, in: StraßbKoll, Bd. 5 (1983), S. 45–60; *W. Schätzler,* Die Kirchen in der Bundesrepublik Deutschland angesichts der Neuen Medien. Die Vorstellungen und Projekte der katholischen Kirche, ebd., S. 119–133; *H. E. J. Kalinna,* Die Kirchen in der Bundesrepublik Deutschland angesichts der Neuen Medien. Die Vorstellungen und Projekte der Evangelischen Kirche, ebd., S. 137–143; *K. Forster,* Kirchliche Präsenz in Hörfunk und Fernsehen. Orientierende Gesichtspunkte aus dem Selbstverständnis der Kirche, aus der Aufgabe gesellschaftlicher Kommunikation und aus den Verantwortungsstrukturen der Anstalten, in: Essener Gespräche zum Thema Staat und Kirche, hrsg. von J. Krautscheidt und H. Marré, Bd. 13, Münster 1978, S. 11–31; *P. Lerche,* Die Kirchen und die neuen Entwicklungen im Rundfunkbereich – verfassungsrechtlich gesehen, ebd., S. 89–120.

[70] Vgl. die Zusammenstellung der einschlägigen Rechtsvorschriften durch *K. Holzamer,* Rechtsgrundlagen der öffentlich-rechtlichen Rundfunkanstalten, die sich auf die Religionsgemeinschaften beziehen, in: Essener Gespräche, Bd. 13 (Anm. 69), S. 141–151.

[71] In diesem Sinn *K. Holzamer,* Positionen, Erfahrungen und Erwartungen im Verhältnis der Kirchen zu den öffentlich-rechtlichen Rundfunkanstalten in der Nachkriegsentwicklung, in: Essener Gespräche, Bd. 13 (Anm. 69), S. 59.

[72] Einzelheiten bei *P. Weides,* Erwachsenenbildung und Akademien, in: HdbStKirchR II, S. 623–681. Die geltenden verfassungsrechtlichen, staatsvertraglichen, gesetzlichen und sonstigen Vorschriften zur Erwachsenenbildung/Weiterbildung nach dem Stand vom 15. 7. 1978 sind enthalten in der Übersicht von *P. Weides,* Überblick über das geltende Landesrecht zur Erwachsenenbildung/Weiterbildung, in: *F. Henrich* (Hrsg.), Erwachsenenbildung in der pluralen Gesellschaft, Düsseldorf 1978, S. 160–171.

gehören, zufördern[73]. Dabei ist es dem Staat verwehrt, auf die religiös-inhaltliche Gestaltung des Angebots der kirchlichen Erwachsenenbildung bestimmenden Einfluß zu nehmen oder religiös geprägte Veranstaltungen von seiner Förderung auszunehmen[74].

V. Zusammenfassung

Eine zusammenfassende Beurteilung der rechtlichen Beziehungen von Kirche und Staat in der Bundesrepublik Deutschland führt zu dem Ergebnis, daß *dieses Modell* des Verhältnisses von Kirche und Staat auch aus der Sicht der vergleichenden Staatskirchenrechtswissenschaft den Kirchen und übrigen Religionsgemeinschaften einerseits ein *Höchstmaß innerer Freiheit und Selbstbestimmung* und andererseits *günstige Voraussetzungen und große Möglichkeiten zur Erfüllung ihres Auftrags in dieser Welt eröffnet.* Die gegenwärtige Situation der Beziehungen von Kirche und Staat in der Bundesrepublik Deutschland erfüllt damit auch die *Anforderungen des Zweiten Vatikanischen Konzils,* das sich in der Pastoralkonstitution „Die Kirche in der Welt von heute" ausdrücklich für eine möglichst enge Kooperation zwischen einer freien Kirche und einem freien Staat ausgesprochen und hierzu erklärt hat, daß Kirche und Staat den ihnen zukommenden Dienst „zum Wohl aller um so wirksamer leisten, je mehr und besser sie ein rechtes Zusammenwirken miteinander pflegen"[75].

Wie *P. Weides* zum Verhältnis von Kirche und Staat in der Bundesrepublik Deutschland festgestellt hat, liegen die tieferen Probleme, die sich in der Gegenwart auf dem Gebiet des Verhältnisses von Kirche und Staat stellen, nicht auf seiten des die Bedeutung der Kirchen anerkennenden und kooperationswilligen Staates, sondern im kirchlichen und gesellschaftlichen Bereich. Im Schulwesen, vor allem im Religionsunterricht, sowie an den Theologischen Fakultäten, im Krankenhaus- und Fürsorgebereich und auch in der Behandlung religiöser Fragen in Rundfunk und Fernsehen seien Erscheinungen festzustellen, die den Schluß zuließen, daß die Kirchen nicht überall die Kraft und den Mut besitzen, den Freiheitsraum und die Entfaltungsmöglichkeiten wahrzunehmen, die ihnen das von der Rechtswissenschaft und der Praxis zu einer geradezu imponierenden Vollkommenheit entwickelte Staatskirchenrecht der Bundesrepublik Deutschland in der Gegenwart bietet. Nicht an einem Mangel effektiv gewährter Religionsfreiheit leiden die Kirchen, sondern an einem vielseitig beklagten theologischen und spirituellen Defizit, für das z. B. die vielbesprochene Krise des Religionsunterrichts symptomatisch ist[76].

[73] Zu dieser grundsätzlichen Problematik vgl. *W. Kewenig,* Das Grundgesetz und die staatliche Förderung der Religionsgemeinschaften, in: Essener Gespräche zum Thema Staat und Kirche, hrsg. von J. Krautscheidt und H. Marré, Bd. 6, Münster 1972, S. 9–35.

[74] Dazu *Weides,* Erwachsenenbildung (Anm. 72), bes. S. 629ff.

[75] VatII GS Art. 76 Abs. 3.

[76] *P. Weides,* Staat und Kirche in der Bundesrepublik Deutschland. Ein Überblick über Publikationen zum Staatskirchenrecht (I), in: HerKorr 30 (1976), S. 511.

§ 114 Das Verhältnis von Kirche und Staat in der Deutschen Demokratischen Republik

Von Alexander Hollerbach

I. Die Organisationsstruktur der evangelischen und katholischen Kirche in der DDR[1]

In der DDR leben nach Angaben, die mit Stichtag 1. März 1983 von der offiziellen Auslandspresse-Agentur „Panorama DDR" verbreitet wurden[2], bei einer Gesamtbevölkerung von 16,7 Millionen Menschen rund 7,7 Millionen evangelische und rund 1,2 Millionen katholische Christen, während sich etwa 200 000 Personen zu anderen Religionsgemeinschaften bekennen. Hinter diesen Zahlen verbirgt sich im Vergleich zu früheren Daten ein beträchtlicher Mitgliederschwund, von dem allerdings die evangelische Kirche stärker betroffen zu sein

[1] *Schrifttum aus der DDR: E. Jacobi,* Staat und Kirche nach der Verfassung der Deutschen Demokratischen Republik, in: ZevKR 1 (1951), S. 113–135; *ders.,* Kirchliches Dienstrecht und staatliches Arbeitsrecht in der Deutschen Demokratischen Republik, in: Festschr. f. A. Nikisch, Tübingen 1958, S. 83–168; *ders.,* Die Zwangsbeitreibung der Kirchensteuer in der Deutschen Demokratischen Republik, in: Für Kirche und Recht, Festschr. f. J. Heckel, Köln-Graz 1959, S. 56–85; *U. Krüger,* Das Prinzip der Trennung von Staat und Kirche in Deutschland, in: Festschr. f. E. Jacobi, Berlin 1957, S. 260–286; *W. Meinecke,* Die Kirche in der volksdemokratischen Ordnung der Deutschen Demokratischen Republik, Berlin 1962; Verfassung der Deutschen Demokratischen Republik. Dokumente, Kommentar. Hrsg. v. *K. Sorgenicht/W. Weichelt/T. Riemann/H.-J. Semler,* 2 Bde., Berlin 1969.

Schrifttum aus der Bundesrepublik Deutschland: J. Anz, Art. DDR. VIII. Kirche und Staat, in: EvStL², Sp. 418–427; *G. Brunner,* Einführung in das Recht der DDR, 2. Aufl., München 1979; *A. Frhr. v.Campenhausen,* Staatskirchenrecht, 2. Aufl.,München 1983; *H. Dähn,* Konfrontation oder Kooperation? Das Verhältnis von Staat und Kirche in der SBZ/DDR 1945–1980, Opladen 1982; *DDR Handbuch,* 2. Aufl., Köln 1979; *K. Hallitschke,* Die Rechtswirklichkeit der Beziehungen zwischen Staat und Kirche in der Deutschen Demokratischen Republik, Diss. iur. Köln 1959; *R. Henkys* (Hrsg.), Die Evangelischen Kirchen in der DDR. Beiträge zu einer Bestandsaufnahme, München 1982; Kirche und Staat in der DDR und in der Bundesrepublik, hrsg. v. d. Friedrich-Ebert-Stiftung, Bonn 1981; *Kirchen im Sozialismus.* Kirche und Staat in den osteuropäischen sozialistischen Republiken. Eine IDOC-Dokumentation, hrsg. u. bearb. v. *G. Barberini/M. Stöhr/E. Weingärtner,* Frankfurt a. M. 1977; *W. Knauft,* Katholische Kirche in der DDR. Gemeinden in der Bewährung 1945–1980, Mainz 1980; *H.-G. Koch,* Staat und Kirche in der DDR. Zur Entwicklung ihrer Beziehungen von 1945–1974, Stuttgart 1975; *O. Luchterhandt,* Die Gegenwartslage der Evangelischen Kirche in der DDR, Tübingen 1982;*S. Mampel,* Die sozialistische Verfassung der Deutschen Demokratischen Republik. Kommentar, 2. Aufl., Frankfurt a. M. 1982; *D. Müller-Römer,* Die Grundrechte im neuen mitteldeutschen Verfassungsrecht, in: Der Staat 7 (1968), S. 307–327; *K. W. Rommel,* Religion und Staat im sozialistischen Staat der DDR, Kiel 1975 (Manuskripte aus dem Institut für Recht, Politik und Gesellschaft der sozialistischen Staaten der Universität Kiel, 5); *H. Weidemann,* Zur Rechtsstellung der Kirchen und Religionsgemeinschaften nach der neuen Verfassung in Mitteldeutschland, in: DVBl. 1969, S. 10–15; *A. W. Ziegler,* Das Verhältnis von Kirche und Staat in Europa, München 1972, S. 66–76.

[2] Nach dem Bericht über die Broschüre „Christen und Kirchen" in: FAZ Nr. 147 v. 29. Juni 1983, S. 7. Im Statistischen Jahrbuch der DDR wird seit 1964 keine amtliche Religionsstatistik mehr veröffentlicht. Zu früheren Schätzungen vgl. *Koch,* Staat und Kirche (Anm. 1), S. 243, ferner *DDR Handbuch* (Anm. 1), S. 586.

scheint als die katholische. Schon 1964 bezeichneten sich 31,9% der Gesamtbevölkerung als nicht konfessionsgebunden. Damit deutet sich, bedingt durch die schwierige Situation der Christen und ihrer Kirchen in einer sozialistischen Umwelt, ein tief eingreifender Strukturwandel von der Volkskirche zur Freiwilligkeitskirche an[3].

Die *evangelischen* Christen sind organisatorisch in acht Landeskirchen erfaßt[4].

Davon sind die Landeskirchen von Mecklenburg, Sachsen und Thüringen lutherischen Bekenntnisses; sie sind Mitgliedskirchen der VELK-DDR. Unierte, der EKU angehörende Kirchen sind demgegenüber die Kirchen von Berlin-Brandenburg, der Kirchenprovinz Sachsen und von Anhalt, ferner die „Evangelische Landeskirche Greifswald" und die „Evangelische Kirche des Görlitzer Kirchengebietes" auf den Rest-Territorien der ehemaligen pommerschen und schlesischen Landeskirchen.

Die genannten Kirchen sind zusammengeschlossen im Bund der Evangelischen Kirchen in der Deutschen Demokratischen Republik, der sich unter dem 10. Juni 1969 eine Ordnung gegeben hat[5]. Damit war die organisatorische Einbindung in den Rahmen der EKD endgültig aufgelöst worden.

Der Bund bekennt sich allerdings noch „zu der besonderen Gemeinschaft der ganzen evangelischen Christenheit in Deutschland" und will seine „Mitverantwortung" für diese Gemeinschaft bei gemeinsamen Aufgaben „in partnerschaftlicher Freiheit" wahrnehmen (Art. 4 Abs. 4). Über sein Verhältnis zum Staat wird in der Ordnung des Bundes keine ausdrückliche Aussage getroffen. Seine Grundposition ist jedoch dadurch bestimmt, daß er mit seinen Gliedkirchen „die von der ersten Bekenntnissynode in Barmen getroffenen Entscheidungen" bejaht (Art. 1 Abs. 3). Diese Entscheidungen waren in den „Zehn Artikeln über Freiheit und Dienst der Kirche" vom 8. März 1963 bekräftigt und im Hinblick auf das Wirken der Kirche im Raum des Sozialismus präzisiert worden[6].

Die *Katholische Kirche* in der DDR, Kirche der Bevölkerungsminderheit, umfaßt nach dem derzeitigen Stand sieben Jurisdiktionsbezirke[7]. Davon ist nur *einer* in seinem aus der Vorkriegszeit überkommenen Status ganz unverändert geblieben, nämlich das exemte Bistum Meißen, das seit 1981 den Namen „Dresden-Meißen" trägt[8]. In allen anderen Fällen ist es seit dem Abschluß des Deutsch-Polnischen Vertrags[9] und des Vertrags mit der DDR[10] zu Veränderungen gekommen. So ist das Bistum Berlin, das sich nach wie vor auch auf West-Berlin erstreckt, nach der Neuordnung der Diözesanverhältnisse jenseits von Oder und

[3] Dazu bes. *Anz*, DDR (Anm. 1), Sp. 426.

[4] Vgl. dazu auch *W. Hammer*, Die Organisationsstruktur der evangelischen Kirche, in: HdbStKirchR I, S. 328f.

[5] Text in *R. Henkys*, Bund der Evangelischen Kirchen in der DDR, Witten 1970, S. 33 (epd Dokumentation, 1).

[6] Text in: Kirchliches Jahrbuch 1963, S. 181–185.

[7] Übersicht auch bei *K.-E. Schlief*, Die Organisationsstruktur der katholischen Kirche, in: HdbStKirchR I, S. 303f.

[8] Dekret der SC Ep vom 15. November 1979, in: AAS 72 (1980), S. 93f.

[9] Vertrag zwischen der Bundesrepublik Deutschland und der Volksrepublik Polen über die Grundlagen der Normalisierung ihrer gegenseitigen Beziehungen vom 7. Dezember 1970, in: BGBl. II 1972, S. 361. Der Vertrag ist am 3. Juni 1972 in Kraft getreten (ebd., S. 651).

[10] Vertrag über die Grundlagen der Beziehungen zwischen der Bundesrepublik Deutschland und der Deutschen Demokratischen Republik vom 21. Dezember 1972, in: BGBl. II 1973, S. 421. Der Vertrag ist am 21. Juni 1973 in Kraft getreten (ebd., S. 559).

Neiße[11] aus dem Breslauer Metropolitan-Verband herausgelöst und unmittelbar dem Hl. Stuhl unterstellt worden[12]. Zum gleichen Zeitpunkt wurde für das in der DDR gelegene Rest-Gebiet des Erzbistums Breslau die Apostolische Administratur Görlitz errichtet[13]. Soweit die Erzdiözese Paderborn sowie die Diözesen Osnabrück, Hildesheim, Fulda und Würzburg in die DDR hineinreichen, ist die rechtliche Zugehörigkeit zu den Mutterdiözesen bis heute erhalten geblieben, obwohl man seitens der DDR-Regierung eine Neuzirkumskription anstrebt; wohl aber ist die Jurisdiktion der zuständigen Bischöfe dadurch suspendiert worden, daß durch den Hl. Stuhl in Magdeburg (für Paderborn), in Schwerin (für Osnabrück) und in Erfurt (für Fulda) – hier zugleich mit in Personalunion ausgeübter Zuständigkeit für Meiningen (Würzburger Anteil) – Apostolische Administratoren eingesetzt wurden[14]. Von den sechs zur Diözese Hildesheim gehörenden Gemeinden werden vier von Magdeburg und je eine von Schwerin und Erfurt aus betreut. Am 26. Oktober 1976 ist sodann die bis dahin sogenannte Berliner Ordinarienkonferenz, die als regionale Bischofskonferenz innerhalb der Deutschen Bischofskonferenz galt, als selbständige *Berliner Bischofskonferenz* im Sinne von VatII CD anerkannt worden, wobei der Berliner Bischof aber in bezug auf den Westberliner Anteil seiner Diözese zugleich Mitglied der Deutschen Bischofskonferenz geblieben ist[15]. Eine Vertretung des Hl. Stuhles bei der Regierung der DDR gibt es nicht, ebensowenig umgekehrt. Fachlich zuständige, dem Vorsitzenden des Ministerrats der DDR zugeordnete Regierungsbehörde ist seit 1957 das Amt des Staatssekretärs für Kirchenfragen.

II. Das Grundverhältnis zwischen Staat und Religion in der DDR

Die solchermaßen organisierten Kirchen leben in einem zentralistisch regierten Staat, der sich in seiner Verfassung vom 6. April 1968, die nach einer weitreichenden Revision in der Fassung vom 7.Oktober 1974 gilt[16], selbst als „ein sozialistischer Staat der Arbeiter und Bauern" qualifiziert, in dem der „Arbeiterklasse und ihrer marxistisch-leninistischen Partei" die „Führung" zukommt (Art. 1 Abs. 1). Demgemäß sind die Normierungen der Verfassung unter den Vorbehalt des historisch-dialektischen Materialismus und der Suprematie der SED gestellt[17]. Daraus folgt, daß auch die Regelung des Verhältnisses von Staat und Kirche im Prinzip nur eine Übergangsordnung auf dem Weg zur völligen „Befreiung" des

[11] Constitutio Apostolica „Episcoporum Poloniae" vom 28. Juni 1972, in: AAS 64 (1972), S. 657f.
[12] Dekret der SC Ep vom 28. Juni 1972, mitgeteilt in: AfkKR 141 (1972), S. 509.
[13] Dekret der SC Ep vom 28. Juni1972, in: AAS 64 (1972), S. 737f., mitgeteilt in: AfkKR 141 (1972), S. 509f.
[14] Das entsprechende Schreiben des Staatssekretariats vom 14. Juli 1973 ist mitgeteilt in: AfkKR 142 (1973), S. 471f.
[15] Mitteilung darüber in: AfkKR 145 (1976), S. 565.
[16] GBl. DDR I, S. 432. Textausgabe: Die neue Verfassung der DDR. Mit einem einleitenden Kommentar von *D. Müller-Römer*, Köln 1974.
[17] Dazu vor allem *Mampel*, Sozialistische Verfassung (Anm.1), S. 101–118.

Menschen von Religion und Kirche[18] und zur endgültigen Durchsetzung des Atheismus darstellen kann. Das gilt jedenfalls solange, als man an der klassischen marxistisch-leninistischen Religionskritik als Wesenselement der Partei- und Staatsdoktrin festhält. Es ist weiter zu beachten, daß in einer sozialistischen Verfassung, die vom Gedanken sowohl einer völligen gesellschaftlichen Interessenharmonie als auch eines absoluten staatlichen Rechtsmonopols ausgeht, grundrechtliche und institutionelle Gewährleistungen nicht als Garantien einer der rechtlichen Verfügung prinzipiell entzogenen staatsfreien Sphäre verstanden werden können, daß diese vielmehr ihre Legitimation und Sinnerfüllung nur dann finden, wenn sie im Dienst des Aufbaus der sozialistischen Gesellschaft wahrgenommen werden[19]. Die sozialistischen Grundrechte werden durch die „gesellschaftlichen Interessen" und die Suprematie der marxistisch-leninistischen Parteiführung immanent beschränkt[20]. Das ist die grundsätzliche Perspektive, unter welcher auch die staatskirchenrechtlich relevanten Verfassungsbestimmungen stehen.

Demgegenüber scheint neuerdings eine gewisse Neu-Orientierung bei Versuchen zur Geltung zu kommen, im Verhältnis von Staat und Kirche auf höchster Ebene eine Verständigung über einen modus vivendi zu finden. Unter solchen Versuchen wird dem Gespräch besondere Bedeutung zugemessen, das am 6. März 1978 zwischen der Leitung des Bundes der Evangelischen Kirchen in der DDR (Bischof *Albrecht Schönherr*) und dem Staatsratsvorsitzenden *Erich Honecker* stattfand[21].

Kommentierend wird dazu gesagt: „Die Kirchen werden nicht mehr als Restbestand der früheren bürgerlichen Klassengesellschaft gewertet, dem im Sozialismus, der sich auf den Übergang zum Kommunismus vorbereitet, keine Zukunft beschieden ist. Sie gelten vielmehr nun als ein auch zum Sozialismus gehörendes Phänomen, das nicht zu bekämpfen, sondern gesellschaftlich nutzbar zu machen

[18] Klassisch dazu immer noch *Marx* selbst in der Schrift „Zur Judenfrage" (1843), in: Werke-Schriften-Briefe, Bd. I, Stuttgart 1962, S. 478.

[19] Zur Frage des Grundrechtsverständnisses vgl. außer *Mampel*, Sozialistische Verfassung, S. 536–563, und *Müller-Römer*, Grundrechte (Anm. 1) besonders *E.-W. Böckenförde*, Die Rechtsauffassung im kommunistischen Staat, 2. Aufl., München 1967, S. 43–55, und *Brunner*, Einführung (Anm. 1), S. 85–89. Der DDR-Autor *E. Poppe* (zit. nach *Mampel*, S. 495) bezeichnet die Grundrechte als „Betätigungsvollmachten". Ganz in diesem Sinne die signifikante Kommentierung zu Art. 20 und Art. 39 in: Verfassung der DDR (Anm. 1), Bd. 2, S. 30f. und S. 171f. Vgl. auch Autorenkollektiv (Leitung *E. Poppe*), Grundrechte des Bürgers in der sozialistischen Gesellschaft, Berlin 1980, bes. S. 168–171.

[20] Vgl. dazu *Mampel*, Sozialistische Verfassung (Anm. 1), S. 543.

[21] Eingehend dazu *Henkys*, Die Evangelischen Kirchen (Anm. 1), S. 19ff., ferner *Luchterhandt*, Gegenwartslage (Anm. 1), S. 40–48. Dieser Autor wertet das „Gipfelgespräch" vom 6. März 1978 als „kirchenpolitische Rahmenvereinbarung", ja er qualifiziert es sogar als „grundlegendes Dokument von konkordatsähnlichem Charakter" (S. 56). Das geht schon aus formalen Gründen zu weit: Über den Inhalt des Gesprächs ist man nur durch einen Bericht der staatlichen Nachrichtenagentur ADN informiert; es wurden keine Texte formuliert, die in irgendeiner Weise rechtliche Verbindlichkeit beanspruchen könnten. Deshalb geht es auch fehl, hier von einer Vereinbarung i.S.v. Art. 39 Abs. 2 der Verfassung zu sprechen. Richtig *Henkys*, ebd., S. 19: „Kein Staat – Kirche – Vertrag". Zum Ganzen vgl. auch *Burghard Winkel*, Die Kirchen in ihrem gesellschaftlichen Umfeld in der DDR, in: ZevKR 25 (1980), S. 40–49.

und einzuordnen ist"[22]. Auch die staatliche Seite spricht von einer „Eigenständigkeit" der Kirchen, ja selbst der Begriff „Partnerschaft" wird gebraucht[23]. Es bleibt aber zu beachten, daß – wie auch das Beispiel Polen immer wieder lehrt – das Korsett des von einer Partei mit dem Anspruch auf Erkenntnis der absoluten Wahrheit in Dienst genommenen Weltanschauungsstaats mit totalitären Zügen jedenfalls im Prinzip nur begrenzte und vielfach lediglich taktisch motivierte Freiräume belassen kann. Jedenfalls kann von einer Versöhnung zwischen Kirche und Sozialismus – so wie man von einer Versöhnung zwischen Kirche und freiheitlichem Verfassungsstaat sprechen kann – nicht die Rede sein. Das ist wohl auch einer der Gründe, der die Katholische Kirche gegenüber dem Staat der DDR zurückhaltender sein läßt[24]. Ungeachtet dessen hat sie aber zu kontroversen Fragen mehrfach mutig ihre Stimme erhoben. So ist zu erinnern an ihre Stellungnahme zur Fristenlösung[25], ihren Hirtenbrief über die Diskriminierung von Christen im Bildungs- und Erziehungswesen vom 17. November 1974[26], die mehrfachen Äußerungen zum Wehrkundeunterricht[27] sowie den Friedenshirtenbrief von Neujahr 1983[28].

III. Die Verfassungsbestimmungen zur Religions- und Kirchenfreiheit

Die Verfassung von 1968/74 hat – schon äußerlich erkennbar – mit der deutschen staatskirchenrechtlichen Tradition gebrochen. Während die Verfassungen der früheren Länder der sowjetischen Besatzungszone[29] und die erste DDR-Verfassung vom 7. Oktober 1949[30], ungeachtet einiger neuer sozialistischer Elemente, jedenfalls dem Verfassungs*text* nach noch weithin dem Weimarer Modell gefolgt waren, finden sich jetzt nur noch *zwei*[31] knappe Grundnormen. Die eine ist Art. 20 Abs. 1 und hat folgenden Wortlaut:

[22] *Henkys,* Die Evangelischen Kirchen (Anm. 1), S. 21.

[23] Vgl. dazu wiederum *Henkys,* ebd., S. 28ff.

[24] Eingehend dazu *Knauft,* Katholische Kirche (Anm. 1), S. 126ff., bes. S. 179–189. Vgl. auch *Henkys,* Die Evangelischen Kirchen (Anm. 1), S. 196–198.

[25] Text bei *Knauft,* Katholische Kirche (Anm. 1), S. 190–192.

[26] Text bei *Knauft,* ebd., S. 192–198, ferner in: HerKorr 29(1975), S. 23–25.

[27] Vgl. HerKorr 35 (1981), S. 239–241.

[28] Vgl. HerKorr 37 (1983), S. 55–57. Vgl. dazu speziell *Klemens Richter,* Veränderte Haltung der DDR-Katholiken, in: Deutschland-Archiv 16 (1983), S. 454–458.

[29] Vgl. dazu *B. Beutler,* Die Länderverfassungen in der gegenwärtigen Verfassungsdiskussion, in: JöR, N.F., 26 (1977), bes. S. 9–14.

[30] Text bei *E.-R. Huber,* Quellen zum Staatsrecht der Neuzeit, Bd. 2, Tübingen 1951, S. 292–312; besonders bemerkenswert dazu *R. Smend,* Zur Auseinandersetzung mit dem Aufsatz von Ulrich Krüger: Das Prinzip der Trennung von Staat und Kirche in Deutschland (Stellungnahme vom 2. 8. 1958), in: Kirchenrechtliche Gutachten in den Jahren 1946–1969, erstattet vom Kirchenrechtlichen Institut der EKD Göttingen unter Leitung von R. Smend, München 1972, S. 374–378; ferner *U. Riedel,* Der Einfluß des Sowjetrechts und der Weimarer Verfassung auf die Verfassung der Deutschen Demokratischen Republik vom 7. 10. 1949, Diss. iur. Göttingen 1973, S. 124–130.

[31] Die Erklärung in Art. 6 Abs. 5, daß die Bekundung von Glaubens-, Rassen- und Völkerhaß als Verbrechen geahndet wird (vgl. dazu *Mampel,* Sozialistische Verfassung [Anm. 1], S.243f.), kann im vorliegenden Zusammenhang hintanstehen.

„Jeder Bürger der Deutschen Demokratischen Republik hat unabhängig von seiner Nationalität, seiner Rasse, seinem weltanschaulichen oder religiösen Bekenntnis, seiner sozialen Herkunft und Stellung die gleichen Rechte und Pflichten. Gewissens- und Glaubensfreiheit sind gewährleistet. Alle Bürger sind vor dem Gesetz gleich".

Die zweite, signifikantere Grundnorm ist Art. 39[32]; dieser lautet:

„(1) Jeder Bürger der Deutschen Demokratischen Republik hat das Recht, sich zu einem religiösen Glauben zu bekennen und religiöse Handlungen auszuüben.

(2) Die Kirchen und andere Religionsgemeinschaften ordnen ihre Angelegenheiten und üben ihre Tätigkeit aus in Übereinstimmung mit der Verfassung und den gesetzlichen Bestimmungen der Deutschen Demokratischen Republik. Näheres kann durch Vereinbarungen geregelt werden."

Gemäß der sozialistisch-kommunistischen Rechtsauffassung ist das Grundrecht der Bekenntnis- und Kultusfreiheit in *Art. 39 Abs. 1* nicht als Menschenrecht, sondern nur als Bürgerrecht gewährleistet. Immerhin ist es nicht unter einen förmlichen Gesetzesvorbehalt gestellt. Dagegen bleibt im Blick auf die kirchenpolitische Praxis der DDR in hohem Maße fraglich, ob und wieweit es möglich ist, mit Hilfe des Grundrechts der Religionsfreiheit über den Kirchenraum hinaus in die Öffentlichkeit von Gesellschaft und Staat hineinzuwirken. Hatte die DDR-Verfassung von 1949 in bemerkenswerter Weise ein Verbot des Mißbrauchs der Religionsfreiheit für verfassungswidrige und parteipolitische Ziele noch mit der Zusage verbunden, daß das Recht der Religionsgemeinschaften, „zu den Lebensfragen des Volkes von ihrem Standpunkt aus Stellung zu nehmen", unbestritten bleibe (Art. 41 Abs. 2), so herrschen jetzt im Verständnis der Norm des Art. 39 Abs. 1 einseitig der Mißbrauchsgedanke bzw. die Erwartung positiver Einfügung in die sozialistische Gesellschaftsordnung vor[33]. In Verbindung mit dem oben zu II Gesagten ergibt sich daraus eine restriktive, auf Privatisierung hinzielende Tendenz, die Religionsfreiheit nur insoweit duldet, als sie die Entwicklung auf weltanschauliche Homogenität hin nicht stört bzw. als sie für den Ausbau des Sozialismus in Dienst genommen werden kann[34].

Art. 39 Abs. 2 gewährleistet das Selbstbestimungsrecht der Kirchen und Religionsgemeinschaften nicht, wie etwa Art. 137 Abs. 3 WRV, innerhalb der Schranken des für alle geltenden Gesetzes[35], sondern fordert für die Ordnung ihrer

[32] Zur Entstehungsgeschichte eingehend *Koch,* Staat und Kirche (Anm. 1), S. 82–105.

[33] Charakteristisch der Kommentar zu Art. 39 in: Verfassung der DDR (Anm. 1), Bd. 2, S. 172: „Die sozialistische Gesellschaft und ihre Staats- und Rechtsordnung geben die Voraussetzungen für religiöse Freiheit, die nicht durch politischen Mißbrauch der Religion gefährdet ist. Sie geben den gläubigen Menschen alle Möglichkeiten, durch gleichberechtigte Mitarbeit an den Aufgaben der sozialistischen Gesellschaft für Frieden und Menschlichkeit zu wirken". Vgl. dazu auch *v. Campenhausen,* Staatskirchenrecht (Anm. 1), S. 232.

[34] Vgl. dazu auch *Mampel,* Sozialistische Verfassung (Anm. 1), S.810. Bemerkenswert bleibt immerhin, daß die DDR die Schlußakte der KSZE vom 1. August 1975 mitträgt, wo das Menschenrecht auf Religionsfreiheit eine besondere Anerkennung findet (Text in: Europa-Archiv 30 [1975], S. 441 f.). Positiv wird man auch die Lockerung der sog. Veranstaltungsverordnung registrieren, vgl. dazu im einzelnen *Henkys,* Die Evangelischen Kirchen (Anm. 1), S. 40f., zum früheren Rechtszustand *v. Campenhausen,* Staatskirchenrecht (Anm. 1), S. 232.

[35] Ein erster Schritt der Abweichung von dieser Formel schon in Art. 43 Abs. 2 DDR-Verf. 1949: „*nach Maßgabe* der für alle geltenden Gesetze".

Angelegenheiten und die Ausübung ihrer Tätigkeit positiv die Übereinstimmung mit der gesamten staatlichen Rechtsordnung, und zwar nicht nur der Verfassung, sondern auch, ganz unspezifiziert, mit „den gesetzlichen Bestimmungen" der DDR. Damit sind die Kirchen einem prinzipiell unbegrenzten Gesetzesvorbehalt unterworfen. Hier kommt schon im Wortlaut der Verfassung selbst zum Ausdruck, daß die in den sozialistischen Ländern übliche Trennung von Staat und Kirche ihre Kehrseite hat in einem System strikter Religions- bzw. Staatskirchenhoheit[36]. Diese wird konkret wahrgenommen durch das schon oben bei I erwähnte Amt des Staatssekretärs für Kirchenfragen.

Dieser Sachverhalt ist es denn auch, der die weitere, auf den ersten Blick modern anmutende Aussage in Art. 39 Abs. 2 *Satz 2*, wonach „Näheres" – also in bezug auf Ordnung und Tätigkeit – durch Vereinbarungen geregelt werden kann, in ihrem Wert erheblich relativiert[37]. So wenig in den Verfassungen der SBZ-Länder[38] und in der Verfassung 1949 oder in der Staatspraxis[39] die Fortgeltung bestehender Verträge anerkannt wurde, so wenig haben sich etwa seit 1968 in nennenswertem Umfang vertragliche Beziehungen entwickelt. Soweit ersichtlich gibt es nur *zwei* auf der Grundlage von Art. 39 Abs. 2 getroffene förmliche Vereinbarungen, nämlich die sog. Ausbildungsvereinbarungen mit der evangelischen Kirche einerseits[40], der katholischen Kirche andererseits[41].

[36] Zum Grundsätzlichen vgl. *H. Maier*, Kirche und Staat seit 1945. Ihr Verhältnis in den wichtigsten europäischen Ländern, in: Geschichte in Wissenschaft und Unterricht 1963, bes. S. 694–716. Vgl. auch *Mampel*, Sozialistische Verfassung (Anm. 1), S. 807 und 812f.; hier wird festgestellt, die Kirchen und die anderen Religionsgemeinschaften seien verfassungsrechtlich gehalten, ihre Tätigkeit weit mehr den Forderungen des Staates anzupassen, als das unter der Geltung der Verf. 1949 der Fall war. Das Prinzip der Staatskirchenhoheit kommt übrigens auch in bezeichnender Weise in der Forderung nach Übereinstimmung von Staats- und Kirchengrenzen zum Ausdruck. Zu den strukturellen Grundfragen erhellend auch *O. Luchterhandt*, Die Rechtsstellung der Religionsgemeinschaften im totalen Staat, in: ZevKR 24 (1979), S. 111–170.

[37] Vgl. dazu schon *A. Hollerbach*, Die neuere Entwicklung des Konkordatsrechts, in: JöR, N.F., 17 (1968), S. 144f., 153f., entgegen *H. Reis*, Konkordat und Kirchenvertrag in der Staatsverfassung, ebd., S. 371–378.

[38] Vgl. *Beutler*, Länderverfassungen (Anm. 29), S. 14.

[39] Man behauptet dabei insbesondere eine absolute Diskontinuität zwischen dem Deutschen Reich bzw. dem Land Preußen einerseits und der DDR andererseits. Vgl. dazu *Hallitschke*, Rechtswirklichkeit (Anm. 1), S. 21f. und *Rommel*, Religion und Staat (Anm. 1), S. 80f.

[40] Hinweis darauf von *Ch. Link* in der Rezension des GrNKirchR, in: ZevKR 25 (1980), S. 308f.; vgl. ferner *Henkys*, Die Evangelischen Kirchen (Anm. 1), S. 228: Vereinbarung über die Ausbildung von mittleren medizinischen Fachkräften für eine Tätigkeit in ev. Gesundheits- und Sozialeinrichtungen in der Deutschen Demokratischen Republik – Ausbildungsvereinbarung – vom 2. 6. 1975. *Link*, ebd., führt außerdem an: Vereinbarung zwischen dem Ministerium für Gesundheitswesen und Innerer Mission und Hilfswerk der Ev. Kirche in der DDR über die Ausbildung zum Facharbeiter für Krankenpflege bzw. Kinderpflege im Rahmen der Ausbildung Werktätiger für eine Tätigkeit in ev. Gesundheits- und Sozialeinrichtungen in der DDR vom 4.7. 1978. Dabei ist allerdings fraglich, ob der Bund der Ev. Kirchen in der DDR förmlich beteiligt wurde.

[41] Hinweis darauf in: *Kirchen im Sozialismus* (Anm. 1) S. 250f. Es handelt sich um die – so die amtliche Überschrift – „Vereinbarung über die Ausbildung von mittleren medizinischen Fachkräften für eine Tätigkeit in katholischen Einrichtungen des Gesundheits- und Sozialwesens in der Deutschen Demokratischen Republik – Ausbildungsvereinbarung – vom 10. Juli 1975". Sie ist nicht veröffentlicht; ihr Text wurde mir freundlicherweise vom

IV. Die einzelnen Lebensbereiche der Kirche in der Rechtsordnung der DDR

Was die Position der Kirchen in der Rechtsordnung der DDR im einzelnen anlangt, so hat die Verfassung von 1968/1974 durch die radikale Reduktion des bisherigen Normenkomplexes auf *eine* institutionelle Grundbestimmung Klarheit darüber geschaffen, daß früher noch im Verfassungstext enthaltende Einzelgewährleistungen spätetens mit ihrem Inkrafttreten weggefallen sind. Freilich war nur scheinbar eine tiefgreifende Änderung damit verbunden: diese war nämlich infolge von Regelungen außerhalb der Verfassung oder durch Uminterpretation längst erfolgt[42]. Das gilt zunächst schon für die Stellung der Kirchen als *Körperschaften des öffentlichen Rechts.* Eine solche Qualifikation ist mit dem sozialistischen Rechts- und Staatssystem nicht verträglich. Geblieben ist aber die Anerkennung der juristischen Personalität der Kirchen und ihrer Gliederungen als solcher; nach dem auf dem Zivilgesetzbuch vom 19. Juni 1975 beruhenden neuen Zivilrecht gelten die Kirchen als „juristische Personen eigenen Rechts"[43]. Damit scheinen in bezug auf den Erwerb der *Kirchenmitgliedschaft* und den *Kirchenaustritt* radikale Konsequenzen vermieden zu sein, d. h. einerseits wird über die Anmeldung zur Taufe hinaus keine ausdrückliche Beitrittserklärung im Sinne des Vereinsrechts gefordert, andererseits bedarf es durchaus einer förmlichen Austrittserklärung.

Eine unter dem Schutz und mit Hilfe des Staates eingehobene *Kirchensteuer* gibt es schon seit den 50er Jahren nicht mehr; eine Rundverfügung des Ministeriums der Justiz vom 10. 2. 1956 verbot die Zwangseintreibung. Die „Steuer" ist auch als privater Vereinsbeitrag nicht einklagbar. Die Kirchen sind deshalb auf eigene Unterlagen und auf die freiwillige Zahlung angewiesen, im übrigen auf

Präsidenten des Deutschen Caritasverbandes zugänglich gemacht. Die Vertragsschließenden stellen zu Eingang in der Tat ausdrücklich fest, die Vereinbarung werde „auf der Grundlage des Artikels 39 Abs. 2" der DDR-Verfassung getroffen. Auf staatlicher Seite haben der Staatssekretär für Kirchenfragen und der Minister für Gesundheitswesen gehandelt; auf kirchlicher Seite traten Weihbischof Dr. *Joachim Meisner* als „Beauftragter der Katholischen Kirche" und Direktor *Roland Steinke* als Leiter des Deutschen Caritasverbandes, Zentralstelle Berlin, auf. In Anbetracht der Mitunterzeichnung durch den genannten Bischof wäre es nicht richtig, nur von einer Vereinbarung mit dem Deutschen Caritasverband zu sprechen. Im übrigen könnte die Vereinbarung am ehesten als Verwaltungsabkommen qualifiziert werden.

42 Die nachfolgende Darstellung der einzelnen Sachbereiche stützt sich im wesentlichen auf die instruktiven Übersichten bei *Mampel,* Sozialistische Verfassung (Anm. 1), S. 816–819, und bei *Rommel,* Religion und Staat (Anm. 1), S. 24–117; neueste Informationen bei *Henkys,* Die Evangelischen Kirchen (Anm. 1) und *Luchterhandt,* Gegenwartslage (Anm. 1) jeweils passim. Auf Einzelnachweise muß aus Raumgründen verzichtet werden. Für die frühere Zeit eine gute Übersicht auch bei *Hallitschke,* Rechtswirklichkeit (Anm. 1), S. 27–85.

43 So *Henkys,* Die Evangelischen Kirchen (Anm. 1), S. 39. Grundlage dafür ist – in Verbindung mit § 11 Abs. 3 ZGB – § 15 Abs. 1 der VO über die Gründung und Tätigkeit von Vereinigungen vom 6. November1975 (GBl. I, Nr. 44, S. 723). Danach sind Kirchen und Religionsgemeinschaften, die im Vereinsregister eingetragen oder nach früherem Recht beim zuständigen staatlichen Organ registriert waren, einfachhin „rechtsfähig". Zur Problematik des Begriffs „juristische Person" im DDR-Recht vgl. im übrigen *Brunner,* Einführung (Anm. 1), S. 142–145.

Kollekten und Spenden. Demgegenüber erbringt die DDR weiterhin – in ihrer Höhe freilich nicht unerheblich gekürzte – *Staatsleistungen.* Nach der Verfassung 1949 sollten sie abgelöst werden (Art. 45 Abs. 1); die neue Verfassung enthält weder ein Ablösungsgebot noch eine Bestandsgarantie. Die Einnahmen der Kirchen aus dieser Quelle sind mithin, ohne daß die Kirchen einen rechtlich anerkannten Titel in der Hand hätten, von der jeweiligen Haushaltsbewilligung abhängig. Rechtlich geregelt sind hingegen die auch sonst üblichen Steuerfreiheiten, die sich als (negative) Staatsleistungen auswirken. Eine besondere Garantie des kirchlichen *Vermögensbestandes* fehlt, nachdem die entsprechende Norm des Art. 45 Abs. 2 der Verfassung von 1949 entfallen ist und kirchliches Vermögen weder als persönliches Eigentum noch als sozialistisches Eigentum unter dem Schutz der Verfassung steht (Art. 10, 11 Verfassung 1968/1974).

Aus dem Bereich der *Schule* sind die Kirchen von allem Anfang an zielstrebig verdrängt worden. In dem von der DDR geschaffenen „einheitlichen sozialistischen Bildungssystem" (Art. 17 Abs. 2 Verfassung 1968/1974) ist weder für eine Berücksichtigung des konfessionellen Elternrechts noch für kirchliche Privatschulen Platz. Nach Art. 44 Abs. 1 Verfassung 1949 war das Recht der Kirchen auf Erteilung von *Religionsunterricht* in den Räumen der Schule gewährleistet. Auch darüber ist die Entwicklung längst hinweggegangen[44]. Die Kirchen sind auf katechetische Unterweisung in kircheneigenen Räumen angewiesen; sie darf frühestens zwei Stunden nach Beendigung des Schulunterrichts beginnen. Während die DDR so in bezug auf Schule und Religionsunterricht die deutsche Traditionslinie radikal verlassen hat, ist ein Element der Gemeinsamkeit erhalten geblieben, nämlich die Existenz von (Evangelisch-)*Theologischen Fakultäten* (unter dem Namen „Sektion Theologie") an den staatlichen Universitäten Berlin, Greifswald, Halle, Jena, Leipzig und Rostock[45]. Eine verfassungsrechtliche Bestandsgarantie gibt es dafür allerdings nicht, in der Verfassung fehlt überdies die Gewährleistung der Wissenschaftsfreiheit. Förmliche Mitwirkungsrechte der Kirchen bei der Besetzung von Lehrstühlen und im Prüfungswesen existieren nicht; entsprechende Bindungen an den Preußischen Evangelischen Kirchenvertrag werden nicht anerkannt.

Im Zusammenhang mit der Verabschiedung des Militärseelsorgevertrags zwischen der EKD und der Bundesrepublik Deutschland im Jahre 1956 ist offenkundig geworden, daß die DDR die Einrichtug einer vom Staat finanzierten *Militärseelsorge* strikt ablehnt; daran hat sich bis heute nichts geändert. Demgegenüber soll es jedenfalls in großen *Strafanstalten* Pfarrer im Status des staatlichen Angestellten geben. Im übrigen scheint bei der Seelsorge in Strafanstalten und in Krankenhäusern eine unterschiedliche, im ganzen aber den Wirkraum der Kirchen eher einengende Praxis zu herrschen.

[44] Vgl. dazu auch *Silesius,* Der Religionsunterricht im Staatskirchenrecht der sowjetischen Besatzungszone, in: ThQ 139 (1959), S. 270–290.

[45] Die Ausbildung der katholischen Theologen erfolgt an der Albertus Magnus-Akademie (Philosophisch-Theologisches Studium) in Erfurt, einer in kirchlicher Trägerschaft stehenden Einrichtung mit dem kirchenrechtlichen Status eines Priesterseminars.

Für die Wirksamkeit der Kirchen im Bereich von *Karitas* und *Diakonie* gibt es keine speziellen rechtlichen Regelungen. Die Präsenz der Kirchen ist hier aber trotz mancher Behinderungen nach wie vor unübersehbar und ihr Wirken wird insoweit als gesellschaftsnützlich durchaus anerkannt, ja bis zu einem gewissen Grad kann man von arbeitsteiligem Zusammenwirken sprechen[46]. Finanzielle Unterstützung durch die staatliche Sozialfürsorge erhalten Krankenhäuser, Institutionen der Rehabilitation sowie Heime für die Betreuung nichtbildungsfähiger Kinder, Alter und Siecher. Die Unterhaltung von *Kindergärten* oder Kindertagesstätten ist nur beschränkt möglich.

§ 115 Das Verhältnis von Kirche und Staat in der Republik Österreich

Von Hans R. Klecatsky

I. Die historischen Schichten des österreichischen Staatskirchenrechts

Das gegenwärtige österreichische Staatskirchenrecht[1] ist alles andere als aus einem Guß. Es setzt sich aus schichtenweisen Ablagerungen einer zwei Jahrhunderte zurückreichenden Verfassungsentwicklung zusammen, in der das Josephinische Staatskirchentum[2] von der konstitutionellen Monarchie[3] abgelöst wurde, das Habsburger Reich mit der ihm eigentümlichen Bindung zwischen Thron und Altar überhaupt zugrunde ging, die Erste Republik dem katholischen Ständestaat[4], dieser dem nationalsozialistischen Reich erlag und schließlich die nach dem Ende des Zweiten Weltkrieges wiedererrichtete Zweite Republik zur Verfassung der Ersten zurückkehrte. Angesichts der von daher rührenden Verworrenheit des Rechtsstoffes dürfen die herkömmlichen Globaletikettierungen des heutigen

[46] Vgl. dazu *Henkys*, Die Evangelischen Kirchen (Anm. 1), S. 41.

[1] Umfassende Darstellungen mit Zusammenstellung von Schrifttum und Rechtsprechung von *H. R. Klecatsky/H. Weiler*, Österreichisches Staatskirchenrecht, Wien 1958; *Klecatsky/Weiler* in der Loseblattsammlung: „Das österreichische Recht", Wien, Abschnitt IVb; *I. Gampl*, Österreichisches Staatskirchenrecht, Wien 1971; *J. Rieger/J. Schima jun.*, Stichwort „Kirche und Staat", in: Rechtslexikon, Wien 1971. Übersicht über die Rechtsprechung: *H. R. Klecatsky*, Die Glaubens- und Gewissensfreiheit und die Rechtsstellung der gesetzlich anerkannten Kirchen und Religionsgesellschaften in Österreich, in: EuGRZ 1982, S. 441 ff.

[2] Darüber *F. Maaß*, Der Josephinismus. Quellen zu seiner Geschichte in Österreich 1760–1850, 5 Bde., Wien 1951–1961.

[3] Über das Staatskirchenrecht dieser Epoche etwa *M. Hussarek*, Grundriß des Staatskirchenrechtes, Leipzig 1908, oder *M. Burckhard*, Gesetze und Verordnungen in Cultussachen, 3. Aufl., 2 Bde., Wien 1895.

[4] Dazu etwa *A. Merkl*, Die ständisch-autoritäre Verfassung Österreichs, Wien 1935, und *R. Köstler*, Das neue österreichische Konkordat, in: ZÖR 1935, S. 1 ff.

Verhältnisses von Staat und Kirche: wie „kirchenfreundliche Trennung von Staat und Kirche" auf der Verfassungsstufe[5] oder „System der demokratisch-paritätischen Konkordanz ... alles in allem"[6] von vornherein nur mit Vorsicht aufgenommen werden[7]. Zudem sind solche dogmatische Festschreibungen gefährlich, weil sie die *verfassungsnormative*, im *verfassungsgerichtlichen* Verfahren zu verteidigende Bewegungsfreiheit der Kirche, die im *Verfassungsstaat* der „pluralen Gesellschaft"[8] das entscheidende ist, verdunkeln und solcherart die elastische Erfüllung des transpolitischen Auftrages der Kirche zur Repräsentation der Transzendenz in der gesamten gesellschaftlichen Öffentlichkeit zu behindern vermögen[9].

II. Zentrale Verfassungsbestimmungen

Die *zentralen Verfassungsnormen*, die die Stellung des Staates zu den Kirchen doch heute maßgebend bestimmen, sind die Artikel 14 und 15 des *Staatsgrundgesetzes vom 21. Dezember 1867, RGBl. Nr. 142, über die allgemeinen Rechte der Staatsbürger* (StGG). Dieses StGG, das mit seinen Ausführungsgesetzen[10] die vom deutsch-österreichischen Liberalismus angestrebte Entflechtung der aus dem Josephinimus überkommenden Verwobenheit von Kirche und Staat in die Tat umsetzte, wurde durch Art. 149 Abs. 1 des Bundes-Verfassungsgesetzes vom 1. Oktober 1920 (B-VG) zu einem Verfassungsgesetz des Bundes erklärt, weil der republikanischen Konstituante die Kraft zu einem modernen Grundrechtskatalog mangelte[11]. Die Art. 14 und 15 StGG gewährleisten Religionsfreiheit, indem sie

[5] So *F. Ermacora*, Österreichische Verfassungslehre, Wien 1970, S. 403.

[6] So *Gampl*, Staatskirchenrecht (Anm. 1), S. 56.

[7] Vgl. dazu auch *E. Melichar*, Die Beziehungen zwischen dem Staat und den Kirchen, in: Österreichische Landesreferate zum VIII. Internationalen Kongreß für Rechtsvergleichung in Pescara 1970, Wien 1971, S. 161ff. (S. 175ff.).

[8] Vgl. etwa *J. Neumann*, Kirche als Sinnträger in einer pluralen Gesellschaft?, in: Kirche und Staat. Festschr. f. Fritz Eckert, Berlin 1976, S. 27ff.

[9] Darüber *H. R. Klecatsky*, Zum Selbstbestimmungsrecht der Kirche nach der heutigen österreichischen Verfassungsordnung in: Kirche und Staat in Idee und Geschichte des Abendlandes. Festschr. f. Ferdinand Maaß, Wien-München 1973, S. 286ff. (insb. S. 294ff., 306). Ebenso *ders.*, Die Kirchenfreiheit in Österreich, in: Festschr. f. Fritz Eckert (Anm.8), S. 147ff., und *ders.*, Im Zentrum des Staatskirchenrechts, in: Im Dienst für Freiheit und Recht. Gedenkschr. f. Hans Weiler, Berlin 1976, S. 99ff.

[10] G v. 25. Mai 1868, RGBl. Nr. 48, wodurch grundsätzliche Bestimmungen über das Verhältnis der Schule zur Kirche erlassen werden; G v. 25. Mai 1868, RGBl. Nr. 49, wodurch die interkonfessionellen Verhältnisse der Staatsbürger in den darin angegebenen Beziehungen geregelt werden. Texte, Schrifttum und Rechtsprechung bei *Klecatsky/Weiler*, Staatskirchenrecht (Anm. 1), S. 78ff., 117ff., sowie bei *H. R. Klecatsky/S. Morscher*, Das österreichische Bundesverfassungsrecht, 3. Aufl., Wien 1982, S. 958ff., 963ff. Hinzu kam auch noch das heute nicht mehr geltende G v. 25. Mai 1868, RGBl. Nr. 47, über das Eherecht für Katholiken. Zur Entflechtung von Schule und Kirche vgl. auch *H. R. Klecatsky*, Kirchen und Schulaufsicht, in: JurBl. 1959, S. 305ff., 332ff.; ÖJZ 1960, S. 561.

[11] Seit dem Jahre 1964 berät ein vom damaligen Bundeskanzler Dr. *Klaus* einberufenes Expertenkollegium, das inzwischen zu einem kleineren Redaktionskomittee zusammengeschrumpft ist, laufend eine *Totalerneuerung* des *Grundrechtskatalogs*, ohne daß ein erfolgreiches Ende der Arbeiten abzusehen wäre. Der Verfasser des vorliegenden Beitrages war im

den religiösen Selbstbestimmungsraum des Einzelmenschen (Art. 14) in Form von Individualrechten, den Selbstbestimmungsraum der (gesetzlich anerkannten) Kirchen und Religionsgesellschaften (Art. 15) in Form von Korporationsrechten anerkennen.

III. Die individuelle Religionsfreiheit

1. Die religiösen Individualrechte umschreibt zunächst Art. 14 StGG[12]*:*

„Die volle Glaubens- und Gewissensfreiheit ist jedermann gewährleistet. Der Genuß der bürgerlichen und politischen Rechte ist von dem Religionsbekenntnisse unabhängig; doch darf den staatsbürgerlichen Pflichten durch das Religionsbekenntnis kein Abbruch geschehen. Niemand kann zu einer kirchlichen Handlung oder zur Teilnahme an einer kirchlichen Feierlichkeit gezwungen werden, insofern er nicht der nach dem Gesetze hiezu berechtigten Gewalt eines anderen untersteht."

Damit ist jedem einzelnen Bewohner des Staatsgebietes das Recht gewährleistet, ein beliebiges Religionsbekenntnis frei und unabhängig von jeder staatlichen Einwirkung zu bilden und sich seinem Bekenntnis gemäß in religiöser Hinsicht zu betätigen[13].

2. Die in der Rechtsprechung des Verfassungsgerichtshofs uneinheitlich beantwortete Frage, ob diese Glaubens- und Gewissensfreiheit nur *religiöse Bekenntnisse*[14] oder auch *Weltanschauungen*[15] zum Gegenstand hat, ist jetzt angesichts des im Verfassungsrang stehenden Art. 9 der Europäischen Menschenrechtskonvention[16] gegenstandslos, weil dadurch eine umfassende Gedanken-, Gewissens- und Religionsfreiheit gewährleistet wurde, die sich ausdrücklich auch auf Weltanschauungen bezieht.

Danach umfaßt das Recht auf Gedanken-, Gewissens- und Religionsfreiheit auch die Freiheit des einzelnen zum Wechsel der Religion oder der Weltanschauung sowie die Freiheit, seine Religon oder Weltanschauung einzeln oder in Gemeinschaft mit anderen öffentlich oder privat, durch Gottesdienst, Unterricht, Andachten und Beachtung religiöser Gebräuche zu üben. Diese Freiheit darf aber Gegenstand vom Gesetz vorgesehener Beschränkungen sein, die in einer demokratischen Gesellschaft notwendige Maßnahmen im Interesse der öffentlichen Sicherheit, der öffentlichen Ordnung, Gesundheit und Moral oder für den Schutz der Rechte und Freiheiten anderer sind.

Rahmen dieser Arbeiten auch mit der Formulierung der Religionsfreiheit betraut. Vgl. dazu *H. R. Klecatsky,* Die Religionsfreiheit in der österreichischen Reform der Grund- und Freiheitsrechte, in: Menschenrechte – Volksgruppen – Regionalismus, Festschr. f. Theodor Veiter (75), Wien 1982, S. 1ff.

12 Zusammenstellung von Schrifttum und Rechtsprechung zu Art. 14 StGG bei *Klecatsky/Weiler,* Staatskirchenrecht (Anm. 1), S. 14ff.; *Gampl,* Staatskirchenrecht (Anm. 1), S. 57ff.; *Klecatsky/Morscher,* Bundesverfassungsrecht (Anm. 10), S. 895ff.; *Klecatsky,* Religionsfreiheit (Anm. 11).

13 VfSlg. 1408; vgl. auch VfSlg. 799, 800, 3220.

14 So VfSlg. 1207, 3480, 4697, 7494, 7679, 8033.

15 So VfSlg. 3913.

16 BGBl. Nr.210/1958 in Verbindung mit Art. II Z. 7 BundesverfassungsG. BGBl. Nr. 54/1964.

In dieselbe Richtung weist Art. 18 des Internationalen Paktes über bürgerliche und politische Rechte, BGBl. Nr. 590/1978, dem allerdings Österreich weder Verfassungsrang noch auch nur unmittelbare innerstaatliche Verbindlichkeit zuerkannt hat.

3. Das zunächst durch Art. 15 StGG nur den gesetzlich anerkannten Kirchen und Religionsgesellschaften[17] vorbehaltene (Korporations-)Recht der *öffentlichen* Religionsübung wurde schon durch den in Verfassungsrang erhobenen Art. 63 des Staatsvertrages von St. Germain vom 10. September 1919[18] als (Individual-)Recht[19] allen Einwohnern Österreichs insofern zuerkannt, als danach sie alle – gleichgültig, ob sie einer gesetzlich anerkannten Kirche oder Religionsgesellschaft angehören oder sich zu einer gesetzlich nicht anerkannten Religion bekennen[20] – das Recht haben, öffentlich oder privat jede Art Glauben, Religion, oder Bekenntnis frei zu üben, sofern deren Übung nicht mit der öffentlichen Ordnung oder mit den guten Sitten unvereinbar ist. Unter dem Begriff der „öffentlichen Ordnung" versteht die Rechtsprechung[21] den „Inbegriff der die Rechtsordnung beherrschenden Grundgedanken", somit keineswegs einen allgemeinen Gesetzesvorbehalt.

4. Abgesichert werden die verfassungsrechtlich garantierten religiösen Individualrechte durch aus verschiedenen Verfassungsperioden stammende Formulierungen des *verfassungsrechtlichen Gleichheitsgebotes*[22], die dem Staat Diskriminierungen und Privilegierungen aus Gründen der Religion untersagen, darüber hinaus aber auch noch durch das Gesetz vom 25. Mai 1868, RGBl. Nr. 49, wodurch die *interkonfessionellen Verhältnisse* der Staatsbürger in verschiedenen Beziehungen (Religionsbekenntnis der Kinder, Übertritt von einer Kirche zur anderen, Funktionen des Gottesdienstes und der Seelsorge, Beiträge und Leistungen, Begräbnisse, Feier- und Festtage)[23] geregelt wurden. Dieses Gesetz ist ein Ausführungsgesetz zu Art. 14 StGG mit der Wirkung, daß Verstöße dagegen, die die Glaubens- und Gewissensfreiheit beeinträchtigen, auch verfassungswidrige Verletzungen des Art. 14 StGG darstellen[24]. Die Bestimmungen über das *Religionsbe-*

[17] Vgl. dazu unten IV.

[18] StGBl. Nr. 303/1920 und Art. 149 Abs. 1 B–VG.

[19] VwSlgNF 5577 A.

[20] VfSlg. 2002; so auch schon VfSlg. 802 mit der ausdrücklichen Feststellung, daß *im übrigen* aber durch den Staatsvertrag von St. Germain keineswegs „jeder Unterschied zwischen anerkannter und nicht anerkannter Religionsgemeinschaft gefallen" sei. So später auch VfSlg. 6919 mit der Ergänzung, daß auch durch das Inkrafttreten des Staatsvertrages von Wien vom 15. Mai 1955, BGBl. Nr. 152, in diesem Belang keine Änderung eingetreten sei.

[21] VfSlg. 2944, 3505, 3711.

[22] Art. 2 StGG, Art. 7 B–VG, die auf der Verfassungsstufe stehenden, auch für religiöse Minderheiten geltenden Minderheitenschutzbestimmungen der Art. 63, 66 und 67 des Staatsvertrages von St. Germain, Art. 14 der Europäischen Menschenrechtskonvention; dazu auch der allerdings innerstaatlich nicht auf der Verfassungsstufe stehende Art. 6 des Staatsvertrages von Wien, BGBl. Nr. 152/1955. Texte bei *Klecatsky/Morscher*, Bundesverfassungsrecht (Anm. 10), passim. Nach VfSlg. 9185 schützt der verfassungsrechtliche Gleichheitssatz auch dissidierende Angehörige („orthodoxe Juden") einer schon bestehenden gesetzlich anerkannten Religionsgesellschaft (israelitische) vor der zwangsweisen Eingliederung in eine „Einheits-Kultusgemeinde". Dazu *J. Schima jun.*, in: ÖJZ 1982, S. 141ff., 169ff.; *Klecatsky*, in: ÖAKR 1983 (im Druck).

[23] Dazu auch die VO v. 18. Januar 1869, RGBl. Nr. 13; Texte des G und der VO, Schrifttum und Rechtsprechung bei *Klecatsky/Weiler*, Staatskirchenrecht (Anm. 1), S. 177ff., und *Gampl*, Staatskirchenrecht (Anm. 1), S. 95ff.

[24] VfSlg. 797 und *Klecatsky/Weiler*, Staatskirchenrecht (Anm. 1), S. 78; VfSlg. 875 (Einschränkung durch das Bundesgerichtshof-Erkenntnis vom 21. Juni 1935, Slg. 552 A).

kenntnis der Kinder wurden nach der Eingliederung Österreichs in das Deutsche Reich durch das Gesetz vom 15. Juli 1921, deutsches RGBl. I. S. 939, über die religöse Kindererziehung ersetzt[25].

Nach vollendetem 14. Lebensjahr hat jedermann die freie Wahl des Religionsbekenntnisses nach seiner eigenen Überzeugung (Art. 4 des Gesetzes RGBl. Nr. 49/1868). Der Austritt aus einer Kirche muß, damit er rechtsgültig ist, der Bezirksverwaltungsbehörde gemeldet werden und ist von dieser der verlassenen Kirche anzuzeigen; der Eintritt in die neu gewählte Kirche muß dem zuständigen Vorsteher oder Seelsorger persönlich erklärt werden (Art. 6 leg. cit.).

5. Die verfassungsgesetzlich gewährleistete religiöse Individualsphäre, für die der Auslegungsgrundsatz: in dubio pro libertate gilt[26], kann insbesondere im Verfahren vor dem Verfassungsgerichtshof verteidigt werden[27].

IV. Die korporative Religionsfreiheit der „gesetzlich anerkannten Kirchen und Religionsgesellschaften"

1. „Gesetzlich anerkannte Kirchen und Religionsgesellschaften" sind Träger der verfassungsgesetzlich gewährleisteten *religiösen Korporationsrechte.* Art. 15 StGG bestimmt:

„Jede gesetzlich anerkannte Kirche und Religionsgesellschaft hat das Recht der gemeinsamen öffentlichen Religionsübung, ordnet und verwaltet ihre inneren Angelegenheiten selbständig, bleibt im Besitze und Genusse ihrer für Kultus-, Unterrichts- und Wohltätigkeitszwecke bestimmten Anstalten, Stiftungen und Fonds, ist aber, wie jede Gesellschaft, den allgemeinen Staatsgesetzen unterworfen."[28]

2. Die in dieser grundlegenden Verfassungsbestimmung getroffene Unterscheidung zwischen gesetzlich anerkannten Kirchen und Religionsgesellschaften (in der Folge kurz: „gesetzlich anerkannte Kirchen") einerseits und gesetzlich nicht anerkannten Religionsbekenntnissen andererseits wurde auch durch die seit Erlassung des StGG stattgefundene Entwicklung[29] der religiösen Individualrechte nicht berührt[30]. Art. 15 StGG ist nach wie vor die zentrale Verfassungsnorm, die

[25] Text, Schrifttum und Rechtsprechung bei *Klecatsky/Weiler,* Staatskirchenrecht (Anm. 1), S. 102ff.

[26] VwGH 22. 5. 1964, 1111/63.

[27] Art. 139, 140, 140a, 144 B–VG i.d.F. BGBl. Nr. 302/1975. Texte bei *Klecatsky/Morscher,* Bundesverfassungsrecht (Anm. 10), S. 897ff.

[28] Schrifttum und Rechtsprechung bei *Klecatsky/Weiler,* Staatskirchenrecht (Anm. 1), S. 20ff.; *Klecatsky/Morscher,* Bundesverfassungsrecht (Anm. 10), S. 897ff. Zum geistesgeschichtlichen Hintergrund des Art. 15 StGG *W. M. Plöchl,* Vom Grundrecht der Kirchenfreiheit, St. Pölten 1977.

[29] Vgl. dazu oben III 2 und 3.

[30] Darüber schon *H. R. Klecatsky,* Religionsfreiheit und Religionsdelikte, in: ÖAKR 1970, S. 34ff., Dokumentation, S. 56ff.; *L. Adamovich jun.,* Handbuch des österreichischen Verfassungsrechts, Wien 1971, S. 547; *B. Moser,* Die Europäische Menschenrechtskonvention und das bürgerliche Recht, Wien 1972, S. 220; VfSlg. 802, 6919, 9185.

das Verhältnis von Staat und Kirchen regelt. Aus ihr ergeben sich die nachstehenden *verfassungsrechtlichen* Folgerungen[31].

3. Gesetzlich anerkannte Kirchen sind in Bekenntnis und Lehre und in deren Verkündigung sowie in der Seelsorge frei und unabhängig. Sie haben das Recht der gemeinsamen öffentlichen Religionsübung[32].

4. Ausgeschlossen ist jegliches *Staatskirchentum*[33], gleichgültig, ob als eine die Kirche belastende oder sie privilegierende Fremdbestimmung. Der Staat läßt *Parität* zwischen und *Neutralität* gegenüber den gesetzlich anerkannten Kirchen walten.

5. In den *„inneren Angelegenheiten"* der gesetzlich anerkannten Kirchen, die ihrer selbständigen Ordnung und Verwaltung überlassen sind, ist den staatlichen Organen jede Zuständigkeit zur Gesetzgebung und Vollziehung genommen. Die in diesen Angelegenheiten entfaltete kirchliche Tätigkeit ist keine staatliche Tätigkeit im Sinne der Bundesverfassung. Die kirchlichen Rechtsakte genereller oder individueller Art gründen sich auf eine vom Staat gewährte Ermächtigung; sie sind zwar vom Staat als eigenständiges *Recht „anerkannt"*, aber sie können weder als Gesetze oder Verordnungen, noch als Bescheide oder Gerichtsakte im Sinne der Bundesverfassung angesehen werden; sie unterliegen daher auch nicht der Kontrolle durch staatliche Organe, wie etwa des Verfassungsgerichtshofes, Verwaltungsgerichtshofes oder sonstiger Gerichte[34]. Weil die „inneren Angelegenheiten" *außerstaatliche* sind, unterscheiden sie sich aber auch wesenhaft von den Angelegenheiten, die von den Gemeinden, Kammern und allen sonstigen Einrichtungen, die unter dem Begriff der *„Selbstverwaltungskörperschaften"* zusammengefaßt werden, im sogenannten „selbständigen" oder „eigenen Wirkungsbereich" besorgt werden, denn die Wahrnehmung dieser Angelegenheiten ist gleichfalls – wenn auch dezentralisierte – Staatsverwaltung im Sinne der Bundesverfassung. Kirchliche *Selbstbestimmung* ist vom Staat unabhängig. Von daher rührt auch die aus Art. 15 StGG erfließende Feststellung[35], daß die gesetzlich anerkannten Kirchen die Stellung einer *Körperschaft des öffentlichen Rechts* „genießen", weil

[31] Darüber im einzelnen die Belege bei *Klecatsky/Weiler*, Staatskirchenrecht (Anm. 1), S. 20ff., *Klecatsky/Morscher*, Bundesverfassungsrecht (Anm. 10), S. 897ff., *Klecatsky* in den in der Anm. 9 bezeichneten Abhandlungen. Im Ergebnis damit übereinstimmend auch die späteren Darlegungen von *J. Schima jun.*, Zur Funktion der kirchlichen Autonomie nach Art. 15 StGG, in: Festschr. Dordett ,S. 335ff., und von *R. Potz*, Die inneren Angelegenheiten der anerkannten Kirchen und Religionsgesellschaften als Problem der Grundrechtsinterpretation, in: Festschr. Plöchl (70), S. 409ff.

[32] Vgl. etwa die quasi-authentische, für alle gesetzlich anerkannten Kirchen geltende Interpretation durch § 1 Abs. 2 Z. II des Bundesgesetzes vom 6. Juli 1961, BGBl. Nr. 182, über äußere Rechtsverhältnisse der Evangelischen Kirche.

[33] VfSlg. 1430.

[34] Vgl. VfSlg. 868, 1408, 3657, 3816; VwGH 22. 4. 1964, Zl 2355/63; OGH, in: EvBl. 1975/186; VwGH 18. 11. 1981, Zl. 81/10/0008.

[35] § 1 Abs. 2 Z. I BundesG. v. 6. 7. 1961, BGBl. Nr. 182, über äußere Rechtsverhältnisse der Evangelischen Kirche; dazu *Klecatsky/Morscher*, Bundesverfassungsrecht (Anm. 10), S. 898f., und *Klecatsky*, Selbstbestimmungsrecht (Anm. 9), S. 291ff.; weiter VwGH 18. 11. 1981, Zl. 81/10/0008.

ihre Rechtspersönlichkeit eben nicht durch das staatliche Recht erst erzeugt, sondern für den staatlichen Bereich „anerkannt" wird.

6. Für die *Kirchen* bleibt die Bestimmung und Regelung ihrer „inneren Angelegenheiten" ihrem Selbstverständnis überlassen, wobei sie die für den *äußeren Bereich* geltenden *„allgemeinen Staatsgesetze"*[36] nicht übertreten, so insbesondere nicht in den Rechtsbestand einer anderen Religionsgesellschaft eingreifen dürfen[37]. Selbstverständlich besorgen sie als Rechtspersonen auch ihre „äußeren Angelegenheiten" frei, soweit dem nicht „allgemeine Staatsgesetze"[38] entgegenstehen[39].

7. Für die *Staatsorgane* ist der Begriff der „inneren Angelegenheiten" ein *Verfassungsbegriff* im formellen und materiellen Sinn. Er unterliegt somit auch nicht der Verfügung der einfachen Gesetzgebung[40], vielmehr ist er wie jeder andere Verfassungsbegriff von den Staatsorganen (einschließlich der Gesetzgebung) bei Wahrnehmung von staatlichen Aufgaben mit den Mitteln juristischer Interpretation auszulegen. Tatsächlich wird er auch unter starker Beobachtung der historischen Interpretationsmethode von Wissenschaft und Praxis, insbesondere in der höchstgerichtlichen Rechtsprechung ausgelegt[41].

Der Oberste Gerichtshof etwa hat in neuester Zeit[42] den allgemeinen Ausspruch getan, daß zu den „inneren Angelegenheiten" jene zu zählen sind, die den inneren Kern der kirchlichen Betätigung betreffen und in denen ohne Autonomie die Kirchen in der Verkündung der von ihnen gelehrten Heilswahrheiten und der praktischen Ausübung ihrer Glaubenssätze eingeschränkt wären, wobei den Kirchen allerdings im interkonfessionellen Bereich ebenso wie durch einzelne Verfassungsbestimmungen Einschränkungen auferlegt sind; der sich daraus ergebende Bereich der „inneren Angelegenheiten" kann naturgemäß nicht erschöpfend aufgezählt werden.

Und der Oberste Gerichtshof hat nach breiter Zitierung von Literatur und Judikatur den Schluß gezogen, daß der *materielle* Inhalt des Begriffs der „inneren Angelegenheiten" „weithin unbestritten" ist. Zu den „inneren Angelegenheiten" zählen jedenfalls: die Mitgliedschaft zur Kirche[43], Glaubens- und Sittenlehre,

[36] Zum Begriff der „allgemeinen Staatsgesetze" vgl. *Klecatsky*, Selbstbestimmungsrecht (Anm. 9), S. 303 ff., oder *ders.*, Kirchenfreiheit (Anm. 9), S. 164 ff., unter Auseinandersetzung mit VfSlg. 2944, *H. Spanner* (DÖV 1956, S. 292 ff., 294) und *Gampl* (Staatskirchenrecht [Anm. 1], S. 210 ff.).

[37] Vgl. VfSlg. 1323.

[38] Vgl. oben Anm. 36.

[39] Vgl. etwa VfSlg. 3657.

[40] Vgl. VfSlg. 2944.

[41] Dazu insbesondere *Klecatsky/Weiler*, Staatskirchenrecht (Anm. 1), S. 28 ff.; *Melichar*, Beziehungen (Anm. 7), S. 165 f., *Klecatsky*, Selbstbestimmungsrecht (Anm. 9), S. 298 ff.

[42] EvBl. 1975/186.

[43] Das österreichische Staatskirchenrecht ist nach dem Erkenntnis des VwGH v. 22. 5. 1964, 1111/63, von dem Grundsatz beherrscht, daß man nicht Anhänger eines gesetzlich anerkannten religiösen Bekenntnisses sein kann, ohne zugleich Mitglied der entsprechenden gesetzlich anerkannten Kirche oder Religionsgesellschaft zu sein. Von diesem Grundsatz gibt es jedoch Ausnahmen, in denen Bekenntnis und Zugehörigkeit zu einer Kirche oder Religionsgesellschaft nicht zusammenfallen; als ein Hauptausnahmefall besteht der Fall der Auswanderung aus dem österreichischen Bundesgebiet. Zu den israelitischen „Einheitskultusgemeinden" vgl. VfSlg. 9185 (zitiert in Anm. 22).

Seelsorge, Religionsübung, Kirchenverfassung, Kirchenorganisation mit allen zu ihrer Wirksamkeit notwendigen generellen und individuellen Akten, so insbesondere auch die Erhebung von finanziellen Beiträgen zur Deckung des kirchlichen Sach- und Personalaufwandes[44].

8. Die in Art. 15 StGG ausgesprochene Gewährleistung des Besitzes und Genusses der für Kultus, Unterricht und Wohltätigkeitszwecke bestimmten Anstalten, Stiftungen und Fonds der gesetzlich anerkannten Kirchen bedeutet eine über den allgemeinen Verfassungsschutz des Eigentums[45] hinausgehende Absicherung gegen Maßnahmen der *Säkularisation*[46].

9. Gesetzlich anerkannte Kirchen sind jene, die unmittelbar durch ein *Gesetz* oder kraft Ermächtigung durch das Gesetz vom 20. Mai 1874, RGBl. Nr. 68, betreffend die gesetzliche Anerkennung von Religionsgesellschaften, durch *Verordnung* des für Kultusangelegenheiten zuständigen Ministers (jetzt: Bundesminister für Unterricht und Kunst) anerkannt wurden. Die erste Gruppe bilden die Katholische Kirche[47], die Evangelischen Kirchen (AB, HB, AuHB)[48], die Griechisch-Orientalische Kirche[49], die Israelitische Religionsgesellschaft[50], die zweite Gruppe die Altkatholische Kirche[51], die Methodistenkirche[52], die Kirche Jesu Christi der

[44] Darüber *Klecatsky/Weiler*, Staatskirchenrecht (Anm. 1), S. 28ff.; *Melichar*, Beziehungen (Anm. 7), S. 165; *F. Ermacora*, Handbuch der Grundfreiheiten und Menschenrechte, Wien 1963, S. 142f.; *Klecatsky/Morscher*, Bundesverfassungsrecht (Anm. 10), S. 900ff. (Rechtsprechung). In der neueren Rechtsprechung wurden folgende Bereiche zu den „inneren Angelegenheiten" gezählt: Verfassung und Organisation (VwGH v. 22. April 1964, Zl. 2355/63; OGH, in: EvBl. 1975/186, VfSlg. 4955), die Vornahme religiöser Feierlichkeiten (VfSlg. 2944), die Erhebung von Beiträgen zur Deckung des kirchlichen Sach- und Personalaufwandes (VfSlg. 3657, 3816; VwSlgNF 7188 A; VwGH 18. 11. 1981, Zl. 81/10/0008), dienstrechtliche Akte (hinsichtlich eines evangelischen Pfarrers) mit Ausnahme der Entscheidung über die Gehaltsansprüche, in: EvBl. 1975/186). Zum „Arbeitsrecht im kirchlichen Dienst" *Th. Mayer-Maly*, in: ÖAKR 1977, S. 64ff.

[45] Art. 5 StGG; Text und Rechtsprechung bei *Klecatsky/Morscher*, Bundesverfassungsrecht (Anm. 10), S. 851ff.

[46] Dazu *Klecatsky/Weiler*, Staatskirchenrecht (Anm. 1), S. 43ff.; *Gampl*, Staatskirchenrecht (Anm. 1), S. 174ff.

[47] Heute in erster Linie: Konkordat 1933, BGBl. II Nr. 2/1934, AAS 26 (1934), S. 249ff., das innerstaatlich auf der Stufe eines Bundesgesetzes in Kraft steht. Seine Geltung steht heute außer jedem Zweifel. Darüber schon *Klecatsky/Weiler*, Staatskirchenrecht (Anm. 1), S. 231ff.; *A. Kostelecky*, Anerkennung der Rechtsgültigkeit des österreichischen Konkordats vom 5. Juni 1933 durch die Zusatzverträge mit dem Hl. Stuhl in den Jahren 1960 bis 1976; in: Festschr. f. Fritz Eckert (Anm. 8), S. 215ff. VfSlg. 6466, 6998, VwSlgNF 7188 A; gegen VfSlg. 6998 mit unzutreffenden Argumenten *Rack*, in: ÖJZ 1975, S. 29ff.

[48] Heute: BundesG v. 6. Juli 1961, BGBl. Nr.82, über äußere Rechtsverhältnisse der Evangelischen Kirche. Text und Schrifttum bei *Klecatsky/Weiler*, Österreichisches Recht (Anm. 1), IV b 20, 21. Dazu *E. C. Hellbling*, Staat und Kirche in Österreich aus evangelischer Sicht, in: Festschr. f. Fritz Eckert (Anm. 8), S. 183ff.; *Gampl*, Staatskirchenrecht (Anm. 1), S. 282ff.

[49] Heute: BundesG v. 23. Juni 1967, BGBl. Nr. 229, über äußere Rechtsverhältnisse der Griechisch-orientalischen Kirche in Österreich. Text und Schrifttum bei *Klecatsky/Weiler*, Österreichisches Recht (Anm. 1), IV b 41. Dazu auch *Gampl*, Staatskirchenrecht (Anm. 1), S. 324ff.

[50] G v. 21. März 1890, RGBl. Nr. 57, betreffend die Regelung der äußeren Rechtsverhältnisse der Israelitischen Religionsgesellschaft. Text, Schrifttum und Rechtsprechung bei *Klecatsky/Weiler*, Staatskirchenrecht (Anm. 1), S. 586ff.

[51] VO RGBl. Nr. 99/1877.

[52] VO BGBl. Nr. 74/1951.

Heiligen der Letzten Tage (Mormonen)[53], die Armenisch-Apostolische Kirche[54], die Neuapostolische Kirche in Österreich[55], die Österreichische Buddhistische Religionsgesellschaft[56].

10. Auch künftighin können Religionsgesellschaften auf Grund des bezeichneten *Anerkennungsgesetzes*[56] „gesetzlich anerkannt" werden[57].

Bei Vorliegen nachfolgender Voraussetzungen haben Anhänger eines bisher gesetzlich nicht anerkannten Religionsbekenntnisses einen Rechtsanspruch auf Anerkennung als Religionsgesellschaft (§§ 1,2): daß ihre Religionslehre, ihr Gottesdienst, ihre Verfassung und die gewählte Benennung nichts Gesetzwidriges oder sittlich Anstößiges enthält, weiter, daß die Errichtung und der Bestand wenigstens einer nach den Anforderungen des Anerkennungsgesetzes eingerichteten Kultusgemeinde gesichert ist, wobei allerdings das Gesetz nicht nur diese Anforderungen selbst (§§ 3 bis 12), sondern auch umfangreiche staatliche Genehmigungs- und Aufsichtsakte (§§ 4, 5, 6, 9, 11, 12, 13, 15) im organisatorischen Bereich der Religionsgesellschaft vorsieht. Indes kann die einmal erfolgte Anerkennung nur durch Gesetz aufgehoben werden[58].

Zur Einbringung der mit staatlicher Zustimmung ausgeschriebenen Beiträge wird den nach dem Anerkennungsgesetz anerkannten Kirchen der staatliche Beistand gewährt (§ 14), dieser in Form der Einbringung im Verwaltungsweg (politische Exekution)[59].

11. Umstritten ist, ob sich die Anhänger eines gesetzlich nicht anerkannten Religionsbekenntnisses als *Verein* nach dem allgemeinen Vereinsrecht konstituieren dürfen[60], jedenfalls dürfen sie das für bestimmte religiöse Einzelzwecke[61].

V. „Äußere Angelegenheiten" der gesetzlich anerkannten Kirchen

1. Während die spezifischen *„äußeren Angelegenheiten"* der nach dem Anerkennungsgesetz anerkannten Kirchen eben in diesem Gesetz ihre Regelung gefunden haben, bestehen für solche „äußeren Angelegenheiten" der anderen gesetzlich anerkannten Kirchen gesetzliche *Sondervorschriften.* Sie gehören ebenso dem Bundesrecht an, weil nach Art. 10 Abs. 1 Z. 13 B–VG Angelegenheiten des Kultus

[53] VO BGBl. Nr. 129/1955.

[54] VO BGBl. Nr. 5/1973.

[55] VO BGBl. Nr. 524/1975. – Zu den Lippowanern, Mennoniten, Orientalischen Armeniern (Gregorianern), Anglikanern, der Herrnhuter-Brüderkirche und dem Islam nach hanefitischem Ritus (Gesetz v. 15. Juli 1912, RGBl. Nr. 59) vgl. *Klecatsky/Weiler,* Staatskirchenrecht (Anm. 1), S. 22f., 622ff., und die dortigen Schrifttumshinweise.

[56] VO BGBl. Nr-.72/1983.

[57] Text, Schrifttum und Rechtsprechung bei *Klecatsky/Weiler,* Staatskirchenrecht (Anm. 1), S. 62ff., vgl. auch *Gampl,* Staatskirchenrecht (Anm. 1), S. 132ff.

Strittig ist, ob die Anerkennung nicht statt durch VO durch einen Bescheid zu geschehen hätte. Darüber *Klecatsky/Weiler,* Staatskirchenrecht (Anm. 1), S. 64f.

[58] Vgl. *Klecatsky/Weiler,* Staatskirchenrecht (Anm. 1), S. 65ff.; *Melichar,* Beziehungen (Anm. 7), S. 167f.

[59] § 3 VerwaltungsvollstreckungsG 1950, BGBl. Nr. 172, dazu die VO BGBl. Nr. 159/1949. Ausgenommen hiervon ist nur die Altkatholische Kirche, die dem KirchenbeitragsG unterliegt (siehe darüber unten).

[60] VfSlg. 1265 verneint dies; dagegen etwa *Ermacora,* Handbuch (Anm. 44), S. 443ff.; *Gampl,* Staatskirchenrecht (Anm. 1), S. 46ff; *Tichy,* in: EuGRZ 1983 (im Druck).

[61] Etwa *Ermacora,* Handbuch (Anm. 44), S. 445.

in Gesetzgebung und Vollziehung Bundessache sind. Solche gesetzliche Sondervorschriften allgemeiner Art bestehen für die Evangelischen Kirchen (AB, HB, AuHB)[62], die Griechisch-Orientalische Kirche[63] und die Israelitische Religionsgesellschaft[64].

2. Für die *Katholische Kirche* hingegen gelten das *Konkordat* 1933 und andere völkerrechtliche, innerstaatlich auf der Stufe von Bundesgesetzen stehende Vereinbarungen zwischen dem Heiligen Stuhl und der Republik Österreich[65].

Aus dem Konkordat 1933 sind zunächst folgende allgemeine Garantien für die Katholische Kirche hervorzuheben: freie Ausübung ihrer geistlichen Macht, freie und öffentliche Ausübung des Kultus, freie innerkirchliche Rechtsetzung, freier Verkehr zwischen dem Hl. Stuhl, Bischöfen, Klerus und Kirchenvolk, staatlicher Schutz für die Erfüllung der geistlichen Amtspflicht (Art. I). Die Kirche genießt öffentlich-rechtliche Stellung. Ihre einzelnen Einrichtungen, die nach dem kanonischen Recht Rechtspersönlichkeit haben, genießen diese auch für den staatlichen Bereich, soweit sie bei Inkrafttreten des Konkordats bereits bestanden haben oder wenn sie unter konkordatärer Mitwirkung des Staates noch entstehen (Art. II). Veränderungen der Kirchenprovinzen und Diözesen erfolgen einvernehmlich (Art. III)[66]. Die Auswahl der Erzbischöfe und Bischöfe steht dem Hl. Stuhl zu; dies auf Grund einer von den Diözesanbischöfen vorgelegten, nicht bindenden Namensliste. Bei Erledigung des erzbischöflichen Stuhles von Salzburg benennt der Hl. Stuhl dem Metropolitankapitel drei Kandidaten, aus denen es in freier geheimer Abstimmung den Erzbischof wählt (Art. IV § 1). Soll ein residierender Erzbischof, residierender Bischof oder ein Koadjutor mit dem Recht der Nachfolge ernannt werden, so kann die Bundesregierung in einem streng vertraulichen Verfahren gegen den namhaft zu machenden Kandidaten Einwände „allgemeiner politischer Natur" innerhalb von 15 Tagen geltend machen, worauf die Herstellung des Einvernehmens zu versuchen ist; gelingt solches nicht, so ist der Hl. Stuhl in der Besetzung des Stuhles frei (Art. IV § 2 und Zusatzprotokoll). Die Besetzung der Dignitäten und der Kanonikate in den Kapiteln erfolgt nach dem gemeinen kanonischen Recht (Art. IV § 3). Orden und religiöse Kongregationen können nach kanonischem Recht frei gegründet werden und unterliegen keiner staatlichen Einschränkung. Auf Lebenszeit bestellte Obere österreichischer Ordensniederlassungen mit stabilitas loci ihrer Mitglieder haben die österreichische Staatsbürgerschaft zu besitzen, desgleichen die Oberen der Provinzen, deren rechtlicher Sitz in Österreich gelegen ist, doch dürfen ausländische Provinz- und Ordensobere ihre in Österreich liegenden Niederlassungen visitieren (Art. X). Die Besetzung der kirchlichen

[62] Vgl. Anm. 48.

[63] Vgl. Anm. 49.

[64] Vgl. Anm. 50.

[65] *Konkordat 1933*, BGBl. II Nr. 2/1934, AAS 26 (1934), S. 249 ff. (vgl. dazu Anm. 47). Text, Schrifttum und Rechtsprechung bei *Klecatsky/Weiler*, Österreichisches Recht (Anm. 1), IV b 10; modifiziert durch *Vermögensverträge* (BGBl. Nr. 195/1960, 107/1970, 220/1976, 49/1982), *Schulverträge* (BGBl. Nr. 273/1962, 289/1972), *Diözesenverträge* (BGBl. Nr. 196/1960 [Eisenstadt], Nr. 227/1964 [Innsbruck], Nr. 417/1968 [Feldkirch]). Texte bei *Klecatsky/Weiler*, Österreichisches Recht (Anm. 1), IV b 11/2–4. Vgl. auch *Rieger/Schima jun.*, Stichwort „Katholische Kirche", in: Rechtslexikon (Anm. 1); *Gampl*, Staatskirchenrecht (Anm. 1), S. 228 ff. Teilweise klaffen die Regelungen des Konkordates 1933 und die staatliche Gesetzgebung noch auseinander, so vor allem hinsichtlich des staatlichen *Eherechts*, das entgegen dem Art. VII des Konkordates von den Grundsätzen der obligatorischen Ziviltrauung und der ausschließlichen staatlichen Ehegerichtsbarkeit beherrscht wird. Dazu *B. Primetshofer*, Offene Fragen des österreichischen Staatskirchenrechts, in: Festschr. f. Fritz Eckert (Anm. 8), S. 169 ff.; weiter *W. Waldstein*, Ist der Zwang zur Trauung vor dem Standesbeamten grundrechtskonform?, in: Aus Österreichs Rechtsleben in Geschichte und Gegenwart. Festschr. f. Ernst C. Hellbling (80), Berlin 1981, S. 401 ff.

[66] Vgl. dazu die in Anm. 65 bezeichneten Diözesenverträge.

Benefizien steht der Kirchenbehörde zu (Art. XI). Das Kircheneigentum, der Erwerb und der Besitz neuen beweglichen und unbeweglichen Kirchenvermögens wird im Rahmen der für alle geltenden Staatsgesetze garantiert; die Verwaltung und Vertretung des Kirchenvermögens steht den nach kanonischem Recht berufenen Organen zu (Art. XIII). Vereinigungen, die vornehmlich religiöse Zwecke verfolgen, einen Teil der Katholischen Aktion bilden und als solche der Gewalt des Diözesanordinarius unterstehen, ist volle Freiheit in Organisation und Betätigung eingeräumt, katholische Jugendorganisationen sollen staatlich geschützt sein; die Presse wird in der Vertretung katholischer Lehrsätze keinen Beschränkungen unterworfen sein (Zusatzprotokoll zu Art. XIV). „Alle auf kirchliche Personen oder Dinge bezüglichen Materien, die in den vorhergehenden Artikeln nicht behandelt werden, werden dem geltenden kanonischen Recht gemäß geregelt werden", wobei Auslegungsschwierigkeiten oder den staatlichen Bereich berührende Fragen einvernehmlich zwischen dem Hl. Stuhl und dem Staat bereinigt werden sollen (Art. XXII).

3. Für alle gesetzlich anerkannten Kirchen gelten die Rechtsvorschriften, die ihr Verhältnis zur *Schule* regeln. Dem Staat steht nach Art. 17 Abs. 5 StGG die oberste Leitung und Aufsicht auf dem Gebiete des gesamten Unterrichts- und Erziehungswesens zu. Für den *Religionsunterricht* in den Schulen ist nach Art. 17 Abs. 4 StGG von der betreffenden Kirche Sorge zu tragen. Ausgeführt wurden diese Verfassungsbestimmungen durch das Gesetz vom 25. Mai 1868, RGBl. Nr. 48, wodurch grundsätzliche Bestimmungen über das Verhältnis der Schule zur Kirche erlassen wurden (SKG)[67], und das Bundesgesetz vom 13. Juli 1949, BGBl. Nr. 190, betreffend den Religionsunterricht in der Schule (RG)[68]. Diese beiden Gesetze, die „Quasiverfassungsgesetze" sind, weil sie nur unter den gleichen Voraussetzungen abgeändert werden können wie Bundesverfassungsgesetze[69], enthalten im wesentlichen die nachstehende Regelung.

Der *Schulunterricht* – mit Ausnahme des Religionsunterrichtes – ist vom kirchlichen Einfluß unabhängig (§ 2 Abs. 2 SKG); wiewohl der Staat bei den von ihm auf dem Gebiete der Erziehung und des Unterrichts übernommenen Aufgaben das Recht der *Eltern* zu achten hat, die Erziehung und den Unterricht entsprechend ihren eigenen *religiösen* und weltanschaulichen Überzeugungen sicherzustellen[70]. Die öffentlichen Schulen sind ohne Unterschied des Bekenntnisses allgemein zugänglich (§ 3 SKG, Art. 14 Abs. 6 B–VG)[71]. Jeder Kirche steht es frei, aus ihren Mitteln Schulen für den Unterricht der Jugend ihres Glaubensbekenntnisses zu errichten und zu erhalten; sie ist aber dabei den Gesetzen für das Unterrichtswesen unterworfen und kann das Öffentlichkeitsrecht nur bei Erfüllung aller gesetzlichen Voraussetzungen erwerben (§ 4 SKG, Art. 17 Abs. 2 StGG, Art. 67 des Staatsvertrages von St. Germain). Näheres regelt das Privatschulgesetz[72]. Für die *Privatschulen* der gesetzlich anerkannten Kirchen sind im besonderen die Bestimmungen des § 3 Abs. 1 (weitere Errichtungsgarantie), der §§ 17 bis 20 (Rechtsanspruch auf staatliche Subventionierung des Personalaufwandes) und des § 26 (Bezeichnung gewisser Katholischer Ordens-Privatschulen als

[67] Text, Schrifttum und Rechtssprechung bei *Klecatsky/Weiler*, Staatskirchenrecht (Anm. 1), S. 117ff.; vgl. ferner *H. Schwendenwein*, Religion in der Schule. Rechtsgrundlagen, Graz, Köln, Wien 1980, S. 89ff.

[68] Gegenwärtige Fassung: BGBl. Nr. 185/1957, 243/1962, 324/1975.

[69] Vgl. Art. 14 Abs. 10 B–VG i.d.F. des Art. I Z. 1 BundesverfassungsG BGBl. Nr. 215/1962 und Art. 44 Abs. 1 B–VG.

[70] So die Verfassungsbestimmung des Art. 2 des 1. Zusatzprotokolls zur Europäischen Menschenrechtskonvention, BGBl. Nr. 210/1958, in Verbindung mit Art. II Z 7 BundesverfassungsG BGBl. Nr. 54/1964.

[71] So auch § 4 Abs. 1 SchulorganisationsG, BGBl. Nr. 242/1962, i.d.F. BGBl. Nr. 323/1975.

[72] BGBl. Nr. 244/1962 i.d.F. BGBl. Nr. 290/1972.

„öffentliche" Schulen) von Bedeutung. Der Katholischen Kirche ist diese Privatschulregelung auch konkordatär garantiert[73].

Was aber den *Religionsunterricht* anlangt, so ist er Pflichtgegenstand an öffentlichen und mit Öffentlichkeitsrecht ausgestatteten Schulen (Volks-, Haupt-, Sonder-, allgemein bildenden höheren Schulen, berufsbildenden mittleren und höheren Schulen, gewissen Berufschulen, Polytechnischen Lehrgängen, Akademien für Sozialarbeit, Anstalten der Lehrer- und Erzieherbildung) für alle einer gesetzlich anerkannten Kirche angehörigen Schüler (§ 1 Abs. 1 RG). Abmeldungen zu Beginn eines jeden Schuljahres sind möglich (§ 1 Abs. 2 RG). Wo die Mehrzahl der Schüler einem christlichen Bekenntnis angehört, ist in den Klassenräumen ein Kreuz anzubringen (§ 2b RG).

Der Religionsunterricht wird durch die betreffende gesetzlich anerkannte Kirche besorgt, geleitet und unmittelbar beaufsichtigt; das gleiche gilt für die Religionsübungen in der Schule; dem Bund steht jedoch das Recht zu, durch seine Schulaufsichtsorgane den Religionsunterricht in organisatorischer und schuldisziplinärer Hinsicht zu beaufsichtigen (§§ 1, 2 SKG, § 2 Abs. 1, § 2a RG). Die Lehrpläne für den Religionsunterricht werden hinsichtlich des Lehrstoffes und seiner Aufteilung auf die einzelnen Schulstufen von der Kirche im Rahmen der nach ihrer Anhörung staatlich festgesetzten Wochenstundenzahl erlassen und vom Staat bekanntgemacht (§ 2 Abs. 2 RG). Lehrbücher und Lehrmittel bedürfen keiner staatlichen Bewilligung, doch dürfen sie nicht im Widerspruch zur staatsbürgerlichen Erziehung stehen (§ 2 Abs. 3 RG). Es dürfen nur solche Personen als Religionslehrer angestellt und verwendet werden, die von der zuständigen kirchlichen Behörde als hierzu befähigt und ermächtigt erklärt sind (§ 6 Abs. 2, § 7b SKG, § 4 RG), bei Entzug der kirchlichen Ermächtigung dürfen sie nicht weiter verwendet werden (§ 4 Abs. 3, § 7 Abs. 1 RG). Alle Religionslehrer unterstehen hinsichtlich der Vermittlung des Lehrgutes den Vorschriften des Lehrplanes und den kirchlichen Anordnungen, im übrigen dem allgemeinen staatlichen Schulrecht § 3 Abs. 3 RG). Alle Religionslehrer – auch die nicht vom Staat, sondern von der Kirche bestellten – werden vom Staat besoldet (§ 4 Abs. 1, § 6, § 7 RG).

Der Schulunterricht soll so gestaltet werden, daß den Schülern, aber auch den Lehrern die Erfüllung ihrer religiösen Pflichten und die Teilnahme an religiösen Übungen und Veranstaltungen ermöglicht wird (Art. 15 des Gesetzes RGBl. Nr. 49/1868, § 2a RG). Auch diese Religionsunterrichtsregelung ist der Katholischen Kirche konkordatär gewährleistet[74].

Den kollegial organisierten *Schulaufsichtsbehörden* des Bundes – den Landesschulräten und den Bezirksschulräten – gehören Vertreter der gesetzlich anerkannten Kirchen mit beratender Stimme an[75].

4. Die *Theologischen Fakultäten* an den staatlichen Universitäten[76] unterliegen an sich dem Universitäts-Organisationsgesetz, BGBl. Nr. 258/1975, doch läßt dieses Gesetz das Konkordat 1933 ausdrücklich unberührt (§ 69).

Art. V des Konkordates[77] bestimmt: Die innere Einrichtung sowie der Lehrbetrieb der vom Staate erhaltenen katholisch-theologischen Fakultäten wird grundsätzlich nach Maßgabe

[73] Art. II des Vertrages zwischen dem Hl. Stuhl und der Republik Österreich vom 9. Juli 1962, BGBl. Nr. 273, zur Regelung von mit dem Schulwesen zusammenhängenden Fragen, i.d.F. des Zusatzvertrages vom 8. März 1971, BGBl. Nr. 289/1972.

[74] Art. I des in Anm. 73 bezeichneten Vertrages.

[75] Vgl. die Grundsatzbestimmungen des § 8 Abs. 2 lit. b. Z. 1, Abs. 4, § 14 Abs. 2 lit. c. Z. 1, Abs. 3 Bundes-SchulaufsichtsG, BGBl. Nr. 240/1962, i.d.F. BGBl. Nr. 70/1966, 321/1975. Der Katholischen Kirche ist eine solche Vertretung in den Schulaufsichtsbehörden durch Art. IV des in Anm. 73 bezeichneten Vertrages garantiert.

[76] Je eine Katholisch-Theologische Fakultät besteht an den Universitäten Wien, Granz, Innsbruck, Salzburg, eine Evangelisch-Theologische Fakultät an der Universität Wien (§ 12 Universitäts-OrganisationsG, BGBl. Nr. 258/1975).

[77] Text, Schrifttum und ausführliche Hinweise bei *Klecatsky/Weiler*, Staatskirchenrecht (Anm. 1), S. 241 ff.

der Apostolischen Konstitution „Deus Scientiarum Dominus" vom 14. Mai 1931 und der jeweiligen kirchlichen Vorschriften geregelt werden[78]; jene Durchführungsmaßnahmen, die sich hiebei im Hinblick auf den besonderen Charakter dieser Fakultäten beziehungsweise ihrer Stellung im Universitätsverbande als notwendig erweisen, werden jeweils im Einvernehmen mit der zuständigen kirchlichen Behörde getroffen[79]; es besteht Einverständnis darüber, daß die theologische Fakultät der Universität Innsbruck insbesondere bezüglich der Zusammensetzung ihres Lehrkörpers in ihrer Eigenart erhalten bleibt[80] (§ 1). Die Ernennung oder Zulassung der Professoren oder Dozenten an den katholisch-theologischen Fakultäten wird nur nach erfolgter Zustimmung der zuständigen kirchlichen Behörde erfolgen (§ 3); wird ein solcher Universitätslehrer von der zuständigen kirchlichen Behörde der obersten staatlichen Unterrichtsverwaltung als für die Lehrtätigkeit nicht mehr geeignet bezeichnet, so wird er von der Ausübung der Lehrtätigkeit enthoben und für einen Ersatz gesorgt[81] (§ 4). Die von den päpstlichen Hochschulen in Rom verliehenen akademischen theologischen Grade sind in Österreich hinsichtlich aller ihrer kirchlichen und staatlichen Wirkungen anerkannt (§ 2)[82].

Auch die Evangelisch-Theologische Fakultät an der (staatlichen) Wiener Universität hat einen durch Gesetz[83] bekenntnis- und dienstpostenmäßig garantierten Lehrkörper.

5. Eine „äußere Angelegenheit" der Kirchen ist die Gewährung des *staatlichen Beistandes* zur Einbringung von *Kirchenbeiträgen*[84]. Während den nach dem Anerkennungsgesetz anerkannten Kirchen im allgemeinen[85] und der Israelitischen Religionsgesellschaft[86] die Einbringung der Beiträge im Verwaltungsweg gewährt ist, ist die Altkatholische Kirche davon ausgenommen. Diese, die Katholische Kirche und die Evangelischen Kirchen unterliegen dem während des nationalsozialistischen Regimes eingeführten *Kirchenbeitragsgesetz*[87], GBlÖ Nr. 543/

[78] In diesem Sinn auch § 1 Abs. 1 BundesG v. 10. Juli 1969, BGBl. Nr. 293, über Katholisch-Theologische Studienrichtungen. Zu den Studien- und Prüfungsvorschriften an Katholisch-Theologischen Fakultäten überhaupt: *F. Ermacora*, Österreichisches Hochschulrecht, Bd. 1, Wien 1974, S. 669ff.

[79] Vgl. dazu auch § 114 Universitäts-OrganisationsG, der bis zur Erlassung von Durchführungsverordnungen im Sinne des Art. V § 1 Abs. 3 des Konkordates den Mitgliedern der (drittelparitätisch aus Professoren, „Mittelbau"- und Studierendenvertretern zusammengesetzten) Kollegialorgane der Katholisch-Theologischen Fakultäten aus dem Kreise der Universitätsprofessoren sowie der „Mittelbau"-Vertreter, soweit sie die Lehrbefugnis als Universitätsdozent besitzen, das Recht und die Pflicht überträgt, einen Bescheid, der den im Art. V des Konkordates genannten kirchlichen Bestimmungen nach ihrer Auffassung widerspricht, durch Mehrheitsbeschluß aufzuheben.

[80] Diese Fakultät ist durch Kaiserliche Entschließung vom 4. November 1857 dem Jesuitenorden übertragen worden (vgl. *Ermacora*, Hochschulrecht [Anm. 78], S. 643ff.).

[81] Dazu VfSlg. 6998.

[82] Vgl. zu Art. V des Konkordates auch die einschlägigen Bestimmungen des Zusatzprotokolls, Text bei *Klecatsky/Weiler*, Staatskirchenrecht (Anm. 1), S. 262f.

[83] § 15 des BundesG v. 6. Juli 1961, BGBl. Nr. 182, über äußere Rechtsverhältnisse der Evangelischen Kirche, in Verbindung mit § 70 Universitäts-OrganisationsG. Dazu *Hellbling*, Evangelische Sicht (Anm. 48), S. 201.

[84] VfSlg. 3816, 5007; VwGH 23. 4. 1979, Zl. 1878/78, 1883/78; VwGH 18. 11. 1981, Zl. 81/10/0008.

[85] Vgl. dazu oben IV 10.

[86] § 22 G RGBl. Nr. 57/1890. Im Rahmen der staatlichen Beistandsleistung ist aber andererseits die Gesetz- und Statutenmäßigkeit der Beitragsvorschreibung zu prüfen (VwGH 18. 11. 1981, Zl. 18/10/0008).

[87] Darüber ausführlich *H. R. Klecatsky*, Lage und Problematik des österreichischen Kirchenbeitragssystems, in: Essener Gespräche zum Thema Staat und Kirche, hrsg. v. J. Krautscheidt/H. Marré, Bd. 6, Münster 1972, S. 54ff. mit Diskussionsbeiträgen S. 70ff.

1939), das die zwangsweise Einbringung der von den Kirchen frei festgesetzten Kirchenbeiträge nur im Wege der Klage vor den staatlichen *Zivilgerichten*[87a] ermöglicht, was zwar für die Katholische Kirche konkordatär saniert sein soll[88], aber dem verfassungsrechtlichen Gleichheitssatz zuwiderläuft. Der Griechisch-Orientalischen Kirche ist gegenwärtig der staatliche Beistand zur Einbringung der von ihr festgesetzten Beiträge versagt[89].

6. Die der Kirchenpolitik des Kaisers *Joseph II.* entstammenden, (gegenüber der Katholischen Kirche durch Art. XV[90] des Konkordates 1933 auch völkerrechtlich abgesicherten) weitreichenden *staatsfinanziellen Verpflichtungen* gegenüber den Kirchen wurden durch die nationalsozialistische Gesetzgebung[91] beseitigt. In Erfüllung des durch Art. 26 des Wiener Staatsvertrages[92] normierten völkerrechtlichen Restitutionsgebotes kam es nach vorbereitenden Gesetzen[93] zur Abgeltung der Vermögensschäden, hinsichtlich der Katholischen Kirche durch völkerrechtliche Vereinbarungen mit dem Hl. Stuhl[94], hinsichtlich der Evangelischen Kirchen, der Altkatholischen Kirche und der Israelitischen Religionsgesellschaft durch paritätische bundesgesetzliche Regelungen[95], wobei die alljährlich vom Bund erbrachten und weiter zu erbringenden finanziellen Leistungen inzwischen den typischen Charakter der anspruchsmäßigen Wiederherstellung verlorengegangener Rechte und den einer Entschädigung verloren haben[96].

[87a] Hierbei haben die staatlichen Gerichte die Kirchenbeitragsvorschreibungen auf ihre Rechtmäßigkeit zu überprüfen (OGH SZ 34/28, in: EvBl. 1962/457; VwGH 18.11. 1981, Zl. 81/10/0008).

[88] So im Hinblick auf Art. II Abs. 4 des Vertrages BGBl. Nr. 195/1960: VfSlg. 5007.

[89] § 7 Abs. 3 zweiter Satz BundesG BGBl. Nr. 229/1967.

[90] Vgl. dazu auch das Zusatzprotokoll zu Art. XV; Texte bei *Klecatsky/Weiler*, Staatskirchenrecht (Anm. 1), S. 256ff., 274.

[81] Vgl. § 5 KirchenbeitragsG, GBlÖ Nr. 543/1939, die VO GBlÖ Nr. 718/1939 i.d.F. GBlÖ Nr. 1408/1939 und die VO GBlÖ Nr. 45/1940. Texte und weitere Hinweise bei *Klecatsky/Weiler*, Staatskirchenrecht (Anm. 1), S. 156ff., 161ff.

[92] BGBl. Nr. 152/1955. Vgl. auch das BundesG. v. 20. Dezember 1955, BGBl. Nr. 269, womit Bestimmungen zur Durchführung des Art. 26 des Staatsvertrages, BGBl. Nr. 152/1955, hinsichtlich kirchlicher Vermögensrechte getroffen werden. Texte bei *Klecatsky/Weiler*, Staatskirchenrecht (Anm. 1), S. 57f., 168ff.

[93] Bundesgesetze BGBl. Nr. 294/1958, 300/1959.

[94] Vgl. jetzt die in Anm. 65 bezeichneten Vermögensverträge (zum Vertrag BGBl. Nr. 220/1976 *A. Kostelecky*, Private Patronate in öffentlicher Hand und der Zweite Zusatzvertrag mit dem Hl. Stuhl zur Regelung von vermögensrechtlichen Beziehungen v. 9. Jänner 1976, in: Festschr. Plöchl [70], S. 447ff.). Danach erhält gegenwärtig die Katholische Kirche alljährlich einen festen Betrag von 128 Millionen Schilling zuzüglich des Gegenwertes der jeweiligen Bezüge von 1250 Kirchenbediensteten unter Zugrundelegung eines Durchschnittsbezuges.

[95] Evangelische Kirchen: BundesG BGBl. Nr. 182/1967, § 20 i.d.F. BGBl. Nr. 5/1970, 159/1976, 525/1981 (alljährlich fester Betrag: 8 234 226 Schilling + 81 Kirchenbedienstetenbezüge); Altkatholische Kirche: BundesG BGBl. Nr. 221/1960 i.d.F. BGBl. Nr. 4/1970, 157/1976, 523/1981 (alljährlich fester Betrag: 380 041 Schilling + 4 Kirchenbedienstetenbezüge); Israelitische Religionsgesellschaft: BundesG BGBl. Nr. 220/1960 i.d.F. BGBl. Nr. 6/1970, 158/1976, 524/1981 (alljährlich fester Betrag: 2 280 247 Schilling + 23 Bezüge von Bediensteten der Kultusgemeinden).

[96] So etwa 1412 der Beilagen zu den Stenographischen Protokollen des Nationalrates, XI. Gesetzgebungsperiode. Zur Beurteilung der sich damit stellenden Paritätsfrage die Mitgliederzahlen nach der gesamtösterreichischen Volkszählung vom 12. Mai 1971: (Römisch-) Katholische Kirche: 6 540 294, Evangelische Kirchen: 445 307, „Übrige und unbekannt":

7. Das geistliche Amtsgeheimnis genießt vor Gerichten und Verwaltungsbehörden gesetzlichen Schutz[97]. Geistliche und Ordenspersonen sind zum Amt eines Geschworenen oder Schöffen nicht zu berufen[98]. Sie sind von der Stellungspflicht nach dem Wehrgesetz befreit[99]. Die religiöse Betätigung im Bundesheer darf nicht geschmälert werden[100]. Eine katholische[101] und eine evangelische[102] Militärseelsorge ist eingerichtet. Die Seelsorge in den Strafvollzugsanstalten ist den Strafgefangenen und den Seelsorgern selbst gesetzlich gewährleistet[103]. Bescheidenste Einflußmöglichkeiten sind den Kirchen auf den Staatsrundfunk geboten[104]. Das Feiertagsruhegesetz 1957[105] erklärt die Sonntage und die in Art. IX des Konkordates 1933 bezeichneten Feiertage (mit Ausnahme des Festes der Apostel Peter und Paul) zu Tagen der allgemeinen Arbeitsruhe; der Karfreitag gilt dazu als Feiertag für die Angehörigen der Evangelischen Kirchen, der Altkatholischen Kirche und der Methodistenkirche.

8. Dem *„Schutz des religiösen Friedens"* dienen die §§ 188 und 189 des Strafgesetzbuches, BGBl. Nr. 60/1974, indem sie die „Herabwürdigung religiöser Lehren" und die „Störung einer Religionsübung" unter Strafe stellen[106].

VI. Die gesellschaftliche Öffentlichkeit als Feld kirchlichen Wirkens

Gewiß lassen nicht allein die bilateralen völkerrechtlichen Vereinbarungen zwischen dem Staat und dem Heiligen Stuhl, sondern auch die dem Selbstverständnis der Kirchen sonst weithin entgegenkommenden einseitig staatlichen Regelungen auf dem Gebiet der (in der Bundesverfassung nicht so benannten) „äußeren Angelegenheiten" es zu, diese als *„gemeinsame Angelegenheiten"* zu

149771, „Ohne Bekenntnis": 320031. Diese dem vom Österreichischen Statistischen Zentralamt, Wien, herausgegebenen „Statistischen Handbuch der Republik Österreich 1977" entnommenen Angaben sind in mancherlei Hinsicht kennzeichnend. Wieviele Altkatholiken oder Israeliten es in Österreich am 12. Mai 1971 gab, wurde offenbar nicht erhoben. Einschlägige Daten der Volkszählung von 12. Mai 1981 liegen derzeit noch nicht vor.

[97] Vgl. etwa § 320 Z. 2 ZPO, § 151 Z. 1, § 281 Abs. 1 Z. 3 StPO 1975, § 48 Z. 2, § 51 Allgemeines VerwaltungsverfahrensG 1950, § 170 Z. 2 Bundesabgabenordnung, § 103 lit. b FinanzstrafG, § 62 VerwaltungsgerichtshofG 1965, § 81 VerfassungsgerichtshofG 1953, § 105 Beamten-DienstrechtsG 1979, BGBl. Nr. 333.

[98] Vgl. § 3 Z. 5 des SchöffenlistenG, Art. XIX des Konkordates 1933.

[99] Vgl. § 24 Abs. 3 WehrG 1978, BGBl. Nr. 150, wo noch weitere Befreiungen ausgesprochen sind.

[100] § 46 Abs. 5 WehrG 1978.

[101] Vgl. Art. VIII des Konkordates 1933. Dazu *Klecatsky/Weiler,* Staatskirchenrecht (Anm. 1), S. 249f.; *Gampl,* Staatskirchenrecht (Anm. 1), S. 249f.

[102] § 17 BundesG v. 6. Juli 1961, BGBl. Nr. 182, über äußere Rechtsverhältnisse der Evangelischen Kirche.

[103] Vgl. § 85 StrafvollzugsG., BGBl. Nr. 144/1969.

[104] Vgl. § 2 Abs. 3, § 15 Abs. 2 Z. 4 und 5, § 16 Abs. 1 Z. 2 RundfunkG, BGBl. Nr. 397/1974 i.d.F. BGBl. Nr. 80/1975.

[105] BGBl. Nr. 153/1957 i.d.F. BGBl. Nr. 264/1967.

[106] Weitere Bestimmungen des Strafgesetzbuches, die für den Schutz des religiösen Lebens Bedeutung haben: § 117 Abs. 2, § 126 Abs. 1 Z. 1 und 2, § 128 Abs. 2 Z. 2, § 283, § 286, Abs. 2 Z. 2, § 321.

bezeichnen[107] und darin soziologisch oder politologisch eine „Partnerschaft" zwischen Kirche und Staat zu erblicken. Doch *rechtlich-instrumentaler* Fortschritt ist mit einer solchen *terminologischen* Manipulation allein nicht verbunden. Verwischt werden im Gegenteil Grenzen gegenüber dem von der Bundesverfassung ausdrücklich anerkannten Kernraum[108] der *„inneren Angelegenheiten"*, aus dem heraus die Kirche in freier Besorgung ihres religiösen Auftrags in die *gesamte Gesellschaft* zu wirken vermag. Werden gesetzlich anerkannte Kirchen dabei vom Staat behindert, so können sie ihre subjektive Rechtssphäre mit allen *Rechtsmitteln* verteidigen, die die staatliche Rechtsordnung Rechtsträgern sonst einräumt. Gegen Eingriffe in ihre verfassungsgesetzlich gewährleistete Rechtssphäre durch Staatsverträge, Gesetze und staatliche Verwaltungsakte steht ihnen der Rechtszug an den *Verfassungsgerichtshof* offen[109].

Über die gegenwärtig schon bestehenden Anfechtungsmöglichkeiten hinaus aber sollte den gesetzlich anerkannten Kirchen, losgelöst von der Verletzung eines ihnen zustehenden subjektiven öffentlichen Rechtes, auch das Recht zur Anfechtung von Staatsverträgen, Gesetzen und Verordnungen vor dem Verfassungsgerichtshof in der Weise eingeräumt werden, wie es die Bundesregierung gegenüber Rechtsvorschriften der Länder und die Landesregierungen gegenüber Rechtsvorschriften des Bundes besitzen[110] oder wie es die Volksanwaltschaft im Jahre 1977 allerdings nur gegenüber Verordnungen des Bundes erhalten hat[111].

So könnten die Kirchen in einer dem säkularen Verfassungsstaat adäquaten „Partnerschaft" mit *rechtlichen Mitteln* und in voller *Öffentlichkeit* über den inneren Kirchenraum hinaus in allen gesellschaftlichen Bereichen an der Herstellung und Wahrung eines ihren religiösen Zielen entsprechenden politischen Zustandes, insbesondere auf dem Felde der Menschenrechte und Grundfreiheiten[112], mitwirken.

Ob die Kirche im politischen System der „pluralen Gesellschaft" in Besorgung „gemeinsamer Angelegenheiten" – also der bloß demokratisierten alten „res mixtae"[113] – zu einem Stabilisator dieses Systems korrumpiert oder ob sie sich in freier Erfüllung ihres transpolitischen Auftrages behaupten wird, hängt – sicherlich nicht allein, aber doch wesentlich – vom *Recht und seiner entschlossenen Verwirklichung* ab.

[107] So *J. Schima jun.*, Die gemeinsamen Angelegenheiten von Kirche und Staat, in: ÖJZ 1965, S. 533ff., 565ff., *Plöchl*, Kirchenfreiheit (Anm. 28), 31ff.
[108] Darüber ausführlich *Klecatsky* in den in Anm. 9 bezeichneten Abhandlungen.
[109] Art. 139, 140, 140a, 144 B–VG i.d.F. BGBl. Nr. 302/1975. Texte bei *Klecatsky/Morscher*, Bundesverfassungsrecht (Anm. 10), S. 897ff.
[110] Darüber *Klecatsky* in den in Anm. 9 bezeichneten Abhandlungen.
[111] Vgl. jetzt: Art. 148e B-VG i.d.F. BGBl. Nr. 350/1981.
[112] Vgl. *Klecatsky*, Die universale Kirche als Vorbild internationaler Einigung, in: Staatsethik, hrsg. v. W. Leisner, Köln 1977, S. 234ff.
[113] Näheres bei *Klecatsky*, Kirchenfreiheit (Anm. 9), S. 155ff.

§ 116 Das Verhältnis von Kirche und Staat in der Schweiz

Von Louis Carlen

I. Statistisch-soziologische Gegebenheiten und Organisationsstrukturen

1. Bei der letzten amtlichen Volkszählung[1] in der Schweiz 1980 waren von der *Bevölkerung* 2 822 266 Protestanten (1970: 2 991 698), 3 030 069 Römisch-Katholiken (1970: 3 096 654), 16 571 Christkatholiken (1970: 20 268), 18 330 Israeliten (1970: 20 744) und 478 724 anderer oder ohne Konfession (1970: 140 423) – oder in Prozenten: 44,3% Protestanten (1970: 47,8%), 47,6% Katholiken (1970: 49,4%), Christkatholiken und Israeliten je 0,3% (1970: 0,3%) und andere oder Konfessionslose 7,5% (1970: 2,2%).

2. Die *katholische Kirche* in der Schweiz[2] umfaßt folgende sechs Bistümer: Basel, Chur, Lausanne-Genf-Freiburg, Lugano, St. Gallen und Sitten[3]. Die Bischofskonferenz setzte 1976 eine Kommission ein, um eine Neueinteilung der Bistümer in der Schweiz zu überprüfen. In ihrem Bericht vom Juni 1980 schlug die Kommission vor, die Bistümer Lugano und Sitten im bisherigen Umfang beizubehalten, das Gebiet der Bistümer Basel, Chur, Lausanne-Genf-Freiburg zu reduzieren, jenes der Diözese St. Gallen zu vergrößern und drei neue Bistümer zu errichten (Zürich, Luzern, Genf). Bisher haben weder die Bischofskonferenzen noch Rom zum Vorschlag verbindlich Stellung genommen. Gemäß Art. 50 der Bundesverfassung unterliegt die Errichtung von Bistümern auf schweizerischem Gebiet der Genehmigung des Bundes. Der Artikel wurde in der Praxis extensiv ausgelegt, wonach auch jede Veränderung von Bistumsgrenzen der staatlichen Genehmigung unterliegt[4]. Es müßte also bei einer Neueinteilung der Bundesrat (Regierung) genehmigen. Vermutlich wird eine Lösung auf dem Konkordatsweg angestrebt werden.

In den meisten Kantonen bestehen neben den Pfarreien als kirchenrechtlichen

[1] Schweiz. statistisches Jahrbuch 90, Basel 1982, S. 33.

[2] Neuere Lit.: *J. Müller*, Katholische Kirche Schweiz heute, Freiburg 1981; *ders.*, Die Diözesen der Schweiz, Zürich 1972.

[3] Bisherige Wahl der Bischöfe: Lausanne-Genf-Freiburg, Lugano und Sitten freie Ernennung durch Apost. Stuhl, in Chur wählt das Domkapitel aus einem Dreiervorschlag des Apost. Stuhls, in St. Gallen das Domkapitel aus den Diözesangeistlichen (mit Recht des sog. Katholischen Kollegiums, minder genehme Kandidaten aus der Vorschlagsliste zu streichen, auf der jedoch mindestens drei Kandidaten stehenbleiben müssen), in Basel wählt das Domkapitel (die von ihm erstellte Sechserliste wird zuerst der Konferenz der Diözesanstände = Kantonsvertreter unterbreitet, die minder genehme Kandidaten streichen). Vgl. *H. Maritz*, Das Bischofswahlrecht in der Schweiz unter besonderer Berücksichtigung der Entwicklung im Bistum Basel nach der Reorganisation, St. Ottilien 1977. – Gemäß c. 4 bleibt die konkordatäre Rechtslage unverändert. Für den Fall, daß die Konkordate geändert werden, werden die Rechte des Katholischen Kollegiums für St. Gallen und der Diözesanstände für Basel wohl nach c. 377 § 5 in Frage gestellt sein.

[4] *U. J. Cavelti*, Die Praxis zum Bistumsartikel der Bundesverfassung, in: Schweiz. Zentralblatt für Staats- und Gemeindeverwaltung 81 (1980), S. 57ff.

Einrichtungen Kirchgemeinden als staatskirchenrechtliche Institutionen. Wer auf dem Territorium einer bestimmten Kirchgemeinde wohnt und katholisch ist, gehört von selbst der Kirchengemeinde an, die öffentlich-rechtliche Anerkennung genießt.

3. Das gilt auch für die *evangelisch-reformierte Kirche,* bei der die Kirchgemeinde aber auch kirchenrechtliche Einrichtung ist. Außer in den Kantonen Genf (1907) und Neuenburg (1941) ist die evangelisch-reformierte Kirche mit dem Staat verbunden und besitzt den öffentlichen Status. In den einzelnen Kantonen ist die Kirche in einer kantonalen Landeskirche organisiert. Um „die gemeinsamen Interessen seiner Mitglieder und des schweizerischen Protestantismus wahrzunehmen"[5] sind die evangelisch-reformierten Kantonalkirchen, protestantischen Diasporaverbände, die kantonalen Freikirchen „sowie andere auf dem Boden der Reformation stehende kirchlich organisierte Glaubensgemeinschaften" zum Schweizerischen Evangelischen Kirchenbund zusammengeschlossen.

II. Die Normen für das Staatskirchenrecht

Staatskirchenrecht wurde und wird in der Schweiz vor allem auf zwei Ebenen erlassen, jener des Bundes und jener der Kantone.

1. Hauptsächlichste Quelle für das Staatskirchenrecht des *Bundes* ist das Grundgesetz, die Schweizerische Bundesverfassung von 1874[6], deren Totalrevision diskutiert wird[7]. Die Bundesverfassung enthält Bestimmungen über die Glaubens- und Gewissensfreiheit und die Kultusfreiheit (Art. 49 f.), interkonfessionelle Bestimmungen zum Schutz des religiösen Friedens (Art. 54 Ehe, Art. 49, Kindererziehung, Art. 27 Schule und Religionsfreiheit, Art. 49 Kirchensteuern), Säkularisationsbestimmungen wie die Abschaffung der geistlichen Gerichtsbarkeit (Art. 58) und das Begräbniswesen (Art. 53). Dazu kommen einige Ausnahmebestimmungen über das Kultusbudget (Art. 49), die Nichtwählbarkeit der Geistlichen in den Nationalrat (Art. 75), ein Bistumsartikel (Art. 50), Anstände bei Bildung und Trennung von Religionsgemeinschaften (Art. 50) und endlich einige

[5] Verfassung des Schweiz. Ev. Kirchenbundes vom 13. Juni 1950, Art. 2.

[6] Zu den staatskirchenrechtl. Bestimmungen *W. Burckhardt,* Kommentar der schweizerischen Bundesverfassung vom 29. Mai 1874, 3. Aufl., Bern 1931, S. 442 ff., 463 ff.; *U. Lampert,* Kirche und Staat in der Schweiz, 3 Bde., Basel und Freiburg 1929–1939 (in manchem überholt, aber immer noch beachtenswert). – Die Schweiz betreffende Konkordate bei *L. Schöppe,* Konkordate seit 1800, Frankfurt-Berlin 1964, S. 400–435. Dazu kommen je ein Konkordat 1978 über die Organisation des Bistums Basel und 1968 über die Errichtung des Bistums Lugano.

[7] Nach einem ausführlichen Vernehmlassungsverfahren unter den Kantonen, Hochschulen, Parteien, Kirchen und Verbänden (Antworten gedruckt in 6 Bänden, Bern 1969–1973) wurde 1977 ein z. T. stark bekämpfter Entwurf zu einer neuen Verfassung herausgegeben. Er gewährleistet die Religionsfreiheit, streicht die bisherigen staatskirchenrechtlichen Artikel der BV und fügt einen problematischen Artikel für eine Verfassungskompetenz zur Besteuerung jur. Personen zu Kirchenzwecken ein. In der umfangreichen Literatur über die Totalrevision der BV befaßt sich bes. mit staatskirchenrechtlichen Problemen *U. J. Cavelti,* Kirche und Staat in der Bundesverfassung, in: Civitas 21 (1965/66), S. 799 ff.

kirchenpolitische Artikel, wozu die Verbote der Strafverhängung wegen Glaubensansichten, Beschränkung der bürgerlichen und politischen Rechte durch Vorschriften kirchlicher oder religiöser Natur und der recursus ab abusu (Art. 49 II, IV und 50 II) kommen.

Das Schweizerische Zivilgesetzbuch von 1907, in Kraft seit dem 1. Januar 1912, berührt einschlägige Fragen in den Artikeln über die juristischen Personen im allgemeinen und die Vereine und Stiftungen im besonderen (Art. 52–89), über das Eherecht (Art. 90–177) und die elterliche Gewalt (Art. 273–289)[8].

Das Schweizerische Strafgesetzbuch von 1937, in Kraft seit dem 1. Januar 1942, stellt in Art. 216 Störung der Glaubens- und Kultusfreiheit und in Art. 262 Störung des Totenfriedens unter Strafdrohung[9].

Das Bundesgesetz über die Organisation der Bundesrechtspflege vom 16. Dezember 1943 ist von Bedeutung für die staatsrechtlichen Beschwerden in staatskirchenrechtlichen Fällen.

2. Die *Kantone* haben in ihren Grundgesetzen staatskirchenrechtliche Bestimmungen. Meist handelt es sich um die Wiederholung der bereits in der Bundesverfassung ausgesprochenen Gewährleistung der Religionsfreiheit sowie um die öffentlichrechtliche Anerkennung von Religionsgemeinschaften. Dazu haben mehrere Kantone organisierende Kirchengesetze, Spezialgesetze und Verordnungen von kirchlichem Interesse erlassen.

III. Zum Grundverhältnis zwischen Kirche und Staat

1. Das Staatskirchenrecht[10] auf Bundesebene hat eine starke *historische Komponente,* da die BV mehr als hundertjährig ist und bei allen bisherigen 98 Teilrevisionen von den staatskirchenrechtlichen Bestimmungen einzig 1973 das Jesuiten-

[8] Zur Kommentierung der ZGB-Bestimmungen, die staatskirchenrechtlichen Einschlag haben, sind die neueren Kommentare zum schweizerischen Zivilgesetzbuch von *H. M. Riemer* über die Stiftungen (Bern 1975), *E. Götz* (Bern 1964), *W. Bühler* (Bern 1971/77) und *P. Lemp* (Bern 1968) über das Eherecht beizuziehen.

[9] *V. Schwander,* Von den Religionsdelikten, Freiburg 1955.

[10] *Neuere Literatur zum Bundesstaatsrecht: J. Bruhin,* Die beiden Vatikanischen Konzile und das Staatskirchenrecht der Schweizerischen Bundesverfassung, Freiburg/Schweiz 1975; *L. Carlen,* Probleme des Staatskirchenrechts in der Schweiz, in: ÖAKR 29 (1978), S. 26–51; *ders.,* Staatskirchenrecht in der Schweiz, in: Civitas 33 (1978), S. 721–726; *U. A. Cavelti,* Einflüsse der Aufklärung auf die Grundlagen des schweizerischen Staatskirchenrechts, Diss. Freiburg/Schweiz 1976; *U. J. Cavelti,* Die öffentlich-rechtlichen Religionsgemeinschaften im schweizerischen Staatskirchenrecht, Freiburg 1954; *F. Clerc,* Eglise et Etat en droit constitutionnel suisse, in: Mélanges Pierre Andrieu-Guitrancourt, Troyes 1973, S. 205–223; *F. Clerc,* Kirche und Staat im Schweizerischen Verfassungsrecht, in: Gewissen und Freiheit, Bern 1976, Nr. 7, S. 12–18 und 1977, Nr. 8, S. 34–44; *J. G. Fuchs,* Aus der Praxis eines Kirchenjuristen in der Zeit ökumenischer Begegnung, Zürich 1979 (enthält gesammelte Aufsätze des Verfassers, u. a. S. 107ff. zum Verhältnis von Kirche und Staat in der Schweiz); *P. Gardaz,* Organisation ecclésiastique cantonale et droit fédéral, Diss. Lausanne 1973; *A. Gnaegi,* Katholische Kirche und Demokratie, Zürich-Einsiedeln-Köln 1973; *Pius Hafner,* Kirche und Staat in 26 Rechtsordnungen, in: Civitas 33 (1978), S. 667–676; *E. Isele,* Zur Revision des kantonalen Staatskirchenrechts, in: Ius et Lex, Festg. Max Gutzwiller, Basel 1959, S. 563–602; *ders.,* Die neuere Entwicklung und der gegenwärtige Stand der Kirchenge-

verbot und das Verbot der Errichtung neuer Klöster eliminiert wurden. Das Staatskirchenrecht der BV ist daher noch geprägt von den Zeitströmungen des letzten Jahrhunderts. Hingegen haben zahlreiche Kantone in den letzten zwei Jahrzehnten ihr Staatskirchenrecht den geänderten *Verhältnissen angepaßt* (Basel-Stadt, Freiburg, Jura, Luzern, Nidwalden, Obwalden, Schaffhausen, Tessin, Waadt, Wallis, Zürich).

2. Die Schweiz ist ein aus 26 Kantonen und Halbkantonen bestehender Bundesstaat. Die *Kantone* sind souverän, soweit ihre Souveränität nicht durch die Bundesverfassung eingeschränkt ist, und üben als solche alle Rechte aus, die nicht der Bundesgewalt übertragen sind (Art. 3 BV). Zu dieser souveränen Gewalt gehört auch das Staatskirchenrecht. Die Kantone regeln weitgehend ihre staatskirchenrechtlichen Verhältnisse selber[11]. Deshalb bestehen, entsprechend den verschiedenen historischen und konfessionellen Gegebenheiten, in den einzelnen Kantonen unterschiedliche Regelungen. Grundsätzlich genießen die Kirchen in allen Kantonen eine bedeutende Freiheit und öffentlich-rechtliche Anerkennung, die entsprechend der Vielfalt des kantonalen Staatskirchenrechts erfolgt durch die Verfassung, ein Gesetz, durch Parlamentsbeschluß, Regierungsbeschluß oder Gewohnheitsrecht. In den Kantonen Genf und Neuenburg herrscht seit 1907 bzw. 1941 formell Trennung von Kirche und Staat, welche die Kirchen in den privatrechtlichen Bereich verweist. In Genf kam man 1944 zurück zu einer partiellen öffentlich-rechtlichen Anerkennung, dank der Einführung der vom Staate vereinnahmten Kirchensteuer, für die jedoch die Zwangsvollstreckung versagt wird. Auch in Neuenburg ist die Trennung namentlich in finanzieller Hinsicht durchlöchert.

setzgebung in der Schweiz, in: Schweiz. Juristenzeitung 58 (1962), S. 177–182, 193–201; *ders.*, Das Verhältnis von Kirche und Staat in der Schweizerischen Eidgenossenschaft, in: GrNKirchR, S. 897–906; *E. Isele/J. G. Fuchs/L. Gauthier/C. Meister/W. Sigrist/G. Bavaud/U. J. Cavelti/P. Schärer*, Kirche – Staat im Wandel. Eine Dokumentation. Hrsg. von der Arbeitsgemeinschaft christlicher Kirchen in der Schweiz, Bern 1974; *H. B. Noser*, Pfarrei und Kirchgemeinde, Freiburg/Schweiz 1957.

[11] *Neuere Literatur zum kantonalen Staatskirchenrecht: T. Amsler*, Die Zugehörigkeit zur evangelisch-reformierten Landeskirche des Kantons Zürich, Diss. Zürich 1954; *F. Balmer*, Die Stellung der evangelisch-reformierten Landeskirche im Rahmen der bernischen Staatsverfassung, Diss. Bern 1946; *A. Berthoud*, Le statut juridique de l'Eglise réformée évangelique du canton de Neuchâtel, Diss. Neuchâtel 1955; *F. Bolla*, Sulle relazioni tra la Chiesa e lo Stato nel cantone Ticino, Bellinzona 1969; *L. Carlen*, Der Kirchenrat im Wallis, in: Zeitschrift für Walliser Rechtsprechung 14 (1980), S. 411–426; *E. Corecco*, Katholische „Landeskirche" im Kanton Luzern. Das Problem der Autonomie und der synodalen Struktur der Kirche, in: AfkKR 139 (1970), S. 3–42; *B. Feigenwinter*, Die römisch-katholischen Kirchgemeinden und Landeskirchen und ihr Verhältnis zur kirchlichen Ordnung, unter bes. Berücksichtigung des partikularkirchlichen und staatskirchlichen Rechts in der Diözese Basel, Diss. Basel 1973; *W. Gressly*, Kirchgemeinden und Synodalverbände im Kanton Solothurn, in: Festg. für Max Obrecht, Solothurn 1961, S. 1 ff.; *J. Kaufmann*, Die Rechtsstellung der römisch-katholischen Landeskirche und Kirchgemeinden im Kanton Aargau, Freiburg/Schweiz 1943; *K. Reichlin*, Kirche und Staat im Kanton Schwyz, Diss. Freiburg 1958; *F. Rohr*, Organisation und rechtliche Stellung der evangelisch-reformierten Kirchgemeinde des Kantons Aargau, Diss. Zürich 1951; *E. Rübel*, Kirchengesetz und Kirchenordnung der Zürcher Landeskirche, Zürich 1968; *G. Schmid*, Die evangelisch-reformierte Landeskirche des Kantons Zürich, Zürich 1954; *H. Schmid*, Die rechtliche Stellung der römisch-katholischen Kirche im Kanton Zürich, Diss. Zürich 1973; *F. Zorsi*, Le relazioni tra la chiesa e lo stato nel cantone Ticino, Bellinzona 1969.

Staatliche und kirchliche Ansprüche sind rechtlich und praktisch in allen Kantonen ausgeglichen. Den Bestrebungen zu einer vollständigen Trennung von Kirche und Staat (Initiative von 1976) wurde 1980 in einer Volksabstimmung die Zustimmung verweigert.

3. Das kantonale Recht bietet gewisse Typen staatskirchenrechtlicher *Systeme,* die wesentlich durch historische Gegebenheiten, aber auch durch die neuere Entwicklung bedingt sind.

a) In den primär *katholischen Kantonen* ist die Tatsache anerkannt, daß die katholische Kirche selber Rechtskirche ist, die ihre eigene Verfassung hat, die in Bistümer und Pfarreien gliedert. Damit ist die Organisation vorgegeben. Diese Kantone haben lediglich eine Kirchgemeindeorganisation geschaffen und den Zweck und den Aufbau der Kirchengemeinden als staatskirchenrechtliche Gebilde umschrieben. In einzelnen Kantonen sind diese zu einer römisch-katholischen Landeskirche zusammengeschlossen. Landeskirchen und Kirchgemeinden besorgen die der kirchlichen Tätigkeit dienende öffentliche Verwaltung.

Die evangelisch-reformierten Landeskirchen als kantonale Organismen sind mehr und mehr vorbildlich geworden, zumal die primär evangelischen Kantone die Anerkennung der römisch-katholischen Kirche davon abhängig machten, daß solche Verbände geschaffen wurden, und sich nicht bereit fanden, die eigentliche Kirche in ihren bestehenden Institutionen anzuerkennen. Das landeskirchliche Synodalsystem faßte auch in ursprünglich katholischen Kantonen Fuß. In einzelnen Kantonen hat sich die römisch-katholische Kirche, um die öffentlich-rechtliche Anerkennung in mehrheitlich evangelischen Kantonen zu erlangen, auf Kompromisse eingelassen und sich zum Teil einem fremden Kirchenbild untergeordnet[12].

b) In den primär *evangelisch-reformierten Kantonen* sind die Landeskirche und Kirchengemeinde gewissermaßen aus dem ursprünglich einheitlichen Staatsverband ausgesonderte und verselbständigte Gebilde. Die Verbindung zum Staat ist eine enge, wie in den Kantonen Bern, Zürich und Waadt, ohne daß die kirchliche Freiheit beeinträchtigt ist, oder eine lockere. Nirgends aber ist die Kirche auf Grund der öffentlich-rechtlichen Anerkennung „Staatskirche".

Hat der Staat bei den Externa „Organbildung, Mitgliedschaft, Stimm- und Wahlrecht, Finanzordnung" auf Verfassungs- oder Gesetzgebungsebene ein Mitspracherecht, das mehr oder weniger weit geht, ist die Kirche bei den Interna „Lehre, Verkündigung, Kultus, Seelsorge, Unterweisung" vollständig frei. Die Verfassung mit Kirchgemeinde und Synodalverband ist in allen Kantonen ähnlich, gleichgültig, ob die Kirchen durch Staatsgesetz geordnet sind oder sich auf Grund von Rahmengesetzen, unter Vorbehalt staatlicher Genehmigung, ihre Verfassung (als „Gesetz", „Ordnung", „Organisation", „Organisationsstatut" bezeichnet) selbst geben. In der französischsprachigen Schweiz ist das Presbyteriale, die Ältestenverfassung, betonter als in der deutschsprachigen Schweiz. Die kirchliche

[12] *Fuchs,* Aus der Praxis (Anm. 10), S. 118, 124, 168, 170; *A. Theobaldi/M. Amherd,* Katholiken im Kanton Zürich. Ihr Weg zur öffentlich-rechtlichen Anerkennung, Zürich 1978.

Finanzordnung ist unterschiedlich, indem sich von der ganz staatlich finanzierten Kirche bis zur Kirche mit freiwilliger Beitragspflicht verschiedene Systeme finden.

c) Die ursprünglich *paritätischen Kantone* entwickelten den Grundsatz der Gleichberechtigung der Konfessionen auf staatsrechtlicher oder völkerrechtlicher Basis. Paritätisch im engeren Sinne sind jene Kantone, in denen seit der Reformation (Glarus, Graubünden) oder seit der Kantonsgründung 1803 (Aargau, St. Gallen, Thurgau) beide Konfessionen eine beherrschende Stellung haben. Der Staat schuf in diesen Kantonen parallele Organismen, um mit beiden Konfessionen in ein gleiches Verhältnis zu treten. Die Kantone Glarus, Graubünden, Aargau und Thurgau sprechen von Landeskirchen, St. Gallen von öffentlich-rechtlich anerkannten konfessionellen Volksteilen. In den paritätischen Kantonen im weiteren Sinne, wo in einem ursprünglich konfessionellen Stand mehrere öffentlichrechtliche Bekenntnisse anerkannt sind, ist die Parität zumeist eine formale, nicht eine materielle, da die Grundsätze materieller Parität nicht immer in allen Teilen folgerichtig ausgebildet wurden.

IV. Die religiösen Grundrechte

1. In der höchstgerichtlichen Rechtsprechung werden die Garantien der religiösen Grundrechte[13] in der Schweiz pragmatisch-institutionell und individualistisch verstanden. Bei der ersteren Auffassung, wie sie sich vor allem in früheren Entscheiden äußert, steht der *Schutz des religiösen und konfessionellen Friedens* im Vordergrund[14]. Das Bundesgericht setzte hier die öffentliche Ordnung und Sittlichkeit, welche die Religionsfreiheit einengen, mit der allgemeinen Rechtsordnung gleich[15]. Die Rechtswirkung der Religionsfreiheit wurde damit auf ein spezielles Willkürverbot herabgesetzt. Die Gleichsetzung bewirkte auch, daß das Bundesgericht der Religionsfreiheit keine intensivere Schutzwirkung zugestand als vergleichbaren Grundrechten[16].

Daneben betonen verschiedene Bundesgerichtsentscheide, daß die religiösen Grundrechte *Individualrechte* sind, die dem Einzelnen seiner freien Persönlichkeit wegen zustehen. 1974 sagte das Bundesgericht: „Die Glaubens- und Gewissensfreiheit ist das Recht des Einzelnen gegenüber dem Staat, in seiner religiösen

[13] Dazu *F. Clerc,* Les principes de la liberté religieuse en droit public Suisse, Thèse Genève, Paris 1937; *J. Lanhard,* Die Glaubens- und Kultusfreiheit, Schweiz. jur. Kartothek, Genf 1951; *L. R. von Salis,* Die Entwicklung der Kultusfreiheit in der Schweiz, Basel 1894; *ders.,* Die Religionsfreiheit in der Praxis, Bern 1892; *R. Studer,* Ausgewählte Fragen der Glaubens- und Gewissensfreiheit anhand der bundesgerichtlichen Rechtsprechung, Diss. Basel 1977; *P. Saladin,* Grundrechte im Wandel, 2. Aufl. Bern 1975; *L. Carlen,* Religiöse Grundrechte in der Schweiz, in: Akten des 4. Internat. Kongresses f. Kirchenrecht, S. 995ff.

[14] Z. B. BGE I 337ff. u. 693ff.; 73 I 110ff.

[15] BGE V 35 I 353; 38 I 492; 51 I 485; 88 IV 122.

[16] *Saladin,* Grundrechte (Anm. 13), S. 32. Kritisch auch *H. Huber,* Die Grundrechte in der Schweiz, in: Die Grundrechte, hrsg. von *K. A. Bettermann/F. L. Neumann/H. C. Nipperdey,* Bd. I/1, Berlin 1966, S. 207.

Überzeugung keinen Zwang zu erleiden und seine Glaubensansichten äußern zu dürfen."[17]

In zwei Entscheiden aus dem Jahre 1971[18] ging das Bundesgericht von der Auffassung ab, daß sich nur natürliche Personen auf die Glaubens- und Gewissensfreiheit berufen können, indem es juristischen Personen, die selber einen religiösen oder kirchlichen Zweck verfolgen, unter bestimmten Voraussetzungen die Berufung auf Art. 49 BV gestattet. Damit wurde im Prinzip anerkannt, daß die Kirchen als Grundrechtsträger in Betracht kommen, eine Frage, die in der Schweiz teilweise auf Kritik stößt[19].

Gegenüber anderen Grundrechten, wie der Vereins- und Versammlungsfreiheit[20] und der Pressefreiheit[21], bildet die Glaubens- und Gewissensfreiheit und die Kultusfreiheit das Spezialgesetz.

2. Der *Inhalt* der verfassungsmäßig garantierten religiösen *Grundrechte* in der Schweiz kann wie folgt umschrieben werden:

a) Die *individuelle Freiheit* der Person im religiös-weltans chaulichen Bereich wird gewährleistet. Der Einzelne hat das Recht, sich eine religiöse Überzeugung zu bilden, aber auch diese jederzeit zu ändern. Eintritt und Austritt aus einer Religionsgemeinschaft sind ohne Rechtsnachteile dem Einzelnen gewährleistet[22] und beim Austritt darf von ihm auch keine Begründung verlangt werden. Es ist dem Staat verboten, den Taufzwang einer privaten Religionsgemeinschaft durchzuführen, wodurch der Eintritt in diese Religionsgemeinschaft erzwungen würde[23].

Der Mensch hat das Recht, seine religiöse Überzeugung kund zu tun, also die religiöse Meinung frei zu äußern, religiöse Kritik anzubringen und religiöse Propaganda zu betreiben. Er kann entsprechend seiner religiösen Überzeugung handeln.

Hier stoßen wir auch auf die *Schranken.* Die eine Schranke liegt in der öffentlichen Ordnung und Sicherheit, wobei stets das Prinzip der Verhältnismäßigkeit zu berücksichtigen ist. Die verschiedenen Entscheide in Bezug auf die Mormonen z. B. zeigen, daß die Verkündigung einer Lehre, die den herrschenden moralischen Ansichten widerspricht, wohl unter dem Schutz der Bundesverfassung steht,

[17] BGE 93 I 351.

[18] BGE 91 I 120 u. 227.

[19] *H. Marti,* Glaubens- und Kultusfreiheit, Bern 1951, S. 10.

[20] BGE 49 I 151.

[21] BGE 50 I 382; 54 I 106; 62 I 22.

[22] *Z. Giacometti/F. Fleiner,* Schweizerisches Bundesstaatsrecht, Zürich 1949, S. 317f.; *E. Isele,* Schweiz. Staatskirchenrecht, Mskr., Freiburg 1971, S. 62ff. Einer der letzten bundesgerichtlichen Entscheide zur Religionsfreiheit stammt aus dem Jahre 1975 und sagt, daß die Glaubens- und Gewissensfreiheit verletzt werde durch die Regelung, daß auf einem Friedhof als Grabdenkmäler nur Kreuze zulässig sind (BGE 101 Ia 392).

[23] Eidg. Justiz- und Polizeidepartement 6. Nov. 1903 (*W. Burckhardt,* Schweizerisches Bundesrecht, Bd. 2, Frauenfeld 1930, S. 220): In keinem Kanton bestehe Taufzwang. Die Inhaber der elterlichen oder vormundschaftlichen Gewalt hätten darüber zu entscheiden, ob ein Kind getauft werden solle oder nicht. Wenn diese mit der Taufe einverstanden seien, so werde durch die Taufe eines unmündigen Kindes die Glaubens- und Gewissensfreiheit nicht verletzt.

sofern keine Betätigung der als unsittlich geltenden Sätze hinzutritt[24]. Schranken liegen in der Verfassung selber, wenn sie allemeine Schulpflicht (Art. 27), allgemeine Wehrpflicht (Art. 18) vorsieht und bestimmt, daß die Glaubensansichten nicht von der Erfüllung der bürgerlichen Pflichten (Art. 49 Abs. 5) befreien[25]. Eine Schranke bildet die Persönlichkeit des andern[26].

b) Niemand darf zur Teilnahme an einem *religiösen Unterricht* gezwungen werden[27]. Als religiöser Unterricht gilt dabei jeder Unterricht, der die Beziehungen des Menschen zu Gott betrifft, gleichgültig, ob er konfessionell oder konfessionslos gestaltet wird[28]. Auch der Unterricht in der biblischen Geschichte wird als Religionsunterricht angesehen[29]. Nur Personen über 16 Jahren können sich auf das Verbot berufen. Vor der mit diesem Zeitpunkt eintretenden Religionsmündigkeit entscheiden die Eltern bzw. Inhaber der vormundschaftlichen Gewalt[30].

Die Kantone haben das Recht, *Religionsunterricht*[31] im Lehr- und Stundenplan vorzusehen. Verschiedene Kantone haben nicht nur auf Verfassungsebene, in Schulgesetzen und Reglementen Grundsatzartikel, die verlangen, daß die Schulen in christlichem Geist geführt werden, sondern in gewissen Kantonen finden sich mehr oder minder öffentliche konfessionelle Schulen[32].

Die öffentlichen Schulen können von den Angehörigen aller Bekenntnisse ohne Beeinträchtigung ihrer Glaubens- und Gewissensfreiheit besucht werden[33]. Keine Beeinträchtigung der Glaubens- und Gewissensfreiheit sah die Bundesregierung darin, daß z. B. Adventisten am Samstag eine öffentliche Schule besuchen müssen; hier gehe „die Bürgerpflicht, sich an die betreffende Schulordnung zu halten" vor[34].

c) Niemand darf gezwungen werden, eine *religiöse Handlung* vorzunehmen, also einen Akt, der eine religiöse Überzeugung voraussetzt. Die klassischen Fälle, aus der Rechtsprechung sind hier der im Parlament und vor Gericht zu schwö-

[24] BGE 12, 508; 34 I 254. *Burckhardt,* Bundesrecht, Bd. 2 (Anm. 23), S. 503; *L. R. von Salis,* Schweiz. Bundesrecht, staatsrechtl. und verwaltungsrechtl. Praxis, 2. Aufl., Bd. 3, Bern 1903, S. 991; *Clerc,* Les principes (Anm. 13), S. 22, 52 ff.

[25] BGE 66 I 157; 88 IV 121.

[26] BGE 35 I 337; 54 I 268; 62 I 218; 56 I 431; 50 I 369.

[27] Vgl. dazu auch *J. Marschall,* Das Prinzip der Konfessionslosigkeit der öffentlichen Schule in der Bundesverfassung, Diss. Zürich 1948.

[28] *Von Salis,* Schweiz. Bundesrecht, Bd. 3 (Anm. 24), Nr. 1008.

[29] BGE 23, 1161.

[30] Dazu *H. Roth,* Die religiöse Kindererziehung nach schweizerischem Recht, Diss. Zürich 1919.

[31] *G. Thürlimann,* Der Religionsunterricht im Schweizerischen Staatsrecht, Diss. Freiburg 1926.

[32] *J. G. Fuchs,* Zum Verhältnis von Kirche und Staat in der Schweiz, in: Essener Gespräche zum Thema Staat und Kirche, Bd. 5, Münster 1971, S. 162 f.; *Carlen,* Probleme (Anm. 10), S. 34; *W. K. Bräm,* Religionsunterricht als Rechtsproblem im Rahmen der Ordnung von Staat und Kirche, Zürich 1978, S. 99 ff.

[33] BV Art. 27 Abs. 3.

[34] Verwaltungsentscheide der Bundesbehörden 7 (1933), Nr. 14. Zur Frage der Feiertagsordnung vgl. *Marti,* Glaubensfreiheit (Anm. 19), S. 14 f.; BGE 27 I 438; 35 I 722; 38 I 82; 50 I 174.

rende Eid und die Abkommandierung zum Feldgottesdienst, Fälle, die heute kaum mehr Anlaß zu Auseinandersetzungen geben sollten[35].

d) *Wegen Glaubensansichten* darf niemand mit *Strafen* irgendwelcher Art belegt werden (Art. 49 Abs. 2 BV). Wie die Entstehungsgeschichte lehrt, wurden darunter nicht nur staatliche, sondern auch kirchliche Strafen verstanden. In der Praxis aber mußte zugelassen werden, daß rein geistliche Strafen und solche in Ausübung der innerkirchlichen Disziplin gestattet wurden, ansonst die Verfassung der Religionsfreiheit und damit sich selbst widersprechen würde[36].

e) *Militärdienstverweigerer* können sich nicht auf die Glaubens- und Gewissensfreiheit berufen, da die Praxis zu Art. 18 BV, wonach jeder Schweizer wehrpflichtig ist, dem Artikel über die Glaubens- und Gewissensfreiheit den Vorrang einräumt und ein verfassungsmäßig verankerter ziviler Ersatzdienst fehlt. Dessen Einführung scheiterte 1977 in einer Volksabstimmung. Das Problem aber muß in den nächsten Jahren gelöst werden, da die Zahl der Dienstverweigerer ständig zunimmt und jährlich immer mehr Verurteilungen von Dienstverweigerern durch die zuständigen Militärgerichte erfolgen. Initiativen zu einer Verfassungsänderung sind hängig.

f) Niemand soll mit *Steuern* belegt werden, die speziell für eigentliche Kultuszwecke einer Religionsgemeinschaft, der er nicht angehört, auferlegt werden. Es geht hier um Fragen, die in Praxis und Literatur viel diskutiert werden.

g) Art. 50 Abs. 1 BV gewährleistet ausdrücklich die *Kultusfreiheit,* wobei die Beschränkungen in der öffentlichen Ordnung und Sittlichkeit liegen. Höchstgerichtliche Entscheide aus neuerer Zeit fehlen. Dagegen waren die klassischen Fälle der Vergangenheit vor allem Läuteverbote[37], Verbote von Gottesdienst und Kirchenbesuch in Seuchenzeiten[38], Heilsarmee-Auftritte[39], Zulassung von Prozessionen. Die in einzelnen Kantonen bestehenden Prozessionsverbote wurden beseitigt, die bundesgerichtliche Rechtsprechung spricht sich eindeutig dafür aus, daß katholische Prozessionen im allgemeinen zu gestatten sind[40].

Wenn auch das Recht zur Bildung von Religionsgemeinschaften in der Bundesverfassung nicht ausdrücklich gewährleistet ist, erkennen Doktrin und Praxis doch an, daß dieses Recht in der Kultusfreiheit enthalten ist, wobei Art. 50 Abs. 1

[35] Die Frage ist heute z. T. auch durch Geschäftsreglemente eidgenössischer und kantonaler Parlamente, Prozeßordnungen gelöst. Das Dienstreglement 80 der Schweiz. Armee, gültig ab 1. Jan. 1980, sagt in Art. 296: „Die Angehörigen der Armee schulden jedem Glaubensbekenntnis Achtung" und bestimmt in Art. 297 die Gottesdienstordnung an Sonn- und kirchlichen Feiertagen. Die Gottesdienste der Truppe sind in der Regel konfessionell. „Wer den Gottesdienst nicht besuchen will, wird dispensiert und bleibt in der Unterkunft. Er kann zu einer dienstlichen Arbeit kommandiert werden" (Art. 297 Abs. 3).

[36] *Burckhardt,* Kommentar (Anm. 6), S. 455; *Bruhin,* Die beiden Vat. Konzile (Anm. 10), S. 63. Vgl. auch BGE 27 I 331. Vgl. auch *Studer,* Ausgewählte Fragen (Anm. 13).

[37] BGE 36 I 378.

[38] BGE 49 I 356; *Burckhardt,* Bundesrecht (Anm. 23), Bd. 3, S. 83f., 573f.

[39] BGE 15, 682; 22 II 997; 17, 352; 13, 6; 12, 93; *von Salis,* Schweiz. Bundesrecht (Anm. 24), Bd. 2, S. 680 u. Bd. 3, S. 992.

[40] BGE 49 I 138; *Burckhardt,* Bundesrecht (Anm. 23), Bd. 2, S. 228.

(Kultusfreiheit) als Spezialfall von Art. 56 (Vereinsfreiheit) der Bundesverfassung angesehen wird[41].

V. Weitere Sachbereiche des Verhältnisses von Kirche und Staat

1. *Theologische Fakultäten*

Das Verhältnis der drei katholischen höheren Bildungseinrichtungen in der Schweiz zum Staat ist folgendes:

Aus dem 1807 in *Chur* gegründeten Priesterseminar erwuchs die 1968 durch den Heiligen Stuhl errichtete Theologische Hochschule, der die Kongregation für das Katholische Bildungswesen mit Dekret „Rhaetorum Curia" vom 1. Januar 1974 das Recht verlieh, den akademischen Grad des Lizentiats zu verleihen. Der Kanton Graubünden, in dem Chur liegt, erkennt die verliehenen Grade staatlich an, behält sich aber das Recht vor, die Studien- und Prüfungsreglemente einzusehen und zu den Prüfungen Experten zu entsenden[42].

Zwischen der Regierung des Kantons Freiburg und dem Heiligen Stuhl besteht seit der Gründung der Universität 1889 eine schriftlich nicht festgelegte Grundvereinbarung, wonach der Staat *Freiburg* das Recht hat, an seiner staatlichen Universität eine katholisch-theologische Fakultät zu führen, die finanziell ganz vom Staat getragen wird. Der Generalmagister des Dominikanerordens ist Großkanzler der Fakultät. Ein Vertrag zwischen dem Kanton Freiburg und dem Dominikanergeneral vom 24. Dezember 1889 bestimmt, daß der Dominikanerorden für die Theologische Fakultät das notwendige Lehrpersonal zur Verfügung stellt, das der Staat entlöhnt. Nach der Berufungsordnung vom 16. Juni 1969/24. Juli 1970 hat die Fakultät ein Vorschlagsrecht, der Großkanzler kann die Liste zurückweisen oder genehmigen. Die Ernennung erfolgt nach Erteilung der missio canonica durch die Freiburger Regierung. Eine Neuordnung der Vereinbarungen zwischen Staat und Kirche wird diskutiert[43].

In einer Vereinbarung zwischen dem Bischof von Basel als Diözesanbischof und der Regierung des Kantons Luzern vom 19. Februar 1971 wurden die Rechtsbeziehungen zwischen Staat und Kirche für die Theologische Fakultät Luzern, die von der Kongregation für das Katholische Bildungswesen 1973 diesen Rang erhielt, geregelt. Das Erziehungsdepartement gibt dem Bischof Gelegenheit, sich zu den Fakultätsanträgen bei Besetzung einer Professur schriftlich zu äußern, eine andere Reihung der Kandidaten oder eine Rückweisung zu beantragen. Die Regierung anerkennt das Recht des Bischofs auf Erteilung und Entzug der missio canonica. Ist das Verfahren, das dem Betroffenen vollständiges rechtliches Gehör zusichert, eingehalten, entzieht die Regierung diesem die Lehrerlaubnis für katholische Theologie. Für Schadenersatzansprüche wegen unverschuldeter Entlassung aus dem Staatsdienst haftet der Bischof dem Staat. Die von der Fakultät erlassenen Statuten und Prüfungsreglemente sind vom Bischof und der Regierung zu genehmigen. 1976 hat der Kanton Luzern

[41] Vgl. *J. F. Aubert,* Les droits fondamentaux dans la jurisprudence récente du Tribunal fédéral Suisse, in: Menschenrechte und Föderalismus, Festschr. Werner Kägi, Zürich 1979, S. 1ff.

[42] Gesetzessammlung des Kantons Graubünden, 1976, S. 33f.; AAS 66 (1974), S. 426f. Vgl. *A. Gasser,* Chur, die dritte römisch-katholische Hochschule der Schweiz, in: SKZ 144 (1976), S. 323f.

[43] *E. Corecco,* Der staatskirchenrechtliche Status der theologischen Fakultät an der Universität Freiburg i. Ue., in: Schweizer Rundschau 72 (1973), S. 62–81, 95–112; *L. Carlen,* Kirchenrecht und Kirchenrechtslehrer an der Universität Freiburg i. Ue., Freiburg/Schweiz 1979, S. 8, 10f.

das Promotionsrecht der Theologischen Fakultät (lic. und Dr. theol., Habilitation) anerkannt[44].

Noch ein Hinweis auf den Status der *nicht römisch-katholischen* Fakultäten[45]: In Bern entspricht er für die Evangelisch-Theologische und Christkatholische-Theologische Fakultät jenem der übrigen Fakultäten, in Basel besteht ein Mitspracherecht bei Berufungen auf gewohnheitsrechtlicher Basis, in Zürich, Lausanne und Neuenburg begutachtet die Kirche die Berufungen. In Genf besteht eine „Faculté autonome de théologie protestante", die vom Staat für die Professorengehälter subventioniert wird und deren Professoren den staatlichen Fürsorgekassen angeschlossen sind.

An der Juristischen Fakultät der Universität Freiburg i. Ue., die auch ein Institut für Kirchen- und Staatskirchenrecht hat, ist das Kirchen- und Staatskirchenrecht obligatorisches Pflichtfach, und die Prüfung in diesem Fach ist zum Erwerb des juristischen Lizentiates oder Doktorates notwendig[46].

2. *Militärdienst der Geistlichen und Militärseelsorge*

Nach Art. 18 BV ist jeder Schweizer wehrpflichtig. Die Militärorganisation vom 12. April 1907, Art. 13, bestimmt: „Während der Dauer ihres Amtes oder ihrer Anstellung haben keinen Militärdienst zu leisten: ... 2. die Geistlichen, die nicht als Feldprediger eingeteilt sind." Die Bestimmung erfaßt die Geistlichen der drei Landeskirchen und aller festorganisierten Gemeinschaften, bei den Katholiken sind es die Ordinierten, bei den Reformierten die Pfarrer und Pfarrverweser sowie die „Diener am Wort".

Mitglieder von Orden und Kongregationen, Kleriker wie Laienbrüder, sind gemäß Praxis nach Ablegen des ersten Gelübdes vom Militärdienst befreit[47]. Novizen können beurlaubt werden. Wer das Kloster verläßt oder in den Laienstand zurückversetzt wird, wird wieder dienstpflichtig. Die Dienstbefreiung der Geistlichen betrifft auch den sog. Hilfsdienst[48]. Wer vom Dienst befreit ist, hat jährlich die Militärpflichtersatz-Steuer zu bezahlen.

Fehldprediger römisch-katholischer und evangelisch-reformierter Konfession im Hauptmannsrang, die in Zusammenarbeit mit den zuständigen Kirchenbehörden vom Chef des Eidgenössischen Militärdepartementes ernannt werden, betreuen die Truppen seelsorgerlich[49].

[44] AAS 66 (1974), S. 423–425. Vgl. *J. B. Villiger,* Der lange Weg des Ausbaus der Luzerner Theologischen Fakultät, in: SKZ 138 (1970), S. 289–291.

[45] Die gesetzlichen Grundlagen bei *Carlen,* Probleme (Anm. 10), S. 48f.; *ders.,* Kirchenrecht in der Schweiz, in: OAKR 25 (1974), S. 371f.

[46] Reglement für den Erwerb des Lizentiates und des Doktorates der Rechtswissenschaft der Rechts-, Wirtschafts- und Sozialwissenschaftlichen Fakultät Freiburg vom 11. Mai 1973, Art. 2f. Ein Student weigerte sich unter Berufung auf die Glaubens- und Gewissensfreiheit, seine Prüfung im Kirchenrecht abzulegen. Den Entscheid des Dekans, wonach er auf Grund des Reglementes zur Ablegung der Prüfung verpflichtet sei und über das Wissen, nicht über das Gewissen geprüft werde, focht er bei der Fakultät an. Diese und die Rekursbehörde der Universität wiesen einen Rekurs des Studenten ab. Das Bundesgericht, an das der Student weiter rekurrierte, hielt sich für unzuständig und überwies die Sache der Regierung (Bundesrat), welche 1982 den Rekurs ebenfalls abwies. Gegen diesen Entscheid appellierte der Student ans Parlament, wo der Fall z. Z. hängig ist.

[47] Verwaltungsentscheide der Bundesbehörden 7 (1933), S. 135f., 14 (1940), S. 67ff.

[48] *W. Burckhardt,* Schweizerisches Bundesrecht, Staats- und verwaltungsrechtliche Praxis des Bundesrates und der Bundesversammlung, Bd. 4, Nr. 2253; *W. Koch,* Die klerikalen Standesprivilegien nach Kirchen- und Staatsrecht unter besonderer Berücksichtigung der Verhältnisse in der Schweiz, Diss. Freiburg/Schweiz 1949, S. 199f., 250, 254f.

[49] Schweiz. Armee, Reglement 68.1 dfi: Dienstordnung für Feldprediger, gültig ab 1. Januar 1982; Reglement 51,2d: Dienstreglement, gültig ab 1. Januar 1980, Art. 296–298 („Achtung religiöser Gefühle und Seelsorge"). Vgl. auch Religion in der Armee. Aufgaben und Probleme der Armeeseelsorge in der Schweiz, Sams-Informationen, Bulletin des Schweiz. Arbeitskreises Militär- und Sozialwissenschaften 6 (1982), Nr. 1; *R. Müller,* Hand-

3. *Das kirchliche Steuerrecht*

Finanzquellen der Kirchen in der Schweiz sind Beiträge der Kantone und politischen Gemeinden[50] und Erträgnisse des Kirchengutes, die namentlich bei der evangelisch-reformierten Kirche eine untergeordnete Rolle spielen. Besondere, als Bestandteile des Staatsvermögens vom Staate verwaltete Fonds sind in einzelnen Kantonen für kirchliche Zwecke zu verwenden[51]. Die Durchführung von c. 1272 dürfte im schweizerischen Staatskirchenrecht zu großen Schwierigkeiten führen, da vielfach die staatskirchenrechtlichen Kirchgemeinden Träger und Verwalter der hier genannten Vermögensmassen sind[52].

Hauptfinanzquelle sind die Kirchensteuern[53]. Die Kantone verleihen den öffentlich-rechtlich anerkannten Religionsgemeinschaften das *Besteuerungsrecht,* das in der Regel von den Kirchgemeinden ausgeübt wird. Dieses betrifft die natürlichen Personen und in 18 Kantonen auch die juristischen Personen. Das Bundesgericht stand stets auf dem Standpunkt, die Besteuerung juristischer Personen durch die Kirchen verstoße nicht gegen die Glaubens- und Gewissensfreiheit. In der Gesetzgebung einzelner Kantone wurde die Kirchensteuerpflicht juristischer Personen ausgebaut und in einzelnen Kantonen neu eingeführt (Nidwalden 1974, Graubünden 1959). Dagegen wurde in der Doktrin immer wieder darauf hingewiesen, daß die Heranziehung juristischer Personen zur Kirchensteuer gegen die in Art. 49 der Bundesverfassung gewährleistete Glaubens- und Gewissensfreiheit verstoße[54]. Das Bundesgericht hat in seinem Entscheid vom 6. Oktober 1976 diesen Einwand erneut verworfen[55].

Bei gemischten Ehen gibt es in einzelnen Kantonen eine kopfmäßige Verteilung, wonach jedes Familienglied besteuert wird, oder eine Dreiteilung (Vater ⅓, Mutter ⅓, Kinder gesamthaft ⅓) oder die Besteuerung als Einheit, wonach die Familie nur von jener Religionsgemeinschaft besteuert wird, welcher der Ehemann angehört, gleichgültig, welche Konfession die Ehefrau und die Kinder haben. Nach einem Entscheid des Bundesgerichtes von 1974 wird die Glaubens- und

buch für den Feldprediger der schweizerischen Armee, Solothurn 1939; *H. Zaugg,* Das Feldpredigeramt. Theologische, ökumenische und militärische Aspekte der Schweizerischen Armeeseelsorge, o. O. 1977; *A. Hierold,* in *diesem* Band, oben, § 52 Militärseelsorge.

[50] Z. B. tragen im Kanton Wallis, der kein Kirchgemeindesystem kennt, die politischen Gemeinden die Kosten für Kirche und Kultus, soweit diese nicht aus den Erträgen von Benefizien und Stiftungen gedeckt sind.

[51] *Fuchs,* Aus der Praxis (Anm. 10), S. 352ff.

[52] Vgl. dazu das Exposé von *E. Isele,* Das Schweizerische Staatskirchenrecht und der Entwurf zu einem neuen Codex iuris canonici, Freiburg 1981, hektographiert.

[53] Letztere umfangreichere Untersuchungen: *J. P. Baggi,* La struttura giuridica dell' imposta ecclesiastica, Diss. Fribourg 1971; *D. Pache,* Les impôts ecclésiastiques, Diss. Lausanne 1981.

[54] *Burckhardt,* Kommentar (Anm. 6), S. 462; *E. Blumenstein,* System des Steuerrechts, 3. Aufl., Zürich 1971, S. 44f.; *J. Blumenstein,* Zur Frage der Kirchensteuerpflicht juristischer Personen, in: ASA 26, S. 113ff.; *R. Egger,* Das Subjekt der Kirchensteuern in der Schweiz, Diss. Bern 1942, S. 68ff., 117ff.

[55] BGE 102 Ia 468ff.

Gewissensfreiheit des Ehemannes nicht verletzt, wenn er für die einer anderen Konfession angehörende Ehefrau Kirchensteuern bezahlen muß[56].

Die Steuer wird überall vom Einkommen und meist auch vom Vermögen erhoben. Grundlage ist die staatliche Steuereinschätzung. Der Einzug erfolgt durch die Kirchengemeinden selber oder wird vom Staat bzw. den politischen Gemeinden mit ihren Steuern zusammen eingefordert[57]. Die Kirchensteuer ist staatlich durchsetzbar. Durch formellen Austritt aus der Kirchgemeinde kann sich der Einzelne der Steuerpflicht entziehen[58].

§ 117 Das Verhältnis von Kirche und Staat in Frankreich

Von René Metz

I. Einleitung

Vor der Behandlung der Beziehungen zwischen Kirche und Staat in Frankreich soll im folgenden ein Überblick über die Religionszugehörigkeit der französischen Bevölkerung und über deren religiöse Praxis gegeben werden. Dies geschieht aus der Erwägung, daß die Kirchen, denen sich der Staat gegenübersieht, keine abstrakten Gebilde, sondern lebendige Wirklichkeiten sind, die aus Männern und Frauen bestehen, die in der politischen Gesellschaft ihren Platz haben.

1. Die Franzosen und die Religion. Die Zugehörigkeit der Franzosen zu den verschiedenen Kirchen

Nach dem Ergebnis der Volkszählung von 1982 hat Frankreich etwas mehr als 54 Millionen Einwohner. Die ganz überwiegende Mehrheit der Franzosen gehört, zumindest formell, einer Religionsgemeinschaft an. Nach einer Befragung von 1982 bekannten sich 15% der Franzosen als religionslos (gegen 8% im Jahre 1971). Es kann daher kein Zweifel bestehen, daß wenigstens 46 Millionen Franzosen einer Religionsgemeinschaft angehören. Die Zahl der Katholiken beträgt etwa 42 Millionen; etwas mehr als 80% der französischen Bevölkerung sind in der katholischen Kirche getauft. Die Zahl der Protestanten beträgt etwa 900 000, diejenige der Christen orientalischer Riten etwa 500 000. Die jüdische Bevölkerung zählt etwa 650 000 Personen. Die Zahl der in Frankreich lebenden Mohammedaner beläuft

[56] BGE 100 Ia 255 ff. Dazu *J. G. Fuchs,* Zur Glaubens- und Gewissensfreiheit der Ehefrau, in: Festschr. Hans Hinderling, Basel 1976, S. 21 ff.

[57] Zum Finanzausgleich unter Kirchgemeinden vgl. *P. Emmenegger,* Finanzausgleichsbestrebungen unter den röm.-kath. Kirchgemeinden des Kantons Luzern, Diss. Freiburg/Schweiz 1983 (im Druck).

[58] Wie zahlreich diese in der Schweiz sind, zeigt *M. Amherd,* Kirchenaustritte aus der Sicht der Statistik, in: *L. Carlen* (Hrsg.), Austritt aus der Kirche – Sortir de l'Eglise, Freiburg/Schweiz 1982, S. 313 ff. Außerdem wird in diesem Buch von *E. Corecco, U. J. Cavelti, T. Fleiner, J. G. Fuchs, K. Stalder* und *U. Eschbach* auch die rechtliche und von *G. Schüepp* die pastorale Problematik dargelegt.

sich auf nahezu 2 Millionen. Sie bilden nach den Katholiken die zahlenmäßig bedeutendste Religionsgemeinschaft auf französischem Boden. Die restlichen Franzosen, die einer Religionsgemeinschaft angehören, verteilen sich auf zahlreiche religiöse Denominationen von größerer oder geringerer Bedeutung.

2. Die religiöse Praxis – Schein und Wirklichkeit

Die rein nominelle Zugehörigkeit zu einer Kirche und die tatsächliche Bindung an deren Glaubenslehren mit ihren praktischen Konsequenzen, die sie in der Lebensführung verlangt, sind wohl zu unterscheiden. Die Befragungen und Untersuchungen, die im Laufe der letzten Jahre in dieser Hinsicht durchgeführt worden sind, gestatten es, einige Hinweise über den Stand der religiösen Praxis und das Ausmaß der Bindung an die Glaubenslehren zu geben.

Die letzten Untersuchungen zeigen, daß 75% der Katholiken an Gott und nur 36% an die Gottheit Jesu Christi glauben. Über die religiöse Praxis wurde in einer Befragung von 1982 festgestellt[1]: Von den Katholiken, die am Leben der Kirche teilnehmen, besuchen 15% den Gottesdienst jeden Sonntag und 8% ein oder zweimal im Monat; 19% suchen die Kirche an den großen Festen auf und 52% besuchen die Kirche nur bei Taufen und Hochzeiten; 6% gehen nie in eine Kirche. Hierbei handelt es sich um nationale Durchschnittswerte. Bezogen auf die einzelnen Regionen sind die Durchschnittszahlen sehr unterschiedlich; während in einzelnen Regionen mehr als 15% der Katholiken regelmäßig am religiösen Leben teilnehmen, liegt die Zahl in anderen Regionen erheblich darunter. Ferner ist festzustellen, daß in den letzten Jahren die religiöse Praxis mit Deutlichkeit eine sinkende Tendenz aufweist, besonders bei den jüngeren Generationen (zwischen 16 und 35 Jahren)[2]. Es erscheint nicht möglich, für die *protestantische Kirche* vergleichbare statistische Angaben zu machen; dies erklärt sich daraus, daß die Angehörigen der protestantischen Kirche keiner kirchenrechtlichen Verpflichtung zum sonntäglichen Kirchenbesuch unterliegen, wie dies in der katholischen Kirche der Fall ist. Die Angabe von Zahlen ist daher erheblich schwieriger. Auf der Grundlage lokaler Befragungen, die an verschiedenen Stellen durchgeführt wurden, und besonders auf der Grundlage einer allgemeinen Befragung vom Jahr 1980, gelangt man zu folgendem Ergebnis: 15% besuchen regelmäßig (d. h. zweimal oder öfter im Monat) oder fast regelmäßig (d. h. einmal im Monat) die Kirche, 24% gelegentlich und 61% nie. Dabei handelt es sich, ebenso wie auch bei den Angaben über die katholische Kirche, um einen nationalen Durchschnittswert.

Noch viel dürftiger sind die Informationen über die religiöse Praxis der *Juden* in Frankreich. Es gibt gegenwärtig keine ernstzunehmenden Untersuchungen, die eine Beurteilung dieser Frage zuließen. Die Intensität der religiösen Praxis in Straßburg liegt über dem Durchschnitt, aber in keiner Weise für die Situation im ganzen Land repräsentativ. Angesichts einer Indifferenz, die im Zunehmen begriffen zu sein scheint, entwickeln sich Kerngruppen einer Bewußtseinsbildung und des Widerstands. Diese Kerne bilden sich zum Teil unter der Jugend, die ein Judentum entdeckt, das Anforderungen stellt.

3. Die Vielschichtigkeit der Thematik

Die Thematik „Kirche und Staat in Frankreich" ist ein weites und komplexes Gebiet. Dies ist aus einem *ersten* Grund, der Überraschung auslösen könnte, deshalb der Fall, weil die Beziehungen zwischen den beiden Gemeinschaften, der staatlichen und der kirchlichen, einer genauen rechtlichen Regelung entbehren. Sie bilden vielmehr das Ergebnis der tagtäglichen Erfahrung und des gemeinsamen Lebens innerhalb derselben Nation. Unbestrittenermaßen bestimmt zwar der

[1] Vgl. La Documentation catholique 1982, S. 1080.
[2] S. z. B. *R. Mehl*, Le catholicisme dans la société actuelle, Paris 1977.

Grundsatz der Trennung die gegenseitigen Beziehungen; er konstituiert eine genaue Scheidung der beiden Bereiche, des zeitlich-weltlichen und des religiösen; daraus hätte an sich eine einfache und problemlose Situation entstehen müssen. Aber die Gesetze des Lebens machen oft sorgfältig ausgeklügelte Vorhaben zunichte. Ungeachtet des Trennungsprinzips, das nicht aufhört, als Grundlage des Agierens zu dienen, erweisen sich gegenseitige Einwirkungen zwischen Staat und Kirche als unvermeidlich. Es bedurfte gesetzlicher Maßnahmen, um das Prinzip der Neutralität des Staates aufrechtzuerhalten, das die individuelle Religionsfreiheit zur Voraussetzung hat. Daraus erklärt es sich, daß im Laufe der Jahre auf ganz verschiedenen Gebieten eine vielfältige und ungleichförmige Rechtsprechung entstanden ist.

Einen *zweiten* Grund für die Vielschichtigkeit des Kirche-Staat-Verhältnisses in Frankreich bilden die beiden völlig unterschiedlichen Systeme, die die Beziehungen zwischen den Kirchen und dem Staat bestimmen, nämlich das *Trennungssystem*, das auf dem Gesetz von 1905 beruht, und das *Konkordatssystem*, das in seinen Ursprüngen auf die Texte von 1801 und 1802 zurückgeht. Das Trennungssystem findet, abgesehen von den drei östlichen Départements, die das Elsaß und das moselländische Lothringen umfassen, in ganz Frankreich Anwendung. Das Konkordatssystem ist in Geltung in den drei Départements Bas-Rhin, Haut-Rhin und Moselle, die sich mit dem Gebiet der Diözesen Straßburg und Metz decken.

Diese doppelte Regelung findet ihre Erklärung in den historischen Umständen, die der deutsch-französische Krieg von 1870/1871 im Gefolge hatte. Seit Beginn des 19. Jahrhunderts war auf dem gesamten französischen Staatsgebiet die Kultusgesetzgebung in Geltung, die von 1801 an eingeführt worden war. Als 1905 das Gesetz über die Trennung von Staat und Kirche das Konkordatssystem beseitigte, waren das Elsaß und das moselländische Lothringen mit dem Deutschen Reich vereinigt, das in diesen Gebieten das von Frankreich ererbte staatskirchenrechtliche System beibehalten hatte. Damit blieben diese beiden Provinzen einer Gesetzgebung unterworfen, die auf dem Territorium der französischen Nation abgeschafft worden war. Nach Rückkehr Elsaß-Lothringens an Frankreich nach dem Ersten Weltkrieg, erachtete es die französische Regierung aus politischen Gründen für opportun, in diesen beiden Provinzen das frühere System aufrechtzuerhalten, das der deutsche Staat dort während der ganzen Dauer ihrer Abtrennung in Geltung gelassen hatte (1870–1918). Auf diese Weise hat diese regionale Gesetzgebung bis zur Gegenwart neben der allgemeinen Regelung überlebt, abgesehen von einer kurzen faktischen Unterbrechung unter der Herrschaft der nationalsozialistischen Besetzung von 1940 bis 1944.

Wegen dieser Doppelgesetzgebung, die auf dem Gebiete des Religionsrechts besteht, empfiehlt es sich, die beiden Systeme, die auf dem Territorium des französischen Staates Anwendung finden, voneinander getrennt in der Weise zu behandeln, daß an erster Stelle das allgemeine und im Anschluß daran das besondere System zur Darstellung gelangt, das in den drei östlichen Départements in Geltung ist[3].

[3] Zum Verhältnis von Kirche und Staat in Frankreich (allgemeines staatskirchenrechtliches System *und* staatskirchenrechtliche Sonderstellung der drei östlichen Départements) vgl. die Darstellungen von *R. Metz*, Églises et État en France. Situation juridique actuelle, Paris 1977; *ders.*, Staat und Kirche in Frankreich. Die Auswirkungen des Trennungssystems – Neuere Entwicklungstendenzen, in: Essener Gespräche zum Thema Staat und Kirche, Bd. 6, Münster/Westf. 1972, S. 103–162; *A. Frhr. von Campenhausen*, Staat und Kirche in Frankreich, Göttingen 1962 (franz. Übersetzung: L'Eglise et l'Etat en France, Paris 1964);

II. Das allgemeine staatskirchenrechtliche System

Die Rechtsstellung der Kirchen und der übrigen religiösen Gruppen in Frankreich beruht gegenwärtig auf dem Gesetz vom 9. 12. 1905, das mit der Überschrift verkündet worden ist: „Gesetz, betreffend die Trennung der Kirchen und des Staates"[4]. Wie bereits der Titel des Gesetzes erkennen läßt, verwirklicht es die Trennung der beiden Gemeinschaften, der staatlichen und der religiösen, und setzte jener Form eines Systems der Koordination ein Ende, das während mehrerer Jahrhunderte vorherrschend gewesen war.

Unter dem früheren System, d. h. bis zur Revolution von 1789, waren die Beziehungen zwischen der königlichen Regierung und der Kirche – d. h. in diesem Zusammenhang der *katholischen Kirche* als der anerkannten Religion des Staates – durch die Bestimmungen des Konkordats von Bologna vom Jahre 1516 geregelt. Ein erstes Trennungssystem wurde im Jahre 1795 durch den Nationalkonvent eingeführt. Dieser erste Versuch einer Trennung war jedoch von kurzer Dauer. Um seine politischen Absichten verwirklichen zu können, versuchte *Napoleon I.* nicht nur die katholische Kirche für sich zu gewinnen, sondern auch die anderen religiösen Gruppen, die in Frankreich wirklich Bedeutung hatten, d. h. die protestantischen Kirchen (die lutherische und die reformierte) und die jüdische Glaubensgemeinschaft. Aus diesem Grunde verlieh *Napoleon* den drei genannten Glaubensgemeinschaften die öffentliche Anerkennung: Der katholischen Kirche durch das Konkordat von 1801, den protestantischen Kirchen durch die organischen Artikel von 1802 und der jüdischen Glaubensgemeinschaft durch das Dekret von 1808. Auf diese Weise behandelte er die drei Glaubensgemeinschaften auf der Grundlage der Gleichheit. Die katholische Kirche war damit nicht mehr die Religion des Staates. Das Konkordat stellte hierzu einfach fest, daß sie „die Religion der großen Mehrheit der Franzosen" ist.

Dieser Rechtsstatus der offiziellen „Anerkennung" der Religionsgemeinschaften wurde durch das Trennungsgesetz von 1905 abgeschafft und durch einen anderen ersetzt, der seinem Selbstverständis nach ein Rechtsstatus der offiziellen „Ignorierung" war. Das Gesetz selbst bestimmte die neue Situation unter Verwendung des Begriffs der *„Trennung"*. Jedoch ist eine absolute Trennung, die auf einer totalen Ignorierung der Kirchen seitens des Staates beruht, eine theoretische Vorstellung, die den politischen Wirklichkeiten nicht standhalten kann. Aus diesem Grunde ist es schwierig, einen passenden Begriff zu finden, der geeignet wäre, das System, das durch das Gesetz von 1905 geschaffen worden ist, adäquat zum Ausdruck zu bringen. Verschiedene Ausdrücke sind hierfür vorgeschlagen

O. Vallet, Votre commune et l'Eglise (= Collection „Vie locale"), Paris 1978. Über weitere bibliographische Angaben s. *M. Zimmermann*, Church and State in France – Eglise et Etat en France. Book Index – Répertoire d'ouvrages 1801–1979 (= RIC-Supplément, 45–46), Strasbourg 1980.

[4] Wortlaut des Gesetzes von 1905 in: *Z. Giacometti*, Quellen zur Geschichte der Trennung von Staat und Kirche, Tübingen 1926, S. 272–286. Zum allgemeinen staatskirchenrechtlichen System in Frankreich vgl. *M. Bazoche*, Le régime légal des cultes en France, Paris 1948; *J. Kerlévéo*, L'Église catholique en régime francais de séparation, 3 Bde, Aire-sur-la-Lys 1951 (Bd. 1), Paris 1956 u. 1962 (Bd. 2 u. 3); *J.-Cl. Groshens*, Les institutions et le régime juridique des cultes protestants, Paris 1957; *J. Robert*, La liberté religieuse et le régime des cultes (= Le Juriste, 8), Paris 1977; *L. Governatori-Renzoni*, La separazione tra Stato e Chiese in Francia et la tutela degli interessi religiosi (= Università di Macerata, Pubblicazioni della Facoltà di Giurisprudenza, 13), Milano 1977.

worden, keiner scheint jedoch geeignet, die volle Wirklichkeit in einem umfassenden Sinne auszudrücken. Es empfiehlt sich daher, auf eine genaue Begriffsbestimmung zu verzichten und sich mit einer beschreibenden Darstellung des rechtlichen Status der Kirchen zu begnügen, wie er sich in der Gegenwart in Frankreich darbietet.

1. Die Grundsätze des französischen Staatskirchenrechts

Auf dem französischen Staatsgebiet werden vor dem Gesetz alle Religionsgemeinschaften gleich behandelt; alle genießen die Freiheit der Religionsausübung. Der Staat begünstigt grundsätzlich keine Religionsgemeinschaft. Er will neutral, oder, um einen anderen Begriff zu verwenden, laizistisch („laïc") sein. Die Garantien, die den in Frankreich bestehenden Religionsgemeinschaften zuerkannt sind, sind die Gleichheit und die Freiheit. Die Neutralität oder Laizität („laïcité") ist die Grundhaltung, die der Staat gegenüber den Religionsgemeinschaften einnimmt. Diese Grundsätze sind in den Artikeln 1 und 2 des Gesetzes vom 9. 12. 1905 formuliert worden. Art. 1 lautet: „Die Republik garantiert die Freiheit des Gewissens allen Bekenntnissen. Sie garantiert die freie Religionsausübung ...". Art. 2 erklärt: „Die Republik garantiert, besoldet oder subventioniert keine Religionsgemeinschaft". Diese Grundsätze sind in einer noch lapidareren Form in Art. 2 der Französischen Verfassung von 1958 erneut ausgesprochen worden: „Frankreich respektiert alle Glaubensbekenntnisse".

a) Parität der Religionsgemeinschaften. Negativ betrachtet bedeutet der Grundsatz der Gleichheit der Religionsgemeinschaften, daß die Unterscheidung zwischen anerkannten und nicht anerkannten Religionsgemeinschaften nicht mehr existiert. Alle Religionsgemeinschaften sind ausnahmslos dem Privatrecht unterworfen und haben ihren Platz unter den übrigen Vereinen, die die Bürger gründen. Positiv betrachtet besagt der Grundsatz der Gleichheit, daß der Staat allen Kirchen und übrigen religiösen Gemeinschaften dieselben Rechte angedeihen läßt und daß er keine von ihnen durch seine Beziehungen zu anderen Religionsgemeinschaften benachteiligt.

b) Freiheit der Religionsgemeinschaften. Die den Religionsgemeinschaften gewährte Freiheit ist eine logische Folge der *Freiheit des Gewissens.* Dadurch, daß der Staat seinen Bürgern die Freiheit der Religionsausübung und des Gewissens garantiert, will er zum Ausdruck bringen, daß jeder Mensch das Recht besitzt, der Religion seiner Wahl anzugehören oder auch keiner Religion anzugehören oder allen Religionen und Glaubensbekenntnissen indifferent gegenüberzustehen. Darüber hinaus, und an diesem Punkt kommt der Staatsgewalt eine wirkliche Bedeutung zu, ist jeder Mensch berechtigt, den Inhalt seiner religiösen Überzeugungen nach außen zu bekennen und sich an religiösen Kundgebungen der Religion seiner Wahl zu beteiligen; andererseits kann auch niemand zu einer religiösen Handlung gezwungen werden, wenn er dazu kein Bedürfnis oder kein Verlangen zeigt. Daraus folgt, daß alle Kirchen und übrigen religiösen Gruppen berechtigt sind, in der Öffentlichkeit ihre religiösen Übungen vorzunehmen und ihre Lehre bekanntzumachen. Die einzige Einschränkung, der die Religionsausübung unterliegt, ist die öffentliche Ordnung. Die äußeren Bezeugungen eines religiösen Kultes dürfen die öffentliche Ordnung nicht dadurch stören, daß sie für andere Gruppen von Bürgern Anlaß zu einem berechtigten Anstoß geben.

c) Neutralität des Staates. Unter einem staatskirchenrechtlichen System der Trennung wird die Haltung des Staates gegenüber den Kirchen mit dem Begriff der *Neutralität* oder der Laizität („laïcité") umschrieben. Mit der Aussage, daß der Staat neutral oder laizistisch ist, soll zum Ausdruck gebracht werden, daß der Staat keine Religionsgemeinschaft im Vergleich zu einer anderen privilegiert. Ferner, daß er nicht in die innere Organisation der Kirchen eingreift. Dies ist der *negative* Aspekt der Neutralität, den sich der Staat zu beachten verpflichtet. Aber, selbst wenn er dies wollte, der Staat könnte sich nicht auf diese rein passive Rolle beschränken; die Macht der tatsächlichen Verhältnisse erinnert ihn an die konkrete Unmöglichkeit einer derartigen Haltung. In der Tat ist es für einen laizistischen Staat unmöglich, die Existenz der Religionsgemeinschaften nicht zur Kenntnis zu nehmen. Auch Neutralität oder Laizität bedeutet weder Nichtzurkenntnisnahme noch völlige Gleichgültigkeit gegenüber der Religion. Das bedeutet, daß der Staat, der zugunsten einer Kirche eine Maßnahme ergreift, zu der ihn die Gerechtigkeit verpflichtet, weder gegen den Grundsatz der Neutralität noch gegen den der Laizität verstößt. *Das Kriterium hierfür ist nicht die Wahrheit, sondern die Freiheit und die Gleichheit.* Deshalb wirkt sich die Neutralität im Falle einer restriktiven Rechtsanwendung (negative Neutralität) zum Nachteil der Religionsgemeinschaften und die Neutralität bei verständnisvoller Rechtsanwendung (positive Neutralität) zum Vorteil dieser Gruppen aus. Der Staat nimmt die erste dieser beiden Haltungen, die der negativen Neutralität ein, wenn er den Akzent auf die Idealvorstellung der Trennung legt; er entscheidet sich für die zweite Haltung, die positive Neutralität, wenn er den Respekt vor der Freiheit des Einzelnen und die Bedeutung der Gerechtigkeit betont.

2. Der Rechtsstatus der Personen

Die Rechtsstellung des Franzosen hinsichtlich der Religion ist sehr einfach. Einerseits genießt er absolute Freiheit bezüglich der Wahl seiner Religion oder seiner ablehnenden Haltung. Auf der anderen Seite darf seine Zugehörigkeit zu einer Religionsgemeinschaft, ebenso wie übrigens auch deren Ablehnung, keinerlei Auswirkungen im öffentlichen Leben zur Folge haben. Die Religion spielt keine Rolle oder darf zumindest keine Rolle spielen bei der Ernennung zu einem öffentlichen Amt. Dies gilt sowohl im einen als auch im anderen Sinne, d. h. weder für eine Bevorzugung noch für eine Benachteiligung eines Bewerbers. Obwohl diese Grundsätze klar sind, haben sie während Jahrzehnten (bis etwa 1959) Anlaß zu tendenziösen Interpretationen gegeben. Wiederholt mußte der Conseil d'Etat eingreifen, um Bewerbern zu ihrem Recht zu verhelfen, die wegen ihrer religiösen Überzeugung abgelehnt worden waren. Gegenwärtig bestehen in dieser Hinsicht keinerlei oder mindestens viel weniger Schwierigkeiten.

Die Inhaber religiöser Ämter werden in Übereinstimmung mit den Prinzipien der Neutralität des Staates grundsätzlich mit den übrigen Staatsbürgern gleich behandelt. Sie genießen dieselben Freiheiten wie alle übrigen Franzosen und unterliegen den gleichen Pflichten. Sie erhalten keine staatliche Unterstützung. Jede Kirche ist verpflichtet, für den Unterhalt ihrer Amtsträger selbst aufzukommen. Dabei ist sie ausschließlich auf freiwillige Gaben ihrer Gläubigen angewiesen[5]. Auf der anderen Seite hat der Staat auch keinen Einfluß auf die Verleihung kirchlicher Ämter, die durch die zuständige kirchliche Autorität innerhalb jeder Kirche in voller Freiheit erfolgt. Die einzige Ausnahme bildet die Ernennung der Bischöfe der katholischen Kirche, für die der Hl. Stuhl 1921 dem französischen Staat ein Konsultationsrecht (Politische Klausel) zugestanden hat[6].

3. *Die rechtliche Stellung des Kirchenvermögens*

Die katholische und die protestantische Kirche und ebenso auch die jüdische Glaubensgemeinschaft verfügten unter der Geltung des Konkordats über verschiedene öffentliche Anstalten und Einrichtungen und besaßen Rechtsfähigkeit. Das Gesetz von 1905 hat diese verschiedenen Anstalten beseitigt und an ihrer Stelle einen einzigen Typus einer Rechtsform vorgesehen, der die Bezeichnung „Association cultuelle" erhalten hat. Die protestantische Kirche und die jüdische Glaubensgemeinschaft haben in Übereinstimmung mit dem Vorschlag des Staates derartige „Associations cultuelles" gegründet. Nach langem Zögern hat die katholische Kirche 1923 diesen Vorschlag auf ihre Weise aufgegriffen und derartige Gesellschaften errichtet, nämlich eine für jede Diözese. Die „Associations cultuelles" besitzen Rechtsfähigkeit und wurden auf diese Weise die gesetzlichen Eigentümer des Vermögens, das den Kirchen im Rahmen der vom Gesetz gezogenen Grenzen zusteht.

Was die Kirchengebäude angeht, so steht der größte Teil von ihnen, soweit er sich in der Nutzung der früheren anerkannten Religionsgemeinschaften befindet (katholische Kirchengebäude, protestantische Gotteshäuser, jüdische Synagogen), im Eigentum des Staates. Der Staat stellt diese Gebäude kostenlos den Religionsgemeinschaften zur Verfügung, die sie im Zeitpunkt der Trennungsgesetzgebung besaßen. Er sichert gleichzeitig auch ihre Instandhaltung zu.

Hier muß angemerkt werden, daß die Frage der Eigentumsverhältnisse des Vermögens der katholischen Männer- und Frauenorden immer ein besonders schwieriges Problem dargestellt hat, da das Gesetz von 1905 die religiösen Orden

[5] Verschiedene Angaben über die Art und Höhe der Besoldung der Geistlichen in der katholischen und protestantischen Kirche bei *R. Metz,* Die finanziellen Quellen der Kirchen in Frankreich, in: ThQ 156 (1976), S. 205–208, speziell über die katholische Kirche s. *M. Brion,* Les ressources du clergé et de l'Eglise en France, Paris 1971; Le Pèlerin, n. 5213 (31. 10. 1982), S. 37–46.

[6] Vgl. *R. Metz,* Les nominations épiscopales en France, in: RDC 8 (1958), S. 99–107. Wortlaut des Aide-mémoire vom Mai 1921 über die Ernennung der französischen Bischöfe bei *J.-L. Harouel,* Les désignations épiscopales dans le droit contemporain, Paris 1977, S. 105.

einer Sonderregelung unterwirft. Zur Erlangung der Rechtsfähigkeit bedurften die Orden einer offiziellen Anerkennung. Es war für die religiösen Orden sehr schwierig, diese Anerkennung zu erreichen. Im Zeitraum von 1945 bis 1970 wurde praktisch keinem der zahlreichen Anträge auf Anerkennung entsprochen. Es scheint aber, daß sich seit 1970 in dieser Hinsicht bei den Regierungsstellen eine andere Praxis durchsetzt. Tatsächlich beläuft sich die Zahl der Anerkennungen, die im Zeitraum von 1970 bis 1977 den Ordensgemeinschaften unter verschiedenen Formen verliehen wurden, auf 59: Es handelt sich dabei um 15 Kongregationen, 8 Provinzen und 36 Ordenskommunitäten[7]. Seither findet man Jahr für Jahr im Journal Officiel eine gewisse Zahl gesetzlicher Anerkennungen von Ordensgemeinschaften in der einen oder anderen oben erwähnten Form[8]. Die linksorientierte Regierung, die am 10. Mai 1981 die mehr rechtsorientierte Regierung abgelöst hat, scheint gewillt zu sein, die 1970 angebahnte Praxis weiterzuführen. Allein im Jahr 1982 belief sich die Zahl der gesetzlichen Anerkennungen von Ordensgemeinschaften auf fünf[9].

4. *Anstaltsseelsorge*

Durch das Gesetz von 1905 garantiert der Staat jedermann zusammen mit der Gewissensfreiheit auch die freie Religionsausübung. Damit das Gesetz nicht toter Buchstabe bleibt, gewährt der Staat allen Personen, die sich in staatlichen Einrichtungen befinden, die Möglichkeit auf die eine oder andere Weise ihren religiösen Pflichten nachzukommen, sofern sie dies wünschen. Zu diesem Zweck ist die Anwesenheit und die Betätigung der Kirchen in den folgenden Einrichtungen oder Anstalten zugelassen.

a) Krankenhäuser, Strafanstalten und Internate für die Schüler der höheren Schulen. Die Seelsorger sind ermächtigt, sich in den staatlichen Anstalten zu den Personen zu begeben, die ihre Dienste in Anspruch nehmen wollen und auch innerhalb dieser Anstalten Gottesdienste zu feiern, sofern für die dort untergebrachten Personen eine andere Möglichkeit zur Erfüllung ihrer religiösen Pflichten nicht besteht.

b) Kasernen oder Militärlager. 1959 wurde durch einen Ministerialerlaß eine offizielle Militärseelsorge errichtet. Sie umfaßt 40 hauptamtliche katholische Militärseelsorger, 16 evangelische und 1 israelitischen, ferner teilzeitlich tätige Militärvikare und freiwillige ehrenamtliche Militärseelsorger.

[7] Die angeführten Zahlen betreffen die „Anerkennungen" von 1970 bis zum 7. März 1977; s. hierzu: Les amis des monastères 31 (Juli 1977), Paris, S. 17–20.

[8] Im Jahr 1978 zählte man 9 Anerkennungen; 1979 ebenfalls 9; 1980 eine, 1981 drei. Vgl. hierzu Journal Officiel, Lois et Décrets, Alphabetisches Verzeichnis, das sich am Anfang der monatlichen Veröffentlichungen des Journal Officiel befindet, sub verbo: Etablissements congréganistes.

[9] Vgl. Journal Officiel, Lois et Décrets, 1982: S. 759 N. C. (décret de reconnaissance vom 12. 1. 1982), S. 4592 N. C. (7. 5. 1982), S. 5263 N. C. (24. 5. 1982); 1983;S. 471 N. C. (29. 12. 1982 u. 31. 12. 1982).

c) Öffentliche Schulen. Das Gesetz vom 31. 12. 1959 (loi Debré) gibt den Seelsorgern die Erlaubnis, den Schülern aller öffentlichen Bildungseinrichtungen Religionsunterricht zu erteilen, sofern die Eltern einen diesbezüglichen Antrag stellen[10]. Im Schuljahr 1982/1983 wurden 11 Prozent der Schüler (Gesamtzahl: 4 100 000) der öffentlichen, d. h. der staatlichen Bildungseinrichtungen von dem katholischen Seelsorgedienst erfaßt[11].

d) Rundfunk und Fernsehen. Obwohl Rundfunk und Fernsehen die Beziehungen zwischen den beiden Gemeinschaften, dem Staat und der Kirche, nicht unmittelbar betreffen, können sie dennoch einen Hinweis auf die Art und Weise geben, wie der Staat in der Gegenwart die Neutralität gegenüber den Kirchen versteht. In seinen Anfängen war das Rundfunkwesen praktisch ein Privatunternehmen. Auf dieser Grundlage brachte es regelmäßig religiöse Sendungen. Als das Rundfunkwesen 1933 in staatliche Hände überging, wurden die religiösen Sendungen entsprechend dem Grundsatz der Neutralität des Staates eingestellt. Man verstand damals Neutralität noch im Sinne der „negativen" Neutralität. Die Haltung der Regierung rief Proteste hervor, so daß bestimmte Sendungen ausnahmsweise geduldet wurden. Von 1944 an nahmen die religiösen Sendungen im Programm in weitem Umfang zu.

Sie wurden insbesondere nach 1959 und 1974 im Zuge der Reorganisation des französischen Rundfunk und Fernsehens erweitert: das Gesetz vom 29. Juli 1982, welches Rundfunk und Fernsehen neu organisiert, brachte diesbezüglich keine Änderung[12]. Nach wie vor werden die Kirchen vom Staat ignoriert; in den Räten, welchen die Aufsicht des Rundfunks und des Fernsehens auf nationaler und regionaler Ebene zukommt, wird den Kirchen als solchen kein Platz eingeräumt. In diesen Räten sind nur die „grands mouvements spirituels et philosophiques" vertreten (Art. 27 u. 31 des Gesetzes vom 29. Juli 1982), zu denen auch die Kirchen gerechnet werden. Gegenwärtig verfügen im Zeichen eines positiven Verständnisses der Neutralität des Staates und der Religionsfreiheit sämtliche religiösen Gruppen jede Woche über eine festgelegte Sendezeit in Rundfunk und Fernsehen. Die gegenwärtige Situation beruht nicht auf einer gesetzlichen Grundlage; sie ist das Ergebnis einer tatsächlichen Entwicklung, die sich vollkommen in die allgemeine Entwicklung einfügt.

Zum Schluß sei erwähnt, daß ein Gesetz vom 9. November 1981 private oder freie lokale Rundfunksender gestattet (mit einer Reichweite von 30 Kilometern)[13].

[10] Wortlaut des Gesetzes in: Journal Officiel, Lois et Décrets, 2–3. 1. 1960, S. 66 u. 24. 4. 1960, S. 3831; La Documentation catholique 1960, Sp. 77 u. 624–626; s. auch ebd. 1980, S. 144.

[11] Diese 11 Prozent verteilen sich folgendermaßen auf die verschiedenen Klassen: von 34% in den niederen Klassen (10.–11. Jahr) geht der Prozentsatz von Jahr zu Jahr stark zurück und fällt auf 6% in den höheren Klassen. Nähere Angaben in: La Documentation catholique 1983, S. 365–366.

[12] Wortlaut des Gesetzes in: Journal Officiel, Lois et Décrets, 30. 7. 1982, S. 2431–2440.

[13] Journal Officiel, Lois et Décrets, 10. 11. 1081, S. 3070–3971; s. auch Anwendungsdekret vom 20. Januar 1982, ebd., 21. 1. 1982, S. 327–329.

Die Erzdiözese Paris hat von dieser Freiheit Gebrauch gemacht und sendet täglich seit Ende November 1981 (Radio „Notre-Dame-de-Paris 102")[14].

5. Das Problem der Privatschulen

An sich haben die Schulen keinen Bezug zum Bereich des Verhältnisses zwischen den Kirchen und dem Staat, da jedermann, der die notwendigen Diplome und die erforderliche moralische Qualifikation besitzt, befugt ist, eine Schule zu eröffnen. Das Trennungsgesetz hatte deshalb keinen unmittelbaren Einfluß auf das Privatschulwesen, das seit langer Zeit geduldet war. Jedoch ist die katholische Kirche wegen des konfessionellen Charakters, den die Mehrzahl der Privatschulen aufweist, an diesem Problem interessiert. In der Tat besteht die überwältigende Mehrheit unter den Tausenden privater Volks- und höherer Schulen, die es in Frankreich gibt, aus konfessionellen Schulen, die von der katholischen Kirche getragen werden. So belief sich während des Schuljahres 1982/83 die Zahl der Schüler, die katholische Privatschulen besuchten, auf 2072000. Ihr Anteil umfaßte 15,4 Prozent der französischen Gesamtschülerzahl und 93 Prozent des gesamten privaten Schulwesens. Das katholische Unterrichtswesen zählt 109496 Lehrkräfte, davon 90 Prozent Laien. Aus diesem Grund haben die Privatschulen immer das besondere Interesse der katholischen Kirche gefunden, ganz im Gegensatz etwa zu den protestantischen Kirchen, die für das private Schulwesen kein spezielles Interesse gezeigt haben. Dies erklärt sich daraus, daß es für die Protestanten, die nur zwei Prozent der französischen Bevölkerung ausmachen, schwierig ist, Privatschulen zu unterhalten. Diese Schulen würden nur in den seltensten Fällen eine genügende Zahl von Schülern finden. So bedeutet die öffentliche Schule für die Protestanten die Lösung, die ihnen am günstigsten erscheint. Die katholische Kirche war in der Frage der Privatschulen stets äußerst empfindlich, jedenfalls bis in die allerletzten Jahre. Auf der anderen Seite zeigte sich der Staat bezüglich seiner Vorrechte auf die öffentliche Schule sehr eifersüchtig, in der wegen ihres laizistischen Charakters der Geist des Trennungsgesetzes seine leibhaftige Ausprägung findet. Aus diesem Grunde hat der Staat anfangs dem privaten Schulwesen jede Art finanzieller Unterstützung systematisch verweigert.

Von 1919 bis 1955 wurden einige gesetzliche Maßnahmen ergriffen, um den privaten Schulwesen auf indirekte Weise Hilfe zu gewähren[15], aber diese schüchternen Lösungsversuche erfaßten das Problem nicht in seiner Tiefe. Erst das Gesetz vom 31. Dezember 1959, die sog. „loi Debré", hat eine wirksame Lösung des Problems des Privatschulwesens gebracht, das, was zugegeben werden muß,

[14] Vgl. La Documentation catholique 1981, S. 997. Nähere Angaben über Rundfunk, Fernsehen und Kirchen in Frankreich s. in: *J. Morange/W. Rudolf/J.-M. Brunot/G. Heinz/W. Schätzler/H. Kalinna.* die Neuen Medien und die Kirchen in der Bundesrepublik Deutschland – Nouveaux Médias et Eglises en France et en République fédérale d'Allemagne (= StraßbKoll, Bd. 5), Kehl am Rhein u. Straßburg 1983.

[15] Näheres bei *v. Campenhausen,* Staat und Kirche (Anm. 3), S. 143–167.

aus finanziellen Gründen dem Zusammenbruch nahe war[16]. Das Gesetz von 1959 wurde ergänzt durch ein Gesetz vom 1. Juni 1971[17] und ganz besonders durch ein weiteres Gesetz vom 25. November 1977, „Loi Guermeur" genannt[18].

Das Gesetz von 1959 bietet den Privatschulen verschiedene Formen einer Wahl an, die ihnen die Möglichkeit eröffnet, vom Staat eine mehr oder minder starke finanzielle Hilfe zu erhalten. Die Schulen müssen sich dafür einem bestimmten Maß einer staatlichen Aufsicht unterwerfen, die jedoch den besonderen Charakter dieser Schulen nicht antastet. Unter den Wahlmöglichkeiten gibt es den *„Anschluß Vertrag"* (contrat d'association): Der Staat übernimmt die Personalkosten für die Lehrpersonen und die Kosten für den Unterhalt der Schulen. Die Lehrer werden vom Staat ernannt, jedoch geschieht dies im Einvernehmen mit der Schulleitung. Sie erhalten, sofern sie dieselbe Ausbildung aufweisen und dieselben Leistungen erbringen, dasselbe Gehalt wie die Lehrkräfte im Bereich des öffentlichen Schulwesens. Dafür muß sich die Schule dem Fächerkanon und den Unterrichtsmethoden des öffentlichen Schulwesens anpassen.

Eine andere Wahlmöglichkeit bildet der *„einfache Vertrag"* (contrat simple): Der Staat übernimmt hier nur die Kosten für die Lehrkräfte; die Kosten für den Unterhalt der Schule muß die Anstalt selbst tragen. Die Lehrer werden nicht vom Staat, sondern von der Schule ernannt; ihre Ernennung bedarf jedoch der Zustimmung des Staates. Die Schule gestaltet den Unterricht nach ihren Erziehungszielen; sie muß aber ihre Lehrpläne den staatlichen Behörden zur Genehmigung vorlegen. Die Form des „einfachen" Vertrags ist seit 1980 nur noch für die Volksschulen anwendbar. Die höheren Schulen, die sich bis 1980 mit dem „einfachen" Vertrag begnügen konnten, mußten sich 1980 für den „Anschluß-Vertrag" entscheiden oder auf staatliche finanzielle Hilfe verzichten und wieder zu ihrem früheren Zustand zurückkehren[19].

Seit dem Jahre 1981, in dem die Linksparteien die Mehrheit in der Nationalversammlung erhielten, ist die linksorientierte Regierung bestrebt, die Privatschulen in das Staatsschulwesen einzugliedern. Am 24. 9. 1981 gab Präsident *François Mitterrand* seine Absicht bekannt, „un grand service de l'éducation nationale laïque réunifiée" zu schaffen. Die Anhänger der Freien Schulen sind der Auffas-

[16] Wortlaut des Gesetzes in: Journal Officiel, Lois et Décrets, 2–3. 1. 1960, S. 66; La Documentation catholique 1960, Sp. 78–80 und 611–624.

[17] Journal Officiel, Lois et Décrets, 3. 6. 1971, S. 5339; La Documentation catholique 1971, S. 738.

[18] Journal Officiel, Lois et Décrets, 26. 11. 1977, S. 5539; s. auch 9. 3. 1978, S. 970–974; La Documentation catholique 1977, S. 1083.

[19] Für nähere Angaben über das Problem der Privatschulen s. u. a.: *N. Fontaine,* La liberté d'enseignement. Guide juridique de l'enseignement privé associé à l'Etat par contrat, 3. Aufl., Paris 1980; *Chr. Starck/J. Imbert/H. Lecheler/R. Epp,* Staat, Schule, Kirche in der Bundesrepublik Deutschland und in Frankreich – Etat, Ecole et Eglises en France et en République fédérale d'Allemagne (= StraßbKoll, Bd. 3), Kehl am Rhein u. Straßburg 1982; *Th. Oppermann/M. Tardy/O. Vallet/M. Zimmermann/J. Dikow,* Grundfragen des Bildungswesens in der Bundesrepublik Deutschland und in Frankreich – Problèmes scolaires en France et en République fédérale d'Allemagne (= StraßbKoll, Bd. 4), Kehl am Rhein u. Straßburg 1982; *M. Zimmermann,* Au coeur du débat scolaire. Pouvoir et liberté, Strasbourg 1981.

sung, daß durch diese beabsichtigte Eingliederung die spezifische Eigenart ihrer Schulen sehr gefährdet sei. Sie haben deshalb bis jetzt (1983) die Vorschläge der Regierung zurückgewiesen. Erst die Zukunft wird zeigen, ob eine Kompromißlösung möglich ist oder ob die Regierung, wozu sie über die legalen Machtmittel verfügen würde, ihr Programm mit Gewalt durchführen wird[20].

III. Die staatskirchenrechtliche Sonderstellung der drei östlichen Départements

In den drei Départements Bas-Rhin, Haut-Rhin und Moselle, für die eine Sonderregelung besteht, sind die *anerkannten* und *nicht anerkannten* Religionsgemeinschaften zu unterscheiden. Nur die ersteren, die anerkannten Religionsgemeinschaften, sind im Genusse des Sonderstatus, die anderen, die nicht anerkannten Religionsgemeinschaften, sind den oben dargestellten allgemeinen Regelungen unterworfen[21].

Die Zahl der anerkannten Religionsgemeinschaften beträgt vier: Die *katholische Kirche* (etwa 2 Millionen Gläubige), die *beiden evangelischen Kirchen*, die lutherische (mit etwa 233 000 Gläubigen; offizielle Bezeichnung: Eglise de la Confession d'Augsbourg d'Alsace et de Lorraine, ECAAL) und die reformierte (mit etwa 47 000 Gläubigen), und die *israelitische Religionsgemeinschaft* (mit etwa 20 000 Mitgliedern). Alle übrigen religiösen Gemeinschaften sind nicht anerkannt.

1. *Rechtsgrundlagen*

Die „Anerkennung" der vier Religionsgemeinschaften beruht nicht auf ein und demselben Dokument für alle diese Gemeinschaften; es bestehen hierfür vielmehr unterschiedliche Rechtsgrundlagen. Für die katholische Kirche bildet das *Konkordat von 1801* das Grunddokument, das als Gesetz des Staates mit den organischen Artikeln am 8. April 1802 verkündet worden ist. Für die evangelischen Kirchen bilden die sich auf ihre Kirchen beziehenden *organischen Artikel* vom 8. April 1802 das Grunddokument; diese Artikel sind durch das Gesetzesdekret vom 26. März 1852 abgeändert und ergänzt worden. Die israelitische Reli-

[20] Eine gute Zusammenfassung der Stellungnahmen der beiden Parteien, der Regierung und der Anhänger der Freien Schulen, findet sich in: La Documentation catholique 1983, S. 155–169.

[21] *M. Bazoche*, Le régime légal des cultes en Alsace-Lorraine, Strasbourg-Paris 1950; *Ch. Roth*, Le régime légal du culte protestant en Alsace et en Moselle, Strasbourg 1972; *B. Le Léannec*, Cultes et enseignement en Alsace et en Moselle. Bibliographie, législation et documentation (1801–1977), Strasbourg 1977; *J. Schlick* (Hrsg.), Églises et État en Alsace et en Moselle, Changement ou fixeté?, Strasbourg 1979; *F. Messner*, Argent, propriété et religion. Le système concordataire français (1801–1983), thèse de doctorat d'Etat en théologie, Faculté de Théologie catholique de l'Université de Strasbourg, Strasbourg 1983.

gionsgemeinschaft wurde erst durch eine *Verordnung vom 17. März 1808* anerkannt; genauere Regelungen erfolgten durch einen Erlaß vom 25. Mai 1844[22].

Nach der Angliederung des Elsaß und des mosselländischen Lothringens an Deutschland im Jahre 1871 behielten der Hl. Stuhl und die deutschen Behörden nach einer Periode des Zögerns das staatskirchenrechtliche System in der Form, wie es unter der französischen Herrschaft bestanden hatte, auf der Grundlage einer gemeinsamen Übereinkunft bei. Nach dem Ersten Weltkrieg erneuerte der französische Staat das frühere System und bestätigte dessen Rechtsmäßigkeit durch ein Gesetz vom 1. Juni 1924[23]. Dies ist der Grund dafür, daß in der Gegenwart das besondere staatskirchenrechtliche System in den drei Départements des Ostens für die Katholiken, die Protestanten und die Juden nach wie vor in Geltung ist. Dieser Rechtsstatus verleiht den Religionsgemeinschaften gewisse Vergünstigungen, er erlegt ihnen aber auch eine Reihe von Lasten auf.

2. *Die Vergünstigungen*

Die anerkannten Religionsgemeinschaften erhalten im wesentlichen die folgenden Vergünstigungen.

a) Staatliche Subventionen für die Kirchen. Der Staat besoldet die kirchlichen Amtsträger. Obwohl sie nicht Staatsbeamte im strengen Sinn sind, erhalten die Amtsträger der vier Religionsgemeinschaften ein staatliches Gehalt, sie erfreuen sich der Vorteile der sozialen Sicherung und haben ein Recht auf Ruhestandsbezüge. Darüber hinaus beteiligt sich der Staat an den Ausgaben für den Kult und an der Unterhaltung der Kirchengebäude unter Beteiligung der Gemeinde und, sofern dies notwendig ist, auch des Départements in den Fällen, in denen der finanzielle Beitrag der Gläubigen einen Ausgleich des Haushalts der Pfarrei nicht zuläßt. Dabei ist zu bemerken, daß die Finanzierung der Kirchen, insbesondere die Besoldung der kirchlichen Amtsträger, nicht durch eine besondere Steuer sichergestellt ist. Die notwendigen Mittel für diese Zahlungen werden aus dem Gesamthaushalt des Innenministeriums bestritten.

b) Anstalten des öffentlichen Rechts. Den verschiedenen Organen und Einrichtungen der anerkannten Religionsgemeinschaften ist der Charakter einer öffentlich-rechtlichen Anstalt verliehen, der die Rechtsfähigkeit miteinschließt. Die Organe, die dieses Vorrecht besitzen, sind je nach Religionsgemeinschaft verschieden, sowohl hinsichtlich ihrer Zahl als auch hinsichtlich ihrer Benennung. Für die *israelitische* Religionsgemeinschaft anerkennt das Gesetz nur eine Art einer öffentlich-rechtlichen Anstalt, das *Konsistorium,* und zwar nur je eines für jedes Département. Für die *evangelischen Kirchen,* die lutherische und die reformierte, bestehen zwei Arten öffentlich-rechtlicher Anstalten, die Kirchenräte (Presbyterialräte) und zwar einer für jede Pfarrei, und die *Konsistorien,* die aus den Kirchen-

[22] Wortlaut dieser verschiedenen Gesetze abgedr. bei *Giacometti,* Quellen (Anm. 4), S. 31–43, 44–47, 71–79, 95–98; *Le Léannec,* Cultes et enseignement (Anm. 21), S. 103–117.
[23] *Le Léannec,* ebd., S. 119 (n. 6).

räten gebildet sind; es bestehen vierzig Konsistorien für die lutherische und vier für die reformierte Kirche. Die *katholische Kirche* kennt eine bedeutend größere Vielfalt öffentlich-rechtlicher Anstalten als die anderen Religionsgemeinschaften. Es sind, ohne die anerkannten Ordensgemeinschaften, fünf Typen zu unterscheiden: die sog. Fabrikräte (conseils de fabrique), denen die Verwaltung des Kirchenvermögens und dessen Verwendung für den Gottesdienst und insbesondere für den Bau und die Unterhaltung der Pfarrkirche und des Pfarrhauses übertragen ist (je einer für jede Pfarrei), das Vermögen des Pfarramts (les menses curiales), dessen Nutzung dem Pfarrer zusteht (eines für jede Pfarrei), das bischöfliche Amt bzw. der bischöfliche Stuhl (la mense episcopale = mensa episcopalis), dessen Nutzung dem jeweiligen Bischof zusteht; ferner besitzen die Domkapitel (les chapitres cathédrales) und die Knabenseminare (les petits séminaires) und ebenso die Priesterseminare (les grands séminaires) gleichfalls den Charakter einer öffentlich-rechtlichen Anstalt und damit Rechtsfähigkeit.

c) Religionsunterricht. In den Volksschulen wird, ebenso wie in den höheren Schulen, für die verschiedenen Glaubensgemeinschaften in den Schulräumen und im Rahmen des allgemeinen Schulbetriebs Religionsunterricht erteilt. Die Volksschulen sind in der Regel konfessionell; die Angehörigen der Ordensgemeinschaften sind als Lehrpersonen zugelassen. Jedoch wird gegenwärtig in den Städten die konfessionelle Scheidung der Schüler für den profanen Unterricht nicht mehr durchgehalten. Die interkonfessionellen Schulen werden immer zahlreicher. In den höheren Schulen, die nicht konfessionell sind, ist aber der Religionsunterricht von Rechts wegen Bestandteil des Unterrichtsprogramms. Grundsätzlich ist der Religionsunterricht Pflichtfach; die Eltern können ihre Kinder aber von diesem Unterricht abmelden.

d) Theologische Fakultäten. Die katholische und die evangelische Kirche besitzen an der Universität Straßburg je eine staatliche Theologische Fakultät. Die Professoren erhalten hinsichtlich ihrer Bezüge und ihrer Pensionen, die Studenten hinsichtlich der Beihilfen und der akademischen Grade alle Vergünstigungen, die den Mitgliedern der übrigen Fakultäten zustehen. Im Zuge der Gründung der neuen Universität Metz wurde im Laufe des akademischen Jahres 1969/1970 ein Zentrum für religiöse Pädagogik errichtet. Dieses Zentrum sichert die Ausbildung der Lehrer, denen die Erteilung des Religionsunterrichts an den Volks- und höheren Schulen des Konkordatsbistums Metz übertragen wird. Zur Regelung der dadurch entstandenen kirchenrechtlichen Fragen wurde mit Datum vom 25. Mai 1974 eine Vereinbarung mit dem Hl. Stuhl geschlossen[24].

3. Die Lasten

Verständlicherweise fordert der Staat von den anerkannten Religionsgemeinschaften für die Vergünstigungen, die er ihnen gewährt, eine Gegenleistung. Die Hauptforderungen, die der Staat stellt, betreffen das Ernennungsrecht der kirchli-

[24] *Le Léannec,* Cultes et enseignement (Anm. 21), S. 95 (n. 476).

chen Amtsträger, ferner die kirchliche Vermögensverwaltung und die staatliche Genehmigung für die Eröffnung neuer gottesdienstlicher Gebäude oder Kultstätten.

a) Die Ernennung kirchlicher Amtsträger. Die Einflußnahme des Staates auf die Ernennung kirchlicher Amtsträger reicht von der unmittelbaren Ernennung bis zur einfachen Genehmigung; auf die Ernennung einer Reihe niedriger Ränge von Amtsträgern (Kapläne, katholische Pfarrer in Landpfarreien, Desservants genannt) nimmt der Staat keinen Einfluß; er läßt den kirchlichen Behörden hier volle Freiheit.

Unmittelbare Ernennung. Im Bereich der katholischen Kirche ernennt der Staat unmittelbar die Bischöfe von Straßburg und Metz und deren Koadjutoren mit dem Recht der Nachfolge. Das im 17. und 18. Jahrhundert den Souveränen verschiedener Staaten zugestandene Vorrecht der Bischofsernennung wurde dem Oberhaupt des französischen Staates im Konkordat von 1801 garantiert. Infolgedessen bildet eine Verordnung (Dekret) des Präsidenten der Republik den ersten offiziellen Akt der Ernennung eines Bischofs oder Koadjutors einer französischen Konkordatsdiözese. Die Verordnung des Präsidenten geht der Bulle über die kanonische Einsetzung, die der Papst vornimmt, zeitlich voraus. In der Praxis schreitet freilich die französische Regierung nicht zur Wahl eines Bischofs, ohne sich vorher mit dem Hl. Stuhl verständigt zu haben[25]. Hierbei ist zu bemerken, daß ebenso wie für die Ernennung auch für den Amtsverzicht eines Konkordatsbischofs die Beteiligung des Staates erforderlich ist. Die Rolle des Staatsoberhaupts besteht dabei in der *Zustimmung* zum Amtsverzicht, die Rolle des Papstes in dessen *Annahme.* Die Zustimmung des Präsidenten muß auch hier notwendigerweise zeitlich vor der Annahme des Papstes erfolgen[26]. Im Bereich der lutherischen Kirche ernennt der Staat unmittelbar drei der insgesamt fünf Mitglieder des Direktoriums, nämlich den Präsidenten, einen geistlichen Inspektor und ein Laienmitglied, sowie ferner die geistlichen Inspektoren, die an der Spitze der sieben Inspektionen stehen.

Genehmigung des Staates. Die übrigen kirchlichen Amtsträger werden von den jeweils zuständigen Behörden oder Organen der verschiedenen Religionsgemeinschaften ernannt oder gewählt. Jedoch ist für den größten Teil von ihnen die Zustimmung der Regierung erforderlich, und zwar mit der Maßgabe, daß die Ernennung nicht veröffentlicht werden darf, bis die Genehmigung der Regierung eingetroffen ist, die durch das Innenministerium erfolgt. Die Ernennung folgender Amtsträger bedarf einer Genehmigung seitens der Regierung:

Im Bereich der *katholischen Kirche* der Generalvikare, der Mitglieder der Domkapitel, der eigentlichen Pfarrer (sog. Pfarrer erster Klasse oder Hauptpfarrer

[25] Über Einzelheiten des Verfahrens der Ernennung eines Bischofs oder Koadjutors s. *R. Metz,* La nomination de Mgr. L.-A. Elchinger à la fonction de coadjuteur de Mgr. Weber, in: Archives de l'Église d'Alsace 26 (1959), S. 229–254; vgl. auch *Harouel,* Les désignations (Anm. 6), S. 34.

[26] Vgl. *R. Metz,* La démission de Mgr. J. J. Weber, évêque concordataire de Strasbourg, in: Archives de l'Eglise d'Alsace 32 (1967–1968), S. 259–290.

im Gegensatz zu den sog. Desservants); die Ernennung eines Weihbischofs ist in einem besonderen Verfahren geregelt[27].

In den *protestantischen Kirchen:* Sämtlicher Pastoren, der Präsidenten der verschiedenen Konsistorien und von zwei Laien aus der Zahl derjenigen, die in jeder der sieben Inspektionen der lutherischen Kirche dem geistlichen Inspektor zur Unterstützung beigegeben sind.

In der *israelitischen Religionsgemeinschaft:* Der Großrabbiner, der Rabbiner, der amtierenden Kultdiener und der sechs Laienmitglieder des Konsistoriums des Départements.

Die kirchlichen Amtsträger müssen die französische Staatsangehörigkeit besitzen. Die Bischöfe von Straßburg und Metz müssen darüber hinaus die französische Staatsbürgerschaft aufgrund ihrer Geburt besitzen.

b) Verwaltung des Kirchenvermögens. Der Staat verleiht einem oder mehreren Organen jeder Religionsgemeinschaft den Charakter einer öffentlichen Anstalt. Als Gegenforderung erläßt er genaue Vorschriften für die Verfassung dieser Organe und unterwirft ihre Tätigkeit einer bestimmten Aufsicht. Die Einflußnahme des Staates ist besonders offenkundig bei der Bildung der katholischen Kirchenvorstände (conseils de fabrique catholiques), die mit der Verwaltung des Vermögens der Pfarrkirchen betraut sind. Ihre Zusammensetzung wurde geregelt durch eine 113 Artikel umfassende Verordnung vom 30. 12. 1809. In diesen Räten spielen die Laien eine bedeutende Rolle, und zwar mit der Maßgabe, daß der Vorsitzende immer ein Laie sein muß. Der Pfarrer, der niemals Vorsitzender sein darf, ist jedoch ebenso geborenes Mitglied wie der Bürgermeister der betreffenden Gemeinde. Die Ernennung der Mitglieder erfolgt bei der Konstituierung des Kirchenvorstandes zum Teil durch den Bischof und zum Teil durch den Vertreter der Regierung, d. h. den Präfekten des jeweiligen Départements. Später erfolgt die Ernennung neuer Mitglieder durch Zuwahl. Seit 1970 sind die Frauen offiziell als Mitglieder der katholischen Kirchenvorstände (conseils de fabrique) zugelassen[28].

Die Vermögensverwaltung, die die verschiedenen zuständigen Organe vornehmen, unterliegt einer bestimmten Aufsicht seitens der Regierung. Vor allem ist die Tätigkeit dieser Organe streng auf Handlungen beschränkt, die ihrem eigentlichen Zweck entsprechen, d. h. auf den religiösen Bereich. Sie darf sich nicht auf das Bildungswesen oder die Wohlfahrtspflege erstrecken. Infolgedessen bedürfen alle übrigen Initiativen, die nicht eine schlichte Verwaltungstätigkeit darstellen, der Genehigung durch die staatliche Behörde, wie der käufliche Erwerb von Grundstücken und einer Reihe beweglicher Güter, die Annahme von Schenkungen und Vermächtnissen, Veräußerungen, Anleihen und bestimmte Mietverträge.

[27] *R. Metz,* Les incidences concordataires sur la nomination d'un évêque auxiliaire au diocèse de Metz, in: RDC 24 (1974), S. 97–152.

[28] Décret ministériel vom 8. Oktober 1970, das den Artikel 3 des Dekrets vom 30. 12. 1809 abändert; Journal Officiel, Lois et Décrets, 13. 10. 1970, S. 9461 f. Artikel 3 von 1809 hatte folgenden Wortlaut: „... les conseillers seront pris parmi les notables". Die neue Fassung des Artikels 3 ist nun folgende: „... les conseillers pourront être pris parmi les personnes des deux sexes".

c) Neue gottesdienstliche Gebäude und geistliche Versammlungen. Die Regierung übt auch eine Kontrolle aus über die Eröffnung eines neuen gottesdienstlichen Gebäudes in Gestalt einer katholischen Kirche oder Kapelle, einer evangelischen Kirche oder einer jüdischen Synagoge. Gleiches gilt für die Bildung neuer katholischer und evangelischer Pfarreien oder besonderer Synagogen, die im Bereich der israelitischen Religionsgemeinschaft den Pfarreien der anderen Kirchen entsprechen. Für alle diesbezüglichen Änderungen ist die Zustimmung des Präfekten und der betreffenden Gemeinde erforderlich. Die Genehmigung erfolgt durch einen Ministerialerlaß.

Verschiedene Versammlungen im Bereich der evangelischen Kirchen bedürfen einer vorherigen Bewilligung durch die Regierung. Dies gilt für die Versammlungen der *Synode* der reformierten Kirche, die Versammlungen des *Konsistoriums* (Consistoire supérieur) der lutherischen Kirche und die Versammlungen der *Inspektionen* (ebenfalls Organe der lutherischen Kirche); es ist hierbei zu betonen, daß es sich um eine reine Formalität handelt, solange es in diesen Versammlungen nicht um eine Änderung der kirchlichen Strukturen geht. Die Einberufung von Diözesansynoden der katholischen Kirche bedarf ebenfalls der Genehmigung durch die Regierung. In der Praxis wird diese Vorschrift über die Diözesansynoden gegenwärtig nicht mehr beobachtet.

IV. Schlußbetrachtungen

Während mehr als zwanzig Jahren, im Zeitraum von 1959 bis 1981, war seitens des Staates eine allgemeine Grundhaltung des Wohlwollens festzustellen, die unter der Herrschaft der Trennungsgesetze Methoden anwandte, deren Freiheitlichkeit in manchen Fällen bis an die Grenze dessen ging, was das Prinzip der Neutralität gerade noch erlaubte. Aus diesem Grunde sind verschiedene Formeln vorgeschlagen worden, mit deren Hilfe das System, das die Beziehungen zwischen den beiden Gemeinschaften, der staatlichen und der religiösen, in Frankreich bestimmte, definiert werden sollte: nämlich liebevolle Trennung (séparation cordiale), freundschaftliche Trennung (séparation à l'amiable), stillschweigendes Konkordat (concordat tacite), einverständliche Trennung (séparation de compromis). Jeder dieser Begriffe enthält eine Teilwahrheit, aber keiner ist geeignet, die volle Wirklichkeit zum Ausdruck zu bringen. Die Wirklichkeit war bedeutend komplexer; sie konnte weder durch einen Begriff bestimmt noch in ein Schema gepreßt werden. Man kann sie allenfalls beschreiben, was in dieser Darstellung geschehen ist.

In den beiden Provinzen, im Elsaß und im moselländischen Lothringen, in denen das Konkordatssystem nach wie vor in Geltung ist, konnte folgende übereinstimmende Feststellung gemacht werden: Die zuständigen Regierungen stellten die besondere gesetzliche Situation, die von einem bedeutenden Teil der Bevölkerung bejaht wird, in keiner Weise in Frage; im Gegenteil, man hatte sich auf seiten der Regierung damit einverstanden erklärt, an dieser Gesetzgebung einige besonders anachronistische Regelungen zu beseitigen, die möglicherweise ihren Fortbestand in Frage gestellt hätten.

Am 10. Mai 1981 wurde die Koalition der Rechtsparteien in der Regierung durch die Linksparteien abgelöst. Obwohl die Sozialisten in der Kammer die absolute Mehrheit besaßen, haben sie dennoch die Kommunisten in die Regierung aufgenommen, so daß Frankreich seit 1981 von einer sozialistisch-kommunistischen Koalition regiert wird. Nach dem politischen Programm der Linksparteien hätte man hinsichtlich ihrer Haltung gegenüber der Kirche nach den früheren Erfahrungen eine Rückkehr zu der „negativen Neutralität" gegenüber der Kirche erwarten können. Die Situation hat sich jedoch gegenüber dem Zustand, der vor 30 Jahren bestanden hat, in verschiedener Hinsicht gewandelt: damals galten die Linksparteien, d. h. die Kommunisten, die Sozialisten und die Radikalen, als kirchenfeindlich. Tatsächlich sind sie kirchenfeindlich geblieben. Aber in den letzten zwei oder drei Jahrzehnten haben sich christlich-marxistische Vereinigungen gebildet. Der Eintritt militanter Anhänger christlicher Prägung in die Parteien der Linken kann daher eine gewisse Änderung in der Haltung dieser Parteien gegenüber der Kirche bewirken, so daß man aus der Konstellation der derzeitigen Regierung nicht ohne weiteres konkrete Schlußfolgerungen hinsichtlich ihrer kirchenpolitischen Entscheidungen ziehen kann[29]. Gewiß wird die gegenwärtige Regierung nicht kirchenfreundlich sein und nicht eine „positive Neutralität" gegenüber der Kirche pflegen. Es läßt sich aber nicht von vornherein behaupten, daß die Regierung die Freiheit der Kirche schmälern wird, soweit dies das Prinzip der Neutralität überhaupt noch erlaubt. Nur die Zukunft wird uns darüber belehren können.

Dies ist die staatliche Sichtweise der Situation. Die Gesamtdarstellung wäre jedoch unvollständig, wenn nicht auch die Sichtweise der Religionsgemeinschaften gleichermaßen berücksichtigt würde. Zu diesem Zwecke ist es erforderlich, die Art und Weise in Augenschein zu nehmen, mit der die Kirchen und die anderen religiösen Gruppen auf das Entgegenkommen des Staates oder wenigstens auf dessen verständigungsbereite Haltung ihnen gegenüber reagiert haben. Diese Materie ist schwierig und überaus heikel. Dazu muß betont werden, daß diese Untersuchung bei jeder Religionsgemeinschaft, der katholischen und den evangelischen Kirchen und auch bei der israelitischen Religionsgemeinschaft und den übrigen religiösen Gruppen, getrennt durchgeführt werden muß. Die Haltung, die die verschiedenen Kirchen gegenüber den einzelnen Fragestellungen einnehmen, ist keineswegs immer die gleiche. Ferner sind innerhalb derselben Kirche die Antworten sehr verschieden: Die Linkskatholiken äußern sich keineswegs in derselben Weise wie die Katholiken der Rechten; ein Teil des katholischen Klerus äußert sich anders als der andere. Vergleichbare Unterschiede sind auch im Bereich der evangelischen Kirchen festzustellen.

[29] Vgl. hierüber die zwei Beiträge von *R. Rémond,* Le développement des partis politiques en France depuis 1945 et leurs positions vis-à-vis des Eglises, und *F. G. Dreyfus,* Les positions des Eglises vis-à-vis des partis en France de 1945 à 1973, in: *R. Rémond/H. Maier/F. G. Dreyfus/K. Forster,* Parteien und Kirchen in der Bundesrepublik Deutschland und in Frankreich – Partis politiques et Eglises en France et en République fédérale d'Allemagne (= StraßbKoll, Bd. 1), Kehl am Rhein u. Straßburg 1982, S. 3–13 und S. 27–36.

Hier können lediglich einige Hinweise im Sinne von Andeutungen darüber gegeben werden, wie bis zum Jahre 1981 zwar nicht die gesamt katholische Kirche Frankreichs, wohl aber der Episkopat auf das Entgegenkommen der Regierung geantwortet hat. Aber selbst hier, obwohl es sich hierbei um einen nicht sehr großen und klar umschriebenen Personenkreis handelt, ist im Interesse einer genauen Berichterstattung die Feststellung geboten, daß unterschiedliche Haltungsweisen auch hier nicht zu verkennen sind.

Alles in allem kann hierzu festgestellt werden, daß sich der französische Episkopat eher zurückhaltend zeigte. Die Gesten des Entgegenkommens der Regierung wurden zweifellos freundlich aufgenommen; aber sie riefen nicht jenes Maß an Dankbarkeit und Gefolgschaft hervor, das die Regierung für sie erwartete. Die Bischöfe hatten die Überzeugung gewonnen, daß eine Reihe von Problemen, die ihnen früher unter pastoraler Rücksicht bedeutungsvoll erschienen sind, an Gewicht verloren hatten. Ein typisches Beispiel hierfür bilden die Privatschulen, für die die Bischöfe in früheren Zeiten alle Kräfte eingesetzt haben. Auf diesem Gebiet zeigt sich der Episkopat gegenwärtig zurückhaltender als bestimmte konservative Gruppen. Für andere Probleme gilt dies in gleicher Weise.

Darüber hinaus müssen die Bischöfe in Frankreich auf den Klerus Rücksicht nehmen, von dem ein Teil politisch deutlich nach links orientiert ist. Dieselbe Feststellung gilt auch für einen bedeutsamen Teil der engagierten Laien. Diese und andere Beweggründe machen die Tatsache einsichtig, daß die Bischöfe in Frankreich sich zurückhaltend zeigen und sehr bestrebt sind, alles zu vermeiden, was als Ausgleich mit dem Staat gedeutet werden könnte. Alles in allem erscheint es klar, daß die führenden Kreise der katholischen Kirche in Frankreich mehr und mehr bestrebt sind, dem Staate gegenüber eine Haltung der Distanz einzunehmen. Damit ist die Kirche in der Lage, gegenüber dem Staat auch eine Haltung der Kritik an den Tag zu legen. Die frühere Zurückhaltung der Kirche macht in steigendem Maß einer Haltung der „Distanz" Platz.

Kanonesregister

Die fetten Zahlen bedeuten die Kanones des Codex Iuris Canonici von 1983, die mageren Zahlen die Seitenzahlen.

Buch I
Allgemeine Normen

1: 54, 969
2: 54, 553, 636, 652, 917
3: 54f., 378f., 1031
4: 54f., 469, 504, 508, 1097
5: 54–56, 97f., 388f., 468, 636, 638
6: 48, 54, 56, 217, 229, 298, 321, 363, 375, 427, 468, 560, 636, 639, 825, 912, 984, 1000, 1001
7: 88, 636
8: 85, 88f., 95, 344
9: 91, 468
10: 90, 114, 135, 784
11: 48, 94, 114, 116, 168, 175, 558, 566, 746, 756–758, 928
12: 89, 94
13: 89, 94, 137
14: 91
15: 90, 92, 742
16: 74, 95, 495
17: 56, 74, 95
18: 74, 95, 114, 943f.
19: 75, 95f., 523
20: 92, 909
21: 92
22: 96, 117
23: 97f., 637f.
24: 97f., 637f.
25: 88, 98, 637f.
26: 98, 107, 637f.
27: 55, 96
28: 98
29: 51, 84f., 313
30: 85, 344, 638
31: 51, 85, 313
32: 51
33: 51
34: 51, 85, 908
35: 51, 101, 1011
36: 101, 106, 109
37: 101, 103, 133
38: 101
39: 101
40: 102
41: 102
42: 102
43: 102, 135
44: 102
45: 102
46: 102, 106
47: 101f., 106
48: 51, 102, 279
49: 103, 111
50: 102
51: 103, 464
52: 103
53: 103
54: 103, 464
55: 103
56: 103
57: 103, 1012
58: 101, 103f., 111, 468
59: 104, 109, 1011
60: 104
61: 104
62: 101, 105
63: 105
64: 105, 138, 283
65: 105, 138, 367, 372, 570
66: 105
67: 105, 139
68: 105
69: 105
70: 105, 135
71: 101, 104
72: 106
73: 106, 468
74: 104
75: 104

76: 101, 104, 106, 109
77: 106
78: 106
79: 55, 107
80: 55, 106
81: 55, 107
82: 55, 107
83: 55, 107
84: 107
85: 107, 109, 814
86: 108
87: 108, 217, 221, 260, 655, 759, 914, 956
88: 108
89: 108, 236
90: 108, 761
91: 100, 108
92: 108, 135
94: 51, 86, 460, 475
95: 51, 86
96: 44, 53, 166–168, 175, 633, 635, 660, 1021
97: 114, 116, 661, 754
98: 114, 116
99: 114, 117
100: 117
101: 117
102: 117, 167, 448, 722, 750, 784
103: 117, 523f.
104: 117
105: 117f.
106: 118, 167
107: 118, 167, 200, 240, 385, 664
108: 118, 764
109: 118, 765
110: 118, 295, 765
111: 54, 167, 180, 240
112: 54, 167
113: 92, 118, 278, 313, 455, 460, 468, 866, 1029
114: 118f., 457, 465, 471, 474, 866f., 887
115: 119, 387, 465, 470, 866f.
116: 119, 387, 465, 469, 474f., 496, 865, 867
117: 119, 209, 466
118: 120, 474, 867, 901, 903f., 907
119: 120, 139, 466, 494f., 867
120: 120, 463, 467–470, 474, 867, 901
121: 120, 867
122: 121, 867
123: 121, 470, 474, 867
124: 121f.
125: 121f., 777, 784
126: 121f.
127: 121–123, 352, 411f., 493, 523
128: 103, 121, 123, 954
129: 49, 83, 92, 126f., 189, 191, 194, 206, 236, 313, 417, 473, 633, 986, 1021, 1029
130: 131
131: 132f., 244, 341, 491
132: 135, 1030
133: 135
134: 133f., 334, 369f., 403, 410, 412, 433, 489, 492, 504, 523, 570, 637, 639, 648f., 651, 653
135: 83, 136, 189, 244, 344, 365f., 953, 958, 965, 1029
136: 100, 137, 365
137: 134f., 236
138: 138
139: 138
140: 138f., 371
141: 139
142: 107, 139
143: 139
144: 140, 701, 786
145: 93, 109, 142, 421, 633, 1029
146: 109, 141, 143
147: 144
148: 143
149: 44, 144f., 960
150: 126, 144, 633
151: 392
152: 145
153: 145
154: 145
156: 143
157: 146
158: 146f.
159: 147
160: 147
161: 147
162: 145
163: 147
165: 148
166: 148
167: 148
168: 148
169: 148
170: 148, 940
171: 148
172: 148
173: 148
174: 148, 189
175: 148
176: 148

177: 149
178: 149
179: 149
180: 149
181: 149
182: 149
183: 149
184: 149f., 346, 404f.
185: 405
186: 150
187: 151, 404
188: 151, 404
189: 151, 404
190: 151f., 215
191: 152
192: 152
193: 152, 367
194: 152, 218, 942f.
195: 153
196: 153
197: 107, 123
198: 123
199: 13, 107, 123, 144, 691
200: 123
201: 123
202: 123
203: 123f.

Buch II
Volk Gottes

204: 69, 83, 113, 166, 171f., 183, 194, 558, 632, 634–636, 1021f., 1029f.
205: 44, 69, 166, 558, 635
206: 44, 69, 157f., 552
207: 182f., 186, 485f., 521f., 838
208: 44, 49, 172, 187, 190, 411, 460, 485, 635, 755
209: 23, 46, 173, 175
210: 175, 635
211: 175, 187, 537, 545, 548
212: 175f., 353, 539
213: 176, 541, 635
214: 176f., 635f.
215: 47, 176f., 364, 460–463, 466, 476, 868
216: 176f., 344, 364, 462
217: 176f., 188
218: 176f., 188, 343, 539, 617
219: 176, 178, 755
220: 176, 178, 499
221: 178f., 958
222: 175f., 862, 882, 890f.
223: 178
224: 49, 186–189, 194
225: 49, 182, 187, 344, 364, 505, 522, 548, 633, 635
226: 49, 188, 533, 633, 636, 744f.
227: 49, 187f., 755
228: 49, 142, 182, 188, 195, 353, 423, 537, 633, 636, 902
229: 49, 186, 188f., 417, 617f.
230: 49, 181f., 188, 197, 314, 417, 633f., 636
231: 49, 182, 187, 197, 417, 908
232: 223f., 233
233: 224, 342
234: 224, 474
235: 224, 226
236: 229, 232f., 314, 763
237: 54, 224, 233, 314, 527
238: 224, 906
239: 225, 906
241: 225, 725
242: 223, 314
243: 223
245: 226
246: 226, 634, 640
247: 226
250: 227
251: 227
252: 76, 227, 560
253: 194, 227
254: 227
256: 560
257: 202f.
262: 225, 474
264: 225, 883
265: 196, 198, 200, 332, 527, 678
266: 182, 198–200, 202, 214, 221, 516, 524, 722
267: 205
268: 206
269: 205
270: 205
271: 201, 203f., 550
272: 205, 360
273: 206, 210, 524

274: 126, 144, 188f., 191, 194, 201, 206f., 210, 678, 965, 986
275: 189, 210, 230
276: 208, 234, 314, 634, 640f., 678, 682
277: 188, 209f., 504
278: 208, 424
279: 211, 228, 234, 504
280: 211, 520
281: 182, 187f., 196, 201, 207f., 233f., 883, 905
282: 208, 850
283: 142, 201, 208, 210
284: 182, 211, 233, 314, 504
285: 182, 187, 196, 211f., 233, 504, 727
286: 182, 206, 212, 233, 504, 727, 946
287: 211f., 233, 504
288: 196, 208, 234
289: 55, 213, 504
290: 193, 214f., 217, 221, 234, 285, 1001
291: 108, 115, 193, 214, 217, 221, 234, 260, 262, 285, 1000
292: 115, 126, 149, 193, 214, 222, 285
293: 193, 216, 222, 285
294: 109, 315, 332, 334, 357, 527, 528
295: 134, 332, 334, 527f., 722
296: 189, 332, 334, 527f.
297: 332, 334, 527f.
298: 44, 47, 200, 457, 460f., 470, 477, 520, 876
299: 364, 461, 463f., 466, 469f., 473, 852, 868
300: 461, 469f., 852
301: 461, 465, 474, 521
303: 461
304: 89, 463, 465f., 470, 906
305: 467, 470, 472, 912
306: 470
307: 461, 466, 470
308: 466, 470
309: 464, 470, 906
310: 456, 463, 470f., 473
312: 315, 460, 467, 473f., 517
313: 465, 474f., 521
314: 315, 463, 466
315: 315, 463f., 475, 523
316: 315, 466, 476
317: 464, 467, 475, 902
318: 315, 466, 475
319: 315, 464, 468, 476
320: 315, 463, 467
321: 460, 464, 469f., 517, 868
322: 315, 456, 461, 464, 466f., 469–471, 868
323: 463f., 467, 469f., 472, 868, 908, 912
324: 464, 469f., 472, 868
325: 464, 468–470, 472, 868, 908, 912
326: 315, 467, 469f., 473, 868
327: 460, 463, 470, 474
328: 458, 470, 472, 474
329: 461, 470, 472, 474
330: 93, 637, 1021
331: 84, 144, 244, 253, 255f., 258–261, 266
332: 127, 151, 192, 253, 255, 259f., 264, 266, 340, 633
333: 253, 255f., 260f., 302
334: 253, 255, 279
335: 253, 264
336: 84, 245, 248, 250, 256, 259, 263, 266, 269, 331f., 349
337: 249, 261, 266f., 269, 272
338: 266, 268, 272
339: 189, 266, 269f., 280, 349
340: 266, 272
341: 266, 270–272
342: 273f., 549
343: 273f.
344: 273–276
345: 273f.
346: 273–275, 315
347: 273f., 276
348: 273, 276
349: 265, 277f., 300
350: 54, 277f.
351: 115, 146, 278f.
352: 278f.
353: 279f.
354: 280
355: 281, 328
356: 279
357: 278, 281
358: 280, 300
360: 100, 281f., 969, 1000
361: 281f., 302, 637, 866, 1000
362: 146, 295, 297f., 300, 1030
363: 297–300
364: 297–300, 315, 549
365: 55, 297f., 300
366: 297f., 300
367: 152, 297–300
368: 46, 134, 242, 297, 329f., 333f., 337, 485, 553, 558, 637, 673, 722, 964
369: 46, 192, 305, 331, 333, 340, 357, 486
370: 46, 333f., 672
371: 46, 333, 335, 553, 672
372: 46, 50, 54, 246f., 315, 331, 334
373: 46, 109, 119, 143, 192, 262, 329, 875

374: 46, 143, 382, 384, 429, 431f.
375: 93, 127, 263, 330, 336f., 340, 536, 541, 633, 637
376: 337, 340, 349
377: 144, 146, 189, 262, 315, 337f., 349, 1095
378: 81, 115, 117, 144, 339, 618, 725, 726
379: 144, 340
380: 144, 340
381: 50, 84, 134, 245, 260, 331f., 341, 368, 549, 553, 637f., 722, 909f., 914
382: 144, 340–342, 360
383: 341f., 549, 560, 849
384: 342, 954
385: 342
386: 342f., 536, 542
387: 342f., 664
388: 342f., 448, 689
389: 342f.
390: 342f.
391: 143, 343f., 355, 365f., 638, 954
392: 344, 542, 638, 954
393: 331, 344, 875, 903
394: 344, 850
395: 315, 327, 344f.
396: 55, 345
397: 345, 468
398: 345
399: 262, 345
400: 262, 345
401: 151, 346
402: 315, 346
403: 143, 337, 349
404: 143f., 350f., 360
405: 350
406: 350, 367, 372
407: 350f., 372
408: 350f.
409: 146, 350f., 368, 372
410: 350f.
411: 151, 350f.
412: 152, 346, 403
413: 152, 236, 346, 351, 360, 403
414: 152, 347, 403
415: 152, 327, 347, 403
416: 149, 347
418: 152
419: 146, 347, 351, 360, 378, 723
420: 335, 723
421: 145, 327, 347, 360
422: 362
423: 55, 361, 347
424: 347
425: 145, 148, 236, 327, 347
426: 347
427: 148, 347
428: 347f., 410
429: 689
430: 149–151, 348, 360
431: 109, 143, 244, 246, 262, 325
432: 325
433: 243f., 305f., 308
434: 243, 305f., 308
435: 145, 257, 327
436: 257, 327f., 959
437: 152, 257, 328
438: 97, 256, 329
439: 245, 307, 326, 352
440: 306, 352
441: 307
442: 326
443: 189, 307, 326, 352, 359, 523, 616
444: 307, 327
445: 85, 307, 325, 327
446: 85, 262, 307, 344
447: 246, 305, 310, 313, 322, 638, 639
448: 310
449: 109, 143, 244, 311, 313, 876, 903
450: 54, 311, 321, 352
451: 311, 878
452: 311
453: 311
454: 311f., 352
455: 85, 88, 312, 404, 637–639
456: 262, 312, 637
457: 312
458: 312
459: 312
460: 354
461: 145, 354, 358
462: 354
463: 189, 354, 359, 362
465: 355
466: 355
467: 315, 355
468: 354
469: 364, 374, 450
470: 146, 367
473: 236, 372
474: 376
475: 368f., 450
476: 369
477: 146, 150, 152, 367, 369, 371
478: 144f., 236, 367, 371, 373, 618
479: 136, 368–371, 403, 875
480: 368, 370, 372

481: 150, 368, 371
482: 373
483: 189, 373
485: 152, 360
486: 373
487: 373
488: 373
489: 373, 761, 1006
490: 373, 761
491: 373
492: 150, 189, 360, 369, 374, 902–904
493: 361, 909
494: 150, 152, 189, 360f., 373f., 903f.
495: 356, 360, 362, 377, 723, 875
496: 315, 356
497: 231, 357
498: 231, 332, 357, 522
499: 231, 357
500: 358f., 363
501: 358, 360
502: 89, 150, 315, 347, 356, 358–360, 377f., 722f., 875
503: 377, 875
504: 109, 143, 378
505: 378
506: 379, 875, 904
507: 379, 904
508: 379, 939
509: 143f., 146, 148, 379
510: 143, 379, 689, 875
511: 361f.
512: 189, 362
513: 361f.
514: 362
515: 46, 109, 119, 143, 192, 247, 358, 385, 387, 392f., 412, 428, 431, 436, 560
516: 46, 389, 396, 413, 436, 689
517: 46, 189, 230, 237f., 388, 394, 397, 402, 408, 415, 418
518: 46, 50, 54, 246f., 342, 385, 393, 436
519: 46, 189, 395f., 398, 411, 415
520: 46, 147, 379, 393, 395–397, 408, 505, 525
521: 144, 402, 408, 633
522: 150, 315, 404, 408, 436
523: 146, 189, 403, 407
524: 144, 403, 408
525: 146, 403
526: 47, 55, 145, 390
527: 144, 404, 408
528: 385, 398, 408, 536, 544f., 548, 560
529: 189, 398f., 408, 850
530: 235, 398–400, 408, 434, 436, 664, 679, 681, 714, 802, 843
531: 358, 398, 401, 414, 884
532: 387, 398, 400, 428, 905
533: 398, 400, 402, 410, 414
534: 145, 398, 400, 408, 410, 689
535: 317, 398, 400f., 449, 640, 675, 750
536: 189, 358, 414, 426
537: 189, 428f., 850, 902f., 905
538: 149, 151f., 315, 404f., 407
539: 152, 409, 802
540: 409f., 689
541: 146, 409f., 414, 802
542: 408
543: 387, 389, 408, 689
544: 389, 408f.
545: 237, 389, 411–413, 435, 679, 689
546: 435, 633
547: 146, 411f., 435
548: 355, 413, 435, 689, 802
549: 402, 409f., 414, 435, 689
550: 414, 435
551: 435
552: 152, 412, 435
553: 209, 237, 383
554: 150, 152, 383
555: 382f., 431, 639, 650
556: 237, 433
557: 146f., 433f.
558: 434
559: 434
560: 434
561: 434, 640, 678
562: 434, 640, 650
563: 152, 434, 436, 525
564: 237, 413, 435, 437, 443f.
565: 146, 435, 437, 443f.
566: 436f., 443f.
567: 435–437, 443f., 523
568: 435, 437, 443f.
569: 435, 437, 443f., 447
570: 436f., 443f.
571: 436f., 443f.
572: 152, 436f., 443f.
573: 477, 481, 512f., 517, 522, 548
574: 476, 485f., 548
575: 476, 484
576: 484
577: 521
578: 485, 495, 517
579: 517
586: 504, 523
587: 86, 89, 231, 483, 495, 523f.

588: 515, 522
589: 522
590: 523
591: 522
592: 262, 511, 523
593: 523
594: 523
595: 523
596: 492, 523f.
597: 517, 523
598: 86, 89, 524
599: 476, 516
600: 476
601: 476, 524
604: 180
605: 483, 517, 525
607: 482, 486f., 507, 521f.
608: 487, 490, 523
609: 488
610: 488
611: 433, 521, 523
612: 521
613: 489f.
614: 489
615: 489, 494, 497, 508, 510
616: 489f.
617: 491, 523
618: 491, 523f.
619: 491, 494, 523f.
620: 490
621: 491, 522
622: 490f.
623: 492
624: 152, 492, 523
625: 148, 492f., 524
626: 148, 493, 502
627: 493, 523
628: 494, 523
630: 490, 494
631: 495f., 524
632: 495, 524
633: 524
634: 496
635: 496
636: 497, 525
637: 497
638: 496f., 525, 913
639: 497f., 525
640: 496
641: 498
642: 117, 499
643: 117, 499
644: 499
645: 499, 671
646: 499
647: 500
648: 500
649: 500
650: 499
651: 500
652: 498–500
653: 500
654: 501, 522
655: 501
656: 501, 633
657: 501
658: 501
659: 502
660: 502
661: 502
663: 502, 634, 640, 682
665: 502, 507
666: 838
667: 502f., 521
668: 503
670: 504
671: 504
673: 504
674: 505
675: 505, 521
676: 521
677: 505, 521
678: 521, 525, 638
679: 506
680: 505, 523
681: 505, 525
682: 147, 152, 403, 405, 411f., 435, 506, 525
683: 506
684: 506, 525
685: 506
686: 507
687: 507
688: 508
689: 117, 508
690: 509
691: 508
692: 508
693: 508, 511, 525
694: 509, 519, 525, 943, 1014
695: 509, 959
696: 509, 524
699: 493
700: 510
701: 511
702: 511

703: 490, 510, 956
704: 511
708: 316, 505
709: 288, 505
710: 482, 513, 520
711: 514
712: 513, 516
713: 514f., 520, 522
714: 514, 516, 520
715: 516, 521, 524
716: 518, 520
717: 517
718: 515f.
719: 518
720: 518
721: 517
722: 517f.
723: 518
724: 518
725: 519
726: 519
727: 519
728: 519
729: 519
730: 519
731: 198, 519–521, 524, 722
732: 492, 521–524
733: 522f.
734: 521–524
735: 521f., 524
736: 202, 522, 524
737: 520–522, 524, 640
738: 522–525
739: 524
740: 521–524
741: 522, 525
742: 521, 525
743: 521, 523, 525
744: 521, 523, 525
745: 521, 523, 525
746: 521, 524f.

Buch III
Verkündigungsdienst der Kirche

747: 74, 93, 533, 538f., 548, 567, 1021, 1030
748: 552, 556, 565, 665
749: 261, 534f., 538, 567
750: 535, 538f.
751: 169, 535f.
752: 538f., 946
753: 316, 342, 536, 538f., 567
754: 536
755: 48, 316, 342, 559f.
756: 342, 373, 534, 536–538, 541f., 548, 590, 1021
757: 398, 536, 538, 541
758: 536, 538, 548
759: 189, 537f., 545, 548, 551, 633
760: 538
761: 536, 545, 590, 592
762: 373, 541, 560, 590
763: 260, 349, 541f., 633
764: 126, 235, 433f., 542, 633
765: 542
766: 189, 194, 316, 542–544, 633
767: 235, 400, 434, 536, 543f., 634
768: 545
769: 545, 551
770: 398, 544
771: 385, 544, 548
772: 316, 434, 542, 544
773: 545, 560, 591
774: 533, 545
775: 316, 547, 571, 592
776: 189, 398, 545f.
777: 398, 545f.
778: 546
779: 546, 551
780: 546f., 551
781: 47, 547f.
782: 548–550
783: 548
784: 189, 550f.
785: 189, 548, 551, 633
786: 550
787: 551f.
788: 44, 158, 316, 552
789: 158, 552
790: 158, 549
791: 158, 548–550
792: 158, 316, 550
793: 188, 581, 667, 745
794: 580f.
795: 580
796: 581f., 591

797: 582
798: 581f., 591
799: 582
800: 581, 583, 1030
801: 583
802: 582
803: 583
804: 316, 560, 582f., 587, 591f.
805: 583, 592, 604
806: 583f.
807: 606, 1030
808: 606
809: 316, 606–608
810: 89, 194, 316, 606, 608f.
811: 606, 608
812: 194, 606, 608f.
813: 50, 442, 606, 608f.
814: 606
815: 609f.
816: 89, 609f., 616, 624
817: 609, 618, 625
818: 194, 609, 616f.
819: 609, 618
820: 609f.
821: 316, 609f.
822: 568f., 587
823: 316, 569
824: 569f., 573
825: 316, 569, 571
826: 571, 638
827: 571–573, 582, 592
828: 572
829: 572
830: 317, 570
831: 234, 317, 573
832: 573
833: 340, 567, 617

Buch IV
Heiligungsdienst der Kirche

834: 260, 398, 632–636, 640f., 1021
835: 189, 235, 260, 343, 632–639, 677–679, 838
836: 632, 634f., 677f.
837: 632–640, 684
838: 260, 317, 343, 571, 636–639, 684
839: 343, 632–635, 638
840: 93, 632–636, 639, 641, 1021
841: 635, 637–639
842: 158, 635f., 659, 680f.
843: 189, 398, 632f., 635f., 665, 681
844: 54, 168, 317, 558, 638f., 643f., 679f., 682, 714, 840
845: 633, 659, 671
846: 636, 639, 684
847: 638, 662
848: 635, 884
849: 634, 659
850: 109, 660
851: 44, 317, 639, 661
852: 661, 667
853: 662
854: 317, 639, 662
855: 399, 662
856: 662
857: 663
858: 638, 650, 663
859: 663
860: 638
861: 158, 189, 235, 633, 638, 663
862: 664
863: 664
864: 158, 665
865: 158, 636, 665f.
866: 552, 635, 665f.
867: 398f., 665, 667f.
868: 665, 667f.
869: 668
870: 668f.
871: 665
872: 636, 669
873: 636, 669
874: 114f., 117, 158, 189, 636, 638, 640, 646, 669, 675
875: 670
876: 670, 675, 750
877: 317, 400, 639, 670
878: 670
879: 671
880: 109, 671, 838
881: 672
882: 126, 672
883: 140, 399, 417, 673
884: 640, 673
885: 638, 674
886: 638, 674

887: 673f.
888: 674
889: 659, 674
890: 674
891: 317, 639f., 674
892: 636, 675
893: 114, 189, 636, 675
894: 675
895: 317, 675
896: 675
897: 183, 633f., 677
898: 636, 677
899: 183, 189, 632, 635f., 638, 677f.
900: 633, 635, 678
901: 689, 842
902: 679
903: 433f., 638, 640, 678
904: 635, 677f.
905: 638, 678
906: 677
907: 679
908: 644, 679
909: 678
910: 49, 189, 235, 633, 679
911: 399, 679
912: 636, 659, 677, 680
913: 681
914: 398, 681
915: 168, 680, 763
916: 168, 678, 681
917: 682
918: 683
919: 682
920: 682
921: 681f.
922: 679, 681
923: 54, 642, 679, 682
924: 683f.
925: 683
926: 97, 683
927: 684
928: 684
930: 49, 189, 260, 638, 686
931: 686
932: 686
933: 638, 647, 687
934: 260, 638, 687
935: 638, 688
936: 688
937: 688
938: 650, 688
939: 688
940: 688
941: 688
942: 688
943: 49, 189, 235, 633, 638, 689
944: 634, 638, 689
945: 97, 690, 884, 945
946: 690
947: 690
948: 690
949: 690
950: 691
951: 638, 690
952: 638, 691
953: 691
954: 691
955: 691
956: 638, 691
957: 523, 638, 691
958: 638, 691
959: 634, 636, 659, 694, 706
960: 636, 695
961: 317, 638, 695
962: 636, 697
963: 636, 697
964: 317, 639, 650, 698
965: 633, 699
966: 126, 131, 140, 633, 699
967: 260, 349, 523, 638, 699f.
968: 523, 700
969: 523, 638, 700
970: 700
971: 638, 700
972: 700
973: 700
974: 638, 701
975: 701
976: 115, 214, 222, 436, 444, 633, 700, 939
977: 701, 942
978: 702
979: 702
980: 636, 702
981: 636, 703
982: 705
983: 703, 943
984: 704f.
985: 225, 705
986: 701
987: 636, 706
988: 636, 706
989: 707
990: 707
991: 54, 707
992: 707f.
993: 707, 709

994: 707, 710
995: 707, 710
996: 707, 711
997: 707
998: 659, 712f.
999: 713
1000: 713
1001: 713
1002: 713
1003: 399, 633, 679, 714
1004: 714
1005: 714
1006: 714
1007: 714
1008: 183, 191f., 214, 336, 537, 633, 635f., 718, 838
1009: 126, 191, 718f., 728
1010: 109, 720
1011: 720
1012: 633, 720, 723, 728, 838
1013: 633, 637, 721
1014: 721, 838
1015: 524, 527, 638, 722, 943
1016: 200, 524, 638, 722
1017: 638
1018: 360, 638, 722f.
1019: 200, 202, 524, 722f.
1021: 722f.
1024: 90, 116, 180, 659, 678, 723, 728
1025: 115, 193, 207, 638, 678
1026: 200
1027: 725
1030: 638
1031: 117, 188, 231, 318, 639, 726, 763
1032: 233, 725f.
1033: 671, 725
1034: 199, 226, 725
1035: 199, 725
1036: 199, 725
1037: 200, 209, 233, 725
1038: 233
1039: 638, 726
1040: 226
1041: 115, 117, 226, 726f., 763
1042: 115, 226, 232, 638, 726f., 763
1043: 226, 399
1044: 115, 226, 638, 721, 726
1047: 727
1048: 283
1050: 233, 725f.
1052: 722, 725
1055: 93, 109, 636, 659, 730f., 734f., 737f., 765f., 774–776, 802, 809
1056: 730f., 734–736, 766, 769, 774, 802
1057: 636, 730–734, 766f., 780, 782, 809, 812f.
1058: 730f., 745, 749, 755
1059: 48, 730, 745f., 809
1060: 730, 736, 741, 763, 810f., 820f.
1061: 48, 730, 741–743, 792, 815, 822
1062: 318, 639, 747, 813
1063: 137, 731, 747f.
1064: 189, 747f.
1065: 137, 671, 747, 749
1066: 749
1067: 318, 399, 639, 749, 750, 752
1068: 731, 749f.
1069: 749, 752
1070: 749, 752
1071: 168, 638, 753f., 762, 781, 796, 798f., 809
1072: 754, 762
1073: 731, 757, 798
1074: 757, 760
1075: 745f., 756, 758
1076: 55, 758
1077: 637f., 758f.
1078: 221, 637, 759f., 764, 810
1079: 132, 217f., 221, 235f., 238, 760f., 787, 810
1080: 235f., 238, 757, 760f., 787, 810
1081: 761
1082: 283, 758
1083: 90, 117, 180, 318, 639, 754, 761f., 792
1084: 90, 758, 762, 771, 775
1085: 90, 731, 742, 763, 792
1086: 90, 94, 158, 169, 566, 731, 751, 754, 763, 792, 807
1087: 90, 209, 233, 742, 763, 792
1088: 90, 501, 514, 742, 764, 792
1089: 90, 180, 731, 764
1090: 90, 764
1091: 90, 764, 792
1092: 90, 765
1093: 90, 742, 765, 792
1094: 90, 731, 765
1095: 731f., 734, 762, 768f., 778f.
1096: 731, 769f.
1097: 731, 771, 792
1098: 731, 762, 771, 792
1099: 770, 773
1100: 772, 793
1101: 636, 731, 736, 766, 769, 772–774, 776, 792
1102: 638, 731, 766, 780
1103: 122, 180, 764, 778f., 792

1104: 731, 781
1105: 699, 731, 766, 781
1106: 731, 782
1107: 767
1108: 89, 399, 633, 636, 731, 733, 739f., 772, 783f., 793, 803
1109: 399, 633, 784, 802f., 810
1110: 784, 802f.
1111: 140, 235, 413, 415–417, 633, 785, 802f.
1112: 49, 181, 189, 318, 633, 638, 784f., 802
1113: 751, 785
1114: 731, 751f., 784
1115: 638, 640, 731, 750, 784
1116: 236, 731, 741, 760, 787f., 794, 810
1117: 48, 94, 158, 169, 566, 731, 739, 741, 754, 788f.
1118: 638, 640, 793f.
1119: 793
1120: 318, 639, 731, 783, 793, 916
1121: 318, 400, 638f., 731, 794, 810
1122: 731, 795, 810
1123: 794, 810
1124: 48, 94, 169, 754, 757, 796, 798–800, 802
1125: 731, 735, 751, 754, 757, 763, 796, 798, 800–802, 805, 807f., 811, 944
1126: 318, 639, 751, 757, 763, 796, 798, 800f., 807f.
1127: 318, 639, 645, 731, 740, 757, 763, 789, 796, 798, 803f., 807f., 994
1128: 757, 763, 796, 798, 806–808
1129: 757, 763, 796, 798, 807
1130: 638
1131: 795
1132: 795
1133: 795
1134: 636, 730, 736, 741
1135: 744
1136: 188, 745
1137: 745
1138: 745
1139: 745, 811
1140: 745
1141: 736, 741, 815f.
1142: 499, 736, 741, 822
1143: 158, 731, 822f., 996
1144: 731, 823, 996
1145: 823, 996
1146: 731, 823, 996
1147: 731, 823, 996
1148: 731, 822–824, 996
1149: 731, 822–824, 996
1150: 996
1151: 744, 776, 826
1152: 776, 826
1153: 776, 826, 955
1154: 776, 826
1155: 776, 826
1156: 742, 809, 811f.
1157: 809, 811
1158: 758, 809–812
1159: 742, 766, 809–812
1160: 731, 742, 792, 809–812
1161: 740, 792, 809, 813f.
1162: 793, 809, 813f.
1163: 13, 792, 809, 811, 813f.
1164: 699, 809, 811, 813f.
1165: 638, 809–811
1166: 634, 836
1167: 637, 837
1168: 49, 181, 189, 230, 638
1169: 236, 838
1170: 158, 552, 646, 839f.
1171: 838f., 870
1172: 236, 638, 839
1173: 632–635, 640
1174: 49, 189, 633–635, 640
1175: 634, 641
1176: 634, 840
1177: 399, 842
1178: 842
1179: 523, 842
1180: 843
1181: 843, 884
1182: 400, 844
1183: 158, 552, 638, 646, 839f.
1184: 638, 841f.
1185: 842
1186: 260, 632–634, 844
1187: 632–634, 637, 844
1188: 632, 634, 846
1189: 632, 634, 638, 846, 870, 917
1190: 632, 634, 637, 846, 917
1191: 481, 634
1192: 487, 514, 521, 633
1199: 976
1200: 976
1201: 634, 976
1202: 976
1203: 976
1204: 976
1205: 648, 653, 838
1206: 236. 638, 648, 838
1207: 236, 638, 648, 651, 653, 838
1208: 648, 838

1209: 648, 838
1210: 638, 649, 839
1211: 638, 649
1212: 638, 649, 653, 838
1214: 649
1215: 358, 433, 488, 638, 649, 908
1216: 639, 649, 916
1217: 650, 838
1218: 650
1219: 650, 838
1220: 650
1221: 650
1222: 358, 638, 650
1223: 433, 638, 650
1224: 433, 638, 651
1225: 433, 638
1226: 433, 638, 651
1227: 433, 651
1228: 433, 638, 651
1229: 433, 651
1230: 638, 651, 916
1231: 318, 638, 651
1232: 318, 638, 651
1234: 652, 916
1235: 652, 687
1236: 97, 318, 639, 652, 687
1237: 97, 653, 687, 838
1238: 653, 687
1239: 653, 687
1240: 653
1241: 638, 653
1242: 654
1243: 654
1244: 637f., 654f.
1245: 236, 640, 654f.
1246: 318, 448, 639, 654f.
1247: 635, 654, 656, 686
1248: 54, 634, 654, 656, 683
1249: 654, 657
1250: 654, 657
1251: 318, 639, 654, 657
1252: 654, 657
1253: 318, 639, 654, 657f.

Buch V
Kirchenvermögen

1254: 850, 860–863, 867, 878, 1030
1255: 865f.
1256: 865f., 911
1257: 469–472, 474, 476, 496, 865f., 868f., 874, 876, 901–903, 908, 912
1258: 463, 470, 867f.
1259: 861, 881
1260: 882, 890
1261: 882, 890
1262: 319, 883, 890f.
1263: 97, 359, 361, 874, 883, 890f., 1066
1264: 327, 843, 883, 890
1265: 319, 470, 876, 885, 891
1266: 876, 885, 891
1267: 470
1269: 838, 871, 912, 914
1270: 870, 917
1271: 880
1272: 142, 319, 874, 881, 904–906, 946, 1108
1273: 866, 909
1274: 201, 234, 319, 861, 874, 876–878, 881, 883, 887, 905
1276: 908f.
1277: 319, 360f., 496, 875, 907–909
1278: 908
1279: 189, 387, 466, 875, 901–904, 908f.
1280: 189, 875, 902f.
1281: 400, 428, 496, 875, 907f.
1282: 189, 400, 428, 875, 906
1283: 400, 428, 870, 906, 917
1284: 400, 428, 861, 906, 908, 911
1285: 400, 428, 914
1286: 49, 400, 428, 861, 908, 911
1287: 55, 189, 361, 400, 428, 906
1288: 400, 428, 861, 907f.
1289: 189, 906, 909
1290: 116f., 859, 861, 886, 908, 910f., 913
1291: 496, 861, 912
1292: 319, 360f., 497, 861, 870, 909, 912f., 917
1293: 861, 913
1294: 861, 913f.
1295: 912–914
1296: 861, 909, 913f.
1297: 319, 911, 913f.
1298: 913f.
1299: 861, 873, 886
1300: 886

1301: 470, 472, 886
1302: 871, 886f.
1303: 689, 871, 887f.
1304: 888
1306: 888
1307: 888
1308: 689, 888
1309: 689, 888

Buch VI
Strafbestimmungen in der Kirche

1311: 927f., 955, 1030
1312: 111, 114, 215, 928f.
1313: 114, 929
1314: 111, 929f.
1315: 927, 929
1316: 927, 929f.
1317: 111, 216, 927, 929f.
1318: 111, 927, 929f.
1319: 111, 216, 927, 929f.
1320: 927, 929f.
1321: 930, 948
1322: 111, 931
1323: 92, 111, 116f., 932
1324: 92, 117, 932, 944
1325: 931f.
1326: 932f.
1327: 933
1328: 933
1329: 933f.
1330: 933
1331: 139, 678, 680, 754, 928, 934
1332: 680, 754, 928, 934f.
1333: 114, 126, 139, 218, 754, 928, 934f.
1334: 114, 218, 934f.
1335: 114, 934, 936
1336: 152f., 215–217, 405, 928, 934–936, 942, 945
1337: 934f.
1338: 126, 222, 618, 934, 936
1339: 111, 929, 936, 1006
1340: 111, 929, 936, 1006
1341: 52, 111, 936, 956, 1004–1006
1342: 216, 937, 956, 1004, 1006f.
1343: 937, 1006f.
1344: 938, 1006f., 1010
1345: 938, 1006f., 1010
1346: 938, 1006f.
1347: 937, 940, 1006f.
1348: 937, 1006f.
1349: 937, 1006f.
1350: 216, 937, 1006f.
1351: 938
1352: 938
1353: 112, 938, 1012
1354: 938
1355: 939
1356: 939
1357: 436, 700, 705, 940
1358: 940
1359: 940
1360: 940
1361: 940
1362: 123, 940, 974
1363: 111, 941
1364: 169, 175, 216, 535, 941f.
1365: 558, 642, 647, 945
1366: 558, 581f., 806, 944
1367: 216, 942
1368: 945
1369: 945
1370: 216, 941f., 945f.
1371: 946
1372: 259, 944
1373: 944
1374: 460, 944
1375: 947
1376: 946
1377: 946
1378: 701, 941f.
1379: 946
1380: 945
1381: 143, 946
1382: 721
1383: 943
1384: 947
1385: 945
1386: 946
1387: 216, 943, 945
1388: 704, 943
1389: 142
1390: 941, 943, 947
1391: 941, 947
1392: 941, 946
1393: 941, 947
1394: 217f., 940f., 943
1395: 117, 217, 509, 940f., 945f.
1396: 142, 400, 941, 947
1397: 216, 509, 940–942, 945
1398: 509, 705, 940f., 943
1399: 52, 111, 928, 948–950

Buch VII
Prozesse

1400: 44, 957, 973, 984
1401: 955, 1031
1402: 957
1403: 289, 845, 957
1404: 259, 261, 963
1405: 281, 291, 963, 969
1406: 291, 963
1407: 962f.
1408: 962
1409: 962
1410: 962
1411: 963
1412: 216, 963
1413: 963
1414: 963
1415: 963
1416: 290, 963
1417: 216, 261, 365, 954, 963f.
1418: 977
1419: 329, 954, 958, 964
1420: 146, 237, 366–369, 373, 956, 958, 964f., 985
1421: 146, 181, 189, 194, 236, 319, 964f., 985f.
1422: 150, 152, 368, 964f.
1423: 967, 985
1424: 181, 189, 964f., 986
1425: 55, 216, 319, 965, 985f.
1426: 965f.
1427: 964
1428: 181, 189, 966, 986
1429: 189, 966
1430: 966, 987
1431: 966, 987
1432: 966f., 987
1433: 967
1435: 189, 965f.
1436: 966
1437: 966, 987
1438: 328, 968, 985
1439: 319, 967, 985
1440: 968
1441: 968
1442: 261, 953, 958, 968
1443: 291, 969
1444: 291, 969, 985
1445: 52, 112, 283, 290f., 510, 961, 969
1446: 958, 970, 983
1447: 970
1448: 970
1449: 970
1450: 970
1451: 970
1452: 970, 976
1453: 971
1454: 971
1455: 971
1456: 971
1457: 971
1460: 970
1462: 970, 974
1465: 971
1468: 971
1469: 971
1470: 971
1472: 972
1474: 972
1476: 113, 159, 972, 987
1477: 972
1478: 973
1479: 973
1480: 973
1481: 973, 1007
1482: 973, 1007
1483: 159, 973, 1008
1484: 973, 1008
1487: 100, 973
1488: 100, 113
1489: 100, 113, 973
1490: 973, 987
1491: 113, 178, 973f.
1492: 974
1493: 974
1494: 973
1495: 973
1496: 974
1500: 974
1501: 974, 1000
1502: 974
1503: 974
1504: 974, 983, 988
1505: 970, 975, 988
1506: 988f.
1507: 975, 989
1508: 975, 989
1509: 975
1512: 975, 989
1513: 975, 989

1514: 975
1517: 238, 975
1518: 988
1524: 965
1526: 975f., 989
1527: 976
1529: 976
1530: 976
1531: 976
1532: 976
1533: 989
1534: 976
1535: 976
1536: 976, 990
1537: 976
1539: 977
1540: 977
1541: 977
1542: 977
1543: 977
1544: 977
1547: 910, 977
1548: 977
1550: 117, 704, 977
1551: 977
1552: 977
1553: 977
1557: 977
1558: 54, 281, 977
1559: 989
1560: 977
1561: 977
1562: 975–977
1563: 977
1567: 977
1569: 977, 989
1570: 978
1572: 978
1573: 978
1574: 978
1575: 978
1577: 978
1578: 978, 990
1579: 978
1582: 978
1584: 90, 978
1585: 90, 979
1586: 979
1587: 974
1598: 978f.
1599: 979, 990
1600: 979
1601: 979, 990
1602: 979
1603: 979
1604: 979
1605: 979
1606: 979
1607: 979, 990
1608: 958, 976, 979
1609: 980, 991
1610: 980
1611: 980
1612: 980
1614: 980, 991
1615: 980
1617: 979
1619: 980
1620: 963, 981
1621: 981
1622: 981
1623: 981
1625: 981
1626: 981
1628: 981, 991
1629: 981, 988
1630: 981, 991
1633: 981, 991
1635: 981
1638: 140, 981
1639: 981
1640: 981
1641: 979f.
1642: 980
1643: 980
1644: 980
1645: 981f.
1646: 982
1647: 982
1649: 883, 982
1650: 980, 993
1651: 110, 940, 980, 993
1652: 980
1653: 110, 980
1654: 980
1655: 980
1656: 957, 972, 982f., 1015
1657: 983
1658: 983
1659: 983
1661: 983
1663: 983
1664: 972, 983
1666: 983
1667: 983
1668: 983

1669: 983
1671: 955, 984, 1031
1672: 955
1673: 984
1674: 159, 757, 972, 987f.
1675: 988
1676: 744, 958, 988
1677: 989
1678: 989
1679: 821, 976, 989f.
1680: 978, 989f.
1682: 751, 968, 991f.
1683: 992
1684: 751, 993
1686: 751, 763, 959, 993, 1015
1689: 991
1690: 982f.
1692: 955f., 998, 1015
1696: 999
1697: 287, 822, 995, 1014
1699: 336, 995
1705: 996, 1014
1707: 366, 750, 999, 1015
1708: 193, 214, 221, 728, 999f.
1709: 193, 214, 221, 287, 728, 959, 999f.
1710: 193, 214, 221, 728, 999f.
1711: 193, 214, 221, 728, 999f.
1712: 193, 214, 221, 728, 999f.
1713: 983
1714: 319, 983
1715: 984
1716: 984
1717: 100, 216, 1004f., 1008
1718: 100, 956, 1004–1007
1719: 100, 1006
1720: 111, 956, 1004, 1006f.
1721: 966, 1007
1722: 1009
1723: 1007f.
1724: 1004, 1009f.
1725: 1008
1726: 1010
1727: 1008, 1010
1728: 1008
1729: 1010
1730: 1011
1731: 1011
1732: 51, 100, 112, 1011, 1013
1733: 113, 320, 958f., 983, 1011–1013
1734: 959, 1012f.
1735: 1012f.
1736: 140, 1012f.
1737: 959, 1012f.
1738: 1013
1739: 1013
1740: 359, 366, 405f., 959, 1015
1741: 405f.
1742: 406–407, 525
1743: 405f.
1744: 406f.
1745: 406f.
1746: 407
1747: 407f.
1748: 152, 366, 407, 1015
1749: 407
1750: 408
1751: 408
1752: 40, 408

Personenregister

Abraham 4, 923
Achterberg, N. 99f.
Adam, A. 638
Adamovich, L. 1085
Adriányi, G. 1047
Aertnys, I. 788
Aguirre, Ph. 786
Aigrain, R. 606
Albertini, M. 513, 515
Albrecht, A. 916, 919
Albrecht, K. 443, 445, 1066
Aldanondo Salaverria, M. J. 776
Alfaro, J. 539
Alszeghy, Z. 712
Althaus, P. 17
Alvarez Menéndez, S. 142
Amann, R. 440
Amherd, M. 1101, 1109
Amsler, T. 1100
Amstutz, J. 157, 550
Anastasius 1039
Anciaux, P. 708
Andrea, L. D. 778
Andrés, D. X. 481, 495, 502
Andrieu-Guitrancourt, P. 606
de Angelis, S. 465–467, 474
Antón, A. 273
Anz, J. 1072f.
Arboleda, F. 792
Arendt, H. P. 693
Arens, A. 223, 225f., 725
Aristoteles 12, 87, 1027
Arnold, F. 623
Arnold, Fr. X. 596
Arrieta, J. J. 361, 956
Arza, A. 371
Assel, A. 599
Astorri, R. 309
Astrath, W. 414
Aubert, J. F. 1106
Auer, A. 522
Auer, J. 185, 251f., 557, 720, 734
Augustinus 13, 168, 478, 717, 732, 774
d'Avack, P. A. 765
Averbeck, W. 330
Aymans, W. 6, 10f., 28, 35, 42, 44–47, 57, 69, 84, 163, 166f., 170f., 174, 194, 239, 249 bis 251, 269–273, 305, 329, 333, 352, 354, 363, 370, 455, 474, 477, 485, 512, 527, 529, 539, 559, 574, 643, 739, 863, 891, 965, 986
Aznar, F. R. 375

Babris, P. J. 1046
Bäumer, R. 257
Baggi, J. P. 1108
Baggio, S. 210, 528
Baldus, M. 609, 611, 613, 619
Balmer, F. 1100
von Balthasar, H. U. 220, 479, 483, 486, 516, 598, 724
Bánk, J. 792
Barberini, G. 1046, 1072
Barion, H. 17, 73f., 1029
Barth, K. 17f., 161
Bartoccetti, V. 972
Bartz, W. 170
Bassett, W. W. 371
Baudler, G. 598
Bauer, J. B. 184, 337
Baumgartner, J. 836, 838
Baumgartner, K. 693
Baur, A. 603, 1063
Bavaud, G. 1100
Bayerlein, W. 894
Bazoche, M. 1112, 1120
Bea, A. 561
Becker, W. 553f.
Beil, J. 454, 467
Beinert, W. 330, 554, 557, 723
Beitzke, G. 828, 831f.
Bellarmin, R. 267
Bender, L. 74, 133, 137, 140, 785, 791f., 811
Benedikt XIV., Papst 574, 701
Benedikt XV., Papst 34f., 56, 1035
Benkart, P. 441
Benz, E. 14
Berger, R. 638, 836
Bergerfurth, B. 830
Berglar, P. 528
Bergmann, A. 828, 830, 832

Berka, W. 581
Bernal, S. 528
Bernardez Canton, A. 767, 785
Bernardin, J. L. 724
Berning, E. 376
Bertagna, B. 459, 467
Berthoud, A. 1100
Bertram, M. 264
Bertrams, W. 21, 129, 192, 249–252, 266, 269, 273, 309, 313
Betti, U. 249, 263, 336
Beumer, J. 248
Beutler, B. 1076, 1078
Beyer, G. 455
Beyer, J. 133, 174, 329, 359, 477, 479–482, 484, 513f., 526, 718
Bichler, J. 390
Bidagor, R. 21
Biederlack, J. 204
Biehl, L. 1038
Bierbaum, M. 376
Bigelmair, A. 1038
Bishop, J. 679, 977
von Bismarck, O. 329
Bitter, G. 603
Blaß, G. 612
Blumenstein, E. 1108
Blumenstein, J. 1108
Bockwoldt, G. 597f.
Böckenförde, E.-W. 26, 562, 1058, 1075
Böckenförde, W. 426, 428
Boekholt, P. 676
Boff, L. 390
Bohm, W. 158
Bolla, F. 1100
Bommer, J. 693
Bonifatius VIII., Papst 34, 721, 1039
Bonnet, P. A. 23, 252, 765
Boonen, Ph. 390, 430
Bosatra, B. 512
Bosch, F. W. 829, 834f.
Botte, B. 268, 720
Bouyer, L. 7, 717
Brachvogel, E. 618
Bräm, W. K. 596, 1104
Brandenburg, A. 170, 253
Brandmüller, W. 543
Brandt, H. J. 607
Bratsiotis, P. 14
Bressani, A. 375
Breuning, W. 709f., 839
Brinkmann, J. 563
Brion, M. 1115
Brogi, M. 643
Brosseder, J. 557
Brüggemann, D. 833
Brünner, Ch. 455
Bruhin, J. 1099, 1105
Brunner, G. 1072, 1075, 1079
Brunner, W. 620
Brunot, J. M. 588, 1118
Bruns, B. 732, 816
Buchheim, K. 470
Bühler 513
Bühler, W. 1099
Bühlmann, W. 391
Buijs, L. 679
Bulgakov, S. 14
Burckhard, M. 1081
Burckhardt, W. 1098, 1103–1105, 1107f.
Burke, Th. 962
von Busse, F. G. 445, 1055

Cabreros de Anta, M. 37
Calvin 18f.
Camelot, P.-Th. 268
von Campenhausen, A. Frhr. 168, 581, 620f., 625, 789, 873, 889f., 892f., 895f., 900, 1041, 1053, 1055, 1060, 1064, 1067, 1069, 1072, 1077, 1111, 1118
Capellaro, J. 391
Cappello, F. M. 698, 726, 776, 792
Caprile, G. 273, 798, 803, 806
Carbone, V. 544
Cardinale, H. E. 296, 299
Carlen, L. 82, 611, 1099f., 1102, 1104, 1106f.
Caroli, J. 367
Casaroli, A. 33, 45
Castaño, J. F. 514
Castillo Lara, R. J. 33, 38, 40f., 46–48, 53
Cavelti, U. A. 1099
Cavelti, U. J. 1097–1100, 1109
Charue, A. M. 486
Chelodi, I. 371
Chevailler, L. 263f.
Chidotti, E. 980
Chouinard, P. 329
Cicero 12f.
Ciprotti, P. 954, 972
Claeys-Bouuaert, F. 325
Claß, H. 804
Clemens V., Papst 34, 1014
Clemens VIII., Papst 698
Clément, O. 14
Clementi, M. 549
Clerc, F. 1099, 1102, 1104

de Clerck, P. 694, 697
de Clorivière, P. 511
Coccopalmerio, F. 22, 131
Cody, A. 477, 481, 483f.
Coing, H. 76
Colella, P. 273
Comolli, A. 956
Condorelli, M. 909
Congar, Y. M. 4, 6–8, 15, 184, 250, 254, 539, 556f., 724
Conrad, H. 182, 827, 1040
Conte a Coronata, M. 465, 467, 698, 726, 972
Copray, N. 392
Cordes, P. J. 463, 715, 717
Corecco, E. 12, 22–24, 26, 28, 73, 87, 127, 131, 189, 309, 332, 363, 574, 623, 630, 738, 755, 897, 1100, 1106, 1109
Coron, A. 979
Corral Salvador, C. 1042, 1044
Cortés, D. 948
Costalunga, M. 528
Coussa, A. 790
Creifelds, C. 137, 366, 374
Creusen, J. 369, 465, 467, 482
de Cuisse, L. 966
Cunningham, T. P. 371
Cyprian 256

Da S. Michele, V. 976
Da Silva Pereira, A. 142
Dähn, H. 1072
Dahm, G. 87
Dahrmann, D. 1053
Damen, C. 788
Damizia, I. 1021, 1024
Dammertz, V. 504, 515
Daniélou, J. 14, 485
Dannecker, F. J. 454, 456, 464
Dassmann, E. 717
Davies, J. G. 648, 837f.
Deichgräber, R. 837
Del Giudice, V. 20
Del Portillo, A. 174, 179, 186, 457–459, 462f., 475
Del Re, N. 281, 286
Delgado, G. 771
Della Rocca, F. 773, 779, 786, 979
Denis, J. 357
Descamps, A. 724
Diaz Diaz, A. 456, 458f., 469, 471, 474
Dibelius, M. 1038
Didier, J. Ch. 712
Dieckmann, A. 834
Diederichsen, U. 828–831
de Diego Lora, C. 136, 574, 954, 956f.
Dikow, J. 1119
Dinkler, E. 953
Dionysius 256
Dölle, H. 828, 832
Döpfner, J. 617, 804
Döring, H. 250
Dolan, J. L. 966
Dombois, H. 18, 251
Domitian 1038
Dommann, F. 324
Dordett, A. 249, 252, 332, 729, 768f., 779, 976f.
Doskocil, W. 146
Dougherty, T. D. 367
Dreher, B. 541
Dreier, R. 14, 25, 28, 31
Dreyfus, F. G. 1126
Dürig, W. 662
Dütz, W. 1069
Dummler, K. 897
Duns Scotus, Johannes 13
Dupuy, B. D. 715
Duschl, J. 599

Eberl, W. 916, 919
Ebers, G. J. 87, 97, 1054f.
de Echeverría, L. 277, 374, 528
Egger, R. 1108
Eichmann, E. 972
Eisenbach, F. 640
Eisenhofer, H. 88f., 414, 428, 954
Ejerfeldt, L. 1044
Elsener, F. 21, 35
Emmenegger, P. 1109
Emsbach, H. 901, 904f., 910, 915
Ende, E. Th. 627
Engelhardt, H. 654, 889
Engels, O. 481
Engisch, K. 74
Epikur 12
Epp, R. 1045, 1119
Erharter, H. 848
Erichsen, H.-U. 99f.
Erlinghagen, K. 584
Ermacora, F. 622, 1082, 1088f., 1093
Erman, W. 454, 456
Erni, R. 643
Errázuriz, F. J. 516
Eschbach, U. 1109
Escrivá de Balaguer y Albas, J. 528f.
Escudero, G. 495, 507

Eusebius 256
Eutychius 720
Evdokimov, P. 14
Evers, H.-U. 585
Ewers, H. 208, 980
Exeler, A. 596, 602f.

Fagiolo, V. 43
Failde, J. J. G. 374
Falchi, F. 336
Falsini, R. 679
Faltin, D. 790
Febronius 258
Fedele, P. 20
Fehringer, A. 393, 477
Feigenwinter, B. 1100
Feine, H. E. 364, 879, 1002, 1036
Feiner, J. 554–556, 558, 560, 712
Felici, P. 37, 39f., 67, 979
Feliciani, G. 34, 309, 336, 459
Ferid, M. 828, 831f.
Fernandez, J. 520
Ferrari, S. 336
Fessler, P. 454
Fey, E. 553
Fey-Haueswas, J. 607
Finkenzeller, J. 693
Finnegan, J. T. 76
Finocchiaro, F. 35
Fischer, A. 375
Fischer, E. 162
Fischer, E. H. 131, 339, 623, 627
Fischer, H. 391
Fitzgerald, M. 1049
Flämig, Ch. 606
Flatten, H. 402, 423, 542, 623, 773f., 791f., 957, 964f., 979f.
Flechsig, K.-H. 607
Fleck, R. 612
Fleiner, F. 1103, 1109
Fogliasso, E. 20
Fontaine, N. 1119
Fornés, J. 485
Forster, K. 238, 589, 1070, 1126
Frank, J. 1069
Frank, N. 855
Franz, G. 1040
Frattin, P. 965
Freisen, J. 756
Freudenfeld, B. 926
Friedberg, E. 259, 367
Frieling, R. 643
Fries, A. 679
Fries, B. 693
Fries, H. 560
Friesenhahn, E. 121, 594, 1059f., 1062, 1068
Frings, J. 574
Frison, B. 76
Fritzen, K.-B. 369
Fuchs, J. G. 395, 595, 611, 623, 892, 1099 bis 1101, 1104, 1108f.
Fürst, C. G. 20, 37, 266
Fürstenau, H. 1040
Fumagalli-Carulli, O. 771, 777

Gaedke, J. 653f.
von Galen, B. Gräfin 1025
Gall, R. 816
Gampl, I. 395, 445, 504, 612, 623, 656, 789, 889, 899, 918, 1081f., 1087–1090, 1095
Ganter, B. 809
Garcia Martin, J. 504
Gardaz, P. 1099
Garijo-Guembe, M. M. 16
Gasparri, P. 34, 57, 726, 765, 785
Gasser, A. 1106
Gaßmann, G. 553
Gastreich, F. 978
Gatz, E. 320
Gaudemet, J. 147, 348
Gauthier, L. 1100
Geiger, W. 579, 593, 602, 1056
Gelasius I., Papst 1039
Gemelli, A. 512
Gerhartz, J. G. 66, 501, 740, 796f., 803, 806
Geringer, K.-Th. 363, 381, 811
Ghirlanda, G. 22, 127, 249f., 330, 484, 716
Giacometti, Z. 1103, 1112, 1121
Giesen, D. 828
Giloy, J. 889, 1057, 1066
Gismondi, P. 159
Glässer, A. 337
Gleixner, C. 554
Glockner, R. 835
Glynn, J. C. 966, 1007
Gnaegi, A. 1099
Göransson, G. 1044
Gössmann, E. 180
Götz, E. 1099
Götz, V. 889
Gomez Carrasco, M. 186
Gommenginger, A. 66, 162, 730
Gondrand, F. 528
Gordon, I. 968
Gorricho, C. 708
Gottlob, Th. 340

Governatori-Renzoni, L. 1112
Goyeneche, S. 493, 500
Gradauer, P. 794
Gratian 13, 34, 71
Green, Th. J. 957
Gregor IX., Papst 34
Gregor XIII., Papst 34
Gregor XVI., Papst 1032
Greinacher, N. 391, 455, 541
Grentrup, T. 438
Gressly, W. 1100
Griesl, G. 693
Grillmeier, A. 5, 539
Gritz, M. 447
Grocholewski, Z. 139, 777, 957, 960
Groner, J.-F. 1025
Groscurth, R. 171
Groshens, J.-Cl. 1112
Großkortenhaus, W. 966
Grote, H. 558
Grotius, H. 14
Grunau, Th. 445
Grundmann, S. 16
Guerzoni, L. 458
Gundlach, G. 9
Gutiérrez, A. 481f., 491, 493, 513
Gutiérrez, J. L. 527f.

Haag, K. 74
Hack, H. 730
Häberle, P. 916
Haendler, K. 16
Häring, B. 485, 797
Häußling, A. 654
Hafenbradl, J. 855
Hafner, P. 1099
Hagen, A. 157, 384, 703
Hahne, M.-M. 835
Hainz, J. 329
Halder, A. 470, 474
Halkenhäuser, J. 484
Hallitschke, K. 1072, 1078f.
Hamer, J. 561, 574
Hammer, W. 1053, 1073
Hammers, A. J. 227
Haring, J. 79, 1003
Harouel, J.-L. 262, 1115, 1123
Hartelt, K. 325, 354
Hartmann, G. 470
Hartung, F. 1040
Hasler, A. B. 554
Hasselmann, Niels 1044
Hauke, M. 180, 723
Heck, P. 966
Heckel, J. 17
Heckel, M. 81, 916, 1050, 1053f., 1056
Heggelbacher, O. 660, 721, 768
Hegner, F. 374
Heiler, F. 14
Heimerl, H. 21, 36f., 115, 134, 140, 174, 186, 222, 374, 558, 791
Hein, K. 680
Hein, W. 603
Heinemann, G. 225
Heinemann, H. 174, 317, 354, 356, 359, 361, 403, 568, 570–572, 574–576, 627, 680, 755, 757, 796–798, 800, 803–806, 841
Heiner, F. 1035
Heinrichsmeier, C. 861, 876, 911f., 914
Heinz, G. 1118
Heinz, H. 431
Hellbling, E. C. 1088, 1093
Heller, A. 743
Hengsbach, F. 425, 849
Henkys, R. 1048, 1072f., 1075–1079, 1081
Henseler, R. 477, 494
de la Hera, A. 20
Hergenröther, J. 1021
Herrmann, H. 140, 701, 723, 786
Herrmann, R. 847
Hervada, J. 20, 210, 730, 766f.
Herzog, R. 587
Hesse, K. 918, 1054
Hierold, A. 847, 855
Hieronymus 720
Hilberath, J. 1063
Hilling, N. 79f., 484
Hinder, P. 28, 174
Hinschius, P. 254, 925
Hippolyt 720
Hoeck, J. M. 66
Höffner, J. 428, 593, 839
Höllen, M. 1048
Hörmann, K. 680, 728
Hoffmann, W. 828f.
Hofmann, H. 889
Hofmann, K. 204, 1003
Hofmann, L. 141, 374
Hofmeister, Ph. 349, 447f., 679, 959
Hogan, J. 973
Holböck, C. 94–96, 204, 210, 364, 367, 786
Holland, S. 513
Hollerbach, A. 27, 37, 81, 623, 893, 896, 916, 1036, 1042, 1054f., 1061f., 1064f., 1078
Hollweck, J. 948
Holzamer, K. 589, 1070

Homeyer, J. 322
Honecker, E. 1075
Hopfenbeck, A. 824, 1015
Hoppe, P. 321
van Hove, A. 468
Hryniewicz, W. 539
Huber, E. R. 892, 916, 1076
Huber, H. 1102
Huber, L. 607
Huber, W. 32, 892
Hünermann, P. 230, 724
Hürth, F. 719
Hufen, F. 918
Huizing, P. 21, 36, 740
Hunold, E. 425
Huot, D. M. 496
Hussarek, M. 1081
Husz, J. 928

Imbert, J. 1119
Inhoffen, P. 371, 375
Innozenz III., Papst 727
Innozenz IV., Papst 159
Isele, E. 611, 859, 883, 1099f., 1103, 1108
Isensee, J. 889, 897, 919, 1068
Iserloh, E. 320

Jacobi, E. 1072
Jedin, H. 222, 267f., 271, 273, 280
Jellinek, G. 1040
Jeschek, H. H. 926
Jiménez, J. 391
Jiménez-Urresti, T. I. 21
Johannes XII., Papst 266
Johannes XXII., Papst 34
Johannes XXIII., Papst 33, 35f., 38, 40, 58, 179, 218, 265, 293, 490, 554
Johannes von Jandun 928
Johannes Paul II., Papst 20, 33, 39, 41, 44f., 47f., 217, 219f., 290f., 293, 320, 484, 528, 544f., 561, 568, 603, 607, 609, 637, 697, 735, 799, 818, 1035
Jone, H. 113
di Jorio, O. 770, 774, 777
Joseph II. 1040, 1094
Jullien, A. 973
Jungmann, J. A. 596, 917
Jurina, J. 422, 870, 1052, 1069

Kaczynski, R. 634, 640, 660, 663, 671, 676, 712, 917
Kaiser, J. H. 339
Kaiser, M. 128, 157, 162f., 165, 175, 181, 343, 690, 737f., 742f., 783, 960
Kaiser, P. 528
Kalinna, H. E. J. 1070, 1118
Kammermeier, E. 972
Kasper, W. 29f., 251, 384, 666, 839
Kaufmann, F. X. 374
Kaufmann, H. B. 597
Kaufmann, J. 1100
Kaufmann, L. 481, 484
Keating, J. R. 768
Keihl, B. 916, 946
Keller, D. 578
Keller, M. 4f.
Kellerhoff, R. 391
Kempf, F. 1039
Kerlévéo, J. 1112
Kerstiens, F. 441
Kertelge, K. 839
Kewenig, W. A. 893, 1034, 1071
Khoury, A. Th. 1049
von Kienitz, E. 367, 373, 974, 1000
Kilmartin, E. J. 690
Kimminich, O. 623
Kinder, E. 16
King, A. A. 679
Kirch, C. 1038
Klaus, J. 1082
Klecatsky, H. R. 595, 622, 899, 1081–1096
Klein, F. 851
Klein, J. 948
Kleinheyer, B. 645
Kleinheyer, G. 458
Kleutgen, J. 249
Klinger, E. 161
Klostermann, F. 375, 391, 425, 458f., 478, 541, 849
Knauber, A. 712
Knauf, W. 1048
Knauft, W. 1072, 1076
Knaupp, K. 378
Knecht, A. 785
Knies, W. 918
Koch, H.-G. 1072, 1077
Koch, W. 1107
Köck, H. F. 263f., 296, 301f.
Kölbl, W. 454
Koeniger, A. M. 1002
Königsmann, J. 1033
Köstler, R. 329, 570, 791, 943, 1004, 1081
Kötting, B. 651
Kolping, A. 251f.
Konstantin der Große 1038f.

Konstantinidis, Ch. 643, 789, 797
Kostelecky, A. 1088, 1094
Kotsonis, J. 16
Kotzula, St. 356
Koziol, H. 498, 779
Kradepohl, A. 367
Krämer, P. 22, 24, 28, 31, 36, 45, 124–127, 130, 165f., 337, 542, 558f., 561, 563–566
Krätzl, H. 229, 231, 363, 370
Krause, P. 835
Krings, H. 29, 563
Kröll, W. 607
Krüger, G. 1038
Krüger, H. 1043
Krüger, U. 1072
Kühr, Chr. 454, 456, 464
Küng, H. 724
Kuhlmann, C. J. 367
Kuhne, A. 189
Kuldschun, W. 607
Kuper, B.-O. 853
Kurland, Ph. B. 1046
Kuttner, St. 53, 257

Labandeira, E. 960
Läpple, A. 599, 603
Lakner, F. 846
Lalaguna, E. 792
Lallemand, L. 847
Lampert, U. 656, 1098
Lanarés, P. 1049
Lange, G. 603
Langer, W. 603
Lanhard, J. 1102
Larenz, K. 75, 87, 456
Larraona, A. 491, 495
Laurentin, R. 273
Lazzati, G. 481, 512, 514, 516
Le Léannec, B. 1120–1122
Leccisi, G. 977
Lecheler, H. 1119
Lécuyer, J. 203
Lederer, J. 48, 108, 425, 756, 800, 873
Lefebvre, Ch. 87, 97, 146, 336, 348
Lega, M. 972
Lehmann, K. 253, 425, 543, 603f., 693, 739, 839, 848
Leisching, P. 128, 309
Leisner, W. 851, 1063, 1068
Leitmaier, Ch. 174, 184f., 380, 563
Lemoine, R. 511
Lemp, P. 1099
Lener, S. 733
Lengeling, E. J. 712, 719
Lennerz, H. 717
Leo XIII., Papst 87, 258, 482, 879, 1023, 1025–1028, 1032, 1035f.
Lercaro, G. 684
Lerche, P. 589, 1070
Lesage, G. 776
Lettmann, R. 623, 782, 827
Licinius 1038
Liermann, H. 16
Liese, W. 847
Lill, R. 321
Link, Chr. 579, 584, 594, 889, 892f., 897, 1056, 1062f., 1078
Listl, J. 20, 26, 45, 88, 212, 221, 308, 310, 322f., 455, 459, 594, 605, 827, 877, 885, 889f., 893, 896, 899, 903, 918, 1022, 1024f., 1027f., 1036, 1039f., 1042, 1053, 1055, 1058f., 1064, 1066f.
Lobina, G. 152, 333f., 968
Löbmann, B. 39, 483, 924
Löwe, H. 879
Lohfink, G. 724
Lombardía, P. 20, 113, 174, 186, 207, 730, 766f., 1033
Lorentz, M. 603
Lorenz, D. 627, 1058
Lossky, V. 14
Lotti, A. 146
Lotz, J. 666
de Lubac, H. 6, 547
Luchterhandt, O. 1047f., 1072, 1075, 1078f.
Lüdicke, K. 730, 732, 768f., 772–774, 779, 986
Luf, G. 26, 30, 32, 174, 755
Luther, M. 16, 18, 708

Maaß, F. 1081
Maccarone, M. 159
Maier, H. 593, 602, 1042, 1078, 1126
Mali, V. 1048
Mallmann, W. 458
Mampel, S. 1072, 1074–1079
Mansi, J. D. 249
Manzanares Marijuan, J. 313, 317, 654, 719
Maritz, H. 339, 1097
Marmy, E. 1025
Marnell, W. H. 1046
Marot, H. 268
Marré, H. 889f., 892–895, 897f., 900, 1066f.
Marschall, J. 1104
von Marschall, W. Frhr. 367
Marsilius von Padua 928

Martelet, G. 724
Martens, W. 99f.
Marti, H. 1103f.
Martimort, A. G. 724
Martin, E. 603
Martinez Sagasti, A. M. 957
Marx, K. 1075
Marx, S. 394, 428, 873–875, 888, 894, 901f., 904, 910, 914f., 918
Marzoa, A. 956
Massfeller, Fr. 828f.
Mathes, R. 606
Maunz, Th. 579, 1053, 1060, 1063
Mauro, T. 464f.
May, G. 36, 73, 88, 91, 148, 265f., 309, 320, 364, 373, 425, 568, 621–623, 630, 882, 948, 1036, 1045, 1061, 1065
von Maydell, B. 834
Mayer, A. 690
Mayer, H. S. 394
Mayer, O. 443
Mayer, S. 611
Mayer-Maly, Th. 850, 1088
Mayerhofer, Chr. 924
Mazzacane, E. 975
McCarthy, E. 979
McCluskey, N. G. 606
McCormick, R. A. 817
Medina Estevez, J. 574
van der Meer, H. 180, 723
Meesmann, H. 392
Mehl, R. 1110
Meile, J. 975
Meinecke, W. 1072
Meisner, J. 1079
Meister, C. 1100
Meister, J. 847
Melichar, E. 628, 1082, 1089
Mennicken, A. 74
Merici, A. 511
Merkl, A. 1081
Merklein, H. 478
Merry del Val, R. 213
Messner, F. 1120
Metz, J. B. 485, 565, 621
Metz, R. 35f., 260, 355f., 361, 1111, 1115, 1123f.
Meyer, G. 611
Meyer, H. 253
Meyer, H. B. 696, 916
Michiels, G. 86, 90f., 94, 97, 133, 136, 493, 733
Midali, M. 516
Mikat, P. 296, 446, 627, 787, 827, 829, 833, 901, 910, 1026, 1029, 1036, 1038f., 1053, 1055
Milasch, N. 648
Miller, G. 596, 603
Mira, J. 391
Mitterer, M. 792
Mitterrand, Fr. 1045, 1119
Moderow, H. M. 553
Mörsdorf, K. 4–7, 21, 25, 28, 34, 36, 50, 53, 66, 74, 87, 89–92, 94–100, 107, 110, 113, 121, 126, 128f., 131, 136f., 162–165, 185f., 192, 199, 201–203, 206, 210, 212 bis 215, 218, 230, 249, 254, 256, 258, 266, 269, 271, 273f., 277, 325, 329, 331, 336, 341, 356, 361, 363, 365, 367–369, 376f., 388, 390, 404–406, 409, 420f., 423–425, 428, 433, 443, 447, 454, 457–459, 465, 467, 482, 484, 526, 592, 649, 654, 659, 664, 672, 682, 689f., 694, 703, 709, 720, 723, 726f., 761, 797f., 803, 806, 811, 814, 827, 837, 841, 845f., 861, 869f., 874f., 882, 886, 890, 896, 906–912, 914–917, 923, 943, 956, 972, 1000, 1002–1004, 1007, 1014, 1029, 1036
Moioli, G. 514
Montan, A. 724
Morange, J. 1118
Morgante, M. 328
Morlot, F. 511
Moroni, A. 325
Morscher, S. 1082–1086, 1088, 1096
Moser, B. 1085
Mosiek, U. 127, 174, 181f., 185, 189, 201, 205f., 214, 274, 277, 281, 289, 309, 336, 354, 368, 376, 379, 415, 425, 730, 739, 742, 750, 755, 761, 766, 768, 772f., 778f., 781, 783, 786f., 790f., 796, 798, 809, 902, 909
Motzenbäcker, R. 80, 90, 978
Moudry, J. 716
Moulart, J. 1021
Mühlsteiger, J. 692, 697
Müller, A. 21
Müller, F. 75, 458, 918, 1063
Müller, H. 23, 45, 91, 163, 165, 168, 179, 251, 331f., 336f., 352f., 419, 423, 480, 483, 515f., 539, 656, 672f., 699, 716f., 719 bis 721, 723f., 755, 1022
Müller, J. 1097
Müller, M. 599, 601
Müller, R. 1107
Müller-Gindullis, D. 828f., 832
Müller-Römer, D. 1072, 1074f.
Müller-Volbehr, J. 627

Munier, Ch. 20, 1038
Mura, E. 708
Murray, J. C. 561
Muschalek, G. 611
Musselli, L. 1044
Mussinghoff, H. 609

Napoleon I. 1112
Navarrete, U. 766, 776
Naz, R. 606
Nechluwyl, J. 1048
Nees, A. 83f., 354
Neill, S. 553
Neumann, G. 607
Neumann, J. 128, 174, 179, 181, 274, 336, 574, 672, 724, 806, 889, 897, 900, 1082
Ngô-dinh-Thuc, P. M. 721
Nicolas, M.-J. 724
Niermann, E. 844
Nipkow, K. E. 597
Nörr, K. W. 34
Noser, H. B. 1100
Nottarp, H. 376
Novatian 692
Nußbaum, O. 679, 694

Obermayer, K. 1053, 1063
Oberti, A. 512f.
Ochoa, X. 35, 330
von Ockham, W. 13
Oeing-Hanhoff, L. 248
Oesterle, G. 141, 770, 779
Ohm, Th. 551
Oliveri, M. 296f., 301
Oliviero, G. 972
Olmsted, T. J. 514
Onclin, W. 67, 260f., 454f., 459f., 470, 474
Oppermann, Th. 916, 1119
Orsy, L. 74
Ostheim, R. 454
d'Ostilio, F. 38
Ott, L. 716f.
Ottaviani, A. 1021, 1023f., 1032

Pacaut, M. 304
Pache, D. 1108
Pacik, R. 916
Pahlke, A. 1069
Palandt, O. 107, 454, 456
Pallavicino, S. 782
Pander, H. 607
Panjikaran, J. 57
de Paolis, V. 133, 367, 371, 438
Papandreou, D. 643
Parecattil, J. 68
Parisella, I. 954
Pascher, J. 640
Paul VI., Papst 20, 22, 27, 38, 40, 46, 48, 66, 76f., 95, 109, 162, 194, 218f., 262, 265, 271, 273, 278–282, 286f., 290, 293f., 297, 310f., 321, 328, 333f., 343, 391f., 415f., 420, 424, 449, 481, 516, 541f., 548, 553f., 558, 607, 639, 654, 657, 671, 679, 684f., 687, 695f., 707, 712, 719, 728, 775, 797 bis 799, 818, 844, 859, 879, 1000, 1028, 1035
Paulus, Apostel 345, 822, 923, 953
Pavan, P. 563
Paya-Andrés, M. 356, 361
Pesch, R. 253
Pesendorfer, M. 89, 136, 238, 325, 967
Petermann, K. H. 612
Peters, H. 458, 622
Petroncelli, M. 257, 277, 387
Petrus, Apostel 248, 252, 255f., 258, 262, 266, 309, 345, 1030
Pfab, J. 488, 498, 500, 504f., 826
Pfenninger, H. F. 704
Philips, G. 9, 329, 485
Pickard, W. 978
Pieronek, T. 356
Pieroth, B. 1063
Pinna, J. 972
Pippin d. J. 878
Pirson, D. 827, 896
Pius IX., Papst 879, 1028, 1032, 1035
Pius X., Papst 34, 282, 329, 437, 879, 956, 1035
Pius XI., Papst 291, 301, 556, 879, 1035f.
Pius XII., Papst 35, 58, 74, 87, 162f., 265, 483–485, 490, 511, 526, 528, 607, 624, 716, 719, 723, 755, 776, 788, 1021, 1023–1026, 1032, 1035f.
Plato 12f.
Plock, H. 552
Plöchl, W. M. 34, 37, 39, 150, 267, 281, 297, 364, 1085, 1096
Plöger, W. 603, 1063
Pötter, W. 363, 425
Poppe, E. 1075
Poschmann, B. 692, 709
Pototschnig, F. 113
de la Potterie, J. 184
Pottmeyer, H. J. 252f.
Potz, R. 25, 28, 32, 63, 74, 91, 560, 564, 1086
Pree, H. 74, 95, 134, 140, 560

Primetshofer, B. 274, 487, 489, 494, 504, 507, 511, 722f., 744, 772, 789f., 792, 1090
Probst, M. 552, 713
Provost, J. H. 142, 559
Pruisken, J. 643
Pütz, A. 643
von Pufendorf, S. 1022
Pujol, C. 790
Punzi Nicolò, A. N. 771
Puschmann, B. 438–440, 522, 651
Puza, R. 55, 723, 861, 909, 914, 980

Quaas, M. 1046
Quesnel, P. 928
Quezada Toruño, R. 767

Raab, G. 137, 960
Rack, R. 1088
Rahner, H. 1038f.
Rahner, K. 30, 93, 161–163, 184, 229f., 250f., 261, 263, 271f., 330, 370, 391, 415, 422, 437, 555, 692, 694, 697, 708f., 716f., 724
Rambaldi, G. 719
Ramers, P. 157
Raming, I. 180
Ranaudo, A. 460
Rast, T. 693
Ratzinger, G. 847
Ratzinger, J. 4, 6f., 161, 249–252, 263, 267f., 345, 553, 561, 604, 715–717, 724
Rauch, P. 1050
Rauscher, A. 469
Ravà, A. 75
Reckinger, F. 666, 680
Régamey, P. R. 479
Regatillo, E. F. 142
Rehborn, G. 445
Reichert, B. 454, 456, 464
Reichlin, K. 1100
Reina, V. 778f.
Reinhardt, K. 819
Reis, H. 1078
Rémond, R. 1126
Rendtorff, Tr. 621
Repgen, K. 1061
Reuter, A. 547
Révész, L. 1047
Ribas, J. 201, 203f.
Richter, K. 552, 713, 1076
Richter, S. 484
Ricken, F. 162
Riedel, U. 1076
Rieger, J. 789, 1081, 1090
Riemer, H. M. 888, 1099
Rimbach, G. 612
von Rimini, Gr. 14
Rinken, A. 455, 851, 1068
Rinnerthaler, A. 585
Ritter, S. 901
Rittner, F. 456
Robert, J. 1112
Roberti, F. 972
Robleda, O. 142, 733, 816
Roegele, O. B. 528
Rösser, E. 93, 367, 700
Rohr, F. 1100
Rohrbasser, A. 162
Romaniuk, K. 712
Romita, F. 456, 470
Rommel, K. W. 1072, 1078f.
Rossi, B. A. 356
Roth, Ch. 1120
Roth, H. 1104
Rotter, H. 481
Rouco Varela, A. M. 17, 19, 22, 24, 26–28, 73, 329
Rouse, R. 553
Rousseau, O. 274
Rudolf, W. 1070, 1118
Rübel, E. 1100
Rüfner, W. 174, 1067
Ruf, N. 931
Ruf, W. 441
Rufin 727
Ruh, U. 603
Rummel, P. 498
Rumpf, M. 75
Rupp, H. H. 625
Ruppert, R. 227

Sabater, J. 455
Sabattini, A. 972
Sägmüller, J. B. 79, 1021
Sagburg, G. 789
Said, M. 478
Saier, O. 8, 11, 165f., 239, 331f., 357, 641
Saladin, P. 1102
Salamone, C. D. 515
Salaverri, J. 954
Sales, M. 712
von Salis, L. R. 1102, 1104f.
Sanchez, Th. 768
Sánchez y Sánchez, J. 371, 375
Sartori, C. 56
Sauer, W. 75
Sauter, E. 454

Schäfer, P. 837
Schärer, P. 1100
Schätzler, W. 589, 1070, 1118
Schatz, K. 253
Schauf, H. 162, 329, 926
Scheele, P. W. 170, 539, 556
Scheffczyk, L. 251
Schenke, F. 1022
von Scherer, R. 792
Scheuermann, A. 184, 251, 254, 259f., 262, 331, 356, 448, 478, 484, 512, 567, 611, 850, 925, 941, 948, 980, 1000, 1003, 1036, 1064
Scheuner, U. 18, 296, 302, 623, 1033, 1036, 1038, 1041, 1046, 1053f., 1058f., 1061, 1063, 1065, 1068
Schick, L. 126, 715
Schieffer, R. 1039
Schilling, W. 945
Schima, J. 789, 1081, 1084, 1086, 1090, 1096
Schimmelpfennig, B. 147
Schinner, H. 668
Schladoth, P. 598
Schlaich, K. 1042
Schlick, J. 1046, 1120
Schlief, K.-E. 320, 394, 903, 1051, 1073
Schlink, E. 557
Schmaus, M. 4f., 8, 721
Schmid, G. 1100
Schmid, H. 1100
Schmidthüs, K. 588
Schmitz, H. 34, 36–38, 41f., 44, 47f., 50, 52f., 56, 99, 108, 113, 157, 171, 193f., 200 bis 203, 218, 221, 223, 252, 279, 281, 286, 297, 308f., 332, 334, 337f., 341, 343, 348, 353f., 356f., 361, 363, 376, 379, 388, 403, 405, 407, 422f., 430f., 526, 542f., 563–567, 605, 609, 665, 719, 859, 960, 1015, 1064
Schmitz, Ph. 376f.
Schmoeckel, R. 594
Schneemelcher, W. 1039
Schneider, A. 478
Schneider, E. 74
Schneider, T. 724
Schnizer, H. 37, 81, 377, 387, 454, 459, 461f., 464, 469f., 498, 901, 903–905, 907f., 910 bis 912, 914
Schönherr, A. F. G. 1048, 1075
Schönsteiner, F. 770f., 783, 785, 787
Schöppe, L. 457
Scholz, R. 1039
Schott, E. 17
Schrex, H. H. 16
Schröcker, S. 361, 871f.
Schuchart, A. 425
Schüepp, G. 1109
Schüller, B. 16
Schütte, H. 559, 715
Schütte, J. 547
Schulte, R. 783, 836
Schulz, H.-M. 391
Schulz, W. 47, 302f., 458f., 469, 475, 681, 860, 863f., 868f., 879f., 903, 910
Schunck, R. 527–529
Schwab, D. 730, 827, 833
Schwab, K. H. 833
Schwaiger, G. 267
Schwalke, J. 321
Schwander, V. 1099
Schwarz, R. 26, 133, 791f., 809, 814
Schwendenwein, H. 27, 198–208, 210, 212f., 223, 229, 231, 233–235, 237f., 481, 483, 497, 503f., 567, 585, 595, 726, 773, 890f., 916f., 1091
Schweyer, G. 454
Sebott, R. 43, 57, 159f., 730, 737, 740, 776, 944
Seiler, R. 447, 450, 1065
Seiterich, Th. 392
Selg, O. 431
Semmelroth, O. 4, 8, 160f., 250, 274, 708, 724
Sens, M. 553
Serafini, H. 779
Severus 720
Sigrist, W. 1100
Silesius 1080
Simon, E. 447
Simon, G. 1048
Simon, J. 626
Sistach, L. M. 459
Sixtus, V., Papst 282, 762
Smend, R. 1076
Smith, P. D. G. 698
Smulders, P. 8
Sobański, R. 11, 22f.
Socha, H. 25, 186, 297, 330, 357, 479–481, 485f., 488, 492, 543, 680, 719, 748, 820
Söhngen, G. 8, 19, 22
Sohm, R. 17f., 20, 1022
Solte, E.-L. 623, 627, 1052, 1059, 1064f.
Sorauf, Fr. 1046
Spanner, H. 1087
Speigl, J. 1038
Sperl, E. 873
Spiazzi, R. 724
Spiegel, Y. 376

Stachel, G. 1063
Staffa, D. 967f.
Stalder, K. 1109
Stallmann, M. 597
Stammer, O. 888
Starck, Chr. 1119
Staudinger, J. 454, 456
Steger, K. 528
Steigleder, K. 528
Stein, A. 16, 578
Stein, E. 579, 1056
Steiner, J. 696
Steinke, R. 1079
Steinmüller, W. 14, 16, 897
Stephan II., Papst 879
Stephanus, I. Sidarouss 278
Steuber, K. 447, 449
Stickler, A. M. 21, 34, 71
Stiefvater, A. 425
Stiegler, A. 12, 93
Stillhart, A. 455
Stoeckle, B. 161
Stöhr, M. 1046, 1072
Stöylen, C. 1044
Stoffel, O. 162, 528, 547, 552
Stolleis, M. 876, 885
Strätz, H.-W. 656
Strigl, R. A. 99, 104, 108, 192, 333, 387, 389f., 773, 873, 924, 927, 941, 1002f., 1016
Studer, B. 712
Studer, R. 1102, 1105
Stutz, U. 35, 53, 367, 1029
Suarez, Fr. 13, 26, 86f., 484
Suenens, L. J. 10
Süsterhenn, A. 613
Sustar, A. 422, 849
Suttner, E. Ch. 643, 789, 797
Svoboda, R. 438f.
Swift, T. P. 370
Szentirmai, A. 133, 733

Tabera, A. 481, 485
de la Taille, M. 694
Tammler, U. 960
Taparelli, L. 1028
Tardy, M. 1119
Tautu, A. 57
Tavard, G. 553
Tenhumberg, H. 170
Tertullian 256, 692
Tettinger, P.-J. 619
Theobaldi, A. 1101
Theodosius der Große 1039
Thieme, W. 623, 626
Thils, G. 133
Thomas von Aquin 13, 23, 26, 86f., 482, 767, 1027
Thome, A. 227
Thürlimann, G. 596, 1104
Tichy 1089
Tiemann, B. 615
von Tiling, P. 1069
Tobin, W. 779
Tocanel, P. 144, 438
Tödt, H. E. 32
Tönnies, F. 9
Toliusis, C. 966
Tomko, J. 574
Torquebiau, P. 364
Trummer, J. 97, 186
Tschudi, R. 612

Ueding, L. 1038
Ülhof, W. 201, 403
Uhlhorn, G. 847
Uhrmann, J. 976, 978
Urban VIII., Papst 845
Urban, H. J. 253
Urquiri, T. 513
Urrutia, F. X. 22
Urrutia, Fr. J. 79, 97, 552
Useros Carretero, M. 22
Utz, A.-F. 1025

Vagaggini, C. 724
Vallet, O. 1112, 1119
Vanbergen, P. 667
Vázquez, G. 14
Verdross, A. 12
Vermeersch, A. 369, 467
Vidal, P. 371, 433, 786
Viladrich, J. 20, 174
Villiger, J. B. 630, 1107
Völkl, R. 847
Völler, A. 481, 643
Vogt, J. 1038
Volz, L. 600
Vorgrimler, H. 230, 415, 555, 692, 694f., 697, 717, 724
de Vries, W. 253, 267
Vromant, G. 861, 909–912

Wagner, D. 603
Wagner, H. 74, 587
Waldenfels, H. 721

Waldstein, W. 1090
Walf, K. 369, 890, 892, 894, 1033, 1067
Waltermann, L. 221
Wanzura, W. 1049
Ward, M. 511
Weber, H. 896
Weber, J. 766, 769, 777, 779
Weber, W. 339, 350, 449, 623, 625, 1064f.
Weeber, R. 893
Wegan, M. 769, 773f., 776, 779
Wegenast, K. 596f.
Wegener, R. 1069
Weger, K. H. 724
Wehrhahn, W. 16
Weidemann, H. 395, 1072
Weides, P. 579, 586, 896, 1070f.
Weidmann, F. 596f.
Weier, J. 235, 973
Weigand, R. 250, 482, 516, 757
Weiler, H. 595, 622, 1081–1095
Weiler, R. 1049
Weinberger, O. 74
Weingärtner, E. 1046, 1072
Weinzierl-Fischer, E. 213
Weis, N. 522
Weitzel, J. 790
Welser, R. 498, 779
Welzel, H. 931, 949
Wenner, J. 422, 428, 592, 865, 869, 872, 909 bis 911, 915, 995, 999
Wernz, F. X. 371, 433, 726, 786, 1021
Wesemann, P. 369, 376f.
Weß, P. 391
Wessel, W. 391
Whalen, D. 977
Wicleff, J. 928
Wieh, H. 330
Wiener, J. 848
Wiesenberger, N. 873
Wilkens, E. 834
Willebrands, J. 559
Winkel, B. 1075
Wirth, P. 775, 790, 960, 968, 972, 977f., 982
Wlosok, A. 1038
Wolanin, A. 550
Wolf, E. 18
Wopperer, G. 855
Wulf, F. 478, 480f., 512, 716, 729
Wulf, H. 925

Xiberta, B. 694

Zalba, M. 215, 217–220, 729, 1001f.
Zapp, H. 337, 730, 739, 742, 750, 755, 761, 768, 770, 772f., 776, 778f., 781, 783, 786f., 790f., 796, 798, 809
Zaugg, H. 453, 1108
Zauner, W. 425
Zellweger, E. 949
Zepp, P. 487, 499
Zerfass, R. 543
Ziegenaus, A. 694, 698, 706, 714
Ziegler, A. W. 1044, 1072
Zimmer, B. 227
Zimmermann, M. 36, 1045, 1112, 1119
Zirkel, A. 126, 681
Zollitsch, R. 332
Zorsi, F. 1100
Zürcher, W. 643
Zurowski, M. 133, 274
Zuzek, I. 58, 64

Sachwortregister

Abgaben 882f.
– pflicht 889f.
– wesen, kirchliches 882, 889f., 892
Ablaß 291, 707–712
– Begriff 708
– gemeinrechtlicher 710
– Gewinnung 711
– lehre 708
– theologie, katholische 708
– vollkommener 698f., 709–711
– vollmachten 710
– wesen, Neuordnung 711
Abrogation 217
Absetzung, Strafe der (depositio) 215
Absolution 702
– in Todesgefahr 703
Abstinenz 318, 657
– gebot 657
– Regelung der Bischofskonferenz 657
– tage 318
Abt, Vorsteher einer Territorialabtei 334
– weihe (Äbtissinnenweihe) 837
Abtreibung 134, 943
Acceptatio 91
– approbativa 91
– exsecutiva 91
Acta Apostolicae Sedis 88
Actus administrativus 99
– stricte collegialis
  s. Akt, kollegialer
Ad-limina-Besuch 345f.
Administrator, apostolischer 335, 722, 1074
Administratur, apostolische 323, 335, 1074
Admissio 144, 226
Adoption 118
Adoptivkind 317, 670
Adskribierter 416
Adskription als Kleriker 200
Adveniat 878
Ämterhoheit der Kirche 1029
Aequitas canonica
  s. Billigkeit, kanonische
Affiliation 618
Affinitas
  s. Schwägerschaft
Aggregation 618
Akkusationsprozeß, römischer 1002
Akolyth 181, 189, 194, 199, 233, 314, 679f., 725f.
Akolythat 181, 719
Akribie 15f.
Akt
– kollegialer 139, 250, 252, 267, 270–272, 493
– des Allgemeinen Konzils 1011
– des Papstes 1011
– primatialer 271
Aktion, katholische 425
Alienation
  s. Veräußerung
Altar 97, 318, 652f.
– weihe 837
Alumnen
  s. auch Priesteramtskandidaten 225f.
Amortisation 881
Amotio
  s. Amtsenthebung
Amt 125
– Altersgrenze 150
– apostolisches 190, 535
– Arten 142
– Christi, dreifaches 11, 124f., 127, 182
– Christi, prophetisches 533
– geistliches (Lehre des Vat. II) 715
– inkompatibles 145
– konsistoriales 142
– kirchliches 188, 716, 719
– für Diakone 236
– Dienstfunktion 41, 46
– dreigliedriges 229
– Errichtung 109
– Übertragung an Laien 182
– Veränderung 109
– nichtkonsistoriales 142
– öffentliches 212
– Zuordnung d. Ämter 192
Amtsantritt 567
Amtsbesetzung 109
Amtseid 971
Amtseinsetzung der Bischöfe 97
Amtsenthebung (amotio) 139, 152, 405f.

– Angehörige klösterl. Verbände 152
– Pfarrer 359, 405
Amtsentsetzung (privatio) 139, 152, 405
Amtserledigung, Gründe 149
Amtsgeheimnis 123, 971
– in Österreich 704
– Schutz in der Schweiz 704
Amtsgelübde 483
Amtspflichtverletzung 971
Amtsträger, kirchliche
– Besoldung 1115, 1121
– Ernennung 1123
– Funktion 124
– Verantwortlichkeit 365
Amtsübernahme, kanonische 341
Amtsverleihung 143f., 146
– Arten 144
– Erfordernisse 144
– freie 144, 146, 1028, 1062
– gebundene 144
– Mitwirkung der weltlichen Autorität 146
Amtsverlust 150
Amtsverzicht 151, 346
– der Auxiliarbischöfe 351
– des Pfarrers 404f.
Amtszeit 150
Analogie 9, 87
Andachtsbeichte 693, 706
Andachtsgegenstand 710
Andachtsübungen (pia exercitia) 634f.
Anerkennung
s. recognitio
Anfechtungsklage 122
Anhörungsrecht
s. Beispruchsrecht
Annuario Pontificio 254
Anomalie, psychische 817
Anrechenbarkeit einer Handlung 930
Anstalt
– Begriff 443
– öffentlich-rechtliche 1121
Anstaltspfarrei 385
– pfarrer 446f.
– seelsorge 386, 443–447, 1053, 1066, 1116
– gemeinsame Angelegenheit von Kirche und Staat 446
– in der BRD 1065
– in den Landesverfassungen der BRD 445
– Rechtsgrundlage 444
– seelsorger 444
Anwalt am Ehegericht 159, 973
Anwaltszwang 987
Apostasie 535, 567, 727, 941
Apostolat
– in der Diözese 850
– gemeinsames aller Gläubigen 671
– der Gesellschaften d. apost. Lebens 525
– hierarchisches (Laienbeteiligung) 184
– der Ordensleute 504f.
Apostolische Signatur 261, 280, 283, 290f., 960f., 964, 968f., 1015
– Zweite Sektion 112, 283, 969, 1016
– Einrichtung 1016
– Entscheidungen 1018
– Verfahren 1016
Apostolischer Stuhl 33, 282
– gesetzgeberische Aktivität 35
– Befreiung von Irregularitäten 727
– Verhältnis zur Bischofskonferenz 315
– Errichtung von Personalprälaturen 527
– Förderung der ökumenischen Bewegung 559
– oberste Kultaufsicht 637
– Rechtsträger kirchl. Vermögens 866
– Subsidiaritätsprinzip 51
– Vertragsrecht 55
– in der Völkerrechtslehre 296
Appellatio 140, 981
s. auch Berufung
– automatische 992
– extraiudicialis 52
Appellationsinstanz 991
– gegen verwaltungsgerichtl. Urteile 1016
Appellationspflicht 994
– des Ehebandverteidigers 991
Applikation 689, 690
– Pflicht 343, 400, 408
Approbation 51, 270–272
– ostkirchlicher Kodex 64
– bei Buchveröffentlichungen 570
Arbeitsrecht 422
– kirchliches 49, 1067, 1069
Arbeitsverhältnis, kirchliches 196
Armenrecht 982
Armut 479
s. auch Räte, evang.
Association cultuelle 1115
Atheismus 292
Aufenthaltsanweisung 1009
Aufgaben, kirchliche 890
– für Laien 188f.
Aufgebot 749, 752f., 829
– Zuständigkeit 749
Aufklärung 1040

Auflösung
s. Ehe, Auflösung
– der ehelichen Lebensgemeinschaft 745
Auflösungsbescheid, päpstlicher 822, 824, 996
Aufsichtsrecht
– über Liturgie, nichthoheitliche 639
– staatliches (BRD), über kirchl. Vermögen 910
– über Veröffentlichungen 569
Auftrag
– apostolischer (der Gesellschaften des Apost. Lebens) 520
– missionarischer 547–553
– ökumenischer 553–561
– päpstlicher (zur Bischofsweihe) 721
Augsburger Religionsfrieden 1040
Ausbildung
– kanonistische 80f.
– kirchenrechtliche 77f.
– der Kleriker 78, 202, 222–229
Ausführungsbestimmungen 313
Ausländerseelsorge 386, 439f.
Auslegungsvorschriften
s. auch Gesetzesauslegung 56
Ausscheiden aus dem Klerikerstand 221
– zwangsmäßiges 215
Ausschließlichkeit
s. auch Ehe, Wesenseigenschaften 732
Ausstoßung aus dem geistl. Stand (degradatio) 215
Auswahlstrafe 929
Auswandererseelsorge 440
Autonomie 89
– der Gesellschaften des apostolischen Lebens 523
– der Kirchen in der BRD 1060
– der katholischen Ostkirchen 66, 242
Autokephalie 241
Auxiliarbischof 146, 151, 192, 339, 348–352, 371
– Bestellung 338

Bakkalaureat 618
Bandverteidiger (defensor vinculi) 966f.
s. auch Ehebandverteidiger, Weihebandverteidiger
Basisgemeinde 390–392
Baulasten 872
– Pflichtnormen 873
Beauftragung (facultas) 126
– kirchliche
s. auch Sendung, kanon. 125
– schriftl. (litterae dimissoriae) 722
Beeidigungsrecht 1060
Befangenheit 970
– einrede 970
Befehl 51
Begierdetaufe 660
Begräbnis
– kirchliches 158f., 836, 840–844
– Anspruch 840
– nichtkath. Christen 646, 840
– feier 634, 840, 843
– gebühren 843
– kirche 842
– riten 843
– verweigerung 841f.
Behinderung des Bischofsamtes 346f., 359
Behörden 281
– des Apost. Stuhls 105
Beichte 681, 697f., 711
Beichtgeheimnis, 698, 703f.
– in Österreich 704
– schutz 703f
– verletzung 704, 943
Beichtgespräch 698, 702f.
Beichtjurisdiktion in periculo mortis 115
Beichtstuhl 317, 650, 698
Beichtvater 695, 702f., 705, 707
Beichtvollmacht 699
– amtliche 700
– Delegation 700
– Entzug 701
– ordentliche 699
– i. Todesgefahr 700
Beischlaf, ehelicher 821
– Unfähigkeit 762
Beisitzer b. Gericht 181
Beispruchsberechtigter 122f.
Beispruchsrecht 122, 343, 411, 909
– im Bereich d. Vermögensverwaltung 909
– Dritter 122
– d. Konsultorenkollegiums 358, 360, 875
– des Priesterrates 358
– d. Vermögensverwaltungsrates 875
Beitrag, kirchl. 882f., 891
– Pflicht 862, 1102
– System 899
– Wesen 319
Bekenntnisfreiheit 1038
– Bürgerrecht d. DDR 1077
Bekenntnisverschiedenheit 48
s. auch Konfessionsverschiedenheit
Benedictio 648, 837
– constitutiva 648, 837f.

– invocativa 837f.
– von Kapellen 651
– von Kirchen 648
– heiliger Orte 236
– Verlust 649
Beneficium 142, 319, 689, 871, 873, 904
– Auflösung 881
– Verwalter 904
Benefizial-
– güter 905
– recht, Reform 905
– system 142, 874
– wesen 319, 904
  – Umgestaltung durch Bischofskonferenz 142, 874
Beratung
– des Bischofs 306, 359
– rechtl. Form 353
– Gremien 306
– Organ 353, 358
– verfassungsrechtliches 353
– des Papstes 277
– Vorgang, kollegialer 352
Berufung 938
– s. auch appellatio 981
– besondere 476
– zum geistl. Dienst 724
– zur Kirche 157–162
– priesterliche 724
– im Strafprozeß 1010
– Unzulässigkeit 981
Berufungs-
– frist 981
– gericht 968f., 981
– instanz 328
– klage 981
– Verfahren 968, 981
Beschluß, kollegialer 272
Beschwerde 938, 959, 970
  s. auch Rekurs
– recursus hierarchicus 112
– gegen Ordnungsstrafmaßnahmen 113
– gegen Verwaltungsakte 112
Besitzergreifung eines Amtes 144, 340f., 404
Besserungsstrafe 928
Besserungsstrafrecht, staatl. 926
Bestätigung (confirmatio) 51, 144, 270–272
Bestattung 842
  s. auch Begräbnis
Besteuerungsrecht 882, 891f., 1060
– des Diözesanbischofs 883
– der Kirchen 893, 1053, 1066
  – in der Schweiz 1108
Betriebsverfassungsgesetz 1069
Bettelorden 319
– privileg 885
Beugestrafen 111, 700, 754, 928, 934
– Verhängung 937
Bewegung, ökumenische 48, 553–556
  s. auch Ökumene
– Förderung durch kirchl. Autoritäten 559
Beweis 975f.
– aufnahme 975f.
– last 976
– mittel 976, 1005
– würdigung 976
Bilder
– biblische 3
– heilige, Veräußerung 846
– verehrung 844–846
Bildung 579
– schulische 580
– theologische 188
Bildungs-
– ideal des CIC 580
– rat, diözsaner 586
– stätten, theologische 613
– wesen 579–590
zeugnis, kirchl. 586
– zentren
Billigkeit 120f.
– kanonische (aequitas canonica) 95, 948
Binationsstipendien 884
Bindung, sakrale 183, 200, 481, 522
Bischof 108, 146
  s. auch Diözesanbischof
– Amtseinsetzung 97
– Ausscheiden 346
– Behinderung 347
– emeritierter 346
– Ernennung 337, 339, 1115, 1123
– ordentl. Firmspender 672
– Förderer d. ökum. Werkes 558
– Fülle d. Weihesakramentes 534
– Lehrer d. Glaubens 316, 567
– Nachfolger der Apostel 93
– Verhältnis zu den Ordensleuten 505
– Pflicht zum Unterhalt d. Kleriker 201
– Predigtrecht 541
– sichtbares Prinzip der Einheit 263, 331
– Rechtsschutzgewährung 954
– von Rom 254
– Spender der Diakonenweihe 722
– Verantwortung f. d. missionarische Zusammenarbeit der Kirchen 549f.

– Verbindung zwischen Teil- und Gesamtkirche 331
– Vorsteher der Eucharistiefeier 183, 677
– Vollzug liturg. Feiern 635
– Zulassung zur Weihe 199
Bischofsamt 50, 269, 336f., 340
– Amtsübertragung 340
– Amtsübung 50
– Besetzung i. dt.-sprachigem Raum 338
– pastoraler Charakter 61
– Erledigung 347, 351
– Kandidaten 315, 337
– Mindestalter 117
– Struktur, kollegiale 309
– Verleihung 144
Bischofskirche 330
Bischofskollegium 89, 93, 125, 249–251, 259, 263, 266f., 269, 272, 278, 352, 722
– Aufnahme 721
– Ausübung d. Höchstgewalt ü. d. Gesamtkirche 266, 271, 534
– Förderung d. ökum. Bewegung 559
– und Ökum. Konzil 269
– Missionsträger 548
– Mitglieder 349
Bischofskonferenz 51, 83, 85, 89, 100, 136, 245, 304–324, 876
– Angehörige 310f.
– Arbeitsweise 310
– Aufgabenstellung 309
– Bayerische 321
– Berliner 323, 1074
– Beziehung zum Apost. Stuhl 315
– im CIC/1917 309
– allg. Dekrete 312
– Deutsche 33, 320, 322
  – Ausführungsbestimmungen zum MP Matrimonia Mixta 800f., 806
  – Aussagen über den Religionsunterricht 600
  – Grundordnung für d. Diakonenausbildung 229
  – Grundordnung für d. pastoralen Dienst 417
  – Grundsätze u. Empfehlungen zur institutionellen Neuordnung d. Laienapostolates 425
  – Kommission f. Fragen d. Glaubens- u. Sittenlehre 577
  – Lehrbeanstandungsverfahren 576, 1015
  – Mitglieder 320
  – natioanle Ordnung f. d. Priesterausbildung 223
  – Rahmenordnung f. Ständige Diakone 415f.
  – Rahmenordnung f. d. Priesterbildung 725
– Diakonat, Ständiger, Wiedereinführung 230
– Einzelkompetenzen 313
– Errichtung 311
– Generalsekretär 100
– Generalsekretariat 311f.
– Gericht zweiter Instanz 967
– Gesetzgebungsbefugnis 313
– Klerusunterhalt 905
– Kompetenz, kollegiale gegenüber d. Diözesanbischof 309
– Kooperation mit Ordensgemeinschaften 315f.
– Koordination d. Missionshilfe 550
– Leitungsvollmacht 313
– Normen über Abgaben 891
– Normen über Befreiung v. d. Formpflicht 803
– Normen über Mindestalter f. Eheschließung 762
– Normen über Vorbereitung d. Eheschließung 749
– Normen f. d. Priesteramt 356
– Österreichische 311, 323
  – Rechtspersönlichkeit 903
– Ordnungskompetenz, liturg. 638
– Organisationsstruktur 310
– Rechtsfähigkeit 311
– Rechtspersönlichkeit 311, 313
– Rechtsstatus 313
– Schweizer 324
– Statuten d. Katechumenats 552
– Stimmrecht 311f.
– Trauungsritus, Erstellung 793
– Umgestaltung d. Benefizialwesens 874
– Veräußerungsbestimmungen 912
– Vermögensrechtl. Kompetenz 859
– Vorsitzender 311
– Zwischeninstanz, hierarchische 243
Bischofskonsekration s. Bischofsweihe
Bischofsrat 372
– Europäischer 322
Bischofsrechte 42
Bischofsstuhl
– Besetzung 109
– Erledigung 146, 964
Bischofssynode 263, 273–277
– Aufgabe 274

– Beratungsgegenstände 276
– Einberufung 274
– Entscheidungen 274
– Generalsekretariat 273, 276
– Mitglieder 275
  – d. außerordentl. Generalversammlung 275
  – d. besonderen Versammlung 275
– Tagesordnung 276
– Themen 276f.
– Versammlungsarten 274
Bischofsvikar 100, 105, 134, 145, 236, 344, 350, 370f.
– ohne Bischofsweihe 150
– Spezialmandat 370
– Verhältnis z. Diözesanbischof 370
– Verhältnis z. Generalvikar 371
Bischofswahl 378
– Dreierliste 315
– Kandidatenvorschlag 300
Bischofswahlrecht 377
– Schweiz 339
Bischofsweihe 124, 127f., 336f., 340, 720f.
– Erteilung ohne päpstl. Auftrag 942
– Fülle d. Weihesakramentes 191, 716
– Mitkonsekration 721
– Sakramentalität 191, 716
– Spender 720
– Weihegebet 719
Bistum
– Errichtung 1097
– exemtes 323
– Verhältnis z. Gesamtkirche 333
– Grenzen, Veränderung 1097
– Leitung, Aufgabe d. Diözesankurie 364
– Verwalter, interimistischer 236
  s. auch Diözesanadministrator
Bitte, schriftliche (petitio) 112
Bittgänge 836
Blutsverwandtschaft
  s. Ehehindernis d. Blutsverwandtschaft
Bona temporalia
  s. Güter, zeitliche
Bonum commune 114, 132, 472
  s. auch Gemeinwohl
– Ecclesiae 23
Bonum fidei
  s. Treue
Bonum sacramenti
  s. Ehesakrament
Brautexamen 749–751, 753
– Protokoll 751, 801
– Formulare 752
Brautleute
– Betreuung, pastorale 747
– Kurs 748
Brautmesse 797
Brautsegen 793
– bei konfessions- u. religionsversch. Ehen 797
– in kath. Ostkirchen 739
Brautunterricht 801
Breviergebet 209
  s. auch Stundengebet, kirchl.
– Pflicht 234
Briefgeheimnis 178
Bücher 568
– Beurteilung, nachfolgende 568
– Beurteilung, vorausgehende 568
– Definition 570
– liturgische 54, 317, 571
– Prüfung 569
– Verbote 568
– Veröffentlichungen 570
– Zensoren 570
– Zensorenkommission 570
– Zensur 317
Bürgerliches Gesetzbuch 96
Bürgerrecht, DDR 1077
Bürokratisierung 374
Bulle, päpstliche 90
Bund, ehelicher 766, 774
  s. auch Ehebund
Bund der Evang. Kirchen i. d. DDR 1073, 1075
Bundeskirche 241
Bundesmodell 735
Bundespersonalvertretungsgesetz 1069
Bundesrepublik Deutschland
– Religionsunterricht 594
– Universitäten in nichtstaatl. Trägerschaft 606
– Verhältnis Kirche – Staat 1050–1071
Bundesverfassungsgericht 1054
Buß-
– akt, in der Eucharistiefeier 697
– auflagen 692
– bücher 692
– gebot 657
– gottesdienst 695, 697
– kanoniker 145, 379
– ordnung 657
  – der Deutschen Bischofskonferenz 658
  – der Österreich. Bischofskonferenz 658
  – Bischofskonferenz der DDR 658
  – praxis, altkirchliche 709

Buße 318, 692–694, 706
– Auferlegung 703
– ökum. Sakramentengemeinschaft 644
Bußsakrament 131 f., 692, 707
– Empfänger 706
– verschiedene Formen 695
– in der iroschottischen Kirche 692
– Spender 699
– Spendung 699
  – Form 702
  – Ort 698
– Theologie 693
– Umkehr 692
– Verwaltung 702
– Wesensbeschreibung 694
– Wiederversöhnung 696
Bußtage 654, 657 f.
– Dispens v. d. Einhaltung 655
– verbindliche 654
Bußverfahren 693
Bußwerke 692, 703
Bußzeiten 657, 692

Cappellanus 435
Caritas Internationalis 855
Caritasverband 375
– Deutscher 455, 470, 851 f.
  – regionale Gliederung 852
  – Zentralstelle der DBK 853
– auf Diözesanebene 851
Causae maiores 260
Chancengleichheit 579
Character indelebilis 717 f.
Chor-
– anteil 379
– dienst 379, 482
– leiter 421 f.
Chrisam 662, 672
– salbung 671
Christ
– anonymer 161
– evangelischer (in der DDR) 1073
– nichtkath. 47, 163 f., 168, 170, 317, 741
  – Geltung der Gesetze 566
  – kirchl. Begräbnis 840
  – Sakramentenspendung 643 f.
  – Zusammenarbeit bei Buchveröffentlichungen 571
– orthodoxer 71
Christenpflichten 46
Christenrechte 46
Christentum als Staatsreligion 1038
Christenverfolgungen 1038
Christgläubige 171, 185
– Anteil an der Aufg. Christi 171 f.
– fundamentale Gleichheit 172, 190
– rechtl. Grundstellung 171–184
– Pflichten u. Rechte 173, 175 f., 206
– Recht auf geistl. Hilfen 177
– Unterscheidung 182
– Struktur der Kirche 41, 49, 53
– Theologie 549
Confirmatio
  s. Bestätigung
Coniugium 731
Consecratio 837
– im CIC/1983 838
Consens 122, 493, 732
  s. auch Konsens, -Zustimmung
Consilium (Rat) 122, 493
Consilium
– pastorale 361
  s. auch Diözesanpastoralrat
– presbyterale 355
  s. auch Priesterrat
– a rebus oeconomicis 903
  s. auch Pfarrvermögensverwaltungsrat
Consociatio 462
  s. auch Vereinigung
Consociationes publicae 473
  s. auch Vereine, öffentl.
Constitutio Apostolica 90
Constitutiones 89
Consuetudo
  s. Gewohnheit
Convalidatio 808
  s. auch Ehegültigmachung, Konvalidation
– simplex 809, 811, 814
  – in forma canonica 810
  – in forma privata 810
Corpus Christi mysticum 6, 22
Corpus Iuris Canonici 34
Contractus 731
  s. auch Vertrag
Codex Iuris Canonici (CIC) 33 f., 40
– Auslegung der Normen 56
– Einteilung der Bücher 53
– Geltung 47
– Geltungsbereich 54
– Gliederung 53
– Interpretation 95
– Verhältnis zur LEF 68
– von 1917 35, 69, 72
  – konzilskonforme Interpretation 37
– von 1983 33–57, 84

– Geltungsanspruch gegenüber 47 nichtkath. Christen
– Prägung durch die Ekklesiologie des Vat. II 45f.
CIC–Reform 38, 45, 49
CIC–Reformkommission 38, 40, 43, 45, 52, 54, 558
– Arbeitsphasen 38f.
– Leitsätze 42
– Verhältnis zu nachkonziliarer Gesetzgebung 41
– Vorgaben 40
Codex Iuris Canonici Orientalis 58–60, 62, 69f.
– Kommission 68
Cohabitatio fraterna 818
Communicatio in sacris 642, 945
s. auch Gottesdienstgemeinschaft, Sakramentengemeinschaft
– verbotene, Strafbestimmung 647
Communicatio in spiritualibus
s. Gemeinschaft im geistl. Tun
Communio 8, 10f., 23, 28, 131, 246, 353
– Begriff 10, 46
– ecclesisae 353
– ecclesiarum 46, 239, 244, 273
– eucharistica 11, 168
– fidelium 49
– gestufte 239
– hierarchica 46, 269
– kirchliche 11, 23, 41
– non plena 641
– plena 60, 166–168, 190, 239
s. auch Kirchengemeinschaft, volle
Correctio fraterna
s. Zurechtweisung, brüderliche
Correptio
s. Verweis
Cultus publicus 633

Dachverbände von Vereinen 465
Datenschutz, kirchlicher 401
Dauerstrafe 937
Dechant 237, 383
s. auch Dekan
Declaratio 90
Decretum 90
s. auch Dekret
Decretum Gratiani 34, 71
Dedikation
s. auch Weihe, Weihung
– Hl. Orte 236
– Recht des Diözesanbischofs 648
– Spender 838
– Verlust 649
– Weihung mit Ölsalbung 648
Defekte
s. Rechtsausübung
Defensor vinculi 966, 986
s. auch Ehebandverteidiger
Dekan 237, 382–384
– Aufsichtsfunktion 383
Dekanat 380, 382–388
– und Pfarrverband 431
– Klerus 383
Dekret 51, 102f.
– Allgemeines 85
– Anfechtung 112
– d. Bischofskonferenz 88
Dekretalen 34
Delegant 135
Delegat 133, 135
– Apostolischer 298f.
Delegatio in solidum
s. Delegation, solidarische
Delegation 133–135, 139, 141
– allgemeine 134
– besondere 134
– gesetzliche 134
– gültige 785
– kollegiale 139
– solidarische 138
– sukzessive 139
Delegierter des Papstes 299
Delikt 930
Deliktsfähigkeit 116f.
Deliktskategorien 941
Demokratisierung der Kirchenverfassung 5
Denkmalpflege 915–919
Despositio
s. Absetzung
Deputatio locorum ad cultum publicum 648
Designation (Bischof) 337
Desuetudo 92
Devolution 143, 145
Devolutionsrecht 327
Dezennalvollmachten 132
Dezentralisierung 42, 51, 133, 380, 859, 881
Diakon 199f., 209, 217, 231, 397
– kirchliche Ämter 236
– Aufgaben 230, 235, 635, 679
– Ausbildung 78
– Eheassistenz 415
– Funktionen 235
– minister ordinarius der Taufe 235
– Mitarbeiter in der Pfarrei 237, 415

– im Priesterrat 357
– Rahmenordnung der DBK 415f.
– Stundengebet 209, 640
– Teilhabe an der amtlichen Lehrverkündigung 536
– Vertretung in Räten 231
– Vollmachten 235
Diakon, Ständiger 188, 229–238, 314, 415, 763
– Ausbildung 229, 232
– Militärdienst 213
– Stundengebet 209, 314, 640
– mit Zivilberuf 196, 234
  – Entlohnung 207
Diakonat 126, 229, 551, 718
– als Durchgangsstufe 229
– der Frau 181, 724
– Kandidaten 199, 201f., 725
– im Vatikanum II 717
– Verhältnis zum Episkopat 542
– als selbständige Weihestufe 229
Diakonat, Ständiger 209, 726
– Anwärter 199
– konziliare und nachkonziliare Gesetzgebung 229
– Wiedereinführung 191, 229, 719
– Zugangswege 232f.
Diakonseminar 232
Diakonenweihe 191, 199f., 209, 221, 718, 722, 725f., 763
– Aufnahme in den Klerikerstand 182, 193
– Sakramentalität 717
– Vatikanum II 716
– Weihegebet 720
– Zulassung 200
Diakonie
– DDR 1081
– karitative 847–850
– konsiliare 353
Diakonin
  s. Diakonat der Frau
Dialog, katholisch-orthodoxer 71
Dienst
– besonderer 190, 193, 197
  – Aufnahme von Laien 195
– bischöflicher 336
– diakonaler 207
– geistlicher 190, 193, 196
  – verschiedene Aufgaben 192
  – Ausscheiden 193
  – Befähigung 191
  – Teilhabe von Laien 194
– haupt-, neben-, oder ehrenamtlicher 196
– karitativer 850
– kirchlicher 190–198
  – in staatlichem Arbeitsverhältnis 197
  – für Laien 417
  – Träger 190–198
– des Lehrens, Heiligens, Leitens 193
– liturgischer 189, 636
– pastoraler 197,209, 287, 431
  – Grundforschung DBK 417
  – hauptberuflicher 197
– priesterlicher 207, 678
– am Wort 189
Dienstamt
  s. Amt
Dienstaufsicht 112
– über Mitarbeiter der Diözesankurie 372
Dienstherrenfähigkeit 1060
Dienstordnung 197
Dienstpriestertum 716
Dienstprüfung, zweite 228
Dienstrecht 37, 49, 193, 196, 422, 1067
– Vertrag 908
Dienstunfähigkeit 151
Dignitäten 379
Dikasterien 280–282, 285
Dimissio
  s. Entlassung
Diözesanadministrator 145f., 236, 327, 347f., 351, 360, 723
– Amtsverzicht 151
– Amtszeit 150
– Pfarramtsverleihung 403
Diözesanarchiv 373
Diözesanbischof 50, 105, 134, 246, 269, 336–348, 353
– freie Ämterverleihung 146
– Aufgaben 50, 342
– Aufsicht
  – über den Religionsunterricht 591f.
  – in der Vermögensverwaltung 908f.
  – an katholischen Schulen 583
– Dispensvollmacht 108, 759
– Entscheidungsfreiheit 52
– Errichtung von Kirchenämtern 143
– Förderung des Ökumenismus 560
– Gesetzgebungskompetenz 355
– Haupt des Presbyteriums 358
– Leiter aller amtlichen Verkündigung der Kirche 536
– Leitung der ihm anvertrauten Teilkirche 352
– Liturgie der Teilkirche 637f.
– Pflichten 344

– richterliche Gewalt für die Teilkirche 954
– Sorge um die Einheitlichkeit der Strafgesetze 930
– Steuererhebung 891
– Übertragung eines Pfarramtes 403
– Verantwortung 51
  – pastorale 342
  – für Koordination aller Amtsgeschäfte im Bereich der Verwaltung 372
– Verhältnis zur Bischofskonferenz 308
– Verhältnis zu anderen Diözesanbischöfen 325
– Verhältnis zu Ordensleuten 41, 147, 505
– Verhältnis zum Papst 341
– Vollmacht(en) 41f., 50, 341
– Vorsitz im Konsultorenkollegium 360
– Vorsitzender des Priesterrates 358
Diözesanbischofsamt 245, 340
– Behinderung 341, 346
– Erledigung 346
Diözesancaritsverbände 854
Diözesandomizil 118
Diözesangericht 984
– deutsches als 3. Instanz 985
Diözesankurie 364–376
– Ämter für Laien 373
– Aufgaben der Bistumsleitung 364
– Aufgliederung 375
– Pastorale Ausrichtung 374
– Liturgische Kommission 375
– Kommission für ökumenische Anliegen 375
– Verhältnis zum Diözesanbischof 368
Diözesanleitung, interimistische 347f.
Diözesanökonom 236
  s. auch Diözesanvermögensverwalter
Diözesanpastoralrat 352, 361, 363
– vermögensrechtliche Kompetenzen 902
Diözesanrichter 344, 965, 985
  s. auch Richter
Diözesansynode 315, 344, 353–355, 1125
– Einbeziehung von Laien 354f.
– Teilnehmer 354, 359
Diözesanvermögen
– Veräußerung 913
Diözesanvermögensverwalter 150
  s. auch Diözesanökonom
Diözesanvermögensverwaltungsrat 352, 360, 373f., 883, 904, 906f., 909
– Aufgaben 361
– Beispurchsrechte 361, 913
Diözesanverwaltung 372
Diözese 244, 330
– Definition 330
– Leitung 83
– Teil des Gottesvolkes 41
Diplomatie
– Beziehungen 296
– päpstliche 284
Dirimierungsrecht 493
Disparitas cultus
  s. Ehehindernis der Religionsverschiedenheit
Dispens 16, 91f., 104, 107f., 759
– von Ehehindernissen 48, 63, 759, 761, 803
– von der kanonischen Eheschließungsform 645, 740, 794, 803, 805
– von der Einhaltung von Fest- und Bußtagen 655
– von Gelübden 508
– bei Konfessionsverschiedenheit 802
– Vorbehalt 759
– von Weihehindernissen 727
– von der Zölibatsverpflichtung 108
Dispenserteilung 108, 287, 746
Dispensgrund 108
Dispensvollmacht(en) 63, 107–109, 759
– Ehehindernisse 787
– bei geheimem Fall 760
– in Todesgefahr 218, 760
Dispensvorbehalt 108
– für Ehehindernisse 760
Disziplin, kirchliche 344
Dogma 88
– Entwicklung 539
– und Recht 15
Doktorgrad 81, 618
– im kanon. Recht 965
Dokumentenprozeß 1015
Dominativgewalt 491, 494
– klösterliche 492
Dominium 866
Domizil
  s. Wohnsitz
Domkapitel 89, 338f., 347, 376–380, 904, 1122
– Begriff 377
– Bestellung des Diözesanbischofs 378
– Rat und Senat des Bischofs 377, 875
– Verhältns zum Konsultorenkollegium 315, 359
– Verhältnis zum Priesterrat 377f.
Domkapitular 379
Domtheologe 379
Domvikar 379
Doppeltrauung 804

– Verbot 645
Dotationspflicht 873
Dozent
– des kanonischen Rechts 76
– an kirchlichen Fakultäten 145
– einer kirchlichen Hochschule 617
– Missio canonica 617
Dreiergericht 993
Dreiervorschlag bei der Bischofswahl 338 bis 340
Drei-Munera-Schema 53, 125, 171, 259, 342
Drittorden 461
Druckerlaubnis („Imprimatur") 568, 572
Dubium (Zweifel) 90
Durchführungsdekrete, allgemeine 85
Durchführungsverordnungen 51

Ecclesia particularis
s. Teilkirche
Ehe 730f., 738
– Auflösbarkeit 741
– bekenntnisverschiedene
s. Ehe, konfessionsverschiedene
– bürgerliche 828
– christliche 769
– im CIC/1983 774
– defectus discretionis iudicii 769
– Fachausdrücke 731
– Gemeinschaftsgebilde d. Schöpfungsordnung 730
– gültige 741f., 744f., 766–768, 776, 780, 809, 820
– Rechtsschein 742
– Gültigmachung 740, 761, 766, 809–811
s. auch Konvalidation
– Institution 730, 733
– von Katholiken 746
– in der Schweiz 1098
– Komptenz der Kirche 739, 745f.
– konfessionsverschiedene 48, 318, 757, 789, 796–808
– Erlaubnis 802
– Kirchensteuer 895
– Motuproprio Matrimonia Mixta 63
– Sanierung 811
– kultusverschiedene
s. Ehe, religionsverschiedene
– personale Lebenseinheit 734–737, 744
– Liebes- und Lebensgemeinschaft 817
– Naturrecht 736f.
– von nichtkath. Christen 48
– von Nichtkatholiken 746
– nichtsakramentale 736, 738, 745, 822, 825
– nicht vollzogene 287, 736f., 821f., 995f.
– von Orthodoxen 790
– Rechtsfolgen 733
– bürgerlich-rechtl. 746, 827
– Rechtsgunst 741, 763, 820
– religionsverschiedene 48, 63, 751, 763, 798, 807
s. auch Ehehindernis d. Religionsverschiedenheit
– ohne Trauschein 743
– Unauflöslichkeit
s. Unauflöslichkeit
– unerlaubte 746
– ungültige 741f., 744, 746, 757, 771, 780, 791f., 808
– vollzogene 736f., 741f.
– Wesen 730f., 756, 769, 773f., 776
– Eigenschaften 735–738, 769, 773f., 801f.
– Wirkursache 733, 767, 809
– von Wohnsitzlosen 753
– Ziel 730
– Zustandekommen 733, 739, 742, 766, 780, 782f.
Eheabschluß 783, 788, 813
Eheassistenz 181, 783, 793
– Delegation an Laien 784
– durch Diakon 235
– durch Hilfsgeistliche 413
– passive 783
– Subdelegation 135
Eheauffassungen 730
Eheauflösung 736–738, 741–742, 815–826, 995f.
– in favorem fidei 822, 825, 997f., 1015
– nichtsakr. Ehen 823–825, 997
– nichtvollzogener Ehen 821, 995, 1014
– päpstliche 825, 995, 998
– wegen Paulinischen Privilegs 824
s. auch Privilegium Paulinum
– staatliche 831f.
Eheband 736, 741f., 751, 763
Ehebandverteidiger 986, 989f.
s. auch defensor vinculi
– Appellationspflicht 991
Ehebegriff 730
Ehebruch 817–819, 826, 998
Ehebund 93, 731, 733–739, 746, 765, 783
– unter Christen 740
– Stiftung 731
Ehefähigkeit 741–743, 829
– rechtliche 750, 755–765

Eheführungsunfähigkeit 769, 777–779
s. auch Erfüllungsunvermögen
Ehegatten
– Aufgaben 188
– Rechte u. Pflichten 744
Ehegericht, Organisation 985
Ehegesetzgebung, kirchliche 756
Eheheilung 809, 813f.
– in der Wurzel (sanatio in radice) 699, 767, 793, 810f., 813–815
– Gewalt d. Bischofs 810
– Vorbehalt, päpstlicher 810
Ehehindernis 749, 755–765, 767, 808f., 812
– absolutes 757
– des Alters 117, 761
– Aufhebung u. Änderung 758
– Aufstellung 745, 758
– der Blutsverwandtschaft 118, 760, 764
– der Diakonenweihe 218
– des bestehenden Ehebandes 763, 993
– der öffentlichen Ehrbarkeit 742, 765, 792
– der Entführung 180, 764
– geheimes 757, 760f.
– Geltungsbereich 756
– des Gelübdes 501, 514, 759
– der Impotenz 758, 762, 990
– der Konfessionsverschiedenheit 797–799, 802
– der Priesterweihe 218, 760
– göttl. Rechts 756, 758
– kirchl. Rechts 758–761
– relatives 757
– der Religionsverschiedenheit 158, 797, 807, 826
– der Schwägerschaft 765
– staatliches 830
– trennendes 756, 993
– im einzelnen 761
– verbietendes 756, 798
– des Verbrechens 759
– der gesetzlichen Verwandtschaft 765
– der Weihe 209, 232f., 759
– Wirksamkeit 757
Ehekonsens 732, 734, 739, 765–784, 793
– Austausch 781, 788
– Entgegennahme 784, 792
– Erneuerung 809, 811f.
– Gültigkeit 767
– Mängel 751, 772, 777f.
– Objekt 767
– Unfähigkeit zur Leistung 768f.
– Voraussetzungen 767, 769
– Wirkungen 766f.
Ehekonvalidation 808–815
s. auch Ehe, Gültigmachung Konvalidation
Ehekurzverfahren 1015
Ehelehre, christl. 747
Ehelosigkeit 209, 479, 516, 518, 725
– der Kleriker 188
s. auch Zölibat
Eheunmündigkeit
– staatl. 829f.
– Alter 180
Ehenichtigerklärung 751, 815–826, 987, 991f.
– Unterschied zur staatl. Ehescheidung 820
– im Verwaltungsverfahren 994
Ehenichtigkeit 742, 772, 776f., 809, 968
– aufgrund d. Ausschlusses einer Wesenseigenschaft 736, 748, 776
– formloser Ehen 994
– staatl. 830f.
Ehenichtigkeitsfälle 291
Ehenichtigkeitsgrund 762, 778, 990
Ehenichtigkeitsurteil 290, 991
– zweites 992
Ehenichtigkeitsverfahren 751, 977, 984–986, 995
– Gerichtszuständigkeit 984
– Normen 984
– summarisches 993
Ehepastoral 748
Eheproklamation 752
Eheprozeß 821, 984
s. auch Eheverfahren
– Klagerecht 159, 987
– Reform, Ostkirche 63
– Verlauf 988
– Zeugen 989
– Zuständigkeit 962f., 997
Eherecht 48, 72
– kirchl. Grundfragen 730–746
– d. kath. Ostkirchen 58
– Verständnis, säkularisiertes 827
Ehesakrament 93, 730, 735–742, 765, 783, 815f., 821
– unwürdiger Empfang 749
– Spender 739, 783
Ehescheidung, staatliche 820, 827–836
Eheschließung 730–732, 736f., 739–745, 749, 782–795
– Rechtswirkung 741, 813
– eines aus der kath. Kirche Ausgetretenen 788
– bedingte 766, 779f.

– Behinderung 745
– im staatl. Bereich verbotene 753
– bürgerliche 827–836
– Eintragung 794
– Erlaubtheit 784, 806
– durch Dolmetscher 782
– geheime 795
– Grundrecht der Christen 745, 755
– gültige 414, 740f., 781, 785, 787
– von Katholiken 788
  – mit nichtkath. Orientalen 789, 797
– klandestine 740
– konfessionsverschiedene 645
– Laien 802
– Mindestalter 318
– Mitwirkung der Kirche 740, 745f.
– Ort 784, 793
– unter Orthodoxen 790
– unfähige Person 768
– religiöse, ohne vorherige staatl. Eheschließung 827
– standesamtliche 788, 791
– durch Stellvertreter 754, 766, 781
– unerlaubte 753
– notwendiges Urteilsvermögen 768
– versuchte 943
– Vorbereitung 746–754
– Zeit 793
– Zulassung 742, 748, 750, 752
  – für nichtkath. Christen 750
– Zurechnungsfähigkeit, notwendige 768
Eheschließungsform 739f., 782, 805
– Dispens 318
– bei konfessionsversch. Eheschließung 803
– Freistellung 740.
– kanonische 63, 158, 790, 797, 803–805, 807, 812
– öffentliche 789
– orthodoxe 63
Eheschließungsfreiheit, naturrecht. 756
Eheschließungsliturgie
  s. Trauung
Eheschließungsrecht, staatl. 827
Eheschließungswillen 828
Eheseelsorge
  s. Ehepastoral
Ehestand 730
Eheunfähigkeit, psychische 817
  s. auch Erfüllungsunvermögen
Eheverbot 749, 751, 758f., 762
Eheverfahren 366, 984–999
  s. auch Eheprozeß
Eheversprechen 747
Eheverständnis
– CIC/1917 737
– II. Vatikanum 734
– vertragsrechtl. 740
Ehevertrag 731–733, 735, 738f.
Ehevertragsunfähigkeit 769, 778f.
Ehevorbereitung 318, 748
Ehewille 741–744, 749–751, 808f., 811–813
– Fehlen 773
Ehewillenserklärung, öffentl. 733, 739f., 766, 780, 783, 809
Ehezweck 732, 735, 765, 801
Ehrbarkeit, öffentl. 765
  s. auch Ehehindernis d. öffentl. Ehrbarkeit
Ehrendienste, kirchliche
– Enthebung 114
– Patenschaft 669
Ehrenprälat Seiner Heiligkeit 295
Ehrentitel 329
– im einzelnen 254
– geistliche 295
Ehrfurcht und Gehorsam 206
Ehrfurchtsbindung d. Klerikers 206
Eid 481, 513, 520
Eigenrechtsmacht d. Kirche 1022f., 1026f., 1031
– gegenüber staatl. Gewalt 1023
Eigenschaften, kanon. 339
Eigenschaftsirrtum 770f.
Eigenständigkeit, kirchl. 1026, 1029
Eignung, kanon.
– zum Bischofsamt 339
– zur Weihe 200
Einäscherung 843
Eingliederung
– in den geistl. Heimatverband 200
  s. auch Inkardination
– in die Kirche 166, 552
  s. auch Initiation
Einheit
– der Christen 60, 559
– Wiederherstellung 169–170, 643
– der Ehe 735–738
– der latein. u. orient. Kirchen 69
– Prinzip u. Fundament 262
– des Rechts 12, 14, 21,
Einkehr, geistl.
  s. Exerzitien
Einrede 970, 974
Einsetzung
  s. Institutio

Einspruch
s. auch Rekurs
– gegen Verwaltungsdekrete 100
– gegen Strafverfügungen 112
Einverleibung
s. Inkorporation
Einzelbeichte 695
s. auch Bußsakrament
Einzelrichter 319, 965, 983, 986, 993
Einzelzelebration 678
Ekklesiologie 10
– konziliare 41, 554
Elemente, kirchenbildende 164
– außerhalb d. kath. Kirche 239
Eltern
– Aufgaben 188
– Pflichten u. Rechte 745, 895
– zur Erziehung 579, 667
Elternrecht 581, 662
– konfessionelles (DDR) 1080
– natürliches 579
– Taufe in Todesgefahr 668
Elternschaft 745
– verantwortete 775
Entführung
s. Ehehindernis d. Entführung
Entlassung
– aus dem Klerikerstand 193, 214–222, 285, 929
– Gnadenakt 217, 220
– Gründe im einzelnen 216
– aus dem Ordensinstitut 509, 511, 959
– Strafe (dimissio) 215
Entmündungsordnungen 117
Entschädigungsleistungen f. d. Säkularisation 889
Entscheidung, richterliche 979
Entscheidungsvollmacht d. Apostel 7
Eparchie 330
Epikie 92
Epiklese 715
Episkopat 126, 273, 718
– und Presbyterat 717
Erfüllungsunvermögen 762, 769, 777f.
Erkenntnisfähigkeit
– Voraussetzung f. Ehe 769
Erkenntnismangel, ehelicher 768, 778
Erlaubnis (licentia) 799f
– für konfessionsverschiedene Eheschließung 48, 757, 800, 807
– zum Eheabschluß 801f.
– Buchveröffentlichung 570
Ernennungsschreiben, päpstl. 342
Ermessen, richterliches 937
Error communis
s. Irrtum, allgemeiner
Ersitzung von Rechten 123
Erwachsenenbildung 546, 585, 1070
– Aufgaben 586
– Beteiligung d. Kirche 1069
– katholische 586
– u. Massenmedien 586
Erwachsenentaufe 317, 660, 664
– Voraussetzungen 666
Erzbischof
s. Metropolit
Erziehung 579
– christliche 177, 188
– katholische 316, 580–584, 591, 662, 745
– Recht aller Gläubigen 188
– der Kinder
s. Kindererziehung
– Pflicht u. Recht d. Kirche 580
– religiöse 545, 805
Erziehungsrecht, elterliches 579, 1056
Erzpriester
s. Dekan
Eucharistie 676–691, 848f.
– Anbetung 688
– Aufbewahrung 687
– Aussetzung 688
– und Kirche 6
– Materie 683
– Normen 676
– Ort 686
– Sakramentengemeinschaft, ökum. 644
– außerordentl. Spender 680
– Verehrung 687f.
– Zentrum der Liturgie 634
– Zulassung 644
Eucharistiefähigkeit 168
Eucharistiefeier 6, 11, 183, 634, 677, 686
– Befähigung zur 678
– kleiner Gemeinschaften 685
– Mitwirkung d. Laien 636
– für Nichtkatholiken 689
– Ordnung 677
– Ritus 684
– sonntägliche 647
– Zeit 686
– Zusammenwirken v. Klerikern u. Laien 183
Eucharistiegemeinschaft (Interkommunion) 642
Eucharistieverständnis 676

Evangelisation 541, 550f.
– Beitrag 548
Evangelische Kirche in Deutschland 1050f.
Ex cathedra-Entscheidung 260
Exekutive
s. Verwaltung
Exemtion 334, 504
– päpstl. Gesandte 300
– Kardinäle 281
– Priesterseminar 225
– kath. Universitäten 606
Exercitium 125, 130
s. auch Vollmacht, geistl. Ausübung
Exerzitien 209
Exkardination 205
Exklaustration 507
Exkommunikation 111, 114, 139, 680, 705, 797, 928, 930, 934
– dem Apost. Stuhl vorbehaltene 701
– Beugestrafe 700
– bei Bischofsweihe ohne päpstl. Auftrag 721
– Nachlaß 939
– Selbsteintritt 941–943
– bei Kirchenaustritt 169
– bei Verletzung des Beichtspiegels 704
– durch Spruch 934
– Tatstrafe 934
Exkommunikationsbuße 694
Exkommunizierter 94
Exorzismus 236, 836, 839
Expositur 389
Extravagantensammlung 34
Extravagentes communes 34

Fabrica ecclesiae 871
Fabrikräte 1122
Fachhochschule, kirchl. 613
Facultas
s. Beauftragung
Vollmacht
Facultates habituales
s. Vollmachten, ständige
Fahrlässigkeit 930f.
Fakultät
– evang.-theol. (DDR) 1080
– Gründung 316, 606
– kanonistische 79, 81
– katholische 606f., 609
– kath.-theol. (Bayern) 623f.
– kirchliche 89, 188, 605, 609f., 616, 618
– nicht röm. kath. 1107
– päpstliche 605
– rechtswissenschaftliche 81
– theologische 77, 204, 228, 626, 1064, 1122
– Bestandsgarantien 622
– in der BRD 610, 620, 1064
– in der DDR 620f.
– in Österreich 621, 1092
– in der Schweiz 621, 1106f.
– Verleihung akad. Grade 625
Familie, päpstliche 294
Familienapostolat 290
Familienkatechese 546
Familienrecht (Ostkirchen) 62
Fasten 318, 657
– Gebot 657
– Zeit 658
Favor fidei 825
s. auch Eheauflösung in favorem fidei
Favor matrimonii
s. Ehe, Rechtsgunst
Feier, liturgische 635
Feiertag, kirchlicher 655
– staatl. Anerkennung 656
Feldprediger 453, 1107
s. auch Militärseelsorger
Ferntrauung 781
Festtag 318, 654
– Dispens von der Einhaltung 655
– Normen der Bischofskonferenz 637
Feuerbestattung 840
Finanzen
s. Vermögen
Firmalter 317, 674
Firmpate 114, 675
Firmregister 675
Firmspendung 671–674
– Bischof als ordentl. Spender 672
– Empfänger 674
Firmung 659, 671, 848
Firmvollmacht 673f.
Form, kanonische
s. Eheschließungsform
Formmangel 767, 790, 804, 809, 812
Formpflicht (bei der Eheschließung) 158, 782f., 788–790, 812
– Dispens 645, 760, 789, 803f.
– Rechtsfolgen b. Nichtbeachtung 791
Forschungsfreiheit 177, 188, 617
Fortbildung der Kleriker
s. Kleriker, Fortbildung
Forum externum 42, 131f.
Forum internum 42, 131f.
– extrasacramentale 132

Frankreich
– Trennung, kirchenfreundliche 1042
– Verhältnis Kirche–Staat 1109–1027
Französische Revolution 1040
Frau in der Kirche 179
– Ausschluß von den sakramentalen Weihen 180, 723
– im CIC/1917 179
– Dienste außerhalb d. Altarraums 680
– keine volle rechtl. Gleichstellung 180
– Votum der gemeinsamen Synode 180
– Zulassung zum Diakonat 181, 724
– Zulassung zum Priesteramt 723
Freiheit 29–32
– Begriff 564
– der wissenschaftlichen Forschung 177
– der Glaubensentscheidung 552, 563
– kirchliche 31, 1051
– der Massenmedien 587
– der Meinungsäußerung und Kritik 587
– Rechte 1040
– religiöse 160, 164, 561f., 564
s. auch Religionsfreiheit
Freikirchen, evangelische 1050
Freitagsopfer 658
Fremde (peregrini) 94
Friedhof 647, 653f.
– Benediktion 653, 837
Fronleichnamsfest 688
Funktionentrennung 364f.
Furcht, schwere 214, 777, 779

Gebäude, gottesdienstliches 1125
Gebetsgottesdienst, amtlicher 640
Gebühren 883
Gefängnisseelsorger 435
Geheimarchiv 1006
Geheimehe 795
Geheimkämmerer, päpstlicher 295
Gehorsam 175, 479
– Bindung des Klerikers 206
– christlicher 175
– kanonische Pflicht 210
– religiöser 535
– in Säkularinstituten 518
Geisteskrankheit 117, 768f., 778, 990
Geistlicher
s. Kleriker
Gelübde 183, 199, 481, 486f., 501, 513, 520, 764
– Dispens 507f.
– Ehehindernis 514
– ewiges 200, 506, 508
– trennendes Ehehindernis 501
– feierliches 480, 482
– öffentliches 487, 501, 514, 764
– zeitliches 501, 507
Gemeinde
s. Pfarrei
– integrierte 368
Gemeindeassistent(in) 419
Gemeindehelfer(in) 419f.
Gemeindereferent(in) 78, 195, 197, 419, 424
Gemeinschaft
– apostolische 505
– des apostolischen Lebens 54
– in geistlichem Tun (communicatio in spiritualibus) 642
– getrennte kirchliche 239, 641
– des gottgeweihten Lebens 477
– hierarchische 125, 129, 250, 357f.
– zwischen dem Bischof und seinen Priestern 356
– Bischof von Rom mit den anderen Bischöfen 538
– mit dem Haupt und den Gliedern des Bischofskollegiums 336
– kirchliche 170, 644, 746
– nichtkatholische 644, 753
– ostkirchliche 62
– priesterliche 408
Gemeinwohl 132, 136, 140, 588, 1034
– der Kirche 88, 178, 756
Generalabsolution 695–697, 700
– Deutsche Bischofskonferenz 696
– in Österreich 696
– sakramentale 317, 693, 695–698
Generalkapitel 495
– eines Klosters 489
Generalklausel im Strafrecht 948f.
Generaloberer 490–492
Generalvikar 100, 105, 134, 145, 236, 344, 350, 364, 366–370
– Verhältnis zum Bischofsvikar 371
– alter ego Episcopi 367
– bei Sedisvakanz 368
– bischöfliches Spezialmandat 369
Generalvikariat 364, 366
Gerechtigkeit, soziale
– Pflicht zur Förderung 176
Gericht 43, 192
– dreifache Abstufung 964
– bischöfliches (1. Instanz) 964
– höchstes der Kirche 968
– 2. Instanz 319, 967f.

- kirchliches 954
- ordentliches 1013
- päpstliches 957, 964, 968

Gerichtsbarkeit 136, 953f., 961
- Ausübung 955
- bischöfliche 364
- geistliche in der Schweiz 1098
- kirchliche 953–961
- Kompetenzen der Bischofskonferenz 319
- ausschließliche Zuständigkeit der Kirche 955
- konkurrierende Zuständigkeit von Kirche und Staat 955

Gerichtsgewalt 964
Gerichtsherren 961
Gerichtshof, päpstlicher 280, 283, 290
Gerichtskosten 982
Gerichtsnotar 966
Gerichtsordnung 962–972
Gerichtsorganisation 963
  - in der Ostkirche 62

Gerichtsort 971
Gerichtsschreiber 966
Gerichtssprache 971
Gerichtsstand 962f.
  - bei der Räm. Rota 963
  - Zuständigkeit 962

Gerichtsverfahren
- Strafprozeß 1006
- Verwaltungsverfahren 1004

Gerichtsverfassung 962–972
Gerichtsverwaltung 290, 961
- bischöfliche 966

Gerichtsverwaltungsbehörde 291
- oberste 968
  - Apostolische Signatur 969

Gerichtsvikar 237, 366–369
  s. auch Offizial
Gerichtsweg 956, 959, 1002
Gerichtszeiten 971
Gesamthochschule, kirchliche 607, 614
Gesamtkirche 70, 240–242, 333
- Rechtsträger kirchlichen Vermögens 866
- gegliedert in Rituskirchen 242
- aus Teilkirchen 240f.
- in und aus Teilkirchen 239
- Verhältnis zur Teilkirche 46, 50

Gesandter, päpstlicher 146, 295–301, 315, 338, 1030
  s. auch Legat
Gesandtschaftsrecht 257, 1030
- päpstliches 296

Gesandtschaftswesen, päpstliches 295–299
- neues ekklesiologisches Verständnis 297
- Zusammenhang mit päpstlicher Jurisdiktionsgewalt 296

Geschäftsfähigkeit 116
Geschäftsordnungsrecht 51
Geschehen, rechtserhebliches 113–124
Geschiedene 680
- wiederverheiratete 680, 737, 743, 818, 841
  - Deutsche Synode 817
  - Zulassung zu den Sakramenten 819
- zivilrechtlich 750

Gesellschaften des apostolischen Lebens (Societates vitae apostolicae) 198, 200, 287, 487, 519–525
- Ähnlichkeit mit den Instituten des geweihten Lebens 521
- Ausscheiden 525
- Autonomie 523
- Inkardination 524
- Mitglieder 523
- Vermögensrecht 525
- Wesenselemente 520
- Zielsetzung 522

Gesellschaften, Apostolische päpstlichen Rechts 200
Gesellschaft, rechtlich vollkommene 83, 1023, 1026f.
  s. auch societas perfecta
Gesetz 22, 83–87, 89
- allgemeines 89
- des Apostolischen Stuhles 95
- Begriff 23, 37, 84, 87
- besonderes 89
- Definition 84, 86
- d. Deutschen Bischofskonferenz 88
- formelles 86
- Gegenstand 89
- gesamtkirchliches 89, 92, 94
- Verhältnis zur Gewohnheit 98
- inhabilitierendes 90, 92
- irritierendes 90f.
- kanonisches 23, 86
- kirchliches 86–88, 92, 94, 157, 168
  - Einteilung 89
  - Geltungsbereich 89, 92, 169, 566
  - oberstes 40
  - Verhältnis zum staatlichen 86, 88
  - materiale Wesensmerkmale 88
- außer Kraft treten 92
- päpstliches 90
- partikulares 94
- personales 89
- Sinn (ratio legis) 94, 96

– staatliches 8, 86
  – im kirchlichen Recht 96
  – Vergleich kirchliches 88
  – für den vermögensrechtlichen Bereich 859
– teilkirchliches 88f., 92, 94
– territoriales 89, 94
– universalkirchliches 89, 94
– verbietendes 89
– Zeitpunkt des Inkrafttretens 88, 91
– Zustimmung 91
Gesetzbuch 35, 39
– gemeinsames und grundlegendes 66
– der katholischen Kirche 34
– für die Lateinische Kirche 54
– für die unierten Orientalischen Kirchen 54
– ostkirchliches 36
Gesetzesanalogie 95
Gesetzesanwender 75
Gesetzesanwendung 85
Gesetzesauslegung 74, 94
– authentische 56, 95
– gewohnheitsmäßige 96
– wissenschaftliche 96
Gesetzesbefehl 88
Gesetzesfähigkeit, passive 88
Gesetzesgeltung 175
Gesetzesinhalt 88
Gesetzeslücke 75, 95
Gesetzesrecht 56
– liturgisches 55
Gesetzesschwebe
  s. vacatio legis
Gesetztessystematik 46, 53, 56
Gesetzestechnik 37
Gesetzesverkündung
  s. Promulgation
Gesetzesverpflichtung 91f., 95
Gesetzesvollzug 91f.
Gesetzeszweck 87
– Wegfall 92
Gesetzgeber 84, 89, 136
– Aufgabe 56
– in der Diözese 355
– kirchlicher 56, 94
– oberster 261
– teilkirchlicher 89
– universalkirchlicher 89
– Zuständigkeit 88
Gesetzgebung 51, 84, 136, 302
– des Diözesanbischofs 344
– kirchliche 40
– nachkonziliare 37f.
  – Verhältnis zur CIC-Reform 41
  – teilkirchliche 37, 51
– eines Ordensinstituts 495
– auf Probe (ad experimentum) 37
– provisorische (ad interim) 37
Gesetzgebungsbefugnis 307
– der Bischofskonferenz 313
Gesetzgebungsgewalt 83–85, 91, 100, 136
– delegierte 101
Gesetzgebungstechnik 56
Gesetzgebungsweise 69
Geständnis 976
Getaufter 113, 163
Gewalt
– der Bischöfe 259
– drei Gewalten 125
– Erlöschen 139
– heilige 129
– höchste und volle über die ganze Kirche 267
– kirchliche
  – Eigenständigkeit gegenüber dem Staat 1026
  – Wesensverschiedenheit von staatlicher Gewalt 1024
– oberhirtliche 83, 133
– des Papstes 259, 263
– richterliche 136, 953, 964, 971
– staatliche, Ursprung 1025
– volle (potestas plena) 259
– vollziehende 99
Gewaltentrennung 43, 85, 365
Gewissen
– Schutz 566
Gewissensbildung 697
Gewissensentscheidung 567, 807
Gewissensfreiheit 562, 565, 1083f., 1098, 1102f., 1105, 1108, 1113, 1116
Gewissensverpflichtung 805
Gewohnheit (consuetudo) 96–98
– gesetzwidrige 92, 98
– hundertjährige 98
– unvordenkliche 98
Gewohnheitsrecht 55, 60, 97f., 758
– Außerkrafttreten 98
– Bildung (Legalkonsens) 98
– contra legem 55
– hundertjähriges 55
– liturgisches 55, 638
– partikulares 98
– praeter legem 55
– secundum legem 55

– unvordenkliches 55
– Verhältnis zum ius divinum 97
Gläubige 91
s. auch Christgläubige
– Gemeinschaft und Lehramt 533, 539
– rechtliche Grundstellung 49
– priesteramtliches Tun 635
Glaube
– authentischer der Kirche 538
– Bezug zur Liturgie 632
– Weitergabe 657
Glaubensakt 563f.
Glaubensanalogie (analogia fidei) 87
Glaubensbekenntnis 561–567
– bei Amtsantritt 567
Glaubensentscheidung
– Freiheit 552, 563
– unfehlbare 535
Glaubensfreiheit 562–567, 1038, 1083f., 1098f., 1102f., 1105, 1108
– Auswirkungen auf Ökumene 566
Glaubensgehorsam 176, 535, 539
– unter Anspruch des Gewissens 563
Glaubensgut 93
Glaubenslehre, verbindliche 535
Glaubensprivileg
s. privilegium fidei
Glaubensverkündigung 1030
s. auch Verkündigung
Glaubwürdigkeitszeugen 990, 995
Gleichberechtigung 179
– der Konfessionen 1102
Gleichheit, fundamentale aller Christgläubigen 5, 43, 49, 172f., 182, 186, 190
Gleichheitsgebot, verfassungsrechtliches 1084
Gliedschaft in der Kirche
s. Kirchengliedschaft
Gliedschaftsrecht
– auf kirchliches Begräbnis 840
– Beschneidung 896
Glockenweihe 837
Gnadenakt 729, 822, 826, 996
– des Apostolischen Stuhls 217, 222
Gnadenbescheid, päpstlicher 883
Gnadenerweis 104–106, 137, 292
Gnadenweg 215, 217f.
Gottesdienst 634
– amtlicher 633, 636
– gemeinsamer (ökumenischer) 646
– Ordnung 639
– im CIC 1917 641
– gemeinschaftlicher Vollzug 635
Gottesdienstgemeinschaft (communicatio in sacris) 48, 642
– mit Nichtkatholiken 945
– ökumenische 641–647
Gotteshaus, katholisches
– Benutzung durch nichtkatholische Christen 647
Gotteshausvermögen 872
Gottesverehrung, amtliche 633
Gottesvolk
s. auch Volk Gottes
– Anteil am prophetischen Amt Christi 533
– ökumenische Verantwortlichkeit 559
– Subjekt der kirchlichen Lebensvollzüge 331
– Teil des Gottesvolkes 247
Großkanzler 616
Grundämter 142, 192
Grundgesetz der Kirche
s. Lex Ecclesiae Fundamentalis
Grundgesetz für die Bundesrepublik Deutschland 1052–1054
– Fundamentalnormen des Verhältnisses Kirche – Staat 1054
Grundpflicht
– der Christgläubigen im einzelnen 175
– zu angemessener finanzieller Unterstützung 890f.
Grundrecht 564, 755
– Ausübung 178
– der Christgläubigen 173f.
– auf die aktive Mitkonstituierung der amtlichen Kultgemeinde 635
– Hören des Wortes 541
– auf Ehe 749
– des Empfangs der geistlichen Güter 186
– auf Glaubens- und Bekenntnisfreiheit 894f.
– Grenzen 178
– in der Kirche 32, 49, 173f.
– der Person – ohne Unterschied des Geschlechts oder der Rasse 179
– Regelung durch kirchliche Autorität 178
– religiöses (Schweiz) 1102f.
– der freien Religionsausübung 444, 918, 1066
– der Religionsfreiheit 895, 1042, 1055, 1059, 1068
– vorstaatlich 1026
– auf Taufe 665
– auf Vereinigungsfreiheit 460
Gruppenmesse 687
Gruppenuniversität 625

Gültigmachung der Ehe
s. Konvalidation
Ehe, Gültigmachung
Güter
– geistliche 176, 186
– kirchliche, Verwaltung 901
– körperliche 868
– unkörperliche 868
– zeitliche 860, 863, 868, 1030
– Zweckgebundenheit 862
Gunsterweis 104
Gutachter in Ehenichtigkeitsprozessen 990

Häresie 535, 567, 727, 941
Handeln, rechtserhebliches 121
Handkommunion 683
Handlungsfähigkeit 116, 120
Haus, päpstliches 294
Hauskapitel 495
Hauskirche 188
Hausprälat, päpstl. 295
Heidelberger Schule 1024
Heil 130, 132, 160
Heiligenverehrung 844–846
Heiliger Stuhl 263f., 282
s. auch Apost. Stuhl
– Vatikanstaat 302
– völkerrechtliche Vertretung 300
– souveränes Völkerrechtssubjekt 302
Heiligsprechung 72, 289, 637, 959, 1015
Heiligsprechungsverfahren 320, 845, 957
Heiligtum 318
Heiligungsdienst 632
– Diakonie, karitative 848
– des Diözesanbischofs 343
Heilsbotschaft, Ausbreitung 175, 187
Heilsdienst, kirchlicher 848
Heilsökonomie 130
Heilssendung der Kirche 130, 182, 202, 1028
Heimatverband, geistlicher 198
– Zugehörigkeit 198–206
Hermeneutik 76
Hierarchie 172, 191
– der Wahrheiten 557
Hilfen, geistliche 176
– Recht auf Empfang 177
Hilfsämter 192f.
Hilfsbischof
s. Auxiliarbischof
Hilfsgeistlicher (vicarius paroecialis) 411–414
– Aufgaben und Rechte 413
– Bezeichnung 412
– Ernennung und Abberufung 411
– Mitgliedschaft in pfarrlichen Gremien 414
Hinordnung zur Kirche 157
Hirtengewalt
s. Jurisdiktionsgewalt
Hochschuleinrichtungen, theologische
– einvernehmliches Handeln v. Staat und Kirche 624
– in staatl. Trägerschaft 626
Hochschulen 605–631
– katholische 605
– kirchliche 609, 613f.
– Anerkennung 614
– Dozent 617
– pädagogische 612
– in der Schweiz 615
– Studium 618
– theologische
– Deutschland 610
– Schweiz 1106
Hochschulgemeinde 386
Hochschulseelsorge 441f.
Hofstaat, päpstlicher 294
Homilie 543f., 634
Homosexualität, konstitutionelle 817

Ikone 14
Impotenz
s. Ehehindernis der Impotenz
Imprimatur 568
Incapacitas adimplendi onera matrimonialia
s. Eheunfähigkeit
Index librorum prohibitorum 568
Index Romanus 568
Indifferenz, religiöse 1041f.
Indizienbeweis 979
Informativprozeß 339
Initiation
– christliche 659, 671f.
– sakramentale 317
– Sakramente 552, 659
Inkardination 198, 200f., 205
– in eine Societas vitae Apostolicae 524
– Ordinarius 1001
– Recht 198f., 233, 722
– Verband 527
Inkonsummationsverfahren 995f.
Inkorporation 393, 395, 618
– von Pfarreien 143, 393
Inquisitionsverfahren 1003
Insignien 379

Instanzenordnung 963f., 968
– gemeinsame Gerichte 967
Instanzenzug 1013
Institut
– katechetisches 316
– katholisches 609
– für Klerikerbesoldung 887
– kontemplatives 480, 504
– für Staatskirchenrecht 80
Institut, kanonistisches 81
– deutsches 80
Instituta
– religiosa
s. Ordensinstitut
– saecularia
s. Säkularinstitut
– vitae consecratae
s. Institute d. gottgeweihten Lebens
Institute
– mit apost. Aufgaben 480
– des gottgeweihten Lebens 183, 476, 481, 485, 487, 513
– Ähnlichkeit mit Gesellschaften apost. Lebens 287, 521
– kirchenrechtl. Ort 484f.
Institutentheorie 865f., 911
Institutio 144, 719
Institutsvermögen 871
Instructio 85, 90
Interdikt 680, 928, 934
– Nachlaß 939
– Selbsteintritt 942
– als Spruchstrafe 935
– als Tatstrafe 934
Interdiözesangericht 985
Interkommunion
s. Eucharistiegemeinschaft
Internuntius 298f.
Interpellation beim Paulinischen Privileg 823, 996
Interzelebration 643
Intimsphäre 178
Investiturstreit 1039
Irregularitäten
s. Weihehindernis
Irrtum 160, 770, 772, 787
– allgemeiner 140, 786
– hinsichtlich wesentl. Eigenschaften der Ehe 770
– bzgl. Eigenschaften der Person 771
– einfacher 770
– über Sklavenstand 771
Islam 1049
Ius
– canonicum 17, 19, 20
– civile 12
– commune 20
– in corpus 732f., 735
– divinum 5, 12f., 16, 18f., 31, 93, 756
s. auch Recht, göttliches
– gentium 12
– humanum 19
– naturale 12f.
– publicum 20
– ecclesiasticum 20, 1023f., 1026, 1032, 1034

Jahr, liturgisches 654
Jahrbuch, päpstliches 254
Jugendpastoral 224
Jungfrauenweihe 180, 837
Jurisdiktion 131
– der Patriarchen 63–65
Jurisdiktionshierarchie 27
Jurisdiktionsprimat 248, 250, 295f.
Jurisdiktionsvollmacht (potestas iurisdictionis) 124f., 128, 140, 278, 417
– höchste 83, 248
– ordentliche 132
– pfarrliche 237

Kammer, Apostolische 294
Kanoniker 379
Kanonisationsverfahren 1015
Kanonist 73–76
Kanonistik 22, 26f., 34, 74, 77
– Aufgabe 73
– Definition 71
– Fachausbildung 79, 81
– Fachzeitschriften 80
– Grundlagenforschung 36
– katholische 19
– Methode 74
– neuere 27
– römische 21
– prakt. Wissenschaft 75
Kantor 189
Kanzlei, Apostolische 294
Kanzler 236
Kanzler der Kurie 342, 373
Kapellen 650
s. auch Oratorium
– Benediktion 651
– Errichtung 651
– halböffentliche 650

– Ordensniederlassung 487
– päpstliche 294
– Privatkapelle 651
Kapitel eines Ordensinstituts 494
– Aufgabenbereich 495
– Zusammensetzung 495
Kapitel einer Kirche 380
Kaplan 237, 413
– Seiner Heiligkeit 295
Kardinal 146, 150, 277–281, 300
– Aufgabe 277
– Bischofssynode 280
– Bischofsweihe 287
– Ernennung 279
– Sedisvakanz 280
– Sonderrechte 281
Kardinal(s)-
– bischöfe 277f.
– dekan 278, 281
– diakone 278
  – ranghöchster 281
– großpönitentiar 280, 291
– kämmerer 280
– kongregation 100
– präfekt 280
– priester 278
– kollegium 264–266, 277–279, 281
– staatssekretär 280, 283f.
– subdekan 278, 281
– vikar 255
Karitas 848f., 1068
– DDR 1081
– i. d. Diözese 850, 854f.
– Organisation 847, 851–856
– Werke 849
Katechese 194, 541–547, 551, 591, 598, 602
– Adressaten 546
– Organisation 547
– u. schul. Religionsunterricht 590
Katechet 546
Katechismus 547, 571
Katechist 551
Katechumenat 316, 552, 661, 666
– Statuten d. Bischofskonferenz 552
Katechumene 157f., 552, 840
– Empfang v. Segnungen 839
– öl 662
Kathedralentscheidung 534
Kathedralkirche 342, 687, 875
Katholiken
– vom Glauben abgefallene 753
– i. Frankreich 1109
Katholikenrat 363
– Gremium, d. vertragsrechtl. Organisationsstruktur 364
katholisch, Begriff 763, 788, 796
Katholizität 43
– Fundamentalnormen ü. d. Fülle d. 41
– d. Kirche 557
Keuschheit 209
  s. auch Räte, evang.
Kind (infans) 116, 745
– ehelich 745
– legitimiert 745
– nichtehelich 670, 745
Kindererziehung 667, 745, 799
– kath. 581
– in konfessionsversch. bzw. religionsversch. Ehen 797, 805f.
– Kirche – Staat (Schweiz) 1098
Kindermesse 685
Kindertaufe 660, 666, 797
Kirche 3–11, 15, 17
– Altkath. 644f., 1094f.
– äußere Angelegenheiten 1089
– Auferbauung 130
– hierarchisch verfaßt 53, 1023
– autokephal 333
– Begriff 125, 163, 329, 867, 1022
– bibl. Bilder 3
– Charakter e. supranationalen Institution 264
– Christ, kath. Kirche 163f., 166, 239
– als Communio Ecclesiarum 239
– als Communio fidelium 43, 46
– pneumatische Dimension 485
– Eigenständigkeit 1034
– als Ereignis 8
– Pflicht und Recht zur Erziehung 580
– u. Eucharistie 6
– evangelische
  – i. d. BRD 1051
  – i. d. DDR 1072
  – Österr. 1094f.
  – i. d. Schweiz 1098
– Finanzierung 1102, 1121
– als unsichtbares göttl. Geheimnis 8
– des Geistes 7
– als geistgewirkte Gemeinschaft 1021
– u. kirchl. Gemeinschaften, nichtkath. 170f.
– als sakramentale Gemeinschaft 8
– als vollkommene Gesellschaft 1022
– in ihrer äußeren Gestalt 8
– getrennte 239, 641
– geweihte 650

– Gliederung 43, 50, 89
– Grundrechtsträger 1103
– Grundvollzüge 6, 240, 333
– Heilsgemeinschaft 923, 1021
– als Heils- und Rechtsgemeinschaft 83, 1022
– als Institution 7, 31, 1023
– Lebensvollzüge 331
– Mysterium 8, 11
Kirche, katholische
– Gliederung 239
  – in Österreich 121
  – in d. Schweiz 1097
  – in u. aus Teilkirchen 41, 46, 167, 297, 329, 333
  – unierte Ostkirchen 642
– als Körperschaft d. öffentl. Rechts 896
– in kommunistischen Staaten 1047
– lateinische 48, 242
– als Leib Christi 1021, 1023
– menschl. u. göttl. Element 9
– missionarische Dimension 547
– als Mysterium 8
– nichtkatholische 641
– öffentl.-rechtl. Stellung in der BRD 1060
– orientalische 48
– orthodoxe 59, 681
– des Ostens 61, 644f.
– des Rechtes 7, 21, 1021
– als Volk Gottes 1021
– völkerrechtl. Rechtspersönlichkeit 264, 296
– sakramentale 8f.
– Selbstbestimmung i. eigenen Angelegenheiten 613
– sichtbare 9, 88
– u. Sozialismus 1076
– als Tempel d. Hl. Geistes 3, 7, 11, 1021
– Verfassung, hierar. 277
– Wesen 3f., 28, 330
– Zugehörigkeit 53, 162–171, 738, 746
Kirche u. Staat 32, 300, 561, 1029, 1039, 1042f., 1045f.
– gemeinsame Angelegenheiten 446, 593, 893
– im CIC/1983 1031
– theol. Fakultäten 622, 628
– geschichtl. Bedingtheit 1037, 1040
– kirchl. und theolog. Hochschulen 613, 624
– Grundmodelle einer Zuordnung 1037–1049
– Konkordat 1035f., 1111
– Kooperation 1031, 1034f., 1042, 1053
– Lehre d. Kirche 1021
– im Liberalismus 1035
– dienen demselben Menschen 1034
– Reformationszeit 1040
– einzelne Sachbereiche 1062
– Schulwesen 580, 584
– societas perfecta 1027
– Trennung 1034, 1046, 1052, 1100f., 1111
– Trennung
  – laizistische 1042
  – organisatorische 1054
– Unabhängigkeit voneinander 890, 1026f., 1031
– verfassungsrechtl. Fundamentalnormen 1054
– Verhältnis zueinander 561, 1021–1037, 1041
– Vertragsrecht 910
– Wesensverschiedenheit 87, 1024–1026
– Zusammenarbeit 900, 1034f.
Kirche u. Staat
– BRD 1050–1071
– Dänemark 1043
– DDR 1048, 1072–1081
– Frankreich 1042, 1045, 1109–1127
– Großbritannien 1043
– Italien 1044
– Norwegen 1043
– Österreich 1081–1096
– Polen 1048
– Portugal 1044
– Schweden 1043
– Schweiz 1097–1109
– Spanien 1044
– Sowjetunion 1047
– Tschechoslowakei 1048
– USA 1042, 1046
Kirchenamt 93, 141–153
– Aufhebung 143
– Begriff 141
– Entziehung 152
– Errichtung 143
– erledigtes 146–148
– Veränderung 143
– Verleihung 143–146
– Verlust 346
Kirchenanwalt (promotor iustitiae) 966f., 987
Kirchenaustritt 169, 754, 763, 789, 841, 895f., 1067
– DDR 1079

– Beendigung d. Kirchensteuerpflicht 895
– mit bürgerl. Wirkung 896
Kirchenbau 649, 916, 918
Kirchenbedienstete 877
Kirchenbeitrag 176, 892, 899–900, 1093
– in Österreich 891, 899, 1093
Kirchenbild 241
Kirchenbund, schweizerischer Evangelischer 1098
Kirchenbuße, öffentliche 692
Kirchendisziplin 382
Kirchenfreiheit, individuelle 1055
Kirchengebäude 649, 1115
Kirchgeld 872
Kirchengemeinde 385, 387
– staatskirchenrechtl. Institution 1098, 1101
– Kirchengemeinderat 903f.
Kirchengemeinschaft
s. communio plena
Kirchengesetz 87f., 91
Kirchengewalt
s. Vollmacht
Kirchenglied 162, 164, 185f.
– Aufgabe 190
– Ausstoßung i. d. Geschichte 923
– berufen aufgrund v. Taufe u. Firmung 190
– fundamentale Gleichheit aller 5, 182, 186
– rechtl. Grundstellung 43, 49
– Kirchensteuerpflicht 893f.
– Rechte und Pflichten 43
Kirchengliedschaft 158
– im CIC/1917 173
– drei Elemente 163
Kirchengut (bona ecclesiastica) 902, 911
– Garantie 1062
– Veräußerung 319, 911
Kirchenjahr 654
Kirchenleitung 365
Kirchenordnung 18, 21
Kirchenprovinz 243, 305f., 325–329
– juristische Person 325
– römische 257
Kirchenrecht 5–8, 10f., 14f., 17–21, 24–26, 28, 61, 70, 77
– Aufgabe 47, 94
– außerhalb des CIC 72
– Element d. Mysteriums Kirche 10
– Enttheologisierung 21
– diakonische, pastorale Funktion 42, 47, 76
– rechtsphilos. Grundlagen 24–32
– theol. Grundlegung 17, 20, 22, 25, 42
– göttliches 6, 70, 76
– Instrumentalcharakter 47
– lateinisches 15
– Lehre 77f.
– menschliches 47, 70
– Mystifizierung 10
– nachkonziliares 37
– Quellen 34, 80
– Reform
s. Reform des Kirchenrechts
– Theologie 12–24, 28
– Theorie 31
– Zweckrichtung 132
Kirchenrechtswissenschaft 20, 25, 34, 71–82
– Aufgabe 72
– theol. Disziplin 76
– Erkenntnisweise 73f.
– Gegenstand 71
– Studium 71–82
– Verhältnis zur Theologie 80f.
– Zweige 72
Kirchenregiment, landesherrliches 1022
Kirchenregion (regio ecclesiastica) 305f., 308
Kirchenrektor 237, 433–436
– Aufsichtsrecht ü. d. Liturgie 639
– Begriff 433
– Bestellung 439
– Rechtsstellung 434
Kirchenstaat 257, 879
Kirchensteuer 176, 401, 889–900, 1057, 1066f., 1079, 1100, 1108f.
– Aufkommen 874
– in der BRD 891–893, 899, 1066f.
– gemeins. Angelegenheit 893
– Gesetze 896, 1057
– Erhebung von 97, 891, 897
– theol. Legitimation 899
– Mitgliedssteuer 895
– Kirchensteuerrat 894
– in der Schweiz 1098, 1108
– Verband 896
– Vertretung 894
– Verwaltung 897f.
Kirchenstiftung 871f., 904
s. auch fabrica ecclesiae
Kirchenstrafe 924–926
– schwere, Verlängerung auf gemeingerichtlichem Wege 1007
– keine Auswirkung auf die staatsbürgerl. Stellung des Kirchengliedes 926
– ursprüngl. Zielrichtung 924
– personales Element 49

Kirchenstruktur der Communio Ecclesiarum 241, 245
– monolitisch-uniformistisch 333
Kirchenverfassung, hierarchische 5
Kirchenvermögen 319, 863, 868f., 1115, 1124
– Arten 870
– Begriff 868
– Erwerb 881–889
– Rechtsgeschäfte 910–915
– Schutz 911
– Träger 900
– in diözesaner Trägerschaft 875
– in überdiözesaner Trägerschaft 876
– Veräußerung 861
– Verwaltung 421, 900–910, 915
Kirchenverständnis 1021
– kath. 8
– im CIC/1917 163
– kollegialistisch 1022
– reformatorisch 1021f.
– des VatII 172, 643
Kirchenvertrag 1042
– evangelischer 1052, 1061
Kirchenverwaltung 904
Kirchenvorstand 428, 874, 902–905, 1124
Kirchenweihe 837
Kirchenzucht 930
Kirchenzugehörigkeit 163f., 166
– im CIC/1983 164
– dreifaches Band 166
– ökum. Aspekt 169
– verschiedene Stufen 165
– volle 166, 168
– Beeinträchtigung 167–169
Klage 973–975
– Ablehnung 988
– Arten 973
– Gegenstand 973
– Grund 973, 988
– Klagerecht 987f.
– Klagerecht im Eheprozeß 159, 987
– Ziel 973
Klausur 482, 502f.
– päpstl. 503
– geistliche 211
Kleidung, geistliche 215
– Verbot für Laien 186
– liturgische 685
Kleriker 172, 182f., 187, 191, 199
– Angehöriger i. geistl. Heimatverband 198
– Aufgaben i. d. Welt 187
– Aufnahme unter die Kleriker 182, 199f.
– Besoldung 207, 401, 876, 881, 905
– politische Betätigung 212
– Dispens v. der Zölibatspflicht 108
– Ehelosigkeit 188
– Entlassung aus d. geistl. Stand 1015
– Fortbildung 211, 222–229, 234, 287
– Kleidung 314
– und Laien 172, 182, 189, 210
– einfache Lebensführung 208
– i. d. Liturgie 635
– Pflichten f. ständige Diakone 233
– Rechte u. Pflichten 177, 206–213
– Studium 211
– Übernahme öffentl. Ämter 212
– Verband, weltgeistl. 526, 529
– Vollkommenheitsstreben 208
Klerikerrecht 54, 206, 231, 233
Klerus
– Ausbildung 615
– Ausscheiden 215, 221
– Unterhalt 201, 875
s. auch Kleriker, Besoldung
– Verteilung d. Klerus 287
– Weiterbildung 77
Kloster
– Bau eines Klosters 649
– selbständiges 489
– Lehranstalten 612
Koadjutor 146, 151, 339, 348–352
Kodex
– lateinischer 57
s. auch Codex Iuris Canonici
– ostkirchlicher 60, 64
– Kommission 57f., 62
s. auch CIC-Reformkommission
Kodifikation 35, 39f., 56f., 59, 63
– von 1917 35
– ökum. Charakter 60
– dreigliedrige 65, 69
– des Ostkirchenrechts 59–63
Körperschaft, öffentl.-rechtliche 121, 322, 394, 877, 892, 896, 1052, 1057, 1059, 1079, 1086
Kollegialakte der Willensbildung 120
Kollegialgericht 964–966, 985
Kollegialität 252
– bischöfliche 248, 252, 267, 273, 721
Kollegialkapitel 377f.
Kollegialorgane, bischöfliche 245
Kollegium d. Bischöfe
s. Bischofskollegium
Kollektensystem
s. Spendensystem

Kolpingvereine 470
Kommission, päpstliche
– für die Ausführung der Beschlüsse des Zweiten Vatikanischen Konzils 95, 293
– f. d. sozialen Kommunikationsmittel 284
– für d. Revision des CIC 38, 58, 293
– für d. Revision des Ostkirchenrechts 293
– für die Seelsorge am Menschen unterwegs 286, 438
– für den Vatikanstaat 303
Kommunikationsmittel 178, 316, 568f., 586–588, 1030
– Konzilsdekret 587
Kommunion
– Austeilung 189
– und Beichte 681
– Empfang 680
– Helfer 680
– Spender 235, 679
Kommunität, klösterliche 487f., 491
Konfessionsverschiedenheit
s. Ehe, konfessionsverschiedene
Kongregationen, römische
– f. d. kath. Bildungswesen 288, 616
– f. d. Bischöfe 286
– f. d. Evangelisierung d. Völker oder für d. Glaubensverbreitung 288, 548, 959
– f. d. Glaubenslehre 285, 998
– f. d. Klerus 287
– f. d. Ordensleute u. Säkularinstitute 287
– f. d. Ostkirchen 286
– f. d. Sakramente u. d. Gottesdienst 287, 996, 1000
– f. d. Selig- u. Heiligsprechungsverfahren 280
Konklave 265
Konkordat 55, 224, 296, 300, 378, 1036, 1038, 1042, 1054, 1061f., 1082, 1115
– mit Frankreich 1112, 1120
– mit Österreich 121, 1090
– Politik 1036
– Professuren 622, 631
– Recht 1031, 1111, 1125
Konkubinat 744, 809
Konsekration
– Spender 838
Konsens
– Amt u. Räte 353
– Communio Ecclesiae 353
– Ehe
s. Ehekonsens
Konsistorium 279, 364
Konstitution 86
Konstantinische Wende 1038
Konsultationsorgan 353
– teilkirchliche Ausgestaltung 362
– d. Diözesanbischofs 352–364
– extrakurial 353
– intrakurial 353
– kirchenamtlich 352
– nichtständig 352
– ständig 352
Konsultor 38, 58
– f. d. Dikasterien 282
– der Kommission f. d. Reform des CIC 65
Konsultorenkollegium 145f., 319, 342, 346f., 352, 358–360, 377, 722, 907, 909
– Amtszeit 150
– Aufgabe bei Behinderung u. Erledigung des Bischofsamtes 360
– Ausschuß d. Priesterrates 359
– Beispruchsrechte in der Vermögensverwaltung 875
– Domkapitel 315, 359
– Konsens 907, 913
Konprovinzialbischof 721
Konvalidation 808–815, 988
s. auch Ehegültigmachung
Konversion 170
Konvikt 224
Konzelebration 332, 643, 679, 690
Konzessionssystem 41, 50, 341, 759
Konzil, ökumenisches 35, 245, 248, 263, 266–272, 554
– Approbation 268, 271
– Beratungsgegenstände 268
– Beschlüsse 88
– Bischofskollegium 269
– Geschäftsordnung 268
– Stimmrecht 269
– Teilnahme 269, 280
– Vorsitz 268
– Zählung 267
Kooperation von Kirche und Staat
s. Kirche und Staat
Kooperator 413
Korporationsrechte, religiöse 1085
Korporationsvermögen 871
Krankenhaus
– Krankenhausgeistlicher 416, 435, 444f.
– Seelsorge 1053
Krankenkommunion 681
Krankenöl 714
Krankensalbung 712–714
– im Rahmen einer Eucharistiefeier 713
– Feier d. Sakraments 713

– Sakramentengemeinschaft 644
– Spendung an nichtkath. Christen 714
– Spendung sub conditione 714
Küster 421 f.
Kult, amtlicher 633
– Aufsicht 637
– Gemeinde 635
Kulturgut 917
Kultusfreiheit 1032, 1077, 1098 f., 1103, 1105
Kultusverschiedenheit
s. Religionsverschiedenheit
Kunst, sakrale
– Diözesankommission 649, 917 f.
– Pflege 915–919
Kuratbenefizium 389
Kuratie 389
Kurie, diözesane
s. Diözesankurie
Kurie, röm. 72, 279–295, 960
s. auch Kongregationen, römische
– Ämter 89, 99, 192, 280, 294
– Reform 52, 282, 879, 968, 1016

Landdekan 150
Landeskirche, evang. 1052, 1101
Laie 77, 172, 184–189
– Amt in der Kirche 182, 237, 373
– Befähigung zu Aufgaben des hierarchischen Apostolats 184
– Begriff 184–186
– im kirchl. Dienst 417
– Diözesansynode 354 f.
– Eheschließung (Delegation) 785
– im Leitungsteam einer Pfarrei 388, 397
– Leitungsvollmacht 126 f., 417
– Mitarbeiter des Pfarrers 417
– Mitträger des amtl. Gottesdienstes 636
– Partizipation an den Aufgaben der Kirche 49
– Pflichten und Rechte 49, 744 f.
– Rechte im CIC/1917 173, 186
– Rechtsstellung 49, 62, 186 f.
– kirchl. Richter 62, 181, 319, 965, 986
– Tätigkeit, apost. 289
– Teilhabe am besonderen Dienst 193
– Teilhabe an der amtl. Lehrverkündigung 537
– Vat. II. 185
– Verhältnis zum Kleriker 172, 210
– Weltcharakter 182, 185
Laienapostolat 425
Laieninstitut 516
Laienpredigt 316, 542 f.
Laienrat, päpstl. 189
Laienverbände 505
Laienvereinigung 289, 461, 472
Laizismus 1045, 1113
Laizität 1114
Leben
– geistliches, Theol. d. VatII 478 f.
– gemeinschaftliches 744
– nach den evang. Räten 183 f.
Lebensform, priesterliche 266
– nach den evang. Räten 220, 476, 479 f., 486
– religiose 482
Lebensgemeinschaft
– eheliche 767, 828
s. auch Ehe
– Aufhebung 826, 955, 1015
– Auflösung durch Verwaltungsverfahren 956
– eheähnliche 743
– ganzheitliche 776
– nichteheliche 743
– der evang. Räte 54, 89, 476–486
Lebensstand, freie Wahl 178
Legalkonsens 98
Legat 261, 295, 298
s. auch Gesandter
– geborener 301
– päpstlicher 297 f.
Legationswesen, päpstl. 298, 300
Legatus a latere 280, 300
Lehramt 20, 22, 540
– apostolisches 533
– authentisches 535
– Begriff, Aufgabe, Träger 533–540
– u. Gemeinschaft d. Gläubigen 538 f.
– hoheitliches d. Bischöfe 534
– kirchliches 159, 178, 533
– Verantwortung für reguläre Lehrmeinung 578
– oberstes 538
Lehranstalt, theologische
– in Deutschland 610
– Schweiz 611
– von Männerorden 611
Lehraufgabe
s. Munus docendi
Lehrautorität
– kirchl. Amtsträger 563
– rechtl. Wesen 540
Lehrbeanstandungsverfahren 317, 568, 574, 578, 628, 1015

– bei der Deutschen Bischofskonferenz 576, 1015
– für die Niederländ. Kirchenprovinz 577
Lehrbeauftragung, kirchl. 592, 601, 604
s. auch Missio canonica
– für Religionsunterricht 604
Lehre
– christliche 188
– über die Kirche 3
– der Kirche 188
– in theol. Wissenschaften durch Laien 189
Lehrer
– akademische 626, 1065
– des Kirchenrechts 79
– an kath. Schulen 583
Lehrerlaubnis für kath. Theologie 1106
Lehrfreiheit 617
Lehrgemeinschaft 538
Lehrmeinung 575
Lehrprüfungsverfahren 574, 578
Lehrstuhl
– für Kirchenrecht 79
– für kanon. Recht 77
– theologischer 621
Lehrverkündigung der Kirche, amtliche 534, 537
Leib Christi 3, 6, 8, 11, 28, 163, 165
Leitung
– liturg. Gebete 181, 189
– der Gesamtkirche 83, 279
– der Pfarrei 146
– der Teilkirche 343, 358
Leitungsgewalt
s. Leitungsvollmacht
Leitungsorgan
– bischöfliches 245
– hierarchisches 245f.
Leitungsvollmacht (potestas regiminis) 83f., 119, 124, 126, 132, 136, 206f., 417, 965
– Ausübung 49, 131–141
– delegierte 132
– Ergänzung fehlender 786
– Funktionen 136
– hoheitliche 83, 307
– Inhaber 131
– kirchliche 51, 84, 92, 495, 1031
  – Eigenständigkeit 1026
  – Wirkungsbereich 131
– Mitwirkung von Laien 127
– klösterlicher Oberer 491
– oberste 248–252, 258, 272
– ordentliche 132
– des Papstes 259
– rechtliche 132
– stellvertretende 133
– Subjekt u. Ausübung 249
– Übertragung 126
– universale 259
Leiturgia 847
Lektor 181, 189, 194, 199, 232, 314, 680, 725f.
Lektorat 719
Lex canonizata 96, 901
Lex Ecclesiae Fundamentalis 38, 49, 65–71
– ökum. Aspekt 70f.
– Gesetzesentwurf 68
– Verhältnis zum CIC 44, 68
Lex inhabilitans 90, 114, 757
Lex irritans 89, 114
Liber
– extra 24
– sextus 24
Liberalismus 1023
Licentia
s. Erlaubnis
Liebe, eheliche 776f.
Liebeskirche 21
Listenverfahren 337f.
Litterae dimissoriae
s. Beauftragung, schriftl.
Liturgie 653
– Aufsichtsrecht 639
– Begriff, Träger, Ordnung 632–641
– und cultus publicus 634
– u. Eucharistie 634
– u. Glaube 632
– Gesetzgebungskompetenz 639
– universalkirchl. Leitung 636
– u. Sakramentenspendung 78
– der Teilkirche 637
– Wesenselemente 632
Loca sacra
s. Orte geweihte
Stätten geweihte
Loccumer Vertrag 1061
Lokalie 389
Lokalplan 412
Lossprechung 702, 706
– im äußeren Bereich 700
– Form 697
– kraft kirchl. Hoheitsgewalt 694
– eines Mitschuldigen 701
– sakramentale 131, 695
– von Strafen 705
– von Sünden 694
– Vollmacht 694, 698, 705
– Vorbehalt 699, 705

Mahnung 111
Mailänder Konvention 1038
Martyria 847
Massenmedien 316, 544, 546, 586f.
Medienkonzentration 588
Meinungsäußerung, freie 176
Meinungsvielfalt 587
Meldewesen, kirchliches 401
Mendikant 885
Mens legislatoris 95
Mensa episcopalis 876, 904
Menschenrecht 174
– auf freie Entfaltung der Persönlichkeit 178
– nach islamischem Recht 1049
Menschenwürde 43, 160, 173f., 562
Mesner s. Küster
Meßbuch, Römisches 684
Messe
s. Eucharistiefeier
Meßfeier
s. Eucharistiefeier
Meßintentionen 691
Meßstipendien 689–691, 884
Metanoia 706
Methodistenkirche i. Österreich 1095
Metropolit 62, 145, 245, 304, 325–329, 347, 721, 968
Metropolitanbezirk 309
Metropolitangericht 964, 967–969, 985
Metropolitanverband 243
Metropolitanverfassung 243, 305
Militärbischofsamt, katholisches 450
Militärdienst von Klerikern 213, 1107
Militärdienstverweigerer 1105
Militärgeneralvikar 450
Militäroberhirt 447–453
Militärpfarrei 385f.
Militärpfarrer 397
Militärpflichtersatzsteuer 1107
Militärseelsorge 203f., 247, 447–453, 1053, 1065, 1116
– BRD 1065
– bei der Deutschen Bundeswehr 449
– DDR 1080
– Finanzen 452
– Österreich 452
– Schweiz 452, 1107
Militärseelsorger 197, 435, 448–451
Militärvikariat 447
Minderjähriger 117, 754
Minderjährigkeit 116f.
Mindestwissen für gültigen Ehekonsens 769
Ministerium 719
Ministranten 420
– Seelsorge 224
Ministri sacri 183
Mischehen 796f.
s. auch Ehe, konfessionsverschiedene; Ehe, religionsverschiedene
– christliche 63
– Gültigkeit (Ostkirchen) 63
Mischehenrecht 48
Misereor 878
Missio 475
Missio canonica 192, 422f., 592, 1063, 1065, 1106
s. auch Lehrbeauftragung; Sendung, kirchliche
– für Dozenten 617
– Entzug 605, 630
– Erteilung 604
– für den Religionsunterricht 604
– Voraussetzung für Erteilung 605
Missio divina 192
Mission 547f., 550
Missionar 548, 550f.
Missionsauftrag der Kirche 295
Missionsbegriff 550
Missionsberufe 550
Missionsdiözese 549
Missionsfreiheit 1038, 1049
Missionshilfe 550
Missionsinstitute 549
Missionsordinarien 549, 553
Missionspflicht 548
Missionssteuer 550
Missionstätigkeit 288, 551, 1030
Missionstheologie, Vat. II 552
Missionsträger 548
Missionsverantwortung 549, 552
Missionswesen der Gesamtkirche 288
Missus specialis 301
Mitarbeiter des Pfarrers 237, 411–424
Mitgliedschaft in der Kirche 893
Mittelinstanz, hierarchische 308
Moderator 388, 396f., 408f.
– curiae 236, 372
– des Leitungsteams einer Pfarrei 387
Mönche 489
Mönchtum 480
Mohammedaner (Frankreich) 1109
Mon-Episkopat 332
Monitio
s. Verwarnung
– canonica 62

Monstranz 688
Mormonen (Schweiz) 1103
Mortuarien 872
Motuproprio 90
Mundkommunion 683
Munus
s. Amt
Munus docendi (Lehraufgabe) 533, 541
Munus regendi 49
Munus sanctificandi 49, 634
Muttersprache 684

Nachkommenschaft 735, 774f.
Nationalheiligtum 318
Nationalkirche 241
Naturehe 822–824
Naturrecht 12–14, 17f., 23, 26, 93
– Lehre 20, 27
Nebenkirche 433f.
Nebenwohnsitz 118
Neutralität 1086, 1114, 1117
– religiöse 1032, 1041–1043, 1052
– Fehlen 1049
– staatliche 894, 1111, 1113–1115, 1117
– konfessionelle 896
– positive 893
– weltanschauliche 1032, 1041
Nichtchrist 157–159, 161, 550
– angestellt in kath. Kirche 198
– in der Mission 549
– als Taufspender 664
Nichtehe 743, 792, 828
Nichterfüllungswille 774
Nichtglaubende 548
– Verkündigungspflicht bei den 544
Nichtigerklärung
– der Ehe
s. Ehenichtigerklärung
– der Weihe
s. Weihe, Nichtigerklärung
Nichtigkeitsbeschwerde (gegen Urteil) 980
Nichtigkeitserklärung, kirchliche 751
Nichtigkeitsgrund 778
Nichtkatholik 94, 159, 385, 617
s. auch Christ, nichtkath.
– angestellt in kath. Kirche 198
– Empfang von Segnungen 839
– Klagerecht im Eheprozeß 987
– Kommunionempfang 681
– Meßfeier, öffentliche (für) 689
– Segnungen 646
– Studium an kirchl. Hochschulen 618
Nichtverpflichtungswille 774
Nichtvollzug der Ehe
s. Ehe, nichtvollzogene
Nomination (Bischof) 337
Nonnenkloster 488f., 503
Normae 90
Normen
– Interpretation 74
– liturgische 555, 636, 638
Normenkollisionen 92
Normenkontrollverfahren 961
Normierung (komplementäre, teilkirchl.) 51
Notar 236, 373
Noteheschließung 236, 786f., 794
Notfirmung 673
Nottaufe 158, 660–664, 670
Notwehr 932
Novize 500
Novizenmeister (Magister) 499f.
Noviziat 147, 498f., 500
Nuntius, Apostolischer 261, 298, 315
Nuptiae 731
Nymphomanie 817

Oberbischof 245
Obere, kirchliche 134
Oblationes
s. Stolgebühren
Ökonom 373, 904, 906, 909
– Beziehung zum Bischof 904
– in Ordensinstituten 497
Ökonomie 15f.
Ökumene 41, 47f., 60, 72, 243, 292
– Kirchenzugehörigkeit 169
– am Ort 561
– Verantwortlichkeit des gesamten Gottesvolkes 559
Ökumenische Bewegung 557–559
Ökumenischer Rat 555
Ökumenismus 78, 553–555, 557f.
– Dekret des VatII 60, 556
Öle, heilige 662
Österreich 121, 594
s. auch Kirche u. Staat in Österreich
Offenbarungsrecht 93
s. auch Recht, göttliches
Offenbarungswahrheit 175, 567
Offizial 237, 344, 364, 366, 964f. 985
– Erledigung des Bischofsstuhles 964
– Unum tribunal cum Episcopo 367
Offizialat 364, 366, 368
Offizialmaxime 970, 1007
Offizium 142
s. auch Amt

– Heiliges 574
s. auch Kongregation für die Glaubenslehre
Oikonomia 61
Optionsrecht 278
Opus Dei 528
s. auch Personalprälatur
Oratorium 650
s. Kapelle
Orden 482f., 486f., 1116
– Dritte 288
Ordensangehöriger 487
– ostkirchlicher 63
– Pflichten u. Rechte 502
Ordensgemeinschaft 89, 198, 200
s. auch Lebensgemeinschaft der evang. Räte
– Kooperation mit Bischofskonferenz 315f.
Ordensinstitut 483, 486–488
– vermögensrechtl. Bestimmungen 496, 503, 1115
– Gesetzgebung 495
– Leitung 490
Ordenskleid 504
Ordenskleriker 198, 504
Ordensleute
– Entlassung auf dem Verwaltungsweg 956
– Inkardinationsverhältnis 200
– Verhältnis zum Diözesanbischof 41, 147, 505
– in Vereinen 461
Ordensoberer 494, 505
Ordensrat 493
Ordensrecht 41, 58, 1003
Ordensscholastikat 77
Ordensschule 615
Ordenswesen des latein. Ritus 959
Ordinariat
s. Generalvikariat
Ordinarienkonferenz, Berliner 1074
Ordinarius 133–135, 525, 616
– loci 89, 133f., 370, 527, 582f., 759
– proprius 200
– Terminus 133
Ordination 635, 715–727
s. auch Weihe
Ordinationes 90
Ordnung
– Aufrechterhaltung der kirchl. 929
– der zeitlichen Dinge 187
Ordines 86
Ordnungsmacht, geistl. 99
Ordnungsstrafen 112
Ordo 715, 719
Organisationsstruktur
– hierarchische 83
– verbandsrechtliche 364
Organist 421f.
Orte, geweihte 318, 648f.
Ortsbischof
s. Diözesanbischof
Ortskirchenvermögen 871f., 874, 905
– Verwaltung 428, 901, 903
Ortsordinarius
s. Ordinarius loci
Ostkirchen 54, 58f., 61
– katholische 57, 60, 66, 642
Ostkirchenrecht, kath. 57–65

Pallium 328
Papst 83, 89, 133, 192, 206, 245, 248, 252 bis 266, 268, 271–273, 279, 298
– Amtsbezeichnungen 254
– Amtsverleihung 144, 146
– Amtsverzicht 151
– Aufgaben und Vollmachten 254
– Bischof der Diözese Rom 295
– Diözesanbischof 341
– Ehrentitel 254
– Errichtung v. Kirchenämtern 143
– oberster Gesetzgeber 90, 261
– Haupt des Bischofskollegiums 250, 255f., 267, 270
– Hirte der Gesamtkirche 258, 295
– Jurisdiktion über Nichtgetaufte 159
– oberster Lehrer 567
– Missionsträger 548
– Mitglied des Bischofskollegiums 254
– Nachfolger Petri 93
– Papstaltar 687
– Prinzip und Fundament der Einheit 262
– Rechtsstellung 253
– Richter, oberster 261, 963
– Stellung im Bereich des internationalen Rechts 253
– Stellvertreter Jesu Christi 249
– Souverän des Vatikanstaates 257
– Träger der obersten Leitungsvollmacht 249, 261, 534
– oberster Verwalter des Kirchenvermögens 909
Papstwahl 109, 148, 264f., 278, 281
– Wahlgremium 281
– Wahlkonstitution 266
Parität
– in der BRD 1050

– in Österreich 1086
– religiös-weltanschauliche 1050, 1052, 1056f., 1113
– in der Schweiz 1102
Parteifähigkeit 972
Partialsimulation 772, 774
Partikularkirche
s. Teilkirche
Partikularkonzil 85, 307f., 359
Pastoralassistent(in) 418
s. auch Pastoralreferent(in)
Pastoralkonferenz 387, 424
Pastoralplan, diözesaner 381
Pastoralrat
– auf Dekanatsebene 383
– diözesaner 231, 235, 290, 355f., 361f.
– pfarrlicher 235, 427
Pastoralreferent(in) 78, 195, 197, 397, 418, 424
s. auch Pastoralassistent(in)
Patenamt 117, 661, 669
Patriarch 245, 278, 329
– des Abendlandes 256
– besondere gewohnheitsrechtl. Befugnisse 97
– Jurisdiktion 64f.
– Rangordnung im Kardinalskollegium 63
Patriarchalkirchen 62
Patriarchalsynoden 62
Patrimonium Petri 878
Patronat 146f., 873
Person, juristische 113, 118–121, 224, 305, 455, 468, 887, 895, 907
– Amt des Pfarrers 393, 395
– im vermögensrechtlichen Bereich 865
– Endigung 120
– Errichtung 118f.
– zwei Grundtypen 119
– in der Kirche 114
– kollegiale 120
– moralische 454f.
– öffentliche 119f., 865, 867
– private 119f., 459, 865, 868
– im staatlichen Recht 121
– Träger geistlicher Rechte und Pflichten 120
– universitas personarum 86, 119
Person, physische 113, 116
Personaloberhirt
s. Personalordinarius
Personalordinarius 722, 964
Personalpfarrei 247, 385, 388, 393
Personalprälatur 54, 134, 198, 332, 357, 526–529, 722
– Begriff 526, 528
– weltgeistlicher Charakter 526
– Errichtung 527
– vom Heiligen Kreuz und Opus Dei 528
– Zweckverband zur Durchführung besonderer apostolischer Aufgaben 528
Personalprinzip 50, 246
Personalverband 305
Personalvertretungsrecht 1069
Personenirrtum 770f.
Personenmehrheiten, rechtlich organisierte 455
Personenstandsveränderung 214
Petition 112
Pfarradjutor 409
Pfarradministrator 407
Pfarramt
– Einsetzung 402, 404
– Erledigung 146, 404
– inamovibel, amovibel 405
– Übertragung 144, 403
– freie Verleihung durch den Bischof 403
– Voraussetzungen für die Übernahme 402
Pfarrarchiv 400f.
Pfarrbenefizium 387
Pfarrbezirk 390
Pfarrbücher 400
Pfarrei 384–395
s. auch Pfarrgemeinde
– anvertraute 393f.
– Änderung 392
– Arten der Pfarrei 388
– Aufhebung 392
– Besetzung 392
– Errichtung 392
– Ersatzform 389
– Gebietskörperschaft 387
– inkorporierte 143, 393
– kanonische 388
– Körperschaft des öffentlichen Rechts 387, 394
– kollegial geleitet 388
– Rechtspersönlichkeit 387, 904
– staatsrechtliche Stellung 394
– unterster selbständiger Teilverband 384
– Übernahme durch eine priesterliche Gemeinschaft 408
– Übertragung 396
Pfarrer 385, 387, 395–410
s. auch Pfarrei
– Amtsenthebung 407

– Amtshandlungen 399f.
– Amtszeit 150
– nichthoheitl. Aufsichtsrecht über die Liturgie 639
– unter der Autorität des Bischofs 398
– Begriff 395
– Behinderung 146
– Besoldung 401
– Dienst 386
– kanonischer 396
– Mitarbeiter des Pfarrers 411–424
– Rechte und Pflichten 398–401
– Taufspender 664
– Vermögensverwalter 905
– Versetzung 407f.
Pfarrexamen 228
Pfarrexpositur 389
Pfarrfunktionen 434
Pfarrgemeinde 244, 385, 404
s. auch Pfarrei
– mit Bischof verbunden 386
– Pfarrer 404
– Verhältnis zum Pfarrverband 431
– ortskirchlicher Vermögensträger 872
Pfarrgemeinderat 387, 425–429
– in den bundesdeutschen Diözesen 426
– und Pfarrer 427
– Pfarrverband 431
– universalkirchlich 426
– und Vermögensverwaltung 903
Pfarrhaushälterin 420f.
Pfarrhelfer(in) 195, 197, 419f.
Pfarrkaritas 874
Pfarrkirche 380, 387
Pfarrkirchenrat 904f.
Pfarrkirchenstiftung 387
Pfarrkuratie 389
Pfarrorganisation 246
Pfarrektorat 389
Pfarrsiegel 400f.
Pfarrstellvertreter 409f.
Pfarrverband 388, 429–432
– und Dekanat 431
– Errichtung 431
– Pfarrverbandskonferenz 430
– Verhältnis zur Pfarrgemeinde 431
Pfarrvermögensverwaltungsrat 903
Pfarrverwalter 409
Pfarrverwaltungsrat 425–429
Pfarrverweser 409
Pfarrvikar 146, 192, 389, 396, 409, 413
Pfarrvikarie
s. Pfarrvikar
Pfarrvolk, territoriale Abgrenzung 385
Pfarrzwang 385
– vermögensrechtl. Auswirkungen 884
Pflichten
– bürgerliche 1104
– der Ehegatten 744
– österliche 841
– und Rechte der Christgläubigen 173, 187
Pfründenwesen 401, 871, 873
pia exercitia
s. Andachtsübungen
Plenarkonzil 85, 89, 245, 304–324
Poena expiatoria 928
s. auch Sühnestrafe
Poena medicinalis
s. Zensur
Poena latae sententiae 52, 62
Pönitent 702f., 705f.
Poenitentia s. Strafbuße
Pönitentiar 379
s. auch Bußkanoniker
Pönitentiarie, Apostolische 105, 280, 283, 291
Polygamie 824
Pontifikalhandlungen 343
Pontifikalinsignien 343
Portio populo Dei
s. Gottesvolk, Teil des
Postulation 144, 149
Potestas
s. Vollmacht
– administrativa 99, 136
– delegata 132f.
– executiva 99, 136–138
– iudicialis
s. auch Vollmacht, richterliche; Rechtsprechungsgewalt
– iurisdictionis
s. auch Jurisdiktionsvollmacht
– ordinaria propria 132
– ordinaria vicaria 132f.
– ordinis 124
s. auch Weihevollmacht, Weihegewalt
– Regiminis
s. Leitungsvollmacht
– Sacra 124–128, 130, 191, 273
s. auch Vollmacht, heilige
Praeceptum 103f., 111
s. auch Verwaltungsbefehl; Verwaltungsverfügung
Präfekt, Apostolischer 335, 722
Präfekt der Apostolischen Signatur 1016
Präfektur, Apostolische 335

Präfektur für die Wirtschaftsangelegenheiten des Ap. Stuhls 880
Präkatechumenat 552
Prälat 150, 334
– Vorsteher einer Personalprälatur 134
Präsentation 144–147, 337, 403
Präskription 123
Praesumptio iuris
s. Rechtsvermutung
Predigt 541–547
– Formen 544
– Inhalt 545
– Methode 545
– Vollmacht für Bischöfe 541
– Vollmacht für Laien 542
– Vollmacht für Priester und Diakone 235, 542f.
Presbyter
s. Priester
Presbyterat 126, 718
– und Episkopat 542, 717
– Lehre vom Presbyterat 542
Presbyterium 331f., 356f.
– Mitglieder 332
– Zugehörigkeit 332
Presbyterweihe, Weihegebet 719
s. auch Priesterweihe
Presse, katholische 588
Preßvereine 470
Priester
– kirchenrechtliche Ausbildung 78
– Befähigung zur Eucharistiefeier 678
– Entlassung aus dem Klerikerstand 1015
– tägl. Feier des eucharistischen Opfers 209
– zur Firmspendung bevollmächtigt 673f.
– Förderung der Priesterberufe 224
– Mangel an Priestern 181, 203, 224, 226, 388, 397, 678
– Ruhestand 151
– Spender des Bußsakramentes 699
– Teilhabe an der amtl. Lehrverkündigung 536
– Verpflichtung zum Stundengebet 209, 640
– Verteilung 202, 526
– Vollzug liturg. Feiern 635
– Vorsteher der Eucharistiefeier 183, 678
Priesteramtskandidat 199, 224, 226
– Aufnahme 199
– Ausbildung 77
– im Priesterrat 357
– Studium 78
Priesterausbildung 223f.
s. auch Priesterbildung; Priesterseminar
– Dekret des II. Vatikanischen Konzils 222
– in ökumenischen Fragen 560
Priesterbild 207, 220, 222f.
Priesterbildung 222–225, 228
– Grundordnung 223, 226
– Rahmenordnung 78, 223, 314, 725
Priesterfortbildung 223
s. auch Priesterbildung
Priesterrat 231, 332, 352, 354f., 357f., 363, 377, 392, 883, 891
– Anhörung bei Errichtung v. Pfarreien 143
– Anhörungsrechte im einzelnen 358
– Beratungsfunktion 358
– Beziehung zur Diözesansynode 355
– und Domkapitel 377f.
– des Militärbischofs 451
– und Pastoralrat 356, 362
– Repräsentanz des Presbyteriums 356
– bei Sedisvakanz 358
– Senat des Bischofs 356, 377
– Zusammensetzung 357
– Zustimmung 308, 359
Priestersäkularinstitut 515f.
s. auch Säkularinstitut
Priesterseminar 54, 77, 222, 224f., 1122
– Exemtion 225
– Interdiözesanes 314
Priestertum
– amtliches 183, 718
– Bewerber 225
– gemeinsames aller Gläubigen 183, 718
– hierarchisches 183
Priesterweihe 125, 128, 191, 228, 716, 722
– Befähigung zur Eucharistiefeier 678
– Mindestalter 117
– keine Zulassung von Frauen 180f., 723
Primas 97, 304, 329
Primat, päpstlicher 44, 65, 251–253, 258, 260f., 263f., 271
Primatialgewalt, päpstliche 143f., 244, 250f., 271, 304, 963
Prinzip
– hierarchisches 136
– inkarnatorisches 7
– pneumatologisches 7
Privatio officii
s. Amtsenthebung
Privatschulwesen 1118f.
Privileg 55, 101, 104, 106f.

Privilegium
- fidei 285, 822, 825f., 997
- Paulinum 158, 822–824, 826, 996
Profeß 501
- erste 500
- ewige 200, 501
- zeitliche 501
Promotionsrecht 618f., 1107
Promulgation 39, 85, 88, 270–272
- des CIC 33, 44
- des Ostkirchenrechts 58
Pronuntius 298f.
Prosynodalrichter 965
Protestanten in Frankreich 1109
Protonotar, Apostolischer 295
Provinz
- bei Ordensinstituten 491, 495
Provinzialkonzil 85, 89, 245f., 304–307, 325–329
Provinzialverband 243, 246
Prozeß, summarischer 993
Prozeßbevollmächtigter 973
Prozeßfähigkeit 972
Prozeßfehler 981
Prozeßführungsbefugnis 972
Prozeßverlauf 975
Prozeßpartei 972, 976
Prozeßrecht 957
- CIC/1983 957
- kirchliches 969
- Kompetenzen der Bischofskonferenz 319
- ostkirchliches 58, 62
Prozeßvollmacht 973
Prozession 634, 836, 1105
Putativehe 742f., 745, 791f.

Quasidomizil 117
s. Quasiwohnsitz
Quasipfarrei 384, 389, 394
- im CIC/1917 389
Quasipfarrer 396, 413
Quasirechtspersönlichkeit 456
Quasiwohnsitz 94, 117f.

Räte 195, 353
- diözesane 355–364
- evangelische 476, 478–480, 484, 513, 519f.
  - Lehre des II. Vat. 477
Rätegemeinschaften 484
s. auch Lebensgemeinschaften nach den evang. Räten
Räteleben 480
Rätestand, kanon. 480
Rahmengesetz 51
Rat
s. auch consilium
- für die Öffentlichen Angelegenheiten der Kirche 280, 284
- päpstlicher für die Familie 189, 290
- päpstlicher für die Laien 289
- Ständiger der Bischöfe 100, 311f.
Ratio Fundamentalis Institutionis sacerdotalis 78
Ratio legis 87, 94
s. auch Gesetz, Sinn
Ratio nationalis institutionis sacerdotalis 314
s. auch Priesterausbildung
Recht 5, 7, 12, 22, 25f., 954
- Aufgabe 29
- Charakter quasi – sakramentaler 10
- Definition 23
- göttliches 5, 16, 24, 92f., 157
s. auch Ius divinum
- kanonisches 35, 76f., 86, 92, 96
  - Lizentiat 81, 618, 965
- Spezialausbildung 81
- kirchliches 4–7, 23, 25, 28–32, 92f.
  - lateinisches 70, 72
- liturgisches 54, 72
- materielles 99
- menschliches 16
- im Mysterium der Kirche 3–11
- Notwendigkeit 94
- objektives 954
- orientalischer Ritusgemeinschaften 72
- staatliches 78
- subjektives 113, 954
- teilkirchliches 54
- Verhältnis zum Dogma 15
- weltliches 31
- wohlerworbenes 55
Rechtsakt 121–123
Rechtsanalogie 87, 95
Rechtsanwendung 75, 137
Rechtsausübung 114f.
Rechtsbegriff 23–27, 29
- kanonischer 22f.
- kirchlicher 26f.
Rechtsbegründung 25, 28f., 31
Rechtsbeistand 1007, 1013
Rechtsentwicklung 32, 35, 39, 48
Rechtsfähigkeit 114, 116, 120, 456
- allgemeine 113
- von Bischofskonferenzen 311

– der Kirchen 1059
– privatrechtl. 121
– im staatl. Recht 96
– von Vereinen 464, 470
Rechtsgeschäft 96, 116, 910–915
Rechtsgestalt der Kirche 4, 10
Rechtslogik 74
Rechtsminderung 167f.
Rechtsmittel 112, 938, 958
– außerordentliches 981
– ordentliches 980f.
– im Strafprozeß 1010
Rechtsnormen 83–98
Rechtspersönlichkeit 92, 113–124
– im vermögensrechtlichen Bereich 861
– der Bischofskonferenz 311, 313, 903
– der Kapitel 495
– der Pfarrei 387, 904
– Verleihung 119, 471f.
– völkerrechtliche 264
Rechtspflege 964, 971
Rechtsphilosophie 12f., 17, 22, 25, 30f., 84
Rechtspositivismus 1023
Rechtsprechung 72, 84, 136, 954f., 958
– gemeingerichtliche 1013
– ständige 96
– verwaltungsgerichtliche 1013
Rechtsprechungsgewalt 958, 1031
Rechtsprechungsorgane 100
Rechtschöpfung 75, 100, 137
Rechtsschutz 43, 51f., 80, 178, 366, 954, 959f., 962, 964, 970, 982, 1008
– dem Bischof auferlegt 954
– gerichtlicher 52, 956
– gegen Verwaltungsakte 959
Rechtsschutzsystem 62, 85, 140, 475, 950
Rechtssprache 73, 99
Rechtsstreitigkeit, Vermeidung 983
Rechtssubjekt 114, 116, 118, 865
Rechtstheologie 12, 24f., 30, 84
– evangelische 27
Rechtstradition 40, 45, 48, 66, 70
Rechtsunsicherheit 39
Rechtsvermutung (praesumptio iuris) 90, 978
Rechtsverständnis, kirchliches 24, 27
Rechtsweg 955, 958
Rechtswirksamkeit 122
Rechtszweifel (dubium iuris) 91
Recognitio (Anerkennung) 51, 571
Reform des Kirchenrechts 35f., 40f., 48, 65, 68f.
– Leitlinien 9, 41
– nachkonziliare 967
Reformation 14, 16
Reformbedürftigkeit der Kirche 556
Regens 225
Region, diözesane 380–382
s. auch Kirchenregion
Regionaldekan 381
Regionalgerichte 961, 967
Regionalisierung 881
Regionalkonzil 306
Regionalpastoralrat 381
Regionalseminar 224
Regularkanoniker 489
Reichsdeputationshauptschluß 873
Reichskonkordat (1933) 1061, 1064
Rekognitionszins 879
Rekonziliation 692, 709
– des Sünders 694
Rektor 225
Rektorat 389
Rekurs 112, 140, 1011f.
s. auch Beschwerde
Religion
– nichtchristliche 551
– freie Wahl 1114
Religionsausübung
– freie 918, 1113, 1116
– öffentliche 1033, 1084
– positive 1058
– ungestörte 1066
Religionsbekenntnis 1084f.
Religionsbücher 572
Religionsfreiheit 160, 162, 562f., 1032f., 1042, 1044, 1047, 1049, 1054–1056, 1058, 1083, 1099, 1102, 1105
– DDR 1076
– Erklärung des II. Vat. 561, 1032
– Garantie durch den Staat 562
– Grundrecht 1042, 1056
  – in der BRD 1055
  – staatl. 1032
  – u. Menschenrecht 1032
  – vorstaatl. 1026
– Grundsatz 1047
– individuelle 1032, 1040–1043, 1049, 1052, 1055, 1083, 1111
– korporative 1031, 1033, 1040–1042, 1085
– negative 895
– in Österreich 1082
– Pflicht des Staates 1032, 1034
– im kirchl. Recht 564
– in der Schweiz 1098
– in islam. Staaten 1049
Religionsgemeinschaften

– in der BRD 1052
– in Frankreich 1120
– Freiheit 1113
– israelitische 1094, 1121
– nichtkath. 1044
Religionslehrer 78, 197, 441, 595, 1092
– Abberufung 592
– Ernennung 582f.
– Lebensführung 592
– Teilhabe an der amtlichen Verkündigung 604
Religionsmündigkeit 594, 895, 1104
Religionsunterricht 194, 545, 584, 590–605, 1042, 1057, 1062f., 1091f., 1104, 1117, 1122
– Abmeldung 594f.
– gemeinsame Angelegenheit von Staat und Kirche 593
– Aufsicht des Diözesanbischofs 591
– auf konfessioneller Basis 593
– Bestimmungen der Bischofskonferenz 592, 600
– in der DDR 1080
– Erteilung 423
– Gesinnung, ökum. 601
– hermeneutischer 597
– katholischer 592, 596
  – theol. Begründung 601
– kerygmatische Konzeption 596
– in Ländern der BRD 594
– ordentl. Lehrfach 594, 598, 1056
– Österreich 585, 594, 1091
– schulischer 590–593, 596, 1053
– in der Schweiz 595
– Aussagen der Synode, BRD 600
– thematisch-problemorientiert 597
– Ziele 590, 599, 603
Religionsverschiedenheit 158, 763
  s. auch Ehehindernis d. Religionsverschiedenheit
Religiose 396, 1014
  s. auch Ordensleute
Religiosenrecht 481
  s. auch Ordensrecht
Religiosenverbände 357, 486, 511
Reliquien 846, 917
– Aufbewahrung 289
– Veräußerung 637, 846
Reliquienverehrung 844–846
Remedia poenalia
  s. Strafsicherungsmittel
Remonstrationsrecht 91
Res mixtae 870
Res spirituales 870
Res temporales 870
Reservatio in pectore 279
Reservation 143, 260
– System 41, 50, 341, 759
Residenzpflicht 315, 351, 400, 408
– des Diözesanbischofs 344
Reskript 100, 104f.
– des Apost. Stuhles 105f.
– päpstl. 109
Responsum 90
Reue 706
Revision
  s. auch Reform des Kirchenrechts
– des CIC 38, 41, 61
– des Ostkirchenrechts 58
Revisionsgericht 290
Rezeption 539f.
Richter 136
– erkennende 965
  – Laien 181
– höchster 261, 953, 963
– kirchlicher 150, 236
  – Laien 62, 319
Richterkollegium 136, 237
– mit Laien 181
Ritus 61, 247
– Recht auf eigenen 177
– römischer 637
Rituskirche 61f., 65, 242f., 246, 315
– autonome 70
– relative Eigenständigkeit 171
– Gleichordnung 64
– kath. orient. 242
– latein. 242, 637
– Leitungsorgane, hierarchische 245
Ritusverband 330
Rituswechsel 167
Romanus Pontifex 255
Rombesuch
  s. Visitatio liminum Apostolorum
Rota, Römische 261, 291, 964, 968f., 985
Rotarichter 150, 969
Rückversetzung in den Laienstand 115
Rügeverfahren 1003
Ruf, guter 178
Rundfunk und Fernsehen 316f., 1069, 1117

Sachen 53
– geistliche (res spirituales) 870
– gemischte (res mixtae) 870, 955
– weltliche (res temporales) 870
Sachenrecht 869

Sachgesamtheiten (universitates rerum) 86, 119
Sachverständiger 978
– in Ehenichtigkeitsprozessen 990
Säkularinstitut 198, 200, 480, 483, 487, 511 bis 519, 528
– Arbeitsgemeinschaft der 513
– Begriff und Wesenselemente 512f.
– Entlassung 519
– Errichtung 517
– Institut des (gott)geweihten Lebens 512
– klerikales 515
– laikales 515
– Leitung 517
– Mitglieder 514, 517f.
– päpstlichen wie diözesanen Rechts 722
Säkularisation 865, 1088
– Entschädigungsleistungen 889
– im Ordensrecht 507
Säkularisationsindult 508
Säkularisationsverbot 918
Säkularkleriker 208
Sakramentalien 634, 637, 836–839
– Spendung 181, 236, 837
Sakramente 53, 93, 176, 634, 641
– Disziplin 287
Gültigkeitsbedingungen 637
– Hinführung 546
Sakramentenempfang
– in nichtkatholischen Kirchen 644
– Recht auf 177
Sakramentengemeinschaft 48
– Bestimmungen 644
– mit der altkatholischen Kirche 645
– mit getrennten Kirchen des Osten 645
– ökumenische 317, 642, 682
– Verbot 643
Sakramentenkongregation 959
Sakramentenrecht 42, 109
Sakramentenspendung 78
– bedingungsweise 659
– an nichtkatholische Christen 643f.
Sakramentenverwaltung 109
Salus animarum 74
Sammlungen 884f., 890
Sanatio in radice
s. Eheheilung in der Wurzel
Sancta Sedes 302
s. auch Apost. Stuhl
Hl. Stuhl
Sanctuarium
s. Wallfahrtsstätte
Sanktionen 115
Satzungen
s. Statuten
Satzungsrecht 51, 89
Schadensersatzverfahren 1010f.
Scheidungsrecht, staatl. 833
s. auch Ehescheidung, staatl.
– österreichisches 835
– schweizerisches 836
Schenkungen 887, 914
Schiedsgericht 958
Schiedsspruch 984
Schiedsverfahren 983
Schisma 535, 567, 727, 941
Schlichtungsstelle 113, 958, 1011f.
Schloßpfarrei 385
Schrifttum, Überwachung 568
Seligsprechung 72, 289, 637, 1015
– Verfahren 320, 845
Seminarkirchen 434
Senat des Bischofs
– Priesterrat 356, 377
– Domkapitel 377, 875
Sendung
– formale 538
– Jesu 541
– kanonische 125, 128f.
– der Bischöfe 97
– der Kirche 7, 33, 46, 162
– aktive Teilhabe 190
– Teilhabe der Laien 353
– in Wort und Sakrament 240
– kirchenamtliche 190, 538
– kirchliche 190, 192, 196, 333
– der Laien 189, 210
– priesterliche 725
Sendverfahren 1002
Separationsverfahren 998f.
Sicherheit, soziale 207
Siebenhändereid 995
Siebenhänderzeugen 990
Simonie 145
Simulation 772
Societas perfecta 20, 26, 1023, 1027, 1028
s. auch Gesellschaft, rechtlich vollkommene
Societas perfecta-Lehre 1027f.
Societates vitae apostolicae
s. Gesellschaften des apostolischen Lebens
Sodale eines Ordensinstituts 494
s. auch Ordensangehöriger
Sondergerichtsstände 963
Sondergesetz (lex specialis) 89

Sonntag 654f.
Schülerkonvikt 224
Schulaufsicht, kirchliche 582
Schulaufsichtsbehörde 1092
Schuld, strafrechtlich relevante 930
Schule
– bekenntnisfreie 594
– katholische 581, 583f.
– konfessionelle 1104, 1118
– neutrale 584
– öffentliche 1117
– in kirchlicher Trägerschaft 592
Schulgründung durch die Kirche 580, 1030
Schulmonopol, staatliches 581
Schulpolitik der katholischen Kirche 584
Schulrecht, staatliches 581f.
Schulseelsorge 441f.
Schulwesen
– in Österreich 584
– in der Schweiz 585, 595
Schutz
– des religiösen und konfessionellen Friedens 1102
– des Gewissens 566
– des Glaubens 568
– der Glaubens- und Sittenlehre 567–578
Schwägerschaft 118
s. auch Ehehindernis der Schwägerschaft
– staatliches Eheverbot 830
Sedes Apostolica 302
s. auch Apostolischer Stuhl
Sedisvakanz 264
– des Bischofsstuhles 347, 351, 360
– Heiliger Stuhl 272, 274, 299
Seelenheil 924
s. auch salus animarum
Seelsorge
– in der Diözese 244
– an konfessionsverschiedenen Ehen 806
– kategoriale 244, 437, 441
– am Menschen unterwegs 437–441
– bei den Streitkräften
s. Militärseelsorge
Seelsorgeamt 375
Seelsorgebezirk 389
Seelsorgehelferin 419
Seelsorger
– für besondere Gemeinschaften 433–436
– in Justizvollzugsanstalten 444
Seelsorgestruktur, kategoriale 247
Seelsorgezentren, nationale 203
Segnung 836f.
s. auch benedictio
– dingliche 837
– eucharistische 688
– von Nichtkatholiken 646
– nicht vorbehaltene 838
– örtliche 837
– päpstliche 699
– persönliche 837f.
Sekretariat
– zur Förderung der Einheit der Christen 292, 554
– für die Nichtchristen 292
– für die Nichtglaubenden 292
– päpstliches 280, 282, 284
– der römischen Kurie 283, 292
Selbstbestimmungsrecht 1069
– der Kirche 894f., 918, 1023, 1026, 1054, 1068, 1077
– in eigenen Angelegenheiten 613
– als vorstaatliche Befugnis 1025
– in Österreich 1086
Sonntagspflicht 646, 656, 686
Souveränität 263f., 1027
Sozialismus und Kirche 1076
Sozialstaatsprinzip 1068
Spaltung der Christenheit 556
Spendenmittel 872
Spendensystem 890
Spendenwesen 319
Spender 235
Sperre 167–169
Spezialmandat 134, 350, 648
– bischöfliches 369
– für den Bischofsvikar 370
Spiritual 225
Spruchstrafe 929f., 934, 941, 944
Staat
– freiheitlich-demokratischer 1043, 1055
– katholischer 160
– und Kirche 300, 1045
s. auch Kirche und Staat
– kommunistischer 1047
– konfessioneller 1032
– neutraler 896, 1041, 1054
– ohne religiöse Neutralität 1043
Staatsabsolutismus 19
Staatskirche 17, 1041–1044, 1046, 1056, 1086, 1101
– in protestant. Ländern 1044
– Verbot 1046, 1054
Staatskirchenrecht 17f, 899, 1101
s. auch Kirche und Staat
– in der Bundesrepublik Deutschland 1050, 1059, 1061, 1071

– in der Deutschen Demokratischen Republik 394
– in Frankreich 1113
– in Österreich 395, 1081
– in der Schweiz 395, 1098–1100
– in den USA 1046
Staatskirchenverträge 893, 1036
s. auch Konkordate
Staatsleistungen an die Kirche 888f., 1080
Staatsrecht 86
Staatsreligion 160
Staatssekretär für Kirchenfragen in der DDR 1074
Staatssekretariat
s. Sekretariat, päpstliches
Ständiger Rat
s. Rat, Ständiger
Stätten, geweihte 648–654
Stand, geistlicher 1000
– Ausstoßung (degradatio) 215
– Verlust der damit verbundenen Rechte 221
Standesbeamter 828
Standespflichten, geistliche 728
– Befreiung 214, 1001
Standeswahl, freie 178
Stationskaplanei 389
Status liber 750–752
Statuta 89
Statuten 86, 466
Stellvertreter 133
– Jesu Christi (Vicarius Christi) 255
Stellvertretung 133, 364, 366f.
Sterberegister 844
Sterilität 762, 771, 775
Steuer 890f., 893
– kirchliche 882
s. auch Kirchensteuer
– staatliche 892
Steuerverbandsvertretung 894
Stifter 147
Stiftskapitel 89, 376–380
Stiftskirche 380
Stiftung 871, 885, 887f., 905
Stipendien 690
Stolgebühren (oblationes) 872, 883, 890
Strafanspruch, kirchlicher 925, 927f.
Strafbindung 938
Strafbuße (paenitentia) 111, 929, 932f., 936
Strafdrohung 948
Strafe 52, 114, 167, 709, 806, 928–941
– Aussetzung bei Todesgefahr 938
– für den äußeren Bereich 930
– Ermessensspielraum 937
– kanonische 178
– kirchliche 924f.
– Nebenfolge 114
– Prävention 925
– Reduzierung 43, 932
– Selbsteintritt 43, 52, 111
– Sinn 924f.
– staatl. 926
– unbestimmte 945, 947
– Vergeltungszweck 924
– Voraussetzung 930
– Zusammenhang mit kirchl. Heilsauftrag 925
Straferlaß 938
Straffälliger 929
Strafgebot 111, 929f.
Strafgerechtigkeit, göttliche 949
Strafgesetz 95, 929f.
– partikulares 56
– mit Rückwirkung 949
– universales 56, 927
Strafgewalt, kirchliche 924–926, 928–930
– Anwendung 1002
– Geschichte 925
Strafgewalt, menschliche 949
Strafmaß 52
Strafmilderung 117, 932f.
Strafmittel, Rechtfertigung 926
Strafnachlassung 940
Strafprozeß 957, 1003–1008, 1010f.
s. auch Strafverfahren
Strafprozeßrecht 1009
Strafrecht 42, 72, 924
– sparsame Anwendung 52
– Normenreduzierung 927
– Ermessensspielraum des Bischofs 52
– kirchliches 924, 928, 949, 1050
– Bestandteil des geistlichen Wirkens der Kirche 926
– Generalklausel 949
– Grundfragen 925–929
– Neuordnung 52
– ostkirchliches 62
Strafsanktionen 114
Strafsicherungsmittel (remedia poenalia) 111, 929, 933, 936f.
Straftat 929–941, 1004
– Beteiligung 933
– einzelne 941–950
– und Schuld 930
– versuchte 933
– vollendete 933

Straftatbestände 52, 927
Strafunfähigkeit 931–933
Strafverfahren 1002–1011, 1005
s. auch Strafprozeß
– vorzeitige Beendigung 1009
– pflichtgemäße Beiziehung eines Anwaltes 1008
– kirchliches 1003
– Objekte 957
– im Ordensrecht 1003
Strafverfahrensrecht 1002f.
Strafverfügung 111
Strafverhängung 936
– durch außergerichtliche Dekrete 956, 1006
– durch Verwaltungsdekret 937
– auf dem Verwaltungsweg 1003f.
– ordentlicher Weg 1004
Strafverjährung 940
Strafverschärfung 932f.
Strafversetzung 152
Streitsache 100, 958f.
Streitverfahren 972–984, 1000
– Gegenstand 957
– Verfahrensordnung 974
– mit mündlicher Verhandlung 957, 982f.
Struktur
– hierarchische
– der Kirchenverfassung 5, 7
– der Teilkirchen 364
– konsiliare 353
– vereinigungsrechtliche 485
Studenteneinigung, Katholische Deutsche (KDSE) 442
Studentengemeinde 386, 442
– Arbeitsgemeinschaft kath. Studenten- und Hochschulgemeinden (AGG) 442
Studentenseelsorge 608
Studien, kanonistische 78
Studienkommission, Päpstliche für Gerechtigkeit und Frieden 189, 293
Stundengebet, kirchliches (Brevier) 209, 640
– Liturgie 634, 640
Subdelegation 134f.
Subdiakon 679
Subdiakonat 182, 191, 719
Subregens 225
Subsidiar 416
Subsidiarität 1068
Subsidiaritätsprinzip 42, 50, 61, 260, 262, 308, 380, 458f., 579, 892
– im Vermögensrecht 864, 909, 914
Sühnestrafe (poena expiatoria) 152, 215, 222, 928, 930, 934f.
Sünde 680, 706
Sündenstrafe 708
– ewige 708
– zeitliche 708
Sündenvergebung 694
– sakramentale Form 694
Sünder, öffentlicher 841
Suffraganbischof 326
Suffraganbistum 327, 985
Suffragangericht 328
Sukzession, Apostolische 22, 27, 330, 337, 722, 1023
Summarprozeß 957, 959, 1014
Summepiskopat 1022
Summus Pontifex 256
Superiorenkonferenz 505
Supplierung
– fehlender Jurisdiktionsgewalt 785
– fehlender Vollmachten 140
Suspension 114, 139, 150, 928, 934f.
– Selbsteintritt 218, 942
– als Tatstrafe 935
Syllogismus 75
Synodalrichter 965, 985
Synodalstatuten 355
Synode 245
– Verhältnis von Patriarch und Synode 64

Tabernakel 650, 688
Täuschung, arglistige 771f.
Tarifbußen 692
Tatsachenzweifel (dubium facti) 91
Tatstrafe 929f., 932, 934
– im einzelnen 941
– Nachlassung 939
– Reduzierung 941
Tauf-
– aufschub 662, 666f.
– becken 650
– bitte 666
– buch 670, 675, 790, 996
– empfänger 665f.
– feier 661
– geschehen 164
– gespräch 661f., 668
– glaube 666
– katechumenat 666
– pate 114, 158, 646, 669
– register 317
– ritus
– ordentliche Form
– außerordentliche Form

– spender 235, 662f., 664
– spendung 181, 189, 317, 662, 664
– stätte 663
– versprechen 666f., 674
– vorbereitung 661
– wasserweihe 662
– zeuge 646, 669
– zeugnis 750
Taufe 43, 49, 163, 165f., 170–172, 659, 848
– bedingte 668
– Begründung d. Kirchensteuer 894
– u. Firmung 659–675
– in einer nichtkath. kirchl. Gemeinschaft 668, 806
– Grundrecht 665
– in Todesgefahr 668
Taxae 872, 890
Teilabschluß 709–711
Teilkirche 41, 50, 70, 192, 239–242, 244, 305, 330
– Aufwertung 171
– Begriff 329
– bischöfl. 244
s. auch Diözese
– diözesane 329–335
s. auch Diözese
– Elemente 330–333
– exemte 325
– quasidiözesane 329–335
– Vorsteher 83
– Verhältnis z. Gesamtkirche 50, 240
– Verfaßtheit, bischöfl. 330
– Wiederentdeckung 42
Teilkirchenrecht 48
Teilkirchenverband 70, 239, 242–244, 325, 330
Telefonseelsorge 698
Tempus continuum 123
Tempus utile 123
Tendenz
– missionarische 47
– pro-episcopale 50
– rechtsrezessive 47
Territorial-
– abt 722
– abtei 334
– gliederung 43
– pfarrei 385, 388
– prälat 722
– prälatur 333f.
– prinzip 50, 246, 331, 447
Theologia spiritualis des Vat. II 477f.
Theologie
– wissenschaftl. 194
– Theologieprofessor 197, 628f.
Titularbischof 269, 337, 349
s. auch Auxiliarbischof
Titularpfarrer 397f.
Todeserklärung 999, 1015
Toleranz 561f., 1032, 1038, 1059
Toleranzpatent Josephs II. 1040
Tonsur 191, 226
– erste 182, 719
Totalsimulation 772f.
Totenbuch
s. Sterberegister
Totengottesdienst 842
Touristenseelsorge 435, 440
Tradition
– kanonische 56
– orientalische 62
– orthodoxe 14
– ostkirchliche 59, 61
Translationsverbot 917
Trauaufschub 748f.
Traugespräch 748
Trauung
s. auch Eheschließung
– Erlaubtheit 783
– gemeinsame 645, 803
– Gültigkeit 783
– kirchl. 804
– konfessionsversch. Paare 803f.
– standesamtl. 804
– liturgischer Vollzug 740
– Vorbereitung 749
Trauungsbuch 794, 810
Trauungsform
s. Eheschließungsform
Trauungsliturgie 793
Trauungsregister 318
Trauungsritus 318, 783, 793
Trauungsverbot 749f., 753f.
Trauungsvollmacht 390, 413, 785f., 803
– allgemeine 802
– delegierte 318, 785
– fehlende 786
– ordentliche 784
– supplierte 785f.
Trauzeuge 646
Treue 735
– eheliche, Ausschluß 774
Treuhänderschaft 871
Treuhand 887, 907
– Treuhandgüter 887
– Treuhandvermögen 887

Tributum
s. Abgaben
Traditionsstipendien 884
Trennung v. Tisch u. Bett 826
Tübinger Schule 21

Umkardination 201, 205f.
Unauflöslichkeit der Ehe 16, 735–738, 742, 815f., 818f.
– Ausschluß 776
– Gegenstand eines Irrtums 770
Unctio infirmorum
s. Krankensalbung
Unerreichbarkeit, physisch u. moralisch 787
Unfehlbarkeit 534
– im Glauben (aller Gläubigen als Gesamtheit) 540
Ungetaufter, keine kirchliche Beerdigung 840
s. auch Nichtchrist
Universalkirche – Partikularkirche (Verhältnis) 15
s. Gesamtkirche, Teilkirche
Universitäten
– Gründung 316, 1030
– katholische 89, 605–608
– Aufgaben 607
– Begriff 606
– in Deutschland 607
– Dozenten 608
– Errichtung und Struktur 605
– Exemtion 606
– Gründung 606
– kirchliche 89, 188, 605, 609
– Begriff und Aufgaben 609
– Errichtung 610
– Unterstellung unter die kirchl. Hierarchie 616
– päpstliche 605
Unkenntnis des Rechts 92
Unterrichtserlaubnis, kirchliche
s. Lehrbeauftragung, kirchl.
Untersuchungsrichter 985
Unterweisung
– katechetische 545
– religiöse 582
– religiöse katholische 591
Urkirche 1038
Urkundenbeweis 977
Urteil 979–981
Urteilsfähigkeit 769
– mangelnde 768

Vacatio legis 54, 85
Vaterschaft 745
Vatikanbank 880
Vatikanstaat 257, 263, 301–304
– Völkerrechtssubjekt, souveränes 301f.
Vatikanstadt 257
Vatikanum, Zweites 36
– Fundamentalnormen 41
– Fundamentalprinzipien des Rechts 36
– Geist des 40
Veräußerung 912–914
– heilige Bilder 846
Veräußerungsbestimmung, kanon. 911
Veräußerungsverbot 861, 911, 914, 917
– kirchliches 881
Verantwortung, gesamtkirchl. 202
Verantwortlichkeit
– des kirchlichen Amtsträgers 365
– strafrechtliche 931
Verband 455
– der Diözesen Deutschlands 320, 322, 455, 877, 903
– klösterlicher
– Amtsenthebung von Angehörigen 102
– teilkirchlicher 41, 306
– mit eigener Rechtsordnung 48
Verbandsrecht 54, 459
Verbrechen 764
Verein 177, 454
– Dachverband 465
– Gründungsfreiheit 463
– Hoheitsträger, kirchl. 467
– katholischer 852
– kirchenamtlicher 474
– Vermögensverwaltung 476
– kirchlicher 89
– Entstehung 464
– Zweck 465
– Mitgliedschaft 466
– nicht anerkannter Religionsbekenntnisse 1089
– nicht rechtsfähiger 456, 464
– privater 470
– Rechtsstellung 456
– öffentliche kirchliche 315, 461, 463, 473 bis 476
– zivilrechtl. Anerkennung 476
– Organe 466
– private 458, 461, 463, 469–473
– kirchl. Anerkennung 463
– im CIC/1917 469
– im CIC/1983 470
– Leitung und Aufsicht 472

– rechtsfähiger 456, 464, 471
– Statuten 463, 465
– Zwecke 460
– geistliche 474
Vereinigung
– katholische 177
– kirchliche
– Errichtung 315
– kirchenamtliche 120, 460, 465, 475
– von Laien 472
– private 315, 460, 462
– verbotene 753
– weltgeistliche 202, 208
Vereinigungsfreiheit 47, 177, 458f., 461–463
– Grundrecht 460, 868
Vereinsfunktionäre 456
Vereinsmitglied, Rechte u. Pflichten 456
Vereinsrecht 47, 54, 459
– im CIC/1917 458
– im CIC/1983 460
– kirchliches 454–469
– privates 1052
– für nicht anerkannte Religionsbekenntnisse 1089
Verfassungselement
– quasisynodales 364
– synodales 364
Verfassungsorgan
– hierarchisches 244
Verfassungsrecht 66, 72
Verfassungsstruktur, der Kirche 242, 247
Verfügungen, fromme 885
Vergeltungsstrafrecht, staatl. 926
Vergleich 958, 983
Vergütungsordnung 422
Verhandlungsgrundsatz 971
Verjährung 123, 974
– Verjährungsfrist 97, 940
Verkündigung 533, 541–547, 848
– kirchenamtliche 538, 541
– Leiter 536
– Träger 533
Verkündigungsauftrag 27
Verkündigungsdienst 342, 542, 590
Verkündigungspflicht bei den Nichtglaubenden 544
Verlegenheit, drängende (Ehehindernisdispens) 760
Verlöbnis 318, 747
Vermögen
– des Apost. Stuhles 878, 880
– fiduziarisches 871
– kirchliches
– staatl. Aufsichtsrecht BRD 910
– Berechtigung 862
– Schutz 911
– Veräußerung 861
– Zweckgebundenheit 862
– klösterliches 497
– Frankreich 1115
– einer öffentlichen juristischen Person 866
– einer privaten juristischen Person 865
– Rechtsträger 865
Vermögensarten 871
Vermögenserwerb 881
Vermögensfähigkeit 860f., 865
– in Hinordnung auf Zwecke der Kirche 862
– eines Ordensinstitutes 496
Vermögensrat 150
Vermögensrecht 859, 869, 878, 881
– gesamtkirchl. 859f., 864
– der Gesellschaften des apost. Lebens 524
– Gesetze, staatl. 859
– Grundfragen 859–880
– Kompetenzen d. Diözesanpastoralrates 902
– der unierten Ostkirchen 508
– Zuständigkeit der Bischofskonferenz 318
Vermögensträger 865–867, 872
Vermögensverwalter 901, 903f., 906, 908
– kirchlicher 907f.
– der Pfarrei 905
– Voraussetzungen 906
Vermögensverwaltung 96, 212, 400, 429, 1124
– Aufgabe im Namen der Kirche 906
– Aufsicht 908
– Beispruchsrecht des Konsultorenkollegiums 875
– Beteiligung der Laien 902
– der Diözese 360, 875, 903f., 908
– kirchliche 235, 906, 1062
– Dienstverträge 908
– der Ordensinstitute 496f.
– pfarrliche 902
– öffentl. Vereine 476
Vermögensrat 236, 319, 891, 903–905, 907
Vermögenswerte (bona temporalia) 902
– körperliche 870
– unkörperliche 870
Vernehmungsrichter 181, 966
Vernunftgebrauch 116, 768, 973
Veröffentlichungen
– Aufsicht über 569
– mit kirchenfeindl. Tendenz 573

Veröffentlichungsfreiheit 177
Verpflichtungswille 98
Verschuldungsprinzip 833
Versammlung 177
– eucharistische 677
– geistliche, in Frankreich 1125
– gottesdienstl. 635
Versammlungsfreiheit 177, 458, 462
Versetzung 151
– freiwillige 151
– eines Pfarrers 152, 359
– zwangsmäßige 152
Versöhnung 693–695
Versöhnungsfeier, gemeinschaftl. s. Bußgottesdienst
Versprechen 481, 513, 520
Vertrag 481
Verträge zw. Kirche und Staat 55, 1031, 1035, 1061
s. auch Konkordat
Vertragsabschluß 96
Vertragskirchenrecht 615
Vertragsrecht 55
– kirchliches 910f.
Vertreter 133
– gesetzlicher 116
Vertreteramt 133, 366
Verwaltung 51, 99, 136, 235
– allgem. 112
– bischöfliche 364
– freiwillige 100, 109, 137
– nachgeordnete kirchliche 100
– zwangsmäßige 100f., 110, 137
Verwaltungsakt 51, 99–130, 137
– freiwillige Gebühren 883
– kirchliche Formen 102
– Klagen gegen 112
– Rechtsschutz 959
– Widerruf 101f.
Verwaltungsanordnungen 51
Verwaltungsbefehl 104, 111
Verwaltungsbehörde 85
– oberste 192
– Zuständigkeit 138
Verwaltungsbescheid 101
Verwaltungsbeschwerde 51, 1011–1018
– Einspruchsverfahren (recursus hierarchicus) 100
Verwaltungsgericht 957, 969, 1014, 1016
Verwaltungsgerichtsbarkeit 51, 960, 969, 1011–1018
– alter Art 1014
– neuer Art 1015
– im bischöflichen Bereich 960
– auf oberster Ebene 52
Verwaltungsgerichtshof 290
Verwaltungsgerichtsprozeß 957
Verwaltungshandeln, kirchl. 84f., 99
Verwaltungsorgane in richterlicher Funktion 958
– kollegiale 902
Verwaltungsstrafgebote 930, 933
Verwaltungsstrafverfahren 111, 1003
Verwaltungsstreitigkeiten 320
Verwaltungsverfahren 62, 99–130, 1004
– bei Amtsenthebung d. Pfarrers 405
– Aufhebung der ehelichen Lebensgemeinschaft 956
– i. ökumenischen Bereich 110
– zur Ehenichtigkeitserklärung 994
– bei Lehrprüfungsordnung 576
Verwaltungsverfügung 104, 111
Verwaltungsverordnung (instructiones) 85
Verwaltungsvollmacht 101
Verwaltungsweg 956, 959, 1002, 1004
Verwandtschaft 118
– Eheverbot, staatl. 831
– gesetzliche 118, 765
Verwarnung (monitio) 111, 936
Verweis (correptio) 111, 936, 1005
Vetorecht des Pfarrers 428
Vicarius Christi 254
s. Stellvertreter Christi
Vicarius expositus 412
Vicarius paroecialis
s. Hilfsgeistlicher
Vigilanz 472
s. auch Aufsichtsrecht
Vikar 413
– Apostolischer 335, 722
Vikariat, Apostolisches 335
Vinzenzkonferenz 470
Visitatio
– ad limina 345f., 448
– liminum Apostolorum 261
Visitationspflicht (des Diözesanbischofs) 345
Visitatoren 261
– Apostolische 320
– kanonische 327
Vizekanzler 236
Vizeoffizial 237, 369, 964, 985
Völkerrechtssubjekt (Hl. Stuhl) 264, 296
– souveränes 301f.
Volk Gottes 3–6, 11, 22, 28, 41, 43, 46, 49, 53, 171f., 244, 246

s. auch Kirche als Volk Gottes
s. auch Gottesvolk
Volksfrömmigkeit 635, 652
Volkskirche 900, 1073
Vollgewalt 259
Volljährigkeit 116f.
Vollkommenheitsideal, christl. i. VatII 478
s. auch Räte, evang.
Vollkommenheitsstand 482
Vollmacht (facultas) 699
Vollmachten
– bischöfl. 42, 125, 242, 244f., 336, 341
– geistliche 5, 7, 124–131, 191, 193, 243f.
s. auch Leitungsvollmacht
– Funktionen 365
– Übertragung 46, 192
– höchste 534
– kirchliche
– Funktionentrennung 365
– Dienstfunktion 43
– richterliche 136
– ständige (facultas habitualis) 135
Vollzugsaussetzung 112, 1012
Vollzugsvollmacht 134f., 137
Vorabendmesse 686
Vorsatz (dolus) 930
Vorbehalt der Lossprechung 705
Vorsteher
– von Teilkirchen 134
s. auch Diözesanbischof
– interimistischer, einer Teilkirche 723
– diözesanähnlicher Teilkirchen 83
Votivbilder 652

Wahl 147–149
– des Bischofs 337
– Wahlrecht 146, 148
– des Pfarrers 403
Wahrheit
– im CIC 565
– religiöse 161, 563f.
– Wahrheitsbegriff 562
– Wahrheitsfrage 562f.
Wallfahrtsstätte 651f.
– kirchenamtl. Anerkennung 651f.
– internationale 651
– nationale 651
Wegzehrung, heilige 679–681
Wehrbereichsdekan 450
Weihbischof
s. Auxiliarbischof
Weihe 129, 481
– apostolische 522
– Gültigkeit 215, 287, 728
– heilige 763
– Empfang 723
– Zulassung 725
– Nichtigerklärung 214, 728f., 999f.
– niedere 182, 191, 719
– im Ordensinstitut (consecratio religiosa) 522
– im Säkularinstitut (consecratio saecularis) 522
– sakramentale 128f., 269
– societas (consecratio apostolica) 522
– Ungültigkeit 214, 221, 728, 1000
Weihealter 231, 318
Weiheauftrag 723
Weihebandverteidiger 1000
Weiheempfang
– erzwungener 728
– Voraussetzungen 724
Weihegewalt 125, 128, 222
s. auch potestas ordinis; Weihevollmacht
Weihehandlung 722, 728
Weihehindernis 232, 726
– Dispens 727
– einfaches 115, 726
– qualifiziertes (Irregularität) 727
Weihekandidat 200, 722
Weihenichtigkeit 1000
– Erklärung 728, 999
– Verfahren 1000
Weihepflichten, Aufhebung 215, 219
Weiheprozeß 193, 214, 728, 999–1002
Weiherecht (für Diakone) 232
Weiheritus 728, 1000
Weihesakrament 124f., 183, 190
– Ausschluß der Frau 723
– im CIC/1983 717f.
– Empfänger 723
– Fülle des 191, 336, 534, 716
– Lehre des VatII 715f.
– Spender 720
– Stufen 191, 718
– Theologie des VatII 715
– Voraussetzung für den geistl. Dienst 191, 232
Weihespendung 722
– durch den Bischof 720
– Verbot für ein Jahr 943
– Zuständigkeit 232, 721
Weihetitel 201
Weiheungültigkeit
s. Weihenichtigkeit

Weiheverfahren
s. Weiheprozeß
Weihevollmacht 124, 126, 128
s. auch Weihegewalt; potestas ordinis
– Ausübung 126, 214, 222, 726, 728
Weihung 836f.
s. auch Weihe
– dedicatio 648
– dingliche 837f.
– örtliche 837f.
– persönliche 837f.
Weihwasser 836
Weimarer Reichsverfassung 1056
Weiterbildung
s. auch Fortbildung
– des Klerus 77
– in katholischer Trägerschaft 586
Weltgemeinschaft
s. Säkularinstitut
Weltkirchenrat 554
Weltmissionssonntag 550
Weltverantwortung des Christen 477
Werke, karitative 848f.
– auf Pfarrebene 850
Westfälischer Friede 1040
Wiederversöhnung 692
Wille des Gesetzgebers (mens legislatoris) 95
Wissenschaft, kanonistische 23f., 35
Wissenschaften, theologische 188
Wohl
– kirchliches 175
– spirituelles 140
Wohlfahrtsanstalt 851
Wohlfahrtsverbände, freie 1068
Wohnsitz 94, 117f.
– der Eheleute 117
– der Ordensleute 117
Wohnsitzlose 94, 117, 753
Wortgottesdienst 634
– mit Kommunionausteilung 683
– ökumenische 647
Wortverkündigung 534f.
Würzburger Schule 20, 1024

Zeitberechnung 123
Zeiten, geheiligte 654–659
Zelebration 678
Zensur (poena medicinalis) 806, 928, 930, 934, 940
Zeremonienkongregation 295
Zerrüttungsprinzip 833
Zeugen 117, 977
– im Eheprozeß 989
– Vernehmung 977f.
Ziborium 688
Zielgruppenarbeit 430
Zivilehe 791–793
– von Klerikern 218
– obligatorische 752f., 827f.
Zivilstandsbeamter 829
Zölibat 209, 217, 220, 226
s. auch Ehelosigkeit
– Dispens 108, 214f., 217f., 221, 228, 1000f.
– theologisch-spiritueller Hintergrund 209
– Gesetz 218f.
– Verpflichtung 115, 199, 209, 218, 221, 233
– Versprechen 725
Zulassung zu den Sakramenten
– bei wiederverheirateten Geschiedenen 818f.
Zuordnung der Menschen zur Kirche 159
Zurechtweisung, brüderliche 936, 1005
Zusammenleben wie Bruder u. Schwester 818
Zwangszivilehe
s. Zivilehe, obligatorische
Zwei-Gewalten-Lehre 1025, 1039
Zwei-Reiche-Lehre 16–19
Zwei-Schwerter-Lehre 1039
Zweifel, positiver begründeter 141
Zweitehe 817–819
Zwischeninstanz, hierarchische 243, 245, 309

Verzeichnis der Mitarbeiter

Aymans, Winfried, Dr. iur. can., o. Professor für Kirchenrecht, insbesondere für theologische Grundlegung des Kirchenrechts, allgemeine Normen und Verfassungsrecht sowie Orientalisches Kirchenrecht an der Universität München, Vorstand des Kanonistischen Instituts der Universität München; Mariahilfplatz 12/II, D-8000 München 90.

Carlen, Louis, Dr. iur. utr., o. Professor der Rechte an der Universität Freiburg/Schweiz; 3 Chemin des Kybourg, CH-1700 Freiburg (Schweiz).

Corecco, Eugenio, Dr. iur. can., Lic. theol., Lic. iur., o. Professor für Kirchenrecht an der Universität Freiburg/Schweiz; 19 avenue de Gambach, CH-1700 Freiburg (Schweiz).

Fahrnberger, Gerhard, Dr. iur. can., Mag. theol., Professor für Kirchenrecht an der Phil.-Theol. Hochschule St. Pölten, Bischöflicher Offizial, Konsistorialrat; Schreinergasse 1/2/3, A–3100 St. Pölten.

Flatten, Heinrich, Dr. theol., Dr. phil., em. o. Professor für Kirchenrecht an der Universität Bonn, Erzbischöflicher Offizial, nichtresidierender Domkapitular, Erzbischöflicher Rat, Prälat, Apostolischer Protonotar; Overather Straße 51–53, D-5060 Bergisch-Gladbach 1 (Bensberg).

Fürst Carl Gerold, Dr. iur., o. Professor für Kirchenrecht und Kirchliche Rechtsgeschichte an der Universität Freiburg i. Br.; Kartäuserstraße 35, D-7800 Freiburg i. Br.

Geringer, Karl-Theodor, Dr. theol., Lic. iur. can., o. Professor für Kirchenrecht an der Universität Passau; Untere Schneckenbergstraße 17, D-8390 Passau.

Hack, Hubert, Dr. iur. can., em. o. Professor für Kirchenrecht an der Theologischen Fakultät Fulda, Ordinariatsrat, Ehrendomkapitular, Prälat; Hinterburg 4a, D-6400 Fulda.

Hartelt, Konrad, Dr. iur. can., Dozent für Kirchenrecht am Philosophisch-Theologischen Studium Erfurt; In der Linde 20, DDR-5032 Erfurt.

Heinemann, Heribert, Dr. iur. can., o. Professor für Kirchenrecht an der Universität Bochum, nichtresidierender Domkapitular, Bischöflicher Vizeoffizial, Msgr.; Kollegstraße 10, D–4630 Bochum 1.

Henseler, Rudolf, CSsR, Dr. iur. can., Professor für Kirchenrecht an der Philosophisch-Theologischen Hochschule der Redemptoristen Hennef/Sieg, Diözesanrichter am Erzbischöflichen Offizialat Köln; Kölnstraße 415. D-5300 Bonn 1.

Hierold, Alfred Egid, Dr. iur. can., o. Professor für Kirchenrecht an der Universität Bamberg, Erzbischöflicher Vizeoffizial; Brückenstraße 2, D-8600 Bamberg.

Hollerbach, Alexander, Dr. iur., o. Professor der Rechte an der Universität Freiburg i. Br.; Parkstraße 8, D-7801 March-Hugstetten.

Kaiser, Matthäus, Dr. theol., Lic. iur. can., o. Professor für Kirchenrecht an der Universität Regensburg, Prälat; Minoritenweg 6, D-8411 Sinzing.

Klecatsky, Hans Richard, Dr. iur., o. Universitätsprofessor der Rechts- und Staatswissenschaften in Innsbruck, Bundesminister für Justiz der Republik Österreich a. D.; Reithmannstraße 20, A-6020 Innsbruck.

Krämer, Peter, Dr. theol., Lic. iur. can., Professor für Kirchenrecht und kirchliche Rechtsgeschichte an der Katholischen Universität Eichstätt; Altersheimweg 21, D-8078 Eichstätt.

Lederer, Josef, Dr. iur. can., Professor, Bischöflicher Offizial, Domdekan; Residenzplatz 14, D-8078 Eichstätt.

Leisching, Peter, Dr. iur., o. Universitätsprofessor für Kirchenrecht in Innsbruck; Schneeburggasse 15, A-6020 Innsbruck.

Listl, Joseph, SJ, Dr. iur., Lic. theol., Lic. phil., o. Professor für Kirchenrecht an der Universität Augsburg, Direktor des Instituts für Staatskirchenrecht der Diözesen Deutschlands, Bonn; Sterngasse 3, D-8900 Augsburg; Lennéstraße 5, D-5300 Bonn 1.

Luf, Gerhard, Dr. iur., a.o. Universitätsprofessor für Philosophie und Kirchenrecht in Wien; Franz-Graßler-Gasse 51, A-1238 Wien.

Maritz, Heinz, Dr. iur. can., Erzbischöflicher Vizeoffizial; Kapuzinerbuck 4, D-7801 Wittnau.

May, Georg, Dr. theol., Lic. iur. can., o. Professor für Kirchenrecht an der Universität Mainz, Fränzenbergstraße 14, D-6501 Budenheim.

Mayer, Adalbert, Dr. iur. can., a.o. Professor für Kirchenrecht an der Philosophisch-Theologischen Hochschule der Salesianer in Benediktbeuern, Pfarrvikar in Wessobrunn; Klosterhof 6, D-8129 Wessobrunn.

Metz, René, Dr. theol., Dr. iur. can., Professeur honoraire für Kirchenrecht an der Universität Straßburg; 7, rue Charles Bergmann, F-67000 Strasbourg.

Mikat, Paul, Dr. iur., Dres. h.c., o. Professor der Rechte an der Universität Bochum, MdB, Minister a. D.; Erich Hoepner-Straße 21, D-4000 Düsseldorf.

Müller, Hubert, Dr. iur. can., Dr. theol. habil., Lic. iur. can., o. Professor für Kirchenrecht und Kirchliche Rechtsgeschichte, Direktor des Kirchenrechtlichen Seminars der Universität Bonn, Lehrbeauftragter Professor an der Päpstlichen Universität Gregoriana in Rom; Wißfeldstraße 27b, D-5309 Meckenheim.

Paarhammer, Hans, Dr. theol., Mag. theol., o. Universitätsprofessor für Kirchenrecht in Salzburg, Erzbischöflicher Offizial; Kapitelplatz 2, A-5020 Salzburg.

Pérez de Heredia y Valle, Ignacio, Dr. iur. can., o. Professor für Kirchenrecht an der Theologischen Fakultät Valencia; Portal de Valldigna 3 1°-4ª, Valencia-3, Spanien.

Pototschnig, Franz, Dr. iur., Mag. theol., o. Universitätsprofessor für Kirchenrecht, Vorstand des Instituts für Kirchenrecht an der Universität Salzburg; Weiserstraße 22, A-5020 Salzburg.

Potz, Richard, Dr. iur., o. Universitätsprofessor für Kirchenrecht in Wien; Einsiedlergasse 12/36, A-1050 Wien.

Pree, Helmuth, Dr. iur., Dr. iur. can., o. Universitätsprofessor für Kirchenrecht in Linz; Kopernikusstraße 22, A-4020 Linz.

Primetshofer, Bruno, CSsR, Dr. iur. can., o. Universitätsprofessor für Kirchenrecht in Wien; Salvatorgasse 12, A-1010 Wien.

Puschmann, Bernhard, SAC, Dr. theol., Lic. iur. can., em. Professor für Kirchenrecht und Liturgiewissenschaft an der Theologischen Hochschule der Pallottiner in Vallendar; Pallottistraße 3, D-5414 Vallendar.

Puza, Richard, Dr. iur., o. Professor für Kirchenrecht an der Universität Tübingen; Eichenweg 7, D-7400 Tübingen.

Reinhardt, Heinrich J. F., Dr. theol.; Brantropstraße 15, D-4630 Bochum-Weitmar.

Schmitz, Heribert, Dr. iur. can., Lic. iur. can., o. Professor für Kirchenrecht, insbesondere für Verwaltungsrecht sowie Kirchliche Rechtsgeschichte an der Universität München, Vorstand des Kanonistischen Instituts der Universität München; Neukeferloh, Harthausenerstraße 6, D-8011 Grasbrunn.

Schnizer, Helmut, Dr. iur., o. Universitätsprofessor für Kirchenrecht in Graz; Feuerbachgasse 10, A-8020 Graz.

Schulz, Winfried, Dr. theol., Dr. iur. utr., Lic. phil., o. Professor für Kirchenrecht an der Theologischen Fakultät Paderborn, Lehrbeauftragter Professor für vatikanisches Recht an der Päpstlichen Lateranuniversität in Rom; Am Abdinghof 1, D-4790 Paderborn.

Schwendenwein, Hugo, Dr. iur. can., Dr. iur., o. Universitätsprofessor für Kirchenrecht in Graz, Msgr.; Schubertstraße 23, A-8010 Graz.

Sebott, Reinhold, SJ, Dr. iur. can., Dr. theol., Lic. phil., o. Professor für Kirchenrecht an der Philosophisch-Theologischen Hochschule St. Georgen in Frankfurt a. M., Lehrbeauftragter Professor an der Päpstlischen Universität Gregoriana in Rom; Offenbacher Landstraße 224, D-6000 Frankfurt a. M. 70.

Socha, Hubert, SAC, Dr. iur. can., o. Professor für Kirchenrecht an der Theologischen Fakultät Trier, Gastprofessor für Kirchenrecht an der Theologischen Hochschule der Pallottiner in Vallendar/Rhein; Auf der Jüngt 1, D-5500 Trier.

Stoffel, Oskar, SMB, Dr. iur. can., Professor für Kirchenrecht an der Theologischen Fakultät Luzern, Museggstraße 21, CH-6004 Luzern.

Strigl, Richard Adolf, Dr. iur. can., o. Professor für Kirchenrecht, insbesondere für Eherecht, Prozeß- und Strafrecht sowie Staatskirchenrecht an der Universität München, Vorstand des Kanonistischen Instituts der Universität München; Preysingstraße 21, D-8000 München 80.

Weigand, Rudolf, Dr. theol., Lic. iur. can., o. Professor für Kirchenrecht an der Universität Würzburg; Ottostraße 16, D-8700 Würzburg.

Wirth, Paul, Dr. iur. can., Bischöflicher Offizial, Domkapitular, Msgr., Bischöflicher Geistlicher Rat; Theklasteig 6, D-8901 Welden.

Zapp, Hartmut, Dr. theol., Professor für Kirchenrecht und Kirchliche Rechtsgeschichte an der Universität Freiburg i. Br.; Weißmannstraße 3c, D-7800 Freiburg i. Br.